少年宇宙人

平成ウルトラマン監督 原田昌樹と映像の職人たち

二見書房

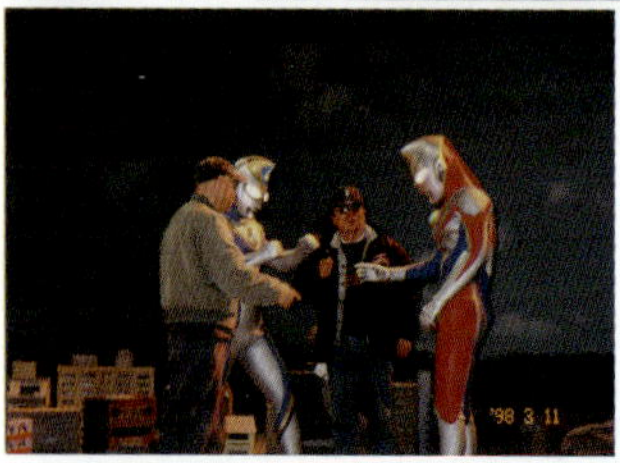

上：『ダイナ』「少年宇宙人」子ども達の秘密基地デザイン(内田哲也作)　中左：「少年宇宙人」上から悟、たっちゃん、みのっち　中右：『ダイナ』アスカとハネジロー　下左：『ダイナ』「死闘！　ダイナVSダイナ」で技闘を。左は殺陣師の二家本辰己　下中：ダイナとマイ隊員　下右：ハネジローのCG

左：『ティガ』「怪獣動物園」牧場にて　右上：『ティガ』劇場版でレナ隊員の結婚式に特別出演
右下：『ティガ』「もっと高く！」モンゴルに見立てた浦安にてロケ

原田昌樹と映像の職人たちのアルバム①

『ティガ』GUTS基地司令室にて

上左：『ガイア』で銃撃シーンを演出　上右：『ガイア』「悪魔のマユ」。繭に閉じ込められた律子と　中：『ガイア』「命すむ星」。クランクアップ。中央左は大和武士　下左：『ガイア』「襲撃の森」藤宮博也と少女・ユキ　下右：『ガイア』高山我夢と藤宮博也

原田昌樹と映像の職人たちのアルバム②

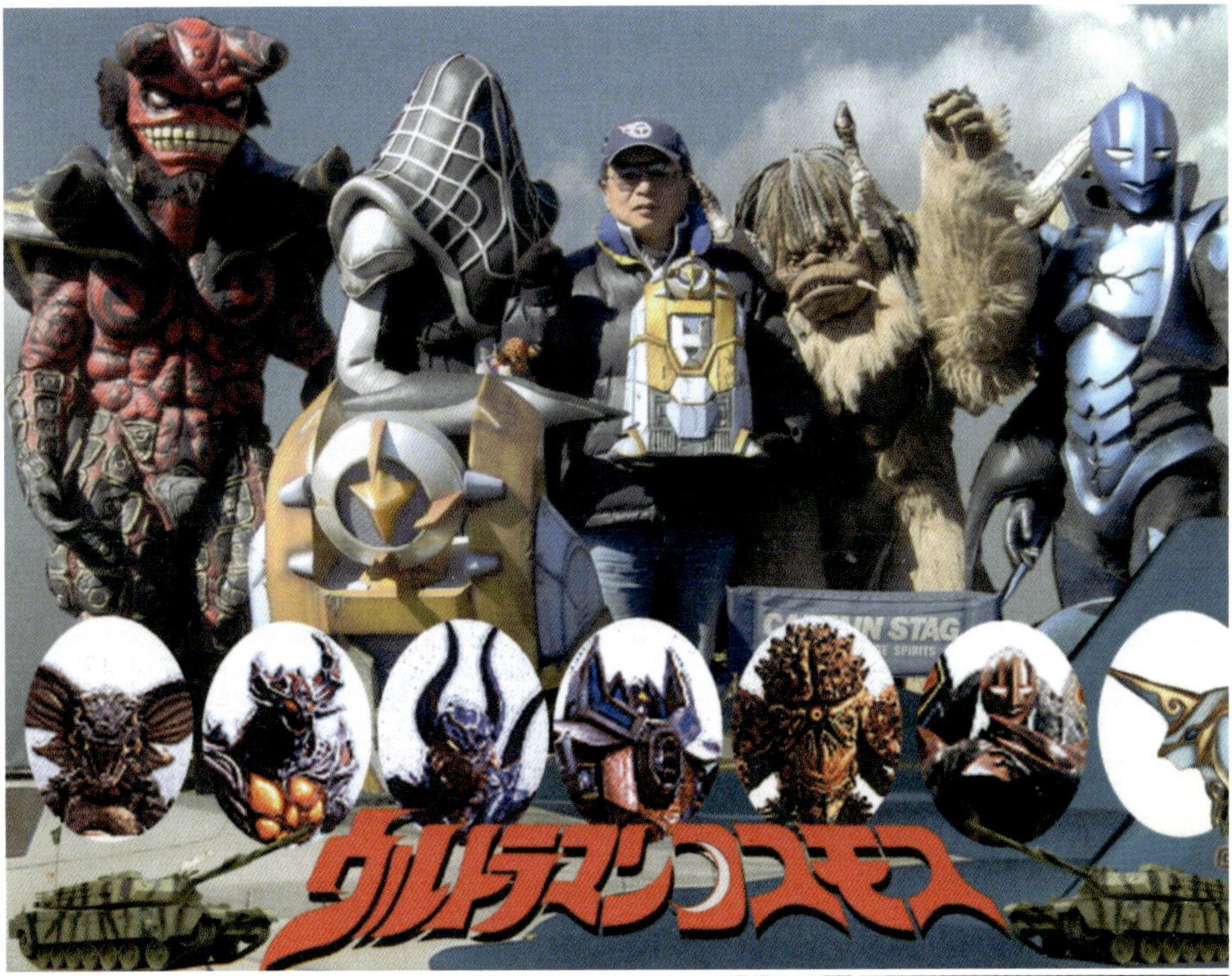

上：『コスモス』原田怪獣勢揃い。スタッフから監督へのプレゼント写真　下左：『コスモス』「雪の扉」クランクアップ。中央は天本英世
下中：『コスモス』「異星の少女《ひと》」グインジェの制作過程　下右：『コスモス』「雪の扉」グラルファンと

左上：『コスモス』ムサシと　左下：『コスモス』「妖怪の山」ヤマワラワ巨大化の直前　右：『コスモス』「時の娘」ジェルミナⅢデザイン（寺井雄二作）

原田昌樹と映像の職人たちのアルバム③

左：『ブースカ』かげろう谷のパックデザイン（井口昭彦作）　右上：パック（蓮沼藍）とブースカ　右下：平成ブースカは赤いポシェットがチャームポイント

『リュウケンドー』のヒーロー達。左から不動銃四郎、鳴神剣二、白波剛一
©「魔弾戦記リュウケンドー」製作委員会／テレビ愛知・ウィーヴ

『ダイナ』「怪盗ヒマラ」のヒマラワールドのデザイン（寺井雄二作）

『ウルトラQ 〜dark fantasy〜』「光る舟」より。実は夕方に撮影された早朝のシーン

原田昌樹と映像の職人たちのアルバム④

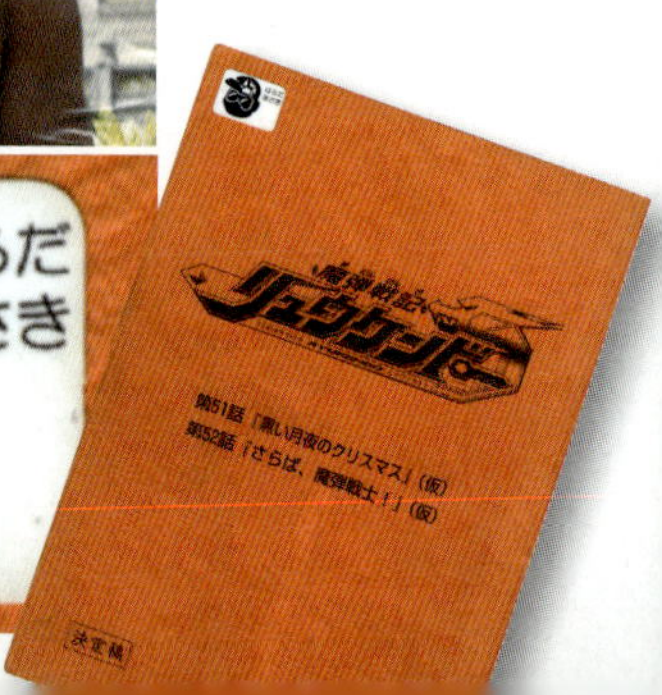

上:『喧嘩組』水上アジトにて。前列中央の原田監督右隣が主演の小沢仁志
左上：『五龍奇剣士』上海にて
左中：『リュウケンドー』の頃
左下：『リュウケンドー』クランクアップで胴上げ
右上：『Gメン'75』香港ロケにて
右下：デザイナー奥山潔による原田監督のトレードマーク。本人が台本等に貼った

「今の時代はこうだからそれに合わせた」ってものはあんまり好きじゃないんですよね。そうじゃなくて、自分達がいいと思うものをちゃんと大事にして撮っていれば、それは残ると思うんです。だから新しさに振る気はないんですよ。時代に合う、合わないということはあんまり考えたくないなぁと。人の気持ちがわかるものを撮れば、それは人に伝わると思っているんです。

原田昌樹

目次

まえがき——切通理作

いまやウルトラマンといえば、映像ソフトのレンタル店で「アニメ・特撮」の中にひとくくりに置かれるものという印象を持つ人もいるかもしれない。

だが私は、日本にウルトラシリーズがあることで、その中に、ある〈豊かさ〉が担保されているような気がしてならない。

それは、ウルトラシリーズの第一作である、ヒーローの登場しない番組『ウルトラQ』に端を発する。そこでは我々の日常と非日常のあわいが描かれ、その扉の向こう側から怪獣が現れる。そんな世界観の上に登場したヒーローがウルトラマンだったのではないか。

ウルトラマンは、戦って物事を解決するだけの存在では、必ずしもないのでは……というのが私見である。ベタベタなヒーロー番組でもなく、ベタベタな人間ドラマでもないアナザー・ワールド。

もともとウルトラマンは一話完結が基本。一つのシリーズの中でも毎回テイストが違い、それぞれの監督や脚本家の持ち味が生かされる土壌があった。

平成になってからの作品には、そんなウルトラの伝統としての多様さが戻ってくる感じがあった。その中で、原田昌樹監督作品が〈日常の延長上にある不思議な世界〉の部分を担った時期があった。

たとえば「少年宇宙人」（『ウルトラマンダイナ』20話）は、ごく普通の小学生の一人・悟が、ある日突然宇宙人である事がわかり、宇宙に旅立たなければならないと知った時、仲の良い二人の子どもである「たっちゃん」と「みのっち」が、彼を見送ろうとする話である。たっちゃんとみのっちは、はじめ宇宙人である悟に驚いて、逃げ出してしまう。だがやがて、一人でそのことを抱えて生きなければならない悟の孤独に気付く。悟は、たっちゃんとみのっちと一緒に空を飛ぶイメージを練習する。「シュワッチ、シュワッチ」とその場飛びをする子ども達。

この回は、ウルトラマンが宇宙人の旅立ちを見守ってやる話である。戦ったり、倒したりする話ではない。

だが、ウルトラマンの存在はドラマの中で「付け足し」ではない。空を飛ぼうとする子ども達の心の中には、〈ウルトラマン〉がたしかに居るとわかるからだ。

原田監督が円谷プロで手掛けた作品には〈太田愛脚本作品〉の系列と、それ以外の系列がある。前者は、本書の表題ともなった「少年宇宙人」をはじめ、本書にシナリオ採録した「遠い町・ウクバール」「冬の国ものがたり」「雪の扉」「光る舟」を代表とする作品群である。

昭和のウルトラシリーズでも、怪獣シーボーズ、ジャミラを生みだした実相寺昭雄監督にとっての佐々木守、カネゴンを生みだした中川晴之助監督にとっての山田正弘のように、名コンビといえる脚本家と組む事によって、自身の流れを確立させていった歴史がある。

原田監督は太田愛をパートナーとして、それを成し遂げていった。次第にウルトラマンや怪獣の出番が少なくなり、市井の人間が、昨日まで当たり前だと思っていた世界を疑いはじめたり、自分は異邦人だという感覚を持つ瞬間を切り取ってみせた。この「異邦人」というのは、必ずしも宇宙人という意味ではない。現実の生活を送っていながら、違う価値観を持って違う次元で生きている存在を通して、その人にしか見えないものがあるのではと思わせる。

それらの作品を足がかりに、劇場用の独立した映画としても、現実と幻想のあわいを追いかけるファンタジーの要素を持ったものを、太田愛脚本を携えて勝負したいという願いが原田監督にはあった。

〈太田愛脚本作品〉の系列以外の作品では、原田監督は長い映画の現場経験の中から、青春グラフィティやヤクザもののVシネマ他、様々なジャンルの醍醐味を生かし、多様なニーズに応える達者な演出ぶりをみせた。

「女性は美しく、男性はカッコよく」というシンプルな姿勢で、最後には星空を見上げたり、夕陽にウルトラマンが「スックと立つ」気持ちのいい作風。

この二つの系列で、平成のウルトラマンに、繊細さと武骨さという、ある確かなポジションを持っていたのが原田昌樹と言っていい。

しかしどちらの場合でも、次第にウルトラマン作品にも連続ものの要素が本格的に導入されていく過度期の作品作りの中で、それを積極的に担っていくよりは、一話完結で勝負する作品を原田監督は好んだ。

ゲーム世代が視聴者の多くを占めるようになって以後のヒーロー番組に見られる、主人公がシリーズを通して成長し、アイテムを手に入れて強くなっていくような「シリーズ構成」的な流れを、ある部分受け入れながらも、「自分はあくまで幅を広くする担当だ」という認識を持っていたのが原田監督だ。

ゆえに、平成のウルトラマンが振り返られる時のキーパーソンとしては、『ティガ』『ガイア』の文芸面を引っ張った小中千昭や、メイン監督の村石宏實や小中和哉、北浦嗣巳など、別の才能に焦点が当たる事の方が多いかもしれない。

本書はその意味では異端の一冊だろう。

しかし「幅担当」が決して傍流ではないというところが、ウルトラシリーズの懐の深さであり、本来持っていたそのもう一つの魅力を見つめ直したいという人にとっては、原田監督の作品はかけがえのないものであるに違いない。

平成のウルトラマンは、かつてウルトラマンで育った世代が、〈ヒーローとは何か〉〈怪獣と戦うというのはどういうことか〉〈僕達は何を守るのか〉を改めて問い直そうとした作品群である。その問いかけは一本一本では終わらず、番組を見ているファンはシリーズとしての大きなうねりを味わうことが出来たが、半面、昭和のウルトラマンには親しんでいても、平成になってからの作品は見ていないという人も多いだろう。

原田監督の作品は、その一本だけをいきなり見てもスッと入れる語り口を持っている。本書は、原田監督のエピソードがどうやって作られていったのか、一本ごとに検証する。

原田昌樹という人物

原田昌樹は一九五五年三月九日生まれ。高校卒業後、浪人中の七五年に教育映画の撮影現場に出入りするようになり、翌年は東映のヒーロー番組『宇宙鉄人キョーダイン』のサード助監督をしているうちに、大学にはほとんど行かず中退する。

その後『小さなスーパーマン　ガンバロン』では制作進行も経験、プロデューサーの道も勧められるが監督を志す。

『スパイダーマン』に少し関わった後、大映ドラマや二時間物など多数の大人向け番組に参加。とりわけ『森村誠一シリーズ　野性の証明』『Gメン'75』では、ワンカット長回しで勝負をかけることや、役者が芝居している途中でキャメラのフォーカスを変えるなど、現場での一体感を支える職人技を通して「人間を見つめる」演出を学ぶ。

藤田敏八、出目昌伸といった大御所の劇場用映画にも参加するようになるが、チーフ助監督になってから特に大きかったのは当時若手監督として映画界に新風を吹き込んだ和泉聖治監督の右腕としての仕事であり、ヤクザものから文芸ものまで、多くの作品を支えた。

映画の現場に出入りして十七年目の九二年、藤竜也主演の刑事ドラマ『裏刑事 -URADEKA-』で監督デビューするが、監督としての経歴初期は主にVシネマで活躍。正攻法のヤクザものよりは、競馬プラスバイオレンスの『最後の馬券師』、活劇プラス食通ものの『喧嘩ラーメン』など、大衆食堂のスペシャル定食のような、B級精神あふれるパワフルな作品を送り出す。

監督になった後もチーフ助監督の仕事を並行していたが、『ガンバロン』以来の付き合いである鈴木清プロデューサーに頼まれ映画『ウルトラマンゼアス2』の助監督となり、その縁でテレビシリーズ『ウルトラマンティガ』では監督となる。以後『ダイナ』『ガイア』『コスモス』『ウルトラQ ～dark fantasy～』でレギュラー監督。『ブースカ!ブースカ!!』ではメイン監督として第1話から担当。円谷プロ作品を五十本近く手掛ける。

その後、松竹初のテレビヒーロー番組『魔弾戦記リュウケンドー』をメイン監督として一から立ち上げる一方、劇場用作品『旅の贈りもの 0:00発』を監督。テレビヒーロー番組と、ファンタジックな要素のある人間ドラマという両輪で地歩を固めつつあった。

その頃からガンを患うようになるが、闘病しながら、中国初の特撮ヒーロー『五龍奇剣士』にやはり立ち上がりから関わったり、裁判員制度が始まる前にその意義を伝える広報映画『審理』などを手掛け、二〇〇八年二月二八日に亡くなるその日まで、映画人としての生をまっとうした。

カッコイイ自由人

私は原田昌樹さんとは、二〇〇〇年、平成ウルトラマンの初期三部作『ティガ』『ダイナ』『ガイア』をスタッフ・キャストにインタビューしながら考察した『地球はウルトラマンの星』（ソニー・マガジンズ刊）の時、初めて取材でお会いした。

その際に伺ったお話も、本書にはところどころ挿入しているが、私が、ウルトラマンや特撮番組だけではなく、原田さんの助監督時代に関わった作品にも興味津々な態度だったことが、ご本人にとっては新鮮だったようだ。

たとえば、チーフ助監督として企画の成立段階からかかわった、京都を舞台に修学旅行の一日を追った八八年の和泉聖治監督作品『この胸のときめきを』。オールディーズの音楽に乗って描かれる現在（公開当時）の高校生たちの甘酸っぱいドラマは、当時若者だった僕からすれば、プラトニックに徹していたのがかえって新鮮で、印象に残っていたのだ。

性的描写は苦手だという原田監督は、「ちょっと甘酸っぱい思い出をそれなりにきっちり撮る」映画を、またいつか自分が監督としても撮ってみたいと語っていた。「それが自分の一貫したこだわりです」とも。

普通、映像の作り手の人間と私のようなライターが取材で会っても、その後普段からの交流が生まれることはあまりない。

だが原田監督は、私などにも気さくに連絡をくださった。

どこの国からだったのか失念したが、「オーロラを見た」と旅先から写真を送ってくださったことがある。あいにく、その時添付された写真は開けなかった。後日聞かれたのでそう正直に言ったら、二度送ってくださることはなかった。オーロラを見た、その時の〈気持ち〉を届けたかったのだろう。

「監督の作品には、空を見上げているシーンが多いですね」と言ったことを、憶えていてくださっていたのかもしれない。

当時原田監督は離婚して久しかったが「女房とは発展解消で、お互いなんのわだかまりもない」と言う。留学で単身アメリカに住んでいる内に移住を志した元奥様を、日本で映画の道を行く原田監督は潔く送り出した。二人で最後に行ったアメリカでの長期旅行ドライブの思い出を、楽しそうに語っていたのも思い出す。

『明日に向かって撃て！』や六〇年代に作られたニューシネマの青春映画で描かれる〈友情以上、恋愛未満〉の世界が好きだと、原田監督はよく言っていた。自身の作品でも、思春期の少年少女の交歓を描くのが得意だった。直接的な描写の一歩手前に来る、ちょっとした仕草の感情表現。

片やいくつかの「男らしい」趣味を持っていた。若い頃からバイクを駆り、世界中を旅行し、一人旅でも苦にならない。撮影現場ではアメフトのキャップを被り、馬券が当たるとスタッフに差し入れをするが、競馬も賭け事としてより、馬の持つドラマを語る人だった。競馬場の一角の食堂に陣取り、日曜日にはいつでもそこに行けば監督と会えた。

私自身は競馬に疎く、日曜日にお邪魔することは一度もなかったが、趣味に生きながら、仕事でも自分の持ち味を大切にする自由人で、会おうと思えばいつでも会いに行ける人……というのが、私から見た「カッコいい大人」としての原田監督のイメージだった。

アニメ・特撮世代の作り手には、一番好きなものもアニメ・特撮だという人も多い。映画人の中には趣味も映画だという人が少なくない。それはそれで潔いが、原田監督のあり方には、自分が中学生の時に憧れたような、オタクとは似て非なる「ホビーに親しむアウトドアの人」の香りがした。

余命宣告

二〇〇七年の夏、原田監督から急に連絡があり、お会いすることになった。

その時、自分はあと半年の寿命だと医師から宣告されていることを監督は明かされ、今までの足跡を文字として残したいとおっしゃった。その聞き書きをする役をやってほしいというのだった。

発表の方法については「任せる」と言う。私は一カ月に一回、「今回は生い立ち」「今回はこの番組」と分けて、お話を伺っていった。

原田監督は「半年とは言われたけれど、今ピンピンしてるから、あと二〜三年は大丈夫」と自ら言い、その間にやりおおせたい仕事について熱く語っていた。

医師から方々に転移している写真も見せられたので、その日が確実に来るという覚悟はしていた。だが、いま病気を公言してしまうと、仕事が来なくなる。もう一〜二年は仕事を頑張りたい……とも言っていた。

私も、原田さんが半年やそこらで亡くなるわけがないと、言葉通りに受け取った。〈半年間〉がギリギリの制限時間だとは思わなかった。今から振り返れば、そう思いたかったのかもしれない。

翌二〇〇八年の二月、原田監督が亡くなったと知らされた。晴天の霹靂であった。

亡くなるまでの半年間の中に舞いこんできた『審理』の撮影および後処理の作業で十二月から一月は手一杯なので、二月から改めて聞き書きのためのお話を伺うことになっていた。

原田さんはインターネットのコミュニティサイト・ｍｉｘｉでも、友達申請し合った人には近況を伝えていた。病気のことは伏せていたが、いよいよとなったらｍｉｘｉで最後の言葉を残したいと語っていた。いざという時のために、家族や親しいスタッフをｍｉｘｉに招き入れもしていた。

後から聞いた話では、原田さんはパソコンに最後の言葉を打ち込むことにこだわっていたが、体調の急変で叶わなかったという。

その事が予定されていたメモに、こんな走り書きがあった。

「忘れないでね」

それは監督が『ダイナ』で撮った作品「少年宇宙人」で太田愛さんのシナリオに、付け加えたセリフと同じ言葉だった。地球を去らねばならなくなった少年が、見送る友達に残した言葉である。

半年間、数回に渡るインタビューで、原田さんは、自分が子どもの時転校が多く、それが一番つらかったと言っていた。仲良くなっても、またすぐ別れなければならない。幼馴染みでもなく、卒業も共にしなかった子のことは、みんな忘れてしまうんだよ……と。

そして映画の撮影現場もまた「毎日引っ越しをしているようなもの」だと語った。

私の中での「自由人」「カッコいい大人」という勝手に持ったイメージの根本にある、原田さんの孤独が窺えた。思えば印象的な原田作品は、いなくなってしまう、なくなってしまうものに敏感な感受性が働いているものばかりだった。

最後の「テレビ映画」

半年間の間、当初予定していた半分ぐらいしか伺えなかったお話と、仕事を共にした人達から聞いたお話とを交えて、一冊の本として完成させることを、私は考えた。

概して原田監督は、スタッフや出演者に、無理難題な要求をする人ではなかった。苦労をかけられた監督のことは強烈な印象に残っていても、それほど大変な思いをしていない人のことはあまり憶えていないという人も多い。

やはり本人の思い出は、本人の中にしかない。原田さん本人がもう居ないということを、改めて痛切に実感した。「無理をしてでも、もっと密にお会いして、どんどん話を聴いておけばよかった」とも思った。

だが、百人以上の人から、数多くのエピソードを伺うことで、少しずつ輪郭が浮かび上がってきた。それは、人をどれだけ、それと意識させないで作品に意識を向けさせ、気が付いたら楽しい時間を過ごしていた……という気分にさせるのかという「場作り」だった。人と人との関わりの温かさ。それが、役者のいい表情を掬って捉えることにもつながる。

その営為を聴いていく内に、今まで映像作品について文章を書いてきた私自身、作品が本当は何によって作られているのか、表面しか撫でていなかったのではないかと思い知ることとなった。本書のタイトルが「監督原田昌樹と映像の職人たち」とある所以だ。

ウルトラマンはもともとフィルムで作られていたドラマである。原田監督はフィルムで作る「テレビ映画」の最後の世代の監督でもあった。複数のキャメラを切り替えて編集するのが当たり前になっている現代のドラマ界だが、一つのキャメラでじっくり対象を見つめ、同じ時間の同じ空気を吸うスタッフ達と作り上げる映画人の気風。

そこを基底にしながら、合成技術という要素が加わることで、限られた空間が、広がりを持った大きな世界の一部に感じられる。

現場の空気を大事にしながら、常にそれを一歩引いて見つめる。まるで背中に目が張りついているかのように、どこを見ていても、近づけば必ず気付いて振り返ってくれた……と証言する役者さんもいた。

一期一会で出会う各パートのスタッフ、そして出演者の人々が、どんな風にワンカット、ワンカットを刻んでいったのかが伝わり、その総合体としての作品をまとめる「監督・原田昌樹」が改めて浮かび上がってきた。

大手の映画会社による撮影所システムによって作品が作られていた時代が終わった後、原田さんはこの世界に入り、一度も会社に所属することなく、身一つで育ってきた。原田監督にとって、ウルトラマンや特撮テレビシリーズは、作品を連作していける、かつての映画におけるプログラム・ピクチュアに代わるものだったのかもしれない。

円谷作品が多く撮影されていた東宝ビルトは、かつて美セン（東京美術センター）と呼ばれ、初期ウルトラシリーズから使用されてきた。二〇〇八年二月、そこが閉鎖された直後に、原田監督も後を追うように亡くなった。

最後のテレビ映画監督の仕事を、この本を通して、追体験して頂きたく思う。

'98 3 15

第1部

平成ウルトラマン
～円谷プロの時代①～

ウルトラマン生誕三十周年記念作品にして、十六年ぶりのテレビ地上波ウルトラマン。かつての「Ｍ78星雲の宇宙人」という設定から一新、この地球に超古代から眠っていた石像に人間が一体化して復活、変身する。主人公・ダイゴは地球平和連合ＴＰＣの極東本部に設置された特捜チーム・ＧＵＴＳの隊員で、Ｖ６の長野博が演じた。

一話完結の多様さとシリーズ構成のうねりが錯綜し、回を追うごとに、ウルトラマンの存在理由を問う視点および、隊員達との精神的共闘に焦点が当てられるようになっていく。科学を未知への探求心として捉え直し、それは人類が進化していく可能性そのものであり、その先に「光であり人である」存在としてのウルトラマンが居る……以後作られていく〈平成ウルトラマン〉精神の礎となった。

スタッフ

監督：松原信吾・村石宏實・川崎郷太・岡田寧・神澤信一・冬木椴・原田昌樹・北浦嗣巳・石井てるよし・実相寺昭雄・満田穧

特技監督：高野宏一・神澤信一・北浦嗣巳・村石宏實・川崎郷太・大岡新一・服部光則・佐川和夫

脚本：右田昌万・小中千昭・宮沢秀則・川上英幸・武上純希・兒玉宣久・河崎実、村石宏實・中崎一嘉・神澤信一・太田愛・長谷川圭一・平野靖士・川崎郷太・斎藤和典・薩川昭夫・大西信介・上原正三

製作：円谷一夫／監修：高野宏一／企画：満田穧、丸谷嘉彦、大野実／プロデューサー：笈田雅人、諸冨洋史、位下博一／制作プロデューサー：小山信行／撮影監督：大岡新一／美術監督：松原裕志、大澤哲三、池谷仙克／撮影：倉持武弘／照明：高野和男、佐藤才輔／美術：及川一、内田哲也、小出憲／録音：細井正次、楠本龍巳／助監督：勝賀瀬重憲／監督補：円谷昌弘／ビジュアルエフェクト：大里俊博・有働武史／編集：大橋富代／D1編集：田代定三／選曲：水野さやか／スペシャルサウンドエフェクト：今野康之／サウンドエフェクト：小山健二／整音：松本能紀／3D：森正吾・田嶋秀樹／マットペインティング：木村俊幸／コスチューム制作：小暮幸子／装飾：長谷川圭一・高橋俊秋／キャスティング：安藤実／衣装：萬木利昭／メイク：

ンティガ

小田多佳子／スチール：遠藤秀司／スクリプター：河島順子・島貫育子・飯塚美穂・黒河内美佳／特機：田村誠

37話「花」＆40話「夢」（実相寺昭雄監督作品）制作協力：コダイ／コダイスタッフ　プロデューサー：大木淳吉・鈴木道朗・宍倉徳子／撮影：中堀正夫・八巻恒存／照明：牛場賢二・丸山文雄／録音：木村瑛二／助監督：高橋巌／制作担当：土本貴生／編集：矢船陽介／スクリプター：赤澤環／本編美術：五辻圭／特撮美術：相馬直樹／音楽協力・音楽コーディネーター：神保敏文／ピアノ：勝郁子／ソプラノ：若槻量子

製作：円谷プロダクション、毎日放送

［特撮］

撮影：高橋義仁／照明：和泉正克／美術：寺井雄二／助監督：満留浩昌／操演：根岸泉／擬闘：二家本辰己・中瀬博文／キャラクターデザイン：丸山浩／イメージボード：橋爪謙始／キャラクターメンテナンス：宮川秀男／スチール：渡辺亨／テクニカル・アドバイザー：小野寺浩／アニメーション・エフェクト：山本英文／テレシネカラリスト：児島正博・鳥海重幸

制作担当：土肥裕二／制作主任：中井光夫・熊田雅彦・松田憲一良／制作進行：田村諭／九州ロケコーディネーター／横田徹也・松岡美智子／制作プロデューサー補／数間かおり／仕上げ：加藤ひと美・加地耕三／番組宣伝：安藤ひと実

［音楽］

音楽：矢野立美／音楽プロデューサー：玉川静／音楽制作：日本コロムビア・円谷ミュージック／オープニング主題歌「TAKE ME HIGHER」作詞：鈴木計美　作曲：Pasquini・Batten・Contini　編曲：星野靖彦　唄：Ｖ6／エンディング主題歌：「Brave Love,TIGA」作詞：サンプラザ中野　作曲：バーベQ和佐田　編曲：福田裕彦　唄：地球防衛団（エアーズ）

掲載：テレビマガジン・たのしい幼稚園・おともだち　他

協力：本田技研工業、ホンダアクセス、クリエイティブ・オフィス・ヤップ、桜井ホンダ、ヤナセ、プレックス、ＭＥＭＯＴＩＭＥ、日本サン、マイクロシステムズ、アドビシステムズ、アビッドジャパン、伊藤忠テクノサイエンス、ＩＭＡＧＩＣＡ、デジックス、東宝ビルト、日本照明、マーブリングファインアーツ、開米プロダクション、亀甲船、東宝コスチューム、日本エフェクトセンター、ナック、山崎美術、スワラプロダクション、スリーエススタジオ、ジャパンヴィステック、宗特機、日本コダック、報映産業、富士通乾電池、旭化成工業

キャスト

マドカ・ダイゴ：長野博／ヤナセ・レナ：吉本多香美／イルマ・メグミ：高樹澪／ムナカタ・セイイチ：大滝明利／ホリイ・マサミ：増田由紀夫／シンジョウ・テツオ：影丸茂樹／サワイ・ソウイチロウ：川地民夫／ナハラ・マサユキ：タケ・ウケタ／ヨシオカ・テツジ：岡部健／シンジョウ・マユミ：石橋けい／ハヤテ・シン：京本政樹／マサキ・ケイゴ：高良隆志／ユザレ：長内美那子／カシムラ・レイコ：北川たか子／ヤオ・ナバン：小倉一郎／タンゴ・ユウジ：岡村洋一／イタハシ・ミツオ（キリエルの預言者）：高野浩幸／オオヌマ・ケイコ（キリエルの巫女）：春菜千広／ミウラ・トモキ：辻和希／ＧＴＶテレビ・レポーター：太田久美

［声の出演］

ウルトラマンティガ：真地勇志／ナレーター：二又一成

［スーツアクター］

ウルトラマンティガ：権藤俊輔・中村浩二／怪獣：岡野弘之・三宅敏夫・北岡久貴・広沢俊・金光大輔・富田昌則・角秀一・金塚裕

ウルトラマ

1996-1997

「青い夜の記憶」29話 ▼一九九七年三月二二日放送

脚本：長谷川圭一　特技監督：大岡新一　撮影(本編)：倉持武弘　撮影(特撮)：高橋義仁
ゲスト：田中規子(クルス・マヤ)、田島真吾(マネージャー)

▼ストーリー

夜の山道を走る一台の車には、平和な家族が乗っている。若い夫婦と幼い一人娘だ。だが運転席の夫は対向車を避けようとして、車はガードレールを突き破って崖から転落してしまう。その時、スッと青白い光が走り、下界で横転した車に入り込んだ――。

その一五年後。GUTSの最新鋭エンジンメカニズム・ニューマキシマオーバードライブの大気圏外テスト飛行中であったシンジョウ隊員は、不思議な光と、どこか透明感のある謎の旋律に包まれ消息不明となる。

シンジョウの生存は絶望視されたが、山中に不時着したところを保護される。だがシンジョウの様子がおかしい。クルス・マヤという歌手に異様に固執するようになったのだ。マヤのプロダクションに自分はマヤの兄だとしつこく電話するシンジョウ。

マヤは一人っ子だったが、自分の兄と名乗るシンジョウのことが気になり始める。マヤがいつも見る夢の星空には優しい旋律が流れていた。それはシンジョウが事故の時に耳にしたものと同じである。

実は事故の際にシンジョウの肉体には異星人が宿っていた。この異星人は一五年前に母親がやむなく地球に置き去りにした妹＝マヤを迎えに来た。追っ手を逃れてきた異星人はたまたま地球で遭遇した交通事故で死んだ娘の身体に、自分達の幼い娘をインベードさせたのだ。その後すぐ迎えに来られなかったのは、彼の母星がナターン星に征服されてしまったからだ。だがようやく彼は母星を脱出し、妹に会いに地球に来ることが出来たのだった。

宇宙のどこかで新天地を探し、自分とやり直したいと言う兄に、マヤは喜ぶ。自分は地球人だと思っていた彼女だが、心の底では迎えに来る兄をずっと待っていたのだと悟る。

しかし後日、シンジョウに憑依した異星人はダイゴの目前でナターン星からの追っ手に射殺されてしまう。既に彼の仲間もすべて追っ手に始末されていた。

ナターン星の正義を説く追っ手に、ダイゴは怒る。

「自由を踏みにじって、何が正義だッ！」

巨大化したナターン星人を、ティガに変身したダイゴはアッという間に倒した。

マヤはまだ兄の死を知らない。ダイゴの提案で異星人の兄が憑依したままのふりをしてマヤに会うシンジョウ。そしてマヤに言う。この星に残れ。この星にもお前を愛してくれる人がたくさんいるから……。

「いやよ！」とシンジョウの胸に顔を埋めた時、マヤは兄が既にシンジョウの身体から去っていることを悟る。涙をこらえて「わかったよ――私、残る」と答えるマヤ。空には満天の星空が輝いていた。見上げるマヤの瞳からは一筋の涙が流れた。

作品解説

▼原田昌樹、語る

僕は『ティガ』には「怪獣動物園」(「青い夜の記憶」に続く30話)をやるってことで初めて呼ばれて、その打ち合わせ中、一緒に撮るあともう一本をどうしようかって話になって、プロデューサーの笈田(雅人)くんがプロットを五つぐらい見せてくれたんです。小中(千昭)さんのデシモニアの話(34話「南の涯てまで」、村石宏實監督／デシモニアはこの回に登場したデシモ星系人の生体兵器)もあったんですけど、難しかったんですよ、僕には。当時、特撮は詳しくなかったので、あまり特撮中心のものはやりたくなくて。ドラマ主体の話がないかと探してたら、長谷川(圭一)くんの「青い夜の記憶」がほぼ完成台本の形であったんです。読んでみたら、ロマンティックな話だったんで、やりたいと思ったんですね。

それに歌の話だから「しめた」と思ったんだけど(笑)。「これやっていい？」って笈田くんに言ったら、「これ歌手の話だから、歌を決めなきゃいけないし、今から作曲したら間に合わない」と言うから「作曲じゃなくて、オールディーズの曲を編曲すればすぐ出来るから」という話をしたんです。

マヤが歌っている『青い夜の記憶』はプロコル・ハルムの『青い影』のカヴァーなんですけど、昔、和泉聖治監督の、全編オールディーズが流れる青春映画『この胸のときめきを』に助監督でついた時に『青い影』も使用曲の候補に入ってたんですよ。でもちょっと世代的にズレてるのと、曲が使い切れないということで外された。前半にマヤが歌っていたロネッツの『Be My Baby』もその時の曲なんです。あれも可愛い曲で、二曲とも好きだったんで、自分が監督やる時には使おうと思ってて。

『Be My Baby』は僕のデビュー作『裏刑事』の中でも使いました。ティーンエイジの女の子のテーマ曲として。クルス・マヤが歌っている店も『この胸のときめきを』で出資したライブハウス、ケントスの林ゆたかに頼んで彼の店(六本木のデスペラード)を使わせてもらいました。

長谷川くんと話をした時に、最後は本当はマヤの歌で終わりがいいんだけど、エンディング曲がいつもの『Brave Love, TIGA』ってのは決まってるから、音がぶつかるんで、「これ逆転させるかもしれないけどいい？」って言っといて、シナリオでは歌の前に書かれていたシンジョウとマヤの別れのシーンをライブシーンの後に挟んだんです。いずれにしても、曲は曲として、ドラマの中でちゃんと一回聞かせたかったんですよ。

時間的にはキツかったですけどね(笑)。マヤ役の田中規子ちゃんは円谷プロの社長さんからの推薦だったんです。歌はべつに彼女でも歌えたんですけど、キャスティングの前に歌を決めて撮らないと間に合わなかったので、円谷ミュージック・エンターテインメントの須藤ひとみが歌ったんです。先に歌を作っちゃって、それからキャストを決めたんですね。本人が歌っているようにしか聴こえないぐらいに、効果の人もなかなかうまく合わせてくれていました。

あの頃、まだ脚本の長谷川くんとは(事前に)面識がなかったんだけど、非常にみずみずしいものを感じたんで「これは面白くなるな」と思いました。今から考えても、よく子ども番組であんな話が許されたなと思います。でもその時は僕、一応「一回だけ」って話だったんですよ。だったら「自分の好きなものやっちゃえ」と思って。

あとは「なるべく特撮が少ないホンにしてくれ」と言われてたから、「これ、全然ドラマで大丈夫だから、ウルトラマンはちょっとだけ出てくればいいから」って。

（ウルトラマンの登場場面は）一応測ったんです。出て来てから消えるまで五〇秒なんですよ。特撮も一日で終わったっていうから。それだけじゃもったいないからって、車の転落をちょっとやってもらったんですけど、それを入れても、あの話は特撮班に後で聞いても印象に残ってないくらい短かったらしいですよ。

車で転落死した母親役の人は、後に僕が撮る「君を想う力」（『ダイナ』46話）でリョウの子ども時代をやったエリちゃんって子（岡村英梨）のお母さんだったんだけど、後で知ったんですよ。

マヤの部屋は星空がいっぱいに見える窓でしたが、ああいうのは多いですよね、僕の画としては。星空は好きですね。なにかと星空は合成してます。

この間（本発言は『ガイア』放映中の一九九九年に取材）、「青い夜の記憶」を久々に見たんですよ。撮り方が違いますね。今の僕と。ゆったりしてる。直前まで映画をやってるから、タッチが早くないんですよ。今だともう少し細かくなってますね。長回しもずいぶんしてるなあと思ったし。

テレビでは、もう少しきっちり割って撮った方がいいんですよ。わかりづらい部分もあるから。

▼アイドル〈クルス・マヤ〉の造型

架空の歌手やアイドルが登場するドラマは、時に恐ろしく寒々しい印象を与えることがあるが、本作はそこを免れている。

それは、先の監督のコメントにあるように、ゲストの歌う楽曲にも、逃げないで真正面から取り組んでいる姿勢によるものでもあるだろう。

今回の眼目でもある音楽だが、前半の、溌剌としたライブで演奏される『Be My Baby』はダンシングチームとしてデビューした黒人三人のガールグループ・ロネッツの初ヒット曲。日本では弘田三枝子の歌としても大ヒットした。

『青い夜の記憶』の原曲『青い影』は原題が『A WHITER SHADE OF PALE』。バッハの『カンタータ一四〇番』や『G線上のアリア』などの影響を色濃く受けたクラシック・ロックの名曲だ。

本作ではまずニューマキシマの実験飛行中に遭難するシンジョウの耳に聴こえてくる旋律として初めて流れ、それは後に回収されたボイスレコーダーによりダイゴ達にも伝わる。そして、すべての事件が終わった後、マヤのデビュー一周年ライブで披露される歌『青い夜の記憶』として、例のイントロから始まり、初めて全編が流れ、二分二十秒の間、たっぷり聴かせる。

ゲストキャラ、クルス・マヤは、セリフでは「アイドル」と呼ばれることもあるものの、原田監督は演じる田中規子に、若く溌剌としてはいても、所謂「カワイイ」演技は一切させていない。衣装もステージ、オフ関わりなく黒いレザージャケットで統一、髪にはメッシュを入れ、所属事務所でくつろぐ時は黒いサングラスで目を隠す。彼女を一人の女性シンガーとして扱っており、本作の静謐な佇まいに寄与している。放映当時はまだ、アイドル性とカリスマシンガーの要素を兼ね備えたアーティストの存在が当たり前にはなっていなかったが、その土壌となる時代の空気にいち早く目を配ったゆえだろう。一方でオールディーズを用いながらも、野暮ったい意味での古さは払拭されている。

また、エンディング用に使う場面を原田監督はメモに抜き出している。熱唱するマヤの顔を捉えた移動ショットから、それを見つめるマユミの憂いを帯びた顔、後ろに立って聴くダイゴの顔……と、出だしのつながりはメモ通りで、後は「この画は使って欲しい」というものだけメモして編集部に伝えたと思われる。欠番にしたダイゴとマユミの会話シーンやＧＵＴＳ司令室シーン、ダイゴとマヤの競演場面を使うことも指定されている。最初に担当した回からこうしたこだわりを見せていることには驚かされる。音楽のシーンで、使わなかった場面を紛れ込ませて、役者の表情だけでも、短い時間の中に潜在的なイメージとして伝えようという意志が感じられるのだ。

▼特撮との出会い

車がガードレールを突き破り落下する場面はミニチュアで、車体下部がたわむディテールをエフェクトで加えている。この部分は大岡新一特技監督の領域だが、前述の原田監督の発言にあるように、ティガとナターン星人の格闘場面が極端に短いため、特撮班が車の転落場面ひとつでも丁寧に取り組んだことが伺える。ちなみに平成になってからのウルトラマンシリーズでは、車の爆破シーンも、写真素材を爆発の素材に合わせて飛び散らせるなど、ミニチュアだけに頼らない様々な試みを行っている。

かつて事故に遭った山中のカーブに佇むマヤが、眼下の谷底に目を落とし、手向けの花を落とすシーンで、切り立った崖は、実際は平地で撮影している。絵コンテのイメージを元に、後処理で地面を削り、マット画を描いている。この回の放映当日に毎日放送で放映された特番『ウルトラマンティガ大百科』も原田監督が演出していたが、この合成場面のからくりについて番組で紹介している。

実際には存在しない崖を、過去と現在をつなぐ象徴的な〈場〉として使っているのだ。

それについて、原田監督はこう語っている。

「ああいう技術もやれるってわかると、ロケハンの仕方が変わるんですよね。実際、映画の中で崖を探すってなると、北海道かどこかの崖っぷちに立たせるしかなくなっちゃうんですよ。そういうノウハウを得ることは出来ました。本編だけやってた時は、実景やセットでもその空間の中でものを作んなきゃいけないと思うけど、合成を覚えたら、ない部分もCGで描き足して物語が作れるってことを実感として持てる。ウルトラマンに取り組むに当たっては、まず合成を勉強し直そうと思ったんです」

原田監督にとってウルトラマンシリーズは、自らが演出する空間の領域を広げることの出来るフィールドだったのだ。

▼地上の星

平成ウルトラマン初期三部作では、特捜チームのレギュラー・セット以外にも、各回に合わせてセットを建てるという映画並の撮影が行われている。

マヤの寝泊りする部屋は撮影用のセットであり、既にそこにして地上と星空のあわいを表現している。

シンジョウに憑依した宇宙人が追っ手のナターン星人に射殺される場所は、シナリオでは「山頂の高台」とされている。撮影場所は横浜市戸塚区にある秋葉台団地の高台の公園。柱のみが四角く組まれたオブジェごしに空が見えるこの場所は、後の原田作品でもよく使われる定番ロケ地となっていく。

マヤの部屋・セットデザイン（内田哲也）

異星人の兄が憑依したままのふりをしたシンジョウがマヤに会うくだりでは「この星にもお前を愛してくれる人がたくさんいる」と向き合ったマヤに告げる場面でまさに街の夜景が星空のように奥に映り込んでいる。それは、これからマヤの帰っていく現実もまた、空に瞬く星と同じ、彼女を受け入れるたくさんの人間達の暮らす、希望に満ちた世界かも知れないと思わせる。

▼シナリオとの比較

長谷川圭一による本作の準備稿タイトルは「遥かなる夜の記憶」。「青い夜の記憶」となったのは、モチーフ曲となったプロコル・ハルムの『青い影』とかけたということもあるだろうが、リアルな宇宙よりも、昭和のウルトラシリーズに出てきたような青バックに星が瞬く宇宙にしたいというのは、監督と脚本家双方の意志だったという。

冒頭、夜の山道の事故シーン、原田監督は準備稿の段階から「青っぽい夜」と鉛筆で書き込んでいる。

シナリオでは冒頭から事故が起きているが、演出ではほんの数秒、いつもの劇伴からフリューゲルホルンによる平和ムードの曲（M-42）を流し、この家族の事故直前の日常を提示する。少女は母親と共に後部座席にいてぬいぐるみを膝に載せている。事故で破られる前の、一家の「平和」を、少しでも視聴者に印象付けようというきめ細かな演出だ。

本作では、追っ手のナターン星人は実体を表わしてティガと戦うが、シンジョウに憑依していた側の異星人が本来どんな姿をしていたのかは描かれず、「××星人」というような名称さえ出てこない。むろん、マヤは彼らの星がどんな場所だったのかも知らず、ただ遠い星空への憧れと、もう行けないという喪失感と共に認識するだけである。

「なぁ、ダイゴ……。俺は役に立てたのか?」、「……はい」、「……なら、いいんだ……」という、マヤと別れた後のシンジョウとダイゴの対話は、異星人が憑依している間の記憶を、覚醒したシンジョウがおぼろげに、夢のように記憶していることと併せて、奥行きを醸し出している。

マヤがシンジョウの胸に顔を埋めると、もうシンジョウの中に兄はいないと悟る場面は、セリフではなく身振りと表情で気持ちを表現しており、ひょっとしたら演出で膨らませた描写だと思った視聴者もいるのではないだろうか。

しかし、これはシナリオ段階から描かれている。

マヤ、シンジョウの胸に顔を埋めハッとなる。
瞬間に彼女は全てを理解した、冷酷なまでの現実を――
マヤ、ソッとシンジョウから身を離して――
（シナリオ決定稿より）

原田監督はここに余計な説明を足さず、忠実に映像化している。説明的な描写が常識的なテレビドラマの方法論に囚われない、映画的で余韻のあるシーンとなった。

ラストシーンで見上げるマヤに広がる星空は、シナリオでは「そこにはわずかだが美しい星々が瞬いていた」とあるが、原田監督は降るような満天の星空にしている。マヤの瞳からスーッと涙が流れると共に、ミルキーウェイにも一筋の流れ星が――。

途中のディテールにおける、映像作品とシナリオとの最大の相違は、準備稿ではシンジョウがマヤに会いに来るくだりで、彼がピエロの格好をしてライブ会場に現れることになっていたということだろう。会場で風船を配るピエロは、マヤの歌に盛り上る聴衆の中、テレパシーで語りかける。

大勢の人間が集まる中で、異星人同志が心と心の会話をするというシチュエーションは、長谷川圭一が少年時代から好きだった『ウルトラセブン』の37話「盗まれたウルトラアイ」でのモロボシ・ダンとマゼラン星人マヤとの、ゴーゴークラブでのテレパシーによる会話にインスパイアされたものだ。

「あと、遊園地の場面をちょっとシュールにしたかったんですよね。『帰ってきたウルトラマン』のゴキネズラの回(22話「この怪獣は俺が殺る」)で、夢の島にピエロが出てくるじゃないですか。ああいう感じをイメージしてたんです」(長谷川圭一談)

またシンジョウを気遣う妹マユミが、かつて失った恋人・タクマのこと(15話「幻の疾走」で描かれた)をレナに語るセリフが決定稿にあった。

「タクマが死んだ時はっきり分かったんです、お兄ちゃん、ずっと私の事を守ってきてくれたんだって――」

撮影したものの尺の都合でカットになったが、原田監督は後に『ダイナ』でマユミとタクマの後日談(20話「夢幻の鳥」)を手がけることになるのだった。

『青い影』のイントロに合わせて別々の場所にいるクルス・マヤと記憶喪失のシンジョウをつなぐくだりでは、マヤの部屋には天窓から星空の光が降り注ぎ、シンジョウの病室でも広い窓から星空が見える。

星空に向かい、窓際に立つ二人の顔の向きが合うようにカットをつなぐということを、原田監督は橋爪謙始とのコンテ打ち合わせで指定している。室内のライトをきっかけにパンしてつなぐこともこの段階で決めていた。

サブタイトルにもある「青い夜」のムードぴったりにそれぞれ空に何か思いを馳せているような、印象的な演出だ。

この「空を見上げる視点」は、やがてウルトラマンシリーズで原田監督がこだわっていくことになる要素であり、その原点となっている。

全体的に大人のムードの本作だが、前半の、GUTSメンバーでさえ、カリスマアーティスト「クルス・マヤ」現象の例外ではないことを示すコミカルな場面はリラックスして作品世界に入ることが出来る。科学者の面を持つ三枚目のホリイ隊員が基地内で持っていたファイルの裏に「MAYA命」と書いてあった……など、あまりにベタすぎるギャグが楽しい。当然シナリオにも書いていないが、セリフだけのアドリブではなく小道具まで用意する遊び心は、担当初回にして原田監督がレギュラー出演者にすっかり溶け込んでいることが伺える。

ライブ会場での、シンジョウの妹マユミのミーハーなはしゃぎっぷりも楽しい。マユミ役石橋けいは、以前東映のテレビシリーズ『有言実行三姉妹シュシュトリアン』(九三年)の次女月子役だった。『シュシュトリアン』にウルトラマンや円谷怪獣がゲストに出る回があるが、同番組のファンだった円谷一夫社長(当時)の意志もあり実現したものだ。この時の縁もあり、石橋けいは『ティガ』以降の平成三部作すべてのセミレギュラーとして出演している。そして今回のゲストキャラであるクルス・マヤ役の田中規子もまた、『シュシュトリアン』の長女・雪子役であった。

作品解説

「怪獣動物園」30話 ▼一九九七年三月二九日放送

脚本：斎藤和典　**特技監督**：大岡新一　**撮影(本編)**：倉持武弘　**撮影(特撮)**：高橋義仁
ゲスト：不破万作(飼育係・山本)

▼ストーリー

ある日、ダイゴとレナは動物園でデートをしていた。楽しいひと時、レナは「こんなに大きな動物だって、ちゃんと柵の中で飼うことができる……だったら怪獣だって……」と思う。

折しも動物園の地下から怪獣キングモーラットが出現。モグラネズミが、人間の生み出した地下廃棄物の影響で巨大化したのだ。だが寝てばかりいるキングモーラット。イビキをかいたかと思えば、それは空腹で腹が鳴る音であった。

シンジョウ隊員の提案で先制攻撃に出ようとするGUTSの中にあって、ひとりレナが反対する。「今は、怪獣としてではなく、動物として見守ってあげたいのです」

GUTSはレナの進言通り様子を見ることにしたが、シンジョウは批判的だ。

「でかいというだけで奴は、人間を恐怖させ、経済を麻痺させる」

怪獣は夜行性だった。満月が見えるとともに活動を始め、戦いに発展する。牧場の牛があわや犠牲になりかかる。ダイゴはティガに変身し、必殺技ゼペリオン光線のポーズを構えるが、レナは叫ぶ。

「やめて！」

ティガはレナの願いを聞き入れ、自分の寿命を削ることになるセルチェンジビームを使いキングモーラットを無害な大きさまで縮小する。縮小された怪獣は動物として動物園の牧場で飼育されることになったのだった。

▼原田昌樹、語る

もともと僕は、キャメラマンで特技監督の大岡新一さん(現円谷プロ社長)も、円谷プロの専務(当時)である高野宏一特技監督も昔からよく知っていたんです。

僕は助監督を始めた初期、東映で『宇宙鉄人キョーダイン』(七六～七七年)をやったんです。その時、僕の上についた人間が創英舎で『小さなスーパーマン　ガンバロン』(七七年)をやるということで、僕もそっちについていった。『ガンバロン』はキャメラマンが大岡新一さん、プロデューサーが鈴木清さんで、特撮のアドバイザーが高野宏一さんだった。『ゼアス2』から映画版『ティガ』までのウルトラマンの映画チームはその時からのつながりなんです。照明の高野和男がその時はまだチーフでついていて、ガンバロンの中身に入ってたのは車邦秀さんだった。映画版ウルトラマンの殺陣をやってますね。

僕は、鈴木さんと大岡さんとは『ガンバロン』が終わってからも、五年に一回くらいはあっちこっちで一緒に仕事してました。

国際放映で『黄土の嵐』(八〇年)っていう、中国が舞台の時代劇に1クールついた時の特撮監督も鈴木清さんだった。僕は本編班だったけど、特撮っていうと円谷系の人達とよく顔を合わせていました。

　フィルムリンクという会社で森高千里主演の『あいつに恋して』（八七年）に呼ばれた時も、鈴木清さんがプロデューサーでいたんですよ。撮影は大岡さんで。

　大岡さんとは角川（映画）の『REX 恐竜物語』（九三年）もやりました。その五年後に『ゼアス2』、そして『ティガ』になるんです。『ティガ』は高野宏一さんが監修でついていて「なんだ、お前か」と言われました。

　『ゼアス2』は小中和哉さんが監督でしたけど、僕が助監督として呼ばれた段階では、まだ監督は未定だったんです。その前の『ゼアス1』の中島信也さんがやるかもしれないって状態だったんで、とにかく古いメンバーを鈴木さんが集めていた。

　やがて『ゼアス2』で脚本を書いた斎藤和典くんが『ティガ』を一本書くということになった。小中和哉さんは『ゼアス2』の仕上げがあったので、斎藤くんのホンを誰が撮るかという時に、本編を僕、特撮を大岡さんでどうかという話になった。『ゼアス2』のトリオがそのまま行ったという形です。映画も終わったし、一本そのメンバーでやるかということで「怪獣動物園」をやったんです。

　ちょうどシリーズも2クール終わって「そろそろ新しい血を入れようか」なんて話も出てた頃なんですね。

　僕、（吉本）多香美ちゃんを主演に初めて撮ったのは、この「怪獣動物園」だったんです。その後、「もっと高く！」（50話）で三カ月ぶりぐらいにウルトラマンに戻ってきた時、すごく綺麗になってたんですよ。色気が出てきていて……女の子ってそのくらいの期間でも変わるんだと。たぶん恋をしてるんじゃないかと思いました。綺麗な時はどう撮っても綺麗ですからね。いい時期に撮らせてもらったなと思いました。ですからあの時は素で撮りましたね。自分の感性の中で。

　でも「怪獣動物園」の時は最初だったから、多香美ちゃんをもっと技巧的に撮ってましたね。女の子の撮り方の基本ABCという感じで。軽い気持で撮っていました。

　レナの訴えで怪獣を殺さずに見逃すという話だったんだけど、『ティガ』自体五、六本しか見てない状態だったんで、その前に川崎（郷太）さんの「うたかたの…」（28話）みたいな重い話があったなんて知らなかった。撮っている最中は川崎組はまだ出来上がってないから、見ることも出来なかったんですよ。

　ダイゴとレナの関係にしてもそうで、二人のデートシーンを軽く撮っていたんです。撮影現場から「こういう時期にデートさせるのはいかがなものか」なんて声が挙がったって聞いた時も、何のことやらサッパリわからなかった。後でわかりましたけどね。キリエルの回（25話「悪魔の審判」）でデートの約束をさせて、後に引っ張ってるんだということが。

　僕はもっと脳天気に撮っていたんです。当時笈田くんに「僕が撮ったら、たぶんそんな重いデートにはならないと思うよ。明るく楽しくフレンドリーな」って言ったんですけどね。舞台も牧場だし、あまり切羽詰った話にはならないと思っていました。

　大滝（明利）くんが牛乳好きだってことはどこかで聞いてたからアドリブで入れたりとか。シンジョウが牛乳を拒むところもそうだし、結構アドリブ芝居を入れましたね。ラストのシンジョウとダイゴのくだりもそうだし。よく二人のガッツウイングが落っこってるんですよって聞いたから、「じゃそういう風に喋ったら」と。ギャグのオチをつけ加えたんです。

　テーマは重いけれど、脚本の底に流れるものは明るいので、呑気に見ていられる方向にしました。

　『ティガ』では「ウルトラの星」（49話）みたいな初代ウルトラマン時代を回顧する話も演出していながら、実は僕、そんなに詳しくなかったんですよ、ウルトラマンって。

　僕は離婚していて、前の女房が今アメリカに住んでるんですけど、彼女は子どもの時『ウルトラセブン』を見ていたらしいんです。知らなかったんですけどね、そんな話。僕がウルトラをやってるって知って、「子ども番組には、やっぱりちゃんとしたメッセージを入れて欲しい」ってメールが来たんです。自分は『セブン』を見た時に、モロボシ・ダンが兵器開発に対して「血を吐きながら続けるマラソンだ」って言ったセリフが、やっぱり残ってる（26話「超兵器R1号」）。だから、自分は今アメリカに住んでいて、アメリカなんか「力が正義だ」っていう国なんだけど、やっぱりそこにいても武器というものは駄目だと思う。その精神的なものは『セブン』から生まれてきてるから、今、子ども達に見せる時、そういうメッセージは忘れないでと。

　それは本当に大事だなと思って。

　人を愛する気持ちを、ちゃんと作品の中に入れたいですね。登場人物は、たとえそれがどんな存在でも愛してますよ。怪獣にしたって、無念な死を遂げさせたくないんです。

　僕は円谷プロの標語が好きなんですよ。「子ども達に愛と夢を」という。「ウルトラの星」のナレーションの中にもありましたけど。あれはすごく大事なことだと思ってるんです。いつでも視線は子どもに向けて、子ども達に自分達のメッセージを乗せていけたらなあと思うんですよね。説教くさくしなくてもわかると思うんですよ。生きているものにはそれぞれ意味があると。子どもって僕らよりはるかに感受性が強いから、やればそういう印象は残ると思うんです。

▼成り立ち

　原田監督が直前まで助監督をしていた映画『ウルトラマンゼアス2』は、本作オンエア時にもその予告CMが流されている。その脚本を書いた斎藤和典が『ティガ』の脚本を一本担当することが先に決まっており、「監督を誰にするか」ということで自分に声がかかったと原田監督は語っているが、笈田雅人プロデューサーの記憶では順序が逆だという。

　ひょっとしたら、笈田プロデューサーと話し合う前に、故高野宏一氏との間で「『ゼアス2』のトリオで」という話が出ていたのかもしれない。

　斎藤和典は電通プランナー。『ヤキソバン』のCMで知られる。おもちゃコレクターとしての顔もあり、著書に怪獣のソフトビニール人形やロボットアニメの超合金を集めたシリーズ『斎藤和典コレクション』（誠文堂新光社）がある。

　変身後のティガがGUTS車両デ・ラ・ムを押しつぶそうとするキングモーラットとの間にうずくまった姿で登場し、デ・ラ・ムを逃がした後、いつものタイプチェンジのポーズを取らず、同じ姿勢のままでマルチタイプからパワータイプになってモーラットを跳ね飛ばす場面は、シナリオ段階から書かれており、ディテールへのこだわりが伺える。

▼ミルクがうまい

牛の飼育係・山本の役でゲスト出演しているのは、後の『ウルトラマンガイア』における原田作品「遠い町・ウクバール」(29話)では幻の町を思い浮かべて周囲から〈宇宙人〉と呼ばれる宅配便従業員・永田を演じることになる不破万作。「ウクバール」の際の朴念仁的なキャラクターと異なり、牛への愛情のあまり鍬ひとつで怪獣にも立ち向かっていく直情的な男を演じている。

キングモーラットが地下からその巨大な姿を見せた途端、驚くより怯えるより先に「怪獣め、こんなところに出て来やがって。許さねぇ」とタンカを切るいささかマンガチックなシナリオの描写にも、牛をさすりながら半ば怯えつつ言う不破の演技で血を通わせることが出来ている。

怪獣を攻撃しろと詰め寄る山本が思わず振り上げた手に後ろのレナの顔がゴツンと当たってしまう辺りも、真面目な展開の中のちょっとしたくすぐりになっているし、後に救助される場面で身体が硬直したまま倒れている様も面白い。

「怪獣動物園」撮影風景。レナ隊員と原田監督

不破はVシネマ『喧嘩ラーメン』でラーメンで一番を目指す主人公に地鶏の茹で方を教える鳥金役で原田監督と組んだことがあり、気心知れた仲だ。

頑固者だが優しい面もあるキャラクターは不破の演技のレパートリーであり、本作でも、GUTSに食ってかかったかと思えば、愛牛から絞った温かいミルクを用意してあげる気配りが嬉しい。

5話「怪獣が出てきた日」(川崎郷太監督)では渋い顔でバー通いをしながら酒が呑めずミルク好きな側面が描かれたムナカタ副隊長だが、山本のミルクを「うまい」と表情を変えず飲むシーンは見ているこちらまで嬉しくなる。

原田監督は随所で人物同士の掛け合いを弾ませている。

デートするダイゴとレナが牧場で「ホリイさんみたいだね」と牛の顔を見て言ったり、乳絞りに失敗して顔に浴びるダイゴに「乳くさーい」と言ってみせるレナ、そして、怪獣出現の報を受け、追って到着したホリイが二人に「で、君らここで何しとったん?」と突っ込むなど、シナリオにない会話をどんどん取り入れている。

また、ドラマがひとしきり終わるとムナカタから「ガッツウイング2号を修理してから帰投せよ」と言われたダイゴとシンジョウが「あ〜やっぱり〜」「またやっちゃいましたね」「何機めか、これ」「もう数えきれね〜よ」とボヤき、それが最後のオチになってしまう。これでこの二人が墜落コンビであるという印象が以降定着することになる。このような、メンバー同士の潤滑油的描写は後の『ガイア』のXIGではもっと多くなっており、原田監督の武器となっている。

▼シリーズ構成とのぶつかり

こうしたホッと息をつく場面から一転して、レナが怪獣への攻撃をやめさせる場面では、攻撃のボタンが押される直前からスローモーションを交え、その表情を丁寧に追っている。

モーラットが涙をにじませる特撮カットに連続して、まるでその主観かのごとく、陽炎のように揺れるレナが捉えられる。

そしてキャメラはレナの憂いある表情に回り込み、そこに微かな風が吹いて髪が揺れ、動物園の動物達がカットバックされていく。または足下からのパンUPも用いて、〈この怪獣は敵ではないのでは?〉と訴えるレナを、あらゆる方法でフォローする。原田監督は「技巧的」と言うが、セリフだけでなく心情的にもレナと一緒に入り込む演出を、照れずに正面から押し出すことで、GUTSが怪獣攻撃を一旦ストップさせるまでの説得力を持たせている。

怪獣との共存の可能性は、同じ「ティガ」では話数の近い28話「うたかたの…」(川崎郷太脚本、監督)でよりシリアスに提起されていた。矛盾を抱えながらも進んでいかなければならない人類の抱え持つ宿命をギリギリまで妥協せず突きつけたこの回のインパクトは強かった。そのためファンの中には、似た問題が提示されながらも、ティガが怪獣を小さくして保護してしまう本作の展開に当惑した向きもあり、それはスタッフ内でも囁かれていたのは原田監督のコメントにもある通り。

なお、後の47話「闇にさようなら」(長谷川圭一脚本、石井てるよし監督)では、猿が怪獣化したメタモルガにティガがセルチェンジビームを浴びせるが効かず、かえって凶暴化させてしまう。スタッフ自らセルチェンジビームが万能ではないことを示し、〈ご都合主義〉にならないよう意を配っている。

また、これも話数の近い「悪魔の審判」(25話)において、ダイゴ=ティガであることを薄々勘付きながら、決死の戦いに赴く彼に「今度デートしよう」と告げるレナがシリーズ折り返し点のクライマックスと言っていい盛り上がりを見せていたので、この回であっさり軽いデートをしてしまうことに拍子抜けしたという内外の声もあった。

あくまで牧歌的でのんびりした中に生命の大切さを盛り込んだ原田演出だったが、シリーズ構成的なものがだんだん定着してきた頃の『ティガ』においては、やや浮いた印象を持たれたのだ。

だが、この後十八週を経て再び戻ってきた原田監督は、シリーズ全体の盛り上がりを受けて、最終回前でダイゴとレナのクライマックスを描く「もっと高く!」を手がけることになるのである。

なお、この回の初オンエアはいつもの夕方六時ではなく、五時半から。特別番組で編成が変わることが『ティガ』の頃にはしばしばあり、最終回も五時半からの放映だった。当時のファンはちゃんと見ていないでタイマー録画を設定すると失敗するので、毎週目が離せなかった。

inter-view

小山信行

「いつでも会える」って格好が、さらっと出来る人ですよ

『ウルトラマンダイナ』『ウルトラマンガイア』『ウルトラマンコスモス』プロデューサー

小山　原田くんはね、現場で、時間がなくても、うまく色々利用することが出来る。制作部と一緒にロケハンに行っても、場所を決められたら、そこ以外にはあまりこだわらない。二時間ドラマでも子供番組でも、ロケ場所はだいたい同じで、円谷もそれほど遠くまでは行かないけど、彼はそこにあるもので、対応できちゃう。どうしても「これをやりたい」って時には、事前に調整できるんです。たとえばワイヤーをオープンでクレーンを使う代わりに、これとこれはいらない、と。だから、「これだけのことに金こんなにかけちゃって」ということがない。

「ウルトラの星」で満田稔さんと本編やってからはもう、ほぼレギュラー監督として、ウルトラマンではかなり多くやってもらいました。

呼ばなきゃ来ない、来られないってこともあるんだけど、結局外で一生懸命やってれば、それでいいやっていう形もあるんです。だから原田くんに僕らの意志が伝わっても、彼が顔を出さなければ「よそでやってるんだからいいよ、って思われている」というところはあった。それで余裕がある時にこっちに顔を向けてくれればいいやという。

レギュラー監督は四～五人はいなきゃいけないから、そこに入ってくれれば、その中で何本撮るかが見えれば、ローテーションが組めるわけです。

でも、一本撮って仕上げをやって、次のクランクインまでは、一ヶ月半くらい空いちゃうものなんです。その間ギャラも入らないですからね。だから、最終的にシリーズ全部の中で六～七回撮っても、それは一年間での話。監督としては経済的に苦しいですよね。スタッフは毎回だから月々ギャラもらえるけど。それでもやってくれる監督は貴重なんです。

だから信頼できる監督が十人いたとして、たいていよその仕事もやってやりくりしているから、十人の中で四～五人出来る人がいるのかなって感じになっちゃいますよね。逆に十人全員いたら、ローテーションの間隔がもっと間が空いてしまうから、その間、なんとかして食わなきゃいけない。だから、仕上げが終わったら、よそへ行ってしまう。そうすると、今度は帰って来られなくなるから、なるべく二本持ちで撮影して、間を短くして使う。それもあって、なるべく少ない人数で回すという方法が一番良かった。

一年ならば四～五人は必要。現場のスタッフも、特撮と本編と分けてやってたから、そこにつくスクリプターも総勢七～八人要るんですよ。そうしないと、回らない。スタッフの中では、監督とスクリプターが仕上げまで関わることが多い。それ以外のスタッフは今までは二班だったんだけど、最近は一班でやるようになっています。

だからメインスタッフは最初に決めますが、場合によって変更になる。仕事が辛かったりすると、逃げてしまうのもいるし（苦笑）。そこを補充するのは僕の仕事です。あと僕がやるのは予算、製作費の管理です。

僕は昭和のウルトラマンはやってません。当時僕は『ザ・ガードマン』（六五～七一年）やっていたんですが、ギャラはこれだけもらわないとやらないなんてスタッフはいなかった。各パートに親分格が必ずいてね、撮影部なら撮影部で、撮影技師についてくる助手は、要するに早くチーフになりたい一心で、チーフは撮影技師になりたい一心で仕事してましたから。僕がいる制作部だと、制作進行が「いつ主任になれるか」っていうことです。だからもう、泥まみれになろうが、家に帰れなくて、そのまま、そこらで一時間寝て、現場に飛んでいかなければならなくても、誰も文句言わない。

▼『ダイナ』で主体的に取り組んだ

──『ウルトラマンダイナ』は原田さんにとっては一番やりやすかったと言っていました。

小山　やりたいようにやってもらったからね。

最初の三年は、局に対しては、本当に台本を最初に作っていくだけでしたよ。あとはもう、出来あがりに対して「ああ、良かったね」って言われるぐらい。そのぐらい、円谷が主体になって準備して、全体を回していった。後は許される範囲で自由にやっていいよってことだったからね。枠の中で出来ることはなんでもやっていいよって。

こっちも、最終的にはウルトラマンが怪獣とスマートに戦ってくれれば、それでいいわけですから。途中の発想で、ねちっこいのもあるだろうけど、あ

る程度、素直にウルトラマンが立つような戦い方がいい。まあ、だいたいそうなってますけどね。
　オーソドックスにヒーローをかっこよくっていうのは、みなさん、そう思ってやっているんです。ただ、それを何人かでやると、次第に自分の路線を作りたいというのが出てくるから、ちょっとずつ変わっていく。上にどんなに、しっかりリードする人がいても、三人いれば三通り趣向が違ってくる。そこで崩れたのを修正しながら、やっていくんです。
　まあ、最近はお話が多少複雑でもいいという向きもあるし、たとえばメロドラマ的なものが増えても、お子さんがそれを見て何か印象が残れば、いいんじゃないかな。
　『ダイナ』が始まった時、彼は自分で色んなアイデアを出していたの。ハネジローについても、こだわっていたよ。意外とあれを最後まで使いたがっていた。原田くんはやっぱり、枠の中で自分が最大限に出来ることを意識を持ってやっていた。
　『ティガ』の時は既に路線が全部出来あがっていた中に原田くんが入って来たわけだけど、『ダイナ』は、自分がキャスティングのことも少しはサポート出来たってのがあるから、やりやすかったんじゃない？山田まりやちゃんも、なつっこくそばにいたり、なんでも話を聞いたり言えたりしていたから。
　バンダイビジュアルとオリジナルビデオで『ダイナ』『ガイア』『ティガ』の外伝をやろうって時に、「『ダイナ』は僕にやらせて」って原田くんが言って来たぐらいだったからね。
　彼が乗って撮るのは『ダイナ』のような明るい話。あとメルヘンチックな、女の子っぽいものが好きだと思いますよ。

「怪盗ヒマラ」(12話)とか、太田愛さんとは、脚本作りが、一番うまくいったね。それこそ本当にメルヘンチックなドラマを作っていた。右田(昌万)くんとは、意外と、ねちっこい話をしていました。

――ねちっこい話、ですか。

小山　(笑)。右田くんは、最初の稿の時には展開とか話の意味がよくわからないところがあるんです。

――原田さんが言ってたのは、太田さんはわりと、もう完成した形で話が出来てくるけれども、右田さんは叩けば叩くほど良くなると。

小山　そうそう。「こんなことでいいの？」ってやっている内に、だんだん脚本に丸みが出て、良くなるんです。最初はもうね、とてつもないものを作ってくるからね(笑)。原田くんもやりたいことは色々あったから。枠の中で、なんとか出来るのはこういう形だよって、話作りの段階でも現場がスムーズに進むように処理してくれている。

――原田さんは現場が終わるのも速かったんですか。

小山　村石宏實くんが一番速い。その次が原田くん。ねちっこい人はいっぱいいますけど、そこのカバーをしてくれるわけです。五人中二人そういう人がいれば、緩急のあるローテーションが組める。
　時間がかかる人がずーっと続いちゃうと、スタッフも大変なんで、じゃ次、原田くんなら少しは楽になるだろうという気持ちでみんな現場をやる。
　原田くんの組だと、朝八時に出発しても今日は夕方五時には帰れるよとか、今日はナイターがあっても、遅くとも一〇時には終わるとかがわかる。
　他の人だとね、何時に終わるかわからないことが往々にしてあるんです。それで、タクシーで送ることになっちゃう。二二時、二三時にはもう撤収して、送り出さないと。『ティガ』とか『ダイナ』は予算的にもある程度次の日に繰り越すことが出来たんですけど、朝近くまで撮影をやってしまうと、次の日の仕事が出来ない。それは絶対やめてくれって僕は言うんだけど、でも撮れないとしょうがないでしょって撮影が押して、次の日の八時出発が十一時になって出ていく。
　それが、繰り越しになって後半スケジュールが目一杯になる。それで、どうにもならなくなったところに、村石くんや原田くんを入れる。
　監督達も、最初の頃は気張ってるから、ちゃんと早めに撮ってくれるんですが、出来たものを見て、「あの監督の方がいい」ってことになると、負けたくないっていう気持ちを持ってくるんですね。そうすると、役者さんにも「もう一回」って粘ることになる。まあ、いいものを作ろうっていうのはわかるんですけど、僕らに言わせれば、あまりそんな粘りに粘ってやっても、見ていて頭に入って来ないんじゃないかと思うんですよ。

――スタッフの方に話を伺うと、苦労をかけられた監督のことは憶えてるけれど、原田さんがどうやっていたのかは忘れちゃったという方が多い(笑)。

小山　印象が少ないってことは、早いことちゃんと撮れて、時間が空いて、自分達の仕事に集中できたってことですよ。

――先程おっしゃられたように、その分「この回はここを凝る」ことが出来た。

小山　そうそう。たとえば、山梨の昇仙峡までどうしても行きたい。その代わりこれはいらないから、行ってこれだけを撮ってきて、夜一〇時には終了する。それが一度出来れば「あいつはそこまでやるんだ」ってことになる。

でも、そういう時って、たまたま、他のところで事故が起きるんですよ(笑)。役者さんがちょっと遅れたり。そこでも彼は臨機応変に対応してくれた。行けるところまで行って、着いたらすぐ撮影して、それから昼飯を食って待機したり。みんなが協力するんです。

ヒロインと「めんどくさい話」

――女性を美しく撮るのは自信があるとおっしゃってました。

小山 意外とね、さっぱり撮るから綺麗に撮れるんだね。ねちっこく撮ると、汚くっていうか、いやらしく見える。

――『アンヌからセブンへ ウルトラヒロイン伝説』のDVDでも、ヒロインの場面を集めてるものって、下手にやっちゃうとちょっとベタッとすると思うんですけど、全然そういうのがなかったですね。

小山 そうそう。ただあれは細かい事実確認やチェックが色々あって現場はなかなか苦労しました。大変だったと思うけど、結局うまくまとめてくれた。

――『ウルトラヒロイン伝説』の監督を原田さんにというのは、小山さんの意向なのでしょうか?

小山 はい。こういうのは村石くんか原田くんしかいないですよ。

その後、裁判の映画(『審理』)をやって、あれも一字一句、裁判所のチェックが入って苦労したと思うんです。「でも耐えることは、小山さんに教わったから、大丈夫だよ」なんて言ってましたよね(笑)。「お役所の仕事ってそんなもんだよ」「そうですね」なんて二人で言ってたのを思い出します。

ブースカで子ども達の基地を

小山 円谷プロの作品作りも、だんだん「原田がいるからいいや。で、ホン屋のパートナー誰?」ってやってた方法から変わってくる。そんな中で、彼も外でやっていくことになったんだよね。その頃から円谷も社内で色んなことが起きて、体制も変わっていった。でも『コスモス』までは、円谷のスタッフルームもキャストも、まだ淡々と流してた。

『コスモス』は予算的にはその前の三部作から下がっています。締めろ締めろってかなり言われた時なんですね。ロケも近場しか行ってないですよ。日数的には、前の三部作とだいたい同じですが。この頃はまだ、本編班と特撮班が別ですから。

でも原田くん、一番乗ってたのは『ブースカ!ブースカ!!』(以下、『ブースカ』)だったね。『ダイナ』よりもっと乗ってましたからね、子ども達を使って、なんか『ワンパク番外地』みたいなね。

メイン監督だったっていうのもあるし。子ども達と、小田急の向ヶ丘遊園の中で、朝から晩まで何か月も。遊園地の中に色んな空地があったんで、そこで子ども達が暴れられるような撮影にしようって。

今でもね、ベッキーちゃんを見るとね「ああ、こんなに大きくなっちゃって」って思いますね。原田くんが最初に連れて来てくれた話(12話「冬の国ものがたり」)の時は、本当に可愛くて、「よくこの子を連れて来たね」って思うくらい感心しました。当時は売り出し中だったと思うけど、今はもう大変な人気者ですね。

子ども達……斉藤麻衣とか。とにかく可愛く元気に撮ってましたね。

原田くん、レギュラーの子役の選考から関わっていたんです。脚本家さんと話を考える時、この子とこの子を使いたいとか。その辺は、かなり最初からこだわってやっていました。

やっぱり、子ども達の話としての『ブースカ』をやりたいっていうのがあって、それをやれたのは、すごく彼としては喜びだった。

ロケセットもね、ログハウスのいいものがあるのを見ちゃって、それを使ってやりたいなっていうのがあった。ただ、ログハウスの材料が海外から日本に来るんですよ。それから、土地を借りて、そこに建てて使おうと思ったら、届くのに三ヶ月も四ヶ月もかかった。だからその間、その会社が群馬に持っている、ログハウスのロケーションにずっと二ヶ月間ぐらい行ってたんですよ。その後、向ヶ丘遊園の隅に、その小屋を建てて撮ったんです。

それにプラスして、子ども達の基地が欲しいということになって、それをまた作ったり。この作品は、予算はウルトラマンの半分以下なのに、出費が膨らんでしんどいところもありました。でも僕らもやっていて面白かったですよ。

視聴率が上がらなかったんで、途中からもうちょっとギャグっぽい要素を入れてみたり、(快獣を)一人じゃなくて、二人にしたり、色んなことをやったんですけど、あんまりうまくいかなかった。

最初にやりたかったのは、道徳を前面に出そうという話だったんですけど、それじゃ面白くないという局の意見がだんだん強くなって、ギャグが多くなって、その時々の、世の中の風潮がどんどん入ってきちゃって、子ども番組としては、ちゃんとした路線から外れていっちゃった。

――叶姉妹ならぬゴージャス姉妹が出て来ましたね。

ウルトラマンティガ

小山　バラエティ番組のようなパターンも入れてったから、なおさら、辛かったのかもしれない。

ああいうのは、一年間くらい続けると、学校で「いい」とか「いけない」とか、話題になるんですよね。学校で次の日に「ゴージャス姉妹ってのがいるだろ」って話題になればね。でも、そこまで行かずに終わりになっちゃった。原田くんもそうだったし、我々としても、続けられれば良かったなとは思いますね。

最終回は『ブースカ』という番組は終わるけれども、この子達はずっと遊んでるっていうか、暮らしてるっていう風にしてましたけど、原田くん自身のあり方も、要するにそういうことなんですよ。

スタッフに対してもそうだし、仕事がなくても、どこかで集まろうという。

でも「いつでも会えそう」ってのは、原田くんらしいスタイルじゃない？　そこへ行くと彼は必ずいるよとか、土曜か日曜にはいるよとか、仲間ってそういうものでしょう。いなくなったな、どうしたのかな、となって、一年くらい電話がなくても、急に電話をかけてきて「何してたんだよ」「いや、ちょっとね」っていう感覚で、また戻ってくる。

だからきっとね、残念じゃないかな。死にたくないって思いつつ、逝っちゃったんだよな。

▼男女を感じさせない間柄

小山　原田くんは女の人を部屋に連れてきて酒呑んだりとかは一切ない。

だから、みんなが和気あいあいとやってられた。色っぽい話がありゃ、それでいいんだけど(笑)。

奥さんと別れてからもう、十年以上経つんじゃない？　めんどうくさかったのかもしれないしね、気楽になれたから。

彼の昔の奥さんは僕の知ってる人で、たまたまね、パペットのモグタンが出てくる『まんがはじめて物語』(七八～八四年)を僕が作ってた時に、そこにスクリプターで来た。彼女が原田くんの奥さんだったと、後で聞いたの。そのことぐらいしか、女性の話はなかった。

――原田さんは奥さんともずいぶん前に別れてるわけですよね。恋人がいても、普通のことなのに、スクリプターの阿南玲那さんにそう言ったら「いるわけないじゃないですか」と(笑)。

小山　彼女はなんでも平気で面と向かって言うからね。どんな監督にだってタメ口でものを言うし。

――阿南さんは原田さんとは随分、気が合ったみたいですね。

小山　逆に言えば原田くんに色恋を感じることは阿南にはないし、原田くんの方にもないから、すーっと入っていける。

――阿南さんは、もともと小山さんの紹介で、スクリプターとして入ってこられたのですね。

小山　彼女のお父さんの友達が僕の知り合いなの。「娘が卒業するんだけど、どこか働けるところない？」と尋ねたらしい。その人が僕のところに来て、新宿で会わされたんです。そしたら、当時、ガングロ(笑)ってわかります？　高校の制服を着たガングロの女の子がポツンといたんですよ。「まさかあれじゃないだろうな？」と思ったら、案の定当たりで(笑)。「お前、何がやりたいんだ」と訊いたら「なんでもいいです」と(笑)。

それで、いつでもいいから来たい時に来いと言ったら来たんです。東宝ビルトの五スタに特撮セットがあったから、まずそこで見ていろと。一週間ここに来ていいから、撮影現場がどんなものか、どんな人がいるのか見ておけと言ったんです。

彼女も素直で毎日来て、一週間目に「何がやりたい？」と訊いたら、メイクをやりたいと。「じゃ、あと三年学校に行くか？」と訊いたら「いやだ」と言う(笑)。履歴書を見たら、字はきれいだったので、スクリプターをやってみろと、強制的に仕事につかせた(笑)。

そしたら「あんな変なの連れてきた小山はおかし

いんじゃないか」とみんなに言われて(笑)。本当に渋谷のセンター街で当時見かけたような女の子だった。

なんにも世の中のこと知らないから、「学校でお前何やってた？」「いや、勉強はしましたよ」と。みんなでからかってね、「日本の今の総理大臣は誰だ？」とかさ(笑)。それから毎日、帰る時に新聞を買って読んでいたらしいんです。でもね、スクリプターとして意外に良かったんです。やる気があって。

――原田さんは相当信頼していたみたいですね。

小山　そうそう。彼女が原田くんの下についていたことのある他の監督さんのところで仕事したりね。

阿南だけじゃなく、他の女の子達も、スクリプターはみんな監督の傍にいますから。原田くんも何人か育てていましたし、その子達もみんな仲良く、飯食いに「行くぞー」と。

▼まだ未知数の監督だった

小山　原田くんがやった旅の話の映画(『旅の贈りもの』)。あれも、スマートに撮っていたよね。

――『旅の贈りもの』は、円谷プロ作品を経て、ちょっと原田さんも、それ以前のVシネとはまた違う、よりファンタジックなテイストを劇映画に持ち込もうとされていたような感じがしました。

小山　原田が太田さんと組んでやっていたような話を、うまくファンタジックな持ち味として、逆にああいう一般の映画でまた出せたんじゃないかな。きっと円谷でも映画を撮りたかったんじゃない？　たぶんウルトラで。

必ずしもテレビと連動じゃなくても、ウルトラをやるんだったらこうやる、キャラクターものの映画をやりたいというのは、彼なりにあったはずです。

それと、あまり難しくない話をやりたいっていうのがあったんじゃないかな。だから『リュウケンドー』も一生懸命やっていた。あの時たまたま円谷が彼を呼んでやるような形じゃなくなっていたから。

まあ彼の年齢なら、まだまだこれからでしたから……何年か経って、また円谷でやれたかもしれないし、映画が実現したかもしれない。

だからそれは、円谷の人間もそうですし、よその人間もそうだと思うし、彼もそうですが、スタッフや関わった人っていうのは、一度関係が出来たら、何かの形で長く付き合っている。通り一遍じゃないと思うんですよ。「何かまたやろうよ」と誰かが言えば、わーっと集まるんです。

原田くんは言うことは言うけど、折れるとこは折れて、人づきあいもいいし、みんなに好かれてたからね。またみんなで、ちょっとやろうよってことになったかもしれない。僕自身、まだまだ何本も出来ると思っていました。いや、あのまま生きていたら、いい監督になったと思いますよ。

原田くんが亡くなって、長野のお墓まで行った人もいるし、その近くで結婚式に出席して、ちょっとお線香を上げて来たって人もいるし、それを僕に報告する人もいる。そういうことで今もつながってる。

――お葬式の時に、小山さんが、原田さんの現場での写真を棺に入れていたのを憶えてます。

小山　あれはね、自分達の現場の写真が、懐かしいなと。持ってってくれりゃいいなと思って、入れたの。あれだけ大勢の人が来て、みんなおそらく、それぞれの思い出があってね。本当はまだ、逝ってしまうべき人じゃないんだからさ。残念だなと、みんなそう思って来てくれたんじゃないかな。中国の作品(『五龍奇剣士』)だって中途半端になってしまって。

中国の作品は、僕も見ました。たまたま、MAをやっている時に同じスタジオに居合わせてね。「ストレートなヒーローものって、こういうことでしょ？」という作品で、面白いなぁと思いました。原田がやろうとしていた世界だね。でも、あのまま止まっていますから。

――『旅の贈りもの』の続編企画を出していたり、やりたいことがいっぱいあったと思います。

小山　なきゃ嘘ですよ。本人がやりきっちゃって、もうないっていう感じじゃないと思うから。

僕からすれば、まだ駆け出しだったと思うしね。それこそ、出発地点だよ。日本中の、作品を作るプロデューサーに「あいつに撮らせてみようよ」と思わせられたら、一番でしょ。でも知っているのは、まだわずかな人間だけだったから、それこそ円谷とか松竹、東映の中でだって、まだ一部しか知られていないかもしれない。

――全国区というにはまだその手前というか……。

小山　何本かやって、海外に出たかもしれないしね。未知数の素質だったし、広く展開してくれれば、我々も仲間として嬉しいわけだし。もちろんそうなったら、嫉妬する人もいるだろうけれど、むしろ、そう言われるようになって欲しいというか、これからも頑張って欲しいなと思っていた一人ですよ。円谷のフィールドに収まって終わりじゃなくてね。

それこそ、もしかしたら結婚してさ、子どもも出来て、いいパパになっていたかもしれないしさ。

作品解説

「ウルトラの星」49話 ▼一九九七年八月九日放映

脚本：上原正三　**共同監督**：満田穧　**特技監督**：北浦嗣巳、高野宏一　撮影（本編）：倉持武弘、撮影（特撮）：高橋義仁
ゲスト：滝田祐介（円谷英二）、沖田浩之（金城哲夫）、円谷浩（円谷一）、町田政則（チャリジャ）、長倉大介（満田）

▼ストーリー

チョビ髭に山高帽でダボダボのズボンをはく、チャップリンのような出で立ちの男はチャリジャと名乗り〈怪獣バイヤー〉と書いた名刺を持つ。彼は怪獣を手に入れるため、タイムトンネルで一九六五年の円谷プロに向かった。

パトロール中、偶然それを目撃したダイゴは、同じ場所で機能したままになっていたタイムトンネルで後を追う。

一九六五年の円谷プロでは、脚本家の金城哲夫が、新しい怪獣シリーズの脚本が書けなくて苦労していた。今度の新番組には円谷プロの将来がかかっている。それを察した円谷プロの初代社長で「特撮の神様」と呼ばれる円谷英二は、金城に〈ウルトラの星〉と呼ぶ赤い石を渡し、昔、出会った宇宙人の話を始める。

「友達なんだ、彼とは」

そう当たり前のように言う円谷。〈彼〉の名はウルトラマン。怪獣を竜ヶ森湖に沈めたという。

円谷英二の話を盗み聞きしたチャリジャは竜ヶ森湖に赴くと正体を現し、魔法の杖をふるって湖底から青い光球を呼び出すと、宇宙恐竜ヤナカーギーを復活させる。チャリジャは変幻自在の宇宙魔人だったのだ。

ティガに変身しヤナカーギーに立ち向かうダイゴ。だがヤナカーギーは強力だ。ピンチに陥るティガ。

その時、円谷監督の想いがオーラとなって奇跡を呼んだ。赤い光球が生まれ、そこから初代ウルトラマンが登場したのだ。

「ウルトラマン！　懐かしい……」

敵ながら思わず感嘆するチャリジャ。

初代ウルトラマンはティガを助けてエネルギーを補充する。初代のスペシウム光線と、ティガのゼペリオン光線の同時発射がヤナカーギーを倒す。チャリジャは捨てゼリフを残すと姿を消した。

がっちりと勝利の握手を交わす二人のウルトラマン。

「金城君、ヒーローが必要なんだよ、ヒーローが」

そう言って頷く円谷英二。

その頃、金城はようやくスランプを抜け出し、新しい怪獣シリーズの原稿を書き上げようとしていた。手には、あのウルトラの星が握られている。

やがて無事撮影を迎える円谷プロのスタッフ達。1話の題名は「ウルトラ作戦第一号」。

「監修・円谷英二。脚本・金城哲夫。監督・円谷一。特撮テレビ映画ウルトラマンは、こうして撮影が開始された」（ナレーションより）

▼成立の経緯

円谷英二は七〇年、金城哲夫は七六年、円谷一は七三年に永眠している。『ティガ』放映当時より三十年前、彼らがまだ元気で黎明期のウルトラマンシリーズを作っていた時代にタイムスリップするこの作品は、当時同じ場所で青春時代を過ごした脚本家・上原正三が『ティガ』で唯一執筆した特別編的内容だった。

上原はその執筆条件として、監督に満田穧、特技監督に高野宏一という、既に円谷プロの幹部になっていて、かつては若手監督だった二人が再び現役で担当することを要請した。

実際の制作に当たって監督は原田昌樹、特技監督は北浦嗣巳が担当、満田と高野は監修的役割となりそれぞれ連名でクレジットされた。

エンディングはギャンゴ、ジェロニモン、ザラガスと、共同監督である満田穧監督作品を中心に初代『ウルトラマン』の場面を見せていく。その直前、第一話の撮影現場でキャメラを回している役は満田穧監督本人である。

準備稿段階では、高野宏一（三十歳）役が増田由紀夫、満田穧（二八歳）役が大滝明利、スクリプター役が吉本多香美と、一九六五年の円谷プロの面々をGUTSメンバーと二役にすることが考えられていた。

チャリジャが操るタイムスリップの装置を撮影中

円谷プロ文芸部にて「ウルトラの星」撮影中。
金城哲夫と円谷一を演出する原田監督

「それは原田さんがおっしゃったんです。結局混乱しちゃうということでやめたんですけど、でもそれだけ真剣に、自分なりの料理を考えていらしたんだと思います。完成作品で長野博さんが助監督の長野と二役なのは、その名残りです」（笈田雅人プロデューサーの証言）

本作のスタッフ役はほとんどセリフがない役を含め、シナリオでは「熊谷」「佐川」「鈴木」「上原」と、実在のスタッフの名前で呼ばれている。

▼いつかどこかで見たお話

原田監督は、シナリオではキテレツな紳士として描かれる敵キャラのチャリジャに、冒頭から、お台場にロケした広場を前にして石段に座る淋しそうな後ろ姿という描写を入れ、「ヤナカーギーよ」と、はぐれてしまった怪獣への思いを口にさせる。全編「ノスタルジックなファンタジー」を目指して作られた作品だが、『ウルトラQ』でカネゴンが夕景の中、淋しそうに座り込んでいる場面にかかったBGMを使用し、哀愁をかきたてる。

姿勢を正したままピョコピョコ歩くチャリジャだが、脚本では路上で子ども達に手品をやってみせているのを、映像作品では、子ども達の持っている怪獣のぬいぐるみを、手品で出した花と交換して欲しいと頼んでいる。子ども達は断るが、一人の女の子が

未来の円谷プロの受付に座る八木毅助監督(当時)

て指差す。つまり怪獣バイヤーであるチャリジャに円谷プロの存在を教えたのは子ども達なのだ。

後に描かれる円谷英二監督の初登場場面での「特撮の神様と呼ばれている。子供のような夢見る心の持ち主である」というナレーションと、それは響き合っている。

円谷プロに着いたチャリジャは「円谷英二に会いたい」と、そこで既に円谷英二監督の名前を口にしている。チャリジャは最初から円谷英二の存在を知っていたのか、作品は曖昧にしている。

チャリジャが一九六五年に旅立つシーンでは、ダイヤル式のいかにもアナログなメカを操作し、渦巻き模様を作ってその中に自ら吸い込まれていく描写が楽しいが、原田監督は準備稿段階から余白にそのイメージをイラストに描いている。ここでのBGMは『ウルトラQ』の「地底超特急西へ」における列車の疾走シーンのテーマ曲が流され、快調に物語を進めていく。追ってダイゴも同じタイムトンネルに吸い込まれることになるが、合成の渦巻きからの照り返しを、現場で照明として当てているのが細かい。

シーンのつながりで時代が変わる回転ドア式ワイプの場面では『ウルトラQ』タイトルバックの「ギー、バッタン」という音をブリッジに使っている。ワイプに遊びを入れるのは原田監督の得意技の一つで、「青い夜の記憶」では後に続く場面が前の場面を拭う時に、ライブハウスでも貼られていたマヤのポスターをブリッジに使ったり、『ダイナ』の「ウイニングショット」では迫る野球のボールを回想場面のブリッジとして使っている。ウルトラに参加する前、Vシネ『喧嘩ラーメン』ではラーメンのどんぶりの中華模様を使ったりもしている。

原田監督が「好きな映画」だとことあるごとに口にしていた映画『ストリート・オブ・ファイヤー』でもまた、ワイプをあえて人工的に演出していたのが思い出される。

▼タイムスリップ一九六五

『ティガ』の舞台は放映当時の一九九六年の十一年後、二〇〇七年頃という設定だ。

超近代的なハイテクビルになっている円谷プロだが、一九六五年当時として出てくる木造の建物の方が、『ティガ』放映当時でも現役の社屋だった。つまり創設からの建物であり、当時社員脚本家だった上原正三は今回のト書きに「歩けば軋むような木造の倉庫みたいな建物」と記している。

上原は、金城哲夫が原稿を書くのに使っている紙も「ペラと呼ばれる二〇〇字詰の原稿用紙だ」と細かく指定している。完成作品では壁にナメゴンやカネゴンのデザイン画風なイラストが貼られ、雰囲気を醸し出している。原稿を書けないともかく金城が原稿用紙を丸めて投げるという「お約束」の描写もどこか懐かしい。

前半は、この時点ではまだ六五年の世界に来ていないダイゴの側と分けるため、過去をモノクロで表現しているが、セミの鳴く声が聞こえてくる中、窓から一筋差し込んでくる日差しの照明効果が、埃っぽい室内の空気感を演出している。

また、円谷英二と息子の一監督が自宅で将棋を指す場面や、金城が円谷英二を訪ねて〈ウルトラの星〉を渡されるくだりでは風鈴の音を流し、セミの声も油蝉からカナカナ蝉になっている。

金城哲夫を演じる沖田浩之、満田穧役の長倉大介は原田監督とは映画やVシネマからの付き合いだが、普段ヤクザ役が多い彼らは、まだ長髪でダラッとした姿勢がカッコイイなどと言われるようになる前の、シャキッと姿勢のいい六〇年代当時の青年を演らせると実にハマッている。ベレー帽で半袖のシャツを着て、耳に鉛筆を挟む出で立ちも違和感がない。

円谷一監督役は、『宇宙刑事シャイダー』の主演で知られる円谷一の三男の円谷浩だが、彼もまた眉の濃い古風な顔立ちの二枚目なので、この世界観の中ではナチュラルに見える。

▼原田ワールドの萌芽

北浦嗣巳氏が監督した特撮場面にも原田監督の悪戯が仕組まれていた。怪獣ヤナカーギーの声に、女性の声を合成しているのだ。よく聞くと、猫がキンキン鳴いているような不思議な声が聞こえてくる。初代ウルトラマンの赤い玉が当たるシーンで「イテ」と言っているのもユーモラスだ。

この声は今回スクリプター担当となった河島順子さんのもので、河島さんは後に『ダイナ』でハネジローの「パム、パム」という鳴き声も担当。普段から音声に凝っていた原田監督は彼女の独特の高いトーンの声に注目した。

ヤナカーギーは倒され役ではあるが、昭和風味付けの今回は、

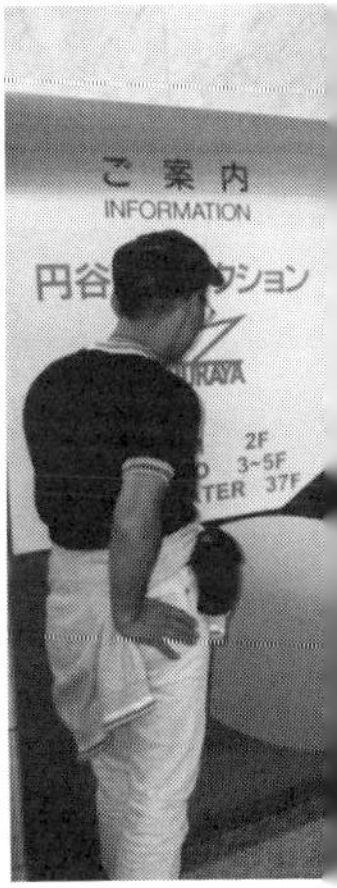

どこか怪獣も〈やんちゃな暴れん坊〉といった風情となる。
　また本編部分だが特撮的要素と意識的に錯綜させているのが、撮影待機中と思われるスタジオ内のミニチュアセットの中でのダイゴとチャリジャの対決だ。夕陽のホリゾントを前に立ちはだかるチャリジャのシルエット、そして傘の上に立って飛ぶチャリジャとそれを撃とうとするダイゴ、だが煙となって消えて笑うチャリジャ……という場面は、かつてのウルトラの懐旧というよりは、原田監督が次シリーズ『ダイナ』の「怪盗ヒマラ」で描くことになる夕焼けの世界における魔術師的な怪人との対決を思わせる。

▽「もっと驚けよ」

『ウルトラQ』「ペギラが来た!」の南極セットを思わせる雪原でのメイキングシーンの、セットで雪を降らせる工夫の再現は見ものだが、ここで「もっと驚けよ」と演技に注文をつける円谷英二に、脚本の上原正三は、次のような泣けるト書きを付している。

「怪獣モノだからと言って妥協を許さない人なのである。馴れ合いを嫌う人なのである」

　スタッフの後ろからそれとなくやってきて、声を発する円谷英二の姿が、移動撮影で次第にアップになっていく。カリスマ性をさりげなく見せていく演出だ。

　後に自宅で金城哲夫と向き合う時も、はじめは横位置で二人が捉えられるが、〈ウルトラの星〉を渡すくだりになると両者のセリフごとのカットバックとなり、視聴者はまるで自分が金城哲夫になって、「宇宙人に貰ったんだ」とてらいなく言うこの老人の話に聞き入っているかのような気持ちになっている。

　また終盤の展開も「ここで終わり」かと思わせながら次々と驚かせる工夫を繰り出している。エンディングは初代『ウルトラマン』の名場面だが、後半は『ティガ』の世界に戻り、怪獣出現の報を受けたGUTS隊員がイルマの指揮で出撃していく。

　ガッツウイング機上でレナの後ろに乗るダイゴは、一九六五年の世界で見たウルトラの星の存在を気にする。

　そして、ウルトラの星はいつも空の彼方で瞬いているというナレーションが流れた後、キャメラの前に〈ウルトラの星〉と書かれた撮影用のカチンコが立てかけられている画でドラマを締める。

　途中で二度描かれる、助監督に間違えられたダイゴがたどたどしくカチンコを打つ場面のコミカルな展開を単なるギャグに終わらせず、ここで、映画撮影の象徴としてカチンコをもう一度持ってくるという辺り、単なるウルトラマン回顧に留まらない、原田監督の〈映画愛〉が感じられる。助監督経験が長く「カチンコ打ちの名手」とも呼ばれていた原田監督らしい味付けだ。

　と思いきや、直結の次回予告でイキナリ「私、ダイゴがティガだって知ってる……」というレナの衝撃の告白が視聴者にパンチをくらわせる。

　過去と現在が錯綜しながらも、『ティガ』は終局のクライマックスに向かって駆け上がっていくのであった――。

▽原田昌樹、語る

原田　僕は前の29、30話の二本をやって、自分の出番はもう終わりかと思っていたんです。あの後すぐVシネマ『喧嘩組』の撮影に入ってたんですけど、そっちにも出ていた大滝明利から「原田さん、『ティガ』で待ってますよ」って言われて、「あれ?」と思って円谷プロに連絡したら、最終回前の二本をやってくれと頼まれてビックリしましたよ。

　ですから「ウルトラの星」の話が僕に来たのは、まったくのローテーションの事情なんですけど、正直ヘタにやると非難轟々になるなと。当時を知ってるスタッフがいるわけですからね。

　最初、脚本を読んだ時に、上原正三さんの、金城哲夫さんに対する想いを感じましたね。そこを崩さないように、大切にしていければと。

――過去編ではある意味円谷英二さんが主人公といえますよね。円谷英二とウルトラマンの出会いの話。滝田裕介さんの円谷英二は、カリスマ性よりも、彼自身が少年のような好奇心を特別なことじゃなく持っているという風に演出されているのが、かえって感動的でした。

原田　参考に以前放映されたテレビスペシャル『ウルトラマンを作った男たち』(八九年)と『私が愛したウルトラセブン』(九三年)を見せられましたけど、「ウルトラの星」の滝田裕介さんの円谷

怪獣を沈めた竜ヶ森湖。ロケ地は本栖湖

ビアガーデンで演出中の原田監督(右端)と満田稔監督(右から二人目)

英二が一番近いんじゃないかな。

——西村晃さんは水戸黄門キャラになってましたからね。鈴木清順さんは鈴木清順さんだし。

原田　ちょっと、両方とも特殊なキャラになっちゃってるんで、もう少し自然にやりたかったんですよ。わりと素に近い円谷さんにしたかったんで。滝田さんの方が淡々と。

個人的には、円谷英二と(初代)ウルトラマンを撮るとは夢にも思わなかったんで。ウルトラマンが立ってて、円谷英二が話しかける。「こんなカット、撮っていいのかな」と思いましたけどね。

円谷英二さんの自宅のシーンは、円谷英二さんの実際の家で撮影しているんですよ。本物で撮るってことが、僕らにとって意味があるなあと思って撮ったんです。

音楽も『ティガ』の劇判を入れちゃうと『ウルトラマン』の時代には合わないから、その頃の音を探してきた。共同監督だった満田穧さんの方から「音源はこんなのあるよ」ってステレオバージョン貰ってきて、そこから選んだんです。『ウルトラQ』の「ギーッ」っていう音を場面転換で入れてみたり。

金城哲夫役の沖田浩之は、僕が撮った『喧嘩組』というVシネマにゲスト出演で一日だけ出たんです。その後二〜三回酒を呑んだら「実は俺、ウルトラマン大好きだから、何かで呼んでくれない？」と言われてたんです。「でも、出る役ないよ」と言ってたら、たまたま「ウルトラの星」でいい役があったから誘ってみたら飛んで来ました。沖田は死んじゃったからね。残念だった。

非常に真面目なんです。そういう精神的なものがあったんだと思います。わりと気位も高いし。好きだったんですけどね。すっきりしてる人間だったから。現場も楽しかったですね。

——一九六五年のシーンで最初モノクロから始まって、撮影所をパンすると途中でライトが点いて、パンし終るとカラーになりますね。あれは実にスムーズな流れでした。

原田　『明日に向かって撃て！』と同じ考えで、アタマ白黒で出てきて、ポール・ニューマンとロバート・レッドフォードが、丘の上にスーッと上がると向こうから陽が差す。その瞬間を使ってカラーに換えるんですよ。一発光が来ればポンと換えられるから、それをどこかでやろうとは思ってた(笑)。

「ウルトラの星」は過去の話でしょ。過去の話だけどドラマの中の現実に持っていく時の転換としてね。ボーッと見てたら気付かないように、サラッと色を換えようと思って。

『明日に向かって撃て！』ではもう一つ、ボリビアに行った時に、列車のワイプで色を換えているのがあるんですよ。(そのやり方は)大林宣彦さんが何回か映画でやってるんですよね。ワイプはやり方としては簡単なんだけど、わかりやすいんですよ。換えるってことが。だから光がポッと入るのが一番スムーズに行くかなと思って。

——「ウルトラの星」も円谷プロ自体の回顧ものであるにもかかわらず、不思議にベタッとしてないですね。

原田　正確には自分じゃよくわからないんですけど、大岡新一さんから「ウルトラマンに過剰な思い入れのないお前が撮ったから、サッパリしたものになったんだろう」と言われたんです。「そういうもんなのかなあ」と思いましたね。

——創世記の特撮の撮影現場シーンが空気感ありましたね。雪を降らしている場面。

原田　当時はカポックがないから、トタン板で作って、白く吹きつけているだけなんですよ。それを美術部に作ってもらったんですよね。

——あ〜、昔のやり方で。

原田　だから当時助監督だった満田穧プロデューサー役の彼が、トタンの裏から出てくるんです。裏側が見えてるんですよね。

扇風機も昔の扇風機だし、キャメラもミッチェルという古い機械を持ってきてもらった。キャメラマン役に鈴木清さん呼んじゃったりして。ラストカットで後ろに映ってるのは全部円谷プロの人達なんですよ。記念的なもんだから、出てくださいと思って。金城哲夫がシナリオ書いている場所も、実際に企画部があった部屋で撮ってるんですよ。

あの現場は楽しかったね。一番スムーズにやれてた頃かなと思うんだ。なにか新しいものを作ってる気がしたんだよね。古い時代の話ではあるけれど。

——エンディングは凝ってますね。

原田　エンディングで遊ぶというのは、もともと『ティガ』の時に川崎郷太さんがやってたんじゃないのかな。他の回を見て影響されたんです。僕が『ティガ』で一番最初に遊んだのは、「ウルトラの星」ですよ。満田さんに頼んで初代ウルトラマンの名場面を選んで頂いたし、あと通常はエンディングが終わったら予告編なんです。それを局の方に「エンディングを一五秒ズリ上げさせてくれ」と言った。

ですからエンディングは初代ウルトラマンの名場面を入れて、それが途中で『ティガ』の隊員達になって、最後にもう一回ダイゴとレナが飛行機で飛んで終わるんです。エンディングが終わってから、一五秒だけドラマをつけたんですね。

作品解説

「もっと高く！〜Take Me Higer!〜」50話　▼一九九七年八月一五日放映

脚本：小中千昭　**特技監督**：北浦嗣巳　**撮影（本編）**：倉持武弘　**撮影（特撮）**：高橋義仁

▼ストーリー

ニュージーランド沖海底が異常隆起。浮上した海底遺跡は三千万年以上前に作られたものだ。超古代の都市だったのか？　そこから翼を持った怪獣ゾイガーが出現した。

高速で飛翔し、破壊活動をするゾイガーに決死の空中チェイスを繰り広げるガッツウイング1号。「もっと速く、もっと高く飛びたいんです！　でなければあの怪獣には勝てません」

急上昇を続けるスノーホワイト内で後部座席のダイゴはレナに語りかける。「なにか言えよ！」

レナは逆に問い返す。「どうして、どうして一人で抱え込んじゃうの？　ウルトラマンは、たった一人で地球を守り続けなきゃいけない義務でもあるわけ?」

思わぬ切り返しに黙り込むダイゴ。

「ずっと、ずっと一人で戦い続けるの? そんなの、そんなのひどいと思わない!? 私だって、私だって光になりたいよ。……光になって、もっと高く!」

▼演出の力量が問われた回

最終回に向けてのクライマックスである。

この回では、ティガの正体をダイゴだと、ヒロインのレナが知っているということが明確にされる。

シリーズ全体を受けて作られるエピソードだ。

原田監督は、後半のコクピットでの二人の告白シーンで、脚本の小中千昭たってのこだわりで、主題歌「Take Me Higher!」の間奏部分がクライマックスにかかるようにしている。音入れの時に電話で小中氏に細かいところまで確認を取ったという。

小中千昭の脚本はシーン数が多く、たとえば本作のシーン総数は前話「ウルトラの星」の倍近くある。ワンシーンが短いワンカットの場合も多く、場合によってはカット割りに近い印象を持たれることすらある。

本作は単発作品的な自由さで作られたものではないが、そのことによって、原田氏の演出家としての力量がかえって明確に示された回になっている。〈女優を綺麗に撮る〉のがモットーだった原田演出の真骨頂が発揮されたのだ。

たとえば冒頭、悪夢から目覚めた汗ぐっしょりのダイゴを気遣うレナだが、「なんでもない」と言われ、持ってきたコーヒーカップを二つとも押しつけて走り去っていく——というのが、シナリオに書かれた描写だが、原田監督は以下のように変更している。

カップを置いたレナが「どうして……」とダイゴに悲しく問いかけ、次に何か言おうとするが、ふとやめ、コーヒーカップを置いたまま立ち去っていく。コーヒーの湯気がずっと立ち上っている……。

シナリオではレナの跳ねっ返り的な印象の方が強かったが、原田監督はレナに「どうして……」と言葉にして問いかけさせている。その後に続くセリフをレナ役の吉本多香美に想像させ、未使用テイクでは実際に喋らせてもいる(後述の原田発言を参照)。

原田監督は、ゾイガーの事件が起きた後も、レナのいつもより固く思いつめたような表情を必ず入れている。

救出されたダイゴが乗るガッツウイング2号から、併行して飛ぶ1号のコクピットにいるレナがこっちを見ているカット。その後に、振り切るように前を向くレナ。

飛行場面ひとつでも、このような気持ちの流れと併行した描写になっている。

また廊下で後ろから来たダイゴから声をかけられると、一瞬ため息をもらす描写を入れているように、随所で気持ちを表している。原田監督はレナ役の吉本多香美さんを見ていて、気持ちの赴くままにこうしたショットを重ねていったという。

ダイゴが自室に戻る場面では、シナリオでは冒頭に見た滅びの悪夢が蘇ってくるくだりとすぐにつながるのだが、原田演出は、自室でチェアに腰かけたダイゴが上に目線をやると、ガッツウイングのコクピットに座って同じようにふと目線を上にやるレナを交互に提示する。あたかも、お互いのことを別の場所で思っているかのように。

この回は、ダイゴとレナの関係のクライマックスを描くと共に、番組自体の、滅びの闇との最終対決の前哨戦的な意味を持っている。原田監督は後者の要素を確実に押さえながらも、前者の気持ちの流れを片時も手放さない。

そしてクライマックス、ゾイガーを追うスノーホワイトの中での、前と後ろに座った二人の会話。レナはダイゴがティガだと知っているが、それを直に口にしない。ただ、自分も好きな人と同じ目線に立ちたい。

それはもう、正体を明かす、明かさないのレベルではない。彼女はダイゴがティガだったことに悩んでいたのではない。愛する人がたった一人で戦っていることが辛かったのだ。小中千昭による新しいウルトラの地平が現れた脚本といえる。

原田監督はこの二人の対話を撮る時、セリフごとにカットを割り、表情を捉えた。芝居の事前カット割りはせずに、現場で決めることが多い原田監督だが、狭いコクピットの中であらかじめ視点が限定されることがわかっているこのシーンにおいては、準備稿段階でもうカットを割っている。

「光になれるさ、レナだって」とダイゴがスパークレンスを取り出すくだりになって、前後に二人がいるのを横から捉えるフルショットが初めて登場する。

そしてレナの背後でダイゴが変身し、スノーホワイトが光に包まれる前後も、原田監督はワンカットずつシナリオに書き入れ、ナンバーをふっている。その中には前述のティガ飛翔カットのライブラリーもあった。

モンゴル平原に着地したティガは羽を失ったゾイガーを倒し、ダイゴに戻る。

そしてこの後のシーンを、原田監督はノーコンテで撮っている。

二人が向き合うショットがロングになると、ヘルメットが足下に落ち、揺れる草原のみが写るショットになるのも、この時の原田監督が現場の二人を見て割った流れである。

大人の視聴者はこれがラブシーンであることを理解しただろう。

だがそれもつかの間、世界各地がゾイガーの襲撃を受けているとの報が入り、そこで次回に続くという緩急を見せた後、エンディング曲に合わせて、シリーズのこれまでの話の中からダイゴとレナの名場面を抜いて見せる。印象的な場面では「今度デートしよう」などセリフも聞かせている。それが、大空高く舞い上がるスノーホワイトの二人によぎる走馬灯のように展開されるのも、またグッとくる。

▼原田昌樹、語る

原田　北浦(嗣巳)さんと一緒にやると、北浦さんは僕が撮った本編とは逆に空からの視点で地上を捉えて滑空感を出すのがうまいですよね。この人はそういうのに慣れてるんだなあと思いました。ウルトラで最初の頃に組んだのが北浦嗣巳監督だったおかげで、「なるほど、こんな合成するんだ」って、ずいぶん勉強させてもらいましたね。あの人の合成はすごいから。
——北浦さんが特技監督だった「もっと高く!」は両方の個性が出ているんですね。どんどん空に上っていく中で、ダイゴがウルトラマンであることをレナが知っていることを告白する。
原田　打ち合わせの時、高さの問題がたくさん出たんですよ。どうやって高低感を出すんだと。合成だと空は高さが変わってもわからない。北浦さんのアイデアで、脚本にはほとんどないんですけど、なるべく下に海を見せるってのをやってくれた。最終的にギリギリ成層圏のとこまで引っ張っていく。上がっていく感じにはなりましたね。

現場の人間で言うと、コクピットの中でドラマが進むっていうのは、手も足も出ないんですよ。撮影の倉持(武弘)さんと考え考えやりましたね。キャメラの入れるポジションがもう決まっちゃうんで。

でも最終的には、一種の密室劇だと思って挑戦してみようと。

その分、降りた後は解放感あふれる画にしなきゃいけない。ロケーションはかなり広い感じの場所を捜したんです。あの草原は浦安です。浦安モンゴルと呼ばれる場所があって。よく見ると向こう側に海があるんですよ。「モンゴルに海はねえなあ」とか言いながらボーンと引いて撮影してました(笑)。


――一面が草原の中でダイゴとレナが向き合う場面は鮮烈ですね。あそこはある意味『ティガ』全体のクライマックスと言ってもいいですね。


原田　あの頃、長野(博)くんのスケジュールがなくてねえ、午前中しか撮影出来なかったんですけど、ギリギリ十二時十五分くらいまでかかりましたね。最終日だったんで、後ろでは村石(宏實)さんが「ロケハンだ」と控えているし、「待ってるなあ」とか思いながら(笑)。

村石さんがあの時見てて、僕が二人を抱き合わせないで撮ったんで、それを見て安心して最終回では抱き合わせたって言ってましたけどね(笑)。

俺の場合はごく単純に、そういう表現は子ども番組ではしない方がいいんだって、あの頃はまだ思ってたんですよ。でも「なんだ、やってもいいの?」って気付きはじめて。


――その後『ガイア』ではキスまで行っちゃいましたね(笑)。梶尾と律子が。

原田　『ティガ』の時にやり残したことをやりたいと思ったんですよ。

――「もっと高く!」の中で、ダイゴの後ろ姿に向かってレナが話しかける。でも口だけで声は出ていないという場面がありましたね。


原田　僕は『ティガ』には29・30話から入って、2クール近くたってから49話・50話をやったのに、その時が「ウルトラの星」と「もっと高く!」なんて重要なポイントの話だったので、「俺が撮っていいの?」っていう部分がちょっとあったんですよ。

川崎(郷太)さんとかが撮った方が本当はいいと思ったんだけど、それはそれとして僕も監督としてのプライドでやらせてもらったんです。

「もっと高く!」は一年間の中でも最後のクライマックスに向けた話ですから、笈田くんからも「前からの蓄積を壊さないでくれ」って言われたんです。それは当然ですよね。

草原のシーンは「ただいま」「おかえり」の二言しかセリフがなくて、僕はもうひと芝居作って欲しいと脚本打ち合わせで言った。でも小中千昭さんや笈田くんもずっとやってきた上でということがあるんで「色々考えた上でのことだからもう芝居は増やしたくないし、セリフも直さないで欲しい」という姿勢だった。

それなら、ドラマってのは、セリフがあるからドラマになるというわけじゃないので、現場でセリフを一切言わないでドラマを作ろうと思ったんですよ。声にしなければわからない、文字にしなければわからないというんじゃなくて、俺達は行間を撮る人間なんだから、現場の空気だけでこの二人の感情をわからせてあげようと思った。

そこで、戦いから戻ってきたダイゴの後ろ姿に、レナが口だけの動きで「こっちを向いて」と言ってる場面を撮ったんです。(吉本)多香美ちゃんに「こういうセリフを言うつもりなんだ」という話をして言わせてる。ただ音は録らなかった。だから口だけ動いてるんです。

脚本では、もともとレナが待ってて、ダイゴが来るという展開だったんです。「ただいま」と言うとレナが振り返って「おかえり」って答える。

でもダイゴってのはウルトラマンであって、男じゃないですか。あの回はコクピットの中でレナから告白されて、それで結果的にウルトラマンになったわけでしょ? 戦いから帰ってきて、ダイゴの方から「ただいま」って言うんじゃ、ダイゴがレナに振り回されすぎだと思ったんです。

男たるものがね……ダイゴがウルトラマンになるきっかけを女から言われるというのは、まあいいとしよう。でも帰ってきた時まで、自分から頭を下げるというのはどうしても嫌だった。

ダイゴを男としてちゃんと描こうとする時、レナの方から声をかけた方がよくないかっていうのが僕の意見だったんです。それは脚本打ち合わせの時にも言いました。「そこは変えるよ」と。ただしセリフは変えない。だからダイゴは後ろ向きに立ってる。それを先にレナが見つけるんですね。レナの思いで〈こっちを向いて〉と。でもそれではまだ振り返らないんですよ。もう一度レナが思いを込めて手を握ると気持ちが通じてダイゴが振り返る。で、お互いに見つめ合って、その次にレナが、言葉にはなっていないんですけど「来て」って言うんですよね。

あれはトップシーンの逆なんです。トップシーンでは、部屋の中で、二人の目と目が合って会話はしてるけど、心は通じ合わないんですよ。そのシーンがあるから、今度はセリフはないけど心が通じ合うように撮りたかったんです。

二〇分のドラマの中で、二人の関係は変わりましたよと。最初の方ではレナの思いがあるわけじゃないですか。「私はウルトラマンだって知ってるのに、あなたはなぜ言わないの?」っていう思いがあって、二人の気持ちがすれちがう。で、最後に初めて心が通じた表現をする時、セリフは逆にいらないなと。


――予告編でのみ使われた「私、ダイゴがティガだって知ってる」っていうレナのセリフがありましたが。


原田　ホンでは「どうして……」だったんですが、役者さんというのはまた別の問題があって、「……」の部分をニュアンスだけで説明しても出来ないんですよ。「これはこういう感情で言ってるんだ」ってのを具体的に指示を出さなきゃいけない時がある。

多香美ちゃんに「どうして」のあと、何を言いたいと思う?って聞いたんですよ。そしたら「どうして。私はダイゴがティガだって知ってるのに」って気持ちじゃないかって言うから「じゃ、それを言ってごらん」って言わせてみて、そのまま本番撮ってしまって、すぐに「じゃ、テイク2行くよ。今度は『どうして』から後はナシ」って言って撮ったんです。そうすると感情がつながってるわけですよ。役者さんによっては、本番になるまでに感情がつかめない場合がありますからね。

ただトラック1ってのは画も音も残ってるから、存在しているんですよ。それが予告で音だけ使われてしまったというわけなんです。助監督の勝賀瀬(重憲)が当時予告をやってましたから。アングル変えて撮ってるんで、あと何テイクかあるんですけどね。多香美ちゃんもね、涙は一回しか出せない子だから。テストで出ちゃうと「アイタタタ」って（笑）。「テストの時は感情出さなくていいからね」って言ったんだけど、素直な子なんで、パッと出ちゃうんですよ。

——基地の廊下のところで、後ろからダイゴに声かけられて「ハッ」と息を呑みますね。

スノーホワイトで撮影中のレナ隊員

原田　僕はため息はよくやるんですよ。「困った時はため息しろ」と言ってるくらいで。あれは初日です、たしか。長野君とよく話してたんですけど、「こういう女の子は手を焼くね」ってタイプの女の子にレナを描こうとしてたんですよ。勝手に怒ってる。しかも怒ってる理由を言わない。こっちは「どうしたんだよ？」って言ってんのに、何も言ってくれない。ダイゴは何も悪いことしてないのに、勝手に向こうが怒ってる。「いるよな、このタイプ」って話をしてたんですよ。

——ああ、それでレナはすごく怒ってるように見えるんですね。

原田　自分で勝手に盛り上がって自分で勝手に怒ってる子。「こういうのって、奥さんにすると大変だよね」って。

ニュージーランドに出撃する時、コクピットにダイゴが乗ってくると、レナがプンと怒るという場面でも、多香美ちゃんはああいう芝居がうまいんですよ。「ちょっとふてくされたみたいにプンとやってごらん」って言うと、本当に子どもっぽく「プン」とやるんです。それを見て長野くんと「たまんねえよな、こういうタイプは」って笑ってると、レナも気になって「なんで笑ってんの？」って。「芝居おかしかった？」「いや、芝居がおかしいんじゃなくて……それでいいんだよ」（笑）。

——変身するシーンで、レナの顔に、飛翔するウルトラマンティガの姿がダブるのは最高潮に盛り上りましたね。

原田　あれは感情の同化的処理ですよね。レナとダイゴの気持ちが一緒になっていくというオーヴァーラップ。それは北浦さんの特撮ではなく、こっちでティガの登場シーンのライブから一番かっこいい幻想的な画を探して被せたんだけど、結局、見つけた画は前に北浦さんが撮った回のだったんですよ。ちょうどよかったと思って入れたんですね。

——「もっと高く！」でクライマックスに行く前、ヘルメットを外しているレナがコクピットの席になんとなく座りながら見上げて、おそらくダイゴを想っているであろう場面と、自分の部屋にいるダイゴが見上げている場面とダブるくだりがありましたが、あそこのレナはすごく綺麗でしたね。

原田　一番いい顔してますね。あれもシナリオにはないんです。コクピットのレナをずっと撮ってる時に「スタンバイ状態のレナを撮りたいな」って現場で思ったんですよ。いつも戦ってる時はヘルメット被ってるじゃないですか。多香美ちゃんが戦う前に、女としてちょっと考える間を撮りたいなと現場で思いついて言ったら、キャメラの倉持さんが「それやりましょうよ」って。

そうやって先に多香美ちゃんを撮って、ダイゴの場面も合わせて撮ったんです。

——番組後半から入られ、クライマックスに一気に食い込む役を果たした原田監督ですが、『ティガ』全体を振り返るといかがでしたか？

原田　やりやすかったという意味では、次の『ダイナ』が一番だったけど、『ティガ』の方が楽しいと言えば楽しかった。四本しかやりませんでしたが、「ウルトラの星」とか「青い夜の記憶」「もっと高く！」は鮮烈な思い出ありますからね。撮り終えた時の充実感もあったし。「これは子ども番組じゃない」と思いました。

レギュラーがあんなに仲のいいチームも珍しかったです。僕は二十年ぐらいこの業界に居て、テレビの仕事も何本もやったけど、レギュラーはある程度仲良くなるものの、あそこまではいかないんです。隊長の高樹澪さん自身が非常に気さくな方で、長野博くんも忙しいけどよく連絡取り合って、集まる連中は集まって御飯食べたりしてましたからね。

『ティガ』が終わった時、夏に神澤（信一）監督が特撮シーンを撮っている間、一日海に遊びに行こうってことになったんです。「行ける連中で行こう」と言ったら、高樹澪さんとかホリイ役のまっさん（増田由紀夫）、リーダーの大滝（明利）が来て、あとはスタッフが十何人で。高樹澪さんは旦那さんも連れてきていました。そういうことって意外と出来ないんです。

何もない海で遊んで、日帰りでしたが、夕方、海に陽が沈んでいくのが見えるんです。沈んでから一時間ぐらい、みんなで海をボーッと見てたんです。誰も「帰ろう」って言わない。「真っ暗になっちゃうよ」と思ってたんだけど（笑）。

その時、『ティガ』の撮影自体は終わっていたから、これで帰ったら、もう同じ時間に戻れないじゃないですか。なんとなく去り難い。

すごく貴重ないい時間だったなと思って。「こういう空間を共有出来るんだな」と。

『ウルトラマンティガ』に続く同時間枠の第二弾で、時代設定が『ティガ』最終回の二〇一〇年から七年後の二〇一七年となった続編。特捜チームは「スーパーGUTS」となり、前作のGUTSが理知的な集団だったのに対し、「西部劇のあらくれ精神」の持ち主とされた。

人類の進化の先にウルトラマンが居るという精神の延長として、宇宙開拓に「ネオフロンティア」を求める視点からスタートした。その一方、昭和の初代ウルトラマンがそうであったように、一話一話バラバラでも構わない理屈抜きの面白さを重視。原田昌樹はネオフロンティアの基底ともなり得る、少年が星空を見上げる視点や夕焼けが似合う風景を重視し、ファンタジックな持ち味のエピソードで監督陣の一翼を担った。原田監督としては最も自由に出来たシリーズであり、ウルトラマンへの理想的なコミットの形でもあった。

スタッフ

監督：小中和哉・石井てるよし・原田昌樹・村石宏實・北浦嗣巳・小林義明・児玉高志・川崎郷太・服部光則・実相寺昭雄・高野敏幸
特技監督：大岡新一・佐川和夫・北浦嗣己・村石宏實・満留浩昌・原田昌樹・服部光則・川崎郷太・高野敏幸
脚本：長谷川圭一・吉田伸・右田昌万・古怒田健志・武上純希・川上英幸・太田愛・大西信介・増田貴彦・村井さだゆき・六本木学・川崎郷太・上原正三
製作：円谷一夫／監修：高野宏一／企画：笈田雅人・丸谷嘉彦・大野実／プロデューサー／小山信行・諸富洋史・位下博一・高木一典／シリーズ構成：江藤直行／撮影：石渡均・倉持武弘／照明：佐藤才輔／美術：山口修・内田哲也／録音：細井正次・楠本龍巳／助監督：勝賀瀬重憲・張金鐘／D1編集：田代定三／ビジュアルエフェクト（ビジュアルテクニカル）：有働武史／本編エディター：柳生俊一／編集：大橋富代・矢船陽介／整音：松本能紀／スクリプター：南口倫子・島貫育子・赤

ンダイナ

澤環 他／スペシャルサウンドエフェクト：今野康之／サウンドエフェクト：小山健二／選曲：小林地香子／CG：田嶋秀樹・高橋和也／マットペインティング：井出広法・東城直枝／装飾：金子英司・毛尾喜泰・鈴木隆之／キャスティング：安藤実／コスチューム制作：小暮恵子／衣裳：須賀美波／メイク：金子三枝／特機：田村誠

38話「怪獣戯曲」（実相寺昭雄監督作品）制作協力：コダイ　コダイスタッフ　撮影：中堀正夫／照明：牛場賢二／美術：池谷仙克／装飾：佐野文雄／助監督：高橋巌／キャスティング：宍倉徳子／撮影助手：鈴木一朗／照明助手：丸山文雄・池田順一／美術助手：黒瀧きみえ／劇画：加藤礼次朗／人形制作：佐藤珠子

製作：円谷プロダクション・毎日放送

[特撮]

撮影：高橋義仁・髙橋創／照明：高野和男・和泉正克／美術：寺井雄二・高橋勲／助監督：菊地雄一・満留浩昌／操演：根岸泉・上田健一・川口謙司／擬闘：二家本辰己／キャラクターデザイン：丸山浩／イメージボード：橋爪謙始／キャラクターメンテナンス：宮川秀男・福井康之／スチール：渡辺亨／オプティカルディレクター：佐藤元／デジタルエフェクツアーティスト：藤下忠男／リードエフェクツアニメーター：山本英文／テレシネカラリスト：児島正博・鳥海重幸／テレシネコーディネーター：小石晃三・小倉智／制作主任：土肥裕二・土本貴生・中井光夫・渥美勝明・高橋誠喜／仕上げ：加地耕三／プロデューサー補：数間かおり／番組宣伝：安藤ひと美

[音楽]

音楽：矢野立美／音楽プロデューサー：玉川静／音楽制作：ユーメックス・円谷ミュージック　／オープニング主題歌「ウルトラマンダイナ」作詞：松井五郎　作曲：鈴木キサブロー　編曲：矢野立美　唄：前田達也（東芝EMI）／エンディング主題歌「君だけを守りたい」作詞・作曲：高見沢俊彦　編曲：井上鑑　唄：中島文明／「ULTRA HIGH」作詞・作曲・編曲・唄：LAZY（エアーズ）

協力：本田技研工業、ホンダアクセス、クリエイティブ・オフィス・ヤップ、プレックス、アビッドジャパン、日本サン・マイクロシステムズ、日本ゲートウェイ2000、マイクロソフト、アドビシステムズ、IMAGICA、東宝ビルト、日本照明、開米プロダクション、亀甲船、東宝コスチューム、日本コダック、日本エフェクトセンター、ナック、山崎美術、スワラプロダクション、スリーエススタジオ、ジャパンヴィステック、宗特機、富士通乾電池、EVIオーディオジャパン

キャスト

アスカ・シン：つるの剛士／ヒビキ・ゴウスケ：木之元亮／コウダ・トシユキ：布川敏和／ユミムラ・リョウ：斉藤りさ／カリヤ・コウヘイ：加瀬尊朗／ナカジマ・ツトム：小野寺丈／ミドリカワ・マイ：山田まりや／ミヤタ・セイジ参謀：円谷浩／ゴンドウ・キハチ参謀：亀山忍／シイナ・サエコ参謀：前沢保美／フカミ・コウキ総監：天田俊明／アスカ・カズマ：隆大介／ミシナ・マサミ：エド山口／シンジョウ・マユミ：石橋けい／イルマ・メグミ参謀：高樹澪／ムナカタ・セイイチ：大滝明利／シンジョウ・テツオ：影丸茂樹／ホリイ・マサミ：増田由紀夫／マドカ・レナ：吉本多香美／ハヤテ・シン：京本政樹／ナレーター：真地勇志

[スーツアクター]

ウルトラマンダイナ：権藤俊輔・中村浩二・清水一彦／怪獣：三村幸司・三宅敏夫・岡野弘之・森英二・西沢智治・桑原史哲・山城豊・角秀一・北原裕次・松栄隆・北岡久貴 他

ウルトラマ

1997-1998

inter-view

つるの剛士

原田監督は夕焼け的なスーパーGUTSを作ってくれた人

『ウルトラマンダイナ』アスカ・シン役

つるの　原田監督のこと、もちろん憶えています。お世話になりましたからね。

『ダイナ』で、前の『ティガ』のレギュラーだった（吉本）多香美ちゃんと一緒になった回があったんですけど、原田監督と僕と多香美ちゃんの三人で、湘南の「サンゴ礁」っていうカレー屋さんに行ったんですよ。それもすごい印象に残っていますね。今、僕はそこの近くに住んでいて、通る度に「懐かしいなあ」と思い出すんです。

あと、『クイズ！ヘキサゴンII』で一緒になった崎本（大海）くん。フレンズっていうユニットで一緒に二人で歌いましたけど、最初会った時「つるのさん、憶えてますか」って言うから、「え？」って。最初全然わかんなくて。

「僕、『ダイナ』出てたんですよ」「そうなんだ、へー」っていう感じで、その時は流してたんですけど、家でよくよく考えたら「あれ?」って。「ひょっとして『少年宇宙人』の彼ーッ!?」と思って見直したらクレジット表記に「崎本大海」って書いてあって。「崎本くん、ここで会ってたんだ」。

時間の流れ、飛び越えてね、まさか『ヘキサゴン』で会うなんてまったく思ってなかったんで。本当に感慨深いですね。彼とも「少年宇宙人」の思い出話を色々しました。

やっぱ「少年宇宙人」、ストーリーも良かったし。崎本くんとテレパシーで語り合うところなんて、印象的でしたし。

――アスカは普段明るいけど、突然一人で旅立たなければいけなくなった崎本さんの少年と語り合う。あれは孤独を知っている感じですよね。

つるの　ありましたね！　神社で。アスカには影がありますよね。そういう時にさっと入ってきますよ。色んな、さみしさがあったんでしょうけどね。お父さんがいないとか。そういうことも引きずりながら、破天荒に生きる感じ。三枚目やってる感じの中にさみしさを出しているんじゃないですかね。

▼サングラスの奥はM気質？

つるの　原田監督というと、撮影がけっこう早かったような記憶がありますね。

最初の「ウィニングショット」（5話）も憶えています。キノコの話、お台場に行ったフォーガス（6話「地上最大の怪獣」）と二本一組でしたね。

僕は野球、まったく知らないです。今でも知らないんです。でも「ウィニングショット」は設定自体がね、メジャーリーグ、大リーガーの選手になりそこなった役だった。

ヒムロっていう、今、大リーガーになっている昔のライバルが、けっこうためになること言ってくれても「うるせえよ」みたいな感じのアスカでしたけど、ああいうのが、ウルトラマンになる人間としては、より人間っぽいんじゃないですかね。

ヒムロに会いに行ったシーン、あれ、初めてアスカの私服が出てきた回なんですよ。なんかアロハシャツみたいなの着て（笑）、車に乗り込むみたいな感じだったんで「すっげえだっせえカッコさせられたな」って印象があるんですけど（笑）。

原田監督の作品はけっこう遊びましたよ。『ダイナ』のなんかこう、一番はじっこの部分っていうか。それを、監督がよく作ってくれていたんで。「怪盗ヒマラ」とかもそうだし。

憶えているのは、リョウ隊員のサングラス。

――原田さんの回だけ、サングラスかけてましたね。

つるの　監督好きだったんだよね、あれ。なんでだったんですかね。

――原田さんは他の番組で、男のキャラクターの場合、クールな性格付けの時はサングラスつけさせるのが好きだったですね。

つるの　あ、そうなんだ。監督自身もサングラスかけてますよね。サングラスフェチなんですかね。

――リョウ隊員の場合、ヒロインだけどクールな部分もあるというか、特にパイロットとしてコクピットにいる時はサングラスだとカッコよく見えるっていう。原田さんにとって、ああいう男を叱咤するような女の人が好みのタイプなんじゃないかと。

つるの　そういえば、スクリプターの（河島）順子ちゃんでしたっけ？　やたら仲良かったですよね。僕も原田さんと順子ちゃんとよく一緒に飲みに行ったりしましたけどね。原田さんはスクリプターの方とすごい仲良くなって「好きなのかな」って思ってましたもん（笑）。なんかそんな印象ありましたね。ハネジローの声も河島さんだったりとか。

――原田さん、結婚されたのもスクリプターの方で。

つるの　あ、そうだったんですね。スクリプター好きなんですね、じゃあ。

――スクリプターさんって、「監督の監督」役として、テキパキした方が多いので、男勝りの部分のある女の人が好きだったのかなと。

つるの　そうかもしれないですね。M気質なのかも。

▼原田さんの故郷が好きになった

つるの　でも原田監督、けっこう怖かったです。怒鳴る時もありましたよ。僕達に怒鳴ることは基本的にはあんまなかったですけど、ちょいちょい助監督に怒鳴ったりとかしていましたね。

　ただ基本的には優しい人です。現場も楽しいし。「夢幻の鳥」（19話）、あれも原田監督でしたね。レーサーの青木拓磨さんがゲストで、あの時も楽しかった。自分も車に乗せてもらって、走りましたもん。懐かしいなあ。豊洲のね、東京ガスかなんかの敷地でね。

「（死闘!）ダイナVSダイナ」（31話）も憶えていますね。カメラを持った女の子が出て来る。アクションやったのは印象深いですけど……川挟んで。あと最初に公園かなんかで昼寝しているところを女の子に写真撮られるじゃないですか。たしか多摩ニュータウンだったけど。

――シナリオだとゼレットの中で寝てるって設定だったんですけど、実際の作品だと公園で堂々とサボッてて、ラフすぎるというか（笑）。

つるの　思いっ切りサボってますよ。けっこう斬新ですよね、あれ。なんであんなのになったんですかね（笑）。ホットドック食べてますもんね。

　そういう私生活を描いてくれた監督でしたね。私服のアスカだったり、公園でサボったりとか、「裏スーパーGUTS」みたいなところを出してくれたんじゃないですか。アクションやったりとか、野球やったりとか、それこそリョウ隊員のサングラスだったりとか、色んな原田監督節が出て来た。けっこう隊員の私生活とか、生活感の出る画が多かったんで。

――原田監督は、アスカと他の隊員の話ももっとやりたかったと言ってました。

つるの　監督によって全然カラーが違うし、ストーリーもバラエティに富んでいたのはいいんだけど、『ダイナ』にも軸になるストーリーはあったから、その肉付けの部分で、なんかもうちょっと固めても良かったかなと思いますけどね。けっこうバラけた感があったような気がしないでもない。もうちょっとこっちも考えて色々やれば良かったかなって、今になったら思うんです。でもあれはあれで『ダイナ』なんで、いい感じだとは思うんですけどね。

――松本ロケの「君を想う力」ではリョウ隊員は私服で、故郷に帰って、サングラスのクールな彼女じゃない素顔が出て来ますね。

つるの　原田さんの育った街ですよね、松本。僕もあれからすごく好きになってね。最初はあの時の撮影中に監督に呑みに連れてってもらったりしたんですけど、その後けっこう一人で松本に行ったりしました。まだそんな忙しくなかった頃、一時期何度も行きましたもん。とても文化が豊かな街だし、それでいて、なんか奥行きがあるっていうか土俗的な街なんですよ。松本城近くの縄手通りとか、川沿いの道に変なバーがあったりとか。監督と一緒に行きました。なんかデブばっかりいるバー。原田監督はお酒好きでしたもんね。

▼アスカには母親の影がない

つるの　原田さん、ハネジロー大好きでしたもんね。やっぱり原田さんっていうとハネジローが印象的ですね。すごく思い入れありましたもんね。

――アスカがハネジローと一緒に二段ベットの下で寝てたりしますよね。日常から一緒にいるという。

つるの　僕もハネジロー、大好きでした。当時猫を飼っていて、それがハネジローそっくりだったの。チンチラとアメショーのハーフみたいな子だった。

――たとえば隊員が話してる時、アスカが画面の後ろでハネジローと遊んでる時はアドリブで？

つるの　そうです。監督は基本的には自由にさせてくれましたね。（マペットの人形を）本当にハネジローだと思って接していました。可愛くて。「終わったらください」って言ったんだけど、ダメだって（笑）。

　人形が発売されたでしょ？　全然可愛くなくて、それが。やっぱり本物が一番良かったですね。あれ再現するのがムズかしかったのかな。

　ハネジローが番組からいなくなる時、淋しかったですよ。あの時泣くシーンがあったけど、あれはリアル涙だったんで。

――やり直したっておっしゃってましたね。一回涙出たんだけど。

つるの　そうそう。何回かやり直しました。

――ハネジローと最初に出会った回（11話「幻の遊星」）の最後、エンディングの「君だけを守りたい」が流れ始めて、地球に帰る途中、ガッツイーグルのコクピットでハネジローと二人きりになったアスカが「今日からお前はハネジローだ」って名前を付ける。ガクッとくるハネジローに「なんだ、不満なの?」って言うやり取りは原田さんがシナリオに筆を入れて膨らましてるんですけど、あの交流のシーンが、見る度にホロっとくるんです。アスカにとって、自分がダイナだって知っているのはハネジローだけ。あそこはべつにシリアスなシーンじゃないんですけど……アスカ隊員って、他の変身役の隊員に比べて、明るいんだけど淋しそうな感じがします。

つるの　なんでしょうか、僕はいまだにアスカのお母さんってどういう人なのかさっぱりわかんないし、けっこう謎を残したまま光になって飛んで行っちゃったんで、僕もアスカに聞きたいんですけど。

――そういえば、お父さんのことしか出てきません。

つるの　お母さん、どうしたことやら。映画版(『ウルトラマンティガ&ウルトラマンダイナ 光の星の戦士たち』)で「イエイイエイ、母ちゃん見てる?」って言っているシーン、あれアドリブなんですけど、よくよく考えたらどうなんだと、あれでけっこういろいろ議論も巻き起こして、「アスカのお母さんってどうなってるんだ?」みたいな話になってるんです。

――母親の影があんまりない。

つるの　そうなんですよ。実は全然ないんです。だからそういう寂しさがあるんじゃないですか、ひとつの影に。なんかこう、男手ひとつで育てられた的な感じなのかもしれないですしね。

――アスカは自分がなんでウルトラマンになったのかもわかってないと前おっしゃっていましたが、あんまりそういう寂しさも自分でわかってない……。

つるの　たぶんそうだと思います。まあやってる本人も全然わかってないんですけど(笑)、なんだかちょっと影はありますよね。あれだけ破天荒なのに。なんか超越しているものがありますよ。よくよく考えたら、けっこう謎が多いですよね、『ダイナ』。後付けで、色々なこと思いましたね。やっぱすごいキャラクターだったんだなって。普通のヒーローじゃないことはたしかですよね。

　でもヒーローって、そういうものでもあるんじゃないかなって、アスカ見て思ったんです。すごく近い存在。〈ヒーロー〉っていうと基本的にはなんか神のような存在みたいな、なろうと思ってもなれないみたいなイメージありますけど、アスカってホントその辺にいるお兄ちゃんで、「ひょっとしたら俺でもヒーローになれるんじゃないか」みたいな夢を与えてくれる人だと思ってます。

　僕が本当に好きなヒーローというのも、けっこう近い人なんですよ、やっぱり。自分でもなれるんじゃねえかみたいなところがあって。そういった意味ではアスカは、いいヒーロー像ですよね。羞恥心もそうだけど、その辺にいるようなアホな兄ちゃんがアイドルになりましたみたいな、そういうのに似ているというか、等身大な感じ。

　だからけっこう色んなチビッ子に夢を与えたんじゃないかと思うんですよね。かなり親しまれたんじゃないかと。

――子どもから見て自分達と近い存在というか。

つるの　いまだに言われますからね。若い子がけっこう見てくれているんです、『ダイナ』。DVDを借りてくれたらしくて。色んなところで「アスカ隊員」って言われる。

――『ティガ』の映画(『ウルトラマンティガ THE FINAL ODYSSEY』)で最後にアスカが一シーンだけ出た時、映画館の子ども達が「アスカ、アスカ」って騒いでました。隊員服も着てないのに。

つるの　子どもはやっぱり自慢したいんでしょうね。「知ってるよ」みたいな。そういう感覚だと思うんです。

▽アスカと一緒に成長

つるの　けっこう僕とアスカはキャラが被っていますよね。どの監督もみなさんそういう風にしてくれたのかもしれないんですけど、アスカの言っているセリフが、普段の僕の生活の中で、素で出たりしますからね。「無茶かもしれないけど無理じゃないでしょ」みたいなこと平気で言ってみたりとか。普通に出ます。「前しか向いてねえ」とか。

　モロ僕自身なんですね、アスカって。そういう意味でもあの一年というのは、一緒に成長していったんです。

　最初の頃なんて実は僕、「はあ」みたいな感じでやってたんですけどね。なんというか「めんどくせえなあ」みたいな感じだったんですよ。なんか気持ち的に。ヒムロに「うるせえよ」って言うアスカとまったく一緒でした。

　思い返せば、始まった時とか子どもだったなと思ったし。主観だけでもう「わあーッ」と猪突猛進みたいな感じでした。「目覚めよアスカ」(3話、脚本吉田伸、監督石井てるよし)みたいな(笑)。

――リーフラッシャーを掲げても変身できない。3話はまさに、成長していないアスカを描く回でした。

つるの　あんな感じだった。周りを振り返らず「関係ねーよ、そんなもん」みたいな。けっこうそうだったんですよね。

なんていうんですかね、所謂俳優さん達の現場っていうのが、僕は好きじゃなかったんです。その前に舞台をやったんですけど、お芝居を取り巻く人達に、あんまりいい印象がなかったんですよ。

だから『ダイナ』の現場に入っても、「そんなもん関係ねー、俺が勝手にやってやるよ」みたいな感じだったんです。芸能界に入ったばっかだったし、つっぱってた部分もあったんです。

最終回の芝居を見た小中(和哉)監督が「アスカが成長したなってことを本当に実感した」って言ってましたから。「それはつるちゃんもすごく成長したってことなんだな」って。

最後の方は自分でちゃんと台本を読んだり、芝居も自分で考えたりとかしていくようになっていました。アスカも僕も、客観的に色んなものが見えるようになってきた。アスカと共にすごく成長しましたね、あの一年は。

ハネジロー、そしてヒビキ隊長と

スタート時の衣装合わせ用写真

あの時には戻れない

――ビデオの『帰ってきたハネジロー』は一年半ぶりの『ダイナ』でしたが。


つるの　あの時は、りっちゃん(リョウ隊員役の斉藤りさ)と二人でゼレットに乗って走るシーンがあったんですけど、戻る時に道に迷って、戻れなくなったんです。撮影中に山の中で。そのままバックで戻る時にどっかの道を迂回して戻ろうと思ったんですけど、戻れなくなっちゃって、ゼレットのまんま街を走ったことがありましたね。だから信号待ちの時とかみんなに見られていました(笑)。

あの時、もう放映当時のセリフとか、ちょっとなんか自然に言えなかったですね。アスカに戻すのが大変だったです。一年半しか経ってなかったですけど。

番組の時は毎日やっていたけど、感覚がズレちゃって「もうアスカにはなれないな」って、あの時、実感しましたね。

『ダイナ』っていうのはアスカと共に僕も成長していった作品なんで、アスカが終わって完結して、また戻ろうと思っても、やっぱり難しかったですね。

特に「帰ってきたハネジロー」の時は現役時代の話にまた戻っていたんで、だからすごく難しかった印象がありますね。


――原田監督は最終回でアスカが宇宙空間に消えた後の話をやりたかったらしいですね。


つるの　僕も最初そうだと思ったんですよ。でも光の世界から帰ってくる話っていうのは、難しいだろうというのがあって……結局まあ、ああいう風に途中に入るような話になったらしいです。原田さんは最後明るく終わりたかったから、続きをやりたいと。テレビの『ダイナ』が終わった後の話をやりたかったって言ってましたね。「撮りたい」って。

ああいう終わり方だったからね。現場もちょっとさみしい感じになったし。僕もすごくさみしかったし、周りもやっぱりスタッフの人達もさみしがってたんで、やりたいって気持ちもあったんです
だから当時は僕も「アスカをなんとか戻せ」と思ったんですけど、でも、あの形で非常に良かったんじゃないかと思いますね。今となってはあれでいいんじゃないかと。

光の世界からずっと旅を続けている方が、アスカらしいし、これからいつでも帰って来られるんでね。

番組が終わった後、りっちゃんと二人で飲んだ時に、最終回を撮った小中監督に電話して「やりましょうよ」なんて話したんですけど、小中監督は「僕、光の世界行ったことないから、どういう風な描写していいかわからない」って言い方してて、よく考えてみたらそうだなと。誰も行ったことのない世界な

んで。それはそれで、未知な感じでいいのかなって、今は思ってますけどね。

アスカもそうですけど、僕自身もね、番組が終わって他の仕事させてもらう中で、色んなものを見られたんで、そういった意味ではアスカはああいう形で、みんなの心の中にいるのはいいのかなって思いますね。変にリンクさせると、逆にちょっとおかしいなって。

その後、映画（『大決戦！超ウルトラ8兄弟』〇八年、『大怪獣バトル ウルトラ銀河伝説 THE MOVIE』〇九年、『ウルトラマンサーガ』十二年）でアスカになりましたけど、もう当時に戻ってやるのは無理ですね。

映画もそれぞれ違うシチュエーションですけど、久しぶりに隊員服着られたりするのは、ちょっと嬉しいですし。宇宙空間の中で旅をしてる途中に、ウルトラマンのこういった仲間と再会できるというのは、感慨深いですけどね。

昔の隊員服に（身体が）入ったからいいですけどね。映画の隊員服はあの当時の服なんですよ。テレビの最後で旅立ったまんま。

でも、またアスカを演じなきゃならなくなったら、さすがにもう昔のイメージで出ていくのは無理じゃないかと思いますね、僕も歳をとりますから、はい（笑）。

僕の最初の子どもが出来る頃かな、隊員のみんな集めたんですよ。りっちゃんは来られなかったのかな。フッくんと丈さんと加瀬くんと、あと原田監督が来てくれたんです。それでみんなで一緒に飲んだんです。あれが僕と監督が会った最後なんです、実は。

あの時は元気でした。「これから中国に行く」って言ってたんですよね。「行く」なのか途中で帰って来てた時だったのか、上海の特撮の話してましたね。印象では、まったくお変わりなかったです。

だから亡くなった時はびっくりしましたね。信じられなかったです。

最後に会った時は、僕からみんなに急に電話したんです。その時、『ダイナ』をめっちゃ見返してたんです。子ども生まれる時で、DVDで全部見直して……みんなに会いたくなっちゃって。他の監督にも電話しました。来てくれたのは、結局原田監督だけでしたけど、それはスケジュールの都合で、たまたまだったと思うんですけど。

――その時お子さんはおいくつだったんですか。

つるの 生まれたばっかりだからゼロ歳ですね。

――その時にもう『ダイナ』見せていたと。

つるの 見せました。はい。ウルトラマンは子どもが普通に好きだったんで、僕が家にいる時よく見せて、DVDはもうボロボロですよ。ボックスセットもらったのがあるんですけど、全部キズだらけになってしまって。しょっちゅうDVD再生していたから。ずっと、アスカがパパだっていうのは半信半疑だったんですけどね。映画の『8兄弟』やった時にやっと信じてくれたんです。

▼自分の世界で自由に泳がせてくれた

つるの なんていうのかな、『ダイナ』という番組の本線は別にあるんだけど、でも全体的な枠の軸を作ってくれたのは原田監督ですよね。サブストーリーの軸を作ってくれたっていうか。そんな印象がありますね。

やっぱり本線は小中監督が作ったんですけど、裏の外れた部分は原田監督が作ったって感じがありますね。生活の部分で「裏スーパーGUTS」の部分を原田監督がやってたっていう。

人間味というか、なんか自分の中のドラマみたいなのがすごくしっかりしてる監督だってイメージがありますねぇ。いい意味で不器用っていうか。

他の監督は、けっこう最初から僕らを自由に撮っていたっていうか……それももちろんいいんですけど、原田監督は『ダイナ』の中の役割として、自分の世界があって、その中で、僕達を自由に泳がせてくれたっていうか。

今浮かぶものとしては、すごくノスタルジックなイメージがありますね。なんか、常に夕景みたいなイメージが。原田さんって、そういうちょっと寂しげな感覚が僕はするんですけど。懐かしい画を作ってくれた監督って感じかなぁ。

「ダイナVSダイナ」も男っぽい話だけど、すごく夕焼けのイメージありますよね。崎本くんと一緒になった「少年宇宙人」もそうだし。夕景の監督って気がする。

――『ダイナ』の本線は未来に、明日に向かってどんどん行く話だとしたら……。

つるの そうやってく中、レトロなイメージを作っていった気がしますよね。『ダイナ』っていうと、晴れた日の夏のなんとか……みたいな、「スカーッと晴れた！」みたいなイメージがあるんですけど、原田監督はどっちかっていうと、ちょっとさみしげな『ダイナ』の部分っていうか、夕焼け的なスーパーGUTSを作ってくれた人っていうか。そんな感じがするなぁ。

作品解説

「ウイニングショット」5話 ▼一九九七年一〇月四日放映

脚本：古怒田健志　**特技監督**：北浦嗣巳　**撮影（本編）**：倉持武弘　**撮影（特撮）**：高橋義仁
ゲスト：松下一矢（ヒムロ・ユウサク）、ウェイン・ドスター（メジャー・リーガー）、柚木佑美（スポーツ記者）

▽ストーリー

学生時代、直球一本やりで変化球を投げなかったために勝てなかった投手アスカ。片や、元高校野球のチームメイトにして大リーガーのヒムロ。

今、ヒムロはスランプに陥り、一時帰国していた。久しぶりの再会の場に、たまたま怪獣が出現する。

腕の装甲で身を守る怪獣に対し、地上から単身、その懐に潜って攻撃しようとするアスカに「無茶だ」と止めるヒムロ。

だがアスカは言い返す。「無茶かもしれないけど……無理じゃない！」

それはかつて高校野球の試合の時、ベンチで自分がアスカに発した言葉だったことをヒムロは思い出す。

怪獣に向かっていったアスカはあえなく踏み潰されてしまう。だが不屈のアスカは地中から這い上がった。高純度エネルギー基地に迫る怪獣を前に、ダイナへと変身して立ちはだかる。

装甲怪獣を攻めあぐねるダイナ。

「あの怪獣……ストレートにはめっぽう強い」

勝負を見ていたヒムロは思い立ってダイナにアドバイスする。それに従い、ビーム球をフォークボールにして勝利を得るダイナ。

やがて復調したヒムロ。その投げる球は一五〇キロを記録。親指を立てて頷き合うヒムロとアスカであった。

▽ミーハー精神を衒いなく

シナリオでこの回は、緊急帰国で記者に取り囲まれるヒムロから始まっているが、原田監督はその中継のモニタをTPC基地内のテラスで見上げるマイの憧れ目線から話を始めている。

アスカがヒムロと野球部仲間だったことを知るや、「ヒムロさんに会わせて」と頼むくだりでは、テーブルにしゃがみこんでおねだりする。マイが初めて基地の外に出るエピソードである本作で、原田監督はとにかくマイこと山田まりやの仕草を前面に押し出した。夏のワンピース姿も溌剌としている。

極めつけは「これ、受け取ってください」と、ワンカットで次々と花束やプレゼントを繰り出し、握手を求めたかと思えばサインボールとペンを渡すという、マイのミーハーぶりを炸裂させたかのような描写だろう。スタッフがキャメラのフレーム外から山田まりやに小道具を渡しているのは言うまでもないが、それをヌケヌケとやってしまうのは原田監督一流の遊び心だろう。

一方、マイとアスカの関係には踏み込まないようにしている。実はシナリオには、ヒムロの前でマイを紹介する際、お似合いカップルだと言われたアスカがマイの肩に手を回そうとすると、マイが拒絶するという描写があった。

恋愛を思わせる要素がカットされているのは、この時点でアスカは、Wヒロインであるマイとリョウのどちらになびくかがまだ決まっていなかったからだと思われる。次回の6話でアスカとリョウの描写を一部変更したことと同様の処置であろう。

▽男の世界を描く時

アスカが高校時代のヒムロを回想して「球は俺の方が速かったんだけどな……」と言う場面で、原田監督はシナリオに、マイの「エースじゃなかったの？」というツッコミを入れている。「ま、まあな……」としどろもどろにごまかすアスカ。

アスカの男としてのウィークポイントを強調しているのだ。1話から、ひたすら前向きに描かれていたアスカにも、思い通りにいかない現実があった。

そして、かつて彼より上の存在だったヒムロが今まさに壁にぶち当たっている。

ヒムロがデッドボールを投げてしまう回想の場面は、怒って駆け寄る相手チームのバッターを前に、帽子を取って呆然とした表情の彼で現在に戻る。そしてマイの「ヒムロさんは帽子を取って謝ったのに……」というセリフにつながるが、映像では謝るところまで見せていない。思わぬ事態にどうしていいかわからないところまでで止めるのだ。

これはアスカについても同じで、ピッチャー交代となった自分へ「お前の敵は相手チームじゃない、自分自身だ」と告げたヒムロに対し、アスカはベンチに戻ってグラブを叩きつける。つまり、すぐに素直には受け止められない。

その後、今度は自身がスランプに陥っているヒムロに「俺に自分自身と戦うことを教えてくれたのは、お前だったよな」とアスカは言うのだが、アスカ自身が、かつて反発を覚えたライバルの言葉をいつ受け止めるようになったのかは描かれていない（実は示唆されているのだが、監督は視聴者に想像を委ねている）。

そして、アスカにかつて自分の言ったのと同じ言葉を返されてしまったヒムロは、今度は自分が持っていた球を、立ち去ったアスカの方向に思いっ切り投げつける。一瞬、アスカへの怒りの衝動とも取れる場面だが、球はホームベースにバウンドする。そして、ヒムロはアスカの言葉に動揺したかのごとく、一人黙って頷く。

このヒムロの動作はシナリオには書かれていない。アスカ、ヒムロともに実に男らしいキャラクター描写である。ライバルが自分よりも上だとわかった時、自分が自分に負けてしまった時、人間は素直に認められない。しかし、時を経てお互いを認め合える。これは、ほろ苦い青春物語なのだ。

そして、マイと二人だけになった時のアスカに「当たりどころが悪くて再起不能になった選手だっている」と、勝負の世界の厳しい面にさえ言及させている。かつてVシネマ『最後の馬券師』でも「負けたら肉になるのが馬の宿命だ」というセリフを原田監督はシナリオに付け加えている。楽しい中にも、爽やかさだけではない現実を入れているのだ。

ヒムロ役の松下一矢は、撮影中に球が顔に当たってケガを負うというアクシデントにもめげず、ゲスト主役をまっとうした。松下は原田監督の劇場用映画第一作『極道拳』の準主役であった。ボクサーくずれのヤクザ・山下真司が、自らの果たせなかった夢を新人ボクサーの松下に託していくという内容で、ヤクザ映画とボクシング映画をドッキングさせる企画のあり方は、ウルトラマンと野球映画をドッキングさせた本作と通じている。ともにその本質は青春映画であり、原田監督の得意な方向性だったのだ。

▼熱血と特撮

本作の怪獣シルドロンは身体の組織が昆虫の組成という設定で、腕の装甲でビーム弾も弾き返す。

特技監督は北浦嗣巳。シルドロンがパイプラインから緑の液体を飲み干し、離れた目の片方で管の中身を覗くところなど、擬人化した味付けがなされている。後に格闘の際、ウルトラマンのフォークボールを受けるという話の展開を考えると、怖い怪獣というよりコミカルに持っていった方がバランス的にはいいという考えからだろう。左右に飛び出た目は敵の攻撃をすばやく察知するためだ。

ダイナがフォークボールを投げる時に足で土を払ってみせたり、一球目は見せ玉でわざと相手に取らせる辺りは、演出的なケレンを感じさせるが、実は脚本そのままである。

シルドロンが腕の装甲で攻撃を跳ね返す描写では音の工夫が伺えるが、音響スタッフの座談会に詳しい（193ページ参照）。

この、腕で攻撃を弾き飛ばすシーンは、エンディングのリフレインでは、歌の「ヘイ、ヘイ」という掛け声に合わせて動作を編集するという遊び心を見せている。

母校の屋上に立ったヒムロが、ダイナにフォークボールを伝授する場面では、「もし君にテレパシーがあるなら、判ってくれ！」という呼びかけのセリフがシナリオにはあったが、原田監督はカットしている。ボールの握りを見せるヒムロと、ダイナが同一画面に収まることで、両者の通じ合う心は瞬時に伝わる。段取りよりも明快さを重視した演出だ。

ダイナが勝負球を投げる瞬間のフォームでは、バックは炎になる。後に話題になった映画『少林サッカー』を思わせる熱血描写だ。原田監督は『少林サッカー』を、日本公開前の時点で助監督の日暮大幹氏から用意してもらったＤＶＤで見ているほど興味を示したという。だが、実はこの炎バックは北浦特技監督による発想である。合成に関して先輩である北浦監督から学ぶものは多かったようだ。

勝利したダイナとヒムロがお互いを見て親指を立てるシーンは、物語のラスト、人間の姿であるアスカと、選手として復活したヒムロがお互いに親指を立てるシーンにつながってくる。

▼原田昌樹、語る

もともと作品にある、高校野球のエースだったというアスカの設定をちょっと変えて、エースから挫折した男にしました。一度挫折した男が、もう一回頑張る話が好きなんです。

僕は野球の映画をずっとやりたかったんです。なかなか企画が成立しないんですが、野球のボールのＣＧをどこまでやれるか試したかった。たまたま古怒田（健志）くんの脚本で野球の話が来たんですよ。そこでボールを投げる表現を色々やれました。渡りに舟でしたね（笑）。

▼野球映画への夢

回想場面をモノクロや色抜きではなく、ハイキーにしているのは、真夏の甲子園のイメージで効果的であるとともに、観客席を映さなくても、そこが気にならず、出演者の芝居に意識を集中させ得る方法でもあったのだろう。実際の撮影も、千葉の市営球場で八月に行われ、猛暑だったという。

投球場面でＣＧを使用しているだけでなく、ヒムロが球を投げる試合の回想場面では、バックネットの背景にあるライトやスコアボードなどの装置が夜目に光る様を、合成で作り上げているのがワンダーで楽しい。

本作ではそこまで描かれていないが、合成を使用すれば五万人の観客を表現することも可能だ。原田監督は、大リーグでの活躍を中心に据えた選手の物語も、まだ見ぬ夢として考えていたのかもしれない。

原田監督は、それ以前に『ＴＥＸＡＳ　ＨＩＴ』という企画を温めていた。一度野球に挫折した中年男が、アメリカに行くことになり、現地で野球チームに参加させられるが、実は野球賭博に利用されていたことがわかる。だが騙していた側の男（彼もまたかつては野球選手だった）も含め、いつしかプレイに本気になってしまい、負けることが約束されている試合に勝とうとする……〈青春の再演〉の物語は原田監督の追っていたテーマの一つといえるだろう。

原田監督は、エンディングの名場面集に、高校時代の二人が仲間に混じってグラウンドをランニングする場面をさりげなく挿入している。過去と現在が交錯する、爽やかな締めくくりだ。

作品解説

「地上最大の怪獣」6話 ▼一九九七年一〇月一一日放映

脚本：武上純希　特技監督：北浦嗣巳　撮影（本編）：倉持武弘　撮影（特撮）：高橋義仁

ゲスト：二家本辰己（ビル警備員）、権藤俊輔・中村浩二（クラーコフ隊員）

▼ストーリー

都市の地下一〇キロメートル四方に菌糸を伸ばす最大の怪獣サタンフォーガス。

菌糸の一部が人間体となり、出動したアスカに問いかける。

「ウルトラマンダイナ……、進化の袋小路に入ってしまった、下等な人類の味方などやめて、私につけ」

フォーガスはコンピュータネットワーク「アースネット」に侵入し、ＴＰＣヨーロッパ支部の巡航ミサイル三発をＴＰＣ本部に向けて発射させてしまう。しかもコンピュータを支配されているためＴＰＣは迎撃能力を失っていた。

だがＴＰＣが推進するネオフロンティア計画の象徴である、宇宙空間に浮かぶ移動ベース「クラーコフＮＦ-３０００」がその異変に気付いた。クラーコフでコウダがミサイル三発の内、二発を迎撃したが、一発は撃ち漏らす。

残る一発の迎撃を託されたγ号のリョウは、コンピュータを外部から一切遮断するが、既にハッキングされていたため、アナログ操縦に切り替える。

「もう、コンピューターに頼れない。私が一人でやるしかない」

原田版『ウルトラQ』のはじまり

冒頭、深夜のビルを警備員が懐中電灯を持って巡回してくる場面に、現代文明への皮肉めいたナレーションが入る。

「今日、あなたのパソコンに届くのは、友人からのメールだけではありません……。それは、人類以外からのメールかもしれません……」

まるで『ウルトラQ』のような出だしである。

原田監督も、シナリオに『ウルトラQ』とメモしている。

コンクリートの地面が爆発するように割れ、次々とサタンフォーガスの菌糸が伸びてくるという北浦特技監督のダイナミックな描写は、イメージ的には『ウルトラQ』の「マンモスフラワー」を思わせる。原田監督は後に「マンモスフラワー」の監督・梶田興治氏と新宿ロフトプラスワンでのウルトラマンイベント（ヤマダマサミ主催）で共演し、ツーショットの写真に収まった。そこで「新旧のウルトラマンシリーズの監督です」と紹介され、ウルトラファンの温かい拍手を受けた。

巨大な花びらならぬ茸の傘がビル街を覆い、下界からは菌糸の一部が触手のように蠢き人々を翻弄する。その全体像は鳥瞰図にならないとわからないというパノラミックな存在だ。α号とγ号との対比で大きさを示すシナリオの指示を的確に映像化している。地上に張り巡らされた菌糸は画面によってマット画と作り物の触手が使い分けられている。

菌糸が束ねられ怪獣体になったフォーガスとダイナは格闘するが、ソルジェント光線で四散する爆破人形と、構えるダイナを同一画面に合成したカットは、当時はアッと驚かされた。だが怪獣体は次々と復活し……という息もつかせぬダイナミズム。

前半はホラータッチ、後半はアクションの連続という計算が原田監督にはあった。

トラウマ警備員

冒頭、巡回してくる警備員の前で、オフィスのディスプレイが、ハッカーによる「さよなら人類」という文字で埋まるというホラーっぽい事件の導入部はシナリオから書かれているが、実際の作品では、その文字が人文字のように、さらに大きな「さよなら人類」という一つの文字を形成する。強調した演出だ。

文字に関しては、いかにも後からハメ込んだような鮮明すぎるものになっており、それよりは実際のディスプレイに文字を打ち込み、それを撮った(風に見せる)方がリアルさは増したと思われる。だが原田監督はそんなことよりも、一発で見てわかる明快さを優先したのだろう。

この場面の警備員は、擬斗の二家本辰己が演じている。

警備員帽を取って汗を拭うシーンで、トレードマークのスキンヘッドを視聴者に見せている二家本氏。画コンテにも、その風貌までそっくりに描かれている。

この回で運悪くサタンフォーガスに遭遇した二家本警備員は、以後何度か同じ役として『ダイナ』に登場し、恐怖を忘れた頃にまた怪獣と遭遇するというダイ・ハード男（平成ガメラシリーズにおける蛍雪次朗的ともいえる）の役回りを担うことになる。

なお、クラーコフの搭乗員は、ダイナのスーツアクターである権藤俊輔と中村浩二が素顔で演じている。

ウルトラの星

訓練中にミスを冒してヒビキから叱責されたアスカが、空を見上げているところをリョウに励まされる場面の直前で、原田監督は空高く光る星をアクセントとして付加している。イメージ指定は「ウルトラの星」。

自身が監督した『ティガ』「ウルトラの星」の画をイメージしていたと思われるが、あの時は、「ウルトラの星はみんなに大きな勇気と力を与えるためいつも空の彼方で瞬いている」とナレーションがあった。同じように、かつて宇宙パイロットだった父が消えた星空を見上げるアスカの心に灯る火のように、星は光っている。

『ダイナ』最終回で、父の面影を追って宇宙の彼方に消えたアスカを、マイや仲間達は「ウルトラの星」と呼ぶ。この頃には、まだそういうラストになるとは想定されていなかったが、最終回を知った上で見返すと、潜在的な伏線のようにも見えるのが不思議だ。

相反する要素

サタンフォーガスが最大の怪獣というのは、科学者であるナカジマ隊員による「本体は土の中の菌糸で、キノコは子実体という胞子を飛ばすための器官なんだ」というセリフで説明されている。しかしこの部分の説明セリフに対して、途中からヒビキ隊長以下のメンバーは「難しい話はわからん」という顔になる。それでも喋るナカジマ隊員……というコミカル演出で処理されてしまっているのだ。これは原田監督が常日頃から発言していた、設定を語るためのドラマを嫌う姿勢につながっているのだろう。

細かいことはともかく、見て楽しめればいいという姿勢なのだが、都市を覆うキノコだけでも普段の怪獣より巨大なのに、さらに本体は……という興味に視聴者をつないでいく効果は減じる結果になっている。

もちろん、地下の菌糸をスキャンした画面を提示したりと、画で見せてはいるが、着想の面白さを押す武上純希の脚本を、「あくまで明快に」という原田監督の姿勢がある程度相殺してしまう。

これは『ダイナ』第1クールにおける、前作『ティガ』の世界観を引き継いだSF性がありながら、各話においては単純明快に……という矛盾から生まれたものでもあるだろう。

実際この回は、『ティガ』で次第に明確化されていった、人間が進化した先にいるのがウルトラマンかもしれない……という精神を継ぐ、「ネオフロンティア計画」（＝進化するために宇宙に出て行く人間のドラマ）とリンクした唯一の原田作品である。

『ダイナ』中盤から、原田監督はそうした未来志向の路線から離れ、ノスタルジックな風情のファンタジー路線を確立していくことになる。これは11話「幻の遊星」とともに、原田路線とメイン路線が未分化の頃の一編といえる。

もう迷わない

本作は5話「ウイニングショット」とカップリングで制作されたが、ともに、コクピットにいる時のリョウにサングラスをかけさせている。眼鏡に写り込む標的がかっこいい。リョウのサングラスは原田監督の回だけに見られるものだ。

シナリオでは、コンピュータに頼らないでミサイルを迎撃しなければならない責任に挫けそうになるリョウ、という描写があった。準備稿では、そこに地上で戦うダイナ（＝アスカ）からのテレパシーが届き、励ますことになっていた。

「『ティガ』の『霧が来る』という話の中に、レナの声でダイゴがハッと気付くというテレパシー的な部分があったので、それと似てしまうという懸念があったのだと思います。この時点で、マイとリョウのどちらがアスカにとってのヒロインになるかの位置付けを、まだ決めかねていたので、限定してしまうような描写はやめようと」（笈田雅人プロデューサーの証言）

決定稿では、やはり挫けそうになったリョウが、前半、空を見上げるアスカから聞いた「父さんが言ってた。人間の心の中には、宇宙よりも大きな可能性がある。誰にも、無限の可能性があるって……」というセリフを思い出して勇気を出すという風に書き換えられている。このくだりは、放映作にもあった、ラストの司令室シーンでの「人間には心があります」と言うアスカに応えて「そう、心の中には、宇宙より大きなものが、ね」と以心伝心のように引き取る場面とつながっている。

単に二人の間の以心伝心というのではなく、『ダイナ』の〈ネオフロンティア精神〉に触れる、シリーズとしての縦軸と絡んだ話になっているのだ。

だが原田監督は、リョウが挫けそうになるというシークエンス自体をカットしてしまっている。だから、ラストの二人のやり取りもただのセリフのように聞こえてしまう。

この変更の理由について原田監督のコメントは残されていない。理由は推測するしかないが、考えられるとしたら、サングラスをかけたクールなプロとしてのリョウの佇まいを優先させたということがあるのではないか。原田監督はよく「ヒーローもので、戦っている最中に迷う描写があるのは好まない」と発言していた。「私が一人でやるしかない」と思い切る描写があれば、あとは自分の決断を引き受けて任務を全うする。それが戦うものの美学なのだ。

やがてシリーズ後半でアスカとリョウはお互い惹かれ合う存在になっていくが、それぞれの場所で戦う雄々しさ、凛々しさを持つ二人だからこそ、並び立つ者としての結び付きにつながったのだろう。

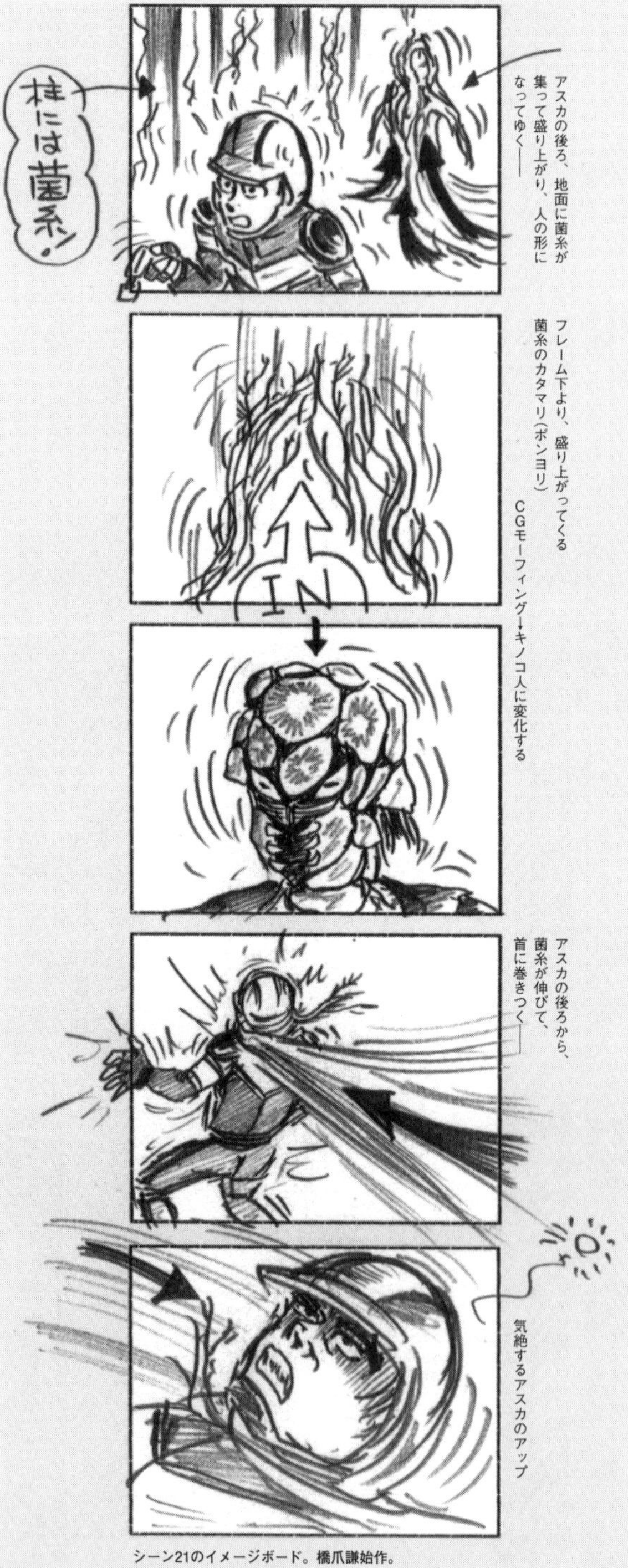
桂には菌糸！
アスカの後ろ、地面に菌糸が集って盛り上がり、人の形になってゆく――
フレーム下より、盛り上がってくる菌糸のカタマリ（ボンヨリ）
IN
CGモーフィング→キノコ人に変化する
アスカの後ろから、菌糸が伸びて、首に巻きつく――
気絶するアスカのアップ
シーン21のイメージボード。橋爪謙始作。

●ウルトラ助監督
満留浩昌・菊地雄一・日暮大幹・近藤孔明・伊藤良一・岡秀樹
座談会

「行けるところまで行きゃいいんだよ」

——特撮のチーフ助監督は、『ティガ』『ダイナ』では満留さん、『ガイア』では菊地さん、『コスモス』では日暮さんだったということですが。

満留浩昌　原田さんは『ティガ』の後半、本編監督でお見えになって、特撮の現場にも何度か顔を出されてたんで、面識はあったんです。殺陣師の二家本(辰己)さんと、東映時代から仲良くされてたこともあって、『ダイナ』で特撮監督もおやりになる時、現場にはすんなり入ってったような気がします。

菊地雄一　監督と特撮助監督として原田監督と仕事したのは、『ガイア』の11・12話(「龍の都」「野獣包囲網」)が最初です。それ以前は、呑んでばっかり。

日暮大幹　原田さんの作品は、「ウルトラの星」(49話)以降、『コスモス』に至るまで全作品ご一緒しています。

ただ『ダイナ』では監督ごとに現場担当を決めていて僕は原田監督の担当ではありませんでした。だから、『ダイナ』での原田さんの特撮の話は、近藤さんの方が詳しいと思いますよ。

担当者は現場を仕切るために、監督の隣にいるようにするんです。直接、監督の話を聞いて現場に伝えるのが、原田組で言うと近藤さんの仕事だったというわけです。

近藤孔明　僕が最初にお仕事したのは、『ダイナ』のモンスアーガーとヒマラの回(11・12話「幻の遊星」「怪盗ヒマラ」)。その頃、僕は特撮の助監督でした。32話「歌う探査ロボット」までやって、途中で抜けて、『ガイア』を僕はやってなかったんです。ただ、『ティガ』『ダイナ』『ガイア』のオリジナルビデオをやったので、『ダイナ』の『帰ってきたハネジロー』でも原田組の特撮をやりました。その後は、『コスモス』で本編助監督として一緒にお仕事させて頂きました。

日暮　『ティガ』『ダイナ』『ガイア』のオリジナルビデオは準備を同時に進めていて、『帰ってきたハネジロー』は、僕は準備段階までのお手伝いでした。途中で『コスモス』劇場版へのお誘いがあり、原田さんに「裏切り者」「敵前逃亡」とか言われながら、『帰ってきたハネジロー』のイン直前で映画に行っちゃったんです。『ブースカ!ブースカ!!』の時も、僕は東宝で別作品に参加していて、たまたま衣装合わせしている最中に鉢合わせして、「なんで俺から逃げるんだ」と冗談っぽく言われたものです(笑)。

岡秀樹　僕は『ダイナ』からの参加です。原田監督との関わりは「死闘!ダイナVSダイナ」(31話)から。ちょうどこの回から本編班のサード助監督につきました。この話と一緒に撮ったラブモスの回(「歌う探査ロボット」)をやって、次の原田監督回「君を想う力」(46話)の準備までやりました。長野ロケには行きたかったんですが、『ガイア』のスタート準備の担当になったんで泣く泣く抜けました。

『ガイア』で、原田さんの回は全部本編班の助監督でついています。『ブースカ!ブースカ!!』はご一緒できなかったんですが、その後の『コスモス』と『ウルトラQ ～dark fantasy～』、それと『リュウケンドー』までかなり長くお世話になりました。

伊藤良一　僕は『ダイナ』『コスモス』の特撮です。『ガイア』は途中ちょっと佐川組やっただけです。『リュウケンドー』は原田さんから電話があって声かけて頂いたんですが、断ってしまって。「『デビルマン』やるから、助監督やらない?」って話もあったな。

▼視聴者に魔法をかける

——「もっと高く!」(50話)は、いきなりクライマックスをやらされるんで、原田さんはプレッシャーがありながら取り組んだとおっしゃってました。

岡　モンゴル高原でヘルメットがコロンとなるシーンを見て「ウルトラ史上初のキスシーンが描かれたんだな」と思ったんです。でも、後に原田さんに「あのキスシーンは良かったですね」と話をしたら、目を丸くして「あれは、ただ肩に寄り添っただけだよ。そう見えたとしたら、お前がやましい心を持ってるからだよ」ってもっともらしく言うんです。

近藤　原田さん、この時の北浦さんのコンテが細かくて大騒ぎだって言ってました。ガッツウイングとゾイガーとの追っかけね。チーフの石川(整)さんが言ってましたけど、イマジカから色んな素材持ってきていた。海岸で手前に亀が歩いている画とか(笑)。
　地上戦でもゾイガーが羽根を自分でもいじゃったり(笑)。満留さんが、羽根もぐカットに、やたら怒っていた記憶がある。

――「ウルトラの星」については？

満留　あの時は初代ウルトラマンが出ましたけど、身長一八〇センチの人間が入る初代のスーツがイベント用に一着しかありませんでした。そのスーツはあまり形が良くなかったんでウェットスーツ屋さんに胸の形と肩を直してもらって、ペイントはキャラクターメンテナンスの宮川(秀男)くんにやってもらいました。それでいつものスーツアクターの権ちゃん(権藤俊輔)が入れるように直してもらって。昔、初代ウルトラマンをやった古谷敏さんの感じとはまた違うけど。足の長さじゃなくてバランスだよね。権ちゃんも足は長いからね。

▽こっちのアイデアが通りやすかった

岡　原田さんが特撮監督もやるようになるのは『ダイナ』の「幻の遊星」「怪盗ヒマラ」ですね。
　総じて、原田さんの担当回はカット数が少ない。

菊地　原田組はカット数を減らしてたのかな。あるいは我々も時間がかからなくなっていたのかな。

満留　カット数を少なくして、日程は他と同じくらいあるから、一日の撮影分が軽くなっている。「少年宇宙人もそうだったけど、その分、画に時間をかけられる。

岡　「幻の遊星」のコンテを改めて見ても、たしかに総量が少ないですよね。

満留　「夢幻の鳥」(19話)は姑獲鳥が出ました。

近藤　でっかい鳥。ビルトにはデカ過ぎたっていう(笑)。「でっかい飛び人形やってみようか」っていうチャレンジだった。人間の身長ぐらいある。

満留　でもコンビナートでミニチュアを少し並べたぐらいで、現場自体は淡々と終わったような感じ。

近藤　これはお台場の印象がある。あの頃、東京ガスの敷地が借りられたんです。そこで中身も撮れたんで、けっこう怪獣銀座だったんです、お台場は。手前がまだ空地で、奥に高速道路があって、そこでナパームやったり。レインボーブリッジは通っていたけど、そんなに交通量がなかったんです。

▽女と夕陽と格闘と

近藤　「ダイナVSダイナ」はローテーションで入っていたスーツアクターの清水一彦さんをニセダイナにして、ヒールに。

岡　ニセダイナになるグレゴール人の人間体をやった方は、後にウルトラマンナイスになった宮坂ひろしさん。原田さんとはVシネからの付き合いでした。

近藤　本編の方の殺陣の撮影は南多摩の、四谷というところにある見附の橋を移築した公園でやりました。

岡　原田さんの回の怪獣って軽量選手が多いなって印象がある。動かしやすい怪獣が好きだったのか、尻尾のない子が多いですね。『コスモス』になると本当に尻尾がない怪獣ばかり。

――「滅亡の化石」(『ガイア』20話)のゲシェンクも尻尾が短いですね。

日暮　ニセダイナと一緒に撮った「歌う探査ロボット」は印象的だった。本来、等身大のものが出てきたら、本編班で撮影するんですが、本編のラブモスというロボットを特撮のステージに持ち込んで特撮班で撮影した。

近藤　あと原田さん、夕景好きだったです。いつもは日が落ちる前にもう「帰るぞー」みたいなノリなんですけど、夕景の時はじっと待っている。

岡　スケジュールを組む時に「お前、こうスケジュール考えてるけど、この日とこの日とこの日と三回夕陽が狙えるよな?」と言われたことあった。

近藤　狙いがある時は粘る。俺は日本一のスケジューラーだって自慢でしたね(笑)。
　村石さんと原田さんにスケジュールを出す時は色々考えて考えて出さないと痛い目にあったりしましたね。本編の時の話ですけど。

▽特撮カットに秘められたもの

日暮　この時作った小さいラブモス、あれから『コスモス』に至るまで原田組ではよくミニチュアセットに飾ってました。

――撮影用にですか？

伊藤　いや、原田さんの趣味で(笑)。

日暮　二五分の一サイズよりずっと大きかったです。

満留　それが、カメラがパンする途中とかに、写っているかもしれない(笑)。

日暮　原田さんの作品『コスモス』を一生懸命、特撮の画を隅々までずっと見ていると、必ず見つけられます。
「君を想う力」ではたくさんの怪獣、出したのを憶えてる。

近藤　俺、『ダイナ』を抜ける前、この回に出たイーヴィルティガ一生懸命洗ってるのを見てた(笑)。

イーヴィルティガが久々に現場に戻ってきたら、アトラクションで使い倒されて(笑)。準備が大変だった。

満留　再登場の怪獣を、セットの端っこにズラーッと並べておいて。

日暮　一体一体使う作戦を立てていたのに、その日は雨が降った。それは憶えている。

正解を教えてやる

岡　『ガイア』の「あざ笑う眼」(6話)は、一つ目の怪獣ガンQが出て来る話で、我夢が「謎の一つ目」を目撃したことがきっかけで大きなミスを犯してしまう。コマンダーに怒られて大学のベンチでフテ寝して、悪夢から目覚めた直後、我夢の目に飛び込んできたのは、ガンQの一つ目が大きく印刷された新聞。台本にはそんな描写まったくないんです。
　僕はその新聞の小道具を作らなきゃいけない。ところがどんな新聞原稿を出しても、原田監督は全然納得してくれないんです。六回目にNG食らった時、「じゃあ正解を教えてやる」と言われた(笑)。「とにかくデッカイ写真を真ん中に置いてください。これが正解」。で現場に行って初めて何をしたかったのかわかったっていう感じでしたね。

――「もう一人の巨人」(5話)では初登場の藤宮が、我夢を指差して演説するところに歌が流れます。

岡　出た、原田さんの好きなパターン。エンディングなだれ込み。

日暮　藤宮の初回は担当しているけど、実質、藤宮を作っていったのは北浦さんでした。

岡　そうですね。北浦さんが藤宮担当になりました。『ガイア』の原田さんはローテーションで本数はたくさんあるんですが、番外的な話が多いですね。

日暮　独立した作品ゆえに自由な発想と原田色の強いものになった。後の「ウクバール」なんて特にそうでした。

岡　極めつけですよね。この年だったと思いますが、監督の言葉で記憶に残っているのが「先発剛速球完投型のピッチャーは村石さんがいるからいい。俺は軟投型の変化球ピッチャー。打順も村石さんは不動の4番。俺は後ろの方の打順で好きにやっている。それが俺には合ってる」って言葉。それを聞いた時はちょっと複雑な気分になりました。

――「もう一人の巨人」は藤宮の初登場回ですが、その一方で我夢が田舎に帰る話でもありますね。

日暮　お母さんの配役にはこだわっていた。

岡　あと、バスの中にいる旅人にこだわっていました。「どうしても北浦さんを千葉まで連れていく」と言って。実現しなかったけど。

一同　(笑)

岡　エキストラに、なんかひと言ポンと与えるセリフの切り口とか、言葉の種類とかが、非常に面白い。「前の日から考えていたな」と周囲に思わせない見事な即興性に満ちていた。そこがね、僕は付き合っていて本当に好きでした。内トラにしても、普段からスタッフの顔やしぐさをよく見ているんですよね。

水もしたたる妙齢美女

日暮　「龍の都」(11話)「野獣包囲網」(12話)の時は、満留さんが特撮を担当していました。

満留　これは原田さんと一緒にロケハン行きました。龍の首がシーン変わりで動いたりする演出は原田さん。

岡　湯島天神ですよね。お茶の水駅の横の。怪獣の首が出ていたのを撮影したとこ。

満留　あそこは、いっぱい龍の置物とかあったから。

岡　本編のロケーションもとても良かったんですよ。よくあんなの撮れたなあと。給水車を並べてね、エキストラも大勢呼んで。キャラバンで。
　庭園みたいなとこでね。浜離宮。

――全編、水が写り込んで綺麗な感じでしたね。

満留　水は美術の寺井雄二さんのアイデアなんです。最初は炎に包まれてウルトラマンに変身することになっていた。飛行機が爆煙に包まれて……。それをやめて「水にしよう」ってやったら、洪水になっちゃった。

一同　(笑)。

満留　ビルトの2スタでやったの。5スタのホリゾントを水で濡らす訳にはいかないから。

菊地　ベニヤを使ってやろうって言ってたね。

日暮　特撮を担当した満留さんを立てる姿が印象的でした。特撮班のチーフ助監督として『ティガ』『ダイナ』を堅くサポートしてきた満留さんとの信頼関係のなせる技。そういう人間関係をすごく大切にしていましたね。

やるときゃやるんだ

岡　「野獣包囲網」は本編班としては徹夜撮影に尽きます。等身大で、夜暴れる怪獣なんですよ。
　満月に吠える。でも、原田組だから「つぶし」(日中に撮って暗くする手法)でやるんだと思っているわけです。定時で(撮影)終わるのが原田組ですから。
　そしたら「やるときゃやるんだ」と言い出した。寒い季節だったんですが、本当に朝までやる羽目になりました。一晩中ウルフガスを追っかけてフラフラになった梶尾リーダー達が港でひっくり返ってる芝居が、翌朝最後に撮った場面です。宇梶剛士さん演じる堤チーフがやって来て「お前ら、体力足りんな」みたいなことを言うんですけど、まるで自分が言われているような気がしたな。それを撮って解散でした。

帰る時に「今回どうしちゃったんですか?」ってストレートに訊いたんですよ。そしたらニヤリと笑って「こういうのを、たまにやるからいいんだよ」って。大黒埠頭の寒い朝でしたね。

「龍の都」と「野獣包囲網」では、トーンが全然違います。でも話ごとに本編特撮がすごくがっちり結びついていますよね。やっぱり、原田さんからかなり具体的なイメージの提示があったんですか。

日暮　本編と特撮の監督が別々の時は、本編がクランクインする前に、擦り合わせをやるんですよ。全体をどういう風にやっていこうかと。特撮と本編との合成カットをどう撮影するかとか。

菊地　でも憶えてないんですよ、どういう話をしたのか。『ガイア』の現場はあんなに大変だったのに。

満留　そうですね。あんまりそういう話は、記憶にない。まあ、台本作りから準備、ロケハン一緒に回っていますからね。それでコンテ描いて、あとは監督から話を聞いてっていう感じ。

――等身大の時に藤宮を見て、アグルの姿が一瞬見えたウルフガスが怯える。それで巨大になった時にアグルはウルフガスを殺そうとするわけですよね。でもガイアがガスタンクに入れて助けるという。

満留　アグルが、どういう感じで展開していくのか、僕はまだわからなかったんで、悪いウルトラマンかと思っていた。だから後半のアグルと違うキャラクターになっちゃったなあって思いました。その辺、原田監督ともあまり話さなかった。まあラッシュ見て頂いたぐらい。

▼顔のある怪獣を

岡　11話の「龍の都」はさておき、12話の「野獣包囲網」はたぶん異色作だと思うんです。原田さんは、これは二回目の登板で、内心『ガイア』のあの世界観に窮屈さを覚えてたのかなあ……って。

満留　それはおっしゃってました。5・6話終わった後に。

岡　それで12話で、大胆に、色んなことを確信犯的にやられたんだと思うんですよ。

本編的に言うと、それまで完璧主義者だった梶尾リーダーが実は射撃下手で、体力ありませんっていうコミカルな感じ。それが後の、敦子のお姉ちゃんとの恋物語のトーンにつながっていく入口だと思うんですけど。

ウルフガスのコミカルな描写なんかも、それまでの『ガイア』の怪獣と違っていますよね。

――わりと顔がない怪獣が『ガイア』には多くてちょっと不満だと満留さんが当時おっしゃってました。

満留　うんうん。そうでしたね。

――シナリオでは龍にまつわる怪獣だったけど、龍そのものではなかったのを、満留さんが龍にした。

満留　イカだったです。イカも足が十本あるじゃないですか。それが色んなとこに出て来て、って話だったと思うんです。その中で地脈の話題があって、龍脈があるなら龍にって僕がしちゃったんです。

岡　あの怪獣(ミズノエノリュウ)のデザイン画が奥ちゃん(奥山潔)のデビューですよね?

満留　原田さんと「顔のある怪獣にしたいなあ」って話はしていて、「今度こういうのでやりたい」って話を聞いてくれて、僕から奥山くんに話をしたんです。いつもの丸山(浩)さんにも描いてもらったんですが、ちょっと雰囲気変えた方がいいのかなって小山(信行)プロデューサーに話をして。

ミズノエノリュウは怪獣っていうよりは「あやかしの者」って感じにしたかった。「これまでとは発想が変わった」っていうイメージに。

岡　「迷宮のリリア」(19話)は敦子の姉の律子が初登場。これメリーゴーラウンドの怪獣ですよね。サイコメザードⅡ。

日暮　この辺の怪獣は流用というか、同種みたいな路線の一つだった、微妙に変更を加えて、お腹に顔があるんですけど、あの顔を「姑獲鳥の顔みたいにして」とデザイナーに注文していました。

▼メカてんこもりの話

日暮　「悪魔のマユ」(30話)はほぼ初めての本格特撮でした。初登場のメカもありましたよね。

ファントップっていう黄色い消防車。

岡　一回だけでしたね。

近藤　レスキュー・メカですからね。

日暮　メカってほとんどもう、最初の段階でデザイン出来上がっていたんだけど、現場では出番を待っている状態で、なかなか脚本に出て来ない。

――「悪魔のマユ」は前半がチーム・シーガルで、後半がライトニングの梶尾メインで、ハーキュリーズがサポートする。メカニックもいっぱい出てくるし、撃つか撃たないかというドラマの緊迫感と特撮が一体になってます。

岡　目立たないエピソードですが、本当によく出来ている回だと思います。お姉ちゃんがいるビルに、梶尾が飛行機の機体の翼を使って入るんですよね。

本編も特撮も大変だったんですよね、これ。

満留　ミニチュアワークは、準備もすべて現場のスタッフが慣れているから、脚本を提出した時点で「出来るんじゃないの?」と。現場の大変さは、そのプラスアルファがどうなるかということですから。

日暮　でも楽しくやってた。スティンガーはラジコンだったんです。原田さんは、この時は結構テイク重ねても何回も付き合ってくれて。僕がラジコン動かしていたんですが、だいたいまっすぐ走ってくれなくて……。

岡　ミニチュアもちっちゃかったですもんね。

日暮　「カーブを曲がれ」とか言ってくるんですけど、NG出しても、監督はにこやかにずっと続けていました。

満留　これも「たまにはやらにゃあ」と思ったんでしょうね。

岡　本編もすごく楽しそうにやっていた。お姉ちゃんを繭に閉じ込めて、どろっどろの液体をかけて蜘蛛の巣作って。「こういうドロドロ系は北浦さんじゃないんですか」ってみんな突っ込むんですけど、「北浦さんだったら『もっと頂戴!』」だけど、まあ俺はこのぐらいで」なんてことを言いながら。

ビルの中はロケに行かないで全部セットでやったんだなあ。

▼誰も見たことがない「ウクバール」

菊地　原田さんもライターとの相性があって、合う人と合わない人がある。「遠い町・ウクバール」(29話)の太田愛さんのホンって、あのまま撮ると、たいがいの人は失敗するんです。でも岡が言っていたけど、原田さんは膨らまし方がうまいなって思ったんですよ。

僕は『ガイア』で一番印象に残っているのは「ウクバール」。やっぱり難しい話だったから。でも現場は楽だった。いつもと違う、絵本みたいな絵コンテだからかな。チーフ助監督って準備パートなんですけど、準備する楽しさはありました。

――ウクバールはシナリオでは特に「こんな風景」だという描写はないじゃないですか。

岡　台本に「風が吹いている」ってのはありました。

日暮　怪獣の顔らしきものもなくて何もしない。最後まで。原田さんも「何もしなくていいから」って言ってましたよ。手を上げるぐらいだったような。

岡　もったいないというか、贅沢と言うか。ルクーは、完全新規の怪獣なんですよね。ソフビも発売されてる。大胆不敵だ。

▼これ、ウルトラマンじゃないよね

――「大地裂く牙」(38話)はウルトラマンが怪獣と人類の間で立ち尽くすという回でしたね。

菊地　「この時、ウルトラマンは何してるんだ」と客観でパッと見ると成立しない。でもウルトラマンの立ち姿はカッコよくしました(笑)。

岡　怪獣と睨み合う大和武士さん、良かったと思います。衣装合わせをやっていても、すごく強烈でした。「この人、黒い革の手袋とか意味もなく着けている。絶対してる!」って話になって、黒い革手袋をずっとはめてもらいました。

日暮　原田さん、サングラスの写りをよく使っていました。合成してまでも写していた。

菊地　ティグリスを合成したんでしたっけ?

日暮　それって、この回だけじゃないでしょ。

菊地　他でもやってる。

岡　もう一本のカップリング「悪夢の第四楽章」(37話)には久野(真紀子)さんが出てますね。

――久野さんが、『ガイア』では一回死んでるけど、亡霊みたいな形で出てきます。破滅招来体が見せたという。

日暮　久野さんは原田さんの回の前にあらかじめキャスティングされていた人だよね?

岡　そうですけど、ガラッと変えましたからね、この回で。衣装からメイクまで全部こだわって……。

日暮　「北浦さんが決めた衣装はダサい。北やんが決めた髪型はあかん!」。いい女なんだから、女性は美しくしなきゃいけない、そういうことをしょっちゅう言ってましたよね。

岡　そこら辺は、どっちがどうじゃなくて、噛み合わなかったところですね。北浦さんは顔の輪郭を出すのが好きなんですよ。

原田さんは、女が輪郭を出すのは、特殊な場合だっていう考え方の人だったから。それでうまく噛み合わない。

▼『ガイア』原田組フィナーレ

満留　「命すむ星」(45話)はまた柊さんが出る。

――色々錯綜してきた人間関係を、原田さんの中で最終回の前に整理しています。大和武士さん演じる柊と風水師の大寶さんが仲良くなったり……。

岡　この回でアッコのお姉ちゃんと梶尾リーダーを

恋仲にするぞって、監督がハッキリ言いましたね。ところが撮影の直前に、お姉ちゃん役の沢村亜津佐さんが引退して……既に東京にいないことがわかったんです。連絡がついた時には、彼女の髪の色がすっかり茶髪になっていた。沢村さんもこっちもお互いにびっくりですよ!

「襲撃の森」(46話)は、全体的には監督は辛そうでした。難しいお話でしたね。

満留 自分としては、なんかうまくいかなかったなあって思いますね。

岡 原田さんも言ってました。46話は失敗した、と。

満留 台本が出来なくて、見切り発車で刷っちゃって、そのまま現場が大変なことになるのにもつながってっちゃった。尺の問題も大きかったと思います。

菊地 これは本当に終わらなかったよね(笑)。

岡 もともとは、水路を伝ってハーキュリーズが敵陣に乗り込んで、内部から切り崩す話でしたよね。稿を重ねるごとに台本がよくわからなくなっていった記憶があります。「誰も理解できないセリフを役者に言わせている」と苦々しい顔で監督が言ったんですが、ああいう原田さんはあまり見たことがなかった。

▼花と可愛いものが好き

近藤 『コスモス』の「落ちてきたロボット」(4話)はやっぱり子役の使い方がうまいなって思いました。

　河原で撮影してる時に、ロボットが落ちてくる直前なのかな……女の子が合流する時に、わざと単独で、川で自分の姿を映しながら髪を直してるシーンがあるんですよ。そこからタタタッて行く。「女の子」と「女」の間の年代みたいなのを狙っていた。

　エンディングをどうしても夕景にしたいというんで多摩川で粘りました。夕陽が落ちるまで。

岡 この時の男の子は、「雪の扉」(57話)で主人公の少年に「お前、もう走らないの?」って、土手で声かける三人組の中の一人。けっこう気に入ったってことだと思うんです。

日暮 原田さんっていくつか、路線みたいなものがあって……ロボットをよくやる人だったんですよね。

一同 あー。

日暮 『ダイナ』の「歌う探査ロボット」もそうなんだけど、これもそうだし、『コスモス』でももう一本あった。

岡 ベッキーの話。

日暮 グインジェ(「異星の少女《ひと》」)。「俺はロボットをあてがわれる」なんてよく言ってたんだけど。

　特撮ではこの頃になってくると、毎回「何か壊したい」って言ってました。なにがなんでもと(笑)。とてもじゃないけどスケール無視した水車小屋作って、コロコロ転がってって、バタンと倒れるまで細かく撮影したけど……。

▼晴れた日とナイター

近藤 「ぬくもりの記憶」「異星の少女《ひと》」(24・25話)の頃からね、「合成の下絵は晴れてないと撮らないぞ!」と言い出した。

　合成カットで、下画が曇りで、沈んでいたかなんかで、その画を見てなんか言われたんじゃないかな。「空の魔女」(47話)は戦闘機のコクピットを使いましたね。『ガイア』の時に作ったものを。

伊藤 CGの飛行機が正面ビューッと飛んでそのままコクピットの人物のアップに入るのやってます。

岡 原田さん得意だよね。「時の娘」でもやっているし。

近藤 防衛軍のCG戦闘機をテレビで初めて使ったのも原田さんですよね。映画版の『ファーストコンタクト』に出てくる戦闘機。

岡 そうそう。マーキングだけ描き直したんですよね。そういうところが原田さんのこだわりですよね。

近藤 (笑)。自分の好きなフットボールチームだって言ってたな。あ、あれは「空の魔女」の戦闘機か。

岡 防衛軍のは鮫かなんかのマークになってたかな。動物モチーフだった。

「空の魔女」はやっぱ女性キャラですよね。フブキが好きだったミサキ・アイ。最後の最後、台本ではたしか、キャノピーに彼女の姿が浮かぶ、っていうニュアンスで書かれていたんですけど、原田さんは、突然アイの手が入ってきて、フブキの耳元でささやいて……で、それを振り切る芝居を市瀬(秀和)にさせた。現場で見ていて「ああ、力強い良いアレンジだな」って感心した。

　そこまでやっておきながらなぜか最後の最後にまた、アイが遠くからフブキを見ている。エンディングの最後。原田組ってああいう助監督殺しの謎カットがちょくちょく出て来るから本当に怖い。

　僕ら、監督の考えている全体像っていうのを、全部教えられていない中で撮影していた。油断がならないというか、子ども番組の暗黙の了解をひょいと飛び越えちゃう瞬間があった。

　市瀬が翻弄されて、キスされて首に痣がつきますよね? あれも、見せたのか見せてないのかわかんないような演出ですね。『ティガ』の「もっと高く!」の見せないキスシーンにつながるものがあると思う。

近藤　「ワロガ逆襲」(48話)の時は唯一ね、キレたのを見ましたね。「こんなにナイター嫌いな監督だったんだ」って感じで(笑)。

ワロガが病院に迫って来て、人々が逃げ出して、見ているリアクションを撮って、あとはエンディングでウルトラマンを見上げるところなんですけど、そこの撮影中にナイターに入ったら、人が変わったように自分で全部仕切って「次はこうやるんだー!」「よし、帰るぞ!」って感じだった。中途半端にナイターに入ったから、たぶん嫌だったんだと思う。

伊藤　ナイターやったのも、この頃ではかなり珍しかったですね。

――「ワロガ逆襲」は夜の何時何分って予告して戦いが始まる話でしたね。

岡　近藤さんの印象と俺の印象はかなり違うなあ。監督がキレたのは、ナイターになったからというより、若いスタッフが不甲斐なさ過ぎたからだと思ってました。撮影場所は木更津の広い敷地でしたよね。影丸さん達役者は出来ている。カメラも据えている。照明もOK。準備固まってシュートするよ!って時に、公道でもないのに突然、大量の車がギャンギャン通ってきて、また一からやり直し。制作部も車の止めようがなくて……ってことが繰り返されちゃったんですよ。それで監督、「お前ら、車が通る場所の撮影の仕方もわかんねえのかー!」って叫んで「こうやるんだ」って話になって、十五分後に「ハイ、お疲れさまでした」みたいな(笑)。

本当すぐ終わっちゃいましたね、その時は。俺、セカンド助監督だから涙目。

近藤　原田さんって、カットを割っても事前に僕らに見せないで、直接キャメラの倉持(武弘)さんに話して進めていくんで、段取りがわかんない時があって。それでその場でポンポンポンって次の段取りまで行っちゃうんで、アッという間に終わっちゃったっていうのも一つある。

――岡さんは戦車隊の隊長役でしたね。

近藤　岡隊長をキャスティングしたのも……。

岡　あれは監督から言われた。「これ、口元だけで済ますから」「誰がやるんですか?」「お前だよ」と。

近藤　最初はそうだったんだけど、だんだん膨らんできちゃって……戦車隊(笑)。

▼「雪の扉」で行き着いたもの

岡　「雪の扉」(57話)はもう、全身全霊って感じでしたね。ホントに。

日暮　原田さんは天本英世さんの役が弾くヴァイオリンの曲にこだわっていましたね。台本を書かれた太田愛さんのイメージをすごく大切にしていました。「太田さんはこういう風にしたいんだ」みたいなニュアンスのことを、よく現場で言っていました。

近藤　衣装合わせの前に、岡さんのところに太田さんを連れてきて「天本さんのキャスティングが決まったから、麻のジャケットにしようか」ということを、細かく二人でイメージ確認していた。

岡　してましたね。衣装合わせの時、たしか天本さんご自身も、色々持ってこられてて。

日暮　怪獣が羽根を広げるシーンとか撮影していた時は、「少年宇宙人」を彷彿とさせました。ああいうシチュエーションが好きなんでしょうね、原田さんはきっと。

▼原田監督というコンパス

――最後に全体を通して、原田さんの思い出を。

満留　合成班にはよく根回ししてましたね。大変そうなカットはね。きっと、どのパートに対してもそうだったと思います。そういう点では、やりやすい監督じゃないかと思うんです。

たまにいじわるされる時もあるんですけど。

一同　(笑)。

満留　答えを隠される時もある。

岡　やっぱり助監督に対しては厳しいっていうか。

満留　『コスモス』以降は全然僕、関わってないんですが、円谷プロを離れてからも、年賀状を頂いたり、忘年会でお会いしたり。

作品作りで、それぞれ自分がやりたいことっていうのは表現者として、曲げられないところがあるので、そこで、衝突もあれば、うまくいく時もあって。

仮に衝突したとしても、それは仕事上、表現上のことなんで、その後べつに気まずくなったってこともないし。本当はもうちょっと経ってから、色々話はしたかったなあって。

僕も、当時たぶんすごい生意気だったと思うんです。撮らせてもらって、たぶん失礼なこともあったかなあと思うんで、今となっては僕も色々ちょっとは大人になったつもりなので、ちゃんと話はしたかった。そういう機会がなくなったんで、それは残念です。

伊藤　僕は「ワロガ逆襲」の回、何カットかコスモスを撮らせてもらったのは、いい思い出です。七〜八カットぐらいだと思うんですけど。

満留　色々やらせてもらえたよね、監督に。

伊藤　そうですね、本当に。助監督を育てるっていう気質はかなり他の人よりあったんでしょうね。

岡　僕にとっては紛れもなくお師匠さんですね。あの人は何を考えてるのかな?とか、どんな技を駆使して日々を過ごしているのかな?とか、そういうのがなんとなく見え始めた頃に、ハイさよならって感じになっちゃって、とても残念という気持ちに尽きます。ウルトラの後の時代、『リュウケンドー』をやられた時に、「明るく、楽しく、正しく」「男は男らしく」「女は女らしく」って言ってました。それはいま子ども番組やってく上で、なんとなくやっぱり、心の中にコンパスみたいになっていますね。

あとは、全編に力を入れなくてもいいんじゃないか、ってことも、なんとなく教わった。それはなかなか出来ないんですが(笑)。

▼行けるところまで行きゃいいんだよ

――以前はそんなに凝ってない監督だと思っていたけど、だんだん良さがわかってきたと、岡さんはおっしゃっていましたね。

岡　ひどい話ですけど、『ダイナ』『ガイア』の時は、ちっともいい監督だと思っていなかった(笑)。

一同　(笑)。

岡　『df』の辺りでやっと見えてきたんですね。『コスモス』の後半戦ぐらいからかな。『df』の時は、すごく盗もう盗もうとしてました。

色んなことを自然に教わったと思うんですよ。力の配分の仕方を考えた方がいいよっていうのもそうだし、人間余裕を持って色んなことに目を向けて生きないとつまんないよねとか。

そういう原田さんの生き方みたいなものを、間近で見せてもらったのは、すごく幸せなことでした。

近藤　言っちゃうと、一見カラーがないように見えるんですけど、実は原田ワールドのカラーっていうのは非常に、無色透明だけどあったなと思います。

基本的に原田さんは芝居一回やらせてみて、必要なショットだけ押さえていくっていう、すごくオーソドックスなやり方です。よっぽどこだわりがなければ、普通の芝居は、出来るだけワンショットで見せるっていうのが基本的な撮り方だった。

岡　「行けるところまで行きゃいいんだよ」ってよく言ってましたね。

近藤　「倉持さん、こっちの寄りだけちょっと押さえて撮っといて」みたいなやり取りで、現場進めていたような気がしますね。

▼よき先輩

日暮　僕は『コスモスVSジャスティス』で、ビジュアルコーディネーターとしての原田さんと仕事をご一緒して、『コスモス』『ダイナ』『ガイア』では、僕にとって監督ではあるんですが、監督というより良き先輩だった。

作品の内容も重要ですが、楽しむことによって良い作品ができる、そんな現場の雰囲気があったので、監督というより「いい助監督」というイメージも強かった。

だから、今でも、ひょっこり現れそうで……。原田さんって、どこの現場にも来てくれて、愚痴とか聞いてくれて。境がない家族のような方でした。

あっと驚くようなことになる前に、何を考え、何を求めているのか、すごく自然な形で伝えてくれた。そういう意味でどの監督よりも監督としての資質を持った監督だったのではないでしょうか。

現場をとにかく楽しくやることを中心に考えてて、作品の内容よりもむしろそちらを優先する。「いい助監督」っていうかな、そういうイメージ強かった。

だから、あんまり亡くなったってイメージがないんです。今こうしてみんなで話してる時に入ってきてもおかしくない。だって、突然現れるんですから。自分の作品じゃなくても。原田さんって常に、どこの現場でも来てくれて、愚痴とか聞いてくれて。こっちも「ケーキ買ってきてください」って言えるし、原田さんも「(競馬)勝ったら買ってくわ」みたいな。

菊地　最初の印象はすごくクレバーな人だなと。頭の切れる人だと思ったのと、マメだなと。厳しい現場で仕事をしてきた人なんだなって感じがしました。気を遣ってくれて、憎まれ口も言われたことがない。悪いこと言われたことないんですよ、原田さんから。

たぶん過酷な現場で育ってきて色々大変なことあったんだろうけど、同じようなことを押し付けたりしない。自分がやられたからやっちゃおうじゃなくて、そういうことはやめようっていうかね。なんか人柄って出るじゃないですか、話してても。

亡くなった時、改めて思ったのは、僕は原田監督好きだったなと。もっと現場見たかったと思いました。そのあったかさ……作品というより、人柄ですかね。なにか人を惹きつける魅力があったなと。気配りするし、人の気持ちを掴むのがやっぱうまい。

僕は原田さんの葬儀の時、泣きましたもん。その時、思ったんですよね。「自分ももっとがんばんなきゃ」って。そんなところで、すみません。

岡　じゃあ助監督座談会終了!

作品解説

「幻の遊星」11話 ▼一九九七年一一月一五日放映

脚本：川上英幸　撮影（本編）：倉持武弘　撮影（特撮）：高橋義仁

▼ストーリー

「果たして楽園と呼べるようなものが本当に存在するものかと思ってね」

太陽系内に侵入した、月の三分の一ほどの大きさがあるメラニー遊星へ探検に向かったスーパーGUTS隊員達は、緑豊かな光景に思わずヘルメットを脱ぎ、空気を吸い込む。

だが、楽園は罠だった。

メラニー遊星は岩場ばかりの死の星なのだ。地下から酸素を送り込み、フォログラムや幻覚性のガスで偽物の自然環境を作っておびき寄せ、訪問者を生物兵器である破壊獣モンスアーガーの餌食にしていた。しかも、それを作った宇宙人はもう存在しない。一人歩きを始めた地雷源……それがメラニー遊星だったのだ。

そんな恐るべき遊星にも味方がいた。その友好珍獣は黄色くて小さく（全長三三センチ）、羽根がある。ピンチに陥ったアスカは彼の協力でダイナに変身し、活動を開始したモンスアーガーと戦う。さらにアーガーの弱点も教えられ、勝利を得ることが出来た。

崩壊する惑星からの脱出に成功するスーパーGUTSの面々。珍獣はアスカにより「ハネジロー」と命名される。

▼初の特技監督

冒頭、モニタに映し出されるメラニー遊星の森は、カナダの森林地帯の素材を使用している。メラニー星の外観は「グリーンの多い地球」とコンテに指定されている。

本作は原田監督が初めて特技監督も兼ねた回である。

ガッツイーグルがメラニー遊星に着陸するくだりでは、操演と合成を使い分けて畳み掛けている。まずコクピットのコウダごしに遊星が写り、次のカットでは星に迫るガッツイーグルを背後から捉えた合成シーンになり、次はドライアイスで表現された雲海をミニチュアのイーグルが下がっていく。そして実景の森林に降下していくイーグルを横位置から捉える場面に切り替わる。初特撮監督としての意気込みが伝わる丁寧さだ。

アスカとナカジマがメラニー遊星の洞窟内でカプセルに眠る地下のモンスアーガーを発見するシーンでは、よくある手前の人物の視点で見上げるアオリではなく、高低差により両者の頭の高さがほぼ同じになっているが、テレビの狭いフレームでは遠近感がいまひとつで、モンスアーガーが巨大に見えない。ドーム越しにいるので余計、空気感を出すのが難しかったのかもしれない。だから後半モンスアーガーがメラニー遊星の地上に出てくるシーンでは、説明なくイキナリ巨大になっているように見えてしまう。こういった場面でのさじ加減には、特技監督初体験ゆえの試行錯誤が現れているといえるだろう。

ダイナとの格闘では、〈恐るべき生体兵器〉というより〈やんちゃな暴れん坊〉といった動きをモンスアーガーに付けている。『ティガ』「ウルトラの星」でのヤナカーギーからの流れを思わせる。今回、岩場だらけのメラニー遊星では、何かを破壊することで怖さを出すことも難しいということもあったのかもしれない。

両手を広げて赤く発光し、両手を突き出して光弾を発射するモンスアーガー。ポーズを取った、ウルトラマンのような攻撃態勢だ。全身が発光するところは後処理だけに頼らないで、スタジオでも赤く照明を当てている。

逆三角形のスタイルは偉丈夫で、堂々としている怪獣だ。だが頭の上には弱点が……。

「モンスアーガーに対する原田さんのオーダーは『カッパ』の一言でした（笑）。弱点にもなっている頭の皿からの発想です」（怪獣造型・杉本末男さんの証言）

▼仲間、そして友情

原田監督は特撮部分も担当しながら、本編部分では各隊員の素顔をいつも以上に拾っている。

花を摘む乙女な一面を見せるリョウと、それへのカリヤの反応。未知なる物に対してその都度警戒するナカジマと、まったく構えのないアスカ。

メラニー遊星に着いてから隊員達（アスカ＆ナカジマ、リョウ＆カリヤの二組）の、遊星において起きる事象への反応の違いを通して、キャラクターが浮き彫りになる。

酸素注入のヘルメットをあっさり脱いで空気を吸うアスカとは対照的に、一人意固地にヘルメットを被り続けているナカジマに対するアスカの「酸素の残量ないですよ」と言うリアクションはシナリオにもなく、楽しい。

原田監督は二組の行動を、シナリオとは多少順序を変えたり、一つのシーンを分けて挿入している。作品の中での、スムーズかつ起伏のある流れを追求したのだろう。

そこへ、ハネジローはアスカ・ナカジマ組の前を横切りざま「パム」と鳴くという形で初登場する。ケガをしたハネジローに、躊躇なく薬を塗ろうとするアスカ。思わず噛みつくハネジローに、「恩を仇で返すやつかもしれないぞ」と言うナカジマ役小野寺丈のアドリブが可笑しい。

これを物語全体の中で考えると、メラニー遊星の自然環境は人工的な幻影だったのだから、ナカジマの警戒心は正しかったことになる。しかしアスカの、ハネジローに対する構えのない態度は、本物の友情につながっていくのだ。

爆発する遊星から逃げ遅れたかと思いきや、脱出したガッツイーグルのアスカ。彼の肩にはハネジローが乗っている。

▼ハネジローの表現

ハネジローはマペットで表現され、人形師の原田克彦が動きをつけている。動きに加えて、「パム」という鳴き声だけで雄弁に感情を表しているのは、スクリプターの河島順子。

原田監督は以後、ストーリーに直接絡まない場合でも、ハネジローがスーパーGUTSの司令室にいるシチュエーションを極力作っている。

本作でもそうだが、ハネジローの飛ぶシーンは操演とCGが使い分けられ、ややロングになる時にはCGで表現されている。洞窟内を飛ぶシーンではちゃんと壁や地面に影をつけている。

▼原田昌樹、語る

——今回はセミレギュラーの円谷浩さんが出る他は、ゲストが一人もいません。その分スーパーGUTS隊員達の名前はオープニングでも全員一枚タイトルで、一人一人の行動が描かれていますね。

原田　ただ『ダイナ』に関しては、各隊員達のキャラの話をちゃんとやってないんです。カリヤ話をやりたかったし、小野寺丈さんの話もやりたかったんですよ。やってそうでやってなかった。

——ナカジマがメラニー遊星で、一人だけ酸素を気にしてマスクを被っている。あの理論優先の融通の効かなさはいい味でしたね。

原田　ナカジマのキャラクターについては丈さんともかなり話しましたよ。納得のいく形にまでなったのが次のヒマラの回ですね。

——ナカジマが通りかかった瞬間にヒマラからメッセージが届いて、みんなから「壊しましたね」と責められてアタフタする……あそこは可笑しかったですね。理知的なんだけど、予想しないことが起こると人一倍パニックになるという。

原田　あの回になってナカジマとしてのキャラが掴めたって丈さんも言ってましたよ。本当はその発展形をやりたかったんですよね。結局ナカジマ話ってそれっきりなかったし、カリヤなんか「どうしちゃったの?」っていうくらいなかった。

——カリヤは「幻の遊星」でも、リョウが花を摘んでたら「これほど似合わない女はいない」と言って……。

原田　（笑）。グーパンチされる。リョウちゃんは後に「君を想う力」やれたから良かったんだけど。カリヤ、ナカジマをメインに据えて、アスカ達をちゃんと描いた話をやりたいんですよ。

『ガイア』が終わって、単発でウルトラマンをビデオ発売用に作ろうかって話があった時、『ティガ』『ダイナ』『ガイア』のどれでもいいから作れるって話があった。その時、僕はやっぱり『ダイナ』をやりたかったのは、テレビシリーズでやり残したことをやりたかったというのがあったんです。

——「幻の遊星」から特撮部分も監督されるようになりました。

原田　たまたま特技監督のローテーションがきつくなったというのもあって、高野（宏一）専務から「お前、特撮やりたかったらやるか」と話をもらったんです。ただ「俺、技術ないから」って一度お断わりした。一応昔やってたから基本は知ってるけど、今の技術には自信がなかったから。

そしたら「特撮だって大事なことは演出なんだから、自分のやりたいことを言えば、うちの特撮チームが画を作ってくれる」と高野さんに言われたんです。そこで一晩考えて「やらせてください」と。特撮のスタッフはほとんど知り合いだったから、気が楽だったこともあってね。

——そして、初めてといえば珍獣ハネジロー。ハネジローは原田さんの回で一番活躍しましたね。登場編とお別れ編も両方撮られているし。

原田　現場的には大変です。マペットで基本的にはやってるんですけどね。CGの部分もありましたけど、毛が生えてるものって、あまりうまくいかないですね。

でも最初のきっかけは「なんだこれ?」でしたからね。バンダイから「キャラ出してくれ」って来た話で、「なに、ピカチュウ?」と思っただけだった。これをどうすんのっていうところから始まったんですけど、撮ってみりゃ可愛い。自分で一から作り出したキャラだから、やっぱり愛情持ちますよ。

——アスカがハネジローと名前を付けるところで、エンディングに芝居がかかっているのが情感を出していましたね。

原田　あんまりやっちゃいけないとは言われていたんですけどね。やっぱり音楽を聴かせたいというのがあって。

——でも音楽もそういうことによってなじんで、親しみのある歌に聞こえてくるというのがありました、見る側としては。はじめはお仕着せの歌にしか聞こえていなかったものが、ぜひともCDで手に入れたくなる。

原田　それに味をしめて、色々エンディングで凝るようになって。

——リョウがパンチするとハネジローに石が落ちて来たり……。

原田　次第に最初からエンディングのことも考えてドラマも撮るようになった。エンディングって必ず右側にクレジットが乗っちゃうんで、人物を少し左側にして。「これはエンディング用に使いますよ」って撮り方をしたり。

作品解説

「怪盗ヒマラ」12話 ▼一九九七年一一月二二日放映

脚本：太田愛　撮影（本編）：倉持武弘　撮影（特撮）：高橋義仁
ゲスト：村上冬樹（老紳士）、三田登喜子（老婦人）、金澤匠（子供）、上田大樹（子供）

▼ストーリー

「それは、ある秋の日の夕暮れ」

丘の上に立つ、マントを羽織った怪紳士。それは、自分が美しいと思ったものはすべて自分のものだという考えを持つ、怪盗ヒマラだ。

〈マチ　ヲ　イタダク〉

古い雑居ビルの一室に潜伏する彼は、スーパーGUTSに予告状を送りつける。

そして、アスカとカリヤの目の前で三つの街を盗んでしまう。

忽然と消えた街を捜索するアスカとカリヤに高笑いが聞こえ、中空にヒマラが出現。

「街はお前の物じゃない！　そこに暮らしている大勢の人々の物だ！」とブラスターを構えるアスカに、ヒマラは言う。

「人々？　ああ、あれは余計だったな。見苦しいので、いずれ一纏めにしてどこかに捨ててしまうつもりだよ」

アスカとカリヤを盗んだ街に転送してしまうヒマラ。

転送された街は、ヒマラが愛用する木製の小箱の中に納められていた。

如雨露で花に水をやっていた老婦人は空を見上げ、通りすがりのアスカに呟く。

「何だか……世界がみんな消えてしまって、この街だけが、ぽっかり残っているような、そんな気がしますよ」

カリヤは、路地の真ん中に風鈴売りのリヤカーがぽつんと置き忘れられているのに気付く。

いつまでもサッカーごっこをしている子ども達。「夕焼けだから、帰らなくていいんだ、ずっと遊んでられるんだ」

散歩していた老紳士は、どこか懐かしそうに夕焼けを見上げている。

「時計の針も、空の雲も動かない。動いているのは、夕方のこの風だけです」

アスカは空が偽物ではないかと気付く。特殊自動車ゼレットのビームで空に穴を開けると、小箱の隙間からビームが宙に伸びる。スーパーGUTS司令室に小箱の位置を知らせることに成功するアスカとカリヤ。

コウダがヒマラの注意を引き付け、ナカジマが小箱を奪還。ヒマラは巨大化し、慌てたコウダが箱を落としてしまうが、隙間から一条の光が伸び、ダイナが出現。

「ようこそ、ヒマラワールドへ」

ヒマラは不思議な空間〈ヒマラワールド〉でダイナと戦う。罠を仕掛け翻弄するが、やがてノックアウトされたヒマラは、アジトである雑居ビル屋上の給水塔にカムフラージュされていた宇宙船に吸収され、逃げていった。

一番星が出て、基地に戻ろうとするアスカとカリヤだが、小箱やダイヤル式電話機、扇風機、タイプライターなどが路上に粗大ゴミのように置かれているのを発見する。

そこへ再びヒマラの笑い声が――。

▽セロファンごしの世界

シナリオでは点描的に出てくる、夕暮れ時に散歩する老人や、ボールを蹴って遊んでいる少年達、その同じ街をゼレットでパトロールするアスカとカリヤ……といった要素を、原田監督は同フレームに入れ込むカットを挿入することで、有機的につなげている。一つの街という空間が丸ごと奪われることを印象付けているのだ。

冒頭、夕景の中に風見鶏が印象付けられるが、この風見鶏があることで、後に消失し、アスカ達が迷い込むこの街が同じ街であるとわかる印になっている。

ロケ地は世田谷にある五本松で、円谷作品ではよく登場する。夕景にはよく似合う場所で、原田監督も過去にVシネマ『喧嘩ラーメン』のラストの主人公が夕焼けに旅立つシーンなどで撮影に使っていた。

ヒマラが夕陽の美しさに目覚める高台も、よくロケ地に使われる場所で、原田氏が助監督として参加した『ウルトラマンゼアス2』にも登場している（ヒロインの透がフルートを吹くシーン）。

本作のシナリオにも「ゼアスの丘」と記され、スタッフにとってはそれが通称となっていた。

セロファンを投げて街を包むというヒマラの手口だが、もともと夕景を強調するためにフィルターがかかっていた画面に、さらにセロファンが出てくる。この二重のフィルター装置が〈作り物感〉をテイストとして伝えてくる。子ども時代、セロファンごしに街を見下ろした記憶のある視聴者は少なくないだろう。街がセロファンに包まれ、消失する瞬間、「パカーン」と、少し抜けた感じの衝撃音がするのも楽しい。

また、原田監督はヒマラのアジトに複数あるレトロな時計が「カチカチ」と時を刻むイメージや、ラストバトルに登場するヒマラワールドの風景を前半からイメージとして挿入している。狭苦しいアジトの室内でヒマラの肘が当たって落ちる一つの小箱から、彗星がこぼれ出る描写など、ファンタジックだが、これはシナリオから指定されている。

▽ヒマラワールド

本作の脚本との違いは大きくは二点ある。

その第一は〈ヒマラワールド〉の創出である。脚本でダイナとヒマラの戦いは通常通りの市街戦だったが、原田監督は夕焼けの空間にダイナを連れて行く。

前半から描かれてきた雑居ビルの中にあるヒマラのアジトの〈所狭しとレトロなものが置いてある小空間〉が、ラストバトルでヒマラがダイナを連れ去る〈ヒマラワールド〉に結実している。トランプ、モアイ像、二宮金次郎像、設楽焼の狸、ヤシの木、植木鉢、気球、福助人形、神社の鳥居といったモノがパースを無視して配置されている。

このヒマラワールドは原田監督の走り描きを元にイメージジボードが作られている。ヒマラワールドに入った途端、BGMもアレンジを変えて変奏曲が繰り出される。ヒマラのモチーフ曲は、今回のために作られている。

ヒマラの笑い声に混じって猫の鳴き声や時計塔の鐘の音、そして「一日一章」という二宮金次郎の声が響いてくる。

▽特撮ごと原田マジックに

本作の準備稿タイトルは「中空の怪人ヒマラ」。アスカ達の前に現れる時のヒマラは、宙に浮きながら喋っている。

ヒマラは地球を侵略しに来たのではなく「街を三つ」頂きに来ただけだと言い放つ場面が準備稿にあった。放映作にもある「次は火星のオリンポス山を頂くかな」というセリフ通り、ヒマラはあくまで〈怪盗〉なのだ。

ヒマラワールドにて神出鬼没でダイナを翻弄するヒマラを、画コンテでは「『かくれんぼ』を用いた格闘」と記している。

準備稿ではダイナが決め技のソルジェント光線を使いヒマラは消滅していたが、決定稿では空から光の束を撃ち下ろし、光が巨大なカプセルとなりヒマラを閉じ込め、それをダイナが宇宙へ弾き飛ばすという描写になっていた。

それが実際の映像作品では、なんとダイナのアッパーパンチ一発でヒマラの身体は夕焼け空高く回転し弾き飛ばされていく。

また絵コンテにはヒマラが五体に分身して攻撃を仕掛けてくるという案が描かれていたが、完成作品には存在しない。従来的な格闘のあり方を逸脱したいと最後まで粘ったことが伺える。

逃亡するヒマラのロケットはレトロなデザインをCGで表現しており、ポップなセンスが表れている。まさにリアリズムを超えた、古くて新しい原田特撮の狼煙といえるだろう。一つ一つランプが点いていく描写も楽しい。

自分が盗んだ街に住む〈人々〉には無関心で冷酷な面を持つヒマラだが、結局〈人々〉は誰も死ななかった。サッカーごっこをしていた子ども達は一番星が出ると遊びをやめ、如雨露を持っていた老婦人は夕餉の支度をし、散歩していた老人も帰宅していく。そして戦い終わったアスカが、作品の冒頭に出てきた風見鶏のある場所でカリヤと落ち合う。「いや〜、日が暮れますね」。

何事もなく今日も一日が終わることに、何かジーンと来てしまう。アクションのジェットコースターもなく、感涙むせぶ展開があったわけでもないのに……これぞまさに、太田愛の脚本を味方につけた、原田マジックの成果といえよう。

▼原田昌樹、語る

――「怪盗ヒマラ」には夕焼けを盗む宇宙人が出てきましたが、ウルトラマンは未来へ向かう物語だけど、そうだからこそ夕暮れに何かを感じてしまうようなところがありますね。

原田　やはりミニチュアセットを組む場合でも、日本の瓦屋根の世界は夕焼けが似合う。『ダイナ』の時から本編だけじゃなく特撮もやるようになって、夜の方が映えるということがわかった。でも、せっかくのセットを暗くつぶすのはあんまりだから、ちょうど中間というか、すべてが見えてしかも綺麗な色の世界はなにかなと思って、夕焼けにしようかなと思ったのね。でも本編を夕焼けにするとロケーションの都合で大変なんですよ。特撮はセットだから全部夕焼けでも出来ちゃう。

「ヒマラ」の時は本編で撮れなかったんですよ、夕陽が。いくつかマット画で描いた夕陽を入れてます。ずっとあの頃天気が悪くて真っ暗だったんで。ほとんど空を合成ではめ変えている。

夕焼けは思いを込めやすいでしょ？　カラスが鳴いたら家に帰らなきゃいけない。子どもの頃、僕の住んでた松本なんて周りはみんな山だから、寒い時はとても綺麗な夕焼けでしたよ。

夜になると真っ暗で怖いというのが田舎は結構ありますからね。脚本を書いた太田愛さんなんか、そういう感覚がすごくあるみたいですね。

僕は太田さんとのコンビの印象が強いとよく言われるんですが、『ガイア』までは三本なんです。太田さんは丸っこい世界なんですよ。カクカクしてない。現代的な、メタルな輝きじゃなくて、瓦屋根があって、砂利道があって、川が流れていてとか、そういう世界だと僕は思っていた。そしたら、美術部もそう思っていたんですよ。太田愛の世界を映像化していく時に、少しノスタルジックな世界に持っていこうっていうのはお互いに一致した意見だったんです。それがウルトラマンの世界に似合うかどうかという問題はあるんだけど、『ダイナ』の場合はそこら辺ＯＫだったんで。中途半端にちょこっとだけそういう風に変えるんじゃなくて「やるならやっちゃえ」と。

「ヒマラ」は僕が特撮部分も担当した最初の二本の内の一本ですが、自分が特撮をいざやるとなった時に、オーソドックスな佐川(和夫)さんがいて、合成が得意な北浦嗣巳さんがいて、アクションの村石宏實さんがいて、という中に俺が入っていって、同じ世界で戦ってもしょうがないだろう。どこか違うところを突破して、自分のやれることをやればいいなと。

そこで決めたのが、アクションとミニ(チュア)には精力を注がない。

自分がこだわるのは、たとえば夕焼けの世界。「怪盗ヒマラ」の時なんか、ロケット出すのでもジュール・ヴェルヌみたいなレトロチックなものを美術に注文したり。噴射も今や合成が一般的なんだけど、発火式にしてわざと火をよじって斜めにしたんですよ。「昔のチープな感じにして」って(笑)。宇宙船のデザインは『フィフス・エレメント』の女の子をイメージしました。よく見るとウインクしてるんですよ。

――ヒマラワールドはヒマラが集めたコレクションで、骨董品だらけのセットでしたね。蓄音器や狸の置物とか。

原田　「倉庫にあるもの、何でもいいから飾ってよ」って言ったら、なんでこんなものが特撮にあるんだってくらい色んなものが出てきた。

僕が特撮やることになって、最初に来たのがたまたま「怪盗ヒマラ」みたいな話だったこともあって「遊んじゃえ」と。ちょうどシリーズが『ティガ』開始以来一年半すぎて、美術スタッフもミニチュアを並べるってことにある種、煮詰まってたんですよ。そこで美術の寺井(雄二)ちゃんに「遊んでみない？」って言ったら「いいの？」って、わけのわかんないデザインがたくさん上がって来た。空間が曲がった世界とか。

――ヒマラが引き出しを開けると、盗んだ夕方の遊園地と宇宙空間の表面が水のように揺らぐ場面はファンタスティックですね。

原田　星は、引き出しがパンと開いたら流れ星が一個逃げて。ポロンと。遊園地は「水羊羹みたいにして」って言ったんです。開けたら中でプルンと揺れる。あれは当時のＣＧ班で一番うまいやつがやった。水の素材を入れて揺らしてるんだと思うんですよ。ＣＧ班への指定って、抽象的にやると解釈が違って大変なんです。何本かやってるとこっちの言ってる感じが伝わってくる。

――屋上でコウダにヒマラが光線を撃つと、後ろにある実景っぽいビルに当たって一個消える。

原田　ランドマークタワー。

――あれなんか逆転の発想って言うか、実景だから映ってるだけなのかなあと思ってると、消えちゃうっていう。

原田　あれは横浜で撮ったんで、たまたまランドマークタワーが後ろに映ってたんですよ。それをコピーして場所をズラして出しといて消した。『ダイナ』とか『ガイア』では実景の中に怪獣を入れてみるってのはいくつかやってみたんです。

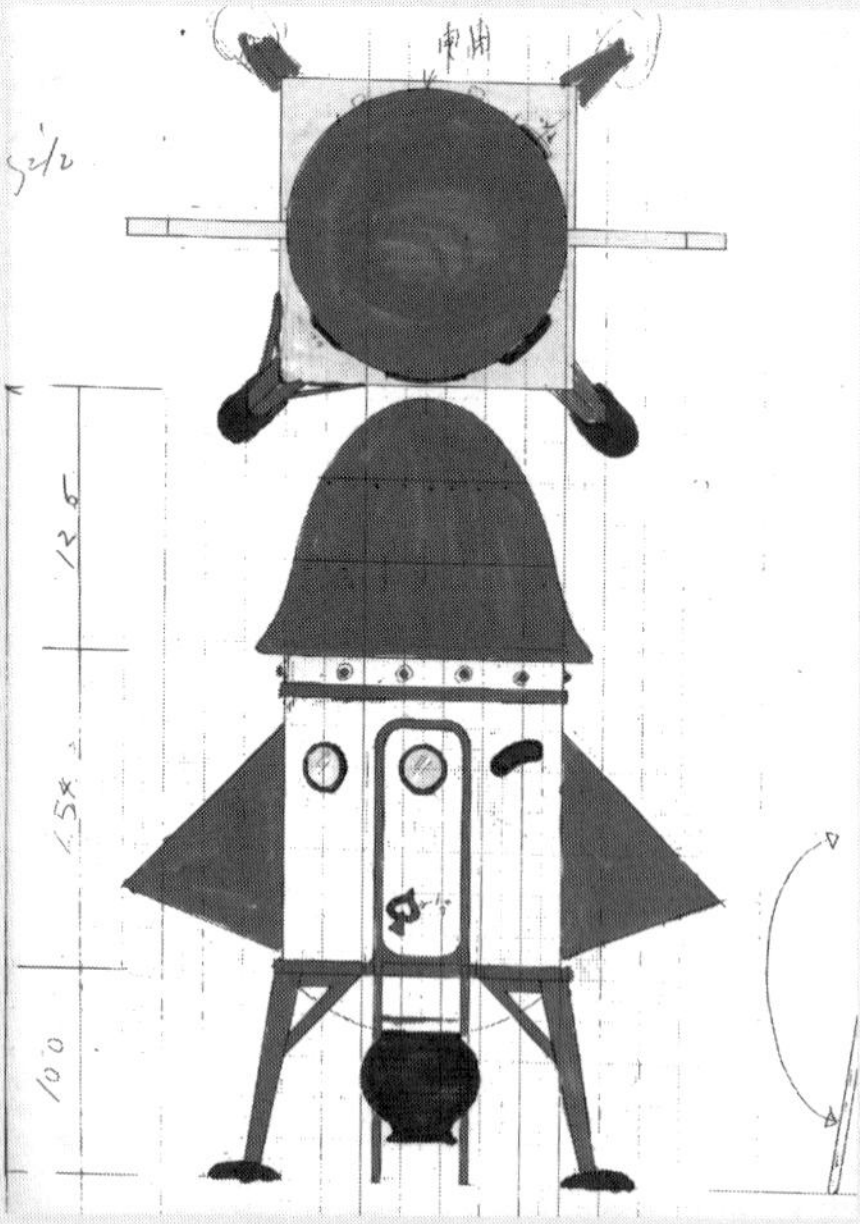

ヒマラのロケット・デザイン(寺井雄二)

●ウルトラ撮影部座談会

倉持武弘・髙橋創（撮影）・佐藤才輔（照明）
オブザーバー・岡秀樹（助監督／当時）

照れくさくても「これはこれでいいの！」

座談会

——お三方と原田監督の出会いから教えてください。

倉持武弘　チーフ助監督の原田さんと一緒だった『あいつに恋して』（八七年）、『REX』（九三年）という映画もありましたが、監督とキャメラマンとしては、『ウルトラマンティガ』の「青い夜の記憶」（29話）と「怪獣動物園」（30話）が本格的なお付き合いの始まりです。

髙橋創　自分は、ダイナからキャメラマンをやらせてもらってます。『コスモス』のテレビシリーズで、ずっと特撮キャメラマンをやってたんですが、『ウルトラQ ～dark fantasy～』（以下『df』）で初めて本編のキャメラマンをやらせてもらいました。

原田さんが『ウルトラマンゼアス2』（九六年）のチーフ助監督だった時に、僕も撮影部のチーフ助手やってるんです。最初にちゃんと接触したのは、その時ですかね。「必ず日曜日に休みを入れる人だなぁ」と。競馬をやるために（笑）。

佐藤才輔　『あいつに恋して』と同じフィルムリンクの制作、監督が神澤（信一）さんで『GAME KING 高橋名人VS毛利名人 激突！大決戦』（八六年）という映画がありまして、キャメラが阪本善尚さんで照明が高野和男さん、その照明助手でつきました。ペーペーで。その時のチーフ助監督が原田さんだった。それが初めてですね。

ウルトラマンシリーズが始まって、「青い夜の記憶」（29話）の時に久しぶりに会いました。

▽途中参加の『ティガ』

佐藤　「青い夜の記憶」はけっこう夜のシーンがありましたからね。ラストシーンも。あの頃は残業して撮影することになっても、原田さんあんまり嫌がる感じじゃなかった。おとなしくしてたのか（笑）。

倉持　「怪獣動物園」（30話）はロケが大変でしたね。牧場のナイトシーン。

佐藤　泥まみれでね。

倉持　キャメラの寄りどころが本当に厩舎しかないんで、（照明部には）大変な思いをしてもらったライティングだった。合成もあったしね。

佐藤　そう、牛ね。グリーンバックで撮った。

倉持　牛手前に置いて、入れ込んで奥が特撮。牛をセットに連れてくるわけにはいかないんで、現場でナイターでグリーンバック張ってね。だいたい現場の思い出っていうと大変なことしか憶えてない（笑）。

佐藤　「青い夜の記憶」でクルス・マヤがライブで歌うシーンとか、僕としてはあんまりうまくいってないんだけどね。単純にライトに青いフィルターかけただけで。なんか頭が回んなかったですね。あと、モーションコントロールキャメラを使った撮影をやりました。クルス・マヤの部屋の窓から、星空つながりでシンジョウの病室につなげるという。あれは窓の外の星空が全部合成なんだけどグリーンバックじゃなくてブルーバックでやったんです。ブルーバックだから人物をライティングする時に青い光が使えない。月光を作れないわけです。後で画面の色調をちゃんと補整するからって言われたんで強引にやったんだけど、結局色の補整しなかったんですよね、原田監督。僕もあえて聞かなかったけど（笑）。

倉持　たしかね、窓外の星空の色味を、素敵な青にすることにこだわりすぎて。

佐藤　事前の打ち合わせで、この設定でグリーンバックだと、いざ合成する時、人物を抜きづらいからブルーバックで撮ってくれって、（日本エフェクトセンターの）田代（定三）さんに言われたんだよね。

▽あんまり決め打ちいくなよ

佐藤　実は、原田さんと話したことあんまりないんです。我々は撮影セッティングにかかりきりなので、業務連絡くらいなんです。照明の照り返しの色を何色にしてくれとか。爆発のきっかけで強い明かりが欲しいとか、そういう時はいつも倉持さんを通して原田さんの要望が伝わってきた。

倉持　それが順当なやり方なんです。照明担当者に監督が直接言う場合もあるんですが、原田さんはそうじゃなかった。要望があれば、まずキャメラマンに言う。そしてキャメラマンが各パートに伝える。そういう昔ながらのやり方を知ってる人でしたね。それに対しての結果がどうのっていうのもあんまり言わない。実際、腹の内はどうだかわかりませんけど。

佐藤　原田さんが入って来た時期って、僕達も、もう色々やっててこなれてる時期だったからね。たとえば、『ダイナ』の「幻の遊星」の時に、洞窟のセットを建てたんです。そのセットのどん詰まりに司令室みたいなものがあるんですよ。そのガラス窓越しに怪獣がいるっていう設定だったんですが、洞窟を進む過程は薄暗くした。上の方に水槽を置いて、（水槽の水越しにライティングして）メラメラ（した揺らぎ）を作ったんですよ。道中の洞窟全体がメラメラしてる感じを出したかったの。

　それは勝手にやっちゃった。ところがそのセットを準備してる時に原田さんが来たんですよ。こっちは監督に言わないでやってるから「やべー」ってなる。監督も黙ってじーっと見てる。監督の手には、完成した時の特撮のイメージ画が握られていたの。知らん顔してそのイメージ画をちらって見たら、ガラスの向こうにいる怪獣はなんと水の中で眠ってる設定だったんですよね。「ああ、じゃあいいか」と（笑）。だからだいたいは自分の考えでやっちゃった。

倉持　そういう時、原田監督がキャメラマンの僕に何か言うとしたら「倉ちゃんさあ、洞窟って暗いからさ、明かりがないんだよね。じゃあどう見せようか？」ってな言い方ですよ。そうするとこっちも才ちゃんと目線合わせて、「こんな見せ方どうっすか、監督？」。出された提案を見た監督が「いや、面白いんじゃないですか」って言えば、もう頂き！　それぞれのアイデアで勝負ですよ。

　僕が原田さんとやった中で印象深いのはやっぱり『ダイナ』の「少年宇宙人」（20話）と『ガイア』の「遠い町・ウクバール」（29話）かなぁ。

　「少年宇宙人」は子どもの話なんで、監督に「キャメラの高さを子どもの目線くらいに合わせて撮りたい」って言ったんですよ。でもそのことについて、監督から何のリアクションもなかったんですわ（笑）。「あんまり決め打ちいくなよ」ってことを言いたかったのかなと。と言いながら、現場では子ども目線のことは意識しながらやってました（笑）。

――原田さんは「少年宇宙人」のロケで小雨が降り出した時、スタッフのみなさんから「今日は撮るのやめよう」って声が上がったことに感激したと言ってました。

倉持　それはね、特撮とのマッチングがまず第一番にあって、もう一つは、夕景へのこだわりも含めて、大事にしたってことです。テレビではそこまで映んないだろ、狙いじゃないからいいだろってよく言われたけど、すべてのカットを俺は狙ってるよ（笑）。だからチーフ助監督とも、随分ケンカしました。

　逆に言うと、たぶん、円谷作品だから、そういうやり取りが出来るというか、他ではまず出来ない。言わせてもらえる環境でもあったということです。こっちもすべてにわがままを言うわけじゃない。ポイントのシーンだけ晴れでやらせてもらおうっていうのは随分言ったような気がします。

▼脚本に騙されるな

佐藤　ウルトラで怪獣と隊員達が戦う場面は、カットバックくらいでしか撮れないんです。怪獣がいる、隊員がいるっていう。入れ込み（怪獣と人間の合成カット）はあるかもしれないけど。

髙橋　でも、原田さんはよく訊いてきました。「どうしたい？」って。じゃあ、こんな感じでと言うと、それに合わせてカット割りの方を変えちゃったり。

倉持　ウルトラの特撮の場合、本編班と特撮班が分かれてると、イメージを共有するためにイメージボードを作って「現場はこうしよう」となるんです。本編のバックグラウンドの入れ込みはこうしようとか。イメージボードを作る時にはロケハンの写真を見せたり、監督にイメージを聞いて起こすわけです。

　特にコクピットは、特撮の客観の方向性とか「旋回中にコックピットが入ったらどっち側を見てるのか」とか、それくらい細かいことを絵に起こしてもらう。本編班は先に撮っちゃうんで。目線の方向も含めて、やっといて欲しいとこなんです。それが『ティガ』の後半頃から、芝居の画コンテ、つまりカット割りまで出来上がってる。そうすると、それにこだわって融通が利かない場合ってあるわけです。

　原田さんの場合は、具体的なカット割りは僕らには見せない（笑）。まず、ワンシーンのお芝居を段取りで軽くやってから、カット割りを決めていく形でした。

佐藤　ただカットは細かくないですからね。監督が俳優さんの動きを見て、あるいはフレームに対して、うまいこと俳優さんを動かすんです。だから長回し的な画になっていく。最初それ見て「こなれてる人だな」って思いました。

　僕らが作業してると、横で監督とスクリプターが話しているのが聞こえてくるんです。原田さんが言うにはね、「字面に騙されるな」と（笑）。

レフ板を持っているのが佐藤才輔

倉持　近づいて抱きしめるって台本に書いてあるとすると、当然そうなると思うでしょ。でもギュって行かない。こっちはファインダー越しに見てて「あれ？」って思うじゃないですか。

台本の字面に騙されちゃだめだ。それじゃただの段取りだ。人間の感情のリズムみたいなものとか、映像的にその時間を引っ張っておいて、劇的に抱き合わせるとか、そういうことが大事なんだよって言いたかったんじゃないかな。

――「もっと高く！」(50話)のことを原田さんに伺ったのは、シリーズも終盤で、要はクライマックスのダイゴとレナの話なので、台本を変えるなと言われていて、発声せずにセリフをレナに言わせたり、かなり膨らましてますよね。無言で呼びかけるというレナの心情を描いてからダイゴに振り向かせたり。

倉持　台本を常套に読んじゃうと、同じ動きしか出来ないことになるけど、演出っていうのはそこを乗り越えるものなんだろうなと。

レナの「ダイゴがティガだって知ってる」っていうのもありましたよね。

――予告編で使われた、劇中にないセリフですよね。

倉持　あの時も、実際には言わせないで、無言の表情でね。

佐藤　あの時、長い間やってて、原田監督から唯一注文がありました。「明かりを暗くしてくれ」という。

倉持　レナがコーヒー持って入って来る時だよね。

佐藤　あれが最初で最後だった。唯一なのよ(笑)。

女優のベストポジション

髙橋　女優さんに対してのこだわりは、倉持さんと原田さんの組を見てた時に「目線を無視してでも、いいアングルを俺が切り取る」っていう言葉を、何度か聞いたことがあるような気がします。

倉持　「男はかっこよく、女は綺麗に」って、かなり言われましたね。

いつも、誰に対しても「綺麗に撮んなきゃいけないな」と思いながらやってますが、極端なことを言うと、所詮どう頑張ったって素材がダメならダメっていうのが(笑)。

髙橋　(笑)

倉持　それはあんまり言っちゃいけないことだけど。でも出来るだけ綺麗にしようって。目線では左側中心に撮らなきゃいけないのを、右側の方が良ければ、最初から右側にアップが来るようなカメラのポジションに入らないと。

特撮との兼ね合いでいくとなかなかそうもいかないんですが、本編班だけの芝居だとやれるんですね。

涙の理由

――原田さんは、「もっと高く！」の告白というか、レナとダイゴの、前と後ろのコクピットの対話は、台本読んでけっこう難しいと思ったけど、倉持さんが「頑張ってみる」と一緒にやってくれたと。

倉持　要するに動きが撮れないわけです。とはいえ、よくある、一度引いて、画としてはクッション入れる方法がありますが、いつもそれだとつまんなくなっちゃう。だけど変化がないのもなぁ……と思ってたら、「重要なのは芝居だろ」と。引き画だとか、解放感は変身した後で充分伝えるから、それまでは窮屈なイメージでいいじゃないかと言われた憶えがあります。下手にバックで合成の空を入れたりしないで、むしろ芝居中心で撮っていこうと。そういう合成ショットを入れるとなると、それだけを別撮りしなきゃいけないし、芝居に間が空いちゃうので、とにかくその中で撮ってしまおうと。

佐藤　あの時はでも時間かかりましたね。照明にNGがあったから、もう一回ってやったけど。

――それは、どういうNGだったのですか？

佐藤　涙がわからなかったんで、それでなかなか行けませんでしたね。だからもう一回撮るには撮ったけど、最初の方を使ったんじゃないですか。

ちょっと暗い雰囲気になっちゃってね。申し訳ないことしましたね。

倉持　泣く場面というと、『ガイア』の時、敦子が梶尾リーダーを好きで、司令室で「梶尾さん死んじゃう」って涙を出すところがあったんだけど、監督が「敦子の泣きなぁ」って言い出して……。

午前中、この泣きの芝居が終わって飯かなって時で、いよいよ、彼女が司令室で座って涙が出る……それが出ないんですよ。もともと芝居にあまり意識がないというか。監督がイライラしてたんですよね。
　三〇分くらい待って「よし本番、泣けるね」って。でも涙は出ても、その前の芝居の表情がダメなんですよね、監督としては。才ちゃん(佐藤さん)にも涙出るまで待ってもらってるんだけど……。

佐藤　いや、あれは待つしかない(笑)。

——原田さんは、本当の涙にこだわる方でしたか?

高橋　基本的にはそうでしょうね。

——助監督仲間で、今は監督の瀧本智行さんが言ってたんですが、瀧本さんの『イキガミ』で、兄を亡くした妹が桜の木を見て涙を流すシーンで、瀧本さんは全然本泣きにこだわらないので、目薬をパッと渡して撮っちゃった。原田さんもどちらかというと、本泣きにこだわらない監督で、自分もそこを引き継いでるっておっしゃってたんです。

倉持　テクニックとして、目薬差しても泣ける人はいるし、本泣きすると、目が赤くなって、感情が高ぶりすぎちゃってダメっていうのもあると思うんです。ただ、泣く前の揺れ動き感、涙がこぼれなくていいからその気持ちになりなさいというところだと思いますよ。その結果、涙が出るってことだから。
　完全に涙狙いと言えば、ブースカの子役は、それが出来る子ばっかりでした。「泣いたらいいよ」って、泣く前の感情が盛り上がってくるところまではしつこく追うんです。だからって、説明的にならないように。それこそ、照明が良かったら回しちゃおうか、と。まぁ、それは臨機応変。

高橋　そこは丁寧でしたね。

セリフを言うまでの見つめ合い

——「もっと高く!」最後の、草原でヘルメットを落とすっていうところで、岡さんは、あれがキスシーンだと思ったとおっしゃっていました。

倉持　ああ、そういうつもりよ。
　というか、(ダイゴとレナは)キスしたいんだよ。ただ、そこは見せない。厳密に言うと、位置関係は見せないように撮ってる。
　しようとして、近付いていったところで、怪獣が来ちゃう。

——先ほどの、泣く前の感情の高まりにも通じますね。これから起きることの気配みたいなものが伝わってきます。

倉持　『コスモス』も恋人同士の描写ありましたね。

岡　フブキ隊員とミサキ・アイ。

倉持　市瀬秀和と石橋奈美、二人っきりで丘の上にいるいい雰囲気の場面あったよね。あそこの芝居の段取りやってる時の監督が忘れられない。監督がその場でカット割りの説明をするんだけど、台本にあるセリフをなかなか言わせないのよ。俳優って自分のアップが来るとすぐセリフ言っちゃうじゃないですか。でも「まだまだ見てる」って言ってさらにもう一回やる。「見てる、見てる、見てる。はい、それから」ってセリフを初めて言わせるっていう(笑)。
　単純なカットバックだから、そのままさらっとセリフ言わせてもいいんです。相手側の画をあとで交互に足すんだから編集次第で時間はいくらでも伸ばせます。でも、そこをあえて現場で、お芝居の中に盛り込むのが、原田さんらしい。
　台本にカット割るための線を引き過ぎちゃうと、セリフがセリフになっちゃう。セリフの行間をどう見せるか。「次、何を言うんだろう」って想像させることを、けっこうその場の撮り方でやるんです。
　だから下手すると、引きの画でそのまま台本半ページとか。それで一番肝心のところでパッと寄る。カットの細かい人じゃないけど、ものすごくシンプルで、結果的に、狙いがはっきりしていた。

夕景を狙う

——『ダイナ』の「幻の遊星」(11話)と「怪盗ヒマラ」(12話)から原田さんは特撮も監督されます。

倉持　美術の寺井雄二さんと楽しんでやってましたね。本編だとなかなか予算と時間の兼ね合いで幅のある世界って作れない。特撮だと作れるじゃないですか、イメージをね。夕景も好きですよね。
　ロケだと、「夕陽狙いは晴れが条件」ってなるわけです。スケジュール的にはそうは言われても毎日は狙えない。その辺は原田さん、チーフ助監督とけっこうやってました。「他の場面はどんなに時間なくても俺は必ず撮る。だから夕景だけは狙わせろ」と。予備日含めて二～三日。『ヒマラ』の時もそうでした。
　『ガイア』の千葉は(5話「もう一人の巨人」)、あの時の海岸の夕景がうまく撮れたと原田さんすごく喜んでて、俺、悔しい思いしたんだけど(笑)。

——あの時は違うキャメラマンさんだったんですね。

倉持　あの後も情景カットで随分とそれを使ってましたよ。たしかにね、いい夕景でしたよ、あれ。

佐藤　ロケーションに関しては、曇っても撮らざるを得ない状況でしたから。だから、たまに特撮のステージ覗きに行くと、入りづらくてね(笑)。

高橋　「曇りで撮ったんだ」なんて言われちゃう。

特撮だとやっぱり綺麗な夕焼けが作れるわけです。僕ら本編班だってそうしたいんだけど、いつもいつもはうまくはいかないですよね。

テレビはワンカットワンテーマ

倉持　僕は余計なことをやりすぎるところがあって、たとえばワンカット海を見せりゃ、ああここは浜辺だってわかるんだけど、空だけっていうのはもったいないと思って、必ず人物の背後に海を入れちゃう。

そういう時に原田さんは、素直に空だけでいいじゃないって態度なんです。

原田さんが言ってたのは「テレビはワンカットワンテーマ」。つまり、そのカットで言うべきところがアクションだったら、それがわかればいい。

映画の場合やっぱり大画面だし、色んな要素入れてもお客さんが判断できるけど。

細かいこと言うと、寄りサイズだとキャメラのアングルによっては、ダーッと奥まで見えちゃうんですよ。しかもこういうウルトラの現場って造成地とか多いし。そうすると必然的に余計な情報が入ってきちゃう。本当は車なんか通ってちゃいけない設定なのに、道路が見えてるから車通りますよね。すると「車止めろ！」となって、撮影するのに時間かかりますよね。物理的な制約が出てくるんで。

——たとえば『ガイア』だと「遠い町・ウクバール」と「悪魔のマユ」(30話)の二本組は、「悪魔～」はシチュエーションを見せていくことが中心で、「ウクバール」は宅配便の運転手の目線なんで、風景を見せるところが出てきますけど、やっぱり姿勢として違いはあるのでしょうか？

倉持　作品ごとに画の切り口を意図して変えてました。だから「ウクバール」の時は監督の自宅の近所でまとめて撮った。言ってみればちょっと郊外の街みたいなところでね。

「悪魔～」は、人命レスキューという大変な話だから、セットに作った高層ビルの一室に限定した。色々広げ過ぎると撮影の処理の問題もありますから。

そういうことであの二本の画面が自然に変わる。ただけっこう濃かったですよね、あの二本の撮影も(笑)。あの頃は「ウクバール」で、不破さんのアパートのセットを作ることが出来ましたからね、贅沢に。バランス感覚で言うと「じゃあセット建てる代わりに、近場のロケですまそう」ってことです。

髙橋　時々、内容よりも、むしろ画に異常にこだわってやった回もありましたよね。コスモスの「落ちてきたロボット」(4話)とか。あの時、本編班は桜の枝をたっぷりなめて撮ってましたよね。

倉持　いや、たまたま現場に桜あったから。だったら生かしちゃえっていう。

髙橋　たまたま(笑)。その回の特撮を撮る時に、監督がしれっと言うには「今回、花がテーマです」。特撮で花植えるの大変なんだよなってみんなでぼやきながら、カメラ前に一生懸命ちっこい花を植えた記憶があります。

倉持　それが原田流なのよ。本編班のロケーションだけじゃどうしても作りきれない。でもその時その時でいいものがあれば、まずそれを頂く。で、その後で「あそこのシーンでも、ちょっと何か用意しとけ」という風に発想を展開させていく撮り方。

ビデオ時代に突入

——二一世紀に入って最初のテレビシリーズ「ウルトラマンコスモス」から本編班がビデオ撮影になりました。この変更はいかがでしたか？

倉持　ロケーションに行くと、キャメラに長いケーブルがくっついてる。VTRの収録を調整する「ベース」っていうのにそれがつながってて。となると、所詮五〇メートルの中でしかキャメラが動けない。フィルムより機動力が格段に落ちるわけです。「はい次こっち」って撮りたくても、機械を丸ごと全部移動していかなきゃいけない。今はもう慣れましたけどね。

あとは常時、撮影中の画をモニタで確認できるので、スタッフ全員が僕の作った画を見てる。それで何かこそばゆい感じがありますよね(笑)。

コスモスはまだ特撮はフィルムで、フィルムのアナログな感じと電気的な信号のビデオとのマッチングが一番大変で、ビデオの画をフィルムに近付ける処理をしました。少し粒状性を感じられるよう、ちょっと粗っぽい画質にしたり。手探りで色々と(笑)

原田流　台本の膨らませ方

——『コスモス』で原田監督は4話から登板で、二巡目の「時の娘」(13・14話)は前・後編でした。

倉持　ウルトラの前後編は、『ティガ』も『ダイナ』もあったけど、『コスモス』の原田組は「時の娘」(13・14話)だけですね。じっくり撮れるので僕も気合い入りました。

ただ出来あがったものの印象はちょっと……監督の演出がどうとかじゃなくて、もう少し煮詰めた方がよかったんじゃないかなっていう印象があった。

岡　レニは基地内の病室に軟禁されますね。もともと死んでる人間なんだからということで処分が決定して、物語が絶望的なムードになった時に、その牢屋みたいな病室の中で、レニが差し込んでくる光に眩しそうに手をかざす芝居がありました。

佐藤　あり得ない設定だったんだけど、そういう風に(外光を)作ってくれと言われた。

岡　やっぱそうですよね。あれ、監督のオーダーだったんだ。台本にはもちろんない描写です。

佐藤　あの部屋は基地のどこかの一画だよね。

岡　どっち向いても窓はないはずですよね。

佐藤　だから天窓(笑)。天窓があるってことにしたんだけど、それが画面に写ることはなかったよね。

岡　完成作品では、そこに編集でワンカット入ってるんですよ。普通は天窓を見せるんでしょうが。

佐藤　青空かなんかだっけ?

岡　単なる空なんですよ。窓枠越しでもなんでもない、本当にただの空。もちろん絞り込んだいい具合の画なんですけど。

髙橋　よく憶えてるね。

岡　あの時、監督がどういうつもりでレニにあんな芝居をさせていたのか理解できなかったんです。

　原田さんは基本的に太田さんの台本をいじらない。いじらないだけに、台本に書いてないことをそっと仕込むそのやり方が本当に巧妙だった。

「時の娘」は、ムサシの初恋の話じゃないですか。杉浦太陽の当時の芝居を原田さんは「下手だ!下手だ!」って散々言ってたのに、「やるときゃやるんだよ」って感じで色々膨らませてました。基地の屋上でレニとムサシが話をする時に、手すりに置いた二人の手が近付くか近付かないかという……。

佐藤　淡い恋心の感じがあったよね。

岡　そういうのはまったく台本にない。でもその初恋芝居を撮るために、二人の最初の出会いの場面から何かいつもと違うことをやってたんですよ。

――杉浦さんのリアクションを拾ってますよね。

岡　そうそう。変なおかずというか、普段だったらしないようなことを杉浦くんにさせてたんですよね。

▼ドーンと一発、強面に

髙橋　『コスモス』の「異星の少女《ひと》」(25話)と「ワロガ逆襲」(48話)は特撮がしつこかった。戦車も大モメして、台数を増やすのにどうしたらいいかという話もあった。大きいので走るやつが絶対に要るんだと。

岡　その甲斐あって一メートルくらいの戦車が手に入った。

髙橋　それにこだわってた。戦車の砲頭から出る煙も、異常なくらい撮ってたよね、素材撮りで。

　あと特撮でね、必ず手前に池を作って、なんか水に映してどうこうっていうのを何本もしつこくやってた気がする。「ワロガ逆襲」もそうでしょう。

　特撮的に言うと、格闘の内容よりも美術セットで、ワンポジションでいいから面白い画。「ドーンと一発、象徴的な画を飾りたい」って。

佐藤　原田さんは、意外とコワモテ的なショットが多いからね。CGなりミニチュアの戦闘機にキャメラが寄ってくと、コックピットの隊員の顔まで一気につなげちゃうとか。

――コワモテカットって言うんですか?

佐藤　コワモテというか、ハッとするカットね。

髙橋　量より質を取って、一カットか二カットでいいから、印象に残る画作りを心がけてたかな。そうじゃない監督の後に、原田さんがそう来ると、特に印象的でね。新鮮にみんなやってたと思う。

▼原田教室　ウルトラマン以降の原田組

髙橋　『df』の「影の侵略者」と「光る舟」は言ってみれば僕にとっての「原田教室」ですかね。最初に原田さんと会った時、僕はまだ撮影助手だったので、仕事を覚えたての頃から全部知られてる。その僕のことを育ててくれようとした作品だったんじゃないかなって思うんですよね。

　両極端な話をあえてあてがってくれた。まぁ偶然かもしれないですけど。キャメラワーク的に言うと「影の侵略者」っていうのは、とにかく全部長ダマ(望遠レンズ)で撮ろうと。もう意図的に。全部タイトな絵で、望遠レンズを使ってという作戦。

　ゲスト主役の斉藤麻衣を綺麗に撮るってことがテーマで、とにかくすべて長ダマで撮る。監督との最初の話し合いから、それでやれ!と。

　この作品で初めて僕は特撮ではなく本編のキャメラマンとして、原田さんと接触したわけです。だから本当に話し合いました。この二本、どう差別化つけましょうか?って。充分話し合った上で、「光る舟」の方は、逆にフィックスでドシッとした画でゆったり見せてくっていう方針が立ったんです。両極端にしよう、と。あえて色分けをキッチリつけました。

「光る舟」は夕景もあって早朝もあってという台本です。原田さんにも撮りたい画が色々あった。キラキラ輝いている多摩川をどうしても撮りたくて。スケジュールを相当ねじ込みました。ロケ地の候補を、調布と多摩川の周りに全部持って来い!と。同じ場所で構わないから、夕景キッチリ撮らしてくれと。

――女性を綺麗に撮るっていうのが原田監督の変わ

らない姿勢だったわけですが、「影の侵略者」の斉藤麻衣さんはいかがでしたか？

髙橋　あれはね、すごかったですよ。まず撮影の初日、彼女を前に座らせてね、原田さんと二人で、しばらく彼女の顔をじーっと見せられました。

　それで、「俺は右からの彼女の顔の方がいいと思うんだけど、お前はどう思うんだ」と。それで、僕も自分の意見を言いますよ。それを聞いて、「ああ、そうか。じゃあそれは意見が同じだから、全編通して彼女の表情は全部こっちの面で撮っていこう」と。

ムサシの後ろが倉持武弘。左は岡秀樹

異常なこだわりでしたよね。相当無理があっても、必ずそれを守って撮り続けました。この作品通して全部。原田さんってああいうことよく言うんですか？

倉持　コスモスの『空の魔女』の時言われたなぁ。

髙橋　うわ……！

倉持　石橋奈美が衣装合わせで来た時にね、「倉持さん、この子のきれいなポジションって一箇所しかないんですよ」って謎をかけられた。こりゃ困ったと思ってじっと見て「ここですかね」って言ったら、「そこしかないんですわ」と言われた。その時から、衣装合わせで、初めて会う女優さんの一番綺麗な顔を探す癖がつくようになりましたね。

髙橋　キャメラマンとして女性を綺麗に撮るべきということを、いまだに僕はフレーム切る時にすごい意識している。だからワザとね、自分で言っちゃうんです。「俺は女優撮るのがすっげーうまい」って。はっきり言ってこれは全部原田さんの影響です。原田さん自身がそう言い続けてた。原田さんも、ワザと吹いてたんです。今後も言い続けようかな、と思ってます。それが原田さんに一番教わったことかな。

▼照れ屋のロマンチスト――原田昌樹

髙橋　『df』で原田さんとちゃんとお仕事して。怒られながら、下手くそとか散々言われながら、色々勉強させてもらった。

　その後、現場で一緒にやる機会はなかったんだけど、お亡くなりになる前日に連絡だけもらってたんですが、お会いできなかった。それが心残りになってた。実はその時、俺に何か言いたいことがあったらしいって後から人づてに聞いたんです。それ、心が痛かったですよね。仕事ぶん投げてでも会いに行けばよかったってね。教えたかったことがあるというか、もうちょっと言いたかったことがあったようだって聞かされた時が、一番ショックだったかなぁ。

　もうちょっと原田さんと仕事したかった。その後になって僕、ウルトラのテレビシリーズで本編班のキャメラもやれるようになった。やっと実力もそこそこついてきたんで。でももう、原田さんはウルトラにいなかったんだよね。酒飲む席とかではしょっちゅう会ってたんですけどね。あの時、何言いたかったのか、ってすごい気になるよね（笑）。ズームが下手だとかさ、そういう話ならまだいいんですけど。

倉持　そうじゃないと思う。原田さん最後の夜は、僕が運転する車に乗ってもらって府中市のご自宅までお送りしたんだよ。スクリプターの阿南玲那とメイクの今井志保に監督を支えてもらって。やっぱり車内の監督はすごく辛そうだった。その翌日には再入院することも決まってた。もう表には出られないかもしれない、そんな覚悟もあったかもしれない。府中にさしかかって、競馬場の横を通る時、監督は言ったんだ。

「ここが僕のホームグランドです」って。

　酸素吸入器付けたまま、「春の……見られるかなぁ」って。

　俺、本当に締め付けられたよ……俺達はスタッフとして監督の求めるものをつかもうと頑張ったよね。そこに嘘はないんだよ。でも応えられたのかどうか。本当に信頼関係を結べたのかどうかっていうのはね、定かではないですよね。監督はスタッフを選べないんです。それでも監督は作品を作り続けなきゃいけない。これはもうテレビの宿命だと思うんですよ。

「夢幻の鳥」19話 ▼一九九八年一月一七日放映

作品解説

脚本：武上純希　**撮影（本編）：**倉持武弘　**撮影（特撮）：**高橋義仁
ゲスト：青木治親（アオキ・ハルチカ）、青木拓磨（アオキ・タクマ）、青木圀衛（アオキ・クニエ）、田中彩佳（サヤカ）

▼ストーリー

不吉な予言とともにマユミの夢に現れたプラズマ生命体・姑獲鳥が、中国の地震をきっかけに現実に出現。発電所を襲いながら、日本に向かう。

かつて、同じ成層圏に棲む怪獣ガゾートに襲われ恋人アオキ・タクマを亡くしたマユミは、姑獲鳥が中国の伝説に登場する、人の死や国の滅亡を予言する不吉な鳥であると知っていた。

やがて姑獲鳥が飛来したのは、マイクロ波発電の受信装備があった場所だった。地下に残されていた超伝導リングから膨大な電気エネルギーを吸い込むのが姑獲鳥の目的だ。そこはかつての怪獣ガゾート襲来の地であり、タクマが死亡した場所でもあった。

タクマの弟ハルチカが皆を救うために囮となりバイクを駆る。だが、姑獲鳥の放った雷撃による爆発に巻き込まれる。

マユミは目を伏せる。「また悲劇が起こる……」

アスカは変身する。「オレ、絶対、歴史を変えてみせます！」

▼世界観の反復

本作は『ウルトラマンティガ』15話「幻の疾走」の完全な続編。「幻の疾走」で恋人タクマを失ったマユミ（石橋けい）を軸に物語が進む。脚本も同じ武上純希で「歴史は繰り返すのか」ということ自体がテーマになっている。

原田監督は、川崎郷太監督による「幻の疾走」のカット割りを意識し、スタッフには「川崎組と同じ構図で行くぞ」と言っていた（後に作られたオリジナルビデオ『ウルトラマンダイナSPECIAL　総力特集ティガ・ダイナ』の名場面集では、本作と「幻の疾走」の同構図場面が並べて紹介されている）。ロケも同じ場所で行い、BGMも「幻の疾走」で使用された『ティガ』の音楽を、似たシチュエーションでそれぞれ被せている。

「幻の疾走」の放映から約一年経っていたが、劇中では九年の歳月が流れたことになっている。これは『ダイナ』の世界観は『ティガ』の九年後だという設定があるため。

『ティガ』で看護士だったマユミは今回婦長になっている。その立場を示すために登場する部下の看護士役でキャスティングされた田中彩佳は円谷プロ芸能部所属で、次シリーズ『ガイア』の原田作品「迷宮のリリア」等にもゲスト出演している。

姑獲鳥が夢で予言してきたり、微笑んだように見えるのは、作品の中でも虚実皮膜の扱いで、電気信号を通じて人間の脳の中の情報に影響が与えられたのではという仮説が準備稿では語られていた。

ラスト近く、マユミは「あの予知夢は姑獲鳥じゃなくて、タクマが知らせてくれたのね」と、夢の意味を読み替えていく。

それは前回「幻の疾走」同様、死後も魂だけになって駆けつける黒いライダースーツ姿のタクマの存在ゆえに気付かされたものだ。

「きっと、いつの日か、誰かが証明してくれるでしょう。魂はプラズマだとか、なんだとか……。でも今はそんなことどうでもいいのよ」というマイのセリフは、超常現象を超常現象のままにしておく役を果たしている。これは「幻の疾走」の際の「人間の霊魂はプラズマだっていう説がある。ガゾートの強力なエネルギーが、タクマくんの魂に反応して……」と解釈を語り出してから「……そないな理屈はどうでもええか」とシメるホリイ隊員に対応している。ここでも反復が用いられているのだ。

▼空の悪魔

冒頭、茂木のレース場にいるマユミが観客席から目を落とすと、走ってくるレーサーがタクマではないかと気付く。すると、頭上に広がる黒雲の中から現れた姑獲鳥が不吉な予言をする。

この予言は、準備稿では「また、死ぬよ、九年前と同じようにね」となっていたが、決定稿そして放映作品では「また、悲劇が起こるよ、昔と同じようにね」に変更。原田監督は準備稿に〈死という言葉は使わない〉と記している。作品のイメージが暗くなり過ぎるのを避けたのだ。

姑獲鳥は一見、鳥の顔をしているが、嘴を開くと中から人間の女性のような顔が現れる。夢の中では人間の言葉を喋り、笑う。まさに悪夢だ。

やがて現実に出現し、日本に向かう姑獲鳥は、空を覆うように飛び、発電所を襲撃する。

『ティガ』の「もっと高く！」でのゾイガー戦以来、また特撮も兼ねるようになってからは初経験でもある飛行怪獣の演出だが、マユミの運転する車のフロントガラス越しに見える空から迫り来た姑獲鳥など、的確なパースペクティヴで見せ切っている。

ダイナが登場する場面は、空の一角からキックのポーズで出現し、そのまま姑獲鳥に蹴りを入れている。原田監督はこうした間断ない流れを好むらしく、47話「さらばハネジロー」でも同じ傾向の出現シーンとなっている。

超伝導リングから膨大な電気エネルギーを吸い込み、無敵となった姑獲鳥の放電攻撃はシナリオでは広げた翼から直に行われていたが、映像では空にエネルギーを放出し、それが雷となってダイナに直撃するという、よりスペクタクルな描写になっている。シナリオにある「落雷のように」というト書きは、こうした方が表現できるという判断だろう。

▼ハネジローと寝泊り

シリアスな展開の本作だが、随所に原田監督らしいチャーミングな場面も交えている。

ウルトラ定番のギャグともいえる、緊急出動で起きてきたアスカがパジャマ帽を被ったままなのを叱るヒビキもまた足下はスリッパだった……という場面で、原田監督は隊長に動物の顔をあしらった可愛いスリッパを履かせている。

アスカが寝ていた場面では、隣の枕でハネジローが可愛い寝息を立てており、ここで初めて視聴者は、ハネジローが普段からアスカと寝泊りしているのだなと知ることになる。

だがハネジローは寝ているだけで細かい動きはないから、今回人形師の原田克彦氏は参加していない。他には司令室の場面でもCGで奥に小さく飛ばしている。当然、これらは一切シナリオには記されていない。少しでも出番を増やしてあげたいという監督の〈ハネジロー愛〉が伺える。

マイがハルチカのファンだという描写は、5話「ウイニングショット」同様、山田まりやの演技が作品を活性化する。原田監督は「ウイニングショット」のヒムロについても言及するセリフを付加している。「あたしって、恋多き女だよね！」と大リーガーからレーサーへとあっさり目移りするミーハーぶり。前回はアスカの紹介でヒムロに会いに行っていたマイだが、今回は自分で直接ハルチカのいるバイクショップに押しかけ、「出掛けなくちゃいけない用件がある」と言うハルチカにも動じない。「あたしもついていっちゃいけません？」と言う時の、ニコッと笑うアピールが嫌味にならないのは山田まりやならではだ。

引きずるように持ってきた荷物から次々とプレゼントを繰り出す場面は、「これ、受け取ってください」と、ワンカットで次々と花束やプレゼントを繰り出す「ウイニングショット」でのヒムロへのプレゼント攻撃の踏襲が予定されていた。「大リーガーの時と同じパターンで」とシナリオのト書きにも記され、脚本の武上純希が〈原田監督らしさ〉に配慮した様子が伺えるが、実際の映像では踏襲されておらず、引き画になっている。アオキ兄弟と絡む場面については、「幻の疾走」のコンテを意識した今回の流れを壊さないように配慮したのかもしれない。

▼力強い一言

マユミの恋人役アオキ・タクマは、「幻の疾走」と同じく、円谷プロダクションがスポンサーに付いた円谷・ホンダ・レーシングチームに所属していた当時現役のオートバイ・ロードレースライダー・青木拓磨が本人の役で出演している。弟の治親もその道を進んでおり、今回は弟が兄の意志を継いで疾走するという物語になっている（現実には、その上にやはりライダーである長男・青木宣篤がおり〈青木三兄弟〉として知られる。本作の回想では父の青木國衛も出演している）。

タクマが元気な頃の回想シーンで、シナリオにある「オレはどんな時でも、あきらめずに走り続けることに誇りを持ちたいんです」というセリフを、原田監督は「大切なことは、あきらめないことだ」に変えている。役者が本業ではない青木拓磨への配慮から簡略化したと思われるが、力強いシンプルな一言になった。

本作放映の後、同じ年に事故で脊髄を損傷し、下半身不随となったため現役引退した青木拓磨だが、手動でアクセル・ブレーキ操作が可能なように改造を行った車でラリーに参戦し続けた。まさに、かつて発したセリフを地で行く不屈の精神を見せているのだ。

「大切なことは、あきらめないことだ」というセリフは、ダイナがピンチに陥った時、霧とともに現れた黒いライダースーツのタクマが呼びかけるセリフとして、原田監督は反復させている。

「大切なことは、あきらめないことだ。君なら、未来を変えられる」

その言葉で、ダイナは姑獲鳥のプラズマエネルギーを吸収し、自らのエネルギーに変えて勝利する。逆境さえパワーに出来たのも、タクマのあきらめない心あってのことだった。

エンディング音楽の名場面集では、劇中の〈現在〉で出会うことはない、タクマとハルチカ、アスカの三ショットと、茂木のレース場を走ってくるタクマを二人が迎えるショットが挿入されている。そして、タクマに寄り添うマユミのイメージショットも。

青木拓磨が茂木を走るシーンは予定にはなかったが、原田監督が作品全体のイメージを強調するために、無理を言って借りて撮影したものだという。

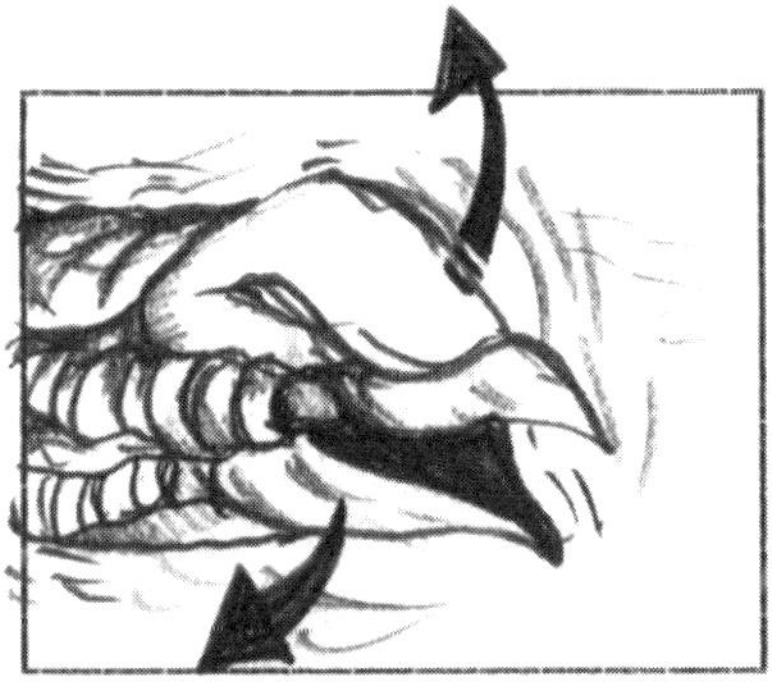

クチバシ開いて顔出す姑獲鳥
ギニョール指定

ニヤリとする

アスカ「何だ、コイツ！」
コクピットごとターンする動き指定

クチバシ閉じる姑獲鳥

「夢幻の鳥」イメージボードより（橋爪謙始）

「少年宇宙人」 脚本・太田愛

シナリオ解題

▼ウルトラマンダイナ20話　一九九八年一月二四日放映

ゲスト：崎本大海（岸悟／ラセスタ星人）、豊永利行（辰雄）、山田孝穂（実）、石井めぐみ（悟の母）、渡会良（辰雄の父親）、相馬剛三（酒屋の主人）

❶ 宇宙空間

宇宙空間の闇の中を無人探査船テトが航行する。その前方で、ひとつの氷の惑星がゆっくりと赤色巨星に飲みこまれて行く。（※1）

N「その夜、太陽系を離れた無人探査船テトが、偶然にもひとつの星の最期を記録した。消えた氷の星、その名は――惑星ラセスタ。この夢のように静かな惑星ラセスタの最期が、地球に住む3人の少年（※2）の未来を、大きく変える事になる」

シーン1のイメージボード。橋爪謙始作。
赤い星に吸い込まれてゆく白い星

【解題コメント発言者】原田昌樹　太田愛　内田哲也（美術／本編）　寺井雄二（美術／特撮）　満留浩昌（助監督／特撮）　近藤孔明（助監督／特撮）　日暮大幹（助監督／特撮）

原田監督の証言　「少年宇宙人」はもともと石井てるよしさん用のホンだったんですが、石井さんが蹴ったんです。で、落っこってたのを俺が拾った。特撮は地味だし、たぶん北浦嗣巳さんも村石宏實さんもやらなかったと思う。だから僕がやらなかったら映像化されてなかったかもしれないホンだった。

太田愛さんはその前の「怪盗ヒマラ」がうまくいって、「もう一回やりたいなあ」なんて言ってたら、たまたまそのホンが空いてたんです。

「少年宇宙人」は現場のスタッフの「この話は大事にしよう」という意志がすごい強かったんですよ。いい脚本を渡すと、スタッフも基本的にいいものが作りたいから、ノリがいいんだと再認識しましたね。

※1　このくだりは原田監督がシナリオの余白に描いたイメージを元に、イメージボードが起こされている。

※2　**原田監督の証言**　「少年宇宙人」は三人の少年のキャスティングで成否が分かれる回でした。一応基本はオーディションだったんですが、友達を見送る側の子どもを演じた豊永利行くんは、脚本の太田愛が映画の『学校の怪談3』見て「あの子をどうしても呼んで欲しい」というので呼んだんです。

（宇宙に）行っちゃう子の方は『ゼアス2』に出てた崎本大海くんなので、最初から僕が指名で引っ張ったんです。もう一人の山田孝穂くんはオーディションで選んだんだけど、三池（崇史）が撮ったVシネマ『不動』に出てきた少年殺し屋やってました。あの三人、それぞれ映画である程度の役やってたから、なかなかしたたかな連中だったんで、セリフのかけ合いを陰でよく練習してましたよ。

❷ 若葉町／朝

鳥の声が聞こえる平和な朝の住宅街。

一軒の家の表札に『岸』とある（※3）。

❸ 岸家の台所（※4）

コンッ！　と割られた卵がフライパンに落ちる。

リビングから朝のTVニュースが流れる中、母親が慌しく朝食の準備をしている。

母親「（廊下の方に）悟ーっ！　早く起きなさーいっ!!」

TVアナの声「では、その珍しい映像を御覧いただきましょう」

母親が皿を出しながらTVに眼をやる。

TVに、赤色巨星に飲み込まれていく氷の惑星ラセスタの最期の映像。

母親の手から皿が滑り落ち、床に砕ける。（※5）

愕然とした表情の母親。と、次の瞬間、母親は、はっと何かに思い当り、

母親「……悟！」

と、小さく鋭く呟くや、悟の部屋に走ろうとする。

その時、台所の入口（※6）に、パジャマ姿の少年・悟（10歳）が寝ぼけ眼を擦りながら現れる。

その悟の姿が、一瞬、明滅するかのように、るり色の小柄な異性人の姿に見える！（※7）

『ああ、やっぱり……』と母親は胸の潰れるような

※3　岸家はレトロな古民家でロケ。シーン1のNの途中からシーン2に入る。また、シーン尻にはシーン3の卵を割る音が入る。

※4　**原田監督の証言**　悟の家は古い家、テレビは必ずカチャカチャッて（チャンネルが）廻るやつ。朝ごはんは和食。それをキメにして作ったんですね。脚本にはそこまでの指定はないんです。

※5　皿が落ちて砕けるくだり

思いで目を閉じる。

悟「……どうしたの？　母さん」

次の瞬間、母親は何事かを決意した様子で悟に歩み寄ると、悟の両肩を抱いて、その眼を見つめる。

母親「悟。今から母さんの言う事を、よく、聞いて頂戴」

自分の異変に全く気付いてない悟が、それでも母親の真剣な様子に面差しを変えて母親を見つめる。

母親「惑星ラセスタは……」

悟「……惑星、ラセスタ？」

④スーパーGUTS作戦司令室

騒然とした様子の司令室。隊員達が、データを手に右往左往している。

N「その頃スーパーガッツは、テトから送られてきた新しいデータに騒然となっていた。となかい座のイリス（※8）に向って未知の生命体が続々と結集しつつあるというのだ」

ヒビキが勢いよく飛び込んできて、

ヒビキ「そいつら、いつから集まり始めたんだ！」

コウダ「惑星ラセスタの消滅直後からです」

マイ「モニター、出ます！」

モニターの宇宙地図の一角に生命反応を示す赤い色が、次々と集まりつつある。

『おおっ』とどよめく隊員達。

アスカ「（びっくり）すっげぇー！」

カリヤ「（びっくり）あっちこっちから集まって来てるぞ！」

ナカジマ「（おずおず）あのぉ、今朝……」

リョウ「（聞いてない）知的生命体かしら」

コウダ「マイ！　テトからその生命体にコンタクトは取れないか」

マイ「だめです。テトからでも遠すぎて……」

アスカ「イリスで宇宙人の祭りでもあるんですかね？」

ヒビキ「馬鹿ッ!!」

は削除。

※6　映像では廊下を歩いてくる。

※7　少年の姿のままで「一瞬、月が光る」形に変更。

※8　このNは完成作品ではカット。「イリス」の名はシーン14で初めて登場。準備稿では「シリウス」だった。これに関しては、MBSの丸谷嘉彦プロデューサーから「架空のものにした方がいい」と指摘があったと、太田愛は言う。「私は実際の星の名前を使ってたんですね。現実にそのつもりだったので。丸谷部長に『どうしてもダメですかね？』って言ったら『だって、それ嘘教えちゃいかんだろ』って。『でもこれ、居ること自体が嘘だし』（笑）。まあでも、ファンタジーだから、ファンタジーな命名にしましょうよという風に説得されて」

ナカジマ「（おずおず）あのぉ」

ヒビキ「何だ」

ナカジマ「（怯む）いえ、あの、今日の朝、地上でも異生命体反応みたいなものがあったんですけど」

ヒビキ「何っ!!　何でさっさとそれを言わんのだ！」

リョウ「その異生命体反応の方は記録に残ってないんです」

ヒビキ「何だ、記録にないのか」

ナカジマ「でも、一瞬、ほんの一瞬ですけど、都内に異生命体反応が、こう、ピコッ！って」（※9）

ヒビキ「うん、解った。（最早、信じていない）また、ピコッてなったら言ってくれ。（全員に）スーパーガッツはこれより非常警戒体制に入る！　遠いからと言って油断は禁物!!　各自、気を引き締めて臨め！」

隊員達「ラジャー！」

ナカジマ「……確かに見たんだけど」

シーン４のイメージボード。
スーパーGUTS司令室
モニタ画面。

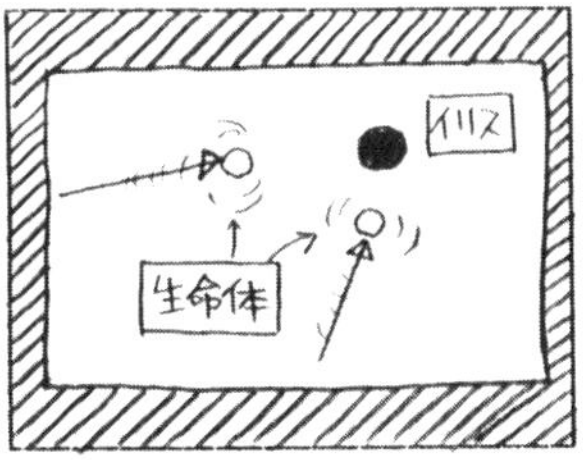

イリスに飛んでゆく生命体。
最初２個ぐらいが

↓

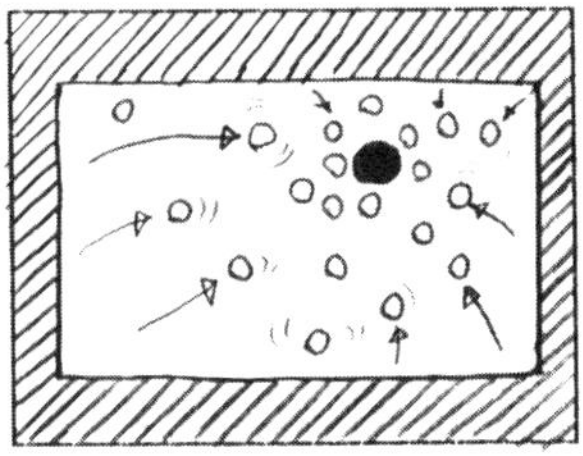

20個くらいへ―（CG指定）

※9　この後「ピコッ？」とヒビキが聞き返し、ナカジマが先行して「一瞬なんですけど」と言うくだりを挿入。シーン４では他にもセリフを部分的に整理、かつリアクション的な弾みを加えている。他シーンも同様で、今回出番の少ないレギュラー陣を立たせようとする工夫が窺える。

⑤ (子供達の秘密基地。例えば)空地の廃バス(※10)

賑やかな靴音をたてて廃バスに駆け込んで来る3人の少年。(※11)辰雄(たっちゃん)、実(みのっち)、悟。

悟は何だか元気がない。

辰雄「さっさと宿題やっつけて遊ぼうぜ！(と鞄から作文用紙を取り出し)えっとー、作文の題名なんだっけか？」(※12)

みのっち「『僕の未来』だよ」

辰雄「よしっ！(書く)ま、だ、きまって、ま、せ、ん。終りっ!!」

みのっち「たっちゃーん、それじゃあ(だめだよ)」

悟「(いきなり)僕、告白する!!」

辰雄「わぁかってるって！(と悟の肩を叩き)3組のみきちゃんだろ？　みきちゃん！」

みのっち「たっちゃん、大はずれ！　悟が好きなのは、1組の小林さんだよね？」

悟「僕は、ラセスタ星人なんだ」

辰雄とみのっちが顔面に笑顔を張り付けたまま固まっている。

悟「……今朝、母さんから聞いたんだ」

一瞬の後、辰雄とみのっちは、まるで何も聞かなかったかのように、

辰雄「後で、日向《ひなた》神社行こうな」

みのっち「うん。若葉屋(※13)で彗星キャラメル買ってこうね」

悟「ほ、ほんとなんだって、たっちゃん。ねえ、みのっち、嘘じゃないってば(※14)。ね、今、その証拠見せるから。いい？(と掌で自分の眼を覆う)」

掌を外すと悟の両眼が鋭いるり色に発光している！

辰雄・みのっち「(絶叫)ぎえーっ!!(と逃げ出す)」(※15)

⑥ スーパーGUTS作戦司令室

ナカジマ「あっ！　異生命体反応！」

モニター前のナカジマにどっと駆け寄る隊員達！

ナカジマ「……が消えました」(※16)

⑦ (子供達の秘密基地。例えば)空地の廃バス

普通の目に戻った悟がぽつんと一人で立っている。

⑧ 辰雄の家のリビング／夜

釣竿の手入れをする父親の傍らで、辰雄が、夕刊の惑星ラセスタの写真を見ながら、考え込んでいる。

台所から母親が食器を洗う音。(※17)

辰雄が思い切って父親に尋ねる。

辰雄「父さん、僕が宇宙人になったらどうする？」

父親「そりゃぁ……(考える)驚くだろうなぁ」

辰雄「(冷淡)おやすみ(と去ろうとする)」

父親「でもな、辰雄が宇宙人になろうがマントヒヒになろうがミミズになろうが、父さんは、辰雄の味方だ」

辰雄はちょっと驚いた表情で父親を振り返る。(※18)

辰雄「んじゃ……んじゃさ、もし、ある日突然、自分が宇宙人だって解ったら、どんな感じ？」

父親「うーん、怖いだろうな」

辰雄「怖い？」

父親「だって、自分が宇宙人だってバレたら、大変な事になるだろうし、勿論、誰にもいえないし。そりゃ、恐ろしくて怖くて……そう、寂しいだろうな」

父親の言葉に、じっと考える辰雄。(※19)

⑨ 辰雄の家の前／同夜

自転車(※20)を押して、こっそり家から抜け出す辰雄。

※10　「(例えば)空地の廃バス」が、映像では空き地に独自に建てられた秘密基地になっている。原田監督は「太田さんも、現実的にセットは作れないから、バス一台置いて中でやればなんとか出来るんじゃないかと考えてくれたんだと思いました」と言う。

それに対して、太田愛はこう証言する。

「なんとなく思った最初のイメージが廃バスだったんです。べつに撮影に気を遣ったわけではないんです。この三人の少年達のイメージが伝えられればと。もちろん、一個ありものがあって済むんだったら、その方がいいのかなあとは思ってました。でも今から考えてみれば、廃バスの方が狭いですから撮影はややこしく、あんまり気を遣ったことになってません(笑)」

秘密基地のセットが建てられたのは、美術監督の内田哲也の提案を受け入れたと原田監督は言う。

「『僕が子どもの頃に遊びたいと思った遊び場を作りたいから、このデザインでどうですか』って内田くんが持ってきてくれたんで、『いいじゃない！』とオープンで作った。本当は、前の『怪盗ヒマラ』の時にも似たようなことをやりたかったんだけど、予算の都合で出来なかったので、この時にやったんです」

内田哲也はこの時のことを、こう証言する。

「僕は小さい頃、秘密基地を地下に作ってPTAに怒られて、学校中で問題になっちゃったことがあるんです。穴倉掘って。そこもやっぱりフェンスで囲まれた、入っちゃいけないところでした。自分達だけの場所みたいな。『ビルトのオープンだったら出来る』と、原田さんに話すより先に絵を描いて提案したら、監督も『いいじゃん』と言ってくれたんです。キャメラの倉持(武弘)さんも『いいよこれ。オープンでやろう』って、オープンにしちゃったんです。あれはちゃんとクレーン使って撮って、いい場面になりましたね」

原田監督は撮影中に感激したエピソードを振り返る。

「それだけ力を入れた秘密基地だったこともあって、小雨でも助監督がやろうって言った時に、キャメラマンもみんな『やらない。この話は無理な状態で撮らない。ちゃんとした条件が揃うまで』って」

画面的には小雨程度なら見えないように飛ばせたという。

「でも子ども中心の話だから『こんな状態で子ども達は遊ばない』と。それで一日延ばしたんですよ。僕も監督として、無理して今日にはやりたくないというのはあったんだけど、現場からそういう声が上がるのは嬉しかったですね」

※11　シーン5は秘密基地の一点がハレーションを起こし、やがて画面全体がくっきり見えるという導入。秘密基地に、少年達が最初に揃って出てくるこのシーンは、映像作品では、自転車で走ってきてアドリブっぽいことをダベりながら、引いた画面で「これから起こることは、どこにでもいる普通の子どもの話なんだよ」という感じで少年達を見せておいて、キャメラが寄って初めてシナリオに書いてあるセリフに入っていく。

原田監督は「ああいうのは、基本的に映画の撮り方と同じなんですよ」と言う。「いつの間にか、なんとなくキャメラが寄

と、いきなり背後から声。

声「たっちゃん」

辰雄「ひっ……」

振り返ると、自転車に跨ったみのっちがいる。

辰雄「……みのっちも？」

しっかりと頷くみのっち。（※21）

⑩岸家の玄関先（※22）

ピンポーン！ と勢いよくドアベルを押す手（※23）。

ややあって中から悟が扉を開ける。

悟の前に、辰雄とみのっちが張切って立っている。

悟「たっちゃん！ みのっち！」

と、嬉しくて思わず泣きそうになる。

⑪岸家

3人の少年がバタバタと廊下を走っていく。

ふと何かを思い付いた辰雄が駆け戻って来るや、台所に顔を突っ込む。（※24）

思いつめた様子で座っていた母親が顔を上げる。

辰雄「大丈夫です、おばさん！ 絶対、誰にも言いません!! 悟がラセスタ星人だってことっ！」

と言うなり走り去っていく。

驚いた表情の母親は、遠ざかっていく辰雄の足音を聞きながら、ふと救われたような眼差しになる。

⑫悟の部屋

辰雄とみのっちを前に、悟が語る。

悟「大昔、惑星ラセスタに氷河期が始まった時、ラセスタ星人は母星を離れて、いろんな星に移住した。そして、それぞれの星の種族に同化していったんだ」

っていく。わざとらしくダーッと行くんじゃない。和泉聖治監督もそれをよくやってた。和泉さんとは十年も一緒にやってたから、自然にある程度身についてるのかもしれないですね」

※12 小道具として「ポッキー」を使うことが監督の所持台本に記載。シーン15も同様。

※13 「日向神社」は「穴澤神社」に、「若葉屋」は「水澤屋」に変更。

※14 「嘘じゃないってば」はカット。

※15 逃げ出すところは、映像作品にはない。二人が驚くところで、一旦シーン6が入って、シーン7でフッとまた秘密基地のシーンに戻ると、悟一人で淋しそうにしている。逃げ出す瞬間は映像化していない。

太田愛は「書いてる側としては、最初廃バスだったのがやっぱり頭に残っているんですね」と言う。

「たとえば平たい直線だと、わーっと走って逃げてる感じじゃないですか。そういうのをイメージしたんじゃなくて、今まで三人がいた乗り物の中に『ポツンと一人』という、孤独な、置いてかれた感じというのが、狭い空間ほど出るのかなと思ったのもあるんです。

それまで、狭いところで宿題の作文用紙や画用紙を広げたりして遊んでいたところにポツンと一人で立っているという」

実際の画面では、逆に野外であることを活かして、夕方、クレーンを使ったロング場面で「ポツンと一人」を表現。風車が音もなく回る。

⑬大昔の惑星ラセスタ・イメージ

宇宙空間に浮かぶ氷に覆われた惑星ラセスタから、無数のるり色の光が八方へ散らばっていく。（※25）

悟の声「母星を離れる時、ラセスタ星人は2つの約束をした」

みのっちの声「2つの約束？」

氷の星がどんどん遠く、小さくなっていく。

悟の声「うん。いつか、氷が溶けた時には、必ずまた惑星ラセスタに戻って来ようって」

辰雄の声「やっぱ、自分達の星だもんな」

みのっちの声「もうひとつの約束は？」

⑭悟の部屋

悟「もし、惑星ラセスタが消滅した時には、その年にラセスタ周期5歳の者が自然に元の姿に戻ってしまうんだ。そして約束の場所に集まって、新しい母星を探しに行く」

辰雄・みのっち「（興奮）新しい母星を探しに行くっ！」

悟「周期5歳は地球の年齢で丁度10歳。僕の年なんだ。それを過ぎると、ラセスタ星人の体は、住んでる星の種族にすっかり同化して元に戻らなくなるんだって」

辰雄「じゃあ、おばさんはもう……」

悟「うん。母さんはすっかり地球人だよ」（※26）

みのっち「で、約束の場所ってどこなの？」

悟「となかい座のイリス」

辰雄「いつ、出発すんだ？」

悟「明日の夜」

あまりに急な出発にしんとする辰雄とみのっち。

ややあって、みのっちが、悟の眼を見つめて静かに、しかし、誇らしげに言う。

みのっち「悟は、地球生れの代表なんだね」

悟、思いがけない言葉に一瞬驚いた後、

逃げるシーンを監督がカットしたのは、経緯としての間の置き方があれば十分表現できると思ったこともあるだろうが、ひとつは生々しすぎるということもあったのだろうか。

太田は「そこが監督のうまいところなんです」と言う。「『ここはいらない』と、すごく感覚的に判断する。原田監督は『俺はいちいち絵コンテ切らないんだ』とおっしゃって、現場の空気感みたいなものを大事にした人。自分がきちっと考えたのを、現実に当てはめるっていうんじゃなくて」

※16 他隊員が皆ナカジマを責めるように見るリアクションがある。

※17 母が持ってきたリンゴを父がかじる描写あり。また「父さん」は「パパ」に、釣竿をゴルフクラブに変更。これらは原田監督の明確な意図があった。

「一方の、悟の家をひと時代古い感じにしたので、友達の辰雄の方はちゃんとした家で、ちゃんとした両親が揃ってて、経済的にも恵まれているという画にするために洋間にした。それでゴルフクラブを持っていたら、そんなに経済的に厳しいという印象受けないですよね。それをやっておくと、後に子ども達が変装する時に、お父さんのゴルフの時の服を着ているところに説得力が出る。

もう一人の「みのっち」はもうちょっと庶民的なところに住んでいるから、お父ちゃんがいてお姉ちゃんがいて、お姉ちゃんが派手好きで、というセリフをちょっと入れといて、そういう変装をさせているんです」

悟「（嬉しそうに微笑んで）そうだね！」

辰雄「んじゃ、あれだ、新しい仲間に地球の事、色々教えてやんなきゃ！　ほら、えーと、地球の名所とかさ！」

悟「うん！　おじいちゃんの書斎に百科事典があるよ！」

⑮悟の祖父の書斎（※27）

百科事典のスフィンクスの写真が開かれる。

辰雄「やっぱ、地球っていいやぁ、これだな。ピラミッド！」

みのっち「これスフィンクスだよ、ね（と悟を見て）あーっ!!」

悟がラセスタ星人の姿になっている。

みのっち「い、言って、先に言ってよ、変わる時は」

悟「あっ、ごめん。つい、気が緩んじゃって」

辰雄「いいから、くつろげ、くつろげ」

⑯スーパーGUTS作戦司令室

ナカジマ「あっ！　異生命体反応っ！」

『またか』という様子でのろのろ集まる隊員達。

ナカジマ「が……消えません!!」

ヒビキ「何っ！」

ナカジマ「××第2ブロック・若葉町！」（※28）

ヒビキ「コウダ、リョウは対イリス要員として待機！　残りの者は出動!!」

ナカジマ・カリヤ・アスカ「ラジャー！」

⑰岸家・祖父の書斎

ラセスタ星人姿の悟、辰雄、みのっちが百科事典のスフィンクスの写真を真ん中にわいわい語る。（※29）

辰雄「それよりこいつ、男かな、女かな」

悟「どっちにも見えるね」

みのっち「うーん。一度、本物、見れるといんだけどなぁ」

ラセスタ星人姿の悟が、はっとして顔を上げる。

辰雄「どした？」

悟「（誰かの声を聞く様子）スーパーガッツの人が来た！」

みのっち「（仰天）えぇっ！」

辰雄「何でわか（んだ？）」

悟「母さんが、テレパスでそう言ってるんだ！」

みのっち「悟！　人間のかっこに戻って、早く！」

しかし、悟は焦ってなかなか人間の姿に戻れない！

辰雄「何か、遊んだふりしないと怪しまれるぞっ！（※30）（と室内を駆け回り）マンガないかっ!?　TVゲームは!?」

みのっち「ここおじいさんの書斎なんだよ！　悟、急いで！」

⑱同・廊下（※31）

3隊員がブラスターを手に壁に張り付いている。

カリヤ「いいか、子供の保護が最優先だ。行くぞっ!!」

とドアを開け、前方回転で室内に飛び込む3人！

⑲同・祖父の書斎

飛び込んで来た3人がブラスターを構える！　と、人間の姿の悟とみのっちが囲碁盤を挟んで座っている。2人の間に『囲碁入門』の本を持った辰雄。

辰雄「ぼっ、僕達は、囲碁クラブに入っていますっ!!」

みのっちがパシッ！　とひとつ碁石をうつ。

唖然としたカリヤ、ゆっくりとナカジマを振り返る。

ナカジマ「さっきまでは、確かに反応が！」

カリヤ「（少年達に満面の笑顔で）ごめんねぇ。びっくりしたねぇ。この、おじさんが、間違ったんだよ」

と、もがくナカジマを引き摺って出て行く。

安堵の溜息と共に悟の眼が一瞬るり色に明滅する。

※18　シーン8は少し詰めてある。「お前が宇宙人になろうとマントヒヒになろうとミミズになろうと……」と父親が言うくだりはない。

　この削除に関して、太田愛はこう推測する。

「そこに続けて、じゃあもし自分が宇宙人だってことがわかったら、お父さんどうする？って聞かれて、たぶん怖くて淋しいだろうと言ってあげる場面がありましたよね。その言葉を受けて、あの辰雄という子が自分で考える。そこがあれば充分だ……ということだったんだと思います。それひとつあれば、この子が後で悟に会いに自転車に乗っていくということは、全部できるから。あとは子ども達の方に時間を割きたいということだったんじゃないかと」

　それは正しいというか、さすがな演出だと思ったという。

「セリフを読む時間だけじゃないですよね、作品というのは。セリフが尺に入ったとしても、それがシーンとして成立するには、たとえばここはもっとたっぷりの時間で情緒を残したいとか、ここはもっと詰めたいとかっていうのは、原田監督わりとおっしゃってましたね」

※19　やり取りの最後、辰雄が父に「寂しい？」と訊き返すセリフを追加。

※20　自転車をマウンテンバイクと指定（監督所持台本に書き込み）。

※21　このシーン9で辰雄が玄関から出てくると、一緒に逃げ出したみのっちが自転車で来ている。だが、みのっちの方には、シーン8のような、そうする契機がなぜ訪れたのかという経緯が描かれていない。

「あれ両方やるとベタですよね」と太田愛は言う。「映画にもあるパターンですけど、こちら側の心が動いたら、省略されてる分、きっともう一方の彼にも……辰雄は考えに考えて、お父さんに尋ねたけれども、みのっちはみのっちで誰にも尋ねなかったかもしれないし、一人で勉強机のところでじーっと考えてたかもしれない」

　みのっちと辰雄の性格の違いもある。「辰雄は元気がいい感じの、わりと性格のくっきりした感じの男の子で、みのっちの方は少し優しい感じの男の子で……と考えて書いてたんですけど、シーンで動かしていくのは、辰雄の方がわかりやすいところがあったのだと思います」

　そして太田は、「原田監督って、『みのっちの方はないの？』とか、そういうことは一切言わない人でした」と語る。

※22　ここで監督は「おぼろ月夜」の合成を指定。

※23　呼び鈴はカット。外から声をかける。

※24　ここまですべてオフで母の耳に聞こえている。

※25　CGでの表現を指定。シーン12の途中に前倒し。シーン1の宇宙空間同様、原田監督がシナリオの余白に描いたイメージを元に、イメージボードが起こされている。続く少年達の会話は声ではなくシーンとして作られている。

※26　映像作品では「父さんも、おじいちゃんも」と付加。なお、

それを見て、はっとするアスカ。

悟もはっとしてアスカを見る。

アスカ、何かを言いかける。

カリヤ「(オフ)アスカ！　帰るぞ！」

アスカ、言葉を飲み込んでカリヤの後を追う。

⑳ 若葉町／翌日の午後

ゼレットがのろのろと通りを走っている。

㉑ ゼレット車内(※32)

ナカジマが眼を皿にして車窓から外を見ながら、
ナカジマ「昨夜の反応は、とってもはっきりしてたんだ」
助手席でアスカがじっと考え込んでいる。
ナカジマ「絶対この町のどこかに異星人がいる！　聞いてる？」
アスカ「(笑顔に豹変)やですねぇ、もう、聞いてますってばぁ」
ナカジマ「俺は断じておじさんではないし、間違ってもいない！　きっと異星人の尻尾を掴んで……な、何だ!?　あれ！」

㉒ 若葉町の通り

大人用コートを引き摺り、毛糸の帽子にマスク、サングラスをした悟を中央に辰雄とみのっちが行く。
辰雄「えっとー、次、どこだっけ」
みのっち「(メモを見て)日向神社！」
辰雄「悟、ピラミッドは無理だけど、この町の名所だって地球の名所には違いないからな」
悟「うん！　みんなに会ったら、きっと話すよ、この町のこと」
道行く人々がじろじろと3人を振り返る。

このシーン14もセリフの細かな刈り込みが行われている。
※27　シーン15と16は分けてカットバック。セリフの刈り込みあり。
※28　××は「A4」に。
※29　「三人頭つき合わせている」と演出メモにある。その俯瞰の構図もシナリオの余白に簡単に描かれていた。
※30　シーン17はここまで。
※31　廊下を階段に変更。「ギンギシ上へ」と演出メモにある。
※32　シーン20の途中からオフでやり取り入る。

みのっち「(小声で)たっちゃん、何か目立ってるみたいだよ」

辰雄「心配すんなって。この格好なら、悟が急にラセスタ星人に変わっても絶対に誰も気が付かないはず……」

と、3人、前方を見て、凍りつく。

ナカジマが不審の目でじっと3人を見ている。

3人が一斉にコソコソと路地の方へ曲がって——。

×　　×　　×

悟「(小声で)見てたよ！」
みのっち「(小声で)見てたね！」
悟「やっぱり、このかっこが目立つのかな」
辰雄「よしっ！　名案がある！　悟が目立たなきゃいいんだな」

㉓ 日向神社の参道(※33)

人々が足を止め、3人を眺めている。
キテレツな変装した辰雄、みのっち、悟が行く。
みのっち「たっちゃん……何か3倍目立ってる気がするけど」
辰雄「いんだよ。めくらまし作戦なんだから。(※34)それより、みのっち、神社って名所なのか？」
みのっち「文化だよ、文化！」
辰雄「そうだ！　記念にあそこの鳥居に、辰雄、悟、みのっちって(と駆け出す)」
悟「書いちゃだめーっ！(と駆け出す)」
みのっち「文化なんだよ！　文化っ！(と駆け出す)」
と、悟がふと視線を感じてあたりを見回す。(※35)
遠くにアスカが立っている。
アスカの声「君は……」
悟の声「僕は……今夜、出発する」
アスカの声「新しい母星を見つけるために……」
悟、アスカに向かって静かに頷く。その眼は初めての試練に向おうとする一途に張りつめた少年のもの。

※33　前シーンからワイプで。神社は穴澤天神社で撮影。その前に、川にかかった橋を渡るプランも演出メモからある。
※34　ここに、(※16)の意図により、以下のやり取りを原田監督が書き加えている。
辰雄「みのっちは？」
みのっち「かあちゃんのタンスにしまってあったんだ」
悟「ボウシも？」
みのっち「帽子は、姉ちゃんのなんだ。たっちゃんのは？」
辰雄「パパがゴルフに行く時……ハンフリーボガードって知ってる？」
悟「それって新しいハンバーガー？」
また、ボウシは「趣味が悪い」と原田監督は書いている。完成作ではさらにアレンジ。
※35　神社の境内でアスカ隊員と悟がテレパシーで会話をするくだりでは、悟がふり返ると変装のマフラーが取れて、上からハラリと枯れ葉が落ちてくる。落ち葉が降ってきたのは狙いではなく、まったくの偶然だったというが、実に効果的だ。原田監督は「作品を撮ってると、ツイている時ってあるんですよ」と言う。「ツイてるのがいくつかあると、その作品は良くなる。狙わなくても。手応えを感じることはありますよ。『少年宇宙人』がまさにそうでした」

㉔満天の星空

㉕悟の部屋

悟が一人、スタンドの灯りだけの室内に立っている。

悟は自分の不安と向き合おうとするかのように、じっと勉強机を見つめている。

そこには『ぼくの未来　5年2組　岸悟』とだけ書かれた白紙の作文用紙が置かれている。

悟、意を決したように踵を返して部屋を出て行く。

（※36）

㉖岸家の前

自転車に乗った辰雄とみのっちが到着。

玄関に走って行く辰雄に、

みのっち「たっちゃん！……ここで待ってよう」
辰雄「（何かに気付いて）……そうだな」

㉗岸家

廊下を歩いて来た悟が台所に入る。

温めたミルクをコップに注いでいる母親の横顔。

悟「……母さん」
母親「飲んで行きなさい。暖まるから（とコップを渡す）」
悟「心配しないで」
母親「悟……。お前は、どんな時も母さんの誇りよ」（※37）

㉘岸家の前

悟が扉を開けて出て来る。（※38）

※36　背後に天体図。シーン尻で焦点が当たる。

※37　このセリフの後、母が子にマフラーを渡すくだりが演出メモに書かれてある。

※38　この前に、寒い中を待つ二人のやり取りあり。

塀際でじっと待っていた辰雄とみのっちが振り返る。

しっかりと眼を見交わす3人の少年。（※39）

㉙夜の道

自転車に乗った悟、辰雄、みのっちが走る！

㉚岸家・台所

母親が亡き夫の写真を祈るように見つめている。

母親「あなた……。あの子を、守ってやって下さい。あの子の変化は、まだ完全ではないんです」

㉛丘の上の超電導研究所の敷地

『立入禁止　超伝導研究所』と書かれたフェンスを乗越えて3人が敷地内の芝生に飛び下りる。

辰雄「ここなら大丈夫だ。夜は誰もいないから」
みのっち「イリスもよく見えるよ」
辰雄「ラセスタ星人に変わったら、すぐ出発すんだぞ、ジャンプ一発！　こう、シュワッチ！　シュワッチ！　だぞ！」
悟「たっちゃん、みのっち……ありがとう」
みのっち「（必死で）落ち着いてね！　焦っちゃだめだよ！」
（※40）

悟、固く唇を結んで頷くや、ダッと駆け出す！

辰雄とみのっち、悟が走っていった闇の方向を息をつめて見守る。と、次の瞬間、そこには——

るり色の巨大なラセスタ星人が現れる！

辰雄・みのっち「すっげー!!」

ラセスタ星人、空へ飛び上がろうとジャンプする！

しかし、何度試みても体は宙に浮かない！

辰雄「（心配）悟！」（※41）

※39　ここはアップにせず、視線のやり取りもあえて追っていない。

※40　この後、挿入される以下のやり取りを原田監督自ら執筆。
悟「うん」とうなずくと行きかける。

辰雄、みのっち、見る。

悟ふり返るともどって来て、手を出す。

みのっち、辰雄、手を出す。

3人の手、重なる。

みのっち「がんばってね、悟」

悟「忘れないよね」

辰雄「忘れないよ」

手が離れる。


このくだりに「男の子の泣き声が入ってますよね？　くすんくすん泣いているような。それはね『僕が自分で入れたんだよ』って監督がおっしゃってました」と太田愛は振り返る。「でも、よーく聞かないとわからないんですね」。

太田は「監督に演出していただくと、男の子が優しくなるんですね」と言う。

「私が最初に考えた時は、悟はもういっぱいいっぱいで駆け出していくっていうような、むしろ『別れ』っていう感覚だったから、自分の中ではそれが『さよなら』という言葉に近いイメージのシーンだったんです」

後に原田監督が逝去する前日、最後に残したメモに「忘れないでね」と、ポツンと書いてあった。原田監督の妹さんは、その後「少年宇宙人」を見て「これだったんだ」と悟る。


それを聞いた太田愛は言う。

「あれが監督が入れたセリフなのは憶えています。原田さんは子ども時代、よく転校されてい焦るラセスタ星人！

㉜ 若葉町の酒屋

棚の酒瓶が、一定の間隔を置いて小刻みに揺れる。
『おや？』という表情の主人、表に出てみる。(※42)と遥か前方、月明りに照らされた丘の上で、巨大な宇宙人のシルエットが、その場飛びをしている！

主人「うわーっ!!」

㉝ 若葉町の一角

ゼレット脇のナカジマが丘を見上げたまま、

ナカジマ「こちらナカジマ！　超電導研究所に異星人が出現！」

コウダ「(オフ)今、イーグルがそちらに向かった！」(※43)

㉞ 同・通り

人々が逃げる！
人々の流れに逆らって丘へ走るアスカ！(※44)
空を見上げて、はっとする。

㉟ 飛来するアルファ号、ベータ号、ガンマ号

㊱ 超電導研究所・全景

イーグル各機を見て動揺するラセスタ星人！
後ずさった拍子に、研究棟Aに倒れ込む！

㊲ 超電導研究所の敷地

て、それまでの友達と別れる時に、『絶対手紙書くから』って約束して、引っ越した先に最初は届くそうなんです。『本当に二回ぐらい、手紙がしばらくの間だけ来るんだよ』って……。でもどこか線が薄くなっていく感じ。そういうことを何度も繰り返してきたから、あの「忘れないよね」という言葉を入れたいんだとおっしゃっていました。
でも、最後のメモに似た言葉があったというのは……本当に、未だに時々信じられないことがありますね。記憶や思い出というのにとても、こだわりがあったんじゃないかなと。すごく繊細な方でしたね」

※41　みのっちも「飛べ！　飛べ！」と言うセリフを付加。

※42　エキストラではなく、役者の相馬剛三がキャスティングされている。セリフは「あれ、地震かな？」に変更。

※43　司令室のシーンとして撮影。

※44　群衆シーンはカット。アスカのリアクションはシーン35に含み込む。

みのっち「悟！」

辰雄「行こう、みのっち！(と駆け出す)」

みのっち「行くって、どこへ!?(と駆け出す)」

㊳ ベータ号・コックピット

キャノピー越しに、研究棟Aの瓦礫の中のラセスタ星人が見える。

ヒビキ「各機、攻撃開始、超高圧送電線に気をつけろ！」

カリヤ・リョウ「(オフ)ラジャー！」

アスカ「(オフ)待って下さい！」

㊴ 丘付近

アスカ「(走りながら)あの異星人は怯えてるんです！　撃っちゃだめですっ!!」

㊵ アルファ号・コックピット

カリヤ「何、寝ぼけたこと言ってんだよ!!」

㊶ 丘付近

アスカ「(必死)隊長！　よく見て下さい！　あの異星人は、町や研究所を破壊するつもりなんてないんです！」

㊷ ベータ号・コックピット(※45)

ラセスタ星人をじっと見つめるヒビキ。

アスカ「(オフ)イーグル見て怯えてるだけなんですっ!!」

ヒビキ「(一瞬にして判断を下し)各機、一旦、高度を上げ、上空にて待機せよ！」

リョウ「(オフ)隊長！　子供がっ！」

※45　ラセスタ星人が「オドオド」していると演出メモにある。異形な怪獣とみなされ攻撃される痛々しさよりも、可愛さが印象づけられ、目のパチクリにも音が付けられる。
太田愛は、ラセスタ星人の造型にも、原田監督らしさを感じたという。
「私は少年の体型をそのまま残した、未熟で不完全な者が旅立たざるを得ないという、痛々しいようなきれいな形をイメージしていたんです。人間で言えば中学生ぐらいの、まだ高校生のような腰の据わった感じになる前の、フラフラした感じ。でも映像のラセスタ星人はピグモンのような可愛い感じでした。お子さんは親近感持ってくれたかもしれないですね」

㊸ガンマ号・コックピット（※46）

リョウ「研究棟の側に、子供が2人います!!」
　キャノピー越しに、空に向って必死に手を振る辰雄とみのっちの小さな姿！

㊹地上・研究棟Bの側

みのっち「悟を撃たないでーっ!!」
辰雄「イリスに行くんだよーっ!!」

㊺ベータ号・コックピット

ヒビキ「リョウ、カリヤ、レーザースタンバイ！」
アスカ「（オフ）隊長！」
ヒビキ「子供達が危険なんだ！　各機、正面より威嚇攻撃、異星人を後退させる！」

㊻超電導研究所・全景

　イーグル各機が威嚇攻撃を開始、次々と着陸する！

　怯えて後ずさるラセスタ星人、足元の瓦礫を掴んでアルファ号めがけて投げつける！

㊼アルファ号・コックピット

カリヤ「おわっ！」（操縦棹を倒す）

㊽超電導研究所・全景

　間一発、旋回するアルファ号！

　ラセスタ星人は恐ろしさのあまり、あらぬ方向へ！

※46　シーン44と順序を逆に。

※47
満留浩昌　ダイナとラセスタ星人が向き合うシーンの特撮はオープンでやったんだよね。
近藤孔明　本当の夜景が欲しいというんで、ビルトの屋外で、暮れて、奥に街の灯りが点くのを待って。
満留　言いだしっぺは美術の寺井さん。それでスタッフの意志として監督に伝えて「テストもやりました」って言って「いいんじゃないか」となった。

㊾ベータ号・コックピット

ヒビキ「馬鹿、そっちじゃない！　そっちには超高圧送電線が!!」

㊿超電導研究所・全景

　超高圧送電線が青白く不気味に光っている。

　そこにラセスタ星人の悟が接近！

⑸地上

辰雄「悟っ!!」

×　　×　　×

　アスカ、リーフラッシャーを取り出し、変身!!

⑸超電導研究所・全景と地上

　ラセスタ星人を庇《かば》って、ウルトラマンダイナ（フラッシュ以下全て）が超高圧送電線に突っ込む!!

　ダイナの全身に激痛が走り、一瞬、夜空一面にプラズマの放電現象が起こる！

　はっとしてダイナを見るラセスタ星人の悟。

　全身に衝撃を受け、膝をついているダイナ。

辰雄・みのっち「……ウルトラマンダイナ」

×　　×　　×

　立上ったダイナがラセスタ星人の悟を振り返る。

ラセスタ星人の悟「ウルトラマンダイナ……」

　優しい目でじっと悟を見つめているダイナ。

　その眼差しに、悟は2日間ずっと心にしまっていた思いをテレパスで打ち明ける。

ラセスタ星人の悟「ダイナ。……地球を出たら、もう、たっ

最初、目の灯りが駄目だったんですよね、強すぎちゃって。街の灯りが弱いので、バランスでウルトラマンの電飾をたしか落としたんだけど、暗い中で全体に絞りを開けて調整して。
日暮大幹　一番引いてるカット（ロングショット）は、オープンへ続く坂道を上がったすぐのところに、カメラを置いた。ウルトラマンが芝居する『お立ち台の舞台』って敷地のずっと奥の方にありますからね。そのさらに向こうの夜景の灯りは本物の住宅街の灯り。カメラとお立ち台の間の空間も、細かい街並みなんかをミニチュアで建てていってこの引き画を作った。
満留　それってたぶん全体の分量がメチャクチャ多いと出来ない。
日暮　奥の街灯りとか使ったね。宇宙人のぴょこぴょこ跳ねるバックグラウンド。
満留　アオリの引きの画って、なかなか、ナイターでやんないから、珍しいですよね。

　この件に関して、発案者の寺井雄二（特殊美術）はこう語る。

「夜を実際の夜景でやったらどうだろうっていうことで試みたんです。ミニチュアでそれをやるには、光の問題がかなり大変だなというのもあったんだけど、東宝ビルトのオープンの上に立って、しばらく考えたんですよ。夜になってくると、けっこう町の灯りが見えてたんで『これ使えるんじゃないかな』と。

『少年宇宙人』は格闘するとか、そういうのでもない話だったし、高いところから、旅立つ宇宙人が空に上がってきたところで、ちょっと俯瞰めで撮った方がいいなってのがあったんで、オープンで処理した方がいいだろう

ちゃんもみのっちもいない。それに……母さんも。僕は、怖いんだ」(※47)

53 悟の部屋(※48)

『ぼくの未来　5年2組　岸悟』と書かれただけの白紙の作文用紙に、悟の声が重なる。

悟の声「ダイナ……、新しい星は見つかる？　新しい仲間と友達になれる？　僕は……、どうなってしまうの？」

机の脇に立って、白紙の作文用紙を見つめていた母親が、悟の不安に眼を伏せる。

母親「悟……」

54 超電導研究所・全景と地上

悟をみつめるダイナが、アスカの声で答える。

ダイナ「君の未来は、誰にも解らない」

ラセスタ星人の悟「……」

ダイナ「なぜだか解るかい？　それは、君が、つくっていくからなんだよ」

ラセスタ星人の悟「……つくる？」

ダイナ「そうだ。どこへ行っても、どんな時も、君の未来は、君が、君の手でつくっていくんだ」

ラセスタ星人の悟「ダイナ……」

ダイナ「(しっかりと頷いた後)出発だ」

そう言うと、ダイナは飛び立ち、夜空の中ほどに止まって励ますように地上を見下ろす。

悟は蹲《うずくま》ると静かに目を閉じ、祈るように呟く。

ラセスタ星人の悟「僕が……僕の未来をつくる」(※49)

と、ラセスタ星人の背中が青く輝き始めたと思うと瞬く間に、そこにるり色の大きな翼が開いていく。

×　×　×

辰雄・みのっち「うわぁー！(と目を見張る)」(※50)

って気がしたんです。

　それを本ナイターでどのぐらいやれるのかなって。無理矢理やってもらったんだけど、うん、苦労してましたね(笑)」

※48　前シーンから部分的に挿入。

※49　このセリフはカット。

※50　この前後「飛べ！ 飛べ！」「行け！ サトル」など辰雄とみのっちが応援するくだりで盛り上げることが演出メモに書かれている。

※51　旅立つラセスタ星人の羽根が開くカットは、CGでやるのか、現場で直にアナログでやるのか決めかねていて、結局現場操演で撮った映像をさらに日本エフェクトセンターが加工したものを使ったと特撮助監督の日暮大幹は言う。

「両方一応撮ってたんですね、羽根がないやつとあるやつと、あと操演でボンッと開くカット。でもそういう風にするとどうしても羽根オンリーになっちゃったり、フルショットで羽根が同時にパッと開くことがなかなか難しかったりしたので、昆虫、カブトムシみたいな内羽根がある形にして、裏焼きで使ってるんじゃないかと思う」

　羽根が開くシーンをファンタジックに……というのが狙いだったと日暮は言う。

「ダメな子が飛び立っていく、そこがキモだったんで、羽根が開くのを、一番美しく見せなくちゃいけない。それを、アナログで見せるのが美しいのか、CGで見せるのが美しいのか……というところは、撮ってみないとわからない。そういう意味で、現場で直接撮って、アナログの方を使って、合成で加工してというところに進んでいったんだと思います」

×　×　×

ダイナに導かれるように有翼のラセスタ星人が夜空に飛び立って行く。(※51)

55 岸家の前

悟の母親が、胸に手を当てて夜空を見上げている。

56 宇宙空間

有翼のラセスタ星人がダイナと別れ、一挙に光速を越えて宇宙の闇に消える。(※52)

57 スーパーGUTS作戦司令室(※53)

マイ「(モニターを見て、穏やかに)イリスに集まった生命体が遠ざかって行きます」

コウダ「まるで、あの翼のある異星人を待っていたみたいだな」

58 若葉町・夜道(※54)

辰雄とみのっちが自転車を押して帰って行く。

辰雄「決めたっ！　俺の未来は、宇宙飛行士！　宇宙飛行士になって、悟に会いに行く！」

みのっち「僕は、科学者になる。そいで、たっちゃんの乗る宇宙船を造る」

辰雄「(興奮)会いに行こうな、二人で」

みのっち「(興奮)うん！」

辰雄・みのっち「(夜空へ)さとるーっ！　まってろよーっ！」

二人が見上げた空には満天の星。

THE END

※52　一度別れてからダイナが見返すと、やがて去っていくのが見える……という演出になっている。

※53　本シーン以降は、最後までエンディング主題歌『きみだけを守りたい』が被る。

※54　「夜道」から、日中の秘密基地での描写に変わっている。また、みのっちと辰雄の「行っちゃったね」「うん、行っちゃった」「新しい星、見つかるかなあ」というやり取りが冒頭に付く。

　このシーン58の後、シーン57が入り、悟の「ありがとう」というセリフに続いて、シーンを割って星空が映り、さらに二人が秘密基地の広場で火薬のロケットを打ち上げるシーンに続く。

　美術の内田哲也はこう証言する。「あれはシナリオにないのを、装飾のスタッフが言い出した。『ペットボトルあるから、それでロケットにして遊んでることにしようか』『あ、いいねいいね』みたいな」

　未来への夢と、懐かしさが交差したようなシーンだが、原田監督は「昔は原っぱが多かったから、2B弾の花火で、ケガしてもみんな平気で遊んでいた。そんな時代を思い出しながら撮りました」と言う。

　そしてこれまでの各シーンが振り返られてから、最後、秘密基地の落書きに「さとる待ってろよ／たつお、みのっち」とあるのが映し出される……という事が演出メモに書かれていた。

inter-view

太田愛

同じ方向をスッと見られた。そういう監督さんでした。

『ウルトラマンダイナ』『ウルトラマンガイア』『ブースカ!ブースカ!!』『ウルトラマンコスモス』『ウルトラQ 〜dark fantasy〜』脚本

——原田さんと最初に会ったのは、脚本の打ち合わせの時ですか?

太田愛　はい。最初の印象は、無口な監督さんという感じでした。サングラスかけて、お帽子を被って、何を考えていらっしゃるのか、よくわからない。ちょっとおっかないような。でも意外と照れ屋……。「ヒマラ」は特撮が重くない、爆発したりしない話でした。それもあって、プロットを選んでくださったのかもしれないです。

　最初にお会いした時、車で送ってくださったんですね。近くの駅に落としてもらって。車の中でも二言か三言くらい。でもその時「僕はちょっとファンタジーっぽいのをやりたいんだ。今回は」とおっしゃっていた。その直前にウルトラマンとは別のところでお仕事をしていらして、それがハードでシビアなお話だったようなので……。

——時期的に言うとVシネマの『喧嘩組』のことかもしれないですね。

太田　私は最後まで存じ上げなかった側面です(笑)。「少し優しい気持ちになるようなものをやりたい」とおっしゃってらして。私は「今回の自分の話は優しい話になるのかな、どうかな(笑)」と思いながら。

——ご自分としては特に「優しい話」を書こうとは思っておられなかった?

太田　そうですね。「不思議なお話を書きたい」と。ちょっとマジカルというか、町が箱の中に入ってしまうようなものを考えていたので。

　その頃から、ずっと丁寧語で話される方でした。最後まで「太田さん」って呼んでくださいました。

▼場面に〈風〉を吹かせたい〜「怪盗ヒマラ」

太田　原田監督は、変身パターンを入れなきゃいけないとか、終わったら帰るところを入れなきゃいけないとかには、不思議なほどこだわりのない監督さんで、お話の流れの方をまず大事になさる方でした。

——シナリオでは巨大戦になるところを、トランプが扉のように開いたらヒマラワールドになっていた。

太田　「えっ!」っていう。あのトランプは私は書いていませんし、あそこから後は監督の世界観です。

——街がなくなった後の、地面が窪みになっている場所を見下ろすと、街と一緒にいなくなった老紳士の帽子がひっかかっている……というところは、シナリオにちゃんと書いてあってビックリしたんです。

太田　細かいところはけっこう書いてあったりする(笑)。あの紳士が、そこでハッキリ「いなくなった雰囲気」というのを、原田さんは全部細かくやってくださるんです。監督さんによっては、なくなっちゃったりすることもあるんですけど、

——原田さんが逆にディテールを入れることもありますか。

太田　あります。その後の作品もそうなんですが、感覚がピタッと合った時は監督が色を乗せてくださる。原田さんは、そういう時に人を使うのが上手なんです。全体のイメージを自分の中で持っていらっしゃるので、自由に発想を投げかけて、スタッフの方が考えて作ってくださる。いつも、完パケが上がるのが本当に楽しみでした。

▼考えるのではなく「ある」〜「怪盗ヒマラ」

——ヒマラの発想は『クレヨンしんちゃん 嵐を呼ぶモーレツ!オトナ帝国の逆襲』(〇一年)よりも早い。『オトナ帝国』は夕焼けの似合う街をもう一回作りたいという男の話でした。でもその町は、郷愁はあっても、いい思い出だけで作られた世界だから、どこか匂いがないし嘘がある。「怪盗ヒマラ」の場合もヒマラは夕焼けは好きだけど、そこに住んでる人間には興味なかったり、どこか欠けた人という。

太田　はい。「街」と「時間」というものを欲しがっている宇宙人にしたいなと。宇宙人ですから、そこに住むことは出来ないんだけれど、その時間の中にあるその街を、丸ごと持っていたい。記憶のような、思い出みたいな、そんな感じかなと思います。

　最初ホンの中では、ヒマラは少し怖い、文字通り「怪盗」というイメージでした。それを、原田監督はコテンと失敗するような(笑)、愛すべきキャラクターに演出してくださった。あれは私のカラーというよりも監督のカラーなんです。実は。

——シナリオ段階でも、スーパーGUTSのナカジマ隊員から町を入れた小箱を奪われてしまうというドジな部分がありましたね。

太田　「フッフッフッ」と言ってるわりに、どこか

一本抜けてる。ただ、その場面も本当はどこかちょっと妖しい感じをイメージしてました。

――決定稿では、ヒマラは最後「逃げた」と書いてありましたが、映像ではダイナにはじかれたままロケットに吸い込まれて、発射されてしまいます。

太田　あれね、準備稿の時には私はやっつけちゃおうとしてた気がします。最後は本性を現す、わりとスタイリッシュな怪盗を考えていたので。

そうそう！　監督が「殺したくない」とおっしゃったんだ。ああすごい！　忘れてましたね（笑）。

最後に逃がすと変えることで、だんだんヒマラが憎めないキャラクターになっていったんですね。ワルワルだと最後やっつけなきゃいけなくなるので。

――ヒマラのロケットも、レトロな感じでしたね。

太田　ビルの屋上の貯水タンク。ああいうところに、ロケットがフッとあると気付かないんじゃないか。「ヒマラ」を書く時、一つにはそういうのがやりたいなと思っていたんです。

――いつも見てるようなものが、どこかで違うものに見えてくる瞬間があったりするんでしょうか。

太田　「こうだったら面白いんじゃないかな」と頭で考えるのではなくて、実際の物や風景が、そのまま異界の物や風景に見えてくる。昔のウルトラマンのシリーズでもそういう、イメージがポンッと跳躍するようなところがあった気がするんです。

地続きの生活空間の上にフッと現れるのが、こういうドラマの面白いところなのかなと思います。だから生活感のあるものがとても好きなんです。

――熱いヒビキ隊長の「出来ることがあれば何でも言え！　何でもいい！　何でもやるぞ」という、演じる木之元亮さんのオーバーなボディアクションが文字で書かれたセリフからも浮かんで来るような箇所がありましたけど、あれは書いている時もあそこまでという感じだったんですか？

太田　はい、あれはああいうイメージでした（笑）、最初書いた時から。

――次のシーンでは、ヒビキがパッと映って、ヒマラに逃げられたら町のありかは永久にわからなくなり、アスカもカリヤも蒸発したままになってしまうという、シリアスな表情のセリフになりますね。

太田　約二一分の放映時間で、両方の側面をやりたいなと。あの頃は完パケ（完成した映像）を何本か見てからホンを書くことが出来ました。全部のホンが上がってから撮影というのではなかったので、「この隊員にはこういうことをさせたいな」とか、俳優さんに合わせて書けるのがとても楽しかった。「隊長」と書くだけでヒビキが喋っている感じでした。

――「少年宇宙人」は、所謂、格闘がない話ですね。

太田　最初考えた時から格闘はありませんでした。戦うというよりむしろ、この子が旅立って行く、その時間を守ってあげる、という風に考えていました。

――監督がその話をやろうという時、太田さんの段階ではどこまで出来てるんですか。プロットですか、それとも準備稿くらいは書いている段階ですか？

太田　当時は、プロットだったと思います。ただ私はプロットにセリフもほとんど書き込んでしまうのでプロットをシナリオ書式に変換するとほぼ紙数が埋まってしまう感じです。ですからプロットを作る方が時間がかかって、プロットからシナリオにはあまり時間がかかりません。

「少年宇宙人」は、まったくというほど直しの指示が出ませんでした。監督が「これはもう出来てるから。このまま行く」とおっしゃって。打ち合わせの席では、他の話ばかりしていたような気がします。

▽子役を嫌がらない監督でした～「少年宇宙人」

太田　宇宙人になってしまう少年、悟くん役は、目のきれいな男の子じゃなきゃダメだと言ってました。

実を言うと、三人の中では、悟くんより、送る側の、特に「たっちゃん」の役が大変なんです。セリフが多くて。たっちゃんの役は、原田監督と二人で一生懸命探していたんです。監督から「誰かいたらすぐに知らせて」と言われていて、ドラマや映画をたくさん観ました。そうしたらちょうど『学校の怪談3』（九七年）で、「すごく上手だ、この人は」と驚いた豊永（利行）くんという俳優さんにたっちゃんの役をやって頂けることになって。

――原田監督は子どもを撮るのはお好きでしたか？

太田　監督は「子どもが多いから難しいからこれは嫌だ」ということは絶対におっしゃらなかった。現実的には難しいと思うんです。でも監督は集中力さえ本番で高めてあげられたら、お年寄りであろうが、お子さんであろうが、いい芝居をするからと。

「少年宇宙人」の時もそうでしたけど、監督はいつもロケに呼んでくださるんですね。ロケの印象では、監督は、けっこうやんちゃで自由に遊んだりする子どもが好きなんです。『ブースカ』の時もそうでした。それが「行くよ」となった時はやっぱり、現場の緊張というのはすごくて、監督は気合の入った大きな声になる。ガラッと指揮官になる。

▽なにげない微細な線～「遠い町・ウクバール」

――お二人のコンビ作の次は「遠い町・ウクバール」

(『ガイア』29話)ですが。

太田　そうですね。「ウクバール」のモチーフは「これは絶対原田監督だ」と。それで、プロットを読んで気に入ってくださったので。

　何かテーマがあって、それを表現するためにストーリーを作るという風ではなくて、いきなりポンッと物語の形で発想してしまうことが多いんですが、これもそうだったと思います。

　こんな男がいて、まだ見ぬ故郷にずっと戻ろう戻ろうとしている。故郷を探している、帰るべきところを探している男、そんなイメージなんですね。

　それと、少し不思議、妖しい感じの何かが出来ないかなと思ったんです。

　原田監督と一緒にお仕事する時は、イメージの音楽を、お渡しすることが多かったです。「ヒマラ」の時はたしか『痩せゆく男』だったと思います。だいたいサントラの場合が多いんです。

「ウクバール」の時もそうでした。「『アナコンダ』のサントラで、すごく不思議なテーマがあるんですけど」と言ったら、原田さんがそれを聴いてくださって「こういう曲がないとダメだから作ってもらおう」と大胆な発言を。(笑)。

　当時はまだ忘年会を撮影所の東宝ビルトでやってたんですね。バーベキューを焼いたりして、高野(宏一)専務もスタッフ全員もわーっとそこに集まって、飲んだり食べたりするんですが、その時に音楽の佐橋俊彦さんがいらしたんです。監督が「太田さん、いま頼みに行こう。いまなら行ける」(笑)。

　それで二人で「お願いします!」と。その時に監督は私が渡したテープを持っていらして。本当にイメージ通りの曲が出来てきました。

不破万作と寺島進〜「遠い町・ウクバール」

——この話は、人によってはわからない、という場合もあるんじゃないかなと……。

太田　何が起こっているのかわからない。

　とにかくあれは本当に、原田監督のおかげで、作品にして頂いたと思います。当時は不安もなく「監督はわかるに決まってる」と思い込んでいるんで(笑)。それこそ蛮勇ですね、今から考えると。

——隊員側の主人公が松田優さん演じる吉田なのは、原田さんの意向と伺ったのですが。

太田　そうでした。最初はこれだけ枠をはずれた話を書かせていただくのだから隊員はメインの方を噛ませなきゃいけないかなと思ったのですが、監督は「いや、俺はハーキュリーズの方がやりやすいから」っておっしゃって。その部分はダーッと全部変えたんです。途中で出て来る、寺島さんと絡むシーンを。完パケにハーキュリーズのすごい筋トレのシーンとかが入ってて、びっくりしました(笑)。

——不破さん演じる永田は普通の人かもしれないし、でも本当に宇宙人かもしれないし。

太田　普通に暮らしている中で他人から「宇宙の人」って言われている(笑)。

——ただの変人かもしれない。でもそこら辺は、明らかにしないまま……。

太田　消えてしまう、という感じですね。どこか自分が本来の場所ではないところにずっと居続けていて、故郷を探しているような心持ちというのは、あるんじゃないのかなと。

——結局、ウクバールが永田の本当の故郷かどうかわからない。原田さんも故郷はあるんですが、引越しが多かったからちょっと旅人的な意識を持っていた。そういう点では、この話も、原田さんのポジションに似ている感じがしました。

太田　そうですね。たぶん映画のお仕事もそうなんだろうと思うんです。一つの作品のためにワッと集まって、それが終わったらみんながバラバラに散っていって、今度またいつ会うかわからない。どこかに行くと自分の机があって、ホームルームがある感じではないですよね。短いスパンで動いていく。だから監督は仲間をとても大事になさる方でした。

——亡くなられた時、日本映画監督協会の会報に北浦嗣巳監督が追悼文を書かれてたんですが、亡くなる直前まで仲間のことを思ってたって聞くともう、「バカヤロー」と言いたくなる……と。要するに、それどころじゃないだろうと。

太田　場所がないぶん「人」だったと思うんです、監督にとっては。帰るところが。誰かというんではなくて「仲間」のいるところ。

何かをしてあげたい〜「UFOをくれた少年」

——『ガイア』の後は『ブースカ!ブースカ!!』になりますが、原田さんは、脇役のレギュラーメンバーの子達の名前を、太田さんに付けてもらうよう頼んだんですか?

太田　たぶんお話を作る時、友達が周りにいないと進まなかったので、自分で勝手に作ったんです。あと、町の中に、子ども達を見ててくれる、駄菓子屋のゲンツキさんみたいな役がいて欲しいな、と。その名前も自分が考えました。

——子ども達は太田さんの直接執筆担当になる3話より前、1話からみんな出てきます。逆算して出したという感じなんですか?

太田　そうかもしれないですね。その子達がレギュラーになっていった経緯は、よく憶えてないんですが、これぐらい人がいて欲しいというのは、書いたような気がします。サブキャラ作り担当みたいな。
　けっこう、色々名前を付けた気がする。大作パパの発明のライバルの松土最円（赤星昇一郎）はね、右田（昌万）さんが付けたんですよ。刑事の泡手門之助（宮川一朗太）は私が付けた気がする。このふざけたネーミングセンスは、自分だったような（笑）。

――『ブースカ』は、原田さんが初めてメイン監督になったテレビシリーズでした。

太田　小さい子どもに向けて作るものだから、良質なファンタジーにしたいということは、始まる前からおっしゃっていました。子ども達が、生まれて来て、初期の段階で見るものというのは、いいものである必要があると考えてらしたと思うんです。

――脚本は1話が川上英幸さん、2話が古怒田健志さんで、3話が太田さん。初期は三本まとめ撮りなので、そこからスタートしています。その中で見ると、やっぱり原田さんはファンタジー担当のように太田さんのことを捉えてらしたのかなと思いました。

太田　そうですね。ファンタジーが必要になる枠でもあったんで。もともと、向ヶ丘遊園でやろうということで、「夢町」という設定になった。珍しくファンタジーが出来る舞台。

――最初の「UFOをくれた少年」はUFOに乗ってやって来た少年とブースカの交流のお話とも言えますが、劇中での両者の交流はほとんどないですね。

太田　こちら側（夢町側）の少年達が、一つの事件をめぐって、一生懸命、ブースカに何かをしてあげたいという風に思う。
　ブースカも宇宙人の子に、仲良しとして何かをしてあげたいのではないんです。たとえば、うちの塀の隣側にすっと誰か来て、穴を覗いたら知らない子どもがいて、上手に話しかけられないけど、そこにコマか何かをポッと置いておけば、うまくいくと友達になれてたかもしれない。だから、友達になる時間はなかったんだけど、その子のために何かをしてあげたいと思う子ども達の話をやりたかったんです。

――太田さんが書く最初のブースカの話として、まずそれをやりたかったのでしょうか？

太田　そうですね。子ども達の話をやりたかった。

――原田さんもそう言ってましたね。

太田　出来た作品を見ても「やっぱり原田さんだなあ」という感じがしましたね。宇宙人の子が、母親と一緒にいるところがあったと思うんですが、あそこ、監督に「お母さんの方の顔は（視聴者に）見えませんから」という話をしたんです。「お母さんは口元から下だけですから」と言ったら、原田さん「当たり前じゃない」と（笑）。「ああ。もう全部わかってるんだ」と思いましたね。

――「かげろう谷のパック」は、『ブースカ』の最後の方の話で、記憶を盗む妖精パックが出て来ます。

太田　これはブースカ達がパックのところまで行くロードムービーにするというのが難しくて。やっぱり着ぐるみを連れて「移動してる感」を見せるのは「とても大変だ」と監督はおっしゃってました。
　絵に描いたような原っぱはないですし、すべて合成にしようとするとえらいことになる。だからキャメラを切り返すタイミングを変えて、先に進んだ感を出してみようかとか、そういう現実的なことをホンの段階で一生懸命直してたような気がします。

――もう一つの最終回という感じがしました。ブースカがいなくなる話ではないですが、ブースカから自分達が忘れられてしまうかも、というのは。

太田　「忘れる」というのを、やりたかったんですね。たとえば転校して目の前からいなくなった友達を時とともに忘れるというような「忘れる」ではなく、自分の周りにある親密だった世界を、今その世界にいながら忘れていってしまうということ。
　この話では、ブースカが記憶を盗まれてしまい、少しずつ子ども達のことを忘れていくんですが、そんなブースカを見た時に、やっぱり子ども達は寂しくて寂しくてたまらないんだと思ったんですね。「ブースカなんだけど、ブースカじゃなくなる」。それは一種の病でもあるし。所謂、年を取って、忘れていってしまうっていうのにも近い。
　でも「それでもブースカなんだ」って子ども達が思って、ブースカを守ってやりたいと思う。

――ただ、パックの方から見ると、やっぱり思い出が欲しかったというところがある。

太田　そうですね。賑やかで楽しい思い出が欲しかった。それを自分の物にしたかった。

――パックはこっちの世界にはもともといない存在なのに、寂しさを感じるのは面白いなと思いました。

太田　一人ぼっちなんです、パックは。本質的に淋しい。それはたぶん、思い出を盗んでそれを見ることによって、自分は淋しいのだと知るんです。

――パックが「ブースカは変わらないじゃない！　だからブースカの思い出をくれてもいいじゃない」と言うところは胸に迫るものがありました。

太田　忘れたって、好きでいてくれる、あなた達がいるじゃないか、ブースカには、という気持ち。だから思い出くらいくれたっていいじゃないかって。

――シナリオだとパックの方がブースカや子ども達を思い出して終わるけど、映像だと最後の歌のところで、記念写真的にカメラを見て「パックありがとう！」ってみんなで言うところが入ってますね。パックだけじゃなくて、ブースカと一緒にいる子ども達もパックのことを憶えているんだなという感じがして、ちょっと救われたような気持ちになりました。

太田　あれはね、最初からあった発想なんです。ちょっと余韻を描く時間が足りなくなった時に、原田監督お得意の「情緒をドラマの外に出そう」という。最初からもう勘定に入れられてるんです。

――原田さんが、太田さんの脚本で時間内に収まらない部分があって残念だったとおっしゃってました。

太田　ちょっとね。尺がきつかった。「ああ、入んなかったなぁ」と見た時にも思ったんですが、私ももはやどこだったのかは、よく憶えてない（笑）。

――子ども達とブースカの間の思い出が具体的になんだったのか、というのが切ってありましたね。

太田　もともと尺がきつい話なんです。子どもの心が激しくアップダウンするので、どうしても演出に時間が必要になります。パックはパックで、一回きりだけど、きちっと立ったキャラにしなきゃいけないし。でも好きな話ですね。

▼大人になる過程を見逃さない

太田　「ブースカで映画やりたいねー」という話はしていました。子ども達への贈り物になるような映画を考えてらしたんじゃないかと思います。

――レギュラーの斉藤麻衣さんと上篠誠さんに対して、原田さんは二人の成長を撮っていきたいとおっしゃってたんですが、『ブースカ』で原田さんの監督した作品の中で、この二人の主演はありません。最後の1クールでやりたかったのかなって。

太田　つっくん（上篠誠）の話は一つ考えていたと思います。「麻衣ちゃんが中心になるお話も一つやりたいね」という話もしてました。

　素の子ども達が成長していく過程も一緒に撮りたいと監督はおっしゃっていた。本当にどんどん背が伸びていくんです。撮影の間とかにも。

　子ども達同士も、撮影を重ねる内にとても仲良くなっていきますし、この子達が将来、女優や俳優になっていった時に、振り返って見られる作品にしてあげたいって監督がおっしゃってました。

　麻衣ちゃんは、不思議さを体現しているようなところがあります。本当に綺麗でした。「可愛い」というんじゃなくて、あんなに小さいのに、「綺麗だなあ」と思う子もそんなに多くいないと思うんです。

　人間じゃない役をやっても、するっと行ってしまうぐらい（笑）。しかも生活感がない。本当に「ヒロイン」という感じの役も出来るし、とても不思議な、この世のものではない役も出来るだろうし、色んなことをやってもらいたい。やらせてみたいなあって。

――後の原田さんとのコンビ作、『ウルトラQ ～dark fantasy～』（以下『df』）の「影の侵略者」で斉藤麻衣さんを撮られてましたね。ただ、成長期ということでは、ちょっと遅かったということを……。

太田　そうなんです。もうちょっと後か、もうちょっと前か。でも、臆さない妖しさというのはありますね。いるだけで妖しい感じ。

――つっくん役の上篠誠さんの方はいかがでしょう。

太田　顔の表情が非常によく動いて柔らかい。素でリアクションをしても、お話の中の空気で自然に動いてる。「なっている感じ」というのがあって。「ああ、この子は面白い俳優さんになるだろうなあ」と。

――原田さんがおっしゃってたのは、子どもから少年になったり、少年から青年になったりってところを上篠さんは表現できると、太田さんは見ていたんじゃないかと。

太田　変に屈折しない。非常にまっすぐな目で、人一倍とんでもないことをやって、とんでもなく傷つくんだけれど、それでも強い目をしている。そんなイメージです。

　だから、わりと気性の激しい感じの役がいいんじゃないかなと。よかれと思ってやったことで相手を傷つけたり自分が傷ついたり。そういうタイプの役が出来るかなって。

　『ブースカ』で言えば、私はチカちゃんもすごく好きだったんですよ。「冬の国ものがたり」の時もそうでしたが、監督も彼女をちゃんと撮ってあげようというのがありました。

――当時チカちゃん役の田中瑞穂さんと会って、可愛いなと思いました。斎藤麻衣ちゃんのチャイドルっぽい雰囲気とは全然違う素朴さ。

太田　すごく可愛い。はにかむんですよね。ロケとか行ってお話ししてると、うふふってはにかんで笑う。全然、こういう仕事をしている子に見えないくらい初々しくて。

――『ブースカ』のトークイベントを新宿ロフトプラスワンでやった時に「ブースカは打ち切りです」と原田監督が最後にひとこと言って去っていったのを憶えてます。

太田　見事に打ち切りですね。もう1クールあると思っていたので、いくつかプロットを考えていて、原田さんと「次、こんなのやりたいね」という話はしていました。でも番組がスパッと打ち切りになってから後は、もう、二人ともその話はしなかった。

　監督も、もっとやりたいことがあったけれど、「ああだったらよかったね」ということを話すのは、お好きじゃなかった。一番話してないかもしれない。

　私もまだまだやりたいことがあったので、とても残念でした。でも何をやりたかったのか、今は憶えてません。忘れる時にはスパッと忘れないと。前に進めない感じがあるんです。

　ただ、やっぱり健全にケンカをしたり、衝突したりしながら、成長していく感じというのがやりたかった。「ブースカと僕」というんじゃなくて、「ブースカと僕達」。もちろん女の子もいるんですけど。

▽いつでも最初は夢物語～「時の娘」

――『ウルトラマンコスモス』の「時の娘」（13・14話）でまたコンビとしてウルトラへの参加になりますが、こちらは、最初から前後編だったんですか？

太田　そうでした。尺に入らなくなったから前後編にしたのではないパターンですね（笑）。

　依頼の時から「ムサシ挫折・成長編」っていうオーダーでした。「挫折させたら成長までケツ拭いてくださいよ」と、プロデューサーの渋谷（浩康）さんに笑顔で励まされ。

――太田さんはどんな風に取り組まれたのですか。

太田　本当に難しかったんです『コスモス』は。怪獣保護という設定があったんで、なかなかプロットが出せなくて。どう捉えたらいいんだろうかと。「保護」となってしまうと、それは巨大動物であって怪獣じゃないという感じを受けてしまって。

　もう「異物」じゃないということですよね、それは。考えれば考えるほどよくわからなくなって、誰を保護して、誰は殺していいのかとなると、非常に難しい。大きい被害を出したら殺していいのか、被害が起こるまで待って確かめて殺すのか、色々考え込んでしまって。それで怪獣保護をやっていること自体の話を、渋谷さんに持っていくしかないかなと思いました。でもシリーズとして、怪獣保護を否定するわけにはいかない。ですから主人公のムサシをどう苦しめようかなという以前に、自分がそうとう苦しい思いをしてました（笑）。

――実際の作品はムサシの怪獣保護をゲストヒロイン・三輪ひとみさんから見つめる形になってました。

太田　ちょうどあれを書く前、宇宙に行く番組をテレビでやっていたのを見て、「よく考えたら、これとてつもなくすごいよね」という感じをはっきり持ったんです。

――『コスモス』映画版では、少年時代のムサシが宇宙飛行士に憧れていて、成長してテレビ版で描かれる頃には怪獣保護に携わるようになってました。

太田　私は、映画版との関連は全然知らずに書いていました。

――お話の中では関連付ける箇所がありましたね。

太田　それは後から入れてくださったんだと思います。「そういう設定だからちょうどいいよ」と。

「どうやってこの『怪獣保護』という設定を普遍化しようか」と考えた時、「誰が考えてもあり得ない、無茶なことをしようとしている」と捉えるしかないと思ったところから始めました。

　最初に「地球は丸いんだよ」と言い出した人は、同時代の人からは間違いなく頭が変だと思われたはずですよね。

　たとえば、「あそこでは兎が餅をついてるんだよ」と信じられていた時代に、誰が正気で人類が月に行けるなどということを考えただろうか。

　でも、いつの時代にもそういう人間は次々現れた。空を飛ぼうとする変な奴や、月に行く乗り物を考える奴や。もちろん一方で、命を落としたり、犠牲になったりする人も大勢います。それでも、いまや本当に宇宙に行けるようになり、行けることが当たり前になっている。

　最初に考えた時は、いつだって夢物語なんだというところでくれれば、お話を成立させられるんじゃないかと思ったんです。

　幸い、コスモスの世界観では、怪獣保護はまだ十全に定着しておらず、いくつかの軋轢を産んでいるという設定になっていました。

▽前提としての〈死〉～「時の娘」

――三輪ひとみさんが演じたレニという女性は、実は最初から死んでいたと。

太田　宇宙を漂っている棺が見えたという感じでした。SFにありますよね。死んだ人を宇宙空間に射出する宇宙葬。最初にそのイメージから考え始めた時は「レニの棺」というタイトルで考えていました。だんだん違う話に膨らんでいったので、「よく考えたらムサシの話にしなきゃいけない」（笑）と。

――でもサブタイトルは「時の娘」だから娘ですね。

太田　娘です。結局、レニの話になっている（笑）。

――「レニ」という名や、「ジェルミナ３」という彼女が乗っていた宇宙船のネーミングはどのように？

太田　レニは響きで。ジェルミナはフランス語の「胚」という意味のジェルミナルという言葉から取ったような記憶が……。「3」は、一号機二号機が既に失敗しているという脳内設定からだったと(笑)。

――原田さんは、この脚本を読んだ時「太田さんがすごい確信犯だなと思った」と。

太田　え？　何が？

――原田さんはもともと怪獣保護という設定に疑問を持っていたのですが、この脚本を読んだ時に、自分よりももっと明確に疑問を突きつけていて「もはや疑問ではなくて否定だ」と。

太田　そこまで自分の中で確信していたわけでは。

――怪獣すら保護できる世界ならば、なんでも助けられる。でも、レニは絶対に助けられない。「冷たい、怖ろしい設定だ、こんな恐いホンをよく書くなあと思った」と原田さんはおっしゃってたんです。

太田　(笑)。そうなんですか。ああ、それは全然知りませんでした。「あ、死んでるんだ、この人は」と自分では最初から考えていました。

――そこまで挑戦的に考えてたわけじゃない。

太田　あ、それは全然違います。ムサシに何かを伝えていく人物は、「希望をつなぐ人間」であって欲しかったんです。

　たとえば、人間が宇宙へ出ていこうとする時に、誰かが犠牲となって命を落とすことがあるわけですが、彼らは次の世代へと希望をつなぐ人達でもある。そう考えて、死んだ人間であるレニがムサシと出会うという設定にしました。もちろん、レニ自身は自分が死んでいることには気が付いてないんですが。

――そうですか、原田さんは「確信犯」とおっしゃってたんですか(笑)。

――怪獣を保護してみんなで生きていこうというシリーズで、最初から死んでる人を出すというのは、「生半可には命を助けられないよ」という視点を入れたんだという風に、おっしゃってたんです。

太田　嬉しいですね、そうおっしゃって頂けると。

　監督にはとても優しいところがあって、最初のプロットではレニを殺すストーリーになっていたんですが、「俺は女は殺せないよ」とおっしゃって(笑)。私は「これはもうレニじゃないんです。ちゃんと死なせてあげないと」と説得にかかった憶えがあります。私にとってレニは女というより人間でしたから。私が私を人間だと思っているのと同じように。

――物事を考える時に、一旦不可能性をくぐっているというか、最終的に提出する時は否定の形になってないけど、プロセスにおける「あり得ない」という太田さんの実感は感じ取ったんでしょうね。

太田　私自身はそんなに、おっかないものを書いたつもりはありませんでした。ムサシが真面目に自分のやっていることを考えたら、こういう風に悩むのではなかろうかと思ったので。

　他に色んな方法の挫折があったとは思うんです。たとえば怪獣を救いきれなかったとか。でも、そういうものを見ても果たして面白いのかどうかということもあります。そもそも怪獣保護自体がリアルではないですから、それがどう受け止められているのかという話を主軸に置くと、作り話の上に作り話を重ねたようになってしまう危惧がありました。それで、できるだけ具体的な題材へと物語を開いていくように考えていったんです。

――「宇宙での死は一瞬だ」というセリフがありました。後の「雪の扉」(57話)では、死ではなく一〇〇メートル走の敗北ですが、一瞬にして決定されちゃうっていう現実が提示されますね。

太田　そうですね。現実にはそういう面がありますから。「雪の扉」の場合、容赦なくタイムで決まることが問題ではなく、むしろそれは当たり前のことと考えていました。一〇〇メートル走は本来そういう種目だし、主人公はそれがやりたい少年だったわけですから。負けるという体験をする、それを描きたかったんです。

　本当に好きでやりたいことであっても、負けることはありますよね。私は基本的に「頑張れば夢は叶う」と思っていないんです。頑張らなければ夢は叶わないとは思いますが、頑張るのは前提でしかない。

　嫌なのは、頑張れば夢は叶うと思っていて「頑張ったのに、叶わなかったじゃないか」とふてくされること。それはよくないことだと思うんです。

――「時の娘」の話に戻ると、つまりレニの立場は、不幸と言えば不幸なんだけど、そこで夢を否定するわけじゃないというか、そういうところでしょうか。

太田　ええ。大きい変革というのは、所謂「歴史」のような、ものすごく長い時間の枠でしか捉えられないものですよね。人間の生涯のような短いスパンではなく。怪獣保護は必然的にそれくらい大きい変革になる。そう思ったんです。

　ゲストは監督が「三輪ひとみさんどう？」とおっしゃって。「来ていただけたら、もう御の字ですよ」と言ったんです。するといつからか「三輪さんを撮るぞ」と燃えてらっしゃいました(笑)。

――ムサシはレニのために反逆し、逃走し、その後、隊に戻ります。一旦そうなることで、隊員としてのムサシというより、ムサシ個人の挫折を描いていると感じました。

太田　そうですね。挫折というのは、個人的にしか体験できない。それは恋愛と同じようなもので、個人的な契機によって引き起こされる挫折が一番わかりやすいような気もしましたし、レニに惹かれていないとまたこれはまたお話なりませんから。

――原田監督、最初は『トゥルー・ロマンス』（九三年）みたいな恋愛ものをやろうとしたという風におっしゃっていたんですが、レニに惹かれていくという杉浦太陽さんのニュアンスがなかなか出なくて、諦めたとおっしゃってましたね。

太田　それは撮影中に伺いました。「悪いけど、セリフ削って」と言われました。

――太田さんを現場に呼んで「切るよ」と言ったっていう風に。

太田　はい。現場に行ったら開口一番、スクリプターの方が「愛ちゃん我慢して、今回は」と。

撮影のスケジュールがタイトなので。時間をかけてじっくりできるのであれば、また監督の判断も違ったと思うのですが、あの時はそういう風にうかがいました。

――「時の娘」は結果的には、ムサシの成長話というより、レニの話でまとまったような。ムサシのリアクションがなくなっちゃったきらいはありますね。

太田　あれはドキドキしました。これだけムサシのセリフを削ったら、ずっとレニが一人で長セリフを喋ることになるのではと。そうしたら監督は顔だけ撮ってたり（笑）。返しの顔を微妙に挟んだりして、上手に、一人語りにならないように工夫されていて。実際、完成作品を見た時は「すごい！　繋がってるじゃないか」と驚きました（笑）。

――「時の娘」を本来の脚本通りやれていたら、もっといい作品になっていたという思いから、『コスモス』では、「雪の扉」のようなゲスト中心の話や、カワヤ医師みたいなセミレギュラーを投入していったとおっしゃってました。

太田　そういうところはとてもはっきりした方でした。柔和で穏やかなんですけど、一度決めたことは変えない方でした。

だから次の「雪の扉」を書く時は、主人公の話は出来ないなというのが原田組ではもうわかっていたので、話数も後の方でしたから、逆にゲスト主役でもOKだから、ということでしたね。

▼一〇〇メートル走を選ぶ顔とは～「雪の扉」

――「雪の扉」（57話）の場合は少年役に『ブースカ』でつっくん役の子役だった上篠誠さんを想定してたということでした。

太田　そうですね。でもスケジュールの都合で来られなくて。ちょっと痛かったですね。勝気でシャープな感じの少年を考えてたんです。スポーツの領域として一〇〇メートルを選ぶ少年ですから。

とにかく、一瞬で勝ち負けが決まる。たとえば水泳選手はゴールした瞬間は、勝ったか負けたかわからない。掲示板をパッと振り返る時の顔、あの瞬間の顔はみんなほとんど無表情なんですけど、「ああ勝負だな」と思わせるものがある。あれが好きなんです。一〇〇メートルもそうですよね。ゴールしたあとで初めて勝敗を知る。これは点数制のものではあり得ない。負けたことを知らされるんです。レースの直後に。そういう負け方をさせたかった。

――原田さんが、「雪の扉」は非常に太田さんの中の素直なところで出てきた作品なんじゃないかという風におっしゃってました。

太田　わりと、ストレートにやりたいことをやった感じですね。老人と少年の話をやろうというのが、なんとなく最初のイメージではあったんです。

私あんまり『コスモス』で本数をやってないんですが、「次もう一回、原田組あるから」ということだったので、原田組だとわかった上で書きました。

原田監督は音楽にすごくこだわる方なのに、『コスモス』は「なかなかファンタジーに使える曲がないんで辛いんだ」とずっとおっしゃってたんです。

それで、「クラシックが使えるのがいいよね」という話をして、だったら、ゲストを音楽家にすれば、持って来やすいな、という風に考えたんです。

――たとえば「少年宇宙人」は主人公の少年が宇宙人になって旅立っていく話で、彼も怪獣図鑑的には怪獣と言えます。「ウクバール」では、永田が宇宙人ということになるわけですが、それとは別に怪獣がいる。「雪の扉」もトマノ老人は怪獣ではない。しかも別に出てくる怪獣は、ルクーにしてもグラルファンにしても、戦うわけでもなく、ただ去って行く。

太田　「ついに最短をやっちゃいましたね」と二人で言ってました。「少年宇宙人」はそれでもまだダイナがスーパーGUTSの攻撃からラセスタ星人を庇っています。ルクーはガイアが押し返します。でもグラルファンは「コスモスと目を見交わすだけだったね」（笑）。「どんどん進化してるね」という話を監督としました（笑）。「この先はないだろう」と。

あの場合も怪獣は絶対的に必要なものです。見る人によっては「なくてもいいんじゃない?」と思うかもしれませんが。

怪獣や宇宙人というのは、私はやはり幻の中のもの、異界のものだろうと思います。幻を見るのは人間ですから、人間が幻を見なければ幻の中に異界の生き物は現れない。そういうものを全部ひっくるめて、怪獣であったり、宇宙人であったりすることが出来る広がりがウルトラマンの世界にはあったような気がします。自分が子どもの頃に見ていた時から。

――「ウクバール」は、一人の男にとってウクバールという町があったというストーリーであるわけですが、その象徴として怪獣ルクーに呼びかけるということなのでしょうか。

太田 うまく言えないんですけど、自分の中にルクーがいなきゃいけないという感じがあるんです。

もちろん、幻の町だけでいいのかもしれないし、「雪の扉」では記憶、過去だけでいいのかもしれない。でもやはり、誰かに聞かせてるというか、よりどころにしていくというんでしょうか。「雪の扉」の場合は、向こう側にいるものとして、こっち側とのあわいにいるようなものでもあるわけだし。

▽最後まで現場に立ち続ける～「雪の扉」

――「雪の扉」メイキングの最後で、天本英世さんが「ホンがよかった」と去っていかれましたね。

太田 あれが初めてなんです、私。俳優さんにホンを褒めて頂いたの。カメラに向かっておっしゃっているのをDVDに焼いたものをキャメラマンの倉持さんから頂いたんですが、監督が「私に渡せ」とおっしゃったみたいでした。「冬の国ものがたり」の絵本と並んで、宝物中の宝物ですね。

――どうしても原田さんが亡くなってから、そういう思いで見てしまうんですけど、少年と出会うトマノ老人が、所謂、有名奏者ではなくてもバイオリンを弾き続けることが出来たというところが、原田監督が『審理』の映画を最後現役で撮られて逝ったことと重なってしまうんです。

太田 一番になることも大事かもしれないですが、本当に好きなものを続けられる幸福もある。もちろん、トマノ老人であれば一流の演奏者になれれば良かったのだろうけれど、生きていくということはそういうことだけではないし、生きているのは自分も含めて、そういう人達ばかりではない。なんていうのかな。愛したものに忠実であるということですね。

たとえば、監督はずっと映画を愛してらっしゃったけれども、それは最後まで変わらなかったから、最後の最後まで現場に立ってらしたんだと思う。

俳優さんだって、大スターばかりじゃ成り立たないですよね。好きなものが出来てしまう幸福と辛さって両方ありますよね。トマノはある時に、自分は一流の奏者にはなれないんだということを考えたでしょうし、その中で、貧しいながらもバイオリンを続けたいと思って、そういう自分を受け入れながら、でもバイオリンもとても好きだから、それを続けていくというのも、生きるということだろうと。

▽死を扱う表現について～「送り火」

――『dt』の「送り火」(10話)については、原田さんは、これは太田さんがもともと、昔から温めていた話だったんじゃないかとおっしゃっていたんです。

太田 デビューしてすぐ『ティガ』の頃に考えていたお話です。本当はもっと長かったのですが、なかなか実現させるのが難しいジャンルで、「原田監督と組めるのなら、今やっとこう!」と思ったんです。「死なせる人」「死なせる一族」がいると面白いかなというのが最初の着想でした。死を迎えさせてあげる、帰るべきところに帰してあげるような。

だから、鳥の名前にしたかった。「ヒタキ」という鳥の名前を持つ少年。

「送り火」は出来れば続編をいつか書きたいなと思っています。

『dt』の時はつっくん……上條くんで行こうと最初から監督と話していました。

――この話はわりとオチがないという感じがします。

太田 ヒタキと出会ったレギュラーの遠藤久美子さんが、最後に彼がどういう存在か気が付くんですね。気が付いた時には、もうヒタキはいない。

――死神が街に解き放たれたかも……と。

太田 どんなこともたいていそうなんですが、気が付いた時には遅い。でも信じてヒタキの手を握るんです。そういう異能の民との一瞬の出会いのお話。彼らは、自ら望む者だけに安らかな死を与えるのですが、やはり恐れられ、追われ、流浪するしかない。

――原田さんは、この話は同じ『dt』の「光る舟」に繋がっていて、どちらも死を扱ってると言ってました。

太田 そう言えばそうなんですよね。自分ではほとんど気付いてないことですね。

――もともとたぶん太田さんは資質として「死」というモチーフがおありになって、出てきたんじゃないかと原田さんは言うんです。「雪の扉」でもトマノが、最後消えて行く。あれも「死」を原田さんは意識して演出していたそうです。

太田　そんな風におっしゃってましたか。いやー、怖い。鋭い(笑)。

意識的に「死」を扱おうというのはないんですが、そういうモチーフがつきまとうというのはあります。私が脚本家として書きはじめたのは平成のウルトラマンですが、ウルトラマンというのは未来に向かうものであって、希望であったり理想であったり「より良くしていきたい」というベクトルがある。子ども達が見るものですし、最初に発想する時に、未来を見てる目の中でお話を考えて行く感じだったと思います。つまり、どういう風に困難を克服していくか、乗り越えて行くかという。

でも「雪の扉」は少し違いますね。「少年宇宙人」のように、何かを越えていくというわけではなく、少年がトマノ老人と遭遇し一時、交わってすれ違う。そのことを、少年は自分の立ち直る契機に、ある意味勝手にしていくんです。トマノ老人に導かれるのではなく、去って行く者と出会って通り過ぎることで、自分なりの契機にしていく。そういう感じの話にしたかった。中学三年生にもなれば、もう他人からやさしく教え導いてもらう歳でもないですしね。

ただ「死」ということでいえば、たしかに一番顕著に出て来たのが、「光る舟」になるかもしれない。

――太田さんの中には「死」というのは何かあるんでしょうか。

太田　たぶん、わりと自然な形で真ん中の方にあるんじゃないかと思います。死に接する機会がたまたま少し多かったせいかもしれませんが。体質なのかもしれませんね。

――原田さんがおっしゃっていたのは、「死」に対して、たとえば普通のドラマの作家とか番組の企画者だったら、難病ものみたいにする。でも太田さんはそういう発想じゃない形で切り込むんだと。

太田　難病ものというのは、「死」ではなく、命を扱っているように見えるんです。いかに生きるかに重点が置かれているドラマに思えます。生きようとしてるのに生きられなくて苦しくて切なくて、周りの人間も助けられなくて、という。

けれど自分が思う「死」のイメージは、日常の営みにひっそりと寄り添っているような死ではないかと。そういう意味では昔から知っている近しいものでもあります。

どんな人間も、死ぬことは決まっているので、自分の死の間際というのを考える。誰もがその死の一部を、自分の中に持っているように思うんです。

〈最後の女神〉とは?～「送り火」

――原田さんは「送り火」を撮ってる時はまだ病気じゃなかったから気が付かなくて、後になって自分の状況と重なったとおっしゃってました。原田さん自身が今ちょうど苦しんで死にたくないと思っているので、死の前に苦痛を取り除いて、一番いい思い出に浸らせてくれる「送り火」のような存在が必要だと切実に思っているということを、亡くなる四ヶ月ほど前におっしゃっていました。「送り火」みたいな人達が、いつか自分の目の前にも現れるだろうと思っていると。

太田　そうですか。亡くなられたことがあまりにもショックだったので、亡くなられる前にどう思ってらしたんだろうと考えることと、自分の作品を結び付けて考えることはなかったです。それはたぶん今日初めてかもしれない。

原田さんが『最後の女神』という中島みゆきさんの曲を亡くなる前によく聴いてらしたということを知って、私も中島みゆきさんがすごく好きなんですけど、その曲は聴いたことがなくて、亡くなった後に聴いたんです。自分一人地球に残されて、最後のロケットが行ってしまっても、という歌詞なんですが、どんな気持ちでこの曲を聴いてらしたのかなと。

死ぬ時に支えになるような宗教を日本人は持たないですよね。

たとえば「お盆になったら帰ってくるよ」とかはあるんだけど、自分が死に直面して、それを体験するのは一度きりですから。その時にかたわらに死を理解し、共有し、帰るべきところへ送り出してくれる存在がいればと。

それを専職にしている「送り火」達というのは、やはり迫害されて来た側の民なんじゃないかという気がしたんです。死というのは穢れに属する部分ですから、死にまつわる異能を持つことで必要とされる一方、恐れられ、蔑まれる。

――草刈正雄の渡来博士のセリフで、そういう異能の民というのは何か欠落したところがある、と。

太田　つまり、人にそうしてあげることで、一方では自分の身を削っているという感覚があったんですね。何かと引き換えに、それをしてあげる。

――いま伺って僕が思い出したのはちょっと別のことで、さっきの話なんですけど、『リュウケンドー』の時にはシナリオを結構変えたりしているのに、太田さんの時は一字一句できるだけ変えないようにとおっしゃっているんです。それで「太田さんの時はどうしてそうなんですか?」と訊いたら、「太田さんは身を削って、血を吐いて書いてるから」と。そうやって書かれたセリフを、安易に変えるわけにいかないという風に。
太田　そんなことは私には一度も言ってくださらなかったですね。監督は、スケジュールや予算などの現実的な問題以外はあまりたくさんはおっしゃらなかったし、直しの方向性を示してくださる時も、作品のモチーフをいつも的確に理解してくださっているので、きっと好きなものが似ているんだなと思っていました。だから言葉で説明するよりも、たとえば「この音楽のこの感じ」と言ったら「あ、もうわかってるから」と。解釈について衝突したことは一度もなかったです。

▽「助けられない」ということ

――原田さんは「送り火」は「時の娘」とテーマ的に似てるんだとおっしゃって、要するにもう助けられないことを前提とするなら、いかに安らかに眠らせるかという話なんだと。
太田　そうですね。レニの話に関しては私は解放という言葉で考えていました。あのお話では解放することとイコール安らかに眠らせてやることですから。
　最も大きい悲劇はレニの方にある。そんな身の丈を越えた悲劇にムサシを遭遇させたかったんです。監督の言葉じゃないですけど、生半可には助けられないんだということを知ることが、一つには大人になっていくということでもあると。
――「送り火」の場合は変死みたいな感じでしたが
原田監督は「要するに病死なんだ」と。
太田　あと一日ぐらい生きるかもしれない人が、急に境をフッと超えるわけだから、変死？　急死？　という感じになってしまうんでしょうけど。だから、その通りです。現実はより安らかな病死なんです。

▽お前が死ぬには十年早い!?～「光る舟」

――「送り火」は、人間は最後にマザーランドというところを通って消えて行くという設定でしたが、監督は、自分にとってのマザーランドはいったいなんだろうということを、考えたんじゃないかなと。『最後の女神』の歌にもありますよね。最後に見た夢は、幼かった時のことなのかと。

太田　そういうところは繋がってるかもしれないですね。「ウクバール」もそんな物語かもしれないし。

――ああ……どこに帰っていくのかという。

太田　十全で幸福である場所……たとえば葛藤を持ったりし始めると、それが失われていくような。実感として、最も幸福な思い出が住んでいるような場所。たとえば九十歳とか百歳になって死ぬ時も、子どもの頃の母親のワンピースの柄とか、憶えているような気がするんですね。今日は何月なのか思い出せなくても、小さい頃に憶えた歌もきっと歌えるんじゃないかなと。そう思ってたりします。

――「光る舟」の脚本を読んだ時も、原田さんは「三途の川の話だなと思った」と。

太田　全然考えてませんでした。私はこれ「多摩川で撮れるな」と思っていて（笑）。

――原田さんはシナリオを読んですぐ「また生と死の話だ」と思ったのに、誰もそれを指摘しないから「なんでみんな気付かないんだろう」と。

太田　私も全然気付いていないという（笑）。自分の書いたものは自分で分析できないんです。

――原田さんの言葉をそのまんまお伝えすると「太田さんは優しい顔をしてとても怖い話を書く」と。

太田　そうなんだろうか。私は優しい顔をして優しいお話を書いているつもりだったんですけど（笑）。

　ただ「光る舟」というモチーフ自体が、川に乗せて舟を流すという、魂を送る、精霊流しもそうだし、もともと死のモチーフというのはやっぱりあるんです。ただ、死のモチーフそのままでは物語として成立はしないし、しかもあれは、橋があって、橋の下に川が流れてますし。というところを考えて、生死の隙間みたいな、あわいみたいなところで、ダメダメになっている中年男と生きるのが嫌になってる青年が、フッとすれ違うことで生き直す感じです。

――今お話を伺っていると、「光る舟」においても生と死ってことはもちろん太田さんの中にもあったわけですが、原田監督はより死の方に傾斜して考えておられたのかもしれない。

太田　死のうとしてますからね、山崎裕太さん演じる若者は自らバイクで。川にバイクでジャンプするあのショット、少しスローが掛かって音が抜ける。本当にシナリオを描いた時に思い描いたままの映像を撮ってくださっていて驚愕して感激しました。

――あの若者の「生まれ変わりたい」って言葉が出て来ますが、原田さんは「生まれ変わるっていうのは死なんだ」と。死んだから生まれ変わるんだと。

太田　そうですね。セリフに「超マジスゲー臨死体験した！」とありますが、死んでやり直すという感覚だったんです。あの青年は。

――その事故で沈んでいたバイクが光る舟が渡るのを止めた……止まったからまた生きられたような。

太田　ええ。あれが沈んだから良かったわけです。

――「光る舟」で老人から舟を渡されるじゃないで

すか。あの老人が「送り火」的存在の「死神」なんじゃないかという風に、原田さん言ってました。

太田　あー、なるほどね。書いている時は、まったく考えてなかったですね。「いや、橋の上に舟を持って立ってるのはおじいさんじゃなきゃダメだろう」という、それだけです（笑）。ああいう風にドンといる感じですって監督に言ったんです。歩いて来る感じじゃない。「いる！」「いた！」という感じですと。

　私にとっては「チャンスをくれる存在」という認識でした。

――この老人は、太田さんからすると「チャンスを与えてくれる人」。原田さんからしたら老人は「死神」で、その舟は、渡りきったら死が待っているという。

太田　なんとなく自分の中では、行っていい人間といけない人間がいてね、渡り切っていい人といけない人がいる。「お前なんかまだ渡り切るには十年早い」というような。だから青年の舟は自分のバイクにボコッと当たって、沈んで絶望するという風になったんですね。お陰で生き返れたと。

▼作れてバッチリ！な瞬間～「光る舟」

――中年男を演じた寺島進さんは最初からそのイメージだったんですか。

太田　完全に想定して書きました。あの喋り方でそのまま喋れるようにしたかった。

――今度は「ウクバール」の役者志望の寺島さんともまた違う役柄ですね。

太田　生活感のある役。ランニング姿でおそうめんを食べている若いお父さんという感じです。

　寺島さんはピッタリはまってて「ああ、もうバッチリ」という感じて嬉しかった。また山崎裕太くんもすごく上手で。二人が掛け合うだけで全部可笑しいんですよ、その噛み合わなさが。

　監督がおっしゃってました。「これは大きいよ、芝居」って。「山崎裕太をつかまえられるんだ」と嬉しそうでした。寺島進さんと山崎裕太さんでやれると決まったところで監督は「もらったと思う」と。

▼世界が一変する恐怖～「影の侵略者」

――最後の「影の侵略者」も、やっぱり原田さんがおっしゃってたのは、これも生と死の世界だと。鏡の向こう側があって、それを真似している内に、いつしか入れ替わるという。

太田　取り変わってしまう怖さです。

――鏡の奥……闇の鏡から来た人達というのは、我々の真似をして、いつか入れ替わる。「かげろう谷のパック」にもそういうところがありますよね。真似されてる内に記憶を奪われちゃう。

太田　ちょっと悪魔的なというか、デモーニッシュな感じが好きなんです。

　ただ死の恐怖それ自体は、向こうから引っ張られるとか、そういうのではまったくなくて、自分が決めたらいつでもそこに死が出来る。そこから飛べばもう……っていう。

　ですから鏡の中からの入れ替わりの恐怖ってのは、どちらかというと、世界が一変してしまう感じですね。自分が信じていた世界が、ある日突然、まったく違う世界になってしまう恐怖。

▼無意識に求めるもの～「影の侵略者」

――斉藤麻衣ちゃん演じる亜乃留が、袴田吉彦さんが演じる剛一と親しくなって、突然「死なないよね」と言います。子どもの時に突然そういうことを言ったりした経験が、太田さんの原点にもあるんじゃないかということを原田さんがおっしゃってました。

太田　人は死ぬとわかってるから、大事な人だと怖くなるんですね。それでフッとしゃっくりが出るみたいに、急にそれを確かめなきゃいられなくなる。

――亜乃留は人を平気で殺したりするわけですが、袴田さん演じる剛一との交流を通して人間性というものに入り込んで「誰かにとっての誰か」ということを学ぶと、殺せなくなる。そういう時の彼女は、我々普通の人間よりもっとナイーブに「人を殺す」ということを受け止めてる感じがします。

太田　そうですね。自分達は知識や教育、色んなものを通して学んでいくけれど、突然ゼロからそれを直接的に体験していくというのは衝撃ですし。

――大人の日常よりも鋭敏にそれを感じることがあるのかなと思います。

太田　私は小さい頃、日常の延長線上に死ぬということがあるんだろうなという感じが強くて。それは別に特別何かがあったというんじゃないんですが……。意外に子どもはビルの屋上とか危険なところで遊びますよね。私も屋上の貯水タンクで遊んでいて、一歩踏み出すとその向こう側に死があるんだという感覚はすごくありました。でもなんとなく、そこを一度ぐるっと回って来ないと、今日やらなきゃいけないことが残ってるような気がしてたんです。一番ギリギリのところに行ってみたい感じですね。

　子どもというのは無意識の内にどんどん危ない方へ、死の方へ寄っていってしまうところがある。この世にきちんと命が根を張ってはいないので、そっちへ行きやすいようなところはありますよね。

▼最後の晩の出来事

太田　亡くなる前日にお会いしました。監督がみんなに会っておきたいっておっしゃってるからとスクリプターの新庄(旧姓・阿南)さんから電話があって、監督行きつけのイタリアンのお店で。

　新庄さんは原田監督の御病気をもう知っていたので、電話で「いま会わないともう会えないかもしれないって言ってる。絶対再発したんだ」って。電話の声が震えているし、私も膝が震えて。だから「今すぐ行くから」って、すぐ電車に乗って。新庄さんが駅の改札で待ってくれていて、絶対監督の前で泣けないと言って……。だから、本当に驚きとショックで震えてました。二人ともそうでした。でも、最後にお会いできて良かったです。

　あの晩、監督は「もうダメなんだ」と御自分でおっしゃっていました。酸素ボンベを持って、肺に穴を開けてる状態だったので、もう誰も生半可に「大丈夫よ」なんて言えませんでした。

　十二月から後、お目にかかったのはその時が初めてで、十二月はみんなでお酒を飲んで、酔っ払った仲間を一緒に担いで家に送ったんです。そういう人がこんなになってるなんて、全然、信じられない。

　話すだけで息が切れるご様子なので、みんなで一方的に、「お誕生会をしましょうね」とか声をかけたりしました。でも会話が成立する感じではなくて。聞こえてはいるんですが。

――そんな中でも、太田さんが、原田さんにその場で伝えたことってありますか？

太田　本当に、役立たずですね……シナリオライターっていうのは。思い知りましたね。いざっていう時に、言葉が出て来ない。こんな時こそ、良いセリフの一つや二つ言えなくてどうするこの職業って思ったんですけど、もう、いっぱいいっぱいになっちゃって。「寒くないですか？」って言ったことしか憶えてないです。

▼夢に出て来る打ち合わせ

太田　今いらっしゃらないことが不思議で。まだ信じられないというか。時々夢を見るんです(註)。

　ホン会議の前に監督と二人で下打ち合わせをして、どうやって局の会議を通そうかという対策をけっこう用心深く考えていたんです。夢では、いつもそういうホン打ちを二人でしていた居酒屋さんが出てきて「今回はウルトラマンと怪獣の戦いが少ないけれども、こういう風に言っておけばいいんじゃないか」とか話をしてるんです(笑)。

　監督自身は、格闘が少ないとかはまったく気にならない方だったんですけど、いざ局の会議を通す時には、対策を考えておいた方がいいよということで考えてたんです。実際の会議では意外に局の丸谷プロデューサーは気になさらないんですけどね。

――「雪の扉」の時は、打ち合わせが五分で終わったと原田監督がおっしゃってました(笑)。

太田　そうそう。すごく緊張していたんですが「じゃこれで」「はい」みたいな(笑)。

――もしチームEYESの基地のシーンが足りないと言われたら、むしろ入れることをこっちから提案しようと思って行ったら、何も言われなかったと。

太田　ホン会議で一度決まったら、それをひっくり返すことは出来ませんからね。話が偶然転がって、変なところにどーんと大きく穴が開くと大変なので、かなり用心深く、監督と二人で下打ち合わせをしたりしたんですけど、ほぼ無駄でしたね(笑)。言われること少なかったです。丸谷さんも高野さんも、みなさんそういうこと、全然気になさらない方達なのだということが、だんだんわかってきました(笑)。

　いつもの居酒屋でL字に坐って、ホンつき合わせて、印を書き入れたりして、夢の中でそこにいるんですよ、監督が。「やめてくださいよ、急に死ぬとかって、びっくりするじゃないですか」って、普通に喋っているんですね、自分が。そうしたら、いつものようにおっしゃるんです。「太田さんはね、油断するからいけないんだよ」(笑)。「世の中は何が起こるかわからない。油断しちゃダメなんだ、フッフッフッ」って監督が笑う。夢の中ではちっとも悲しくないんですよ。いつもと同じように。

　これはね、目が覚めた時には、かなり堪えました。「あ、人間ってこんな夢見るんだ」って。あんまりにリアルだったんで。その声色とか、座ってるご様子とか。本当にいつもの、話をしている感じで。

　なんだか……めぐり合わせですね。パッと会って、会った瞬間からどこか近いところがあって。「あ！これやりたいな」って時に、指差しもしないのに同じ方向をすっと見られたかな……っていう。

（註）本取材は二〇〇八年十一月二十七日に行われた。

作品解説

「死闘！ ダイナVSダイナ」31話 ▼一九九八年四月一一日放映

脚本：増田貴彦　**撮影（本編）**：倉持武弘　**撮影（特撮）**：高橋義仁
ゲスト：宮坂ひろし（グレゴール人）、藤原まゆか（クドウ・ナツミ）

▼ストーリー

かつてメラニー遊星でダイナと戦った怪獣モンスアーガーの同種固体が市街地に出現。だが、アスカの目の前で謎の男から変身したダイナにより、首をねじ折られ倒されてしまう。人々の喝采を浴びて得意のポーズを取るダイナを、カメラ好きの少女ナツミだけは偽物であることに気が付いた。

ニセダイナの正体は宇宙のさすらい格闘士・グレゴール人。最強の呼び名も高いウルトラマンダイナと勝負するために地球に来たのだ。約束の時刻と場所を設定し、これ以上街を壊されたくなければ自分と戦えとアスカに言い放つ。

無敵のダイナことアスカもさすがに不安に駆られるが、ナツミの「何度倒されてもあきらめずに立ち向かってゆく、それがウルトラマンダイナなのに」という言葉で「俺は俺の戦い方をすればいい」と決心する。

▼伸び伸びとした演出

冒頭、パトロール中のアスカが昼寝しているところをナツミに盗撮される。ナツミに起こされ、慌てて腰のホルスターに手を伸ばそうするアスカに「アーホー」と、カラスの鳴き声が被さる。この鳴き声はハネジローと同じくスクリプター・河島順子の声であり、およそ本物のカラスには聞こえない。

そこでちょうど上空に閃光が起こり、司令室で異変が検知されるが、いつもの隊員達とともに「ハネジロー」もいることが、今回は脚本から指定。ハネジローはジュースをストローから飲んだり、小皿に盛られたピーナッツを食べたりしている。随所でアップになって、11話「幻の遊星」で共演したモンスアーガーの再登場には、少し早く「あーがー」と怯えた声をあげたりもする。

市街では空から石柱が四方にそれぞれ降ってきて、地面に突き刺さる。土が跳ね上がり、電柱の電線がちぎれる辺りはダイナミックだ。シナリオには「石柱」とあり、セリフでも「柱」と呼ばれているが、どう見ても大きな剣が突き刺さっている。

アスカがTPCの警務局員と協力して、ロープからはみ出しそうな勢いの付近住民を押しとどめていると、先ほどのナツミがロープを潜って侵入。慌てて止めようとすると「キャーッ、エッチ、チカン、ヘンタイ、ロリコン！」と叫ばれる。そこで、静止していた警務局員も、群衆も動きを止めて一斉に注目する……という〈間〉の演出が面白い。

そんなコミカルな場面がありながらも、ビル街のミニチュアが建て込まれた中で正統派二足歩行怪獣であるモンスアーガーが出現し、エキストラもかなりの人数で逃げる群衆を映し出している。原田監督が初めて真正面から描く怪獣による破壊シーンだ。モンスアーガーは、初登場の「幻の遊星」では岩肌だらけのメラニー遊星での出現だったので、市街地での再登場は怪獣ファンへのサービスになっている。今回頭の上の皿は強化されており、ガッツイーグルの攻撃を跳ね返す。

ナツミを建物の中に保護し「ここでじっとしているんだ」と扉を閉めて変身しようとするアスカだが、ナツミが扉を開けて出て来てしまう。アスカに怒られる度に「はーい」と先生に怒られた生徒のように応えるナツミが微笑ましい。

このように、緊迫感とチャーミングな演出が織り成され、この時期の原田監督はウルトラマンでの演出にすっかり馴染んで、伸び伸びとしている感さえある。

▼遊ぶ時は徹底して

モンスアーガーと睨み合うニセダイナは片手で「カモン」というポーズを取る。作りこまれた団地街のミニチュアセットにいる両者をキャメラが移動し、回り込む映像は快感。これは画コンテから指定されている。やがて格闘が始まるが、ニセダイナの足先が尖っている識別記号はお約束。相前後して、空の一角に出来た異次元ホールから三機のUFOが飛来。

各地のパソコンやテレビ、街頭ディスプレイに割り込んで、UFOから捉えたこの戦いが中継されるのだが、それまでオフィスのパソコンをいじっていた男はCGデザイナーの田嶋秀樹、古いアパートの一室でゲームをやっていた男は監督の北浦嗣巳と、シチュエーションに合わせての内トラ（スタッフがエキストラを兼ねること）起用場面が続く。そして、その次の街頭ディスプレイのくだりでは、「今日のラブモス情報」を語るアナウンサー（演じるは当時助監督だった八木毅）の画面に割り込んでの戦いの中継映像になるのだが、この「今日のラブモス情報」とはなんなのかというのは、次回に放映される原田作品「歌う探査ロボット」を見ないとわからない。オンタイムの視聴ではなく、後でDVDやビデオで見返すと初めて意味がわかるという〈お遊び〉演出だ。

物語を難しくしてしまうような設定には懐疑的な原田監督だが、一方で、わかる人にはわかる〈遊び〉にはとことん凝ることの一例がここに現れている。

▼宇宙の道場破り

〈人ならざる人〉を表現する時、ミラーで顔に部分的に照明を当てるのは平成ウルトラシリーズ定番の撮影技法だ。

男を追ってきたアスカは、いきなり飛び蹴りを食らう。逸れたキックで一部破損した壁はCGで表現。川を挟んだ二人の技斗。等身大の男と男の戦いは、Vシネマでヤクザものを撮ってきた原田監督にはお手のもの。そこに空中をジャンプする男の姿を合成で入れたり、見せ方のバリエーションを作っている。

やがて川を挟んで対峙し、ウルトラマンに挑戦に来たことを宣言する男。不敵な態度の彼だが、あくまで侵略者ではない。怪盗ヒマラは風景愛好家だったが、このグレゴール人を〈宇宙の道場破り〉と原田監督は呼んでいる。中継用UFOが行動を共にしているが、有人か否かの描写はない。正統派アクションものでありながら、敵は必ずしも凶悪ではないのがこの回で、その意味でも原田監督向きといえる。

彼がウルトラマンに化けるのも初代『ウルトラマン』でにせウルトラマンになったザラブ星人のような卑怯さの表れではなく、地球人へ与える動揺を最小限にし、純粋に勝負をするためなのだ。奢り高ぶるところはあっても、根本的には憎めない性格だ。

男と男の戦い

決闘の時刻が近付き、夕陽が剣を照らすくだりでは、シナリオのハシラにはこう書かれている。

「人血のような夕陽がビルの谷間に沈み――」

ウルトラマンというよりは、ほとんどVシネの世界である。

普段は前しか見ないアスカも、さすがにうつむいてしまう。

「俺はグレゴール人に勝てるだろうか?」

そこにナツミが絡んでくるのは、今回の作劇のうまいところ。

「本物のダイナはあんな強さを自慢するような戦い方はしない。いつも必死で一生懸命で、何度倒されてもあきらめずに立ち向かってゆく、それがウルトラマンダイナなのに」

カメラを向けてくる外側の視点だったナツミがここでグイッとアスカの内面に入り込んでくる。彼女のファインダーにしか写らないものがあったのだ。

やがて夕陽が剣にかかった。

グレゴール人の人間体と初めて相まみえた川べりにやってきたアスカの姿が、まず水面に映ることで示される。もうここでは何も言う必要はない。黙ってお互いを確認してから、変身ポーズを取るまでの一瞬の間がキマっている。まさに男の対決!

剣の囲いの中で対峙する二人のウルトラマンの間に夕陽が輝く構図は実にカッコいい。

王道のクライマックス!

向き合ってソルジェント光線を放つ二人。片方の光線に片方が押される描写は定番だ。

特撮セットで二人の身体を吊りながらの撮影で、ニセダイナがダイナに空中で連続キックをかます。

蹴られて跳ね飛んだダイナは、剣と剣の間に張り巡らされた電磁網にぶつかり、のけぞる。有刺鉄線リングの特撮版だ。

そこで司令室のモニタに剣と剣の間をリングのようにつないだ想定図がデジタルで表示される辺りの緩急は見事。事態を隊長に報告するマイの後ろから、心配そうなハネジローが顔を見せる。

「どっちが本物なんだ」と困惑する群衆の中で、ナツミは訴える。「みんななんでわかんないの！　あっちが本物なの！　あっちが本物のウルトラマンダイナだよ！」

人々はナツミに言われ、〈本物〉に気付く。歩道橋の上で「みんな、ダイナを応援しようよ！」と呼びかけるナツミと、背景に合成された両ウルトラマンという入れ込みの構図は否が応でも気分を盛り立てる。それに応え、歩道橋の下を走ってくる人々。

声援の中、何度倒されても立ち上がるダイナ。後ろ向きに倒れ込んだ歩道橋が壊れるのも定番だ。

「うるさい！」と思わず下界の人々にビームを放つニセダイナ。身を挺してかばい、攻撃を受けてしまうダイナ。その瞬間、ガッツイーグルのヒビキ隊長が「あいつが偽者だ！」とニセダイナへの攻撃命令を発する場面は思わず胸にこみ上げるものがある。

「ダイナ！　ダイナ！」という声援のもと、ついに立ち上がったダイナは真紅のストロングタイプに変化。ここぞとばかり主題歌がかかる。圧倒的に強いストロングタイプ。

決め技はシナリオでは「バーストラリアット」と書かれていたが、演出では「クロスカウンター」になっている。

クロスカウンターになったままのポーズで、スーパーGUTSメンバーやナツミ、ハネジローの心配そうな顔が各々アップになり、ドクンドクンと心臓の音が被さるという王道の展開！

ついにニセダイナの顔の一部がひび割れ、崩れる。その様はCGで描かれ、正体を現すグレゴール人だが、ダイナの表皮が崩れて現れたのにも関わらず、マントを羽織っているのが楽しい。

夕焼け空に染まる中、「俺を殺せ」と言うグレゴール人に、かぶりを振るダイナ。

そのダイナの後ろにガッツイーグルのアルファ、ベータ、ガンマー三機が廻り、ホバリングする。このわかりやすい構図に、原田監督はグレゴール人の「お前は、いい仲間を持っているな」というセリフを響かせる。これはシナリオに付加したものだ。

ダイナのVサインを、ナツミのカメラが捉える。去るダイナに「かっこいい」と呟くのも、原田監督が加えたセリフ。夕焼け空に飛んでいくダイナにエンディング音楽がかかり始める。〈シンプルで潔い話〉という原田監督の狙いが的確に表現されている。

ピンチになったウルトラマンに人々が声援を送り、それがパワーになるというのは、もともとは遊園地のウルトラマンショーを起源とする。それがテレビドラマのウルトラマンに取り入れられた最初が『ティガ』の25話「悪魔の審判」である。この時の脚本を書いた小中千昭は、たまたま見た遊園地のショーで、ウルトラマンに声援を送る子ども達の熱烈ぶりに感動したという。平成ウルトラマンの王道を行くクライマックスはこうして発想された。

さて、これだけの王道クライマックスを見せておきながら、お話の締めは冒頭と同じ公園で、アスカが昼寝していたことをナツミがリョウ隊員に言いつけるという、牧歌的な展開になっている。

原田監督はこれを例によってエンディング音楽が流れてから後にこぼし、視聴者をホッとさせていた。

原田昌樹、語る

この回ははじめからアクション重視ということでやったんですね。「少年宇宙人」の反動ですよ。

剣に夕陽がかかった時に戦いが始まるというのは、男の決闘ものの定番ですよね。ヤクザ映画やってると夕陽にするか雪降らすかどっちかなんですよ。一番いいのは桜吹雪。その次は雪。

夕陽は、ライトの前に玉を立てて、特撮のセットでやっちゃう時もあるんで、「ダイナVSダイナ」の時はそれとマット画の両方でやってたんじゃないかな。

謎のゲームをやってる男は北浦さんです。オレ、北浦組の「侵略の脚本」の（古アパートの）セットを見に行った時、ビックリしたんですよ。「何だこの作り込みは」と思って。「北浦監督が昔住んでた下宿ですか？」っていうくらい良く出来てた。一回だけで壊すのはもったいないなあと思ってたら、自分がやるその次の回に〈アパートの部屋〉が出てくるから、「ちょっと北浦さん出ない？」って頼んで、「撮影の合間に行くから」って言って、無理やり一時間、前の組に割り込んで撮ったんですよね。

そしたら美術部が「合成は私の命」なんて貼り紙用意して。CG班に「これ北浦さん撮ったんだけど、なんか加工しない？」って言ったら「私がやります」ってのが何人もいて、CG班が普段の色んな恨みつらみを合成したらしいんですよ（笑）。普段、北浦さんはCG班に注文やリテイクが多いですからね。あのシーンは一瞬ですが、すごい手間かかってますよね。モズイ（北浦監督による22話「ツクヨの兵士」の怪獣）が後ろにいたりとか。他にも色んなのが入ってるんじゃないですか。

●ウルトラ美術部

座談会

内田哲也・大庭勇人・寺井雄二
オブザーバー・岡秀樹（助監督／当時）

ウルトラマンに出会えてよかった

内田哲也　僕は『ウルトラマンティガ』の途中からというか、9・10話くらいから入りました。それ以降、『ウルトラマンダイナ』『ウルトラマンガイア』と、『ウルトラQ ～dark fantasy～』（以下『df』）で、本編の方のデザインをやっています。

大庭勇人　僕は『ウルトラマンコスモス』の担当で、内田さんと同じく本編デザインです。要はミニチュアじゃなくて、一分の一の、芝居をやる部分。内容的には基地とかコクピットのセットとか、車とか装備品とかですね。

寺井雄二　僕は『ティガ』『ダイナ』『ガイア』『コスモス』の、特撮のデザインをやっていました。出てくるミニチュアの、一応全般ですね。ミニチュアを作るものがあればデザインしたり、セットも含めて世界観みたいなものをデザインしてました。

大庭　『コスモス』で原田さんが担当した最初の回が出会いかなと思うんですけど、つば付きのキャップをかぶってて、監督は監督なんですけど、ちょっとラフだなっていう(笑)。スタジャンも着てた印象があった。

岡秀樹　スタジャンとキャップとサングラスは三点セットでしたね。

大庭　小難しそうな監督とは違って、なんかすごく喋りやすいというか、相談しやすい部分はありますね、僕の中では。

寺井　原田さんは『ティガ』では特撮やられてなかったんで、記憶にはあんまりないんですが、本格的には『ダイナ』の「幻の遊星」（11話）の辺りからですね。最初デザインの打ち合わせとかしてて、けっこう俺が、予算の中である程度やりやすいよう、他のパートが楽なようにというのを考えてデザインしてたんだけど、もっと膨らませても大丈夫な感じに、うまく処理してくれるようなことを言ってたんで「やりやすい人なのかな？」と思ったんだけど、実際そうでした。色々任せてくれる監督だった。

「幻の遊星」は「怪盗ヒマラ」（12話）と一緒の組で、美術的には「ヒマラ」の方が、重きは置いてやったと思うんです。

内田　「ヒマラ」はもう寺井さんの世界だから。

たいがい、二本のうち一本に重きを置いて、もう一本はちょっと軽く流してる……って言い方は変だけど(笑)。両方おんなじウエイトってあんまりない。

寺井　そうなんですね。

――「ヒマラ」はヒマラワールドという異空間が。

寺井　「ヒマラ」の場合、僕は格闘をすごく綺麗な景色の中でやらなきゃいけないなあって思ってたんだけど、やっぱ予算の問題と、セッティングの時間……ウルトラマンの殺陣を変えるごとに飾り変えなきゃいけないとか……色んなことを考えると、ああいう風な方に、申し訳ないけど逃げさせてもらった形でしたよね。

――骨董品屋をひっくり返したような感じでしたよね。台本を読むと普通のバトルになっているんですけど、実際の作品だとバーンとドアみたいなものが開いて「ヒマラワールドへようこそ！」と。

寺井　別世界になっちゃったから、たぶん、そういう入口にしたんじゃないかと思います。もし普通の景色でやってたんならば、すんなり戦いに行ってたかもしれないんだけど。

――そういうアイデアは、原田さん、乗ってやる人なんですか。

寺井　そうです。いいとこどりっていうか、事情もわかってくれて、こっちの提案もうまく利用する。

▽初セットは星の見える場所

内田　僕はずっと古い時からの知り合いで、最初はポカリスエットムービーキャラバンの、森高千里さんのデビュー作なんですね（『あいつに恋して』八七年）。

その時の原田さんは演技事務だから、美術と直接の接点はなかったんですが、その後『REX　恐竜物語』（九三年）で再会した時の印象が強いんです。『REX』は原田さんがチーフ助監督で、僕は美術のチーフでした。僕は、東映でセットの準備してて、原田さんはあっちこっち地方の現場ロケに行ってる。

『ＲＥＸ』っていうのはやっかいなセットばっかりで、とても間に合わないような規模のデカいものが多かった。それで原田さんとはいつも電話で「間に合わないじゃダメだ！」「でも間に合わない」みたいな。だからいい印象がなかった（笑）。

一同　（笑）。

内田　寺井さんも『ＲＥＸ』はやってたんですよね？

寺井　やってたけど、特撮だったんで、その時には全然原田さんと接点なかった。

内田　その後『ティガ』で僕がやってたら原田さんが監督で来て「どうも久しぶりです」って感じでしたが、「なんでウルトラに来たのかな」と。『ティガ』に入る前に、けっこうＶシネでヤクザものとかやってたよね。だから意外でした。

　初めてウルトラで会った時は本当に、借りてきた猫みたいな感じでしたね。

　最初の「青い夜の記憶」（29話）は、長谷川（圭一）のホンだったですね。そもそも僕は長谷川に呼ばれてウルトラマンをやる事になったんですよ。

　長谷川がもともと、大庭くんの会社の上司だった。装飾部で。僕も長谷川もまだ下っ端で、現場を二人で泥だらけになって走り回ってる頃、あいつが怪獣やウルトラのオタクだってのはわかってたんです。いつも怪獣の絵を描いてたからね。

　僕もウルトラで育った人間なんで、お互いに、現場でペーペーの頃から「ウルトラマンやりたいね」って言ってた。

　それで長谷川から「今度ウルトラマンが始まるよ」って電話があって、僕はその時に違う映画をやってたから、その後で『ティガ』に参加したんですね。

　長谷川も本気でやってたし、やっぱりお金もすごく使って作ってるから、これは本気でやんないとって思いましたね。それにいいホンがいっぱい来た。やってる僕らも夢中になってやったんですよね。

――「青い夜の記憶」は、装飾部だった長谷川さんが『ティガ』の途中から脚本を書くようになって二作目ですが、実は宇宙人の子どもだった芸能人のヒロインがいて、彼女の住む天窓の部屋から、星空が見えるというセットでしたね。それが星空の見える場所というのが原田さんっぽいですね。

内田　原田さんってあんまり具体的な指示は出さない人。でも台本のイメージは明確に持ってます。あの人はロケハン行っても、迷いがない。

▽アナログ美術にこだわった「ウルトラの星」

内田　「ウルトラの星」（49話）はたぶん一番憶えてますね。要は、昭和四〇年当時の撮影風景のセットを作ったんですね。

――「ペギラが来た！」（『ウルトラＱ』５話）の南極を思わせるような。

内田　そうそう。東宝ビルトに作ったんです、雪山のセットを。当時はブリキでひっぱたいて山にして、色塗って……っていうやり方をしていて、それを再現したんですよ。手間なんですけどね。今そんなことやんない。今は発泡スチロールとか、ウレタンみたいなもので岩肌とか洞窟とかやっちゃうんだけど。

　ベテランの大道具さんから昔のやり方は聞いていた。「昭和四〇年代とか、みんなブリキだったよ」っていう。岩はブリキで、僕も映画では作ったことあるんです。それは最低やんなきゃダメだみたいな。

――夕焼けの照明の前のミニチュアセットでダイゴがチャリジャと戦うシーンがありましたね。

内田　あれは、台本じゃたしか、べつにそうなってなかったな。せっかく撮影所が舞台の話だから、特撮班に「ミニチュアセット貸してよ」って言って、準備中のステージみたいな感じを本編で適当にでっちあげて、そこでちょっとした対決をやろうって。たぶん僕が言い出したんだと思う。ステージで、夕焼けみたいなものをホリゾントで作って、チャリジャがこうもり傘に乗ってね。鉄骨の骨組みで、でっかいチャリジャが乗れるような傘を作って、それをステージからぶら下げてやったんですね。

――未来の円谷プロというか、「ウルトラの星」というお話の中での現在の円谷プロが出てきますけども、すごいビルになっている。

内田　あれは僕のデザインですね。

岡　ネオンがついてた。

内田　お台場の浄水場にある有明スポーツセンター。球体の建物を下画で撮って、僕の方で未来の円谷プロをデザインして、ＣＧチームに作ってもらったんですよ。入口から入ったところの受付とかの芝居は、そのままそこでやって、引き画は合成というか、半分マット画というか、周りにちょっと描き足してもらって。で、上の方に、ジェットビートルがくるくる回ってる風に。あの時はウルトラマンの草創期の話だということで、ずいぶん張りきったんです。

▽毎週のようにセットが建っていた

内田　「幻の遊星」（11話）は洞窟のセット、ステージいっぱいに作っちゃったっていう。

岡　この頃、毎週のようにセットが立っていた。ハネジローが洞窟を案内していく。そしたら大きな怪獣（モンスアーガー）がいたぞっていう話。

内田　そこに至る道中で、いっぱいシーンがあったんで、どうしても洞窟がデカくなっちゃって、ステージ丸々いっぱい洞窟みたいな（笑）。
　この頃、たぶん一番大変だったな。もう一本の「怪盗ヒマラ」（12話）もだから、ヒマラのアジトみたいなやつと、あと宇宙船もあったんですよね。
　給水塔みたいな、丸い。外側は寺井さんで、中身はこっちでデザインした。
寺井　あれは原田さんがどうしても直火でやりたい、それやんないんだったらやんないみたいな（笑）。
岡　直火に耐えられるミニチュアを作って。
――原田さんはたしか『フィフス・エレメント』（九七年）をイメージしたと。
寺井　ちょうど好きだったんだ、あの時。たまたま（笑）。あの女の子の髪の毛がオレンジだったから、その辺の感じを持ってきた。だから、メカ的なものではなくてね。

グッズでいっぱいにしたい

――「死闘！ダイナVSダイナ」（31話）で、街中に石柱みたいなのが建って、ウルトラマンダイナ同士が戦うリングになると台本に書いてあるんですけど、それを寺井さんが、剣のデザインにしたそうですね。
寺井　リングが建ってるだけだと、緊張感が出ないんで、もうちょっと鋭い感じにした方がいいと思って、「剣にさせてください」と言いましたね。
内田　「歌う探査ロボット」（32話）は「ダイナVSダイナ」より大変だったかな。
　ラブモスは、人が入っているのを本編の方でも撮ったよね。「ロボットのくせにぷにょぷにょしてるよ、なんだこれ」って言ってたんだ。
一同　（笑）。
内田　ウレタンで出来てるんだよ（笑）。
岡　原田さんは「かわいいなあ」って気に入ってたっぽかったですけどね。
内田　ちょっとアナログチックなのが好きだよね。余裕があるんだね、やっぱね。
――ラブモスが悪い音波に操作されてしまう場面は、同じ等身大ラブモスを特撮班で撮ったと。
寺井　なんか変な、蓄音器みたいな、ラッパ型の花みたいなのがびよよーんって出てくる場面でしょ？
――寺井さんのデザインなんですか？
寺井　いや、あれは俺じゃない、ああいうなんかエッチっぽいのは……。
内田　あ、あれは僕だ。
一同　（笑）。
内田　そう。山田まりやさんが口にするからエッチなデザインにしちゃえって、たぶんそんな（笑）。
岡　ひどいな（笑）。

タブーに挑戦した宇宙船

寺井　「さらばハネジロー」（47話）の時に、宇宙船が出て来ましたよね。

――ファビラス星人の宇宙船。半球が互い違いにカカカカと回るような。表面がミラーになっていて。

寺井　あの時は、俺もちょっと傲慢だったんです。特撮で絶対やっちゃいけないもののひとつに、ミニチュアでミラーを使うっていうのがあるんだけど、そんなのいつまでもタブーにしてるのがいやだったんで、大変になるのをわかってて、やったんです。

　オープンで撮れば、映ってもかまわないだろうというのが僕の中ではあったんで、逆にミニチュアでやってみようと思ったんですが、結局仕上がりはCGになってましたよね（笑）。

一同　（笑）。

寺井　負けちゃいました。

――その宇宙船の内部ですが、ステンドグラスみたいな窓がありましたね。

寺井　円盤の中もミニチュアで作って合成しました。

――それも寺井さんのデザインですか？

寺井　最初はね、宇宙船の中だから、内田くんの担当だなと思ってたから嵩くくってて（笑）、何も考えなくていいかと思ってたら、原田さんが「これミニチュアで合成でやりたい」って言い出して。

　自分のふるさとの惑星がなくなっちゃって、漂流してる宇宙人だったでしょ？　だから形としては、自分のふるさとを思う、懐かしむホールっていう。そういう教会的な感じを持たせようと。

　そのステンドグラスに、宇宙人が辿った色んな過去の場面が合成されてけばいいなと思ったんだけど、大変だったんで、そこまではやらなかったんです。

あと本当は上の宇宙儀が自分のなくなってしまった星を表してることにして、くるくる回る予定だったんだけど、撮影してたら、それが「うるさい」と（笑）。気が付いたら止まってた（笑）。

――そこら辺も、星が二つに割れたような宇宙船の外形的なデザインと連動してたんですね。

寺井　そうそう。

『ガイア』は総力戦だった

寺井　『ガイア』の初期はずっと原田さんは特撮やってなかったんですね。
――「野獣包囲網」は、お話自体はそんなにファンタジーっぽくないんですが、画作りでわりと、影絵が出て来たり、風見鶏が出て来たり……。

内田 これもセット作ったな。屋上の一部みたいな感じだった。風見鶏がてっぺんに付いてるような。

寺井 僕は全然憶えてない。もう一本の「龍の都」は大騒ぎでしたよ。特撮的に。

内田 ミズノエノリュウ。

寺井 首がいっぱいあったから、操演が大変だった。

岡 セットの中に水は出て来るは……スティンガーっていうXIGの新型戦車に乗って、探査に行くんですよね。東京の地下に潜って行く話なんだけど、台本は自然に出来た空洞をイメージして書かれてました。風穴の中を爆進するみたいな。それを遺跡にしましたよね。あそこは大きなアレンジだった。

寺井 あれは僕の案。そういう人工物がないと、つまんないんですよ。絵的に。

だから宇宙ものは、全然しまらない画になっちゃう。人工的で直線的なものが入って来ないと、大きさも出ないし。

――特技監督の満留さんは江戸城の地下だと。

寺井 なぜか実はあったんだよというオーパーツです。本当はもっと色々な通路も考えたんだけど。

岡 石で出来た文明でしたよね。竜を祀っている文明なんだっていうのは画面でハッキリわかるんだよね。で、なんでそれが東京の下にあるのよっていう。

内田 僕は、『ガイア』の原田組の記憶っていうと、ハーキュリーズの力持ち軍団が、我夢を格納庫の中でいたぶってるのを、何回かやった。

あれもだから、ステージに丸々、格納庫っていうか、弾薬箱を置いたりした。

岡 そうですね。XIGファイターのどでかい着陸脚を一分の一のセットで作ったり。

内田 だんだん増えてって。『ガイア』のあの辺がきっと規模的にピークだな。

岡 宇宙ものになっちゃった関係でセットの建て込みが一番激しかったのは間違いなく『ダイナ』ですよね。総合的に美術費を最もつぎ込んだのは、たぶん『ガイア』なんだろうなあという印象が。

内田 あれだけチームがいて、それぞれがメカあり、コクピットありだからね。

岡 総力戦だったですよね。『ガイア』の頃は。

▼『ガイア』ではツーカーの仲

岡 「迷宮のリリア」(19話)はメリーゴーラウンドが出てきますよね。

――ミニチュアはリアルな遊園地っていうより、ちょっとファンタジックな感じでした。

寺井 あの小さい蛍光灯は、俺がたまたま見つけたんですよ。普通の遊園地をミニチュアで一から全部作るのは大変なんで、考えた。最初は全部、透明アクリルで木を作ろうかと思ったのね。

それも大変だなと思って、色んな写真集を見てたら、公園にフレームで幾何学模様が作られてる写真があって、それを参考に、大道具さんに作ってもらった。でも蛍光灯の光がもたなくて、撮ってる内にだんだん暗くなって(笑)。照明さんの方からクレームが来た。

あと、灯りが揃わなくて大変ではあったんだけど、点のようなライトばっかりじゃなくて、棒状の光るものがあったことで、ずいぶん新しい感じが出ました。

――原田さんが言ってたんですが、もちろん寺井さん含めてということなんですが、みなさんが、けっこう自分の回だとファンタジックにしてくる、と。

寺井 それはあったかもしれない。僕、太田愛さんの脚本、大好きだったんだけど、太田さんというと、そういうファンタジー色が強いのが多いので。

岡 「遠い町・ウクバール」(29話)とのカップリングの「悪魔のマユ」(30話)も大変だった。

――両方ともそれぞれボリューム感のある話ですね。

内田 「悪魔のマユ」って、セットで繭の中に女の子を閉じ込めたやつ。

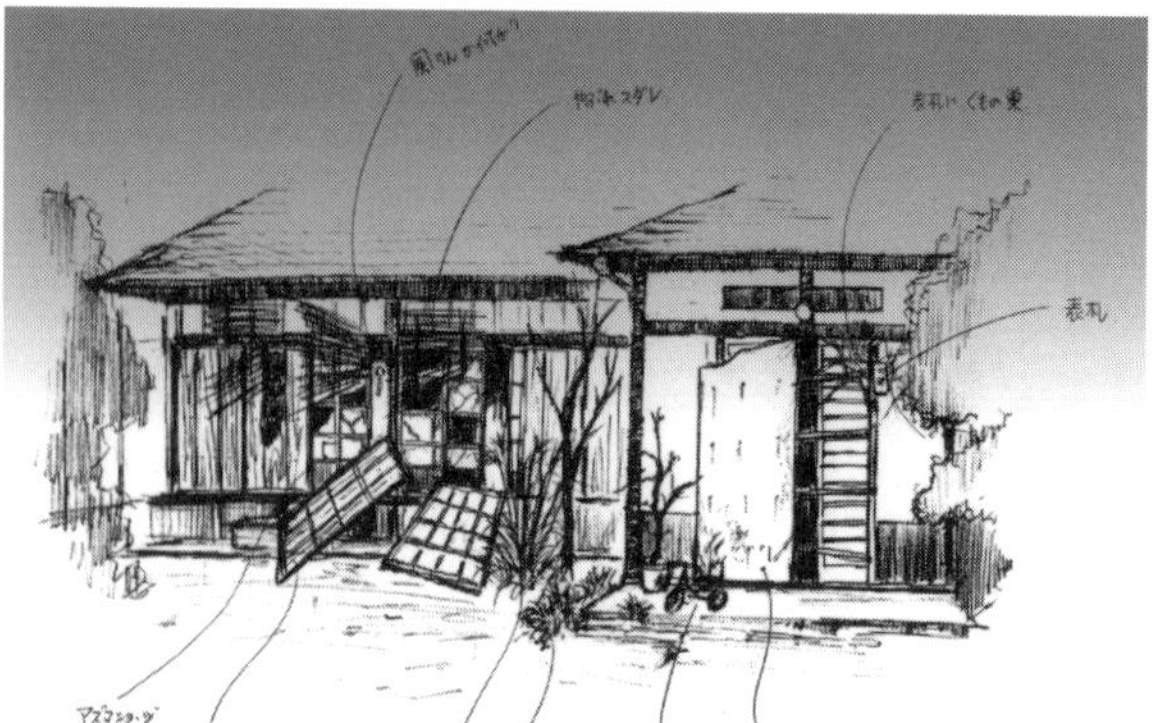

「ウクバール」永田の生家のデザイン(内田哲也)

岡　シーガルファントップっていう、その場限りの新型メカが出てくる話で。
　この二本組は、通常と制作期間は何も変わらないのに、本編も特撮も作りものが大変な数ですね。

寺井　怪獣が産みつけた卵を光らせたいというのは、原田さんからオファーがあったのかもしれないですね。たくさんの卵の中に灯りを入れて光らせたんです。産む瞬間は、手を入れて動かした。それは僕が考えたんですが、ちょっと詰めが足りなくて(笑)、置いて離すと、電飾してないから、置いたやつは光らないのね。そこまで僕も考えてなかった。でも現場では黙ってましたけど(笑)。
　この時もビルのデカいやつを作んなきゃいけなくて。でも、このためにしか使えないじゃないですか。ぶっ壊れちゃうんで。人間の背丈よりちょい低いくらいでしたね。だから下に、違うビルを、エントランスで別に作って、もう一回使い回して、色んな他のビルを乗っけたりして使えばいいかと。でもあんまり使い回されなかったですね(笑)。

内田　「悪夢の第四楽章」(37話)はオールロケだ。

岡　おそらく原田さんがよく知っているクラブなんですね。「大地裂く牙」(38話)は逆に、地底貫通弾のコントロールセンターをセットで作りましたね。

寺井　地底貫通弾は、核だと言ってたな、原田さん。

――「襲撃の森」(46話)は憶えてますか?

岡　スタジオにツタをモチーフにした森を作って、役者を宙吊りにしました。

内田　怪獣の中で囚われるような触手を作ったな。後半になると、お任せっていうか、ツーカーになってたから、監督との意見の相違もなく(笑)、全部こっちが描いたまんまという感じだったから、逆に印象がないのかも。

▽ミニチュアワークの工夫

――平成三部作が終わった後、ビデオで『ウルトラマンダイナ　帰ってきたハネジロー』がありました。

寺井　憶えてるのは、当時、あまり遅くまで作業やると、原田さんの機嫌が悪くなったんです(笑)。夕方五時ぐらいにちょうどいい感じで収まりそうなラストカットがあって、橋かなんか飾ってて、僕がちょっと手間取ったんです。一時間ぐらいかかっちゃった。原田さんは一回スタジオ出ちゃってて、戻って来たら、すごい(笑)機嫌が悪くなってた。定時を過ぎて六時くらいだったかな。すっかり大魔神になってましたねえ(笑)。

――問題のカットは、川の側溝にダイナが倒れ込む場面ですね。

寺井　あれ、台本には「ダイナ倒れる」ってだけで、それだと面白くないので、そういうカットは、原田さんは「任せる」という。こっちをおだてるんですよね。それで調子に乗って考えてやったんだけど、倒れる人間がどうしても不安なんですよ。狭いところに細い橋があるだけみたいな感じだったし、木工で作られてたんで、コケた時に当たると痛い。色々現場で手を加えなきゃいけなかったんです。
　あとは、単に怪獣の足が地面を踏むだけじゃつまらないので、そこに簡単な塀を作って「これ壊すのどうですかね」と、どんどん持っていけて、それをちゃんとやってくれるのが原田さんでした。

▽平成第二シリーズの始まり

大庭　『コスモス』に入ると予算は縮小された。小山(信行)プロデューサーが言うには、「『ティガ』『ダイナ』『ガイア』の三本で使いすぎた」と(笑)。

内田　僕はあの三本は、もうやりたい放題やった。

大庭　僕、最初『コスモス』でビルトの1スタの中を全部使った基地のデザイン描いてたんですが「半分にしろ」と。それで面積を半分にした。

岡　『コスモス』ではすべての乗り物は、コアモジュール(システム中枢部)にアタッチメントパーツを組み合わせるという設定だったんで、コクピットも一種類だけにしましたね。

大庭　その一種類の色を変えたり、パネルを変えたり。「1号機」「2号機」みたいな名前がついてるんだけど、明かり取りを作っといて、あれで色を変えて、違う機種ということで、やってたんですよね。

岡　もう「そう思えよ」みたいな感じ(笑)。

大庭　(笑)。でも途中でまた新しいメカが……。

岡　大型宇宙艇のテックブースターですね。新型コアモジュールが三つあるから、さらに「一種類」にバリエーションが(笑)。撮影もなかなか手間でしたね。隊員がそれぞれ離れたコクピットにいるから一言誰かが喋ると、全部カットバックになっちゃう。
　最初に、テックブースターの話を聞いた時は「宇宙に出て行くぐらいの乗り物なんだから、全員顔を揃えられるスペースがあるんじゃないの?」なんて言ってたんですけどね。甘かった(笑)

▽一度はやってみたかった「水車」

寺井　『コスモス』だとヤマワラワ好きだったですよ、原田さん。すごく気に入ってた。

大庭　「森の友だち」(9話)はよく憶えています。ロケハンに行った宿舎が、妖怪が出そうなイメージですごく良くて、じゃ、ここに風見鶏がこうあってとか、みんなで言ってたんです。

「落ちてきたロボット」は青と銀のロボットが出た回ですよね。

寺井　『アイアンジャイアント』（九九年）みたいな話。水車のミニチュア作りましたね。

――水車は子どもの上に落ちてくる描写がありましたね。

寺井　最初、水車じゃなかったのね。あれはヨーロッパにある水車が元なんだけど、僕はこの世界に入って間もない頃に、写真を雑誌で見て、それをやってみたいとずっと思ってたんです。この回が多摩川の河原の話だったので、やっと機会が来たと思って。

▽「時の娘」セットに感動

――「時の娘」前後編（13・14話）の宇宙ステーション・ジェルミナⅢのセットは、原田さんも「よく作ってくれた」って言ってましたね。

岡　第1スタジオの、空いてるスペースに、横に長い、四メートルぐらいの通路のセットを作りました。

大庭　ワンフラットだ。一面の壁だけで作った。

岡　そうそう。キャメラを横にして上から人を吊ったんです。それで無重力空間を作った。でも起点と終点にはちゃんと蓋になる壁を作ってくれてました。

大庭　最初は四面囲って作ろうと思ったんですけどね。予算のないところから始まってるから、どうしようかってことで。

岡　久しぶりに見た新規セットで「おお、これは！」という感じでしたね。

大庭　今たぶん恥ずかしくて見られないと思う、俺。

岡　いやいや、とてもいい感じだと思いますよ。

大庭　やっぱりホンが面白かったら、金はかけたくなる、というか「これはかけよう」という思いが集まる。これたぶん二話連続だったから、出来たのもあると思う。

内田　「こっちの壁はいらないよ」「これだけで撮れちゃうから」ってのは、相談すれば判断は早いよね、原田さんは。

大庭　常套句のように「もうちょっと」と言ってくる監督もいるんですが、原田さんは割り切りがいいというか、撮れる場合は「行ける行ける」と。どうしてもという時だけ「もうちょい」って。でもそれも相談で進めていくところがありましたね。

――ジェルミナⅢの外形はちょっとアンモナイトみたいなデザインでしたね。

寺井　あれは時間……時というものに、こだわって考えたんだけど、砂時計とか、安易な感じになるのもなんだかなーと思って。本当はもう少しインド風が入ってるデザインも考えたんだけど、それも台本をよく読むと違う気がして、どうしていいかわかんなくなってあれになった（笑）。

――アンモナイトは大昔からあるという？

寺井　正直なところ、これはアイデアがなかった。

▽ベッキーのルービックキューブ

大庭　『異星の少女《ひと》』（25話）は、ベッキーが乗って来る容器作ったよね。

岡　すごく小さなカプセルでした。棺のようなもの。

大庭　ベッキーが怪獣を呼ぶ装置はルービックキューブ。あれ、大変だったね、現場で壊れてね（笑）。

僕はパズルが好きなんですが、台形を二つ合わせたような形から回転してピラミッドになったら、その頂点から光が飛ぶ、という風にしたんです。

ピラミッドのルービックキューブのシールが貼ってある部分を取り外して透明の樹脂に変えて、どこか地球っぽくない感じにしてたんです。それが撮影中、ポロッポロ取れてね。回転する度に。

岡　もう一本の「ぬくもりの記憶」（24話）は、少年が冒頭で車に轢き殺されるところから、始まる。

寺井　電柱だ！　電柱はミニチュアで、でかいやつ作らされた。

道路で、本物の電柱の写真を撮りながら、構図を考えてたら、そこへたまたま助監督の日暮くんが出勤の途中で通りがかって「寺井さん、すごくやばそうですよ。不審者に見えますよ」って（笑）。

大庭　「魔法の石」（35話）の時に僕、原田さんの家にお邪魔したんです。劇中に、みんな洗脳されて通ってるところがあって、そこに怪獣の頭の形をした石があって。その石を中心にして、みんなで拝んでる。その周辺にタコの足みたいなのを、色々置きました。それをやりたくて原田さんに相談したら「じゃ来なよ」って、家までちょっと行った。それも遅い時間……夜九時半とか十時ぐらいだったような。「ちょっと上がって喋ろうよ」って原田さんが言って、そこでもアメフトの話、色々聞かされたような気がします（笑）。

▽岡戦車隊長、殉職

岡　「空の魔女」（47話）では、防衛軍の飛行チーム「チャージャーズ」っていうのが突然出てきましたよね。チャージャーズの戦闘機は、所謂一般機ですよね。でもそんなコクピットは急には作れない。それで、内田さんが『ガイア』の時に作った……。

最終回に使ったコクピット。あれを出して来たんです。ビルトの倉庫にしまってあったんです。

内田 「取っておこう」って言ってたんだ。「これは一番戦闘機らしいから」って。

大庭 ムサシが1話で乗ってたコアモジュールの時に引っ張り出して、そこからまた寝かしてました。「捨てちゃいけない」って言われてて、ずっとブルーシートで囲ってた。

岡 それを久々に出して来て電飾パネルなんかをリファインしたんです。

大庭 それがチャージャーズ。マークも作ったような気が。そこでもまた原田さんからアメリカン・フットボールの話が出た。

岡 これは原田さん版の『トップガン』ですね。もう一本が「ワロガ逆襲」(48話)。

寺井 戦車の塗装の感じを、虎のマークを作ってやってよ、って言われた。

岡 ベンガルズのベンガル・タイガー。49話で初めて、戦車の上蓋を作ってもらったんです。

「これで上半身を出して、双眼鏡を構える芝居が撮れる。今までは岡がやってたから、ありもののセットで済ましてたけど、ここからは役者でちゃんと撮るぞ」と言われて。岡戦車隊長は殉職しました。牛島戦車隊長が生き残って反撃するんです。

大庭 予算が厳しいから、使い回せるという約束のもと、作っていくんですが、それっきりだった。

岡 「ワロガ逆襲」の本編美術はその戦車隊の上だけなんです。あとは原田さんが何度も使った、日野自動車21世紀センターのロビーと、やっぱり何度も使った、木更津のかずさアカデミアパーク。その二箇所だけです。あとはコクピットと、ブリッジだけ。

光る舟・デザイン

▼宇宙からの贈りもの

——次が『ウルトラQ～dark fantasy～』です。

内田 これは全部やりました。

まず「午前2時の誘惑」(9話)は宇宙のテレビショッピングの話で、そのスタジオセットを作ったかな。あとは主人公のさとう珠緒さんが住んでるマンションをセットで作った。通販の健康グッズみたいなのが、いっぱいある。原田さん、小道具とか、雑誌とかに結構こだわる。小物が結構大変なんだ。ついこっちも、映りもしない、テーマじゃないことを一生懸命やっちゃうよな。

——「午前2時の誘惑」は、『df』の中でも「怖い話」というより、わりと楽しい感じですよね。これもやっぱり、星空がすごく印象的で。

内田 星空ですね。原田さんと言えば。

——テレビショッピングの荷物が届く時の送り状は元祖『ウルトラQ』の、怪獣ナメゴンが出た「宇宙からの贈りもの」(3話)をちょっと意識した感じで。

内田 そんなのも作ったな。カプセルみたいなの。

岡 玄関先に置いてある感じですね。

内田 たぶん僕がそうしちゃったんだよな、たしか。台本ではそこまで書いてなかった。

——「送り火」(10話)はいかがでしょう。

内田 これはレギュラーセットだけで、美術部としては、ヒタキの一族の、送り火伝説が全部描かれている巻物。これも原田さんはべつに何も言わずに「お願いします」とだけで。僕があれ全部描いたんですけど、描いてたら二間くらいになっちゃって、物語になって、どんどん描いてしまった。

大庭 すごいですよね(笑)

内田 セットにも入りきらないというか「見てる芝居どうしよう」と思って、監督に「こんなに長くなっちゃったんだけど」と言ったら、一瞬「えっ?」って言ったけど、「いいね。全部広げてやろうよ」って。

▽異次元とつながった場所

――あとは「影の侵略者」(13話)と「光る舟」(15話)の二本ですね。

内田 『df』って、全部で半年だったから、二六本撮って、全部で四体怪獣を出すということをプロデューサーと話して始まったんです。

それで僕が美術予算を全部受けて、怪獣四体をデザインから着ぐるみの発注から担当してたら、AVEXから、とにかく怪獣も星人もいっぱい出せと途中になって言ってきて、そんな金は到底ないからどうするのよって。「影の侵略者」も、寄せ集めでいいから、一体とにかく作ってくれって言われたんです。

岡 鎧騎士みたいな。

内田 ヴァーノ。ダース・ヴェイダーみたいなやつ。マントを着て。

岡 『ティガ』のムナカタ副隊長役だった大滝明利さんが、昔テレビ神奈川で放送してた、とある番組の造形物を個人的に預かってらっしゃった。「それを受け取って来てくれ」という話を、内田さんに頼まれてなぜか俺が言いに行ったんです。そしたら大滝さん、仮面とかアーマーとか色々持ってきてくれて、それを組み合わせて新キャラ作ったんですよね。

内田さんは、そいつが出てくる水晶体みたいなものを、輪郭だけでいいんならっていうことで作られてましたよね。

内田 CGで加工するからって。水晶のオベリスク。

岡 それを撮影した場所が日清倉庫。

内田 『df』はわりと日清倉庫が出てくるんだ。ガラQ(1話「踊るガラゴン」/八木毅監督)もそうだし。「宇宙とつながってるところだ、日清倉庫は」なんて言ってたんだ。みんなここから出てくる(笑)。磁場があるんだよ、あそこに。

▽ウルトラマンを監督するということ

寺井 僕は本当にちょっと関わった作品に『デビルマン(DEVILMAN)』(〇四年)があって、原田さんも準備の時だけやってて、降りちゃったんです。那須博之監督が亡くなったりしましたよね。

内田 僕もスタッフに親しい人間がいたんですが、打ち合わせになんないって言ってましたね。絵コンテで仕事を分けて、きっちり、カットごとにやってかないと、絶対ああいうのは出来ないから。原田さんは、特撮と、CGと本編とどうやったら出来るのかがわかってるけどね。那須監督は絶対に絵コンテ通り撮らない、現場で考えるっていう人。

大庭 絶対できないですよ。特撮はそれじゃ。

寺井 ロケハンで那須監督が見つけてきた、廃工場みたいな、炭鉱みたいなところに連れてかれたわけです。地下何百メートルなんです。トロッコでないと行けないんです。一回行ったら、戻って来られないんです。機材もね。下で待ってる人は上と連絡する方法がないわけ。でも「ここで撮影だ」って言い出して「絶対に出来ない」って話になって(笑)。

――原田監督の場合は常に現実的に考えてるっていうことなんでしょうか。

一同 うん、絶対に現実的。

――円谷プロの仕事をされたことは、原田さんにとっても大きかったとお考えになりますか？

大庭 思いますね。特撮と普通のドラマが絡むのって、たぶん作り方とか考え方が違うと思うんです。監督になったからって、特撮を監督できるかというとやっぱりそうじゃない。さっきの『デビルマン』の話じゃないですが、キャメラの前で全部やるのと、画面上でやるのを、ちゃんと振り分けて、しかも昔の特撮と違って、CGが手軽に使える時代になっている。そこで新たな、平成のウルトラマンに携われたというのは全然違うと思いますよね。

内田 作品のバランスというか、バラエティさも、原田さんが加わったことで、だいぶ広がったんです。

平成三部作は、他の人がやってたら、これだけ広がったかなと思うよね。原田さんと太田愛さんのコンビっていうのはやっぱり、新しいウルトラの世界を広げたよね。これは間違いないでしょう。

こっちも随分、勉強になった。原田さんに刺激されて「ここまでやっていいんだ」と、デザインの幅が広がったところあるよね。

▽やりがいがあった

寺井 毎回「今回は何やるの？」って聞かれる。だから〈寺井カット〉は、もう、あるっていうような。

一同 (笑)。

寺井 原田さんに言われれば、こっちもいろいろ考えないと。どんどんね。

大庭 引き出すのがうまいですから、なんやかんや。

寺井 こっちでカットを考えて持ってっても、そのままやってくれる監督なんていないですからね。積極的に持っていって、受け取ってくれても、撮影の時になると全然違って「やった意味ないじゃん」という場合もあるんですが(笑)、原田さんはそうじゃないから、やりがいがありましたね。

作品解説

「歌う探査ロボット」32話 ▼一九九八年四月一八日放映

脚本：右田昌万　**撮影（本編）**：倉持武弘　**撮影（特撮）**：高橋義仁
ゲスト：高戸靖広（ラブモスの声）

▼ストーリー

土星で発見された衛星ソルビーノを探査していたロボット・ラブモス。空気が存在するソルビーノで、風に吹かれていた管楽器のような遺跡物が発する音楽を聴いて狂わされてしまう。

回収されたラブモスをスーパーGUTSが基地で調べていたがなかなか再起動しない。ラブモスが大好きなマイ隊員が愛を込めて三百数十回目のパスワードを入力すると、偶然にもラブモスが再起動した。マイはラブモスにソルビーノで起きたことを訊くが、謎の歌のくだりに来たところで再び暴走。TPCのメインコンピュータを支配下に置き、TPCメカを吸収融合して巨大ロボット・サタンラブモスを構築してしまう。

ダイナはミラクルタイプになって、猛スピードでサタンラブモスの周りを駆け回り、隙を見つけようとするが、その動きはコンピュータで正確に測定されてしまう。アームに身体を囚われたダイナのカラータイマーにドリルが迫る！

リョウとカリヤがソルビーノから回収して来た不思議な楽器が鍵となることを知るスーパーGUTSだが、カリヤがそれを吹いてもサタンラブモスを鎮めることはできないばかりか、凶暴化させてしまう。コウダは、必要なのはマイの愛情だと説き、頷いたマイは不思議な楽器を心を込めて吹き鳴らすのだった。

▼あくまでマイの目線で

山田まりや演じるマイが大リーガーに夢中になる5話、レーサーに夢中の19話は共に原田作品だったが、今回マイがお熱なのはアイドルロボット。

冒頭、宇宙で働くラブモスをその日も中継する「今日のラブモス情報」に一喜一憂するのは、シナリオでは一般の人々だったが、原田監督はモニタの前のマイに変えている。5話同様、物語をマイの視点から始めているのだ。

後に事故で機能が停止し、TPCで隔離・解析されることになったラブモスを案じるマイの顔がガラスに写り込む場面や、ラブモスの主観でマイ達が見えるカットなども丁寧に作り込んでいる。

ラブモスが怪獣化した時、マイの胸にかかっていたラブモスのペンダントがプチッと切れて下に落ちてしまうという描写も原田監督がシナリオに付加したものだ。事件をマイの心情と対応させるのを片時も忘れない。

マイが夢想の中でラブモスと戯れる場面では、マイの主観のはずなのに、キスを迫るマイの唇のアップにラブモスが動揺している描写になっており、本作の中で一番弾けた瞬間だろう。

そしてクライマックス。マイがラブモスに届けと、管楽器に愛を注ぎ込むくだりでは、神妙な顔をして目を閉じ、楽器に口を付けていく山田まりやにゾクッとさせられる。音楽は一転して高らかなトランペットの演奏となり、基地で留守番をしているハネジローも気持ちよく身体を揺らす。うっとりした表情で顔を傾けるマイ。

〈愛〉に包まれたサタンラブモスの身体を優しい光の球体が包み、TPCメカが分離していき、元の小さいラブモスに戻る。球体で包み、元の姿に戻すのは『ティガ』で原田監督が初めて手がけたうちの一本「怪獣動物園」以来の〈癒し光線〉的効果だ。

そしてダイナが夜空に去る場面ではキラリと光る星は〈ウルトラの星〉と指定されている。

▼「可愛い」もののいじらしさ

世間のラブモス人気を示すために、キーホルダーやペンダント、携帯電話に貼られたシールやぬいぐるみなどのラブモスグッズが用いられている。アイドル的存在が劇中の世界で広く知られており、主人公達の身近なところまで浸透していることを示すことが出来れば、世間の人々の反応をいちいち挿入しなくてもいい。

この方法は、原田氏がチーフ助監督時代に参加した角川映画『REX』で取られた手法でもあった。後に原田氏がメイン監督となるテレビシリーズ『魔弾戦記リュウケンドー』の作品世界が、ぬいぐるみの「マモスケ」など魔物グッズが浸透している世界であることにも受け継がれている。

美術スタッフがこうした小物をノリノリで作り、画面の中も撮影現場も可愛いグッズでいっぱいになる……それによって、なんともいえない幸福感が横溢するのだ。

「可愛いもの」といえば、今回もハネジローの存在を見過ごすことが出来ない。ハネジローは司令室を映した場面の随所に登場。マイが隊長にラブモスへの愛を語っているくだりでも画面の奥ではアスカとじゃれていたり、ラブモスのキーホルダーを腰にかけたリョウの頭上を飛んでいたりする。他にもミヤタ参謀とチーム全員がソルビーノでの事故の究明について話し合う緊迫感のある場面さえ、片隅にはハネジローが写り続けており、シーンが変わる直前には「パム」と一声鳴く彼のアップになるのだ。

普通だったら、アイドルとしてラブモスに焦点が当たる場合、並列した存在といえるハネジローは「今回お休み」となってもおかしくないはずなのだが、原田監督はそんなことは意にも介さないかのようだ。否「可愛いものは複数あっていい」というのが原田監督の思想なのだろう。

ラブモスと記念撮影

ハネジローはスーパーGUTSの誤った行動には、首を振って「ダメダメ」というジェスチャーをする。マイがラブモスを救うのはお前だとコウダから言われるくだりでは、ハネジローも基地内から「ウン、ウン」と頷く。ただの可愛いだけのモンスターではなく、少し先の出来事を敏感に察知し、メンバーを気遣う存在だ。

ラスト、エンディング主題歌がかかるくだりで、一人基地にいたハネジローが口先でキーボードを操作すると、そこにはソルビーノの遺跡が写る。宇宙の光景に、ちょっとしんみりしているかに見えるハネジローは、原田監督が後に撮ることになる別離編「さらばハネジロー」の伏線なのだろうか。原田監督は「ちょっと淋しそうなハネジロー」とシナリオにメモしている。

▼基地エリアに怪獣が出現！

人気者のラブモスだが「たった一人でソルビーノを調査してるのに、寂しい顔ひとつ見せない」というマイのセリフにあるように、宇宙での彼の行動は孤独だ。岩肌だらけの風吹きすさぶ無人の世界で働くラブモスが、管楽器のようなオブジェの音に惹かれて異変をきたすくだりは、特撮班が撮影を任されている。

今回は原田作品の11話がそうであったように、セミレギュラーのミヤタ参謀が登場する他はゲストがいない。その分、レギュラーの活躍が描かれる。基地エリアに怪獣が出現する話なので、全員外に出る話になっている。

マイの〈ラブモス愛〉に対して、ロボットに感情などあるものかという立場のナカジマ。そして実は自らもラブモス好きなことが明かされるリョウ。そして今回は「TPCの荒鷲」との異名を自称するヒビキ隊長による、アナログ操縦によるガッツウイング1号の戦闘シーンを見られるのが嬉しい。

ガッツウイングは前作『ウルトラマンティガ』でGUTSのレギュラー・メカだったが、今回、唯一ラブモスの支配下を逃れた機体として久しぶりに登場する。

原田監督は、怪獣化したサタンラブモスとガッツウイングのビームが空中で衝突するという燃えるシチュエーションもシナリオに加味している。さらにダイナ対サタンラブモス戦では、TPCメカのビーム兵器を総動員する色とりどりの攻撃が夜目に鮮やかだ。本作後半のバトル場面はすべてナイトシーンであるが、シナリオからの指定ではなく、原田監督の計算によるもの。

ガッツウイングばかりではなく、TPCメカがラブモスに吸収されるシーンでは、GUTSウイング、アートオデッセイなど旧GUTSメカの姿も見えるのが『ティガ』からのファンには嬉しい。

また、普段は基地の外観しか映らないスーパーGUTSだが、建物の最底部から隊員達が出てくるという描写を合成で作っていて、基地エリアに怪獣が出現したという異常事態を盛り上げている。

他には、アスカが変身する前、変身道具のリーフラッシャーを一瞬なくしてしまい、探すという一展開がシナリオには盛り込まれていたが、オミットされている。いささか要素が多くなりすぎたという判断だろうか。

▼原田昌樹、語る

山田まりやは撮っていて良かったですよ。最初のイメージではグラビア系の子だと思ってたから、『ダイナ』のアタマの頃も、セリフもろくろく言えないというイメージがあったんだけど、ラブモスの時、感心しましたもん。冬のさなかに八王子でナイトシーンロケをしてる時、ラブモスが狂っちゃってマイが見てるってとこで、こっちは寒いから早く撮っちゃえって思ってたら、まりやが「監督、ここ悲しいシーンですよねえ?」って訊くから「ああそうだよ」って答えたら、「わかりました、ちょっと待ってください」って泣くんですよ。「私、『フランダースの犬』を思い出すと涙出るんです。いいですよ〜」って涙流して、「こいつ意外といいやつだな」と思って。感性の子だからね。真面目だし。その姿勢があるとないとでは違いますね。

今回、彼女が好きなのがロボットっていうのは、いくらなんでもありえるのかと思ったけれど、逆にまりやだから成立すると思ったんです。

作品解説

「君を想う力」46話　▼一九九八年七月二五日放映

脚本：右田昌万、**原案**：円谷一夫　**撮影(本編)**：倉持武弘　**撮影(特撮)**：高橋義仁
ゲスト：右田昌万(ヒラオ・テルヒサ)、岡村英梨(ユミムラ・リョウ／少女時代)

▼ストーリー

長野県松本市付近で、謎の隕石が落下したその日から、人々に怪獣の幻覚を見せる黒い花が咲くようになった。それは人々の恐怖を糧とする宇宙植物らしい。

リョウ隊員の幼馴染みであるヒラオ・テルヒサは小川村の天文台に勤務していたが、彼は少女の幻影を見せる白い花を発見していた。

人々に恐怖を見せる黒い花と、人々の大切な思い出を見せる白い花……ヒラオから連絡を受けたリョウは調査のため小川村にやってきた。

▼もうひとつの短編映画

今回はリョウ隊員の素顔に焦点が当たる。小川村天文台に赴くリョウは私服姿で、幼なじみのヒラオは彼女のことを「ユミムラ」と苗字で呼んでいる。物語中盤、ヒラオの前でガッツブラスターを構える私服姿のリョウはシビれるほどカッコイイ。

「わざわざそんなことぐらいで、スーパーGUTSにかけてこないでよ！」と幼馴染みにツンツンする態度と、「幻の遊星」の時同様、花を愛でる一面。戦士としてのリョウは黒い花、女性としてのリョウは白い花が見せる世界の住人なのかもしれない。事件が終わった後、黒い花と白い花ではどちらが先か推論するナカジマに、リョウが「はじめは全部、白い花だった。その方がいいじ

ゃない」と言う。この場面でのリョウの表情の優しさが印象に残る。

ヒラオとリョウの子ども時代を回想する場面でモチーフのように流れるリリカルなメロディーは『好きにならずにいられない』をベースにしている。エルビス・プレスリーの最も知られた六〇年代ヒット曲で、ベスト版には必ずといっていいほど収録されている。この曲は原田監督がチーフ助監督として企画から関わった映画『この胸のときめきを』(和泉聖治監督)でも使われている。

テレビ電話の会話時にはヒラオにひたすらキツいリョウが、生身のヒラオと久しぶりに会うと昔を思い出す。弱い子が強い子に立ち向かっていくケンカを仲裁するヒラオを見て、同じように、強い友達に食ってかかっていたかつてのヒラオが蘇ってくるのだ。

このくだり、準備稿では単にイジメに立ち向かうヒラオをリョウが励ますという回想シーンだったが、決定稿そして放映作品では、なくしたカブト虫をめぐってケンカになるというシチュエーションになっている。それは回想においても、現在の子ども達のケンカにおいても同じである。

子ども達のケンカを仲裁したヒラオは、カブト虫がいなくなったと泣く子どもの訴えに「また探せばいいだろう」と言いながらも受け流すことなく、一緒に緑地を這いつくばって探す。このくだりはシナリオにはなかったものだ。

泣く子どもの訴えを真正面から受け止めるヒラオの優しい姿を捉えたキャメラの視点はすなわちリョウの視点であり、これで、リョウがヒラオに対して人間的な好感を持っていることが見る者に伝わる。

そんなヒラオと子ども達を高台から見ていたリョウは、目の前に這っているカブト虫をたまたま見つけ、それをつまみあげる。失くしたカブト虫を彼女が先に見つけたのだ。

そこで回想場面に入る。夏のセミの声が聞こえ、やや白ちゃけた画面に子ども達が写る。

子ども時代のヒラオもまた、カブト虫をなくしていた。カブト虫を「盗った」「盗らない」で友達にケンカをしかけるが腕力がなくしこたま負けていた。倒れても倒れても立ち向かっていけと叱咤激励する少女リョウの厳しさ。画面替わって、橋の上で泣きじゃくるヒラオ少年を「泣くなよ、また探せばいいだろう」と励ます少女リョウの男勝りだが優しい一面を見せる夕景のロングショット。

これらの回想は、リョウにとっての、泣き虫なかつてのヒラオ像であるとともに、カブト虫を探す現在のヒラオによぎった過去の自分ともとれる。

そして、この回想ではリョウの少女時代の顔はまだ写らない。それは、白い花がヒラオに見せた少女の幻影が、少女時代のリョウその人であったということをまだ視聴者に隠しておくためだ。と同時に、少女時代のリョウが公園の遊具に座り、足をブランブランさせているところから回想場面を始めるなど、それ自体リリカルな心象風景となっている。遊具の柱には、ヒラオが見失ったカブト虫がとまっていることが視聴者には知らされる。なくしたと思ったものでも、実はすぐそこにあるのだ。

回想が明けると、這いつくばっていたヒラオの目線の先に、カブト虫を持ったリョウがいて、手を振っている。

この、カブト虫でつなぐ過去と現在の交錯は、ここだけで一つの短編映画のような完成度を持っている。原田監督のリリカルなセンスが思う存分に発揮されたシーンといえるだろう。

子ども時代を単なる〈回想〉としてではなく、もう一つの短編映画が挿入されているかのような感覚は本作の全編に現れている。橋の上のシーンや、風鈴と共に写る神社のシーン、小学校の前を駆けるシーン……行動を共にするリョウとヒラオら当時の子ども達の点描を、原田監督は現在の二人の対話にフラッシュバックのように挿入していく。

物語の最後で、リョウに頼まれた同窓会のホームページ作りで子ども時代の写真を見返したヒラオが、そこに写っている少女があの幻影の少女であり、リョウその人であったことに気付くところにおける回想で初めて、ケンカをけしかけられた時や、橋の上で励まされた時の少女リョウの表情がハッキリ写る。全体が見事に構築されているのだ。

初恋の人への想い。それは、相手の顔もはっきり憶えていないようなものなのかもしれない。白い花が見せる少女リョウの初登場は、天文台のデスクで居眠りしているヒラオの横で、すっと彼のノートを取り上げるというシーンだった。画面に少女の細い腕からインしているのが思わずキュンとさせられる。

原田監督の原風景

本作は原田監督が子ども時代を過ごした松本市でロケされている。監督にこの話が来たのは偶然で、同じ松本を舞台にした当時人気のテレビドラマ『白線流し』のファンだった円谷プロ社長(当時。現会長)・円谷一夫による原案を、円谷プロ文芸部(当時)の右田昌万が脚色したものだ。

原田監督もまた、たまたま『白線流し』が好きで、後述のインタビューにあるように、原田家の中での大切な思い出を呼び覚ますドラマでもあった。

ドラマ『白線流し』のモチーフとなったのは、飛騨高山の岐阜県立斐太高等学校で卒業式の日に行われる伝統の行事。男子は学帽の白いラインを、女子はセーラー服のスカーフを取ってすべてつなぎ川に流す。全国各地で同様の行事が行われているところがあるらしい。これを記録したフジテレビのドキュメンタリー番組が評判を呼んだことから、『白線流し～旅立ちの詩～』として九六年にテレビドラマ化された。

ドラマ版は松本を舞台に、現代の高校生の、大学受験を控えたごく普通の日常生活を通した視点から、それぞれの夢を見出していく姿を描いていた。長瀬智也が演じる男性側の主人公の父が勤める小川天文台は、本作でヒラオ・テルヒサのいる天文台と同じ。「君を想う力」にも、登場人物が宮沢賢治を読んでいる場面(シナリオにはなく、原田監督がつけ加えたもの)など『白線流し』に通じるモチーフもある。またリョウがヒラオを励ます橋の場面でロケしたのは薄川堤防で、ここは『白線流し』での、白線流しの儀式のロケ地でもある。

子ども時代のリョウとヒラオが草原で星を見上げるシーンは、美ヶ原高原で撮影されている。美ヶ原は北アルプス、中央アルプス、南アルプス、八ケ岳の三六〇度のパノラマが展開する約一〇〇〇ヘクタールの大草原。高原の中央にあるのがヒラオとリョウの回想シーンに登場するシンボルタワー「美しの塔」。昭和二九年、霧の発生時に鐘を鳴らして登山者の安全を導く目的で建設され、昭和五八年に原形のまま建て替えられたものだ。

酔漢が黒い花の幻影を見るシーンでは、「ナワテ通り」と路地の名前まで映るようにしているのには、原田監督の愛郷心が伺える。ナワテ通りは少年時代の原田氏が幾度となく通った場所である。

　他の場面でも、原田監督は準備稿に、シーン変わりで松本市の情景を入れるよう決定稿に向けての指示を入れている。

　黒い花から妖気が立ち上る点描では松本城、松本駅前の八十二銀行近辺、女鳥羽川、千歳橋等で、またリョウとヒラオの少年時代の回想シーンも、ナワテ通り、堀沿いの道、開智小学校前等で丁寧なロケを行っている。

▼今後につながる出演者達

　ゲスト主演のヒラオ役は「右ちゃんしか考えられない」という一夫氏の希望で脚本の右田昌万自身が務めることになった。金城哲夫、石堂淑朗をはじめ、ウルトラシリーズで脚本家がエキストラもしくは脇役で出演することは過去にもあったが、俳優としての堂々たる自作自演は初めてである。以後しばらく円谷プロ芸能部にも所属し、脚本家と俳優の両輪活動を開始するきっかけとなった。俳優としてはNHK朝のテレビ小説など多数出演するようになった。原田氏も、自身の監督作品で極力キャスティングしている。本作の放映で右田氏のファンになった女性によるホームページも当時開設され、劇中でのヒラオのセリフ「いま見ているのは……愛だ」がサイトの名称になった。

　リョウ隊員の少女時代を演じたのは岡村英梨。後に『ブースカ！ブースカ!!』での原田作品「思い出呼びだすレトロノーム」では、ママ（渡辺典子）の少女時代を演じることになる。

　天文台に遊びに来る子ども達の一人で、自分より腕力の強い子にも立ち向かっていくトモハ役の伊藤栄治は、後に『ブースカ！ブースカ!!』で子ども達のグループの一人・オサム役でレギュラーとなる子役。主演エピソードである12話「冬の国ものがたり」では、ベッキー演じるこの世のものではない美少女に恋する重要な役回りを演じることになる。

　原田監督は、ヒラオを訪ねてきたリョウについて、恋人かどうかを詮索する会話を挿入するなど、子ども達ののびのびとした空気を加味している。

　出演者といえば、今回もハネジローは随所に登場。初めて司令室が写る場面では、アスカ、マイと共に自分のホームページを見ている。「ハネジローってほんとに可愛いね」等多数の声が寄せられたBBSをスクロール。ニフティフォーラムからBBSへと交流の場が変わりつつあった放映当時のネット環境が反映されている。原田監督はプライベートでもパソコンをいち早く購入、インターネットの文化にも敏感だった。

　黒い花によって幻覚を見せられる人々の描写では、『ティガ』で助監督だった今泉吉孝の夫妻や、擬闘の二家本辰己がその役を演じている。松本城の公園ベンチで今泉夫妻（劇中ではまだ独身同士のカップル）が結婚指輪について話すくだりは原田監督がセリフを書いている。

　片や二家本氏演じる、ナワテ通りを行く男性は、酔っ払ってクダをまいている内に自分がキノコを恐れていることを思い出し頭を抱えていると、キノコ怪獣フォーガスの人間体と出会ってしまう。6話「地上最大の怪獣」の冒頭で被害に遭う警備員と同一人物であることを思わせる、原田監督の遊びだ。

▼随所にファンタジックな表現

　冒頭の天文台でのヒラオと子ども達の会話の前に、原田監督は、満天の星空から天文台の建物にパンダウンする合成画面を作っている。まさに降るような星空だ。天文台の中のシーンでも、天窓から星空が見えている。

　ヒラオが望遠鏡で目撃した隕石が松本上の上空で散るシーンは、氷が砕け散るような視覚効果になっている。

　異変を呼び起こす黒い花は、コンテでは「チューリップ」と表現されており、花弁の揺れるCGが綺麗に表現されている。

　黒い花が見せる怪獣達は、これまで『ティガ』『ダイナ』に登場したものの再登場で、番組のファンへのサービス的描写といえる。その一方、ヒラオにとって白い花の見せる少女の姿もところどころ挿入している。ヒラオが白い花をTPC基地に運び込むところでも、リョウの後ろに少女の姿が発光してキラキラ輝く粒子とともに登場。「どうしたの」と振り向く大人のリョウに、思わず「なんでもない」と答えるヒラオだが、おそらく彼はここで、少女の姿がリョウの子ども時代であることに予感を持ったに違いない。

　白い花からエキスを抽出し搭載したミサイルが発射される際にも、キラキラ輝く粒子が包み、単なる攻撃武器というより、リョウの思いのこもったプレゼントという意味合いも持たせている。

▼恐怖の対象

　スーパーGUTSの戦士リョウにとって恐怖の対象になるのは、かつて22話「ツクヨの兵士」（脚本・太田愛、監督・北浦嗣巳）で死闘を繰り広げた相手であるモズイ。

　一方、市井の人物ヒラオにとってのそれは〈ニンジンサマ〉。見た途端「おえっ」となるヒラオはニンジンが嫌いだったのだ。〈ニンジンサマ〉はCGで作画したニンジンにモズイと同じような黄色い目と口が付いているユーモラスな表現になっており、本作のファンタジックなテイストに寄与している。一瞬にしてニンジンだとわからせるためか、監督はSEで「ニンジーン」と〈ニンジンサマ〉の声を入れているのが可笑しい。

　二人の前に、黒い花が見せる〈モズイ〉と〈ニンジンサマ〉が現れ、そこにさらに白い花の作用によってリョウとヒラオの子ども時代が出現する場面では、リョウが見えるものとヒラオに見えるものが違うため、彼らの立つ位置や目線の方向などに工夫がこらされている。

▼迫力ある市街戦

　黒い花の見せる幻影の怪獣が、カリヤにはイシリス（14話初登場）、コウダにはゾンバイユ（17話）、アスカには姑獲鳥（19話）に見えるというくだりでは、キャノピー目線での怪獣の位置をすべて同ポジにし、同じものが変化しているということをわかりやすくしている。他にも巨大怪獣、等身大怪人をそれぞれのシチュエーションで多数登場させている。

　だが本体はモルヴァイアという怪獣で、これは「濃い体毛に覆われ、背には翼、ケツから尻尾に生えた、山羊頭の巨人」とシナリオから書かれている。怪獣のデザインをシナリオ段階からここまで明確に書いた例は珍しい。造型もほぼこの通りになされ、力強さと敏捷な動きを併せ持ったアクションを生み出している。

　モルヴァイアが暴れるシーンは、松本市の実景に怪獣の方を合成する手法と、ミニチュアセットを併用して迫力を出す。実景合成は手前にビルを合成したやや俯瞰めのカットが効果的で、またミニチュアも川越しに見たカットや足下の墓地など、今回かなり力を入れて作り込まれている。モルヴァイアにやられたアスカ機が松本城を掠めて墜落するお約束のカットも心地良い。

松本城をバックにアスカはリーフラッシャーを構え、ダイナが登場。原田監督はここでも登場シーンの間断ないアクションにこだわり、光の中からキックのポーズのまま登場したダイナがモルヴァイアに飛び蹴りをくらわすが、それによってモルヴァイアに捕まっていたコウダ機が救出されるとともに、画面手前にダイナが着地するまで、一つのアクションの流れに収めており、気持ちがいい。

モルヴァイアに捕まったダイナは生体エネルギーを吸われてしまうが、そこに白い花のエキスを搭載したリョウ機が登場。ここも、空の一角が光ってリョウ機が見える……という、リアリズムよりもメリハリを優先した描写になっている。

リョウの攻撃で粒子に戻りかかるところをダイナがとどめのソルジェント光線を放つ、というのが準備稿だったが、原田監督は、散らばった粒子が球体になり、それにとどめをさすという、よりカタルシスのある描写に変更している。球体は隕石の表皮にところどころ赤い炎のゆらめきが見え、コンテには「怨念?」と書かれており、負のエネルギーの凝縮を感じさせる。

▼エンディング内のドラマ

少女がリョウだと思い出した途端、ヒラオは、かつての自分がリョウに〈約束〉していたことを思い出す。

「あ、一番星。きれい」と二人で草原に座って空を見上げていた時、ヒラオ少年は、新星を発見した人が自分の大好きな名前をつけられるという話題をする。

「もしヒラオが見つけたら何てつけるの」とリョウが聞くと、ヒラオは「ユミムラ」と答える。「えっ」となる少女のリョウ。

準備稿でのヒラオは「リョウ」と名前で答えることになっていたが、お互いを苗字で呼ぶ小学校の時の関係性を示す決定稿以降の方が効果的だ。こういう、ちょっと距離のある関係のドキマギしたニュアンスを加味することに、原田監督は敏感だ。

原田監督はエンディングにドラマをこぼすことで知られるが、今回、それを編集段階でなくシナリオ段階から想定している。完成作ではそこに、さらに何度かアレンジや新たなシチュエーションの挿入、順番の入れ替えを施している。

以後は、すべてエンディングにある要素だが、非常に凝縮した展開であることがおわかりになるかと思う。このエンディングもまた、一つの短編映画のようだ。

少年時代の回想で、ヒラオをいじめていた相手の男子にパンチ(!)してしまう少女リョウ。原田作品の11話でも見せていたリョウのグーパンチは子ども時代からのものだったのだ。しかしそれはリョウの優しさの現れでもあった。少女リョウはいじめっ子に立ち向かっていけとけしかけていただけではなかった。ヒラオのためにいじめっ子をパンチする、彼にとっての〈スーパーヒロイン〉的存在だったのだから。

回想が明けて、新星を発見しようと今日も望遠鏡を覗くヒラオと子ども達のやり取りが入る。

「いま、何見てたの」

「いま? 今見ていたのは……愛だ」

ヒラオの後ろでキラリと光が瞬く。

このやり取りの他に「俺が見つけるのを待ってくれてる星があるんだ」と子ども達に言うセリフもあったが、原田監督はこれを刈り込む代わりに、子ども時代のヒラオとリョウの回想シーンにモノローグのように被せ、そして少女リョウがヒラオ少年のほっぺにキスしてあげているシーンを瞬間入れてみせる。

これは原田監督の、ウルトラシリーズにおける「キスシーン」解禁場面であり、濃厚な愛情としてではなく、甘酸っぱい青春の象徴として、以後もたびたび用いられていく。

スーパーGUTS司令室では、リョウが「あの約束、果たしてよね」と宙を見上げながら言う。彼女も約束を憶えていたのだ。

同じ頃、望遠鏡を覗いていたヒラオは超新星を見つけたらしい。スーパーGUTSのレーダーも何かをキャッチ。

「また隕石じゃないだろうな」と言うアスカに、ハネジローが「パム」と鳴いて作品は終了。

続いて次回「さらばハネジロー」の予告が始まる。

「今、明かされるハネジローの秘密とは?」というナレーションに、ウルトラマンのようにグングン巨大化するハネジローのイメージが。そしてレギュラーメンバーの「行かないでー!」という大合唱。

次回、何が起こるのか?

▼原田昌樹、語る

――「君を想う力」での私服のリョウ隊員は「綺麗な人だなあ」と思いましたよ。

原田 (斎藤)りさは本来ああいう子だから。衣装も自前だし、あれは。

――すごく生き生きしてましたよねえ。

原田 ああいう、勝ち気で、明るくて、それなりに優しいキャラ。子どもの頃は男の子を殴っていたような。

「君を想う力」については思い入れがあるんです。偶然色んなことが重なったんで、「頑張りたいな」と思いました。

僕は子どもの頃に、松本城のところに少し住んでて、小学校の時に四年間だけいたんですよ。開智小学校(明治九年に建てられた日本最古の洋風建築による小学校)にいたので、そこでロケするっていうんでビックリした。

笈田プロデューサーから、今度社長原案で、長野の小川村でロケがあるって聞いてたんだけど、よく聞くと松本って言うからびっくりした。

松本城は『白線流し』っていうテレビドラマがあったじゃないですか。うちのオフクロがあれ見て喜んでたんですよ。なんでかって言うと、自分達の女学生時代にああいうことはあったと。六〇いくつになってもそんなに鮮烈な思い出ってあるもんかなと思ったんだよね(笑)。

そんな思いもあって松本に行ってみると、僕の子どもの頃と変わらない。自分の遊んだ公園へ行ってみようと思ったらそのままあるわけですよ。お城の見える公園で、井戸から何から昔のまま。目をつむっても歩けるんです。

僕はそこで初めて映画のロケを見たんです。松本城の裏側で。作品は『愛と死を見つめて』(六四年・日活作品、吉永小百合主演)だったらしいんですけど、目の前で映画が撮影されているのを見学したんです。映画の撮影ってこうやるんだなと。

いつか松本を舞台に『白線流し』みたいな、ちょっと可愛らしい雰囲気のドラマを作りたいと思っていたんです。ですからあれはすごい楽しかったですよ。

——美しの塔の下で子ども時代のリョウと幼なじみのヒラオが草むらに座っていて、上には満点の星空がある場面は、まさにときめきます。

原田　美ケ原高原で撮っているんですよ。子どもの頃、松本に居る子はあそこに遠足に行くんです。なんにもない平原のところにポツンと鐘の塔があるんですけど、そこでちょっと可愛らしいキスシーンとか撮りたかった。あっという間に昼間からスッと夜に転換して一番星が出るってのをちょっとやってみたくて、CGチームに頑張ってもらいました。

——小中和哉監督が、『ダイナ』終了後に作った総集編ビデオ『ダイナSPECIAL』の冒頭で、そのシーンを使っていましたね。あたかも『ダイナ』世界を象徴するように。

原田　見てびっくりしましたよ。僕も自分の作った画の中で、あの画が一番好きなんですけどね。子どもの気持がなんとなくわかる画だなと思って。

　右ちゃん（右田昌万氏）の後ろにいる三人トリオの子役は全員すごく良かったんですよ。二見（史龍）くんは『ガイア』の「もう一人の巨人」のいじめっ子役で使ったんですけど、もう一人の伊藤（米治）くんっていう子役を『ブースカ』でもレギュラーで使っています。ブースカと仲のいい少年グループのオサム役で。佐藤（可奈子）くんっていう女の子も良かったんだけど、ちょっともう背も高くなっちゃってて、使えなかったんですよ。

　子ども達は通っている天文台の先生であるヒラオに対して、ある種の愛情を持ってるわけじゃないですか。ひやかしてるけど、本当のひやかしじゃなくて、それなりの心配をしている。あれ、右ちゃんのホンにちょっとだけ増やしたのが、先生にとって幼なじみのリョウ隊員が来た時の子どものリアクションなんですよ。急に現れた美人の大人の女性に対して、特に女の子の方のリアクションがどんな風になるかというのがね。

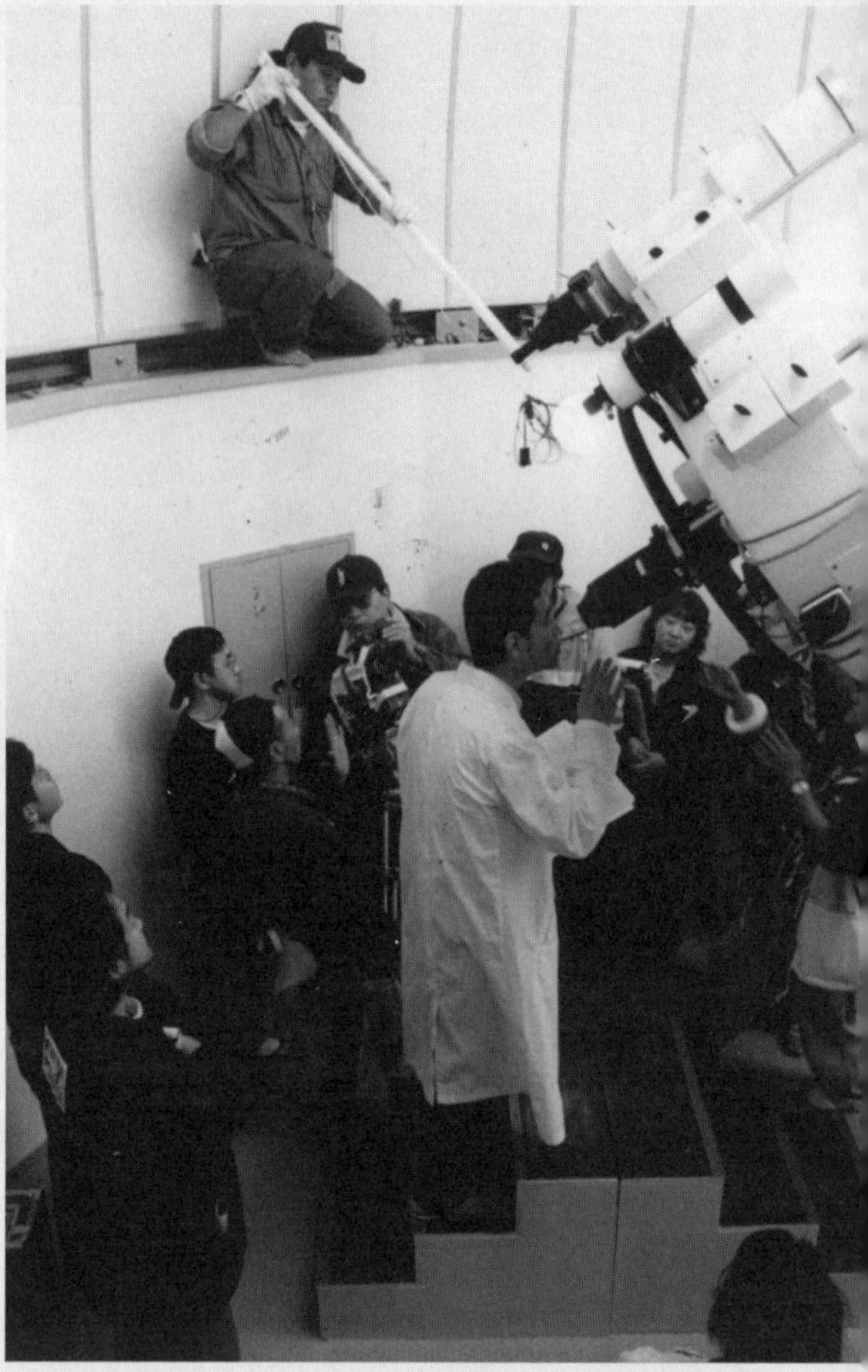

小川天文台にて。中央がヒラオ役右田昌万

　そういうのをちょっと入れとかないと、あそこの町の子ども達と右ちゃんの関係って出ないなあと思って。

——『ブースカ』でもセミレギュラーで駄菓子屋のゲンツキさんが出てきますが、親や学校の先生みたいに直面する関係じゃなくて、ちょっとズレた位置にいる大人をからかいながら、子ども達なりに癒されている。そういうことってあるなあと、自分の子ども時代を思い出します。

　リョウと幼なじみのヒラオとの関係はいいですね。ヒラオを演じた右田昌万さんは「最終回でアスカがいなくなった後は、リョウはオレと結ばれるかも」なんておっしゃっていましたが（笑）。

原田　いや、リョウはヒラオとは結ばれないですよ。そういうつもりではあの二人を撮ってないし、恋愛感情までは、あの二人は絶対行ってない。ヒラオの中では、もしかしたらちょっとあるかもしれないんだけど。

　でもあれ、面白いのは、お互いの子どもの頃の姿を見る場面で、ヒラオの方は、あの女の子がリョウだって気付いてないんですよ。リョウの方が「あれはヒラオだ」って気付くんですよ。あの辺が子どもの頃の感情っぽくていいなと思ったんですよ。女の子の方が一発で気付くっていうのは。

　僕はああいう関係が好きです。この業界に入りたいなと思ったきっかけとなったのが、中学生の時に見たアメリカのニューシネマ『明日に向かって撃て！』（六九年）なんです。男二人と女一人という関係で、当時新しい人間関係を作ってたんですね。お互いに想い合ってる関係で、ポール・ニューマンがキャサリン・ロスと自転車に乗るシーンが一番好きです。

　ニューマンにとってキャサリンは自分の恋人じゃなくて親友であるロバート・レッドフォードの恋人なんだよ。でも二人で無心に戯れることができる。この二人であんなきれいなシーンが撮れるっていうのは、こっちも中学生ぐらいの感受性の強い時期に、男と女って愛とか恋だけじゃないのかなってふと思ったんです。人と人の触れ合いっていうのが恋愛以外にもっとあるんだなあと。それって友情ともいえないんですよ。愛情は愛情なんですよ。でも恋愛じゃない愛情なんですよね。こういうラブシーンの形があるのかと思った。

inter-view

右田昌万

『ウルトラマンダイナ』『ガイア』『コスモス』『ブースカ！ブースカ!!』脚本・俳優

「俺が書いて欲しいのはシングルモルトだ」と言われたんです

――原田さんと「脚本・監督」としてのコンビの最初は『ダイナ』ということになるんですか。

右田　その前に、『ティガ&ダイナ』（『ウルトラマンティガ&ウルトラマンダイナ 光の星の戦士たち』九八年）のテレビ特番を一緒にやりました。ウルトラ映画の番宣特番の一発目ですね。ウルトラニャンが出て来て、ホリイ隊員と一緒に映画を案内するんです。

▽『ウルトラマンダイナ』で初コンビ

――それで『ダイナ』の「歌う探査ロボット」（32話）になるわけですね。

右田　原田さんは狙いの画をきちんと考えている方なんですが、とりあえず現場で見たものでどうするかも、いつも測りながらやっていた。おそらくラブモスと山田まりやのツーショットというのは無理だと判断した結果の、あの回だったと思います。この二者の間の恋愛関係は「たぶんそうはならないな」と、原田さんは見たんじゃないかな。

最初、木星の衛星から始まりますよね？

――「ソルビーノ」って名前でしたね。

右田　『ダイナ』って、1話で火星から始まるシリーズですよね。でも、火星に行って撮ってくるわけでもないし、「火星だ！」ということでやるわけで。ソルビーノだって同じです。

だから映像というより音のドラマだったと思うんです。あの回で音はすごく重要なキーですよね。

『ティガ』の頃からそうですが、当時「次どんなプロットを書こうか」と色んなSF小説を読んでたんです。それで、太古の文明の遺跡が発する風の音がコンピュータを狂わせるというネタがあって、それにヒントを得て、宇宙開発のマスコットキャラのロボットを応援していたマイが、狂ったそれを元に戻すというシンプルな話で作れるんじゃないかと。

――あと、GUTSメカが合体して巨大ロボになるというのが一つの見せ場だと思うんですが。

右田　あれはやりたかったんです。僕、当時は特撮で必ず何か一つ、そういうアイデアを入れてます。でも見事でしたね、あのCGは。

――最後は、結局ラブモスの狂った原因がわからないってナレーションでしたね。

右田　まあ、防衛システムですよね。そのシステムを作った人間……人間というか、その星の人はとっくに死んじゃったんです。その防衛システムが残っていて、探査ロボットを狂わせちゃったという。

――あんまりシリアスな印象はないですね。ナレーションが語られている間は珍獣ハネジローがモニタでソルビーノの風景を見ているという風に処理してたということもあるのかもしれないですが。

右田　『ダイナ』で原田さんといえばハネジローですよね。ハネジローは俺、好きじゃなくて（笑）。

――どうしてですか。

右田　根がSF系だから、一見醜く見えるものが可愛いのが好きというか。たとえば円谷さんだとピグモン。洋画だとE．T．とか。ハネジローも、そのパターンだったら好きだったんですが、最初からマスコットとして作ってますよね。居ること自体は悪くないと思うんだけど、そういうひねりが欲しいね……という。いかにも「子どもに喜んでもらって」というんじゃないもの。じゃあピグモンは子どもに喜ばれなかったのかというと、そうじゃないですよね。

――なるほど。そういう見方もあるんですね。ところで話は戻りますが、同じ『ダイナ』の「君を想う力」（46話）でも、白い花と黒い花の関連性っていうのが、劇中ではボカしてあります。

右田　白い花は本来善いもんだと思っておこう。そう思ってた方がいいじゃない、という。いわば性善説か性悪説かという部分の話だと思うんです。

善いものとして生まれて、その影として悪い部分が出来たんだ……ということかもしれないし。もともと悪いものではないと僕は思っていましたね。

――そこら辺は全部語り尽くさない？

右田　やっぱり昔の漫画とかそういうのを見て育ってきた人は、『あしたのジョー』のラストシーンにしろ『巨人の星』にしろ、「あとは、自分達の中で育てろよ」「とりあえず全部語っちゃいけないな」というのはどこかにある。自分の中に答はあるし、チラッとは見せるんです。単に謎のまま終わらせるっていうのは嫌なんです。そこまでは作り手の責任かなと。

――花があって、人によって見えるものが違う。

右田　あれもやっぱり、SF小説があって……一本の川の両岸におしべとめしべがあって、何とかして向こうに行って繁殖したいと本能的に思う。その植物というのは、動物に幻影を見せる力があるんですね。幻影を見せて、自分の種子を運んでもらおうっていう……これ、すげえアイデアだなと思って。

そこから、もちろんパクリじゃなくて、自分なりにアイデアを育てていったんです。

▽「君を想う力」の想い出

――「君を想う力」は当時の円谷プロ社長であった円谷一夫さん（現会長）の原案ですね。

右田　そうです。天文台に青年がいて、それがリョウ隊員の幼馴染みだった。青年が何か異変を見つけて、TPCが絡んでいく……という原案でした。

幼馴染みということだったんで、じゃあ初恋の路線かなと。一夫さんがドラマの『白線流し』（九六年）が大好きだったんで、俺も全部見たんです。松本の小川村天文台というのが『白線流し』に出てくるから、そこをロケ地にということで。

『白線流し』のスタッフロール見てたら、円谷とも付き合いのある知り合いが演出補で入ってて、その人に電話をかけました。だからロケハンに行くために必要な最初の段取りは、僕がつけたんです。

――右田さんは脚本だけでなく主演も務めてます。

右田　一夫さんが指名してくださって、自分が出ることになったんですが、それまで小劇場の舞台経験はありましたけど、七〜八年は離れていたので、覚悟がいりました。社内でも「あんな素人が」って反発の声も多かったから、撮影は早く終わって欲しい感じだったんですが、原田さんが言うには、「これシリーズ後半、46話だろう。こういう地方ロケの時はスタッフの慰労もあるんだから、お前、ゆっくりしていけよ」と。僕も「はい」って（笑）。

松本に行ってた時は、毎晩とまでいきませんが、呑みに行きました。つるの（剛士）くんとか、キャメラの倉持武弘さん、アクションの二家本（辰己）さんなどで。二家本さんから、松田優作さんの話を聞いたり。そういう伝説の現場の話が面白かったですね。

原田さんのすごいところは、現場で「これ、何撮ってるんだろう？」と思う時があるんです。「ここを撮ってるんだな」とわかりやすい時もあるんですが。

「君を想う力」は、ほとんど現場にいることが多かったので、よく見てた方だと思うんです。

たとえば美ヶ原でも、原田さん、空の色とか、すごく凝りますよね。いったい何のために空を山面に選んで撮ってたりするのかって思ってた。

子ども時代の回想も、シナリオにはそんなに書いてないのに、やたらいっぱい撮っている。「なんでだろう」と思ってたら、出来上がり見たら「ああ、エンディングのことまで考えてたんだ」って。

原田さん自身が松本で育ってますよね。子ども時代の思い出とか、自分の何かが作品の中に生かされてるのかもしれないですね。幼い頃にドラマのような初恋があったのかどうかも、俺は知らないですけど。そういう意味じゃ、やっと原田さんとしっかり作品で出会えたなって言えるものをこの時から持てました。

――後に右田さんの私設ファンHPのタイトルにもなった「いま見ていたのは…愛だ」という、あのセリフは、どこから出てきたんですか。

右田　自然にあれは出たんです。少年時代の回想シーンに入ってきたなと思ったら、望遠鏡を見てるヒラオのカットにつながるところで出てくるセリフ。あれはちょっと、今書こうと思っても書けないかもしれない。あの切り返しというのは。

でもあの時は、力を抜いていったら、自然にそれが出来た。普通に回想が入るだけじゃつまんないというところで、望遠鏡で見て、星を探してたところに戻る。

――細かい話ですが、子ども達の役名がマコトとトモハ、アイナというのも、一度しか出てこないキャラの名前なのに、耳に残っています。

右田　アイナは俺の姪っ子の名前からつけましたね。マコトは甥っ子で、トモハは友達の子ども。

――いいバランスですよね、三人の名前。

右田　そういう細かいところも自然と湧き出るように書けましたね。ただ実際の撮影では、俺が子ども達の前で「いま見ていたのは……愛だ」って言うのは、さすがにアガりました（笑）。

もうちょっと子どもとコミュニケーションを取ってればよかったなと思いました。緊張しちゃったんですよ、俺が子ども相手に。初日だったしね。

――あそこが初日ですか。それは緊張しますね。

右田　あそこからいきなり入って、もう最初がカブト虫を子ども達と探すシーンだったんで、緊張して緊張して……で、すぐに望遠鏡のシーンですから。

そのぎごちなさもまた「べつにいいんじゃない、あのキャラクターには合ってるし」ってのが原田さんはあったのかもしれない。

プロット段階で、ヒラオの出番は、あの形になる前に改訂プロットでは一度引っ込めたんです、俺が自分でやるのが決まったんで、あんまり出ちゃいけないなと。

　そしたら、原田さんから、「ヒラオが主役なんだから、もっと出さないとだめだよ」と言ってくれたんです。僕は半分緊張しながら「いいんですか?」って。それでもう、あとは野となれ山となれという感じで書いていったんです。

　僕の演じたヒラオは実際の僕とは全然違うんです。無精ひげでね。無精ひげのカットは、メイクさん任せなんです。撮影の間、ひげって自然に生えちゃうけど、一日か二日の物語だから、あんまり伸びちゃいけないってことで。ハサミで切ってて、時々刺すんですよ、メイクさんが。痛かったですね。急いでるのはわかるけど、刺さないでよと(笑)。

　俺としてはもっと芝居したかったんですが、芝居させてもらえなかったんですよ。原田さんは「自然体の君でいいんだから」と。「編集室の前を通る右ちゃん(右田さんのこと)をやってくれ」って。

　当時円谷プロで企画室が二階にあって、一階に編集室があって、そこで原田さんが作業している時に、僕が自分のコーヒーを注ぎに通るんですよ。

　でも「俺は芝居するんだ」と思って意気込んでいたんです。演劇やってたという意気込みもあったし。初日には空回りしてましたね、完全に。

　でも原田さんは「右田を撮るぐらい簡単だよ」って。「楽勝、楽勝」ぐらいの感じですね。

　でも当時の原田さん、四〇とかですよね。今の僕より若いんですよ。あの若さで「大丈夫、大丈夫」。だから監督って、お父さんみたいなところってありますよね。すごく頼もしい方だったな……と。

　でも俺、本当に初日は緊張しててね。スタッフも含めて。すごく険しい顔に見えて。

　天文台のシーンは、ボロボロでした。あと、車の中のシーン。「ここ、昔よく来たよね」って、俺がリョウ隊員の斉藤りさに言う芝居なんか……全然ダメ(笑)。いまだに見られないです。恥ずかしくて。

――あそこはインサートで回想を原田さんが入れてますよね。シナリオにはなかったけど。

右田　異様に多いんです、回想シーンがね。とにかく原田さんは俺には「芝居するな」としか言わない。「現場好きだな、原田さんは」と思って。題材を元に、どうやったら自分なりに遊べるかを常に考える。

――異変を感じたヒラオが小川村に一つしかないテレビ電話でTPCにかけてるんだけど、「取り越し苦労だったみたいだ」と自分で言うじゃないですか。あそこなんか、もっと芝居っぽくなってもおかしくないんだけど、自然体で良かったですね。

右田　あれは復調してきた。あそこ撮ったのは二日目なんです。一日目を反省して「さすがにヤバイぞ」と思って、これはどこかで挽回しないと……と。

　でも、あんまりガラッと変わるわけにいかないので、初日を終えた段階で、自分の芝居を振り返って、そことつながる感じにしようと。芝居の見せ場は、二日目以降も残ってるから、自然体でやるにしても、もう少し気合入れていけば、たぶんつながる……と。

――最後の方でスーパーGUTSの基地司令室の中で一人盛り上がって「ラジャーッ」って言うところもありましたね。

右田　あの辺は無事に。撮影も最後の方だったはずです。わりと気楽に、いきなり素人が基地に入って、浮かれてウキウキしてる感じでやろうと思って。

　でもあの時、木之元(亮)さんから、「『あしなが隊長』ありがとうございました」って言われて、ちょっと嬉しかったですね。

――「あしなが隊長」(43話)は右田さんが書かれて村石さんが監督で、木之元さんの主演回でしたね。

「出来上がり!」の笑顔

――原田さんが言ってたのは、お互いの昔が出てきた時に、「ヒラオの方は女の子が誰だかわかってないのに、リョウがあの瞬間ヒラオだってわかったのが、女の子というものなんだ!」って。

右田　ヒラオはね、たぶんずっと好きなんです、リョウのことが。逆に、リョウはべつになんとも思ってないから、逆にすぐ思い出せたというのがあって。

　それから、リョウは昔のヒラオの印象が強いけど、ヒラオはTPCで活躍してる今のリョウのことをずっと応援して知ってるから、逆に昔の顔がわかんなくなってるのかな……ぐらいな感覚でしたけどね。

――ああ、印象が上書きされてしまってるんですね。

右田　実際、自分の初恋の人が現れたら、わかりますよ。一応、だから、あの世界のヒラオはわかんないという風にはしてあるんですけど。

　俺達が思い出すような初恋の人って、それ以降会ってなかったりするわけじゃないですか。だから、経過を見てると、最初の元がわかんなくなって……というようなロジックなんです。あそこは。

――エンディングでは星を見つけますね。

右田　急に、最後になって超新星を見つけた。あれ、全然書いてないですよ、ホンには。現場で一応やって、でも、声の弾み方が足らないか何かでMAに呼ばれて、もう一回「見つけた!」ってやりました。

――リョウは、くっついたりはしないんだって、原田さんも言ってたんですけど、右田さんは書いてて、出演してて、いかがでしたか？

右田　演じていて、ちょっと役になりきってた部分もあったんで、悔しいところです(笑)。つるのくんにもライバル意識を燃やしましたね。つるのくんは、ちょっと別の意味で取ったみたいでした。「あのライター、俺のこと嫌ってんだろう」みたいな(笑)。演技してない時でも、つるのくんにはあんまり優しくしないというか……冷たくもしてないですけども(笑)。ちょっと素っ気なくしてたんです。

　それは置いといて、両思いが一番いいんだろうけど、こちらからの片思いって、けっこういいじゃないですか。あまり、人から一方的に好かれるのも、かえって良くなかったりもしません？　片思いの方が、人を好きでいる間その人が輝いて見えることがあったりするんで、それはいいんじゃないかと。

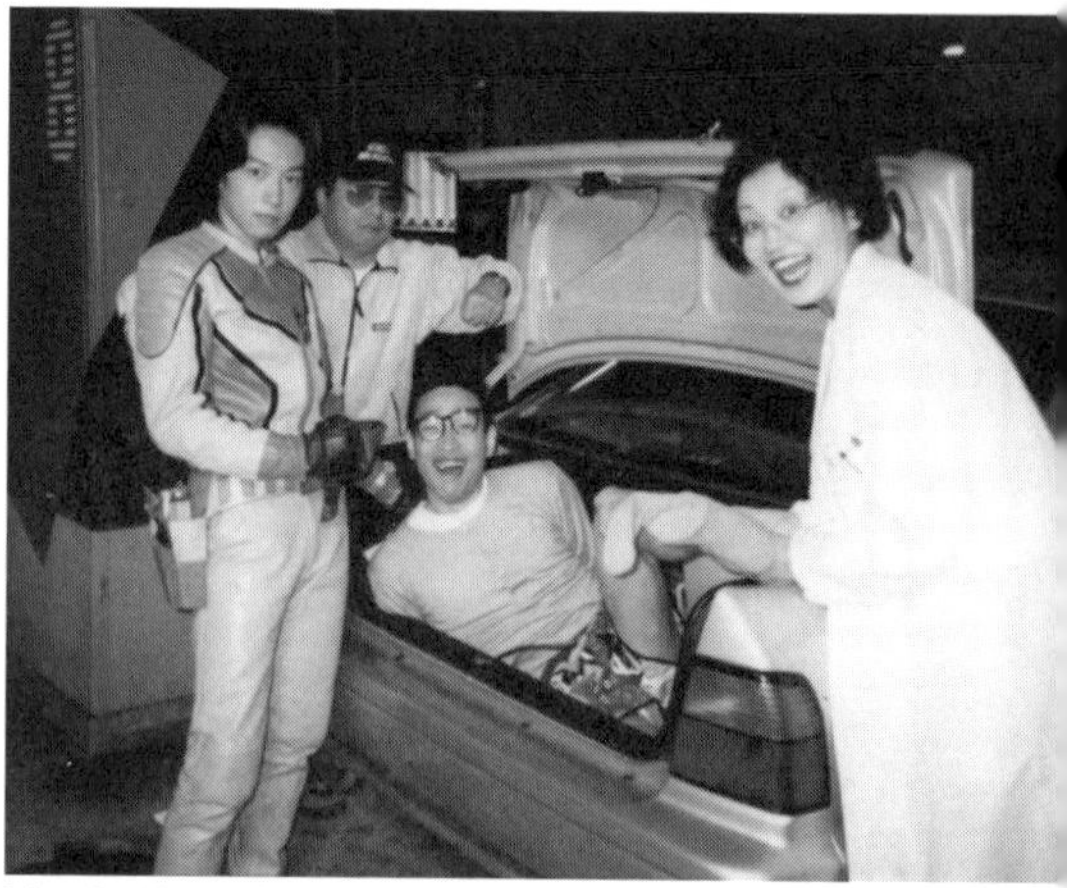

『ガイア』20話より。我夢、原田監督、須貝教授役右田昌万、三原研究員役入江純

――『ブースカ』でも斉藤りささん演じる小町先生に片思いする役でしたね。右田さんの演じた先生は。

右田　ちょっとなんか、警戒してましたね。全然俺、そんなじゃないのに(笑)。

――そういう役ですから仕方がないですよね。

右田　「勘弁してよ」みたいなところも(笑)。あの役自体、メインライターの川上英幸さんの指名で、僕が狙ってやったわけではないですからね。

――「君を想う力」での演技の仕上がりに関してはどうでしたか、原田さんは。

右田　何も言ってなかったです。「ニコッ」という感じで。要は「出来上がり！」ということですよ。「俺の方で、こういう風に料理したよ。どう？」って。

　僕の方からは「ありがとうございました」しか、言ってない気がするんです。

▼「原田ブースカ」とは？

右田　役者としてはたしか『ガイア』は一本だけ、僕、原田さんに須貝助教授の役で呼ばれてます。

――そうですよね。火を吐いたりして。

右田　現場では火を吐くなんて知らなかったです。

――脚本・監督コンビとなると『ブースカ！ブースカ!!』に飛びます。右田さん、坂間先生役で、初のテレビドラマへのセミレギュラー出演をされてます。坂間先生はとにかくハイテンションで、勘違い熱血教師みたいな感じですね。

右田　原田監督には、「熱血より、『暑苦しい』の方の『暑い』でやってくれ」って言われて。

――原田監督と脚本として組まれた18話の「流れ星でドキリンパ!!」は右田さん演じる坂間先生が「星を見に行きませんか」って斉藤りささんの小町先生を誘う回ですね。

右田　この回は、わりとお芝居的に僕は八割方、満足しています。

　これは、プロデューサーサイドからのお題が「バレンタインデーの話にしてくれ」ということでした。バレンタインデーの時期だからということで。

――あの回は石をめぐるドタバタと、レギュラーの男の子のカッちゃんが小町先生に好意を持つという。

右田　そこから話が始まって。斉藤りさが学校に水商売の女みたいな感じで現れて……それは冗談ですけど(笑)。でも、現場で言ってましたよ。「水商売の『これからお勤め』みたいな感じだな」って原田さんが(笑)。

　非常に、何のひねりもない話でしたね。不思議な石を持つと正直になる、正直に自分の気持ちを言えるというアイデアだけで行ってる。結局、「石を持ったつもりになって告白した」というドラマですよね。

　ああいうモジモジした世界観の話って、けっこう難しいと思うんです。ただ監督の要望としては「それで作ってみてくんねえか」ということで。

――そこは監督からのオーダーだったんですね。

右田　うん。カッちゃんの思いですね。

　こっちは、とりあえず石で物語を転がそう、と。人間ドラマとしてシンプルに行ったら「好きだという気持ちが言えました」、そして「バレンタインの日にカッちゃんは小町先生からチョコをもらえました」、「坂間先生はもらえませんでした」というオチ。

だからあれはあれできれいに収まったと思いました。

――右田さんもどんどんアイデアを出されていたんですね。

右田　ただ『ブースカ！ブースカ!!』って、昔のブースカじゃなくて、やっぱり原田ブースカになってますよね。全体が。キャメラの倉持さんもそう言ってるんですが、「裸の大将」みたいなブースカ。

　昔のブースカは、男でも女でもなく、両性持ってる。高橋和枝さんが声をやってたのもあるんですが、親のようでも兄弟のようでも友達のようでもある。純粋無垢だけど正義感が強くて、いざという時には頼りになる……というアイデンティティがあった。

　実は企画当初、僕は、そっちの色をかなり出してたんです。それで唯一通ったのが「ブー冠　カンブー　くるコロりん」（9話／北浦嗣巳監督）でした。

　メインが原田さんになった段階で「もう昔のブースカじゃなくて」という感じになっていったんです。そのプロット合戦の中で、昔のブースカのイメージを出すのが、僕はだんだん辛くなっていったんです。

――ちょっとイノセントな。子どものままみたいな？　むしろ居候している家の雄作くんの方がお兄さんぽいのかな、と思っていました。

右田　原田さんは、役者さんが大好きだったので、ブースカが子ども達の中の一人になってるんです。でもブースカまで、子どもの一人にしちゃうというのには抵抗があったんです。

　でも、もちろん思い入れもあります。この時に向ヶ丘遊園を撮影場所に使ってたんで、僕もこの時の思い入れがあって、八木（毅）組でね、『コスモス』の「遊園地伝説」（45話）というのをやったんです。

――閉園になる遊園地にブースカみたいな小さい怪獣が棲んでいて、最後、遊園地がキラキラした宇宙船になって還っていく……という話でしたね。

右田　向ケ丘遊園への感謝の意味を込めたストーリーにしたんです。

「ぬくもりの記憶」は何度見ても泣ける

――そしてウルトラシリーズ再開の『コスモス』の24話「ぬくもりの記憶」でまた監督・脚本のコンビを組まれます。このお話は原田さんから放映の前に「いい作品が撮れました」ってメールを頂いたのを憶えています。ちょっと『ダイナ』の「君を想う力」に通じるところがありますね。怪獣側が起こした異変で少年少女の思い出が蘇えるという。

右田　原田さんから「君を想う力」をやってくれと。

　要は、彼女のことは忘れていても、ぬくもりが憶えていて……という題名のまんまの話ですけど。

――エンディングの歌『君にできるなにか』をアヤノと男の子が二人がリレーで口ずさむという、あれはもう最初から決まっていたんですか。

右田　そうですね。たぶん、あの歌の使用も最後の頃じゃないですか。『心の絆』という歌に次の週から変わっているはずなんです。

――「ぬくもりの記憶」は交通事故に遭った少年に怪獣が見えるという、不思議なところからお話が始まりますよね。

右田　少年が幽体離脱をする。あれは俺、前に『魔神騎士ジャック☆ガイスト』（○○年）っていうVシネマの脚本を書いてて、そのヒーローの名前「神流」から、舞台となる町の名前を付けたんです。「神流市」って。ジャック☆ガイストは幽体離脱のヒーローで、幽霊が主人公です。僕は臨死体験や体外離脱にすごく興味があったんです。

――植物状態になってる少年の夢という感じですね。

右田　幽体離脱して繭菓ちゃんにだけ彼が見えるという話です。シンプルで、怪獣倒したら意識が戻る。

　途中で彼女が、現れた少年は、所謂意識が戻らない少年だったことに気付く。あそこでちょっとショックをガーンと与えて……。

　最初は夢を題材にして、人の夢を通ってくる怪獣というのをやりたかったんです。もうちょっと怖い話だった。でも夢ネタは小中（和哉）組で既にやってたんで「それは駄目だ」ということになって。じゃあ……とこのプロットになった。原田さんが「脚本は右田で行きたい」って押してくれたんで。

――少年役の上條誠さんは『ブースカ』で子役の一人・つっくんを演じてました。決定稿で台本から名前が刷られていました。

右田　最初のプロットの段階から、原田さんの中で決まってたようです。上條くんと鈴木繭菓で、幽体離脱の少年は出したいなと。この話は鈴木繭菓ちゃんも、気に入ってくれてたみたいで。僕は彼女の写真集『鈴木繭菓　アヤノ隊員ビジュアルブック』ぶんか社）に「ワロガの逆襲」の続編みたいな小説『ぬくもり見舞い』を寄稿しているんですが、それも純くんが出てくる話にしているんです。

――『コスモス』でも右田さんは役者としてもセミ・レギュラーでした。右田さん演じる右田医師は「時の娘」（13・14話／太田愛脚本）に初登場して以降、どんどん膨らんでいったというか。「魔法の石」（35話／川上英幸脚本）では比較的メインの位置でしたよね。右田医師が先に洗脳されて、カワヤ医師があとをつけてって……。

右田　あれに関しては、俺の芝居がどうというより、特撮シーンで怪獣がアメフトのポーズして突進しますよね。原田さんアメフト好きじゃないですか。「これがやりてえのか」と思って。たぶん、原田さんが「この話はいったいどこで命賭けるんだ?」ってのが、あの回は特撮だったんでしょうね。

――あの時の右田さんは派手な黄色のスーツを着ておられたのが印象的でした。

右田　あ、自前です。

――それまで職務中の姿しか見せず、地味な白衣だったので落差がありましたね。

右田　あれは『アイドル刑事』という番組に当時僕が社長役で出てたんです。加藤夏希と乙葉と照屋まみが、僕の「右田プロ」に所属してるという設定で。

その時に買ったスーツです。右田社長役で。ある時は右田社長、ある時は右田医師。でも、頼むから役名で「右田」って付けるの、やめてくれよってずっと思ってました(笑)。

▼総力戦の「ワロガ逆襲」

右田　『コスモス』は「ぬくもりの記憶」以降、毎回のように原田さん、俺を呼んでくれてます。

――「ワロガ逆襲」(48話)「復讐の空」(58話)の脚本、そして役者として出番の多かった「魔法の石」と、二本組の中の一本は必ず右田さんが大きく関わっておられますね。

右田　「君を想う力」以降はずっと相性が良かった。

原田さんの作品では、太田愛さんが一番、相性が良かったんじゃないですかね。ライターの中でも一番好きでしたね、原田さんは。

ただし太田愛さんの場合は、「太田さんの作品を持って現場に入りたい」っていう楽しみ方だったけど、僕の場合は、「書かせるライター」としての愛され方なんです。後半に行くほど、そうなりました。「君を想う力」で、最初に主演で使ってもらったってのがあって。役者になると弱くなっちゃうんですよ、ライターの権限というのが。本来ライターと監督って、ぶつかり合いながらやるものだと思うんですが、『コスモス』ぐらいから、どうも自分のやりたい回をこなせるライターとして呼ばれてましたね。『ブースカ』も、ちょっとそれに近かったですけど。

もちろん脚本の打ち合わせ以外でもよく呑みに行ったりしていたんで、気心知れたというところも俺と原田さんの間では大きいんですけれど。

だから、だんだんバランスが崩れてくるんですよ。「ワロガ逆襲」ぐらいまでじゃないですかね。なんとか保てたのは。あの辺はまだ自分で書けた方ですね。自分の意思で書いたウルトラは、僕はあれが最後です。そして最後は崩れましたね、一気に。

「ワロガ逆襲」は、原田さんの特撮がうまくなっていて、びっくりしました。

特撮の経験のない人が特撮をやったりするのはよくないって遠回しに言う人もいて、原田さんもグサッときてたんですが、そういうの一切感じられないぐらいの水準になっていた。昔ながらの円谷特撮っていうのをきちんと引き継ぎながらも、ちゃんとCGも駆使するバランスの良さ。

ストーリーは、原田さんからのお題だったんです。「ワロガやりたい」と。あと総力戦でやりたいと。最後の最後まで地上部隊が戦って、遂に勝つ……という。ワロガとコスモスの関係は「答を出すな。謎めかせ」と言われたんです。謎めかせるのは簡単ですから(笑)。

――ワロガはコスモスを乗っ取ろうとしたということなんですかね。

右田　それは、けっこう原田さんの言うがままに書いてました。ワロガはコスモスを狙ってると。コスモスをじゃあ洗脳しようとしているのか……そういうことをおっしゃってた。

――あとは敵のワロガとの総力戦に絞り込んでいる。

右田　結局総力戦は、カットのシーンバックがすごく増えていくんです。全部書き終わったかなと思ったら、まだ半分しか行ってなかった憶えがあります。

俺がやった中では『ガイア』の「XIG壊滅!?」(48話/北浦嗣巳監督)もそれに近かったです。XIGのエリアルベースが沈むまでを描く時に、単に船が沈むだけを描くんじゃなくて、その中の様子を色んな局面で全部見せてって……そこで初めて「沈む」っていう効果が出せるというのがあった。

それを経験してたから、何をやればいいかはわかってたんです。わかってたんだけど、やっぱり「総力戦、大変だよな」って。すごく時間かかるなと。

でも、ああいうのを書いている時の心情は、本当、面白いですよね。監督もそういうものに限っては、わりとその通りに撮っていくんですよ。

――前半、防衛軍の石井が最初にムサシにコンタクトを取ってきますね。

右田　石井はムサシがコスモスだって知ってる。前の回で伏線が張ってあったらしいんですよ。でも僕は前の回見てないんで。「これ、知ってんですか」「いや、知ってんだよ」「ああ、そうですか」って。

――右田医師も出て来ましたよね。

右田　この頃はいつか自分が監督する時に備えなき

ゃと思って、出番の時だけじゃなく、よく現場見てたんです。原田さんの撮り方……たとえばムサシと石井が背中合わせで話してるシーンとかをじっと見てたんです。そしたら原田さんが「お前、何やってんだ」って。「いや、いつか監督やりたいと思ってるんで勉強してるんです」って言ったら、原田さんが「監督っていうのはな、簡単。優秀なスタッフがいれば出来るから」って。それは憶えてます。

あと印象に残っているのは、俺、一回でいいから「ウルトラマンありがとう」っていうのを手を振って演じたいと思ってたんです。あの回で、自分が役者としてそれが出来たんです。円谷さんのによく出させてもらったけど、まだそういう場面は一回もやったことがなかった。みんなで思いきりコスモスに手を振る……そういうのが出来て良かったなと。

あれは、原田さんのやりたい限りを、いかに俺が勢いを持ってノリのいい脚本に書いて、その勢いを現場に持っていくか、だったんじゃないですかね。

戦車隊の岡くんが一生懸命撃ってましたね。

ともかく、火力がどんどん少なくなっていって、そういう中でもマンパワーみたいなものを見せたいというのは、原田さんがずっと言ってましたね。

俺の回では人間があんまり弱くないですよ。なんで防衛軍が怪獣を倒せないのかという理由が書かれてあるホンしか書いてない。出て、やられるための防衛チームというのも一回も書いた気はないですね。

ワロガも、ウィークポイントをシノブが見つけて、連携でコスモスが倒す。久しぶりに、ああいうことが出来ました。『コスモス』がそういうシリーズじゃなかったんで。あの辺から、原田さんも鬱屈がだんだん出始めてきたなと。

――防衛軍との距離というか、反目し合っているみたいなのは、準備稿にはなくて、決定稿で付け加えられてました。

右田　いい緊迫感を持って、間を持たせたいなと。意外に細かいんですよ。伝令が入って来て、ワロガからの予告も、直接みんなには言わないで、まず長官の方に行ってボソボソと言って、それからっていう……ああいうの好きなんです、俺(笑)。

▼バーでの「男と男の会話」

――それで、原田さんとやった最後の作品「復讐の空」になるんですけれども。

右田　俺が最初に原田さんと会った円谷プロのインタビューで、原田さんが「自分はこれまで東映ものとか、Vシネとか、そういう血なまぐさいところばっかりやってきたから、ウルトラマンではファンタジーで突き抜けたいんだ」ってことを言ってたんです。たしかにその後は太田(愛)さんのホンしかり、原田さんはそういうところを追及していって、最後の最後に東映の血が出たのが、「復讐の空」なんですよ。

――原田さん自身も「この回はとにかくVシネテイストでやろうと思った」って言ってましたね。

右田　今から思うと、原田さん、ひょっとしたら「ウルトラマンはこれで最後かも」というのがあったのかもしれないですね。自分の出身である東映Vシネマの血でオチをつけるということだったかもね。

でも、当時は原田さんとのお仕事が、あれで最後になるとは思ってもみなかったですね。

名前は出てないですが、撮影稿は、俺の手を離れた後に原田さんが書き加えたものなんですよ。最後、羽が出来て連れ去りますよね。あそこは原田さんが書いてます。脚本には書いてないんです。

原田さんとこれまでコンビ組んでうまくやってきたのが、最後、原田さんの言語がわかんなくなったのがあの回だったんです。いまだに印象的ですね。完全に、話が全然合いませんでした。

あれ宇宙人ものですが、いったい何のためにこいつらが地球に来てるのか、べつにそんなことはどうだっていいんですよ、原田さんにとっては。

俺はもともと喋ったりするウルトラマンは好きじゃなかったし、宇宙人も喋りすぎるのは抵抗があるんです。「復讐の空」の宇宙人の男女は明確な意志というか、意味がすっきりとバレてて、あれは完全に〈ヤクザとその情婦〉なんです。原田さんの頭の中で。

そういうところにコスモスが現れて戦う……というのを「子どもにもわかりやすくやれ」というのが注文なんですが、俺はもう宇宙人の男女が喋るのが嫌だったし「原田さん、これウルトラマンでやんなくてもいいじゃん」っていう気持ちもありましたね。

「復讐の空」はね、一回MBSに却下されたんですよ。初稿だったかな。却下された段階で、原田さん自身が「俺はMBSから信頼厚い」というのがあったんで、「いいじゃん。こういう時のホン直しは、とりあえずトップシーン、最初の一群をバーンと変えれば大丈夫だから」と言ってたんです。

俺としてはもう「この話やめますから」という気分でした。声には出さなかったですが(笑)。ただ唯一、内容云々より面白いなと思ったことがあるんです。

この話の準備をしている時、僕が八木組に書いた

「遊園地伝説」のMAに立ち合っていたら、そこに原田さんが来て、帰りに呑みに連れて行かれたんです。「復讐の空」に関して、お互いに意思があんまり通じないというのを原田さんも気にしてたんですね。

連れて行かれたバーで「ウィスキーは何が好きなの?」って聞かれたから「僕はオールドパーとか好きですね」って言ったら、原田さんは「ふうん」って言って、オールドパーを一杯頼むわけです。で、飲むじゃないですか。「じゃあ、俺頼むの、次飲んでみて」って原田さんが言った。

それからマッカランを俺の分と二つ、原田さんが頼んだんですよ。で「右田が最初書いてきたホンっていうのはオールドパー。オールドパーってのはブレンデッドモルトなんだ」って。ブレンデッドモルトは混ぜ合わせたウィスキーのことなんですね。「俺が書いて欲しいのはシングルモルトなんだ」と。それがマッカラン。原田さんはお酒詳しいですから。俺初めてその時マッカランを飲んだんです。

——お酒に脚本を喩えていたと。

右田　うん。結局それを飲んだからといって、飛躍的に良くなったというわけじゃないんですけど。

たしかにオールドパーはオールドパーでうまいけど、マッカランのシングルモルトってのは、けっこういい酒で、高いんです。本当にうまいんですよ。しかもシングルモルトだから混ざりっけがない。

これもある意味打ち合わせの延長じゃないですか。「こんな打ち合わせは、ちょっと俺初めてだな」と。

監督がおっしゃる通り、マッカランとオールドパーの違いはわかったけど、じゃあ自分の初稿のオールドパーをマッカランにするという技はおそらく出来なかったんですよ。今思い出しても。何かわかんないままやってましたね。

シノブ副隊長と原田監督

——準備稿と決定稿読み比べたら、たしかに女性のセリフが情婦的になってますね。「一緒に生きるしかないじゃない」というセリフがあって、大人の世界だなと思ったんです。

右田　男についてく女と、女がついていきながらも、この女がいないと成立しない男という……。

ダウン・タウン・ブギウギ・バンドの『身も心も』という歌があるじゃないですか。

——松田優作の『探偵物語』でも最終回にかかる歌ですね。

右田　あれ、俺や原田さん達が出演者と呑みに行った時に、シノブリーダーの坂上香織さんがカラオケで歌ったんですよ。それがすごくうまかった。

——坂上香織さんの「大人な女」のイメージにハマりすぎてますね!

右田　原田さんも感激して、俺に「『身も心も』のイメージで書け」って言ったのが「復讐の空」です。

——この回はレギュラー側では坂上香織さん主演ですものね。

右田　それで俺も『身も心も』を何回も聴いたんですが、やっぱりこれをどうウルトラマンにしていいのかは、掴み切れないまま終わりましたね。

「お前のことを本当に大事に思ってるんだ」

右田　円谷プロを辞めて独立する時も、相談に乗ってくれてました。原田さんは僕が辞めるのは反対だったですね。自分がフリーで苦労されてきたからだと思います。親身になってくれました。

最後に会ったのは、ある忘年会。今から考えたら、その時、もうガンだったと思うんですけどね。僕が長髪で行ったら、すごく怒られて。売り言葉に買い言葉みたいになって。

去り際ぐらいに原田さんが、「右田」って。「お前はわかってないかもしれないけれども、俺はお前のこと本当にすごい大事に思ってんだぞ」。それが最後の言葉でした。僕も謝ってですね。

でもね、念押しみたいにまた言うんですよ。「本当だぞ、お前。お前のことを本当に俺、すごく大事に思ってるんだ。それだけは忘れるなよ」。そこまで言ってこなくてもいいのになっていうぐらいに言ってきて、その時のことは今でも時々思い出しますね。

「さらばハネジロー」47話 ▼一九九八年八月一日放映

脚本：川上英幸　撮影（本編）：倉持武弘　撮影（特撮）：高橋義仁
ゲスト：山田裕喜（ミドリカワ・ヒロキ）

作品解説

▼ストーリー

宇宙船が地球に飛来。現場に急行したコウダ副隊長とカリヤ隊員に入れ替わったファビラス星人二名はTPC本部基地に侵入。防衛、通信システムを破壊してしまう。さらにスーパーGUTS本部に侵入したファビラス星人は、そこでハネジローを見て驚く。ハネジローはムーキットと呼ばれる種で、平和を招く神のような存在だと彼らは考えていたのだ。

故郷の惑星を天体衝突のために失ったファビラス星人。ムーキットもまた、そのほとんどが死滅してしまった。

ファビラス星人は、宇宙船に同胞八〇億人をミクロ化した状態で乗せていると語る。彼らは地球人を自分達の代わりに宇宙船に乗せて放浪生活をさせ、入れ替わろうとしているのだ。

そしてハネジローも、そんなファビラス星人についていくしかない。逡巡しながらも、去っていくハネジローに呆然とするアスカ。

だが宇宙船に戻ったハネジローはコウダ、カリヤを救出した。そしてファビラス星人の一人を改心させることに成功する。一方、ムザン星の魔石によって暴徒と化したもう一人のファビラス星人は巨大化してデビルファビラスとなり、狂笑しながらTPC基地のパラボラ施設を破壊し始める。

アスカはダイナとなり、格闘の末、体内の魔石を取り出し、デビルファビラスを元の姿に戻す。

ファビラス星人達は地球人に詫びると、ハネジローことムーキットを心の支えに再び放浪生活へと出ることになった。

アスカとハネジローの別れの時がやってきたのだ。

ハネジローの乗った宇宙船を見送り、夕陽に立ち尽くすウルトラマンダイナ。

後日、ハネジローからメールが届いた。

「アスカ、マタ、アエル。ゼッタイニ、マタ、アエル」

思わず涙ぐみながら、再会を約束するアスカだった。

▼『ダイナ』最後の登板

最後の出番だけあって、ファースト・カットからハネジローのアップで始まる。これはハネジローを愛した原田監督の希望によるものだ。前回で少し紹介されたように、ハネジローのホームページ「PAM NET」は大人気。口でキーボードを叩き「タクサンノオテガミアリガトウ」と返事を書くハネジロー。アスカのセリフによると、ハネジローは小学生程度の知能があるらしい。

そこへマイの弟である小学生のヒロキ（山田まりやの弟・山田裕喜が特別出演）が司令室にやってきて、ハネジローに花束を。「クーンクーン」と気持ちよさそうに匂いを嗅ぐハネジロー。

ハネジローにすっかり人気をさらわれたと嘆くアスカに「さらわれるほどの人気、アスカにあったっけ？」とツッコむリョウ。全員が笑いとなるのだが、この構図を見て、アスカが仲間に愛されていることを感じない視聴者はいないだろう。一年続いた『ダイナ』もあと四回で最終回。このチームの和がすっかり出来ていることがわかる。

この出だしで既に幸福感がいっぱいの本作は『ダイナ』での原田監督最後の担当回でもあった。

▼アスカの憂愁

宇宙人が化けたコウダとカリヤが無表情でセリフが棒読みなのはウルトラマンシリーズの定番ともいえる描写法だが、最終回近くになっての、司令室が直接攻撃される展開は緊迫感を盛り上げる。

そこで思わず「パム」と鳴くハネジロー。地球人の姿に変身していても、彼らがかつて行動を共にしていたファビラス星人だとわかったのだ。

「ムーキット、一緒に来い」。そう言われたハネジローがうなだれ、悩む姿がいじらしい。この頃になるとハネジローの演技は名優並だ。

羽根を広げて飛び立つハネジロー。リョウ達のところに行きかかって、方向を転換しかつての主人の元に抱きとめられていくという〈迷いの演技〉をCGで表現している。ハネジロー担当のCGも成熟の域だ。

「行くな！」と叫ぶアスカ。今回のアスカは、ハネジローの絆が揺らぐことに、かつてない動揺を見せている。

会議でシイナ参謀から、ハネジローがファビラス星人側のスパイとして利用される可能性を指摘されたアスカは「ハネジローはそんな奴じゃない！」と激昂し、憮然とした表情になる。

そして中CM明け。司令室に座り思いつめているアスカの顔は、少し離れてそっと見ているリョウやマイならずとも、心配させられてしまう。ため息をつくアスカ。

ハネジローの存在があることで、猪突猛進なアスカの孤独さ、ナイーブさが表現できている。ハネジローとの別離が描かれるのは、『ダイナ』という番組の、それまで楽しく過ごしてきた時間が終わりに近付いていることを意味する。

▼宇宙船の挑戦

ファビラス星人の乗ってきた球状のUFOは、ミラーの半球が上下に分かれ、互い違いに回転して飛行する。

コウダとカリヤが囚われることになる内部のドーム状空間は、ステンドグラスが合成され、どこかから教会の鐘のような音がする。そこでファビラス星人の穏健派が戦闘派に「血を流して勝ち取る平和」に疑義を呈する対話がなされるのは効果的だ。

ファビラス星人の胸に埋め込まれた魔石は、ウルトラマンでいうカラータイマーの位置にあり、原田監督も準備稿に「カラータイマー」と記している。魔石が点滅すると狂気のボルテージが上がるのだ。つまりこのファビラス星人もまた、原田監督担当回の敵の多くがそうであるように、根は悪くないのだ。

巨大化したデビルファビラスが暴れるシーンは、シナリオでは都心だが、映像では山間のTPC基地パラボラ施設となっている。地上からアスカがゼレットで攻撃する場面は、前回の撮影と一緒に小川村天文台近くの広場で撮られている。闇雲に都市を破壊するのも、それはそれで〈暴走した〉というイメージを伝えることは出来るが、ここは一番、TPCの施設に侵攻するという危機感に絞り込み、返す刀で本編ロケ地も前回とまとめてしまう辺り、テレビのスケジュールの中での効率的な計算がうかがえる。

▼夕焼けの二人

ハネジローは裏切ってはいなかった。囚われていたカリヤとコウダを救い出すが、事情を知らないコウダから「どうしてここに?」と問われると、思わずうつむいてしまう。細かい演技がハネジローの感情を的確に伝える。

宇宙船内のハネジローはCGの飛行とアップの人形を使い分けている。やってきたファビラス星人に、スーパーGUTSの仲間達が自分に見せてくれた笑顔を投影するハネジロー。ハネジローは(この時点で)言葉は喋らないが、思いを映像にして見せることはできるのだ。

ダイナにデビルファビラスの魔石の位置を知らせるために宇宙船から飛来する場面では、「パムパムパム～」とパタパタ小刻みに動く様が可愛く、手前にパースをつけてやってくる。最後なので、いつも以上にハネジローのCGには力が入れられていた。

前回のモルヴァイア同様、中に入る人間のフォルムがそのまま出るスーツなので、お互いの手の内を繰り出しては返し技を見せるという、気持ちのいい格闘が繰り広げられる。そんな中で、敵のビーム攻撃をよけながら自分も発するダイナ……という流れもよどみない。

固い身体で光線も跳ね返し、光のロープを繰り出して縛り付けるデビルファビラズだが、ミラクルタイプになって瞬間移動するダイナ。

ハネジローに魔石の位置を教えられたダイナは、すれ違い様に胸の装甲をちぎり取り、レボリュームウエーブで魔石のみを異次元に飛ばす。肉弾戦と合成の魅力を併せ持った殺陣だ。

魔石を取られ、無力化したデビルファビラスが宇宙船に回収された後は、ハネジローとの別れになる。ダイナの手のひらの上で見上げるハネジロー。折しも夕焼けの時刻。戦い終わったダイナのカラータイマーの点滅が、ハネジローを見下ろす彼の銀色のマスクに写り込み、二人が一緒にいられる時間が残り少ないことを象徴的に表現する。サックス演奏によるBGMも監督の指定によるもの。

「ダイナ…ボクイク」

最後になって、言葉を発するハネジローには意表を突かれる。

無言だが、胸を震わせて夕焼けに去っていくハネジローの宇宙船を見送るダイナ。宇宙船に夕陽の光が写りこむ。逆光に浮かぶダイナの姿に、カラータイマーが淋しく光るくだりにはこみあげてくるものがある。思わず手を握って耐えるダイナ。

そして、エンディング音楽とともに去りゆく宇宙船の窓にハネジローが映り込み、やがて小さくなっていく地球。

宇宙の彼方に宇宙船が去っていくと、ハネジローのこれまでの名場面集となる。そして最後は、夢か現か、「パムーッ!」とウルトラマンのようにグングン巨大化するハネジローが!

▼原田昌樹、語る

――ハネジローの最後の回ですね。

原田　最後は迎えに来て旅立っていくという形ですね。でもそれまでにハネジローの活躍編がなかったのが残念でした。登場編以外では、村石(宏實)さんの時、怪獣島にさらわれた(16話「激闘!怪獣島」)くらいで、あとはあんまり出て来なかったんですよね。しょうがないから自分の回だけは、ストーリーに関係なく、とにかく出そうと。僕以外の回でも、声を演った河島(順子)がスクリプターとしてついてる回は極力出してましたよ。

ハネジロー話は大変だったけど、もうちょっとやりたかったね。

――ファビラス星人の円盤の中は、教会のステンドグラスみたいな内装でしたね。

原田　あれは試しにやってみたんですよ。芝居をグリーンバックで撮っちゃって、全部ミニチュアセットでバックグラウンドを作ったらどうなるだろうっていう。宇宙船のセットが作れないっていう予算的な問題もあって。

もう『ダイナ』も後半の方だったんで美術部が「どうせこういう世界が好きでしょう」って作ってきたのが、ステンドグラス。まあ、俺は「妙な円盤」とは言ったんですよ。

――円盤の形は、半円型のミラーが二つ合わせ目で分かれて互い違いに回転しているという、凝ったものでしたね。

原田　あれは最初、寺井ちゃんの方で作ってきたんだけど、撮影大変なんですよ。キャメラが逃げきれないんで。映るんですよ。どこ行っても丸いから(笑)。どうにか反射とかで隠して撮ったんですけどね。でもやっぱり動かす時はしんどくなって、最終的にCG班にモデル渡して作ってもらった。『ダイナ』の時、CG班が一番充実してる時期だったんで、技術のあるやつがいたんですよ。短期間である程度の絵ができたんで、わりと無理が利いたんですね。

この回が、俺の中では一番合成が多かった。ハネジロー自体もCGで動いてたし。

――『ダイナ』は原田さんが初めて監督として最初からレギュラーで入られたウルトラマンでしたが、全体を振り返るといかがでしたか?

原田　『ティガ』は後から行った人間だったから、それまでの流れの中で自分なりにやるというポジションだったけど、『ダイナ』は頭の方からやってたから楽しかった。三シリーズの中では一番制限が少なかったし。バラエティに富んだ話が許されていて、ある種、何をやってもよかった。だから好きなものやろうかなと。でも北浦(嗣巳)さんの方がはるかに好きなことをやったと思うけどね(笑)。

僕は、ノーマルな『ダイナ』は「さらばハネジロー」で一度終わっていたと思っています。そこから先は京本政樹さん赤井英和さんのスペシャルヴァージョン(48話「ンダモシテX」、脚本・右田昌万、監督・北浦嗣巳)が一本あって、その後の最終三部作は『ティガ』からの流れを完結させた小中和哉監督、長谷川圭一脚本ヴァージョンの『ダイナ』だったなと。

それで、宇宙にアスカが消えていった今のままの最終回では、やっぱり死んでますよ。誰がどう見ても。あの最終回一本で『ダイナ』は暗く終わっちゃったんです。一年通して〈明るく楽しいダイナ〉を作ってたのがね。

テレビのレギュラーの、ノーマル・ヴァージョンの『ダイナ』の最後を作りたいですね。

僕らが作っていた『ダイナ』は明るくて前向きで、最終回が終わっても、まだダイナは元気で頑張っていますよっていう話。希望のある。

inter-view

原田克彦

気持ちを込めて「念を伝えよう!」と。

『ウルトラマンダイナ』ハネジロー人形師

原田　(写真を出し)これがね、私のところにある唯一の原田監督が写ってる写真なんです。これが私(照れ笑い)。こういう格好をしてね、画面には写らないように、普段はしてるんですけど。(もう一人写っているのは)助監(助監督)さんですね。

ハネジローを操る原田克彦とアスカ。右奥には原田監督

あとこれは、ハネジローが出た最初の回の台本です。この台本の上に、どういう動きをするのかということを自分で書き出して。

――(台本の余白のメモを読み上げて)「歯をむき出して威嚇する」……ありましたね。ハネジローが最初に出た時に。

原田　ええ。とはいえ、台本なんか見ながらやってる人はほとんどいませんでした(笑)。現場はかなりハードで、スケジュールはきつい、拘束時間も長い。古いスタジオですしね。(東宝)ビルトでしたから。

最初に行ったのが、九七年の九月なんですよ。九月四日くらいでしたかね。プロデューサーの小山信行さんが円谷プロにいらっしゃって、ウルトラマンもやっておられる。この方が、TBSの『まんがはじめて物語』(七八～八四年)というシリーズで制作進行だったんです。モグタンとか、ロクベエ、ナルタン、ゴン左衛門と、歴代のキャラクターの人形を僕が十数年、操演していたわけです。

――人形を動かすお仕事は、いつぐらいから始められたんでしょうか。

原田　一九七五年、幼稚園や保育園を巡回する人形劇団からずっとですね。

僕はマペット……こういう小さい人形と、あと自分で被る着ぐるみの方もやっています。

九七年の九月はまだかなり暑い時でしたが、小山さんから突然電話があって、「やぁ、元気か」みたいな。「今度、ちっちゃい怪獣と言うか、マスコット的なキャラを作りたいから、お前に使って(使う=操る)もらいたいんだよ。ちょっと来てくれないか」と。「あぁ行きます」と。当時、私、九十九里浜の方に引越してたんで、遠いんですけど(笑)、円谷プロまで行ったんです。九月の六日でした。そこで初めてデザイナーの丸山(浩)さんと原田監督と会いまして。まだその段階ではデザイン画だけだったんですね。その段階で「どういう人形にしたらいい?」みたいなところから話が始まりまして。

――操りやすい人形を……という。

原田　作り方をね。どういう構造にしてどういう使い方が出来ますかってところから話が始まりました。

――そのデザイン画を見て、どう思われましたか?

原田　怖いのか可愛いのか……でも可愛くやりたいという意向は伝わって来たので、そう出来るように。表情が出ないと辛いので、表情をうまく出すには、ワイヤー操作よりも、直に自分の手である程度、口を開けたり、まぶたを閉じたり開けたり出来るようにして欲しいという注文を出した憶えがありますね。

海外の作品でもそうですけど、細かい表情の動きは、長いワイヤーが何本も付いていて、何人かの人間で一斉に、目を動かす係、耳を動かす係、口を動かす係で分担してやっているんですけど、そういうのだと、ちょっと生っぽい感じは出しづらいかもしれません……という話をしました。

そこからまず始まったんで、まだその時は、形としてのハネジローはまったくなかったんですよね。

ハネジローがやってきた！

原田　原田（昌樹）さんは以前、『ＲＥＸ　恐竜物語』をやってたということは少し後で知ったんです。本人じゃなく、誰かから聞きました。

――毛がふさふさしてる感じでしたね。

原田　そうです。ちょっと毛虫っぽいところもあるし。爬虫類に毛が生えているって感じかな。「これ可愛く動くかな？」ってちょっと心配でしたけどね。

　デザイン打ち合わせの後、造型の開米プロの高山正紀さんが、担当して作ってくださったんです。小さい人形を作るのは初めてだってことで。怪獣が専門ですから、普段は所謂「着ぐるみ」サイズですよね。素材のこととか色々、考えてくださったんです。

　ある程度出来てきたのを見せてもらったのが二回目でしたかね。そこで「こんな風にもうちょっと直して」と注文を出して、九月の十七日に、ある程度最終形に近い形で……「フィッティング」ってスケジュールに書いてありますけど、これはつまり「衣装合わせ」って意味ですが……ハネジローを自分の手に合わせて動かしてみてどうなのかっていうことをやっているんです。原田監督ももちろん立ち合って、とにかく僕が使いやすいようにということを、まず考えてくれたと思うんです。

　その一週間後ぐらいに、もう一度、今度は「アピール」といって試演するんです。今度はかなり本格的に、こういう動きが台本の中であるけど、可能かとか、そんな感じで動かしたんだと思うんですね。

　九月二九日が撮影初日で、前日の二八日にまたビルトに行って、完成したハネジローを借りて持って帰ったんです。自分の家でまたちょっと練習というか……最終的に動きのチェックなどをやったり……まだまだ直さなきゃいけないところもあったりして。

　というのは、耳とか羽とか足とか、これが合成樹脂製なんです。かなり硬くて、重いんですよ。毛がふさふさ生えてるんでソフトな感じに見えるんですが、相当な重さがありまして、しかも硬いんです。これを柔らかく見せる。ソフトで優しい、可愛い感じに見せる。「かなり難しそうだな」と思いながら、練習したのを憶えています。

　そんなことで、撮影に入るまでに、ほぼ三週間かかっていますね。一個の、小さいキャラを作るのに、こんなに丁寧に、時間かけてやるんだなというのは意外でした。それまで僕がやってきたキャラクターは、モノが最初に出来ちゃってて、「じゃあ、これでやって」という方が多かったので。

　本当に、レギュラーで「このキャラを年間通してやってください」っていう時でないと、細かく採寸したり、自分に合わせて作ってくれたりということは、被り物でもないですし。ましてや人形では……たとえばＮＨＫの人形劇なんていうのは、人形美術家が発言力を持っているので「その人が作ったものに文句つけられない！」みたいなところもあるんですよね。自分の注文を色々、人形作る段階で出せるなんてことはなかったんです。だからちょっと新鮮な体験ではありました。

――その注文は、動きやすさということでしょうか。

原田　「生きてる」っていう風に思ってもらわないといけないので、そこが最初のキモでしたね。

　おそらく、原田監督もそういうのは『ＲＥＸ』やった時に、自分の中で思ったことがあったんだと思うんです。ですから僕のやりたいように、やりやすいように作る方をまず、優先してくれました。

アスカとハネジロー

原田　撮影初日はね、実は、最後のシーンだったんです。幻の遊星が崩壊して、スーパーＧＵＴＳのイーグルでアスカ達が脱出するシーン。その最後の、コクピットで……。

――アスカとハネジロー、二人の会話ですね。

原田　そうなんです。「俺がウルトラマンダイナだってことは内緒だぞ」ってアスカが言う。

――（台本の余白のメモを読み上げて）「助けてくれてありがとう」ってアスカが言うと、ハネジローが「ちょっと胸をふんぞり返ったような感じになって」と書き込まれてますね。完成画面が浮かんできます。

原田　ここで命名されるんですよね。台本は「パム」なんですけど、本番では「ハネジロー」になった。

――「ハネジロー」って言われて、ちょっと残念そうな顔をしますよね（笑）

原田　「この名前、ちょっと気に入らないんだけどな」（笑）みたいなね。そういうニュアンスを出せ、って監督に言われたんだと思います。アスカが「名前、気に入らないのか？」って言うと、ハネジローが慌てて。「そんなことない」って仕草で（笑）。

　最初はずっと「パム」って言ってたんですよ。鳴き声も「パム」でしたし。「パムー！」って監督自ら声出したりして。可愛い声出していました（笑）。

　現場では、僕が自分で「パムー！」とか言ってますけどね。同録ですから声出せない時もあるんです。

　最初に撮ったラストシーンで面白かったのは、本当にコクピットだけなんです。イーグルα機の。機体そのものはないので、平台の上に、コクピットの部分だけのセットがボーンと組んであって、そこにつるのさんが座っているんです。ちゃんと隊員の服は着ているんですが、彼の足、サンダル履きなんです(笑)。足の部分までは写さないので。

——いらないわけですね。

原田　実際はブーツっぽい靴なんですが、一日中ブーツ履いていると、もう蒸れ蒸れで大変だから、足が写らないところではスニーカー履いてたり、サンダル履いてたり、そんな感じでしたよ。そこは、人形を使っている私と一緒で「写しちゃいけないところ」みたいな感じでね。「ダイナっていうことは内緒だぞ」っていうところで、深く頷いたりしていました(笑)。

ここはでも、いいシーンでしたね。最初なんでね、けっこう丁寧に撮った感じがありましたよね。

次の撮影までちょっと時間が開いて、その間に、試写というか、撮った部分のラッシュを、スタッフルームで見せてもらうんですが、周りのスタッフもみんな「すっごく可愛い！」って。監督にもすごく喜んでもらえた。

——モニタにハネジローが写ると、山田まりやさんのマイ隊員が「なにこれ可愛い！」って言いますよね。まさに本音だったんですね(笑)。

原田　やっぱり、そのまま人形だけがポテッとあるものと、手が入って動いたものでは全然違うというのを認めてもらえた感じで、すごく嬉しかったですね。僕、この時初めてだし、外様なわけですから、「あぁ、よかった」とホッとしたのを憶えていますね。

そこは、今にして思えば、監督がそういう風に仕向けてくれたのかもしれないです。僕の方が実は、監督よりちょっと年上なんで、それもあって、少し気を遣ってくれていたのかもしれません。

その後は、遊星の中の洞窟とか。これはもう、ビルト……あの古いスタジオのね、埃だらけのところで、岩山、洞窟のハリボテに、手を一本出せる穴を開けて、僕が岩山の中、もう半日くらい下に潜ってる(笑)。

(写真を出して)これ、その時の写真なんですよ。というのは、メガネかけてないですよね。洞窟が崩壊するんで……実際は発泡スチロールですけど、細かい砂利とか砂とかガラガラと崩れ落ちるんで、埃まみれ、砂利まみれになるんですよね。それでゴーグルをして、岩の中に潜ったんです。ゴーグルするために、メガネを外して。

この撮影、一番きつかったですね。要するに、アスカがリーフラッシャーを落として、それをハネジローが……ハネジローもケガしてるんだけど、持って来る。咥えてアスカに届ける。これはかなり、念入りにというか、力入って芝居した憶えがあります。

洞窟ではあと、出会いのところですね。ケガをしているから攻撃的になっていて、噛み付くんだけど、アスカが「大丈夫だよ」って。なんとなくそれは……、自分、犬を飼っているんですが、人に懐かない犬のイメージ(笑)。そんなのを考えながら。うちのは雑種の、捨て犬で、中型なんですけど。

要するにどれだけ、この子(ハネジロー)の気持ちの動きを手の動きで出せるかなと。それは実際に物理的な力というよりも、気持ちを込めて「念を伝える！」感じで演じたのを、すごく憶えています。

そういう感じで三日くらい続いたんですけど、相当ハードな撮影でしたね。

真鶴にある原生林のような林に、一日だけロケに行きました。ワンシーンだけ。ハネジローが最初に姿を現した時、林の木から木へと飛ぶシーンです。

▼ハネジローのいる日常

原田　一本目のハネジローが終わるまで、九月の頭から考えると、随分かかりましたね。放送は十一月だったんですね。だからかなりギリギリになるまでやっていたんだなあと。

だからその次の「激闘！　怪獣島」(16話)の、村石宏實監督のシーンをハネジロー初登場の原田組の合間で撮影してるんですよ。原田組が撮影している間に、もう次の次の組に当たる村石監督が、並行して撮り始めているわけです。それが何組かあって、ちょっとずつシンクロしながらそれぞれ撮影を進めていく。俳優さんはもちろん全部やらなきゃいけないんで、相当な拘束時間だったと思います。監督はだいたい二話連続で任されて作っていくので、並行してこっち撮ったらあっちとやるんですが、同じセットを使うんだったらまとめて、違う監督の話でも、同じところで同じ時に撮っちゃう。それをとにかく二本分撮り終わるまで、シナリオを作る段階から、編集が終わるまで監督はやるわけですから。すごい重労働だなと思いました。番組を作っていくには。

だから、監督が四〜五人いないと、とてもじゃないけど、一週間に一本オンエアするのは無理だろうと思いました。どれもスタジオだけで撮り終わる話じゃないですからね。

村石監督とはモグタンの『まんがはじめて』シリーズの時からずっと一緒にやっているんです。村石監督は途中からこのシリーズに入って来ました。

——村石監督の「滅びの微笑　後編」(36話)にもハネジロー出て来ますね。

原田　そうなんです。『ダイナ』の後、村石監督が、自分で別に撮った作品にも呼んでもらったりしました。ジオラマを作るような感じのビデオを撮ったことがありまして。そこでマペットの、緑色で、本当に目玉がまん丸で、マンガチックなキャラのゴジラの人形を村石監督の作品で使いました。

――「激闘！怪獣島」（16話）がハネジロー二度目の回にして途中では唯一のメイン回でしたね。

原田　あれは稲城で一日ロケをやったんです。これはストーリーの中で、ハネジローに役割のある回でした。これ以外は、本当に基地の司令室でマスコット的にいて、なんか飲んでたり食ってたり（笑）。

出演料的にはありがたかったんです。一本いくらのギャランティだったもんですから。出演時間が長かろうが、短かかろうが一本という風にしてくれて。こういう仕事の中では破格のギャラだったので。

――司令室のシーン、ハネジローのアップから入ることも多かったですね。原田さんの、「死闘！ダイナVSダイナ」（31話）なんか、基地の部屋の片隅でピーナッツ食べたり。

原田　原田監督のアイデアですよね。そういうのさせるの、けっこう好きでしたね。シナリオにはないと思います。ピーナッツも本当に現場で、撮影の時に「なんか食い物置いてみようか」という感じでやったと思うんですよ。アドリブの発想で。

――ピーナッツ食べようとして落として、慌てて拾ってまた食べたりとか。

原田　口も硬いんでね、なかなか、つかみにくいんですけどね（笑）。実際、本当、リーフラッシャーを拾う時も大変なので、鼻面で押して転がすような感じで。「（ハネジローの声色で）咥えられませーん」（笑）。でもそれがまた逆に、リアルだったりして（笑）。「犬もそういうことするなぁ」と思いながら。

▼さらばハネジロー

原田　やっぱり明確に憶えているのは、最初の回と、47話の「さらばハネジロー」ですね。「さらばハネジロー」までは随分間が空きましたけどね。

ハネジローは「二歳ぐらいの知能」ということだったんですが、実は、もっと高度な知性を持ってる子だと、自分の中では思っているんです。だから、人の気持ちとか、ある意味テレパシー能力というのかな……思ってることは、人間以上にわかるし、それがアスカ達と出会うことで、目覚めたというのも変ですけど。シーンとしては全然出ないですが。

――ハネジローのいたメラニー遊星は、ハネジローの星じゃないというか、そこが故郷じゃなかったというのが「さらばハネジロー」でわかりましたね。

原田　置き去りになってたね。

――母星が滅んだっていう説明のシーンで、ちょっと悲しそうな顔をしてみせたり。目を半分閉じて。

原田　その気持ちを出すには、「そこもうちょっと目を閉じて」とか、細かい注文を原田監督は出してましたね。「ここで、目を使おうか」とか。まぶたひとつ閉じるにしてもね、閉じ加減とか、そのスピードとかで、色々違った表現が出来るんで。

基本的に、ＮＨＫなどのスタジオで人形劇を撮る場合は、モニタ見ながら出来るんです。でも、ハネジローの撮影はほとんど、昔の映画の撮り方なんで、役者がモニタを見ながらやるなんて最初から、設定されていない。ただ、その前の、ＴＢＳのモグタンのシリーズもずっとフィルムだったんで、モニタなしでってのはまったく苦にならなかったです。

そのことは最初に言われたんで、小山さんから。「お前、モニタなしでも大丈夫だろ？」「えぇ、大丈夫ですよ」って。

もし他の人形使いだったら、おそらく「ちょっとモニタないと私、出来ません」って人が、多いんじゃないかと思います。その辺、小山さんも見てくれて「こいつならここでも出来るかな」って、それで呼んでくれたんだと思うんですけどね。

最後の回で、守り神として、ファビラス星人に崇められていたみたいな設定がありましたけど（笑）、そんなこと僕は全然考えてなくて。だからおそらく本当にピュアな感情でハネジローと接してくれた初めての相手がアスカなんじゃないかなと。ファビラス星人は、人間とはちょっとものの考え方も違うだろうし、ハネジローに対しても、本当に「お前が好きだよ」という感情は持ち得なかったと思うんです。アスカはそうじゃなくて、本当に人間がケガした野良犬に対するような感じで「お前、大丈夫かよ？」みたいな（笑）。こいつにとってはすごく新鮮で、それで人間が好きになっていったんじゃないのかな。

ただ最後には……自分の中にも使命感があるはずで。この星人達の星も滅びてしまったけど、そいつらを導く……というのも変ですが、この星人達の心の支えになるために僕が必要なんだなという使命感ですかね。ムーキットとしての使命感は持っているんだなと。だから辛いけどお別れ、という感じかな。

それは、アスカが、ダイナが、地球を守るためにっていう使命感で頑張っている姿を見て、何かを感じて「僕も」というところがこいつにも芽生えて、それが最後の別れで「僕、行くよ」という気持ちになったのかなと、なんとなく感じられますよ。

表には、セリフとしてそういうことは出てこないけども、気持ちとしてね。このホンでこの話で、この作品で訴えたいという。それは感じられました。そういうものをハネジローの表現に乗せることは出来ました。まあ自分で思い込んでるだけですけどね(笑)。

――つるのさんも、最後ハネジローと別れる時は本気で泣いてたっていう。

原田　うん。やっぱりちゃんと芝居も出来る人だし。でもあの別れの回は僕もちょっと涙が出てしまいました。というか本当に気持ち入りました。

ウルトラマンは実際にはいないので、グリーンバックのスタジオで、ハネジローだけで撮影したんです。でも気持ちはすごく入りましたね。

撮り終わって、車を呼んでくれて、成城の駅まで帰る時にちょっと放心状態でした。「終わっちゃったー」みたいな感じで。でも「やりきった」っていう満足感もすごくありましたね。

ハネジローが役として、地球と、ダイナ……アスカとさよならするのもそうだし、僕も一応役者として『ダイナ』と、原田組と、さよならなんだな、ということも重なっちゃって。

原田監督が亡くなられたことは、先日、(円谷プロの)小山(信行)さんから(この本のことで)電話頂いて初めて知ったんですよ。

ビデオの『帰ってきたハネジロー』は二〇〇〇年に、突然また話が来て行ったんですけど、懐かしい、またみんなと会えたっていう気持ちがすごくありましたね。ハネジローとしても、自分としても。

――ビデオ版では全身の印象がありますね。鳥かごに入っていたり。

原田　カゴ持ってミジー星人逃げてましたもんね。あれは手を突っ込んでない場合で、本当に丸ごとカゴの中に乗っけちゃって、動かす時だけちょっとカゴの下から手を入れるというやり方でやってました。

――映画の番宣でもハネジローが。

原田　やりました。憶えてないんですが、手帳には書いてありました。映画の番宣で一日急に呼ばれて。『ウルトラマンティガ・ウルトラマンダイナ&ウルトラマンガイア 超時空の大決戦』(九九年)という映画(小中和哉監督)には、おもちゃ屋の棚の中に並んでいるというので、ワンカットだけ撮ったんです。

その時も現場に行ってますね。その時、調布の飛田給の方にあった円谷プロのグッズを扱うショップに。田代まさしさんが店長役で。

▽理想の表現を夢見て

――原田監督はハネジロー好きだったみたいですね。

原田　そう思います、本当に気に入ってもらえてるなというのはありますね。厳しいこと言われたことはないですが、ポイントポイントでね、「ここはちょっと目を使って」「大きく」「早く」とか、細かい修正というか、ダメ出しみたいなのはありました。それでどういう感情表現が出来るかというのは、監督もかなりわかっていらっしゃったと思うんですよ。

羽根とか使う時などはさすがにワイヤーなんです。助監さんや、美術の助手さんに頼んで。まぶたも、最初は自分の手でやるはずだったんですが、どうしても引っかかるんで、短いワイヤーを付けて、それで自分で引っ張ったり。形によっては自分で引っ張れないこともあるんで、そういう時は助手の方に引っ張ってもらいました。でもそうするとやっぱり「もっとそうじゃなくてさ」っていうところがね。

本当はもっと細かいところまで自由にニュアンスを伝えられるような人形だったら、もっともっと出来るけどなあっていうのは、多少思いながらやっていましたが、構造的に無理な部分もあるのでね。

ワイヤーで何人かで一遍に使って、すべてのニュアンスが一致して……というのは、相当使い勝手のいい人形と、キャリアのある使い手がいないと難しいと思います。もちろんそういうシステムが確立している海外の作品なんかでは、当り前に出来てるんでしょうけど。人形遣いが三～四人とっかかってやらないと、本当に細かいところまでは難しいかなと。

羽根を開くのにすごく力が要ったんです。だからトラブルもけっこうありました。片側しか開かなかったり(笑)。「ちょっと待ってください!」って直しがちょこちょこ入ったり。

『帰ってきたハネジロー』の時も同じ人形でした。色は塗り直してありましたが。アクリル塗料だと思うんですけどね。ゴツゴツしたセットの中で使ったりすると、こすれて色が剥げ落ちちゃったりするので、ちょこちょこ色を塗ったりしていました。

あの時は、耳が折れちゃったりしたんです。付け根はけっこう細いんです。ちょっと運ぶ途中でボコッとぶつかっちゃったりすると、すぐ折れちゃう。瞬間接着剤で付けて、なんとかもたせて。

けっこうメンテナンスが細かいところで大変だったなというのは憶えていますね。

人形使いの技術的な部分ではもっとうまくもっと可愛くいったのにな、自分は力が及んでないところが多いなと思ってね。それは監督にも申し訳なかったなと思うんですけど。それはまあ理想ですけどね。

inter-view

田嶋秀樹

『ウルトラマンティガ』『ウルトラマンダイナ』
チーフCGクリエイター/ディレクター

人間臭いドラマを描かせるなら、絶対原田昌樹でしょ。

田嶋　僕は『ティガ』中盤から『ダイナ』の最終回まで、CGチームのチーフとして作品に参加させて頂いていました。初めての原田組はたしか「青い夜の記憶」(29話)「怪獣動物園」(30話)だったと思います。CGチームはどちらかと言えば特撮パートに絡む合成のお仕事が主体になります。だから、原田さんのような所謂本編監督とお仕事するよりも、特撮監督の大岡(新一)さんとかと話す機会の方が多かったんですが、本編パート(特撮がほぼ絡まないドラマ部分)にもわずかながら合成カットは発生しますので、原田さんとの出会いは、その回の仕上げ中でした。ある日ふらりと現れて「今回から監督やってます原田です。やぁ、どうもどうも」「よろしくお願いしまーす」と、簡単な自己紹介を交わしたのが最初ですかね。原田さんはその後ソソクサと編集室に帰っていって、僕らは各々の作業に戻る。ごく普通の出会いだったような気がします。

――具体的に田嶋さんのお仕事は?

田嶋　『ティガ』『ダイナ』は大きく分けて四つの合成班が仕上げを担っていたんです。有働(武史)さんが仕切っていたマットペインティングの班と、光線系のエフェクトを担当する日本エフェクトセンターさんの化学合成班、簡易合成を担当する円谷プロさんのビデオ合成班、そしてうちらのCG班。

本編で絡む合成関連は、有働さんチームが主体でやっていましたね。たとえば、クリオモス島の回(34話「南の涯てまで」)でダイゴが二人出てくるシーン等は有働さんの仕事です。今では同じ役者が同じ場面に出て芝居する合成なんて普通ですが、当時はコンピュータの技術進歩が未成熟で、そこをセンスでやってのける有働さんはさすがだと思いました。

たとえば『ダイナ』のスーパーGUTSの基地は特撮セットの山の中に建てられたミニチュアのプロップは存在するのですが、当然ながら東宝ビルドのセット内には必要最小限の規模のセットしか組めない。なので、大ロングの画が必要な場合は、コンピュータでそこにに実景の樹々や道や岩肌などの素材をいわばコラージュの様に貼り込んで、違和感なく馴染ませていくんです。マットペインターは、実際には無い風景をいかにも実際に存在するかの様にリアルに造り上げていくかが勝負のお仕事で、非常に高い技術力とセンスが問われます。

ビデオ合成というのはコンピュータ上でコンポジット作業(合成作業)を行わず、編集卓の方で直接素材を貼り込む、所謂「本篇合成」等と呼ばれるものです。ビデオ合成とCG合成では、ビデオ合成の方が圧倒的に効率的で早いんですが、当時のビデオ合成の環境だとどうオペレーターさんが頑張っても画の完成度は簡素になっちゃう。どうしても馴染みが悪い、如何にも作り物の画になってしまうわけです。

でも、ウルトラマンシリーズ一話分の合成量はとてつもない数があるんで、当然CG班だけではさばけないんです。当時、二話持ちでしたが、二週間くらいでやっていた記憶があります。CGの総合的なカット数は、五十〜六十。合成カット自体はトータルで百五十ぐらいはあったと思いますが、わりと簡単な、空舞台とキャラクターを合わせるだけとか、飛行機がただ横切るだけのカットはビデオ合成で賄い、監督が「ここはすごく大事な見せ場のカット」というところは画のクオリティを高めるために、CG班が担当していました。

CG班に割り当てられるカットは監督がセレクトしたカットをわかりやすく撮り終えた素材の写真と指示が書き込まれた「合成カット表」というものがあって、その物量でその組の合成量と作業の重さが決まる、みたいな感じでしたね。

CG班は主にCGのモデリングが絡むメカニックや怪獣の合成等を担当していました。GUTSやスーパーGUTSのウルトラメカはほぼ僕がモデリングから合成まで一貫して仕上げていました。CG班で担当するカットには様々な種類のカットがあるのですが、その中でも僕は飛び物が絡むカットをメインで担当していました。

なので『ティガ』での原田組はドラマが主体のお話がほとんどでしたから、あまり僕の出番はなかった記憶があります(笑)。強いて言えば、「ウルトラの星」(49話)の最後に出てきた未来の円谷プロの上に飛んでいるガッツウイングや「もっと高く!」(50話)のガッツウイングやスノーホワイトでしょうか。

当時の平成ウルトラマンは本編、特撮、という区分けがはっきりしていて、今みたいに両方を一人の監督が撮るというケースは少なかったような気がします。原田組の回の特撮パートはけっこう北浦（嗣巳）監督が担当していた印象がありますね。このコンビの回が凝っていてまた大変で……。原田・北浦組の回がまわってくると必ずみんな構えますからね。とにかく合成カット数が尋常じゃなく増大するので。他の組の倍以上かな。ダイナの原田組は大変だった、と記憶違いしてた時期があったのですが、よくよく考えたらあれは北浦さんの所業ですね（苦笑）。先程お話したCG班の担当カットのガイドになる合成カット表が、原田・北浦組の回だけ妙に厚くて、しかも真緑なんですよ。要はそれだけグリーンバック合成のカットが多いという事を物語っているんです。

――原田さんとCGといえばハネジローですね。

田嶋　『ダイナ』で原田さんが愛してやまなかったハネジローですね（笑）パペットとCGのハイブリッドでなんとか生き生きとこいつを動かせないか、とCGルームに原田さんが相談に来たのを憶えてます。

――「幻の遊星」（11話）が初登場でしたね。

田嶋　相談を受けたのは、「地上最大の怪獣」の仕上げ中だったかな。ダイナの5・6話を作ってる辺りで相談を受けたんです。デザイン画を見せられて。モデリングと合成は当時うちのチームにいた高橋（和也）と小野塚（知子）がやっていました。

　ハネジローって全身に毛が生えてるじゃないですか。当時はあのファーシュミレーションの計算にとてつもない時間がかかっていたので、ディレクターの自分としては、原田さんとの打ち合わせ時になるたけ合成カットを減らして、極力パペットで演出してもらうように調整していました。あのファーのレンダリングって今とは比較にならないくらい時間がかかったんで、何カットも使われたんじゃ、他のカット作るのも作業時間的にままならない。

　たとえば狭くて複雑な洞窟をハネジローが羽ばたいて飛んでいくみたいな、カメラも入れない、操演もきついようなカットに関してはCGを使わなければ画を作れないので、こちらの担当カットとして引き受けていました。技術が進歩した今では普通にCGで全部やっちゃいますけどね。

▼原田組の現場

田嶋　『ティガ』『ダイナ』での原田さんは本編監督という印象が強くて、特撮が絡むことはほぼありませんでしたから、そういう意味で、仕事での思い出はあんまりないんですよね。北浦組とか村石（宏實）組とか、納期のわりに要求される事が大きいというような、きつい思い出の方が鮮明に憶えているんですよ。一緒に仕事していた人間というのは、そんなものかもしれません。

　僕らは会社の意向で『ダイナ』を最後にウルトラの現場を去ったのですが、僕らが去った後に原田さんは特撮監督を兼任する事も多くなって、CGに関しては、僕らとやった後に原田さんの合成カット数が劇的に多くなったという話をその後『ガイア』のスタッフから聞きました（笑）。ずっと僕らと北浦さんの仕事を見てきて、「粘ればここまでやってくれるんだ」と思ったんじゃないですか。「無茶言ってもなんとかなる」と。

　北浦さんと競ってたみたいに見えましたね。『ガイア』の頃の合成カット数（笑）。僕は『ガイア』をやっていないんで、傍から聞いていて「なんか悪いこと覚えちゃったな原田さん」という話は仲間内でしていました。更に家に帰れなくなる要因が増えたガイアの仕上げ班は気の毒だなぁと。

　ですから、僕の場合は、仕事の想い出よりも一人間、原田昌樹との交流の想い出の方が深いですね。

　原田さんって、人懐っこいというか、とにかく人が大好きな人でした。僕らCG班みたいな末端の連中にまで、それこそ作品のファン一人一人にも、端々にまで優しい。そんな人柄だから、みんなも原田さんの事を好きになる。典型的な人たらしでしたね。

　ある日吉本多香美ちゃん（レナ隊員）をCGルームに連れてきてくれたんですよ。本当にフラッと連れてきた。「ほら、レナが来たぞレナが！　これで元気出たろ。飯行くぞ飯！」って。仕上げの仕事は現場に出ずにデスクでひたすらウンウン唸ってる仕事が大半ですから、女優さんがあのタコ部屋に来てくれるなんて、当時若かった僕らにとってはまるで夢のようでしたね（笑）。激務でへたってた時なので、これはほんとに元気が出ました。

　あと、原田さんって内トラを使うのがすごく好きだったなぁという事も思い出します。「お前ら今度俺の組、トラで出る？」とか言って。好奇心旺盛な僕らは二つ返事で「出る出る！」って、みんなで現場に遊びに行きました。

　現場に行くのは新鮮でしたね。ロケ先はTBSの緑山スタジオ。この時撮影した「死闘！ダイナVSダイナ」と次の回の「歌う探査ロボット」は原田組でしたから、探査ロボットの一部カットを撮影するためにラブモスのプロップを持ってきてたんです。「お前らちょっと頼む。ラブモスを作った研究者達が、記念のサインを入れたつもりで、寄せ書きしてくんない？」と。さすがに一台しかない撮影プロップにマジックで自分の名前書くなんていいのかな？と躊躇するのですが、「いい記念になるから！」と、半ば無理やり書かされました(笑)。

あと内トラの想い出といえば、「少年宇宙人」(20話)の時は倉持(武弘)さんの写真を合成しましたね。

――エンディングのところですか？

田嶋　そうですそうです。お父さんの遺影。「え？誰ですか」と言ったら、名物キャメラマンの倉持さんだと。現場にはほとんど行けなかったものですから、テロップでは存じていましたけど、倉持さんの顔を知ったのはその時が初めてだったんです。

ちょうど「少年宇宙人」の収録をCGルームのすぐそばでやっていて、「近くでロケやってるから遊びに来いよ」と原田さんに呼ばれて行ったんです。そこで倉持さん本人に初めて会いました。ちゃんとご健在でキャメラを回していました(笑)まぁ原田さんはよく現場に僕らを誘ってくれましたね。

▼ウチトラマンガイア

田嶋　僕らは『ダイナ』でウルトラマンを卒業してしまったので、『ガイア』の頃はもう円谷さんのお仕事はしていないんですが、何故か「悪夢の第四楽章」(37話)に出演してまして(笑)。

何をひらめいたのか知りませんが、原田さんが「今回のトラは全員内トラ！」と言い出したらしく。原田さんから電話が来て、トラが足りないから召集しろと。〈会社の同僚や知り合い、知り合いの知り合いにまで声をかけて頭数を揃えて。主演の吉岡毅志さん達レギュラー数人以外は、ほぼ全員内トラ。完成したフィルムを見ると、どこを見ても知り合いが映ってるというすごい回ですよ。

『ガイア』劇中に登場するテレビ局「KBC」が舞台になるお話なのですが、ロケ先は小田急線の多摩センターにある某ケーブルテレビ。基本みんなエキストラなのですが、僕だけ個別に原田さんに呼ばれて、「田嶋には素敵な役がある」と言われて。

当時はもう円谷さんの仕事はやってないので、台本の配布もありませんから、お話の全貌も掴めず、「え～、何やらされるんですか」と訊いたら、「さぁね」と言って、何にも教えてくれないんですよ。その場その場でセリフを教えて演技をつけるから、と。

当然、緊張しますよね。素人なんだから。何をやらされるんだろうとビクビクしながらその時を待っていたんですが、そのシーンの撮影のセッティングが終わると、サブ(放送管制室)に座れと言われてね。

そのシーンはKBCの取材中にサブのモニタに中継画像が映ってるんですが、そこに突然ノイズが走るんですよ。それを見て、ディレクター役の僕が怒る。その怒られる相手である、現場にいる特派員が円谷プロのプロデューサーの渋谷(浩康)さんなんですよ。「バカヤロー渋谷。何やってんだ！」というセリフがあって。それが僕のファーストカット。

最初は緊張してましたが、楽しかったですね。原田さんもすごく楽しそうに撮影してたし。

▼純粋に原田フィルムのファンでした。

田嶋　自分としては、一緒にお仕事して、遊んで、原田さんの作品に触れていくうちに、純粋に原田フィルムのファンになっちゃってたんですよ。「原田さん撮る映画、好きだなぁ。出てくる人出てくる人あったかくて。景色の画ひとつとっても綺麗だし、見たこと無い風景だけどなんか懐かしい感じがしますよ」って。本人に言うと「そうお？」なんて照れ笑いしてましたけど。

スタッフとして参加できずに悔しかったんですけど、「遠い町・ウクバール」(『ガイア』29話)は名作ですよね。なんて素敵におじさんを描く人なんだと。あの時の不破(万作)さんが可愛くて。今思うとあれって原田さん自身を投影してたりするのかな？　なんとなく空を見上げる不破さんが原田さんに見えてくる。軒下で雨宿りする寺島進さんのカットとか、何気ないですけど一つ一つがカッコいいですよね。

ウルトラマンシリーズって、所謂ヒーローありきのヒーロー番組とはちょっと毛色が違って、主体は人間ドラマにあると思うんです。派手に怪獣プロレスをやるだけがウルトラの魅力じゃなくて、やっぱり人間臭いキャラクターが足元のドラマを紡いでいくお話が僕は好きで。特に太田愛さんとコンビを組んだ「少年宇宙人」や「遠い町・ウクバール」、ティガの「もっと高く！」や「ウルトラの星」は、他のどんな派手なエピソードよりも僕が見たかったウルトラワールドだったんです。ウルトラで「人」のドラマを見たかったら原田組回は絶対おすすめ！と、これから平成ウルトラマンシリーズに触れる方には言いたいですね。

「情緒」とか、「人の優しさ」とか、そういうものを描かせたら天下一品ですよね。『旅の贈りもの』を見た後でも思ったのですが、こういう作品をもっと撮って欲しいなと。日本で屈指の〈情緒監督〉だったんじゃないかと思います。こんなに素敵な世界を描ける監督なので、原田さんに自分の撮ったもので一番好きなのは何ですか？と聞いたら、「そうだな、『喧嘩ラーメン』かな？」と、意外にも汗臭い作品のタイトルが出てきた。もともとが東映出身で和泉(聖治)組のヤクザものとかに多くついてた人ですから、当然と言えば当然の筈なんですかね。たしかに面白いですけど、思ってた筈と違いましたね。

　とにかくもっと情緒溢れる優しい原田さんの映画が見たくて、新作映画の企画が立ち上がる度に、原田さんを監督に！と、随時推していました。こんな名監督がなんで埋もれてるんだ、もっとたくさんの人に原田作品を見てもらいたいと。結局悲願は達成できませんでしたが。これは本当に心残りです。今でも誰かいい監督を誰か紹介してくれと言われる事がありますが、原田昌樹！と、言いかけて口を噤むって事、ありますからね。本当に悔しい。

▼天国からの演出

田嶋　最後に話した時、そんな深刻な病だなんて全然知らなかったんです。「ええっ!?　そうだったの!?」というぐらい。体調が悪いのも、有明の病院にいたのも知らなくて。今思えば最後に電話で話した時、有明にいたんじゃないかなと思うんです。

　原田さんがメイン監督を務めた『魔弾戦記リュウケンドー』の後に発表された『トミカヒーロー　レスキューフォース』(〇八～〇九年)の事が気になって、『トミカヒーロー　レスキューフォース』(〇八～〇九年)が気になって、「原田さんって『リュウケンドー』の後番組やるんですか～?」って電話でなにげなく聞いた事があるんですよ。なんせ原田さんの新作になるかもしれない作品ですからね。

　原田さんは「今回はやらない」と言っていて。理由を訊いたら「そろそろ若いやつを立たせないといかんと思うのだ」と。「俺は『五龍奇剣士』があるから、レスキューはアドバイザーみたいな形で見守る。日本は岡(秀樹)達、新しい若いやつがいるから」と。

　今、岡くんはうちの「ＢＩＭＡ」の監督でインドネシアに渡って頑張ってくれてます。フィルムを見て頂けたらわかると思うんですが、紛れもない原田昌樹の遺伝子を継いだ原田チルドレンだと思います。

　そんな話をして、今度ひし美(ゆり子)さんのお店に一緒に行こうと約束して、「じゃあまた！」と、電話を切りました。あまりにも普通のいつも通りの電話だったので、その後しばらくして、太田愛さんから訃報の電話を受けた時はまったく状況が呑み込めなかったですね。体調が悪いのは聞いていたけど、まさか死に至る病までとは思わないし、いつも明るい愛さんが電話口でボロボロに泣いてるし、原田さんが亡くなったって聞いて、申し訳ないですが、タチの悪い冗談としかとれませんでした。その後、方々から原田さんが旅立ったという電話が来て、状況を受け入れざるを得なくなっていくのですが。

　常につるんでいるような濃い付き合いではなかったんですが、大好きな人でしたから、受け止めるのにはかなり時間がかかりましたね。原田さんの監督で、いつかもう一回仕事をという夢もありましたし。

　原田さんのお通夜と告別式、二日行ったんですが、なんかこう……十何年振りに会う人達……(川崎)郷太さんなんか久々に会って。有働さんなんて、本当にウルトラ以来。スクリプターの(河島)順子姉さんや北浦さんや村石さんや、みんなみんな。

　リュウケンドーとリュウガンオーが来たのって、お通夜と告別式、どっちでしたっけ?

――告別式の方です。

田嶋　二日目ですよね。あれで何かが切れたんだ。なんかブチッて。僕は『リュウケンドー』には関わっていないんですが、原田さん『リュウケンドー』の時、メチャメチャ楽しそうにしてたもんなぁ……。

――主演の山口翔悟さんが告別式の挨拶をしている時、リュウケンドーとリュウガンオーのスーツを着たアクターさんが入ってきて……あのスーツがちょっと汚れてるのにグッときました。

田嶋　ちょっとどころじゃないですよ。番組は終了してますから、もうメンテをしていないんですよ。だから撮影当時に原田さんがつけたアクションの傷が、そのまま残ってる。それこそ無数に。僕だけじゃないかもしれないけれど、あのリュウケンドーとリュウガンオーの間に台本持った原田昌樹が見えましてね。天国の原田昌樹が演出をつけてるようにも見えて。自分のお葬式のね。……あれはね、もう無理ですよ。あれでもう、たまんなくなっちゃって……声あげて泣いて、こみ上げる嗚咽を自分の制御下に置けずに止められないっていうのは、子供の時以来じゃないかな。「大丈夫?」って(太田)愛さんに慰められたんですけど。僕以上に愛さんがボロボロで(苦笑)。みんなボロボロ。あの演出はずるいですよ原田さん。ね。

　事実は受け止めざるを得ないんでしょうけど、僕はみんなほど深く交流は出来なかったので、逆に未だに原田さんがいなくなってしまった事が現実味をおびなくて。未だにマイミクだし、未だに携帯番号やメアドは監督フォルダに入っているし、消していない。消せない。なんだかしんみりしちゃいますけど、原田昌樹っていう人間は今も僕の中では一線級の監督だし、尊敬する先輩であり、大好きなおじさんです。ホント、人たらしだよ。原田昌樹は。

平成ウルトラマン第三弾だが、『ティガ』『ダイナ』とは世界観を一新。放映時にほど近い未来にやってくる〈根源的破滅招来体〉を察知した天才大学生・高山我夢が、粒子加速領域でウルトラマンガイアと邂逅し一体化。ガイアは宇宙人ではなく、地球自体が生み出した存在という設定だ。だがウルトラの光はもう一人の青年をも選んでいた。彼・藤宮博也は、地球を救うために人類の存在は削除しなければならないという思いに囚われている。

二人のウルトラマンの相克に加えて、特捜チームXIGも、従来的な五～七人の家族的編成ではなく、陸・海・空およびレスキュー隊から成り、航空部隊だけで三つ設定。本格的なSF大河ドラマであるとともに、若き隊員達の青春群像劇の趣を持つ。主人公がパイロットではなく、敵を解明するアナライザーだというのも新機軸だった。

スタッフ

監督：村石宏實、髙野敏幸、原田昌樹、児玉高志、根本実樹、北浦嗣巳、市野龍一、石川整、八木毅
特技監督：佐川和夫、神澤信一、北浦嗣巳、満留浩昌、村石宏實、原田昌樹、八木毅
脚本：小中千昭、長谷川圭一、川上英幸、吉田伸、武上純希、太田愛、古怒田健志、右田昌万、大西信介、増田貴彦
製作：円谷一夫／監修：高野宏一／企画：笈田雅人・丸谷嘉彦・大野実／プロデューサー：小山信行・諸冨洋史・高城一典／シリーズ構成：小中千昭・江藤直行／美術監督：松原裕志・内田哲也・寺井雄二・小竹森智子／撮影：倉持武弘・西野高司・各務修司／照明：佐藤才輔・田村文彦／美術：石井巌・小出憲・太田喜久男／録音：楠本龍巳・細井正次／助監督：張金鐘・髙下守・谷口和彦・石川整／D1編集：田代定三／デジタルエフェクト：森正吾／ビジュアルテクニカル：有働武史／本編エディター：柳生俊一／編集：大橋富代・佐藤裕子／整音：松本能紀・中野陽子／スクリプター：島貫育子・阿南玲那・飯塚美穂・黒河内美佳・串田未央・堀北昌子／スペシャルサウンドエフェクト：今野康之／サウンドエフェクト：小山健二・大友一夫／選曲：小林地香子／CG：丸井一史・大石直樹・祖父江成則・早川哲司・荒木泰則／マットペインティング：小田達哉／装飾：毛尾喜泰・鈴木隆之／キャスティング：小島文夫／コスチューム制作：小暮恵子／衣裳：稲毛英一／メイク：金子三枝／特機：田村誠・倉田忠

［特撮］

ンガイア

撮影：高橋義仁・高橋創／照明：高野和男・和泉正克／美術：佐々木朋也・高橋勲・小林巧／助監督：菊地雄一・谷口和彦／操演：川口謙司・村石義徳／擬闘：高橋伸稔・矢車武／キャラクターデザイン：丸山浩／イメージボード：橋爪謙始／キャラクターメンテナンス：福井康之・宮川秀男／スチール：渡辺亨／オプティカルディレクター：佐藤元／デジタルエフェクツアーティスト：藤下忠男／リードエフェクツアニメーター：山本英文／テレシネカラリスト：児島正博・鳥海重幸／テレシネコーディネーター：小倉智・小石晃三／制作主任：中井光夫・高橋誠喜・松田憲一良・土肥裕二・菊池英次・田村諭・奥山潔／仕上げ：加地耕三・友田寛／プロデューサー補：数間かおり・北澤元基・助川康／番組宣伝：安藤ひと実

［音楽］

音楽：佐橋俊彦／音楽プロデューサー：玉川静／音楽制作：ユーメックス・円谷ミュージック／オープニング主題歌「ウルトラマンガイア!」 作詞：康珍化　作曲：松原みき　編曲：大門一也　唄：田中昌之&大門一也／エンディング主題歌「Lovin' You, Lovin' me」 作詞：渡辺なつみ　作・編曲：P.KAWAI　唄：B.B.WAVES／「Beat On Dream On」 作詞：小室みつ子　作曲：井上大輔　編曲：須藤賢一　唄：菊田知彦（エアーズ）

連載：テレビマガジン・たのしい幼稚園・おともだち

協力：本田技研工業、ホンダアクセス、クリエイティブ・オフィス・ヤップ、プレックス、富士通乾電池・アビットジャパン・マイクロソフト・アドビシステムズ、IMAGICA、東宝ビルト、日本照明、開米プロダクション、亀甲船、東宝コスチューム、日本エフェクトセンター、ナック、山崎美術、スワラプロダクション、スリーエススタジオ、ジャパンヴィステック、宗特機、SONOSAX、日本ヒューレット・パッカード、旭化成ラスケン

制作：円谷プロダクション・毎日放送

キャスト

【キャスト】

高山我夢：吉岡毅志／藤宮博也：高野八誠／石室章雄：渡辺裕之／千葉辰巳：平泉成／堤誠一郎：宇梶剛士／佐々木敦子：橋本愛／ジョジー・リーランド：マリア・テレサ・ガウ／ダニエル・マクフィー：ジョン・オコーナー／キャサリン・ライアン：デビー・リギアー／乱橋巧介：浜田光夫／鵜飼彩香：田中彩佳〈チーム・ライトニング〉梶尾克美：中上雅巳／北田靖：長谷川勝彦／大河原聡志：沢木祐介〈チーム・ファルコン〉米田達彦：賀川黒之介／林幸市：塩谷庄吾／塚森亨：石川真〈チーム・クロウ〉稲城美穂：川嶋朋子／三島樹莉：松田泉子／多田野慧：石橋けい〈チーム・ハーキュリーズ〉吉田悟：松田優／桑原孝信：中村浩二／志摩貢：加賀谷圭〈チーム・シーガル〉神山篤志：権藤俊輔／松尾蓮二：冴場都夢／マイケル・シモンズ：サムエル・ポップ・エニング〈チーム・マーリン〉横谷勝歳：庄司哲郎／今井源太郎：入沢宏彰／巌均悟：横山尚之〈KCB取材メンバー〉田端健二：円谷浩／井上倫文：角田英介／吉井玲子：石田裕加里／〈チーム・リザード〉瀬沼龍一：石井浩／樋口主任：海津亮介／マコト：西嶋大明／サトウ：奥本東五／ナカジ：加々美正史／高山唯一：山本亘／高山重美：水沢アキ／稲森京子：久野真紀子／佐々木律子：沢村亜津佐／柊博之准将：大和武士／黒田恵：大寶智子／ユキ：蓮沼藍／らくだ便の関：関貴之進／らくだ便の清水：清水一彦／ナレーション：磯部弘

［スーツアクター］

ウルトラマンガイア：権藤俊輔・中村浩二・武安剛・清水一彦・関貴之進／ウルトラマンアグル：清水一彦・武安剛・関貴之進・怪獣：三宅敏夫・向原順平・岡野弘之・森英二・武安剛・清水一彦・大谷智子・鈴木裕加・三村幸司・後藤和雄・梛野素子

ウルトラマ

1998-1999

作品解説

「もう一人の巨人」5話 ▼一九九八年一〇月三日放映

脚本：小中千昭　**特技監督**：北浦嗣巳　**撮影（本編）**：西野高司　**撮影（特撮）**：髙橋創
ゲスト：水沢アキ（高山重美）、増尾遵（我夢／少年時代）、砂野潤・二見史龍（少年）

▼ストーリー

ネットワークでつながる若き天才科学者集団、アルケミー・スターズのメンバーである高山我夢。日本の大学に通っていたが、謎の〈根源的破滅招来体〉襲来に際し、かねてから活動の時を待っていた地球防衛組織の特捜チーム・XIGに入隊を希望。コマンダー・石室よりアナライザーとして特別に認められる。また彼は粒子加速領域で出会った光の巨人・ウルトラマンガイアと一体化していた。

ある朝、彼がまだXIGに入ったことを家族に報告していないことを訝った石室コマンダーに命ぜられ、空中浮揚基地のエリアル・ベースから郷里の千葉へと久しぶりに帰る我夢。

赤道上の成層圏から地球に降りる途中、シャトルの窓から海中を進む影を目撃し、エリアル・ベースへ連絡するが、オペレーターの敦子からは、レーダーには何も映っていないと言われる。「そんなにお父さんお母さんに叱られるのが嫌なの?」と敦子にからかわれてしまう我夢。

気がすすまない帰郷ながら実家へ戻り、縁側に座り母と話す我夢だが、そこへ大海獣ボクラグが上陸する。我夢は、ボグラグの身体を構成する物質のほとんどが水分であるため、海中にいる間は探知できなかったことを知る。

攻撃するXIGの航空部隊チーム・ライトニングだが、海獣の体内にある水分ですぐに消火されてしまう。

強烈な熱を用いれば町は全滅してしまうので、やはり自分がウルトラマンになって戦うしかないと判断した我夢。だが、その前に現れた黒ずくめの男は、不敵な表情で腕の装置を光らせ、青い巨人・ウルトラマンアグルへと変身する。

自分も変身し加勢しようとしたガイアを巻き添えにすることも辞さない強引な攻撃で、海獣ボクラグを倒したアグル。

夕焼けをバックに、人間の姿に戻って対峙する二人。

彼、藤宮博也はアルケミー・スターズで我夢の先輩だった。藤宮は我夢に対し、〈人類は地球のガン細胞〉だと断言する。

「ウルトラマンは地球を護る者だ。しかし、存在理由を持たない人間まで救う義理はない」

XIGなどやめて、自分を手伝うのが君のなすべきことだと呼びかける藤宮に、我夢は叫ぶ。

「違う!! 絶対に君の考えは間違っているぞ!」

▼ウルトラマンとして、人として

前作『ダイナ』が、さらにその前の『ティガ』と同じ世界の数年後だったのとは違い、『ウルトラマンガイア』は、まったく新しい設定で一から語られるドラマであった。

この世界のウルトラマンは宇宙出自ではなく、地球そのものの自浄作用として生み出された存在という設定。高山我夢が変身するウルトラマンガイアと、藤宮博也が変身するウルトラマンアグルという、二人の巨人が登場する。

そしてこの5話は藤宮博也が初めて本格的に登場する回である。同時に、我夢の帰郷を描く静かなエピソードでもある。

いい思い出がなかった故郷で母と向き合うことにより、自分を育んできたものを受け入れることが出来るようになる我夢と、対照的に人類そのものを否定し、自らの優越を誇ってはばからない藤宮。この二人の青年が対比される。

▼原田監督に託されたもの

作品自体はあくまで〈我夢の休日〉といった装いが強い。

空中浮揚基地のエリアル・ベースで働くのは、コマンダーほか幹部格を除けばほとんど若者ばかり。彼らの青春群像を描くのが番組の特色の一つだった。

今回は冒頭から合成を使用し、XIGの戦闘機ファイターが格納されているスペースでの我夢と女性オペレーター・ジョジーとのやり取りが描かれ、視聴者にとっての非日常であるこの場所の中での彼らの〈日常〉を描いている。勝手に機械をいじっていた我夢に「こら、なにしとる!」と口止め料を要求し、次のシーンで我夢から買ってもらったとおぼしきアイスを舐めているジョジー……といった描写は楽しい。

朝、雲の間に浮かぶエリアル・ベースは地上よりも眩しい太陽の黄金光にさらされている。呼び出された我夢がコマンダーの部屋に入るところでも、日光が入り込み、室内は逆に暗い。そこで、パソコンに向かって作業しているコマンダーを待つ間に、二人だけの気まずい緊張感を抱く我夢。そして部屋には石室の家族の写真が立てかけられてある。今回はこういった、〈間〉を充分に取った心情描写が主調を成している。

メインライターであり本シリーズではシリーズ構成を担当（江藤直行と共同）した小中千昭は、初めから原田昌樹が監督すると いう前提で脚本を書いている。我夢の帰郷編を描く時、叙情性を伴った心情描写の得意な原田監督は適材だという判断だった。

▼気持ちが伝わってくる画面

同じ頃、ガイアのことが報道された記事が貼り付けられた壁に向かい、一人ベンチプレスで特訓に励む藤宮の描写でも、部屋に朝日の差し込む演出が施されている。

我夢をエリアル・ベースから地上に運ぶシャトル「ダヴ・ライナー」は、空の電車とでもいうべき存在で、中は旅客機の客室のようになっており、我夢の他にも数人が乗っている。このダブ・ライナーから下を見ると、海が眩しいぐらいにキラキラ光り、我夢の、故郷に帰りたくないという心象風景ともあいまって、印象を残す。

そして地上の我夢が千葉の海沿いを走るバスに揺られている場面が登場。未来的な乗り物と路線バスを乗り継いで帰郷するという、〈架空の世界の日常〉にこだわっているのが見ていて嬉しい。バスに乗ってくる客の役で、今回の特技監督・北浦嗣巳氏が出演している。

我夢の席は乗ってきた女子高生達に囲まれる格好になってしまう。その中でいたたまれなくなり、思わず降車ボタンを押してしまう我夢を、女子高生達の会話が始まってからワンカットの引きの画で捉えている。

女子高生達のミーハーで他愛のない会話の中に、東京が危険なので帰郷した知人の話題が混じり、この世界が1話からの〈根源的破滅招来体〉の脅威にさらされており、そんな中でもこの田舎町ではごく普通の日常が営まれていることを伝えている。

小中千昭の脚本では、ここは通路を挟んだ向こう側で中年男性が会話している場面だったが、原田監督は、それを女子高生に変え、しかも我夢がその喧騒に耐えかねて途中でバスを降り、一人で海岸を歩く契機にしている。このことで、我夢の故郷で営まれる〈ごく普通の人々〉の輪の中になんとなく入れない心理を表現する。

海沿いのバス停に一人降りる我夢。海岸線を歩いていると、波の音が大きくなる。岩礁にぶつかる波を見て、うつむく。キャメラがパンする間に画面はモノクロとなり、そこには少年時代の我夢がいて、いじめっ子に悪態をつかれている。

「ちょっと勉強出来るからっていばってんじゃねえよ」

「そうだそうだ」

「なんでも僕には解りますってツラしやがって」

立ち去っていくいじめっ子達。一人残された少年我夢は、海を見つめてため息をつく。その姿からパンするとカラー画面に戻り、現在の我夢に戻る。

セリフが何もなくても、画面から〈気持ち〉が伝わってくる。実家に着いても、門の前でつい踵を返してしまう我夢。買い物帰りに自転車でやってくる母をワンカットで捉えた再会も、我夢の思いの割には特に劇的なこともなく昔の日常に戻されてしまう感じがよく出ている。

続く縁側での、スイカを勧める母との会話は、原田監督がシナリオにいくつかのやり取りを加えている。母は、息子が退学したとの通知を貰ったことを本人に告げた後、「自分で好きなようにしなさい」と言う。シナリオではここは無言だった。

我夢は取り繕うように、スイカが甘いねという話題をしはじめ、母も「今年は出来がいいらしいの」と会話を引き取る。スイカを食べるというシチュエーション自体、原田監督が作ったものだ。そして我夢はもう一度「甘い」と繰り返し、顔を上げる。するとまるで彼の脳裏によぎったかのように、風鈴やブタの蚊取り線香、先ほど孤独に見つめていた海さえ、優しい風景のようにモンタージュされる。

そして縁側の我夢と母親がロングショットになり、母の「どうしたの？」という問いに「ううん、なんでもない」と応える息子。

故郷が我夢の意識の中で、受け入れることの出来る風景に変化した瞬間を表す演出だ。大学を辞めたという自分の決断が、なんの説明もなくても、母に思いの他あっさりと受け入れられたことがきっかけになっているかもしれない。

それが、このしばらく後に来る場面での「僕さ、この町ってあんまし好きじゃなかった。でも今は凄く帰って来て良かったって思ってる」という母に発する言葉につながってくる。原田監督は、このセリフが浮かないように、もっと前のシーンから考えていたのだ。

後述のインタビューにあるように、原田監督は我夢の故郷に対する心境の変化について、脚本ではまだ説明不足だとの認識を持っていた。だがひとたび引き受けた以上、演出のエモーショナルな力で納得させてしまう。それは逆説的に言えば、ライター小中千昭の投げた問いに、原田監督が見事に応えてみせたものといえるのではないだろうか。

小中脚本の意図は、我夢の故郷に対する距離感を、青春ドラマとして、現実に上京した若者一般が持つものと置換可能な範囲で描くことだったと思われる。だからあまり暗いトラウマやそれへの劇的な乗り越えを強調するのははばかられた。オフビートに行きたかったのだ。原田演出は、ぎりぎりのところでその線を守りながら、視聴者の想像に訴える材料を具体的に提示している。

そうした、抑制の中での力量の発揮は、『ティガ』で同じく小中千昭と組んだ「もっと高く！」での、ヒーローとヒロインの心の襞をほとんどセリフを変えないで示した演出を想起させる。原田監督にとって苦手だったかもしれない小中千昭の脚本は、演出の底力を見せることの出来る磁場でもあったのではないだろうか。

後半は我夢の前でアグルに変身する藤宮の活躍そしてガイアとの葛藤を描くが、ほとんどのシーンが特撮がらみであり、北浦監督の領域が大きい。北浦監督は海獣ボグラグに水棲怪獣の特性を感じさせるために、身体の切断面に水分が充満し、切られても水が盛り上がり元の形に復元するという演出を施している。またアグルの初登場は、両手を突き出したパースの巨大化ポーズで派手に登場したかと思えば、爆煙の砂塵の向こうから背中を見せてゆっくり立ち上がるという、謎めいた雰囲気を醸し出している。戦い終わって去る時も、ガイアの身体を掠め飛ぶという押し出しを見せ、ライバルとしてのウルトラマンを印象付けている。

原田監督は、人間に戻ってからの、夕陽をバックに対峙する二人のシーンを、エンディングにこぼしている。我夢を指差し、人間否定の論理を語る藤宮の宣言は、エンディング音楽をBGMとしていることで盛り上がりを見せる。

今回、前半は静かに描いておきながら、後半は北浦監督の特撮アクションに比重を明け渡し、そして音楽が流れる中で藤宮というライバルの出現を押し出していく。

▼原田昌樹、語る

原田　我夢の回想シーンに出てくる、子ども時代を演じた子は、セリフが全然言えないんです。オーディションやると間違いなく落ちるような子。『ブースカ！ブースカ!!』の3話「UFOから来た少年」でも使ったんだけど、出演歴聞いてみたらその二回しかないんですよ。でも、ムードがあるんです。立ってるだけで。役者ってそれだけでもいいんですよね。

――砂浜でいじめっ子が二人去った時に、ため息つきますね。

原田　ただため息つくだけ。セリフとしてはもちろんないんですけど、雰囲気を出せる子で選んだんですよね。

――二十数分しかないドラマで、ため息つくところまで見せるというのは丁寧ですね。

原田　あれは狙いで、海音がすごいんで実際のシンクロではため息入ってないんですよ。スリーエス（スリーエススタジオ。『ティガ』『ダイナ』『ガイア』のMAスタジオ）の女の子がため息だけアフレコで入れてるんです。

――「もう一人の巨人」は我夢が千葉に帰郷して過去を思い出すわけですが、あの回想シーンは脚本にはありませんでしたね。

原田　脚本では回想もイメージとして出てくるだけ。いじめっ子も声だけなんです。文字ではそれでいいんですよ。でも映像としては声だけだとインパクトがない。実像化して、それに対する我夢のリアクションというものが当然必要になってくる。

田舎に帰るのに、バスでイキナリ着いちゃうより歩いた方がいいだろうと。そして、彼の歩いていく海辺は、たぶん子どもの時にたくさん歩いた海辺だろうから。

でも本当はね、あそこの話はもう少し突っ込みたかったんですよね。でも脚本にないんで、あれ以上突っ込めないんですよ。もうちょっと我夢の子ども時代ってのを描いた方が良かったね。

あの(子ども時代の)後に我夢がどう考えたかが大事なんですよ。いじめられて「でも僕は正しいもん」ってだけで終わってるじゃないですか。でもそうじゃなくて、その後の我夢がどうやって生きてきたかを描かなきゃいけないんだけど、そこが欠落してるんで、物足りなさが残るんですよ。思わせぶりなだけになっちゃう。実際に映像で描くには、そこがないと我夢の人間としての深みは出ないんです。

あの回の後半で、我夢は久しぶりに再会したお母さんに「僕はこの町に戻ってきてよかったと思う」って言うけど、我夢役の吉岡君に「君はなぜここに戻ってきて良かったの?」って言ったら、彼も「わかんない」って。

小中千昭さんは「そういうことは描かなくていい」って姿勢だったけど、僕としては、やるんだったらちゃんとやりたかった。人を描くっていう意味では大事なところだと思うんですよ。

——ラストの、我夢が初めて藤宮と対峙するところは、夕陽が綺麗でした。

原田　夕陽の条件って難しくて、晴れてても雲がないとダメなんですよ。ただ赤くなるだけなんで。雲があって陽が出なきゃいけない。だからそれ以前、「怪盗ヒマラ」の時は撮れなかったんですよ、夕陽が。

「もう一人の巨人」の時は八月で、(ロケ先の)千葉の館山に行った時、翌日台風が来たんです。それで雲が多かった。台風の影響で割れてて光が出てたんで、三五ミリのキャメラ持って行ったから、たくさん撮ったんですよ。

あの時に我夢と藤宮が立ってるのも合成なんです。夕陽が出た時、我夢と藤宮はいなかったんですよ。素材だけ撮っといて、次の日に二人を同じ位置に立たせて後で合成したんです。

以後、なんかの時には〈千葉の夕陽〉って言うとあれが出て来て、合成してるんですよ。今でもライブで残ってる。『ブースカ』でも使おうと思いました。あれよりいい夕陽はまだ撮れてないんです。

作品解説

「あざ笑う眼」6話 ▼一九九八年一〇月一〇日放映

脚本:川上英幸　**特技監督**:北浦嗣巳　**撮影(本編)**:西野高司　**撮影(特撮)**:髙橋創
ゲスト:増尾遵(我夢/少年時代)、砂野潤・二見史龍(少年)

▼ストーリー

航空部隊のチーム・ライトニングとチーム・ファルコンの二チームが実戦訓練中、地表に巨大な眼のようなものが出現する。我夢は分析に入るが……。

「こいつは熱反応を持たない。つまり生命体ではないんです。構成する物質も判別できない。しかし、概念的には生きているようにも見える……」

物理的ロジックが一切通用しないその存在に我夢は混乱する。

「考えろ、考えるんだ、あいつはなんだ、あいつはなんなのか」

彼の脳裏に、幼い頃の自分に「なんでも僕には解りますってツラしやがって」といじめっ子が言い放つ表情や、つい最近再会した元アルケミー・スターズの藤宮博也の冷たい目が浮かんで消える。

ふと顔を上げた我夢は思い切って攻撃を指示してしまう。

だがファイターの攻撃はまったく通じず、逆に跳ね返されたミサイルでチーム・ファルコンの米田リーダーが負傷。

敦子は、自分の恐怖心からの攻撃指示だったのではと我夢を咎める。梶尾リーダーは、敵がなんであれ怯える者はここにいる資格がないとハッキリ言い放つ。

負傷した米田以下ファルコンのメンバーと廊下で出くわす我夢。思わず抗議しようとする部下の塚森を制止する米田。終始頭を下げ続ける我夢に「あいつはいったい何者なんですか? 我々にミサイルを撃ち込ませてどうするつもりだったんでしょう」と、一度は立ち去りかけた米田が疑問を投げかける。我夢は答えることが出来なかった。

新参者の自分を受け入れてくれていたはずのみんなが、一転して冷たいまなざしになる……いくつもの目に囲まれる悪夢にうなされる我夢だった。

巨大な目は新聞社によって〈ガンQ〉と名付けられていた。傷心の我夢は地上に降り、大学の仲間と会う。そして親友ナカジとの雑談の中でガンQに対処するヒントをつかむ。たとえ正体がわからなくても、行動目的はあるはずだ……。米田の言った「我々にミサイルを撃ち込ませてどうするつもりだったんでしょう」という言葉が蘇る。

やがてガンQは石油コンビナート地帯に怪獣体となって現れる。ガンQがわざとミサイルを撃ち込ませ、それをエネルギー源とし、物理的に動ける身体を作っていたことを我夢は察知し、一足先に付近住民を避難させることに成功する。

体内の岩石を融合させるつなぎ目の役割をしていると思われる金属片を中心に攻撃するよう堤チーフに連絡する我夢。

「もう怖くない。お前を恐れる理由は何もない」

ガイアに変身した我夢は、ガンQの体内に取り込まれてしまう。無数の目がガイアを責め立てる。精神攻撃がウルトラマンとなった我夢をもさいなむのだ。

だがガイアは内側からガンQを突き破り、木っ端微塵にうち砕くのだった。

▼青春が乗り越えるもの

『ガイア』の世界では怪獣の概念も新しくなり、謎の〈根源的破滅招来体〉によってもたらされる脅威として位置づけられている。特に番組初期においては、目、鼻、口といった表情すら読み取れない敵が目立つ。今回の奇獣ガンQは、充血した巨大な一つ目自体が顔になっており、強烈なインパクトだ。声も獣の鳴き声では

奇獣・ガンQ

なく常に笑っているのが不気味。

本作は、まさに得体の知れない怪獣によって、自らの判断力及び人間としての不安にまで向き合わされ、翻弄される我夢が、それを乗り越えて成長する様を描いている。

と同時に、XIGの若きトップガン達の群像が織り込まれる。

XIGは従来のような五〜六人の特捜チームではなく、陸（チーム・ハーキュリーズ）・海（チーム・マーリン）・空（チーム・ライトニング、チーム・ファルコン、チーム・クロウ）に分かれている（他にレスキュー部隊のチーム・シーガルが存在）。航空部隊だけでも三チームがあるのだ。

今回は冒頭からチーム・ライトニングとチーム・ファルコンによる実戦訓練が丁寧に描かれる。エースパイロットとしての自負を持ち、我夢には兄貴分的に接する梶尾をリーダーとするライトニングには若き熱血が、沈着冷静で我夢に対しても敬語で接する米田をリーダーとするファルコンには大人としてのプロ気質がうかがえる。

二人のウルトラマンを主役にしながら、番組自体はXIGメンバーの群像劇として作られているのが『ガイア』の特徴で、メインライターとしてシリーズを構成した小中千昭は、XIGを青春ドラマにおける〈学園〉として考えていた。

原田監督は前回に続き、群像劇が成立する舞台としての、エリアル・ベースの日常を視聴者に違和感なく溶け込ませようとした。そしてストーリーをただ追うのではなく、隊員達の素顔を随所で出す工夫をしている。

演習シーンが一つのドラマ

ガンQが怪獣としての姿を現す後半で、北浦特技監督は、我夢の主観で遠景にガンQを出現させ、コンビナートのタンクのミニチュアを合成で増やし、破壊シーンを作っている。かと思えば、ファイターの目線で俯瞰となったコンビナートに遠くガンQを合成し、いずれも実景に怪獣や部分的なミニチュアを足すことで効果を出している。

ミニチュアワークの中で怪獣を暴れさせるというのではない発想は、ウルトラシリーズでは北浦監督が持ち込んだところが大きく、原田監督も大いに影響を受けていた。

ガイアが登場する場面での、空を飛びながら川を越えてガンQにぶつかっていく合成場面の大胆さ、着地してからはミニチュアセットで戦うという場面の振り分け、ガンQ体内での無数の目による精神攻撃……と、見て楽しむ変化が目白押しの一編である。

同時に、今回もう一つの特撮の見せ場は冒頭の演習シーンであった。これはコクピットの芝居含めて北浦特技監督によるものであり、それだけで七〇カット以上ある。実景との合成で山脈、港、海といった下界によりファイターの高低差を付け、お互いのかけひきに太陽のハレーションや雲を使い、またレーダーの描写を逐一挟むことでめまぐるしく臨場感を出している。

従来なら「ウルトラマン対怪獣」に付随した存在と見なされがちな特捜チームだが、航空訓練ひとつでもここまで丁寧に描いていることで番組の厚みを出している。

エリアル・ベースではジョジーが敦子に、どっちが勝つかの賭けを持ちかけるが、迷いなく「梶尾リーダー」と言い切る敦子に出鼻をくじかれるといったコメディ要素を原田監督は挿入する。これは後の話数で原田監督自身が描くことになる、敦子の梶尾への思いが既に表れていることを示す場面でもある。

やがて、巨大な目を発見した米田が「訓練中止」と言った時、梶尾が思わず「えッ降参ですか」と口走る辺り、梶尾の血気盛んな愛すべきキャラを行為の中で表現している。

ともに演出で付加した部分だ。前者の賭けの場面は、後に試練を与えられることになる我夢がXIGを辞めてしまうかどうかを、同じアッコとジョジーが賭けようとする場面の伏線になっている。この時は二人とも「私は辞めない方ね」と、賭けにならないことを確認し合う結果となる。原田監督は、二人が普段からこういうやり取りをしていることを視聴者に示したのだ。

それは梶尾の血気盛んな態度を見せておくことにも通じていて、やはり後の場面で我夢に対し「怯える者に、ここにいる資格はない」と言い放つのも、言動に陰湿さがない梶尾だからこそなのだということを、見る者に対し潜在的に伝える結果になっている。

空中浮揚施設の〈日常〉

XIGのエリアル・ベースは成層圏に浮かんでいるという設定なので、前回同様、コマンドルームでも窓からの光を雰囲気作りや演出のアクセントとして使うことが出来る。青空や夕景で時間帯を表現することも可能だ。

我夢が分析できない〈目〉に混乱するくだりでも、ディスプレイに向かう我夢の目元だけに窓からの光が当たり、室内はやや暗めに写っており、彼の焦燥感を盛り立てている。そこにプラスしてディスプレイの計算式に我夢の表情が写り込むことで、彼の混乱が頂点に達していることを伝える。

むろん、実際にはコマンドルームのセットも屋内に建てられたもので、窓からの光は照明効果で表現されている。引きの画面で大きな窓が映る場合は合成で空が見え、時には外を通る航空機が見えることもある。

つまり、これらはすべて「作られたもの」であり、演出意図なく映り込むことはあり得ない。

原田監督は、逆に外から、窓に向かう石室コマンダーの姿が映るように、エリアル・ベースに寄っていく画を合成で作っている。エンディングでも同様に、外からエリアル・ベースを大きく捉え、窓の一つであるダイナーに寄っていく場面がある。エリアル・ベースのミニチュアの窓に人物を合成し、そこにズームしていくこの手法は、『ガイア』の中で何度か実験的に使われ、スキルを上げていくことになる。

ズームしたダイナーでは、人々が食事をしている。トレイを持ち、「ご心配おかけしました」と梶尾の席の前に座る我夢に「勘違いするな。俺はお前の心配をするほど、ヒマじゃない」と食べ物をほおばりながら言う梶尾。「そうですよね」と答えながら梶尾を慕う我夢……二人が打ち解ける場面はそのままエンディングにつながっていくが、窓の外ではチーム・クロウのファイターが演習をしている。チーム・クロウは、チーム・ライトニング、チーム・ファルコンに続く、女性のみで編成された、『ガイア』ではまだ描かれていない第三の航空チームである。結局、原田監督は『ガイア』でチーム・クロウの話を担当することはなかったが、ここで一足早く登場させているのだ。後の話も見てから見返すと意味のわかる、原田監督一流の遊びの精神だ。

米田達も食堂に現れ、我夢と爽やかに和解する。通りすがりに我夢とタッチするファルコンの林隊員。外では今日も違うチームが訓練中……彼らの青春の日々は続く。

ダイナーでの隊員達は制服のファスナーを半開きにし、中のシャツを見せている。それは彼らのひと時の息抜きを示している。こうした隊員服の着崩し方は従来のシリーズには見られなかったものだが、『コスモス』など後のシリーズには受け継がれている。

▼地上の〈日常〉

中盤、意気消沈した我夢が地上に降りる場面では、前回同様ダヴ・ライナーが使用される。夕焼けの光が窓から入り込み、彼の憂鬱な気持ちを表現しているかのようだ。

そして、我夢はXIG入隊以前の〈日常〉であった大学に寄る。我夢の通っていた大学は1話以来、立教大学で撮影されているが、大学で友達のナカジと会う場面で、原田監督はキャンパス内の雑然とした活力ある風景の奥に二人を置き、ガンQを報道する新聞の寄り以外はロングショットにしている。映画的な見せ方だ。

そこに続く、ガンQについてナカジと話すくだりでは、キャンパスの通路を歩く二人をやや引いた画で捉え、会話の途中ですれ違う女子学生にナカジが声をかける仕草を入れている。この後、会話でヒントを得た我夢がナカジから車のキーを借りることになるのだが、ナカジは先ほどの女子学生とデートするために車に乗って大学に来ていたことがわかる。

こんなちょっとした場面でも、原田監督は見る者に潜在的なヒントを与え、一つ一つの場面でオチをつけているのだ。

▼原田昌樹、語る

——それまでの『ティガ』『ダイナ』にもあった、メンバー同士の潤滑油的描写は『ガイア』のXIGではもっと多くなりましたね。脚本にない会話を増やして人間臭い味付けをされています。

原田　『ガイア』は隊員達に命を吹き込まなきゃいけないというのがあって。学園ドラマ的な味付けはしましたね。定番は定番なんですけど、それを開き直ってウルトラマンでやってました。でもなかなかね、話が話なんでそっちに行けなくて、やり辛かったですね。人間味を描く世界じゃなかったからね。

幅が欲しいんですよね。特に『ガイア』に関しては、隊員達がちょっとカードみたいな書かれ方しちゃってるんで、あれがちょっと辛くてね。たくさんのチームがいて色んな隊員がいるけど、それがなかなか活きてこない。描き込みきれてないんで、やってる本人達も困ってるわけですよ。「僕はどういうキャラなのかわからない」って。

正直言って全員はもう描けないんで、自分のやる本数も決まっているから、もう「限定しちゃえ」と思って、途中からは「俺はハーキュリーズをやる」っていう風にした。あとはライトニングをちょっとだけ。おかげでチーム・クロウって一度も会ってませんよ。打ち上げで会っても知らないですよね(笑)。

僕のVシネマ『男組』にはチーム・マーリンの横山(尚之)が出てますよ。横山からは番組終わった時の打ち上げで「なんで呼んでくれなかったんですか」って言われました。マーリンは全部で一回しか出なかったからね。

チームがたくさんいたから、なかなか一人ひとりと接触する機会も少ないし。中盤ですよ。仲良くなってきたのは。やっと最後に色んなコミュニケーションが取れてきた。キャラクターを掴むのに一年かかったな。番組終了の頃、成城で呑んでた時、梶尾役の中上(雅巳)なんか「もう終わりなのに、こんなに仲良くなって残念だ」ってやたら言うんだよ。もう半年続けばねと思ったんだけどね。

——それは視聴者的にも、終わった後で初期の話を見返すと、オンタイムよりもキャラが入ってくる感じがありますね。

原田　当初は何がどうなるか全然わかんなかったしねえ。

そんな中で、美術のスタッフが少しでも生活感を出そうと工夫してくれた。エリアル・ベースで、仕事じゃない時の我夢が出てくる場面なんかも、デザイナーがセットの図面上げてくると、その隅に、我夢が洗濯カゴ持ってる絵が描いてあるんですよ(笑)。「これって何?」「いや、これ居住区だから、我夢は今洗濯の途中なんですよ。女の子とそういうところでバッタリ会う間の悪さってあるじゃないですか」って言われて、なるほどそうだなあと。

——30話「悪魔のマユ」の回想シーンで出てきますね。

原田　まあ、我夢も藤宮も若いし、演技で場が持つわけじゃないから、色々なことをさせた。

——『ガイア』は群像劇になりましたね。

原田　我夢バナシって、僕は頭の方の、これと千葉の海の話しかないんですよ。5話と6話は我夢の内面の話なんですけど、あとはね、我夢がいつも脇の話なんです。後半は全部梶尾に取られてたし。

——我夢が梶尾の話をうっとりと聞いていたり。

原田　あれは我夢のツクリですよ。俺はあそこまで言ってないもの。「お前、なんだそれは」って言ったくらいで。妙に「梶尾さ～ん♥」って感じでやるからね(笑)。

inter-view

北浦嗣巳

監督として生きていくということ

『ティガ』『ダイナ』『ガイア』『ブースカ』『コスモス』『ウルトラQ ~dark fantasy~』監督

オブザーバー・岡秀樹（助監督/当時）

岡秀樹　北浦監督は『ウルトラマンティガ』に関しては特撮から入ってらっしゃいますよね。

北浦嗣巳　今は円谷プロの社長になっていらっしゃるキャメラマンの大岡(新一)さんから「やってくれ」って言われて入ったんです。

岡　川崎郷太さんが本編監督だった時に(5話「怪獣が出てきた日」、6話「セカンド・コンタクト」)二回特技監督として撮られて、満を持して「出番だデバン!」(21話)で本編監督も兼ねます。その後六本やられて『ティガ』の最後が41話と42話。

北浦　あの時、舞台の『ウルトラマンスーパーステージ』の仕事を受けていて一回抜けさせて貰って、それでまた呼んで貰いました。あの時は、専務で特撮監督の高野(宏一)さんから「特撮を八本続けてやれ」って言われて「そりゃ無理ですよ」って話をしまして。高野さんは「俺の若い頃は八本も十本も続けてやったんだよ」って。

――昭和のウルトラマンの時代ですね。

北浦　「仕上げなんか本編に任せときゃいいんだ」とも言われたんですけど、他にも色々仕事は来てましたから。

その後二本やって生活できないことがわかり、四本でやめるつもりでした。それをプロデューサーの小山(信行)さんに「もう食えないからやめます」って言ったら「それなら本編もやらせるから」って。

岡　41話は「宇宙からの友」。太田愛さんの台本でイルドっていう宇宙人。42話は長谷川圭一さんの台本で「少女が消えた街」。ゲームの中で戦う話ですね。『ティガ』の大団円の時に監督は本編を撮られてないですが、最後の最後で原田さんが担当した時の特撮監督を二本やられてます。「なんで俺に本編もやらせねぇんだよ」という気持ちはあったんですか?

北浦　あの時、舞台の『ウルトラマンスーパーステージ』を終わってちょうど呼び戻された時でした。所詮、言われるままにやっていただけですから(笑)。やらせろって話は一切したことはありません。

あの時は、戻ってすぐ、小山さんから「原田さんとやってくれ」と言われて「ウルトラの星」(49話)と「もっと高く!」(50話)の特撮をやりました。

▼「最先端を見た」

北浦　私と原田さんは、作業も完全に分かれていました。だから私も本編の現場には一回ぐらい行った程度です。ただサイズだけは話しました。「特撮はこのくらいのサイズでやらないと」「じゃ、入れ込み(特撮の間にある本編シーン)はこれくらいにした方がいいよね」って、原田さんにだいたいまず私の方がコンテを先に渡しました。

基本的に原田さんは現場でコンテを割る人だし、特撮に対してあんまり言う方ではありませんでした。だから私がどういうことをやっているのかを見ていたんだと思います。

――「ウルトラの星」で怪獣ヤナカーギーが瓦屋根の民家を襲うのは昭和っぽい雰囲気でしたね。

北浦　それは意識はしました。美術もそういう画を描いたものがありましたから。こちらで描いた画コンテに対して、寺井(雄二)さんからデザイン画が上がってきます。

――ヤナカーギーが湖の下から出てくる時の水しぶきは、少しスピードが調整してあったような……。

北浦　当時のビデオの水の質感はフィルムと全然違います。あれは違う素材を流用させてもらいました。その流用の仕方を考えたんです。

岡　「ウルトラの星」は、技法的にはスタンダードだなという印象があるんです。もう一本の「もっと高く!」は当時ある意味「最先端を見たな」という感じでした。すごいものを見たという満足感が……。

北浦　それは、原田さんの付けた芝居が良かったんです。

岡　その前の、ガッツウイングと空飛ぶ怪獣ゾイガーがオーストラリア上空を飛ぶ辺りは圧倒的でした。シドニーのビル群が爆発して、ゾイガーに海岸線でアタックする。それで、クライマックスのレナとダイゴの告白の芝居に入って、息つく暇もなくゾイガーとモンゴルの平原で戦う。戦いの前にゾイガーが自分で羽をブチブチとちぎります。あれは当時助監督の満留(浩昌)さんが「台本になかった」と。

北浦　戦いにくかったからだと思います、単純に(笑)。まあでも、ある種の覚悟かもしれないですね。

岡　監督はあの回で怪獣側の意味としては憶えていることはありますか?

北浦　あまり憶えていません……ただ「原田さんは結構メロドラマが好きな人なんだな」と思いました。

岡　「もっと高く！」でレナが顔を上げると、キャノピーの中にティガの顔が見えるって画があります。

北浦　ありましたね。そういう画は原田さんかもしれませんね。

――『ティガ』の頃は原田監督とはまだそれほど仲良くはなかったんでしょうか？

北浦　普通に友達です。監督同士だし、呑みにはよく誘われました。やっぱり寂しがり屋だったんでしょう。必ずスタッフを誘って呑みに行ってました。

呑んだ時の原田さんは映画の話ばかりでしたね。私は人の作品あまり見ないので、深く話はできませんでしたが。実相寺（昭雄）監督にバカにされたけど、そう言う実相寺さんも見ない人なんですけど（笑）。

実相寺さんは「人の映画を見たってしょうがない。出来上がったものを見ても、人のマネするだけだから」って言ってましたね。それよりも音楽と舞台、古典を読めとよく言われました。

「まず合成ありき」

――北浦監督の合成の仕方に、原田さんはすごく影響を受けたと言ってました。

北浦　というか、そうせざるを得なくなったんだと思います。予算はないし。やっぱりあるものを流用してやらなければいけない状況でした。

私も特撮は一応色々やってはいますけど、所謂昔の本当の特撮……現場特撮っていうのを逆にそんなに多くやっているわけではありません。だから当時円谷プロであまりやっていなかったグリーンバックで合成素材を撮ったのは私が一番多かったですね。

もちろん「現場で出来ることは現場でやろう」っていうのは私も言ってきましたけど。特撮は時間がかかりますからね。妥協なくやろうとしたら予算がいくらあっても足りないですよね。たとえば砂漠の描写でセットを砂で全部埋めたりということも、それをやれる人とやれない人がいるわけです。

岡　二ヶ月くらい東宝ビルトが砂漠になっていたことがありましたね。

北浦　私がそういうことやるのは許されません。ベテラン監督だと許されます。当時の私は実績のない監督ですから。今もですが。

岡　実績がないとは僕は思わなかったんですが、会社に対する歴史上の貢献度というのはありますよね。

北浦　私が最初にウルトラマンをやるという時、昔からの円谷プロ生え抜きである佐川（和夫）さん、神澤（信一）さん、高野さん、その他みなさんいるわけじゃないですか。

――円谷英二さんが生きていた時代から特撮をやってきた人達の世代ですね。

北浦　私は『ティガ』の前に『西遊記』（九四年）っていう唐沢（寿明）さんのドラマでCG合成を初めてやりました。当時CGを使った番組ってCMしかなかったんです。ライトウェイブってCGソフトがあって、それが使えるからって呼ばれました。当時だから相当レンダリング時間がかかる。ワンカット作るのにもすごい時間とコストがかかりました。そこから始まって、今はかなりコストは下がって、逆に、現場特撮のコストが上がり、今はCGがなければ作品ができない状態です。

現場でミニチュアで撮る要素を少なくして、「まず合成ありき」で、間に合わないものを作っていくやり方ですよね。

『西遊記』の後にウルトラマンがあって、そこで神澤さん、佐川さん達に会ったんです。特撮の神様のような人と同じ土俵でやったって敵いません。勝負にもなりませんし。基本的に日数も決められて、特撮は当時、十二日間で二本分の脚本を映像化しました。それを同じ土俵で戦うことはできません。

だから私が一番合成が多かったんです。CGの合成の態勢がある程度揃っていたら、そっちでカット数を稼いでやろうというのが最初の発想でした。所謂特撮ステージを組んでやっていたら一日に何カットも消化できない。

ミニチュアの方がリアリティはたしかにありましたが、合成は制限はあるけどもそれなりに広い世界が作れました。その方が、よりイメージも膨らむし、撮影現場っていう狭い範囲の中よりも、もっと広い世界が作れる。

『西遊記』でも、評価されて、新聞とか雑誌に取り上げられました。特撮が最初二ヶ月。予算がかかると打ち切られた時、「もう合成でやるしかない」って、私だけ残って合成作業やっていました。だから『西遊記』で、ウルトラマンへ行く前にある程度の合成の経験が出来たんです。

もともと円谷英二さんも新しい方法、テクノロジーを入れようとしていました。約半世紀前に、数千万円もするオプチカルプリンターを買うなんてなかなか出来ない発想ですよね。マスク合成とか色んな新しいアイデアを開発していたわけで、その延長線にあるのがCGだし、高野さんもそれをわかっているからCGを最初に入れようとしたんだと思います。

そういう新しい機材はやっぱり試行錯誤していか

ないと開発されないし、それを良しとするかどうかは後世が判断するんだと思います。

岡　たしかビザーモという名前だと思うんですが、『ティガ』の「襲われたGUTS基地」（31話）で軟体動物が拡大していくイメージがありましたね。

あれも素材を何段階か撮られて、間をつなげるような手法でしたね。ああいうことをやる人は、他にいなかった。佐川さんとか、もしやられたら、また違うやり方になっていたと思うんです。そういうのを当時、僕は単なる視聴者として、「すごい。今回のウルトラシリーズは映像表現に多様性があるなぁ」と思って見ていたんです。

極めつけはシーラ（32話「ゼルダポイントの攻防」）の話のラストカット。死んだ博士の魂を送るためにフルCGの黄金鳥シーラが飛び立っていく。

北浦　あれもシーラをCG化するのに苦闘しました。

岡　CGスタッフから「そんな羽毛なんて出来ません」みたいな話は絶対あるわけですよね。

北浦　いや、羽毛までは要求しませんでした。まだリアルに表現できないのはわかっていましたから、それをうまく見せるために合成で上に何を被せるか、テクスチャーの問題ですよね。そこに雲を被せるのか、イメージとして金の光を被せることでリアリティが出るのか。方法論を色々変えていかないと。そういう時代でした。今なら色々出来ますけど。

当時のCG班は色々と苦労したと思います。あの頃はまだ一社だけ。彼らはゲームとかはやっていたんですけど、まだ実写に対しては経験が少なかったんです。テクスチャーとか方法論はお互い意見を出し合って、いろいろ試行錯誤しました。

――馴染ませるスキルが北浦監督にあったんですね。

北浦　彼らは全部CGでやろうとしていましたから、そうではなくて、こういう素材があるから、上に貼り付けて……という提案はもちろんしました。

それはやっぱり私が、大岡さん達とやった『恐竜戦隊コセイドン』（七八～七九年）で仕上げ進行をやっていた経験が生きたんだと思います。当時二〇以上の色んなフィルムの種類があるわけです。それぞれの質感や特性を使い分けて、合成していました。違う種類のフィルムだと、パーフォレーションが違うとフィルムを合わせても動かない。それを使って合成するためにはどうすればいいとかですね。

当時は合成の第一人者だった中野（稔）さんにも色々教えてもらいました。カットの切り方とか。私は当時二〇代前半で、色々教えて頂きました。

最初これにこれを繋げて次にこの画を重ねてという、重ねる順番とかね。昔は全部それをフィルムに直に合成していたわけです。色々経験になりました。

そういうフィルムの技術が土台になって、CGを色々やりました。だから合成に対する考え方がある程度出来ていたんだと思います。

▼合成の「見極め」

――『ダイナ』で原田監督と組んだ最初の二本は「ウィニングショット」（5話）と「地上最大の怪獣」（6話）です。ダイナが野球選手のようなフォームをする時、炎がバックになりますが、あのアイデアは？

北浦　私のアイデアでした。普通にやっても面白くないと思っていましたから。

つるの剛士くんが投げる撮影に二日グラウンドを取っていました。原田さんはこれを全部グリーンバックにしたいと言いはじめました。足元から何から抜いて合成して、イメージ的にしたかったんですね。

――回想シーンでは合成でファンタジックなスタジアムをバックに投げているところがありましたね。

北浦　そのイメージは原田さんです。

「でもそれで全部やると、CG班がすごく大変だよ」と。投げるスピードによるけど相当な枚数の移動マスクが必要になります。CGはカーブするカットだけ描けばいいんじゃないの？と。日数もなかったし。そしたらもうCG発注しちゃったって聞きました。でも後で聞いたら、喜んでいました。納得のいくカットになったようです。

――「地上最大の怪獣」のフォーガスというキノコの怪獣の菌糸が伸びるCGの描写が多かったです。

北浦　あれも触手をどう使い回し出来るか、でしかないと思います。カット数を多く見せるように。

――『ガイア』のボクラグ（5話）に続くガンQ（6話「あざ笑う眼」）では、冒頭の演習シーンは全部、北浦さんなんでしょうか？　コックピットを含めて。

北浦　はい、そうでしたね。私の方の飛行機を含めて、そこに本編の操縦席をはめ込んで。約六〇カットありました。

岡　コクピットをオープンで撮って。

北浦　あれはみんな鬱陶しそうでしたね。脚本では半ページぐらいなのを「六〇カット持ってきやがって」と。現場はかなり負担が大きかったと思います。

岡　日暮（大幹）さんが、北浦監督は色んな洋画の飛行機のカットをVHSで全部自分の思うように繋ぎ合わせて、ビデオコンテを作ってこられたと。

北浦　それがないとCG班が理解できないと思ったんです。リアリティのある飛ばしにしようというのはありましたけど、実際に飛ばす方向と角度、光の反射の参考にするものがありませんでした。バックの素材は私が撮った空撮がありましたから、それを背景にして飛ばすようにしました。そういうイメージがあって、合うものを選んだんです。それをCG班に見せて、それに合わせて現場で撮ってもらいました。そうしないと、現場もCG班も時間がない中でスピードアップはできないと思ったんです。

岡　あれでCG班もスキルが上がったと言ってました。あの早いタイミングで合成主体の飛行機の飛びをあれだけ大々的にやったことが、XIGの反重力エネルギーで飛んでいる飛行機のイメージを決めたかなって印象が僕はあります。

　現場が半年ぐらい進んで、初期の話を見返すと、3・4話でセットのブランコ（遠心力でカーブさせる操演の方法）を神澤監督がやってらっしゃるんです。当時「こういう表現、最近なくなってしまったな」と思った記憶があります。

　飛行物体がすれ違う時、カメラがすり抜ける瞬間に、モーションブロワーをかけるのは、北浦監督の作品の時の印象が強いです。スピード感とか。

北浦　あ、そうですか？

――スピード感で言えば、原田さんが特撮もやった回で、エリアルベースのブリッジで会話していると、窓越しにXIGの戦闘機が写っているシーンがあるんです。それが貼り付けたのを横や斜めに動かしているだけに見えてしまった時に「これはやる人によって違うんだな」と当時思った記憶があります。

岡　僕らも不思議なもんだなと思いました。CG班に対するプレッシャーのかけ方が違うのかなと。

北浦　そういうことはないと思います（苦笑）。「ここまでは出来る、ここまでは出来ない」という判断は必要ですけど。

――北浦監督の合成の仕方について、原田さんと話したりされたことあったんですか？

北浦　あまりないですね。ただ、よくは見ていたとは思います。ガンQの時の飛行戦を見て、これは今後、円谷としても売りになるから断固としてやった方がいいってことは言ってましたからね。たしかに当時、あのシーンは周りの評判が良かったですね。

岡　原田監督の合成は、全体から中に入っていくのが多いと思います。外観からコクピットの中に入っていくのが一番多いのは原田さん。

――そうですね。北浦監督も使ってますよね。

北浦　「XIG壊滅!?（47話）」の爆発の中を、炎が巻き上がる……。

岡　石黒コマンダーに寄っていくカットがありますよね。あれは思い出深いなぁ。

――攻撃によって本部基地が最後の一片まで崩壊するのを、外側と内側から交叉して描いたのは、それまで日本の特撮ドラマで見たことがなかったですね。

▼「OK、もう一本」

――北浦監督の回の作業量に比べて原田さんは楽だったとみなさん言うんです。当時の思い出を聞くと、みんな北浦監督の話になっちゃうんです。

北浦　（苦笑）。ま、それは私も他人の現場はよくわからないですけど。楽かどうか。楽が良いか、苦しいのが良いか、それはどっちが良いか。べつにそれはしょうがないと思います。

――北浦監督は、カットをかけた後に「OK、もう一本」というのが多かったと……。

北浦　だから、キャラクターの問題ですよね。芝居として、この部分はいいけど、「もう一回行こうか」というところの判断。もう一回やれば良いのが出るかもしれないという欲ですよね。私はそれだけ欲が強かった……らしい。

岡　原田さんも「もう一本」ってのありましたけど、北浦さんの言い方と原田さんの言い方の両方を、僕は盗んでやってます。

――それは、どう違うんですか。

岡　……。

北浦　言いにくいよね。そりゃ（笑）。

岡　原田さんの言い方で印象深いのは、「もう一本行こう」と言う時に、理由も何も言わないんです。そのテイクの良かったところしか言わない。じゃ、何でもう一本なんだろうとみんな思うんだけど、それぞれが勝手に納得するための間みたいなものがあってから、「じゃあ、もう一回行ってみようか」となるわけです。それを僕は当時自分のメモに「こういうやり方もスマートでよい」と書いてあるんです。

　北浦さんのは、そればかりではないですが、「カット！　うううぅん……ＯＫ」と一瞬言っちゃうんだけど、「うぅうぅん…もう一本！」と。北浦さんは正直なんですよね。原田さんに比べて。みんなやっぱり葛藤するはずなんですよね、監督さんは。

北浦　私も「ダメだな」と思えば諦めます。全然ダメだって思ったら、アングルを変えて寄りで処理するとか。「押さえでもう一回行くね」とか。最終的に監督ってやっぱり編集を考えるから。頭の中で。

――丸谷嘉彦プロデューサーが、北浦さんと原田さんと村石（宏實）さんがMBSのウルトラマンの三大監督だとおっしゃってました。

北浦　村石さんが一番多いんじゃないですか？　み

んな自分の好きな世界観を作っていたってだけです。

　ある程度テレビ局主導になってくると、基本的には局のカラーに合った作品しか受け入れられないことが多い。わりと色んなカラーをやらせてくれたのが円谷プロの良さ。監督の個性を尊重する。後半は、なかなかそうはいかなくなってきましたけどね。

　本編と特撮を兼ねるっていうのも、私達が始めたことで、だんだん敷居が下がってきたってところはあるかもしれません。

　合成を主体にすることによって、イメージ先行でモノを作れる形に段々変わっていきました。

　でもCGを使おうが何しようが、「全部アナログですよ」って私なんかは言いたくなります。デジタルというのは単に数値的にデジタルになるだけであって、イメージそれ自体はアナログなんです。

▼「北浦合成さん」

――あとアクション監督の二家本辰己さんがフォーガスの回(6話)に出て、その後に北浦さんの監督作にも出たり、原田さんの時に出たり。同じ人物で。
北浦　二家本さんは十代の時、『アイゼンボーグ』で彼がスーツアクターだった当時からのつながりで。インドとの合作映画で彼に坊主になって貰いました。
　主役の女の子と戦う悪の役。殺陣も出来て悪役もやれる人にってことで。日本の出版社と海外の合作だったんです。結局その企画は潰れたんですけど、私が二六才の時にチーフで呼ばれて。二家本さんに、当時彼はまだ髪の毛があったから「色気も捨てて頭を剃るなら推薦するよ」と。その時初めて剃って、それからずっとです。
岡　二家本さん、髪の毛あったんですね(笑)。
北浦　JACを離れた頃ですね。
――『ガイア』の「遠い街ウクバール」(29話)でも、原田さんは北浦さんに出てもらいたくて何回か交渉してたと。
北浦　そう。なかなかスケジュールが合わなくて。
――宅配便屋さんの、受付にいたはずだった。
岡　劇中の小道具の社長は全部北浦さんなんです。「らくだ便」も「北浦合成さん」が経営している。
――あ、そうなんですか(笑)。
岡　俺はそういう原稿を美術に出していました。それを原田さんが気に入ってくれたのかな。僕らの中では北浦社長が、色んな会社を『ガイア』の世界でやっていることになってる。
北浦　そうね、水とか色んなのがありましたね。
岡　小道具のラベル、新聞や雑誌の奥付を見たら全部、発売元が北浦さんだったりするんです。
北浦　まあ、いじられやすいということで(苦笑)。

▼自分の世界をどう人に認知させるか

岡　『ブースカ!ブースカ!!』は全三八話で原田さんが十二本。三人の監督で三六本を占めていて、同じくらいの本数で回っているような感じです。
北浦　そう、ローテーションですからね。『ブースカ』は原田さんにとって初めてのメイン監督だから、相当気合い入っていましたね。私は悪ブースカの話とか、いつもの調子でやっていました。
――アクの強いキャラクターや描写を投入していましたよね。
北浦　原田さんからすれば、ちょっと複雑な思いもあったと思います。原田さんはメロドラマ的な方向ですから。
　私は朝の番組だし、朝から楽しい方がいいかなと。ただ思い入れというと、原田さんはすごかった。最後まで『ブースカ』を映画でやりたいと言ってましたね。
岡　映画がもし実現したら、原田さんは台本は太田愛さんで行きたいと思っていたんですかね?
北浦　一番は太田さんだったと思います。
――でも、太田さんと組んだのは北浦さんの方が先なんですよね。『ティガ』の時。
北浦　原田さんは、脚本をあまりいじらずそのまま演出に持って行ったので、太田さんとしてはやりやすかったと思います。
　製作会社のプロデューサー、局のプロデューサー、監督と、十人前後が集まって話をする。その中で決まる話、それはみんなの意見を取り入れたら平均的になりますよね。太田さんは太田さんの世界観があるからね。それがうまく原田さんと合ったから名作が出来たんだと思います。そういう意味では出会いが良かったんですね。
　原田さんの作品はどれも「原田さんだな」って世界観になっている。名作が多いでしょ。そういう意味では演出家としては優秀だったと思います。
「遠い町・ウクバール」も過去を振り返って思い出、記憶に浸る、そういう「甘い」世界観。太田さんもそういう世界が得意です。名作だし、良いなと思います。あと「少年宇宙人」。あれも良かったです。
岡　『ブースカ』のような作品は、ウルトラマン的な作品が成功して、その余波がなければ、なかなか実現しそうにないような気がするんです。
北浦　たしかに。映像作品ってある種「泡」だから。基本的にある程度余裕がないと出来ないですね。

岡　なくたって良いっちゃ良い。世の中に対して。

北浦　でも必要なものですよね。

——原田さんは、映画会社に入って、そこで助監督になってというような世代とは違いますね。

北浦　私達の前から独立プロが全盛になっていた。ATGとか。六〇年安保、七〇年安保で来ているから、ある程度既成のものに反抗しようと。そうなると会社に入ること自体がカッコ悪いような、安寧を求めることはカッコ悪いみたいなところがあって。私も就職活動は全然しませんでしたね。

——お話を伺っていると、北浦監督の場合はたとえば実相寺監督であったり、ATGの映画だったり、独立プロの気概というか、そういうところを知っておられた。原田さんは見る側としてはともかく、やる側としては娯楽作品の中から育ってきた。

北浦　うーん、そうかもしれないですね。

岡　実年齢はおいくつ違うんでしたっけ？

北浦　三つか四つですね。今思えば、社員になった方が楽ですよね。日活に入ったら日活の社員監督になっていくわけですから。

岡　会社で生き延びていくのも大変そうですけど。

北浦　でもフリーよりは楽ですよ。バックがあるのが一番強いですよ。フリーの人間が映像の世界で生きていくためには、培ってきた人間関係やノウハウをどう前へつなげていくか。そのエネルギーがあるかどうかですよね。

結局この世界に入っても、辞めていく人もいっぱいいる。会社員なら会社の中に自分をはめ込んでいくしかない。そして会社を改革できる力のある人になれるかどうか。みんなどこへ行っても大変は大変ですけどね。

▼芝居以上の光を出せればいい

北浦　『コスモス』で私はメイン監督をやりましたけど、どういうカラーにするかは全然考えていませんでしたね。ただプロデューサーから渡された「怪獣を殺さない」というコンセプトは、それはそれでいいんじゃないのって私も乗りました。

特撮の佐川(和夫)さんは、そういうウルトラマンの場合は、どういう殺陣になるかとか色々あるけど、あとはプロデューサーがどうコントロールするかだけですから。

それでも、わりと現場に台本を下ろしたら、そのまま任せてくれました。そういう意味ではやりやすかったし、好きにさせてもらいました。

——原田さんが杉浦太陽さんに厳しかったそうですが。

北浦　芝居はあまり出来なかったけど、みんなそんなもんだと思います、最初は。芝居だけじゃなくて、光があるかどうかです。オーディションをやった時も、他にもいい人が何人かいました。芝居だけなら。ただ、引き付ける何かが、表に出て来ないなあって。杉浦くんを推したのは私一人でした。

丸谷さんも、大岡さんも渋谷プロデューサーも別の人の方がいいと言っていたのですが、最終的には当時の円谷プロ会長の円谷一夫さんの後押しもあって私の意見を通してもらいました。

芝居は現場で作っていけばいいと思いました。主役はある種のスター性、芝居以上に表に出てくる雰囲気や、持って生まれた人を引き付けるものが必要だと思います。

現場の演出家としては苦労はします。その辺の妥協点をどう見つけるか。原田さんは、そういうのが許せなかったんだと思います。本当に申し訳ないと思っています。でも、原田さんのお陰で杉浦くんは本当に良くなりました。

▼死の前に考えること

——原田さんにとって円谷プロで一緒に働いていた人々には、特別な意味合いがあったのでしょうか？

北浦　あったと思います。私だってこうして色々憶えていますし。原田さんは、亡くなる直前にスタッフ何人かと会ったと聞いています。

そういう気持ちを考えると本当に辛くなりますね。死については、この歳になると考えますよ。実相寺さんの世代でも、亡くなる先輩が多かったんです。原田さんが亡くなったのは五二才ですよね。

あの若さで亡くなるのは過酷だなと思います。

——原田さんもゆくゆくはプロダクションを作りたいって言っていたみたいですね。

北浦　いやー、難しいですね。だからって何も考えないと、十年なんてすぐ過ぎちゃいますからね、特撮も撮らないと技術が廃れるし。ぜひとも原田さんの遺志を継がないと。

実相寺さんは映像よりも最後に残るのは音楽だと言ってましたけど、やっぱり最終的には「映画を撮りたい」と言ってました。

何人もの先輩、師匠……私をこの世界に入れてくれた先輩も最近亡くなりました。録音、音楽家、編集を教えていただいた浦岡敬一さん……色々です。教えてくれたこと一杯あります。仕事のこと女性のこと、生き方のこと…色々です。感謝、感謝です。原田監督のご冥福をお祈りいたします。

「龍の都」11話 ▼一九九八年一一月一四日放映

脚本：古怒田健志　特技監督：満留浩昌　撮影（本編）：倉持武弘　撮影（特撮）：高橋義仁
ゲスト：大寶智子（黒田恵）

▼ストーリー

ひ弱な我夢を鍛えようと、陸戦用新配備車両「GBTスティンガー」への装備品の積み込みを手伝わせるチーム・ハーキュリーズのマッチョな面々。自分を「チューインガム」と呼ぶなど、彼らのオヤジ臭く汗臭いセンスに圧倒される我夢。以前の戦闘でハーキュリーズの戦闘バギー・バイソンに助けられたこともあり、逆らえないのだった。

その頃、東京では水不足が問題になっていた。テレビ局KCBのディレクター・田端は水不足の原因を風水師の恵に語ってもらおうとする。自分は局に缶詰で動けないことから、カメラマンの倫文とアナウンサーの玲子をロケ場所の神社に手配する。

東京で一番大きな地脈〈壬龍〉が都市再開発工事で断ち切られたのが原因ではと言う恵に半信半疑の二人。だが、丸の内の工事現場に突如巨大な竜の首が出現する。

竜の首は他に万世橋や聖橋、天王洲など都内六箇所に同時出現。都内全域で電話は不通となり、電圧が低下、断水やガスの不通とあらゆる機能が麻痺状態になる。

チーム・ハーキュリーズは龍の本体を叩くため出動する。

「東京の地下世界に向かって発進！」

我夢はEXで上空からナビゲーション。

「俺達の命、チューインガムに預けたぜ」

かつて装備品の積み込みを手伝ったため、スティンガーの装備についてすっかり頭に入っていた我夢の的確な誘導によって、ハーキュリーズは龍の本体へ到達。攻撃を仕掛ける。

地上へその全身を現す壬龍。それまで首に見えていたものは尻尾の先端だったことがわかる。

我夢はガイアになるが、必殺技を封じられ、念力で宙に吊り上げられる。チーム・ハーキュリーズもスティンガーの車載武器を使い尽くしてしまう。

だが「武器はまだある！」と彼ら自らXIGバルカンを手に龍へ挑み、念力を発する額の宝珠を撃ち砕く。落下したガイアのライフゲージは赤く点滅している。

「地に戻って！　お願い。あなたの思いは、ガイアに伝わったわ」

恵の呼びかけに応えたのか龍は光の珠となり、ガイアの手の上に乗るが、やがて離れて地の底に吸い込まれていく。

コマンドルームに戻った我夢は、撃ち尽くした弾丸の再充填にまたもやかり出されるのだった。

▼東京を占領した怪獣

11・12話は、『ティガ』『ダイナ』でウルトラマンシリーズの特撮助監督だった満留浩昌が、初の単独クレジットで特技監督を務めている。特技監督としてのデビュー回とあって、特にこの11話は、東京という大都市を真正面から舞台にした特撮スペクタクルとなっている。ビル街のアスファルトを突き破って勢いよく吹き上がる水柱がビルを破壊し、辺りが濁流になる。工事現場のトンネルを降りると江戸城の地下に龍の首の柱や、地下水の池が広がるアナザーワールドにはミニチュアワークの魅力が横溢している。そして、ガイアが必殺技フォトンエッジを構える間に攻撃を受けてしまうという意表を突く展開は、壬龍の強さが神がかったものであることを印象付ける。

壬龍の造型は東洋的な龍の伝統を踏まえた面構えで、ヤマタノオロチのように九つの尾がそのまま龍の顔になっており、それぞれ操演で動くという豪華なもの。東京各地や地下の池に首のみが出現する時は、アップ用のギニョールやマペットが用いられた。

今回の怪獣を龍のモチーフにするというのは満留特技監督の案で、『ガイア』初期には目鼻のない抽象的なデザインの怪獣が続いたこともあり、感情移入可能なものを意識した。壬龍をデザインしたのは、この時期の怪獣デザインを一手に引き受けていた丸山浩ではなく、当時制作担当だった奥山潔。奥山氏は満留氏と映画学校時代の同期だった。原田監督は後にメイン監督を務めた『リュウケンドー』や中国の『五龍奇剣士』などで奥山氏を登用、デザイン面で自らの片腕として信頼していくようになるが、本作はそのきっかけとなった。

▼突き進む猛牛チーム

今回、原田監督は特撮の見せ場を盛り立てながら、XIGの陸戦部隊であるチーム・ハーキュリーズの男臭さを印象付ける。

ハーキュリーズのリーダー・吉田悟役の松田優は「和製シュワルツェネッガー」との異名をとり、原田監督のVシネマ『男組』では神竜組四天王・大田原役を同名漫画原作のイメージ通りに演じた。後の『ブースカ！ブースカ!!』ではレギュラーのさやか（斎藤麻衣）のパパ役で、インディ・ジョーンズばりの冒険家を演じた。

メンバー・志摩貢役の加賀谷圭はVシネマや刑事ドラマで多数のヤクザ役を経験。原田監督作品では後に『コスモス』の防衛軍の陸戦部隊チーム・ベンガルズの隊員として、ハーキュリーズのイメージを引き継ぐ役まわりで出演。

もう一人のメンバー・桑原孝信役の中村浩二は『ティガ』以来のウルトラマンのスーツアクターであり、ムキムキな戦闘スタイルであるティガのパワータイプや、ダイナのストロングタイプに入っている。平成ウルトラマンの〈強さ〉を印象付けたアクターだ（ちなみにティガのマルチタイプやダイナのフラッシュタイプなど、ウルトラマンの〈流麗さ〉を印象付けたスーツアクター・権藤俊輔は『ガイア』においてはピースキャリーの操縦士でありチーム・シーガルの隊長である神山篤志役で素顔でも出演している）。中村氏は『ブースカ！ブースカ!!』ではレギュラーのドジな刑事・泡手門之介（宮川一朗太）の部下・隼人千里男役を演じた。

▼風水の怪獣を演出

また原田監督は怪獣の神秘性の背景として風水を前面に出すことにし、大寶智子演じる風水師の恵が登場することになった。大寶智子は七一年生まれ。子役時代は黒澤明監督『八月の狂詩曲』などで知られ、金子修介監督『1999年の夏休み』では美少年役を演じている。この時期は既に妙齢ながらも、どことなくとらえどころがない恵という役を見事に体現していた。

『ガイア』は1話から、謎の〈根源的破滅招来体〉の脅威に立ち向かうという設定でスタートしたが、〈根源的破滅招来体〉イコール怪獣ではなく、歪みが起きている根本原因だということが次第に固まっていく。壬龍は大地の精霊的存在で、自然生命としての地球怪獣の中でも風格のある存在となっていった。

都会の中で、壬龍の面影がふとよぎるという今回の演出方法は、『ガイア』における地球怪獣のあり方を決定付け、最終回（村石宏實監督）のラストシーンにも用いられている。壬龍そのものも、最終二部作で地球怪獣達が人類とともに〈根源的破滅招来体〉の使者に立ち向かう時の、キーポイント的存在として再登場した。

▼原田昌樹、語る

——壬龍はシリーズの要になる怪獣になっていきましたね。

原田　やってる時はあくまで傍流のつもりだったんですよ。『ガイア』はメカ主体の特撮で行くっていう本線があったから「僕らは和風特撮で行こう」なんて留ちゃんと話して。なるべく東洋風、オリエンタル調でいいんじゃないって。本線が英語をベースにするんなら、こっちは中国語とかスペイン語をベースにしようとか。

——ハーキュリーズがコマンドルームに入ってくるところで「モウ〜」っていう牛の声が被さりますね。

原田　僕は撮ってて一番得意なのは男なんですよ。『ガイア』だとハーキュリーズや、大和武士の演った柊は得意なキャラですね。ハーキュリーズみたいなキャラは好きなんです。松田優は、僕がVシネよくやってた時の役者だから、ああいう連中をきっちり撮りたかったんですよ。Vシネやヤクザ映画では「男は男らしく」ってのが基本なんで、中途半端に描いちゃいけない。ハーキュリーズってのは名前も名前だし、見てくれだけでそういう名前がついてんだけど、こいつら熱い連中にしちゃえと。力強く歩いて、スティンガーに乗ったらいつも汗だらけという。メイクさんに「乗った瞬間から汗を全部つけて」って。

——恵は祈祷師でも科学者でもなく、一般の人でちょっとそういう感性を持ってる人みたいな感じでしたね。

原田　おっとりして少し抜けてるけど、異常に勘の強い子。大寶智子も飄々とやってくれてよかったですよ。「ポワ〜ンとしてやって」と言って。本人は全然そういうキャラじゃないんだけど。この回は「なんだか妙だな」という感じで終わっていいと思いました。

——出てくるシチュエーションも、全部ポワンと晴れてる時でしたね。暖か〜い。

原田　なるべく天気のいい時を狙ったんです。それと風水師という設定もあったんで、大寶智子が出る時は必ず（画面に）水を入れる。水辺に立っていたり、流れているところにいたり。

——それが壬龍の存在の柔らかさにもつながっているような気がしました。シルエットで龍の首が動いたりというのは、結局、後々の最終回まで踏襲したという形ですね。ラストは恵に被せて打ち水や水面のきらめき、青空のモンタージュになっていました。

原田　和テイストですよね。「水を司る」という感じで。なにしろ、見つめ合っただけで怪獣を退散させてしまう人ですから。演じてる大寶智子もそこら辺わかってて「私って要するに通訳なんですよね」と言うから「そう、そういうこと」って（笑）。怪獣の代わりに気持ちを代弁して。

作品解説

「野獣包囲網」12話

▼一九九八年一一月二一日放映

脚本：川上英幸　**特技監督**：満留浩昌　**撮影（本編）**：倉持武弘　**撮影（特撮）**：高橋義仁

ゲスト：北村隆幸（ガス会社職員A）、茂木和範（同B）、清水一彦（サラリーマン風の男）

▼ストーリー

宇宙から地球にカプセルが飛来する。

その夜、東京南部で通行人が狼男のような怪物を発見。腕に覚えがあるため挑みかかるが、はじめ怯えていたかに見えた怪物の逆襲に遭う。

怪物を未確認物体として察知したXIGの堤チーフは、なぜか地上での出動に航空部隊チーム・ライトニングの三人を任命。我夢とともに深夜の追跡戦が展開される。

「基本は捕獲だ。しかし、状況によっては射殺を許可する」

「その判断は自分に任せてもらえますね」

梶尾は全員のジェクターガンに麻酔弾の装填を命じる。

だが、空のエースであるライトニングも敵との接近戦では勝手が違う。

怯えて身体を丸めたままうずくまるしかない大河原を飛び越え、逃走する怪物。

先回りした梶尾が「もう鬼ゴッコは終わりだ」と決めゼリフを発しジェクターガンを向けるが、一発として当たらない。袋小路を飛び越えた怪物はピョンと橋の上にジャンプ。カートリッジの弾が切れ、気が動転したまま我夢のガンを強引に借りて撃つ梶尾だが、狙いは外れるばかり。

翌朝、捜索はジオ・ベースの特殊捜査チーム、リザードが引き継いだ。

リザードのリーダー・瀬沼はひとり海を見つめる藤宮と出会い、避難するよう呼びかける。だが藤宮は「安全な場所なんてあるんですか、今の地球に？」と挑発的に言い、立ち去る。

エリアル・ベースに帰投した梶尾達が射撃訓練に励む一方、我夢はコマンダー達と怪物の特性について検討、夜行性ではないかと推論する。だが昼間はどこにも姿が見えないのは何故なのか。

その夜、瀬沼と我夢の前に現れた怪物は、銃を向けた瀬沼を気絶させ、我夢にも襲いかかろうとするが、そこへ藤宮が登場。怪物は藤宮にアグルの姿を重ね、怯えて逃げ去る。

夜明け前、勝手知ったるリーダー機・ファイターSSに乗り込んだ梶尾は、空中からマンションの屋上にいる怪物に麻酔弾を撃ち込むことに成功。我夢達が屋上を包囲し、ようやく捕獲に成功した……と思った途端、怪物は朝日を浴びて気化していく。

我夢は、怪物が太陽光を浴びるとガス化する特性を有していることを知る。だから昼間は発見できなかったのだ。怪物のコードネームは上層部により「ウルフガス」と決められた。

麻酔弾の影響で体質が変化し、ガスタンクのガスを吸収して巨大化したウルフガスの前に、ウルトラマンアグルが現れる。慌てて隠れるウルフガスだが「身体隠して尻尾隠さず」状態。

ウルフガスを街の中で爆破させれば、体内の天然ガスが炸裂して被害は甚大となる。アグルを止めるためガイアに変身する我夢。アグルのフォトンクラッシャーとガイアのフォトンエッジが空中でぶつかる。構え直してさらなる光線のポーズになる両者だが、ウルフガスは恐怖にうずくまっているばかり。

そこへ、我夢の書いた化学式を元に作られた細胞気化の弾薬をチーム・ライトニングが撃ち込む。射撃訓練の成果を見せようと、陸戦部隊チーム・ハーキュリーズを押しのけて出てきた彼らの弾は見事命中。

ガス化したウルフガスはガスタンクの中に入り、それを宇宙へ戻すガイア。

「それでやつを助けたつもりか?」

アグルは藤宮の姿に戻り「いつか僕のやり方をわかってもらう」と三日月の下、去っていく。

▼地を這い回る〈トカゲ〉

本作は等身大の怪物との地上戦で綴るアクション編。前回活躍した陸戦部隊チーム・ハーキュリーズは登場せず、航空部隊のチーム・ライトニングが苦手な陸上で苦戦する。

追跡が徒労に終わった夜明けは、朝日に「コケコッコー」とSEが入り、既に朝のオフィス街が活動し始めている中、筋肉痛で川沿いにへたりこんでいるライトニングの面々と我夢がはじめロングで映し出される。

劇中では「特殊捜査チーム『リザード』はジオ・ベースの情報部を中心に構成され、地上で発生した超常現象や怪事件を捜査するチームである」と説明がある。「リザード」とは「トカゲ」の意味。空中に浮揚するエリアル・ベースの若者達と違って地を這い回る存在であり、物語世界にリアリティを付与している。

本作の予告編は瀬沼が運転する車のカットから始まり、リザードを指揮する瀬沼のカットが挟まる。原田監督はこの新キャラクターをまるで売り込んでいるかのようだ。

▼洒落た画作り

アクション中心の回だが、コメディ描写と、全体的にファンタジックな画面作りで原田監督らしい味付けがなされている。

ウルフガスによる最初の被害者からして、準備稿ではただ一方的に襲撃を受けるだけだったのに、映像では、襲撃を受ける前から空手技で先制攻撃を行っている。上着を取り去り、シャツにネクタイの姿でポーズを決めて蹴りを繰り出すこの引き締まった男性は何者なのかという感じだが、ウルトラマンアグルのスーツアクターを務める清水一彦が演じている。冒頭から既に、そんな遊びを盛り込んでいるのだ。

ウルフガスは初め怯えたような声を出し、根っから凶暴な怪物ではないのだということを視聴者に知らせる。だが顔の角度によっては凶暴な表情に見える。その顔がアップになってウルフガスの逆襲が始まったことを伝えると、次のカットでは通過する電車の手前に赤い警報ランプの光る様が写し出され、さらに運河に赤いネオンが写り込むカットが続く。赤い光はやがてフォーカスアウトし、夜目に血がにじんでいるかのような象徴的な画となり、先の男性の断末魔の叫び声を重ねる。直截的な描写はなくても、ナイトメアな演出が洒落ている（だが清水一彦はその後も『ガイア』に宅急便屋「らくだ便」の配達員として出演し、本作のキャラクターと同一人物と思われるので、実際は死んでいなかったということなのかもしれない）。

本作には、こうした「洒落た画作り」が横溢している。夜の月を印象的に写し出すのもそうだ。月の描写は、手前にマット画の雲がかかっていて、横に流れていくという、絵本のイラストのような〈作り物〉のテイストをあえて狙っている。

ウルフガスが屋上に上り、月に向かって遠吠えをする建物は、シナリオでは「高層マンション」と書かれているが、映像では独特のデザインだ。風見鶏のある屋上から下は、外枠だけが何段も続いていて、我夢達は外側のハシゴで昇り降りするのである。

ウルフガスが見上げるのは青い星空で、一条の流れ星が光る。ウルトラマンでの第一作が「青い夜の記憶」だった原田監督が武器とする表現方法だ。ジェクターガンを持ってライトニングがゆく夜の街も、終始ブルーのトーンとなっている。

また超高速特殊自動車ベルマンで夜の街を移動するシーンでは、左右に流れる市街が切り絵のような表現のCGとなっており、窓から見える人影のシルエットも絵画的だ。そこに半鐘の音がする。原田監督は「ヨーロッパの半鐘」「ドイツかイタリア」と音の指定をしている。半鐘は本作の随所で聞かれることになる。

そして本作が一番ハジけた瞬間は、屋上にいたウルフガスが、飛来したファイターSSから射出される麻酔弾を受け止めると、巨大な注射針が刺さっているという描写だろう。ドクロのマークに、ピンクの液体が入っている注射針はマンガチックで「そんなバカな」と一瞬思ってしまう。

続いて「やりましたね、梶尾さん」とファイターSSをうっとり見上げる我夢と、その横で空にサッと敬礼する瀬沼のツーショットになる辺りの呼吸が楽しい。

ウルフガスが朝日に気化する場面では、「コケコッコー」という鶏の声とともに、合成で空をはめ変えた黄金色の朝焼けが包む中、キラキラと星の粒のようになって昇天していく。この光の粒子がウルフガスの本体で、シナリオにある「気化」という説明をもう一歩ファンタジックに見せているのだ。

▼「こわいよう」

追いつめられると凶暴になるものの、普段は臆病なウルフガス。原田監督は彼の吠える声に「こわいよう」という感情を指定している。逃げ足の速いウルフガスのジャンプには「ピョーン」と効果音の指定をしているのがカワイイ。

シナリオではウルフガスがもともとは他惑星の生物が宇宙開発のためにカプセルで打ち上げた実験動物であった可能性が指摘され、より同情的な視点が盛り込まれていたが、原田監督はここをカットしている。確定してしまうのは生々しすぎるという理由からかもしれない。

我夢は、倒すことに躊躇があるのかという石室の問いに「いいえ」と即答しつつ、ウルフガスが怪物化せずにガスのままでいられる方法はないか模索する。あくまで感情的ではなく理論的に対処を考えるところに、本シリーズのリアリズムが伺える。ちなみに、エリアル・ベースの廊下を歩きながら化学式を書く我夢……という描写はシナリオでは「ノートに書く」ことになっていたが、原田監督はモバイルを使うように変更している。常に新しいメディアに関心を注ぐ監督らしいこだわりだ。

ウルフガスが生き延びるのは原田監督の「殺したくない」という希望からだという。『ティガ』の「怪獣動物園」からの精神がここにも流れている。

最初、丸いカプセルに収納され地球へと飛来したウルフガスだが、ラストも丸いガスタンクに入ったまま宇宙の彼方に放たれる。ひょっとしたらウルフガスはこうやって様々な星をめぐってきており、これからも繰り返すのだろうか。常に最初の時点に回帰する物語のループ……藤宮の「それでやつを助けたつもりか？」という我夢への批判は、ある意味、的を射ているのかもしれない。

今回、原田監督はエンディングの歌詞にシンクロしてこれまでのドラマの場面を構成するという遊びを入れている。

「♪雲の切れ間」という詞の部分では月にかかる雲、「♪はてしない青空」の部分では青い夜空を見上げるウルフガス、「♪ラビン ユー　走り続けてゆく」では走るライトニングの面々、「♪すべての答えはきっと」では計算式に向かう我夢、「♪この胸にあるから」では胸に注射器が突き刺さるウルフガス、「♪輝き見つけるために」では気化しキラキラと舞い上がるウルフガスを見ているしかない我夢と瀬沼……究極の「遊び」だ。

▼原田昌樹、語る

——瀬沼の車に我夢が乗って会話する正面からの場面は、左右の街路灯に人が影絵みたいになって……。

原田　あれはCG班に「アムステルダムの夜の街」って発注したんです。一回出来てきたものを見て「窓に人がいないからダメ」って全部入れてもらって。『ガイア』って普段は比較的リアルな特撮やってたから、思いっきりファンタジーに振っちゃえって。ウルフガスが吠えている塔もわけのわからない塔にして。風見鶏があって。なんでそんなとこにあんな建物があるんだよというような。星がきらめいて、月があって。綺麗な画にしようと思いました。

あのウルフガスが吠えている場所は、屋上まわりだけがホンモノで、あとは実景に描き足してるんです。

——朝焼けはインパクトありましたけど、ホンモノを合成してるんですか？

原田　そうです。「もう一人の巨人」の時の、我夢と藤宮が立ってるところのバックにある夕焼けと同じ時に撮ったものを使っているんです。

起き上がるウルフガス。
戸惑って辺り見回し、空を見上げる

合成の星空はダイナ『君を想う力』素材指定

やや涙目？　遠吠えする。ギニョール指定

空には満天の星。セットの天井をばらして撮影する。
かなりの引き画指定。遠くに倉庫街。

イメージボード（橋爪謙始）

●平成ウルトラスクリプター

河島順子（現姓・青木）・**黒河内美佳**（現姓・中島）・**阿南玲那**（現姓・新城）

「俺は尺に収まらない監督」って言ってました

座談会

河島　私が最初に原田さんについた「もっと高く！」（『ウルトラマンティガ』50話）は結構気合が入っていた。ロマンチストなんだって思いましたね。意外と見た目よりは（笑）。やっぱり「愛」がテーマ。「愛」に飢えていましたから、監督は。「河島ー、幸せはどこにあるんだよ。俺に愛をくれよー」っていつも言ってて。「監督、愛はもらうものではなく与えるものですよ」って、つい説教を。

阿南　監督はね、その後「愛は与えるものだ」っていつも言うようになったんです。原田さんは奥さんと別れてから一人で旅行に行くようになったよね。

黒河内　私がもともと一人で旅に行くので、原田さんから盛んに「つまんなくないのか？」と聞かれたんです。「べつに寂しい思いとかしたことないですよ」と言ったら、それから原田さんも一人で海外とか地方とか旅行に行かれるようになったんです。

最初に一人で行ったのがカッパドキア（トルコ）じゃなかったかな？　そしたら、毎日毎日、旅日記がメールで送られてきて。

一同　（笑）。

黒河内　私一人に送られてきたのかと思って発信先を見ると一斉メールでものすごい人数に送っている。

阿南　私は原田さんが初めて円谷プロで撮った「青い夜の記憶」『ウルトラマンティガ』（29話）にはスクリプター助手でついてる。

黒河内　私が東宝ビルトの撮影所を歩いていたら、ウルトラで原田さんに最初についたスクリプターの島貫育子ちゃんが突然スタジオから駆けてきて「美佳ちゃん、飴、飴！　チョコレートでもいいから！」と。「今度入った監督が甘いもの大好きなの！」（笑）。血相変えて走ってきた。「どんな監督なんだろ」と私、見に行ったんです。

河島　原田さんは、スタッフみんなが好きだった。原田さん自身、他の現場では「監督」ですよね。現場で一番上に立つ人。だけど円谷プロだと、鈴木（清）さんとか上の人から「原田」って呼び捨てにされて、駆け出しのぺーぺーみたいな扱いをされてる。それが心地いいという感じでしたね。

阿南　先輩から「お前まだまだだな」と言われるのが、面白くて行ってたというのがあるかもしれない。

黒河内　スクリプターの先輩の（山内）薫さんも、原田さんのこと、「原田」って呼ぶじゃないですか。

河島　そう言ってくれる人って大事なんだね。

▽怪獣の声を担当

河島　私達スクリプターは、ローテーションでうまいこと本編も特撮も同じ話が出来る時もあるし、ちょっと崩れて別々の時もあったよね。

阿南　監督達はローテーションなので、一本一本の思い入れが強いわけです。でもスクリプターはベルトコンベアーの箱詰めのように作業に追われている。

河島　なるべく一人の監督について出来るようにはなってました。そうでないと大変だし、やりにくいというか。

――原田さんが最初に特撮と兼務した『ウルトラマンダイナ』の「幻の遊星」（11話）はハネジロー登場の回でもあります。

河島　ハネジロー、本当に大好きでしたから。

声は私です。初めは冗談だと思った。

黒河内　現場で何か声がないと、セリフのやり取りのタイミングが掴みにくいから。

河島　「ちょっと鳴いてくれ」と。

黒河内　私は原田さんに「なんでハネジローを河島がやっているんですか？」と訊いたら、「やるって言ったから」と。やらせてみたら結構良かったと。

河島　それでそのまま（ハネジローの声優に）なっちゃったのかな。ノリで。

阿南　現場で声をやりつつ記録を？

河島　「パムーパムー」と言いながら。もちろん後でアフレコするけど。

阿南　だから（記録の仕事で手元で）ガチャガチャ音を立てたりしていても大丈夫なんだ。

河島　置いてあるとただの人形なんですけど、ハネジローの人形師の原田克彦さんが手を入れたら魂が宿る。私は「原田さんじゃないとダメ」と生意気にも言ってました。原田克彦さんが現場に来ない時は助監督が操ることがあるんですが、それは許さない感じで。

黒河内　「さらばハネジロー」（『ダイナ』47話）は変身ポーズを撮りましたよね。ウルトラマンの変身直後のお馴染みのカットみたいに。あれもCG班に作ってもらってたよね。

河島　あと最後「アスカ」って喋ってるよね。

――アフレコでも改めて河島さんが声を？

河島　誰が鳴いても音声を加工したらみんな同じになるんじゃないのと言ったんですが、全部私が。映画（『大決戦！超ウルトラ8兄弟』・〇八年）にハネジローが出た時もちゃんと録ったし。私、アニメ声と言われていて、よく怪獣の声をやっているんです。「夢幻の鳥」（『ダイナ』19話）の姑獲鳥も私です。

阿南　順子さん、口紅を真っ赤に塗って。

河島　姑獲鳥というのが喋るんですけど、あの口の素材をCGで一からやるのが大変なので、私の口で撮ったんです。（合成が）抜けやすいように赤い口に塗って。キャメラの倉持さんが大爆笑した。

すべてギャラなしでしたね。ヤマワラワ（『コスモス』9話「森の友だち」36話「妖怪の山」）の母役で画面に出た時は、原田監督にカニを食べさせてもらいました。

あれ、メイク待ちさせちゃったんだよね。倉持さんに「綺麗に撮ってね」と言ったら「ぶっ飛ばすぞ」と言われたんだよ（笑）。

▼原田さんが怒る時

黒河内　原田さんは出来なくても一生懸命やる人には本当に一生懸命演出するけれども、出来るのにやりたくないからやらないとか、出来るけど手を抜いているというのを敏感に感じていた。

そういうのはたぶん積み重ねだと思うんです。一回二回で「こいつ大嫌い」と思うような人でもない。

阿南　原田さんは私を怒ることは滅多にないんですよ。でも一度だけあったんです、本気で怒られたことが。「襲撃の森」（『ガイア』46話）の仕上げで、満留さんが歯止めなくいっぱい撮ったんですよ、新人監督なので。尺がオーバーになってるんです。それで、（編集の段階で）原田さんがゴッソリ切って、特撮がつながらなくなるぐらい切らないといけなかったんです。本編も切ったんですよ。でね「ここは切られると特撮がつながらなくなります、監督！」と言ったら、怒鳴ったんだな。「どこを切ったって血が出るんだ！」と言われて、「ああ名言だなぁ」と。

――「遠い町・ウクバール」（『ガイア』29話）には宅急便屋さんで、黒河内さんが「黒河内さん」という役で出てきますよね。

黒河内　あれは、河島がやるって言ったのにやらなかったからだよ。

河島　ええっ!?

黒河内　やるって言ってたのにドタキャンされたからスクリプターの連帯責任で出ろと言われて（笑）。

あの時は、町田政則さんが演られた（宅急便の支店の）所長さんの役を、原田さんはもともと北浦（嗣巳）監督にやって欲しくて、事務員の役を河島がやるという話だったんです。北浦さんは北浦さんで、原田さん曰く「アップがないなら出ない」と（笑）。

ロケ現場に行った途端「お前そこに座ってろ」と言われたんです。最初は引き（全体のわかるワイドショット）の後姿だけでいいと言ってたのですが、寺島進さんになんか渡すとか、芝居をする必要のあるくだりまで急遽出ることになったんです。そしたら町田さんがアドリブで話し掛けてきて。

阿南　私は『ウルトラQ ～dark fantasy～』の「光る舟」（15話）で看護婦の役をやらされたんですよ。石川整さんがチーフ助監督だったんですけれど、看護婦はエキストラでもいいと思ってたようなんです。役者は呼ばなくてもいいと。でも監督はセリフを一つ言わせようとしていたので「呼んでないのか」と。

演出部が真っ青なんです。看護婦待ちで撮影が中断してる。そしたら助監督の岡さんが「阿南さん、今日は化粧のノリがいいですね」と言うの。石川さんも「阿南さん、可愛いなぁ」と。そんなこと言われたことないんだけど。そしたら「看護婦の衣装、着ておいて。後姿で出るかもしれないから」と。

一同　（笑）。

阿南　でもその時、私スネ毛が生えてたの（笑）。もじゃもじゃだったの。毛が濃いから。「上着は脱がなくていいよね、下は絶対に映らないよね」と確認して、看護婦の衣装を着たの。下はGパンを穿いて。それで「ど～も～看護婦で～す」と出ていったら、私じゃ監督も怒れないでしょ。笑ってしまって。

そしたら原田さん「ズボン脱げ」と言うの。全身フルショットを撮るって。

「スネ毛が映る！」と言ったら、「顔がわかるかわからないかぐらいのロングショットでしか撮らないから」と言いながらも結局フルショットで。

河島　そういうことを言い合える関係は原田さんだけだよね。監督達の中で一番気さくに話せる。たしかに仕事もしているんですけれど、仕事だけが人生じゃないんだというのを教えてくれたというか。「ああ、こういう監督もいるんだ」という風に初めて思った。あんまりいないタイプ。

遊べる環境が出来ていた

黒河内　原田さん、台本真っ白で来るよね。

阿南　原田さんに「この後どうなんの?」って、ワンカットごと撮影が終わる度に訊いてた記憶がある。

黒河内　ベテランの堀北昌子さんが原田組のスクリプターにつかれた時、現場に行ったら、テストが終わって、原田さんが立っていて、その前に堀北さんが定規を持って座って「監督、次はアップですね?」「はい」と。「監督、この次は引き(ロングショット)ですか?」「はい」と(笑)。監督の台本は真っ白なのに、堀北さんの台本にはキッチリ、カット割りが書かれていました。それが面白かった。

阿南　原田さんが、『アンヌからセブンへ』というドキュメンタリーDVDをやった時、私、参加させてもらったんですが、ひし美ゆり子さんとの対談で、実相寺昭雄さんが『ウルトラセブン』の時の台本を持って来たんです。でも実相寺さんはその台本をキャメラに写させるつもりはなかったみたいなんです。それは頼んでも嫌だという感じだったらしい。

そしたら、実相寺さんが席を立った隙に原田さんがバーっと来て、「撮れ、撮れ」と言って勝手に台本を開いて撮ってた。私「こういう一面あるんだ」って思ったの。怖かった、あの時。「もしバレたら、後でどうなるんだろう」って。

『ウルトラQ ～dark fantasy～』「影の侵略者」にエキストラとして出演中の阿南玲那（右端）

河島　でも原田さん、特撮ではコンテ通りに撮ったよね。膨らまして……ということはあまりなかった。

黒河内　みんなの計算が立つから、逆に「今日はやめて明日にしよう」とかもなかった。

阿南　特撮では、佐川和夫監督が巨匠で先生みたいな人で、みんな怒られながらやっているんですよね。その一方で、ちょっと楽しんで出来て、しかも早く終わる現場が原田さん。

阿南　エンディングってスクリプターとか編集に任せて、立ち合わない監督も多いんですけれど、原田監督はエンディングにも時間をかけていたんです。なんでそんなに一生懸命にやるんですかと訊いたことがあるんです。もちろん自分の作品だから一生懸命やるのはわかっているんですけれど。そしたらエンディングが一番視聴率が伸びる時なんですってね。「だから、エンディングこそ一番お客さんが見ているから、頑張んなきゃいけないんだよ」と。

黒河内　私も原田さんのエンディングを結構作ったよ。もちろん原田さんにチェックしてもらって入れ替えてるけれど。「ウクバール」ではなんとなく、登場人物が見上げているカットをつないで、監督に見せたら気に入って、「あの画もある、あの画もある」となった。エンディングにはたしかにこだわっていたけど、原田さん自身、助監督時代が長かったから、助監督さんがやりたいと言ったらあっさり譲ってやらせてた。直していたけれどね。「全然ダメ」とか言いながら。

器用そうに見えて不器用

阿南　原田監督は『リュウケンドー』が立ち上がる時、「いま円谷プロで仕事をしてない人間を使ってもいいですか」と大岡新一さんに話を通しに行った。

黒河内　原田さんがちょっとショックを受けていたのは、円谷プロでお世話になった方に「こういう仕事が来ていて、『メイン監督でやれ』という話があるんですけれど、やってもいいですか」と訊きに行ったら、「次の映画でお前を使う予定はないから好きにすれば」という言い方をされた。原田さん寂しがり屋なので「捨てられた」と思って、かなりショックを受けたようです。

その話を私も先輩も聞いていたので、じゃあ他のところで出来るようにバックアップしようと。

正直あの時『リュウケンドー』はどこの局で、いつからオンエアされるかも何も決まってない状態だったのに、みんながドーッと(原田さんに)ついて行ったというのも、そういうことだと思うんです。

ただ、原田さんはとにかく円谷プロから離れたくなかった。ライフワークとして。他のところでやっていても呼んでくれたら、すぐにでも戻りたいぐらい円谷大好きな人だったから。

阿南　居心地が良かったんです。だから、死ぬ直前……虫の息でもみんなに会いたいって。そういうことだったと思いますよ。

「迷宮のリリア」19話▼一九九九年一月一六日放映

脚本：長谷川圭一　撮影（本編）：倉持武弘　撮影（特撮）：高橋義仁
ゲスト：沢村亜津佐（佐々木律子）、鴨川寿枝（リリア）、鈴木亜里咲（敦子／少女時代）

▼ストーリー

ワームホールから出現した怪獣を迎撃するチーム・ライトニング。金色粒子に包まれたファイター機の視界が遮られ、計器も正常に作動しないため、梶尾はレーダーによる遠隔誘導を要請する。

だがオペレーターの敦子が突如幻覚にとらわれ、誘導のタイミングを逃してしまう。衝突しそうになるファイター。梶尾のSSは寸前で回避したものの、後方より迫る大河原機が北田のファイターSGとニアミスを起こし墜落。北田と大河原が負傷する。

「ボンヤリしただと？　俺達が命懸けで飛んでる時にか!?」

敦子に掴み掛からんばかりの梶尾を堤チーフが抑える。

石室コマンダーにより、敦子は地上での謹慎処分を命じられた。

ファイターに付着していた粒子を分析した我夢は、大気中の電磁波と反応した粒子が、人間の脳細胞、特に記憶を司るシナプスを刺激し、幻覚作用を誘発することを突き止める。敦子のミスもその影響だったのではないか。

実家に帰った敦子は、幼い頃には病気がちでひとりぼっちだった自分に声をかけてくれた少女、リリアと再会する。

我夢に依頼され、しぶしぶ敦子の保護に向かった梶尾は、敦子の姉の律子から、妹の孤独な少女時代の話を聞く。「遊園地に行けばリリアに会えるかもしれない」と敦子が言っていたと知り、梶尾は律子と共に移動する。

遊園地で誰も乗っていない回転木馬に向かって楽しそうに笑う敦子を見つけた梶尾は、思わず絶句する。

近付こうとする梶尾の身体は何かの力の作用ではじき返されてしまう。敦子の身体から少女の幻影が分離し、巨大化した。

「精神が、現実を支配しようとしている……」

その頃、我夢は波動生命への対策を行っていた。電波管制を敷くことで熱源体を特定し、微かに歪む虚空へ砲撃を開始するチーム・ファルコン。爆炎が上がり、実体を現したのは超空間生命サイコメザードⅡ。我夢はガイアに変身し、遊園地でこれと戦う。

巨大なリリアの発するオーラへ向かおうとする敦子の手を掴み、この世界を守るために一緒に戦ってきたんじゃないのかと問う梶尾。そして律子は告げる。

「リリアは昔、あなたが無くしてしまった人形の名前なのよ！」

敦子の呪縛が解けると同時に力を失う怪獣サイコメザードⅡはガイアに倒された。

▼日常のふとした陥穽

この時期の『ガイア』は中盤の折り返し地点に向けて二人のウルトラマン、ガイアとアグルとの対立が盛り上がっている時期で、前回の18話「アグル対ガイア」（村石宏實監督）で一度クライマックスに達していた。後は23話から26話までに描かれる二人の対決の決着に向かうまでの間のエピソードを原田監督は担当。大きな動きのある話としてではなく、エリアル・ベースのオペレーター・敦子の心理状態にスポットを当てたのが今回である。

原田監督はこれまではオペレーターとしての芝居が多かった敦子役の橋本愛に対する演技指導をシナリオの余白にメモしていた。「芝居のプランを作ってくる」「セリフを反復して気持ちを作る」「前後の流れを自分なりに考える」「自分の表情を覚える」「段取りにならないようにする」「右脳と左脳を使いわける」「目の表情、気持ちを込める」「UPの時は細かく、ゆっくり」……。

もともとは前回までの流れを引き継ぐ話としてシナリオが書かれていた。アグルがエリアル・ベースのコマンドルームに侵入し、直接攻撃を仕掛けてきた前回、敦子は基地の墜落を食い止めるために、基地中心部のメインフレームの空間にある長い梯子を昇り降りした。アグルとガイアの戦いでエリアル・ベースが揺れ、今にも落ちそうな恐怖と戦いながら。

敦子はこの時の恐怖をまだ引きずっていた。折しも敦子には勤務の任期が近付いていた。本人の希望がなければ地上の通信本部へ移動となるが、彼女が任務の継続を決めかねていたのにはそうした理由があったのだ。

だが原田監督は、前回からの直結要素をばっさりカットし、敦子の、チーム・ライトニングのリーダー・梶尾に対する「やっぱ、生きる世界が違うのよね」という片思いの要素のみ残している（敦子が梶尾を慕っているというのは、原田監督の6話「あざ笑う眼」で少し出ていたが、今回それが明確になっている）。

ゆえに、敦子がなぜ今回冒頭から憂鬱なのか説明がなく、ある日突然、意識が日常から乖離してしまったかのように描かれる。

そのことによって、『ガイア』における敵が人の心に影響を及ぼすという意味合いはかえって強まっている。〈根源的破滅招来体〉とは、物事が起こっている原因であり、増幅させるのは一人ひとりの心の暗部。表面明るく振舞っていても、いつ表に顔を覗かせるかわからないもの。

波動生命体が見せる粒子のイメージはキラキラしており、網膜の裏側にそれを感じた敦子は勤務中、一瞬瞳をパッと閉じてしまう。この描写は、日常におけるふとした陥穽に忍び込む敵のありようをうまく現している（後に、彼女が元に戻る時にも同様の描写がなされていた）。

以後、敦子は眠気に襲われたような表情になる。幻想の中で少女時代に戻り、〈おとぎの国〉をさ迷う。そこでかかる回転木馬の音楽と、懐かしいイルミネーション。回転木馬の前に女の子がいて、孤独な少女時代の敦子の友達になってくれる。敦子はかくれんぼの最中にひとりぼっちになってしまったのだ。「まあだだよ」という声を、敦子は反復する。

敦子がオペレーターとしての勤務中、こうした幻覚に囚われ「まあだだよ」と発する声が無線を通してファイターSSの梶尾の耳にも届く辺りは、敦子の置かれた異様な状況を示して余りある。

また、実家でソファに寝そべり、「お姉ちゃん……知ってるじゃない。私、昔からひとりぼっちだってこと」と気だるく言う敦子はまるで無気力化してしまったようだ。

敦子役の橋本愛はあまりにも今回のシチュエーションにハマっており、かなり感情移入したゆえだと思われる。

原田監督は敦子の孤独な少女時代に関して「病気がち」「転校していたか」とシナリオの余白にメモしている。原田監督自身も小学校時代に転校が多かった。

きちんと向き合うということ

敦子の心理状態がメインの回だが、全体的には爽やかな印象を残すのは、後半、チーム・ライトニングのリーダー・梶尾に焦点が当たるというのが大きい。

我夢は波動生命が敦子の心に影響を与えていた可能性に気付くと、自らは波動生命への対処を立案しつつ、「アッコの保護」役として梶尾に白羽の矢を立てる。

ここで我夢は、「なぜそれが俺なんだ」と問う梶尾に対して「人と人との間に距離を取りすぎる」と、梶尾の性格に対してズバリ指摘する。

このくだりは準備稿では我夢が無線で梶尾に告げているが、決定稿以降では対面で、エリアル・ベースの通路での会話になっている。声だけではなく、状況をちゃんと作ってお互いを向き合わせたいという意図が伺える。通路では窓の外にチーム・クロウのファイターが通過するのが見える。ドラマのキモとなる芝居部分でありながら、一方でも常に臨戦態勢を取っているエリアル・ベースの緊張状態を表しているが、窓の外のファイターのスピード感があまりないのと、音がしないせいか、いかにも貼り付けて動かしたような飛行なのがやや残念だ。もう少し納得がいくまで調整も出来ただろうが、限られたスケジュールの中で、所謂アクションの見せ場ではないという割り切りが監督にはあったのだろうと思われる。

我夢の指摘は、地上でベルマンを走らせている梶尾が「人と距離を取り過ぎるだと? お前に言われたくないぜ」と一人ごちる時の回想として挿入されている。

ひとりぼっちだという自意識で育ち、今また気が塞いでしまった敦子だけではなく、梶尾も、また我夢も「人と距離を取り過ぎる」と一方では言われてしまうような存在なのだろうか。たしかに梶尾はエースパイロットとして余人を寄せ付けないところがあり、気を張って生きてきたのだろうと思わせる。

我夢も、原田監督による5話「もう一人の巨人」、6話「あざ笑う眼」で描かれたように、他者の間に溶け込むことが出来なかった過去を持ってはいる。今回敦子の置かれた立場は、6話で我夢が置かれた立場と通じているともいえる。

しかし、おそらくここで指摘されているのは、もっと普遍的な問題だろう。現代人は誰もが必要最小限の事を除いては他人に干渉をせず、それでよしとしている。だが任務や命令ではなく、「こうした方がよいと思います」ということを、一人の人間として相手に言った方がいい場合もある。そこに踏む込むことも大切なコミュニケーションだ。我夢はウルトラマンとして戦うだけではなく、一人の人間としての小さな勇気も実践しているのだ。否、この世界を生きるに足るものとするためには、それは別の軸とはいえないのかもしれない。

夕方、敦子の家を訪ねた梶尾が姉の律子と出食わし、シドロモドロでいると「もしかして梶尾さん?」と言われるくだり。「前に敦子が教えてくれたんです。職場にとてもクールな先輩がいるって」という律子の言葉は、本来我夢を媒介にしなければ訪ねることもなかったはずの梶尾とこの姉妹を同じ地平に立たせる。長谷川圭一による脚本は、こうした機微を的確に押さえている。

物語の最後、幻覚から解き放たれた敦子に、エリアル・ベースで窓の外を見上げながら「空っていいよな……」と語りかける梶尾。でも自分は近くにある大切なものを見逃していたのかもしれないと語り「これからもよろしくな」と微笑む。

シナリオでは、敦子は立ち去る梶尾の背中に、小声で「こちらこそ」と応えると書かれていた。

だが映像では、敦子にきちんと梶尾の目を見つめさせ「こちらこそ」と言わせている。そして照れたように背中を見せる梶尾……という流れに持っていく。

長谷川圭一は、登場人物の距離が縮まることの機微を描く時、かすかな前進としてそれを捉えたかったのだろう。それに対して、向き合う時にはきちんと向き合わせて、そこで起こるリアクションを大切にしていくのが原田監督の姿勢になっている。

どこともしれない遊園地

シナリオでは遊園地でリリアと会った敦子が、コーヒーカップ、お伽列車、ジャングルクルーズと、アトラクションで遊びまわるという描写があった。原田監督は横浜ドリームランドで二日間のロケをして夜間撮影を行いながらも、描写をほとんど回転木馬だけに絞り、後はミニチュアセットで、どこの遊園地とも知れない異空間を作っている。ところどころにネオン管のような柱が立ち、

ガイア対幻影アグル

超空間波動怪獣クインメザード

様々な光の模様が組み合わさったこの世界は、敦子の精神世界を表している。

回転木馬の音楽は物語のシチュエーションに合わせて変奏され、たとえば敦子が幻覚から目覚めた部屋のオルゴールが同じ旋律を奏でていたりと、現実と幻想の橋を架ける役割を持たせている。この曲は新規録音。音楽の佐橋俊彦は昭和のウルトラファン、サントラファンとしても知られる。『ウルトラＱ』の「２０２０年の挑戦」の観覧車のシーンや「悪魔っ子」のオルゴールのイメージをどこか思わせ、単調な繰り返しが優しくも怖い。

リリアのオーラに吸い込まれそうになる……というシナリオの描写を、原田監督は先程まで楽しそうに笑っていた敦子の身体から分離したリリアが巨大な姿となって回転木馬の頭上に見えるという描写にしている。リリアが分離した直後、敦子が無気力な姿に戻るところが印象的だ。

サイコメザードⅡは、電波を使い人の心を操る波動生命。波動生命とは、すべての場所に同時に存在する超空間生命体であり、脚本の長谷川圭一は『ガイア』の中で波動生命編を数回に渡って執筆している(4、13、37話)。内、最終編の37話も後に原田監督が担当することになる。

原田監督は、13話の登場時には「外骨格に包まれたティラノザウルス型の怪獣」とシナリオに記されたサイコメザードⅡの腹部に、今回は白い人形の顔を埋め込むことを提案した。それにより、リリアとの連動性を演出に盛り込んだ。たった一人の親友リリアが、実はなくしてしまった人形の名前だったことを思い出した敦子。幼い自分の手から人形が落ち、砕けると、その下からメザード腹部の顔が現れる。敦子の悲鳴とともにリリアは消え、サイコメザードⅡも苦しみ出す。

サイコメザードと戦う我夢＝ガイアと、敦子を救い出そうとする梶尾＆律子……別々の場所で戦っている両者が、視聴者の意識の中でバラバラにならないようにとの工夫だろう。

▼撮影現場から立ち上がるもの

原田監督は、ラストで梶尾が敦子と親しくなった場面に足して、前半のニアミスで負傷したライトニングの大河原隊員が遠くからそれを見つめ「梶尾さん……」と呟く場面を入れている。思わず大河原の顔を見る、傍らの北田隊員。

これによって、ライトニングのリーダー・梶尾は部下の大河原から、なにやら特別な感情を持たれているかのような印象になってしまった。やおいファンが喜びそうな描写ともいえるが、もちろんシナリオには一切ない。

半分お遊びのようなこうした描写で、エリアル・ベースでの人間関係を錯綜させ、たっぷりと時間をとっては描けない一人ひとりのキャラに対し、視聴者に少しでも興味や愛着を持ってもらおうという原田監督の思いだろう。

また、梶尾が敦子の実家を訪ねた際、迎える姉・律子の死んだ夫の存在を会話に入れ、遺影も画面に出している。これについては後述のインタビューに詳しいが、シナリオを実像化する際に、具体的な場所から立ち上がってくるものが、後の回では物語に組み込まれ、今後の展開にもつながっていく。

▼原田昌樹、語る

――この「迷宮のリリア」もそうですけど、原田さんの撮られた回は、セットがどんどん抽象的な異空間になってるような気がするんです。現実にないような。

原田　『ガイア』の特撮には中盤から入ったんだけど、美術部が、原田はそういう世界だと思い込んでて、手ぐすねひいて待ってたんですよ(笑)。

――ドラマにバリエーションがあっても、特撮になると毎回同じミニチュアというのではなくて、原田監督の場合は本編と一体化した異空間を作られてるんですね。

原田　毎回毎回石膏ビルを作って壊してるよりはいいだろうと。僕の場合、どっちにしろ王道を行く話じゃないから、脇へ行く話はそれなりに息抜きみたいなところもあるんで。

――梶尾と、アッコの姉である律子がこの回で出会いますが、後の回でこの二人をくっつけようというのは、原田監督の中にあったんですか。

原田　そういうことになっちゃうんですけどねえ。

最初、この回で律子が初登場した時にはね、そういう思惑は丸っきりなかったんですよ。「迷宮のリリア」はけっこう困ったんです。敦子バナシになっちゃうなあと思って。長谷川くんのホンで、敦子が敵から精神干渉を受ける。それはいいだろう。でも家に帰って、お姉さんと住んでるって書いてあったんですよ。「このお姉さんってなんだ?」って話になったんです。普通は家族でしょ? 家に帰ると親がいなきゃいけない。お姉さんと一緒に暮らしてて、敦子のセリフで「子どもの時から私はずっとひとりぼっちだった」って言うけど、じゃ、そのお姉さんというのは、子どもの時、妹を構わなかったの? って疑問。

確かにお兄さんがいたらマズイし、親がいるとまた面倒くさいから、お姉さんにしたのもわかんなくはないんだけど、でもお姉さんの生活って何だったのっていうことになったんですよ。「どうしよう?」って。

とりあえず「金持ちにしよう」ってことにしたんですよ。裏設定で、両親が財産残したんだと。敦子よりお姉さんということは、二十代半ばの妙齢の女性。それがなんで家に一人でいるのか。敦子が帰ってこなかったら、お姉さんは家で一人ですからね。「じゃあ未亡人だな」ということにしたんですね。旦那さんが死んで実家に戻ってるってことだったら成立するだろうと。

だから律子は指輪をはめている。現場で準備してる時、律子役の沢村亜津佐くんが「私、結婚してたんですよねえ。(部屋に)旦那さんの写真とか置いてないんですか」って言うから、なるほどと思って、そしたら撮影部が準備に入って来たんで、倉持くんの助手の各務(修司)くんに声をかけて、ポラで彼の顔を一枚撮って飾ったんですよ(笑)。

たまたまそれで、訪ねてきた梶尾とのシーンを撮ってて、ちょっと梶尾が惹かれてるような感じ。旦那がいるかどうかを気にする芝居をなんとなく撮っちゃったんです。まあ、相手は若い女の子だから、梶尾としてはちょっと意識するかもしれないなっていう程度の気持で。

最後、倒れた敦子を抱きかかえたお姉さんに梶尾が寄り添った時、目と目を見つめ合うでしょ。芝居をつけた時は意識してなかったんですけど、後でラッシュで見たら、熱い思いで二人の目線が合ってたんですよ(笑)。「あれ?」と思って、今後この二人のラブロマンスになったらどうなるんだろうなんて思ってたんです。でもそれは思っただけで、もうその先は(律子は)出ないつもりでいたんです。

inter-view

長谷川圭一

原田さんがいなかったら、脚本家になれなかったかもしれません

『ウルトラマンティガ』『ウルトラマンダイナ』『ウルトラマンガイア』『ウルトラマンコスモス』脚本

―長谷川さんはもともと映画やテレビで装飾の仕事をされていたとのことですが、原田監督との接点はあったんでしょうか。

長谷川　ないんです。原田さんはわりと東映系で、僕も東映のVシネマもやっていたんですが、請けてる制作会社が独立プロみたいなところだったから。

　ですから『ウルトラマンティガ』の時に脚本家と監督として初めて会ったんです。

―「青い夜の記憶」(29話)ですね。

長谷川　はい。脚本家としてのデビュー二作目です。デビュー作は、同じ『ティガ』の北浦嗣巳監督作品「霧が来る」(22話)でした。その頃の僕は、デビューしたけど、次がどうなるかまったく決まっていなかった時期でした。

「青い夜の記憶」と、「拝啓ウルトラマン様」(39話、川崎郷太監督作品として放映)の二本は、プロットというより脚本の形で提出していたんです。

『ティガ』の頃は、脚本家から上がったプロットや準備稿を各監督が見て、撮りたいものを選ぶというのが笈田雅人プロデューサーの方針だったんです。

「青い夜の記憶」は特撮がまったくないような話でしたから、監督が撮ってくれるかどうかわかんないなと思っていました。撮って欲しい話だったんですが、なかなか難しいかなと。それがまさかデビュー二本目に決まるとは、当時驚いた記憶があります。

　原田監督があの話を選んでくれたのはすごく嬉しかった。今、思い返せば、もしそれがなかったら、その後ウルトラで脚本家になれなかったかもしれませんね。一本は採用されたけど、シナリオライターとしてやるかどうか覚悟が決め切れてなかった時期でしたから。あの時、すぐ次が来まったんで、『ティガ』というシリーズに食い込んでいけた。

―その後『ティガ』最終回の前後編も小中千昭さん、右田昌万さんと共同で書かれて、次の『ウルトラマンダイナ』でも1話から……。

長谷川　笈田さんは、ニュートラルでありながらチャレンジャーの匂いのするプロデューサーでした。笈田さんと原田さんが脚本を採用してくれて、シリーズに入れてくれて、しかも「この方向もやってみたい」っていう話を通してくれたんで、これならこの先、自分の好きな方向の脚本でもやっていけるのかなという自信にもつながりました。

「青い夜の記憶」の台本は最初長かったんです、三〇分にするには。原田さんのアイデアで「こういう風に削るといいよ」とアドバイスを受けました。たとえばクルス・マヤのライブの場面は箱根が舞台で野外ステージだったり、ダイゴ隊員とナターン星人の人間体をロープウェイでバトルさせたり無茶なこともしていたんですが、もともと習作で作ったホンなので、僕も予算とかスケジュールを考えてなくて、充分刈り込めてなかったんです。そこを原田監督は映像化出来るような、たとえばコンサートシーンもエキストラの関係で野外は無理だからライブハウスに変えたり、現実的なアイデアに転換してくれて、それに沿って直していきました。

　音楽については「曲、任せてくれる?」っておっしゃって、僕の書いた簡単な詩をオールディーズの「青い影」に合わせて直してくださいました。

―準備稿までのタイトルは「遥かなる夜の記憶」でしたが、「青い夜の記憶」になったのは……。

長谷川　監督からの提案だったのかな。でもその時、監督と考えがピッタリ合ったのを憶えています。

　もともと僕は、この作品での〈夜〉は、バックが黒というより、『ウルトラセブン』の宇宙がそうだったように、青の宇宙のイメージだったんです。自分の中のそういうイメージは監督に話しました。

　当時はまだ、打ち合わせの仕方もよくわかっていなかった。映像化に必要なことを簡潔に話すのではなく、自分が内包するイメージをそのまま一生懸命喋ってたんです。監督はそれを拾ってくれて、具体的なものにしてくれたんだと思います。

―この話のイメージソースになったと長谷川さんがおっしゃっていた、『ウルトラセブン』の「盗まれたウルトラ・アイ」でも、異星人の女の子が、地球人に混じってプラネタリウムの星空を見上げているシーンがありましたよね。

長谷川　ストーリー仕立てというよりは『セブン』の持っていたそういう世界観、センス・オブ・ワンダーな雰囲気。それが再現できないかなと。

　ティガと宇宙人のバトルがあまりないのもそうです。作品を作る上での経済的事情というよりは、意

図的にああいう世界に寄せたかったんです。

当時「怪獣バトルがないので子どもには消化不良では?」という声は内部にもありました。それは至極当然の反応であって、でもウルトラマンの世界は、その原点の『ウルトラQ』の時から、円谷プロ本来のSF観、ファンタジー観があって、奥行きと振り幅の広さがある。そういう世界を目指したんだということをわかってくれたのは原田さんであり、笈田さんだったんですね。

でも最初の印象は、原田さんは僕と議論を戦わせる感じじゃなかったです。どんどん、こちらの言ってることを受け止めてくれる感じでした。質問してくるというより、持ち帰って再構築する。それから勝算がハッキリとしたイメージとして投げ返されてきて、そこで「ああ」とこっちも思う。

シナリオではエンディングに流れるって書いていた「青い夜の記憶」の歌を、ちょっと前のシーンに位置を入れ替える時も、「こうするよ」と持ってきた上で、「ちょっとここにセリフ一言ない?」と。

このシナリオはちょっと特殊な作りで、最後、歌で終わるんです。僕は、出来たらいつものエンディングの曲をこの回だけ変えてくれないかと笈田さんに頼んだんです。「青い夜の記憶」の歌にテロップを被せて終われないかと。いつもの歌を使わないでエンディングにこぼしてくれないかと。脚本が長いのは気にしていたので、エンディングに歌をこぼせば尺を稼げるんじゃないかという考えもありました。

でも一回例外を許しちゃうと、他の人も「オレもオレも」ってなっちゃうから、ちょっと難しいですねって話になって、その時に原田さんもいて、テレコにしてくれたんです。最後に歌と歌になっちゃうとバランスが悪いんで、歌のシーンを入れて、もう一回マヤのシーンに戻して、星空を見上げるマヤでエンディング曲がかかるという構成に直してくれたんです。「こうするときれいに収まるよ」って。

——ラストで脚本の「そこにはわずかだが美しい星々が瞬いていた」というのを、原田監督が満天の星空にしていますね。

長谷川　そうしないと伝わりにくいと思ったのかな。僕の文脈としてはわかるけど……って。マヤは兄さんの星空を見上げていたわけですから。死んだことは知らされてなくて、どこかで兄さんは星に帰ったかもしれないって思っているのかもしれない。それを視聴者に伝える時に、逆にマヤの心情というより、満天の星空にした方がいいと思ったのかもしれない。

最後、マヤがシンジョウの胸に顔を埋めて気付くという場面もそうですが、セリフで言わずに表現しようというホンだったので、監督によっては「ここはわかりやすくしようよ」と提案があったかもしれない。でも原田さんはそこに関しては何も言いませんでしたし、僕もお任せしましたね。

出来上がった作品には納得できました。曲のムードが強く出ていて、原田監督は叙情的に撮ってくれました。

▼原田さんとハネジロー

——原田さんは『ダイナ』ではハネジローが好きで、随所に出していました。長谷川さんが書いて村石宏實さんが監督した「滅びの微笑」の後編(36話)でもハネジローがちょっとだけ出てきます。

長谷川　僕は装飾部出身ということもあって、設定だけされてあんまり出てこないキャラクターや道具があると、使いたくなるんです。

ハネジローも、「滅びの微笑」では最初は描写がなかったんですが、「チラッとでも出して」って僕が頼んだんです。

「ダイナ」で原田さんはハネジロー担当というイメージがあったけれど、原田さんは本当にハネジローが好きでしたよ。それちょっと意外でした。

シリアスな「青い夜の記憶」が最初だったということもあって、僕は原田監督を「ハード系の人かな」というイメージを勝手に抱いていたんです。

『ガイア』の放映中に公開された映画『ウルトラマンティガ・ウルトラマンダイナ&ウルトラマンガイア 超時空の大決戦』(九九年)は最初、三人のウルトラマンが人間体のダイゴ、アスカ、我夢の姿でもラストに揃って歩く場面を初稿で書いていて、そのシーンでは、アスカと一緒にハネジローも出そうという話になっていたんです。原田さんすごく喜んでいました。結局実現しなかった時は、ちょっとガッカリしていたみたいです。ウルトラマンの役者のスケジュールより、まずハネジローのことを心配していたと聞いて(笑)、「そこまで好きなんだ」と。

『大決戦!超ウルトラ8兄弟』(〇八年)でやっと三人が揃う画が実現して、ハネジローも出られたのは良かったです。リベンジという感じで。

▼「その先」は描かない

——原田監督にとっては『ダイナ』が一番やりやすかったシリーズではないかという方が多いです。

長谷川　『ダイナ』は、『ティガ』が難しすぎたという反省があって、初代ウルトラマンの頃のテイストというか、子どもに向けて作っていこうという姿勢でした。

　関わった監督がみんな、特に1クール目は、〈俺のが1・2話だ〉という勢いで撮っていた。ワンパターンになってもいいから、隊員の過去話とか、設定に関わった話よりも、アスカを中心にストレートな話にしていくというのが最初の方針だったんです。

　僕は実際の1・2話を書いたんですが、あくまで先発投手であって、メインライターではないんです。1・2話で出した宇宙の宿敵スフィア絡みのプロットを提出しても、落ちてましたから。同じ世界観の続編でありながら、最初の半年間は、『ティガ』のGUTSが出ることは封印されていましたし。続編でありながら作品のカラーはまったく違うという矛盾を抱えていたシリーズです。

　ただ、結果的には『ダイナ』というシリーズはあれで良かったと思います。『ティガ』にはないものが出せたシリーズになったし、その中で、原田さんが地に足を着けて、ファンタジーのテイストを開花させたということもあったと思うんです。

――原田さんは『ダイナ』の最終回に不満を持っていましたが……。

長谷川　それは知っています。原田さんは最終回のその後を描きたかった。

　ライター仲間の川上英幸さんが、放映後に原田さんが監督した『ウルトラマンダイナ　帰ってきたハネジロー』の脚本を書いた時、僕に事後報告の電話をもらったのも憶えています。

　川上さんはあの最終回を気に入っているから、あの先の話じゃない方がいいのではないかと原田さんに提案したと言ってくれました。だから最終回の後日談ではなくなっています。

　原田さんとしては、あの最終回をアンハッピーに受け取られたんだと思います。宇宙のブラックホールに消えたアスカが、最後には帰ってこなきゃいけないと。ハネジローがやってきて、アスカを連れ戻してくれるような続きを考えていたんじゃないかと。

　でもあの終わり方は、アスカがどうなるか、答えてないことが重要なんです。帰ってくるかもしれないし、まだ宇宙を飛び続けているかもしれない……。

　僕もちょっと監督の小中和哉さんに抵抗して、仲間の元に帰ってくるシーンもいくつか提案したんですが、あそこではそれを見せないことで、永遠性を手に入れられるんだと。だからその後を描くことは、考えられなかった。

「迷宮のリリア」が二作目

長谷川　『ウルトラマンガイア』の「迷宮のリリア」(19話)が、「青い夜の記憶」の次に原田監督と組んだ作品です。

　僕は「ガイア」の中でもメザードという、人の心を操る波動生命体が出現する回を自分の役割として書いていました。「迷宮のリリア」もその一本です。

　もともとプロットでは違う話でした。量子物理学の、シュレディンガー系の話で、死んでるんだけど死んでないような、難しい怪獣の話だったんですが、小中千昭さんの方から「そういうのはそろそろいいから、もっとシンプルに」と言われて、またメザードを引っ張り出してきたんですね。波動生命体がアッコの心に干渉するという。

　レギュラーメンバーであるアッコ＝佐々木敦子(橋本愛)にもうちょっとヒロイン性を持たせようということで、シリーズ構成の小中さんからプロット発注を受けて書いたものです。普段、気の強いアッコの、意外に女の子らしい一面も出して、アッコ人気を上げようかなと。アッコってそれまでほとんど内面が描かれてなかったんですよね。

　「迷宮のリリア」は過去の封印された記憶が蘇るという話なので、その意味では「青い夜の記憶」とも通じるところがあります。ローテーションで、この回が原田監督になると事前にわかっていたので、そうしたというのもあったかもしれない。ファンタジックというか、ダークファンタジー系ですよね。少女期の思い出の危うい感じ。

　遊園地でロケするというのは先に決まってたんです。横浜ドリームランドとのタイアップで。「青い夜の記憶」は遊園地のコーヒーカップだったんで「次はメリーゴーラウンドだな」と思いました。

――作品では、アッコがちょっと鬱っぽいキャラに見えてしまったところがあると思います。

長谷川　ハマりすぎてしまったというか。そういう状態のドキュメントのようになってしまった。予想外の凄みがありました。後に『超ウルトラ8兄弟』に出た時、久しぶりに見た彼女は憑き物が落ちたように明るくなっていて、良かったなと思いましたね。

――「迷宮のリリア」の時は前回(18話「アグル対ガイア」村石宏實監督)での経験で自信喪失になって、というのが長谷川さんのシナリオにありましたが、カットされてしまったので、何でこの回で急に塞ぎ込むのかがわかりにくい部分もありましたね。

長谷川　原田さんにとって、ウルトラマンは連続ものっていうより一本一本だという捉え方があったと思います。単発とまでは言わないにしても。「迷宮のリリア」も原田さんが撮ったら、アッコより我夢と梶尾の男同士の関係に興味が行っちゃった。それは本人から聞きました。「そっちに力入っちゃったんだよね」って。ＢＬ？　みたいな。

原田さんは「え、そんな理由？」ということを言うところはありました。それが本音かどうかはわからないですけど。

あと、アッコのお姉さんとして出した律子のことが、原田さんがキャスティングした役の女優さん（沢村亜津佐）含めて、気に入っちゃったみたいで、その後、原田さんからのオーダーで「律子を出したい」と。僕はそれっきりのキャラのつもりだったんですが、後々まで梶尾と絡んでくることになる（笑）。

『ガイア』はライター会議で脚本家が毎週顔を突き合せるやり方の、ウルトラマンシリーズにおける最初でした。脚本を決めてから監督を決めるというやり方になったので、脚本家主体、シリーズ構成主体にスタイルが変わったんです。これには監督達も違和感があったのかなと思います。それまでは、一人ひとりが独立して撮っていくイメージだった。縦筋はあってもね。『ガイア』で作り方が変わったんです。

そんな中で、原田さんは、梶尾にしても、ハネジローのように、シリーズの中での自分のタマにして「俺はここを押すぞ」というのがあったと思います。「君達が決めたのはこういう話の流れかもしれないが、俺の撮りたいものはこうだ」というところがありました。

実は僕より太田愛さんの方がやりやすかったでしょうね。ルクーの話（29話「遠い町・ウクバール」）辺りが、番外編的ですし、原田さん本来の持ち味はそっちで遺憾なく発揮されたかなと。

もともと「青い夜の記憶」もそれに近いものがあったけど、僕もシリーズの流れを意識して書き出してからは原田さんとあまり組まなくなったのかなという気はしますね。そういう短編のポジションで書いてれば、もうちょっと違ったのかもしれないけど。

太田愛さんとは本当に絶妙なコラボで、傑作をいくつも出しているから、脚本が原田さんの演出を輝かせたと思うし、太田さんも輝いたと思う。なかなかそういうコンビは生まれないなというのは自分の実感としてもあるし、正直、妬けました（笑）。

▽何度出てきたら気が済む？

――「悪夢の第四楽章」は長谷川さんが『ガイア』で書いてきたメザードの最終編ですね。

長谷川　最初のシナリオでは、メザードの精神汚染によって人的ミスが起こり、ミサイルが暴発して発射されるのをＧＵＡＲＤが止める、わりと大規模な話だったんです。あと、テレビ局が舞台だというのは最初から書いていました。メザードが初登場した、温泉街の住民が洗脳されてテレビクルーの田端が活躍する話（13話「マリオネットの夜」、根本実樹監督）の続編として。

そこに原田さんの意向で、藤宮と稲森の話を入れていったことで、テレビ局で追いかけっこをする展開がもっとあったのを、かなりカットしました。

だから二つの話が無理やり入っている感じになっちゃったかな、結果的に。

――それまで北浦監督が撮っていたセミレギュラーの稲森博士（久野真紀子）を自分も撮りたかったと。

長谷川　女優さんに対して、「俺が綺麗に撮れる」と。そういう〈自分の撮りたいどころ〉をグイッと入れてくる感じが、『ガイア』後半にはありました。

稲森は前に劇中で死んでいて、あの話はもう決着ついているんだけど、その姿でもう一回出てきて藤宮を誘惑するという形になりました。

――「何度その姿を利用したら気が済む!?」という藤宮のセリフがありましたね。

長谷川　あそこは、僕の本音が出たかもしれない（笑）。

――ただ、稲森の姿がもう一度見えて消えると長谷川さんがシナリオに書いた場面を、藤宮にとって今、身近な存在である玲子が「いつまでも過去に囚われてちゃダメよ！」と励ます形に変えていますね。

長谷川　終わり方に関しては「しっとり」よりはポジティヴ系を選んだというか、シリーズに対する計算というか思いがあったんじゃないかな。

あの頃は監督の「こうしたい」という希望に関しては、こちらも預けたら後はお任せでした。シリーズ全体に関わることならばさすがに別ですが。ドラマ一本一本の形というのは監督に委ねていたんです。

▽お互い譲らない一点

長谷川　「襲撃の森」（46話）に関しては、「律子と梶尾の話をぜひやりたい」という原田さんの希望がありました。でもあれって関係ないんですよね、話の流れとは（笑）。ひとつのサブ・プロットのラインとして成立してはいましたが。

あの頃はシリーズも終盤だったので、原田さんなりに自分の描いてきたキャラクターのけじめというか完結をつけたかったのだと理解して入れました。

でも梶尾と律子のセリフに関しては、原田さんが自分で書いてきたんですよ。思い入れがあったんですね。そういうことはあまりないことなんで、ビックリしました。本当に好きだったんだなと。「これを入れて」って。それを差し込んだんです。たとえば律子が、夫を失った場所である「空」に対する思いを語るところは原田さんのセリフです。

その分、我夢のガールフレンドであるキャサリンが、自然コントロールマシーンを開発していたという本筋が短くなった。

原田さんは古怒田（健志）さん脚本の回（45話「命すむ星」）にも梶尾と律子のエピソードを、筋に絡まないのに入れてますよね。原田さんは梶尾とチーム・ハーキュリーズのメンバーが気に入っていました。

「襲撃の森」もチーム・マーリンが出動する話だったんですが、ハーキュリーズになったんです。

最初は、自然コントロールマシーンのシンリョクによって地上が全部植物で覆われたので、隅田川を伝って中心を攻めるという展開だったんですが、特撮的に重すぎるのと、原田さんがハーキュリーズ好きだったのであぁなりました。そこの部分をかなり修正したので脚本が遅れて、特撮現場に大変な思いをさせてしまったのは責任を感じます。

――映像ではハーキュリーズがシンリョクに向かってただひたすら猛進していますね。

長谷川　最初は敵の裏をかいて、水中にも張り巡らされたネットを回避して忍び込むくだりなどがあったんです。

7話（「地球の洗濯」）から何度か登場している自然コントロールマシーンは、滅んだ未来から送られてきたものであるという一つの解釈を入れました。一旦人類含めてすべてを滅ぼして再生するリセット・マシーンだったという。そこに、人間の滅びを望んでいる、神への再生を願う教団を絡めました。

破壊的なマシーンは人間が作ったものだった。「人間が自ら破滅を選んでいるんだとしたら、君の戦いは意味がないんじゃないの？」って、我夢やキャスを揺さぶる。

でもそれは、我夢が考えている未来とは相反するものなんです。そこで「未来は一つじゃない」という戦いの方向性が生まれる。色んな可能性がある。絶望的な未来を否定する力もあるんだという話にしたかったんですが、原田監督には、いくつも未来があるのはわかりにくいと言われて、伝わらなかった。僕の脚本には、あえて明確な答を出さないところがあるので、首を傾げたところはあったでしょうね。「もうちょっとわかりやすくやろうよ」って。

でも完成作品では結局その要素がごく短いものになって、シリーズ全体でのこの話の位置がわかりにくくなってしまった。

僕としては、最後はやり切りたい思いがあった。キャスも自分が作ったキャラだったし、そこへの思いもあったんですが、やりたいものが監督とはズレてたんでしょうね、今思えば。

監督もやりたいことは譲らなかったですし。あと、今田（耕司）さんが特別出演するって決まっていたので、今田さんの教団のところも膨らんでしまっているし、要素が多すぎたのもたしかですね。やんなきゃいけないことが多すぎた。

僕もその辺うまくコントロールして、刈り込めばよかったんだけど。あとは原田さんに任せてしまったんで。原田さんは頑張ってくれたんだけど、ああいう形にせざるを得なかったんだと思います。

ああいう場合、本当は、監督のやりたいものをもっとざっくり聞いて直しちゃうか、逆に一切譲らないかどっちかにすればよかったんだけど、ちょっと中途半端になっちゃったかなと。そこが反省点です。

この後、最終回二部作の前編を小中千昭さんと共同という形で、急にもう一本、僕に依頼が来たんです（50話「地球の叫び」）。でも「襲撃の森」を書いている時点では、この回が僕の『ガイア』では最後の予定で、自分でもそのつもりでした。

――長谷川さんも最後だっていうから、ある程度、譲ったのにって原田さんが言っていましたね。

長谷川　ですから騙してたとか、黙ってたとかじゃないんです（笑）。

ウルトラマンの闇に踏み込む

――原田さんが長谷川さんに「わけわかんなくなっちゃった」って言ったとか……。

長谷川　ああ……これ言っていいかどうかわかんないんですけど、「襲撃の森」が完成して試写室から出てきた時の原田さんの第一声が「わけわかんなくなっちゃった」だったんです。ちょっと「そりゃないだろう」とムッと来ましたね。後に呑んだ時に、そのことで怒ったことがあります（笑）。呑んだ時というのは、原田さんがオリジナルビデオの『ダイナ』のロケハンの後で大岡（新一）さんやキャメラマンの倉持（武弘）さん達と一緒に呑んでいて、僕は別の仕事の打ち合わせの後に呼ばれて行ったんです。

そしたらみんなもう酔っていて、そういう時ってこっちは分が悪いじゃないですか（笑）。『ガイア』批判がその席で始まっていたんです。『ガイア』ではどこかから根源的破滅招来体っていうのが来るっていうだけで、その正体は不明のままシリーズを続けていくというのが、小中千昭さん以下ライターチームの意向としてあったんですが、それがわかりにくいというのが現場の声としてはあったんです。

僕が着いた時、イキナリ倉持さんから「ガイアってどうよ？」「面白かった？」って言われたんです（笑）。僕も「どういう意味ですか」って反撃したんですが、今から考えれば、そのぐらいみんな熱かったんですよ。円谷プロの人達は作品第一で、予算を締める役の高野宏一さんだって基本的に現場の人で、「コレが撮りたいんだろ」って融通を利かせてくれた。会長の円谷一夫さんのイメージも初代ウルトラマンの頃の体制がベースにあったと思います。平成の最初の三部作の環境というのは二度とないと思いますよ。潤沢な予算で。『ティガ』は半端じゃなくかけてましたからね。１・２話は一ヶ月ぐらいかけて撮っていましたし。一分の一のセットとかブツもいっぱい作ったし。

原田さんが不満を持っていた『ダイナ』の最終回もそうですが、監督一人ひとりの思いも強くあったから作品のテンションが高かった。特撮と本編のスタッフも、決して一枚岩ではなく、常に戦いながら「どっちが主役か」って勢いをお互いに持っていました。

『ガイア』でも僕らライターチームが出した最初のプロットは全部小中千昭さんに落とされたんです。従来のウルトラマンの感覚で書いていたからなんですね。最初に採用されたのが川上英幸さんのウルフガスの話だったんです。

そのくらい、ライターもシリーズの方向を掴むまで時間がかかった。脚本家ですらそうだから、現場に至っては、わからないところが多かったかもしれない。こっちは補完して聞いている部分や「先々こうなるんだよ」というのがあるから出来たけど。そこがないと、監督陣も「出来たホンを撮りゃいいんだよ」ということでは納得できないと思います。原田さんは「現場がわかんないことは視聴者もわかんないんだよ」って考え方だったんだけど、こちらからすれば「今まではそういう作り方をしなかったけど、『ガイア』はあえてやってるんだ」というのがあった。その辺の相互理解がすべてうまくいったかどうか。

後の『ウルトラマンネクサス』（〇五～〇六年）の時は、タイトになったスケジュールの中でそういうぶつかり合いをやるのも難しいので、連続性のある作品をやりやすいメンバーでやるということになったんでしょうね。八木（毅）さんとかアベユーイチさん、『ウルトラマンメビウス』（〇六～〇七年）ではメイン監督として佐野智樹さんとか、新しい人達が入ってくれました。

原田監督は、予算が低いからやれないという人ではなかったんですよ。それよりはシリーズ観の違いが、あの頃にはお互い出てきたということですね。

原田さんには、『ティガ』の「もっと高く！」みたいな大傑作もありますけど、基本的には、一本の完結性の中で自由にやるのがお好きだったんだと思うんです、ウルトラ本来の遊べる魅力、そして何より子どもにわかりやすいものが。僕らがやっていることは「ウルトラらしくない」というのがあったんじゃないでしょうか。原田さんはやっぱりウルトラマンはかっこよくて、最後スカッと終わる子ども番組を目指していたんだと思うんです。

僕らはスカッと倒す爽快感より、一回ちょっと違うアプローチをしたかった。

原田さんは『ガイア』の後に『ブースカ！ブースカ!!』のメイン監督になりましたが、僕はブースカには思い入れがなかった。誘いはかかったけど断っちゃったから。

やっぱり方向性としては、僕はあの前後にちょうど、小中千昭さん達とアニメの『デビルマンレディー』を書いていたこともあって、デビルマンの世界とウルトラマンの世界を融合させていきたいという気持ちがありました。

『ネクサス』では、その前の『コスモス』で怪獣保護を打ち出して、怪獣をスカッと倒すのがやりづらい空気になったんで、もう一回、怖いというか、感情移入じゃなく恐怖の対象としての怪獣とウルトラマンを見つめ直したかった。

お話ひとつひとつの魅力というよりは、全体の流れとして、普通のウルトラマンの1話になるまでのお話をやりたかった。ウルトラマンシリーズのフォーマットが出来るまでの話を。

平成最初のテレビシリーズ『ティガ』では人の力がウルトラの力なんだと示しました。それがウルトラマンで育った僕らの答だった。『ネクサス』では、そこに至るまでの混沌を描きたかった。

そこでは、ウルトラマンも怪物と紙一重の存在。ウルトラマンがウルトラマンにまだなりきっていない。人間ではコントロール出来ない力。

それは実は『ティガ』の頃から考えていたことです。

『ティガ』のベースとしては〈人間ウルトラマン〉というのがありました。完璧な超人ではないという。ウルトラマンとしてあらかじめ完成されたものじゃなくて、人間のパーソナルな問題として、光と影の部分を見せていった。

テレビシリーズが終わってからの劇場版『ウルトラマンティガ THE FINAL ODYSSEY』(〇〇年)では、ティガをもともと闇の側の眷属だったと明確化しました。『ネクサス』ではさらに、ウルトラマンの中の闇の部分に踏み込んでいった。それはヒーローものとして正しかったかどうか。

『ティガ』の時に実相寺昭雄監督が久しぶりにお撮りになったじゃないですか。マノン星人が、桜咲く美しい地球を手に入れにやってきたという、そのオーソドックスな話がすごく新鮮に感じられたんです(37話「花」)。

僕らは知らない内にねじくれてたんですね。人間の方が地球を汚すものとして、宇宙の敵になっているという、かつてはアンチテーゼだったものがいつの間にか前提になってしまっていた。

▼今こそウルトラ兄弟を

長谷川　『ティガ』『ダイナ』『ガイア』の笈田プロデューサーは、昔のウルトラマンを自分達で復活させるというベクトルがあった。それを『ガイア』までにやり終えた感が笈田さんにもあったんじゃないか。

続く『コスモス』『ネクサス』『メビウス』の渋谷プロデューサーは、その先の新しいウルトラマンを模索していきました。

笈田さんは、エピソード一本・一本は色々バラエティに富んでいても、大きくはウルトラマンになりますよねという俯瞰したパッケージの仕方だったけど、渋谷さんは〈このシリーズはこういうシリーズ〉という前提の枠をまず用意して、どういう風に始まってどう着地するかを気にして作っていく。たとえば『コスモス』なら〈怪獣保護〉、『メビウス』なら〈ルーキーの成長物語〉という風に、一本筋を通して〈今回のウルトラマンではこういう挑戦をした〉というカラーを強く出そうとしていましたね。

『メビウス』で昭和のウルトラ兄弟を出したのは、時間が経ったから出来たんだと思います。ウルトラマンが人間の目指す姿だという平成のシリーズのあり方を経たからこそ、両者の要素を融合出来たんです。平成のシリーズが定着してないと出せないです。

もし『ティガ』の段階でそうしていたら、昭和のウルトラマン達の力の方が強すぎて、確実にティガというヒーローは添え物になってしまったでしょう。さらに言うと、そこで昭和のウルトラマンをまた出しちゃうと、彼らも魅力を放てなかったと思うんです。「またですか」みたいに。そしたら、ウルトラマンのイメージも下がってしまうし、たぶんシリーズ自体も『ティガ』で終わっていましたよ。

第二期ウルトラシリーズでは途中からウルトラ兄弟が助けに来るのがルーティーン化してしまいました。その繰り返しはしたくない。

『メビウス』でもう時期としていいんだというところまで来たんだと思うんです。それまでずっと、新しいウルトラマンを作り続けて走ってきた。今やっと、昭和のウルトラマンが帰って来られる時期が来た。逆に復活させるなら今しかない。ということで、映画の『ウルトラマンメビウス&ウルトラ兄弟』(〇六年)も含めてやりました。鈴木清プロデューサーも、最初はちょっと反対していたんです。後ろ向きな企画じゃないかと。それは昭和のウルトラマンをやっている人だからこその発言だと思うんです。

次の『大決戦！ 超ウルトラ8兄弟』(〇七年)ではついに昭和と平成のウルトラマンが競演しました。平成ウルトラマンが形作られたからこそ、競演という形が新しい核融合を生んだということなんで、やはり十年ぐらいの歴史を重ねて、平成ウルトラマンが定着してないと出来なかった。

『ティガ』の頃から兄弟を出しておけばよかったと思う人がいたら、それは僕は間違いだと思います。

▼NEVER ENDING ODYSSEY

――ウルトラマンが作られていなかった時代から様々な経験を重ねられてきたわけですが、大きな変化はありますか。

長谷川　個人的には、脚本家としての姿勢はそれほど大きく変わってないと思います。たぶんみんなもそうじゃないかな。

たしかにあの頃は手探りでした。やりたいことがいっぱいありましたし。それまで十何年ウルトラが見られなくて、そんな自分の不満を解消するとともに、既存のイメージを壊していく楽しさがあった。乗り越えていく楽しさがありました。あの丘の上の雲を目指していく。坂を上りきってしまった時、何が見えるのか。それぞれ違うと思うんです。

原田さんも、ウルトラを離れてからも常に最新のCGに意識を配っていたと思うんです。技術スタッフにお任せじゃなくて、ライブにも頼らず、自分の手で作り上げていくこだわりがありましたから。『リュウケンドー』から『五龍奇剣士』まで、世界を広げていって、これからもどんどん色んなチャレンジをしていったのではないでしょうか。もしああいうことがなければ、円谷プロ再建の重要な役割も果たしていたはずです。本当に残念です。

作品解説

「滅亡の化石」20話 ▼一九九九年一月二三日放映

脚本：川上英幸　**撮影（本編）**：倉持武弘　**撮影（特撮）**：高橋義仁
ゲスト：藤田宗久（津田博士）、入江純（三原研究員）、蓮沼藍（少女）、寺尾美紅（少女の母）

▼ストーリー

日本有数の恐龍化石の発掘地である福井県の手取群層から、恐竜の卵と思われる化石が多数発掘された。その卵のほとんどに、別の生物の卵が産みつけられていることが確認される。

卵の中の寄生生物がまだ生きていることを知った我夢は、これ以上進んだ研究は危険を招く怖れがあると主張し、研究チームの同意を得る。その時、我夢はもしやと思い、卵が保管された大学の研究所に行くことにする。

我夢が予想したのは、アグルこと藤宮が何らかの動きを見せるのでないかということだった。その予想通り、藤宮は既に寄生生物のDNAサンプルを研究室から持ち出すことに成功していた。研究チームに参加予定だった須貝助教授に変装したのだ。

藤宮が残した、ゲノムを簡略的な文法にした暗号文を解読した我夢は、本物の須貝助教授を救出した後、藤宮の部屋に向かう。

我夢を迎えた藤宮は語る。卵に寄生していたのは、食物連鎖の頂点に立つ生物をそれに見合った方法で極端に減らしてくれる絶対生物だと。「こいつの名前はゲシェンクと名付けた。ドイツ語で『贈り物』。いい名前だろ?」

ゲシェンクは人類を淘汰してくれる存在だとほくそ笑む藤宮。ちょうどその時、保管されていた卵からゲシェンクは液体となって漏れ出し、やがて怪獣の姿になって巨大化する。

怪獣出現の報を受けて出撃しようとする我夢は藤宮に当て身をくらい、拘束され変身道具エスプレンダーを奪われる。

立ち去ろうとする藤宮に、「君にはいないのか、失いたくない人が誰も!」と呼びかける我夢。

ファイター各機とスティンガーの攻撃をものともせず、東京に向かって進撃するゲシェンク。一人、部屋に残された我夢は焦る。このままでは、ゲシェンクは必要に応じて個体数まで増やしてくる。そうなったら取り返しがつかない。「僕は、守りたい! いや、守ってみせる」

その心が光に通じた。机の上に置かれたままのエスプレンダーが輝き、我夢をガイアへと変身させる。

ガイアの戦いを冷ややかに見つめる藤宮だが、怪獣の攻撃で崩れるビルの下の少女をとっさに救い、自分のその行為に呆然とする。

ライトニングとハーキュリーズの援護もあり、ガイアはゲシェンクを倒した。ゲシェンクの消滅とともにDNAサンプルも消え、藤宮は黄昏の中、空のカプセルを見つめながら歩き去る。

「藤宮……君にも心があるはずだ」。戦いに疲れ切った我夢は、どこかにいるであろう藤宮にそう呼びかけるのだった。

▼原田演出の〈照れ〉

11話「龍の都」同様、我夢がハーキュリーズの面々による格納庫からの積み込みを手伝わされているところから物語は始まる。我夢はトレーニングルームで鍛えられてもいるようだ。

話数は離れていても、同じ日常が続いていたんだなと思わせる。

だが今回は、ハーキュリーズが好きな原田監督のこだわりでもあったろう。ハーキュリーズの吉田リーダーが恐龍やマンモスなど、絶滅した動物に関することが好きな「見た目の割にはロマンチスト」の一面があることも明かされる。

吉田は、恐龍がなぜ絶滅したのかについて思いを馳せる。

「それが、いつか人類にも訪れるんじゃないかと思ってね」

そう言う吉田に思わず我夢が「吉田さん」と感激した顔になると、ガッと我夢をヘッドロックする吉田。「柄でもないセリフ吐いたら気持ち悪くなっちまってよ」。身体を押さえつけられながら「たまには脳みそも鍛えましょうよ」と無力な抵抗をする我夢。こうしたやり取りはアドリブを交えている。

真面目なセリフを言っておいて照れる吉田と同じように、原田監督にも「照れ」の体質はあるようだ。

前回の、チーム・ライトニングの梶尾が敦子に「空っていいよな……」と語りかける和解シーンの後に、梶尾へまるで片思いをしているかのように遠くから見つめる部下の大河原と北田の芝居を付け足すセンスは、同じ〈照れ〉によるものでもあるだろう。

それは、我夢がダイナーで梶尾と話すくだりにも現れている。シナリオではその二人しか書かれていないが、映像ではライトニングの北田と大河原が奥の席に座り、常に梶尾を注視している。

人類に邪魔だからといってむげに怪獣を攻撃していいのかと思う時もあるが、闘いの場においては、怪獣によって涙を流した人々のことだけを考えると言う梶尾。聞いている我夢の前にはラーメンの丼が。「のびるぞ、食え」とうながす梶尾に、我夢が「梶尾さん」とうっとりする。梶尾は「気持ち悪いぞ。俺にそんな趣味ないからな」と言うが、その時、我夢は「違いますよ、そんな、ねッ」と奥の席のメンバー達に同意を求める。すると大河原がうなずき「ごくり」とツバを飲み込む音がする。

作品のモチーフにとって重要なセリフを言わせた後、こういった遊びの場面を入れる。そのことによって、見る側も、日常会話の中でのアクセントのように、セリフを受け入れることが出来る。

▼シリーズ随一の名場面

今回、藤宮はゲシェンクが勝手に目覚め、勝手に行動することを察知しており、サンプリングしたDNAのカプセルは、破滅のアクセサリーとして持っているだけだった。

そんな藤宮の意図を図りかねた我夢が「そのサンプルを使って、ゾンネルのように自分の意のままに動く怪獣を作るつもりか?」と問うセリフが脚本にはあった。ゾンネルとは17・18話に登場した、藤宮が美宝山の山中に眠っていたのを故意に蘇らせ、思い通りに動かすため受信器を取り付けた怪獣。前回までのフィードバックは、やむをえない場合は残すが、切っても流れがおかしくならない分には極力カットするというのが原田監督の方針のようだ。

ゲシェンクの復活に際して我夢を自分の居た部屋に監禁する藤宮だが、拘束された我夢の懐から変身道具エスプレンダーを奪った後、隊員服のファスナーを戻してやる仕草が心憎い。この時期は人類淘汰に関し確信に近いものを覚えていた藤宮だが、それだけに行動に余裕もあるのだろう。後に、拘束したはずの我夢がガイアになって登場したのを見ても、驚きもせず、微かにニヤリとしさえする。この「ニヤリ」はコンテにもハッキリ記されている。

背後でビルが崩れているのを感じながらも「我夢。人類は淘汰されるべきなのだ」と微動だにせず平然と語る藤宮。崩れるビルと藤宮をワンカットに収めたこの構図は象徴的だ。

だが次の瞬間、崩れたビルから落ちる瓦礫の下敷きになりそうになった少女を見かけ、思わず身を挺してかばってしまう。

原田監督は、東京に進撃するゲシェンクが移動する描写をロングショットの実景合成で処理し、ゲシェンクの攻撃により飛び散る建物は実景のスチル素材だけで表現するなど、画的に「遠い」表現を使っている。対して、藤宮が少女を救うくだりのビル破壊は石膏のミニチュアを使用し、ハイスピード撮影で崩れてくる瓦礫に迫力を持たせている。破壊を遠くから見ている時と、それが近くで、いたいけな少女を巻き込む形で起きた時の実感の違いが計算されている。

自分のしてしまったことに当惑し、目を泳がす藤宮。少女が母親の元に去った後も、先ほどまでぬくもりを伝えていた自分の手をしばし呆然と見つめる。

「オレは……」。藤宮の〈確信〉が揺らいだこのくだりは、その後何度もリフレインされていくことになる、シリーズ中の名場面といえるだろう。

▼コテコテに炎

ドラマの前半で、須貝助教授に変装して大学の研究室へとやってきた藤宮は、オールバックの髪をコテコテに固め、眼鏡をかけたベタな姿だった。研究員の中年女性・三原は「伺っていたよりお若い方だなって……」と当惑しながらも通してしまう。

藤宮が動きを見せるのではと察した我夢も後からやってくるが、藤宮は来ていないと確認しただけで帰ろうとする。その後ろ姿に「ひょっととして高山我夢さんですか?」と呼びかける三原。シナリオでは、三原が我夢の制服の背中に記された名前に気付くという描写を先に入れているが、演出では三原の方に振り返った我夢の背中が写ると、「GAMU」と記してあるのがハッキリと写る。

藤宮に託されたメッセージにより、大学地下に停めてある車のトランクから本物の須貝助教授を見つけ出す我夢。トランクを開けるや、口から火を吐いて理不尽を訴える須貝助教授には、本当に炎が口に合成されるという遊びの演出がなされている。

▼カワイイ絶対生物

かつて恐竜時代を終わらせたゲシェンク。人類を淘汰した後は破滅招来体すらも迎え撃つ存在だと藤宮にみなされる。本作の準備稿タイトルは「滅亡を呼ぶ命」。つまり今回の敵は、怪獣を超えた絶対生物。実際、画面に現れたゲシェンクは恐龍体で、それを見た藤宮は「巨大な恐龍には寄生することで滅ぼし、人類に対しては巨大化して一掃か」と感心する。

だがこの恐龍体のゲシェンクは、裏返ったような鳴き声（久しぶりにスクリプター・河島順子が声の素材を提供）で、攻撃されると「イヤン」というような声を出し、小走りで移動しながらファイターにちょっかいを出そうとする。どこか可愛いのだ。

攻撃されると胸を払う仕草をし、自らの光弾がガイアに効果があると腹を抱えて笑う。額のポッチのような角から発射する光弾はプア〜ンとのんびり飛んでいるように見えるが、ファイターをどこまでも追尾する。旋回してもつきまとう。やはり、可愛いように見えても恐ろしい力を持っているのだ。

そこへスティンガーでチーム・ハーキュリーズが出動。ファイターに低空飛行を要請し、追尾してきた光弾を地上から迎撃する。この複数のチームを組み合わせた展開は後の原田作品「悪魔のマユ」（30話）へと発展していくことになる。

ピースキャリーより射出されたスティンガーが市街に着地する際、手前で自転車が横転する。同様の描写は11話「龍の都」を初出とするが、この時の特技監督は満留浩昌だった。原田監督自身の演出による自転車横転シーンは今回が初出であり、以後ウルトラの諸作品、及び『リュウケンドー』『五龍奇剣士』と、原田作品のトレードマーク的な描写となっていくのだ。尚、スティンガーの走行シーンはラジコンが使用されている。

原田監督は、スティンガーがさらに、ガイアと戦うゲシェンクに回り込んで、光弾が発射される角を攻撃しようとする展開をシナリオに追加、ハーキュリーズの活躍場面を増やしている。そして「あの角を狙え!」と言う吉田リーダーに呼応したライトニング梶尾の「俺に任せろ」の一言で再び連携プレイとなる。戦いが終わった後も、それぞれが帰投する描写を原田監督は入れている。

ゲシェンクを倒したガイアは、一瞬ガクッとなる。ここに原田監督は「疲れたなぁ」という感情表現を指示している。

どこか可愛い怪獣のゲシェンクだったが、やはり絶対生物なだけあって、ガイアにとっては激戦だったようだ。

▼原田昌樹、語る

――「滅亡の化石」のゲシェンクは、人類の数を調整するために蘇った絶対生物という恐ろしい設定なんですが……。

原田　デザイン画はもうちょっと怖かったんだけど、出来上がったら「やけに可愛い」という。

――原田さんの回の怪獣はあんまりスゴ味があって怖い感じじゃないですね。

原田　怪獣にしてもそうでね。『ガイア』辺りになっちゃうと、デザイナーの丸山（浩）さんも開米プロの杉本（末男）辺りも、「原田だったらこうだろう」と思い込んでる（笑）。

――30話「悪魔のマユ」もストーリーはハードですが、出てくる怪獣ゴキグモンの仕草が可愛いですね。セメント職人みたいで。セッセとビルに作った繭の外壁を固めて。

原田　あそこら辺はもうね、あきらめました（笑）。怪獣に入ってる三宅（敏夫）も「こうでしょう?」って演るから。

――「滅亡の化石」で藤宮に一度助けられた少女が、「悪魔のマユ」で今度はビルに閉じ込められて、さらに37、46話と藤宮との交流がありますね。

原田　最初の台本上では、通りすがりの少女を藤宮が助けたというだけのシーンだったんです。たいして意味を持たずに撮った。そしたら、その後の回で、落ちてくる瓦礫から助けるシーンが回想でやたらと使われて、やけに意味を持ってたんですよ。編集部からも「あのシーンがライブに入ってる」って言われた。藤宮の人間性の象徴みたいな使われ方を何回かされていた。

そうすると、あの子をそのまま放ったらかしにしとくのもなんだなあと思えてきた。あの子、良かったんですよ。最初はオーディションもしてないんです。「このくらいの歳の子」って呼んで来てもらった子なんです。（蓮沼）藍ちゃんっていうんですけど、芝居がうまいんです。現場がみんなこの子のファンになって、それでいつの間にやら何回も出てくるようになった。

シナリオ解題

「遠い町・ウクバール」 脚本：太田愛

▼『ウルトラマンガイア』29話　一九九九年三月二七日放映

ゲスト：不破万作(永田一文)、寺島進(庄司照夫)、町田政則(らくだ便の主任)、関貴之進(らくだ便従業員・関)、清水一彦(同・清水)

❶ 晴れた日曜の午後の公園

子供達が歓声をあげて遊んでいる。

ベンチでは、宅急便の作業服を着た人の良さそうな男・永田がにこにこと鳩に餌をやっている。

少年とキャッチボールをする父親。

乳母車から赤ん坊を抱き上げる若い母親。

手をつないで歩いて行く恋人たち……。

そんな穏やかな風景の傍らに——

巨大な怪獣が立っている。それは表情のない、冷たく無機質なロボットのような怪獣。

怪獣は、切れるような冬の青空を背に、ただじっと立っている。

人々は、傍らの巨大怪獣が目に入らぬかのように休日の午後を楽しんでいる。

と、永田の手からポトリと鳩の餌袋が落ちる。

永田は一人、いかにも嬉しそうに怪獣を見上げたまま、ゆっくりとベンチから立ち上がる(※1)。

永田の耳から、子供達の歓声や辺りの物音が遠のいていく。そして、風の音だけが残る。

永田は懐かしげに怪獣に呼び掛ける。

永田「……ルクー……」

じっと立っている巨大怪獣ルクー。

永田「俺……帰り道が、わからなくなってしまったんだ……」

するると、ルクーの姿がかき消え、その向こうに、陽炎《かげろう》のように不思議な町が現れる。空に浮かぶ大きな塔、小さな塔。塔の先端で回る幾つもの黄色い風車《ふうしゃ》が、風にカタカタと鳴っている。

永田「！(息を呑んで町を見つめる)」(※2)

その永田の顔、ストップモーションになって——

吉田のM「あの、永田という名の男は——」(※3)

❷ 廃屋となった家(※4)

の一室に夕日が差し込んでいる。(※5)

ボロボロになった床板には埃が積もっている。

柱には背丈を測った疵。

吉田のM「この世に生まれてからずっと、長い長い夢を見ていたのだろうか——」

室内には、隊員姿の吉田が一人、立っている。

吉田のM「それとも……永田の言っていた事は、すべて本当の事だったのだろうか……」

吉田は、夕日の差し込む窓に近付く。

思いに沈んだ吉田の横顔。(※6)

吉田のM「3日前——」

❸ 夜の街

吉田(※7)が、すっかり酔っ払った友達・庄司照夫(※8)に肩を貸して歩いている。庄司は辺り構わず放歌する。

吉田「おい、しっかりしろよ、庄司。おまえ、飲み過ぎだぞ」

【解題コメント発言者】原田昌樹　太田愛　寺井雄二(美術／特撮)　岡秀樹(助監督／特撮)　日暮大幹(助監督／特撮)　松本能紀(整音)　小林地香子(選曲)　中野陽子(音響オペレーター)

原田昌樹の証言　太田愛とは「少年宇宙人」から、この作品まで一年間組んでませんでした。『ガイア』はシリーズ構成の縛りが強かったし、太田愛とは出来ないと思っていた。でも太田愛が狙ったらしいんです。ローテーションを見ていて、これだったら当たるかもしれないと言って、僕に先に脚本を見せてくれた。「この話がもし来たら撮ってくれますか」と言うから、「これだったら俺やるよ」と言っておいたらローテーションで来たんです。ちょうど2クールが終わって、ある程度自由にやれるという話になっていた。

「ウクバール」は本当は、脚本を読んだ時に難しいと思ったんです。「少年宇宙人」はなんだかんだ言って、非常にわかりやすい話ですよね。居る者が行く話だから、子どもの友情を軸に作っちゃえる。感情移入も出来るしね。

でも「ウクバール」は中年のオヤジの話で、しかも漠然とした終わり方をする。事件がないから、ムードだけで持ってかなきゃいけない。大人の感覚で撮らないとね。普段の『ガイア』の世界ではない。

ゲストは、太田愛が寺島進と不破万作でやりたいと言うから、二人とも俺は知ってるので「話してみるよ」と言いました。不破さんは俺のVシネマの『喧嘩ラーメン』の時からのつき合いで「俺、(脚本を)読んで泣いたよ」と言ってくれた。テラ(寺島進)は、和泉聖治監督の『この胸のときめきを』に京都の不良学生役で出てたんですよ。あの時、俺はチーフ助監督で、すごく懐かしかった。テラは二家本(辰己)のところのアクションチームにいたんです。それで、生まれて初めてセリフを言う役をやったのが和泉聖治監督の『この胸のときめき』なんです。だから憶えてくれてるんです。自分の最初のセリフの時の助監督を。その後も助監督としては、何本か一緒に仕事はやっていました。

テラも北野(武)組で名を上げたけど、昔のまんまの感じで来てくれた。終わってから一回、太田愛と三人で呑みましたよ。

本作について、太田愛はこう語る。「幻を追う男というのをいつかやりたいと思っていたんです。それを怪獣が迎えにくる。怪獣と男をワンセットで発想したんです。『ウクバール』という名前は、『トレーン、ウクバール、オルビス・テルティウス』というボルヘスの作品から付け

庄司「いーや、まだまだこれからよー、俺は！　だいたいよっちゃん、めったに地上に下りてこないんだからさー！」
　と、庄司、ボコン！と何かに激突して転倒。
庄司「何だァ、てめェ！　赤い顔してー!!」
吉田「そりゃ、ポストだ、ポスト。な、庄司、もう帰ろうよ」
　庄司、いきなり立ち上がるや、大声で、
庄司「皆さーん！　俺の幼馴染みのよっちゃんはァ、チーム・ハーキュリーズのリーダーでーす!!」
吉田「い……！（と、ぎょっとする）」
　通り掛かりのアベックが庄司の大声に硬直している。
庄司「戦車、乗ってまぁーす!!」
　吉田、慌てて庄司の口を手で押さえる。
庄司「うぐうぐ……」
吉田「（アベックに）あはは……すいません。酔っ払ってて」

④屋台のおでん屋（※9）

　並んでおでんをつついている吉田と庄司。
　庄司、なぜかしょんぼりしている。
吉田「（心配）お前、またオーディション落っこちたの？」
庄司「あのな、俺、役者の卵だぜ。そんくらいでヘコむかよ」
吉田「でも……なんか、あったんだろ？」
（※10）
庄司「あった……」
吉田「言えよ」
庄司「実は俺、今日一日トラック乗ってたのよ、宇宙人と……」
吉田「ふーん……（はたと気付き）宇宙人と!?」
庄司「（頷く）俺、今日から宅配便のバイト、始めたんだけどさァ……」（※11）

⑤宅配便の集配所・外観／その日の早朝

　『全国どこでもラクダ便』の看板。

　看板の脇を庄司が事務所の方へ走って行く。

⑥同・プレハブ事務所（※12）

　『ラクダ便に頼むと楽だびん！』のポスターが貼られた戸をガラリと開けて、庄司が駆け込んで来る。
庄司「（やたら明るい）（※13）今日からここで働く庄司ですけどー！」
主任「おぅ、新人か。えー、そんじゃあ（と、集配表を見て）あんたは永田と一緒に回ってもらおうか。永田は配送一筋25年のベテランだからね、心配ないよ」（※14）
庄司「永田さんっすね！」

⑦同・トラックの溜まり場（※15）

運転手1「永田ぁ？　いたっけ？　そんな奴」
運転手2「永田ねぇ……（と、考え込む）」
　運転手たちは、仕事前のひととき、トラック周りにたむろして煙草など吸っている（※16）。傍らに庄司。
庄司「おっかしいなァ、確かに永田って。配送一筋25年の……」
運転手2「（思い出した）あっ、ウクバールだよ、ウクバール」
庄司「あの、ウクバール永田って……外国の人？」
運転手1「アマいねー。外国なんてもんじゃないよ、宇宙！　宇宙の人」
運転手2「そう。ほら、あそこにいるよ（と顎で示す）」
　庄司が、ずっと離れた溜まり場の片隅に目をやる。
　見るからに柔和そうな永田が、ビールケースに坐って一人、パンと牛乳を食っている。
運転手2「（オフ）あいつな、自分は宇宙のどっかにあるウクバールって町から来たんだって思い込んでんだよ」
　永田、庄司達の視線に気付きニコニコと会釈する。

ました」

　よくある、夢は必ず叶うという物語にはしたくなかったと太田は言う。

「幻を追っているだけではなくて、幻の方に魅入られていく男。彼の妄想が一つの街を作り出してしまったのかもしれないし、実際に宇宙人だったのかもしれない。見てくださる方次第。開いた物語にしておきたかったんです。たとえば最後に迎えに来た怪獣から光線が出て永田が連れて行かれるとか、そういうのはやりたくなかったんですね。不破万作さんは、私は舞台が昔からすごく好きなので、ずっと見ていた役者さんです。『ああ、もう永田にピッタリだ！』と。最初に『この方のイメージなんですよ』というのを、原田監督にお伝えしたんですね。不破さんが出られる時、ロケに呼んでくださって、私も行きました。差し入れ担いで（笑）」

※1　立ち上がる様はスローモーション。飛び立つ鳩の羽音を強調。前後の描写も適宜アレンジが加えられている。

※2　完成作品ではここで「ウクバール」と言わせている。

※3　このNは完成作ではシーン2の冒頭。

※4　この廃屋はロケ。「雪の扉」（『ウルトラマンコスモス』57話）でも使われた三茶亭スタジオが使用されたが、美術監督の内田哲也によって改装用に図面が起こされ、廃墟に見えるよう「壊した風」に飾った（92ページ参照）。

※5　この前に家の外での我夢の立ち姿を挿入。

※6　室内の風車が回り出すがアップにはならず、さりげない。

※7　**原田監督の証言**　初稿は、XIG側の主人公がチーム・シーガルのリーダー神山（権藤俊輔）だったんです。でも二枚目の神山がやったら当り前になるし、最初から話が読めちゃうので、ハーキュリーズの吉田にしてくれと。（吉田役の）松田優みたいなゴツイのが演る方がいい。そこだけ太田さんに変えてもらったんです。

※8　**太田愛の証言**　庄司はもう書く時から私の中でセリフを寺島進さんが喋ってたんで、「寺島さんのイメージで書きました」と言ったら、監督が「テラ？　呼ぶよ」と。「え！　なっ、何をおっしゃっているんですか？」という感じでした。「そんなことが可能なんでしょうか」みたいな。寺島さんは北野武監督の映画、どれも好きです。特に『ソナチネ』（九三年）。ずっと好きな俳優さんでした。その後の『ウルトラQ ～dark fantasy～』での「光る舟」の時も思いっきり当て書きでした。

※9　赤ちょうちんの屋台には、手前に「今日の標語」が掛っていたりと、雰囲気がある。原田監督は「やっぱり日本の映画作りの人達って、ああいう寂しさわびしさの世界の方がうまい。近代的なもの作るよりね。『情緒は大丈夫だよ』って感じで（笑）」と語る。「こういうSFチックな作品をやってるから、現場にいるスタッフはSF的な世界ももちろん詳しいんですけど、もっと得意なのは生活感の

運転手1「まっ、覚悟しとくんだな！　おめェも今日一日聞かされるぜ、ウクバールの話！」
庄司「……（わけがわからない）」

⑧ 快速に走るトラック（※17）

⑨ 同・車内

永田「ウクバールという町にはな、いつも風が吹いているんだ」
　と、運転しながら早速、楽しげに語っている永田。
庄司「はぁ……」
　と、助手席で殊勝に聞いている庄司。
永田「空にはな、大きな塔や小さな塔が幾つも浮かんでいる」
庄司「！（ぎょっとする）」
永田「そして、塔のてっぺんではな、黄色い風車《ふうしゃ》がカタカタ音をたてて回っているんだよ」
庄司「……（既にひきつっている！）」

⑩ マンションの階段（※18）

　を、デカイ荷物を担いだ永田と庄司が上る。
永田「（ゼイゼイ息を切らしつつ）ウクバールの町にはな、階段ってものはない……」
庄司「（ゼイゼイ）いいっすね、そりゃ……」
永田「でも、ほら、沢山の塔が空に浮かんでるだろ？　だからな、塔に上《のぼ》るには長ーい梯子をかけなきゃならない」
　ふと庄司が見ると、立ち話の主婦達が二人を不審げに見つめている。（※19）庄司、慌てて話題を変えようと、
庄司「アー、おっちゃん、25年もこの仕事やってんだってねー」
永田「そうだよ。で、ウクバールの町にはな……」
庄司「（遮って）すげェよなー、おっちゃん！　25年って言やア、あれだぜ、エー（話が続かない！）」
　不審のまなざしでジーッと見ている主婦達。
庄司「よ、4倍すると百年かな？　ははは……」

⑪ 路肩に止めたトラックの脇（※20）

　プシュと缶コーヒーのプルタブを開け、
庄司「よく続くよなァ、おっちゃんも。俺なんかさ、足とかさァ、腰とかさァ、もうベキベキのバキバキよ！」
　庄司と永田は、缶コーヒーを飲んで一服している。
　永田は、庄司が一人で喋るのをニコニコ聞いている。
庄司「おっちゃん、キツくない？」
永田「うーん……でも、田舎から林檎や蜜柑を届けると、皆、喜んでくれるしなぁ。やりがいのある仕事だと思うよ」
庄司「（意外）ふーん……」
永田「それにな――」

⑫ 河原の土手を走るトラック

永田「（オフ）俺、この仕事、気に入っている理由がもうひとつあるんだよ」

⑬ 同・車内

　運転手の永田と助手席の庄司。
庄司「え、なによ、なによ（と、興味津々）」
永田「（生き生き）こうやって車に乗っていろんな町、回ってるうちに、いつか、ウクバールへ帰る道が見付かるかもしれないじゃないか」
庄司「へ……？」
永田「だってなぁ、俺が今、地球にいるって事は、ウクバー

ある世界なんです」

※10　**太田愛の証言**　「最も先が見えない、不安定な仕事の一つで、かつ、そのわりに設定がいらない。『役者の卵』と言っただけで、視聴者にもきちっと伝わるものがあって、何かロケセットがいるということがない」

※11　セリフの途中から次のシーンへ。

※12　らくだ便の主任役は『ウルトラマンティガ』49話「ウルトラの星」で宇宙人チャリジャを演じた町田政則。シナリオには書かれていないが、スクリプターの黒河内美佳も女子事務員の役で出演。庄司が新しく着るユニフォームを出してやる芝居などが加えられた。

　太田愛はこう言う。「黒河内さんは演技がうまいですよね。あり得ないくらい。一緒に出た本物の俳優さんとも、きっちり合っていて、びっくりした（笑）。原田さんの作品って、現場のスタッフの人達が役で出てくると、するっと空気に入ってるんです（笑）」

　本編サード助監督の岡秀樹はこう言う。「原田さんらしいですよね。画面に写る人を増やさなきゃいけない時に、エキストラさんを呼んで適当にお茶を濁すぐらいだったら、スタッフの中のふさわしい個性の人を抜擢して、みんなでそれを楽しもうじゃないか。それを作品の中に武器として取り込もうよ……ということを本当によくやられてました」

　らくだ便の準備はやりがいがあったと岡は証言する。

「あの時は『ガイア』も3クール目で、ある程度シリーズが続いてくと、だいたい出物が揃っちゃうんです。その中で台本も書かれていくんですが、準備をやる必要が少なくなってきていた時期に、まったく無関係な市井の人の話がポコーンと突然来ちゃった。何から何まで新規に準備しなきゃいけない。まずは『らくだ便』のマークやロゴのデザイン、配送に使う車のアレンジ、一切合財を美術部が張り切って作ってくれたんです。それを決めていく過程は原田さん、とても楽しそうにしてました」

　らくだ便は、以後の原田作品にも登場することになる。

※13　元気よく「おはようございます！」と。

※14　奥に居る事務の女性「黒河内さん」が作業服を出してやり、主任に聞こえるように「私、知りませんから」と呟く。これは演じる黒河内三佳の普段からの口癖だと言う。

※15　事務所から制服姿で出てきた庄司が二人の運転手に話しかける形に。

※16　運転手はウルトラマンのスーツアクター・清水一彦と関貴之進が演じた。役名も同じ「清水」と「関」になり、名乗るくだりも付加。

※17　**岡秀樹の証言**　らくだ便の車は、むさい男二人が乗る宅配便なのに、ずいぶん可愛いですよね。丸っこいコンセプトカーみたいなデザイン。驚いたんですけど、でも本当に街中で小さな荷物を運ぶための車みたいなリアリティはありました。

ルとこの世界はどこかで繋がってるってことだろ?」
『うーっ』と頭を抱える庄司。(※21)

⑭ 配達の風景(各シーンがWIPEでつながる)

（※22）トラックからせっせと荷物を下ろす庄司と永田。

永田「ウクバールの町にはな、いつも風が吹いている」(※23)

× × ×

ビルの廊下を、台車に荷物を載せてガラガラと押して来る二人。

永田「(軽やか)というわけで、ウクバールの町にはな……」(※24)

× × ×

異様に巨大なひとつの荷物を、前後に分かれてそろそろと極めて慎重に運んでいく二人。

永田「(慎重)そ、その上、ウクバールの町にはな……」

× × ×

定食屋で向かい合って飯を食う二人。

永田「(深刻)でも、ウクバールの町にはな……」(※25)

× × ×

荷物を抱え、並んでエレベーターに乗っている二人。

永田「(晴れやか)そして、ウクバールの町にはな……」(※26)

エレベーターの扉が閉まっていく……。(※27)

⑮ 同・車内/夕刻

機嫌良く運転する永田と疲れてヨレヨレの庄司。

庄司「はぁー……(と溜め息)本日の、配送、終了……。うぅ、もう6時(※28)……」

永田「ウクバールには時計ってものがなくてな、だから、夕方になると大きなサイレンが鳴るんだ。そしたら、大人は仕事を止めて、子供は遊ぶのを止めて、みんな家に帰るんだよ」

※18 らせん階段で、下の建物の屋上にはためく洗濯物が見える、どこか空中を歩いているかのような俯瞰の構図。

※19 以降はカットで次シーンへ。

※20 河原でトラックを停めている前での会話に変更。以降、シーン13の会話内容までシーンを割らずに続く。

※21 このリアクションの前でシーンが変わる。

※22 この前に、風が吹く河原の情景カットを挿入。

※23 庄司、伝票に目を落としたまま「ハイハイ」と気のない返事。

※24 聞く庄司に「そろそろうんざり」な表情が出ていると演出メモにある。

※25 この時点でははっきりと「うんざり」とある。

※26 これらの点描でのウクバールの説明には楽団やサーカスの存在等、若干ディテールが加わる。

※27 エレベータの前には長身の従業員が不気味に立ち、シュールな空気感を醸し出している。

※28 映像では「五時」に変更。

庄司は疲労のあまり虚ろな目で永田を見る。

永田「ウクバールはな、どこかにあるんだよ。俺の故郷なんだから」

庄司「(げんなり)……あるある、ウクバールはあるよ、おっちゃんの、頭ン中にな」

永田「え……?」

庄司の言葉に、永田は不意にぼんやりとなる。

庄司、前方を見てぎょっとする。

庄司「おっちゃん!!」

はっと我に返る永田!(※29)

前方に迫るブロック塀!(※30)

永田、慌ててハンドルを切る!

庄司「(悲鳴)あぁーっ!!」

鋭いブレーキ音と共にトラックが急停車する。

庄司、慄然として永田を見る。

永田は茫然としている……。

⑯ 夜の陸橋(おでん屋の近く)

庄司と吉田が並んで手摺に凭れて、ぼんやりと道路を眺めている。

意気消沈している庄司。

庄司「……俺、馬鹿な事、言っちまったよなぁ……」

吉田「うーん……」

庄司、ややあって突如、虚空に向かって大声で、

庄司「おっちゃん、だめだよ、ウクバールなんて夢みたいな事言ってちゃあー! 人間ってのは、現実と向き合って生きなきゃー! 現実だぜ、大事なのはー!」

と言うや、酩酊状態で陸橋にへたり込む。(※31)

吉田「おいおい、庄司(と、助け起こそうとする)」

庄司「(ふと思い付く)……そうだ。よっちゃんXIGだろ? な、証明してやってくれよ、おっちゃんのためにさァ」

吉田「証明って……何を?」

※29 **太田愛の証言** 誰にも相手にされてない時にはかえって、考えてみたこともなかった、思ってもみなかったことというのがあると思うんです。だから横からコツーンと、庄司の言葉が自分の世界に響いたんじゃないかな。「ウクバールなんてあるわけないだろ」というのは、たぶんいくらでも言われてきて、そんなことは全然平気だったんだと思う。でも「あんたの記憶は間違いですよ」と言われたら、人間って怖いじゃないですか。根底から覆されるようなこと。それをあの役者の卵みたいなアルバイトにポーンッて言われてる感じ。

※30 ブロック塀を「地蔵と花」に変更。お地蔵様を避けて急停車。

※31 ここで、後ろの屋台から様子を覗いているのは太田愛のカメオ出演。

庄司「おっちゃんが、地球人だって事」
吉田「えぇっ!?」
庄司「だって、自分が地球人だって解れば、うん、そうだよ、おっちゃんもウクバールの事なんか忘れて、現、実……」
　と、ムニャムニャと、遂に眠り込んでしまう。
吉田「おいっ、こんなとこで寝るなー!」
　すっかり熟睡状態の庄司。
吉田「(溜め息)ウクバールねぇ……。どうしたもんかなぁ」(※32)
　と、星空を仰ぐ。(※33)

⑰ 星空の下の安アパート・外観

　その一室にだけ、まだ灯りが点っている。

⑱ 同・永田の部屋

　一人暮しの割にきちんと片づいている狭い部屋。(※34)
　永田は布団の上に坐って、じっと考え込んでいる。
　ぼんやりとしたウクバールの風景(イメージ)。
庄司の声「あるある、ウクバールはあるよ。おっちゃんの、頭ン中にな……」

× × ×

　考え込んだ永田の顔。永田の心に初めて疑念が湧く。
永田のM「……ひょっとして……ウクバールは、どこにもないんじゃないか……」

⑲ 永田の回想・点景(※35)

永田のM「……25年近く……探しても——」

　停めたトラックの脇、永田が街角に立って(※36)、ウクバールの町を探すように辺りを見回している。

　角のタバコ屋に木枯らしが吹く。

※32 「どうしたもんかなあ」はカット。

※33 CGで星を「キラキラ」させることを演出メモに指定。音響効果もキラキラしたものが付けられた。

※34 永田の服は「ちゃんちゃんこ」と指定。アパート室内はセットが作られた。

※35 シーン19は冬、夏、梅雨の時期の点描になっている。
太田愛の証言　今はなき古い商店街が、監督のお家の近所にありまして、そこでロケしました。冬のシーンで子どもがターッと凧を持って駆け抜けて行くなんていうのは、監督の演出ですね。当時本当はドキドキしながら書いたんです。春・夏・秋・冬となりますでしょ。一つのトラックが雨の中を配達しているシーンが出てくる。長い時間を短く折り畳んで「きっとこれすごく撮影が大変だろうなあ」って。でも原田監督は、一個一個が短くて撮るのが大変なシーンというのを、全然カットなさらないんです。ものすごく厚い入道雲を見上げて汗を拭くシーンも、土砂降りの雨の中を車を濡らしながら運転していくシーンも……。この男がどれだけ長い時間、トラックを運転しながら、自分の故郷を探し続けてきたのかなという。

※36 魚市場に変更。

× × ×

永田のM「……探しても——」

　停めたトラックの窓から、路地を見つめている永田。

　家の前に植木の並んだ古い路地。

　蝉時雨が聞こえ、どこかで風鈴が鳴る。

× × ×

　夜、トラックを運転する永田。フロントガラスには、土砂降りの雨が流れ、町の灯りがにじんで見える。
永田のM「……ウクバールの町が、見つからないのは——」

⑳ 永田の部屋

　じっと座って考え込んでいる永田。

永田のM「……あの町が、俺の頭の中にしかない町だからじゃないのか……」

　と、その時、黒電話のベルが鳴る。(※37)

　永田、ふと我に返って受話器を取る。

永田「はい、もしもし……」

　と言った途端、永田、はっと息を飲む。

　受話器の向こうから、遠く、風の音が聞こえる。(※38)

　そこには、幾つもの風車《ふうしゃ》が鳴っている。カタカタと小刻みに回る風車の音。また、ゆっくりと回る風車の音。それらが様々に重なりあっている。

永田「……ウクバール……! ウクバールの風の音だ……!」

　次の瞬間、永田の脳裏に——

　鮮やかに浮かび上がるウクバールの町!(※39)

㉑ エリアルベース・全景/翌日・午前

我夢の声「地球人の証明ですか……」

※37 電話が鳴る前に傍らの風車が回りだす。

※38 ウクバールの街の風車がインサート。
太田愛の証言　自分が書いた時は、疑い始めたから聞こえてくる……という感じです。それ自体が妄想かもしれない。本当は電話なんか鳴ってないかもしれないし、事実や状況として物事が起こっているのではない。だからすごく、わかりにくい脚本かもしれない。

※39 ウクバールの街のデザインは、特撮美術の寺井雄二による。それを、本編でもラストにカレンダーの絵柄として使用するため、本編美術の内田哲也が知り合いの美大生に描き直してもらい、油絵っぽくした。
寺井雄二の証言　下に海があるというのは俺が考えたんだけど、まず太田愛さんが、絵本を持ってきたんです。イバラード(画家・井上直久が描く絵画や漫画作品の舞台である架空の国・地名)の。太田さんはそのイメージで、原田さんには、スペインだかイタリアだか、どこかに旅行に行った時に撮ってきた都市のイメージがあった。塔がいっぱい建ってる都市で、権力を持った人達がみんな塔を建てたがったので、塔だらけになっている。その都市の写真を持ってきて「こういうのをやりたい」と言うので、その辺を色々組み合わせた。後は、風車をちょろちょろっと描きました。風車を描くとどうしても、俺の頭が『風の谷のナウシカ』の方に行っちゃって、塔の建っている街と合わないので、そこはちょっと苦労しちゃったんです。

㉒ 同・トレーニングルーム

志摩「ンー!! 難しいなァ、フンー! そいつァ!」

と、必死の形相でマシンでトレーニングしている。

同じくトレーニング中の吉田、桑原、我夢。

我夢「そうですねー、地球人ってことはァ……（と腕組み）」

志摩「（軽くいなし）そこ、さりげなくサボるな」

我夢「はは……（ガックリ肩を落とし）つらい……」

桑原「物事の基本は体力」

吉田「（いきなり）どうだ、桑原、智恵はないか」

桑原「（動揺）お……？ 俺っすか？ いやー、俺、物心付いた時から、何となく地球人だったし……」

志摩「うーん、俺も誰かから『お前は地球人だーっ!!』って教わったわけじゃないし……。いや、たまにね、人間離れしてるって言われる事はあるんすけど」

桑原、真顔で『うんうん』と頷いている。

吉田「ほかならぬ幼馴染みの頼みだからなぁ、何とか力になりたいんだが……」（※40）

考え込んでいた我夢が、何か思い付く。

我夢「そうだ！ いい考えがありますよ！」

㉓ 同・ロッカールーム

モバイルを操作する我夢を3人が覗き込んでいる。

（※41）

志摩「何、やってんだ?」

我夢「その永田さんって人の生まれた家を見付けるんです。生まれ育った家を思い出せば、永田さんも、自分が地球人だって納得してくれるかもしれない」

吉田・志摩・桑原「（感嘆）おお！」

我夢「（テレる）いやァ、はは」

桑原「あったっー!!（と、画面の一点を指す）」

※40 このシーンはここまで。全体をワンカットの移動で表現。

※41 全員が上半身裸で腰にタオルを巻いている。

ドッとディスプレイに顔を寄せる4人！

吉田「（読む）エー、東京都××区××」（※42）

我夢「あ、この家、空き家になったまま今も残ってますよ！」

（※43）

志摩「ヨッシャー！ 何、ぐずぐずしてんです、リーダー、すぐにその家、見付けて、永田を連れてってやらなきゃ」

吉田「し、しかし、こ、こないだ休みとったばっかりだし……」

我夢「吉田さん、僕の代わりに調査に降りてきてくれませんか」

吉田「え……？」

桑原「なんの？」

志摩「愚かだな、お前は。我夢はリーダーの気持ちを汲んでだな、『宇宙人を名乗る男の調査』って事で、リーダーが下へ降りる機会をだな……（と延々、説明を続ける）」

桑原、『はあ、はあ』と得心している。

我夢「（にっこり）お願いできますか?」

吉田「（嬉しい）ああ、任せてくれ！」

㉔ ラクダ便の事務所

（※44）ガラ！ と戸を開けて庄司が入って来ると、キョロキョロと辺りを見回す。

主任「おう、どうした、新人」

庄司「あの、永田さんは……?」

主任「ああ、永田、今日、休んでるんだ、無断欠勤。こんなの初めてなんだけどねぇ、電話もつながらないし……」

庄司「……（胸騒ぎ）」

㉕ 寂れた前の一角

吉田がベルマンから下り立つ。

吉田は、廃屋となった一軒の家の前に立っている。

※42 「東京都武蔵野市」

※43 このシーンはここまで。

※44 庄司が入ってくる前、主任が「黒河内さん」と何かで揉めており、黒河内さんは「知りませんから」と決まり文句を。シーン尻でも彼女とからむよう若干アレンジ。

表札には『永田』という消えかかった文字。

吉田「ここか……永田の生まれた家は」(※45)

㉖同・一室(S2に同じ)

に、吉田が足を踏み入れる。

午後の陽差しに埃が舞う室内。

室内を見回す吉田。

古い柱に、背丈を測った疵がある。

吉田「(ほっとして)……やっぱり、地球人だよな」(※46)

と、隣室との引戸の隙間からフワリと風が吹き込む。

吉田は不審に思い、隣室に向かおうとする。

しかし、丁度その時、NAVIが鳴る。(※47)

吉田「こちら吉田」

NAVIの我夢「吉田さん、ポイント226N1付近の磁場に微かに歪みが生じています。微弱なもので、今の所、影響は出てないんですけど……」(※48)

吉田「どうした」

NAVIの我夢「偶然だとは思うんですが、ポイントの中心に、永田さんが現在、住んでいるアパートがあるんです」

吉田「解った、すぐに現場へ向かう」

と、飛び出していく。

㉗街・道路

ベルマンが走る！

㉘走るベルマン・車内

運転する吉田。路地を曲がると(※49)、タコ焼き(※50)を手に歩いて行く庄司の姿が目に入る。

吉田「(窓から)庄司！」

※45　このセリフはカット。

※46　ここで「一度カレンダーがぼんやりと見える」と演出メモにある。ラストに来るシーン40への伏線としている。

※47　鳴る前に風車が回る音がする。

※48　「微弱」以下はカット。次シーンとなる。

※49　川に架かった橋に変更。

※50　焼きイモに変更。

※51　そう言った後、庄司は、慌てていて靴を履いたままだったと気付き、脱いで玄関に放る。

※52　吉田は庄司の耳に受話器を向ける。

※53　**太田愛の証言**　吉田隊員も永田の妄想に巻き込まれているかもしれないんです。だから吉田にとっては現実が変わったように感じられるし、その音は、どちらでもあり得る、どっちにでも見えるように。わりと舞台っぽいホンなのかもしれないですね。

※54　窓ガラスが割れる前に、窓の外に立てかけてあった金ダライが揺れる。

※55　永田の部屋の窓からルクーが見える場面は、割れた窓ガラスのすぐ向こうに居るという感じが出ている。「あれは実景に怪獣を合成して、さらに手前の窓ガラスを合成してるんです」と原田監督は言う。太田愛は「不破さんの部屋のところで最後、ウクバールの向こうから

庄司「よっちゃん！」

吉田「お前、何やってんだ、こんなとこで」

庄司「永田のおっちゃん無断欠勤で、俺、なんか心配で」

吉田「！」

㉙安アパート

の階段を吉田と庄司が駆け上がっていく！

吉田「お前、来なくていいから！」

庄司「そうはいくかいっ！」

吉田は永田の部屋を見付け、ドンドンと扉を叩き、

吉田「永田さん！　永田さん！」

吉田がノブを回すと、鍵が開いている。

庄司「開いている……」

吉田が部屋に飛び込む！　続く庄司！

㉚同・永田の部屋

飛び込んで来る吉田と庄司！

と、狭い部屋の布団の上に永田が倒れている！

庄司「おっちゃん!!」

庄司は永田に突進し、永田を揺さぶる。

庄司「おっちゃん!!　目、開けろ！　おっちゃん!!」(※51)

吉田は、素早く永田の状態を診て、

吉田「大丈夫だ、眠っているだけだ。庄司、毛布取って」

庄司「わ、わかった」

と、慌てて押し入れに向かう。

と、永田がぼんやりと目を覚ます。

永田は見も知らぬ吉田に微笑みかける。

永田「夢をみた……。ルクーが迎えにきてくれたんだよ……」

吉田「ルクー……？」

永田「ああ……」

×　　×　　×

怪獣ルクーが来る時に、窓ガラスがガーッと割れてものすごいけど、金ダライが外側に置いてある。あれも現場で演出してくださってる」と言う。

※56　窓ガラスが割れる直前にも、名を呼ばせている。

※57　永田が出ていくのを視聴者には見せている。

※58　**太田愛の証言**　ルクーを追っかけていく不破さんが、ちょっと下り坂のところを上ってくるシーンがありますよね。人がわーっと下に走って逃げていくところを、不破さんだけ向かってくる。あそこの微妙なタッチ……原田さんの演出すごいなあって。ちょっとだけスローがかかって、泳ぐようにこっちに来ている感じになっている。

※59　破壊シーンはなし(以下同)。

※60　このシーンはカット。

※61　「ウクバール」は、この現実世界で幻の町を思い描いている男の話だが、怪獣ルクーが出てくると、現実の町という設定でありながら、どこか昔の町のようなミニチュアになる。電線の張り巡らされた下町風で、土管があったり、銭湯があったり……。

原田監督は言う。「あれは指定しました。ロケーションも高いビルのないところでするから、特撮でも平屋もしくは二階建て、瓦屋根で畑があって、電線が必ずある世界でやると決めた。『ガイア』にはあの世界はないから、新しくモノを揃えてもらったんです。白菜畑や映画館も作って。

S1の公園の映像が夢の断片のように流れていく。

×　×　×

吉田「永田さん、そのルクーって、一体……」

永田「俺……ウクバールに帰るんだよ」

庄司「おっちゃん、しっかりしろよ、そりゃ、夢なんだよ」

　永田は穏やかに答える。

永田「あるんだよ、あの町は。ほら、ウクバールの風の音が聞こえる」

　と、外れたままの電話の受話器を差し出す。

　一瞬、たじろぐ庄司。

　だが、見ると、電話のプラグが抜けている。

　吉田が永田の心を傷付けぬように受話器を受けとる。(※52)

　庄司は悲しみと怒りで遂に爆発する。

庄司「何でわかんないんだよ！　いいか、おっちゃん、ルクーなんてもんはいない！　ウクバールなんて町は……そんな町は、どこにもねーんだよっ!!」

　と、吉田の茫然とした声がする。

吉田「庄司……」

　吉田が受話器を耳にあてたまま愕然としている。

　混乱する庄司。

庄司「……嘘……だろ……」

　吉田の耳には、受話器の向こうから確かに、遠くウクバールに吹く風の音が聞こえる。(※53)

　と、風の音は瞬く間に大きくなる！(※54)

　次の瞬間、激しい風と共に窓ガラスが砕け飛ぶ！

　窓の向こうの町に、巨大怪獣ルクーが立っている！

　(※55)ロボットのような無表情の顔。

永田「ルクー！」(※56)

　息を呑む庄司！

吉田「(即座にNAVIに)こちら吉田、ポイント266N1に怪獣が出現！」

庄司の声「おっちゃん!?」

　その声にはっとして振り返る吉田。

　永田がいない！(※57)

美術の寺井さんもああいうの好きだから、『自転車置こうよ』と言ってくれたり。寺井さんは僕とイメージする世界観が一致してるので、あえていちいち言わなくても『どうせこの世界でしょ？』と作ってある(笑)。ウルトラマンシリーズは美術部からのアイデアが多いんですよ」

ドラマにバリエーションがあっても特撮になると毎回同じミニチュア……というのではなく、本編と一体化した異空間が作られている。

「僕の場合、どっちにしろ王道を行く話じゃない。脇へ行く話はそれなりに息抜きみたいなところもあるので、毎回毎回、石膏ビルを作って壊しているよりはいいだろうと」

寺井雄二はこう言う。「古い映画館のミニチュアに『失はれた地平線』(三七年／フランク・キャプラ監督)という映画がかかってることにしました。『失はれた地平線』というのは理想郷を求める話で、『ウクバール』もそういう話だから、それがかかっている映画館という感じでやりました。僕も古い感じにしたいと思っていたから」

※62　機内ではなく地上に。

※63　その前に我夢の「あいつはいったいなんのために？」というセリフを入れ、少し考えてから変身するという芝居にしている。演出メモから指定。後述のシーン40同様、我夢の出番が少ないことへの配慮だろう。

この回は、音楽とも効果音とも知れない、不思議な音が多い。整音の松本能紀、選曲の小林地香子と音響オペレーターの中野陽子はこう語る。

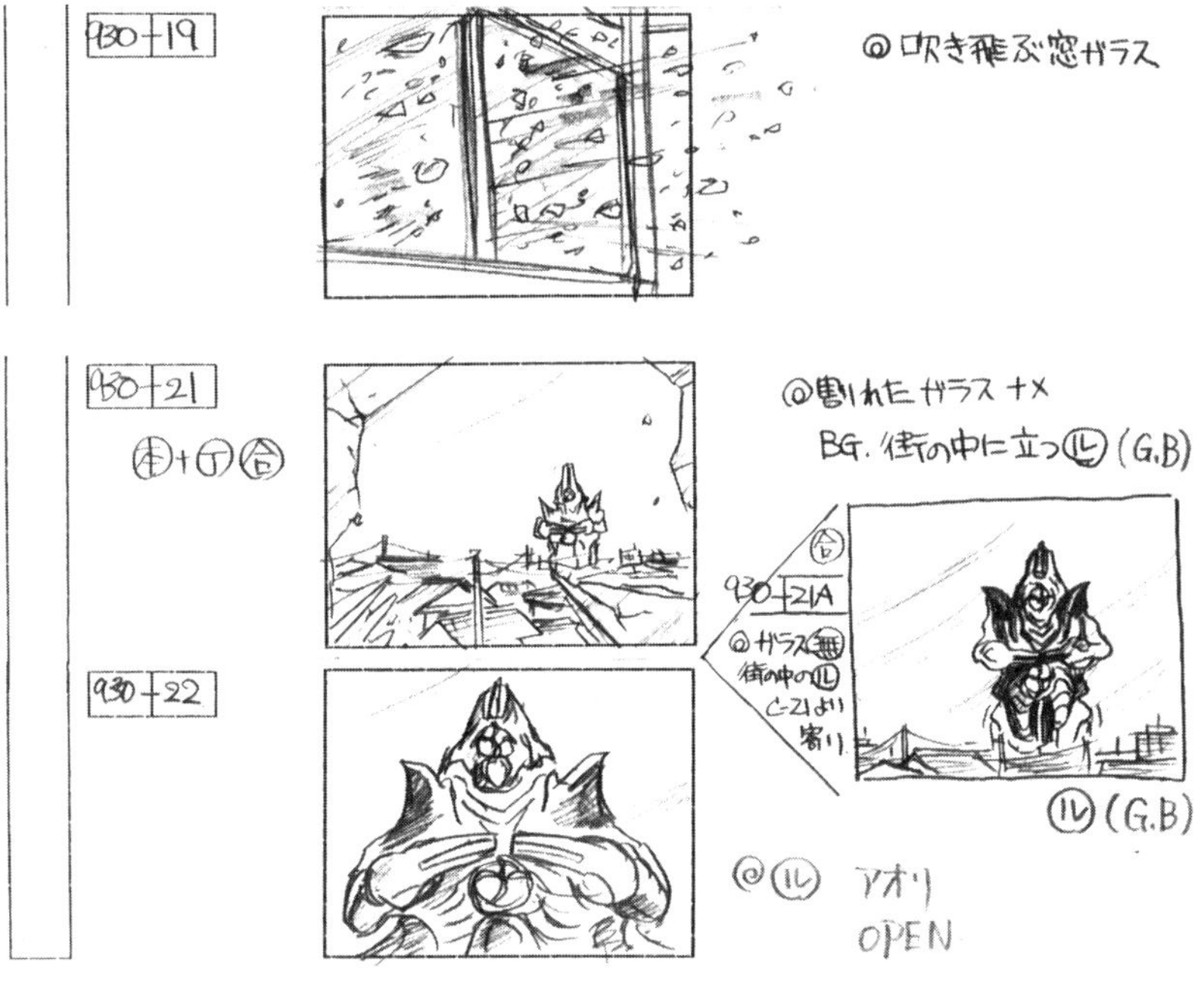

シーン30のイメージボード(橋爪謙始)。１コマ目と２コマ目の間に本編映像が入る

㉛ 町・地上と全景

逃げる群衆に逆らって、永田が走る、走る！（※58）
角を曲り、ルクーを見上げる永田。

永田「（呟く）……ルクー」

× × ×

ルクーが永田の方へ向き直ると、一歩、また一歩と前進する。
ルクーは無表情に町の建物を踏みつぶして進む！（※59）
彼方からライトニングとEXが飛来！

㉜ 梶尾機・コクピット（SS）（※60）

梶尾「怪獣の前進を食い止める！　行くぞ!!」

㉝ 町・地上と全景（※61）

急降下し、ミサイルを打ち込むライトニング3機！

× × ×

吉田が永田を探して町を走る！

吉田のM「あの怪獣が本当にウクバールから来たのなら、永田という男は一体……！」

× × ×

庄司が永田を探して走る！

庄司「（必死）おっちゃーん!!」

× × ×

ルクーはライトニングの攻撃をものともせず、ロボットのような動きで前進！
踏みつぶされる建物！

中野「打ち合わせの時、原田監督が何かある度に『不思議な感じ』と言ってたのを憶えています」。

小林「ウクバール」はみんな最初、その前の『ダイナ』の『少年宇宙人』のイメージがあったので『あの時みたいに、曲の旋律で持って行くのかな』と思ったんですが、監督は現実音としての『風とサイレンがどのぐらい立てばいいか』という考えでした。オリジナル曲という形で発注をかけたんですが、打楽器の羅列みたいな、カキーン、コキーンという音がたくさん入っていた。それをパターンごとに素材ごとにくださったんです。音楽のディレクターの方が気を遣ってくださって。もう『ガイア』の頃には、原田監督の作品だという緊張感が既に浸透してましたので、どうにでもなるようにと、かなりバラバラにした状態でした。それを混ぜ込んで使用したんです。『この話の場合は曲じゃなくていいのだろう』と私も思いました。幻想的な雰囲気をどう出すかが重要でした」

松本「そこをどれだけ邪魔しないようにするか」

小林「雰囲気だけあればよかった。音を入れたものの取ったりしました」

松本「出したり引いたりが多かった。画にない音が多かったですね。映像に付けるというよりは、映像になってない音もひっくるめて考えました」

※64　街に光が降り注ぎ、ガイアが登場すると演出メモにある。

※65　映像のルクーは、シナリオ以上に、ただ前進するだけの存在に描かれている。日暮大幹

㉞ 我夢機・コクピット（FE）（※62）

我夢、町の様子にエスプレンダーを取り出す！（※63）

㉟ 町・地上と全景

ルクーの前に、眩しい光と共にガイア（V2）が立ちはだかる！（※64）ガイアとルクーの戦いが始まる！　ルクーは、無敵のロボットのようにガイアの攻撃を跳ね返し、鋼鉄の腕でガイアを薙ぎ倒す！（※65）

× × ×

（※66）吉田が永田を探して走る！

× × ×

庄司も走る！

㊱ ビル

永田がビルの階段を駆け上っていく！

永田のM「ルクー……ルクー……」

㊲ 町・全景

ガイアが最後の力を振り絞ってクァンタムストリームの構えを取る！

㊳ ビルの屋上（※67）

バンッ！　と扉を開けて永田が飛び出して来る！
その時、不意に空の奥から微かにサイレンの音が！

（特撮助監督）は「怪獣の顔もないし、何もしない。最後まで原田さん『何もしなくていいから』と言ってましたよ。手を上げるぐらいだった」と言う。

太田愛の証言　ウルトラマンはルクーを押し返すだけなんですけれど、夕焼けのあのシーン、飛行機がすごくゆっくり飛ぶんですよね。足元のところに。あの不思議さは「特撮と実写」という感じではなくて、異空間にすーっとつながっていく感じ。そして、あの高い塔の上にあがっていくところとか、寺島さんが最後に上を見上げているシーンを、横のかなり引いたところから、人が小さく見えるように撮ってらっしゃったり。あの演出を見て「わー！」って思いました。

※66　群衆と吉田が街角の交通安全用ミラーに映り込むカット有。

※67　永田が「ルクー！」と呼びかけるくだりは何度か挿入することが演出メモから指定。

※68　吉田と庄司は「道のまん中で見上げる」と演出メモに指定。

※69　この後、以下のシーン割りが挿入されることが演出メモにある。
・永田見る　ズームアップで見つけた表情
・（永田目線で）宙に浮かぶウクバール
・風車が回るUP
・永田「ウクバール」
・回る風車→（矢印はキャメラの移動する方向）
・回る風車↑

『あっ』と明るい目になって空を見上げる永田！
その目に、一瞬、空に浮かぶ幾つもの塔が見える！

㊴ 町・地上と全景

高まるサイレンの音に、はっと空を見上げる吉田、庄司（※68）、そしてガイア！　しかし、そこには――

何もない空、夕焼けの茜空をいっぱいにサイレンだけが鳴り響いている！

吉田の耳に、以前、永田の話した言葉が蘇る。

永田の声「ウクバールには……夕方になると大きなサイレンが鳴るんだ。そしたら……みんな、家に帰るんだよ……」

何もない夕焼け空を愕然と見上げている吉田。

吉田「まさか……」（※69）

×　　×　　×

そして――

サイレンが消え、静まり返った町に、ルクーがじっと立っている。

ガイアは攻撃姿勢を解き、静かにルクーを見つめる。

やがてルクーは淡い光の渦を放って消えていく。

それを見送るガイア。

ルクーの消えた町に微かに風が吹き抜ける。（※70）

×　　×　　×

吉田が永田を見失い、街角に一人立っている……。

吉田のＭ「……そしてあの日以来――」

ＯＬして――

㊵ 廃屋となった家

Ｓ２の西日の差し込む廃屋の一室で、吉田が思いに沈んでいる。（※71）

・回る風車←
・（合成で）永田入れ込みのウクバール「ウクバール！」　夕景

※70　この後、シーン39の最後まで、以下のシーン割りになることが演出メモにある（実際の映像では若干変更）。
・街並に立つガイア
・吉田が（永田が消えたことに）気付く
・見た目アオリ　誰もいないタワー
・屋上　誰もいない
・吉田　じっと見ている
・白菜畑ナメで庄司「おっちゃーん」
・庄司フカン「おっちゃーん」
・庄司からＰＡＮ・ＵＰ空へ

※71　この前に、外に居る我夢が「吉田さあん」と声をかける。

※72　このセリフは前シーンの最後に前倒し。

※73　風車が回るディテールあり。

※74　**太田愛の証言**　古いカレンダーの数字を、『１９６６』とウルトラマンの最初の年にしましょうと、それは、笈田（雅人プロデューサー）さんがおっしゃってくださいました。

※75　映像作品では怪獣の玩具はなくなり、ルクーの姿はカレンダーに描き込まれることとなる。

※76　ここからシーンが変わり、屋敷を外から見つめる吉田と我夢の姿が映る。

吉田のＭ「永田は、忽然と姿を消してしまった……」（※72）

遠くの路地で、微かに豆腐屋のラッパが鳴る。

それを潮に、吉田は立ち去ろうと歩き出す。

と、隣室の引戸の隙間からフワリと風……。（※73）

吉田は、風に誘われるように隣室へ。同じような廃屋の小さな一室を見回す吉田。

壁に一枚のひどく古いカレンダーが掛かっている。（※74）

そのカレンダーに描かれた絵を前に、吉田は茫然と立ち尽くす。

そこには、空に浮かぶ大きな塔、小さな塔、黄色い風車……永田が話していたとおりのウクバールの町の風景があった。そして、その風車の片隅には、ルクーそっくりの小さな怪獣の玩具の姿。（※75）

吉田は、いつまでもカレンダーに描かれたウクバールの町を見つめている……。それに重ねて――

吉田のＭ「……永田は、幼い頃に見たカレンダーの中の町を、自分の故郷だと思い込んでいた唯の風変わりな男だったのかもしれない。（※76）でも、もしかしたらウクバールはどこかに本当にあって、永田はようやくそこに戻ったのかも知れない……」（※77）

永田が長い間、思い続けた故郷の風景を前に、吉田は静かに目を伏せる。

吉田のＭ「……いずれにせよ、永田という男が生きていくには、おそらくウクバールという町が……何よりも必要だったのだ……」

〈＃29　ＥＮＤ〉

※77　映像作品ではここ以降は変更となる。吉田が「あの男にはウクバールが必要だったんだな」と呟くと、傍らにいた我夢が「えっウクバール？」と聞く。この「遠い町さ」と吉田は言う。「遠い町さ」は演出メモでは「いや、なんでもない」であり、映像化の本番でさらに変えられた。

原田昌樹の証言　最後は吉田の中で処理してしまった。このオチに逃げるしかないんだよね。我夢が「監督、僕、セリフ全然ないんですけど、この話」と（笑）。よく考えてみると、あの回は我夢、4カットしか映ってないんですよ。

エンディングでは、ウクバールの街の風車の音の強調に始まり、場面が振り返られるとともに、劇中にあった、それぞれの場面で登場人物が空を見上げている姿を繋いでいる。そこではウルトラマンガイアまでもが空を見上げる。

原田昌樹の証言　空へのこだわりは、あるかもしれませんね。自分でも時々思うんですけど、見上げているというカットが多いし「空が好きなのかな？」って。もともとはそんなに意識してなかったんです。たしかに「ウクバール」の時はそればっかり狙いでつないでみました。そしたら「僕、こんなに撮ってるんだ」と気付きました。全員見上げているじゃないかと。僕らは地上に這いつくばっているから、空飛ぶものに対する憧れが漠然とあるんでしょうか。ウルトラマンは自由に空を飛べますもんね。

inter-view

寺島進

今でもキャメラの横に原田監督がいる

『ウルトラマンガイア』「遠い町・ウクバール」庄司照夫役
『ウルトラQ ～dark fantasy～』「光る舟」岡田哲夫役

オブザーバー・岡秀樹（助監督／当時）

——原田さんがチーフ助監督だった『恋子の毎日』（八八年・和泉聖治監督作品）の原田さん所蔵のパンフレットに出演者のみなさんの直筆寄せ書きがあって、寺島さんは「忍苦精進」と書かれています。

寺島進　そうそう。出会ったのはあの頃だね。まだ俺、二十七才くらい。同じ年に『この胸のときめきを』という映画があったんです。その時、衣装合わせに、監督の和泉（聖治）さんが来なかったの。原田さんが代行で来た時が、出会った最初だったんだろうな。

俺は学ランかなんか着て……京都が舞台で、東北の修学旅行生と九州の修学旅行生が喧嘩をする、そういう話があって、俺は京都の地元の学生なんだよ。俺は初めて関西弁をやるんだけど、衣装合わせの時に、原田さんが「すごくピッタリな人が来ましたよ」みたいなことを言ってたんだよね。

——当時の寺島さんの「前に出て行こう」という勢いはすごかったと、原田監督のVシネマで脚本を書いた井上誠吾さんがおっしゃってました。

寺島　ＪＡＣ（ジャパン・アクション・クラブ）だったでしょ？　あの人。

——『恋子の毎日』の時、井上さんが寺島さんと共演して、アクションシーンですごく突っかかってくる感じだったので「パワーのある役者さんだなぁ」と当時、思ったそうです。

寺島　当時俺、そうやって「出る」しかなかったからね。周りのことは考えなかったから（笑）。目立てばいいと思っていた。

でも、それをちゃんと和泉監督が演出してくれたからね、丁寧に。またプラスアルファで原田チーフ助監督もちゃんとケアしてくれたしね。

最初の『この胸のときめきを』の現場から、和泉組と良い感じでマッチして、やらせてもらった。もともと俺の先輩で殺陣師の二家本（辰己）さんもずっと和泉さんのグループだったから。「おい、二家本ー！　寺島呼んできてくれ」と言って、それで『恋子の毎日』や、また違う作品でも呼んで頂いて。

その頃はずっと原田さんはチーフで仕切っていた。もう抜群だったよ、抜群。監督の代弁者でもあるわけじゃない？　エキストラとか、メイン以外の役者さんを演出したり、仕切ったり。

うちらはメインの役者と違うのに、助監督時代の原田さんは、二家本さんにも「にかちゃん、にかもっちゃん」って声かけて、俺にも「テラちゃん」って言ってさ、気を遣ってくれてたよ。いつも青い帽子を被って、メガネをかけて、原田さんというと〈青〉のイメージがあるんだよね。ふわっと原田さんの顔が浮かぶと青のポロシャツに青いジャンパーみたいなのが焼き付いている。

役者さんに対する気配りができていたし、それだけじゃなくて、スタッフに対してもそうだった。ある種サッカーで言うと司令塔のような。板挟みになる場合もあるけど、うまく仕切ってたよ。

それでまた、下の助監督さんにもちゃんと教えてたね。「こういうことは制作がやることだから、言われる筋合いねえんだ」とかさ。教え方もプロだったよね。

筋が通っていたというか、決してへつらわないというか。だからすごく、和泉監督もやりやすかったんじゃないかな。演出に集中できて。今、そういう

『恋子の毎日』撮影現場にて。
前列左から二人目が寺島進。その後ろ右が和泉聖治監督。右端が原田昌樹

助監督は少ないもんね。今は撮影所に行っても、元気ないというか「お前、覇気ないな、この野郎」みたいな感じでさ。でも、やっぱり教える人がいないとダメなんだね。自分だけじゃね。どの世界もそうだけど。

だから原田さん、今でも助監督を躾けて欲しかったなあ。京都でも再会出来たら嬉しかったな。

そういう意味では、助監督時代の原田さんみたいに、だいたい仕切ってやっちゃえる人は、本当は監督にとって、ずっといて欲しいんだよね。でも独立しなきゃいけないわけじゃない。

でも、俺はだんだん和泉監督と会う機会が減っていったんだよ。そしたら、原田監督とも会う機会が減ったんだ。ちょうどその頃、俺(北野)武さんと出会ったんだよ。『その男、凶暴につき』(八九年)で。そしたら「寺島、そっち行っちゃうのか?」みたいな、ちょっと途切れ途切れになっちゃったんだね。

もちろん疎遠ということじゃない。和泉監督は、俺がまだ大部屋時代、アクション要員でチンピラABみたいな役しかないポジションの時に、役を唯一くれた監督だったからね。だからとても恩義があるし、今でも交流がある。

「ウクバール」で初めての特撮体験

寺島　なんだかんだ言っている間に、原田さんが監督デビューして、会ってはいなかったけど、電話ではたまに話していました。

――『ウルトラマンガイア』の「遠い町・ウクバール」(29話)の前後に、原田さんと寺島さんと太田愛さんの三人で会ったと聞きました。

寺島　飲みましたよ。調布辺りで。

岡　原田さんと会うのはその時が――?

寺島　久しぶりだったね。脚本の太田愛さんが、俺のファンだったらしくて、「時間作って飲もうよ」と原田監督が言ってきた。その話はよく電話でしていて、同じ頃に「ウクバール」の話が持ち上がったのかもしれないけど。

岡　それは原田さんが長いレールを敷いていたとしか思えません(笑)。

寺島　太田さんが、俺が主演の『おかえり』(九六年・篠崎誠監督)のビデオを「見たいんです!!」と言ってて、「じゃあ、今度持っていきますよ」と、それで現場に持っていった記憶がある。

そういう繋がりもあって、たまに電話で原田監督とも「仕事ないですかね」と話してたの。「これからは、みんなで(作品を)やっていきたいね」と。

「ウクバール」の時は、原田監督から電話で、たしか太田愛さんが俺に当て書きっぽい形で、ぜひ演ってもらいたい役があるというリクエストがあったと監督から聞いた記憶があります。その後、事務所へ連絡入ったと思うんだよね。

(当時は)まだ俺、バイトしないと食っていけない時代だったからね。

――え、そうなんですか?

寺島　もちろん。仕事くれたことが嬉しかったし、俺を呼んでくれたってことがもう嬉しかったね。

――でもその頃、産経新聞に連載されてましたよね。

寺島　新聞に連載したって食っていけるわけないじゃん(笑)

岡　意外です。現場では「あの寺島さんが来るんだぜ!」と大変な盛り上がりでした。

寺島　本当?

――「ウクバール」の時の役は、役者さんであり、運送会社でも働いているという役でしたね。産経新聞の連載では色んな映画の現場のことを書かれていて、その中で「ウクバール」のことを書かれた回もあったのを憶えています。

寺島　「ウクバール」は、初めての特撮経験だったんです。怪獣が出てきて、俺が外に出るところについて、原田監督から「あのビルの三階、四階ぐらいに怪獣がいる」と説明があった。

岡　目線の演出ですね。

寺島　すごく憶えてる。「わー、こうやってみんな演出してたのかな」と思ってさ。

人と場所に歴史あり

寺島　「ウクバール」は不破(万作)さんと一緒でした。不破さんとはこの時が初めてです。不思議な雰囲気を持ってたね。可愛い人だったよ(笑)。

俺は運送会社の社員役で、砧辺りの運送会社を朝のうちに借りてやったなあ(註)。町田(政則)さんも運送会社の仲間で出てた。懐かしいね。

――不破さんも町田さんも、原田さんの映画やVシネマの時代からのお付き合いですね。

寺島　ありがたいよね。昔のつながりで、町田さんも俺も呼んでくれたというのは。出会いを大事にしてくれているというか。俺達は、出会いと出会いの積み重ねじゃない?　出会いがあって、みんな今があるわけだから。それを実際に大事にしてくれる人は、当たり前なんだけど、なかなか少なかったりする。そういうことをいつも、気持ちのどこかに持ってくれている人だから俺達にも希望になるし、原田さんみたいな人がいると元気になる。

あと、運送会社でスクリプターの人（黒河内美佳さん）が事務員の役で出てたよね。ああいう内トラの人も結構演出するんだよね。

岡　監督はそういうノリに独特のものがありました。寺島さんが運送会社に勤め始めるシーンで、事務所の外で話す二人の配達員は、ウルトラマンの……。

寺島　スーツアクターさん達でしょ？　それ、原田監督が説明してくれたもん。

今、「ウクバール」を見ると、まだ俺の顔、とげとげしいね。出番が始まっていきなり俺、ポストにぶつかってる（笑）。若い頃、身体を張るしかなかった俺を原田さんは見てきているからね。

岡　寺島さんが酔っぱらっている近くに映っているよみうりランドの駅も、原田さんが好きな場所でよく使っていました。原田さんはとにかく多摩川沿いが多かったです。

寺島　調布とかね。運送で搬入する、エレベーターがあるところは下高井戸だ。高井戸倶楽部（撮影に使われたダイニングバー）。

岡　高井戸倶楽部は、同時に撮影したもう一本の話（30話「悪魔のマユ」）の主なロケ場所だったんです。良い場所だと思ったら貪欲に無駄なく使うのが、原田流でした。

寺島　怪獣が出てきてみんな逃げるところの畑も、よみうりランドの方じゃないの？

岡　まさによみうりランドの辺りです。

寺島さんがチーム・ハーキュリーズの松田優さんと呑むおでん屋台の場面も、よみうりランドの近くです。この時は太田愛さんがずっと見学していました。画面にもしっかり映ってます。

（註）「砧の運送会社は、実は『作り物』。「ウルトラマンガイア」の照明機材を扱っていた日本照明の敷地を飾りかえて撮ったんです。出来が良くて寺島さんも気付かなかった？」（岡秀樹）

▼日常の先にある非日常

――寺島さんが、不破さんからウクバールの話を聞き続けた挙句「ウクバールはあるよ。おっちゃんの頭の中にな」というセリフがあります。あそこは本当に、疲れてついうっかり出てしまったという感じがうまいなと思いました。

寺島　台本を読んで思ったのは、やっぱり異次元というか（笑）、普通と違うけど、日常にあることを、普通に一生懸命演った方がいいなと思ったの。変に奇を衒うと、こういうのは良くないなと。たまたま現実の延長線に何かがあったというような……アドバルーンがいきなりドーンとあるようなもんだからさ。そういう風に置き換えてたけどね。

今までに遭ったことのない事件があると、人間びっくりするじゃない？　昔はあり得ないような事件でも、今はあり得るとか、新しい事件が起きる。それがたまたまこういう形になっている、という風に感じましたね。原田監督は結構、感情を大事にするところがあるんです。

岡　そうですね。特撮番組特有のお約束で、「わざと切り捨てていく部分」はあるんですが、原田さんはそれがほとんどない監督さんだったという印象があります。「ウクバール」はその極めつけで、普通の人間の日常的なやり取りがずっとあって、最後に突然、非日常が出てきちゃう。今、寺島さんのおっしゃられたことは、原田さんがこの回で特に狙っていた部分に、まさに通じていると思います。

寺島　演出、優しいよね。

岡　やっぱりそうですか？

寺島　厳しい中に優しさがちゃんとある。優しさってのは、やっぱり愛があるというか、気持ちがあるというか。現場が威圧感のある変な空気じゃない。明るい雰囲気でしたね。ノリがいいとか悪いなんていうのは、現場で全部変わるんです。原田監督は、すごくノリのいい現場だったね。

最後に出てくる、不破さんの生まれ育った民家は俺も知っているところだった。街中にちょっと入っていったところなんだよね。

岡　三茶亭（世田谷にある伝統家屋風スタジオ）ですね。良い風情なんだけど、すぐそばが大きな道路だから、同時録音はいつも大変でした。

寺島　そうだったね。大人になった不破さんの部屋はセットだよ。（東宝）ビルトで撮ってんだぜ。

岡　ビルトの中に組めたんですよね、この時。お金の制約もあったんでしょうが、ちゃんと組んでもらえて良かったです。

――怪獣ルクーが出てきてから、ちゃんと町の人々が逃げるシーンありますね、この回は。

寺島　「こんなに人が出てるの？」って感じだよな。これ結構、金がかかってるんじゃないの？　セットだってあるし。

▼『ウルトラQ ～dark fantasy～』での確信

――その後『ウルトラQ ～dark fantasy～』（以下『df』）の「光る舟」（15話）で再び原田監督の作品に出演されますが、その間は、またしばらく開くのでしょうか。

寺島　一回「ウクバール」前後に飲んだぐらいじゃないかなぁ。どれくらい開いてましたか？

——二〇〇四年ですから、五年は経ってますね。

寺島　「光る舟」で共演した（山崎）裕太と会ったのが、これとどっちが先だったかな。東映でね『忠臣蔵』を演ったんです。松平健さんと1クール（〇四年十月十八日～十二月十三日放映）。

その当時、裕太と一緒に酒を飲んだんです。笹塚の居酒屋で。俺がまだ笹塚に住んでいる頃だった。

——『df』の時は寺島さんのスケジュールに合わせて、撮影の順序を変えたと原田さんがおっしゃってました。

寺島　俺、そんな忙しかったの？（笑）。

俺の役は失業者だったよな。あれも出だしで俺、歩いていて自転車に突っ込んで、転んだりするんだ。調布の交差点の近くで。そういうの、原田さん、無理をさせてくれるんだよ。俺が昔ああいうアクションをやっていたから。あそこまでぶつかって、アホだろって（笑）。あれ、ホント痛かったんだよ。でも、うまく倒れてたな（笑）。

——その後、就職の面接に行った寺島さんが暴れて、ガードマンに追い出されるところもありましたね。

岡　ガードマン、あのツルツルの頭は？（笑）

寺島　二家本さんだったよね（笑）。

——「寺島さんを止められるのは二家本さんしかいないから呼んだ」と、原田さんおっしゃってました。

寺島　そうだったんだ。

——寺島さんの主人公のマンション、ローンがまだ何十年も残ってるという奥さんのセリフがありますが、結構いいところですよね。リストラされる前はそれなりの暮らしをしてたのかなと。

寺島　あれはたしか、日活撮影所の並びにあったマンションだよ。

——川沿いで山崎さんと出会ってからは、ワンカットで芝居が長いですね。

寺島　浮かべた舟が川をひゅーっと行って俺が追いかけるところ、けっこう苦労したんだ。

岡　合成じゃなくて、現場で実際に操演しましたからね。

寺島　本当にやったんだよね。

岡　この日は早朝から、えんえん多摩川にいました。二十四時間撮影の予定だったんです。ラストシーンの夜明けの場面を撮るために、「本当に徹夜してリアルな夜明けを狙うぞ」と、監督には言われていました。でも、夜明けにかけて天気が崩れていくとわかり、途中で作戦を変更したんです。夕暮れ時の太陽を利用して、「これを夜明けと思え！」って感じで一気に撮影しました。撮影終了はてっぺん（午前〇時）ぐらいでしたか。

「ウクバール」で原田監督と

寺島　バイクにぶつかって壊れた舟を前に置いて、河原に座りながら裕太と会話するところあるよね？

——同ポジションの空繋がりで朝になる場面ですね。舟が消えてなくなるのを二人で見物している時間経過の。

寺島　あの朝の、明るくなってからの場面、あれが裕太と初めて会った時なんだ。

——撮影ではあの時に初めて会ったんですね。

寺島　うん。

岡　そうでしたね。最後に撮るはずだった場面を、前倒しにして撮るということは、お二人の初顔合わせがドラマのラストシーンからになっちゃう。それで本当に良いのか？　とみんな悩みました。決断した原田監督がおっしゃったのは「まあ、あの二人ならうまくやるだろう！」でした。

——明けるカットの前の夜のシーンを後に撮ったということですね。

寺島　「繋がるから、このままこのまま」と言ってた。座る位置を確認して、今日はここまでで、後日撮るということになって。

——原田さんはあんまりカットを割らないで、映画みたいにしたと、この話に関してはおっしゃっていたんです。

寺島　映画監督だからな。和泉監督もけっこう長回ししてますから。でも、長回ししてくれる人って、役者を信用してくれてるから、ありがたいんだよね。

——寺島さんと山崎さんだったら、それは成立するんだとおっしゃってました。

寺島　そんな確信めいたことを陰で言われてると、

プレッシャーかかるね（笑）。

岡　原田さんはこの撮影の時、すごく楽しそうにしていました。クランクインするのも楽しみにしてました。「寺島進と山崎裕太なんだよ！　どれだけ幸せだと思う？」みたいな感じで、俺らに話してくれて。

寺島　そうなんだ……。

岡　「だから、今回の話は俺にとっても特別なんだよ」とハッキリ言われたわけじゃありませんが、そういうことなんだと僕らは思った上で作業していました。

▼監督の怒声が聞こえた

寺島　川の中にバイク落ちてただろ？　舟がぶつかったり、俺が引っ張り上げる芝居で使った。あのバイク、本当に落っこってたんじゃない？

岡　いやいや、あれはちゃんと仕込んだんです（笑）。色々大変なことやってますよね。川の中に（ピアノ線の）親線を張って、船の模型に長い距離を走らせて、お二人にもえんえん走ってもらった。ナイターであの移動範囲を照らした照明部もすごいな。

寺島　あの時は川の水がちょっと冷たかったね。

岡　結構、川音でうるさい場所でしたね。

――今回は怪獣は出ませんが、特撮的には朝、虹を見上げるシーンがありましたね。

寺島　俺が裕太と「きれいだな」と言うシーンね。後で見たらきれいな合成で……現場ではあんな感じに見えないけどね（笑）。これもやっぱり、目線だけだよ。「こっちに虹がガーッとあって」と言われて。

――後日、寺島さんが奥さんと子どもといる河原のシーンは、合成で空をはめかえているらしいですね。

寺島　あれは聖蹟桜ヶ丘で撮ったね。橋の名前は、鯨橋って言ったかな。そこで、もともと自分が落とした五百円玉を拾うんです。色んな偶然が重なっている話なんだよね。

これも、生まれ変わるとか、人生の失敗とか、落ち込むことも滑稽にしたりして、話が面白かった。女房に家出されちゃうのも結構、面白おかしく笑いながら演出していた感でしたね。そういうところは北野組でもありますね。現場も楽しかったし。

でも、こっちはナイターも多かったから、ちょっとピリピリしてたところもあったね（笑）。

岡　撮影の時間が限られてたんですよね、なにしろ。

寺島　河原で怒鳴り声が聞こえていたような記憶があるな（笑）。原田さんの怒鳴り声が……。まあ、スタッフに喝を入れてたんだろうね。

岡　そういえばありましたね。舟を追いかけて走るくだりと、寺島さんが川に落ちていたバイクを引き起こすくだりは、同じ日に撮影しているんですが、あの撮影の時、監督が怒鳴りましたね。

寺島　仕掛けが色々難しかったというのもあった。それもでも善処的なお怒りだったと思います。

岡　これは二話撮りの一本なんですが、「光る舟」の撮影時間の方が短いんです。ナイターでいっぺんに撮っちゃうからというのと、たぶん寺島さんと山崎さんのスケジュールを噛み合わせるのが難しかった。

寺島　あっ、そうか（笑）。

岡　こんな短い期間で撮れるのか？　とみんな不安になるわけです。だけど、「大丈夫だ。あの二人にやってもらえば、ちゃんと撮りきれるはずだ」と原田監督は言う。その絶対的な信頼感が、すごく印象に残っています。そうは言っても現場では色んなことがあって、まったく前に進めなくなる。そこで監督が怒声を放って、みんなの気合いを入れ直して、どうにかこうにか前に進むという（笑）。

寺島　「光る舟」は説明セリフが多かった。だから太田（愛）さんにも、「太田さんが現場に来ていても、俺、はしょるからね」という話をしたな。太田さんも「すいませーん。ちょっと長くなっちゃいまして」と言ってた。

岡　この台本は、セリフの総量が、かなり多いですよね。『ウルトラQ』というタイトルだけど、全然『ウルトラQ』っぽくない。話はすごく面白いけど、どうやってお客さんの興味を持続させるんだ？　と僕らスタッフも戸惑いました。でも監督は「そういうところは、あんまり関係ない」と思っていたようでした。小技なんか使わず、大筋をきちんと追うんだ。それだけで良いんだと。そういうスパンと覚悟を決めた気持ち良さが出ていますよね。このお話に限らず、原田さんにはそういう部分が間違いなくありました。

――劇中で、舟を動かすことが無理なら、消えるところを見ようぜと寺島さんが提案します。舟を渡らせることが出来たやつはそれを見られないし、そもそも舟を持ってないやつは出来ないんだという説明をするところは結構長いセリフですね。

寺島　あそこはうまくやれたかどうかな。まあ一生懸命やったんだけど、難しい。言い方ひとつでちょっとニュアンスが変わるしね。でもあんまり難しく考えてやってもいけないし。

――映像で見ると、アドリブなのかなと思っても、台本を見るとちゃんと書いてあったりします。舟が

「光る舟」茶髪役山崎裕太、原田監督と

消える前に一回、ちょっとフェイクをかましますよね。「なんつって」って。あそこも台本にありますね。

寺島　いや、あるある。だいたい忠実にやってるんです。俺、結構真面目だから。こう見えて。

岡　焚火が一瞬舟に燃え移っちゃって、消火するくだりは台本にもちろんあるんですが、「慌てて消火する二人」としか書いてないですね。飲んでいたお茶で、ぷーぷー吹き消すお芝居は、寺島さんの方でやられたことなのか、監督が「このお茶を使ってよ」と言ったのか、どっちか憶えてらっしゃいます？

寺島　本当に消すから、ぶっつけ本番に近かったと思うよ。本当に燃えちゃマズいから、咄嗟にやったんじゃないかと思うけどね。原田監督は現場の状況に応じて、役者が感じたものを取り入れてくれるからね。

▼出棺に間に合った告別式

寺島　「ウクバール」と「光る舟」は、結構楽しくやらせてもらいました。監督を信用して、委ねられるからね。

――この後、お亡くなりになるまではご交流というのはあったのでしょうか？

寺島　いや、ない。もう、現場だけだね。

　原田さんはいくつでなくなったの？

――五二才です。

寺島　五二かよ！　（しばし沈黙）俺がまだ小学校六年の頃から現場やってたんだもんな……。

　亡くなられたというのは、夜、二家本さんから酔っぱらって電話がかかってきて、「ほんとー？」っていうか……。

　二家本さんはお通夜に行ったんだけど、俺はお通夜には出られなくて、次に告別式があるというのを、どこかで聞いて、それで小沢のあんちゃん……小沢仁志さんに連絡して、一緒に行ったんだよね。

岡　告別式、本当に出棺のギリギリのタイミングで、お越しになられましたよね。

寺島　たしかに着いたのが遅かったんだよね。それで場所も「どこ？」となって。

岡　「寺島さん、お忙しいから無理かもしれないな」とみんなで話をしていたんです。出棺の時間が近付いて、やっぱり無理だったかと思ったそのタイミングでいらっしゃった。ご焼香をされている後姿を外から見ていました。

寺島　そうそう、もう送り出す態勢のところで。そこで知り合いの助監督さんに会って、「間に合ったな。ああ良かったなあ」と。

　でも「原田さん、ちょっと早過ぎない？」と思って。当たり前の話だけど、全然そんなこと予測もしてないしね。

　それぞれの人達が原田さんとの思い出があるからね。それぞれの人の時間があるわけじゃない？　歴史があるわけじゃない？　走馬灯のように蘇りますよね。

　俺は俺の中で、和泉監督のとこで出会った時の、あのチーフでやっていた原田さんと、監督として『ウルトラマンガイア』と『ウルトラQ』の現場のことがバーッと蘇えるんです……。

　ああいう監督は今や少ないから。もう現場を一緒に出来ないのかなと思うと残念だし、でも原田監督が一緒にやっていた若い助監督や監督さんが、どこか原田監督の粋な部分や仕事を継承してくれたら、嬉しいなとは思うね。そういう意味では、役者として、監督さんと出会うというのはとても大事なことだから。そういう監督と助監督さんと役者と、いい距離感の関係を作れるのは、関係が積み重ねられる現場があったからということなんです。

　しみったれた話はしたくもないし。思い出すと笑い声しか思い出せないからね。楽しそうに仕事してるとかね。セッションするようにね。だから、こっちも笑っていたいというのがあるんです。それぞれ残された人間が「らしく」生きていたらいいんじゃないかな。それで、お天道様が微笑んでりゃいいんじゃないの？

　絶対に一番悔しいのは本人だよ。五二才だぜ。

岡　誰にも内緒でずっと、一人で処理されていた感じでした。本当に誰も知らなかったです。

寺島　原田監督らしいね。

▼フィルムで育った叩き上げの人

寺島　思い出というのは個人のものだし、芝居でも台本でも、人生の出会いは、偶然も必然もあるじゃない？

「光る舟」も、人生の中でいいことも嫌なこともたくさんある中で、パッと見直したら、結構、人生の糧になることってあるなという話だよね。それは原田監督が残してくれたもの……作品だからね。俺もまた見たら、「もう一回気を引き締めて頑張らなきゃな」と思うし。

「光る舟」を見ると、映っている俺を見ているキャメラがあるわけだよね。そこには監督の目があるわけです。監督の目に映っているものが映ってるわけだから。すると「ここで原田監督が見てたんだな」と思うんだよ。原田監督の姿は見えてなくても、監督の目線が、作品のカットの裏側にあるなあとすごく感じる。だから、作品は残るからいいね。残るからあんまり横着できないというところもあるしね。

最近のファンの人は、俺が原田監督の作品をやっていたことも知らないかもわからない。見てない人にも「あー、こういうのやってたな」と残るというのは、やっぱり、ありがたい話だよね。

悪い思い出がある監督だったら俺、今この場にいないし(笑)、取材受けないもんね。思い入れが強いから、(取材にも)足を運びたくなるし、原田監督のことを、もう一回……回想したいしね。思い出すと現場の雰囲気が蘇ってくるんだよね。

岡　原田監督には劇場映画を好きなように撮ってもらいたかったし、その現場にいて頂きたかった。そういう未来がたしかにあったような気がするんです。監督は「こういう映画を撮りたいんだ」とか、そんな話はされなかったんですけどね。

寺島　原田監督と、建設的な話はしてないね。バカ話で笑ったとかね。交流ってのは、あんまりベタに付き合うより、微妙な距離感でいいのよ。それは役者同士もそうだし、役者と監督の関係性も、つかず離れずというか。

現場に入って「久しぶりです」という、その再会が映画の醍醐味じゃない？　「また会おうね」と言って、また再会する瞬間は、なんとも言えないのよ。

「光る舟」涼（遠藤久美子）の電話に耳を傾ける

「光る舟」の時は俺もちょっと忙しかったかもわかんないよ。でも再会したいから、スケジュールを縫って頂いて再会して、「現場で頑張りましょう」と。原田監督とはそういう関係性です。やっぱり現場が好きだね。現場は最前線だから。

現場というのは、戦う場所ではあるけど、人との関係をとても大事にする場所だし、とても楽しいところ、ありがたい場所なんだよ。現場ですべて生まれるし、現場でどんな感覚でいるか、どんな呼吸かというのも読めるし、感じられる。役者もスタッフも助監督も監督も、撮影現場にいる時が一番楽しいと思うよ。だから他で交流なんていらない。現場で交流していれば。

岡　原田さんも同じようなこと、よく言ってました。それは昔ながらの物作りをしている人達みんなが持っている気質みたいなものだと思います。

寺島　ま、フィルム育ちというのもある。俺もフィルム育ちだし、監督の歴史を見ていると、フィルムで育った叩き上げの人だしね。

岡　監督は自分で自分を紹介する経歴に、「最後の撮影所育ち」と書いているんです。

寺島　今はコンピュータ制御されたような監督も多いけど、原田監督はさすが叩き上げの監督だけあって、やっぱり現場の環境がいいんだよ。たとえば進んでないところがあると、進んでないポジションの人達にどんどん言うからね。いい環境を作ってくれる監督だったし、空気も変にゴリ押しじゃない。一役者としては、とてもやりやすかった。

今、話してても「こういう監督がいて欲しいな」と思う監督だよ。それぐらい原田監督は俺の中で、とても大事な存在の一人だったからね。

作品解説

「悪魔のマユ」30話 ▼一九九九年四月三日放映

脚本：増田貴彦　**撮影（本編）**：倉持武弘　**撮影（特撮）**：高橋義仁
ゲスト：沢村亜津佐（佐々木律子）、蓮沼藍（少女）

▼ストーリー

月の裏側から来襲した怪獣ゴキグモンはビルを丸ごとマユに包み込み、中に卵を産み付ける。

麻酔弾で怪獣を眠らせて、マユの中に閉じ込められた人々を救助するチーム・シーガルだが、あと一人というところで怪獣が目覚めてしまう。

「その子を連れて逃げてください！」

そう言い残した女性に、シーガルのリーダー・神山はNAVIを渡した。「これを、これを持っていてください。必ず、必ず後で助け出しますから！」

この女性は、夫の戦死場所に花束を捧げに来ていた律子……そう、敦子の姉だ。

その後、律子のNAVIへの通信にも応答がなく、やむなく焼却作戦が進められる。あと一時間で卵が一斉に孵化し、そうなったら手の施しようがない。妹の敦子を一時任務から外す石室。

ファイアーボムの投下は、チーム・ライトニングが担当することになった。無言で敦子の前を通り過ぎ、出撃する梶尾リーダー。作戦を止めようと変身する我夢だが、ガイアはゴキグモンのマユに包まれ、身動きが出来ない。

卵の孵化までもう時間がない。心を鬼にして撃つ梶尾。しかし、ボムは怪獣に弾かれ、ビルを逸れる。その時、スプリーム・ヴァージョンとなったガイアがマユを破って復活！　ゴキグモンを撃破する。

ビルの中に律子を見つけた梶尾は、ファイターからビルへ飛び移り、律子を救助した。孵化寸前の卵も焼き払われる。

後日、入院した律子を見舞う梶尾。

律子はNAVIで助けを呼ばなかった理由を語る。自分のために大勢が犠牲になることは、同じ場所で死んだ夫が望まなかっただろうと。そんな彼女に、梶尾は、自分があなたのいるビルを焼き払おうとしたと告白する。

「いいわけはしません。それが任務ですから」

立ち去る梶尾の背中に、律子は防衛軍の隊員だった夫が生きていたら、同じことをしたろうと答える。

▼コミカルな滑り出し

今回も、日常の中でのキャラクターの素顔から物語は始まる。

冒頭、我夢が梶尾の部屋の前でモジモジして、花束を渡すタイミングを思案している。そこへ「何の用だ？」と梶尾がやってきて、後ろ手に持っていた花束を「受け取ってください」と渡す我夢。思わず息を呑む梶尾。

通路では敦子が「我夢のヤツ、うまく渡してくれたかしら」とそわそわして落ち着かない様子。通りかかった石室コマンダーが、「どうした？」と興味深そうにその顔を覗きこむのが可笑しい。

そこへ警報が響き、我夢は慌てて梶尾に「これ、お願いします」と花束を押しつけて去る。たしかに、緊急事態でまず動くのはアナライザーの我夢であり、梶尾は目的に応じて出動が命じられるまでは待機している身。だからといって花を押し付けられても……という梶尾の当惑した表情が微笑ましい。

月の方向より飛来した怪獣に顔をしかめる千葉参謀。「ゴキブリと毒グモが合わさったような……」と形容すると、我夢はすかさず「ゴキグモン」と名付ける。「ちょっとォ」と突っ込む敦子だが、石室はその名前を承認。横で「コマンダー……」と、承服し難い顔になる堤チーフが楽しい。敦子に対して得意そうな顔になる我夢。

また敦子とジョジーが「何これ！」「気持ち悪ーい！」と同様にショックを受ける横で、一人平静なオペレーターの彩香が当たり前のように頷くところもミソだ。少ししか出番のない彼女にもキャラクターを付与しているのだ。

ちなみに、冒頭我夢が梶尾に渡すドライフラワーは敦子の姉・律子が作った贈り物だった。物語中盤で、梶尾はドライフラワーが律子からのものだと知った上で、一つの決意の象徴としてその花を胸に飾り、律子がいるビルの爆撃へと出発する……というくだりが準備稿にはあった。ところが、後述するように今回は大幅な改定が決定稿以降に行われたため、ドライフラワーの意味は物語の中で希薄になってしまった。

▼風船と、なくしてしまったもの

今回、二度目の登場となる律子。初登場の原田作品「迷宮のリリア」では、夫が死んでいるということのみ視聴者への情報として伝えられたが、今回彼女は夫の死んだ空の下に花を手向ける場面から登場する。

海沿いを歩いてきた律子が、空を見上げると、航空機が爆発する様が一瞬浮かび上がって消える。視聴者に事情を説明する前に、ビジュアルとして先に見せておくことで「わけあり」な雰囲気を刷り込む演出だ。

防衛軍の隊員だった夫は、準備稿では1話に登場した宇宙怪獣コッヴとの戦闘で殉職したと説明され、回想場面も書かれていたが、決定稿及び本編ではそこまで特定されていない。事件が終わった後、律子が病室のベッドで「あそこで怪獣と戦って亡くなったんです」と梶尾に告げるのみである。

律子と、一緒にビルに閉じ込められる少女との出会いは、少女が手放した風船を取ってあげようとしたところから始まる。空に手放した風船と、空に浮かぶ夫の戦闘機の面影が潜在的に重なる。

この少女は、準備稿では、両親の離婚で生き別れた父に会いに一人で外出したところを被害に遭ったことになっていた。ママに内緒でパパに会いに行ったからバチが当たったと嘆く少女を、律子は「そんなことないわ」と抱きしめる。夫を失った律子同様、少女にも家庭的な不幸を負わせようという作劇だが、さすがにドラマチックな要素が多くなり過ぎるという判断か、決定稿以降では削除されている。

▼X-Gに迫られる状況

平成ウルトラシリーズにおいて多くの場合、準備稿と決定稿の違いは、映像化の際の現実的な条件による小直しがほとんどだ。だが今回は例外的で、大枠は同じでも、展開の順序が別物と言っていいほど改変されている。

最も大きな改変は、敦子が、ビルに囚われたのが姉の律子だと知るのがいつの段階なのかということだ。準備稿では、ビルが怪獣に支配された直後にエリアルベースのモニタに律子が写り、その時点で知ることになっていた(シーンナンバーでは19)。

だが決定稿以降では、残る要救助者が律子と少女の二人だけになった時点に持ち越されている(シーンナンバーでは30)。

原田監督は、敦子が姉のことを知る時間を遅らせることで、近親者への感情よりもXIGとしての任務の緊張状態を描くのを優先した。決定稿以降では、要救助者が律子一人になってから、石室が敦子に一時任務を離れるよう命令している。これは、石室のセリフにもあるように「ミッションエリア内に肉親縁者がいる場合、当該担当者はその任を外れるのが服務規程」だからだ。

また決定稿以降では、XIG側が律子の安否を窺い知ることは、神山が律子本人に渡したNAVIに拠る以外ないという条件付けがなされている。無数の卵による生体反応に埋もれ、律子の生死の判別はつかないのだ。

なのに律子からの応答も発信もない。それはなぜか?――という謎が物語を引っ張る大きな要素となっている。

準備稿では、渡されたNAVIで思わず助けを呼ぼうとするものの、やがてとりやめる律子の描写があったが、決定稿ではカットされている。また律子が「死のうとしている」ことに勘付いた敦子がパニックになって走り出し、廊下で鉢合わせた梶尾に「お姉ちゃんを助けて!」と泣いて訴える場面もあったが、これもカットされている。

前述の通り敦子はこの時点では任務を外されたことに決定稿以降ではなっており、また律子の行動を、視聴者に対しても最後まで謎にしておくことで、真実が宙吊りのまま爆撃の決断を迫られるXIGの状況を作り出しているのだ。

サスペンスの鳴動

緊迫感のある本作だが、今回も怪獣そのものは意外と「可愛い」。ビルを固めた後、夕景の中、その場にしゃがんでみせたり、ガイアをマユに包んだ時は笑ってみせる(ともにコンテから指定)。また麻酔弾を撃たれる時は、シナリオでは「動きが止まる」と書いてあるだけだが、映像では巨体がコロンと横転する。

律子達が繭に閉じ込められてから時間経過があり、夕景となる。その時点でゴキグモンはビルの表面を、その手でセメント塗りのようにすっかり固めてしまっている。その後、同じ夕闇が濃くなっていく様を段階的に見せながら、物語は進む。たとえば、ゴキグモンが麻酔弾に倒れる時の空は「かなり暗くなっている」と演出メモにある。

尻尾の先にある卵管をビルに刺し、次々と卵を産みつけるゴキグモン。その卵は内側から点滅するように発光ギミックが仕込まれている。実物大も作られ、繭糸に囚われた律子達の傍らで鳴動している。原田監督はそこに、心臓の鼓動に金属音を混ぜたような効果音を付けた。それは、生まれてくるゴキグモンの子どもの心臓の音であり、同時に、確実に律子を巻き込むことになる爆撃へのカウントダウン。これは〈卵の孵化まであと一時間〉というタイムサスペンスを視聴者に肌で伝えるための舞台設定だ。

梶尾の立場

本作で、梶尾は愛する者を撃たなければならないという立場に直面する。

準備稿での梶尾は自ら律子がいるビルへの爆撃を志願していた。どうせ誰かがやらなければならないなら、自分が率先して行うという覚悟として描かれている。

だが決定稿以降での梶尾は、命令で出撃する形に改められている。事態に対して感情的に対応することを極力避け、任務として動く姿を淡々と見せた方が、かえって悲劇性が高まるという計算ゆえだろう。原田監督のハードボイルドな体質が伺える。

そして決定稿では、廊下の途中で「梶尾さん」と自分の名前を呼びかける敦子に一瞬何か言おうとするが、黙って出撃していくという場面がある。原田監督はここを映像作品では、見向きもせずに歩いていくという場面に変えている。この場面は視聴者すらも一瞬ハッとさせるものを持っている。

後に事件が終わった後、梶尾が律子に「自分はあなたを殺そうとしました」と告げる脚本のセリフは、映像では「自分はあなたのいるビルを焼き払おうとしました」となっている。自分がしようとした事の結果はもちろん認識していたが、むろん殺意があっ

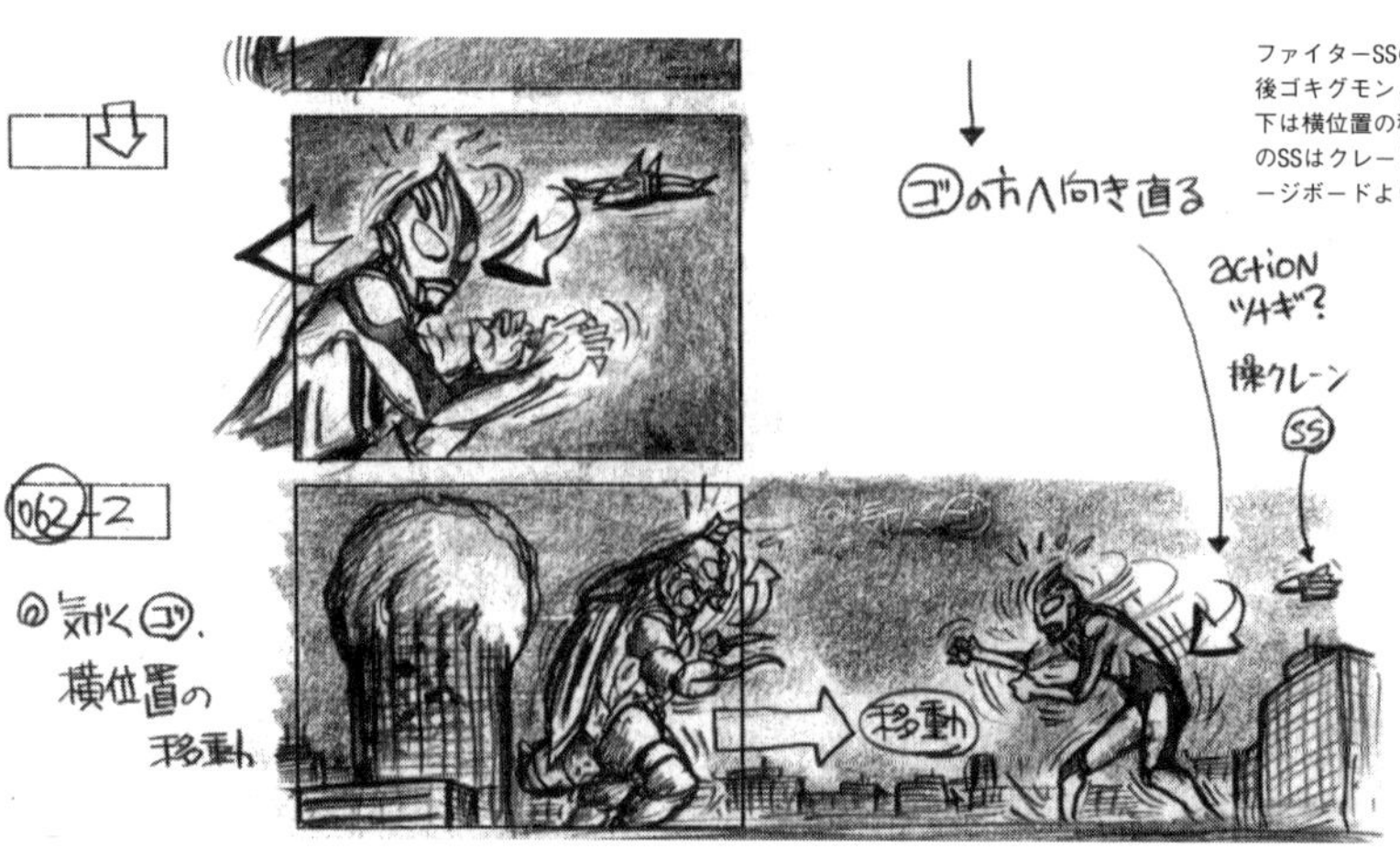

ファイターSSの攻撃を制止した後ゴキグモンと対峙。
下は横位置の移動。背後に待機のSSはクレーン操演指定。イメージボードより(橋爪謙始作)

たわけではない。その点、誤解を避けたのだろう。梶尾からすれば、愛する者の生殺与奪を握っていたと告白することになるセリフである。決定稿以降も、意が伝わるよう充分吟味したことがうかがえる。

ウルトラマン演出の達成

梶尾がファイヤーボムのスイッチを押そうとする刹那、我夢が変身。ガイアが登場する場面はコクピットの梶尾越しに描かれ、コンテでは、カットバックされる梶尾の表情に「少々フクザツ」と記されている。

任務を遂行しなければという気持ちと、ウルトラマンならこの窮地を救ってくれるかもしれないという思いが、梶尾の中で一瞬錯綜したのだろう。

ファイターの前に立ちはだかり、攻撃をやめるようジェスチャーするガイア。素顔では神山役を演じている権藤俊輔が、シャープさの中にもウルトラマンの感情を伝える動きを巧みに演じる。

だが原田監督はそこで緊迫感を解くことをしない。せっかく登場したかと思ったガイアも、ゴキグモンの泡で繭に固められてしまうのだから。

ウルトラマンさえも拘束されてしまったことで、状況はさらに明確になった。やはり梶尾は撃たざるを得ないのだ。

あえて任務以外のことは考えないでいた梶尾の脳裏に、かつて触れた律子の面影が浮かぶ。それを振り払うように「俺がやらなければ」と、息を呑み込む梶尾。この場面での梶尾の表情は誠に真に迫っている。

だが、その渾身の爆撃は、ゴキグモンによって一瞬の内になぎ払われてしまう。

なぎ払われたファイヤーボムが、傍らのビルに当たって爆発四散。見守っていたシーガルがすかさず出動し、二次災害を防ぐため、初出動の地上用レスキュー・マシン、シーガル・ファントップで消火活動をする辺りの流れは見ていて気持ちいい。

この爆撃の失敗も、原田監督は準備稿と順序を変えている。ガイア登場前だったこのシークエンスを、あえて後に持ってきた。ウルトラマンが登場した途端、事件が解決してしまうのではない方向で考えたのだ。

そして繭からガイアが復活する時と、梶尾が律子を救出する瞬間をシンクロさせ、物語を最高潮に盛り上げる。

繭が内側から木っ端微塵に爆発し、粉塵の中から現れるガイア。その黄色い目が光る様がまず視聴者には認識され、やがて全身が確認できる。夜のシーンならではの、シビれるようなカッコ良さだ。すべてこの瞬間のために、原田監督が段階を追って空が暗くなるまでを描いてきたことがわかる。ここぞとばかり、クリスタルキングの高音パートだった田中昌之が大門一也と歌う、主題歌シングルのB面「ガイアノチカラ」がかかる。

♪地球のチカラ　生きぬくチカラ　生命のかぎり　使う時
　引き寄せている　奇跡……

最強のスプリーム・ヴァージョンで蘇ったガイアはゴキグモンを倒し、ビルの中にキャメラがズームすると、そこに囚われた律子が見える合成画面。カットバックされるのは、ファイターの操縦席に座る梶尾。目が合う二人。この時、梶尾機の窓の映り込みまで表現されているのは丁寧だ。

そしてウルトラマンが頷くだけで梶尾は「わかった」と言って、ビルに横付けし、飛び込んで律子を救出する。

二人が脱出した直後、ファイヤーボムで、今にも孵化せんとしていた卵を焼き払う北田達。

……完璧である。ウルトラマンと人間との共闘、特撮とライブアクションとの、ほぼ黄金形といっていい織り成し方。アクションが少ないファンタジー系の作品が得意と思われ、本道から外れていると言われることもある原田氏だが、もともとはVシネでアクション映画を撮っていた監督だ。本作はその真骨頂を見せた回である。

これは「漢」のドラマだ！

それはもちろん、原田監督の描く「漢」のドラマゆえの盛り上がりでもあった。

とりわけ原田監督らしく思えるのが、準備稿では爆撃に出動しようとする梶尾を止めようとする神山を、決定稿以降では正反対の立場に換えているところだ。準備稿ではレスキュー部隊の長として、爆撃を認めるわけにはいかないと詰め寄る神山に、梶尾が「だれかが泥を被らねばならないんだ」と言い返すシーンになっていた。

だが決定稿以降では、本部からの命令を無視しても、あくまで突入して律子を助けようとするシーガルの部下と、それに同調する我夢を神山が「やめろ！」と制止する。彼は言う。もし突入して自分達まで脱出できなくなれば、梶尾は民間人のみならず、仲間まで焼き払うことになる、と。

「そんな泥をあいつに被せる気か……」

そこで部下達はハッとなり、命令に従う。

原田監督は、神山をちゃんと立てているのだ。彼もまた仕事人としての決断で動いているのであり、梶尾が負った責任の重さを誰よりも気遣っているのだ……という風に。

極限状況の群像劇であるがゆえに、誰一人として魅力のない人間には描かないという決意が、ここからは伺える。実にカッコいい、大人の男のドラマとなっている。

原田昌樹、語る

――今回、エリアルベースの石室達からキャメラが引いていくと、やがて地球全体になり、月から侵攻してくるゴキグモンの視点になりますね。

原田　「月まで引いて」と。あれは練習なんですよ。CG班は大変です。でも、一度やってデータで蓄積しておくと、もっと難しいのが出来るようになる。エリアルベースを一度外に出した時に素材として撮っておいて、データを残してあるんです。ズームは『ガイア』の5話でも一度やってるんですよね。ズームする時に撮っておくべき素材をテストした。

「悪魔のマユ」では逆に引いてみたらどこまで引けるか。CG班は悩んでましたけどね。でもそこだけ二ケ月前に言っておいたんです。二十数秒のズーム・バックなんですよね。やってみないとわかんないんですよ。今、自分達のやっている技術でどこまで出来るのかということは。どこかで冒険してみないといけない。

でもそのノウハウがあるから、北浦さんの時と、最終回の村石さんの時にもズームバック出来るんです。だんだん良くなってくわけです。

あれを三五ミリのスケールで半年くらいかけてやれば、ハリウッドの『コンタクト』ぐらいのレベルまでは出来ますよ。技術的には一緒だから。ただ向こうは密度が濃いってだけで。こっちはなにせ一週間で作んなきゃいけないからね。

——人間が怪獣ゴキグモンにさらわれる場面で、糸が振りかかって固まってしまってパッと吸収される。ああいう特撮と本編の一体感って、昭和のウルトラシリーズにはなかったと思うんです。

原田　最初、実際のビルの前に役者を立ててお芝居だけを撮る。そしたらミニチュアの方で同じ角度とパースを合わせて黒い壁を出して、人物の大きさの分の塊を作って、それに向かって泡を吹くんですよ。壁は溶けて崩れるし、白い塊はCGでポンと上に引っ張っちゃってる。今や技術的には難しいことじゃない。

本編スタッフと、特撮スタッフと、合成チームと、三段階の打ち合わせがあるんですが、一人で全部やっている方がわかりやすいんです。たとえばこの合成は大変で時間がかかるから、本編の尺を切って調整するというのは自分の中では計算出来る。別々でやっていると、相手のカットを短くするわけにもいかない。

——昔の特撮もののテレビだと、所謂〈切りあわせ合成〉で、手前へ逃げる人間の背景にある山の稜線やビルの輪郭で切って怪獣が進んでくる画をはめ込んだり、あとはカットを割って、特撮で怪獣が出した光線が本編で人物の近くに弾着するとか、そういうところ以外では本編と特撮の絡みってあんまりなかった。「あくまで本編と特撮は違う」っていう考えだったと思うんです。でも平成ウルトラマンではどちらがどちらともつかない見せ方になっていますよね。

原田　現代的なやり方で言えば、なるべくミックスしてやる方が面白いですからね。同じ監督だからそこまで出来るんですよ。分けちゃうと難しい。打ち合わせが煩雑になる。僕は本編監督だから人間を撮って、北浦さんは特撮だからゴキグモンの泡だけ撮ってよって頼むわけにはいかないんですよ。一人でやってりゃ、自分で「こういう風に動かそう」って思うからいいけど。

——「悪魔のマユ」のドラマ部分ですが、梶尾と律子の仲が進展していきますね。

原田　梶尾でアクションを撮るって話になったんです。最初、ライターの増田（貴彦）くんが書いてきたプロットは、梶尾のお姉さんが登場して、それがビルに閉じ込められるという話だったんです。でも「新しいキャラを出すのやめようよ。ただでさえ隊員が多いのに、敦子の姉が出てきたと思ったら今度は梶尾の姉じゃたまんないよ」って話を笈田くんとして、「じゃあ敦子の姉を閉じ込めてみたらどう？」って話を作り出した。

それから転がるように梶尾と律子の仲が進展していったんです。梶尾役の中上（雅己）と「ラブロマンスもやりたいよね」って話もしてたんですよ。我夢じゃきっと出来っこねぇし。

あと偶然、中上と、律子役の沢村亜津佐が昔、七～八年前に実は会ってた事があるって言うんですね。「どっかで会ったね」なんて現場で話してて、酒を呑んだこともあるらしくて、よく見てると、結構お似合いだったんですよ。準備の時にも仲良くしてる。

そういうのを見てると「梶尾と敦子ってのはどうも無理があるなあ」と。年齢も律子との方がバランスがいいなあと思って、逆に「自分の好きな女を殺すっていう状況だったら男はどう思うか、考えてみい」って中上に言ったんですよ。

——梶尾が出撃していく時に、エリアルベースの廊下で傍らの敦子を一瞬見るという描写が脚本にあるのに、完成作品ではなかったですね。敦子からすれば自分の姉の運命がかかっているだけではなく、梶尾のことが好きでもあるのに、見てももらえないのはかわいそうでした。

原田　あれは一回めのテストは台本通りにやったんですよ。その次、梶尾に「今度は冷たいヴァージョンでやって」と言って、両方見て後者で撮ったんです。前者の方がね、敦子がかわいそうだったんです。チラッと見て行っちゃうというのはね。

梶尾は、〈お仕事モード〉になったら女の子の感情は気にしないですよ。近親者が側にいるとかいないとかで揺らぐようなやつは戦闘機乗りのタイプじゃないですね。だから撃つ時も「それほど躊躇せずに撃て」と言ったんです。それが彼女を見た時に躊躇する。目と目が合ったら、その時に感情がバーッと出る。梶尾はそういう芝居が出来る。カチッとした男らしい芝居が。

俺は任務をやっている最中に気持が揺らぐ男ってキライなんですよ。何人かの部下を率いていくやつは、信念が揺らぐと部下はついて来ないんです。やっぱり僕は長くヤクザ映画をやってたから。親分が揺らぐと下は動かない。

それは映画の撮影も一緒なんです。僕は助監督生活が長いから、特に思うんだけど、助監督から見ると監督は御神輿なんですよ。神輿をいかに上げていくかがスタッフの仕事であって、「右だ～！」ってトップが言えばそっちにダーッと行くけど、「右だ……いや左、じゃなくて」なんて言ってたら神輿を上げられない。人の上に立つ人は、そういうとこは悩まないんです。一度出した決断に対しては反省もしないし。内面では悩んでも表には見せない。まして軍事組織の上に立つ人は、命令を出したらそれに対して自分が信念を持っていなければダメなわけです。

——最後、救出された律子の病室に行き、梶尾が詫びるシーンも、脚本では敦子も一緒にいるということになっていますね。でも完成作品では病室の外で待っている形になっている。

原田　あれは当日決めました。敦子も朝からいました。でも、どう考えてもこの二人の会話の時に敦子がいたら、彼女はどんな顔して聞いていればいいのかわからなくなるし、外にいることにした。中には二人だけにして、梶尾が出てきた時に、廊下の左側に我夢がいて、敦子にはまっすぐ立たせないで寄りかからせた。人を待っている時の、それもちょっと気持ちが折れてる時の姿勢で。

やっぱり敦子のキャラも救わなきゃいけないから、「大地裂く牙」辺りから後もその辺は意識してました。敦子の感情も視聴者にわかるようにしようと。

「マユ」の時、敦子に指示を出したのは、梶尾が出てきたらスッと立って、梶尾が行ってしまったら我夢の方に来いって言ったんです。一回テストした時に、敦子が梶尾の方だけ見てたんですよ。敦子が横に来ても見なかったんで、我夢に「お前、敦子が横に来たら見てやったら」って言ったら「僕、梶尾さんだけ見ていたいんです」と言うからさ、「やめておけそれは。お願いだから見てやってくれ」と言ったんですけどね。

——梶尾にも女性ファンが多かったですね。

原田　最初の頃は梶尾を見て「すごいクサイ演技するなあ」と思ってたけど、あの真っ直ぐさがだんだん良くなってきた。最初会った時に、梶尾のドラマをこんなに何本もやるとは思わなかったですからね。

座談会

●日本エフェクトセンター（視覚効果／デジタル合成／アニメーション・デザイン）

藤下忠男（代表取締役社長）**・今井元・吉澤一久**（現在フリーランス）

増田英和（現姓・大谷、現在フリーランス）**・佐藤元**（現在フリーランス）

オブザーバー・**日暮大幹**（特撮助監督）

オプチカル時代から続く光の伝統

増田英和　原田監督とのお付き合いは、うちでは（佐藤）元さんが一番長くて、僕と今井（元）は『コスモス』以降でした。『コスモス』は吉澤さんががっちりやっていましたし。

吉澤一久　たしか『ウルトラマンゼアス2』（九七年）の時、助監督で、合成チェックによく原田さんが来ていました。それが最初です。

日暮大幹　日本エフェクトセンター、略称NECのみなさんは光学合成というか、光線担当なんですよ。

3DCGもやりますが、ウルトラマンの光線技や変身する時の光など。他には、マット画もお願いしたりしていたんです。

吉澤　ウルトラマンは色んな光線を出しているので、イメージを聞いて、こちらで色々形や色を考えます。

藤下忠男　原田さんと最後にやった『五龍奇剣士』では、中国側のスタッフから「自分達もCGは出来るんだけど、この光線はどうやって作るんだ?」と言われたらしい（笑）。

――光線は日本独特の技術なんでしょうか?

藤下　そうだと思います。あれはそれなりに今まで培われたもので出来ているんです。

昭和四四年（六九年）の創設で、私は三代目の社長です。うちは数々の劇場映画、テレビ、CMをやっています。古くは『宇宙からのメッセージ』（七八年）や『さよならジュピター』（八四年）、平成のゴジラやガメラシリーズ、仮面ライダーの劇場版などをやってきました。

吉澤　東宝のゴジラシリーズではゴジラの熱線とか。『ゴジラVSビオランテ』（八九年）からですよね。

増田　『ゴジラ FINAL WARS』（〇四年）まで、ずっとやっていましたね。

藤下　円谷プロとの関わりは『電光超人グリッドマン』（九三～九四年）からです。

――円谷プロの円谷英二さんが『ウルトラQ』（六六年）以前、日本で最初に購入した、オックスベリー社のオプチカル・プリンターをエフェクトセンターは設置していましたよね。

藤下　『グリッドマン』以前から、円谷作品の合成担当だった飯塚定雄さんや中野稔さん達が設立したデン・フィルムエフェクトとの絡みで、円谷作品の仕上げのオプチカル撮影はうちに一任されていたんです。だから円谷さんとは昔からやってはいるんだけど、本編もやるようになったのは『グリッドマン』からですね。

増田　うちの仕事は基本オプチカル・プリンターで出てきた技術だと思うんです。それを今はデジタルに置き換えている。

吉澤　光線というのはイメージの世界で、その人の感性になっちゃうので、僕が今作るのと、僕よりも若い増田がそれを新たに作るのと、また違う。やり方も違うし、ものの作り方自体も全然違う。

増田　作る人間によって味が変わってくるので、その都度個性が出てくる。

藤下　一番キツかったのはオプチカル……つまりアナログからデジタルに変わる時です。まったくわからない状況で、初めての機材を使って映像を作った時は、十円ハゲがワーッと出来ちゃった（笑）。

九一年に機械が二台入ったんですが、英語の説明書しかない（笑）。なんとなく読んで使いました。

今井元　自分が入社した頃が切り替えの真っただ中で、デジタルを勉強したいと言ったら、「じゃあ三年はオプチカルで修業しなさい」と言われたのですが、ものの一年でオプチカルがなくなりました。

藤下　（笑）。

今井　早かったです。でもオプチカル・プリンターで昔は本当に光をフィルムに当てていたので、そこから発生する光は、デジタルの硬い光とは全然違いました。デジタル処理だと本当にカチカチッとした、一か〇かという感じなんですが、アナログの世界だと幅がある中を緩やかに光の方にすーっと馴染むような光、というものも表現できたので、デジタルにどんどん移行していくのもさみしい気がします（笑）。

増田　それを知っているか、知らないかというのも大きいよね。単なる白でも、色は単純じゃない。「白い光」と言っても、本物の光は複雑な色が混ざったりしている。そういうのをいかに再現するかというのも、当時の記憶に残っているものを、参考としていま見たりするんです。そういうのも大事だなと思うんです。

藤下　アナログからデジタルに移行した人とデジタルから入った人の発想は、全然違うと思うんです。キャメラの知識があるとないとでは作るものが変わる。

　私はこの会社に入る前は、キャメラマンの助手をやっていたんです。それからオプチカルに入って、面白かったので、ここまで続いているのかなというのがあります。物を作るところが一番楽しいんです。

　社長業になるとそこがまったくなくなっていくのが、ちょっと辛いところではあるのですが（笑）。

▼〈光線〉に魅入られた瞬間

――光学にご興味を持たれたきっかけは？

吉澤　最初、戦隊ものをやっている「チャンネル16」という会社に入ったら光線を描いてフィルムに焼き込む仕事だったんです。その時は光線を紙に描いていました。毎回必ず怪人が光線を出して、「お任せ光線」と言われていたんです。各回の監督も「好きにしていいから」と。色んな光線のイメージを試せる、下地はあったんです。子どもの頃からウルトラマンなどは見ていたので、好きな世界ではありました。

増田　僕もゴジラなどに興味があって、入社したのは『ジュラシック・パーク』（九三年）が公開された頃でした。『バック・トゥ・ザ・フューチャー』（八五年）も好きで、放電がすごいなあと。それで映像の世界に入りたいと思っていたんです。初めはバイトでここに来て、「面白いなあ」と。そこからですね。

　当時はまだデジタルじゃなくてオプチカルプリンターを使っていたので、僕は作画のアシスタントのような形で吉澤さんが描いたものを、上からなぞって、ポスターカラーを塗ったり、というところから始めました。時代が変わってCGに移っても、僕は知識としてスムーズに入っていけました。

佐藤元　僕は映画館が近所にあって、生まれた頃から映画を見まくってました。中学時代、親が八ミリを撮っていたのを見て、「映画ってのは自分で作るものなんだな」と思って、自分でも撮り始めて、横浜放送映画専門学院に入りました。僕は七期で、ウルトラマンシリーズのキャメラマンをやっている高橋義仁さんや、原田さんの助監督仲間で、今は監督の佐々部清さんが同級生です。

　当時は就職難で、たまたまこの会社に人が足りなくて、受ければすぐ入れました。

　当時、私は現場の撮影かフィルムの編集をやりたいと思っていました。この看板は「光学撮影」と「編集」と二つあった。「すごい、この会社はこんなに小さいのに、撮影も編集も出来るんだ！」と思ったんです。結局、「撮影」はオプチカルの光学撮影で、オプチカル・プリンターの前で、マスクのフィルムをかけたりしてボカしたりする作業で、「編集」は素材の編集のことだったんです（笑）。

　八三年に入社して、フィルム合成をずっとやっていました。編集台でフィルムをいじって、「学校では教えてくれない、こんな細かい技術もあるんだ」と。光線は得意というか、レンズを覗いて「このぐらいの強さでいいか」というのを自分でコントロールしながらやっていますので、それは楽しい作業でした。

今井　自分も映画学校に行ったんですが、この会社は職安に紹介されたんです。NECは、怪獣映画で爆発のようなものをやっている会社だと学校で聞きまして、「スタジオがあってセットがあって、ボカーンボカーンとやっているところかな」と思って（笑）。

　見学させてくれるということで、クラスのみんなで行ったんです。そしたら面接のような状況になって（笑）。当時の役員の方々に「なんだ、見に来ただけか」と言われましたが、「僕はちょっと真剣に考えております」と。

　資料を頂いて、平成ガメラもここの仕事だったんだと知りました。あれを見た時は、「日本のクオリティもすごく高いんだ。きれいだな」と思ったんです。

▼監督によって毎回違う〈光線〉

日暮　「光」は馴染ませるのが難しいんです。何かにまとわりついているとか、そういう表現は、なかなか簡単に培えるものじゃない。NECさんは「手で描く作画」からスタートしている。その基本があるからこそ、いいものができてくるんです。

吉澤　『五龍奇剣士』では必殺技の光線を入れて、と原田監督から言われました。現場で撮った画を見ると、ヒーローが剣を持ってクルクル回りながら、ピョッとやる感じなんです。剣を回しているところに光がグルグル回っていると、中国の人が面白がってくれるかもしれない（笑）と思いながら、回した軌跡がラインになってそれがまとまって、刀にまとわりついて、衝撃波のように出てくるのを作りました。

藤下　そうやってこちらで作っていかなきゃいけない。それがうちの技術部のあり方だと思うんです。

　必殺技は随分作っています。やり尽くしちゃって「どうすればいいの?」と思うくらい(笑)。

吉澤　特に『コスモス』は色んなパターンの光線があって、やっている内にアイデアが枯れてきた感があった(笑)。

――『コスモス』は怪獣を殺さない回が多いこともあって、色んなパターンが必要なのでしょうね。

吉澤　「怪獣にエネルギーを与えて、お腹がすいているのを止める光線」「怪獣の怒りを鎮める光線」など色々ありました。「光になって消える」のも多かったし。

吉澤　昭和のウルトラマンは構えたら必殺光線を出せちゃうんですが、『ティガ』辺りから、必殺光線を出す前に力を溜めるようなポーズをするんです。必殺光線は基本的に「スペシウム光線みたいな光線」となっているので、ポーズしているところに何を入れるかを考えるのが大変でした。そのポーズも毎回違うんです。当時の東映作品などでは、必殺技はだいたい黒バックになっていつも同じで、一回作ったものを使い回していたんですが、ウルトラマンは毎回現場で撮っている。

「光線を一回作れば、それを全部使い回すんでしょう?」とよく言われたんですが、演技も毎回同じではないので、その都度作っていました。パターンにするとみんな同じ動きになっちゃうから、監督も「自分の回はこういう風に」というのを作りたいんだと思うんです。

『コスモス』では、変身アイテムのコスモプラックをムサシ隊員が出すと「チカン」と光るんですよね。他の監督は出すまでで終わらせて次は使い回しで「チカン」と光る画を使うんですが、原田監督はわざとそういう事をワンカットでやっちゃう。

　「原田監督、狙ってるな」というのがありました。

増田　その分、普段は予想と違うものが上がってきても「筋が合っていればいいよ」と言ってくれたし、「今回は合成が多いけど」と言われても、その前の回が少なくて、調節してくれているのがわかっていた。「今回だけ」と言いながら毎回という監督もいましたが(笑)。

佐藤　原田さんは自分の作品に関しては、光線よりもマット画で「画をきれいに作る」こだわりが強かった。そちらに力を入れていたので光線はフォーマット通りであれば大丈夫ということが多かったです。

　原田さんとビデオオリジナルで『ダイナ』の『帰ってきたハネジロー』(〇一年)をやった時、打ち合わせで「合成カットが多い」と言われたんですが、その頃はうちも結構パソコンが入って、多くても大丈夫だという感じがあったので「せっかく監督がやりたいと言ってるんだからやります」と、細かいカットを多めにやって喜ばれた記憶があります。

▼NECとウルトラマンの歴史

佐藤　『グリッドマン』は、後半の方で急遽、本当に短い期間でしたが仕上げ素材を作りました。『グリッドマン』はビデオ作品ですが、我々はビデオ合成のノウハウがあまりなかったので、ビデオテープの画をプリントアウトしてそこに作画したものをフィルムで撮影して、フィルム素材にしたんです。ボカした光線の素材やシャープな素材を分けて、それを編集するということを苦肉の策でやっていました。

　その三年後に『ティガ』が始まったんです。あれはフィルム撮影ですが、ポスプロはビデオだった。この頃はマシンが増えて、一回に一〇カットくらいは完成した画像で納品できました。それ以外のシーンは『グリッドマン』と同じ状態で素材を持って行って、はめ込んでもらうやり方でしたが(笑)。だから『ティガ』では機械は一~二台、あとはプリントアウト用、素材用のコンテンツだった。

吉澤　次の『ダイナ』ぐらいまでの光線素材は、オプチカルで色を着けて、それをイマジカに持っていってテレシネして、D-1テープに起こしてもらって、次に(佐藤)元さんが編集室のジャパンヴィステックという会社に持っていって、とやってたでしょ。

佐藤　あの時は素材を持ち込んでやってもらっていたので、D-1編集室で光線素材をはめてもらうことが多く、完成された画像納品というのはそんなになかった時代。

吉澤　『コスモス』の頃は、監督はうちの会社でのチェックが終わったら、円谷のCGルームに行くということになる。だから佐藤さんが担当していた『ティガ』『ダイナ』『ガイア』の時代みたいに、作業の後で監督と呑みに行ったりはしてないんです。

　『コスモス』はスケジュールがかなりタイトだった。だからやりながら次の次の次ぐらいの話の本編の打ち合わせがあったりして、なんだかよくわからなくなっちゃって(笑)。

日暮　三組分、多い時は四組ぐらい先行していました。それプラス、現在仕上げ中のものと、合成打ち合わせが始まったものと二組分だから、1クール分くらい台本はずっと持ちっぱなし。特に吉澤さんは現場担当だったので大変だったと思います。

基本的には、本編と特撮の監督が別の時は両監督の意見をすり合わせることが必須なので、この両監督による打ち合わせが、最初の現場サイドでの打ち合わせとなります。その後、本編の打ち合わせが始まる前に特撮の美術打ち合わせ、通称「美打ち」があるんです。ここでは、本編班の撮影が始まる前に、特撮班で作業量などの対策を提示して、時にはリクエストもします。この「美打ち」は、メインスタッフがすべて揃った状態でやっていました。

この時に重要になるのが、監督によるコンテで、『コスモス』の場合は、特撮クランクインの一ヶ月以上前の段階で、撮影の要とも言えるコンテが出来上がっているわけなんです。

原田さんの場合は、日数ありきで必ずコンテを考えてくれるので、大まかなスケジュールをお伝えするだけで大きなディスカッションはありませんでした。予算、内容すべての面でのコントロールをご自身で行える監督でした。

――『コスモス』以降、『メビウス』は違いましたか？

吉澤　当時に比べてマシンスペックが上がっているものですから、やれることが増えて、合成カット数も増えました。CGカットは特に増えています。

日暮　『コスモス』ではウルトラマンの3DCGをコンスタントに使いはじめました。さらに『メビウス』ではフルCGのウルトラマンが光線を撃つ。

――合成の上に合成が重なるんですね。

日暮　そうすると、CGウルトラのモーション上がりを待ってからの作業になる。手間が増えるわけですから、仕上げはかなり大変でした。

吉澤　スペック面で上がったのは量です。レンダリングで計算して画を作るのですが、昔は一日に二個しか出来なかったものが五〇個出来るようになった。制約の中で色んなものを盛り込みました。より良くしたいじゃないですか。負担もデカくなりましたが、画のクオリティを上げつつ、あとは時間との戦いで。

増田　置いてかれないようにしないと、と思うし、勉強しなきゃと思うし。そんな感じでやっています。

▽事前にどう読み切るか

――ここまでの話で、ウルトラマンにはCGの部署とは別に光線系の部署があることが読者にも伝わったと思います。ウルトラマンのパンチやキックが敵にヒットした時、光るのはどちらの担当ですか？

吉澤　ああいうのはヴィステック。うちでそこまでやったら、ものすごいカット数になっちゃうんで。ああいう「ちょっとしたもの」というとあれですが、編集室でやってもらった方が作業も早い。

日暮　とにかく時間との戦い、正攻法の方法だけでなく様々なアイデアを出し合って作業を進めていました。

佐藤　『ティガ』の時は心配だったから、ずっと編集室にいたんですが、『ガイア』の頃はもう、円谷プロのCGルームも光モノの表現を結構習得していて、かなり任せていました。

▽ビルディングのような作画枚数

佐藤　『ガイア』の一年間で会社のパソコンもガッと台数が増えたんです。一挙に八～九割をデータで完成したものを見てもらうことになってきた。

藤下　今は二〇台ぐらいある。一人一台はあるし。サーバがありますからね。

吉澤　やり方はかなり変わってきてはいるんです。『コスモス』だとデータでもらって、パソコンで全部作業していた。それをJaz（アイオメガ社が開発したリムーバブルハードディスク）に入れて円谷プロに持って行ってチェックして頂いて納品。

今井　Jazは容量が一ギガしかないメディアで、当時それを五～一〇枚使ってコピーしてデータを出し入れしていたんですが、すごく壊れやすかった。

吉澤　パソコンの台数もないし、スペックも高くないから、所謂必殺技のところだけはデジタルでやる。

日暮　平成ウルトラマン初期は、NECさんの仕事は紙に手で描く作画。本格的なPCでの作業は『コスモス』からですね。

藤下　白い紙に黒いラインを、ポスターカラーで塗って、スキャナに一枚一枚取り込む。あの頃はMacで作業して、黒いベースに白いラインが出来上がったものを作って、Mac上で色を付けてました。

当時NECに行くと、一目で大変なのがわかった。作画用紙がビルディングのように、部屋の隅々に積み上げられて、それが全部『ティガ』用だったりする。テレシネ（フィルムからテレビ用に信号を変換すること）したビデオから一枚一枚コピーを起こして、それだけでは細部がはっきりしないから、アウトラインがわかるように描き加えたものがいっぱい。

吉澤　ただの白黒コピーですからね（笑）。

増田　白黒コピーをサプライザーというので透過して見る。

吉澤　あれは「仕事やった感」がありましたね。プリントされたものが溜まっていくのと、それに描き終わったケント紙がどんどん溜まっていって。

今井　今ならデータが一枚あればその上にパソコンで描くけど、昔はビデオからプリントアウトしたペラペラの紙に描いた。手前と奥を分けるなら、ウルトラマンの場合は、一枚一枚ウルトラマンのアウトラインをケント紙に描いて真っ黒に塗りつぶす。さらに光線の細い芯の部分、ドテの部分を作画で。あと、周りに点々が出るようならそれもさらに一枚。つまり一コマに対して、紙を五〜六枚使う。

一秒三〇コマとすると、四秒くらい出ようものならその倍の倍の、さらに五倍みたいな（笑）。工程がすごかったですからね。

佐藤　しかも『ティガ』の場合、合成が上がった時に初めて合成素材を編集室に持ってきて当て込むので、そこで監督が見て「ここに光線欲しかったのにな」と言われた日には泣きたくなりました。だからリテイクが効かない状態だったんです。今だったらリテイクはすぐ出来るんです。手間としては今の五倍ぐらい時間がかかっていました。

▼賭けるに値する人

吉澤　たとえば黒い中に光が走るのはすごくきれいに見えるんですが、真っ白な空に光線を乗せても、目では見えないんです。そうすると、空の美しさと光線のどっちを取るかという話になる。

光線を見せるとなると、白い空と光線の間に一枚マスクをかける。そうすると所謂きれいな光線というより濁った光線になる。そうしかできないことを原田監督は理解していて、「白いもんね、これ」と（笑）。

それは『コスモス』の24話「ぬくもりの記憶」の時です。この時は、本当に空が真っ白だったんです。

合成のカット数が多いと大変だってことも原田さんはわかってくれて、わりと抑えてくれていたんですが、13・14話の「時の娘」は結構ありました。この時に初めてムサシがコクピットから変身したんです。普通は、地面に立って変身アイテムを掲げて光るから、光が下から上にフワッと行きながらウルトラマンがポーズして出てくるのがパターンだったんです。

この時も打ち合わせでは下からのいつものパターンでと言ってたんですが、作業していて「今回は飛んでいるから、下から上はおかしいんじゃないかな」と思って上から下の光にしてみたら、監督も納得してくれた（笑）。そういう意味でも、こちらの考え方を汲みとってくれる監督さんでした。

この時のワロガがもう一回出てくる「ワロガ逆襲」（48話）や、「空の魔女」（47話）も合成は多かったです。「空の魔女」の戦闘機の演習シーンや事故場面で襲ってくる稲妻はうちの増田が描きました。

「空の魔女」は延長が決まる前は原田監督の最後の回と言われていたんです。それで「今回最後だからちょっといい？」と言われて（笑）。わりとこの時は派手めだったんじゃなかったかな。

『コスモス』最後の「雪の扉」（57話）はゲストの天本英世さんが昔の記憶を見ているところで、光の川みたいなのが流れるのですが、「今回そこをキモにしたいので、イメージを色々考えてみてくれないかな」と、撮影に入る前ぐらいから言われていたんです。

二〜三パターンほど作って見てもらったら「どれもいいんで、とりあえず全部ください」と（笑）。「つなげて判断させて」と言われました。

原田監督はイメージを全部言うことはあまりなく、こちらに任せてくれる。あまりにかけ離れていると違うと言ってくれますが。光の川なので、光のラインが伸びて行くようなイメージで、そこに記憶の粒がキランキランとあるようなものや、光なんだけど少しくすんでいるようなものを作ってみたり。夜の設定だったので光が乗る。色んなことが出来ました。

日暮　そういう時に原田さんは、どこまで具体的に伝えた方が、自分の意図するものがこの人から出てくるのかをすごくシビアに考えていました。

――そこまで言っちゃうと限定されるからですか？

日暮　「ああ言えばたぶんこうしてくれる」という計算と、それとは別に発生するアクシデント、そんな「偶然の産物」の誕生もまた楽しむ方でした。競馬好きで賭け事が好きな原田監督らしい駆け引きですよね。

吉澤　賭けられてたんだ（笑）。

日暮　吉澤さんが賭けるに値する人だからですよ。そういう駆け引きはどの監督でもありますが、原田さんが一番わかりやすかったです。

――吉澤さんも原田さんの言うことはわかりやすかったですか？

吉澤　わかりやすいというか、こちらのイメージを受け止めてくれる感じです。たぶん上がったものに一〇〇％は満足していないと思うんですよ。

ただ、作った意図をちゃんと汲んでくれる。「ああいうイメージではなかった」と後で言うような監督さんではなかったです。違う監督さんはそういうこと意外に言うんです（笑）。

藤下　原田さんは、合成で注文出しておきながら、言葉通りのものを上げてきたら、また違うことを言う……なんてところはない人でしたねえ。表裏がない人だった。仕事はすごくやりやすかった。

▼すべてが段取りの達人

佐藤　『ティガ』で初めて監督した「青い夜の記憶」(29話)は、本編に合成カットがあって、すごく深く考えていました。まだ原田さんは本編だけの監督だったので、役者さん絡みのカットだと思います。ナターン星人が光線を打つとか変形するとか。

　でも、熟考していたのは最初だけで、次からはもう一回パッと見ればOKでした。ウルトラのやり方、ペースを掴んだと思うんです。

　次の49、50話（「ウルトラの星」「もっと高く！」）で原田さんがスタッフと馴染んでくださったエピソードがあるんです。『ティガ』の監督で初めて、ポスプロの連中を全部集めて、『ティガ』の役者さん、ムナカタ副隊長役の大滝明利さんや、シンジョウ隊員役の影丸茂樹さんをわざわざ呼んでくれて、編集室の近くで原田さんが宴会を開いてくれたんです。

　仕上げを早く終わらせて、みんなで呑みました。普段ポスプロの人間は、役者さんには会わないので、初めて人間として会話を交わすことが出来た。

　普通は宴会の時に、仕事とか作品について語りますよね。原田さんは作品に関しては何も話さないで、役者さんとキャーキャー楽しい話をしていました。

　あと、シリーズ最後の回を終える監督さん達に、ポスプロのメンバーで、合成アップの日の全カットにOKが出たら、「監督、最後のカットをチェックしてください」とパロディ映像を見せるのが恒例になっていたんです。

　合成とか本編の素材を使って、監督の顔をCGの顔に変えたり色々やって、最後に「監督、どうもお疲れさまでした」わー、パチパチとみんなで遊んでいた。『ガイア』は46話で原田監督が終了ということで、CGの早川（哲司）さんが作りました。原田監督、すごく喜んでいました。いつもは自分が仕切って、そういうイベントをやっていたけど、今回は自分が逆にされてしまったと。ビデオテープに落として原田さんにその映像は差し上げたと思います。

　XIGの隊員達みんなが、46話で死んだ怪獣、ティグリスに一列に並んで敬礼しているシーン。その画を使って、原田監督の顔に変えて、みんなが敬礼しているようにして……ユーモラスで面白かった。

▼熱い映画談議

佐藤　原田さんは映画の話をあまりしなかったけど、ましてや特撮の話はほとんどなかった。

――ニューシネマの洗礼を若い時は受けたとおっしゃっていました。『明日に向かって撃て！』とか。

日暮　そこは自分にも近い。僕も『明日に向かって撃て！』の話は聞きました。原田さんがDVDのコレクターズボックスを買ったら、メイキングが付いていて「実写映画なんだけど合成をやっているんだ」と言っていました。レッドフォードとポール・ニューマンが谷川へ飛び込むところがありますよね。あれ、グラスワーク（キャメラの前に絵を描いたガラス板を置く）でやっているんです。マット画ですね。その話を結構、熱っぽく話してましたよ。

　さらにラストシーンで、ストップモーションの二人にずっとズームアップして、そこに銃声が響く。

――有名なラストシーンですね。一瞬先の死を予感だけさせて終わる。

日暮　通常の三五ミリで撮っていれば、当然粒子が荒れるわけです。でも荒れないままずっと寄っていく。それをどういう風に撮ったのか、メイキングで丁寧に説明してあるんですよ。

　あれは七〇ミリの映画なんですが、同じポジションでたしか七〇ミリよりも大きいスチールと動画とかけ合わせているんですよね。それによって、二人のフルショットになっても解像度を失わずに済んでいる。この話を原田さんから聞いて、僕もDVDを見た憶えがあります。

▼特撮的なキモ

佐藤　『ダイナ』の11話「幻の遊星」で原田さんは初めて特撮監督を兼任しましたが、慣れたものだと思いました。イメージが全部頭の中に出来ていたんで、説明も簡潔明瞭、合成チェックもOK出まくりで。

　普通は怪獣が口から光線や炎を出すんですが、19話「夢幻の鳥」の姑獲鳥は、火炎弾みたいな短いのをピョーンピョーンと出すんです。その時の原田さんの説明が「カー、ペッっていうのを作って」と。

一同　（笑）

佐藤　「汚くていいのかな」と思ったら「一応火炎弾です」と。

日暮　でも現場で言ってました。「カー、ペッ」（笑）。

佐藤　本当にそう思っていたんだ（笑）。普通、最初はかっこいいことしたいと思うじゃないですか。『ダイナ』は『ティガ』で学んで、自分のスタイルを確立したんじゃないかと思いました。

　20話の「少年宇宙人」は原田ワールドの集大成になった。あれは合成カットがほとんど出ませんでしたが、それでもすごく面白い話になりました。

日暮　ラセスタ星人が羽を広げるのはあったでしょ。
佐藤　あれはフルCGじゃなくて、エフェクトです。
日暮　元は特撮で撮った画を使って、それに光を乗せている。原田さん、特撮的には「そこがキモだ」と言ってた。そこをフルCGでやるかどうかと。
　現場で出来るだけのことはやっておこう。その結果エフェクトが絡むかもしれないし、CGになるかもしれないし、とアバウトにしていたところだった。
　結果、CGをやめて特撮に作画を被せることになった。その方が効果的だし、それでなんとかなると踏んだんだと思います。
佐藤　当時、結構フルCGは時間かかると思うんです。待つだけ待って、変なのが上がってきたらどうしようもないから、現場で撮ったんじゃないかな。
日暮　アクロバットな飛行とか、そういうの以外は、まだフルCGではあんまりやりませんでしたね。
佐藤　31話「ダイナVSダイナ」は、もう一本の「少年宇宙人」との比較を考えたとおっしゃっていました。原田さんはあまりこだわりなかったんじゃないかと思います。「普通でいい」と。
　ただ、俺の方では「派手にやった方がいいのかな」と思って。ああいう本物と偽物の光線対光線で、どっちかに押されて行ったり来たりみたいなのは昔からあるパターンですよね。色を変えるという差別化はしましたが、「チープでいいよ」と言っていた記憶がありますね(笑)。
『ガイア』の6話(「あざ笑う眼」)では、アグレイターの光をどういう雰囲気にしますかと聞いたら、我夢とちょっと違う、ブルーにしたり、アグルの色にしたり、色の差別化を言われました。タイミングも、ちょっと悪さというか激しさを加えたんですが「うん、OK」って感じでスムーズに行きました。
『ガイア』の12話「野獣包囲網」で等身大のウルフガスが鶏の鳴き声とともに粒子になって消えていくのはうちの仕事です。「きれいにしてくれ」とだけ言われたのを憶えています。「かわいそうな怪獣なんだよ、ウルフガスは」と。
日暮　ミニチュアじゃない風見鶏のセットを本編班で作っていました。あの時はマット画もあって。屋根の上にいて、「あおーん」と吠えるんですよね。
佐藤　原田さんは合成よりも、マット画でファンタジックな、きれいな画を作るのが好きなんです。
『ガイア』での原田さんの最後の回の「襲撃の森」(46話)は、シンリョクという怪獣の中に隊員達が入っちゃう。シンリョクの内部がマット画なので原田さん、こだわっていたんです。でもかなりイメージが違っていたらしく、普段は合成カットで大声を出さない人なんですが、その時は怒っていたのが印象的でした。
　上がってきたものは結構ラフだったというか、細かく描かないで白黒映像のような、コントラストをハッキリさせて細部がわかんないような感じだった。
――もうちょっとディテールアップして欲しいと。
佐藤　そうですね。そのカットがキモなので、かなり前から気にされていました。原田さんは「この人は出来る人で信用してOK」という人はパッと見てすぐ好きになるんだけど、そうじゃない人はすごく心配する。結構、言う人でしたね。この時はチェックにも力が入っていた。

▼「可愛い」から「OK」？

吉澤　『コスモス』で4話と9話をやった時に原田さんと初めて本格的に会いました。4話「落ちてきたロボット」で、子ども達の周りにシャボン玉みたいなものが出来て、それが浮かび上がる場面がありますが、監督が考えたのは本当のシャボン玉のイメージで、外側に虹色の油のまだらのようなディテールを作って、中に子どもを入れる。
　この時に原田監督と一緒に、スクリプターの阿南(玲那)さんも来ていて、そのシャボン玉のカットを見せたら、阿南さんが「わぁ、可愛い！」と言ったんです。そしたら原田監督が「おお、OK！」(笑)。
「えー、こんな簡単でいいのかなあ」と思ったんですが、「阿南が『わぁ』と言うのを狙って作っているから。そうすればみんなが『わぁ』と思うからこれでいいよ」と(笑)。そんなことを憶えていますね。
日暮　北浦(嗣巳)監督の『ウルトラマンコスモスVSウルトラマンジャスティス THE FINAL BATTLE』(〇三年)は、原田さんがビジュアルコーディネイターとして関わっていました。ポスプロの仕上げ進行みたいな役割で。
藤下　その時、俺はスーパーバイザーみたいな形で、アニメーションの方についていたんです。ピクニックランド(現・さがみ湖リゾートプレジャーフォレスト)に、夜の光のエフェクトがあるから、現場を見た方がいいということで、原田さんのBMWで一緒に、うちの会社から出発したのを憶えています。
　私は監督と直接は仕事をやったことはないんですが、その時のことは憶えています。
吉澤　最初の劇場版『コスモス』(〇一年)で、ムサシの子ども時代の基地というか遊び場がピクニックランドにあった。
藤下　ピクニックランドに行った時は、原田さんと二人だけでした。一時間半ぐらい、ずっと競馬の話で盛り上がって(笑)。「ドバイに行ってきた」とかね。

増田　原田さんがウルトラマンや怪獣を使って競馬場で何本かJRAのCMを撮った中で、僕も一緒に一〜二本やりました。倉持(武弘)さんがキャメラマンで。撮影が一日だったので、僕も一緒に行って、現場に立ち合いました。

どう撮るのか、立ち会えばそれが一番手っ取り早くわかる。こちらも素材を用意していたので、現場で話をさせて頂いたり。想定しない合成の対処もできる。

普通のテレビシリーズは現場に行ったりすることはなかったので新鮮でした。

――競馬場に来る人にマナーを説くCMですよね。この時の、NECさんのお仕事の内容は?

増田　怪獣が構内でデカい煙草を吸うんです。現場でも撮るんですが、煙があまり出ないので、合成でちょっとアニメっぽい形でポワーッとやる。

あと「車で来ちゃダメ」のCMでは、美術さんが作ってくれた、怪獣達が乗る車にアニメーション的に目を付けて、ライトが付く時に人間の目みたいにパチクリしたり、可愛い感じにしました。監督は「眼みたいに光る」とはおっしゃったんですが、まつ毛を入れたり。監督の言ったもののプラスちょっと面白いやつも並べて見せると、面白い方を採用してくれました。それも含めて、楽しいなと思いました。OKテイクの時、「ニヤッ」と笑うのが嬉しかったです。「マナー、マナー」とガチガチに説教じみた感じじゃなく、スルッと入ってこられる仕上がりでした。見ていて嫌みがなくて、フッと笑えるんですが、「そうだよな」と思えていいなあと思いましたよ。

馬も撮りました。怪獣が蹴られる、しっぽではたかれるというところもやりましたね。

あとは馬にウルトラマンを乗せて走ったりしたみたいです。僕は立ち合わなかったんですが、馬も相当ビックリしたと聞きました。ウルトラマンを見て。

打ち合わせはわかりやすい形で耳に入っていたんで、そんなに悩まずにやれましたね。僕は原田さんの仕事でがっちりやったのはそれだけなんですよ。

本当はデカい作品を担当したいなと思ってはいたんです。今井が映画『旅の贈りもの　0:00発』(〇六年)をやった時は僕は違うことをやっていた。もしタイミングが合えば「やりたい」と手を上げたい監督でした。

▼劇場用作品での集大成的仕事

――原田さんのところにあった谷崎潤一郎原作の映画『白日夢』の企画書にNECさんの名前があったんです。もし実現したら合成をお願いするつもりだったのでしょう。『白日夢』は幻想的な話なので。

藤下　まだ僕らのところには届いてなかったなぁ。

原田さんとは劇場用映画『旅の贈りもの』で色々なイメージをやったから、その映画の話も考えてくれたのかなという気がするよね。

今井　やりやすかったですね。合成のことをすごく理解されている監督なので。

技術的なものが全然わかってない監督さんにお任せしてしまうと「この画とこの画をどう合成したらいいのか」「邪魔なものが写っているけど、どうやって消したらいいんだろう」とか、立ち合いに行かないとマズいなということになるんです。

原田監督の場合は「俺、わかるから。ちゃんと撮ってくるから大丈夫だよ」と、こちらが気が付かないようなことでも、配慮してくれる。

灯篭を立てた船を、向こうの灯台までバーッと引っ張っていく時に「この船がうまく動かない時は合成になるかな」というお話があったんですが、向こうまで線を通して、バレない(線が見えない)ようにしておけば後で合成がしやすいとか、すべて監督が色々と気を付けてくれていた。結局、船のカットはほとんど何もしないで行けました。

――青く光る海ホタルのシーンのイメージは何度かやり取りがあったんですか?

今井　本物の海ホタルの資料を色々渡されました。それで、何回か「こういった形でしょうか?」とやり取りをしたんです。その時に、画を完全に作り込んで「そうじゃない」と言われてやり直して……とやっていると手間がかかるので、無駄を省くために、監督に直にメールでJPEG画像を送っていたんです。夜に送っておくと、ちゃんと監督が全部見て、細かい指示を全部書いて返してくれる。

正式なチェックの日には、それを踏まえた上で、詰めたものを見てもらうやり方が出来たので、本当にものすごくやりやすかったですね。

――キャメラマンの佐々木原保志さんが、海ホタルのリアルなイメージだと映像的に乗らないので、ちょっとファンタジックにしたとおっしゃっていました。

今井　「もうちょっと光らせてくれ」とか「もっと幻想的な方がいい」と。こちらで資料を見てやるとどうしても抑え目になってしまったので、監督のイメージに合うよう、三〜四回直していきました。

――『旅の贈りもの』の中での、NECさんのお仕事は他にはどんな場面が？

今井　あんまり合成がメインの映画ではなかったので、簡単な、手持ち感の揺れを足してくれとかですね。セットで撮影をするんですが、電車に乗っている雰囲気でちょっと揺らしを足してくれというものがありました。

登場人物が見る携帯電話の画面も、そこだけアップにして撮影すると、ピッタリ止まっている画になってカッコ悪い。そこで「ちょっと揺らしてください」と。

合成する時にあった方がいいだろうというものは、監督の方で全部素材として用意して頂きました。

他の作品では普段「ビタ止まりカッコ悪いんで、揺らしておいてくれ」と口で言われるだけなんですが、原田監督の場合は全部、こういう感じで揺れを足してくださいという具体的なものまで持ってくる。

――映るのは携帯電話の画面だけれど、手に持って揺れている時はこんな感じなんだという、全体像のような絵のコンテがありましたね。

今井　「合成にはこういうものが必要」というのをものすごく理解してくれている。

――携帯を持っているシーンのコンテがあったんでなんでこんなの必要なんだろう？と思ってたんです。

今井　文字の入れ替えとか、そういうものもあったんです。メール送信するとどうしても日付が入ってしまう。「そこだけちょっと変えてください」と。

藤下　マット画もあったかな。

今井　列車の窓の外も、撮影したものに対して、この素材をはめてくださいと。

――櫻井淳子さんのヒロインが彼氏からもらった手紙をちぎって……。

今井　ビリビリと破って、列車から夜の空に飛ばすところですね。あれもこちらでやりました。

――すごく印象的なカットですよね。

今井　紙の飛び散り方を「もうちょっとあっさりした方がいいな」とか、何回かやりました。

実際に現場でちぎったものをそのままバッと撒いて頂いたんですが、それはもう撒いたらバーッとそのまま落ちてしまうだけなんです。あとはこちらで、三次元上で、ビリビリに破いた破片を飛ばしてキャメラの方にフワーッと来るというものを作りました。

その辺は監督に色々見て頂いて「これはちょっといやらしすぎるから、もうちょっと素直に飛ばしてください」とか、やり取りしましたね。

あと自殺未遂の崖のシーンでは、実際そんな切り立った崖ではなかったので、マット画を作りまして、それに入れ替えました。

――本当に切り立ってましたよね、映画では。

今井　そのマット画の形もメールでやり取りして、細かいところも見て頂きました。実際の撮影時はまだ全然紅葉になっていない青々とした山なんですが、全部秋にしたんです。色を変えることで。

――あの崖に差す夕陽なんかも素材ですね。

今井　「ここは夕陽のシーンにしたい」ということで、黄昏のシーンを撮ったんです。飛び込んで落下する自殺未遂の場面はグリーンバックで作りました。

――あそこは、全然合成に見えませんでした。

今井　ただパタンと倒れるだけだと、人物が止まってしまうので、動きがないままCGで落とすしかない。少しでも実際に落ちて頂いて、手足のバタつきがあった方がリアルに見えますと監督に話をしたところ、危なくない程度に土台を上げて頂けたんです。

――落ちたのは大平シローさん本人なんですか？

今井　ご本人です。マットの上に落ちて頂けました。

▼一番キャッチボール出来た場所

藤下　『五龍奇剣士』は、原田さんから「ちょっとやって欲しい」と依頼が来て、他のCGの会社と割り振って、こちらは光線だけということで、その年の一月から五月ぐらいまでやったのかな。

吉澤　途中で頓挫して、しばらく空いて。でもやっぱり再開して、四月ぐらいまで作業して、三月ぐらいに原田監督が向こうから戻ってきて、それで合成チェックとか、グリーンバックをやった。

藤下　3話までは完成している。原田さんとはその年の九月か十月ぐらいまで電話でちょこっと話はしていました。「続きはどうなるんでしょうか」と。

――NECさんとのお仕事で、合成に対する確信を強めたところはあったんでしょうか。

藤下　それはどうなんでしょう。でも「あそこに頼めば間違いないものを上げてくれる」という信頼関係は監督とはあった気がします。「次、また頼みますから」という形で終わりましたから。

相性も良かったんじゃないでしょうかね。仕事の中身やつく人が変わっても、関わらせてくださるのは信頼関係があるんだと思いますね。

日暮　CGルームなどはメンバーがコロコロ変わったりしていましたからね。助手は一定でも、上に立つ人間が変わったり。原田さんは『ゼアス2』から、常にNECさんと関わっていて、いつも思ったようなものを上げてくれる、そういう信頼感が長い付き合いの中であったんじゃないですかね。

「悪夢の第四楽章」37話 ▼一九九九年五月二二日放映

脚本：長谷川圭一　**撮影（本編）**：倉持武弘　**撮影（特撮）**：高橋義仁
ゲスト：王建軍、耿忠（GUARDチャイナ隊員）、桜山優（根源破滅教団幹部）

▼ストーリー

怪獣対策を口実に軍備拡張をエスカレートさせる各国。先日もGUARDチャイナにより地底貫通弾が発射された。世論は沸くが、GUARDの千葉参謀は懐疑的な立場だ。

片や、各地で集団犯罪が頻発する。人心は荒廃し、この世界は破滅に向かっているのだろうか？

テレビ局・KCBの上空に出現する時空の歪み。どこからかかかってくる電話に出た途端、一斉に精神汚染を受け、操り人形のようになる局内の人間達。誰かれ構わず携帯電話を突きつけ、仲間を増やしていく。

異変を察知してKCBに向かった藤宮の行く手を塞いだのは、根源破滅教の信者達。彼らは根源的破滅招来体こそが世界を救済すると信じている宗教団体だ。

かつて藤宮は、光量子コンピュータのはじき出した、地球を救うためには〈人類〉を消し去るべきという結論にとらわれ、XIGにテロ活動を仕掛けたことがあった。だがクリシスのシステム自体が破滅招来体に書き換えられていたことがわかり、すっかり自信を喪い、アグルの光を我夢に託して一人の青年に戻っていた。そんな藤宮を「地球の意思を見失った裏切り者」と呼んで襲いかかってくる教団員達。

同じく異変を察知して出動した我夢の前に現れるリザードの瀬沼は、無言で銃口を向けてくる。彼も精神汚染を受けてしまったのだ。

藤宮が意識を取り戻したのは、薄暗いダイニング・バーのような場所だった。そこで彼は、女性科学者・稲森京子と再会する。クリシス開発チームにいた藤宮にとって、同じ研究仲間という以上に親密だった稲森博士。彼女は藤宮の理想と孤独を誰よりも知っている存在だったが、かつて藤宮を諌めるために命を落としてしまった。

稲森は〈人類は地球の癌細胞〉という藤宮のかつての主張を反復し、もう一度同じ目的を歩みましょうと、その肩に顔を埋める。

そんな稲森と瀬沼を語り部にして、いかに人間が地球にとって有害な存在かを説く破滅招来体。

「この地球上で絶滅してもいい種があるとすれば、それは人間だ」

瀬沼の一瞬の隙を狙って逃げ出す我夢。

チーム・ライトニングは時空の歪みに潜んだ怪獣を撃破するが、本体は既にKCB内部に潜んでいた。

石室コマンダーは察する。波動生命の目的は、テレビ局の放送電波を利用して干渉電波を広範囲に拡散させ、精神汚染を爆発的に広げることだと。

稲森は藤宮の迷いを捨てさせるため、KCBのレポーターでこれまで彼を見守ってきた玲子を射殺させようとする。だが藤宮は渡された銃を稲森に向ける。稲森は平然と「あなたに私が撃てるかしら」と笑う。

忍び込んだ我夢が見守る中、葛藤する藤宮。一旦は玲子に銃口を向けるが、我夢が止めようと部屋に躍り込んだ瞬間、銃弾は稲森を貫く。

稲森に擬態していた波動生命は妖光となって逃げ出す。

「人間の心を弄ぶ……お前達は卑劣すぎるぞッ！」

電波回線に割り込もうとするクインメザードに対し、変身して戦う我夢だが、超空間でメザードが出現させた幻影アグルに苦戦する。玲子を連れて脱出を図る藤宮は、操り人形と化した瀬沼とGUARD兵士達に追いつめられ、絶体絶命となる。

だがその時、ファイターの梶尾リーダーが撃ち込んだ特殊爆弾がクインメザードの作り出した超空間を消滅させる。メザードはガイアによって木っ端微塵に粉砕、精神汚染を受けた人々も元に戻った。

玲子は救ったものの、稲森博士を死なせた罪は変わらないと自分自身を責め続ける藤宮。いつまでも過去にとらわれないでと呼びかける玲子だが、藤宮は一人去っていく。

作品解説

▼セクシーな稲森博士

藤宮にとって恋人的存在であった年上の女性・稲森博士は16話「アグル誕生」（脚本・吉田伸、監督・北浦嗣巳）で初登場。23話「我夢追放！」（脚本・吉田伸、監督・北浦嗣巳）で死亡したが、今回、藤宮を誘惑するため波動生命体が擬態した姿として蘇る。

今回の前の36話「再会の空」（脚本・吉田伸、監督・市野龍一）でも、稲森博士は、破滅招来体によるコンピュータウイルスのもたらすフォログラムで現れ、藤宮を誘惑していた。つまり死後の復活としては二度目なのだ。

この二度目の復活は、原田監督の希望だった。

妙齢の科学者という設定に合わせてか、これまで登場した稲森博士はその出番の多くが白衣で髪を地味にカールし、私服の際は逆に口紅をベッタリ塗って、野暮ったい印象があった。

だが演じる久野真紀子はかつて美脚女優として知られたVシネ・クイーンであり、この当時はある程度年齢を重ねて、その端正な顔立ちに艶やかささえ加わるようになっていた。

それを見逃す手はないと、Vシネマの実情を知る原田監督が考えたとしても不思議はない。しかも今回は本物の稲森博士ではなく、擬態である。役柄のリアリズムから飛躍して、大人の色香を漂わすことも出来る。

藤宮がこの稲森と本格的に対峙する空間は、前後の状況からして、テレビ局・KCBの中にあるはずだ。ひんやりとした暗い空間に一点ライトが当たる、ダイニング・バーのようなそのモダンな内装は、テレビ番組収録用のセットという解釈も出来ようし、局内で営業している店舗と取れなくもない。だがリアリズムよりも、そこだけ成立した異空間と捉えるのが自然だろう。シナリオ段階から「ある空間」と記されていることからも、それは伺える。

奥でグランドピアノを弾く、肩を出した黒いドレスを着こなした稲森。髪もオールバックでシックにまとめ、イヤリングが光る。藤宮に、稲森は「私をフォログラムだとでも思っているの？」と艶然と微笑み、藤宮の頬に手を当ててみせる。頬に手が触れられるという〈実感〉によって動揺した表情になる藤宮。

そこに、稲森の「また地球について一緒に考えましょ、昔みたいに」という挑発的なセリフが発せられる。二人の間にある大人の関係を髣髴とさせる。両者の姿がグランドピアノに映り込むカットもスタイリッシュだ。

その前に、ＫＣＢの一室に隠れた玲子の前でモニタに稲森博士が映る場面があったが、ここではドレスの肩を出した上からのみが映っているので、一瞬セミヌードのように感じられ、ドキッとさせられる。

拳銃を藤宮に握らせ、踏み絵を迫るように目の前の玲子を撃てと促す辺りも、フィルムノワール調の危険な香りがする。

既にこの世にいないはずの稲森だが、〈踏み絵〉を迫る場面は玲子との三角関係を実像化する意味合いを持つ。と同時に、人間でありながら人間を否定し、破滅へと魅入られてしまう藤宮の気持ちを重ね合わせてもいる。

藤宮が拳銃を向けると、玲子は覚悟と恐怖から目を閉じる。銃が発砲され、薬莢が転がり、玲子が目を開けると、稲森のバストショットになり、その顔が歪む。そしてグランドピアノに倒れ込むと、バーンというピアノの音とともに稲森の美しい背中が映る。

これは「女性を美しく撮る」ことが信条の原田監督にとって何の迷いもないカット割りだったのではないだろうか。

▼千葉参謀の不審

波動生命体による時空の歪曲、その収束ポイントがＫＣＢであることを知ったエリアルベースの千葉参謀役・平泉征が「何、ＫＣＢだと？」とやや不審を漂わせたような演技をする。その後すぐカットが変わるので流れで見てしまうが、準備稿では、この千葉の不審は「たしか藤宮と接触したアナウンサーも……」というセリフに続いている。

「藤宮と接触したアナウンサー」とは、『ガイア』のセミレギュラーであるＫＣＢクルーの一人・吉井玲子（石田裕加里）。

藤宮の本格的な登場回は原田監督による5話「もう一人の巨人」だが、実は彼が視聴者の前に初めて姿を見せたのはそれ以前の3話「その名はガイア」（脚本・小中千昭、監督・高野敏幸）だ。

この時、藤宮が接触したのが玲子だった。テレビクルーの玲子に、藤宮は、今起こっている地球の破滅を世界へ報道せよと呼びかける。そして、人類に終末を知らしめよ、と。

脚本チームの一人であった長谷川圭一は、小中千昭が書いたこの藤宮と玲子の最初の関わりに着目し、以後たびたび二人を出会わせることになった。玲子は人間否定の発言を繰り返す藤宮に、「人の存在理由って誰が決めるのよ」と真っ向から反論。ある時は仕事を離れてまでも藤宮を捜し、意思を伝えようとした。そして藤宮の人間ゆえの繊細さ、傷つきやすさを知る。アグルに対しても、人類の味方だと信じたいという意思を示す。藤宮は、同じウルトラマンである我夢との葛藤と平行して、一人の女性である玲子との関わりで人間性に目覚めていく。

シリーズ中盤で藤宮の行動を監視しはじめたＸＩＧは、この玲子との関わりも察知していたため、先の千葉参謀のセリフにつながっていく。破滅招来体がＫＣＢに着目したということは、そこには藤宮と関わる何かが起きるということを直感したのだ。

波動生命体の目的は、人間同士を争わせ自滅へと追い込むことだと石室コマンダーは推察する。「同じだわ！　あの温泉地の時と」と、局内で携帯電話を持った人々に追われながら玲子が言うように、波動生命はかつて13話「マリオネットの夜」（脚本・長谷川圭一、監督・根本実樹）において、温泉街の人々を携帯電話を通して支配したことがあった。おそらくこの時の支配は実験的なものだったのだろう。

今回は放送局を通したより広範囲の支配の実践であると同時に、藤宮を再び味方に引き込み、アグルの力を呼び覚まそうとする目的もあることが描かれていく。

波動生命編の要素と藤宮と敦子の関係、この二つの軸を、一つに結び合わせるための方向付けのために、千葉のセリフはあったのだろう。

それがカットされたのは、二十数分のドラマの中で、説明的なセリフでいちいち引っかかるより流れで見せられればそれでＯＫという判断だろうが、だからといって、シナリオの記述が余計だったというわけではない。シナリオとは基本的にスタッフ間でやり取りするものであり、物語の方向性がブレないための材料は一通り用意しておく必要があるのだ。それを判断材料に、全体の中での流れや緩急、わかりやすさを追求していくのが監督の仕事なのである。

▼吉井玲子の存在

準備稿では、ドレス姿の稲森が、自分に銃を向ける藤宮に「撃てるわけないわね。所詮あなたは負け犬だもの。救世主にも悪魔にもなりきれず、そんな惨めな姿になって」と言い放つ。

これは、かつてアグルだった藤宮の位置を、ある意味的確に表している。藤宮は前半部において〈削除項目＝人類〉というコンピュータ・クリシスの解答に呪縛されていたが、その時期であれ〈アグル＝悪のウルトラマン〉ではなかった。地底怪獣を蘇らせたり（17、24話）、エリアル・ベースを墜落させようとしたり（18話）したものの、アグルになって街を破壊したりはしてこなかった。あまつさえ、崩れるビルの破片から少女を救いさえした（20話）。

「その人が苦しんだのは人間だからじゃない！　藤宮くんも私達と同じ人間だから！」

放映作品にも残っている、この玲子のセリフは、準備稿で示された藤宮の立ち位置からだと、よりわかりやすい。

稲森の幻影が突きつけたもの。それは、かつて破滅招来体に利用されていたとはいえ、「人類の削除」を否定しきれない藤宮自らの苦悩だろう。怪獣攻撃を名目に地底貫通弾を競うように発射する人類は、自らを滅ぼす力だって持っている。破滅を願う教団や勃発する集団犯罪は、波動生命の精神汚染がなくても起きている。

藤宮に、そうした〈人間〉への疑念は消えない。同時に、それは破滅への危険な誘惑であり、かつて利用された自分だからこそ、今ここで稲森の虚像を撃つことで、打ち克たなくてはならないことも知っている。

だがその前に、悩み、苦しむことそれ自体を肯定してくれる存在として、玲子はドラマに必要なのだ。

今回も、玲子は藤宮と対峙するや、覚悟の顔にサッとなる。藤宮に、大切なことを、思いを込めて伝えなければならないという玲子役・石田裕加里の気迫が伝わってくるようだ。

▼少女との再会

準備稿において、エンディング主題歌に乗って藤宮が街を歩く場面は、陽射しの中、幼い娘を真ん中に歩く若い夫婦の幸せな笑顔に、自分と稲森の幻影を見る藤宮……という描写だった。そこに「もう一度見たかった……あなたの笑顔を」という稲森の声が響く。

そして準備稿はこう締めくくられる。

脳裏に蘇る——稲森との思い出の日々。

それは二度と戻ることの無い、遠い記憶。

一瞬の白日夢を振り切り、また歩き出す藤宮。

その孤独な背中が、雑踏へと飲まれて行って——。

だが映像作品で、藤宮は、母に連れられた幼い娘（蓮沼藍）に声をかけられる。彼女は、かつて20話「滅亡の化石」で、落ちてくるビルの瓦礫から藤宮が救った少女だ。偶然すれ違った藤宮に気付いたのだ。

藤宮は無心な笑顔の少女に、少し手を振りかけてやめ、去っていく。

原田監督は、藤宮が出会う親子の意味合いをシナリオとはまったく変え、大人の深刻ムードな本作に、明るい兆しをほのめかせている。ちょうどその時、原田作品では29話「遠い町・ウクバール」以来の登場である、らくだ便の清水一彦が荷物を抱えて通りかかる。

事件が終わった後の世の中が少しずつ動き出し、やがては藤宮すらも受け入れていくであろう祝福感がニュアンスとして付加されており、準備稿の時の寂しいラストとはかなり異なった印象を与えているのだ。

そして原田監督は、この回のエンディング主題歌が終わるラストカットを、藤宮に語りかける玲子のアップにしている。

「いつまでも、過去を気にしちゃだめよ……」

このセリフは原田監督が書き加えたもの。

先述したように、シナリオでは、藤宮に稲森博士の面影がもう一度現れるというラストシーンだった。それを原田監督は玲子が励ます形に変えたのだ。

稲森の再登場を自ら促した割には、これは意外ともいえる変更だ。

原田監督が後に『コスモス』で撮った「空の魔女」（47話）も、宇宙生命体がレギュラーであるフブキ隊員がかつて恋した女性の姿となって現れる話だったが、この時のラストは、彼女の幻影がフブキの面影によぎるようにスッと消えて終わるというものだった。「悪夢の第四楽章」の決定稿までのラストに近かったのである。

おそらく原田監督は、かなり最後までどちらにするか迷ったのではないかと思われる。そして最終的には、稲森の面影でシメるしっとりとした余韻のあるラストより、玲子役の石田裕加里による気迫のこもった励ましを取ったのではないだろうか。

現場から立ち上がってくるものを大切にする原田監督らしいジャッジといえる。ちなみに、石田裕加里はこの時の仲が発展し後に藤宮役・高野八誠と結婚、映画『大決戦！超ウルトラ8兄弟』（〇八年）では夫婦役で共演。実際に妊娠した姿で登場し、ウルトラファンにも「おめでた」のお披露目をすることになる。

▼弾みのある描写を

今回、原田監督は、全編シリアスムードな脚本の随所にコミカルな演出を入れて、沈み過ぎないようにしている、

始まってすぐの、地底怪獣に対する人類の先制攻撃の是非を問う街頭インタビューの際にも、レポーターの玲子が逆に、マイクを向けられた視聴者から「玲子さん頑張って」と声をかけられて恐縮する場面を入れたり、ＫＣＢが波動生命に冒される直前のスタジオ番組収録シーンでは、20話で藤宮によってトランクに閉じ込められる役回りだった須貝助教授（右田昌万）が出演しているなど、シリーズをこれまで見てきている視聴者はニヤリとさせられ、そうでない視聴者にもどことなく弾みのある描写に感じられるように出来ている。

「なぜクラゲの化石は見つからないんでしょうか」という、なんだかよくわからない司会者の質問に得々として答える須貝に、サブ室のスタッフ二人が「この状況でよく出ましたね」「出たがりなんだよ」と陰口を叩いている。この二人はスクリプターの河島順子と、『ティガ』『ダイナ』のＣＧ担当だった田嶋秀樹。後ろで出番を待っている歌手は光学合成の佐藤元。そしてスタジオ内のＡＤの役は、後に『コスモス』でプロデューサーとなる渋谷浩康。直後に起こる異変に「オイ渋谷、本番中だぞ」と田嶋秀樹が叫ぶ。

原田監督は、シリアスムードに軽い遊びの要素を入れる際、スタッフに出てもらうことが多い。

今回、エンディング主題歌が流れ始めるのも、ＫＣＢ局内で操られていた局員達が起きるタイミングである。まだ事情が飲み込めていない田嶋を、円谷浩演じる田端がしっかりしろと思いっきりビンタすると、一同が一斉に引く……というコミカル演出は、事件が終わった後のホッとした時間の始まりを告げている。

▼女性としてのモンスター

前回のサイコメザード登場編「迷宮のリリア」では、恐竜の外骨格のような従来のデザインの中央に人間のような顔を付けた原田監督だが、今回のクインメザードはそれに加えて、外骨格に広がった各部分にもそれぞれ顔が付いている。デザイン自体に迷宮感を出している。

シナリオには「その全身は醜悪な無数の骸骨が張付き、中心に白い能面を思わせる女の顔が現出。カッとその赤い眼が見開かれ——」と書かれている。

このクインメザードが、迷宮空間を作り出していく。シナリオではテレビ局内をラビリンス風に見せる展開がもっとあったが、その要素と、特撮場面の、どことも知れぬ異空間がイメージとしてリンクされていたのだろう。

ガイアとメザードが戦う場所は、原田監督が演出メモに「寺井ワールドの壁画」と書いたように、例によって美術監督・寺井雄二の腕が振るわれている。モザイクのような黄色い立体や抽象物体が並び、見える角度によって違う。中世ヨーロッパの城壁のような迷路がイメージされた。

「迷宮のリリア」「野獣包囲網」の時のような、シナリオには書かれていない、確信犯的な〈暴走〉ではなく、今回はシナリオ段階から「超空間」と書かれている。設定的には、メザードが発生させたワームホールの内部ということになっている。

ワームホールの中央にはメザードの顔が浮かび、それは女性の顔。ドラマ部分での稲森への擬態ともリンクした、女の姿で罠を仕掛ける敵のインナー・ワールドなのだ。この超空間では、局内のバーのような「ある空間」で稲森の弾いていたと同じピアノ音楽にエコーがかかって変奏されている。精神的に不安定にさせる演出だ。

そこでは、あのアグルも、ガイアの敵として復活する。無論、これもメザードの擬態だ。炎が人の形になって、ニセアグルの後ろ姿となる場面を、原田監督はコンテから指定している。このニセアグルも、稲森の藤宮への思いを利用したことによって生み出されたのかもしれない。

今回XIGの攻撃は、外からワームホールに向かって特殊弾を撃ち込むという作戦だが、シナリオでは、これは対干渉波パルスであり、生前の稲森博士が開発したパーセル（怪獣のコントロールを目的とした装置。23話に登場）の基本プログラムには、もともと波動生命の干渉波が応用されていたという説明があった。

シナリオには、石室コマンダーの「藤宮が考えたことを、稲森博士が完成させた。二人の叡智が、邪悪な思念に打ち勝ったんです」というセリフがあった。

このくだりがカットされたのは、尺の都合もあるだろうが、別の話数にまたがった解説と、またそこにすら説明されてなかった事実があったということを、短いやり取りだけで視聴者に伝えるのは難しいという判断からだろう。

だが意図としては、敵の作った稲森博士の虚像を、生前の稲森自身の力を借りて撃破するという意味合いを持たせることで、稲森博士と藤宮の関係を修復したかったのだと思われる。それは藤宮自身も救うことになる。

準備稿では、稲森の虚像を撃ってしまったことで、さらにまた藤宮が罪を背負う……というくだりがあった。「俺は稲森京子を撃った。たとえ偽者でも、俺が彼女を撃ったことに変わりはない」

しかしこれでは苦悩の無間地獄にハマってしまい、この後救いのある結末につながりそうもないと判断したためか、決定稿以降では「俺のせいで稲森京子は死んだ。その事実は……決して変わりはしない」というセリフに変更になっている。

「俺には、何も救えはしなかった。何一つ」

玲子がそんな藤宮に言うセリフは、準備稿、決定稿とも「どうして…いつも一人で苦しむのよ」だったが、原田監督は「いつまで、過去にとらわれているつもり？」に変更している。それが、先述したエンディング明けのセリフにも重なるのだ。

▼原田昌樹、語る

——「悪夢の第四楽章」では、地底貫通弾の実験をする場面で、中国人の役者さんの使ったGUARD中国支部から始まって、〈命中〉という字がディスプレイに出ますね。

原田　明朝体でね。それが世界観を広げるという意味になればいいんじゃないのというノリだったんですけどね。

——今回、イキナリ中国語を話す女性技師の描写から入って、次に藤宮が「破滅する……世界」と呟くと、背後にドレス姿のなまめかしい稲森博士のシルエットが見える。そしてエリアルベースのコマンドルームのモニタに、エジプト風の壁画が映し出される。ここまでの短いショットの畳みかけは、イメージ的でスタイリッシュですね。今回のテイストを先に押し出している感じもするし……ただ、この壁画が未知なる古代文明が滅んだことを示すもので、過去にも破滅招来体が訪れていたかもしれないと、堤チーフと我夢が話すくだりがシナリオにあります。これは冒頭の、各国が地底貫通弾の実験を始めたということとつながり、このまま地球を破壊していくと壁画の古代文明のようになるという不安であり、次の回の「大地裂く牙」にテーマを橋渡ししている部分でもありますが、原田監督は全部カットされてますね。

原田　わかんないからですよ。説明し切れない画がたくさんあったから。二〇分ってけっこう短いんで、俺達が見てわかんないものは、視聴者ももっとわかんないと思った。人間ドラマってのは感情だからわかってくれるだろうと思って、そっちに振っていった部分はあったかもしれない。

——稲森博士は、今回とても色っぽいですね。

原田　藤宮の一番の弱点が、彼女の存在なんです。稲森は劇中で死んだ人なので、今回、久野真紀子さんを女らしい感じにガラリと変えてみました。稲森の弾くピアノも、藤宮の心の隙間を突くように。そして全体を幻想的にしたんです。

作品解説

「大地裂く牙」38話 ▼一九九九年五月二九日放映

脚本：古怒田健志　**撮影（本編）**：倉持武弘　**撮影（特撮）**：高橋義仁
ゲスト：大和武士（柊博之）、沢村亜津佐（佐々木律子）、大寶智子（黒田恵）

▼ストーリー

破滅招来体の影響で覚醒し、未だ地中に潜伏している地球怪獣達。彼らを地底貫通弾で攻撃しようという機運が世界各国で高まっていた。

エリアルベースを訪れたGUARD環太平洋部隊の柊准将は、津村湖の地下に眠る怪獣、コードネーム「ティグリス」への地底貫通弾による先制攻撃のサポートをXIGに依頼する。

環境汚染や地底の破壊など悪影響を指摘する千葉参謀に、「環境が守られても、そこに住む人間が安全でなければ意味がない」と柊は断言する。

地底で眠っているだけの怪獣にミサイルを撃ち込むという作戦に疑問を感じる我夢の前に現れた藤宮は「地球に向けた刃はいつか必ず人間自身にはね返る」と告げる。

地底貫通弾の発射が五分後となった折、発射現場の管制室に侵入した藤宮は柊に「これ以上、地球に傷を負わせるな」と止めようとするが、その腹部にパンチを食らわせる。

「すでにたくさんの人々が怪獣によって命を失っているんだ。その人々に対し、お前はどう責任をとる!?」

そして、地底貫通弾は発射されてしまう。

だが、地底貫通弾の直撃を受けながらティグリスは生きていた。大地が裂け、傷ついたティグリスが出現した。

「どうして……こうなってしまうんだ……それでも僕に、できることがあるっていうのか」

エスプレンダーの光を見つめ、ガイアに変身する我夢。

怪獣は満身創痍で管制棟を目指して一直線に進む。

「来い……人間はただお前達に怯えるだけではない！」

冷徹にティグリスを攻撃する柊。そこには、ガイアも立ちはだかることができない。

やがて、力尽きたティグリスは横転し、目を閉じる。

藤宮に促され、ガイアはティグリスの亡骸を地底へ戻してやる。

▼怪獣は人類の敵なのか

『ガイア』における〈怪獣〉は、すべてではないが、ある程度系統別に位置づけられている。破滅招来体によってワームホールから送り込まれる「宇宙怪獣」、地底から目覚めさせられた「地球怪獣」、未来から送り込まれた「自然コントロールマシーン」、人間の心を反映する「波動生命」など……。一つの系統の怪獣が何度か登場すると、その度にテーマも深まっていく。

前回「悪夢の第四楽章」は、その中の「波動生命」編のラストだったが、「地球怪獣」編に位置するのが今回である。地球怪獣は自然生命の象徴として描かれ、それ自体に悪意はない。原田作品の11話「龍の都」に登場した壬龍もそこに属する。その回の脚本も書いた古怒田健志が地球怪獣編をメインで担当、今回は古怒田氏自身の希望で問題提起がなされている。

原田監督は、初めてウルトラマンシリーズを担当した「怪獣動物園」（『ティガ』30話）がそうであったように、怪獣退治を潔しとしない脚本を任されることが多い。

柊准将。衣装合わせ時の写真

破滅招来体に怯える各国は、地底に眠る地球怪獣に、まだ何もする前から相次いで先制攻撃をかける。前回でも少し描かれた、地底貫通弾によるものだ。

「俺は腕づくでも地底貫通弾の発射を止める」という藤宮は、我夢に「お前は自分の出来ることを考えろ」と促す。

このくだりは、シナリオでは「お前は自分の出来ることを考えろ——ウルトラマン」と言っていた。

かつては藤宮が抱え込んでいた、人間と地球環境の両立が可能なのかという葛藤を、今回、我夢が背負うことになる。彼はウルトラマンとして何が出来るのか。

原田監督は、湖に立ち尽くし、足下の地面に思いを寄せる我夢が「人も怪獣も……地球から生まれたのに……」と独白するセリフをシナリオに付加している。

▼大和武士VS怪獣

今回の冒頭場面だが、準備稿、決定稿、完成作品と全部変わっている。

準備稿では、千葉参謀と、GUARDヨーロッパ参謀・ボガードとが密談する場面から始まっていた。環境汚染や地殻の変動を促す地底貫通弾のこれ以上の使用を見合わせることを要請する千葉参謀に、ボガード参謀は、怪獣の脅威は環境汚染や地震とは比べ物にならないと、にべもない。だがGUARDヨーロッパの一部が東ユーロ条約機構に対し軍事供与の疑いがあるとの内部調査報告書を示し、揺さぶりをかける千葉。

千葉がこのようにして、地底貫通弾阻止のため各国の参謀をネゴシエートしているということが、準備稿では物語と併行して説明されていた。

ドラマとして描かれている部分だけではなく、水面下の世界情勢を表現しようとしたものだが、決定稿以降では削除されており、ボガード参謀も登場しない（ちなみに「ボガード参謀」は、『ウルトラセブン』に登場した参謀の一人と同じ名前）。

怪獣攻撃のミリタリズムは、あくまで、今回のメインゲストである柊博之准将に集約させることとなった。

だから決定稿では冒頭いきなり、柊の乗るダヴライナーが映し出され「その日、エリアルベースに一人の男がやってきた」とナレーションが入るようになっている。ボガード参謀との前段の会談をカットし、柊の登場を前面に押し出した格好だ。

柊を演じるのは大和武士。元プロボクシングの日本ミドル級チャンピオンで、引退後、阪本順治監督の映画『どついたるねん』にて俳優デビュー。原田氏が和泉聖治氏の下で監督補を担当した『修羅がゆく』シリーズで、主人公・本郷（哀川翔）の好敵手である暴力団組長・京本を演じている。およそ、ウルトラマンにゲストで出るとは考えにくいこのキャスティングを成立させてしまうのは、原田監督ならではだ。

その大柄で精悍な肉体を白いスーツに包み、表情が読み取れないサングラス姿でコマンドルームにやってくる柊。赤いベレー帽の二隊員を従え、千葉参謀、石室コマンダーと敬礼を交わす。

拳を下に降ろし威圧的なまでに悠然と歩む姿は、『ガイア』の世界に存在として立ち向かっているかに見える。空中に浮かぶこの基地の、地に足の着かないムードが気に入らない、とでもいうように。

エリアルベースの通路から見える美しい夕焼け（5話「もう一人の巨人」の「千葉の夕焼け」素材を使用）。サングラスを外した柊は窓辺に一人立ち「美しい景色だ」と言いながら、こう続ける。「こんなところにいるから、地上の人間の痛みがわからなくなる」

これは、同じXIGでも身体を鍛え抜いた陸戦部隊であるチーム・ハーキュリーズや、地を這い回るトカゲからネーミングされたリザードに思い入れ、重点を置いてきた原田監督の目線でもあるだろう。

この柊が、任務以上に怪獣を憎悪している存在であることを示す過去の設定は、準備稿と決定稿以降では異なる。準備稿では、半年前、怪獣災害で家族を失い、参謀本部に移動になったという設定だ（準備稿の柊は「参謀」だった）。決定稿では、24話「アグルの決意」（脚本・長谷川圭一、監督・北浦嗣巳）で蘇った地球怪獣・ゾンネルⅡによって全滅させられたGUARDアメリカ地上部隊の指揮を執っていたことになっている。

同じ怪獣を憎むという動機でも、家族を殺されたという私怨から、部下を喪ったという指揮官としての思いにスライドさせているのは、大和武士が『修羅がゆく』で演じてきた組長のような、上に立つ者としての男らしさを出したいがゆえだろう。

石室コマンダーが柊に、地底貫通弾の使用を思い留まるよう頼む場面は、準備稿では長いシーンになっており、柊のセリフも多いが、決定稿以降では会話を刈り込み、原田監督は、大和武士の持つ威圧力に託している。コマンドルームの窓の外にはシーガル・フローターが飛ぶのが遠く見え、石室役の渡辺裕之と大和武士が無言で対峙する数秒間を作った原田監督はそこに心拍音を入れている。

またこのシーンで、シナリオでは、地底貫通弾の使用を「一日だけ」待って欲しいと石室は頼んでいるのだが、原田監督はこの「一日だけ」という部分をカットしている。たしかに、「一日だけ」が意味するものは不明確だ。地底貫通弾とは違う怪獣対策がXIGによって練られているという描写は特にないのだから。おそらくこれは、準備稿段階での、千葉参謀のネゴシエート行為を意識してのものだと思われる。一日待てば千葉の根回しが功を奏して、地底貫通弾の中止命令が出るかもしれないという、引き延ばし作戦であろう。だが千葉の行動が決定稿以降刈り込まれたため、意味をなさなくなったセリフが残留していたのをカットしたと考えられる。

そして準備稿と、決定稿以降の最も大きな違いは、ティグリスが地上に現れてからの、管制塔の司令室から睨みを利かす柊とティグリスの対峙シーンだろう。準備稿でこの描写はなく、ティグリスはガイアを跳ね飛ばすと、管制塔に直進する途中で、柊の攻撃を待つ間もなくこと切れる。

だが決定稿以降では、柊は突進してくるティグリスを自動迎撃装置で攻撃し、砲台を破壊するティグリスを睨み返す。二次防衛システムを作動させ、さらに攻撃を重ねる。

原田監督は、柊をまっすぐに怪獣と向き合わせているのだ。

また、管制室に向かうティグリスを見た石室の「やつは知っているのか……自分の敵を」というセリフを描写に挿入し、〈怪獣VS大和武士〉の構図をクッキリさせた。窓越しに柊が見える管制塔に、迫って来るティグリスの形相が映り込む合成場面は、その効果を最大限に盛り上げている。

怪獣への同情を描く回でありながら、怪獣排除の思想を持つ側もカッコ悪くは描かない。

ティグリスが死に、遺体をガイアが運び去った後も、柊は立ち尽くしたまま「怪獣は滅ぼさなくてはいけない」と黒い手袋に包まれた拳を握る。その皮の音がググッと聞こえる演出も心憎い。

▼風水師・恵、再び

「龍の都」に登場した風水師の恵が今回再び登場。後に地球怪獣編のラストとなる45話「命すむ星」も原田監督が担当することになるが、恵の登場は、ここでの決着への布石ともなっている。

怪獣が眠る津村湖畔で我夢と出会うシーンでは、「あの、一度お会いしたことがありませんか?」と、前回同様、おっとりとした語り口で問いかける。

我夢は、かつてガイアとして恵に会っていた。大地に還るよう王龍に呼びかける恵と心が通じ合ったことがあったのだ。

そのことを思い出しながらも「い、いや、気のせいだと思います」とごまかす我夢だが、ゲストとの、このような再会の形はユニークだ。恵は生身の人間だが、どこか浮き世離れしていて、怪獣とウルトラマンの媒介者となることが出来る存在なのだ。

湖を見ながら、地図を持った恵が我夢に地脈について語るくだりは、準備稿では「ここには、この周辺一帯の小さな地脈がすべて集まっています」というだけの説明だったが、決定稿以降ではより詳しくなっている。

「ここは小さいですが理想的な地形です。一帯の龍脈は玄武頂を経て明堂を潤し、水朱雀に至ります。主山は金、これを火気で刺激することは火剋金の相克にあたって……」

慌てて「どういうことですか?」と訊く我夢。科学の天才少年も風水にはタジタジだが、原田監督はこのセリフの「読み」の正確さには注意を払うよう、シナリオにルビをふっている。

普段は説明的なセリフを刈り込むことが多い原田監督にしては珍しい措置だが、これは恵というキャラクターの持つ風水師としての信憑性を、雰囲気として出したかったのだろう。

この恵との対話で、地底貫通弾でも怪獣が死なない可能性に留意した我夢は、石室コマンダーに連絡する。決定稿で石室は「風水の見立てなどでは、中止の理由にはならない」と応えるが、準備稿では「風水の見立て『だけ』では、中止の理由にはならない」となっていた。

石室が、民間人である恵の言うことをどんな態度で受け止めるのか、原田監督の中でも迷っていたのが伺える。結局、このセリフそのものが映像作品ではオミットとなり、「私の権限で避難指定地域を津村町全地域に拡大しよう。それが今出来る精一杯のことだ」という石室の言葉だけが残っている。

▼テロリスト藤宮

地底貫通弾を阻止するため、藤宮は津村湖の発射現場に侵入する。立ちはだかる柊の部下を退けるのに、準備稿では急所への手刀のみ用いられているが、決定稿以降では、持参した電撃スティックを併用している。これは、柊サイドが弱く見えるのを避けたためだろう。

管制室に到達した藤宮に、「テロリストに指図される覚えはない」と柊は言い放つのだが、劇中の世界で藤宮が「テロリスト」と呼ばれているというのは、ややショッキングだ。脚本家の古怒田健志は、XIGやGUARDからすれば、コンピュータをハッキングしたりエリアルベースを落とそうとした過去を持つ藤宮は充分テロリストであるという認識で書いたという。

この回のサブタイトル案として原田監督が出したのは「大地の牙」だった。「大地の牙」とは、原田監督が高校生の時、七四年に実際に起きた連続企業ビル爆破事件の犯人グループの一つが名乗った団体名と同じである。彼らはテロ行為に一般人が巻き込まれることも辞さなかった。誤った方向の現代社会に生きるという意味で、一般の人々も権力者と同罪だという認識で行われたこの爆破事件は当時の人々に衝撃を与えた。

準備稿で柊は藤宮を「過激なエコロジスト」呼ばわりもしていた。「怪獣だ、地球だと、なぜみんな人間のことを考えようしない!」というセリフが、放映作品の「すでにたくさんの人々が怪獣によって命を失っているんだ」というセリフの前にあった。

柊と対立しながらも、この時点での藤宮にとって、柊の言うような急進主義はなりをひそめていた。地球環境のために人類はいらないのか、と突きつけられた時、藤宮もそれ以上強硬に発射を止めることは出来なかった。

▼前代未聞！ 半死半生の怪獣

地底貫通弾を受けて、半死半生のまま地上に姿を現したティグリス。片目は潰れ、口から苦悶の液体を垂らしながら進撃する。この液体はコンテに「血ヘド」と書かれている。色がオレンジに指定されているのは、なまなましすぎないようにとの配慮だろうが、これでもかなり凄絶である。

「原田監督は発注の時、『この回の怪獣だけは可愛らしくしないでくれ』ということだけを、強調していました。ユーモラスに見えてしまっては、台無しだという考えからでしょう」（怪獣造型・杉本末男さんの証言）

柊は部下に退避を命じながらも自分は逃げず、正面の窓越しにティグリスを見据え続ける。決してうろたえないという覚悟が伺える。

チーム・ライトニングの梶尾が、傷ついた怪獣を見て「なんて姿だ」と驚く大河原に「感傷を捨てろ、大河原。俺達は任務を遂行するだけだ」と叱咤するくだりが準備稿にはあった。決定稿では「攻撃の手をゆるめるな、まだ街には人がいるんだ！」に変わっている。そして放映作品では、結局このくだりごとカットされた。梶尾の態度決定をどう視聴者に伝えるか、原田監督は試行錯誤した末、一切そこを出さず、ただ任務を遂行する姿を見せるだけにしたのだ。

それと同様なのが、管制室の柊に迫るティグリスを見ながら立ち尽くすガイア……というシナリオの描写をカットしている点だ。おのおののリアクションをすべて拾っていては、かえって感情過多になってしまう。原田監督は柊の、必死に感情を押し殺してティグリスと対峙する姿に集約させているのだ。

▼挫折の夕陽

今回、結局我夢はガイアになって地底貫通弾を阻止することも出来ず、また柊とティグリスの間に立ちはだかることも出来なかった。恵の「あの怪獣は……もう……」というセリフにあるように、ガイアが手を下さなくてもティグリスは絶命する運命にあった。

ウルトラマンシリーズ史上、ここまでウルトラマンが〈何も出来なかった〉のは、初めてではないだろうか。

怪獣退治に疑問を持つ回はこれまでにもあった。無害な怪獣を救ったこともあった。あえて自ら手を下す回もあった。今回は、そのいずれとも違う。〈何も出来ないウルトラマン〉ということ自体がテーマになっている。

最後、瞼を閉じるティグリスは涙を流している。口から、ヨダレのように血ヘドを垂らしたまま……。

ガイアは怪獣を地底に戻すべく、運んでいく。

エンディング主題歌がかかっているラストシーン、夕陽を見つめて「僕には、何もできませんでした」と言う我夢に、恵は「チャンスはまだあります」と答える。

津村湖畔で我夢と出会った時、恵は、かつて登場した壬龍が怒りを鎮めて大地に還ったのは、自分達人間にチャンスをくれたからではないかと語っていた。原田監督はシナリオの「チャンス」の前に「やり直す」という言葉を補っている。それが、ラストの次のセリフにつながってくるのだ。

「大地に住む者達と、共に生きていける方法は必ずあるはずです。私達は、まだ諦めてはいけない」

悲劇を描きながらも期待を今後につなぐこのラストシーン、原田監督は演出メモに「夕陽だよ～ん」と記している。

ティグリスが管制室へと進撃し、やがて事切れるくだりで、空はだんだん暮れていた。演出の構成として、主人公の挫折を夕景で締めくくる計算なのだ。これは初期のスティーブン・スピルバーグがニューシネマのテイストで作った『続・激突　カージャック』（七四年）で、若き犯罪者夫婦に同情しながらも救えなかった保安官が夕焼けを見つめる場面を想起させる。ニューシネマが好きな原田監督らしい締めくくりといえる。

▼同時進行的群像ドラマ

全編が重いトーンになりがちな中で、原田監督は19、30話と描いてきた梶尾と律子の関係を進行させ、本筋との同時進行的群像ドラマを織り成す。30話「悪魔のマユ」でゴキグモンの被害に遭って以来、律子が入院している場所を、ティグリスが地下に眠る津村湖畔に設定したのだ。梶尾を乗せた我夢の車がやってくる場面は芦ノ湖ピクニックランドで撮影している。

先述のように、決定稿では柊のエリアル・ベースへの到着が冒頭場面になっていたが、完成作品では、梶尾と我夢が律子の見舞いに向かうくだりから始まっている。つまり、本筋でないところから始めているのだ。

梶尾も我夢も当然私服であり、梶尾はぎごちなくブレザーを着ている。

どぎまぎしながらも我夢に押され病室のドアをノックする梶尾だが、髪を梳かしていたベッドの上の律子が慌てて鏡など片付ける。その後、律子が「髪の毛が痛んじゃって」と照れくさそうに会話を始めるまでのくだりはシナリオに付加されたもので、原田監督は、こういう日常の中でのときめき感を出すのがうまい。

今回、律子は地底貫通弾の是非やティグリスと柊の対決には直接関わらない。だが、病院に咲く花を見ていると、自分が元気になっていくのがわかると梶尾に言うくだりで「自然というのは、命を分かち合って生きているんだなぁって感じるんです」と、モチーフ的に重なるセリフを発している。

後にティグリスが地上に姿を現した瞬間、既に避難して居ない律子の病室が映され、花瓶が下に落ちる。これも象徴的な場面だ。大地が裂かれた時、人と自然の絆は断裂したのだ。

そしてティグリスが絶命し、帰投していくチーム・ライトニングを、どこか空ろな顔で見送る律子。それは、戦いが無限に繰り返されていくことへの憂愁なのか。

▼原田昌樹、語る

――今回は怪獣の「死」がかなりリアルに押し出されましたね。

原田　もともと、僕は怪獣を無碍に殺すのは好きじゃないんです。『ガイア』で初めて怪獣を爆破させましたけど、「仕方がない」と思って。『ガイア』はそういう話なんでね。敵がハッキリしている話だからある程度やらなきゃと思ったけど、『ダイナ』の時はほとんど死なせてないですよ。そういう意味では『ダイナ』の方が僕はやりやすかった。それが許されたんで。宇宙に返してあげるとか、葬るにしてももっと優しいやり方が出来た。『ガイア』は有無を言わさず殺すところがちょっとあったんで、その反動が今回の、ただ殺されていく怪獣、ティグリスみたいに出ちゃうんですけどね。「怪獣だって命があるんだ」と。

古怒田健志くんが書いた脚本は難しいと思った。「これは俺達

立ち尽くすウルトラマン

は地雷を踏んじゃったよ」と。ウルトラマンで怪獣を殺すのに意味がないという話をやることは、自分の首を絞める話だから。逃げ道のない話なので、どう見てもこれはウルトラマンが辛くなる。その決着はどうする？　そこで詰まったまま撮っちゃったんです。あともう一本柊バナシをやって、自分達で決着をつけるという約束でやったんですよ。怪獣との共存というシリーズの方向の一つのきっかけになればということで。

人類のために怪獣を滅ぼすんだという信念を持っている柊というキャラが出てきた時、古怒田君に言ったんです。こんなキャラを終盤に出して、こいつがシリーズの流れに関わらなかったら、今までやって来たことが無駄になっちゃうよと。

Vシネをやっている時もそうですけど、男は男らしく、女は女らしくというメリハリで、人物がクッキリ出ないと駄目なんです。

脚本での柊は、怪獣を憎みながらも結構、揺らいでいる男だったんです。そこは全部外して、もっと強いイメージにした。「柊みたいな司令官は、こんな弱いキャラにはならない。そこは覚悟を持たないとダメだよ」と古怒田くんに言った。

――あそこで大和武士さんが出てきたのはビックリしました。エリアル・ベースに異質なキャラが乗り込んできたという、ゴリッとした感じで。

原田　あえて大和武士にした。どうせ強いキャラになるんだから、じゃあ強い男って誰かという時に、大和武士とウルトラマンって誰も結びつけないだろうと思ったから。大和はVシネの『修羅がゆく』とかで何本か一緒にやってたんで仲が良かったんですよ。

一本、大和で映画を作りたいと企画を立ててたこともあって、でもそのまま五年ぐらい経っちゃって、しょっちゅう「いつ呼んでくれんのよ？」って言われてたんだけど「今、俺、ウルトラマンやってるからダメだ」と断ってた。でも「柊かあ。これだったら呼べるかなあ」と思って「出る？」と連絡したら、あいつ準備稿の段階で飛んできて、すぐ衣装を合わせて、決定稿の前にもう決まってたんです。俺は知らなかったんだけど「大好きなんだ」って。昔だと『セブン』が好きだって言ってたよ（笑）。

大和がやったらああいう強いキャラになりますよ。自分の信念を変えない。古怒田くんもプレビューを見て「自分が思ってたよりはるかに強いキャラになっちゃった」と言ってました。じゃあ、そんな柊の方針をどうやって変える方向で持っていけるか。

「大地裂く牙」に出ているキャラは、怪獣も含めて、誰も間違ってないんです。誰一人。柊のやっていることは正しいことなんですよね。怪獣がいたらそこに撃ち込むというのは、今まで実際に人間が怪獣によって被害を受けているのならば当然のこと。かつて仲間を殺されてはいるけれども、ただの復讐心ではない。だから柊の過去をあまり突っ込んで描かなかったんです。

片や怪獣ティグリスにしても、自分の仲間がやられるのならば、身を挺してでも地上に出てきて地底貫通弾を壊しに行くというのも正しい。藤宮の行動も正しいし、我夢の行動も正しい。

ただ全員正しいから、ウルトラマンが出てきても何も出来ないんです。だから現場で一番困ったのは、ウルトラマンを演った権藤（俊輔）くんですよ。「監督、僕どうすればいいんですか？」と。「お前、ボーッと立ってろ」と言ったら、本当に困ってましたよ。

だからあんまり入れてないんです、画の中に。やっぱり演じられないんですよ。最低限しか写ってないと思います。

ティグリスは三宅（敏夫）が入っていたんだけど、三宅としてはわかりやすいわけですよ。自分は傷ついても、仲間が地底にいるから地底貫通弾に向かっていくというのはね。「まっすぐ進め。ただまっすぐ行けばいい」と言っただけだから。

大和の方も、自分の信念を持っているから、一切、目もそらさない。「そんなもん当然だよ」とやれるから、大和と三宅の方が説得力があるわけです。

●音響スタッフ

松本能紀（整音）・**小林地香子**（選曲）・**中野陽子**（オペレーター）

原田監督は、誰かがちゃんと聴いたことのある音が好きですね

座談会

松本能紀　『ティガ』以降、原田監督の円谷作品はだいたい関わっています。地上波の番組以外に原田さんが関わったもので言うと、ビデオの『ぱっちしV』や、DVDの『ウルトラヒロイン伝説』、あとは『五龍奇剣士』を最初の三話まで担当しました。

小林地香子　会社で請けたものをたまたま担当することになったのが円谷プロ作品との関わりです。

中野陽子　私達のいた会社はテレビや映画の音響を請けている会社で、今はアニメが多いんです。

小林　昔は昼帯ドラマもやってました。

松本　火曜サスペンス劇場とか土曜ワイド劇場もやっていました。

　少なくともここにいる三人は、円谷プロさんの仕事をしている会社に入ったという経緯の関わりです。

　会社としては、（円谷）皐さんが社長だった頃から、ウルトラマンの映画や再編集ビデオなどの音響効果を仕事でやっていたんです。僕の入った頃は、深夜番組の『AM3：00の恐怖』（八七～八八年）という五分番組をやったり、『電光超人グリッドマン』（九三～九四年）などをやりました。

小林　私はその少し後に入社しましたが、三人の中では私だけ今でも当時の会社にそのままいます。

中野　私はちょうど『グリッドマン』の一年前に入社しました。

――松本さんは「整音」とクレジットされています。

松本　撮影が終わって、編集後の音の最後の仕上げを担当します。映像に音楽や効果音を付けるセクションの中で、僕の担当はミキシングです。セリフも音楽も効果音も揃ったところで、最終的に全部の素材を合わせてバランスを取ります。

　映画業界ではダビング、ビデオ業界ではMAというんです。足したり引いたり、変えてみたりする。

　その段階で作品はほとんど完成に近く、誰よりも先に完成品を見られる。

中野　私はオペレーターで、現場ではミキサーの松本さんのアシスタントをやっています。原田監督との作品は、『ティガ』から『ガイア』直後まで担当しました。あとはつかず離れずな感じで。

　当時はフィルムなので、現場で撮影した切れ目にはカチンコが映っているんです。それを見て、音を合わせる作業をずっとやっていました。撮影したテープを貰って、全部のロールに音を貼り付けて、ということを『ガイア』まで。

　原田さんと初めて会ったのは『ティガ』の特番の時で、ジャパンヴィステックで編集に立ち合った記憶があります。「まだ一本もオンエアしていないのに、俺、一発目が特番？」と、ずっと愚痴を言っていた記憶があります。シリーズに入ってからも、『ティガ』の頃はまだ「なんで俺がウルトラマンの監督なんだ？」と、よくポロリと言っていました。次の『ダイナ』になると原田さんの色が強くなりますが。

――原田監督はどの程度立ち会うんですか？

松本　編集後に「音打ち」と呼ばれる打ち合わせをして、それから何日かの間にそれぞれのセクションで仕込みをやって、MA当日に監督は朝からずっと貼りついて、一緒に音楽を変えたり、効果音を練っていくんです。監督はその全体を眺める。

　『ティガ』の時は一日一本ペース、『ダイナ』からは二本ずつになりました。『ブースカ！ブースカ!!』は一日三本でした。

小林　一日三本はいくらなんでもしんどかった。

松本　『ダイナ』の「少年宇宙人」（20話）のミックスは結構、時間がかかったね。

中野　原田さんの思い入れが強かった。一日に二本ずつやると、力が入っている方が印象に残ります。

――ウルトラマンや特撮は音響の面で他のジャンルの作品と違いますか？

中野　アニメのようなドラマのような……。

小林　実写なんだけど光線も出したりもするし。

中野　色んな複合的な要素が……。

小林　幅がやたらに広いものが必要とされましたね。

　監督によって色の違いもあるし。

松本　フィルム出身の監督さんや、テレビ出身の方、

またはどちらも経験している方、という出身で演出の違いもあるでしょうし。
効果音はやたら多い。特撮は音がゼロですから、音は全部付けなきゃいけない。怪獣の声も作るし。
中野　自分達ながら「よくやるよね」と思うよね。
小林　出来得る限り。何かをアレンジするのはありますが、毎回新規に作っていますね。

▽「風とサイレンが立てばいい」

――『ダイナ』の「怪盗ヒマラ」(12話)の回でも、ヒマラの部屋に扇風機がボワッボワッと回って。
松本　強調していました。そういう味付けは多いですね。好きだったのかもしれない。
小林　扇風機は好きでしたよ(笑)。回る時のカシャン、カシャンという音とか。
――かすかに聴こえる音にこだわりがある。『ガイア』の「遠い町・ウクバール」(29話)の風車の回る音とか。風車は永田の部屋にもあったし、彼の子ども時代の部屋にもあった。ウクバールそのものも。
小林　風がたくさん吹いているような感じにしたかったんでしょうね。
――電話の受話器を耳に当てたら風の音が聴こえてきました。
小林　「これは音がキモだよ」とは言ってました。あとサイレンが鳴ることが、町の中でかなり重要だったりして、その響きにはこだわっていたんじゃないかと思うんです。
――ダイナでも、ウルトラマンが変身ポーズのまま怪獣にぶつかると「カーン」と音がしたりしました。
小林　「カーン」は好きでした。「フライパンを叩くような音」という言い方で、よく注文していました。『ダイナ』の「ウイニングショット」(5話)の怪獣シルドロンは、手の外側が甲になっていて固い。そこでダイナの攻撃を受け止める時も、「カーンにして」と言ってました。『ダイナ』の「幻の遊星」(11話)のモンスアーガーが、頭の上の青いお皿にダイナのキックを受ける時は、「バリン」と指示してました。
中野　お皿が割れる音。
小林　イメージが湧きやすい。「ウクバール」のサイレンの音もそうだし、古典的な音が好きですね。
中野　アナログな。
小林　誰かがちゃんと聴いたことのある音。現実にあり得るようなもの。『ガイア』の「襲撃の森」(46話)で今田耕司さんの教団が出てくるところは、鈴を鳴らすシーンで「シャリーン、頼むよ」とか。

▽怪獣のアテレコ

中野　怪獣も意外と人間的なのが多かったよね。
松本　『ティガ』の「ウルトラの星」(49話)のヤナカーギーは「ウマウマ」「いてー」とか、人間っぽい声を入れることになって、ビックリしました。スクリプターの河島順子さんの声をアフレコして加工したんです。
小林　最初、河島さんが普通に怪獣っぽく「ぎゃー」と言ったら、「イテーッと言うんだよ」と監督は指示していました(笑)。
松本　ちょっとピッチ(音の高さ)を上げて加工しましたね。アフレコで録った声を僕の方で怪獣の声に加工することは、原田さんの場合は多かったです。
小林　多かったですね。怪獣のアフレコ。
中野　怪獣のアフレコ(笑)。
小林　『ガイア』のガンQもそうだったし。
中野　だんだんメカっぽい怪獣が増えていく一方で、原田さんの怪獣は人間っぽい、動物っぽいものが多くて、それでアフレコで声を作るのが多かったんです。
小林　音打ちの時に特撮のシーンになると「はい、ここで謝ります。ごめんなさい」と、怪獣の芝居の内容を原田さんがアテレコみたいに教えてくれる時があって、それはたいてい可愛らしい怪獣でした。「こういう雰囲気なんだよ」と、伝えるためにでしょうが、「困ったなあ」とか「あらあら」と原田さんが自分でアテていたのが可愛らしかったです。
中野　わかりやすい。一番わかりやすいよ。

▽原田監督の時は戦々恐々

――小林さんのお仕事について教えてください。
小林　選曲をやっています。円谷プロ作品は、映画の『ゼアス』から関わり始めました。それ以前は専門学校に行っていて、実質中学卒業以来ずっとこの世界です。蒲田の学校の音楽科です。
松本　この業種は人によっては映画学校出身もいる。
小林　私は映画学校。松本さんはどこなんですか？
松本　芝公園の学校。音響芸術科。最初はちょっと音楽系だったりした。
――映像の世界で音響に関心を持たれるというのは面白いですね。
小林　来ようと思って来たわけじゃなくて、という人が大半だから。みんな不思議ですよね。
中野　みんな専門学校で一応は役に立たないベースはやるんです(笑)。

小林　原田さんとの関わりでは、『ダイナ』から『コスモス』まではやらせて頂きました。『ティガ』も、『ウルトラの星』の時などに音打ちやミックスを見学させて頂いていて、その中で初めて原田監督ともお会いしています。

ウルトラマンはスタッフの結束が強くて、みんな親しいし、この世界の中でも異色ですね。

シリーズ一話目はフォーマットを含めて監督、プロデューサーと話しますが、各回に関しては主に監督の指示です。音について打ち合わせをする時に、番組のために作曲家が作った劇伴の中から、出来るだけ使うようにします。原田さんは曲を事前に聴くことはあんまりなくて、「だいたいこんな感じ」とだけおっしゃって、それに即したものを選んでMA当日に聴いて頂いて、違うということであれば取り替えるというやり方でした。

原田監督は、オーソドックスなものを撮る時にはすごくオーソドックスに撮るんですが、台本によっては……太田愛さんの脚本などそうですが、異質な世界観があるので、それ用に曲を発注したり、会社にある著作権フリーの音楽から選んでなんとか対応する相談をされることは多い方でした。

原田さんはメイン監督ではないですが、音楽のディレクターがすっかり名前を憶えていらして、相手が原田監督の時は戦々恐々としてらっしゃった（笑）。私達に「原田監督は今回どういうことを言い出しそうですか」と訊かれたことも実際あります。

音楽監督は円谷音楽出版とは別に、商品用のCDを出していた、今はなきユーメックス（バンダイの子会社）の担当の方が『ガイア』の時は一手に担ってたんです。プロデュースもしてもらっていました。

▽「ナチュラル」で「古すぎない」

――『ダイナ』の「君を想う力」では、オールディーズ風の曲がかかります。

小林　あれは、この話のために作りました。

松本　特注とか追加はほとんど原田監督の回でした。

小林　原田監督からの発注時の要望は「ナチュラル」で「古すぎない」もの。だけど「爽やかさが欲しい」。アコースティックギターとか、そういうもので感じる「青春映画の要素」を指して言ったんじゃないかなと思います。一貫してわりと似たような雰囲気を求めていらっしゃいました。

当時、監督はテレビドラマの『白線流し』に感動していて、オールディーズのような甘酸っぱいものが好きで、ああいう音楽にすごく造詣が深かった。

中野　そう考えると、『ティガ』で最初にやった「青い夜の記憶」もわかる気がするんだよね。

――「青い夜の記憶」もオールディーズ主体の選曲でしたね。ロカビリー風にして、ゲストの田中規子さんがレザージャケットを着ています。

中野　古いマイクを使ってて、松本さんが「あのマイクをどこから持ってきたんだろうね」と。

松本　あの四角いの？

小林　マリリン・モンローみたいな。

中野　よくロカビリーで持っているようなマイク。

――たしかにあのマイクは印象的ですね。原田さんが亡くなった後、ご家族が部屋に入ったら目立つところに女性が歌っている写真があって、なんの写真だか全然わからなくて、後でビデオを見たらその写真だったとわかったそうです。原田さん、自分の部屋に引き伸ばして貼っていたんですね。

松本　思い入れがあったんだな。

小林　所謂「イケイケ」じゃない人ですね。一辺倒になってしまうと、違うと指摘されました。リズムを刻むのが早いものを使ったら、次はしっとりとか変化をつけてくる。サウンドはビートルズ的なこだわりもありつつ、その合間に、当時売れていた「イマの曲」も使う。

――『ダイナ』では「少年宇宙人」もオリジナル曲を作っていましたよね。

小林　あれも、子ども達の曲は本当にそれ用に作った。一回リテイクをかけたんです。原田さんはその時、「パフィーみたいに」と言ったらしいです。

当時、井上陽水や奥田民生がプロデュースしていたサウンドが売れていて、六〇～七〇年代のテイストが今のポップスにハマッていました。それが私達、全然わからなくて、ロカビリーみたいな曲が仕上がってきて、「なんか違う」と同じ曲をもう一回録り直したんです。ずっとプロデュースもやってくださっている音楽監督の藤田（純二）さんも「パフィーと言われたけど、わからないんです」と悩んでいたのを憶えています。

その時も、古すぎない青春っぽいものを伝えたかったんだと思うんです。でも「パフィー」と言われたから、わからなくなっちゃったんです。作曲の矢野（立美）さんもわからなかったと思います。

完成映像にはアコースティックギター一本で弾いた曲が流れてたと思いますが、本来もらったものはもっとチャカポコしていました。メインで使ったピアノの曲は、たまたまこの時期の新曲のメニューに含まれていたものを初めて使ったんだと思います。

――『ガイア』の「悪夢の第四楽章」（37話）の曲は「ウクバール」のピアノ曲にも通じている気がしま

した。どこかから響くような。

小林　ただ「悪夢の第四楽章」の時は、稲森博士がドレス姿で弾く曲として、ピアノで何かの第四楽章を弾いてもらったんです。作曲家じゃなくて、知り合いの音楽関係の方に。クラシックだから、弾いてもらえれば権利は大丈夫だからという頼み方でした。『ブースカ』の19話「思い出呼び出すレトロノーム」は渡辺典子さん演じるママがピアノを弾く話ですが、「ショパンを用意しなきゃ」と言っていました。一番だけ人に弾いてもらったんです。

▼時間の流れ、人の流れを読むのに長けていた

――その回のために音楽を新しく録るのは、テレビでは珍しいんじゃないでしょうか。

小林　特注は珍しいですね。オールディーズの時もそうですが、特注の時は原田さんがイメージの曲を持ってくるんです。それで作曲家にイメージして頂いて、作ってもらいます。

脚本家が太田愛さんの時は、愛さん自身にイメージが既に膨らんでいる場合もある。愛さんがイメージの曲を持ってくるから(笑)。それを作曲家に聴いて頂く。僕らは「似たような感じで」という言い方しかできないんだけど、出来るだけ監督のイメージ通りに伝えます。

でも新録音に関しては、私達の前に、監督がプロデューサーをはじめとする方々と話をつけていることが多いんです。事前に「こういう音が欲しい」と相談はされますが、「ないですね」という話になって、どうするのかなと思っていたら「作ってくれるというから頼んだよ」と(笑)。そういうことは監督が自分で言った方が話が通りやすいですからね。

原田監督はタイミングを生かしていました。1クール分、新しい音楽を追加する時とか、新しいサントラが出る時とか、予算の中でなんとか組み込んでいました。原田監督はわがままを言う感じではない。時間の流れや、人の仕事の流れを見るのに、とても長けていた方ですから。

――ヒマラの時も新曲が。

小林　ヒマラの曲も多かったです。あの時はハネジロー登場の回とカップリングでしたが、ハネジローのテーマを作るのは、たぶん約束があったと思います。ちょうど11、12話辺りは、曲を録り足す時期なんです。すごくうまい具合に録り足せました。

収録曲は、だいたい発注の半分ぐらいをとにかく初回に間に合わせるけど、あとは1クール見てから、といつも言われるんです。

松本　監督のローテーションが一回りしてね。

小林　ヒマラの場合、そこに、ちょうどいい具合に収まったんだと思います。

中野　『ダイナ』は曲が多かったよね。

――当時サントラの三枚目のアルバムが出た時はビックリしました。『ティガ』はオンエアの時は一枚しか出なかったのに。

松本　『ティガ』は曲が少なかったね。

小林　その代わり、使い勝手のいい曲が多いんです。劇伴としては『ティガ』の方が秀逸でした。『ダイナ』はバラエティに富んでいて、一曲一曲の意味が強い曲が多い。

――ヒマラも一曲だけじゃなくて、ヒマラが出てくる度にかかる音楽と、屋上でロケットを発動させる時にかかる音楽が違ったり。ちょっとオルゴール風に編曲してヒマラワールドの中でも使っていました。

小林　「怖い時もあるんだけど、ちょっとコミカルな時も」とパターンをいくつも。この頃たぶん、充実して、一番色々発注できた頃ですね。

さらにディレクターさんも気を遣ってくれて、「抜き」と言って、同じ曲なんだけど「ラッパの音を取ったらオルゴールだけの音になります」と。そういうものも使って膨らみを持たせることが出来ました。

――ヒマラは音楽の要素も強いですね。

中野　鳩時計の音とか、狸のポンポンって音を入れて、ヒマラワールドを音からも表現していました。

――二宮金次郎が「一日一章」とか。

松本　悪ノリというかね。「ヒマラ」は面白かったね。

▼ラブストーリーも音で

小林　「歌う探査ロボット」でラブモスが狂っちゃう時の音楽も当て書きで作って頂いたんです。音を奏でるものが出てくる時は、実際に演って頂かないと。こちらで何かするというものじゃない。

中野　ラッパの形をしてたね。

――でも音楽はフルオーケストラな感じでした。

小林　図らずもあんな感じになりました。普通は画に出るものが、そのままイメージになりますよね。原田さんは、もっと幻想的な何かを思い描いて発注したんでしょうが、上がってきた画があういうラッパのようなものだったので、松本さんにエコーで少し広げましょうという話をしましたね。

松本　ポワ～っとね。

小林　あのままだとガンッと耳に来ちゃう音なので、丸くならないかなあと思ったんです。監督は「本当はラブストーリーにしたいんだ」と言ってました。

中野　ラブモスはあそこまでロボットじゃなくて、

もう少し人間的なものを想定していたと思うんです。

なるようにしかなんない

――原田監督は時間の使い方は合理的でしたか？

松本　判断は速い人。原田さんはそこに音がハマッて問題なしと判断すれば、ＭＩＸするのは早いです。そうすると僕達もストレスが少ないから、作業に時間が割けて、ちょっと雑談したりしていました。

小林　我々はたぶん波長が合う感じだったから。

松本　ハマらないとわりとズルズルと、時間だけかかるということもあるんです。

小林　原田さんとの仕事は、最初はビックリしたんです。あまりにも何も言わないから。

　私は初めてのレギュラーシリーズが『ダイナ』だったくらい、ド新人だったんです。音打ちの時に、とりあえず出来たのを見て「じゃ、そういうことだから」と言うので、「曲のこと何も聞いていません」と思った。「ちょっと待って。ヒントください」と言ったんだけど、「カッコよくなればいいんだよ」と。

松本　そう言ってたね、たしかに。

小林　そういうやり取りが二回ぐらいあって、私も諦めたし、監督も「言わなきゃいけないことは言ってあげようかな」という感じで言ってくれるようになりました。

中野　一回テストをやると、「もう本番行こう」って。

松本　逆にこちらから、「監督、もう一回テスト行きましょう」と言う時もありました。

小林　我々がまだわかっていなくて整理がついてない時。

中野　監督はお客さんの目で、客観的に見ていました。

松本　いつもＭＩＸが終わると、最後、プロデューサーをはじめ、関係者がみんなスタジオに集まって、プレビューをするんです。もちろん監督同席で。僕らが仕事をするミキシングコンソールがあって、その後ろに椅子がいくつかある。原田さんは壁の一番後ろ、隅の方に座っているのが印象的でした。

　だから、いつも後ろの方から全体を眺めている。

小林　『ガイア』45話「命すむ星」で、怪獣を憎んでいた柊准将が心変わりして逆に怪獣を援護してくれるところで、監督はみんなに「打って変わって善い人になりました」と言っていました。「この人、善い人ってことでいいから」と言っていたのを憶えています。前のは気にしなくていいからと。そういう割り切りはすごいんです。

自転車、ハイ倒れます

――『ガイア』で原田さんが最初に監督するのは、5話「もう一人の巨人」です。

中野　小学生時代の我夢が、夕陽の中、いじめられて「ああ」とつく溜め息は私です。「どうしてもここで溜め息欲しいんだよ」と。どうして録ってこなかったんだろうと思いました。映像はありましたから。

　最初はもっとイメージっぽく、音楽を流してスーッと見せる印象だったのかもしれませんが。

松本　11話「龍の都」以来、ハーキュリーズの戦車、スティンガーが来ると、近くの自転車が倒れる。その倒れる瞬間に必ず、「音をつけろ」と指示していました。

中野　その度に全部指示していましたね。

小林　音打ちで「自転車、ハイ出ました。ハイ倒れます」って。

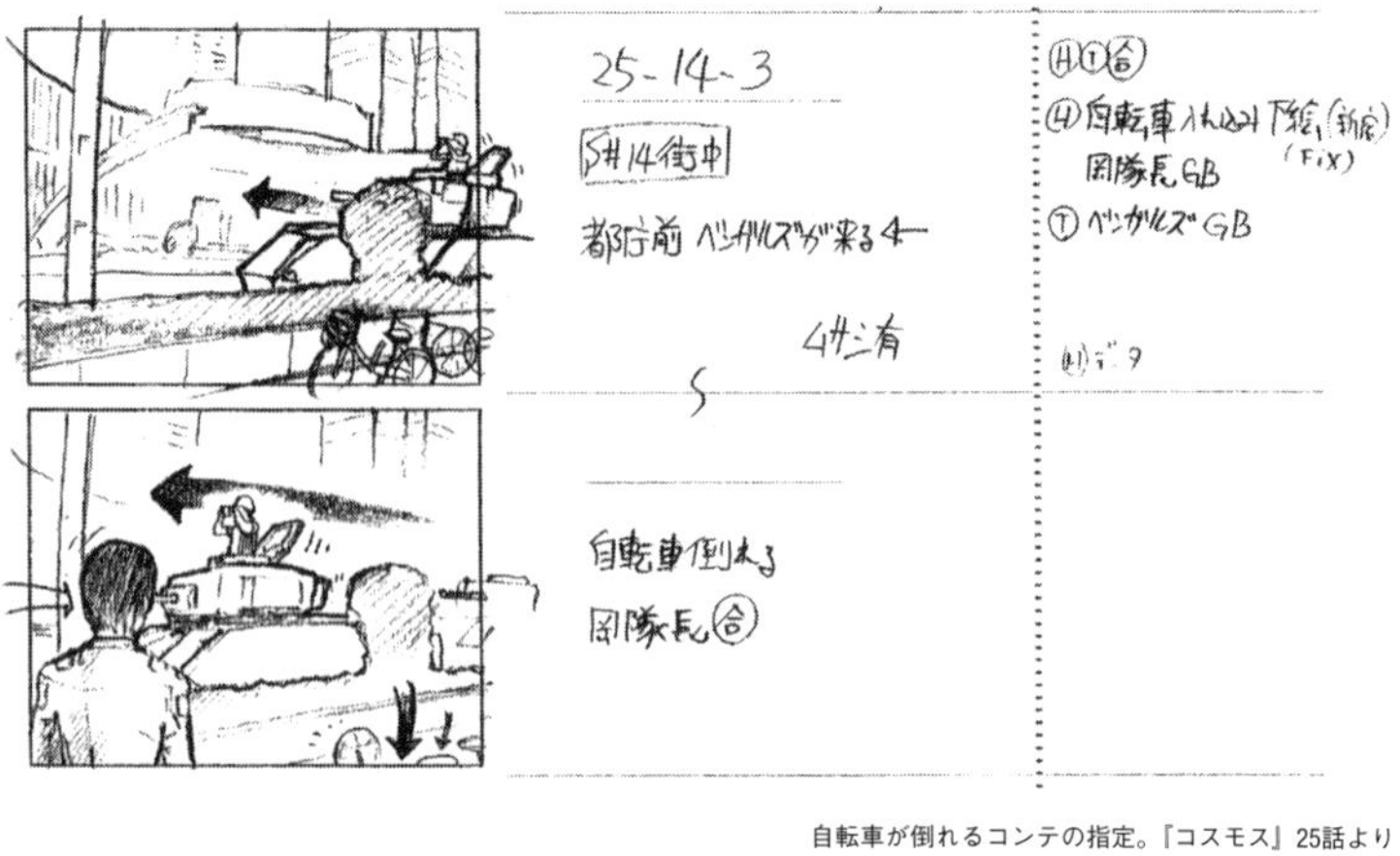

自転車が倒れるコンテの指定。『コスモス』25話より

ヴァージョン違い！

小林　ビデオの『ダイナ』外伝の時はワンダバの曲を「全部かけてやったぞ。歌入りで。初めてだぞ。

俺ぐらいじゃないか」と言って喜んでいました。「俺だけだ」はよく言ってましたね。

中野　してやったりが好きなんだよね、たぶん。

――『ティガ』の「もっと高く！」での「TAKE ME HIGHER」の間奏部分は、原田監督がMAルームから小中千昭さんに電話していたらしいですね。

中野　間奏部分をどこに当てるかですね。

小林　音打ち合わせの時に原田さんが先輩の水野に、千昭さんが使いたいのは、テレビサイズのものではなくて、千昭さんが自分で持っているV6のアルバムらしいんだよと言ってました。使っていい許可は出ているから、「それでお願い」という話があったのは憶えてます。だから間奏部分のアレンジがちょっと違っている。

――この回の予告編には、「私、ダイゴがティガだって知ってる」というレナのセリフがありました。

小林　予告編でしか流れないセリフですよね。あれはかなり衝撃的でした。監督も私達に「実際は本編に出てこないから」と。「フフフ」とすごく嬉しそうでした。ちょっと悪戯心があったのかな。同じシーンの別テイクを、あえて予告編に使って。

松本　それが現場の録音部からすれば、NGなのにOKで使われているのはどうよ？　という意見も当初はあったんです。「NGはNGだろ」と。

中野　原田監督はよく「ヴァージョン違い！」(笑)と言ってましたよね。

――視聴者からすれば、エンディング主題歌のところで、本編で見ているはずなんだけど見ていないシーンが挟み込まれると、アレ？　と思うんです。実際の放映時間より膨らみのあるものを見た気になる。『ダイナ』の「君を想う力」で右田昌万さん演じる天文台の職員が「俺を見つけるのを待っている星があるんだ」というセリフが、シナリオにはあったんですが、本編にはないなあと思っていたら、エンディングで使われてました。

中野　あれもたしか三つぐらいテイクがあったと思います。

小林　予告も含めて全部演出されているんだと思います。エンディングに入ったら編集者に任せちゃうタイプの監督さんもいるんですが、全部をきちんと自分のものにしている監督さんだと思います。

　だから予告の曲を変えたい時もありました。「イケイケの曲じゃないんだよ」と。子ども番組の予告だから、早いテンポの曲が付いているんです。でも次はしっとりした回だから、そういうのじゃない方がいいんだと。そこはきちんと根回しされた上で(笑)。

「雪の扉」「時の娘」がそうでした。「時の娘」にはそれ用の新曲もありましたし。

▼ハネジローが大好き

中野　最初にハネジローを出してから、常に忘れないように出してたよね。話には絡まないけど。

小林　全然関係ない時でもアスカのそばにいて、ピーナッツを食べていたりしていたんです。隊員みんながビックリしているシーンで、ハネジローも口を開けて、ピーナッツを落とす、「カラン」という音まで入れていました。

――「さらばハネジロー」の予告編で「ハネジローありがとう」ってレギュラーの声が響くのも本編にはありませんでしたよね。

小林　あれはそのために録音したんです。ああいう風にテンションを高めるというか、明るくやろうという感じです。遊びを多くして楽しむ。

　お別れの話で、ハネジローが喋るんです。「ダイナ、ボクイク」。河島さんが「喋っていいの？」と(笑)。監督は、「ハネジローは成長しているからいいんだよ」と言っていました。ハネジローには学習能力があったという設定が、原田さんの中だけにありました(笑)。

▼『ブースカ』の楽しさと苦しみ

小林　「可愛く楽しく、それでよし」というのが原田監督の『ブースカ！ブースカ!!』での姿勢でした。ただ音としては蝉の鳴き声が辛かった。向ケ丘遊園の緑豊かなウッディハウスの撮影でしたから。アクションで音がバカンバカン入るわけじゃないし、ごまかせない。周囲の音に紛れようがないんです。

　太田愛さんの脚本で、「少年宇宙人」にも通じるような「UFOをくれた少年」(3話)に、アオリで林の中を捉えるシーンがあって、木立のザワザワぐらいで監督が静かに収めたんです。それがいいとみんなも思ってやったのに、ブリッジ音を入れてくれと局のプロデューサーからリテイクが出ました。そのままではNGだと。

松本　「音がなきゃわかりづらいでしょ」というような言い方だったね。

小林　チャンネルを変えられるという考えでしょうか。あえて静かにした演出をわかって頂けなかった。

松本　あの時はだいぶ原田さんとプロデューサーがやり合っていた。

小林　それで監督はブリッジ音を付けたんです。「申し訳ないけど、付けてくれない？」と。全員の総意で、あれでOKしたので、私も音が浮かばなくて困りました。

中野　この辺からズレていたような気がします。円谷プロがやりたかった方向とテレビ局の方向性が。

小林　原田監督が「この回は『スタンド・バイ・ミー』だからね」と言ったのはこれですね。

――実際『スタンド・バイ・ミー』の音楽を使っていましたね。

小林　『ブースカ』はウルトラより予算が少なくて、音楽は最初の録音だけだったんです。全部録り切れなくて、二回に分けて録音しました。だから後半に出たカモスケのテーマは、フリー音源なんです。

『コスモス』での悲しい記憶

小林　『ウルトラマンコスモス』は「時の娘」が新録でした。これ全編悲しい曲でやってた気がします。原田さんの悲しい記憶しかない。

――それはストーリーが悲しいというのではなく?

小林　ストーリーが悲しいのもありますが……、ムサシとヒロインのレニの恋愛の芝居が難しかった。

中野　原田監督が「もっとうまく出来たのに出来なかった」と、ずっと言っていて……。「曲でなんとかしたい」と言ってました。珍しかったよね。初めて「どうにかしてくれ」みたいな言葉を聞きました。

「王道」に還った上海での仕事

松本　『五龍奇剣士』の編集後の映像に、こちらで音を付けたんです。原田監督は「隊員がカッコイイでしょ」と言っていました。女性も美人ですね。

中野　上海では監督じゃないことまでやっていました。

松本　当時、ポスプロで揉めていたんです。それは中国でのテレビ放送方式が日本と違っていて、この作品の最終形体は中国方式にしなければならないのだけど、映像・音響素材は後々日本で使用できるように日本方式で残さなければならない。

この二つの方式に接点がほぼないので、日本方式で完成形を作って素材を残して、映像と音声が一緒になったVTRをそのまま中国方式にプリントするという流れだったのです。でも、色々な事情でそうはいかなくなったのか、よくわかりませんが、とりあえず数話分だけでも音を付けて、完成させようと言う動きになったんです。

そこで、このポスプロ作業を再度やり直さなくても済むように、会議が行われたのですが、その議長役に原田監督が立ったんです。パナソニック24Pというハイビジョンフォーマットで録画された映像があって、そのテープに音を付けていく事が出来るのか、それをその後に素材としてフルハイビジョン1080iで残せるのか。私のいたスタジオも私自身も経験のない作業に戸惑っておりました。どうすれば音が仕上がるかと言う話なんですが、24PでMA出来るという意見やら、色々と混乱していて……。

小林　あくまで仕切らざるを得ない立場に追い込まれる人でしたね。

松本　「なんで俺がこんなところまでやんなきゃいけないんだよ」と。

小林　いつもそれを言ってました。どの現場でも。

中野　他人が撮ったものに関しては、その世界を壊さないように気を遣って撮っていた人だけど、最初から作れるとなると、自分でいくらでも出来たから、そういう楽しみはあったんじゃないかな。

松本　『五龍奇剣士』では、作品をなんとか見せられるところまで持って行きたいという責任感もあったのかもしれないですね。原田さんご自身の中で。

せめて、撮った分の十本ぐらいは、なんとしてでも音の仕上げまでやりたいと、やるんだという雰囲気はありました。実質は三本しか上がらなかったのですが……。

――三話分を約五分間に編集したものもありました。

松本　最初にその作業をやったんだよね。

松本　その後にたしか本編を作りました。普通は逆ですが。

――本編には字幕が入っていませんが、ダイジェスト版には字幕が入っていましたね。

松本　さらに日本語で吹き替えて、日本でも放送しようと。僕の聞いていた話はそうでした。

――原田さんが言っていたのは、最初は日本人が作っていたことを隠す。二～三年でそれを解除することになっていたと。

松本　それは初耳でしたね。

――開米プロの杉本末男さんの話では、『五龍奇剣士』のショーを中国でやった時、すごく子ども達の食い付きがいいし、お父さんに肩車された子どもが喜んでいたり……原田さんが感激して「幸先いい」という感触を持たれたみたいです。

松本　それこそ昔のウルトラマンショーですよね。

――その日、ウルトラマンショーも同じステージでやったんです。でも『五龍奇剣士』は知らないヒーローなのに食いつきが良かったそうです。

中野　本来の視聴者である子ども達が見てくれているというのが嬉しかったんでしょうね。

作品解説

「命すむ星」45話 ▼一九九九年七月一七日放映

脚本：古怒田健志　**特技監督**：満留浩昌　**撮影（本編）**：倉持武弘　**撮影（特撮）**：高橋義仁
ゲスト：大和武士（柊博之）、沢村亜津佐（佐々木律子）、大寶智子（黒田恵）

▼ストーリー

根源的破滅招来体への対処として、さらなる強力な兵器の必要性を千葉参謀に訴える柊准将だが、オフの日の公園で風水師の黒田恵と偶然出会う。「憎しみは新たな憎しみを生むだけです」と言う恵に、自分には守るものがあると答える柊。

敦子の姉・律子はかつてゴキグモンの被害を受け入院していたが回復、退院する。妹に、梶尾への思いを語る律子。

空に、戦いに魅入られた人間は大切なものを忘れてしまう。「でも……私はもう一度だけ……待ってみようと思う。好きな人が空から帰ってくるのを」

そんな休日の朝を破ってワームホールより現れた破滅魔人ブリッツブロッツ。追って飛来するアグルだが、胸のライフゲージを掴み取られ、光を吸収されてしまい敗北する。ブリッツブロッツはGUARDの国際フォーラムを破壊する。

表向きは会議場の国際フォーラムだが、地下には新兵器の研究施設が隠されていたことを部下達に明かした千葉は、今回の敵は今までと違い、情報と高い知性を持っていると認識していた。

アグルから人間の姿に戻った藤宮は満身創痍でよろめいていた。そこに柊が現れ、「お前の力を俺に貸せ」と手をさしのべる。

ブリッツブロッツは、今度は分解中の高エネルギー弾頭があるジオサテライトNo.3を狙う。迎え撃つのはチーム・ライトニングとチーム・ハーキュリーズの共同戦線。

既に始まっている戦いの場へやってきた柊は、藤宮に「俺と組んで怪獣を倒すんだ」と自らもバズーカを構える。だが藤宮は今朝の戦いで力を使い果たしていた。

チーム・ライトニングはブリッツブロッツによって全滅、梶尾は生死不明となる。

残ったチーム・ハーキュリーズは自分達だけで何とか食い止めようと奮戦するが、そこへ地底から怪獣ティグリスが現れる。ティグリスは以前柊が発射した地底貫通弾によって地上に現れ、息絶えたはず。それは同種の別固体だった。

ブリッツブロッツに猛然と飛び掛り、噛みつくティグリスII。

「怪獣が……そうまでして、何を守る……?」。柊の心に動揺が走る。

ガイアに変身して戦う我夢を、身を挺して救うティグリスII。

柊は戦闘バギー・バイソンに乗り込み、ハーキュリーズと共にガイアを援護し、勝機を作り出す。遂に立ち上がるガイアは、ブリッツブロッツを撃破することができた。

力尽きたティグリスIIは彫像のように立ちつくしたまま息絶えていた。

▼『ガイア』における視野

番組も終盤が近付いており、今回は地球怪獣編のラストとなる。原田監督による38話「大地裂く牙」の完全な続編として作られている。決定稿では冒頭に38話のフィードバックとして、傷だらけのティグリスに「ヤツは怪獣だ!」と攻撃をかける柊准将（大和武士）のシーンが置かれていた。

冒頭、地球の怪獣達となんとかコンタクトを取れないかと模索する我夢は、藤宮から呼び出され、山下埠頭で頼まれたものを渡す。それは、今は亡き稲森博士が残した地球環境改善プランとパーセルの最終バージョン設計図のデータだった。かつて稲森は、地球環境改善プランを何度も提出したが、破滅招来体との戦いを優先する状況下で却下されていた。我夢はそれを外部の藤宮に渡すことで、GUARDでは出来ない役割を託したのだろう。こんなところにも、従来のウルトラマンシリーズと『ガイア』の違いが伺える。我夢はウルトラマンである前に人間として、隊の枠内だけでない行動を時に自分に許す。だが準備稿では「本当は、こんなことしちゃいけないんだけど」とやや弱気な我夢に「GUARDが持っていても意味がない」と藤宮が言い放っていた。

また準備稿では、ここで藤宮が人間批判をするセリフも書かれていた。「国籍や宗教が違うというだけで、人間同士ですら殺し合う。コミュニケーションもできない、人間以外の生物に、命を認めることなんて……」と言う藤宮に、我夢は「じゃあ、僕は……僕達は、どうしてこんな気持ちになるんだろう?」と言い返していた。『ガイア』の世界のウルトラマンは地球出自であり、異星人ではない。我夢は人間でありながら、自分達の枠を越えた思考に戸惑う存在なのだ。

同じシーンで我夢は「怪獣達は自分の生存権を守るために本能的に暴れているだけだ」と言う。この時点で『ガイア』における怪獣は、そういう存在であると認識されている。そして今回襲来するのが、地球怪獣とも宇宙怪獣とも違う存在であるブリッツブロッツ。宇宙魔人との異名を持ち、破滅招来体の眷属だという位置付けがなされている。最終回に向けて、敵の本丸に近い存在が現れたのだ。

▼そういう人を好きになっちゃダメ

原田監督の担当回ならではの展開として、敦子の姉・律子のエピソードがここでも描かれる。もちろん、梶尾との関係の進展である。今回、律子は梶尾と直接会うことはないが、空を見上げることで思いを馳せる。律子の登場場面は、かつて同じ人を好きになった敦子との相互了解でもある。敦子は休日で、エリアル・ベースを降り、海の見える公園で姉と会話する。

「……アッコ、空にはね、天使がいるんだって……それを見た人は、二度と地上に降りてこない。それでもあの人達は、それが見たくて空を飛ぶ」

このセリフ、準備稿では「人」の部分を「パイロット」と言っていた。決定稿以降では、直接梶尾のことを言っていつつも、抽象的にも聞こえるようなニュアンスになっているのだ。

「そういう人を好きになっちゃダメよ、アッコ。辛いだけだわ」

そう言う自分は、でももう一度だけ待ちたい。かつて夫を空で失った律子は、そう決心していた。懲りないよねと自分のことを言う律子に、敦子は明るく「うん」と応える。

準備稿では、自分のことは置いておいて妹に辛い恋をして欲しくないと思う自分は「ずるいかな」と問うてくる律子に、敦子が「ずるいよ」と笑顔で応える場面となっていた。この「ずるいよ」

というセリフによって、かつて同じ人を好きになった者同士というニュアンスを、しかし笑顔を見せる妹がもう乗り越えていることを示していた。

だがこの段階では既に、敦子は失恋の痛手を消化し、自分よりも姉の辛い恋を慮りながらも明るく肯定できているというニュアンスに原田監督は持っていきたかったのだろう。

▼あえて点描で

原田監督にとって、終盤二本の内の一本であるこの回では、今まで出会うことのなかった自分の描いてきたキャラクターを鉢合わせている。

風水師の恵と柊が、プライベートの場所で出会うのもそうだ。私服の柊は、たまたま帽子を拾ったことで会話を始める。

二人の会話は、準備稿では、憎しみは新たな憎しみを生むだけだという恵と、大切な人を護るためなら戦いも辞さないという柊とのディスカッション的なやり取りだったが、決定稿以降では、それよりも、仕事から離れた、日常会話的なニュアンスに変わっている。ロケ場所は11話「龍の都」で恵が最初に登場した時と同じ湯島聖堂。その日差しと水に調和した風景が、場面にやわらかさを与えている。

さて二人の会話シーンは、先述した律子と敦子の会話場面と交互に描かれている。

柊と恵の会話は、柊にとって、自分の戦う心に揺さぶりを与えるものであり、律子と妹の会話は、戦いに赴く男への恋を語るものだ。前者は心変わりの契機になり、後者は決心の再確認。それを織り成して、相互を点描的にすることで、人間の変化などは、会話でのセリフひとつで劇的に変わるようなものではなく、その人の中で少しずつ溜まっていったり、自己確認できるようになったりするものではないかというナチュラルな捉え方が出来るようになっている。

原田監督は、今回の敵ブリッツブロッツが襲来する前の平和描写の中で、そのことを押さえておきたかったのだろう。後は事件の中で行動することで、それぞれが獲得していけばいいのだから。

▼柊の真意

今回、柊と藤宮は、かつて柊による地底貫通弾発射を止めようとして敵対した関係である。なぜ柊がそのような相手である藤宮に今回共闘をもちかけたのかは描かれていない。

準備稿では「どうして……人類が滅亡しても良いなどと考えた？　護りたいと考えたことはなかったのか」と藤宮に問いかけた柊が「共に戦おう、人類のために」と呼びかける場面があった。

恵との対話によって心を揺さぶられた柊は、かつて人間否定の思想まで行ってしまった藤宮と関わることで、そんな自分をどこか問いかけたかったのだろうか。戦闘モードの中での柊は、戦うことでしか他者と関われないし、コミュニケーションを求めることもできない。それゆえの共闘の申し出だったのかもしれない。心にバズーカ砲を抱えながらでないと握手もできないとは、なんと不器用で、愛すべきキャラクターなのだろう。

藤宮はアグルになることは当分できないと申し出を留保しながらも、その場を立ち去ることはしない。そして、同じ場所でこれから起こることに立ち会うのだ。

▼あくまで現場の視点で

映像作品では、プライベートの時間に恵から言われたことが伏線になり、そして怪獣ティグリスがブリッツブロッツに立ち向かっていくのを見たことで、柊は怪獣を同じ地球の「仲間」だと思うことができる展開になっている。

だが脚本では、それだけでは足りないと思ったのか、柊が「改心」するきっかけを他にも何箇所か作っている。

一つは、準備稿にあった、ブリッツブロッツが柊のいる場所を攻撃しようとした時、ティグリスが首筋に噛みつき、光線の発射を妨げたのをきっかけにするという案である。

これには原田監督は大いに疑問を感じたようで、準備稿の当該部分に「助けられて改心する。それってなんなの?」と思わず鉛筆で書き入れている。その脇には「あくまで見ているだけでいい」とも記している。

柊は私情で動く人間ではなく、あくまでティグリスの行動を自分の目で判断したからこそ、考えを変えたというのが原田監督の方向性だったのだ。

また準備稿では、藤宮の腕に光るアグレイター（藤宮はここに封じ込めた光でアグルに変身する）の青く暖かい光が柊の意識を包み、海と大地、そして宇宙に浮かぶ地球のイメージが浮かび、それが彼の意識を変える最終的なきっかけになるという描写もあった。

KCBの玲子がかつてアグルの腕に乗って飛行した時（25話）を回想し、空の上から海や大地と生命の連なりを実感したと恵達に語る場面が完成作品にもあるが、これと同じものを柊にも体感させたかったのだろう。

これは、柊の初登場回「大地裂く牙」における空中浮揚基地エリアル・ベース内での言葉「こんなところにいるから、地上の人間の痛みがわからなくなる」との対比となっており、それは今回、朝焼け空を見つめながらの千葉のセリフとしてリフレインされている。「柊が言っていたよ。天の高みにいる人間に、地上の人間の痛みはわからんと」。石室はそれを受けて言う。「私には、地上の生活を離れてみて、初めて気付いたこともたくさんあります」。

脚本の古怒田健志は、柊が改心する転機として、俯瞰的な視点を持つことを体験させたかったのだ。

原田監督は、その視点を作品の中で大切にしながらも、柊その人の変化は、あくまで「地上」から彼が直接「見た」ものを通してでしかあり得ない、というところにこだわっている。空への憧れを持ったとしても、それは自分が地上にいるからだ。

あくまで制作現場の側に立つ人間として、シナリオを地に足の着いたものにするのが役目だと思っている原田監督にとって、柊はその分身的存在といえるだろう。

▼怪獣は地球そのものである

ティグリスⅡの戦いを並んで見ながら「あの怪獣が……なぜ」と驚く柊に「この星に棲むもの達には、与えられた役割がある」と藤宮が答えるくだりで、シナリオでは、過去17、24話に登場した怪獣ゾンネルへの言及があった。ゾンネルは身体の中に太陽を作る核融合炉を持っていた。その力で、地球衝突のコースをたどる謎の小天体ディグローブを撃破した。「人間を守るための力じゃない。だけど、その力がなければ、人間は助からなかった」

古怒田健志は、『ガイア』における地球怪獣を、それ自体が地球を象徴している存在と設定したのだ。ゾンネルの発想は地球空洞説（地球の中に空洞があり、小太陽が照らしているという説）がヒントになったという。

説明的な部分をカットしていかざるを得ない中、原田監督は、エンディング主題歌が終わるラストカットで、流れる星空に、それぞれ今までに登場した地球怪獣が一体ずつ映し出された球体がシャボン玉のように浮かび、最後に地球が映し出されるという画を作っている。

原田監督らしい可愛いイメージだが、怪獣達一体一体が、地球と同じ重みを持つ命なのだということが象徴的に表されている。それは古怒田氏がシナリオのラストに書いた「宇宙から見た地球／星そのものが咆哮しているように、その声が宇宙に響き渡り――」という締めくくりのニュアンスを活かしたものでもある。

怪獣を超えた魔人

『ガイア』中盤では特撮・本編を兼任してきた原田監督だが、本作と次の46話は満留浩昌特技監督とのコンビで、11・12話以来。

破滅魔人ブリッツブロッツは、シナリオ段階から「鴉天狗のような怪獣」と書かれていた。普段は畳まれている背中の羽根をバッと開いて飛行する。デザインは壬龍と同じく奥山潔氏。

満留監督はシナリオを膨らませ、様々なアクション場面を作っている。

ブリッツブロッツによって破壊される国際フォーラムの建物は石膏のミニチュアが、爆発の後に下の部分だけ残るような仕掛けが施された。アグルから戻った藤宮が傷だらけで歩いてくる場面では、奥でまだ火が上っているこの建物が映り込んでおり、効果を出している。

ブリッツブロッツはワームホールより出現後すぐにアグルと戦い、これを退けるのだが、シナリオでアグルは自分が右腕から放ったプロミネンスキャノンが増幅して撃ち返され、爆炎の中に倒れて消えていくという描写だった。だが映像作品でのブリッツブロッツはさらに、アグルのカラータイマーからライフゲージの光をもぎとってしまうという、よりアグレッシブな攻撃に出る。その時の動作はコンテから「ひっかくように」と指定されている。光を失ったアグルは消えていくしかない。

よたライトニングの梶尾機が撃墜される場面も、扇状に広がった破壊光線が命中すると脚本にあるが、映像では、ブリッツブロッツが自ら飛び上がり、手刀で叩き落す。

ブリッツブロッツは従来の怪獣のような、とにかく暴れているというスタイルではなく、明確な目的を持って行動し、攻撃もウルトラマンと同じく格闘技を繰り出す。お互いの手を繰り出しながらの立ち回りは流麗だ。鴉天狗は、もともと初代ウルトラマンの原モチーフデザインの一つとしてあったもので、フォルム的にはウルトラマン対元祖ウルトラマンの戦いにも見える。胸部にはカラータイマーのような水晶体もある。ガイアの張ったバリアが力比べで破られてしまう描写もあり、ブリッツブロッツが一筋縄ではいかない敵であることを印象付けている。

立ち向かっていく地球怪獣ティグリスに光弾を放つくだりのコンテでは「宇宙怪獣ではなく根源ハメツ体としての残酷さ」を出すようにと指示されている。

これは、この回の前に放映された44話「宇宙怪獣大進撃」（脚本・吉田伸、監督・根本実樹、特技監督・佐川和夫）において、地球怪獣と違い生物兵器的に思われていた宇宙怪獣でさえ、母星が地球とワームホールでつながることによって送り込まれてきた自然生命であり、自分のテリトリーに戻ろうとしてやみくもに暴れていただけだという解釈が登場したためである。

つまり宇宙怪獣と地球人は、根源的破滅招来体によってぶつかり合わされていただけだったのかもしれないのだ。ブリッツブロッツは、その破滅招来体が直接遣わしてきた敵である。明確な意思と残酷さ、強さがなければならない。その部分を、原田監督は満留特技監督との共同作業で視覚化することに成功している。

怪獣、夕陽に死す

一方、原田監督は11話「龍の都」の時同様、本編部分でも、地球怪獣が宿る「妖しい雰囲気」を作り出している。湯島聖堂では、カットが変わる直前に神殿の屋根にある龍の置物が動き出したり、影が動いたり（演出メモには「カゲがこわい！」と記されている）。エンディングの場面の中には聖堂の上から壬龍が恵を見下ろすイメージシーンもあった。壬龍は地球怪獣のリーダー的存在であり、大地を司る精霊。50・51話の最終回二部作で地球怪獣達は一斉に蘇り、破滅招来体との最後の戦いに参与することになるが、ここでも壬龍はリーダー的存在に描かれていた。

地球怪獣ティグリスは二度目の登場だが、最初の時は片目が潰れ、口から血ヘドを吐く満身創痍の姿だったので、まともな状態での登場は今回が初といっていい。獅子のような面構えがカッコイイ怪獣である。

ラスト、ブリッツブロッツとの戦いで力尽き、彫像のように静止したまま死亡するティグリス。

「勇敢なる戦友に、敬礼！」。柊の一声でハーキュリーズの面々と我夢は敬礼するが、組織の人間ではない藤宮はしない。

そしてやはり今回も、ティグリスの最後は夕景であった。

準備稿では、死亡したティグリスの遺体が運搬されていく場面もあったが、完成作品では止まったままのティグリスにエンディング音楽がかかるという印象的なラストになっている。

最後に主人公が殺される直前のストップ・モーションで終わる『明日に向かって撃て！』に代表されるような、これもまたニューシネマ的な差し出し方といえるかもしれない。

見事な連携プレイ

後に原田監督定番の場面となっていく「自転車横転」シーンだが、『ガイア』の頃はスティンガー着地に付帯する描写だった。これはやはり満留特技監督とのコンビ作「龍の都」を初出とするが、今回はシナリオ段階から「上空から降りてきたスティンガーが着陸／駐輪されていた自転車が倒れる」と書かれてある。着地シーンでミニチュアの自転車が倒れ始めると、次の本編シーンで田端と恵達の横で倒れるくだりにつながる連携プレイだ。

特撮と本編とのつながりでいえば、空中高く飛んでくるファイターEXを藤宮が見上げると、降下してくる機体の窓から我夢が頷き返して、エスプレンダーを藤宮に示し、そして変身するというカットの流れも非常に気持ちのいいものになっている。

また、地下格納庫の灯りが照らされてバイソンの姿が浮かび上がり、柊が決意の表情で向かう場面は〈男の出陣〉であり、実に決まっている。コンテにも、バイソンに対して「いちばんかっこいい形」「いちばんかっこよくみえるSIZE」と指定がある。

そして、苦戦するスティンガーに柊から「援護する！」と通信があり、柊のバイソンと共闘するくだりは、原田監督お気に入りの〈男臭いキャラクター〉同士の競演だ。

「立ち上がれ、ガイア！」と柊がバイソンのコクピットで呼びかける場面は、ガイアが写り込むウィンドウ越しの画になっている。この回だけとっても、映り込みで特撮と人間の芝居を同化させようという工夫は随所に見られる。表情を隠す柊のサングラスだが、そこに映り込むもので彼の感情が雄弁に語られる。

柊の掛け声でスティンガーは全弾発射。バイソンとともに集中砲火がブリッツブロッツの胸にある水晶体に注がれる。スティンガーもバイソンも、砲撃を続けながらも、撃ち尽された砲口からは白い煙が上っている芸の細かさ。

やがて爆発を起こす水晶体……ガイアの勝機は今だ。

「撃て！　ガイア！」

その時、立ち上がろうとするガイアの拳から土砂が落ちるのを倍速で捉えた画には、見ているこちらまで拳を握りたくなるものがある。満留特技監督との見事な連携プレイだ。

ブリッツブロッツは仰向けに倒れ、爆発するが、その直前、フラッシュ球が光るタイミングにはカタルシスがある。

▼原田昌樹、語る

——柊の改心ですが、意外な方向からでしたね。

原田　柊のキャラは戦闘モードのキャラだから、それ以外の平和モードってのがあるはずだと。それは同じ軍の中の人間と接触しても絶対出ないから、外の人間と接触させるしかない。

——そこで風水師の恵と出会わせるという。

原田　しょうがないからそっち側で行く。困った時の恵頼み（笑）。

——最終回の二部作で地球怪獣が人類と共闘して、王龍が象徴的な存在としてラストシーンにまで出てくることの伏線となる回にもなりましたね。

原田　大寶智子も竜とテレパシーで話してるのに、最終回に出てこないのはちょっと可哀想でしたね。

最終回を自分がやらないのはわかってるから、笈田くんに「本当に地球怪獣って出てくるんだろうね？」って。「本当に最後は（破滅招来体と）戦ってくれるんだろうね。振るだけ振っといて『あとは知りませんよ』はナシよ」というのだけ頼んどいたんですよね。

作品解説

「襲撃の森」46話 ▼一九九九年七月二四日放映

脚本：長谷川圭一　**特技監督**：満留浩昌　**撮影（本編）**：倉持武弘　**撮影（特撮）**：高橋義仁
ゲスト：今田耕司（今田／教祖）、沢木麻美（矢吹栞）、沢村亜津佐（佐々木律子）、蓮沼藍（少女）

▼ストーリー

我夢は大学の友達に呼び出され、エリアル・ベースを降りる。仲間の一人・サトウが根源破滅教団へ入信してしまったというのだ。

教祖・今田は街頭の集会でレミングの鼠の例を出す。大繁殖の帳尻合わせで集団自殺をする鼠達のように、地球の命令で何の疑いもなくピュアに死んでいく本能を人間も取り戻すべきだというのだ。そして根源的破滅招来体は、そのことを我々に教えに来たのだと……。熱心に聞き入るサトウは、我夢の説得にも耳を貸すことはない。

同じ頃、エリアル・ベースを降りた梶尾は、律子と会っていた。夫が死んだ空を見上げ、海に花束を投げる律子は、梶尾に「あなたは必ず帰ってきてくれますか？」と問いかけるが、梶尾は思わず口ごもってしまう。

エリアル・ベースに戻った我夢は、破滅招来体を呼び寄せるのはやはり人間かもしれないと藤宮が言っていたのを思い出す。

そんな折、市街で樹木が地面を突き破って生え、そのエリアを拡大していく。自然コントロールマシン・シンリョクの仕業だ。

我夢の元へアルケミー・スターズのキャサリンより緊急連絡があり、シンリョクの内部構造が、彼女の開発した自然循環補助システム・エントと同じだと告げられる。

シンリョクの上空からチーム・ハーキュリーズのスティンガーを降下させ、内部へ突入する作戦が取られることになった。我夢と共に、キャサリンも同行を自ら希望する。

ハーキュリーズの援護を受けてシンリョクの情報伝達回路へたどり着いた我夢とキャスの前に現れたのは、根源破滅教団の集会にいた女・栞だった。彼女は驚くべき秘密を語る。

これまで幾度か襲来した自然コントロールマシンは未来からの贈り物だったのだ。未来の人類は自ら招いた地球滅亡の危機を脱するために自然コントロールマシンを作り、それによって自分達人類を含めてすべてを一掃、地球を浄化して再スタートを切る道を選んだのだ。

近い将来に決定されている滅亡を早めるため、自分達は破滅招来体によって現代にやってきたのだと栞は語る。

いましめを受けながら、人類の未来を突きつけられる二人だが、我夢は「未来は変えられる！」と叫び、呼応したキャサリンはシンリョクの中心部に銃を向ける。

戦闘モードにチェンジするシンリョクだが、ガイアによって倒された。

帰投していく我夢、キャサリン、梶尾、北田、大河原、吉田、志摩、桑原。そして彼らを待つ千葉、石室、堤、ジョジー、アッコ……人類の未来を選び直した彼らの表情は明るい。

後日、梶尾は律子の元へ一輪の花を携え「自分は帰ってきます」と告げるのだった。

▼教祖・今田耕司

今回は今田耕司の顔から始まる。根源破滅教団の教祖役だ。当時フジテレビで放映されていた『快進撃TV うたえもん』のレギュラーであり、同番組が『ガイア』を応援していたことから、特別出演することとなった。

根源破滅教団は同じ原田監督で長谷川圭一脚本の37話「悪夢の第四楽章」にも登場していた。集団で、藤宮の前にいずこからともなく現れて襲撃したり、ワームホールの出現を予感していたかに見えるところなど、得体の知れない不気味さを持っていたが、今回は今田耕司に合わせてか、コミカルな味付けが強い。根源的破滅招来体を待望しながら、実際のその襲来の際には、あっけなく爆風に吹き飛ばされて絶叫する合成シーンは、まるでマンガだ。

原田監督はエンディング主題歌の部分に包帯だらけで重傷を負いながら布教を続ける彼の姿を挿入し、オチとしている。

▽青春のヒトコマ

レギュラーのドラマは、エリアル・ベースの通路で鉢合わせをする我夢と梶尾から始まる。共に私服の二人。めかしこんでいる梶尾に「はは～ん」と大袈裟に頷いてみせる我夢。「俺は別にたいした用事じゃ」と慌てる梶尾との絶妙なコンビぶりも、番組も最終回近くとなり、そろそろ見られるのが最後かと思うと淋しい気持ちにさせられる。

この時、梶尾の額に絆創膏が貼ってあるのは、前回の対ブリッツブロッツ戦で墜落した時に負った傷の名残りである。

生命のやり取りをしていても、オフの時の我夢は等身大の若者であり、青春のヒトコマを生きている。根源破滅教団にカブれたサトウに対し「何をしようと個人の勝手だ」と見捨てる仲間のナカジをよそに、我夢は「友達をほっとけるわけないだろ」と思わず駆け出していく。このセリフに「友達」という主語を補足したのは原田監督である。我夢の行動はXIG隊員としてではなく、一個人としてであり、だからこそ友達を放っておけないのだ、という青年らしい姿勢が爽やかだ。

サトウもまた、教団にカブれた動機は女の子に誘われたから……という若者らしい憎めなさを持っている。原田監督はサトウ役の奥本東五に狂信的な怖さよりもコミカルで三枚目的な演技をつけている。サトウの宗教活動を止めようとした我夢が、公園の池にドボンと突き落とされてしまうという場面も、やはり深刻な調子では描かれていない。教祖役が今田耕司だという部分と合わせてもいるのだろう。

▽独特のシーンつながり

梶尾と律子が落ち合う場所は、今回も海辺の公園である。始め二人が歩く姿はロングで捉えられ、奥に貨物船が水しぶきを上げて横切る。

やがて寄りになると、律子はかつて夫を待つことしか出来なかったと語りながら、持っていた花束を海に落とす。すると空の彼方に幻の飛行機が飛び、雲の中に消えていく。このくだりは会話の内容含め、原田監督が自分で書いたものだという（長谷川圭一氏のインタビュー参照）。

海辺の公園は二人のデートコースでありながら、かつて夫が死んだ空の下でもある、象徴的な場所となっている。

「あなたは必ず帰ってきてくれますか？」と迫られ、口ごもる梶尾の場面に続き、コマンドルームの我夢が不吉を感じてペンを落とす。それは、意味としてはすぐ後に描かれる藤宮との回想にかかっているのだが、一瞬、梶尾ラブな我夢が律子に取られる予感を抱いたのではないかとも思わせる。原田監督のこんなお遊びも、この頃になると相当手の込んだものとなっている。

続く藤宮との埠頭での会話も、シナリオよりだいぶ刈り込んだものとなっている。藤宮は、破滅招来体に対して自分のできることを探すために、数日間日本を離れることを我夢に告げに来たのだ。我夢は藤宮が直接会おうとしてくれたことを嬉しく思う。

原田監督はシナリオから以上の説明部分をカットして、後半の、破滅招来体を呼び寄せるのはやはり人間ではないかと、今でも時々思ってしまうという心情吐露の部分のみ残している。

そのためこの部分は、同じ山下埠頭で撮影しているということもあり、前回の冒頭近くで二人が落ち合った場面でなされていた会話を回想しているのだとも取れるようになっている。尺に合わせながら、モチーフ的なものを残すやり方だ（今回藤宮はこの場面とエンディングにしか登場しない。原田回ラストへのカーテンコール的出演だろう）。

その回想が明け、我夢が藤宮の言っていたことにたいして「そんなこと……」とシリアスな顔をしていると、通りかかった敦子が「何独り言言ってるの」と冷たく指摘。敦子のこのリアクションも原田監督が付加したもの。

この後、事件が起きてキャサリンから我夢への緊急連絡が入った時、敦子はすっとペンを取り出す。不吉な予感である。原田監督の演出メモには「アッコ、ムッとする」と書いてある。

これは、42話「我夢VS我夢」（脚本・小中千昭、監督・村石宏實）で、我夢とキャサリンが異国で手をつないだ時、エリアル・ベースの敦子がペンをポキッと折ってしまうシーンのリフレインである。

原田監督はすぐにはペンを折らせない。後にキャサリンがエリアル・ベースにやってきて、我夢とハーキュリーズによるシンリョクへの突入作戦に「私も行くわ」と意思表明した途端、敦子が再び手にしていたペンがポキッと折れる。

梶尾に失恋した敦子だが、我夢へのツンデレ的な恋心が既に始まっているのだった。彼女は内に秘めた思いを、ストレートに出すことは出来ない。だから怖いような印象になってしまうが、いつも好きな人を慮っている。そんな敦子と我夢のクライマックスは、後の49話「天使降臨」（脚本・吉田伸、監督・八木毅、村石宏實）まで持ち越される。

▽キャサリン・ライアン

セミレギュラーのキャサリン・ライアン（デビー・リギアー）は、原田作品には今回初めて登場する。しかも今回は原田監督の最終担当回なので、一作のみの付き合いとなった。

キャサリンは33話「伝説との闘い」（脚本・小中千昭、監督・村石宏實）でカナダの森林地帯に赴いた我夢と初めて出会う。年齢は二十歳。我夢と同じく、世界同時に生まれた天才少年少女達数百名がネットワークでつながったグループ「アルケミー・スターズ」のメンバーである。森林伐採による二酸化炭素増大を抑制する自然循環補助システム・エントの開発者で、計画の邪魔をする怪獣には、自らM79グレネード・ランチャーを背負って攻撃を仕掛ける男勝りの行動派として登場した。やがて、人間も怪獣と同じく自然の一部であることを知り、42話「我夢VS我夢」では、我夢の前で女の子らしい側面を見せるようにもなる。我夢の手を自分から握るなど、感情表現はストレートだ。

今回、ハーキュリーズと意気投合するキャサリン。ワイルドな彼女はすっかり見込まれたようだ。「いっそのこと、XIGに入隊するか」とまで言う吉田リーダーに「私はOKよ」と返すキャス。「能天気すぎる……」と呆れる我夢だが「何か言ったか？」と志摩に問われ、「い、いえ……いい天気だなって」とごまかす。

この「いい天気だなって」というセリフは、シナリオでは「だ

撮影現場で笑顔のキャス

から来るなって」とキャスに言うセリフになっていた。それに対してキャスは「我夢だって戦っているわ」と応える。同じアルケミー・スターズの仲間であるという絆を感じさせるやり取りだが、原田監督はそれよりも、「みんな、必ず帰って来い」と言う梶尾からの無線に我夢が「梶尾さん……」とジーンとしていると、急降下するスティンガーに「あわわわわ」となる我夢……というコミカルな持って行き方を優先させている。

原田監督にとっては、我夢とキャスより、我夢と梶尾の方が〈おいしい〉のだろう。キャサリン登場編はこれまでシリーズのメイン監督である村石宏實氏が担当してきた。原田監督は自分がこれまで育ててきた線――梶尾や律子、そしてハーキュリーズ――を立たせながら、番組の本線であるキャスのドラマもまとめていくことになったのだ。

▼いつもの自転車

今回、自転車の荷台には「スティンガー被害者の会」とプレートが貼ってあり「代表うちだてつや」とある。本編美術担当の内田哲也氏のことだ。もうこの頃には、スティンガーが降下すると自転車が横転するというのは、作品世界の中で広く共有事項になっているようだ。原田監督最終編である今回は、こんなところにまでオチをつけている。

敵の足下に降下し、後はひたすら直進、「撃て！」と押しまくるハーキュリーズ。シンリョクからもビームが伸びるが、爆炎の中をひたすら突き進んでいく。番組における、ハーキュリーズ最後の花部隊である。原田監督にとっても、満留特技監督にとっても、スティンガーは「龍の都」で初登場して以来の付き合いのあるメカニックだ。

▼自然コントロールマシーン

本作は『ガイア』における敵の系譜の中で、〈自然コントロールマシーン〉編の解決編である。自然コントロールマシンは7話「地球の洗濯」（脚本・吉田伸、監督・児玉高志、特技監督・佐川和夫）で現れた、地球の汚染物質を洗い流すために台風を起こす展開を初登場とする。以後、28話「熱波襲来」（脚本・川上英幸、監督・児玉高志、特技監督・佐川和夫）に登場したすべてを熱気で溶かすエンザンを経て、大地を緑化する今回のシンリョクが三度目の登場となる。どれも表面に「天界」「炎山」「深緑」と名前が篆書体で記されている。

自然コントロールマシン編は、特撮的に〈重い〉回となるのが避けられない。台風で、炎で、地上のものが舞い上がり、焼き尽くされる描写がポイントになるからだ。そして今回描かれるのは緑の増殖。

いつもは絵で描かれている特撮場面のコンテだが、今回文字のみになっている箇所が多いことからも、スケジュールの圧迫が伺える。

だが主題歌の歌詞にあるように「ギリギリまで頑張った」特撮スタッフの力で、完成作品では森の侵攻というイメージを的確に、そして迫力ある映像で伝えている。

はじめにコンクリートの下から、まるで爆発するように木が生えてくるという描写は、『ダイナ』の「地上最大の怪獣」で巨大なキノコの菌糸が生えてくる際の描写と通じるものがあるが、生えた後は動かない植物を、出現の段階でインパクトをつけるには最適だ。方々に柱のごとく木が屹立し、たまたまそこにビルがあれば内側から瓦解し、ガソリンスタンドは串刺しになる。周囲の車も吹き飛ぶ。場面によってはペーパークラフトも使われている。

森の侵攻を防ぐため、冷凍弾を用いても氷を突き破って生えてくるという、二段階の描写も特撮物の醍醐味を伝える。

▼本作の〈わかりにくさ〉を巡って

突入後のシンリョク心臓部の描写は、準備稿では「胎内を思わせる空間」と記述があった。同じ原田監督、長谷川脚本による「悪夢の第四楽章」でも、クインメザードの作り出した空間は女性の内面世界になぞらえられていた。中で流れるピアノの旋律があの時と同じなのは、監督が共通のモチーフを感じたゆえだろう。

ただ、ビジュアルについてはより具体化が求められたようで、決定稿では「胎内を思わせる空間」の記述はなくなり「機械と有機体の混合空間」と改められている。映像では、メカの中に巨大な植物の息づく空間がある……という印象になっている。

実は、シンリョク内の旋律は、キャサリンが子どもの頃、森で作った歌と同じメロディだと気付く説明がシナリオにはあった。

映像作品でも、この旋律にキャスが反応する描写が残っているが、彼女が何に気付いたのかまでは説明がなかった。

シンリョク心臓部で待ち構えていた栞とキャスとのやり取りは、映像作品では大幅に割愛されている。自然コントロールマシーンは未来の人類が遣わしたものだと説明するくだりは映像作品にもあるが、脚本はそれとキャス自身の存在を深く結び合わせていた。準備稿には、「キャサリン・ライアン」と名前が刻まれたプレートがシンリョク内部で発見されるという描写もある。それはキャスの死んだ父母が開発したエントのプロトタイプに取り付けられていたものと同じであった。決定稿にも栞が「あなた自身を撃てる？」と挑発するセリフがあった。

脚本にはおそらく、キャサリンが作ったシステムを未来人が勝手に運用したのではなく、キャサリン自身が近い将来、エントを人類消去の道具に使うことまで決断する「未来」を選択することもあり得る、という解釈が含まれている。準備稿に「人類にピリオドを打ったのは、あなた自身なんだから」と栞がキャスに言い放つくだりがあったことから、それが想像できる。

つまり、自然コントロールマシンの秘密は、

①それほど遠くない〈未来〉に作られる予定のもの
②それは〈過去〉にキャサリンが開発したシステムが元になっている
③そのさらに〈過去〉ではキャサリンの父母がプロトタイプを開発した
④キャサリンには自然コントロールマシーンを使って人類の消去を決断する〈未来〉があり得るかもしれない。
⑤破滅招来体は、その〈未来〉を早めるため、自然コントロールマシーンと栞を〈現代〉に遣わした

――という、未来と過去が錯綜した複雑なものになっている。

④の選択をするキャサリンは、ドラマの中に登場する明るく前向きな彼女とはイメージを重ねづらい。番組の中ではまったく描かれていない、いわば〈裏キャサリン〉といっていい。人間の持つ、普段は表に出ない暗部を多重人格のように捉えているのだろう。これは、42話「我夢VS我夢」で描かれた、我夢と、彼のもう一つの人格・黒我夢との関係を想起させる。実際、シナリオでは、キャスが決断してシンリョクの心臓部を撃つ直前、42話における、もう一人の自分に勝利した我夢がキャスの前で涙を流す姿がビジョンとしてインサートされていた。

いわば我夢とキャスが自分の暗部を乗り越えるという、シリーズのこれまでの総決算という意味合いのある脚本だったのだ。

しかしそれを、二三分のドラマの中の、さらにワンシーンの説明のみで、視聴者に整理して提示するのは至難の業であると原田監督は判断した。

原田監督は結局、自然コントロールマシーンの秘密がキャスに関わっていたことを示す部分のほとんどをカットしている。だが、シンリョクの構造がキャスの開発したエントと同じであるという説明は突入前にエリアル・ベースでなされているので、設定そのものが変更されているわけではない。単に不明確になっただけなのだ。そこに本作の〈わかりにくさ〉があることは否めない。

原田監督は今まで番組に登場した自然コントロールマシーンを映像で示し、どんな役割だったのか栞の説明に挿入する。人類が自ら滅び、地上に新しい種を撒くためのプロセスにそれぞれが必要だったのだ。原田監督は、これが視聴者に伝えられる精一杯のことだったと判断したのかもしれない。

▼ゲストヒロイン・栞の正体

本作のゲストヒロイン・栞役の沢木麻美は、原田監督のVシネマ『喧嘩ラーメン』のヒロインであり、助監督をしていた和泉聖治監督作品からの付き合いだ。

ドラマが始まってすぐ、サトウが入信する教団の集会で、ゲストヒロインの栞がいち早く我夢に気付いて目線をやる場面は、原田監督が付加したものだ。

栞が妖しく笑うと瞳に「キラリン」と光が合成。シンリョクの心臓部では巨大な植物（トックリのような形をしており、原田監督も撮影現場でそう呼んでいた）の花弁に腰かけ、脚線美を見せながら人類の滅亡を語る。

沢木麻美は後にオリジナルビデオの原田作品『帰ってきたハネジロー』で、怪獣アーウォンを操る女アンドロイドを演じ、この時も脚線美でアスカ隊員をノックアウトしていた。

さて、今回の栞は未来からやって来たという設定だが、シナリオ段階では、生身の人間なのかどうなのかということに、含みを持たせていると思える描写がある。キャスに対し「私達を造り出し、未来の地球を救った偉大なる科学者キャサリン・ライアン」と言い放つ場面があるのだ。つまり自然コントロールマシーンとともに、栞もまた人工的に造り出された存在かもしれない。それは人類死滅後の未来に適合するためなのだろうか。「栞」という名前は、花（＝自然生命）を切り出して加工したという彼女の出自に由来しているのだろうか。

だが原田監督は、事件が終わった後にエンディング音楽が流れる中、大学のキャンパスで栞そっくりの女子大生と出くわすサトウの描写を入れている。単なる遊びの場面とも取れるが、栞は破滅招来体がこの女子大生を依代に作り出したメッセンジャーだったと考えても面白い。だとすれば、栞は所謂アンドロイドではなく、シンリョクそのものの分身だったとも取れるのである。

▼梶尾のプロポーズ

番組のクライマックスに向けて、いよいよ梶尾が律子にプロポーズする。前半のデート場面では、律子の問いかけに応えられなかった梶尾だが、後半の戦闘を挟んだ後のデートでは、自分からきちんと気持ちを告げる。

準備稿では、戦闘に向かう際、コクピット内の梶尾に、真摯なまなざしを向けてくる律子の面影が浮かぶという描写があるが、決定稿以降はカットされている。本書のこれまでのインタビューにあるように、男の戦いの中に私心を覗かせるのを嫌う監督の姿勢によるものだろう。

その代わり、頭上にファイター三機が飛んでいくのを見上げる律子――というカットを入れている。戦いに赴く時、男はもう女を振り返らない。そして女は男の背中を見送る……という、監督一流の美学によるものと思われる。

事件が終わった後、あの海沿いの公園に、梶尾は小さな一本の花を持ってくる。その姿を確認した律子が、梶尾に笑顔を見せる前の一瞬、意を決してそれを待ち受ける表情になる。

これはまさに原田演出の真髄だ。

いきなり笑顔のシーンを映し出すのではなく、彼女が決意を見

せるまでの照れや恥じらいを出している。こういう一瞬があるから、この虚構の世界での恋愛の時間を私達、視聴者も共に生きることができる。

原田監督は「自分は必ず帰ってきます。この戦いが終わったら」というシナリオにある梶尾のセリフを「自分は帰ってきます。この戦いが終わったら、必ず」と変えている。そして「必ず」と言い切った瞬間に、エンディング主題歌をかけ、引きの画で梶尾が律子にキスする場面を描く。

最高潮に盛り上る場面であり、この回が、自然コントロールマシーンの解決編だったことを忘れてしまうほどだ。

梶尾のセリフにある「この戦いが終わったら」というのは、破滅招来体との最終決戦が近付いているという認識の現れだ。次回、47話からは、最終回までの五話連続ストーリーとなっていくのだから。

▼カーテンコール

原田監督は、今回のエンディング主題歌部分を自分のこれまでの担当回のカーテンコールにしている。登場人物をもう一回出して、それぞれをカップルに見立てる演出をしている。

梶尾と律子のキスを遠目に見て慌てふためく我夢は、近くの芝生にキャスと二人でいたのだった。

その同じ頃、敦子は、一人橋の上に立ち「お姉ちゃん、頑張って」と笑顔を見せる。

藤宮は、かつてビル崩壊から救ったあの少女(蓮沼藍)と公園で再会している。「花、嫌い?」と少女に問われ「そんなことない。好きだよ」と応える藤宮。二人は公園に流れる川にかかる小さな橋に腰かけている。

根源破滅教団の教祖は包帯姿になりながらも、懲りずに布教を続けている。

そして我夢とキャスに戻り、「愛の力よ」とキャスが我夢のほっぺにキスをした。戸惑いながらもときめく表情の我夢。

少女も藤宮のほっぺにキス。

そしてキスした後の梶尾と律子は見つめ合う。

そして、我夢と藤宮のツーショットになるのだが、キスつながりの後に、男と男が向き合い、しかも我夢が目をそらすというカットを選んでいる悪戯心が楽しい。

最後はガイア、アグルのツーショットでエンディングは締めくくられる。赤と青の、この二人のウルトラマンが主人公であるということが『ガイア』というシリーズの象徴的な画柄であり、また原田監督の担当回の最初が、アグルこと藤宮の本格的な登場回だったことを思い起こすと、感慨深い。

▼原田昌樹、語る

――エンディングではキスつなぎでしたね。

原田　(蓮沼)藍ちゃんが藤宮とキスするのは無理があったんですけど。まあ、あれに関しては梶尾と律子のキスシーンを撮りたいから、匂い消しで周りにまぶしただけなんですよ(笑)。

――そこだけ浮き立たないように。

原田　そう。単純に言えば、梶尾って主役じゃないから。あれがヒーローとヒロインだったら成立するけど、サブキャラが番組を乗っ取っちゃいけないので、そのあとは主役だろう。我夢がキスするんだったら、じゃあ藤宮だってキスを誰かにされなきゃマズイだろうって話になって。でも「藤宮の相手って誰?」って考えた時、玲子でやるとちょっとマジになりすぎるんで「藍ちゃんでいいんじゃない」って話になった。

よく考えると、梶尾のポジションって、本来は彼がウルトラマンなんですよ。今までのパターンでいくと。実際現場で描いてみると梶尾の方が動かしやすい。本当は彼が変身してもおかしくないわけだから。ついつい、そういうとこで立っちゃうんですね、梶尾の方が。

我夢をアナライザーにしたのは辛かった。どうやって我夢を現場に出すんだっていう。アナライザーがなんでいちいち現場行くんだみたいなのが、根本的な設定上にあったから。どこかでやっぱり無理があるんですよ。実戦部隊にいた方が簡単ですからね。行きゃいいわけですから。

――今回は自然コントロールマシーンの解決編ですが。

原田　長谷川(圭一)に二回ぐらい説明聞いてもわかんなくて、「要するにどういうことなんだ?」って。

アルケミー・スターズのキャサリンが設計したマシンをベースに、未来の人間が進化させて過去に送り込んだシロモノなんだという説明だったんですよ。「でも未来の人間がいる世界は、破滅招来体とはどういう関係なの?」と聞いたら「それはパラレルワールドで違うんだ」と言われたから、「その説明は出来ないよ」と言ったの。どうやっても。

もともと脚本では、シンリョクの中に、キャサリンが作ったもんだっていうプレートが入ってたんですよ。それを見つけるという芝居があった。「これは自分が設計したものが未来人によって送り込まれたものだから、自分では壊せない」という葛藤があったんだけど、「じゃ、その未来の人間ってなんなの?」とか「その未来の人間と破滅招来体ってどういう関係なの?」ってのが、長谷川の説明だとパラレルワールドって分けられちゃった。

でも今は破滅招来体の話をしてるんであって、未来の人間は何の脈略もない世界で「もう一個の未来です」と言われたって、何の説明にもなってないじゃんって話になって、MBSの丸谷嘉彦プロデューサーがさすがに見かねて「破滅招来体にそそのかされて未来の人間が送ったことにしたらどうだ」ってことにしたんだけど、それでもよくわからなかったの。一応、未来人の琹に一言だけ「破滅招来体が送り込んだ」って言わせてるんだけど。

あれはだから「無理だよ」という話で。「この話はボツにしようか」と言ったんですよ。どうやってもわからない。ただ「自然コントロールマシンの決着編が存在しなくなると、もっとわからなくなる」って言われて。正直、失敗でしたね。全体の煮詰め不足でした。

個人的に言うと、自分のウルトラマンの最後の作品だったんで、非常に、そこら辺は長谷川くんとやりあっちゃった。自分としては、シリーズを通して描いてきたキャラがあるから、それの最終決着をこの話でつけなきゃいけないから、そっちにウェイトが行っちゃうよと。ただ、長谷川も長谷川で「これが僕の最後のウルトラですから、ぜひやってください」ってんで、折半でやって、結局よくわからなくなっちゃったんですよ。そう思ってたら50話を長谷川が書いてたんで「なんだ、ウソツキ」と思ったんですけど(笑)。

座談会

●亀甲船（操演・特殊効果）

村石義徳（代表取締役）・川口謙司・上田健一・大久保健・青木貴広

オブザーバー・日暮大幹（特撮助監督）

特撮界の野茂になろうとしていたのかな

——ウルトラマン、ゴジラ、ガメラ、仮面ライダーや数々の日本映画で特殊効果・操演を担当されている亀甲船のみなさんですが、メンバーは何人いらっしゃるんですか?

村石義徳　基本社員は四人なんですが、フリーの人達に手伝ってもらって、作品に応じて対応という形です。

会社組織になってからは、もう二五年くらい経つんです。もともと先代社長……我々の師匠が、『ウルトラセブン』（六七〜六八年）の操演助手として関わって、それ以来、ずっと円谷プロの仕事をやって。その流れで、我々の代で言うと『ウルトラマンティガ』が始まった時からやらせて頂いています。

日暮大幹　ワイヤーワークだけじゃなくて、土砂落としや煙、風、スモーク、霧、空気感を出すためのフォグ、ドライアイス、火の粉、そしてウルトラマンの特撮では、火薬も含めて担当されていたんです。

ワイヤーでも、たとえば原田監督の『ウルトラマンダイナ』オリジナルビデオ版『帰ってきたハネジロー』での女アンドロイドの擬闘的なワイヤーアクションは、また違うスタッフです。

村石　あれは高橋伸稔さんのチーム（アルティメット・スタント）がやったんです。

上田健一　『帰ってきたハネジロー』は俺、本編も特撮も、それ以外の操演をやったんだよな。

日暮　あの時は原田監督が、東映のアクションチームの流れを呼んでみたかったんじゃないかと思うんです。たぶん付き合いが結構古かっただろうから。

村石　僕らは特撮班と本編班にそれぞれつくんです。原田監督、本編のドンパチはバンバンやっていましたよ。わりとデカい爆発を頻繁に。原田監督の故郷の松本に行った回（『ダイナ』46話「君を想う力」）では、もう一本の「さらばハネジロー」（47話）のアクションも同じ松本で撮った記憶があります。小川村天文台の裏のグラウンドじゃないかな。

上田　でも『ティガ』『ダイナ』の頃はホン（脚本）の内容が、全体的に軍隊色の強くない話が多いから、ナパーム（ガソリンで起こす爆弾）ドカドカとか、銃撃戦とか、殺伐としたものが少ないですよね。「青い夜の記憶」「怪獣動物園」（『ティガ』29、30話）の本編に行った時も、何をしたか憶えていない（笑）。

川口謙司　「悪魔のマユ」（『ガイア』30話）では繭がいっぱい並んでいて、最後にナパームでドコドコッと燃やしたら、燃やしてはいけないミニチュアビルも燃えちゃった。

あと、グインジェ（『コスモス』25話「異星の少女」）は、腕を吊って、ビョーンと飛ばしました。

——『ダイナ』47話「さらばハネジロー」の円盤はミラーになっていて、大変だったと聞きました。

青木貴広　色々と映り込まないように、注意を払って。駐車場にある車にもシートを被せました。

大久保健　とてもやっかいでした。ミニチュアを吊るのに、「鳥居」を組むのですが、それ自体が映り込んじゃうんです。だから後ろから出す片持ちの支点を出して吊って、周りも全部映っちゃうので、照明もトレーシングペーパーで三六〇度、全部囲んで撮影をしました。一本足を立てるだけですから、前に倒れないように柱を別に立てる、筋交いというのを取らなきゃいけないんです。トレペで囲まれた中で自分は脚立に乗って、助手に筋交い用の芯木を持って来いと言ったら、照明部が苦労して三六〇度張ったトレペの幕をみんなビリビリッと破いて持って来たから、ゲンコツひとつやりました（笑）。自分もちょっと、テンパッてたんです。でも、照明部も大変だった。映り込みをなくすのは基本的に照明部の仕事だから。

——あれは吊っている時から回転しているんですか?

大久保　多少なりとも向きを変えられるようにはなっていました。回転自体は、回転システムが上につけられるので大変ではないんですが、回転すると、全部映り込みを消さなければならない。でも、つや消しスプレーをかけてしまうと、面白味が何もない。

——同じ回でダイナが出てくる時、パースをつけた拳骨ポーズのままで悪ファビラス星人を殴るシーンがありましたね。

上田　それは村石（宏實）組で最初にやったんだと思う。グーが大きく作ってあるのに、村石組の時は横位置でやって（笑）。

大久保　本当は正面からしか撮っちゃいけない人形なんです。パースをつけてあるから足は逆に、キュッと、小さくなっている。

▼怪獣の倒し方は監督が決める

青木　たとえば怪獣に投げ飛ばされて、ウルトラマンが後ろに一回転したり、ミニチュアにぶつかって爆発したり、怪獣の足元の埃とか、そういうのは誰の組でもある。

――ダイナのレボリュームウェーブという技を受けた怪獣は、後ろの方にキューッと吸い込まれていきますよね。空間の一点に。

青木　ミラクルタイプの必殺技ですね。あれは怪獣が空中に浮き上がる時には普通に吊られていて、中の人が「えいっ」と後ろ向きに屈むだけなんです。あとは合成で処理する。着ぐるみが重くて足が上げられない時は、こちらで足にピアノ線をつけて、フォローしてあげるくらいです。

大久保　あれはいつもグリーンバックだった。「（向きは後で変えられるから）下を向いたっていいじゃない」と言って、後半は足を吊らずに、腰だけで吊ってやっていた気もします。

　怪獣のぶった切りがダメになった時代だから、そういう技ができたのかな。今までウルトラマンを見ている側としては、光線を撃って、ボカボカボカーンと爆発するのが当たり前だった。でもあれはピューッと後ろに吸い込まれて消えちゃうだけで、「どこに行ったの？」「またどこかから出てくるの？」で終わっちゃって、いまいちすっきりしなかった。

上田　ぶった切りが制約されたのは、『ティガ』の後半？　俺が印象にあるのは、『ティガ』の最初の頃は切ってましたよね、怪獣を。

――昔から八つ裂き光輪とか、アイスラッガーで真っ二つとか、尻尾を切ったりしていました。それが平成シリーズでは次第になくなっていきます。怪獣がやっつけられる時、すり替えた人形がババッと爆発するのはどちらの管轄ですか？

川口　自分達です。

大久保　いつまでだろうね、それやってたの。平成でも後の方では、やっぱり時間とお金の問題で……。

川口　『ガイア』くらいまでじゃないの？　『コスモス』はやってない。

上田　あれは、造形部にそれなりの大きさの黒いカポックで作ってもらう。

大久保　だから、造形部の超絶的な造形テクニックも要求されるわけです。

大久保　約六〇センチで作ってもらうんです。光線を受けた時のやられたポーズを決めて、写真を撮って、クラインクインする前から作り始めてもらって、そのポーズに向けて格闘が進んでいくわけです。

川口　『五龍奇剣士』の時もやりました。

日暮　『コスモス』では唯一、原田監督の回の「ぬくもりの記憶」（24話）でやっています。

青木　あ、グラガスか。白い発砲スチロールを使うと爆発した時の破片の断面が白くなっちゃうから、あの時は、黒い発砲スチロールをわざわざ使ったんですよ。

大久保　その人形の内側をくり抜いて、石膏で裏側を固めるんです。

青木　スチロールに直接貼り付けた弾着がバーンッと爆発しても、力が伝わらないから、石膏で裏打ちして要所要所に弾着を貼る。なおかつ、操演部の作業で汚れた人形を、また美術部が直して本番。手間も時間もかかるから、今日び、合成でバラバラになる方が早い（笑）。

川口　グラガスの時は、セットに吊って爆発させた。

――怪獣が後ろ側に倒れてから、周囲がバンバンッと爆発するパターンもありますね。

大久保　それが一般的です。時間も早く済むんですよ。その場でバタンッと倒れたところの周りに火薬を仕込んで。「鉄皿（テッザラ）」というものを置いて、そこにセメントを入れて、ドーンとやる。

村石　先ほどの爆破人形は、撮影前に造形部が作って、自分達にそれを渡してもらって、その中にまた石膏なり火薬なりを仕込んだものを作っておかなきゃいけないんです。逆に言えば、撮影の時は、作られたものを、そこにポンと置くだけです。

　でもセメント爆破はその場でいろいろ決められる。このポーズで倒れたら、この範囲で爆発するとか。

上田　怪獣のやられ方は合成でバラバラになるか、倒れドカンか、爆破人形か……。

村石　監督の好みで変わる。

日暮　やられ方も監督の指定です。だから原田監督とも、「『コスモス』の怪獣で、爆破人形なんてやっていいんですか？」というやり取りは随分した（笑）。

上田　メニューで言うと高級食材なんだよ。爆破人形の時はハイスピードカメラがどうしても必要だね。倒れてドカン！　だったら三～四倍で撮るけど。

大久保　爆破人形はやっぱり十倍近くにしないと、

カッコよく見えなかったりするんですよ。

川口　オープンでやるべきだと言う人もいるしね。

日暮　通常のキャメラはスピードを上げられるレベルが限られていたんです。それが、ハイスピードで十倍まで上げられるキャメラはなかなか高額なんです。でも石膏ビルの壊しがあれば、必ずそれは必要になってくる。

　まだその当時は、特撮はフィルムだったので、通常のキャメラでも、三倍くらいまでは普通にスピードが上がったんです。でも『コスモス』の後半からは本編特撮両方ともビデオになったので、ますます困難を極める状態になってしまった。バリカムだと倍までしか上がらない。それで石膏ビルの壊しをやると、プラス仕上げの方でスローをかけることになってしまうので、変な画になっちゃう。

大久保　石膏ビルも高くつくというので、スタイロという新しい素材を使ったら、柔らかくゆっくり飛ぶんじゃないかと考えて、結構やっていました。

▽戦闘機でこだわった意外な点

日暮　飛行機の尻火は原田監督のこだわりの一つでした。『コスモス』の頃はガスバーナーで撮った素材があって、それを使っていた。グリーンバックで、現場で飛ばしたミニチュアに合成しています。

川口　中国で原田監督と『五龍奇剣士』をやった時のミニチュアは急ごしらえで、バルサ木工削り出しとかだったんです。もちろん尻火も仕込めないから素材撮りをしました。日本でよく使っていたフロンも炭酸ガスも用意出来なかったので、スーパーに行って、色んなヘアスプレーを買って、みんなでシューッと。

一同　へえええ。

上田　でもウルトラでフロンを仕込んだのは、『ティガ』だけじゃないのかな。

日暮　一応『ガイア』まではやっています。ピースキャリーなどに使用されています。

上田　だいたい二五分の一ぐらいでミニチュアのデザインを作るんですよね。

――「時の娘」(『コスモス』13・14話)の時もそうでしたが、飛行機がやられて落下しそうになった時にウルトラマンが受け止めて、優しく不時着させてあげるような描写もありましたね。

青木　受け取ったのを、一回転グルッと回ってヒュッと投げたり。一回、飛んできた飛行機を真正面から受け止めたことがありましたよね。ガンッ！て。中の人死んじゃうよ(笑)。

――ここは合成で飛ぶとか、ここはCGにするとか、そういう割り振りは監督なんですか？

日暮　基本はそうですが、予算やスケジュールによって必ずしも希望通りにはいきません。原田監督の場合、計算ができる分、本人の意図通りの割り振りができていたのではないかと思います。

　例えば「ワロガ逆襲」(『コスモス』48話)はちょっとシビアな判断が必要な撮影分量だったんですが、きっちりとスケジュールにはめていきました。

　原田監督の五倍くらいコンテがある人もいるんです。同じ尺のものを撮るのに。原田監督のコンテを見て、「薄っ！」とよく上田さんが言っていました(笑)。

上田　飛行機が飛んでくるという台本のト書きも、カットを割ってコンテを描く人もいれば、ワンカットで済むコンテの人もいるし、怪獣の前を掠めたりして、「飛行機が飛んでくる」の一行なのにページをまたぐ人もいるしね。

川口　円谷プロはコンテ通りだよね。コンテをきっちり出すから、現場で増えることは基本ない。

青木　村石監督と北浦(嗣巳)監督くらいじゃない？(笑)。驚くようなことがあるのは。

大久保　村石監督は、僕らがどこまでやれるかわかっているので、ちょっと難しいことを描いてきたりするんです。「出来るよね？」と言われたら「ま、出来ますけど」と(笑)。そこを無理だと言えないギリギリの線を狙ってきたりするんですね。でも原田監督は僕らに対する駆け引きはなかった気がします。

日暮　スケジュールが危機的な状態に陥ると、多くの監督はライブ(ライブラリーの略)を使うんです。つまり、今まで撮影した映像の中に、たとえば飛行機の単独飛行とか、こんな映像ないか？と言ってくる。過去の映像を使って現場の撮影分量を減らすのですが、原田監督はライブを嫌っていた。

　原田監督のコンテを見ると、「これライブでも行けそう」という画を描いてくるんだけど、「どうします？」と訊くと、「撮る」と言う。

村石　ライブのカットは、誰のものなの？

日暮　もちろん円谷プロダクションです。だからライブを使うのに、監督同士で断りを入れる決まりはないのですが、撮った監督に対し、みなさんそれぞれ丁寧に連絡を入れていました。

　二本持ちの両方に同じデイシーンがあって、同じ種類の飛行機がピューンと飛ぶ場合に、原田監督に「これ、さっき撮ったカットと似たようなものですよね。あの……もう一回撮ります？」と使い回しを示唆しても、「うん」と言って同じように撮っていました。
青木　スケジュールが押している監督だったら、勘弁してくれただけど、原田監督は余裕があるからな。
川口　でも、飛び方にこだわるとか、そういうこととは別のこだわりでしょ？
日暮　全然、技術的なことでもなんでもない（笑）。
川口　中国の『五龍奇剣士』の時は結構、飛び方にもこだわっていた気がします。

▼サングラスの奥が読めない

村石　『ティガ』の「ウルトラの星」（49話）の頃は僕は本編班を担当していて、監督としての原田監督との出会いはその回でした。ビルトの2スタか3スタ辺りにワイヤーの親線を張って、チャリジャが傘を差して飛んでくるのをやったんです。原田監督との最初の仕事では、それが印象的だったかな。
実際にセットの中でワイヤーを張って、人間をそれで動かした仕掛けが、けっこう大変だったけど面白かった。それはよく憶えています。
川口　最初に原田監督が来た時に、サングラスをしているから、表情が読めなくて。カットがかかった時に、全然OKなのか、しぶしぶOKなのか……。
村石　わかりづらいところはあったよね。
大久保　最後までわからなかったよ（笑）。特に操演カットで、2テイク目用にもう一度セッティングするのが難しいカット、面倒くさいカットは、たいがい原田監督はOKなんですよ。
一同　（笑）。
大久保　自分達では、やっていて「あ、失敗した！」と思っても、たいがいOK。
上田　まぁ、その辺のコントロールも監督の管理下で、俺達は、よほどのことがない限り「今の、もう一回やらせてください」とは言わない。監督はスケジュールも鑑みてコントロールしているわけだから。
川口　ウルトラの後、俺と上田は、『セイザーX』（〇五〜〇六）で川北（紘一）組をやっているんです。川北監督は何も言わないんだよ。リクエストがほとんどない。そうすると逆に、原田監督からもリクエストされたことはないんだけど、あの頃は、我々も若かった。川北組が終わった後に思うと、リクエストされなくても、原田監督のやりたいことを、ちゃんと捉えて、やってみせた方が良かったのかなと。
日暮　それはそれで「じゃ、やってみようよ」と受け入れてくれる人なんですよ。原田さんは。
川口　そうだったんだな。
上田　演出部と監督との間で、撮り方とやり方がもう決まっていて、こちらに降りてきた時に「そこは本当にやっていいの？」「本気？」というのはなかったね。
佐川和夫監督は、百戦錬磨の特撮屋さんだから、そういうことをすっ飛ばして、「上田、あれをやれよ」と言ってくることはあった。北浦監督もイルド（『ティガ』41話「宇宙からの友」）の時、ビルの壊れない部分も壊せと無茶なことを言ってたんだけど（笑）、そういうのは特に、原田監督の場合はないからね。
川口　ビルトの5スタにおけるルーティンワークの範囲内でやっていたと思う。べつに原田監督が云々じゃなくて、円谷プロ作品は何年もずっとやってているし、その条件でやれることはもうやってしまっている。キャメラはここにしかないし、入れないし。
川北紘一監督なんて何も決めない人だから（笑）。現場で出来ることを、自分達でディレクションしてやってくれという人だった。あれを経験すると、ウルトラの時は、我々としては、まだスキルも低かったから、当時はいっぱいいっぱいだったけど、ルーティン過ぎたという気がする。ひょっとしたら原田監督みたいな特撮コンシャスじゃない人は、実はそれをつまらないと思っていたかもしれないよね。「いつも同じことしかやんないじゃん、あいつら」と思っていたのかもしれない。中国で、「こんなこと出来ちゃいますよ」とやると、すごく喜んでいたことを思うとね。
大久保　僕ら技術パートからすると、ビルトの5スタでいつもやっている特撮とかけ離れたことを言われると「監督、わかってます？　あのスタジオの状況を」となりますが、原田監督にはそれはなかった。
日暮　僕ら演出部は監督と、だいたいを割り振りする打ち合わせで、「グリーンバックでいいですか？」「現場撮りでいいですか？」「クレーンでいいですか？」「オヤ線でいいですか？」と、コンテを見ながら決めるんです。それは基本、スケジュールに合わせている。
川口　スケジュールには自信を持っている人だったよね。中国でもそうだったよ。ウルトラの時、他の人で延びると、原田監督で詰めたりしなかった？
日暮　もちろんそういうことを仕組んだ時もあるんですが、全部原田監督と事前に打ち合わせしていました。「お願いできるのは原田監督だけなんです」と。
持ち時間があるのに使わないのは、監督としては不利な状況である一方、会社に対しては、撮影を早く終わらせればそれはそれなりの評価になる。
『コスモス』では26話（「カオスを倒す力」）が本当は

佐川監督が監督の作品で、カオスヘッダー・イブリースという怪獣が出てくる話なんですが、監督の身内にご不幸があり、原田監督がサポートに入りました。

原田監督が常に言っていたのは、自分は『コスモス』で唯一、シリーズの宿敵の存在だったカオスヘッダーをやらない監督だと。ところが、佐川監督の代理をやったことによって、カオスを手がけた。

短い内容の脚本でコンテも薄かった。佐川監督ならもっと粘っていたかも知れませんが、佐川監督のコンテに従って忠実に撮影に臨んでいました。

キャラを愛するファンシーな監督

日暮　ハネジローの声は、青木さんの奥さん（旧姓河島順子さん）。原田監督は初めての特撮がハネジローになるんです（『ダイナ』11話「幻の遊星」）。

大久保　あの時、初めて監督に会いました。現場がサクサク進んで、悪い印象はなくても、「あんなに早く終わって、作品はどうなの？」という疑問はあった。でもオンエアを見て、面白い作品になっていて良かったから「あの監督、やる人なんだ」と。

――ハネジローには操演もあったのでしょうか。

村石　マペットに手を入れて動かす専門の人がいたから、操演で何かをするってことはなかった。

グリーンバックで、ピヨピヨ飛んでいる素材として、クルクル回っているハネジローを撮っている。『帰ってきたハネジロー』でも、最後にグリーンバックでハネジローを吊って回した憶えがある。全身作られた吊り用の人形が別にあるんです。

――ぽちガラオンを入れに行くくだりですね。

村石　ええ。だけどハネジローをクレーンの先に付けて現場で振るとかはなかった。やれと言われればやれるけど、それで半日かかっても、本編の撮影スケジュール上、難しいだろうしね。

特撮にボリューム感をもたせる

村石　自転車を倒したりするのも原田監督か。

青木　あったね。僕は原田組に操演に行った時、本編でもピアノ線で自転車を倒しましたよ。

村石　『ガイア』以降、戦車が走ってきたり、メカが着地したら必ず、自転車を倒すというのはもう、お約束になっていましたね。

川口　中国でも僕、自転車を倒した。

一同　おおおお（笑）。

日暮　それが原田組なんだと、現場では受け取っていたと思うんです。

村石　自転車があれば、監督に言われなくてもね。

日暮　『コスモス』の原田組は、戦車の話が多くなってくる。

――「ワロガ逆襲」（48話）の辺りで、戦車がバンバン撃つ特撮場面が出てきますね。

青木　原田組の時は、ベンガルズがよく出てきました。

日暮　『コスモス』は北浦監督と佐川監督がメイン監督です。メインでなかった原田監督は、北浦監督に先を越されたイメージが微妙にあるような発言をしていました。

原田監督は、自分も北浦監督みたいに特撮に重点を置く方が、得なんじゃないかということをよく言ってたんです。やはりウルトラは特撮ものですが、だから、この回は特撮に力を入れてやってやろうという感じで、「自分も特撮ができるんだぞ」という主張をしていました。でも爆発をボカスカやる内容でも、ちゃんと計算しているところが他の監督とひと味もふた味も違って、特に時間配分の打ち合わせはかなり綿密でした。

川口　そういう段階で綿密に話してから、僕らに降りてくるので、僕らが詰めることはなかったよね。

日暮　完成した映像からはとてもそうは見えませんが、限りある予算と時間の使い方を美術部とともに試行錯誤しました。爆破するものは、石膏で作った戦車でなくちゃいけないのか検証したり。映っている戦車の内、何台かは中を空っぽにして、動かない状態でもいいかとか。動かないものが何台、動くものが何台だったら揃えられるか。動かないものは、ボディに弾着をつけて弾けるのはいけるんじゃないかとか。

中国では特撮に燃えた

川口　ウルトラ以外だと『ブースカ！ブースカ!!』をやりました。僕は途中から入ったのですが、ずっと特撮操演をやってきた後だったので、火薬の大きさとか全然わからなくて、苦労した記憶がある。やってみたら、すごく小さく見えるとか。

大久保　ミニチュアの中でやる火薬と、本編の、人間の前でやる火薬はまた全然イメージが違いますね。

川口　生身の子どもの近くでやるのと、怪獣の着ぐるみを着たアクターのそばでやるのも違うし。

上田　基本的な、ラーメンを食べて湯気が出るだの、ブー冠からピューと出るのもやった。

村石　ブー冠から煙出すのも、思ったより煙も出ないし。そういえば悩んだな。

日暮　飛び人形は使ったんですか？　ブースカの。

村石　スタジオ撮影がないもん。

青木　向ヶ丘遊園の倉庫に小さなスタジオはあったよね。バックを張りに行きました。

川口　さすがに『ブースカ』だと毎回ワンシーンだけやりに行くという感じかな。だから僕が原田監督と一番話したのは中国なんです。

中国の時、けっこう燃えていましたよ、特撮に。特撮の人じゃないと思っていたから「その割にはモチベーション上がっている」と思いました。特撮不毛の地に最初の一歩を自分が記すことに、メラメラ燃えている感じ。一応完成して、１・２話が上がった時には、かなり喜んでいた。びっくりするくらい。

円谷プロは、火薬を何発やるかとか、撮影前に打ち合わせで全部決めるのですが、それは実は、結構特殊なことだと思うんだけど、そういうスタイルではない撮影で原田監督とやったのが『五龍奇剣士』なんです。

中国の場合、本当に完成するかわからない状況だったので、半ば諦めかけていたことを、なんとか工夫して、やってみせたりすると喜んでくれた。たとえば平台爆弾とか。

——平台爆弾というのは？

大久保　特に『ガイア』が一番多いのかな？　着地する時、ドーンと土砂が舞い上がる。

川口　中国でそれを再現しようとした時は、けっこう原田監督も必死だった。

最初は「こういう火薬を使ってください」と僕らが指示してテストしていたんです。原田監督がやりたいことが中国のスタッフにうまく伝わらなくて。

日本でやる時は、どれぐらいの火薬を仕掛けて、石膏を盛って、いくつ並べるといいかというスキルがあるのですが、それを中国の火薬屋さんに伝えるのも難しかったですね。

でも途中から、お金の問題や、事務的に煩雑な手続きが生じて、さんざんテストしたのに、火薬チームを呼べない時があったんです。半ば諦めた時に、火薬を使わずに、すごく野蛮なやり方で、足で踏んづけるとか、そういうことをやったら原田監督は喜んでいた。

——足で踏んづけるとは？

青木　梃子みたいなのを作って、片方をドンッと踏んづけると、もう片方がドンッと上がって、砂埃が舞い上がる。

川口　日本でウルトラをやっている時は、原田監督は特撮特撮という感じではなかったのに、中国の時は違いました。美術部も最初はいなかったので、スタッフが総出でビルを飾っている時、原田監督も一緒になってやりながら、指示も出していた。「原田監督はこんなに前に出る人だったんだ」と思いました。

村石　その時も「自転車、自転車」と、やらせていた気がする。どこかで遊ぼうと思っていたんでしょうね。

青木　いちいち言ってましたね。何かやるたびに「中国で最初にやった」って。

川口　やっていたことは、非常にオーソドックスな日本特撮で、それをきっちり中国でやろうとしていた。でも美術部はいないし、操演も二人だし(笑)。「これでビルトと同じものを求められても」と最初は思いましたが、同じレベルというか、少なくとも、同じことをやろうとしてた。大変だったけどね(笑)。

クオリティはどうしても低くはなる。ミニチュア一つにしても、全然違うから。ただ、最初の内は下がってもいいと思ってたんじゃないかな。とりあえずひと通り、オーソドックスな特撮シーンの画は全部撮る。そこから洗練させていこうと思っていたんじゃない？　途中で終わっちゃったけど。

大久保　逆に日本で特撮をやっていた時の意気込みとは、また違いますよね。日本では、ルーティンワークじゃないけど、「これをやっておけば間違いない」という仕掛けを自分らもやって、それでOKも出た。

川口　中国では操演部として現場で動けるのは二人だけで、すごく高いイントレを組んで昇り降りして親船のセッティングをして、さらにクレーンで、二機三機吊って飛ばすというのを、毎回撮っていた。「今やるの？　グリーンバックじゃダメ？」と思いながら。親船での吊りとクレーンでの吊りを同じカットで、とかありました。二人しかいないのに(笑)。

青木　しかも何回もやった憶えがあるんですけどね、同じカットだけでも。

川口　何度もテイクを重ねて、とか、微妙に角度を変えて撮るとか。ウルトラで言うと佐川監督みたいな感じで。時間をたっぷりかけて素材もいっぱい撮った。尻火もそうだし。今思い出すと、原田監督らしからぬ撮り方を中国ではしていました。燃えていたね。

▼神出鬼没に現れる

日暮　僕も一回だけ原田監督に「中国に呼んでくれないんですか？」という話をしたんです。でも僕は、原田監督の言い方だと「本線」のウルトラでやってたから、僕に対しては「本線を走っている人間は関わらない方がいい」と、繰り返し言っていました。
——亀甲船さんはべつにそこはこだわってなく……。
一同 （笑）。
村石 僕達は普段から円谷プロしかやらないというわけではないですし、個人でもないし。
——中国にそもそも、行くきっかけというのは？
村石 僕は『ウルトラマンメビウス』の初めの方で、特撮班を担当していて、日活の現場に、原田監督がなんとなく遊びに来たのを見ていたんです。いつの間にか僕のところに寄ってきて、「今度、円谷プロじゃない、違うところで、しかも中国で、特撮番組を立ち上げるんです。本来は中国のスタッフで、中国産の特撮を作るという名目なんですが、メインスタッフは日本人で、操演部分がちょっとあるので……」と。
青木 声をかけられた時期はすごく忙しかったんじゃないですか？ 劇場版と並行している頃ですよね。
上田 『ウルトラマンマックス』の最後と『メビウス』の劇場版とテレビの始めの方が重なっていた。少なくとも俺は『セイザーX』にもかかっていた。
——その中でお二人が中国に取られちゃって。
川口 でも若干、時期がズレんだよ。結局、中国の方の事情で。『ウルトラマンメビウス外伝 ヒカリサーガ』（〇六〜〇七年）をやっている時も、現場に原田監督が現れた。
上田 スタッフを集めていたね。色んなところに行って。
日暮 ちょうど、ビルトと日活に行けば、それぞれの人達が居た時期だから（笑）。原田監督は、そうやって撮影の現場にちょろっと顔を出すのは、珍しくない人なんです。すごく自然なんです。だから誰も、あんまり疑いを持たなかったんじゃないかなと。
川口 でも、大っぴらに動いていたわけじゃないと思う。画策していたんでしょうね。
日暮 ただのディレクションだけじゃなく、作品の方向性を画策してたんでしょうね。
上田 思い入れは強かったんじゃないかな。
日暮 責任の重さが違いますよね。『ブースカ！ブースカ!!』をメインで立ち上げるのと、中国で作品を立ち上げるのとも、また全然違いますし。
青木 中国で初めてという、意識が強かったんでしょうね。特撮界の野茂になろうとしてたんでしょうか。パイオニアになろうとしていた。

▼いつのまにかミニチュア特撮になっていた

——ミニチュアを用意して撮ると言い出したのは原田監督だと聞きました。
村石 うちに何を頼んできたかというと、普段の特撮の操演をやるというのではなくて、機体がちょっと出てくるので、それだけ動かしたいけど、グリーンバックだけなので、全部合成でやるから、そのための操演をやってくれという話だった。
村石 グリーンバックと聞いたから、じゃ足元のホコリとかスモークの雰囲気とかもいらないなと思っていたんです。
川口 街のミニチュアセットはないと。飛行機も現場では飛ばないという話だった。
村石 それが……。
川口 飛ばさなきゃいけなくしたのは、そうだ、原田監督だ（笑）。
　中国に行ったら、ビルがあったんですよ。「おいおい」と思ったんだよ。しかもビルが足りないから、急遽増やしたりしましたね。
青木 原田監督が自らミニチュアビルを飾っているから、こちらもやる流れに（笑）。そして原田監督が突然、「ここに池を作ろう」と言ってビニールシートを出してホースで水を持ってきて。こちらは「え、池？」とか言って（笑）。
——1話で、池に映り込むシーンがありますね。
村石 現場が始まったら、自分らで色々作っている。「それ、話が随分違うね」みたいな（笑）。
川口 それぞれの飛行機もミニチュアで飛ばさなきゃと。その辺を画策したのは、たぶん原田監督。結局、ビルトで円谷プロがやってたものと同じものに、なんとなく変わっていっちゃった。
大久保 （笑）。
青木 みんながワイワイ盛り上がってやろうやろうとなったわけではなく原田監督と一緒に工夫した。
川口 みんなが来る前にそうしちゃってた感じ。
村石 必要に応じて、出来る人達を後から集めた感じだった。最初は、本当に特撮のプロフェッショナルなんて呼べるような人達はあんまりいなかったね。
川口 日本人の照明部はいなかったけど、現地の照明部と日本人デザイナーはいましたね。
——美術の井口昭彦さんは途中からですか？
川口 途中からです。
——ビルのミニチュアも本物のビルの写真を撮って、それを表面に貼り付けたらしいですね。
川口 単純に写真を引き伸ばして箱に張った。
青木 意外と「これでいけるじゃん！」と。
川口 向こうの建物はそれでも本物らしいんだよね。凝った建物じゃないから。
日暮 神澤（信一）監督が参加するようになったのは、

その後？
川口　もう、全然後の方。
上田　神澤監督は実際には監督としては撮ってないんですが、スーパーバイザーとして現場には入っています。
川口　撮る直前でポシャッちゃったんだ。神澤組が今度入るという日に、人の吊りは向こうのアクションチームがやるという話だったのが、今度は亀甲船にやってもらいたいと言っていたのは憶えている。
　そしてそれも問題になった。「出来ない？」「いや、二人しかいないです」と。
村石　この予算と内容では我々はワイヤーアクションまではできない、と言っていたのに、やることが増えてきたから「二人じゃ出来ない」と言ったんですが、結局、聞き入れられず。
川口　原田監督が笑いながら「川口さんの助手、いないよね」と（笑）。「そういえば、操演部いないね」。
大久保　いやー（苦笑）。
川口　中国人スタッフがいなかった。操演部にね。
大久保　わからなかったのかね、操演というパートに関しては。
川口　ポールを持ったりしてもらうぐらいだった。
村石　最初言っていたのと違うことがどんどん増えたので「これはもう確信犯だったんだな」。
川口　じゃないですかね（笑）。だから最初は、原田監督に対して、僕、ちょっと腹立ってたんだ。本当にキツかったもんな。ホコリや雰囲気を出すのも普通にやりつつの操演だったし。
青木　先ほど、親線とクレーンが同時に出てくる二機吊り、三機吊りをしたと言っていたけど、初めからやるつもりないなら、機材が何もないですよね。
川口　先に社長が行って仕込んだよね。最初の準備段階でもう話が膨らんじゃってるわけね。
村石　いつの間にか、ホリゾントに空の絵が描かれる事態になって「じゃ、親線で飛行機も一緒に飛ばしましょうか」みたいな。
大久保　それは原田監督が言ったんですか？
村石　だったんじゃないかな。
川口　二回くらい行ったよね？
村石　うん。機材を持って行く前に、下見で行って、下話もして、親線用の機材は全部持っていったんだけど、クレーンは最初あっちの人に作ってもらう話だった。でも結局、それも技術的なことや、お金のことがあるから、あちらにあるカメラクレーンを使ってなんとかならないかと言うので、それで、ちょっと使えそうなクレーンがあったので、無理矢理使って操演クレーンにして撮ったり。
川口　火薬に関しては我々は関わらず、現地スタッフが担当するはずだったんだけど、石膏ビルの仕込みとかしたもんね。どう仕込めばいいか、向こうはわからないから、どれくらいの強さか弾着を見せて、ばんばんテストさせてもらって。結局、最初は俺らが仕込んだんだよね。
青木　ドカーンとビルを壊したら、原田監督が「中国初の石膏ビル爆破だ」（笑）と言っていたのはこの時だった。最初の石膏ビルも、ガワだけで裏側が何もなかった。これだと爆破した時に飛び散る破片が少なくて迫力が出ないから、破片の量を増やすために裏側に柵を作って予め破片を乗せる必要があった。だけど柵が何もないから「柵を作らなきゃ」と、急遽、枠を作って、そこに石膏を流し込んで作った。
川口　それをヒーヒーやっていたのを、たぶん原田監督がニヤニヤ見ていた。狙っていたんだろうね。最初から、そこへ持っていくつもりだったんだと思う。
――何もないスタジオから始めたと話を聞いてたんで、その意味が今日、やっとわかりました。
村石　本当になかった。ないはずだった。僕らは期間が決まっていたんです。二週間だけ行って帰ってくる感じだったんだけど、帰っている間に、さらに色々なものが出来ていたり。それで次に行くと、また……。
川口　行く度に増えて（笑）。井口さんが来てからはさらに増えちゃって（笑）。
青木　井口さんがこれやろう、あれやろうと言って、監督もやぶさかでないから「よし、やろう」となる。
　ただ、そうなったことで中国人スタッフに特撮技術を教える、特撮スタッフを育てるという余裕はなくなったよね。
川口　最終的には彼らは単なるお手伝いだった。
青木　石膏ビルの作り方を教えて今後は彼らだけで、という形には持っていけない。
川口　いや、俺は自分達のやり方を伝えていたんだよ。
青木　そう。川口と俺だけなんだよ。
大久保　自分達のウェイトを減らしたいから？
川口　いや、そもそも当初の予定よりも負担が大きくなっていたし、今後続けていくためには彼らだけで、ある程度出来るようにしなくちゃいけないから、と考えていた。「もっといい方法があれば、あなた達の思うようにやって構わない。今、僕らがやっていたのは、たとえばこんな風ですよ」とやるんだけど、結局、俺らがやんなきゃいけない。最後まで（笑）。

火薬の選び方もそうだよ。今まで日本で撮った映像を見せて「こんな火薬を使っていた」と、答えがそれしかないわけじゃないから、お任せしますと言った。でも最終的には、火薬屋さんは「どれにする?」と全部聞いてくるようになった。「どの辺に仕込む?」と言うから教えたら、「はい」と渡されて一緒に仕込んだり。結局、全部やんなきゃいけなくなっちゃう。

上田　何もかも背負い込むわけにはいかないからね。

川口　そうそう。本番では何度もスイッチのタイミングが合わなくて、「やってくれ」と言われたけど「いや、あなた達の仕事なんだから」って(笑)。

これからの付き合いだった

川口　先ほど言ったように、原田監督は常にサングラスで、表情が読めないから、撮影が終わった後に「飲みに行こう」という話もないし、「昨日のあれ見ました?」なんて雑談めいたことも、ほとんど……。

大久保　なかったな、原田監督とは。

――サングラスについては、助監督時代、ロケ中に柄の悪い人に因縁つけられることもあるので、そういう時、表情を読み取らせないようにかけたのが最初だと、スクリプターの山内薫さんがおっしゃっていました。

日暮　付き合いの長い薫さんが言うんなら正しいんじゃないですか。

上田　たしかに童顔でもないけど、武闘派には見えないね。

川口　懐に入れば、とっつきやすい人だと思うよ。

日暮　原田組は定時に終わるけど、実際は定時終わったところから、スタッフルームでちょっと話したりするわけです。僕ら演出部とか撮影部の場合「次は今、こんな話が来ているんだけど」という話があったり。でも、たいがいの人はもう定時で終わって、亀甲船さんもそうだけど(笑)、お帰りになるから。

上田　僕ら、行かないから。行きづらいんだ、あそこ。

川口　僕、スタッフルーム行かないからね。

日暮　すみません(笑)。

上田　居場所ないんだよ、行っても。

川口　行ってもウロウロして、すぐ出てきちゃう。

上田　「この椅子に座って大丈夫かな」とかね。

日暮　映画だと、また違う。ほとんどスタッフルームに戻らないですからね。機材も含めて、みんなセットに入りっ放しになるから。本当にかしこまった打ち合わせの時だけスタッフルームを利用する。

青木　原田監督はスクリプターとか他のスタッフとはみんな集まって、よく飯とか食いに行ったり遊んでたりしていたみたいだから。うちのカミさんに言わせると、原田監督に対してとっつきにくいイメージって全然ないって言ってた。

大久保　僕らからすると一番コミュニケーションを取ってなかった監督なので。僕らのこと、もし今生きていたら、どう思ってるのか、聞いてみたかった。

一同　聞きたい。本当に。

日暮　たぶんね、原田監督は逆に、天国で意外だと思っている(笑)。「ああ、そうだったんだ」と。

――そうじゃなければ中国でご一緒しようとは思わないですよね。

青木　日本に戻った後、別現場で原田監督に会った時、「どうですか、今、『五龍』は?」と話しかけたんです。「俺、原田監督に話しかけてる」と思うくらい珍しく(笑)。たぶん、あの仕事が続いていれば、もうちょっと、親しくなれていたのかもしれない。

川口　個人的にウルトラの監督で、僕のこと「さん」付けで呼んだの、原田さんだけなんだよね。原田監督の方が年上なのに。だから逆に、ちょっと、踏み込めなくなる感じ(笑)。

一同　あああ。

日暮　天国でやり残したと思っていますよ(笑)。

川口　中国で最後に会った時に、ガイドブックを開いて「川口さん、僕はここに住んでるんですけど、この店が美味くて」という話を、原田監督の方からしてきたんで「ああ、これからお付き合いが始まるんだな」とニヤニヤしていたら、中断しちゃった。

青木　ｍｉｘｉである日突然、原田監督から「マイミクよろしく」と申請が来て、ああ、どうしようと(笑)。いや俺、原田監督とそんな仲良くなかったと思うんだけどな……と、すごくドキドキしちゃった。

大久保　そんなにフランクな人だったんだ。わかんなかったなあ。

日暮　今、川口さんが「さん」付けだったと言ったけど、僕も「日暮くん」ですよ。本編の助監督さんには「野間ーっ」と言ってたけど(笑)。

川口　僕ら特撮の人間が、原田監督から見ても、とっつきにくかったのかな?

日暮　そんなことはないと思うんですけどね。何かのきっかけがあれば、一気に取り払われるくらいの、薄い皮一枚だったと思いますよ。きっと。

上田　きっかけがなかったんだね。もうちょっと、こっち側からも踏み込んでいけば、あんまりよそよそしさって感じなかっただろうなあと、ちょっと悔やまれますね。

第2部

ブースカ！ブースカ!!

～円谷プロの時代②～

円谷プロのキャラクターとしてはカッコいいウルトラマンとはまた違い、可愛さで人気のあるブースカが、一九六六年から六七年にかけて放映された『快獣ブースカ』以来三十数年ぶりに甦ったシリーズ。かつてのブースカと親友だった発明少年の大作が成長し、その息子の雄作が親譲りの発明で新たなブースカを生み出したという設定。

ブースカを子ども達と同じ目線か、ある意味それ以上のイノセントな存在として描き、舞台も「夢町」という名で、向ケ丘遊園内で多くの撮影が行われ、童話的な佇まいのドラマとなった。大人になった大作はラーメン屋を営み、その「とんとん亭」は緑の中に建つウッディハウスだ。途中ややブラックユーモア的なバラエティ番組の要素も加わるが、メイン監督原田昌樹のこだわりもあり、基本としては〈ほのぼの路線〉を最後まで貫徹した。

ブースカ!!

スタッフ

監督：満田穧・原田昌樹・市野龍一・北浦嗣巳・根本実樹・田村浩太朗・八木毅

脚本：川上英幸・古怒田健志・太田愛・吉田伸・大西信介・武上純希・右田昌万・増田貴彦・やまざき大志・西園悟・山口伸明・六本木学

エグゼクティブプロデューサー：円谷一夫／監修：満田穧／プロデューサー：斉藤郁（テレビ東京）・笈田雅人／アソシエイトプロデューサー：小山信行・山﨑立士／撮影：倉持武弘／照明：佐藤才輔／録音：楠本龍巳／美術監督：井口昭彦／助監督：髙下守・張金鐘・小原直樹・田村浩太朗／監督助手：本間和彦・伊藤大輔／文芸協力：江藤直行／D1編集：田代定三／デジタルエフェクト：森正吾／ビジュアルテクニカル：有働武史／VE：金子豊明／CA：桑沢俊靖・須藤克支／装飾：大藤邦康・辻繭美・鈴木隆之／操演：川口謙司・村石義徳／撮影助手：山本寛久／キャスティング：小島文夫／小道具：鈴木隆之／持道具：佐藤希／造形：小川隆司／スクリプター：堀北昌子・島貫育子・阿南玲那・廣瀬順子・飯塚美穂・串田未央／編集・佐藤裕子／メイク：今井志保／衣裳：高知尾博幸／特機：田村誠／メンテナンス：福井康之・横井豊／振り付け：小池香／本編エディター：河合尊／CG：祖父江成則・早川哲司・糸柳英郎・大地祐／D1アシスタント：山内紀枝／タイトルロゴ・マークデザイン：黒岩和幸／サウンドエフェクト：スワラプロ／選曲：小林地香子／整音：松本能紀／オペレーター：中野陽子／スチール：渡辺亨／制作担当：松田憲一良／制作主任：斉藤玉恵／制作進行：奥山潔／仕上げ：内田貴広／車輛：加藤久光／制作経理：表有希子／制作デスク：八木理恵子・大槻浩子／番宣担当：佐伯真美（テレビ東京）／プロデューサー補：北越元基／版権担当：礒貝牧子・太田小由美

［音楽］

音楽：大森俊之／音楽プロデューサー：玉川静／音楽製作：キングレコード／主題歌オープニングテーマ「ブースカ！ ブースカ!!」・エンディングテーマ「晴れときどき晴れ」作詞：有森聡美　作曲：大森俊之　歌：林原めぐみ

協力：小田急電鉄・向ヶ丘遊園・ログハウスのビックボックス・いすゞ自動車・富士通乾電池

制作：円谷プロダクション、テレビ東京／制作協力：ASATSU-DK

キャスト

屯田雄作：立澤真明／屯田大作：増田由紀夫／屯田美智子：渡辺典子／屯田妙実：瀬尾久美／さやか：斉藤麻衣／オサム：伊藤栄治／カッちゃん：蓮池貴人／つっくん：上條誠／チカ：田中瑞穂／ゲンツキ：北岡久貴／泡手門之介刑事：宮川一朗太／隼人千里男刑事：中村浩二／アコ：村田洋子／松土最円：赤星昇一郎／凸丸：下地義人／凹丸：北野康広／梅たか子：柚木佑美／八百屋の百合子：菊池かほり／坂間壮司：右田昌万／小町弥生：斉藤りさ／日八樫一族：大滝明利／郷ジャスコ：関さちよ／郷ジャスミン：浅井暁美／長瀬：望月太郎／魔女っ子カメちゃん：宮崎あおい

［声の出演］

ブースカ：高戸靖広／カモスケ：藤谷みき／ハネタロー・フクロベエ：増田由紀夫

［スーツアクター］

ブースカ：横尾和則・永田朋裕／カモスケ：永田朋裕・三宅敏夫／ミラクルミラーキング：三宅敏夫

ブースカ!

1999-2000

作品解説

「バラサで快獣こんにちは！」1話 ▼一九九九年十月二日放映

脚本：川上英幸　**共同監督**：満田穧　**撮影**：倉持武弘
ゲスト：町田政則（強盗）

▼ストーリー

かつてブースカと親友だった大作は大人になっていた。

長男の雄作は小学五年生で、パパゆずりの発明大好き少年。

スーパーヒーローを誕生させることを夢見ていた雄作は、パパからもらったクロパラやイグアナエキスを加えて調合した〝スーパーヒーローの素〟を壷に入れてお湯をかける。ところがその中にラーメンのスープが入ってしまったから大変！

もくもく立ち上がった壷の中から飛び出したのは、ずんぐりむっくりのおかしな怪獣だった。

「なんだこりゃ」と呆れる雄作に、「なんだこりゃとは、なにさ」と返す怪獣。

怪獣と出くわし絶叫する長女・妙実が指差す先を見た大作パパは「何だ、ブースカじゃないか」と言った途端、驚きと感動に包まれる。

「ブースカ!!」。我が息子が再びブースカを誕生させたことに驚き、喜ぶ大作。

大作は、これから息子やその友達の親友でいて欲しいとブースカに頼む。

ブースカは喜んでOKするのだった。

その晩、雄作とブースカは早速ドロボー騒ぎに巻き込まれる。

▼新ブースカ誕生

原田昌樹が初めてメイン監督を務めたテレビシリーズ――その主人公は、三三年ぶりに主役として帰ってきた〈快獣ブースカ〉。

「ある程度は今風にしてあるけど、三〇数年前から受け継がれてきたキャラなんで、ブースカそのものは新しいことをしなくてもいいと思って作ってるんです。

ブースカは、非常にピュアな生き物なんです。それを今の時代にポコッと現れさせたいなという気持ちで作りました。ブースカは『おいしいものはおいしい。楽しいものは楽しい』と言う。見てくれとかにはだまされない。

子どもが本来持っていた、『こういう風に遊べるよね』という姿。その代表がブースカ。

今、子ども達は、みんな〈個〉になっちゃっている。ブースカの世界では、みんなが協力したり、喧嘩したり。仲間であるブースカや、ゲンツキくんみたいな大人の先輩達がいて、全体をあったかい世界にしています。

他の子ども番組に出演している子役達より生き生き撮りたいと思っています。腕の見せどころですが、それをしないと駄目だと思っています」（原田昌樹談）

元祖『快獣ブースカ』が初めてブラウン管に登場したのは、初代の『ウルトラマン』と同じ一九六六年。

当時見て育った子ども達が大人になり、ブースカは朝日新聞のCMキャラクターとしても復活、向ヶ丘遊園の「ブースカランド」でも知られ、グッズも三百アイテムを越える人気ぶりだった。

ブースカは子ども達が大好きで、「バラサ、バラサ（うれしい！）」「プリプリのキリリンコ、カッカッカッ（頭に来た！）」「シオシオのパー（ガッカリ）」とブースカ語を連発。空を飛んだり百トンカ（リキ）のパワーを発揮するスーパー快獣。だが、食いしん坊で疑いを知らない性格から珍騒動を引き起こしていく……。

その再スタートを切った1話は原田監督とともに、旧作ブースカのレギュラー監督だった満田穧（当時は円谷プロ専務で本シリーズの監修）が共同監督を担っている。

昔のブースカは大作少年が「ゴジラ」みたいな怪獣を作ろうとした実験で生まれたが、今回その息子である雄作少年が最初にイメージしたのはスーパーヒーローだった。その「ミラクルミラーキング」は、かつての円谷ヒーロー、ミラーマンがマントを羽織った姿。『ミラーマン』（七一年）は、満田穧監督がかつてプロデューサーとして担当、ウルトラマンシリーズと併行して人気を得た特撮テレビドラマである。「ミラクルミラーキング」は準備稿では「ミラクルキングマンセブン」と呼ばれていた。声は満田監督が自ら担当。『ウルトラセブン』でのウルトラホーク発進ドックでのアナウンスなど、美声で知られる。

今回、スタッフは平成ウルトラ三部作から大量の人員が引き継がれた。最後のエンディング主題歌に合わせてスタッフクレジットとともにその回の名場面が流れるというフォーマットも同じである。

原田監督は『ウルトラマンガイア』での自分の回の撮影を終え、すぐに準備に入った。1～3話が一組となって撮影が進められ、クランクアップの八月二三日は、『ガイア』最終回のオンエア日（八月二八日）の五日前であった。

メインライターは、平成ウルトラ三部作でも原田監督とコンビを組んできた川上英幸氏。従来のブースカ語に加え、「ミュッキー（OK）」「メロメロのトロロンチ（恋しちゃった）」「ピョンピョンでプー（空を飛ぶときのかけ声）」「ギノ！（怒ったぞ）」など新たにいくつものブースカ語を創作している。

それらのブースカ語が取り入れられた主題歌（作詞：有森聡美　作曲：大森俊之）にも、原田監督の意見が入っている。毎回のオープニングタイトルの映像は林原めぐみが歌うその主題歌に合わせてブースカが踊るという、土曜朝七時半の番組らしい元気なスタートであった。

▼発明パパの面目躍如

原田監督はこの1話で、トップシーンからの屯田家の紹介に注意を払っている。シリーズを通して主舞台となっていく場所だ。

屯田家はログハウスであり、木立ちに面して建てられている。

そこは屯田一家の住居であるとともにラーメン屋「とんとん亭」でもある。大作の幼馴染みであり、妻である美智子が切り盛りしているのだ。

冒頭、晴れた空からキャメラが降りていくと、温かい雰囲気のログハウスが写る。看板から暖簾越しに店内が写ると、ちょうど客が出てくるところだ。ママ美智子（三六歳）が丼を片付けている。手伝ってと言われてもパパ大作は発明で手が離せない。姉の妙実（高校二年生）はベランダの花に水をやっている。そこからキャメラが上がると、窓から見えるのが雄作の部屋だ。

雄作の父・屯田大作は設定年齢三八歳。ぽっちゃりしたオカッパで、まるで旧ブースカで大作を演じた子役・宮本智弘がそのまま成長したかのようなルックスだ。

演じるのは、『ティガ』では関西弁のホリイ隊員を演じた増田由紀夫。コミカルな部分とシリアスな部分が半々ぐらいだったホリイとは違い、大作役は八割コミカル。この初回でも、かつての自分と同じようにブースカを生み出した雄作を「蛙の子は蛙」と褒めるセリフの前に「蛙の子はおたまじゃくし。いや……」と言ってみたりと、細かなアドリブ満載で演じていく。

屯田家に置いてある、ハネジローならぬハネタロー時計。鳩時計が鳴くように時々言葉を発し、登場人物の会話やドラマの展開にツッコミを入れる。この声も増田由紀夫によるもので、大作役では封印している関西弁を全開させる。1話のシナリオ段階では言葉は発さず、たとえば白けた空気の時は「ぶー」とため息をつく、というような、鳴き声でその時の気分を出す使われ方が考えられていた。このハネタローに加えてシリーズ後半では梟の形をした人形「フクロベエ」が同様の役割を担わされていた。

1話冒頭で早速、息子の雄作が発明したマッハスケボーの初乗り役を横取りしてしまう大作。実験台になることを怖がるのではなく、進んでどころか強引に引き受けるのは発明パパの面目躍如だ。空を飛んでいる最中、ブレーキがないのに気付いて大慌て……というオチだが、「何かにぶつかれば止まれるんだ」と恐れを知らないのどかさは和製『チキ・チキ・バン・バン』の趣。

マッハスケボーが飛び上がる前の描写では、合成で足下のメラメラ感を出している。これは監督が準備稿段階でメモとして書き入れており、早くからイメージができていたことを伺わせる。

シナリオでは、ブレーキのないマッハスケボーに乗ったパパは「遥か彼方まですっ飛んで行ってしまう」と書かれていたが、映像では駄菓子屋のゲンツキさんと正面衝突することになった。おかげで、今回シナリオには出ていなかったゲンツキさんは1話からの登場を果たしている。

原田監督は、雄作の友達や駄菓子屋のお兄さんなど、サブキャラクターのフルネームは太田愛に考案を依頼している。「さやか(水谷さやか)」「チカ(山口千香)」「カッちゃん(荒井勝則)」「オサム(藤巻修)」「つっくん(津々井努)」、そして駄菓子屋の「ゲンツキ(安井一)」がレギュラー陣である。

▽夢見るブースカ

雄作がブースカを作ってしまう実験に使う容器は、シナリオではフラスコだったが、原田監督はツボに変更している(演出メモではなぜか「魔女のツボ」と書かれている)。

ブースカはスモークの煙たちこめる中、初登場し、鼻がヒクヒク動くのがアップになる。そして早速ラーメンを食べる。こちらの湯気は合成で表現され、ブースカの食欲を表現している。

雄作の部屋は研究室となっており、シナリオには、ロボット犬や模型のモノレールが走っていると書かれているが、映像作品では、海水魚が宙を泳いでいる。メカニカルな感触よりも、ファンタスティックなイメージが優先されているのだ。

夜、みんなが就寝したことを伝える場面は、ログハウスの上にお星様がキラキラしている合成場面で、このシリーズのテイストを伝えている。

雄作の姉・妙実と出くわしたブースカは目がハートになり「可愛いお姉さん大好き、メロメロのトロロンチ」とブースカ語を発して身をくねらせる。旧作にない〈ときめきブースカ〉の誕生だ。

▽チャーミーなブースカ

雄作の父母、大作と美智子にとってブースカとは再会である。ママ役の渡辺典子の整った顔立ちが再会の喜びに輝く。角川映画のヒロインとしてデビューした彼女も、母親役が似合う年齢。

ブースカとの思い出のアルバムを取り出してくる大作。モノクロの写真は旧作のスチルではなく、新たに撮られたものだが、やはり大作はオカッパであり、子ども達の服装などに昭和四〇年代的な雰囲気が出ている。ブースカのスーツも旧作のキャラを基にしたアトラクション用だ。

「あの頃いっぱい遊んだわね、あなたと私とそして仲間達と」とママがアルバムを見ながら言う場面は、渡辺典子の演技がナチュラルなこともありホロリとさせられる。

だが出前用のラーメン六人前をブースカが食べてしまったことを知ったママは一転、激怒。その怒りに、ブースカばかりかその場にいた全員が、ハネタロー時計も含めて「ドッヒャー」となる。

申し訳なさそうに「シオシオのパー」と身体ごと小さくなるブースカ。その縮小は合成を用いてワンカットで捉えられている。

小さくなったブースカはまるで縫いぐるみグッズのようだが、目はシオシオ状態で瞳が半分閉じた状態なのが情けなくも可愛い。

相前後して、騒ぎ声に立ち寄ったセミレギュラーの泡手門之介(あわて・もんのすけ)刑事は、ブースカという怪獣の出現に驚くが、雄作は縫いぐるみを示して「刑事さん、これ見て一人で大騒ぎしてたんだよ」と言いくるめる。泡手もあっさり「そうだったっけ」と答えるのが、この番組のおおらかなテイストを現している。泡手刑事(三三歳)はシャーロック・ホームズのような出で立ちに、いかにも付け髭のようなカイゼル髭。

泡手刑事が立ち去り、ママの許しも得たブースカが元の大きさに戻る時、原田監督はシナリオに「シャキシャキのキリリンパッ!」と掛け声を足している、ブースカ語を一つでも多く使って、視聴者の子ども達に親しんでもらおうという狙いだろう。

雄作の部屋で、隣り合わせに二人寝ている場面、ブースカはヘソの下までしかタオルがかかっていないのに、平気でグーグー寝息を立てているのが可愛らしい。ところどころブースカのチャームを押さえてあるのが心憎い演出だ。

▽〈ブースカ世界〉のバランス

寝静まった屯田家に押し入る強盗役は、『ティガ』の「ウルトラの星」で怪獣バイヤーのチャリジャをコミカルに演じ、原田監督とは旧知の仲である町田政則。風呂敷包みを持ち顔には手ぬぐいを縛っている、古典的な泥棒だ。

彼が家の中のものを物色していると、ブースカのお腹の音が鳴るのが聞こえてきて一瞬「ビクッ」となる描写は、原田監督がシナリオに付け加えたもの。

ブースカが空腹で起きてきたので、強盗は咄嗟に隠れる。

「おにぎり見っけ」と、台所にある巨大な握り飯に目を留めるブースカ。そこには置き手紙があり「きっと夜になったらおなかがすいてくるでしょうから、おにぎりを握っておきます。食べてください、ママより」と書かれてあった。

シナリオではママからのメッセージのみの描写だが、原田監督はここで、ママがおにぎりを握る場面を挿入している。この時のママの表情もまた、とても嬉しそうなのがなにかホロリとくる。
また脚本には、ブースカがおにぎりを見つけてから手紙を読むまでの間「勝手に食べないってママと約束しちゃったし」と躊躇するくだりがあったが、そこはカットされている。1話の段階でブースカをどこまで人間的に描くのか、バランスを考えたのだろう。

やがて雄作も起きてきて、尻を向けて隠れる強盗だがすぐにバレてしまう。ここに原田監督は、強盗が思わず漏らしたオナラの音で見つかってしまうというギャグを入れている。

「金を出せ」と雄作を人質に取る強盗だが、ブースカにはごっこ遊びをしているようにしか見えない。強盗の手を握って揺さぶり、追いかけっこに興じる。

外に逃走する強盗だが、ブースカは雄作を背に乗せて飛び上る。ここで初めて、雄作はブースカのすごさを知るのだった。星空を背景にし、『E．T．』ばりに満月を横切るブースカ。その下には輝くメリーゴーラウンドが……。この画柄は今回、エンディング主題歌が終わった後のラストカットでも止め絵で使用された。また2話以降のオープニングでも使われている。

正面からの飛行シーンでは、星が後ろに流れていく。そこにブースカの飛行人形が合成されているが、本物のスーツを用いても表現することは可能なシーンを、あえて小さな人形を用いることで、ブースカの可愛らしさを出しているのだろう。

これは「怪盗ヒマラ」で宇宙人のロケットの発射口から出る火をわざとねじって表現したのと共通するセンスだ。全部が〈ブースカ世界〉のバランスで出来ているのだ。

ブースカが空から降りてきて強盗の上に圧し掛かるまでを飛び人形の合成で表現しているのも面白い。

「星がきれいだよ」

逃げてきた遊園地の広場でへたりこむ強盗に、ブースカはママのおにぎりを一個渡す。三個あるおにぎりの内、雄作とともに一個ずつ分け合って食べるブースカ。

強盗はもう三日も何も食べていなかったのだ。まるで昭和三〇年代の泥棒のような犯行動機だが、むろん確信犯的なものだ。『ブースカ！ ブースカ!!』は、目先の新しさを追わない、〈オールディーズ・バット・グッディーズ〉の精神で作られている。またそういう世界だからこそ、ブースカは暮らしていくことが出来る。そこを原田監督は1話から提示してみせたのだ。

強盗に対するブースカの無心な態度を見て、雄作は警察に通報せず見逃してあげる。だが、この強盗が警察に自首したことは翌日の朝刊に出ていた。すっかりブースカを見直した雄作は朝食の際、自分の分もわけてあげる。

しかし、雄作がついお腹を撫でてしまうと、次の瞬間、ひっくり返って笑うブースカ。

「昔のブースカとまったく一緒だ」と感極まる大作に、ハネタローは「これから大変や」とツッコミを入れる。

かくしてブースカと屯田一家の、新たな毎日が始まった。

作品解説

「ミフチ！ ラーメン大バトル」2話 ▼一九九九年十月九日放映

脚本：古怒田健志　**撮影**：倉持武弘
ゲスト：野口貴史（ライライ軒おやじ）、友金敏雄（亀山）、高見周（桃木）

▼ストーリー

ラーメンが大好きなブースカに、いくらでもおかわりを作ってくれるラーメン屋・ライライ軒のオヤジさん。味にこだわる頑固なオヤジさんは、マナーの悪いお客に嫌気がさして、もう店を閉めようと考えていた。そして、本物の味がわかるブースカだけにラーメンをごちそうしていたのだ。ところがそこに、大型チェーンのタートルラーメンが進出してきたから、さあ大変!!

▼巨大怪獣ムシムシモン現る！

冒頭、巨大怪獣の破壊が描かれる。怪獣は『ガイア』での原田作品「悪魔のマユ」に登場したゴキグモンのスーツを使用。原田監督は自分用のシナリオに鉛筆で「ゴキグモンⅡ」と記していた。

咆哮するムシムシモンの手前には倒壊した建物が折り重なっている。『ガイア』48話（「死神の逆襲」、監督・北浦嗣巳）での映像素材を使っていることが演出メモでわかる。

こんな時、スーパーヒーローがいてくれたら……という子ども達の願いに応え、高い塔の上で赤いマントを翻すのは……ブースカだった。

「あっちゃー」となる雄作。

塔の上から大ジャンプするブースカ。飛行用の人形にも赤いマントが付いているのが可愛い。

だが、飛び上がったと思ったブースカは雄作のところに落ちてくる。この落下シーンは空を背景に、飛行人形ではなく等身大のブースカを合成している。

もがく雄作を上から押しつぶすブースカ。

そこで起きる雄作。

そう、巨大怪獣襲来は夢だったのだ。

雄作の上に圧し掛かったまま、ラーメンを腹いっぱい食べる夢でも見ているのか「もう食べられません」と、寝言を言うブースカ。タオルケットを抱き寄せてくわえる姿がいじらしい。雄作に怒られ、パチッと目を開ける。

もともと実験で「スーパーヒーロー」を作りたかったのにブースカを生み出してしまった雄作。この2話の段階では、まだその後悔を引きずっているようだ。

▼子ども達がいて、ブースカがいて

今回のオープニングタイトルは、前回同様、踊るブースカの背景に、レギュラー達の映像と、花畑や青空に浮かぶ白い雲、夕陽、月とメリーゴーラウンドなど、いくつかのイメージカットが使用されている。レギュラーの映像には、まだドラマには登場していない、泡手門之介の部下・隼人千里男（はやと・ちりお）の顔も見

える。

　今回、子ども達のレギュラーが勢ぞろいする。いずれもオーディションで選ばれた、演技力抜群の子役達である。全員、雄作同様、小学五年生で、一一歳という設定だ。

　本来なら、旧シリーズがそうであったように、子ども達は1話から揃うべきなのだろうが、1話は大作夫婦と雄作という親子二代にとってのブースカを描き、その分、時間が取られたための振り分けだろう。原田氏はメイン監督として1話から3話までを連続して担当しているので、最初の三本は、ともに1話的意味合いを持たせているのだ。

　さやか役の斉藤麻衣は『ガイア』の劇場版『ウルトラマンティガ・ウルトラマンダイナ&ウルトラマンガイア 超時空の大決戦』（九九年／小中和哉監督、長谷川圭一脚本）で願いをかなえる赤い球の化身である、神秘的な美少女・七瀬リサ役を演じている。燃え盛る廃墟に立ち尽くし、黒いワンピース姿で祈りを捧げる姿は印象的だったが、今回も冒頭、夢の中で怪獣の破壊を見上げるシーンから登場。緊迫感のある場面でその美しい顔立ちを見せるところから初登場。

　オサム役の伊藤栄治は、『ダイナ』の原田作品「君を想う力」で右田昌万演じる天文台の技師ヒラオを取り囲む子ども達の一人を演じていた。

　とんとん亭にさやかとラーメンを食べに来ていたオサムは、となり町に出来た「タートルチェーン」というラーメン屋の話題をする。もともとあったラーメン屋をチェーンに組み込む〈フランチャイズ制〉で全国を制覇しようとしているのだということを、オサムはラーメンを食べながらさやかに説明するのだが、この説明ゼリフを、原田監督は、カットを割らず伊藤栄治に喋らせ続ける。キャメラは緩やかに移動して回り込む。話を聞いている美智子ママ。奥では大作パパが歩きながらラーメンを食べ、ママから行儀が悪いと叱られる。

　『ブースカ！ブースカ!!』のシナリオは、ウルトラシリーズに比べて半分以下のシーン数である。たとえば『ガイア』で原田回のラストである45・46話はそれぞれ総シーン数が八四／六三であるのに対し、『ブースカ！』1・2話の総シーン数はそれぞれ二九／一七。

　しかも、『ブースカ』はシーン数だけでなくカット数も少ない。フィルム作品だったウルトラマンシリーズとは違う、VTR撮りという特性もあってか、原田監督は『ブースカ』のとりわけ初期作品では極力カットを割らないで表現しようとしており、その分、演技のできる子役をレギュラーにして場面をもたせようとしたことが伺える。

　そうは言っても、ラーメンを食べながらのオサムの長ゼリフは、見ていてちょっと緊張するものがある。番組スタート当初ではややぎこちなくても、あえて長いシーンを任せ、慣れさせていこうという姿勢だろう。

　原田監督はシリーズのテイストを決定付ける初期三本において、全体の流れをゆったりさせ、その中にブースカがナチュラルに存在できるよう、注意を払っている。

▼教育映画的〈わかりやすさ〉

　本当はラーメンを三十杯食べたいブースカだが、美智子ママは一度に三杯という約束をブースカにさせている。食事中、ダダをこねていたブースカだが、ふと立ち上がり、どこかに出かけていく。不審に思い、後を尾ける雄作とオサム、さやか。

　緑に囲まれたログハウスのとんとん亭から、一転して近代的な道路を渡るブースカを尾けていく子ども達。和泉多摩川の橋でロケされている。

　ブースカが道路を渡る時、赤信号に止まってみせる場面がある。青になると左右を確認し「手を挙げてっと」と口に出して言いながらその通りに手を挙げて渡っていく。飛べる能力があるのに、となり町までわざわざ歩いて、横断歩道を渡るブースカはけなげである。

　ダッシュしてブースカの後を追おうとする雄作だが信号がまた赤になってしまい、立ち止まる。

　子ども達が交通法規をきちんと守る動作を、原田監督は演出メモから細かく指定している。

　ドラマを進行させながらも、その中での行動を、幼い子どもが見てもおかしい影響を受けないものにする……原田監督はブースカを手がける際、教育映画的な〈わかりやすさ〉を持ち込んだのかもしれない。

　この時、原田監督は平成ウルトラマン三部作を終え、東映教育映画『万引きはダメ！』で九九年度文部大臣賞を受賞したばかり。子ども番組の監督として嘱望され、ノリにノッていた時期である。

▼原田組ご用達ラーメン店

　となり町にやってきたブースカは、すれ違う主婦の連れた犬と手馴れた感じで挨拶を交わす、とシナリオにある。もう何度もこの辺りに来ていることを示しているが、映像では犬がブースカに吠えかかってしまっており、ちゃんと音声で鳴き声を入れているのが可笑しい。

　電柱には「となり町」と表示がある。となり町は「となり町」という固有名詞だったのだ！　まさに〈ザッツ・子ども番組〉的様式化である。

　歩き出してから三十分余り経ったとオサムのセリフで説明があり、ブースカが十字路にやってくると、角には古びたラーメン屋「ライライ軒」があった。ガラスケースにはまねき猫などが飾ってある。狛江の武蔵堂に実際にあったこのラーメン屋は、当時既に経営していなかったが、店主の好意でよく撮影に使われていた。原田監督はVシネマ『喧嘩ラーメン』で主人公のラーメン屋として使っている。もともとは『喧嘩ラーメン』のチーフ助監督だった佐々部清氏が捜して、交渉した場所だという。『ガイア』の第47話「XIG壊滅!?」（監督・北浦嗣巳）の冒頭で藤宮がナルトを口に入れるシーンでもロケに使われており、この際は原田監督も石井てるよし監督と共にエキストラで出演している。また、後の『リュウケンドー』でこの店は「とんとん亭」（豚々亭）として登場。ラーメン好きのヒーロー、鳴神剣二の行きつけの店となった。

　ガラス戸や窓ガラスからの採光性が高く、西日が入ると情景的にも雰囲気が出る。昭和なムードには絶好のロケ地だ。

　ブースカはこのラーメン屋にいつも通っていた。

　ここで子ども達のレギュラーとして、つっくん（上條誠）、カッちゃん（蓮池貴人）、チカ（田中瑞穂）が合流する。2話のこの場面で、レギュラーの子ども達は初めて勢ぞろいする。

　たまたま付近にいたつっくん達は、この店には近付かない方がいいと雄作達に忠告する。怖いオヤジがいてすぐ怒るので評判だというのだが、原田監督は、単なる噂だけではなく、「出ていけ！」

と怒鳴られた客が「こんな店、二度と来るか！」と捨てゼリフを残して去って行くのを子ども達が目撃する場面を入れている。

捨てゼリフを残して立ち去る客の一人は、『ブースカ』のレギュラー監督であり『ガイア』から円谷作品に参加した市野龍一氏が演じている。

店内ではラーメンをすすり、何度食べてもおいしいとオヤジに言うブースカ。「ヘッ、快獣がお世辞なんか言うもんじゃねぇよ」と照れながら毒づいてみせる店のオヤジは六〇がらみという設定で、職人的な説得力を持った皺が印象的な役者・野口貴史が演じている。「この町内ではライライ軒のラーメンが一番おいしいよ」とお世辞でなく言うブースカに、「仕方ねぇなぁ」ともう一杯サービスするのだった。

「お金持ってないのにラーメン食べちゃダメだって、あれほど言われてるのに」

店内を伺っていた雄作が見かねて入ってきて、そう注意する。

先ほどの横断歩道のルールといい、この2話の時点までで、まだ生まれたばかりのブースカにも基本的な社会教育は施されていることが伺える。「ラーメンは一度に三杯まで」と同じく、美智子ママの指導によるものだろう。

▼ラーメンへのこだわり

オヤジは子ども達に「ブースカからお金は貰わなくて良いんだ」と言う。オヤジの回想が始まる。

夕方の西日に照らされている店内。回想の始まりに、原田監督はオヤジがラーメンを作っているくだりをちゃんと入れている。

演出メモには「タレとスープ／メン上げる／一生懸命ラーメンを作るオヤジ」とある。

準備稿では、客が誰も居ない中、オヤジがポツンと独り居るという描写になっていたが、決定稿以降では、いちゃいちゃしながら食べているカップル客をオヤジが追い出すという元気のいい展開がやはり盛り込まれている（駄菓子屋のゲンツキさん役の北岡久貴が、このカップルの男役も演じている）。

カップルを追い出したオヤジが、一人になって麺を捨てようとすると「グーッ」という音がした。古めかしい、波を打っているような引き戸のガラス越しにブースカの黄色いシルエットがにじむ。お腹がすいて、ラーメンの匂いについ引きつけられてやってきたのだ。

戸の前で待っているネコみたいなブースカは、とてつもなく可愛い。

オヤジが戸を開けるとブースカのデカイ顔と鉢合わせ、お互いに驚く。「サミサ！」。驚いた時のブースカ語だ。

驚いた後「あの、僕ブースカです」と殊勝に挨拶するブースカ。腹ペコのブースカにラーメンを出してやったオヤジは、その食いっぷりに感動する。

シナリオでは書かれていないその具体的な描写を、原田監督は演出メモに丁寧に記している。

カウンターに置かれるラーメンの、まずスープを飲むブースカ。ウンウンと頷くオヤジ。麺を口に持って行くブースカ。口元にどんどん吸い込まれていく麺（むろん口のアップだけ別撮り）。1話同様、湯気が合成で足されている。

そこに、回想しながら思わず口走ってしまう、オヤジによる〈ラーメンの食い方〉がナレーションとして被さる。そのナレーション原稿を原田監督は自ら書き下ろしている。

「ラーメンってのはだな。パッと出たらパッと食べる。これが基本だ。まずスープを一口味わい、その後、麺を一気にかき込むとスープをぐいっと飲み干し……空になった丼を『とん』と置いて、ふうっと一息を吐く。それがラーメンの食べる方法ってもんだ」

このナレーション通りにラーメンを食べ、スープを飲み干し、丼を「とん」と置くと「うまい、もう一杯」と思わず人差し指を立てるブースカに、「よしっ！」とうなずくオヤジ。

自ら食通であり、料理対決のVシネマ『喧嘩ラーメン』を手がけた原田監督ならではのこだわり。この〈ラーメンの食べ方〉は、『喧嘩ラーメン』の中で推奨されているものと同じである。

「それからは、ブースカが来るのが俺の唯一の楽しみになったんだ」

ある日の情景が写る。夕暮れ時に走ってくるブースカ。オヤジに手を振って、空いたお腹を抱えながら……。暖簾を下げようとしていたオヤジは、それを見て爽やかに笑う。

可笑しくも思わずホロリとくるシーンだ。原田監督は演出メモに「ガンコ一徹の親父が心を開く」と書いている。

回想が開けて、ブースカとオヤジの出会いを知った子ども達は、自分達もライライ軒のラーメンに「おいしい！」と感嘆の声を挙げる。子どもにラーメンの味がどの程度わかるのか疑問だが、ここでは子ども達も同じシチュエーションに立ち合わせることが重要だ。それに、オヤジの話を聞いた後で、感情的に引きずられた部分があったとしてもおかしくない。

そこへガラッと戸が開いて人が入ってくると、自分達が店の人間になったかのように「いらっしゃいませ」と言う子ども達。こういうところはシナリオには記されておらず、その場の子ども達が自然に取る態度を原田監督が拾い上げていることが伺える。

原田監督は子役には特に〈こういう時はどうする？〉と自分で考えて動かせることが多いと自ら語っている。『ブースカ』の子役達も回を追うごとにどんどん生き生きとしていく。

▼ブースカ版〈喧嘩ラーメン〉

さて、戸を開けて入ってきたのは客ではなく、今回の敵役である〈タートルラーメン〉の亀山社長（友金敏雄）だ。

レンガ色のジャケットに亀のパッチを付けている亀山は、やはり亀模様のワッペンが付いている作務衣姿の料理長・桃木（高見周）を従え「どうです？　潰れる前にうちのチェーン店に入りませんか」とオヤジに持ちかける。

「ちょっとおじさん、いきなり来て失礼じゃないか」と制するブースカは意外にしっかり者。食い意地だけではなく、好きなものへピュアに向かう気持ち、それを作ってくれる人へのまっすぐな好意を持てるのがブースカという快獣なのだ。

そんなブースカに「そうよ、そうよ」とさやかたちも同調するが、嫌味に笑う亀山は「お客は子どもとこんな訳のわからない動物ですか。ま、せいぜいおきばりやす」と捨てゼリフを残して出てゆくのだった。

戸が閉まる刹那、貰った名刺をビュッと投げ、「忘れもんだ！」と返すオヤジのキレの良さがキモチイイ。

子ども達とブースカは、ライライ軒の宣伝活動をしようとする。駅前ロータリー（小田急線狛江駅前でロケ）でビラを配るが、オサムは緑色のカツラをし、チカはタンバリンを首に下げ、さやかはパーティ用の三角帽を被り、みんなちょっとした仮装ムード。ブースカは白いコック帽を頭に載せている。

だが受け取ってくれる人は少ない現実に「私もこういうビラってあまり受け取らないようにしてるもの」と、一生懸命でありながらもこまっしゃくれたことを言う美少女さやか。

と、目の前であのタートルラーメンもビラを配り、試食会まで開いているのに気付く一同。〈元祖すっぽん　タートルラーメン〉とノボリが立っている。ブースカはつい飛んでいって食べてしまうが「おじさんの方がおいしいな」とすぐに気付く。ここでブースカにも敵方の味を知っておかせないと、物語はフェアにならない。

そこへ、とんとん亭の出前途中である美智子ママが通りかかる。「何してるの、あなた達」と言われて後ろ手にビラを隠しながら「な、なにもしてないよ」とシドロモドロになる雄作達。そこでオサムがキャメラの方に振り返って「商売敵の他のラーメン屋さんを手伝っているなんて、言えないよなぁ」と小声で話す。

子ども達を一つのかたまりとして捉え、雄作の内心をオサムに代弁させ、視聴者に説明している。子ども同士の集団劇にすることの利点を使っているのだ。

オヤジさんの味の良さを知らしめるためにラーメン大会を開いて、ライライ軒と他のラーメン屋を食べ比べてもらう作戦に出た子ども達は、方々のラーメン屋を回って「よろしくおねがいします」と頼んで回る。一緒にブースカも丁寧にお辞儀するが、実際の古びた商店街や川沿いでロケしている中、ブースカが普通に子ども達の中の一人として居るのがいい。

そのナチュラルさの一方、原田監督は場面が変わる時のワイプでラーメンの中華模様をブリッジにしているが、この遊びは『喧嘩ラーメン』の時も用いている。そもそも『喧嘩ラーメン』のクライマックスも、ライバルのチェーン店とのラーメン対決だった。今回は、Vシネ『喧嘩ラーメン』の骨子を、児童教育映画のテイストで調理してみせた回といえるのかもしれない。

ラーメン対決への参加を仲々OKしてくれない店もある中で、あのタートルラーメンの亀山はあっさり参加を受け入れる。その際、亀山がチャイナ服の若い女性二人を不敵に従えているのが悪役っぽくていい。

▼とんとん亭の秘密

ラーメン大会の当日がやってきた。名称は〈となり町ラーメン大会〉。

撮影が行われたのは向ヶ丘遊園のフラワーステージ。円谷プロファンクラブのみなさんもお客役でエキストラ参加している。

本来無愛想なライライ軒のカミナリオヤジだが、子ども達に促され、客にムリヤリ笑いかける。ぎごちないが、オヤジなりに子ども達の好意に応えようとしているのがいじらしい。

ライライ軒の味に脅威を感じた亀山は、料理長の桃木を差し向け、ブースカの尻尾にスッポンを食らいつかせる。因みに、このスッポンは円谷プロの製作部で飼われているスッポンの特別出演だという。

「亀、嫌い！」と目がテンになるブースカは慌てふためいて大暴れ、人々はパニックとなる。やがてブースカの目はバッテンになり、オヤジが用意していた麺の箱の上に倒れ込む。使うはずだった麺は辺り一面に四散してしまう。

雄作が尻尾の先に気付き「こいつのせいだ」と外すと「スッポーン」と効果音がするのは、原田監督流のいつもの音のお遊びだ。「あいつらだな」とオサムが目線をやると、亀山達がニヤニヤしている。実にわかりやすい構図だ。

「今日はやめじゃ！」とオヤジは出店を畳もうとする。シナリオには「俺の味をわかってくれるのはブースカだけだ。それでいいんだよ」と弱気になるオヤジのセリフがあるが、原田監督はそれをカットしている。映像でのオヤジは、諦めるのもメリハリがある。

子ども達の叱咤激励で、オヤジは自分のもとに集まり始めている客の存在を知るが、麺がなければどうすることも出来ない。

そこへ「麺はないけど、生地ならあるわ」と助け舟を出したのは美智子ママだった。ママは大作パパの発明品だけでは生活できず、かつてライライ軒で修行してとんとん亭を開いたのだ。

発明パパという旧作の続編的要素だけでなく、ここでママは「ブースカ！ブースカ!!」オリジナルの屯田家史を明かすのだった。

ちなみに、屯田家がラーメン屋を営むという設定は、原田監督のアイデアによるものだという。

毎回のサブタイトルが出るところの背景画にもラーメンがあるし、オープニング主題歌の最後で踊っていたブースカが決めポーズになるところも、たくさんのラーメンがバックになっている。

ブースカがラーメン好きだというのは旧作の踏襲だが、ここまでラーメンにこだわるのは〈原田ブースカ〉の特徴ともいえるだろう。

▼ホロリとさせるエンディング

ブースカはラーメンの匂いで蘇り、画面がワイプすると、オヤジと共にブースカまでもが麺をこね、伸ばし、切る姿が畳み掛けられる。「オジサンにおそわったノサ」と手馴れたブースカに雄作は驚く。

審査員の一人となった泡手刑事だが、もう審査の必要はないと雄作に語るのだった。

「このたくさんの人を見たまえ。もう勝負はついているよ」

ライライ軒の出店には大きな人だかりの輪が出来ている。タートルラーメンのチャイナ服の女性達まで「社長、コレおいしいですよ」とライライ軒のラーメンを口にする始末。「お前らみんなクビだ！」と八つ当たりするしかない亀山だった。

お互い、勝利のサムズアップをする子ども達。そう、今回の勝利は子ども達グループみんなのものだ。

――だが、この話にはオチがあった。その後、評判になったライライ軒には行列が出来ていた。その日も、つっくんやチカちゃんはもう一時間も並んでいる。「ごめんなブースカ、今お客さんいっぱいなんだ」とすまなさそうな顔でオヤジに言われたブースカ。でも、たくさんの客を相手に生き生きと働くオヤジの顔を見て、それも仕方ないなと思うブースカだった。

……というのが準備稿のオチだった。

だが、原田作品はこの回を淋しいままでは終わらせなかった。

夕刻、オヤジが暖簾をしまいながら、「ブースカ、食べるか？」と声をかけると、近くの塀の横にこちらを伺うブースカの姿が。

そこで、エンディング主題歌「晴れときどき晴れ」の「♪きっと　願うと　信じてるから」というイントロが流れ出すくだりにはグッとくる。

「え、もう閉店じゃないの？」とおそるおそる訊ねるブースカに、オヤジは当たり前のように言う。

「お前の分は取ってあるよ」

エンディング主題歌に乗せて名場面のリフレインが始まる。

それが終わると、再びライライ軒でラーメンを食べるブースカに戻る。「とん」と丼を置くと「うまい！　もう一杯！」とオヤジに人差し指を立てるブースカが今回のラストカットだ。

▼最後まで「ミフチ！」

エンディング主題歌に乗せての名場面では、ラーメンの匂いで蘇り「シャキシャキのキリンパ！」となるブースカ、横断歩道で元気よく手を挙げるブースカ、ライライ軒のガラス戸の向こうに写るにじんだブースカのシルエット……と、ブースカのチャームな仕草から選ばれていて、監督の〈ブースカ愛〉が感じられる。

その中には、撮影されたがカットされた場面もいくつか見ることができる。

ライライ軒を盛り立てるために、カルボナーラやネギトロ入りといった新メニューを並べてみせる場面（その後試食してみて〈やっぱりまずい〉とずっこけるというオチがあった）や、ハンモックに乗るが落ちてしまい、ネットがからまり慌てるブースカ……という場面がそうだ。ハンモックから落ちる場面は、歌の途中だが「ズシン」と効果音を入れている。

ハンモックは、夜一緒に寝ると迷惑だという雄作の悩みに大作パパが用意したものだった。冒頭、ゴキグモンⅡの悪夢から目覚めるくだりに対応しているシチュエーションだが、本筋のラーメン対決とは関係ないのでカットになったのだろう。

『ブースカ』ではこのように、シーンごと落とされた場面がエンディングの名場面集にさりげなく挿入されることが多い。ドラマの中には直接描かれないことも「こんなことがあったんだな」と想像させて、最後までおいしい思いをさせてくれるのだった。

作品解説

「UFOをくれた少年」3話　▼一九九九年十月一六日放映

脚本：太田愛　撮影：倉持武弘
ゲスト：増尾遵（赤いチョッキの少年）、百瀬圭（少年の母）

▼ストーリー

夢町の人々もぐっすり眠る真夜中の一時。クッキーを手に、ひとり夜空の星を見上げていたブースカは、星の一つがぐるぐると回りながら山の方に降りてくるのを目撃したから、さあ大変！

あれって、もしかして……UFO？

そして翌朝、なぜか町中で謎の停電が起こり、家電製品が動かなくなっていたことがわかる。これは電気泥棒の仕業なのか？

そんな中でも、ブースカはどうしてもUFOが気になっていた。そんなブースカの前に、不思議な少年が現れる。

少年から宝物を貰ったブースカは、お返しをしようとする。

だが電気泥棒を捜査する泡手刑事を前に、少年をかばったブースカは逮捕されてしまった！

大停電の夜、子ども達はブースカの思いをかなえてやろうとするのだった。

▼ファンタジー・ブースカ

今回押し出すイメージはズバリ〈夜空に輝く満天の星〉。

そう。3話にして、原田監督のファンタジー性が全開されるのだ。平成ウルトラマンシリーズでもコンビを組んで「怪盗ヒマラ」「少年宇宙人」「遠い町・ウクバール」とファンタジックな作品を生み出した太田愛の脚本を得て。

「夜って、なんだかおなかがへるんだよね」と、自分専用の缶にいっぱい入ったクッキーをほおばりながらも、夜空の星に「きれいだなぁ……」と感嘆するブースカ。食い気だけではなく、夢見る快獣なのだ。

「きれいだなぁ……」と言いながら、目をパチクリさせる仕草はシナリオから書かれている。新生ブースカは、カットを割らずに目の開閉が出来るようになったので、動きがより自然になっている。太田愛は脚本段階からそれを意識しているのだ。

「準備段階で最初にブースカと会った時、黄色くて可愛くて、ふわっとした印象を受けたんですね。昭和のブースカはちょっとお兄さんというか、子ども達にとって母親的なところもあったと思うんですが、今度のブースカはよりイノセントというか、当の子ども達よりも子どもに近い存在として描けたらいいなと思うようになったんです」（脚本・太田愛の証言）

昭和のシリーズでも、特にメインライターとなった市川森一の脚本回では、かぐや姫に憧れたり、まだ見ぬ母に焦がれるブースカといった、子どもの持つセンシティヴな部分にブースカを通して直に触れるような作劇になっていた。

「市川森一さんのブースカを、脚本集の『夢回路』で読んでいて、私は映像作品ではなくて市川さんの脚本でイメージを膨らませていたんです。ですから私の中で独自なブースカ像を既に作っていた。そのイメージの延長が、私の書いたブースカにはあると思います」（太田愛の証言）

ブースカ自体が人間ではないのに、そのブースカと、魔女や手品師など、様々な異界の者達との交流を描くのも市川作品の特徴だった。そうした部分からも、太田ブースカは影響を受けている。

今回も、山の向こうに消えていくUFOの光に、ブースカは心惹かれる。それは星空への憧れに通じている。山の稜線はシルエットで表現され、全部が見えている世界ではなく、夜の中の灯のように、ある瞬間、何かを照らし出す。

原田氏の監督として初めての円谷プロ作品「青い夜の記憶」も、星空に照らされる闇の世界だった。そういう場所だからこそ、人は星空に憧れることが出来る。

だが原田監督は、シナリオでは「星が回転しているような」と書かれているUFOを、ハッキリと姿の見えるアダムスキー型UFOにしてもいる。ウルトラシリーズ以上に〈子ども番組〉であることを堂々と押し出し、わかりやすいところはわかりやすく押さえているのだ。

子ども達の現実空間

翌朝、タオルで顔を拭きながらブースカの話を聞く雄作だが、彼はUFOなど信じない。そのUFOは故障して山に降りていったのをブースカが目撃したのかもしれないと言う大作パパにも「大人になろうよぉ」と冷たいのだ。

子どもが大人以上に大人だというのは、スピルバーグの『未知との遭遇』での、UFOに熱中するリチャード・ドレイファスの一家を思い起こさせる。UFOが目撃されたことと前後して、一帯の電気が停まってしまうというのも、『未知との遭遇』的だ。

停電を、朝に屯田家のトースターやテレビなどが動かないという日常的な描写から始めているのは効果的である。

やがて、町中の電気が停まってしまっていることに気付く雄作達。床屋のグルグルも止まり、薬屋の自動ドアも動かなくなって、店主が人力でこじあけようと奮闘している。

泡手刑事はこれを〈電気泥棒〉の仕業だという。町中で電気泥棒に「出てきなさい」と拡声器で呼びかける泡手だが、出てくるはずもない。

雄作は「お山に降りてきた円盤、見にいかないの?」と問うブースカに「円盤はあと!」と、電気泥棒を捕まえる道具を思案し始める。

町中で雄作と合流した子ども達は「発明の前にゲンツキんとこでお菓子買ってこうぜ!」と盛り上がり、雄作と共にみんなで立ち去っていく。

一人、ポツンと佇んでしまうブースカ。

電気泥棒は、大人達にとっては深刻な問題だが、子ども達にとっては好奇心をくすぐることの内の一つであり、「UFOを見た」などという絵空事的な話題よりもむしろ興味を引く。しかしそれも駄菓子屋に集まるのと同じで、あくまで遊びと渾然一体で、一つのことだけに集中しているわけではない。そんな飾らない、ありのままの子ども達の世界がそこにはあるのだ。

そして、子どもの日常は案外忙しい。ドラマが進行している中でも、ブースカが美智子ママにダイコンとネギのお使いを頼まれる場面を、原田監督はシナリオに付加している。

子ども達の仲間が全員揃っても、みんなの気持ちがいつも一つになっているわけでもない。とんとん亭のベランダでたむろしていても、ドラマにとって必要な会話をしている奥で、仲間の一人のつっくんがいつも本を読んでいるという描写が入っている。最初はカッちゃんが読んでいた本を、次につっくんが読み始める。脚本では単に「マンガ本」となっていたが、映像では黒表紙の「ちょ〜こわい本」になり、その後、子ども達が集まっているのを映す場面では、つっくんは奥でずっとこの「ちょ〜こわい本」を読んだままだ。途中、チカがそれに気付いて微かに気にする場面を入れ、チカに「このお話の続き、教えてあげようか」とつっくんにちょっかいを出させている。

そして、今回のドラマが全部終わる辺りで、読み終わった本を閉じたつっくんは「こわかったァ」と呟くのだった……。

一編のドラマを描きながら、子ども達の日常を丸ごと感じさせるように演出するために、細かいところまで計算が行き届いている。

駄菓子屋ゲンツキ堂に子ども達が集まる描写は今回が初登場。向ヶ丘遊園の近くで実際に営まれている駄菓子屋・金田屋で撮影されている。店先に置いてあるベンチで子ども達がたむろしている空間は、どこか懐かしい。ゲンツキさんは金髪でいつもアロハのような彩色豊かなシャツを身にまとい、おしゃれな首輪をつけている。

旧作にも、おもちゃ屋の夢野さんや本屋のトンカチさんといった、子ども達を見守るおじさんがセミ・レギュラーとして居たが、ゲンツキさんはずっと若く、町のお兄さんといった役回りだ。演じているのは、平成ウルトラマンシリーズのスーツアクターで、ビデオ版『ウルトラセブン』ではセブンに入った北岡久貴。原田監督とはVシネマでも仕事を共にしてきた。引き締まった身体で動きの敏捷な俳優が、ちょっとおっちょこちょいな三枚目を演じる……このバランス感覚が、シリーズに弾みを与えている。

肩からポシェット

駄菓子屋に行ってしまった子ども達から取り残され、路地に佇んでいたブースカは、ふと誰かの視線を感じる。

振り返ると、塀の角に、雄作と同じ年くらいの、内気そうな赤いチョッキの少年が、ブースカを見ていた。

小首を傾げるブースカだが、少年は路地の向こうへと去っていく。

その後、シナリオでは自転車屋の角に行っても、ポストのある角に行っても、常に一つ向こうの角でブースカを見ている少年……という描写があったが、この点景を、原田監督は神社周辺に変更している。神社の石段の上にブースカをいざなう少年。

ここは後の『コスモス』9話「森の友だち」など、原田作品にはよく登場する場所で、当時原田監督が住んでいた稲城市矢野口にある穴澤天神社だ。多摩丘陵の中腹を境内とする。

石段を駆け登り、ハアハア息をつくブースカ。林の中へ入っていく少年。「どこ行くの」とブースカは追いかけていく。

青空に白い雲が浮かぶ空間に出たブースカ。

「オーイ」と呼びかけるが、原っぱはしんと静まり返っている。

この草原は向ヶ丘遊園内でロケされている。新生『ブースカ』では、ブースカや雄作達の住む空間は「夢町」とネーミングされ、通常の市街ロケに加え、向ヶ丘遊園内の公園や林、広場でロケされることが多い。現実的な町と遊園地内の施設が渾然一体となった空間として織り成されているのだ。

原っぱの真ん中で「ねぇ、出てきてよ!」と言うブースカのロングショット。広い空間に一人ぽっちのブースカが、どこか切ない。

と、原っぱの中央の大きな石の上で何かがキラリと光る。寄ってみると、そこには小さな空飛ぶ円盤の玩具が置いてあった。「わぁ」と手に取ったブースカは、その瞬間、何かを得心し、誰もいない原っぱに大きな声で「待っててねーッ!」と呼びかけると、円盤を手に「やったーッ」と大喜びで駆け去る。その姿が再び引きのショットになる。

姿の見えない相手とのコミュニケーション。それは、ブースカの一人相撲かもしれないし、どこかで誰かが見ていてくれているのかもしれない。

その答えのように、遠くの木の陰から、赤いチョッキの少年がこちらを見ている姿が映し出される。少年の顔は、どこか嬉しそうでもある。

ブースカのひたむきさと、それを遠くから見つめる視点が交差した名場面だ。

「僕ね、宝物を貰ったんだよ！　だから、僕も宝物をあげるんだ！」

屯田家に戻ったブースカは、玩具箱をひっくり返して、小さな木馬の玩具を取り出し、ポシェットに入れる。

肩からポシェットを斜め掛けにした姿のブースカが、路地を懸命に駆ける姿は、原田監督がシナリオに挿入したものだ。

何かに向かう時の、ウキウキした気持ち、その勢いを画にして見せることによって、シーンとシーンの間は便宜上つながっているのではなく、次に出会えるかもしれない何かへの期待になっていく。説明的ではなく〈気持ち〉を見せることが出来ているのは原田演出の真骨頂だ。

ところでブースカのポシェットはこの場面で初登場となるが、以後、新生ブースカのチャームポイントとでもいうべきものになっていく。このポシェットは赤いチェック模様にラーメンの絵柄が描かれた可愛いらしいものだ。

準備稿から決定稿になる段階でポシェットの存在が書き込まれている。ブースカが自分の大切なものを持ち運び出来るポシェットは、美術部へのオーダーによる、原田監督からブースカに対する〈贈り物〉だ（巻頭カラー6ページを参照）。

当時、キーホルダーとして商品化されたブースカにも、このポシェットをかけているものと、木馬の玩具を持っているものがあった。『ブースカ！ブースカ!!』の商品化は数少ないが、キーホルダーのような小さなアイテムでも、番組を見てきたファンには嬉しいグッズだった。

また原田監督は、ブースカが買い物から帰ってきた場面では、赤いエプロンを付けさせている。新しいブースカをよりチャーミングにしようという工夫が、随所に凝らされている。

▽草原のブースカ

再び草原にやってきたブースカ。辺りにはトンボが舞っているが、このトンボは撮影用に用意されたものでも、CG合成でもなく、自然にそこに飛んでいるのが写り込んでいて、いい効果を出している。

ちっぽけな木馬をそっと石の上に置き、辺りを見回すブースカ。

「あの子、きっと恥ずかしがり屋さんなんだよね」と呟くと、原っぱのどこかにいるだろう少年に向かって呼びかける。

「僕、向こうに行ってるからね!!　見てないからねー」

最初は大声で呼びかけるが、「見てないからねー」の部分を、ブースカは小声で囁くように言う。

「喜んでくれるかな、僕の宝物」と、ワクワクしながら自分の目を手で覆って、草むらに隠れるブースカ。

ブースカが目を伏せている間、昼下がりの、静かで誰もいない草原をキャメラがパンする。そして葉の揺れる木の上に雲が浮かんでいるのが映し出され、次にキャメラが草叢を移動すると、その先には伏せているブースカが見える。

こうした〈間〉を取った演出は、平成の、早いテンポ重視の子ども番組では稀少といっていい。脚本には「そよ風が草をなでている」と書かれている。原田監督だったらこの〈間〉を演出してくれるという期待と信頼が、太田愛にはあったという。

やがてブースカは立ち上がると、ドキドキしながら、木馬を置いた石のところに走ってくる。

ところが、石の上にはブースカの小さな木馬が、そのまま残されていた。

つまり、ブースカが目を伏せている間の、誰もいない草原のシーンは、少年が来ると信じていたブースカの主観カットではない。ブースカの待ち人は来ないのだということの予感。それを先行して視聴者に見せることで、ブースカのいじらしさが醸し出される。これはブースカを見守る監督やキャメラマンの視点であり、それを介した視聴者の視点である。

「いないのかな、あの子……」としょんぼりしたブースカは、ポシェットに木馬をしまうと去っていく。原田監督はそのロングショットで、後ろを振り返り、振り返りながらトボトボと歩いていくようにと演出メモに記していた。

原田監督はここでブースカにため息をつかせてもいる。

遠くの木陰から、帰っていくブースカを見つめる少年の肩に手を置き、「私達は、ここでは誰とも話してはいけないのよ」と言う彼の母親。

彼ら宇宙人を捉えるショットは微妙に揺れており、陽炎の効果なのかキャメラそのものが揺れているのかわからない効果を出していて、それは異界の者としての彼らの位置を示している。

そして少年の見た目で、もう一度、誰もいない原っぱが映るのだった。

▽ブースカの友達

雄作が電気泥棒を捕まえるために電気探知機を作ったという情報を、泡手刑事はキャッチする。

ちょうどその頃、山から降りてきた赤いチョッキの少年は雄作達に発見され、「何か怪しいぞ、あいつ」と追われる羽目に。二手に分かれて神社に追いつめようとする雄作達だが、少年の姿は消えてしまう。

それを聞いたブースカは、ポシェットを掛けて再び神社へと向かう。

やっと少年と再会したブースカは、円盤のお礼を言う。頷く少年。

「あのね、僕、宝物を……」と、木馬をポシェットから出そうとするブースカだが、雄作から電気探知機を取り上げた泡手刑事の声が聞こえたため、少年はまた逃げ出してしまう。

やがて駆けつける泡手の前を阻もうとしたブースカは、揉み合っている内についうっかり電気探知機を壊してしまった。

周囲も驚くが、ブースカ自身も自分のしたことにびっくりする。

「ゆ、雄ちゃん、ゴメン。僕、あの……」

すかさず、捜査妨害でブースカを逮捕しようとする泡手が偶然頭の上にあるブー冠を取ってしまうと、ブースカはたちまち無力化する。「僕、ブー冠がないと、元気が出ないんだ……」

旧ブースカ譲りの弱点が、新シリーズで初めて描かれた瞬間た。無力化する時のセリフも昔譲りである。

ブースカが連れていかれてしまった後、子ども達は夕暮れ時に屯田家のログハウスのベランダで話し合う。夕焼け雲の情景は『ガイア』5話「もう一人の巨人」で撮影された素材のライブを使っている。

赤いチョッキの子が、わざわざ円盤を出て町に降りて来たのはなぜだろうかと話す子ども達。「知らない星なのに怖くなかったのかな」。

さやかは「きっと、友達になりたかったのよ、ブースカと」と言う。

夕焼け色に染まるみんなの顔。さっきまで少年を追いかけまわしていた彼らが、一転して少年のことを考えるようになる。

それもまた子どもらしい転換といえるが、ブースカが不在だから、ということもあるだろう。ブースカが少年を守ろうとした姿を見たからこそ、ブースカに代わって少年のことを考えるようになったのだ。

同じ頃、赤いチョッキの少年は、神社の石段を見下ろしていた。ブースカが懸命に駆け上がってきたあの石段……原田監督は神社をロケ地に使うことで、少年とブースカの境界線に位置させているのだ。

停電は宇宙人が円盤を直すためにエネルギーを一時的に使っているのだと推測した雄作は、円盤の故障が直る前に、ブースカを警察から助け出すことを決意する。

赤いチョッキの子を、もう一度ブースカと会わせるために！

凸凹コンビ登場

泡手とその部下・隼人のいる警察署の建物は「ゆめまちPOLICE」と看板が掲げられ、夕暮れにそびえ立っている。

今回、番組の公式HPにおける予告では「慌てもんの愉快な刑事コンビ、泡手門之介（あわて・もんのすけ）と、その部下の隼人千里男（はやと・ちりお）が、ブースカや雄作クン達と大ドタバタ・アクションを展開！」とあるように、1・2話でも若干、出演シーンのあった泡手刑事が、子ども達の敵役として本格的に活躍する。

泡手は映画『家族ゲーム』などで子役時代から活躍する宮川一朗太が飄々と演じ、まさにピッタリなキャスティングである。

隼人は平成ウルトラマンシリーズではウルトラマンのマッチョ体を演じた中村浩二が素面でセミ・レギュラー出演と相成った。『ブースカ』ではすぐに上着を脱いで肩をボキボキ鳴らす、泡手の忠実な部下をコミカルに演じている。

自分より体格のいい隼人をアゴで使いながらも「いざという時は頼むよ」と実は頼っているという、泡手の狡猾な側面を、宮川一朗太がアドリブ交えて演じている。何かあると「任してください」と反射的に上着を脱ぐ隼人。以後、この凸凹コンビは番組の中ですっかり定着していった。

飛ばないブースカ

停電のため百目ローソクが立てられた取調室で、ブー冠を取られたブースカがうなだれている。

「おい、隼人、なんかゾクゾクしないか……？」と、ロウソクを灯した取調室で怯え始める泡手刑事。

それもそのはず、雄作が作った〈持ち運び式お化け屋敷〉がドライアイスの霧と、ヒュードロドロの音楽を送り込んでいるのだ。

そして子ども達は部屋に侵入、さやかが水鉄砲でロウソクの火を消す。振り返った泡手に、カッちゃんが手鏡を差し出す。泡手はそこに写った自分の顔に「出たーッ!!」と仰天する。

その瞬間、雄作が卓上のブー冠をすっと取り、チカが最後に残ったロウソクを吹き消した。

真っ暗な中、ブースカの手を引いて飛び出た子ども達。ブースカの頭にブー冠が戻る。

だがちょうどその時、署内にパッと灯りが点いた。

「円盤の修理が終わったんだ」と察知する雄作。

意外に頼りない隼人が昏倒する一方、追いついてくる泡手に、一斉に駆け出す子ども達とブースカ。

「なにやってんだよ、ブースカ！　あの子、行っちゃうんだぞ！もう、会えないんだぞ！」泡手の手足にしがみつきながら、ブースカを行かせようとする子ども達。

この時、ブースカが飛ぼうとするが空腹でダメ……という描写がシナリオにあるが、原田監督はこれをカットしている。

少年を追いかけて見失うという、これまでの描写でもブースカは空を飛んで捜してはいない。ここで改めてブースカが飛ばないことの理由付けをしなくてもいい、という判断があったのだろう。

今回のブースカは空を飛ぶことなど念頭になく、劇中で天高く飛ぶのはUFOだけであり、ブースカはそれを見上げる……という構図を、暗黙の約束事として持っていればいい。そう原田監督は考えたのかもしれない。

もう照れなくていい

「どこなの、どこにいるの」

月明かりの下、草原に出て必死に辺りを見回すブースカの眼前に、巨大な円盤が上昇していく。

窓からは、あの少年がこちらを見ている。

脚本では瞬く間に円盤は遠く飛び去っていくが、原田監督は、「そうだ、渡さなきゃ」とブースカが慌ててポシェットから木馬を取り出そうとしている間に、手を振る少年を乗せた円盤が飛び去っていくという描写にしている。

「行っちゃった……」と、両手に握りしめたままの木馬を見つめるブースカ。

後日、屯田家のベランダにたむろしている子ども達の中で、一人ブースカだけは、座りながら、掌の中の玩具の木馬を見つめている。その瞼は半分閉じられ、ナーバスな心理を表している。

ブースカを力づけようと「あの円盤、一回、壊れたんだからさ、またすぐ壊れるよ」とトンチンカンなことを言ってチカに小突かれるカッちゃん。ぎごちないながらも気遣う子ども達に、ふとブースカは「あのね……」と口を開く。最初は前を見たままだったブースカだが、やがて立ち上がり、子ども達に向き合って言う。

「……みんな、ありがとう」

そこで、エンディング主題歌のイントロが流れ出す。

カッちゃんはあえてブースカとは目を合わさず、「あいつ、今頃どこにいるかな」と空を見上げてみせる。「どこかなあ」と雄作も、ブースカも見上げる。このエンディングは原田監督の考案によるもので、シナリオでは、お礼を言われて照れた子ども達がブースカとはしゃいで終わり……というギャグタッチの締めくくりだった。

だがこの段階では、子ども達も、視聴者も既に思いを共有出来ているはずだ。だからもう照れずに〈空を見上げる視点〉へとドラマを昇華させる。その空のさらに彼方に飛び去る円盤の窓から、赤いチョッキの少年が「ありがとう」と振り返るという場面も、原田監督は付け加えている。

やがて、星空の中に円盤は消えていくのだった――。

inter-view

川上英幸

本当に楽しかった頃ですね、みんなが

『ウルトラマンダイナ』『ウルトラマンガイア』『ブースカ！ブースカ!!』『ウルトラマンコスモス』脚本

——『ウルトラマンダイナ』の第11話「まぼろしの遊星」の作業が原田監督と出会った最初でしょうか。

川上　そうですね。でも最初の頃のことはあんまり憶えてません。もともと原田さんは、物腰は優しいし、紳士的に脚本家にも接してくれるので、ぶつかり合うことがなかったからでしょうか。

ただ、どちらかというとテレビの監督さんというよりは、映画畑の監督さんだったイメージがあります。テレビの監督さんというのは、脚本に求めることが尺の長短だったり、バジェットの低い形で物事を考える人もいるのですが、原田さんはあくまでドラマにこだわる。画でものを語るよりもドラマ。どういうシチュエーションでどういう風にこの人達が動くのかにこだわる人。ちゃんと自分の世界観を持って、その画の中に、自分の演出を入れることを基礎にしてましたね。

原田さんで『ダイナ』の思い出というと、テレビシリーズの後のオリジナルビデオ『帰ってきたハネジロー』でしょうか。原田さんは本放送のオリジナルの最終回が非常に気に入らないと言ってました。

——最終回でアスカ＝ダイナは地球に帰還しないで、夜空の星になり〈ウルトラの星〉になったという。

アスカが可愛がっていて、テレビシリーズでは一度別れたマスコット的な怪獣ハネジローが、宇宙に消えたダイナを救って地球に帰還するという続編のアイデアを原田さんから聞いた記憶があります。

川上　原田さんは最初自分からプロットを作ってきて、僕に提示して「こういう形で出来ないか」と言われたのですが、僕は、とにかくあの作品はあの作品できれいに終わっていると思っているんです。長谷川（圭一）さんと小中和哉監督が作った最終回の終わり方で。

たしかに、その先が提示されていないわけですから、あれを「死」と捉えてしまえば死になりますね。でも想像をもっと良い方に働かせると、いつだって戻って来る、目の前にいてくれるというラストで、僕は非常に良いラストだと思っているんです。

だから汚したくない部分もあったので、その旨を原田さんにお話ししました。

ましてやこれは本放送で見られるわけではない。多くの子ども達はあそこで最終回だと思っていたのが、オリジナルビデオでまた新たな最終回があるよ、という形は、潔いとは思わなかったんです。

もしも本当に『ダイナ』のラストの改造作業をやることになったらおおごとだから、一度長谷川さんに電話を入れましたね。「こういう形で来ているけれど、僕は正直この続編としては、作りたくない」と。

そんな感じで、かなりの覚悟を持って原田さんに新しいプロットをプレゼンしようと思ったら、笑って受け取ってくれました。それで多少、気が楽になったんです。

——実際の作品は、テレビシリーズと同じ時制にさかのぼって作られていましたね。ただしハネジローの方はテレビシリーズの途中で宇宙に旅立ったのが帰って来ました。ハネジローに関しては原田さんの思い入れは相当あったんでしょうか？

川上　あったでしょうね。最初「まぼろしの遊星」でマスコット怪獣が欲しいということで書いたのですが、ある程度レギュラー的に出すとか、そこまで深くは決まってなかったんじゃないでしょうか。

でも原田さんは以降、自分の回ではちょこちょこ出して来るでしょ。やっぱりハネジローへの愛はあったと思いますよ

ただ、いかんせんマペットの怪獣なんで、なかなか物語の主役として持っていくことが難しかったというのはありました。それで、テレビシリーズの時に、ハネジローを最後宇宙に帰すというのは原田さんが言い出したと思います。

——ハネジローという名前は、「まぼろしの遊星」の原田さん所持台本では手書きで「パム」から書き換えてありました。

川上　あれはね、僕が考えたんです。あの時は「パム」が通らなかったんです。商品の登録が出来なかった。悩んだんですが、「羽が生えているからハネジロー」でいいやって。

当時は今のようにメールでのやり取りはないから、印刷された台本の後で差し込みを作んなくちゃいけなかったんです。ただ、印刷台本から変えている場合は、原田さんの方からも要請があったんでしょうね。「もう一つこうしたい」と。そういう場合、そこだけ抜きで書いてFAXで送っていました。

それでオリジナルビデオの時はハネジローが主役となるお話を作るといっても、やっぱりお芝居がそんなに細かく出来るわけじゃないので、所謂狂言回しの形で、ミジー星人を使わせてくださいと。そういう形で説得してプロットを提出したら、原田さんあっさりそれで受け入れてくれたんです。
心の中では、絶対あのテレビシリーズのラストは原田さんは認められなかったでしょう。最終回の後を本当はやりたかったのは事実なんでしょうが、もろもろ問題があることも、僕が提示した時点で瞬時に理解してくれて「それでやろう」と言ってくれたんだと思います。そういう意味では懐が深いんです。
だから『帰ってきたハネジロー』はシナリオが出来上がって撮影に入ったら、トントン拍子に行きましたね。スペシャルは小山(信行)さんがプロデュースでしたよね。小山さんから話は聞きましたか？

――はい。小山さんがおっしゃっていたのは、原田さんが自分から撮りたいって言って来たと。

川上　そうそう。最初は企画だと『ティガ』だけだったんだけど、どうせなら『ダイナ』『ガイア』もやろうってことになって、三つになって。

――本編のドラマが終わった後、最後に隊長役の木之元亮さんの、「最終回は残念だった。アスカは帰ってきて欲しい」というようなコメントで終わっていますよね。

川上　あれを出すのもどうかと思いますけどね(笑)。
でもドラマ部分はあれはあれで、ブースカの要素まで入れて、原田さん非常に楽しんで撮っていたと思います。

――ブースカの特別出演は原田さんの案ですか？

川上　そうですね。大作の家としてログハウスを使ってたでしょ？　あれも取り壊されることが決まってたんで、せっかくだから記念に入れたいって。だからあのビデオはある意味、原田ワールド全開の作品でした(笑)。

――でも川上さんにとっても、ブースカもそうだし、ハネジローもミジー星人も、書かれてきたキャラクターの勢揃いみたいなところもありますね。

川上　そうですね。だから新しく書き直したプロットを原田さんに渡した時、原田さんが笑って「僕はハネジローをやりたかったけれど、川上くんはミジー星人やりたかったんだなあ、わかった」って、言ってくれましたね。

――ミジー星人は『ダイナ』13話「怪獣工場」で初登場。その時は鉄工場で怪獣を作っていて、ヘッポコ三人組のリーダー役が桜金造さんで、コミカルなキャラクターでしたが、そのミジー星人が30話「侵略の脚本《シナリオ》」で再登場した時に、最初に北浦嗣巳監督が演出で膨らませた部分を前提に脚本を書いていかなきゃならないのがけっこう大変だったって、おっしゃっていましたね。

川上　あれは大変です。だってコメディって基本的に難しい。なぜかというと、笑いのツボって、みんな違うから。あと、やっちゃいけないのが悪ふざけ。
いかに主人公達が大真面目であるかということが、大事なので、「侵略の脚本《シナリオ》」の時は本当に苦労しましたよ。でもその時に苦労しているから、オリジナルビデオの時は楽でした。だってキャラが出来上がっているから。むしろ楽しく書いたんです。

――ミジー星人はテレビでは北浦監督の担当でしたが、コメディっぽい部分で、原田さんと北浦さんは通じている部分があると思われますか？

川上　それは思いませんね。北浦さんの場合は、役者に強いる場合がけっこう多いと思うんです。だからアドリブも必然的に多くなる。原田さんはドラマの中でコメディを作ろうとするから、やっぱり、じっくりドラマを見せたいタイプなんでしょうね。
そう言えば、後に僕、小説書いたんです。『ティガ』の(『小説・ウルトラマンティガ　白狐の森』)。それを原田さんに送った時に「なんで『ダイナ』じゃなくて『ティガ』書いたんだよ」って言われました(笑)。『ダイナ』は長谷川さんのものだから長谷川さんが書きましたよ」って言ったら、『君が書けばよかったのに』とブツブツ言われました。

▽キャラクターはギャップで動かす

川上　原田さんの中のウルトラマンのベースっていうのは、僕は『ダイナ』で出来上がったと思ってます。所謂バラエティに富んでたり、明るく楽しかったりってのが、原田さんの中ではやっぱり大きかったんじゃないでしょうか。だからこそ、最終回の、ちょっと湿っぽくなっちゃう話は、ふさわしくないと思ったんじゃないですかね。
次の『ガイア』はまったく違うものですよね。だから最初は、(シリーズ構成の)小中千昭さんとなかなかそりが合わなくて、大変だったと思います。原田さんは縦筋をつけられるのが嫌なタイプだったから、ぶつかった部分も多かったんじゃないですかね。
結果的に、僕と組む機会が多かったでしょうか。

――『ガイア』で初めて川上さんが原田さんと組んだのが6話「あざ笑う眼」の時、その前の5話が原田さんが監督で小中千昭さんが脚本を書いた「もう一人の巨人」でした。5話の中で、主人公の我夢が昔、友達から「優等生ぶりやがって」みたいなことを言われるシーンがあって、6話でもそれを引っ張っているところがありましたね。

川上 キャラクターを転がしていく上で、その人物はコンプレックスを何か持っているってことが、非常に重要なんです。

ただでさえ我夢は天才だってことに決め打ちされてるわけでしょ？ でも「天才」というキーワードには感情移入できないじゃないですか。「なんかコンプレックスはないの」って僕が小中さんに聞いた時に、即答してもらえなかったんですが、その前の5話でそういう過去があったことが書かれていたので、僕もそれを拾いました。「あざ笑う眼」の怪獣ガンQのように、理路整然と理解できないものに対して怯える……所謂、暴力とかいじめなんてのは、まさにそうでしょ？ それと重なるかなと思って。

——そういうつながりのある描写ということで言えば、20話「滅亡の化石」で藤宮が少女を助けるところに、原田さんとしてはもうちょっと少女との接点が欲しいっていう意識があったそうですね。

川上 そのやり取りはありました。でも僕は、全然知らない人間を助けるってことにしたかったんです。知り合いとかそういう存在を先入観から助けるという形よりも、あの場合は、まったく見ず知らずの人間を助けた方がいい。

——その方が、アグルが自分でも認めたくない「情」の部分を発揮してしまって自分で驚く……という。

川上 もちろん単体のドラマで見た場合は、そういう思い入れのある人だから助けるという方が、ドラマの成り立ちとしては正解だと思います。でも、あれはシリーズの世界観があったから。そして長いバジェットで進行しているものですから。その日その一回こっきりの流れの間で、出会いがあって助けるとか、心の触れ合いを押し詰めて書くと、すごくそこだけが、異質に凝縮されちゃうんです。

それからアグルに関してはライターの吉田(伸)さんがずっと追っていた部分もありましたからね。

原田さんはそういうことも、きちんと論理立てて話すと理解してくれる人ではありました。

ただ、そういうところで感情論を出したり、ムキになったりすると、原田さんもムキになっちゃうんです。だから「そのドラマを作る上でベストなことはなんですか？」という話し合いを、お互い紳士的にやり取りしたら非常にやりやすい監督さんですね。

——やっぱり原田さんは、シリーズ全体というより、その話その話で、単体で見せたいということの方が……。

川上 その方が強いと思います。やっぱり『ガイア』みたいなのは向かなかったのかもしれませんね。『ダイナ』という理想形が、完成しちゃったんだと思います。自分の中で。いい意味でも、悪い意味でも。

だからこそ、『ネクサス』にはむしろ参加しないで良かったんじゃないかなって僕は思うな。

実は僕が原田さんから最後に連絡をもらったのは、『ネクサス』の新作発表の時だったんです。自分も当然『ネクサス』を撮らせてもらえるだろうという思いでいたらしくて、「外された」とさんざん恨み節を……。愚痴をこぼしたかったんでしょうね。それが最後になっちゃったというのは、なんとなく心残りですね。でも僕もその時、原田さんの言いたかったことは多少聞いたから、少しはすっきりしてくれたのかな。

▼コミカル寄せに演出された

——『ガイア』では、原田監督との作品は、他に12話「野獣包囲網」がありますね。

川上 これも本来だったらシリアスに撮った方が、絶対に面白い話なんです。「滅亡の化石」もそうですが、そこにコミカルな要素をゲリラ的に入れて来てました(笑)。それがやっぱり『ガイア』に対しての原田さんの反抗でもあったんじゃないでしょうか。

——ファンタジーな画作りをしていましたよね。

川上 それも善し悪しなんですけどね。僕は意外と、脚本と演出って対等だと思っているんですよ。

もちろん、脚本家が書いたことを、きちんと撮ることも大事だけれど、完成された画というのは、僕がキャメラを回しているわけじゃないから、それはそれで楽しみなんですよね。出来上がった画を見て、メチャクチャ監督に対していちゃもん付けるようなことなかったんで、原田さんは比較的やりやすかったんじゃないでしょうか。

度を超しているなと思うこともありますよ、それは。「野獣包囲網」の時は、あんなでっかい注射器を打たなくてもいいだろうとか。

——空中から注射器打ち込みますね。「ブスッ」って。

川上 (笑)。「滅亡の化石」の方では、右田さん、火を吐かなくてもいいだろうとか。それはおそらく視聴者も同じように思っている気がしますが。

——「野獣包囲網」で航空部隊のチームライトニングが地上戦っていうのは、意外でした。その不得手さがコミカルな描写につながっていましたね。

川上 ライトニングが出るのは、僕が勝手に考えました。パイロットを走らせたり撃たせたりしたら、楽しいだろうと。陸上部隊のハーキュリーズが出ていったらつまらない。一発で仕留めて終わりでしょ?

――そういった部分が脚本段階からあったのを、コミカルな部分にくくられちゃったんですかね?

川上　たぶんね(笑)。

――地上諜報活動をする「リザード」は、最初から設定されていたんですか?

川上　この時に「必要だから作ってくれ」と言われて。小中千昭さんからですね。

　小中千昭さんのシリーズ構成というのは非常に素晴らしくて、プロットで「こういうのやってくれ」というお題ではなくて、この回でここまで進めといてくれとか、この要素を出してくれってことを言ってくるんです。だから話はあくまでこっちが考える。

　リザードという組織は一応、概要までたしか僕が作りました。どういう組織でどこに属して……とか。名前も「トカゲ」の意味で「リザード」ですけど。

――素早いみたいな。

川上　そうそう、地上でごちゃごちゃやる、っていう。原田さんは、リザードをけっこう使ってたんじゃないでしょうか。

――「滅亡の化石」の方ですけれど、ハーキュリーズの吉田が恐竜に関心があるというのは、川上さんがやった性格付けなんでしょうか?

川上　そうですね。これもさっきとは逆で、ああいう、いかついのが知的だったら面白いな、と。

　キャラクターってギャップで動かしていくと、そこそこ面白くなっていくんです。

――筋トレしながら化石の話をして、自分で照れて、我夢をまたさらに特訓するみたいな。

川上　まあ、体育会系のノリですね。

――「滅亡の化石」の怪獣も、絶対生命そのものが、怖い設定だったんですが、実際の造型は可愛くなってましたよね。

川上　あれねぇ、原画はすごくかっこいい怪獣だったんです。頭も小さいし、昔『ウルトラQ』に出た「ピーター」をイメージさせるような、あれのもっと強そうな感じだったのに、出来上がった造形物はなんだかちょっと可愛い感じになっちゃった(笑)。

　原田さんが、「ちょっと可愛いすぎるんじゃないか」って、造型の杉本さんに言ったら「だって、可愛くして欲しかったんでしょ」と言われちゃったと、原田さんの口から聞きました。

▼ブースカの奮闘

――『ブースカ!ブースカ!!』では原田さんがメイン監督で、川上さんがメイン脚本ですね。

川上　僕に関しては、企画からやったのは事実です。でも、脚本はほとんどがプロット公募だったんです、中盤は。

――『ティガ』『ダイナ』の頃と同じやり方ですね。

川上　そう、だから僕は1話を書いて、結局その後これまでと同じように、書いたプロットが採用されたらホンにしていただけなんです。

　この企画は、最初まず、昔の『快獣ブースカ』の続編って言われて、VTRを渡されました。昔のから何本かピックアップされたのを見て「とりあえず1話を書いて欲しい」と。

　原田さんとプロットの話をしつつ、完全な続編というか、前の子どもの大作少年が親父になって、その息子に受け継がれるということになりました。

　続編ではあるんだけど、昔、最終回で宇宙に行っちゃったブースカが戻って来る話にするのは、よしたほうがいいってことは、アイデアとして固まったんで、じゃあ一からその少年がブースカを造り出す話にしてはどうかと。

　あと、ブースカの特性としては、やっぱり「ラーメンが好き」というのがあったんで、「いっそのことラーメン屋さんに住まわせたい」っておっしゃったのが原田さん。だから「とんとん亭」っていうのが生まれて、そこを舞台にして転がしていこうと。これ原田さんリクエストです。

――昔のブースカが戻って来るのはよした方がいいというのはどうしてだったんでしょうか?

川上　どうしてだったかなぁ。その辺はもう憶えてないですね。話の整合性を考えて……あと時間も経ってることですしね。だとしたら、発明少年だった父親のイズムが、少年主人公にまた受け継がれているという方が、話を新しく始める上ではいいっていう判断だったんじゃないでしょうか。

　それは原田さんも同意見だったからああいう形になっています。

――ブースカを迎える主人公である雄作くんは優等生ぽいっていうか、線の細い感じですよね。

川上　僕はその前に、昼帯のドラマに、雄作くんが出ていたのをちょうどたまたま見たんです。

　大都会から、離島に行って暮らす少年のドラマ(『花王愛の劇場　家族になろうよ!』九九年)。それをずっと見てて「この子なかなか出来るな」と思ってたら、その子が主役で来たんで、僕は嬉しかったです。僕はキャスティングはタッチしていないんですけど。それは制作と、あと原田さんが1話を撮るから、原田さんの意向もあると思います。

――ブースカの使うブースカ語もかなり増えましたね、昔より。「ミフチ」とか。

川上　新語はだいたい僕が考えたんじゃないかな。話の中で「こういうシチュエーションになった時にブースカはなんて言うか」というのを、脚本段階で作っていきました。「メロメロのトロロンチ」とか、それぞれ。もちろん、当初から決まっているものは決まっているものであったんです。昔からある「バラサ」とか。

――全体の舞台となる「夢町」というのは、向ケ丘遊園で撮ると決まっていたのでしょうか。

川上　そうそう。たぶん製作費とか製作日数とか、かなり限られていたと思うから、でき得る限り、「夢町」の中で展開される話にして欲しいっていう、制作側の意図はあったと思います。

――最初に「ここと ここで撮影するんですよ」というようなことは？

川上　それは一回ライター全員で行きました。向ヶ丘遊園に。

『ブースカ』で憶えてるのは、10話（「行け！　少年探険隊」）を書く上で、原田さんが突然「シナハンに行こう」って言い出して、原田さんの車に乗って、栃木の方まで行ったんです。滝や河原を見て「ここにしよう」ってことになって。

原田さんは運転が非常にうまいです。すごくスムーズなハンドルさばきをする人で、乗っていて本当に楽でした。車種は、たぶんプレリュードでしたね。

これだけいっぱい仕事しているけれど、原田さんとシナハンして、作った話はこの一本だけですね。

なるたけ若い話数じゃないと、ロケには行けないって原田さんが言ってました。早めにやっちゃいたいということで。

――この話はいつもの生活空間から離れて冒険に行きますが、吊り橋がちぎれちゃうとか、そういう物理的なアクシデントではなく、子ども達がケンカして、仲直りする人間関係がメインでしたよね。

川上　これ、原田さんのリクエストで『スタンド・バイ・ミー』をやりたいというのがあったんです。

ということは、やっぱりそれは人間同士の葛藤になる。子どもながらの。

あの話でわざとブースカを遠ざけていたのは、冒険にならないからですね。ブースカが万能すぎて。

――子ども達を遠くから見守っていたブースカが深夜、人玉に襲われるところは、カットされてました。

川上　そうですね。尺にハマらなかったのでしょう。ああいうドラマって、密接にやればやるほど尺を使っちゃうから。ドタバタしているものだったら、カット割りとかでもどんどん入れていけるけど。

あのシリーズでは往々にしてあったことなんですが、局プロと原田さんの仲がすごく悪かったんです。局プロが望んでいたものというのは、あの夕方に放送されていた、ブースカの別番組を憶えてますか？

――ああ、憶えてます。放映中に並行してやってましたね。五分の。ギャグ一発みたいな。

川上　ああいう感じのドタバタものを要求していて、でも原田さんは、ドラマとしてきっちり追いたかった。子ども達の見るドラマとして。

特にこの話なんて、どっちかというと静かなムードで流れていて、しっかりとした骨格のドラマとして作られています。それで、逆に局プロはあんまり評価をしていなかったんです。その前の、太田（愛）さんとやった「ＵＦＯをくれた少年」もそうでしょう。

――ちょっとドタバタ路線に行くのか、子ども達中心のドラマ路線で行くのかってことで言えば、川上さんは1話の段階で、どういう風に考えていらっしゃったんでしょうか？

川上　僕はね、やっぱりシチュエーションコメディ、キャラクターコメディだと思ってたんです。

僕はさっき言ったようにメインライターじゃないんだけど、僕がもしメインライターだったら、たとえば、1、2、3と書いて、世界観をここで確立しないといけないと思います。

ブースカは三本持ちで、原田さんが最初の三つを撮って、僕らライターから募ったプロットから原田さんが選んだんです。2話3話を。だからどういう風に組み立てていこうってことは、僕が考える領域ではないわけです。

ただ終盤になってくると、それでは著しく厳しくなります。だから「カモスケ」って新しいキャラクターが出て来るまでのスパンのシリーズ構成をやってくれって、プロデューサーの笈田（雅人）さんから言われて、僕がやったんです。

カモスケを本当はもっと前倒しして出して、たとえば『ロボコン』とかああいう世界観で、所謂コメディ作品としてやっていくのが僕のイメージでした。

だから中盤、カモスケより前に、カッパのキャラクターを作ってみたこともあったんですよ。新しいキャラをもう一個立ててやっていくのは、どうかと提示したのですが、お金がないということで。

カモスケについては、わりと複数で話し合った記憶があるけど、まず最初の青写真を書いたのが僕でした。ただ、縫いぐるみを作り上げるまですごく時間がかかっちゃったんだと思うんです。だから、卵の状態で引っ張らなきゃいけなかったんです。

その時はシリーズ構成として、自分の回じゃない話も、一応前後がつながるように、他の作家さん達にも言ってお願いして、帳尻はつけてもらいました。

――カモスケはやっぱり、お金が好きっていうところが……。

川上　そうですね。ブースカと所謂ライバルというか、仲良くケンカできる相手。ブースカにとっての等身大が必要だってことで。やっぱり今考えても、もっと早めに出すべきだったと思いますよ。

ただ前半の方の、さっき言っていた「行け！少年探検隊」や、太田さんとやった「冬の国ものがたり」も僕は好きだけれど、かえってそれはカモスケみたいな異端がないから出来たって部分がありますよ。ドラマとして。

そういう意味では結果論で言えば、この形でも良かったのかもしれないです。

コンペでの作品になっているんだから、それぞれのカラーがあって、ムードがガラッと変わっても、それぞれが単体として良ければ、僕はいいと思ってます。

でも、そういう曖昧さが、実は一番作品作りには難しいんですね。それは、みんな感じてました。

途中で原田さんが局プロと揉め出して、じわじわと、メイン監督が、市野(龍一)さんにスライドしていきました。でも正直言って、あの時はやっぱり原田さんにも非があって、ケンカしなくてもいいケンカを、ずっとやってるな～と思ったわけです。

一回太田さんと、笈田さんと原田さんと四人で、登戸辺りの中華屋に夜に行ったことがあって、その時もう「降りる」みたいな感じで原田さんが言っちゃって。だからそれは引き止めました。必死で。

酒の延長もあったから、感情的になったのかも知れませんが、せっかくメイン監督でやって来た人間が、そういうことを言うのはちょっと許せなかったんです。だから強く言った憶えがありますね。

でも結局、最終回は原田さんが撮って、きちんと締めることが出来たから、それで良かったかなぁと思ってます。

――川上さんとやった「なりきりカードで大混乱！」は、わりとドタバタっぽい話でしたね。歴史上の著名人になり変わっちゃうっていう。

川上　そんなことがあったら面白いだろうな、と。

――それをときめき仮面カードと間違えて起こる騒動でした。

川上　だから、これなんかは逆に局プロから評価を得たみたいで、引き合いに出すんですよね、「両方俺の作品なのに。こっちなんかやりたくなかったのに、評価される」って原田さん。でも、振り幅の大きい中で仕事してるんだから、原田さん、胸張っていいんだって思います。

「なりきりカード」と言えば、初めて日八樫さんが出て来た回ですね。

――大滝明利さんが演じる特許庁の役人ですね。

川上　それが面白いから五つ子にして。

――大滝明利さんの五役になっていきますね。

川上　みんなそれぞれの仕事やらせたらどう？　便利使いも出来るし、みたいな話をしたら、本当にやりましたからね。

――それは川上さんのアイデアだったんですね。1話から出て来る、宮川一朗太さんの泡手刑事や、駄菓子屋のゲンツキさんとか、大人達のキャラクターがどんどんセミレギュラーになっていきますね。

川上　企画段階で決まっていたのは泡手さんと、その部下だけだったんじゃないかな。

すごくハンドメイドで作られてたなと思いますね、今考えると。夢町市長役が美術の井口昭彦さんだったりという内トラの人は、脚本段階から誰がいいか考えることはありませんでしたが、子ども達の担任の坂間先生は「右田(昌万)さんでやって欲しい」って僕が言いました。たしか原田さんも「それがいいんじゃねえか」と言ってくれたと思います。

▼ブースカよ永遠に

――最終回は再びコンビで担当されていますね
川上　最初たしか僕は、ブースカが夢町の町長になって終わったらどうかと言ったら、原田さんはそれを嫌って、所謂権力の座にこのキャラクターを載せたくないと。

なるほどそれも一理あるなと思いました。じゃあ、昔の両親のドラマと、今の子ども達を組み合わせた話にしたら終われるんじゃないのと。

――原田さんが当時おっしゃったのは、ブースカが昔のブースカみたいに、いなくなる話にはしたくなかったと。

川上　それは共通認識でありました。やっぱり、どちらかというと、『ブースカ』はシチュエーションコメディだし、普通に安心して子どもが見られる番組をというのを目指していたから、そこで「大きな別れ」を本当に描く必要性をあまり、みんな感じなかったんじゃないですかね。

別れちゃって、もう二度と会えないというよりも、むしろ夢町に来ればいつでもブースカに会えるんだ、心の中に残ってるんだという最終回に、原田さんとしてもしたかった。

――笈田さんの方では、契約というものは1クールごとになっているから、所謂打ち切りではないんだとおっしゃっていたんです。でも原田さんは「いや、打ち切りなんだ」と解釈してると言ってました。

川上　1クールごとなんだけれど、正確に言うと2クール契約だと思います。それで半年経って、次の契約で1クール契約にしたのではないでしょうか。だから、見方を変えればたしかに1クール契約を継続したわけだけど、原田さんの見地からすれば、一年分から1クール減らすってことは削減であると。

やっぱり『ブースカ』にとって一番の弱点は商品化展開というのが、なかなか難しかったことでしょう。今は何をやるにしても、おもちゃを作って売ることが大事なところですから。

たとえばウルトラマンで言えば「基地」とか、仮面ライダーで言えば変身のベルトとか、そういうのがあるわけではないし。

――川上さんとしては、ちょっと思っていたより早く終わってしまったって感じはあったんですか？

川上　ウルトラマンは所謂4クールやって来たという現実から見ると……。

これけっこう、必死でしたからね。僕十三本書いてますからね、三分の一。それまでの仕事の中で一番苦労したのが『ブースカ』でした。

特にこの当時は僕にもまだ子どもがいなかったから、子ども目線というのはいったいどんなものかということでも、手探りだったような記憶があります。

でも、仕上がったものはみんな、それなりに出来て楽しかったです。今考えると。

だから思いはあるけど、内輪揉めがあったり、色々あったから。精神的には参ったんですよ(笑)。

今、僕も息子がいるんですが、ウルトラマンは怖くて、見てくれないんです。ブースカは古いビデオいっぱい出して見せると喜んで見てくれます。良かったなと思いますよ(笑)、やっておいて。

▽『コスモス』と怪獣保護

――『ブースカ』の後に再開したウルトラマンシリーズ『ウルトラマンコスモス』では4話の「落ちてきたロボット」が原田さんとの最初ですね。

川上　僕が出したこの話が『コスモス』のプロット稿にあって、その中で原田さんが選んだのだと思います。一応テーマに合う話になっているから、製作としても、早い時点でこれをやることは、決まっていたと聞いたことはあります。怪獣じゃなくてロボットもので、生物じゃないものもEYESは守るのかっていう問題提起をしたかったんだと思うんです。『コスモス』は〈怪獣保護〉という、すごく矛盾を孕んでいるウルトラマンだと思ったんです。助けるのはいいんですが、たとえば助ける予定だった怪獣が町をぶっ壊しても助けるのか、という定義とか何もないんです。僕はそれプロデューサーの渋谷（浩康）さんにも言ったし、メイン脚本の大西（信介）さんにも言いました。

動物だって、人に危害を加えるものは駆逐されるわけじゃないですか。ましてや、ウルトラマンコスモスは、攻撃型のコロナモードなんてあるわけです。

じゃあそういうのを段階的に分けて、この怪獣は、悪を生むものなのか、実害があって、倒すしかないんだとか、そういうところで設定していかないとならないよって話を何度もしていたんだけど、二人とも「全部助ける」の一点張りで。僕は非常に理解に苦しみました。

それでいて、渋谷プロデューサーの要求は、「コロナモードの出る回を作ってください」。めちゃくちゃですよ。だったら殺してもいいスタイルの怪獣を逆に作らなくちゃいけない。やっぱり、ウルトラの路線の中では、今までと矛盾が生じる作品なのだから、定理は絶対最初に作っておくべきだったと思います。

でも、そういう「全部助けろ」という世界観に徹底するなら徹底して、腹をくくってやるくらいの気持ちはありましたけどね、後半なんか特に。

原田さんとやった二つの内「魔法の石」（35話）だって、ラグストーンは殺してもいい相手ですよね。宇宙から来た得体の知れないものです。でもやっつけはしたけれど、逃げて行くものを追っかけてまで殺さなかったでしょ。あれは「去る者は追わず」というコスモスの精神。

――原田さんが言っていたのは、保護するのはまだしも、鏑矢諸島に入れるのが気に入らなかったと。

川上　どういう捉え方をするかだけど、たとえば動物園に動物を入れて繁殖させたりするでしょ。それが保護になるということで、世界中で同調してやっているのであれば、それはそれで一つの……乱暴かもしれないけれど、ルールにはなりますよね。

僕はむしろ、宇宙にやるっていう方がいかがなものかと思いますけどね。でも原田さんが鏑矢諸島を嫌うのもなんとなくわかる気がします。

個人的な話だけど、この頃、僕は大変で、このロボットの話をまず書いて、蛍の話（5話「蛍の復讐」）を書いて、あと、夢の話（8話「乙女の眠り」）を書いて……どう定義付けしたらいいのかがないまま、とにかく戦ってもいい相手を考えていくというのがありました。だから怪獣そのものを保護する話に踏み入っちゃったら、まずいんじゃないかなって。原田さんもそのクチじゃないですか？　助けてない話も多いですもんね。9話（「森の友だち」）のヤマワラワは助けているけれども、あれは妖怪でしょ？

「落ちてきたロボット」で思い出すのは、シリーズ構成だった江藤直行さんが、あのロボットを助けようとしていることを隊長に報告するシーンで、「もう『コスモス』の世界観では当たり前なんだから、言わなくてもいい」って言ってきたんだけど、まだ4話じゃないですか。ここから見る人もいるんだからって言ったら、納得してくれました。

▼まるでデートのようだった

川上　「魔法の石」の時はたしか、映画枠だったんですよ、僕。『ウルトラマンコスモス2 THE BLUE PLANET』（〇二年）をやってて。それから戻って来て最初だったんですが、それほど揉めたわけでもないし、あんまり憶えてないですね。

　だいぶ前からもう一緒にこなしてきているじゃない？　ぶつかり合うこともなくて、印象が薄くなって来ていますね、むしろ。

　たとえば『ダイナ』の「さらばハネジロー」の時も、最終的に「局打ち」っていうのをやって、決定稿になるんですが、なんの直しもなかったですね。原田さんと一緒に作ってきたホンで。同席してた小山プロデューサーから「今日何しに来たの」って言われて（笑）。ある程度もう回数書いて来たから、信頼関係が出来ていました。

――劇場版の原田さんはビデオエフェクトみたいな名目で関わられていましたよね。

川上　そうだそうだ。映画の『THE BLUE PLANET』ではサイパンロケのシナハンに一緒に行ってます。鈴木清さんと、原田さんと、北浦さんと大岡さん。プールで泳いでましたよ、原田さん（笑）。時間の空いた時に。僕はビーチサイドでビール飲んでたりして。何日間か向こうにいましたね。ロタ島も一緒に渡ったし。旅行も好きだったでしょう、原田さん。一人でトルコに行った時の話をしてくれたなあ。酒を飲みながら聞きましたね。

　さっきも話したけど、二人でシナハンに行った時も、細かく気を遣ってくれるんですよ。途中で音楽を流してみたり。まるでデートのようでした。洋楽もあったし、サントラも。『ダイナ』はやっぱり、本当に好きだったんですね。『ダイナ』のサントラを流してくれました。

原田監督とハネジロー。ビデオ外伝の時

　原田さんが亡くなったのは太田（愛）さんから電話をもらって知ったんですが、お葬式に行くまで、冗談にしか思えなくて、ちょっと切なかったですね。

　自分もそれだけ年を取っているんですが、原田さんまだ、若かったですからね。出来れば一本映画を一緒にやりたかったですね。

――そう言えば『ブースカ』の映画やりたいって言っていたと……。

川上　それは知りませんね。

――そうですか。それは、大岡さんと小山さんから聞いたんですけど。併映でもいいからやりたいって。

川上　ああ『ブースカ』も愛してたんですね。『ダイナ』と『ブースカ』を愛していたんですよ。

――川上さんは『マックス』『メビウス』でも執筆されていますが、その時代とは、ある程度違いはありましたでしょうか？

川上　ありますね、やっぱりこの頃の方が必死でしたね。プロットも公募だったし、通らないと仕事がもらえませんでした。特に『ティガ』『ダイナ』は。『ガイア』はローテーションに入ってたりしますが、『ガイア』はそれはそれで必死でした。

　やり続けてると、フォーマットがある程度できてくるんです。だから『メビウス』にしても、たしかに、全然他のウルトラマンと違うことをやってる部分はあるんですが、戦いに至るまでのフォーマットは、必然的な流れとして同じものを持って来る。そういう慣れを感じることはあります。

『ティガ』とか『ダイナ』とか『ガイア』とか『ブースカ』とか本当に楽しかった頃ですね。みんなが。

作品解説

「行け！少年探検隊」10話 ▼一九九九年一二月四日放映

脚本：川上英幸　撮影：倉持武弘

▼ストーリー

夢町に代々伝わる、なんでも願いがかなう「望みの滝」伝説。ゲンツキから話を聞いた雄作、オサム、カッちゃん、つっくんは興味津々で目を輝かせ、大冒険を決意する。

でも「望みの滝」のある栄光山に着いたら、あとは自分達の力だけで進まなくてはならない。ブースカを連れて行けば超能力に頼ってしまう……と考えた雄作は、仕方なくブースカに内緒で旅立つことに。

お腹がすいたら魚釣りをしたり、雄作の発明品「山菜探知機」で山菜採りをしたり、ドキドキの連続！

一時は仲間はずれにされたとシオシオのブースカも、本当の理由を知って、陰からみんなを見守る。

▼冒険の始まり

冒頭、屯田家に外からキャメラが入っていくと、いつものように雄作の部屋でブースカが眠っている。「ラーメンお代わり」と寝言を呟くブースカ。外から鳥のチュンチュン言う声が聞こえる。いつもなら、まだ一緒に寝ていておかしくない雄作が、一人だけ起きて、抜き足忍び足で部屋を出て行く。「ブースカ、ごめん」という一言を残して……。

場面が変わると、そこは子ども達みんながいつも集まる神社。朝霧を表現するために少しスモークが焚かれている。

既に集まっているオサム、カッちゃん、つっくんのもとに雄作がやってくる。みんなで前に右手を差し出し、合わせると「行くぞ」「オー！」と狼煙の声を挙げる四人の姿が俯瞰で捉えられる。冒険の旅が、これから始まるのだ。

その数時間後、ブースカは夢町にあるパーラーの店先で、店員のアコやさやかの前で号泣している。パーラーの店員・アコは番組のセミレギュラーで、当時のグラビアアイドル・村田洋子が演じている。いつも胸元にドキリとさせられるピンクの制服姿で登場。

原田監督は、今回もブースカの肩にはポシェットを掛けさせている。

朝起きたら雄作がいなくなっていて、必死になって探していると泣くブースカ。

そこへやってきた駄菓子屋のゲンツキさんは、雄作達が「望みの滝」を捜しに行ったのではと言う。

数日前、神社で子ども達にその話をしたことを思い出すゲンツキ。

「光の鍵」と呼ばれるピラミッド型の水晶が入った布袋を子ども達に渡したゲンツキは、これをむこう村の栄光山にある「望みの滝」に行って、太陽が真上にある時に「扉の石」にはめれば、望みを叶える女神像が見つかると教えたのだった。

それは夢町に代々伝わる伝説で、ゲンツキも子どもの頃に行ったらしい。回想部分で、ゲンツキの説明を聞く子ども達一人ひとりがアップになる。原田監督は、ゲンツキが地図を取り出して渡す描写もシナリオに挿入している。子ども達は、この宝島の地図のようなものを頼りに旅をすることになるのだ。

そしてゲンツキは、この冒険は自分達の足と力を頼りに進むべきもので、ブースカの超能力を借りたら、たどり着いても願いはかなわないと教えるのだった。

「お前らにはやっぱり無理か」とゲンツキから言われたつっくんが布袋をゲンツキから奪い取り「そんなことないよ」とタンカを切る。子ども達の中でも、つっくんは男らしいキャラクターだ。

「俺達だけで、絶対、『望みの滝』を見つけるぞ」というつっくんの掛け声に「オー！」と一同手を合わせる姿が、今度は下から捉えられ、みんなの顔が同時に写る。

だが、ゲンツキは実は「望みの滝」には行ったことがなかった。子ども時代、途中で友達と仲間割れして、たどり着けなかったのだ。そのことをパーラーの前でチカやブースカに話すゲンツキ。

雄作達の旅に立ちはだかる困難さが、ここで予感される。

▼失敗また失敗

バスが通り過ぎると、田園風景をバックに、両手を広げて深呼吸する子ども達の姿が見える。「お尻痛くなっちゃったよ」と、これまでのバス旅の長さを想像させる。

彼らはここから歩き始めるのだ。『スタンド・バイ・ミー』風のBGMがつけられ、どことなく郷愁を掻き立てる。栃木県矢板市塩田でロケされているが、バス停には「向こう村」と表示されているのがいかにもブースカ・ワールドだ。

明るい陽射しの下、水田の道を行く彼らの姿がロングで捉えられる。

地図では「大アマゾン川」と書かれてある場所が、実際にはごく普通の川だったりするギャップも味わいながら、少年達は進む。川の横の道を歩いていく彼らの後ろ姿が、大きな風景の中で豆粒のように捉えられる。

やがて、後を追って空を飛んできたブースカは、先ほど子ども達のバスが停まった場所に着地する。陰からみんなを見守るという名目でやってきたのだ。ブースカの黄色くふわふわした姿は、青空と田園風景によく似合う。

空腹を覚えた子ども達は山菜取りに興じる。いかにも〈毒キノコ〉に見える毒々しいキノコを摘んでくるオサムだが、雄作の山菜探知機はもちろんNGのブザーを鳴らす。

負け惜しみのように、雄作の持つ大きく長い探知機を見て「そんなのどこに入ってたんだよ」とツッコミを入れるオサム。「折り畳みでこんなに小さくなるんだ」とジェスチャーで説明する雄作だが「ウソだー」と信じない。

ドラマの出演者が設定に自分達でツッコミを入れているようなこのセリフのやり取りは、もちろんアドリブ。おそらく、撮影用の小道具が大き過ぎたことへの、監督の照れによるものだろう。

彼らがキャンプをする川原は栃木県の県木の森でロケされている。

つっくんは虹鱒を釣り上げた。こうした場合、魚屋で買ってきたようなほとんど動かない魚を釣り上げてごまかす撮影がよくあるが、原田監督は演出メモに〈生きている魚〉と明記している。

陰から見ていたブースカは思わず拍手。「今拍手の音が聞こえなかったか」とオサムは怪訝そうだが、なんとかバレずにすみ、ホッとするブースカ。

魚をサバくナイフを取り出すつっくんだが、実は経験がない。それに、生きている魚を初めて直に手にすると、それを刃物で刺して開くなんてことをとても考えられなくなった子ども達は、「今度は捕まるなよ」と結局また川に戻すしかない。

それを見て「あー逃がしちゃったー」と気が気でないブースカ。

やがて鍋で山菜汁を煮ることになる。「アウトドアの達人だからね」と、用意してきた鍋を火にかける手筈に胸を張るつっくん。おいしそうな匂いに期待が高まる。だが味噌を忘れてきたことに気付く子ども達。その瞬間お互いの顔を見合う彼らの、誰に持って行き場もない気まずさ。このやり取りも決定稿に付加されたもので、絶妙な〈間〉を作り出している。

出来上がった汁を口にするが一斉に吐き出してしまう四人。とても食べられたものではない。

それを見ながら、自分のポシェットからお菓子の袋を取り出したブースカは、なんとか子ども達に渡せないかと思案。原田監督は〈センベイが入っている〉と演出メモに記しているが、劇中で開けられることはない。

やがて、子ども達が歩いていく先に、ブースカの置いた袋があった。袋には〈火星小学校タコ組アシハッポン〉と手書きされている。

それを拾い上げる子ども達と、木の向こうから顔を覗かせているブースカが同じカットに収められる。

火星人が遠足途中に地球を通りかかったのかと考え、食べようかと少し迷う子ども達だが、結局は「拾い食いはよくない」と袋を道に戻して立ち去る。「大失敗」とガッカリするブースカ。シナリオでは「シオシオのパー」と言わせているが、使われていない。他の箇所でも、シナリオには書かれているブースカ語を、今回はあまり採用していない。必ずしも決めゼリフを言わせなくても、ブースカの心情がわかればいいという判断で、声の高戸靖広に任せているのかもしれない。

また子ども達の、火星人なんかいるはずないという会話の中で「僕ら前に円盤見てるし」というオサムのセリフがシナリオにあった。3話「UFOをくれた少年」を意識したものだが、カットされている。旅の途中で前の回のフィードバックをすると、印象がゴチャゴチャになってしまうという配慮かもしれない。

▽〈アウトドアの達人〉の正体

旅は続き、やがて宿泊の心配もしなければならなくなる。彼らが寝る場面は、シナリオでは草原だったが、映像では林の中になっている。撮影条件が許せば、より臨場感のある場所でやりたいという臨機応変な態度だろう。

「野宿なんて聞いてないよ〜」と愚痴るオサム。アウトドア用品を繰り出すつっくんだが、テントの説明書を手に持ちながらも、どう組み立てていいのかわからない。

〈アウトドアの達人〉と自称していても、本で読んでいただけで、やるのは初めてだったのだ。「えー」となる他の子ども達。

この、〈アウトドアの達人〉という自称も、決定稿の後から挿入されたものだ。

みんなの表情が夕暮色に染まっていく。夕景は時に郷愁を掻き立てるが、時に焦燥を掻き立てる。

その同じ頃、とんとん亭のベランダでは、心配しているゲンツキや雄作の姉・妙実をよそに、大作パパが「男はね、一回ぐらい、こういう冒険をするものなんだ」と呟く。そんなパパから「ね」と同意を求められた美智子ママが「ええ」とうなずく様を原田監督は付加している。二人の間にも、かつての雄作たちと同じような時間が流れていたことを示し、後の伏線としているのだ。

▽オサムという分身

今回のシナリオ題名は「望みの滝に進路をとれ」だった。

満月の下、寝着姿の少年達が、「望みの滝」に着いたら何を願うのか語り合う場面は、今回のドラマのキモといえる。と同時に「強調しているようには見えない」演出をする必要があったと思われる。

この場面は、焚き火を囲む四人を前から捉えたショットを基本にしている。

「世界的な発明王になれますように」と願いたいと口火を切る雄作に、ワールドカップに出場出来るようなサッカー選手になりたいと言うカッちゃんと、七つの海を渡る冒険家になりたいと言うつっくん。

ふと「ブースカの夢ってなんだろう」と口にする雄作だが、つっくんとカッちゃんは「ラーメン腹一杯食べることじゃない」と、言うまでもないという感じで答える。

物陰で見ていたブースカは「その通り！」と指を立ててみせる。

このタイミングでCMに入り、CMが明けてからは、同じく焚き火を囲んだ少年達に、理想と現実の違いに向き合わせる。

「でもさ、やっぱり無理だよ。サッカーやってるやつなんていっぱいいるから、その中で選手になれるやつなんか、ほんのちょっとなんだぜ」と言うカッちゃん。つっくんも、冒険家になんてどうなったらいいかわからないもんなと同調する。

この会話に入るきっかけを、特に原田監督は作っていない。彼らがこれまでの道のりで思い知った、頭の中で考えていることとやれることとの違いがベースになっているのかもしれないが、それと表立って結びつけているわけでもない。

子ども時代の〈将来への夢〉は、まだ抽象的だ。一方で、小学校も高学年になると、そろそろ特技も苦手なことも自覚されてくる。そんな捉えどころのない不安を口にする時に、特にドラマチックなことをきっかけにする必要はない。否、ドラマチックに強調してはならないのだ。

「結局、普通に学校に行って、普通に就職して……」などと現実的になる子ども達を物陰から覗くブースカ。子ども達の会話を聞いて何を考えているのかと思ったら、次の瞬間、大アクビ。

ブースカのにじんだ目を意識してか、焚き火が少しゆらめいて見える。それをタイミングに、それまで自分の夢を語らなかったオサムが口を開く。今この瞬間、彼は学校の先生になることを決心したというのだ。

「サッカー選手や冒険家になるにはどうしたらいいか、一緒に考えて応援してあげる。そんな先生になる」

オサムの言葉に励まされるみんな。明日は望みの滝を見つけようと手を合わせ「オー！」と声を出す。満月に霧が流れる。同じ頃、ブースカはもう眠っているのであった。

自分の夢を問われて、すぐには言えないが、みんなの心を柔らかくさせるオサム。自分から発言することは少なくても、仲間のことを考えている。このオサムは、人と交わるのが好きだったが、常に一歩引いていたという原田監督の分身ではないだろうか。この回と同時に撮影された12話「冬の国ものがたり」で、原田監督はオサムに重要な役を振ることになる。

▼神様になりきれないブースカ

気持ちが一つになったと思ったのに、気が付いたらケンカしているのが子ども達の世界。

翌朝、雄作は、つっくんとカッちゃんのケンカで目を覚ます。カッちゃんが自分一人で持ち込んだカップ麺を食べていたのがバレたのだ。

「自分一人が良ければいいのか」と掴みかかるつっくんを引き離す雄作だが、荷物をまとめて「帰る」と言い出すカッちゃん。

引っ込みがつかず「お前なんかいない方がせいせいするよ」と言ってしまうつっくん。

修復不能と思われたその時、まさに〈天の声〉が聞こえる。

「子ども達よ、聞こえるか」

ブースカは栄光山の神様と名乗り、作り声で森に木霊させる。

「このまま、『望みの滝』を見つけずに山を下りると、全員の願いはなあんにも叶わなくなるんだよ」

ブースカの奮闘努力は今度こそ実り、一度は気持ちがバラバラになりかかった子ども達は気を取り直して「望みの滝」へ向かうことになる。雄作にムリヤリ手を握らされ「フン」と目をそむけるつっくんとカッちゃん。

カッちゃんはメンバーの中で一番やんちゃで、考えるより行動が先に立つ子。青年の香りが漂い始めているつっくんよりは幼い感じがするが、それだけに一番子どもらしい子どもといえる。このぐらいの年齢になれば同じ学年でも成長の度合いが違ってくる。そんなメンバーが一緒にいることの緊張感がここではあらわになった。

だがケンカしたと思ったらアッという間に氷解するのも、この時期の子ども達にとっては珍しいことではない。

足を滑らせて川に落ちそうになったつっくんを反射的に助けるカッちゃん。手を握ったまま、二人の視線が合う。次の瞬間、笑顔を見せる二人。

それを見て、「良かったな」と言う雄作にオサムが「うん」と頷く場面も原田監督はシナリオに追加している。出来事は、子ども達みんなで体験していくのだ。

▼〈望みの滝〉で何を見た？

林の中、川沿いの道を歩き続けてきた子ども達は、遂に「望みの滝」にたどり着く。

小さな穴の開いた岩を発見し、荷物から「扉の石」と「光の鍵」を取り出す子ども達。

すると、近くで何か動くものがある。それは、寝坊して慌てて駆けてきたブースカだった。思わず子ども達と出くわしてしまい、パニックになるブースカ。

「僕、いないよ」と消えようとして身を伏せるブースカに「見えてるよ」と冷静に語りかける雄作。

「ここまで一人で来たのかい、大変だったろう」

あっさり受け入れる雄作と子ども達。「よく来たね」とみんな口々に言う。

ここはさりげないがグッとくる場面だ。

冒険の旅も終着駅を迎えて、今さらブースカを邪魔にする理由がなくなったこともあるだろう。だが、そこまでの道をもう乗り越えてきたからという自負もあるのではないか。

ブースカと一緒に、願いを叶えるためスタンバイの合図をする四人。「オー！」。

昼の十二時ちょうど、樹々の間から差し込んできた太陽の光が、水晶の形をした「光の鍵」に反射し、水面に反射すると、滝の付近を照らし出す。そこを掘り出すと、女神像が現れた。合成エフェクトが、水晶や水面の反射という形で画面の中に調和している。

女神像が置かれていた下にはカプセルが埋められていて、開けてみると、そこには願いごとが書かれた無数の紙があった。

「お医者さんになれますように」「手品師になれますように」「総理大臣になれますように」……これまで、たくさんの子ども達が、ここを目指して冒険してきた、その証がここにある。

シナリオでは「野球選手になれますように　イチロー」という紙もあったが、さすがに名前はカットされた。

オサムは学校の先生、つっくんは冒険家、カッちゃんはサッカー選手、と、それぞれの夢を書く場面が一人ひとり描写される。ブースカの夢は、もちろん「いつまでもラーメンを食べられますように」だ。

名前を書くとき、カッちゃんは〈荒井勝則〉とフルネームで、オサムは〈オサム〉と名前のみ、つっくんはイラストのサインと、それぞれ個性があるのも、番組スタッフの芸の細かさだ。

雄作は一枚の紙を見て驚く。

「いつまでもブースカやみんなと仲良く出来ますように　大作」

それは、大作パパもまた、子ども時代に美智子や初代ブースカと共にここへ来たことがあることを示していた。

シナリオではこの後、それぞれの願いごとをカプセルにつめる描写にすぐ続くが、原田監督は、雄作が「発明王になれますように」と書いていたのを消し、「いつまでもブースカやみんなと仲良くできますように」と書き直す描写を作っている。父の子ども時代を知って、自分が何を書くか選び直したのだ。

その直前、原田監督は遠く離れたとんとん亭のベランダで、大作パパにコーヒーを持ってくる美智子ママの描写を足している。

「今日はなんだか優しいね」とママに言う大作。二人の気持ちは子ども時代とつながっている。

それは、望みの滝にいる雄作のものでもあった。

「願いが叶いますように」と拝む一同。

そこへ、追ってやってきたさやかとチカの呼ぶ声がする。

何年か前に道路が出来て、ここはハイキングコースになっていると説明するさやか。バスを使ったら三十分程度の場所だったのだ。

だが、これまでの道のりを乗り越えてきた彼らの顔に失望の色はない。冒険成功のスクラムを組む四人。「オー！」

バスケットを持つチカと、水筒を下げたさやか。お弁当を食べましょうという彼女達の誘いをタイミングに、エンディング主題歌が流れはじめる。

初めて広々とした草原が写され、全員で「いっただきまーす」と食べるみんなの脳裏に、スチル構成で旅のヒトコマ、ヒトコマが振り返られる。

今回は、子ども達の冒険にとっての苦難を、事件として起きるハプニングに置くのを極力避け、あくまで彼らの友情関係の中での葛藤を乗り越えていくように作っている。子ども時代に集団生活を一時でも送った者なら誰にでも身覚えがあるような出来事から抽出されているのだ。

視聴者の子どもにとってはすぐ身近にある出来事であり、大人にとっては「ああ、こんなことあったなあ」と振り返ることができる。

子ども達の行動を通して、自然に獲得されていくものを主題にした、優れたジュブナイルといえる回であった。

作品解説

「なりきりカードで大混乱！」 11話

▼一九九九年一二月一一日放映

脚本：川上英幸　撮影：倉持武弘

▼ストーリー

ひょんなことから大作パパの発明品「歴史上の人物になりきっちゃってあぁ楽しいパラサパラサカード」、略して「なりきりカード」と、ただいま夢町でプレミアがつくほど大人気の「ときめき仮面カード」が入れ替わってしまう。

パパのカードはボタンを押すとカードに描かれた歴史上の人物になりきっちゃう恐るべき代物。ときめき仮面カードの発売日を待ちわびていた人々にどんどん売られ、みんなが色々な偉人に変身してしまう。

「楽しいね、バラサ」と呑気なブースカだが……。

▼ドタバタ劇のはじまり

今回、雄作達の担任・坂間壮司先生(右田昌万)、学校のマドンナ・小町弥生先生(斉藤りさ)、大作パパが発明の申請に行く特許庁の役人・日八樫さん(大滝明利)、夢町の市長(井口昭彦)、市長の側近(三宅敏夫)、夢町ケーブルテレビのレポーター(袖木佑美)といったセミ・レギュラーが一挙に登場する。

皆、平成ウルトラマンをはじめとする近年の円谷作品でなじみの顔ばかり。そこに、泡手と隼人の刑事コンビや駄菓子屋のゲンツキさんも加わり、町中巻き込んでのドタバタ劇が展開される。

冒頭、のどかな町並みの道路でゲンツキのバイクと大作の自転車が正面衝突を起こす場面で、ゲンツキが乗っているのは昔ながらの、文字通り「原付」のスーパーカブ。かたや大作は汗まみれで必死に自転車を漕ぎながらも、前面に備え付けられたボトルからスポーツドリンクと思しき液体をストローでチュウチュウ飲みながらやってくる。『ティガ』でホリイ隊員を演じている時から、画面の隅に写っている時にでも細かなアドリブをしていた増田由紀夫はここ『ブースカ』でも、写っている時には必ず何かせずにはいられない。

衝突事故が起きると、アクション俳優でもあるゲンツキ役・北岡久貴はクルリと空中一回転して着地。反対に派手に転ぶ大作は、この後また走り出す時にも自転車ごと一、二回転んでみせる。まるで無声映画のノリである。

この事故によって、お互いの「ときめき仮面カード」がすりかわってしまう……というのが、すべての発端なわけだった。

▼ときめき仮面、どきどき参上！

駄菓子屋ゲンツキ堂の店先では、今日も子ども達がたむろしている。道に出された木の長いイスにブースカも一緒に腰掛けて、当たり前のようにみんなと一緒にいる場面は、画として和むものがある。背後には和風の立て簾が立てかけてあるのもそれらしさを出している。自動販売機に書かれた企業名を隠すために立て簾で覆っているのだが、それも効果に転じてしまうスタッフはさすがだ。

駄菓子屋でタムロしている彼らの前に一瞬、劇中の架空のキャラクターであるときめき仮面を演じている鈴木みさとがすっぴんの普段着で現れ、ポーズを決めて立ち去る。

気付いて「？」となる雄作達。

この部分はシナリオに付加されたものだが、視聴者にはまだ「ときめき仮面」についての説明がなされていないので、これは二度目以降の視聴のための演出ということになる。『ダイナ』31話の「今日のラブモス情報」に通じる原田監督一流のお遊びである。

バイクで、入荷したばかりの「ときめき仮面カード」の箱を持ってきたゲンツキに、子ども達は群がっていく。

昔ながらの、束にとじられた色紙の袋を一人一枚ずつ引き抜いて、中に入ったカードを確かめる子ども達。限定カードが出るかどうかでドキドキものなのだ。袋はピンク色で、いかにも女の子向けという感じだが、男の子達にも変わらず人気があるようだ。

いや、それどころか……。

「大人にも売って」と、やってきた泡手と隼人の刑事コンビが乙女チックに首をかしげてアピールする。首をかしげる時にいちいち「ピコ、ピコ」と効果音が付くのは楽しい。

ときめき仮面のパンフを持った二人は「いつもドキドキときめき仮面。ときどき参上！」とキャッチフレーズを決める。演出メモに「ふりつけ、練習」と書かれているように、並んでポーズを取る宮川一朗太とマッチョな中村浩二。

その様に思わず瞳をパチクリさせるブースカ。二人の背後に、ロケ地である向ヶ丘遊園近辺のモノレールの線路が写っているところが、どことなくのどかに感じられる。

▼ホリイとムナカタ再び!?

その頃、大作は特許庁出張所に出向いていた。迎える役人・日八樫を演じるのは、『ティガ』でムナカタ副隊長を演じた大滝明利。ホリイとムナカタを演じた増田由紀夫と大滝明利の、作品を超えた二ショットだ。

「この頃、お見えにならなかったんで、少し退屈してました」と言う日八樫。大作は何か発明する度に特許を申請しに来ているようだ。

ムナカタ役では渋い低音で戦闘現場の指揮官を演じていた大滝明利が、ここでは高音の声で終始ニタニタし、慇懃無礼な態度を取るつかみどころのないキャラクターを演じている。頬と鼻の頭はうっすらと赤く染められている。

ありものの「ときめき仮面カード」の箱に発明品を入れてきた大作は「素晴らしい発明品なんですよ」と主張する。差し出された箱の中の袋から一枚のカードを取り出し「ときめき仮面のエリカちゃーん！」と喜ぶ日八樫さん。彼もまた、『ときめき仮面』好きの大人の一人なのだった。

だが次の瞬間、大作は「オーマイゴッド」と愕然とする。箱の中身は彼の発明品ではなく、ときめき仮面カードになってしまっているではないか!?

▼まさかの坂間先生

続いてのツーショットは、ちょうど歩道橋で会話している、雄作達の担任・坂間壮司先生(右田昌万)と学校のマドンナ・小町弥生先生(斉藤りさ)だ。

右田昌万と斉藤りさの二人は『ダイナ』の原田作品「君を想う力」で共演している仲。右田演じる天文台職員のヒラオは、斉藤演じるスーパーGUTSのリョウ隊員の幼馴染みだった。

ここでもまた、右田演じる坂間先生は、斉藤の小町先生を慕っている。だが坂間にはヒラオにあったようなナイーブさは見られず、ひたすら熱血で暑苦しいキャラクターとなっている。「まさか」が口癖で、子ども達からは坂間ではなくマサカと呼ばれている。

今後セミレギュラーとなっていく坂間先生は、全身赤いトレーナーで「5年☆組」と書いた出席簿を持ち、顔にはメガネをかけ、青いタオルを首に巻いている。

生徒が逆上がりの出来た瞬間、泣き出したという例を出し、やはり教育は熱血だと熱弁をふるう坂間先生に、半ば困った顔ながら聞き役になっている小町先生。

「逆上がりが出来た瞬間、まさかですよ、高木が泣き出しまして。ようやく、家に帰れるってね」

そこで思わず「それって、違う涙なんじゃないのかな」と言ってみせる小町先生に、〈♪ピンポンピンポン〉と効果音が鳴る。

そんな醒めた反応にも気付かない坂間先生は、ちょうど歩いてきた雄作達六人を呼び止めて「海まで走ろうか」と迫る。

雄作達は彼が目を離した隙に逃げ出しているが、まったく動じない坂間先生。

「まさか！　あっはははは、待てーっ」と、狂的に笑いながら歩道橋を駆け下り始める。

子ども達は散って逃げる。通りを曲がってなんとか目を逃れた雄作とブースカ。坂間について「担任なんだけど、熱血教師気取ってて、暑苦しいんだ」とブースカに説明するが、右田昌万はシナリオのト書きに書かれている以上のデフォルメ演技を見せている。それは日八樫さんを演じた大滝明利も同様だ。

夢町の大人達を変人の領域に達するほど極端に描き、ドタバタを成立しやすくする〈マンガのような実写〉を成立させているのだ。

▼「なりきりカード」最初の変身は!?

さて、ここでようやく「なりきりカード」とは何か、という展開に入る。ゲンツキ堂で引いた「ときめき仮面カード」の袋の中身を開けてみる雄作。そこにはベートーベンが描かれていた。

出前中に通りかかった美智子ママが「ベートーベンじゃない」と言うと、ブースカが「なんだ、お弁当屋さんか」とか「そうか、大工さんなんだ」などとやり取りをするのは、子ども時代に一度は通るダジャレだろう。大人からすればベタだが、それだけに不易流行の味わいを醸し出している。『ブースカ』の「オールディーズ・バット・グッディーズ」の精神がこんなところにも現れている。

そのカードの上にある緑のボタンをママが押してしまうと……。

その結果はすぐには視聴者にもたらされないが、ブースカと雄作が共に「サミサ！」と両手を挙げて響く様が写される。

離れた場所でその叫びを聞いた大作も駆けつけ、目の当たりにしたのは——。

大音響の第九が流れる中、ベートーベンに変身しているママ。モジャモジャのかつらをつけ、礼服に身を包み、指揮棒を振るママの前には、なぜかおもちゃの白いピアノが一台置いてある。

パパがカードを操作して、ママは無事元に戻った。

カードの左上にある緑のボタンの上には「なりきりACTION」と記してあり、これを押すことでそのカードに描いてある歴史上の人物に変身してしまうのだ。その横にある赤いボタンを押すことで元通りになる。

チカ役の田中瑞穂、カッちゃん役の蓮池貴人、大作役の増田由紀夫、雄作役の立澤真明

パパの説明を聞き、「さっきのママみたいに町中の人達がみんな色んな人に変身しちゃったら面白いね、バラサ、バラサ」と無心に両手を挙げるブースカだが、次の瞬間、そんなことになったら大変だと気付いた一同。

やがて坂間と小町は、子ども達の持っていたなりきりカードのボタンを押したため、宮本武蔵と佐々木小次郎に変身してしまう。

坂間先生は宮本武蔵になってもメガネをかけたままだし、別の場所で石川五右衛門になってしまう泡手は、田舎芝居の扮装のような嘘臭い作り物の髷に、歌舞伎に似た赤い隈取りをしている。思い切り作り物っぽいテイストを楽しんでいるかのようだ。

▼謎の人物

ゲンツキ堂の前に、黒塗りで蝶のマークが付いた高級車が停まる。グラサンにオールバックの男(三宅敏夫)が降り立ち、代金を支払うと、ときめき仮面カードの袋を一枚抜いて立ち去った。

ブースカ三大監督原田昌樹、北浦嗣巳、市野龍一とさやか役の斉藤麻衣、チカ役の田中瑞穂、妙実おねえちゃん役の瀬尾久美

車内で待ち構えていた紳士（井口昭彦）は袋の中身をいさんで開ける。この人物を、駄菓子屋のゲンツキはどこかで見覚えがあるような気がするが、思い出せない。

車が去って行った後、ゲンツキがたまたま新聞を開くと、その後ろ、つまり視聴者からは見える新聞の一面に先ほどの紳士の顔写真があった。彼は、夢町の市長だったのだ。

夢町では、市長までもが「ときめき仮面カード」に惹かれているのだった。

この市長は、昭和のウルトラマンシリーズで数々の美術デザインを手がけ、『ウルトラマンA』の超獣ベロクロンやバキシムといった名獣を生み出した井口昭彦が演じている。井口氏は本シリーズの美術担当でもあり、髪の分け目を赤く染める本気の役作りで市長役に挑み、番組のセミ・レギュラーとなった。

そして側近役の三宅敏夫は、平成ウルトラマンシリーズで怪獣を演じていたスーツ・アクターである。小柄だが俊敏、時にコミカルな動きで怪獣に息吹を吹き込む。原田作品では『ガイア』のゴキグモンやティグリスなど印象的な怪獣演技を見せている。

▼さよならモンロー

パーラーの前では、なんと売り子のアコがなりきりカードでマリリン・モンローになってしまっていた。

「アアーン」と声を響かせ、白いドレスに身を包み、顔にはホクロを付けたアコ。

ブースカは思わずハート目になってしまう。

「メロメロのトロロンチ。アコちゃんかわゆーい」

アコから発散されるピンクのハート文字が飛んできて、大作の口に入り、思わずパクッとしてしまう。もちろんここまでの描写はシナリオにない。合成を使い、描写を弾ませているのだ。

ハートを食べたものの、次の瞬間「いかん」と我に返り、なりきりカードの赤いボタンを押そうとする大作に、ハート目のままのブースカが思わず「押しちゃうの？」と悲しそうな声を出す。

雄作も大作もブースカも、本当はこのまま見ていたいのだ。

断腸の思いでボタンを押す直前、大作がモンロー姿のアコを見ながら「さよなら」と独り言を呟くのが可笑しい。もちろん増田由紀夫のアドリブである。撮影現場で、さぞや大受けだったと推察される。

▼まさかのグーパンチ

そうこうしている間にも、オサムとさやかの前では、変身した姿の坂間と小町が決闘を始めていた。

「作州浪人、新免宮本武蔵！」

「細川家家中、巌流佐々木小次郎！」

二人が名乗りを上げる場面は原田監督がシナリオに付加した。

そこでハネタローの時計が良い子の視聴者に向けて、武蔵と小次郎について解説するワンポイント・アドバイスが挿入される。これはシナリオから指定されている。

ハネタローの説明が終わると、引き続き両者の決闘が描かれる。効果音では大袈裟に「カキィーン」と剣がぶつかる表現がされているが、持っているのは木刀だ。この音の効果も原田監督は演出メモから指定している。

駆けつけた大作はブースカに、姿を消して二人が持っているカードを奪ってくれと頼む。

快くOKしたブースカは「ナイナイのパッ」と消えて二人に近付くと、姿を現して両手を差し出し「ブースカ流白羽取り！」と決めたつもりが、それを越えて坂間の木刀がオデコに直撃。

目がバッテンになってフラフラとなるブースカ。シナリオでは白羽取りでブースカが坂間を制することになっていたのを、変更したのだ。

再び試みるよう促す大作に「だって殴られたら痛いもん」と嫌がるブースカ。

「ラーメンご馳走するから。しかもチャーシュー厚切りで」

この辺のやり取りは、昔のブースカを思わせる。初代のブースカは、よくラーメンに釣られて行動していた。

ちなみに「しかもチャーシュー厚切りで」という増田由紀夫のセリフはシナリオに足されている。

ラーメンと聞いて俄然元気の出たブースカは、今度はすれちがい様、武蔵と小次郎の懐にあるカードを抜き取るという離れ業を見せる。

元に戻った小町先生に、「すきあり」と木刀を振り下ろしてしまった坂間も、すぐに元に戻る。

「いったあーい」

頭を打たれた小町先生の怒りに燃えるグーパンチに、我に返った途端「まさかー！」と恐怖の叫びを響かせる坂間先生。

『ダイナ』リョウ隊員役以来の、斉藤りさのグーパンチである。

▼いたるところでシャボン球

しかし、事件はこれで終わっていなかった。

町のいたるところで、なりきりカードは使われていたのだ。

「人民の人民による人民のための」と喋るリンカーンの顔や、「おケガをされた方はいらっしゃいませんか」と問いかけるナイチンゲール。「余の辞書に不可能はない」と言うナポレオン。

これらは、シナリオでは町中から響く声のみで表現されていたが、原田監督はこれを象徴化して、シャボン球ともマンガのフキダシともつかぬ球体に、様々な偉人の姿が映り、空中に浮かんでいるのが見え、それぞれの声が響くという大胆な見せ方をしている。

やがて街の俯瞰が写ると、そこには無数の偉人が球体の中に浮かんでいる。その中に、原田監督と思しき人物の肖像画までが浮かんでいるのはもちろんお遊びだ。

シャボン玉の中にキャラクターが浮かんでいるというイメージを、原田監督は『ガイア』の「命すむ星」のラストで、番組の中に登場した地球生まれの怪獣達で表現していた。また『ブースカ』の提供スポンサーが表記されるバックの映像もまた、シャボン玉に浮かび上がるブースカの姿だった。

当時のエフェクトの水準を見据えた、原田監督らしいファンタジー的な処理といえるだろう。

「サミサ！　あっちゃこっちゃで大混乱！」と驚くブースカの声が響く中、偉人達のシャボン玉が浮かんでいる下で俯瞰の町並みが移るのだが、建造中の家屋に大工さんが昇って作業している姿がそのまま写り込んでしまっている辺りの「ユルさ」は、やはり本作のテイストとなっている。

雄作、ブースカと共に町中をカードの回収に走り回っていた大作だが、あと二枚足りない。それはプロレスラーのハルク・ハンセンとオリンピックの金メダルを獲ったマラソン選手のカードだった。だがもうヘトヘトになって座り込む大作とブースカ、雄作の前に、マラソン姿の日八樫さんが走ってきた。そう、彼こそが、なりきりカードを使った残りの二人の内の一人だったのだ。

慌てて、走り去る日八樫さんを追う一同。

▼かくして一巻の終わり

大騒動にみんなヘトヘトになった屯田家。あれからとなり町はおろか、「とおく町」まで日八樫を追いかけたらしい。

だが、その中で一人だけ元気でラーメンを食べているのはもちろん、ブースカだ。既に二杯たいらげ、只今三杯めを爆食中。

その横で、ぐったりしてテーブルに身を伏せながらも、「チャーシューもう厚切りにしないでいいよ、家計に響くから」と美智子ママに言う大作パパ。むろん、先ほどのセリフ付加に合わせてここでもチャーシューの話題が足されているのだ。美しいママは優しく笑って厨房へ戻る。

カードはみんな回収したが、一枚だけ残っている。ラーメンを食べるブースカの傍らで、その行方を案じる大作父子。

その時、慌てた様子のゲンツキさんが駆けて来て、テレビをつけると、夢町ケーブルテレビでの市長会見が映し出される。

「や～な予感がするのは、私だけ？」と問う大作に、一同全員首を振り、そこに、グキリ、グキリという効果音が付けられる。

テレビ画面では市長の側近である黒服（三宅敏夫）がマイクの前に立ち「この会見は中止します。みなさん、逃げてください」と告げると、レスラーの格好で覆面をした市長が現れてチョップで側近を吹っ飛ばし、高らかに笑う。原田監督は演出メモに「飛ぶ三宅」と記している。逃げようとしながらも市長に立ち向かっていって跳ね飛ばされる、あえて大袈裟な身振りのコメディスタントだ。

その模様をVTRで振り返った女性レポーター（袖木佑美）が、市長の服から見つかったというなりきりカードを視聴者に示し、「ここに妙なボタンがあります」と押そうとすると、大作以下、テレビの前のみんなは一斉に叫ぶ。

「やめて、やめてー!!」

――その姿がストップモーションとなり、一巻の終わり。

シナリオでは、市長の暴れっぷりに、テレビの前のみんなが頭を抱え「オー、マイ、ゴッド！」と叫ぶシーンで終わっていたところを、原田監督はもうひと展開増やしたのだ。

エンディング音楽に乗せた映像を、原田監督は「なりきりシリーズ」と名付け、劇中でカードによって変身した登場人物を振り返る。ベートーベン、武蔵、小次郎、ランナー、モンロー、五右衛門、レスラー。カードの絵柄と、変身した姿が対応して示され、カーテンコール的に締めくくられる。

▼今回の主人公は大人!?

駄菓子屋に集まる子ども達が集めている「ときめき仮面カード」が物語の発端になるのにもかかわらず、それとすりかわった「なりきりカード」で変身するのはすべて大人達――というのが今回の大きな特色といえる。

子ども達は事件の立会い役であって、中心にはいない。前話「行け！少年探検隊」が子ども達同士のドラマだったのと好対照であり、原田昌樹監督、川上英幸脚本という同じコンビによって、明確な意図により配分されたものだろう。

夢町は子ども達とブースカが住む世界でありながら、大人達もまた、保護者や傍観者としてではなく、時に事件の中心となる。

今回は「ときめき仮面カード」を用い、子ども達に人気のカードが実は大人達にとっても愛好する対象であったということが、物語を進める際の大きな要素となっている。

大人も（子ども並み）に夢を持っている――これは『ブースカ！ブースカ!!』という番組全体の傾向といえる。4話「宿敵!? 松土最円登場」（監督・市野龍一、脚本・太田愛）で、大作の発明におけるライバルとして登場する夢町のマッドサイエンティスト・松土最円（赤星昇一郎）とその手下の凸丸凹丸しかり、13話「帰ってきた冒険パパ」（監督・市野龍一、脚本・太田愛）に登場する、世界中を放浪している冒険家であるさやかのパパ（松田優）しかり……。

己の夢に生きて恥じることのない大人達。芸達者な役者によって演じられる彼らは、ともすれば子ども達を圧倒してしまいがちだ。そこをうまく配分し、エピソードによって力点を変えながら、番組の作り手達は工夫を重ねているのだ。

次ページから始まる12話の現場から。
オサム役の伊藤栄治、原田監督、ルルー役のベッキー

シナリオ解題

「冬の国ものがたり」 脚本：太田愛

▼ブースカ！ブースカ!!12話　一九九九年一二月十八日放映

ゲスト：ベッキー（ルルー）、中村恭子（ヒロミ）

①アコのケーキ屋の店先

『ジングルベル』の流れる中、赤い長靴に入ったお菓子などが並んでいる。（※1）

ブースカ「うわぁ、クリスマスのお菓子だ！　ねえねえ雄ちゃん、これにしようよ」（※2）

傍らで、雄作、オサム、カッちゃん、つっくんが長靴のお菓子を買おうと小銭を出し合っている。（※3）

雄作「あと、40円ないか？　40円」

オサム「3色タコヤキ買わなきゃよかったね」

カッちゃん「あ、俺、35円ある」

つっくん「長靴の中のお菓子は、絶対、山分けだからな」

と、店の中からアコと、袋一杯のお菓子を抱えたチカが現れる。

アコ「（チカに）重いわよ。ちゃんと持って帰れる？」

ブースカ「（びっくり）チカちゃん！　お菓子がいっぱい！」

チカ「（嬉しい）ふふ。今日はね、うちにお客様が来るの」

雄作「お客様？」

チカ「あのね」

と、脇にはさんだ本を傍らに置き、袋を持ち直し、

チカ「外国に行ってるイトコが、クリスマスのお休みでうちに遊びに来るの」

少年達「へー」

雄作「チカちゃん、外国に行ってるイトコがいるんだ」

チカ「うん、早く帰ってママのお手伝いしないと。じゃあね！」

と、ウキウキとスキップで帰っていく。

アコ「さあ、みんなはなんにする？」（※4）

少年達「これ！　このクリスマスのヤツ！」

アコ「はいはい、5人でひとつね、仲良く分けるのよ」

つっくん「オマケも山分けだからな」（※5）

などとワイワイと長靴の菓子を買う雄作達。その脇でオサムが、チカの置き忘れた本に気付く。

オサム「あ、チカちゃん、本……」

が、通りにはチカの姿はすでにない。

本の青い表紙には『冬の国ものがたり』とある。

カッちゃんの声「オサムー、行くぞ！」

オサム「（呟く）ま、いっか、明日、渡せば」

②午後の公園（バラ園）

カーン！　と蹴っ飛ばされる『缶蹴り』の空き缶。

少年達・ブースカ「わーっ！」

と、逃げる雄作、ブースカ、カッちゃん、つっくん。

『オニ』のオサムは缶を立てて辺りを見回す。

オサム、缶を立てて辺りを見回す。しんと静まり返った冬のバラ園。

×　　×　　×

池の側をオサムが一人、雄作達を探して歩く。

オサム「（トホホ）この寒いのに、なんで缶蹴りなんか……」

と、近くで『シャン』と澄んだ鈴の音がする。

オサム「？（と、振り返る）」

池の中にある小さな噴水の縁に、いつのまにか一人の少女が立っている。（※6）

【解題コメント発言者】　太田愛　倉持武弘（撮影）　高戸靖広（ブースカ声優）

キャスト表ではブースカ役が二度出てきて、横尾和則がメイン、永田朋裕がサポートで演じている。永田朋裕は後にレギュラー入りする新快獣カモスケも演じた。

太田愛の証言　クリスマスに、クリスマスの世界から、何かが来るという話でした。ふらっと外の世界から来た友達との、出会いと別れ。

自分が子どもの時、神社の参道に暮らしていて、お祭りになると屋台がいっぱい出るんですね。そこに、ご両親が屋台をやっている子が来ていて、その時だけ友達になって、お祭りが終るとまたすーっと……翌日になると屋台も何もなくなっちゃって、また別のところのお祭りに行く。そこまでの間だけ、たとえば家に来て一緒にご飯を食べたりして仲良くなるのですが、なんか「風」みたいな友達だなって。あれを作っている時、たぶんその時の記憶もあったんだと思います。

最初、プロットの段階では、レギュラーの子役側の主人公は伊藤栄治くんが演じるオサムじゃなくて、上條誠くんが演じるつっくんにしていたんです。そうしたら原田監督が、「これはオサムだよ」とおっしゃった。

私は、どちらかじゃなきゃいけないというのはなかったんで「じゃ、オサムで行きますか」と、それで準備稿を書きました。つっくんはわりと整った顔立ちで、活発なタイプのキャラクターだったと思うんですけど、オサムはわりと引っ込み思案で、おっとりした感じで。

それからこの回は、周りの子ども達が気遣って、オサムとルルーを二人だけにしようとします。二人だけの話というよりも、ここにいない相手のことを、考える時間を子ども達に持たせたかった。それは「少年宇宙人」の時も同じですけれど、「今、あの子はどんな気持ちなんだろう」という風に考える時間があるということなんです。

なかなか難しいですよね。今みたいにメールがあると。不在の間にその人のことを思うという時間がなかなかない。「今なにしてる？」ピッという風になってしまう。

※1　クリスマスツリーから本編は始まる。

※2　今回のブースカは赤いマフラーをしている。

※3　「皆、手袋している」と指定。子ども達の買い物をめぐるセリフはアドリブ。

真白いコートに青いブーツのその少女（※7）は、空に舞い上がる噴水の水に手を差し延べたまま、目を輝かせて水の玉を見つめている。
オサム「……（少女に見とれている）」（※8）
と、少女が噴水の縁に屈んで水を覗き込もうとする。
オサム「お、落っこっちゃう……！」
と、慌てて駆け出そうとした途端、薔薇の棘がズボンに引っ掛かってスッ転んでしまう。
オサム「イテテ……」
するとオサムのすぐ側で『シャン』と鈴が鳴る。見ると、眼前に鈴の付いた青いブーツ。
少女が心配そうにオサムを覗き込んでいる。
少女「大丈夫？」
オサム「は、はい、大丈夫です（と、ドギマギ）」
少女「（にっこり）よかった」
オサム「……（テレてうつむく）」（※9）
少女はいかにも嬉しそうに喋りだす。
少女「ね、ここの水、とっても柔らかいのね、凍らないのね」
オサム「……ふ、ふんすいですから」
少女「フンスイ？」
オサム「（必死で身振り手振り）あ、噴水というのは、ポンプで、水を、こう、汲み上げて、そして」
少年達・ブースカ「オサム！」
と、向こうからバタバタと駆けて来る。
ブースカ「なんで探しに来ないのー？」
カッちゃん「俺、ごみ箱の陰で年取っちゃうかと思ったぜー」
雄作、少女に気付き、
雄作「おい（と、オサムを肘で小突く）」
オサム「あ、えー、こちらは……」
少女「私は、ルルー」
つっくん「ルルーって、外国の人の名前みたいだね」（※10）
ブースカ「ひょっとして外国から来たの？」
ルルー「そんなところ」

※4　この行と次の行はカットすることを指定。代わりに「これちょうだい」という子ども達のセリフが入る事を指示。
※5　ここに「もう少し遊ぼうぜ」「缶蹴りするか」という子ども達のセリフが入ることを指定。
※6　少女は「フードかぶっている」と指示。初めは足元のみが映る。
※7　ルルーの両足のブーツには鈴が付けられ、歩くと鳴る。
※8　ここで「（子ども達の）誰かが缶を蹴る音がする」指定。映像では背後にブースカがやってきて、缶を蹴る。
※9　オサム「全然大丈夫です」と言う。
※10　このセリフはカット。

カッちゃん「わぁかったッ！　チカちゃんのイトコだッ!!」
ルルー、曖昧に微笑む。
雄作「チカちゃん、ルルーが来るんで、今、お母さんと色々、準備してるんだよ！」
ブースカ「そうだ!!　その間、皆でルルーに町を案内してあげようよ！」

❸ 町の通り（※11）

一同が長靴のお菓子を食べながら賑やかに行く。（※12）
カッちゃん「この先に、でっかいクリスマスツリーがあンだぜ」
雄作「夢町のちょっとした自慢なんだ」
オサムは、ルルーだけが手袋をしてない事に気付き、急いで自分の手袋を脱ぐ。貸してあげたくて、
オサム「……こ（れ）」（※13）
ブースカ「もうすぐサンタさんが来るんだよね、ルルー」
オサム「……あ（の）」
つっくん「あのなブースカ、サンタなんていないんだぜ」
ルルー「（きっぱり）あら、いるわよ、サンタクロースは」
つっくん・雄作・カッちゃん「？」
ルルー「12月になると、サンタのおじいさんは、町の鍛冶屋さんへ橇を修理しにくるのよ。毎年、新しい鈴に付け替えて、手綱も交換するんだから」
ブースカ「世界中をまわるんだもんね」
つっくん、雄作、カッちゃんがドッと額を寄せ、
つっくん「（小声）やっぱ、いるのか、サンタって」
雄作「（小声）いるんなら、外国だと思ってたんだ」
カッちゃん「（小声）うん、俺も前からサンタの顔は日本人じゃないと思ってた。なっ、オサム」（※14）
と、オサムは手袋を渡そうと、口をパクパクしながら、ブースカとルルーの後ろをウロウロしている。

※11　「小さい通り」と指定
※12　「寒いね〜」というブースカのセリフの挿入を演出メモで指定。映像にはない。
※13
太田愛の証言　ルルーに手袋を渡そうとするけどなかなか渡せないという、内気な部分があったから、監督が演出する際に、オサムの感じでイメージされたんじゃないのかな。
私が最初つっくんで考えた時は、気持ちがいっぱいいっぱいで、怒ったような顔をして喋れないという感じですね。「内気」というよりは、逆にぶっきらぼうになっちゃう……そういうのをイメージしていたんですが、オサムの方が、監督としてはすごく近しい感じだったんじゃないかと。
※14　「サンタさんて何を食べるの」と言うブースカのセリフが指定されている。映像では「トナカイさんは？」と続く。

少年達「……(『なにしてんだ？』と、顔を見合わせる)」(※15)

④ 町の一角

ブースカ「ほら、クリスマスツリーだよ」

　飾りを一杯つけた大きなクリスマスツリーがある。

ルルー「わー！　大きい！」

雄作「この長靴、ツリーのてっぺんに飾ってこようよ！　オサム、ここで見張っといて！」

カッちゃん「あっちに脚立があるぜ！」

　と、空っぽのお菓子の長靴を手に駆けていく雄作、ブースカ、カッちゃん、つっくん。

オサム「(オロオロ)やめようよ、ねえ、見付かったら怒られちゃうよ」

ルルー「オサム君、見て！(と、高い枝の先を指差し)(※16)あれ、水の玉みたい。綺麗……」

　高い枝の先で、銀色の飾り玉がキラキラ輝いている。

オサム「あ、ほんとだ……」(※17)

　飾り玉を見上げているルルー。(※18)

　ルルーを見ているオサム。

オサム「……あ、あの(と、手袋を差し出そうとする)」

　と、突如、背後から大声！

泡手の声「こらーッ!!　子供のみんなーッ！」

　ぎょっとして振り返るオサムとルルー。

　怒りの泡手が駆けて来る！(※19)

　ツリーの傍ら、脚立の上で凍り付いている少年達。

オサム「(雄作達に)み、みんな、早く降りて！」

ルルー「ごめんなさい！　怒らないで！」

　と、咄嗟に泡手の腕を掴んで押し止めるルルー。

　その途端、泡手は急に全身が冷たくなり、(※20)

泡手「(寒い)ブルル。はーくしょい！　しょい！　しょい！」(※21)

※15　ここは、少年達がオサムのルルーへの気持ちに気付いて得心した笑みを交わす形に変更。
※16　ここで「オサム？」とオサムは自分の名を繰り返す。おそらく、ルルーから初めて自分の名前を呼ばれ、新鮮に感じたのだろう。
※17　「ほんとだ……」の後に「きれい」と続いて、飾り玉ではなくルルーの横顔を見る。
※18　子ども達とブースカがやってきて、脚立をツリーに立てている。
※19　この時、泡手からはルルーは見えないことを指定。
※20　合成で、泡手に「青い光りが走る」と指定。
※21　くしゃみをした後「どうしたんだ、急に……熱が……」に変更。

　『いけない！』と、慌てて手を離すルルー。

×　×　×

　泡手が額に手を当ててフラフラと去っていく。
　不思議そうに見送る少年達とブースカ。
つっくん「泡手さん、風邪ひいたみたい……」
ブースカ「やっぱ、泡手も人間だったんだな」(※22)
　なぜか悲しい顔をしているルルー。
ルルー「……私、もう行かなきゃ」
オサム「え……！(ショック)」
ブースカ「じゃあ、皆でチカちゃんの家まで送って(こうよ)」
　カッちゃんとつっくん、素早くブースカの口を塞ぐ。
雄作「では、僕達、家、こっちですから」
カッちゃん「オサムが、そっちですから」
つっくん「じゃあな、オサム」
　雄作、カッちゃん、つっくんは、ジタバタするブースカを連れてさっさと帰っていく。(※23)

⑤ 町の通り・夕暮れ(※24)

　雄作、ブースカ、カッちゃん、つっくんが行く。
ブースカ「ねーねー、みんな、なんで遠回りするのぉー？」
カッちゃん「いーの、いーの」
つっくん「ったく、オサムの奴、俺達がなんのために脚立に登ったと思ってたんだか」
　ニコニコと夕焼け空を見上げる少年達。
雄作(※25)「オサム、ルルーに手袋、渡せたかなぁ」

⑥ 別の通り・夕暮れ

　夕焼けの下、オサムとルルーが並んで通りを歩く。

　どうやって言い出そうかと必死で考えているオサム。

※22　このセリフはカット。
※23　この後、残されたオサムとルルーがニッコリする場面を指定。映像ではオサムが「行こうか」とルルーを促す。
※24　夕焼け場面の定番ロケ地・多摩市五本松で撮影指定。
※25　雄作がふり返る動作を指定。映像ではなく、彼らの見た目で夕焼け空を映す。

オサムのM「手袋、どうぞ。手袋、使って下さい。手袋、暖かいですよ……」
ルルー「オサム君」
オサム「(思わず大声)手袋ッ!!」
　と、そこはチカの家の門の前。
　表札に『山口則夫《のりお》・弘子《ひろこ》・千香《ちか》』とある。
オサム「……は、家の中では、しませんね……」
ルルー(※26)「(微笑む)ありがとう」
　と、オサムの手から手袋を受けとる。(※27)
ルルー「じゃあね」(※28)
オサム「あ、あした、皆で遊園地を案内したいです!」
ルルー「ユウエンチ……?」
オサム「あの、スゴイ乗り物が一杯あるんです。グルグル回るのや、空飛ぶ絨毯《じゅうたん》みたいの」
ルルー「行きたい!」
オサム「そ、それでは、明日、皆で噴水のとこで待ってます」
　と言うや、クルリと背を向けて歩き出す。
　ロボットのように歩き、角を曲がるオサム。
　その途端――嬉しくてたまらずダッと走り出す!
オサムのM「やったッ!!　やったッ!!」
　スキップしたりジャンプしたりして走るオサム。(※29)

❼ ゲンツキの店の前(※30)

　オサムが駆けてくると、ゲンツキがクリスマスツリーに銀色の飾り玉を飾っている。オサムの脳裏に、インサート――
　シーン4のルルー『あれ、水の玉みたい。綺麗……』(※31)
オサム「ゲンツキさん!　これ!　この飾り一個、貰っていい?」
ゲンツキ「ああ、いいよ。(と、外してやり)もってきな」(※32)
　オサムは受けとるや、来た道を戻っていく。
ゲンツキ「おーい、お前んちそっちじゃねーだろ!」

❽ チカの家の前

　オサムが門に、銀色の飾り玉を結びながら、
オサム「あした起きたら、一番に見付けるよな(と、満足)」(※33)
　その時、扉が開いてチカと女子大生が出て来る。
チカ「あら、オサム君。どうしたの?」
　オサム、慌てて飾り玉を背後に隠して、
オサム「あ、いや、その、ルルー、元気?」
チカ「ルルー……?」
オサム「あの、外国から来たチカちゃんのイトコの……」
チカ「あたしのイトコは、ここにいるヒロミちゃんだけど」
　と、隣に立っている女子大学生を示す。
ヒロミ「こんばんは」
オサム「!!(信じられない)」

❾ とんとん亭

　すっかり風邪を引いた様子の泡手(※34)が、うるんだ目で『とんとんリゾット』を力なく食べている。
雄作「はい、ママの特製・卵酒。風邪にきくんだよ」
　と、卵酒を載せた盆を卓に置く。
泡手「(ヨレヨレ)もうクリスマスツリーいじるんじゃないぞ」
雄作「ごめんなさい。僕達、チカちゃんのイトコに町を案内してたんだ。ほら、いたでしょ?　白いコートに、鈴のついた青いブーツの女の子」
泡手「(怪訝)女の子……?　女の子なんていなかったぞ」
雄作「え……?」
泡手「ツリーの所には、オサムとおまえ達とブースカしかい

※26「フード外す」と指定。
※27 オサムが嬉しそうに「どうぞ」と言うくだりを挿入。
※28「じゃあね」はカット指定。
※29 映像では角で曲がったオサムがうずくまり「ドキドキした……」と独り言。この後、一人になったルルーが手袋をしてみるくだりを入れると指定。
※30 もう辺りはやや暗い。
※31 インサートはなくなり、オサムの「ああ、早く明日にならないかなあ」という独り言が入る。
※32 一瞬「なに!?」と言うが、一転優しい顔になり「やるよ」と渡す形に変更。
※33 このセリフはなく、飾り玉を門の飾りの上に当ててみると灯りがつき、扉が開く形に変更。
※34「ヘックション」と泡手のくしゃみ指定。映像ではブースカがティッシュを差し出す。

なかったじゃないか」(※35)
雄作「そんな……！」

⑩夜の町(※36)

オサムが一人、夜の街に立っている。その脳裏を、手袋を受けとってくれたルルーの姿がよぎる。
オサムのM「ルルーはどこへいってしまったんだろう。僕は……ルルーの事を、本当はなにも知らない……」

⑪屯田家

パジャマ姿の雄作が考え込んでいる。
傍らで、ブースカが妙実に本を読んでもらっている。(※37)
妙実「よく晴れた12月の朝、冬の国の子供たちは、真っ白い丘から北風に乗って、次々と空へ飛び立っていきます」
ブースカ「ねえ雄ちゃん、これ、ルルーだよね」
と、本の挿絵を指差す。そこには——
雪の丘の上空を、女の子達が飛んでいく絵。
女の子達は皆、ルルーと同じ白いコートに、鈴の付いた様々な色のブーツを身に付けている。
ブースカ「この、青いブーツの子、ルルーでしょ？」
雄作「姉ちゃん、この本……」
妙実「『冬の国ものがたり』。私が雄作くらいの頃、一番好きだった本よ。(※38)……クリスマスが近づくとね、十年に一度だけ、サンタクロースやトナカイのいる『冬の国』から、子供達がこの世界に遊びに来るの。でもね、その子達の姿は、子供にしか見えないのよ」
雄作「子供にしか見えない？」
妙実「ええ。大人になると見えなくなってしまうの」
雄作「！(『あっ』と思いだす)」

※35　このセリフに続いて「おー(卵酒が)あったまる」と泡手が言う指定があったが、映像ではすぐ次のシーンへ。

※36　クリスマスツリーがある事と、上に星空を合成することが指定。

※37　映像では雄作よりブースカと妙実の方が先に映る。

※38　**太田愛の証言**　クリスマスの話だったので、あえてそういう「物語の中の絵本」というのを、季節合わせの意味もあって作ったんです。
　絵本の中のルルーのような少女を置くことによって、オサムたち夢町のみんなの前から去った後も、もしかしたらまた会えるかもね……っていうのは余白として残しておきたかったというのもあります。
　劇中の絵本は美術の井口(昭彦)さんが「作ろう」っておっしゃって、井口さんの奥さまが絵を描いていらっしゃったんで、撮影用に作ってくださったんです。で、その一冊を頂いたんです。プレゼントで。もう、すごい記念……宝ですね。うちに「宝のガラスケース」というのがあるんですが……書棚に。そこに収まってます。

×　×　×

泡手「女の子……？　女の子なんていなかったぞ」(※39)

⑫屯田家・深夜

ブースカがぐっすり眠っている。机で、雄作が一人、『冬の国ものがたり』を開いて考え込んでいる。
雄作のM「……ルルーは『冬の国』から来た子なんだ。……ってことは、ルルーは……！」
と、はっとして急いでページを繰る。本の或るページを目で追う雄作。
妙実のN「『冬の国』の子供達は、その冬、最初に降る雪と一緒に、『冬の国』に帰らなければならないのです」(※40)
雄作、胸の痛む思いで窓の外に目をやる。
雄作「……オサム」

⑬オサムの部屋・深夜

ベッドに寝転がっているオサム。(※41)
思いついた目で、じっと天井を見つめている……。

⑭公園・翌日・午後

深刻な様子の雄作、カッちゃん、つっくん。
つっくん「雄作、そのことオサムには……」
雄作「言ってない」
カッちゃん「(しょんぼり)言えるわけないよなァ」
ブースカの声「早くー！」
前方で待っているブースカとオサム。
ブースカ「ルルー、噴水のとこに来ちゃうよー」(※42)
雄作「い、いま行く！(と、慌てて駆け出す)」
ブースカ「(オサムに)ルルーもきっと楽しみにしてるよ、遊

※39　ここで、「雪原に立つルルー」のイメージがマット画の合成で表現されることを指定。そのシーンで、雪が振っていることも指定されているが、映像にはない。

※40　ここで、このシーンは終わり。絵本からシーン13のオサムにオーバーラップする。シーン17で明かされる事実への伏線的な繋ぎだ。

※41　フカン指定。スタンドの灯りのみ。

※42　このシーンはここまで。

園地！」

オサム「(元気良く)うん！」

⑮ 街の通り

ルルーがブーツの鈴を鳴らして走っていく。

ルルーのM「(楽しみ)みんな、もう来てるかな」

赤信号で立ち止まるルルー。(※43)

手にはめたオサムの手袋を眺める。

ルルー「(嬉しい)へへ……」

信号が青になる。ルルー、行こうとして、突如、はっと空を見上げる。(※44)

(※45)両手を耳に当てて空に耳を澄ますルルー。

空の奥から、幾重にも透明な鈴の音が聞こえる。(※46)

ルルーのM「……雪が降るんだ」

ルルーはしょんぼりとうなだれる。(※47)

ルルーのM「もし、目の前で私が消えちゃったら、やっぱりびっくりするよね……」(※48)

⑯ 公園・噴水の側

オサムが辺りをキョロキョロ見ている。

ブースカ「遅いね、ルルー……」

オサム「うん……。でも、きっと来るよ。遊園地、行きたいって言ってたもの」

カッちゃん「(焦り)おい、もうすぐ遊園地、閉まっちまうぞ」

雄作「(意を決し)オサムは、ここでルルーを待ってて。僕達は遊園地へ行って、閉めるの、もう少し待ってくれるように頼んでみるから」

オサム「雄作……」

雄作「(ブースカ達に)行こう！」(※49)

と、ブースカ達と共に駆け去る。

※43 「赤信号」はナシ。ルルーは手袋を嬉しそうに見ながら静かに歩いてくる。

※44 ここも信号ナシ。見上げる動作のみ

※45 空の上に合成で「黒い雲」指定。「冬の雲」とも表現。

※46 「ルルー、悲しそう」と指定。

※47 フードをかぶる。

※48 このセリフ「もし、私が消えちゃったら……」とシンプルに変更が指定されるが、映像ではセリフ自体なくなる。そして手をコートに入れて、上を見る姿が後ろから捉えられる事を指定。

※49 ブースカを強引に連れていく雄作。

一人残ったオサム、ルルーを探して辺りを見回す。

女の子の声「ごめん、待ったー？」

『あ！』と、そちらに目をやるオサム。

見知らぬ少女たちが歩いて行く。(※50)

オサム「……」

⑰ 遊園地前

係員に食い下がっている雄作達。

雄作「お願いします！　おじさん！」

係員「そんなこと言われてもねぇ」

カッちゃん「そこをなんとかー」

ブースカ「もうちょっとだけ、開けといて！」

つっくん「すぐに来ますから！」(※51)

係員「ごめんね、規則は規則だから」

ガチャン！　と改札が閉じられ、無情にも『閉園』の札が掛けられる。

雄作達「……」

と、そこへいきなり、

チカの声「みんな、なにしてるの？」

雄作「(振り返って)チカちゃん」

クリスマスの買い物を抱えたチカとヒロミがいる。

チカ「早く帰った方がいいよ。今日、雪降るって言ってたから」

雄作・カッちゃん・つっくん「雪ーッ!!」

つっくん「(小声で雄作に)ま、まずいよ、まずいよ！」

カッちゃん「(小声で雄作に)ルルー、帰っちゃうぜ！」

チカ「なに、コソコソ話してるの？」

カッちゃん「あ、いや、なんでも」

チカ「そうだ。オサム君に会ったら、ありがとうって言っといてね。昨日、あたしがアコちゃんのケーキ屋さんの所に忘れてった本、今朝、届けてくれたの」

雄作「本……？」

※50 女の子達の人数は「3人」と指定。だがこのシチュエーションはなくなる。

※51 シーン17のここまではカット。

と、雄作の脳裏に、
フラッシュ――チカが抱えていた青い表紙の本。（※52）

雄作「（はっとして）チカちゃん、その本って」

チカ「『冬の国ものがたり』だけど……」

『あっ！』となる雄作、カッちゃん、つっくん。

カッちゃん「ひょっとして……オサムは――」

⑱前夜のオサムの部屋（フラッシュバック）

ひとり天井を見つめているオサムの横顔。
その傍ら、枕元に置かれた『冬の国ものがたり』。（※53）

カッちゃんの声「もう、ルルーのこと……」（※54）

雄作の声「ああ。知ってるんだ。……ルルーが、『冬の国』から来たってこと」

つっくんの声「じゃあオサム、全部、知ってて……」

じっと天井を見ているオサムの顔。ＯＬして――

⑲薄暗くなった噴水の側

（※55）木枯らしの中、ひとりルルーを待っているオサム。

雄作の声「それでも、待ってるんだよ。ルルーを……」（※56）

オサム、池に目をやる。止まっている噴水。

オサム「……（うなだれる）」

その時、背後で『シャン』と鈴の音が鳴る。
はっと振り返るオサム。
手袋を持ったルルーが立っている。

オサム「（嬉しい）ルルー！」（※57）

ルルー「……手袋、返さなきゃと思って」

駆け寄るオサム。

※52 本のイメージのフラッシュカット。

※53 演出メモでは、逆に本の表紙からオサムへと、このシーンの入り方を指定。

※54 以降の子ども達は声だけではなく、シーンとして遊園地前に戻る形に変更。子ども達の表情を伝えている。当然、このシーンの最後の一行はカット。

※55 「なまり色の空」の下であることを指定。

※56 ここも声のみではなくシーンとして描かれる。次の行から再び噴水の前のオサムにシーンが変わる。

※57 以降、このシーンは、立つタイミングやアップなど、二人の交感を表わす、一行ずつの細かいカット割りが指定されている。

ルルー「私ね、急に帰らなきゃならなくなったの」

オサム「……う、うん。これ……」（※58）

と、ゲンツキにもらった銀色の飾り玉を差し出す。

オサム「きのうの、ツリーのみたいに綺麗じゃないけど……」

ルルー「……ありがとう」

ルルーは飾り玉を受け取り、オサムに手袋を返す。

ルルー「さよなら。オサム君」

オサムは、立ち去るルルーの背中に向かって言う。

オサム「また来るよね！　今度、来たら、また会えるよね！」

ルルー「……（黙って首を振る）」

オサム「……僕、おとなになっても、ルルーのこと見えなくなったりしないよ」（※59）

ルルーは驚いて振り返る。

オサム「十年たっておとなになっても、僕は、ルルーのこと、見えなくなったりしない」

ルルー「オサム君……」

オサム「だから、きっともう一度、この町に来て」

ルルーは泣くような笑うような顔になる。

ルルー「……オサム君……遊園地、行かない？」

オサム「え……？」（※60）

ルルー「真っ暗でもいい、乗り物に乗れなくてもいい。見るだけでいいんだ。今度、この町に来る時は、一等最初にそこに行くから」

オサム「行こう、ルルー！」

と、いきなりルルーの手を取って駆け出す。

⑳夜の通り（※61）

を、オサムとルルーが手を繋いで走る走る。
その二人の姿に重ねて――

ルルーの声「オサム君、風邪ひいちゃうよ」

オサムの声「かまわない」

※58 オサム、一瞬「えっ」と言うが、思い直したように「うん」とうなずく形に変更。オサムは絵本でルルーの別離を知ってはいるが、気持ちとして受け入れるプロセスを演出したのだろう。

※59 このセリフを言う時、オサム役の伊藤栄治は声を震わせ、以後、本気の涙に。
太田愛の証言　オサムの「僕、おとなになっても、ルルーのこと見えなくなったりしないよ」という言い方で、「君が誰なのか知っている」ことと、その瞬間、もう別れるというのと、両方が伝わりますよね。それで、あの時に振り返ったベッキーが、いい顔をしているんです。すごく。
監督も、キャメラマンの倉持さんも「ベッキーいいよ、すごい勘のいい子だ」とおっしゃってましたね。現場には本当に普通の女子高生みたいな感じで来るんだけど、お芝居に入ったら、パッと勘で掴んじゃう。

※60 ここでこのシーンは終わり。

※61 シーン20はカット。

㉑ ゲンツキの駄菓子屋

ドン！　と置かれるハンカチ一杯の小銭。
必死の顔のカッちゃんとつっくんが、

つっくん「頼むよゲンツキ！　俺達、貯金箱、割ったんだ！それ売ってくれよ、オサムのためなんだよ！」

ゲンツキ「ダメ！（と、何やら袋を隠して）これ、子供だけじゃ危ないの。泡手さんに見付かったら」

カッちゃん「雄作もブースカも頑張ってんだよ！　俺達を男にしてくれよ！　泡手には見付かんないようにやるから！」

泡手「ノド飴くださーい（と、いきなり登場）」

カッちゃん・つっくん「あぁーッ!!（と、頭を抱える）」

泡手「（不審）おい、なに企んでるんだ？」

㉒ 真っ暗な遊園地

に、駆けて来るオサムとルルー。
辺りはしんと静まり返っている。
と、突如、遊園地にバシン！　と灯りがつく！

オサム「雄作……!?（と、嬉しい）」

㉓ 遊園地の電気室

雄作・ブースカ「（大喜び）やったーッ!!」

ブー冠から配電盤にコードが繋がっている。（※62）

雄作「さすが、ブースカのブー冠パワーだな！」

㉔ 灯りのついた遊園地

（※63）

オサム「乗り物に乗れるよ、ルルー」

ルルー「ほんと!?」

※62　ブースカ、寄り目で懸命にエネルギーを送っている。

※63　ルルー、フードを外すことを指定。

※64　二人が手をつなぐアップが入る。

※65　雄作、「ブースカ！」と思い切って声を掛けてきっかけを作る。

※66　「だから」に続く雄作の声はカット。

※67　この一行はカット指定。

※68　「見上げるオサム」指定。上空の花火は合成を指定。

※69　ゲンツキもいることを指定。

※70
太田愛の証言　大人からはルルーは見えない。子ども達だけの世界で見える。でも、大人の中で唯一、泡手刑事が思い出した。ルルーは忘れられちゃう存在だし、オサムだっていつかは忘れちゃうかもしれないんだけど、泡手刑事がいることで、ちょっとホッとするような。ちょっとね、いい役を振りたかったんです。『ルパン三世』の銭形警部のいい部分みたいな。

※71　「ワイルドグース」は回転木馬に変更。

（※64）ワッと駆け出していくオサムとルルー。

㉕ 同・電気室

ブースカ「雄ちゃん、僕達も早くルルーのとこ行こうよ！」

雄作「ブースカ」

と、雄作はやさしくブースカに話し掛ける。（※65）

雄作「もし、ブースカがどこか遠くへ行ってしまって会えなくなったら、僕は、きっととてもさびしいと思う」

ブースカ「どうしたの雄ちゃん。僕、どこへも行かないよ。ずっと雄ちゃんと一緒にいるよ」

雄作「うん。でも、あの子は、帰らなきゃならないんだ。……わかるかい？　ブースカ」

じっと考えるブースカ。
ブースカは、ゆっくりと頷く。

雄作「だから――」（※66）

㉖ 遊園地

雄作の声「二人だけにしてあげよう……」

歓声をあげて『フローラルダンス』に乗っているオサムとルルー。
次の乗り物へと手を繋いで走るオサムとルルー。（※67）
と、その上空に、パン！　パン！　パン！　と小さな打ち上げ花火があがる。（※68）

ルルー「うわー！　きれい……！」

（※69）

つっくん「ほら、急げ！」

と、カッちゃんと共に次々と花火をセットしている。

カッちゃん「ねえ、泡手さん、なんで手伝ってくれンの？」

※72　コーヒーカップを回すシーンはカット

※73　花火、ツリー、背後の観覧車といった夜目に光る要素と、コーヒーカップに乗る二人がワンカットに収められたファンタジックなロングショットがイラスト付きで指定されている。

※74　セリフ「オサム君、目を閉じて～」に行く前に「ルルー、オサムを見る」「オサム気付く」芝居の挿入を指定。また、ルルーがフードを被る動作も指定。

※75　数えている間、ルルーがオサムを「じっと見る」と指定。また、オサムが数えながら手袋を置く仕草を指定。

※76　映像ではコーヒーカップは止まっている。

※77　ここにルルーの目から涙が流れるカットを入れることを指定。

※78　手袋を取るルルーを指定。

※79　カップが止まる描写の代わりに、※72同様のロングショットに再びなって、カップに一人だけいるオサムを映しだす。

※80　そしてここでオサムのアップになる。

※81
倉持武弘の証言　冬の国ものがたり」はやはりルルーとオサムが別れるナイトシーンが非常に「原田演出」だと感じました。楽しくデートした後にコーヒーカップが止まり、ルルーがフードを被る……というところが導

何と、泡手が徳用マッチを構えてスタンバっている。

泡手「昔な、俺も、白いコートに鈴の付いた靴の女の子に会ったことがあるんだ。……ずーっと忘れてたよ」

と、シュッとマッチを擦る。（※70）

夜空に上がる花火。その下で――

風を切って『ワイルドグース』に乗っている二人。（※71）

『メリーフラワー』に乗っている二人。

駆けて来て『コーヒーカップ』に乗る二人。

ゆっくりと動き出すコーヒーカップ。

オサム「回すよ！（と、ハンドルをグルグル回す）」（※72）

ルルー「わー！」

（※73）顔を見合わせて笑うオサムとルルー。

二人を乗せてコーヒーカップが回る。

（※74）やがてルルーが静かな声で言う。

ルルー「オサム君、目を閉じて、十、数えてくれる？」

オサム「（わざと明るく）うん、いいよ」

『え……』となるオサム。だが、次の瞬間、

オサムは目を閉じ、声に出して数を数え始める。

オサム「一、二、……」（※75）

回るコーヒーカップ（※76）の中のオサム（※77）。その耳に、微かに『シャン……』とルルーの鈴の音が聞こえる。（※78）

オサムのM「行っちゃうんだ……」

オサムは涙を湛えて、一生懸命、数を数える。

オサム「八……九……十」

そして――

コーヒーカップが静かに止まる。（※79）

もう動かないカップの中に、ひとりじっと坐っているオサム……。（※80）

辺りには雪が降り始めている。

入で。

オサムが「目を閉じて、十、数えてくれる？」とベッキーに言われる時、おそらく、そんなに深刻に「こういう思いだから」と監督は言わない方なんで、一回ルルーを見て「いいよ」と言って数え始めて、持っていた手袋を置いて、そのオサムをルルーが見て……つまり、どこかでもうオサムは「ルルーがいなくなっちゃう」とわかっているところを、視聴者が探るような……そこで手を伸ばしたルルーが手袋を掴む時の気持ちを、あぁいう風にセリフじゃなくて見せるうまさは原田節ですよ。場面を重ねていくことで表現する。

原田監督は、オサムには「お前は目を開けられない状態なんだ」ということは言うけど、それ以上は言わないんです。それで子ども達は自分なりに理解できる。その辺は、かなりほぐして子どもに言っているのでしょうが、あまり大人と違った方法論は取っていないような気がします。

この作品の素晴らしさは、そこに集約されている気がします。うまく小道具……手袋を使ってね。

脚本の力もあると思うんです。本当にリアクションで出来ている名場面ですよね。

このお別れのシーンは撮影の最後でした。やっぱり子どもだからということをかなり意識して、気持ちが途切れないよう、時間があれば順撮りに近い形でやっていました。

太田愛の証言　演出している時に監督がおっしゃったのは「あぁ、本気で好きになっちゃったね」と。オサムくんがベッキーを本当に好きになっちゃった、

オサムの目から涙が零れる。（※81）

㉗ 遊園地の前

（※82）雄作、ブースカ、カッちゃん、つっくんが雪の降る夜空を見上げている。

雄作「降り出したな……」

ブースカ「……ルルー、帰っちゃったんだね」

カッちゃん「（前方を見て）あ、オサム……」（※83）

オサムが一人、遊園地から出て来る。（※84）

少年達とブースカは黙ってオサムに歩み寄る。

つっくん「……カッコいいぜ、オサム（と、肩を小突く）」（※85）

雄作「うん。カッコいい（と、肩を小突く）」

オサム「へへ……」

と、涙を我慢して鼻をすするオサム。

ブースカ「オサムくん……もうすぐルルーの住んでる冬の国からサンタさんが来るよ」

オサム「うん。……サンタ、新しい鈴つけた橇に乗って来るんだよね（と、微笑む）」

ブースカとオサム、雄作、カッちゃん、つっくん。

5人の上に、この冬、初めての雪が降る……。

〈END〉（※86）

という風に話してくださった。オサムくんというか、演じた伊藤栄治くんが。「まだキャメラが回っていない、リハーサルなのに、もうオサムが泣いているんだ。あれね、俺、全然泣かしてないから」とおっしゃっていて。気持ちがそういう風に、ガーンッと入っちゃっている。

高戸靖弘の証言　この回でオサムがルルーに恋しちゃう時、僕も現場に居たけど、すごいよね、あのポーッとしている顔（笑）。ルルーを前にして、マジ照れしてた（笑）。

最後に別れる時、オサムくんマジ泣きしていたもんね。芝居じゃなくてね。テストから泣いてたもん。そういう意味では「子どもって入り込めるんだな」と思うよね。

※82　フカン指定。

※83　ここからエンディング主題歌が流れ始める。

※84　階段を降りてくる画に。以後の「カッコいいぜ」のやりとりも階段入れ込み指定。その最後に、「何かの声にオサムふりかえる」「雪の降る雪原に佇むルルー」「そのルルーがアップになり、微笑んで手を振る」描写が指定。演出メモにはイラストも描かれていた。

※85　以下三行カット。

※86　エンディング主題歌が流れるスタッフクレジット部分の下絵は、普段の回のように場面を振り返るものではなく、絵本『冬の国ものがたり』の絵のみで構成することを指定。

劇中の絵本の物語

冬の国ものがたり

空の向こうの遠い遠いところに、一年中、真っ白い雪につつまれた冬の国があります。丘の上の煙突のある赤い屋根の家は、サンタのおじいさんの家です。そして丘の外れにある樅の木の森は、トナカイたちと冬の国の子供達の遊び場所です。

12月になると、サンタのおじいさんは橇に乗って鍛冶屋さんにやってきます。鍛冶屋さんは橇を丁寧に修理して、トナカイたちにも一頭一頭、新しい鈴をつけてあげます。もうすぐクリスマスだからです。

クリスマスが近付くと、十年に一度、冬の国の子供たちが私たちの世界に遊びに来ます。よく晴れた12月の朝、冬の国の子供たちは、真っ白い丘から北風に乗って次々と空へ飛び立っていきます。

冬の国の女の子フランは、古い石畳の町に下り立ち、そこで町の少女アナと仲良しになりました。アナは、友達を呼んで、みんなで輪回しや縄跳びや石蹴りや色んな事をして遊びました。次の日も、その次の日も、フランとアナの友達たちは、一緒に楽しく遊びました。

ある日、おやつの時間に、アナはフランを連れて、お家にホットケーキを食べに帰りました。でも、お母さんは、フランの姿が見えないようでキョロキョロしています。というのも、大人には、冬の国の子供の姿は見えないからです。

アナは不思議に思いましたが、フランが悲しそうなのを見て、なんだか自分も悲しくなりました。そこで、アナはフランと一緒に庭に座って、一人分のホットケーキを仲良く半分に分けて食べました。アナはフランがにっこりしたのを見てとても嬉しくなりました。そして、ずっと仲良しでいましょうね、と言いました。

やがて夕闇が広がり、家の戸口からお母さんがアナを呼びました。アナが、また明日ね、と言うと、フランは、ありがとう、さようなら、と言って帰っていきました。アナは、なぜかもうフランに会えないような気がして、庭の垣根から、いつまでもフランに手を振りました。

その夜、町にその冬、初めての雪が降りました。

冬の国の子供達は、その冬、最初に降る雪と一緒に、冬の国に帰らなければならないのです。

フランは静まり返った町を、丘の上の教会の方に向かって歩いて行きました。薄く積もり始めた雪にフランの長靴の足跡が続きます。そして、その足跡は、坂道の途中で魔法のように消えていきました。フランは、アナたちとの楽しい思い出と共に冬の国へ帰ったのでした。

おわり

作品解説

「流れ星でドキリンパ!!」18話

▼二〇〇〇年二月五日放映

脚本：右田昌万　撮影：高橋義仁

▼ストーリー

もうすぐ聖バレンタインデー。雄作たちの担任「マサカ」こと坂間先生は、大好きな小町先生からチョコをゲットしようと「星を見に行こう」とデートに誘う。

密かに小町先生に想いを寄せるカッちゃんは黙っていない。みんなで作った隠れ家「バラサ砦」で、二人のデートをぶち壊すイタズラ作戦を提案！

ブースカの超能力を使ったウサギダンス作戦が成功してデートが大混乱になった頃、夜空に大きな流れ星が現れた。みんなが願いごとを唱えていると、流れ星はどんどん大きくなって、近くに落下する。

その隕石は、触れるとなんでも正直に話してしまう不思議な力を持っていた。これは、本当のことが言える「勇気の石」なのか？

小町先生に思いを伝えたいカッちゃんは、石を手に入れたいけれど……。

▼バレンタインとハンカチとバラサ砦

今回は雄作達が通う「夢町私立ゆめまち小学校」から始まる。子ども達のグループの内、12話ではオサムの恋心をナイーブに描いた原田監督だが、今度は、普段の回では一番の腕白坊主であるカッちゃんを主軸に据えている。

誰もいない廊下に放課後の鐘が響く。誰かを待っているカッちゃん。手にはハンカチを持っている。そこに心拍音が重なる。回想シーンとして、校庭の水道でハンカチを懸命に洗うカッちゃんの姿が描かれる。これは決定稿以降に足された描写である。

廊下を小町先生がやってくる。何か言おうとするが、声にならないカッちゃん。気付かず階段を上りだす小町先生。

そこへやってきた坂間先生は小町先生に話しかけ「星を見に行きませんか？」と誘う。イキナリ今夜だという坂間に当惑するが、断れそうもない小町先生。

それを見たカッちゃんは怒りに顔を震わせるのだった。

場面変わって、広場に完成間際の小屋があるのが写る。

ここはバラサ砦。屋根からは、太陽の絵をあしらった旗が立てられている。集まっているブースカと子ども達。壁の一面は人の顔のようになっていて、鼻の部分が砲塔となりドンッ！　と煙を吐いた。それは砦落成の狼煙だ。

「僕や雄ちゃん達が、ゲンツキさんに手伝ってもらって、秘密の隠れ家・バラサ砦を作ったんだ」とブースカのナレーションが重なる。子ども達はみんなコートを着ており、真冬を感じさせる。

屋根の上にいたゲンツキさんは、空中一回転して子ども達の前に着地する。明日のバレンタインデーに向けて配達に行くと言う。「毎年二月一四日に、自分の下駄箱を開くと、チョコレートが雪崩のように、どばぁーっと、落ちてきたもんだ」

そう少年時代の自慢話をするゲンツキだが、子ども達は話の途中から後ろを向いて聞いていない。「信じてないな！」とムキになるゲンツキ。準備稿での子ども達はゲンツキさんの自慢話を真に受けていたが、完成作品の子ども達はより現実感を増している。

また準備稿では、完成したバラサ砦の扉が小さ過ぎてブースカが入れない描写があったが、決定稿以降ではなくなっている。このくだりはストーリー上発展しないので、削られたのだろう。

今回は、このように準備稿でいくつか出されたアイデアが決定稿以降に取捨選択されたり、差し替えられる箇所の多いエピソードになっている。

▼バラサ砦のいたずら作戦

今回初めて登場したバラサ砦は、シナリオでは「バラック小屋」と書かれているが、とんとん亭の建物と同じくウッディタイプのしっかりとした作りだ。中にはランプが吊り下がり、オモチャやロープなどのアウトドアグッズ、ラケット、タイヤ、原始的な槍のようなものなど、子ども目線での楽しそうなあらゆるものがひしめきあっている、まさに子ども達の夢の空間だ。

壁には「バラサ砦三つのちかい」が掲げられている。

一・いつでも
一・どこでも
一・だれとでも

砦の中での子ども達の話題は、坂間が小町先生をデートに誘っていたということだ。もちろん、この話題を持ち出したのはカッちゃんだ。それを受けたつっくんが、小町先生に合うのはもっと足が長くてカッコイイ男の人に違いないと言う。ここでカッちゃんが自分の足を思わず見るというナイーヴな場面がシナリオにあったが、映像では「足はいいんだよ足は！」と口に出して遮っている。カッちゃんの元気な性格を表したかったのだろう。

「それよりさ」と、自分の考えついたイタズラを口にするカッちゃん。子ども達はみんな身を乗り出して、なになにと耳を傾ける。

ここで場面が変わり、坂間のアパート前になる。スタッフルームの前にある建物が撮影に使用されている。シナリオには「つぶれ荘」と書いてあったが、劇中でこの名前は出てこない。

夜、そこで待ち合わせて、星空の下の広場に小町先生を連れてきた坂間先生。おなじみゼアスの丘で撮影された広大な草原に、合成される満天の星空。

バレンタイン前に急接近をと、恋する女性を最高のステージングで招待できた坂間先生が得意げに望遠鏡を覗くと、そこにはブースカが耳やヒゲをつけたシルエット（シナリオには「ウサブー」とある）が見える。坂間はブースカだと気付かず「月に太ったウサギが！」と大騒ぎ。だが小町先生が覗いても月しか見えない。

実はブースカがミクロ化して望遠鏡のフレームの前に立っていたのだ。もちろん、カッちゃんの考え出したイタズラである。

慌てふためく坂間先生を面白がり、今度は小町先生もひっかけようぜと言う子ども達だが、カッちゃんは「いいよ。マサカだけ

バラサ砦

で」と乗り気ではない。ガッカリする子ども達。

　そんな経緯を何も知らない小町先生が望遠鏡を覗くと、流れ星が降ってきたのが見える。今度はイタズラではない、本物だ。

　雄作達もまた、次第に近付いて来る流れ星を見た。その途端に、それぞれの願いごとをする。そして、「流れ星を手に入れたら、どんな願いでもかなえてくれるかもしれないぞ！」と落下地点へと走り出していくのだった。そんな、子どもならではの迷いのない思い込みが、実に清々しい。

▼魔法の石でドタバタ大騒動

　大作パパは、雄作が持ち帰った隕石から特殊な電波が発せられているのに気付く。

　この岩が光ると、持ち主は自分の気持ちを正直に喋ってしまう。うっかりヘソクリの場所を妙実に喋ってしまった大作は、それを悟るのだった。

　最近とんとん亭のラーメンに載っているチャーシューが薄くなったといぶかる客の日八樫さんに、美智子ママは石の作用でつい本当のことを言ってしまう。

　準備稿でママのセリフは「はっはっはっ、厚切りなんて嘘ウソ。本当は薄切りよ薄切りチャシューメン。不景気になるとウチのチャーシューはダイエットするのよ」と書かれていた。

　原田監督は「もっと可愛いセリフに」と注文をつけ、以下のように直されている。

「ピンポーン！　大当たりぃ！　ほら、うちも不景気でしょう。ついつい薄く切っちゃうのよねぇ」

　日八樫さんはわざわざノギスを取り出してチャーシューの厚味を計測しているが、むろんシナリオにはない大滝明利の怪演だ。

　ちなみに、この日八樫さんは前回の原田作品である11話に登場した特許庁の日八樫さんとは別人で、消防庁に勤める三男であった。だから消防署長の制服を着ている。左の鼻に大きなホクロがあるのが識別記号になっている。

　この日八樫さん、ちょうど漬物石を探していたところだと、隕石を持っていってしまう。価値のわからないママがあっさりと渡してしまったのだ。

　帰る途中で漬物石の光を浴び、ちょうど目の前でタクシーに割り込み乗車しようとしたコギャルの女子高生達を車から引きずり出して注意する日八樫さん。光を浴びる瞬間は決意の表情の日八樫さんがアオリになって、陽の光が後光となって差しており、ヒーローもののパロディっぽい描写になっている。

　そんな日八樫さんのヒロイックな行動に、駆けつけた雄作達も思わず、「カッコイイ」と口々に漏らす。この瞬間、カッちゃんは隕石を〈勇気の石〉だと信じる。

　一方、日八樫さんは「なんなんだオヤジ」と女子高生達から逆襲を受け、殴られ蹴られる運命に。「スミマセン！」と謝るその姿はロングで捉えられる。

　この騒動でどこかに飛んでいってしまった隕石は、車の上でバウンドして、隼人刑事の手の中に収まる。ちょうど泡手から「もっと頭を使え」と怒られていた隼人が、突然、目の前の電柱に頭突きすると、ヒビが割れ、折れた電柱が落下してくる。準備稿ではこれはただ「頭を使いました！」というギャグだったが、決定稿以降では、この行為によって怪盗サファイヤからの挑戦状が電線に引っかかっていたのをキャッチできるという結果をもたらす。

　泡手は部下の破壊行為には動じず「サファイヤめ、何を狙ってるんだ」と挑戦状を読みはじめるというオトボケの描写につながる。

　ちなみに、怪盗サファイヤが初登場するのは、この直前の回である17話「迷探偵ブースカ参上」（監督・北浦嗣巳、脚本・吉田伸）だ。全身黒タイツに黒マスクの女怪盗で、前回はブースカが彼女と間違えられ泡手刑事に逮捕されてしまった。前のゲストキャラを小ネタに使うことで、続けて視聴者に楽しみを与えているのだ。

▼ブースカの本音、みんなの本音

　場面変わって、アコのいるいつものパーラーでは、ゲンツキさんが店頭売りするバレンタインチョコの景品を届けに来ていた。ゲンツキさんは自分の駄菓子屋の経営と共に、町の大型店に品物を卸す仕事もやっているとは精力的だ。その傍らで子ども達の秘密基地を作るのも手伝っているのだから。

　そこへ妙実と小町先生がチョコを買いに来る。「義理チョコ、一五個ちょうだい」という買い方をする小町先生には驚かされる。

　シナリオでは「子供達より、職員室の人間関係のほうが、気い使うのよ」と小町先生は言うが、原田監督はこのセリフを「うちの学校、男の先生が多いから」に変更。美智子ママのチャーシュー薄切りの真相と同じく、視聴者が女性キャラに不快感を持たないよう、セリフのニュアンスひとつにも気を遣っているのだ。

　ここで例の隕石の光を浴びてしまったゲンツキは人格が変貌し、「俺もチョコ欲しいよぉー」と叫びはじめる。

　そして、隕石を追ってやってきた子ども達の前で「俺は生まれてこのかた一度も、バレンタインデーに女の子からチョコもらったことないんだぁ――！」と告白する。雪崩のようにチョコが落ちてきたんじゃなかったのと言う子ども達に、あれは前日自分で仕込んでいたのだとさらに情けない告白をしてしまう。

　呆れる子ども達だが、今度は隕石の作用で自分達がしたいたずらを告白する羽目になる。

「校長室の九官鳥に、バカとかハゲとか、話が長えよ、とかって仕込んだの、僕なんだ」

　そう次々と告白を始める子ども達だが、告白の内容は準備稿段階では決まっておらず、「（考え中）」という記述になっていた。今回はかなり急なスケジュールで書かれたことが伺える。

　そんなドタバタの中で、ブースカだけは石の光を浴びても「ラーメン大好き！」と、誰でも知っていることしか言わないのであった。ブースカに隠された本音というものは存在しないのだ。

　本音といえば、そう、通りかかった坂間先生もまた石の光を浴びてしまう。準備稿では、辺りにいるのがみんな小町先生に見えた坂間が「小町先生がいっぱい」と、やおら服を脱ぎだして下着一枚になり、誰かれかまわず抱きしめようとする、というちょっといささか悪ノリが過ぎる場面だった。

　だが決定稿以降では、むろん裸になるシーンはなく「小町、アイラブユー。好きだー！」と感情のみをストレートに表出し、小町先生に向かっていく。震えている小町先生が咄嗟に避けると、うっかりブースカを抱きしめてしまう坂間先生。

「寒い、あっちいけー！」とブースカがドーンと突き飛ばすと、坂間と、彼が持っていた隕石は遠い空に飛ばされていく。坂間の落ちた音と共に、画面には映らないが「いて」と声がする。片や隕石は遠い河原に落ちて噴煙を上げる様がロングで捉えられる。

「バイバイでブー」と快哉を叫ぶブースカ。子ども達も口々に、あんな石はない方が良かったと言い合うが、一人カッちゃんだけ

「あの石はなぁ、俺にとって、大切な石だったんだぁ！」と怒り、駆け出していく。

▼勇気をください！

河原にやってきたブースカは二人で腰掛けて、カッちゃんの話を聞いている。

「僕は勇気が欲しいんだ」と言うカッちゃんの脳裏に、学校で小町先生にハンカチを渡せなかった思い出が蘇る。廊下で転んだカッちゃんに、小町先生がハンカチを差し出してくれる。この回想シーンは準備稿から決定稿になる段階で付加されたもので、視聴者に体験を共有させたいという原田監督の姿勢が今回も表れている。そしてこの回想シーンの最後に、遠ざかる小町を見送ったカッちゃんが思わず持っていたハンカチで汗を拭いてしまい、それに自分で気付いて「いけねー」と呟く芝居を入れている。これは決定稿にもない。原田演出らしい、少年の心情を表して余りある表現といえるだろう。

ハンカチを渡そうとして渡せないというエピソードは、12話「冬の国ものがたり」での、オサムが少女ルルーに手袋を渡しそびれるという描写のナイーヴさにも通じている。

好きな人に好きだと告げるのは簡単じゃないんだと言うカッちゃんのことが、ブースカにはわからない。「誰かを好きになったことある？」という問いにも「あるよ。雄ちゃんでしょ、ラーメンでしょ、ママ、ドーナツ、パパ、それから天丼、妙実お姉さん」と、食べ物も人間も区別がないかのようなブースカには、呆れるしかないカッちゃん。

「ぼくは、雄ちゃんから嫌いって言われても雄ちゃんのこと好きだし、ラーメンから嫌いって言われてもラーメンのこと嫌いになんかならないよ」と屈託なく言うブースカ。

夕方の河面のキラキラした光に横顔を照らされたカッちゃんは、再び小町先生との出来事を回想する。

それは、小町先生からハンカチを差し出された最初のきっかけだった。廊下で転んで鼻血を出したカッちゃんに、優しく手当てをしてくれた小町先生がしまおうとしたハンカチを奪い「洗って返します！」と走り出した時のこと――。

回想明けでやや勇気が出てきたカッちゃんは、ブースカに「俺もその人のこと嫌いになんかならない」と告げる。でもまだ好きだと言う勇気はない。

「じゃあ早く好きって言えるように、勇気の石を探そうか！」と明るく言うブースカに、カッちゃんは力強く「うん！」と頷くのだった。

夕焼けの河原を探し回る二人の元に、隕石は都合よくコロコロ転がってくる。雄作たちがカッちゃんを力づけるためにニセモノの隕石を用意したのだ。脚本では雄作達がブースカに真相を教え、黙っていてと頼むくだりがあるが、映像ではない。あくまでブースカの無心な態度を押し出したかったのだろう。

勇気の石を手に入れたと思い込んだカッちゃんは、「好きです！先生のこと、大好きです！」と小町先生に告白し、ハンカチを渡すことができた。告白する前に、手元の石を見下ろし「勇気をください！」と願う切実な演技は胸に迫るものがある。原田監督はそうした少年の純情描写がとても巧い。

走って去ろうとするカッちゃんを呼び止め、チョコを手渡す小町先生。

角を曲がって一人になった時「やったー！」と快哉を叫ぶカッちゃん。なんと鼻からは血が出ている。自分でそれに気付いて「あれ……鼻血だ」と一人笑ってみせるカッちゃん。この鼻血のくだりも脚本にはない。カッコ悪いけれどもどこか自負できるような……男の子の勲章のような描写だ。もちろん、はじめに廊下で転んだときの鼻血ともイメージがダブっているのだろう。恋の始まりと、自分の思っていることは言えたという一つの区切りとで、同じモチーフを用いているのだ。

この後、松葉杖をついた坂間が小町先生のチョコ欲しさに登校してくるが、彼の分をカッちゃんにあげてしまったことに気付く小町先生。

準備稿ではチョコの代わりに風邪薬を渡す描写になっていた。これは、先述のように、準備稿では下着一枚になって小町先生を抱きしめようとするという描写が先にあったためである。「あんな格好で出歩いたら、風邪ひくのも当たり前です」と言う小町。

だが決定稿そして完成作品では、チョコがないことに気付いた小町先生が思わず「ナイナイのパー」と手を振って去るという、坂間にとってはシビアな展開となった。顎が下がったまま呆然としたままの坂間先生。今回はこのシーンで本編はオワリなのだ。

▼子どもと大人が拮抗

本編が終わった後、エンディング主題歌が流れる中で点描されるシーンの一つでは、小町先生に振られたと嘆く坂間にさやかとチカがチョコレートを「ハイ、義理チョコ」と渡すという、シナリオにないくだりを付加し、坂間にわずかな救いを持たせている。

だが、このエンディング主題歌のメインは、〈チョコを一番貰ったのはブースカ〉であるということだった。

「はい、ブースカ」と、エンディング音楽に乗って、ママも、妙実も、さやかも、チカちゃんも、アコもみんなブースカにチョコを差し出すのだった。ブースカ目線でチョコを差し出す女性達が次々と映し出される。アコに至っては「本命よ」とまで言ってくれる。目がハートになるブースカ。

結局自分達は一個も貰えなかったと嘆くバラサ砦の雄作達だが、一人、俺は一個貰ったと言うカッちゃんがみんなの方に振り向くと、鼻の穴に詰め物をした笑顔だった。

その頃、本物の隕石は自力で河原の地中から飛び上がり、流れ星となって宇宙へと去っていく。ブースカはそれを見上げて「勇気の石さん、たくさんのチョコ、ありがとう」とお礼を言う。

だが、カッちゃんは自分が持ち帰ったのが「勇気の石」だとまだ信じている。バラサ砦内の一角に神棚よろしく石を置いたカッちゃんは、そこに小町先生から貰ったチョコの包みを供え、手を合わせてから「イエーイ！」とガッツポーズを取る。その喜びの姿が本当のエンディングとなった。

この石は、準備稿では最終的にまた日八樫さんの手に戻り、日八樫さんが今度はドアのストッパーに使うというオチになっていた。それを、〈少年の勇気の勝利〉を押し出す展開に変えたのは、ドタバタがメインの回ながらも、思春期を迎える少年の心情を軸にした、まさに「原田テイスト」といえるだろう。

今回は「魔法の石」をめぐって、一方で大人達のドタバタを見せながらも、子ども達も負けずにイタズラを仕掛けたり、淡い恋物語があったりと、一本の中でバランスよく〈夢町バラエティ〉を形作っている。軸をしっかり置くことで、どこへでも飛んでいく石のように、縦横無尽に跳ねることができた一編といえよう。

作品解説

「思い出よびだすレトロノーム」19話 ▼二〇〇〇年二月一二日放映

脚本：大西信介　撮影：高橋義仁
ゲスト：岡村英梨（ミーコ）、桜井浩子（水晶玉占いの老婆）

▼ストーリー

ママの誕生日にと、ブースカが自分の宝箱の中から見つけ出した古めかしいメトロノーム。どうやら、それはママの思い出の品だったらしい。でも、このメトロノームは壊れて動かない。なんとか修理しようと飛び出したブースカは、水晶玉占いのおばあさんにメトロノームを直してもらった。

プレゼントを受け取って大喜びのママ。ところが不思議な力を帯びていたメトロノームによって、一人の少女がタイムスリップしてくる。それは昔の美智子（ミーコ）だった。メトロノームは、昔ピアノを弾いていた美智子のもので、過去の強い思いから「レトロノーム」となり、ミーコを呼び出してしまったらしい。

▼子ども達の音楽会

今回の冒頭、バラサ砦の前で子ども達が楽器の練習をしているシーンが準備稿にも決定稿にもあったが、放映作品ではカットされている。準備稿で書かれたみんなの楽器のポジションについての案に対する変更指示が監督所蔵のシナリオには鉛筆で書き込まれており、決定稿ではそれがト書きに反映されていた。

準備稿では「さやかのキーボード、チカのリコーダー、オサムのピアニカ、カッちゃん、つっくん、ブースカのパーカッション」になっていたのが、キーボードをつっくん、カッちゃんを木琴、さやかをハモニカ、ブースカを太鼓に変更している。

この練習の場面は撮影はされており、尺の問題のカットだったと思われる。エンディングの場面集では、カットされた中から、ブースカが力余って太鼓を割ってしまうシーンなどが使われている。

この練習シーンは本編では二度出てきており、二度目の練習シーンは放映作品にも存在する（後述）ので、シチュエーション自体がカットされているわけではないが、彼らが楽器の練習をしているのは「卒業式のお別れ会」のためだという理由付けはなくなってしまった。「卒業式のお別れ会」というのは、彼らがゆめまち小学校の卒業生を送るための演目の練習という意味だろう。だがそのような理由付けがなくても、子ども達はバラサ砦でいつもなにやら自分達で楽しいことをしていることの一環、と捉えれば特に説明はいらないのかもしれない。

昭和の『快獣ブースカ』にも、46話「空飛ぶ音楽堂」など、子ども達がブースカと共に、広場で楽器を演奏する楽しい回があった。そして今回は旧ブースカとのリンクも出てくる回なのだった。

▼メトロノームとママの思い

屯田家では大作パパが人造ダイヤを作る実験をしていたが失敗して爆発、黒焦げになりながら、ダイヤになり損ねた大きな球を抱えてくる。そもそもママの誕生日プレゼントのために試行錯誤していたのだ。

次の場面で、ブースカは慌てて自分の宝箱から色んなものを出して、ママへのプレゼントにできるものはないかと探している。フリスビーや、3話「UFOをくれた少年」で深夜食べていたクッキーの缶なども見える。なぜか、上から被れるブースカ変身スーツも出てきた。「これママが着たら、僕のほんとのママみたい。でも、ちょっと小っちゃいかな」というセリフが準備稿にあったが、決定稿では、スーツを被ってブースカに「変身」してみせる美智子の姿がイメージでインサートされ、「……やめとこ」と思い直すブースカ、という実像化への置き換えが行われている。

やがて布に包まれた箱を見つけるブースカ。空けると、中にはメトロノームが入っていた。メトロノームを手にするアップから既にカットが変わり、そこでは美智子ママが手にしている。

「うそぉ……残ってたんだ……」と嬉しそうなママに「楽器やってたの？」と問う雄作。

そこへピアノを弾く少女のイメージがカットインされる。

そのカット明けで、シナリオには「僅かに涙が出たのか、不意に指で軽く目頭を押さえる美智子」という卜書きがある。実際の映像では、涙ぐむまでの描写はない。大仰な描写をするのではなく、視聴者に感情移入を促すという姿勢は、後に美智子が失われた記憶を取り戻す瞬間にも見られる。

微苦笑して、「なんだか、いろんなコト思い出しちゃった」とメトロノームのネジを捲こうとする美智子だが、動かない。

「壊れちゃってるんだ。……しょうがないか、古いもんね」と少し落胆するママのセリフの後、ト書きにはこう書いてある。「美智子が寂しそうなのはブースカにもわかる」。

映像では、ブースカのリアクションは拾わず、次の場面に移っている。次の場面では、ブースカがメトロノームを直すために懸命になっている。傍らでは雄作が寝ている。うっかりメトロノームの針を折ってしまって、思わず目の玉が内側に寄るブースカ。

「シオシオ、シオシオ、どうしよう」と夜の路地をトボトボと歩いてくるブースカは水晶玉占いの老婆から声を掛けられることになるのだが、準備稿では、楽器店を訪ねるが夜遅く、もう閉まっていたという描写がその前に置かれていた。

黒い布で覆った卓上に大きな水晶とランプが灯る。そこに向かって座っている、全身黒装束だが長い髪の毛だけが白いこの老婆を、『ウルトラQ』の新聞記者、江戸川由利子、『ウルトラマン』のフジ・アキコ隊員で知られる桜井浩子が演じている。

シナリオでは「橋の上」となっているこの場所は、映像では遊園地の横になった。夜も更けたのに、なぜか遊園地のネオンは光ったままで、光がにじむファンタスティックな風景となっている。

「どうしたんだい。何かをなくした？　それとも何かを壊したのかい？」といきなり問いかける老婆に「ど、どうしてわかるの？」と驚くブースカ。「顔に書いてるよ」と言われて自分の顔をまさぐるブースカが可愛い。

手元の水晶玉に布を被せ、「もんじゅひっこりぎょー」と唱えると、アラ不思議、ピカピカの真新しいメトロノームが現れた。

でもブースカにとって、代わりのメトロノームではダメなのだ。自分の持っているメトロノームを老婆に見せて「こっちのはママの思い出入ってるの」と言うブースカがいじらしい。

「しょうがないねぇ……」とブースカのメトロノームに布をかけた老婆が再び呪文を唱える。布を取ると、針も直り、規則正しくリズムを刻んでいるメトロノームがアオリの構図で捉えられる。

「パラサ!」と驚き、礼を言って走り去るブースカを奥に老婆の横顔が大きく写る。

「思い出に引きずられないほうがいいんだけどねぇ……」

そう呟く老婆の横顔からキャメラが移動すると水晶のアップになる。

▽ミーコ出現

今日はママの誕生パーティ。ケーキには「おめでとう　みちこママ」と記され、たくさんの蝋燭が立てられている。演出メモには「30本」と記されている。

雄作が自分のプレゼントを取り出そうとすると、その中身について「ぼ、僕知ってるよ」と思わず興奮し、「しーっ」と制止されるブースカが可愛い。子どものように素直な反応だが、ブースカにとってこういうお誕生会は初めてなのであろう。

雄作のプレゼントは「タワシ」だった。だがただのタワシではなく、名付けて「マルチ・ハイパータワシ」。その説明をしようとすると急に爆発音が起こり、床が揺れる。

そこで人造ダイヤの開発に失敗し黒焦げになって倒れ込む実験室のパパがインサートされ、冷めた顔をした雄作による「パパのプレゼント、今日は間に合わないと思う」というセリフにつながる。これは準備稿に原田監督が書き足したものが決定稿になり、映像化されている。

このハプニングのインサートのために、結局「マルチ・ハイパータワシ」の効能は視聴者に伝えられずに終わる。

妙実はスカーフをプレゼントし、次にブースカが直ったメトロノームを差し出す。ちゃんと動くメトロノームに感激するママ。

一人ひとりに礼を言うママだが、目線を移すと、いつの間にか一角に浮かび上がるセーラー服の少女に気付き、仰天する。

「あ、あなたは……」

驚く一同の中で、一人身体を曲げて「こんにちは」と挨拶するブースカはやはり素直だ。

その時、ちょうど実験室から黒焦げになった大作が戻ってきて、セーラー服の少女を見ると、思わず「ミーコ……」と呟いた。

シーン変わって、少女と共に昔のアルバムを開いて過去を回想するパパとママ。少女は、当時「ミーコ」と呼ばれていた、昔の美智子だった。メトロノームが動き出すとともに過去の時代からタイムスリップしてきたらしい。

やがて二階のベランダに出て、吐く息も白く対話する美智子とミーコ。

自分しか知り得ない思い出の当てっこをする二人。だがミーコにとって一番ショックなことは、自分の将来が大作と結婚していたことだった。ルックスが悪く、なにより生活力のない大作と結婚するなんて絶望だと言うミーコに、美智子は大ちゃんと結婚して良かったと思っていることを告げる。

本シリーズ『ブースカ!ブースカ!!』は、昭和四一年の『快獣ブースカ』でブースカが居候していた屯田家の長男・大作と、その幼なじみの一人であったミーコが結婚し、その家庭でまた新しいブースカが生まれたという設定で、続編的性格を持っている。だがシリーズの中で旧作とのつながりが語られることは少ない。

今回はその数少ない例の一つで、美智子が大作パパのことを「大ちゃん」と昔の呼び方で言ったり、かつてのシリーズでのガキ大将「メチャ太郎」に言及していたりもする。加えて、準備稿ではミーコが、すぐお腹が減るブースカに「まったく、昔のブースカと一緒なんだから」とツッコみ、ブースカが「ねぇ、昔の僕より、今の僕の方がハンサムなんでしょ。ママがそう言ってたよ」と訊ねるくだりがあった。

さて、大作と結婚したことも含め、今の自分に後悔はないとミーコに言う美智子だが、「ほんとに?　ほんとに何も後悔してない?」と重ねて問われると、何かを思い出したのか、ふと迷いの表情になり、そのまま画面はフェイド・アウトになるのであった。

▽現在・過去・未来

翌朝、屯田家のベランダでは、大作と雄作が、ミーコ出現の理由を憶測していた。メトロノームが原因ではないかと言う大作。

話し合う二人の後ろで、ブースカは手持ち無沙汰にリコーダーを吹こうとしたり、トライアングルを鳴らそうとしているが、「ゴキッ」とトライアングルの一辺を曲げてしまい、「ブースカ、うるさいよ」と雄作に怒られてしまう。

そこへ、詰襟の制服にオカッパ姿の大作が現れた。「パパァ、こんな時にふざけないでよ」と言う雄作に「パパァ?　あのね、子どもなんかいないよ。屯田大作、ただ今恋人募集中。君、お姉さんいる?」と髪をかきあげる、むさくるしいその姿。雄作は気付く。「まさか、このパパ、若い時の……」。

そして本物のパパとお互い指差し、思わず「ブタデメキン!」と言い合うのだった。

やがてガクラン姿の大作は消えるが、それは、雄作があのメトロノームの針を動かしていた間の出来事だった。メトロノームが動くことで、過去の人間がタイムスリップしてくるのだろうか。だとしたら、なぜミーコの姿は一晩経っても消えないのか。

その頃、ミーコはブースカに街を案内されていた。モノレールの高架下を一緒に歩きながら、もっと未来っぽいところはないのと不満顔のミーコ。

「車、空飛んでないの?　ロボットとかいないの?」

駄菓子屋ゲンツキ堂に来た二人。ミーコはゲンツキが使っていた携帯電話に興味を抱く。「貸して」とイタズラで一一〇番をプッシュしてしまい「ダメー!」とパニックになる一同。

原田監督によってシナリオに書き足され、一一〇番のギャグが入っている。携帯電話云々が説明的にならないようにとの配慮だろう。「ダメー!」とパニックになる一同で画面がワイプになるのも楽しい。

しかし、ミーコが携帯電話より驚いたのは、ゲンツキ堂。

「ホントに未来なの?　こんなボロい店まで残ってて」

このくだりは、旧ブースカの時代から生きてきた世代には、誰しも思い当たるだろう。エアカーが飛び交い、チューブのような高速道路が交差する未来都市の時代はやってこなかったが、携帯電話という、考えられもしなかった便利な道具を駆使している現代人の我々。そして街中でふと目を留めると、昔と変わらない古びた商店が未だに残っており、それを見た瞬間だけ過去にタイムスリップしたような気になる。

過去と未来が錯綜する「現在」を生きる我々を、日常感覚の中からうまく引き出した大西信介の脚本は秀逸だ。

▽ヒロインが輝く時

パラサ砦にやってきたミーコの前で子ども達は楽器を練習する。

つっくんのキーボードに注目して、「貸して」とちょっと弾くと、その音色に驚くミーコ。彼女のいた時代には、こんな便利なものはなかったのだ。

やがて、子ども達が練習していた曲（番組主題歌のメロディー）をイントロから流麗に弾き直すミーコ。

弾きながら「ほら、早く合わせて。トロトロしない！」とみんなを促し、まとめていく。さやかとチカは縦笛を吹き、オサムは手拍子を取っている。次第に演奏らしい形になる一同。

「昔のママって……凄い」と驚きながら、自分も曲に合わせて踊るブースカ。

ミーコがテキパキとみんなをまとめていくのは、準備稿にはなかった描写で、原田監督の求めるヒロイン像が伺える。『ダイナ』の「君を想う力」で、リョウ隊員の少女時代を演じた岡村英梨が、ここでもママの少女時代を溌剌と体現している。

たまたま通りかかったママもその姿を見て、昔の自分による演奏に耳を傾ける。

「もうすぐ学生ピアノコンクールの全国大会に出るんだ」と言うミーコに「そうなの？」と問う美智子。

「驚かないでよ、知ってるくせに……」

ちょっと複雑に見えるママのこの表情のくだりは準備稿にはなく、決定稿で付与されている。

二人一緒にいる時、くしゃみをしてしまう美智子とミーコだが、「クションプ」と思わず口にしてお互いに驚く。美智子＝ミーコが、幼い頃から癖だった「風引かないおまじない」が「クションプ」だったのだ。それに気付いて笑い合う二人。

▼さよなら、あの日の私

ミーコがそろそろ過去に帰りたいと言うので、ブースカはメトロノームを直してくれたあの老婆のところに相談に行く。最初に老婆と会った時は真夜中だったが今度は日中だ。白くハイキーな画面に、光る水晶寄りのカットバックで会話するブースカと老婆。

老婆は、メトロノームは持っていた人の思いが強すぎて〈レトロノーム〉になってしまったのだと説明する。元に戻すには、レトロノーム〉を壊すしかない。

「昔に悔いを残していたら、なかなか昔の自分を消すことはできないんだ……あんたのママも悔いを残してることがあるんじゃないのかい……？」

ブースカからその話を聞いた美智子は、屯田家のみんなとミーコを前にして、自身の忘れていた「悔い」について語る。

「忘れたつもりだったの。悔いを残してたつもりなんてなかったのに……」

そこで回想場面に入る。ハイキーな画面で、光が差し込む室内でピアノを弾くセーラー服の美智子。鍵盤もキラキラ光る。全国大会を目前に練習中なのだ。その画面がホワイトアウトし……。

「ちょっと待って。それってまるっきり今の私よ」

話を聞いていたミーコがそう言うと、美智子はそれ以上話すのを躊躇する。

「話して。ここまで聞いちゃったんだから……」

思い直した美智子は話す。その頃、車に轢かれそうになった子犬を助けようとして、怪我をしてしまったことを。ショックが強すぎて、それ以外の記憶はない。

再び回想場面に入り、ベッドの上で片腕にギプスをはめたまま、譜面に涙を落とすミーコの横顔がメトロノームとダブり、現在に戻る。

以後、ピアノを見るのも厭になって、そのまま音楽から離れてしまったという美智子。

この話は、もちろんミーコにとってショックであり、他ならぬ自分の未来として、到底受け入れられることではない。

「じゃあ、私はその子犬助けない」

そうきっぱり言うミーコに、美智子は絶句するしかないのに、ブースカが素朴に「どうして？」と訊くのがあまりにも無心に過ぎる。一方雄作は「昔を変えたら、今も変わっちゃう」と彼らしい冷静な意見を述べる。

「これ壊せば帰れるんでしょ」とレトロノームを叩きつけようとするミーコの腕を反射的に押さえてしまう美智子だが、ミーコはレトロノームを持って外に駆け出す。後を追う美智子。一緒になって追おうとする一同だが、大作とぶつかってみんな転んでしまう。

通りに駆け出してきたミーコの耳に、車の激しいクラクション音が響く。そちらの方を見ると、走ってくる目の前で、道路の真ん中に子犬がポツンと立っている。咄嗟にメトロノームを離して子犬に駆け寄るミーコ。

その時、ミーコの手からメトロノームが落ちる時だけスローモーションになり、画をダブらせているのが効果的だ。

前半身からダッシュして、その場に倒れ込みながら子犬を庇うミーコ。迫り来る車から顔を背けて目をつぶる。

だが次の瞬間、ブースカが百トン力で車を止めていた。颯爽とかかる、勢いのいいBGM！　原田監督はブースカの足下のアップで火花が散る画面処理を演出メモから指定している。

犬を抱き止めながらホッとするミーコ。

寄り目になって懸命に力を出しているブースカだが、車が完全に止まると、吐息を漏らしながら「ミュッキー」とVサイン。

ミーコも思わず笑顔になる。美智子も駆けつけていた。

ミーコは悟る。「転んだ時、腕、ケガしちゃった……このことだったんだね……」

美智子もまた「私も、今思い出した」と虚をつかれた顔だ。

「やっぱり子犬助けちゃった……」と切なく微笑むミーコに、美智子は言う。「あなたは私だもの。ひかれそうな子犬、見捨てるコトなんて絶対できないんだから……」

「運命って変えられないのかなぁ」

「……わからない。でも信じて、あなたの未来を……パパやみんながいてホントに幸せなの」

この美智子のセリフの後半、シナリオ決定稿では「パパやみんながいるんだもの」だった。原田監督は美智子の〈幸せ〉を強調している。そして、次の問答を加えている。

「私、この記憶、忘れちゃうの？」と問うミーコに、美智子は「ううん」と首を振るのだ。

これは、ストーリーの整合性を乱しかねないやり取りとも言える。そもそも美智子が過去を忘れていたというお話なのだから。脚本の大西信介氏も、この変更に関しては疑問を呈している。

だが原田監督からすれば、ミーコがやがて帰っていく自分の時間だけでなく、未来で体験した出来事もまた「ないこと」にはしたくなかったのかもしれない。

「バイバイ、未来の私」

「さよなら……、頑張って、あの日の私……」

キラキラ光る粒子となって消えていくミーコ。

原田監督は、すぐに画面を切り替えないで、その場に佇んでいる美智子ママの姿をしばらく見せている。

▼理想の夫婦像

場面変わって、ガラクタを組み合わせたような変わった形のキーボードを弾いている屯田家の美智子。うっとりと聴いている雄作達一家の面々。ブースカだけは静かなメロディについうたた寝して思わず口をすすって顔を上げ、またもや「ブースカ、うるさいよ」と言われてしまう。

このキーボードは大作からママにプレゼントされたものだ。演奏の途中で、夫婦の会話が回想される。

この会話は、大作が「またね……ピアノ弾きたくなっちゃった」と呟く美智子に、「そうでしょ、そうでしょ」と自作のキーボードを差し出すという、シンプルなやり取りだ。

向ケ丘遊園内に作られたとんとん亭での撮影風景

だが準備稿ではこの会話はもっと長かった。美智子が、本当は大人になってからもピアノを続けたいと思う時もあって、その気持ちを無理に押さえつけようとしていたのだとベランダで大作に告白し、「もっと素直になればさ……」と大作がアドバイスするというシーンだったのだ。

美智子はかつての自分が全国コンクールに出ようとしていたことすら、ミーコに言われた瞬間まで、忘れていた。それは、忘れなければいけないほどの痛みとして、彼女の意識の底に眠っていたことを意味する。その微妙な心理は、ここでまたあえて説明し直さなくても、充分伝わっているはずだ。そして大作のアドバイスに関しては、もはや言わずもがなという判断があったのかもしれない。

そして大作は、キーボードを渡した後に照れくさそうに言う。

「これね、見た目は悪いけど、ピアノの音色が出るんだよ」

「ありがとう、パパ」と夫を見上げる美智子。

夫婦のシンプルなやり取りは丸ごと原田監督が書いたものだ。

これは、原田監督の持つ理想の夫婦像である気がしてならない。

準備稿でパパからプレゼントされるキーボードは、かつてママが事故で痛めた小指をカバーして演奏出来るものだという説明があった。原田監督はこれをカットして、「見た目は悪い」けどピアノの音色が出る機械と説明するに留めている。

これは、タイムスリップしてきたミーコが、「ルックス」の良くない大作と未来の自分が結婚しているのに失望していたことへのアンサーとなっているのだろう。

「見た目は悪」くても、美智子の気持ちを、四の五の言わなくてもわかっている夫が大作であり、そうした伴侶を持つことが人生の幸せなのだ……と。

▼暗示的な終わり方

さて今回の本当のオチは、大作パパが美智子ママに当初プレゼントしようとしていた黒いダイヤを作り出す実験の顛末と、老婆の持っている水晶玉を暗示的に結びつけることだった。

「あれ結局、大きなガラス玉みたいのしかできなかったんだよねぇ……うん」というパパのボヤキとともに、研究室に置かれた玉が写ると、それが遊園地の横で占いをしているあの老婆の水晶玉とオーヴァーラップする。二つは同じものに見える。

水晶玉に写る、パパからプレゼントされたキーボードを弾く美智子の姿を前に、老婆は一人呟く。

「やっとわかったようだね。一番大切にしなけりゃいけないのは今だってこと……」

このセリフは、準備稿では「やっとわかったようだね。一番大切にしなけりゃいけない時代がいつなのか……」だったが、これはやはり、わかりやすくするための変更だろう。

そして老婆はクシャミをし、思わず「クションプ」と言う。

水晶玉と「クションプ」を間に置くことで、この老婆は美智子の未来の姿ではないかと匂わせて本編は終わるのだった。水晶の中に映る美智子は、老婆にとって自分の姿だったのかもしれない……。

▼くしゃみの後はハッピーに

今回のエンディング主題歌は、屯田家のリビングでキーボードを弾く美智子を囲む一家とブースカから始まる。歌い出し「♪きっと、会えると信じてるから」は、今回ブースカのアカペラから始まるという懲りようだ。

演出メモにはエンディングのカット割りについて記載があり、たとえば歌詞の「♪めいっちゃダメだよ」というところで「ドン」と太鼓を破ってしまいシオシオになるブースカの場面を入れることが指定されている。

エンディングではミーコ、老婆、そしてガクラン姿の大作が劇中それぞれの出番だった空間にぽわっと浮かび上がり実体化してポーズを取る、カーテンコール的なシーンがある。本編中でのミーコが消える場面のイメージの延長である。これらは、それぞれのシーンの撮影時に、エンディング用にも一緒に撮ることが指定されている。

他には、アルバムに貼られたミーコのセピア写真、病床でのミーコ、子ども達と演奏するミーコ、そしてラストカットの水晶には、夜の遊園地がワンダーランドのように写り込んでいた。

一人老婆がくしゃみをするちょっと淋しげな本編ラストシーンの後に、幸福感のあるエンディングを持ってきているのだ。

●円谷プロ作品・編集スタッフ　座談会

意識して話さなくても一緒にいられた。遠い親せきみたいですよ。

大橋富代・柳生俊一・田代定三・唐川聖美・森津永

――『ティガ』の時点で大橋さんは何年のキャリアだったのでしょうか？

大橋富代　もう三十年以上はやっています。『電光超人グリッドマン』（九三〜九四年）もやっていましたし。最初は日テレのドキュメンタリー。その後ドラマや映画とか色々付いて。初めから編集です。一応学校を出て。柳生さん、田代さんと同じ学校だったんです。私の時は「東京写真専門学校」という。

柳生俊一　今は「東京ビジュアルアーツ」（九三年に改称）。

大橋　三人一緒ですけど、時期は全然違います。

柳生　僕は所謂、本編集の作業担当でした。大橋さんの担当されてるのはその前のいわゆる仮編集、オフラインですね。

大橋　フィルムで言うとポジ編、ネガ編(註)という感じです。まず現場で撮影しっぱなしのものが私のところに来るんです。それを台本に沿って、パソコンを使って、画だけを約二日間でまとめます。

　最初のつかみの監督ラッシュというのがあって。それで初めて監督がつないだのを見て、「もうちょっとどうにか」という指摘があったり。その時点で少しまだ長いので、どこを切りましょう？という感じで、監督と話しながら、尺に合わせてまとめる。

　それが終わったら柳生さんの本編集に行くんです。

柳生　ウルトラマンシリーズの場合は、その間に合成作業というものが挟まっていて、CGチームとか色々なところで作業するんです。

大橋　その合成をやっていたのが田代さん。「このカットとこのカットにこういう光線を入れてください」とか、色んな作業をされてます。

田代定三　円谷プロで『ティガ』からビデオ合成とCGを本格的に使いだしました。その前に『グリッドマン』でもビデオ合成とCGをやっていましたが。『ティガ』では、オフライン上がりの合成カット部分を監督とCG班で打ち合わせして、CGで仕上げるかビデオ合成で仕上げるかを振り分けをしていました。CGの場合、細かい作業や多重合成、調整が出来ますが、レンダリングに時間がかかり、完成した画の動きを見るのに一〜二時間がかかってしまいます。ビデオ合成の場合は、ビデオテープを再生しながら別テープに記録していくので、その場で動きのチェックや完成した画が確認出来ます。私がビデオ合成を担当していた時は、ほとんど監督が立ち会っていたので、効率よく進みました。

　決められたスケジュールの中で、CG班にばかり負担をかけられないので、なるべくビデオ合成で出来るものは、やっていました。

　『コスモス』からは、ビデオ合成をテープ作業からDS（ノンリニア編集&合成機器）に変えました。DSは映像をハードディスクに取り込み、合成作業をします。作業内容は基本変わりませんが、CGに近いところがあり、レンダリングをする時間はかかりますが、CGほどではないです。多少なりとも時間がかかるので監督とは前もって打ち合わせをして、ある程度出来上がった段階でチェックして貰い、修正をする形をとってました。

　そんな感じでDSで作業していましたが、私はもともと普通の編集の仕事がメインだったので、合成作業は手探り状態で始めました。

　だから初めてながらに楽しんでいました。「こうやればこういう風に見えるのか」と。円谷プロは、ライブラリー的に昔からの色んな素材があるんです。そういうものを利用して合成していました。

柳生　僕も合成はほぼ初めてだったので、遠慮がちにやり始めていたんです。『ガイア』で本編集だけの担当になって、合成はやらなくなっていたんですが、『コスモス』ではDSの合成もやっていました。『コスモス』になると、防衛軍のベンガルズの戦車の数がだんだん多くなってきて、監督、ちょっと調子に乗っているようなところもありましたね（笑）。

一同　（笑）。

柳生　ベンガルズが射撃する時、現場では、砲塔がペコンペコンとしか動いていない。映像上はそこから火を噴くんですが、それが全部合成なんです。あちこちから、四〜五台という設定でペコンペコンやっているんです。かなりそれを入れないといけなくて「監督多いですよ」と言ったことはありましたね。

——実景とミニチュアの切り合わせも？

柳生　けっこうやりました。ただ「異星の少女《ひと》」（『コスモス』25話）で新宿に戦車が出るシーンはCG班がやったかもしれない。

田代　あの時は、単純に切って合わせることじゃ済まなかったんです。結局なじませるというか、雲というか空気感を出さなくちゃいけない。

切り合わせした後に、結局CGで作業しなくちゃいけないんだったら、最初からCGで全部やっちゃった方がいいよという。

——『ダイナ』の「ウイニングショット」（5話）は野球のボールの合成がありました。

田代　あれもすべてがCGじゃないんです。CGでボールが飛んでくる素材だけ作ってもらって、あとはビデオで合成していました。

映像データをエフェクトセンターに渡してダイナのマスクを作成して貰い、それに合う炎や光素材を作成して貰い、それらを編集室に持ち込みビデオで合成していたんです。

『ダイナ』の「歌う探査ロボット」（32話）でTPCの飛行機と合体してラブモスが怪獣になって大きくなるのは、ラブモスの変形はCGですが、たくさんある飛行機や光などはビデオで合成しました。

（註）ポジ編とはポジ編集のこと。フィルムの時代には、撮影されたネガフィルムからポジフィルムを作成し、そのポジフィルムをムビオラと呼ばれる簡易な映写機で映像を見ながら、スプライサーと呼ばれるフィルムを切断・接着する道具を使って編集していく。これは、後のビデオ編集における「仮編集（プリ編集）」に対応する。

ネガ編とはネガ編集のこと。ネガフィルムの仕上げはネガ編集者と呼ばれる職人が行う。編集済みポジフィルムから編集データを読み取り、ネガフィルムの使用部分のみを接続し、原版を組み上げる。これは後のビデオ編集における「本編集」に対応する。

変化する編集作業

大橋　合成が上がったら私がまた貰って、完成品の中に合成上がりを入れ込むんです。

柳生　それで改めて本編集という形でし直すんです。『ティガ』当時はオフラインの機械と、本編集する機械が違ったり、映像の画質のグレードに色々差があったりという時代だったんです。だからオフラインの時は圧縮したすごく粗い映像で作業していたんです。下手すると隊員の顔もわからないぐらい。

そのままでは当然放送できないので、ちゃんとした一番きれいな形の映像でつなぎ直す作業が、僕の仕事なんです。本編集をやる時はもうガチッと決まった状態で、あとは完成したものを繋いでいくだけ。

大橋　だから合成の作業時間が一番長いかな。トータルでは一週間から十日ぐらい。

田代　『ティガ』の1話から6話位までのCGやビデオ合成は、新しい機器に慣れていないスタッフが多かったためと、作品の始めなので合成が多かったため、半月から一カ月近くかけていました。そのまま時間をかけて進むと放送に間に合わなくなるので、少しずつ作業時間を減らし、最終的には十日ぐらいで合成が上がるようになったんです。

大橋　毎週やっていますからね。

田代　あと作品の切り変わりの時期は二班体制で動かさなくちゃもう間に合わないとか。

大橋　忙しかったですね。今日ここに来てもらった森津（永）くんと（唐川）聖美ちゃん、二人の若い人は、森津くんがオフラインの業種に付いていて、聖美ちゃんは田代さんのところの助手です。

大橋　聖美ちゃんは『ウルトラヒロイン伝説』から。

田代　『コスモス』から、円谷プロ（当時の本社）の一室で作業をしていて、先ほどのDS、オフラインなどの本編集をやるアビッドの機器を入れたので、聖美ちゃんはその態勢になった時から助手として来てもらうようになったんです。

柳生　本編集をパソコンでやるようになったのは、『コスモス』からです。その前はテープトゥテープで、昔のビデオの編集の仕方でやっていた。ワンカットずつ頭から順番につないでいかないとつなげられない。テープを一本ずつとっかえひっかえしながら、ストーリーの順番通りに頭から繋いでいく。

大橋　『ガイア』までは現場はフィルムで撮っていて、そのフィルムをイマジカでテープに落としてもらって、そのテープをベーカムで取り込んでもらう。私のところに来るのはもう音も付いたテープ。フィルムでは画と音が別々なのを一緒にしてもらって、私の方でパソコンに取り込んで編集していました。今よりは時間がかかる。フィルムの編集よりは早いですけどね。

毎回、画に対しては、システムは流れで決まっているので、細かいことはカットごとにそれぞれの部署で、それぞれの意見を出してもらって話しながら進めていきます。

本編集が終わると、録音のスリーエススタジオに行って仕上げる。スクリプターの人達はその全部に関わっているわけです。

――特撮監督と二人いる場合は？

大橋　特撮の部分は特撮の監督が来て編集に立ち会います。本編の時は本編の監督が来る。最後の尺調っていう時に、二人揃うんです。

尺調というのは本編の監督の方が基本的に主導権を持つんです。監督が二人いてもやっぱり最後は本編監督の意志が通ります。

▽最初から「何かが違う」

大橋　原田さんの場合、直しはそんなになかったです。早かったですよ。仮編集では（シナリオ通りに）繋いだのを一回見せて、何かあったら直して。それでほとんど終わっちゃうんです。原田さんの担当回で徹夜したことはたぶん一回もないと思う。

田代　「どうですか？」と見せたら「ここだけ直して欲しい」とか、そんな感じです。本当にポイントだけ。

柳生　僕は『ガイア』の時は本編集のみになったので、本編集の時も監督は立ち会うんですが、本編集の段階でまた意見、というのは基本的にはないんです。ただ、怪獣がドシーンと倒れた時にガーンッと画面を揺らす作業が本編集であったんです。それも僕がやったので。その時にちょっと会話をするぐらい。その本編集も二週間に一回ぐらいのペースだったので、僕はその時だけになっちゃったんですね。

基本的に原田さんは、撮ったものはなるべく使うようにされていたので、あんまりオーバーには撮ってこない監督。撮ってくる人もいますけど（笑）。

▽監督としての原田さん

田代　最初の「青い夜の記憶」（『ティガ』29話）が、ちょっと大人っぽくて、独特の世界だったんです。『ティガ』の流れの中では。

田代　一番合成が少なかった話ですね。でも逆に、作品としては印象あるんです。

大橋　原田さん自身お好きな回でしたからね。あとは『ティガ』では「もっと高く！」（50話）を憶えていますね。原田さんが「初めてのキスシーン」って言ってたじゃない（笑）？　まぁ（直接）写してないけど。「そういう風に（見えるように）」と。

――そういうことを編集の大橋さんに言ってたんですね。

大橋　それは編集部のみんな、知ってます（笑）。

――『ティガ』の時には、もう編集部の方達と普段からの交流が？

大橋　ありましたね。わりと最初から打ち解けていました（笑）。人見知りしない方。いつも作業で編集室にいると外に出ないんですけど、なるべく出るようにしようと。食事も編集室で食べるよりは、ちょっと遅くなっても外で食べるようにというのはありましたね。原田さんの方（の意志）で。

▽合成はある意味チャレンジ

田代　「怪盗ヒマラ」（『ダイナ』12話）とかそうだったけど、同ポジで編集してたこともあった。わざと怪獣がダイナと二ショットでいて、消える。普通はグリーンバックで撮って合成して、後できれいに消すんですけど。

大橋　簡単に「ポンッ」とね。

田代　それを、いるのといないのを撮っておいて編集でパッと繋いじゃう。昔の独特の雰囲気というか。

大橋　昔のフィルムのやり方。

柳生　ちょっと不思議な感じが出たのかもしれないですね。お話自体が幻想的だったし。

大橋　「少年宇宙人」（『ダイナ』20話）は好きだった。原田さんは「いずれあの続編を」と言ってました。お話としては作れるんじゃないですか。あの子ども達が大人になった時のお話。

田代　原田さんは『ダイナ』好きだったけど、ちょっとコメディのタッチが入ってるからじゃないですか。『ティガ』は意外とシリアス系というかね。

大橋　ハネジローを連れていってました。旅行にもハネジローがいつも一緒だった。小さいハネジローの人形を必ず横に置いて一緒に撮った写真を送ってきて。撮影用じゃなくて、おもちゃの小さいので（笑）。『ブースカ！　ブースカ!!』も印象的な話が多かった。『ブースカ』は原田さん好きでした。楽しかったですよ。特にそんな特撮っていうほどの……。

田代　逆に言えば、合成も細かい作業より大胆なものが。

――カモスケの卵が空中に浮かんだり、お金を吸収したり吐き出したりとか……。

田代　「見て面白ければいいだろう」「笑えればいい」という雰囲気の作品だったから、逆に言えば意外とチャレンジできた。

▽ロケハンは口実？

大橋　『ガイア』の頃に遊び行くのが多くなった。

柳生　そうですね、この頃から本当に。

大橋　「ご飯、どこ行く？　みんな集まれ」みたいな（笑）。最初は「みんなで」というのはなかなかなくて。『ダイナ』ぐらいから慣れて車何台かで行きました。泊りがけで館山行ったり、戸隠行ったり。

柳生　スキーに行ったこともある。僕とスクリプター二人と原田さんと四人で。僕は仕事以外の個人的なお付き合いをするのは原田さんが最初で、一番多かった。

大橋　行き先は原田さんが決めてくる。段取りは、うまかったので（笑）。「どこかにおいしいものありませんか？」と言ったら、原田さんがどこそこにこれがあるからと。

唐川聖美　私、原田さんはご飯を食べている印象しかなくて。

大橋　『ガイア』のエンディング、海岸で藤宮が我夢を指さすシーンがありましたよね（5話「もう一人の巨人」）。あの海も、その何ヶ月か前にロケハンを口実に館山に行ったんです（笑）。それで、またそこ行きたいから、そういう場所をロケ地に設定して、というのはありましたね。もともとは原田さんが映画の撮影で行ったところだと言ってました。

――スクリプターの黒河内美佳さんが、原田さんとみんなで旅行した時、食べ物には従うけどコースに不満を漏らしたら、次はコースを二案出してきたと。

一同　（笑）。

田代　わがままな人達が多いので（笑）。

でも我々編集部は意外と素直だったよね？　監督が連れていってくれると言ったら。

大橋　まあ、ここのお店がたとえば混んでいたら、次の候補は決まってるとか。その辺は手抜かりない。

柳生　ちゃんと旅のしおりを作ってくれていた。

大橋　でもその内に、原田さんがわかっていれば、みんなはただ後をついていけばいいみたいな（笑）。

大橋　『コスモス』の前に、私「あんずの花を見たことない」って言ったのね。そしたらみんなも見たことないと言うから、それで戸隠に行って奥社へ行ってね。原田さんが全部ペンションも探してきて。

あんずの花の素材をイゴマス（『コスモス』4話「落ちてきたロボット」）で使ったんです。有働（武史）さんという方が合成なさっているんですが。

柳生　そこで撮ったスナップ写真に写っている花を合成して埋め込んでもらった。

いつも私達がいた

大橋　私達、基本的には砧の円谷プロの中にあった編集室にいたので、そこに連絡くれればさっと集まれたんですよ。五〜六人は必ず。原田さんだけじゃなくて仕上げのスタッフとか、スクリプターとか監督とか役者さんとか、その辺の人達が来たりして。狭いんですが、場所が都心にあるので。

柳生　フラっと来れば誰かがいる。

大橋　「近くまで来たから、ご飯食べよう」というのはしょっちゅうありましたからね。ヴィーノというイタリアンのお店が祖師谷通りにあったんです。そこによく行ってた。狛江に移るというので、みんなで一口株主になって。

必ずそこで一年に二回は恒例で食べていたんです。ちょうどその年は「二月にやります」という連絡をしてて、それが亡くなる前日だったんです。

あとで聞くと原田さんは、どうしてもそこで退院というか、外出させてくれと病院に言ってたみたい。私達ね、何も知らなかった。

あんなに（体調が悪く）なっているなんて、知らないからびっくりした。阿南（玲那）が心配してお店に来た時も「冗談でしょ」って。

あの時はみんな、原田さんと話すというよりも、原田さんの話をゆっくりと聴くだけでしたよね。

最初は一口株主関係で五〜六人ぐらいだったのを、阿南があっちこっち連絡して、原田さんがこうだからみんなに会わせたいということで、ひし美ゆり子さんもいらして、みんな次々と。

仕事で中国に行かれてたのは知っています。メールでね、「今日はこれを食べました」と、いつも送ってくれたりして。楽しそうでしたよ、最初は（笑）。

編集は料理と同じ？

森津永　「編集は料理と同じで、いい素材があれば少ない素材でいいものができるんだよ」というようなことを言われていて、その時に「ああ、やっぱり食べ物が好きなんだなあ」と。

一同　（笑）。

柳生　原田さんを交えて伊豆に行ったことがあって、まだ話をするほどでもない時期だったんです。その時に男湯で、そんなに広くない温泉に入って、二人っきりで喋ったりしたことは、今でも憶えてます。他の監督さんと風呂に入ったことはないから、不思議な気持ちになった。

大橋　温泉が好きで、戸隠に行った時も温泉に連れていってくれた。五種類ぐらい入ったよね。

柳生　憶えているような会話はした気がしなくて、でも一緒にいる時は多くて……。

大橋　遠い親せきみたいですよ。

一同　（笑）。

田代　男兄弟があえて話するってのがないのと一緒でね。

作品解説

「奪い奪われ卵がポン!?」28話

▼二〇〇〇年四月一五日放映

脚本：増田貴彦　撮影：倉持武弘

▼ストーリー

ブースカ達が偶然手に入れた謎の「卵」は、雄作が発明した高性能保育器の中で大切に育てられていた。卵は突然消えたりテレポーテーションをしたりと、正体不明だが、ブースカはその中から自分の弟が生まれると信じている。

その頃、大作パパのライバルである夢町のマッド・サイエンティスト松土最円の発明品・スパイアニマルが商品化され、大流行。金持ちになりウハウハの松土はとんとん亭に来て、散々イヤミを言っていく。呆れる雄作達……。

その松土が、ブースカが懸命に温める卵のことを知った。バラサ砦に乗り込んでまたイヤミをぶちまけた後、家に戻った松土は、さっき見た卵が自分の家にもあるのを見てビックリ。

しかもその翌朝、松土邸の金庫の中から大金が消えてしまう。夜中に金庫の前でゴトゴト動いていた卵を松土の部下・凹丸が目撃していた。

そしてバラサ砦に戻った卵の下からは松土の印鑑が出てくるのだった。

そんな時、空き地でキャッチボールをしていたカッちゃんとオサムが、巨大な怪獣らしき足跡を発見する。

▼ブースカ弟?　〜その誕生まで

今回は、26〜31話にかけて連作された、新キャラクター〈カモスケ〉の登場編につながる一本。カモスケは、昭和の旧ブースカで二匹目の快獣・チャメゴンが後半レギュラーになっていったのに相当する存在。誕生するまで、弟が欲しいと願い続けるブースカの思いが描かれるのも共通している。

かつてのチャメゴンは兄・ブースカよりもイタズラ好きの野生児だったが、調子が良くてお金が大好きなカモスケもまた、イノセントなブースカと対照を成している。

メインライター川上英幸がカモスケ誕生前後の六話分を監修し、誕生する前後の三本は直接執筆している。最初の26話(「月と卵のミフチな関係」、監督・北浦嗣巳、脚本・西園悟)は、お月様が顔のパックのために地球にあるすべての卵を奪ってしまうというお話だったが、色々あって、最後に卵が無事地球に戻ってきた時、中に混じっていた、見たこともない大きくて不思議な卵を雄作達は偶然手に入れるのだった。恐竜か巨大な蝶か、はたまたカブトムシか……子ども達はそれぞれ、卵の中から何が生まれるか空想し、中でもその卵から、自分の弟が産まれると思い込むブースカは真剣だ。

次の27話「GO!　GO!　バラサカンパニー」(監督・北浦嗣巳、脚本・右田昌万)では、卵がかえった時のための資金稼ぎで子どもだけの会社を作ろうとする雄作達だが失敗し、貯めたお金もどこかへ行ってしまう。

原田監督が担当する今回は、そこに続く話である。大作パパにとって発明のライバルである松土最円(赤星昇一郎)との対決を主筋としながら、卵の謎をほのめかしている。

▼宿敵・松土最円

松土最円博士は4話「宿敵!?　松土最円登場」(監督・市野龍一、脚本・太田愛)以来のセミ・レギュラーだが、原田監督の回に登場するのはこれが初めて。「エッサ」「ホイサ」の掛け声とともに忍者のように従う黒装束にサングラスの部下・凸丸(下地義人)と凹丸(北野康広)を率いて、大作に嫌がらせをしたり、発明を盗もうとしたりする。サルのぬいぐるみの形をした「スパイアニマル」を放ち、大作や雄作達の動向を探る。

演じる赤星昇一郎はお笑いトリオ「怪物ランド」で知られるスキンヘッドの怪優で、円谷作品のみならず特撮ものの出演も多い。松土役でもアドリブ満載のパフォーマンスを連打している。

今回は冒頭、松土最円のスパイアニマルが夢町で「おでかけセット」としてブームになっていることを示す。松土がよくスパイ活動に使うサル型のものだけでなく、ネコや鳥など他の動物型のスパイアニマルも流行っており、道行く人々が身に着けている。

松土本人も既に有名人になっているようで、街を歩いていると「あ、まっちゃんだ!」「スパイアニマルちょうだい!」とヤマンバギャルに取り囲まれ、ついでに禿げ頭を撫でられる始末。彼女達の厚底ブーツには放映当時の時代を感じさせる。

この事態に「大ブレイクのよ・か・ん」と笑う日八樫さん。それぞれ職業の異なる同じ顔の兄弟を大滝明利が演じているが、今回の彼は四男で、オモチャ会社の社長なのだ。本編ではセリフが割愛されているが、脚本では、日八樫の方から松土に商品化を提案したことが明確になっていた。

松土はこのブームで大金持ちになり、海外に別荘まで持つようになったという。その噂を聞いた大作パパは、とんとん亭でラーメンを食べていた箸を思わず下に落としてしまう。動揺を隠せないのだ。

そこへ、たまには庶民的にラーメンでも食べるかと言いながら、明らかに自慢しにきた態度でとんとん亭に現れる松土最円。

手下の凸丸・凹丸によって敷かれた赤いじゅうたんを歩んでくる松土だが、金持ちになってからの美食生活を自慢する中にも、「フォアグラ」という言葉が言えず「フォアボール」と言ってしまうなど、赤星は脚本のセリフにことごとくアレンジを加える。

大作の長女・妙実は松土からスパイアニマルを一個貰って大喜び。「特製ラーメン一つ!」とママにサービスを促す始末。

ラーメンを食べるのに並の丼では不満だと松土が取り出したのは、時価一億だという純金製の丼。

威張る松土に対し、ムキになった顔になるが、次の瞬間「ぐやじー」と口に出す大作。そのままキャメラは傍らのハネタロー人形に寄り「あかんわコレ」と突っ込ませる。この突っ込みはシナリオでは妙実の役割だった。1話から登場しているハネタロー人形に出番を作っているのは、キャラクターを大切にする原田監督らしいこだわりだ。そして本エピソードには、他にもそうしたこだわりが散見されることとなる。

店から去っていく松土に「かえれー」と、片手に枡を持ち、季節外れの豆まきをする大作。これもシナリオにはなく、思いっ切り跳ねさせている描写といえる。

豆まきする哀れな大作をバックに、丸めたじゅうたんを持ち、傘を差しかけてくる凸丸・凹丸を従え「カネがたくさんあっても退屈でかなわん！」と贅沢な悩みを口にする松土。差しかけられた傘の縁にはお札が一枚一枚釣り下がっているという悪趣味ぶりだ。

松土は「凸丸凹丸、なんか面白いことないか、探してまいれ！」と命令するのだった。

▼悪ノリ暴走世界

青空の下、今日も旗がはためいているバラサ砦。

子ども達とブースカにとって、ここしばらくの関心事は、何が生まれるかわからないあの大きな卵だった。高性能保育器を作った雄作は、そこに卵を置く。自分で卵をかえしたかったブースカだが「うっかり割ったら元も子もないだろ」と言われ、納得する。

卵から弟が生まれると思い込んでいるブースカは、弟と遊ぶ自分の姿を思い浮かべてタレ目になるのだった。

「♪ラーメン大好き、ナルトおいしい、じゅわわわー」

デュエットしながら踊る、そっくりな姿の兄弟ブースカのイメージ映像。弟ブースカも色違いのポシェットを肩から掛けている。

「ああ、早く産まれないかなあ、ボクの弟」

その頃、松土最円は「幻のワインと呼ばれたロマネコンティの三〇年モノか」と、カタカナで〈ロマネコンティ〉とラベルが貼ってある瓶から注いだ酒をひと口呑み「ただのブドウ酒じゃないか」とこぼしてみせる。チーズやキャビアも置かれている。そこへ凸丸と凹丸がやってきた。

「凸丸と凹丸、二人合わせて正方形。だからなんなんだ」と自分が言ったことに突っ込む松土。むろんアドリブだが、わざわざ凸と凹のタイルを手にして合わせてみせる。

二人がまだ何も言い出す前から、得心したように「わっはっはっは」と笑ってみせ「まだです」と突っ込まれて「そうか」と冷静になる。むろんこれもアドリブ……と、今回赤星昇一郎の怪演任せの部分が多い。

後に雄作達の元にやってきて嫌味を言う時も、脚本にあるセリフをわざと英語訛りで喋り、末尾に「です、イズ」と付けるなど、やりたい放題だ。

ところで凸丸と凹丸が松土にもたらした情報は、「バラサ砦になにやら謎の卵が……」というものだった。

▼奪い奪われめくるめく

バラサ砦では子ども達がテレビのリモコンを奪い合い、チャンネル争いをしている。「ウチでビデオ録ればいいのに」「まるで子供ね」という女の子達の冷たい視線をよそに、男の子はリモコンを奪い合う。カッちゃんはサッカー、つっくんはプロ野球、オサムはお笑い、そしてブースカはときめき仮面を見たいのだ。それぞれのチャンネルが写ると、ときめき仮面だけはライブラリー映像が使われているが、カッちゃんはサッカー選手に、つっくんは野球選手に、オサムは厚化粧にスーツを着てお笑いタレントとなって画面に登場する。それぞれ自分の願望の姿をテレビに投影しているということになるが、これは同じ原田監督による10話「行け！　少年探検隊」で男の子達によって語られたそれぞれの夢と照応している（オサムのみ「学校の先生」から「コメディアン」になっているが、先生ではエンターテインメントになりにくいからだろう）。

原田監督は今回、自分がそれまで描いてきた要素を、それとなく散りばめているのだ。

チャンネル争いをしている子ども達の元へ松土がやってきた。「ギノ！　これはボクの弟だ。絶対渡さないぞ！」と卵を守ろうとするブースカだが、松土はただ退屈しのぎに見に来ただけのようだ。

だが松土が嫌味を言って去った後、卵がなくなっていることに気付いて驚愕する子ども達。

やがて砦が夕焼けに染まり、みんなはまだ手分けをして卵を探しているが、近くのどこにも見当たらない。カラスの声がカアカアと聞こえ、寂寥感が増す。泣きだすブースカ。

「わーん。せっかく弟ができると思ったのにーッ！」

砦の屋根の上に立つカッちゃんは「ぜってー松土が持ち帰ったんだって」と断言するが、冷静な性格の雄作はこれを否定する。砦を出る時、松土は何も持っていなかったのだ。

その頃、卵はナント自分の意志で松土のところへ来ていた。いつのまにか卵があることを不思議がる松土。

そして翌朝、今度は松土のアジトから、金庫の中の現金や宝石、株や小切手がすべてなくなっていた。同時に、あの卵も再びなくなっていたのである。

卵はバラサ砦の保育器に戻ってきていた。

「やっぱりボクが抱きかかえてあげなくちゃ」と喜んで持ち上げるが、卵が急に重くなっていることに気付くブースカ。そして、オサムは卵が置かれていた保育器から松土の印鑑を見つけるのだった。

スパイアニマルをバラサ砦に仕掛けていた松土は、卵が砦に戻っていることに気付き、卵が金庫の金を食ったに違いないと判断する。

▼巨大怪獣の罠

松土最円のアジトでは、鴨居に荒縄を通し、首を吊ろうとしている日八樫さん四男に、ステージ歌手のようにスポットライトが当たる。

松土は「よそでやってくれないかな」と制止する。スパイアニマルの売り上げが急速に落ち、破産寸前だと絶望している日八樫さん。「あんたの青々とした髭剃り跡がキライなんだよ」と訳のわからないアドリブを言いながらとりすがる松土だが、荒縄がぷつんと切れ、イスの角に頭をぶつけてしまう。だがその瞬間、何かが閃いた。「どったの?」と鼻血を出しながら問う日八樫さんだが、松土は「教えない」と首を振るのだった。

その頃、カッちゃんとオサムはキャッチボールをしていた。その場所が、シナリオでは漠然と「空き地」となっていたのを原田監督は「バラ園」と指定している。そして球を投げるカッちゃんに「ここ、オサムの思い出の場所だよな」とシナリオにないセリフを言わせている。

オサムの思い出とは、原田作品である12話「冬の国ものがたり」での、ルルーとの出会いと別れのことである（オサムは後の36、38話でもルルーとの思い出を口にしている）。原田監督は、自分がかつて撮ったエピソードを登場人物に振り返らせているのだ。

「それを言うなって」とカッちゃんへ球を投げ返すオサムに「また会えたらいいな」と言いながら球を投げるカッちゃん。

だが球は暴投になり、オサムが追いかけていくと、そこには巨大な足跡が！

合成を用いた俯瞰の映像でその途方もない大きさが示される。

テレビでは、レポーター役の夢町市長が大怪獣の出現によるパニックを報じていた。テレビの画面に写るのは、異様に頭の大きい恐竜型怪獣だ。

大怪獣はバラサ砦の前まで姿を見せる。だが雄作は、なにやら怪しい機械を持ち出している凸丸と凹丸が遠くにいるのに気付き、不審に思う。

バラサ砦に現れた泡手刑事は、保育器の中の卵を差し、怪獣はこの卵を捜しているのだと言い、諫めるためには卵を差し出すべきだと説く。

怪獣はバラサ砦に迫ってきた。だが卵を渡したくないブースカは卵を抱いたまま飛び出してしまう。あわやという時、怪獣の姿は消えた。

「ヤツは瞬間移動もできるのだ」としたり顔で言う泡手。

さすがのブースカもこの騒ぎを前に、卵を差し出すことを決意する。

だが、これは松土の罠だった。泡手刑事に化けていた松土は、ホログラムの怪獣とニセモノのテレビ中継でブースカからまんまと卵を奪い返したことを配下に自慢し「頭周り六二・五センチの頭脳の勝利なのだ」と自分の禿頭に巻尺を当ててみせる。

だが雄作はそれを見破っていた。

松土の前に立ちはだかり「影だよ」とニヤリとする雄作。怪獣には影がなかったことを雄作は気付いていたのだ。

「私はハゲではない。美意識で剃ってるのだあ、こんなところに髪の毛が」と空耳ギャグをかましながら自分の頭上をいじる松土。

そして一拍置いてから「しまったー」と配下ともども慌てだすのであった。

だが松土もさるもの、「松土」と自分の名前が書かれたハンマーを繰り出し、雄作達の目の前で、とんとん亭でも出してみせたあの黄金の丼を割ってみせる。亀裂が入って粉々になる様がCGで表現される。

「見たか、この松土ハンマーは、どんな高価なものでもためらわず粉々に打ち砕くことができるのだ！」

それを見たカッちゃんは「なんて恐ろしいハンマーだ」と驚愕。

これ以上近付いたらこのハンマーを使い、卵を「ぐっちゃぐっちゃべっちょべっちょしちゃうぞ」と言って去る松土。

「ぐっちゃぐっちゃ……ぐえー」と思わず想像してしまいショックを受けるブースカ。ここら辺は高戸靖広の声の演技も絶妙である。

だが卵は雄作によって既にすり替えられていた。松土はニセの卵を持っていったのだ。

「もう誰にも渡さないからね」と卵に語りかけるブースカに、思わず「ブースカ……」と心温まるさやかや子ども達。だがオサムは、黄金の丼のカケラがどこにもないことに気付く。その時「チャリン」と卵の中から音がする。

その後日談

ニセモノとも知らず、持ち帰った卵をハンマーで割る松土だが、中から雄作の仕込んだパンチンググローブが飛び出し、ノックアウトされてしまう。しかしその瞬間、また何かが閃く松土であった。

数日後、バラサ砦のブースカと子ども達は、松土最円がテレビのテレフォンショッピングに出ているのを見た。

卵の中からパンチンググローブが飛び出す目覚ましマシーンを売り出す松土は司会者からコメントを求められ「発明は閃き、閃きですよ」と能天気に喋っている。このコメントはシナリオでは「いやなに、発明は閃き。閃きに理由はありませんよ」と、雄作のアイデアを盗んだことを隠していることが明確なものになっていた。

松土の傍らでは日八樫さんが共演し、視聴者にニコニコと番組テロップの電話番号を示している。調子のいい日八樫に一瞬訝りの視線を送る松土。だがともかく、彼は再び大金持ちになったのだ。

この二人にコメントを求める司会者の存在は準備稿段階から設定されていたが、原田監督はこれを、セミレギュラーである夢町テレビのレポーター役・袖木佑美に変更している。

テレビを前に呆れる子ども達だが、卵の中から「チャリン」と音がしたことに、オサムが「アレ？」と気付いて触れる。だが、すかさずブースカは「触っちゃダメ」とオサムをドツくのだった。

今回のブースカは、とにかくひたすら卵に弟を投影し、思いを貫く役どころであった。

エンディング主題歌のラストカットは、ブースカの夢想する、自分と、自分そっくりの弟が仲良くじゃんけんし、「あっち向いてホイ」に興じる姿だった。

——果たして、弟が欲しいブースカの夢は叶うのか？

秘められた決意

前の回の27話も子ども達が会社を作ってお金を稼ごうとする話だったように、カモスケ登場が近付くに従って、金にまつわる話を主筋に絡めていくようになる。子ども番組としては少しシニカルな笑いの要素を挿入し、番組のドタバタ度、バラエティ色を強めようという戦略が伺える。

今回はオモチャ会社の社長である日八樫さん(四男)が松土をそそのかし、スパイアニマルやパンチンググローブを大々的に売り出す。松土は大金持ちとなり、大作パパが悔しがるという展開となる。

番組当初からレトロでまったりした装いだったこのシリーズに、現代的なバラエティの要素を注入したかのようなリニューアル路線に参加しながら、原田監督は、同じブースカの世界、夢町の世界で自分が作り出してきたものを大切にし、話の表面には浮かび上がらせなくても、随所に散りばめている。

オサムはキャッチボールをしながらも同じ場所でのルルーとの別れを忘れることがないし、カッちゃんが勇気の石を祀った神棚もバラサ砦の中にちゃんと一角を占めている。かつて子ども達だけで探検した時に夜なべで語り合った将来の夢も生き続けている。

自分の信じるブースカの世界は、決して消えることはなく、これからも大切に育んでいくのだという原田監督の秘めた決意、そして視聴者へのサインが伺える。

「誕生！　弟ブースカ？」29話

▼二〇〇〇年四月二二日放映

脚本：川上英幸　撮影：倉持武弘

▼ストーリー

弟誕生を待ちわびるブースカは、バラサ砦でみんなと一緒に、毎日一生懸命、卵の面倒を見ていた。しかし、今日は誰一人としてバラサ砦に顔を見せない。ブースカが探しに行ってみると、なんと、みんなはグラウンドで楽しそうに野球をしていた。

ブースカに怒られ反省する雄作達は、交代制で卵の面倒を見ることに決める。最初の当番は、さやかとつっくん。だけど、そこで大変なことが！

卵が急に激しいプラズマ光線を発しながら、喋り出したのだ。しかも宙に浮かび上がって、追いかけ回してきた……!?

作品解説

▼未来を育てていく

冒頭のシーンは、キャメラがバラサ砦の外観から入り、丸窓から覗く形でブースカを捉える。前回からの続きで、保育器に入った卵を見守っているブースカ。

セリフは冒頭からインしている。

「卵君、そろそろ生まれてもいい頃なんじゃない？」

自分そっくりの弟が生まれ、ひしと抱き合うことを夢想してうっとりとするブースカだが、突然卵がぐらぐらと揺れ、白煙が吹き上がる。

「つ、ついに、ついに生まれる!?」

だが、白煙の向こうに立っているのは仮面を被ったドンドコ族！

「ギョエー！」

それは夢だった。

ドンドコ族とは、仮面を被ったジャングルの幻の民族で、さやかのパパが探検の地から持ち帰った仮面をつけるとみんなドンドコ族が乗り移って夢町中の人々が踊り狂うという事件が過去にあったのだ（13話「帰ってきた冒険パパ」）。

原田監督は、白煙が吹き上がる場面のシナリオに「スモーク」という書き込みとともに「オソマツ」と書き込んでいる。以後、同様のシーンがある度に「オソマツ」とある。

既にCGを駆使出来る時代に入っているが、今回、卵からの出現場面に関しては昔の忍術映画のような、煙が消えたらそこに何かが立っていた……というような原始的な表現にこだわっていることが伺える。

ドンドコ族が夢だったとわかり安心するブースカだが、付近に散らばった数枚の小銭が卵に吸収されたことには気付かない。

この場面、卵に小さな口が開いて飛んできた小銭を吸い込んでいくのはもちろん合成だが、その前に、散らばった小銭が一旦垂直に立つ場面を入れているのがメリハリを生んでいる。

「それにしても、みんな遅いなあ」

卵の面倒を見るはずの子ども達は、近くのグランドで野球に興じていた。打席にはキャップを被ったさやかがバットを構えている。マウンドから雄作がボールを投げる。見事打つさやかに「くそう、カーブが曲がらなかった」と悔しがる雄作だが、そこへブースカが駆けてくる。

「みんな卵の面倒はどうしたのさ！」

そう言われるとバツが悪くなる一同。最近卵にかかりきりだから、たまには野球でもとやりだしたら、盛り上ってしまったのだ。

「ブースカ、私達が悪かったわ」

さやかが率先して謝り、雄作の提案で、卵の面倒を見る係を交代制で決めることとなる。シナリオではくじで決めることになっていたが、原田監督はじゃんけんに変更。

じゃんけんで負けたのはつっくんとさやか。二人だけ残された時、さやかから「なんでパー出さなかったのよ」と突っ込まれるつっくん。今回のさやかは少し勝気ぎみに描かれている。

バラサ砦までの道行きでも、まだつっくんと言い争っているさやか。試しにもう一度じゃんけんして「またチョキ出した」と責められるつっくんは「さやかだってチョキ出したじゃん」と言い返すが、さやかは「私はいいの」とひるまない。

こうしたじゃんけんのシチュエーションはすべて原田監督が作っている。

さやかを演じる斉藤麻衣は当時チャイドルとして写真集を出し、固定ファンが存在していた。

▼ブースカと子ども達の反目

バラサ砦に着いたさやかとつっくんだが、テレビがつけっ放しになっていた。「もう、ブースカったら」と怒るさやかだが、実は卵が遠隔操作でテレビのスイッチを押していたのだった。卵は中国で金貨が発掘されたというニュースに関心を持っていた。

卵はやがて激しいプラズマ光を発し始め「テレビ消すな！」と声を出して命令。それを聞き、恐怖にかられ叫びながら砦を飛び出すさやかとつっくん。

その頃、グラウンドでは、ピッチャー役になったブースカが、バットを構えるチカに向かって「魔球で勝負だ」と〈ミュッキースライダー〉を投げていた。「なんの」とバットを振ってカーンと当てるチカ。ヘルメットを被っているチカの懸命な姿が可愛い。

だが打たれた球はブー冠を吹き飛ばし、渦巻き目になったブースカはその場に倒れてしまう。

「ごめんなさい」と慌てて駆けつけるチカのまっすぐな態度がまた可愛い。

そこへ「大変だ！」と走ってくるさやかとつっくん。

「卵が……卵から」と訴えるさやか。

ブースカを介抱するチカだけ置いて、一同はバラサ砦に駆けつけた。カッちゃんのみ、キャッチャーの防具のままでバットを持って駆けつけている。

卵は子ども達の前で宙に浮かび上がり、プラズマ光を発する。

「みんな逃げろ！」

光線は地面に着弾し、子ども達は慌てふためく。

卵は揺れながら高笑いしている。

その頃、グラウンドに一人残ったチカはブースカを介抱していた。「よいしょっと」とブー冠をブースカの頭上に戻してやるチカが可愛い。チカは既に縞のコートを着ている。「ブースカ、気が付いた？」と顔を撫でてあげる。

チカ役・田中瑞穂は斉藤麻衣のような華やかさはないが、オデコが広く、昭和の女の子の風情があって、素朴な魅力を発している。

チカから〈卵に異変があった〉と聞いたブースカは、自分もバラサ砦に急いで戻ろうとする。

そうしている間にも、バラサ砦の子ども達は、縦横無尽に空を移動する卵の電撃攻撃にさらされていた。バットを振り回すカッちゃんだが、卵はヒョイヒョイと避ける。だがやがてバットは当たり、下に落ちる卵。

「やった！」と無心に喜ぶ子ども達だが、そこへブースカが駆けつける。

カッちゃんがバットの先で卵をつついているの見たブースカはショックを受けた。

「ま、まさか、カッちゃん、そのバットで卵を……」

その瞬間「しまった」という顔になるカッちゃんやみんな。

「ひどいじゃないか」と言うブースカに、子ども達は事情を説明する。

「何言ってんだよ」

ブースカの声は不信感に満ちている。目も伏目がちで険悪だ。

「ハハアーン、みんな卵の面倒を見るのが厭になったんで捨てちゃおうと思ってるんだな」

「違うよブースカ」と言う子ども達だが、ブースカは「うるさいやい。フンだ」と言い放つと卵を抱えたまま走っていくのだった。

「卵は僕が守る。みんなには指一本触れさせないぞ」

卵をおんぶしながら歩くブースカだが、道に落ちている百円を卵が吸い込むのを目の当たりにして驚く。そして突然、ブースカに語りかける弟。

「お兄ちゃんかも……」

▼今回のテーマは……

とんとん亭のテラスでオレンジジュースをご馳走になりながら、卵について話している子ども達と大作夫婦。

これまで、子ども達が会社を作ろうとして貯めたお金がなくなった（27話）のも、松土最円の全財産が金庫からなくなっていた（28話）のも、みんなあの卵のせいだったのではないかと考える一同。

今まで卵からはいいものが生まれてくるイメージを持っていたけれど、何かとんでもないものが出てくる可能性もあったのだと大作夫婦は指摘する。

大作は冗談で、たとえば死神が出てくるかもしれないと脅かすが、子ども達は白煙に包まれて死神が出現する様を映像でイメージし、本気で怖がってしまう。

「このままじゃ、ブースカが魂を抜かれちゃう」。そうチカが口火を切ると、雄作の掛け声で子ども達は一斉に立ち上がる。

だが駆け出す時、「ありがとうございました」とちゃんとジュースの礼を言う子ども達がリアルだ。原田監督はこんなところでも描写を下品にしない。子ども達は、ちょうど「タマゴ入りラーメンデラックス」を食べにやってきた泡手と隼人の両刑事をすり抜けるように駆けていく。キリキリ舞いする泡手と隼人。

子ども達は町の方々でブースカの名前を呼び、捜す。

つっくんが祠になっている壕から出てくると「そんなところにいるわけないでしょ」とチカが呆れる。

「ブースカ、あったかいラーメンがありますよ」と大声で呼びかけるチカに「あるわけないじゃん」と突っ込むつっくんだが「いいのよ。言うだけでも」と、ここでも女の子は自分を譲らないのだった。

さやかはいつもの穴澤天神社で雄作とペアで捜していたが、手水場（お清め所）で気配に立ち止まる。卵の「ギョ！」という声が聞こえる。

雄作に呼ばれ、「何かがいる」という疑念を振り切って去るものの、途中何度か振り返るさやか。

やがてさやかが完全に立ち去ってから、「デロデロのパッ！」と姿を現す、卵を背負ったブースカ。

こうしたさやかの一芝居はシナリオには書かれていない。まさに「行間」を膨らませた部分だ。

『ブースカ』ではさやかの主演作を撮れなかった原田監督だが、今回は随所に〈女の子の魅力〉を散りばめることをテーマにしているようだ。チカにはまっすぐな可愛さを、さやかには潜在的な感受性の強さを、丁寧に演出している。

ブースカはバラサ砦に戻り、戸口に外から柱でバッテンをし、トントンと釘を打ちつけ盤石の構えを築き上げていた。

だが「どうしよう、入れなくなっちゃった」と慌てる。

ブースカには消えたり出たりの超能力がある。自分でそれに気付き、「ナイナイのパッ」と消えてみせ、バラサ砦の中で「デロデロのパッ」と再び姿を現した。

「これでもう大丈夫だよ」と語りかけるブースカに、卵は「お兄ちゃんたのもしいカモ」と応えた。

実はその様子は子ども達が雄作の研究室から覗いていた。かつて松土最円が商品化したスパイアニマルを使ったのだ。

映像が映し出されるモニタを見るさやかの目がアップになる、彼女の吊り目が魅力的だ。窓からの明かりが美少女を映えさせる。

そして「結局バラサ砦か。所詮ブースカの考えることね」と呟く、ちょっと残酷な感じすらする今回のさやか。

もちろん、女の子だけではなく原田監督はレギュラーの子ども達全員に目を配っている。

スパイアニマルを購入していたオサムは「一応流行っているものはゲットしておかないと」と言うが、「もうとっくに時代遅れだと思うよ」とカッちゃんから突っ込まれる。

素直な性格だが一歩遅れてしまうところが「冬の国ものがたり」でもルルーになかなか手袋を渡せなかったオサムらしい。

▼欲しいものは何?

「僕が生まれるにはいっぱい、いっぱい、お金がいるんだカモカモ」

そう主張する卵にブースカは驚く。それも千円や二千円では足りないというのだ。

「ギョエー」と目が点になるブースカに「お兄ちゃんに早く会いたいカモカモ」と殊勝なことを言ってみせるカモスケ。

「まずい、ブースカを騙してお金を奪う気だ」と研究室のモニタからその様子を見ていた雄作は気付く。「このままじゃブースカ、弟のためだからって、銀行強盗とかしかねないぞ」と飛び出していく子ども達。

ただ一人、さやかだけは何やら一人考えこんだままだ。

それに気が付くチカとオサム。さやかはチカに「考えがあるの」と耳打ちする。オサムは一拍遅れて「もう一回」と頼んでさやかから叩かれる。

「いたッ」

さやかはもう一度チカに耳打ちして話の続きをする。自分も耳を傾けて聞き取ろうとするオサム。

小学校高学年ぐらいの女の子は体格も出来上がり、男の子よりも押し出しが強くなる。原田監督はこうした時期の女の子を魅力的に捉えるのがうまい。同時に、男の子の一歩前に出られないナイーブさもよく捉えている。

▼そして卵の正体は……

バラサ砦にやってきた子ども達は、ヘルメットを被り、ダンボールで身を包んでいた。機動隊よろしく拡声器で「ブースカ、その卵は危険なんだ」と呼びかける雄作。

ラーメン三〇杯を餌にする雄作に一瞬心を動かされるブースカだが「お兄ちゃんひどいカモ」と卵に言われ、踏みとどまる。

強行突破を試みるも、ブースカ念力に弾き飛ばされてしまう雄作達。

「まともに行っても勝ち目はない」

そこへ、さやかとチカ、オサムと共に駄菓子屋のゲンツキさんがやってくる。ゲンツキが持参したバッグを開くと、中にはいっぱいの金貨が。

金貨を示しながら呼びかけるさやか。

「ブースカ、私達卵のために金貨を持ってきたのよ」

そんな金貨をどこから調達してきたんだと訝る雄作を「しっ、いいから」と制するオサム。

卵はにわかにテレポーテーションし、外に現れると中空に浮かびながら金貨をどんどん吸い込んでいく。だがやがて動きが止まり、苦しみ出す。

ブースカは、自分が打ちつけた戸のストッパーを体当たりで吹き飛ばし「おとうとーッ」と叫びながら外へと飛び出してくる。

苦しみ、吸収した金貨を吐き出す卵。金貨の雨は子ども達にキラキラと降り注ぐ。合成場面が美しい。

さやかは怖がりながらもムキになって卵を見返す。

「おのれ」と言いながら歪む卵。

実は金貨の中身はチョコレートだったのだ。

ブースカはこの騙し打ちに「なんでこんなことするんだ」と詰め寄るが、雄作は言う。

「あいつの正体をブースカに知ってもらうためだよ」

正体も何も弟に決まっていると言い返すブースカだが、卵は残酷な一言を。

「バーカ、お前の弟なんかじゃないカモカモ」

ガーンとショックを受けるブースカ。

「そう、俺達を騙しやがって」と怒るカッちゃんに「勝手に勘違いしたんじゃないかカモカモ」と卵はにべもない。

「死神め！」と叫ぶつっくんに「なんだそりゃ」と呆れる卵。

だがブースカは「念力であいつを捕まえて」との雄作の頼みに、今度は「わかった」と躊躇がない。

放射された念力で卵は小さい悲鳴を上げると、地面に落ちる。

やがて登場する新快獣カモスケと

すると、卵からおびただしい煙が立ち上った。

シナリオでは「やがて、白煙の向こうに、卵の正体である生き物のシルエットが見えはじめる」とあるが、原田監督はこれを変更、煙が広がり、空に立ち上っていくのを一同が見上げる顔でエンディング音楽がかかる。

そしてエンディング主題歌に合わせ、かつて1話で描かれたブースカが壺の中から産まれる瞬間や、今回の場面である、夢の中のドンドコ族出現、妄想のブースカ弟の出現シーンなど、白煙の向こうに現れる「オソマツ」シーンがつなげられ、その間に、自分が打ちつけたバリケードを破って出てくるブースカの映像が挿入される。中から何かが飛び出すシーンのコラージュなのだ。

そして再び、バラサ砦の前の一同に画面は戻り、煙を見上げる一人ひとりのアップをワンカットずつ拾う。

「あらま」と呟くブースカ、「なんだあれ」と呆然とする子ども達。

以下、次回に続く――。

▼〈作家的職人〉の真骨頂

今回、結局最後まで卵の中身は姿を現さず、さらに次回に持ち越される。次回、30話「大登場！　快獣カモスケ？」と31話「激突！ブースカ対カモスケ」で卵の中身・快獣カモスケは本格的に登場となる。この二本は市野龍一、田村浩太朗の共同監督で、脚本は今回に引き続き川上英幸が担当。

つまり原田監督はメイン監督でありながらカモスケの登場回を担当していない。

だが登場回へのブリッジとなるこの29・30話においては、卵の中身に期待を持たせて次につなげる役割をきちんと果たしている。

そうしながら、28話では自分がそれまで描いてきた世界のキーワードを今後も持続させる意志とともに散りばめ、29話ではレギュラーの女の子の魅力を引き出している。

自らのこだわりを活かしながら、どんなものでも、いざという時は受け止める原田監督の底力が伺えるのがこの29・30話だったといえよう。

そして次に手がける、最後の担当回の二本組（36、38話）において、原田監督は平成のブースカがなんであったのか、答を出していくことになる。

●ブースカ出演者&スタッフ

座談会

原田さんは『ブースカ!ブースカ!!』という番組を愛してくれた監督だと思っています。

倉持武弘(撮影)・高戸靖広(ブースカの声)・横尾和則(ブースカ・スーツアクター)

高戸靖広　僕は『ブースカ』の前に、実は英語教材で、ブースカをやっていたんです。原田さんとではないのですが。

横尾和則　その時も僕が入っていました。

高戸　だよね？　その時、僕はオーディションだったんです。

——その時点から、お二人のコンビだったんですね。

横尾　当時は現場では全然会ってないんです。

高戸　その繋がりで円谷さんからお声がかかったんです。「ブースカといえば」と。

横尾　私はそれ以前にも朝日新聞のCMのブースカもやらせて頂いていたので、その流れでお話を頂いたんだと思います。『ブースカ!ブースカ!!』では特にオーディションはなかったです。

高戸　一方で会社としてはオーディションもあったらしいんです。でも原田さん達、監督陣が「変えることはない。これで行く」と。

——昔のブースカの声は意識されましたか？

高戸　僕は昔の『ブースカ』をオンタイムでは見ていない世代なんです。だから今回、初めて造型されて出来あがったブースカを見ても、昔と比較しようというのはなかったし、僕はこのブースカを愛したいなと思いました。可愛らしかったしね。

昔の高橋和枝さんの声は、教材のオーディション会場で流れていたのを聞きました。

ただ、僕は女性ではないし、全然違うものにしかならないと思ったので、我流でやらせて頂いたんです。僕は僕で違うブースカを演じられればいいかと。

高橋さんの方が声が低いですよね。結構、喜怒哀楽の感情が緩やかなんです。僕のは逆に感情の起伏が激しいんです。前のブースカよりは元気がいい。昔ののんびり感というよりは。

のんびりしたところも、もちろんあるんですが、友達がいじめられたりすると怒ったり、そういうのははっきりメリハリをつけて演ろうと思いました。

倉持武弘　六〇年代とは会話のリズムもテンポも違いますからね。そこは、初代ブースカから監督されていた円谷プロの満田穧さんも初期に監修で現場に一緒にいらっしゃって、原田さんもお伺いを立てながら、現場で判断したところもありました。満田さんも新しいブースカで行こうという思いがありましたから。

▼ミュッキー、OK!

横尾　私は『ウルトラマンダイナ』の時に等身大のラブモスに入ったのが原田さんの作品の最初です。特撮作品の経験としては、その前に平成の『ウルトラセブン』でエレキングやメトロン星人とか怪獣・宇宙人をやりました。あとは『ウルトラマンコスモス』で、等身大のかっぱの「かわのじ」を演じて(56話「かっぱの里」)、地下足袋を改造した足でコンクリートを走りました(笑)。

倉持　あれは監督が村石(宏實)さんだったね。ウルトラは本編班ではスーツの出番はわりと少なくて、等身大は何本かしかないんです。原田作品だと『ウルトラマンティガ』の「ウルトラの星」(49話)でチャリジャが、本編班に出ました。『ダイナ』ではヒマラ、ラセスタ星人、ラブモス、ハネジローが原田組の本編班で扱ったキャラですね。

高戸　ラブモスの声は僕がやりました。

——ブースカとはまったく印象が違いますね!

倉持　ランダムな光の点滅で、ロボットでしたからね。ある意味では感情を出さないことが求められた。

高戸　山田まりやさんとちょっとラブな感じになるじゃないですか。そういうところだけは少し感情を入れましたね。そのお話で一番活躍するところは、ちょっとだけ人間味を入れて、行き過ぎたら原田さんが止めてくださる。「ちょっと押さえて」とか。

僕は原田さんとの最初は、『ティガ』の、大阪の毎日放送だけで放映するスペシャル番組なんです。

あれで僕は、レナ隊員とのかけ合いで、珍獣デバンダデバン(『ティガ』21話「出番だデバン!」に初登場)の声をやったんですよ。この時が、僕にとってもウルトラの映像では初仕事だったんです。

――デバンは『ティガ』本編では喋りませんでした。

高戸　ああいうアフレコは普通、ひと声出しては監督のダメ出しで直していくんですが、原田さんは役者を大事にするから、役者のノリを消さないで、気持ちのテンションを上げてくださる印象がありました。リラックスした形でやらせて頂いたので、すごくやりやすかったです。

倉持　ああいうキャラクターの声は、抑え目ではダメなんです。感情が表に出てこないと辛い。だから監督は『ブースカ』の時も「それ、やりすぎ！」と言いながら喜んでいるところがあって（笑）。「抑える方が技術的には楽なんだ」とよく言ってました。

横尾　高戸さんはすごくテンションが高くて、ギャーッとなる時は声も大きくなる。最初の頃は意識していなかったんですが、現場の後で、完成した画面を見るのを繰り返していると、自然と自分の動きも「あ、これは高戸さんに合ってない」とか、気付くようになってきました。

高戸　僕もそうなんですが、芝居はバーンと飛ばしてみないと、抑えがわからない。「もっとやって」と言われるより、一回出して引っ込める方が楽なんですよね。気持ち的に。原田監督は特に、僕がこういう風に膨らませたいと言うとまずは演らせてくれて、OKだったら「ミュッキー！」と言う（笑）。

倉持　ブースカ語で。

高戸　「あ、ミュッキーミュッキー」って。「はいヨーイ、スタート……ミュッキー！」って言いますから。

横尾　みんな「ミュッキー！」は言ってましたよね。

倉持　原田さん現場で楽しそうにやっていました。基本、のどかで楽しいお話ですから、雰囲気作りに監督は腐心していたんじゃないかなと思います。円谷プロとしては、一つの大きなキャラクターの柱ではあるんだけど、ウルトラマンのようなヒーローに比べれば、いわば王道ではないですよね。対象年齢が少し低くなって、子どもが多く出て、家族の話という部分では、原田さんは結構面白がっていたんじゃないかと思います。肩に力を入れないで出来るというか。

高戸　シリアスな話や怖い話も、すごく明るい楽しい話も、不思議な話もできる。自由でしたよね。

▼現場で直接アフレコを

横尾　レギュラーとして初めての作品だったので「自分が演じられるのか」という不安はありました。でもやっていく内にすごく愛着が湧いてきました。

　動きについては、最初は昔のを見ながら、後は高戸さんとやりつつ自然に出来たというところです。

高戸　『ブースカ』では画面を見ながらのアテレコじゃなくて、その場で横尾さんのブースカの動きを見ながらでした。撮影の現場に僕が直接行って声を出すのは『ブースカ』が初めてです。

　当時別に（声優の）レギュラーがあって、そっちへ行くと僕だけ日焼けで真っ黒。「いいなあ、どこ行ってきたの？」と言われる（笑）。「仕事なんですよ」と言っても「ウソだあ」って。まさかロケ現場で収録やっているなんてみんな思わないから。

　それ以前は、『ティガ』の特番も、先に撮ったレナ隊員の声を聞きながら僕がデバンの声を入れました。

倉持　それは僕らにとっても新しい試みでしたね。等身大の怪獣や宇宙人が役者と絡んで喋る時って、中に入るスーツアクターの人達が必ずセリフ憶えてきて、喋ってくれるんです。それがアタリになって、あとで声をもう一度はめ変えてアテレコする、というのが通常なんです。

　原田さんも僕も、新しくブースカをやる時に色々「どうしようか」と考えました。ブースカはほとんど出ずっぱりになるし、実際スーツも口パクが機械で動くようになっていましたから、通常だと今言ったように横尾くんが中で喋って、あとでそれに合わせて高戸くんに声を当ててもらうということになる。

　ただそれだと、現場で子ども達や他の俳優さんとの絡みがある時に、どうしたものかと。だから高戸くんに直接現場に来てもらうというのは、最初はテストケースだったんですよね。

高戸　離れたところに隠れて喋るんですが、すごく離れている時は、映らないぐらい小さいスピーカーを用意して、音声が干渉しない程度に流してやりました。

横尾　意外と場所が離れている時もありましたね。

高戸　山に登って、下りてきたり（笑）。僕は声がデカいんです。特にブーちゃん（ブースカのこと）の声を出す時は、キャラクターなので、テンション高めですごく張るんです。だからみんなのマイクに干渉してしまうので、すごく離れた場所に行くんです。

倉持　録音の楠本（龍巳）さんが「離れろ、離れろ」と。テンションが上がってくると、どうしても（声量も）上がっちゃうんで。高戸くんがどんどん離れてくのが横目で見える（笑）。

　そのように基本的にはシンクロ撮影だったんですが、改めてアフレコの日を作ることもありました。

高戸　たとえば「UFOをくれた少年」（3話）で原

っぱにブースカが一人で待つところは音声を録り直しました。現場で虫の鳴き声が入りすぎたので。

もちろん、編集してちょっと短くなっちゃったとか、逆にちょっと長めにしちゃったからアドリブを足して、という時は後でアフレコをし直しました。

倉持　そういうことも当然出てくるけど、やれるんなら、もう現場で録っちゃえばいいじゃない、と。

原田さんも最初は「どうなのかな」と言いながらやっていたけど、やっぱり良いんです。それで最後まで高戸さんに来て頂くことになったんです。

子ども達も、お芝居で実際に使う声が生で聞こえてくるので、リアクションがだいぶ違っていた。レールを引いた原田さんの思惑が当たったと思いました。

高戸　その場で空気がわかるし、監督が今そこで考えていることが聞けるじゃないですか。「ちょっとここ、こうしたいんです」というやり取りも、その場で出来る。自然な流れは出来ていたと思います。

一旦撮影が終わって編集したものにアテレコでやるとなると、『ブースカ』の場合は、ちょっとしたズレが生じてくると思うんです。最初の三話ぐらいは打ち合わせを細かくしていたので、たぶん余計に「こうしなきゃ」というのが横尾くんにもあったかもしれないし、僕もあったんですが、むしろやらない時の方がやっぱりナチュラルですよね。たぶん半月経たない内に、なんの打ち合わせもしなくなったよね。

でも「ヨーイ、スタート！」と言ったら、絶対動きが合うんです、声と。

横尾　そうそう。

高戸　もう「なんじゃこりゃ」と言うぐらい、すごくシンクロ率が高くて。本当にすごかったんですよ。

お互いにあんまり肩に荷を背負わなくて、自由にやる方が、いい感じでピッタリきてた。横尾くんが天才なんですけどね。

横尾　いやいや、違いますよ(笑)。

高戸　僕が遅れてロケ現場に入ったり、別件が入って出られない日があっても、後でアフレコする時に画面を見ると、横尾くんが僕の〈間〉で喋っている。

横尾　でも一度、高戸さんが事情があって最初の何カットか出られなくて「どうしよう」と言ってた時ありますよ(笑)。「自分一人でうまくいくかな？」というのがあった。やっぱり現場に一緒に来て頂いて、空気を感じながらやってるからシンクロできたんです。

倉持　本当、首の動かし方ひとつでも感情を出せる。「表情」といっても着ぐるみだから、ちょっとした動きで変わる。そういうところで表現できるようになった。

高戸　横尾くんは現場で僕のセリフを聞きつつブレスまで聞こえていますから。そういう意味では息のタイミングもわかるんです。

横尾　高戸さんはわかりやすく息を吸ってくれるんです。「セリフ言うよ」という雰囲気を出してくれる。

高戸　僕がたとえばセリフが終わっても、すうっと息が続いているところまで横尾くんが芝居を続けてくれるので、その分だけ細かい動きができるんです。

倉持　もし高戸くんが現場に来ないでやっていたら、動きの演出も「もっと大きくやって」となる。ありがちじゃないですか、身振りで見せちゃおうと。その方が(表現として)強いだろうと。逆にそれを抑えられたから、良かったと思うんですよ。

高戸　ナチュラルさはあると思う。

――画面で見ていても、ブースカが子ども達の間に自然にいるという印象があるのは、やっぱり現場で直にやっているということがあるんでしょうね。

高戸　そうだと思います。誰が主役という感じではなくて、みんなが主役。ブースカが居ても不思議ではない世界がそこになきゃおかしいので、やっぱりブースカだけ特別ではなく、たとえば家族であったり友達同士であったりという関係が大切だと思う。

倉持　現場に入って、子どもと着ぐるみがどうフィットするかは、原田さんが最も気を遣ったところだと思います。ただ、高戸くんと横尾くんの演技を見て、「全然心配ないや。この世界で行けるわ」と。

それは慣れではなくて、二人の愛ですよ。

高戸　ブースカみたいなキャラクターをやる時は、ある意味、人間として演じた方がいいんです。「こういう形だからこういう芝居」というのではなくて。

年齢設定は五歳くらいということだったので三～五歳という作り方で、でも不自然にならないように。意識してわざと芝居を作るより、ブースカとしてのナチュラルさがあれば全然いいなと思っていました。

倉持　全体的に結構、あんまりカットを割って撮ってないですよね。

高戸　ポイントの部分は長く撮っていましたよね。

倉持　子ども達には自由にやらせりゃいいだろう、キャメラがそっちへ行けばいいだろうと、特に初期はやっていました。ブーちゃんの顔が大きくて「まだ(フレームに)入んねえな」と思いながら(笑)。

横尾　だんだん自然になってきましたね。高戸さんから「あんまり台本読み込むのもどうかな」とアドバイスを受けていたので。内容自体を把握するのは当然として、後はもう現場の雰囲気次第で……。
高戸　原田さんの演出も台本通りに進むところと、全然違うところがあったので、自分が事前に突っ込んでいき過ぎると融通が利かなくなってしまうのがあるから。概要だけわかっていればいい。その話を全部理解してしまうと、先読みした芝居しかできなくなる。素直な芝居にはならないので。
倉持　予定調和のね。
高戸　たとえば「冬の国ものがたり」(12話)で雄作くんが、ブースカがもし遠くに行ってしまったらさみしいと言うと「僕、どこへも行かないよ。ずっと雄ちゃんと一緒にいるよ」とブースカが答える。あれも、ブースカからしたら「なんでそんなこと聞くの?」って感じじゃないですか。「なんで? 僕はここにいるよ」みたいな。そういう意味ではすべてが現在進行形な感じの芝居をしようと思っていましたね。

▼暑くても子どもの夢は壊せない

横尾　足が昔のブースカに比べて最初はかなり長くて、動きやすくはあったんですが、途中からずいぶん短くなったんです。
倉持　膝から下がどうしてもカッコ悪いということで、作り直したんですね。股のところの処理が、隙間というか、動きやすいからやっぱりバレが出てきて、同じ素材で貼ったりはしていたんですが、かなりメンテナンスしやすくしてくれたと思います。
　腹が大きいから、立ち上がるのも大変で(笑)。後半はパッと立てるようになったけど、最初は……。
横尾　後ろで誰か押してくれないと……。
倉持　体型をキープするようにわりとカッチリ作ったからというのもあって、股回りが目立ってしまったのかもしれませんね。
――最終回でもありましたが、木の切り株の椅子に座って後ろにそっくり返るところ、かなりの角度から元に戻ってますよね。
横尾　途中からはもうあのくらいは……。
高戸　自由自在だよね。
横尾　汗が漏れてきちゃって、それで足がかなり変色しちゃったということもありました。
倉持　梅雨明けぐらいから撮影が始まったので、めちゃくちゃ暑かった。子ども達が熱中症になっちゃう。あそこまで暑いと、大人だって集中力なくなりますから。本当に朝に始まって夕方に終わるぐらいの感じで毎日やろうと。スケジュールは守んなきゃいけないけど、こういう作品だからゆったり撮りたいと原田さんは言ってました。
　暑くても、横尾くんは陽に焼ける暇がない。ブースカの中に入って出ずっぱりだから(笑)。
高戸　もうぶっ倒れるんじゃないかと思うくらい。
　僕、口のところから煽いでたもん、よく。「大丈夫?」って。冬場でも湯気立ってた。撮影場所が、人混みの中だったりすると、逃げ場所がない。
横尾　脱げないんです。
倉持　やっぱり、子ども達も見てるから。みんな一応、車の中に入ってから脱いだりしてくれているわけです。子どもの夢を壊しちゃいかんということでね。
横尾　ロケで幼稚園児が握手を求めてきて、そしたら汗が漏れてきて「こいつ、くっせー」とか言われて(笑)。
――なるほど。通常の円谷作品だとスーツを使う撮影は特撮用のセットですものね。
倉持　スタジオだと、セッティングとか美術の入れ替えでブレイクができるんですが、ブースカの場合は出ずっぱり。ずっと着て待機して「はい、呼んで」となる。スタッフもウルトラより少人数ですし。
横尾　自然の中のロケは機材を運ぶ大変さはありますが、人目を気にせずいられる点では楽なんです。
倉持　ロケハンの時に念頭に置いたのは、やっぱり足場。「ここだったら行けるだろ」と。どうしても林の中とか足場が悪かったりしますからね。着ぐるみだと大変だから。
高戸　ブースカの撮影が始まって、一週間で八キロ痩せたんです。機材運びとか一緒にやってたから。
横尾　僕は二～三キロぐらいですかね。あとは呑んだり食ったりしているんで(笑)。
高戸　あんまり(体重)落ちるとね、横尾くんは大変だよね。
横尾　(深く頷いて)はい。
高戸　体力が持たなくなっちゃうもんね。
横尾　すごくみなさんに気を遣って頂いて、傘を持ってきてくれたり……。
倉持　着ぐるみを通してじゃ、傘はあんまり役に立たないよね。
横尾　でも気持ちが嬉しい。
倉持　覗き穴ってどこだったっけ?
横尾　鼻の穴です。目の開閉はラジコンで、自分ではやってないです。でも機械が目の前なので、タイミングは同時にわかりますね。

▼アドリブは「もっとやれ」

高戸　結構、ブーちゃんはアドリブでセリフを遊びましたよね。録音の楠本さんや、倉持さんもそうだけど、現場で「今言って！」とけしかけてくる（笑）。
　横尾くんがそれにアクションを付けて、監督もそのままOKしてくれた時もありました。

――「行け！　少年探検隊」（10話）で、子ども達と一緒に「願いごとが叶いますように」とお祈りした後、ブースカだけ「ドウゾヨロシク」と付け加えるところなんかすごく可笑しかったです。

高戸　あそこももちろんアドリブです。「少年探検隊」の頃の楠本さんは遊び放題ですよ。キャンプで眠りにつく子ども達を遠くから見守ったブースカが「僕がついているから、大丈夫」と言いながら寝ちゃうところ。「だいじょーぶ」という言い方が眠そうに崩れているのも、楠本さんが「もっとやれ」と（笑）。

――途中、ケンカして仲間割れしそうになった子ども達にブースカが「天の声」を聞かせるところ、ブースカが高戸さんの地声を出しているのか、ブースカが声音を使っているのか。非常にスリリングです。

高戸　神様の声で忠告するところですね。最後の「ぶっほ、ぶっほ」と偉そうに言うところとか、遊びまくってますね。あの声は「ブースカがお芝居をしている」感じですよね。上目線になりきれない感じ（笑）。

倉持　四～五歳児が考える精いっぱいの神様。

高戸　「神様じゃ～」みたいなね。

倉持　自由度があったね。テーマさえ外さなきゃいいという。

高戸　（ぶつかりそうになって）「ちょっとごめんね」と言うのもよくやっていましたよね。（ブー冠外されたあと蘇える時）「シャキン」とか（笑）。
「かげろう谷のパック」（36話）でブースカが子ども達とかげろう谷に向かって出発する時、楠本さんが「ここ、歌っちゃえ」と（笑）。ブースカがアドリブを歌っているんです。しかもいつも楽しい時にかかる番組のBGMを歌っているから「BGMつけられないよ」と言われて。可笑しかった。

▼ブースカに負けないキャラを

倉持　原田さんは、ウルトラマンの時と比べると本当にリラックスしていました。僕も毎朝、「今日はどうなるのかな」と。不安という意味ではなく。まったくうるさい子ども達だけど、今日はどう動くかなあと。

高戸　子どもはやっぱり感性がすごいんです。自分の出番じゃない時はどこに行ってるかわからない。山の中に遊びに行ったりするんですが、いざ撮影の「ヨーイ、スタート」がかかると、感情移入がすぐできて、その感情が僕にもまっすぐに伝わるんです。
　テストと本番の芝居が全部違う（笑）。子どもの芝居が変わると、こちらも変わる。
　所謂「子役子役した芝居」ってあるじゃないですか、でき上がっちゃったような。原田さんも、そういう芝居をしない子を選んだんですよ。

――「UFOをくれた少年」で、ブースカの物語と並行して、子ども達の中で上條誠くん演じるつっくんだけが本をずっと読んでいるというのも、シナリオにはなかったですよね。

倉持　あれは原田さんが現場で上條くんに「お前、怖がりの役な」と芝居をつけていました。アドリブです。「とにかくずっと読んでろ」と。最後、ストーリーが終わる頃に本も読み終わる。それは演出の計算もあったと思うんですが、子ども達をどうするか、というところだと思うんです。子ども達はセリフがあると一生懸命やるけど……。

高戸　集中が途切れちゃうから。

倉持　ホンに書かれてなくても、子どもは五人なら五人いて、常に映っている。じゃあ何をやらせるか。それが全体のキャラクターの膨らみになった。

高戸　自己紹介しなくても、個々のキャラクターがわかるようにというところもありますね。

倉持　原田さんは「芝居よりキャラがいい子を選んだんだ」と言ってました。ブースカと絡む子ども達をどうするかは、監督もやっぱり不安感があったし、細心のキャスティングだったと思います。

高戸　「冬の国ものがたり」の冒頭のところでオサムに寝癖をつけたんだよね（笑）。わざとね。

倉持　いつもあそこだけ立っちゃうんだよと言っていたから、じゃあ寝癖つけちゃおうって。

――オサム役の子は『ダイナ』の「君を想う力」にも出ていた伊藤栄治くんでしたね。

高戸　キャラクターはそれぞれ被る子がいなかった。似た子が全然いない。セリフの言い回しから、声から、見た目から……。

倉持　原田さんが「あいつはいい」と言ってね。芝居はヘタだけど雰囲気あるから入れろと。

倉持　普通はうまい子に引っ張られますよね。そういうのは全然なかった。みんな度胸あるというか「俺は俺でやればいいんだ」という感じだった。

高戸　さやかちゃん役の斉藤麻衣ちゃんも、ブースカがこうやっているから、私はこういう風に演じていいですか?とか、子ども達から監督にお伺いを立てたり。
横尾　さやかちゃんは普段も大人っぽいですよね。
高戸　でも、ちょっと天然なところがあるよね。
みんなそうでしたね。「監督、こうしていい?」と。
倉持　子ども達も頑張ったんだと思うよ。画の存在感としてはブースカに絶対負けますからね。
高戸　大人も濃かったけどね(笑)。
子ども達がナチュラルだったので、大人が弾けても負けてなかった(笑)。自由にやっていましたね。
――赤星昇一郎さんも全開でしたね。
倉持　もう毎回、何やらかすか……という。
高戸　自分でメイクしてくるからね。
倉持　赤星さん曰く、「あのキャメラマンを現場で笑わせるのがテーマだ」と言っていましたから(笑)。
大作役の増田由紀夫さんのアドリブも「そこまでいらない」というぐらいに(笑)。でもポイントではやっぱり「お父さん」というところは出して。
高戸　渡辺典子さんのママも大作さんとの対比のナチュラルさがいい感じでしたよね。ロケバスとかでもよく話しました。
倉持　宇都宮での撮影の時、ある日原田さんが僕に「渡辺さんを食事に誘うから」と。結構気を遣っていたと思うんです。渡辺典子さんは思ったより気さくな人だったけど、ちょっと離れているというか。他は増田さんも、ゲンツキ役の北岡(久貴)くん達も、何回もウルトラでレギュラーに近い形で付き合っていたから、非情に話しやすいわけです。スタッフもウルトラからほとんどが重なっているから。
渡辺さんとしては、べつに線を引いていたわけじゃないと思うのですが、どこか孤立する感じになるのはしょうがないわけで。それを原田さんは気遣ったのかな。一回だけ食事に行ったんです。私生活でもお子さんがいらっしゃるのですが、食事しながら監督と「僕らもバツイチなんだよ」とか話していました。べつにそれで和んだわけじゃないけど(笑)。
――舞台となる「夢町」は向ケ丘遊園で主に撮影されているんですか。
倉持　予算、スケジュールを考えて、その近辺でうまくやろうということで。子ども達の砦の建物も作ってもらったし、向ケ丘遊園で結構撮れたので。
――バラサ砦は番組のために建てたんですか。
倉持　もちろんそうです。ただ主人公達の「とんとん亭」がなかなか建たなかったんですよ(笑)。
高戸　最初、栃木まで行っていましたよね。
倉持　ログハウスのオーナーが持っている別のログハウスに行っていたんです。円谷プロの他のプロデューサーからは、「地方ロケ行くの、いいなあ」と言われて(笑)。
高戸　半月ぐらい行ってましたよね。「行け！　少年探検隊」で子ども達がキャンプする夜のシーンは栃木の方のとんとん亭の前で撮影したはず。子ども達が夢を言い合うところ。

▼ブースカが自然に映るように

高戸　最初の三回分は、僕の声が加工されているんです。たぶん7話ぐらいから、加工しなくなったんです。原田さんは、最初から加工に反対で、ミキサーさんも、加工しないでいいと。そういうところも自然な感じに徐々に変えていったんです。
――ブースカがオープニングで踊るのは原田さんの案なんですか?
倉持　そうだと思いますよ。最初から踊りの練習してたもんね。
高戸　踊りも一回撮り直したんです。1話の時は野外だったけど、その後またグリーンバックで撮って。
――原田さんが始めるにあたって気にかけていたことは、他にもありますか。
倉持　撮影する時、着ぐるみが浮かないようにするのを一番気にかけていました。ファンタジーなんだけど、実際にある風景の中で、生物としてどうしたらマッチできるかを原田さんと話しました。
ビデオでしたし、作りものみたいな違和感が出ちゃうんじゃないかという不安は当初ありました。明かりもセットのようにはコントロールできないし。
高戸　照明も結構、不自然にならないようにしていましたよね。フィルムに近い処理を施して……。
倉持　監督と話して、少し色も押さえたんです。
高戸　色もすごく飛んではなくて、目にキツくない。
倉持　フィルターもちょっと入れたり。ただ、暑かったわりにガチガチのピーカンがなかったので、逆にそれは助かったんです。フォーカスが一枚柔らかくかかったような感じになったので。
劇中の時間帯……たとえば夕方のシーンなどは、撮影の時間帯もそれに合わせています。照明でも作っています。「冬の国ものがたり」でオサムとルルーが夕陽の多摩川沿いを歩くところは、空も実景です。
ブースカと人物が並ぶと、バランスの問題が出てくる。ブースカは派手だし、パッと見が大きい。その辺も照明の佐藤才輔さんと話して、野外の場合はブースカになるべくライトは当てていないでいいだろうと。

ブースカは自然の中にいるのがものすごく似合うなどというのは、「行け！　少年探検隊」で思いました。「いいなあ」と。バス停の近くで田園風景を歩いているところとかね。

高戸　田んぼとか畑が似合いますね。原田監督は家のシーンはあんまりない。表にけっこう出ていました。

▽教育番組的なスタートと緊張感

倉持　原田さんは教育映画をやられたりしているから、こういう題材で、人を傷つけたり、子どもに見せたくないものは撮らないようにしようという意識だったと思います。ドッタンバッタン喧嘩ぐらいはあるけど、子どもが見て真似すると困ることは気にされていました。2話の交通ルールなんかも含めてね。

　あと、ブースカのポシェット、可愛いかったですね。あれも原田さんがきっかけでしょ。

高戸　3話が最初でしたね。

倉持　UFOへの贈りものを、ブースカが手で持っていくのもあれだから、「なんかない？」と言ったら美術部さんが作ってくれて、ポシェットを掛けた姿に原田さんも「可愛い可愛い」と言って。

高戸　キーホルダーになったんですよね、3話の姿は。手に木馬を持って、ポシェットを掛けて。

　この3話は原田さん大好きでしたね。

倉持　初めは苦しんだけど、三本終わってハッキリ掴んだんじゃないですかね。太田愛さんの脚本で、こういうシリーズならやり続けられると思ったんじゃないかな。次のローテーションが回ってきた時は完全に掴んでいました。必ず一本は自分のやりたいものを入れています。他の監督の現場に来た時も次の構想を嬉々として語っていましたし。現場ではカリカリせずに、子ども達を盛り立てながらやっていましたね。

放映当時、ラナより発売されたキーホルダー

高戸　とにかくテンション上げ上げで。

倉持　子どもって疲れるんだよね。声がキンキン高くて。ずっと喋ってるでしょ。

高戸　「うるさ〜い！」とよく言っていましたね。緩い感じの空気感で。ほんわかしたいい現場でした。

倉持　ああいう雰囲気作りって大事だと思うんだよ。

高戸　原田さんが作ってくれたと思う。

倉持　19話の「思い出よびだすレトロノーム」で一回子ども達をガシッと怒ったんです。慣れ過ぎちゃって、監督の説明にも「わかってるよ」という感じだったので。しかも朝イチで、緊張感が途切れた時に。

　だから誰が怖かったかという話になった時に、普通は監督を挙げるものなのに、子ども達が僕の名前を挙げた。「なんだよ、一回怒っただけなのに」と(笑)。それ以外は「なるべく楽しく」という感じでしたね。

　監督はガツンと怒ったのは見たことないですね。ただ、助監督に対しては一度だけありましたね。自分の助監督には厳しい人だから。

　撮影が始まって三〜四日経った時に、何かがあって、助監督は何やってんだと。みんな帰った後でしたが、あいつら辞めさせろぐらいに言ったみたいなんです。チームの中にポッと入ってきた助監督二人で、スーツのメンテを含めてやってくれるんだけど慣れてなくて、ちょっと傍観者になっちゃってた。おそらく現場を締めたんだと思うんだけど、監督、久々に怒ったねという感じで。

▽ブースカの無心さ

横尾　印象的だったのは「冬の国ものがたり」です。

高戸　ベッキーが出た回ですね。あれも良かった。

——最終回で、キャッチボールしてる時にオサムがルルーの話をするのも、原田監督は入れてましたね。

倉持　話数が変わったからって、そうそう忘れられないだろ。「じゃお前、ルルーのこと言え」とオサムに言ってました。遊びを入れてますよね。

高戸　後半はそれぞれのキャラが安定していました。「行け！　少年探検隊」の辺りで、つっくんの背が伸びてきてるんだよね。雄ちゃんもね。

倉持　つっくんは声変わりもはじめてきて。

高戸　最終回の頃は、みんな声が変わってますよね。

　さやかちゃんもそうだけど、チカちゃんもだんだん少女っぽくなって「女の子」じゃなくなりました。

倉持　八ヶ月か九ヶ月間、撮っていましたから。

高戸　学年はもう変わっていましたからね。「かげろう谷のパック」も良かった。

横尾　この時にも栃木の方に行きましたよね。ちょっと「行け！　少年探検隊」と感じがダブッてる。

倉持　後半あまり遠くには行けなくなっていたはずなんだけど、これだけは行きましたね。滝は違う場所でしたし。
高戸　山梨の方でした。帰りに原田監督と温泉に寄った記憶があります(笑)。本当はロケバスで帰るはずだったのが、ホテル泊まりましたもん、この日。
倉持　原田さんは車で来ていたから。
　ブースカが空を飛んでいくタンポポの綿毛に「がんばれ」って言うところで見えている山は合成です。
倉持　パック役の女の子可が愛かったよね。
——蓮沼藍ちゃんですね。原田さんはすごくこのキャスティングにこだわりがあったみたいです。
倉持　藍ちゃんへの細かい演出はなかったんじゃないかな。
　長セリフだと訓練した感じになっちゃうから、演技に拙いところがあっても、お話を理解している子達を監督は選んでいたと思います。パックの魔法で礫が飛んでくるところは、みんなで投げたね。
高戸　手加減しないように(笑)。
倉持　足場が悪くてすぐに動けないところを逆に利用して近付けなかったりね。カットバックを増やしたりしていますよね。むしろそういうのを逆手にとって、パックがブースカに近付けないという……。
高戸　距離感を出していましたね。
倉持　最後パックが和解というかブースカに抱きつく。本当に足場悪いんですよ、あそこ(笑)。
高戸　原田監督の回はあまり超能力を使ってない。
——ブースカの想い出をパックが奪ってしまって、周りの子ども達は非常に深刻になるんだけど、ブースカ本人はイノセントなんですよね。
高戸　あの時、ブースカがみんなに「きみ誰?」と言うのは素直な感想なんです。基本的に「みんなが大事」というのがブースカの思いなので、パックが想い出を奪っても、パックには何か理由があると思っていて「欲しいんだったらあげるよ」というのが素直な気持ちなんですよね。
　だから想い出を失ったブースカの心細さは、芝居にはあんまり出してないです。想い出について訊かれると困ってしまう、「えっと……」というのはありますが、あんまり自分の中では困ってないんですね。
倉持　記憶喪失ではないんですね。想い出だけ盗まれているから。ドラマの中の嘘でもあるんだけど、そこが一番大事なところ。相手との付き合い方は正常なんです。想い出はこれからもいっぱい作れると。
高戸　滝のところでパックと話す最後のところはわがまま言って、何度か録り直させてもらったんです。「寂しかったんだよ、きっと」と、子ども達みんなにパックの話をするところと、パックと向き合って「もう、独りぼっちじゃないよ」と言うセリフ。ロケの時、思いの部分で「違ったよね」と言ったら、「ちょっと違ったかもしれない」と楠本さんも言ったので調整しました。監督にもイヤホンでやり取りは伝わっているから、監督にお願いしたんです。
　ともすれば大人のセリフになってしまうんです。でもあれは大人が子どもを説得するのではなく、同じ目線、もしくは下からという感じにしたかったので。
——バランスとしては周りの子ども達の方が大人の立場ですもんね。対してブースカは……。
高戸　子どもなんです。もっと純粋な。長いセリフで気持ちを伝えなきゃならない場合は、素直さや純粋さというのを普段よりもうちょっと強く出しました。そうしないと、子どもに見えなくなってしまう。
横尾　高戸さんが「もう一回やりたい」と言ったら、どうそれを消化していくか。自分一人でやっているんじゃなく、高戸さんの声を頭に入れて動かないと。それをやることによって出来ている部分がある。

ブースカ再び

倉持　監督陣もいいバランスで、市野(龍一)さんのコミカルな部分とかね。
高戸　北浦(嗣巳)さんの激しい部分とか(笑)。
倉持　後半に根本(実樹)さんが入って、またちょっと違った面白さがあった。宮﨑あおいも出ていましたね。あおいちゃんも頭良かったね。
　原田さんとは、それぞれの子ども達の個々のドラマを最終クールはちゃんとやらないとなあという話はしていたんです。子ども達の話としてしっかり締めるところは締めていたのが原田さんだと思います。
高戸　最終回は原田さんが、絶対続くように、終わらせないような終わらせ方にしようと言っていました。また「絶対やる」と。
——カモスケが出てきた途端に番組が終わりました。
高戸　それまで一か月ぐらいずっとカモスケの卵を抱えていてね。
倉持　「ちょっと、何よそれ」という感じはありました。カモスケでこれから最終1クールをやるという時に。
「かげろう谷のパック」の撮影が終わる頃で、番組が終わると聞かされましたね。
——とんとん亭は残しておくという話もあったようですね。

倉持　そのまんまにするという話も聞いた。お客さんは中には入れなかったけど。

高戸　花見している人もいました。ログハウスの前で。

倉持　それこそあそこでラーメン屋を始めたらいいじゃないかなんて話していましたね。

高戸　原田さんは劇場版をやりたいとおっしゃっていましたね。

倉持　ウルトラの映画と併映でもいいからと。三〇分とかね。だからその後、オリジナルビデオの『帰ってきたハネジロー』の時も何カットか出てますでしょ？　あの時は最終回から三ヶ月後の夏でしたね。

——つっくんが出演していましたね。

倉持　呼べる人はみんな呼べと。来られる人だけでいいからと。やることやるぞという感じだった。

——原田さんにとって『ブースカ』は大きい存在だったんですね。

高戸　『ブースカ』という題材はなんでもできるから、自分のやりたい作品作りができる。なんでもやってみたいとはおっしゃっていました。ウルトラだとどうしても怪獣や星人が出てきて、変身して戦わなきゃいけないという縛りがある。

倉持　『ティガ』の後半からとはいえ平成ウルトラマンをずっとやって、変化が欲しかっただろうし、やってみたい題材だったし、それがハマッたところがあるんじゃないですかね。

高戸　基本的に「冬の国ものがたり」のようなファンタジー系の作品をやりたかったみたいですね。

　僕もキャラクターを愛してますし、番組を愛していますが、原田さんは『ブースカ！ブースカ!!』という番組を愛してくれた監督だと思っています。

座談会時の三人。左から高戸靖広、横尾和則、倉持武弘

テレビシリーズが終わっても、会う度に「ブースカやろう」とおっしゃって。

横尾　僕はこういうシリーズものをやるのは初めてで、原田監督は「まずやってみろ」と本当に自由にやらせてくれました。それでいて、こちらの質問もウェルカムでした。偉そうな言い方になりますが、すごくポイントをうまく見てくれている。必ず押さえたいところは原田監督が言ってくれるのですが、基本的には自由にやらせてくれるので、逆に「どうしようかな」と、考える力を育てて頂いた。それは本当に感じます。思い出深い監督です。

つっくん役の上條誠、ブースカ、原田監督

倉持　とにかく楽しそうに毎日やっていたのが印象的だったし、新緑で風が吹いている感じでしたね。会う度に「ブースカ良かったよね、ブースカやりたいね」と言ってたのが印象深い。

　ひょっとして七〇歳、八〇歳であっても、撮れる作品だと思うんですよ。すぐにはできないかもしれないけど、やれるよな、と。そこが一番残念だった。

　原田さんがいないのは悲しいけど、作品としてブースカは、またなんかの形でやってみたいね。立ち上げから含めて原田さんがレールを引いたし、方向性を作っていったのは原田さんだと思う。

作品解説

「かげろう谷のパック」36話 ▼二〇〇〇年六月一〇日放映

脚本：太田愛　撮影：倉持武弘
ゲスト：蓮沼藍（忘れかげろうのパック）

▼ストーリー

突然ブースカが記憶をなくしてしまった！

じゃんけんのやり方も忘れ、ついに雄作達のことも忘れてしまう。

駄菓子屋のゲンツキさんによれば、それはきっと思い出を盗む「かげろう谷のパック」の仕業ではないか、という。

みんなとの大事な思い出を取り戻そうと、雄作達はブースカの身体から出る不思議な青い影の指す方向だけを頼りに、かげろう谷へと旅立つのだった。

▼さようならブースカ!?

今回は12話「冬の国ものがたり」以来の太田愛とのコンビ作。『ブースカ』でドタバタ喜劇が中心ではない回は久々であり、また最後となった。番組はこの後、38話で最終回を迎えることになる。原田監督は、今回と最終回の二本を一組で撮影している。

かつて、昭和のブースカは最終回で宇宙に旅立った。地球と宇宙とでは時間の流れが違うために、この宇宙旅行はブースカにとっては二十日間でも、待っている地球の人間にとっては二十年間となる。それは、大作達にとって、ブースカと遊んでいられる子どもの時間がもう二度と戻ってこないことを意味していた。

子ども達がブースカと遊んでいられる世界はいつまで続くのか――それは新しいシリーズにおいても、最終回に向かって意識せざるを得ない事項だ。

自分達と遊び、暮らした記憶を失っていくブースカを、悲しみながらも受け止めていく子ども達の成長が描かれているという点で、今回はもう一つの最終回という色合いを持っているようにも見える。

太田愛には脚本執筆時に番組が終わることは知らされていなかったが、結果的に3クール限りとなった『ブースカ！ブースカ!!』の終幕期の象徴的なエピソードとなった。

また今回は、3話「UFOをくれた少年」で原田・太田コンビが描いた〈異界の者との接触〉モチーフをより深めてもいる。

ゲストの妖精・パックは脚本では男の子とも女の子とも書かれていないが、セリフは男の子言葉で書かれており、主語も「ボク」だ。しかし演じるのは少女だということは、脚本段階から決まっていた。『ガイア』でサブヒーロー藤宮博也に助けられる少女を演じ、その姿が印象的だったために繰り返し出演、原田監督以下スタッフ達から「藍ちゃん」と可愛がられていた蓮沼藍が演じた。

そもそもブースカ自体、人ならざる者であり、突然人間社会に誕生した、ある意味不安定な存在である。ブースカとの記憶をかけがえのないものとして認識する子ども達と、それを奪ってしまおうとするパック――〈ブースカ〉という存在が、改めて問い直される機会となった。

▼ブースカの異変

「いい天気だなあ」パラサ砦の前の広場で、青空の下、思いっ切り伸びをするブースカから今回は始まる。

眠気まなこでふと前を見ると、陽炎がゆらめく中、木の柵の上に、緑色の服を着た小さな子ども（脚本には「親指ぐらいの」と記されているが、それよりは大きいように見える）が腰掛け、足をぶらんぶらんさせている。

「へへッ」と悪戯っぽく笑うパックに「わぁー」と無心に喜び、顔を近付けるブースカ。

「きみ、だあれ？」

そうブースカが訊ねると、鸚鵡返しのように「きみ、だあれ？」と同じイントネーションで喋る子ども。

「どっから、来たの？」と問うと、やはり「どっから、来たの？」と繰り返す。

ブースカが「あのね、僕、ブースカ」と先に名乗ると、笑う子どもの目にぽおっと炎が合成されて消える。ここはシナリオには「『しめた』という感じでニコッと笑う」とある。わかりやすく置き換えた表現だろう。

そして、突然光の粒子となって消える子ども。

辺りは、いつもと同じ朝の風景。ブースカは不安そうに辺りを見回す。

そこへ雄作のナレーションが重ねられる。

「その時、ブースカの身にとんでもなく恐ろしいことが起こってしまったなんて――僕達は、誰一人気付いていなかった……」

今回、こうして時々雄作のモノローグ的なナレーションが被さることで、なにか取り返しのつかないことが未来に起こり、そこから振り返っているかのような不安を見る者に与える。

ナレーションの後半からは場面が変わり、手を振る子ども達が駆けてきて、ブースカと合流する姿が映し出される。集まって遊びはじめ、輪になってじゃんけんをするが、ブースカは一人、ぼんやり立っている。

「じゃんけんってどうやるんだったっけ……」

みんなはビックリするとともに、体調が悪いのではないかとブースカのことを心配する。チカは一緒に帰ってあげると言うが、「大丈夫だから」と歩き出すブースカ。ところが、どうやら帰り道もわからなくなってしまったみたいだ――。

▼失っていく旅

駄菓子屋ゲンツキ堂の前で集まっている子ども達とブースカ。眠そうなブースカは椅子に座って女の子達に介抱されている。

「そいつはきっと忘れカゲロウのパックの仕業だ！」

ゲンツキさんは雄作に言う。忘れカゲロウのパックは魔物の末裔で、出会ってしまうと、色んなことをどんどん忘れてしまう。パックは思い出を盗むのだ。

ブースカを助けるには、忘れカゲロウのパックにもう一度、会うしかない。だが、どこに行けば会えるというのか……。

「ブースカは忘れカゲロウのパックに会ったことも、もう憶えてないんだよ」と、途方に暮れる子ども達。と、雄作が何かに気付き「あれ見て！」と指差す。

するとブースカから伸びる影がパックの輪郭になり、ある方向を差している。原田監督は、シナリオにない「こっちだよ！」

というパックの声をここで画面に被せている。

あの青い影が羅針盤ではないのかと気付く子ども達。

「行こう、かげろう谷へ！　ブースカを連れて！」「向かおうよ！」のかけ声とともに画面が回転ワイプして、みんなの旅立ちが描かれる。

旅立ちの日、いつものポシェットを肩から掛けているブースカ。ピクニックに行くのだと思っているから、深刻なところは何もなく、無心にウキウキ声で歌をうたいながら旅立つ。

女の子達は残って、ブースカと少年達を見送る。出発前、チカはさやかと一緒に、雄作に毛布を手渡していた。

「これ持ってって。ブースカ、寒がりだから」

さやかも「ブースカのこと、おねがいね」と神妙な顔で雄作に語りかける。

去っていくブースカを見送りながら、「大丈夫だよ、きっと」と自分達を納得させるように言うチカだが、さやかは答えない。

そこへゲンツキもバイクでやってきて、ブースカ達に手を振る。

「気をつけて行ってこいよ！」

遠ざかっていくブースカは、ゲンツキの方を見て「ね、あの人誰だっけ」と子ども達に訊いている。

その姿を見て、肩を落とすゲンツキ。

雄作のナレーションが入る。「――こうしてブースカと僕達はかげろう谷を目指して旅に出た」

子ども達が旅に出かけるのは10話「行け！　少年探検隊」以来で、ゲンツキさんが一つのキッカケを作っているのも同様だが、今回の旅はいつになく深刻な意味を帯びている。

山や谷を歩いていく一同。

木漏れ日の中、一休みする子ども達は、ブースカを気遣いながら、食料や水分の調節をしている。自分達の食料を一回我慢して、ブースカに回そうとする彼ら。かつて望みの滝へ旅した時から、ひと回り成長した子ども達が描かれているのだ。

つっくんがブースカに水筒の蓋に入った水を差し出すが、ブースカは受け取りもせずに、じっとつっくんを見つめている。

「――きみ、だあれ……」

ショックを受けたつっくんの手から落ちた水筒の蓋が、子ども達の心象風景に響くように「カラン」と大きく音をさせた。

他の子ども達も「俺は!?　俺のことは憶えているよな!?」と次々と問いかけるが、ブースカは悲しそうにうつむいてしまう。

そして遂に、雄作のことまで忘れてしまった。

「……僕は……きみ達の友達だったの……？」

その頃、女の子達は夕暮れの中、いつもの穴澤天神社でお参りをしていた。カラスがカアと鳴く声がする。オレンジ色に染まる中、「きっと無事に帰ってくるわよね」と真剣なまなざしでチカの方を向くさやかの整った顔は美しい。

チカは応える。「あたし、一生分お願いしたもの。もう他には何も頼みませんって」

そして声を合わせて「ブースカが無事に帰ってきますように」と祈る二人の後ろ姿がけなげだ。

▼じゃんけんは明日への約束

夜の野営地。焚き火の前で、ブースカが毛布を被って寝ている。子ども達は座って火を囲んでいる。

「ブースカの夢の中に、もう僕達、いないのかな……」

そう言うオサムを思わず見る子ども達。煙でお互いの顔がゆらめく。フクロウの声が「ホウ」と響く。ブースカがどんどん遠くに行ってしまうと半ベソになりながらも、寝ているブースカの手を毛布の中に入れてやるオサム。

それを見つめながら、つっくんは悲しみと怒りの入り混じった顔になる。「俺、忘れカゲロウのパックを許さない。ブースカの思い出を盗んだパックを絶対許さない！」

ストレートな性格のカッちゃんも同調する。「俺も……俺も絶対許さない！」

その頃、忘れカゲロウのパックは、岩場の高台から足をぶらぶらさせて、ブースカから奪った思い出を川面に映して眺めていた。ちょうどお月様も川面に映って、揺らめいている。

思い出の中でブースカと子ども達は、神社の境内で遊んでいる。

「ねえねえ、今日、なにして遊ぼっか！」

じゃんけんで今日の遊びを決めるブースカと子ども達。シナリオでここは、「缶蹴り」も「野球」も「サッカー」も全部したいと言うブースカに、雄作が「いっこずつだよ、ブースカ。明日もあさっても一緒に遊べるんだから」とたしなめてからじゃんけんになるという流れになっていた。疑いもなく、みんな一緒の「明日」が来ると信じていた彼らの切なさが加味されていたのだ。この雄作のセリフは尺の問題でカットせざるを得なくなったという。

そして「じゃんけん」は準備稿では「くじ引きで決めよう」だった。原田監督は、セリフだけで出てくる「くじ引き」ではなく、すぐその場でじゃんけんを始める描写を入れることで、子ども達とブースカの、これから遊びが始まるという楽しいひとときへの期待を描き出している。

水面に映るブースカと子ども達につられて、自分もじゃんけんのポーズを取って笑みを浮かべるパックだが、ふと真顔になって、川面の映像を、手でなぎ払うように消してしまう。そして足をひっこめ、しゃがんだ両足を両手で引き寄せる孤独なパック。

パックが思わずじゃんけんをしようとしてやめるこの動きは、〈くじ引き〉から〈じゃんけん〉への変更によって連鎖的に生まれたものだが、パックが一人でいる時の孤独な心情を表して余りある。シナリオでこの場面は、川面を見つめ続けるパックの姿を示しているだけだった。それでもパックの孤独は伝わるだろうが、視聴者のパックへの感情移入の度合いは違っただろう。

原田監督はこの一連の場面において、雄作のセリフに象徴される「明日を信じる子ども達の切なさ」を断腸の思いでオミットし、「一人でいる時のパックの孤独」の方をアクセントとして選んだといえる。雄作のブースカへの思いは今回ここまででも丁寧に描かれてきているし、ナレーションでも表現されているが、逆にパックの方の心情を伝える時に、この機会を逃すのはいかにももったいない。監督の、ギリギリのところでのジャッジが見える。

▼ブースカは変わらない

翌朝、野宿していた少年達はブースカがいないことに気付き、慌てて探し回る。

山の上に広がった草原に出る子ども達。鳥のさえずる声が遠くから響く青い空の下にはブースカがいた。青空も、隣接する雪がところどころ残っている付近の山も合成で、思い切った広がりを出すことが出来ている。

ブースカが「きれいだねー」と感嘆するその視線の先には、空に舞い上がり、風に揺られるタンポポの綿毛があった。金色に光る無数の綿毛が、やがて画面いっぱいを覆う。

その一本を手に取るブースカ。

「これ、なんていうの？」

雄作は優しく答えながら、説明する。「風に乗って、遠いところまで行くんだ。そこに根を下ろして、長～い冬を越して、来年の春、もう一度、花を咲かせるために……」

手に取った綿毛を飛ばしたブースカが、ふと呟くように言う。

「がんばれ……」

この時〈少年達は胸をつかれてブースカを見る〉とシナリオにある。子ども達は晴れやかな顔になっている。

「……がんばれ、みんな……！」

飛んでいく綿毛に手を振り続けるブースカ。

「……僕達はみんな、嬉しかった。僕達の名前を忘れても、僕達との思い出を忘れても、ブースカのやさしい心は変わらない。ブースカは、やっぱりブースカなんだ」

少し考えるような顔になってから、やがて表情をほころばせる雄作のモノローグとともに、綿毛の舞う空の下で手を振り続けているブースカのロングショットが余韻を残す。

男の子達とブースカがそんなひとときを過ごしている間にも、さやかとチカは、神社のお百度参りで疲れ果て、二人で顔をくっつけ合って休んでいた。「ふう」とため息をつき、「いま何回目？」と問うさやかに「三千二百五十……」と、もう数え切れなくなるチカ。

でも「行こう」と、再び立ち上がる二人の裸足がアップになる。「ブースカ達が無事帰ってきますように」と再び声を合わせる二人。このお百度参りは丸ごと演出で付け加えられたものだ。原田監督は最終回を前にして、女の子達の描写にも男の子達と同等の重みを持たせているのだ。

▼お互いの大切なもの

水蒸気が吹き上がる川辺の岩場にやってきた子ども達は、ブースカから延びた青い影の異変に気付く。

パックの形をしている影の輪郭は両手を上げて「ここだよ！」と言っている。

子ども達は悟った。ここが〈かげろう谷〉なのだと。

キャメラが横に移動すると、そこには、子ども達とブースカがじゃんけんしている時の声が響いてくる。ブースカの思い出が映る川面を見つめているパックがいるのだ。

やってきた子ども達に気付いたパックは手を広げて、川面に映った思い出を消す。

パックの顔に川面のキラキラとした光が反射している。

やってきた子ども達の「ブースカの思い出を返せ」という声を口真似するパック。怒ったカッちゃんが捕まえようとすると、パックの魔法でクルミの実が風に運ばれてきて、礫のように子ども達を攻撃する。

「わー、やめてー！」と言う子ども達の声を真似して喜ぶパックだが、自分をまっすぐに見つめるブースカに気付くと、一人でいた時のような素の顔に戻る。

その隙に、立ち上がってパックに挑もうとする子ども達を、ブースカは止める。「なんで止めンだよ」と言う子ども達にブースカは言う。

「あの子、ひとりなんだよ。ひとりぼっちだから」

クルミの礫を降らせるパックに、問いかける雄作。

「パック！　パック！　話を聞いて！　君は、思い出を盗まれるってことが、どんなことかわかっているの？」

不意にクルミの礫が止まる。

ドラマではこれまで、ブースカの記憶がどんどん失われていくのを目の当たりにする雄作達を描いてきているので、この訴えは視聴者の代弁でもある。

「……大切なものを、もう何ひとつ思い出せないんだよ。それがどんなに心細くて悲しいことか、君にもわかるよね？」

そう問いかける雄作に、うしろめたそうな表情になってうつむくパックだが、やがて言いたいことがありげに顔を上げる。「……僕、いつだって思い出は後で持ち主に返してあげた」。

じゃあブースカの思い出も返せよという子ども達をパックは跳ねつける。

「ブースカのは返さない！」

「なんでだよ！」

「なんでも！」

そしてパックは言う。

「ブースカは、思い出をなくしても何も変わらないじゃない！　ブースカには、おまえ達がいるじゃない！　一緒にいてくれる友達がいるじゃない！　なら……なら、僕がブースカの思い出、貰ったっていいじゃない！」

この長セリフを、役柄のパックそのままに、切実に言える蓮沼藍は、原田監督が見込むだけのことがある名子役だ。

思わず言葉に詰まってしまう雄作だが、その時、ブースカは言う。「あげるよ、僕の思い出」

「あげるよ、僕の思い出」と、反射的に口真似をしたパックは、驚いて声の主を見る。

ブースカはまっすぐな目でパックを見つめている。

「何言ってんだよ！」と慌てる子ども達だが、ブースカは続ける。

「僕の思い出、全部きみにあげる。だから……」

ブースカと見合うパック。その真剣なまなざしのカットバック。

やがて怒ったような悲しい顔になったパックは腕を一振りすると、光の粒子に包まれ姿を消してしまう。

「あの子……思い出だけ眺めて、ずっと独りでいたんだよ」

そう言われた子ども達は、あ……となる。

画面は、かげろう谷のパックが、同じ場所で四季折々に独りで過ごすイメージショットとなる。ある時は、桜が一面に咲いた春の川辺で。ある時は、紅葉の葉が星のかけらのように流れている川辺で。またある時は、雪降る銀世界の中でかがんだ両手に息を吹きかけながら……いつも誰かの思い出を眺めてきたパック。季節の違いを合成で表現しているのがファンタジックにも感じられる。

そこにブースカの語りが被さる。

「……誰かの楽しい思い出や、嬉しい思い出ばかり眺めて……」

子ども達の間に沈黙が広がる。

ブースカのおかげで、子ども達はパックの持つ悲しみにも想像力が持てるようになったのだ。

▼帰ってきたブースカ

かげろう谷の川辺では、パックが川面に映ったブースカ達をまた見つめている。やがて映像は消え、一人ぼうっとしていると、「パック」と呼ぶ声がする。

振り向くと、ブースカがいた。

「あの、僕達ね」とパックに歩み寄る。

虚勢を張って「あの、僕達ね」と口真似するパック。

「きみと、友達になりたいんだ」

「きみと、友達になりたいんだ」と繰り返しながらハッとするパック。

ブースカは「きみの好きなこと全部して遊ぼ」と言う。

「きみの……すきなこと、ぜんぶ」と繰り返しながら、パックは半ベソになる。

「もう、独りぼっちじゃないよ」

パックは、口真似が出来なくなる。

「泣かないで……」

パックは腕を振ってテレポートし、ブースカの近くに来ると思わず抱きつくのだった（巻頭カラー6ページ参照）。

そしてブースカに抱きとめられながら「あったかーい」と呟く。

それを、少し離れた岩場から見守る子ども達。

この場面、シナリオでは、ブースカの方からパックを抱きしめることになっていた。原田監督は、これを逆にして、パックの意志を明確にしている。「あったかーい」というセリフも、シナリオにはない。

次の瞬間、パックは全身から光を放った。驚く少年達の前で光が消えると、ブースカは川辺に倒れていた。

「ブースカ、ブースカ、大丈夫か!!」という声に、「大丈夫だよ、雄ちゃん」と応える。

安心する子ども達だが、次の瞬間、ハッと気付く。

「ブースカ、い、今、僕の名前……」

少年達は「俺は俺は？」とブースカに殺到する。

「つっくんでしょ、カッちゃんでしょ、オサムくん」

少年達は、「やったーッ」と大感激！

パックが、ブースカの思い出を返してくれたのだ。

だが子ども達が辺りを見回しても、パックの姿はもうない。

と、空からクルミが一つ、チャポンと水音を立てて川に落ちた。

ブースカと一同が川面を見ると、そこには〈ありがとう、ブースカ〉と文字が出る。

「パック!!」と嬉しくなるブースカ。

子ども達も嬉しそうだ。

雄作はブースカの顔を見上げるのだった。

「ブースカには、不思議な力がある」

雄作のモノローグが被さり、画面は夢町に帰ってきたブースカと少年達を迎えるさやかとチカ、ゲンツキ、そしてカモスケを捉える。

「ブースカのやさしい心は、どんなひとも幸せにしてしまう」

みんなにもみくちゃにされるブースカ。

エンディング主題歌が始まり、初夏の眩しい光の下、やはりあのかげろう谷にいるパックが映し出される。川面にはかげろう谷で一緒に遊ぶことが出来たパックとブースカと子ども達の新しい思い出が映っている。

シナリオの末尾には「黄金の少年時代の時間は、いつまでも終らない……」という締めくくりのト書きがあった。

映像化作品では、川面を見ながらパックがこう言う。

「これ、僕の思い出。一番大切な、僕の思い出」

そして、舌を出して悪戯っぽく笑う。

「これ、おまけに貰っちゃった」

川面には、タンポポの綿毛に「がんばれ」と語りかけていた時のブースカの映像が写っている。

エンディング音楽に乗って、今度は広場に集まったブースカと子ども達みんなが「パック、元気でね」と画面のこちら側に手を振る姿が写される。

気が付いたように自分も笑う、かげろう谷のパックのアップで一巻の終わり。

子ども達とブースカの間にある思い出に自分も親しみを持ちながら、その中に素直には入れないという、パックのストレンジャー的性格は、子どもの時に転校の多かった原田監督自身の少年時代が反映されていると思える。クライマックスのブースカに抱きつく場面で、パック自らの行動を促していることには、監督の〈子ども時代〉というものに対する万感の思いが表れているのではないだろうか。

そうした側面は、原田監督による本シリーズ最終回のゲストキャラである、夢町の新市長にも通じていくことになる。

作品解説

「ブースカ夢町ニッコミョコ」38話 ▼二〇〇〇年六月二四日放映

脚本：川上英幸　撮影：倉持武弘
ゲスト：小宮孝泰（楓喜多三）、甲田研人（少年時代の大作）、小田冴斗（少年時代の松士）、小林優太（少年時代の楓）

▼ストーリー

新しい市長さんが打ち出した「夢町ハイテクタウン計画」。

スペシャルハイテクタワーに、宇宙ロケット発射基地、レストランがいっぱい入ったグルメビル……などなど魅惑の構想で、これにはブースカも子ども達も大喜び。

だがその陰で泡手刑事や坂間先生がクビになったり、みんなの遊び場やブースカ砦の取り壊しが始まっていた。

夢町はどうなる？

ブースカは一大決心をして、市長さんに会いに行くが……！

▼夢町がハイテクタウン化？

今日もとんとん亭は朝の準備で忙しい。ママは暖簾を持って外に掛けようとする。ブースカは奥で丼を洗っているようだ。一家の面々がそれぞれキビキビと働いている中で、一人新聞を広げる大作パパは、そこに写真が載っている夢町新市長・楓喜多三（かえで・きたぞう）の顔を、どこかで見たことがあると呟く。「パパが市長になるような人と知り合いのわけないもんねー」と言い放つママと、同調する妙実。

場面変わって、駄菓子屋ゲンツキ堂ではカモスケが店の前を箒で掃いていた。「バイト代五百円にして欲しいカモ」と言うカモスケに一日うなずいてみせるゲンツキだが、ゴミがまだ落ちていることに気付いて三百円に減給。腐るカモスケ。店先にはつっくんとカッちゃんがたむろしている。

そこへ菓子折りを持って訪ねてきたのは、パパが新聞で見たあの夢町新市長・楓喜多三と、お付きの日八樫さんだった。楓はピンクのスーツに赤い蝶ネクタイで、銀縁メガネに口ひげをつけ、頭髪はポマードで塗り固めている。コント赤信号の小宮孝泰がいかがわしさ満点でティピカルな悪役を演じている。ちなみに、楓喜多三の名前は準備稿では根仁物三（ねに・もつぞう）だった。

その頃町角では、雄作とブースカが、路上で化石のように固まっている泡手と隼人の両刑事を見かける。その手に握られていた紙には「今日付けでクビにする」とあった。ショックで固まったまま後ろ向きに倒れる泡手……。

同じ頃、歩道橋から身を投げようとして小町先生に止められている坂間先生を、さやかとチカが見かける。二人に気付いた小町が手を離すと、思わず落ちそうになって持ち直し、ホッとする坂間。実は死ぬ覚悟などなかったというヘタレぶり。

しかし坂間が逆境にあったのはたしかだった。それは小町も同じだ。この二人にも、本日付けで「クビ」の指令が出されたのだ。

坂間が自殺しそうになるという描写は、シナリオにはなく、シナリオでは泡手刑事達と同様、辞令を片手に呆然と固まっていた。

さて、ゲンツキ堂では、立ち退きを求められたゲンツキが怒っていた。ゲンツキ曰く「ひい、ひい、ひいじいさんの代から」続けているこの店を明け渡すわけにはいかない。

やがておもちゃの木刀を取り出したゲンツキと日八樫さんはチャンバラを始めるが、新市長の楓喜多三は、やってきたブースカと子ども達に語り掛ける。市長に渡された「夢町ハイテクタウン計画」の完成予想図は、まるで未来都市。

「ところで、あなたは日八樫兄弟の何番目？」と子ども達に問われた日八樫さんは口に一差し指を当てて「ヒ・ミ・ツ」と笑うのであった。

ハイテクタウンにはグルメビル計画もあると知り「毎日バラサ、バラサだ」と大喜びするブースカ。カモスケはカジノも出来ることに興奮している。子ども達は「どうだい、町がこんな風に生まれ変わるとしたら」という市長の問いに「オレ賛成！」と次々に手を挙げ、ゲンツキを失望させる。

「この店だけは、この店だけは絶対に渡さないぞ」とバック転し、オモチャの小刀を持ってポーズを取るゲンツキが空しい。

その姿がひし形にフレームされて次の画面に切り替わると、公園の花畑の前で、子ども達が先ほど市長から渡されたパンフレットを興奮して読んでいた。そのパンフレットで警察官がみんなロボット化することを知り、泡手達がクビになった理由を合点する。そこへさやかとチカが駆けてきて、小町先生と坂間先生がショックを受けていたことも伝えられる。「夢町ハイテクタウン計画」においては教育もコンピュータがネットを通してやってくれるので、生身の教師は要らないというのだ。

「怒られなくてすんで、なんかラクかも」「遊びがいのある町になるみたい」と子ども達は自分に都合のいいように考え、リストラされた大人達に対しても「まあ、時代の波ってやつよ」とにべもない。一人雄作だけが不安げな顔になっていたが……。

▼大作と松土の「少年時代」

とんとん亭では、テレビに出演中の楓喜多三に対し、ちょうど客として来ていた松土最円が気に留めていた。

「こやつ、どこかで見たことがあるな」

大作も「うん、僕も」と言いながらしばしテレビに見入った後、突然松土と顔を見合わせて「あーっ」と叫ぶ。

やがて雄作達も集まったところで子ども時代のアルバムをめくる大作。そこには、一緒に遊んでいた少年時代の松土も写っていた。

松土が大作の幼馴染みだったことに驚く雄作に「知らなかったの？」と当たり前だというような表情をする姉・妙実。

しかしこれは視聴者にも初めて明かされた事実である。

『ブースカ！ブースカ!!』の世界は、昭和の『快獣ブースカ』の続編という位置づけになっていたが、ここで『ブースカ！ブースカ!!』のオリジナルキャラである松土の少年時代も同じ町にあったことを示し、大作と過去の接点を示すことで、番組独自の過去がより浮き彫りになった。

たくさんの写真の中から、子ども時代の大作と松土、そして市長が一緒に写っている写真を見つけ出す大作パパ。その間も、パパの頭上に、食べていたラーメンの麺を乗せるギャグをしている松土。常になにかしないと気がすまない赤星昇一郎であった。

彼らの子ども時代の回想がモノクロで始まる。神社の境内で独楽回しをして遊んでいた大作少年と松土少年。大作はオカッパ頭だが、松土はチャイナ服のようなものを着ている。子どもの時からキテレツな格好をしていたようだ。彼らは物陰から伺っていた楓少年を手招きする。

内気でなかなか友達のできない楓を仲間に入れてやったのだ。

楓は夢町に途中から転校してきて、途中からまた別の町に転校して行った子どもで、二人と一緒にいる期間は短かった。

「だから私もおぼえていないんだ」と合点が行く美智子ママ。

かつての友達は市長にまでなったのに、それにひきかえこの二人は……と突っ込む妙実。松土は思わず空の丼を頭に被せるのだった。

▼子ども達の遊び場が!?

翌日、とんとん亭のベランダでトランプをしていた雄作とブースカ。

「ロイヤルストレートフラッシュ」を決める雄作に「ぎょえええええ」と、身体を後ろ向きに海老ぞりさせるブースカ。頭が大きいブースカだがそのまま後ろにはひっくり返らず、元の体勢に戻る。

そこへオサムが「大変だ！」とやってくる。

いつも遊びに行っている近くの穴澤天神社には、立ち入り禁止を示す〈安全第一〉の柵が置かれ、ドームスタジアムの建設予定地となっていた。

また、いつも野球をしていたグラウンドもまたショッピングセンターの建設予定地となり、カモスケが野宿していたフラワーセンターはロケット発射基地の建設予定地として、立ち入り禁止になっていることを知る雄作とブースカ。

「私達、全然遊べなくなっちゃう」。泣いているカモスケをなだめていたさやかは嘆く。

そこへ宿を失った凸丸と凹丸が通りかかる。松土のアジトもまた開発の例外ではなかった。

そして、子ども達のバラサ砦までもが……。

「サミサ！」

そこにも工事の柵が張られ、黄色いヘルメットの作業員が出入りしていた。その前にはあの新市長の楓が日八樫さんを従えている。

「俺達のバラサ砦を返せよ！」とつっかかるつっくんに「何を言ってるんだ。君達も夢町ハイテクタウン化計画に賛成していたじゃないか」とうそぶく楓。

思わず口ごもる少年達だが、「それとこれとは別よ！」「そうよ、私達の遊び場をみんな奪ってしまって」と女の子達は弁が立つ。

すると、余裕しゃくしゃくだった楓が急に真顔になると「遊び場？　そんなものは必要ないっ！」と断言する。「子どもは勉強をしていれば、いいのだ」。先ほどから気まずそうにしていた日八樫はさすがに「いくらなんでもやりすぎ……なんでは」と子ども達に味方するが、その場でクビにさせられてしまう。

慌てて「やっぱり子どもは勉強第一」と追従しながら楓についていきがてら、子ども達に「勉強しろよ」と言う日八樫の腰砕け的な態度はアドリブである。

とんとん亭のベランダで、開発にはしゃいでいた自分達の愚かさを認める子ども達。「このままじゃあ、みんな引越ししなきゃならないかもね」。町のみんながバラバラになってしまう最悪の結果も予想されるのだ。

「もうやだ、せっかく友達になったのに」と涙ぐむチカ。

そんな場のムードに「オイラはしめっぽいのキライかも」とカモスケは姿を消す。

「いいよな、カモスケは風来坊で」と呟くカッちゃん。

雄作は、なぜ市長が子ども達から遊び場を奪うのだろうかと考える。

「何か理由があると思うんだけど……」

どうも、今の夢町が迎えている事態は「開発問題」だけではないようだ。そこには「子ども達の遊び場」を狙い撃ちする意図が隠されているようである。番組はそちらへと視点を促していく。

そしてそのタイミングで、一人でいる時の市長の姿を番組は写し出すのである。

夢町が見渡せる高台（向ヶ丘遊園の大階段の上）で、「とうとう帰って、きたぞー」と気持ちよく伸びをする楓喜多三。遠くから鳥のさえずりが聞こえる。そしてふと真顔になって懐から一枚の写真を取り出し、見つめる。写真には少年時代の大作、松土、楓が写っている。大作のアルバムに貼ってあったのと同じこの写真を、楓は大事に取ってあったのだ。

彼らの間に、かつて何があったのだろうか――。

▼厭な思い出を消すために

写真をしまった楓が踵を返すと、そこにはブースカがいた。

「こんにちは」

ブースカは「子ども達に遊び場を返してあげて」と頼みに来たのだ。

「ふん。さっきも言っただろう。子どもは勉強だけしてればいいのだ」と去ろうとする市長を強引に背中に乗せて「ピョンピョンでブー！」と空に舞い上がるブースカ。

宇宙ロケット発射基地の建設予定地となった公園に降り立ったブースカは、「缶蹴りしようよ」ともちかける。「市長も子どもの頃やったことがあるでしょ」

市長は受け取った缶をしばし見つめる。彼の脳裏に、過去の出来事が――。

それは、誰もいない神社で、大作や松土の名前を呼ぶ、一人ぼっちの少年の姿だった。モノクロで神社の境内を斜めからの俯瞰で捉えた淋しげなロングショットから現在に戻ると、一瞬泣きそうになっていた顔から元に戻り、持っていた缶を下に投げ捨てる市長。

「俺は、缶蹴りが嫌いなんだよ！」

このセリフは、原田監督がシナリオに付け足したものだ。強調の表現といえる。

立ち去る市長が落とした万年筆がぽおっと光に包まれてカモスケが登場。何にでも化けられるカモスケは万年筆になって市長の動向を探っていたのだ。

市長が一人の時、時折寂しそうに見つめていたと、あの写真をくすねてきたカモスケ。

少年時代の大作、松土、楓が収められたその写真を見ながら、心当たりを聞かれるとんとん亭の大作だが、「あいつすぐ引っ越してしまったからなあ」と困惑顔。

ブースカは思い立ち「ねえパパ、市長さんと缶蹴りしなかった？」と訊く。

それで「ああっ」と思い出す大作。

かつて大作と松土は、楓と缶蹴りをしている途中で、紙芝居が始まるラッパの音が聞こえたため、そっちに行ってしまう。子どもの頃にはありがちなことだが、楓は一人神社に取り残された。

その翌日、楓は転校していったんだ……と大作が述懐していると、雄作やブースカ達が腕組みをして「置き去りにするなんて、ひどいよ」と睨みつけている。その視線に「すみません、反省します」とちぢこまる大作。

しかし、これで理由がわかった。楓市長は厭な思い出をなくすために、子ども達の思い出をなくそうと思ったのだ。

「もう一度、缶蹴りをして仲直りできないかなあ」とブースカ。

大作はそれで何かが閃いたのか、雄作に耳打ちする。そして二人の視線はブースカに注がれた。

「えっ、なにゃ！」とのけぞるブースカ。どうやら、この父子はブースカに何かをさせるつもりらしい……。

このくだり、シナリオでは雄作が何かを思いつくことになっていたのを、原田監督は大作がまず閃き、息子の雄作に耳打ちするように変更している。大作（父）から雄作（子）、そしてブースカへ、という世代を超えた連携が夢町を救うという、より物語の構造と合致した形にしているのだ。

▼終わらない最終回

前市長と同じように黒服のSPを従えて歩く楓の元に、ブースカが現れる。

楓をあるところに引っ張っていこうとするが、側近達に制止されてしまう。ブースカはビームを発して側近を硬直させると、勢い余って楓のカバンを奪い、鬼ごっこのように駆け出す。慌てて追いかけていく楓。

その先には、いつもの神社があった。

そこは楓にとって、回想の場所と同じ神社だった。思わずハッとする楓。缶を蹴る音や、子ども達の遊ぶ声が幻聴のように響く。

と、そこには大人になった大作と松土がいた。

「俺達、あやまりたくて。ごめんな楓」

子ども時代のことを、素直に詫びる大作。

松土も「悪気はなかった」と目をそらして言い、「許せ」と言ってから楓の顔をうかがう。

今さら子ども時代のことを詫びられても……と顔をそむける楓だが、離れた場所で雄作とブースカが待ち構えていたのに気付く。

ブー冠の上には、何やら機械が取り付けられている。

そして楓の虚を衝いて、口笛を吹いたフリをしていた松土が彼の身体をさっと捕まえて動けなくさせる。その隙に雄作は用意していた装置を稼動させる。ブースカが全身を発光させて念力を送り、装置のパワーと融合すると、光線となってほとばしり、大作、松土、楓の三人に放射される。

すると、三人は子ども時代の姿に戻ってしまった。

雄作の発明した〈子どもの頃にモドールビーム〉の威力だ。

子ども時代に戻った三人の姿だけが、周囲の中で服ごとモノクロになっている。

子どもの姿で「楓、ごめん」と改めて言う大作。

「……だ、大ちゃん……」と思わず応える楓。

子どもになった松土も、「すまなかったでござる」と照れ隠しでちょっとおどけたポーズになりながら謝った。

「もう一度、缶蹴りの続きをやろう」

大作が缶を持ち出すと、モノクロの彼の手先にある缶だけカラーになっているのは芸が細かい。

そこへ物陰に隠れていたオサム、さやか、つっくん、カッちゃん、チカがやってくる。「どうせなら、大勢でやろう」「その方が楽しいよ」「みんな、市長の友達になってあげる」と現役の子ども達も合流して、過去の姿に戻った大人達との缶蹴りが始まる。

まずは過去の罰として、パパが鬼だと雄作が言う。

「えっ、松土は、松土はいいの?」とふてくされる大作だが、当の松土は「あ、頭痛が痛い」とゴマかす。

ブースカが缶を遠くに蹴ってしまうのを、慌てて拾いに行く大作。

「みんな、隠れろ」

散り散りになる子ども達のタイミングで、画面全体がモノクロになっていく。

楓の顔に初めて笑顔が浮かぶ。「今度は見つかるんだもんね」と松土に言う楓少年。

「ブースカ、見っけ」

ガビーンとなるブースカのストップ・モーションで、いつものエンディング主題歌が流れ始める。

「♪きっと、会えると信じてるから……」

そしてエンディング主題歌に乗せて、子ども時代の大作、松土、楓のセピア調モノクロスナップと、駆け出したブースカと子ども達が走りながら夢町の人々に挨拶して回る姿が点描されていく。

泡手と隼人の両刑事、小町と坂間の両先生、ゲンツキさん、カモスケと、いつもの顔ぶれが変わらぬ元気な顔を見せる。子ども達がバラサ砦に行き着くと、これまでの回から、ブースカと子ども達一人ひとりの表情の静止画が写し出される。ライライ軒に向かって走る夕方のブースカ、望みの滝で水晶を真剣に見つめるつっくん、「魔法の石」を大事そうに抱えるカッちゃん、ルルーの前で目を輝かすオサム……。

そして、今日も繁盛しているとんとん亭が映る。「手伝って」とママに言われて立ち上がるのは、ラーメンを食べながら、ハイテクタウン計画が中止になったことについて話題にしていたブースカと雄作だ。

番組全体のカーテンコールのようにレギュラー陣をエンディングにもう一度出すのは原田監督の案だった。演出メモでは、楓少年の顔に初めて笑みが浮かんだ時をタイミングにエンディング主題歌をかけるという案も書かれていた。

そして今回は、エンディング主題歌が終わった後、エピローグが用意される。

とんとん亭の二階のベランダから外を見つめている雄作とブースカ。

「ブースカ……ずっと友達でいようね」

ブースカは両手の人差し指を合わせるジェスチャーをしながら答える。

「ミュッキー！ ずっと、ずーっとね」

夕空の下にいる二人の視線の先には、プラネタリウムのように向かいの山のシルエットが見えていた。

二人の会話のやり取り自体はシナリオからあるが、原田監督はこれを、エンディング主題歌が終わった後、つまりエピローグの後にさらにもう一回エピローグを付ける形で映像化している。

そして、さらに次の一言を最後に付け加えている。

「あっ、一番星見っけ」

夕焼けの情景に一番星がキラリと光り、そこに〈また、いつか……〉とクレジットが出て、『ブースカ！ブースカ!!』は全編終了となった。

昭和のブースカでは最終回で大作少年とブースカの別離が描かれ、それは子ども時代の幸福な記憶の終止符でもあった。だが平成の『ブースカ！ブースカ!!』に、そうした終わりはない。〈いつまでも続く少年時代〉がその舞台となる「夢町」とともに祝福されて終わるのだ。

「番組が終っても、ブースカや夢町のみんなは元気だよ」と訴えるこの最終回は、一年間の放映が期待されながらも3クール限りで終ったシリーズへの、原田監督の、作り手としての愛情でもある。それはラストに文字にして示した〈また、いつか……〉というメッセージにも込められている。

原田監督はこの後もブースカへの愛情を示し、劇場用ウルトラマンの併映用短編映画としての復活も提案していた。また太田愛執筆による、ファンタジー色を意識したさらなる新『ブースカ』の企画書も用意していた時期があった。この企画書で主人公は少年から少女に代わり、ブースカと遊ぶ空間は子ども達にしか行けない場所と設定されていた。いわば今シリーズにおける「夢町」を〈童心に返れる世界〉として、より純粋化して捉え直した世界観といえる。

『ブースカ！ブースカ!!』で舞台となった向ヶ丘遊園も現在は閉園となり、小田急線の「向ヶ丘遊園前」として駅名のみ残っている。劇中、開発予定地にされたグラウンド、フラワーセンター、松土のアジト、そして町を見渡せる広場もすべて向ヶ丘遊園内にあったことを考えると、番組を見てきた者としては感無量である。

こうした現実を考えるとなおのこと、ブースカの世界を終らせなかった原田監督の、現代に向けたメッセージがより響く最終回となっていることがわかる。

inter-view

笈田雅人

油絵よりも水彩画のような持ち味の監督でした

『ウルトラマンティガ』『ウルトラマンダイナ』『ウルトラマンガイア』『ブースカ！ブースカ!!』プロデューサー

笈田　私も記憶力がまだ悪い方ではないので(笑)、本当に昨日のことのように憶えています。

原田さんは小中和哉監督の映画『ウルトラマンゼアス2』(九七年)で、助監督をやられていたんです。それでテレビの『ウルトラマンティガ』でも原田さんを起用して欲しいという話が高野(宏一)専務経由でありました。『ティガ』は高野さんの指揮の下に動いていた部分があるので、直接連絡を取って、銀座の電通のそばの喫茶店で初めてお会いしたんです。

——高野宏一さんは初期の円谷プロから特撮を担当されて、ウルトラファンには伝説的な人ですが、当時は「専務」でいらっしゃった。

笈田　僕は営業から移って来たので、高野さんから見ればなんにもない、プロの土台のない若造で、「ただウルトラマンが好きなだけじゃないか」という厳しい目で見られていました。そこを常に、高野さん流に指導していただいたという感じです。

ただ高野さんは「こうしろ」というリーダーじゃなかった。ありがたいのは、若い僕らが「こうやりたい」と言うのを「そうやるにはお前、これやんなきゃ駄目じゃないか」と具体的に戦術的な部分をフォローしてくださった。その辺、満田(穧)さんと高野さんが経験者としてバックに居てくれたから製作的に実現したというのはありました。

すごくいい態勢ではあったと思うんです。それで現場に上がったら小山信行プロデューサーがいたし。

——たとえば『ウルトラマンレオ』の頃は、ある枠の中で作っていて、合成カットも、だいたいいつも決められた尺数というのがあったと思うんです。それに比べると、もちろん時代が違うから単純に比べることはできないですが『ティガ』『ダイナ』『ガイア』の頃は随分豪華だったという印象があるんですが。

笈田　おっしゃる通りですよね。だからお金もかかりました。とにかく制約よりも、仕上げなければいけない。九月七日からスタートするのに、決まったのが約四ヶ月前で、本当は半年前に発注頂かないと円谷プロは対応できませんと、読売広告社に言ったのですが、連絡が来ないのでみんなもう諦めていたんです。それが、もうじきゴールデンウィークだという時に決定の連絡が入って、休みどころじゃない話になった。だから「合成カットがいくつで」なんて、そんなレベルの話は出なかったですね。

そう考えると火事場の底力じゃないけど、緊急事態で良かったというのはあるんです。冷静に考えたら、「これは駄目」「予算がない」となっていたと思うんです。とにかく十六年ぶりに復活した円谷プロの存在感、ウルトラマンの復活を対外的に打ち出さないといけない。もう死活問題ですからね、それは。

だから、お金はすごく大事なんですが、そういうことが奇跡的に二の次になってしまう状況ではありました(笑)。ただ誤解がないように言っておきたいのは、商品化権などの収入で、その年の売り上げだけでもかなりのものがありました。

▼価値観の振り幅の中で

笈田　原田さんが入った当時、『ティガ』は延長も決まって3クール目に入っているところで、わりと深いテーマもやりたいところだったんです。川崎郷太監督の28話「うたかたの…」もできたし。

——人間が怪獣と戦うことを問い直すような。

笈田　4クール目になると収束に向けてやらなければならないことが出てくるので、ちょうどいいタイミングだったんじゃないかな。監督の色、ライターの色を最大限に出せればいいなと思っていたんです。

原田さんとの初対面は、助監督をやられていたことしか知らなかったので、一時間くらいですが、話をして詰めていくしかないなというところでした。

僕は、脚本家としてデビューしたばかりの長谷川圭一さんの「青い夜の記憶」(29話)を、ずっとやりたかったというのがあったんです。長谷川さんが、22話の「霧が来る」(監督・北浦嗣巳)でデビューされる以前から出されてた脚本があったんです。長谷川さんが『ティガ』の装飾スタッフだった時代から、仕事が終わると、夜の九〜十時に当時の八木毅助監督経由で原稿が僕に届いたりしていたんです。

——「青い夜の記憶」は、『ウルトラセブン』で怪獣も着ぐるみの敵宇宙人も出てこない回の「盗まれたウルトラ・アイ」を思わせる、文字通り夜のムードの大人っぽい話でしたが、原田監督はこれにファンタジックな要素を加味していましたね。

笈田　長谷川さんの書いたものを見て「いい話だな」

と思ったのですが、シリーズがこういうマニアックな話までできる余裕があればいいけど、2クールで打ち切りだったらちょっと厳しいし、大人向けになっちゃう。でも僕も『セブン』は好きだから、「盗まれたウルトラ・アイ」みたいに怪獣が出なくても成立する、後で評価されるようなものはやりたいなというのはあったんです。

　正確には、当時色んな人から出してもらったプロットが大量にあったので、その中から自分なりに選んで三、四本持っていったんです。僕としては一押しと考えていた「青い夜の記憶」を入れて。それで原田監督に見てもらったと記憶してます。

　そしたら案の定、原田監督が自らそれに乗ってくれた。両方、思いが一致したんじゃないかな。そんな感じで一本決まったんです。

　もう一本の「怪獣動物園」(30話)は、原田監督が、最初なのでやりやすい脚本家とやらせて欲しいとおっしゃったんです。それが映画『ゼアス2』の脚本を書いた斎藤和典さんで、こちらも初めての方なので全体から逸脱しても困るので「台本の監修はやらせてください」という話だけはしました。

　先ほど話したように、3クール目はわりと自由度を高くしたいというのがあったので、まず走ってもらって調整するぐらいでいいかと。

▽一回試合しないとわからない

笈田　「怪獣動物園」で記憶に残っているのは、ダイゴとレナが動物園でデートしちゃうんですよね。僕の場合は、そういうことを許容するアバウトなところが効を奏する時と、裏目に出る時がある(笑)。ただ流れの中で、悪い意味じゃなく、多様性を最大限に活かしたかったのはあったんです。ライターさんと打ち合わせして、自分の思いはぶつけていたので、ウルトラマンは一人の作家が作るものでも、プロデューサーや監督が全部作るものでもないし、みんなの総合の世界で広くなってくものだと。

　ちょっとくらい整合性がないのは、むしろこの一本は考えさせられていいねという解釈でいいと思っていたんです。だからまず、新しい原田監督のカラーをぶつけて欲しいなということだったんです。

　いい意味でも悪い意味でも、肌を合わせて、一度試合しないと。話すだけでは、みんな絶対に腹を割らない。特に映画屋というか、当時のスタッフはみんな「俺達、円谷の現場をやっているんだ」というプライドがありましたから、外部から来た人は力を示していいもの出さないと、仲間じゃない。

　当時は、たとえば東宝ビルトの5スタの前のスタッフルームが、特撮と本編で分かれていたんです。特撮の方の戸に「本編のスタッフ出入り禁止」とか貼ってある時期もあったんです。

　何がきっかけかは色々あると思うのですが、いい意味で張り合って、一方やや険悪なムードもありました。それも「作品をよくしよう」というのがあったからだと思うんです。スタッフ間でそういうつばぜり合いみたいなものが結構ありました。

▽ウルトラ史上、三本の指に入る傑作

笈田　結果的には「怪獣動物園」は、悪いものじゃないけど、特に僕はすごいとは思ってないんです。「青い夜の記憶」は、ファンタジーというかちょっとシュールな、やっぱりこういう大人の雰囲気を出せる監督なんだなと思いました。

　次の『ダイナ』の監督としても、原田監督の色で、ウルトラマンに染まってない、いい部分が出れば、ウルトラの力として加わって欲しいと思いましたね。

　あと、当時の円谷一夫社長が、あの時点で「これはウルトラ史上、三本の指に入る傑作だ」と29話の完パケを見て喜んでいたので、僕は嬉しかったんです。それを原田監督に伝えたら、ものすごく喜んでいたので、やる気になったんじゃないですかね。

——円谷プロはある意味ウルトラマンと怪獣という印象が強い会社だと思うのですが、「青い夜の記憶」のようにどちらの印象も薄い話を、当時の社長が一番お好きだったのは意外な感じもしますね。

笈田　円谷一夫さんも、すごくピュアな思いがある。それがファンタジックに昇華される、円谷英二さんが生前自らやりたいとおっしゃっていた、『かぐや姫』に通じるような路線が特にお好きな方なんです。だから、ウルトラマンの世界観の中で、別の世界を体現することが出来て嬉しかったんじゃないですかね。そういうものも含めて、広いウルトラマンワールドの中で、色んなみなさんの思いや色がちりばめられる感じは、円谷プロのやり方ですから。

——ローテーションに入る監督は、『ティガ』『ダイナ』『ガイア』では笈田さんが決めていたのですか?

笈田　脚本の決定はほぼそうです。色んな意見はありますが、責任は僕が持ってやっていました。それに合わせて、監督のローテーションはだいたいこちらで決めて、現場のスケジュールと合わせて、小山プロデューサーに確認を取りました。それで無理があれば変えざるを得ないのですが、だいたいこの組み合わせで行きたいというのは言いました。

▼職人の腕でクライマックスを

——「ウルトラの星」(49話)は円谷プロ史的にも重要な話で、「もっと高く!」(50話)もダイゴとレナの関係のクライマックスです。この二本の監督がいきなり原田さんというのも、結構大胆ですね。

笈田　色んな要素があったのですが、原田さんの評価が、最初の二本で悪いものではなかったし、しっかりした演出をしてくださるというのがありました。

　もう一つは、初代ウルトラマンの時代を振り返る番外編的な「ウルトラの星」は、実は僕の狙いとしては、脚本・上原正三、監督・満田穧、特技監督・高野宏一という、円谷プロ創業時に活躍していた三人でやって欲しかったんです。

　当時メインライターだった金城哲夫さんは亡くなってしまったけれど、当時の企画室を支えていた上原さんの脚本で、『ウルトラセブン』のような形で、昔の円谷プロの生え抜きの代表という事でやって欲しかった。

　ただ立場上、満田さんも高野さんも円谷プロの社員でしたから、みんなに配慮して「監督一本分のギャラもバカにならないし、自分達が入って浮いちゃうのも良くない。それならば、うまく連携してくれる人にやって欲しい」ということで共同監督として原田さんにお願いしたら受けてくれたんです。

▼男っぽい部分と、乙女チック

——『ダイナ』では5話「ウイニングショット」6話「地上最大の怪獣」で原田監督が初登場ですね。

笈田　原田さんはいい意味でも悪い意味でも、監督としてのこだわりを持っているので、小中和哉監督と脚本の長谷川圭一さんのコンビの1、2話に対して、既にアンチの気持ちが芽生えていた発言は聞いていたんです。企画の狙いから逸れるというか、「あれでいいのかよ」というのがあったみたいですね。

　ただ、それはバランスの問題で、原田さんの作品ももちろん必要だし、かといって長谷川さんや和哉さんの世界がベースにないと、『ティガ』からの続編にならずに、まったく違う作品になっちゃう。

　監督の立場としては、自分の色を出してナンボですから、真っ当な主張だと思います。僕らは可能な限りそれをうまく作品の色付けに活用したかった。

——1・2話は『ティガ』の設定を引き継ぐ壮大なスペース・オペラでしたね。

笈田　『ダイナ』の「明るく楽しくストレートに」という『ティガ』と逆行する流れは僕らの意向で、原田さんもそれに賛同してくれていたんです。

　1・2話はすごくいい出来だと思っています。しかし、あの路線でドラマチックに、『ティガ』のようにつながっていくのは、『ダイナ』に関してはどうかなというのは僕もあったんです。

　僕はむしろ、ドラマチックな要素は『ティガ』より抑えて、初代ウルトラマン的な、一本一本でSF特撮を楽しめる話をやりたいと思ったし、原田さんもそれに賛同してくれた上でやっていたと思います。

　脚本と監督とのマッチングは僕がマネージメントしていました。シリーズ構成の江藤直行さんは、文芸の細かい部分をより正確にするとか、一本一本の台本をチェックするのに長けていらっしゃる方だったので、シリーズ構成というよりも、文芸監修、チェックをやってもらっていたんです。

　僕は、発注したプロットの中から、ある程度こちらでローテーションを組んで、監督に提示して監督本人がいけるかどうかの確認をしていました。

——11、12話「幻の遊星」「怪盗ヒマラ」で、原田さんは初めて特撮監督も兼ねますね。

笈田　原田さんの希望として、太田(愛)さんの脚本をやりたいというのがあったんです。太田さんと原田さんのコンビは「怪盗ヒマラ」が最初でした。

　結果が良くて、その後も太田さんとのファンタジックワールドが好評だし、お二人からの「組ませてくれ」という要望は強くなりましたね。

　ただ五二本の中の組み合わせの制約として、昔の実相寺昭雄監督と佐々木守さんみたいに、一シリーズの中で同じ路線で五〜六本もぼーんと行くような、それを中心にしたようなカラーを決めづらかったし、それで固定することは出来なかったんです。

▼可愛い怪獣を出したい

——「幻の遊星」で、ハネジローを登場させた経緯を教えてください。

笈田　可愛いものを出したいという話がバンダイさんから出たのかな。とにかく、僕から脚本の川上(英幸)さんにテーマとして入れてくれと言ったんです。

　ただ、結局オモチャは発売されてないですもんね。だから微妙ですが、ウルトラマンは男の子に向けてが中心なのですが、女の子も気にしてくれるような可愛い路線もあるといいなというのがあったのかもしれないですね。『ダイナ』はバラエティ豊かだから、そういうのも入れましょうかという話で。

——それは円谷プロの方で、ハネジローを毎回出してくれというわけではなかったんですね。

笈田　そういう制約はないです。ただ、設定として、基地にいるか、アスカの部屋にいるかしかないから、使いたかったら入れてくれという程度。原田さんにファンタジックな方向性があって、ハネジローに深い愛着を持ってくれて、うまく活用し続けてくれた。

——最後、「さらばハネジロー」(47話)で、いなくなることも、最初から考えられてたんですか?

笈田　『ダイナ』の結末に向けて片付けるべきテーマを整理してる時に、ハネジローの結末もお題として出てきたんです。原田さんの最後の回として、ハネジローを最初に撮ってもらった原田さんに、ハネジローを宇宙に帰してもらう。シリーズ全体の締めくくりの、前段階の最終回のような意味合いでした。

やっぱり『ダイナ』が一番好き

笈田　19話「夢幻の鳥」は、『ティガ』の「幻の疾走」のガゾートが姑獲鳥に代わるんだけど、同じようなシチュエーションになってくるんだよね。複雑で、「料理するのは難しいな」というのはあったんです。

　どちらかというと、円谷一夫さんの思いで「幻の疾走」は作られました。社長が原田監督を買っていましたから、「やるなら、原田監督と武上さんでやって欲しい」というのがあったんじゃないですかね。

　原田さんも北浦さんも『ダイナ』が一番好き。そういう意味ではスタンダードだというのがあるんじゃないですかね。もちろん立ち上げは長谷川さん脚本、小中和哉さん監督の路線でと思ったんです。長谷川さんは映画(『ウルトラマンティガ&ウルトラマンダイナ 光の星の戦士たち』九八年)にすぐ取られちゃったし、バラエティ路線というのは、長谷川さんは取り入れてくれそうもなかった。

　長谷川さんの良さはあるんですが、もっとストレートに明るいところを出す上で、原田さん北浦さん、太田さんとか川上さんの色は、かなり多めにやってもいいんじゃないかなというのはありました。

　ポイントポイントは長谷川さんと小中さんですが、原田さんと北浦さんは本当にそれに劣らないぐらい『ダイナ』の重要な監督の一人だと思います。

「君を想う力」(46話)も一夫さんの原案で、やはり一夫さんから「原田監督がいい」というのがあったと思うんです。

油絵よりも水彩画が持ち味だった

——次の『ガイア』の初期は、特撮の監督を立てるという形に一瞬戻った感じのスタートでした。

笈田　『ガイア』ではプロフェッショナルなチームの特撮の魅力を、かなり強調して描きたかったんです。だから重鎮の佐川和夫特技監督に1・2話からやって頂いて、その後に、やはりベテランの神澤信一さんにやって頂き、特技監督の初期比率が勝負だというのがあったんですよ。

　それでストックができてくれば、ライブシーンとして使っていけるようになる。

『ガイア』はウルトラシリーズで初めて、全部ではないですが、大河ドラマのように最初から企画して、つながりのある話にしたんです。

　そうすると、子ども達が納得する満足度のある映像がないと「見た」という記憶にならないし、ドラマに沿ったあっさりした特撮だけだと、エンターテインメントとしては弱いというのがあったんです。「お話はつながっているけど、見どころも毎回ちゃんとあるよ」ということにしたかったんですね。

——「あざ笑う眼」(6話)に登場するガンQは一つ目でかなり印象的な怪獣です。

笈田　僕が「こういう怪獣を出して欲しい」と言ったんです。昔の『ジャイアントロボ』の一つ目怪獣ガンモンスみたいなのをデザインの丸山(浩)さんと脚本の川上(英幸)さんにお願いしたと思います。

　違うかな。川上さんから来た脚本があって、デザインで丸山さんが苦労していて、それで「ガンモンスみたいなの」というぐらいのことだったかな(笑)。ちょっと記憶が定かではないです。

『ティガ』『ダイナ』で、過去ウルトラマンをベースにした魅力は、もう現代風にして出し切ったと思っていたんです。だから、『ガイア』の怪獣は、『ウルトラマンA』で超獣というのを新しく出したように、怪獣を超えるようなのを。

——原田さん「龍の都」(11話)と「野獣包囲網」(12話)で、特技監督として若い満留浩昌さんと組まれてますね。

笈田　満留さんもすごく、こだわりと熱意のある方です。ただ、制限をはみ出してしまう。僕もそうだけどウルトラ世代だからですかね。自分のやりたいものをやるからには、というのがあります。戦車が出てきたりして、特撮の比重が大きかったので、時間もかかったんです。本編と演出の分量のバランスとか、原田さんがうまく調整してくれたと思います。

——「野獣包囲網」は、話の内容とはまた違う、ファンタスティックな画柄が印象的でした。

笈田　月に狼がね。町並みがちょっと切り絵っぽく合成されていたり、原田監督はそういう、あっさりした、ファンタジックな表現がすごくうまい。

　悪く言えば立体感はないけれど、平面的な、油絵よりも水彩画みたいな描写が原田さんの持ち味ですかね。

▼『ガイア』での葛藤

笈田　原田さんは『ガイア』が一話完結じゃないことに対して、かなりやりづらい、色を出しづらいという意見は、おっしゃっていました。

――そういう意味では19話と20話は、前後の話とのつながりもあるし、それだけ突出しているという印象はないですね。

笈田　その辺も配慮して、3クール目に入った時は、ガイアがV2にバージョンアップした後で、そのキャラクターが立っていればいい時期ですから、監督・脚本の色を出す自由度が高くなるところですよと言って、乗ってやってもらいました。

――それで29話「遠い町・ウクバール」が出来た。

笈田　そうです。「絶対に太田さんとやりたい」と言ってましたので。

――あと「悪魔のマユ」(30話)の増田貴彦さんがだいたい一年に一本くらい参加されてますね。

笈田　増田さんはすごいアイデアマンなので「プロットを出してください」とよく言ってました。面白いのは色々あるんです。ただライターの数があまりにも多くなり過ぎていて、増田さんに関しては、本当に「これだ！」というもの以外は抑えていました。大西(信介)さんもそんな感じでしたね、当時は。

――「悪魔のマユ」では、「迷宮のリリア」で登場した敦子の姉と、パイロットの梶尾との関係など、原田さんとしての縦軸が出てきました。

笈田　原田さんなりに恋愛話など、自分で膨らませていける余地を、最大限に生かしてましたよね。

　原田さんは助監督に厳しかったですが、役者にも厳しかったんです。『ガイア』で隊員が一挙に増えましたよね、全員がレギュラーじゃないけれど。その中で、下手な役者は「もうアップは撮らない」と徹底されていた。プロとして失格だと思うと、全然撮らないような方でした。すごく厳しかったです。

　これはスタッフも同じです。助監督に厳しいというのも、言って駄目だったらやっぱり切り捨てちゃうぐらい、プロ意識がはっきり。

　そこで見出した梶尾役の中上雅巳さんをなんとかしてやろう、梶尾を使って自分もいい演出ができる、というのはあったと思います。

――「大地裂く牙」(38話)から古怒田健志さん脚本の地球怪獣編を担当されています。柊准将が登場しますね。

笈田　べつに監督のリクエストでなったわけじゃないんです。ローテーションでしたが、本当にこれは良かった。原田さんじゃなかったら「大和武士で行く」という話もなかったと思います。

　あの世界観にああいうキャラクターが出てきて、よりリアルに、公務と私情の葛藤が具体的に伝わってくる、いい話だと思います。僕は『ガイア』の中では三本の指に入るぐらい好きなんです。これと「命すむ星」(45話)。両方、原田さんで良かったですよ。

――最後の「襲撃の森」(46話)は、ちょっと脚本の長谷川圭一さんとぶつかっちゃったと……。

笈田　この時はものすごく難航して、長谷川さんも、原田さんも僕に色々言ってくるし、僕自身もヘロヘロだったし、はっきり言って収拾つかない、早く抜け出したいという思いもあったぐらいです(苦笑)。最終的には長谷川さんが折れていると思います。僕も打ち合わせの喫茶店にわざと遅れていったり。嫌だから(笑)。「もう解決したかな」と思ったら、黙ったまま進行してなかった。

――笈田さんは自然コントロールマシンに結構こだわられていたと、以前おっしゃっていました。

笈田　こだわっていましたね。以前のインタビュー(ソニー・マガジンズ刊『地球はウルトラマンの星』所収)の時は『ガイア』の最終回前の4クール目の頃だったと思います。

　4クール目に、各ライターに言ったのが、各話全部、最終回ですと。それで長谷川さんには自然コントロールマシンの結末をお願いしました。

　自然コントロールマシンは、『ガイア』の世界観のスパイスになる要素でした。自然すらコントロールしようと奢ってしまう人類……その反作用みたいなものが恐ろしく描ければいいなと思いました。

――その自然コントロールマシンの、いわば解決編がややわかりにくくなってしまった感じがしました。

笈田　あれは長谷川さんと原田さんの主張のし合いで、僕もそれ以上、スケジュール的にも体力的にも言えなかった。僕も納得してないんです。

　でも逆に、もう終わったことだし、観点を変えてみると、あまり自然コントロールマシンできちっと収束しちゃうより、なんだかわからないぐらいの余地を残した上で、最終回は別の観点でちゃんと収まっているし、変に色が突出しないで良かったんじゃないかなという気もするんです。

　僕なりに出したアイデアとしては、自然コントロールマシンが……パラレルワールドになるのですが……植物の中で女性が見せる映像として、全世界に色んな自然コントロールマシンの機械だけが残って、それを放った人類はとうの昔に滅んでいる、という画を入れて欲しいという話もしていたんです。準備稿ぐらいまでは入っていたと思うんですが、結局、分量として特撮もそこまでやれないし、その描写は難しいということで、カットになりました。

——最後的には、それまで原田さんが描いてきた人々がキスしたりして、ほんわか終わるという(笑)。

笈田　原田さんはあんまり逸脱すると、本筋から逸れるぐらいの色を打ち出されることもありましたね。

『ブースカ』でメイン監督

——『ガイア』の次が『ブースカ!ブースカ!!』ですが、原田さんが満田さんと共同監督の1話(「バラサで快獣こんにちは!」)を含めて最初の3話を担当しましたね。メイン監督という形ですよね?

笈田　そうです。それは僕がお願いしましたから。

　ウルトラでお願いしていた監督を見渡して、ファンタジーというか、ブースカのああいう可愛い路線が一番得意なのは、原田さんかなということで。

　北浦さんも原田さんと同じぐらいのパワーで、自分の色を出される方なのですが、ファンタジーの部分が北浦さんは未知数だし、コメディも出来るけどちょっと大人の笑いになっちゃいそうだし。

　子ども目線で一番引き出しを持ってそうなのは原田さんだというのがありました。これは高野さんと相談したかもしれません。要はプロデュースサイドで「原田さんがいいですね」と話が決まったんです。

——最初は昔の番組のブースカが戻ってくるという案もあったと聞きましたが、最終的に、同じ大作少年のその後は出て来ますが、それほどはつながりを重視した感じになってないですね。

笈田　「新しいブースカにしよう」ということだったんです。声優さんも役者も違うし、アニメで作るわけでもないし。新しいブースカにするんだけど、ブースカの世界観は出来ているから、その上で別のキャラクターのブースカにしよう。だから『帰ってきたウルトラマン』みたいなものですね。

　撮影は三話持ちで、9話までやったんですが、原田さんから「やっぱり二話持ちにしてくれないか」という希望がありました。やっぱり混乱するし、良い持っていき方がしづらいというのもあった。

　これは予算の都合で、経費削減のためにそうしたのですが、マイナス影響が大きくなるのもよくないということで二本持ちにしました。

　内容的には、メイン監督は原田さんだし、メインライターは川上英幸さんというのがありましたから、それを主軸でということにはしていました。

　ただ、ウルトラマンとは違って、みんなどれぐらい把握して、新しいブースカの話を書けるかというのは、未知数だったんです。だから探り探りでした。

——川上さんがおっしゃっていたのは「自分はメインライターじゃないですよ」と。1話は任されたけど、その後はコンペ形式だったと。カモスケ登場前後ははっきりと自分がシリーズ構成として関わったけど、他に関してはべつにそうではないですよと。

笈田　ウルトラマンとか円谷プロの作品は、単発単発でクリエイターの色をちゃんと打ち出すような作り方があって、だからメインライターが全部、統制することではないですからね。

　ただ、プロ野球のペナントレースのピッチャーのローテーションでいうと柱です。だからブースカにおいては間違いなく川上さんがメインということでやっていました。

　川上さんは、「やってやろう」という意気込みがすごく充満していたし、こういうバラエティ路線、身近なテーマが得意でした。SFとか大それた話じゃない、軽いコメディタッチの引き出しも多かった。

——ギャグ編のミジー星人とかありましたものね。下町の工場で怪獣を作っている(『ダイナ』13話「怪獣工場」)。

笈田　そうそう。あとハネジローの回とか、等身大アクションがメインだったウルフファイアーの回(『ガイア』34話「魂の激突!」)とか、変り種のものをうまく料理してくれる印象が強かったですから。

夢町だからブースカがいる

——途中、路線変更があって、原田さんとしてはちょっと困っていたと聞きました。

笈田　それは僕の問題もあると思うんですが、『ブースカ!ブースカ!!』の局プロが、円谷プロと初めて仕事をする方で、歳は僕よりちょっと若いくらいで、アニメをずっとやっている人だったんです。局プロ主導で、ストーリーなど監修するのはわかるのですが、演出コンテまで全部撮影前に、チェックを義務づけようと言い出すようなやり方なんです。

　こちらも「アニメと違うし、作り方も全然違う」という話はしたんです。平成ウルトラマンを三本やった流れがあったし、プライドもありますしね。

　そのプロデューサーは、「イマ風のアニメとノリが違う。子どもに受けない」と、そういう何かと比べるような観点の発言が多かったんです。

　カモスケは、最初から第二のキャラクターとして、かつてのチャメゴンのような、3クールの強化キャラとして用意していたんです。ただ、番組自体が3クールで終わったので消化不良で、出番が少ないまま終わってしまいました。それは契約の問題です。

カモスケを出さないわけにはいかなかったんです。

――原田さんの担当回で印象的な回はありますか？

笈田　「冬の国ものがたり」(12話)は秀逸でした。こういうファンタジー路線は、いつもすごくいいものを作って頂けた。あとはやはり、同じ太田愛さんが脚本の「かげろう谷のパック」(36話)ですかね。

――最終回も原田監督で締めくくっていますね。

笈田　『ブースカ』の最終回は、僕は良かったと思っています。もちろん1話もそうです。それは円谷プロの作品として、べつにイマ風のトレンディなアニメと比べて何を言われようが、そんなことは関係ないんだというのは僕にもありました。

ただ、ある程度耳を傾けて、そういうイマ風なものも、円谷のベースを持った上で取り入れるというスタンスは持ちたいなというところでした。

「かげろう谷のパック」はその意味でも原田さん本来のファンタジー的な内容でしたし、冒険物としても良かったと思います。

――最終回は、昔のようにブースカがいなくなる話にしたくなくて、夢町にずっといることにしたいと原田さんがおっしゃっていました。終わり方については、どのように検討されたのでしょうか。

笈田　今、切通さんが言ったような話が監督からあった気がします。

「夢町」は川上さんが名前を付けたのですが、新しいブースカの世界観として大事な要素だと思ったんです。そこにブースカが最後「いつまでも一緒だよ」ということで居る。夢町がなくなったらブースカも居なくなるということだと思うんです。

二〇〇〇年にブースカを作るということで、携帯電話もあるし、パソコンもあるし、その中で「発明家の少年だ」と言っても、なんか嘘臭い(笑)。その辺で、嘘でも日常自体を、ちょっとおとぎの国にしないと、ブースカが居ることも含めて、その世界観をどう受け取ったらいいか難しいと思ったんです。

ブースカの良さは、田園的なほのぼのとしたところだし、駄菓子屋も今はもうないけど出したい。古さと新しさがある本当の理想。ウルトラマンもそうだったのですが、理想郷を身近に描きたかったというのがあったんです。古い新しいじゃなくて、おそらく、人としていいものがある夢の町のような。そういう場所でブースカは楽しく暮らしているよと。

――キャスティングは原田さんの意見もあったのでしょうか。

笈田　もちろん1話の監督としてオーディションも全部、参加してもらっていますし、意見は強かったです。大人側のキャスティングは、大作役の増田由紀夫さんに関しては原田さんのリクエストです。後はみんなで確認しながらだったと思います。

▼原田監督の夢

笈田　僕は二〇〇四年に円谷プロを辞めて、『リュウケンドー』の発表会に、別の会社の社員として行ったんです。そしたら原田さんが1話の監督として挨拶されてたので「新しいことがやりたかったんだな」というのを目の当たりにしました。僕は二〇〇六年に円谷プロに戻って、また上海に行ったんです。

そしたら、二〇〇六年の五月末に上海でやっているアニメイベントに原田監督も来て、それでお会いしたんですよ。中国版の特撮ものを今やってるんだよとお話を聞きました。少し探りを入れながら(笑)

僕も昔の仕事仲間と会えるのが嬉しいので、電話で話したりして、上海で三〜四回会いました。原田監督が、夢としては自分のプロダクションを……原田プロダクションとはっきり言ったか憶えてないですが……目標としてはやりたいとおっしゃっていて「ああ、いいじゃないですか」と言ってたんです。

――それは製作会社ですか？

笈田　製作会社ですね。自分がやってきた作品で、特撮も勉強しているし、自分の色を決めて、今まで実験してきたものを集大成して追求したいというのはあったんじゃないですか。あくまで「そう出来たらいいんだけどね」という感じで。

それで、上海でお目にかかった時も、日本でやるよりも、ちょっと新しいことをやりたいとおっしゃっていたので、外に外に、と目が向いてたんじゃないですかね。次の自分のステップを求めて。

ただ会う度に、原田監督がやっていた『五龍奇剣士』が、「また撮影が止まってしまった」とか、だんだんテンションが下がってるんです。お金もあまり回ってこないようで。最後にお会いしたのが、二〇〇七年の十月ぐらいだと思うんです。それから三〜四ヶ月後に亡くなったと聞きました。

――上海で『五龍奇剣士』をショーに出したら、子ども達の反応が良くて、原田さんが「これは幸先いいぞ」とおっしゃってた話も聞きました。

笈田　僕、上海で監督に最初に会ったのがそのショーの現場だったんですよ。原田さんと、元開米プロの杉本(末男)さんが見ていて、その時、円谷プロのウルトラマンのショーもあるわけですよ。嫌な予感がしたわけです。

向こうは剣を持ってカッコいい鎧のデザインで。順番を聞いたらウルトラマンの後がそれだと。新旧が比較されるような組み方をされて、うちが貶められたらイヤだなというのがあったんです。

日本語のわかる中国人スタッフを通じて、余計なことをしなくていいから、自分の出来ることを最大限やって、とにかく頑張ってくれとみんなに言ったら、すごくいい出来で、みんなきれいな殺陣でウルトラマンがすごく盛り上がったんです。

その後に『五龍奇剣士』が出て、たしかに怪獣との殺陣もカッコよくて、よく練習してるんだけど、全体の流れがスムーズじゃなかったし、その場の人気はあったけど、その時は完全にウルトラマンの人気が勝ったという結果が出たと僕は思って(笑)。三日間ぐらいのイベントでしたが、ホッとしたんです。

――中国の人達の反応ってどんな感じなんでしょうか？　ウルトラマンは。

笈田　二〇〇八年に、数千万人が被災した四川の大地震がありましたよね。その二日後に温家宝首相が現地に行って、デイリーチャイナという英字新聞の一面に出ていたのが、地震で指が四本折れちゃった五歳の子どもを、首相が抱きしめている写真なんです。その子どもの病室に、初代ウルトラマンとティガの大きい三〇センチくらいの人形がバンと置いてあって、新聞の一面に載っていたんですよ。それでわかりますよね。四川の子どもも心の支えにするほど、ウルトラマンを好きだという。

その後、一週間ぐらいして四川のテレビ局からバンダイ経由で上海円谷に電話がかかってきて、子どもの慰安番組を作るから協力してくださいと言われて、行ったりしました。その半年後にボランティアとして、チャリティイベントで四川に呼ばれたり。みんな本当に目を輝かせて見ていますね。ステージでウルトラマンショーをやって、ゴルザとティガの戦いで、ティガがヘッドロックで締められている時に、中学生か高校生くらいの男の子が三人上ってきて、ティガを助けるためにゴルザをみんなで殴ろうとしたりするんです。

――けっこうファン層の年齢は上なんですね。

笈田　いたずらかと思ったら、目がマジだった。ショーが終わった後も楽屋に、大学生の女の子が、ティガ、ダイナ、ガイアの切り抜きをきれいに貼った色紙みたいなものを持ってきて、スーツの中に入っている人みんなに配ったりしていました。けっこう幅広く、幼児から上の年齢の方まで人気がありますね。

ただ、日本で円谷が作ったものは『ティガ』しか放送してないんです(註)。二〇〇四年の八月から、四年間ぐらいやっていたんですが、それ以降は締め付けが厳しくなって、『ダイナ』も申請したんですが放送できてないです。日本のものは。

――普通に若い人が見ている状況があるんですか？

笈田　あります。男女問わず。放映当時は多くの子どもがＧＵＴＳジャンパーを着ていました。ウルトラマンの靴とか帽子も。お父さんお母さん子ども達はみんな、ショーが終わると、カメラを持って集まってきて、みんな喜んでいるんです。中国ではウルトラマンは受け入れられるなと肌身で感じますね。

――原田さんが新しいヒーローものに取り組んでいた時に、同じ中国でかつて自分が関わった『ティガ』が熱烈歓迎を受けていたんですね。原田さんにとって円谷プロの仕事は大きかったと思われますか？

笈田　監督で本格的にやったのは、円谷プロの時代だと思いますからね。助監督時代は長かったと思いますが、自分が腕を振るったのはやっぱり円谷プロだと思います。一番のホームグラウンドというか。

――原田さんがもしご存命でしたらどんな監督さんになられたと思われますか？

笈田　僕がお会いした印象では『ティガ』『ダイナ』の頃が一番コンディションが良かったと思います。

原田さんのその頃の、延長線上に未来があるんじゃないかな。あと『ブースカ』も、テレビじゃなくて映画で、ファンタジックなものをオムニバスでやったり、太田さんの脚本でやったり、そういうのが一番いいんじゃないかな。

それと平行して、任侠ものもやったり。両方とも原田さんの方向性としてあると思うんです。だから、それが融合したらさらにすごいと思いますね。

基本には、映画人としての厳しさを常に持っていたので、そんな経験のある方が来てくれてこちらは助かりました。

ファンタジーの部分と、厳しい部分をあわせ持っているのは、すごく貴重な原田さんのカラーだなと思っていました。円谷プロに色々なものを入れてもらいましたね。

(註)二〇一四年現在でも、日本で作られた円谷プロ作品の中で、中国においてテレビ放送が認可されているのは『ウルトラマンティガ』のみ。『ウルトラマンガイア』から近年の『ウルトラマンギンガ』までの作品がネット配信による鑑賞は可能な状態にある。しかし、肖像権等の問題があり、『ティガ』『ダイナ』のネット配信は行われていない。

教育映画について
子ども達と発見し、つないでいく
原田昌樹語る

——原田監督が担当された教育映画の世界について伺えればと思います。最初に監督されたのは『万引きはダメ！』ですね。

原田　『万引きはダメ！』（九九年）は東映東京撮影所が初めてやった教育映画なんですよ。それまで教育映画は東映教育映画部で作ってたんですが、そこと撮影所が初めて手を結んだ作品なんです。だから撮影所のスタッフを使って撮ったんですよね。

撮影も大泉の撮影所からリアカーで行ける範囲でやりました。舞台となる小学校も大泉です。

——一月十二日から十五日までの四日間と、香番表には書いてあります。スクリプターは原田監督と長年の付き合いの山下千鶴さんですね。上映時間は二〇分三〇秒。

原田　東映育ちの僕の唯一の撮影所作品です（笑）。所謂「故郷に帰った気分」でしたね。僕はもともと初めての映画の現場が教育映画で、それ以来ずっと離れていたんです。

今度は監督として教育映画をやるきっかけは、わりと簡単だったんです。僕が東映の東京撮影所で最後に助監督をやったのが、九五年なんですよ。『霧の子午線』っていう映画で。

その時、アシスタント・プロデューサーだった湊美也子さんから「プロデューサーとして一本立ちしてやるので撮ってくれませんか」と話が来たのが教育映画だったんです。僕が『ダイナ』をやってる頃。一週間ぐらいの撮影だったので「ウルトラの撮影の合間にやりますわ」ということで撮ったのが『万引きはダメ！』。

——『ガイア』のアイテムがところどころに出てきますね。主人公の少年が最初に親の金を盗んでゲームを買ったおもちゃ屋で、悪い友達から鞄にXIGファイターの玩具を入れられ、万引きをした格好になってしまう。以後エスカレートして、本屋で講談社の『ガイア』ムック（テレビマガジン特別編集）を万引きしたり、最後に捕まったスーパーの守衛室ではガンQ、ハネジロー、壬龍といった、原田さん回の怪獣の人形が没収されてしまう（笑）。

原田　仮面ライダーのおもちゃを盗ませようかとも思ったんだけど、俺がやるんだからウルトラマンでもいいだろうと（笑）。

——少年が家で見ているテレビに『ガイア』の画面が映ってます。

原田　「あれぐらいは大丈夫かな」と思ってやったんです（笑）。ウルトラマンガイア自体は映ってないはずなんですよ。

——6話「あざ笑う眼」の冒頭に描かれるチーム・ライトニングの演習シーンですね。

原田　飛行機をね。わからないように写した。

——梶尾の口元まで映ってる。ぎりぎりですね。

原田　やっぱりキャラクターが出ると問題になるんで。

▼子ども達の自主性を引き出す

原田　教育映画は閉鎖的で狭い世界なので、新しい手法は歓迎されない風潮がちょっとあったんですが、僕が監督した時、ちょうど文部省の教育映画の担当が寺脇研さんになったんですよ。寺脇さんは映画の評論やっている方だから、映像的なことに関してはわりと許容範囲が広いんですよ。

僕はお会いしたことはないですが、あの人の本は持っています。八〇年代の。日本映画全評（『映画を追いかけて』『映画を見つめて』『映画に恋して』八七～八九年）ですね。全部見る意欲がすごいと思った。その人が教育映画の担当になるとは思わなかった。

その寺脇さんの新しいことをやろうという意志を聞いた東映の教育映画の担当者が、今までとは違う監督を呼ぼうという気になって、それで僕に来いという話だったんです。

僕が画面に漫画のフキダシとか出したのも、それだけでずいぶん斬新だと言われたんですよ。「え、あのぐらいで？」と。

——原田監督は『リュウケンドー』でもフキダシの表現使われていますよね。「？」とか。

原田　今の子ども達はアニメも特撮モノも見ているんだから、これぐらいの映像表現はわかるよっていう。みんな「これは子どもにわかるか？」とか、すぐにそういう話になる。でも子どもの方がよっぽど進んでいるんです。

最初の『万引きはダメ！』はドラマ仕立てで、次に造形のドキュメンタリーを三年やって、その後にもう一本で、五年間やった。

——『万引きはダメ！』は主人公の小学五年生・智也（山本龍太）のクラスメイトで、万引きをそそのかす山本（小林元樹）の、そんなに不良な感じじゃないんだけど、悪事に世慣れた感じがすごく存在感ありました。

原田　『万引きはダメ！』はオーディションしました。東映アカデミーの中からだから、そんな選択肢があったわけじゃないけど。

——山本は必ず黒い服を着て、悪魔の囁きのようです。同じく両親が共稼ぎである彼にそそのかされ、智也が初めて家で一人、箪笥にある母親の財布を盗むシーンは印象的でした。

原田　ドキドキするよね。

——効果音として心臓の鼓動音が響く（笑）。1カットの中で、家族と食事する台所には電気が灯いてて、箪笥は暗いのがコントラストになってました。いかにも「やましい行為」という感じで。

原田　基本的に東映の本編スタッフですから、ライティングもちゃんと丁寧にやってくれました。あの少年の家は、東映テレビプロの『はぐれ刑事純情派』の藤田まことさんの家のレギュラー・セット借りているんですよ。チーフ助監督は諸田敏。

——戦隊シリーズでも監督をされていますね。

原田　「あれ、諸田って監督じゃないの？」と言ったら「ちょうど暇だから」って。出演もしていますよ。

——この映画は小学校の道徳教材として作られ、東京都立保険科学大学教授の安田美弥子さんによる日本経済新聞の記事「子どもの万引き　最初の対応　将来を左右」（九八年一〇月一二日）が原作です（中瀬理香脚本）。主人公の少年の妹（小学二年生）からの目線でプロットは書かれ、完成作品では兄の智也と妹の未来（星野真美）の掛け合いが生き生きとしていると思いました。

原田監督は台本にも書かれていない、朝食の時間に二人が気まずくなるだりを入れていますね。智也に感情の乱れがあるのを、未来は敏感に察する。でもそれを「お兄ちゃん怒っている」としか受け止められず、妹がつっけんどんになるのはリアルでした。

原田　教育映画はアドリブを入れられない。台本通り撮らないとダメなんだけど、あそこは若干アドリブ入れたんです。

——そのシーンは、母が財布からお金が抜かれているのを気付かないのを見た智也がホッとするという、台本に書かれてあるところをちゃんと押さえた上で、足した描写になっていますね。

兄妹が子ども達だけでピザを頼む、鍵っ子であることを示す場面でも、冷蔵庫に〈ジュースは一日一杯とすること　未来〉と貼り紙があって、お兄ちゃんがジュースを注いでくれるコップを見つめる妹の期待に満ちた表情、という台本にはない描写を入れてますね。二人の普段の暮らしが伝わってくるようでした。

原田　普通のドラマのような撮り方はしたんです。でも、東映教育映画でラッシュやった時は、上の人達にけっこう文句言われました。「教育映画らしくない」と。

でもそういう、今までの教育映画みたいな、ガチガチじゃないのを作ってくれと言われてやったから、聞き流していました。

——智也を万引きにそそのかした山本少年が罪に問われなくて、智也が全部負って自分でけじめをつけて、最後はその山本とも友情で話を収めるのが劇映画っぽいと思ったんです。本屋で謝る智也の声が聞こえていた山本が、盗もうとした『ダイナ』のムックを本棚に戻す（笑）。翌日学校の校庭で、バツの悪そうな顔をしながらも小さく一言「悪かったな」と。

原田　「ああいうところの反省はもっとないといけない」と言われました。教育映画の古い人達からね。そそのかした子も子どもらしく反省しなきゃと。でも実際の子どもはしないでしょう（笑）。

子どもが見て「これはウソだろう」と思う子どもを出したってダメなわけです。

——反省した主人公はもう二度としなかったけど、そそのかした子はその後も万引きが続き、自転車を盗んだり、無免許でバイクを乗り回すなど、非行がエスカレートしていった……と原作となった新聞記事にはありました。映画では少年同士でドラマを決着させて爽やかです。子役の演出は、原田監督得意なんですか。

原田　そうかもしれない。子どもはうまく刺激を与えると、自主性ちゃんとあるんです。自分のキャラクターさえ掴めてれば、台本を「読んでる」んじゃなく自分の言葉で喋るんです。そういう風にさえなれば、あるレベルの子達だったら大丈夫なんですよね。

だから、そういう子をオーディションで見つけさえすればね。一番困るのは、「台本通り言え」と覚えさせられている子。子役はそうなんです。そう思い込んでいるから、それ以外考えてない子は多いんです。子ども達に、「台本はそうだけど自分で言ったらどうなるんだと考えろ」と。考えさせることが大事なんです。

そういう言い方を直接する時もあるし「お前の言い方だったら、どういう風になる？」と訊くこともあります。「おじさん達が考えてるからこういう風にセリフ書いてるけど、君は小学生なんだから、君が言ったらどういう風に言うんだい？」。

そうすると、その子達は「あ、自分の言葉で喋っていいんだ」って考えるんです。それまで台本を読んでいるだけだったのが今度は「理解」するんです。自分で理解して自分の言葉に転換するってことが許されるから。

こっちから聞いて、向こうに答えを出させてあげると、喋るようになるんですよね。

でそれを、一人じゃなくて二人とか三人の子達にやらせると、それぞれ喋りだして、今度はその子達同士で考え出すんです。セリフとかを、お互いに調節しだすんですよね。

あとはコントロールだけすればいい。暴走させないようにして。

▽台本のない世界へ

原田　夏の教育映画祭で、『万引きはダメ！』が文部大臣賞獲ったんです。そうしたら、内容について文句言われていたのがパタッと止まりましたけどね。

で、文部省からも「こういう作り方でいいんじゃないかな」という話になったんでね。「よかったよかった」ってことで終わってはいたんですね。

まあ、幸か不幸か賞を貰ったから、それを略歴には書くんですけど、まず誰も見てないですからね。それぐらい、逆に言えば教育映画ってせまーい世界なんで。それから一年経って今度は、ドキュメンタリーの話が来たわけです。

——前作は撮影所だったのに、一転して。

原田　だから打ち合わせは、対学校の先生とどうするかっていうことが多かったですね。皆さん公務員だから「酒呑みに行きましょう」ってならないんです（笑）。特にそういうのが一番うるさかった頃なんです。「公務員の接待はやめにしろ」とか。だから、文部省の人と外でお茶飲んだらワリカンでしたもん。「（東映の）経費で落ちますよ」って言ったら「いやいやいや」って。

僕、その頃まだドキュメンタリーって撮ったことがなかったんです。ドラマ仕立てだと十何人ぐらいのスタッフだけど、ドキュメンタリーはキャメラマン二人と録音部一人と僕とプロデューサーだけ。最初は「どう撮りゃいいんだ」って感じだった（笑）。

しかも最初のが北海道と鳥取と横浜で、地方巡業でした。低学年の小学一～二年生のをやって、中学年、高学年とやったんです。

——低学年編『たのしいぞうけいあそび　いいこと考えた』（二一分／〇一年）は葉っぱ、木の実、木の枝などから、自由に選んでどんなものを作りたいか考える。ある子は葉っぱで顔を作って、ある子は木の実をつないで道を作る。

次に違う学校の子ども達が写って、今度は「ダンボールランドを作ろう」がテーマ。そして三つめの学校は「こねこねサクサク？」がテーマで、土ねんどをこねて、石や木の実、枝、貝などで装飾します。

最後四つめの学校はテーマが「ひしょひしょぺったん」で、ちぎる、割く、丸める、組み合わせるということを、色紙を濡らした状態からやって、窓ガラスに貼ったり、新聞紙の上につけてみたり、材料の形や色から思いついたことを展開。ちゃんと絵になってる子もいます。虹やお花、顔の形になったり。

原田　幸い低学年のこれが、わりと出来あがったら評判良かったんで、そのシリーズを続けることになったんですね。

この図画工作の授業というのは、子どもを導いて、「これをこういう風にしなさい」と言っちゃいけない。

——すると撮る側も台本がないんですね。

原田　子どもがどうやるか、撮ってみるまでわからないんです。先生も含めて、子どもが何をしていくのかわかんないわけです。

普通ドキュメンタリーっていったって構成台本ぐらいある。だから編集勝負みたいな感じでやったんですね。

——クレジットで原田監督は「構成・演出」となっていますね。

原田　そうかといって引っ張って行き方を失敗すると、子どもが変なものを作る可能性があるんですよね。出来あがったものが教材として使えないとなったらボツになるんで。だから保険を含めて三つの学校は抑えるようにしました。

基本的にはそれぞれ二～三ヶ所で撮影をする。三ヶ所でやれば、一ヶ所ぐらいは授業が失敗する可能性がある。

ゴジラのお陰で出来た

原田　教育映画に協力してくれる学校って、そんなにはないんですよ。やっぱり授業の邪魔になるとかね、色々あるんで。

教育映画ってけっこう企画期間が長いんです。三ヶ月ぐらいやっているんですよ、会議。撮影自体は一週間ぐらいですけど。

基本的に造形のシリーズってのは、文部省の直轄の作品だったんです。毎年度の予算が春に決まるんですよ。で「どんなものをやろうか」っていう企画の話が夏ぐらいに出来あがって、六月か七月ぐらいから、月一〜二回、打ち合せと称して文部省と話し合いをしながら決めるんですけど、その時に「どこどこの小学校ではどんな授業をしているから」という話になっていくんです。

そうすると一〇月になっちゃう。撮影を一〇月か十一月ぐらいにかけてのどこかでやって、で一二月に仕上げ編集をして、一月にMA。一月の後半に審査、三月に納品というスタンスなんです。僕ら「マクドナルドの時給並みだね。この仕事は」って(笑)。

現場は子ども撮っているから楽しいんですけどね。

造形ってのは完全に美術なんで、図画工作じゃないですか。そうするとね、授業の中で全然優先されてないんですよ。受験に関係ないから。なかなかそれに力を入れている人って少ないんです。

それで、当時ゆとり教育が始まった頃だったから、そういう理科算数国語だけじゃないんだというところで力を入れたいっていうんであれを作った。情操教育みたいなもので〈子どもの創造性を伸ばす〉っていうのがテーマだったんです。

だから、画一的なことにしないでやる。単純に「絵を描く」とかそういうだけじゃなくて、立体もあったり、決めつけないってのが造形だったんですね。

――『こんなのできたよ　かいたりつくったりする新しい表現活動』(一二分/〇四年)での、絵の靴の部分だけが立体になってて「空飛ぶ靴だ」って言ってる女の子はけっこう印象的でしたね。

原田　子どもの視点を知るっていう意味では、逆に面白かったですね。先生の指導方法でかなり変わるんですよ。

子ども達って、やっぱり刺激を与えればパーッと伸びていくんですけど、与える刺激を間違えると全然ダメな方に行っちゃう。「造形」ってのは、聞こえはいいんですけど、ヘタをするとただの泥遊びになるんです。特に一〜二年生なんで、ついこの間まで幼稚園児みたいなもんだから。

先生の方も、そういう授業をしょっちゅうやっているわけじゃないから、ノウハウもなかったりするんです。

だから、賭けみたいなものなんですよ。キャメラは二台でやっていましたが。一つのクラスに三〇人いると、その内、誰がまともなものを作るのかわからないじゃないですか。

――誰にキャメラ向けていいのかという。

原田　それはカンなんですよ。とりあえず一日目に授業見て「あの子はよさそうだな」って思ったらキャメラマンに耳打ちして、その子を集中的に撮ってもらう。

造形の場合、材料はこれを選んでそれを加工してこうなって作品になった……っていう過程を視聴者に見せなきゃいけないから、失敗すると全然ダメな画が撮れちゃうんです。

しょうがないから一生懸命子どもを見て捜していましたね。もう先生と一緒にドキドキしていましたよ。

でも先生に「どの子がいい?」って訊いても、先生の見方と僕の見方も違う。先生から見て「あの子がいいよ」って言っても、絵的にはたいしたことないなってのがたくさんあったんです。

やっぱり聞きわけのいい子をどうしても先生は選ぶんですよね。僕らから見ると、そうではなくて、はっちゃけた子の方が面白いんです。

子どもを見分けるのには、やっぱり「適当に仲良く」ならなきゃいけなかったし、あんまり仲良くなっちゃうと……子どもって、意識するんですよ。キャメラ向けられるから。ある特定の子にキャメラを向けていると、他の子が不貞腐れるんです。

なるべく均等に撮っているふりをしてくれっていう風には、先生からも言われました。だから、テープ回さないでキャメラを向けていた子もいますよ。

なかなか、この手のものは難しいなと(笑)思いましたけどね。子どもの心を傷つけることってあるんで。「撮ればいいや」ってわけにはいかない。やっぱり教育の一貫であるわけでね。

だから莫大な量を撮ったりするんですね。

当時、毎年一二月に編集だったんですよ。アビットって編集機を使ったんですけど、一二月って、日本中のアビットがいっぱいなんです。年末番組が入るんで。

そんなに一ヶ月近くアビットを拘束するほど教育映画ってお金がないんで、なくて困っていたんですよ。

で、三年連続で、東宝のゴジラ映画の編集室を使わせてもらったんです。当時はゴジラを毎年東京国際映画祭に合わせて作ってたんで、その後一二月だけ空くんです、あそこ。

編集部も僕の知っている人間……若い子、助手だった子を「これで技師にするから」って呼んで、その代わり……かわいそうでしたけどね、三〇何本分テープ渡して「つないどいて」って(笑)。で俺が後で見に行って「この子とこの子を根拠にしてこう」って、そこだけ引っ張り出してやったんですけど。

だいたいそれを四〇〜五〇分にまとめたのを一回文部省に「この子でいいですか」って見せる。それで方針決定。何回も何回もやりとりして一二分にしていく。

これに比べたら『万引きはダメ!』は簡単でしたね(笑)。

ゆとり教育は失敗だった?

原田　低学年の時ってのはかなり子どもなんですよ。だけど、ぐんぐん成長するわけじゃないですか。だから、撮っていて一番面白いのは中学年。三〜四年生。特に四年生かな。

――『いいとこみつけた――中学年の造形遊び』(〇三年/一二分)では再び文部大臣賞を受賞されてますね。

原田　あの年代が一番ある意味「子どもらしい」んですよ。能動性があって、頭が柔らかい時期なんじゃないですか? 九〜一〇歳の頃。で高学年、五〜六年生あたりはね、やっぱけっこう理屈から入るんですよ。知識がもうついているから。

感性だけでやって一番バランスがいいのは中学年。それよりちっちゃいと、もっと遊びが入っちゃうんです。

だからたぶん、中学年のがあの造形遊びのシリーズで一番面白かったと思うのね。

それから、東京含めて三年間で色んなとこ行って撮ったんだけど、やっぱ田舎の方が面白かった。

――方言とか出てくると面白いですよね。

原田　そうそう。生き生きしているし。それと「都会の子」って言い方していいのかわからないけど……お互いに気を遣うんですよ、ものすごく。意外とわがままな子が少ないんですよ。

一番、やっぱ彼らが怖いのはいじめ、仲間外れなんですよ。仲間外れにされないように、相手の子のことを必ず気遣うんですよ。

田舎の子の方がね、もっとわがままな子多いんです。我を張ったりして喧嘩もある。

でね、いま先生が怒れないんですよ、子どもに対して。「怒っちゃいけない」っていう指導だから。だけど田舎の先生は意外と怒っているんですよ。全部編集でカットしているんですけど(笑)。

先生も遠慮して、生徒も遠慮しているから、都会の子達って「あれでいいのかな?」と思いますよ。ホント大人みたい。

それから、さっきも言ったけど先生が指導しちゃいけないんですよね。導いちゃいけない。「これをこういう風にしなさい」って言っちゃいけないから、自主性任せなんですよ。ヒントは与えるけど、「こうしたらいいよ」って言っちゃいけないんですよ。

——たしかに造形遊びは、ヒントもなくて美術的なセンスもない子だと、何をやったらいいかわからないんじゃないかなと。

原田　だから放っておいたら遊びになっちゃうんですよ。それで、実はこれホント裏話に近いんだけど、僕とプロデューサーの二人が、指導したんですよ。先生は導くのを教育的にやれないから、しないけど、僕らは関係ないじゃないですか。映像にしないと困るから、ヒント出すんですよ。「これさ、こうやってやってみると、なんとかなるぜ」とか言うと、「えー!そうお」って、子どもが始めるんです。それはね、けっこうやりました。

少しね、きっかけ作ってあげなきゃダメなの。きっかけを掴むまで待っていたら大変ですよ。きっかけがあればそこから発展はいくらでも出来る。それを撮っていく。

指導を教育的に禁止しているのがね、俺やっぱりよくないと思いますよ(笑)、正直。「子どもの自主性を重んじる」と言うんだけど、実際自主性はね、まだ目覚めてないと思いますもん。

一〇歳ぐらいになると色んな事がわかってきて、それを形にすることを色々思いつくんですけど、それより前は無理なんです。

それを「子どもの自主性重視」に、小学校一年生まで全部してるから、無理があるんです。サンプルって必要なんですね。やっぱりいい例とか見せてあげればいいんですよ。

どうも「指導しちゃいけない」っていう方針は、文部省これは失敗だったと思うんだけどなあ。

新しい才能を生みだす教育

原田　まあ、今はゆとり教育は失敗だってことになって、学力が下がったということなんだけど、ただ、こういう造形みたいなのを、あんまり試験に関係ないからっておろそかにされるのも、またかわいそうだと思う。

やっぱり、授業を受けた子自体は非常に感性が鋭くなると思いましたよ、見てて。こういう授業受けているか受けていないかの違いは大きいと思います。

——平面の絵から立ち上がるものを、立体を組み合わせて作るというのは、ある意味映画の世界とも通じるような気が。

原田　そうです、そうです。昔は絵と彫塑ってのは分けていたんですよ。でもそれは一緒のものだろうという発想ですよね、ものを作るという意味においては。

自由にやってると、ああいう子達というのは、形だけじゃなくて、ビジュアル的なこともちゃんと考えるようになってくるから、映像の世界とかも入っていきやすくなる。

美術を図画工作と分けて、線引きしてきた日本の教育の枠を全部取っ払ってやろうっていうことだから。これから映像系まで含めて、そういう想像力が強い子が出てくると思うんですよ。

——出来あがった作品に自分で解説させますよね。導くんじゃなくて、自分で解釈させるということなんでしょうか。

原田　そうそう。あれはね、高学年にやらせた。解説することで自分達が理解する。

子どもってどんどん途中で変わってくんですよね。最初は「こういうつもりで作る」って始めても、初志貫徹の子ってあんまり居ないんです。途中途中で全部変わってくんです。

で、それがいいんですよ、きっとね。

——作品とその子の写真が一緒に写ったり。完成品をカメラで写す場面もありました。

原田　やっぱり造形物って自然物だから、長く置いとけないんですよ。一日ぐらいしか置けない。なくなっちゃうから、完成させた後に、形として残させるっていうのも教育の一環にあるんです。

——小さな家という想定の陶器を作って、公園や林に置きにいくというのも面白いなと思いました。学校や周囲の様子にちょっと手を加える、いわば「借景」。

原田　だから固定概念の世界じゃなくて、普段見慣れたものをまったく別の世界に見立てる。

子ども達に構想を喋らせると、もっと物語があったりするんですよ。「将来作家になれるよ」と思う子もいるんです(笑)。どんどんどんイマジネーションが膨らんでいく。

一方で、全然ダメな子もいる。全然ダメな子っていうのは、固定概念に縛られてる。どんぐりはどんぐりにしか見えない子もいるんですよ。やっぱり向き不向きってのはあるんだなあって。

どっちがいいかというのは、若干わからないですけどね。僕らはもちろんイマジネーションの側に立つけれども。

——最初は「目が見えない人が見えるようになったり、歩けない人が歩けるようになる」国を作りたいという構想だったのが、作ってみたら雲がクロワッサンで地面がお菓子という、お菓子の国みたいな話にいつのまにかなっていて、きっとあの子の中でどっちでもあったりするのかなと。

原田　そうですね。どんどん発展していきますからね。なんか一つでも「これは何?」ってパッて訊くだけで違う世界がぽんと出てくる。だからそれを形にすることさえ覚えれば作家になれるんだろうし、映画監督になるかもしれない(笑)とか思ったり。

小さい時そういう刺激を受けたか受けないかは大きいと思うんですよね。ああいう経験自体は、僕はやってくれている方がいいと思うんです。

ただもう、こういう造形シリーズというのは三本作っちゃったから、「あと一〇年はやらない」って言われました。あの三本を、しばらく見せていくらしいです。もう予算がないと。

文部省の予算がどんどんどんどん、映像に関する予算が減っちゃってって。

たしか最初の年は、文部省制作作品って年間一〇本くらいはあった。その一年間の中の一本は東映が作った。次の年が五本になって、その次の年が三本になって、最後なくなった。

あまりにも悲しいでしょう。日本ってホントに文化にお金使わない国なんで。

作品解説

『ウルトラマンダイナ 帰ってきたハネジロー』

▼オリジナルビデオ 二〇〇一年二月二五日発売

脚本：川上英幸 **撮影**：大岡新一、倉持武弘

ゲスト：桜金造(ドルチェンコ)、中嶋修(カマチェンコ)、佐藤信一(ウドチェンコ)、沢木麻美(女)

▼ストーリー

地球を侵略しようとして失敗し、そのまま日本に住み着いて、アルバイトをしながらアパートで貧しい暮らしをしていたミジー星人の三人組は、珍獣・ハネジローを入れたカプセルを偶然手に入れる。ハネジローは、デハドー星人の侵略計画を知らせるため、再び地球へとやってきたのだ。

デハドー星人の女アンドロイドの奇襲を受けたアスカはダイナに変身して戦うが、怪獣アーウォンと謎の石柱が合体した超絶怪獣・ワンゼットに歯が立たず、岩石に封じ込められてしまう。そこで、ヒビキ隊長はミジー星人達に協力させることを思いつく。ミジー星人の指示のもとにダイナ救出作戦が始まる。そしてハネジローが重要な役割を担わされることになった……。

▼原田流『ダイナ』の復活!

『ウルトラマンティガ』『ダイナ』『ガイア』で一本ずつ長編を作る完全新作Vシネマの一本で、『ティガ』に次ぐ第二弾として制作された。テレビと同じく十六ミリフィルムで撮影されている。

今回のビデオスペシャルの内、『ティガ』は縄文時代にテレビシリーズのレギュラー達の先祖がティガと出会うビフォア・ワールド(『ウルトラマンティガ外伝 古代に蘇える巨人』原案・監督&特技監督・村石宏實、脚本・山本優)として、『ガイア』は主人公の我夢と藤宮が一年後に再び事件に巻き込まれる続編(『ウルトラマンガイア ガイアよ再び』監督&特技監督・八木毅、脚本・小中千昭)として制作された。

そして本作品は、テレビシリーズ『ダイナ』の47話と48話の間を描くエピソードだ。原田監督は自分が愛したキャラクターであり、番組にとってセミレギュラー的な扱いだった友好的な珍獣・ハネジローが地球を去る47話の続きとしての〈ハネジロー再会編〉を、いわば「47・5話」として作ったのである。

ミジー星人は『ダイナ』で北浦嗣巳監督が担当した13話「怪獣工場」にて初登場。30話「侵略の脚本」にも登場する。ともに『ダイナ』のハネジロー編と同じく川上英幸の脚本作品だ。

コワモテの侵略者ではなく情けないキャラクターが持ち味。人間体の時は桜金造演じるドルチェンコがリーダーで、佐藤信一演じる青い髪でノッポのウドチェンコと、中島修演じる金髪でオカマ言葉のカマチェンコの三人で行動。初めはオモチャ工場にカモフラージュした場所で巨大メカ怪獣ガラオンを製造したが、頭部のみ完成した段階でダイナに敗れた後、都下で木造アパートの住人となり、人間としてバイトをしながら侵略の機会を伺っていた。

北浦嗣巳監督は「金造さんはあの役を気に入ってくれて、三本目をやりたいって言ってました。今度は在日宇宙人としてウルトラマンに協力するのをやりたいと。『それもいいな』と思ったんですけどね」と当時語っていた。

そのミジー星人の続々編を、原田監督が引き継ぐ格好になった。『ダイナ』というシリーズはメイン監督の小中和哉によるハードSFタッチと、中盤を盛り立てた原田、北浦両監督の明るく朗らかなタッチの作品群が両極として幅を作ったシリーズだった。

このスペシャル版は原田監督にとって「『ダイナ』はこうだ」と信じるテイストを抽出してみせた一編といえよう。

▼あの『ダイナ』をもう一度

本作にはドラマ部分の前後、ハネジローを案内役にスーパーGUTS隊員がテレビシリーズを振り返るコーナーがある。これは同じビデオスペシャルの『ティガ』『ガイア』編ではみられない構成で、本作独自のもの。

レギュラーメンバーは「自己紹介」(この部分のみミジー星人の三人組も登場)、「『ダイナ』に出た感想」「印象に残った話は?」について一人一人が答える。役としてではなく、俳優個人の思いが語られる。ヒビキ隊長役の木之元亮が20話「少年宇宙人」、アスカ役のつるの剛士が5話「ウィニングショット」、ナカジマ役の小野寺丈が12話「怪盗ヒマラ」と原田作品を挙げているが、もちろん他監督の作品も挙げられ、公平が期されている。

「印象に残った話は?」というコーナーを作ること自体、個々のエピソードの豊かさが『ダイナ』、そしてウルトラマンシリーズの魅力であることを、原田監督は押し出したかったのかもしれない。それぞれの回の名場面も挿入され、そして、ハネジローが去る回である47話が最後に来る。

スーパーGUTSの司令室で涙ぐむアスカをヒビキ隊長が諭す場面もリプレイされる。「出会いがあれば別れもある、それが人生だ。しかしな、別れがあれば再び出会うことだってある。ハネジローはきっとお前に会いにくる」

やがてアスカにハネジローからメールが届く。「アスカ、マタ、アエル。ゼッタイニ、マタ、アエル」

そして、このタイミングで本編が始まる。47話のラストが、そのまま今回の序章となっているのだ。

テレビシリーズと基本的には同じオープニングタイトルがいつもの主題歌に乗って流された後、セミの声がする丘の上に一人立つ、スーパーGUTSの制服を着た男の足下が写り、キャメラが上っていく。その横顔は間違いなくアスカ隊員だ。何か物思いに耽っているようにも見える。

「アスカ、行くわよ」。下の道から声をかけるのは、パトロール車であるゼレットの横にいるリョウ隊員。

リョウの元に戻ったアスカは「何を考えてたの」と問われるが「なんでもない」と、車に乗り込む。走り出すゼレット。

アスカは何を考えていたのか? ハネジローの事だろうか。少年時代に別れた父の事だろうか。それは特に描かれない。

だが、ゼアスの丘でロケされているそこはテレビシリーズの中でも時折出てきた、少年時代のアスカと父がよくキャッチボールをした場所であることはたしかだ。

『ダイナ』最終回で、パイロットだった亡き父に追いつき追い越そうと光の彼方に消えていったアスカ。だがここでのアスカは、まだスーパーGUTSの隊員であり、リョウ隊員との日常がある。準備稿でこのシーンはなく「ハネジローが去ってから3か月後」

とテロップが出ていたが、原田監督所蔵の台本では鉛筆でそこが消され、代わりにこの丘の上のシーンが書き込まれている。

多くは語らなくても〈またアスカの物語が始まるよ〉と視聴者の意識をすっと戻してくれる、本編のはじまりだ。

とんとん亭も再び

場面が変わると、イキナリ『ブースカ！ブースカ!!』の舞台のとんとん亭の前で掃き掃除中の快獣カモスケが写る。「ゲンツキ堂のバイト代だけじゃ足りないカモ」と愚痴を言うカモスケ。

準備稿では単にラーメン店となっていたのを、原田監督がとんとん亭にした。店内ではミジー星人のドルチェンコ、ウドチェンコ、カマチェンコが人間体でラーメンを待つ。ぽち袋から何やら取り出し、「シャキーン」などと自分で効果音を付けながら、これはダイナ必殺の「特殊戦闘用最新メカニックモンスター」だと語る桜金造のドルチェンコ。BGMが盛り上がるものの、その最新メカニックが手のひらに入るほどの小さな「ぽちガラオン」であることが視聴者に知れると、音楽まで一気にトーンダウン。

引きの画になると、他の客のテーブルも写り、日八樫さんの家に出前に行ってきたというブースカが戻ってくる。

ママがいないので娘の妙実が作ったと言い訳しながらラーメンを出す大作。奥の厨房ではブースカが「僕もお腹すいちゃったんですケド」と妙実に言いながら額を拭いている。

ラーメンに、粉塵が舞うほどの胡椒をかけるのは、のっぽのウドチェンコ。「ハックション」。思わずクシャミをしてしまう三人は、頭だけ宇宙人に戻ってしまう。これは『ダイナ』のシリーズにミジー星人が出てきた時からよく見られたギャグである。

「サミサー！」。大作や妙実とともに、自分も快獣なのに驚くブースカ。元の人間の顔に戻り「なんでもない、なんでもない」とごまかす三人だったが、クシャミのショックで、ぽちガラオンがラーメンの中に落ちてしまっていたのを慌てて箸でつまむ。

ふたたびとんとん亭の外観が写り、五百円玉を拾って「おもちゃだカモ」と投げ捨てるカモスケの姿が遠くに捉えられると、手前にいる例の金髪女に焦点が合う。事件の始まりだ――。

原田組特撮の健在

「いでよ、アーウォン」。白いTシャツに黒皮のチョッキを着込んだ金髪女が、手にした装置から雷撃を発すると、中空からプラズマ光（コンテには「落雷的プラズマ」とある）とともに怪獣アーウォンが現れる。目が赤く、表情の読み取れない怪獣だ。

「あれ、ブースカの友達？」と訊く大作に首を振るブースカ。

アーウォンは団地を破壊し、その巨体が街を進撃すると方々から爆煙が上がり、石垣が踏まれバラバラになる様がアップに。

やってくるガッツイーグル。「くそう、調子に乗りやがって！」とα号操縦席のアスカ隊員が怒る。β号のヒビキ隊長が無線でフォーメーションを発し、アスカとγ号のリョウ隊員は「ラジャー」と応えガッツイーグルが三機に分離。

空の奥に三機が飛んでいく下にパンダウンすると、TPCの一般隊員とカリヤ、マイが人々を避難させている。群衆に混じって駆けてきたミジー星人達はカリヤと目が合ってしまい、慌てて踵を返す。角の向こうに駆けて行く三人がコマ落としで捉えられる。

「挙動不審な人物が……」とマイに言うカリヤだが、その顔が割れるようにワイプとなり、テレビシリーズの13話と30話にミジー星人が登場したときの場面がいくつか重ねられる。画面は再びカリヤの顔に戻ると「やつらは、ミジー星人！」と叫ぶカリヤ。

そうしている間にも光線を放つガッツイーグルだが、頭から後ろに向かって生えている三本の角をピンと立てたアーウォンに吸収されてしまう。角を収めるアーウォン。

その時、宇宙の彼方から、大きな卵のようなカプセルが地球に向かって落ちてきたのを、スーパーGUTSの面々は知る由もない。「パームー」と、そこにハネジローが入っていることを視聴者に教えるように声が重なる。成層圏の大気の向こうに見えるのは日本列島。電線越しに落ちてきたカプセルはたまたま逃げてきたドルチェンコの両腕にスポッと収まってしまう。

「なんじゃこりゃ」と言いながらも、「いいから早く逃げましょうよ」とカマチェンコに促され、そのまま逃げていく。このカプセルは、『ブースカ！ブースカ!!』に出てきたカモスケの卵に似ている。カモスケの場合も、実際は卵ではなく彼を封じ込めていたカプセルだったことを思わせる。

スーパーGUTSと怪獣の戦いは続く。三機同時攻撃で、操演の二機を頭上にしたアーウォンの手前をγ《ガンマ》号がフレームインするのは合成で処理。パノラミックな絵柄だ。アーウォンは爪でγ号を捕らえた。「リョウ！」とリーフラッシャーを出しアスカ隊員はウルトラマンダイナに変身。土埃を舞い上げて着地（佐川和夫特技監督がよく用いていた手法で、今回コンテにも「佐川組的ガラ舞い上がり」と記されている）する姿を高速度撮影で表現。早速アーウォンにビームフラッシュを発射するダイナ。

γ号はひるんだ怪獣の手を離れて飛び立つ。「助かったわ。ダイナ」とリョウ隊員。コクピットでのサングラス姿は健在だ。

ダイナと怪獣が向き合うのを横から見上げたショットの手前に、それを見上る金髪の女が合成される。上下の切り合わせ合成だが、間に街並の実景も入れ込んでいる。これはコンテ以前の演出メモから記され、最初からのイメージであることが伺える。

見上げる女がかけているグラサンの左右に怪獣とダイナが一体ずつ写り込んでいる。合成で反射物への「写りこみショット」を好む原田監督のこだわりも健在だ。

ダイナはアーウォンに一度は跳ね飛ばされるが、スタンダードなフラッシュタイプから、マッチョ体のストロングタイプにチェンジ。演出メモに「清水（一彦）→中村（浩二）」と記してある。テレビシリーズ同様、スーツアクターのチェンジがなされたのだ。

思わずグラサンをズラして、素眼で見る金髪の女。

ストロングタイプの怪力に背負い投げされたアーウォンが大地に叩きつけられると、手前に停めてあった自転車が倒れる。原田組恒例〈自転車の転倒〉も一年半ぶりに復活した。

だが必殺武器ガルネイトボンバーの光球は、三本の角を立てたアーウォンに吸収されてしまう。驚くスーパーGUTSの面々。

金髪の女は「アーウォン、もう充分だ」と手元の機械を操作した。アーウォンはプラズマ光に包まれ姿を消した。立ち尽くし、胸の動きで息をつくダイナを表現する中村浩二の演技は見事だ。

スーパーGUTSの日常描写

TPCではミジー星人が怪獣を操っているのではないかという推測が生まれる。

当のミジー星人三人組は、偶然手に入れた卵状のカプセルがなんなのか、首をひねっていた。卵についていたボタンを何気なく押してしまうドルチェンコ。すると、カプセルの上半分である黄色い部分がパカッと開き、煙とともに中からハネジローが「パムー」と現れる。思わず「かわいいー」と顔をほころばせる三人。

　その頃、TPCカフェテラスではスーパーGUTSの隊員たちがミジー星人について話している。一番手前ではナカジマがフライドチキンを頬張り、テーブルの上には二箱も載っている。三枚目の大食漢ぶりの健在を示すのは原田監督の現場での演出だ。

　もうそこではすっかりミジー星人は怪獣を操っている犯人ということになっている。「ミジー星人のやつらめ、許さん」と立ち上って憤慨するアスカに、彼がダイナだと知る由もないリョウとマイは呆れたように顔を見合わせる。

「あんまり気張ると血管切れちゃうよ、プチプチッと」

　マイがからかうようにたしなめると、そこへヒビキ隊長がやってきて怒鳴る。「バカモン！　こんなとこで油売ってないで、ミジー星人の捜索しに行ってこい！」

　一同は声小さく「ラジャー」と言った後、「なに？」と聞き直す隊長に威勢良く「ラジャー！」と言い直す。ウンと頷く隊長。

　脚本のこの場面で隊長は出てこない。久しぶりのスーパーGUTS描写には、やはりテレビシリーズでおなじみのコミカルな隊長像も見せたいというところと、彼らが基地の司令室ではなく、カフェテラスにいるという状況を視聴者に納得させる役も果たしている。テレビのレギュラーセットは終了後に取り壊した後なので、司令室の場面を正面から描けないのだ。カフェテラスはテレコムロビーでの撮影で、テレビシリーズでもよく使われていた。

▼宇宙人の住むアパート

　ミジー星人が潜む場所は木造アパートの東光園でロケ。代官山でレトロな場所として知られていたが、その後取り壊された。

　玄関から出てくる父子連れ。住民が手前の路地で太極拳のポーズを取っている。白衣でスキンヘッドにサングラスをかけた男（石井てるよし）はアパートの大家で、盲目なのだろうか、辺りを箒で掃いている彼はあらぬ方を向きながら、ドルチェンコ達の部屋に家賃の催促の大声を上げている。近くで座りながら本を開いていた子どもが、はやし立てるように「やちん！」と復唱し、また本を読み始める。

　これらの描写はシナリオにはなく、演出メモに書き込まれた「生活感」の表出だ。外国人労働者が多く流入してきた当時、エスニックな文化も身近なものになり、そんな世相を盛り込んでいるのは、テレビシリーズでミジー星人が再登場した30話「侵略の脚本」からの流れでもある。

　原田監督は玄関に父子が出てくるシーンから、ミジー星人達の住む部屋の窓に至るまで、レールを敷いたワンカットの移動撮影をすることで、空気感を醸し出している。

「このままだと追い出されるかもしれないな」「どうすんのよ」「いい仕事もないしね」と部屋の中で嘆くミジー星人達。外から光降り注ぐ窓際にはハネジローがいる。

　ウドチェンコとカマチェンコはハネジローのことを「ファビラス星のムーキット」だと気付く。「無闇に表に出たら危ないよ」「この星は宇宙人には冷たいんだから」と、羽根を開いて外に出ようとするハネジローを鳥かごに入れてしまう三人。

　そこへウドチェンコに携帯の着信が入った。バイト先の女の子からだとメールを読むと、文面にはこうある。〈大ショック、ウドちゃんって宇宙人だったんだ。テレビにガンガン出てるよ〉

　テレビをつけると、彼らの指名手配が報じられている。映し出されたレポーターは夢町テレビと同じく梅たか子（柚木佑美）だ。

　慌てて、風呂敷に包んだ鳥かごと行李に詰めた身の回りのものを持って（ダルマやぬいぐるみまで積んである）アパートから出る三人。夜逃げならぬ昼逃げに、後ろから大家さんが家賃！と叫ぶ。

　さて同時刻の東京郊外にはミジー星人の姿を追って捜索中のアスカとリョウがいたが、ゼレットに乗り込もうとした途端、画面が制止してしまう。その制止した画面にアスカが合成されている。街の人々は静止し、親に連れられた子どもの持っていた風船も空中で止まる。そんな中で、一人陸橋の手すりに腰掛けて脚線美を見せて笑うのは、あの金髪の美女。指をパチンと鳴らすと、アスカの取り出した銃がはじき飛ぶ。

「アスカ・シン、またの名をウルトラマンダイナ」

　不敵な笑みで女がスッと消える、周囲の時間は元に戻った。

▼間断なく見せるリズムの良さ

　荷物と鳥かごを持ったまま、昔ながらの商店街を行く三人の宇宙人。スーツアクターも務める清水一彦が演じるらくだ便配送員とドルチェンコがぶつかり、思わず顔を見合わせる。フッと後ろを見ると、街頭テレビで梅たか子が指名手配の報道をしている。

「う、宇宙人だーッ」と指差す配送員。手に手配書を持つ人々に追いかけられ、三人は商店街を逃げ惑う。鳥かごの中でハネジローが「パム、パム」と何事かを訴えている。

　何か事があると居づらくなってしまう〈移民〉の姿が宇宙人を通して浮かび上がる脚本だが、原田監督は脚本にはもちろんない清水配達員や梅たか子を使って、そんな中にも弾むポイントを付けている。

　その頃、アスカはあの金髪の女が気になっていた。考え込んでいるアスカのヘルメットを叩くリョウ。「コン」とわかりやすい音をさせる。ミジー星人の目撃情報が入ったという報告にも、表情が冴えないままゼレットを走らせるアスカであった。

　そして場面はミジー星人たちの潜む廃工場になるのだが、工場越しに夜の月が写る情景場面で、月にブースカが合成されている。『ブースカ』18話「流れ星でドキリンパ!!」でブースカは坂間先生を騙すためにウサギの変装をしていたが、同じ格好のシルエットで「ウサギがピョーンとウサギっさん！」と飛び跳ねるブースカ。ここまで来るとさすがに悪ノリであるが、そうせざるを得ないほどの原田監督の〈ブースカ愛〉が伺える。

　工場内の一角ではミジー星人の三人が焚き火で暖を取り「ひどい冤罪だ」等と言いながら鍋をつつく。鳥籠のハネジローは自分も食べたげに鳴くが、まったく意に介さない三人は「さんざん走って疲れちゃった」などと言って、そのまま置きっぱなしのソファやむき出しのマットレスの上で眠ってしまう。「ハァ……パムー」と嘆くハネジロー。彼らのいる工場は、原田監督の演出メモでは「桜金属」と書かれていたが、劇中にその名称は出てこない。

　その頃、金髪の女は星降る丘の上に立っている。空の一角が赤く染まり、その中央から白い渦が見え始めている（シナリオには「オーロラのような発光」とある）のを見上げ、微笑む女。冒頭のアスカが立つ場所と同じく「ゼアスの丘」で撮影されているが、空ごと合成ではめ替えているため、同じ場所のイメージはない。

　場面が工場に戻ると、ハネジローが口で針金をくわえ、鳥籠の鍵を開けようと奮闘中。成功し出ようとした時、近くで寝ている三人の内、ドルチェンコの近くに彼の携帯電話が落ちているのを見つける。

時間が経過し、寝息を立てているミジー星人たちからキャメラがパンすると、柱の陰で携帯メールを打つハネジローの姿が。

送信を受けたスーパーGUTS基地から「ミジー星人の居場所を教えるメールが届いた」との連絡を受けたリョウは「また?」と呆れる。既にその種の情報は多数寄せられていたのだ。マイは送信元がハネジローだったことをアスカに言おうとするが、せっかちなアスカはそこまで聞かずに通信を切り、現場へと向かう。

このように、作劇の進行はアスカとミジー星人がそれぞれ別に平行して描かれ、普段のテレビシリーズの約二倍である四五分という時間を使って、視聴者を飽きさせぬように持っていくのだ。

▼面白さてんこもり!

潜伏地との連絡を受けた廃工場にはコウダ、カリヤ、ナカジマを乗せた四輪駆動車ボッパーが先行。合図とともにライトが点燈、車ごと突入するコウダに、慌てて起き上がった三人は歓声を上げて逃げ出す。だが「どこへ行く気だ」と先頭のドルチェンコに銃を向けるカリヤ。ミジー星人と対比させてカリヤの冷静さを個性として際立たせようという演出だ。原田監督による、テレビシリーズでは目立たなかったカリヤ役・加瀬尊朗への愛情が伺える。

自分達の無罪を言い立てる三人だが、ちょうどその折、空から矢のように光が走り、それはやがて巨大な石柱となり、下界に建っていた「らくだ便」倉庫の上に圧し掛かり、粉砕すると地面に屹立した。後に怪獣と合体するパワーロックの降臨である。

パワーロック落下シーンは、二メートルの造形物を、セットの天井から実際に落とすという手間のかかる撮影がされている。

現場に向かっていたゼレットのアスカとリョウもそれに気付き降り立つが、その時リョウの姿が再び制止し、止まった時間の中、アスカの前に落雷とともに再び金髪の女が現れる。

「ついてこい」という言葉を合図に女とアスカの上からそれぞれ落雷が生じ、二人は別の場所に転送される。

三〜四メートルほどの石のモニュメントが立つこの場所は南大沢の富士見台公園で撮影。ワイヤーアクションにより地上からワンカットで空中一回転し、アスカの頭を蹴ると斜めに切りもみジャンプをしてモニュメントの上に立つ女。それを横から捉えたロングショットの背後には、合成で巨大なパワーロックが見える。

女はアスカに「侵略兵器獣ワンゼットを完成させるすべてのプログラムは完了した」と宣戦布告をすると、パワーロックの前にプラズマ光とともに怪獣アーウォンを再び登場させる。

アスカは、女が手にした装置に向けてガッツブラスターを撃つが、攻撃を腕で守り跳ね返す女。女の腕の、攻撃を受けた部分だけメカがむき出しになり、やがて元に戻る。

「アンドロイド……!」。敵の正体に気付くアスカ。

その頃、廃工場の前で捕えられたミジー星人が連行されようとしていたところへ「パム〜」と飛んでくるハネジロー。

「ハネジロー!」。コウダ、ナカジマとカリヤが驚きながらも優しく迎えると、すかさず宙の一角にホログラフ映像を投影するハネジロー。そこにはファビラス星人が写り、地球人に向けてのメッセージを送る。好戦的なデハドー星人による侵略用のアンドロイドが送り込まれたというのだ。コンテ段階でファビラス星人の背後には、テレビシリーズの映像で使用したUFO内のステンドグラスの使用が指定されていたが、実際の映像では、虹色が照明で表現され似たイメージを作っている。

そうしている間にも、きりもみジャンプをしながら、美脚でアスカのガッツブラスターを弾き飛ばす女。宙に浮かび連続して蹴りを繰り出すのを腕で受けるアスカだが、地上に降りた女の回し蹴りを顔に受け、口の端から血が流れる。次の攻撃をかわしたと思いきや跳ね上がった脚に蹴られ、続けざまに蹴り飛ばされたアスカはワイヤーワークによる空中一回転の後、叩きつけられる。

テレビシリーズ諸要素の再現にこだわりながらも、本編部分にワイヤーアクションを本格的に取り入れるというウルトラでは新しい要素に挑戦しているのは、もともとVシネで数々のアクション映画を手がけてきた原田監督の面目躍如だ。そして、このクールなアンドロイド美女を演じたのは、原田監督のVシネマ『喧嘩ラーメン』にて、元暴走族の女総長役でヒロインを演じたことのある沢木麻美である。

▼やられっぷりも見せどころ

デハドー星人の侵略計画は成功率一〇〇%と言われていると警告するファビラス星人の宣告を聞いていたドルチェンコは憤慨する。「そんな馬鹿な! 我々以上の侵略成功率を誇る宇宙人がいるなんて!」。それに「失敗してるじゃないか」「二回もな」と突っ込みを入れるコウダとナカジマ。

ファビラス星人はムーキット(ハネジロー)を入れたカプセルには往路のエネルギーしか積み込めないので、再び自分たちが立ち寄るまでその世話をよろしく頼むと言い残す。目を伏せてちょっとうなだれるハネジロー。世話になるのを申し訳なく思うハネジローのこのリアクションは演出で足されたもの。

何度も蹴られ、血と汗でぐったりしているアスカを前にして、女はアーウォンに「侵略兵器獣ワンゼットとなれ」と言い、遠隔装置を作動させる。立ち上がれないでいる姿から「くっそう」と、力を振り絞って落ちたガッツブラスターに飛びつき、女の手にした装置を撃つアスカ。だが自分自身がワンゼットを作動させるキーなのだと語る女は、胸の前で両腕をクロスさせる。女の身体は霧状の光に包まれ飛んでいき、アーウォンの口の中に入っていく。

準備稿では、アスカが女の身体を直接撃ち、女は腹に巨大な穴が開いたままワンゼットの出現を予告すると鉄屑になってしまうという描写になっていた。決定稿以降では描写がソフトになるとともに、女の消滅をワンゼット出現と有機的につなげている。

活気づいたアーウォンは背後に立つパワーロックと合体。何条もの霧状の光が繭のように両者を包み、やがて光が消えるとワンゼットが現れた。怪獣というより「巨人」と呼ぶのがふさわしいかのような、その威容。シナリオのト書きには「怪獣と岩石、そしてロボットを合体させたような」と説明がある。近くにあったマンションを叩き壊し、悠々と進撃するワンゼット。

アスカは右手に持っていたガッツブラスターを思わず投げ捨て、その動作のままリーフラッシャーを取り出し、ダイナへと変身する。登場したダイナはアオリの画面でグングン大きくなる。撮影用のエレベータに乗せて押し上げる撮影方法で、野外に設置されたため、ホンモノの青空を背景にヒーローの雄姿が映える。

地上で見守るスーパーGUTSの隊員達。ナカジマの肩にはハネジローがとまり「パムー」と応援する。

ダイナの格闘技をひょいひょいと交わすワンゼット。両腕を十字に構えソルジェント光線を放つダイナ。横から両者を捉えた画面で、手前にはコンビニなどのミニチュアが遠近感を表現する。三本の角でソルジェント光線を吸収してしまうワンゼット。

アーウォンは以前ダイナの光線をエネルギーとして蓄積し、それを増幅させるパワーロックと合体した。ワンゼットの強大な光線をまともに食らったダイナがはじき飛ばされるところは操演で吊るとともに、後処理で二重にダブらせダメージを強調。ダイナは川の側溝に倒れこみ、背中の下で橋は崩れ、水しぶきが飛ぶ。コンテでは倉庫街に倒れ込むことになっていたが、寺井雄二美術監督のアイデアでよりダイナミックなやられっぷりとなった。

川の揺らめきが写り込むミニチュアを手前に、劣勢となりつつも立ち上がるダイナ。必殺技レボリュームウェーヴすらも吸収し、口から泡を吹くワンゼット。ダイナは両手をクロスさせて防御するが、そのまま泡に固められてしまう。ワンゼットがさらに光線を発すると、ダイナは岩石の塊になってしまう。勝利を確認するや腕を組み、目の光を消すと、その場で動かなくなるワンゼット。

準備稿でワンゼットはダイナの攻撃を吸収し、すぐ光線として増幅させ放ち、ダイナを氷結させていたが、原田監督は泡で固めるという表現を間に挟むことで、より視覚的な楽しさを提供した。

▼ついに結び合う二つの線

「ウルトラマンダイナは明日の早朝に処刑する」

日本中のテレビ電波の回線に女アンドロイドによる電波ジャックがなされ、人類への降伏勧告が一方的に中継される。

準備稿では、先述したように女アンドロイドは破壊され鉄屑になっていたので、代わりに「コンピュータで作られたような声」が響いてくるという記述だったが、それでは、視聴者にとって印象がつながらないという懸念があったのだろうか、決定稿以降ではワンゼットに吸収された女アンドロイドが、融合後もキー・パーソンとして侵略計画を進めていることを明確にしている。

「人間をナメやがって!」と街頭テレビの前で怒りに駆られるらくだ便の清水一彦。とんとん亭ではブースカ、大作、妙実と、ラーメンを食べにきていたかつての子役の一人であるつっくん、そして『ブースカ』レギュラー監督だった市野龍一が客となって店内のテレビを見上げていた。蓮華匙をくわえて恐怖に怯えるブースカ。こうやって、いちいちとんとん亭の描写を挟むのが、シナリオにはまったく書かれていないのは言うまでもない。

脚本ではテレビシリーズでの31話「死闘!　ダイナVSダイナ」の時のように部屋の中でゲームをしている北浦嗣巳監督も登場していたが、実現しなかった。とんとん亭の市野監督も当初北浦監督で考えられていた。原田監督は北浦監督の、ヒゲでふっくらとした、スタッフから「教祖」と呼ばれていた風貌を画面に登場させることにこだわっていた。一方、市野監督も、その柄体から土方などの役で『コスモス』等原田作品にはよく登場している。

岩石となったダイナを見上げるスーパーGUTS隊員の合成場面。ハネジローが悲しく「アスカ……」と鳴く。

さてTPC会議室では一般隊員に取り囲まれ、床に座らされたミジー星人たち。「私たち、どうなるのかしら?」

やがてヒビキ達がやってきて、威風堂々と腕を組み、見下ろすのだった。「ゴクリ」と息を呑む効果音。

隊長は、彼らにダイナ救出の協力をさせることにしたのだった。

TPCの研究室で「ふっふっふ、今から、侵略活動において真の宇宙一は我々だということを見せつけてやるわ」と謳い上げるドルチェンコたち。画面の外から「本当にダイナを救出することが可能なんだな!」と訊くナカジマに頷く。「パム、パムパム」と鳴くハネジロー。だが「ダイナを倒すのはあくまで我々……」と余計なことを言いそうになるドルチェンコの口を慌てて塞ぐカマチェンコとウドチェンコ。「私たち、地球の平和のために頑張っちゃうから」とカマチェンコはごまかす。

川上脚本はここで、それまで並行して進んできたダイナ対怪獣とミジー星人たちの線を意外な形で結び合わせるのだった。

活動制止中のワンゼットだが、頭部の穴からは電波が放射され、それがダイナの動きを封じていることをナカジマに教えるドルチェンコ。「遮断ではなく、そのシステムを破壊するのだ」と作戦を伝える。頭部の穴は直径十センチしかない。そこに突入出来るのは……ぽち袋から「それ」を出すドルチェンコ。

「特殊戦闘用超小型メカニックモンスター・ぽちガラオン!」と声を合わせる三人。音楽が大袈裟に盛り上がる。「君にも協力してもらうぞ」とドルチェンコはハネジローに言う。くわえていたピーナッツを落としてしまい、「パムー!」と慌てるハネジロー。

シナリオでは、ワンゼット頭部の穴は「直径一センチ」となっていた。十センチにしたのは、撮影用のぽちガラオンの大きさからの判断だろう。

▼激戦の果てに……

いよいよ作戦行動が開始された。

「よし!　行くぞ」。壁のGUTSマークを背景に指令を発するヒビキ隊長。司令室のセットがないので、マークの部分に寄って撮影されており、他メンバーは既に各機に分乗している。

挿入歌「Take off! スーパーGUTS」がかかり、スーパーGUTSの出動場面がライブ含めて畳み掛けられる。各機が陽動作戦のためにあえて近くを飛び回り旋回。回り込むシーンの撮影で、原田監督が発砲スチロールのガッツイーグルを持って軌道を直接指示している姿がDVD特典のメイキングには収められていた。

ワンゼットの目が光り、作動を開始した。β号のコクピットでぽち袋からぽちガラオンを出すと、ハネジローにくわえさせるナカジマ。パッとハネを広げるハネジロー。

次のカットでは「パムパム～」とβ号を離れ、空を飛ぶハネジローの合成カットがロングになる。

ワンゼットの頭部に辿り着くハネジロー。「頑張って、ハネジロー」とγ号コクピットのリョウも祈る思いだ。ハネジローの口から離れたぽちガラオンは、頭部の穴に吸い込まれていった。

「ハネジロー、逃げろー」と叫ぶナカジマ。すかさずワンゼットの頭部から離れるハネジローがロング場面で示される。

ドルチェンコはヘッドセットを大きな頭にセットすると、ぽちガラオンのコントローラーを作動。この装置はシナリオには「リモコンのような」と書かれているが、原田監督の演出メモには「鉄人28号」と書かれている。アナログなテイストが意識されていたことがわかる。赤、青、黄のレバーを動かすようになっている。

横からウドチェンコがドルチェンコの後退した額に浮かぶ汗をタオルで拭き、カマチェンコが団扇で扇いでいる演出も楽しい。

マット画で表現されたワンゼットの頭部の中で暴れまわるぽちガラオンの、コマ落としでのコミカルな動き。

ワンゼット内部の女アンドロイドは、手先から粒子状になって崩れていき、絶叫しながら消滅していく。この場面は先述の通り、準備稿よりも女アンドロイドの死滅をずっと後のこの場面まで持立ち上がるダイナのイメージボード(橋爪謙始)。
美術の寺井氏のこだわりカットと明記

ち越すことが原田監督によって指示されている。

頭から火花を散らしたワンゼットがガクッと肩を落として無力化するや、正面の岩石にヒビが入って内部から破裂し、両腕を組んだままのダイナが現れる。噴煙の中、カラータイマーが点滅しているダイナ。『ガイア』30話「悪魔のマユ」での、繭の中からのガイアの復活を思わせるシーンで、平成ウルトラ三部作における原田作品のスキルが、見せ方の有効な「手」として繰り出されていることがわかる。

「勝った!」とスーパーGUTSの面々は確信。思わず「パム~」と叫びながらハネジローと抱き合うナカジマ。ヒビキ隊長も頷く。中継を見ていたとんとん亭のブースカたちも大喜び。ウドチェンコが思わずTPC隊員たちと喜びを分かち合っているのを背に、ドルチェンコはあることに気づいた。自分が動かすレバーと、ワンゼットの腕の動きが連動しているのだ。

突然動き出したワンゼットのパンチがダイナに炸裂する。

「ぐわははは! これぞ、仏作らずして魂入れただ! これでワンゼットは我らミジー星人のものとなった」

敵味方が一致団結したかと思いきやまた逆転させる、川上脚本の妙だ。キック、頭突きをことごとく決められ、劣勢のダイナ。

「ようし、ここで必殺光線だ!」とレバーを手前に引くドルチェンコだが、突然動かなくなるワンゼット。ムキになって何度も引いているうちに、レバーを引っこ抜いてしまった。

頭部の中にいるぽちガラオンがへたりこむと、ワンゼットも同じようにへたりこんでしまう。もう一回レバーを入れて「必殺光線だ」と繰り返すドルチェンコだが、うまくいかない。

この一連のドジっぷりは、シナリオを元に桜金造のアドリブも交え、膨らませたものになっている。

猛然と反撃するダイナに、主題歌のメロディがかかる。飛び蹴りが連続して打ち込まれ、パンチの瞬間、火花が散る。脚本ではダイナが優勢になっての格闘シーンは書き込まれていなかったが、やはりヒーローものとしてのカタルシスを強調したのだろう。

「ちょっと待って、ちょっと待って、ターイム」とポーズを取るドルチェンコだが、ダイナのレボリウムウェーヴをくらったワンゼットは消滅した。尻尾を振って喜ぶハネジロー。

ガックリくるミジー星人三人組がくしゃみをすると、元の宇宙人の姿に戻ってしまう。「まずいんじゃない」「どうする?」とお互い言い合う三人は次の瞬間、猛スピードで逃げる。一拍遅れて気がつき、思い出したように追いかけ始めるTPC隊員達の仕草が可笑しく、ドルチェンコがワンゼットを操る一連の動きを隊員が目の前にいながら気づいていないということすらも、あえて意図的にやっていることがわかる演出だ。

敵を撃破して、息をつきながらも胸を張り、光となって消えるダイナ。シナリオではぐったりとなったまま消えるという記述だったが、久しぶりに復活したヒーローのラストカットは、やはり雄姿で締めくくりたかったのだろうと思わせる。

▽今日もいつもと変わらない

ピンボケから、次第にはっきりとする美女の顔、TPC婦長のマユミ(石橋けい)である。ここはTPCの病室で、隊長以下スーパーGUTSの一同がアスカのお見舞いに来ていた。

今までどこ行っていたんですかと訊くマイ。始末書を書いてもらうぞと言うコウダ。だが頭に包帯を巻くアスカをみんな気遣う。ヒビキ隊長の笑いがすべてを中和させる。その時ベッドの布団がもぞもぞとし、中からハネジローが現れ「アスカ」と声をかける。「ハネジロー!」。そう言う時の、アスカの嬉しそうな笑顔が見る者にも幸福感をかきたてる。

「しばらく地球にいられるそうだ」「良かったな、アスカ」

再会を喜ぶ二人を見守る隊員達の笑顔に、テレビシリーズ後期と同じエンディング主題歌「ULTRA HIGH」が流れ始める。そう。何もかも以前と同じだ。歌に合わせ、テレビシリーズからの名場面が編集される。「君を想う力」の草原で星空を見上げる少年少女や、「少年宇宙人」でラセスタ星人がその場飛びをするシーン、「ウイニングショット」でのダイナがフォークボールを投げるシーンと、原田作品の象徴的な場面も盛り込まれている。

ハネジローが帰ってくる話でありながら、主人公のアスカとの対面を一番ラストに持ってきた作劇に見られるように、本作は、テレビシリーズの「その先」を描いたものでないのはもちろん、描かれていなかった要素に突っ込みを入れるものでもない。ハネジローとアスカの友情は昔のままだし、ミジー星人も以前と変わらないドジぶりでドタバタを繰り返す。そんな〈いつものダイナ世界〉に帰ってくるということだけが、本作の目的なのだ。

▽たった一度だけの復活

本編が終わった後、ハネジローの「ダイナファンのみんなに一言お願いパム」という問いに応え、スーパーGUTSの面々が一人ずつメッセージを発する。

そして最後にヒビキ隊長役の木之元亮が、視聴者に訴えかける。通常のウルトラマンシリーズなら、ウルトラマンが消えても、人間の姿は帰ってくる。なのに、アスカは帰ってこなかった。それがオヤジ的役回りの自分としては心配で、可哀相でならない、と。

アスカ隊員が地球に帰ってこれる方法はありませんかというヒビキ隊長の、視聴者への呼びかけをコメントの最後にして、ハネジローが「パムーッ」とウルトラマンばりにグングン巨大化するイメージ(テレビシリーズ47話「さらばハネジロー」のラストカットと同じ)が映し出され、このビデオは突然終る。

本書収録の川上英幸氏のインタビューに詳しいように、今回テレビの後日談を描く事からは潔く退いたものの、やはり原田監督は、アスカが仲間の元に帰ってこないシリーズのラストには納得していなかったのだ。

そして四年後、この作品が『ティガ』『ガイア』の外伝とともにDVDボックスに収録された時、原田監督の構成によるメイキング映像には、こうテロップが出たのだった。「2000年の夏、ウルトラマンダイナはたった一度だけの復活を遂げた」

これは、自らの愛した『ダイナ』への、原田監督の万感の思いが込められたテロップに違いない。

第3部

二一世紀を迎えて

～円谷プロの時代③～

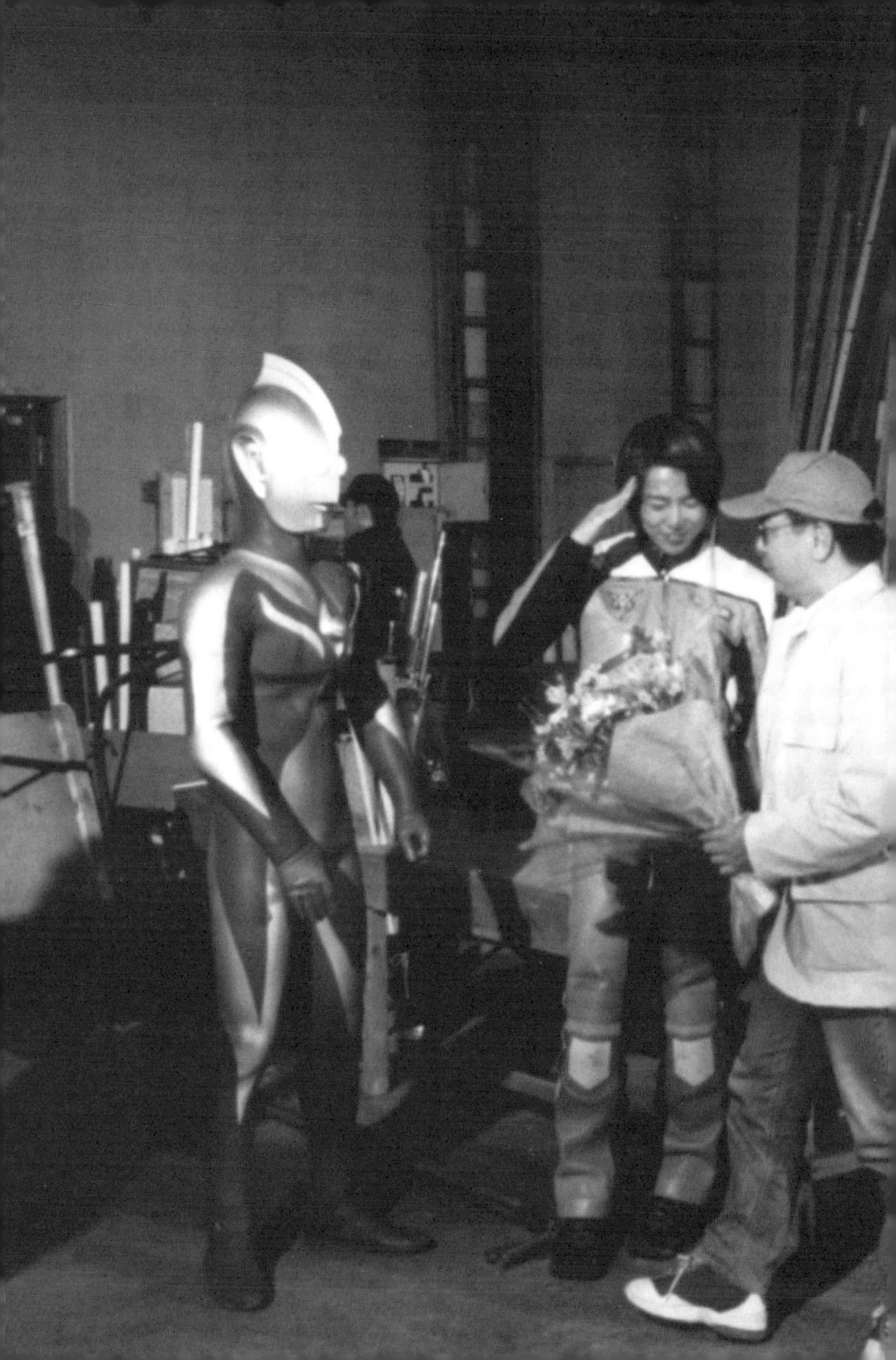

『ウルトラマンガイア』が終了して約二年後に再開した、新世紀初のウルトラマンシリーズで、ウルトラマンを昭和と同じ宇宙人に戻した。主人公ムサシはウルトラマンコスモスと一体化しているものの、時に両者の対話シーンもあり、若者の成長とともに来訪者との出会いと別れまでを描く「コンタクトもの」の要素を有する。その出会いの前日譚は子ども時代にまでさかのぼるもので、番組開始直後に公開された劇場版で描かれた。

また本作の特捜部隊「チームEYES」はタカ派の統合防衛軍とは対立関係にあり、ムサシを含め〈怪獣保護〉の考えを持っている。コスモスも初めは慈愛を示す青き月のルナモードで登場するが、怪獣すら利用する邪悪な敵には燃ゆる太陽のコロナモードになって対抗。しかし最終的にはどんな生命とも共存しようとする世界観に発展していく。

スタッフ

監督：北浦嗣巳・根本実樹・原田昌樹・市野龍一・小中和哉・村石宏實・八木毅・石井てるよし／特技監督：佐川和夫・原田昌樹・村石宏實・八木毅・北浦嗣巳・高野敏幸・鈴木健二／脚本：大西信介・長谷川圭一・川上英幸・増田貴彦・武上純希・西園悟・太田愛・梶研吾・林壮太郎・荒木憲一・右田昌万・前川淳・山本優・鈴木智／製作：円谷一夫／監修：高野宏一／企画：満田稔・丸谷嘉彦・森本正博／プロデューサー：渋谷浩康・小山信行・諸富洋史・丸谷嘉彦／シリーズ構成：江藤直行／技術監督・大岡新一／撮影：倉持武弘・高橋義仁／照明：佐藤才輔・武山弘道／美術デザイナー：(本編) 大庭勇人・(特撮) 寺井雄二／美術：鈴木隆之／持道具：小沢佳美／録音：楠本龍巳・岩岡勝徳／操演：村石義徳／助監督：野間詳令・近藤孔明／VSFX／田代定三／デジタルエディター：柳生俊一／編集：大橋富代・冨永美代子／VE：佐々木彰司・橋本昌樹／スクリプター：鈴賀慶子・宮腰千代・山内薫・青木順子・黒河内美佳・島貫育子・阿南玲那・田口良子／整音：松本能紀・中野陽子・小堀新一・後藤史子／スペシャルサウンドエフェクト：今野康之／サウンドエフェクト：小林直人／選曲：池田地香子／コスチューム制作：小暮恵子／衣裳：清水寿美子／装飾：山下順弘／キャスティング：小島文夫／メイク：今井志保・安藤千賀子・秋山潔子／特機：田村誠／車輌：野口茂樹・三好智紀・吉田知弘・荻野真／スチール／渡辺亨

ンコスモス

［特撮］
撮影：髙橋創／照明：高野和男・田村文彦／美術：佐々木朋哉／操演：根岸泉・川口謙司／殺陣：車邦秀・岡野弘之／助監督：日暮大幹／キャラクターデザイン：丸山浩・杉浦千里・AKIHITO　真偽屋・TETSUKI　真偽屋・祖蔵宝太郎／イメージボード：橋爪謙始・なかの☆陽・奥山潔／キャラクターメンテナンス：宮川秀男・福井康之・八巻亜由子／エフェクト・コーディネーター：吉澤一久・小野寺浩／2Dエフェクト・アーティスト：増田英和・藤下忠男・泉谷修・佐藤元・西山明宏・山本英文・内田剛史・川端孝・矢ケ崎綾子／3Dエフェクト・アニメーター：小柴浩・金井圭一・今井元・鴨原譲／テレシネカラリスト：児島正博・鳥海重幸・高田淳／テレシネコーディネーター：小倉智／CGI：渡部健司／ビジュアルエフェクト：祖父江成則・早川哲司／マットペイント：有働武史／MD担当：磯貝牧子・太田小由美／制作担当：中井光夫／制作主任：相良晶・菊池英次・田村諭・大谷直哉／仕上げ：内田貴広・松岡美智子／制作デスク：八木理恵子・表有希子／番組宣伝：安藤ひと実

［音楽］
音楽：冬木透／音楽プロデューサー：玉川静／音楽製作：日本コロムビアミュージックエンターテイメント・円谷ミュージック／主題歌「Spirit」作詞：松井五郎　作曲：KATUMI　編曲：小西貴雄　歌：project DMM／「ウルトラマンコスモス〜君にできるなにか」作詞：松井五郎　作曲：鈴木キサブロー　編曲：京田誠一　コーラスアレンジ：大門一也／「心の絆」作詞・作曲：KATSUMI　編曲：大門一也　唄：Project DMM

協力：本田技研工業・クリエイティヴ・オフィス・ヤップ・富士通乾電池・IMAGICA・コダック・IMAGICAデジックス・東宝ビルト・日本照明・開米プロダクション・亀甲船・東方コスチューム・ナック・プログレッシブ・山崎美術・宗特機・マーブリングファインアーツ・オガワモデリング・プレックス・MONSTERS INC・グレイショコラ・日本エフェクトセンター・スワラプロ・スリーエススタジオ・コンパックコンピュータ・ディーファンクションプラス・フレームワークスエンターテイメント・月星化成・デジタルビジョン・ジョー・ディー・グローブ・ミスミデジタルサプライ／製作：円谷プロダクション・毎日放送

キャスト

春野ムサシ：杉浦太陽／ヒウラ・ハルミツ隊長：嶋大輔／ミズキ・シノブ副隊長：坂上香織／フブキ・ケイスケ隊員：市瀬秀和／ドイガキ・コウジ隊員：須藤公一／モリモト・アヤノ隊員：鈴木繭菓／佐原司令官：須藤正裕／宍倉副司令官：大城英司／西条武官：奈良坂篤／イケヤマ管理官：市川兵衛／少年時代のムサシ：東海孝之助／新見あづさ：小牧かやの／少女時代のアヤノ：近内里緒／ミツヤパイロット：高橋一生／カワヤ・ノボル医師：影丸茂樹／吉井ユカリ：堀江奈々／ハズミ科学主任：筒井巧／ベンガルズ隊長・牛島：加賀谷圭／防衛軍特務部隊チーフ・石井：石井浩

［声の出演］
ウルトラマンコスモス：佐藤浩之／ナレーション：磯部弘

［スーツアクター］
ウルトラマンコスモス：猫俣博志・寺井大介／ウルトラマンコスモス・カオスウルトラマン・カオスウルトラマンカラミティ：益田康弘／ウルトラマンコスモス・怪獣・宇宙人：岡野弘之／カオスダークネス・その他の怪獣・宇宙人：三宅敏夫／怪獣・宇宙人：永田朋裕・横尾和則・福岡まどか・森英二・勝亦正・太田智美・山本諭・小宮啓志

ウルトラマ

2001-2002

作品解説

「落ちてきたロボット」4話 ▼二〇〇一年七月二八日放映

脚本：川上英幸　撮影（本編）：倉持武弘　撮影（特撮）：髙橋創
ゲスト：永川謙（仲沢篤史）、伊織大昌（土谷竜也）、今井麻里（井本尚子）、石井浩（イゴマスの声）

▼ストーリー

空から巨大ロボットが落ちてくる。母星ではオモチャとして使用されていたロボット・イゴマスは子ども達と友達になる。

だが自分が元の持ち主に捨てられたと知って、暴れだしてしまうイゴマス。

子ども達を傷つけそうになって正気に戻るが、電池切れで動作が止まってしまった。

▼のどかな一日

冒頭、富士山を背景に桜の木が写る。続いて海の向こうのトレジャーベースが写し出される。トレジャーベースは日本近海に浮かぶ人工島で、チームEYESの基地がある。

だが今日は辺りに鳥が飛び交い、どことなく平和なムードである。画コンテにも「のんびりした感じ」と書かれている。

チームEYES指令室の中でも、隊長以下がくつろいでいる。肥満体のドイガキなど、上着を脱いで黄色いシャツ姿になっている。ドイガキだけでなくEYESの隊員達は平時にはTシャツ姿を見せることがあるのがこのシリーズの一つの特徴だ。今日はテーブルの上にクッキーを載せた皿が置いてあり、入隊したばかりの主人公・ムサシ隊員は、みんなにお茶を注いで回っている。

そんなのどかな昼。場面は変わり、河原の子ども達がラジコンで遊んでいる。ぶつかって、動かなくなるラジコン車。こんなポンコツ買い換えなきゃダメだなと、足蹴にする少年。

次に、のどかな一日のしじまを破って、宇宙空間から突然、青い地球に向けて、物体が回転しながらまっすぐ落下していく。

EYESのレーダーはそれをキャッチし、アヤノは慌てて通信デスクに向かう。大きなクッキーを頬張ったままだ。

アヤノが「落ちてきます……」と報告すると、EYESの一同が（屋内なのに）見上げる仕草をするのが面白い。

河原の子供達は、まだそんな異変には気付かない。女の子が一人、男の子が二人の三人組だ。彼らの年齢はシナリオでは「十一才」とある。円谷プロ作品や原田作品でもロケが多い〈夕陽の名所〉世田谷区の五本松での撮影だ。

彼らが寝っ転がる河原にちょうど例の物体が落ちてくる。飛んできた物体は水車のある場所の向こうに落下していく。

興味を持って駆けていく子ども達。対岸に渡ると緑豊かな光景になるが、それは秋川でのロケが組み合わされ撮影されている。

今回、ここまでのシーンで、演出による大幅な変更が既にある。シナリオではいきなり宇宙空間から物体が落ちてくるところから始まっていた。

指令室でお茶を飲む冒頭の「くつろぎタイム」は存在しなかった。原田監督は〈シーン1〉の前に、書き足したコピーを決定稿に貼り付けて撮影している。演出メモには「ムサシがお茶くばる」こともちゃんと記されていた。

今回は原田監督が初めて『コスモス』に参加した二本セットの内の一本であり、放映順としても初期にあたる。『コスモス』の世界を演出する時の入り口として、チームEYESの日常描写を入れておきたかったのかもしれない。そしてそれは、事件が起きる前だからこそ、描くことができる。

またシナリオでは子ども達の出番も、物体が成層圏に入った後になっていた。だから、子ども達が河原でくつろいで空を見上げるシーンも決定稿には存在しない。

決定稿では、子ども達は自転車の不調に「ちぇっ、このポンコツめ」と悪態をつくことになっていた。原田監督はそれをラジコンの自動車に置き換えている。後に明かされる落下物体の正体と同じ〈オモチャ〉でイメージをつなげた方が、視聴者に対比が明確になると考えたのだろう。

〈対比〉といえば、アヤノ隊員が冒頭の指令室でフブキ隊員に「呼び捨てはやめてください」と怒るくだりと、河原のシーンで女の子が男の子から「ナオコ」と呼ばれて「呼び捨てにしないで」と怒るくだりを並列することで、日常描写の中で両者が吊り合うような印象を視聴者に促してもいる。

さて、異変に駆けつけた子ども達の目の前で、巨大な穴（「ややスリバチ状になってる」とイメージボードにある）の広がる中央に建っているオブジェ。その頭の部分の球体が手前にもたげるように作動すると、点滅しながらモゴモゴと聞き慣れぬ言語のようなものを発するが、やがて翻訳がなされたのか、日本語で自分の名を名乗り出す。この辺のディテールは細かい。

「僕ハ、イゴマス。オモチャのイゴマス」

イゴマスの声を、原田監督は『ガイア』で特殊捜査チーム・リザードの瀬沼チーフを演じた「石井浩でどうかな」と、準備稿段階でメモしており、実際その通りになった。

▼イゴマスが立ち上がるまで

河原では既にSRC（Scientific Research Circle）の一般隊員達が取り巻いている。科学調査サークルSRCは、あらゆる謎の調査と、宇宙人・怪獣と人類の間に生じる問題の平和的解決を目的とする国連の承認団体。そしてチームEYES（Elite Young Expert Squadron）はSRCの特捜チームであり、六名から成る。

EYES一の巨漢で博覧強記のドイガキ隊員（須藤公一）が、調査機能と攻撃機能を併せ持ったハンディタイプの万能機「ラウンダーショット」を用いて調査している。放射能などの危険物質は検知されていないようだ。

ロボットの周囲に人間を配した場面は、下からの視線で上部の空気の層までわかるように合成場面が作られている。

ムサシから目撃者の少年を紹介されるドイガキ。自分から「仲沢です」と言うのは一番如才なさそうなメガネの仲沢篤史少年。快活そうなのが土谷竜也、紅一点の少女は井本尚子。

シナリオではムサシがドイガキにみんなを紹介するが、実際の映像では子ども達一人ひとりに挨拶させている。

握手するドイガキは咳払いをし「チームEYESの天才科学者。ドイガキです」と名乗る。子どもが相手でも紳士的だ。

ドイガキは少年達がロボットを「イゴマス」と呼ぶことを訝るが、「本人がそう言うから」と竜也。やがてイゴマスが話し出す。驚くムサシとドイガキに「ねっ」とうなずく子ども達。

「イゴマス、モウスグ電池ギレ。モットイゴマスと遊ビタカッタラ、新シイ電池ト取り替エテ」

ドイガキはロボットに付いていた製造プレートから、その文字はポルトガル語に似た文法形式で、ビビン星の子ども向けに作られた玩具だと指令室のヒウラキャップに報告する。

指令室で話を聞いていた副隊長のシノブ（坂上香織）は、イゴマスが宇宙人の玩具だとしたら、それで遊んでいた宇宙人はかなり巨大な生命体なのではと発言する。

また、現段階でイゴマスに攻撃的な装備は見られないというドイガキの報告を聞いていた子ども達は、「フーン、じゃあ安心だね」とそうっとイゴマスの元に駆け出していく。

原田監督はシナリオ決定稿にある指令室への報告シーンに、いちいち子ども達のリアクションを入れて、お話をわかりやすくさせるとともに、描写として弾ませている。

「イゴマス。俺篤史、こっちは竜也、そして尚子」

イゴマスを見上げて、篤史は自己紹介。尚子はロボットに語りかけながら「呼び捨てにしない」と篤史に肘鉄をくらわす。

篤史は永川謙、竜也は伊織大昌、尚子は今井麻里という子役が演じている。伊織大昌は57話「雪の扉」にも少年役で出演。

イゴマスをオモチャにしていた宇宙人の名は「ゲバン」で、イゴマスは彼を「友達」と呼んでいた。イゴマスはゲバンたちと旅行中、宇宙船から落ちてしまったという。

指令室ではコワモテのフブキ隊員が、これは自分達の管轄外の事件ではないかと発言する。相手はオモチャのロボットで、生物ではない。「落としものなら警察の仕事だ」

だがモニタを通して、イゴマスには心があるとムサシは言う。

「生物ではなくても心があるものをおざなりにはできない」

温厚なヒウラキャップもそう認めるのだった。

河原では、野花の前に腰掛けた子ども達が、ビビン星の自然について訊いている。特撮シーンでも、イゴマスのミニチュアは野花に囲まれている。ビビン星もこんな木や花に囲まれているとイゴマスは言う。

原田監督は決定稿の表紙に「花はどこへ行った?」とメモしている。この回のイメージを書いたものだろう。「花はどこへ行った?」はアメリカのフォークシンガー、ピート・シーガーの歌で、ベトナム戦争の際は反戦歌として歌われた。

子ども達と会話していたイゴマスの身体からリング状の光線が放たれる。それに気付いたムサシはラウンダーショットを構えるが、そこへウルトラマンコスモスの声が響く。その声はムサシにしか聴こえない。コスモスは宇宙からやってきた神秘のヒーローであり、ムサシが小学五年生の時に初めて出会い、一九歳になった時に一心同体となっていた。

コスモスの声はロボットに敵意がないことを知らせ、ムサシに〈信じることも重要〉と説く。

戦意を失ったムサシは、ドイガキのラウンダーショットも降ろさせ、「イゴマスを信じましょう」と笑顔で言う。

子ども達を包んだリングはやがて球体となり、イゴマスの胸の位置まで彼らを浮かび上がらせる。

シナリオでは、イゴマスは立ち上がって手を差し伸べ、子ども達を手のひらに乗せて胸のところまで持ち上げることになっており、その方向でイメージボードも描かれている。

それが、原田監督の得意とする「シャボン玉」風の球体に包まれるファンタジックな表現に変わったのは、イゴマスの手に乗るという表現を合成だけで作ると、当時の技術では質感が伴わず、さりとて実物大の手を作ると予算がかかりすぎるという都合があったのかもしれない。だがそれ以上に、イゴマスが立ち上がり、直立歩行形態になるのを、段階としてもう少し後にするという「見せ方の手順」の問題が大きかったと思われる。

球体に包まれた尚子がふと振り返ると、街が一望できる。シャボン玉越しの風景に目を輝かす子ども達。

シナリオには「自然とビル群が融合された景色」とある。原田監督は、寺井美術監督との相談の上、「自然」の象徴として水車を想定してイゴマスの近くにミニチュアとして配置、この遠景では水車とビルディングの調和した風景を提示している。

「ありがとう」と言う子ども達に、イゴマスは「アリガトウ?」と戸惑う。イゴマスの星にその概念はなかったのだろうか。

「僕らもイゴマスの友達にしてくれよ」子ども達の問いかけに、イゴマスは応える。「イゴマス……トモダチ」

気持ちが通じたことに、子ども達は「やった!」と喜ぶ。

ドイガキは、イゴマスの後頭部の排気口から剥がれそうなステッカーに着目し、ラウンダーショットでスキャンしてデータを送信する。やがてステッカーは排気口から吹き出す風に剥がれ落ち、木の葉のようにイゴマスの足下に落ちた。

シナリオでは、このステッカーはイゴマスの背中に貼ってあることになっていた。それを後頭部の排気口にしたのは、人物との合成の都合上、正面からの立ち位置でも気付くようにしたと思われるが、排気口からの風でペラペラと剥がれかかっている画が印象的だ。『ガイア』の「遠い町・ウクバール」（29話）でラスト近くに描かれる、吹き込む風に揺れるカレンダーを思わせる。手前の方に剥がれ落ちてしまい、イゴマスがすぐにそれを見るという次の展開ともよどみなくつながっている。

そのステッカーは、気付いたイゴマスにパニックを生じさせるものであった。突然鳴動したイゴマスに、亀裂が走り、カバーが外れ、収納されていた下半身と腕が飛び出す。そして立ち上がる二足歩行型のイゴマス。立ち上がるシーンは、イゴマスをクレーンに乗せた上昇がアオリで捉えられる撮影手法だ。先ほどまでが初期形態なら、これは第二形態。原田監督はこのシーンまで、イゴマスが立ち上がる表現を抑制していたのだ。

ここまでがAパートのドラマ部分で、CMが明けると、イゴマスの左半分と右半分がアップとなり、効果音とともに腕が上って歩き出す。半狂乱になって「ゲバン!」と呼びながら市街を走り始めるイゴマス。

▼コスモスがやったこと

イゴマスに攻撃装備がなくても、あの巨体で暴れられては被害が甚大だ（身長は六九メートルという設定）。ヒウラキャップは「コンディションレベル、オレンジ」を発動。壁面のランプがイエローからオレンジとなり、シノブとフブキが現場に出動する。

〈コンディションレベル〉とは、攻撃か保護かを決めるEYESの基準で、「オレンジ」は「攻撃（レッド）」に近い判断だ。

「やっぱジンクスか」と呟くフブキは主力ライドメカ・テックサンダー1号の格納庫への移動中にサングラスをかける。このくだりは原田監督がシナリオに付け加えた。主人公のムサシと時に対立する役割でエースパイロット的存在のフブキだが、後の『リュウケンドー』でのリュウガンオーこと不動銃四郎にも見られるように、原田監督は主人公のライバル格に〈黒いサングラス〉をかけさせるという美学があるようだ。

「この、最初の頃のフブキってわりと意地悪なイメージがあったんですよ。後半それが、どんどん鎮火してっちゃうんですけどね」と原田監督は語っている。

　テックサンダーが頭上から捕獲用のレーザーネットを被せるが、イゴマスはいとも簡単に壊してしまう。爆煙を上げながら水道橋を破壊し、川に進撃するイゴマス。シナリオ決定稿では廃工場を破壊していたが、水辺の情景にイメージをまとめているのだ。水車が手前の水面に写り込む川辺にやってくるイゴマス。

　ドイガキは、イゴマスのステッカーの解読を完了していた。ステッカーは〈廃棄物処分シール〉だった。読み上げるドイガキ。

「このロボットは製造年も古く、そのエネルギーとなる電池の販売も停止してしまったため、スクラップとして廃棄処分することを認めます」

　イゴマスはそれを知って、錯乱してしまったのだ。

　尚子は「イゴマスって、ゴミだったの」とショックを受ける。このセリフはシナリオに付け足されたものだ。今回、お話の展開すべてにおいて、原田監督は子ども達のリアクションを、極力入れるようにしている。

　テックサンダーはイゴマスの視界の先にある団地の上で、下界を守るように滞空すると、コクピットのフブキは「コンディションレベル、レッド」の発令をヒウラキャップに要請する。

　ヒウラも許可を出し、攻撃態勢が取られる。慌てて走り出すムサシ。子ども達も「行こう」と駆け出す。

　ついにイゴマスはテックサンダーのレーザー攻撃を受ける。コスモス登場の時が来た。花のつぼみが開花するように、変身アイテムであるコスモプラックの先端が光り、充満すると、掲げて変身するムサシ。登場シーンにはエレベーターを用いたオープンでのアオリが用いられている。

「コスモス、イゴマスを助けてあげて」という子ども達の声に、うなずいてみせるコスモス。

　コスモスはフブキ機のレーザービーム砲を背中で受ける。イゴマスを庇っているのだ。青いラインのルナモードから、燃ゆる炎のようなコロナモードにチェンジするコスモス。

　イゴマスは水車をつかんで持ち上げ、コスモスに向かって投げつける。「イゴマス、もうやめろ!」と篤史は叫ぶが、言うことを聞く状態ではない。

　投げつけられた水車をかわすコスモスだが、水車は高速道路に当たって跳ね返り、子ども達の上に落ちそうになる。その瞬間、慌てた感じを動きで表すイゴマスの中に入っているのは、『ブースカ!ブースカ!!』でカモスケを演じた永田朋裕。

　子ども達のピンチにすかさずコスモスは光線を発してドームを作り、落下の衝撃から守った。粉塵が晴れると、元気にすっくと立っている子ども達。

「全然大丈夫だよ」。イゴマスに向かって、そう言う篤史達三人。

　真上から巨大な水車が落ちてきたら、大人でもショックで口が利けなくなりそうだが、ここでは子ども達の意志の強さを押し出したかったのだろう。シナリオ決定稿ではもっと強調され、ウルトラマンがドーム状の光線で危機を救う描写すらなく、倒れた水車の下から子ども達が自力で立ち上がっていた。

　さらに前の準備稿では、イゴマスが誤ってビルの一部を破損してしまい、その瓦礫が子ども達に降り注ぐのを、ドイガキらSRC隊員達が救うものの、子ども達はその手を振り払ってイゴマスの元へ向かうという展開になっていた。

　水車が登場しないのは、準備稿段階ではミニチュアセットのポイントとして水車を使う発想がまだ出てなかったからだが、次の決定稿では、より子ども達の意志の強さを強調した展開となり、放映作品ではそこにコスモスの役割が追加されている。子ども達の存在を、単にウルトラマンから庇護されるものとして描きたくないというこだわりが伺える。

　イゴマスに、暴れるのはもうやめてと尚子は訴える。

「あッ、電池が消えてく」

　イゴマスの目が弱々しく点滅しはじめた。

「ウルトラマン……僕ヲ壊シテ」

　篤史達と友達になったが、こんなに大きい自分では迷惑をかけてしまう。しかも電池も切れ、その代わりはこの星にはない。そうイゴマスが語るのを、黙って聞いているコスモス。

　やがて電池が切れてしまうイゴマス。頭のランプが消え、腕を下ろし、機能が停止する瞬間を二重写しで印象付ける。うなずいたコスモスは、ルナモードに戻り、光線を放ってイゴマスを縮小させるのだった。

　シナリオには「気を集中し、イゴマスに向かって光線を放つウルトラマンコスモス」→「光線を浴びたイゴマス、光につつまれながら、ぐんぐんと縮小していく」と記されている。

　原田監督の演出メモではこうなっている。「コスモス、宇宙からエネルギーを吸い込むようなポーズ」→「地球の姿。ずっとトラックアップしていく」→「空からは何か大きな光がコスモスに落ちてくる」→「エネルギーをためるルナ・コスモス」→「見つめる子供」→「フブキ、シノブ、ドイガキ」→「何か大きな気を送るコスモス(発光)」→「光がイゴマスに当たる」→「ウルトラマンUP。赤ピコ(カラータイマーの点滅)速くなる」→「イゴマス発光」→「ルナ・コスモスから光が消える。赤ピコ点滅」→「イゴマス小さくなる」→「コスモス、ヒザをつき消える」→「フブキ、サングラスを取る」

　絵コンテもこれに準拠したカット割りだ。コスモス単独ではなく、宇宙の大いなるパワーを取り込んだ展開になっているのだ。

▼夢を追いかけて

　夕陽が川の向こうに落ちかかる時間。川面に陽がにじんでいる。辺りが薄暗くなっていく中、イゴマスが消えた場所に向かって走る子ども達。河原を懸命に探すと、やがてレンゲの花の隣りに、人形大の大きさになったイゴマスが横たわっていた。

　手にすると目が光って「篤史、竜也、尚子……僕ノ友ダチ。アリガトウ、ミンナ」と声を発し、再び機能を停止してしまう。コスモスはロボットを地球の子ども達でも遊べる大きさにしてやったが、しかしイゴマスの電池はこの地球上にはないのだ。

「僕が作るよ」と力強く言う篤史。

　そこでエンディング主題歌がかかり始める。「♪夢を追いかけて／すべてが変わる／いつだって君を／心は見ている」(『ウルトラマンコスモス～君にできるなにか』Vo.Project DMM)。

　篤史は続ける。「僕が勉強して作る。そしてきっとイゴマスともう一度遊ぶんだ」。大人になってもう遊べなくなっていたら、僕達の子供に遊ばせればいい。そうすれば、イゴマスはずっと子供のオモチャで生き続けられる。

尚子は小さくなったイゴマスを「私が持って帰る」と提案する。小さい時に飼った犬の小屋に入れるというのだ。犬の小屋がピンク色だと言う尚子に「尚子はピンク好きだもんね」と言う篤史。「バカにしたな」と怒ってみせる尚子。

その横では、竜也が冒頭で放置したままだったラジコンを拾い「電池換えてみよう」と呟く。

尚子のセリフ以下は、原田監督が子ども達とのやり取りで、現場で付け加えたもの。ハッキリ聞こえるセリフというよりは、エンディング主題歌に被せた情景音のように視聴者にはさりげなく伝わる。そうした中でも、冒頭で竜也が捨てたラジコンのオチまで入れているのには細やかな気遣いを感じさせる。

シナリオでラストカットは「そんな子供たちの姿を見て、動かぬはずのイゴマスが少し微笑んでみせた気がした」とある。

尚子、篤史、竜也とドイガキ、ムサシの撮影風景

放映作品でのラストは、こうなっている。夕景の中、帰っていく子ども達を見つめるムサシが視線を上にやると、そこにはコスモスの姿が浮かび上がっていた。コスモスに向かってニコッと笑うムサシであった。

▼原田昌樹、語る

——その前の『ティガ』『ダイナ』『ガイア』に参加されていたということで、『コスモス』の話が原田監督にあったのですか?

原田　もちろんそれはそうだったんですが、『コスモス』の時に円谷プロの体制が変わったんですよ。プロデューサーが笈田（雅人）くんから渋谷（浩康）くんに代わると。渋谷くんから、今までのお付き合いもありますしということで、話をもらったんだと思います。たしか二番手か三番手で撮って欲しいと。

シリーズの成り立ちに関しては、北浦（嗣巳）監督がやってるということだったので、僕は「渡されたものを消化してきゃいいや」とその頃思ってて。ちょうど、直前に海外に遊びに行ったりしてたので、あんまり状況を知らなかったんですよ。

もう時間も経ったから言えるのですが、『ティガ』『ダイナ』『ガイア』の時にある程度のレベルまで行っていたのが、ちょっと昔っぽくなっちゃったというのか、良い言い方をすれば、初期のウルトラマンに戻ったという印象を持ちましたね。

——昭和のテイストというか……。

原田　当時企画書を見た時は「えらく素人っぽく戻っちゃったなあ」という印象を受けましたね。キャストも、俳優さんのバランスもね。デブの人がいたり。「こういうのはもう、やらないんじゃなかったっけ?」と思うような。センスが古い。あのレギュラーを見た時はショックでしたよね。

——おおらかな感じに。

原田　レギュラーメンバーの内の何人かは、他で仕事をやったことのある人達だったので、個人的に仲のいい子達もいたんです。坂上香織ちゃんも和泉（聖治）監督の『モロッコ　横浜愚連隊物語』で一緒だったし。香織ちゃんから「まさか原田さんがいるとは思わなかった」と言われました。

杉浦太陽にしてもね、太陽は良い子だけど、正直言ってヒーロー番組の主役じゃないだろうとは思ってました。アヤノの鈴木繭菓も、個人的に好きだし、可愛いとは思ってるんだけど、彼女もこういう番組のヒロイン向きの子じゃないと思った。個人的にはみんな仲良かったんですよ。僕、嶋大輔さんも仲良いし。

ドイガキの須藤だって、個人的には全然仲良いんだけど、ああいう使い方じゃ、かわいそうな気がしますもん。所謂キャラクター扱いで使ってる感じに思えて。

初代のウルトラマン風に戻したいとか、そういうことがあったらしいんだけど、初代の場合はオリジナルのものを作ろうとして生まれて来てるわけで、「コスモス」でやろうとしてるのは、物真似になっちゃってるから、必然性が感じられなくてね。

やっぱり、1・2話の監督って大事だと思いますよ。キャスティングもね。村石（宏實）さんはそこら辺はしっかりした人を選びますね。その後は僕ウルトラマンのテレビ、全然やってないから、なんとも言えないけど、金子修介さんも、1・2話をやるとキャスティングいいですね。

『コスモス』はどんどん本人達に合わせたキャラクターに変えてくとか、セミ・レギュラーを増やして、僕は対応していました。

——4話では、冒頭から事件が起きるシナリオの前に、休日でくつろいでる隊員達の描写を入れていますね。ムサシ隊員がお茶を淹れたり、ドイガキだけがTシャツ姿だったり、「呼び捨てにしないで」というアヤノ隊員の性格が出てたりとか……。

原田　アヤノが口にお菓子を頬張ったまま報告をしたり、ちょっと遊びキャラを作って、所謂企画書ででき上がってるキャラからは少し外してやろうかなって気はありましたね。

ムサシがお茶を淹れるのは、「呼び捨てにしないで」というところとも関係があるんだけど、僕は女の子がお茶を淹れる設定があんまり好きじゃなかったんですよ。せっかく『ティガ』で女性隊長になってて、男女平等の話にうまくなってたのに、いつの間にか、昔風に戻しちゃってると思って、どうもそれがね。そっちの方がより面白くなるならいいんだけど、そういうことにはちっともなってなかったから。

——ただ、『コスモス』には怪獣をはじめから倒す相手と見なすのではなく、保護を掲げるという新しい展開がありましたね。

原田　ただあの設定も、〈怪獣と共存〉〈保護〉というのは、ハナッから無理だろうと思いました。夢物語みたいなことを本気で言っている感じがして、これは、一番ヤバいシリーズになるかもしれないなぁと思ったのが、本音です。

――原田監督からすれば、出会い頭は違和感から始まったんですね。最初に撮られた二本は、怪獣を倒しはしないけれど、カオスヘッダーによって怪獣が凶悪化する展開もないですし、怪獣を保護区域である鏑矢諸島に運ぶ話でもなかったですね。

原田　結局、僕の撮ったものを振り返ってみると、一匹も怪獣は保護しないし、一回もカオスヘッダーを出さないってのが、僕にとっての『コスモス』でしたね。

――それは、たまたまそうなったんですか？

原田　はっきりやりたくなかった。あえて渋谷くんにそう言ったわけじゃないんだけど、話を選ぶ時には、そういうのをセレクトしないんだね。怪獣を助けるんじゃなくって、怪獣は怪獣で帰してやるんだという設定にする。

――たしかに9話の冒頭でちょっとカオスヘッダーが出て来るくらいで、あとは原田監督の回には全然、出て来ないですね。

原田　監督としてやるという意味では、自分で理解出来ないものは撮れないんですよ。「カオスヘッダーって何？」と言っても「いや、そのうち謎がわかるからいいんです」。そんな言い方だったから、それじゃもう撮れないって思った。

そりゃ、見てる人は後でわかるからいいかもしれない。でも撮る側までわからなかったら撮れないんだから、そういうことはあんまりやりたくないなぁと思ったんです。

でも、そういう主流の話は北浦さんや佐川(和夫)さんがやることになってて、もともと僕は主流の話はやらないというスタイルが、その頃出来上がってたから、カオスヘッダー話は僕には来なかった。本当に来なかった。来なくて良かったなぁと。

――この4話では、ロボットが登場しますが、全体的にはファンタジーっぽい内容ですね。

原田　『コスモス』では、ウルトラマンのある意味、原点に戻るような話をやるということだったから、僕はわかりやすくて、子どもが中心の話をやりたいなぁと思ったんです。そういう意味では、この4話は嫌いな作品じゃないですよ。

――子どもとロボットの交流が中心になってますが、ドイガキと指令室がやり取りしてロボットの正体を説明するシーンでも、子どもが一つひとつ反応するよう、台本に追加されてますね。

原田　子どもはなるべく生き生きさせようとは考えてましたからね。あの話はジュブナイルみたいなとこがあるんですね。話がシンプルなところは気に入っているんだけど、本当はね、もうちょっとうまくやりたかったと言えばやりたかった。もう少しそういう方向に話を持っていけば、いいジュブナイルになったと思うんですけどね。イゴマスの電池の話とかもね。

――基地の外観に鳥が飛んでたりというカットは、この頃よく使ってますね。巨大なイゴマスと子ども達の間に鳥が飛んだり。ちょっとのどかな雰囲気になる……花も多かったですね。

原田　あの頃はね、やたらと鳥を使ってましたね。趣味の範囲でもあるし、あと、たぶんCGのソフトで、鳥を飛ばすことがわりと楽に簡単になってきたからだと思うんです。打ち合わせでは「鳥バージョンベース」と言うだけで話が通じましたね。

桜の木は本物で、たぶん時期的にたまたまだったと思います。せっかく桜が咲いているんだから、利用したいというので。

――特撮のシーンでも、花に囲まれている描写がありましたね。

原田　そういう風にするのも、先に本編を撮って本編の画を見てから色々考えてましたからね。スタッフも、僕がわりとファンタジック系が好きなのはもうみんな知ってたから、そういうところは進んでやってくれるようになってましたね。

カオスなんとかも出ないし、そういう回にしちゃえと。

――ロボットも最後はコスモスによって小さくされるという、これもファンタジックな結末でしたね。シナリオではコスモスが光線を出すって書いてあるんですけど、映像だと、一旦地球が外から映って、コスモスがエネルギーをどこかから……。

原田　宇宙からの力を集めてやる。怪獣を小さくするのって俺、『ティガ』で一回やってるじゃないですか？

――「怪獣動物園」(30話)のキングモーラットですね。

原田　あれはやっぱり、抵抗があるって意見が多かったんです。大きいのをちっちゃくしちゃえば問題がすべて解決しちゃうと。そんな技があるなら毎回使えばいいんだって意見が当然出たんで、「そりゃそうだな」と。やっぱり全精力というか、それをやるには相当な力が必要だってことの表現のひとつとして、コスモスが宇宙中の力を集めたという描写にしたんです。

――子ども達の上に水車が落ちてきて、それでも子ども達が平気だというのも、リアリズムを超えていましたね。映像だと一応コスモスがバリアで救う形になっていました。

原田　子ども達がピンチなのに何も手を出さないってのは、ヒーローとしておかしいだろうと……。やっぱりヒーローのやるべきことは最低限やっておこうということでね。

――小さくなったイゴマスを子ども達が見つけるために走って行くところは夕景でしたね。いつも使われるような、鮮やかで懐かしい感じの夕景とはちょっと違って、ちょっと淋しいような、もうちょっと暗くなったらイゴマスが見つからなくなっちゃうって思わせるような、リアルな夕暮れに感じました。

原田　狛江の多摩川で、ロケ地自体はしょっちゅう使ってるところですが、実際に夕方に撮ってます。狙って夕方にやりましたね。

――見つける時、花が周囲に色々咲いていて、ロボットが近くにある花の背丈よりも小さく見えるところはグッときました。

原田　ちょうど三月という撮影時期に咲いている花を利用したこともあって、その中にああいうオモチャっぽいロボットを置いて撮ったのは、わりとうまくいったと思いましたね。

僕らにとって、巨大化してるものを一分の一で見せるのが、一番ヤバいんですよ。巨大化自体ウソに見える時があるから。だから小さくなっちゃった方がまだよくて、小さくなったものを見せる時に、対象物としては人工物よりも自然物の方がいいなぁと思ってました。

だからロボットの近くにある花は植えています。

――本当に、よく河原にオモチャが置き去りになってるような風景……。情景の中にある感じがしますね。

原田　またあの、(ロボットの)小さいやつも、よくできてたんですよ。あれ、欲しかったなあと思ったぐらい。

僕、これを撮りながら、もう、怪獣保護は絶対やるまいと思いましたね。怪獣を保護したいんだったら、こういうやり方があるんだから、島に封じ込めるというのじゃない方法論を、もっとシリーズとして考えるべきじゃないのという意味を含めて、撮りました。もう一本の「森の友だち」に出てくる怪獣ヤマワラワは山に帰したんです。

inter-view

大岡新一

特撮をイメージできなければ「監督」ではない

円谷プロダクション・代表取締役社長
『ウルトラマンティガ』キャメラマン・特技監督、『ウルトラマンダイナ』特技監督、『ウルトラマンコスモス』技術監督

――大岡さんと原田さんは、随分昔からのお付き合いなんですね。

大岡　最初はいつだったかな。『小さなスーパーマン　ガンバロン』(七七年)の現場で彼は色々やっていたね。でも当時は助監督じゃなかったんです。

――装飾だったり、回ごとにクレジットが違います。

大岡　この業界は昔から技術パートはともかく、制作、演出、美術……なんでもこなせないと続けられない。当時は原田も若者だったけど、僕も若かった。僕が二七才ぐらいで、原田は二二才ぐらい。「原田くん」「原田さん」と呼んだ憶えがない。彼は当時の現場では一番下の年齢だった。

　原田と会ったのは、ちょうど僕が三年少しいた円谷プロを出て、日本現代企画の契約キャメラマンをやっていた頃です。

　概略をかいつまんで話すと、僕がこの業界に入ったのは円谷プロからで、昭和四四年入社だから、円谷プロはまったく番組制作をやってない頃。『ウルトラセブン』(六七～六八年)『マイティジャック』(六八年)も終わって、特に決まった仕事がなかった。

　僕が入社する前に円谷プロ内で大リストラが起こっていて、それで照明技師だった小林(哲也)さんを中心に何人かが集まって一緒に仕事をしていたんだけど、それが会社組織になったのが日本現代企画。その辺のいきさつは、僕はまだ円谷プロにいたから直接は知らないんです。

　最初に僕が円谷プロに入って三ヵ月後にスタートしたのが、『恐怖劇場アンバランス』(七三年／製作は六九～七〇年)。そこで撮影助手をやって、『独身のスキャット』(七〇年)とか、円谷プロ制作の昼メロをやったりしている内に、『帰ってきたウルトラマン』(七一～七二年)がスタートしたんです。『帰りマン』でチーフ助手をやって、『ミラーマン』(七一～七二年)に二ヶ月行って、『帰りマン』が終わった後『レッドマン』(七二年)で、クレジットはないけど、初めて一本立ちしてキャメラを回した。

　ところが「花王愛の劇場」の『氷点』(七一年)の後、『越前竹人形』(七三年)という昼メロやった時、セカンドに戻されたから面白くなくて辞めたんです。僕もまだ若かったんですよ。二五才ぐらいかな。それで円谷プロを辞めて日本現代企画に行った。

　現代企画というのは、ほとんどが過去に円谷プロにいたことのあるスタッフの集まり。僕は最初『アイアンキング』(七二～七三年)の特撮をやって欲しいということで、行ったんです。『アイアンキング』や『(スーパーロボット)レッドバロン』(七三～七四年)、『(スーパーロボット)マッハバロン』(七四～七五年)、『少年探偵団』(七五～七六年)をやって、次が『ガンバロン』。原田と会ったのはこの時期ですね。原田が参加した『UFO大戦争　戦え！レッドタイガー』(七八年)は、僕は関係してないです。

　昭和のウルトラマンは『タロウ』(七三～七四年)で現代企画が下請けをやった二本(4、5話)をやったけど、『80』(八〇～八一年)以外は関知してないんです。

『火曜日のあいつ』(七六年)というドラマも現代企画が特撮を請け負って、キャメラを担当しました。その時も原田はいたね。その後、原田は東映の方にも行ったと思う。キャメラマンの林淳一郎と一緒にやっていたんじゃないかな。

――『Gメン'75』(七五～八二年)の後期ですね。

大岡　淳平(林淳一郎さん)もね、俺のところで『探偵団』も『ガンバロン』も一緒にやっていました。彼もキャメラマンとして、いい仕事しています。

――『ガンバロン』のグアムロケについては、助監督としての経歴の最初の方から、海外ロケに行ったのは自慢だったと原田さんはおっしゃっていました。

大岡　あのロケは、約十三日間で三話分を撮ったんです。せっかくスタッフ全員で行くんだから、最後の一日は遊ぼうぜと示し合わせてね。スケジュールを徹底的に詰めたから、助監督はたまったもんじゃなかったと思うけど、きっちり予定通り上げました。

▼『ガンバロン』では子ども達をケア

大岡　僕は『ガンバロン』ではもうキャメラマンをやっていたから、装飾や制作の助手に対しては大失敗でもしない限り、現場での仕事の思い出といっても正直言うとないんです。だから現場で原田がどういう仕事をしていたのか憶えていないですね。

　ただ、『ガンバロン』に出ていた四、五人の子ども達をちゃんと束ねていたという印象はあります。

――『ガンバロン』は後半は現代企画のセットがなくなったということで……。

大岡　大変な撮影でしたよ。千葉の御宿まで行ってね。ホテルの寮みたいなところでスタッフは雑魚寝。監督と役者はホテルに泊ったんだけど、一ヵ月半ぐらいいて、相当の本数をこなしたと思うよ。原田はそういう現場もケアしていたんじゃない？　飯場みたいな、四の五の言ってられない現場。

――原田さんは制作担当主任だった神野智さんから、制作に引っ張られそうになったと。

大岡　そういう話は聞いた気がしますね。最初は、周りの人間は、演出の力やクリエイティビティがわかるわけではないからね。

しかも原田は気遣いができる男だったから、本当に制作に向いていたのかもしれない。演出でとんがっているやつは、制作なんて向いてないわけだから。

――原田さんは監督志望ですが気遣いができたと。

大岡　それは彼の本質を言い当てていると僕は思いますね。ただ、組織の中でやる以上、ワガママばかりでは、監督への道は遠い。ワガママを隠し通して、監督になった時、途端にワガママになる人もいるわけで、それはその人なりのやりようなのかもしれないね。でも原田は本質的には気遣いの人。だから〈スーパー助監督〉と言われていたんだろうし。

ゲーム映画からムービーキャラバン

――その後、原田さんとは十年近く間が……。

大岡　原田は主に東映の仕事が多かったようだし、僕は現代企画がなくなって本当にフリーになって、接点はなくなっていましたね。

再会したのは和泉聖治監督の『青春ぽるのぐらふぃてぃ』かな。その時に原田が助監督だったんだけど、当時まだほとんどなかったビデオの作品だったんですよ。スクリプターは原田と親しかった山内薫。原田が呼んだのかな？　高校生の女の子が主演で、「ややエッチ系」なんだよ（笑）。

僕は和泉聖治監督とはそれ一本だけなんだけど、原田の仕切りはうまかったと思います。最初に会った頃から、彼自身が相当成長したんだなと。

次は『あいつに恋して』（八七年）でした。当時フィルムリンクに在籍していた山本又一朗さんが制作総指揮で、ポカリスエットのムービーキャラバンという、全国を巡って撮影した企画で、森高千里のヒロインと、風見慎吾（現風見しんご）のロードムービーです。原田は本州側の助監督だった。大変だったけど、映画そのものは二週間で打ち切り。スタッフの頑張りにあれほど報いがなかった作品はないね。

原田はたぶん、製作部として常に現場に前乗りを繰り返していたと思う。演技事務から制作のヘルプまで色んなことしていたんですよ。

『REX　恐竜物語』で原田は冷たかった

大岡　その後は『REX』（九三年）だね。あれは、製作チームが三班あって、僕の班は、ベネズエラの実景とか、仕掛けとか、恐竜のREX以外の特撮的なことはほとんどこなすというチーム。まず僕はベネズエラのギアナ高地のテーブルマウンテン、地上千メートルの頂上にロケハンに行ったんです。

――映画に出てきました。すごい岸壁の……。

大岡　世界一の瀑布のエンジェルフォールも撮ったりしましたよ。コナン・ドイルの『失われた世界』の舞台のモデルになったような場所だから、日本と植生が全然違う植物をクローズアップで、ビデオでピックアップショットを色々撮ったりしていた。

それで急遽、角川さんにロケハンのビデオを見せる話になった。まだ編集もしてないよと言ったら、雰囲気だけでも伝えたいということになって、ビデオを見せたわけ。そうしたら、角川さんが怒り出しちゃった。「俺は（両手広げて）こーんな広がりがある世界が欲しいのに、必要もないもの撮るな！」と。つまり、僕はキャメラマンとしてイエローカードを出された格好になったわけです。

僕に言わせてもらえれば、ちゃんと編集して見せるべきじゃないの？というのはありましたが。そのまま見せちゃった方も悪いんだけど（笑）。

それから、もう角川さんと会えないわけですよ。東映に打ち合わせに行っても、みんな何となく潮が引くようにサーッと離れていって。誰も何も言わなくなる。「原田、いったいどうしたの？」と聞いたら、原田も「いやいや、なんとなく」という感じで、ふーっとステップバックするわけ（笑）。角川さんにイエローカードをもらったスタッフは、ヤバイってことなんですよ。次、何かあったら即、クビだから。

そうこうしているうちに、急に今度は実景ロケで北海道に行ってくれという話になった。たぶん時間的に、誰かが動かないとどうにもならない状況だったんだろうと思うんです。それで北海道へ行って、ベネズエラにもまた行った。

帰ってきて今度は、空撮の映像を五分くらいに編集したわけ。米米CLUBの主題歌に合わせて、編集マンと画を見ながらつないで、角川さんを呼んで見せた。そうしたら素晴しいと。「OK！　大岡くん頼むね」となった。そうすると次、東映に行くじゃない？　みんな、潮が引いたようになっていたのが「あれ、どうしたんだ？」とばかりにパーッと集まって来て、またバタバタと打ち合わせが始まる。すごくハッキリわかりやすかったですよ。

原田にその辺を聞くと、僕の想像通りの答えが返ってきた（笑）。「お前も冷たいよな」って言ったら、「しょうがないじゃないですか」って。その辺の、空気を読むのはさすがにうまかったよ、原田は（笑）。

原田も大変だったと思うんですよ。『E．T．』のカルロ・ランバルディがワイヤーワークをやるなんていう作品に、東映撮影所は、彼みたいな人間が欲しかった筈なんです。原田はヒーロー番組で仕掛けっぽいことも経験しているわけですから。

――原田さんがREXを抱いてる写真が残ってます。

大岡　僕は「REXは絶対撮りません」という条件を出していたんです。ブルーバックでやっても絶対うまくいかないと思っていましたから。REXみたいな小さい恐竜を人間と絡ませて、ワイヤーワークでやっても芝居が噛み合うわけがない。案の定、結局、着ぐるみになっちゃった。

――映画の後半はほとんど着ぐるみでしたね。

大岡　そんなの、目に見えていたんです。『REX』の後半は、（安達祐美のボーイフレンド役の）山崎裕太が中に入らされていましたからね。

――山崎裕太さんは大人になってからも、『ウルトラQ～dark fantasy～』での寺島進さんの相手役など、原田さんとは長い付き合いになっていきますね。

大岡　彼も大変だったと思うよ。原田はそこら辺の苦労を分かち合った思いがあったかもしれないね。

初めはあの『E．T．』のカルロが来て、みんな注目するからと思ったんでしょうが、最終的な画がどうなるかをイメージして「これだけの時間を当てます」という話にしないといけなかったと思うんです。

『ゼアス2』で発揮された〈スーパー助監督〉性

大岡　『REX』をやることが決まった時に、『電光超人グリッドマン』（九三～九四年）という作品を円谷プロが実写もので久々に作るからキャメラマンをやって欲しいという話があった。スケジュール的に1・2話しかできないけれど、それでもいいならということで。その後、僕は『REX』に入ったんです。1・2話で予算だけ使い果たして出て行ったという噂があるらしいけど、そうじゃない（笑）。

当時、円谷プロはウルトラマンの実写を十何年やってなかったんですけど、九五年頃かな、『ウルトラマンネオス』というパイロット版を作ったんです。ウルトラマンネオスとウルトラセブン21が出るヤツで、各局に持っていって、久々にテレビシリーズをなんとかブチ上げようという動きだったんです。そのパイロット版は僕がキャメラを回しています。あの時期、デジタル合成に「フレーム」という新しい合成機が出てきて、それを使っていました。デジタルによる仕上げが始まった頃で、その辺の新しい技術のエッセンスも入れながらやったわけです。

ところがそれから、番組になるまで少し時間が空いて、一旦『ネオス』はやめて、仕切り直しの上でウルトラマンティガという新しいキャラクターが立ち上がったんです。その時、技術的なことを見て欲しいということで、円谷プロに呼ばれました。本編特撮両方の、主には特撮の撮影監督ということで。

その前に、映画の『ウルトラマンゼアス』（九五年）があった。翌年テレビで『ティガ』をやってる時には続編の『ゼアス2』が作られました。この『ゼアス2』で原田がチーフ助監督になった。

その時の僕の思い出話で言うと、当時、僕は車の免許を持ってなかったんです。免許が必要になって教習所に行くことになったんです。仮免まで行った段階で『ティガ』が始まったんですね。準備から1・2話をやっているとだいたい三ヶ月くらい経って、それで今度『ゼアス2』の準備に入ってしまったんです。でも『ティガ』を抜けて『ゼアス2』に入ってしまうと、仮免が半年とかで切れちゃう形になってヤバかったんですよ。このままだとせっかく免許をとりかけているのがご破算になっちゃう。

それで僕もちょっと考えた。ロケハンで新宿行ったりする時に、原田に「ここは朝行ってもダメだと僕は思う。光の関係で午後からにしよう」とかあれこれ理由をつけたんです。午前中は教習所通いがしたかったから（笑）。原田が不思議がってねぇ、「大岡さん、それはまずいですよ」と。

それで原田だけには事情を説明して「ロケハンとか、色んな打ち合わせは、基本的に午後にして欲しい。お願い！」と（笑）。彼の、スーパー助監督と言われた調整力が見事に活きたわけですよ。おかげで誰にも勘付かれずに免許が取れたんですよ！

――当時はチーフ助監督として、現場に一緒についているっていうよりは……。

大岡　助監督が現場に長時間いるようだとダメなんです。たとえば雨が降って、その場所でロケが出来ない場合、「あそこにちゃんとステージは用意してあります」というのを調整するのが助監督。

「特撮はわかりません」じゃダメ

——原田さんが『ウルトラマンティガ』で初めて監督をした「青い夜の記憶」（29話）と「怪獣動物園」（30話）では大岡さんが特技監督でした。

大岡　「青い夜の記憶」の方は、たぶん僕の特撮は二日か三日かしかやってないと思うんです。特撮シーンがえらく短かったはずなんです。

——格闘は一分弱でした。助監督さんの間では「瞬殺」と呼ばれていたらしいですね。あっという間に敵の宇宙人がやられちゃった。

大岡　（笑）。僕、特技監督で名前を出したいなんて思ってないし、あくまでもキャメラマンのつもりなんですよ。だから局のプロデューサーを入れた打ち合わせの時も、本当に短く「特撮カットはあんまり凝って撮りませんよ」と言った記憶がある。その分、本編監督である原田の持ち時間が増えるわけです。

——この話は、最初に交通事故が起きて、その時の車のミニチュアが崖から落ちるところは、バーンと飛び上がった車のラインが合成でたわんだり、平地で撮っていて合成で崖にして、その崖の上に少女が立つシーンとか、格闘以外の特撮が丁寧でした。

大岡　そうそう。本編メンバーに僕が立ち会って、そこら辺はじっくりやったな。原田は自分が「こういう画にしたい」というイメージをしっかり持っていたし、僕としては、「原田がやりたいことをきちんとフォローしてあげるから」と言ったんです。

——「怪獣動物園」は合成用のバックを、牧場の牛の背後にグリーンの幕を張って撮られたとか。

大岡　今までやってないことをやってみたかったところもあるんです。僕が無理難題を言ったところもあったと思う。でも、現場でじっくり手間を惜しまず時間をかけてやればなんでもできるんですよ。

一枚の画に四～五日かければね。一枚一枚パスを取って。「条件が揃って許されるなら、やれるものはやるべきじゃない？」と言った気がします。

キャメラマンはある程度仕掛けに対しては、これ以上キャメラ位置が上がるとダメだとか下がるとダメだとかがわかっているから。撮影技師の倉持（武弘）とか、周りにプロが固まっていれば、とんでもなく酷い作品にはならない。

——「青い夜の記憶」は、星空が合成されていたし、「怪獣動物園」は月がすごく大きくて、怪獣のフォルムが映えていました。原田さんにとって合成が使えるのが新鮮だったのかなと思ったんですが。

大岡　そういうのは特別変わった発想ではないと思う。ただ、自分が思っていたことをイメージ通りやれるという意味では新鮮だったかもしれないね。

昔のオプチカル合成の時代とは違って、デジタルは自分がイメージさえしっかり持っていればできるんですよ。それはさんざん僕も原田に言った。

僕は、そもそも円谷プロの作品も、本来は監督は一人であるべきだというのが持論なので、そういう話は彼にしました。たしかに、特殊技術に秀でてないと表現できない場合もあるんだけど、今はCGとかデジタルは、モニタを前にして現場ですぐ修整の指示が出せて、相当いじれるわけです。

円谷英二さんが現役の時代のような、東宝作品や初期の円谷プロ作品は全部オプチカルだから、技法をちゃんと理解してないと、後処理ができなくてどうにもならないんです。現場の画がそのまま決まっちゃうから。だからそういう特撮監督が必要だった。

でもその概念と方法論、エッセンスを知っていて、周りをプロが固めれば、旧来的な意味での特撮監督は必要ない。それは効率上の問題ではなく、普遍的な作品をやろうという時に、特撮も土壌は一緒。監督の才能はそこでハッキリわかると僕は思う。

だから「特撮がわかりません」と言ってはダメなんです。それは技法じゃなくて、イメージだから。イメージがないということは監督としてあり得ないし、ないんだったら監督としての資格がない。原田は自分なりのビジョンやイメージを持っていた。初期の段階だけ、助けてもらいながらその技法を把握して、結果的にうまく一人立ちしたわけです。

『コスモス』～技術監督と監督の関係

大岡　僕は『ティガ』『ダイナ』の後、『ウルトラマンティガ&ウルトラマンダイナ 光の星の戦士たち』（九八年）に入っていました。僕は『ダイナ』ラスト三本の特撮やって、『ガイア』は映画（『ティガ・ダイナ&ガイア 超時空の大決戦』）は関わりましたが、テレビシリーズはやっていない。

世の中では、円谷プロが特撮ものの本家みたいなところがあるじゃない？　彼としては、そこで演出をやることに喜びを感じていたんじゃないかと思う。

——月に吠える怪獣とか星空の下の少女とか、原田さんのちょっとファンタジックなビジョンは、大岡さんが共通して持っておられたのではないかなと。

大岡　たしかに、何か共通したものはあるような気がするね。『コスモス』でもそう。

僕は『コスモス』の脚本打ち合わせにけっこう入ったけど、彼は色んな経験を踏まえて、局プロとか代理店、円谷プロサイドを前にして、当然我は通すんだけど、それなりの理論立てをするのよ。脚本家とも話をして、局プロにも納得させて、ちゃんと説明できる男でした。そういうところがあると、局プロからも信頼を得るわけですよ。その結果として、作品を完成させていく。きちっとした組織の中の段取りを踏める男だった。所謂「ゴリ押し」という、演出家の中にままあるようなタイプではなかった。

　現場で何かあっても、自分なりのリスクヘッジはしている。「監督だけの責任ではないですよ、事前の承認は取りましたよね？」と。その代わり、自分はこの条件の中で、きちんとやりますと提示する。

　僕は『コスモス』の技術監督として、各話の監督にとっては円谷プロサイドの技術的な製作管理みたいな、非常に嫌な位置づけだったと思うんです。発言に責任があるようでないんだけど、でもいちゃもんはつけるわけだから（苦笑）。

　『コスモス』の時に、初めてテレビのウルトラシリーズとして、本編がビデオ撮りに変わったんです。特撮はフィルムだったから、そこでお互いの画の調整、ルック、技術的な整合性の問題があるでしょ？

　フィルムじゃなくなるのは、そりゃ監督も現場もみんな嫌いますよ。だけどコストやスケジュール管理の面で言うと、ビデオの方が管理しやすいんです。

　画としても当然、反発があるんだけど、テストして「馴染ませ」をこうやれば大丈夫ということを僕が最初にやってみせた。技術監督というのはそういう仕事です。だから『コスモス』はけっこうどの回も関わりました。たとえば原田がやった「異星の少《ひ》女《と》」(25話)の時に、僕が「こうすりゃいいじゃない？」って言ったんですね。

——新宿の新都心を舞台に、かなり大胆に実景と合成してましたね。


大岡　結局、『コスモス』ではステージにビル街を建てると金も時間もかかるから、野原にどんどん話を持っていって特撮を成立させていたんです。それに対する反発が内外にあって、バトルの舞台を変えたいという声が出たんです。

　でも、ビル街でやると、結局、予算的に特撮ステージにビルはそれほど数が組めないから、実景合成のような技法を撮っていかなきゃならないと、台本のだいぶ前段階で提案したら、撮影もそれでするし、話の中味も決まっちゃって。原田がえらい迷惑したと言ってましたよ（笑）。

——『ティガ』『ダイナ』の時は無理だった事が出来るようになったと原田さんはおっしゃっていました。

大岡　当時、技術的に色んなことは進んできて、円谷プロでも最新技術を取り込んでいた。でも実景合成も相当無理があったし、現場で素材が撮れても、仕上げに使える時間は限界があるわけ。そういう意味では、原田は逆に「やってやろう」といった挑戦的気分だったかもしれないね。僕に無理難題をふっかけられて迷惑していると愚痴を言いながらね（笑）。

　僕は現場に立ち会うわけじゃないから、彼にしてみれば言うだけ言って無責任な、ひどい奴だと思っていたかも知れない。ただ、やりたいことに技術はだんだん追いつくし、技術が進歩すれば演出もそれに合わせて進んでいくものだからね。

　この時も実作業の段階では、僕は具体的なことはたぶん言ってないと思うんです。もちろん、監督以下、苦労するのは現場です。でも僕からすれば、「それを考えるのが監督であり、現場なんじゃないの？」ってことなんです。

ウルトラマンでやってはいけないこと

大岡　原田の作品の中で、太田愛の脚本が多いじゃない？　脚本を作る時に、太田さんと徹底的に話し合っているんです。朝まで呑みながらね。

　一度僕も「付き合ってくれ」と太田さんとの打ち合わせの席に引っ張り込まれたけど、とてもじゃないけど、付き合いきれなかったものね。

　印象的だったのが、「雪の扉」(『コスモス』57話)という話。原田はこの作品は気に入ってましたね。これ、コスモスがね、お尻向けて出てきたのよ。

——変身のところですね。

大岡　それを僕は、原田に相当怒った記憶がある。ウルトラマンは基本、子ども達に対するメッセージがある作品。『コスモス』も当然そう。

——キャメラの髙橋創さんも、大岡さんに怒られたと言ってました。

大岡　創にも言ったかもしれない。創は一八～一九才の時に初めて撮影部に来て、あいつは僕には頭が上がらないハズですよ（笑）。

　究極の話、ウルトラマンが出ないものを実はみんなやりたがるわけ。脚本家も監督も。ドラマを追っかけてくとどうしてもウルトラマンが邪魔になってきちゃうものなんです。

　でも僕は、ウルトラマンを登場させて、他の決まりごとをきちっと表現して、ドラマツルギーも成立させるのが、脚本家であり演出家だと思う。

　『コスモス』は六五本もやったわけで、「その内の一本ぐらいそんなのがあってもいいでしょ」という言い方もあるかもしれないけど、「あなたは満足するかもしれないけど、その回だけたまたま見た子どもが、どれだけがっかりするか」ってことなんです。

現場はマンネリ化を打破したいと言うけど、そこをきちっと守って表現できないんなら、それはプロじゃないと僕は考えるんです。

——大岡さんの言葉に対して、原田さんは……。

大岡　いや、そういう時はみんなだいたい逃げるよ。そんなめんどくさい話されたら。

——頭を垂れてという感じだったのでしょうか？

大岡　頭は垂れないけど、どこかなんとなく噛み合わないように思っていたんじゃないかな。憶えてないけど。でもそういうのは時々出る話題なんですよ。

——大岡さんの、円谷プロの社長として、ウルトラマンというものに対しての「こうだ！」という確信みたいなものはおありなのでしょうか。

大岡　ウルトラマンという、こんな難しいテーマを持った作品、ないと思う。初代のウルトラマンの、フォーマットも含めた凄みというか、素晴しさをなかなか超えられないわけでしょ？　それなら根底からウルトラマンを捉え直して、その冠はもらって、違う発想で、新しいものをどうやってできるかと言ったら、まだ本当に自信はないですよ。

　ただ、初代ももう半世紀前の話で、今の時代にそぐわない部分はあるわけで、そこはマイナーチェンジだけじゃもうダメだと思うんですね。

　今、これだけ色んなメディアがある昨今ですから、そこに合うようにもっとうまく機能させて、将来を見据えたコンテンツ、想像力をかきたてるような何かをテーマとしてもっと内包した作品にしない限りは、フォーマットを何かしらちょっといじったくらいじゃ、後に続かないと思うんです。そこを今なんとかしたい。だから「ウルトラマンはこうです」と僕の口からはまだ言えない。

　でもやっぱり、ヒーローというのは当然、決定的に強くなきゃいけないけれど、欠点や欠陥は持ってるべきだと思います。ウルトラマンの場合は、変身していられる時間に限りがあるでしょ？　今の時代、ヒーローってなんだろう？　その枷はなんだろう？と。でも代々のウルトラマンのイメージがあるわけで、そこを外したらウルトラマンではなくなるから、それを守りつつ、今の時代に合った決定的な弱点はなんだろうというところを見出さないとね。

　原田ももがいてたと思う。なんとか違う表現、インパクトを、と。それは認めるけど、「雪の扉」に関しては、通常やらないことをやることで何かを表現したいってことだから、そこは僕は違うと思う。

ウルトラに対して自由度があった

大岡　『ダイナ』の時のハネジローの使い方とか、「ウルトラの星」（『ティガ』49話）とか、原田の話の構成をまとめあげる力は、それまで円谷作品に関わっていなかった分、発想の自由度があったね。

　ウルトラにどっぷり漬かって、円谷のことをよく知っていると「こんな表現、まずいんじゃないか」と、自分を縛っちゃう。でも、何本かやって彼も縛られてきたと思います。

　原田はウルトラ作品が『ネクサス』以降できなかった。やれば、また自分なりのスタイルに変わったかもしれないね。だから、そういう意味じゃ完全燃焼は当然してなかった。未消化だったと思う。

——小山信行プロデューサーがおっしゃっていたのですが、原田さんはできれば劇場版のウルトラマンを一本やりたかったんじゃないかと。

大岡　劇場版はもちろんやりたかったと思いますよ。でも、彼が直接僕に言ったのは「ブースカの劇場版をやりたかった」と。もしかして本線のウルトラマンがなかなかできないからという、裏返しの表現だったかもしれないけど。いや、原田はたしかにブースカがやりたかったと思う。

　円谷の本流に近い方に無理矢理入り込むよりは、ブースカとかの方で、自分もステータスをしっかり構築したいというのがあったかもしれないね。

ウルトラマンに答はあるか

——原田さんがウルトラマンで監督した中で、印象が強い作品はありますでしょうか。

大岡　先ほどの話の裏返しじゃないけど、「雪の扉」。話としては、秀逸だと思う。お尻を出したとこを除いてね。あそこをきちっと表現していれば僕は原田を正当に評価する。

　まあ、これは脚本家の関わりも深く影響すると思うけど、やっぱり、人の内面をきっちり描きたいというのが根底に強くあったと思うんです。だから、ウルトラマンの表現との折り合いを、どこまで原田自身が、完全に自分自身で納得して、決着をつけたかは僕はわからない。ウルトラマンという強烈な個性のキャラクターがある中で、ドラマも人間模様も出して、なおかつ自分の演出家としての個性を出してドラマを描き切る。それが究極の完成形だけれど、それを二十何分で表現するって大変なことなんですよ、みなさんが思っている以上に。

男としての矜持

大岡　円谷プロみたいな場は、人とのつながり含めて、やっぱり一朝一夕にはできない。

原田は『ウルトラＱ ～dark fantasy～』の後、『五龍奇剣士』を上海でやって、その時に、円谷プロでやっていたフリーのスタッフを何人か引っ張っていったんです。結局、作品がまとまらなくて、そのスタッフも苦しい思いをした。みんな仕事をしていかなきゃいけないわけだから、僕らはフリーのスタッフがどの仕事を選択するかといったところまでは縛れないわけです。だけど原田は円谷にいたスタッフを引っ張り、結果として苦労させたことをすごく気にしていました。そんなことにこだわる必要はないんだけど、彼としては、円谷に戻って作品をやりたいというのがあって、そのことがかなり気がかりになったんじゃないかと思う。

原田が亡くなる一ヵ月くらい前に、円谷プロの砧社屋と東宝ビルトを閉めるにあたっての感謝の会というのをやったんです。彼が来て、あまりに呂律がまわってなかったから「どうしたの？」と聞いたら、風邪と言ったんだけど。僕と原田の関係では、ギリギリのとこまでは僕には言えなかったんだろうな。そういう意味で友達感覚ではなかったし、僕らの業界の、自分なりの男としての矜持があったかもしれないし、真意はわからない。

やっぱりそれだけ体力がない時に、身体を支えられて円谷プロまで来たんだから。円谷に対しての気持ちはすごくあっただろうし。もしかして最後、円谷で作品をやって、逝きたかったのかもしれないね。

▼ものづくりの気風を残したい

――原田さんは他社の特撮作品もやりましたけど、おそらく、円谷さんの時ほどの自由度はたぶんなかったんじゃないかなと思います。

大岡　そういう意味ではね、おそらく脚本家とか、現場の人間にとっては、円谷はいい会社だったと思いますよ。これからはそうはいかないけどね。

自由度はもちろん、みなさんに持ってもらわなきゃいけないけど、ストレートに言っちゃうと「わがままは許しませんよ」ということだな。わがままを堪えてやっても、その中でも本当に優秀な才能に出てきて欲しいということだから。

――そういう意味ではこれからは原田さんがいた時代とも違う……。

大岡　違うでしょうね。今、世の中が違うし。同じ失敗を円谷はできないですから。それはつまり、制作費をかけてもいいんだけど、ちゃんと戻るような作品が作れればいい。だから大変。

そこを僕は変えようとしています。僕が現場にいた時は、無理を聞いてくれる会社だった。その分、結果的に経営を圧迫していたんでしょう。僕自身、予算が嵩むキャメラマンだったのかもしれません。

でも、『ウルトラマン』や『セブン』の時も、正直赤字だったんです。それなりの試行錯誤の結果として作品を作って、みんな手を抜かなかったんですよね。現場も円谷プロも。その当時は、円谷英二が目を光らせていましたからね。そういうメンバーだったからこそ、ウルトラマンが五〇年も残ることになる礎を築けたんだと僕は思う。ただその礎があるために、「ウルトラマンと円谷の作品はこうあるべきだ」と決め込むのは僕は違うと思う。いい作品は残ったでしょう。でも、会社である以上は利益を追求しなきゃいけなくて、それがどこかに置いてかれてしまった。でも、これからは違いますよと。

だから優秀なクリエイターが欲しい。ある程度の幅の中で「円谷ならでは」という、ものづくりの気風は残したい。

僕は、社長をやりたいと思って手を上げたわけじゃない。ただ、円谷プロが自分のスタートだし、自分なりに持っているミッションというか、円谷プロという名前を、英二さんが築き上げた円谷プロを、生み出した作品、そのスピリットを繋げていくということは、やっていかなければならない使命だと思っているんです。なおかつ経営が両立するような考え方で。それは現場も経営も、自分の持ち時間の中で、具体的なサジェスト、ミッションを持てば、成立するんです。

そのビジョンを以前の態勢の円谷は受け入れなかった。今までの経営には芯みたいなものがなかった。

これからの時代、もし原田が生きていたとして、亡くなった男を、美しく語ることはできるけど、彼がどう生き、何を撮ったか、それは僕にはわからない。

ただ言えるのは、彼が六〇代あたりになった時、こなれてきて、彼なりに狙っているような「人を描く」いい監督になるだろうなという想像はできるよね。それも周りをうまく説得しながら調整して。また円谷プロはそれができる場でもあったしね。

ただ、あんまり残念残念と言ってもしょうがない。戻ってくるわけじゃないから。やりたいことをやったんだからいいだろうと言っておいた方がいいかな。円谷でもあれだけの本数やったわけですしね。

「森の友だち」9話 ▼二〇〇一年九月一日放映

脚本：武上純希　撮影(本編)：倉持武弘　撮影(特撮)：髙橋創
ゲスト：石橋保(岩田康祐)、木崎大輔(岩田裕一)、半沢昇(岩田康祐／少年時代)、隅井士門(康祐の父)

作品解説

▼ストーリー

山で父とはぐれた少年・裕一が、優しい目をした妖怪に出会う。それは地元の民話に出てくる「ヤマワラワ」なのだろうか……。かつて少年時代にウルトラマンと出会ったが誰にも信じてもらえなかったムサシ隊員は、裕一の言葉を信じる。だが、彼の父親は頑として認めようとしない。

そんな父子の前にヤマワラワがついに姿を見せた。逃げようとして、再び裕一とはぐれた父親は、息子がヤマワラワに会いに行ったのだと思う。

父は巨大化したヤマワラワに話しかける。

「俺を憶えているか？」

▼ヤマワラワ山脈の神秘

青い夜。空には満月が浮かび、その下には、渦巻いて台形にせり上がったような、ユニークなフォルムの岩山がそそり立つ。

準備稿では「深い森が広がる山間部」とだけ書かれているが、原田監督は樹海に浮かぶ〈岩山〉を今回のキービジュアルとし、いかにも何かが居そうな、独特の空間に作り上げている。そのイメージはコンテが描かれる前、演出メモの時点でラフスケッチが描かれていた。決定稿のト書きでは監督の意を汲んで「特徴的に天空に突き出す巨大な岩山」という記述が加えられている。ちなみに、その上に浮かぶ月は『ブースカ！ブースカ!!』の時の素材を使用することが絵コンテ段階で指定されていた。おそらく原田監督自身による18話「流れ星でドキリンパ！」の満月であろう。

そんな幻想的な景色に一つの光が走り、続いてチームEYESのテックサンダー1号が追いかけてくる。乗っているのはフブキとムサシだ。追いかける相手はカオスヘッダーの光点。カオスヘッダーとは、1話から登場しているシリーズ通しての敵で、コスモスがその名のごとく宇宙の〈秩序〉を象徴するなら、それに相対する〈カオス〉の象徴でもある。実体は光の粒子の集合体で、全体が一つの考えに基づいて行動し、ワームホールから出現する。温和な地球怪獣に取り付き、凶暴化させてしまう能力も持つ。

山の上で旋回し、方向を変えて飛び去るカオスヘッダーの光。岩山の洞窟から、その様子を伺って、毛むくじゃらの生き物が蠢いている。カッと見開いた両目はらんらんと光っている。

カオスの光は月の方向へと、吸い込まれるように消えていった。「月に消える」とコンテにある。洞窟の入口に出てきた「彼」は、月に向かって咆哮する。辺りには霧が立ち込めていた。

場面は変わり、ある日の昼間、鳥の声がする山道で子ども（シナリオには「十一歳」と書かれている）が父親を呼んでいる。どうやらはぐれてしまったらしい。近くにはあの岩山がそびえる。シナリオには、冒頭の夜の場面から一週間経っていると説明があるが、本編で特にことわりはない。

ミニチュアワークで、ジオラマ的に辺りの町が表現される。電柱と道路がある町並みに、火の見櫓や祠があり、どことなく懐かしい。観光用の看板には南国風のイラストとともに「ヤマワラワバナナ」と書いてある。この看板は後に本編部分でも同じ形のものが登場し、特撮と有機的につなぐことができている。

木立ちが映り、そこからキャメラが下がると、停まっているバンの前で息子の名を呼ぶ男。先ほどの少年の父親だ。眼鏡をかけた、精悍だがどこか憂愁を帯びた横顔が印象的だ。

父の名を呼ぶ山道の少年は、ふと振り返ると、洞窟の入り口に気付く。思わずそこに入ってみる少年。足元の叢を踏みしめると、その目線の先には、動く影が見える。目だけが光っている影の手から、持っていた何かがこぼれ落ちているのがわかる。

やがて調査に来たEYESのシノブリーダーとムサシ隊員の立ち合いで父と落ち合うことができた少年は、旅荘で、怪物と遭遇した話をする。怪物はとても優しい目だったことも言い添えて。

それはこの付近に伝わる「子供に見えて大人には見えない妖怪」ヤマワラワの民話だと説明する父親。

「裕一、おまえはその話を思い出して、幻を見たんだ」

父親の岩田はそう決めつけて話を済まそうとする。

この旅荘は外観が映る際、わざわざ「旅荘ヤマワラワ」とスーパーが出る。門の幟には「山妾羅倭」とある。

鬼や天狗の面、幽霊の屏風絵などが飾ってある怪しげな旅荘。階段の上から、客間の様子を伺う仲居の顔を、ピンボケにしてあるのが注意を惹く。会話するEYESと父子の手前に仲居の横顔が魚眼で写るのは、実相寺昭雄作品っぽいアングルにも思える。

窓の外からの光が反射して、旅荘の室内は眩しいばかり。ちょっとした異空間に見える。

会話の途中でお茶を置く仲居。シノブの目線が一瞬仲居に行くことで、視聴者をドキッとさせる。フレームの中に仲居の顔が映っていないのがまた思わせぶりだ。

父親に理解されない少年・裕一は外に飛び出してしまう。瓦屋根の門を潜り抜ける裕一を追いかけ、呼び止めるムサシ。

「実はね、僕も昔、君みたいに、本当のことを信じてもらえなくて、悲しい思いをしたことがあるんだ」

ムサシは、裕一と目線を合わせ、彼と同じぐらいの頃にウルトラマンと出会った話をする。

裕一の横顔のアップと、ムサシの横顔のアップが交互に写り、「二人だけの秘密だよ」とムサシが語り掛け、裕一と指切りをする。キャメラが引き、ロングになると、追いかけて出てきた岩田に、ムサシは「信じて上げてください」と訴える。だが「失敬する」と素っ気ない岩田は息子を連れて去るのだった。

ムサシとシノブのツーショットで、シノブに言うムサシ。「裕一くんの言葉が真実だってこと、お父さんに教えてやらないと」

彼らの後ろには箒を持ったあの仲居の視線が……。シナリオでは、ムサシがシノブにも、子どもの頃に自分が見たものを信じてもらえなかった出来事で傷ついたことを語る場面があったが、原田監督はそこをカットし、仲居の不気味さの方を強調している。

原田監督はメインの登場人物のやり取りの間で、シナリオには書かれていない、無言の仲居に視聴者の注意が行くよう、ところどころで仕向けていた。この仲居役はスクリプターの河島順子で、これまで怪獣の声や、『ダイナ』の珍獣ハネジローの声も演じてきた。原田監督はシナリオ段階では「怪しげな宿の主人」として北浦嗣巳監督の出演も考えていたが、こちらは登場しない。

「もうすぐ、中学受験だろ？　母さんも心配してたぞ。今の成績じゃ、パパと同じ中学には行けないって」

車の中で「今日のことは忘れなさい」と言われ、怪獣目撃情報を検索していたモバイル（原田監督はシナリオの書き込みで「ザウルス」と指定している）を車のポケットにしまう裕一。すると、ポケットの中に不思議な形をした木の実を見つける。「おまえには関係ないものだ」と木の実をもぎ取り、自分の懐に入れる岩田。

▼怪物の消失

国道の脇にある茂みから、父の運転する車の助手席に座る裕一を伺う目があった。思わず目が合う裕一。走り去るウィンドウの向こうの少年の姿を求めるように、その「目」の持ち主の耳や背の角がニョキニョキと伸び、木立の向こうから、天を覆う巨人となって膨れ上がり、車を見下ろす。怪獣の角と耳がまず伸びてから巨大化するというビジュアル展開は演出メモに書かれていた。

怪物と裕一の目が合う描写を原田監督は準備稿に足している。それは、後に描かれる心情的なクライマックスへの伏線になる。

テックサンダーからの見た目ショットとして、樹海の森の中で怪物の背中が見えるロング画面は樹海の実景データに合成で怪物の姿を足しているが、『もののけ姫』の巨人ディダラボッチのような幻想的な味を醸し出している。絵コンテの前に書かれた演出メモの段階からイメージが確定されている。

「コンディションレベル、オレンジ」が発令され、テックサンダー1号機と2号機が出撃する。

バンを降りて逃げる父子の視点で、木々を掻き分ける怪物の顔が見える。この場面は、ミニチュアのみでの表現と、手前に本編の木を合成する両方の手段が考えられていた。双方の植生が合わない場合はセットのみにするというメモを監督はコンテに記している。実際には前者の撮影となっているようだ。

怪物はカオスヘッダーの影響で登場したと決めつけるフブキに、ムサシはこの地域に住む古代生物の可能性もあるとモニターで反論する。だが目撃例はこの一週間だと自説を曲げないフブキ。

フブキ機のキャノピー越しに、並んで飛ぶテックサンダー2号を操縦するドイガキの顔が見え、そんな二人をたしなめる。進歩した合成技術の賜物だ。

攻撃が周囲に着弾し、怪物は咆哮する。だがテックサンダーが旋回した瞬間に怪物は姿を消してしまう。そこにはただ樹海が広がっているだけだった。

シナリオでは森の中に逃げ込む場面が描かれていたが、原田監督はあえて場面を飛躍させ、EYESに対して謎を残す。怪物が伸縮自在だということはEYESはまだ知るよしもない。

▼父の秘密

車を降りた後は二手に分かれて逃げていた息子の名を呼ぶ岩田だが、辺りにその姿はない。

同じ頃、裕一も「お父さん」と繰り返し呼んでいたが、森の中で遭難し、足を踏み外してしまう。そこへ、等身大に戻った怪物がやってきた。怪物は気絶している少年を気遣うような仕草をする。辺りは霧が立ち込めている。シナリオのト書きには「ミルクを流した様な濃い霧に包まれている」とある。

その頃、岩田は森の入り口でチームEYESの車を止め、息子を探す助けを求めていた。ヤマワラワの車襲撃のシーンは本編ロケに西湖周辺が主に選ばれているが、ここは相模湖で撮影された。

「もしかして、裕一はヤマワラワに……」と呟く岩田に、シノブリーダーは訝る。息子の前ではただの民話だと決めつけていたヤマワラワのことを、実在しているかのように喋っていることに。

シノブが疑問をぶつけると、目を逸らし「きっと裕一は本当にヤマワラワを見たんですよ」と背中を向けながら言う岩田。

なぜそれがわかるのかという問いに、「昔、ホンモノのヤマワラワに会ったことがあるからです」と告白してから初めてシノブとムサシの方を見て、また目を逸らす。

「この私が……」

シナリオではこのくだりで岩田は、ヤマワラワとの真相を話すのにまだ抵抗を見せており、ムサシ達による説得場面があったが、原田監督はシンプルなやり取りにまとめている。微妙な表情が出せる父親役のゲスト俳優・石橋保を信頼してのことだろう。

やがて画面は岩田の三十年前の回想シーンに入る。色味を抜いた画面によって回想だと示している。大木の根元に横たわる、足に怪我をしている眼鏡をかけた少年は、岩田の子ども時代の姿だ。

霧の中からやって来て、近付く等身大のヤマワラワ。裕一が出会ったあの怪物と同じ姿である。怯える少年だが、口に含ませた薬草を足に塗ったヤマワラワのおかげで痛みが引いたことに気付いた彼は、やがて笑顔を見せる。ヤマワラワも少年に微笑んでみせるのだが、唇がめくれ、瞼が自然にまばたきできる顔の表情はリアルで、見ている側まで優しい気持ちになる見事な造型だ。

ヤマワラワは基本的に〈猿人〉だが、肩がこんもり盛り上がり、そこからひびの入った大きな角が突き出ているのがデザイン上の特徴になっている。全身が毛に覆われ、顔にかかる髪の毛の部分だけがミノのようになっていて、どこか植物的な要素も入っている。フォルムとしては大きく怖いが、かがんだ格好になる先にある顔の表情に愛嬌があり。そのギャップが効果的だ。

木の実を差し出すヤマワラワ。どこか恥じらいがあるような、スーツアクターの表現力も素晴らしい。ブースカにも入った横尾和則による演技である。

「おいしいね」と、木の根元に座って木の実を食べる二人。

準備稿では、ヤマワラワの不思議な力によるものなのか、ふわふわと木の実が飛来してくるのを少年がまず発見してからヤマワラワと出会うことになっていたが、原田監督は木の実をストレートに手渡しする演出にしている。また、一緒に食べる場面は準備稿にはなく、付加されたものだ。

やがて回想場面は、松明を持って捜索に来る大人達を捉える。脱色した青い画面に、松明の火だけが明るく黄色く燃えている。

無事発見された少年が「ヤマワラワが助けてくれたんだ」と指差すと、先ほどまで一緒にいた場所には、もう誰もいない。

ヤマワラワと親しくなった自分は、その後も毎日遊ぶことになった……と振り返る現在の岩田。

それなのに、どうしてこの地を離れたのですかというムサシの問いに、再び彼の回想が始まるのだが、回想場面に入る少し前、現在の岩田の顔に小学校の「キンコンカンコン」という鐘の音がイントロのように被るのがいい導入となっている。

回想場面は、叢の中から覗いているヤマワラワの心配そうな表情から始まる。学校のグラウンドで、先生からなにやら怒られている岩田少年がヤマワラワ目線のロングショットで捉えられる。通りすがりの子ども達が彼に向かって「嘘つき～」と言い捨てて去っていく。背景には二宮金次郎の像が見える。この学校のグラウンドは相模湖で撮影されている。

「ヤマワラワが見えると言っても、誰も信じてくれず。あげくの果てに、私がヘンな嘘をついていると決め付けられて……」という岩田のモノローグが被さる。

やがて回想は、田舎家の縁側で正座している少年の場面になる。目の前では彼の父親が見下ろし、諭している。

「いつまでも子供みたいなことを……。早く大人になれ。夢物語は忘れて、世間の常識の中で生きなさい」

うつむく少年は、思わず庭の方を見る。その視線の先にヤマワラワがいるのか、いなかったのか、答は見せないで大人になった岩田の顔に戻すという「回想明け」の処理は余韻を残す。

三度目の回想は、岩田少年が引っ越す日であった。彼は父親によって、東京の学校の寄宿舎に預けられることになったのだ。田舎家の前に軽自動車が停まり、荷造りしている中、駆け出す少年。

「ヤマワラワ、どこにいるの？」

出会った時の木の根っこのところまでやって来た少年だが、ヤマワラワと会うことはできなかった。

「私はあの時と同じことを、裕一にしてしまった」

▼三十年越しの別れ

空からはフブキとドイガキを乗せたテックサンダーが樹海の上から探索している。ドイガキは、切り立った丘の上の、鳥の巣のように束ねられた木の枝に子どもが横たわっているのを見つける。準備稿では「高い木の上」となっていたが、原田監督は岩の上にして、冒頭から登場していた岩山と同じ場所にしている。

キャメラが丘の上に寄ると、ヒューヒューと風の音がする。横たわっている裕一の近くも風にそよいでいる。近くには白や赤の野花が咲いていた。高層の別世界が表現されているのだ。

裕一を守るように吠えるヤマワラワは、やがて巨大化する。突然襲いかかられて、左右に散るテックサンダーの1号と2号。

巨大化した姿もヤマワラワの同一個体だと主張する岩田。昔自分がいじめられた時、ヤマワラワは一度だけ巨大化したと彼は言う。準備稿ではセリフでの説明だが、原田監督は演出メモに「実写が必要」と記し、岩田の回想場面を以下のように作っている。

校庭で突き飛ばされた少年の目には、自分を取り囲むいじめっ子の頭越しのはるか向こうの林の上まで巨大化するヤマワラワの姿が見えた。慌てて「やめろ、ヤマワラワ」と言う岩田少年のジェスチャーで、ヤマワラワは両腕をだらんと下げると急速に小さくなっていく。それは、彼だけが目撃した光景だった。

「怒ったアイツはいつもの何倍にも膨れ上がったように見えたんです」

話を聞いていたシノブは気付く。「ヤマワラワは裕一君を守ろうとしているんだわ」

丘の上では、変わらず風が吹きすさぶ中で裕一が目を覚まし、落ちそうになる。

「誰も裕一くんを傷つけたり、連れて行ったりはしないから」と立ちはだかるムサシにヤマワラワは岩を持ち上げ、投げつける。ムサシの身体が画面を覆う岩に隠れてしまった時、コスモプラックが光り、岩を砕け飛ばしてコスモスが出現する。

ここに至るまでのくだりで、テックサンダー内のフブキによる「三十数年ぶりにヤマワラワを目覚めさせたのはカオスヘッダーかも知れないが……、カオスヘッダーがとりついているから凶暴化したわけではないのか」とムサシの主張を了解するセリフが決定稿の段階まで残っていたが、原田監督はこれをカットしている。このセリフがなくなったために、ヤマワラワは三十年前に岩田と別れて以来、ずっと山に生息していて、たまたま最近人の目に触れたのか、あるいは最近になって目覚めたのかが、完成作品からは明確にわからないようになっている。

ヤマワラワの攻撃をかわしていくルナモードだが、裕一からは攻撃しているように見えるのだろう。「コスモス、やめて」という裕一の声にうなずき、そのまま無抵抗に殴られ、蹴られる。

「やめてくれ！」

ヤマワラワに向かってそう叫ぶ岩田。勇気を持っての行為だが、振り向く巨体に思わずのけぞるくだりは、合成カットと俳優石橋保のリアクションの切り返しのタイミングが効果を生んでいる。

怒り収まらぬヤマワラワに、コロナモードとなって立ち向かうコスモス。その圧倒的なパワーにへたり込むヤマワラワ。そこへ、岩田は持っていた木の実をヤマワラワに差し出す。木の実は穏やかな光を発し始める。

呼応するように、コスモスはもう用が済んだとばかり姿を消す。準備稿でのコスモスは、この後ヤマワラワが小さくなったのを確認してから、姿を消している。コスモスが退場するタイミングを、原田監督はシナリオより早めている。

木の実に気付き、何かを了解したように目をつむってうなだれる巨大なヤマワラワ。

「憶えているかい？　きみが僕にくれた木の実だよ」

三十年前の回想が入る。引越しで去っていく車の荷台に乗る岩田少年に、道の側からヤマワラワが手を伸ばす。それに応えて自分も手を伸ばす少年。だが手と手は届かず、車は無情に走り去る。涙を流すヤマワラワだが、涙が光り、粒となって結晶、光の尾を引いて空を飛び少年の手に収まると、木の実の形となる。木の実を握り締め「ヤマワラワ、さようなら！」と手を振って去っていく少年を乗せた車。大人になった岩田が今、差し出しているのは、その時の木の実だったのだ。

シナリオではこの、ヤマワラワと岩田少年がお互い手をさし伸べ合うが届かないという描写はなく、車に乗って去っていく少年を見たヤマワラワが涙をこぼし、それが木の実になって飛翔し、届いたことで少年は見送っているヤマワラワに初めて気付き、手を振るという描写になっていた。

原田監督は、走る車にいる子どもと、道の側から見つめるヤマワラワの目線が合うシーンを、父子二代に渡って都合三度繰り返すことで、印象付けている。

「ごめんよ、お前を忘れていたわけじゃないんだ」と言う岩田。ひょっとしたらヤマワラワは、忘れられてしまうことの恐怖から、暴れ出したのではと思わせる。シナリオには「おまえを置いてきぼりにして行ってしまった、私のことを怒っているんだね……」という岩田のセリフがあったが、原田監督はカットしている。

鼻をひくひくさせ、大人になった岩田に手を差し伸べるヤマワラワ。だが岩田は首を振る。

彼は言う。「僕はもう、大人になってしまったんだ。もう、君と、遊んではいられないんだ……」

三十年ぶりに、かつての少年時代への別れを告げる岩田。踵を返すと、そのまま小さくなって、山陰に消えるヤマワラワ。事件の終局を了解し、ラウンダーショットをしまうシノブリーダー。

そこへ、ムサシに抱かれた裕一がやってくる。裕一と抱き合う岩田の姿が丘の上にロングショットで捉えられる。そこでエンディング主題歌がかかる。

「♪WHY　なぜだろう？／　誰かを救えるはずの力で／　誰もがまた争う……」

前回のエンディングとはイントロダクションの位置を変え、効果的に聴かせている。

父子の向き合う横顔。岩田は「父さんもヤマワラワを知っていたんだね」という裕一の問いに応える。

「ああ……ごめんな、実は会ったことがあるんだ。ちょうどお前の歳の時分に」

裕一は訊く。

「本当？」

シナリオでは会話はそれ以降も続くが、原田監督はあえてそこでカットを変え、ムサシとシノブの対話シーンに移行させる。怪獣の行方について「人間の近付けない、あいつだけの世界があるんでしょう、この森のどこかに……」とシノブに言うムサシ。

原田監督お気に入りのヤマワラワと

父子が今後どんなコミュニケーションを取っていくのか、ヤマワラワはどこへ行ったのか、作品はあえて曖昧にしている。

そして以下の場面は、すべて原田監督が付け加えている。

指令室のアヤノ隊員がヒウラキャップに、子どもにしか見えないと言われていたヤマワラワが「見えました？」と訊く。「見えた！」とキャップが言うと「私も！」と喜ぶアヤノ。子ども扱いに抵抗があるアヤノは、キャップにもヤマワラワが見えていたと知って嬉しくてたまらない。だがキャップは複雑な表情だ。

そしてあの旅荘では、箒を持った仲居が背後の気配に振り向く。そこにナレーションが入る。

「もう、ヤマワラワは二度と人間の前には姿をあらわさないのでしょうか？　……いえ、ヤマワラワは寂しがり屋です。ひょっとすると、あなたの目の前にひょこりと現れるかもしれません。あなたが子供の心を失っていなければ……」

森の中に去っていくヤマワラワは何かを見つける。その両手のアップになると、色とりどりの木の実が乗っていた。そんな幸福感のある場面で、物語は締めくくられるのであった。

ヤマワラワは作品の中でははっきり実在する生物だ。おとなしいヤマワラワが怪獣化したのはひょっとしたら、地元の村の近代化や過疎化と関係があるのかもしれない。だが怪獣ものにはありがちなそうした背景は描かれず、出会った人間との関係に絞り込んだ演出によって印象付けられる一編となった。

▼原田昌樹、語る

――この回は4話と一組で撮られていますが、放映は9話と、後の方になっていますね。

原田　そう言えばそうだって、いま思い出しました。あの二本は話が似てるという事情があったんだと思います。とにかく最初の頃ね、混沌としてたんです。色んなことが決まらなくって。

オンエアを遅らせるって聞いたのは春先でしたね。新しいシリーズが始まったばかりの流れにそぐわないと思ったから、9話になったなら、それならまあいいんじゃないのと思いましたね。

――4話と今回は二本とも子どもと怪獣の交流の話でしたね。今回の方は子どもが大人になってからの話もありますが、それでも回想シーンは子ども時代がメインでしたし。

原田　そういうことで言えば、4話よりはヤマワラワの方がずっと集中出来たし、この話はうまくやりたいなぁと思ってましたね。

――ヤマワラワの造型も素晴らしかったですね。

原田　ええ。この話でなんといっても憶えているのは、ヤマワラワの造型ですね。二本の内、4話のイゴマスはいかにも、ロボットチックなやつだったので、あれはいつもの開米プロで作ってもらったんだけど、ヤマワラワの方だけ、モンスターズで作ったんですよ。ちょうど開米が忙しかったのもあって。で、モンスターズで作ると、やっぱりああいうサル系の造形はうまいんですよ。なかなか良いやつを作ってもらったんです。モンスターズの方も、久々にウルトラマンをやるというので気合い入れてくれたらしくて、ちょっと無理して作ってくれたらしいんです。顔の表情もよくできてたし……僕は自分が監督したウルトラの怪獣の中では、かなり良いレベルの仕上がりだったと思ってます。

その時にモンスターズの若狭新一としばらくぶりに会ったんです。昔から顔はよく知ってたんだけど、じっくり話す機会はなかった。話をしたら、昔『宇宙鉄人キョーダイン』に「僕はアクションで来てました」って話になって、「あ、そうだったんだ」という。「いや昔から知ってましたよ」って話をされてね。

――木の間から覗いているシーンでも、ヤマワラワが周りの自然と違和感ないですね。石橋保さんが子ども時代にいじめられてるのを、木陰からヤマワラワが見てるところは心情が伝わります。

原田　前にも言ったように、初代ウルトラマンの方に少しコンセプトを戻すというのが『コスモス』ならば、そういうところまで含めて戻して欲しいなあというのはあったんです。初代ってのはもうちょい牧歌的な話も多いじゃないですか。だから、やるんだったらそういうことまでやりたいなあと思ってて……たしかあれ、山梨の方まで、そういうカットを撮りに行ったんです。古い小学校見つけて行った記憶はあります。

ヤマワラワって、キャラクターの造形がよくできてたんで、そういうカットを撮りたくなるんですよ。あの表情が良いしね……。

雨に祟られたのだけは困りました。一緒に撮ったイゴマスの時は晴れてるんですよ。淋しがり屋のヤマワラワが、別れるのがイヤで涙を流したんじゃないかと、みんなで言ってたんです(笑)。

――少年の乗ったトラックが去って行くところの、ヤマワラワとの目線の絡みもジーンときました。

原田　寂しいですよね。引っ越して行く、それで会えなくなるっていう。あの二人は、本当に「森の友だち」という関係なんで。

――最後は森の中に去って行くという、余韻を残した終り方でしたね。

原田　ヤマワラワ自体、そんなに悪いことするわけじゃないんで。山の中に共生してるものだから、鏑矢諸島みたいな刑務所みたいなところに入れちゃうのと違って、その怪獣自体が存在してるところに戻したかった。怪獣が存在してること自体はべつに罪でもなんでもないわけだから。またそこでやって行けるようになればいいんじゃないのと思ってましたから。特にヤマワラワなんか、巨大化さえしなきゃ、普通の猿ですからね。

　この回は、話としては小さいんだけども、僕はあれが本来『コスモス』のやるべき世界だったと思うんですよ。

　僕は鏑矢諸島って名前のところに怪獣を保護すること自体が嫌いだったし、『コスモス』はそういう意味で僕は居心地が悪かったですね。とりあえず問題をどこか遠くに飛ばしちゃえばいいって発想はすごく嫌だった。動物園に入れちゃえばいいんだみたいな。そこは基本コンセプトとして、全然賛同出来なかったから。

――原田監督としては、怪獣を退治しないとい方向自体は賛同出来ると？

原田　それは賛同します。べつに何も、出て来たら殺す必要はないとは思ってました。だからといって、閉じ込めりゃいいって話でもないと。

――舞台背景も月があって、岩山があって……というのはファンタジックでしたね。

原田　昔聞いた山の伝説みたいなところですよね。本編部分も、ちょっと田舎っぽいところを探してきてロケーションしました。ミニチュアで表現した納屋や祠も、最初にロケセットで本物が見つかってたので、特撮はそれに合わせたものを作ってもらいました。だから、あの山のセットはけっこう特撮としては凝って作ってますよ。意外と、わからないところに力を入れようという。あの頃は出来たんですよ。そういうことが。

　情景をミニチュアで作るというのは、本当は美術部にとっては……というか、僕らが一番やりたいところなんです。CGでやったら、全然面白くもなんともない。それをミニチュアワークで作ることによって、独特の世界観を作り出せるのが、本来の日本の特撮の一番良いところなんで、そこはやろうとしてたんです。今は、そういうこと全部否定されちゃう時代になっちゃったから、作れなくなっちゃうんですけどね。もったいないです。

――ヤマワラワバナナの広告もありましたね。

原田　そうそう……ヤマワラワバナナ園の看板広告に見られるように、要するに昔から、ヤマワラワはあそこにいて有名で、観光地になっていたんだという裏設定を作っちゃった。

――「旅荘ヤマワラワ」の内装もかなり凝ってましたね。

原田　あそこら辺はもう、シリーズももう四、五年目だったから、とりあえず、僕がああいうところで遊ぶの好きだってみんな知ってたんで、美術部も色々と遊んでくれて。それぞれ独自にヤマワラワ伝説みたいな話も裏設定で作ってくれてたんです。

――あの旅館の仲居さんは、非常に思わせぶりというのもよくない言い方かもしれませんけど……。

原田　いや、思わせぶりです(笑)。ヤマワラワの母じゃないかというかね。関係者のように見える……ようには撮りました。

――後に撮られる続編(36話「妖怪の山」)でヤマワラワがもう一回出て来る時には一緒にいるシーンがありましたけど、この回ではまだ一緒にはいないですね。

原田　いないいない、もちろんいない。

――この時点では、なんとなく関係があるのかなでいいと……。

原田　ええ。そういう思わせぶりでいいかなと。

――母というのは、あれは要するにあのお母さんもヤマワラワが化けてるみたいな感じなんですか？

原田　まあ、そういうことですよね。ヤマワラワと人間は実はかなり近い世界だってことなんですよね。化けてるというか、狸と人間との関係みたいなもので。

――そこら辺はあえて明確化しない。

原田　うん、所謂伝説の一つだから、そういうごまかし方でいいんじゃないのとは思ってましたね。

――お話の方は、石橋保さんのお父さんと子どもが二重写しになっていましたね。

原田　ええ、あの時の石橋さんは良かったですねー。

――うまいですよね。

原田　ええ、本当に。「いつかはやりたいなあ」と思っていた俳優さんの一人だったんですが、ヤマワラワとの交流のシーンは、自分で現場で演出してても、ちょっと心打たれましたね。大人になってからも子どもの心を忘れない形をうまく表現して頂いたんで。この時の撮影は雨で二度も流れて、三度目も風が強かったんですが、いい形になりました。後にねぇ、石橋さんレギュラーになりましたけどね。

――「ウルトラマンネクサス」で隊長になりましたね。

原田　なっちゃったりするんだけど、あれが一番良かったと、今でも思ってます。

――石橋保さんのキャスティングは原田監督だったんですか？

原田　うん。僕から提案して、成立したというケースですね。それ以前に仕事したことはないです。まあ、ガメラ(『ガメラ2　レギオン襲来』)とかでも見てたし、若くはないけど好青年っぽくて、ちょっと雰囲気のある人だと思ってね、男気もありそうだし、優しさもありそうだったから、一度仕事してみたいな〜と思って。

――ちょっと話が逸れますけど、この頃、わりと今回に限らず、CGの飛行機に寄って行くとコクピットの隊員が映るってカットが多用されていますね。

原田　3D-CGじゃないとああいうカットはできないんですよ。あの頃、今までできなかったのが、できるようになってきたからですね、単純に言うと。

　それまでのCGってなんだかんだ言って2DのCGだったんですよ、時間的な問題から。この頃から3DのCGがけっこう、ちゃんと撮影スケジュールの中で使えるようになってきたんです。

　ちょうど、ガイアから二年経ってたのかな？　その間に色々とCG班も進歩してるんで、どの程度までやれるかをトライしてたわけですね。前はそれがハード的にも重くて、そう簡単にできなかったんですけど、今回のシリーズではそこまで重くなくてもやれるようになって来たという話も聞いていたんで「じゃ、ちょっとこういうカット、トライしてごらん」とか「これやってみようよ」というので、やったんです。試しに使ってみて、一回やってうまくいったら、それをさらに改善してまた良くなってきたんです。

interview

八木毅

監督の心得、僕にはその一言だけで十分でした

『ウルトラマンティガ』『ウルトラマンダイナ』『ウルトラマンガイア』助監督、『ウルトラマンガイア』『ブースカ!ブースカ!!』『ウルトラマンコスモス』『ウルトラQ ～dark fantasy～』監督

――八木さんは円谷プロに入社され、『ティガ』『ダイナ』『ガイナ』などの助監督を経て『ガイア』終盤で監督になられ、映画『大決戦！超ウルトラ8兄弟』（〇八年）を監督。『ウルトラQ ～dark fantasy～』（以下『df』）『ウルトラマンマックス』『ULTRASEVEN X』では企画やプロデュースも担当。現在フリーで活躍されていますが、もともと円谷プロ作品がお好きだったんですか？

八木　はい。子どもの頃に見た『ウルトラマン』『ウルトラセブン』の印象が強烈で。大好きでした。ただ、円谷作品全般が好きだったというわけでもなくて、特に『ウルトラ』シリーズとそれから『トリプルファイター』ですね。他では『仮面ライダー』や『仮面の忍者赤影』などの東映作品や『シルバー仮面』などの宣弘社作品とか、『サンダーバード』や『スペース1999』などの21世紀プロ作品。

　小学校の高学年から中学時代にかけてロードショーで観た『未知との遭遇』『スターウォーズ』そして『2001年宇宙の旅』に強烈な洗礼を受けてからは海外のSF映画やSF小説の方へ行ってしまって、その流れから映画全般に興味が移り、でも子供の頃に好きだった『ウルトラ』をはじめとした特撮作品は、いつも心のどこかに引っかかっていました。『ウルトラ』ではやっぱり実相寺昭雄監督作品ですね。特に『ウルトラセブン』の三本。「狙われた街」「第四惑星の悪夢」「円盤が来た」は何度も見返しました。

　メイン監督だった『df』もシリーズ構成にも関わった『ウルトラマンマックス』も、発想の元は自分が好きだった『ウルトラQ』であり『ウルトラマン』なんです。だからなんで円谷に入ったかというと、一回こういうのをちゃんとやりたいと思っていたというのがあります。

――『マックス』が『df』を引き継いだシリーズだと八木さんは以前おっしゃっていました。

八木　『マックス』は、昭和で言うと『ウルトラQ』の後に『ウルトラマン』が作られたという流れに対応しています。『Q』の世界にウルトラマンという存在が登場した場合はどうなるのかということが発想の原点でした。

　この考え方のヒントは『マックス』の企画が始まった頃に『ウルトラQ』から『ウルトラセブン』のシリーズまで助監督として現場にいらっしゃった円谷黎さんから頂きました。

　それはまず最初に摩訶不思議な現象があって、それだけで充分に面白いストーリーを展開し、それが成立したところにウルトラマンを登場させるということ。ほとんどの平成ウルトラではシリーズの中の人間ドラマに視点の中心が行っているんだけれど、『マックス』についてはそうではなくて、主役は事件とか怪獣とか現象であるということを作り方の基本としました。それが『ウルトラマン』であり「ウルトラセブン」の作り方であったと考えたからです。

　あと『ウルトラマン』や『セブン』は、『帰ってきた～』以降と比べるともっとあっけらかんとした透明感があって、そこがいいところで好きなところでもありました。それは六〇年代の空気感、気分みたいなものなんです。『マックス』はその感じをやりたかったんです。

――円谷プロの製作部で助監督を選んだのはご本人の希望ですか？

八木　そうです。自分で作品を作るには監督になるべきで、そのためにはまず助監督と思っていました。で、ずっと現場に出してほしいと当時の製作部の上司だった満田穧さんにお願いしていました。でも入社して最初の三年間くらい現場がなかった時期で全然だめで。とにかく、一日も早く自分の作品が作りたくてしょうがなかったんです（笑）。

　だから『ウルトラセブン／太陽エネルギー作戦』で初めて本編特撮の助監督をやることが決まった時はとても嬉しかったですね。それからいろいろあって平成ウルトラシリーズでも助監督をやりました。

　でも途中、『ガイア』が始まる直前に、別作品のアシスタントプロデューサーをやれという辞令があったんです。でもその時は社員だったのにも関わらず「僕は今年監督をやりたい」と断って（笑）。恐れ多くも監修で製作部の上司でもある高野（宏一）さんに直談判しました。そしたら、なんと高野さんは僕を監督にと既に考えていてくださってたんです。それで、『ガイア』の49話「天使降臨」で監督になりました。

助監督時代の『ティガ』『ダイナ』『ガイア』の頃は企画段階の話には関わっていません。撮影の最前線にいたわけです。では何だったのかと言うと、あの現場での体験は自分の教科書だったり、青春だったりすべてです。修行の三年間で、休む間もなく毎日やっていました。休んだのは年末年始の三日間ぐらいかな。でも毎日本当に楽しくて、早く自分で撮りたくてしょうがなくて、生意気な助監督だったから、こうやって撮るとか、カット割りも僕だったらこうやるとか色々(笑)。

▼モラちゃんを演じた出会い

八木　『ウルトラマンティガ』29話「青い夜の記憶」30話「怪獣動物園」の時、原田さんは初めていらっしゃいました。円谷のやり方も初めてという感じで、全体に気を遣って撮られる方だなあというのが、最初の印象です。とにかく明るい感じでした。

「怪獣動物園」は神奈川にある服部牧場(愛甲郡愛川町半原付近)でロケして、結構大変だったんですが、楽しく撮った思い出があります。あそこはジャージー乳のアイスクリームが美味しいんです。原田さんは食べるの大好きだったから、喜んでいました。

僕はまだサード助監督だったので、ひたすら現場を走り廻っていた時期です。モーラットの小さいやつ、あのギニョールは僕が操演しています。今考えると「なんで本職の人形使いの方を呼ばなかったのかな」と思いますが。牧場の厩舎にベニヤを敷いて、そこに寝転んで、上から草や藁を被せられて、下からうーんと唸りながら動かしました。なにしろ現場はすごく臭くてたいへんでした(笑)。

「青い夜の記憶」のライブハウスはたしか渋谷のエッグマンで撮影しました。ライブを観客席の後ろから撮って、ファンが盛り上がるカットでは、みんな静かだったので原田さんから「八木、行って来い」と言われて、僕が先頭で踊ったり跳ねたりして、ウワーッと思いっ切りハジけさせたりしています。

撮影の移動中に、原田さんのBMWに乗せてもらうと、音楽をかけてくれるんですが、「青い夜の記憶」で使った曲もよくかけていました。きっと気に入っていたんだと思います。自分がチーフ助監督だった『ガイア』の頃、よく原田さんのBMWに乗って移動して、一緒に美味しいものを食べに行ったりしていました。

▼「ウルトラの星」でテレビ初出演!

八木　『ティガ』49話「ウルトラの星」の劇中で脚本家の金城哲夫さん達円谷プロ文芸部のスタッフが銭湯に入った後、ビアガーデンに行くシーンがありますよね。あそこで僕、出演しているんです。

新番組の企画がなかなか通らない金城哲夫さんをみんなが励ましているシーンで、「一さんだって金ちゃんのこと考えているんだよ」と上原正三さんが言ってビールを飲むタイミングで、「枝豆お待ち!」と、枝豆を置いていくそのボーイさんです。

これ、突然現場で原田さんが「八木ちょっとセリフを言え」という話になったんです。簡単そうなんですが、「枝豆お待ち!」というセリフがうまく言えなくて、初めて顔も映るしで。原田さん、その状況を完全に楽しんでいました。原田さん流の現場の温め方なんです。それで、「じゃ、ちょっと一階まで階段を走ってアップしてこい」なんて言われて(笑)。屋上から一階まで駆け下りて行って、またすぐ上がってきたり、焦りまくって役作りをしていました。

それを見ていた金城哲夫役の沖田浩之さんやキャストの方々が「ちゃんと役に入ることが大切だよ」とアドバイスをくれたんです。「君はここでアルバイトをしている店員なんだ。楽しく呑んでるお客さんを楽しませたい。『お待たせしました!』と心から思って、そこに立つんだ」「それはスタニスラフスキーというロシア人の言ってることなんだけど……」云々と。

夕方五時半ぐらいにやっと陽が沈み、いざ本番!という段になって原田さんがまた僕に「ちょっと来い」と。すると、物陰で冷ややっこの乗ったお皿を出しながらヒソヒソと「枝豆をやめて、やっこにする。」と言うんです。ずっと「枝豆」でリハーサルを繰り返して、いきなり撮影の本番で「やっこ」です。ヒドイ人ですよね。いたずら好きなんです。

でも、これは役作りを越えた素のリアクションを撮ってみようという原田さん流の演出でもあったりします。実際、撮影では「この助監督、間違えて持ってきちゃったよ」と思いながらみんなやっていたらしいんです。俳優の方々には本当に申し訳なかったです(笑)。でも原田さんの狙い通りなおかしな〈間〉が撮れていたんだったら良かったと思います。

▼カット割りは事前にしない

八木　「もっと高く!」で鮮明に憶えてるのは、ダイゴとレナがポトッとヘルメット落とすシーンですね。

——間接的なラブシーンですよね。

八木　あれ、気合い入れて原田さん撮っていました。

初めに引きの画を作って。ダイゴとレナが現場の奥の方に豆粒のように。スタッフには誰も舞台の方へ行かせないで、原田さん一人で集中して一生懸命演出していました。普段は演技にも細かい指導はしないのに、とても真剣でしたね。

原田さん、いつもは周りのスタッフやキャストに委ねる撮り方をする。スタッフ、キャストの良いところを頂きながら総合的に面白い作品に仕上げるという原田さん流のスタイルですが、「もっと高く！」のダイゴ、レナのシーンは全然違いました。

いつもは原田さん、まずカットを割ってこないんです。頭の中にはあるのかもしれないけど、リハーサルをやって、役者の動きを見ながら割っていくんです。つまり演技を見ていて観客として自分がそこでアップが欲しいと思った時ポンと寄るというやり方。

これは特に珍しいやり方ではないんですが、円谷の現場は合成や特撮絡みもあるので、先にカットを割るのが普通でしたから、自分がセカンド助監督の時に、すごく勉強になったんです。監督が目の前で割ってくれるわけですから。その場で見ながらカット1、カット2と、芝居をつけて割るのを見て「なるほどな」と。

原田さんは、かなり通しでリハーサルをやる方でした。原田さんのやり方にテンポが合う時は、「もっと高く！」にしても「少年宇宙人」にしても、すごくいいんですよ。とても情緒があるんです。

原田さんの事前の準備は、カット割りより段取りなんです。原田さんはスーパーチーフ助監督出身だから。台本の一番後ろのページに、全部書きだしてあるんですよ。どこで何をどのくらいの時間で撮ったら何時までに終わって……というのを。とても繊細にしっかり考えてらっしゃいました。

▽『ダイナ』の原田さんタッチ

八木　『ウルトラマンダイナ』11話「幻の遊星」のハネジローは吊り用とギニョールがあって、とても可愛かったです。僕は、ハネジローのニュースみたいなものの素材も作りました。『ダイナ』では、走り回るだけのサードからセカンド助監督に昇進していたので、色々と自分でも楽しくやっていました。

――ハネジローはホームページもある設定でしたね。BBSに書き込んでいる。あと31話「死闘！ダイナVSダイナ」でラブモスのニュースを八木さんが読んでいる場面もありました。

八木　原田さん、ああいういたずらが大好きなので。でも、自分が出ていた事は憶えてないです(笑)。あの頃は毎日二六時間くらい色んなことをやっていたから(笑)。

12話「怪盗ヒマラ」は好きな話です。ヒマラは原田さんの地元の多摩地区でほとんど撮影しました。多摩ニュータウンの辺り。あの辺りのロケーションは原田さん好きだったんじゃないかな。僕が後に監督した映画の『超ウルトラ8兄弟』の最後、女の子がハネジローといるところも、あの辺りの公園なんです。今になってみると偶然なんですが、あの映画でハネジローをあそこで撮って良かったと思いますね。

原田さんは、最終的には芝居をつけるけど、『ダイナ』20話「少年宇宙人」の代々木上原の家のシーンの子役などは、僕が先に練習させたりしています。あれは任せて貰って嬉しかったです。演出の練習にもなりました。

ラストシーンでは美術の内田哲也さんが東宝ビルトのオープンに素晴らしいセットを作った。内田さんも良い脚本だって言って燃えてましたね。

「歌う探査ロボット」(32話)で、ラブモスとまりやちゃんが踊るシーンの撮影では、撮影前に「八木、ワルツ」と言われて(笑)。シュトラウスの曲を持って行きました。『美しき青きドナウ』とかを実際にスタジオで流しながら優雅な気分を作りながら撮影したのを憶えています。

46話「君を想う力」は、原田さんの故郷で撮っています。河原を歩くシーンがあるでしょう？　あれは『白線流し』の場所がいいと原田さんが言って、探し廻りました。

原田組の仕事は基本的には早いんですが、天文台近辺の森のところは、天気が悪かったので撮り残しました。それで戻ってきて撮ったんです。お得意の稲城で(笑)。

▽「シーン1から組む」

八木　『ガイア』になると原田さんは完全に居場所があるから、以前のノホホンとした感じじゃなくて、結構うるさい監督になっていました(笑)。その時、僕は運よくチーフ助監督に昇進していたのでローテーションで担当する話だけにつくという形で、原田組にもあまりついていなかったんですが、5・6話の千葉ロケには応援で行っています。

「もう一人の巨人」は海に行った記憶がすごくあって、二日間行ったんですが、夕陽を狙ったら、最初の日にすごくいい夕陽が出たんです。でも我夢と藤宮が来ていない。次の日に呼んでいたので、元スーパーチーフの原田さんは激怒してました。「なんで役者を呼んでないんだ！」と。「明日曇ったらどうするんだ」。それで「危ないから夕焼けだけ撮っとこう」って撮ったら翌日本当に曇っちゃって、後で我夢と藤宮に合成したんです。

この撮影の時に、「今度チーフやるんですけど何か極意があったら教えて頂けますか」と原田さんに訊いているんです。

それはもう非常にシンプルかつ明晰な答えだったんですが、「シーン1から組めばいいんだ」と言われました。これは、あまりにも単純で真っ当で、みんな忘れているけど、一番重要なことなんです。スケジューリングの極意ですね。

実際の撮影は一週間で二本撮ったりするから、スケジュールを作る時にシーン1から組むことは難しい。俳優とか場所の都合とか様々な要因でスケジュールが組まれるからです。でも、我々は何を作っているのか？　作品を作っているんだと。順撮りはもちろんできないけれど、なるべくストーリーの流れに沿って作るということを前提条件とする。だからシーン1から組むということ。

それで、スケジュールが組めるようになりました。この頃はチーフ助監督になっていたので、原田さんともよく飲みに行って、色んなことを話していたんです。

『ガイア』の49話「天使降臨」で初めて監督する前にも、原田さんから「横位置はやめろ」と。初めて監督すると、みんな説明のために横位置で撮ってしまうけれど、動きがなくて勢いもないし面白くないから、なるべくやめろ。縦位置で動かせと。このひと言で充分でした。

直接、言葉で言ってくれたのはこの二つだけで、あとは普段から見ていて覚えました。昔から円谷の現場では「習うんじゃなくて盗め」と言われてきたんです。誰も親切に教えてくれたりしません。放任主義です。だから自分から進んで見て覚えるしかないんです。

僕はあの三年間で監督になりましたが、原田さんにもいっぱい教えてもらった。これは、その場所にいたことで吸収できたんです。

演出で重要なことの一つは、撮影現場でどういう風に空気作るかということだと思うんです。その空気を作るために、それぞれの監督のやり方があるんだと思います。原田さんはとても周りに気を遣う監督です。いい流れを作ろうと努力していました。

ハネジローと「最後の質問」

八木　『ウルトラマンコスモス』は、振り返ってみると、「妖怪の山」とか「空の魔女」とか思い出します。「雪の扉」は良かったですよね。

結局『コスモス』の後に原田さん、ウルトラマンをやることがなかったのは残念です。僕が『マックス』でプロデューサーをやった時も、原田さんは『リュウケンドー』をやっていらしたし。

――八木さんの監督された『超ウルトラ8兄弟』の最後にハネジローが出ますが、もしかして原田さんへの追悼なのかなという気持ちに見ていてなりました。

八木　はい。実はあれ、当初はハネジローそのものじゃなくて、「ペット型ロボット」という設定で、声も商品のように加工しようと考えていたんです。原田さんへの手向けにしたのは、タイミングとして原田さんが映画のポスプロ中に亡くなられたので、声や音を本物のハネジローと同じにさせて頂きました。

原田さんと最後にお会いしたのは、映画『大決戦！超ウルトラ8兄弟』の特撮の撮影をしている時でした。二〇〇七年の年末です。原田さんは二つもケーキを持ってスタジオに遊びに来てくれたんです。とてもお元気で。「競馬で当てたからケーキを二つ買ってきたよ」と。でも、原田さんは後輩監督の僕やスタッフが恐縮しないように、逆に気を遣われて、競馬で勝ったということにして二つもケーキを買ってきてくれたんじゃないかと思います。

特撮のセットでは正面のモニタ前にブースがあってそこに監督席があるんですが、切ってもらったケーキを監督席の机に並べて、撮影の準備を眺めながらみんなで食べました。美味しかったです。とてもクリーミーなロールケーキで、原田さんはグルメだからとびきり美味しいケーキを持ってきてくれたに違いないんです。

この時、原田さんにまた一つ、相談をしました。これが最後の相談になってしまったのですが、その時はもちろんそうとは知らずに、「円谷プロを辞めようと思っています」と。原田さんは「今すぐ辞めろ」と即座におっしゃった。「おまえなら大丈夫だから一日も早くフリーになった方がいい」と。そして「(映画『審理』の)撮影が終わったら飲みに行こう」と約束して、みんなで写真を撮りました。原田さんはその後もステージでスタッフやウルトラマンたちとも楽しそうに写真を撮ってました。まったく元気で、いつもの原田さんでした。

作品解説

「時の娘」（前編）13話 ▼二〇〇一年九月二九日放映

脚本：太田愛　**撮影（本編）**：倉持武弘　**撮影（特撮）**：髙橋創
ゲスト：三輪ひとみ（レニ・クロサキ）、吉見純麿（関教授）、広啓子（本田広子）、右田昌万（右田医師）

▼ストーリー

ある夜、謎の宇宙生命体に追われて逃げる女性を助けるムサシ。ムサシは記憶喪失の彼女と親しくなっていく。

だがその女性、レニ・クロサキは宇宙ステーション・ジェルミナⅢの建設クルーであり、四年前に起きた事故で死んでいた。

レニは宇宙生命体により頭部にバイオチップを埋め込まれ、操られていたのだった。チームEYESはレニをコールドスリープさせることに決めるが、それは二度と戻れない旅を意味した。

ムサシはレニを連れて逃げる。驚き、戸惑うEYESのメンバー達。

その時、古代怪獣ガルバスが突然出現。これはなにかの偶然なのか、それとも!?

トレジャーベースでは、レニの身体のバイオチップによりコンピュータが汚染され、テックサンダーも操縦不能になる。

ムサシはコスモスに変身するが、猛り狂うガルバスの不意打ちを受けてしまう。

▼美しい女、そして宇宙生命体

第二クールに入り、オープニング主題歌の際にも新メカ（地底ドリルタンク・ランドダイバーと特殊潜航艇・シーダイバー）の映像が入るなど、マイナーチェンジが施されているが、人間ドラマ的には〈ムサシの挫折と立ち直りを描いてほしい〉という渋谷浩康プロデューサーの意向で、〈太田愛脚本、原田昌樹監督〉としてオーダーされたのが今回と次回の前後編である。

従来のコンビ作と違うのは、ファンタジー寄りではなくSF色が強いストーリーである点で、宇宙ステーションの事故やテックサンダーの不時着など、メカニック絡みのシーンをSF特撮物としてリアリズムにこだわって演出しており、また巨大宇宙人や怪獣と、コスモスや人類との緊迫したやり取りも見せ場として正面から捉えている。

番組全体にファンタジー色が強かった『コスモス』の中では逆に異色作となっており、毎日放送からも「話のトーンが違う」という指摘があったと原田監督は語る。それまでの回よりは対象年齢が上がった感じがするとも指摘されながら、『コスモス』としてギリギリの線をクリアしていった。

冒頭、青い地球からパンUPすると、宇宙の闇に浮かんでいる人工衛星。アンモナイトのような形をしている。それをモニタで見ていたトレジャーベース指令室のムサシとシノブリーダー。

人類初の居住型宇宙ステーション・ジェルミナⅢの完成に、いつか〈宇宙に行きたい〉と願っているムサシは我がことのように喜んでいた。

「でもスゴイわよね、人間って」。四年前の事故で頓挫したかに思われていたジェルミナⅢ計画の実現に、シノブも感嘆を隠せないその時、司令室に警報が鳴り響いた。

そこで場面が変わり、夜の暗闇の中から浮かび上がる巨人。逆三角形だがシャープな流線型のスタイルで、顔全体が光る単眼のようになっており、その中に赤い斑点のような光点が見える。地球人からは表情がつかみにくいその姿は、原田監督の意図したものだ。左右の手はバルタン星人のように割れており、あたかも初めから武器として装備されているかのようだ。

宇宙生命体の、手からの攻撃が地面に着弾して爆風が噴き上がる中、女は疾走する。

そこへ飛来するテックサンダー1号。キャメラがコクピットに寄ると、合成で中のムサシが見える。

「人が……」

女のピンチを知ったムサシはコスモプラックを取り出す。暗闇に炎が揺らめくと、中からコスモスが現れる。いきなりの変身だが、巨大な宇宙生命体が等身大の女性を直に追い掛け回す構図はウルトラシリーズでも珍しく、それだけ逼迫した状況といえる。

夜目に光る、青く美しいルナモードのコスモスと宇宙人の光線同士が宙でぶつかる。

コスモスの攻撃を身軽にかわす宇宙人だが、やがてその姿は光になると、さらに青白く光る球体と化し、飛び去っていく。この球体は透明な膜の中に宇宙人の色である黒・白・濃紺が混じり合い、その中心に、宇宙人の頭部にある赤い斑点が核として見えるというデザインの方向性が、原田監督と、いつもの奥山潔に橋爪謙始が加わり、まとめられている。奥山潔の最初のデザインでこの球体は、脳みそを思わせるもっとグロテスクな印象だった。

変身を解いたムサシは女を抱き起こす。シナリオには「それは少年のような凛とした面立ちの美しい女」とある。ゲスト出演の三輪ひとみを想定した記述だ。女の名前は前編の中盤で明かされるが、シナリオには初登場場面から「レニ」と記されている。設定年齢は二四歳とある。

イメージボードより（橋爪謙始）。ワロガに追われるレニ。
コンテ形式とは別に大判で描かれた（P340も同様）

ムサシがレニを抱き起こす時「どこかで会ったことが……」という彼のモノローグがシナリオにあったが、放映作品ではカットされている。

気が付いた瞬間警戒し、いきなりムサシをビンタするレニ。「違う！ 違います」と慌てるムサシと、咄嗟に身をかがめるレニが同じ画面に捉えられている。

「あんたが……助けてくれたの？」

ビンタをしてしまった右手を見ながら自分のしたことに気付き「ごめんなさい」と謝るレニ。彼女が〈右手を見る〉という描写はこの後もしばし繰り返され、潜在的な伏線となっていく。シナリオにはまったく書かれていない所作だ。

「僕はムサシ。君は？」と笑うムサシに、レニもニコッとして名乗ろうとするが、その瞬間、目を泳がせて動揺し始める。

「記憶喪失？」

ＥＹＥＳのメディカルセンターではヒウラがセミレギュラーの医師・新見あづさ（小牧かやの）から説明を受けている。救助された女性は激しいショックによって自分の名前も、なぜあの場所にいたのかも憶えていないのだと。

場面は変わって、同じ頃、空の一角にあの宇宙生命体の球体が現れ、造成地の地下に向かって雷撃を加える（シナリオには「光の柱を撃ち下ろす」とある）。そして、地中で怪獣らしきものの瞼が開く。しかしそのことはまだ誰も知らないのであった。

▼「映画みたいな恋をしてみたい。」

翌日、鳥の舞うのどかな日中、メディカルルームに花（鉢植えだが花束のようにラッピングしてある）を持って現れるムサシだが、病室に新見医師や婦長の本田（広敬子）達がいることに気付き、慌てて持っていた花を背中に隠す。

「すみません、検査中って知らなくて……」

患者服を着たレニは、脳波測定が終わったところだった。

新見と共に出て行きがてら「頑張ってね」と明るく励ます婦長に、ムサシは慌てて「そんなんじゃなくて！ 僕はただお見舞いに」と大声を出すが自動ドアが閉まってしまう。

振り向くと「夕べはありがとう」と素直に微笑むベッドのレニ。ムサシは「いえ。あ、これ。ここ殺風景だから」と言い訳するように花を渡すが、渡す時に手が触れてしまい、慌てる。

花を見て「きれいだねー」と喜ぶレニの顔に見とれている自分に気付き、ドギマギするムサシだが、その時、ムサシの「ごくっ」という喉を鳴らす描写を入れるのが原田演出のチャーミングなところだ。

「少しは気が紛れると思って」

緊張している自分を取り繕うように言うムサシ。

以上の描写、原田監督はシナリオに若干セリフを足しながら、ムサシの仕草はすべて演出で膨らませている。これだけのやり取りで、ムサシのレニに対する恋の芽生えが十二分に伝わってくるではないか！

持ってきた花が、花束ではなく鉢植えなのに対しては「ＥＹＥＳの植物班が色々作ってて」というムサシのレニへの説明がシナリオにあった。一般病院ではなくあくまでトレジャーベースの医療施設だという設定への配慮だろう。まるで花束のようにリボンが付けられ可愛く包まれていることまではシナリオに書かれていないが、これもドラマの映っていないところでムサシが自分でラッピングしたのだと考えると微笑ましい。

「あのさ、訊こうと思ってたんだけど、ＥＹＥＳって何？」

制服を着ているムサシの胸のマークを指差したレニが訊ねる。

「ＥＹＥＳ、知らないんですか？」とムサシがビックリするセリフがシナリオにあったがカットされ、場面はメディカルセンターの広い屋外テラスで二人が話す背中のロングショットとなる。

ＥＹＥＳの怪獣保護について語るムサシ。

「本格的な活動を始めてまだ二年足らずなんですけど、ＥＹＥＳは、おとなしい怪獣を捕獲して、鏑矢諸島ってところに保護しようって活動を……」

唖然とした顔のレニに、「あ、こういう風に言うと、なんかとんでもない夢みたいな話に聞こえるかもしれないけど、でも」と焦るムサシだが、次の瞬間「すごいじゃない！」とレニは目を輝かせる。

「一緒に生きていきたいって考えてるんだよね」というセリフから、レニのアップになる。

「この星に生まれた怪獣達と、可能な限り一緒に生きていこうとする……。とてつもなく大変なことかもしれないけど、そんな夢を実現させようってしてる人達がいるんだ」

そう感動するレニが屋上の手すりに手をかけていると、自分の手もそこに触れそうになって、慌てて引っ込めるムサシ。

その視線に気付いて顔を向けるレニに「あ、その、どこかで以前会った気が」と言ってしまうムサシ。

そんな二人の姿が、遠くにある手すりの角越しにフレーミングされ、画面右下に映し出される。

「すいません、記憶まだ戻ってないのに。なんだか……ずっと前から知ってるような気がして」

だが、自分も初めてムサシに会った時、昔から知っていたような気がしたとレニも言う。

「だから、急いで思い出さないとね」

手すりのシルエット越しのフレーミングは横長で、まるで映画のスクリーンのよう。

原田監督は今回の台本の表紙に、ハートマークとともに「映画みたいな恋をしてみたい。」と書いている。

その思いが十二分に伝わってくる場面だ。

▼彼女の秘密

レニが医師から渡された、自分の記憶をたどるためにつけているノートを開いてみせると、そのアップとなり、表紙には手書きで〈時の娘〉とある。自分が誰で、どこで何をしていたのかを記しているのだと言うレニの横顔がアップとなり、屋外テラスへと吹いてきた風に髪の毛がゆらめく。

「思い出そうとすると、必ずこの『時の娘』という言葉が出てくる。きっと何か大切な言葉なんだと思う」

すると、〈髪〉つながりで、長い髪をかきあげる、指令室にいるシノブリーダーの横顔にカットが変わる。

「……どうして」と呟くシノブは、ちょうど入ってきたフブキに自分の疑問を話す。レニを付け狙っていた宇宙生命体が、コスモスが現れた途端、ほとんど戦いもせず姿を消したのはなぜかと。

ムサシはレニと会った帰り、廊下で先ほどの婦長に呼び止められ、レニが昨夜の夢を描いたスケッチに対しての意見を求められる。それを見たムサシは驚き、「ちょっと貸してください」と急いでデータ室に行き、スケッチの絵とジェルミナⅢの形が同じであることを確かめた。ちょうどフブキが入ってきて話しかけるのを遮り、部屋を飛び出していくムサシ。このフブキとの芝居はシナリオではドアの外であり、カットを割っていたが、原田監督はひとつながりにすることで、ムサシの焦る心情を伝えている。

指令室に入ってきたフブキは「キャップ、これを見てください」とフロッピーディスクをセットする。シナリオでは、卓に散らばるレニの「登録写真と職務データ、そしてジェルミナⅢの写真」となっていたものを、原田監督はファイル内のデータに置き換えている。放映時（二〇〇一年）のパソコンの普及が反映された描写だ。

女がレニ・クロサキという名前で、ジェルミナⅢの研究員だったことを、彼女の身分証明ファイルを見せながら説明するフブキ。

「四年前までは……」

身分証明の彼女の画像には〈DELETED〉と赤い表記が、上から判子を押したように被されている。

レニは四年前、ジェルミナⅢ建設中の事故で死亡していたのだ。そこへ新見医師がレニの医療データを持参、彼女の前頭部には極小のバイオチップが埋め込まれていることを、やはりスキャニングデータを示しながら説明する。

レニの死後も擬似生命活動をさせているこのチップの発する特殊パルスは、彼女を追っていた宇宙生命体と同調していると聞き、空中に浮かぶ球体の赤い光点を思い起こすシノブリーダー。

レニは宇宙生命体によって意図的にトレジャーベースに送り込まれた存在だったのか。

フブキは、トレジャーベースを守るためにいち早くレニに何らかの処置を施すべきだと進言するが、「待ってください！」と新見は遮る。

彼女は体内のチップの存在を知らないどころか、自分が死んでしまったことさえ憶えていないのだと新見は説明する。その説明中に、画面は病室でのレニを映し出す。

ノートを前に必死に記憶を呼び覚まそうとするレニの手前には、ムサシから贈られたあの花が咲いている。これは演出メモから指定がある。

再び指令室に画面は戻り、アヤノは、チップを除去してレニを助ける方法はないのかと泣きそうになりながら訊くが、もしチップを取り外せば、おそらく数分で本来の状態に戻ってしまうだろうと新見は答える。

画面はヒウラキャップ以下、指令室の一同をロングで捉え、そこに新見のセリフが響く。「レニは、生きてはいないんです……」。

この場面、シナリオのト書きには「一同は抜き差しならない現実に黙り込んでしまう」とあった。原田監督は、ここを区切りにCMタイムとしている。後に余韻を引くタイミングだ。

▼〈死の瞬間〉の演出

CM明けは、某理科大学（シナリオでも「××理科大学」と記されている）を訪ねるムサシから始まる。まず大学の全景が映り、次にシナリオには「研究室」とあったが、映像では大講堂から出てくる学生たちが映り、その中から講義を終えた教授の関（シナリオには「四七歳」とある）が現れるという描写になっている。廊下の背後には大きなガラス窓があり、緑が映えている。

ムサシの抱えた状況は深刻なのに、明るい大学で学生達の日常が映し出されるという演出のギャップが効果的だ。レニもまたかつてはそんな学生の一人だったのかもしれないとも思わせる。

「宇宙空間では、死は一瞬にして訪れます。ぐずぐずしない。あっという間です」

受講生が誰もいない大講堂の中で、スクリーンにジェルミナⅢの映像を流しながら、四年前の事故について説明する教授のロングショット。まるでムサシ一人を相手にした講義のようだ。

「あの日、点検中の機密バルブの圧力に異変が生じて」というセリフをきっかけに事故の回想シーンに入るのは、シナリオと同じ。

短パンを穿き、無重力状態の中で泳ぐようにバルブを点検するレニの細長い肢体。突然アラームが点滅し、爆発音とともにハッチが吹き飛ぶのが一旦外から写り、次に中からの視点でレニが外に吸い込まれていく。レニの持っていたファイルなど、周囲の物も一緒に浮遊していたが、同じく吸い込まれていくのだった。

宇宙空間に放り出された彼女の視点で、遠ざかっていくジェルミナⅢの全景を捉えたキャメラが引いていくと、レニの瞳孔の中にジェルミナⅢが合成されたカットとなり、次のカットでは瞳を開いたまま、両手両足を開くように動かなくなって浮いている彼女が映し出される。「レニの目　止まっている」と演出メモにある。もう生きていない彼女の黒目に写り込んだジェルミナⅢが遠ざかっていく……。

無重力地帯における一人の人間が死ぬ瞬間をビジュアルのみで表現した、美しくも悲しい場面。ジェルミナⅢ内の本編セットも作られ、画コンテの打ち合わせも綿密に行われて演出され、今回のキー・ビジュアルとなっている。

そこに静かなピアノの旋律が被さり、画面は講堂にいるムサシと教授に戻った。

レニが危険なステーションの建設作業を手がけたのは、宇宙に「時の娘」を作りたいという夢ゆえだったと言う教授。

ムサシの脳裏に、「思い出そうとすると、必ずこの『時の娘』という言葉が出てくる」とレニが語った場面がよみがえる。

当時、建設クルー達はジェルミナⅢのことを〈時の娘〉と呼んでいたと、教授は語る。

「地球に生まれた人類が長い長い時をかけて、初めて宇宙に生み出したもの。建設クルーには、自分達の作り出そうとしているものに対する、そういう誇りと、愛情があったんです……」

教授は、当時の自分や建設クルーと一緒に撮ったレニの写真をムサシに渡す。オレンジの制服を着ている写真の中の笑顔のレニ。それを見るムサシの目がアップになる。

「レニが唯一憶えていた言葉は、彼女が命を賭けて作ろうとしていたステーションの名前だったんだ」

▼チームEYESの「最終決定」

大学に乗りつけた地上パトロール車・シェパードの中で、ムサシは指令室のフブキから衝撃的な決定を知らされる。

ここは準備稿では「レニの処置はコールドスリープ。これが最終決定だ」というセリフのみだったが、原田監督は準備稿のこの部分に手書きで「もう少しわかりやすく」と記している。

最終的には、以下のセリフが足されている。

「レニは、あの宇宙生命体のバイオチップで動かされている危険な操り人形なんだ」

これ以上、危険を冒すわけにはいかないと言うフブキのいる指令室が写るとヒウラキャップ以下、チームEYESの全員がいる。

このことは、シナリオには書かれていない。ムサシに対するフブキのセリフは彼一人だけのものではなく、みんなの判断なのだということを示す場面だ。

「レニはもう生きてはいない」というフブキの説明に合わせて、トレジャーベースの医務室にいるレニの姿が映る。窓からの太陽光を手で遮るレニ。シナリオにはただ〈青い空を見ている〉とあるが、原田監督は思わず青空の光を遮ってしまうこのレニのあり方に、何も知らない彼女の持つ潜在的な不安を重ね合わせているかに見える。

そこへ自動ドアが開いてフブキとドイガキが入ってきた。神妙な顔をした二人。レニは皮ジャンを羽織ってそれに従う。彼女にはコールドスリープのことは伏せられ、医療基地で記憶回復の治療を受けるだけだという説明がなされていた。連れて行かれる彼女を捉えたキャメラの手前には、ムサシの贈った花がここでも写っていたが、これも演出メモから記されていた。

「どうすることもできないのか……」

シェパードの中で、教授から渡されたレニの写真を見ていたムサシは、思い立って車のギアを入れる。

▼裏切り者・ムサシ

レニが移送された施設の外観が映る。木更津にあるコンファレンスセンター「かずさアーク」でロケされているが、壁には「特殊医療基地」のマークを合成で付けることが、画コンテで指定されている。

実際の映像では、「SPECIAL CARE BASE」という文字に火を吐く怪獣と、小さな怪獣の絵がデザインとして施されている。

水に囲まれたこの施設に、フブキとドイガキに連行されるように歩いてくるレニ。施設の中では白衣の医師達が迎える。

無精ひげを生やした、神経質そうな医師の一人(右田昌万)がレニに認識票の付いた首掛けを渡す。

その時、施設内のエスカレーターから降りてくるムサシ。

「まるであんたが治療受けるような顔してる」と、レニは目が合ったムサシに笑ってみせる。当の彼女にはことの深刻さが知らされていないのだ。

〈時の娘〉と書いたノートを差し出し「この言葉の意味がわかったら、一番最初にあんたに教える」とだけ言うと、「じゃ」と微笑んで医師と共に去る。

「右田だ。準備をしておけ」と、レニと共にエスカレーターに乗りながらトランシーバーで指示を伝える無精ひげの医師が、視聴者に対して、彼女のこの先にさらなる不安を掻き立てる。

その時、「レニ!」と叫んだムサシは、エスカレーターを駆け上がり、「来るんだ」と彼女の手を取って逃げ出す。

「おお」と、まさかの展開に慌てて後を追う右田医師達。下で待機していたドイガキとフブキもそれに続くが、フブキだけ立ち止まり別行動を取る。その時「あのバカ!」と一人ごちるフブキ。

シナリオでは、ここでムサシにフブキが銃を向け「止まれ!」と言うが、「ムサシの覚悟を知って引き金を引けない」というト書きがあった。それを原田監督は「あのバカ!」というフブキの感情的な反応に象徴させている。EYESメンバーがムサシとレニに銃を向けるが撃てない……という展開は後編にもあるので、こちらの方はタイトにしてバランスを取ったのかもしれない。

「どうしたの! なんで逃げなきゃいけないの?」と言いながらも手を引かれて走るレニに、「僕は規律を破った」と答えるムサシ。シナリオではこのセリフの後に「だから、君を人質にして逃げる」というセリフがあった。ムサシの決意を示すセリフだが、原田監督はここではスピーディなカット割りを優先させているようだ。

ブザーが鳴る駐車エリアにやってきたムサシは、レニの手を引いてシェパードに乗る。

「捕まったら、あんたどうなるの?」

「わからない」

シナリオには、ここでムサシの腰からガンをいきなり抜いたレニが追跡車を威嚇射撃し、ムサシの方がかえって度肝を抜かれる……というシーンがあった。何が起こったのかまだ把握し切れていないながらも、ムサシが立場を危うくしてまで自分を助けてくれたことへの返礼とも取れるシーンだが、もともと科学者であるレニの行動としては、いささか突飛に映るということだろうか。決定稿に縦線が鉛筆で引かれ、カットになっている。

その代わり、右田医師と共に走り出すシェパードに通せんぼしようとして避け、転がるドイガキの場面を作っている。巨漢だが敏捷なその動きは走り出す車の動きとワンカットで捉えられ、躍動感がある。そこからシナリオにもある以下の描写につなげる。

トランシーバーを構える右田医師を制して「時間をください、少しだけ時間をください」と息を切らせながら懇願するドイガキ。

ドイガキはこの瞬間、ムサシの気持ちがわかったのだ。

「ムサシは、一時間でも二時間でも長く、あのままレニに生きている夢を見せておいてあげたいんです!」

ドイガキの声は、ムサシを追うために、テックサンダー2号の操縦席に座っていたフブキにも届く。「わかってるよ、そんなことは」と無線でドイガキに応えるフブキ。

裏切り、裏切られ……という関係にありながら、EYESメンバーとムサシの気持ちは通じていることが視聴者に伝わる。原田監督は太田愛の脚本の意を汲みながら、あくまで動きの中でのやり取りに絞り込みつつ、緩急の中でそんな感情を浮き彫りにする。

また、ドイガキに「待ってください」と報告の留保を頼まれる役は、シナリオでは医療施設の一般係員だったのを、原田監督は医師の右田に割り振っている。このおかげでキャラクターの生まれた右田医師は、今後も番組のセミ・レギュラー化していくことになるのだった。

▼正しい「前編」の終わり方とは?

医療基地から飛び立ったフブキに、ヒウラキャップの連絡が入る。怪獣ガルバスが現れたというのだ。シノブリーダーはテックサンダー2号で出撃した。

「なんでこんな時に」と呟きながらも操縦桿を切るフブキを乗せたテックサンダー1号が医療基地から飛び上がると、画面手前にフレームアウトするが、CGのテックサンダーの操縦席にフブキがいるのが映りこんでいるのが一瞬わかる。このシーンはイメージボードが作られている。

丘の向こうを行く怪獣を見て、ガルバスとわかるムサシ。二足歩行の恐竜型怪獣で、頭部の大きいのが特徴。大きな耳と顔に垂れ下がったヒレが襟巻きのようにも見え、コブラのように亀裂が走る爬虫類顔をチャーミングなものに緩和している。目も大きくて、巨大なグレムリンのようにも見える。「以前保護したことがある」というムサシのセリフがあるが、これまでの放映回には登場していない。放映されない間にも怪獣保護は行われていることが伺え、視聴者にとって世界観が広がる。準備稿でガルバスは「おとなしい」怪獣だから「大丈夫」だというムサシのセリフもあった。ちなみに準備稿でガルバスは「バルガス」だった。

「ここにいて。すぐに戻る！」とレニに告げ、怪獣へと向かって行くムサシ。

レニは、ムサシがシェパードに置いていった写真を見てしまう。それはムサシが関教授から渡された、彼女自身の昔の写真だった。

怪獣が出現したM3エリアの避難が完了し、ガルバスのデータをテックサンダー各機に送ろうとするEYES指令室。ところがコンピュータが突然不調をきたしてしまう。レニのバイオチップを解析した時、汚染されたことを悟るヒウラキャップ。

その頃レニは、手に取った写真から記憶を蘇えらせていた。風に揺れる髪。

「私は、あの事故で……」

レニの脳裏に浮かぶ映像として、遠ざかっていくジェルミナⅢがシーンバックされる。そう、それはレニの断末魔に広がった視界の光景だ。

次に、頭を触るように手前に大きく手を広げてくる宇宙生命体のイメージが映し出され、ジェルミナⅢから遠ざかっていくレニ自身の映像とモンタージュされる。

そうしている間にも、テックサンダー各機はコンピュータの不調で操縦桿が利かず、機体が揺れ動いている。

それを見上げ「何やってんだ！　EYESは」と嘆く街の人々の声が準備稿には書かれていたが、原田監督はこれをカットし、市民の反応は後編の方にまとめている。

ガルバスが市街に踏み込もうとした時、ムサシはコスモスに変身する。4話からエレベータのアオリカットを流用することが、演出メモに書かれている。

「なぜあんなに暴れるんだ」とガルバスに疑問を持つドイガキ。

安定を失ったシノブのテックサンダー2号は一八〇度回転し、コクピットからの視界も逆様になるが、次の瞬間、コスモスが機体を両手でキャッチし、地面に向かってフッと手放す。そのまま土煙を上げて地走りをし、ようやく止まるシノブ機。コクピットのシノブはホッと息をつく。乗組員にかかる重力を緩和させようとするシナリオにはないシーンだが、ウルトラマンによるレギュラーの救助シーンで、ここまでのディテールが描かれることは珍しい。原田監督による特撮アクションの白眉といえよう。

だがそちらに気を取られていたためか、コスモスはガルバスの攻撃をモロに受けてしまう。この場面、シナリオには「バルガスが、渾身の力でコスモスめがけて凄まじい光線を吐いた！」と書いてある。原田監督はこれを、口元で炎を溜めて火の玉にし、吐き出すガルバスという形でビジュアル化してみせた。

そして、コスモスが遠くへ勢いよく跳ね飛ばされるさまが操演で表現される。準備稿ではコスモスはここで消えてしまうことになっていた。映像作品では、起き上がろうとするがダメージで起き上がれないコスモス……という描写がラストまで続く。

不時着したテックサンダー2号を斜め上の俯瞰から見下ろした構図で、キャメラの視点がそのまま寄ると、乗っているシノブがわかる。見上げて「コスモス……」と案じるシノブ。この合成カットもイメージボードから構想されていた。

口から吐く火の玉で変電所を壊してしまうガルバス。遂に、EYESもコスモスも、怪獣による破壊を許してしまった……。

ここで、ドイガキの「街が……」というセリフが入るが、実際に映っているのは変電所であり、人々の住む市街という感じはしない。怪獣が変電所を襲う理由は後編で描かれているが、『コスモス』放映時には九・一一のニューヨークビル爆破事件があり、市街の破壊シーンは自粛ムードにあった。

そこにナレーションが入る。「突如、暴れ出したガルバスの前に、かつてない危機を迎えたコスモス。そして、この異変の背後にいる謎の宇宙生命体。その真の意図は何なのか？」

膝をついたまま起き上がれないコスモスの頭上に宇宙生命体の球体が飛来する。

そして自分の記憶を蘇らせた写真を持って佇むレニ。右手を見て「なんで？」と言うところで、前編のドラマが終る。

シナリオでは前述のナレーションでドラマが終っており、またムサシといたシェパード周辺からレニの姿が消えたことを示すラストになっていた。原田監督はナレーションとシチュエーションとのカラミや、ラストカットの案などをいくつか試行錯誤していたことが演出メモから伺える。

エンディング主題歌の流れる部分は、オーソドックスな本編の名場面集となっており、原田監督の回にしては珍しい。二回続きの前編ということもあってか、後編に向けて、これまでを振り返っておこうという意図が感じられる。

そんな中でも、ムサシとレニの手が触れてしまいそうになるところを画としてつないでみせたり、ムサシがエスカレーターを降りてくるところや、病室へ続く廊下を花を持ってやってくるところなど、本編からはカットされたもののレニに対する思いが伝わるシーンが入っている。

そしてエンディング主題歌のラストは、宇宙生命体との緒戦での、コスモスの光線と敵の光線が空中でぶつかり合うところでストップ・モーション。

「こいつとの決着は次回でつけるぜ！」という気概を示す。

▼原田昌樹、語る

——この作品は、原田監督のウルトラマンで初の前後編ですが、どういう経緯で担当されることになったのでしょうか。

原田　「時の娘」はもう最初から円谷プロが太田さんに前後編をお願いした段階で、僕でやるってことが、太田さんからのリクエストもあって、決まってましたね。

——円谷プロの渋谷プロデューサーの方で太田さんに。

原田　うん。オーダーを出したんでしょうね。

——新メカ登場やヒーローの強化ではなく、「時の娘」みたいなドラマ中心の話が前後編っていうのは、非常に珍しいですね。

原田　珍しいと思いますよ。だからたぶん、渋谷くんはああいう脚本が上がると想像してなかったと思います、おそらく。僕はこれは、太田さんは本当に確信犯で書いたホンだと思ってるんで。

僕が『コスモス』の怪獣保護っていう基本コンセプトに疑問を持ってるより先にというか、それよりもっと明確に太田さんは、疑問というか否定をした話だと思いました。

怪獣保護をするとかなんとか無理なことを言っているなら、最初っから助けられないって設定にしちゃえっていう。本当に……冷たい、恐ろしい設定だなぁと思いましたからね。

ヒロインが設定されるけど、もう、とにかくそのヒロインを助けることはできないっていう前提で話を始めなきゃいけない。

だから、僕はとにかく脚本をもらった段階で、これをいかにオブラートに包んでやれるのか、っていうのがテーマでしたね。太田さんと何度か話をして、映像のタッチについて了承してもらえたので、やることになりました。

これをストレートにやったら、本当にこのシリーズを全面否定することになっちゃうから。それを、渋谷くん達が気付いたかどうかはわからないです。僕はでも、太田さんの、怒りを感じましたね。あれ僕がプロデューサーだったら潰しますね。自分達がやろうとしてるコンセプトを根本から潰してるストーリーだから。

――まずプロットで読まれたんですか。

原田　太田さんの場合はね、もう、プロットはほとんどホンに近いんですよ。台本に近い形で上がってくるんで。

技術的には、無重力状態のところの撮影があったから、そういうのに挑戦するのには良いなぁとは思ったんです。あれはセットで撮りましたしね。

あのシーンから流れるピアノの音楽も新しく作りました。冬木透さんに、ピアノが欲しいとお願いを出して。早めに冬木さんに映像を見てもらって、オリジナルを書いていただきました。

ヒロイン役の三輪ひとみさんは、僕と太田さんと両方からの希望です。たまたま円谷でも一回レギュラーで出てる（『サイバー美少女テロメア』九八年）から、大丈夫だろうと……。あの頃、既に『D坂の殺人事件』にも出て、映画女優として知られてきた頃じゃなかったですかね。

――神秘的な役、あらかじめ死んでいる役でしたけど、病室のシーンでも、青空の光を遮ろうとしている仕草が印象的でした。

原田　三輪さん自体あんまり太陽が似合うタイプじゃないんで。彼女は自分で自分のことを「ホラー女優」って言ってましたからね。「私、笑うだけでホラーになりますよ」って衣装合わせの時に言われて、なるほどなあと思ったんです。

――深刻な状況ですが、彼女自身は淡々としていますね。喋りにもちょっとボーイッシュなものが入っていて……。

原田　彼女には「全体にポワンとした感じで、さらっとやってください」って言ったんです。すぐ意味を理解してくれましたね。

――生きていた時の宇宙服姿は逆に元気なオレンジでしたね。

原田　そうですね。ジェルミナⅢでの作業姿の方は、スペースシャトルに乗った向井千秋さんのようなポロシャツ、パンツ姿を想定しました。

――彼女が事故に遭うジェルミナⅢは、メカニックだけどアンモナイトみたいな不思議な形をしてますね（巻頭カラー6ページ参照）。

原田　それはね、特撮美術の寺井が言ってきてね、それで採用したんだけどね、あいつ、なんかこだわりがあるんですよ。アンモナイト型に。後の『リュウケンドー』のセットでも、アンモナイト型のデザイン入れてあったから。たぶん、そういう生命の原点みたいなものに対する憧れがあるんじゃないのかなあ。

寺井ちゃんと話して、ジェルミナⅢに関しては準備稿よりも詳しく表現しても大丈夫、ミニチュアも作れるからということになったんです。

なんらかの事故によってハッチが開き、レニは宇宙に吸い出され、放り出されて死亡してしまう。その宇宙にさ迷った彼女が死の直前に見た「時の娘」、つまりジェルミナⅢの姿を印象的に撮りたかったんです。その後のシーンでもリピートをたくさんして、印象付けてね。

レニが記憶をたどって描くスケッチは、準備稿では扉の部分の絵だったんですが、そうじゃなくて「時の娘」の姿そのものではないか？　と。

――全体像……。

原田　ええ。だとしたらあの形も印象的なものがいいということもあったと思います。

あと寺井としては、レニを生き返らせたワロガの姿もどこか重ね合わせてるんじゃないかという意見もあったりして、それはフラッシュバックの中のイメージとして入れ込んだんですね。

宇宙空間に関しては当然合成になりましたが、技術監修の大岡新一さんの了承も得て、「やる以上はきっちり」というつもりで撮りました。ただ合成カット数の制限もあるので、他のシークエンスの合成を減らさなければなりませんでしたね。レニをコールドスリープさせる時に、トレジャーベースからテックサンダー2号で移送する場面があったんですが、そこを省略したり、ガルバスから群衆が逃げるシーンもカットして、既に避難していることにしたり……。

――彼女が死んじゃうところの描写は、美しくも悲しく表現されていましたね。

原田　でも人の死ぬシーンですからね。本当は、ウルトラマンってあんまり人を殺すシーンは撮っちゃいけないというのがあったんだけど、彼女の場合は死なせなきゃいけないから、死ぬシーンをいかにきれいに撮ろうかと思ってて。だから瞳孔がパーッと開いて……というのをちょっと無理して撮影したんですね。

――一瞬にして死んでしまうという。眼を閉じる描写もなくて。

原田　宇宙空間に放り出されたら、あんなきれいな死に方はしないんですけどね。それはまあ、子ども番組なんで。それでも残酷なシーンだとは思いますけどね。

――前編のラストも、レニが自分の手を見て、自分がいったい何なのかというところで終わってますね。

原田　ホラーな感じの終り方にしてみたんです。たぶん太田さんもやっぱり『コスモス』のコンセプトには賛同しかねるものがあったんだと思うんですよ。太田さんはだから、カオスヘッダー系の話もあんまりやんなかったし、それから怪獣も一匹も保護しなかったと思うんです。

――怪獣といえば、医療基地はその後も何度か出て来ますが、外観に怪獣の絵みたいなデザインをあしらったロゴがありました。

原田　火吹いてるやつですよね？　あれはたしか、怪獣災害用の病院って設定だったから、怪獣の絵にしてみたんです。近代的に冷たーい感じがする建物なんで、ああいうイラストがあるのがちょうどいいかなと思って、合成で入れました。

――ワロガのデザインはカッコ良かったですね。いかにも得体が知れなくて……。

原田　僕も、あのデザインはすごく気に入っています。「顔のない宇宙人にして欲しい」ってオーダーしたんです。顔があると目的意識がはっきりしてしまうから。

――後編はいつもより三十分早い、五時半からとずれましたね。

原田　あれは辛いんですよ。僕のはけっこう時間帯変更に当たっちゃうんですけど、その度に視聴率は苦しくなるんでね……。

「時の娘」（後編）14話 ▼二〇〇一年一〇月六日放映

脚本：太田愛　**撮影（本編）**：倉持武弘　**撮影（特撮）**：髙橋創
ゲスト：三輪ひとみ（レニ・クロサキ）、吉見純麿（関教授）、広啓子（本田広子）

▼ストーリー

ついに街を破壊してしまった古代怪獣ガルバスに、防衛軍戦車部隊は攻撃を仕掛け、ガルバスは地底に逃亡した。

そしてレニも、自分が既に死んでいて、宇宙生命体ワロガによって蘇らされたことを悟り、ムサシの前から姿を消すのだった。チームEYESはガルバスを止められなかったことにより出動停止となった。

ムサシは防衛軍に捕えられそうになったレニと再び出会い、手を取り合って逃げる。

「僕の考えていたことは、夢物語だったのかもしれない。怪獣を保護しようなんて……」と無力感に陥るムサシに、レニは、どんなことでも実現するまでは夢物語だったはずだと語る。

そんな折、ガルバスが再び出現。だがワロガに操られていることが判明し、目的地であるエネルギープラントのタービンを止めることによりおとなしくなる。

作戦を邪魔されたワロガがガルバスを挑発に現れた。ムサシは、ワロガを倒せばレニが死んでしまうため戦うことができない。

▼葛藤、そして――

前編の時には「宇宙生命体」とだけ呼ばれていた敵だが、この後編では、前回のあらすじを語る冒頭のナレーションの中で「ワロガ」と呼称されている。ちなみに準備稿では「ガロア」だった。

前回からピンチの状況が続く中、高速道路の向こうから戦車部隊が進軍してくる。お約束のように付近の自転車のミニチュアが転び、戦車の砲台が動く。この戦車部隊のことを「ベンガルズ」と呼ぶのはシナリオにはなく、原田監督が、アヤノの「ベンガルズが出撃しました」というセリフとともに書き足している。

「撃てーっ」と叫ぶ戦車の中の部隊長。その口のアップ。助監督の岡秀樹氏が汗まみれのメイクで演じている。砲台の先には怪獣ガルバスがいた。

ガルバスによる火炎弾攻撃のショックから立ち直れないコスモスは、防衛軍の攻撃を止めたくても、立ち上がることすらできない。その手は空しく宙を摑み――。

画面は変わると、ベッドの上で目覚めるムサシ。

あれからシノブリーダーによって救助され、ここで休んでいたことを知ったムサシは、いつも隊員服の下に着込んでいる青と白のアンダーシャツ姿であった。これは演出メモで指定されている。

カットが変わり、その姿のまま指令室に飛び込んできたムサシ。

「どういうことなんです、アイズが出動停止だなんて！」

隊長以外の、沈痛な面持ちの一同の前で、モニタに映っているのは巨大な陥没地帯。ガルバスは防衛軍のミサイルを受けたが、地底に潜り込んで逃走したとシノブリーダーから聞いたムサシは、「（ガルバスは）生きてるんですね」とホッとする。だがシノブは目を逸らす。

ガルバスによる街の破壊で、一時首都圏の電気、ガス、水道のライフラインがストップした。それを受けて今後のガルバス対策は防衛軍に引き継がれたという。キャップは今、上層部に報告に行っている。

「仕方ないよ、今回はコスモスだってダメだったんだし」とアヤノは半ば諦めモードでムサシを励ますしかない。

「だいたい、こんなことぐらいで怪獣の保護を諦めるなんて馬鹿げてます。電気や水道が少し止まっただけで」

そう言うムサシをシノブは諭す。ライフラインが止まれば、最も被害を受けるのは病人や乳幼児、老人なのだと。

「一人でも犠牲者が出ていたらどうだったの？　それでもあなたは同じことが言えるの？」と言うシノブに、ムサシは絶句するしかない。

「怪獣の捕獲・保護は、一歩間違えば大惨事を招く恐れがある。私たちEYESの活動は、失敗が許されないのよ」

作品解説

「コスモス」が謳う怪獣保護が、ムサシや隊員にとってだけではなく、その外側にある現実の社会にとってどうなのかを問う視点が、シリーズにおいて初めて出てきた。

脚本で、一人になったムサシがレニのいた医療室に行き、かつて自分が贈った花の鉢植えを見て、強がっていた気持ちの糸が切れ「僕は何ひとつ守れなかった」と頭を抱えるシーンがあった。ト書きには「ムサシは初めて無力感に打ちのめされる……」とあった。

ここは丸ごとカットされ、ムサシが、廊下で立ち話する新見医師と本田看護師の会話の内容を聞いてしまう場面へと続く。防衛軍がレニを捕らえ、バイオチップを外して分析しようとしていることを知るムサシ。

その頃、トレジャーベース内の未来的な廊下で、シノブリーダーは自分の疑念をフブキに話していた。宇宙生命体の狙いは最初からEYESの活動停止ではなかったか？　そしてそれすらも実は計画の一部であり、本当の狙いは別にあるのではないか。

▼久しぶりの〈ラブ・ロマンス〉演出

若者達の行き交う理科大学のキャンパス。四年前までレニのいた場所だ。そこへやって来たレニの手から滑り落ちる新聞に、自分自身の事故死が報じられていた。この場面、たまたま風に吹かれて古い新聞紙が飛んできて、そこに事故死の記事があったと準備稿にあったが、原田監督は偶然を嫌い、直しを入れている。

顔の下半分に照明が当てられた不安定な状態で佇むレニは、構内でチューブのようになっているガラス張りの通路を見上げると、かつてそこを通った自分自身の姿が映る。仲間と笑い合い、未来を信じて疑わなかった頃の自分――。

そして遠ざかっていくジェルミナⅢと、暗闇で威圧的に手を差し伸べてくるワロガの姿が……。

「何もかも思い出したのに、なんのために……まだ私を生かしておくの」

ワロガに問いかけるように独白すると、じっと自分の手を見るレニ。その手はやがて首に掛けられた認識票のプレートに触れ、プレートをひきちぎる。

そんなレニの姿を遠くから見ていたのは、防衛軍特務部隊のチーフ・石井だった。「ターゲット発見」と無線機に囁き、それに呼応して走ってくる黒服達。

　準備稿で石井チーフは「特務部隊の男1」に過ぎなかったが、原田監督は鉛筆でそこに「瀬沼」と記している。『ガイア』で石井浩が演じた特殊捜査チーム・リザードのチーフの名前だが、放映作品では同じ石井浩が、かつての瀬沼を思わせる役で出演することになった。今回の役名は本人と同じ「石井」となっている。

　レニはその場を駆け出す。

　その頃病室では、駆けつけたフブキがベッドの上に畳んであるムサシの隊員服を見た。「あいつまさか、レニを探して」

　ムサシは既に大学のキャンパスに来ていた。レニの立っていた場所で、彼女が引きちぎったプレートを拾うムサシ。

　その頃、駆けるレニは橋を渡っていた。追う黒服達。

　広場に出ると、そこにちょうどムサシがやって来た。ムサシの姿は広場の池に映り、レニはまず反射された姿を見て、視線を上げて彼だと確認する。驚いたように、無音でセリフを言うレニ。だが口の形で「コスモス」と言っているのがわかる。

　次の瞬間、走ってきたレニの手を取るムサシ。レニもがっちり手を握る。

　シナリオにないセリフを無音で告げるラブロマンスは、「ティガ」の『もっと高く！』以来の原田流演出である。それが久々に見られたが、今回もまた、主人公がウルトラマンだと知っているヒロインに施された演出だった。

　やってきた黒服の一人を背負い投げするムサシ。石井はすかさず銃を取り出すが、去っていく二人の車。

　このくだりは準備稿では、廃工場に逃げ込んでの特務部隊とのアクション場面となっていたが、放映作品ではそれよりはタイトな逃走劇になっている。また準備稿の特務機関はビーム砲を撃っていたが、放映作品での石井は拳銃を発砲している。

　追われているという緊迫感さえ出せれば、ここで逃走劇のアクションを必要以上に盛り上げることはないと判断したのだろう。

▼ムサシの決意

　廃屋のようなところに逃げてきたムサシとレニ。シナリオには「薄汚れたどこかのガレージ」と書いてある。

「もう、こんなもの着けなくていい」と手にしていたレニの認識票を投げつけ、「何の治療も受けなくていいから！」と、まるでキレたかのように叫ぶムサシ、レニは「EYESに、もう戻らないつもりなの？」と訊く。

　廃屋に差し込む昼下がりの光に浮かび上がったムサシはうなだれて言う。「僕の考えていたことは……夢物語だったのかもしれない。怪獣を保護しようだなんて」

　そんなムサシに、百年前には、宇宙ステーションの建設だって夢物語だったと語るレニ。懐から、かつてムサシが関教授から渡された写真を出す。

「これ……あたしだよね」

　シナリオでは慌てて「これは君によく似た誰かの……」と否定しようとするムサシの芝居があるが、映像ではすぐに続けて「後悔してない、ジェルミナⅢの建設クルーになったこと」と言うレニにつないでいる。

　立ったまま話すレニの顔は逆光を背景にしている。

「百年前、初めて人が小さな飛行機で空を飛ぼうとした時も、初めて人が宇宙を目指そうとした時も、やっぱり誰もが夢物語だと言った。実現するまでは、いつも夢物語だったんだ」

　怪獣保護だって、今は夢物語かもしれない。だが……。

「人間が、地球に生まれた怪獣と可能な限り一緒に生きていこうとする。そんな話、今は夢物語かもしれないけど、あんたは、いつかそれが可能になると信じていたんじゃなかったの」

　日が差し込む中、顔を上げるムサシの瞳にはもう投げやりさはなく、いつものような真摯な光が宿っていた。

　原田監督は、ここでAパートを終らせ、CMに入っている。

▼カッコいいシノブリーダー

　CM後、市街を見下ろす階段の上で佇むシノブリーダーが映る。

　おそらく、ムサシとレニを探しにやって来たのだろう。そこへ合流し、防衛軍の特務部隊が衛星でムサシ達をサーチしていることを報告するフブキ隊員だが、シノブはどこか気もそぞろだ。

「ベースにいた時は気付かなかった」

　その視界の先には、街頭でマスコミのインタビューを受ける人々がいた。

「でも怪獣と共存して何か人間にメリットがあるの？」「ゲームやってる時にいきなり電気止まっちゃったじゃん、マジムカツイタ」「地球ってのは、人間が暮らすためにあるんです」……。

　市民の声を拾うこの場面は、原田作品としては『ガイア』後半の地球怪獣編を思わせる。

　世代も性別も違う一般市民による怪獣への拒絶反応を見て、宇宙生命体の狙いはこれだったのかと思うシノブ。

　準備稿では、「なぜ宇宙生命体は、人間にこの星の怪獣を抹殺させたいんです、そうなればこの星はどうなるって言うんです」とフブキに疑問を呈させて「それは……私にもわからない」としか答えられないシノブのセリフを入れていた。

　だが決定稿以降で、シノブは「人間が快適な暮らしだけを求めて、他の地球生物をすべて排除しようとすれば、人間は……きっと自滅する」と、もう一歩憶測を進めている。

　原田監督はところどころにセリフを補足して、話をわかりやすくしようとしているのだ。

　その時、地中に眠っていたガルバスの瞳が開く。

「ガルバスが活動を再開しました」と本部のアヤノが報告する。

　ガルバスは白目を剥いている。自分の意志ではなく動かされているのだ。シナリオでは「赤目」となっていたが、ワロガの見た目との差別化もあったのだろう。

　シノブにドイガキからの報告が入る。ガルバスの頭部には変調機が撃ちこまれていると。やはりガルバスの暴走は宇宙生命体の仕業だったのだ。変調機のせいで聞こえている高周波の発信源を目指して進撃しているガルバスの目標は、G2エリアのエネルギープラントであることが推測される。

　シナリオでは、ワロガが直接ガルバスを誘導しないのは、「この一件では奴は全てを怪獣の脅威に見せかけようとしている」ためだという、フブキとシノブの問答があった。かえって煩雑になるとカットしたのかもしれない。

　怪獣のエネルギープラントまでの進撃を許せば、街の中心部が壊滅してしまう。無線でそのことを知ったムサシは、プラントに向かいタービンを止めようと考える。そうすれば、街もガルバスも救うことができる。だが無人で自動運転しているプラントを止めることが出来るのは、専門の技術者だけだ。

「私なら止められる！」

宇宙ステーションの建設クルーだったレニはそう言う。

駆け出すレニを追うムサシ。

だが、レニ自体が宇宙生命体の送り込んだ存在だと認識しているシノブとフブキは、それを止めに自分達もタービンへと向かう。

ビル街に太陽が落ちるカットが入り、ガルバスが夕焼けの下を歩いている合成ショットになる。夕景の素材をバックにして、はるか遠くの下方にガルバスが映り、詩情すら感じさせる。演出メモの時点で原田監督による簡単なイラストが描かれている。

プラントにたどり着く二人だが、制御棟への扉はロックされているため動かない。ドアの前で立ち往生する二人に追いついたシノブリーダーはラウンダーショットを向ける。両者の間には多少の段差があった。

「私があなたでも、きっと同じことをする」と静かに言うレニ。「だから、あなたが私でも、同じことをするはずです。たとえ撃たれても」。

銃を構えたままレニの目を見返すシノブ。

そこへ少し遅れて、ステップワゴンに乗った石井達、特務機関の人間が到着する。

次の瞬間、発砲するシノブだが、撃たれたのは開かなかったドアだった。

「行きなさい！」というシノブの声に、中に入っていくレニと、少し慌てながらも従うムサシ。

シノブはレニと目を合わせた瞬間、くるっと身体の向きを変え、石井達にラウンダーショットを向ける。ここまではシナリオ通りだが、原田監督は既に扉の方へと銃を構えていた石井達と交差するポーズとなったシノブをカッコ良く演出。

「何のつもりだ」と言う石井に、シノブは応える。

「気が変わったのよ、ここは通さない！」

そこに、冬木透によるEYESのワンダバテーマのイントロがかかる場面は、実に盛り上がるのだった。

▼突然タッチの変わる演出

ガルバスを相手に再び戦車隊が出撃する。

「撃て！」と叫ぶ戦車部隊長。戦車が砲撃体勢を取るため引いていくと、高速道路の下になる。その高速道路を叩き壊すガルバス。

ガルバス対戦車隊の戦いとカットバックして、タービンを止めようとするレニとムサシの奮闘が描かれる。

「いかん、ガルバスが街の中心部に入ってしまう！」

ヒウラは焦るが、やがてタービンは止まり、その停止音を確認したシノブと石井達、特務部隊は、向け合っていた銃を降ろす体勢に入る。

我に返ったガルバスが途端に動揺しはじめる仕草は、やや可愛らしく撮られている。シリアスな今回の前後編で、ここだけ意図的にタッチを変えているようだ。見ていて思わずホッとさせられる。

戦車部隊長は「チャンスだ！」と叫ぶが、もう戦う気もないガルバスは怯えている。「そうだ、戻るんだガルバス！」と指令室で思わず呼びかける口調になるヒウラキャップ。

後ずさっていくガルバスだが、そこへワロガ球体が飛来した！後押しされるように背中に雷撃を受け、「くぅーん」と、弱い犬のように鳴くガルバス。

「どうしてもガルバスに街を破壊させるつもりか！」とヒウラは叫ぶ。

準備稿では戦意を失ったガルバスは地中へと潜るが、ワロガ球体がその穴に向かって光弾を撃ち降ろすという展開になっており、また原田監督は演出メモで、ここにてガルバスを絶命させる案も考えていた。だがその案は捨て、可愛くマンガチックな方向に持っていっている。

▼別れの曲

レニと共に外に出たムサシがやってきたのは、柱のみが四角く組まれたオブジェ越しに、空が見える高台の公園。そう、原田監督初のウルトラ作品であった「青い夜の記憶」(『ティガ』29話)でシンジョウ隊員に憑依した宇宙人が絶命したのと同じ場所、東京都多摩市の鶴牧西公園である。

シナリオでは先ほどまでと同じくプラントの制御室内だったが、原田監督はこれから始まる二人の別れの場面を、夜の星が見える屋外に変えた。イメージボードもここを想定して描かれている。

レニは、疲れ切ったかのようにその場にへたりこむ。顔は前よりも青白くなっており、唇の色も薄れている。

「行って。ガルバスを救うにはあの宇宙生命体を倒すしかない」

レニの身体が弱っていることの理由は特に描かれていないが、ワロガが与えた生命の期限が迫っているのだろうか。準備稿では、タービンを止めようと作業している最中に突然苦しみ出し、痛みに動けないレニの指示でムサシが作業を続けるという描写があり、それはワロガ球体の不気味な発光と対応して描かれていた。

ワロガを倒せばレニの命もこと切れてしまう。ムサシにはそれはできない。

「あいつを倒して私を眠らせて……ウルトラマンコスモス」

なぜワロガが自分を生かしておいたのか。それは、ムサシの優しさに突け込んで、コスモスの戦意を失わせるため。レニはそれを悟っていた。

大学構内で水際に立つムサシを見た時に、彼女はムサシがコスモスだとわかった。その場面がフラッシュバックされる。

「初めて会った時からあんたを知っているような気がしてた。でもそれは、あいつが私に植え付けておいた偽の記憶だったんだ。……だけど、それでも私はあんたと会えて嬉しかった」

座りながら話すレニと、立ったままのムサシは同じフレームに映らず、それぞれのカットバックになっている。

ムサシの脳裏にレニと出会ってからの思い出が蘇る。

そんな二人の頭上に光るのは月……ではなくワロガの球体だ。赤い光点が不気味だ。この場面はイメージボードで描かれている。

「あんたの手で、私を人間に戻して」

少しだけ笑うが、もう表情を作る気力もないぐらいのレニ。

「……あの空に、時の娘を作ろうとしたレニに戻して」

このセリフは準備稿にはなく、決定稿に加えられた。ムサシのこれからの行為が自分を殺すことになるのを知ってのセリフだが、その意味合いがシビアになりすぎないようにしたのだろう。

ムサシは、溜まった感情を溢れさせるように変身していく。出現したコスモス・ルナモードの巨大な姿を見上げるレニ。

コスモスも見下ろし、レニと視線が交わる。

そして球体に立ち向かっていくコスモス。球体の光弾をはじく。拡散するやヒューマノイド型になって実体化するワロガ。その際、ルナの身体への光の照り返しも演出メモから指定されている。

ウルトラマンの姿が夜目に映えることを想定しているのだ。

コスモスはコロナモードにチェンジした。

笑みを浮かべるレニ。そこでピアノの静かな音楽がかかる。

以後の場面は、ワンカットずつ演出メモで割られている。


神出鬼没に、姿を消しながら攻撃を仕掛けてくるワロガ。

コスモスを気遣い、心配そうな顔になるレニ。

ワロガに後ろから羽交い絞めにされ、カラータイマーが鳴るコスモス。

立ち上がるレニ。

手前に池が広がり、下に赤い鳥居が見えるステージで戦う両者。

レニの真摯なまなざし。「お前を許さない」

水面に映る二体の巨人が揺らめく。ここはイメージボードが描かれている。はるか遠くに街の明かりが合成されている。

両者の姿がレニの瞳に映り込む。

コロナは形勢を逆転、光弾を放つ。

苦しむワロガにとどめを放とうとするコロナ。

うなずき、微笑むレニ。

ついに放たれる必殺技・ブレージングウェーブ。

それを見上げるレニ。

爆発するワロガ。

型を収めるコスモス。


以上、戦いはすべてレニの感情と同期した形で考え抜かれている。


レニの死に至る場面は、演出メモではこう書かれていた。

「ワロガ爆発する／空を見つめるレニ／星のまたたく光り／宇宙に浮かぶ時の娘／レニ　目を閉じる／レニの姿が消える／星がまたたいている／戦場に一人立つコロナ（池に反射）／コロナのUP」


満天の星空を見上げて、目を閉じるレニ。

ジェルミナⅢの姿が映る。演出メモには「宇宙で生前に最後に見た時の娘の夢」と記されていた。断末魔の映像は、レニにとって夢の象徴の絵柄となってここに提示される。


そこでエンディング主題歌が流れ出す。

コスモスも空を見上げる。足下で目を閉じた後のレニがどうなったのかは確認せず、生前最後に彼女が見た夢と同じ夢を見ているのだ。指令室では、シノブも、ヒウラも、フブキも、ドイガキも、アヤノも、みんな宙を見上げる。室内だが、彼らの胸の中にも同じものが見えているのだろう。


そして、おそらく数日後の日中、レニがいたのと同じあの高台に来て、彼女の写真を見るムサシ。二人で過ごした時間が蘇る。

「レニ……僕も夢を継いでいく。人間と怪獣と、この星を守る夢だ……」


シナリオでは「レニ……僕もこの地上で夢を繋いでいく」となっていた。だが空を見上げるという行為によって、二人の夢はひとつになったのだ。

準備稿では、この後日の描写に入る前、平和な街の点景に「アイズによって宇宙生命体ワロガのガルバスを利用した陰謀は暴かれ、街は以前の平和を取り戻した」というナレーションが入る場面と、指令室の一同に「ガルバスは地底に潜り、出動停止を解かれたアイズは活動を再開した」とナレーションが入る場面があった。ナレーションは、決定稿以降も原田監督自身が書き直していることから、直前まで使用が検討されていたことが伺える。

原田監督は結果的にこれを省略し、画面が夜から昼になっていることだけで、時間経過を視聴者に想像させる仕掛けになっている。しかもその間もエンディング主題歌は流れ続けているので、集中していない視聴者にはそれすらも見過ごされる可能性があることを、わかってやっているのだ。レニがもういないということを、なまなましい〈死〉として押し出さないという配慮だろう。

シナリオで、最後の丘の上の場面にはレニの墓標があることになっている。原田監督は、柱のみが四角く組まれたオブジェ越しに空が見える高台をレニの墓標の代わりに用いて、彼女の夢を遠い空へと解き放つ。


シナリオの末尾の一行には、こうあった。

「ムサシの目には、試練を経て自分の道を確かに選んでいこうとするものの、静かな強さがある……」

▼原田昌樹、語る

――前編の最後でコスモスがやられてしまうとシナリオにありましたが、立ち上がれないながらも奮闘するというところで後編に続いていましたよね。

原田　MBSとしても、前編でウルトラマンが倒されてしまうのはヒーローとしてどうかというのがあったんです。昔の初代ウルトラマンでも、ゴモラの回の前編では、不意を突かれてやられた隙に逃げられてしまうというパターンだったこともあって、「負

イメージボード(橋爪謙始)　レニとムサシの頭上にワロガ球体。ロケ地・秋葉台公園のオブジェも描かれている

イメージボード(橋爪謙始)
対峙するワロガとコロナが池に映り込む。遠くの街明かりも指定

けた」のではなく、ムサシの不注意でコスモスが「勝機を逃した」という風に持っていったんですね。

あと、消えてしまうというシナリオの描写をなくしたのは、最初の映画版（映画『ウルトラマンコスモス　THE FIRST CONTACT』、監督・飯島敏宏、脚本・千束北男）で、パワーを失ったウルトラマンが透明になるという設定があったので、そこら辺の整合性の問題も多少意識しました。

――ガルバスは地中に戻るところをまたワロガに攻撃されるというくだりが、準備稿にはありましたね。

原田　地中に潜るというのはセッティング的に大がかりになりすぎるということもありましたけど、地上での戦いにしたいと積極的に思ったのも事実です。

やはりきちんと地上に怪獣が見えてないと、見ている人に訴えるものが弱くなりすぎるんです。ビル街のミニチュアを組むとまた大がかりになっちゃうけれど、丘陵地帯でいくつかのビルのある街は作れましたから。寺井美術監督とビルの数についても打ち合わせしてから、準備稿に対して加えて欲しい箇所を脚本の太田愛さんに言いましたね。

――ガルバスが高速道路を破壊するシーンもありましたね。高架下に防衛軍の戦車が下がって行って……。

原田　防衛軍が怪獣を攻撃するのも、準備稿では戦闘機だったんですが、1話や劇場版をご覧になればわかるように戦闘機の表現はフルCGなので、合成カット数的にかなり厳しかった。

代案として、特撮美術に「戦車なら四台あります」ということだったんで、防衛軍の設定を地上軍にしたんです。

防衛軍戦車部隊とガルバスの、丘陵の多い市街戦ならば、充分特撮スペクタル的に撮れると思いました。

その後の、出現したワロガとコスモスの戦いも、同じ市街でやってもらえれば特撮予算的に可能でした。そっちの方は夜の戦いにしましたしね。

つまり後編の特撮的見どころを、ガルバス対防衛軍地上部隊と、ワロガ対コスモスの二つにしたんですね。

――本編部分でのアクションの見せ場である廃工場の戦いは、シナリオからオミットされていますね。

原田　廃工場の攻防戦は、ヤクザ映画育ちの僕としては「ウルトラマンに来てまで撮りたくない」という気持ちが、この時はあったんです。だから割愛したいと太田さんに言いました。追いかける特務の男は、『ガイア』の瀬沼的な男にしたいと思って、同じ石井浩に出てもらいました。

――シノブがワロガの目的を類推するところで、決定稿ではセリフを足していましたね。

原田　ワロガの目的をもっとわかりやすくという意見があったからだと思います。そういう意味での補足事項は今回たくさんありましたね。前編でも、コールドスリープというのはレニを死に戻すことを意味するというのを、はっきりセリフとして説明した方がいいかなとかね。

――後編のクライマックスが夜で、前編は昼間になっていますね。

原田　後編のクライマックスはバトルであるとともにラブ・ロマンスとしての決着にしたいと思って、夜を意識しました。二人で一緒にいて夜になったという。本当は全体にラブ・ロマンスの匂いが強いと、もうちょっと違ったんですけど。でも、後編でそれはもう諦めてましたね。

――後編では三輪ひとみさんの比重が大きくなって。

原田　当然そうなるわけですよ。三輪さんの演技力と、杉浦太陽の演技力じゃ絶対的に違うわけだから、三輪さんのアップはアップで撮って、二人芝居という風には見えないようにしました。

太田さんもね、杉浦太陽がもう少し芝居が出来ると思って脚本を書いているんですよ。でも彼は、言われた事はやれるけど、情感を出したり、行間の部分を出すのはまだまだ無理だってことを、やっていて思い知ったんです。

だから最後の、レニがムサシに、ワロガと戦ってと言う丘の上のシーンの撮影では、太田さんに来てもらったんです。現場でテストを一回台本通りにやってもらって、「悪いけど、こういう状態だから、ムサシのセリフ切るよ」と言って切っていったの。最低限わかるセリフだけを言わせて、あとはレニの表現だけで……。

もう二度とあんな事やらないと思いますよ。シナリオライターを呼んで、目の前で主役のセリフを切っていくなんて。太田さんは自分のセリフに対してすごい強いこだわりを持っている人だったんですけど、表現出来ないものはしょうがないよと。

――その前の廃屋の場面で、死を決意する時の、所謂夢だとか、人間の進歩の話をするところはかなり長いセリフでした。

原田　長いですよ、あのセリフ。あれはほとんどレニが喋るからできるんだけど、でもあれはね、作品として、ちょっと長過ぎるとは思うんですよ。もうちょっとシンプルにしてあげたかったんだけど、まあ、あそこしか彼女の心情を吐露する場所がないから、自然にどうしてもあそこに行っちゃったんですね。

――最後は目を閉じて、シナリオでは「その安らかな眠りの顔」って書いてありますが、その瞬間ってのはないですね。

原田　それは見せない。見せないことにしました。ワロガをやっつけることが、彼女が死ぬことを同時に意味することはもう、見てる人にはわかるはずだから、そしたらそれ以上見せないで、後日談に持ってっちゃうという逃げ方をさせてもらいましたね……。

シリーズの中で、ムサシが最終的には前向きに立ち直るというのが後編のラストに必要とされたというのもありましたし、レニは死ぬんだけど、それに対して彼女自身能動的な印象が残るようにしたんです。MBSからも、ウルトラマンが冷たく見えてしまうのはどうかという意見がありましたし。今でもやっぱり、あの方法で良かったと思います。非常に怖い、ある意味ホラーなホンだったんだけど、良いホンであったことは間違いないんで……。「時の娘」はそれなりに、なんて言うか、まとめ上げはしたんで、オンエアすれば、まあまあなんとかなるだろうとは思ってましたけど、本来もっと良くなるはずの作品を、レベルダウンして完成させたって印象が強いんで……。

――最後は隊員それぞれが見上げてるシーンが出てきましたね。

原田　まあ、ムサシを含めて、レニの夢を叶えてあげるっていう方向ですよね。

――最後の、ピアノ曲が響く中での、夜のコスモスとワロガの戦いは印象的でしたね。

原田　ワロガとの戦いがレニの死につながることを意識して戦うコスモスを、哀しく美しく撮りたいと思っていましたね。そして、その戦いを見つめるレニの姿を綺麗に撮ることが僕の義務ではないかと。

夜の街で戦うウルトラマンは美しいです。安らかに休息に戻るレニと、宇宙空間に漂う「時の娘」の姿をうまくクロスオーバーさせた映像を作れば、ラストには持っていけると思っていました。

●ウルトラマンコスモス出演者
杉浦太陽（春野ムサシ役）・**市瀬秀和**（フブキケイスケ役）・**鈴木繭菓**（モリモトアヤノ役）
オブザーバー・**渋谷浩康**（プロデューサー）・**岡秀樹**（セカンド助監督／当時）

座談会

原田監督は「体育の先生」でした

渋谷浩康　いやぁ、みんな元気だった？

一同　はい！

岡秀樹　（杉浦さんに）当時は顔が丸かったけど、どこ行っちゃったの、あの肉。いま体重は？

杉浦太陽　五九キロです。でも当時でも六一キロですよ。二キロぐらいしか違わない。歳ですかね（笑）。

岡　今日みなさんには西暦二〇〇一年に記憶を巻き戻してもらう必要があるんです。

市瀬秀和　1、2話が、原田監督じゃなくて北浦（嗣巳）監督だったでしょ？　その時フブキ用にサングラスが何パターンかあって……。

鈴木繭菓　サングラスかけてたよね！

市瀬　俺、その中では「黒いのがいいな」と思ってたら、北浦監督がすごい茶色い、大門軍団みたいなのがいいと言って「うわぁ〜」と思ったけど仕方なくかけてたら、原田監督が3話（制作は3話「森の友だち」。放映は9話）で「ダサイから黒に変えようよ」と変えてくれた。でも茶色であろうと黒であろうと、ダサイことには変わりはなかったという。

鈴木　あれはでもキャラ出てて良かったじゃん。

岡　繭菓も、かけてたよね途中で（笑）。

鈴木　かけてたかけてた（27話「地球生まれの宇宙怪獣」）。

市瀬　原田監督、自分でもかけてましたからね。出演者にかけさせるのは、外す仕草のカッコ良さみたいなのがあったんじゃないですかね。

鈴木　私も髪の毛ほぐしたの原田さん。北浦監督は「縛れ」って言ったから、1、2話だけ縛ってた。

岡　繭菓、憶えてるかな。「ぬくもりの記憶」（24話）で、ナイターやってて、高台だったんですよ。町を見下ろすような。ゲストの少年役の上條誠くんと二人きりで喋る場面があって、髪梳かしたでしょう？

鈴木　私？　へえそうだったっけ？

岡　話をしながらポーチからヘアブラシを取り出すんだよ。で、髪を梳きながら上條くんに喋り続ける。

——原田監督が繭菓さんの提案だって言ってました。

岡　え？　繭菓の提案って言ってました？　なるほどねー。でも、本当はちょっと違うんです。というのは、あの撮影の準備をしている時に「岡、ポーチの中にブラシを入れといてくれ」と言われたんです。でも台本を読んだだけだと「なんでこの場面でブラシ？」と思ったんだよ。そんなこと書いてない。

それで現場に行って、監督が繭菓としばらく喋ってたら、自然にそういうお芝居になっていった。まるで台本に指定してあったみたいに無理がない。

——ここに原田さんの発言がありました。（ぶんか社刊「鈴木繭菓　アヤノ隊員　ビジュアルブック」を開き）「『ぬくもりの記憶』で、純くんを待っているアヤノが夜の公園で髪を梳かすシーンがあるんですが、あれは台本にはなくて、彼女が自分で考えてやったことなんです」。

鈴木　わー、すごーい（笑）。

——「女優さんの中には、言われたことはできるけど、そういうアドリブ系のことはできない、って人も多いんですが、繭菓は幅があるんですよ」と。

鈴木　ヤバイ。べた褒めですね。

岡　監督は最初から狙っていた。僕らに準備をさせて、繭菓がそう芝居するように仕向けた。繭菓は繭菓で、監督の突然の要望をちゃんと消化して自然な芝居に見えるように応えたということなんだろうね。

下準備といえばごく初期に、わざと難しいセリフで練習してもらったことがあったね。今まで歴代のオペレーターの女の子が一番苦戦したような言葉を台本から抜いて、繭菓に渡したんだな。

鈴木　はいはい。

岡　「東京A地区に怪獣が出現しました！」と言うのは簡単なんだけど……。

渋谷　「ポイントAなんとかかんとかエリア」（笑）。

岡　「地下から巨大な物体が浮上中です！」とか、早口言葉かよ！ってセリフを練習してもらった。

杉浦　僕も、岡さんと一緒に特撮の広いステージで発声練習やってたのを憶えてます。怪獣の名前が言えなくて噛んでしまって。

試練の原田組

市瀬　1、2話の北浦監督と(制作順の話数)3、4話の原田監督では、だいぶ違いますよね。演出の仕方が。たぶん原田監督の方が普通の映画っぽい。北浦監督はわけわかんないことを言うんです(笑)。

鈴木　えーッ、そう?

市瀬　監督の中でCGとか色んなものが入った状況をイメージして喋るので、僕ら全然わかんない。

杉浦　オンエアしたの見て、初めて「あーッ」って。北浦監督は擬音で喋るから。「ドオーンときてバアアーンときたらそこでブウオオッッーて来るんだよ」みたいな。全然わかんない(笑)。

最後の方では慣れましたけどね。

市瀬　原田監督はけっこう気持ちを説明する感じでしたね。「この時にこの表情は違うだろ」と。

タカやん(杉浦さんのこと)は「時の娘」(13・14話)で怒られたもんね。

杉浦　スーパー怒られましたね。

市瀬　鍛えられたもんね(笑)。

杉浦　はい。とにかくあの頃は緊張しっぱなしで。俺、マネージャーが呼び出しくらいましたもん。

鈴木　え?　原田監督に?

杉浦　「お前ンとこのタレントどうなってんだ!!」ってマネージャーに。

鈴木　そうだったの?　知らなかった。

市瀬　お怒りだったんだ。

杉浦　超怖かった。

岡　すごかったよ。

杉浦　鬼門でした鬼門。

――どうしてマネージャーさんを呼ぶことに?

杉浦　いや僕のヘタレ具合を見て。

――それは演技上のことですか。

杉浦　そういうことですね。

市瀬　最初けっこうタカやんに冷たかったもんね。めっちゃ怖かった。

杉浦　キツかったけっこう。

市瀬　あれも愛だったんだなあと思って。

杉浦

岡　愛じゃねーよ(笑)。

杉浦　(笑)。

――杉浦さんは、原田さんがその時厳しかったのは試練になっていると取材で語っておられましたね。

杉浦　試練でしたね。僕、精神的にだいぶ強くなったと思います。その後は人からちょっとやそっと怒られても、全然平気な気がする。

――そんなに厳しかったんですか。

杉浦　はい、僕はトラウマなんで。初めて精神的に挫けそうに……病みそうになりました。

鈴木　へえー。

杉浦　それだけ迷惑かけたから。でも最後の方は、だんだん笑顔をチラッと見せてくれるようになって。ご飯も連れてってくれたりして「実は優しい人なんだ」と。半年間はただの怖い人だと思ってました。

岡　憶えてるかな。ヤマワラワの回(9話／制作3話)で旅館のような場所で撮影した時のこと。男の子が「怪獣を見た」と言うのでムサシは調査に来た。

お父さん役の石橋保さんが昔ヤマワラワと接触してたことがあるから、息子の言ってることををわかるんだけど、それを言わせないように遠ざける。「変だなあ」と旅館から出てきたムサシが、男の子のところに来るんだね。それで「僕は君の言ってることを信じるよ」って話をする場面を憶えてる?

杉浦　はい。

岡　あの撮影の顛末憶えてる?

杉浦　顛末?　石が降ってきて変身しますよね。

岡　そういうことじゃなくて、その場面の撮影の時に、なにがあったか憶えてる?

杉浦　え……?

岡　ゆるやかな坂道の下の方に、旅館の入り口があって、そこから怪獣の存在を父親に認めてもらえない男の子は悔しくて走り去ろうとする。それをムサシが追いかけて坂道の途中で呼び止めて、ムサシは自分の身の上話をする。僕は子どもの時にウルトラマンと出会った、でも誰にも信じてもらえなかった。だから僕は君の言うことを信じるよ……。

杉浦　ああ、言った言った、言いました。

岡　言ったやろ?　良い場面だよ。あの撮影の時に、何があったか憶えてる?

杉浦　……。

市瀬　なんかやっちゃったの?

杉浦　やっちゃいましたかね、なにか。

岡　原田さんが杉浦を精神的に追い詰める……。

杉浦　きっかけ?

岡　きっかけはその前に既にあった。1・2話の撮影を原田さんは見に来てるんだ。だから「杉浦太陽は本当に芝居が出来てないな」とハッキリ言ってた。

杉浦　はい。

岡　原田さんもそれをわかった上でご自分の撮影に臨んだ…で、実際やってみて……。

杉浦　はい。

岡　「想像以上にこいつはダメだ!!」

杉浦　(苦笑)。

岡　となったのがあの場面。イライラしながら「ああしろ」「こうしろ」と演出しても監督が納得できる芝居が返ってこない。最終的にどうしたか？
杉浦　いっぱいいっぱいで憶えてないな。
岡　キャメラの倉持(武弘)さんに「倉持さぁん、ダメだもう！」と言った。二人の間にアイコンタクトがあった次の瞬間、カメラがどおおおっと離れて、大ロング大望遠の世界になっちゃった。ムサシ豆粒。
鈴木　ああそうなんだ。
杉浦　そうすか、はー……。
岡　「ああ〜、これから一年どうすりゃいいんだよ〜」って俺、頭抱えた(笑)
市瀬　岡さん中継の人だったからね。役者と監督の。
——セカンド助監督の岡さんはそういう立場なんですね。
市瀬　そうですね。常に。監督が十言ったことを、役者に、ひっくり返して十で教えなきゃいけない。言葉を変えなきゃいけないとかありますよね。
——ああ、両方を立てて。
市瀬　岡さんが一番大変だったと思いますけど。
杉浦　一年半、お付き合いの長い中でお世話になりました。
渋谷　現場で岡さんは俳優にとって一番話しやすい立場だったよね。
杉浦　一番の相談相手というか。
鈴木　間に挟まれてどうしようとか……いつも悩んでた気がする。
市瀬　でも岡さんはやっぱりすごいと思ったね。監督によって対応を変える。その監督によって、先回りを喜ぶ監督と、あんまり先にやるといけない監督。
岡　なるほどねえ。それはあるかも。
——原田監督はどちらのタイプでしたか？
渋谷　原田さんは自分で全部段取って、もう出来てる。むしろおもてなしをする方だからさ。
岡　監督が何をやろうとしているのかという狙いを、現場に行ってどの段階で掴めるかというところが、原田さん付き助監督の練度になってました。

いっそ手を切りたかった

岡　僕は『コスモス』の現場写真を時系列にずっと並べたアルバムを作ってたんですが、1話から順番に並んでて、3〜4話の辺りに、「原田監督の太陽バッシングは本当にすごかったなあ」と書いてある。
杉浦　(笑)
——じゃ原田さんのローテーション来るの嫌じゃなかったですか。
杉浦　……ぶっちゃけ(笑)。
一同　(笑)。
岡　やっぱり「時の娘」の時のプレッシャー大きかったはずだよね。
杉浦　(小さく)そうっすね……。
鈴木　「時の娘」は原田監督も気合い入ってました。
杉浦　初めての前後編でしたね。
岡　やっぱ繭菓もそういう印象あるんだ。
鈴木　憶えてます。「太田愛さんの脚本だから、すごい頑張ってやる」みたいに監督が言ってた。
市瀬　それまで、原田さんは現場でタカやんの演技をスルーしたような時もあったよね。すぐに「ハイOK」みたいなことが多かったのをすごく憶えてる。「時の娘」の時はガツーン！　と行ったから。けっこう絞られてるなあと。
渋谷　原田組でムサシといえば「時の娘」だね。
鈴木　怖い！
市瀬　怖いよ。俺らがタカやんの芝居している裏で出番をずっと待ってた時、タカやんが長いから、一回制作の人から「戻っていいですよ」と言われたもん。俺ら昼飯入るからって戻っちゃった。あの時は「大変だー」と思ったな。
岡　三輪ひとみさん演じるレニを連れて車で逃げるくだりで、ムサシが粗相したの憶えてる？
杉浦　女性を車に入れる時に……。
市瀬　手かなんか挟んじゃった。
杉浦　足です。……俺が閉めちゃった。
岡　リハーサルの時、三輪さんの足がまだ完全に入ってなかったのにムサシがドアを勢いよく閉めた。モロに挟まっちゃって「えらいことになったー」と。
市瀬　後で冷やしたりしてたよね。
渋谷　大変だったよなあ。
杉浦　13・14話で怒られた後、どう原田監督の近くにいけばいいのか、毎回毎回ドキドキしながら、十センチぐらいずつ近付いていって、最後には呑んで終わりました。
岡　でも一年やって、杉浦太陽やっぱりもちろんうまくなった。嬉しかった。直らない癖はやっぱり直らなかったんだけど(笑)。
杉浦　顎を上げてしまう癖とか。ヒーローものの演技はそうだというイメージがあったから、あれがしばらく直らなくて。でもその後に普通の芝居の現場やってだいぶ……。
　あの頃は僕自身が、打たれ弱かったというのもあって、一回何か言われて、それがコンプレックスになって、どんどん自分が何をしていったらいいのかわからなくなっちゃって……それが逆に悪循環で、もう何をやっても怒られるようになっちゃって、そこから立ち直るのにすごく時間がかかっちゃった。

岡　伸び伸びとはやれてなかったよね。これは俺の見方なんだけど、原田監督はひとつダメなら全部ダメになっていく感じはありましたね。

杉浦　今思うと、自分の感性で自由にやれれば一番自然で良かったりするけど、あの頃は一個のことで考えたり、怪獣のシーンもどう考えたらいいのかとか、「時の娘」も、それまで恋愛のシーンもそんなに経験なかったから、どうしたらいいのかと……。

　もういっそ手を切りたかったみたいな。手の置きどころとか、そういうこと自体……。当時ショーで舞台もやったんですが、舞台とか特にそうじゃないですか、置く手の場所がすぐ変わったりするから、そういうとこも全部、考えれば考えるほど……。

渋谷　それも試練みたいなところはあると思う、誰もが通るところだとは思うけどね。

杉浦　でも原田さんのおかげで、そこからもう自分自身で考えるようになったってのはありましたね。

渋谷　我が子を突き落とすライオンのように。試練だね。学校みたいなもんだよね。色んな先生、担当教員のキャラクターがいて。原田さんは厳しさ担当。

杉浦　北浦さんは理科の実験担当。「ドーン！」ってなるんだよみたいな。

渋谷　小中（和哉）さんは理詰めで来るタイプだし。

杉浦　原田監督はもう体育の先生みたいな感じで……はい。だから、なんもできなかった自分をしごいて、ちょっとは使えているのかな……という感じですね。はい。初心者から練習生になったみたいな。

岡　君も謙虚になったね。

鈴木　ムサシ隊員は歳が一番下だもんね（※蘭菓さんと同い歳）。なにげにアヤノより下（設定でアヤノはムサシより十ヶ月先輩）。

岡　ムサシはお茶運んでる場面けっこうあったね。

杉浦　ムサシはけっこうパシリ的な存在（笑）。

　色んな現場を回るんですけど、ウルトラマンの現場帰ってくると、初心に返らされる。「太陽あれ取れ〜ッ！」「ハイ！」って（笑）。頭が上がんなくなっちゃいます。

岡　そういう関係性はあるよ。しょうがないよね。

杉浦　そう、中学校高校の先輩みたいな（笑）。

▼硬派なフブキ隊員

鈴木　私は、原田監督に怖い印象は全然ない。

市瀬　そりゃあそうだろ（笑）。原田監督蘭菓大好きだから。自分の娘みたいなもんだよ。「可愛い可愛い」って言って。

鈴木　私も原田監督の回が楽しみだった。「早く原田監督になんないかな」って（笑）。

　たぶん原田監督、私いる時は機嫌よかった。

市瀬　絶対機嫌よかった。ねえさん（シノブリーダー役・坂上香織さんのこと）と蘭菓、二人といると全然機嫌よかった。女の子としか話してないもん。野郎はどうでもいい。

鈴木　でもおじいちゃん（市瀬さんのこと）はすごく仲良かった。気に入られてた。

　おじいちゃんは年上の方達にすごくいつも気に入られてる。知らない間に仲良くなってる。「え、どうしてそんな仲良くなってるの」みたいな（笑）。「前から知り合い？」って。特撮組とも仲良くなってて。

市瀬　特撮はよく見に行ったんです。自分がアクションを好きな立場から。俺がタカやんだったらコスモスの中も演らしてもらう……みたいな勢いだったんです。「俺が主役だったら変身後も俺だ」みたいな。

　でも特撮ステージの中入るとビリッとしてるじゃないですか。爆発ドカンドカンやったりするから、そこに調子こいて「お疲れ様です！」とか言って入れないから「行きたいんです」と頼んだら、原田監督が「見に来いよ」と言ってくれた。監督の後ろにいれば全然問題ないんですよ。監督がモニタ見てるところの後ろにいて、よく見てました。

杉浦　特撮ステージは入りづらかったですね、最初。

鈴木　特撮、超ピリピリしてた。

市瀬　自分達が、怪獣にやられて「うわぁーっ」となるカットの後で戦闘機落ちる場面撮ってるんで「ああやって墜落するんだな」とかね。

　いまだに特撮の人達、俺つながってるもん。俺が舞台で芝居やった時見に来てくれるし、みんな。

杉浦　すごいな。

市瀬　制作の人から「ヘリコプター乗りに行ってきなよ」と言われて、自分が乗ってる感じを掴むために乗ったこともありましたよ。

――フブキ隊員は硬派で、髪型もまた独特でしたね。

市瀬　最初オーディション受かった時、「すみません、杉浦さんとの対比で坊主にしてくれますか」と言われたんです。フブキは軍隊上がりだから。

　俺「それやだよ」と言ったら「ちょっと髪型考えますね」って、あんな髪形になっちゃった（笑）。

岡　「なっちゃった」って……アレ自分でしたんでしょう？　ダメだよ人のせいにしちゃ（笑）。

市瀬　すみません。

――たしかに、短髪ではないのに硬派なテイストが表現された髪型でした。

岡　頑張ってセットしてたよね。

市瀬　最初四五分間かかってたのが、半年ぐらい経ったら一五分ぐらいでできるようになりました。

杉浦　メイクの(今井)志保さんが「命の入った」前髪だって言ってましたね(笑)。

私服バージョンも髪型変わらずでね。

市瀬　そうそう。ヘルメット取っても変わらず(笑)。

▼時には大人の演出を

岡　監督になってから市瀬さんとやったんだよ(『レスキューフォース』48話「どうする響助　もうひとりのR2」)。カッコ良かったぜ〜。

――元ヒーローで、主人公の兄貴分的な役割でした。

市瀬　「フブキ風に走って」と言われて、フブキ流に走りました。

――棒術で戦うシーンにはシビれました。

市瀬　まさにこの『コスモス』で知り合った殺陣師の車(邦秀)先生にずっとお世話になって。

刀の本身でディナーショーもやってます。精神集中できて気持ちいいです。岡監督も見に来て頂いて。

渋谷　フブキの原田組は「空の魔女」(47話)だね。

市瀬　バッチリ人間の戦いをやってましたよね。変身する前のね。

――「空の魔女」は市瀬さんの方から原田監督で自分の話をやって欲しいとおっしゃったと聞きました。

市瀬　はい。原田監督とやるのはすごく僕少なかったんですよ、前半戦。だからやりたかった。

原田監督は「時の娘」の時に、普通のお芝居を撮ってるイメージがあったんです。映画的な。だからやって欲しいなと監督によく喋ってたんです。それでお芝居とアクションが多い、この回が来ました。

――あの時は、好きだった彼女と同じ姿の敵に対して、撃とうとして撃てない芝居がありました。

市瀬　ああいうところも、原田監督は気持ちの芝居でやればなんにも言わない……と僕は思ってたんです。

――彼女が、フブキの肩をドンと掠めて、去っていく……。

市瀬　海沿いの横浜港でね。構えたまま固まって……そこを彼女がすれ違って。その後すぐ追っかけるんですが。ああいうのって「ドラマ」ですよね。

岡　あの横浜港の走りが印象に残ってるんだよね。「この男の走りはなんか特徴があるなあ」とずっと思ってたんだ。僕のイメージにあるフブキ走り。

市瀬　俺が好きだった女性は二回出てきますよね。二回目(58話「復讐の空」)は川本(淳一)さんってゲストの人がワイルドで、Vシネな雰囲気でした。

――原田監督のVシネマ『男組』の主演でしたね。

杉浦　あの時は全体的にVシネ風の回でしたね。石井(浩)さんが銃を構えてバーンとやって、超カッコ良かった。原田さんああいうの好きなんですね。

市瀬　シノブリーダーもさらわれて縛られてみたいな……けっこうエロスなシーンありましたね。

場所も廃屋の暗いところで。ねえさんは原田さんとは他の映画でも一緒だったみたいだから、慣れたものだったんじゃないかな。

岡　ロケ場所といえば、日野自動車21世紀センター。日野自動車の社員研修所で原田さんお気に入りの場所だった。そこのロビーがすごくきれいなガラーンとした空間で、「ワロガ逆襲」(48話)の時にあそこで石井さんと芝居したでしょう?

杉浦　はい。

岡　あの時に、石井さんも、ムサシがウルトラマンであることになんとなくの確信が内心あって……。

杉浦　ええ、ええ。

岡　……腹の底にそういう気持ちを密かに持ちつつ、事務的にクールに話してる。その二人を引き絵で撮ったよね。二人とも窓の外になんとなく視点を向けて、互いに視線を合わさないで、背中中心で撮ってる。ああいうのが、子ども番組のセオリーからはちょっと外れてるんだけど、骨っぽくて男っぽくて「原田さんの一面が出てるなあ」と思った記憶がある。

杉浦　大人も楽しめるような。

岡　話によって明確に違ってるんだよね。一話の中で混在させない感じはするな。切り口は話によって変えるというスタンスだったのかもしれないですね。

杉浦　ヤマワラワとかは子ども向けのね……。

鈴木　そうそう。私がメインでやってもらった回とかは子どもっぽい(笑)。

市瀬　ねえさんもそうだけど、女性をきれいに撮ろうというこだわりはあったと思うよ。俺らより。

杉浦　ねえさんの色気を見せつつ、繭菓特有の無邪気さを見せつつ……みたいな。

市瀬　あれは「時の娘」でしたっけ。ねえさんに言わせるやつ。三輪ひとみさんに銃を向けてたんだけど、踵を返して撃って、ふさがってる扉をピシャンと開けて「逃げなさい」って。カッコいい。

岡　その後石井さん達がダーッと入ってきて、銃を向け合ったまま睨み合って「気が変わったのよ」と。

市瀬　気が変わったのよねえさん!(笑)。

岡　あそこでワンダバダバダ〜って音楽が始まって、空気が変わるのよ。

▼怪獣も人間も大切に

――原田監督の時に、アヤノ隊員が私服で外に出ることが多かったですね。「ぬくもりの記憶」（24話）のアヤノ隊員が上條誠くん演じる……。

鈴木 純くん（役名）ですよね。この男の子すごく憶えてる。可愛い子だった。

――原田さんがけっこう彼を好きでした。

鈴木 というか、原田監督は自分の好きな役者さんしかゲストで出さないという印象がすごく強い。

市瀬 あの子が交通事故に遭うんだよね。

座談会時の三人。左から市瀬秀和、杉浦太陽、鈴木繭菓

鈴木 ああ！ 病院ですよね。あの、怖い病院だ。なんか「霊が出る」とか言って、それで原田監督と一緒に探索したんですよ。

岡 「時の娘」でムサシが三輪ひとみさんと出会って抱き起こして、ペシッと叩かれたのもあそこだね。

鈴木 ロビーのところですよね。

杉浦 あと雌雄同体。二人合体して飛び上がる……。

岡 ああ、ギリバネス（58話「復讐の空」）……。

杉浦 あの時もあの病院だった。

鈴木 原田監督は「俺はお化けがいるかどうかわかる」とか言ってた。「いるいる」って言われて「えー!?」って、すごくワーワーやってた。

――原田監督は、アヤノ隊員を妹風に捉えてたと。

鈴木 キャラクターがそうだった。

岡 ムサシにとって恋愛対象じゃないという解釈だった。そこら辺は各監督の思惑の違いがありました。

鈴木 八木（毅）監督はくっつけたがっていて、原田監督は「それはいいんだよ」と言ってた。

原田監督は、そっちより、ねえさんとカワヤ医師（演：影丸茂樹）をくっつけたがったって。

岡 最初の1クールに、「時の娘」にも出てくる小牧かやのさんの女医先生がいて、いつのまにかフェイド・アウトしたけど、カワヤはその役回りを代わってやってるところがありましたね。

僕は48話の「ワロガ逆襲」の草稿を（注：完全没バージョン）書いたんですが、「カワヤとシノブをくっつけろ」という要望が監督からありました。

――原田監督は、思春期の男の子と女の子の甘酸っぱい思いも大事にしたいというのがありましたね。

鈴木 「子どもの心」というのが多かった。ヤマワラワの時も私が出動して女の子と出会うでしょう。

――蓮沼藍ちゃん。

鈴木 その子も原田監督が気に入ってた。最初はエキストラぐらいだったんだけど、怪獣が出てくるシーンで持ってる風船が飛んでっちゃった時に「ちょっと泣いて」と言ったら、ブワワワーッて泣けて、それですごく気に入って、このヤマワラワの時に出ることになったって言ってた。

渋谷 原田さんにとって、同じ役者を使うのと、同じ怪獣を使うのは通じてて、すごく愛着持ってる。ヤマワラワも「これ改造しないでくれ。また使うから」と（笑）。どうせ作り替えないと予算に合わないなら、これは変えないでもう一回使わしてくれと。

鈴木 私も怪獣ではヤマワラワすごい憶えてる。

▼跳ねろ、アヤノ！

――「妖怪の山」の時には原田さん、繭菓さんが免許を持ってたのに驚いたと言ってました。

鈴木 え？ なんで驚いたんだろう（笑）。

市瀬 免許持ってる人じゃない風に見えたんだよ。

――シノブリーダーの方が持ってそうみたいな。

市瀬 リーダーは持ってないんですよ。

岡 わずかの距離の運転だけどヒヤヒヤして見てた。

鈴木 （笑）。でもあの時のアヤノは、そういう感じを出すみたいな作りでしたよね。

市瀬 「子どもがやっちゃった」みたいなね。

鈴木 子どもが子どもと捜査してる、みたいな（笑）。

岡 廃屋の子ども達のアジトを覗こうとして、戸板ごと倒れたアヤノに少女がかがんで話しかけるところ、アヤノを立たせるチャンスはいくらでもあるのに、少女役の蓮沼藍ちゃんの方がアヤノに目線を合わせる。ああいうところがやっぱり素敵ですね。

「妖怪の山」一本だけをとっても愛すべき絵柄が本当に続くよね。
――アヤノの子どもっぽい動きを強調してますよね。マニュアルを一生懸命見ようとして「マニュアルマニュアル」みたいな。
鈴木　あそこは、「ぴょんぴょん跳ねろ」と言われた。
岡　飯島(大介)さん演じる巡査の前で飛び跳ねたり。
鈴木　「跳ねろ、アヤノ!」って(笑)。
市瀬　素の繭菓を出させるためだよね、きっと。
岡　カエルグッズなんかは最初は原田さんじゃなく小中(和哉)さんのエピソード(8話「乙女の眠り」)。
鈴木　そうだそうだ。浴衣着たやつ。
岡　小中監督のカエルの王子様のエピソードがあって、その時カエルグッズをいっぱい集めたんだよね。
　台本には隊員達の素顔を細かく書き込んであるわけじゃないから、現場でどうしようって話になると、「アヤノはカエル」を頼りに、みんなやっちゃうんです。原田さんは使い方がずば抜けてうまかった。
　25話「異星の少女」で、アヤノとシノブがカワヤ医師の噂をするところで「ナンパされたことがあるんですよ、もうイヤな男、許せない」って、カエルのぬいぐるみを投げつけるんだよね。
鈴木　私が?
岡　原田さんが現場でうまいこと誘導して、君がそうするように仕向けたっていう記憶がすごいある。
鈴木　そうでしたっけ。投げちゃうの?　好きなのに(笑)。
渋谷　小道具は凝ってたよねえ。
市瀬　「魔法の石」の将棋シーンも、フブキは駒を差し替えるんだよね。アヤノが見てない間に。
鈴木　細かいね。
岡　ああいうのは、何度かテストやってる内に、監督からなんか言ってきたの?
市瀬　たぶんそうだと思います。あの時はもう35話だから慣れてきて、色々遊んでるんじゃないかな。

▼僕はウルトラマンを見た

杉浦　原田監督で印象的だったのは「雪の扉」(57話)。あれも太田愛さんでしたね。グラルファン。自分はあんまり出てないけど、あれ幻想的だったなあ。
市瀬　ゲストの天本英世さんは携帯も自宅の電話もないから入り時間とか全部ジョナサンに電話してた。
鈴木　「雪の扉」はムサシと二人でプリクラ撮りに行った(笑)。待ちが長くって。
杉浦　で『WASABI』(〇一年)見に行って、それで町中を二人で歩いてたら「あ!　ムサシとアヤノ」って言われて。
市瀬　俺なんかコクピットが多いから、出られないんだよ外に。
鈴木　私もあんまり外出てない。
杉浦　秀くん(市瀬さんのこと)はけっこう外に出てるイメージありますけどね。
鈴木　おじいちゃん出てるよ。
市瀬　いつも台本半分ぐらいコクピットだよ。
杉浦　出ない人は嶋(大輔)さんでしょ。
――原田さんは嶋さんとは?
杉浦　大人同士ですよね。
市瀬　もう嶋さんの演技にお任せって感じ。直しても、ちょっと(カメラ前の)角度ぐらいだと思います。演技プランとして「それは違う」とかはない。
鈴木　タカやんは監督とすっぽん食べに行った?
杉浦　原田監督とごはんを二〜三回行きましたね。でもすっぽんはまだだった。「今度連れてってあげる」と言われてたの。
鈴木　じゃ行ったの私だけ?(笑)
市瀬　ちょっとお。
杉浦　その時「すっぽん!?　いいなぁ〜」って。
鈴木　「肌がつるつるになるぞ〜。食え」って。
市瀬　俺は原田監督の家の近くの、矢野口の線路沿いの呑み屋に何回か行ったよ。
鈴木　おじいちゃん、本当仲良かったよね。
市瀬　プライベートで監督と会ったのは、原田さんしかないね。
杉浦　そういえば。
鈴木　うん、私もそう。
市瀬　飲んでる時『コスモス』の話はしてませんよ。
鈴木　私もしなかった。
市瀬　普通に演技の話だったり、酒の話だったり。
杉浦　でも『コスモス』撮ってる時は僕そんな余裕なかったです。
市瀬　すみません(笑)。
杉浦　「帰ったら寝る!」って感じで。
市瀬　隊員同士はよく呑むんだけど、タカやんは主役だからね。
岡　毎日だから大変だったよね。
杉浦　精神的にも体力的にも限界になって、うつ伏せで昼寝してる時に、僕がパッと目が覚めたら秀くんが「元気出しなよ」ってリポビタンDを買ってきてくれてて。それがすげえ嬉しかった。
市瀬　(照れ笑い)。
鈴木　ウフ。やるう〜。
市瀬　深い意味なく、普通に弟に渡すようにしてただけだよ。疲れてるだろうから。

うちの隊員が六人いる中で、繭菓とタカやんが下で、俺が次に若くて、須藤(公二)さんがいて、おねえさんのシノブリーダーと父さんの隊長がいるみたいな。そんな兄弟的、家族的な関係があったから。

杉浦　リポビタンDの時は待ち時間だよね。朝からロケ行って、帰ってきて、最後に自分の撮るシーンで、その間は五時間ぐらいある。

市瀬　空きがあるのは仕方がないにしても、タカやんはド頭撮ってから一番ケツってのが多かったから「大変だろうなー」と思って。頭の朝六時ぐらいに入って撮って、間が長くて、結局夜八時ぐらいからコクピット撮るとか。「替えてあげればいいのに」って。待ち時間に「今から寝ます」と言ってたね。

主役だから先にやらせるんじゃなく、コクピットに関しては先輩からというのがあったんでしょうね。

鈴木　厳しい現場で、昔からのしきたりみたいなのが、すごくある。だから主役は試練があって当り前な感じ。ウルトラマンと共に成長して行く……みたいな。私、CSの『ウルトラ情報局』の司会で色んな方にお話を聴いてると、みなさん昔のヒーローも、主役の方がすごく怒られてたって言ってました。周りの隊員役の人とかもみんなそう言ってた。主役の人が大変だったから、それを私達は「がんばって!」って見てた……みたいな。

だからうちらも本当それと変わらない感じで「タカやん頑張って」みたいにしか言えないというか。

市瀬　何も言えませんからね、「俺ら先に呑みに行ってるから、終わったら連絡ちょうだい」みたいな。

杉浦　ドリンク渡してくれて、秀くんが立ち去るのをうっすら憶えてて、「はあ〜ありがとう〜」ってもう一回寝落ちした憶えがある。あれは番組始まってから中盤ぐらいですね。終わりが見えなかった毎日だった。一年三カ月撮影してましたからね。

市瀬　すごいよねー。

岡　ムサシは週五日は朝から晩まで。

渋谷　ロケは本当、日野の撮影が多かったねえ。

杉浦　基本八王子方面。調布集合の。

一同　(笑)

杉浦　いつも調布だったよね。始発で一番の集合。

岡　朝イチ調布に集まれるスタッフがたまたま多かった。それと、原田さんがモロに東京の西に住んでて、自分の周辺のロケ地ばっかり選ぶから。

市瀬　ロケバス途中で降りてったじゃない。「ちょうどいいよここで」なんつって(笑)。

岡　原田さん、自分の車でロケバスの先回りすることも多かったですね。

杉浦　一年の予定が途中で「延長」と言われて「え?」って感じで(笑)。でもあれは嬉しかったですね。

市瀬　しかも俺は延長が決まる前、タカやんが変身するところ見てるからね(40話「邪悪の巨人」)。

杉浦　(笑)あの後どうすんだ!って。

市瀬　この回からもう「見たことにしよう」と言ってたら「延長になりました」って。「えー!　俺見てないことになるのか〜」って。

杉浦　あの俺がさらわれるとこでしょ。光に包まれて上昇して。

市瀬　最終回近くになって「うすうすな」とか言って(笑)。だいぶ前からうすうす気付いていた。

杉浦　どっちやねん!って。「だいぶ前」だから。

でも最終回の別れのシーン、演っててコスモスが見えましたからね。もうバイバイしちゃうんだと思って。本当に悲しかったです。

渋谷　泣いてたよね。リアル号泣だったよね。

杉浦　僕にとってのコスモスはやっぱり青。ルナモードなんですよ。

渋谷　青が一番いいよね。

杉浦　エクリプスだと、他のウルトラマンと……。

岡　なんか似てるんだよな。

杉浦　「青でいいじゃん」。フューチャーモード見ると、一瞬「コスモス?」って、止まる時あります。

岡　別な人に見える?

杉浦　そう。

渋谷　コスモスは一番モード多いんじゃないですか。

杉浦　スケルトンもあった。

渋谷　スケルトンコロナモード、幻だったんじゃないですかみたいな。

——映画の二作目で、サイパンのムサシが見た半透明の幻影ですね。商品化もされましたね。

市瀬　「あれ夢じゃん」みたいな。

杉浦　俺、赤が宇宙に行ったら変色で青になるのかなと思った。宇宙だと太陽の光の届き方が違うから。

岡　あれ憶えてるかな。「時の娘」の時に原田さんが、「上を見てくれ」って言ったこと。「みんな、自分の右斜め上45度ぐらいの空間をゆっくり見てくれ」と。それ以上の説明はいっさいしないで隊員達が上をスーッと見るカットをそれぞれアップで撮ったんです。

編集が終わって完成したものを見ると、エンディングの音楽かかるところで、その画が挿入される。

市瀬　指令室ですよね?

岡　そうそう。死んでいったレニを思うかのように。

でも現場ではそのことを言ってない。出来あがって「こういう風に見えるんだ」と。あんまりそういうことを積極的にやる監督は他にいなかったから。
杉浦　絵作りというところですよね。
市瀬　感情がなくてもそう見えるという。逆に感情を入れたらそれが見えないとか……演技というものの怖いところですよね。
岡　できあがった時の差が一番大きかった監督のような気がするよね。現場はけっこうラクチンじゃないですか。いつも早く終わるし(笑)。そうやってスマートに撮ったものがつながった時、「うわー、こういうことだったのか…」と僕らは初めて理解する。

▽僕の恩師でした

――杉浦さんは原田監督が亡くなった時、ご自身のブログに書かれていましたね。
杉浦　はい、ブログにも「先生」って書きました。
渋谷　語らずにはいられなかったみたいだね。
杉浦　だって怒ってくれる人なんてそんないないじゃないですか。
渋谷　怒る方が疲れるというか、パワー使うからね。
杉浦　そういう人に出会えてよかったなと思います。特に今、二〇代の後半になったらまず怒られないんで。はい。
市瀬　逆に怖いよ。どんどん怖くなってく。周りはなんにも言わなくなるから。
渋谷　一九から二〇歳とか、そんな頃だもんなあ。
杉浦　一九でクランクイン、二一で卒業ですよ。『コスモス』の思い出に入ると、いい思い出と、自虐に入る……。
一同　(笑)
杉浦　亡くなったというのが、今回こうして集まるまで、まだ実感できなくて……元気なイメージしかなかったんで「あの原田さんが」っていう。
　さっき、鍛えられた体育の先生って言いましたけど、僕の中では恩師だったんで、恩師を亡くしたさみしさというか、もっと僕が活躍して、原田さんが画面で僕の芝居を見て「頑張ってるなあ」というのをもっともっと見せたかったんですけれど……でもそういう、鍛えてくれた原田さんがいたから今の自分があるわけで、これからも「天国から見守ってください」というのはおかしいですが、あの時に教えられたもの――いつも初心に帰る時は、絶対思い出すんで――原田さんのことを。「あん時あんだけやったんやから、今の仕事も負けてられへんわ」と思ったりもしてきたんです。
　僕、落ち込んだ時は一人で『コスモス』の総集編とか見たりして、一人で泣いたりとかしてるんですよ(笑)。振り返ると『ウルトラマンコスモス』はやっぱ僕の人生のターニングポイントだったんで、この意志を引き継いで今を頑張っていこうと思って。
　ブログに書こうかどうかはだいぶ迷ったんですけど、やっぱりこういうのは、その時思った自分の気持ちを綴った方が……人間ってやっぱり忘れるし、それって一番怖いじゃないですか。その時感じた原田さんに対する思いを、残しておかなきゃと思って。
市瀬　僕は、原田さんとは年一回ぐらい年賀状のやり取りだったり、「舞台やります」とか連絡は取ってたし、電話で話すことは何度かあったんです。
　病気のことはちょっと聞いてたから、亡くなった時びっくりはしなかったんですが、病気に勝って帰ってくるだろうとはずっと思ってました。やっぱり。『ウルトラマンコスモス』で監督がタカやんに怒ってるのを僕ら聞いてたわけですが、それを聞きながら僕らも演技のことを盗んではいました。自分は怒られないで盗めるからラッキーだなと。
杉浦・鈴木　(笑)。
市瀬　それをやっぱり、外に出てから使うようになってる。キャメラワークを意識した演技であれ何であれ。だから「終わって違う作品で会いたいな」というのは当時からすごくあったんです。それが出来なかったのは寂しいなと思います。原田監督に教わったことを僕らがやってくしかないですよね。やって残していければなと僕は思っています。
　あとは、僕も呑み続けていこうかなと(笑)。
杉浦　色んな意味で意志を継いでいこうと。
市瀬　仕事終わったらもう呑みに行こうと。
鈴木　亡くなったことは今でも全然信じられないし、『コスモス』は初めての演技で、現場ですごく緊張してたけど、原田監督の回はすごく楽しくて、演技のことというより本当に「東京のお父さん」みたいな感じでいつも。東京に出て来たばっかりだったし、ご飯連れてってくれたり優しくしてくれる人も周りにいなかったんで。本当にすごく慕っていたし。なんでもっとちゃんと連絡を取らなかったんだろうと思います。それがすごく心残りで。もう一回会いたいな。今ならもっとお酒いっぱい呑めるので(笑)。
市瀬　確かにね。門限もうない(笑)。
岡　監督は今の話聞いて、すごく嬉しいと思うよ。
渋谷　原田さんがこうしてみんなを会わせてくれてるんだからね。
杉浦・市瀬・鈴木　(頷く)。
岡　まあ今、繭菓から「お父さん」って言われてるのを原田さんが聞いたら「どうかなあ」って顔したと思いますけど(笑)。

作品解説

「ぬくもりの記憶」24話 ▼二〇〇一年一二月一五日放映

脚本：右田昌万　**撮影（本編）**：倉持武弘　**撮影（特撮）**：高橋創
ゲスト：近内里緒（アヤノ／少女時代）、上條誠（高杉純）、西山陸（高杉純／少年時代）、武川修三（神宮写真館・店主）

▼ストーリー

アヤノが生まれ育った町・神流市の上空に巨大な電磁波の塊が現れる。電磁魔獣グラガスの仕業だが、まだEYESは知らない。

アヤノは「あそこに怪獣がいるんだ！」と周囲に訴えている少年に出会う。この少年・純は二週間前から交通事故で入院しているはずなのだが……。

▼謎かけ的なプロローグ

原田監督が「ブースカ！ブースカ!!」の子役レギュラーとして出会い、「彼の成長を、これからも折に触れ撮っていきたい」と言わしめた上條誠をゲストに迎え、チームEYESの最年少であるアヤノ隊員と絡めた一編である。「ブースカ」からは一年強だが、もうすっかり若者の風情となっている。

冒頭、道路を前方斜め上から見た俯瞰カットで、一台の車が迫り、クラクションとともに画面はフェイド・アウトする。

道路に昏倒している少年・純。シナリオでの設定年齢は一三〜一四歳とある。起き上がって、目をこする純。

彼の視界に、電柱の上に片足で立つ怪獣が現れる。シナリオには「奇妙な生物」とあり、魔人的な造形で、名前はグラガスだ。

グラガスが乗る電柱の標識には「神流一丁目」とある。このカットはミニチュアにグラガスを合成している。なぜか苦しそうにもがいているグラガスの額に埋まっていた、透明な結晶風の石が外れて落ちる。思わずそれを拾う純。特撮のみで表現された場面と、純の側のライブ場面を落ちてきた石でつなげている。

グラガスは触角から光を発する。それは後に、電磁波を溜めていたのだとわかる。

純の目の前で男が携帯電話で救急車を呼ぼうとするが、つながらないとボヤく。だが純のことは視界に入っていないかのようだ。

シナリオでは、純がこの男に声をかけて無視されるくだりもあったが、映像にはない。純の姿が周りに見えていないことを、ここではまだ視聴者に教えず、違和感として伝えるに留めている。

やがてズーンと衝撃音のような音楽とともに、純は道路に横たわったままのもう一人の自分自身に気付く。

そして異様な声に振り返ると、グラガスは電柱の上に立ったまま、膨れ上がるように巨大化していく。演出メモには「空に伸びていく」かのようだとある。立ち尽くし、悪夢を見たように「うわあーっ」と叫ぶ少年の声が響いて、画面はホワイトアウト。

今回の出だしは、それ自体が謎かけのようである。いったい何が起きたのか、純にも視聴者にもわからない。ただ彼は事故に遭い、幽体離脱状態にあるようだ。それは、天国に召されるまでの、つかの間のこの世への滞留なのだろうか!?

▼描かれていない時間

「二週間後」とテロップが出て、青い空の下、同じ神流市の街頭で人を待っていたアヤノがロングで捉えられる。

「遅いなあ……高校の時から、絶対に十分は遅れるんだから」などとブツブツ言いながら彼女は携帯電話を取り出す。このセリフはシナリオに足されている。そして、女の子の自然なふるまいについては、ある程度演じる鈴木繭菓に任されているようだ。

携帯電話には「カエル」のストラップが付いていることが、演出メモから記されている。

携帯をかけようとするが、ビリビリと電気を発する電話機。

「なにこれ」

アヤノは、近くの歩道で、道行く人に怪獣の存在を訴え、無視されている純を見かける。近寄って「悪ふざけはやめなさい」と軽く咎めるアヤノは、「俺が見えるのか」と逆に驚かれる。

「はい？」

その瞬間、三つ編みをした小学生の女の子のイメージが、純の脳裏に浮かぶ。演出メモには場所が「神社」とあるが、まだそれがわかるまでハッキリとは映っていない。

『コスモス』8話「乙女の祈り」（監督・小中和哉、脚本・川上英幸）を見ていたら、この子はアヤノの少女時代だとわかる。近内里菜が演じ、この後の45話「遊園地伝説」にも登場する。

やがてアヤノの女友達が待ち合わせ場所に現れ、純は立ち去ってしまう。横断歩道を振り返りながら——。

オープンカフェでアヤノは友達に、携帯がつながらないと言うと、「あんた、なんにも知らないの？」と友達に呆れられる。

「あんたの保護してるの恐竜だっけ？」

「カ・イ・ジュ・ウ！」

このやり取りはシナリオにはないハジけたノリだ。

「そういうのにうつつぬかしてて、自分の生まれ育った街の異常に気がつかないなんて」

アヤノが「ママから何も聞いてないよ」と言い訳すると、もう二週間ぐらい携帯電話が通じないことを親友から教えられる。

チームEYESの指令室では、神流市に電磁波が溜まっているという異変についての対策を練っていた。電磁波の塊を拡散させないと、近い将来航空機事故などにもつながりかねない。一同は衛星カメラが写す、神流市上空からの映像を見ながら話し合っていたが、その手前をツカツカと横切って「私が行きます」と強引に決めてしまうアヤノ。隊長以下一同は呆気にとられる。

「私が行きます」というアヤノの発言以降のリアクションはシナリオにはない。今回はいわばアヤノの主演話。普段現場に出ないアヤノがテックサンダーに乗り込む〈不自然さ〉を逆手に取るための、原田監督の視聴者に対する軽いフェイントといえる。

カットが変わり、神流市で空を見上げる純の上を飛んでいく小型高速機テックサンダー4号の機体がアフターバーナーにゆらめく。普段はムサシの専用機で、今回はアヤノが同乗している。

下界では、建物の屋上に腰掛け、足をブラブラさせてそれを見上げる純がいる。これは原田監督が付加したもので、生と死の間にいる純が、地上と空の中間的な場所である屋上に座っているというイメージは的確な挿入といえる。

高い塔の上に片足立ちのグラガスの姿が浮かび上がり、電磁波を吸っているのが純に見える。この塔はよみうりランドタワーで撮影されている。

リング状の「アモルファス波」を放つテックサンダー4号。

屋上に座っていた純は、異変に気付いて立ち上がる。

コクピットのアヤノはディスプレイに映し出されたものを見て「なにこれ」と驚くが、何が映っているのかは描かれない。シナリオでは電磁波の塊が歪みだしたことが説明されている。

「すぐにやめて」という声にアヤノが驚くと、コクピットの隣の席に純がいつのまにか座っている。「アヤノ隊員、どうしたの?」とムサシが怪訝な顔で後ろを窺う。アヤノは、ムサシが純を入れたのかと訊く。

純の姿が見えないらしく、ポカンとした顔をするムサシ。

「だから、ムサシ隊員が入れたのかって言ってるの!」

アヤノによる二度目の質問は、シナリオに付加したもので、ダダをこねるような喋り方が似合う鈴木繭菓に合わせたもの。ポカンとしているムサシの表情も見て楽しいが、その後ろには市街が合成されコクピットの視界が見えるリアリズムも忘れない。

次の瞬間、すうっと消えていく純の姿。

そこにブザーが鳴り、ムサシが作戦中止の連絡を受けている間も、目をこするアヤノの仕草を原田監督は可愛く捉えている。

逃げ場を失った電磁波が電気製品に逆流してしまったのだ。街では携帯端末がスパークし、人々にショックを与えていた。

帰投後、指令室では、前の席に座らされたアヤノとムサシが申し訳なさそうな顔をしている。後ろにはヒウラ、シノブ、ドイガキが立ちはだかっていた。

神流市の電気器具が故障し、SRCの賠償問題に発展しそうだと腕を組むヒウラ。「弁償するったって、ハンパな額じゃないんだろうな」と前に座らされた二人を責めるように言うドイガキ。

シナリオを、原田監督はムサシ達を責めるニュアンスに変え、人物配置からして〈針のムシロ〉っぽく演出している。

ここはストーリー上ちょっと浮き上がっている部分で、ムサシとアヤノは電磁波を拡散させるという隊長の命令通りのことをやっただけなのだから、二人が責められる謂れはないはずだ。だが原田監督は、シリアスな意味での問責ではなく、二人がヘコむ場面をユーモラスに演出してメリハリを付けたかったのだろう。

ヒウラとドイガキの発言に重ねて「まったく……怪獣が暴れる方がまだましだな」と言うフブキにハッとなるアヤノ。

純が人々に怪獣の存在を訴えていたことを思い出したのだ。

「あいつって、私にしか見えないの?」とアヤノは呟く。これもシナリオに補足されたものだが、原田監督は前後のどこかにこのセリフを入れることにこだわっていた。物語を進めるポイントとして、純の姿は自分にしか見えていないことをアヤノに気付かせ、改めて確認させる必要があったのだろう。

「次の日、私は昨日の男の子がいそうなところを探した」とアヤノのナレーションが入り、日中の公園で、純と同世代の中学生に聞き込みをする普段着(赤の袖なしTシャツ)のアヤノが映る。画面の奥では掃除のおじさんが働き、横では無人のブランコが揺れている。アヤノがお礼を言うと、球遊びを再開する中学生達。

アヤノは、若者達が座り込んでいるコンビニを回った後、写真館の前へ出る。写真館の全体が写り、手前の路地を老婆が横切る。

その写真館のウィンドウに、アヤノは純の写真を発見する。

優しそうな写真館のおじさんは、写真の子は「高杉純」という近所の子だと教えてくれる。初めて、アヤノは純の名前を知る。

高杉家を訪ねるアヤノとムサシ。純くんを訪ねてきたという彼女に、応対した母親は沈んだ顔で「ここにはいません」と答える。

カットが変わり、病院の外観が写る。「神流中央病院」とある。

病室で昏睡状態の純から、医療機器のチューブが伸びている。心電図の計器からシーンが始まり、キャメラがベッドの純に寄ることが、演出メモに書かれていた。病室には千羽鶴も飾られていて、彼の状況の深刻さが窺える。彼が二週間前に交通事故に遭い、以来ずっと眠り続けていたことをアヤノは知るのだった。

夜の公園で、ムサシと二人になるアヤノ。

「元気出せよ」と言うムサシに、座りながら髪を整えるアヤノ。ふと見上げると、ブレザーを着た純が遊歩道に立っていた。はにかんだように少し笑みを浮かべてみせる純。

アヤノは駆け出し、一人残されるムサシはアヤノが落とした化粧ケースを拾うのだった。シナリオでここは、公園のブランコが揺れているのにムサシが気付き、やがて立ち漕ぎをしている純をアヤノが見るという描写になっていた。

原田監督はこれを変更したが、アヤノが公園で聞き込みをしている際、無人のブランコが揺れている様をさりげなく入れている。

「今までどこ行ってたの!」と問うアヤノに「ちょっと散歩してた」と答える純だが、昼間の公園ではアヤノのすぐ近くにいたのかもしれない。

「ねえ、なんで私だけが君を見れるの? 前に会ったことがある?」と問われた純の目が動き、少し戸惑ったようになる。

ここで、画面は純の視点の回想シーンに移る。原田監督は演出メモに「子供の視線」と記している。

「なんで泣いているの?」と三つ編みの少女の顔がアップになる。画面はハイキーになり、エンディング主題歌のBGMがピアノソロで流れ始める。場所は原田作品でおなじみの穴澤天神社。セミの鳴く声がする。高麗犬の下に座って泣いている麦藁帽子の男の子は、しゃくり上げながら「泣いてないよ」と答える。

少女が、男の子の持っている地図を「見せて」と言うと、地図を後ろに隠す。「見せてよ」と強引に受け取ると、「ここに行きたいの? 涙で見えなくなっちゃってるよ」

地図のアップがシナリオでは想定されているが、映像ではミディアムショットとなっており、二人のやり取り自体を見せている。

男の子はママを探しているのだ。少女は言う。「アヤノも一緒に探してあげる」画面は歩く二人の正面からのショットとなる。

「何か歌おうか」という少女に、うなずく男の子。そこで、ピアノソロのサビの部分とシンクロした形で、女の子が歌い出す。

「♪夢を追いかけて」

「♪すべてが変わる」後をつなぐように歌う男の子。

「♪いつだって君を　心を見ている」手をつないで歩く二人は声を合わせる。歌うくだりはシナリオにはなく、原田監督のこだわりだ。演出メモには、歌の入るタイミングも書き込まれている。

歌声が響く中、回想が明け、フッと手を差し伸べる純。目を落とすアヤノ。自分の手を見て、握り返そうとする。自然に手を握り合うモードになるが、純は触れそうになった手を引っ込める。

「なに?」と思わず口に出してしまうアヤノに「なんでもない」とごまかすように少し笑みを浮かべる純。その純の脳裏に、塔の上に立ち、電磁波を吸い上げるグラガスがフラッシュバックする。

シナリオでは、純が見上げるとグラガスがいる描写になっていた。その方が、彼だけにはいつも怪獣が見えていることがダイレクトに伝わるだろう。しかし怪獣が純の幻影ではなく、現実に存在している以上、描写を分けた方がいいと判断したのだろう。

回想明けで、空を見上げる純。

「あ、そうだ」と、その場をごまかすように言うアヤノ。彼女は、純にそもそも質問しようとしていたことを思い出したのだ。

「怪獣とかって言ってたよね」

純は空を見上げて言う。「いつ天国にいけるんだろうって思ってたのに、空にあんなやつがいるなんて」

アヤノは「そんなこと言っちゃダメだよ。お母さんだって、早く元気になって欲しいって」と励ます。

無言になっ純は、少し戸惑ったような表情を見せてから、「明日……あんたに渡したいものがあるんだ」と言う。

純を演じる上條誠の演技の〈間〉はシナリオの指定ではない。視聴者は彼の微妙な表情から何かを感じ取るしかない。回想シーンの意味もまだ明かされていない。しかし「いつ天国にいけるんだろうって思ってたのに」というセリフは、描かれていない時間の彼を想像させる。幽体離脱に気が付いた純は、今の自分を〈あの世〉に行くまでの仮の姿と認識し、それを一旦は受け入れようとしたのだろう。少年にとっては過酷な認識だが、原田監督はそのことを前面には押し出さず、純が二度目にアヤノに会った時の悟ったような笑みや、空を見上げる表情を通して、〈意味〉ではなく〈感情〉を伝えようとしているのだ。

純役上條誠とアヤノ隊員

▼アヤノ奮闘す

CM明けて、病院の廊下をアヤノが純の母に連れられて歩いてくる。ワンカットのつながりで病室に入ると、純が静かに眠っている。布団からはみ出た純の手に握られている石が見える。純が冒頭で拾った結晶風の石だ。そのアップに「キラリン」とブリッジ音がかかる。石を手に取り、怪訝な表情になる母親。

それを見て、何かを思い浮かべたような表情になるアヤノ。

同じ頃、純は歩道橋の手すりに寄りかかりながら、「やっぱもうちょっと、生きてみようかな」と呟いていた。ここはシナリオにはなく、原田監督が挿入したものだ。ただストーリーを追うだけでなく、純の側の心情を常に押さえてある。

EYESは神流市に再出動。先日と同じアモルファス波を使うが、プラス極とマイナス極を反転させることで、拡散した電磁波を収束させると言うヒウラキャップ。

テックサンダー4号は旋回し滞空。電磁波の中心地上空に到達した4号の下部から、リング状の光線が放射される。グラガスの身体の方々がバチバチとスパークする。

ところが電磁波の塊が上昇していることが検知されると、グラガスがコクピットの前面ウィンドウ越しに顔を見せ、次のカットでテックサンダー4号をはたき落とす。その間に「うわっ」となる操縦席のフブキと後部席のムサシのリアクションが入る。煙を吹いて落下するテックサンダー4号。両足でドンと着地するグラガスは躍動的だ。口からはヨダレを垂らしている。

地上のテックサンダー4号から、気絶したフブキに肩を貸したムサシが歩いてくる。「くっそう」とグラガスを見上げるムサシはコスモスに変身、すぐさまコロナモードとなる。

キバが上下互い違いに生え、口のヨダレを手で拭くグラガス。爪は鋭く、尻尾は錨のように跳ね上がっている。姿そのものから〈邪悪さ〉が醸し出されているかのようだ。動きも「凶悪、ヒキョウに!!」とコンテの段階から殺陣に指示がなされている。

『ダイナ』の原田作品「君を想う力」に登場したモルヴァイアのイメージに似ているのは、原田監督が、モルヴァイアのデザイン画から新しいデザインを起こしてくれと発注しているからだ。

背中から前方に伸びている触角はCGで伸縮自在だが、普段もプランプランさせており、CG時とイメージが重なっている。

「コスモス、そいつをやっつけて!」とテックサンダー3号のコクピットから叫ぶアヤノに、しっかりとうなずくコスモス。ダッシュして飛び上がり、キックをかますまでがワンカットで捉えられ、着地するところだけカットを割っている。

格闘の際、手前に映り込む商店街のミニチュアは、どことなく昭和っぽい。写真館のようなミニチュアもある。ロータリー風の広場にはレトロなバスもある。池があり、背後には山がそびえ立ち、山間の小都市といった風情である。

背中から伸びた触角でコスモスを捕えるグラガス。胴を縛る触手の電流攻撃に悶絶するコロナのカラータイマーが鳴る。

息を呑むアヤノ。自分に言い聞かせるように「っと、こういう時は、マニュアルマニュアル」と、マニュアルを取り出し、「えーとえーと」と慌てふためく描写はシナリオから膨らませている。

「あの石を使って」と、再び現われた純はアヤノにそう教える。

なぜ石に効果があるのか説明はないが、グラガスは昔、この石を額に埋め込むことで封印されていた裏設定が考えられていた。

慌てて「石、石」と身体をまさぐるアヤノ。その間にもテックサンダーは安定を失い、左右に揺れる。「あ、いけない」と水平に戻すアヤノ。クレーンを用いた操演技術の効果が冴える。

グラガスに捕えられたコスモスの前に滞空するテックサンダー3号がワンカットで捉えられ、電流の熱で陽炎のように揺れる。演出メモから、イラスト付きで「メラメラ」と指定されている。手前の池にはコスモスとグラガスが映り込み、神社の鳥居もある。

コクピット内で石を射出用カプセルに入れ、セットするアヤノ。ヘッドアップディスプレイに向かうアヤノは、「よーく狙ってー」と片目を瞑って発射ボタンを押した。石を乗せたミサイルは航跡を描いて飛んでいき、グラガスの口の中に入る。

口を押さえるグラガス。シナリオでは、眉間にずぶりとメリ込んでいた。外してはいないがドンピシャではないぐらいがアヤノらしいという監督の判断かもしれない。絵コンテでは飲み込むパターンと額にめり込むパターンの両方が描かれていた。

電流が止まり、触手のいましめを引きちぎるコスモス。

コミカルな音楽とともに、コスモスの逆襲が始まる。自らの劣勢に、謝るポーズを取るグラガス。地球を去るそぶりを見せる。戦闘態勢を収め、コスモスが後ろ姿を見せた瞬間、グラガスはずるがしこく振り返り、空中から攻撃。光弾が連続的に着弾する。「うーっ！」腕を握り、怒るコスモス。光の球を作り、それを反射鏡のようにして、「てぇいやーっ」とグラガスにぶつけると、爆発四散する様がカットを割った時間差で提示される。

演出メモでは「グラガス空中に浮かんで逃げようとする」→「コスモス光線」→「空中でグラガス爆発」という流れになっていたのを、グラガスが謝り、コスモスが一旦は逃がすという芝居を入れているのは、『コスモス』が怪獣保護を謳ったシリーズである以上、たとえ存在そのものが邪悪に見えるグラガスであろうと、ストレートにやっつけるのはいかがなものかという渋谷プロデューサーの指摘に、原田監督が応えたためである。

コスモスが示した善意を裏切ったグラガスは撃破され「やったー！」と喜ぶアヤノ。「じゃあ俺、帰るから」と言って、純の身体は再び消えてしまう。アヤノは見回すが誰もいない。

シナリオではここでカットが変わっていたが、映像では「純くーん！」とコクピットで叫ぶアヤノからキャメラが引いていくと、空を行くテックサンダーの全体像となる。その手前を飛び去るウルトラマンコスモスが横切った。遠ざかっていくコスモスの手前を今度は鳥の群れが横切っていく。

戦い終わり、平和なムードが戻るまでを表現しているのだ。

時を超えた邂逅

後日、神流中央病院へやって来たアヤノとムサシは、母親に車椅子を押されてやってきた純と会う。彼は昏睡状態から目覚めたのだ。すっかり明るい表情になった母親は、アヤノ達に会釈する。

「ママ、誰この人？」とアヤノが誰だかわからない純。

途端にハッとした表情になり「憶えてるわけないか」と言いつつ、つとめて明るく「でも元気になって良かった」と握手するアヤノ。見上げて「！」となる純。

ここで子ども時代の回想シーンに再び入る。

「疲れた、もう歩けない」と言う子ども時代の純にアヤノは言う。

「……じゃあ、手をつなごう。手つないだら、つかれないよ」

「ほんと？」

「ほんと、手つないだら、いっぱい歩けるんだよ」

回想が明けて画面は病院内に戻り、去っていくアヤノに、「あの」と声をかける純。立ち止まるアヤノ。

純は車椅子から立ち上がる。「もしかして、アヤノさんですか」

二人は見つめ合う。

純の横顔が写り、歌い出す。

「♪夢を追いかけて」

純の方を向いたアヤノの横顔が写る。そこにエンディング主題歌を歌うProject DMMのコーラスが被さる。

アヤノも歌い出す。「♪すべてが変わる」ニコッとするアヤノ。

二人で手をつないで歩いてくる、子ども時代のアヤノと純を待っていたのは、石段の上から降りてきた純の母だ。駆け出していく少年の純。

「もう迷子になんか、なんないでね！」

そう手を口にかざして言う少女アヤノ。

「わかったぁ！」と坂の上と下で呼び合う二人。

「また迷子になっても、アヤノが見つけてあげる！」

このセリフ、シナリオではセリフっぽいが、画面では実に自然に聞こえ、本当の子どもでも言いそうだなという感じがする。

一人になって、石段をスキップする少女時代のアヤノが、いつしか今のアヤノになる。

劇中で描かれてきた、純と過ごしたいくつかのひとときが、石段を下りていくアヤノにフラッシュバックする。

手を取り合う自分と純の顔がアップになり、それを思い浮かべてうっとりと両腕を組むアヤノ。

そこへ「アヤノちゃーん」と、ムサシがやってくる。

「もう、あっち行ってよ、邪魔」と石段を駆け下りるアヤノ。

取り残され、ブーたれた顔になるが、やがて安心したようにニコッと笑うと、ムサシも石段を下りていくのだった。

原田流スキルの達成

今回は、初恋の手前にあるような感情が、ノスタルジックな画面で情緒的に描かれている。その意味では『ダイナ』の「君を想う力」を思わせ、脚本も同じ右田昌万が担当している。実際、右田氏には「『君を想う力』のイメージで」という監督からの発注があったという。

感情的にはストレートな〈初恋未満〉の物語だ。

それでいながら、お話としてはこれまでにないほど、凝ったものともなっている。

純が幽体離脱状態になったのは、おそらくグラガスの出現による電磁波の影響であろう。だから純にはグラガスが見えるのであり、その純の姿がアヤノにだけ見えるのは、子ども時代の「また迷子になっても、アヤノが見つけてあげる！」というセリフにあるように、本人達も意識していない約束の成就として解釈できる。

だがそれらの説明は一切ない。多くの要素を潜在下に置きながら、純を演じた上條誠のちょっとした表情と、歌とともに時空がつながる映像作品ならではの原田流心情描写テクによって、難解な印象を与えず、初恋の感情だけが伝わるよう織り成されている。

脚本の右田昌万とともに、ストーリー形成の段階から徹底的に作り込まれただけあって、二十数分のウルトラマン枠の物語として、融通無碍のスキルに達していることが窺える。『コスモス』中盤の段階で、原田監督のひとつの達成がみられたエピソードといえるだろう。

原田昌樹、語る

――『コスモス』で原田監督の回は、わりとメンタルな話が多いですね。

原田　あの頃は、根本(実樹)さん、佐川(和夫)さんコンビがカオスヘッダー話をバンバンやってましたから、その対極みたいなものじゃないですか？　ワンブレイク入れるような作品をやらなきゃいけなかったから。それが最大の理由だと思います。

たしかこれ、アヤノ話をやってくれと言われてやったような気がするな。僕も、アヤノというか(鈴木)繭菓話をやりたかったんです。「ぬくもりの記憶」ってサブタイトルが出るところでは、繭菓自身が書いた字を使ったり。彼女、書道をやってたから。

――芝居の部分では、けっこうアヤノのキャラクターをシナリオにも付け加えてますね。

原田　ええ、加えてます。アヤノはああいう、ちょっと子どもっぽいキャラクターだったから、それを逆に生かそうと思って。ヒロインというよりは〈愛すべき妹キャラ〉みたいな感じでやろうと、その頃、決めていたんでね。

　一方でラブロマンスっぽいのをやりたかった。そういう意味では「ぬくもりの記憶」は少しその匂いが残ってたんだね。

　アヤノは幼いキャラではあるけれど、番組を見ている子どもからすれば充分に大人なんです。それを、子どもから見たアヤノという形で描きたかった。だから、十四歳の男の子と二〇歳の女の子のラブストーリーを右ちゃん（右田昌万）に発注したんです。

――初恋みたいな……。

原田　そうですね。初恋の思い出に近い話ですね。

――でも幼なじみではなくて……。

原田　そうです。あの時に会っただけです。

――ちらっと会っただけという……。

原田　たしか、手も一回しか握ってないはずなんだけど、それでも、ちょっとそれを思い出す。右ちゃんの優しさが出た作品だったと思います。ちょうど彼が25話にも俳優として出ることになっていたので「一本書いてくれ」と頼んだんです。

　アヤノの相手役の男の子に関しては、僕はつっくん……上條（誠）で行こうと。狙い撃ちキャスティングでした。右ちゃんが、ホンを書く時に十四歳の男の子のイメージが浮かびにくいと言うもんだから、具体的に『ブースカ』のつっくんにしようと。

――上條さん演じる純くんは再登場する案もあったそうですね。

原田　「雪の扉」の主役の少年も純くんだという予定だったんです。単純にその時はスケジュールが合わなかった。「ワロガ逆襲」は右ちゃんのホンだったので、この時も純くんの再登場を考えたんですが、あの時点ではラスト近くの話になると思っていたから、そういう時にサイド・ストーリーをやるのもどうかと思ってやめにしました。繭菓からも純くんをもう一度出して欲しいというアプローチはあったんですけど（笑）。

――積極的なアプローチだったらしいですね。『アヤノ隊員ビジュアルブック』（ぶんか社刊）では、右田さんが書いたアヤノと純の再会のオリジナル・ストーリーが掲載されていました。「ワロガ逆襲」のサイド・ストーリーとして、アヤノに会いに行った純が野戦病院でたくさんの負傷者や死者を目の当たりにするという。「ぬくもりの記憶」も幽体離脱の話だし、「雪の扉」も死を前にした老人の話で、ずっとそういう瞬間に立ち会って行く少年、というイメージがありますね。

原田　「ぬくもりの記憶」は序章のつもりだったんです。純くんの話をもう一本撮れなかったのは心残りですね。

――右田さんの脚本の時は、監督も一緒に作り込むと聞きました。

原田　お話は右ちゃんと一緒に作りました。右ちゃんのホンは、時間かかるんです。アヤノでやらなきゃいけないので、第5稿か、6稿か、7稿ぐらいまでホンを重ねて、いじくって、作りました。

　右ちゃんのホンは、叩けば叩くほど良くなる。右ちゃんがどこかでギブアップするまで、ホンを叩いてった方が良くなるんです。

　太田（愛）さんとは正反対です。太田さんはプロットがすべてなんです。プロット作りの前に戦わないとダメなんです。あの人は一度プロットを作っちゃったら、そこからは直らないんで。

　右ちゃんの場合は、とりあえず、なんか作り出しておいて「ここが良い、ここが悪い」とドンドン言って、いい面だけドンドン伸ばすやり方でやらないと、良くならない。とにかく右ちゃんとは、しょっちゅう戦ってた記憶があります。この回は、ぬくもりのところをうまく押さえる、そのポイントを見つけ出すまで時間がかかったような気がしますね。

――ラストで歌を思い出して、お互いにワンフレーズずつ歌ってエンディングに入るという。あのきっかけで、お互いの思い出がつながる感じになっていましたが、監督はそれをシナリオに書き加えられていました。決定稿の段階では、そこまでは決まっていなかったんでしょうか。

原田　ええ。右ちゃんを現場に呼んでホンを直してもらう場合もあったけど、あの時は呼ばなかったと思う。

『コスモス』は、歌はわりと良かったんです。「♪夢を追いかけて」っていう歌い出しの（「ウルトラマンコスモス～君にできるなにか」）。あれは気に入ってたので、どこか本編でも使いたいなと思ってたんです。

――最後は純くんと手を握って見つめ合う自分を思い浮かべてうっとりしていると、ムサシが現われて、という結末でした。

原田　ムサシは鈍感な男の子なんです。わかってないという。だから、僕は、この段階では「ムサシとアヤノの恋愛はない！」と思ってました。

――見つめ合ったアヤノと純が歌をうたい出して、エンディングが始まり、それで幼い時の二人が出て来て、さらに石段を下りていくアヤノがいる。三つとも、どれが現在でどれが回想というより、全部現在進行形みたいな扱いで出てきますよね。

原田　そうそう。考え方としては同時進行のつもりだったんです。そこら辺は、わりと時空を超えても平気なんじゃないかと思って。画面から、感じてもらえればＯＫと思ってました。それで、撮ってみたら違和感なかったんです。十四歳と二〇歳の二ショットが。

――ものすごく大親友だったというのとも違う。たとえば『ダイナ』で同じ右田さんが書いた「君を想う力」の幼なじみの感じと比べても、わりとさらっと……。

原田　さらっとした、本当さらっとした一瞬です。

　ある意味でちゃんとした恋にならない初恋ってあるじゃないですか。そういう感じですよね。淡い淡い……。

――気付く寸前で、終わっちゃったみたいな。で、二度目はない。

原田　そう。気付かなければお互い恋だとはわからないぐらい。

――ヤマワラワと石橋保さんの少年時代のような、ずっと遊んでたのとはまた違う。

原田　ああいう、ずっと遊んでたけど別れちゃったのとは違うけど、心情的には近いとこはありますね。一瞬しかないのだけど、思い出せるくらい印象が残ってる。回数の問題じゃなくて、心の中に残るインパクトとしては同じウエイトは占めてるということです。だから、世界観としては非常に近いところはあるんです。

　幼い日に友達同士で、相手が怪獣だったってのと。

――そういうお話を伺ってるとどうしても、かつて監督自身の、少年時代転校が多かった話を思い起こしてしまいます。

原田　それはありますね。ヤマワラワと別れる話なんてのは、やっぱり自分の転校の経験ですよ。どんな仲良くなっても、別れなきゃいけない、という経験が、ああいう別れ方をさせてしまう。

　だから、ヤマワラワの方が強く出てるかもしれません、転校の経験が。「ぬくもりの記憶」の方はあまり。小さい頃、女の子とのそういう記憶がないから。

――むしろ、こういうことがあったらいいなあという。

原田　うん、僕はこれが『コスモス』前半の中では一番好きな話ですね。可愛らしい初恋の話になったと思うので。

「異星の少女《ひと》」25話 ▼二〇〇一年一二月二二日放映

脚本：増田貴彦　撮影（本編）：高橋義仁　撮影（特撮）：髙橋創
ゲスト：ベッキー（スレイユ星人ラミア）、影丸茂樹（カワヤ医師）、右田昌万（右田医師）

作品解説

▼ストーリー

地球に現れた謎のカプセルには美少女が乗っていた。

彼女は特殊医療基地から脱走、パズルのようなコントロール装置で、ビル街に消えた飛行物体を起動させようとした瞬間、不良の若者達からコントロール装置を奪われる。

不良どもがコントロール装置をもて遊ぶと、消えた飛行物体が出現し、街を破壊し進撃。防衛軍は戦車隊と戦闘機群で迎え撃つ。かくして、新宿都心の一大スペクタクルが始まった。

▼シンジョウ隊員からカワヤ医師へ

本日も異常なし。パトロール中のムサシ隊員は、公園にシェパードを停め、大きく伸びをしていた。

すると、その場に這いつくばっている男から「動くな！」と注意される。見ると、顔は二枚目だが髪はボサボサ、無精ヒゲに黒縁メガネでサンダル履き、白衣の上にヨレヨレの背広を羽織っているその男が何かを探している。「なにしてるんですか？」というムサシの質問に、「指輪を探してるんだ」と答える男。

「マユミ……」と男は呟くと、回想場面に入り、彼が若い女から「あんたなんか、顔も見たくない」と指輪を投げつけられる。去る女に、ヘナヘナとなり「またか〜っ！」と地に伏して嘆く男。

回想が明け「……ってことはフラれたってこと？」と、どこかバカにしたような表情のムサシ。

この回想場面はシナリオに足されている。シナリオでは「昨日ここで彼女に突っ返されて」と説明があるのみだった。

ムサシに向かって「なにおコノ」と立ち上がった途端、プチッと音がして、恐る恐る足の裏を見ると、サンダルの裏に指輪が食い込んでいる。「♪ホワワワーン」とズッコケのブリッジが鳴る。「あー、お前、彼女へのプレゼントを！　ど、どうしてくれるんだコノヤロー！」と、ムサシに掴みかかる男。

この男・カワヤを演じるのは、『ティガ』でレギュラーのシンジョウ隊員を演じた影丸茂樹。原田監督が初めてウルトラシリーズを演出した同シリーズの「青い夜の記憶」も彼の主演話だった。

原田監督は東映ヒーローで主役を演じたこともある正統派二枚目の影丸茂樹にあえて三枚目の役を振っている。

▼空に溶け込むように

ムサシに、基地から通信が入る。S-2エリアに未確認飛行物体が出現し、現在テックザンダー1号で追跡中だというのだ。

カットが変わり、テックサンダーが飛んでくると、同ポジションで未確認飛行物体も飛来する。CGで時に宙返りしながら飛ぶUFO。追尾し、される両者を後方から捉えたショットになると最前方に見える台形の建物は、お台場にある船の科学館の実景だ。テックサンダー後部には陽炎の処理が施されている。

同じく実景で映るお台場時計タワーを回り込むように、CGで描かれた防衛軍の戦闘機三機が現れる。この場面は「時計タワー巻いて出てくる防衛軍」と、演出メモにイラスト付きで描かれている。光弾を放つ防衛軍機。「そんな、いきなり撃つなんて」とEYESは防衛軍に警告するが、無視され、攻撃が続く。

光弾を避けてアクロバティックな飛行（合成コンテ表には「合成っぽい動き」と書かれている）をし、手前上方へと逃げる未確認飛行物体。同ポジで戦闘機隊が追いかけてくる。戦闘機隊は「空pan」といって、背景の空を動かす手法が取られている。実景のお台場時計タワーも空を合成ではめ替えている。

塔を掠め、最前方に見えてきたビル群（潮風公園にある実景）に向かって飛んでいく未確認飛行物体。

そこへ光弾を発射する戦闘機隊のアップ。合成シートに原田監督の細かな指定「光線の出を一機だけ遅らせたい」とある。未確認飛行物体は光弾をかわすが、最後の一発に当たり、小さな爆発が起きる。絵コンテに原田監督は「小ナパーム」と指示している。

「やっちまいやがった」というフブキの声とともに、高層ビルの間に煙を吐いて落下する未確認飛行物体はカプセルを射出。

カプセルと未確認飛行物体が反対の方向に落下する様子がロングで捉えられる。この空は青味が足されている。未確認飛行物体は落下途中ですっと消える。合成カット表では「擬態風消え方」と指示され、コンテには「空に同化」と書かれた。この空も「はめ替え」と指示されている。機体が消えた後、吹いていた煙のみが残る。

俯瞰のロングショットとなり、ムサシ隊員がシェパードでカプセルの落下場所に駆けつける。広い大地にめり込んでいるカプセル。有明のコロシアム横でロケされた。周囲の土の亀裂が盛り上る様はマット画で、水蒸気の素材が画面に合成で足されている。

ムサシがマット画のカプセルの前に立つシーンは、ムサシとカプセルを別撮りした合成である。カプセルのシールドの向こうには少女が眠っており、覗き込むムサシの顔の映り込みまで合成されることも演出メモから指定されている。

白い服の美しい少女はベッキーが演じている。『ブースカ！ブースカ!!』の「冬の国ものがたり」以来の原田組出演だ。

風の音がして、砂塵が舞う。そこへ防衛軍の車がやってくる。石井ら特務機関は、いきなり銃（「ベレッタMF92」と演出メモに指定）を構え、脱出カプセルの撤収は自分達がすると宣告する。背後の機関の人間達は全員黒服に黒いサングラスである。

ムサシの深刻な表情に「それで言われるまま防衛軍に引き渡したというわけか」と、指令室で彼を責めるフブキの声が被る。このシーンつなぎはシナリオから指定されている。すると、タイミングよくヒウラキャップが指令室に入ってきて、少女が特殊医療基地に収容されたことを告げる。あのカプセルは人工冬眠装置だったというのだ。シナリオでは「例の医療基地」とヒウラが表現していた。13・14話「時の娘」でレニが収容された場所である。

▼実はモテてるカワヤ医師!?

異星人と思われる少女の担当医が、トレジャーベースから特殊医療基地に出向中である〈SRCの名物男〉カワヤ医師だと聞いて、顔をしかめるシノブとアヤノ。アヤノは無音で「あのオヤジ〜」という口の動きをする。カワヤは〈トレジャーベース全女性隊員からフラレまくった伝説の男〉なのだ。

カワヤが二人を口説いた時の回想がシナリオに付加されている。そこで視聴者は、冒頭でムサシと出会った、指輪を探していた男がカワヤだと知る。廊下でシノブに花束を渡すカワヤは「美しい……その強くて優しい瞳に……もうダメだ」と持参のワインも渡し、「ばってら寿司」を食べに行こうと誘う。「食事だけなら」とまんざらでもないシノブだが、たまたまやってきたドイガキがその様子を見て騒いだため、慌てて花束を突き返す。

次はアヤノの回想。デスクに向かうアヤノに後ろからカエルグッズを示し「今夜、食事行かない？」と誘うカワヤ。カエルグッズに心惹かれ、また「ベトナム料理」という言葉にも心が動くアヤノはつい「行く」と言ってしまう。この時のアヤノは隊員服を脱いだTシャツ姿で、赤いフレームのメガネをかけていた。

脚本では「モテないがしつこい男」という設定になっているカワヤの誘いを、実際にはシノブもアヤノも実は受けるモードになっていたことを示しているのが面白い。

回想が明けると、「じゃあ誰でもいいんだ、あの人」とつい言ってしまい、アヤノとシノブにキレられるムサシ。アヤノは「にゃんだって」とカエルグッズをムサシに放る。

わざと咳込み、「我々の目下の急務は消えたUFOの行方を探ることだ」と話を真面目に戻すヒウラキャップ。

▼ベンガルズ都心に出動

UFOを探し、テックサンダーで新宿都庁上空を飛ぶシノブとフブキ。地上にはシェパードでムサシとドイガキがやってくる。防衛軍の戦闘機（全六機とコンテで指定）が都庁上空を飛び、特務機関の黒服が街を闊歩。シナリオには「通行人を突き飛ばし、険悪な目を光らせて特務部隊の石井達が巡回」と記してあった。車を降りたムサシが音に振り返ると、都庁前の道を戦車が通り、手前の自転車が横転する、いつもの演出。コンテでは下画を実際に新宿で撮ることが指定されている。手前にその映像があり、奥の道路に上手から戦車が通過するのを合成している。

ベンガルズの出動だ。開いている戦車のハッチから双眼鏡を構える隊長の岡とムサシの目が合う。鋭い目で睨みを聞かす岡と、見返すムサシ。岡隊長の上半身、戦車、ムサシの後姿はそれぞれ下絵を空舞台で撮影したものを、都庁を道路越しに撮った実景。

岡隊長がムサシに視線を向ける寄り絵カットのスピードは二倍スローの処理が施され、背景の都庁は窓枠がはっきり見える実景が使われている。

シナリオではここで「目覚めよ、目覚めるのだラミア。この惑星は危険なり。この惑星は危険なり」という謎の声がベンガルズの映像に被さることになっていた。地球人のミリタリズムの危うさと、それが宇宙人の警戒を喚起することを既に示していたのだ。

▼ムサシとカワヤの位置

戦車を見たムサシは同行のドイガキに構わず、走り出す。彼が向かった先は、特殊医療基地だった。シナリオでは、ドイガキが、「時の娘」の一件以来、EYESが立ち入り禁止となっていることを持ち出して押し留めようとする場面があった。

原田監督はこれをカットしたものの、医療基地でムサシを出迎えた右田医師が「お前はこの前の」と言うセリフだけ残し、わかる人にだけわかるようにしている。ムサシは入館証を持っていないため、トランシーバーを持ち出す右田医師と押し問答になった。

そこへ「なにゴチャゴチャやってるんだ、お前ら」と白衣の下にだらしなくシャツをはだけたカワヤがやってくる。

初めて、冒頭で出会った男がカワヤ医師だと知るムサシ。

カワヤも思い出し「てめ！　彼女の指輪壊しやがって」とムサシの胸倉を掴む。

「でもフラれたんでしょ。そんなの持ってても意味ないじゃないですか！」

ここで右田ら医療基地の人間達が思わず笑ってしまう演出を原田監督は付けている。先ほどまでの緊張感が緩和される瞬間だ。

「ちょっと来い。俺が愛とはなんなのかお前に教えてやる！」とムサシの耳を引っ張り、エレベーターにそれとなく誘導するカワヤ。彼はただの無神経な男ではなかった。ムサシがここへ来た理由を察知し、ドタバタでカモフラージュして中へ導き入れる役を果たしたのだった。引っ張られていくムサシが「いてて、耳ひっぱんないで」と言うのはアドリブっぽいがシナリオからあった。

治療室で寝ている美少女を見るムサシの「キレイなヒトですね」というセリフから場面が変わる。体組織は地球人とまったく同じだと説明するカワヤ。

「もしかしたらオレに会いにきたのかも知れねえな。地球に素敵な男性がいる……なんつって」と自分で言って照れるオーバーな反応がカワヤのウザ男ぶりを雄弁に表現して、いっそ心地良い。

美少女の入っていたカプセルの中の箱にはプラスチックの塊が入っていたが、無害なものだったとムサシに伝えるカワヤ。

「ところでシノブちゃんは元気か？」とカワヤがリーダーのことを話題にした時、ムサシの視線が上に向くと、彼の脳裏には「あんな中途半端な男、最低」と言うリーダーのアップが蘇えるが、これは原田監督がシナリオに挿入したもの。

コメディ風の空気を破るようにダークスーツの石井達が入ってきて、防衛軍本部基地への美少女の移送を迫るが、拒むカワヤ。

令状を持って出直すとだけ言うと、踵を返す石井達に「令状でも冷蔵庫でも持ってきやがれ」と啖呵を切るのはシナリオにもあるが、本編のカワヤは「れいじょうこ」と言っており、声は震えている。石井達が去った後、遅れて緊張が蘇ったように肩を上下させ、ムサシに笑ってみせるカワヤ。

この後、ムサシが昔レニを連れてこの医療基地を脱走したことにカワヤが触れ、「いざとなりゃ、オレもそうするつもりさ。こんなキレイなコが侵略者なもんか」と言うくだりがシナリオにはあった。

カットされたこのくだりは、今回が「時の娘」でのムサシの立場をカワヤに置き換えた話であることを示している。

▼描写的な伏線

舞台は新宿西口に一旦戻る。空を奥に飛び去る防衛軍戦闘機隊のCGからパンダウンすると、ラウンダーショットを手に林立するビル街を探索するドイガキと、戻ってきたムサシ。

「あのビルに、あんなでっぱりあったっけ」と、長細い高層ビル（コンテや演出メモでは「グリーンビル」と記された）を指さすドイガキ。スチール素材のビルにでっぱりが合成されている。

ビルにへばりつくような模様のアップに謎の声が被さる。

「刻はきた。我を起動せよ……」という声の途中で、治療室のガラス張りの部屋に横たわる美少女に画面が変わる。

「王子様のキス、試してみようかな」と、カワヤは美少女に顔を近付けて口を尖らせる。影丸茂樹はこの時、用心深く辺りを見回す仕草をすることで、カワヤの大胆だが臆病な性格を表現する。

まさにその時、美少女の目が開く。「冗談だよ」と慌てて取り繕うカワヤだが、美少女は意にも介さずに起き上がると、はめごろしになっているガラスの向こうに置いてあった箱の中の塊を取り返そうと、手を差し伸べる。光が放たれ、ガラス窓に中央から穴が開いたようになり、彼女はそこをひょいと乗り越えてしまう。そして塊を手に入れて逃走する。

撮影している時、初めからそこに「ガラス窓」はなかったのだろう。あたかもそれがそこにはめられているように、ガラス越しに少女を見るカワヤとムサシのシーンを原田監督は前に置いている。カワヤが初めて治療室にムサシを連れてきた時の場面だ。そこでは、彼らの姿がガラスに反射する様も合成で表現していた。特撮とは見えないところに特撮を使い、伏線とする丁寧な作り方だ。シナリオではこの箱は、彼女のベッドの傍らに置いてあった。原田監督はあえて少女と箱の間にガラス窓を置くことで、彼女に超能力を使わせ、宇宙人としての存在感を際立たせているのだ。

▼新宿西口に巨大ロボ

CMが明け、新宿西口にやって来た異星の美少女。白いワンピースで、右の二の腕に包帯を巻いている。その上空に防衛軍戦闘機が飛ぶ様が合成される。目の前の道路を横切る戦車のハッチが開かれ、岡隊長が辺りを睥睨している。

「この惑星は汚染されている……」と少女の脳裏に指令の声が響く。BGMにピアノが流れ、少女の振り返るカットが重なる。

その間にも、戦車は市街の高架下から道路に走り出てくる。歩道でそれを迎える特務部隊の男達。両者の合成が俯瞰で描かれる。立ちつくす少女にキャメラが回り込み、指令の声は響き続ける。

この場面、シナリオでは「てめー、金返せ」「君は我が社には必要ないんだよ」「素敵なオジサン、電話待ってまーす」と、街のノイズが飛び込んでくる描写になっていた。映像ではオミットされたが、原田監督も入れる方向で考えていたようだ。ただ演出メモに、子ども番組には不適切と思われる「素敵なオジサン、電話待ってまーす」という声のみ、削除の指示を書き入れていた。

目を閉じて指令の声を聴く少女は、手元の塊に目をやる。それはパズルボックス状に多面体が組み合わさっていた。「我を起動せよ」の声に、パズルを組み替えると、ちょうど視界に入ってくる茶髪の若者達三人。シナリオには「チーマー風」とあった。少女からパズル状の塊を取り上げる彼らを、やって来たカワヤが制止し、彼女の手を取って連れ出そうとする。いきりたった若者達はカワヤの腹にパンチを見舞い、蹴りを入れる。表情を変えずにそれを見つめる少女の声で、内心のモノローグが視聴者に届く。

「殴る人間。殴られる人間……」

そこへムサシとドイガキが走ってきたので、不良達は逃げる。こぶしを振り上げる真似をするドイガキ。美少女も去っていった。

少女の手から奪ったままの塊を動かしていた若者達の一人は、カチッとパズルを解くように面が揃ったことに気付く。すると次の瞬間、塊から光が放たれ、上昇する。

「破壊指令00承認。我、起動セリ」との声が少女の耳に届く。

カットが変わると、塊から発せられた光が、「グリーンビル」のてっぺんに当たるのが、見上げる少女の肩越しに映る。はがれるようにビルから離脱したそれはUFOとなって水平飛行、やがてCG変形を始め左右にハンマーが出て、真ン中から開くと頭部が出現、二足歩行のロボットとなり、白煙とともに着地する。コンテには「着地感希望」と記され、画面が振動している。

「グインジェ」と少女は呟いた。グインジェは、シナリオでは「イレイザス」と呼称されていた。

歩み始めるグインジェが手前のビルに映り込む。ここではハサミ状の手の動きを映り込みの絵と合わせるよう、コンテから指示されていた。お台場のワシントンホテルの周辺で実景の下絵を撮影、合成している。この空も青味を足すことが指示されていた。

グインジェの胸のランプが光ると光線が発射され、次々と爆発が起こる。都庁前を左右に逃げる人々にグインジェを切り合わせて合成し、手前のフォグをダブらせることがコンテから指示されている。巨大なグインジェの姿は重量感たっぷりに描き出される。

「全車両発進！」と岡隊長が戦車のハッチを閉め、戦車隊が進撃を始め、フブキのテックサンダー1号が弾を発射する。

攻撃を跳ね返してしまうグインジェ。この前に、敵が生命反応を持たないロボットであることを確認するセリフ、本部からの「コンディションレベル・レッド」の発令がシナリオにはあった。

フロンティアビルの近くにいた先ほどの不良達の一人が足を抱えてうずくまっている。倒れたビルの破片で怪我をしたらしい。

奥に進撃するグインジェを背景にちょうど駆けつけたカワヤが負傷した若者の足を診る。その時に動揺する若者の頬を「男がピーピー泣くな」とはたくのが小気味いい。

▼理想と現実の狭間で

その頃、街の一角では、立ちはだかるムサシに、少女が自らを語り始める。「私はスレイユ星から来た」

彼女の語りが始まる前後に防衛軍の戦車隊が横一列に並ぶカットが映し出される。全五台がワンフレームに入るが、一番手前の一台は後から合成されたもので、合成カット表から指示されている。岡隊長の指令でグインジェに向かい一斉に火を噴く戦車隊。前後に動く砲塔には口火が合成されている。素材は過去の原田組から使用することが合成カット表に示されている。

軍事力を持たなかったが故に侵略され、文明の崩壊を経験したスレイユ星人が、将来自分達に災いを及ぼすかもしれない好戦的な星を探して先制攻撃を仕掛けていることが語られるとともに、グインジェの圧倒的な力で戦車隊周辺が爆煙に包まれ、防衛軍の戦闘機群も爆発四散する様が映像で示される。戦闘機群はフルCGだが、背景の空は空舞台を移動撮影した素材を撮影現場で用意している。またグインジェが光線を発射する直前、光る胸のランプは「現場でもやってるんですが見えづらいので光を足してもらえると有り難いです」と原田監督は合成カット表に記している。

場面は不良達とカワヤに戻る。先ほど少女から奪った塊をカワヤに渡して「あの女の子に返してやってくれ」と礼を言って去る若者達。カワヤの掌にある塊のアップに「私の手からコントロールボックスを奪い、いたずらに起動スイッチを入れたのも地球人自身だ」という少女のスレイユ星人としての裁定の語りが被さる。

この前後は原田監督がシナリオの順序を入れ替えており、少女はまだ知らないが、視聴者には、不良達が反省している……つまり人類にはやり直す力があることを伝えている。そして先述のようにスレイユ星人の平和を求めるが故の先制攻撃の論理が語られるくだりで、映像ではグインジェが防衛軍を圧倒する軍事力を見せつけ、理想と現実の乖離を示す。それは視聴者の、出来事に対する判断の葛藤を促す。

またこのくだりで少女は「ラミア」と自ら名乗っているが、原田監督はそれをカットしている。

「この星のコアに向けて惑星消滅ミサイルを発射する。このプログラムはだれにも止められない」というラミアの声とともに、グインジェの腹部にあるランプが点滅し、心拍音のように時をカウントし始める。

「ぼくが止めてみせる」とムサシがコスモプラックを取り出すと、閃光の中からウルトラマンコスモスが出現。前回同様、ライブ素材として、オープンでエレベータ撮影したアオリのシーンが用いられ、ビル街に立つコスモスの合成シーンにつなげている。

グインジェの胸からの光線をかわし、バック転するコスモス・ルナモード。すかさずハンドスラッシュを繰り出すルナだが、グインジェの身体は一瞬にして分離、三方へ散る。このシーンはハンドスラッシュを発射してからワンカットでの表現に原田監督はこだわっている。分離するグインジェはCGだが、アタリをつけるため、撮影現場ではその場にグインジェの立体を置いていた。

飛んでいった頭部の代わりに、胴体上部から丸い爆弾がモーフィングでせり出す。胴体のみで進撃するグインジェは移動車で動かされている。分離した腕が上空へ飛んでいく様が低い視点で捉えられ、滞空中の頭部をよそにもう一方の、クレーンのように先が二つに分かれたレフトハンドがビルの谷間から一直線に飛んでくる。その左右のビルには影が映り込んでいる。合成の空舞台はお台場で撮影され、ビッグサイトなどは後処理で消されている。

飛来した片腕の攻撃をよけるコスモスだが、空中の一点でターンしたレフトハンドはクルクルと回転して再び飛んできた。ターン時の旋回はコンテの上にさらに鉛筆で航跡が描き加えられている。回転しても最後は横向きになって直進することが合成カット表の段階ではマジックの赤で書き込まれている。

飛来しながら、クレーンのように二つに開いた先で、振り返ったコスモスの腹をガシッと挟んでしまう。腕だけでもかなり巨大である。万力のように締めつけてくるレフトハンドに苦しむコスモスの胸のカラータイマーが赤く点滅しだした。

「コスモスを離せ！」と叫ぶフブキ機も、前方から迫り来るライトハンドと正面衝突し、煙を吹きながらビルの向こうに不時着する。ライトハンドは操演も検討されたことがコンテからわかるが、映像ではCGになっている。テックサンダー墜落場面は操演だ。

▼あなたに会えてよかった

「これ……あいつら、悪かったって」

街角でラミアと出食わしたカワヤは、あのパズル状の塊をラミアの手に握らせる。その際、カワヤの両手が重ねられる。

「君は……この星を侵略しに来たのか」と言うカワヤ。

ラミアはその眼差しを正面から受け止めながら「違う」と答える。BGMは優しい音楽になっている。

「私の名はラミア。戦いは好まない」

原田監督は、少女が名乗る場面をシナリオでのムサシ相手から、カワヤに変えたのだ。二人の心が通じ合ったと思った途端、「動くな！」と石井ら特務機関のメンバー達が銃を構えて駆けつけた。

思わずかばったカワヤはラミアの代わりに撃たれてしまう。ラミアが決意の表情でパズルを動かすと、分離していたグインジェが再び合体、カウントダウンの点滅を始める。慌てて退避を命じる石井のサングラスにグインジェが映り込む。この映り込みショットは原田監督が合成カット表に「ウラヤキしてね！」と念押ししている。反射だから左右逆になるためだ。

レフトハンドの拘束をこじ開けた隙に前面宙返りをして手前に着地したコスモスは、石井達をかばって、グインジェの光弾を受ける。それは少女をかばって撃たれたカワヤと同じ構図だ。

「ウルトラマン……」と、一瞬心打たれた表情になる石井。シナリオにはそこまで書かれていない。原田監督の、出したからにはその人物を否定的には終わらせたくないという姿勢の表れだ。先述の、不良達がパズルをカワヤに託すシーンでも、彼ら一人ひとりにお礼の言葉を言わせている。後味は爽やかなのだ。

コスモスの慈愛に驚き、見上げるラミア。彼女の足元に倒れたままのカワヤだが、息絶え絶えに「俺は……君を信じる」と告げ、眼を閉じた。シナリオではここで「あんたみたいなキレイな娘が侵略者なもんか」と言わせているが、原田監督はセリフをシンプルにした。カワヤのピュアさを表すというより、この期に及んで外見にこだわっているように聞こえると思ったのかもしれない。

少女はパズルを再び変形させる。ここで初めて背景の川面が映る。水の揺らめきは赦しの象徴なのかもしれない。夢の大橋下の公園で撮影されている。グインジェはUFOの形に戻った。レフトハンドが戻るシーンは操演で逆回転を使用している。

「私は……私達は、間違っていたのかもしれない」

少女は無言だが、心の中の声がコスモスに伝わっていることが、

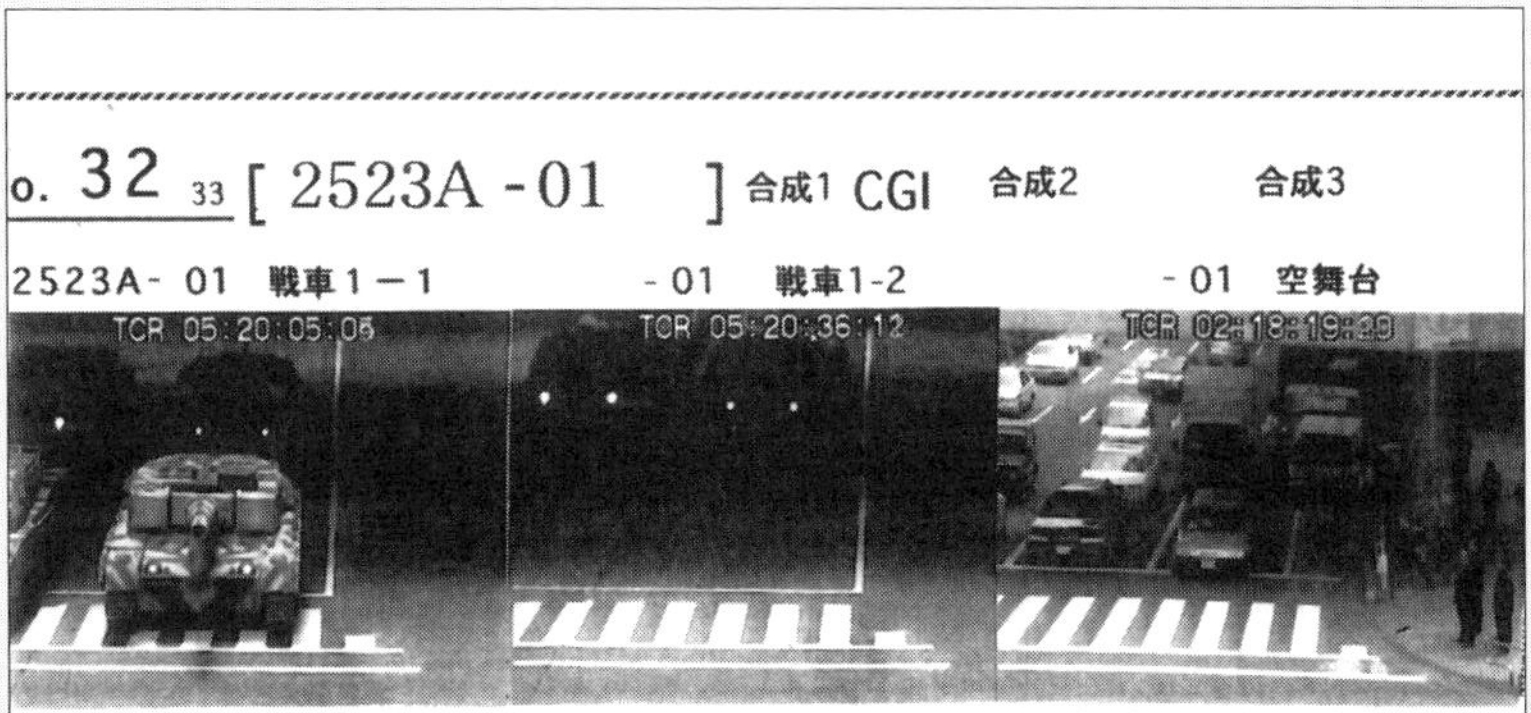

合成カット表より。右は実景で、そこに左の二つを合成。中央は奥からやってくる戦車。

視聴者に示される。少女は母星に戻ったら地球人が必ずしも好戦的でないことを伝えるとコスモスに告げた。

目線を合わせ、かすかに頷くコスモス。

「私はあなたに会えてよかった」。BGMはピアノ音楽になる。倒れたカワヤを抱き起し、肩に頬を寄せると、背中に手をかざし、黄色い発光（合成カット表では「奇跡の光」とある）とともに身体にめり込んだ弾を取り出す少女。その横顔は美しい。このキスのくだりはシナリオにはない。

ラミアは、病室でカワヤが自分にキスをしようとしていたことに、勘付いていたのかもしれない。それを地球人のピュアな思いと捉え、親愛の情として返したとも取れる。原田監督らしい、含みを持たせたキュンとなる描写だ。見守るコスモスの点滅するカラータイマーの色が、やや暮れなずむ空に温かく光る。

UFOの底部のシャッターが開き、ピンク色の光（シナリオでは「トラクタービーム」と表記）が降りてきて、腕のブレスレットが呼応するように発光したラミアは光の中を浮上して機体に吸い込まれる。シャッターが閉じ、空の彼方に飛んでいくUFO。

この後、夕焼け空に向かってコスモスが飛び去るシーンが想定されていた。夕景の空舞台と飛び去るコスモス人形の素材が合成カット表に貼り付けてあるので、撮影されていたと思われるが、尺に合わせたリズムの問題でカットされたのだろう。

後日「また、会えるかな」と、カワヤがムサシに呟く場面はシナリオでは「満天の星の下」だが、映像では、地球のホログラフが浮かび上がるトレージャーベース内のテラスに変更された。

そこへ「私達は会いたくなかったわ」と、シノブとアヤノを前面に、多数の女子達が怒りに腕を組んでいる。「いいこと？　あたし達に二度とあんなことしたら……」「なにしたんです」と問うムサシに、「お姫さま達に、王子様のキスをな」と笑うカワヤ。たとえばこんな風に……と口をすぼめて突き出すカワヤに向かってシノブリーダーの「いい加減にしろーッ」というグーパンチが……と思いきや、そのパンチを掌で受け止め、シノブの頬へちゃっかりキスしてしまうカワヤ。ふっふっふという表情で立ち去る。呆然とするリーダーの顔を覗き込むムサシとアヤノに、エンディングのイントロがかかり始める。

シナリオではキスの描写はなく、シノブがカワヤに一本背負いを決めるところで終わっていた。ロボットの市街戦を中軸に据えながらも、最後までチャーミングな回であった。

原田昌樹、語る

——今回の、戦車が新宿のような都心に出て来るシーンは、ワクワクしてしまうところがあります。

原田　特撮で合成を含めた市街戦をやってみたかったんです。実景とミニチュア、CGの合成を色々と織り合わせてみたかった。

——実景の陸橋の下から合成の戦車が出てきて、その横の歩道に特務機関の石井達がいるのを斜め俯瞰で捉えてる合成ショットなんか、放映当時ハッとさせられました。

原田　あれも当時の合成としてはうまくいってると思います。さりげないカットとして入れてるんですが。当時の合成技術でどこまでやれるかというのを色々トライしてた頃だったんです。

前は、実景とのなじみがうまくいかなくて、成功してると思えなかったからやらなかったんです。当時のテレビ番組としては限界に近いというか。ロボットの変形もけっこうやってみました。

東京都庁の周りの撮影許可も初めて出たんですよ。それなら都庁の回りに戦車を走らせたい、ということもありました。

『コスモス』は怪獣を保護するわりにはミリタリー色の強い世界観だったので、逆に強調してやろうと思ったんです。街中を戦車がガンガン走り回るような。僕は全然、右翼的、攻撃的な性格ではないんだけど、あの時はわざと狙ってやってたんです。

——合成カット表を見せていただくと、窓写りや影をつけるのはもちろん、空に青味を足すとか空をはめ変えるとか、「実景」といってもロボットやUFOをそこに貼り付けるだけじゃない。

原田　特にあの回では、ロケ当日曇ったんです。だから後処理が大変で、そういう意味でも合成班にはかなり無理させました。

——『コスモス』はあんまり市街の特撮が多くない印象があったので、新鮮に感じられた回でした。

原田　この頃オンエアが始まってて、「山の中や野原でばっかり戦ってる」と不満が出てるという話が来たんです。市街地で何かできないかという前提のホンを作った。市街地だと特撮の飾り込みが大変だけど、実景合成でやってみようと試みたんです。

グインジェには、『ブースカ』のカモスケ役の永田朋裕さんに入ってもらいました。でも最後はあんまり戦ってないんですよね。

——UFOに戻って去って行くという……。

原田　コスモスとちょっと戦った後に、ラミアが人間の心を理解をして去る。本当ベッキーは美少女だったんです。

市街戦だなんだという前に、この話は、なんてったってベッキーですからね。最初からベッキーを使おうと決めてました。

『ブースカ！ブースカ!!』の時に初めて使ったんだよね。彼女まだ一六歳の時かな？　とても印象が良かった。普段は明るいんだけど、根性はあるし、何も言わなくても役を理解して、落ち着いた感じで演技してくれるんです。すごい美少女だったんで、彼女が大人になる前に、もう一回撮っておきたいと思ったんです。

あの頃は一七か一八ですね。ベッキー用に衣装も全部決めて白い服にして、『ブースカ』の「冬の国ものがたり」のルルーの夏服版と考えたんです。とにかくベッキーをいかに魅力的に撮るか。

相手役のカワヤ医師は最初は便宜上設定したという感じだね。影丸ちゃんは、よく知ってるから使いやすいというのがあって。

——特務機関の石井浩さんも『ガイア』と似た感じの役で、『コスモス』でもセミレギュラーになっていきますね。

原田　石井はね、見た目はかっこいいじゃないですか、ヒゲ生やしたりして、あれ、昔の仲間なんだよ僕らの。二家本（辰己）のところにいた若い衆で。もういい歳だけど。俺と同い年かな？

——セミレギュラー化したもう一人に右田昌万さんの医師も。

原田　影ちゃんも出たから右ちゃんも出しとくかみたいな（笑）。

——カワヤ医師は影丸さんみたいな正統派の二枚目を、あえて三枚目のキャラにしてますね。

原田　それは狙ってましたね。二枚目の人に三枚目の芝居させると、意外に魅力的に、良く見えるんです。「女性にフラれまくっている男」を冴えない男にするとリアリズムになっちゃうでしょ。影丸が三枚目の芝居をやると、何となく惹かれるものがある。

——最後はシノブにキスしてしまう……。

原田　あれでシノブとのロマンスをやろうという気になった。

——最初はそこまでは考えていなかった？

原田　全然考えてなかったですね。影丸は一回きりのキャラ……ゲスト出演のつもりでいたんで。

●メイクスタッフ

金子三枝（現姓・佐藤）・今井志保

普通のドラマやるより、楽しい現場です！

座談会

金子美枝　原田監督は基本「メイク要らず」なんですよ。何かをしてくださいという注文が本当にないので、こちらとしては、ただ流れに乗ってやってる。「女の子が可愛かったらいいや」みたいな（笑）。原田監督はそんな感じです。ショートカットが大好きで……。

今井志保　可愛い女の子がいると、ちょっと鼻息荒くなるんですよね。たぶん、きれいに撮りたいから。モニタに釘付けになって自分の世界に入っちゃう。

――メイクさんは撮影中はずっと一緒なんですか？

金子　撮影中はずっと現場にいます。だから早く終わればラッキーみたいな。

今井　なにせ監督はすごく早く帰りたい人だった。男ばっかりだと早く帰ります（笑）。基本的には陽が落ちるまでには終わるんです。特に『ブースカ！ブースカ!!』は夕飯前に帰れることが多くて。向ケ丘遊園でみんなで飲み食いして、向ケ丘遊園が潤ったんじゃないかと言ってました。

特撮作品のメイクといっても、基本は他と一緒です。でも作りものがあったりする方が、楽しいですよね。だから普通のドラマよりもこっちの方が、ちょっと特殊な現場です。傷とかも付けるし。

金子　悪い役だったら、「なんか悪そう」とかをメイクで作って。

今井　「なりきりカードで大混乱！」（『ブースカ！ブースカ!!』11話）で、カードでマリリン・モンローになったり、剣豪になったりというのは憶えてる。

金子　もうやりたい放題。

今井　「楽しけりゃいいや」と。「好きにやって」みたいな。やりすぎの方が監督は喜んだかな。

この頃はきっと楽しかったんでしょうね。次から次へと作品があったから。『ブースカ』だったら、赤星昇一郎さんの松戸最円は全部ワルメイクだし。

原田さんの回はカツラが多かった。

『ブースカ』はもうコメディですよね。ヒゲを付けたり。大滝明利さんが演った日八樫さんも、五人兄弟でホクロの位置が違うという。

金子　監督によって全部色が違うんですけど、原田ワールドはメルヘンあり、ドタバタあり。ドタバタの時は北浦（嗣巳）さんとちょっと似ています。

北浦さんの方がアクが強い感じしますね、なんとなく。だから面白いんですけど。ミジー星人も楽しかった（『ダイナ』13話「怪獣工場」、30話「侵略の脚本」）。作り込んだから印象に残ってる。ピンクとゴールドと青。人間の時は髪の色もそれぞれ変えてね。目の前でポンと手を合わせると宇宙人に変わる。

▼メイクより〈被り物〉の監督？

金子　余計なことはしなかったですね、原田さんは。

今井　だいたい特殊なメイクが出てきた記憶がない。

金子　ないよね。「少年宇宙人」（『ダイナ』20話）だって（マスク）被っちゃったし。「どうするんだろう」と思っていたら、「被るから大丈夫」みたいな。

私達と監督では「こっちで用意するものないですか？」「ない」という。だから困ったこともないし。「死闘！　ダイナVSダイナ」（31話）の宇宙人ももう、着ぐるみが形でできてた。

たとえば大和武士さんのかけているサングラスも、原田さんと大和さんとの間の話で出てきたものだと思うんです。原田さんは役者さんとも密に話をしていらっしゃる方なので。

今井　『ブースカ』や『コスモス』にベッキーが出た時も、妖精みたいだったり宇宙人だったりするけど、メイクはノーマルです。『コスモス』に三輪ひとみさんが出た時も、設定は宇宙人ぽかったですけど、メイクは変わったことはなかったですね。「あとは芝居で」みたいな。

――「無幻の鳥」（『ダイナ』19話）では石橋けいさんのマユミが七年くらい歳とった設定でした。

今井　メイクは普通。年齢は「設定」で。

金子　そう。髪も結びも何もしない。素。「何もしなくていいから」と言われたから。

――『ガイア』のハーキュリーズの人達は汗がいっぱい出てました。

今井　ハーキュリーズはだいたい原田さんでしたね。

あの汗は自前です。ジムで身体を鍛えたりしている時は多少、霧とかで汗を付けたりしましたけど、そんなにないです。戦車の中は、狭いから暑いし。
金子　熱血だからみんな汗かくんですよ。逆に汗取りはやりましたね。抑えることはありました。

▼みんなで作り上げていく仕事

金子　毎回、脚本が出来て、その時点で各自読み込んで、衣装合わせの時に、衣装と一緒にメイクが決まる。
今井　髪形はこうしようとか。原田さんはわりとショートカットが好き。もちろん、役によっては長い子をキャスティングしたりはありますけど。
　後の仕事は現場になるわけです。撮影がスタートすると、お話の順番通りにメイクを直したりする。
金子　あとは役者さんが、気持ちよく、スムーズに仕事ができるように、ムードメーカーのように。
今井　役者さんは朝、素のままで入ってくるので、衣装を付けてメイクをして、その役に入る。私が思うに、一番重要なのは、朝イチに気持ちよく送り出すこと。メイク室から出たらもう役に入っているわけだから、なり切ってもらって現場へ送り出す。
金子　それが一番大変なんですよ。
今井　体調悪いのを隠している役者さんもいるわけです。そういうのも顔色でわかるんです。肌を触るので、体温が高いとか、顔色が悪いとか、話してる段階でわかっちゃう。でも本人は隠したいわけだから、撮影している時もみんなにわからないようにケアしてあげたり。「あげたり」と言ったら恩着せがましいかもしれないですけど。
――お二人はウルトラマンシリーズにはいつ頃から?
金子　私は『ティガ』で原田監督でない話に二回くらい入った時からです。それ以前は特撮の経験はありません。その前はＴＢＳやフジテレビのドラマでした。ウルトラに入った時は、この仕事を始めて一五年経ってます。年齢がバレちゃう（笑）。
今井　私まだこの辺は二〜三年目です。美容学校に行ってメイク会社に就職しました。
金子　映画ばっかりやっている会社とか、スタジオで連ドラばっかりやっている会社とか、あとカツラ屋さんとか……そういうところに入り込む。
　ドラマのメイクのお仕事の面白味は、やっぱり自分が作り上げるところですね。もちろん全体は監督が作り上げるんですけれど、メイクは役者が素顔のところから作り上げますよね。監督が作り上げて、プラス、こっちも作り上げていく、それで戦うみたいな。そういうのがあって楽しい。

『ガイア』46話撮影現場。梶尾にメイク

みんなたぶんそうですよ。キャメラマンだって自分の画というものがあって、監督の要求するものと自分のものとで戦うわけです。照明も美術もみんな、個人個人が自分を出そうと思って、それでみんなの力が結集してドラマになるわけだから、楽しいです。

　自分達も監督もノっている時はすごくいい作品ができる。

　そういう意味では原田監督は、要求がなかった。好き勝手やらせてくれたからいいんでしょうけど、もっと要求されても面白かったんじゃない？　でも要求されなければ余計なことはやらない。

　監督によっては、打ち合わせ段階から、脚本が出来た状態で「ここはこうしよう」と色んな相談があるわけですが、原田さんは私の時はなかった。

　作品を見たらすごく面白いんです。だけど現場のことは印象にない。

▼飲み会でもサッといなくなる

金子　『ダイナ』の頃は打ち上げが盛大で、毎回「何の打ち上げ?」みたいな（笑）。びっくりするくらい。
　そういう時でも、原田さんの印象はあんまりなかった。原田さんはたぶん、スタッフとワイワイするタイプじゃないのかも。スタッフルームで、みんなで打ち上げ〜ってやっている時も、じゃあ乾杯と言って、その後もうサーッといなくなってたから。
今井　私は記憶にあるのは飲み屋の姿です。祖師谷とかで仲のいい人達で飲む時はすごく楽しく、おおいに喋る。でもそういう姿を、大勢のスタッフの中にいる時には見たことがない。
金子　こんな話じゃ本にならないでしょ？　まとめるとなんとかなりますかね、メイク部三行とか（笑）。

「魔法の石」35話 ▼二〇〇二年三月二日放映

脚本：川上英幸　**撮影（本編）**：倉持武弘　**撮影（特撮）**：髙橋創
ゲスト：奏谷ひろみ（早紀）

ストーリー

トレジャーベースの医師カワヤの後輩の右田医師が突然、天才的な能力を発揮するが、様子がおかしい。疑惑を抱いたカワヤは、右田の通う謎の館に入り込むが不適合者として追い出される。その話を聞いたEYESのシノブは自ら潜入を希望する。

やがて「ラグストーン」という石が発する光線を浴びた人間は能力が高まる一方、感情がなくなることを突き止めるが、シノブもまた昏睡状態にさせられる。

謎の館はEYESによって封鎖されたが、館そのものが怪獣化する。アメフト選手ばりのタックルでコスモスを苦戦させる怪獣ラグストーンについて、カワヤはあることに気付く……。

リアルさよりも〈跳ねた〉描写で

35話では、コスモスも強化体のエクリプスモードになることができるようになっていて、タイトルバックにも登場している。

そして今回はEYESの新メカの試運転が行われている。冒頭「テック00　テスト機」とスーパーが出る。正面からあおり、横位置から尾翼まで、フルCGによる機体を疑似的にキャメラが回り込む視点で描くことが演出メモの段階から指定されている。

ドイガキの開発したその機体に乗り込んでいるのはフブキ隊員。基地内では他のEYESメンバーと共に、ドイガキが固唾を呑んでモニタを見守っている。シナリオでは、彼だけ科学者よろしく白衣を着ていることになっていたが、映像では他のメンバーと同じ隊員服で、しかし手にはミニチュアを手にしている。

シノブの指示でアフターバーナーが点火され、スピードを上げて上昇するが警報が鳴って機体は回転、振動に耐えるフブキは加速レバーを戻し、位置を立て直して降下する。

「スピードはたしかにアップしたけど」「機体の安定度があれでは」と呆れるアヤノとムサシに、頭を抱えて絶叫するドイガキ。

25話のカワヤへのリアクションといい、ムサシはコミカルなツッコミ役として、原田作品におけるポジションが確定したようだ。

次の場面では、市街の歩道を行く右田医師から少し離れて、カワヤ医師が尾行している。その尾行はいかにも大げさで、かえって怪しい人物に見えることが、シナリオから書いてあった。ロケは多摩センターで行われている。右田は派手な黄色の背広を着ているが、これは原田監督の所持台本には鉛筆で記されている。

その頃、移動中のシェパードの車中では、新型テックサンダー開発の重要性を、シノブはムサシに語っていた。

と、ムサシは歩道橋の上のカワヤを発見。シノブはわざわざシェパードを降りてカワヤの行動を警戒する。

この時のシノブのセリフはシナリオでは「あいつ、誰かつけてる」だったが、原田監督はこれを「あいつ、また、女の子を追っかけてる！」に変更している。初めて見る視聴者に、カワヤがどういう印象を持たれている人物なのか、紹介しているのだ。

カワヤを両側から捕まえるムサシとシノブ。「あ、マイ・スウィート・エンジェル」とシノブに呼びかけるカワヤを「ストーカーは犯罪ですよ」とたしなめるムサシ。

その頃、右田医師は、巨大なドリアンのようなオブジェがドームのように建つ謎の館にやってきて、長い階段を上りはじめた。周囲には装飾用の火炎がしつらえられ、ところどころ地面が割れ、巨大な植物の根のようなものがむき出しになっている。階段の途中には鏡台のようなオブジェが複数立つ。南大沢の公園で撮影され、手前の石段までは実景である。その上に館が合成されている。館の撮影素材はそのまま使用するのではなく「一〇三％」のブローアップがなされ、実景部分の石段のセンターに合わせることが合成カット表で指示されている。館の素材はオープンの高台に乗せられアオリで撮られている。

その頃シノブとムサシは、最近右田の様子がおかしいから様子を見ていたのだというカワヤの説明を受けていた。

カワヤの回想シーンが始まり、キャッチボール中のカワヤと右田の姿が横からのロング画面で捉えられる。場所は病院の裏側にある工事現場のようだが、過剰に大きく「ここでキャッチボールをしてはいけません!!」と表示されている。これは合成で表現され、アクションシーンでもないのに特撮を用いたお遊びが楽しい。合成カット表でも、この文字は「大きく」と指示がある。シナリオでは、このキャッチボールの場所は病院の屋上になっていた。

まずカワヤが大げさにふりかぶって球を投げるが、スピードはたいして出ない。その時、カワヤの脱力とともに頭上に鳥がはためく描写も合成によるもの。原田監督は音響への指示で「鳥（の声）もっと大きく」と記している。合成や音響を縦横に使い、ちょっとしたニュアンスをも指定がされているのだ。

そして右田が投げる番になると、彼を正面から捉えたカットになり、豪速球が前に大きく飛んでくる様が合成で表現される。ひっくり返ったカワヤが、ボールのメーターに表示された「一六〇キロ」という速度に驚く。終始無表情だったがニヤリとする右田。

回想は終わり、野球だけでなく、研究員としても、十年間かけてできなかった新薬を三日で完成させたと右田の変貌ぶりをムサシとシノブに語るカワヤ。準備稿では、右田が新薬の開発レポートをカワヤに渡す回想シーンもあり、その後にキャッチボールが描かれていた。原田監督は前者をカットし、セリフのみにした。

その結果、医師同士なのに、普段からキャッチボールで遊んでいる印象を視聴者に与えている。今回は右田の私服といい、リアリ

イメージボード表紙（奥山潔）

ズムよりも跳ねてやるぞという原田監督の姿勢が感じられる。
「あいつは俺の一番弟子だからな。ちょっと心配なんだ」と言うカワヤに、シノブとムサシは「突然の能力開眼によって」「自分の地位が奪われることが」とリレーのように突っ込みを入れる。「うん……ってちがーう！」と叫ぶカワヤがシナリオではオチになっていたが、映像では、先の突っ込みの後「うん。また飛ばされちゃう、オレ」とシノブにすがるカワヤが、冷めた顔で「飛ばされて」とシノブに返されるというオチに変更になっていた。その場の役者のノリを取り入れて、これも跳ねさせた結果だろう。

▼ますます空気の読めない男

右田は謎の館で大勢の人々と円座していた。ここにも巨大な植物の根や、黄色い光を放つ複数の鏡台のような置物があり、中央には建物と同じドリアンのようなオブジェが切り株の上に鎮座し、橙色に点滅している。薄暗い部屋全体もオレンジに染まる。オブジェには眼球があり、そこから放たれた光に包まれ、炎を浴びたようなビジョンの中で瞳孔を開いた右田が前に倒れ込む。

カットが変わるとEYES指令室になる。休憩時間なのか、フブキがアヤノと将棋で対戦、ムサシが見物している。その奥ではドイガキが研究に行き詰って悩んでいた。フブキは将棋は弱いようで、アヤノはカエルの絵と〈楽勝〉の文字が描かれた扇子を持って得意そうだ。王手が決まり、飛車がひっくり返る様にフト眼を留めたドイガキは、いきなり奥から割って入り、「これだ」と駒を掴むと、部屋を出ていく。アヤノが「飛車返せ！」と立ち上がる間に、今度はフブキが王手を決める。

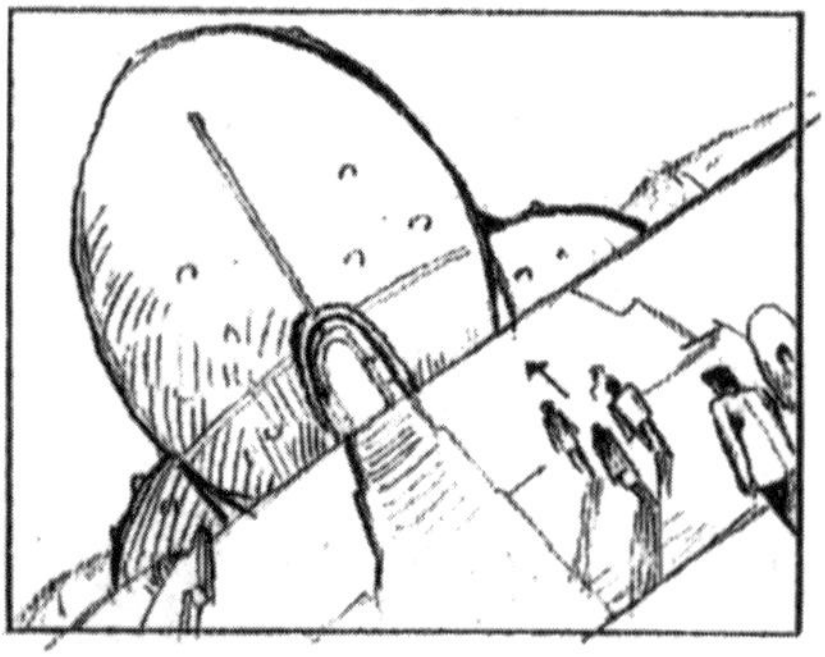
イメージボードより。
巨大な神殿のような建物に右田達が入っていく切り合わせ合成

将棋の駒の表裏逆転は、後に同じ川上英幸脚本による40話（「邪悪の巨人」監督根本実樹）で描かれる新型テックサンダー・テックスピナー2号後部パーツの回転という発想のヒントとなるのだが、今回は伏線止まりとなっている。

その頃、カワヤは再び右田を尾行していた。謎の館へやってくる右田。画面にはハレーションをつけて、不思議な世界の入り口のような効果を出している。対照的に、見上げられたドリアンのような建物はくっきりと映っており、背景に合成された空の雲が流れているのが爽やかすぎてかえって異様な効果を出している。「妙なビルだなおい」とカワヤが呟くが、およそ「ビル」には見えない。カワヤのセリフはシナリオに「古ぼけたビル」と書いてあったからだろう。シナリオを書く段階では、ビルの一室でセミナー的に人を集めているというイメージだったのだろうが、映像では、石段が続く上にある巨大な神殿のような建物になっている。

カワヤはそこで一人の見知った女性（奏谷ひろみ）を呼び止め「早紀だろ、ほら君が大学時代つきあっていた……」と話しかける。これはシナリオにもあったが、原田監督はこの後に次のやり取りを鉛筆で書き加えている。

「私、あなたとつきあっていました？」
「いや、でも食事したじゃないか」

そして映像作品においてカワヤ役の影丸茂樹は、書き加えられたセリフをさらにこうアレンジしている。

「いや、でも食事したじゃないか一回！」

カワヤの、空気の読めない性格が強化されていくプロセスがわかる。影丸茂樹の役に対する自虐的なまでのセンスも光る。

▼シノブのコスプレ!? 潜入

早紀は生気を失ったように「ラグストーン」と呟く。彼女は謎の館に鎮座していた石・ラグストーンの光に取りつかれている。

館に続く石段には、右田と共に二人の男性がいた。それが著名なプロ野球選手とシンクロ金メダリストだったことに驚くカワヤ。シナリオでは前者に「あんた、東京エレファンツの板野投手じゃないか」と呼びかけているが、原田監督は「あんた、ハーキュリーズの古怒田投手じゃないか」に換えている。『ダイナ』『ガイア』でコンビを組んだ脚本家・古怒田健志氏を意識した遊びである。「ハーキュリーズ」は『ガイア』で古怒田氏が設定したXIGの陸戦部隊であったことは言うまでもない。

カワヤの旧友・早紀もまた、ゴルファーとしてのプロテストに受かったばかりだった。またカワヤがテレビで見たことがある大学教授や政治評論家の姿も後に館の中で目撃することになる。「あなたも能力を高めたいですか？」と問う右田。早紀も「せっかくだから」とカワヤを中に導き入れる。

室内で早紀が中央に鎮座するオブジェに意志を聞くと、向きを変えて点滅する石。急に冷たい目になって振り向く女性は「ダメ、カワヤさん、あなた拒否された」と言い放つ。他の人々も一斉に立ち上がり、カワヤに迫る。追われるようにして石段を降りるカワヤに右田は「もうここへは来ないでください」と宣言した。建物の背景には雲が流れていた。ガシャンとドアのしまる音がする。

その日を最後に右田は長期休暇を取ったと、トレジャーベースのテラスで、カワヤはシノブ、ムサシ、アヤノに話す。不思議な石のもたらす力の話題とともに、ベースのテラスにしつらえられたオブジェを撫でながら早紀のことを口にするカワヤは、シノブに「あんたまた、女の子にちょっかい出してるの」と責められる。このシノブのリアクションは原田監督が付け加えたものだ。

ちなみにこのテラスは、日野にある某企業の施設の三階で撮影されており、『コスモス』のトレジャーベース内の一角として、原田組のみならずよく使用されている。カワヤが撫でていたオブジェもそこにあるもので、「人生 悔いなし」と創業者の言葉が刻まれているのが、回によっては映っている。

「あの場所は『メビウス』でも使われてます。企業の方が協力的に貸してくださるんです。それだけに、あのオブジェは撮ってていつも気になるんです。創始者の想いがあるものですよね。それを番組のための絵面に使っていいんだろうかと。だからあくまで

さりげなく映るように、でもないがしろにはしないようにと、気を遣っていました(笑)」(キャメラマン・倉持武弘さんの証言)
不思議な石の神殿に「私が入り込んでみようか」と提案するシノブ。心配するムサシに「その時は、助けてくれるでしょ」と返すが、返事をしようとしたムサシはアヤノと共に突き飛ばされる。「すぐに駆けつけるぜマイ・スウィート・エンジェル」とシノブの手にキスしようとするカワヤ。シノブはハッとその手を取り、カワヤの身体を押さえつけると「グギグギ」という音がする。

後日、赤い私服でキメたシノブが赤いメガネをかけて参上。「どう、見える?」待機している車の中のモニタには、メガネを通してシノブが見たものが映っている。シノブの声も通信で届いている。車の窓から大げさに同意のVサインを送るカワヤを、ムサシがたしなめる。私服姿のシノブに感心するムサシに「女には、二面性があるんだよ」と、わかったようなことを言うカワヤ。

シノブのメガネからサーチされた視点で室内が映し出される。RECマークが灯り、視覚が四角いフレームで縁取られ、タイム表示が動いている。室内は相変わらず不気味に薄暗く、遠くに金属が反響しているかのような不思議な音が響いている。

石はカワヤの時と違い、シノブを受け入れる。なんで俺の時はとボヤくカワヤに、ムサシは「わかる気が」とツッコミを入れる。石の放つ激しい光に、シノブは倒れ込んだ。

慌てて車を出るカワヤを抑えきれず、ムサシも後に続く。

室内に入り込み、倒れたシノブを抱えて出るカワヤ。ムサシは立ち上がった人々の前で両手を広げて通せんぼのポーズを取る。だが人々は強引に彼らを捕えようという気はないようだ。これは原田監督による変更で、シナリオで洗脳された人々はもっと攻撃的だった。原田監督は準備稿への疑問点として「石のビルはなぜ簡単に入れるのか?」と演出メモに記している。人々を攻撃的にしてしまえば、その疑問が露わになる。魂を抜き取られて無気力になっているという印象の方を押し出したかったのだろう。

シナリオでは、救出されたシノブが目覚め「何か私、今とっても楽なの」と言うくだりがあったがカットされ、CMに入る。

重たい描写を簡略化

CMが明けると、シノブのサングラスから送られ記録された、ラグストーンの眼球が光る映像をモニタで再生しながら、トレジャーベースでヒウラ以下EYESの一同にカワヤが解析の結果を説明している。といってもシノブは医療ベースで昏睡状態、ドイガキは指令室の奥でミニチュアを手にひとり新型テックサンダの一研究を続け、話を聞いているのは残りのメンバーだ。

カワヤによる、あの石の光を浴びると、脳の眠っていた部分が呼び起こされ、運動神経や学習能力が高まるが、その分、感情を司る部分の発する脳波は吸い取られる……という説明に差し掛かると、昏睡状態のシノブや、館の中で虚脱状態だった右田達の顔の絵がインサートされることが、演出メモから記されている。

「まるで、麻薬みたいだ」と深刻な表情のムサシ達。

ヒウラはコンディションレベル・オレンジを発動。石に集まった人々の保護に向かうムサシとフブキ。

準備稿ではこの後、石の光が途切れた禁断症状に苦しむ早紀や右田の姿が描かれ、特に右田に対しては、「人間だから苦しいんだぜ、右田」とカワヤが全体力を振り絞って押さえつける……といった、男の熱い友情を描くくだりがあった。その際、ラグストーンの禁断症状は丸一日続くという設定が示された。

薬の影響を示す部分で残っているのは、ラグストーンの光を求めてメディカルセンターにさ迷い出てきたシノブをカワヤが制止しようと(いう名目で抱きよせるようなポーズになるのがカワヤらしい)したが強力な力で突き飛ばされるというくだりのみ。

ここのくだり、シナリオのシノブはいきなりカワヤを殴りつけるが、暴力的な印象がやや弱められているのは、やはりここでも虚脱状態を押し出したかったからだろうか。

準備稿ではその後、走るシノブを捕まえたカワヤが「元の君に戻るまで、俺は君を離さない」と彼女を抱きしめるシーンがあったが、これは順番を変えて、後にラグストーンが怪獣化した後に置かれることになる。これも、シノブが気を失うまで抱きしめ続けるという準備稿の描写よりは、あっさりしたものになっている。

原田監督は、ラグストーンの光による「禁断症状」の部分を、あまり重く描きたくなかったようだ。

現地へ向かうシェパード内で、ハンドルを握るフブキにムサシが事件の推測を語る。あの石は生物を労働力として操るため、能力だけを高めて、意識を吸い取ろうとしているのではないかと。

このくだりは準備稿からあり、映像化もされているが、原田監督は準備稿のこの部分に「(石は)どこから来たのか」と鉛筆で書き込んでいる。演出メモには「感情を支配してどうする→支配する→宇宙から来たもの」と書いていた。決定稿以降では、どこかの星で使われていたのではないかという推測が足されている。

やがて怪しい館に集まる人々が合成されたロングショットにシェパードがインする。この構図はコンテ作成前から監督がラフスケッチを描き、早くからイメージが決定していたと思われる。

右田達は館に入ろうと、ムサシ、フブキ、SRCの職員達ともみ合いになる。「中に入れるんだ」「あの光を浴びさせてくれ!」という右田達のセリフを原田監督は台本に書き足している。

やがて館の一室の石が発光するや、人々の目の前で、館そのものが怪獣ラグストーンに変形して立ち上がる。同時にUFOが浮上した。立ち上がる瞬間のアオリはオープンで撮られている。

怪獣出現のくだりは決定稿では、館の一室にラウンダーショットを構えたムサシとフブキが踏み込むが、そこには石しかなく、その石が発光してやがて巨大化する段取りだった。その前の準備稿では、石が巨大化した段階でヒウラがコンディションレベル・オレンジを発動、怪獣化した段階でコンディションレベル・レッドを発動し、出動したテックサンダー2号の攻撃を跳ね返すラグストーン……という描写があった。

これを建物が変形して怪獣になるよう簡略化したのは、後のフットボールさながらの戦闘シーンに比重をかけたためと思われる。

アメフト並の破壊力

実景の公園の背後に、立ち上がった怪獣ラグストーンが歩いてくる。頭上のUFOからエネルギーを与えられたラグストーンが公園の芝生にいる人々に向かって何条もの光を放つのがワンカットで捉えられ、パノラミックだ。公園の池にラグストーンが映り込んでいることも、合成カット表で指示されている。

指令室のヒウラは、ラグストーンの光には催眠術の作用があると現地の隊員達に伝える。現実の催眠術と同じく、かかる者とかからぬ者の個人差があると補足説明があるが、「催眠術」という言葉をテレビで安易に用いないためのエクスキューズだろうか。

光を浴びた多くの人々と共に、やってきたシノブまでフラフラと怪獣ラグストーンに歩み寄る。その足にすがりつくカワヤ。

この場面、準備稿ではラグストーンが手近なビルを、目から発した赤い光線で破壊することになっていた(シーンナンバー48)。原田監督は「石は何故巨大化するのか、街の中の人々の感情を吸い取るためなのか。すると、S#48は街の破壊ではない」と記している。そこで決定稿以降では感情を吸い取る描写に換えられた。

原田監督のこの解釈によると、おそらくラグストーンは、まずある程度の人数を館に集めてエネルギーを吸い取り、パワーアップしてから巨大化し、今度は街の人々を無差別に洗脳しようとしたのだろう。怪獣といえばのべつまくなしにビルを破壊する……というパターンに陥らないしっかりとした考えが窺える。

ムサシはコスモスに変身する。水辺でコスモプラックを突き上げるショットに続き、コスモスの登場はそれまでの原田回に多かったクレーンパターンではなく、光の中で広げた右手を突き上げ、ジャンプする全身をあおる合成カットだ。その後、コスモスが着地する絵につなげている。

準備稿では、ラグストーンからの光線を避けてからコロナモードになっていたが、決定稿と映像では、すぐコロナモードになる。

コロナ・コスモスは手から手裏剣状の光線を発し、ラグストーンにダメージを与える。エネルギーを送っていた光線がUFOに逆流する。その瞬間意識を失って倒れ込む人々、そしてシノブ。

ラグストーンはフットボール選手のように、まず地面にタッチして(コンテには「セットかまえ」と書かれている)から、頭を前にして、走って突っ込んでくる。このポーズはコンテ表の表紙にもなっており、原田監督にとって今回のキー・ビジュアルだったことが窺える。地面にタッチする瞬間のことを、原田監督は演出メモで「怒りをためる」と表記している。

コスモスはその攻撃に弾き飛ばされる。例によって操演と生身のアクションの相まった表現だ。勢いづいたラグストーンは倉庫群のひとつに走り込み、突っ込んできた頭に倉庫が骨組から破壊される瞬間の倍速撮影が角度を変えて二度繰り返される。ガラス窓の一つひとつまで丁寧に作られている特撮スペクタクルだ。

戦いの狭間に、シノブを介抱しているカワヤの解説的な役回りのセリフが挿入される。「いまのやつの感情は、怒りか……」

コスモスとラグストーンはしばし接戦の格闘になるが、再び地面にタッチし、突進するラグストーン。今度は相手の威力をわかった上でコスモスは態勢を整えたので弾き飛ばされはしないが、押されていることに変わりない。奇しくも、戦いが行われているのは競技場のようなところで、グラウンドやそこにしつらえられたゴールの見えるミニチュアが楽しい。

三度地面にタッチし、突進するラグストーン。今度はぶつかるがその反動を利用してジャンプ、宙返りして着地するコスモス。すかさず距離を保って放つネイバスター光線。

だがラグストーンはその光を拡散させ、弾き飛ばす。猛然とフットボールダッシュをかまし(「NFL選手マーシャルフォーク参考」とコンテに記されている)、ダメージを受けたコスモスを振り上げ投げ飛ばす。近くにあったプールサイドに倒れ込むコスモス。水面が振動で揺れ、監視用ベンチが壁に倒れ込むミニチュアワークが細かい。

準備稿にラグストーンのフットボール的な突進はない。アメフト好きの原田監督が膨らませた演出なのだ。準備稿に書かれていたラグストーンの光線技も、すべて突進技に置き換えている。

「愛だよ、愛」

ここでカワヤがコスモスに助言を与えるのだが、準備稿では戦いを見ていたカワヤが「そいつに力で立ち向かっても駄目だ！ 愛だ！ ありったけの愛情をぶつけてやるんだ！」と叫ぶことになっていた。原田監督は「より説得力を持たせたい」「カワヤはどこにいるのか」と演出メモに記している。

しかしこれはシナリオの書かれ方が唐突だったのではなく、準備稿では先にカワヤが右田やシノブの禁断症状に対して身体を張りながら愛情を持って接したことと対になっている。しかし原田監督はそこをカットもしくはタイトにしてしまったため、バランスを取る必要が生じたのだ。

まず決定稿では「そいつは、人間の感情をありったけ吸い込んでいる。感情に訴えかけるんだ！」という呼び掛けに変え、以下のような段取りを踏んでいる。コスモスの苦戦を見たカワヤは、怪獣の怒りを納めるにはどうしたらいいか考える。ふと、目の前で昏倒したままのシノブの顔を見つめ「そうだ、愛だ」と閃く。そしてコスモスに大声で呼びかける。カワヤにとって、間近にシノブがいたからこそ〈愛〉という言葉が導き出せたのである。

そこで〈愛〉を歌い上げるように、挿入歌「Touch the Fire」のイントロが流れ出す。演出メモに原田監督は「何か主題歌を」と書いている。ここに歌が入ればさらに盛り上がるという判断だ。

カワヤにうなずいたコスモスは、立ち上がるとルナモードに戻る。気を集中してから、手の先より光とともに無数のシャボン球のような球体を発する。シナリオには「とても優しく暖かい光線」とある。突進してきたラグストーンはそれを浴び、次第に歩みがゆっくりとし始める。それを見たカワヤは言う。

「愛だよ、愛」

このセリフは原田監督が決定稿に書き足した。原田監督は今回の自分の決定稿の表紙に「愛こそすべて」とペンで記していた。

やがて動きを完全に止めたラグストーンから色とりどりの光の粒子が流れ出る。シナリオには「人々から取り込んだ感情の脳波が光となって噴き出してくる」とある。倒れた人々の一人ひとりに戻っていく光の粒子。人々は意識を取り戻す。水辺に咲く花の傍らで、カワヤの手の中に眠るシノブの意識も戻った。

「戻ってきた！」と叫ぶカワヤ。ここはシナリオでは「感情が、戻ってきたんだ」というセリフになっていたが、ここではもう説明的にする必要はなく、感情の高揚を優先させたのだろう。

光を失ったラグストーンは石の粒のようにバラバラになる。原田監督は演出メモに、ラグストーンの固体は「人々から取り込んだ感情でつなぎとめている」と書いている。その部分がなくなったため、バラバラになったのだ。崩れる石の塊の裏側にある土色まで表現されているCGが細かい。

UFOはバラバラになった土砂を吸い上げ、飛び去っていく。深追いすることなく、それを見届けると自分も去るコスモス。

このUFOは、シナリオには決定稿までなく、コンテで初めて登場する。それに合わせてシナリオも書き換えられている。

ラグストーンの出自を明確にするための措置であろうが、ここでUFOを出したため、8話「乙女の祈り」(監督・小中和哉、脚本・川上英幸)の背後で操っていた侵略者と同じ存在に位置づけられ、53話「未来怪獣」(監督・石井てるよし、脚本・荒木憲一)でも来襲。その際、侵略者の名前は「ノワール星人」とされた。ラグストーンもサイボーグ化して再登場となる。

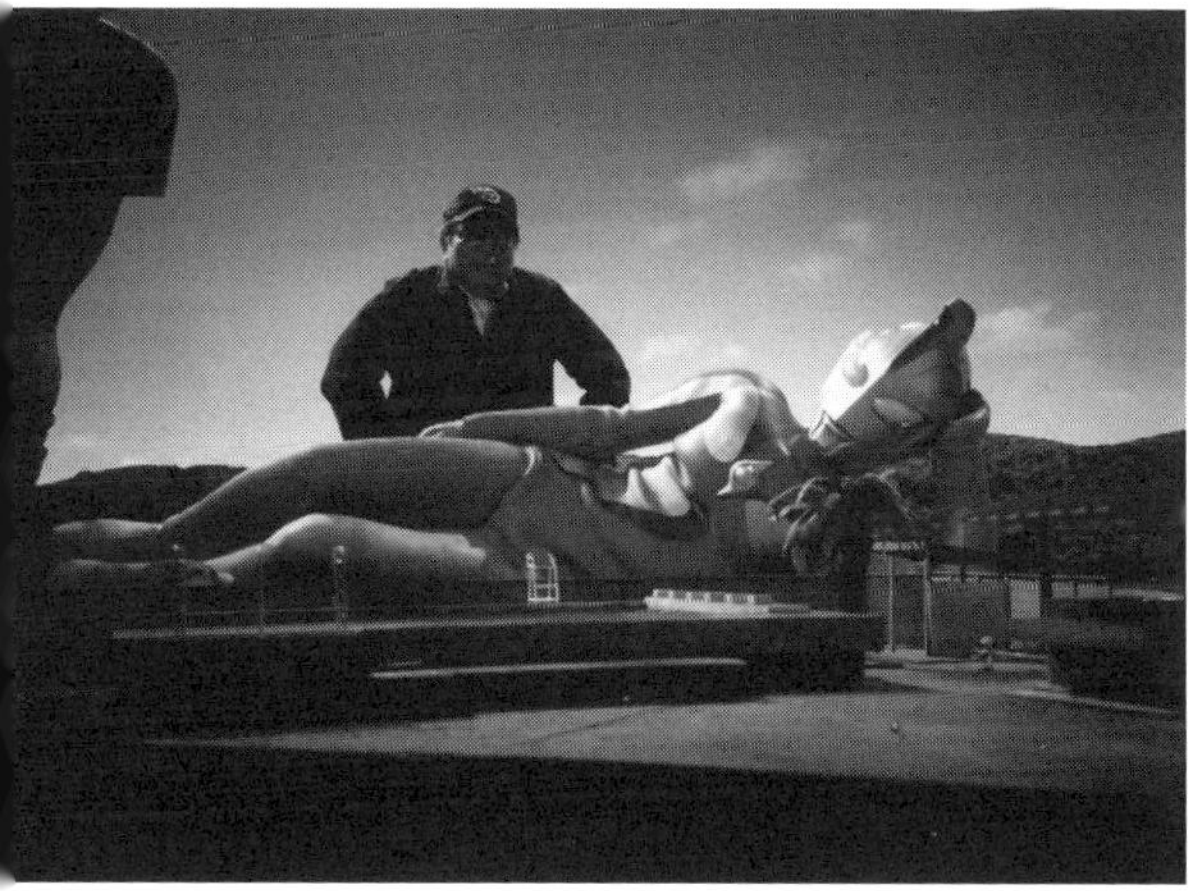

特撮ステージにて

▼ウェルメイドな面白さ

病室のベッドで目覚めるシノブ。カワヤはその手を握ったまま、傍らの椅子に座り眠っていた。

「ありがとう……」と助けてくれたカワヤにしんみりとした顔になるシノブ。やわらかなピアノ曲が流れてくる。

だが、そこで自動ドアが開き、ムサシとアヤノが入ってきた。彼らの視点でシノブとカワヤの手が握られているのがアップになる。「うそォ」と驚く二人。

準備稿では、入ってくるのはムサシ一人だったが、アヤノが加えられたことでより弾けている。監督はアヤノにお見舞いのケーキの箱を持たせ、驚きのあまりそれを下に落とす動きをつけた。慌ててカワヤとつないだ手を振りほどこうとするシノブに「なんか二人、お似合いですよ」と言うムサシ。だがアヤノは「似合ってない！」とツッコむ。「誰がこんな男」と慌てるシノブ。シナリオには「そう言いつつも満更でもなさそうなシノブ」とあったが、演出ではそこを明確に示してはいない。

居眠りしたままのカワヤは寝言で「愛してるよ」と呟くが、その後には早紀をはじめ、他の女性の名前を次々と呟くのだった。

怒りを溜めてカワヤを見つめるシノブに、次の展開を察知したムサシは、アヤノの肩を押してドアの外にうながし、自分も出る。「この、いい加減起きろ！」と布団をはだけ、短パンを穿いた生足でカワヤをキックするシノブが可愛い。

さすがに起きて、寝ぼけまなこで「ごめんマスミ」と謝るカワヤに「シノブだ！」と枕が投げられる。怒号が響き、廊下にいたムサシはおびえる。シナリオには「自分が殴られたような表情になり」とあり、それが最後の一行だったが、映像ではそのムサシの手がまだ自分の肩を掴んだままなのに気付き、バシッと叩くアヤノ。痛がるムサシに「当然です」と去っていく。

▼原田昌樹、語る

原田　前の「異星の少女」でカワヤのキャラがうまく立ちあがってくれたのでメインに持っていった。「シノブとカワヤの話をやりたい」と、ライターの川上(英幸)に発注しました。ホンはすごく早く上がってきた記憶があるな。

これは、ちょっとお遊び的な作品で、怪獣のキャラクターが面白くて、黄色いへんてこりんな果物のかたまりみたいな感じだったので、怪獣を主題に置いてやってましたね。

あの怪獣は、八木(毅)が撮った羊怪獣(8話「乙女の祈り」登場のインキュラス)の改造ですね。前は夢の中の話だったから、もう出ないことを確認して使わせてもらいました。原型はほとんど留めてないですが。

今回の怪獣のモチーフとして、アメリカンフットボールの動きを入れました。デザインコンセプトもアメリカンフットボールの選手のデザインからで。戦い方も同じように、スクラムというか、身体を低くしてバーンと当たっていくところをやりましたね。それで運動場みたいなところでずっと戦ってるという話なんです。

――ミニチュアも細かかったですね。

原田　美術部が、ちょっと体育会系のミニチュアにしたんですね。たしか、右田の球が速かったと回想でもキャッチボールのシーンがあったり、若干スポーツの匂いがするような回でした。

――「ここでキャッチボールをしちゃいけません」と注意書きが（笑）。

原田　あれ合成したはずですよ。

――あそこまで大きく「禁止」と書いてある場所で堂々とキャッチボールをしているというのもスゴイですね。

ドイガキは、ずーっと研究していましたね。

原田　前フリをやってくれと言われたんです。その後(39、40話)で出て来るから入れといてねと。だから、作品の中身としては関係ないんだけど、次につながるんです。

――シノブが潜入するシーンで、シナリオだと帽子にカメラが仕込んでありましたが、メガネに変えて視界がそのまま映像として送られて来る発想になってましたね。

原田　あれは「帽子じゃねえだろう」と。

――シノブが最後救出されて医療室のベッドで寝てて、パッと気付くとカワヤと手を握ってる。あそこはちょっとドキッとします。

原田　べつに無理やりカップルを作るのではなく、成り行きでいい感じになるなら大丈夫かなと。あのシーンは当然セットで撮ったのですが、影丸だと安心感があるから、いやらしく見えない。坂上香織ちゃんはひとつ間違えると、危なく見えるんだけどね。

――そこで一転して、布団をはだけて、足でバンとキックするってのは良かったです。

原田　そうそう。生足キック。

――三輪ひとみさんもそうだったですが、短パンで生足が見えるのって良いですよね。健康的なお色気というか。

原田　そうそう。まあ、あれくらいだったら子ども番組でも許してくれるかなと。アヤノはやっぱり、子どもキャラになっちゃう。シノブは本来は、ああいうキャラではなかったはずなんだけど、そういうのにしちゃえと。

坂上香織ちゃんは、Vシネ時代に一緒に仕事してた子だったから。だいたい、言えば何でもやってくれる子だと知ってたんで。

――和泉聖治監督の作品の時からのお付き合いですか？

原田　そうですね。『修羅がゆく』の1と3で僕は監督補で、2に坂上香織ちゃんが出ていた。そこではすれ違いで、後に和泉監督の『モロッコ　横浜愚連隊物語』で一緒になりました。

「妖怪の山」36話▼二〇〇二年三月九日放映

脚本：武上純希　**撮影（本編）**：倉持武弘　**撮影（特撮）**：髙橋創
ゲスト：蓮沼藍（サクラ）、深川雄太（イチロウ）、小田淳平（ジュンペイ）、鈴木賢人（ケント）、飯島大介（駐在）

▼ストーリー

妖怪ヤマワラワは誤ってトラックの荷台に乗り、山を降りてしまった。奥日高村に現れたヤマワラワは大猿と間違えられて地元の猟師から追われ、子ども達に匿われる。

折しも鬼が封印されていると言われている祠が壊され、悪鬼マハゲノムが復活。それと呼応するようにヤマワラワは巨大化する。

奥日高村には、妖怪が鬼を退治するという伝説があった。

▼あいつが山から下りて来た

「誰もいない、山の中で、木の倒れる音が聞こえることがあります」。9話「森の友だち」の冒頭と同じ文句で始まるナレーションとともに、日中、霧に包まれたいくつかの岩山が映し出され〈ヤマワラワ山脈〉とスーパーが出る。演出メモには「情景的カット」とある。空に舞う鳥は9話のものが再合成されている。

そして、里山の風景がミニチュアワークでパノラミックに提示される。手前にはサイロがあり、奥には橋がかかっている。

森の中、木漏れ日の下では大木の根っこに和服の女性が腰かけ、そこに等身大のヤマワラワが寄ってくる。色とりどりの木の実が散らばり、そのひとつをヤマワラワの口に入れる女性。

山を下りたら生きてはいけないとヤマワラワに言うこの女性、シナリオには「旅館の女性」と書かれている。9話に登場した旅荘ヤマワラワの仲居の再登場だ。前回もヤマワラワとのつながりがほのめかされていたが、今回視聴者の前で初めて一緒にいるところが示された。前回同様、スクリプターの河島順子が演じている。母親役の彼女の諌める調子に目を細めて、寂しそうな顔をするヤマワラワは以前と変わらず表情豊かだ。

満月をバックに、犬の遠吠えが聞こえ、お地蔵様と、「やきもの里　ヤマワラワ」という絵看板の間にある人気のない道を行くヤマワラワ。道路は実景で、ちょうど舗装が切れ、後は山道という場所でロケされている。看板、背後の山の上に浮かぶ月も合成で、三つの絵が重ねられた。原田監督は合成カット表に「夜空におぼろ月をお願いします」と記している。月明かりにそこだけ照らされているように浮かび上がる看板の照明効果も丁寧だ。

そこにらくだ便のトラックが、ライトを点滅させたまま停まっているのに気付くヤマワラワ。

荷物を持ってやって来たらくだ便の従業員は、どうやら無駄足に終わったらしくブツブツ言いながらトラックに乗り込む。すると一瞬、振動を感じた気がするが、気のせいだと振り切って発車させる。この従業員は『コスモス』レギュラー監督の一人である市野龍一が演じ、番組のクレジットタイトルにも名前が出ている。原田監督はシナリオのキャスト表には「市野さん」と書いていた。また宅急便「らくだ便」は『ガイア』の原田作品「遠い町・ウクバール」（29話）に登場して以来、ウルトラシリーズでは原田作品でない時でも宅急便屋というと登場している。

走り出したトラックの荷台の幌からはヤマワラワが顔を出し、当惑したように左右を見回す。

翌日、田園風景の中、坂の上にある田舎家から受け取った荷物を重そうに抱えながら降りてきた市野従業員は、幌の中から、運賃代わりにとニュッとリンゴを差し出しているヤマワラワと目が合い、「ぎゃあああああ」と叫ぶ。ヤマワラワもリンゴを放り出して大騒ぎするのだった。

かくして、ヤマワラワは山を下りることになったのである。今回の準備稿タイトルは「あいつが山から下りて来た」だった。

▼作業分担の提示も監督が

「えーええー!?　猿〜〜っ!?」

EYESの指令室では、アヤノが奥日高村からの電話を受けているが、要領を得ない。アヤノのモニタの横にはカエルのぬいぐるみが置かれ、コミカルな音楽が流れる。そういうことは警察かお役所に言ってくださいと相手に告げているアヤノ。

「だから、私がその駐在さんです」と奥日高村の公民館で電話を

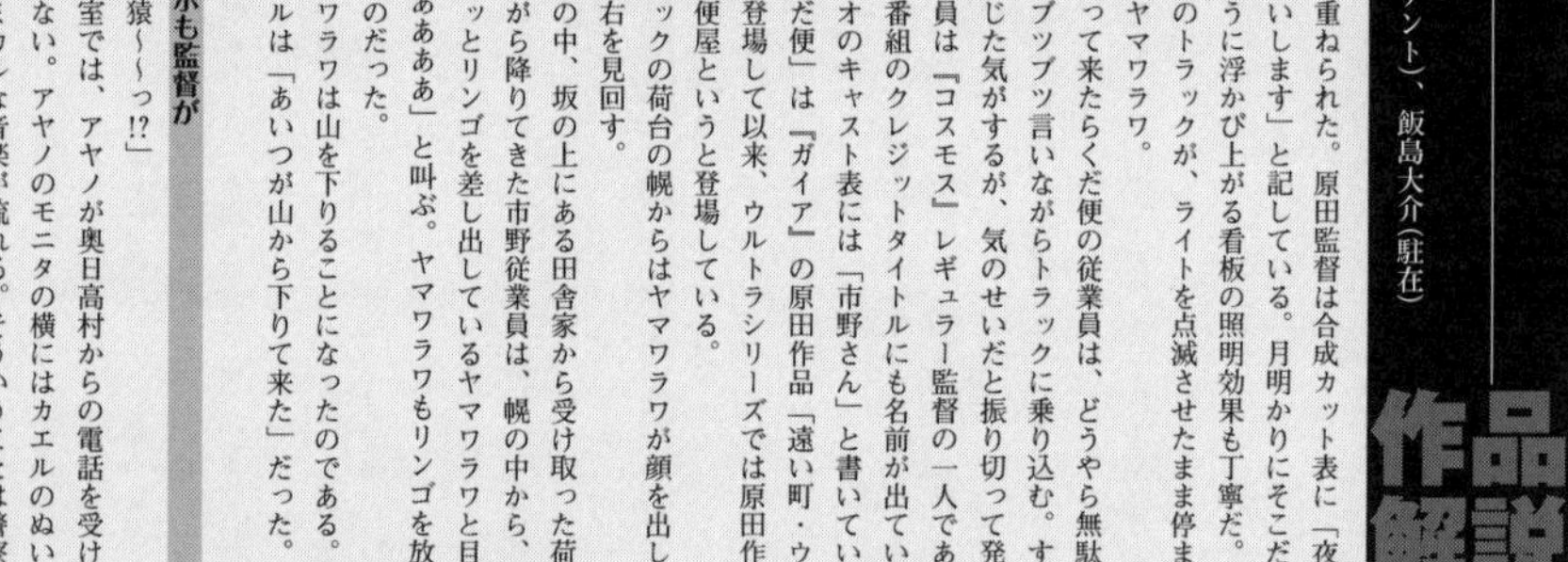

イメージボードより（奥山潔）。月と岩山に「ヤマワラワと焼物の里」看板、らくだ便の軽自動車。そこにヤマワラワが歩く。CGを含めた多重合成。十秒使用予定

借りてかけている駐在。

「やっぱり猿も二メートルを越えると、怪獣かと思って」

アヤノから報告を受けたヒウラキャップは「今はそれどころじゃない！」と叫ぶ。

指令室のモニタにはちょうど怪獣マハゲノムの姿が！　獅子面だが白目なのが怖い。口には開閉ギミックが仕込まれ、獅子舞のようにガバッと開く。頭部の他に肩からも角が突き出ている。

描写は現地（シナリオには「東関東市」と記されている）に移る。シナリオでは、まず怪獣を背景に逃げまどう群衆が合成されたカットを提示し、その中のピンポイントで、看護婦に車椅子を押されている一人の老人の発言に焦点を当てる。マハゲノム出現を「妖怪様」が封印した祠を動かしたせいだと言う老人。

映像ではこれを逆にし、老人の警告を映してから逃げる群衆と怪獣との合成シーンに続く。これは、怪獣と群衆を一望に収めたショットの後で畳みかけるようにEYESの行動を描く流れにしたかったからだと思われる。人々と怪獣の合成シーンの下手上空に、テックサンダー1号と2号がインする案も考えられていた。

怪獣を街に出すなという2号機シノブの指令に「オネンネさせてやりますか」とドイガキは応える。発射された催眠弾は別にマスク撮りしたものを2号のミニチュアに合成している。マハゲノムの胸に刺さるくだりは、注射針で刺した催眠弾を操演で抜き、それを逆回転させて使用。

胸に刺さったそれを自分の手で抜いて、後ろにポイッと投げ捨てるや、キング・コングのようにドラミングする怪獣マハゲノム。

「元気になってるぜ」と驚く1号機のフブキ。

地上のムサシ隊員は、渓谷にかかる橋の上に、戦車部隊が次々と横切って行くのを目の当たりにする。

「防衛軍のベンガルズだ！」と原田組定番のセリフが発せられると、戦車隊はやがて怪獣の付近に到達、一斉に砲撃を開始する。噴煙の中で足元に、身体にと次々着弾し、苦しむマハゲノムがやがて、すすきが原をバックに逃げていく様が実景との合成で提示。

シノブは逃走を本部に報告。追跡の続行を命じるヒウラ。

大猿の件はどうしますかと訊くアヤノ。しばし目を泳がせたヒウラは、その場の思いつきのように、アヤノの単独調査を命じる。

春風のようなBGMが流れ、「とうとう単独調査、やっちゃうぞぉ～！」とときめくアヤノちゃん。

▼神社の子ども達

その頃、道端の犬に手を差し伸べるが吠えられ、近寄ろうとするが諦めたのか顔を左右に振って逃げていったヤマワラワ。森の中に入って一息つく。そして聞こえてくる祭囃子に気付く。木立のすぐ向こうに、神社の神楽殿で祭りの準備をする人々が見えた。

女の子が足をぶらんぶらんさせている周りに男の子が来て、そこに鬼の扮装をした青年団の大人がやってくる。明日のお祭りでは怖がらせてやるからなとおどけてみせる青年。その姿が、ヤマワラワの目にはホンモノの鬼に見えたことが、紗がかかった画面でイメージ的に表現される。思わず飛びかかり、ノックアウトしてしまうヤマワラワ。気を失った鬼の面の青年に周囲の人々が心配そうに駆け寄るが、目覚めると、地元では「妖怪様」と呼ばれているヤマワラワそっくりの面を付けている仲間の顔に「ぎゃー」と叫び、再び昏倒してしまう。

そんな中で、駆け去ったヤマワラワに一人だけ注目した女の子・サクラは、後を追うのだった。

カットが変わり、境内の隅で怯えているヤマワラワのひび割れた角が震える。

「きみ？」と、そこへやってきた少女サクラが呼び掛けると、ヤマワラワは木の実を差し出していた。

「くれるの？」。礼を言って受け取ったサクラは言う。

「さっき、助けてくれようとしたんでしょう」

シナリオでは「わかるの……、さっきの目、仲良くなりたいって目だもん」とあったが、原田監督はそれをカットし、男の子達がやってくる場面をロングで入れている。ヤマワラワの姿に驚く彼らに「大丈夫だよ、おいでよ」とうながし、「これもらったんだよ」と木の実を見せるサクラの伸びやかな声がすがすがしい。『ガイア』で藤宮と仲良くなる少女を演じ、『ブースカ！ブースカ!!』で妖精パックを演じた名子役・蓮沼藍がサクラを演じる。

「おいしいよー」

サクラが従える男の子は三人いて、自分達もヤマワラワの手から木の実をもらう。この場所は、シナリオでは「路地」となっていたが、原田監督は子ども達とヤマワラワの交流の場として、神社という小宇宙を置いているようだ。祭りの準備をする神楽殿での撮影もあり、ロケ場所はいつもの神社ではなく、八王子の方にある、原田監督曰く「時代から取り残されたような」神社を使用している。石段をかなり上ったところにあるので、撮影機材を運ぶのが大変だったらしい。

神社の石段の下に到着したシェパード。車には「初心者マーク」の付いていることが演出メモにある。

車から降りるアヤノを、EYESに電話をかけてきたあの駐在が通せんぼする。大猿の危険を言う駐在に、アヤノはその件で自分はEYESから来たのだと答えるが「どこに？」と見渡す駐在。ぴょんぴょんと飛び跳ねて自分の存在を主張するアヤノ。シナリオでは「な～んだ、女の子をよこしたっすか」「頼りになんねえなぁ……」と言われる描写だったが、原田監督はよりコミカルに弾ませるとともに、アヤノのチャーミングさを引き出している。

▼しっ、目合わせちゃダメ

誰もいない公民館の一室でお茶を前に「あなたが、恐竜退治の専門家？」と腑に落ちない顔の町長さんに「怪獣です」と反論するアヤノ。だが彼女のことなど眼中になく、駐在さんが連れてきた猟友会の面々に対して「助かったっす」と町長。

この町長とのやり取りは、原田監督が脚本に付け加えたものだ。「怪獣だって保護する時代なんです」と猟友会を動員した大猿退治を止めようとするアヤノに、年に一度の大イベントである明日の「鬼祭り」が中止になったら死活問題だと言い募る村人達。

アヤノはその時、駐在さんから、妖怪が悪い鬼のマハゲラと戦って村を救った、この地方に伝わるお神楽について聞かされる。

「テレビも取材に来るぐらい有名なんだよ」

ただの朴訥な駐在キャラではなく、現実的な側面を持っているこの役を演じている飯島大介は、Vシネマ時代からの原田組常連役者。後の『リュウケンドー』でセミレギュラーとして演じることになる肉屋「いのまた」の主人役もまた、魔物の襲来に怯えながら、ちゃっかり利用している側面もある小市民役だった。

ちょうどその時、マハゲノムが通った後と思われる倒木の前に立つムサシから連絡が入る。こうしたワンカットも手を抜かず、倒木のミニチュアにムサシを合成している。

ムサシから怪獣の接近が知らされ、皆に避難を呼びかけるアヤノ。村人には「マハゲノム」と言っても祭の青年団の扮装しか思い浮かばない。そのイメージがコミカルにインサートされる。「だからね、マハゲラの出番は明日の祭りっす」「あんたはもういいから」と公民館の戸を閉められてしまうアヤノ。

そこへサクラと男の子達が通りかかる。「あ、EYESだ」と無邪気に指差す男の子達の口を抑え、「しっ、目合わせちゃダメ」と、大人の目からはバレバレだけれどリーダーシップを取るサクラの姿がけなげで、原田監督の愛が感じられる。シナリオには「子供たちが小さな荷物を持って通る」とだけ書かれていた。子ども達の視線を感じ、髪をいじって照れてみせるアヤノの仕草ももちろん演出上のものだ。子ども達が避けるようにいなくなってしまうのを見て「なによ」と言いながらも気になるアヤノだった。

▼同じ目の高さで

子ども達が気になったアヤノは、五段ほどの小さな石段を上がり、古い納屋のような建物に入って行く彼らの後を尾けた。裏手の隙間から中を覗くと、ヤマワラワと子ども達が見える。男の子の一人から渡されたケン玉をしてみるが失敗して頭を掻くヤマワラワ。このケン玉、シナリオでは「一発でカンと入れる」となっていた。トトロのように、昔から子ども達と遊んでいた妖怪だったらケン玉もできるという発想かもしれない。

「大猿だ!」と驚いてラウンダーショットを取り出すが、ふと気付いてもう一度見ると、それがかつて出現した「ヤマワラワ」だとわかった途端、うっかり両手で押した戸が倒れ、一緒にコケてしまったアヤノは倒れたまま、笑顔を作り自分の名を名乗る。

すかさずヤマワラワの前で通せんぼする男の子達。倒れた姿のまま、ヤマワラワを保護したいと安心させようとするアヤノに、「そんなこと言って」と、サクラは見下しながら反論する。

「どっかの島に連れていっちゃうつもりなのね」

アヤノは自分を信じて欲しいと訴えるが、中腰になったサクラはアヤノの帽子を取って「じゃあ、これちょうだい」と自分の頭に被るのだった。

ちょうどその時、傍らに来ていたヤマワラワはアヤノに木の実をくれる。喜んでそれをもらうアヤノに「アヤノちゃん、動物好きなのね?」と問いかけるサクラ。そこで、木の実をほおばりながら子どものように素直に「うん」とうなずくアヤノが自然で良い。原田監督はこのコミュニケーションを成立させるために、アヤノが戸板ごと倒れる描写を用意し、サクラ達と目線を同じにしている。「動物好きは目でわかるわ」というサクラの言葉を、セリフだけに終わらせていないのだ。

このくだり、シナリオでは天井裏から様子を覗くことになっていた。またアヤノが納屋に来る前に、子ども達とヤマワラワの交流シーンがシナリオにはあり、ヤマワラワの好物が木の実だと子ども達が知らず、おむすび(準備稿ではお菓子)を差し出すが食べてくれないという描写もあった。原田監督は納屋の中のこうした要素を、すべてアヤノ絡みの描写に入れ込んでいる。

帽子を取られ、長い髪をさらした姿で座り、サクラから交換でもらった髪留めで髪をまとめながら、アヤノはサクラ達と話す。その最中もヤマワラワがアヤノの髪を撫でるなど、セリフだけのコミュニケーションに頼らない工夫がさりげなく施されている。

ここはシナリオでは、サクラとアヤノが幼い時から動物を好きな自分達について語り合い、いつか大きな家を作って捨てられた犬や猫達と住みたいと夢を語る、セリフ中心の場面だったが、原田監督はただの心情吐露的場面にさせていない。会話の尻も、銃を持った大人達を発見する見張りの男の子の声と被らせている。

▼伝説が現実に

舗装道路をやって来る子ども達とアヤノは、駐在と共に来る猟友会の一同とすれ違う。獅子舞のように、ヤマワラワに布をかけてごまかす子ども達とアヤノ。CM明けのこの場面でアヤノは既に子ども達と共犯関係になり、ヤマワラワを逃がそうとしている。

だが、不審を感じた駐在が近付いて、ヤマワラワは発見されてしまう。クルミを差し出すヤマワラワにパニックになる駐在さん。

そこで原田監督は画面にワイプ効果を加えて時間を飛躍させるが、後の画面が前の画面を拭う時クルミを縦に並べて合成している。

今回、ヤマワラワがひたすら木の実を差し出すのは、原田監督がその都度シナリオに付け加えたものである。木の実をヤマワラワのチャームポイントとして押し出しているのだ。

場面は時間が飛躍して、逃げるヤマワラワをかばうアヤノと子ども達を追う駐在さんと猟友会の面々になる。そこへ実景合成で森の奥から大きなマハゲノムがぬっと現れ、驚く一同。猟銃を一発撃つが、逃げる大人達。駐在さんも自転車を置いて逃げ出す。

マハゲノム出現にテックサンダー出撃の指令を出すヒウラ。

「奥の院の方に洞窟があるわ」と神社に逃げ込むサクラとヤマワラワ一行。だがマハゲノムの咆哮に呼応するごとくそちらに歩を進め、怒ってピョンピョンと飛びあがり、巨大な敵への闘争意欲をむき出しにするヤマワラワが合成カット込みで描かれる。

神社の石段からはムサシが駆け上ってきた。走り出したヤマワラワを追おうとするサクラを、やってきたムサシが止める。

木を掻き分けてくるマハゲノムに対し、森の向こうからみるみる巨大化するヤマワラワ。ワンカットでムクムク大きくなる過程が表現される。そしてドラミングする両者。がっぷり四つになり格闘する姿があおりのオープン撮影で捉えられる。オープンで撮られたカットとセットで撮られた格闘場面は、下に流れる粉塵の描写がつないでいる。マハゲノムに圧倒され、倒れるヤマワラワ。「頑張ってヤマワラワ」と次々と声援を送る子ども達をムサシは優しく見守る。サクラはアヤノのキャップを被ったままだ。

「マハゲノムだけでも持て余していたのに、ヤマワラワまで⁉」とテックサンダーのコクピットでドイガキが呟く。シナリオでは「まとめて、ぶっ潰してやる」とはやるフブキを「ヤマワラワは子ども達を守ろうとしてします」と制するムサシの場面があった。

マハゲノムはヤマワラワの腕に噛みつく。不安になるアヤノだが、サクラは「ううん、きっと頑張ってくれる」と応援する。

サクラ達の応援に励まされたのか、下からパンチを何度か繰り出し、最後の一発がアッパーとなりマハゲノムを吹き飛ばすヤマワラワの姿があおりカットで捉えられる。

再びがっぷり四つになる両者を、村の大人達も呆然と見上げていた。車椅子の長老が立ち上がり、ステッキで「道を拡張するとか言って、祠を動かしたのはお前だ」と町長の頭をポカリとを叩くと、「妖怪様を応援するべし」とあおる。

「フレー、フレー、妖怪様」と駐在さんや町の人々はヤマワラワを応援しはじめた。シナリオでは「ガンバレ、妖怪様」だったが、より派手に、それ自体お祭りのように膨らませたのだろう。大人達の声援のくだりは決定稿以降に足されたものだ。
突き飛ばされ、橋のたもとにもんどりうって倒れるヤマワラワ。ムサシは〈奉納〉のノボリの立った鳥居の前で変身する。「グングンライヴ」と呼ばれる、光の中でのコスモス飛翔モードの登場パターンが使用され、着地するシーンとつなげられる。

鳥居は格闘場面でキャメラが回り込む時にミニチュアでも登場。田舎町の国道や石段、橋、蔵など、建物をジオラマ的に再現するミニチュアを低い視点から捉えながらの格闘シーン。映り込んでしまうセットの天井を後処理で消すことを、原田監督は合成カット表で指定している。

ルナモードのコスモスはマハゲノムの角で突き飛ばされる。操演によるアクションと、合成での宙返りがワンカットで描かれ、大地に叩きつけられるコスモス。

ヤマワラワは再びマハゲノムに立ち向かう。声援を送る子ども達と大人達。コスモスはコロナとなる。ジャンプして、組み打つ両怪獣の内、マハゲノムにのみ飛び蹴りをヒットさせて着地。

工場のミニチュアに倒れ込むマハゲノム。看板には「マッチポンプの大岡」とあるが、番組の技術監修であり、後に円谷プロの社長となるキャメラマン大岡新一氏の名前を使ったお遊びだ。演出メモから「プレハブ倉庫　マッチポンプの大岡」と指定されている。ロングとアップの二段階でカットが重ねられる。同様の広告看板もミニチュアの中に置かれてある。やがて神楽のような音楽が鳴り、舞いのポーズを取るヤマワラワがあおりで捉えられる。

ヤマワラワの舞いに口を開けて首をかしげ、キョトンとするマハゲノム。見守る人々もあ然とするが、長老が言い放つ。

「妖怪様がマハゲラを封印なさるのだ！」

やがてヤマワラワはマハゲノムに組みつく。その姿が金色に光る。苦しむマハゲノムだが決してその身を離さないヤマワラワ。やがて発光とともに両者共が小さくなっていく。

小さくなっていく光に向かって手を合わせる村人達。等身大の姿に戻ったヤマワラワが森の中で息をつくのを確認したコスモスは、安心して去っていくのだった。

準備稿では、コロナからエクリプスモードになったコスモスが必殺技コズミューム光線でマハゲノムを倒す展開だったが、原田監督は伝説通り「妖怪様」ヤマワラワに決着をつけさせている。

「駐在！　祭は予定通り明日からだ」と町長は宣言、さきほどまでいがみ合っていた長老も人々とともに大喜び。

▼「別れ方」の問題

この後の展開は準備稿、決定稿、映像と大きく変更されている。

まず準備稿では、マハゲノムを倒したコスモスはすぐには飛び去らず、そのままい続けていた。またヤマワラワも巨大なままだ。コスモスが見下ろす中で、以下のやり取りがある。

本部のシノブリーダーから「ヤマワラワの体調がよくないわ……。元の環境に戻すしか、方法はないかも……」と言われたアヤノが子ども達に「故郷の森へ、戻してあげましょう」と言うが、「やだ！」「連れてかないで！」と反発を受ける。

アヤノはサクラと対峙し、説得する。「サクラちゃん、あなたなら、みんなを説得できる筈よ。いまはウルトラマンコスモスの力を借りなきゃならない……、でも、いつかきっと……」

決心したサクラの説得で子ども達は納得し、ルナモードに戻ったコスモスは巨大なままのヤマワラワを抱え、空に飛び立つ。

それまで子ども達と同じ目線だったアヤノが急に大人びた口調になったり、子ども達が泣きながら別れを告げるなど、この準備稿の終わり方は完成作品に比べると悲劇的で断絶した印象が強い。これをそのまま提示するのに原田監督は抵抗があったようだ。

原田監督は準備稿の表紙に「別れ方」と書くほど、この決着の仕方について一考することが今回のポイントだと認識していた。

次の決定稿では完成映像と同じく、マハゲノム壊滅の後コスモスは飛び去っている。ヤマワラワは森へ帰り、そこに至るまでの、アヤノがサクラを説得する展開はほぼ準備稿と同じだ（ただし、シノブリーダーのセリフがアヤノのものに置き換えられているなど、若干の変更はある）。

そして、サクラがヤマワラワに語りかける場面が書き足された。

「ヤマワラワ、ありがとう……、故郷へ戻ってゆっくり休んでください……、また、元気になったら、みんなで、一緒に遊ぼう」

それをジッと聞いていたヤマワラワは山の方へ向かって歩き出すのだった。「妖怪たちの森へ帰るのね」と言うアヤノ。

以上が決定稿における「別れ方」だったが、映像作品では以下のようになっている。

無事にお祭りができるという大人達のはしゃぎぶりをよそに、神社の広場では子ども達が浮かない顔をしていた。ヤマワラワもまた、どこかしょんぼりしている。アヤノとサクラはお社の縁側に腰掛け、足をぶらんぶらんさせている。ヤマワラワはお社の小さな石段の下に座って手持無沙汰にしていた。少し離れて、男の子達三人が水場に立って、思い思いにお手玉などをしている。

つまり原田監督は、コスモスが飛び去ってから、ある程度の時間経過があったことを示し、子ども達が、やがてくる別れを、何も言わなくても既に予感していることを、彼らが一緒にいるたずまいで示している。

この時の、一同の位置関係が絶妙だ。サクラをリーダーとしながらも、男の子は男の子で固まっていて、でもみんなと同じ場所を離れようとはしない。ヤマワラワもアヤノも、サクラが次に何を言うか待っているのだが、誰も口には出さない。

そして原田監督は、次の描写を入れている。

画面いっぱいの枯れ葉がめくり上がる様が画面転換に使われる「落ち葉ワイプ」を転換点に、ヤマワラワの回想シーンが始まるのだ。森の中で大木の根元に立って木の実を差し出す、和服の女性の姿。スクリプターの河島順子演じるヤマワラワの母的存在だ。「ヤマワラワと河島」と演出メモには書かれている。

回想から神社に戻り、母を懐かしむように顔を上げて、またしょんぼりしてうつむくヤマワラワ。子ども達と仲良くなったヤマワラワだが、そろそろ森に帰りたくなったのだ。原田監督は、決定稿で足された、サクラの方がヤマワラワに故郷への帰還を促すセリフを削る代わりに、ヤマワラワの望郷の念を表現した。そこに、お互いを気遣うコミュニケーションが生まれるのだ。

「サクラちゃん……」と、ヤマワラワの態度を察したアヤノが自分の名を呼んだだけで、サクラは思い切るようにうんとうなずくと、お社の縁側から立ち上がり、水場に集っていた男の子達に「みんな聞いて」と呼びかける。

サクラ達は、常日ごろから捨てられた動物達と一緒に住めるような大きな家を建てたいと夢を語っていた。その家にはいつかヤマワラワとも一緒に住みたい。「いまは、山に帰してあげようよ」

うなずく男の子達。彼らの目線の方向つなぎでカットが変わると、エンディング主題歌とともに、もう森の中へ歩き出していくヤマワラワが示される。手を振る子ども達に、遅れて加わるアヤノ。振り返って応えるヤマワラワだが、肩を落としたように歩いて行く。森の奥には日の光が柔らかに降り注いでいるのが見える。

355ページのインタビューで、原田監督はヤマワラワに転校生だった自分を重ね合わせていると語っていたが、シナリオでは動物と人間の共存というモチーフの方に沿っていたこの別離シーンを、お互いがお互いの事情を察して別れていくという等身大なものに置き換えている。

だから、悲しみはあっても、暗い終わり方にはならない。

エンディング主題歌の映像は、コスモスの戦闘中のポーズを、以下の場面に挿入した形になっている。手を振る子ども達とアヤノの元に、ムサシがやってくる。子どもの一人に「また会える?」と問いかけられ「ああ、いつか、きっと……」と応えるムサシ。アヤノの髪留めに気付き触るムサシを拒み「結ってんだからさ」と言う子どもみたいなアヤノ。原田監督は今回、アヤノの立場を最後まで子ども達と同じ目の高さのままに置いているのだ。

去っていくヤマワラワにテックサンダーのシノブも気が付く。フブキもサングラス姿で笑みを浮かべる。「ヤマワラワか……」と指令室のヒウラはヤマワラワのキーホルダーに目を細める。

ラストカットは、ヤマワラワが差し出す色とりどりの木の実だ。その中の一個がこぼれ落ちるのにも効果音が付けられている。

▼納得のいくまで

36話に関して、準備稿を読んだ段階での原田監督による手書きメモが残されている。それは映像化に際しての留意点を記したものだ。以下にその全文を引用する(ナンバリングは引用者による)。

①子供にしか見えない→はどうする
②天井裏を裏口
③マハゲノム→電流はなしよ
④エクリプスは本当に必要か?
⑤ヤマワラワの別れ方　一考

①はヤマワラワ初登場の前作(9話「森の友だち」)で、等身大のヤマワラワが子どもにしか見えない存在であったことを今回どうするかという問題だろう。町の大人達が最初「大猿だ」と敵視し、後に伝説の妖怪と符合させて拝み出すのはいいとしても、EYES側である大人のアヤノ隊員の立ち位置をどうするか?

そう考えた原田監督は、アヤノの帽子とサクラの髪留めを交換させ、子ども達と同じ目線にすることで、ヤマワラワと交流するひと時を抵抗のないものにしようとしている。

②はアヤノが天井裏からヤマワラワと子ども達の交流を覗き見るシーンを、裏口から覗くシーンに換えていることを指す。撮影上の理由もあったかもしれないが、アヤノが天井裏から落ちてくるというドタバタを、その後彼女とサクラ達が仲良くなるという芝居の流れの中に組み替えるための判断と思われる。

③のマハゲノムによる電流攻撃はテレビの怪獣ものにありがちなハイパー描写としては取り立てて珍しいものではないが、〈伝説の鬼〉という特性からは浮き上がっており、ヤマワラワとの対決も肉弾戦に徹したかったのだろう。

④はストーリー上、妖怪様が鬼を倒したという伝説があるのだから、ヤマワラワに決着をつけさせたかったのだろう。

そして前項でも触れた⑤の、子ども達とヤマワラワとの別れ方に関しては、留意点として最も大きかったことが窺える。

まさにその回の「監督」として、ストーリーの大意を大切にしつつ、納得のいくテイストに仕上げようという意志が窺える。

▼原田昌樹、語る

――今回はヤマワラワ再登場のお話です。

原田　この時の二本組に関しては、テーマ性というより、色んな遊びをやった。クルミでワイプしたり。これは36話で、ちょうど3クール目って一番遊べるところなんです。4クール目は終盤に向かうから。『コスモス』は延びたから変わりましたけどね。いつものお遊びを入れてみたというところかな。あの時期はかなり気楽に撮っていました。

もちろん、一番大きかったのは、ヤマワラワの出来が非常に良かったから、もう一度出したかった。ヤマワラワは一番愛着を持った怪獣でもありましたから。一回で終わらせるのは惜しかった。

それから、どうせ出すのなら、ヤマワラワはウルトラマンと戦わせるキャラクターじゃないから、違う怪獣のマハゲノムを出して、二大怪獣激突編、『サンダ対ガイラ』みたいなものをやりたいと思ったの。今までありそうでなかったでしょ。

マハゲノムは完全に獅子舞です。そのイメージでデザインしてもらいました。スーツは僕が撮ったグラガス(24話「ぬくもりの記憶」)の改造ですが。

――蓮沼藍さんも出ていて。

原田　藍ちゃん、あの子は良い子ですよ。可愛いし。でもどうしても、どんどん、大きくなってっちゃうんでね。『ガイア』の時より大きくなって、もう中学生になってたんじゃなかったかな。大人になっちゃう限界一歩手前ぐらいで撮りました。『ブースカ』のあと、もう一本、というつもりで。

――七色の服を着てましたよね。

原田　自前です、あれ。ヤマワラワの再登場といっても、話数がだいぶ飛んでるから、前回出ていた人物じゃなく、新しく子どもを主人公にしても、成立させられるだろうと思って。

最初に登場した時は、大人になったゲストが子ども時代に出会っていたという回想がメインでした。山の中にいる話だったから、今度は山から下りて来ちゃう話にしたいと思った。脚本の武上さんにはまず「ヤマワラワが山から下りる話で」と言いました。どうやったら活躍させられるかなと、武上と考えた記憶があります。

それと……アヤノの単独話ですよね、たしか。

――単独で行けと言われて、自分でシェパードを運転して……。

原田　繭菓本人が現場で運転したんです。出来るというので。繭菓と車の運転というのが結びつかなかったので、ちょっと驚きました。もちろん免許は持っているから問題はないのだけど。実は、逆に坂上香織ちゃんが免許持ってないんですよ。十代の時はアイドルで、免許を取っている時間がなかったらしいんだ。『ヤンママトラッカー』とかやってるのにね(笑)。

――アヤノ隊員は、ヤマワラワや子ども達と並んでも「大人」という違和感がないですね。

原田　特にヤマワラワと絡ませる話だから、アヤノのあっけらかんとした天然ボケの部分を生かしたんです。前の24話で成長著しいと思っていたから、また単独話でやりたかったんです。アヤノは言えばわかる子だし、勘もいいですから、やりやすかった。ヤマワラワ、アヤノ、藍ちゃんの3ショットをやりたかった話です。

inter-view

丸谷嘉彦

原田昌樹と、テレビ映画で出会えてよかったと思います

『ウルトラマンティガ』『ウルトラマンダイナ』『ウルトラマンガイア』『ウルトラマンコスモス』プロデューサー（毎日放送）

▼彼は「撮りたい人」だと思いました

――以前、丸谷さんは、ＭＢＳウルトラマンの三大監督が、村石宏實監督、北浦嗣巳監督、原田昌樹監督だと、おっしゃってました。

丸谷　撮られた本数として、その三人が一番多かったという意味です。三人の中で、総合力を持っておられるのは北浦監督でしょうね。特に合成がうまかった。北浦監督はコダイグループの生え抜き、実相寺昭雄監督の直弟子だという思いと誇りが強い。村石監督は四七年生まれで私と同い歳。老練な監督。私は村石監督とは、毎日放送が三船プロ制作の時代劇をやっていた時にオーヴァーラップしています。現場でお会いすることはなかったけれど。

　原田監督の監督としての印象というと、演出作品の優しさですね。特撮よりも芝居の演出が好きだ、という印象もありました。原田監督が、太田愛さんと組んだ時の、一種独特の雰囲気を映像にするのはうまかったと思います。

　三人とも監督を張っているんだから、ドラマは大好きだろうし、やりたいことはあるんだろうけど、じゃ原田監督は何がやりたかったのかと言われると、彼には自分の中に人を寄せ付けない感じがありましたね。淡々と「私は私のやり方で映画を撮ります」という感じだった。

　毎回監督と最初に会うのは脚本の打ち合わせです。円谷プロの、今はなきプレハブの中で。撮影中に局担当が現場につくことはあまりないので、次が編集チェックです。映画で言うオールラッシュ。その次が、初号試写になります。基本的にはその三回プラスアルファですね。

　ただ、原田監督に関して感心していたのは、「時間的に絶対入らないだろう」と誰もがわかっていても、撮りたいカットを撮るところです。それをエンディングで使ったりする。「彼は脚本に書かれたことは全部撮りたい人なんだ」と思って見ていました。

▼夢みたいな五二本

丸谷　原田監督が円谷プロでやった最初の作品、『ティガ』の「青い夜の記憶」（29話）は幻想的で良かったですね。次の「怪獣動物園」（30話）は、ちゃんと子どもを意識したわかりやすさがありました。

　「ウルトラの星」（49話）は、ちょっと変わった回だった。たしか最終回までのラフ構成がほとんど出来た後で、円谷プロの笈田雅人プロデューサーが「ちょっと相談がある」と言ってきた。大御所の上原正三さんの脚本で一本撮りたいという話でした。要するに初代ウルトラマン、ウルトラセブンで育った笈田さんにしたら、昭和のウルトラマンシリーズを書いていた上原さんは雲上人みたいなもの。僕は「あなたがやりたかったら、やってもいい」と返事をした。そしたら上原さんが「普通の話を追加しても仕方がない、たとえばＮＨＫの『私が愛したウルトラセブン』（九三年）とか、ああいうテレビドラマを、現在のティガの出演者で作ってみたい」とのことでした。僕は「あんまり時制をいじくると大変だよ。後で収拾つかなくなる」と言って、これは最終回の前だから、一旦その前で『ティガ』のメインストーリーをほぼ終わらせて、番外編みたいに入れるのがいいんじゃないの、と自分の考えを伝えました。

　この時のもう一本の「もっと高く！」（50話）では原田監督が、ウルトラ始まって以来のキスシーンを撮ったでしょ？　僕が平成のウルトラマンを四シリーズやった中で、主人公とヒロインのキスというのは、あれ一回しかない。タブーだと言う人もいたけど、ギリギリのスケジュールで撮って放送していたので、そういう声が僕らの耳に入るのは放送後だから、問題になりようがない。

　『ティガ』は、一年間、五二本を放送しました。今ではあり得ないです。この番組がおそらく最後でしょう。土曜日の一八時という、非常に特殊な枠だったからもあると思います。

――『ティガ』は回によっては放送の時間帯を三〇分早くしていましたね。最終回もそうでした。

丸谷　ＴＢＳは改編期の土曜日に、当時、島田紳介司会のクイズ番組（『オールスター感謝祭』）をやるわけ。一八時半のスタートです。そうすると、一八時半に始まるはずのニュースが一八時に降りてくる。だから『ティガ』は一七時半になって、いつもその時間に放送する東京ローカルのアニメは休む。ウルトラマンシリーズには、バンダイという大きなスポンサーがついているので、休ませにくかった。さら

に『ティガ』は三箇日にも大晦日にもひっかからなかった。

――『ダイナ』『ガイア』の時はお正月にかかったので休んで、全五一本になっていますね。

▽特番でも監督を

丸谷　原田監督は『ティガ大百科』（九七年三月、一部地域で放送）という番組宣伝番組も撮りました。珍獣デバンが出て、吉本多香美さんと司会する作品です。『ダイナ』以降、ああいう番組は映画の番宣として定番的に作っているんです。最初が『ティガ&ダイナ』で、次の年が『ティガ・ダイナ&ガイア』。封切の一週間前ぐらいに映画の内容を三〇分くらいでまとめる。その多くの作品を原田監督が担当してくれました。『ダイナ』の年からは、池袋サンシャインシティで開催していたTBSのイベント「ウルトラマンフェスティバル」の宣伝番組に絡めて、映画の番宣を東京でも放送するようになったのを憶えています。

　原田監督はそういう仕事をよく頼まれていました。ウルトラマンの世界ではまだまだ新しく参加した人なので、頼みやすかったのでしょう。

　VTRを回して撮って、編集して、土曜日の午後とか、昼過ぎに放送する。短い番組ですが、一本を完パケまでするにはひと月くらい時間を取られます。

　僕はこういう特番の収録は、わりに顔を出していました。『ガイア』の時も、なぜかロケについていって、原田さんと雑談していた記憶があります。

　鈴木清プロデューサーが、そういう映画宣伝番組に原田監督をよく起用していたんです。ティガ、ダイナ、ガイアの出る映画は、長谷川圭一さんが脚本を全部、小中和哉さんの監督が二本ですよね。私は、局制作の映画に対する意見として「鈴木さん、同じ座組み、特に脚本と監督という一番肝心なところがずっと同じだと、どんどん縮小再生産になる。二人とも、作家として信頼できるし、尊敬するけれど、映画の脚本家と監督はどちらかを変えた方がいいんじゃないか」という話をして「鈴木さんはしょっちゅう原田さんを使っているのだから、一本ぐらい任せたら」と言ったことがあります。

▽野球ができないアスカ隊員

――『ダイナ』は原田さんが、一番好きだったウルトラシリーズだったと。

丸谷　そうでしょうね。『ティガ』は、小中千昭さん、村石監督、笈田さんの三人で、『ウルトラセブン』的な方向に持っていった。『セブン』というのは、笈田さんにとっての最高のウルトラマンだから。でも視聴率が総平均七%は行ってないと思うので、彼も方向転換しないとと思ったのではないでしょうか。

　こちらとしても、もうちょっと子ども向けに戻しましょうということで作ったのが『ダイナ』。それで小中千昭さんの弟、和哉監督をメイン監督にと思っていたのだけど、途中で映画に取られちゃった。

　そうした中でも、原田監督の記憶としては一番初めに思い出すのは『ダイナ』ですね。「ウイニングショット」が5話なので、原田監督は明らかにローテーション監督入りを果たします。

　主演のつるの剛士さんのオーディションには、原田さんもいたと思います。もちろん小中さんは間違いなくいたし、北浦さんもいた。

　11話「幻の遊星」で初登場したハネジローは、原田さんはだいぶ思い入れがあったみたいだね。結局オモチャとしてはあまり発展しなかった。ハネジローはふわふわの羽など、人形を作るのにえらい手間暇かかって、バンダイとしては、本物そっくりなオモチャとしては作らないと言ったんです。

▽「できてよかった」太田愛とのコンビ

――原田さんは12話「怪盗ヒマラ」の前から太田さんと組みたかったと聞きました。

丸谷　どっちも相性がいいのは、わかっていたんでしょうね。原田監督は、結局『ガイア』の「遠い町・ウクバール」（29話）みたいなのが、一番やりたかったんだろうと、今になれば思います。

「ウクバール」を見て、よく映像化したなあと思いましたね。あれは、太田愛さんと原田監督が一番うまくいった作品じゃないかと思います。ま、脚本と演出の、作家の思いが前面に出ているので、多少わかりにくいですが。こっちも、一年に五〇本くらい作るんだから、数本はそういうのが入ってもしかたがないと割り切る。そう思わなきゃ、実相寺（昭雄）さんなんか、付き合いきれない。

「ウクバール」は今も時々DVDで見ますから。

　太田愛さんが「こういう話やりたい」と言い出したら、それを方向転換するのは至難の業です。彼女は演劇少女ですからね。こういうお話を作る、自分の世界を作っていくと思ったら一途に書きます。

　いつも、脚本の打ち合わせが済むと、「じゃ、放送タイトルどうしようか」と決めるんです。『ティガ』の「怪獣動物園」は満田監督がつけたタイトルなんです。満田さんが「これ、ウルトラマンなんだから、子どもが見て、見たいと思うタイトルにするのがいいと思う。たとえば『怪獣動物園』ってどうだ」と。それでパッと決まった。

サブタイトルづけで一番粘るのが、太田愛さんです。『ガイア』の頃は、色々せめぎ合いがあるんですが、民放の、ゴールドプライムタイムの一時間は、テレビ欄の行数制限があって、三〇分番組だと、一八時、一八時半で三行を分け合うわけです。一八時半は当時ニュースだから、下手すると一行だけ、メインタイトルしか載らない。でも、テレビ雑誌には載る。この数行をどう使うか？　多くの場合、サブタイトルは出ないこともあります。

「雪の扉」のゲスト主役に天本英世さんをというのは、僕が言ったと思います。僕は、『地球ZIGZAG』（八九～九四年）という、日曜日の朝の三〇分番組、『世界ウルルン滞在記』の前身みたいな番組を担当していて、その時に天本さんにゲストで来てもらいました。その時の印象がえらい強くて。それ以前では、東映の岡田裕介の初期の頃のプロデュース作品『宇宙からのメッセージ』（七八年）に、天本さんが老婆役が出ていたのが記憶に残っていました。

太田愛さんがえらく喜んでくれたけど、原田監督も、実は自分で言い出したかったんじゃないですかね。天本さんの最晩期の出演作になったのですが、『二十四の瞳』以来の映画俳優ですから、ギャラは高かったと思います。

とても幻想的な役なんだけど、一度思い付くともう天本さん以外のイメージはなかったですね。もしそれで原田監督が喜んでくれていたなら、なによりです。なかなか、ビッグネームのキャスティングを、自分から要求するのは難しいんです。でも原田監督は細部のキャスティングにはずっとこだわりがありました。大和武士にしても、不破万作にしてもね。

「少年宇宙人」（『ダイナ』20話）で印象深かったのは、放送後に二人の知り合いのプロデューサーから「あの脚本家を紹介してくれ」と言われたことです。ああいう風にストレートに泣かせるホンが書ける女性作家がいるということでみんな注目したのでしょう。「少年宇宙人」は僕も好きですよ。

――少年のお母さんの役が、石井めぐみさんでしたが、太田さんは丸谷さんの提案ではないかと。

丸谷　それは違います。その後で、円谷プロに来た手紙かな、あの女優さんのお子さんが障がいを持っていることを知りました。それを読んだ記憶はありますが、私は彼女とその前に仕事をしたことはありません。原田監督が何かでご一緒だったのでは？

太田愛さんと原田監督のコンビネーションについては、僕はある程度、安心感を持って見ていました。もちろんあの当時のウルトラマンだから、そんな高い視聴率は取れるわけはないんだけど、いい世界が出来て良かったなあという思いです。

「少年宇宙人」「ウクバール」、そういう風なものの最終版が「雪の扉」です。「雪の扉」は、杉浦太陽さんの誤認逮捕絡みで、何本かの放送中止が必要になってしまい、どの作品を放送するかという選択対象作になった一本です。正直、一本、何千万円もかけて出来ているのにボツにするなんて、撮ったものは全部放送しろよという思いがありました。

――「雪の扉」を放映することを選んだ理由は？

丸谷　もしかすると、コアなファンのことを考えると、これは放送しないで、DVDでしか見ることができない、とした方が、付加価値がつくのではないかな？と考えましたが、結局私も含めたスタッフの討議を経て放送しました。

やはりあの二人が組んだ作品は印象深い。

▼巨額の製作費

丸谷　『ガイア』が終わって『コスモス』までの間に、毎日放送としてはアニメを約二年やっています。

『ダイナ』が始まった頃、円谷プロ専務（当時）の高野宏一さんと飲んでいる時、高野さんが「続いてあと1シリーズは無理です」と言ったんです。「金が持ちません」と。とにかく特撮番組を作るにはお金がかかるのです。

『ダイナ』をやった後、「しばらく休まないと」と言ったんですが、スポンサーとしてはウルトラマングッズの売り上げの調子がいいという事情があって、「ウルトラマンでもう一シリーズ、どうしてもこの枠でやりたい」と希望していました。

だから『ガイア』が始まる時には、プロデュース関係者達は、『ガイア』の後はしばらく休まざるを得ないというのはわかっていたんです。

そこで『ガイア』が始まるわけですが、番組について、笈田さんの説明はかなり難解でした。「根源的破滅招来体というものが出る」と言うから「そんな、子どもが理解できないような言葉でやるの？」と言ったら「いや、いいじゃないですか」と言ったのが、毎日放送の諸冨（洋史）さんでした。「じゃ、基本的に、このシリーズはお前プロデューサーになれ」と、任せたんです。諸冨さんは普段はちょっと醒めたところがあるんだけど、その彼が一生懸命やっていたんで、これは彼に担当させるべきだと思いました。

あの頃いちばん楽しかった

丸谷　円谷プロという会社は、やっぱり、ウルトラマンが大好きな人の集団です。そういう思いを持ったスタッフがたくさんいる。

高野さんは経理部門、営業部門はものすごくシビアに見ておられました。でもご本人もウルトラマンの信者だから、最後は現場に対して甘くなっちゃうんです。その辺りをうまく突いて、予算をオーバーをしてもお目こぼしにあうのが村石宏實監督。村石さんは「シリーズトータルのバジェットは決まっているはずだから、いくら取ってこられるかは監督の手腕」と。そういう発想をせずに、ローバジェットで収めて自分を表現したのが原田監督じゃないかな。

村石監督は「撮ったもん勝ち」です。テレビの監督はそうじゃないといけないんです。北浦監督はあんまり気にせず、「かかるものはかかるから」という姿勢でやっていた気がします。

——リテイクは、北浦監督が一番印象にあるとみなさん言うんです。原田さんは逆に印象にない。

丸谷　原田監督は我が通せなかったんです。本人は絶対リテイクしたいと思ったはずですよ。

監督のローテーションは笈田さんが全部決めていた。監督によってギャラが大きく変わることはなかったと思います。実相寺さんは別格ですが。

当時は、外部から大物監督を導入する発想はありませんでした。それは後に『マックス』で八木毅監督が発展させて、それはそれで広がった気がします。

MBSウルトラマンの終わり

丸谷　『コスモス』は、映画主導で始まった企画だったための問題が起こりました。毎日放送が、『ガイア』の後、二年近くウルトラマンシリーズを休止していたのでやむを得ないのですが、怪獣を保護するという大方針を、先に映画で決められて、それを前提にしてテレビシリーズを作るように指示された。「それはかなりフラストレーションが残るよ」と「子どもだって、怪獣をやっつけるのを見たい回があるはずだから」と、随分文句を言いました。とはいえ嫌いなシリーズではないんです。最初から、枷をかけられ過ぎたという気はしていますが。

僕はMBSでやったウルトラマンのDVDは全部頂きました。その内、『コスモス』はあまり見返していません。「雪の扉」は二回か三回見たけれど。『コスモス』は視聴率が落ちましたよね。つまり、『ティガ・ダイナ』『ティガ・ダイナ&ガイア』の映画が成功したのは、テレビシリーズのベースが効いたと私は思っています。視聴率はそう高くないにせよ、オモチャはすごく売れたし、ちゃんと黒字が出ているし、それでやってきたのに、という悔しさ半分です。ウルトラマンはあくまでもテレビドラマなので、テレビ主導で企画を考えないと続きません。

円谷プロの鈴木清さんとはケンカしましたが、その後、高野宏一さんの偲ぶ会で会った時、私も六〇歳を超え、ずっとケンカしたままでは後味が悪いと思い、清さんとビール飲みながら話しました。そしたら二人とも泣きだしてしまって。「俺は、今日はもう泣かないと思ってたのに、あんたが寄ってくるから」と。清さんはまた怒っていました、泣きながら。

最後の〈テレビ映画〉

丸谷　フィルムに最後にこだわっていたのが平成ウルトラマンでした。『ティガ』が終わりかけて、そろそろ次の企画が動き出す頃、代理店である読売広告社の大野実さんが……退社されて仙台で大学の先生をやられていましたが……突然会社に来て、「『ダイナ』からVTRで撮影して放送したいんですけど」とおっしゃいました。経理、営業的なことを見て彼はそう言ったんです。

「それは話が違うじゃないですか。『ティガ』を立ち上げる時に、一六ミリで撮って編集、放送をVTRで、と聞いていた。それはこの番組の根幹のところに触れる変更になります」と、僕は言いました。

もともと『ティガ』の頃は、高野さんのこだわりで、オープニングと、使い回しの多い爆破シーン、「特にここはお金をかける」という時には三五ミリで撮っていたと聞いています。

作っているスタッフがみんなフィルムでやりたいのはわかるわけです。結局、『ダイナ』の次の『ガイア』までは一六ミリフィルム収録で、すぐそれを仕上げてVTRにしていました。

でも、さすがに『コスモス』の時に大岡新一さんが「数年前に一生懸命フィルムということを言って頂いて僕も嬉しかった。ただ僕も、今や経営陣の方に入ると、『コスモス』は、さすがにVTRでやると言わざるを得ません」と。正直言って今や、家庭のテレビモニタに映る画ではフィルムで撮っているかVTRかはほとんどわからないです。

劇場で見て「これVTRで撮っているな」とすぐにわかったのは『ブエナ・ビスタ・ソシアル・クラブ』（九九年）。暗いところでパンをすると残像が残ったんです、今、絶対そんなことは起こりません。

——そういった中で、原田さんは『野性の証明』も『Gメン'75』もそうですが、テレビ映画で鍛えらた経歴のある、テレビ映画育ちの映画人ですね。テレビ映画には、もともと十六ミリになった経緯があったと伺ったんですが。

丸谷　僕が聞いたのは石坂浩二さんからなんです。映画界の旧五社は「テレビで三五ミリを回すんなら絶対に役者は出さない」と言っていた。つまり十六ミリで回すなら目をつぶってもいいよと。

　たとえばアメリカから輸入した、初期のモノクロのテレビドラマ『ローハイド』『ララミー牧場』『サンセット77』は三五ミリでの収録なんです。すぐにテレビ映画は一六ミリフィルムでの撮影、放送になっていきますが、当時の十六ミリは後の八ミリのようなもので、要は家庭用の機材という扱いでした。

　ところが機材は進歩するし、フィルムの性能が上がってきて、テレビのスタンダードは一六ミリというのが日米の常識になりました。日本のテレビでの唯一の例外が、僕が聞いている限りですが、『祭りばやしが聞こえる』（七七年〜七八年）。あの頃としては唯一の、三五ミリで撮ったテレビシリーズだった。それがおそらく最後だった。

――萩原健一さんが映画並の画質にこだわって、会社を作って制作したドラマでしたね。

丸谷　ちなみに、僕が一六ミリで収録したテレビ映画の、おそらく最後の局プロデューサーです。少なくとも、TBSの系列ではそうです。既にあの頃、『水戸黄門』も、テレ朝の『暴れん坊将軍』もVTRでした。おそらく『ウルトラマンガイア』がほぼ最後じゃないかな。

　でも、フィルムといっても収録レベルです。フィルムを現像して、すぐにビデオに変換してマザー素材を作って、そこから後はデジタルで編集、音付けして、放送もビデオでした。

　原田監督の『旅の贈りもの』は、フィルムで回したのかな？

――最後フィルムに変換したと聞きました。

丸谷　そうでしたか。最後の裁判員裁判の啓蒙映画『審理』は間違いなくVTR収録、納品ですね。劇場では上映されないから。でも、それでもやはり原田監督にとっては映画なんですけどね。

映画の聖地に別れを告げた日

丸谷　原田さんとサシで飲めなかったのは非常に残念ですね。まさか死ぬと思ってなかったし。円谷プロの砧社屋や東宝ビルトがなくなる時に彼が来て、冬なのにサングラス、マスクをかけていました。当時、僕は無職。定年退職のまま、ぶらぶらして暮らしている頃でした。原田監督は立ったままで、僕と何言かは喋ったんです。それは今思いだすと、亡くなった月の頭でしたね。

　円谷プロの砧の社屋は、東宝の持ち物ですから、二〇〇八年の三月いっぱいで返すことになった。もともとあそこは倉庫だったと聞いています。

　ほぼ同時に東宝ビルトも同じ運命になる。あの一帯は古墳があった場所です。今は高級住宅地ですが、石器時代から人が住むのに便利だったのでしょう。一応の調査をして、すぐに市街化調整区域に指定されました。だから勝手に、建物を建てたり、土地を掘ったりできないんです。

　おそらく数年前に、調整区域解除の許可がようやく出たと思われます。だから東宝が売っ払った。

　僕は、満田さんからその話を聞きました。「ここが全部プレハブなのはそういうわけですよ。いつでも、潰せるようになってるんです」って。

テレビ映画出身の監督

丸谷　原田監督は僕がプロデューサーだった『野性の証明』に助監督としてついていた。それはウルトラマンで監督をやるようになってから知ったんです。「森村誠一シリーズ」というあの枠は、プロデューサーの一人が東映の生田篤さんでした。原田さんは生田さんと親しかったと後から聞きました。僕も生田さんと仲が好かったんですよ。あの枠も、とても苦労したので忘れられません。生田さんも東映東京撮影所の所長時代に亡くなりました。

　私と原田さんとの間も、生田さんの話が出ていたら、だいぶ違っただろうなと思ったんだけど、原田さんは、東映の話をあまりしたがらない。

　彼は、最初に入ったのは東映の教育映画の現場だと聞いています。しばらくしてテレビプロの契約助監督になったはずです。

　彼が助監督を担当した最初のテレビ映画は『宇宙鉄人キョーダイン』で、あれも毎日放送の作品です。毎日放送と東映のヒーロー番組は『仮面ライダー』から始まりました。結局、東映テレビプロの製作態勢は、原田監督の体質には合わなかったようです。

　たしかにかなり体育会的な、ヒエラルキーのきつい世界でしたからね。東映という会社は、まず劇映画スタッフ、次にテレビプロ、そして契約のスタッフという構造でした。

――テレビ映画から始まって、映画監督になっていくのはかなり、難しいことなんですか？

丸谷　レアですね。村石（宏實）さんはウルトラマンに入った流れで、本編（劇場用作品）を一本撮りましたけど(『ウルトラマンティガ THE FINAL ODYSSEY』〇〇年)。旧五社、つまり具体的には東宝、東映、日活、松竹での経験者以外、どれだけ助監督をやっても、本編を撮るようになるのは極めて少ないですよね。それから先は、いかにプロデューサーに良い印象を残すかしかないんですね。自分に映画を撮らせるようになるために。

原田監督がウルトラマンで特番の雑多な仕事をちゃんと受けていたのも、それと無関係ではないなと僕は思う。だから彼にはいずれ、ウルトラマンの本編の話が来るだろうと思っていました。原田監督のウルトラマンの劇場用映画は見たかったですね。もし原田監督が撮っていれば、現場を覗きに行っただろうし、もちろん必ず劇場にも行ったことでしょう。

テレビ映画の出身で大活躍してるのは三池崇史監督が最後かな。原田監督のお通夜の時に、松竹芸能の木村プロデューサーが見えていました。彼も三池監督や原田監督と現場をやっていた。

――原田さんの監督デビュー作は『裏刑事』で、その翌年に単発で一時間ドラマを監督して、両方とも松竹芸能なんです。ところが松竹芸能自体がテレビ作品を作らなくなり、原田さんはVシネマへ……。

丸谷 今、本当に作りようがないですからね。松竹芸能はABCとMBSのドラマをやるということで東京に進出してきたけど、外注のテレビドラマが、二〇〇〇年くらいから、あっという間に減りました。

なぜかというと、プロダクションに任せていると、放送局でドラマをやっていた人間の仕事がなくなっちゃうから。ドラマ、テレビ映画枠が激減した。

もっと言うと、企画を通すためにはその時代のスターをつかまえなきゃいけない。スターをつかまえるには、そのスターの所属事務所に枠を保証しないと話にならない。それはプロダクションではできないこと。放送局でそこそこの実績のあるプロデューサーが、編成に行って直談判して「この俳優を連れてくるから、ここだけは空けとけよな」と言わないとドラマが始まらない。わかりやすいのはジャニーズの売れっ子を連れてくれれば、そりゃ放送局はどこだって空けますよ、という風に変わってきちゃった。

原田監督は、テレビ映画の最後の方に監督をすることができた。十六ミリカメラの横で現場に「スタート！」と怒鳴ることができた、ほぼ最後の監督の一人だと思います。本当に最後かもわかんない。だとすると私は非常に幸せですね。彼に十六ミリフィルムを回す機会を、ウルトラマンという形で提供ができたというのは嬉しいです。

ものすごく傲慢な言い方をしますが、原田昌樹と現場を共有できて良かったなと思います。原田は映画を撮りたくてやっていたんだから、そういう意味では、そんな不幸じゃなかったなと、お通夜の後、村石監督ともそんな話になりました。

次にやる仕事があるのが一番幸せなんだよと。俺のように、放送局で給料をもらって暮らしてきた人間が言えることじゃないんだけど。でも、次やりたい仕事があるのは幸せでしょう?

▽空の上で再会

――『リュウケンドー』はもともと丸谷さんに紹介頂いた仕事だと、原田監督から聞いたんです。川崎郷太さんと原田監督の二人の名前を出されたと。

丸谷 憶えてないんです。あるとしたら、松竹の吉田剛氏が、ウルトラマンの映画のプロデューサーもやった方なので、彼との話で出たのかも知れません。

――毎日放送で『リュウケンドー』をやるという話もあったんですか?

丸谷 それはないです。こっちは仮面ライダーまで断っているんだから。あの頃、実写の特撮番組を放送するキャパシティがなかった。

その後、映画の『旅の贈りもの　0:00分発』(〇六年)を見た時は「これが原田さんの世界だな」と思いました。

僕があれを見ることができたのはね、北京に行く飛行機の中なんです。あんなラッキーなことなかったですね。二〇〇八年、観光旅行のためにボケーッと飛行機に乗っていたら、機内上映のパンフレットに「なんか聞いたことあるタイトルだな」と思う作品があったわけです。今は二〇本くらいのリストがあるじゃないですか。日本では封切り以前の作品から、古い映画まで。その中にたまたま『旅の贈りもの』があったというのが嬉しかったですね。

「原田監督はこれをやりたかったんだな」と。おそらく彼の最後の方の仕事で、彼が一番楽しかったのは、『旅の贈りもの』じゃないかなと思います。

僕が見た時、高空を移動していて、酒も飲んでいて気圧が低いから、ものすごく涙もろかったのです。もともと年を取って涙もろい上に、亡くなった原田昌樹の映画だし。「よく原田の作品とここでお目にかかれたな」と思ったらまた涙が出てきました。

『旅の贈りもの』は、僕は面白いと思いました。ただ、あれはそんなに、ものすごくドラマチックな話ではないですから、原田監督は、次はもっとドラマチックなものがやりたかったんじゃないかなという気はしますね。

作品解説

「空の魔女」47話 ▼二〇〇二年五月二五日放映

脚本：鈴木智　**撮影(本編)**：倉持武弘　**撮影(特撮)**：髙橋創
ゲスト：石橋奈美(ミサキ・アイ／バネス人間態、本多隆(警備員)

▼ストーリー

三年前、防衛軍の新人隊員として最終飛行訓練を受けたフブキは積乱雲の中に突入、彼を助けたミサキ・アイ隊員は落雷に襲われ、帰らぬ人となった。そして、今回もまたテックスピナーのテスト中に、フブキは積乱雲に突入してしまい、落雷に襲われる。

その頃、チームEYESでは、大気圏に正体不明のエネルギー体が突入するのを感知した。そのエネルギー体からは、生命反応が二つ……。

▼丁寧な空中描写

今回の冒頭は、海鳥が行き交う「鳥バージョン」のトレジャーベース全景ライブから入り、ミニチュアによる待機中のテックスピナーの煽りカット(初登場である39話「邪悪の光」のライブ)、そしてエアポートへ赴くフブキ……と映像が畳みかけられ、メンテナンス後の簡単なテスト飛行が行われることがナレーションされる。ついてこようとするムサシを、いつも通り「お子ちゃま」扱いしながらも、フブキの表情はいつになく固い。

そこへシノブリーダーが現れ、今日はフブキにとって特別な日であることをムサシに告げる。三年前のことを語り始めるシノブ。轟音とともに回想シーンの飛行場面が始まるのだが、以降は十ページに渡ってコンテが作られている。

まず斜め上方に向けて並んで飛ぶ防衛軍チャージャーズ機のコクピットの窓に動く人物が合成される。それぞれに乗るシノブ、フブキ、そしてミサキ・アイ(シナリオには「二三歳」とある)だ。

各々ヘルメットのバイザーを降ろす。一機ずつバンクして離脱、やがてお腹を見せて上昇するフルCGショット。コンテではCG班に対して「腕の見せどころです。カッコ良く」とある。その後、コンテでは「デルタフォーメーション」と指示をシノブが出し、三角形に形を整える三機が描かれていたが、この場面は回想場面へ本格的に入る前に、シノブの脳裏によぎる飛行ショットとして短く使われている。

これで最終試験は合格とみなされ、ひと息つく間もなく、目の前の黒雲を回避する命令を出すシノブ。ところがフブキ機だけが雲の中に突っ込んでしまう。

シナリオでは最終試験に合格だと言われたフブキがアイ機に視線を送り、口笛を吹いて気が緩むくだりがあった。ここをカットしたため、なぜフブキ機が雲を回避出来なかったのかが、今ひとつ伝わりにくくなってしまっている。

「まずい、積乱雲だ」と、雲の中で落雷を受けるフブキ機のロングショット。機内には警報音が鳴り、機体は下降しはじめた。シノブが呼び掛けるが、応答がない。

「私が行きます」

次にコクピットのミサキ・アイから視点が引くと機体全体が映り、(コンテに「ソトビキ希望」とある)、左斜め下に降下していくまでワンカットで表現される(「一連希望」とコンテにある)。アイはシノブの制止も聞かず、自ら積乱雲に入ることを決断したのだ。雲の中で二機が並んで下降するが、この場面はフルCG。

「フブキ君、フブキ君！」というアイの呼びかけに、ぐったりしていたフブキが目覚め、機首を上げる。だが次の瞬間、続いて上昇したアイ機を稲光が直撃。

「アイーッ！」

フブキの視点で遠ざかるアイ機。ピー、ピーと警報音が響き続け、画面は暗転する。

▼空で見る、空の夢

シノブは、ミサキ・アイ隊員が今でも行方不明で、機体も発見されていないことをムサシに教える。

その頃、サングラスをかけ、厳しい表情のフブキを乗せたテックスピナーが空を飛ぶ。ピアノの音楽が流れ、彼の脳裏に、事故の前日が蘇る——。

訓練用のスーツを着たフブキとアイが通路を行く。陽光が天井から漏れて、差し込んでいる。ロケ地は東京スタジアムの回廊だ。歩きながら手にした資料を見ているアイに、「あのさ、これが終わったら……」と語りかけるフブキ。

フブキは「明日、海の見える公園に行かないか」と誘う。

上から轟音が響き、答えないアイは動揺したようにサングラスをかけ、踵を返す。シナリオには「一瞬立ち止まるが、また歩きだす」とあるのみで、サングラスをかけるのは原田監督のこだわりだ。演出メモから記されている。

緊張のあまりあらぬ方を見ては顔を落とし、息をつくフブキ。やがて自分もアイを追って駆け出す。

そして離陸直後に時間は飛び、フブキがふと見ると、並んで飛ぶコクピットからアイがあどけない表情で親指を立てている。フブキは自分も笑顔でそれに返す。雲を背景に、クルッとバンクして奥へ行くアイ機。メカの芝居が搭乗者の芝居と連動した演出だ。背景の雲の動きも、スピードの違うものを数種類合成して感情の動きと合わせている。

回想から我に帰るフブキは今、テックスピナー1号の操縦席だ。スロットルを握り、急上昇するフブキ。空で空のことを回想する、このシーンはまさに白日夢であり、どこか現実に着地しきれない

フブキ隊員とミサキ・アイ(石橋奈美)

ものを残すようである。

▽空中戦そしてコスモスの緒戦

この後、EYES指令室でシノブがフブキを気遣う芝居があったが、そこは尺調のためかなくなり、同指令室で突然サイレンが鳴って、大気圏内に正体不明のエネルギー体が突入したことがわかるシーンとなる。突入箇所はフブキが飛んでいる辺りだった。

黒い雲に入っていくフブキのテックスピナー1号。

指令室では、襲来したエネルギー体には二つの生命反応があることが探知される。そして防衛軍が緊急出動したことも。

飛来場所は準備稿段階から横浜辺りとされ、実際横浜で実景が撮られている。キャメラが回り込むようにランドマークタワーの空撮が提示され、次に、市街の実景に飛んできた巨大な宇宙人(飛行人形が作られた)が、キャメラがパンする中で右から左に合成される。片やランドマークタワーを廻り込み、右方向に飛んできた防衛軍機とクロスし、撃ち合う。やられたのは防衛軍機の方で、ビル街の上空で四散する様がCGで描かれる。着地する巨大な宇宙人をキャメラが煽ってフォロー。「ふわりと着地する」という指示が、演出メモ、コンテ、合成カット表に記述されている。

飛来したムサシのテックサンダー4号を背中に感じ、静かに振り向く宇宙人だが、近づいたテックサンダーにイキナリ飛びかかり、手の爪でひっかく。テックサンダーの傷ついた腹部がUPになる。すかさずムサシはコスモスに変身、着地がオープンのアオリで捉えられる。足元には粉塵。

流線形のフォルムにアルカイックな口元……ウルトラマンと似たスタイルのこの宇宙人と、コスモス・ルナモードが格闘を始める。公園や陸橋、駐車場など市街のミニチュアワークを舞台にバック転し、後ろに回ったコスモスが翼を掴むと、それを切り離す宇宙人。翼は独自に飛び上がる。そして翼は三つの赤い目から出す光線でコスモスを空襲。転がり、よけるルナ・コスモス。やがて翼は飛び去り、宇宙人はその場で消失。ビル街に立ちすくんで戸惑うコスモスだけが残された。実景のビル街に、グリーンバックで撮ったコスモスが合成されている。

いきなり巨大な宇宙人が直接侵攻をかけてきて、コスモスが前半一度変身するという展開は同じ原田監督の13話「時の娘(前編)」とも共通している。『コスモス』の原田監督は特撮に「攻め」の姿勢だ。

▽天空の魔女

その頃、黒雲に入っていたフブキのテックスピナーに落雷が直撃、機内に警報が鳴り響いていた。

するとフロントガラス越しのフブキの視界には、暗雲を背景に美女が浮遊し、こちらを見ているではないか！　女の前髪は垂れ、風に揺れている。

コンテでは怪しいムード優先に描かれているが、しかし原田監督は「※綺麗に！」と注記するのを忘れない。

声は聞こえないが、口の動きでなにかを言う美女。口の形から「アイタイ」と読み取れる。

呼応するように無音で「アイ」と言うフブキ。

原田演出の十八番といえるこのアイニングショットは、当然シナリオにはない。

美女の指差す方向に誘導され、黒雲を抜けるフブキ機。後処理で空気と熱の摩擦によるメラメラ感が足されている。

林の入り口に旋回して着陸したテックスピナー。

不時着した機体からタラップを降りてくるフブキ。タラップはマット画で描かれている。

フブキが林の中を行くと、木陰にあの美女が居た。

至近距離で相対する二人。と、美女(シナリオでは「アイII」と表記されている)はいきなりフブキにガバッと抱きつく。

「会いたかった」

動揺するフブキ。

「アイ……今まで、どこに」

フブキの肩越しに、怖いぐらい冷静な顔をしたアイの表情があった。肩に顔を埋めてみせるアイにショック音が響き、彼女の仕草はまるでフブキの生き血を吸う吸血鬼のようにも感じられる。

美女の着る赤いレザーのジャケットが、モノトーンの森に鮮やかだ。彼女はコンテから「赤い女」と書かれているが、準備稿段階では「黒いドレスの女」と書かれていた。

「憶えてる？　あの約束」

甘やかなムードを誘導するかのようにピアノ音楽が流れる。

「待ってるわ。約束の場所で」

あの日の、コクピットから指を立ててみせたアイの笑顔が蘇る。

「どこ行っちゃったんでしょうね、フブキさん……」というアヤノの声がOFFで被さり、指令室のシーンに画面は切り替わる。

「昔、スコットランドの飛行機乗りは、空には魔女がいると恐れていたという」

ヒウラの脳裏にユニゾンするように、空を駆けのぼるテックスピナーの雄姿がインサートされる。これは演出メモ段階から指定されていた。

「空に心を奪われた人間は、地上に戻って来られなくなる」

そんなヒウラの言葉を受けるのは、シノブの神妙な表情だ。

そこへデータを持ったドイガキが入ってきた。現れた宇宙生命体は、二つの別種の生き物の共生体であるとモニタに図面を表示して説明。人型の部分が「ギリ」、羽根の部分が「バネス」で、合体すると「ギリバネス」となる。バネスはギリに血を吸われる代わりに、飛行能力を与えていたのだ。シナリオで、ドイガキはこの二つの命名の由来を「地上の悪魔」ギリ、「空の悪魔」バネスとしていたが、原田監督は準備稿から決定稿へ至る段階で削除している。説明が長いということでのカットだろうが、ドイガキの宇宙人への命名がちょっと唐突になってしまった感は否めない。

フブキが見つからないまま夜になった。外夜灯が光るトレジャーベースの入口(東京スタジアムで撮影)にあの美女が現れ、懐中電灯で顔を照らして呼びとめた警備員の首筋に、フブキにしたように口を近づけると昏倒させる。準備稿ではもっと明確に「かみつく」とあった。振り向く美女の髪が揺れる。

その頃、EYES指令室の自動ドアが開き、入ってくるフブキに驚く一同。「どうしたんです」と心配するムサシに「ちょっとな」と浮かない顔のフブキ。

フブキの首筋のアップになるとブリッジ音がする。その首筋の赤い痕に気付き、「これって、もしかして」とミーハーに驚くアヤノに乗っかって自分も騒ぐドイガキ。このキスマーク騒ぎは準備稿からあったが、決定稿ではアヤノが「首に赤い痕が」と指摘するだけの抑えたものに一旦変更になり、放映作品ではまた復活している。やはりこういうところは、役者さんの多少弾んだ芝居を楽しむところだろう。

ちょうどその時コールが鳴り、報告を受けるシノブ。警備員が何者かに襲われ医務室に運びこまれたという。ムサシとシノブは出ていくが、それを見送る形になったフブキは首筋に違和感を感じ、手を当てる。その横顔にキャメラが寄って、中CMとなる。

▼ひこうき雲

ＳＲＣ医療基地に到着するムサシとシノブ。彼らを乗せたコア・モジュール（アタッチメント・パーツを組み合わせていない状態の中枢メカ）が着陸する医療基地夜景は、ライブ素材に新たに機体を合成している。

「幸い命に別条はないようだ」と語るセミ・レギュラーのカワヤ医師だが、シナリオでは「俺に会いたかった？」と相変わらずの調子でシノブに話しかけ、無視されていた。シナリオ段階では特に削除対象となっていないので、撮影後にカットされたのかもしれない。相変わらず髪の一部がハネ上がっている無精なカワヤ医師。

襲われた警備員の首筋がアップになる。首筋に残った唾液を分析したところ、地球の生物のものじゃなかったと言うカワヤ。

その頃、無人の暗い指令室に入ってきたフブキはキーパネルを操作し、極秘データをカードにコピーして取り出している。基地のパネルがハレーションを起こし、フブキの不安定な心理を象徴している。そこへ入ってくるシノブとムサシに抑えつけられ「アイが、アイが」とわめくフブキ。ビンタして「あなたは利用されているんだわ」と制するシノブ。

シナリオではガックリと肩を落とすフブキに「もうあのことは忘れるの。事故だったのよ」と論すやりとりにつながっていたが、原田監督はシーンを分け、トレジャーベースのサロンで注射器を持ったカワヤが「もう大丈夫」と言い、フブキが腕を抑えているショットをまず見せる。ワクチンが注射されたことでフブキが明確に元に戻ったことを視聴者に示す狙いだろう。

「もうあのことは忘れるの。事故だったのよ」

フブキは目線を外して、つぶやくように言う。

「俺は今でも、広い空のどこかにアイが飛んでいるような気がして……」

回想シーンが始まる。フブキとアイが過ごしたひとときの時間。

防衛軍の建造物のテラスから空を見つめる二人の横顔がロングで捉えられる。シナリオには「日課の鍛錬の後のようだ」と書かれてある。青空にはチャージャーズの二機が高く飛んでいく。これは一機を合成で増殖したもの。

「早く空を自由に飛べるようになりたいな……」

ピアノ音楽が流れ、チャージャーズが飛んで行った方向に向けて、紙ヒコーキを飛ばすアイ。

フブキの視点で、タンクトップのアイの、肩をむき出した健康的な後ろ姿が青空をバックにまぶしい。原田監督はコンテに〈設定夏です〉と記している。

「もし、空に魔女がいたとしても私は飛ぶよ……空には、太陽と雲があるだけ……」

髪をかき上げるアイの後ろ姿。

「それで雲の向こうも私の世界なの」

ハレーションの下、太陽に向かって飛んでいくチャージャーズ機のイメージ・ショットが入る。

回想場面でのフブキとアイの撮影風景

屋上のテラスに、少し距離を置いて肩を持たせかけている二人。

「空は私にとって安らぎの場所なの」

アイはまた紙ヒコーキを飛ばす。

「俺だって同じだよ」

見合う二人が引いた視点で捉えられ、その後ろの青空に航跡を描いてチャージャーズ機が横切っていく。コンテには「飛行機雲」を残すことが明確に指定されている。

原田監督は、フブキがただ操られていたのではなく、かつて空で喪ってしまった仲間・アイと共有していた空への夢から、まだ彼自身、現実に戻ってきていない部分があることを描き出す。

▼視聴者に委ねるラスト

ＳＲＣ車のシェパードが市街を走る。埠頭で待つ赤いジャケットの女。みなとみらいの臨港パークで撮られている。

女はサングラスをかけている。汽笛が鳴り、振り向く女にキャメラが回り込む。すでに近くに来て立っているフブキ。

あの日のことが蘇る。「明日、海を見に行かないか」と話しかけたフブキに立ち止まるアイはサングラスを外す。そう、この埠頭は「明日」行くはずだった約束の場所なのだ。

「持ってきてくれた？」

そう訊く女にディスクを示し「アイと一緒にここに来るの、何度も夢に見たよ」と言うフブキ。ほほ笑んで、その元に寄るアイ。

その時、遠くから金網越しに様子を見ていたムサシがたまらず動こうとすると、シノブは制止する。「これは彼の試練なのよ」。

ほほ笑みかけてくるアイの横顔。フブキはそれを見返すが、彼女をまっすぐ見たままディスクを後ろに投げ捨てる。ディスクが下に落ちて滑り、チャポンと海に落ちる音がする。音だけで何が起きたのか視聴者に告げる演出だ。

そしてラウンダーショットを構えるフブキ。「お前はアイじゃない。空は彼女の憧れの場所だった……それを汚しやがって！」

逃げようとするアイの前にやってきて立ちはだかるムサシとシノブ。「動くな！」

今度はフブキの方に駆け出し、ラウンダーショットを構えたままの彼の肩をかすめて走って行くアイ。フブキは一瞬、反応が遅れる。この辺りの演出は、フブキ役市瀬秀和の演技と相まって絶妙だ。そんな彼に「フブキさん！」とたしなめるように言い、追うムサシ。

その頃、ＥＹＥＳ指令室では千とも二千とも取れる宇宙船団の襲来をキャッチしていた。「コンディションレベル・レッド」を発動するヒウラ。危機感をあおるためか、このカットはやや斜めの画面になっている。やはり異星人の目的は侵略だったのだ！

アイを追うフブキは海越しに見える彼女に向かって「待て！」とラウンダーショットを構える。

「フブキくん、私を撃つの？」と問うアイ。呟くように言うが、大声を出さなくてもフブキには伝わっていることが、前半のアイニングショットから潜在的に視聴者には感じ取れる。

フブキの脳裏に、青空の下、タンクトップで空への夢を語るアイの後ろ姿がフラッシュバックされる。

躊躇するフブキは遂にラウンダーショットを降ろしてしまう。笑みを浮かべて走り出すアイ。

ムサシはフブキの様子に一瞬何かを思いながらも、後を追う。準備稿には「フブキさんはまだ……(目覚めていない?)」という記述があった。このカットは画面を対角線に割り、手前のコンクリ越しに捉えられている。

やがてこの界隈に巨大なギリが姿を現し、埠頭に建てられている三角形のモニュメントを一撃のもとに斜めに切り裂く。先ほどの対角線上のカットと対になっているのはスタイリッシュだ。シナリオには「鉄塔」と書かれていたが、原田監督は美術に「なにかモニュメントを」と指示している。切り裂く動作は「ハデに」とコンテの指示がある。

ムサシはコスモスに変身した。登場シーンは実景への合成である。すぐさまコロナモードとなるコスモス。

両者の格闘がビルのガラス面への写り込みで表現されるのはむろんコンテから指定、そして公園のミニチュアが建てられた港のセットでの格闘が始まる。

コロナの力はギリを圧倒する。形勢が不利となったギリは地上のバネスを探す。そして駆けつけたアイと目が合う。手前のアイの入れ込みで合成場面が作られている。目を細めてほほ笑むアイ。

コスモスは合体をやめさせようとアイに向かって光線を放とうとして、躊躇する。見ていたフブキも動揺する。光線ポーズを解除するコスモス。

シナリオではフブキが「コスモス！」と思わず悲痛な声で呼び掛けるシーンがあり、それでコスモスが光線を撃てなくなるということになっていた。だが映像作品ではそこはカットされ、やがて強敵になるとわかっていながらも小さき者には手を出せないコスモス自身の優しさと取れる描写となっている。

しかし敵の優しさを利用するのも宇宙人の意図の内。アイは笑みを浮かべると赤黒い光(コンテでは「黒赤」と記された)となり、上昇するやグルグルとギリにまとわりつく。それが次第に亀裂のような模様になり、やがてバネスとして実体化する。この亀裂模様は昆虫の羽根を思わせ、見る者に視覚的な説得力を与えている。

そして「ふわりと浮く」とコンテから指定されているように飛び上がるギリバネス。人の入っているスーツが操演で浮き上がる場面の空気感はたとえようもない。

ギリの両手と、バネスの赤い二つの目から一斉に光線が発射され、その猛攻にコスモスは膝を突き、カラータイマーが鳴る。

「オレのせいだ」と嘆くフブキだが、シノブは自分の乗ってきたテックスピナー2号への搭乗を促す。

ギリバネスに蹴られ、倉庫街を横移動で転がるコスモス。だが隙を見て相手の足首を掴んだ。飛び上ろうとするギリバネスはもう片方の足でコスモスを蹴り、ようやく身体を離すと空に飛び上って行く。この辺りは、ミニチュアセットを舞台に操演とスーツアクションの相まった手に汗握る格闘場面だ。

逃げていくギリバネスのショットは一転して実景合成が用いられ、建物の向こうに飛行用の人形を合成している。

それを見送るしかないシノブの背後のビルの上からテックスピナー2号が飛び立った！

空高く急上昇、太陽を背にしてターンしたテックスピナー2号のフルCG。「こっちは通行止だよ」とギリバネスに言うグラサンのフブキだが、搭乗席のすぐ横にいつの間にかタンクトップのアイが寄り添い、フブキの顎を撫でて誘惑する。ここはあえて唐突にしたかったのか、演出メモには「いきなり居る」とあった。

「フブキくん、また会えなくなっちゃうよ……一緒に飛ぼう」

フブキは一瞬切ない表情になりながらも、もう惑わされることはない。

「魔女めっ……!! ここはお前らが住むような場所じゃねえんだよ!!」

トリガーを引くフブキの横顔が空を背景にしてコクピット越しに映し出される。

バネスは爆発して砕け散り、ギリは地上に落下して大きな土砂が吹き上がる。手前にコロナを入れ込んだダイナミックな構図だ。合成ではなく上から一斉に土砂を落としてワンカットで撮られている。

立ち上がるギリと対峙するコスモスだが、相手の劣位に戦闘ポーズを納める。もの哀しいピアノ音楽がかかり、ギリは弱々しく立ち上がると、いきなり腕をクロスさせて自爆する。

脚本では、翼を失ったギリをコスモスが必殺技「プロミネンスボール」で撃破することになっていたが、自爆に変更したことで、かえってハードな印象を強めている。

それを見届けたコスモスは「シュワッ」と飛び上がり、フブキのテックスピナーと空中で交差する。機内のフブキは疲れ切った顔をしていた。決定稿には「やるせない」表情と書かれている。太陽に向かって飛び去るテックスピナーにまばゆいハレーション。

そこに「地球に迫っていた宇宙船団はその姿を消した」とナレーションが付され、エンディング主題歌「心の絆」がかかりはじめる。

戦いの後すぐに本編を一旦終わらせ、余韻はエンディングで描く手法だ。エンディングには防衛軍時代のフブキとアイのスクランブル飛行に始まり、二人の思い出のショットが重ねられる。

そして夕焼けの海の見える公園に佇むフブキと、ムサシ。ここでの二人の会話はシナリオではもっと長かったが、歌に乗せてイメージ・カット的に処理されている。

「空は争いの場所じゃない。安らぎの場所なんだ」

そう呟くフブキに、ムサシは頷く。その手前に、誰が飛ばしたのか、紙飛行機が飛んでくる。紙飛行機は風に乗って、輪を描いて夕陽を前に海の上を飛ぶ。この紙飛行機は合成カット表から動きが指示されたが、戦いのアクションではなく、こうした詩的な余韻を残す場面での合成は、後の劇場用作品『旅の贈りもの』での合成カットの試みにつながっていくことになる。

そして原田監督は、紙飛行機が飛ぶラストに、シナリオにはない要素をもう一つ付け加えている。
　少し離れた場所から、アイが淋しそうにこちらを見て立っているのだ。フブキは万感の思いで海を見つめたまま。やがて、アイの姿はすぐに消えた……。
　それは、フブキの脳裏に浮かんだ幻のようにも見える。しかし、フブキは自分を見つめているアイに気づかないようにも見える。だとしたら、空に消えたアイの魂が霊魂となって、地上に残る彼を見守っているのだろうか……視聴者に判断を委ねるしめくくりであった。

▼原田昌樹、語る

原田　ずっと、戦闘機パイロットの話はやりたかったんです。昔から。ただ普通の物語じゃなかなか出来ないし、ウルトラマンでもなかなか戦闘機の話はなかった。美術に飛行機がないということでも難しかった。でも特撮のスタッフと一緒に倉庫を必死に探したら、見つかったんです。それで出来ることになったんです。だから、アイデアはこちらから提示した話でした。

――じゃ、かなり初期から考えていたんですね？

原田　それはありますね。いつかはやりたいって。僕、これをやるために、それまでの回で色々な、飛行機のCGをテストしていたようなもんなんですよ。

――合成カット表でも、CG班の人達に「腕の振るいどころです」って書かれてましたね。

原田　当時最新だったと思います。テレビ作品で飛行機の合成というのを一回きっちりとやってみたかった。そうは言ってもまだ、飛行機のCGが、それほど良くなかった頃だったんです。だからどこまで出来るか試していたんですね。

――合成カット表では、グリーンバックでミニチュアを動かす場面と、フルCGに割り振られています。

原田　ええ。でもミニチュアの動きはデータで拾ってもらって、全部CGで置き換えてもらったんです。だからミニチュアは事実上使ってないんです。これはまだ、テストケースだったので、本当はもうちょっと、今の技術だったら空中戦というか飛行機の話がやれる。ウルトラのシリーズで僕が続いてやっていたら、いつかもっと飛行機の話を、本当は映画の『ライトスタッフ』みたいな話をやりたかった。
　『ライトスタッフ』の冒頭にあるんですよね。「空に悪魔が棲んでいる。空の悪魔に魅入られたものは、地上に戻って来られなくなる」という。あれをやりたかったんです。
　それで、空に消えてしまった女性パイロットの話をやろうとしたんです。空の伝説を元にした話にして、伝説を元にした怪獣が出て来て、空中戦で戦う……というのを指示したんです。
　脚本の鈴木智さんは、『コスモス』ではこの一本だけだったと思います。本来こういうものを書くタイプの人じゃなかったですからね。尺の問題でけっこう切ってしまったので、申し訳なかったと思っています。鈴木さんは後に『ローレライ』のライターをやりました。これの後、一本、鈴木さんと、SFじゃないけれど特撮が必要になってくるようなアクション映画をやろうという企画で動いたこともありましたが、なかなか成立しませんでした。

――ギリバネスの顔はちょっとウルトラマンっぽいですね。

原田　絵コンテをやってくれた奥山くんのデザインです。たしかに、言われてみるとそうかもしれない。でも僕は羽根の指示を出したぐらいだな。硬質な形にしたいと。B2爆撃機の羽根のデザインに近いものをって。怪獣だけど飛行機に近い、流線型の意味で。だから全体の形もああいうものになったんじゃないかな。
　あの話は〈共生〉というのをテーマにしていたわけ。〈共に生きる〉を。ギリバネス自体が二体が一体になった生き物だったから、片方を失った後に、最終的に自爆して終わるという。ホンはたしか、自爆で終わってないはずなんです。
　それを、撮る時に渋谷プロデューサーに「自爆させたい」と連絡を取って、鈴木さんにも許可を取ったと思います。羽根を失ってしまった以上、彼はもう、逃げる場所がないわけじゃないですか。それをさらにウルトラマンがやっつけてしまうと、追い討ちをかけるようなもので。要するに、刀を失った武士に対して斬りつけてくような話だから、それだったらばということで。
　やっぱり僕は、敵というのはそれなりに誇り高いものでなきゃいけないと思ってるから。自分が逃げる事も何も出来なくなったんならば、その場で自爆をするというので、やりたかった。
　そういう怪獣側と、後はやっぱりパイロット同士のね、自分が憧れた女性パイロットの幻に悩むフブキ……こっちの方はラブロマンスですよね。それをやりたかったの。

――フブキがミサキ・アイにデートの誘いをすると、答えないでサングラスをかけて去る。だけど飛行訓練中には笑顔で指を立ててみせるという……。

原田　だからこれは「ぬくもりの記憶」とかと同じなんです。初恋になる前の感覚。直接的な恋愛じゃないんですよ、全部。（ゲストヒロインの）石橋奈美ちゃんは、Vシネマ（『九州マフィア外伝』）に出てもらっていたコで、なかなか素直なよいコだったので、「もう一回組んでみたい」と思っていたんです。
　その後、売れたんじゃないのかな。昼ドラの主役をやっていたし、舞台もやっているしね。

――彼女が空の上で、笑っているシーンも、監督はコンテに「あくまでキレイに」と指示されてますね。

原田　そうそうそう！　やっぱり、こうして今自分で喋ってるとわかるね、当時自分が思っていたことが。

――レギュラーの主役は今回フブキ隊員でしたが。

原田　市瀬（秀和）と呑んだ時、彼は「時の娘」の時のことが印象に残っていて、一度自分を主役に撮って欲しいと言われたんです。それならこの話がいいかなと。だからフブキ中心の話になっています。

――アイとの気持ちに揺れる市瀬さんの演技が迫真に迫っていましたね。フブキが今回葛藤役なら、練習生時代からそれを見守り、物語を進めているのはシノブリーダーでしたね。

原田　シノブをキーパーソンにしました。香織ちゃんはあのレギュラーの中でも、独特な雰囲気の世界に持って来れる人だからね。僕の話の時には、シノブをそういう役割で使っています。男は翻弄されてるだけで、女が物語を進めているという（笑）。

――アイが最後にまた埠頭で、フブキの方を見て消えていくというラストになっていました。

原田　まあ、淡い恋心の一つなんですけど。もともと宇宙人がフブキの心を読み取って、変身して現れているだけで、アイは死んでいるんです。けれど、最後に出て来て消えてるのは、あれは、もしかしたら……もしかしたら……本物かもしれない。
　あと、もう一つは、アイをもう一回出そうと（笑）。もうその時に決めていたので。

作品解説

「ワロガ逆襲」48話

▼二〇〇二年六月一日放送

脚本：右田昌万　**撮影（本編）**：倉持武弘　**撮影（特撮）**：髙橋創
ゲスト：加賀谷圭（ベンガルズ班長・牛島）、市村直樹（鷹平天文台職員・山崎）、影丸茂樹（カワヤ医師）

▼ストーリー

深夜○時。ワロガからの出現予告に、EYESは防衛軍の要請で共に迎え撃つが、攻撃はまったく通じない。負傷し、意識が戻らないムサシに迫るワロガの目的は何？

▼防衛軍からの接触

林立するパラボラアンテナという、見る者の特撮魂を奮起させるカットから今回は始まる。ミニチュアは三基だが、移動車で撮影されることで空気感を出す。防衛軍の電波望遠鏡という設定で、〈防衛軍鷹平天文台〉とスーパーが出る。

天文台の観測室には、ラフな格好をしているメガネの研究員・山崎が常駐しているのみだ。彼は足を前に投げ出し、貧乏ゆすりをしながら雑誌（演出メモには「スポーツ雑誌」とある）に目を通している。「ジェリー・ライス……また帰ってこないかな。あいつさえいればなー」

山崎が被っているキャップには「49ers」と書かれている。ジェリー・ライスは、アメリカン・フットボールのチームであるサンフランシスコ49ers（フォーティナイナーズ）における伝説の名選手で、放映年の前年、二〇〇一年に移籍している。アメフト好きな原田監督によるお遊びだ。演出メモでは別のチームであるタンパベイ・バッカニアーズの帽子を想定。

原田監督とのアメフト趣味仲間である石井てるよし監督はこう言う。「それはたまたまタンパベイのキャップが手に入らなかったからだと思いますよ。原田くんはアメフトのチームではタンパベイが一番好きだったんだけど、当時ちょうどアメリカに行って49ersの試合を観戦した直後でもあったんです」

警報に慌てて起き出して、受信した電波の解析結果を見る山崎。モニタに波計グラフと文字が羅列され、彼の顔が映り込む。

「緊急事態です」。電波をキャッチするというこの場面に行き着くまでに、パラボラのミニチュアそして研究員の弛緩した日常描写と、きちんと前段を置いている実録風の出だしである。

その頃、トレジャーベースの通路ではカワヤがシノブにつきまとい、ウザがられていた。カワヤは、EYESメンバーとして健康診断を早く済ますように言っていたのだ。

「見りゃ、健康ってわかるでしょ」と両手を広げるポーズのシノブ。カワヤを前にすると、ちょっとおきゃんな感じになるのがかわいい。二人のやり取りはシナリオではもっと長かった。

カワヤはちょうど通りかかったムサシにも「おっ坊主、健康診断受けろ」と声をかけるが、聞く耳を持たれない。

ムサシは、防衛軍特務部隊の石井から内密に呼び出されていたのだ。テラスの一角で、特務機関の男たち三人を待機させたまま、無線傍受用のイヤホンをつけたサングラスの石井は口を開く。チームEYESの誰かに伝えたい情報があるという。

「もっとも、誰でもよかったというわけではないんだが」

普段のコワモテの態度より、少し穏やかに聞こえる石井の声。

ワロガが今夜午前○時に現れると予告する電波を、今から四時間前に防衛軍の電波望遠鏡がキャッチしたと言うのだ。ムサシの脳裏に、かつてワロガが出現した時のことが蘇る。向き合わず、背中合わせになって会話する石井とムサシ。二人の距離感を表す構図だ。「我々にというより、ウルトラマンコスモスに宛てたメッセージ、という感じだった」

石井は「ワロガが何の目的で現れようと関係ない。我々は侵略者を叩くだけだ」と厳しい表情に戻り、その場を立ち去る。

残されたムサシが「コスモスに、倒された仲間の復讐でもしようというのか……」と独り言を呟くシーンがシナリオにはあった。放映作品ではカットされているが、今回のワロガが以前とは別個体であることが明確に示されていたのだ。

次の場面は指令室で、EYESマークの前にヒウラが立ち、防衛軍との共同作戦の実行が隊員達に告げられる。

ワロガ襲来についてムサシが防衛軍から事前に知らされる展開を用意しながら、すぐ後にEYESはもう防衛軍との共同作戦に着手している。つまり今回は、キー・パーソンとなる誰かによって状況が動くのではない。対ワロガ作戦行動全体をシュミレーション的に描き、その中で個々の働きをピックアップする。怪獣映画あるいは戦争映画のような作り方なのだ。

▼共同戦線——EYESと防衛軍

港が映り「ポイントMW3」とスーパーが出る。ワロガが出現を予告した場所だ。銃を持った防衛軍兵士が警戒している中に特務の車輌が到着、ライフジャケットの石井が出てくる。すると手前で自転車が転倒し、ベイブリッジを防衛軍の戦車部隊ベンガルズが往く。原田組恒例の〈自転車転倒シーン〉だ。

カットが変わり、画面奥から正面に進軍してくる迷彩塗装のベンガルズの頭上を、防衛軍の戦闘機の三機編隊が二隊迫ってくる。ラジコン走行の戦車の上をCGの戦闘機を飛ばせている。

カットが変わって横位置で飛ぶ防衛軍機が捉えられ、横付けするように合流するEYESのテックスピナー1号と2号。

港にはドイガキの運転するシェパードが到着。降りてきたムサシは石井と目が合う。夕陽のアップになり、汽笛が鳴る。

夜になるとベイブリッジのライトが点滅し、時計を見るムサシ達。「もう予告の時間だ」とドイガキは言う。

石井も時計を確認。戦車隊の砲塔が並ぶ前に立つ石井の合成場面は「ずらっと並ぶ戦車隊　手前に石井」と演出メモに指定。

シナリオでは「現われませんね」「さすがにワロガも、これじゃ出にくいでしょ」というムサシとドイガキのやり取りがあったが、それは以下の防衛軍戦車部隊の描写に置き換えられる。

戦車は岡班長（岡秀樹）の部隊が四台、牛島班長（加賀谷圭）の部隊が四台。ハッチから上半身を出し、双眼鏡で辺りを睥睨している岡班長。牛島班長も顔を出し「おっせーなあ」と呟くと、遠くから音がし、振り返る石井。テックスピナーのレーダーがWARNING表示と共に敵が空から襲来したことを示す。一同が上を見るリアクションがカットバックされると、ワロガ球体が降りてきた。シナリオではワロガがそのままの姿で、大気圏の熱で炎上しながら落下してくるという描写だったが、以前出現した時のディテールに合わせたのだろう。

戦車部隊の奥にある建物に落下し、画面全体が揺れる。思わずよろけ、キャップのツバを直す牛島班長。

霧の中にスックと立つワロガ。石井の背後で銃を構える防衛軍の隊員達。岡隊長はハッチを閉める。「戦闘開始！」

ワロガは両手を掲げてから前に突き出し、光線を発射する。次々と爆煙が上がり、木っ端みじんになる戦車。

やられたのは前線の陽動部隊。続いて岡班と牛島班の戦車が進撃し、砲撃を開始。この場面は脚本で「戦車隊、一斉に発砲！ワロガ、弾着！　弾着！　弾着！　弾着！（続く）」と書かれている通り、とにかくイケイケドンドンの描写になっている。「撃て！」「撃てー！」。咆哮する岡と牛島の汗にギラついた横顔のアップが捉えられ、砲撃の間に挿入される。

そして、中央に立つワロガに左右から迫る戦車隊がｉｎする場面が続く。

どのカットも「ザ・怪獣映画」のようにキメキメだ。

再び砲撃開始。地上の石井も腰から銃を取り出し構える。

爆煙が晴れると、ワロガは平気で立っている。ここは煙を合成で足し、カット尻を真っ白にして場面を転換する案が合成カット表で示されているが、完成作品では使用されていない。

またシナリオでは、攻撃で受けたワロガの傷がみるみる再生していくという描写があったが、棒線で消されている。傷ひとつないワロガの圧倒的な強さを押し出しているのだろう。

フルCGで飛来する防衛軍機を、腕の先から光線を出して爆破、進撃するワロガ。無念そうな顔で岡隊長は後退指示を出す。

地上に向かい光線を繰り出し続けるワロガに手前からｉｎしたテックスピナー1号のアフターバーナーがメラメラ揺らめく。

自分に注意を向けるよう攻撃を加えるテックスピナー1号のフブキだが、ワロガは左手で弾をはじき、右腕で1号の機体を捕まえる。シナリオでは、1号は一度腕から逃げるが次に捕まってしまうという「もう一手」があったが省略された。

脱出しようとスロットルを全開にするフブキ。アフターバーナーの黄色い光が後方に噴射される。

そこへテックスピナー2号がやって来る。「ブランコ」という操演手法で弧を描いて来るのが煽りで捉えられるが、完成作品では一瞬しか使われていない。

キャノピー越しに見えるワロガ頭部の赤い光点に「ＬＯＣＫ ＯＮ」と表示。ワロガがフブキ機を離した隙にレーザーを撃つテックスピナー2号のシノブ。だがワロガは両手で顔をガード。ワロガが放った光線が旋回したテックスピナー2号に着弾。

地上でいきり立つムサシに「熱くなるな」とたしなめの言葉を発するドイガキだが、そのセリフの最中でもうシェパードに乗り、走り出しているムサシ。

そして、見下ろすワロガと対峙するムサシを一場面に収めた合成の煽りカットとなる。「お前が戦いたいのは僕だろう！」

コスモプラックを取りだすムサシだが、ワロガの右腕からの光線で真後ろのシェパードが爆発四散（写真素材をバラバラにして、爆発の炎の中に合成）。煽りをくらって地面に叩きつけられ昏倒するムサシ。脚本ではこの後、ムサシの遠のく意識の中に、自分を見ているワロガが見えるという描写があった。

やがてワロガは半透明になって消えてしまう。合成カット表には「ワロガ、ワロワロ消えていく」とあった。

▼ワロガ対策会議

医療基地の廊下を急いで行き交う医療関係者と防衛軍の隊員、そして負傷した患者達。

「こんなのかすり傷よ」と言うシノブの腕を強く掴むカワヤ。「痛い！」と素の反応を見せた後「何するの！」と反発するシノブに「じゃおとなしくしてるんだな」とたしなめる。シノブの車イスを押す美人は医療基地の原看護婦（湯田美由紀）だ。

次の場面ではフォーカスがボケたアヤノの表情が次第に鮮明になり、オシロスコープの音がして、隊員一同が見守る中、ムサシが昏睡している病室の模様となる。こちらの担当は右田医師だ。脳に衝撃を受け、このまま目覚めないこともあり得る状態に泣き叫ぶアヤノだが、ヒウラは力強く一同を励ます。

その後ＥＹＥＳ指令室ではアヤノが、ワロガがなぜ我々を撃滅せずに去ったのか疑問を呈する。ドイガキはワロガが夜行性で光に弱いのではないかと推測。

その頃、包帯で手を吊っているシノブが医療基地のロビーを抜け出そうとしていた。せっかく治療したのにと見咎めるカワヤに、跳ねっ返りの娘のような態度を取るシノブ。このやり取りは、脚本の深刻な調子をやや弾ませたものにしている。

ＥＹＥＳの対策は防衛軍との会議に持ち込まれた。フブキとドイガキを伴ったヒウラは、光に弱いワロガに対する照明弾、サーチライト、オイル缶による行動の抑制を提案。準備稿ではこの提案は素直に受け入れられ、防衛軍とＥＹＥＳの共同作戦がスムーズに行われていたが、決定稿以降では「ま、そのぐらいのことは我々も考えていたけどね」「心配には及ばん、ワロガは我々の戦力に恐れをなして、もう地球に来ることもないだろう」とうそぶく防衛軍の指令官達が描かれる。いつもの防衛軍との反目を今回も多少盛り込んでみせたものだろう。

そこへ石井が入室してきて、一礼の後、ある紙を宍倉副指令官（須藤正裕）にその紙を渡す。宍倉は表情を一変させて佐原司令官（大城英司）に渡す。怪訝な表情のヒウラ達ＥＹＥＳ隊員。

ここもまた、怪獣映画や戦争映画によくある、あえて結論だけではなく段取りそれ自体を見せていく手法が取られている。

穴倉は紙の内容を発表する。ワロガの出現予告電波がまたキャッチされたというのだ。「時間は、今日と同じ午前○時、場所はポイントＨＳ7、つまり――ＳＲＣ医療基地の近くです」

▼二回目の襲撃

ＳＲＣ医療基地では患者達の避難が行われていた。

カワヤ医師はヒウラ隊長に「たまたまなんですかねえ。ワロガが医療基地の近くに現れるというのは」と問いかける。放映作品ではその後にすぐカットが変わってしまうが、それに対するヒウラの答えが脚本にはあった。「わかりません。でも、奴の目的がはっきりした時がくるとすれば、それは何もかもが取り返しのつかないことになってる時のような気がします」

そこへ出現するワロガ。今度は球体ではなくそのままの姿で地上に降りてきた。ワロガ出現の震動は病院一帯も揺るがすというト書きがあるが、原田監督はワロガをフワリと着地させる。

「予定より早いだろう」と呟きながらも、通信機に向かって作戦の開始を伝える石井。「戦闘開始！」とそれぞれ戦車に待機していた岡と牛島がハッチに潜る。この時「昨日の借りを返すぞ」と牛島が乗組員に言うセリフがシナリオにはあった。

そして各所にある照明燈が点くのを、きちんと段取り的に三ヶ所の描写を畳みかけることで示す。そしてミニチュアの照明燈ナメで眩しそうなワロガを捉える。

追い討ちをかけるように照明弾が次々と焚かれる。合成カット表には「降り注ぐ様に落下していく」とある。両手で顔を塞ぐワロガ。このシーンは夜にオープンセットで撮られている。

ゆらめく炎の中に浮かび上がるワロガの姿。

「ターゲット補足、撃てーッ！」「撃てーッ！」

岡・牛島隊長の口元のアップが交互に提示され、一斉に発砲する戦車部隊。防衛軍機も空襲を仕掛ける。腕をクロスさせて顔をガードし、防御の体勢を取るワロガが粉塵の中に見える。

怒っているように頭部の光点が真っ赤になったワロガが探るような動きをした後、あらぬ方向に光線を撃つと、地走りするように次々と爆発を起こし、変電所に到達し破壊せしめる。照明燈が次々と消え、石井達の上にある照明燈も消える。

「しまった！　変電所がやられた」というシナリオにある石井のセリフを、原田監督は「電源がやられた」に変えている。

同時に医療設備も停電し、苦しむ病室のムサシ隊員。

そうしている間にも次々と繰り出される光線が戦車隊に連続弾着、岡班長は炎の中でやられる。コンテでは「やられる」という文字にルビをふってある。「殉職」を意味しているのだ。

クロスした腕から光線を撃ちまくるワロガ。「進めーッ！」と叫ぶものの、ダメージを受けている牛島班長の戦車。準備稿ではワロガに蹴られて横転することになっていた。また先ほどの変電所破壊も、準備稿では踏んで壊すことになっていた。これらはすべてワロガの〈飛び道具〉たる光線技による破壊に置き換えられ、その強大さを際立てる。

煙が立ち込め、残骸の中を歩んでいくワロガ。夜目にライトが点いたままバラバラになっている一台の戦車が哀れさを誘う。

▼最後まで戦う

病院の非常階段近辺で避難の指示を行っていたカワヤは、原看護婦と右田医師に押し留められそうになりながら下りてくるシノブと出食わす。ワロガを倒せる方法を今なら見つけられる気がすると言うシノブに、一瞬目を泳がせながらも、今度ばかりは「じゃ、行ってこいや」とさらっと応えるカワヤ。

ここは準備稿ではもう少し重い描写になっていた。「仮に私が倒れたとしても後の者が、私の戦いを見て、何かヒントを見つけてくれるかもしれない。……これって無茶？」と問うシノブに「いいや。一緒かもしれないな。仕事は違っても、俺達の目的みたいなものは」とカワヤは応え、「行ってこい。そして、見つけてこいよ」と促す。

また決定稿では、カワヤに対するシノブのセリフは放映作品に近いものになっているが、シノブはそれをあえてニッコリ笑って言い、カワヤが「いい顔しやがって」と応える、より温度の高いものになっている。それらの過程を経て、さりげない中にも真情のこもったやり取りへと発展しているのだ。

防衛軍機が次々と落下する中、病院に近づいてくるワロガ。迎え撃つのは隊長機。ヒウラのヘッドアップディスプレイが開く。

先述の院内でのシノブとカワヤのやり取りの後半からワンダバテーマのイントロが流れ始め、ここで最高潮に盛り上がる。

フブキ機とドイガキ機も上昇、同じくヘッドアップディスプレイを開きながらの「了解」が畳みかけられ、三機は前進。

その頃、病院内にさ迷うムサシが振り向くと、ワロガの球体が浮かび上がる。驚くムサシ。

ＥＹＥＳ三機の攻撃が始まった。垂直に進んでいくスピナーをピアノ線の親線で、他二機をクレーンで旋回させ、ワロガと同一ショットにフレームイン。

ワロガが両手から繰り出す光線に次々とやられていくＥＹＥＳ機。ヒウラに後を託されたフブキのテックスピナー1号が戦車の残骸が残る地上スレスレ越しに上昇、立ち向かう。ここも操演のテコを利用した「ブランコ」で表現。

ワロガは斜め後ろに右手を繰り出して光線を発射、撃墜されるスピナー1号。コンテではワロガがスピナーの方を見もせず後ろ向きに光線を発射することがもっと明確になっていたが、ワロガのスーツの造形と構図の関係でこうなったのだろう。

白煙を上げながら墜落していくスピナー1号を前に悠然と歩み出すワロガがワンカットで映し出される。戦車や戦闘機の残骸の向こうを悠然と行くワロガに、石井の無念の報告が被る。

「対ワロガすべての戦力を失いました」

報告する石井の背後では、部下がバンからバズーカを運び出してくるのが見える。一瞬たりとも間断させない描写である。

病院の廊下ではムサシが球体に追われている。シナリオでは球体から等身大のワロガの姿に変身する描写もあり、合成素材の撮影までされていたが、合成カット表にマジックで「オミット」と書き入れられ、とりやめになった。球体のままの方が、ひとだまのようで怖さが増すと考えられたのかもしれない。

一室に逃げ込みドアを閉めるムサシ。額に汗して焦燥する彼の目の前の台には、白い布が被せられた人間が横たわっている。

病院の出入り口では、カワヤや右田たち医療スタッフが出てきて一台の救急車を見送り、「これで最後だな」と確認する。

そこへワロガが進撃してくる。

病院がピンチのその時、やられたと思われた戦車の中で、牛島隊長がまだ生きていた。「エンジン再始動！」

壊れた残骸の中、一台だけランプが点く90式戦車。

「残ったのは我々だけか」とバズーカを構える（シナリオでは「拳銃を取り出す」になっていた）石井達だが、旗が立てられた牛島の戦車が丘を上ってくるのが見えた。

機体ごと砲塔を動かし（「どーんと正面を向く」とコンテにある）「ベンガルズ魂を見せてやる！」と意気込む牛島だった。

その頃、シノブはコクピットに着席し、腕に巻かれていた包帯を取り去る。この後、ムサシとシノブの描写が交互に提示。

ヘルメットをセットしたシノブの「ワロガの狙いは何？」という独り言に対応するかのように、ムサシが白い布を取ると、そこに寝ていたのは自分自身であることに凍りつく。

だが次の瞬間、病室のベッドからガバッとはね起きるムサシ。先ほどまでの光景は夢だったのか。

そこへスモークをバックに、暗闇の中で大きな手を差し伸べてくるワロガのイメージがムサシを襲う。

準備稿では、病院の窓から巨大なワロガが覗きこむことになっていたが、原田監督は13・14話でワロガがレニを操る時のイメージ・ショットに似せたものに変更している。

「お前にだけは負けない！」。ムサシはベッドの上でコスモプラックを取りだすのだった。

▼総力戦の果てに……

ワロガのいる上空に光が満ち、変身したウルトラマンコスモスが飛び蹴りをくらわし着地。すかさずコロナモードとなり、湖の前でワロガと対峙する。テックスピナー2号のシノブは、ワロガを見て呟く。「あなたの狙いはもしかして」。

巨大な二者の格闘が湖に映り込む。

準備稿では、見上げる防衛軍兵士達もコスモスに感情移入して応援するという描写があったがカットされている。所謂戦闘の段取りから外れた感情描写は極力短くするか、丸ごとオミットしているのが今回の特徴である。

コスモスが蹴りを繰り出すと、半透明になり姿を消すワロガ。後ろから現れて首を締める、消えたり出たりの攻撃に翻弄され、劣勢になって踏まれるコスモスのカラータイマーが鳴りだす。大きな手でコスモスの頭に触れようとするワロガは、ムサシの悪夢の中に出てきたイメージ・ショットと同じ構図の反復だ。

そうしている間にも、病院のカワヤ達を守り、ワロガに決死のバズーカ攻撃を行おうとする石井。まさに危機一髪だ。

ピンチのコスモスの背後で遠い空に何かがピカリと光った。それはシノブの乗ったテックスピナー2号である。

ヒロインが飛んでくる際、搭乗機が空にピカリと光ってから出現するのは、原田作品では『ダイナ』の「君を想う力」以来。

攻撃するスピナーだが、ワロガは腕を交差させて顔をガード。その時、シノブに加勢するように下から牛島戦車が砲撃する。

「撃てぇーーっ！　撃てぇーーっ！」

旋回してくるスピナー2号はワロガの顔の赤い光点にロックオン。「あなたの弱点は……」

牛島戦車に向けて光線を放とうとしてガードを外したワロガに「ここよ！」と叫んでトリガーを引くシノブ。

牛島が「よーしよしよーし！」と呼応する。

腕を交差させるワロガだが、もう消える能力もなくなった。

肩を震わせ立ち上がったコスモスは、力の弱まったワロガに連続キック（コンテには「ワロガに当たる当たる」とある）。

準備稿では、一度ダメージを受けたコスモスが立ち上がれずにいたところを、EYES隊員、防衛軍兵士、医者、看護婦、負傷者問わず「がんばれ！」と声援を送る人々の声に励まされて力を得るという描写があった。かつて『ウルトラマンティガ』の25話「悪魔の審判」（脚本・小中千昭、監督・村石宏實）以来平成ウルトラマンで定番となった、人類がウルトラマンに力を与えるという構図の継承だが、原田監督はここもばっさりカット。戦闘描写の積み重ねの中での、瞬間の共闘に絞り込む。

コスモスが全身を発光させ必殺技のポーズを取ると、すかさず球体に戻って逃げようとするワロガ。必殺技ブレージングウェーブが球体に当たると白く光って爆発四散。球体の爆発はドライアイスの爆砕で表現され、散った蒸気の中で立ちつくすコスモスがカッコイイ。落ちてくる破片は合成で足されている。

戦車のハッチから顔を出し、両手でガッツポーズを取る牛島。ブランコ操演でコスモスの手前を横に旋回するテックスピナー2号。それを見上げて喜ぶ病院前の人々のシーンからエンディング主題歌が流れはじめる。

カワヤがテックスピナー2号に向かって親指を立てると、シノブからも見えるのか、機内で自分も指を立ててみせるという描写はシナリオからあるが、原田監督は病院前のカワヤが頭上に「シノブ」と呼びかけただけで、機内のシノブがふと気付き、二人の視線がバッチリ合わさってサインを送り合うという、粋な形にアレンジしている。

手を振る一同にコワモテの石井までもが加わる。声援を送られたコスモスが朝焼け空に飛びあがるシーンがコンテに描かれ、『ガイア』の時に館山で撮ったライブが使用されたが、これはエンディングの途中からの名場面集の最後にインサート。

そして最後の最後には、トレジャーベースの屋上で一人コスモプラックを持ち、空を見上げるムサシの姿が映し出される。

ワロガはかつてムサシが恋した女性・レニを陥れた憎い敵の同族である。そのことは今回直接は描かれないが、ワロガに自分までもが操られそうになったムサシが、コスモスと一体化した宿命の重みを再確認しているのであろうことは、番組の熱心な視聴者であれば想像に難くないはずだ——。

▼原田昌樹、語る

——ウルトラでも珍しい、全編が敵と味方の総力戦ですね。

原田　そうです。この回は超直球をやろうと。こちら側の戦車部隊が片っ端からやっつけられて、向こうが圧倒的に強くて、それに対してどう戦っていくか。頑張るか、やっつけるかというガチンコ勝負の話を一本やりたかった。ワロガは、最初「時の娘」に出てきて、相当強いという印象は残してあるから、あれともう一回ぶつけて、お互い叩き潰すまでやってやろうという思いでした。だからお話はあんまり考えてなかった。

——ムサシを乗っ取ろうとしたワロガの狙いはありましたね。

原田　ワロガは、前はレニを乗っ取ったんだけど、今度はムサシを狙いに行ったという設定にしてたんじゃなかったかな。

——それが明確化されたシナリオのセリフは切りました。

原田　切っちゃいましたね。この頃から、どちらかというとフブキの方が活躍しているんじゃないかな。それから、この話ではシノブも活躍しているでしょ。

——最後にシノブが「ワロガはコスモスを乗っ取って何をやろうとしていたのかしら」と言うくだりが準備稿にありましたね。

原田　ホン打ちでも必ず「この怪獣の目的意識はなんなんだ」という話が出るんですが、「出て来ちゃったものしょうがないだろう」というのがあるわけです。特にワロガは、前回で悪いやつとして出てきたから、今回は出て来た目的はいいだろうと。とにかく攻めてきた。復讐戦に来たんだと。

あと、これ当時上映されていた『パールハーバー』のスケールの小さい版をやろうと言っていた記憶があります。戦場に芽生える男女の恋みたいな話っていいじゃないと。カワヤ役の影丸くんから、「シノブとの仲はちゃんとやっておかないとマズイですよ」と言われたので、そこも意識しました。本当はこれ、僕の最後の担当回のはずだったんです。だから自分が手を付けたキャラは、ある程度自分でなんとかしておこうと。でも、放映期間が延びて、最後じゃなくなったんですけどね。

——普段対立している防衛軍と一緒に戦う話でもありました。

原田　そうですね。防衛軍に関しても、それなりにちゃんとしてあげたいというのがあったんですよ。

あんまり僕、内部抗争の話は好きじゃないんです。それまでのウルトラマンでは、チームは地球防衛軍の中にあったのに、『コスモス』では設定が変わって、防衛軍はいつもピント違いの悪役という感じで、これじゃかわいそうだと思ってたんです。

でも共通の敵が出てくれれば、基本的にはスタンスが違うだけじゃないですか。防衛軍は「敵をやっつけちゃえ」で、EYESの方は「怪獣が居たら保護しよう」だけど、メチャクチャ悪いやつが出て来たら、それは「両方力を合わせて戦おう」となる。守ろうとしているものは一緒なわけだから。防衛軍だって、なにもEYESばっかりいじめているんじゃない。

だからワロガみたいなやつが出てきたら、怪獣保護なんて言葉はどこにもないだろうと。何もそんなに話数をかけてやる必要もなかったんだけれど、一貫してずっと、ワロガは保護には価しないという考え方で来てますからね。ワロガというのは徹底的に悪いやつだからワロガなんだと。

――とにかく戦うしかない。

原田　だから特撮を派手にやってやろうと思いました。『コスモス』は予算がなくなってきてたんだけど、「やれる特撮はありますよ」という例を示してるんです。そんなに大金をかけなくても、ミニチュアでここまでやれるし、CGを使ってもここまでやれるというテストケースのような形で。

――アクションのコンテは打ち合わせで作っていくんですか。

原田　いや、コンテは僕の方で字で割っておいて、全部説明をして、どんどん絵にしていくだけです。画のサイズの問題で、相談することはありますが、基本はあくまでも僕の方で。

その絵コンテを割る時に、美術では今何が出来るかとか、合成だったらこれは出来るか出来ないかということは相談します。「前の組でこういう合成をやっていた」「それが出来るんだったら、今回はこれが出来るね」とか話してね。

――防衛軍の戦車隊であるベンガルズの印象も強いですね。

原田　そうそう。僕はアメリカンフットボールのファンだったんで、アメフトのイメージのものを色々出してあるんです。ベンガルズというのもアメリカンフットボールのチーム名です。そのマークのデザインも、そのままは使ってないけれど、似せてあります。あと、チャージャーズという飛行機部隊もそうです。それから前に出てきたラグストーンっていう怪獣にもアメフトの動きをさせるとか、そういうのを、遊びで使ってますね。

――戦車のミニチュアは、実数はないですよね。

原田　たいしてない。実働しているものも二輌しかない。合成で増やしているのと、動かないけどプラモデルで同じタイプのを何台か並べたのと、爆破用をカポックで作りました。動く二輌も『ティガ』で川崎(郷太)さんが使っていたタンク(22話「うたかたの…」)が二輌だけ残っていたので、それの色を塗り替えて使いました。当時は白っぽかったのかな？

あれを塗り替えてベンガルズカラーにした。だからタンクが動いているのはみんな夜。それでたくさんいるように見せた。特撮はアイデアだから、金をかけなくても、派手に見せることは出来るよ、という意味でやったんです。それが会社に理解されたかどうかはわからないけど。

――『ガイア』までの原田作品に比べると、『コスモス』は特撮やアクションの要素が多い話も結構多いですね。

原田　やってます、やってます。ストーリーは、ある程度途中で諦めたんです。基本コンセプトが僕、合わなかったから。

片やカオスヘッダーがいて、それ以外でもう一個違うストーリー性を出してくのはきつかったから、まるっきり違う、第三のストーリー系にするか、全部アクションにしちゃうか、どちらかしかないなあと思ったんです。

――今回ガチンコ対決をやっちゃおうと。

原田　そう。ウルトラではそんなにアクションものを撮っていなかったんですが、もともとは僕、ヤクザ映画出身のアクション系監督なんです。「やる時はやるぞ」とやっていた感じです。

▼もう一つの「ワロガ逆襲」

本作の脚本が書かれる前に、戦車隊班長の役で出演もしている『コスモス』助監督の岡秀樹氏による脚本の生原稿が存在する。岡氏の「自分が書きたい」という立候補を受けて、原田監督が渋谷プロデューサーに話を通して任せたものだ。最初からシナリオの形で提出されたが、執筆前に出された原田監督からの「要望」を当時岡氏がメモしたものが残っているので、以下全文引用する。

・シノブとカワヤが、一線を越して愛し合うようになったあとの物語
・カワヤにとってシノブよりも更に愛する女性が現れる
・だがその女には悪意ある秘密があった。
・それに気付いたシノブが女を殺す
・ラスト、カワヤとシノブの眼差しは、交わらない。哀しいほどに――。

この「要望」メモからだけでも『コスモス』らしからぬ、ハードな大人のムードが感じられる。要望を受けた岡氏によって書かれた脚本「心の中の敵」の概略は、以下のようなものだ。

かつて医師として治療できず救えなかった女性、美夜が、シノブと婚約をしたばかりのカワヤの前に現れる。そして美夜と同じ難病にかかった子ども達の、免疫機能が破壊された身体を「宿り木」にして復活せんとするワロガのたくらみを知る。EYESは宇宙人への恐怖から子ども達を危険視する世論と防衛軍の手から子ども達を守ろうと、サナトリウムに立て籠る。だが実は美夜こそがワロガに乗っ取られていた。シノブは美夜を撃ち、現れたワロガをコスモスが倒す。カワヤは難病の子ども達を救うワクチン研究のため海外に旅立つ。見送るシノブの指には、カワヤから贈られた婚約指輪がはめられたままだった。

岡氏は、原田監督のオーダーにあったほろ苦い大人のムードに加え、ウルトラマンさえ難病の子ども達を救えないという展開を盛り込んでいる。これは視聴者の子ども達に対してハードすぎると渋谷プロデューサーから言われたと、岡氏は振り返る。

「原田監督は『あれは、ダメだな』のひと言でした(笑)。僕はその脚本執筆に二週間ぐらいかけたんですが、監督も渋谷プロデューサーも待ってくれて、その結果がコレでした。急遽右田さんに短期間で上げてもらったのが完成作品の脚本です」

「心の中の敵」は、太田愛氏によるワロガ編の前作「時の娘」にあった命の問題の延長上を描いている。原田監督は岡氏に頼んだこの脚本を通して、ワロガが人の命を翻弄する存在であるという性質が、「時の娘」以上に突き詰められれば、『コスモス』の枠を超えてしまうことを再確認したのかもしれない。

かくして、ドラマ的な要素を徹底的に削ぎ落とした上で、エッセンスとしてシノブとカワヤの交流を盛り込んだ放映作が生まれる。その踏ん切りを原田監督自身、つけていたのだろう。

そして原田監督による最初の「要望」案にあった大人の男女のほろ苦いムードは、後の「復讐の空」にまで持ち越される。

inter-view

石井浩

身体の動きを、憶えてる人がいるのが嬉しい

『ウルトラマンガイア』特捜チーム「リザード」リーダー・瀬沼龍一役
『ウルトラマンコスモス』地球防衛軍特殊部隊所属・石井役　ほか

——石井さんは、『ガイア』で特捜チーム「リザード」のリーダー・瀬沼を演じられています。原田監督とは『Gメン'75』からのお付き合いと聞きましたが、ウルトラマンシリーズは、『ガイア』が最初ですか？

石井　実はその前の『ダイナ』からなんです。「さらばハネジロー」(47話)で、ファビラス星人の声を演ってます。台本を見たら、ゲストの筆頭に自分の名前を出してくださっていて、ビックリしました。

　俺自身アテレコが初めてだったんだけど、その難しさを嫌というほど味わいました。結局、自分で入って動いていないから、声をアテるにしても「間」がわからないんです。これは苦労しました。

　その前に、キノコ星人みたいなフォーガスもスーツを着て演りました(6話「地上最大の怪獣」)。

　これは実際に演じて、セリフもすべて自分で演って、その声を機械で細工したんです。

　それが終わった時に原田監督から、「次、会う時は、顔を出したいな」と言われて、別れたんです。それで、顔が出たのが瀬沼役だったんです。

　ただ、監督の瀬沼像は、一回だけの出演だったんです。でもこの後、瀬沼はぽろぽろ出てくるじゃないですか。しばらく他の監督の回で瀬沼を演って、また原田監督の回になった時に、「お前、出すぎだよ」と(笑)。自分としては、嬉しい限りですけどね。

——瀬沼が初めて登場した12話「野獣包囲網」で、XIGの若いメンバーが、イキがいいわりには足腰が弱く、ウルフガスを追って疲れている中、地上部隊の瀬沼が、頼りがいのある感じで出てきます。我夢が、ウルフガスに寄ろうとしたら、瀬沼が制して、自分が先に出て庇う辺りもカッコイイですね。

石井　あそこ、よく憶えているんです。あの時の殺陣師の矢車武さんは、僕がお世話になっている二家本(辰己)さんつながりで、よく知っている方なんです。僕が矢車さんに会ったのは何十年ぶりかなんですが、僕のことを憶えていてくれて、「ああ、お前かあ。じゃ(アクション)大丈夫だな」と。

——ウルフガスを屋上に追い込むところ。瀬沼と我夢が一緒に梯子を上りますが、あれは本物ですか？

石井　本当に上っています。我夢役の吉岡さんが頑張ったんです。もちろん俺は、ああいうのは全然大丈夫。監督も「行けるよな」という感じで。

——瀬沼は三つ編みを束ねたような髪形ですね。

石井　もともとこういう髪型なんです。衣装合わせの時に「監督、髪の毛どうしますか？」と言ったんです。「切るんなら全然構いません」という感じだったんですが、「いや、そのままでいい」と。

　原田監督もそうなんですけど、他の監督達も、「役のイメージどうしますか」と訊くと、「そのままでいい」と言われることが多いんです。全然、自分のイメージを作ってやっているわけじゃないんだけど。瀬沼の時はメイクさんが髪に色々、紐を編み込んで。考えてみたら、瀬沼はシャツも派手ですよね。

——たしかに普通だったらやや奇抜な格好でも、画面で見る限り、硬派さが崩れない。「防衛軍のカタブツ」という、あの世界の中での現実感があります。

石井　ありがとうございます(笑)。最初はスーツ姿だったのが、後には衣装さんの「季節感を出したい」というアイデアでトレンチコートを着たり。アクセントをつけて、瀬沼役で色々試す感じでした。

——『ガイア』ではシリーズ中盤のクライマックス、我夢がXIGを追放される辺りの話で、よく出られるようになりましたよね。

石井　中盤では瀬沼の率いるリザードが、アグルの藤宮を追いかけるようになってきたので、アグルの出る回には、わりと出ました。たしか、二家本さんから聞いた話ですが、他にも瀬沼の名前が台本にあったんだけど、その回の監督が、俺をよく知らないから、出番を削ってしまった回があると。でも、二家本さんが北浦監督の回に出た時、「瀬沼役の石井は、俺と一緒にやっている人間です」と言ってくれたらしいんです。それで北浦監督はそのまま生かして使ってくださったという経緯があるみたいです。

　リザードは普段は地上を駆けずり回っていて、空中にあるXIGの本部にほとんどいません。でも北浦監督の回に、XIG本部での出番があったんです。ガンQがもう一回出た時(『ガイア』31話)、渡辺裕之さん演じるコマンダー以下、宇梶(鋼士)さん、平泉(征)さんがいて、各部隊の隊長が勢揃いの中、リザードの隊長として、古文書の説明をするという。

　あれは緊張しました。アクションがなくてお芝居だけという方が、緊張していたのかも(笑)。

――再び原田監督の「悪夢の第四楽章」（37話）では、瀬沼が洗脳されて、我夢に銃を突きつけます。

石井　あれは、ほとんど無表情で……操られた感を出すようにと、監督に言われて演りましたね。

我夢も訓練を受けているので、相手の隙をつく技を使って、危機を脱するということになっている。細かく見ると、俺の拳銃の持ち方も「こうすればうまく隙を作れる」という技を使っているんです。

ただ、華奢な我夢が唐突に逆転するのはおかしいから、周りにあるものを利用するということで、消火器を使う。そのためのきっかけを作りました。

瀬沼の光線銃は瀬沼スペシャルなんです。他の隊員と、色が若干違う。ちょっとコアな話ですが（笑）、「やったあ！」と思いました（笑）。もらっておけば良かったなと。結局、瀬沼の最終回のような話がなかったので、言いそびれちゃった。

▼このアクションは俺がやる

――『コスモス』でも、瀬沼のイメージの延長上の役で、防衛軍側の人間として出ていらっしゃいます。

石井　ネットでは、「『ガイア』に出ていた瀬沼さんが、今度は、地球防衛軍に再就職したみたいですね」なんて書かれていました（笑）。でも俺、その前に『コスモス』の4話に、声で出演しているんです。やっぱり急に原田さんに呼ばれて。ロボットのイゴマス役で子ども達と話すんですけど、これも結構、難しかったです。

後に、『コスモス』のゲームが出来た時、その中にもイゴマスが出てきたので、「声を演ってください」とオファーが来ました。演っておいて良かったなあと思いましたね。

元の俺の声とは、かけ離れたものに加工されていますけど。

それで、「時の娘」（13、14話）からまた本格的に出るようになったんです。

最初の衣装合わせで原田監督から言われたのは、防衛軍のスーツ姿のイメージは、『メン・イン・ブラック』を意識して撮ると。黒い背広に、黒いサングラスは、そこから始まっているんです。

――たしかにリザードより陰で動いている感が。

石井　この時は、そのまんま「石井」という役名でした（笑）。

――『ガイア』で藤宮を追いかけていたように、ムサシがやや反逆的な行動を取った時、組織側の人間として石井が追いかけてくる。「時の娘」では、坂上香織さん演じるシノブリーダーが、ムサシに向けていた銃をパッと後ろに向けて、石井さんの構えた銃と向き合うシーンが、実に決まっていました。

石井　あそこは、完成映像以外のカットも撮っているんです。うまく編集してもらいました。

チームEYESの坂上さんはあそこでムサシ側に立って、俺はまるっきり防衛軍側。同じ地球を守る正義の味方なのに、考え方の違いがある。そういう形で、あのシリーズの僕の立ち位置が続いていくんです。でも後半の「ワロガ逆襲」（48話）に出た時は、相反する正義の立場だけれど、EYESの立場も若干わかっているという感じなんですよ。

――「ワロガ逆襲」の時は、ムサシ隊員役の杉浦太陽さんと、お互い背中を向けて反対側を向きながら、会話する。これもまた、緊張感がある構図でした。

石井　石井の立場としては、自分たち防衛軍の大事な情報を漏らしているわけです。それは石井が、ムサシがコスモスだとわかっているからじゃないかと。その辺の、微妙な立場の変化が出てきているんです。

――そしてこの後、58話の「復讐の空」では、石井さんがガラスを突き破って一回転して銃を向ける。あれは、全部ご自分でやられているんですよね。

石井　はい。言わば、あそこで一番、俺らしいことをやっている。これは監督もすごく喜んでくれた。

一応、二家本さんのところから、若い人が来て、もし危険だったら代わりにやってもらうことになっていたんです。その若いやつは俺もよく知っていて、テストの時に、ちょっとやらせたんですが、「いいや。俺、自分でやるから」と。「こうやってやるんだよ」と俺、偉そうに後輩に教えたんです。

あれは、完成映像では窓のブラインドが全部降りていますよね。リハの時には、ブラインドを上げて視界をつけてもらってやったんですが、本番になると前が見えない状態で、やらなくちゃいけない。

まずはリハーサルの時に、どういう感じになるかを、十分に把握しておくんです。前が見えなくて萎縮しちゃったりすると、怪我をするので。

あの時、窓の外側に淵があったんです。その淵と、下の地面との間に段差があって、最初は地面の方から飛び込んで行ったんです。ブラインドがない時には普通に行けるんですが、ブラインドが下りると、無意識に躊躇する動きが出ちゃう。そうすると高さが出なかったりするんです。結局、本番のブラインドがかかった状態では、窓の縁に足を引っ掛けて、高く跳んで行きました。それでワンカットで、立ちあがって構えるところまで、うまくいったんです。

あれをやって、監督が本当に喜んでくれた。OKが出てから「石井、お前、いくつになった？」と訊かれて、この時は四一、二才ぐらいだったんですが、監督は「そうか。俺も頑張んなきゃダメだなぁ」と。

　キャメラの倉持(武弘)さんも、すごく喜んでくれたのを憶えています。そんな年になりながらも、昔から培ってきたものをまだ出せたという、自分の喜びもありました。「まだまだ、いけるじゃん」みたいな。でも、あの回を自分は見ていないんですよ。

――オンエアされなかった回でしたね。

石井　あれは残念でした。あの回は立ち回りもあって、現場で二家本さんがつけてくれたんです。

――二家本さん、警備員の役でこの回に出られてますね。でも『コスモス』全体では、二家本さんはアクション監督ではなかったですよね。

石井　なかったんです。でもこの時は、立ち回りが多いからと、原田監督が二家本さんと俺を呼んで、やらせてもらったんです。

『ガイア』リザード隊長・瀬沼龍一（石井浩）

ヒーローと向き合えた

――「ワロガの逆襲」の時は、宇宙人の攻撃を前にEYESも防衛軍も武器が尽きてしまい、最後に石井さんがロケットランチャーを構えて、「この俺が最後までやってやる」という感じでしたよね。

石井　逆に自分でも出すぎじゃないか、活躍しすぎじゃないかと思いました。こんなに要所要所で。

　しかも、巨大な宇宙人相手に、ロケットランチャー一つで撃退しようなんて「防衛軍の石井さん、何をやっているの?」と、考えた憶えがあります(笑)。

――その後、戦車が一台生きていたことで、ラストバトルになって、ロケットランチャーは使わないことになりますが、石井さんがそれを取り出した時は、もう自分が最後だという思いが出ていましたね。

石井　最後にコスモスが戦車と共同で宇宙人をやっつけて、言葉にはしてないけど、それこそ「コスモス、ありがとう」という態度で。

　この時、地球防衛軍の石井としては、コスモスを認めているんですよ。完成映像を見ると、最初の、背中合わせの石井とムサシの会話から、最終的なあのお互い向き合う場面に繋がっていく。防衛軍の石井はコスモスもEYESも認めて、一緒に地球を守っていくんだろうなというのが伝わってきます。

――原田さんには、そういう計算あるんでしょうね。

石井　あるんでしょうねえ。

――完全に石井さんとコスモスの話という感じです。

石井　言ってみれば、ついに自分の子ども時の夢が、叶っていますからね。それまで、出来れば隊員服を着たいと思っていましたけれど、あの頃になると逆に、隊員役になるというより、脇で重要なところをやるのが楽しいなあと考えていました。俺、馬で弓矢を射つ流鏑馬というのをやっているんですけれど、その的は縁起物なんです。ちょうどその的をもらって帰ってきた時がありまして、撮影の合間、原田監督に「自分のありがとうの気持ちもあるし、番組もヒットしてもらいたい。色んなことを考えて、縁起物ですから」と、渡した記憶がありますね。監督も喜んで、受け取ってくれました。

佇まいを崩さない

――石井さんの役は、佇まいを崩さないですね。「異星の少女《ひと》」(25話)でも、巨大ロボットが出てきて、「退却!」と言いますが、それは部下達を退却させるのであって、自分はたじろぎながらも、構えて撃ち続けています。

石井　仲間を庇いつつ、自分は盾になる。

――主人公じゃないですが、ある種のヒーローっぽさも持っている。どちらかというと憎まれ役なのに。

石井　それは俺の役者不足もあるのかもしれない。憎まれ役の部分が出し切れなかったのかも。

――その前に、カワヤ医師を偶然撃ってしまったことにも変に動じないところに、プロフェショナルな佇まいを感じました。あの時は影丸さんが、石井さんに怯えながら反抗している感じが伝わる演技で、石井さんのコワモテぶりがよく出ていましたね。

石井　そこまでやり合う立場なのかなと思いましたけど(笑)、負けないようにしました。

――平成のヒーロー番組は、主人公が優男でイケメンで、等身大の若者です。そういう世界で、防衛軍の現実感を代表しているのが石井さんじゃないかと思うんです。「ここまでは厳しくするんだよ」という緊張感を、石井さんを通して出しているような。

石井　それはあると思います。「ワロガの逆襲」で、嶋(大輔)さん達EYES全員がずらっと並んでいて、石井の上司である防衛軍の幹部が二人いて、そこへ石井が書類を持ってくる。幹部達は、防衛軍でちゃんと対策は練られているから、EYESの出番はないと言うんですが、結局、EYESと手を組んで、最終的には一緒に戦ったわけです。

――ニュアンスとしては、防衛軍のトップは頭が硬いけれど、石井さんはトップに従いながらも、ものが見えている感じでしたね。

石井　そう。そこはやっぱり最初の、背中越しに情報を漏らそうとするところから表れているわけで。

――背中越しのシーンの時の石井さんは、ムサシ隊員がコスモスだと知っているかのような態度を取るものの、ワロガの目的を伝えた後に、どんな目的であろうと関係ない、ただ倒すだけだと去っていく。少し心を許したのかなと思ったら、ふっとまた……。

石井　石井の防衛軍の隊長としての、微妙なところなんでしょうね。でもムサシ側にも教えておかなくちゃいけないという葛藤がありますよね。

――石井の独断ということになりますか？　防衛軍の幹部達は知らないという。

石井　秘密の会話のような感じですね。自分で言うのもなんですけど、あそこ、カッコいいですよね(笑)。

ドラゴンと防衛軍に憧れていた

――原田さんとの若い頃の出会いを教えてください。

石井　『Gメン'75』で原田さんはサード助監督の若手で、僕は俳優になって二年目ぐらいかな。原田さんは走り回っていました。「原田～っ！」ってチーフに呼ばれて。印象に残っています。僕もチーフから「お前、何やってんだぁ」と怒られていました(笑)。

原田さんにもよく怒られました。原田さんも若かったけど、こっちも二〇才そこそこですから。

僕のスタートはアクションクラブで、師匠が倉田保昭さんなんです。

――倉田さんは『Gメン'75』の1話からのレギュラーでもありました。

石井　『Gメン』に倉田さんが出ていた頃に募集があったんです。僕は五～六期生辺りかな。

倉田さん主演の『闘え！ドラゴン』とかを、小学生の頃にリアルタイムで見ていました。あと、『ウルトラマン』『ウルトラQ』とかにも、憧れがすごくあったんです。「地球防衛軍に入りたい」と。

その内ブルース・リーやジャッキー・チェンの映画をよく見るようになって、そういうアクションをやってみたいと思うようになったんです。

『Gメン'75』に関わるようになった頃は、若くて、身体を動かしたくてしょうがなかった。でも、お芝居を舐めていたんです。ちょっとしたセリフを任されても、喋れない。自分の出た『Gメン』のオンエアを見たら、声を吹き替えられていて、「こりゃいかん」と。それからお芝居も真面目に勉強するようになったんです。

危険なところは任せてくれ

石井　アクションクラブでは、スタントはあまりやらず、空手を教えられることが多かったので、『Gメン』で、高いところから飛び降りたりする吹き替えをやらされたのはいい経験になりました。

『Gメン』の香港編も印象深いですね。といっても、俺が香港に行くんじゃないんです。部分的にカットが足りない時に、手元のアップだけを撮ったりするのに、呼ばれるんです。ブルース・リャンの空手使いが、ヌンチャクを使うのを封印しているんですが、その封印を破るアップとかをやりました。

――あのアップ、石井さんだったんですか？

石井　あ、見ました？　銀のテープでふさがっていたヌンチャクを開いてね(笑)。あと、キックの時の足のアップ。蹴りが相手の貌のところを通って……。

――相手の顔もアップになるんですか？

石井　瞬間的なカットなので、蹴られたのが本人かどうかはごまかせる。それより足が欲しいんです。

股のところに、タバコの火をつけてもみ消すシーンの足をやらされたこともあります。タバコの火は本物ですよ。ズボンの中に防御用のものは敷きましたが、「大丈夫かな？」と心配になるくらいの厚さで……。そういう細かいのは、いっぱいやりました。

若林豪さんの吹き替えもやったんです。ぶら下がったり、山の斜面を降りたり。若林さんと同じような紺のコートを着なくちゃいけないのに、渡されたのは警官用の革の上に着るコートなんです。「大丈夫ですか？」と言ったら「わかんないわかんない」と。そう言ったの、原田さんじゃないかな(笑)。

バックショットのシルエットしか映らない警官で、実は犯人だったという役もやりました。犯人役の役者さんは別にいるんです。その役者さんの声に後で全部差し替える。撮影と完成映像は、こういう風に差し替わるんだなと、いい勉強になりました。

公認された暴走族!?

石井　俺はちょうどその頃、バイクに乗り始めて、近い現場はバイクで行ってたんです。原田さんもバイクが大好きだったんで、たまに「ちょっとバイク貸してくれよ」と言って、乗っていましたよ(笑)。

カワサキのバイクでチョッパーというのに乗っていました。今でこそアメリカンタイプのバイクは出回っていますが、その頃は出始めで、俺もひねくれてますから、そういう後ろに反り返って乗るのがカッコいいと思っていたんです。『Gメン』でよくやっていた暴走族シリーズで劇用車にも使われました。その時の監督は山口和彦さんです。監督はバイクが道いっぱいに走るのが好きで、「お前、知っている奴いたら呼んでこい」と言われて、暴走族の本物みたいなのが集まって、ものすごい音で走りました。

原田監督や、一緒にやっていた年の近いもの同士で、地方ロケなんかに行った時は呑みました。本当にわいわいやった記憶がありますね。

それからウルトラマンまで、十年以上会うこともなく、間が空くんです。でも、原田さんが円谷プロで監督をやって、ひょんな時に二家本さんから俺の話が出たらしいんです。監督も俺のことを憶えていてくれて、『ダイナ』の時に呼ばれたんです。

宙返りドロップキック!

石井　倉田アクションクラブに入った頃、自分には跳んだり跳ねたりの基礎がなかったんです。武道もやってなかったし。でも逆にだからこそ俺は、現場で教えてもらって成長できる幅があったんじゃないかと思うんです。その頃に一緒に入ったメンバーは百何十人居て、武道の心得がある人がいっぱい居ました。でもアクションはカメラから見える角度に合わせたり、嘘をやらなくちゃいけない。本当の事をやってきた人は、それが出来ないんです。

だから自分が教える時は、もし武道の心得があるなら、今は、それは忘れて、俺や二家本さんの言うことを一から聞いて覚えてくださいと言うんです。ただ、体操の跳んだり跳ねたりができると、怪我をしにくい。二家本さんも、それがすごく出来る。

二家本さんの名前は、『Gメン』をやっていた時に可愛がってもらっていた、今で言う殺陣師の役割をやっていた伊達(弘)さんから聞いていたんです。会ったのは、俺が三〇才で、ウエスタン村で仕事をしていた時です。気さくで面白い方だけど、仕事には厳しい。アクションの色んなことを、ミニトランポリンも教わって、完璧ではないですが、宙返りでレビューをやったり出来るようになりました。

二家本さんの教え方はユニークなんです。まず地面に寝っ転がれと。仰向けになった状態からドロップキックをやれ。逆立ちになって身体を伸ばせ。「そうやると、身体が回るだろ？　それを空中でやりゃあいいんだよ」と。「え？」とか言いながらやるんですけど、それなりにできちゃう。

何年経っても身体が憶えている

石井　原田監督とは『コスモス』の時が最後でした。亡くなられた事は、『ガイア』のメイクをやっていた方からメールが来て知りました。その前に俺も自分のカミさんをガンで亡くして、そういうことが続いたんです。監督も相当痛みに苦しんだんだろうけれど、口には出さなかったと聞いて、やっとそういうことから解放されたのかもしれないなあと。

結局、お芝居というのは「これが正解」というのはないわけです。監督がOKを出せば、それが正解なのかなとは思うんですが、それが本当に監督の意図するOKなのか、まあいいだろうのOKなのか、こいつがやってもこれまでなんだろうのOKなのか。まだまだ本当は、色々やって欲しかったし、一緒にやりたかった……。湿っぽくなっちゃいましたね。

原田監督は、昔一緒にやった仲間を使ってくれるんです。俺なんか『ウルトラQ ～dark fantasy～』に関係なかったのに、「暇だったら来いよ」と言ってくれたのも、二家本さんがいて、寺島進が出ていて、監督が原田さんだから。あの時点で監督と二年ぶりぐらいだったので、「またよろしくお願いします」と言ったら、その場でセリフをもらいました(笑)。

自分としては、「あと何年身体が動くかなあ」というのはあります(笑)。気持ちだけは「まだまだやるぞ」と思っている。体力の衰えはどうしようもないけど、二家本さんがまだやっていますからね。

『コスモス』の「復讐の空」で窓から飛び込んで、銃を構えた時、ヘッドセットが外れたんです。本番OKが出て、カットがかかった時、監督に「外れてたんですけど」と言ったら「あ、大丈夫大丈夫」と。意外と余裕で。テストも冷静に出来ました。そこから十年以上経った今、同じ事が出来るのかどうか。一応、それなりの維持はしているつもりですけどね。

そういう意味では、もしかしたら、今まで出た中で、まあ緊張もしたけど、一番楽しんでやれたのはあの時かもしれないです。

「雪の扉」　脚本・太田愛

▼ウルトラマンコスモス57話　二〇〇二年八月一〇日放映

ゲスト：天本英世（トマノ老人）、大山恭平（暁）、木村方則（若き日のトマノ）、伊織大昌・廣瀬真那絵・内海大輔（少年達）、古海裕子（トマノの妻）、高橋郁哉（トマノの息子）

❶ 暁の部屋／夏休みの夕暮れ前

暁(15)が一人、トランプよりも一回り大きい一枚のカードを手にして立っている。（※1）そのカードには、不思議な扉の絵が描かれている。
静かな眼差しでカードを見つめている暁。

暁のM「この扉の向こうの世界には、グラルファンが住んでいる……そう教えてくれたのは、トマノさんだった。（※2）トマノさんとの出会いは、夏の入り口で何となく立ち止まっていた僕の背中を、そっと確かな力で押してくれた」

暁は目を上げて窓外の夏空を見つめる。
夕暮れ前の空に、柔らかな光が満ちている。

暁M「あの日も僕は、いつものように川沿いのトレーニングコースを走っていた」（※3）

❷ 川沿いの道／夏の夕暮れ前（※4）

トレーニングウェアの暁が、かなりの速度で走っている（※5）。走りなれた整ったフォーム。すると
——

少年たちの声「おーい！　あきら！」

見ると、クラスメートの少年達が塾鞄を提げてやって来る。驚く暁。

暁「なにやってんだ？　みんなそろって」
少年1「塾の夏期講習の帰りぃ」
暁「（ビックリ）塾ぅ!?」

【解題コメント証言者】　原田昌樹　太田愛　髙橋創（特撮撮影）　寺井雄二（特撮美術）　松本能紀（整音）　小林地香子（選曲）　中野陽子（整音オペレーター）　岡秀樹（助監督）　近藤孔明（助監督）

原田監督の証言　太田愛さんとは年に一回しか組ませてもらえなくなっていたんですが、『コスモス』が一年を越えるシリーズになったので、もう一回だけ組ませもらえることになりました。

今度は「時の娘」のようなアクション要素も強い話じゃなくて、しっかりしたドラマをやりたいなと思って。

太田さんのホンで言うと、「少年宇宙人」は、わりと素直な作品だったけど、どうしてもだんだんひねりが入ってきちゃうようになった。でも「雪の扉」は非常に素直なホンだと思っているんです。

あと、「時の娘」からこの話、それから『ウルトラQ　～dark fantasy～』の「光る舟」まで、太田さんは生と死についてずっと書いているんです。

この話は、年老いて、あとわずかで命がなくなろうとしている人間が、自分の一番良い時期に戻れるチャンスを貰えるんだけど、実際それは戻らないという話です。想い出として残していくんだという話。

少年2「一応、中3だし、来年は受験があるから」
暁「……（考えてなかった暁、一瞬、虚を衝かれた感じ）」
少年1「んで、おまえ何やってんの？」
暁「え、何って、走ってんじゃん」
少年3「なんでー!?　だってさ、暁、こないだの地区大会で」

少年3、少年2から素早い肘鉄を食らって黙る。
一同、気まずい1・5秒。

暁「（カラッと）やぁめよーぜ、そーいう、意味ありげに黙んの。な、これは単なる習慣、つーか、体力づくり！　ほら、受験も最後は体力って言うじゃん」
少年1「言うかぁ？」
暁「（断定）言うんだよ」（※6）
少年2「でも、進路、早めに決めた方が得だよ。推薦受験とかあるしさ」
暁「あぁ……」
少年1「うちの親なんかマジうるさいの。『今からやっとかないと、大人になったら大変よ』とか言っちゃってさぁ、小遣い人質ぃ」
少年3「昔は牛乳飲んだら大人になれると思ってたんだけどなぁ」
少年1「おめぇだけだよ」
少年2「じゃ、暁、またね」

『じゃなー』と別れる暁と少年達。

❸ 石段の下

暁「大人になったら、かぁ……」

老人は老人として、自分の人生に悔いがなく生きたと、たった一枚のレコードを残しただけで亡くなっていく。その全盛期を思い出す、もう一回見る機会はあるんだけれど、それをそれとして、今は今の自分として生きていく……まぁ、最後は消えますが。

要するに、あれは所謂「死」ということを意味しますからね。そうやって彼は死んでいったんだということなので。

太田さんは〈生と死〉に関して書かせたら、やっぱりうまい。

僕自身いま重い病気になって、太田さんとは、もうウルトラをやることはないとしても、生と死の話を、もう一回ちゃんとやりたいですね。僕の身体さえ持てば……。

太田さんに、こういうテーマは最初からあったんだと思います。あの人はずっと〈生と死〉について考え続けているんだと思います。

アニメなどのオンエア向けのホンでは、それが表へ出てこないだけで。でも円谷作品の場合は比較的その辺りは自由に書かせてくれる要素があった。

本当は子ども番組だから、生と死の話はあんまりやらない方が良いと言う人もいるかもしれないけれど。

これも、ほとんど、最初のプロットでキレイに出来あがった話だったんです。だから僕とし

一人、石段に座った暁、何となくノリ切れない気分。

暁「あー、なんかめんどくせー」

と、石段にゴロンと寝転がって空を仰ぐ。(※7)

すると、どこからかバチバチとノイズの混じった【タイスの瞑想曲】のバイオリンの調べが聞こえてくる。(※8)

「?」と、辺りを見回す暁。

音楽は石段の上から聞こえてくる。

④ 石段の上の広場

に、来る暁。見ると、台車上でレトロな朝顔付きの蓄音機が鳴っている。

そして、2メートルほど離れた所に一人の麻の背広の老紳士(トマノ)が立ち、蓄音機に向かって両手で頭上に例の扉のカードを掲げている。(※9)

唖然とトマノを見つめる暁……。

と、トマノが視線を感じてふと暁を見る。

ニッコリ会釈するトマノ。

暁「あの……何やってんスか?」

トマノ「グラルファンに私の思い出の曲を聴いて貰ってるんです。ここは空気が澄んでいて綺麗な音に聴こえますから」

暁「グラルファン……?(と、辺りを見回す)」

トマノ「ああ、グラルファンは、この扉の向こうに住んでいるんですよ」

カードに描かれた扉を指して微笑んでいるトマノ。

ひきつった笑顔の暁。

暁(M)「だめだ……」

トマノ「何か……?」

暁「あ、いえ、あの……ごゆっくり」

と、暁、刺激せぬようそぉっと慎重な足取りで遠ざかろうとする。

その時、突如、ガコーン! と音をたててオンボロ

ては、いったい誰をキャスティングすればいいのかなというだけでしたね。

※1 暁が立つのは、窓際。外は陽光。

※2 ここから先は次のシーンに被る。

※3

原田監督の証言 この作品で困ったのは季節感でした。夏にオンエアなのに真冬に撮影しなきゃいけないという状況で、どちらをどうしようかと考えて「じゃ夏を合成で作っちゃえ」と。トップシーンと陸上競技場のシーン、川沿いの道の背景を全部合成にして、怪獣グラルファンがやって来て、冬になったところを実際の季節で撮るというやり方に変えたんです。

太田愛の証言 監督が、夏のイメージも印象に残るように、こだわってくださったのは嬉しかったですね。

岡秀樹の証言 川沿いのシーンでは、冬枯れの土手をCGできれいなグリーンに変えた。冬の空に入道雲も浮かべていた。ちゃんと夏になっていたので感心しました。やっぱりCG班に最初から根回ししておいて「ここは頑張ってくれ」と言っていたようですね(笑)。

※4 「樹に緑葉」「空に入道雲」「ひまわりナメ」「メラメラ(夏の蜃気楼)」などを演出メモに指定。ひまわりはシーン5にも指定あり。

※5

原田監督の証言 少年役は、本

蓄音機の朝顔が外れる。

暁「……(かたまる)」(※10)

× × ×

暁が生真面目な顔で朝顔を支え、トマノがおっとりと修理している。

トマノ「すみません。練習の邪魔をしてしまいましたね」

暁「はい?」

トマノ「君は短距離走者でしょう?」

暁「(嬉しい)あ、やっぱ、パッと見て解ります? 体型とか」

トマノ「毎朝、そこでスタートの練習してましたよね。私はあちらでラジオ体操をしているのです」

暁「ああ……(と、ガックリ)」

暁、何気なくスタート練習をしていた場所の方に目をやる。一瞬、その脳裏にフラッシュする——

× × ×

早朝、スタート練習をしていた自分の姿。

× × ×

目を伏せる暁。暁の心に擦り傷のような微かな痛みが走る。

トマノ「さて、これで暫く外れないはずです。どうもありがとうございました」

トマノは丁寧に頭を下げ、蓄音機のハンドルを回そうとする。暁は不意に吹っ切るように明るい声で、

暁「回してやるよ」

とハンドルを取って回し始める。

トマノ「でも君は練習の続きが」

暁「練習、もういんだ」

トマノ「?」

暁「地区大会、先月終わったんだ」

⑤ 小さな競技場のトラック/地区大会の日(暁の回想)

当は『ブースカ!ブースカ!!』でレギュラーのつっくんを演った子役の、上篠誠くんを使いたかったんです。でも彼はスケジュールの都合で出られなかった。実際に演じた大山恭平くんは、芝居よりも足の速さで選んだんです。ちゃんと走れる子をオーディションして。

※6 ここから先はカットして次シーンへ。

原田監督の証言 最後、尺に収める時に、二分ぐらい切ったんだけど、子ども達の会話も、少しつまんだんです。こういうところも本当はちゃんとやっとかなきゃいけなかったんですが、だいぶ後で切りました。

実はDVDでロングバージョンの幻が存在しているんです。当時助監督だった日暮(大幹)くんが、この作品をとても気に入ってくれて、カットする前のものをDVDに焼いてくれたんです。それには、ちゃんと少年達の話が入っていて、残っているんですけどね。

オンエアで、最後の二分を切る時に、やっぱりどうしても少年の部分を切っちゃった。

でも、アクションもないし、ウルトラマンの出番もあれ以上短くするわけにはいかなかったから。そこだけはちょっと惜しかったなあと思っているんです。

※7 この後、「夏の雲」と「レコード針が(盤に)乗る」カットが挿まれることを指定。また、本シーンは光りモノの反射で効果的に夏を表現。

※8 次シーンの途中まで曲がかかることを指定。シーン6~7、16~17にも同様の指定あり。

ざわめきの中、スタートラインの後ろに並んでいる6人の短距離ランナー達。その中に、暁がいる。

暁の声「俺ね、大会ン時、超、バリバリ調子良かったの。予選から自己ベスト出たしね！」

『位置に付いて！』の声で、スッとスタートラインに手をつく暁。

暁、低い姿勢から、眼前に伸びるトラックをじっと強い目で見る。

暁の声「スタートラインにつくと、いつも一直線のトラックが光って見える」(※11)

『用意！』の声。

暁、頭を下げ、引き絞った弓のように力をためる。

張りつめた一瞬。

ピストルの音と同時にダッと飛び出す暁。(※12)

暁の声「絶対勝って全国大会へ行けると思った」

歓声(※13)の中、暁、走る走る走る。(※14)

暁ともう一人のランナーがほぼ同時にゴールに飛び込んだ！(※15)

❻ 石段の上の広場／現在

大真剣に固唾を呑んだトマノの顔。

並んで座っている二人。

暁「一瞬、『どっちだ！』って思ったら……」(※16)

トマノ「うん（と、乗り出す）」

暁「俺、スコッと負けてたの」

トマノ「ああ……（と、ショック）」

暁「ってわけで、百分の二秒差で、俺の夏は終わっちまったのです」

トマノ「それは、実に残念なことでした。もう一息でしたのになぁ。うーん、惜しいです。うーん……」

と、我が事のように一途に残念がるトマノ。

そんなトマノの様子に思わず苦笑する暁。暁は何となくこの変テコで人懐こい老紳士が好きになる。

暁「そんな事よりさ、おじいさん、その扉の向こうのグラルファンとかってのに音楽聴かせんでしょ？」

と、元気よく立って蓄音機の方へ駆けていく。

トマノ「そうでした、そうでした。あ、私、トマノと言います」

暁「俺、暁。トマノさん、そこ立って。俺、これ回すから」

トマノは嬉しそうに元の場所に立って両手でカードを頭上に掲げる。

暁「ね、グラルファンて音楽が好きなの？」

トマノ「ええ。もしグラルファンがこの曲を気に入ってくれたら、この扉を通って姿を現してくれる筈なんです」

暁「へー！　じゃ、来たら俺も見れるかな」

トマノ「グラルファンはとても寒い世界から来るのです。だからグラルファンが近づいたら、この町も、冬になりますよ」

暁「その、グラルファンてどんな生き物なの？」

トマノによるグラルファンのイメージ。(※17)

トマノ「グラルファンは伝説の生き物でね、人の心の中の古い大切な思い出を、そのまま目の前に蘇らせてくれるのです。そしてその思い出の風景の中に入ると、グラルファンと一緒に行くことができます」

暁「行くって、どこへ？」

トマノ「扉の向こう。思い出の世界へ」

嬉しそうなトマノを見つめて微笑む暁。

暁のM「ただのおとぎばなしだと思っていた。……でもほんの三日後に――」

❼ 雪のちらつく街の通り／昼

に、愕然とした顔で立っている暁。

冬景色の街並みをコート姿の人々が足早に行き交う。

その中に茫然と立ちつくす暁。

本作の音楽については、以下の証言がある。

小林地香子　「モチーフは『タイスの瞑想曲』というのを、最初からもう太田さんが聴きながら書いていたんです。そもそもクラシックだから、コロンビアが既に持っているものを使ったんです」

中野陽子　「この時、原田さんがいつもの劇伴は一曲も使いたくないと言っていたのを、小林さんが『一曲でも入れておかないと』と言ったんですが、原田さんは『いらない』と。

　それで小林さんが色んな曲を当てているんだけど、原田さんはもう『ない』という前提でやっているから何をやっても『うーん』と(笑)。その一曲に関しては、原田さんが妥協した部分はありました」

小林　「憶えてないですねぇ(笑)」

中野　「あれで一瞬、ツーって、冷たい空気が流れたから(笑)、憶えてる」

※9

原田監督の証言　ホン打ちの時、MBSの丸谷嘉彦プロデューサーから、少年と出会う老紳士役は天本英世さんでどうかと名前が出ました。それでキャスティング担当から話してもらったら、即、ホンを読んでくださってOKで、出て頂きました。

　この作品のすべてはもう、天本さんでした。本当に良かった。実質的に天本さんの遺作ですからね、これは。

　天本さんは、僕が最初にテレビの助監督をやった『宇宙鉄人キョーダイン』の時にレギュラーで、その後の『ガンバロン』でもレギュラーだったし、最後はこれでしたからね。天本さんと、お仕事出来て良かったなぁと思いました。

　あまり何も言わない人だったんだけど、多摩センターでクランクアップした時に、天本さんが、こうおっしゃったんです。「東宝の俳優だった時代、円谷英二先生には非常にお世話になった。円谷先生が作られた会社にこうして呼んで頂けたことに本当に感謝しています。良い台本をありがとう」と言って、マントを翻して帰っていったんですが、感激しましたね。

※10　この後、時間経過を示す夏の空が映る。そして次の蓄音機を修理しながらの対話、及び早朝のスタート練習姿はカット。

※11　真っ直ぐ続いていくトラックが、うっすらと光って浮き彫りになる、さりげない合成シーンを用いている。

原田監督の証言　お話自体が、『彼は振り向かない』という終わり方になるわけだから、彼のその後の人生を表しているわけです。トマノという老人と会って、でも僕は僕の道を行くんだと、はっきりと意識を持たせている。太田さんのドラマがきっちり成立している

太田愛の証言　私は昔、陸上をやっていたんです。スタートする時、コースって特殊なゴムみたいに光って見えるものなんです。早い時刻に競技場に行くと、やっぱり光って見える。それは原田さんに言ったような気がします。

　ただ、それが彼の人生を象徴しているというところまでは、監督が読みとってくださったん

⑧ チームEYES・指令室

フブキ「(聞いてびっくり)この真夏にいきなり雪!?」
シノブ「ええ、如月町だけがいきなり冬になってしまったのよ」
ドイガキ「ちょっとうらやましいなぁ」(※18)
ヒウラ「今、ムサシとアヤノが調査に行ってる」
フブキ「(不安げに呟く)大丈夫か、あの二人で……」

⑨ 如月町の一角

アヤノ「(感動)すっごーい!! ほんとに雪だ!」
ムサシ「そんなにはしゃがないで。一応調査なんですから」

⑩ 街の通り

　を、行く暁が、ラウンダーショットで調査中のアヤノを認める。
暁「EYESだ」
　振り向くアヤノ、暁と目が合う。
アヤノ「?(『何か用かな?』)」(※19)
　アヤノ、ニコッと笑う。
　アヤノに駆け寄ろうとする暁。
　その時、遠くの通りを路地へと消えるトマノの姿!
暁「!」
アヤノ「君、なにか……」
　暁、一瞬、迷うが、トマノが消えた路地へ駆け出す。
アヤノ「あ……」

⑪ トマノの家(縁側のある小さな日本家屋)の玄関前(※20)

　戸を開けようとするトマノ。
暁の声「トマノさん!」
　トマノがおっとりと振り返ると、暁が息を切らせて立っている。
トマノ「やあ暁君。ほら、これを見て下さい」
　と、嬉しそうに例のカードを見せる。
　カードに描かれた扉が、三分の一ほど開いている。
暁「!(驚いてトマノを見る)」
トマノ「もうすぐ、グラルファンが来るんです」

⑫ トマノの家の縁側の陽だまり

　に、暁とトマノが座っている。
トマノ(※21)「心配ありません。グラルファンは、私を連れてすぐに扉の向こうの世界へ帰ります。グラルファンが帰れば、すぐに何もかも元通りです」
暁「ほんとに、絶対、町も人も、どうにもならないんだね」
トマノ「はい。ただ、グラルファンがこちらの世界にいるほんのちょっとの間だけ、こちらの世界の時間が止まります」
暁「時間が止まる?」
トマノ「現実の時間と、思い出の時間。二つの時間は一緒に流れる事ができませんから」
暁「じゃ、時間が止まってる間に……誰も知らないうちにトマノさんは、グラルファンと一緒に行っちまうの?」
　トマノはいたずらっぽく微笑む。
トマノ「大丈夫。暁君(※22)もグラルファンを見る事ができますよ。最初の『雪のような光』が見えたら目を閉じるんです。そう(したら)」
暁「そんなんじゃなくて!……トマノさんは、どうしてそんなに思い出の世界へ行きたいの……!」
　やや驚くトマノ。トマノは、初めて少し寂しそうに微笑むと、茶の間の一隅に目をやる。(※23)
　暁、トマノの視線を追う。

だと思います。嬉しいですね。いっぱい読み込んで、すごく細やかな演出をしてくださる

※12　この前後は詳細にコンテが割られている。
岡秀樹「陸上競技場の撮影は大変でした。原田さん本気でカットを割ったという感じでした」
近藤孔明「リアルに再現するために、審判員のあり方も調べたり」
岡「本気で、細かく割って、必要なカットはこれとこれとこれだというのが事前に全部出ていたはずです」

※13　**太田愛の証言**　暁の友達が応援席に居る描写は、監督が入れてくださった。『どうせ来てるんだから、連れていった方がいいだろう』と。そういうところはすごく細かい。
　現実的には男友達が一〇〇メートルは見に行かないとは思うんですけどね。もっと、さらっとした付き合いで「あいつこの間、負けたみたいよ」という感じの友達を考えていたんです。あっちはあっちでのんきで、きちんと塾とか行っている。「牛乳を飲めば大人になれると思っていたのにな」みたいな(笑)。

※14　歓声が響く中、心臓の鼓動が大きくなる効果が用いられている。画面も微妙にスピードを調節。

※15　**太田愛の証言**　暁役は、もう一人の、この同時にゴールに入る子(上野享)の方もすごくよくて、迷ったって、監督がおっしゃってた。「あいつも面白い奴なんだよ」って。

※16　このセリフはシーン5に前倒し。

※17　イメージとして「1　風にそよぐ金髪」「2　風にそよぐ羽根(広がる)」「3　青い目UP　粉雪が舞う」と演出メモに指定。

※18　シーン8はここまで。続くシーン9もカット。

原田監督の証言　「雪の扉」は、局のプロデューサーを含めたホン打ち合わせが、五分で終わったんです。MBSの丸谷プロデューサーは、太田さんのことを非常に良く理解している人でしたから。

「雪の扉」はレギュラーが全員揃っての出番がないんです。指令室のシーンも少ないし「これ、このままだと、通らないかもしれない。直しを入れさせられるかもしれないよ」と言って、その場合は最低限ここここに誰かを出す、レギュラーは顔出しだけはさせるという風に言おうとしていたんです。それもない状態で、ホン打ちに持っていったの。

　そしたらMBSの丸谷さんから「やるかどうかということを決めるのが局の仕事であって、やると決めた以上は、好きにやってくれ」と言われて、それでホン打ちが終わったんです。

　僕と太田さんはその時に、内心小躍りしていた。良いホンを書けばわかってくれる人達がいると思って。

※19　ラウンダーショットを暁に向けていた事に気付き、慌てて謝るアヤノの芝居が入る。

茶の間の片隅に古びたバイオリンケース。
傍らの文机の上に、小さな写真立てがある……。（※24）

⑬ 街の通り（※25）

を、暁が思いつめた顔で行く。角を曲がると、

アヤノ「見つけた！」
暁「いっ！（と、仰天）」
アヤノ「探してたんだ。ね、さっき何か用があったんじゃない？」
暁「（慌てまくり）な、ない、全然ない。えーと、あ、早くこの町から出た方がいいぜ。ここ冬だし風邪ひくから」
アヤノ「チッチッチッ。EYESのユニフォームは耐熱耐寒。冬だからってバッチリあったかいの。しかも伸縮自在（だから）」
うわの空の暁、不意に、
暁「な、『雪みたいな光』ってなんだ？」
アヤノ「『雪みたいな光』……？」
暁「知らないならいい。とにかく、今晩は町にいるなよ」
と言うや、駆け去っていく。
アヤノ「あ、ちょっと！……ったく、もう何なのよ」
ムサシ「どうしたの？」
と、ムサシが現れる。
アヤノ「何でもない。いこ」
と、スタスタと歩きだす。続くムサシ。
（※26）そのアヤノの姿を、暁が物陰から見送っている。
暁「……ごめん。俺、トマノさんを行かせてやるって決めたんだ……」

⑭ 夜の町・全景（※27）

※20 トマノの家は、玄関周りをロケ場所で撮影した以外は、ミニチュアで表現。
太田愛の証言 あれはね、本当にビックリした。『ミニチュアだ！ こんなこと出来るんだ！』と。私はああいうのを見ると異様に燃える質なんです（笑）。
寺井雄二の証言 トマノ老人の家は三茶亭スタジオで撮って、ミニチュアの方はもっと前の、『ティガ』の時（17話「赤と青の戦い」／神澤信一監督）におばあちゃんの住む家として作ったものなんですが、あのおばあちゃんの家が、もともと三茶亭を再現したミニチュアだったんです。そのミニチュアを出してきて、直しをかけて使ったんです。
※21 「心配ありません」はカット。他にもこのシーンのやり取りは多少刈り込みあり。
※22 「暁君」から「君」に。
※23 微笑の芝居はない。
※24 「タイスの瞑想曲」がかかり始める。
※25 「小雪舞う」と指定。
※26 以降カットで次シーンへ。
※27 スカイライン（太陽が沈む直前、夕方と夜の境目の時間帯）で、次第に夜の灯りがともり、空には星が出ることを指定。

⑮ 暁の部屋

暁、ベッド（※28）に腰掛けてトマノの事を考えている。
トマノの声「……もう四十年以上前の写真です」

⑯ トマノの家の茶の間／昼（暁の回想）

正座したトマノの手に小さな写真立てがある。
古い白黒写真には家の玄関に並んで微笑んでいる若いトマノと妻、そして小さな男の子。
トマノは胸にバイオリン握っている。
トマノ「若い頃の妻と私、そして息子です」
暁がトマノの傍らで写真を覗き込んでいる。
トマノ「この小さな男の子が、今では、君よりずっと大きな男の子の父親です。（※29）妻は五年前に亡くなりました」
懐かしそうに写真を見つめているトマノ。
トマノ「……この頃の事が、つい昨日のことのように思えます」
暁「トマノさん、バイオリン弾いてたんだ」
トマノ、少し照れくさそうに微笑んで暁を見る。
トマノ「私はバイオリニストだったんです」
暁「へー！ あ、もしかしてグラルファンに聞かせてた曲」
トマノ「ええ。あれは私の演奏なんです」
暁「すごいじゃん！」
トマノ「いえいえ、私の演奏が録音されたのはあれ一枚きりです」（※30）
苦笑すると、トマノは静かに写真に目をやる。
トマノ「……私は有名なバイオリニストにはなれませんでした。でも、ずっとバイオリンを弾き続けることができた。……家族も、妻は亡くなりましたが、東京で働いている息子は、お正月には一家で遊びにきてくれます。（※31）……私も、今はもう昔のようにバイオリンを弾けませんが、それも、こ

※28 ベッドをやめ、開いた窓際にトレーナー姿で腰かける形に変更と指定。
※29 このセリフはカット。
※30 ここで、バイオリンを弾く若きトマノのイメージ映像（シルエット）の挿入を指定。
※31 息子一家の訪問の話題はカット。

の年ではあたりまえのことです」(※32)

古い家族写真をじっと見つめている暁。

トマノ「……何がつらいというのではありません。それでも……」

⑰暁の部屋／現在

じっと考えている暁。

暁のM「それきりトマノさんは黙ってしまった……。僕は、あの写真の頃のトマノさんを知らない。でも、今のトマノさんには、誰にもどうにもできない、デッカイ穴みたいな寂しさがあるんだと思った……」(※33)

⑱EYES・指令室

ムサシが卓上に山積みの資料や古い本を調べている。

シノブ「よくこんなの探してきたわねぇ」

ムサシ「どっかにああいう異常気象の事、書いてたんだけどな」

フブキ「広げるのはいいが片付けとけよ」

アヤノは、昼間の暁の様子が気に掛かっている。

アヤノ「……ムサシ隊員、雪みたいな光って聞いた事ある?」

ムサシ「雪みたいな光……? あッ!」

と、思いつくや、卓上の資料や古い本(※34)を引っ掻き回す。

ヒウラ・ドイガキ「ゴホゴホ(と舞い上がる埃に咳き込む)」

慌しく古い本のページをめくるムサシ。

ムサシ「あった!」

⑲夜の町・全景(※35)

ゴォォォと低い地鳴りのような音が轟く。

※32 特撮美術の寺井雄二は、トマノ老人の経歴を、背景として考えて臨んだという。

岡秀樹「俺、監督からそれを見せられました。トマノが何歳でどんなことを体験したとか、唯一録音されたレコードは何年前のものだ……とか。『これ誰が考えたんですか?』と言ったら『寺井さんだよ』と聞いてびっくりして。人物の略歴は、必要なら作家か演出部が作るものなんですけどね」

寺井「内容はもう忘れたけどね(笑)」

岡「かなり詳細でリアリティがありました。トマノが若い頃は大陸にいたなんてことも書かれていましたね。大陸で音楽活動をやっていた。レコードになったのは一枚ですけど、レコーディングとは別に、演奏家としてのキャリアはあったんだよというようなことが書かれていたと思います」

寺井「僕はきっと天本さんが好きなんだね。太田愛さんの脚本も好きだし。作品は変わっちゃうけど、『リュウケンドー』の時も、隊員の女の子の井村空美ちゃんの部屋を同じ三茶亭でロケしたので、部屋を作るにあたって、彼女の経歴みたいなものに、俺の中の『雪の扉』の天本さんのイメージの人物を関連づけたりしました」

※33 ここで再び、バイオリンを弾く青年トマノのイメージが入る。

※34 『傳記怪獣大辞典』と表紙にある。

※35 このシーンはカット。

⑳同・通り

に、シェパードが急停車!

ムサシとアヤノが飛び出してくる。(※36)

アヤノ「まさか本当に……!?」

と、町の一角から、雪のような白い光の粒子が太い柱となって立ち昇る!

アヤノ・ムサシ「!」

㉑暁の部屋

暁「来た……!」

窓に張り付いていた暁、パッと両手で目を覆う。

(※37)白い光の粒子が一瞬、波のように室内を満たして消える。

そっと目を開ける暁、室内を見回す。

時計の秒針が止まっている。

駆け出す暁。

㉒雪のちらつく夜の通り

に、駆けてきた暁、目を見張って立ち止まる。

通りに点在するコート姿の数人の人。何気なく空を見上げた静かな表情で静止している。

コーヒーショップの窓際、頬杖をつき、カップを見つめたまま止まっている青年。

中空で静止した噴水の水。(※38)

茫然と辺りを見回す暁、ハッと息を呑んで見上げる。

いつのまにか、グラルファンが静かに立っている。

それは白く美しいまさに伝説の怪獣。(※39)

暁「……!」(※40)

その時、遠くからあの曲が聞こえてくる。

※36 ここまでカット。次のセリフとその後のト書きは順序が逆になった。

※37 「扉がゆっくり開き小雪が吹き出てくる」というイメージを指定。

※38 制止した人々の間を暁が駆け抜ける合成カットもあり。

太田愛の証言 時間が止まった描写は凝ってくださいました。なにしろ『噴水の水も止めて』と(笑)、ムチャクチャなことをお願いしたんです。監督は『やってみる』と。言ってくださいました。

※39

太田愛の証言 グラルファンは一角獣のイメージなんですけど、すごく綺麗に作って頂きました。「美しいのにしてくれ」と、ずっと監督が、怪獣のデザインの方に言ってました。

時を司る存在なので、真珠めいたイメージということで、途中から監督が「ジュディ・オングだから」と言いだしたんです。最初はなんのことだか、全然わからなくて。『魅せられて』みたいに、こう(両手を)広げて(笑)。

※40 「グラルファン……」と発語。

人々が静止した通りを矢のように駆けていく暁。

㉓トマノの家

駆けつける暁。
灯りの消えた玄関の前で、蓄音機が回っている。
生垣の向こう、路面電車がチンチンと通り過ぎる。（※41）
息を呑む暁、灯りの漏れている庭へと駆け込む。

㉔同・庭

暁「！」
茶の間から庭にむけて、トマノを迎えるようにセピア色の光の帯が伸びている。トマノが、その光の帯の脇に立ち、一心に縁側の向こうの茶の間を見つめている。そこには――

× × ×

卓袱台の夕飯を賑やかに囲む思い出のトマノと妻と幼い男の子。側にバイオリンケースと譜面台。
トマノ、畳上の譜面を見ながら、箸を手にバイオリンを弾く真似(運指の練習)をしている。（※42）
(以下の幸福な夕食の会話は聞こえない)（※43）

妻「お父さん、御飯の時は練習やめて下さいな」
トマノ「あ、すまん、すまん」
男の子「あちっ！」
妻「ほらほら、こぼして」
トマノ「いいか、コロッケはこうやって真ん中にドバッとソースをかけると早くさめるんだぞ」
妻「お父さん、かけすぎ」
男の子「僕にやらせて」

× × ×

遠い思い出の夕飯を見ているトマノと暁。（※44）

※41 **寺井雄二の証言** 本当は、電車の中に子ども時代のトマノ老人と、そのお父さんが乗っていて、中でわいわいしながら、時間が客車ごとに流れていくというのをやりたいねと話していたんです。でも三茶亭の作りは、部屋の向こう側が違う部屋になっていて、そのままっすぐ部屋の向こうに電車を走らせることは出来なかった。

※42 映像では、思い出のトマノは縁側に立ちバイオリンを弾いている。

※43 サイレントの以下の場面は少しコマ落し風に表現されている。

※44 トマノが手に持ったカードからインする。以降、会話のところどころに、かつての幸福な夕食の団欒が挿入。

暁「……トマノさん、あの思い出と一緒に行くんだね」
トマノ「……私は……行けません」
驚いてトマノを見る暁。トマノは、一歩踏み出せば入っていける光の帯の傍らで、痛みを堪えるようなまなざしで思い出の時間を見つめている。
暁「どうして！ あれ、写真の中の思い出の時間じゃない！ トマノさんがずっと思ってたもの、全部、あそこにあるんだよ！ なのになんで！」
トマノ「こんなふうに見て初めて解りました。……あれはみんな、あそこにいる私、あの時の私のものなんです」
暁「……(思いがけない)」
トマノ「あの時間を……もう一度、生きることはできない」
暁「トマノさん……」
トマノは、思いを断ち切るようにぐっと奥歯を噛んで目を伏せる。
トマノ「……一度きりです」
暁「一度きり……？」
トマノ「ええ。どんな一瞬も、いちどきりなんです」
暁「――(胸を衝かれる)」（※45）

× × ×

暁の脳裏に夏の大会がフラッシュする。
一直線に光って見えたトラック。
駆け抜けたゴール。

× × ×

苦さ、切なさ、懐かしさ、その全てを受け入れる暁。
暁「……そうだね。一度きりだから、忘れない」

× × ×

『どっちだ!?』と振り返って辺りを見回す暁。
その視線が、駆け寄った顧問と喜び合う一人のランナーを捕らえる。瞬間、負けた事を悟る暁。
ただ、見つめている暁の顔……。（※46）

× × ×

暁「一度きりだから……空っぽになるくらい、なん

※45 **原田監督の証言** 撮っていて時々、自分でわかる時があるんですよ。『今、良いもの撮っているなぁ』と。それを久々に感じました。自分の昔の時代、家族でご飯を食べている姿を見て、光の輪を越えて行けば、そこに戻れるのに、越えないまま、あの少年に向かって喋っている天本さんのアップを撮っている時と、天本さんの『あれは昔の私です、あの時の私です、それを大事にしなきゃいけない』というセリフのアップを撮っている時に、泣きそうになりました。『これはいま俺は、ウルトラマンに来て、一番良いカットを撮っているな』と思った記憶がありますね。現場も、何の問題もなく終えられましたが、終わりたくなかったですね。

※46 大会のフラッシュはシーン5同様、細かいカット割りが演出メモに記されているが、タイム表示のカットを入れて、トマノのセリフの「どんな一瞬も、いちどきり」とリンクさせている。

かに本気になったりする……」
トマノ、目を上げて暁を見つめる。
暁は心を決め、真っ直ぐにトマノを見る。

暁「トマノさん。グラルファンを帰そう……」
静かに頷くトマノ。

暁「ここにいて」(※47)
と言うや、トマノの手から素早くカードを取って庭を駆け出していく。

㉕ トマノの家の前の通り

飛び出してきた暁がアヤノとぶつかる。

暁「(仰天)な、なんで!?」

アヤノ「EYESを甘く見てもらっちゃ困るわね」
と、大得意の顔で分厚い本を突き出す。表紙に『伝説怪獣大辞典12』と、ある。(※48)

暁「そうだ! ちょっと手伝って」(※49)

アヤノ「え!?」

暁「いいから来て!(と、アヤノを引っ張っていく)」

㉖ トマノの家の庭

一人立つトマノの前にムサシが現れる。

ムサシ「……いいんですか? あの怪獣を帰せば、扉を開けたあなたは……」

トマノ「ええ。……解っています」
トマノの心を察したムサシ、目礼して踵を返す。

㉗ 石段の上の広場と全景(※50)

アヤノが蓄音機を回し、暁がグラルファンに向かってカードを構えている。

暁「おーい! こっちだ! グラルファン!」

※47 このセリフはカット。

※48 年代物の古書は美術部の力作。

※49 以降、そしてシーン26はカット。

※50 『ティガ』「青い夜の記憶」以来のロケ地・多摩パルテノン広場(四角い枠のオブジェがある)で撮影。シーン3・4・6も同様。

※51 その前に、橋の上で変身する後ろ姿のムサシを挿入。コスモスも後ろ姿で登場する。
高橋創の証言「雪の扉」で俺、

振り返らないグラルファンに焦る暁。

暁「こっちだってば!」
と、光の柱と共にコスモス(L)が現れる。(※51)

アヤノ「コスモス……!」(※52)
グラルファンは美しい水色の目でコスモスを見る。
コスモス、グラルファンを見つめると、静かに両腕を広げて、虚空の一点に向かって光の道をつくる。
と、暁のカードからその一点に向けて光の柱が垂直に立ち昇り、そこに巨大な扉が出現する。

暁「うわっ!」
コスモスを見ていたグラルファン、微かに首を傾けてトマノを見る。
通りから見上げているトマノ、静かに頷く。
すると、グラルファンは、白い翼を大きく広げたかと思うと、光の粒子を散らしながらカードの扉の中へ消えていく……。(※53)

㉘ 夜の町

中空に静止していた噴水の水が流れ始める。
通りで空を見上げて静止していた人が空耳を聞いた後の様に軽く肩をすくめると、家路を辿り始める。

㉙ 石段の上の広場

暁・アヤノ「ふぅー(と、ほっと息をつく)」
そこへムサシが現れる。
見ると、向こうにトマノが立っている。(※54)
アヤノ、黙ってムサシを見る。

ムサシ「(アヤノに)……あの人は知っている」
アヤノの目が一瞬翳る。だが暁には優しく——

アヤノ「行きなさい」

暁「(アヤノに)ありがとう!」

大岡新一さんにめちゃくちゃ怒られました。ムサシがコスモスになって巨大化した時に、後ろ向きで出てくる。現場でも揉めたんですよ。要するにバーンと巨大化して現れる時になんで主役の後ろ姿をお客に見せるんだ?って。
監督のプランだけど撮ったのは僕ですから。僕はキャメラマンとして大岡さんとは師弟関係なので、弟子としては『どういうつもりであのフレームを切ったのか説明せよ』みたいに、怒られました。

一方、この場面の効果音については音響スタッフの以下の証言がある。
松本能紀「変身の時の『キラーン』という音だけで、後はやめちゃったもんね」
中野「あれは最初、いつものが付いていたんです。でも監督が打ち合わせの時から『いらない』と言って。だけど小林さんが付けてきたんだよ。そこでまた、一瞬固まったから憶えている(笑)」
小林「憶えているような、いないような。でも『雪の扉』に関しては原田さん、いつもと違う思い入れがあったのはたしか」
松本「だから今までの既成のやつは最低限にしようという姿勢でしたね」

※52 「コスモス」というセリフはカット。

※53 この後、扉に光が吸い込まれていき、やがて閉まるという描写を指定。

※54 この一行の該当部分はカットすることを指定。

と言うと、駆け出していく暁。
アヤノ、少し切ない目で暁の後姿を見送る。（※55）

×　×　×

（※56）
元気よく駆けてきた暁。

暁「これ」
とトマノに扉のカードを渡そうとする。
トマノ「そのカードは、君が持っていて下さい」
（※57）**暁**「？（と、不思議そうにトマノを見る）」
トマノは穏やかに微笑む。
トマノ「お別れです」
暁「お別れって……」
トマノ「扉を開けた者は、この世界の時間から消えなければなりません」
暁、言葉を失う。信じたくない。
暁「……大丈夫だよ。これ、このカードできっと何とかできるよ、グラルファンもちゃんと帰ったし、町も元に戻ったし」
トマノ「暁くん」
暁「聞いてない！　消えちゃうなんて俺、聞いてないからな！」
トマノは澄んだ優しい目で暁を見つめている。
暁「……」
トマノ「……覚えていて下さい。私が幸福だったということを」
暁「――」
トマノ「……誰に知られることもない平凡な一生だったけれど、精一杯、生きた。……心から寂しいと思えるほど、大切なものを持つことが出来たんです」
暁「……（トマノを送らねばならないと心を決める）」
万感の思いを込めて別れに右手を差し出す暁。（※58）
その手を静かに握るトマノ。
暁「……忘れない」

※55　シーン29のここまでのムサシ、アヤノ絡みのセリフはカット。
※56　ここでシーンを割り「29A　橋のところ」とハシラ。
※57　このセリフから、暁の「聞いてないからな！」までカット。
※58　ここで、暁の手に持ったカードの扉の絵も閉まっている事が視聴者に伝わる。

トマノ「ありがとう」
次の瞬間、トマノは美しい光の粒子となって消える。（※59）
カードを手に一人立つ暁……。（※60）

㉚ 暁の部屋（冒頭の時間）／夏休みの夕暮れ前（※61）

暁が静かなまなざしで扉のカードを見ている。
小箱（※62）にカードをしまい、そっと蓋をしめる暁。
暁のM「僕は思い出を作るために生きるわけじゃない。でも――」

㉛ 暁の家の玄関

キュッとランニングシューズの紐を結ぶ暁。
暁のM「いつか、僕がこの世界から去っていく時、精一杯生きた、そう思いたい」（※63）

㉜ 川沿いの道

走る暁。まっすぐに前を見つめる瞳。
暁のM「僕は走る。ゴールが見えなくても。一番じゃなくても。……僕は――」
走る暁、ストップモーションになって――（※64）
暁のM「僕は、大人になる」（※65）

《終わり》（※66）

※59　シーン22のト書きで記されて以来、流れていたレコードの曲がここで終わることが指定。
※60　蓄音機の針が外れたままノイズを拾うカットが入る。
※61　ここからエンディングが始まる。
※62　「引出し」に変更。カードの下には「十五少年漂流記」の本がある。
※63　「正面の顔」を捉えることが指定。以後、各場面のピックアップがスチル構成と静止画を混ぜて展開される。
※64　丘の上を走る暁のロング画面に変更。
※65　走る暁を捉えた後、ひまわりの花で終わることが指定。
※66　エンディング主題歌「心の絆」に乗せて各場面が描かれるが、歌詞中にある「夢」の部分に「赤いバイオリン」の画が来るようにすることが、演出メモにある。

特技監督
監　　督　原田　昌樹

57-(27)-18

トマノ

(H)

57-(27)-19

トマノ入れ込み
グラルファン

(H)(T)(G) ヒカリ合わせ
FG(H)
BG(T)SET

※ライン ぼかし

57-(27)-20

トマノ
うなづく

(H)

57-(27)-21

グラルファン
白い翼を
大きく広げる

(俯瞰)

cut
増えるかも

(T)
SET

57-(27)-22

翼がはばたく

(正面)

(T)
SET

シーン27イメージボード(奥山潔)。トマノが頷き、グラルファンが消える前まで

作品解説

「復讐の空」58話 ▼（製作No.／初回未放映）

※DVD、ビデオでは「スペシャルセレクション2」に収録

脚本：右田昌万　**撮影（本編）：**倉持武弘　**撮影（特撮）：**髙橋創　**ゲスト：**川本淳市（青い服の男）、石橋奈美（赤い服の女）

▼ストーリー

以前現れたギリバネスと同族である二体の宇宙生命体。彼らは大気も重力も違う地球上では、短い時間しか本来の姿を保つことが出来ず、人間の姿となって地球に降り立つ。

母星の仲間からも追放された「孤独な逃亡者」となっていた二人は、地球を征服して安住の地を得ようとしていた。

▼〈空中戦の監督〉の面目躍如

テックサンダー1号と4号が奥から並んで飛んでくるフルCGから今回は始まる。操縦桿を握るムサシとフブキ。並行して飛ぶ二機の下にフレームインするCHARGERS戦闘機。下の海をバックに、真俯瞰で通過する様がコンテから提示、合成場面が作られたが使われているのは一瞬。すぐカットが変わり、笑顔で上にウインクするコクピットのシノブが映る。

「リーダー、嬉しそうですね」「防衛軍時代が懐かしいんだろう。マニュアル操縦の方が、自分が飛ばしてるっていう実感が湧くからな」というムサシとフブキの無線のやり取りが準備稿にあった。原田監督は準備稿に斜線を引き「マニュアル操縦の」以下のセリフをカットしたものの、このやり取りはコンテにはあった。尺とリズムの塩梅でカットされたのかもしれない。

テック二機がターンして白雲の中に入っていく場面のコンテではCGスタッフに対し「おまかせ」と書いてある。冒頭の並んで飛んでくる場面にも同様に記している

だが、二機が雲に入っていくくだりそのものが、監督によって準備稿に鉛筆で書き入れられたものだ。

次はシノブ搭乗機が正面に来て、そのまま手前に引っ張った構図でコクピットのシノブがアップになる「ソトビキ」合成。

「リーダーは心の強い人だ。これが危険な囮飛行だというのに。普通はあんなに気持ち良さそうには飛べない」とムサシのモノローグが脚本にあるが、原田監督は「普通は」以下に斜線を引いている。場面は辺りを見回すシノブの表情に切り換わる。

そして、シノブが防衛軍の機体に乗ることになった経緯が描かれ始める。この五日間に三機、飛行中のチャージャーズ戦闘機が翼の怪獣に襲われ、EYESに対策の依頼が入ったのだ。

準備稿では「わたしが囮になります」とシノブが立候補しているが、決定稿以降では「シノブ、また乗ってくれ」というヒウラの言葉に「はい」と即答する形に変更されている。また準備稿では怪獣がチャージャーズ戦闘機を襲う場面がインサートされているが、原田監督は斜線を引いて削除している。

場面が現在に戻ると既に警報が鳴っており、見上げるコックピットのシノブ。彼女の目線で、太陽の光の中から何かがやってくる。身体ごと操縦桿を傾けて交わす。機がターンして画面奥へ行き、そこを怪獣が通過して下降する。

回想明けで一気に怪獣と遭遇させ、事件の渦中に視聴者を引きずり込む緩急は見事である。また、シノブ機が避けるタイミングのカット割りも手に汗握らせるものがある。後の『リュウケンドー』時代に原田監督は〈空中戦が得意〉と言われる存在になる。かつて特撮監督としてコンビを組んだ北浦嗣巳の空中戦スキルを、自分のものとして消化せしめていることも窺える。

旋回追尾する敵の姿が空気との摩擦熱に揺れるのも細かい。

待機していた雲から現れるテック1号と4号。「ギリバネス？違う個体だ」とフブキ。準備稿では「ギリバネスⅡ」となっていたが、決定稿以降「ギラッガス」と呼称。フォルムは一緒だが、体色はかつてのブラウンからシルバー主体となり、胸に亀裂が施された。翼の両側の赤い眼から次々と発する破壊光線を、左右に動いて避けるシノブ機。光線の色は赤と青の混ざったものがコンテから指定されているが、これには意味があることが後にわかる。

上を通過する光線がコックピットの窓の外に映り込み、操縦桿を握り、下降するシノブ。日光がシノブの顔の前のヘッドアップディスプレイに反射する。

怪獣の捕獲を口にするムサシだが、そんな場合じゃないとフブキは攻撃を加える。レーザー光線が翼に被弾、首を上げて悲鳴を上げる怪獣。スーツと飛行人形が用いられているが、首を動かすリアクションの時には身体全体が吊られ、重量感がある。

ムサシの制止も聞かずレーザー光線を連射するフブキ機。墜落していくギラッガスを追うように降下し、林に着陸する。

▼フブキの逡巡

舞台は地上となり、林の中を逃げる青い服の男と赤い服の女。女はかつてギリバネスの翼「バネス」部分が地球で行動していた時にモデルとした女性ミサキ・アイと同じ顔形で扮装も同じ。

正面から駆けてくるフブキと鉢合わせると、青い服の男の肩の後ろに隠れる赤い服の女。フブキはラウンダーショットを構える。脚本には「フブキ、ミサキ・アイと同じ顔の女を見て、すぐギリバネス族と分かりラウンダーショットを抜く」とある。

原田監督は女に笑みを浮かべさせることで、まるで彼女が小悪魔的に二人の男を翻弄しているかのように一瞬思わせる。

銃を構え直すフブキに振り返る二人だが、女は男を守るように前に立ちはだかる。「どけ！」と言いながらも撃てないフブキの一瞬の隙を突いて銃を払おうとする女。格闘となり、女は蹴りを繰り出す。脚本はフブキの手を抑えるだけだったが、美脚による蹴りの見せ場を作っている。

フブキを羽交い絞めにして「逃げて！」と男に叫ぶが、フブキはそのままの体勢から女を後ろ手に捕えた。だがフブキがアイを抑えつけているところへやってきたムサシは「ちょっと何してるんですか」と、女の方を庇ってフブキから引き離す。その隙に逃げる男。ムサシの肩越しにフブキを見る女。銃を収めて、やりきれない顔になるフブキ。

その後、指令室では共生生物ギリバネスの特性と、ミサキ・アイ隊員に化けた過去（47話「空の魔女」）の経緯を、背後のフブキを意識しながらドイガキが説明。フブキは持っていた手袋を叩きつける。女がミサキ・アイの格好をしているのは、地球人になりすます時の顔にすぎないのではと言うアヤノに「ンなことはわかってんだよ、バカたれが」とフブキ。この時のフブキの心理は、演出メモに「あのお子ちゃま、もう！」とある。ムサシに制止さ

れた時の苛立ちが持続しているのだろうか。

▼カワヤとシノブ、二人だけの空間

赤い服の女は収容された医療基地のベッドに生足を放りだして座り、布団の羽毛をちぎって息を吹きかけ飛ばして遊んでいる。翼部分の生命体である彼女のあり方と、鳥の羽毛を重ね合わせたのだろうか。

精密検査を拒否している女宇宙人に強く言えないカワヤだがシノブは「女だと甘いんだから」と厳しい。「女の子は大切にしなきゃ」といつもの調子のカワヤだが、準備稿では、あくまでX線を撮るべきだと主張するシノブに、カワヤが「エイリアンにだって人権はあるだろう」と真面目に反論する場面だった。この二人ならではの弾むやり取りに変えているのだ。

地球に来た目的は死んだ仲間の復讐かという問いに「そう」と素気なく言う女。あの宇宙人は自分で命を絶ったのだと言うシノブだが、女は「そこまで追いつめたんじゃないの」と反論。

もう一人の仲間に指示されてきたのかと問うムサシに、女は笑い「あなたは共生してる仲間に『指示』されてるの？」と問い返す。息を呑むムサシにショック音。女のセリフは、ムサシとウルトラマンコスモスとの「共生」を示唆している。

それを知る由もないカワヤは、ムサシとシノブの間に割って入り、シノブと共生関係にあるのはムサシではなく、恋人の僕だと主張するが「捜査の邪魔」とシノブに制されてしまう。

原田監督はギラッガス達の「共生関係」を「ヤクザ映画的」と称しているが、ヤクザが親分のために身体を張ることに、親分からの明確な「命令」が存在しないことは少なくない。

「仲間はどこに居るんだ」と問うムサシに「どっか近くにいるんじゃない」といい加減に答える女。「あの人、きっと私をここから連れ出すよ」と不敵に笑う。やはりヤクザの情婦的だ。

シノブは女をもっと厳重な病棟に移せと迫るが、カワヤは反論。脚本では「被害が出てからじゃ遅いのよ！」とシノブが詰め寄るが、映像では「二人の絆は強いわよ」と変更。〈共生〉という作品のモチーフに合わせたアレンジだろう。シノブの「何かあったらあなたの責任よ」とのセリフも「だから女の子に嫌われてるのよ」とやや軽い調子のものに変わっている。

二人を横目で見る基地警備員がずっと同じ画面に映り、せわしなく首を動かし、骨を鳴らしている。この警備員を演じているのは二家本辰己。実は本作で大きな役割を果たしている。

その夜、二家本警備員はいきなりパンチを見舞われ倒れた。そこにフレーム・インする青い服の男。

倒れた警備員の上をまたいで悠然と去っていく二人。

時間経過後、羽が舞う主のない病室で、やけになって羽毛を散らしているのは、すっかり落胆しているカワヤだ。

シノブはそれ見たことかという顔で「いつも自分の理想ばかり言って、そっちが協力してくれないと、侵略者をのさばらせるだけよ！」と準備稿ではキツく言い放っていたが、決定稿以降では「侵略者をのさばらせるだけよ！」の部分は「彼らはなにをするかわからないのよ」と多少柔らかい表現になり、さらに放映作品では、自分もベッドに腰掛け、カワヤと同じ目線になってため息をつくシノブを原田監督は演出している。

そもそも準備稿でこの場面には鑑識課員が入って調査しており、二人だけのシーンではなかった。原田監督にとって今回は最後の担当回で、シノブとカワヤの関係の決着をつけたい。そのためには物語の進行はシナリオと同じでも、ここで〈二人だけの空間〉を画面に出しておくことは、心理的な布石になる。

▼ここぞというアクション

ムサシの運転するシェパードに乗っていたシノブは、歩道橋の上に赤い服の女が居るのに気付く。車を降り、歩道橋を駆けあがるシノブ。女は笑って去っていく。シノブは歩道橋の上からムサシに「シェパードをあっちに回して！」と指示。

準備稿で女が現れるのは歩道橋ではなく「横の歩道」。原田監督はちょっとした変更で構図を立体的にしようとしている。

場面は林の中に移る。羽が落ち、その先を歩いていく赤い服の女のブーツ。彼女を追って廃墟に入るシノブは壁越しにラウンダーショットを構える。廃墟の中には日光が漏れて入ってきており、天井からビニールがスダレのように垂れ下がっている。

笑う女に銃を構え直し近づくシノブだが、横合いから青い服の男の足が手を蹴りあげると、床に銃が転がる。

すかさず格闘の構えを取るシノブ。自分からまず正拳を突くが、横からその手を払う男。お互いに繰り出すキックとパンチ。だが「そこまでよ」とこめかみにラウンダーショットを突きつけられるシノブ。準備稿段階にこうしたアクションは書かれておらず、廃墟に入ってきたシノブのこめかみにいきなり銃が突きつけられることになっていた。

これらは警備員役・二家本辰己による擬闘指導による。今回、原田監督は長年映画の現場で仕事を共にし『ティガ』『ダイナ』では特撮の殺陣を担当した二家本氏をこの一本だけ呼び戻し、Vシネマ並のキレのいいアクションを生み出している。

ムサシの車がやって来るカットを挟んで、廃屋では既に縛られ、座らされているシノブが映し出される。その額には汗が。薄暗い廃屋の中、外からの光が反射して眩しく、それがシノブの姿を半分だけ照らしている。照明効果が生きているカットだ。

「これがお前らの武器か」とラウンダーショットをシノブに向けながらわざと外して撃つ男。背後のガラクタが破壊される。

だがシノブは後ろ手で密かに通信器を動かしていた。シェパードに反応があり、一度降りたムサシが戻って来て機械を操作すると、廃屋の中での男の声が聞こえてくる。

「この星は仲間が命を失ってまで見つけた星だ」

かつて47話において異星人達が寄越した千から二千の宇宙船団は、ギリバネスの敗北によって引き返していった。

「とんだ腰ぬけ連中さ！　仲間の死を無駄にしやがって」

二人は撤退を反対したことで群れを追放されたのだ。

「あなたはこれでいいの？」。シノブは女に目をやり、言う。銃を突きつけながらも「あたし、あの人と共生してるんだよ。だから一緒に生きるしかないじゃない」と動揺する女。

他に方法はないのかというシノブの問いに一瞬銃を降ろして「一緒に戻れればいいんだけど」と視線を落とす女。シノブと女の、同性同士の対話となっているのが原田監督の狙いだ。

準備稿ではこのやり取りは、青い服の男も交えたものだった。「あなた一人の勝手な行動で、あなたと共生している、もっと大切な仲間を危険にさらしている事は、分ってるの」と男を責めるシノブに「こいつは、群れじゃなく、俺を選んだんだ」と言う男。「ほんとにそれでいいの！」と問うシノブに、女が「だって共生してるんだもん」と答えるという流れだった。

廃墟とミニチュアのつながり

ムサシが銃を持ってやってきて、女がふと視線を外した隙に、女の構える銃を蹴って当て身をくらわし、立ち上がるシノブ。

健気にも手を後ろに縛られたまま、男を蹴る。そのシノブの腹を容赦なく殴る男。壁に叩きつけられ、シノブは気絶する。テレビの子ども番組としてはギリギリの暴力描写だろう。

「動くな！」とラウンダーショットを構えるムサシに「お前か、ウルトラマンと共生している人間は」と問う男。

ムサシは銃をしまって言う。「あなたは、仲間を捨てた群れを憎んでいるのであって、地球人を憎んでるわけじゃない」

ここはロングショットで、画面左下にムサシが映り、後の三分の四を廃墟の雑然とした光景が占める。アクションに意識が入り込んでいた視聴者も、同時にここで我に返るというわけだ。

「争う力があるのなら、分かり合える力だってきっとあります！」。だが男が視線をふと逸らすと、外から迫るキャタピラの響き。窓から外を見る視線で、石壁の道から戦車がやってきているのがミニチュアで表現される。その手前で倒れる自転車。

このカットは「ブラインド越し」とシナリオに書かれているが、原田監督は、ビニールがスダレのように垂れ下がっている廃墟の内装をこれまでの場面で見せておいて、このカットでは同じビニールのスダレ越しに戦車を描いている。本編と特撮をスダレでつないでいるのだ。特撮ではスダレのブラインドだけグリーンバックで別撮りされているが「戦車群にフォーカスが合うと手前のブラインドのフォーカスがボケるようにして下さい」と原田監督は合成カット表に指示を書き込んでいる。

すべてが同時に起こっている

「時間稼ぎか。汚いな」。戦車の出現を知り、冷めた顔でそう呟く男に「僕は知らない！」と動揺するムサシ。準備稿ではムサシの「包囲を解くよう、かけあってみる！」というセリフもあったが、このやり取りを待たずにガラス窓を破り、スダレの向こうから飛び込んで来る防衛軍特務機関の石井。続いて特務メンバーが窓や扉を突き破り突入。たちまち格闘とマシンガンの乱射が始まる。

「やめろ、やめろお！」と叫ぶムサシの後ろからワンカットで特務メンバーと共にフブキ、カワヤが一遍に突入してくる。

準備稿で廃墟にカワヤがやってくるのはもっと後で、フブキは外でヒウラと共に待ち受けていることになっていた。それを原田監督は、すべてが同時に起きていることに変更。

女を羽交い絞めにする石井。「話し合いもしないで、乱暴すぎるぞ！」と言うムサシだが「仕事なんでね」とクールな石井。

間髪入れず男に向けて撃とうとした石井を女が邪魔して、銃弾の中を逃げる男が外に出ると、目の前に戦車隊が……。

戦車の砲身が向けられた時、男は雄叫びを上げると、青い光が身体にまとわりつき、右手を上に差し出し「変身」する。

巨大化場面はギラッガスをエレベーターに乗せオープンで撮影。脚本ではギラッガスになってから巨大化する描写だった。

また脚本には「そこかしこに戦車がいて、キャタピラを唸らせている」とあるが、原田監督は例によって、稼働するのは二台しかない戦車のミニチュアで効果的に描写を積み重ねている。

多数の戦車がロングで怪獣を囲む場面では動かない戦車をカポックで作成。その砲塔に砲火を合成して、稼働するミニチュア以外も動いているかのように思わせている。ロング場面はコンテから「戦車入れ込み」と書かれ、パノラミックな構図を作っている。準備稿では、48話の総力戦で生き残った戦車隊班長牛島も登場、「撃てぇーーっ！」と絶叫していた。

男女の愛と〈戦車愛〉

シノブを抱き起こすカワヤは彼女の顔をはたく。目覚めたシノブはビンタを思いきりやり返す。衝撃でメガネがズレたまま「気がついた！」と喜ぶカワヤ。「あなた……」と呟くシノブ。

準備稿では目覚めたシノブがさっさとカワヤの腕から離れ、気遣うカワヤに「前線でうろちょろしないで」と言い放つ場面となっていた。原田監督はもうちょっと二人の距離が近づくようニュアンスを変え、次の場面に移るまでの余韻を残している。

「あいつは孤独な逃亡者なんです。群れとは、関係ありません」と指令室のヒウラに報告するムサシだが、そうしている間にもギラッガスは舞うような仕草で手から光線を繰り出し、戦車隊に反撃していた。

準備稿でギラッガスは建物を破壊し、人々の逃げる描写があった。決定稿では建物の周りで爆発が起きるよう変更。更に放映作品では建物の存在自体なくなり、戦車隊への反撃場面に置き換えられた。そこでも戦車がやられる描写はない。合成カット表に「戦車部隊の周りに光線当たって弾着」とあるように、破壊行為は象徴的なものに抑えられている。直接的な破壊行為にすると、怪獣への攻撃を抑制するムサシの判断に視聴者が共感できなくなってしまうという、バランスを考えてのことか。

地上の女に向かって巨大な手を差し伸べるギラッガス。その煽りショットは屋内セットではなくオープンで撮影され、肩口に自然光が当たっているのが効果的だ。そこを戦車隊が砲撃。

ここでムサシはコスモスへと変身。コンテに「光立ち上りバージョン」と書かれたいつもの飛翔イメージと共に出現する。

大地にコスモスのルナモードが降り立った。コンテに「ブランコ着地」と書かれている。ブランコに乗ってジャンプし、降り立つ瞬間をキャメラに収めているのだ。

コスモスが立ちはだかると、戦車は一斉に砲撃をやめる。

シナリオにはコスモスがバリアを張って戦車の砲弾からギラッガスを守る描写があり、コンテ段階では、バリアではなく自分の身体で弾着をはじくという描写になっていた。こうした内部対立的な描写を実際の演出では緩和しているのだ。

だが砲撃がやむと、ギラッガスがコスモスの背後から襲いかかる。「コスモスを援護しろ！」という指令室のヒウラからの命令でテックサンダー3号のドイガキが攻撃を加える。

ギラッガスの背中に光弾が炸裂。反撃に放つ光線を回転して避ける3号。回転はフルCGで表現、コンテにその軌道が指示。合成カット表には、参考用にスタッフがミニチュアを持って回転させている映像が挟み込まれていた。

その頃、赤い服の女は石井に担ぎ上げられ「離して」と足をバタバタさせていた。女のレザーパンツから伸びた長い脚が眩しい。脚本では「連行されている」としか書かれていない。

そこへやって来るシノブ。「あなたの彼はこのままでは死んでしまうわ」。女と共生関係にある男のことを「あなたの彼」と明確に呼ばせ、アダルトな空気を出している。

この会話の間も、特務機関の隊員達は頭上のギラッガスに銃を向けたまま。ギラッガスの元へ行こうと気がはやる女の肩を石井が抑える。そしてテックサンダー3号と戦車から挟み撃ちにされるギラッガスのくだりは合成カットの追加コンテが作られ、監督の「戦車を入れ込む事にしました」との一言が。

▼これが大人の味

砲撃されるギラッガスに炎がダブり、焚火を囲んだ廃屋の一角に場面が移る。青い服の男と赤い服の女による、かつての会話が回想される。身を寄せ合うように火を囲む二人。

「帰りたいか」。男はそう女に問い、「俺はこの星で生きていくしかない。お前はまだ戻れる。あいつらのところに戻れ」と微笑む。女の愛を試すようなセリフだが、女は当然「あたし一人で戻らないわ」と応え、男の顔が炎に揺らめく。

この場面、準備稿では「戻るときは一緒だよ。……ね、戻ろっか。あたしあんたが戻れるためなら、何だってする」とすがるように言う女に、男が「生き恥をさらすくらいなら、この星で燃え尽きる方がましだ」と言い放っていた。

回想明け、見上げる赤い服の女やシノブ越しに、橋の上で格闘するコスモスとギラッガスが見える。

「私が死なせない。あの人を生かすためなら私、なんでもする！」と女が言うのを聞いて、シノブはフブキや石井達に呼びかける。

「行かせてあげて」。訝るフブキだが、シノブは言う。

「コスモスが信じているものをあたしたちも信じましょう」

ここは準備稿では、女の方から「行かせて。あの人を止めたいの」と訴え「あなたたち、あの人を傷つけることしかできないじゃない！　あの人を包んであげられるのは、あたししかいないんだよ！」と抗議していた。それを聞いたシノブがラウンダーを降ろし「行きなさいよ」と言う。

放映作品は、レギュラーであるシノブをより立たせていると共に、主人公であるコスモスも立たせている。

「ありがとう」とはにかむように笑うと、女は駆け出す。

一角に立つ赤い服の女は赤黒い光に包まれ、空へほとばしると羽根の形（バネス）になり、ギラッガスとコスモスの間に割り込んだ。バネスはギラッガスの放った破壊光線を跳ね返し、近くの廃屋が爆発。この爆破がギラッガスやバネスと同場面で映ってからアップで畳みかけられるのは大迫力だ。ミニチュアの破壊場面は少ないが、ここで最大限の効果を出している。

バネスは光になってギラッガスの背中に装着される。構わずコスモスに向って突進していくギラッガスだが、コスモスは「構えを解く」とコンテにある。このシーンはセットの中にギラッガスを走らせているのをアオリで撮り、セットの天井が映って（「天ばれ」という）いるのを合成で消している。

その時バネスの赤目が点滅すると、走っていたギラッガスの足は宙を掻くように地面から浮く。スーツを吊って重量感を出しており、脚本には「翼の力で空の方に引っぱりあげられていく！」、演出メモには「ジタバタと浮くギラッガス」とある。

ジタバタしながら飛んで行くギラッガスは、「腹見せから背中になって」「下に気を残し暴れる」と演出メモにある。コンテ段階ではオープン撮影の多用が考えられていたが、実際には上半身が映るところでわずかに使用されているのみで、吊られたギラッガスを背景の空に合成しているカットが多い。

自分の思い通りにならない翼を振り返り、文句を言うように暴れるギラッガス。「一緒に帰ろう、一緒に」とバネスの声がし、ギラッガスはおとなしくなる。

この時しょんぼりしたように頷くギラッガスが可愛いらしく、人間の姿の時のクールな印象とはギャップがあるが、その分わかりやすい表現になっている。演出メモには、この時のギラッガスの心情として「わかった」と書かれていた。

意を決して自ら顔を上げて、バネスと共に飛んで行くギラッガス。これ以降は飛び人形が使用され、空の彼方へと消える。「太陽に入って行くギラッガス」とコンテに記されていた。

「帰ったのよ。自分達の仲間のところへ――」というシノブのセリフと共に、見上げるシノブやフブキ、石井達が俯瞰で捉えられる。

以上の場面、準備稿では次のような描写になっていた。

ギラッガスのコスモスへの攻撃をバネスが受けてしまい、駆け寄るギラッガスが震える手でバネスを抱く。そして等身大の男女に戻って対話する二人。

「バカなやつだ」

「いやだよ、一緒じゃなきゃ」

「わかった。今度はお前の行きたいとこへ俺も行く」

二人は光に包まれ、空の彼方へと飛び去っていく――。

つまり人間の姿で対話場面を作っていたのだが、怪獣の姿でのやり取りにすることで、子どもにわかりやすくしたのだろう。

▼何も言わずとも……

エンディング主題歌がかかり、ＳＲＣロビーで話すシノブとカワヤが映る。「共に生きれるパートナーがいるっていうのも、いいもんね」と言うシノブに、「俺たちもがんばろうな」と肩に手を回すカワヤ。「あんたのことじゃないわよ」と手を外すシノブ……ここまでのセリフは準備稿段階からあったが、決定稿以降では、「やせ我慢してぇ、じゃ帰還のお祝いに王子様からのチュウをば」と唇を突きだすカワヤを、またビンタするのかと思いきや、自分からその唇にキスして立ち去るキュートなシノブに、同じポーズのまま、キョトンとして立ちつくすカワヤ……という描写が加わっている。

このキスシーンの後は廃屋での、ムサシと対峙する赤い服の女と青い服の男のイメージシーンとなるが、これは決定稿ＵＰ後、丸ごと原田監督によって書き足されたものだ。

「コスモス、俺たちはもう一度やり直してみる」と言う男に〈うなずくムサシ〉と原田監督は追加原稿に書いているが、実際の演出でのムサシはシリアスな顔で男を見つめたままだ。何も喋らずリアクションもない方が成立するアイ・コンタクトか。

歌に乗せての次のショットは、冒頭では一瞬しか使われなかった、下界の海をバックに真俯瞰で通過するチャージャーズ戦闘機。そのイメージに同化させ、「光立ち上りバージョン」のコスモス登場時の飛翔イメージがつなげられる。

そして、一人コスモプラックを見つめ、見上げるムサシの図。

準備稿では、「コスモスが僕をどんな目で見ているのか、今、やっと分かってきた気がしたよ」とムサシが呟き、見上げた空に満天の星空……というラストシーンになっていた。

このムサシの呟きは決定稿では「僕もコスモスと共に生きているんだ」に変更。しかし、このセリフも放映作品では削られ、ムサシが黙ってコスモプラックを見つめるシーンで終わる。

▼原田昌樹、語る

原田　これは逃亡する男と女のドラマをやりたいと言って右ちゃん（右田昌万）に書かせたんです。僕はそういう話が昔から好きで、やりたいと思っていたんです。

もう最後の方だったので、お金があんまりかけられないから、今から新しい怪獣がどうこうじゃなくて、前に出たギリバネスを色々塗り直してもう一回使えばいいやと。

要するにこれヤクザ映画の男と女の話なんです。ヤクザの組織から追われて、行くところがなくなっちゃって、逃げてきた二人がたまたまやって来て……みたいな。

だからそれなりにアクションを入れて作った。「雪の扉」の企画が通って、そちらはウルトラマンもほぼ出てこない静かな話をやるから、もう一本はバリバリアクションをやってやろう。ウルトラマンもそれなりに活躍させればいいだろうと。

右ちゃんにダウン・タウン・ブギウギ・バンドの『身も心も』って歌を聴かせて、それをコンセプトに書けと言ったんだけど、右ちゃんは初めて聴く歌だから、ちょっとわからなくて。

『身も心も』は宇崎竜童が作った歌で、世の中、嘘だらけだけど、人と人とのぬくもりだけは信じられるという詞があるから、そこだけでもいいから、逃亡している男と女の話に盛り込んでくれと言いました。そうやって最初のシナリオに男女のやり取りを足していったんです。

――彼らを迎える側のレギュラーはシノブリーダーでしたね。

原田　前の「空の魔女」でシノブが防衛軍のヘルメットを被ってコクピットに乗っている場面が結構良かったので、このイメージで脚本が出来ないかというのがあったんです。

そして、シノブならば、レギュラーの中で唯一、この話に入っていけるだろうと。実は『身も心も』のことが頭にあったのも、（坂上）香織ちゃんがカラオケで歌っているのを聞いたのがきっかけなんです。あれ男の歌なんだけど、香織ちゃんが歌うと味があるんですよ。その時、右ちゃんも横に居ました。

これ、ほとんどVシネマです。香織ちゃんは、もともとVシネで一緒にやっていた女優さんだからアクションも出来る。

ゲストで呼んだ役者、川本淳市もVシネで、俺の『男組』の主役をやっていたやつだし、石橋奈美は北九州で撮った『九州マフィア外伝』のヒロイン。

だからアクションが出来る俺のVシネ仲間をかき集めた。久々に二家本（辰己）さんも呼んで、「これはウルトラマンか？」という。フブキ役の市瀬（秀和）くんなんか目が点になってた。

――カワヤ医師とシノブはキスシーンがありましたね。

原田　そう。二つカップルが出てくるわけ。ギラッガスのカップルが居て、片方はシノブとカワヤで「いいだろキスぐらいしたって」と。どっちも二人で一つで生きていく〈共生〉がテーマだからと、みんなに言ったんです。そういうダブルロマンスの構造もヤクザ映画的でした。

――侵略者が宇宙にいて、地球の人間がいて、その間のどっちにも入れないでいるという存在の宇宙人カップルでしたね。

原田　あれは、ヤクザ映画では定番の設定なんですよ。

でも右ちゃんはそういうのやったことないから、ちょっと困って脚本を書いていましたが、ヤクザ映画は半分が〈はみだしもん〉の話なんです。ヤクザ組織にも入りきれない、だけど女に引っ張られて、うまくいかなくなっちゃったやつとかね。鉄砲玉の美学とか、そういうことじゃないですか。

だから、僕にとっては馴染みのある世界だったんです。

――最後は女の人に引っ張られて、去って行く。

原田　現実はだいたいそんなもんです。あそこら辺はヤクザ映画だともうちょい男の世界を強調するんだけど、今回は、シノブにせよ女性のキャラが強いから、そっちを強調したというだけで。作り方はヤクザ映画、ヤクザVシネです。

怪獣を逃がしたのは、（自分の担当が）最後だからというのもありました。〈怪獣保護〉を守った形に、とりあえずしといた。

――この作品は本放映時にはオンエアされませんでしたね。

原田　事情で番組の放映本数を減らさなければならなくなった時に、各監督とも二本組で撮った内一本は放映、一本は未放映ということになったんだけど、もし「雪の扉」じゃなくてこっちがオンエアになっていたら……とは思うんだ。こっちの方がDVDでしか見られなくなったというのは、まあ、良かったというか。もちろん、オンエアしてくれた方が良いですけどね。

――〇二年の東京国際ファンタスティック映画祭で上映しましたね。

原田　何故か舞台挨拶にアヤノを連れていって。ファンタスティック映画祭だったら「雪の扉」をやった方が良かったと思いますけれど。出ていったら石を投げられるんじゃないかとドキドキしながら舞台に立った記憶があります。

でもこれが、僕のウルトラマンの最後の作品になりました。あの後ウルトラマンは競馬のCMをやっただけだったから。

でも、最後に「雪の扉」があったからいいです。「雪の扉」が撮れて良かった。

――「空の魔女」も「時の娘」もそうですけど、現実にはもういなくなった人が出て来るというお話になっていました。

原田　「復讐の空」はミサキ・アイをもう一回出したいというのがあったんだけど、もうあのミサキ・アイはいないから、同じ顔で出てくるという風にしたんです。

でも僕にそういう傾向があるというのは、言われてみるとそうかもしれないですね。僕のは、幻を追いかけているような話になっているとこがあった。

――鏑矢諸島に怪獣を保護するという以外のところで話を作る時に、幻想的になるという部分もあったんでしょうか。

原田　そうですね。僕は一匹も怪獣は保護しなかったし、カオスヘッダーもワンカットも撮らなかった。それが誇りとは言いませんが、シリーズのレギュラー監督としては、僕はこのコンセプトだけは納得出来ないと思っていたから。それが作品の幅の広さには繋がったかもしれない。

最初「落ちてきたロボット」と「森の友だち」から始まったから、自分はこのシリーズでは子ども寄りの優しい路線で行くのかと思ったけれど、「復讐の空」みたいな大人っぽい路線もやれたし、「ワロガ逆襲」みたいなバリバリの特撮もやれた。幅という意味では、僕自身は楽しくやれました。結局他のウルトラマンシリーズと、それほど違いはなかったかもしれない。

ウルトラマンの中じゃ撮った本数も一番多いんです。王道は一本もないけど、もしかしたら『コスモス』を思い出してくれる人の中に、「雪の扉」を思い出してくれる人もいるかもしれないし、「時の娘」を思い出してくれる人もいるかもしれないから、それならそれで、いいかなぁとは思っています。

inter-view

渋谷浩康

『ウルトラマンコスモス』プロデューサー

ウルトラマンの歴史の中で、原田監督は欠かせない存在です。

渋谷　原田さんが『ウルトラマンゼアス2』(九七年)のチーフ助監督で参加された時、初めてお会いました。僕はその時はアシスタントプロデューサー（以下、AP）でした。ずっと「渋ちゃん」と言ってもらっていたんです。それまでのご経験の中で、町場で色んな人達と折衝して現場を動かしてきた方でしたから、すごくとっつきやすく、スタッフの名前も一人ひとりに聞いていました。「現場に文句ばっかり言う人が来る時は甘いものを置いておけ。何か口に入れれば人間怒らなくなる」とおっしゃっていて(笑)、人間の真実を端的にユーモアを込めて言うセンスのある方だなと思ったのが最初の印象です。『ゼアス2』の予告編は、二本目は小中和哉さんだけど、一本目の特報は原田さんの演出です。そういうポスプロまでずっと付き合っていた。あと出光興産のイベント用の映像で、ショートショートみたいなものを作って頂いたり。

僕はその時、現場ではメイキング映像のキャメラを回していたんです。仕上げも最後まで付き合ったから、原田さんとずっと一緒でしたね。

独自の哲学をお持ちなんです。出光のプロモーション映像のメイキングで、よく見るとスーツアクターが「顔を出してる?」という画があったんです。全体的な収まりは良かったので、それを使いたいという話があったんですが、「他のカットで」と言ったら、原田さんから言われました。「そう思っているんだったら、これはキャメラを回さなきゃ良かったじゃないか」と(笑)。自分が欲しいと思ったもの、自分の中で「いける」と思ったものに対しては断固として、交渉する人だったという印象はあります。

それもまた的を射ている発言だったので、僕もそれ以降、「なんでも回しておけばいいや」という姿勢はだいぶ改めるようになりました。ただここは難しい話なんですが、今は使えなくても、いつか使えるかもしれないカットも回しちゃいけないのか？ということは、色々葛藤するようにはなりました。

——結果的には使うことになったんですか？

渋谷　使いました。鈴木(清)プロデューサーを交えて話をして。

——渋谷さんの撮られた『ゼアス2』のメイキングを見させて頂いたんです。Ｍｙｄｏの基地のテレビに、撮影現場では『ガンバロン』のオープニングを無音で流していて、隊長役の森次晃嗣さんが、撮影の合間に自分で勝手に『ガンバロン』の主題歌を作って口ずさんでいました。

渋谷　『ガンバロン』は当時入手困難だったのですが、新宿のビデオ屋で安く買って(笑)、持っていたんです。かつて鈴木さんと原田さんの仲を取り持った作品が『ガンバロン』だったということで、「憶えてますか？」と見せたら、「懐かしい」と言われて、それで「じゃ、これ流しとけ」ということになったんだと思います。原田さんからは、『ガンバロン』に出てくるオソロシゴリラやドワルキンの着ぐるみに原田さんが入っている写真等を見せてもらいました。当時、遊んで被ったんだと思います。『ゼアス2』は、今の円谷プロ社長である大岡新一社長がキャメラマンだったし、照明を高野和男さんが担当していた。つまり共通項が多かったんです。

——「ゼアスの丘」と言われている撮影場所は、『ゼアス1』で女隊員がフルートを吹いていた、何もない小高い丘ですよね。芝生の。

渋谷　そうです。多摩センターの方ですね。

——その後、シナリオに時々「ゼアスの丘」と原田さんが書いていて……。

渋谷　『ゼアス1』の時に使って、それから定番になって。やっぱり絵になるところなんでしょうね。今も車のCMなどでよく使われています。

——その後、原田さんは監督としてテレビシリーズに入りますが、渋谷さんとのお付き合いは？

渋谷　当時僕は映画班のAPをやっていたんです。その頃は、プリプロを経て九月から撮影したとして、年内までに画の完パケを上げ、一月末に初号試写、三月公開というスケジュールで、その後の宣伝から公開にも立ち合っていました。映画の仕事を一年スパンで考えた時、エアポケットみたいに、あまり大きな行事がない時期が、春や夏の手前にあって、そういう時期に、「テレビでもメイキングを回しとけ」と言われたんです。僕はキャメラを回すのが好きだったし、ビハインドを撮ることに長けていると高野宏一専務が思ったのかもしれないし、円谷が『ティガ』で一六年ぶりに大きなシリーズを始めたということで、記録を残しておきたい気持ちがあったのかもしれません。

　原田さんは、役者の演技に集中しつつ、スタッフがどう動いているか、周りで何が起こっているのか、「後ろに目があるんじゃないか」というぐらい気を遣っていた。そうして頂いたから、僕もキャメラを回す気配を消せたところがあります。

「もっと高く！」ではティガになって戦った後、再会したダイゴとレナのラブシーンを原田さんが気を遣っていたのを憶えています。

——抱き合った途端にヘルメットが落ちるカットに。

渋谷　「行け〜」みたいに、キャメラの倉持（武弘）さんも随分言ってました（笑）。でもやっぱり、いいところでポン！と切り替えるんだよと。

▼『コスモス』で背負ったもの

——そして、いよいよ『コスモス』になるわけですが、「落ちてきたロボット」（4話）「森の友だち」（9話）が原田監督の最初の回ですね。

渋谷　僕、『コスモス』がプロデューサーとしての一本目の作品だったので、色んな思いを込めて作ったんです。監督陣の起用に関しても、お世話になった方々にお返しじゃないですが、原田さんにもぜひ撮ってもらいたいという話を、成城の世田谷通り沿いの喫茶店でした思い出があります。懐かしいですね。

　最初は北浦（嗣巳）監督で、次が原田組だった。イゴマスとヤマワラワの話です。原田さんお得意の少年時代の思い出のような話ですが、非常に手堅く、良いものを撮ってもらったという印象がありますね。

　9話は、制作順では3話で、オンエアの順序が入れ替わっています。実際の放映で3話になったのは主人公のムサシに焦点を当てている根本（実樹）監督の回（「飛べ！ムサシ」）で、独走したムサシが失敗して、でも立ち直る、という王道の話でした。3話目でこういう話を入れとかなきゃいけないかなと、原田さんの回と差し替えてもらったんです。

——次が13、14話の「時の娘」前後編ですが、脚本の太田さんに伺ったら、原田さんと太田さんは『ティガ』『ダイナ』『ガイア』の時、実際にはそれほど組んでなくて、原田さんからすると、なかなか組ませてもらえないという感じがあったんだけれど、『コスモス』の時は、渋谷さんの方から「お二人で」という話があったとおっしゃっていました。

渋谷　そうオーダーしました。やっぱり前シリーズで素晴らしい作品を作り出しているわけですから。

　北浦さんと太田さんのコンビでももちろん、『ティガ』32話「ゼルダポイントの攻防」とか、いいものがありますが、ライターからすれば、「そう撮ったんだ」というのが、狙い以上のこともあれば、逆に「うーん」となる時もある。そういうやり取りで、ベストなコンビが見えてくるわけです。笈田プロデューサーの時代には、それを模索していたのかもしれないけれど、僕は手堅いと思ったらやるべきだと思いました。原田さんも「太田さんに一行直してもらうのに、一時間説得しなければいけないから」と言いつつも、嬉しそうにニコニコしてやっていた。
　13、14話はクールの変わり目で、だいたい1クールひと盛り上がりのようなものを、完結以上連続未満ぐらいの緩やかさで作ろうとしていたんです。「時の娘」の前後編は、太田愛さんに「こういう話で」と決め打ちでお願いしたわけではなかったと記憶しています。とにかくムサシに、3話以上の試練があって、そこから立ち直る前後編が必要だなと思ったんです。それで挫折編、立ち直り編という枠で、「重くなりすぎないようにしてください」というオーダーをしつつ、シナリオを作ってもらいました。
——そしたら、かなり重い話が来てしまった。

渋谷　『コスモス』は、心優しい、最初からは怪獣をやっつけない世界だったから、それまでファンタジー的な作品を作ってきた原田さんにも太田さんにもやりやすい、水を得た魚のように「ガンガン出来ます」というシリーズかなと思っていたんです。

　でもお二人とも真面目で、だからこそぬるま湯に浸からない、カウンター的なものが必要なんだと、逆に使命感に燃えてくれたんです（笑）。

　人の死はあえて描かなくても……という番組だったのですが、やっぱりみんなの夢を叶えるためには犠牲になった人もいるし、ウルトラマンというフィルターを通しつつ、そういう厳しい設定も描くべきだと、特に太田さんにそういう思いが強かった。

——原田さんは、「時の娘」について、太田さんのシナリオをもらった時に、重くなりすぎないようにする演出をしなければならないと思ったこともあって、最初ちょっと戸惑ったと言ってました。でも太田さんに聞くと、渋谷さんからとにかくムサシが一回挫折するんだと言われて書いただけで、べつにそれ以上のことは考えてなかった（笑）と。

渋谷　ひどいな、太田さん（笑）。それであそこまで重い話を（笑）。今だったら僕ももっと詳細にオーダーするんですけどね。原田さんは「気持ちを引き締めて、それで行きましょう」というノリで作っていた。そうやって覚悟を決めて撮っていたと思います。

ムサシ変身シーンの撮影

ムサシ役の杉浦(太陽)くんがあの頃はまだ役者をやり始めたばっかりで、なかなか監督の意に添う演技が出来ないことがあったんです。監督は苛立ちがあったんじゃないかな。だから結構ムサシは現場でガンガンやられていました。

――まさに演じていた杉浦さんにとっても……。

渋谷　心身ともに挫折と立ち直りを、ビハインドでも経験していたと思います。「先生」は優しくするだけより怒る方が大変だし、パワーも使うし疲れる。原田監督としては、俳優が出来ること以上の芝居はやらせず、流したり、引きで撮ることも出来た。でも、初の前後編を任されたわけですし、『コスモス』が用意した器に溺れないで「引き締めたホンを書きます」と言った太田愛さんの思いに応えるべく、ちゃんと芝居にこだわる、視聴者に伝えるというモードに入ってくれたエピソードだったと思うんです。

本当にムサシの先生でしたね。杉浦くん、アメブロのランキングで二位三位になるような人気ブログをやっているのですが、原田監督とのお別れの日に、「『コスモス』で自分を育ててくれたみなさんに久しぶりに会って、昔話に花が咲きました」とブログにまず直接的じゃなくUPしたんです。訃報についてブログに書くのは、関係者はわかるとしても、広く発信するには気が引けたりするものじゃないですか。

でも、その翌日に、「やっぱり、自分の中でスルー出来ないことなんで、このこと書いてみます」と始まり、「すごくお世話になった監督さんが亡くなられました」という文がUPされて、「やっぱり自分にとっては、厳しかったけど思い出の先生でした」と。真面目な話、追悼の気持ちを表しておきたかったというのがあったんじゃないかな。年を経て、わかったきた気持ちもあったんだろうしね。

▼原田監督との分岐点

――原田さんは『コスモス』にキャスティングの時点から不満があったとおっしゃっていました。

渋谷　「先生」としてはやるけれど、もっと先生にならずに済むように、ちゃんとやってくれた方が良かったと思っていたかもしれないです。

基本はパイロット版を撮る1・2話の監督がメインキャストを決めるので、原田さんは、北浦さんを立てなければならないわけです。でも、パイロット版の後すぐ自分が「先生」にならなければいけないことに対する思いがあったのかもしれないですね。『コスモス』に限らず原田さんは、自分なりに「このキャストのこの話を膨らませたい」ということをやりたがっていた感じはありました。『ガイア』の時も、ヒロインのアッコのお姉さんの話を膨らませたりして、メインライターの小中千昭さんは大変だったんじゃないかなという気はします。

そういう意味では、原田さんも『コスモス』では『ガイア』の時より、のびのびやっていたと思うんです。原田さんが膨らませた防衛軍の地上部隊ベンガルズや、新人隊員のチャージャーズに関しても、やれるだけのことはやれたのではないかと。

だからこそ、次の『ネクサス』で呼びづらかったというところはあるわけです。原田さんのことは人間的には全然嫌いじゃない。むしろ好き(笑)。でも、僕は原田さんにこのシリーズをお願いするのは、逆に悪いかなと思ったんです。それなら初めから、声をかけない方がいいかなと。そこで少し疎遠になった間に他社の作品に原田さんは行かれたわけです。でも、ひと周りした後に、また接点があったかもしれないし、それはわからないですからね。

――『ネクサス』はシリアスな連続もので、演出のトーンも、ある緊張感が一定して続いていかなければならない。そんな中、従来のウルトラマンシリーズのように、回によって演出のタッチが違うものが膨らむのは避けたいという事だったんでしょうか。

渋谷　やっぱり原田さんに勧めるには辛いシリーズでした。メインライターの長谷川(圭一)さんが敷こうとしていたタッチとも合わない感じでしたし。

――その後『メビウス』で、原田さんを呼ぼうという感じにはならなかったんですか。

渋谷　原田さんはもう『リュウケンドー』をやっていたし、それこそ『五龍奇剣士』で中国に行っていたんじゃないかなという時期ですからね。

活動的な方なので、暇そうだから声かけてみようという方ではないわけです。

その後、砧の円谷プロ社屋のお別れ会に、原田さんにも来て頂いた時、僕はゆっくりとお話は出来なかったのですが、「またウルトラを作れたらいいね」という話はしていたんです。そして、その後すぐに、亡くなられてしまった。周りに気を遣われたのでしょうが、病気のことも全然言わなかった。

――渋谷さんとしては、タイミングが合えばまたお仕事することもあり得たと。

渋谷　そうですね。太田愛さんからはしょっちゅうそういう話は来ていたし、太田・原田コンビを当然僕だって嫌いじゃない。でも先のことは俯瞰出来るわけではないですから。原田さんがこんなに早くというのがわかれば、また別だったんだろうけど。

▼やっつけなければ終わらない？

――『コスモス』の話に戻りますと、「時の娘」の次は「ぬくもりの記憶」（24話）、「異星の少女」（25話）でした。怪獣を最後に倒してしまうのかどうか、渋谷さんとやり取りがあったと聞きました。

渋谷　生殺与奪にこんなに悩むシリーズというのも、ウルトラマンとしては不思議なんです。普通「ヒーローものはやっつけなきゃ終わらないでしょ」というところがあるわけです。だけど、『コスモス』に関しては、そういうところですごく議論を重ねた思い出があります。許そうと思ったけれど、それをいいことにまた反撃してきて……そういうくだりを作ることによって、「あれだけ悪いやつなら倒しても納得してくれるだろう」というヤマを作ったり。

そこはやっぱり、原田さんと相談しました。「後は特撮でやるからいいよ」と流しちゃうわけにはいかない。原田さんは、本編は別だけど、特撮はわりと淡白に撮る時は淡白に撮っちゃうところがあったんで（笑）。「青い夜の記憶」（『ティガ』29話）の格闘も、あれだけ短くても許容できたりする人なので。淡白に行かれると、全国の方々から「この話だけ変わっちゃった」と言われかねないので、気を付けて欲しいということで。

「異星の少女」（25話）での戦車隊のベンガルズも、「現場でよく動くラジコンがある」というところから登場が決まりました。本来は『コスモス』は戦車が出にくいシリーズなんですが、原田組定番の部隊として、荒くれ者達がバンバン撃つという設定ならいいんじゃないかと（笑）。怪獣保護のチームのEYESにそういう荒くれ者がいるのは気を遣うけど、防衛軍のベンガルズならば釣り合いが取れるでしょう、というのは考えてもらいました。

▼ぶれないところと、委ねるところ

――原田さんは、怪獣保護という設定で、鏑矢諸島に怪獣を入れることに賛成ではなく、自分は、そこに触れる話を撮りたくなかったと言っていました。

渋谷　ウルトラマンのマイルストーンとして、怪獣をやっつけよう、こういう種類の怪獣ならばいいでしょうというところがあったんじゃないかな。

僕は、それを許容できる範囲の中でやってもらった。無理に「それでも怪獣保護やってくれ」と言ってもうまくいくパターンにはならないですよね。

――原田監督は渋谷さんの敷いた路線に違和感を持っている人なんだけれど、やっぱり一緒にやっていきたかったというところがあったんでしょうか。

渋谷　それはもちろんそうです。自分の中で、最終的には監督さんに委ねるというところがあるんです。自分のやりたい事も、ライターさんに委ねるわけだし。だいたい出来あがるものは、多少の齟齬がある。監督にしても、撮り方や気持ちの中でそういうものはあるだろうし。だから芯の部分でぶれないお題が大事だと思っていました。やっつける前にやっつけていい怪獣か悪い怪獣かを考えてから行く、そのコンセプトだけは外せないわけです。すべての怪獣を鏑矢諸島に保護するというのが、お題ではなかったんです。そういう意味では原田さん、大きな枠の中での約束事は守ってくれて、僕もその中で判断して、「仕方がない」と思えるものならば許容範囲でした。

プロデューサーとしては、「これはぶれることは出来ない」という芯を一つ出すことで、その企画の達成度の半分はクリアしたようなものだと考えているんです。『コスモス』における慈愛、『ネクサス』で変身役が途中で変わっていく枠を作れたところで、プロデューサーとしての役割は半分終わりで、後はその中で脚本を作り、監督さん達をフォローする。。

▼遊びと一点集中

――『コスモス』の3クール目はまず「魔法の石」（35話）と「妖怪の山」（36話）です。

渋谷　「魔法の石」は、影丸茂樹さんのカワヤ医師をまた出したり、「妖怪の山」ではヤマワラワを出して、原田さんの、ファンへのサービスみたいなところがありました。あと、原田さんの回はちょっとひとひねりした怪獣が多かった印象がありますよね。

――「魔法の石」では、人々の思念を集めて怪獣化するという……。

後列左からドイガキ、ムサシ、ヒウラキャップ、フブキ、前列左よりアヤノ、原田監督、シノブリーダー

渋谷 『コスモス』は王道の怪獣退治をやらないということで、異色な方向に持っていくのなら、こういうキャラクターもありなんじゃないかと、試行錯誤していたのかな。遊びも多かったですよね。ラグビー選手のように怪獣が突っ込んだり、ミニチュアは『千と千尋の神隠し』みたいで（笑）。

——「銭湯チヒロ」の看板ですね。

渋谷 ミニチュアでラグビー場のグランドとスタンドを作ったり。「ここだ」という一点ものを作って、そこに注力する原田節をやりつつ、全体的には肩の力を抜いて作ってくれたのが「魔法の石」でしたね。

もう一本のヤマワラワ再登場は、原田さんがやりたいネタを随分、初期プロットの段階から出していました。ヤマワラワは可愛いキャラクターだったし、『コスモス』を代表する怪獣の一つだと思うんです。

——そして4クール目では「空の魔女」（47話）と「ワロガ逆襲」（48話）です。

渋谷 「空の魔女」の脚本の鈴木智さんは、『金融腐食列島・呪縛』（九九年）や『ローレライ』（〇五年）など大作映画の脚本を書いてる方です。『ウルトラマングレート』（九〇～九一年）のエピソード原案に携わっておられた縁で、登板して頂きました。これは原田さんが、松本零士の戦場まんがシリーズのような雰囲気で撮っています。プロットの段階から監督に入ってもらって、番組のテーマから外れない作品をやってもらった。あと「『ガイア』の飛行機が残っているからそれを使おう」という回でもありました。

「ワロガ逆襲」も、文字通りワロガを使えるから、そこにネタを絞ってもらったんです。そういうことをすごく嫌がって、新しい怪獣で撮りたいという監督さんもいます。原田さんは自分の勝算として「こういうネタなら必然性もあるし、出来る」と考えて、やって頂けたのかなという気がしますね。

——この話は、派手な戦いにお金をかけられないところで出来る工夫をしたと原田さんは言ってました。

渋谷 そういうことを考えてくれていたでしょうね。ワロガが来る場所と時間を指定したりしてね（笑）。

▼「雪の扉」はやるべき作品

渋谷 「雪の扉」（57話）は、すごく印象に残っている。僕も大好きですね。やっぱり、いい話でしたから。怪獣を還してあげることに協力するという点では、『コスモス』のテーマとしても異色な話ではないし。ムサシやウルトラマン、チームEYESがちょっとしか出てこないという意味じゃ異色ですけど。

「ぬくもりの記憶」で「この怪獣なら倒してもしょうがない」というのを作ってくださいという時の温度に比べたら、「雪の扉」は十分、インパクトで撮れる作品でした。あと、『コスモス』は5クール目が出来たからこそ、この話が撮れたところがあったんです。「57話」なんて、本来は何かの間違いというか、「1年間で五二本」が普通ですから。

映画の『ウルトラマンコスモス2 THE BLUE PLANET』（〇二年）の公開が八月三日からで内容はテレビシリーズの後日談なんですが、シリーズを延長したことで、映画公開時にまだテレビが最終回を迎えてない形になったんです。それで、この辺の話数で〈時間〉をテーマにしたものを発注しました。

天本（英世）さんが演じるおじいさんが過去を回想したり、少年の取り戻せない時間が主軸になっているこの話は「ありだな」と。時間を前後するような心の動きがあるようなエピソードを盛り込んで欲しいと、この時期のプロットを書く人達にはお願いしていたんです。

「雪の扉」は異色作かもしれませんが、未来からアラドスという怪獣が来たり（53話「未来怪獣」）、テレビと映画が繋がるようなエピソードをいくつか入れましょうというオーダーの下敷きがあったので、そんなに違和感はなかった。むしろ、太田・原田コンビの中で「またいい作品を作れた」という確信犯的な思いは僕にもあったし、半々ですね。
　MBSの丸谷(嘉彦)さんもいい話だと言っていましたし、特に問題の指摘もありませんでした。むしろ「やるべき作品だ」という感じだったんです。

▼世代を超えてつなぐもの

渋谷　僕は、丸谷さんには本当にご迷惑をおかけしたと思います。『コスモス』という番組自体、最初から怪獣をやっつけないウルトラマンなんて、カタルシスに欠けるし。それを汲んで許容してくれて、自分ではどうかと思う部分でも擁護に回ってくれたり。その丸谷さんも、最終回でカオスヘッダーを倒さないことには反対でした。

――そうだったんですか。怪獣に憑り付いて凶悪化させる、コスモスの宿敵・カオスヘッダーとも和解するのは、最初からの発想ではなかったんですね。

渋谷　こちらの思いとしてはもちろんありましたが、それにはさすがに丸谷さんも抵抗を示していました。
　僕は、かつて丸谷さんのプロデュースした、アニメの『銀河漂流バイファム』(八三～八四年)がすごく好きだったんです。それは地球人と宇宙人との星間戦争の話なんですが、コミュニケーションが重要という結論になるシリーズなんです。主人公の子ども達の中の一人の少女が敵側の子だったというのが中盤でわかって、最後、別れなきゃいけないというシーンで、地球側の艦が主砲を旋回させて、敵を撃とうとするわけです。「また戦争かー!」と思わせて、紙飛行機を撃つというすごいビジュアルがあって、そこに『君はス・テ・キ』という挿入歌が流れる。

――いくら輝いていても少年時代にはもう戻れない……という歌ですよね。

渋谷　それが年を取るほどに「いいなあ」と思えるんです。「『バイファム』も最後、敵をやっつけないで終わったじゃないですか。そういうメッセージをこの作品で出しましょうよ!」と丸谷さんに話しました。自分の作品を見た人間が大きくなって、そういうメッセージを憶えていて、ただやっつけるだけで終わる話でないものを企画した……だから最終的に折れてくれたんだと思います。

▼ウルトラマンの歴史の中で

――昔のウルトラマンも優しさや戦いばかりではない面がありました。『コスモス』ではそういう部分を中心にしたかったという感じがあったんでしょうか。

渋谷　ガヴァドン(『ウルトラマン』15話「恐怖の宇宙線」)だったり、シーボーズ(『ウルトラマン』35話「怪獣墓場」)だったり、『ウルトラマン』の三九本それぞれ、どれもメインのシリーズが出来るくらい、バラエティに富んでいたと思うんです。
　怪獣を許す回もあったし、やっつける回もあったし、エピソードが起伏に富んでいた。中でもそういう優しい回を抽出したのが『コスモス』だったかもしれないし、厳しい回……ジャミラみたいな回(『ウルトラマン』23話「故郷は地球」)をシリーズでやったのが『ネクサス』だったのかもしれない。
　今の子どもはウルトラマンになりたいというより、ウルトラマンと友達になりたい子が多いんです。正義の味方の宿命を背負うには無理だと思うのか、ああいう大変なことはしたくないと思うのか、わからないですが。でも「友達になりたい」と思ってくれるんだったら、それは素晴らしいことで、だからウルトラマンは力を貸してくれるんだよと思うし、ウルトラの精神を僕らが歴史の中で守った結果、色んな思いを『ネクサス』や『コスモス』で、共有してくれた人がいたわけで。僕も一人よがりに「ここを変えないでください」とは出来ないですよね。そこはみんなの力でやってきた。
　「そんなものは必要ない。僕一人で進んでいきます」という映像作家ももちろんいるだろうけど、原田さんはそことは違うところからやってきた。人を動かすにはスキルが必要だってことを、現場で学びながら覚えていったのが、原田さん流ですよね。
　思い出は尽きないですけどね、原田さん。でも敵に回したら怖い。これほど怖い人はいないという。

――敵に回したら怖いですか?

渋谷　怒られた時は怖かったし、助監督の野間さんも辛かっただろうと思います。でもそれが、たとえば『リュウケンドー』に助監督として入って、俺が引っ張っていくから、そこでやれと、原田さんが味方になってくれたら、これほど頼もしい人はいない。
　僕にしても「こうしましょう」と反応してもらえた部分では、それは味方なわけです。
　たとえば『コスモス』の現場でテーマに反して、「無視してどんどん怪獣をやっつけちゃいましょう」「そうだそうだ!」という話になることもあると思うんです。それを「こういうシリーズだから、『それはやっぱり許せないよね』というヤマを作って怪獣をやっつけよう」と汲んでくれる。それをスタッフに伝えて、撮ることができる監督であったわけです。こちらを敵に回したまま、現場の勢いで強引に撮っちゃいましたというものではなかった。

　色々段取りして、スケジュール通り撮って、作品の質を保証することをきちんとやって頂ける、やっぱりいい監督さんでしたね。原田さんは。

▼『コスモス』で東京国際映画祭に

――「復讐の空」(58話)は『コスモス』最後の原田作品ですね。

渋谷　「空の魔女」の姉妹編的なお話で、ファンタジックな作風を確立してきた原田さんのもう片方の、武闘派で格闘系の要素バリバリみたいな(笑)。

――ウルトラ以前の、Vシネマを監督されていた頃のテイストを思わせますね。


渋谷　「雪の扉」といいカップリングなのかも、原田昌樹を知る上で(笑)。人間はやっぱり、両方持っていると思うんです。純な映画ばっかり撮っていればいいのにという人が、「こんなのやるんだ?」というものを撮る。僕もプロデューサーになったら『コスモス』を企画した後に、ハードな『ネクサス』を企画したりしているので、やっぱりそういうことはあるなあと思いました。

　原田さんも『コスモス』の時に、イゴマスやヤマワラワのようなファンタジックなものをやって、その一方であえて太田愛さんとシリアスな「時の娘」を手掛けています。「空の魔女」もそうですよね。それは両面をお持ちだったのでしょう。

　自分の武器はこっち、支持されているのはこっちと思っていたとしても、余力があれば、もう片方もフォローしておきたいというのは、お考えになっていたんじゃないかなと思います。

　この「復讐の空」は、諸事情があって、初回放映では公開できなかった作品の内の一編でした。でも、今はなき渋谷パンテオンで東京国際ファンタスティック映画祭があって、バンダイビジュアルさんから「初回放映を逃したお話の中で、どれかを上映しませんか?」というお話を頂いて、劇場でお披露目出来たのはいい思い出です。僕と原田監督とアヤノ(鈴木蘭菓)が舞台挨拶に行きました。国際映画祭に『コスモス』で舞台挨拶をしようとは夢にも思わなかったです。しかも原田さんと一緒に。不思議な縁というか。会場も拍手喝采でした。

▼円谷作品という「場所」

渋谷　原田さんはみんなにとって、じゃあエピソードを思い出してみろと言われると、あんまりないと言う人も多いんじゃないかと思うんです。思い出の中でも、悪い人だったという記憶がない。良かった。だけど、具体的にどうだったのか思い出せない。

　急に現場で処理しなければならないことはほとんどない。みんなストレスがないから、憶えてない(笑)。とにかく、長いスパンで考えられる人でした。すべてを「もう大丈夫。現場は流れていく」というところまで段取ってしまうので、現場で事件が起きるようなタイプの監督さんではありませんでした。

　だからみんなが、むしろ作品を離れてからのことの方が、原田さんに関して思い出せる。「エンタテインメントかくあるべし」じゃないけど、かつては撮影所システムが作品を作ったという言い方があるけど、そういうこととも関係あるんじゃないのかな。

　予算と時間を守らなきゃいけないという職業監督としての一面ももちろんあるけど、現場に行くまでに段取りしておけば、あとは現場で感動したり、手に汗握るものを生み出せる。そういう数少ない演出家、監督だったんだろうなって思いますね。


――監督として刑事ドラマやVシネマを通ってから、円谷プロで仕事をされたことで、原田さんの中のファンタジー的な部分が開花した感じがするんです。

渋谷　やっぱり人間は二面性があるという話ではないですが、メインストリートがVシネとかそちら側だとしたら、ウルトラマンというコンテンツが強さと優しさを兼ね合わせていて、キャラクターを膨らませられる話であることが、原田さんのファンタジー的な部分を大きく花開かせるきっかけになったのかもしれないですね。原田さんにとっても、色々表現できる作品に出会えたのではないでしょうか。

――「子ども達に愛と夢を」という円谷プロの言葉を原田さんがお好きだったと……。


渋谷　原田さんの芯になっている部分は、やっぱりリリカルでファンタジックなものだと思います。

　円谷にとっても、この時期は奇跡的な出会いがいくつもありました。その後テレビシリーズが出来る時と、間が空く時がありますが、かつての助監督が監督に上がっていくという流れはありつつ、スタッフが作品を超えて集まることはタイミングが合わないと難しいわけです。そういう中で、作っている間は家族より一緒にいる時間が長い。だから仲良くなるし、後々のつながりも続くんじゃないかと。

　原田さんの大きさは、お亡くなりになってから、改めて発見する部分があるわけです。すごいなと思うし、原田さんの仕事を振り返るのはすごく重要だと思います。

ウルトラシリーズの元祖たる『ウルトラQ』（一九六六年）の名を冠し、深夜番組として制作。有名なオープニング音楽もアレンジして毎回冒頭に使用。「世界のバランスが崩れたら?」という問いかけを、旧シリーズのような自然界の法則の問題としてより、日常の人間目線の心理的ホラーの枠組で描く回が多い。その一方で怪獣や宇宙人、怪人的キャラクターを登場させる回も織り混ぜ、バラエティを持たせている。

昭和のウルトラシリーズからは実相寺昭雄、上原正三（シリーズ構成も兼任）、山田正弘、平成のウルトラシリーズからは原田昌樹、北浦嗣巳、八木毅、小中千昭、太田愛、右田昌万、平成ガメラの金子修介、Jホラーの旗手鶴田法男、高橋洋と、日本のSFホラーで知られる監督・脚本家が、一話完結のアンソロジーで腕を競ったまたとないシリーズでもある。

～dark fantasy～

スタッフ

監督：八木毅・服部光則・金子修介・北浦嗣巳・原田昌樹・鶴田法男・高橋巖・清水厚・実相寺昭雄／シリーズ構成：上原正三／脚本：上原正三・武井彩・林民夫・広田光毅・高橋洋・村井さだゆき・小中千昭・篠原高志・太田愛・清水信宜・右田昌万・高木登・小林雄次・岡野ゆうき・藤川桂介・山田正弘／企画：圓谷昌弘／エグゼクティブプロデューサー：長澤隆之／制作統括：円谷粲／製作：滝山雅夫・福井政文／プロデューサー：表有希子・今井朝幸・鈴木祐治／音楽プロデューサー：長澤隆之・玉川静／テーマ音楽：宮内國郎／音楽：多田彰文

撮影：岡雅一・大河勇・高橋創・八巻恒存／照明：額田賢一・今明男／録音：楠本龍巳／美術：内田哲也／助監督：城本俊治・張金鐘・石川整・安原正恭／VE：宮本民雄・岡田雅宏・古市修文・金子明通／編集：矢船陽介／音響効果：今野康之・小林直人／MA：松本能紀／選曲：伊藤克巳／本編：田代定三／VFXスーパーバイザー：鹿角剛／スクリプター：阿南玲那・関村ゆかり・飯塚美穂・市川桂・國米美子／衣裳：清水寿美子・中山李香・高橋さやか・川崎健二／装飾小道具：高橋光・大藤邦康・SAORI・小澤悠樹・澤史江・鈴木清美・牧野誠／演出助手：岡秀樹・黒田健介・縣大悟・張元香織・岩渕崇／美術助手：中岡陽子・古城奈央子／持道具：高井恵利子／画コンテ：西澤安施／メイク：住吉美加子・水野みゆき／メイク助手：葛西正美・中尾あい・小野寺美智子／特撮VE：佐々木彰司／操演：船橋誠・松木陽平／サブタイトルデザイン：丸山浩・佐藤さい子／テロップデザイン：奥野浩介／スチール：渡辺亨／キャスティング：小島文夫／怪獣メンテナンス：宮川秀男・福井康之／CGアーチスト：水石徹・香西満・笹倉秀信・宗宮賢二・内田剛史・西山明宏・武田真紀・野村愛／TM：沼波圭介／TP：青沼邦治／仕上げ進行：野村愛／制作進行：百々勲・吉田雅典・中山泰彰・三橋伊智郎・豊田周平／制作主任：山崎俊幸・百々勲・吉村繁・三松貴／制作担当：鈴木智・嘉藤博・坂口智久・加藤賢治／ラインプロデューサー：安西智・笠倉隆・鈴木政信／アソシエイトプロデューサー／吉野裕史・湯下滋央・山岡信貴／アシスタントプロデューサー：芦田完／制作：円谷プロダクション

[音楽]

エンディングテーマ「夕方に咲く花」作詞：kayoko　作曲：kayoko & 神郡健　編曲：建部聡志　歌：kayoko／「つぼみ」作詞：金築卓也・前田知巳　作曲：菊池一仁　編曲：菊池一仁・中野雄太　歌：BREATH／音楽協力：テレビ東京ミュージック

キャスト

坂本剛一：袴田吉彦／楠木涼：遠藤久美子／渡来角之進：草刈正雄／島田デスク：日野陽仁／ナレーター：佐野史郎

[スーツアクター]

ガラゴン：横尾和則／ウニトローダ星人：櫻井典子／サビコング：横尾和則／カネゴンヌ：高津房代／レキューム人：相馬絢也／ヴァーノ：永井正浩

ウルトラQ

2001-2002

作品解説

「午前2時の誘惑」9話　▼二〇〇四年六月一日放映

脚本：篠原高志　撮影：大河勇
ゲスト：さとう珠緒（大島浩子）、エド山口（コスモテレビショッピングの男／コスモネット星人ヤマダ）

▼ストーリー

剛一の会社で経理部の主任を務める大島浩子（さとう珠緒）。業務経験は長く、成績も優秀な反面、部下の女子社員や、社内の人間からからは疎まれる存在だ。夜は一人でコンビニ弁当を食べながら大好きなテレビショッピングを見るという、寂しい毎日。

そんな彼女がある日、見違えるほど美しい姿で出社してきた。その秘密は昨夜、彼女が偶然見たテレビショッピングにあるらしい。まるで魔法のような商品を売る不思議な番組……。

▼大島浩子の優雅な生活

冒頭はテレビショッピングの映像。テレビの画面に子どもがマジックで落書きしても簡単に消せるという商品だ。外国人の司会者が軽妙な感じで喋っており、日本語の音声が吹き替え調に聞こえてくる。画面の右下には商品№と「ミラクルクリーナー」という商品名のテロップが。

脚本には「よくあるアメリカもの番組。吹き替えで、時折、不自然な笑いが入ったり」とある。「あ、替えないでっ。チャンネルは間違ってませんから。えっ、テレビショッピングじゃないのかって？　何もそんながっかりしなくても……。でも、今夜はそんな貴方のような女性が体験した不思議な物語です」

佐野史郎によるナレーションが始まるが、ここに揚げたのは準備稿のものである。「あなたのような女性」という部分に傍線が引かれ、要一考とされた。決定稿以降では「あなたのような方」に変更となっている。視聴者層を限定したくなかったのだろう。『ウルトラQ ～dark fantasy～』（以下『df』）は深夜放映なので、視聴者層として女性も考えていた。実際、働いて夜遅く帰ってきて、テレビを点けた女性視聴者がたまたまこの回を見るということも大いにあり得る。

ナレーションと共に、降るような星空の下にあるマンションが映り、犬の遠吠えが聞こえる。『ウルトラQ』オープニングタイトル曲のイントロが流れ出す。

マンションの一室のソファに寝っ転がってテレビショッピングを見ている女性・大島浩子（さとう珠緒）の後ろ姿に「午前2時の誘惑」とサブタイトルが出る。

ダブダブのジャージ姿が後ろから映る。テレビを見ながらポテトチップスをつまむ浩子。脚本には「少し太り気味で、眼鏡をかけた野暮ったい女性」と書かれている。キャメラが引くとマンションの部屋の奥には、これまで彼女が通販で買ったのであろう器具がいくつか並ぶ。くつろいだ出で立ちだが神経質そうに足を動かしている浩子……と思いきや、マッサージ機で足を揉んでいる。

手に持たれた電話の子機に番号がプッシュされ、カットが変わると、ベランダのパラボラアンテナ越しに彼女が見える。そこには洗濯物も干してある。パラボラアンテナから煽った構図で星空が見える合成カットは、演出メモには「キラキラ星」と書かれ、ミルキーウェイまで鮮明に見える。原田作品のいつものファンタジックな調子が今回も冒頭から示されている。

電話をかける浩子のメガネをかけた目元がアップになる。彼女はテレビショッピングで紹介されたミラクルクリーナーを購入しているのだ。彼女のかけたメガネにはテレビの画面が反射していることが演出メモから記されている。

脚本には「孤独な生活」と書かれているが、モノに囲まれたカラフルな生活は見ていて案外楽しそうだ。原田監督は準備稿にはなかった浩子の自宅シーンを開巻すぐに提示して、彼女のミッドナイトタイムをいきいきと描き出している。キャメラは彼女の部屋にある台所用品や家具、調達品を映していく。棚の中に、一つだけ女性のイメージにそぐわない、使いこまれた野球のグローブと、その間に挟まっている硬球があった……。

場面は浩子の足元のアップから翌朝の出勤風景に移る。やはりダボダボヨレヨレのコートを着て、ドン臭そうな出で立ちの浩子。エレベーターの手すりにまだ眠そうに寄りかかり、下から上ってきて肩のぶつかる通勤者に、とても不満そうな顔をする。

彼女の勤めている「G・M・J」の入り口が映る。ここは番組レギュラーである週刊誌記者・坂本剛一（三十歳／演：袴田吉彦）が所属する出版社だ。経理室で働く浩子が操作する電卓がアップになり、オフィス内の全景が映し出される。

その頃、主のいない部屋では、ちょうどグローブから硬球がこぼれ落ちたところだった。そこに可愛い擬音が被さり「監督　原田昌樹」とクレジット。

▼ポップな「会社員物語」

週刊写真誌GROBAL MAGAZINE JAPAN（通称G・M・J）の経理部には今日も剛一がやってきて、経費について訴えている。ボサボサの髪をボリボリ掻きながら聞いている浩子。手を合わせて懇願する剛一に、あっさりと「却下」と言い放ち、領収書の束を突き返す浩子。後ろからOL達が伺う。

ため息をついた浩子は一枚の書類に目を止め、大声で「ちょっと」と言う。立ち去りかけていた剛一を含むオフィスの一同が思わず緊張で立ち上がり、コミカルなアクションブリッジが鳴る。手に持った肩たたき機を振りながら（これにも「ポヨンポヨン」と擬音が付く）、「漢字読めないの」とネチネチ小言を言う浩子。

「ったく、よく吼える負け犬だわ」。化粧室で浩子の陰口を言い合う若いOL三人。準備稿には「最近、ああいう三〇代前半の女性は負け犬って言うじゃない？」と時代を感じさせるセリフもあった。原田監督は〈昔彼氏がいて、フラれたのでストレス肥りになった〉という浩子のプロフィールを噂話に挿入している。

「彼の名前がヒロシで、『そんなヒロシに騙されて』ポイされたって話よ」と笑い合う一同だが、そこへ憮然とした表情で入ってくる浩子。シンバル音が鳴り、一同は化粧箱を持ってそそくさと去っていく。「ったく、あんた達に昔の男の話言われたくないっつうの」と独りごちる浩子。

そんな彼女の日常への一服の清涼剤のように、爽やかでハンサムなメガネ男子・植田（演：市村直樹／脚本には「27歳」と書かれている）が経理室にやってくる。鳥のさえずりのような爽やかな音楽が流れる。オフィスの窓からは明るく陽が差している。

「仕方ないわね」と視聴者にも初めて見せる笑顔になり、彼の領収書を受け取る浩子。印鑑に念入りに息を吹きかけ、丁寧に押す。その姿がロングになり、部下のOL達も注目している。植田は女子みんなの人気者のようだ。去っていく植田が後ろの若い女子に手を振っていることに気付かず、彼に手を振り返す浩子。振り向くと、若いOL達は急に仕事をしているフリ。

カットが変わると、テーブルの上は、ハンバーグときんぴらごぼう、そして卵焼きが乗ったご飯の入ったお弁当（演出メモに「手作り弁当」と書かれている）の横に、魔法少女のコンパクトのような、呆れるほど少女趣味なミラーを開いて自分の顔を写す浩子。その背後に先ほどの植田の顔が写り込む。コンパクトをずらす浩子。植田の顔がドンピシャの構図で鏡に入る。こうしたさりげない場面に合成が使われている。

植田は若いOL達から、次の日曜日のハイキングに誘われていた。

鏡のフレームに植田と同僚のメガネ社員・井手（石田昌万）が写り込むと全景となり、そこが会社の休憩室だとわかる。浩子は彼らと離れた席に、ポツンと一人で座っていた。お弁当の傍らには野菜ジュースも置いてある。美容に気を使っているのだ。

「ダメダメ。こいつの好みは、ピチピチッとした若いコなんだってさ」と、おどけた調子で女子に説明している井手。脚本ではこの後、空気を読めない井手が「だから、俺、空いてるって、俺……」と女子に訴える声が空しく響くということになっていた。

それを背後で聞いていた浩子はコンパクトを閉じ「若いコ、かあ……」と呟く。手には数珠を巻いている浩子。

エレベータの上下ランプが灯き、中で「大島女史」と浩子の噂話をしている剛一と彼の上司であるセミ・レギュラーの島田デスク（日野陽仁）。エレベータには他の人間も乗っており、やや俯瞰気味の構図だ。やはりここでも、原田監督は浩子が昔付き合っていた彼氏の話題を脚本に挿入している。一緒に住んでいた男が出ていってから鬼のような性格になったと、ツノを立てる仕草をして剛一と笑い合う島田デスクだが、エレベータが停まり、人が降りると、当の浩子が乗っているのがわかり、またシンバルが鳴るのだった。憮然とした顔で見上げ、去る浩子に気まずい二人。

人にまぎれると見えなくなるという、小柄なさとう珠緒を活かした演出で、キャメラ前には長身の男性達を立たせていた。

▼部屋に残る〈痕跡〉

「邪魔だよ、オバサン」。コンビニでぶつかりそうになった男からそう言われながら、ふてくされた顔でスーパーの食品（演出メモには「おいなり」「おにぎり」とある）を物色する浩子。男のセリフは脚本にはなかった。彼女の不遇を強調したのだろう。

浩子の住むマンションの外観が映る。星空の下、犬の遠吠えが聞こえる。脚本では「築15年くらいのアパート」と書いてあったが、映像ではコーポになっている。

暗い階段の踊り場で一旦立ち止まり、億劫そうに上がる浩子。室内に入ってきて鏡に自分の顔を写し「どうせ負け犬ですよ」と口をへの字に曲げ、「フン」と言ってみせるのが、見ている側からすればかえってカワイイさとう珠緒であった。

間接照明が灯された部屋で寝っ転がり、金魚運動をしながら小顔マスクを着けている彼女は、テレビショッピングの声に合わせて、まるでアフレコするように同じ文句をアニメ声で喋ってみせる。「本当よ、このアフロディーテコンタクトに、ずっと片思いの彼を写しだした途端、わぁーお！　デートを申し込まれたの！」。この「アフレコ」シーンは脚本にはなく、演出メモに付加されていたものだ。

傍らにはお菓子と共に「長崎」「山梨」の観光ガイドもある。テレビで紹介されているのは、彼女が昼間開いていたあの銀色のコンパクト。値段は「8300円」と演出メモにあるが、画面上では出てこない。自分のコンパクトを見る浩子。「片思いからおさらば……か……」。

昼間、休憩室でコンパクトに植田の顔を写した時の事が一瞬、回想される。

「バッカみたい」。我に返ると、持っていたコンパクトを投げつける浩子。それがクマのぬいぐるみに当たって落ちると、コンパクトの鏡の部分が割れ、星形のポッチが外れて転がる。準備稿には「ひび割れるコンパクトに浩子が映る」と書かれていた。

コンパクトが叩きつけられたそのタイミングで、ベランダのパラボラアンテナがガタンと下がってしまう。テレビの映像が見られなくなり「またァ？」と立ち上がる浩子。

パラボラの不調は、脚本では彼女の行動との因果関係がつけられている。「浩子、今度はヨガボールに乗りながら興味深げにテレビを見入る。その時、ヨガボールから落ち、その勢いでボールが弾んで窓にドンとぶつかる。ガラス越しにアンテナが傾くのが見える」（脚本より）

だが原田監督は、因果関係を付けなくても、出来事のタイミングがたまたま合うことはあるのだという演出に切り替えている。

「ヒロシのやつ、適当につけやがって」。そう昔の男に毒づく浩子。このセリフは脚本に付加されたもので、原田監督が彼女の生活に〈昔の男〉の痕跡を付けようとしているのが窺える。それがオープニングに出てくるグローブと硬球の意味するものでもあった。

「万能レンチ、3980円で買ったやつがたしかこの辺に」と押し入れを探る浩子。色んなものがゴチャゴチャある中で、ヒロシのものであるバットも入っている。準備稿では、ここで初めて「昔の彼のグローブ」が視聴者に見えることになっていた。

道具を取り出してアンテナを調整、向きを変える浩子。だがテレビはうまく映らず、「だからアンタはダメなのよ」とパラボラをモトカレに見立てパンチを見舞う。このセリフも脚本にはない。パンチされ上向きになったパラボラの方向で、星空の一角に何かが光った。すると、砂嵐だったテレビの画面が映りだす。そこには星空から飛来するUFOが映っている。

「コスモ、テレビショッピンっ」とUFOに乗っていた司会者がかけ声。「ん……なんかいつもと違わない？」。肩叩き棒で肩を叩いたり、ポテチをつまんだりしながら、見慣れないテレビショッピングをやっている画面を見るともなく見ている浩子。

画面では派手な服を着た陽気な男（エド山口）が立っているが、足は地面に着いていない。辺りを舞う小型UFOと共に「地球の皆さん」と商品の説明を始める男。背景には巨大な地球の絵が。地球人向けの放送なのだろう。だがテロップで出ている電話番号の末尾は、いつものテレビショッピングと同じ「1147」だ。

今までの若返り商品には限界があり、それはみんな若く見せようとするものだったからだと言うしたり顔の司会者に「当り前でしょ」とツッコミを入れる浩子。

若く見せるのではなく、本当に若返るのだというその商品の名は、ワカワカリン。この薬の名前は準備稿では「ワカガエール」、決定稿では「ピチピッチ」だった。いずれにせよ、いかがわしい。もうちょっとマシな名前考えなさいよウソくさい……などと言いながら、もう子機に手を伸ばしている浩子。彼女は不満そうな顔をしながらも、通販を利用するのがやめられないのだ。準備稿では「あなたの人生が変わりますっ」と司会者が言うテレビに向かって浩子が冷笑するがふと真顔になるという描写もあった。

▼さとう珠緒、変身!

満天の星空、ミルキーウェイの下にある浩子のマンションに向かってキレイな緑色の光が弧を描いて降りてくる。演出メモには「星空からキラキラ光りが落ちる」とある。

光は浩子の部屋の前に、小さな円盤のような箱の形になって着地。そのまま時間が経過し、朝の鳥の囀りと共に戸を開け「なにこれ」と手に取る浩子。準備稿ではチャイムが鳴って玄関に出る描写があったが、原田監督はワンカットの時間経過にこだわった。「もう来たの」と驚く浩子。円盤のミニチュアのように足が伸びた鍋の中には、テレビで見たのと同じ「ワカワカリン」の瓶が五本入っていた。〈宇宙からの贈りもの〉というメッセージと共に。

「またこんなつまらないものを」と自嘲する浩子。まだ効果も確かめないうちから溜息をつくところがリアルである。彼女自身、通販依存症になっている事に気付きながらも、抜け出せないのだ。

ワカワカリンをコップに注ぐと出る蒸気は合成で「湯気素材」が足されることが演出メモにある。色はまるで青汁のようにも見える。「まずい」と、飲む浩子のモノローグ。〈宇宙からの贈りもの〉というメッセージ(旧『ウルトラQ』3話サブタイトル)に合わせたように、このシーンでは旧『ウルトラQ』のBGMやブリッジが使用されている。

次のシーンは翌朝。浩子の視点で彼女の足元が映り、着ていた服が下にずり落ち、彼女の生足があらわになる。「もうなんなのよ」。そのまま服を蹴っ飛ばすと、ベッドの隅に置いてあったメガネが下に落ちる。

既にたくさんの服を着ては寸法が合わなかったようで、辺りに散らばっている。足元に落ちたメガネをバリンと踏んでしまう浩子。「あ～やっちゃった」。イラついて足元に転がるクマのぬいぐるみをつい二度ばかり蹴る。ぬいぐるみは音が出る仕掛けで、その度にキイキイいう。

「あれ～、7号ぴったり。いいかこれで」。ぴったりの服がやっと見つかったようだ(「7号」という言葉は脚本段階にはない。監督インタビューを参照のこと)。花柄模様で、準備稿には、これは大学時代に着ていたもので、彼女の持ち物としては今より派手な服だという説明があった。

さてここまでこのシーンに映っているのは、ずっと足元だけである。それは浩子自身の視点で、演出メモには「一人称」とある。

「なにこっち見てんのよ」。出社途中、オフィス街で窓に映る自分が別の人間のように見えて立ち止まる浩子。その顔は昼より下しか写されない。また窓に写った姿も、視聴者にはぼんやりと提示されているのみ。原田監督は台本に「写り」と書いてその微妙な見え具合を気にしていた。

「私だ……」と呟く瞬間が繰り返され、浩子の眼と口元がアップになり、そしてバストショットになる。ここで初めて彼女の顔がハッキリと映る。若く美しい姿になっている浩子。演じるさとう珠緒の当時の年齢通りの姿になっている。

コスモショッピングの「本当に若返る薬なのです」というCMが彼女の脳裏に蘇る。

「うそ……メガネないのによく見える」と浩子は窓に写った自分を見ながら顔そして身体をまさぐる。思わず天に向かって、キラキラした瞳で「やったー!」と万歳するくだりは脚本になく、付加されたもの。若さが蘇ったキラキラ感を強調している。

社内の廊下を溌剌と歩いてきた浩子。若いOL・智美に「おはよう」と声をかけて通り過ぎる。通り過ぎてから浩子と気付き、立ちつくす智美。先日から浩子を疎んじていた三人組の一人だ。

場面は経理室になり、伝票を持参した井手が怒られながらも、浩子の美しい姿を見て息を呑んでいる。右田昌万のオーバーな演技が楽しい。「仕方ないわね。今回だけよ」とニッコリ笑って判を押す浩子。ハープを奏でるような音がする。

同じフロアの一角で例のOL三人組が「恋でもしたのかしら」「今更、恋なんかで痩せる?」と浩子の噂話。準備稿ではこのくだりは別シーンであり、洗面所になっていたが、同じ場所にすることで連続感を生みだしている。

剛一も、笑顔でニッコリしている若き浩子に驚く。

会社帰りの夜道でも、若者達から次々と声をかけられる浩子。スカウトマンの中年男が、部下であるアタッシュケースを持った男性に「百点!行ってこい」と仕わし、横断歩道を渡ってくる浩子に「芸能界にご興味とかございますか」と訊ねる。このスカウトシーンは脚本にはなく、原田監督によって丸ごと書き起こされた。

中年男も「完璧ですよお嬢さん上から下まで」と加勢するが、浩子は相手にしない。しかしモノローグでは「私の運命は変わった」と胸いっぱいだ。スターになったかのような笑顔で「ごめんなさい、失礼します」と立ち去るのだった。

夜道は渋谷NHK付近で撮影。実際にも芸能人の卵やその予備軍が行き交う場所である。

▼世界は私を待っている

G・M・Jの社屋に「一週間後」とテロップが出る。

浩子のデスクにあるパソコンの画面が映し出される。メールが三つ同時に開くのは、この当時はまだパソコン描写にぎこちなさが見られたテレビドラマにおいて、パソコンに精通していた原田監督ならでは。「突然のメール申し訳ございません」「18時ぐらいに、隣のビルの喫茶店でお待ちしています」「前々から一度ゆっくり話がしたいと」と、お誘い攻勢だ。

智美がその画面を覗き込み「大島さん、スゴイですね」と感嘆。智美の無遠慮な態度さえ意に介さず、立て肘で画面を見てニンマリする浩子。その胸にはパワーストーンのようなペンダントが。「困ったものね、社内メール私用で使うなんて」と言いつつ笑顔だ。

背後では、智美はじめ室内の一同が注目しているが、フト浩子が振り返ると知らん顔で職務に戻る。そこへ新たにメールの着信音がし、一同は背後で一斉に立ち上がる。

歌を歌う場面こそないものの、まるでミュージカル映画のような、その場にいるみんなが一緒に動く弾みのある演出だ。

メールは営業部の植田からだった。そう、浩子が憧れているイケメンだ。「ご相談したいことがあります」「内密にお話したいので」「十時に屋上へ」との文言にときめく浩子の顔のアップ。メールの文面は途中まで植田の声で浩子に聞こえていたが、次第に浩子の声で読み上げられ、その声はうわずり、やがて叫ぶようになる。その間も、彼女の心臓のバクバク音が徐々に早まっていく。その頂点で「ごくり」と喉を鳴らす浩子。

この「ごくり」は演出メモから指定されている。原田監督の得意とするディテールだ。

中CMが終わり、屋上の戸をおそるおそる開く浩子。植田が待っているのが見える。「ホントにいる!」と、髪を直す仕草をしてから勇んで向かう。準備稿ではこの前に、階段を登りながら「自信を持つの、自信を持つの」と自分に言い聞かせる浩子の姿が描かれていた。

屋上からの景色の広がりがやや俯瞰気味に捉えられ、落ち合う二人の遠くに高層ビルが映る。まるでデートタイムの眺望のようだ。夢のような音楽が流れる中、「恥ずかしくて、人目があると言えないんで」と、懐からなにやら取り出そうとする植田。「ウワー」と内心の声が視聴者に聞こえ、喜ぶ浩子の表情が倍速で捉えられる。「ラブレター?」。脚本でこの内心の声は「指輪かしら?……そんないきなり」となっていた。

またもやバクバクと心拍音が高まってくる。彼女の目線で、爽やかな笑顔とともにスローモーションで胸元から何かを出す植田。「えっ」。

演出メモには「白い封筒」と記してあった。映像では、そこから紙の束がハミ出して見える。彼が差し出したのは先月の出張経費。下の道路にちょうど通りかかったのであろう、車のサイレンが聞こえ、急に現実音に囲まれる浩子。呆気にとられる彼女の手に領収書を持たせ「よろしくおねがいします」と去っていく植田。「なにこれ」と確認すると、遊園地の領収書なども入っている。しかもそこで、ちょうど先輩の井手から合コンに誘われている植田を見てしまう浩子。「すみません」と誘いを断る植田に「なんでだよ、お前、若くてピチピチした子が好きだって言ってただろ」となおも食い下がる井手。スイカップの子もいるんだぞという右田昌万のアドリブには時代を感じさせられる。

「なによ若い子若い子って。こうなったら絶対に振り向かせてやる」。場面は給湯室になり、浩子の脇には空になったワカワカリンの瓶が……。頭の上から黄色い光がまとわりつき、メリーポピンズのように浩子をグルグルと包む。虹のようにカラフルな色が混じる。演出メモには「グリーンのせ」とあった。

空っぽになった湯呑みがアップになり、旧『ウルトラQ』のブリッジが鳴った。それは次の大いなる変化を前にしたアクセントである。

▽少女であることの受難

この後、G・M・J経理部に場面が移るが、この場面、誰かの主観カットとして描かれることが脚本から書かれている。しかしいつもの浩子の目線にしては周囲の反応がおかしい。目線を低めに覗き込み「そこでなにしてんの?」と問うてくる智美達。明らかに周囲の方が背が高いのだ。「ここはあなたのような子が来るところじゃないの」。やがてガードマンが駆け付ける。

ここまでが主観カットで、次にG・M・J社玄関へカットが変わり、警備員につまみ出されていたのは一人の少女だった。「お嬢ちゃん、大抵にしないと警察呼ぶよ」

少女はオフィス街の窓ガラスに写った自分の姿を見て愕然とする。脚本では車のバックミラーに写ることになっていたが、原田監督は、前半で浩子が初めて若い姿に変身したことを知る場面と同じ場所にしている。演出メモにも「同じガラス」と書いてある。場所を反復することで主人公の行動空間を視聴者に馴染みやすくさせている。それは浩子が働くG・M・J社の経理室はもちろんのこと、同社のエレベータで乗り降りする描写の反復にも表れている。

窓ガラスに向って自分の顔をまさぐる描写もまた前半のそれの反復である。そこで、自分が少女になっていることに気付く浩子。脚本には「まるで中学生だ」と戸書きがある。

ほっぺに手を当てて「これが私? どうしよう!」と言う声はさとう珠緒のままだ。原田監督は、少女の姿になった時ともイメージが繋がるように、前半から浩子のモノローグを強調していたのである。少女の浩子役は当時一三歳の野口清香。監督は演出メモに彼女の身長「153㎝」を記している。

ビル街が夕陽に染まる景色(脚本には「遠くに超高層ビルが夕陽に染まる」とある)が映し出され、次のシーンにブリッジ。その前に脚本では、「何とかしなきゃ」と公園で一人佇み、焦る浩子の場面があった。財布も定期入れも家の鍵も会社に置いてきてしまった彼女が、身も心も子どもに戻って途方に暮れていたのだ。ここはアフレコ台本にバッテンが引かれているので、撮影まではされたことがわかる。放映時間と全体のリズムに合わせてのカットだろう。シーン尻の夕陽のみ完成作品には残されている。

夜になり、街を彷徨する浩子。男達からジロジロ見られ、逃げるように早歩き。この場所は脚本では「センター街辺り?」と書かれてあったが、原田監督はそれを斜線で消し、浩子が先日スカウトされたNHK近辺の同じ場所にしている。

そう。ここにも場所のリフレインが見られる。当然先日の二人のスカウトマンがまた出てくる。演出メモには若い方の「今日はいい子いませんねえ」というセリフもちゃんと書かれてある。「アレでもいいよ」と浩子を指す年長の男に「子どもじゃないすか」と訝りながらも横断歩道を渡ってくる浩子に声をかける若いスカウトマン。

「あ、こないだの奴だ」と気付く浩子のモノローグ。「誰でもいいんだー」と傷つく。

夜の街の好奇な目や誘いからなんとか抜け出し、静かな路地に駆けてきたが転んでしまう少女浩子。そこへ、手が「大丈夫?」と差し伸べられる。それは憧れの人・植田であった。思わずその胸で泣く少女浩子を、爽やかな笑顔で受け止める植田。

シーンが変わると、浩子は植田にレストランに連れてってもらっていた。プリンのアップからこの場面は始まり、テーブルにはパフェやジュースも置かれている。脚本には「子供っぽいものばかり」とあり、「植田が注文した」という注釈的な戸書きもあった。やがて明らかになる植田の正体の伏線でもあった。

「よっぽどお腹が空いていたんだね」。そう言ってくれる彼をカラフルな色のチョコパフェ越しに見る画面に「やっぱり植田くんは思い続けてた通りの人だわ」とのモノローグが重なる。

なんてお礼をすればいいかと言う浩子に「そうだなあ、終電もなくなったことだし、行こっか」と、爽やかな笑顔が急にいやらしくなる植田。植田は「解ってるだろ」と距離を縮めてくる。

この時、浩子の脳裏に以前耳にした井手による植田評が蘇る。「こいつの好み、ピチピチっとした若い子なんだってさ」と言う井手役右田昌万の顔が歯ぐきまで見えるドアップになる。回想場面なのに、かつて遠目に見ていた時とは構図が違うことでそのグロテスクな意味合いを強調している。と同時に、右田昌万の三枚目ぶりで出来事の本質的なグロテスクさを救ってもいる。まさに三段活用だ。

手まで握ってくる植田に「マジー?」とモノローグ。当然逃げだす浩子だが「ちょっと待って」と追いすがる植田。

浩子は逃げたまま公園にやって来る。追手が来ないか振り返った際に背中からぶつかってしまった相手は、立木の根元でホームレスたちを取材していた剛一だった。

続けて、にやついた顔のまま追って来る植田は、そこに剛一がいることに当惑する。事情がわからず「俺？　取材だよ」と応える剛一に「帰んなきゃ」とごまかし踵を返して逃げる植田。「ありがとう……剛一くん」と言って去っていく浩子に「剛一くん？」と少女が自分の名を知っていることに訝る剛一。

▼宇宙人の正体は？

「あいつだ」。渋谷駅前のスクランブル交差点で、エド山口演じるコスモショッピングの男を見つけた浩子。場所は脚本から書かれていた。演出メモには「盗み」とあり、隠し撮りを指している。交差点の中央で人を捜している風のその男。脚本で彼は、地球での商品購入者の満足度調査に降りてきたという設定になっていたが、完成作品でその説明はない。

「ちょっとアンタ、騙したわね！」と横断歩道を横切って駆け寄る少女浩子。脚本ではしばらく後をつけることになっていたが、映像ではより彼女の勢いを見せている。

また脚本では、二人の会話に「テレビショッピングのような拍手や笑いが起こる――けれど、通行人等には聞こえない」というト書きがあったが、わかりにくくなるという判断からだろうか、採用されていない。決定稿まで残っているところをみると、直前まで検討されたのかもしれない。

「よしなさいって」と言いながらも浩子に引っ張られていく男。テレビショッピングではスタジオの中で違和感のなかったエド山口の派手な衣装が、渋谷の街では浮き上がって見える。

「商品に何か不都合がございましたか？」と言う男に「見てわかんないの」と詰め寄る浩子。若返っているじゃないかと言う男の首を片手で絞める。脚本には「掴みかかる」とあるが、小柄な少女の細い手が大柄なエド山口の首を下から掴むのは、どこか可愛らしい。「早く戻して」と迫る浩子に、男は前回と同じ九千八百円で「モトニモドオーレ」という商品を提供すると言う。「モトニモドオーレ」との名前は脚本にはない。元に戻る方の薬も名前が付いていた方がいいと考えての付加だろう。

「金取るわけ？」と怒る浩子。「いやしかし、私どもに不手際は……」と言ってしまい、また浩子の片腕に首を絞められる男であった。この時の浩子の「この野郎！」という脚本にない叫びは演出メモから書かれてある。「おしゃれ小鉢も今回お付けするということで、いかがでしょうか」と言う男を「そんなのいらないわよ。いいから早く！」と浩子は揺さぶる。

男が仕方なく出した瓶を受け取り、首を絞めていた手を離すと、そのまま宙に浮かび上がる男の姿までワンカットで描かれる。カットが変わると、合成で星空をバックに浮かび上がる男。「商品は完璧なのにクレームとは……ったく、この星の生き物は……」とボヤきながら彼の姿はミルキーウェイの彼方へと去っていく。

男の背後には月のような白い光が浮かんでいたが、よく見るといびつな形に歪んでいる。彼を迎えに来たUFOなのだろうか？

地上では浩子がその場ですぐさま瓶の中身を口に入れる（脚本では近くの公園に行って、一人になった後で飲んでいる）。演出メモには「一気のみ」とある。再び身体にキラキラと光がまとい、同じ服のままさとう珠緒演じる姿に戻る浩子。

そこへ天空から舞い飛んできた何かの光がアップになると、それがおしゃれ小鉢であることがワンカットでわかるCG場面。手に取る浩子が蓋を開けると、小鉢の底にはエド山口の顔がイラストで描かれていた。空から「毎度ありがとうございます」と声が聞こえてくる。ここは脚本になく、足されたものである。

▼最後まで楽しく⁉

G・M・J本社の外観カットを挟み、経理室の場面になる。今日も剛一が浩子のもとに来て「本当に深夜まで取材してるんです！」と、張り込み時のハンバーガー代をお願いしている。いつものコワモテとは打って変わって「遅くまでご苦労さま」と判子を押してくれる浩子に呆気にとられた後「ありがとうございます！」と一礼して剛一は去る。

入れ違いにやってくる植田。脚本には「媚びたように来る」とある。それは彼女の主観だろう。もう浩子にとって植田の笑顔は爽やかさの象徴ではなくなっているのだ。

接待交際費の項目を冷たい目で読み上げる浩子にドラム音。「チョコレートパフェ、プリン……この取引先の方、変わってるわね」。

渋谷でのロケ中。中央がさとう珠緒。金子修介監督(左)とキャメラマンの髙橋創(右)がエキストラ出演

脚本には「昨夜のレストランのレシート」と説明がある。浩子は領収書を容赦なく破く。「それからこの間のあれ、もう締めちゃったからダメみたい」。そう追い打ちをかけ「ごめんなさいね」と優雅に領収書の束を突き返す浩子に、泣き笑いで去る植田。脚本にはこの後「もうっ、懲り懲り」と呟く浩子のモノローグがあった。次に「そう。いくらなんでも浩子さんは懲りたと思いましたが……」と番組ナレーターである佐野史郎の語りが入る。

再び犬の吠える中、満天の夜のマンション外観カットになり（演出メモでは夜空からキャメラを振り降ろして建物が映ることも考えられていた）、自宅で足踏み機を使った運動に精を出す浩子の姿が映し出される。「あー、身体が軽い」と、良い調子の浩子。「ワカワカリン二本飲んだら中学生になっちゃったけど、モトニモドオーレ一本飲んで……これならお得よね～」

つまり彼女は一段階若返った姿に定着したのだ。これは脚本には書かれていない展開だ。脚本での彼女は元の姿に戻っていた。

「ああ、でも笑い話ではありませんよ」。そう佐野史郎のナレーションが入り、ベランダのパラボラ越しの星空にグッとワープして、宇宙空間に飛来するたくさんのカラフルなUFOが映し出される。「今、あなたの見ているこのテレビにも、怪しいテレビショッピングが映し出されているかもしれません。そんな時は、決して衝動買いなさらないように……ご用心ご用心」。

UFOの中の一つが手前に迫ってきた。コスモ・テレビショッピングのUFOである。UFO内ではあの司会者が「さあ今夜もあなたに最高の商品を、おとどけしま〜す！」と地球人に呼びかけている(このくだりは演出メモで付加)。その顔が一旦フェイドアウトするとスタッフ表記のクレジットとなり、演出メモに「さとたまグラフィティ」と書かれてあったように、さとう珠緒の場面を中心にいくつかシーンが振り返られていく。若返った彼女がアクセサリを胸に付けてはしゃぐのを経理室のみんながうしろから窺うくだりなど、劇中では使われていない場面もある。

そしてこのエンディング内において、足踏み機から降り、コスモ・テレビショッピングを見る浩子が再び映し出される(脚本では、忙しくて海外旅行にも行けないOLのための「ドコデモイケルノンビリスゴセール」という商品であると説明がある)。

名場面集の途中で電話の呼び出し音が被り、やがて子機を耳に当てている浩子の姿で終わる。「もしもし、地球の大島ですけど。はい、ドコデモイケールノンビリスゴセールを一つ」

明るく溌剌とした表情だ。そこに「この物語はフィクションです」とテロップが出る。これは毎回のフォーマットで、原田監督は演出メモに「フィクションテロップ」と忘れないように記している。

〈変身〉譚は、旧『ウルトラQ』にもズバリ「変身」という題の、人間が巨大になる回があったが、もともとは「川の水を飲んだことで変異する」という昔話を参考に発想され「姿形が変わっても男女の愛は変わらないのか」をテーマにした話だった。「午前2時の誘惑」はそのライトコメディ版と言えるのかもしれない。

▼原田昌樹、語る

原田　『ウルトラQ 〜dark fantasy〜』を撮影したのはたしか二〇〇四年でした。その前の年の暮れに、円谷プロの表(有希子)くんが、この作品からプロデューサーになるというので、話をもらったんです。それまで、脚本の太田(愛)さんと僕とのコンビって、円谷プロの中では一年に一本くらいしかやらせてもらえないという制限がなぜかあったらしいんです。勝手な事をしすぎるということなのか(笑)。でも、このシリーズは、太田さんとのコンビで何本かやってくださいということで話をもらったんです。

シリーズの頭は八木毅くんが監督するので、その後で、二回か三回ぐらいは撮ってもらいたいと思っています、という話でした。

あと、当時円谷映像にいた今井(朝幸)ちゃんというプロデューサーと話した時に、「原田さんは、ウルトラマンがいない方がやりやすいでしょ」と言うから「まあねえ」みたいな話になって、じゃあ太田さんと『df』用のホンを、いくつかやりましょうと、少し動き出していたんです。

僕が入る前に八本くらい作っていたんだけど、ちゃんとしたゲストを呼びたいという話になったらしく、「あるゲスト用に一本書いてもらって撮りたいんですが、やってもらえますか？」と電話が掛かって来て、さとう珠緒が四日間捕まると言われたんです。『df』でさとう珠緒って面白いキャスティングだし、珠緒ちゃんとは一度組んでみたいと思っていたから「いいよ」って話になって、急遽ローテーションが変わって、さとう珠緒で一本、もう一本は太田さんと「送り火」をやることになったんです。

この「午前2時の誘惑」は、篠原(高志)くんというシナリオライターの方と成城で初めてお会いして話をして、本当に短期間、一週間くらいでホンを書いてもらいました。

篠原さんは、もともとウルトラとはまるっきり関係のない人で、旅行会社に勤めていた畑違いの人だったらしいんです。実はそこで知り合ったのがきっかけで、後に僕は『旅の贈りもの　0：00発』を彼と一緒に作ることになるんです。とにかく、そういう経緯で、「午前2時〜」はさとう珠緒ちゃんありきでやりました。

――『ウルトラQ』と言いつつ、あんまり恐い話という印象じゃありませんね。

原田　だからどう考えても「ダークファンタジーじゃなくてダークコメディか？」なんて言ってたんです。清水厚さんとか、他の監督にはホラー系の話のうまい人がいっぱい来てたから、そういうのじゃなくて、一本ぐらいコメディっぽく楽しめるのがあってもいいじゃないかという感じでやりました。

これはたしか、オンエアした段階では、一番視聴率が良かったんです。たぶん、『df』の中で、これが唯一のコメディだったんです。「ウニトローダの恩返し」(8話、監督・北浦嗣巳、脚本・上原正三)をコメディと言うかどうかは別にして、純粋なコメディはこれしかなかった。

――この話と「送り火」が制作ナンバーでは9、10話になってますが、実際の放映では逆でしたね。

原田　コメディタッチの作品を早めに入れた方がいいってことになったんじゃないのかな。

――出来あがった作品は台本よりもコメディになってますね。

原田　珠緒ちゃんだから出来たというところがだいぶあります。彼女は本当に頭の良いコで、こっちの言ったお芝居の意味をすぐわかって全部やってくれました。明るくて現場もとても楽しかったです。芝居の思い切りがとにかくいいんです。性格的には男の子みたいで「イエス」「ノー」がハッキリしている。あの後半の「ぶりっ子キャラ」は、完全に自分で作っているキャラですね。

――薬を呑んで若返ってからですね。

原田　十代の頃に所謂モデルっぽいところから出て来て、戦隊ものをやって、それからバラエティに行っているから、いま自分が何を求められているかをよくわかっている人でした。

――さとう珠緒グラフィティですもんね、ドラマの内容自体が。

原田　そうなんです。前半の役柄のブスの方の時も、ちゃんと細かいディテールを考えてました。もともとは「どうやってさとう珠緒をブスに見せるか」というのがテーマだったけれど、彼女は自分でオバさんっぽい歩き方とか喋り方を研究してきて、「こういう感じですよね」と僕に見せてくれました。

――だぶだぶのスーツみたいのも着てましたよね。

原田　裏設定では、彼と別れて、やけ食いして太って一生懸命ダイエットしようとしている。「もしパンパンに見せたかったら、子ども用サイズの服を着たら、そういう風に見えますよ」と彼女、言ってました。五号ぐらいの子ども用サイズを着ると所謂ボン、キュ、バンっていうグラマーに見えるんだそうです。

――さとう珠緒さんが言うんですか？

原田　ええ。「あ、そんなこと言う人珍しいな」と思って。

――自分を客観視し抜いているんですね。

原田　すごく気さくで、話しやすかったですね。

撮影を終えた時にプロデューサーの今井くんから言われたのが

「原田さん、これはさとう珠緒の正しい使い方ですよね。さとう珠緒ってこういう風に使えばドラマで生きるんですよね」と。

――前半のオバさん的な方が魅力的に感じられました。

原田　そうですそうです。そっちはちゃんとお芝居をやってる。可愛くなった後は素に近くなっちゃうからかもしれないですね。

――オフィスの中の演出も面白かったです。彼女が「ちょっと」って言っただけで全員がパッと起立したり。

原田　色んな人間をキビキビ動かしたりするのは好きなんです。あそこまでしなくても、話の進行としては成立するんですが、面白味という面では、そういうところを遊んであげた方がいい。

　あと、現場で率先してブス役を作り込んでくれる珠緒ちゃんを見てると、こっちもどんどん発想が浮かんで来るんです。

――満員のエレベーターの中で剛一達が彼女のことを噂してたら、奥から本人が出て来るシーンも面白いですね。

原田　(笑)。彼女は小柄だから簡単に隠れる。そういう遊びが出来た作品でした。現れる時にドラムのブリッジをかけてみたり。

――美顔マスクをしながら商品説明を諳んじるところも、何度もこの通販番組を見ているんだなあという感じが出ていました。ああいう顔が出ないシーンでも抵抗なくやってくれるんですね。

原田　そういう人だから、こちらの狙いがそのまま出来る。

――話の方向性は一から決められたんですか？　それとも原田監督に依頼が来た段階では台本がもう出来ていたんでしょうか。

原田　篠原くんが宇宙ショッピングネタをプロットで持ってきていたので、テレビショッピングみたいな感じでなんかやろうと言って、二週間で書いてもらった。シャレでいいんじゃないのと思って、「宇宙からの贈りもの」というメッセージを付けて(笑)。

――昔の『ウルトラQ』のサブタイトルですね(『ウルトラQ』3話「宇宙からの贈りもの」監督円谷一、脚本金城哲夫)。

原田　そうそう。美術の内田(哲也)くんと話していて、宇宙から来るから「宇宙からの贈りもの」でいいだろうと言って決めたと思います。空から降ってくる流れ星みたいな描写もあったから。

――ヒロインのマンションに星空が合成されたり、若返ったりする時にまとわりつく光は『メリー・ポピンズ』っぽい感じでした。

原田　〈ダークファンタジー〉というよりも〈ファンタジー〉の方に振ったんです。だから、なるべくきれいなキラキラした感じのにしてもらいました。その意味でもこの一本は、シリーズの中で変わっているはずなんです。色使いもポップな感覚にしたかった。

　最後のUFOも、CG班に「なんでもいいから、可愛らしい衛星をたくさん飛ばして」と。宇宙のあちこちで売ってるんだよと。

――小道具の銀色のコンパクトも魔法少女っぽいですね。

原田　テクマクマヤコンですね。ああいう話は、ウルトラマンよりファンタジックに出来るんです。戦わせる必要はないわけだし。

――シナリオのヒロインの家は結構古そうなアパートでしたね。

原田　実際に撮った場所も古いマンションなんです。新宿の柏木町だったかな。最初は『神田川』みたいな、川沿いの古いアパートを捜したんですが、もうそんなのはなくて。あのマンションは表だけロケして、中はセットを作ってもらった。珠緒ちゃんの日数も限られていたから、パラボラがカタンと傾いたりするのも、セットを作っていっぺんに撮りました。

――セットは結構飾り込んでありましたね。競馬馬のぬいぐるみもありましたし。

原田　珠緒ちゃんは競馬ファンだったんです。昔、フジテレビで競馬番組の司会をやっていたことも知っていたから、ちょっと競馬も好きな女の子みたいな風にしたんですね。

――野球のグローブや球も出てきました。

原田　彼女の裏設定として、元野球部のマネージャーで、その時の彼氏と長く付き合って振られて……というのがあったんです。

――あの彼氏の話はシナリオの段階ではなかったですね。

原田　そうそう。フラれてオールドミスになったことにしていたんです。もともと、あのマンションには、ヒロシという彼氏と暮らしてたんです。ヒロシがあのパラボラをつけてくれたんだけど、何事もいい加減なやつで、自分を捨てて出ていって、そのパラボラもすぐガタンとなる。そういう裏設定をたくさん作って、随所で自然に見えるように出したんです。

　セールスマンはエド山口さん。エドさんだったら、ああいう嘘っぽいキャラもなんとなく、妙な説得力がある。

――おしゃれ小鉢も出てきましたね。

原田　あれは、おまけで落っこってくるんですよね。

――エドさんの顔が底に入ってましたよね(笑)

原田　ヘンテコリンなキャラクター商品にしてね。円谷プロのデザインの人が、サブタイトルのロゴを全部デザインすることになっていたんで、いくつか作ってもらって、ロゴも遊びました。

――スカウトマンの中年役で金子修介監督も出られてますね。

原田　少女の姿の時と二回出てくる。中学生になっても声をかけている(笑)。「僕はロリコンじゃないですよ。僕は熟女好みなんです」って金子さん言ってたけど。

　これ舞台が渋谷だったので、最初は渋谷の雰囲気を出したくて、役者でそれらしい人いるかなと考えてたんです。そしたらたまたま、僕にその時ついたスクリプターさんが、金子組の映画にもついていた人で、彼女が「金子さんってああ見えて、意外と出たがりなんですよ」ってボソっと言うから聞くだけ聞いてもらったんです。そしたら金子さんが出てくれた。「衣裳はどんなのがいいの？」とか言って乗ってくれました。「ギャラは？」と聞かれたんですが、「いや、ギャラないんですけど」って(笑)。

　金子さんはたしか僕の前の『df』3、7話を撮っていて、その仕上げをやっていて、スケジュールがたまたま空いていたから来てもらったんです。衣裳も自前で来てくれて、楽しそうに演って楽しそうに帰っていってくれました。

――植田と話す屋上は、見晴らしのいい場所でしたね。

原田　エイベックスの屋上ですね。Ｇ・Ｍ・Ｊの中も全部、青山のエイベックスで撮っているんです。

――シナリオでは、元に戻った彼女が最後まで買い物依存症も治らないというほろ苦い感じで終わりましたけど、完成作品では一本ぶんだけ若返ったままでしたね。

原田　そう。得しちゃったという。この子は幸せに生きて行けるだろうなあみたいな。

――さとう珠緒さんの逞しさというか。

原田　ラストカットは珠緒ちゃんのアップで終わっている。だから二重になってるんです。「ドコデモイケール」が次に売り出されて、ドラえもんの「どこでもドア」みたいに、あちこちにすぐ旅に行けるOLの憧れの商品を発注するところで終わる。

　最後のシーンの本番一発目で珠緒ちゃん「はいさとうです」って言っちゃって、みんなで大笑いしてました(笑)。まあ、他愛もない、楽しい話でしたよ。

作品解説

「送り火」10話　▼二〇〇四年六月八日放映

脚本：太田愛　**撮影**：大河勇
ゲスト：上條誠（ヒタキ）、阿部渡（医師）、亀田雪人（クラウンの老人）、若葉要（吉田看護婦）

▼ストーリー

深夜の病院で入院患者が変死する事件が相次ぐ。

事件現場で目撃されたのは謎の黒頭巾の男。

真相を明らかにすべく調査を始めた剛一と涼だが、ある日涼は空腹に倒れた身寄りのない少年ヒタキと出会い、自宅に保護する。

そこへ渡来教授が「送り火」と呼ばれる、歴史の闇に葬られた異能の一族のことを話す。その一族の使命は〈人を安らかに死なせること〉だと言う。

黒頭巾の男はその一族の末裔なのか？　そして謎めいた少年・ヒタキに隠された秘密とは？

▼これぞモダン・ホラー

スクランブル交差点を行き交う人々の俯瞰ショットと、黒バックで赤、白、黄の色とりどりのボールをジャグリングする手が交互に示される。クラシックギターのイントロにフルートの主旋律が絡み、どこか懐かしいBGMが流れる。

そこへナレーションが。「今、あなたが見ている人々は、百年の後にはだれ一人この世にいません」

人々の姿が消え、誰もいない交差点が空舞台のように映し出される。この後、夕陽が落ちる海の情景カットの挿入が準備稿に手書きでメモされ、演出メモにも記されていたが、完成作品ではなくなっている。

「誰もが、自分の死を経験するのです。勿論あなたも――」

高層ビルの中の一角（住友ビル内でロケーション。脚本では「夜の公園の街灯の下」となっていた）でジャグリングしていた老クラウン。陽気で派手なメイクをしたタキシード姿だが、優雅な物腰で正面に一礼すると、スッと消えてしまう。

ナレーションは続く。「その時、あなたは誰に側にいてほしいですか？」。サブタイトル「送り火」が正楷書体で浮かび上がり、背景が暗転する。


オープニング音楽が始まり、舞台は病院へと移る。ナースステーションから病棟の見回りに出る看護婦。暗い廊下に懐中電灯だけで歩くその足。そこに「これは、人を死へといざなう〝不思議な送り火〟の物語」というナレーションが被さる。看護婦の足元に何かが舞う。それは花びらだった。

気付いた彼女が風の来る方向を見ると、ベランダに続く非常扉が開いており、そこには花びらを散らす桜の木が夜の闇に浮かび上がっている。

戸を閉める看護婦。窓に写り込むショットも含めて、桜の木は合成処理によるものだ。

すると「ピーッ」と音がして、慌てて看護婦が近くの病室に赴くと、呼吸心拍監視機のモニタがフラットになっている。傍らで老患者が目を瞑り横たわっていた。その身を揺さぶる看護婦。報告のため内線電話の受話器を取った彼女が、ある視線に勘づいて振り返るショットが二段階のサイズで繰り返され、やがて彼女の眼の中に写る何者かの姿が提示される。頭部に頭巾を被った「何者か」のクローズアップに思わず悲鳴を上げる彼女。

そうしている間にも、夜桜は静かに花びらを散らしていた――。桜の木のショットは脚本にはなく、演出メモで指示。ただ、看護婦の足元に桜の花びらが流れてくるくだりは準備稿から存在している。

前回のコミカルな調子と打って変わったこのオープニングは、『df』が本来目指した〈深夜に見るモダン・ホラー〉の王道を行く静かで怜悧、そしてリズミカルな出だしだ。

▼記憶のない少年

「死を呼ぶ黒い頭巾の男！」と、病院患者変死事件の見出しが載る新聞を閉じ「もう四件目だ」と呟くのは本番組のレギュラーヒロイン楠木涼（二五歳／遠藤久美子）。フリーのカメラマンだ。

ここは帝都大学にある渡来教授（五四歳／演・草刈正雄）の研究室だ。ソファに座る涼に淹れた紅茶を運んでくる教授。脚本には「英国風の紅茶」とある。映像では、三段の皿それぞれにスコーンが乗せられたケーキスタンドも、盆の上に載っている。

この事件では関係者に異様な緘口令が敷かれていると言う涼に「食べる？」とスコーンを勧める教授。「あま～っ」と無音で表現し、ひと口だけで置きながら、黒い頭巾の男については色々な噂が飛び交い、既に都市伝説化していることを教授に告げる。この「噂」が何かは説明がないが、脚本には「頭巾の下は狐の顔だの、昔、病院で死んだ用務員の幽霊だの」と説明されていた。

その頃、番組のレギュラー・ヒーローである剛一は週刊誌記者として渋谷警察署に出向いていたが、刑事の玉木（影丸茂樹）はそっけなかった。玉木はト書きに「野心満々のエリート刑事」と紹介されている。今回が初登場で、その後も数回登場。原田監督が担当する13話にも登場した。演じるのは『ティガ』のシンジョウ隊員役以来の影丸茂樹。

旧知の仲である検視官の大盛が空に伸びをしているところを呼び止める剛一。しかし「実はですね」と言っただけで「ハイそこまで」と玉木に制止されてしまう。大盛は準備稿では〈巨漢の検死官〉と書かれているが、原田組常連俳優であるそう大柄ではない飯島大介が演じている。のほほんとしてそうに見えながら目つきに鋭さを見せる飯島大介の味わいを活かしたのだろう。

涼とカフェテリアのテラスでテーブルを囲み、取材に実りがなかったことをボヤく剛一。だが涼は成算があるらしく、笑ってみせるとパソコンで地図を出す。黒い頭巾の男は北西に移動しているとし、次に事件が起こるのは「聖ペテロ三世病院」だと探偵ばりの仮説を開陳。これから張り込むのだと意気揚々の涼。

場面変わって、涼の愛車である赤いスバルが正面から捉えられ、運転している彼女が見える。そこへ正面に人影が見える。涼が慌てて急ブレーキを踏んだので轢かずに済むが、その場で昏倒してしまう人影に、車を降りて「大丈夫ですか」と駆け寄る。倒れた人物は〈17歳ぐらいの少年〉と脚本に書かれてある。スタジャンを着て、バッグを持っていることが演出メモに指定。

夜の満月がゆらゆら大気に揺れている。そこに涼の「救急車お願いします！」という声が被さる。

画面は治療室へと移る。医師から病院の駐車場で救急車を呼んだ早とちりを指摘され、恥じ入る涼の横でガバッと起きる少年。

「俺、マジで車にぶつかったの?」。そう快活に言う彼を、脚本では〈タフで人懐こそうな少年〉と形容。原田監督が『ブースカ!ブースカ!!』のレギュラー子役に抜擢した上條誠が、『ウルトラマンコスモス』の「ぬくもりの記憶」(24話)に続いて原田作品に登場した。

空腹で車にぶつかる前に倒れたのだという医師の説明に驚く涼。脚本ではこの後「やっぱなぁ。なんか実感なかったんだよなぁ」とヒタキが言う場面があった。彼の屈託のなさの強調だ。

カットが変わって深夜の道。街が俯瞰できる遊歩道だ。歩く二人の遠くに夜景が見えている。

「狙ったわけじゃないって」と、自分が当たり屋ではないことを釈明する少年だが、涼は怒ったように先を歩く。やがてさっと振り返り「名前!」と訊く涼に少年は「ヒタキ」と応える。続いて「視力!」と訊く涼に「二・〇」と応えると、パッと手出したかと思いきや反対側を指差し「あの看板読んでみな」と言い放つ。

そこには「カレーハウス　ファイヤー」と夜目にも明るい看板があった。実際には存在しない看板で、ＣＧで作られている。モノトーンの画面が基調の今回だが、こういうふとしたところに華やかなイメージを挿入することでメリハリが付く。

「食ったらさっさと家へ帰る! 解った?」と言うや踵を返す涼の後へ続く嬉しそうなヒタキ。

翌日の朝、コンビニの袋を背負って古い階段を上ってくる剛一。ここは涼の住んでいるマンションである。「昨夜の張り込みの結果はどうですかっ」とチャイムを押す剛一。

剛一と涼の間には、起き抜けのマンションの呼び鈴を押すぐらいの親しさはあるようだ。

すると「はあい、誰?」と開けられたドアからは女物のパジャマを着たヒタキが現れ、その後ろに歯ブラシをくわえた涼が「おはよう」と手を挙げる。口をポカンとさせる剛一。脚本で剛一は「えーッ!」と声を出していた。

路上生活をしながら流れてきたと言うヒタキに、「お前はどこの生まれだい?」と訊く剛一。立ったまま上半身裸になり、着替えながら「俺ちっこい頃のこと覚えてねーの。サッパリ」とここでも屈託ないヒタキであった。

「記憶喪失ってのは、なんかのはずみとかでドアーッて思いだしたりするやつでしょ? 俺のは違くて、思い出せないやつなの。ゼッタイ」

剛一は涼に「よほど話したくないらしいや」と小声で言う。

「俺、アカメを待ってんだ」とヒタキは唐突に言う。アカメは彼の仲間で、この街で落ち合うことになっているという。

涼は「わかった」と部屋の鍵をヒタキに放ってよこす。脚本には「一瞬の決断」とある。理屈で相手を理解しようとしても追いつかないから、ここはこの少年を信じるしかないと判断したのだろう。「部屋散らかしたら逆さ吊りだからね」と言う涼が投げた鍵を、無邪気な笑顔で受け取るヒタキ。

▼病院と定食屋

看護婦達に取材を試みる涼の姿が「北沢総合病院」の看板のアップから横移動してきたキャメラに捉えられる。背景のレンガ作りの病院は歴史を感じさせるが、大正一五年に建てられた浴風会本館で撮影。三人の看護婦は看護帽を被り、ピンクの制服を着ている。原田監督は演出メモに「ピンク」と指定している。彼女達は涼の問いに答えず「事件の事は話せない」と去っていくが、一人だけ立ち去りかねた看護婦・吉田(若葉要)が残り、意を決した様子で振り返ると「うちの患者さんが最初じゃないかもしれません」と告げる。

えっ?と言う涼の横顔がアップになる。「警察は、亡くなった方たちの死に顔のこと、何か言ってませんでしたか」とヒントを語ろうとする吉田看護婦だが、玄関口の仲間から呼ばれ、彼女は場を辞してしまう。原田監督は〈死に顔〉の話題が出た瞬間から「不安げなＢＧＭ」を流すことを演出メモに指定している。

その様子を遠くの木陰から窺っている男がいた。赤い縁のサングラスをズラすと、眼球に赤い光点が見える。ここでショック音のブリッジが!

ふとその視線を感じ、辺りを窺う涼だが誰もいない。脚本ではここでシーンが変わるが、映像では男が後ろ姿を見せて去っていくまで見せる。長身の男は赤いズボンでマフラーをしていた。

その頃、ヒタキは涼の部屋で、ちゃぶ台に置かれたパソコンの画面を見つめていた。この時、彼が頬杖をついていることが脚本から書かれている。暗い部屋で彼だけにピンスポットが当たっている。「Ｍ」の赤文字がディスプレイに書かれていく。ニヤリと笑うヒタキ。脚本には「無邪気な顔は天使か悪魔かわからない……」とある。

一方、剛一は別の線を追っている。素朴な感じの定食屋に入ってくる剛一。「親子丼ね」と注文しつつ、新聞紙を開いている先客を指し、こちらの勘定も自分に付けといてと言う。

新聞を読んでいたのは大盛検死官だった。「不意打ちは死んだ親爺さんそっくりだな」とやれやれという顔をする大盛から、死んだ患者が全員「長くて三月」の余命幾ばくもない状態だった事と、死に顔が安らかだった事を訊き出す剛一。「医学的には全員衰弱死だがな」

だが話が佳境に入ってくると、突然「ごちそうさん」と、メガネを外し立ち上がる大盛。なおも食い下がる剛一に「しつこいよ」と言いながらも、警察は今のところ犯人を窃盗で追っていることだけ教えると、「じゃ、ごっさん」と出ていく。その背に「親子丼出来ましたよ」と間延びした声をかける女店員。

ここまで、「Ｍの頭文字」「末期患者」「患者から何かがなくなっていた」というキーワードが散布されるが、まだ涼にも剛一にも事件の本質は見えない。

そして視聴者に、看護婦と検死官の証言の一致として、死者の「死に顔が安らかだった」ことを告げ知らせてドラマは先に進む。

▼知らずに踏み入れている

涼がマンションに帰ってくると、暗い室内にパソコンだけが明るい。画面には「ＭＯＴＨＥＲ　ＬＡＮＤ」と一文字ずつ違う色で表示。「Ｍ」は「ＭＯＴＨＥＲ　ＬＡＮＤ」の頭文字だったのだ。脚本には「サイケな落書きのよう」と書かれている。

「お、帰ったんだ」と奥から出てくるヒタキ。照明の加減で奥はまったくの暗がりとなっている。

「ね、晩飯食いに行こう! 俺おごるから」と、黒い麻袋から掴んだ手を開けると、中には一円、十円、百円の小銭ばかり。ヒタキが「地味なナリワイで稼いだ」金だという。

公園のライトの下の石段でハンバーガーを食べている二人の間には様々なジャンクフードが置いてある。「このバーガーとスープの組み合わせ最強なんだ」と陽気な少年に「ねえ、ヒタキ」と声をかける涼。だが「覚えてない」とすかさずヒタキは言う。ここはワンカットで、二人の間合いによる空気感を醸し出している。原田監督が上條誠と遠藤久美子の演技を信頼していることが窺える。

　脚本には「先を読まれている涼、訊くのをサッパリと諦める」とあるように、サッと表情を変えて「んじゃ、どこで生まれたとか聞かないからさ、この街にはどうやって辿り着いた？」と訊き直す。

「ずっと旅をしてきた。たまたま知り合ったじいさんと」。ここで回想シーンとなる。ジャグリングをしている白髪の老人。回想であることを示すセピアトーンの画面の中、七色の球だけが色鮮やかだ。番組冒頭のナレーション部分に出てきたのと同じクラウンである。フルートの優しい音色のBGMが流れ出す。袋（脚本では「帽子」だった）を広げて人々からお金を集めているヒタキ。そして老人とヒタキが街角に仲良く座っている。老人は次の目的地を見ているのか手帳を開いている。

　この老人はもともと男爵の家の生まれで、家には八の字髭の執事がいたと、その真似をする楽しそうなヒタキに「見てきたようなこと言うねー」と感心する涼。脚本には「ホラ話と解っても感心してしまう」とあった。だが直接体験していないものを、まるで見てきたように感じるヒタキの特徴は、後に明かされる秘密の伏線になっている。

「で、そのクラウンのじいさんはどうなったわけー？」という質問に、公園の灯りの下で振り返り、答えるヒタキ。「死んだよ。俺の初仕事。それで一人前ってわけ」

　一瞬ヒタキの言葉の意味を掴みかねる涼だが、そこで彼女の携帯電話が鳴る。渡来教授の研究室に居る剛一からだった。「すぐ研究室に来られないか」

　ここで教授と剛一のシーンが挿入され、箱を開けて巻物を取り出す教授の姿が視聴者に示された。原田監督が脚本に挿入したものである。

　そもそも事件を追う涼の車の前に唐突に現れたところからして、視聴者は最初からヒタキと黒い頭巾の男とを結び付けて考えている。だがまだこの段階の涼は気付くまでに至っていない。ただ、それ以前に散布された「患者から何かがなくなっていた」というキーワードと、ヒタキの「地味なナリワイ」との関係が、視聴者には重なって見えるようになっている。

〝送り火〟という異能者たち

「〝送り火〟だ」。渡来教授が広げた巻物には「今は昔　王朝の栄えし都に送り火といふ異能の一族ありて――」と筆文字が付され、たくさんの絵が描かれてあった。「人々の様子が墨で描かれた粗い絵物語」と脚本にある。その絵の内容は、ト書きではこう説明されている。

・病人の枕元に座り、病人の額に手を置いた男の絵。
・男の身体から抜け出た魂が、病人の体から抜け出た魂（共に人型）の手を取り、一緒に宙を飛んでいく絵。
・男が役人たちに捕えられ、連れて行かれる絵。
・頭に頭巾風の袋を被せられ、打ち首にされる男の絵。

　映像の巻物も、ほぼ同じイメージの絵だ。

　彼らは「いずこよりかあらわれる」存在で、死にゆく人の魂を安らかに他界へ送り出す役割を果たしていた。「人を死なせる力のために、人々の恐怖の的となった」と教授は言うが、脚本ではさらに説明があり、「人々に必要とされながらも」恐れられたため「瞬く間に歴史の闇に葬られた」とあった。被差別的な存在であったことがより明確になっていたのだ。

　だが、頭に頭巾風の袋を被せられて馬に乗せられて、打ち首にされる巻物の絵は、それだけでも彼らへの迫害があったことをイメージ付けている。

「出生については、どんな責め苦にあっても言わなかったらしい」。ここで剛一が「鉄の結束か」と相の手を入れていたが、映像にはない。

　椅子から立ち上がり「あるいは言いたくても言えなかったのか」と呟く教授。〝送り火〟には幼年期の記憶が欠落していたという説もあるという。

「まあ異能の人間には何か欠落があるというのも、一種の定説だが」

　欠落があるからこそ、そこへの想像力が生まれる。まさに〈dark fantasy〉だ。

　渡来教授の話を聞く涼の主観映像で、彼女を遠くから見張っていた男の、赤い光点が見えた片方の目がインサートされ、次にモノトーンで「俺のは思い出さないやつなの、絶対」と言っていたヒタキが回想される。慌てて駆け出す涼の姿で画面は暗転し、中CMとなる。

　涼は赤目の男を直接見てはいない。しかし遠くから視線を感じた恐怖が、既に出会っていたヒタキと重ね合わされた時、直感が生まれる。

　脚本でここはもっと直接的で、涼は「それじゃまるでヒタキ」と声に出して言い、剛一が「おまえ、ヒタキとどこで会った!?」と結びつける発言をしていた。原田監督は、いわば説明パートであるこのシーンでも、理に落ちすぎず、涼の行動をインスピレーションをメインに捉え直している。

殺人の瞬間

　再び北沢総合病院に向かった涼は、先日彼女に話しかけた看護婦・吉田に確認する。

　彼女は、夜間通用口の前にあるベンチで寝ているように死んでいた老人を発見した。老人は古ぼけた手帳の上で手を組み目を閉じていた。

　脚本には「外套を着たホームレス風の老人の遺体」と書いてあり、「老クラウンのメイクのない初めての素顔」であることが示されている。

　しかしメイクのない老クラウンは、扮装時とはイメージがかけ離れた顔立ちということもあってか、映像では彼に奇術師の時の蝶ネクタイや黄色いシャツといった格好をさせて、視聴者にわかりやすくし、髪だけは白髪のままにしている。

　また、老人の古びたトランクの中に、道化の時の顔のイラストが描かれたハンカチーフやボール等を入れておくことによってイメージを繋げる。

「死んだよ、俺の初仕事。それで一人前ってわけ」というヒタキの言葉が、吉田の話を聞いていた涼の脳裏に蘇る。回想明けの病院の廊下で、やはり蛍光灯のチラつきをそのまま活かした照明が彼女の不安定な心理状態を示している。

そこへ不意に彼女の肩を叩く者があった。玉木刑事である。捜査の邪魔をするなと注意する玉木に対し逆に「なくなってたのは患者たちが持ってた小銭じゃないの？」と詰め寄る涼。思わず玉木は「お前なんでそれ知ってんだ」と答えてしまう。

何かを悟り、慌てて走り出す涼。玉木は追おうとするが立ち止まり、廊下に立っていた背広の女刑事と見合って一息つく。この女刑事「張元」は脚本には登場していない。

マンションの部屋に戻ってきた涼は、明りをつける心の余裕もないままヒタキのリュックをさぐる。つけっぱなしのパソコンは変わらず「ＭＯＴＨＥＲ ＬＡＮＤ」の文字を表示中だ。リュックからは、黒い麻袋に目の部分だけ穴のあいた頭巾が出てきた。動揺して泣きそうになる表情の涼。

「それ、使うんだ」。薄暗い室内にヒタキが既に立っている。顔の部分は影になって見えていない。

「ヒタキ、あんた……〝送り火〟なの？」

涼の脳裏に、馬に乗せられ引き立てられた頭巾の男が描かれた巻物がインサートされる。

「そうだよ」と涼の問いにあっさり答えるヒタキ。彼はこれまで五人の末期患者を送ったのだという。

暗がりから顔を出したヒタキは語る。

「俺は、そいつのマザーランドまで、一緒に飛んでやるだけだ」

〈マザーランド〉というのは、〝送り火〟の間の言葉ではなく、ヒタキ個人が付けた名前らしい。

「涼の中にだってマザーランドはあるよ」

ヒタキの片目がアップになる。涼に手を差し伸べてくるヒタキ。涼の脳裏に巻物の絵と共に、〝送り火〟がその手で触れる者を死なせることが出来るという渡来の言葉が蘇える。怖くなって後じさる涼だが、後ろの壁を意識して、逃げ場のない状況に動揺。うっすら微笑むヒタキがアップになると、その耳にはピアスがあることがわかる。

その時、戸をたたく剛一の声が聞こえる。「涼、涼……いないのか」

思わず玄関に移動し、剛一を入れる涼。

「お前、玉木になに喋ったんだ!? 警官がこの家向かってるぞ！」。外からはパトカーのサイレンが聞こえ、涼がフト目線をやると、窓からは風が吹き込む。一瞬の隙にヒタキは逃げていったのだ。

「ヒタキを止めなきゃ、ヒタキは自分が何をしてるのかわかってない」と走り出す涼。このセリフは、脚本ではシーンが変わっており、剛一とともに路上を走りながら言うことになっていた。そしてその前に、病室の老女の前にヒタキが既に立っているシーンを入れていた。老婆がぼんやり目覚めるとヒタキが頭巾姿で立っている。

だがスピード感を高めるためか、映像で涼は足ではなく愛車スバルで病院に急行しており、院内の暗い廊下を走る彼女にピー音が聞こえ、その方角の部屋に行くと、老婆が「たった今逝った安らかな死に顔」になっていた。そこでサスペンスフルなＢＧＭが消え、ピー音だけが残る。

息を呑む涼の耳に「チャリ」と音がして、袋に小銭を入れたヒタキが「これが、俺のナリワイ」と姿を見せた。ヒタキが人殺しに手を染めていたことが、まざまざと伝わってくる場面だ。

▼脚本との〈あ・うん〉の呼吸

追って剛一もやってくると、ヒタキは病室から逃げる。後を追う二人だが、近くのビルの階段を駆け上るヒタキを呼び止め、上と下で向き合う。

「俺、自分を必要としている人間が解るんだ」。そう言う時のヒタキは〈澄んだ目で真っ直ぐに涼を見る〉と脚本には書かれてある。

ヒタキの顔は照明効果で下半分が影になっている。「だから、そいつの望む時に行って、そいつの身体に触れて、命の火が、少しずつ消えていくのを見届けてやる。そいつの魂が、マザーランドを通って消えていくまで」。ヒタキの耳元のイヤリングが光る絶妙な照明が画面に深みを与えている。

ヒタキによれば、マザーランドとは人間がこの世に生れて一番最初のやさしい記憶のあるところ。どんな人間も、死んでいく時はみんな自分のマザーランドを通って消えていく。ヒタキの説明に合わせてピアノ音楽が始まり、先ほど臨終した老婆とヒタキの交流がフィードバックされる。

老婆がベッドで目覚めると、見下ろしている頭巾姿のヒタキ。この時の老婆の表情は脚本には「目で微笑んで静かに頷く」とある。頭巾を取るヒタキは、老人の顔に手をかざす。掌が仄白く〈演出メモには「黄色」と指定〉光り始め、こめかみから霧状の光の粒子のようなものを吸収している。眼を閉じるヒタキの顔が光に照らされる。やがてピアノのイントロはエンディング曲『夕方に咲く花』のメロオケだったことがわかる。

桜の花の咲く道を行き、ドテラ姿の老婆の手を引いていく、ジャンパーのままのヒタキ。脚本は「生垣の小径から、小さな古い日本家屋へ続く道」とあった。「レンゲの咲く原っぱ。静かに風にそよぐ花」とも書いてあったが、これは他の描写に置き換えられている。色とりどりの花が飾られた道を行く二人。準備稿段階から「ふるさと」「花」というイメージが鉛筆で書き込まれ、演出メモにも「花素材」「花の中を歩く」と強調されている。

やがて田舎家の縁側が見え、婦人がインゲンの筋を剥いている。この婦人は、老婆が幼い頃の母親だ。木に成る花は合成で表現され、黄、桃、緑のカラフルで温かい色彩だ。

脚本にはこう書いてある。「夕暮れ台所で、晩ごはんの支度をする着物に割烹着姿の若い母親。台所の片隅から、老女とヒタキが手を繋いでそれを見ている。幼い子供のように一心に母を見つめる老女。口が『おかあさん』と動く」。これらの場面は、紗がかけられたような効果になっている。

ヒタキは言う。「あのばあさんのマザーランドには、今はない生まれた家に続く小径や、よく遊んだふるさとの原っぱや、夕方の台所で晩ごはんの支度をする母親がいた……一世紀近くを生きたばあさんだって、昨日の事は覚えてなくても、90年前、母親が着ていた着物の模様はハッキリと覚えてるんだ……」。ヒタキは、今まで自分が送った人間のマザーランドのどの風景も一つ残らず憶えているという。

そんな彼に、剛一は一歩前に出て、こう問う。

「ヒタキ……お前自身のマザーランドは？」

思わず下に目を落とすヒタキ。それを見つめる剛一と、思いつめた顔の涼のツーショット。この時の涼の表情は、脚本では〈涼、初めてヒタキにはマザーランドがないのだと気付き、驚いてヒタキを見る〉と書かれている。演技の表面というより、本質的なものを言い表しているト書きだ。

「送り火は皆、そうなのか。生まれた家も、親の事も……」

　こう問う時の剛一の表情もまた、通りいっぺんでないものが脚本から書かれている。〈剛一は、ヒタキを一人前の大人だと認めて、問う〉と。

　それに答えるヒタキについても〈一人前の大人の目で答える〉と記されている。

「送り火は、自分のマザーランドと引き換えに、最初の人間を送る」

　涼の脳裏にクラウンの死に顔が浮かぶ。

「なんで送り火はそうまでして」。脚本には〈涼、胸が苦しくなる〉と書いてある。

　これらのト書きを、原田監督は形として役者に表現させるのではなく、極力その時の表情をそのまま捉え、脚本を読んだ役者自身の内側から出るものを自然に捉えようとしている。

「言ったろ？　わかるんだって。自分を必要としている人間が。だから……」

　そうヒタキが答えた時、外にはパトカーがやってきた。剛一はドアを閉め「さっさと行け！」と涼とヒタキを促す。開けっ放しになっていたドアのすぐ外にランプを点けたパトカーが見えるタイミングがキマりすぎだが、思い切った緩急だ。

　自らも階段を駆け上がり、ヒタキと逃げる時、涼は脚本では「あたしはこの街で生まれたんだ」と言っているが、原田監督はこれをカットしている。後述するエンディング主題歌の歌詞に合わせたセリフかもしれないが、ここまでに作品の舞台をひとかたまりの「街」として扱う描写がないため、浮きあがってしまうことを避けたのだろう。

　一方、剛一もドアが突破されると、なだれこんできた玉木達と合流するや、むしろ先導するようにヒタキを求めて一緒に走る。自分はあくまでヒタキを庇っているのではなく、追いかけているのだと装ったのだ。

　階段をふさぐ障害物を一足先に飛び越えると、ヒタキは上から涼に手を差し伸べる。

「あんたが死ぬ時には俺が一緒に飛んでやる。あんたのマザーランドまで」

　涼はその手を見て、一瞬躊躇する表情をするが、しっかりとヒタキの目を見返す。

「私は、死んでも死なない」。さっと差し出された涼の手をヒタキがしっかりと握り、その手が一瞬ストップ・モーションになる。その後、手を取り合う二人の引きのショットとなり、ヒタキの「言うよな、小学生みたいなセリフ」という照れによるツッコミが入る。

　地上に続くドアを開けると、辺りは朝焼けで橙色に染まっていた。

　ヒタキがやってきたトラックのクラクションに反応し、握っていた手が離れると、自分の手をしばらく見つめている遠藤久美子の芝居は、脚本には書かれていない。かつて〝送り火〟の人々は、手が触れただけで死に至らしめるという風説から迫害され歴史の闇に消されていった。しかし今、彼ら〝送り火〟は殺人者ではなく、死の運命にある者を〝マザーランド〟に送り届ける使者であることがわかった。それを知識としてだけではなく、ヒタキの手のぬくもりとして実感した涼が、思わずした仕草……脚本に書かれてある設定を、生身の役者のものとして着地させた瞬間だ。

▼朝焼けの〈遺言〉

　朝焼けの中、地上に出てきたヒタキを待っていたかのようにトラックがやって来る。

　運転席にはスキンヘッドの男がいた。サングラスを外すと、かつて病院の前で涼に視線を送っていた赤目の男であることがわかる。

　トラックに乗り込んだヒタキは涼に礼を言い、涼は黙って微笑み、頷く。走り出すトラック。

　追ってやってきた玉木ら警察の人間達に、倒れたフリをした涼は「逃げられた！」とあらぬ方向を指差す。そちらへ向かって駆け出す玉木達。脚本では、涼が玉木達の物音に気を取られ、振り返るとトラックがヒタキを乗せて走り去っている……という描写になっていた。その後、涼は去っていくトラックに向って微笑みかけていた。

　つまり脚本では、涼の微笑みはヒタキには伝わっておらず、涼の中で完結したかのようになっている。完成作品では笑みを交わすことによって、あり方の違う二人の間に、それでも流れる〈了解〉を、もう半歩押し出したような形になっている。

　やってきた剛一が「ヒタキは？」と訊くと、指を立てる涼。何もかも了解し、涼の髪の毛をくしゃくしゃにしてみせる剛一。遠くには、あらぬ方向を追っかけている玉木たちの姿が見える。

　立ち上がった涼は、剛一とともにトラックの去った方向を見る。

　エンディング主題歌の歌詞がシチュエイションとシンクロして聴こえてくる。

どこか遠くへと　行きたくなるとき
それでもわたしは
ここで花を咲かそう
いつかはあなたが見つけられるように

　Kayokoが歌うこの「夕方に咲く花」を、ドラマ作りに活かした原田・太田コンビであった。

　トラックの助手席に乗ったヒタキは、頬杖をつきながら開け放った窓の外を見る。脚本は「流れる風景を見つめているヒタキの顔」で終わりになっていたが、映像でのヒタキは、思いを振り切るように座り直して前を見る。彼を乗せたトラックの俯瞰から、キャメラが朝焼けの港にゆっくりとパンする時、以下のスーパーが縦書きで出る。

いつか
あなたの命の火が消える時
あなたは、
誰に側にいてほしいですか？

　この文句は、脚本では、いつも通り佐野史郎のナレーション原稿として書かれていた。原田監督はそれをスーパーに置き換えたのである。歌の文句とシンクロして感じさせるために、ナレーションの方を文字化したのだろうが、結果として耳で聞こえる以上に強調されたこのメッセージは、どこか遺言めいたものにも感じられる。

　そう。ドラマはひとまず終わるが、視聴者にとっては、いつか必ず自らの〈死〉という、本当のエンディングを迎える時がやってくる。一見爽やかな締めくくりでありながら、重いメッセージをさりげなくナレーションとして盛り込んでみせた太田愛の脚本から、まさにそのメッセージの部分を原田監督は強調してみせた。

朝焼けの街に浮かび上がるこのメッセージが暗転した後、ヒタキ役の上條誠の表情を中心に今回の名場面がリフレインされる。老婆の手を引いて歩いた花の道で、桜の木をバックに微笑むヒタキは、このエンディング用に別撮りされたもの。

また、自分の車の前で倒れたヒタキを抱き起した時、涼は既にヒタキの腕を握っていることを、原田監督はこのリフレインで視聴者に改めて気付かせている。

そして老婆の額から光の粒子となった「思い出」を吸収する病室のシーンでは、キラキラした効果音が視聴者に聴こえてくる。やがて、階段の上から涼に手を差し伸べるヒタキのカットになり、ラストは花が散る夜桜で締めくくられた。

▼原田昌樹、語る

原田　これは太田さんがたぶん、昔から温めていた話だと思いますよ。

──『ウルトラQ』に関係なく？

原田　ええ。「送り火」は「光る舟」(15話)と繋がっているんです。どっちも所謂〈死〉を扱っている話ですからね。そういうところでタイプが似ているなと。太田さんはやっぱり〈生と死〉のことに関しては、やりたがっていたんです。でもウルトラマンじゃそれは出来ないからと、ずっと温存されていたんですけどね。

簡単に言えば、「送り火」は、死神の話です。死にゆく人間を最後に看取りにやって来る話だし、「光る舟」は〈三途の川〉の話ですよね。

──ああ、川が出て来るのはそういう意味が……。

原田　〈死〉ということでテーマを繋げてある話なんです。

最後にその人を看取ってあげる代わりに、その人の一番良い記憶を思い出させてあげるってことは、緩和ケアですよ。僕、今ガンだからあえて言いますが、苦痛を取り除いてあげて、あの世に送ってあげるというのは、死神が来て「死ぬ前にお前の一番良い思い出を思い出させてやるよ」と言っているのと同じことなんですよ。

これを撮った頃は僕、まだ病気じゃなかったけど、ガンになった後、僕のガールフレンドが見た時にショックで泣いてました。「あなた、こんなもの撮ったの？　これとっても恐い話だよ」って。やっぱそういう中身ですよね。これはやっぱり〈死の話〉なので。

結局僕はこれを撮った次の年にガンになったんですけどね……本当はだからそういう、すごく恐い要素を持ってたんですよ。

手を握って、あの世に送っちゃう。その代わり、この〈死神〉であるヒタキってヤツは、自分自身の記憶は持ってない。全部、送る人の一番良い思い出を自分の中に入れている。

太田さんの、そういう死に対する感受性がすごいなぁと思ったのは、『コスモス』の「時の娘」やった時ですね。

プロデューサーの渋谷くん達が考えた『コスモス』のテーマは怪獣保護で、共に生きていこうって話ですよね。太田さん、それを逆に取って、絶対助からない話を作ったんです。最初から死んでいる、だから助けられないという。あの設定を読んだ時、これを俺は気付くけど、みんなは気付かないんじゃないかなと思った。「太田さんは、心優しいファンタジーだけの人じゃないぞ」と思いました。「あんた方がやろうとしてる理想論なんては、もともと成立しないのよ」と言っているホンだったので。

そんな生半可に人は助けられないのが本当ですよね。普段、どんなピンチがあっても助けられるような話をウルトラマンでやってるけど、「時の娘」はもう決定的じゃないですか。主役の女の子は既に死んでるんです。後はいかに安らかに眠らせるのか。これは「送り火」とテーマ的に似てるんです。〈死〉の話なんです。

生き返らせることは最初から出来ない。ワロガによって人工的に、無理矢理生かされているだけで、本体は既に死んでいる人間なんだから。どんなにウルトラマンが宇宙一の力を持っていようが、この娘は助からない。この娘を再び安らかな死の世界に戻してあげることだけが唯一の救いだよというのが、「時の娘」のテーマだったんです。だから「子ども番組で、これをやっていいの？　太田さん？」という話だったんです。

──「送り火」はそれをより明確化したような。

原田　そういう意味で「送り火」は非常にストレートにわかりやすい話なんですよね。たまたま、遠藤久美子さんが演じる涼という女の子とヒタキとの出会いを、少し普通のドラマっぽくやってるから気付かないだけで、彼は「死神」ですからね。見た目が子どもだからわからないというだけで、昔から生きていて、ずっと人を送り続けている一族であるという。

──ヒタキの役は上條誠さんですね。

原田　そうそう。もともと『ブースカ！　ブースカ!!』をやっている時に「上條と、斉藤麻衣ちゃんの代表作は俺と太田さんが撮る、いつかお前らが大人になる前に撮る」という約束はしてあったんです。『ブースカ！』の男の子の中では上條が一番伸びると思った。彼は、ものの考え方が真っ直ぐで、非常に男らしい子だったんで、この子はちゃんと育てれば、芝居も言ったことが出来る子だから、と思ったんです。

太田さんは、少年が大人に変わる寸前を一番描きたかったと思うんです。上條はその寸前だから、彼でやろうと言ったんですが、十代と、実際の大人になってからだと演出も変わってくるから、変わり際のギリギリ……なんて言うんですかね、賞味期間が非常に短いところでもあるんですけど、その瞬間に撮りたいというのがあったんです。そういう意味では、この作品でその瞬間を撮れました。斉藤麻衣ちゃんは成長が早くて、その「一瞬」には間に合わなかった。

検死官は飯島大介です。彼は僕が『海燕ジョーの奇跡』(八四年)の助監督だった頃からの付き合い。昔は長いセリフが言えなかったけど一生懸命頑張ってくれた。

あと、飯島大介と袴田くんが喋っている食堂の、店員の女の子が、うちの衣装部です。結構長い、二分間ワンシーンワンカットみたいな芝居の間中いるんです。「私、こんな長い芝居の間に居ていいんですか」ってドキドキしてました。

──アカメも印象的でしたね。

原田　ヒタキには一瞬しか出て来ない「アカメ」という仲間がいて、彼も同じ死神の一族です。アカメ役の周防進はダンサーなんです。ちょうどその前の年、『コスモス』の最後の映画(『ウルトラマンコスモスvsウルトラマンジャスティス／THE FINAL BATTLE』・〇三年)の併映作で踊るウルトラマンを鈴木清監督と一緒にやったんです(『新世紀２００３ウルトラマン伝説／THE KING'S JUBILEE』)。その時の振り付け師です。

「送り火」撮影中。中央がヒタキ役の上條誠。左が涼、右が剛一

――老クラウンの亀田雪人さんは……。

原田　クラウンは、太田さんから教えていただいた、本職の方です。太田さん、こういうの好きなんですよ。

――クラウン自体が〈送り火〉ではないんですよね。

原田　そうですね。流れ者に一緒についていきたい願望みたいなのは、幼い頃から太田さんの中の憧れとしてあるもので、太田さん、よく言ってました。

　ヒタキはもともと死神の一族で、最初にあの世に送ったのがクラウンなんです。送ったことによって力を授かるわけです。

――クラウンがいることでファンタジックな印象が強まっていますね。モノトーンに色味が付くといいますか。

原田　だから僕としては、とにかく実はとても恐いホンだと思ったから、これをいかに、オブラートじゃないけど、ファンタジックっぽく、それほど恐い話にしないように持って行くかというのがテーマでした。太田さんもそこら辺をファンタジックに見せるのはとってもうまい人なんで。

　さとう珠緒ちゃんの話を一本引き受けたから、もう一本は自由にやっていいと言われてたんで、こちらの「送り火」の方を主眼に、色々考えながら力を入れてやろうかなぁと。だから珠緒ちゃんの方は楽しんでやりました。

――オープニングでは桜の木が印象的でしたね。

原田　あれは合成です。桜は〈死〉のイメージがありますよね。全体的に〈死〉を意識したんです。人を死に誘う〈送り火〉の物語。

――ふと桜の木を見た看護婦さんが病室に来たら、患者が死んでいて、黒い頭巾の男がいたという……。

原田　やたらと「変死」「変死」って言われてるけど、実はただの病死なんですよね。それぞれ静かに逝ったという。

――ロケした病院もいい感じの場所でしたね。少し古びていて。

原田　久里浜の海が見える病院で撮ったんです。後の室内は下町の方でやったのかな。そっちも横浜です。寒かったですけどねぇ。

　本当は、上條とエンクミちゃんとで、少し危ない感じを出したかったんですよ。

――パジャマ姿のヒタキの後ろで涼が歯ブラシをくわえていて、それを剛一が見てドキッというシーンがありましたね。

原田　そうそう。ちょっと狙ってはみたんだけど、結局出来なかった。本当はそこら辺の、男と女のやや危うい感じをやれると、二人の間に挟まれた剛一役の袴田くんのリアクションも面白いかなと思ったんです。エンクミちゃんが二五才くらいで、上條が一六～七才で、八歳くらい違うんです。普通二五才の女の子に対して一七～一八の子というと、子どもに見えるんです。

　そういう時に「じゃあ五年経ったらどうなるか考えてごらん」と言うと「私が三〇才で、彼が二二才。恋愛が出来ちゃう」となるんだけど、エンクミちゃんは上條ぐらいの年の弟がいるそうで、彼女からすれば弟にしか見えない。「あ、そっか、ダメか」と。

　エンクミちゃん自身がサバサバした子だったんで、あんまり、そういう色っぽい方向には行かなかったですね。

――それは本人の気持ちが追いつかないと難しいんですか？

原田　そう。本人にそういう意識がない限り無理は無理なんです。本人が一瞬でも男として意識すると、芝居が変わる。色気が出るんです。エンクミちゃんはやっぱそういうことにはならないコだったから、それに関しては途中で諦めました。それよりは、もともと〈死〉のテーマがあるから、そっちに意識を集中しました。

　でもエンクミちゃんも、やっぱり、よく考えて芝居をやってくれるコで、ヒタキは末期患者に触って死なせるわけなんだけど、ヒタキと逃げて、一緒に手を握る時に、一瞬躊躇するような芝居をちゃんと彼女はやってくれたんです。それでも信用して手を握るという芝居を。ああいうところは良かったなと。ああいうのは、指示しないと出来ない役者さんもいるんだけど、ちゃんと考えて、離した後もちゃんと自分の手を見て「大丈夫だ、私は死ななかったんだ」という芝居をちゃんとやってくれているんです。

――最後、工場の裏に出てくると空が見えるところも良いですね。

原田　そうでしたね。あそこはよく使うセットだったんだけど、ちょっと色合いは合成かけたりしてます。最後去ってくのが横浜で、朝七時前くらいに撮っている。所謂、夜明けの街に入って行くという。簡単に言えば〈死神〉は都会に解き放たれる。捕まらないで、ヒタキとアカメは、また同じような事件を起こす。本当は事件じゃないんですけどね。

――人々の営みにああいうことが紛れ込んでいるかもしれない。

原田　ああいうことは、これからもどんどん起きるってことなんです。出来上がりはそんな恐さを感じさせないようになってるはずなんですが、中身は本当は恐いです。

　自分で撮ったけど、病気になった時、見直してみたら、本当に恐い話だってことがわかった。「いつか、俺の目の前に、こいつ、現れるんだなぁ」とか思えてきて。「そしたら俺はいったい自分の何を思い出すんだろうな」って。一番楽しい思い出って……。

　おばあちゃんの一番楽しいところに連れて行ってやると、死の痛みや苦しみから逃れさせてくれるわけです。

　今、僕はもうそういうことは実感できますよ。そういうヤツが来て、苦しみから逃れて逝けるんだったら、それが一番いいなぁと思いますからね。

inter-view

表有希子

太田さんと原田さんに、思いっきり作ってもらったらどうなるだろうと思ったんです

『ウルトラQ ～dark fantasy～』プロデューサー

オブザーバー・八木毅（監督）

表有希子　『ウルトラQ ～dark fantasy～』（以下、『df』）の企画に参加した時には上原正三さんが起こされた企画書があり、私は途中から参加でした。ですが、当時の円谷映像の今井朝幸さん等、ベテランプロデューサー陣がそろっていたので、心強かった。

——企画段階では『ULTRAQ The midnight』と仮題が付けられていたとも聞きました。

表　CX系で深夜にという企画もあったのですが、最終的には円谷映像さんが深夜にやっていた『エコエコアザラク～眼～』の後枠でということになったんです。

予算は限られていたので、結構混乱していましたが、監督や脚本家は呼びたい人を呼べました。ウルトラ常連の方々もそうではない初めての監督陣ともご一緒できたのは本当にラッキーだったし、また作品の持つ力だったと思います。みなさん、それぞれ『ウルトラQ』に対する思い入れが強く、制約がある中でも、それぞれの監督がその個性を発揮してくださったと思います。

あと、太田愛さん脚本、原田さん監督のコンビにはぜひ作品を残して欲しかった。

私は『ダイナ』『ガイア』でのあの二人のコンビの作品が好きだったんです。「遠い町・ウクバール」の寺島（進）さんも良かったですよね。

——「ウクバール」そのものが『ウルトラQ』的世界ですよね。怪獣は異世界の扉に存在していて、べつに倒すとかではない。

表　そうそう。あと『ブースカ！ブースカ!!』の印象もすごく強かった。

太田さんと原田さんは、切っても切り離せないんだという思いがありました。「冬の国ものがたり」もいいし。

八木　あれはすごく綺麗だったものね。

表　『コスモス』のヤマワラワもコミカルで好きですし。あれは太田さんではないですけど。そういう風に色々好きな作品があったんです。

企画当初のプロット創作時に太田さんからも原田さんへのラブコールがありました。でも、それがなくてもお二人の作品を見たい個人的な欲求が強かった。

▼かなり自由だった原田・太田コンビ

表　それ以前は全然原田さんと親しく話せる間柄ではなかったのですが、原田さんは結構フレンドリーな方なんです。

当時の円谷で撮っていた監督さんの中で、八木さんのような社員の方は別として、一番といっていいくらい、すごく会社にいらしてたんです。打ち合わせをやるとついでに制作部の部屋にもいらしたり、制作部内では私が制作経理として作品の伝票を切っていた時も、気さくに声をかけてくださいました。

会社に来られた時は、旅行の写真などを見せてくれました。海外にぴゅっと行って、急に二週間ぐらいいなくなっちゃうんです。そして連絡も取れない（笑）。

八木　トルコとか。バブルが弾けてドバイ旅行が流行る前に行って、競馬をしたり。

表　『df』はお話自体が大人向けの深夜ドラマだったので、その中で太田さんと原田さんに、思いっきり作ってもらったらどうなるだろうと思ったんです。だから、お二人はすごく自由にやれたと思います。でも今考えるとそれも原田さんの緩急のお陰かも。予算やスケジュールの制約はどの組もかなり厳しかったから。

こちらからプロット成立後に無理やりお願いしたのは、鏡の番人ヴァーノの「影の侵略者」（13話）ぐらいかな。

シリーズとしてキャラクター数が足りないということで、太田さんに入れてもらったんです。

八木　ヴァーノは、ホンの段階ではああいう感じじゃないと思っていた。普通の人間だと。

表　ちょっと星人風なデザインになりましたね。

八木　『df』は原田さんが四本、僕が五本監督しました。

僕は最初の企画の時から設定を書いていて、構成もやったから、原田さんのも含めてプロットや脚本は全部読んでいるんです。

レギュラー出演者の涼

表　同じ『df』でも八木さんは色々縛りがあって、「あれ出せ」とか、色々言われていた。

八木　実はみんな特撮怪獣モノじゃなく、ホラーをやりたいんだけど、やっぱり役割分担としてね。

表　レギュラーに関しても、私は八木さんには「絶対に主役の二人を出して欲しい」とお願いしたんですが、原田さん達には必ずしも縛られなくていいと伝えていました。

遠藤久美子さん演じる涼ちゃんだけ出てくるとか、袴田吉彦さん演じる剛一くんだけというのばっかり。二人とも出たのは「送り火」(10話)の一本だけ。あれは草刈正雄さんの渡来教授を含めて三人出演でした。

渡来教授のキャラクターは太田さんが作ってくれたんですが、太田さんの作品に渡来教授が全然出て来ない。あとは「影の侵略者」に出てきたくらいで。

八木　設定書の大筋は僕が書きましたけど、渡来教授のキャラクターは、太田さんが書いた。

表　イギリスの紅茶を淹れるのが大好きで、でもお菓子を作っても美味しくなくて、みんな嫌がっているとかね。

表　「送り火」は10話になりましたけど、もうちょっと前に放送する予定だったんです。2話とかでやろうと思っていたんですけど。

――遠藤久美子さんは「光る舟」では出番がちょっとで、なぞなぞを携帯電話で喋っている通行人でした。

表　あれは、台本に後から入れたんです。「どうしても入れてください」って。レギュラーの登場回数があまりにも少なかったので。でもあれを入れてくれたのは、すごく良かったと思いました。最初と最後ちょこっとなんですけど、すごく印象的じゃないですか？

八木　僕のやった「小町」(17話)では、レギュラーがいないから安く上がるねということで始まりかけたんだけど、途中で「いないのはどうか」という話になって、ラーメン屋でラーメンを食っているのがいいかなと話してた(笑)。やらなかったけど。

表　みんな、プロットが良ければ採用、という決め方をしていたので、レギュラーを出してしまうと設定が縛られてしまう。

八木　(笑)。

表　好きなように書いてもらって、その代わり、後で「レギュラー二人の内、だれか入れてください」と。

▼「送り火」を成立させる演出

――「送り火」だけ最初のプロット案の段階から検討されていた話みたいですね。

表　そうなんです。もともとプロット準備の初期の段階から太田さんにはお声がけをしていたので、彼女には多種多様のプロットを書いてもらいました。その中でも「送り火」は最初は八木さんが撮りたいと言っていた作品でした。でもこのシリーズを象徴する話を1、2話に持ってくることになって、怪獣話とホラー話になったんです。

八木　そう、最初は僕がやる予定だったんだけど、高橋洋さんの「ヒエロニムスの下僕」の方がいいんじゃないかという話になった。僕も太田さんとやりたかったんですが、結局、この時は最後まで縁がなくて、その後、『ネクサス』で組んでから色々やるようになったんです。

表　「送り火」は渡来教授の背景を伝える話だったので、原田さんにお願いするのは躊躇しましたが、そこは太田作品。原田さんにお任せしてよかった。

――「送り火」は、ヒタキが死者を送る一族なんだというところで話が終わって、あんまりドラマチックなところがない。変わった話だなと思いました。所謂「怖がらせる話」ともちょっと違うし。

表　原田さんもたしかそれは言っていました。原田さんは、ホン打ちをしている時から「僕は怖いのはたぶん撮れないから苦手だ」と。

本当は『df』って、『リング』系の怖いものを、という企画だったんです。

――村井さだゆきさん、小中千昭さん、高橋洋さんなどJホラーで有名な作家陣が入っています。高橋さんはまさに『リング』の人ですね。

表　高橋さんは小中千昭さんが声をかけてくれたんです。その後、すぐに高橋さんはいくつか四行ぐらいのプロットを作ってくださり、その中からやりました。

八木　今言われて思い出したけど、僕もホラーがどっちかというと苦手だったから、『リング』とか一生懸命、円谷の制作部で見ていたんです。怖いから家で見られなくて。

表　企画当初は、ああいう、ちょっと音や視覚効果で怖がらせる作品をという話があり、「送り火」も原田さん、ちょこっと、そういうイメージでやってくれている部分もあるんです。

――冒頭の病院で、患者が息を引き取るところなんかはショッキングな演出にしてありますね。

八木　でもやっぱり、そんな怖い怖い感じのものにはならなかった(笑)。原田さんもそうしないと言ってましたし。

だから、あとは全部、桜が散ったり、イメージショットで構成するようにしたと言っていたように思います。ヒタキ自身の感情がどうなのか、あそこではほとんど出してない。彼と出会った涼ちゃんがヒタキと別れる時の悲しい気持ちも、べつにそれをセリフで言わせたりはしてなくて、視覚だけで見せた。

――刑事に追われたりはしますが、そもそも捕まえる事が出来る存在なのかもわからない。

表　最後にトラックが、来ますよね。本当はもっと違うものだったんですよ。異世界の車が来るような。でもああいう、わざと普通の軽トラみたいなものにして、街に消えていく。あの二人が今はもう、どこにいるかわからない。都会に普通に馴染んでいる。

そもそも『df』のテーマが、「身近にある恐怖」。普通に見える人が、実は違うところから来ているんじゃないか、という感じを表現してくださいと伝えていたのでその意図を組んで脚本、演出ともに表現してくださったのだと思います。

あの時は、桜のCGに一番こだわっていました。ガラスに写ったりするのも、非常に手間暇をかけて作り上げました。正直かなり厳しい制約の中で作っているのでCG班は大変だった思いますが、原田さんの強いこだわりをスタッフが受け止めたんだと思います。

――おばあさんが死ぬ時に、自分のお母さんを見る、というシーンでも、花がありました。怖いというより、綺麗な。

表　「マザーランド」と言わせていました。そのイメージと桜のイメージをちゃんと連動させて。ヒタキという子は、怖いやつと思われるかもしれないけど、優しい男の子なんだというのが視覚的に見えるように。でもマザーランドの中のヒタキは無表情ですよね。笑って連れていくわけでもなく。いいとか悪いとかじゃない、こういう人なんだという感じが出てました。

▽〈自分パロディ〉が好き

表　ヒタキ役の上條誠くんは『ブースカ！　ブースカ!!』のつっくんの時に比べても、声がすごい低くなっちゃって、当たり前だけど大人になっていて、びっくりしました。

――『コスモス』の「ぬくもりの記憶」でも上條さんは出ていたんですけど、出だしで車に轢かれそうってところが「送り火」と同じ(笑)。

八木　たぶん、それは狙ってやっていますね。原田さんって自分の作品のトゥルー・ストーリーみたいなのがけっこう好きなんですよ。そして気に入った役者さんを何回か出す。麻衣ちゃんとか上條くんもそうですし。

表　「影の侵略者」は、原田さんにとっては『ブースカ！　ブースカ!!』からの仲の斉藤麻衣ちゃんをゲストに、きれいに撮るというのが一番でした。麻衣ちゃんの恋愛話を太田さんが入れたかったというのがあって、剛一との恋に仕立ててもらった。

「影の侵略者」で斉藤麻衣ちゃんを久しぶりに見た時には、その女性らしさにものすごく驚いたのを憶えています。

原田さんも麻衣ちゃんのアップを多くして、「あの子、すごく色気が出てきたんだよ。その色気の感じを撮ってあげた方がいい。だから黒を着せるんだ」と。すごくわかりやすい(笑)。

八木　(笑)。

表　それがうまく成功していた。袴田さん演じる剛一のことを呼び捨てにしてね。

「影の侵略者」撮影現場の原田監督と亜乃留

八木　ちょっと妖しい感じね。
表　わざとそうさせている。幼く純粋な部分と女性の妖艶さ両方を表現していました。剛一の部屋のソファで亜乃留が寝てたり、朝にパジャマでカップをすすっていたり。男の人の家で寝泊まりしているというドキドキした感じも、すごくうまく出てた。原田さんには珍しい。金子（修介）さんとかの方がそういうの得意ですけど（笑）。
八木　結構、原田さんって、女性の描写が淡白だから、あれは珍しいんですよね。
表　大人な麻衣ちゃんのイメージを強く印象付けるような作品にしてくれたんだなあと思いました。
　袴田さんの胸に顔をうずめたりするシーンもあったでしょう？　麻衣ちゃん、これまで男の人と絡むシーンって、円谷の作品では当然なかったですし、他でもあんまり印象がなかったんで。特にそうやって女を意識した「斉藤麻衣＝女」というのを明確に表したと原田さん本人も言ってました。
八木　だからあれは、麻衣ちゃんと一対一で向き合って作ったんでしょうね。
表　『df』のエンディング曲として、エイベックスの当時新人だったkayokoの「夕方に咲く花」が上がってきて、ホン打ちの時に聞いてもらったら、いたく太田さんと原田さんが気に入ってくれたんです。
　この「影の侵略者」で、太田さんが「原田さん、絶対あれ最後にかけて。亜乃留の心情を写しているから」と言って、原田さん、エンディングにすごく綺麗にかけてくれました。ちょうど次の回から曲を変える予定だったので、営業的にも制作的にもありがたかったです（笑）。実は「送り火」のラストでも印象的に使ってくれました。

「光る舟」は完璧でした

表　原田さんに撮ってもらった四本の内、結局、三本が太田さんです。

　特に印象深いのは「光る舟」。太田さんの台本が上がってきた時に、原田さんはすぐ飛びついたというか、「これ、直す必要ないよね」と言っていたのが印象的です。本当にその通りで、尺もちょうど良かった。「あとは俺の腕だ」と監督が言っていたのを懐かしく思い出します。変な話、お話がいいだけでなく、予算としてもいいというのがあるんです。造形物もミニチュアの舟が一艘だけだし。

　なおかつキャストも、けっこううまくハマッたんですよ。山崎裕太さんも良かったし、なんとかスケジュールを作ってくれた寺島進さんの存在も大きかった。二人の掛け合いが最高でした。

　川沿いを行くシーンは一日かけて、朝までやって撮ったんです。「光る舟」は撮影が終わるのが異様に早かった。原田さんとしてもスムーズに行ったし、スタッフがすごく力を入れてくれた。川に浮かべる舟の造型も、イメージ通り「いいのが出来た」と言ってました。

　バイクが水の中に落ちているシーンがありましたが、あれも台本の段階では「無理」と言っていたんです。撮影制作チームを率いていた当時の円谷映像の今井朝幸プロデューサーも出来ないと言っていたんですが、そこまでちゃんとやっちゃった。

――バイクの事故が、スローモーションでちゃんと映像化されてました。

表　そうそう。台本上は、「死ぬ気なんかなかったんだ」というセリフしかなくて、事故に遭って空中に飛んでいるシーンは書いてない。でも、やっぱりあれが入ったことによって印象が強くなりましたよね。

――「光る舟」と『コスモス』の「ぬくもりの記憶」の交通事故のシーンを比べると、前者は丁寧だけど、後者は、効果音だけで処理しています。

八木　力を入れるところと抜くところがはっきりしているんです。『コスモス』でも「雪の扉」の冒頭は、すごく丁寧でしょ。

　原田さんは、気を遣うんです。スタッフとか色んな人の動きを全部見ていて、スケジュールに対してもそうだから、緩急つけるんです。やりたいところは力を入れるし、ある種割り切るところは割り切る。

表　「光る舟」の最後で虹の方向を寺島さんと山崎さんが見上げるんですが、「角度が違う」と言って何度も合わせていた。その強いこだわりは、きっと作品のイメージが既にあったんだと思います。特撮はCGと芝居が重なり合って初めて成立するものですから。

　出来上がって編集を見た時に「原田さん、台本で我々が思ったイメージの、まんまを撮ってきてくれたんだな」と思って感動しました。

八木　太田さんの時は崩さないもんね、原田さんね。信頼関係があった。

表　「ここは太田さんのイメージとは違うかもしれないな」とか原田さんよく言うんです。ちょっとセリフを直すのも、すごく気を遣う。

　作品に対するイメージさえ合っていれば、後は行けるというのがあったわけです。「光る舟」はすごくうまく噛み合っていた。

――原田さんとしても、脚本を読んだ時にスパッと計算出来たというのがあるんでしょうね。寺島さんの家の中の奥さんとの芝居も同じ角度から撮っているのは、ブレずにそうしているように思えます。

表　たぶんあれは、家庭が少し冷えているというか、表情をつけないということだと思うんです。奥さんの顔とかアップにしない。実相寺昭雄監督かなと思うくらいに、ほとんど奥さんの顔がわからない。

でも最後に家族で歩いてくるのがいいコントラストになっているから、部屋の中でのシーンはわざとああやって撮ったんだなとわかるんです。

ただ、原田さんはそんなこと何ひとつ言わないんです。あんまり考えていることを言わない。ホン打ちの時も。

「光る舟」は、撮影後に試写した時も、みんな何も言わなかったですね。すごくいい作品。

青年が老紳士に舟を渡されるシーンは、台本にも入っていたと思うんですが、ああいうイメージは私にはまったくなかった。むしろ、あの辺ははしょられちゃうんじゃないかなと思っていたんです。

だけど映像になると、「こういうシーンがなきゃダメなんだな」と思いました。原田さんが考えてやってくれたんだと思います。

撮り終わった後も、太田さんも原田さんもすごく満足してくれていたのを憶えてますね。

▼女性向けの『ウルトラQ』

表　原田さんは毎回、「この作品はこれがテーマ」と言うんです。「麻衣ちゃんを綺麗に撮る」とか「光る舟」の作品のイメージのトーンとか。

――四本の中では、9話「午前2時の誘惑」は異色ですね。

表　「午前2時の誘惑」だけ、太田さんじゃない。太田さんがやきもち焼くぐらいでした。これは本当。

原田さんも四本とも太田さんのホンで行きたかったと思うんですが、太田さんの書いていた台本が間に合わなかった。

そこで唯一、原田さんが太田さんとはべつにこのシリーズで組んだのが篠原高志さん。

当時、シナリオセンターに頼んで、こういう番組があるから、書きたい人を募ってくださいとお願いして、若手からプロットを出してもらったんです。何本も届いた中に篠原さんがいて、彼のプロットが面白いねと、原田さんが選んでくれました。

八木　映画の『旅の贈りもの　0：00発』。あれも篠原さんのホンだよね。

表　「午前2時の誘惑」は綿密に篠原さんと話をして、何回も書き直してもらって、それに篠原さんも応えてくれた。最初のコンセプトが良かった。宇宙のテレビショッピングって発想がいいねって話して、それに原田さんも乗ってくれた。「じゃあ、唯一コメディ回にするわ」と。

原田さんからしたら、これまでの三本で太田さんと自由にやれちゃった後なんですよ。「あとはもう、他のことやろう」って考えてくれて。

八木　あれもキャスト良かったよね。

表　さとう珠緒さんが来てくれたから「よっしゃ、珠緒は面白いから、このキャスティングならいける」と。すっごく楽しんでやってくれました。

珠緒さんはバラエティにいっぱい出演されている時期でしたが、色々話してくれたし、乗ってくれた。

八木　『df』ってゲストがいいよね。さとうさん、寺島さんもそう。お願いしてみたらやってくださる人が多かったと思ったけど、ゲストにこだわることが出来た。

表　あの番組はゲストにもこだわっていたから。

――『df』は若い女性を視聴者層のターゲットとして想定されてたんですか？

表　それはありました。特撮って女性はあまり見ないけど、見たら面白いと思ってもらえると嬉しいなって。ホラーといっても、身近なものが非日常に繋がるというのは、女性が入りやすいテーマだと思っていたので、そういう話をお願いしていた。

だから「午前2時の誘惑」のような話もあった。深夜、一人で帰ってきて、何もすることがなくて、一人でテレビを見ている女の人もいるから、その人達に向けて何かやりたいよねというのもあって、たぶん原田さんはあのプロットを選んでくれた。

八木　原田さん、気を遣うよね。俺なんか女性目線なんて聞くと「えー」って(笑)。「レギュラー陣が出てるの撮ったからいいじゃん」みたいな。

表　たぶん私が参加した時ぐらいに女性に視点を置いた話も意識して作るようになったのだと思います。「特撮で女性」ってそれまでの常識ではあまりないですよね。でもこの作品に関しては大人も、女性も楽しめる、そういう話にしましょうって。そもそも女性が主役の話が多いのもそういう理由からかもしれません。

他にも女性がとっつきやすい『リング』のような都市伝説っぽい話もやりたかったので、太田さんに、色々案を出してもらっていたんです。

女性が一人で洋服屋に行って、試着室に入ったら、そこからいなくなっちゃう話とか。でも、誰も撮ってくれない(笑)。

表　レギュラーの設定も紆余曲折ありました。女性を意識するなら年下の男の子がいいかなとか。でも今の形に落ち着きました。その後に主人公の設定を組み立てたんです。剛一がハンバーガーを好きだっていう設定は今井さんでしたよね？

八木　そうそう。上原さんも、剛一はもうちょっとおちゃらけ系というか、あんまり優秀な人間だと親近感がないという考えだった。昼行燈的な人間というか。

　でも俺はどっちかというと、『Xファイル』みたいにしたかった。だから、その辺の折衷案になったんですよね。

――設定書だと「アナログなカメラも持っている」とか、細かいですね。

八木　カメラマンなんだけど、デジタルじゃなくて、古いレンズのアナログの空気感も持っていますということにしました。僕がアナログカメラが好きだというのもあるんですが。

　1話は、キャノンの古いのと、仕事用の一眼レフを持って出てくるんです。その後、そういう描写はなくなっちゃうけど。

▽怪獣とモダンホラーの合体

――シリーズ構成は上原さんが考えたんですか？

八木　最初に、全話分の数のプロットを上原さんが書いてくださいました。一本一本のストーリーがわかる感じで。

表　分厚いものです。プロットとはいえ、しっかり書き込まれていました。二本ぐらい山田正弘さんのものもありましたが、後は全部上原さんが自分で。

　上原さんは私が参加する以前からこの企画に入っていて、既に出来ているプロット集を私は渡されました。

　昭和の『ウルトラQ』に関わっていた上原さんのプロットは、怪獣ではなくて、本当に現代ホラーのような、そういうのがやりたいよねというものばかりでした。それが制作側の意図でもあったので。最初はそっちの方向だったんです。

八木　『ウルトラQ』というと、みんな怪獣を連想したと思うんです。だけど僕はどちらかというと『ミステリー・ゾーン』とかSFが大好きだったし、昔の『ウルトラQ』も「あけてくれ！」や「1／8計画」とか怪獣の出ない回もあったので、自分がやるんだったらああいうのをやりたいなという気持ちがあったんです。製作費がなかった言い訳とかじゃなくて。

「午前2時の誘惑」の原田組

　当初想定していた時間帯と変わって、予算と企画の方針も変わったので、ラストに大洪水が出てくる話とかはやれなくて、最初のプロット集から実現したのは「小町」ぐらいでした。

「小町」はレギュラーキャストが出てこなくて、特撮もほとんどないから「お金がかからない」ということで、途中の段階で最初に出来たプロット集から選んだんだよね。

　でもあのプロット集には、僕がいつか機会があったらやりたいと上原さんにお願いしている話もあるんです。怪談調で、いい話が多かった。

　さっき言ったように、最初はジャパニーズ・ホラーから企画が始まったんだけれど、途中から怪獣を出してくれという話になった。

表　ガラモンとかカネゴンとかケムール人とかやっぱり見たいよねという話になって。

八木　1話はガラモンみたいなガラゴンを出した。その後はウニトローダとか怪獣の要素が随分入ってきて、深夜だから大人向けと言っていたのに、折衷案のようになりました。

表　ガラゴンが1話になったのは急でしたよね。

　クランクインぎりぎりだったんです。

八木　急に1話はやっぱり怪獣じゃないと、という話になった。

表　こちらも慌てて上原さんに書いてもらいました。

　あとカネゴンも、最初のラインナップには入ってなかった。でも上原さんが「カネゴン、あった方がいいよね」とおっしゃって、やっぱりカネゴンだったら昔の『ウルトラQ』の山田正弘さんに書いてもらうしかない。それで山田さんのところに行ってお願いしたんです（22話「カネゴンヌの光る径」清水厚監督）。山田さんもあの後、他界されて……。

――最初は怪獣ありきじゃなかったんですね。

表　そもそもが違うんです。

八木　音楽も「昔の味が欲しい」と言われて宮内國郎さんのメインテーマを持って来たんだけど、参考用に『リング』とか見ると、こういう作品の音楽って、メロディじゃないなと思ったんです。だから『df』のサントラは、ホラー的な曲と怪獣的な曲が混在している（笑）。

表　しかも、さっき言ったようにプロット作業が進行する途中で、深夜放送ってことになって。

八木　でも深夜になったことで、思いっきりホラーが出来るかなと思って、そのまま行こうとしたら結構、怪獣が入ってきた。でも怪獣は、予算の問題で、四〜六本に一本ということになりました。

「踊るガラゴン」で始めたのが良かったのかどうか。本当のホラーから始めるのも良かったのかもしれない。

表　でも主軸はホラーで行きたいというのがあったけど、フタを開けてみれば、怪獣の話も散りばめられていて、バランスとして良かった。自由に作ってましたよね。

八木　ギリギリ怪獣部分も、ウルトラマンの怪獣とは違って戦うわけじゃなく、超常現象だったり、星から来る何かだったりしていた。

――「踊るガラゴン」のガラQも女の人がマスコットに出来るという怪獣。

八木　女子高生が「ガラピー」とか言ったりする（笑）。

成長ものにはしたくない

――当初タテ糸的な話も考えられていたそうですね。

表　何かを伏線にして、お話が進行していくようにしないと、毎回続けて見てもらえないから、上原さんにも案を色々と出してもらったんですが、タテ糸を嫌う人も何人かいたんです。

八木　要は、大きな謎を一個やっちゃうと、それぞれの回の謎が不明瞭になるからです。二つ謎があるといけないんじゃないかなと。

たぶん僕が反対したんだと思うんです。そういうのはいらないだろうと。それより摩訶不思議なお話の方がいいという話をしたと思います。

あの頃はウルトラマンでもタテ糸を作るのが流行っていて、それはいいんだけど、『Q』をやるなら、そもそもの発想が違うんじゃないかと思ったんです。一つタテ糸があるとするなら、それぞれの事件じゃなくて大事件を作って、それを追求する話をずっと二六本やるんならいいんですが、そうじゃなくて、毎回色んなことをやる時に「実はつながっていました」なんてやったって意味がないから、やめようと。

表　タテ軸を引くために、考えれば考えるほど、剛一くんがウルトラマンになっちゃうんです（笑）。

――普通の人から「進化」してしまうんですね。

やっていたかもしれない作品

表　実は『ウルトラQ』の後に、『怪奇大作戦』をやろうって話もありましたよね？

上原さんも、一緒にプロットを選んでいる時に、「この後『怪奇』やるから、この作品は『怪奇』に回そう」と言って、後に回された作品がいくつもあるんです。そういう振り分けがあったんです。

『df』の時にいっぱい怪獣を出したので、そういうのじゃなくて、純粋に大人が楽しめるようなものをやろうよと。番組が終わってからも原田さんと言っていたんです。結局実現はしませんでしたが。

私も今は円谷を離れました。

八木　これで原田さんと円谷でやるのは最後になっちゃったけど、これだけいいものをちゃんと撮れて、良かったんじゃない？

表　でもこの後も「やろうね」と言っていたんですよ、原田さんとは。

八木　『マックス』の時は、原田さんは他の会社の特撮番組をやっていたからできなかったけど、これが最後になるなんて意識は全然我々もなかったもんね。言われてみればそうだったという感じで。

表　原田さんとは、亡くなる年の二月一日に円谷プロの砧社屋が取り壊しになるということで「ありがとう会」というのが開かれて、そこでご挨拶したのが最後だったんです。

八木　あの時は本当に具合悪そうでね。

表　その前に一時、痩せられた時に、「ダイエットした」と言ってた。

八木　あれが実は一回目の手術だったんですよね。

原田さんはああ見えて、すごく繊細な人なんだよね。細かい。

表　すごく細かく気を遣ってくださる方でしたよね。

八木　おおらかな感じで、それを見せない。

表　『df』の時、予算もスケジュールも、原田さん「全部わかってるよ、俺はもう必ずそれでやるからね」と言ってくれた。すごく協力してくれるんだけど、でも実はこだわるところはすごくこだわる人でした。

「影の侵略者」13話 ▼二〇〇四年六月二九日放映

脚本：太田愛　**撮影：**髙橋創
ゲスト：斉藤麻衣（亜乃留）、藤井佳代子（亜乃留の母）、湯田美由紀（レポーター）、影丸茂樹（玉木刑事）

▼ストーリー

身近な人間が、いつの間にか別人に入れ替わっているのでは？——そんな「噂」の取材を始めた剛一。

その過程で剛一は劇団研究生の美少女・亜乃留（斎藤麻衣）と知り合いになる。

〝入れ替わり〟と指摘された人間の共通点は皆、鏡の前で一日を過ごしていることだった。「影」は鏡を通じて常に人間を観察しており、いつか本人を殺して入れ替わってしまうらしい。

▼〈目〉——予感的な恐怖

黒バックにスーパーが出る。その文字を読み上げるように、佐野史郎のナレーションが被さる。「闇、揺らぎて影を生み、影、形を盗みて光の世界へ放たるべし。コントラ・トリニタス第4章12節。これは——」

文字の背景はやがてきらめく水晶体（演出メモには「水晶の六角柱」とある）となり、何者かが歩いてくる肩越しに画面は再び黒く暗転していく。

オープニング音楽が、いつもの、ある程度ドラマが進行してからではなく、いきなり流れ出し、緊迫感を煽る。「——光の世界に憧れた、ひとつの影の物語」

外を駆けてきた剛一の顔が、陽光で影となって見える。公園の野外階段をバックに振り向く美しい面立ちの少女と、遠くから呼び掛ける剛一とがカットバックされる。風に長い髪が揺れているこの少女は黒装束で、まさに存在自体が影のようだ。

「亜乃留！」。人の行き交う手前に立つ剛一と、身を翻し階段を上っていく亜乃留と呼ばれた少女のスローモーション。スローモーション指定は脚本段階から書いてある。脚本でこの場所は「スクランブル交差点」になっており、スローモーションで人の流れが途切れた後、亜乃留が忽然と消えているという描写になっていたが、映像ではイメージ的な処理となり、公園で亜乃留がきらめく鏡の前に立ち、反射光が広がるとともにその姿が消えるという描写になった。

亜乃留の名を呼んで走り出す剛一。やがて画面は地下室のような場所（脚本には「異空間」とある）に移り、中央の台の上に回転する六角柱の水晶体（「回るオベリスク」と演出メモにある）を映し出し、そこにサブタイトルが『影の侵略者』と出る。

画面は、公園の池の前に立ちつくす剛一に戻る。

「俺は思ってもいなかった——」。このモノローグをきっかけとして、既に流れているオープニング音楽に合わせてスタッフ名が画面に出る。「俺が、俺自身の手で亜乃留を追いつめることになるなんて……」。

モノローグの間に画面は切り替わり、週刊写真誌G・M・Jのビル外景に〈二週間前〉とスーパーが出る。

「入れ替わり？」と次のシーンのセリフがズリ上がりでインし、ドラマが始まっているのに、タイトルバックの音楽とクレジットは続いているという変則的かつ気を引く始まりだ。

デスク島田（日野陽仁）の話を聞いているのは、先ほど少女を追いかけ叫んでいた時から二週間前の剛一。

周囲の人間が他人に入れ替わっているというメールが読者から相次いで届いているという。横では記者仲間の井手（右田昌万）がデスクに別の話題で絡んでいる。井出の存在は脚本にはない。

「何か確信があったわけではなかった。ただ、数の多さが気になった」というモノローグとともに、編集部にメールを寄越した人間達に取材を始める剛一が映し出される。民家の玄関先でメールをくれた女性に名刺を出し、劇団の稽古場では〝入れ替わり〟ではないかと言われている一人の少女にカメラを向ける。その少女が亜乃留だった。亜乃留の冷え切った目は、彼女をカメラ越しに捉える剛一を動揺させる。

脚本で剛一は少女の美貌に目を留めていたが、演出では彼女の怜悧な〈目〉に焦点を当てており、それに惹かれる剛一の予感的な恐怖をも醸し出す。準備稿の余白に原田監督は「目と目」と書いている。

場面は変わり、風吹く野外のカフェテラスで涼に事件のあらましを説明している剛一。メールを送ってきた十二人の内、取材に答えたのは四人。彼らから〝入れ替わり〟と呼ばれた者達は、劇団の研究生、仕立て屋、美容師、バレエ教師と職業も年齢もバラバラ。

共通項といえば、〝入れ替わり〟が自分達を模倣して何かを学習しているようで気味が悪い……という周囲の人物の証言ぐらいのものだ。

この話題の途中、亜乃留が家で母親と食卓を挟んで向き合って食べているものの、母親は娘の様子を怯えるように窺うという冷え切った光景がインサートされる。奥の主のいない椅子には猫が寝そべっていて、原田監督は視聴者に鳴き声を聴かせることでその存在を際立たせている。

ナイフとフォークを動かす亜乃留の手は母を「正確に真似るように」していると脚本に書かれているが、映像でもよく見るとそれがわかる。

彼らが「入れ替わった」より前の時点の写真も入手していた剛一だが「俺には同じに見えるんだがな」と涼にボヤく。その後自室に帰っても、彼らの写真を繰り返し見て共通項を見いだそうとする剛一であった。

剛一の自室は今回のムードに沿うためか、明るさを抑えた照明効果になっている。

その頃、亜乃留は自室に戻り、ドレッサーの鏡に向かう。こちらも間接照明のみの薄暗い空間だ。と、鏡の中が突然ブラックアウト（合成）し、中には白装束姿のもう一人の亜乃留が寝ていた。脚本には「死んだ本物の亜乃留」と書かれてある。

つまり、入れ替わられた本物の亜乃留は殺されてしまったのであり、脚本ではそれが明確に示されていたのだが、映像では、あまりそのことが明瞭に伝わらない結果となっている。

鏡の中のもう一人の自分を見つめて微笑み、一輪の白いガーベラの花を手にしている黒い亜乃留。奥にはまたもや猫が寝そべっており、原田監督はこのシーンの始まりでやはり鳴き声を聞かせている。

鏡の中のもう一人の〈私〉

散らばった写真の前でうた寝をしていた剛一は、電話の音で目を覚ます。電話は涼からで、剛一に預かった写真が左右逆になっていることについてだった。

「これじゃまるで鏡に写った顔だよ」。手元の写真を再確認する剛一。理容師は鏡に写った客を前に仕事をし、劇団員の亜乃留は鏡の前でレッスン。他のバレエ教師にしても仕立て屋にしても、〝入れ替わり〟とされた人物は皆、一日の多くを鏡の前で過ごしていた。それが共通点だったのだ。

〝入れ替わり〟は鏡の中から現れたのではないかと考える剛一。そう閃く直前、劇団のレッスン場で見た、うずくまる亜乃留の目がカッと開く様にショッキングな効果音が被さる。

そこへちょうど携帯電話に亜乃留の母から電話があった。通話中の涼に断ってそちらに出る剛一。

「亜乃留の〝入れ替わり〟が家からいなくなったんです！」

一緒に暮らして様子を窺っていながら、いざ居なくなると娘が〝入れ替わり〟だと躊躇なく口にする母親。寒々しい偽りの関係性が浮き彫りにされるが、それでいて母は主のいない娘の部屋で一人取り乱し、剛一に電話をかけるしかなかったのだ。

引き出しが開けっ放しで、脱いだ衣類がベッドに散乱している亜乃留の部屋。椅子の上には猫が佇んでおり、ベッドスタンドの横にはガーベラの花瓶が見え、その一輪がベッドの上の衣類に置かれてある。脚本には「ドレッサーに弔花のように置かれた白いガーベラ」とあった。これは先に、死んだ本物の亜乃留が映っていたのがドレッサーの鏡だったためである。映像では鏡台はなく、八角形のおしゃれな鏡がデスクの上に直接立てかけられており、ガーベラは構図的に画面手前に位置するベッドの上の方にあった方が視覚的にインパクトがあるとみなされたのだろう。

歩道橋から行き交う人々を見下ろしながら物思いに耽る剛一がズームで捉えられる。あれ以来、亜乃留のみならず、彼が調査しようとしていた〝入れ替わり〟はみな姿を消してしまった。剛一は「何か恐ろしいものが街に放たれた」気がしてならない。

警察に出向き、消えた〝入れ替わり〟の捜索を、そうとは言わずに家出人として玉木刑事に頼み込む剛一。署内の照明も薄暗く、どこか荒涼としている。最初は剛一の依頼などとりあっていなかった玉木だが、彼らとの関係について言葉を濁す剛一に何かを感じ、ファイルを受け取る。玉木の後ろには張元刑事が待機している。演出メモにちゃんと「張元」と記されており、助監督の張元香織氏の出演が前提となっている。

携帯電話を手にして街中を行く剛一は、通行人に小さなビニール袋に包んだ色とりどりのゼリービーンズを配る女性からそれを一包み受け取る。この何気ないやりとりは後に意味を持つことになる。

影の差す場所を歩きながらフト視線を感じる剛一。高所から見下ろしている亜乃留に気付く。そちらへ誘導されるように向かう剛一は建物の屋上へやってくる。だが左右を見るが誰もいない……と思いきや、フト見るともうそこに居る亜乃留。

「知りたいんでしょ、私たちのこと」。剛一の名刺を持ちながら言う黒装束の亜乃留だった。

「剛一の部屋へ連れてって。そしたら教えてあげる」。そこで場面は剛一の部屋となる。自分達の始まりはただの影だったと説明する亜乃留。

芝居の稽古場で、台本（演目は『櫻の園』）を手にしている亜乃留がインサートされる。これは入れ替わる前の本物。そこへ説明が被さる。影はいつも実体の世界に憧れ、自由に動き回ることを願っている……と。

視線を感じ、傍らの鏡を見つめる本物の亜乃留。それを鏡の中から見ている影の亜乃留。怜悧な瞳がアップになる。二人の目が合い、鏡に向かって思わず手を差し出してしまう亜乃留。波打つ鏡の中から出てきた手が彼女の手首をつかみ、鏡の中に引っ張られてしまう。

ここは脚本では、影の亜乃留の説明通り、闇の中から実体の世界を羨望の表情で見つめる〝入れ替わり〟側の視点で書かれていた。「遠く、覗き穴から見たように本物の亜乃留が見える」というト書きもあった。だが映像では、実体の亜乃留の方が、鏡の中のもう一人の自分の視線に気付き、つい手を差し伸べてしまうという描写になっている。

それは少女の揺れる自我を表すと共に、視聴者に対して「自分も、もう一人の自分と入れ替わられてしまうのではないか？」という不安を掻き立たせる効果になっている。夜中に一人になった時に感じる根源的な不安を示しているようにも思える。

無邪気さと残酷さ

剛一に対し、自分が人間を殺して入れ替わったことを表情も変えずに告げる影の亜乃留。君たちはどこから来るんだという問いに「闇の鏡よ」と答える。

「剛一の部屋ってたいしたもの置いてないのね」と平然と話題を変えた亜乃留は、額の中で光っているナイフ（脚本では「スペイン風の薄いペーパーナイフ」とあり、壁に直に掛けられていた）を取り出し、「これは綺麗だからもらってくね」と言う。ナイフに反射した光が亜乃留の顔を照らす。窓の外からは明るい日差しが差し込んでいる。彼女はこれから街に出ると言う。

お金も泊まるところもなくても、必要なものはどこからでも取ればいいと言う彼女は、振り向き様に、立ちはだかる剛一の手をペーパーナイフで切ってしまう。掌の内側に赤い筋が出来る。「邪魔するからよ」と刃物越しに亜乃留は笑う。戦慄音が走る。剛一の表情は脚本では「痛みより驚愕で動けない」とある。

だが剛一も記者だ。出ていこうとする亜乃留に、何食わぬ顔で戸の前に通せんぼし、努めて軽い調子で言う。「街なら明日、俺も行くから。一緒に行かないか」

外の光が漏れ、二人の姿は逆光になる。剛一の部屋の戸には細い窓が付いていて、そこからの光だ。

「剛一が眠っている間に殺すかもしれないよ」と当り前のように言う亜乃留に、「俺、眠らなくても意外に平気な体質」と、すかさず切られていない方の左手でポケットから鍵を取り出し、渡そうとする剛一。鍵と一緒に出てきたのは、以前往来で受け取ったゼリービーンズだった。脚本には剛一が「なんで入っているのか思いだせない」という説明があった。

「これ綺麗！　ほら、すごい色んな色がある」。目を丸くして喜ぶ亜乃留。脚本にあった、ゼリービーンズを「おいしそうに食べる」という描写がないのは、食べ物としてよりも綺麗さに惹かれたのだということだろう。

やがて夜へと時間経過があったことを示すように、外の雨越しににじんで見える部屋がキャメラに捉えられ、剛一が亜乃留に毛布をかけてやるのが見える。

毛布にくるまれソファで無心に眠る亜乃留。顔と手、そして裸足が毛布から出ているのが生々しい。脚本では寝ている亜乃留がゼリービーンズの袋とペーパーナイフを抱いているという描写があった。

「影の侵略者」の亜乃留

雨露がしたたる雨越しのカットを挟み、このコにこれ以上誰も傷つけさせたくないという剛一の心情がモノローグされる。脚本ではシーンの最後まで眠ったままの亜乃留だが、映像ではこの後に目を開ける。その視線で剛一の無防備な背中が映り、キャメラがやや寄っていく。剛一はその気配を感じているのかいないのか、視聴者からは判別できないのが不安を掻き立てるが、そのまま何事も起こらずシーンが変わる。

▼人が人でなくなってしまう

その頃、渡来教授は、涼相手に大判の古書を取り出していた。教授の部屋の窓にも雨露がしたたっている。古書は中世の怪異譚集『コントラ・トリニタス』。開いたページには宗教画風の絵が描かれている。脚本には「13世紀辺り」のもので「等身大の楕円の黒い鏡。短剣を持つ貴族。転がった死体の山」とある。

「彼ら」は「感情はあるが、善悪の規範がなく、気の向くまま殺戮を繰り返している」と説明する渡来。最も恐ろしいのは、彼らが人と見分けがつかないこと。別名「影の侵略者」と呼ばれる所以だ。人の心が荒廃した時、闇の扉が開かれ、彼らが現れる。

渡来がページをめくると、怪物のようなものが描かれていた。「鏡の番人ヴァーノ」だ。涼は、ヴァーノの絵の縁に描かれた模様に目を留める。脚本には、涼の関心を受け止めた渡来が「ヘブライ文字か。少し時間をくれ。解読してみる」と請け負うセリフがあったが、実際の画面ではそれを待たずにフェイド・アウト。

翌朝の剛一の部屋では、外から鳥のさえずりが聞こえ、テーブルの上に畳まれたペーパーナイフが窓からの光に輝く。すっかり雨も上がったようだ。亜乃留をソファに寝かせ、自分は白く薄いカーテン越しに朝日を浴びながら椅子で眠っていた剛一が目を覚ますと、ソファの毛布がはだけたままで、もぬけの殻になっている。ゼリービーンズもソファに置きっぱなし。

脚本では「鞄もゼリービーンズもペーパーナイフもない」と書かれてあった。小物がそこに「ない」ことを視聴者に一瞬で示すことは難しく、逆に小物だけが置き去りになっていることを示した方が、少女の不在による不安をより印象付けられるという考えだろう。

慌てて起き出し、外を捜す剛一は、公園で亜乃留を見つけた。黒い服と長い髪が風に揺れる。芝生では家族連れがシートを敷いて休日を楽しんでいる。

「あの女の人、どうして笑ってるの?」と言う亜乃留の目線の先では若い母親が子どもにごはんを食べさせている。「自分はちっとも食べてないのに」

ハーモニカの優しいBGMが遠く流れ、剛一は、あの子が嬉しいとあの女の人も嬉しいんだよと説明する。キョトンとする亜乃留に「なんていうのかな……」と表現の仕方を模索しながら、剛一は言う。「人間は、自分の他にも大切な人を持ってんだよ」

亜乃留は訊く。「人間は、みんなそうなの?」

人間の形をした〈人間でない者〉との対話を通して、人間を外から見ることが出来る――かつて「これから三十分、あなたの眼はあなたの体を離れてこの不思議な時間の中に入っていくのです」と呼び掛けた昭和の『ウルトラQ』の精神はここにも生きている。

風でざわめく木々。楽しそうにくつろぐ家族連れを見た亜乃留はうつむいている。ト書きには「自分だけ切り離されているようで急に寂しくなる」とあった。「剛一は、私が嬉しいと、嬉しい?」と訊く亜乃留。え? と剛一に訊き返させることで「私が嬉しいと、剛一、嬉しい?」と亜乃留に二度ハッキリ問わせる。このことで視聴者に対してアクセントを付けている。

剛一は、窺うように自分を見る亜乃留を正面から見据え「ああ、嬉しいよ」と応える。脚本には「本気の目で応えてやる」とある。嬉しそうな顔になる亜乃留。

剛一は、亜乃留の中に芽生えた人間性と、そしてそれが他ならぬ自分への愛情となって発現したことに当惑しながら、きちんと向き合おうとする。

街をデートのように歩く二人。露天のアクセサリ売りに目を留める二人。亜乃留はレザーチョーカーの一つを選んだ。

露店の横で、座った亜乃留にチョーカーを後ろからつけてやる剛一。亜乃留は楽しそうな笑顔を見せる。

この幸せな光景から一転、夜空に不吉なまでの赤い月が掲げられる合成画面。「その晩を境に、事態は一気に動き出した」という剛一のモノローグが被さる。

イメージボードには「凶々しい赤い月」と記され、完成画面ではクレーターが見え、暗雲が流れている。

翌朝、剛一の部屋では、昨日までの黒装束とは打って変わった白いワンピースの亜乃留がソファの上で膝を抱え、コーヒーカップに口をつけている。その表情に、昨日までの憂愁は微塵も感じられない。

だがこの朝、剛一に電話をかけてきた相手の玉木刑事は切羽詰まった表情になっている。〝入れ替わり〟達が次々と殺人事件を起こしていることを告げる玉木。

急いで新聞を手に取ると、一面に「戦慄の殺人者たち！」と見出しが躍る。脚本には「衆人環視の中、夜の街で相次ぐ凶行！新宿・荻窪・荒川！」と地名まであった。掲載されている〝入れ替わり〟達の顔写真。

脚本には「通行人が携帯で撮った感じの」と記されているが、数秒写る顔写真だけで視聴者に〝入れ替わり〟達を印象づけるのは難しい。原田監督は「感情はあるが、善悪の規範がなく、気の向くまま殺戮を繰り返し」という渡来教授の解説をここでリフレインさせつつ、〝入れ替わり〟達の写真をフラッシュバックし、剛一の腕をナイフでサーッと撫でる時のまったく罪のない顔の亜乃留をスローモーションでインサート。

これらはすべて、新聞を開いている時の剛一の脳裏に蘇ったことである。新聞を降ろすと、剛一の目線の先には、こちらをきょとんと窺いつつも、無心にコーヒーを飲む亜乃留がいた。

▼〝入れ替わり〟こそが人間!?

舞台はG・M・Jのビルに移る。再び黒装束の外出着となった亜乃留を連れてロビーに駆けてくる剛一は、彼女を待たせて編集部に行く。

島田デスクは、〝入れ替わり〟の存在を訴えるメールが以前にも増して届いていることを示す。パソコンの画面にどんどんメールが開かれ、重なる。「聞いてください！　友達が急に変った気がするんですぅ〜」「俺の父は〜」といった文面が読み取れる。

その画面に次の場面の声が被さる。それはテレビの女性レポーターによるものだ。やがて場面が変わると、「恐怖!!　真昼の凶行現場」という煽りスーパーと共に、偶然居合わせた一般人がデジカメで捉えた映像をテレビが紹介している。テレビ画面の隅に「LIVE中継」と表示され、子どもが母親の横でソフトクリームを食べている映像が映っている。おそらく子どもの父親が撮影しているのだろう。その後ろで、理容師の制服を着た男が、奥の人間の胸に刃物を突き立てている。それに気付いた撮影者により刃物を持った男がズームアップになる。「犯人を撮影したビデオ」「きのう録画」とテロップが出ている。

映像では明確にはわからないが、そこはレストランで、殺人者となった男は理容師の制服を着ている。刺されたのはウェイター。脚本では男がキャッシャーの金を取るという描写があった。

殺人の瞬間のテレビ番組が映し出されているのは亜乃留が待たされていたビルのロビー。最初は平気な顔をしてテレビを見ている亜乃留だが、ちょうどロビーに居た井手が同僚と「身内だと思ったらゾッとするよな」と囁き合っているのを聴き、反応が変わる。

亜乃留の目の前にヴィジョンとして、テレビで見た刺された男が倒れ込むイメージが広がる。その姿がオーバーラップで剛一になる。脚本ではいきなり倒れ込む剛一のイメージだったが、ちょっと飛躍に感じる視聴者に配慮したのだろう。

そして原田監督は続いて亜乃留の脳裏に、かつて自分が剛一に向かってナイフをふり降ろした時のことをフラッシュバックさせる。これも脚本にはない。

剛一の脳裏に幾度か蘇った無邪気に刃物を使う亜乃留像が、今度は彼女自身に恐怖を与えるものとして蘇ったのだ。

亜乃留の目のアップは、そのことへの驚きを表している。そして瞬きし、泳ぐ彼女の目線……。脚本のト書きには「大切な人の死を通して初めて人の死を理解した亜乃留」とある。原田監督はそれを映像の畳みかけにより、目の動き一つおろそかにせず描いたのだ。

〝入れ替わり〟の亜乃留にも、これだけの感情が芽生えた。逆に、普段テレビで災害や殺人事件のニュースを見ても、遠い場所で起こった実感の伴わない出来事にしか受け止められない我々現代人こそ、感情が死んでいるのではないのか?……人間としての感情が芽生えたばかりの亜乃留は、子どものように無垢で柔らかい心を持っているのかもしれない。

それは、G・M・Jのロビーから駆け出してきた彼女が、廊下に出てきた剛一に駆け寄り「死なないよね！　死んだりしないよね！」ととりすがるシーンに痛切なまでに表されている。多くの人が子ども時代、夜一人きりでいることが急に怖くなって駆け出し、親のいる部屋にやってきてホッとした記憶があるだろう。そこで自分の身近な人間が生きていて、自分もたしかに存在しているということを再確認する。

だが剛一は、亜乃留のこうした感情の芽生えにまだ認識が追いついていない。世に放たれた〝入れ替わり〟が次々と凶行を起こしていることの方に彼の意識は向いている。脚本のト書きには〈事態に切迫した剛一、亜乃留の様子に気が回らない〉とある。

〝入れ替わり〟が生まれてくる闇の鏡を「どこにあるんだ！」と問うのが先立ってしまう剛一。だが、あくまで「剛一……死なないよね」とだけ繰り返す亜乃留の取り乱した様子に、剛一も気付く。一人の男に返って当り前のように「俺は……」と安心させようとして言葉を継ごうとするが、そこで迷ったような表情になり、亜乃留を少し抱きよせて向き合うと、こう言う。「俺だって、死ぬかもしれない。このまま〝入れ替わり〟が増え続けたら、いきなりやられて死ぬかもしれない」

この「俺は……」と言いかけた時の剛一の心理は脚本にある。〈大丈夫だから〉と言いかけて、剛一、咄嗟に記者の本能で言を変える〉。亜乃留の肩を両手でがしっと支えつつ、同時に少し距離を作って「教えてくれ亜乃留、闇の鏡はどこなんだ」と重ねて訊く剛一。

「俺は思ってもいなかった。俺が、俺自身の手で亜乃留を追いつめることになるなんて」という冒頭のモノローグは、ここのくだりを意味していたのだ。

この後、脚本で亜乃留は「剛一と初めて話した、屋上のある建物」と場所を言っているが、完成作品ではその前にフェイド・アウトとなっている。

▼亜乃留との別れ

亜乃留は闇の鏡の元に行こうとする剛一に「どうして剛一が行かなきゃならないの！」と問うが、誰かが止めなきゃいけないんだと剛一は決意を伝える。

そこへ携帯電話が鳴り、渡来から「闇の鏡に近づくな」と言われる剛一。闇の鏡を封じることが出来るのは同じ闇から生まれた〝入れ替わり〟だけなのだ。

〝入れ替わり〟は我が身を影と光に分かつことで闇の鏡の番人「ヴァーノ」を倒して鏡を封じる。その時〝入れ替わり〟は消滅する……つまり、もし亜乃留がそれをしたら、彼女も消滅してしまう。剛一が呆然と携帯電話を閉じると、周囲に亜乃留はいないことが俯瞰で示される。

この次の場面は、脚本では、今回の冒頭で描かれた、剛一がいなくなった亜乃留を追いかける場面がリフレインされていた。彼女を公園で見つけて「行くな！」と叫ぶ剛一に振り返る亜乃留。そして亜乃留が立っていた場所の背後に大きな鏡が立ち、その光と共に亜乃留の姿は消えてしまう――このリフレインは演出メモでも明確に指示されていたのにもかかわらず、完成作品には存在していない。そのために、冒頭の亜乃留を追いかける場面が、時制としてはどこに収まるのかが不明瞭になっている。

ゆえに、「俺は思ってもいなかった。俺が、俺自身の手で亜乃留を追いつめることになるなんて」という冒頭のモノローグの落としどころも、くっきりとは浮かび上がらなくなった。

完成作品では先に亜乃留が居なくなった俯瞰の場面に接続して、一足飛びに、輝くオベリスクを前に亜乃留が立つ異空間となる。光るオベリスクに向かって歩む亜乃留。背後には赤い布がはためく。手を差し伸べる亜乃留。脚本には「亜乃留の肩越し、奥の壁に直径3メートルほどの楕円形の輝く闇がある。闇は異次元と通じるワームホール状に激しく渦巻いている！」とあった。

ビルの屋上に着き、戸を開けて階段を降りてくる剛一。オベリスクを前に立つ亜乃留が振り返る。

「これが闇の鏡……」。オベリスクの中に黒い煙が漂い、それが晴れてヴァーノの姿が見える。赤いモノアイに甲冑姿の怪物だ。歩いてくるシルエットが、辺りに立ち込める霧に浮かび上がる。持っている剣がきらめき、呼吸音と共に響くその足元がアップになる。

剛一と亜乃留は逃げ場を失い、壁際で抱き合い、身を寄せ合って座っている。「行く時は一緒だ」と言う剛一を見上げる亜乃留。首に汗がにじむ剛一の動悸が伝わる。彼の表情を窺う亜乃留の白い顔と赤い唇が印象的だ。彼女の手に、かつて剛一に買ってもらったチョーカーが握られている。

脚本では「亜乃留、剛一の顔をずっと覚えておこうとするように一瞬、胸一杯の思いで剛一を見つめる」と書かれてあった。

そこに、エンディング主題歌に使われている『夕方に咲く花』のメロディのピアノ演奏が流れ始める。亜乃留は言う。人間の命はあんなに壊れやすいのに、人間は自分自身よりも大切な人を持つなんて不思議だ。「でも、だからこそ私達は、鏡の奥の闇の中から、あんなに人間に憧れるのかもしれない……」

人間の気持ちがよくわかったという亜乃留は立ち上がり、駆け出していく。慌てて追おうとするが、柱に足をチョーカーで縛られており、前に進めない剛一。

必死に自分の名を呼ぶ剛一に振り返り、「ありがとう」と礼を言うと踵を返す亜乃留。

力ずくで足元のチョーカーをちぎった剛一は遅れて後を追うが、隣室に続く戸の中から七色の強烈な光が迸り、圧倒される。光と共にガラスの割れたような破裂音がし、画面はホワイトアウトに――。

やがて剛一がその部屋に入ると、そこにはもう亜乃留もヴァーノもおらず、オベリスクのあった場所には小さくなって消えていく渦巻状のワームホールが見えるだけだった。立ち尽くす剛一。

「闇に生まれ、光に憧れ、人を愛したモノ。それは、美しく心やさしい影」。ナレーションと共に、ビルの屋上に立ち、暗雲から差し込む陽の光に向ってチョーカーを持ち、かざして見ている剛一の後姿。そのアップからパン・ダウンするタイミングでエンディング主題歌『夕方に咲く花』が流れ始める。カメラは包帯を巻いた手でチョーカーを持っている手に行き着く。

それがフェイド・アウトし、今回の各場面が振り返られる。まずは研究室にいる、憂愁を帯びた表情の渡来と涼が写しだされる。本編にはない映像だが、原田監督はこれを示すことで、直接示すことはなかった亜乃留の〈死〉を受け止めて、差し出している。

歌が流れ続ける中、在りし日の亜乃留が剛一と過ごした時間がリフレインされ、そこには剛一がおどけて被り物をするデートシーンのNGカットも挿入されている。ガーベラの花を持つ亜乃留、鏡の前に立つ亜乃留、コーヒーカップを持ってこちらを見る亜乃留……がいとおしむようにリフレインされ、やがてオベリスクに向っていく決死の亜乃留の別テイクカットが挟まれ、剛一が最初に見かけた、芝居の稽古部屋での膝を抱えて座っていた時の佇まい、剛一のニコン越しに見える時の目の表情……と続いていく。

歌が後半に差し掛かると、亜乃留を追って走ってくる剛一のカットになり、振り返る亜乃留に「行くな！」と叫ぶシーン、そして公園の丘に一人立ち、芝生でくつろぐ家族連れを見つめる姿で、作品は締めくくられる。人間達の里を見下ろしているかのような少女の孤独な後ろ姿には、哀惜の念を覚えずにいられない。

▼原田昌樹、語る

――アクセサリーを売っている人は、妖しい雰囲気でした。

原田　うちのスクリプターの阿南玲那です。男の方は袴田くんのマネージャー。玲那は「光る舟」にも看護婦役で出てるんです。「二本の作品に両方出るなよ」と言ったんだけど、最多出演です。

まあ、あんまり予算がなかったせいもあるし、僕わりと内トラを使うの好きだったから。

――この13話と15話については、原田監督と太田愛さんで、二本続けてやってくださいということだったんですか？

原田　そうですね。この二本の間には「李里依とリリー」（高木登脚本、鶴田法男監督）が入ったんですが、どっちにしてもオンエアの順番は後で替えるからと言われて、二本とも太田さんでやって欲しいと。

ただし、キャラクターを出して欲しいという条件が付いたんです。怪獣でもなんでもいいから、出さなきゃダメだと。「二本のうち一本は出して」と言われて、それで太田さんと考えました。しょうがないから「影の侵略者」の方に、〝怪しい魔人〟みたいなのを出すと。

――〝鏡の番人・ヴァーノ〟ですね。

原田　そういうのを出すからと言って、この話を通してもらったんです。

その代わりもう一本は、そういうのが一切出ないやつでやらせてくれと言って、「光る舟」を通しました。だから「光る舟」を通すために、こっちの方は、無理やりキャラクターを出すことになったんですね。

「光る舟」 脚本・太田愛

シナリオ解題

▼ウルトラQ～dark fantasy～ 15話 二〇〇四年七月十三日放映

ゲスト：寺島進（岡田哲夫）、山崎裕太（茶髪）、寺田千穂（岡田奈津子）、池田常雄（老紳士）

① 駅前（例えば調布辺り）の書店／夕刻

ズラリと平積みになった夥しい求人情報誌。

そのひとつを取り上げる手。

現場主任風のジャンパーを着た岡田哲夫（36）。ページ捲る岡田、鋭い目で中身を吟味する。

岡田「……先月号とあんま変わってねーな」（※1）

岡田はすでに2冊ほど求人雑誌を抱えている。

② 駅前付近の通り／夕刻

ゲーセンから茶髪（19）が出てくる。（※2）

まあキレイ系。手に飲みかけの缶ジュース。（※3）

缶ジュースを飲みながらテクテク行く茶髪。飲み干して、空き缶をやや離れたゴミ箱にポンと投げる。

空き缶、ゴミ箱にナイスインする直前、ゴミ箱周辺に何台も止められた自転車のひとつにぶつかり、カツンッ！　と跳ね返される。

茶髪「……むかつく」

③ 駅前付近

岡田が書店の分厚い紙袋を手に店を出てくる。

丁度、信号が赤になる。

所在無く待ちに入る岡田。

その隣に並んで信号待ちしているのは涼。

涼の携帯が鳴る。

涼「（取って）はいもしもし。あ、剛ちゃん。あのさ、例の問題、答え出た？（※4）あたしこの3日ずっーと考えてんだけど、全然思いつかないんだよ、答え」（※5）

聞くともなく聞いている岡田。

茶髪「……（満足）」

④ ドカッとどけられる自転車

茶髪がゴミ箱周辺の自転車をどかしたところ。

茶髪、S2と同じ場所まで下がると、再度、空き缶をゴミ箱に投げる。

空き缶、サクッとナイスイン。

⑤ 駅前の交差点

信号待ちの涼「（携帯に）えーッ！　問題をよく覚えてない!?」

岡田、何となく聞いている。

涼（※6）「ったく、も1回しか言わないからね！　よく聞いてよ」

つい〝よく聞く〟モードになる岡田。

涼「空を飛べるくせに、飛ばないって言い張るものなーんだ」（※7）

岡田「空を飛べるくせに、飛ばないって言い張るもの……」（※8）

つい真剣に考える岡田。

信号が変わり、ダッと歩き出す涼と岡田。

【解題コメント発言者】 原田昌樹　太田愛　高橋創（撮影）

原田監督の証言　『ウルトラQ～dark fantasy～』では四本撮りましたが、一本を除き、あとは太田愛さんの脚本でやれました。その中の「送り火」は、自分自身の記憶を持っていない少年が、その代わりに、余命短い人間を送る時、その人の一番いい時の記憶を自分の中に入れる……というお話でした。そして「光る舟」は生まれ変わりの話です。

でも「生まれ変わりたい」というのは、要するに死んで生まれ変わるという意味です。

川が出てきますが、舟があの川を渡ったら、死ぬんですよ。でも、スタッフも誰もその事を指摘しない。「これ、どうしてみんな気付かないのかな？」と思ったくらい。三途の川の話なのに。思いっきり。

山崎裕太演じる青年が一生懸命直そうとしている舟が、壊れていて進まない舟ですよね。でも、直してその舟を行かせてしまったら彼は死んじゃうんです。三途の川を渡っちゃうから。だから、完全に臨死体験なんです。

太田さんは優しい顔をしているけど、とても恐い話を書く人なんです。「光る舟」と二本一組で撮った「影の侵略者」も死者と入れ替わる話ですし。

それが一番色濃く出ているのは「光る舟」だと思います。シンプルな話です。

主人公は「寺島進でやりたい」と、太田さんが最初から言っていました。この役は寺島さんを想定して書いていると。でも、寺島さんを呼べるか呼べないかという問題があったんです。結局、『ウルトラマンガイア』の「遠い町・ウクバール」（29話）で一度やっているし、呼んだら、また来てくれた。

あとはスケジュールの問題でした。もともとこれは、さとう珠緒主演の「午前2時の誘惑」とのカップリングだったんです。でも寺島さんのスケジュールはその一ヶ月後の何日間かしか空かないとわかったから、そっちに合わせちゃった。だからもう最初から寺島アワー。

同じ監督で同じシナリオライターで同じテーマの「影の侵略者」と続くので、「画を変えろ」という宿題をキャメラマンに出しました。

それで「影の侵略者」は望遠レンズを多用、「光る舟」はワイドで引き画、出来ればワンシーンワンカットという風にしたんです。

寺島進と山崎裕太をキャスティング出来た段階で、俺はあんまりカットを割る気はなかった。この二人でやるんだったら、カチッとした画で撮る。二人で芝居を作る。

本当に、ズームは使っていないと思います。ワンカットだけ

涼「やだ。小学生の甥っ子に降参するなんてクツジョクだ」
岡田、歩きつつ虚空に目を据えて真剣に考えている。
涼「え！　なに？　解った!?」
岡田「！（驚いて思わず涼を見る）」
涼、角を曲がる。答えを知りたい岡田、急いで涼に並行して歩く。
涼「なるほど。うん、うん、んで答えは？」
全神経を集中する岡田、全く前を見ていなかった。
岡田、Ｓ４で茶髪が動かした自転車にもろに激突！（※9）
岡田「ぐおっ！」
派手にぶっ倒れる岡田と共に一群の自転車が大きな音をたてて将棋倒しになる。
通行人が驚いて足を止める。
涼「違うって、鶏とかじゃないんだって。うんうん」
と、気付かずに遠ざかっていく涼。
痛みに顔を歪めて起き上がる岡田、手の甲が擦り剥け、ズボンの膝が破れている。
岡田「!!（ズボンがショック！）」
ふと見ると、破れた袋から求人情報が飛び出ている。
岡田「――」
N「人は、一生のうちに何度か、人生をやり直したいと思う時があります。そんな時には――」

⑥駅前の広場（夕暮れ）（※10）

を、携帯に何やら喋りながら涼が通り過ぎる。

カメラ残ると、広場の噴水の縁に茶髪がひとり座っている。

茶髪は、どこかやるせないような物憂い目で夕暮れ時の雑踏を眺めている……。

N「ほんのちょっとした偶然が、人の運命を大きく変えることがあるのです」


かな？　画が寄っていったのは。それも「やめろ」と言いました。だから「光る舟」は映画的な作り方なんです。画のタッチも全部含めて。〈深夜にやる小さな映画〉という感じで作りました。

映画の基本的な作り方で、フィックス（キャメラを固定する）で撮る。だからズームするんじゃなくて、キャメラが寄っていきたかったら、移動車を引く、という指示を出しました。キャメラマンにも「お前の腕が試されるよ。俺の演出力も全部試されるけど」とプレッシャーをかけまくったんです。

でもこれ三日間で撮ったんです。すごく短い。だってひと晩の話だけだから。後は、家と会社の場面しかないですから。

その割には、僕としては非常に満足のいく作品が撮れた。密度はすごく濃かった。

※1　「ああ……あったあった」に変更。

※2
原田「問題なのは、寺島進とバランスの取れる、若い茶髪を誰にするかだったんですけど、山崎裕太が、その時たまたま三日間だけスケジュールが空いているというから、ぜひ裕太でやろうと決めた。
僕は山崎裕太は三回目です。あいつがまだ小学生の頃に、僕の監督デビューの二本目の、古尾谷雅人主演『ひと夏の誘拐』というドラマで、誘拐される男の子の役を演っている。その後、僕が助監督でついた『ＲＥＸ恐竜物語』（監督・角川春樹）にも出ている。彼は中学生でした。この「光る舟」で、二十才を越えた彼と円谷プロで会って、「原田さんとはいつも変なところで会うね」という話になった（笑）。ものすごく生意気なガキになっていましたね。

タイトル「光る舟」

⑦岡田のささやかなマイホームの前／翌朝

手の甲に大きなガーゼのバンソコをした岡田が門を開けて出てくる。（※11）
岡田、玄関先で見送る妻子に笑顔で手を振る。
娘の真美(6)、小さく手を振る。（※12）しかし――
可愛い系の妻・奈津子(29)は、岡田と何かあったらしく、怒気に満ちた顔で岡田を睨んでいる。
岡田「……（笑顔ひきつる）」（※13）
と、そこへ隣家の主婦が箒で表を掃きながら、
主婦「まあ、いつもお早いわねえ」
岡田「いやぁ、仕事ありますから。はは……。行ってきまーす」（※14）

⑧小さな公園のベンチ（※15）

岡田が弁当を食べながら休職雑誌をチェック中。
岡田「おっ！……あーダメだ。新卒かぁ……」
溜息をつく岡田。
岡田「今月でもう半年になんだよなぁ……」（※16）

⑨岡田の建設会社／半年前・夏の朝（岡田の回想）（※17）

半袖の作業服の岡田、元気に出社してくる。
岡田「（誰にともなく）おはよございまーっす」
その脇を従業員達が血相を変えて帰っていく。
岡田「え？　なに？……なによ？」

×　×　×

扉に貼られた張り紙。『当社は今後、業務を継続し

※3　財布を探る仕草が演出メモに指定。以後、指定に関し、断りなきものは演出メモによる。

※4　涼のセリフはここまで使用。

※5
原田「寺島と裕太が中心の話だから、レギュラーは涼役のエンクミ（遠藤久美子）が一人出ているだけ。「これ私あんまり関係ないもん」じゃないけど、引いてるんだよね（笑）。本当はエンクミちゃんが出る必要がまったくないんです。だけどシリーズものだから、「どこかで出してくれ」と言われて、「じゃ町の中で偶然、横に歩いているだけでいい？」と言って（笑）。もう一人の主人公である剛一（袴田吉彦）と電話している事にしたんです。

※6　涼のセリフはここから使用。

※7
原田「飛べるけど飛ばないと言い張るなぞなぞは、結局、涼にはわからなかったということで、最後に画面で答えを出したんです（シーン35参照）」

※8　このセリフはカット。

※9
原田「このぶつかった自転車というのが、後に、バイクが川に落ちていて舟が進めなくなることと重なるわけ。よく考えてある。だからこれはいいホンだと

ていくことが困難となりました。云々』

岡田「(仰天)エーッ!!」(※18)

⑩ 岡田のマイホーム・キッチン／同・昼(同)(※19)

奈津子「倒産!? (うろたえ)え、でも、この家去年買ったばっかだし、ローンまるごと30年残ってるし、ど、どうしよ」

ランニング姿の岡田、大きな気持で昼飯(※20)を食ってる。

岡田「だぁいじょうぶ、大丈夫! すぐ仕事見つかるって! 俺、現場監督よ。れっきとした技術職なんだから、はっはー」

⑪ どこかの小さい会社／秋(同)(※21)

若い面接係「んで、パソコンとかできんの?」

と、軽薄そうな面接係(26)が履歴書を見ている。

パイプ椅子に精一杯かしこまっている岡田。

岡田「は。そちらの方はこれからみっちり勉強いたしまして」

若い面接係「使えねぇー。(戸口に)次の人ー」

岡田「おい、ちょっと待てッ! (と、思わず現場の怒声)」

× × ×

(※22)ビルの警備員に襟首を掴まれもがく岡田、玄関からつまみ出される。尻餅をつく岡田。

岡田「痛ってぇ」

てのひら、擦り剥けている。

⑫ 岡田のマイホーム・リビング／昨晩(同)(※23)

岡田「ただいまぁ……。あいてて」

岡田、S5の紙袋から飛び出した求人雑誌を抱え、膝の破れたズボンで帰宅したところ。

思いましたよ。中身は怖いけど。今までやった太田さんの中で一番いいホン。

※10 「夕暮れ」は日中に変更指定。

※11 弁当を持たせる事を指定。

※12 真美が「パーパー」と言うと指定。

※13 映像では妻の怒りは明確ではない。

※14 主婦とのやり取りはこのシーンの前半で描写。

※15 ウルトラシリーズのロケ地でも有名な「五本松」(多摩川五本松公園)での撮影を指定。

※16 ここまでタイトルクレジットが出る。

※17 「半年前、夏」とスーパーが出る。外の光のハレーションで回想だと表す。

※18 外から戸を開けようとして開けられない岡田をガラスの内側から捉える。

※19 岡田のマイホーム描写は、以後、登場する際も、外から見た、大きなぬいぐるみ越しの同じ構図で客観的に捉えられている。

※20 「ソーメン」と指定。真美も向いで一緒に食べている。

※21 「秋になって…」とスーパー。

※22 時間省略はなく、そのまま警備員が入ってきて岡田を止

奈津子「また喧嘩したんだ、面接で……」

人目見て思い込んだ奈津子、愕然とした顔。

岡田「(焦る)あ、ち、違う違う、これはさっき駅前で」

奈津子「『コケた』とか言わないよね」

岡田「(さらに焦る)い、いや、ほんとこけたんだって」

奈津子「いいよもう! なんで哲っちゃんはそうタンキなの!」

岡田「(カチンとくる)タンキ?」

奈津子「タンキじゃない! タンキでなきゃ面接官に喧嘩売る!?」

岡田「だからそりゃ前のことで」

奈津子「今日だってまた喧嘩(して)」

岡田「喧嘩じゃないって、マジ駅前で(自転車に)」

奈津子「そんなタンキなんじゃ新しい仕事なんて見つから(ない)」

岡田「(ついキレる)俺はタンキじゃないッ!!」

奈津子「! (ビックリ)」

次の瞬間、奈津子の顔に見る見る怒気が広がる!

岡田「(『しまった!』)あ、あの、なっちゃん……奈津子さん」

奈津子、脇の和室に入ってピシャリと襖を閉める。

(※24)

⑬ 通り・飲み物の自販機の前／現在(回想明け)(※25)

『はー』と溜息の岡田。

岡田「タンキだったなぁ……」

と、後悔しつつポケットから小銭を出して自販機へ。

缶コーヒーのボタンを押そうとして、ふと思い直し、

岡田「いかん、倹約倹約」

と、取り消しレバーを廻す。

チャリンと戻ってくる小銭。

め、シーンが変って玄関へ。警備員役は二家本辰己。「人生色々あるんだよ」との捨てゼリフのアドリブあり。

※23 「そして、昨晩…」とスーパー。

※24 このシーンの前半まで真美が居る。

※25 このシーンの前に一旦フェイド・アウトして黒味が入る。

⑭夕焼け空～河原の土手（※26）

大きな夕焼け空の下、河原の土手を岡田がとぼとぼと家路を辿る。
見ると、河原の水際にＳ２の茶髪がいる。
茶髪は、模型の帆船を川に浮かべようとしている。
驚いた事に、その帆船は。夕暮れの大気の中で、蛍のように自ら柔らかな光を放っている。

岡田「――（驚く）」

岡田、興味を惹かれて河原へ下りていく。

⑮河原

岡田、茶髪に近付きながら、

岡田「な、な、その舟、どしたんだ？　なんで光ってンだ？」

茶髪、一心不乱に舟を浮かべようとしている。
が、舟はバランスが悪い感じですぐ傾いてしまう。
（※27）

岡田「あ、水、入ったぞ水。もっとそぉっと置いてやんねーと」

懸命に舟を浮かべようとする茶髪、集中が乱れる。

岡田「あー、やっぱ傾くなぁ。船底、穴あいてんじゃねーか？」

舟を浮かべようとする茶髪、集中できない。

岡田「おっ、そうそうその感じ！　そぉっとそぉっと……」

茶髪「（全然、集中できない）だーッ！　もう！」

と、茶髪、ついに岡田に向き直る。

茶髪「ちょっと黙ってろよ！　この舟に、俺の人生かかってンだから！」

岡田「人生、かかってる……？」

茶髪「そう！」

と、言うと、茶髪はクルリと背を向けて作業再開。

※26　シーン14は映像では日中場面。

※27　以下、二人の掛け合いは、大意は同じなれど、細かい言い廻しはアレンジされている。

岡田、やや困惑の笑顔で、

岡田「ちょっと待てよ。フツー掛かってないだろ？　こういうもんに、人生は。ん？」

茶髪「（舟に集中している）やっぱマストかなぁ……」

と、舟を取り上げて草むらの方へ。
岡田、何となく気になってついて行く。
茶髪、草むらに座ってマストの具合を調べ始める。

岡田「なぁ、この舟に人生掛かってるって、どういう事だ？」

茶髪、舟の具合を調べながらサラリと、

茶髪「こいつが海まで辿り着いたら、俺は生まれ変われンだよ」

岡田「へ……？」

茶髪、手を止め、『解んねー奴だな』という目で岡田を見る。

茶髪「だから、この舟をちゃんと浮かべて、こいつが海まで辿り着いたら、俺は生まれ変われんの。生まれ変わって、一からやり直せるってわけ」

岡田「……」

茶髪、さっさと舟の具合を調べ始める。

岡田「おまえ、どっか痛いとこねぇか？　頭とか」

茶髪「ねーよ！」

茶髪、立ち上がり舟を手に再び水際に向かう。（※28）

岡田「なぁ、それ、その光る舟、おまえ作ったのか？」

茶髪「これは貰ったんだ。橋の上で会ったじいさんに」

岡田「橋の上で会ったじいさん……？」

茶髪「ああ、そのじいさんがさ――」

×　×　×

インサート
橋の上。上等なスーツを着た山羊髭の老人が、両手で胸の高さに舟を持って立っている。

茶髪の声「『これはおまえの舟だから』ってタダでくれたんだ」

（※29）

※28　この一行はカット指定

※29　原田「この、謎の老人から舟をもらって、これを流せばお前の新しい人生になる……そいつが『送り火』のヒタキと同じ存在。死神です。僕の中では、そう思っていました」

× × ×

岡田「なるほどな！　そういうカラクリかぁ（と、一人納得）」

茶髪「（ちょっと気になる）……なんだよ、カラクリって」

岡田「こりゃ新手の霊感商法だ。最初はタダ！　そこが手口なんだよ」

茶髪「もう帰れよ」

岡田「聞けって。『この舟はコンジョーが腐っていてすぐ沈みますから、直したければこの壷を買いなさい！』とかって来んだよ。んで壷の次、印鑑な。チームプレーなんだ」

茶髪「ああそうかい」（※30）

　と、茶髪、無視して再び舟を浮かべ始める。

　舟、すぐ傾く。

岡田「な？　ちゃんと浮かばないようになってんだよ」

　茶髪、無視して作業を続ける。

岡田「なんかさっきよりぐんと調子わりぃな……」

茶髪「おっさんが横でガタガタ言うからだよッ！」

岡田「（閃く）ちょっと貸してみな。そいつ、マストの付け根んところで重心とり直してやりゃ……」

茶髪「いいよ、これは〝俺の舟〟なんだから。おっさん、もう帰れよ。したらグンと調子出るから」

岡田「ほんとかよ……」（※31）

　茶髪、マストの辺りを真剣にいじり始めている。

　その横顔を見る岡田、『ま、いっか』という顔。

⑯帰り道・ファミレスのある通り／夜（7時頃の感じ）

　通りを行く岡田。

　子供の明るい笑い声がする。

　見ると、若い夫婦と幼い子供が楽しそうにファミレスに入っていく。

　やさしい目で見送る岡田。

※30　シーン15はここまで後はカット。尚、ここで自分を無視する茶髪の背中に岡田が、「人は色々あんだよ、お前」（シーン11の警備員のアドリブに引っかけている）と言う。

※31　まだじろじろ見る岡田に茶髪が「行けよもう」と言い、岡田が「がんばれよ」と声をかけることが付加指定。

　岡田、ポケットの小銭を探る。

⑰洋菓子店

岡田「（店員に）すいません、この生クリームの（※32）３つ下さい」

　と、ショーケースのスワンを指差す。

⑱岡田のマイホーム・玄関～リビング（※33）

岡田「真美ー、鳥さんのシュークリームだよー！」

　妻子の喜ぶ顔が早く見たい岡田、靴を脱ぐのももどかしくリビングへ。

岡田「みんな集まれー！」

　と、リビングの扉を開ける。

　無人のリビング。

岡田「あれ……？（と、辺りを見渡す）」

　卓上に置手紙がある。

　手に取る岡田。

『真美と一緒にしばらく実家に帰ります。晩ごはん、冷蔵庫です。チンして食べて下さい。奈津子』

（※34）岡田、きちんと片付いた室内を茫然と見回す。

岡田「……不意打ちだよなぁ……」（※35）

　と、何とか苦笑しようとするが、笑えない。

岡田「――」

　岡田、家族には見せたことのない別人のような孤独な顔……。

⑲河原／夜半

　茶髪、まだ舟を浮かべようと頑張っている。そこへ

岡田の声「おぉーい！　おぉーい！」

　茶髪、『やかましいなぁ』と声の方を振り返る。橋

※32　映像では「白鳥のシュークリーム」と言っている。

※33　この前に、岡田が帰ってくる玄関表のシーンを付加指定。

※34　「フカン」で撮る事が指定。手紙は奈津子の声で読み上げられる。

※35　このセリフはカット。そのまま暗転。

太田「ケーキを持って家に帰ってきたら、妻と娘がいなくて落胆する時に、原田監督はあえて男の人の気持ちに寄らないんですね。あそこはね、生理としては顔に寄りたくなるところじゃないかなと思ったので『どうして寄らなかったんですか？』と伺ってみたことがあったんです。そしたら『それが男の哀愁。男は背中なんだよ』と。

の上に、完全に酔っ払って出来上がった岡田、コンビニ袋を提げて盛んに茶髪に手を振っている。

岡田「おぉーい！」

茶髪「!?（ひきつる）」

⑳ 橋の上

岡田「その舟、半分コしようぜー！　俺も生まれ変わるぞー!!」

㉑ 河原

茶髪「ざけんなよ、おっさんッ!!」（※36）

㉒ 橋の上

岡田「今、行くかんなー！」

と、駆け出す酔っ払い岡田、足がもつれてポケットから辺りに小銭が散らばる。

岡田「あ……」

と、反射的に落ちた小銭を拾おうとする。
硬貨に伸ばした手をふっと止める岡田。
ポケットに小銭を貯めても、喜ばす家族はもういない。（※37）

岡田「……こんなはした金……！」

拾わずに踵を返して駆け出す岡田。
アスファルトの小さな雑草の傍ら、置いていかれた岡田の五百円玉……。

㉓ 河原／夜半

河原の草むらに、逆さにしたコンビニ袋からボンドやロウソク、板切れ、糸鋸等がドサドサ出てくる。

※36　「うるせえ、帰れ！」に変更。

※37　「……といってもなぁ、実家に帰っちゃったしなぁ」と、ト書きをセリフで表現。

ヤケクソのように明るい岡田。

岡田「ほーら、舟の修理道具だッ！　いいか、修理にはちゃんとした道具ってヤツが必要なんだ！」

茶髪「あのなぁ、おっさん」

岡田「気にすんなって！　俺、三千万の生命保険入ってんだから！　こんなのサイセン同然だー！　はーははー」

茶髪「なに訳わかんねーこと言ってんだよ！」

岡田「マストから後ろ半分俺の領分な」

茶髪「勝手に決めんなよッ！」

岡田「（諭す）あのな、いざって時に自分のことだけ考えてるとカンダタみたいに地獄に落っこちることになんだよ」

茶髪「（泣きたい）誰だよ神田って」

岡田「ほら貸してみな」

と、茶髪が抱えた舟に手を伸ばす。

茶髪「だめだって！　おっさんと遊んでる暇ねんだよ！　朝ンなったら、この舟消えてなくなっちまうんだから!!」

岡田「消えてなくなる……？」

茶髪「この舟くれる時、じいさんがそう言ったんだ。朝ンなったらこの舟は消えちまうって」

岡田「なぁんだよ、生まれ変わンのにタイムリミットがあンのかよ。ケチくせーなぁ」

と、いきなり舟を掴むやガコッ！　とマストを外す。
（※38）

茶髪「（悲鳴）ぎゃーッ!!」

岡田「やっぱなぁ。見な、この付け根ンとこ。軸が傷んで隙間できてっだろ？　ここに支え作って入れてやりゃピシッと重心が座るんだよ」

茶髪「……（意外な顔で岡田を見る）」

岡田「間に合わせよーぜ、朝までに」

と、赤い顔でニッと笑う岡田。

㉔ 河原／深夜

※38　シーン23のセリフ始まりから、ここまで1カットで表現。

燃える焚き火の火。岡田は糸鋸で板切れを切り、茶髪は木片をボンドでくっつけている。茶髪の手はボンドでベタベタだ。(※39)

岡田「(呆れる)……いい加減手先不器用だな。おめぇ授業中に弁当食ったら必ず見つかるクチだろ」

茶髪「もう学生じゃねーよ」

岡田「(意外)へー、おめぇいちお社会人か」

茶髪「ちげぇよ……」

岡田、一瞬考えて、

岡田「プー……?」(※40)

茶髪「フン! 悪かったな。おっさんこそ仕事(なんだよ)」

岡田、不意に激しく糸鋸を動かして作業に没入。『?』となる茶髪。

茶髪「(ズバリ直観)プーだ!」

岡田、糸鋸をさらに高速に動かす。

茶髪「スゲ聞こえない振りとかしてんの! 自分もプーなの! 全然言えねーの人の事、ザマー!(と手を叩いて喜ぶ)」(※41)

岡田、手近の板切れを取って茶髪をしばく。

岡田「喜びすぎなんだよ。ほら、火、消えるぞ」

茶髪「いってぇ……」

と、頭をさすりつつ焚き火に枯枝を足す茶髪。
そんな茶髪を眺めながら、岡田はふと思う。

岡田「おめぇさ、なんで生まれ変わりたいんだ?」

茶髪「なんでって、別に理由とかねーけど……。なんかさ、サッパリしてそーじゃん、生まれ変わるって」

岡田「(黙って聞いている)」

茶髪は明るい目で小石を拾ってヒュッと川に投げる。
勢いよく水面を跳ねる石。

茶髪「ってかさ、次の俺は、なんか違ってんだよ絶対。今の俺みたいじゃねんだよ。解んねーけど、こんなじゃねんだ」

茶髪、明るいがどこか切実な目で川面を見ている。
今の岡田には、茶髪の気持が解る。

※39 ここに月を合成指定。

※40 以下、二人は「プー」を「プーちゃろう」とアレンジ。

※41 この辺り、二人のアドリブが跳ねている。

岡田「そっか」

茶髪「そうよ」

と、振り返る茶髪。(※42)
焚き火の側に置いた舟の軸先が静かに燻っている!

茶髪「あーッ!!」

岡田「おーッ!!」

『水、水!』と喚き合って慌てて消化する二人。(※43)

㉕ 草むらを夜明け前の風が流れる(※44)

軸先がちょっとコゲた舟(修理完了状態)を捧げ持って、緊張の面持ちの茶髪が水際に近付く。
傍らの岡田も大緊張の面持ち。

㉖ 河原/未明(※45)

岡田「慎重にいけよ、慎重に……(と、舟に声を掛けている)」

茶髪が舟をそぉっと水面に降ろす。
固唾を飲む二人。
茶髪が舟から手を離す。
すると光る舟は——
滑るように夜の川を走り始めた!

岡田・茶髪「!!」

岡田・茶髪「うぉー! ヤッター!!」

大歓声をあげて舟を追い掛ける茶髪と岡田!

岡田「行けーッ! 行けーッ!」

茶髪「海はすぐそこだーッ!」

二人の男が喜々として川辺を走る走る!
舟は、淡い花火のような美しい光の粉を散らしながら走る。

※42 四塩化チタンの煙で可視化指定。

※43 岡田が口に含んだ水を吹きかける。

※44 このシーンはカット。

※45 「水面からフレームイン」を指定。

飛び跳ねながら走る茶髪と岡田。

茶髪「俺は生まれ変わるぞーッ！」

岡田『俺も生まれ変わるぞーッ！」

気持ちよく川面を走る光る舟。

と、突如、光る舟が川から突き出た金属片に激突！

帆がベキリと折れた！

茶髪「!!」

岡田「!!」

茶髪と岡田、あまりのことに動けない。

ややあって愕然として河原にへたり込む二人……。

㉗ザバッと水から持ち上げられる金属片

それは川に捨てられたしょぼいオートバイ。

岡田が川に入っている。（※46）

岡田「誰だよ、こんなとこに単車捨てたのはッ！」

河原にへたり込んだままの茶髪、完全に壊れた船を前にすっかり落胆している。

茶髪「いいんだ、もう……。俺、むかしっからツイてないんだ。遠足ン時、お多福風邪ひいたのも俺だけだったし」

岸に上った岡田、壊れた船を眺める。

岡田、『まあ、こんなもんか……』と苦笑して白みかけた空（※47）を見上げる。そこは大人だ。

辺りはいつのまにか夜が明け始めている。

大きく伸びをする岡田、ふと思い付いて、

岡田「な、どうせならじいさんが言ってた、〝舟が消えてなくなる〟ってのの見物しようぜ。そういうのめったに見れねーぜ」

茶髪「はぁ？」

岡田「考えてもみろよ。舟を貰って生まれ変わった奴は、誰も舟が消えるとこ見てないんだぜ。それにあれだ、生まれ変わろうなんて思わなかった奴は、そもそも舟を貰ってないんだから当然、消えるとこも見てない。な？」

※46 「ズボン上げ」指定

※47 空は合成でスチールを使い、「空が白い」状態にすると指定。ただし、映像作品では空は映らない。

※48 茶髪が納得した顔で頷く形に変更。

※49 **高橋創の証言** この虹がかかるところ、実際は夕方に撮ったんですけど、本当は監督、朝にどうしても撮りたかった。夜中にナイター撮影をやって、三時間だけ家に帰って、早朝ロケでやると言っていたのを、スタッフみんなで寄ってたかって説得した記憶がある。

それで夕方に早朝っぽく撮ったのですが、たまたまいい感じにすごくどん曇りになったんです。そうじゃないと朝は、どんどん陽が上がってくるからゆっくり撮れないんです。

だから、その日の夕景で早朝シーンを撮ってから、ナイターで撮っていって、夜中に終わりました。でも、あれは運が良かったと思います。夕景も非常にこだわってじっくり撮れたし。

※50 タイヤの輪の間にドラム缶を置いて台にする形に。

※51 ここまでは「夜」。

※52 ここからは「朝」と指定

※53 ここでホワイトアウト。

※54 **原田監督の証言** 医師役の池田常雄さんは、僕にとっては角川春樹組の『REX 恐竜物語』以来の人です。

太田愛の証言 お医者さんと山崎さんが話す時の現場では、原田監督はイキイキしていました。私はその時、差し入れを持って行ったんですが、二人の掛け合いがとにかく可笑しくて、監督が笑いをこらえて震えているのが見える（笑）。

※55 ここで茶髪のアップになることを指定。

茶髪「まぁ、（そうだな）」

岡田「ってことは、いっか？　この舟が消えるとこ見られンのは、〝舟を貰ったにもかかわらず、生まれ変わるのに失敗した奴だけ〟なんだ。こりゃ結構まれだろ」

茶髪「俺をコケにしてんのか、おっさんッ！」（※48）

㉘河原／夜明け（※49）

河原の石を積み重ねて作った（※50）祭壇風の台の上に、壊れた舟が載せられている。

舟を両側に〝不良座りした〟茶髪と岡田、眉間に縦皺を寄せてじっと観察している。（※51）

（※52）辺りは明るくなってきている。

岡田「……消えねぇぞ」

茶髪「……消えねぇな」

茶髪、足がしびれてきてモゾモゾする。

岡田「（舟を見て）おいッ！」

ハッとして舟を見る茶髪。

舟、そのまんま。

岡田「なんつッテ」

茶髪「……（ムカツク）」

と、その時ちょうど朝陽がまともに舟に射しかかる。

眩しい朝陽の中、舟は細かな光の粒子となってゆっくりと霧散し始める。

岡田・茶髪「！（息を呑む）」

舟が光の粒子となって姿を消していく。

岡田「マジかよ……」

と、次の瞬間――

光の粒子は七色の太い虹となって垂直に空へと立ち昇った！

岡田・茶髪「うわぁ……」

と、目を瞠って虹を見上げる二人。

岡田と茶髪は、虹の根っこに立っている。

二人はただ無心に虹を見上げている……。

以下、二人は虹を見上げたままポツリポツリ話す。


茶髪「……きれいだなぁ……」

じっと虹を見上げている岡田……。

虹の美しさが、なぜか切ないほど胸にしみる。

岡田「……こんな、きれいなモンもあんだな」
茶髪は、芯から明るい目で一心に虹を見ている。

茶髪「……なんか、いいなぁ。……きれいだなぁって思う、このカンジ……」

岡田「……そうだな」

河原に並んで大きな大きな虹を見上げている二人。

やがて、虹が薄らぎ消えていく。

晴れ渡った青空を見上げている岡田と茶髪。

茶髪「俺、なんか生まれ変わンなくてよかったな……」

岡田「俺も……」
と、岡田はちょっと照れたように苦笑すると、

岡田「そんじゃ生きるために、朝飯喰いにいくか」

と、傍らの茶髪を振り返る。ところが——

そこに、茶髪の姿はない。


岡田「？」

驚いて河原を見回す岡田。

茶髪はどこにもいない。

岡田「おぉーい、どこ行ったんだよー、おぉーい」

早朝の河原に一人茫然と立っている岡田……。（※53）

㉙ゆっくりと目を開く茶髪

そこは朝陽の差し込む病院のベッド。

豪放な感じの医者(58)が覗き込んでいる。（※54）

茶髪「……あれ？　なんで……？　俺どうしたの？」

医師「おまえは、時速80キロで、単車で川に突っ込んだんだ」

茶髪「……（何となく思い出す）」

※56　この回想は緑がかったモノトーンの画面になっている。

※57
太田愛の証言　山崎裕太さん演じるあの男の子が、なぜそんなに死にたくなったのかとかということを深刻に書き込まなくても、原田さんはすんなり入ってきてくださるんですね。

もしかしたら違う監督さんでしたら、たとえばどういう理由でこの子は飛び込みたくなったのか、よっぽどの理由があるだろうという風に言われることもあるのじゃないかと思うんです。でも「昨日と同じ俺っていうのを続けていたくなかった」というひと言で、原田さんはOKなんです。

「それは自殺で、自殺には原因があるよね」という風に行かない。そういうところを不思議にすんなり共有してくださる方でした。実際に説明せずに作品になっても、監督の中に出来あがっているから、全然違和感がないんです。

べつにバイトをクビになったとか、失恋したとか、何をやってもうまくいかないという積み重ねがなくても、その時その瞬間、ブレーキをかける気にならなかったということでしかないんです。原田監督は、そういうものを受け入れてくれました。

あのホンの時は、監督の頭の中に画があった。バイクがブーンッとなって、浮いた時に、パッと音がなくなるような感じなんです。言葉にして伝えなくても「もう、わかってるし！」という様子でした。

※58　バイクと茶髪を空中に合成した画面でホワイトアウト。

医師「一時は生死の境をさまよってたんだぞ」

茶髪「そうなの……？」
実感なさげな茶髪に、心の熱い医者は思わず、

医師「全く、何でブレーキかけなかったんだ！　悪くすりゃ死んでたんだぞ！　死ぬ気だったのか、この馬鹿者が！」

茶髪（※55）「……（思い出す）」

㉚川べりの道路／夕暮れ（茶髪のフラッシュバック）（※56）

たそがれ時の一本道をバイクで飛ばす茶髪。

真っ直ぐに前を見ている茶髪の目。


茶髪(M)「……死ぬ気なんてなかった——」

眼前にグングンと川が迫ってくる。

真っ直ぐ見つめる瞳。

茶髪(M)「あん時、俺は何となくブレーキをかける気になんなかったんだ。ブレーキをかけて、いつもと同じ場所に戻るのが嫌だった——」（※57）
光る川面を真っ直ぐに見つめる茶髪の瞳。
グッとアクセルを握る。

茶髪(M)「いつもとおんなし俺のまんま、生きていくのが嫌だった」

夕暮れの空に飛び出すバイク。（※58）

㉛病室

茶髪「あ……」

×　　×　　×

インサート
S27の岡田が水から持ち上げたバイク。（※59）

×　　×　　×

茶髪「あの舟ブッ壊した単車、俺ンだ……」

医師「舟ぇ!?　おい、人の話聞いてるのかッ、若いの！」

※59　スローモーションで再現。

※60　ここで看護婦が入ってきて医師をたしなめる。

※61　このシーンは、丸ごとシーン33の後に移動することを指定。

※62　シーンの位置を移動したため、この一行は削除指定。

※63
高橋創の証言　橋の下、アイスクリームを食べながら歩いているシーンは、曇っていた空を全部青空にハメかえたんです。だからあれは作品の内容もさることながら、映像的なところに異常にこだわって、晴れと曇りと夕方の画面を作っていきました。
合成一覧表によれば、「空ハメカエ」のところは「相談！」とあり、そこだけ黄色くポイントづけられ、合成班との交渉が必要であることが示されている。

※64　**岡田**「よろしくお願いします」と妻に一礼。

※65　移動したシーン32と直結。

※66　シナリオでは最後すれ違う両者を、演出では変えている。
原田監督の証言　二人はすれ違うまではいかない。上と下にいる。橋があって、下側では寺島が家族と歩いていて、上の橋では茶髪が米屋のバイトをしていて、五百円玉を拾う。その五百円玉は寺島が落としたもので、そういうところでちょっとリンクしているよ、という。あれはわかりづらかったかもしれませんが、一応、上と下にいるんです。

茶髪「あのさセンセ、俺、なんかスゲ面白い臨死体験した」
医者「臨死……(爆発する)少しは反省せんかッ!!」
　以下、オフで怒り狂って説教する医者と首をすくめて聞く茶髪。(※60)

㉜(※61) 橋の上／よく晴れた午後・数週間後

　米屋のバイトを始めた茶髪が、自転車の荷台に米袋を載せて橋の上を行く。

　茶髪、自転車を止め紙切れの地図を確認する。

茶髪「えっと……2丁目の佐々木が秋田小町だよな」

　茶髪は汗を拭うと、穏やかな目で河原を眺める。

茶髪「……あの辺だったよなぁ、おっさんと虹、見たの」

　その橋の真下を(※62)

㉝ 橋の下(※63)

　岡田が妻子と共に散歩している。
　三人、アイスキャンディーなんか食べている。
岡田「おいしいねー。真美のはぶどう味かな?」
奈津子「ね、ほんとに大丈夫なの? その印刷会社」
岡田「だぁいじょうぶ、大丈夫。俺、社長に信頼されてんの感じるんだ。従業員、社長と俺とおばちゃんだけだけど」
　奈津子、ついて行くしかない、と腹を括る。
奈津子「よし! んじゃ、明日からまたお弁当作るね」
　岡田、すごく嬉しい。(※64)
岡田「あ、真美真美、パパがデッカイ虹見たのあそこだよ!」
　と、アイスの棒で差す。
真美「パパ、『あたり』……」
　見ると、岡田のアイス棒に『あたり』と書いてある。
岡田「ほんとだ! すげぇ! もいっこ貰えるよタダで!」
奈津子「(真美に)パパ、すごいねー!」

※67　飛行船のカットはエンディングのスチル場面集の後の最後に、頭を掻き、まだナゾナゾの答がわからない涼の頭上に飛ぶ。

原田監督の証言　この舟が向こうに渡ったら生まれ変われると言われて、茶髪の青年が死神から舟を渡されて、それを一生懸命に直して渡そうとする。舟が光って行って、「俺の人生またもう一回やり直せる」と思ったら、ボンッ!と川の中のバイクにぶつかっちゃう。それでやっぱり舟は渡れずに、夜が明けてみたら、彼は病院で目を覚ます。

　そういう、実はわかりやすい話なんです。その臨死体験を、寺島進がたまたま一緒に、経験してしまう、というだけの話なんです。太田さんのホンって、いろいろ太田さんの強い思いがあって、ねじまがったりする時もあるんだけど、これは非常にストレートに、すっと書いてあったホンだなあと思いましたね。もう第一稿からほとんどこのホンでしたから。僕も直すところはない。「これはこのままやりましょう」という企画でした。完成度の高いホンです。

　僕はだから、奇を衒った演出をする気はまったくなかったんです。変な画を作らなくていいから、俳優達に芝居をさせて、それでちゃんと……映画じゃないんだけど……映画として成立させてみせるというので撮ったんです。

　実際にたしかこれ、『Q』の最高視聴率だったと思いますよ。最初は、こんな地味な話はダメだと言われたんです。寺島進が出てくると、彼も映画のイメージが強いから、深夜にやっている小さな映画みたいな感じに見

㉞ 橋の上(※65)

　を、涼が携帯で喋りながら茶髪の方へ歩いてくる。
涼「これで最後だよ! もう絶対言わないからね! 『空を飛べるくせに、飛ばないって言い張るものなーんだ』」
　茶髪の横を通り過ぎる涼。
茶髪「空を飛べるのに、飛ばないっていいはるもの……」
　自転車に跨ったまま気になって振り返る茶髪、自転車ごとドシャーン! と転倒。
茶髪「痛ッテー!!」
　涙目の茶髪、ふと見ると、雑草の脇に五百円玉が落ちている!(S22で岡田が落としていった)
茶髪「すげぇ! 超ラッキーッ!!」
N「人は、一生のうちで何度か、人生をやり直しているぞ、と感じることがあります。そんな時には——」
　茶髪、ポケットに五百円玉を納め、超御機嫌に自転車を漕いで走り出す。

×　　×　　×

　アイスキャンディの『当たりシール』に盛り上がって賑やかに土手を行く岡田一家。

N「ほんのちょっとした偶然も、人の心を幸福にすることがあるのです——」

　明るい陽射しの下、互いに気付かぬまま、別々の方向へ別れていく岡田と茶髪……。(※66)

㉟ 晴れ渡った青空

　の、一角に〝飛行船〟が浮かんでいる。
N「——生きてさえいれば」

【終わり】


てもらえたんじゃないかなと。

　僕もしばらく、自分の代表作はこれだという言い方をしていました。ウルトラマンというとフィルターをかけて見られちゃうことがあるんだけど、「光る舟」を見せると、ああなるほどという感じでね。そういう意味でも大事な作品ですよね。

　これをやっている最中に僕もうたぶん「ああこれが円谷プロ最後の作品だなあ」と。次のウルトラシリーズに自分が入らないことは、ほぼわかっていたんで、ある意味、最後のご奉公じゃないですけど。僕もこの辺から方向を変えようと思いました。そろそろキャラクタービジネスに頼らない作品づくりにしていこうかな……と言いながらその後『リュウケンドー』に行っちゃうんですけど(笑)。

　でも、僕は円谷プロ、結局、『ティガ』から『ウルトラQ』までだから、のべ六〜七年いたんだけど、最後にこれをやれて良かったですよ。

　正確にはこの後に、ウルトラマンのJRAのCMや、バンダイの「DVDは汚く扱っちゃダメよ」映像とかね。DVDの頭についてる。あれ、僕が撮ってるんだけど(笑)。

　ドラマとしては「光る舟」が最後のウルトラシリーズです。終わりよければすべてよしだなあと思って。

　僕、ウルトラマンの最初は、『ティガ』の「青い夜の記憶」だったから、スタートは良かったんです。途中いろいろあって、最後にまた『ウルトラQ』をやれて、しかもこういう「光る舟」みたいなのをやれたから、最初と最後が良きゃいいや、って感じですね。

第4部

新たなる挑戦
『魔弾戦記リュウケンドー』

松竹初である、実写連続テレビ番組としてのSFヒーローもの。タカラトミーの企画であり、従来のバンダイがスポンサーである円谷プロ作品や東映作品とは違う装いで複数（三人）のヒーローが活躍する。

最大の特徴は、舞台が昭和の風情を残す商店街を擁する「あけぼの町」にほぼ限られ、〈下町人情ヒーロードラマ〉として作られていること。それは原作者・広井王子の持ち味でもあったが、メイン監督となった原田昌樹ののどかで明朗な作風にも合っていた。

同時代の『ハリー・ポッター』を思わせる魔法科学の発想が採り入れられ、それは使い方によって善にも悪にもなる力であるはずだが、深刻なドラマを語るのは避けられたこともあり、「明るく楽しく、それでよし」という原田流ヒーロー像のひとつの達成が見られる。

スタッフ

監督：原田昌樹・川崎郷太・辻野正人・清水厚・野間詳令・宮坂武志・大道寺俊典・岩本晶・岡秀樹／原作：広井王子・平雄一郎・吉田剛・森内譲／シリーズ構成：武上純希・猪爪慎一／脚本：武上純希、猪爪慎一、川崎ヒロユキ、大西信介、岡野勇気、深月琴ノ介／照明：溝渕健二／録音：飴田秀彦／プロデューサー：中嶋等・長谷浩幸・片嶋一貴・鈴木勇人／撮影：木所寛・富田伸二・鍋島淳裕・森下彰三・菊池亘・Teamライジン／ラインプロデューサー：門馬直人・江良圭／エグゼクティブプロデューサー：竹川洋志・黒田徹／助監督：野間詳令・中久保修・岡秀樹・白石真弓・浜松洋一・塩川純平・小南敏也・畑井雄介／アクション監督：大道寺俊典（剣武会）／スクリプター：田口良子・二階堂舞子・中西桃子／制作担当：木村和弘・室橋忠・高田聡／ロケーション担当：

ュウケンドー

滝沢栄／制作主任：高田聡／制作進行：小南敏也・中西聡・柴慶輔・内田和仁・塚田耕野・江藤良子／スチール：神谷智次郎・本多晃子／カースタント：海藤幸広／車輛：白鳥武夫・塩野輝行・清水達彦・綱島義明・合田障二／バイク管理：谷川明／キャスティング協力：おおずさわこ／制作デスク：佐藤めぐみ／アシスタントプロデューサー：高根沢淳・佐藤めぐみ・斉藤恵美／VFXスーパーバイザー：田口健太郎（白組）／VFX制作：白組／VFX制作協力：TERABYTE inc．／ビジュアルエフェクト：平金総一郎／VFX：田中尚美・田口健太郎・永田時傳／敵キャラクターデザイン：雨宮慶太／美術：寺井雄二／装飾：高橋俊秋・谷田祥紀／大道具：関博文／造形：小倉裕一／造型管理・中村豊／操演：岸浦秀一・村田敦子／イメージボード：奥山潔／衣裳：能澤宏明・南拓哉／ヘアメイク：結城春香／技術協力：オムニバスジャパン／スタジオ：日活撮影所／オートバイ協力：ヤマハ発動機／企画協力：レッド・エンタテインメント／製作プロダクション：松竹、ドッグシュガー

製作：『魔弾戦記リュウケンドー』製作委員会・テレビ愛知・ウィーヴ

［音楽］

音楽：大島ミチル／編集：伊藤伸行／オープニング・エンディング演出：須永秀明／EED：時任賢三・岡本義典／整音：はたしょうじ／音響効果：浦畑将／『魔弾戦記リュウケンドー』作詞・作曲：磯崎健史　編曲：家原正樹　歌：きただにひろし／『GO! リュウケンドー』作詞・作曲：磯崎健史　編曲：高野康弘　歌：大槻ケンヂ／『EVERYBODY GOES』作曲：有原雅人　編曲：岡野ハジメ&D・I・E・　歌・作詞：相川七瀬／『ビューティフル』作詞・作曲：柴野真理子　編曲：不明　歌：しばのまり子／『Prism of Eyes』作詞：上田起士　作曲：島崎貴光　編曲：中西亮輔　歌：MAX／『ずっとずっとずっと』作詞・作曲：柴野真理子　歌：しばのまり子

キャスト

鳴神剣二・魔弾剣士リュウケンドー（声）・魔弾剣士ゴッドリュウケンドー（声）：山口翔悟／不動銃四郎・魔弾銃士リュウガンオー（声）・魔弾銃士マグナリュウガンオー（声）：源／白波鋼一・魔弾闘士リュウジンオー（声）：黒田耕平／左京鈴：井村空美／瀬戸山喜一：宮城健太郎／天地裕也：清水圭／毒虫博士Dr．ウォーム：飯田孝男／月蝕仮面ジャークムーン・メカニムーン：城谷光俊／黄金女王レディゴールド：田浦リオ／血煙伯爵ブラッディ：甲斐新／野瀬かおり：佐藤寛子／中崎市子：乙黒えり／高倉律子：仲程仁美／雪村雄三郎：鷲巣吾朗／花田健一：西村陽一／月岡留七：山崎海童／駒走徳治：武田滋裕／牛山塩三：榎譲治／猪俣熊蔵：飯島大介／猪俣邦子：須永千重／蝶野富雄：木村準／ガジロー：佐藤亮太／上野佳子：久野真紀子／上野繁：佐藤和也／姫野美咲：しのへけい子／栗原小町：細川ふみえ／西園寺海：大久保綾乃／御厨：白井良明

［声の出演］

ゲキリュウケン・ゴッドゲキリュウケン：野島健児／ゴウリュウガン・マグナゴウリュウガン：増谷康紀／ザンリュウジン：小野坂昌也／岩石巨人ロックリムゾン：堀之紀／血煙伯爵ブラッディ：田中大文

［スーツアクター］

リュウケンドー・ゴッドリュウケンドー：山口照雄／リュウガンオー・マグナリュウガンオー：秋山智彦／リュウジンオー：下川真矢

魔弾戦記リ

2006

「これがヒーローだ!」1話 ▼二〇〇六年一月八日放映

脚本：武上純希　**撮影**：木所寛

「地域密着型ヒーロー番組」の第1話は、ヒーローがある地方都市にやってくる。

──シナリオではあけぼの町の象徴であるあけぼののタワーを主人公が見上げてから足を踏み入れる描写でしたが、映像ではススキの道を通ったら足元にカッパのお地蔵さんがあるというのんびりした感じです。最初から原田監督のテイストが出ていますね。

原田　そういうテイストは、準備している段階では、意外とスタッフの誰からも気付かれなかったんです。僕とやったことがあるスタッフは少なかったんでね。美術部は俺の好みを知っていて、そっちはこの後もどんどんエスカレートしていく。「なるべく美術の遊びは入れてね」とは言ったんです。生真面目なシリーズを作る気はなかったから。

だけど、他のスタッフ達は知らないから、カッパの地蔵に関しても「なんでこんなものがあるんだ」みたいな感じで。

ちょうどその頃こっちを作っている最中にウルトラマンの『ネクサス』が始まったのを見て、「やらないで良かった」と思いました。「俺はこのシリーズを絶対に撮れない」と思って。暗いお話をみんなで眉間にシワ寄せて作るのは、俺は嫌だと思ったんです。だから基本的に『リュウケンドー』は能天気で行こうと。

──この地蔵はところどころ出てきます。「仙川のかっぱ地蔵」と演出メモにありますね。

原田　ええ。カッパ地蔵。でもあれは実は偶然なんです。ロケハンに川口が協力してくれるというので、古い商店街に行ったら、そこにカッパの像があったんです。「カッパがあるね。じゃあモチーフに使っちゃおう」という話から始まって、美術部が他のシーンにもカッパを作ったんです。当然コンセプトに入ってないから、べつになんの謎かけもないんです。「カッパがちょっと可愛いじゃん」って(笑)。そこだけの理由。

作品解説

▼商店街の大アクション

あけぼの町にやってきた青年は川にかかる橋(あけぼの大橋)の前に来る。橋を渡ったところにはアーチが掛かっており、遠く左には「あけぼのタワー」。右には銭湯の煙突から煙が流れ、鳥が飛んでいる合成処理。

──あけぼのタワーって設定で東京タワーが出てきますね。

原田　あれはなんだったんでしょうね。でも最初、東京タワーがタイアップするという話があったんです。

──エンディングには東京タワーの表記がありますね。

原田　はい。あけぼの町の象徴にしようということで。

──それで初期の頃には……。

原田　やたらと合成して入れてたんです。

子犬がアップになる。ここは町のメインストリート「あけぼの町商店街」。その入口にあるアーチの下。ジェラルミンの盾で封鎖するヘルメットの警官隊と慌てて逃げ出す子犬がワンカットで捉えられる。

「本当に、来るんでしょうか?」「来るに決まってるだろ、ね、署長……」という月岡交通課長と花田刑事課長の掛け合いに、声のみで答えるのは、盾の下に身を隠している気弱な警察署長・雪村。おそるおそる、やっと顔を上げると「来たア～」と叫ぶ。こうした芝居部分にも合成で霧が乗せられることがコンテより指定されている。

朝靄にかすむ橋の向こうからやってくる人影。雲のかかった不気味な岩山を背景にしている。

「前進!」と叫びながらも少しずつしか前に行かない警官隊。そのさらに後ろで怯えたままの三幹部。

やってくる人影がはっきり見えだすと、それはポケットに手を突っ込んだ冒頭の青年だ。

花田刑事課長は戒厳令が発令されていることをメガホンで告げ、避難を促すが、誰もバリケードを越えて助けには動こうとしない臆病ぶり。

そこへギジャギジャと声が響いてくる。シナリオには「呪文的詠唱」とあるが、それを「ギジャ」にしたのはアクション監督の大道寺俊典で、「邪気」を逆さまにしたという。

声が聞こえてくるだけで「退避～!」と叫ぶ雪村署長。

青年が歩いてきた後ろから、紫色をした無数(演出メモには「200人魔物」とある)の一つ目の魔物達が片手に剣を持ち、詠唱しながら行進してくる。

「マジか……」。振り返って呆然とする青年。

「もののけの集会は違法行為であるぞ」と無力に拡声器で叫ぶ署長。

そこへ、笑い声を響かせながら、一旦静止した魔物群の上を飛んでくる、紫の炎に包まれた者がいる(準備稿では魔物達の群れを割って現れることになっていたが、決定稿では放映作品の形になっている)。毒虫博士Dr．ウォームである。ウォームの空中浮揚は演者をターンテーブルに乗せて動かし、土台を合成し完成画面としている。

一つ目の魔物達の数は無限大。Dr．ウォームが生きている限り、いくらでも湧いて出て来る。彼らは「遣い魔」と呼ばれ、魔物の中でも一番下等な戦闘員である。

高らかな笑い声で登場したDr．ウォームに驚く一同。子犬も首をかしげる。子犬のリアクションは原田監督が脚本のところどころに挿入。

Dr．ウォームの「ベレケ!」(準備稿段階の演出メモでは「やれー」になっていた)という掛け声と共に、遣い魔達は一斉になだれ込んでくる(演出メモには「魔物ダッシュ」とある)。襲撃時も動きが統一されていないのが不気味さを掻き立てる。「跳びはねるCG魔物」と「ダッシュして来る魔物」の描き分けが準備稿段階から演出メモに記されていた。

カエルのようにぴょんぴょん飛び跳ねながら町に入ってくる彼らに、警官達はなすすべもない。バリケードはバラバラにされ、魔物の剣が一閃すると、近くの消化栓から水が噴水のように吹き上がる。この噴水場面はシナリオから書かれてある。

腰を抜かして逃げる署長以下の幹部達の後ろ姿を見て「なんだよ、あれでも警察かよ」と水流の雨の下、呆れる青年。

警官達は次々と橋の上から川に落とされていく。魔物が踏み台にしていくパトカーのフロントガラスに亀裂が入っていくのは合成で表現。

子犬に気付き、抱きかかえて譲ってやる青年が俯瞰のロングになると、無数の魔物が町を蹂躙している画になる。

商店街の店舗の一つでは、窓の外を跳梁する魔物たちに怯える夫婦が映し出される。

「警察は当てになんなくてもよ、SHOTがきっと助けてくれるよ」と妻の太ったおばちゃん・邦子に言っているのは肉屋「いのまた」の主人・熊蔵である。

子犬を抱く不自由な体制ながら剣をふるう魔物相手に片手で次々といなし、交わし、パンチをくらわせながら商店街を往く青年。脚本には「絶妙の運動神経と勘の良さ」とある。

だがそれも長くは続かず、一人の魔物と思わず顔を見合わせた後、パンチを受け(「魔物パーンチ」と準備稿メモにある)、身体ごと吹っ飛んでしまう。吹っ飛ぶシーンはワイヤーアクションで思いっきり派手に描かれる。八百屋の店先に置いてある段ボールに落下する青年。ショックを受けながら子犬を気遣う。辺りには野菜が転がる。

ここで魔物達が青年に殺到し、「胴上げ、血祭りに上げげんとする」という描写が準備稿にあったが、シナリオ段階で削除されている。後述するが魔物の目的は殺戮ではない。この襲撃シーン全体も、あくまで人間をいじめているというスタンス。

――1話は、造成地アクションが多い等身大ヒーローものでは異例ですよね。

原田　商店街でアクションというのはたしかに珍しいですね。だいたい許可が出ないし。

企画を立てている時に、川口市の領家商店街(領家銀座商店街)に協力をしてもらえると言われたんです。

でも僕は言ったんです。「普通の商店街の撮影は、二回目は『また来たか』になって、三回目から迷惑顔になるから、そのうち行けなくなるよ」と。仏の顔も三度までなんだから。

円谷プロも東映も商店街のロケをやらないのは、散々断られてきたからなんです。ヒーローが来たら一回は喜んでくれますが、撮影は商売の邪魔をするものなんです。結局、五~六本ぐらいしかやってないはずですよ。そりゃ商店街のド真ん中にクレーン出して、人間を吊ってバンバンやってたら、断られます。

しかも当時まだ放送も決まってないヒーローものですから。「なにコレ」と言われてました。本当に『松竹ライダー』と言ってやってましたからね。そういうことを含めて「このスタッフは本当に初めての人達なんだな」と思いました。後半もずっと町中で戦う話が企画に入っていました。でも一年という期間を考えたら、そんな撮影は絶対ムリだよって言ってたんです。

▽生兵法は怪我の元だぜ

青年がピンチになった時、商店街の奥から魔物を弾き飛ばして進攻してくる特殊なバイクがあった。弾き飛ばされた魔物の一人は「いのまた」のガラスを破って飛び込んでくる。

当たるを幸い、魔物達を蹴散らし、シナリオに「キキーッ!と、高速スピンして火花を散らし、止まる」と書かれた通りの描写を見せるバイクに乗っているのは、武装したヒーロー・リュウガンオーだ。この乗り物は「ウルフバイク」という。猛スピードでの突入及び高速スピンする車体、及び弾き飛ばされる魔物はCG。ウルフバイクが止まった後の魔物との戦いは生身の擬闘が用いられている。

原田　CG班の白組と、大道寺俊典さんの剣友会のアクションチームと、本編をうまく合体させたものが出来ないかなと思っていました。

とはいっても、円谷プロみたいにずっとやっているメンバーだったら「こういうのがやりたい」という話をしても何を撮りたいか伝わるけど、初めての人達だからお互いに疑心暗鬼なんです。「こいつは何をやろうとしてるんだ」と。白組の人も「どうするんだろう」という状態だったから、撮影が始まる十月の二か月前、二〇〇四年八月の終わりかな、まだキャラクターも着合わせしただけで出来あがっていない時に、ビデオコンテを作ったんです。

白組の多摩川スタジオに、僕と大道寺さんと白組の担当者が行って、人形を使って「立つ時はこうです。次はこうやって動きます」というのを撮ったんです。

もちろんCG用の絵コンテは全部起こしてあるんですが、実際にどうなるのか、キャメラワークを含めて全部ビデオで作って編集して、「こうやりたいんだ」ということでCG班に渡しました。

大道寺さんのところのスタッフにも来てもらって、実際にやれるみんなのリアルアクションも全部撮っておいて、CGの場面も「これはフルCG」「これはバックがCGで本人で撮る」と、全部その時に決めて、それで初めてお互い何をやろうとしてるかわかったんです。それで始まりました。一回目にそれをやったのがすごく良かったんです。

それで撮影の一ヶ月前の九月に、合成用の素材撮りを始めました。その段階で、円谷プロだったら「空が欲しい」と言ったら素材のストックがたくさんあるんですが、初めてでそういう素材が全然ないから、一から全部撮るしかない。「それだけでも時間かかるから」と言って、実景班のようなものを稼動させて、空ばっかり撮りに行ったり風景ばっかり撮りに行ったり、ずっとやっていました。あと爆破の素材とか炎の素材も、ずっと撮ってたんです。

「ターゲットは生物にあらず。魔的存在と確認」

そう言葉を発する銃は、リュウガンオーの「相棒」であるゴウリュウガン。

背後と手前から立ち向かってくる魔物達を次々と撃ち倒し、あるいは直接技斗しつつ銃口を突きつけて撃つリュウガンオー。弾着すると倒れ、体色と同じ紫の煙になって消えていく魔物。シナリオには「粒子となって蒸発する」と書かれている。

魔物一人ひとりに顔を向けずともゴウリュウガンは正確に射撃。準備稿では、ガンの一薙ぎで数百の魔物が消える……とあるが、映像では一人ひとりを倒す「手」を見せている。

クレーンを用いた撮影で空中一回転し、商店街の中央道のド真ん中に着地するガンオー。魔物達の動きはカットによってはコマ落としで描かれ、人ならざる者のテイストを醸し出す。

「なんだお前……人か?　魔物か?」と問いかける青年に振り向きざま銃を構えるリュウガンオー。青年の後ろに顔を出した魔物を撃ち抜く。呆然とする青年にリュウガンオーは「生兵法は怪我の元だぜ坊や」と静かに言い放つと踵を返し、振り向きもせずに歩み出し、ウルフバイクに跨り去っていく。「おい、待てよ」という青年の言葉を無視して。

画面奥に去っていくウルフバイクはCGでスピード感を出している。背後に立つあけぼのタワーからフレームが下がる「フリ下げパターン」がコンテに指定されている。実際にはその逆のカットで「フリ上げパターン」とでも言うべきものになっている。

後に残る静寂。

それを見て「遣い魔など、所詮操り人形にすぎぬか」と独り呟くDr．ウォーム。「ベレケ、ベレケ」と唱えて橋の向こうの岩山に向かって飛び去り、消えていく。

子犬を抱き上げてやる青年。すると、目の前の八百屋のシャッターがガラガラと上がり、他の店からも人々が出てくる。転がった野菜を拾ったり、軒先を掃除し出す商店街の人々。学校に行くため駆け出すランドセルの子ども達や制服の女の子。町に人通りが蘇る。一転して活気づく中、「被害届は速やかにあけぼの署に提出してください」とミニパトが巡回。乗っているのは中崎市子・高倉律子の婦警コンビ。

初めは見知らぬこの青年に木刀を持って近づくが、胸元に抱きかかえられた子犬を見て「なんだ、アンタが助けてくれたのか」と、子犬の飼い主である「いのまた」主人・猪俣熊蔵から礼を言われる青年。犬の名前は「ミンチ」だとわかる。帽子の上に鉢巻きをしている熊蔵。いかにも下町のおやじさんだ。

▽ヒーローものの王道

シーンが変わると、犬を助けたお礼にもらったコロッケを食べている店先の青年。「『肉のいのまた』の『名物魔物コロッケ』」と原田監督のメモにある。その通りに美術で看板が作られている。他にも「魔物焼き」などの売り物があることが店先から知れる。

「ん〜まっ！　ウマイ」と言いながら、あけぼの町に魔物が出るという噂について話題にする青年。彼は仕事の関係でここに引っ越してきたのだという。

魔物騒動の始まりは半年前に遡る。

回想場面で、大きな穴がぽっかり空いた工事現場が俯瞰で捉えられる。マット画処理であることが演出メモに記されていた。豆粒のような作業員が行き交い、穴からは土砂が少し落ち続けている様が映し出され、わずか四秒のシーンだが芸の細かい合成だ。

工事中に見つかった「変な遺跡」。それ以来魔物が出るようになった。

「仮面を被ったガンマニアみたいなやつも魔物の仲間？」という問いに、あれは「SHOT」だと答える「いのまた」主人。だが「たしか消防署関係の人だったんじゃねえのか」と、曖昧な認識だ。準備稿では「保健所かなんかの人じゃないか」と書かれてあった。

「警察は当てになんないからね」と言うおばさんに咳き込む青年。

「魔物が出るのはこの町だけだ。結局はね、他人事なんだよ」

初めの頃はテレビのワイドショーでも何かと取り上げられていたが、今は全国的な関心は呼ばなくなっているようだ。

やがて他のお客さんが来たので「こんなにうまいコロッケ食ったの初めてだよ」と言いながら、残りのコロッケを入れたプラスティックケースを持たずに去る青年。

原田　この入り方はマカロニ・ウエスタンと一緒ですからね。とりあえず主人公がやってくる。「何か変な町だなぁ」って。その変な町の外にカッパ地蔵が置いてある(笑)。

――商店街のシャッターが閉まってゴーストタウンみたいになっていて、町のみんなが家に隠れていて、外ではならず者が暴れている。

原田　黄金パターンなんです。流れ者パターン。

――そこに橋の向こうから主人公がやってきて……。

原田　そうそう。本当に王道系をやろうというだけの話なんです。王道系をなるべく能天気にやる。主人公は一切悩まない。主人公が悩むものはウルトラで散々やってイヤだったんです。

――『リュウケンドー』でジャマンガという敵は、あけぼの町というある特定の町だけに出るんですよね。

原田　最初「どういうシリーズにするんだ」と言った時に、色んな話し合いをしたんですが、僕の意見としては「もう世界や地球を救うのはやめましょう」。そんなのはウルトラマンもやっているんだから、同じことはしない方がいい。

「あけぼの町だけ守ればいいんです。どうせロケーションもそんな遠くに行けないんだったら、ある特定の町だけ守るローカル・ヒーローでいいじゃないですか」と、会議の中で合意事項として出てきたんです。

――あけぼの町の商店街の人達は魔物に襲われて怖い思いをしているのに、魔物のグッズを販売していたり、肉屋のオヤジを演じる飯島大介さんも、そこはかとなく抜け目ない感じ。

原田　そこは、したたかな町の人々ですから。マカロニ・ウエスタンだってそうですよ。ギャングがいても町の人は生きている。それなりにしたたかに。「魔物の町」って自ら名乗って、魔物が出るのも全部売り物にしている。警察は事なかれ主義で。

あんまり魔物の被害におののいているより、深刻に悩んでない方が明るくていいやと思ったんです。「それはそれ、これはこれ」と。台風みたいなもので、来たらしょうがないやみたいな感じで。

ここは暗黒空間に浮かぶジャマンガ城。緑に光る月のような円球と、妖しい城が浮かび上がる。円球は大魔王の卵であり、人間の恐怖や悲しさや苦しさが作りだすマイナスエネルギーを集め、大魔王を目覚めさせるのが彼らジャマンガの目的。

卵を見上げるフルフェイスの男。額に黄色い月のようなマークがある。月蝕仮面・ジャークムーンである(準備稿段階までは「ダークムーン」と仮に呼ばれていた)。

「Dr．ウォーム、もはやお前の遣い魔などでは、人間の浅智恵が作りだした戦士にかなわぬようだな」

遣い魔以上の力を求められたDr．ウォームは手にしたマダンキーを炉の中に入れ、「ベレケ、ベレケ」と唱える。すると、霧の中(「ドライアイスのボコボコ」と演出メモに指定)から蚕のような緑の発光体のホログラフが浮かび上がる。

「レプトリリックス！　鉄を食らう魔神。その固き肉体は、銃であろうが、剣であろうが、受け付けぬ〜う」

このように、Dr．ウォームが魔法の炉にキーを入れて呪文を唱えれば、強力な魔物を出すことが出来る。ここでCMが入る。

▽マドンナ・かおりさんとの出会い

Bパート開けはAパートと同じカッパ地蔵。といっても、今度それが置いてあるのは商店街のフラワーショップ。お供え物のキュウリを持たせ、「ベレケ、ベレケ」と可愛く唱えてお地蔵さんを撫でる白いタンクトップ姿の女性の背中。かっぱ地蔵のお皿が喜んでいるようにキュッキュッと鳴る。こうした可愛い効果音は原田監督の得意技だ。

　そこへ「あのコロッケ、もう一味だな」と呟きながらやってきた青年（このセリフは脚本にはない）。青年は足元のカッパ地蔵に目を留める。

「あ、ごめんなさい」お尻同士がぶつかってしまい、お互い謝ったのは、あの青年と、慌てて振り返った花屋「フローリストのせ」のお姉さんだった。そう。先ほどのタンクトップの女性である。青年の口元がほころんでニヤリとしてしまう。そのくらい女性の笑顔が眩しいのだ（準備稿には「かおりの周りに星が輝く」とマンガチックな表現が書かれていた）。原田監督はエフェクトではなく、お互いに目をパチクリさせることで表現している（演出メモには「目パチ」とある）。瞼の動きにも擬音が被せられる。

「あのう、なにか」と笑顔のままの女性に言われる（準備稿では女性が「見とれている彼に気づく」とある）。ふと我に返りそうになりながらも、「あの、オレ、鳴神剣二」と名乗る青年。今日からこの町に引っ越してきたのだと自己紹介。女性も「野瀬かおり」と名乗る。準備稿では、かおりが花を剣二の胸ポケットに差し入れて挨拶すると書いてあったが、さすがにこれはやりすぎだという判断だろう、採用されていない。

　取り繕うようにカッパ地蔵について訊く剣二。

「この町の守り神なんです」

　ゲロゲロッとカエルのような鳴き声が地蔵に付される。

「かわいい」と言いながらカッパ地蔵からかおりに目を移す剣二。この、カッパ地蔵を絡めたやり取りはシナリオにはない。


――1話でかおりと出会うところの、ドキマギ照れ笑いをする剣二はすごくいいですね。

原田　一目惚れのパターンです。でも結局かおりはその後2クール日から出てくる白波との関係に変わってくんです。あの花屋さんに白波が時々来るってのは、何かでそうなったんだと思うんですけどね。
　佐藤寛子ちゃんが、お芝居ほとんど初めてのコだったから、最初は大変だったんだけど、なかなかいいコでした、素直な頭のいいコで、性格もすごく良かったです。

▼敵の目的はマイナスエネルギー

　突然、商店街の一角から炎が噴き上がる。「ナパーム素材」と演出メモにあり、剣二の居る場所からの見た目カットであることが記されている。

　頭上に広がっていくワームホール。渦を巻くその在り様に「なんだ？」と不安げに見上げる剣二はやがて走り出す。このワームホールはコンテに、「円谷と違う物として、ろうと状はどうでしょう？」と提案されている。


原田　『ウルトラマンガイア』の時よくワームホールがあったから、ホンに出てくると、「ワームホール？　またかよー」と思って（笑）、同じワームホールは嫌だから、円谷は口が上に行ってたので今度は前に出してくれと（笑）。とりあえず、少しは変えようということでした。

　ただオンエアが、当初の予定よりずっと遅れちゃったからね。当時はウルトラマンとマトモにぶつかるかなと思ったんだけど。結果的にテレビ愛知でやったんですが、最初はMBSという話もあったんです。それを聞いた時、「とんでもない話だ」と思いました。それまでウルトラマンをやっていましたから。結局、MBSの方の話はチャラになったんです。

　途中まで僕は、「やるかどうかわからんぞ」とは言われつつ、MBSの方と話していました。でもクランク・イン直前、ロケハンをしている時にプロデューサーがやってきて、「MBSでの放送はなくなりました」と言われて、「じゃ企画中止ですか」という話になったんです。「いや、やります。とにかく制作します」ということで、たぶん2クール目までの撮影は放送未定で、局もどこでやるかわかりませんでした。

　だからテレビ局の意見は一切入ってないんです。「それ大丈夫ですか？　普通、テレビ局は色々言うんです」と言ってたんです。しかもどっちかというと好き勝手やっていたから、心配はしていました。結局、もう出来上がっちゃってたから、関係なかったんですけどね（笑）。どうにもならなかったんですけど。

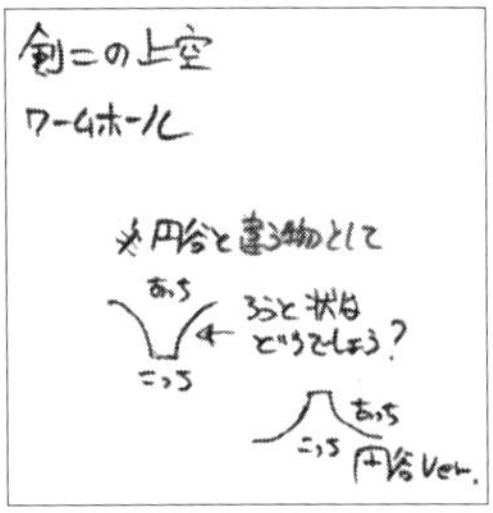

イメージボードより。
ろうと状ワームホールの説明

　カットが変わると、熊蔵夫婦の目の前で車体が揺れる、「いのまた」のワゴン。するとレプトリリックスが画面に躍り込み、巨大な顎でワゴンを噛み砕いていく。ノミのフォルムだが赤い舌が印象的だ。壊れる車体がCGでリアルに表現される。足元に転がるタイヤ。木刀でなぐりかかる熊蔵だが簡単に弾き飛ばされる。

　レプトリリックスは商店街の空舞台に合成されており、また熊蔵も同一画面で打ちかかるところはグリーンバックで撮影。日常的な空間に合成されるこのシーンは臨場感満点だ。

　恐怖に脅える二人の身体から青白い人魂のようなものが抜け出してくる。そこへ駆けてくる剣二。見上げると、青白い光は、他の幾多のそれと共にワームホールへと吸い込まれていくのだった。


――ジャマンガは人間の命を直接奪わない。従来のヒーローものとは違う設定ですね。

原田　そうですね。マイナスエネルギーを取るのが目的で、マイナスエネルギーがあけぼの町にあるというのが、もともとシリーズの根底にあったんですが……。

「許せねえ」と背負っていたリュックを投げ捨て、「おっちゃんのコロッケ食えなくなるじゃねえか！」と、熊蔵が持っていた木刀を拾うと曲芸のように振り回し、怪物に向かって進んでいく剣二。

　すると、その行く手を阻む手があった。「なんだお前は？」と思わず訊く剣二に「あけぼの警察だ」と名乗るその男は黒服に赤いネクタイの不動銃四郎。すかさずやってきた制服の婦警・左京鈴が警察手帳を開いて見せる。鈴は科学で事件を調べる担当であり、レプトリリックスの性質について説明を始める。

後はSHOTの管轄だという制止に「せからしか！」と怒鳴り、「SHOTだかショートだか知らねえが、俺の心に管轄なんかねえんだよ！」と木刀を手に、うりゃあああと斬りかかっていく。だが木刀の先が折れているのに気付き、それを捨てるや、空中にジャンプしようとしていたレプトリリックスの背中に乗る。怪物ごと空中に飛び上がる剣二。

民家の屋根、そして離れた場所にあるビルの屋上、そして長屋の上へと飛び移り、空き地に降りていくレプトリリックス。その度に瓦屋根などが砕けていく。「逃がすかー」と背中にしがみついて離れない剣二。

コンテには、ロケ地の商店街にある電線を後処理で消すことが指定されていた。

——1話はコロッケが戦いの動機でした。原田監督の使用シナリオにもキーコンセプトとして「守る動機」とあります。

原田　そうです。コロッケは、もっとたくさん出したかったぐらいです。

——緊迫感がありつつもハードにしないという工夫が伺えます。敵の遣い魔も倒される時はコスチュームと同じ色の煙を立てて消滅するなど、生々しくない。そしてこの1話での怪物レプトリリックスはノミのような姿(脚本では「鋼鉄性のノミ」と表記)で、商店街をピョンピョン飛びながら破壊して屋根から屋根へと飛び移るシーンは手が込んでいます。

原田　この1話の時に既に白組から「こういう話は1クールに一回にしてくれ」と来ました。すごく大変だったらしい。どうしても売りがCGだったから、最初だけやれば、後は着ぐるみアクションでやるしかないと思っていました。そういうのも一回みんな経験するまでわからないから、やってみせたんです。「こんな大変なことになりますよ」「CGならなんでも出来るんだろってみんな言ってるけど、そうはいかないですよ」と。適度にCGは入れるけど、アクションは着ぐるみでやりましょうと、段々現実的な方針になっていったんです。

お寺の本堂でラストバトル

SHOT本部がここで登場。魔法抽出機の上の「ミニゲキリュウケン」の眼が開き光を放ってブンブンと宙を廻り出す。司令の天地裕也(清水圭)がそれを見て、「ゲキリュウケンがあの男を選んだんだ」と言う。「しかし命の保証は出来ません」と傍らのメガネ男子・瀬戸山喜一(宮城健太郎)が迷うが、天地は「やれ」と指令を下す。

脚本でこのくだりはミニゲキリュウケンの描写のみであり、天地と瀬戸山の出番はない。

瀬戸山はSHOT職員として魔法を習得しているが、「魔法使い」というよりは「魔法おたく」的で、サポート時は強いが外に出て魔法を使った時にはあまり効き目がない、イケメンだがへなちょこな好人物という設定だ。

町の方々に着地しながら飛び上がるレプトリリックス。「おとなしくしやがれ！」と、必死にしがみつくだけの立場なのに叫ぶ剣二。その時、空の一角が光り、一条の光が降りてきて、剣二に当たる。そのショックで落下し、下界に落ちていく剣二。落ちる芝居は剣二をワイヤーで「立て吊り」して合成することがコンテに指示されている。大気の層に包まれた、航空写真のような俯瞰図に吸い込まれるように小さくなっていく。

下界の寺では、寺男のガジローが掃除中に箒をギター代わりにしてサボっている。本堂の屋根を突き破って落下していく剣二に「？」となるガジロー。

ガジローは寅さんシリーズで寺男を演じた佐藤蛾次郎を父に持つ佐藤亮太が演じており、原田監督のキャスティングだ。町民側のレギュラーとして以後も登場することになる。

剣二は本堂の内部、黄金の仏像の前に落下してくる。ドーンと上る煙や粉塵は黒バックで別撮りしたものを合成することがコンテに描かれている。

原田　ちょっと困ったのは「松竹らしさを出してくれ」と。どうすりゃいいんだと。松竹の近くにある、築地の波除(なみよけ)稲荷神社でロケしたりもしましたけど、1話のアクションでは、脚本の武上(純希)さんとも絵コンテの奥山(潔)さんとも話しながら、「松竹って大船ですよね」「大船と言えば大仏ですよね」と。「じゃあ1話は派手に大仏御前で大暴れでもするか」。大仏殿の中で暴れるのは今まで誰もやってないだろうということで。

『リュウケンドー』の特徴は白組が参加していたことなんです。白組の担当者は、クセのあるやつだったんだけど、初めてテレビの連続もので、こういう番組をやるということで、すごく意気込んで来てたんです。白組は技術レベルがものすごく高いんですが、今まで映画とCMばっかりだったので、テレビの連続ものをコンスタントに作るノウハウが欲しいということでも来ていたと思います。

1話は、じゃあ見せ場をCGでも作ろうってことで、CG怪獣とリュウケンドーが戦うシーンをクライマックスに仕立てた。

もうストーリーなんかどうでもいいんです。とにかく西部劇と一緒で、主人公が現れた、怪獣が出た、大暴れで一発ポンと終わりにしようという作り方にしました。

——寺男ガジローも演出の遊びかと思いきや、シナリオから設定されているので驚きました。

原田　そうです。あれもまんまです。松竹で寺だったら、ということで、1話からガジローは出ているんです。

「いて……」と床に仰向けに倒れている剣二の近くにはミニゲキリュウケンが光る。

「うろたえるな」といきなり声を出すミニ剣に驚き、つい手に取ってしまう剣二。

追って本堂の中に着地してきたレプトリリックスを前に「説明は後だ。私を抜いてキーを差し込むんだ」と呼びかけるミニゲキリュウケン。

この部分、シナリオには手に持ったミニ剣が熱を発したため、その痛みで剣二が絶叫するというくだりがあったが、原田監督はこれをカットしている。目の前のレプトリリックスとの格闘までの流れの中に収めたいという意図ゆえかもしれない。

事態を把握できない剣二に「仕方がない。今よりお前を支配する」と言うと、ミニ剣が光り出す。すると剣は手から離れなくなる。誘導されるように右手が手前に突き出されると、剣二の眼がアップになり、その奥にある脳の内部が映し出され（脚本には「松果体に至る」映像とあり、コンテでは眼球の後ろから廻り込む絵柄が描かれていたが映像作品ではカット）、右手のゲキリュウケンは大型の剣に変形。剣二は意識をすっかり支配されたのか、ある一定のポーズでそれをスライドさせると、手にしたキーを差し込んだ。

「リュウケンキー、発動！」

ゲキリュウケンの声もそれに「チェンジ、リュウケンドー」と機械的に呼応する。

「撃龍変身！」とゲキリュウケンを両手に支え持ちながら唱えると彼の身体は光の粒子に包まれ、やがてうねってとぐろを巻く龍の姿が立ち現れる。シナリオには「竜の波動」とある。駆け昇る龍は屋根を突き破って空を舞う。咆哮する龍は光の波動となり再び本堂の中に一直線に舞い戻ると、ゲキリュウケンを持ってそこに立つ剣二の身体に入り込み、剣二の身体は発光と共に別の姿へと変貌していく。

その姿が三方から捉えられ、ポーズを決める。魔弾戦士リュウケンドーの誕生だ。この変身までのプロセスは準備稿までに固まっている。

「光とともに生まれし龍が、闇に蠢く魔をたたく！　リュウケンドー、ライジン！」

この「ライジン」という言葉は、準備稿では「初見参！」と仮に描かれていた。決定稿で「ライジン」になっている。

吼えかかるレプトリリックスに「たとえ大仏さまが許しても、このリュウケンドーが許さねえ！」と言い放つと両者の格闘が始まる。

二体の真正面からの押し合い。敵の姿はリュウケンドーと対比すると「象ほどもある」というシナリオの記述通りの重量感だ。リュウケンドーの足先から火花が散る。火花は黒バックによる後合成をコンテにて指示。押された反動を利用し、剣にてアッパーをくらわすリュウケンドーに、大きくのけぞるレプトリリックス。CGとスーツの肉弾戦だ。レプトリリックスの正面攻撃を交わすリュウケンドーだが、堂内の柱が大きな顎に噛み砕かれ四散してしまう。ジャンプして宙を舞い、大仏像の後ろに廻り込み、回転しながら怪物の背中に青く光った剣を突き立てることに成功する。突き刺すまでのリュウケンドーの回転をフォローすることがコンテで記されている。レプトリリックスの眼がアップになり、苦しみを表現すると、身体を震わし、それによって安定を失ったリュウケンドーが跳ね飛ばされ、破れた本堂の天井から空高くジャンプ。成層圏の雲立ち込める中、空中で体勢を立て直し、回転するミニ剣から取り出したキーをゲキリュウケンに差し込んだ。

「ファイナルキー、発動！」

マダンキーを撃龍剣に挿すと、リュウケンドーは様々な力を発動できるのだ。

ジャンプしてから剣を両手に捧げ持ったまま降下するリュウケンドー。ゲキリュウケンは降下と共に青白く光り始める。再び本堂の天井の破れ目を一直線に降りてくると、「ゲキリュウケン、魔弾斬り！」と叫ぶ。

必殺技「魔弾斬り」は、魔力を最大に高めたゲキリュウケンで魔物を一気にぶった斬る。

回転しながらレプトリリックスの正面に斬り込み、頭の上から胴体の下まで一条の切れ目が光る。縦に剣を振り降ろすリュウケンドーはボディごとワイヤーで吊って表現されることがコンテに指定されている。着地したリュウケンドーが振り返ると、背後でレプトリリックスの身体が中央からパックリと割れる。

その直前、肩越しに少し振り返ったリュウケンドーは、こう呟いて剣を振り降ろすのだった。「闇に抱かれて眠れ……」

真っ二つに割れると共に霧散するレプトリリックスの後ろには、黄金に光る大仏像が。機械的に真っ二つになるのではなく、少しよれながら割れていくCG演出が細かい。大仏殿の前にすっくと立つ我らがニューヒーロー。

レプトリリックスの身体が霧散した黄金の光の中に、浮いているものがある。それはマダンキーだ。飛来したマダンキーをその手に掴み取るリュウケンドー。

――敵を倒すと「マダンキー」というキーを得られて、敵をどんどん倒してキーをもらっていくことが、ある種、目的みたいになっているところが設定にはあって、それは実際のドラマにも最初のうちは生かされていましたけど、段々印象が薄くなりました。

原田　関係なくなったような感じですね。でも最初は、キー争奪戦というのがあって、一体やっつけるごとにキーが集まって、その度になんとかの書がどんどん開いていく。でも、「これ、わかるかな？」という話になったんです。魔物の中にキーが入っているって、どうなんだ？　と。そんな疑問を持ちながら始まって進む内に、どんどん曖昧になっていって……（笑）。

一応、ある程度大事なキーを集めるというのはあったんだけど、そのキーをいつも正義の方が勝って拾っちゃうのかという話になったんです。魔物がそのキー取ったらどうなるんだよと。

――マダンキーは「新しい扉を開く」というキーコンセプトがあって、それ自体は中立的な存在だという設定でしたね。マダンキーを敵も持っている。

原田　そうそう。だから取り合うんだけれど、2クール目が終わったぐらいの時、「それ、どうなったんですかね？」と言ったら、「もういいか」という話になっちゃって（笑）。

その内、どんどんマイナスエネルギーを集めて大魔王をデカくしたいというのと、それを阻止する戦いになっちゃった（笑）。（キーは）関係ないという話になった。バージョン・アップの時に使う程度になったんですが、そこら辺の設定が変わったからと言って、シリーズにはそんなに影響がなかった気がします（笑）。

どこかの一室（「どこなのか、しかとは判らないが、実は『SHOT』の指令室」とシナリオにある）で、台の上に眠らされている剣二。戸の開く音がして、天地が内階段を下りてくると、腕を組んだ不動と鈴が剣二を見下ろしている。天地に目で頷いた鈴は、剣二の手に握られたままのマダンキーを取り出し、どこか憂い顔で「司令、マダンキーを回収しました」と言う。

「鳴神剣二にリュウケンドーの役割は無理なのでは？」「今日の勝利はビギナーズラック」と次々と指摘する不動と鈴に、天地は答える。

「最初から、赤く熟した林檎はない」

夢でも見ているのか、口元に笑みを浮かべて寝ている剣二。

ラストカットは、冒頭と同じ場所の「この先あけぼの町　まものの町」という川沿いのススキをバックにした立て札が映る。傍らにはカッパ地蔵がおり、鳥のさえずりが聞こえてくる。やがて立て札がズッこけるかのようにクイッと斜めに傾いた。

座談会

●リュウケンドープロデューサー

中嶋等（プロデューサー／松竹）
片嶋一貴（プロデューサー／ドッグシュガー）・江良圭（ラインプロデューサー／ドッグシュガー）
オブザーバー・岡秀樹（『リュウケンドー』助監督／監督）

日本の「ジョン・フォード」だと思った

▼それはクリスマスイブに始まった

——『リュウケンドー』は松竹が手掛ける初の特撮ヒーロー番組ですね。

中嶋等　松竹が初めて手掛ける特撮ヒーローもので、当時のタカラと組んでやる大プロジェクトを本当にゼロからスタートさせるということで、まったくノウハウがなかった。

　一緒に組む現場の制作会社として、ドッグシュガーが候補として挙がりました。

　要の監督とスタッフの人選も重要でした。一年間、ずっと撮影するわけですからね。

——片嶋さんと江良さんがドッグシュガー側として関わられるわけですね。

片嶋一貴　僕は、SF特撮シリーズは、これが三本目で、最初が『ボイスラッガー』（九九年）、次が雨宮慶太監督の『鉄甲機ミカヅキ』（〇〇年〜〇一年）。

——ドッグシュガーさんは片嶋さんや江良さん自身の監督作品など、映画界でも個性的な作品を送り出されています。

片嶋　僕がプロデューサーとして参加した鈴木清順監督の『ピストルオペラ』が松竹映画で、関根（康二）さんという松竹のプロデューサーと知り合い、呑み友達になりました。それである日彼から電話がかかってきて、「テレビ部の後輩に、特撮の作り方を教えてあげて欲しい」と。それで中嶋さんに会ったのが十二月二四日（笑）。

中嶋　そこで「やりましょう」と盛り上がりました。その後、中身を決めたのがだいたい春ぐらいですね。

片嶋　平成ウルトラマンを作っていたMBSのプロデューサーの丸谷（嘉彦）さんから紹介されたのが原田さんと川崎郷太さんでした。ウルトラマンではメイン監督ではないんだけれど、非常に面白いものを作る。最初の方針として一話完結で、最終的に全体の大きな流れはあるんですが、それなりに監督の個性を出していこうと言っていたので、そういう監督の方が面白いだろうということになったんです。

中嶋　原田さんと川崎さんと初めて会ったのは二〇〇四年五月頃です。その頃から、原田さんの推薦も聞いてスタッフ編成も動き出していった。

片嶋　美術は僕が前から一緒にやっていた寺井（雄二）さんに頼みました。彼は平成ウルトラマンの特撮美術をやっていたので、原田さんも川崎さんも知っていた。

江良　助監督について原田さんに訊いた時、既に野間（詳令）さんとは連絡済みで、話はついていた。野間さんは北村龍平監督のゴジラ（『ゴジラ FINAL WARS』〇四年）をやっていて、原田さんに言われて僕が東宝に行きました。野間さんの下につく助監督として白石（真弓）くんも話が済んでいた。

岡　僕はその夏に日活で『姑獲鳥の夏』（〇五年）に助監督としてついていて、野間さんから「お前、体を空けておけよ」と言われていました（笑）。二〇〇四年一〇月がクランクインで、雨の多い月でした。放送は二〇〇六年正月からで、番組自体の収録は十三ヶ月。

中嶋　前代未聞、クランクアップ（二〇〇五年十一月）の後に放送が始まるという。

▼険しい船出

——MBSで放送する予定があったんですか？

中嶋　結局MBSからOKが出なかったんです。それと同時に代理店も変わっちゃった。

　だから日曜の朝七時という、少し恵まれない時間帯に放送が決まりました。それでもありがたかったです。その時はみんな喜びましたよ。

——タカラの商品は実際売れたんですか

片嶋　ゲキリュウケンは全部売り切れた。

江良　二十種類以上出て、トータルでは目標に達しなかったらしいですが、メイン商品に関しては、タカラの中でもヒットになった。あと日本の目標を、韓国の売り上げ込みでクリアしたそうです。

片嶋　「頑張ったけど、それほどでもなかった」ということでしょうか。でも次（『トミカヒーロー　レスキューフォース』〇八〜〇九年）に繋がりました。
知名度が低くて、見ている人が少ないんだけど、見てくれている人はすごく熱心でした（笑）。

▼制作全般の推進力となる監督

片嶋　現場は、違う流派の人達がゴチャッとMIXしたような形になりました。その核となる監督には、原田さんが本当にうってつけでしたね。

中嶋　僕は、原田さんと川崎郷太さんにある種、反抗心というものは感じましたね。こちらは新しいヒーローものを作る意気込みが強かったので、マッチしました。CGも白組と組んでまったく新しい特撮作品を作ろうと。それで原田監督にメインの監督で柱になってもらうというのが最初の構想なんです。

――原田さんをメイン監督にという話の経緯は？

片嶋　川崎さんは自分の作品はカチッとやるので、みなさん評価していると思いますが、立ち上がりのシステムを作る時に誰が必要かと言えば……。

江良　原田さんでした。松竹もドッグシュガーもこの手のものが初めてだったから、土台を組み立てる色んな段階が必要だったんです。原田さんは、全体のプロジェクトをわかった上で、考えてくれる。

――原田監督は最初にビデオコンテを作って撮り方を提示されたそうですね。

中嶋　二〇〇四年の夏に、変身シーンとかのビデオコンテを撮っていました。CGと撮影のシステムを作ろうということで、とにかく試しに撮影していた。

江良　それが必要だったかを考えると、実はそうでもなかったかもしれないと僕は思っています。ただ、みんなで意志疎通できるイメージの流れを作る……ビデオコンテはそのためにあったと思うんです。

中嶋　原田さんは制作全般の推進力、本当に大きなエンジンだったと思います。性格も「これでやるんだ！」とみんなを引っ張っていく親分肌でしたから。

江良　CGに関しては、原田さんの経験で「こうだからややこしくなる」という事があったようなので、全部原田さんが言ったことを聞いてやりました。

岡　当時本当に、頭二つ抜けて技術を持っていた、白組のCGを売りにする番組でもありました。

リュウケンドー・デザイン案

中嶋　白組もこういう一年間の連続テレビドラマは初めてだったから、原田さんは密に打ち合わせして、新しいCGのあり方を作っていったと思います。

片嶋　中嶋さんと僕は製作委員会の意向を汲み取って、脚本を作る作業がメインでした。そこにラインプロデューサーとして江良が関わって、出来たホンを実際に現場で映像にする作業をする。だから江良は相当原田さんに助けられたみたいですね。

江良　原田さんは現場で育った方で、演出部の助監督から上がっていった人。僕も同じなので、なるべく、下の声が上に届くような作り方をしました。
つまりプリプロ（撮影前の作業の総称。脚本、絵コンテ、スタッフ・キャスト編成、ロケハン等を含む）と現場の間をすごくシンプル化して、近くするようにしたんです。そして予算を管理する。クオリティを保つにもそこが連携していた方が、いいものが出来る。『リュウケンドー』の後、『（トミカヒーロー）レスキューフォース』（〇八〜〇九年）になりますが、基本は全部原田さんが作ったものです。

――SHOTのセットをレギュラーでなくやるというのも、原田さんの提案だと聞きました。

片嶋　建ててはバラしたんです。日活のステージは、この手の番組をやるには広すぎるんです。予算節減のために、使わない時や他の撮影が入る時はバラしました。そういうことも日活の営業と交渉しながらやったんです。ただ、セットがずっとあったら、随分やりやすかったろうと（笑）。だから『レスキューフォース』は倉庫を借りて常設ステージにしました。

▼原田監督は「日本のジョン・フォード」

岡　1話のクライマックスは、お堂の中で戦っています。ビデオコンテを作った理由の一つが、あのお堂が3Dの世界だったからです。

江良　台本を見てすぐ原田さんと「これフルCGだ。（白組）の田口（健太郎）さんに相談しよう」と。

片嶋　1クールを過ぎた辺りでミニチュアを作ったじゃない？　あれはうまいことやるなと思った。
江良　魔法研究所の一部。
中嶋　大きなポットですね。カプセルみたいな。
江良　前半は白組を中心としたVFXのシステム作りが重要でしたが、それが固まれば、原田さんがやりたいことを自由にやればいいと思ってました。CGより面白い面もあるし、費用対効果もいい。
片嶋　前半はみんなそれなりに肩の力が入っている。後半は、すごく気楽に撮っている感じでした。ところが上がってくると、それなりの感動があったりして、「これはジョン・フォードの域だな」と思いました(笑)。

▼現場が脚本に反映されていく作り

――一年間分のプロットが用意されていましたね。一部設定が流用されていますが、各々の話はほとんど使われていません。
片嶋　メインライターの武上(純希)さんが入る前に、猪爪(慎一)さんが書きましたが、一つの形を見せるためのもので、実際はやりながら作っていきました。
――剣二に鳴神流の剣術を教えたおじいさんとの関係もほぼ出て来ないし、不動が代々要人を警護している家系の出身という設定も使われません。
中嶋　シナリオ部はわりに柔軟に、設定に縛られず、面白ければいいじゃないとホン作りしていました。
江良　原田さん目線で言うなら、そんなフラグは気にしない。「この俳優が何をしたら面白いか」を考えると、現場から逆に上がってくるんです。プロデューサーも逆流したものでシナリオを作っていく。
　不動の「おっさんキャラ」も現場で生まれましたし、不動にサングラスをかけさせることも、剣二のスカジャンもこだわっていたのも原田さんで、他の監督は「カッコ悪い」と言ってましたが(笑)。メイン監督だから決める権利は原田さんにあるんですが、ちょっとスベってしまう原田テイストが、明らかに出ました。意外にそのテイストのお陰で、愛された作品になったのかもしれない。また原田さんは、小ネタをいっぱい入れるんだよね。
――敵があけぼの町でキャラグッズとして売られている、「マモスケ」の描写が増殖していきました。
江良　あれも全部現場です。プロデュース側は把握すらしてないんじゃないかな。僕も知らなかった。
中嶋　テレビ局のプロデューサーがいなかったのも大きいんじゃない？　テレビ局が決まっていないから作っちゃえという勢い。
――敵の幹部のDr・ウォームも変貌していきました。「かわいいおじいさん」という感じで。
片嶋　現場で作られていきました。最初ホンを作っていた時は、あんなキャラでもなんでもなかった。やっぱり役者、飯田孝雄さんの力ですね。

▼「松竹カラー」は監督のこだわり

――脚本の武上さんは原田さんの推薦ですか？
中嶋　博報堂DYからの推薦でした。松竹は猪爪(慎一)さんや他の方を挙げたんですが、委員会の方から武上さんが挙がったんです。
　そもそも原田さんが動いてくれたのかもしれない。松竹は武上さんとは接点がなかったので。
岡　原作者の広井王子さんの関わりは？
片嶋　『リュウケンドー』の企画の前に、タカラとレッド・エンタテインメントという広井さんの会社が「実写ものをやろう」と地道に三年ぐらいかけて色々やっていたんです。
岡　鍵を小道具にするところに辿り着いたのは、広井さんとタカラのやり取りからだと聞きました。
江良　ああいう番組で使えるのは鍵かカードか携帯しかないと言われます。玩具メーカーのリサーチによると、結局子どもはこの三つがいいらしいです。
――キーを集めるという要素は途中から希薄になりましたね。なくなったわけではないですけれど。
江良　タカラとしてはやらなきゃいけないことかもしれないけど、いつのまにか忘れちゃいましたね。
中嶋　二〇〇四年の四月頃、企画打ち合せ会議が始まって、僕も毎週行きました。猪爪くんを連れていって、広井さんのアイデアを入れつつ、話をまとめていったんです。広井さんの好きな昭和三〇～四〇年代の下町テイストが「あけぼの町」になっていったんだと思います。その辺は原案者のアイデアです。
――舞台を一つの町から広げない、というのは、みなさんで一致していたんですか？
片嶋　そうですね。あけぼの町には山あり海あり崖あり、なんでもある。
中嶋　高層ビルもある。どんな町だ？　という(笑)。
片嶋　50話(「未来をひらく鍵」)で、あけぼの町がどの辺にあるんだという話になって(笑)、茨城県と栃木県の間ぐらいに……レーダーで示される。
江良　でも海が近いんだよね(笑)って話になった。
岡　霞ヶ浦辺りに落ち着いたんですかね。
片嶋　広井さんは松竹カラーにしてとも言ってた。
中嶋　広井さんは山田洋次さんとも親しい。寅さんとか好きですからね。
――寺男のガジローも松竹テイストですね。

遣い魔・デザイン（雨宮慶太）。「戦闘員ザコＡ－改」とある

中嶋　松竹の小ネタを入れたいってのはあって、ガジローのキャスティングは原田さんがやりました。
江良　武上さんのホンに「ガジロー」とあって、「ガジローはガジローだろ」と佐藤蛾次郎さんの息子さんに演ってもらった。アフロを被せたのも原田さん。
中嶋　エキストラが後ろ姿で歩くんだけど、寅さんの格好で歩かせていいかと助監督が聞いてきたので、「こっそりやる分にはいいよ」と言いました。
江良　秋刀魚のアップは物議を醸しました。最初の委員会の会議で、「わけがわからん」と。
中嶋　2話で女の子が植物の怪獣に食われる時に、カットインで、七輪の秋刀魚を入れたんです。
江良　一説によると、あれは「ギョ！」。もう一説は松竹映画の『秋刀魚の味』（六二年）。何を思ってあれにしたか、原田さんは理由があったみたいで、とにかく「外せ」と言われたけど外さなかった。
片嶋　いや外せとまでは言われてないんです。
　僕はプロデューサーとして委員会に出ているわけです。なんでこんなことが語られなければいけないのか、委員会に対して腹立たしかった。僕らは現場の意向をまとめて一本の作品にしているんだけど、そんな細かいことまで委員会が言うのかと。
江良　そしたら原田さんが、色々理屈づけをしてくれるわけです。「ギョ！」でいいんじゃないのと。
中嶋　カットインで違ったものを入れることで、驚きを入れるのと、笑わせようとしたところですよね。
――「松竹テイスト」の導入に松竹の意向は……？
中嶋　全然ない。
江良　始まってからは原田さんのこだわりです。
――松竹と言えば役の名前が歌舞伎っぽいですね。
中嶋　歌舞伎の白波、鳴神……。小町さんという幽霊のキャラクターも広井さんの段階でありました。
――それで武上さんが入って脚本を。
片嶋　武上さんと猪爪、二人でシリーズ構成に入って、1・2話は武上さんでやろうと。大西（信介）さんは、郷太さんが紹介してくれて、『サクラ大戦』の川崎ヒロユキさんは広井さんの紹介です。
　猪爪くんとは、『ボイスラッガー』で初めて会って、その前に江良がやっていた『ブリスター！　BLISTER』（〇〇年）の脚本も書いていました。
江良　その頃はまだ彼は書店の店員だった。
中嶋　今や色んなアニメシリーズの構成をやってる。
江良　それも武上さんのお陰です。武上さんが彼をアニメの方に引っ張ってくれたから。

▼一番「保守的」だったのが原田監督

――主演の山口翔悟さんが決定された経緯は？
江良　あれは原田さんが粘りました。まず一次審査をやって、何百人から絞って二次をやって、不動役の源さんはその辺りで決まっていたんですが、アタマ（主役）が決まらない。原田さんが粘って「山口翔悟というのがサンミュージックにいる」と言うんです。初めはサンミュージックが山口くんをこのオーディションに出しませんでした。
中嶋　山口くんが、こういう特撮ヒーローものを演ることに、ちょっと抵抗があったみたいです。それを原田さんが直接、彼のマネージャーに交渉した。
江良　オーディションに来た時は、相当「堅い」というか、距離をみんなが感じたと言っていました。
片嶋　シャイなんだよね。
中嶋　「やー！　どーもー！」ってタイプじゃない。
　それで、子ども向け番組で、ショーやイベントがあった時に、あんまり喋らないし、子どもに好かれるの？　という意見が出ました。芝居がうまいのは、よくわかったんだけど。
江良　でも原田さんは「翔悟だ」と。
中嶋　一年間やっていく上で、まず事務所がしっかりしていないとダメだと。番組を一番背負うわけだから、芝居がうまくて芯のしっかりした人間じゃないと、というのを最終会議で、原田さんが強く言っていました。
片嶋　翔悟のイメージが、あまりにもこういう作品にハマりやすい印象があったんです。それで僕は反対側に回ったんです。でも「最終的には翔悟になるな」という感じがあって、ここで議論を揉んでおかないと良くないということで、あえてそういう場を作りました。
中嶋　実は対抗馬がもう一人いたんです。これは本当に、意見が真っ二つに分かれました。
片嶋　もう一人の彼で行ったら、違う番組、カラーになったと思うね。ちょっとトンでたやつだった。

　僕は原田さんとはよくぶつかった。でも途中から俺と喧嘩してもしょうがないみたいな態度を取りはじめてね。その辺がうまいんだよ、あの人(笑)。

——主人公の剣二像は、企画段階ではもっと野性児、三枚目的でしたね。

片嶋　まさに対抗馬のもう一人はそういうことが出来る役者だった。もちろん今考えると本当に翔悟で良かったと思います。強く翔悟を推していたのはとにかく原田さん。最後に決定する時に退席しやがってね、原田さん(笑)。

　表面的には委員会の決定にも従う。プロデューサーにも従う。だけど、最終的に出来あがったものは原田さんのものになっている。これがね、本当、原田さんすごいなと思う。

江良　東映でもない、東宝でもない、新しい〈第三の道〉を作ろうってのは、松竹チームもドッグシュガーチームもあって、その中でドーンとド真ん中に来た原田さんが、一番保守的だった気がします。シリーズの最初だから、どっしり作らなきゃいけないんだというのがあったんだと思う。

▼立たせるポイントは「女の子」

片嶋　キャスティングはみんなうまくハマッたんじゃないでしょうか。
江良　原田監督は現場で好みを丸出しにするところがあって、自分が個性を出すのは「女の子」と言ってました。もちろん、原田さんのオーダーで女性のレギュラーが増えたということではないんですが、横一列に並んでいたものの中から、キャラを立てていく。それは必ず女の子。
——「閉ざされたあけぼの町」(44話)は署長のキャラが立っていました。
中嶋　イメージは『踊る大捜査線』のスリーアミーゴス。あけぼの署が、どうしようもない警察という。
片嶋　あの時、原田さんが入院明けか何かで、大西さんとずっと話を作っていて、どうしても最後のポイントがうまくいかなかった。44話は、「俺に任せてくれ」と言って、委員会のシナリオ会議をそこでやめちゃったんです。それで原田さんに電話で相談したら、すごく的確なことを言ってくれました。それですぐ「こういう風に書いて」と大西さんに電話した。あの時は非常に気持ちいい連携が出来ました。
　29話(「誕生！　ゴッドリュウケンドー!!」)の時も、ホンが最後まで納得いかなくて、「ダメだなあ」と思いながら時間がなくなって、刷っちゃった。そしたら、原田さんが意外と良くまとめてくれて「うまいことやってくれたな」と感謝しました。
江良　ポイントを見つけるのは早かったですよね、原田監督。「このホンで何をやればいいのか」を決めちゃうんです。委員会が「これを作ってくれ」ということも的確に捉える。だから大外しはない。
片嶋　そう言えばキャスティングのことで、(井村)空美さん、市ちゃん律ちゃんは全員一致で、すんなり決まったんです。でも原田さんに相談しないで(佐藤)寛子さんを決めた時、すごく怒ってました。
岡　そんな経緯があったんですか。俺、原田監督に「佐藤寛子って知ってるか？」と聞かれて、「知ってますよ。大好きです」と言ったら、「よしわかった。お前が担当しろ」って(笑)。
中嶋　佐藤寛子さんは、漫画誌のグラビアで活躍していたから、監督の了解なしに委員会が決めたんです。
片嶋　そういう時の俺の態度は、口に出しては言わないんですが、「寛子のキャスティングをなんで原田さんに相談しなきゃいけないんだ」と。こんなだからすぐ対立する(笑)。
——剣二にとってのヒロインがかおりから鈴になるというのは最初から決まっていたのですか？
片嶋　寛子さんのスケジュールで、出られない時があって、フィーチャー出来ない状態になっちゃった。そうなると、だんだん存在感が薄くなっていく。鈴ちゃんはああいうひたむきなキャラだし、剣二は女の子に対してなんかボケてるし、この二人のやり取りは面白いじゃないってなっていきましたね。
中嶋　かおりは、最後は白波とくっつけた(笑)。

▼「原田テイスト」の立ち位置

——途中から監督としては辻野正人さんがメインになった印象があります。
片嶋　1クールやった時に、「監督の個性にある程度任せる」という方針が、うまくいかないことがわかったんです。あとタカラ側から「こんなのでいいのか」というプレッシャーがかけられて、「ちゃんとテイストを決めないといけない」となりました。
　14話からは、予算のこともあって、それまで二話持ちだったのを、三話持ちにして、四回続けるという話になりました。その三話持ちを辻野監督と原田監督で、1クールしのいだんです。そしたら両ベテランによって全体のテイストがくっきりと出て、制作陣としては、非常に助かりました。
江良　原田さん自身がJRの映画に行って『リュウケンドー』を欠席したこともあったんです。

片嶋　実は44話（「閉ざされたあけぼの町」）は、もっと後の方で撮られてるんです。
中嶋　しかも一本だけだし。
片嶋　37話からポッカリ空いてるんです。そこに原田さんのJRの映画と入院があった。
――ラスボスとのバトルを辻野さんで終わらせて、原田監督の最終二話がエピローグというのは、かなり前から決まっていたのですか？
江良　50話でラスボスを倒して、残り二話をどうするか。タカラさんは「あなた達の好きなことをやっていい」と。僕らはその状況を楽しんでました。
　最後の二本は「CGも使わないでやっていいそうですよ」と原田さんに確認したら喜んでました。「鈴ちゃん撮るぞ」としか言わなかった。
――原田監督はアクションでも空中戦で中盤を盛り上げたところはあったと思います。
片嶋　「空中大決戦！」（24話）が前半の最大の山場だったんです。これは所謂、肉体戦じゃなくて、空中でのバーンバーンだから、かなりCGのボリュームが上がっていると思います。大活躍でしたね。
片嶋　ちょっと痛い目にあったのが、8話（「水にひそむ魔」）で、出来はいいんだけど、視聴率がガクンと落ちて、「やっぱり子どもはこういう話は見ないんだな」とすごく思った。でも原田さんの「復活の魔」（19話）は傑作でした。
江良　大西さんのホンと原田さんの演出がきれいに合いました。
片嶋　大西さんと組むといいんだよ。「閉ざされたあけぼの町」も、クリスマスイブの回もそうだね。

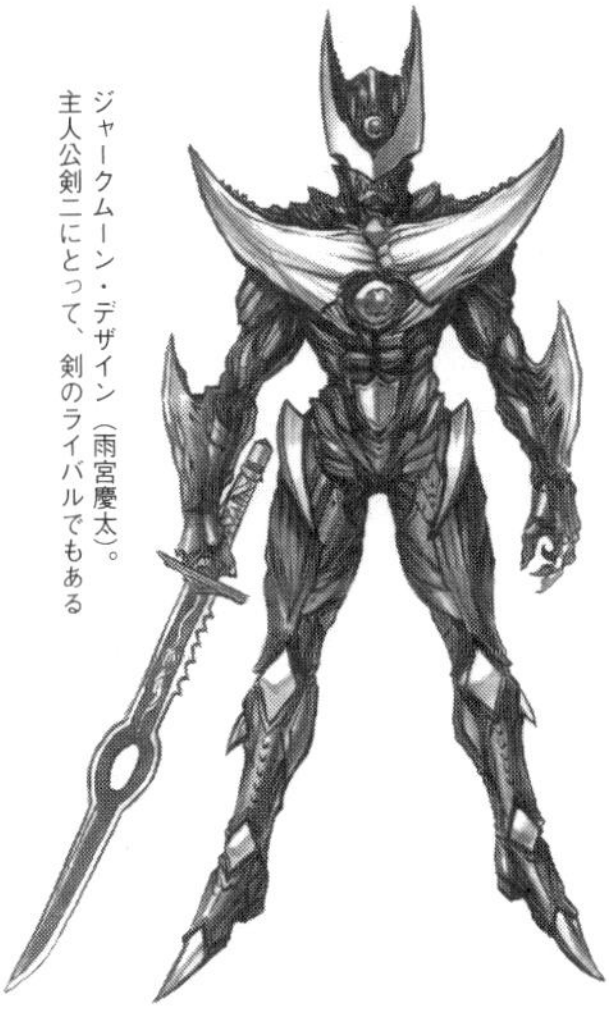
ジャークムーン・デザイン（雨宮慶太）。主人公剣二にとって、剣のライバルでもある

▼原田さんの笑顔

中嶋　原田さんが撮影の最終日は絶対に日活のセットで終わる、関係者を全員呼んで、クランクアップをみんなで迎えると言って、お祭りにしたんです。
片嶋　涙々のクランクアップだったね。細川ふみえさんも最後までいた。
中嶋　本当に一生の思い出です。忘れないですよ。
岡　原田さん笑いっ放しでした。ずっと微笑んでた。
江良　僕らはその印象しかない。作品全体を通じて。

▼入院

――病気のことは御存じだったんでしょうか？
片嶋　電話がかかってきて、「病名が病名なのであんまり人には言えないんですが、ガンなんです」「えぇーッ」と。それで「入院するのでギャラの前払いが出来ないか」と言うので「わかりました」と言いました。
――『レスキューフォース』に監督として参加する話はなかったんですか？
片嶋　『リュウケンドー』と同じベテラン監督が顔を揃えるのは、新味に欠けるんじゃないかという判断もあって、原田さんにはお休み願おうという流れでした。ここで岡くんも野間くんもデビューしたし、新しい監督をもっと使っていこうという方針でした。
江良　原田さんはやりたかったようでした。メールも来ましたし。こちらの方針は全部伝えたんです。『リュウケンドー』の助監督達をみんな監督にしたので、「『リュウケンドー』の子ども達をお願いします」というメールが原田さんから来ました。
　『レスキューフォース』はこちらでシステムをかっちり作って、ゲストとして原田さんと脚本の大西くんを呼ぼうと思っていました。
片嶋　脚本家も、武上さん大西さんのベテラン両名は、今回はちょっとお休みということになっていた。
江良　実はそのタイミングが来ていたんです。若い人達だけで不安定な現場で進めていたので、松竹からも「原田さん」という声がかかってきた。
　だから2クール目の頭に、僕が大西・原田コンビに「明日、電話してみます」と言って、翌朝、ここ（ドッグシュガーのオフィス）に出勤するために歩いてた時に岡さんから電話があった。それは、原田さんがもう一ヶ月ぐらいしか生きられないから、なるべく多くの人に会いたいと言っている、みんなを集めてよという電話でした。それがなかったら、ここの事務所に来て、原田さんに電話する予定だったんです。
　それで原田さんのお葬式の時に大西さんがいたから、その話をして、その縁で大西さんが『レスキューフォース』の後半からホンを書いてくれた。
中嶋　原田さんが一回『レスキューフォース』の現場に来たんだよね。それも多摩センターの方に。俺は会えなかったんだけど。
――原田さんは、今まで縁があった人に、半年の間

に会っておこうと思っているとおっしゃってました。

片嶋　原田さんと電話で最後に話したことは、「なんで使ってくれないんだ」と言われたから鮮明に憶えています。ただ今回は僕が窓口になってないので、江良に電話させるという話をした。

中嶋　僕のところにもメールが来ました。

片嶋　原田さんとしては悔しかった、外されたという意識はあったかもしれない。

中嶋　「成功を祈ってます」というメールでした。投入されるタイミングはないかな?ともあったと思う。

江良　半年前に既に告知があったということでしょ？　どういう気持ちでいたのか察すると、もう少し複雑だったのかもしれないですね。僕らは病気が治ってなかったことは知らなかった。

▼原田監督の求めていたもの

中嶋　原田さんのデビューは松竹芸能のテレビで、「これも縁かなあ」と、松竹で仕事ができるのは嬉しいとおっしゃってました。

撮影に入る前かな、「CGでもバンクを三回使ったら子どもは絶対飽きる。おもちゃメーカーの言いなりになっていたらいいものは出来ないよ」というメールを頂きました。あと、アクションばっかりやっていると退屈しちゃう、やっぱりドラマを描かないと。我々はおもちゃのCMを作るんじゃないんだよというメールを頂いたのもよく憶えています。

それで、僕は返事をしたんです。「私はドラマとアクションは融合するものだと思います。アクションを盛り立てるのもドラマだと思います。松竹はドラマ作りを目指しています、と。別々のものじゃないよと。

ただ、おもちゃの露出とか、おもちゃのアップのカットとか、原田さんは本音としては撮りたくなかったんじゃないかな。

片嶋　まあしょうがないよね、それはね。

中嶋　そういう中で、メイン監督として『リュウケンドー』の個性をしっかりと原田さんが植えつけてくださったと僕は思います。一年間よくこんな大作が奇跡に近い感じで出来たと思いますね。

やっぱり原田さんはドラマを作りたいんだなということはよくわかりました。特に女性の淡い恋心みたいなものを作りたかったんだなあと。御存命だったらまた映画を撮りたかったんじゃないかと思いますね。

片嶋　ホンを作る立場で言うと、「ここを狙って撮って欲しい」というものを、きちんと、というかそれ以上に画面にしてくれた監督でした。特に19話の「復活の魔」や最後の51、52話。36話の「戦う幽霊」も。

ドラマに繋がるキモとなるところを、ちゃんと演出してくれたなと思います。所謂「情」というものを、演出出来る、特撮界のジョン・フォードだったと。

江良　やっぱり本人の性格だと思うんですが、保守なんです。保守スタンダード。

片嶋　保守こそ革新でなければいけないという思想があるからね。

江良　僕が原田監督で印象的だったのは、『リュウケンドー』のように全部に気を回して全部を作る度量です。現場の助監督から上がってきて、そこまでやった。

現場で誰が困るかが全部わかっていて、それに対して事前に何を話せばいいか気は回るし、キャパは大きいし、器用。もしかしたら器用貧乏なのかもしれない。

だから突出した原田色のようなものを出す人ではなかったけど、その中で片嶋さんがおっしゃったように、一つのポイントをうまく拾い上げて、非常に見やすい作品を作るというイメージがあります。

片嶋　原田さんは、怒鳴るまではいかないけど熱くはなる。前に江良が、原田さんのやり方に対して提言した時に、俺がちょっと安易に、それを原田さんに言ったんだよ。そしたら原田さんは俺にじゃなくて江良にすごく怒った。

中嶋　直接言ってこいと。

片嶋　現場で一緒にやってんだから、直接話し合っていこうよということを、すごい剣幕で言って、なかなか熱い人だなと思ったね。

江良　俺もそういうの嫌じゃないから、たぶん、たまたま届いちゃったったという話なんでしょうね。

中嶋　『REX　恐竜物語』で角川春樹さんにつく助監督は全員辞めている。それでついに原田さんが投入されて成立した。すごく優秀なチーフ助監督だった。

江良　「自称日本一」だった。

中嶋　原田さんがいてくれてクランクアップ出来た現場がたくさんある。

片嶋　そういうのあるよね。スーパー助監督が来てくれてすべてが回っていくっていう。

中嶋　今回も非常に感謝しているんです、松竹は。原田さんに。

「燃えろ！炎になれ!!」2話 ▼二〇〇六年一月一五日放映

脚本：武上純希　撮影：木所寛

冒頭、ジャマンガ城でDr．ウォームが呪文を唱える。演出メモには「プニャラピヤレッチャ」と記してある。

手にしたマダンキーを炉の中に落とすDr．ウォーム。ゴボゴボと吹き上がる霧。汗を垂らしながら「ベレケ、ベレケ」と瞑目するDr．ウォームの目元にキャメラが寄ると「カッ」と見開いた。その時、Dr．ウォームを演じる飯田孝男が口に出して「カッ」と言うのが悪役ながらユーモラスにも感じられる。

赤く光る炉の中から緑色の球根が浮かび上がる。地上に悲しみに満ちた花を咲かせるという植物魔獣ギガフラワーの誕生だ。

画面変わると、同じように魔法陣（脚本には「魔法発動機」だと説明がある）の描かれた炉の前で佇む、正義側の面々。ここはSHOT基地司令室の「赤い部屋」である。

1話でリュウケンドーが魔物レプトリリックスを倒して手に入れたマダンキーを手にしている鈴。見守る天地司令と、ステッキを手にした魔法エンジニアの瀬戸山。

キーを手渡された瀬戸山が魔法陣の中央にそれを置くや、黄色の光が立ち上りたちまち消滅。瀬戸山のメガネに魔法陣が写り込む。キーが焼失した場所から辞書のような書物（光のカノンの書）が浮かび上がる。それが自動的に開いて勝手にめくられていく。

「当たりのキーです」

光のカノンの書のロックが解除されて、新たな頁が開いたと説明する瀬戸山。神妙な面持ちで受け止める天地と鈴がそれぞれアップになる。辞書から文字が浮かび上がり、宙に配列。文字が微妙に揺れ、それ自体光を放つようにきらめくのは芸の細かい合成だ。瀬戸山がそれを読み上げると共に新たな配列を作る文字群。

「星は炎に包まれ、生命の生まれる大地を形作る」

一同はこのキーが〈ファイヤーキー〉であることを知る。

作品解説

▼少年の佇まい

冒頭に薄暗いシーンが続いた後は一転、遠くにあけぼのタワーと空飛ぶ鳥群が合成された青空の下、土手の手前で、川にかかる橋を行く小学生の男の子達。原田監督ならではの、テレビドラマでありながら映画的なロングの構図だ。手前の舗装されていない砂利の道の草むらには、カッパ地蔵が鎮座している。

一人ランドセルを背負っているメガネの少年・繁を後にして、「後で遊ぼうぜ」と駆け出す二人の元気そうな野球装備の男の子達。ここで男の子達の繁に対するセリフは、脚本ではこうだった。

小学生A「じゃ、あとでな！」
小学生B「遅れたら、ぶっとばすぞーっ」

のび太に対するジャイアンのような感じであるが、原田監督は演出メモでこう変更。

小学生A「お前、あけぼの町記念日忘れてたの？」
繁「学校、休みだったんだ……」
小学生B「カバン置いてこいよ。後で遊ぼうぜー」

そして映像では繁のセリフ以降が用いられている。

原田監督はこのウラナリ少年の抑圧された状況を変更し、彼は彼なりに仲間から「そういう人」として扱われ、気遣われてさえいることが伺えるやり取りにしている。

『リュウケンドー』を「ゆるい世界」にしたかったという原田監督の、こういうところ一つでも角を丸めようとした形跡が窺える。

一人になった繁はカッパ地蔵に手を差し伸べると、「ベレケ、ベレケ」と頭上の皿を撫でる。キュッキュッとかわいい擬音が入る。演出メモには「かっぱ好き」と書かれてある。

片手にノートを持っている繁。横の柄杓を取り上げると、光っているものに気付く。

「なんでしょう？」

独り言なのに丁寧語なのが繁少年の個性を表していて可笑しい。彼の視点で、黄色く光る球根が見える。

――繁少年のキャラクターは面白いですね。こまっしゃくれて。

原田　繁に関しては「小生意気なガキ」という。繁役は、佐藤和也って子なんですけど、当時、東京電力のCMに博学な少年の役で出ていて、あのキノコのような髪型も、メガネもそのまんまで出したんです。「あの子を呼んで来い」って言って（笑）。

特にうまい子じゃなかったんだけど、雰囲気があるし、ちょうどCMでいい感じになってたからね。どんどん売れっ子になっていって、だんだんスケジュールが取れなくなっちゃった（笑）。

▼恋のつばぜり合い

エプロン姿のかおりが花の様子を見ている「フローリストのせ」の前で行ったり来たりしている剣二。その足取りに「ピコピコ」とマンガチックな擬音が付されている。

「あの……」と声をかける剣二に気付いて立ち上がり、「こんにちは」と爽やかに応えるかおり。剣二の顔はもうニヤけている。シナリオには「ボーッとなっている」とある。

「今日からあけぼの署に出勤なんですよ」

「あ、警察の方だったんですよね」

1話では、剣二が警察官であることはほんの少し匂わされているのみで、視聴者のほとんどの印象には残らなかっただろう。

「がんばってください」と言うかおりに、超ニヤケ顔で「がんばります」と頷く剣二。

そこへ「ドン」という擬音とともに「ちょっと失礼します」と先程の繁少年が割って入ってくる。

「なんだお前？」と恋路を邪魔されたマジ顔になる剣二。

かおりにギガフラワーの球根を見せ、「専門家としてのご意見を伺いたい」と理知的に喋る繁。種類は見当がつかないながらも、鉢に植えて世話をしてあげたらと笑うかおり。

「ちゃんと水あげないと、球根が泣いちゃうからね」と言うかおりに「植物には神経も脳もない。ゆえに、感情もありません」と無感情に答える繁。

だがまったく動じず「ちゃんと水をあげてね、球根が泣いちゃうから」と微笑むかおり。かおりが同じことを二度繰り返すのは演出による付加である。思わずまばたきする繁に、原田監督は「パチ、パチ」と擬音をつけ、無表情な繁の内心の動揺を表している。「参考にします」と言ってうっすらと微笑む繁もまた恋をしている。

次のシーンは、橋を渡る繁と剣二だ。「ああ、かおりさんはいつもキュートだなあ」と、素直に口にする繁。思わず共感を寄せる剣二に「あなたにかおりさんの遺伝子はもったいない」とあっさり言うのだった。

「なに」と詰め寄ろうとする剣二だが、「いいんですか、警察の方」と指摘され、時間を確かめると慌てて駆け出す。

「覚えてろ!」と捨てゼリフを残す剣二がまったくヒーローらしくないのがいい。

▽これがあけぼの署だ

町の真ん中にあるあけぼの署の建物。合成で表現された、古色ゆかしい「あけぼの警察署」の建物に向かって走っていく剣二。シナリオには「昭和三十年代風、時代から取り残された様な建物」とある。手前の道には人々が行き交い、出入りの岡持ちが自転車で走ってくるのが見える。演出メモには「とんとん亭の出前持ちが出て来る」と記してある。後に町民レギュラーとして最終回まで出演する蝶野(木村準)である。

そして風船を持った子どもの奥にチラっと、『男はつらいよ』の寅さんのような出で立ちの男が写っている。

「ごくろうさんです!」と、入口に立つ警官に挨拶する剣二。その場に座り込んでいる老人が居たり、すぐ近くにジョギングしてくる男性が居たりと、警察の入り口にしては妙な空気を醸し出している。奥には体型に縁取られたDr．ウォームの等身大パネルが見える。「この顔にピンと来たら110番」というわけだ。

署内にはエレベータの前でいそいそと掃除に励む、頭に手ぬぐいを巻いたおじさんがいるが、我々視聴者にとってはどこかで見たような……。彼に受付の場所を訊いて「どうも」と去る剣二。見送る鋭い目つきのその顔は、天地司令だ。

天地司令の普段の姿を示すこのシチュエーションは、決定稿になって登場している。

廊下で、コンパニオンのような女性からティッシュをへこへこしてもらう剣二。まるでなにかのフェスティバル会場のようだ。するとと廊下の先にあるサロン風の待合室は更なるお祭り騒ぎの場となっていた。室内でゴルフをやっている老人、ビキニ姿で警防を被り「一日警察署長」のタスキをかけている女性、彼女にカメラを構えている紙袋を下げた青年、カッパのぬいぐるみを着ている者、駆け回る子ども達……。

「マモスケキーホルダー」「マモスケキャップ」といった警察署公認グッズが売られ、女子高生が物色中。あけぼのタワーのミニチュアが置かれたテレビ、釣果を手にニンマリしている署長のパネル、将棋台を囲む「肉のいのまた」の熊蔵と寺男のガジロー。熊蔵はお茶の水筒を傍らに置き、ガジローは丼物を食べている。

「本堂もボロボロだけど、おたくも災難だったね」と第1話の被害を振り返る二人。

この待合室のシーンはエキストラ三十名を使い、カットによっては手持ちキャメラを用いることが演出メモに書かれている。

「あのう」と受付に行くと、そこには脚本には「美人だがやる気のなさそうな感じ」と記されている防犯課所属の左京鈴がいる。やすりで爪を研ぐ手を休め、クールな目を向けてくる鈴。引いた画面になると、老若男女の「憩いの間」と化しているフロアの全体が見える。受付にはマモスケ(あけぼの署が魔物をグッズ化していく内にキャラクター化されたと思われる。遣い魔に似た一つ目だがよりチャーミング)のぬいぐるみが置かれてあり、鈴の背後の棚の上には大福様や招き猫、だるまが複数並んでいる。

「被害届なら書類に必要事項」

そうあっさり言い放つ鈴に、警察手帳を開いて見せる剣二。だが彼女は「ふーん」と動じない。

「あんたどっかで会わなかったっけ」と訊く彼に、鈴は「こんなとこでナンパ?」と無表情に返す。演出メモに「一話のレプトリの時」と注釈があるが、画面での説明は特になく、覚書と思われる。剣二は彼女のネームプレートにある「左京鈴」という名前を「ひだり・きょうすず」と読み上げるが、彼女は「りん、さきょうりん!」と子どものように睨みつける。ここで初めて彼女の素地が見えたようだ。

入り口に「署長室」「会議室」の札がかかった部屋に入ってくる剣二。広い部屋の奥に進んでいく彼を遠くから見てチェックしているのはミニパト婦警の律子と市子。

奥では署長がゴルフクラブを持ち、他の二幹部は釣り竿を持って遊んでいる。「釣り談義をしていた」と演出メモにある。

この署長室兼会議室にもぬいぐるみや聴診器のおもちゃ、カエルのお面などがいたるところにあり、控室のお祭りムードの延長にある。

「ワタクシ、鳴神剣二、本日付で、あけぼの署に配属されて参りました!」

溌剌と頭を下げる剣二。横には日の丸の旗が立てられ、背後には「明るく正しく楽しく」という掛け軸があり、部屋の隅には魚拓が立てかけられ、マモスケのぬいぐるみマスコットが置かれた署長机。

「雪村署長に、月岡交通課長、そして私が刑事課長の花田だ」と紹介される。雪村署長は大の釣り好き。月岡交通課長は小柄で「七人兄弟の末っ子」という設定がある。花田刑事課長は自分じゃダンディなつもり。後のエピソードで「カンフー映画オタク」だったことがわかる。

釣り竿を持っている彼らに「魔物を倒すため、精神誠意頑張る所存であります」と挨拶する剣二。

だがその瞬間、しらじらしい笑いを立てる三幹部。遠くから律子と市子も冷やかしの目を向ける。当惑する剣二。指揮者のように一同の笑いを収める雪村署長は「おもしろいね、彼」と言う。

鮭をくわえる熊の置物越しに一同の姿が捉えられるロング画面となり、「解散」との署長の一言とともにゾロゾロと散る三人。

「昨日の騒動の捜査会議とかないんですか」と呼びとめる剣二に、釣り竿のリールを巻きながら振り返り「そんなもの、ない」とぶるぶる顔を振って去る花田。

呆れる剣二に、魔物は都市安全保安局SHOT(対魔戦特別機動部隊)の管轄だと教える市子と律子。だが彼女達も、それがどこにあるのかは知らない。

そこへ、戸を開けて入ってきた男は、黒いスーツに黒ネクタイの不動銃四郎である。「またガジローのやつ俺の出前食っちまいやがって」と町の連中への愚痴を言いながらサングラスを外し胸ポケットに入れる。「ガジロー」という固有名詞は演出で付加している。

剣二に「改めて見る面構えは悪くないな」と笑いかける。襟を掴むと「ちょっと面貸せ」。

連れていかれる剣二を目で追いながら「趣味？」と訊く律子に、市子は「ぴみょう」と応えてお茶を呑む。このやり取りも付加されたもので、演出メモに書かれている。

「さあ、入るんだ」と資料室の中に剣二を放り込む不動。外からは鳥のさえずりが聞こえ、掃除道具などが雑然と置かれている部屋の中ではちょうど鈴がSHOTの制服に着替え終わり、身繕いをしているところだった。直接着替えが描かれているわけではないが、ドキリとさせられる。シナリオで鈴は剣二を待ち構えていることになっており、これも原田監督の演出である。

「説明は下に行ってから」とクールに言い放つ鈴は踵を返すと、壁の「大開帳」と書かれたあけぼの寺のポスターに向かって、かしわ手のように手を打つ。このポスターは1話の時点から、「フローリストのせ」のウィンドウに貼られていた。

かしわ手に反応するように、手前に置かれた資料の段ボールごと壁が開き、その奥では自動ドアが横に開いた。そこはエレベータの入り口だったのだ。高らかにファンファーレ音が鳴る。それを見る剣二の背中を「行け」とドンと押す不動。

▽メガネ少年の母はうっとりする美女

道路沿いに「あけぼの眼科」と一つ目のマークと共に描かれた看板の奥に、昔ながらの丸ポストが置かれた古い瓦屋根の家がある。

繁少年の家だ。部屋中に河童の絵が貼ってあり、河童のぬいぐるみやTシャツ、フィギュアでいっぱいの繁の部屋。机に向かって針植えの球根を観察している繁の顔が虫めがね越しに見える。普段かけているメガネは額に上げている。机の上には水槽も置いてある。

後ろの障子を開け「やだよこのコは。また勉強ばっかして。勉強は学校でするもんだろ」と伝法な喋り方をする母親は、端正な顔立ちの美人である。メガネを降ろしてフウとため息をつく繁。

「ったく、救いがたい親です」

母・佳子の手にはDVDが持たれていることが演出メモにある。準備稿では「ふくよかな日本の母親風」と書かれていたが、原田監督所蔵の台本では線で消され、決定稿では「美しい日本の母親風」と書き改められている。

障子一つ隔てた奥の間には長屋には不釣り合いなほどの大画面テレビが鎮座していた。

――繁くんのお母さん役は『ウルトラマンガイア』でも稲森博士を演じていた久野真紀子さん。

原田　久野さんは僕のキャスティングです。同じ「オバサン」でもやっぱりキレイなオバサンがいいだろうと言って。「小生意気なガキ」と「変わったお母さん」というのがいいと思ったから。出てくる女性は、可能な限り、とにかく全員きれいな人にしたかったというのもあったんです。

繁が出かけた後、持っていたDVDにキスする母親が障子を閉めると、一拍置いて、球根から触手が伸び、チャポンと水槽の中に入ると、みるみる中の水がなくなっていく。泳いでいたミドリガメも慌ててチョコマカ動き出す。準備稿では「熱帯魚の水槽」と書かれていた。水面の波紋は別撮りの素材が合成されている。

原田　慌てる亀はCGじゃなくて生きている亀なんです。お遊びの範疇で、あそこだけスピードを上げたんです。水がすーっと減ってくでしょ？　CGの触手が入って水を吸い取る時に、あれポンプで水を抜いているんだけど、あんな早いスピードでは減らないから、(同じ画面でも)あそこの部分だけ倍速になっている。何倍速か上がってるんです。それで亀が「あああ〜」って慌てているように見える。だからCGと実写をうまく組み合わせるやり方なんです。ああいうのがないと、CGばっかりやったって、遊びがなくなるから面白くない。もともとCGはあんまり遊びが出来ないんでね。

▽超！ゲキマジ

剣二と共にエレベータを降下していく不動と鈴。四方が透明でパイプ等が見えている。手持無沙汰な剣二が視線を向けると、咳払いしてみせる鈴。

SHOT基地の自動ドアが開き、颯爽と入る鈴に続く剣二。内階段を下りてきたところで出迎えたのは制服を着た天地司令と瀬戸山だ。そしてその奥に見える部屋の、魔法陣の傍らに白いドレスを着た女性(演：細川ふみえ)が現れ、微笑みかけている。

天地がさっき掃除していたおじさんだと気付く剣二。ここがSHOTの基地の司令室だと知らされる。SHOT基地はあけぼの署の地下にあり、不動と鈴はその隊員なのだ。

「で、あの方は？」と白いドレスの女性を気にする剣二だが、どうやら天地はじめ、剣二以外の人間には見えていないようだ。ふと見るともう彼女の姿はない。

SHOT基地の司令室は二つに分けられ、普段隊員達がいる場所は「青い部屋」と呼ばれ、近代科学の粋を凝らした各種レーダーなどで外の状況を知ることが出来る。そのすぐ隣にある、もう一つの重要な部屋は「赤い部屋」と呼ばれ、そこには魔法発動機がある。光のカノンの書が内蔵された魔法発動機はマダンキーの解析やダウンロード、様々なアイテムの転送に使う。遺跡から発掘された超古代文明の遺物をベースにしているのだ。

『光のカノンの書』は謎のカノン文字で書かれており、いつ、どこで、誰が作ったのか、詳しいことはよくわかっていない。

SHOTのことは世間に公表されていない。科学では解明できない魔物に対処するため、活動は超法規的にならざるを得ないからである。

画面がワイプされ、1話での事件が振り返られる。ゲキリュウケンに選ばれ、リュウケンドーとなった剣二。

「魔法だかなんだか知らないが、俺は操られていただけだぜ？」

ここで準備稿には、リュウケンドーになるのを辞退するなら居酒屋「南の家族」での歓迎会もキャンセルするわという鈴のセリフがあった。ヒーローになるかならないかという緊迫の中にもコメディ色を入れようという脚本の意図だ。監督の意向で決定稿には「一人二千五百円」といった呑み代までセリフに入っていたが、尺の関係からか、最終的には使われていない。

魔物を倒して町を守るために強くなるのは大歓迎だが、あの生意気な剣に操られるのは嫌だ……と言う剣二。

すると、魔法抽出機の中で突然ミニ剣が実体化する。

「誰が生意気だっつーの」

誰でもリュウケンドーになれるわけではない。君は特別に選ばれた人間なんだと語りかけてくるミニ剣。剣二が祖父と極めた剣の流儀は魔法の秘伝とも通じているという。

「頼む、君でなければならない。ぜひ私の相棒になってくれ」

その場に剣二だけを残して立ち去る天地達。

「マジか?」

「マジ。ゲキマジ。超!ゲキマジ」

剣二の問いに浮遊しながら応えるミニ剣。

そこまで言われてウンと言わなきゃ男じゃねえよなと、親指を突き出す剣二。

「よし、わかったぜ、相棒!」

脚本には「俺、褒められると弱い」という剣二の自分ツッコミも入っていたが、ここは簡潔にまとめられている。

その時拍手をしたのは、あの白いドレスの女性だ。気付いてニヤけた会釈をする剣二だが、ふと我に返り、もう天地も鈴もおらず、自分だけが残されていることに気付く。

鳴神剣二はこうして正式にゲキリュウケンと相棒になり、SHOTの一員として「現代科学と魔法が合体したヒーロー」リュウケンドーとなる運命を受け入れたのであった。

そんな感慨に耽る暇もなく、剣二以外のSHOTメンバーは隣室で異常事態の発生を受け取っていた。「レベル2。あけぼの5丁目20番地付近に、特異点が発生しています」

ここまでで中CM前のAパートが終了。次はいよいよSHOTの新たな出動だ!

――パーマネントセットはSHOT基地と警察署なんですか。

原田 そうですね。日活の中に作ってましたね。でもSHOT基地の方は作ってバラし、作ってバラしだったんです。毎回同じゃなくて、その場その場でかなり違っていた。日活のステージはやっぱり、そんなに年間セットを押さえられないんです。最初に日活でやると聞いた時に「あんな(使用料)高いところでよくやれるな」と思った。結局必要な時だけ使うというやり方で押さえたんです。SHOT基地は、僕の組の最後の日に撮って、翌日次の組で入るとか、そういうやり方でした。だからあんまりこってりしたセットになってないんです。わりと簡単な感じで。

▼君のそ名た

Aパートで繁の母・佳子が手にしていたDVDが大写しになるところから、Bパートは始まる。抒情的なピアノ音楽が流れている。『君のそ名た』と赤く題名が描かれたパッケージには、雪景色をイメージしたようなモノクロームなジャケットにストールを巻いた薄倖そうなヒロインが写っている。そのヒロインは佳子にそっくりだ。演じる久野真紀子の二役である。

その静謐なイメージのジャケットの横にお団子とお茶の急須が置かれているちゃぶ台の接写で視点が移動すると、湯呑みを持っている女性の手。キャメラが引くと、畳の部屋で大画面テレビを前に団子を一本つまみ、口に入れる佳子。テレビのフレームの外には「一等」という札が貼られており、何かの賞品として当たったプラズマテレビであることがわかる。昼下がりの陽光が格子窓の外から当たっている。部屋の隅の鏡台の横にはあけぼのタワーのミニチュアが飾られている。

「春彦さん」「佳子さん」と、橋の上で抱き合う恋人達の、女性の方はジャケットに写っていたストールの女性。つまり久野真紀子である。恋人の肩越しに彼女の正面がアップになる。この画面内のことまでも原田監督は演出メモに具体的に記している。

テレビを見ていた佳子は髪留めを外し、「春彦さん」とテレビのセリフをうっとりと繰り返し、身悶えするように髪を振る。家の中なのに化粧をバッチリ決めている佳子。ここは準備稿では、せんべいをくわえて昼メロを見ている……と書かれているだけだった。

――お母さんが見ているDVDの映画がちょっと『冬ソナ』っぽい……。

原田 そうそう、まんま。当時ブームだったから。ただオンエアが一年先だから、その頃まで韓国ブームが残っているかという心配はあったんです。残ってましたけどね。

――この2話のような、町の中の事件を描くエピソードで毎回行くのかと思っていたら、全体の中では意外に少なかったですね。

原田 そうですね。最初の頃は下町にこだわって、1、2話でもやっているんだけど、やっぱりタカラが「ヒーローをカッコ良く、アクションを」と言うと、町中を出すことは出来なくなるわけです。アクションをやれる場所でどんどん行くようになるから、矛盾しちゃうんですよね。

家の表では、鳴動が響き、あけぼの眼科の看板の近くに停められていた自転車が横転する。原田監督十八番の「自転車倒し」がウルトラシリーズばかりでなく、この『リュウケンドー』にも登場した瞬間である。だがコンテ段階では「倒し物有り」と原田監督によって鉛筆で書き加えられており、まだ自転車とは決まっていなかった。

「もう……いいとこなのに」と身悶えする佳子は、物音をさせる繁の部屋の障子をパンと開ける。すると部屋の中では巨大な茎がニョキニョキと伸びてくるところだった。CGで佳子の手前に合成している。演出メモに「入れ込み」とある。呆然と見上げながら、糸を引くように声を出す佳子。茎は屋根を突き破っているのだろう、上からボロボロと木片が落ちてくる。家全体が振動していることが背後の簾の揺れでわかる。

家が物干し台のある空き地から捉えられたショットになると、屋根から複数突き出した茎が更に空に向かって伸びていく様が煽りで見え、キャメラが上に移動すると共にPAN-UPで展開される事はコンテから指定されている。中央の茎は先に蕾をつけている。高いところは空気層でボヤけているディテールが巧みだ。

SHOT基地のモニタでそれを見つめる剣二達。画面の中で茎の先にある蕾がみるみる開花し、紫の花となった。古代に繁茂していたメタセコイアのような巨大植物かもと推測する鈴。巨大植物の遺伝子を利用しDr.ウォームが生み出した魔物ギガフラワーだ。

井戸越しに、物干し台のある長屋の表へ走り出てきた佳子が捉えられる。彼女が空き地からふと振り返ると、屋根の向こうに巨大な植物がパノラミックな画面として合成される。この構図もコンテから描かれている。同じようにトタンの壁である隣家の物干し台にも衣類やシーツが干され、簾が立てかけられたり犬小屋があったり、練炭で秋刀魚が焼かれていたりと昭和テイストが横溢した空間となっている。立ったまま動けない佳子に頭上から触手が蛇のように迫ってきた。先端の口がぐわっと開く触手。佳子の叫び声が響く。

――繁の家の外観周りは懐かしい感じで、驚きました。

原田　あれはね、埼玉の方で、前から知っている場所だったんです。昔の団地みたいなのがあって、もうなくなっちゃったかもしれないけど。そういう昔のノスタルジックなタッチでやろうとしていたから。あそこに美術部が思いっきり昭和風に飾り込んだんです。七輪を置いて秋刀魚を焼いたり。

――軒が重なっていて、洗濯物を干す場所に井戸があって……。

原田　井戸は持ってったやつです。美術部で飾っている。1、2話は余裕があるからああいうのが撮れるんです。その内、絶対こんなところにロケに来られなくなると思ったから（笑）、やれる時やっちゃえみたいな。

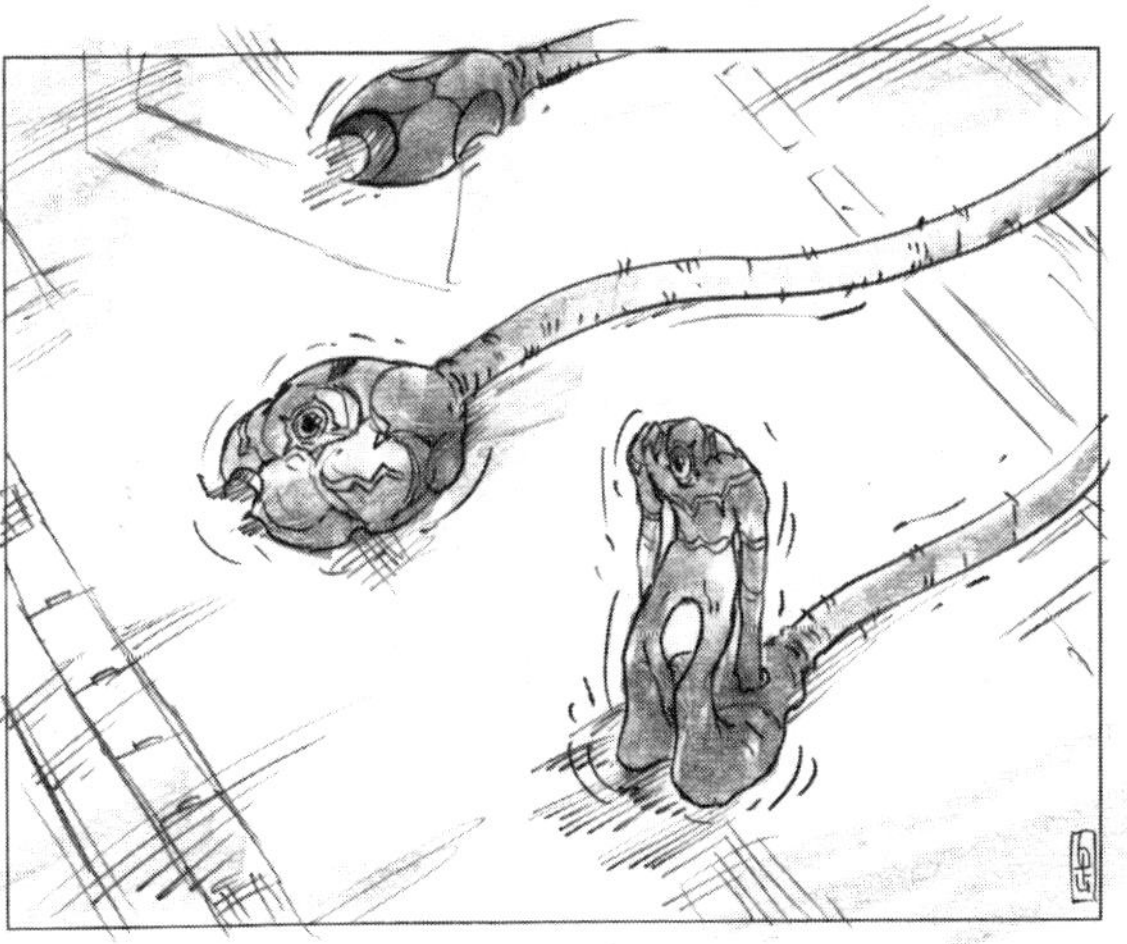

コンテとしてではなく、一枚絵のイメージボード（奥山潔）。下同。
「蔦の先がザコ戦闘員になる」と表記

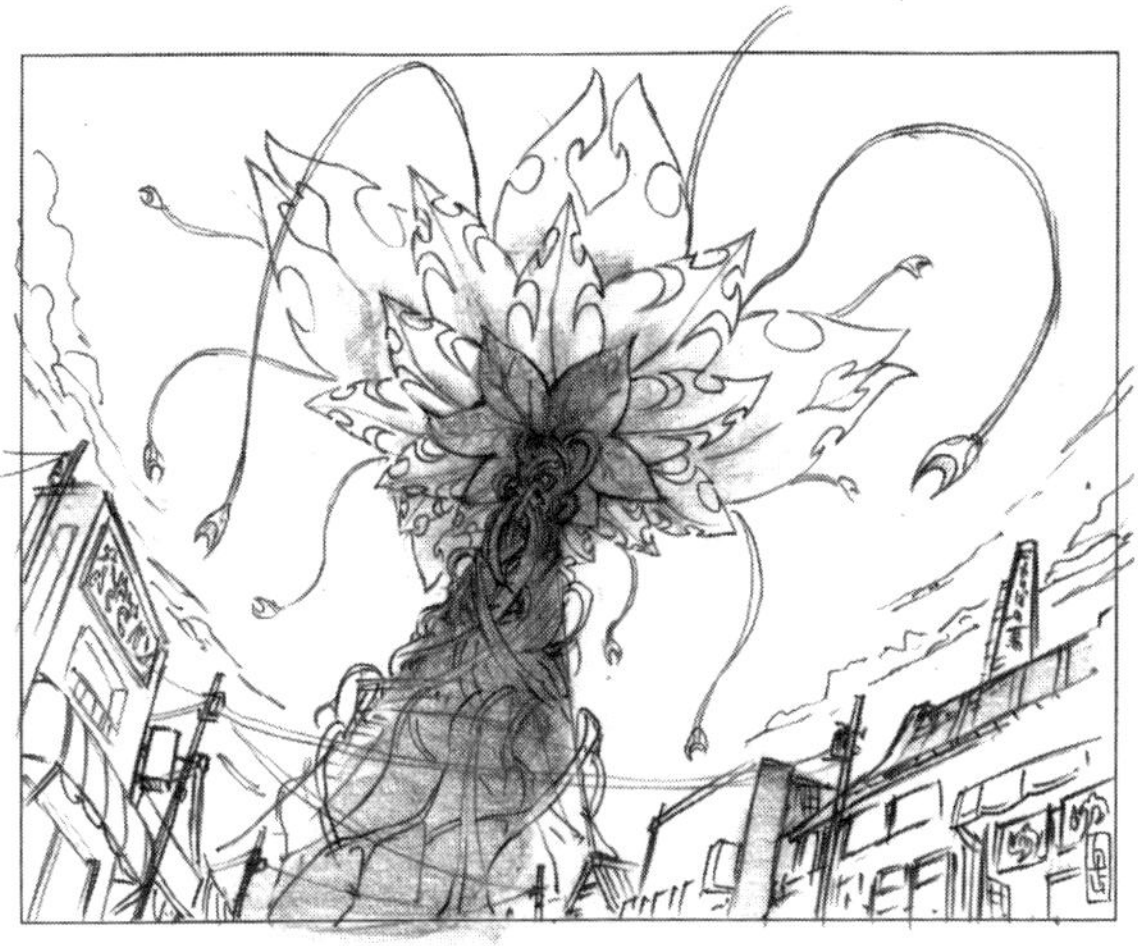

ギガフラワー（この段階では「ラフレシオン」と記述）

あけぼの町商店街では頭上から触手が迫り、人々が走って逃げている。口を開きながら迫りくる触手。この場面は準備稿段階では存在せず、演出メモで差し込まれ、決定稿に反映されている。次に来るモニタ内の画面だけでは迫力に欠けるという判断だろう。こうした臨場感の出し方は、原田監督の円谷プロでの経験がものを言っているように思える。

モニタの中では境内でガジローが触手から逃げ惑っている。ブザーが鳴り、「魔的状況レベル4」を確認した天地はモニタを見たままの姿勢でリュウガンオーの出動を命令。その後ろに立っていた不動は「了解」とグラサンをかける。

境内にやってきた不動は蠢いている巨大植物を見上げ、さい銭箱の前で変身ポーズを取り、鋼龍銃（ゴウリュウガン）を手にするとリュウガンキーを差し込み、「鋼龍変身！」と天空に向けてガンを突き出すと、空高く龍が立ち上り、とぐろを巻いて一声叫ぶや再び光の奔流となって不動の身体に戻り、それを浴びた彼の姿は変身した。

1話ではリュウガンオーになった姿しか登場せず、ここで初めて不動からの変身が描かれたのであった。それをモニタで見ていた剣二が「あのおっさんが、リュウガンオー？」と驚くシーンが脚本にはあった。

▼ついに自ら変身！

「人間を取り込み茨が触手から外れると地面に立つ」と決定稿にある。人間を植物化しようという作戦だ。立った後の茨はCGでなく「造り物」にする事がコンテから指定。

リュウガンオーのバイクが迫ってくるのが車輪UPの実景から捉えられ、横からの合成場面にカットが切り替わる。「どうするゴウリュウガン」と現場に向かいながら対策を練るリュウガンオー。

「大変な除草作業になりそうだぜ！」とスピードを速めるリュウガンオーを乗せたバイクの正面カットの後ろで背景が流れていく。「BG流し」とコンテにある。

植物の茎から吐き出された紫の塊から遣い魔達が次々と生まれ、立ちあがる。脚本では、蔦の先が膨らみ遣い魔となると書かれてあった。

やがて繁の家の長屋の前が映る。屋根の向こうには巨大な植物が蠢いている。本体（全長三二〇メートルと設定にある）はあくまでここに位置したまま、触手を伸ばして町中を翻弄していたのだ。

　空き地の一角にある繭の中に、ベトベトの粘液にまみれた母が眠っているのに気付いて「お母ちゃん……」と呟く繁の身体からマイナスエネルギーが出て浮上。巨大植物の頭上に、渦巻くろうと状のワームホールが現れ、Dr．ウォームの笑い声が響く。

「人間の悲しみのマイナスエネルギーが集まってきた」

いったん目覚めてしまったこの巨大植物が地球全体に繁殖するまで一昼夜とかからない。

　モニタを見つめる剣二が息を呑む。そこに映っていたのは、橋の上を駆けてくるかおりだ。かおりはやがて繭の前で呆然と佇んでいる繁の元にやってくる。辿り着くまでの橋の描写はそれを見ている剣二の姿とともに、原田監督がシナリオに挿入したものだ。

「繁くんはここに居て」と、果敢にも丸い莢状のものに近づき、佳子を助けようとするかおり。準備稿でこのくだりは、莢が枯れはじめるという描写があり、その逼迫感と「（私は）植物の専門家だから」というかおりのセリフがあったが、刈り込まれている。

かおりの背後から尖端が迫り、口を広げるツタ。

　モニタの前で居ても立っても居られず、駆け出す剣二。その後、橋を駆け渡る剣二が「SHOTに入った以上、命令で動きなさい」と追いかけてくる鈴に「俺の大事な人が危ないんだ！」と叫ぶくだりが脚本にはあった。

　振り返ったかおりに迫るツタ！　その直後、彼女の悲鳴と共に、近くの七輪で焼かれていたサンマの目がアップになる。このくだりはシナリオにはない。

原田　みんなでラッシュを見た時に、松竹の人から「なんでここで秋刀魚のアップがあるんですか」とか、そういうツッコミが色々あったんです。「あんたんとこの代表作じゃねえの？」とか思ったんですけどね。

――？（気付いて）ああ～、なるほど。

原田　そういう皮肉で入れてあるんです（笑）。「意味がわかりません」と言われたけど「いや、いいんです。そういうところにべつに意味があるわけじゃないんです」と答えたんだけど、本当はすごい意味があるんです（笑）。


　巨大植物ギガフラワーは人間を莢に取り込み、生かさず殺さずの状態で苦しみを与えてマイナスエネルギーを絞り取るのだ。

　そこへ駆けてくる剣二。繁の指差す先に、佳子と同じくその中に閉じ込められたかおりの莢があり、屋根の向こうからツタが睥睨するように動き回っている。指を差したまま硬直している繁。

「その子頼んだぞ」と、遅れてやってきた鈴に、振り向きもせずに言い放つと、剣二は莢へと近づいていく。鈴の制止も聞かずに莢を開くと、中には粘液にまみれたまま眠っているかおり。思わず「あ」と声を出す剣二。呼びかけても応えないかおりから顔を上げた剣二は、怒りの表情となる。

「あいつか、あいつ倒せばいいのか……」

　おそらく、と答える鈴に「ヒダリ、さっさとその子連れてけや！」と背中越しにどやしつける。

　闘争心みなぎる剣二に気押されながらも「鈴（りん）なのに」と不服そうな顔をしてみせ、繁を連れていこうとする鈴……。

　水辺の公園ではリュウガンオーが魔物相手に格闘中。SHOTキーを取り出し発動させると、ドラゴンショットを使えるようになり、次々と魔物達を撃ち抜いていく。剣二もやってきて、魔物達にキックやパンチをかましながら叫ぶ。「ゲキリュウケンよ、俺に力を、貸してくれ！」。

　ミニ剣をかざす剣二。

「心を開いてくれたな」と光りだすミニ剣。

「俺が熱くしてやるぜ！」

　このくだりは、シナリオでは、ミニ剣を持った時、前の時と違い「熱くねえな」と呟いた剣二に「オマエガ最初カラ心ヲ開イテ受ケ入レタアラダ」と剣が応え、それに対して「俺が熱くしてやるぜ！」という流れだった。

　光に包まれ、大きなゲキリュウケンとなったそれを振り回し、魔物達を次々と斬っていく剣二。斬られた箇所から火花を出し倒れる魔物。

　リュウケンキーを取り出すと、ゲキリュウケンに装着し、発動。「チェンジ、リュウケンドー」とゲキリュウケンが呼応し、天空に迸った龍が咆哮するや剣二の身体に降臨。剣二は「うおお」と唸りながら光に包まれる中でリュウケンドーに変化していく。


「リュウケンドー、ライジン！」

　迫りくるギガフラワーの触手達。紫の塊が吐き出され、「ギジャー」「ギジャー」と次々と魔物に変化していく。

　それらに応戦していくリュウケンドーとリュウガンオー。川沿いの石段を用いた高低差のあるアクションだ。足を払われてコンクリートに叩きつけられバウンドしながらも起き上がり様に銃を撃つリュウガンオー。アクション監督、大道寺俊典の指揮による、剣武会のCGに負けない生身の痛みを感じさせる技斗である。

▼夕陽に佇むヒーローとヒロイン

「おっさん、助太刀するぜ」と戦いながら言うリュウケンドーに、こっちはいいからあの花をなんとかしろと促すリュウガンオー。リュウケンドーは伸びる触手を次々と莢から斬り落とす。斬られる莢の内側から捉えたショットもある。「キリがねえぜ」

　その頃SHOT基地では、天地が椅子に座っている瀬戸山に、新たな「ファイヤーキー」がマダンキーホルダーにセットされていることを確認する。「今こそその力を解放する時だ」。

　原田監督は基地の場面でもモニタに映るギガフラワーを、シナリオのト書きとト書きの間に挿入することを忘れない。

「ファイヤーキー、発動！」

　闇から浮かび上がるゲキリュウケンに促されて新たなキーを使ったリュウケンドー。

　炎の龍が舞い、リュウケンドー本体も合成で真っ赤に燃えると姿形が変わる。

「ファイヤーリュウケンドー、ライジン！」

　炎を模様としてあしらったもう一つの姿は、身体中を常に高熱のバリアで包み、炎の力を司る。

「ゲキリュウケン、火炎斬り！」

　火炎斬りは約五千度の炎に包まれた撃龍剣で斬りつける技という設定だが、今回映像では「斬る」というより、火炎放射で遠距離攻撃をしているイメージで意表を突かれる。

　迫りくるツタが、剣から空中を迸る炎に引火し炎上（準備稿では地走りだった）。

　基地内の天地が思わずこぶしを握り締めるシーンは脚本に足されたもの。

炎は本体にも燃え移る。見上げるファイヤーリュウケンドーのメタルレッドのフェイスに炎の照り返しが。

全体が炎上するギガフラワーが町の遠景に合成される。

炎の中に揺らめく花びらのアップ。

滅びゆくギガフラワーを見上げるリュウケンドーとリュウガンオーがワンショットに収められる。遠くには苦しみだす遣い魔達の姿も見える。脚本、コンテでは遣い魔達が消失するまでが描かれていた。

下部から蒸発していくギガフラワーの巨体が煽りで捉えられる。その中からマダンキーが飛来し、リュウケンドーの手に握られた。「やったぜ！」。夕焼け空をバックに、二人の戦士がしっかりと握手する。夕焼けはコンテ段階から指定されていた。

——2話もけっこう巨大怪物のCGが……。

原田　そうそう。あそこで「どこまでやれるか」をテストケースで見ていたんです。実際「なるほど、ここまでやれるんだ」というのが見えたし。でも敵については「次から着ぐるみだろう」と思っていました(笑)。「これで一年続けられるわけがない」と。

——後の清水厚監督の回では巨大な埴輪とか、ただの傘とか……。

原田　あんまり動かないものになってるでしょ？　動かないものがボーンと立ってるってのは、CGでは比較的楽なんです。はっきり言って2話のような巨大植物は大変なんです。色んな部分が動くから。あとは、変身と新キャラの方に全部CGの力が行っちゃった。それで宇宙行ったり、色々とんでもないことをやっていましたけどね(笑)。「あそこまでやれりゃいいんじゃないの」と思いました。

身を包んでいた英は跡形もなく消えて、「起きてよ」と揺り動かす繁を、目覚めた母・佳子は「春彦さん」と思わず抱きしめる。でも一方で「良かった」と言っているところを見ると半覚半醒らしい。脚本では普通の親子感激の対面シーンになっていたのをベースに、原田監督がアレンジしたものだ。

そのシーンの途中からエンディング主題歌が始まり、スタッフロールが流れ出す。

夕焼けの下、静かに眠っているかおり。「かおりさん……かおりさん」と呼びかける剣二のシリアスな横顔が夕焼けの逆光になる。

静かに目を開けるかおり。手をついて見つめていた剣二の表情が喜びに崩れる。お互いに見合う二人。背景の夕焼け空は水面に写っていたものであることがここでわかる。準備稿でこのシーンは、倒れたかおりを抱き抱えたまま歩くという場面だった。

それを遠くから覗く繁が「かおりさん……」と声に出す口をふさぐのは後ろに立つ、憮然とした表情の鈴。脚本では、鈴はSHOT基地司令室からこの様を見つめていることになっており、繁は登場しない。しかし同じ場所にいた方が、三角関係が明確になるという考えがあったのだろう。

遠くから二人を見る鈴は「かおり……ね」とその存在をチェックしていた。

そしてラストカットは「すみにおけないわね、剣二くん」と呟いて消える基地内の、白いドレスの女性。この女性は、いったい何者なのだろうか？

エンディング用に撮られたリュウケンドーとリュウガンオーとジャマンガによるサッカーごっこの映像（オープニング同様、映画監督でありミュージックビデオの監督である須永秀明による独立した作品である）は今回、途中から使用される。円谷作品で見られた、エンディングにドラマのエピローグが食い込む原田流演出は本シリーズで早くもここから始まっている。

そのエンディング映像の最後に、共に夕焼けが写る水面を見下ろす剣二とかおりの逆光に照らされた後ろ姿を提示する原田監督。互いに向き合う二人の横顔がアップになり、再び何も言わずに佇む。

原田監督は演出メモに「夕陽に佇むヒロイン、ヒーロー」と記している。この場面はコンテにも描かれている。原田監督がラストにこだわった決めカットだ。

——『リュウケンドー』はヒーローもさることながらヒロインがみんな可愛いですね。

原田　番組のキャスティングをしている時、主役の二人が決まった後は「ヒロインの女の子は全員可愛い子にしたい」「出てくる男は全部カッコイイやつにしたい」というのがあったんです。チビが出てきたりデブが出てきたりするのって嫌なんですよ。「それ、昔だろう」っていう。

——ああ、キレンジャーみたいな。

原田　そういうのじゃなくて、「美男美女グループにしたい」、あとは好みによって違うという風にしたいと、オーディションでも言ってました。それで、そういうコ達に三枚目の芝居をさせる方がいいんだよ。

僕はウルトラでやってる時に『ガイア』でそれは思ったんです。やっぱり、そういういい奴を揃えておいて、そいつらに、芝居で変化をつけさしてやればいいと思ったんです。だから、あのレギュラーはみんなカッコイイ。肉屋のおじさんとかそういう、キャラクター自体が役になっている場合は別ですけど。女の子はもう、選り取り見取り状態で。

——『リュウケンドー』は十四〜十五人ものレギュラーがいて、その中でもヒロインは四か所に居る。最初は謎の白いドレスの女として出てくる小町、花屋のかおり、本部の鈴、ミニパトコンビ市子律子の計五人。後に剣二の剣の師匠である海まで加わる。

原田　ええ。でも僕はもっといてもいいと思ったぐらい。「スリーヒーロー、シックスヒロイン」って言ったんです。みんな可愛い子にしてやれと思ったから。

——それは原田さんの意向で？

原田　はい。レギュラーに関してはあと川崎（郷太）さんの意見(笑)。僕は、鈴ちゃんは僕がキャスティングした。あとはフーミン(細川ふみえ)はわりと早めに決まっていて、あと市子律子は川崎さんがキャスティングしたんです。それで佐藤寛子は、松竹サイドがグラビアアイドルを入れたいというので入ってきた。女の子は一人じゃダメなんです。女の子は複数置く。男の中に女一人を入れるとチヤホヤされるから天狗になるんです。複数いると、女の子はお互いの位置関係を気にする。二人だとライバルになるんですが、三〜四人いると、また違うんです。

『ガイア』の頃、女の子が多かったので、それで憶えたんです。なるべく、同じレベルの子をたくさん揃えておくといいというのがあったんです。

物語展開

3~6話までの流れ

ツカイマスターがやってきた……！ アクアリュウケンドーはあけぼの町を守れるか⁉

【3話】「走れ！百獣の王」（脚本・猪爪慎一、監督・川崎郷太）で獣王・ブレイブレオンが初登場。獣王とは、龍の戦士と共に戦う地球の精霊。リュウケンドーのサポートアニマルとして召喚される獣王は都合四体登場することになるが、ブレイブレオンはその最初の一体。ライオンの獣王で、勇気の力を持つ。ビークルモードのレオントライクに変形。走行速度はビークルモード時で一五〇〇km／h。

ブレイブレオンはプライドが高く、いきなり命令口調の剣二に初めは従わなかったが、次第に息の合った活躍をしはじめる。

緒戦で対するのは、ジャマンガの幹部であるDr．ウォームが直接乗り、指揮を取る巨大な装甲車。あけぼの町に進撃して町民を無差別に捕えはじめる。

婦警の市子・律子は交通課であるにも関わらず、この非常時に拳銃を持って撃ちまくる。以降婦警コンビはショットガン、バズーカと、シリーズ通して戦闘的な役割に拍車がかかっていく。また剣二は先輩の不動のことを「おっさん」と呼び、不動も初めは抵抗を見せるが、こちらもやがてあけぼの町中に知られる呼び名となるのだった。

【4話】「氷結武装！　アクアリュウケンドー！」（脚本・武上純希、監督・川崎郷太）には普段、兵隊扱いの遣い魔の中でも「上級遣い魔」であるツカイマスターが登場。ファイヤーリュウケンドーに敗れるが、Dr．ウォームはこれに対抗し、ファイヤーツカイマスターを送りだす。この対決で火花があけぼの町に降り注いで被害を及ぼし、肉屋の「いのまた」も全焼。だがおかみさんは家から韓流スターのポスターを持ち出すことに成功した。肉屋夫婦はしばらくテント生活となる。

もともと魔物達は、最初にこの町に現れた時には人々を驚かせる程度だった。それがだんだんエスカレートしたのは、SHOT側の武装強化と比例しているのだろうか？

ファイヤーリュウケンドーに続く新モード・アクアリュウケンドーが登場。前回ジャマンガの装甲車を倒して得たアクアキーにより氷結武装した姿だ。

【5話】「あいつがライバルだ」（脚本川崎ヒロユキ、監督辻野正人）では、ファイヤーモード、アクアモード、さらには獣王をも手に入れた剣二が慢心しているところにジャマンガの幹部・ジャークムーンが出現、騎士道精神を持ち、剣のライバルを探すジャークムーンはSHOTの情報を探っては、水晶玉の中に人々を閉じ込める。

剣二だけに見える謎の白いドレスの美女・小町さんの制止を振り切り、単身で闘いに臨む剣二。だがリュウケンドーからフォームチェンジするためマダンキーをセットしようとしているところを攻撃され、戦い敗れピンチに陥る。そこを小町さんに救われ、リュウケンドー・撃龍剣・ブレイブレオンの「三位一体・魔弾斬り」でかろうじて一矢報いたものの、痛み分けに終わる。「ヤツはまだまだ強くなる」とジャークムーンはリュウケンドーをライバルと認識するのだった。

命令違反の罰で書類整理をしていた剣二は、小町さんが明治時代にあけぼの署に勤務していた女性初の捜査官であり、若くして殉職、彼に見えている姿は幽霊だということに気付く。

【6話】「一撃必勝ドラゴンキャノン」（脚本・川崎ヒロユキ、監督・辻野正人）では、かつて4話で倒したツカイマスターから入手したマダンキーを解析した結果、リュウガンオーの新たな必殺技・ドラゴンキャノンを発動させるキーである事が判明。ドラゴンキャノンは一回で百発分の銃弾を発射する事が可能。今までのスペックを超えるその威力に耐えるため不動は、一か月かかる過酷な訓練を、ボロボロになりながら半日で成し遂げる。

そんな時、あけぼの町の上空にジャマンガの魔獣バルンガンマが現れた。人々はビームを浴び、風船人間にされ空を漂う。剣二も変身する間もなく風船にされてしまう。そこへ訓練を終えた不動が駆けつけた！

作品解説

「召喚！ゴリラ獣王」　7話

▼二〇〇六年二月一九日放映

脚本：大西信介　**撮影**：富田伸二

ゲスト：うえだ峻（鹿山八五郎）、出口哲也（鹿山為吉）、加藤将太（子供時代の為吉）

▼戻ってきた日常

神社の社。賽銭を入れる音がし、鐘が鳴らされ、剣二と肉屋「いのまた」主人の熊蔵が並んで手を叩く。参拝を終え、石段を降りる二人。鳥のさえずりがのどかだ。「本当に御利益があるのここ？」「あたりめえだ。由緒あるんだよ」というやり取り。

諏訪神社で撮影されているこの参拝風景は脚本にはない。脚本では、あけぼの署への道すがら神社を通りかかった剣二が「また遅刻だよ」と一人でボヤき、たまたま熊蔵と出くわすという展開になっていた。原田監督はその「出くわす」部分をカットし、剣二がもうすっかり町の人々の日常に溶け込んでいる様を示す。

場面が変わると、鉢巻きを着けた男が刷毛で漆喰を塗っている。「あれ、八ッつあんじゃねえかよ」「なんだ、熊さんじゃねえか」と言葉を交わす熊蔵と、「八ッつあん」と呼ばれた八五郎（シナリオでは五〇歳）。演じるのはうえだ峻。特撮ファンには『人造人間キカイダー』（七二～七三年）のハンペンこと服部半平役で知られている息の長い俳優である。原田監督の師匠・和泉聖治監督の作品にもよく出演している。

原田　うえださんはやっぱり頑固系の雰囲気でキャスティングしてもらったんです。８話の「水にひそむ魔」と二話持ちで撮ってたから、ちょっとドラマが多いやつをやろうということもあったので。うえださんもこの時一回こっきりって話だったんだけど、やってみたらいいから、また呼びたいって話にはなってたんです。でもスケジュールがなかった。事前にそういう話をしてなかったから。本当はセミレギュラーぐらいにしても良かったんです。

八五郎が台の上で仕事の手を止めないまま四方山話になる。八五郎からは、熊蔵と剣二は父子に見える。そんな話題から自分の息子の話になる八五郎。

「相変わらず、ヘビマタか？」「ヘビメタよ」

左官職人である八五郎の息子・為吉は二五歳になるが、仕事もしないでヘビメタのバンドにうつつを抜かしているらしい。ここで原田監督は、異形な姿で舞うヘビメタ姿の息子のイメージショットを挿入している。

場面変わり、あけぼの署のサロンに集う街の人々の姿が描かれる。この場所が登場するのは原田監督の１、２話以来である。魔物の紙芝居を子ども達に見せている老人もいる。ガジローと将棋を指している剣二。奥では鈴が応対しながら、遅刻はするわ油は売るわの剣二に呆れている。

そこへ雪村社長以下の幹部達が入ってくる。表敬訪問のように子どもの頭を撫でる雪村。「朝からご勢が出ますな」と剣二の後頭部をポカリとやりながらも、平和を喜び、お付きの花田・雪村と笑い合う。だが「平和を守っているのはＳＨＯＴじゃねえのか」とガジローに突っ込まれたりもするのだった。

そこへ市子と律子がコマ落としのようなスピードで駆け付け、急ブレーキの擬音と共に止まると、住宅街で大規模な交通妨害が起きていると報告。ここぞとばかりに「我々の活躍をご覧になっては」と街の人々を誘う署長であった。

だが画面が回転ワイプになるや、驚愕の表情の署長が「ウソ〜」と呟くと、その目線の先には、いくつもの巨大なボルト（脚本には「巨大なボルトやスパナなど鉄の部品のように見える『重し』」と書いてある）が落下し、家や車がつぶされ、道路のコンクリートには亀裂が走っている。

呆然とする雪村、月岡、花田の身体からマイナスエネルギーが立ち上っていくのを見つめる剣二。丘の上には不動がいて、剣二への合図の頷き。不動は１、２話以来のサングラス姿である。ポーカーフェイスのまま携帯を取り出し、瀬戸山に連絡する不動。

シナリオの第４稿までは『ＳＨＯＴ』基地での天地司令のリアクションも描かれていたが、天地は今回放映作品には登場しておらず、５稿以降登場シーンが削られている。

いくつものマイナスエネルギーが大魔王の卵に向かって立ち上り、蠢く卵。その下にいる大神殿のＤｒ．ウォームとジャークムーン。ウォームは魔法陣からメガノーマを誕生させた。

「重たき魔力に長けたる魔獣よ……」

▼あけぼの町は変わらない

場面は再び落ちた巨大なボルトの前に佇む雪村、月岡、花田の姿に戻る。演出メモでは彼らの事をもろに「スリーアミーゴス」と呼んでいる。

小声で「撤退」と言う雪村だが、後方の人だかりを意識すれば、退くに退けない。背後の群衆の中には剣二もいて、そんな三人に呆れ顔だ。

すると、人気のないアスファルトに蜃気楼のような影が見える。背中から棘の生えた異形の姿が一歩一歩近づいて来る。身体の棘や鋲の付いた靴の局部のアップ緒が演出メモで指定されている。

「バ、バケモノ」と、へっぴり腰になりながらも立ち向かおうとするアミーゴスに「ただの人間だって」と指摘したのは剣二であった。そこへ人込みを割って駆け出したのは、八ッつぁん。

「為吉ーッ！」と恐怖のあまり昏倒する雪村をよそに、影の主に近寄った八ッつぁんは「バカヤロウ」とその頭をはたく。

「なにすんだよ、親父」と答えたのは、白塗りのヘビメタ顔でギターを背負った彼の息子であった。

場面変わって、署内——。廊下で、剣二が署長への無礼を月岡、花田から叱られているのを覗く市子と律子。

「言ってわからなきゃ、一発ガツンと」と言う月岡に、「魚だってコマセを撒かなきゃ集まらない」と、異を唱える花田。叱られている自分の前でも意見がまとまらない二人に呆れる剣二。

署長はフロアのソファの上で一人心地良くまどろみ、胸に釣竿を抱きしめている。

——警察の署長や幹部の事なかれ主義は終始一貫してましたね。

原田　『踊る！大捜査線』をパクったわけじゃないんだけどね。

——スリーアミーゴスみたいな。

原田　当時の流行でした。『釣りバカ日誌』でもあるんです（笑）。

——だから釣竿を持っているんですね、署長が。

原田　そうそう（笑）。

剣二を叱るためなのか、いつも人が集まるサロンが、立ち入り禁止の黄色い表示に遮られている。これは演出メモから指定されている。受付では鈴がつまらなそうに頬杖をつき、傍らのマモスケマスコットを叩くともなく叩く。反応して音を出すマモスケ。受付のテーブルの上には「魔物災害基金」のプレートがある。署長はフロアのソファの上でまどろみ、胸に釣竿を抱きしめている。

以上の署内場面、脚本ではスリーアミーゴスと剣二のやり取りしか書かれておらず、市子律子や鈴のリアクションはすべて監督が付加したものである。

原田監督が離れている間、あけぼの町ではＳＨＯＴとジャマンガの戦闘の煽りで大火災が起き、「いのまた」夫婦をはじめ被災した人々はテント生活を余儀なくされていた。

だが原田監督はそこには一切触れず、今回、あけぼの町における「普段の日常」が当り前のように復元されている。メイン監督として堂々と「下町人情アクション」に舵を戻している。

▼人も獣王も反抗期!?

警察署の外では、為吉の身元を引き受けた八ッつぁんが歩きながら説教している。

「お前の生き方ハンチクなんだよ、為よ」と言う父に、為吉は「タミィって呼んでくんな」と長身で見下ろす。

そこへ原田監督は、「タミィ！」という女子の声援を浴びてギターを奏で、舌を出して叫ぶ為吉の映像を挿入してみせる。背景は赤い照明だけで、観客の姿も写さず簡易的なイメージ撮影だが、そうであってもビジュアルとして挿入する方を選ぶのが「わかりやすさ」を重視する原田監督の姿勢だ。

「流行んねぇんだよ、俺の名前も、あんたの仕事も」と言い捨て去っていく息子の背中に、かつての面影を蘇らせる八ッつあん。

「見ててくれたじゃねえか、俺の仕事。嬉しそうによぉ」

回想のモノクロ画面で、仲良く並んで漆塗りをする少年時代の為吉と八ッつあん。嬉しそうな息子を横目で見る父。

その光景が、一人佇む八ッつぁんの姿にオーバーラップする。

丘の上(いつもロケしている多摩センターの「ゼアスの丘」)に立つ魔獣メガノーマのロングショット。背後から遣い魔達がやってきてポーズを決める。「メガノーマと10人の遣い魔」と演出メモにある。丸い丘の上に彼らが揃う構図はコンテにもある。

アップになったメガノーマが「メガメガメガノーマ!」と叫び身体を伸ばすと、宙空の一点が光り、そこから無数のボルトが落下。団地の建物を壊し、ワゴン車を潰す。メガノーマは空気中の元素から重さ数百トンの重しを作ることが出来ると公式設定にある。

——巨大なボルトの「空襲」は破壊的で面白かったです。

原田　でもあれはCG自体は簡単なんです。要するにボルトは固いもので変形しないでしょ。それがどんどん落ちてくるというのは、倒れたものだけ表現すりゃいいから楽なんです。楽と言っちゃいけないんだけど、比較的難しくない。結局CGは動くものが多ければ多いほど大変。だから1話のああいう動く怪獣は大変なんです。2話の木も意外と大変なんです。色んなものが動くから。

——技術的には大変じゃないかもしれないですけど、見てる分にはダイナミックですよね。

原田　子ども番組はああいうのを使った方がいいんです。派手に見えるけど、そんなに難しくないという。表現も楽じゃないですか。あのボルトは一分の一のデカいのを作ってますけどね。

無差別に降り注ぐボルト攻撃に、路上でバナナの叩き売りをしていた、寅さんソックリのテキ屋のおじさんも、四角い鞄を手に慌てて逃げ出す。その顔はハッキリとは写らない。

——寅さんが出てきたのには放映当時ビックリしました。

原田　三羽ガラスで『釣りバカ』をやったから、寅さんもやりたかったけど、すごい反対をくらったんです。「寅さんの話ちょっとやりたいです」と言ったら「いや、それはダメです」と。

——だからチラッと出てくる感じにしたんですね。

原田　松竹のプロデューサーがわざわざ山田洋次先生に断りを入れに行ったらしい(註)。そっくりな人が出てくるんですけど、そういうことをやっていいですかと。そんなことまでするんならやらないのにと思ったんだけど。

——剣二は寅さんからバナナを借りることになりますが……。あれはシナリオにはなかったですね。

原田　そうです。あれは僕がやりたくて(笑)。バナナの叩き売りなら寅さんだろうと。松竹の近くにある、築地の波除《なみよけ》稲荷神社で撮ったり。

——あけぼの町のレギュラーである寺男のガジローも『男はつらいよ』のパロディっぽいですよね。演出の遊びかと思いきやシナリオから設定されているので驚きました。

原田　あれもまんまです。寺だったらということで。1話からガジローは出てるし、寅さんも一応映ってる。警察の表を歩いてる。

——番組の企画段階で最初に用意されたプロットには寅さんっぽい放浪者の話もありました。

原田　やっぱり寅さん話は出来なかったですね。ほとぼりが収まった最終話近くのクリスマス話にもう一回出てくるんです。でもあまりそこは前面に出さないで、そっと隠し玉のように出してた。

丘の上で高笑いするメガノーマ達。『リュウケンドー』初、着ぐるみの「怪人」型の魔物だ。身長二・一五メートル、体重五五トン、そのパワーはアフリカ象六六四に相当、と公式設定にある。

そこへやってきた剣二と不動がそれぞれ撃龍剣と剛龍銃、マダンキーを手に取ると並んで変身、二頭の龍が天空で混じり合い、リュウケンドーとリュウガンオーが悪の前に降り立った。落ちかかる太陽を背にヒーローの戦いが眩しい。

二人並んでの同時変身は初お目見えである。

そこへ突っ込んでくるメガノーマ。丘の上で追いかけっこをするヒーローと悪者達がロングで捉えられ、まるでごっこ遊びをしているかのようだ。これは、「怪人型」魔物を導入した等身大アクションへの「照れ」なのだろうか?

メガノーマの頑丈な装甲(「ダイヤモンドの約二百倍の固さ」と公式設定)はリュウガンオーの銃もリュウケンドーの剣も受け付けない。

「だったら熱で溶かしてやるぜ」とファイヤーキーを発動、炎に包まれた龍を身体に同化させるや、ちょうど魔法陣のようにも見える公園の真ん中でファイヤーリュウケンドーに変化した。だがかつてギガフラワーを滅ぼした、炎の矢を飛ばす火炎斬りもメガノーマには効き目がなかった。「炎が吹き飛び、メガノーマの装甲には焦げた跡一つ無い」とト書きにある。再び始まった頭上からのボルト攻撃に翻弄されるしかない二人の魔弾戦士。

「新しいキーを使え」とゲキリュウケンに指示され、コングキーを取り出し、ゲキリュウケンに装着すると、空から降りてきたのは、巨大なゴリラのような姿のファイヤーコング。着地のショックで地面が揺れ、近くの自転車が衝撃で倒れた。原田組お得意のこの描写はもちろんコンテから描かれている。

「なんだ、ゴリラかよ」とうそぶくファイヤーリュウケンドーに「バカ、ただのゴリラではない。ゴリラ獣王だ」とゲキリュウケンは注意する。

ファイヤーリュウケンドーの命令にも、動かずプイと向こうを向いてしまうゴリラ獣王。

「お前の言葉に傷ついたんだ。ファイヤーコングはプライドが高い」

ファイヤーリュウケンドーは「そんなんばっかかよ」と途方に暮れる。ここでAパートが終了。

今回は二体目の「獣王」としてファイヤーコングが初登場。獣王はメカサポートアニマルであり、光のカノンの書には「自然界を司る地球の自然の守護者(ガーディアン)のような存在」と記されている設定。ファイヤーコングは「炎獣王」と異名を取る。

一体目の獣王は、既に3話から登場しているブレイブレオン(別名獅子獣王)だが、初登場時は気難し屋の面も見せ、剣二のいきなりの命令口調にはそっぽを向いた。今回の剣二がコングに「そんなんばっかかよ」と呆れるのはそのことがあったからだ。

▼サポートメカに留まらないキャラクター性

Bパートが明けると、冒頭の神社が再び映る。すぐ後ろでリュウガンオーとメガノーマ、遣い魔達が追っかけっこをしているにも関らず、漆喰塗りを続けている八ッつぁん。シナリオではサイレンや物を破壊する音が遠からず聴こえているというSE処理だったのだが、原田監督は同一画面に戦いを収めている。

慌てて避難を忠告する駒走巡査の言うことも聞かない八ッつぁん。「半チクな仕事させんじゃねぇよ！」

そうこうしている間も戦いは続いているが、ゴリラ獣王は相変わらずファイヤーリュウケンドー（以下Fケンドー）の命令に背を向けうなだれる仕草。剣二は、先ほど署で月岡に言われた「言ってわからなきゃ、一発ガツンと」という言葉を思い出し、「ようし」と一発殴って見せるが、怒ったコングはドラミングするとFケンドーに体当たり。倒れたFケンドーをまたいで駆け去る。

スーツのFケンドーとCGのコングとの絡みが効果的に見えるよう、演出されている。

後を追いかけ、橋のたもとでいじけているコングを見つけるFケンドー。コングの目線の先に、テキ屋が置いていった叩き売り用のバナナが置いてあるのに気付く。

剣二は次に「魚だってコマセを撒かなきゃ集まらない」と花田に言われたのを思い出す。脚本ではこの回想明けに初めてバナナに注目する展開だったが、原田監督は順序を逆にしている。ちょっとしたところでも「わかりやすさ」を求めているのだ。

「これでも食って機嫌直せ」と放り投げたバナナの束だが四散してしまい、その大きな手では拾うことが出来ないゴリラ獣王。思わず吹き出す剣二に傷つき地団太を踏んで駆け出していく。後を追うFケンドー。そんなFケンドーが、バナナの皮に足を取られ、ひっくり返るという描写が初期稿（三稿まで）にはあった。

この一連の動きは、テレビの連続ものでもCGキャラに、メカ的な動きだけでなく、細かい演技をさせることが出来るようになったという時代の記録でもある。

傷つきやすくユーモラスなファイヤーコングは、単なる動物型メカに留まらないキャラクター性を帯びている。

——ゴリラ獣王は細かい演技にCGの進歩を感じました。

原田　ゴリラ獣王に関しては、動きを全部助監督がやって撮ったんです。それを本当に忠実にそのままCGにした。人間で全部お芝居をやっているんです。「こういう芝居をやって」と。

——バナナが持てないとか、そういうのも……。

原田　全部そういうのをやらせて、全部CGに置き換えてくれというやり方にしたんです。そうしないとあれだけの表情が出ないんです。あれは助監督の岡（秀樹）が演ったんだけど、本当に笑っちゃうぐらい同じでした（笑）。CGと。

——楽しかったですけど、ああいうテイストは、その後の回ではあんまりないですね。

原田　ああいうのがもうちょい伸びていけば良かったんです。その点がオンエアしてない作品の弱点だったかもしれないですね。オンエアしていれば、子ども達の反応があって評判が良ければ、またその話をやれますよね。結局オンエア前に全部撮り終えているから、そういうことが出来ない。そうするとタカラの人の意見ばっかりになっちゃう。「このオモチャあんまり売れないから次のオモチャ」と。あれだけいいキャラクターなんだからもうちょっとちゃんとしてやればと思いますもん。

——もったいなかったですね。獣王のキャラクター性が描かれているのは登場編ぐらいでしたね。

原田　後は全然出てこないでしょ？　もっともっと出さないと本当もったいないですよ。CG班だってもったいないって言ってました。あれ全部作ってあるから、すぐに出せるのに。

——パワー・アップしちゃうと姿形も変わってしまって。

原田　そこら辺は、次のシリーズでは考えて欲しいところでした。

▼俺は無茶してナンボだぜ！

リュウガンオーは広場でメガノーマ達と戦っている。バック転を含めた生身のアクションが、背後で見つめる市子律子らギャラリーの人々とワンカットに収められる。市子律子も襲い来る遣い魔を警棒や格闘技で倒すが、シナリオでは人々を制しているだけだった。ガッツポーズを決める律子と見合う市子に、ギャラリーから思わず拍手が起こる。3話以降、戦闘モードに入った婦警コンビだが、今回は生身の格闘で遣い魔を倒すまでに成長している。

そこへ歩き来る、ヘビメタの格好をした為吉。警戒する人々に「人間です」と断りを入れる市子と律子。

避難状況を伝える駒走から、神社で八五郎が動かないと耳にした為吉は現地に向かって走り出す。焦って後を追おうとする駒走の頭上高くから、例のボルトが落下してきた。

「危ない！」と駒走を突き飛ばし、自分がボルトの落下を受けてしまうリュウガンオー。ぶつかる瞬間のボルトはCGだが、カットを割って衝撃に耐えるガンオーの上にあるボルトは原寸大だ。生身の苦痛が画面から伝わり、悲壮なBGMが流れる。

神社では、駆け付けた自分の息子にすら「半チクな仕事はしねえって言ってるだろ」と取り合わない八五郎。

ゴリラ獣王を追いかけてきたFケンドーこと剣二は、父子のやり取りに目を留める。「どうしても逃げねえつもりかよ」と父に問いかける為吉を遠くから見て「ガンコだなあ」と剣二が呟くセリフは原田監督が挿入したもの。

為吉は決心し、ギターと、肩に巻いていたモヤモヤの装飾を置くと、コテを手にして「早く終わらせようぜ」と漆喰塗りの父に並ぶ。ここで感動的な音楽がかかる。

父の姿を見て育った息子は漆喰塗りも意外に様になっている。「親父のその姿、結構嫌いじゃないしな」という息子のセリフと共に二人並ぶカットは後ろから引いて撮っており、かえって情緒を醸し出す。見ていたFケンドーも「泣かせるじゃねえか」と涙をぬぐう仕草。そこにゲキリュウケンが「自分が懸命にやっていれば、黙ってでも信頼されるということだ」と間の手を入れる。

すると、感動的な音楽が消え、女性の悲鳴が聞こえる。

「いけねえ、ゴリラだ」石段を上がってくるFケンドー。前方の段に駆け昇っていくのはゴリラ獣王ではなくメガノーマだった。振り返ったメガノーマはボルトを降らせてFケンドーを攻撃する。落下して来る途中で狙いを定めるように浮遊し、その際にボルトの重量感が表現されるCG演出は細かい。身をかわすFケンドー。一部操演カットも挿入されている。

「俺は無茶してナンボだぜ！」といくつものボルトの間を突っ込んでいくが、その一つにぶつかって石段を転げ落ちる。湯島聖堂でロケされているが、神社の石段という現実的な空間でCGとボディアクションの融合が図られ見応えがある。シナリオには石段を含め場所の設定はなく、アクション監督である大道寺氏との綿密な打ち合わせが伺える。めげずに立ちあがり、聖堂に入っていくメガノーマを、自らに気合を入れるかの如く「しょいしょいしょいしょい」と言いながら駆け昇るFケンドー。

すると、門の隅から顔を覗かせるのはゴリラ獣王ではないか。

▼かっぱ父子のラスト

門の中に走り込んだ途端、落下するボルトが背中に直撃して倒れるFケンドーを見下ろし、高笑いするメガノーマ。それを門の横から見つめるゴリラ獣王。メカニックなのに息をついているかのように微妙に身体が動いているところにもキャラクター性が付与されている。大きく首を傾げ、剣二の様子が気になるようだ。

遣い魔達と戦いながらリュウガンオーもやってくる。

「せからしか！」。悲壮感溢れる音楽と共にボルトの下から立ち上がり、フラフラになっても歩を進めるFケンドー。

それを見ていたゴリラ獣王は大きく頷き、門の中に入ってくる。

「メガ、メガ、メガ、ノーマー！」

その声に応えて落下するボルト。Fケンドーが振り向いた瞬間、跳躍したゴリラ獣王がパンチ一発でボルトを破砕した。着地する獣王の背中。振り向くと息をつきながら頷いてみせる。

主題歌BGMが流れ、次々と繰り出されるボルトをパンチですべて跳ね返していく獣王に感嘆する剣二。

「リュウケンドー、ファイヤーコングと合体しろ」

ここぞとばかり指令するゲキリュウケン。「行くぜ」という声に宙へ舞い上がり、キャノン砲の姿に変形すると、降りてきてFケンドーと合体した。コンテに「アオリ目がカッコ良い」と原田監督が鉛筆で記している。戦士、魔弾龍、獣王による三位一体キャノン砲である。

必殺技ファイヤーカノンに「メガーッ」と叫びながら爆発四散するメガノーマ。降りてきたキーを掴み取るFケンドー。

「おい鈴、戦利品だよ」と青い部屋の入り口に続く階段を降りながらバナナを放り投げる剣二。

「ああ、きつかー」とバナナの皮を剥くと椅子に座る。

呆れながらも、鈴と不動は剣二の活躍を認めている。図らずも自らが懸命になっている姿を見せたことでゴリラ獣王の心を動かした剣二を「手なづけたんじゃない、信頼させたんだ」と評価する不動。無心にバナナを食べる剣二の背中。

その姿が前方からのアップになると、フレームが小さくなりエンディングロールが流れはじめる。

あの寅さんそっくりの格好をしたテキ屋が啖呵売の場所に戻ってくると、そこには「バナナ代です」と剣二のメッセージと共に小銭が置いてあった。これは原田監督が丸ごと付け加えたもので、演出メモには「車さん」と書いてあった。寅さんの名前「車寅次郎」のことだろう。

神社では、漆喰塗りをする息子を見つめている八五郎に、やってきた熊蔵が話しかけている。「為吉は派手な恰好のままだが、眼差しは真剣である」とシナリオから書いてある。

「別に継ぐとは言ってねえぜ」「なんだ、その言い草」と言い合う父子を、そこへやってきた剣二が熊蔵と共に微笑ましく見つめる……というのがシナリオのラストだったが、原田監督は次のように変更している。

為吉が塗り終わった土塀がロングになると、それはカッパの親子の絵。「ありがたやありがたや。ベレケベレケ」と八五郎父子と剣二、熊蔵は並んで手を合わせる。そして、花を添えられた傍らのカッパ地蔵(祠付き)がアップになると、土塀の絵が大写しになり、これがラストカットになったところでエンディング主題歌が終わるのであった。この絵はコンテとしても起こされていた。

イメージボードより（奥山潔）。八五郎父子が描いたかっぱ親子のコテ絵。あけぼの町神社・境内の一角

頑固な父が土塀に描いていたのは、あけぼの町の守り神でもあるカッパの親子が仲良く暮らす、自分達の明日をも期待させる姿だったことが、ここで初めてわかる。

もともとカッパ地蔵は原田監督がロケ現場から発想したものだが、ドラマ自体が市井の人々の佇まいに焦点を当てている今回、現場から立ちあがってくるものを結晶化させたようなラストのビジュアルに、監督らしい小粋さが感じられる。

——7話は話としては父子の和解ですね。

原田　7話、8話は簡単にしたんです。CGもわりと楽な方にした。1、2話が大変だったのはわかってるので、だから7、8話が『リュウケンドー』の所謂スタンダードですよと。要するに1、2話みたいなCGをしょっちゅうやられたら困ると当然言われていたんです。そりゃ最初に1、2話を派手にやってくれと言ったからやっただけの話で、7、8話がスタンダードですよと。このぐらいの撮影のペースで撮って、これぐらいのCGの分量でやりましょうというサンプルですよという提示ですね。

——最後、漆喰を父子で塗っていると、絵自体が……。

原田　あの絵自体、CGで描いてもらいました。わかりやすい話で良かったんじゃないかな。

——あの父子の掛け合いもいいですね。

原田　あの父子もっと出したかったんですけどね。そこら辺がやっぱり制作中にオンエアしてない作品の弱さです。いいキャラを出してあるんだけどね。

——7話はそういう意味で一番松竹テイストを意識しているというか。寅さんは出てくるし……。

原田　と思いましたけどね。ああいうのが『リュウケンドー』っぽいなあと思ってやったんです。

（註）実際には山田監督に挨拶するまでには至らなかった。

●リュウケンドー撮影&美術

鍋島淳裕(撮影)・**寺井雄二**(美術)

オブザーバー・**岡秀樹**(監督・助監督)、**塩川純平**(助監督)

座談会

『リュウケンドー』で大切にしていたもの

――『リュウケンドー』に入るきっかけは?

寺井雄二　ドッグシュガーの片嶋(一貴)プロデューサーから、松竹から戦隊ものみたいな仕事が入るので、寺井ちゃん協力してくれないかなと話があったんです。その時には、ルパン三世っぽい三枚目が主人公のヒーローものって感じで面白そうだなと思った。それで、ラインプロデューサーの江良(圭)くんと会って話したんです。

『鉄甲機ミカヅキ』(〇〇~〇一年)の頃から片嶋さんと一緒にやっていたんだけど、片嶋さんは特撮ものは詳しくなかったから、僕が知っていることは色々教えてた。『ミカヅキ』の時も照明などのスタッフを僕が紹介したんですが、「監督も紹介してくれ」という話になって、ウルトラでやっていた川崎郷太くんの名前をまず挙げたんです。久しぶりに彼とやってみたいなと思ったんで。あとはコダイの高橋巌監督とか、その辺の名前を出しました。

原田さんのことも念頭にあったんですが、その頃は円谷プロの監督だと思っていたので、原田さんは外してたんです。だけど、しばらく円谷プロではやらないような話がだんだん聞こえてきた。「原田さんなら安心できると思います」と言ったら、片嶋さんからも「実はMBSの丸谷(嘉彦)プロデューサーも原田さんは良い監督だと言っている」と話がありました。

岡秀樹　撮影部はどういう流れであの個性派メンバーになったんですか?

寺井　『ミカヅキ』と同じキャメラマンさんだった。

鍋島淳裕　富田伸二さんというキャメラマンが僕の先輩で、手伝ってくれと言われたんです。でも、僕はヒーローものをまったくやったことがなかったので「出来ないと思いますよ」と言ったんですが、「なんとかなるよ」と軽いノリで。冨田さんはそういう人なんです(笑)。最初は本当に右も左もわからず、スタッフも初めて組む人達ばかりですし……。

岡　『リュウケンドー』のスタッフは、最初は寄り合い所帯って感じでしたね。

鍋島　僕は3話から。いきなり川崎郷太さんの組で、どういうドラマ作りなのかも全然わからずに始まった。だから、だんだん面白くなってきたのは、しばらくしてからですね。最初は大変でした。まず一年間のスパンでやるということ自体も初めてでしたし。

岡　〈その場ジャンプ〉ってありますよね。その場でジャンプして、キャメラの方を勢いよく振り降ろしたり、着地の瞬間ものすごいズームをかけたり……所謂ヒーローものの定石の撮影の仕方を、当時、鍋島さんは御存知なかった。それを、殺陣師の大道寺(俊典)さんが一つひとつ全部レクチャーしてました。でも和気あいあいとやれたのは、鍋島さんの人柄があったからだと思うんです。

鍋島　最初の原田組は17~19話(「悪夢はいかが?」「封印されし翼!サンダーイーグル!」「復活の魔」)でした。

――原田さんは、自分の『リュウケンドー』で、19話がベストだと言ってたんです。

鍋島　19話、いいですね。この時も、スタッフでは、VEの平金(聡一郎)しか知っている人間がいなかったんです。キャストでは、井村(空美)さんは一回、彼女が高校生の頃、主役で撮ったことがあった。だから二人しか知らなかった。演出部も知らないし。

平気な顔して撮っていましたけど、やっぱり原田さんはなんとなくわかるんでしょうね。「困ってる感じだなぁ」「馴染んでないなぁ」と。それで、飲みに連れて行ってくれたんです。

そこで、今回の17話はコミカル、18話はハードな、19話はしっとりと、色分けして撮りたいという話をしてくれながら、なんとなく打ち解けて、すごくやりやすくなりました。

――原田さんが使用した17~19話の台本に、今おっしゃったことが書いてあるんです。「コミカル」「ハード」「しっとり」と。それについて伺ったら「三本持ちだと、わけわからなくなっちゃうから」と。

鍋島　脚本のことも、最後の19話は一番熱く語っていました。死んだ人が生き返ってくる、白波の両親が蘇える話と、幽霊だった小町さんが実体化して、また消えていく、結構深い話ですよね。死者が蘇っても怖い感じじゃなくて、人間の生きている切なさや哀愁がある。大人の話ですよね。

岡　珍しいなと思ったのは、最初に原田さんが鍋島さんと飲みに行った時に、仕事の話をしているということ。原田さんの飲みの中で珍しいケースだと思います。やっぱり目的があったんだと思いますね。

鍋島　とにかく僕が、こういう現場が初めてで、精一杯だったので、仕事しやすいような環境を色々作ってくれて、自由にやらせてもらっていたんでしょう。17〜19話は、重い話もあるし、大変だったんじゃないかと思います。でもなんか生き生きとして撮っていたような気がするんですよ。

岡　2クール目の突入と同時に三本撮りになりましたよね。スタッフみんな大変だったと思うんですけど、監督はすごくやり甲斐があったんじゃないでしょうか。等身大アクションが得意な辻野(正人)監督と二人で、番組の屋台骨をいかに太くするかはっきり意識して撮ったと聞きました。

▽どこに行ったらいいですか?

鍋島　最後にやったクリスマスの回(51話「黒い月夜のクリスマス」)に、クリスマスツリーの下で剣二を待っている鈴ちゃんのラストカットがあったでしょう。あれも、いい表情をベストの状態で撮らせる、撮影前からそういうニュアンスをなんとなく、キャメラマンとか照明技手に色々言っていて、原田監督はそっちに持ってくのが上手だったんです。

指揮者のようでした。具体的にあんまり言わないんですが、たとえば「最後の顔、どこで撮ればいいのかなぁ」とか聞いてくる。「じゃあ、ここで最後にしましょうか」と言ったら、ここを最後にするなら前半はこういう風に全部しましょうという感じで。

台本にはカット割りが書いてないんです。きちんと決まっていなくて、マル印や矢印、図とか、「人がこう動く」とか、そのくらいしか書いてない。

岡　ここは寄り(アップ)で撮るよってところだけ、セリフの上に○がいくつか並んでいたりすることがありました。でもほとんど(台本は)真っ白ですよ。

鍋島　移動撮影(レールを敷き、カメラを持った撮影者ごと移動する)が好きでしたよね。改めて思うと、移動ばっかりしていたような……。

岡　51話で、剣二が怪我した剣道少年を運んだ後の、鈴との会話の長い芝居は、レールですか?

鍋島　レールですね。

——剣二が、かつて怪我して剣道の試合に出られなかったことを鈴に話す場面ですね。原田さんは昔から移動が好きだったと、デビュー作についていた助監督さんも言ってました。

鍋島　本当に移動が好きでしたね。仕事していて、人と付き合うと、何となく同じ匂いのする人ってわかるじゃないですか。「育ちが似てるかな」とか。東北出身だったり九州出身だったりするのと似た感じで、原田さんは近い育ちというか、近い匂いのする人だなって思いました。良い悪いじゃなくて、たとえばアクション監督の大道寺(俊典)さんなんかは、全然違うところで育っていて、それがまた刺激があって面白かったりするんですけど、原田さんの場合は、同じご飯を食べてきたような感じがありました。

考え方の順番とか、何を大事にするとか……そういうところが。『リュウケンドー』の中で、他の監督の作品もありますけれど、原田さんが撮ったのを見ると、「これは自分の画だな」というのが多い。それはお芝居の捉え方なのかもしれないですね。芝居の見方が近いのかもしれない。

——それは、鍋島さんがヒーローものの経験があまりなかったりするところも関係あるのでしょうか。

鍋島　そういうこともあるかもしれない。もちろん、川崎さんにしろ、清水(厚)さんや辻野さんにしろ、みなさん監督はお芝居をちゃんと撮ります。でも原田さんの場合には、お芝居の見方のニュアンスが切なかったり、情感が深かったり。べつに必要のない情感があったりするんですよね。「この話の中には、この情感いらないだろう」というのがある(笑)。

たとえば「復活の魔」の回想で、明治時代に小町さんが恋人から『たけくらべ』の本を渡される時でも、あけぼの草の押し花が入ったその本を、ただ渡せばいいのに、朝顔がいっぱい咲いた柵越しに撮る。

寺井　最初ロケハンに行った時に「どこに撮影に行ったらいいですか」という話になったんです。台本では喫茶店でした。でも、小町さんも恋人も手を繋ぐのに戸惑っている。二人で喫茶店に入ってお茶して話す仲だったら、手を繋げるはず。手を繋げないなら一緒に喫茶店には行かれないだろうということで、ああいう花越しはどうかと。「じゃそういうことにしてみよう」と言って原田さんが決めたんです。

「黒い月夜のクリスマス」
イメージボードより(奥山潔)

鍋島　隔たった男と隔たった女。原田さんは結構「別れ」に敏感ですよね。

こういうヒーローものって、アグレッシブというか、突き進む感じなんですが、原田さんは突き進む話の裏の〈別れ〉にすごく敏感。主人公の成長が一大テーマなんですが、成長させながら、別れのようなものをすごく大事に見つめる。

ラストの回も、あけぼの町どころか、日本も世界も破滅するかもしれないというのがメインのストーリーなのに、最後の戦いに向かう時、剣二はおじいちゃんの魂がこもった刀にゲキリュウケンを見せて、源くんは豚々亭でゴウリュウガンと呑む。そして白波はかおりから花束をもらって、ザンリュウジンと旅の話をするんです。旅の話をしながら、大きな顔の白波の向こうの、丘の上に小さく歩いていくかおりが背景に映っている。背景の空は薄く暮れかかっていて、すごく意味ありげな画なんだなぁと。人生を感じる一枚というか、片や遠くに去って行く……もしかしたら結婚するかもしれない女性がバックにいて、片や男同士が別れていく悲しみがある。そういうのをすごく大事にする監督でした。メインは危機的な状況のハラハラドキドキのサスペンスなのかもしれないんですが、いつの間にかそういう深いことになっていて、すごいなと思ったんです。

――シリーズ後半、原田さんはとにかく女優さんを撮っていたかったって言ってました。

鍋島　それは感じましたね。とにかく綺麗にって(笑)。俺の(所持)台本を見ても、打ち合わせの時に言われたんでしょうね、「きれいに」ばっかり書いてあるんですよね(笑)。

綺麗だけに終わらず、鈴ちゃんが二人の男の間で「どっちにするの？」って訊かれた時の「こっち」って指差す時の顔(35話「狙われたあけぼのステージ」)もそうですし、さっきのクリスマスツリーの下で待つ時の顔もそうですし、「戦う幽霊」(36話)のラストも、小町さんに見守られながら、寝ている剣二を愛しく見つめる鈴ちゃんが、ふと宙を見た時の顔のアップで終わるんですよね。それもすごく意味ありげな深い表情で終わっているんです。結構、鈴ちゃんのアップで終わる作品が多い。

だから話の終結じゃなくて、色んなことを予感させたり、含みを持たせたりする撮り方が好きだったんじゃないかな。

岡　子ども番組とは思えないですよね。

鍋島　大人が見ても面白いです。小道具一つにしろ。コスプレってのもわりと原田さん好きだったりするんですけど、その一方、深くて重い対極のバランスを、作品として撮っていたのかもしれないなと思いました。片や人間ドラマを見つめながら、片やあれだけ派手なコスプレをやっている(笑)。

――17話の「悪夢はいかが？」で、市子と律子がコスプレしてカンフーでポーズを取って、奥に幕が降りていて、そこでも同じ二人が違う衣装で映っているというのは、面白い場面でした。

鍋島　唐突ですよね。あれも話に特に関係がない。

寺井　あれは、僕なんです。僕はクレイジー・キャッツが好きなんですが、クレージーの映画の宴会で飲んでいるシーンで、背後はすごく広いところでみんなで踊っているというのがあって、そういうのをやってみたかったんです。クレイジーのは料亭の宴会場の中で、大きいバックに照明で色んな明かりがグルグル回る中で踊ってるんですが……。

――その背景をスクリーンに置き換えたような。

寺井　そうそう。ウルトラマンで原田さんとやった時に、新宿アルタのような外のモニタに怪獣映画を映写して、その映写している場所のミニチュアを石膏板で作って、モニタの画面に怪獣が映っているその後ろから本物の怪獣がやってきて壊すというのをやれないかなと原田さんに言ったら、「それは無理だよ寺井ちゃん」って言われたことがあった。でも、それがまだずっと俺の中にあって「やってみたい」と思ったの。

鍋島　寺井さん、「こんなのいいんじゃない？」というアイデアを、だいぶ出しているんでしょうね。

寺井　出してますね。たとえば「水にひそむ魔」(8話)に鈴ちゃんの家が出てきましたけど、鈴ちゃんはなんでSHOTに入ったんだろうって思ったんです。公務員で普通に辞令で来たんじゃなくて、何かしらあそこには惹かれて行ったんじゃないかなという気がしてたんです。説明はつかないだろうけど、そういうのを感じさせる部屋がいいなと思いました。

最初、一階に怪しげな魔法の研究所みたいなのがあって、その二階に居候している設定を考えて、それは無理だったんだけど、原田さんが「変な部屋がいいんでしょ？」と言って、翠館という元質屋さんに連れて行かれた。僕はあんまりピンとこなかったんだけど、蔵がある下宿というと、江戸川乱歩が翠館で下宿をやっているイメージが湧いて、乱歩に『押絵と旅する男』という小説があるので、押絵を鈴ちゃんの部屋に飾ってみたんです。それで、その時には考えてなかったんだけど、後に「復活の魔」で、実は鈴ちゃんが下宿しているのは小町さんの実家だったという話になった。

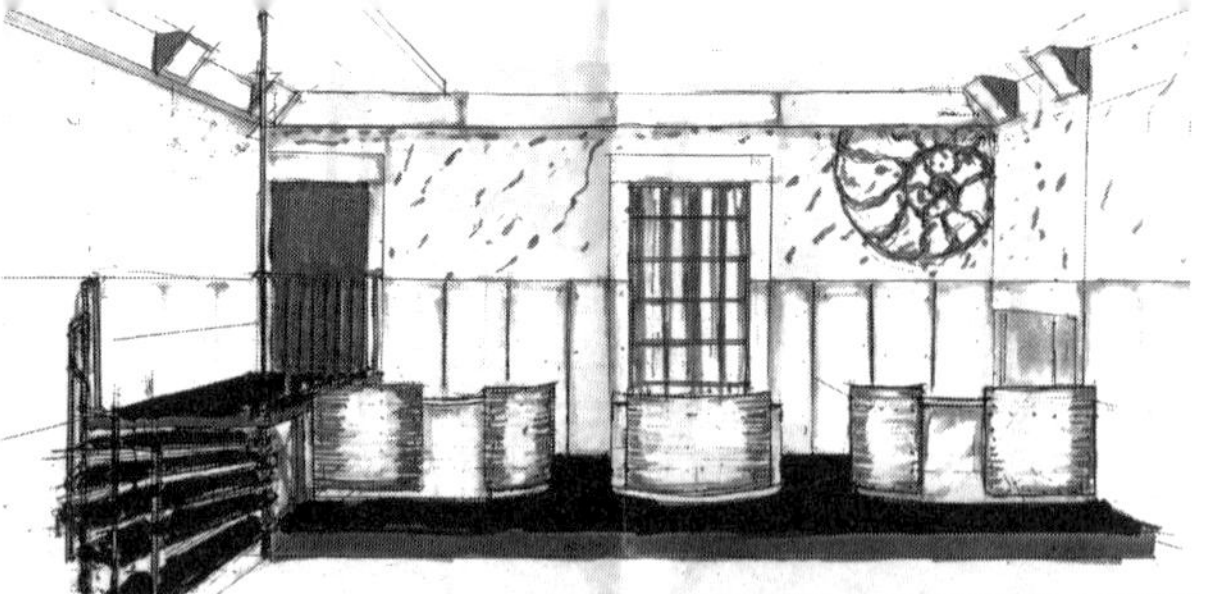

SHOT基地・青い部屋デザイン（寺井雄二）

――そこに押し花の入った『たけくらべ』がしまわれているから、奇しくも押絵つながりになりましたね。『コスモス』で天本英世さんが演じたトマノ老人とも関係があるっておっしゃってましたが？

寺井　鈴ちゃんの住む下宿の一階の研究所の職員というか偉い人が、俺のイメージで天本さんだった。回想で、鈴のお兄ちゃんが署名活動をやってますよね。ホタルを守りましょうって。高校生時代の鈴がそれを見ている時に、天本さんが後ろを通って、その頃から既に鈴ちゃんは、SHOTにどこか心が引っ張られていたという風にならないかなと思っていたんですが、それもなかなか難しい話でした。

▼セットとミニチュアへのこだわり

――『リュウケンドー』のSHOT基地司令室の壁には、アンモナイトの意匠があしらってあります。原田さんから、寺井さんがアンモナイトにこだわりがあるという話を伺いました。

寺井　『コスモス』の時もたしかにそうだったけど（13、14話「時の娘」に登場する宇宙ステーション・ジェルミナⅢ）、『リュウケンドー』のSHOT基地の場合は、パッと見た時に直線しかないので、曲線が欲しかったんです。

　地底という設定なので本当は壁が地面のつもりでしたが、セットを建てたりばらしたりしなきゃいけないから、普通の壁紙じゃないと持たないと言われて、そうしちゃった。だから本当は「化石」という設定なのですがなんとなくのイメージだけです。

――秘密の司令室の上にあけぼの署があって、市民が日常的に出入りするにぎやかな場所でした。

寺井　セットがすごく多いですよね。敵のジャマンガ城もあるので、予算もしんどいし、いくつも作れないから、最初、警察署のセットはやりたくない、これはロケハンにしようと、ラインプロデューサーの江良くんと話をしました。でも原田さんはセットにこだわっていたから、ロケハンで何を見てもむくれてて OKにならない。これでは絶対に埒が明かないから「じゃセットにしましょう」となった。

　原田さんは最初、SHOT基地司令室はほとんどやる気がないという感じで、撮らないつもりだったんです。逆に、あけぼの署の方を物語的にはメインにして、進めていきたかったらしい。

　普通の司令室って、丸い机を真ん中に置いて、周りにみんながいて、とよくありますよね。それで進めようと思っていたんだけど、「ここにはほとんどいない。みんな座らない。机なんかいらない」と言われた。それなら魔法陣からキーを呼び出すのと、外から報告を受ける場所は、同じ部屋には出来ないので分けて、奥に魔法陣がある感じにしたんです。

――シナリオではモニタを見ながら通信のやり取りをする場所は「青い部屋」、魔法陣のある場所は「赤い部屋」とありました。敵のジャマンガ城の方は？

寺井　それは、広井王子さんのレッド・エンタテインメントからイメージ画が来ていて、最初は全部CGでやりますと言ってたんです。

岡　最初のデザイン画では、常に日食の太陽、その下に小悪魔がうようよしていて、鍋が煮えたぎっている、というのが描かれてましたけど、毎回フルCGにしちゃ動くものが多すぎますよね。

寺井　それは無理だなと思ったから、違うものを考えました。セットにモニュメントが建っていて、その背景は黒くしちゃった方が、色々ごまかしもきくんじゃないかと。上の方には合成で大魔王の卵が浮かんでいる……。

　敵側の魔法陣も、最初は、ロケ地どこへ行くにも持って行って、そこから魔獣が出るという話もあったんですが、そんなのやってられないからということで、ジャマンガ城から送り出すことになった。

――ウルトラマンの美術の進め方と違うところは？

寺井　ウルトラでは特撮の担当だったんですが、特撮のことは台本にはそんなに書かれていない。出物しか書いてないので、僕が想像するのと原田さんが想像するのとでやっていく癖がついているんです。『リュウケンドー』は本編もなので、まず台本ありきで膨らませていく感じです。

――中盤では、魔法爆発のシーンでミニチュアが出てきましたね。

岡　あぁ、白波の両親が出てくるエピソード（18話「封印されし翼！サンダーイーグル！」）で。

――『スチームボーイ』に出てくるような、ちょっとレトロっぽい感じ。

寺井　お釜のイメージだよね。魔物のお釜。

そこに向かうフロアはセットで組んでみたんです。壁が煉瓦なのは原田さんのイメージ。俺としては、煉瓦にすると外みたいになって、室内の感じが消えるので嫌だと思ったんだけど、それで行っちゃった。

岡　リュウケンドーは特撮ヒーロー番組だけど、極力ミニチュアは使わない。CG主体で画作りするんだと僕らは聞かされていました。

寺井　でも1話に、魔物が街で暴れまくって、肉屋の親父と奥さんが店の中で怯えていたら、弾き飛ばされた遣い魔が飛んできて窓が割れるシーンがあって、原田さんはそこをミニチュアでやりたいと言ってました。僕はこれならセットでいいと思っていて、みんなもそう言ってたんだけど、原田さんがミニチュアにこだわるのでそうしたんです。原田さんは、たまにミニチュアでやりたいって言ってたんだよね。

岡　原田さんは、「出来上がりにまったくスキがなくて本物にしか見えない」画が欲しいというタイプの監督じゃなかったですよね。

寺井　それに「自分なら特撮が出来る、ミニチュアもやれる」というのがあるから、新しいところで監督をやるにあたって、それを売り込みたいってのがあったんじゃないですかね。17話の「悪夢はいかが?」の時に、切り立った山の上にミニパトがあって、フニャフニャ揺れるのも、「ミニチュアでやって」と。そういうのがたまにあった。

――1話の仏像は?

寺井　フルCGだけど、お寺の図面は欲しいというんで描きました。仏像のデザインもこっちが勝手に。

それは遊びの範疇か?

寺井　僕は、原田さんと仕事したのは、本格的にはウルトラマンからなんですが、『REX　恐竜物語』(九三年)の時も、少しだけ会ってるんです。

――マモスケのキャップやキーホルダーみたいなグッズ展開が劇中でされているのは、『REX』っぽくもありますね。『REX』の映画の中で、REXグッズが流行っているんです。ああいう発想の原点を、原田監督から直接聞いたことはないですが……。

岡　同じようなことを『ダイナ』のラブモス(32話「歌う探査ロボット」)でもやっている。

――ハネジローでもやってますね。

寺井　原田さんはキャラクターを持って作品をやろうとしてます。自分の持ち物的なキャラクターを。

岡　ああいうシチュエーションを与えると、スタッフは頑張って作っちゃう。全部監督の思惑通りです(笑)。毎回みんな楽しんでやってました。

――原田さんが、美術の人達には「なるべく遊びを入れてね」と言っていたと聞きました。

寺井　魔物のマークがあるじゃないですか。目玉をあしらった、ちょっとアメリカンな感じの。あれも監督が「2は?　そろそろ2は?」みたいな。

1話の魔物コロッケの、目玉焼きを乗せて売るアイデアは原田さんです。マモスケの劇中でのキャラクター商品化は、原田さんから「やっていただきたい」と言われていたわけ。実際の劇中商品は、装飾の高橋(俊秋)くんが主にやっていました。

――マモスケという名前はいつぐらいから?

寺井　かなり最初からだと思うけど……。

岡　それ、誰がつけた名前ですか?　台本にないんですよね。原田さんが言い出したのかなあ。

鍋島　あけぼの町のいたるところにあるカッパ地蔵は台本からあったんですか?

寺井　それも憶えてないんだけど、たぶん原田さん。

岡　中嶋(等)プロデューサーから聞いたんですが、あけぼの町にお地蔵さんのようなものがあるといいねって話がまずあって、ロケ場所探しで色々な街を探っている内、埼玉県の領家銀座でやることになった。行ってみたら、そこにカッパのモニュメントがいっぱいあって、すごい符合だねって。だから領家銀座ありきなんですね、カッパ地蔵は。

――ただ、企画書には何かのキャラは作るみたいなことが書いてありましたよね。

鍋島　「復活の魔」の、明治時代の回想で本を渡すところの裏に、違う形のカッパ地蔵があって、驚いた記憶がある。

寺井　あれは原田さんが「クールが変わったから、新しいカッパ地蔵をお願いね」と。「え?」と思って。

岡　(爆笑)。僕らはそういう成り行きを知らないから、現場に行ったら「また新しいカッパいるぞ」って。予算が厳しいと言っているわりに、こういうところにやたらと凝るのはなぜだ、寺井さん!?　と思っていました。でも、それも原田さんでしたか!

寺井　「復活の魔」の時、死者から蘇えった中に忠臣蔵の人達がいるんです。放送前の撮影中は、松竹から、「秘密の作品だから、聞かれたらバイトと言ってくれ」と言われてたんですが、「仮の作品名は『戦隊忠臣蔵』にしてくれ」とも言われてた。だから原田さん、忠臣蔵の人達に「千隊」ってノボリを持たせて(笑)。そんなのわかんないだろうとは思ったんだけど、「絶対それをやりたい」って感じでした。

――『戦隊忠臣蔵』は企画書にも書いてありました

けれど、あれはどこまで本気だったんですか？

寺井　全然本気じゃなかった。松竹なので、始まる時に「和テイストで」というのがあったのかな。企画としては魔法もののヒーローなので、『ハリー・ポッター』だから、どちらかというとイギリスっぽくしなきゃならないんだけど。

あと憶えているのは、原田さんはラーメンへのこだわりがあって、周りが赤くなっているチャーシューじゃないとダメ。それを探すのが装飾部さん大変でした。いまどきないですよね。

▼まず思い浮かんだショット

鍋島　今日、原田さんのことを話してくれと言われて、最初にパッと思い浮かんだのは、さっき言った、最後のクリスマスの鈴ちゃんの顔を撮ったショットと、「どっちにするの？」って指差すシーンです。それから他の色々なことを思い出しました。
――両方とも鈴ちゃんですね。
鍋島　ヒーローの方じゃない(笑)。
――クリスマスツリーの下で鈴ちゃんを撮った写真を、原田さんから見せてもらいました。
鍋島　監督も好きだったんじゃないですかね。
――あの画を撮れたのが良かったとおっしゃってました。
鍋島　すごく嬉しそうにしていた記憶があります。後で思うと、(山口)翔悟くんとか源くんとか、黒田(耕平)くんとかの本当にいい芝居もいっぱい撮れて、「ああ撮った撮った」って思い浮かぶんですけど、最初にぱっと思い浮かんだのは、鈴ちゃんでしたね。
岡　『ウルトラマンガイア』に稲森教授の役で出演された久野真紀子さんにも随分こだわってましたね。

リュウケンドーでは繁少年の母親の役。その役は、2話のイメージボードにはでっぷりしたおばちゃんの絵で描いてあるんです。
台本読んだら、あの内容で久野さんをイメージする人はまずいない。あれを、美人だけど崩れたお母さん像にして、そこに面白さと何か隠微な楽しみを見出す……なんて解釈は誰も思いつかなかった。ヨン様もどきのメロドラマを見てウットリしたいから子どもを外に追い出す。しかも彼女が見ているメロドラマは『君の名は』と『冬のソナタ』を一緒にしたような話で、主演女優も久野真紀子(爆笑)
寺井　あの『冬ソナ』っぽいのも原田さんの案です。
鍋島　すごくいい感じで終わったかと思ったら、突然、繁少年と、久野さんのおっかさんが歩いているシーンになって、繁がお母さんに「あんまりメロドラマにハマッちゃダメだよ」と話しているところへ、源さんがバタッと倒れてくるって回がありましたね(「封印されし翼！サンダーイーグル！」)。
久野さんが源さんに近づいていって、顔を眺めて「ああ……」とウットリ。
直前まで、すごいシビアな感じでパッと終わったと思ったら、エンディングタイトルの辺りに突然出てきましたよね。
――白波が重い過去に向き合って、天地司令との誤解が解けるという話の後に……。
鍋島　それで不動がバタンと倒れたところにカッパ地蔵がある(笑)。
塩川純平　川に流されてきて……。
岡　それがたぶん、『リュウケンドー』で久野さん最後の出番なんですよね。

▼ヒロインへの傾斜

岡　激動の2クール目を乗り越えて番組が安定した3クール目辺りから、鈴ちゃんを描くことにものすごいエネルギーを注ぐようになった印象があります。
――本人がおっしゃってたのは、番組でヒーローの変身後のバージョンアップが繰り返されるのがつらかったので、そっちの話を出来るだけやりたくない。そうすると女優さんに視点を向けるしかなかったと。
塩川　『リュウケンドー』は、ほぼ毎週なにかしらイベントあるんです。鍵であったり、獣王であったり、フォームであったり。毎週、なんでこんなにぁるんだろうというくらい、必殺技を撮っていた。
鍋島　バンクと言いながら……。
塩川　そう言いながらバンクにならないカットを毎回新規に撮っていた。大変ではありましたね。
岡　僕が現場に戻って来たのがちょうどその頃でした。28話29話を撮っていた頃ですね。
寺井　岡くんは一回抜けたんだよね。
岡　チーフ助監督だった野間(詳令)さんが監督になってチーフがいなくなっちゃった。それで「お前がスケジュールを切れ」と言われて戻ってみたら、原田監督、雰囲気が変わってるんです。
久しぶりに会って挨拶したら「本当に思うようにならない」とはっきり言ってました。監督の興味の焦点が、わりとピンポイントな方に向かっているなということを、ひしひしと感じましたね。
――鍋島さんじゃなかったかな。原田さんが言っていたんですけれど、「このメンバー、どこを向いても美女ばかり」って声が聞こえたと(笑)。女性スタッフも可愛い子ばかりと。
鍋島　はい。私です。可愛いかったり、きれいだったり、本当にすごい現場だったような気がする(笑)。

岡　でも番組が始まった頃は、原田さんはそんなこと言ってなかったんです。最初から可愛い子は全員揃っていたわけです。キャストの六大ヒロインも。

――『旅の贈りもの』のプロデューサーの方に伺ったんですが、最初の手術の時、既に、命が危ないという感覚があったらしいんです。そういうところから生還したという意識があったんじゃないかと。その直後、この世の花じゃないですが、女性達がかけがえのない存在に見えたんじゃないでしょうか。

鍋島　35話(「狙われたあけぼのステージ」)の撮影を、地下駐車場でやっている時に、現場を途中で抜けて、手術に行ったじゃないですか。それはなんとなく僕も聞いてたんです。

監督、写真が好きですよね。スタッフの女の子とツーショットを撮るならわかるんですが、俺とツーショットを撮ってくれと言われたんです。普通、キャメラマンとツーショットで監督が記念撮影を撮ってのは、あり得ないですよね？　だから僕その時にちょっと思うことがあって。何かの記念にじゃないけれど。遺書とまでは言わなくてもね……。その時はまだ身体も元気だったし。

岡　28話で久しぶりにスタッフルームに戻ってきたら、ものすごい量の写真が壁に貼られていて面食らったんです。現場は記念写真の嵐でした。その大量の写真を原田監督はご自分のパソコンに入れてニコニコ笑って眺めてる。

だから、僕が戻ってくるまでの四ヶ月で、随分変わっちゃったと思って、ビックリしたんです。それが良いとか悪いとかでなく。それと病気は結びつかなかったし、時期的にももうしばらく後なんです。病気のことがハッキリするのは。

▼最後は手を繋ぐ

鍋島　最終回も、街が破壊されるというメインストーリーじゃなくて、三人の別離と旅立ちが、やたら沁み入るように表現されている。改めて見るとそう感じます。結構、感動して見ましたもんね。

岡　そこに何かを託した思いがあったかもしれない。

鍋島　もしかしたら、深い何かがあって、描いたのかもしれないですね。最後に何かを託すという……。

「復活の魔」も、この間、改めて見た時に、いいシーンがいっぱいあると思ったんです。最後、リュウケンドーが宇宙に行きますよね。そしたらリュウジンオーも来ていて、光の玉を二つ、お父さんとお母さんを見送る。涙が出て来るようなシーンです。

――「復活の魔」に関しては、ご本人は、死の話と要約してました。「死の話が出来たんでよかった」と。

寺井　35話の時に、実を言うとガンだと聞いていたんです。だって撮影中、昼休みになると、ステージの隅で寝込んでいたんです、原田さん。夜も痛くて寝られないという話は聞いていて、誰にも言うなって言われていたんです。

原田さんの友達に医者がいて、症状を一応相談していたみたいなんだけれど、お医者さんはその時ちゃんと診たわけではなくて、問診だけだったので「そんなに心配しなくても大丈夫」という答えだったんだけど、その後にガンだとわかった。

鍋島　僕は今日ここに来るので見返して、思わずメモしたんだけど、最終回でゲキリュウケンが言う、一人前になるってことは「友が安心して旅立てるような大人になるってこと」というのは、すごいセリフだな。今から思うと、遺言のようだなって、びっくりしたんです。改めて聞いて「こんなセリフ言わせてたんだ」と。撮っている時は、さほど思っていなかったけど、我々には原田さんの言葉のように聞こえてくるんです。

僕は亡くなったというのを聞いた時、お通夜もお葬式も行けなかったんです。新潟に行っていて、仕事を抜けられなかった。その時、俺、「原田さんに何を教わっただろうな」って考えたんです。やっぱり、人の生き生きとした、いい表情をどういう風にして撮ったらいいんだろうっていうのを、一番、きっと教わったんだろうなと思ったんです。だからパッと鈴ちゃんのあの顔が浮かんだのかもしれない。

弔電で原田監督にお礼を言うには、何にお礼を言えばいいんだろうって思った時、そのことが一番、教えてもらったことかなぁと思いました。それまでは改まって監督について考えることもなかったんですが、亡くなった時に「そうだったよな」と。

最後、小町さんが幽霊に戻っちゃうシーンの撮影で、コートを渡された剣二役の山口くんが、何も言っていないのに、手をパッと出したんです。「復活の魔」の撮影が終わって呑んだ時、それを原田さん、えんえん言ってました。「あの芝居は良かった。あいつは最初は、そういう風に自分から色んな感情を考えてお芝居をしなかったんだけど、すごく成長して、ああいうお芝居が出来るようになったんだ。本当に良かったな」と、すごく嬉しそうに喋っていたのが記憶に残ってます。なんにも指示していないのに、小町さんが消えちゃうから。最後は手を繋ぐっていうのが一つの象徴でしたもんね。「好きな人と手を繋ぎたい」という。本当に印象に残ってますね。

「水にひそむ魔」8話 ▼二〇〇六年二月二六日放映

脚本：大西信介　**撮影**：富田伸二
ゲスト：猪狩賢二（左京鐘一）、藤本たかひろ（魔獣エドノイドの声）、松浦愛紗（幼年時代の鈴）

原田　僕が1・2話をやって、その後、川崎（郷太）さんが3・4話で、ちょっとコメディタッチの方に走っていったんです。そして5・6話で東映出身の辻野（正人）さんが来て東映タッチになった。

　そこら辺までで、ようやく製作委員会もなんとなく色んなことがわかってきたらしくて。

　僕はこの7・8話で「ドラマ性のあるやつをやりたい」と言ってあったんです。当初の1・2話ではそういうことは全然出来ないので、鈴ちゃんの子どもの頃の話をやったんです。

　僕が言ったのは、こういうシリーズは、ヒーローがカッコイイのはもちろん大前提なんだけど、やっぱり心に残る作品を作らないとダメだからと言って、やらせてもらったんです。なかなかそこらへんも最初の頃は理解してもらえなかった。まあ大西くんを呼んでいたから、「大西、書け」と言って（笑）。


　冒頭のシーンは鈴の少女時代の兄との回想だ。脚本では「田舎の夏の夜」に兄妹が小川で蛍を見つめている……と書かれているが、原田監督はそれを思い切ってファンタジックに演出している。

　ゆらめく水面に写っているのは、少年に手を繋がれた、頭ひとつ背の低い少女。少女はかつての鈴であり、少年はその兄である。キャメラが水影からパンアップすると、二人の周囲には蛍の淡い光が舞っている。さらに視点が上がると、背景に星空が見える。優しいピアノ音楽が流れ、二人の握られた手がアップになる。片方の手に人形を抱きながら、まんじりともしない少女は、やがて少年の方に目を向ける。見返す少年の顔に、蛍の光の照り返しが。

　手を繋いだ二人のアオリになると、満点の星に乱舞する蛍の光が混じり合う壮観な構図となる。星空の上にはミルキーウェイ。

　何重にも合成されたこの「星空が広がる中に立つ二人」（演出メモより）はイメージボードにも起こされている。『リュウケンドー』では通常アクション用打ち合わせで使われるイメージボードだが、原田監督は情景や心情描写にも特撮を用いて表現出来ることを、率先して示したかったのだ。鈴の手に人形が抱えられていることも原田監督が脚本に付加している。


――8話は、冒頭からすごく原田監督っぽいというか……男の子と女の子の繋いだ手でモノローグが入って……。

原田　1・2話をやって「全然自分らしくないな」と思ったから、ここらで情緒のある話をやりたかったんです。

――水面に写る兄妹の描写として、ドラマ部分での合成が出てきましたね。

原田　そうですね。星空とかああいう……全体の合成の量は多くはないんです。それを印象的に。ええ。CGで星を作る方法は色々あるんですが、『ダイナ』の「君を想う力」の時の星空が僕は好きだから、「こういう星を作りたいんだ」と、その画を見せて作ってもらったんです。青くて、星がチカチカしていて、少し雨雲がなびいている。

　どちらかというと星って、結構難しいんです。本当は点滅って、CGの場合「有る無し、有る無し」だから、要素がなくなるんです。それをフワンフワンと浮いた感じにさせたいとか、色々あったんです。口で説明するより見せた方が早い。「こういう星」と。


　蛍が舞う銀河を見上げる二人。

「あの頃、どうしてわからなかったのかな。なにもしなければ、失うだけだってことを」

　現在の鈴の声のモノローグが重なると、キラキラした水面の照り返しが画面いっぱいに広がった画をブリッジにして、断続的な音を発する携帯端末を持って湖畔を行く日中の鈴が映し出される。この端末はSHOTフォンと呼ばれ、隊員専用のマルチ携帯電話。X線センサー、DNA鑑定器、百ヶ国語への自動翻訳機等々、多彩な機能が満載されている。

　それを今は魔的反応検知器として利用している鈴は私服姿である。この場所は「水神の森」。本栖湖の横でロケされている。

▼ヒロインの知られざる顔

　剣二と共に水神の森に来ていた鈴は「異常なし」と判断、剣二は基地の瀬戸山にそれを告げる。この場所に魔的反応が一時的に出たというのだ。

「何もなくて良かった」。いつもの室内勤務ではなく、わざわざ調査に出向いた鈴。「何か、思い入れでもあんの？」と、この場所について訊く剣二。田舎の森に似ているからかなと答える鈴。

「ここってね、蛍が飛ぶんだって。夏になれば」

　似合わないこと言うねと言う剣二だが、いつものようには突っかからず「そうかな……そうね」と軽く笑って先に歩いていく。

　そんな彼女に置いてきぼりを食ったような剣二。

　この鈴の受け答えで井村空美は脚本のセリフにニュアンスのある芝居を足しており、原田監督が、役者自身の表現で演技に入れるよう空気を作っているのが伺える。アクション重視でテンポアップを身上とするシリーズの中でも、登場人物のあり方を大切にしているのだ。

原田　8話は鈴ちゃんの下宿が出てくる。ちょっと古めかしい家に住んでいるんです。あれは後に小町さんの家だったってことにしたんだけど。
　この辺までは「松竹らしさ」「松竹らしさ」と思ってましたから。ロケセットも古いところを探していた。

　そこは風情のある古い下宿屋。本郷の伊勢屋スタジオで撮られている。樋口一葉ゆかりの質店が現在貸しスタジオになっている場所だ。木の看板に「緑館」と書かれているのは演出メモから指定されている。映像では「翠館」と旧字になってさらに雰囲気が出ている。館の手前にはカッパ地蔵が置かれている。

「ウチの田舎がテレビに出るなんて滅多にないじゃない」。自室の中から、母に電話している鈴。テレビにはちょうど、ビル街に囲まれた緑地に「特集　蛍のいなくなった川」「水質汚染？」「失われゆく故郷」とテロップが出ているところだ。このテレビは薄型で制作当時としては未来的であり、映し出される田舎の風景とのギャップを演出する。

部屋の中は薄暗く、間接照明のみで、彼女のオフモードでの少ししんみりした気分に似合っている。

制服姿で兄と写る写真立てを手に取って、思い出を母に語る鈴。蛍のことを考えるとお兄ちゃんのことを思い出す。べつに喧嘩していたわけじゃない。ただ高校時代の自分にとって、お兄ちゃんのやっていたことが「なんだか恥ずかしかった」と言う鈴。

ここで回想場面に入る。下校時の夕方、友達と一緒に駅前の階段を上がっていく制服姿の鈴。友人に促され、鈴は夕日に照らされながら必死に署名運動を呼び掛けている兄（左京鐘一　演：猪狩賢二）の姿を見る。「祈里川」の蛍を守ろうというその運動で、額に赤い鉢巻きをしている兄を遠目で見て「行こ」とうつむきながら足早に歩き出す鈴。

回想が明けると、写真立てを机の上に降ろす鈴。奥には、少女の時に抱きしめていたあの人形があった。やはり脚本には書かれていないディテールで、演出メモには「人形」と、忘れないように書かれている。

場面変わり、日中の川で子ども達と遊んでいる寺男のガジロー。土手の上からそれを見かけ、微笑ましく思う鈴。

子どもの一人から蛍について問われ、この川には居ないんだと答えているガジロー。それが耳に入り、ちょっと切ない表情になる鈴のリアクションが脚本に足されている。

▼「接点」を作りだす演出

すると、鈴の視界に、川の遠方から錆びたような色が徐々に近づいて来るのが見えた。鈴のかけ声で逃げるガジローと子ども達。ガジローの身体が足元に迫った錆色に侵食されるというのは脚本通りだが、つかまえたザリガニが気になって戻った途端に捕えられるという三枚目的な役割を原田監督はアクセントとして付けている。

感電したように震えると頭がチリチリになり、ガジローの体内からマイナスエネルギーが浮かび上がっていく。水質汚染が人間を襲う描写も、『リュウケンドー』の世界ではあくまで直接的な被害ではなく、恐怖心を醸し出すことが目的だ。

原田　CGは円谷より技術レベル高かったね、白組は。水の赤くなったところとか、やっぱうまかったですよ。

なお、この川のシークエンスにガジローが登場するのは脚本第5稿からで、最初は子ども達とそれを見つめる鈴だけの描写だった。魔獣の猛威はガジローの感電描写の代わりに、子どもの履いていたサンダルが脱げて、川に落ちたかと思うと、「その汚染された水の中で（強い酸を浴びたように）溶けてしまう」という描写になっていた。稿を重ねるごとに『リュウケンドー』らしいテイストになっていく。

やがて、バシャンと跳ね上がった赤い水から、半魚人のような等身大の魔獣が現れた。浅い水面を足でバシャバシャ跳ねあげ叫びながら走って迫ってくる魔獣に、捕獲網を持った子ども達が慌てて逃げ出す。「まだ逃げていない子ども達がいたのか」と一瞬思わされるところも含めて、今回もまた、なにやら鬼ごっこのようなユーモラスな演出でもある。

駆けつける剣二と不動。走る子ども達をバシャバシャ追っかける魔獣。脚本では初めの川とは別の川だったが、映像では同じ流れに収められている。静かな始まりの今回だったが、一旦アクションが始まれば、ある程度ノンストップで畳みかける。

魔獣の走ってきた場所まで水が赤く染まっていく。そこへゴウリュウガンの銃弾が弾着し、リュウガンオーの変身時のかけ声「ライジン」が示される。魔獣が振り向くとそこにはリュウケンドーも「ライジン」している。思わずおののくがすぐに二大ヒーローと格闘、やがて逃げ出す魔獣。追ってくる二人に口から礫のような酸を吐きつける。当たった箇所から煙が上がり、ヒーローが一瞬ひるんだ隙に猛スピードで逃走する魔獣。川の土手の上下で走る敵味方両者のスピードを比較。高速感を表現するモーションブロアーが用いられた。やがて水に飛び込んで逃走を完遂する魔獣。

後に残ったのは赤い水紋。飛び込もうとするリュウケンドーを静止するガンオー。「ただの水じゃないのがわからないのか！」

画面変わり、壁にアンモナイトの絵が描かれたSHOT基地では汚染された地域のMAPがモニタに表示されている。どこかに潜んで川の汚染を撒き散らす魔物に鈴は「許せない」と呟く。その顔をちょっと見る剣二。この剣二のリアクションは脚本から書かれており、大西脚本の繊細さが表れている。

第3稿では、鈴が「許せない！」との言葉とともに思わずギュッと剣二の腕に巻かれた包帯を絞めてしまい「イテェ！」となり、なおも「卑劣だわ。こんなやり方」と強い口調になる鈴に「卑劣ったって……ヤツラ、いつだって卑劣じゃないか」と思わずツッコミを入れる剣二に、「……でも、許せない。水を汚すなんて……」と呟くという流れになっていた。この呟きは第4稿では「あの魔獣を見た？　水を汚して大喜びして……。ひどい……ひどい、ホントに……」となり、第5稿以降では「（厳しい表情でポツリと）許せない……」というセリフの後で「ちょっと鈴を見る剣二」とト書きがあり、放映作品とほぼ変わらないものになる。

こんなところにも、微妙な足し算引き算が働いているのだ。

この後、原田監督はあけぼの町の川をパトロールする不動の描写を脚本に付加している。次から始まるコメディタッチな場面とのバランスを取るための緊迫感だろう。

場面が変わると、家の中庭でカッパ地蔵に水をかけている佳子。そう、2話に登場した繁少年の母親である。昔風の木で作った外付けのゴミ箱がある木造の家屋はやはり昭和の風情があるが、ここも伊勢屋スタジオが使われている。前に住んでいた長屋は、2話のギガフラワー事件で壊れてしまったのかもしれない。

「かっぱ様、私の願いをかなえてください。私に、春彦さんのような人とめぐり逢わせてください」。〈春彦さん〉というのは佳子の好きなメロドラマの登場人物名で、脚本から書かれている。2話の時点では演出のアレンジ部分だった彼女の「韓流ドラマ好き」が脚本段階から用意されるようになったのだ。

柄杓の水をかけるとカッパ地蔵が赤く染まり、驚愕の表情になって叫びを上げる佳子。

その叫び声を、付近の路上でバイクにまたがっていた不動が聞きつけた。手桶の転がる庭先にやってきた不動は、倒れている佳子に気付き、助け起こす。目覚めると「春彦さぁ〜ん」と抱きつく佳子。「違います、不動です！」

このくだりは丸ごと原田監督によって作られたもので、脚本での不動は近くの公園の水道から噴き上がる水に攻撃され倒れるカップルに遭遇することになっており、佳子との接点はない。原田監督はここで独自に不動と佳子との接点を作り、それは後述するエンディング後の「お遊び」にもつながっていく。

▼お兄ちゃんを失った過去

側溝がコンクリで固められ、柵で覆われた川を魔獣がバシャバシャとはしゃぐように赤い尾を引いて歩き、それを上から見つめる人々の身体からマイナスエネルギーが浮かび上がっていく。背後にある団地のベランダからも人が覗いているのは細かい。

「水を失う恐怖に、人間どもよ、おそれおののくがいい!」

大魔王の卵がドクンと息づき、魔法陣の前で凱歌を上げるDr.ウォーム。ここで魔獣は「エドノイド」という名であることが視聴者にわかる。

エドノイド目線で水中から地上の街が写る。柵の手すりにつかまって川を見ているのは鈴だった。やがて剣二が合流するが、まだ手掛かりは掴めていない。

エドノイドの目線からの入れ込みは原田監督の指示であり、人間の方からは潜水中のエドノイドが見えないということと、わかりやすく対比させている。

基地に戻った鈴は、以前「水神の森」に一瞬、魔的反応があったことに留意する。だが剣二も瀬戸山も、その辺りに今回の事件での汚染が見られないことから、相手にしない。尚も気にする鈴を「あんまり根つめてるのは良くないぜ」と強引に引っ張っていく剣二。

連れてきたのは、肉のいのまた夫婦の家だった。居間の壁にはかつての店の看板がかけられており、店の再建をカッパ様に祈る貼り紙が見える。4話でジャマンガの狼藉により店は大破したのだった。店はなくても変わらずコロッケを揚げるおばさん・邦子の手つきを原田監督は脚本に挟み込んでいる。台所には「水道水飲むべからず」と貼り紙が。ちゃぶ台を挟んでもてなしを受ける二人であった。

——肉のいのまたの夫婦のところに連れてくるって形で、ヒーロー、ヒロインの話があけぼの町の中で横につながる。

原田　ええ。コロッケをご馳走するという。あのコロッケも意外と出番がなかったんで。そういうのも含めて、〈ちゃぶ台でごはん〉というシーンは撮りたいなと思ったんです。下町っぽくていいなと思っていたから。

——途中から町の人も自警団的になって、わりと外で出てくることが多くなりますね。

原田　そうですね。あんまり家の話はやらなくなりますよね。この、7・8話ぐらいのテイストでやりたかったんですけどね。まあ、どんどん話が変わってきちゃうから。

剣二と鈴の二人はまるで兄妹に見えるという邦子に、「そりゃあ、彼女のホントの兄さんに失礼ってもんよ」と熊蔵。

そこで兄の面影を思い出す鈴。いまどき署名活動など「なんだかご立派」な感じがして流行らないと兄に言う制服姿の鈴が、外からの陽光で極端にハレーションを起こしている画面で再現される回想場面。署名などしても何も変わらないよと言う妹に、兄はこう言った。

「何もしないで、失うのを待っているよりはずっといいと思うけどな」

兄は、かつて夏になると蛍を嬉しそうに見上げていた人々の笑顔が消えて欲しくなかったのだ。だから生活排水の規制を整備して欲しいと訴えていた。

その説明をする際、コップの中の綺麗な水を陽光にかざす兄の姿を原田監督は入れている。コップ越しに十代の鈴の顔が見える。それは兄の行動が理屈抜きの純粋な心ゆえだということを示す。

光に包まれたその光景がキラキラとホワイトアウトし、鈴の声が被さる。「……立派……だったと思います、兄は」

神妙な顔をしている一同の気持ちを代表するかの如く「だった?」と訊き返す邦子。

鈴の脳裏に救急車のサイレンの音が響く。オーバーラップして、今度はモノクロの回想場面で、制服姿の鈴の前で、担架で運ばれていく、頭まで布で覆われた兄の姿。

——あのお兄さんは、なんで死んじゃったのかあんまりよくわからなかったんですけど。

原田　あれはあんまり触れなくていいやと。救急車をちょっと見せただけで終わったけど、一応、交通事故ってことです。

——じゃべつに直接話とは関係のない……。

原田　そうです。全然関係ないですよ。魔獣にやられたわけでもなんでもない。

——守ろうとしていた川で溺れたのかなと、ちょっと思いました。

原田　そういうわけでもなくて。設定として死んでいた方がいいだろうと(笑)。あとはとにかく鈴ちゃんを綺麗に撮ろうと思ってやっていたから。

高校生の格好をさせたら「ヤバイ」とみんな言ってました(笑)。「ヤバイな、これは綺麗だな」。セーラー服じゃなくてブレザーにしたんだけど、「おお、いいじゃん」。こりゃ撮らなきゃなと思いました(笑)。

原田監督は立ちつくす鈴の横に、かつて駅前で署名活動を目撃した時、傍らに居た同級生らしき女の子を立たせている。この女の子は演出メモに「転校生」と書かれてあった。むろんそんな説明は劇中に一切ない。

鈴に寄り添うように存在する「転校生」の存在は、兄の事故が少女時代の彼女の学校生活という「日常」の中で起こった悲劇であることを醸し出す。視聴者はそれを「情報」としてはキャッチしなくても、感情の機微としては伝えてくるのである。

夫の熊蔵が、亡兄についての話題の口火を切ってしまったことを鈴に謝る邦子。再び団欒タイムが始まり、コロッケに飛び付く剣二だが、雑談の中で揚げ方のコツを邦子が話した時、鈴はそこでハッとなるのであった。

ここまでAパートである。

▼兄の面影を剣二に見た!?

SHOTの青い部屋では、あれから夜一人ここへ来ていた鈴が、パソコンの解析作業を行っている。パソコンの画面からの光だけの暗い部屋が横移動のキャメラで捉えられ、奥に深刻な表情の鈴がいる。私服のままだ。キャメラの入り方も演出メモから指定されている。夜だからといって室内まで明かりが灯いていないのはおかしいかもしれないが、一つの心情表現だろう。

魔物が水から出てきた時、全身から湯気が上がっていたことが鈴の脳裏に蘇り、インサートされる。それは魔獣の体音がかなり高いということを意味する。ディスプレイではあけぼの町の河川の温度を色別で表わすマップが示されている。その光点が川に沿って目指している先を見て、思わず姿勢を変える鈴。

「水神の森を狙ってるの!?」

　画面が変わり、翌日の早朝になる(脚本では夜になっていた)。樹からキャメラが下がると、水神の森にやってきている鈴がフレームイン。私服であることも演出メモから指定されている。手にはSHOTフォンを持っている鈴。気配に振り向く彼女の顔が、幼い時の彼女の振り向くスローモーションとオーヴァーラップ。

　このオーヴァーラップも演出メモから指定されている。演出メモにはまた「青い夜」とも記され、これはイメージ作りを表していると思われる。その通りに、木立から見上げられる空はブルーだ。ピアノのファンタジックな旋律が流れ出す。


イメージボードより(奥山潔)。冒頭シーン

水面に映る二人の子供。PANUP。蛍が舞っている

間に二人の表情のカットが入る。つないだ手から微笑む兄へPAN。人形を持っている

蛍が舞う。星空が光る中に立つ二人

　一人で森を彷徨っていた幼い鈴が、やがて不安で泣きだす。やはり脚本には特に指定されていないが、人形を抱きしめている。月明かりのみで身体が照らされているかのような照明効果が活きている。そこへ妹を捜して現われ、駆け寄る兄・鐘一。

「駄目じゃないか、鈴。勝手にどっかに行っちゃ」

「だって……だって、こっちにも蛍がいたんだもん」

　画面変わり、上層には天の川が綺麗に流れる星空の下、水辺で手を握り歩く兄妹。脚本では「手を握って森の中を歩く」とあったのをファンタジックな絵柄に変更している。もちろん、このシーンも合成を前提にイメージボードが描かれている。

　やがて立ち止まり、兄に訊ねる妹。「また見られる？　蛍」

「うん、また来年の夏になったら」

「その次は？」

　質問を重ねる妹に、兄は「見られるさ、ずっと」と応える。兄は妹との約束で、湖を守ろうとしていたのだ。「あの頃、なぜ分からなかったんだろう。お兄ちゃんが一番、誰の為に蛍を守ろうとしてくれていたのか……」

　このモノローグの途中、湖畔に佇む鈴の現在の姿が映り、やがてその脳裏に蘇る、署名活動をしている赤鉢巻きの兄の姿。再び画面が鈴に戻ると、「お兄ちゃん」とうつむき、思いをかみしめる鈴。ここは脚本ではすぐに、次の展開である魔獣の出現を表わす「不意にザブンと水の跳ねるSE」と繋がっているが、原田監督は鈴の表情を丁寧に撮っている。キラキラと光る水面。


——わりとナレーション主体の回でしたね。

原田　ええ。でも、『リュウケンドー』はナレーション入れないって設定だったんですよ。でも登場人物のモノローグはOKだったんです。

——だから出来るわけですね、逆にモノローグが。

原田　そうそう。鈴ちゃんというのも、それまでただ強いコだというだけだったんで、やっぱり、ヒロインは、そういうところは見せておかなきゃいけないなあと思ったから。

——話の中でそれを徐々に見せていくんじゃなくて、「そういう回だ」ということが最初からモノローグで入ると、見ている方は「今回はこういう面を見せてくれるんだ」という感じがします。

原田　そうですね。最初から「こういうモンだ」と言っちゃえばこっちはやりやすい(笑)。「お兄さんの話」というのもね。

　鈴が水辺に降りてくると、SHOTフォンが反応を変える。ハッと見る鈴。岩の向こうに姿の見えるエドノイドを察知し、近づこうとする鈴がハレーションの画面に捉えられる。様子を窺う彼女の背後に現れるエドノイド。思わず逃げ出す鈴だが、石につまずき、転ぶ鈴にエドノイドが迫る！　へたりこんだまま後ろへ退く鈴だが、絶対絶命のピンチに気丈な顔が崩れかかる。少し泣きべそのような顔になるのが可愛い。シナリオには「恐怖」とだけ書かれており、原田監督が女優のファニーな面を引き出そうとしているのが伺える。

　そこへ、「鈴！」という呼び声とともに現れたのは、兄の鐘一

……と思いきや、剣二の姿だった。色を抜いた画面で一度青年時代の鐘一を見せてから、エドノイドに掴みかかる剣二に切り替えている。

――この回でお兄さんと剣二がちょっとダブったりします。

原田　そうですね。ああいうなんとなく憎からず思うという関係に使おうとしてね。まあ、恋愛の前触れとしては充分だから、後は好きに行くだろうと。

自分に向かって酸の礫を吐くエドノイドに「女の子は追っかけるくせに、男にゃ唾ペッペッてどういう了見してやがる」とリュウケンキーを発動させる剣二。変身前の啖呵は第4稿以降に書き加えられたもので、すぐ変身しないで剣二らしさを出してからという、人物のキャラクターも大切にする志向が盛り込まれている。

対岸の岩にジャンプ、酸の礫を交わし、アクアキーで氷結武装、アクアモードになるリュウケンドー。水と氷の力を兼ね備えたモードで、敵を凍らせるのが得意技だ。

ゲキリュウケンの一閃を受けて駆け出すエドノイドだが、「逃がさないで！」との鈴の叫びに湖を凍結させ、退路を断つ。今度は地上を猛スピードで駆け出すエドノイド。

アクアリュウケンドーはゲキリュウケンの指示を受け「シャークキー」で「サメ獣王」を初めて召喚する。森の中を高速移動して、広場に出たエドノイドの前に魔法陣が現れ、そこからサメのような形をしたサメ獣王アクアシャークが飛び出し、空中を泳ぎ出す。呆然と見上げるエドノイドに急降下してヒレで斬るアクアシャーク。再び木立の中を駆け去るエドノイドを追おうとするアクアリュウケンドーに、「アクアシャークに乗れ」と指示を出すリュウケンキー。ホバリングしながらアクアボード（脚本、イメージボード段階では「ジェットボード」と呼ばれていた）モードへと変形を遂げたアクアシャークにアクアリュウケンドーが飛び乗ると、荷重で上下に揺れながらも発進した。

航跡を描いて木立を縫い（合成前の下絵はステディカムで撮ることがイメージボードから指定）、「水の流れと身の行方、てめえの所業は水に流しちゃおけねえぜ！」と、絶対零度の冷気をくらわすゲキリュウケン氷結斬りをお見舞いする。水流が氷の奔流となってぶつかり、凍結し四散するエドノイド。アクアリュウケンドーを乗せたアクアシャークは空中を旋回し、湖の上を水しぶきを上げながら帰還するのだった。

▽今と過去がつながって

事件が終わった後の静寂――夜の青い空の下のスカイライン。湖に突きだした岩に足を折り曲げて腰かける鈴と、そこにやってきている剣二のロングショット。頭上には天の川が、ややくすんだ輝きを見せている。やがてややミディアムなロングショットになる。どうしてこの場所に自分がいるとわかったのかと問う鈴。そうしている間にも天の川の中の星がいくつかまたたいている。

照れ隠しで「勘だよ、勘」と応える剣二が、俺はお前のお兄さんに似てるのかと問い返すと、「一緒にしないでよ」と言いながら立ち上がった鈴だが、「ありがとう」と礼を言うと、二人の立ち姿は煽りになり、星空をバックに緑の淡い光がいくつか集まってくる。水辺に舞う蛍の光に思わず見とれる二人。

そこにモノローグが響く。「自分にできることしようと思って、兄さん、私、SHOTに入ったよ。みんなの笑顔、失わせたくないから……」

二人の立ち姿が静かなピアノ曲とともにフェイド・アウトする。

暗転が明けるとカッパ地蔵が映り、佳子の家の縁側でお茶を御馳走になっている不動の姿に場面は変わる。

名前を確認され、サングラスを外して名乗る不動。佳子は不動と出会えたことをカッパ様に「ベレケ、ベレケ」と祈る。ポカンとする不動であった。

――この回は、桂子と不動の、ひょっとしたら何かあるのかなみたいなシーンもありました。

原田　脚本にはないんだけどね（笑）。あれはちょっとやりたかった。それ以降は出来なくなっちゃったのは残念でした。

――見てて「先があるのかなあ」という感じだったんですけどね。

原田　そうそうそう。

そして平成ウルトラシリーズの時のように、今回の場面集が歌に乗って流れる。中にはバージョン違いの場面なども挟みながら、最後には湖畔の鈴と剣二に戻り、その姿は幼き日の、手を繋いだ兄と妹と重なっていくのだった。

物語展開

9～16話までの流れ

第三の魔弾戦士・リュウジンオー登場。謎の男・白波鋼一の動向が気になる……

【9話】「響け、友情の鐘」（脚本・猪爪慎一、監督・清水厚）で、正義も守りたいが、かおりさんにいいところも見せたい剣二は、変身アイテムでもある相棒のゲキリュウケンと仲違いする。そして怪音波を発する石像によってゲキリュウケンは意識を失う。

剣二は、ゲキリュウケンがSHOTの作ったものではなく、もともとはヨーロッパの遺跡から発掘され、過去の記憶を一切持っていないことを知る。その孤独を想った剣二は、心を持った存在であるゲキリュウケンとの絆を深め、修理完了して意識の戻った「彼」と再び戦いを共にする。

先祖代々魔物を退治してきた剣術「鳴神流」。**【10話】「西から来た怪物」**（脚本・武上純希、監督・清水厚）では、剣二にとって、おじいちゃんから引き継いだ「鳴神流」の「魔物よりおそろしい兄弟子」である、「海さん」こと西園寺海（大久保綾乃）が、あけぼの町にやってくる。袴姿も凛々しい女性、海は剣二の許嫁でもあった。鈴は海の存在が気になってしまう。

剣二がリュウケンドーであることを知らない海から見れば、警官として魔物と正面から戦わない彼が歯痒く見え、叱責する。だが剣二の立場をわかっている鈴は、彼を男として意識しているかもしれない自分に当惑。

海は変身したリュウケンドーの剣の構えを見て、すべてを悟った。剣二への疑念は消え、また鈴の剣二への思いも察した海。去っていくバスのガラス越しに「きばいやんせ」とのマウスメッセージを剣二へ残すのだった。

また、これまであけぼの町のラーメン屋・とんとん亭は店のあんちゃん・蝶野が1話から先行して出ていたが、今回お店そのものが初登場する。4話で店舗が焼失した肉屋のいのまたは再び出店しているが、貸店舗による期間限定のようだ。

ジャークムーンはジャマンガでも名の知れた孤高の剣士で、大魔王が復活しても、もし自分よりも力が弱ければ従うのを潔しとしない姿勢を持っていることが**【11話】「サンダーキーの力」**（脚本・岡野勇気、監督・川崎郷太）で明らかになる。

そんなジャークムーンをライバルとして意識する剣二だが、不動は「あいつは武士でも騎士でもない」と忠告する。ただの魔物だと思え、と。

ジャークムーンが挑発的に差し出した禁断の雷キーであるサンダーキーを　瀬戸山の調整を待たずにゲキリュウケンに差し込んだ剣二は戦わずして負け、変身不能になってしまう。道具に頼らない戦いが問われる。

【12話】「禁断の発動！サンダーリュウケンドー！」（脚本・武上純希、監督・川崎郷太）で、力に執り憑かれたジャークムーンはDr.ウォームの制止も聞かず、要塞ジャークムーン城を動かしてあけぼの町を無差別雷撃する。

変身不能になり戦意喪失していた剣二だが、あけぼの町を守るために戦闘機まで繰り出して立ち向かう町民達の自己犠牲的な姿勢に心を突き動かされ、もう一度戦いたいと願う。

未調整のキー使用のため一時的なショック状態に陥っていたゲキリュウケンも剣二の純粋な気持ちに応えて蘇る。再び変身し、今度はサンダーキーを適応せしめた剣二はリュウケンドーの最強モード・サンダーリュウケンドーになる。必殺技・ゲキリュウケン雷鳴斬りでジャークムーンを粉砕。

ここでジャークムーンは独断暴走を問われジャマンガの戦線から一時離脱する。

また、この回ではSHOTとジャマンガが魔法を使える理由であるパワースポットの存在が示されるが、それは魔物があけぼの町に来る理由でもあった。

【13話】「時を超えためぐり逢い」（脚本・猪爪慎一、監督・岡秀樹）では剣二があけぼの町にやってくる前、一人で戦っていた頃の不動が描かれる。岡秀樹監督はDVD第4巻の特典ミニドラマ『魔弾戦記リュウガンオー』ではさらにそれ以前、不動が相棒・鋼龍銃と出会い変身を遂げるまでを描いている。

【14話】「新たなる敵」（脚本・武上純希、監督・辻野正人）からオープニング映像が変更となり、エンディング主題歌が変わる（しばのまり子『ビューティフル』）。

敵味方双方に新レギュラーが登場。

ヨーロッパで暴れまわっていたジャマンガ唯一の女性幹部レディ・ゴールドがやって来る。全身にゴールド素材をあしらい、目には龍のレリーフ、両耳にイヤリングがポイントのゴージャスな敵役だ。親衛隊と呼ばれる三体の女性遣い魔を従者として使う。それぞれ「ガニメデ」「ユウロパ」「フォボス」と名が付いている。

ジャマンガ幹部の中で自分だけが人間の姿に化けることが出来るレディ・ゴールドは催眠術も得意。花屋のかおりに魔法をかけ、リュウケンドーが婦警の市子と律子に斬りかかる幻影を見せた。かおりの目撃談はすぐに広がり、町民はリュウケンドーへの信頼をなくしていく。レディ・ゴールドはさらに巨大リュウケンドーを出現させ暴れさせる。

誤解を解くため苦戦するリュウケンドーの前に第三の魔弾戦士リュウジンオーが初登場。だがラストバトルに助っ人としてのみ出現し、名乗らずに去る。

今回、あけぼの町のパワースポットにはカモフラージュとして、上にビルが建てられていることが明かされる。

【15話】「闇にうごめく恐怖」（脚本・猪爪慎一、監督・辻野正人）ではリュウジンオーに変身する白波鋼一の名が視聴者に明かされる。彼はどうやらイギリスから来たらしい。かおりの花屋「フローリストのせ」になぜか通う白波は彼女にとって気になる存在に。

白波からリュウジンオーへの変身シーンも初登場。

「俺の目的は、魔物を倒すことと、キーを手に入れて強くなることだけだ」と、あけぼの町の平和を守るSHOTの立場とは一線を画す。

白波の相棒であるザンリュウジン（斬龍刃）は普段モバイルモードになり彼の腕に装着されている。白波同様皮肉屋の性格を持つが沈んだ口調の白波とは対照的なフランクな語り口のザンリュウジン。孤独な白波と、普段唯一言葉を交わす存在だ。二つの刃を持つ長い斧に変形し、リュウジンオーは斧を使った必殺技「斬龍刃・乱撃」を使う。

彼のメカサポートアニマルはクロウ獣王デルタシャドウ。口笛で招かれ、ウィングモードで翼に変形し、リュウジンオーと合体すると、空を飛ぶ能力が得られる。この時点で飛行能力を持つ魔弾戦士はリュウジンオーのみだった。

あけぼの町の住民に、顔を鉄に覆われてしまう奇病が流行る。敵の正体が掴めないまま、今度は凶暴化した病人が町を襲いはじめた。謎の人物・白波鋼一は、剣二と不動の目の前で敵をおびき出し、変身した！

【16話】「敵か？　仲間か？」（脚本・大西信介、監督・辻野正人）ではSHOTの運営を管轄している政府の組織「都市安全保安局」で魔弾龍や魔力レーダーなどの研究をしている「魔法総合研究センター」の御厨博士（白井良明）が初登場。リュウジンオーがあけぼの町に現れる以前、ヨーロッパ各地にあるパワースポット近辺でジャマンガと戦っていたことを告げる。

また白波はリュウジンオーとしての魔弾戦士の力を独自の開発で得たことが明らかになる。

幹部魔物として新たに岩石巨人ロッククリムゾンが現れる。岩になって飛来し転がる頑強な魔物で、「バカ」と言われるとすぐキレて暴走する。今回一度倒されるが復活が予感される。

ロッククリムゾンとの戦いで負傷した剣二のために、瀬戸山が取り出した禁断の「ダガーキー」を調整するためパワースポットに向かった不動。満身創痍でこれに成功する。頼りがいのある不動を、剣二が「おっさん」と呼ぶことは、この回から少なくなる。

剣二はダガーキーで新たにマダンダガーを召喚。マダンダガーはゲキリュウケンと合体してツインエッジゲキリュウケンとなる短剣だ。ドーム状の部分からダガースパイラルチェーンという、光のカノン文字で敵を拘束する技を放つことも可能。だがこのマダンダガーはまだ大いなる力を呼び醒ます力を秘めているのだ。

●リュウケンドーヒーロー

山口翔悟（鳴神剣二役）・**源**（不動銃四郎役）・**黒田耕平**（白波鋼一役）
オブザーバー・**岡秀樹**（監督・助監督）

「リュウケンドー」は奇跡のチームでした

座談会

▼初めは抵抗感から入った

——山口さんは十七才の時にビデオオリジナル作品『ウルトラマンティガ外伝 古代に蘇る巨人』（〇一年）に主演され、それがDVDになる時に、メイキングの監督だった原田さんと初めてお会いしたと聞きました。

山口翔悟　そうです。あの作品に出たのは僕が高校二年生で、まだDVDもない時代です。何年後かにメイキングを含めDVDを出すと言われて、時間も経っていたので「またウルトラマン？」と思ったんです。その時、原田さんから「山口くんは、ヒーローをまたやってみたいと思う？」と言われて。

俺、正直思ってなかったんです。これは若い頃特有の、頭でっかちな考えがありまして、ヒーローに対してちょっと拒否反応を起こしてたんです。偏見もありました。でも僕から見た原田さんは、完全に「そっちの世界の方」でした。ウルトラマンのジャンパーを着てましたし。

黒田耕平　（笑）

山口　ウルトラマンはもうやりましたし、「僕じゃないような気がします」とその場では言ったんです。原田さんは「ああそうなんだ」と、そういう会話をしました。でもそれがきっかけで、オーディションという形で、事務所に声をかけて頂いたんです。

こういう仕事をしていると、それこそ東映の戦隊ものや仮面ライダーのようなヒーロー番組のオーディションにも声を掛けて頂くのですが、先ほども言ったように、若さゆえの色んな葛藤がありまして、「ヒーローはちょっと」という考えを事務所にも伝えていました。それで事務所として「こいつはヒーローは出来ないから」というスタンスだったんです。

でも『リュウケンドー』は、メイン監督直々、名指しで依頼が来ている。「山口翔悟に会ってみたい」「みんなに見せてみたい」と。

役者というより、一人の人間として、ここまで必要とされている。しかも一度断ったんです。でもまた呼んでくれたんです。そこまで言われて、会いもしないというのは、どうなのかと。

正直、嬉しい気持ちはあったので、「一度お会いしよう」と、オーディションに参加したんです。それで気が付いたら「よろしくおねがいします」と。

普通にオーディションを受けて普通に受かったものより、運命めいたものというか、やるべくしてやった作品という感がすごくありました。これはよく源くんとも話していたんです。

▼刑事がスーツを着るということ

——源さんは満場一致で決まったと聞きました。

源　僕もそうだったと聞きました。僕がお話を頂いた時は、まず事務所に「誰か若いコいないか」と話が来たんです。

その時、僕は二十八歳だったんですが、僕のヒーローものイメージは、やっぱり「若い」というのがものすごくあったので、「僕に？」と思ったんです。

でも松竹さんで初めてやるんだというので、ちょっと新しいのかな、大人っぽいヒーローなのかなと思いつつ、半信半疑の思いで行ったんです。

とりあえずヒーローものだから、僕ちょっと身体には自信があったので、ノースリーブを着て、思いっきり腕を出して行ったんです。

山口　カッコいいな。

源　功を奏したのかどうかわかりませんが。「強さ」を頭に置きながらオーディションに行きました。

僕の番のちょっと前に、同じ事務所の役者がいまして、なぜかローラーブレードを履いてまして、ものすごい背の高さになっていた。

黒田　それはすごい……。

源　僕は縄跳び。とりあえず何か一芸といっても僕の場合あまりなくて、とりあえず運動が得意だったので、縄跳びのロープを持ってったんですよ。

山口・黒田　（笑）

源　でもオーディションルームで縄跳びはどうなのかと。全然大人っぽくないし（笑）。だいたい大人の装いで腕は出さないよね。

山口　若すぎる。不動さんのイメージではないかも。

源　一応持っていったんですが、結局一芸を披露する時間はなかった。そのオーディションでは原田さんがサングラスをかけてドンッと真ん中に座っていました。監督っぽいなと(笑)、まず視界に入った。

――源さんは番組ではほぼ終始、スーツでした。

源　びっくりしましたね。僕はモデル業も並行してやっているのですが、二十代も後半になるとスーツの仕事が多くなってくるんです。だからスーツを着て、モデルとは違う演じ方をすることに、ちょっと抵抗がありましたね、逆に。

やっぱり堅くなっちゃうイメージがあるんです。刑事としてスーツを着るのと、モデルとしてスーツを着る、その二パターンが僕の中にはまだなかった。

プラス、立ち回りがあるというので、「スーツでどこまで出来るのか」も気になっていました。

▽「ヒーローもの？　アリだと思う」

――黒田さんは「僕は監督になりたい」とおっしゃって、原田監督がびっくりしたと言ってました。

黒田　はい、オーディションで言いました。

うちの事務所に仮面ライダーの主演だった方がいて、その人が一番売れていたんです。それで「まずヒーローものをやらないと売れないんだ」と思っていました。『リュウケンドー』のオーディションの話が来る前、僕は舞台ばっかりやっていたんです。自分の中で、「俺の方が絶対出来る」と芝居の自信を深めていて、当時は一番自分の力を過信していたと思います。そして、それ以前から監督としても「なんか撮りたいな」とはずっと思っていました。

オーディションの時はその思いの丈が全部出てしまったと思うんです。その時、こういう戦隊ものに対して「僕はアリだと思う」みたいなことをずっと言っていたと思います。

山口　「アリだと思う」って(笑)。俺とは違う方向で偉そうだよね。

黒田　「子ども達に向けてそういうメッセージを送るのは僕はすごくアリだと思う」と話して、ぜひやってみたいと言いました。たぶんすごく生意気だったと思うんですが、でも原田さんは笑って「ああ、そうなんだ」と聞いてくれました。

山口　黒田がオーディションを受けたのは1クール目が終わったぐらいだったので、白波役のオーディションをやって決まりかけているやつがいると現場で噂してたんです。「どんなやつなんですか」と原田さんに訊いたら「面白いんだけど生意気なんだ」と。

一同　(笑)

源　言ってたね。

山口　「だからお前らと喧嘩にならないかどうかが心配だ」って。

黒田　だって翔悟くんはその時、源くんと結構仲良くなってますよね。1クール終わって。

山口　原田さんは「ま、でも大丈夫だろう」とおっしゃってましたけど。

――「やってみたらすごくいいやつでさ」と原田さんがおっしゃってました。

黒田　そうだったんですか。

すごく、好きなようにやらせてくださったというか、僕、映像はほとんどデビューに近かったんです。初めての原田組が17～19話だったんですが、その時も、わがままを聞いてくださったというか、まず演技を見てくださって、それでじゃあこう行こうと、そういう形にしてくれていた印象がありました。

19話で白波が両親と再会して、もう一度別れがあって、涙を流すシーンがあって、とても繊細なシーンだったんです。白波のトラウマの解消みたいな話で、僕も緊張していたんです。

その時はテストもせずに「(キャメラを)回してみよう」と言ってくださって、それはすごく嬉しかった。まあ、涙は流れなかったんですけど(笑)。

山口　流しゃ良かったじゃない。

黒田　そう。流しゃ良かった。

▽剣二は「楽しんでいる」男

――山口さんは、実際にスタートした、1・2話の撮影の時はいかがでしたか。

山口　僕はやっぱりヒーロー、特撮に対するはてなマークから入ったので、決心して撮影に入ったとはいえ、「どうなるんだろう」という思いでした。剣二という役もまだ掴み切れてないですし、原田さんがどういう演出をするかもまだわからないし、探り探りやっていったんです。

でも原田さんは、まずやっぱり好きにやらせてくれたんです。もちろん最初で緊張したんですけど、伸び伸びと出来ました。すごく信頼してくれていたというか、何かやる時も「翔悟がやれば大丈夫だ」と言ってくれてた。それは最初から最後まで変わらず。非常にありがたかったですね。

――剣二像はどのように捉えていましたか？

山口　正直「カッコ良くなりたくない」というのがあったんです。カッコ良くないところから出るカッコ良さというか。ヒーローなのでもちろんカッコ良くないとダメなんですが、僕はそうなりたくなかった。ヒーローものに対するアンチテーゼから来ているのか、剣二という役から来てるのかわからないですが、ただ単にカッコ良いやつにしたくなかった。

それについては、ホンを読んだ段階で、剣二というキャラクターにはすごく助けられました。すごく足りないところが多いし、バカですし、原田さんから「これは剣二の成長物語でもあるんだ」という話も伺っていたので、単純なバカな剣二像で、とことん突き通そうと。でも、それも難しいところで、テレビに自分の姿が映って、全国でそれが見られるとなると、どうしてもカッコ付けちゃうんです(笑)。

――脚本家の一人である大西信介さんが、剣二は「どこかわかってバカやってる」と言ってました。DVDの特典インタビューでも山口さんご本人が「剣二は楽しんでいるんじゃないか」と。

山口 それはそうなんだと思います。何をするのもやっぱり楽しんでいる。喧嘩するにも、怒ったりするにも、とにかく、戦うことも、みんなといることも、刑事の仕事をすることも、基本「楽しい」というスタンスは持っている気がします。

現場が楽しかったので(笑)。DVDのインタビューを受けた時は撮影も終わり頃だったので、その発言は現場が楽しかったところから来てるのかもしれないです。

――剣二はお祖父ちゃんの剣法を学ぶことで魔法とつながったという説明が2話にありましたが、それ以上の背景は突っ込まれない。DVDの座談会では、剣二がどう育ってなぜあけぼの町に来たのか、もう少し知りたかったと山口さんがおっしゃってました。

山口 九州出身で、山の中で育って、おじいちゃんに剣術を習っていて、というぐらいでしたね。

あとは性格。猪突猛進で元気で。でも、過去を描かないというのは、演じる上で、楽しい部分でもありました。想像出来るというのもあるし。

――大西さんは自分の脚本の時には、剣二に九州弁っぽいセリフを言ってもらうようにしたと。

山口 だから感情がガッと昂ぶると、1話で「せからしか」と言ってます。

一同 ああー。

黒田 言ってるねえ。

山口 感情が昂ぶると、訛りが出るという設定があったらしいですが、その後あんまり言ってないです。

黒田 「九州男児はそげなこつ」ってのもあったね。

山口 そう言えば不動さんはオリンピックの金メダリストという裏設定があった(笑)。

――白波だけ過去のプロフィールがドラマの中でじっくり描かれていましたね。

黒田 物語の中で物語られてる。

山口 だから俺、最終的に剣二の成長物語というよりは、白波の成長物語だったんじゃないのかなと。

黒田 (笑)。ともするとね。翔悟くんは「ズルイ、ズルイ」と言ってたよね。

▼ネクタイは自分への戒め

――不動はこの世界の中では剣二より前からヒーローだった人ですね。

源 そういう意味では、きれいに剣二を受け入れる、バックアップする体制を取らなきゃいけない。スーツという部分でも。

山口 こだわるね(笑)。

源 当初、「スーツを着てる自分」のイメージで不動銃四郎を作っていった部分があるんです。

それを原田さんはすごく素直に受け入れてくれた。スーツが要するに、鎧なんです。それがすべてじゃないですが、スーツを着ている責任感みたいなものがありました。どんな時も、剣二と接する時はスーツとネクタイ。

山口 ネクタイじゃなくて、手ぬぐいみたいなのを締めてた時なかった?

源 そう、手ぬぐいも締めてたね。

黒田 ああ、してたね。タンクトップの時に。

源 原田さんが、「なんか巻いたらどうだ」と。

源 あの時だけだよね、スーツを脱いでるのは。

――サングラスは原田さんの指示ですか?

源 そうなんですよ。あれは原田さんが……。

山口 こだわってた。

源 原田組の時は、必ずサングラス。

――ご自分ではいかがでしたか?

源 最初はやっぱり違和感ありましたが、その内、手放せなくなってきちゃいました。原田さんマジックにやられたというか。

――最初の違和感というのは?

源 僕の中で「等身大の人間」という意識があったので、スーツでサングラスっていうのは……。

山口 サラリーマンはしてないよね。

源 という部分はありましたが、まあそこが不動銃四郎なのかなと。ある意味、一つポンと抜けた部分があったんです。イメージが。

▼原田組ではアドリブが冴えた

山口 俺、『リュウケンドー』のクランクインで、現場で初めて剣二を演じるロケのファースト・カットが、コロッケを食べるという……。

源 すっごい憶えてる。

山口　いのまた夫妻の店に初めて剣二がやって来て、コロッケをもらって、ガブ喰いするっていう、印象に残ってますね、けっこう食べてる。
――あの時は「おいしい」と言うんだけど、一人になって「いまひとつなんだよな、もう一味足んないだよな」ということを言いますよね。
山口　あれも、原田さんです。
黒田　(笑)
岡秀樹　脚本にはなかったよね？
山口　俺も「大丈夫かな」と思ったんです。
――その後「おっちゃんのコロッケ食えなくなるじゃねえか！」とジャマンガに立ち向かっていくところとのつながりがありますもんね。
山口　でも原田さんは「大丈夫でしょ！」って(笑)感じでした。
　けっこう原田さん、アドリブでなんか言ってくれって言うんですよ。あの時は「イマイチだったな」みたいなことを言いながら歩いて来てくれと。
――かおりさんと初めて会う時の剣二の喜びようはヒーローっぽくなくていいなと、見る度に思います。
山口　ああ、お尻がぶつかって振り返ったらもう、どストライクだったという……あの流れもけっこう自由にやらせてもらいました。
　カッパ地蔵を見て「これなんすか」と言って会話するんですが、あそこで、アドリブでちょっとしたひと目惚れの告白をしてるんですね。
黒田　え？　ウソ？
山口　告白というか、思ったこと言ってんの(笑)。「これなんすか」と言って、「守り神なんです。神様です」「えー、かわいい」って……。
黒田　あーッ！
山口　かおりさんに向けて言うという。
　僕は、あれは個人的に好きな会話ですね。
　そういうのは、結構任されてやってましたね。
　魔獣の腹の中に行く「迷いのトンネル」(30話)で、剣二と不動が、市ちゃん律ちゃんのパトカーで一緒に帰るはずが、山に残されて、二人でトボトボ帰るラストシーンがあるんです。
　あの時も、ほぼアドリブなんです。途中まで使われたんですけど、思いっきりカットになっちゃった。けっこう長いことキャメラ回してたよね？
源　うん、回してた。

▼ラブロマンスの方向性

――剣二の恋物語についてはどうですか？
山口　俺が思ってたのは、かおりさんと剣二と鈴ちゃんがどうなるんだろうという。かおりさんと結ばれることはないと思っていたので、もし恋愛の背景を描くとなれば鈴ちゃんだろうなってのがありました。
　原田さんは二人の関係をどこまで考えてんだろうってのが結構、気になりましたが、結果、つかず離れずっていうのが原田さんの考えだったんですね。
　見てる人は「お前らどうせ好き同士だろ」となるけど、くっつくわけではない。その、ヤキモキする感じ(笑)をたぶんきっと選んだんでしょう。
――不動と佳子さんの間もラブロマンスが生まれそうでしたね。
山口　住んでるもんね、完全に。
源　あれは面白かったですね。明らかじゃないですか、あんな縁側でお茶飲んで。「これいいのかな」という(笑)ところはすごくあったんですが。
山口　しかも、会って助けて、何シーンかあって最後そのシーンがあって、縁側でお茶飲みながら、そこで佳子さんに名乗ったんだもんね。(笑)。
黒田　そこまで名前を知らなかった。
山口　普通のいやらしい大人だったら、「なんか起こってんじゃん」と見るでしょ。
　でも、その後に名乗る(笑)。
一同　(笑)
源　面白いですね。原田さんの世界観というか(笑)。
――お話の中に収まっていなくてもエンディングで見せたり。
源　一瞬「この先どうなっていくんだろ」ともちろん思いました。期待もあり、ヒーローとして不動銃四郎はどうなっていくんだろうという不安もあり……そんなフー様でしたね。
――その要素はその後あまり出てこなかったですね。
源　そうなんですよね(笑)。意外と。
――原田さんはその先もやる気まんまんだったのに。
山口　不動だけだもんね。
黒田　ロマンスがないのはね。
岡　最終的にはね、(腕を見て)「お前ほどいい女はいなかった」になっちゃうもんね。
源　ゴウリュウガンに結局恋をしちゃった(笑)。
山口　ちょっとした変態だね(笑)。

▼小町さんは不思議な人

――17～19話は白波と死に別れた父母の件の真相が明かされる回でしたね。

黒田　この役を頂いた時に、最初からこういうトラウマがあるというお話は伺ってたんで、「来たな」と思いました。テンション高くなりましたね。

――両親と再会するまでは「あけぼの町を吹っ飛ば

す」と、ある意味ジャマンガより破壊的な白波でしたが……。

黒田　パンクなこと言ってましたね。

でも、両親と会うことで、SHOTへの恨みが自分の勘違いだったことがわかる。じゃあ、これからどうしようかという時に、今までは両親の恨みを晴らすために戦っていたんですが、そうではなくて、かおりさんや守るべきもののため、自分のために戦おうという風になる。

19話は小町さんの幽霊の話でもあるよね。

――小町さん役の細川ふみえさんと、山口さんの間のお芝居がじっくり描かれましたね。

岡　小町さんが大正時代に好きだった人を翔吾が演じているけど、撮り方は露骨じゃないですね。

黒田　（目元に手をやり）この辺まで学帽を被ってたものね。

岡　マントも着てたしね。襟で顔が隠れるアングルでわざわざ入ったりしてたから、けっこう大人っぽいイメージだった。あれ監督の発想だったのかな？

セリフでは「剣二くんが私が好きだった人に似てたの」とかは言ってないよね。

山口　そういうセリフはなかったと思います。あの時は楽しかったです。ずっとバカでテンションの高い芝居をしてたから、少し落ち着いたドラマで（笑）。

――小町さんが事件を解決するアケボノギクの所在を知っていて、でもそれを使うと彼女が消えちゃうことを知った時の剣二とのやり取りは印象的でした。

山口　細川さんが、台本を読んで想像していたのとは違うイメージで演じられた。要するに、泣いたんですよね。台本には「泣く」というのはないんです。

小町さんは泣くことが結構あって、やっぱり目の前で女性に泣かれると気持ちが動くので、そういう部分で僕の芝居も変わったところがあると思います。

源　不思議だね。

山口　すごくいい人で、気さくな素敵な人なんです。フワッとしてて、掴みどころがないと言いますか。そういう人に目の前で泣かれると……。

▼読唇術で白波と会話

――白波の喋り方は他の二人より明確にトーンが低いですね。ザンリュウジンを呼ぶ時も呟くようだし。

黒田　ボソボソ言ってましたね。

それは最初に白波という役が決まった時に、自分でメモに書いていたんです。「（過去は）こうだったのではないだろうか」と。でも自然に暗くなってましたね。特別狙ったわけではなかったんですが。

山口　基本的にみんなテンション高い芝居なので、白波のトーンの低さはすごく面白かったですね。

――白波は変身装着シーンもトーンが同じ。

黒田　そうですよね。でもニキビを作るなと言われたのに、当日ニキビが出て（笑）。

山口　変身バンクで。ずっと使うのに。

黒田　声に関しては、音響のスタッフさんだけは「もうちょっとだけ張ってくれよ」と（笑）。

源　内心はみんな動揺してたよ。

岡　すごい動揺がありましたよ。

黒田　そう言われたので、17～19話の原田組の、トラウマが明かされるところでは、逆にすごいテンションが高くなって声を張った記憶があります。「あ、大きい声出るんだ」と言われましたからね。

山口　サンダーイーグルだっけ（18話「封印されし翼！　サンダーイーグル！」）。上と下で話す、あの時もだよね。剣二と不動は、遠くにいる白波に対して、届く声で喋るんですよ（上を見て）。でも白波はいつものトーンなんです（笑）。

源　絶対に聞こえないよね。

山口　（隣の黒田さんを見て）この距離で喋るぐらいのトーンで喋るんですよ、上で（笑）。

黒田　そりゃ読唇術ないといけないですよ。

山口　読唇術すら使えないよね。

岡　剣二と不動は下にいて、白波はほとんどキャメラに向かっているから、二人にむしろ背を向けている。唇すら見えない。

山口　映像で見てどうなんだろと思って、俺。（笑）でも映像で見ると成立しちゃう。面白いもんで。

――エンジェラ（23話「宇宙からの訪問者」）の時、ザンリュウジンも大きな声を出してましたね。

源　ザンリュウジンがぶッ壊れる回でしょ。

山口　ザンリュウジンが初めてちょっと声を張るんだよね。「ああ～ッ！」みたいな（笑）

源　（笑）。機械的なザンリュウガンが。

黒田　いつもクールだもんね。

山口　この時の24話「空中大決戦！」は、すごかったですね。迫力ある映像だった。

源　すごかったね。空中戦。参戦してないけどね。リュウガンオーは飛べないからね。

黒田　ずっと「飛びたい」「飛びたい」って言ってたもんね。

山口　それが不動さんの良さなんだよね。飛べないことにべつに何か言うわけでもない。「俺は俺の仕事をする」と言って援護に回る。あそこら辺がズルイ。

結局、剣二は派手なところを全部持ってくけど、
実はおいしいのは、白波だったり不動だったり(笑)。

座談会時の三人。左より源、山口翔悟、黒田耕平(撮影/延藤学)

スーツアクターの(山口)照雄さんも言ってたもん。「僕も派手なアクションしたい」って。全部、リュウケンドーの必殺技はバンクになっちゃうから。
　リュウケンドーが大技で大ボスを倒す時はだいたいCGです。だから細かいかっこいいアクションがあるのは、白波だったり不動さんだったりするんです。それは照雄さんがよく言ってましたね。

▼剣二の能天気さがいい

――「狙われたあけぼのステージ」(35話)で、ギャラリーの前でカットを割らずに不動さんがアクションをする場面はキマッてましたね。

山口　俺、結構好きですねこの回。
　俺マモスケの着ぐるみを着て、戦うんですが、自分が入ってやらせてもらえたのは嬉しかったですね。原田さんと大道寺さんが「出来るだろ」と(笑)。

岡　その前に、29話(「誕生！　ゴッドリュウケンドー!!」)でそもそもマモスケの着ぐるみを剣二が着るようになっていた。

――ひょっとこのお面よりマモスケの着ぐるみで。

岡　それが楽しかったんでしょうね。だからもう一回35話で着せちゃおうぜと。

山口　でも俺、ゴッドリュウケンドーになる時とか、主人公がパワーアップするところで、マヌケなお面を被ってくるって、「すごいなあ」と思いました。
　それが、まぬけな感じで、半分焼かれて……。

黒田　そうそう。ちょっと顔が見えんだよね。

山口　それでも頑張る姿が、逆にいいんですよね。

黒田　カッコ良かった。

山口　それは「原田監督お見事だな」と思いました。
　俺すごく好きなのは、SHOTで天地司令が、顔がバレちゃダメだから、「これを被って行け」とひょっとこのお面を見せて真剣に言うんです。それを見て剣二が「もうちょっとカッコイイのないすか」(笑)……あれスゴイ好きなんですよ。

――あれも山口さん流にリアクションしてくださいって感じだったんですか？

山口　そうですね。真面目に言うのか、ちょっと明るく言うのか、迷ったんですけど……。

岡　セリフは台本にあったと思うんだけど、あの言い方になるとは思っていなかったので、翔悟の芝居を見て「あ〜いいな」と思った記憶があります。

山口　(清水)圭さんの芝居もあったんです。圭さんがものすごく真剣に、「持ってけ」とひょっとこを(笑)。そうですね面白かったですね。

――リュウケンドーが進化して「神ともならん」というセリフがある同じ回なのに(笑)。

山口　すごいと思うのが、ゴッドリュウケンドーになって、すごくカッコイイ勝ち方をして、パワーアップしたのに、次の「迷いのトンネル」でかなり調子に乗ってるんですよ剣二が。強くなったことに。

――市子に向かって「ゴッド」って強調するところですよね。

山口　それもいいなと思いました。強くなって成長してそうだけど、根本は変わってない。

黒田　なかなか普通見せないよね、そういう一面は。

――44話の「閉ざされたあけぼの町」は剣二がずっとラーメン屋さんにいて、その間みんな困っている。

山口　そうですよね。ラーメン屋さんロケめぐりがある。ラーメンを食べながら「あれ、いま『リュウケンドー』撮ってんだよな？」と思って。

一同　(笑)

黒田　グルメ番組？
山口　しかも剣二が、食う度に、ちょっと批評するのよ（笑）。それも特に決まってなかったから、アドリブ。とんとん亭と比べてどうなのかとか。
　ＯＮとＯＦＦというか、ただカッコイイだけじゃない。そういうのは原田監督も狙ってたことでしょうし。

▼鈴のところに駆けつけたい

――最終回近くの「黒い月夜のクリスマス」（51話）は剣二の硬派な部分が出ている話でした。
山口　剣道の少年との間で剣二らしさが、すごく出てます。いい話ですよ。
　剣二と鈴ちゃんの関係がここですごく出てきますよね。俺、この台本を読んだ時に、剣二の鈴ちゃんへのケアがまったくないと思ったんです。剣二は「なんで早く言わなかったんだ」と怒って、バッとジャークムーンのところに行っちゃうんです。鈴ちゃんは「帰ってきてね」という感じで、一人で、「これで良かったんだよね」と自分に言い聞かせる。
　そのラストシーンが、クリスマスのプレゼントを持って鈴ちゃんが一人で町で待っているというシーンなんですが、あれを読んだ時に、非常に切なくなりまして……。
源　（深く頷く）。
山口　もうどうにかして俺は鈴ちゃんのとこに駆けつけたいと（笑）。
　俺、たしか原田監督に相談したんですよ。ラストシーンで会うところまでいかなくていいから、鈴ちゃんが待ってるところに、走って帰ってくる姿を引きの画でもいいから入れるというのはどうですかと。
　俺としては「駆けつけてぇ!!」と思ったんです。これは、剣二の気持ちなのか山口翔悟の気持ちなのか。こんな健気に剣二のことを想って、心を鬼にして、言ってくれた鈴ちゃんを、放ったらかしにするのが辛くて。きっと、その後は放ったらかしにはしてない、そう信じてるんですけど……そこは監督に相談しました。一番相談しましたね（笑）。
――原田監督は？
山口　「俺はそこまで見せたくない」と。そこら辺は、見てる人に委ねたいって。「でも剣二は、鈴に会いにこの場に来てますよね？」と言ったら「そりゃ来てんじゃないの」と（笑）。
黒田　監督は照れ屋さんかな、もしかしたら。
山口　この回も印象に残ってますね。ジャークムーンとの男と男の関係もすごく好きなんです。

▼リュウケンドーからの卒業

山口　大ボスを倒したのに、最終回の前に、ジャークムーンを最後の敵として持ってくる。これは秀逸だなと思いました。そして最終回に魔弾龍との別れが描かれる。
　でもすごくさみしかったです。台本読んだ時から。単純に『リュウケンドー』を撮り終えるさみしさもありますし、二人もそうでしょうけど、魔弾龍というのは相棒なんです。
源　わりときっちりね、最後まで描いてくれた。
山口　変身できなくなるわけですからね。
　ただ一つ、俺、悔いが残ってることがあるんです。最終回で、ゲキリュウケンに鳴神流の剣術を見せるんです。じいちゃんのお墓の前で。
　最初は別れることを剣二は拒みますが、その気持ちを振り切って剣術を見せて、気持ちを整理する。
　その剣術を見せる前に、ゲキリュウケンと、出会った時はどうだった、なんで俺だったんだと会話するシーンがあるんです。本当はその流れなんですが、なぜか剣術を見せる方から撮ったんです。
　自分の気持ちを持って行けたかすごく自信がなくて、「こんなんじゃないんだ」という思いがありました。もっと順撮りしてたらと。役者としてテクニックでやるべきなんでしょうが、気持ちの持っていき方が非常に難しかったです。その悔しさは正直残ってますが、でもすごく素晴らしい最終回でした。
――最終回は変身後のスーツの中に入られたのですか？
山口　はい。
黒田　翔ちゃんあれジャークムーンの時に入ったんじゃなかったっけ。
源　最終回も入ってた、最後の二回入った。
山口　そう、俺ジャークムーンと戦ったもん。
黒田　初めてマスクを付けて、「リュウジンオー、ライジン！」って僕としてはやったつもりなんですけど、「君ィ」と呼ばれて（モニタの前に）映像を見に行ったら、「リュウジンオー、ライジン！」って言いながら思いっきり下を向いてました。
源　面はちょっとの角度で表情が変わるんだということがものすごくわかった。全然違うよね。
――最後はみなさん自分自身の名前で「ライジン」をしましたね。
源　あれは良かったねえ。あれは、最初は剣二だけのはずだったんだよね。
黒田　あ、そうなんや。
山口　鳴神剣二がライジンして終わりだったんです。

台本では。原田さんが最後三人で「ライジン」と。

黒田　嬉しいなぁ。そうやったんや。

源　武器を持たないで変身ポーズ。

山口　そして「大人になったな、剣二」……いやいい作品だね！

一同　（湧く）

源　一年間やってきたすべてとの別れが、ゴウリュウガンとの別れや魔弾戦士としての別れにリンクしてしょうがなくて、尚更別れのシーンで面を付けて中に入れさせてもらえたのが嬉しかったです。

黒田　最初の段階から一緒に作っていくという感じで、すごく委ねてくださったので、最後までそういう風に、台本にはなかったところを作って頂いたことはすごく嬉しいです。一緒に卒業出来たというか。

▽みんなで終わりたい

山口　クランクアップで、オーラス（撮影の本当の最後）が『リュウケンドー』の主題歌を入れて、みんな一緒に踊るというのも、原田監督が決めました。「みんなで終わりたい」と。

あの終わり方もね……。

黒田　素敵。

源　うん。

山口　原田さんも、終わって色々話した時に「僕も今まで長い撮影の作品に携わってきたけど、ラストカットで、ここでＯＫ出したら終わりだ、終わらせたくないと思ったのは初めてだ」って。「こんなにいいチームは初めてだ。これはもう奇跡だ」と話してくれたんですよ。それが印象的でしたね。

源　みんなダンスしてて、すごく楽しいんだけれど、終わっちゃうさみしさ……。

黒田　あるよね。

山口　不思議な空間だったよね。テンションみんな高いんですよ。単に楽しいですし、みんないるし。本当に仲良かったので、みんなで踊るって嬉しいですし。でもどこかでみんなやっぱり「これで終わるんだ」っていう……。

源　独特な空気だったね。

山口　でも、どこかしら信じてた……ぶっちゃけ映画化というのを（笑）。

黒田　「終わりじゃねえぞ」って。

山口　原田さんも、やりたいと言ってましたし。

僕も、スタートは先ほど話したような感じで、原田監督がいなかったら、この作品に携わっていなかった。それがこんな素晴らしい作品で、原田さん含め、キャスト、スタッフ、本当に奇跡のチームだったと思います。

しかも『リュウケンドー』は、他のヒーロー番組とは違って本当にゼロからのスタートで、意見を出し合って、スタッフ・キャストの枠を取っぱらって、みんなで作っていった。

色々あってオンエアが、撮影後になったことも、俺はすごく良かったなと思っていて、来年からその作品をぶつけるために、みんなで作りあげようという気持ちが強まったと思うんです。

オンエアが始まっていたら、どこかで気持ちが流れちゃうというか。もちろんオンエアによって引き締まる部分や、反響があったりしてモチベーションが変わる部分があったのかもしれないですが。

源　途中で批評とか聞いちゃって変に変わっちゃったりしないで、作り上げたものをぶつけられる。

山口　本当に愛情を持って作り上げたので、それをお見せする機会が全部撮り終えた後ということで、「これで勝負」という感じが強く出た気がします。

黒田　追われたって感覚ないもんね、時間にね。

山口　だから本当にどういう反応が来るのかというのが、余計に気になりました。

あとはスタッフの人は特に、その作品が終わったら次の作品じゃないですか。違うヒーローが出てくるから、それに向かってもう動いてるわけで……。

黒田　次の準備もあるしね。

山口　でも『リュウケンドー』は、『リュウケンドー』だけだったんです。みんながみんな。スタッフ・キャストのメンバーもそうですし、オンエアが遅れたこと、松竹で初めてやったってこと、こういった作風、素晴らしい作品だったということ……。

黒田　奇跡だよねぇ。

――最初は抵抗あったけれども……。

山口　いやもう最後は「出て良かった」としか思わなかったですね。

▽原田監督とのお別れ

――原田監督の葬儀の際、山口さんが弔辞を読まれていましたね。

山口　僕、あの前日のお通夜で、弔辞を読んでくれと告げられたんです。プロデューサーの、ドッグシュガーの片嶋（一貴）さんから。「お前に弔辞を読んで欲しいんだけど、やってくれるか」と言われて、やらせて頂きたい気持ちはやまやまなんですが、原田さんは『リュウケンドー』だけではないじゃないですか。ウルトラマンもやってますし。他のキャストも、俳優さんも来てるわけなので、「俺でいいんですか」というのがまずあったんです。

でも片嶋さんと色々話して、原田さんは『リュウケンドー』のシリーズを作り上げた張本人ですし、それに賭けた想いもありますし、そういう中で主演を務めた僕が、最後に言葉をと言われました。「ぜひやりたい！」という気持ちと、不安が本当に入り乱れてましたが、みんなから、山口翔悟らしく、思ってることを言えばいいじゃん、弔辞だからって形式に囚われるわけでもなく、という声を貰って、「ぜひやらせていただきます」と言ったんです。

僕この歳で弔辞読む経験をすると思ってなかったんですが、僕にとっては『リュウケンドー』は特別な作品で、そのメインの監督を務めた原田監督は、僕を拾ってくれた監督でもあるし、その後の仕事が出来ているのも、『リュウケンドー』の経験があったからなのは絶対間違いないので、今の自分があるのはこの人がいるお陰という気持ちがあったんです。弔辞で何を言ったかは正直憶えてないですが。

普通、紙に書くんですよね、弔辞って。べつに書かなくてもいいらしいんですが、書くのもなんか……と思ったんです。もう、思ったことを言おうと思って。言ってたら案の定こみあげてくるものに耐えられくなりました。

▼答えはそれでいい

黒田　この二人は当時あまり酒を飲まなかったんですけど、僕は初めて会って以来監督のことを好きになっていて、たまに電話して飲みに行ったりしてたんです。その時も、まったく病気のそぶりもなく僕よりもガンガン飲んでた。調布とかで。だから監督が病気だったってことを僕は知らなかったんです。
源　僕は『リュウケンドー』をやり始めて、最初の頃、不動銃四郎、リュウガンオーを僕がやらせてもらってますが、キャラクターとして、今のままでいいのか、原田さんに相談したことがあるんですよ。
――それは、何か不安があったんでしょうか。
源　映像作品が初めてというのもありましたし、ヒーローものに対しても、ハッキリしない不安な要素があったので、とりあえず自分の作ったイメージで取り組んだんですが、メイン監督の原田さんは、どういう風に思ってるのかを知りたかったんです。
――原田さんはどんな風に答えられたんでしょうか。
源　すごい笑顔で「全然大丈夫大丈夫、今のまま、やっていったら、どんどんキャラクターが立っていくから」と。
ものすごく僕はそれに救われたんです。そこで相談してなかったら僕は自信を持って不動銃四郎が出来なかったと思います。普段の原田さんの笑顔と「全然大丈夫」と言ってくれたことが、ものすごく僕の中に残ってて。
山口　俺、『リュウケンドー』が終わって色んな作品をやらせてもらってますが、ある作品に出た時にすごく怖くなっちゃって、演じる自信もなくなって、「ダメだな」と思った時があったんです。大阪で撮影してたんですが、「こんなに芝居って辛いっけ」と思って、どんな気持ちでお芝居してたかわかんなくなっちゃって、その時ホテルにパソコンがあって、『リュウケンドー』を見たんです。そしたら俺のイキイキしてること！
一同　（笑）
山口　もう全然違うんです、顔が。今見ても思うんですが、すごくイキイキしてるんです。だから逆に危機感を感じました。これぐらいいい顔してやんなきゃダメだなあと思って。そういう体験が出来たのは原田さんのお陰でしょうね。本当にびっくりした。
源　たまに家でDVDを見ると、楽しいというか「やっぱ『リュウケンドー』いいわ」と思いますね。
黒田　本当、あの時の空気というか……ベストメンバーだったよね。
山口　全員、オールキャスト「その人しか出来ないでしょ」ってのがあったもんね。まあ、俺が言うのもなんですけど、完璧だったと思います。（笑）
キャスティングでも原田さんの力は、白波を耕平で、不動を源で、ましてや剣二なんて嫌がってる人間を引っ張り出してやらせて、すごいなと思います。どこをどう見て選んでくれたのか……。
黒田　訊いてみたいね。
山口　俺、訊いたのよ。「なんで俺だったんですか」と。結構、反対意見もあったらしいんです。プロデューサーやスポンサーの方から「彼は本当に大丈夫なのか」という意見や、もっと「がんばります！」という人にやらせた方がいいんじゃないかという意見があったらしいのですが、一貫して最後の最後まで原田監督が「山口がいい」と言ってくれた。
それで、最終回が終わった後に、原田監督にその質問をしたんです。
――そうしたら監督は……。
山口　「『リュウケンドー』は奇跡のチームだったけど、奇跡のチームの主人公はお前がやったんだよ。それがすべてだ」と言われました。「なんでというよりは、あんなに素晴らしいチームが出来あがって、その主人公を演じたのはお前なんだ。それでいいんじゃないの」と。

●リュウケンドーヒロイン

井村空美（左京鈴役）・**乙黒えり**（中崎市子役）・**仲程仁美**（高倉律子役）

オブザーバー・**岡秀樹**（監督・助監督）・**塩川純平**（助監督）・**鍋島淳裕**（撮影）

座談会

原田監督は、優しさの中にこだわりがある

▼父親のような原田監督

井村空美　私が最初に原田監督とお会いしたのはオーディションの時だと思うんですけど、東銀座の松竹のけっこう上の階で、二〇〇四年の夏。

乙黒えり・仲程仁美　憶えてる。

井村　入った瞬間に、部屋がすごく広かったんです。奥の方にみんながいて、すごく変だったので笑っちゃってたんです。それで場が和んだのか、アットホームな感じでオーディションが進みました。そういう雰囲気は後から考えればすごく原田さんらしい。原田さんの印象は……お父さんみたい。

一同　（笑）

乙黒　穏やかーな。

井村　緊張しなかったです。だから。

お父さんみたいだったから緊張しなかった……っていうのも変ですよね（笑）。

ちゃんと目を見て喋ってくれるし。監督って恥ずかしがり屋な人が多い気がして、こっちも緊張する時があるんですけど、原田監督は人間的で優しい。

仲程　マイペースな感じするよね。

乙黒　オーディションの時でも、監督として見てるというより、普通に人としてちゃんと会話してくれている感じがしました。

――「選ばれている」という感じではなく……。

乙黒　話しやすかった印象です。

仲程　私の時は終わってくれなかったんです。ずっと喋っているから、「そういう風にしてると私ずっと喋ってますよ」と言ったら「いいよ、喋ろう」と言ってくれた思い出があって、すごく楽しかった。

あの時は受かりたかったから、必死になって喋っていた（笑）と思うんだけど、でも普通のオーディションの、ただ演技して、アピールして、名前を言って、それで帰るという流れとは違ったんです。もっと何か……。

乙黒　内面的なものを……。

仲程　うん。喋ってていいから、と引き出してくれる。そういう言い方をしてくれたり、時間を与えてくれたのがすごく嬉しかったです。

塩川純平　原田さんは、基礎的な芝居とかその人のキャラクターを、わりと早急に判断しちゃうんです。たとえば一つセリフを言ってもらうでしょう？　そうするとヒーロー役にしても、「このコは長野（博）だ」「このコはつるの（剛士）だ」と、そういう言い方で最初に鼻で感知する。それで更に掘り下げていきたいから、たぶん個人的な話とか、そういうところを楽しんでいた気がしますね。

――井村さんは最初から鈴役としてのオーディションだったんですか。

井村　はい。その場で2話の、最初に剣二が警察の受け付けに来て、鈴と会話するところの台本を読んだんです

――鈴が爪かなんか研いでいて、やる気なさそうにしてる感じの……。

井村　そうです。あれを何度かやりました。

――役柄の説明は受けましたか？

井村　最初に剣二と会う時は蓮っ葉な感じ。特に最初の頃の鈴は八割方怒っている（笑）。魔物と戦っていても普通の女の子の部分があるのはわかるけど、ちょっと怒り過ぎかなと思いましたね（笑）。

初めてちゃんと原田監督と話せたのは、8話だっけ？

岡　本栖湖のロケの時（「水にひそむ魔」）。

井村　そう。本栖湖に行った時とか、エビの魔物がいっぱい出てくる回（10話「西から来た怪物」、あれは清水（厚）監督ですけど、ロケへ行った帰りにラーメン屋でみんなでご飯食べたんです。

鍋島淳裕　原田さんも来て。

井村　飲みに連れてってくれて。

原田監督は「ここはこうしなさい」と事細かには演出面ではなかった。本当に自然にいつも見守ってくれてる感じ。「思ったようにやっていいんだよ。どうぞ」という感じでした。

▼婦警コンビは運命の二人

乙黒　私はオーディションで喜怒哀楽一通りやった。

笑顔と、悲しい顔と……。

仲程　私、それで突っ込まれた気がする。本当にそれで笑顔？　なんかもっとあるんじゃないって。

乙黒　そんな感じ、そんな感じ。

仲程　オーディションは（殺陣の）大道寺（俊典）さんとかいたの憶えてる。すっごい「なにこの人」って思った。

乙黒　怖い。

一同　（笑）

塩川　ヤクザみたいだもんね。

井村　緊張した。

仲程　なんかちょっと怖いなと思った。

乙黒　でもオーディションの時みんな優しかった。

仲程　「明るくていいね」「元気元気！」「だけどヒロインっていうよりも……」と言われて、「あれ？　ヒロインじゃないのか」と（笑）。

乙黒　（笑）

――乙黒さんと仲程さんがコンビの婦警で息もピッタリでしたが、撮影までお二人で会ったことは？

仲程　オーディションでは顔合わせてなかった。なんか原田さんが、それぞれを見て、合うと思ったらしく、撮影の時に「はじめまして」って入って、やっぱ話してみると共通点が多くて、息も合って。

乙黒　演技も、気付いたらアドリブが一緒というか。

仲程　タイミングが一緒なんです。そういうのも、監督わかってたのかと。

乙黒　未だに大親友。よく引き合わせてくれたなと。

仲程　うちらは本当に自由だったよね。ひと言だけ言われたのが「好きにしろ」って。「そのままやってくれ」って。たまに「アドリブをしろ」って、あえて言ってくれたり。台本のセリフは終わっているはずなのに、私達がずっと喋っちゃうと、キャメラを回してくれて、オンエアでも使ってくれた。

乙黒　ノリというか、テンションのままやってた。

仲程　だから二人とも結構、よく話すようになったし、「じゃこういう風にしてみる？」って。

岡　「黒い月夜のクリスマス」（51話）で鈴を二人でからかう場面、「いつ？　どこ？　地球が何回まわった時？」というやたらテンション高いあの芝居は、どうしてああなったのかな？

仲程　二人のタイミング良く合っていましたね。あれもアドリブなんです（笑）。サンタの帽子を被ってテンション上がっちゃいました。

乙黒　テンション上がり過ぎて興奮し過ぎて……盛り上がっちゃったんだよね。

岡　でも原田さん、まったく野放しだったんじゃないんです。テストが終わると二人に小声でちょっとだけ何か言って監督席に帰っていく。本番までその繰り返し。いったいこの人は何を言っているんだ？　と思って耳をそばだてたんだけど、感想しか言ってないの。「可愛いね」とか。呆れてたら、あっという間にあのテンションのお芝居になっていった。

仲程　そういう風に、盛り上がったものを、すぐそのまま出してた。出せるような場を作ってくれた。

岡　だからみんな……。

乙黒　暴走（笑）。

源さんや山ちゃん（山口翔悟）も、結構ノリノリだったから、空き時間に話してるとアガッてくる。

仲程　普通は台本があるじゃないですか。ある程度、語尾をいじるぐらいで。でも『リュウケンドー』はその場で色んな変化があった。セリフも変わるし、リハーサルと本番が違ったり（笑）。

乙黒　キャメラワークも合わせてくれた。

鍋島　お二方が自由にやってるし、監督から「こう撮ってくれ」と事細かに言われた記憶はない。

塩川　「こういう風に撮ります」と段取りを組むんじゃなくて、まず役者に芝居してもらって、アングルをちょこちょこ決めたら、後は、いい意味でスタッフやキャストに任せてた。

仲程　『リュウケンドー』の時は演技の経験もそれほどなかったから、探り探りでした。なかった分、好きにやっていいよと言われた時に、どんどん出すことが出来た。恐れずに。台本に書かれたものが全部じゃないと思えるような場所、次は「こうしてみよう」と思えるような場を作ってくれた。

▽どっちにするの？

塩川　剣二が鈴と二人で、始末書の書き方を教えてもらってる時に、「その時二人の距離は何十センチ」ってのがあったでしょう？（36話「戦う幽霊」）

井村　言ってた言ってた。

――突然ゲキリュウケンがナレーションみたいに言ってました。脚本にはありませんでしたよね。

塩川　ええ。あれを現場で監督がモノローグっぽく言うんですけど、監督のイメージかなと思ったら、本当に本編に入れてたんです（笑）。

井村　現場ではどういう意味なんだろ？　って。

塩川　普通は、助監督に「ここでゲキリュウケンの声を入れるから、役者さんの芝居のタイミングを見ておけ」となるんだけど、べつに誰に指示してじゃなくて、監督自身が現場で呟いてた。

鍋島　あそこで「絶好の好はなんて書くの？」と剣二が訊いたら、鈴が「好き」というところもあったでしょう？　あれはすごく好きなシーン。
――視聴者に対して思わせぶりな……。35話「狙われたあけぼのステージ」のラストシーンで鈴が、剣二とお見合い相手の浩のどっちを選ぶのと聞かれて、「こっち」と真ん中を指差すシーンもそうでした。
鍋島　キャメラの手前、真ん中には実はマモスケの着ぐるみがいる。
乙黒　（原田監督は）マモスケ大好きでしたね。
　だって原田監督が裁判員制度のビデオ『審理』を撮った時に、私出たんですけど、監督はマモスケのTシャツを着てた。撮影中に「ちょっと」と呼ばれて「いいでしょ」って見せられた。
――「こっち」って指差した時の鈴ちゃんに惚れたと鍋島さんが言ってたと原田さんから聞きました。
鍋島　すごく良かったんですよ。その顔が。
井村　（笑）
鍋島　毎回そう言ってたのかもしれないですが（笑）。
塩川　たしか、そのシーンを撮ったのは、その日の最後のカットとしてだったんです。全機材、全スタッフも集中させてそのカットを撮っていました。みんなモニタを見て「ああ～可愛い」と言って、
――そういう注目を井村さんは感じてましたか。
井村　キャメラに向かって笑顔を見せるってあんまりないじゃないですか。逆にすっごい緊張しましたね。
鍋島　あんなに神経使った撮影ないですね。
井村　（笑）
塩川　スタッフが精力を挙げたカットでした。照明も……。
鍋島　ライティングはもう素晴らしく凝りましたよ。
井村　（微笑）
鍋島　撮影に一時間あるとしたら、五十分はそのワンカットに使うというイメージで。
――指差す方向が微妙だから、悪戯っぽい笑みでもありますよね。
井村　あれは、鈴が指差したいのは剣二なんだけど、でも真ん中で……っていう。見てる人にはわからないようにと監督に言われたんです。
塩川　「どっちを見てるかわからないようにやって」というのと、「明らかにどっちかを見てやって」というのをいくつかやってもらったんです。原田さんとしては見てる側に絶対わからせないように。
鍋島　意味ありげな顔で終わるの多いですね。この回もそうだし、クリスマスのプレゼントを持って待ってる時の表情（「黒い月夜のクリスマス」）も。
――原田さんは、もうその頃には言わなくても井村さんはそういう表情が出来てたと言ってました。
鍋島　僕は原田さんに〈女優さんを可愛く撮る〉ということを教えてもらいました。ヒーロー番組なんだけど、原田さんと飲んでても、ほとんどアクションの話は僕の印象ではなかった。今回のこの話は、たとえば鈴ちゃんをこういう風に撮りたいとか、市ちゃん律ちゃんをこんな感じとか、そんな話が多かった記憶がありますね。監督の台本にはそういうことしか書いてないんです。
塩川　「俺は男の背中を撮るのがうまい監督だ」とずっと言ってたんです。「でも今年は違うんだ。今年は女の子を綺麗に撮る」と。
井村　嬉しいですね。『リュウケンドー』は特撮ものですが、原田監督の回はドラマ部分を演じてても印象深いです。恋愛だったり友情だったり、ドラマの印象が一番あるのが原田さん。
鍋島　すごく情感がある。
井村　あと、綺麗なものが好きだったなと。1話を見た時から私思ったのですが、土手の上を剣二が歩いてきて、すごく花が綺麗で、それを見た時から「ああ、こういう画を撮る人なんだ」「こういうところに凝る人なんだ」と、なんとなくわかりますよね。
――ちょっとしたチャーミングさや、世界観におおらかさがありますよね。
井村　私にとってはすごく大きい存在の監督です。あったかい人ですね。会った時からそうだったし、とにかく、私自身、色んな表情を引き出してもらえて、初めて「あっ」と気付くことも結構多かったです。「私ってこういう風に映るんだ」というか。ちょっとした遊び心みたいなものも、合間にあったりして「とにかく楽しくやろう」というのが強かったと思うんです。だから演ってても本当に楽しかった。
――「狙われたあけぼのステージ」では遣い魔を投げ飛ばしてチョップをしたり、マモスケのぬいぐるみをホイっと渡して驚いたところをパンチするなど、原田監督の回では鈴のアクションもありました。
井村　鈴はアクションはほとんどなかったので、まさかあそこで自分がやるとは思わなかった。
――意外な効果がありました。
井村　たぶん現場でその時に言われたんだと思う。あの回は結構楽しかったです、やってて。
――敵に捕まるシーンも無理やり捕まるんじゃなくて……。
井村　「……しょうがないや」みたいな。

▽コスプレはアクション解禁の勢いで

――17話（「悪夢はいかが？」）で市子と律子がチャイ

ナ服を着た時以来、コスプレが全開になったと原田さんが言ってました。
仲程　「原田監督といえばコスプレ」ってイメージがすごくある。
乙黒　私達、コスプレ要員みたいな感じが……。
　でも初めてチャイナ服を着た日はすごく楽しくて、エンディングを撮るためだけに、何時間かけたかわからない(笑)。すごくテンション上がってて、現場が盛り上がった。
――チャイナ服でカンフーやりましたね。
鍋島　相当練習したでしょう？
乙黒・仲程　練習しました。
乙黒　剣武会に行って。
仲程　実はずっと「アクションやりたい、やりたい」とあたしたちが言ってたんです。監督に。そしたら大道寺さんに話をしてくれて、それで剣武会に通った。「ちゃんと出来たら出してあげる」と言われて、二人で猛特訓したんです。
鍋島　この時のチャイナ服のアクションも台本にはまったく書かれてないんだよね(笑)。
仲程　私達の場合、敵と戦う時って、失敗する方が多いんです。邪魔になっちゃう。二人とも一生懸命なんだけど空回りしちゃう。それでヒーローが私達を助けてくれる場面が多かったじゃないですか。
　でも二人とも一生懸命「アクションをやる時はやる」という部分は作ってくれて……。
乙黒　その時の勢いにコスプレがあったと思う。
――じゃあコスプレは始めにアクションありき、だったんですね。
仲程　なにか「成りきる」という話から始まっているので、中国風にやる、じゃチャイナ服にしようとか、囚人みたいとか、テニス服とか、チアリーダーとか……。
鍋島　だって現場で衣装待ちずいぶんしたもん。
乙黒　記念撮影がすごく多かったです。
塩川　記念撮影の時に着回しでチェンジしたりもしてた。
乙黒・仲程　(笑)
塩川　とにかくこの撮影を終わらせたくないという。
仲程　撮ってもなんか結局使ってないのかな～みたいな感じに思ってたら、エンディングが流れた時に、「ここ!?」みたいな。すごいびっくりして。
乙黒　男装は使われなかったね。
――そもそも『リュウケンドー』が始まった時、市子と律子も戦うというのはあったんですか？
岡　川崎さんが勢いで膨らましました。確信犯的に。
――1・2話ではどちらかというと、町民に「被害届を出してください」と言うだけで自分達はなんにもしない。でも川崎さんの3・4話で、何の説明もなくいきなりバシバシ撃ちだした。
乙黒　暴走しだした。
――性格が変わってますよね。
乙黒　勝手しはじめた。
――原田監督が担当した、市子と律子の話では「迷いのトンネル」(30話)がありましたね。
乙黒　私がズボンを切り裂かれてる。探偵みたいな感じの衣装の。
仲程　原田さんと確認しながら「これぐらいはいいんじゃない」って大道寺さんが切ってったんだよね。
塩川　絶対殺陣師の権限じゃないと思うんですよ。ハサミを持って(笑)。太もものラインを切って。
乙黒　原田さんも「うん、うん」と(笑)。まんざらでもない感じ。
仲程　コスプレをした時の佇まいとか、言われなかった？　ナメで足から撮る時も、「これは絶対外せない」と。「それ趣味なのかなぁ」って(笑)。
岡　自由な番組だったよね。
仲程　衣装も、原田さんともちろん一緒に決めて、長い間衣装合わせしたね。
仲程　私はカウボーイ。
――市子がSWATにスカウトされる話で。
仲程　行くの行かないの？　そこで少し友情が……。
乙黒　戦ってるのに「なんで言ってくれなかったの！」って。
仲程　後ろでリュウケンドーがアクションしてるのに、手前の二人の会話を入れて。バランスが面白い。
乙黒　あれも勢いで格闘をやってのけるシーン。
仲程　だんだんアクションさせてもらえるようになってきてたんです。ずっと剣武会に通って。
乙黒　自分達も身体のリズムが出来てきたし、使ってもらえるようなものを、出来るだけ自分達も作りたいと思って。毎週(特訓)やってました。

▼原田監督のイメージは「ロマンス」

――鈴ちゃんのお見合いの話も印象的でしたね。
井村　憶えてます。衣装合わせの時から、監督とじっくり一緒に選びました。ちょうどその時、衣装いつも選んでくれてたみのりちゃん(中村みのり衣装助手)が来られなくて、松竹で監督も立ち会いで選んだんです。お見合いに着ていく衣装と、その前に鈴が、お洋服屋さんで何着か試着して出てくる時の衣装を、色々見てたんですが「どれでもいいの選んで」という感じだったので、そういう時の優しさが、

座談会時の三人。左より乙黒えり、井村空美、仲程仁美（撮影／延藤学）

逆にどういう風にしていいかわからなかった。

――まさに、着て行く服に迷う劇中の鈴と同じ状況だったんですね。

井村　はい。お見合いの回は、相手の浩さん役を、監督が選んだんです。その加藤（仁志）さんを見た時に、自分との画が見えたんです。「今回はこういう感じになればいいのかな」と。

　私は監督といえば「ロマンス」というイメージが強かったです。

――あの回は剣二のライバルの浩さんが嫌なやつじゃなく描かれているのが原田さんらしいですね。

井村　人の良さみたいな（笑）。

塩川　それでまた加藤くんが意外に、本当に浩みたいなやつだったんです。性格良くて腰が低くて。

井村　こんな人いたら、女の人は好きになるんじゃないかなと。「趣味は料理です」という感じ？（笑）。

一同　（笑）

井村　私は逆にあんまり話せなかったです。良い人過ぎて。すごく良い人なんです、本当に。逆に話すのに、緊張しちゃいました。

――鈴にはお兄ちゃんも出てきましたね（8話「水にひそむ魔」）。それをきっかけに、鈴が剣二の方に気持ちが向いていきました。

岡　藪の中から飛び出して来て、お兄ちゃんが助けに来たかと思ったら剣二だった。

塩川　あれだけのためにお兄ちゃんを湖まで連れてって（笑）。

井村　お兄ちゃんが生きてた時はあんまり仲良くないんです。それでお兄ちゃんが亡くなっちゃうから、しこりが乗っている。

――それまでツンツンしている印象の鈴しか描かれてなかったですからね。

井村　私も台本は話の順番に貰えるから、鈴にお兄ちゃんがいて、そういうことがあったってのはそれまで私自身知らなかったんです。「あ、こういうコだったんだ」と、掘り下げる材料になりました。

　だから、私にとっても大きかったです。それまではSHOT基地でちょろちょろって出てくる印象だったので、外に出て、魔物に接したりという回はあの時初めてだったし、ロケーションも本栖湖に行ったりして、初めてずっと現場に朝から夜までいた。

　（山口）翔悟くんと「なんか『もののけ姫』みたいだねえ」って、山を見ながら。

鍋島　お兄ちゃんが初めて出てくる回の撮影は富田（伸二）さんだよね？　僕はお兄ちゃんが再登場の時（51話「黒い月夜のクリスマス」）の方をやったけど、夕陽ばっかり撮った記憶がある。

岡　そう。回想の鈴ちゃんは光の中か、大望遠のボケの中にしかいないんです。

乙黒　学生時代の鈴ちゃん可愛い。似合うね、制服。

――原田監督はセーラー服ではなくブレザーにこだわったと言ってました。

岡　綺麗に撮ってますよね。

井村　お兄ちゃんはクリスマスプレゼントを鈴ちゃんに渡してたんです。それが二度目に出てきた時に私にもわかった。でもまさかの再登場（笑）。

　みんな、家族は出てこないですよね。バックグラウンドがないのに、私だけお兄ちゃんがいる。

岡　翔吾や源ちゃんは、どこでどう暮らしてるとかがない。

塩川　住まいは、剣二と不動が寝ていて魔物に操られた時（18話）に出てこなかったっけ？

岡　あれは宿直室。二人の本来の部屋は出てこない。でもレギュラーの女性群は、みんな部屋がある。
鍋島　ベッドとかね。
――海さんと鈴ちゃんは服を共有しているという設定があったんですか？
塩川　海ちゃんが後半、上京して来るんです。それで鈴ちゃんのところに居候してるという設定でした。だから着物じゃない服は鈴ちゃんの服を着ている。エンジェラの時（23話「宇宙からの訪問者」）に着ていたのもそう。
――エンジェラの冒頭で、鈴ちゃんと海さんとかおりさん三人で銭湯から浴衣で出てきましたね。
井村　ありました。その時も剣二がかおりさんにフラフラしてたから怒ってるという回だったんです。あれも原田監督だったな。そういう恋愛話がある。
仲程　（井村に）途中で髪型変わったよね？
鍋島　いつから髪の毛茶色になったのあれ。最初は黒かったよね？
井村　最初からです。最初茶色くて、前髪がなかったんです。
塩川　（佐藤）寛子も全然違いますもんね。最初は前髪あったのに、だんだんなくなってきた。

▼母性的なヒロインの鈴

――途中から剣二に鈴が惹かれるようになっていく展開になりましたが、演じている側の意識としてはいかがでしたか？
井村　恋仲というか……鈴が一方的に、反発しながらも剣二のことが気になってる感じですよね。8話の、お兄ちゃんの話の回で協力してくれて、ちょっと心を開くようになる。その後、浩さんとのお見合いの回で、初めて意識するって感じかな。あとはかおりさんが出てくると、ちょっとやきもちを焼いたりするのがわかりやすい。鈴はけっこうやきもち焼き屋だと思います。
なんかツンツンしてる。好きだけど素直になれない、っていう。
――クリスマスの回では、剣二に戦いの場に行かせないようにする鈴の葛藤が描かれましたね。
井村　あの剣二を見送るところ、めっちゃ憶えてます。最後の方だったし、すごく気持ちと気持ちのぶつかり合いのシーンだったから、とても緊張していたし、大事なシーンだったので。
この回も私けっこう好きな話です。相手は魔物ですけど、クムーンの関係も良かったし。剣二とジャーク、男と男の戦いみたいな……。
鍋島　戦いが終わった後も良かったよね、クリスマスの音楽が聞こえてきて。
塩川　あの時、鈴ちゃんの帽子がすごく似合ってた。
井村　たしか、何個か持ってった気がします。
――一人で待ってる時の鈴ちゃんの画も、原田さん「本当にきれいだった」とずっと言ってました。
鍋島　相当言ってましたね。
――その時にちょうど井村さんがCM出られてて、原田さんはそのCMよりもいい画を撮ってやると。
井村　（笑）
岡　「俺達の方が綺麗に撮れる」（笑）。
井村　でも、そういう「決める」と言われるシーンほど、撮った時のことをすごく憶えてる。実際モニタは見てないから、どう映ってるのかはわからなかったですが、剣二が来たか来てないかとか……そういう話をして。
岡　意味ありげなんだよね。最後に少し笑ってね。
井村　そう。
塩川　あそこで剣二が駆けつけて来たのを見せても良かったと思うんです。でもどっちかわからない。
鍋島　それは監督に何か言われてたの？
井村　うん。目線のこっちの方に……。
――剣二が来ているような……。
井村　いるんだよ、と。台本に書かれていることではなかった。現場で変わったと思います。
鍋島　台本には「帰りを信じて」と書いてある。
一同　あー！
鍋島　鈴ちゃんにしてみれば、もしかして戦って剣二が死んじゃうかもしれないのに。
井村　そう、そう。
鍋島　あの持っているプレゼントは鈴が渡そうとしてるプレゼントなのかな、それとも貰ったもの？
井村　鈴が渡そうとしてるプレゼントだと言ってました。
塩川　鈴ちゃんは、剣二がバカだから……悪い意味じゃなく……支えてくれるヒロインだったと思うんです。原田さんの回以外にも、移動要塞のマジューキに閉じ込められちゃった辻野さんの回（43話「わたしのヒーロー」）もそうだったんだけど、「信じてるから」という鈴の意識がすごく強い。鈴が信じてくれるから、剣二は安心して戦える。そういう鈴ちゃんの強さという印象が強かった。下手すると母性愛に近いようなところもあるのかもしれない。
井村　そういう気持ちありました。
塩川　肝っ玉母ちゃん的な……。
井村　ありました。私の勝手なあれなんですけど（笑）ありました。

SHOTの中でも女ひとりだし、司令の指示とかみんなに伝達するような役割が結構多かったから、しっかりしてるところもあるんだけど、あんまり他人に弱みを見せないところもあった。一言では難しいですが。すごく情に厚い、母性みたいなものは、強いと思う。はい(微笑)。

私はSHOTでもオペレーターの担当だし、剣二と恋愛したりしても、一歩引いて見てる感じが多い気がしてました、現場で。自分が入って行く時もあるし、一歩引いてる時もあると思う。回によって変わったりもするし。

▼最後に乙黒さんを撮った時

乙黒　『リュウケンドー』が終わった後、上海に私が留学している時に、ちょうど原田監督が上海にいらっしゃって、「案内するので、一緒にどこか行きましょう」と言って、一日中、夕方ぐらいまでかな、一緒にご飯食べに行ったんです。

私が中国語をちょっと話せたので、散歩したりお茶したり、すごく楽しく上海めぐりをして。夜に、原田監督がすごく好きなマッサージ屋さんがホテルオークラにあって、そこに行きたいとおっしゃった。耳かきと爪切りがすごく好きみたいで(笑)、全身やってもすごく安いんです。そこに二人で行って、二時間ぐらいマッサージを受けて、「また日本で会おうね」「じゃあね」って感じで。

塩川　僕が上海に原田監督の仕事で行った時に、原田さんがえりちゃんとプライベートで会う機会があったというのは聞いてたんです。その後、監督から電話で僕「乙黒の事務所どこだ」と訊かれたんですよ。あの時がたぶん『審理』の話だったのかな。

――『審理』は最高裁判所から原田監督に話があった時には全部キャスティングが決まっていて、乙黒さんの役しか、監督の希望を入れる余地がなかったと聞きました。あとは主演の裁判員になる酒井法子さんの息子の役が事情で交代になったぐらいで。乙黒さんの役は婦警の市子とは一転して、殺人事件の被告の妻でしたね。夫のした行為はお腹に子どもが居る自分を守ろうとした正当防衛なのか、過剰防衛なのかという……。

乙黒　妊婦役だったので、お腹にいっぱい詰めものを入れて、衣装合わせの時に原田監督から「大丈夫？」と言われて「頑張ってやってみます」と答えました。けっこうすんなり現場に行きましたね。現場でも、よく監督と話をしました。雑談とかも。

台本を読んだ時は、加害者の妻役だったので、すごく心境が難しくて、セリフも結構あったので「どうやってやろうかな」と考えました。あと大変だったのは、加害者と被害者に事件が起こったところで、揉み合いになる……ちょっとしたアクションというか、突き飛ばされるところがあって、私ぎっくり腰だったんです(笑)。その直前にアクション映画出た時になっちゃって、コルセットを巻いた状態で、突き飛ばされるだけでも悲鳴が上がるぐらい痛い。

――じゃあ迫真の……。

乙黒　そう。原田監督に「ここだけで終わるから頑張って」と言われて(笑)。

――結構ちゃんと突き飛ばされてましたね。

乙黒　はい。すごく痛かったですけど(笑)。

――役柄もシリアスだったし。

乙黒　そうですね。でも気持ちは入りやすい役でした。撮影もわりと順撮りで撮っていて、法廷も本物の最高裁を使ってやってたから、入り込み過ぎて、すごく胸が痛くなる時がありました。被害者のお母さん役の人が迫真の演技だったので。

――「息子の命を奪った男を重罪にしてください！」という。

乙黒　リハーサルの時からうわーッと来てて、なかなか経験できるものではないと感じました。

――乙黒さんのシーンだけまとめて撮ったと、キャメラマンさんに聞きました。

乙黒　ああ、それは私の時だけだったんですか？

――他は割と順撮りで撮っていたけれど、乙黒さんのところだけまとめて撮ったのはなんでなんだろうと言ってたんです。

乙黒　え？　なんでですかね。わからないです。それは。

ただ心情の部分はあったと思います。つながりで、気持ちが変化するし、全体の流れがあるので……。

――懲役五年の判決が出た時の複雑な表情も印象的でした。

乙黒　あれは二、三回やり直しました。「もうちょっとこういう風にしてみて」と。けっこう演技指導があの時はありました。

――表情ひとつで意味が変わりますものね。

乙黒　そうですね。シリアスな中でも、同じじゃなくてやっぱり色んな表情が求められましたね。

――判決を受けて、ある意味「しょうがないのかな」と思いつつも、自分の旦那が五年も刑務所に放り込まれるわけだから……。

乙黒　本当にそういうことを想像しながらやりました。微妙なところで。

――裁判員役の年長の俳優さん達はほぼ全員台本を

読んで「重すぎる。執行猶予でいいんじゃないの」と言ってたそうですが、身重の乙黒さんがあの法廷の重い空気の空間に出てくると「この人、子どもが出来るのに五年も待たせんの」と、かわいそうに思えてくるんです。一番被告に同情するポイントが乙黒さんにあるような気がして。でもこんなに同情できる状況でも、やはり「人殺しは人殺しなんだ」と。

乙黒　そうですね。教育的な感じですよね。

でも法廷の時に後ろに座って、ずっと黙って見てるシーンもあるじゃないですか。その時とか、もう室内で空気が悪いから、みんなすごく眠くなっちゃって。セリフがない人達はみんな寝そうになって(笑)、私もかなりウトウトきていて限界だったんです。だから原田監督がタタタッと来て「寝るなよ」と言って(笑)、「ハッ」と思って。愛の鞭じゃないけど、括を入れられました。

――被害者の母親とか、そういう年齢の人まで女性をみんな綺麗に撮っていた。最後は高齢の女性の照明に手がかかりすぎて、キャメラマンの方から監督に言ってそこそこで妥協してもらったと言います。それほど女優さんを綺麗に撮ることにこだわった。

乙黒　すごくそれは感じました。キャメラの位置も、こっちから撮ったら横顔が映るとか、たぶん合わせて変えてくださったんだなと。

『リュウケンドー』の時はそこまではなかったんですが、『審理』の時は、撮る角度を、その女性に合わせて、綺麗に撮ってくれようとしていた。照明も加えてあげて。私が「もっとこうして欲しい」と思っても言えないところを監督が色々言ってくださったので、すごく綺麗に撮ってもらえました。

――原田監督にとって最後の作品になりました。

乙黒　あの時、本当に知らなくて、でもちょっと「おかしいな」と思った瞬間があったんです。徹夜でずっと撮影が続いていて、私が深夜十二時ぐらいで帰って、翌日八時ぐらいに来た日があったんですが、スタッフも、監督も全然寝てなかったと思うんです。「監督ーッ、昨日大変だったんじゃないですか。顔色悪いですね。寝てないんですか」と言った時に、すごく否定されて、「超元気だよ」と。そんなに否定するなんて「あれ?」おかしいなと思った瞬間があって、後から考えたら「あ、そういうことだったんだな」と思いました。

――編集マンの人も全然気付いていなかったと言っていました。後で監督のお母さんに伺ったら、撮影の時も毎日帰って倒れてたと。

乙黒　そうだったんですよね。でもそんな時でも『リュウケンドー』のTシャツを着てました。私はすごく嬉しかった。

――乙黒さんに見せたかったんでしょうね。あの現場では乙黒さんにしかわかんないですもんね。

乙黒　そうです、そうです。

▼卒業式のコスプレダンス!?

岡　『リュウケンドー』はわりと贅沢で余裕があるいい作りだった番組だったですね。伸び伸びと。

鍋島　十三ヵ月かかったりしてるからね。

井村　私自身こんなに長い期間、撮影したものはなかったので、本当にみんな家族みたいな感じでした。監督の個性もバラバラだし、話によっては悔しい思いをする時もあったし、全然タイプが違う回もあるし、でもやっぱり原田監督の回になると「あ、帰ってきたな」って感じがあるんですよね。ホッとして出来る回というか。とにかく、一人ひとりとの接し方があったかい監督ですね。

最初から最後まで見たら、それぞれみんなが成長出来ている番組なのかな、と。オンエアを含めると長いですよね。関わってる期間が。三年とか。

乙黒　最終回は本当に終わっちゃうんだと思って、すごく悲しかった。あんなに泣いたのないよ。

仲程　もうねえ。あんなに別れをさみしく感じた現場なかったですね。号泣だったよね。

――最後のダンスは、井村さんと佐藤さんが和服の晴れ着で、乙黒さんと仲程さんがチャイナドレス。

乙黒　あれ、決まってたんだっけ?

仲程　色は自分達で決めていいんじゃなかった?「青とどっちがいい?」とか、そういう会話はした。

井村　私、自前です。

塩川　成人式の……。

井村　そう。なんで振袖だったんだろう。最後のお祭りだから、なんでもいいみたいな。

塩川　大晦日の放映だから晴れ着というのがベースで、一応、ジャマンガを倒したパーティという設定だったので、市律はコスプレで仮装という。キャラクターを着ていた人達は自分のキャラに関係するコスプレをしてた。レディ・ゴールドは猫のパジャマを着たり。ロッククリムゾンはまんま本人だった。

乙黒　すごかったです。パラパラみたいな。意味わかんないけど面白い。

鍋島　みんな練習してたね。

岡　スタッフもみんな踊ってね。脚本家の人も踊ってたのはすげえな。

乙黒　監督も映ってる。

鍋島　出演者もオールキャストです、全員出てます。

乙黒　でもみんな、踊りは考えながらやってるでしょ。その日に振付したばっかりだったから。
仲程　後で見たら、うちら唇が妙に赤かった。その日だけメイクちょっと濃い目だったり。
乙黒　途中かけ声で「ヘイ！」って言うの、自分もやってるんだけど後で見ると楽しそう。
仲程　途中で女の子達が前に行かなかった？　なぜか男の子、ヒーローが後ろに行かされて。
鍋島　終わったら大泣き。
すっごくムキになって踊った気がします。
仲程　すごく気持ちいいですよ。踊って、パッと「終わり！」というのが。
乙黒　卒業式みたいな。
塩川　終わってすぐ、いっぱい花束を渡したんだよね。準レギュラーも全部。全スタッフで、どの役者さんに誰が渡すか全部決めてた。

ずっとキラキラしていたい

仲程　『リュウケンドー』は私の考えてる〈ヒーローもの〉とはすごくかけ離れてたものでした。

私、小さい頃からヒーローものがけっこう好きで、見たりしてたんです。

でも『リュウケンドー』は、自分が出てる側だからってだけじゃなくて、オンエアを見てみると、一人ひとりがちゃんと輝いている、それぞれにストーリーがあるようなヒーローもので、そういうのは、なかなかないんじゃないかなと。「これでもヒーローものになるんだ」という感じがすごくしました。

――それはまさしく原田さんの狙いだったのかもしれないですね。「トレンディドラマみたいにしたい」とも言ってましたし。

仲程　だから幅広い人達が見られますよね。子どもだけじゃなく。
ちょっとコメディチックな場面、大人がフッと笑えるような場面とか、恋愛もあるし。
乙黒　ヒーローも、ちょっとキャラが崩れてていいですよね。失礼かな(笑)。
仲程　ヒーローが完璧じゃない。人間味がある。剣二がヒーローの戦う姿になった時でも、相変わらずおバカさがある。それが逆にいいなあって。
――お二人の番組の中のポジションは、どう捉えてましたか。
仲程　いつも明るく、ムードメーカー的な感じで出させてもらってたし、アクションもやらせてもらった。いっぱい出させてもらってるけど、やっぱりヒーローものが主体であるドラマだから、引き際が大事。出る時は出ていい。でも退く時は退かないと、ちょっと出すぎちゃう場面もあるだろうということは、よく二人で話したし、監督とも話した。でも監督には「出る時はどんどん出ていいよ」と(笑)言われてました。
乙黒　私達は楽しむキャラクターというか、花じゃないけど、そういう要員なんだろうなと思ってたから、ずっとキラキラしてたいなって。
ま、とにかく脚を見せるのが多かった(笑)。
仲程　現場にいない予定だった時に、バレンタインデーが来たんです。
乙黒　あ、原田監督に呼ばれた。クッキーを五〇枚ぐらい二人で作って行ったよね。
鍋島　出番がないのにバレンタインデーだから呼ばれたんだ。
乙黒　そう。で、ちょっとだけ出たんですよ。

最後のあいさつ

仲程　仕事はこれだけじゃないし、数年前の仕事だったりするのに、仕事を一緒にしたというだけで、みんなが深く原田さんのことを語るっていうのは、それだけ原田監督から受けるものがあったから、こうやって喋れるのだと思う。
井村　最終回、ドラマが終わって踊りも終わった後、みんながお礼しますよね。
――視聴者に向かっておじぎしますね。
井村　一人ないし二人ずつ……みんなで「一年間どうもありがとうございました」とお礼しているシーンが、今見ると、「あ、そういえばこういうのやったな」「原田監督らしいな」って思うんです。
私、ジャークムーンとの最後の対決の回（51話。最終回と同時に撮影）で、剣二とけっこう気持ちのぶつかり合いのあるシーンを撮った後に、あのデート服のままキャメラに礼をしてくださいと言われて「何に使うんですか？」と訊いたんです。「最終話でこれ入れるから」と言われて「えっ？　どうなるんだろう」って思ったけど、監督は「礼するだけでいいから」って。それをああいう風に入れるのも監督らしいなあって思います。
見てくれている人にも、面白さを提供する側としての気持ちがすごく、伝わってくるなというか。

「悪夢はいかが?」17話 ▼二〇〇六年四月三〇日放映

脚本：川崎ヒロユキ　**撮影：**鍋島淳裕
ゲスト：今西啓人（少年時代の白波鋼一）、山口粧太（白波の父）、増田未亜（白波の母）

2クール目に入って原田監督が初めて担当するこの17～19話は、14話から登場した第三の魔弾戦士・リュウジンオーこと白波鋼一（黒田耕平）の過去が明かされ、また白波はそれを克服していく。

原田　撮影をしながらもう一回オーディションをして、2クール目から出てくるライバルヒーロー・リュウジンオーの白波鋼一は黒田耕平に決めたんです。結構言うことが生意気だったので、どうしようかと思ったんです。殺陣の大道寺（俊典）さんは、せっかく今『リュウケンドー』にいい友情が出来ている時に、こういう生意気な奴を入れたらどうなんだろうって若干反対意見でした。

そもそも黒田は監督志望だったんです。それで「自分を使ってもらえたら、自分がどんな風に演出されるか、見て勉強したい」と言うわけ。だから俺は「自分のライバルを育てるようなもんだ」と一瞬思いながらね（笑）。

だけど、やってみたらこいつが全然いいやつなんだよ（笑）。素直なやつでね。それで、翔悟と源さんと黒田の三人が、ものすごく仲が良くなったんです。チームワークが良くて。だからあのレギュラーの選び方は、結果的にでしたけど、とても良かったです。三人の友情がそのまま画面に出てた。

――8話を撮られた後、17話まで空きますね。

原田　そうです。僕の後に清水（厚）組、年明けに川崎（郷太）組をやって、その後に辻野（正人）さんの三本持ちが入った。三本持ちは一ヶ月ぐらいかかるから、二ヵ月半ぐらい空いてた。暇だなと思ってました。その間に色々と方針が変わったと聞かされて、二本持ちだったのが三本持ちでまとめろって話になった。「ハイハイ」と。

――三話で一冊になっている脚本の扉ページに原田監督はマーカーでテーマを記し、色合いを明確にしています。一番手の17話は扉に「素直が一番」「コメディライン」とテーマが書かれていました。

原田　三本を、結局、そういう風に分けたんです。

――「この回はコメディ」みたいな。

原田　そうしないと忘れちゃう。予算・スケジュール的には三本持ちはバランスがいいんだけど、三本やると一本はダメな話が出来上がる。あるレベルにするにはどうしようかなと考えてました。

▼ドーバーの砕ける波

本エピソードは、三本の中では明るく楽しいイメージを狙いながらも、三作通してのドラマである白波のシリアスな過去を表すがごとく、モノトーンの寂しげな情景から始まる。原田監督は脚本のシーン1の、更に手前に「シーン0」として場面を追加。

0　荒れる海　ドーバーにて
　　波がくだけている。
　　白波　じっと見つめている。
　　波と岩。
白波「母さん……父さん」
　　目を閉じる。
　　波。

右が原田監督の書き加えた冒頭の原稿。実際は、荒れ狂う海に「ドーバー海峡」とスーパーが出て、ピアノの悲しげな旋律が流れる。海の側から、こちらを見る白波を捉えたショットが合成で入る。イメージボードでは「夕景雲」と背景の指定があった。

原田　ドーバーなんて大嘘つきですけどね。千葉の海岸で撮った（笑）。字幕を入れない限りドーバーに見えないだろうと。

――「シーン0」によって白波の感情が先に押し出されますね。

原田　うん。まあコケおどしみたいなものだけどね。

――過去のシーンは白黒じゃなくて……。

原田　少し色を抜いたカラーで、イギリス調の家が出てきます。千葉には事前に実景だけ撮りに行って、合成しているんです。

場面「都市安全保安局・魔法総合研究センター」の資料室に移る。黒い空間にライトが一点ハレーションを起こし、まるで登場人物の不安定な心理を表しているかのようだ。

魔法科学を研究する御厨博士が天地に、リュウジンオーに変身する謎の青年のことを説明している。モニタの中で、青年の顔と、同じような髪型の少年の顔の特定的な部位がマーキングされる。「白波鋼一と断定された」と告げる御厨。

――白波の少年時代の髪型が大人になってからと同じで金髪が逆立っていて「おしゃれじゃなくて地毛なんだ」と思いました。

原田　まあ、一緒にしようと（笑）。金髪ったら金髪だろうと。わかりやすいように。現場でもみんな笑ってました。『リュウケンドー』は、そういうのが許されるテイストだったから。あんまりシリアスなシリーズで、あんなのやったらおかしいけど。

白波は眉毛は黒いが「生まれつき金髪なんだよ」と軽いノリでメイクの指示を出していたという原田監督。子役の髪を本当に染めさせるわけにはいかないので、スプレーを吹きつけている。また、白波の爪が黒く染められているのも、マニキュアではなく「生まれつきってことでいいじゃん」という、冗談とも本気ともつかぬ発言を撮影現場でしていたという。

だが、白波絡みのシーンはこれ以外、徹底的にシリアスである。「白波鋼一」の名前は天地の脳裏に、あるイメージを呼び覚ます。続くイメージ・シーンは「イギリス　実景」とメモされ、写真に火災が合成される手法で、西洋風の屋敷が燃えているのが表現される。両親の死後、親戚に引き取られた白波鋼一は不慮の火災で命を落としたとされていたが、遺体を確認した者はいない。

だがそれは偽装工作で、白波は魔弾龍のコアを盗み出し、リュウジンオーを生み出したのではないかと天地は推測する。

画面変わって、ここはかおりの「フローリストのせ」。最近よくこの店に立ち寄っている白波。「ごめんなさい。ヒースは切らしていて」と声をかけるかおりに白波は、自分を憧えていた事に驚く表情をする。「前に、お母様の好きなお花がヒースだって……」と付け加えるかおり。だが次の瞬間、白波は心を閉ざすように何も答えない。

　アウトローの風来坊が、花屋の娘に純情を寄せる。かおりは白波のダークなキャラクターといいコントラストになっている。

▼女はつらいよ　クンフーハッスル！

　天地の胸に、かつての記憶がまざまざと蘇ってくる。

「父さん、母さん、待って、行かないで」と叫ぶ子白波の身体を押さえる天地。

　この場面の脚本には「子細は次話にて」とある。脚本には「鋼一君、君は今でも、私のことを……」と因果関係のサワリを示すセリフもあったが、カットされている。また、脚本では天地が深刻な表情を見せた後、途中からいつものおどけた天地に戻っているが、映像での清水圭はそのままのトーンで芝居を通している。そして、剣二がその態度を不審に思う、という流れになっている。

　剣二はあけぼの署の廊下で、いつもと違う天地の噂を不動としている。そこへ市子・律子が通りかかり、聞き耳を立てる。

　SHOT基地の地上にあるあけぼの署では剣二も不動も一刑事である。話をごまかす剣二達に、「隠し事してんの？」と楽しそうに突っ込む市律コンビ。秘密があることをバラさないことを条件に「今夜の宿直当番、交代してくれない？」と交渉を始める。

　二人は映画を見に行きたいと思っていたのだ。何の映画か脚本には書かれていないが、『女はつらいよ　クンフーハッスル』と演出メモに書かれ、映像にも登場する。映画のタイトルを二人で唱和するシーンも脚本にはない。二人の持つチケットに映っているのは、炎を背景にした市律コンビの写真。好きな映画に自分達そっくりのキャラクターが出ているのは、2話の佳子といい、『リュウケンドー』の原田世界ではお約束とも言うべきギャグだ。

　当番を代わることに不満を漏らす剣二だが、「秘密あるよねェ」と問う律子に「うん」とうっかり応えてしまう。慌てて制する不動だがもう遅い。こうしたやり取りもまた、脚本とは大幅に変えられており、役者の素地を生かした掛け合いに画面も弾んでいる。

　原田監督は更にコミカルタッチを強調するように、署の廊下に立てかけてあった、魔物への「ご用心」を促すDr．ウォームの等身大パネルにキャメラを寄らせて場面転換にしている。口元に寄ったカット繋がりで、ジャマンガ城にいる本物のDr．ウォームの口のアップとなる。ウォームはちょうど居眠りをしていたところだった。

　その横で、14話よりレギュラー入りしたレディ・ゴールドが「ベレケ、ベレケ」と呪文を唱えている。玉（公式設定名「ナイトメア・ストーン」。レディゴールドの様々な魔法の力を封じ込めた玉の内の一つ）を手に乗せながら。

　この玉は脚本の第4稿の段階までは「胸にかかった首飾り（ナイトメア・ネックレス）」と書かれていたが、決定稿の段階では既に「玉」になっている（続く18・19話でも同様）。ネックレスというアイテムはゴージャスなレディ・ゴールドには合っているが、魔法の呪文という側面を強調するならば、玉の方が絵的に雰囲気が出ると考えたのかもしれない。こんなギミック一つにも、細かな調整が加えられているのだ。その時、Dr．ウォームはジャークムーンに反逆される自分の悪夢を見ていたのだが、それを見せていたのはレディゴールドだった。

　画面は変わり、あけぼの町の夜景が映る。折れたあけぼのタワーも映り込んでいる。12話で一度あけぼの町が壊滅状態になったことを意識していると思われるが、これは決してCGマンのお遊びではなく、イメージボードから「修理中」と記されている。

　そして、映画帰りに路地を歩き、感想を語り合う市子・律子が脚本では描かれていたが、原田監督はここを丸ごと書き変え、舞台も二人の女子寮の部屋になっている。そこに「カンフーアクトレスよろしく、バトルを始めた」と記し、映像化された。

　女子寮の二人の部屋はカラフルな風船があり、中の一つには署長の顔写真が貼ってあり、二人はそれを時々蹴っ飛ばしているようだ。Tシャツからおへそが出ている市子がキュートであり、『リュウケンドー』特有の健康的なエロスが垣間見える。

　見ていたパンフをバッと手前に、視聴者に向かって二人で提示し、「やっぱ映画は……カンフーでしょ！」と叫ぶや、中華風の音楽が流れ、立ち上がり、いつの間にかチャイナ服となった二人が、スリットから見える生足も艶やかに、組み手を見せる。その背後には、（女子寮の一室のはずなのに）なぜか即興スクリーンのような暗幕が貼られ、そこにも組み手をする二人が投影される。

　画面の二人と手前の二人ではポーズが違うため、不思議な画面効果を見せる。型の途中でスローモーションも入り、二人のボディラインがキュートに美しくキマるのだった。

　コスプレも組み手も脚本にはまったくなく、ただ「映画を見に行った」とだけ書いてあったシチュエーションをここまで膨らませた原田監督。『リュウケンドー』をシリアスなだけのドラマにしたくないという思いが、このような爆発を産んだのだろうか。

――コメディラインで考えるとこの回は市子と律子の……。

原田　そうです。スタッフからは、ここから『リュウケンドー』にコスプレ路線を入れたと言われている。衣装合わせをしている時に、やたら色んな衣装が出てきて「いいねいいね」と、そんな話になってどんどん……。殺陣師の大道寺さんが「あの二人、結構アクション出来ますよ」と言ってきたので、アクションをやらせてみようかという話になって、カンフーの格好をさせてみたら、市子律子がものすごくノリがいいんです。モデルだったから、色んな格好をするのが大好きというのがあって、衣装合わせをやったら、ノリノリになっちゃった。それなら、このノリを入れちゃえという話になったんです。市子律子の悪夢の話だったから、夢ならばなんでもありだろうと思って。

――後ろの垂れ幕に投射された映像で二人が映っていて、その前でまたポーズを取ってました。

原田　もう好き勝手撮ってましたね、あの頃は（笑）。

　同じ頃、剣二と不動が宿直で布団を並べて寝るシーンも、脚本が大幅に書き換えられ、ヒーロー二人がちゃぶ台の両端を持って片づけるくだりがある。これだけで視聴者として親近感を覚える。

　演出メモには「タオル」と書かれ、不動が背広を脱いでもタオルをネクタイのように巻いている、という細かいギャグが指定されている。こうしたことも、現場の思い付きではないのだ。

　白波の話になり、やつの目は過去に囚われている遠い目だ……と不動が言うと、剣二はもう寝ており、イビキを立てている。

原田　剣二と不動が布団を敷きながら会話するところは昔の四畳半の感じ。「昔の四畳半は白いギターが置いてあってラジオが置いてあっただろう？　ちゃぶ台だろう？」と、色々出しました。

この後、場面が女子寮に戻り、まだ組み手をやっている市律コンビ。やがて唐突に白とピンクのパジャマ姿になり、ハッと手を合わせて一礼。「そろそろ寝ようか」とマモスケとカッパのぬいぐるみをそれぞれ抱きながら、二段ベッドで眠りにつく。

壁には、『クンフーハッスル』のポスターが貼ってある。映っているのはもちろんこの二人。隣にも『月と花火とクンフー娘』という映画のポスターがある。

▼絵本のような悪夢

さて、ここまでの描写は、実は二人が悪夢を見せられる前段なのだった。巨大な禍々しく赤い月の下、丘の上で呪文を唱えるレディ・ゴールド。ピンクの煙のような妖気が漂う。コンテには「霧が広がる」「ジャマンガ霧」とある。「人類どもよ、最高の悪夢を楽しむがいいわ」と笑うレディ・ゴールド。

市子と律子はミニパトでパトロール中の悪夢を見る。

「ちょっと律子、前見てないと危ないわよ！」

ところが「道がない！」とうなされる律子。

悪夢の描写はきちんと映像化されている。崖の上で前輪を宙に浮かせるミニパトの全景。手前は白黒マスクで木々を合成し、更にそれがとても綺麗な星空の下であることがイメージボードから指定されている。

そうかと思えば、三角になったミニ小山の頂上に腹を乗せて引っかかり、シーソーのように左右に揺れるミニパト。比率を無視した絵本のような絵柄であること以前に、「ありえない！」と言いたくなる、そもそもどうやって登ったんだという状況だ。

下に落ちる土や岩も画面に合成されている。また左右にミニパトが揺れる度にライトも揺らすことがイメージボードで指示されている。

月は、先程のレディ・ゴールドのシーンとの合わせで満月になっているが、イメージボードでは細い三日月だった。二人がこの期に及んでシートベルトを付けるのも、夢の中のリアリティと考えればさもありなんだ。無情にも落下するミニパト。流れる窓の外の合成も細かい。こんな悪夢を見て、二段ベッドで手足を突き出してもがく二人。そこからマイナスエネルギーが放出される。

原田　特撮っぽいものやりたかったんですよ(笑)。合成ばっかりじゃつまんないから、美術部に頼んでちょっとだけ山を作った。あれは、ミニチュアでやって、車だけ合成しているんです。

――色々弾けた回ですね。

原田　ええ(笑)。後の二本は暗い話になりそうだったから、一本はじゃ、ちょっとやっちゃえ、遊んじゃえと。

原田監督はこの後に、脚本では描かれていない、かおりの悪夢シーンを付加している。花を摘むと、そこに2話で自分を襲ったギガフラワーの芽を見つける。途中に挿入されるギガフラワーのCGはライブだが、迫りくる花弁は立体の造形物が新撮されている。「助けてリュウケンドー」と夢の中で叫ぶかおり。

原田　かおりの悪夢にギガフラワーが出るのは、ギガフラワーの作り物が残っていて、それを使って撮ったから。三本持ちで凝ったことは出来ないと思った回だから、その辺はごまかしたんです。

悪夢は主人公の剣二にも及ぶ。ちゃぶ台の上に、寝る時に外したミニゲキリュウケンと不動のミニゴウリュウガンがちょこんと載っているのが微笑ましいが、うなされる剣二の表情は、先のかおりの表情と呼応するように視聴者には提示される。そのため、見る側は一瞬、二人の意識が繋がっているのかと思う。

しかしそれはフェイントで、剣二は悪夢でなんと剣の師匠である美少女・海に打ちのめされているのであった。剣二がガクラン姿であることから、修行時代の回想が元になった悪夢と取れる。

「もっときばいやんせ！」と突かれて川にはまる剣二。手を差し伸べられる剣二だが、「あなたは私の未来のだ・ん・な・さ・ま」という海のアプローチに「思わずゾォ～となる」と脚本にある。演出では、このセリフの前に海は額の鉢巻きを外し、はらりと髪を解く。そして、私の未来の「だ」「ん」「な」「さ」「ま」を、一文字ずつ角度を変えてキャメラが彼女の表情を捉えるという強調ぶり。剣二が「いやだーっ」と叫び、再度自分から川に飛びこむリアクションも楽しい。

原田　夢の話は面白かった。市ちゃん律ちゃんも面白かったけど翔悟も面白かったから。翔悟の悪夢は海ちゃんだったという話。

その頃、翔悟と話をして「伝統だからヒーローは水に落ちなきゃいけない」と。寒い二月に水に入るんですか？と言われて「うん、入れるから」と。だから水辺に逃げるシーンを入れたんだけど、ああいう芝居で、あいつ吹っ切れたんじゃないかな。現場で大受けでしたから。ああやって逃げて、川に飛び込むところ。

うなされる剣二の傍らで、ちゃぶ台の上のミニゴウリュウガンが「魔法波動を検出」と点滅する。だが剣二は目覚めない。うなされながら「……そりゃ可愛いのは認めるけど」と海さんにフォローしているのが可笑しいが、これも脚本にはない。ミニゲキリュウケンは不動に頼み、自分を剣二の身体の上に置いてもらい、魔力で彼の魔法を解く。不動はジャマンガの仕業だと気付くのだった。ここでAパートが終了となる。

▼天地が白波の父母を殺した⁉

CMが明けると、今度はあの白波をも、悪夢が襲う。

白波はあけぼの町に来て以来、テントで野営している。その場所は、8話で描かれた、鈴とその兄の思い出の場所「水神の森」であると脚本では明記されているが、劇中で特別説明はない。世田谷区の妙法寺でロケされている。

テント前のデッキで寝ている白波がうなされている。その悪夢の場面は、天地が思い出した場面と同一のものだった。

「父さん、母さん、待って、行かないで」。天地に身体を押さえられながら叫ぶ白波。白波の少年時代は前述の通り子役（今西啓人）が演じている。演出メモでは「子白波」と呼ばれていた。

魔力放出でうなされる白波を相棒のミニザンリュウジンが助ける。放心状態の顔で立ちあがり、そのままリュウジンオーに変身する白波。

あけぼの町の夜が明けた。夜景の時と同ポジの構図で町が鳥瞰される。だが、レディ・ゴールドの玉がある限り、人間達が目覚めることはない。丘の上に立ちほくそ笑むゴールド。この丘は原田作品でお馴染み通称「ゼアスの丘」で撮影されている。

剣二と不動がそこにやってきて、共に変身する。不動はサングラスを外して画面のフレームの外に捨て、そのまま変身する……という伊達男ぶりを見せる。

天空に立ち上った二つの龍が落ち、リュウケンドーとリュウガンオーが現れ、レディ・ゴールドが呼び出した遣い魔達と戦う。レディ・ゴールドは分身攻撃を繰り出し、無数に分かれた姿がそれぞれ高速で回転する。翻弄される二人。ゴウリュウガンは本体を「特定不能」と判断する。円陣に囲まれる二人だが、そこに回転するザンリュウジンが飛来し、ヒットして窮地を救った。

いいところで現れるリュウジンオーだが、戦い方がどこかおかしい。ジンオー特有の冷静さを見失ったかのような、がむしゃらな動きなのだ。レディ・ゴールドは、リュウジンオーが、目覚めているのに精神は悪夢の中にあることに気付くのだった。

「許さんぞ、天地ィーッ！」。錯乱したまま叫ぶジンオーに、思わずギョッとなる二人の戦士。なぜ彼は突然、天地司令への憎しみを口にしたのか？　SHOT基地の「青い部屋」で戦況を見ていた鈴と瀬戸山も、同じように驚いていた。

その後ろに立っているのは、無言の天地。脚本では「天地はただ黙っている」と書かれていたが、原田監督は天地の後ろ姿だけをここでは写し、表情は見せていない。

赤い玉をかざすゴールドのマスクの目の黒い部分に、天地の邪悪な笑顔が写る。それは白波の心の中に写った、憎き天地の像であったが、この写り込む部分はイメージボードで指定されている。

脚本では、白波にとって、レディゴールドの姿そのものが天地に見えていたが、相手の面に写るという描写で、主観と客観を同時に表現したのは原田監督の巧みな計算といえる。

「どうして……どうしてお前は、俺の……俺の父さんと母さんを殺したんだ！」。その言葉は、SHOT基地の「青い部屋」にも当然届いている。アンモナイトの絵が描かれた、いつになく広く見える部屋の空間で、その中央に佇む天地の姿。

その後ろに鈴と瀬戸山が。「嘘だよね……そんなの」と白波の発言を否定する鈴に自ら「いや……違う」と断る天地。ズーム送りで表情が捉えられる。「彼の両親を殺したのは……」。天地の横顔がアップになる。「私だ」

「俺はお前を許さない……だから……お前の大切な『SHOT』も、いずれこの手で滅ぼしてやるんだッ！」そう激昂する白波＝リュウジンオーを見て、一人ごちるレディ・ゴールド。

「判ったわ。この男は、過去の哀しみがあまりにも大きくて、夢が覚めなくなってしまったのね。ということは……」。このセリフ、末尾の「……」の続きは脚本では「(使えるわ)」。と内心の声が書かれていた。

ザンリュウジンのアーチェリーモードで攻撃を受け、ピンクの光となり四散するレディゴールド。ワームホールに吸い込まれていく。どうやらレディゴールドは一時退却の判断を下したようだ。

悪夢は去り、目覚める市子と律子。部屋の風船も舞い降りてくる。かおりが目覚めるシーンも脚本に付加されている。

「やはり鋼一くんは私を恨んでいた……私も覚悟を決めねば……」。天地はそう独白するのだった。

場面は再び、戦いの舞台となったゼアスの丘。

「さっきのアレって、ウソだよな！」と叫ぶ剣二に、白波は無言で応える。「怒りと悲しみに満ちたその目が、言葉よりも雄弁に真実を告げる」と脚本にある。踵を返して立ち去る白波。剣二と不動は呆然と立ち尽くす。「ウソだって言ってくれよ！」という剣二の声に立ち止まる白波の立ち姿がアップになるが、やがて再び歩き出す。この動きと間は脚本には書かれていない。

「本当……なのか……」と言う剣二のがくっと肩を落とした顔。

一人になった白波は、ザンリュウジンの励ましにもうまく返事が出来ない。その表情は脚本では「制御できない己の怒りに、危機感を抱いている」とあるが、演出では直後に砕ける波をオーヴァーラップすることで、白波の怒りと危機感を表現してみせる。

ジャマンガ城では、Dr．ウォームに対し、今回の作戦は失敗どころか、リュウジンオーの弱点がわかり大成功だったと語るレディ・ゴールドの姿があった。

▼エンディングはコスプレ名場面集！

ここで本編は一度終わり、エンディング主題歌とともにスタッフロールがせり上がる中、「そろそろ寝ようか」「おやすみ」と寮で寝るシーンを皮切りに、これまでの回の市子と律子の名場面集がカーテンコール風に紹介される。この名場面には原田作品だけでなく、川崎郷太監督作品における土煙まみれで銃を撃ちまくる姿や迷彩服姿も入っている。

そこに囚人服とチアガール姿や、チャイナ服姿など新撮のコスプレシーンが挿入されるのだった。

途中、「いつまでも婦人警官じゃないから」と市子が律子に言う場面があるが、これは後の原田作品である30話「迷いのトンネル」の内容を早くも暗示しているかに見える。おそらく、逆にこのセリフを伏線として生かしていったのだろう。市子の乙黒えりと律子の仲程仁美は川崎監督のキャスティングによるものだというが、原田監督には、川崎監督が降板した2クール以降も、この二人を積極的に生かしていく考えがあったものと思われる。

作品解説

「封印されし翼！ サンダーイーグル！」18話

▼二〇〇六年五月七日放映

脚本：武上純希　**撮影**：鍋島淳裕

ゲスト：今西啓人(少年時代の白波鋼一)、山口粧太(白波の父)、増田未亜(白波の母)

今回の脚本題名は「空中対決！」。原田監督は自分用の台本に「ハード編」とマーカーで記していた。

原田　製作委員会の中で色んな話し合いがあったらしく、そこで相当の反省があったらしいんです。清水厚さん、川崎郷太さんという個性派の監督を並べるのはマズかった、間にノーマルな話を入れるべきだったと。1クール目で四人の監督がやってみたら、個性が強過ぎて、シリーズの流れとして迷走気味だと。

その中では、辻野正人さんがやった東映アクション的な世界が、タカラとしては一番やって欲しいやり方なんです。タカラの人は、要は、仮面ライダーをやってもらいたかった。なので、2クール目は辻野さんを主体にアクション系の話をやりたいという話になってきた。ちょうど三本持ちに変わって、まず辻野さんが三本、僕が三本、また辻野さんが三本やって、僕が三本という風に……2クール目はそれでやってくれと言われたんです。

『リュウケンドー』の基本姿勢を作りたいという話になった。それと、予算をある程度ちゃんと抑えてやりたいという話にもなった。そういうところでは、ある程度絞ってやってましたからね。清水さんや川崎さんみたいな個性派は、ちょっとしばらくお休みっていう形になっちゃったんです。

ただその時に僕は「三本持ちをやるんだったらドラマ主体のものをやりたい」と思ったんだけど、辻野さんより僕の方が、合成に詳しいという話になったので、合成の多い話が僕に回されたんです(笑)。「僕は本当はドラマの方がいいんだけどな」と思ったんだけど、そういう話になった。それで、辻野さんには等身大アクションの多い話が行ったんです。そういう振り分けで2クールまでやって、やたらと空飛ぶ話、「合成ばっかりだなあ」みたいな話が回ってきた(笑)。「参ったなあ」と思いながら。

▼天地司令は殺人者!?

冒頭、SHOT基地の「青い部屋」に入ってくる剣二と不動。おそらく、前回ラストの戦闘から帰還してきたところなのだろう。前回白波の語った、天地司令が彼の両親を「殺したかもれない」という件について、彼らは話題にしている。「殺したかもしれない」という部分をわざと大声で言う剣二。

制する不動だが、瀬戸山と鈴は、白波の親を殺した件については司令本人も認めていたと剣二に正直に伝える。

「俺、わかんなくなった……正義はどこにあるんだ……」

真面目なセリフではあるが、こんなことをあっさりストレートに言ってしまう剣二のありようはどこか牧歌的にも感じられる。

第2稿までの段階でこのセリフは「落ち着いてられっかよ! 白波の言うことが本当なら、正義がどっちにあるか判らなくなっちまうだろ!?」であり、どちらかというと状況に対する説明の要素が強かった。

ちょうどその時「その件については、私から説明しよう」と中階段から降りてきたのは御厨博士だった。

「都市安全保安局　魔法テクノロジー開発部の御厨だ」

博士がSHOT基地に直接現れるのは初めてだ。

一方ジャマンガ城では、レディ・ゴールドがDr．ウォームに「あなたもドクターなら、トラウマって言葉ぐらい御存じでしょ」と問いかけている。「うぉっほん!……シマウマなら知っとるが」と気弱に答える。ウォームへ「軽蔑の眼差し」を送ると脚本に描かれているが、レディ・ゴールドの顔の上半分は仮面で覆われ目の表情はわからない。だが振り返る瞬間に微妙なタメを作ることで、呆れた素振りを表現しているのが面白い。

ゴールドによれば、白波は「とても個人では対処できないような衝撃的な事件を経験して心の傷を負っている」。それを利用して三人の魔弾戦士を相討ちにさせようというのだ。

さて場面は、水神の森にテントを張ってあけぼの町に滞在している白波当人の様子に移る。前回、レディ・ゴールドのナイトメア・ストーンによって過去の自分と意識が直結し、冷静さを失った白波。そこからは覚醒したものの、まだセンシティヴな感情が強いようだ。傍らの焚火の残り火がくすむ。その煙越しに、白波が、ブレスレットを掴んでいる。その際、白波の人差し指の爪だけが黒く塗られているのがわかる。白波特有のファッションなのか、それとも彼のダークな心情を装いで表現しているのか……。目を瞑る白波。「父さん、母さん……待って、行かないで!」。前回でも描かれた子ども時代の回想が蘇る。父母の元に行こうとして、取り押さえられている白波少年。

取り押さえていたのは天地であり、脚本では「鬼の形相」とあるが、映像でその描写はない。天地に対する悪印象を図像化するのは、それが子ども時代の白波の主観とはいえ、視聴者の混乱を招くと判断したのだろう。先述の剣二による「正義はどこにあるんだ」というあまりにも直截なセリフから醸し出されるものも同様だが、原田監督は初めから視聴者に「天地が悪人であるなどあり得ない」という安心感を与えている。

▼悪魔のささやき

回想が明けると、白波に襲いかかってくる者がいる。ガニメデ、ユウロパ、フォボスからなる、レディ・ゴールドの従者達。

その格闘を木陰からゴールドが覗き、ピンク色の玉を掌に乗せて呪文を唱えている。魔法のオーラがピンクの煙となって白波を囲んでいく。目を閉じ、カクッとなる鋼一。

今回レディ・ゴールドがかけた魔法は、彼女自身の説明によれば「トラウマの原因となった時間に運んでくれる」もの。前回の魔法は悪夢を見せるものだったが、より過去に向き合う作用が強まることとなる。彼女が魔法に使うこの「玉」、今回の第2、3稿段階では指にはめた「魔法リング」と書かれてあった。前回の初期稿で「玉」がネックレスになっていたことを考えると、魔法の種類によってアイテムを変えるという案がもともとはあったことが伺える。

画面がフェイド・アウトして、十二年前の風景の中にオーヴァーラップして浮かび上がる白波。周囲は噴水とレンガの建物が見

イメージボードより(奥山潔)。レディゴールドが玉からピンクの煙を出す

える庭園。脚本では「ヨーロッパ風の廊下」と書かれている。昔、彼が住んでいたイギリスの家である。

　過去の時間に運ばれた白波の視点で、窓越しに見える居間に座るのは、共に科学者である白波夫婦と、天地だ。ハイキーな画面で捉えられる彼らの姿。これで魔弾スーツ完成も軌道に乗ると嬉しそうに話している天地。白衣を着た母がしていたペンダントにキャメラが少し寄る。視聴者に対し、露骨ではなくそれとなく気付かせるようなキャメラワークである。

　そこへ入ってくる、子ども時代の白波。ベランダでケーキのようなお菓子を食べている、まだ無邪気な子どもの自分。平和な鳥のさえずり。手前にはヒースの花が置いてある。脚本の指定ではなく、演出メモに注記されている。かおりの花屋に通う白波がいつもヒースの花を求めることに合わせてのものだが、これみよがしなアップではない。

「パパとママをお仕事でしばらくお預かりするから。でも、きみのお誕生日までにはかならずお返しするからな」。そんな天地の言葉に、窓の外の青年白波は怒りをあらわにする。「ウソをつけ！　あの日以来、二人がこの家に戻ることはなかった！」

「おまえだ！　おまえが二人を殺したんだ！」

　家の中の天地が、その白波に振り返ったかのように顔を向けるイメージがここで入る。脚本では「天地の顔が悪魔のように歪む」と書かれているが、実際の画面の天地はただ真面目な表情をしているのみだ。

　脚本家が、話のポイントを監督以下のスタッフに伝えるために強調して書くのは当り前のことである。その意図を汲み取った上で、原田監督は、ゴールドの魔法で白波の感情が〈強調〉されたのではなく、過去の体験と〈直結〉したのだと解釈した。それは、いずれ白波の中で克服すべきものであるなら、なおさら視聴者が自然に受け取れるものとして描かれなければならないのだ。

　過去への旅が終わり、水神の森で倒れていた白波。起き上がり、呆然とした顔となる。その背後に立ち「おまえの両親を亡き者にした天地と、その手下である魔弾戦士どもを抹殺するのよ」と言うゴールド。脚本では「抹殺するのだ」と、いかにも悪の幹部らしい断定口調だったが、悪女の囁きのようになっている。

▽白波の「前科」

　場面変わって、かおりの「フローリストのせ」にはヒースの花が置かれ、黒板に「本日ヒース♥大量入荷！」と記されている。窓の外の白波に気付き、鉢植えを持って出てくるかおり。ヒースの花が入りましたと伝える。脚本でこの場面は店内の描写だったが、原田監督はかおりの方の白波への態度を積極的にしている。それはまるで、心がナーバスになっている状態の白波にとっての、救いであるかのようだ。『幸せの黄色いハンカチ』（松竹作品！）のヒロイン倍賞千恵子が、高倉健の帰りを待って黄色いハンカチを物干しロープいっぱいに吊るしたように、お店をヒースでいっぱいにしているかおりの天然なパワーをも同時に表出している。

　その頃、SHOT基地で御厨博士から話を聞いたばかりの剣二は外に飛び出していた。後を追いかけてくる不動は、今すぐにでも天地を探して問い質したい彼をたしなめる。

　少しソフトフォーカスの画面で御厨の説明が振り返られる。天地は白波の両親に科学者として魔弾スーツ……つまりリュウケンドーとリュウガンオーの開発の協力要請をしただけであり「殺したなんてことは、断じてあり得ない」と御厨は断言していた。だが、それだけではまだ納得出来ない剣二なのだった。

　舞台は再び「フローリストのせ」に戻る。店先のカッパ地蔵から場面は始まる。店の表には、至るところに「本日臨時休業」と貼ってある。

　キャリーバックを店の外に置き、鍵をかけるかおりに、通りかかった剣二と不動が気付く。かおりは白波に警告を受けたという。白波は「今すぐ、この町を出て行くんだ」とかおりに言っていたことが回想場面で示される。この回想場面は、先述の少年時代のようなハイキーな処理ではなく、クールな印象の銀残し処理になっている。「いいか、何も聞かず、俺の言う通りに……」。かおりと目線を合わせず、遠くを見ながら言う白波。この回想は、実は先に挙げた、店の外に来た白波にかおりが花を持って話しかけるシーンとひと繋がりのものとして、脚本には書かれていた。それを二つのシーンに分けたのである。

　かおりの話を聞いて顔を見合わせる剣二と不動。脚本では、「なんであんなやつの言うことなんか信じるんだといぶかる剣二に「だって剣二さんと違ってとっても真面目そうだし、信頼できるっていうかぁ……」とかおりが言うくだりがあった。

　キャラクターの相関図を示すものとしてはわかりやすいセリフだが、かおりのキャラクターがちょっと軽薄っぽく見えてしまうことに留意したのだろう。かおりはおっとりしていて、どんなことをうっかり信じてしまうかわからない人なのだ……という風にした方が、視聴者にとっても惹きつけられる存在となる。そういうところに原田監督は細心の注意を払っている。

　白波がかおりに避難を呼びかけていたという報告を受けた御厨は言う。「リュウジンオーが、イギリスで暴走した時と同じだ……」。ジャマンガを退治するために、イギリスの遺跡のパワースポットを無理やり破壊した過去が白波にはあったのだ。

　ストーンヘンジが爆発四散、ホワイトアウトする回想が挿入される。コンテでは、ライブ映像を写真処理することが指示され、「アルマゲドン」とイメージがメモされている。

　この時も一つの村がこの世界から蒸発してしまった……という御厨の説明が脚本にはあったが、映像ではカットされた。もしこの説明が放映されたら、白波はかって人の住む村を全滅させたということになる。そして白波は同じことが起きるかもしれないあけぼの町において、町民全体にではなく、かおりにのみ避難を呼び掛けている。

　後にリュウケンドーと共闘することになる第三のヒーローの所業にしては、少々重すぎるし、視聴者の印象として償いようのないものになってしまう。

　ただここでは、その意味合いを変えるのではなく、決定稿にまであった先のセリフを抜くことで、直接性を弱めている。結果残されたのは、剣二と御厨の「もし、あけぼの町のパワースポットが破壊されたら？」「町全体がこの世界からなくなってしまうだろうな」というやり取りのみである。かつてストーンヘンジの周辺に村があった（つまり、人が住んでいた）かどうかは曖昧になったが、あけぼの町がなくなってしまうという類推が可能なこと自体、同じことが示唆されているのだ。

▽リュウケンドーとガンオーの敗北

　もともと天地を探して基地を出た剣二の目的はここで変わった。二手に分かれ、剣二はパワースポットに先回りして守り、不動は白波を捜すことになった。脚本ではここでそのまま二人が変身していたが、映像ではすぐにカットが変わる。

河原(『ウルトラマンダイナ』の原田作品「死闘！ダイナ対ダイナ」のロケ地にもなった長池公園)にやってくる白波。前方すぐ見える建物の地下にあけぼの町のパワースポットがあるのだ。

「全てを消滅させてやる」と言ってリュウジンオーに変身する白波だが、そこへリュウガンオーがウルフバイクで駆け付ける。白波の変身シーンのみ見せて、不動の変身は省略、ガンオーの姿でいきなりの登場させてメリハリを生んでいる。ジンオーの足元にガンオーの銃撃が着弾。壁を横走りしてドラゴンショットをかわすジンオー。

ジンオーは「烈風」の掛け声とともに加速モードとなる。あまりの速さに軌跡が流線となって表現される。コンテに「加速中一瞬見える」ことが留意され、これも反映されている。実際の画面では川を、飛び石のように移動してその姿が見えるという、水を使ったアクション演出が更に効果を上げる。

「そこだ！」と見極めて撃つガンオーだが、次の瞬間、後ろから斬龍刃で斬りかかってくるジンオー。何度も斬りつけられ、ガンオーは火花を散らして倒れ、起き上がれない。その手前で流れを止めない川の水が残酷なまでに綺麗だ。

「俺のスピードについて来れたのは、お前が初めてだ」と、とどめを差さずに立ち去っていくリュウジンオー。

場面が変わって、赤い布がはためく広場にリュウケンドーが立っている。こちらもう既に変身した姿だ。そこへ、リュウジンオーに敗れたリュウガンオーから通信がある。後は任せたという声とともに、バシャンと水に落ちる音がする。画面には映らないが、通信だけして、川に転げ落ちたのだろうか……？ 脚本にはここまで書かれていないが、サブヒーローであるリュウガンオーの敗退という中オチを盛り上げている。

すぐ助けに向かおうとするリュウケンドーだが、「ここを離れるな」と相棒のゲキリュウケンが注意する。「この町を守れるのは、もう、お前しかいないんだ」

それを聞いてリュウケンドーはサンダーキーを発動し、サンダーリュウケンドー(以下Sケンドー)となり「ライジン」ポーズ。脚本ではもう少し後の位置にある変身シーンをここに持ってきたのは、この後すぐにアイキャッチ、中CMとなるからである。CM前に、「これから主人公の戦いだぜ！」と盛り上げる趣向だ。

次のシーンとして、河原で倒れていた不動を、息子・繁と歩いていた佳子が見つけ、助け起こすという場面が脚本にあったが、原田監督はこれを後回しにしている。

赤い布がはためく中、砂埃とともに歩んでくるリュウジンオー。演出メモに「ジェットファン」で風を起こすと書いてある。まるで西部劇の決闘シーンだ。赤い布はもちろん脚本にも書かれていない。リングなき対決を盛り上げる、舞台設定の一つだろう。

その姿に、どう迎え撃つかゲキリュウケンと相談しているSケンドーの声が被さる。加速されたら手が出せない。マダンダガーを使って加速する前に捕える方法がゲキリュウケンから提案され、ダガーキーを召喚するSケンドー。マダンダガーの刻印から飛び出すカノン文字が光となって飛び出し、繋がって光の縄「ダガースパイラルチェーン」となり、リュウジンオーに巻きついていく。

そしてマダンダガーとゲキリュウケンを合体させてツインエッジゲキリュウケンにして構える。「あけぼの町を消されてたまるか！」

リュウジンオーも負けずに豪力で戒めを四散させ、「烈風！」と再び加速疾走。視界から消えたかと思えば頭上から現れるジンオー。その攻撃をかわし、ツインエッジ撃龍剣と斬龍刃の剣劇が始まる。「俺の邪魔はさせん！」

Sケンドーとジンオーは二人同時にファイナルキーを繰り出す。「ツインエッジゲキリュウケン・超雷鳴斬り！」「斬龍刃・乱撃！」

両者からほとばしる光のエネルギーが空中でぶつかる。二人は爆発の中に消え、そこから立ち上がるジンオーの一方、倒れ伏したままのSケンドー……とは脚本の描写だ。

だが映像では二人の力の差はもっとくっきり表現されている。爆発の衝撃を受けたのはSケンドーのみであり、その砂塵がリュウジンオーの背中にかかる。やがてボロボロのケンドーが膝をつくスローモーション。それをジンオーが無傷で振り返る。

「この町を守る者は、もう誰もいない」と言い放ち、踵を返して歩き出すジンオー。

その頃ジャマンガ城では、あけぼの町がなくなったらマイナスエネルギーが集められないとDr．ウォームが慌てている。だがもはやリュウジンオーはレディ・ゴールドの魔法でも制御できなくなっていた。

リュウジンオーはジャマンガの目的すら越えた破壊衝動を見せているのだ。

脚本ではここでレディ・ゴールドが、かつて自分を倒すためにリュウジンオーがイギリスのパワースポットを破壊した「前科」に言及しているが、カットされている。

▼シリアスな清水圭

巨大な柱がいくつもある、広大な空間が映し出される。この場所は「パワースポット上ビル・地下施設」と脚本にあるが、埼玉県の東部に建設され「現代のパルテノン宮殿」と呼ばれる首都圏外郭放水路(長さ約一七七メートル、幅約七八メートル、高さは約一八メートル)でロケされている。演出メモには「空っぽの空間」とある。

そこへやってきたリュウジンオーを迎える天地。広い空間に、すっと一人で立っている。普段の制服ではなく、黒の背広姿である。清水圭が、いつものひょうきんな演技の片鱗も見せず、シリアスに徹している。

脚本では「きみのことだ。ここに来るだろうと思っていたよ」というセリフがあったが、カットされている。

魔法の源のパワースポットを破壊すればすべては消える。自分もリュウケンドーやリュウガンオーも消えてしまう。「そして私達が守ろうとしているあけぼの町も」。

ここまで言って、天地の姿はロングショットからミディアムショットへと転換される。「しかし、きみの心の傷を消し去ることは出来ない」

当然「おまえに言われたくないな」と返す白波だが、それでもと言うなら私を殺せ……と続ける天地。

「きみのご両親がなくなった責任は私だけにある」

そこまで覚悟を決めている天地に「望まずとも、まずおまえから始末する」と斬龍刃を首筋に突きつけるリュウジンオー。「待てッ」とSケンドーが現れるものの、Sケンドーは戦いの打撃で身体がよろめいている。

私が死んであけぼの町の人々が救われるならと、Sケンドーを制する天地。この時の天地は、傷ついたSケンドーを労わるような態度すらもまったく見せない。あけぼの町を守るという使命にのみ向き合っているのだ。

立っているのがやっとのSケンドーは天地に問う。「あんた本当に白波の両親を？」

天地は目をリュウジンオーに向けたまま「殺したのと同じことだ。ご両親を巻き込んでしまった責任からは、逃れられない」と語るのだった。

「その通り！」と傍らのSケンドーに一撃をくらわせ、吹き飛ばすリュウジンオー。柱に叩きつけられ、マダンダガーが落ち、外れる。

「お前がこの世に生きていた証をすべて消し去ってやる」と静かに、しかし憎しみの炎が小さく燃えているように口にするリュウジンオー。黒田耕平の声が、変身後を演じるスーツアクター・小野坂昌也のクールな立ち振舞いと見事にシンクロしている。

踵を返してパワースポットへと歩いていくリュウジンオー。追いすがる天地のセリフは脚本では「それだけはやめてくれ」だったが「あけぼの町を消し去るつもりか！」に変更になり、リュウジンオーの目的をより明快に示している。

この後、脚本ではリュウジンオーが天地を突き飛ばすのだが、映像では腹に一発拳を入れて気絶させている。その際、振り向きもせず拳を突き出すのが象徴的だ。

▼驚異の空中戦

そして赤い旗がはためく地上に現れるとシャドウキーを召喚し、クロウ獣王デルタシャドウのウィングモードと合体、シャドウウィングリュウジンオー（以下Sジンオー）となり一気に地下からビル上に飛び上がる。先ほどの静かな場面との緩急が見事だ。

空中で体勢を立て直すSジンオー。ビルごと地下のパワースポットを消すというのだ。ザンリュウジンをアーチェリーモードに変形させる。

地下で倒れたままのSケンドーにゲキリュウケンが教える。マダンダガーが、パワースポットの中の何者かに反応していると。

マダンダガーが点滅し、まるでそこに呼応するごとく、パワースポットからカノン文字が浮かび上がる。このパワースポットのある場所は、前述の地下水路とはまた別の、栃木県にある大谷石地下採掘場跡でロケされている。

SHOT基地の瀬戸山は浮かび上がったカノン文字を読み取る。「獣王……、サンダー……イーグル」。マダンダガーは敵の動きを封印する武器だが、また封印を解く鍵でもあると、御厨が説明。

Sケンドーがマダンダガーを掲げると、カノン文字がほとばしり、円を描いて飛ぶ。この動きは演出メモに原田監督がイラストを描き、それを元にコンテに起こされた。

カノン文字がパワースポットにぶつかると、光の粒子が鳥の形になっていく。

ここで瀬戸山の「封印が解かれる」というセリフが脚本に付加されている。脚本タイトルの段階では仮題しか決まっていなかった本作はこれで「封印されし翼！　サンダーイーグル！」であることが決定的になった。

光の奔流が垂直に突っ走る。場面は地上に変わり、はためく赤い旗の奥で、光が空に向い直線となって伸びていく。

その先に実体化して声を上げ、金粉の中で羽ばたき、黄色く目が光るメカニカルな鳥。ワシ型獣王・サンダーイーグルの登場だ。翼幅二・七メートル、最高速度マッハ一五。あまりに力が強くて危険なので、パワースポットにずっと封印されてきた獣王なのだ。

地上に出てきたSケンドーは「どういうことなんだ」とその姿を見上げるのだった。

そうこうしている内も、空中のSジンオーはパワースポットに狙いを定め、弓をつがえる。ここでSジンオーの言う「消えろ、あけぼの町」というセリフは、脚本ではもっと前にあったが、原田監督は演出メモでもいくつか案を出し、どのタイミングで使うか試行錯誤している。

Sジンオーが「なに」と気付いた途端、邪魔するように突っ込んでくる金色のイーグル獣王。空中で争い、ぶつかり合う両者を見上げる地上のSケンドー。「近さと遠さ」をダイナミックに組み合わせるコンティニュティーは見事である。

「あいつはお前の翼となろう」というゲキリュウケンの予告を受け、「サンダーイーグル！」と叫ぶと、Sケンドーの元に飛来するイーグル獣王。低空飛行して来るところで、飛び上がる寸前のタイミングでジャンプして合体するスリリングな瞬間が見られる。

「ウィングモードサンダーリュウケンドー、ライジン！」。太陽の光を背に空中で見栄を切るヒーロー。そこで蝶のような羽が光り、パッと広がるのだった。

空の一角のどこかでクッと止まって体勢を直し、また一挙にスピードアップする。そのことでメリハリをつけるのが空中戦を気持ちよく見せるコツなのだ……という見本のような描写である。

地面すれすれに追いつ追われつ飛ぶウィングモードサンダーリュウケンドー（以下Wケンドー）とSジンオー。地上の自転車がその煽りで倒れる。自転車はジェットファンで倒すことがコンテから指定されている。

原田　僕は空中戦はそんなに好きではないんです。ただ、結局『ティガ』で「もっと高く！」を撮っちゃったから、空中戦がうまいと勘違いされて、よくその話が来るんです。空中戦は大変なだけですよと言うんだけど、「今度飛ぶから」と来ちゃう。飛んでいる時の高さを出すのは大変なんです。だからなるべく低いところで戦わせて、対象物を色々見せる。

Sジンオーの矢を巧みによけながら飛ぶWケンドー。ビルとビルの間を抜ける両者のシルエットが壁に映る。やがて光の矢と雷撃が空中でぶつかる様がロングになり、衝撃が大きく波状に広がる。

その割れ目からミニブラックホールが生まれ、二人とも吸い込まれていく。その時、翼をあおられる細かい描写が付けられているCG演出に惚れぼれさせられる。

▼真相は……

次の瞬間、地下室のような場所に飛びだしてくる「武装解除」した白波と剣二。しばらく身体に電気を帯びていたが、やがてそれも消える。

彼らが出てきた場所は、十年前の地下洞窟だ。ここはかつて、白波の両親が天地に連れていかれた、SHOTの魔弾スーツ開発用ヨーロッパ実験場であった。

目の前を子どもが走っていく。それは子ども時代の白波だ。蒸気を噴き出すレトロな球体（スーツ製造用の金属チューブ）に向かってタラップを歩き去っていく両親。この球体はミニチュアで表現されることがメモにもイメージボードにも記してある。「スチームボーイ風」と遊び心的に書いてあるのが楽しい。

「父さん……母さん……待って、行かないで！」。父母の元に行こうとして、取り押さえられる子ども時代の白波。

「危ない！」。その身体を爆風から救う天地。転がるペンダントのロケットを炎の中、火傷もものかわ握り締める。その顔は悲しい。コンテにも「悲しそうな天地」と書かれている。

　BGMのピアノが悲しみの旋律を奏でる。意外そうな顔で「何？」と呟く白波。

　次の瞬間、また二人の身体は消失し、パワースポットの地下施設に転がる。遠くの床に倒れている天地。その手には火傷の痕がある。自分の胸のロケットを握りしめると、トボトボと歩き出す白波。

　過去の真相を、伝聞ではなくタイムスリップで直接知るという展開だ。「トラウマの原因となった時間に運んでくれる」ゴールドの魔法が作用したものなのか、サンダーイーグルの封印が解かれたことと関係があるのか、ハッキリ視聴者には告げられない。

　倒れたままの天地は駆け寄る剣二に言う。「私は約束を守れなかった。ご両親は魔法爆発を防ぐため、自らを犠牲にされたんだ。幼なかった鋼一くんにすれば、わたしにご両親を殺されたと思い込んでも仕方がなかった」

　このセリフの時、黙って立ち去っていく白波の後ろ姿が挿入される。

　第二稿まで、天地のセリフは、こうだった。「俺は幼い白波との約束を守れなかった……、魔法スーツ開発中の事故からご両親を救い出すどころか、逆に二人に助けられた……」。決定稿そして放映作品よりも状況説明が具体的だったのだ。

「すまない天地さん。俺、なんにも知らないであんたのことを」

　謝る剣二のこのセリフは脚本ではもっと長く「あんたは一人で、すべての責任を負おうとしていたのに……」というくだりがあったが、カットされている。

　そこへ飛んでくるキーをキャッチする剣二（脚本では足元に光っていたキーを「拾い上げる」ことになっていた）。そのキーを見つめ「サンダー……イーグル」と呟く剣二。封印から解かれた獣王がキーとなって剣二の手元に届いたのだ。

▼フー様は強い男だから

　ここで本編は一度終わり、エンディングパートとなる。

　地下から空の上に光となってほとばしり、実体化するサンダーイーグル。そしてウィングモードサンダーリュウケンドーとなり「ライジン」する名場面を皮切りにエンディング主題歌のイントロが始まるので、今回は空中戦の名場面を振り返るのかと思いきや、次のカットでは河原を歩く佳子と繁の母子の描写となる。

――毎週決まったエンディング映像があって、そのまま使う回と、ドラマが続いている中で歌のみ同じものが流れる回とがあったと思うんですが、監督の裁量で決められるんですか？

原田　いや、結構反対がありました。やっぱりオープニングと同じように毎回同じにしてくれという意見は随分ありました。だけど、とは言ったってエンディングに流した方がいいこともあるし……と僕は思ったから。

　ウルトラマンの時に、僕が今までエンディングでそういうことをやっているの知っていれば「じゃあ、ああいう風にやるんですか」となるじゃないですか。でも『リュウケンドー』だと結局、松竹の人達とかが、僕と川崎郷太さんを呼んでも、実際僕らがどんな画を撮ったかあんまり知らないんですよ、実は。

　だから「決まったエンディングをやってもらわなきゃ」という声も多かったんですが、それを一回無視して作って、先に見せることにしたんです。それで演出部とも話して、「俺こういうエンディングでやりたい」と言って作ってもらった。ラッシュを制作委員会に見せて、そこで「エンディングバージョンとして音楽を乗せるとこうなる」と説明して了承を取ったんです。「これだったら、毎回は困りますけれども、いいですよ」という話になったんで、一度いいとなりゃドンドン行ってやれみたいな。結局、ほとんどやってました。スペシャルバージョンエンディングは。

「母ちゃん、メロドラマにはまるのはもうやめてください。ドラマの主人公なんて、現実には存在しないんですから」と母親に苦言を呈する繁に「言われなくてもわかってるわよ、いまはフー様の時代よ」と言い返していた佳子だが、そこにちょうど、カッパ地蔵の祠に手をついて倒れている不動を見つける。「フー様、しっかり……」と助け起こす佳子。不動は「佳子さん」と応える。

「不動のおっさん……の、ことか。フィクションの主人公にはまるよりはマシになったと考えるべきでしょうか……」

　見つめ合う二人に「お取り込み中ですが、救急車を呼んだ方が……」と語りかける繁。

「うるさいわねえ。この人は強い男だから、死にゃしないのよ」。抱き起こした不動と並んで前を見つめる、恋愛映画の主人公のような佳子。空は綺麗な夕焼けだった。

　第3稿まではまだ常識的な展開で、佳子の方が「何してんの、はやく救急車呼びなさい！」と繁を叱っていた。

　実はこのくだり、リュウガンオーがリュウジンオーに倒され、剣二に後を託して川にドボンと落ちる音のするシークエンスの次にもともとは位置していた。原田監督はこれをそのままエンディングに移行させたのである。たしかにガンオーは川に落ちた後、最後まで出てこないので、ここに移動させても問題はなく、むしろシリアスな本編が一旦終わった後、視聴者がホッとしてからの方が効果を生んでいる。お遊びのシーンはどこに入れると一番効果的なのかを考えているのだ。

――今回、佳子は不動と何かいい空気だったのに、それっきり……。

原田　ええ。俺は同時多発恋愛ものにしたかったんです。みんなに相手をそれぞれ作ってね。

――『ガイア』のゴキグモンの話（30話「悪魔のマユ」）辺りを想起して、ああいう方向に行くのかなと一瞬思いました。

原田　そういう風にしたかったんですが、周りから反対された（笑）。久野（真紀子）さんなんかノリノリでやってくれてたんでね、その調子でガンガンやりたかったんですけどね。久野さんは結構コメディ出来るんです。シリアスな役ばっかりやってるけど、ノリいい人だから。恋愛ものに関しては、わりと松竹から「あんまりやらないでくれ」とずっと言われてたんですよ。僕は勝手にやってたの（笑）。「ホンにはあんまり書かなくていいから」と言って、ホンだけ通しておいて、現場でちょっとホットにした。

　これは、企画書には書いてないコンセプトなんですが、最初に、松竹で会議して「原田さん、これどんなシリーズにしたいんだ」と訊かれた時に、これはヒーローものでありつつ「バブル期の女達への復讐編をやりたい」って話をしたんです。

——誰が復讐するんですか。

原田　俺が。

——どういうことなんですか？　それは。

原田　要するに、バブルは一九九〇年に弾けたじゃないですか。あの時に、一番、世の中でバブルの恩恵を受けていたのは、女子大生なんです。当時二一〜二三才の人達が一番お金をジャンジャン使って、ドンペリ呑んでとかやっていた。『リュウケンドー』の企画は二〇〇四年だから、「その人達がちょうど今いくつになってると思います？」と。三四〜三五歳。その人達は、だいたい晩婚なんです。二九か三十才で結婚する。そうすると子どもが四才か五才で、メインターゲットなんです。考え方として、子ども番組は、子どもに見せるんだけど、実際におもちゃを買うのは親なんですよ。だから子どもより親をターゲットにしろって言うんです。子どもに見せるのは必要だけど、親に見せなきゃダメだと。

　じゃあ親に見せるにはどうしたらいいかと言うと、このバブル期の女子大生達がどんなドラマを見ていたかというと、トレンディドラマです。トレンディドラマは、カッコいいマンションに住んでてカッコいい男と女があちこちで恋愛する話なんです。それを見てたわけです。バブルが弾けてからそういう話が全部なくなって、貧相な話になっているんですが、その人達は青春時代をそれで過ごしてきているから、子ども番組とバカにしててもそこにカッコいい男やカッコいいお姉ちゃんが同時多発で恋愛ものをやったら、親はこれに惹かれる。

　子どもはヒーローに惹かれるけど、同時多発恋愛ものには親が惹かれるから、それをやって、しかもこの人達は若い頃からお金をバンバン使うことに慣れて、その後結婚して耐乏生活を強いられているから、昔のことを刺激したらおもちゃを買うよ。カッコよかったら。「ここを攻めるんだ」と言ったんです。

　バカ受けしたんですけどね、これ（笑）。「そんな考えで子ども番組をやっている人がいるとは思わなかった」と言われた。「九〇年代に、さんざん男達に金を使わせた女の子に、今、復讐して金を使わしてやるための企画です」と話を振った。そういうことで恋愛をたくさんやりたかったんです。

　でもタカラは「やっぱりヒーローさえカッコよければ、ヒーローさえ売ってくれればいいんです。ストーリーはどうでもいいんです」と言っていたから、なかなかそうはいかなかったです。その中でもちょこちょこやってたんですよね。

作品解説

「復活の魔」19話
▼二〇〇六年五月一四日放映

脚本：大西信介　**撮影**：鍋島淳裕
ゲスト：山口粧太（白波の父）、増田未亜（白波の母）

原田　『リュウケンドー』の中ではこの話が一番好きですね。17話から19話は三本持ちだったんで、最初からどれが一番やりたいかといったら、19話だったんです。「後の二本は妥協しますよ。製作委員会の言う通りやります」と言ってこの回をやったんです。
——この17、18、19話はわりとコメディで始まってシリアスになって、ちょっとウェットで落とす三部作。
原田　だいたいそういうことです。そういうバランスにしておかないと、なかなか、やりづらかったです。

　前回負傷した天地は、今回欠場。脚本第1稿では、御厨からの報告という形で、そのことに言及があった。御厨の指示で、リュウガンオーの強化開発のためにSHOTを一時出ることになったというのだ。「俺も同じ所にとどまってはいられない……」と不動も今後への決意を見せていた。これは後の、リュウガンオー強化編への伏線にもなっている。

　こうした緊張感溢れる出だしは実際の放映作品では大きく変更され、勤務が終わって既に私服となり、ジージャンに腕を通しているSHOT基地の鈴から今回は始まる。下は白いスカート。私服で日常感が出る描写に原田監督は置き換えているのだ。

　瀬戸山は、今晩は剣二と一緒に待機すると言う。そこで天地が療養中であることと、不動もまた前回の戦いでのダメージが癒えてないことが触れられる。

「僕がしっかりしないと」と一人ごちる瀬戸山に「不安なメンバーで悪かったわね」とツンツンしながら基地を出る鈴。

　原田監督は出がけに「デートなんです。ガジローさんと」というこれみよがしな鈴のセリフを脚本に足している。「ええ……？」とうろたえる瀬戸山。ちょっとしたところで、自分に好意を持っている同僚を翻弄する小悪魔的な部分を見せる。

　そこへちょうど入ってくる剣二に「ちょっとお！遅いわよ」と言い捨てて出て行く鈴。

　鈴はこの時、コートを着て出るのを忘れているのだが、これが後の展開につながる。脚本には瀬戸山が気付く描写があるが、原田監督は赤いコートが椅子にかけたままなのを視聴者に映像で示すに留めている。とりわけアップにもしていない。

▼幽霊の小町さんが実体化!?

　その頃ジャマンガ城では、Dr．ウォームとレディ・ゴールドの前に抜け殻のように動かぬ、一角一眼の魔獣が立っている。マントを羽織った、その魔獣ビヨンダークに念を込めているDr．ウォーム。促されたレディ・ゴールドが頷き、魔獣の身体に手をかざしはじめる。ビヨンダークに、さまよえる魂を甦らせる「蘇りの魔法」の能力を加えようというのだ。

　この「蘇りの魔法」は脚本第1・2稿では「黄泉がえりの魔法」と記述。死んだはずの人が蘇えってくるという超常現象をベースにした同名小説、及びその映画化作品（〇三年公開）を思わせる。

　そんなことも知らず、SHOT基地の剣二は栄養ドリンクを持って深夜番を務めていた。そこへ、チャーミングな光とともに現れる小町。驚く剣二に「急に出るのが幽霊なの！」といつものキュートな態度だ。傍らの鈴の椅子には、赤い上着がかけられたままだ。

次の場面は高台の公園。「あけぼの町を見下ろす公園」としてロケされているのが藤沢市湘南台にある秋葉台公園。ウルトラマンシリーズの「青い夜の記憶」「時の娘」でもロケ地に使われた、四角い枠のようなオブジェのある場所である。そこで天を仰ぎ咆哮するビヨンダークの姿が、下からロングで、広がりのある構図に収められている。

その咆哮に応えるように、空からは星のようなものが無数に降ってくる。イメージボードには「雪っぽく尾を引いて」とある。だが映像での色は赤く、ビヨンダークの身体も照り返しで赤く光る。その光の一つがSHOT基地にいる小町さんの身体に入り込んだ。全身が光に包まれ「？」となる小町。

自分の身体に何かの変化を感じた小町は、鈴が置き忘れた赤い服を掴んでみる。

「持てる！」。これは原田監督によって付加された描写だ。羽織ってみる小町。それを見た剣二は「似合うじゃん」と思わず顔をほころばせる。

そこへブザーが鳴った。「魔的反応だよ……剣二くん……」と隣の部屋から幾分か寝ぼけた感じで入ってくる瀬戸山は「だ、誰？その綺麗な人」と立ち止まる。

事態に気付き、同時に「見えてるの？」とハモる剣二と小町さん。剣二以外の人間からは、いつもは見えないはずの小町さんに、なぜか瀬戸山は気付いてしまったのだ！

▽ご町内コスプレ大会⁉

その頃あけぼの町の一角では、突きつけられた刀を前に銃を突き出し「じ、銃刀不法所持で、た、た、逮捕するぞ！」とブルブル震えている駒走巡査の姿があった。数名の落武者達が彼に迫っているのだ。振り回された刀に、腰を抜かしてカニ歩きで後ずさる駒走。恐怖に満ちた彼の身体から抜け出すマイナスエネルギー。これは、悪霊を蘇らせ人々に恐怖を与えるジャマンガの作戦だった。だが蘇ったのは悪霊だけではなかった……。

ミニパトでパトロール中の市子と律子の前にも、和装で編み傘の人力車夫が現われる。「姉ちゃん、俺の人力車知らねぇか？どこ捜してもねえだよ」

市子は「姉ちゃんとは何よ」と反発するが、律子が不意に指差す。その先には、疲れたように歩いてくる防空頭巾を被った国民服姿の少年とモンペ姿の幼い少女が手をつないでいた。「兄ちゃん……お腹が空いたよぉ……」「我慢するんだ」と通り過ぎていく、まるで『火垂るの墓』のような兄妹。

その横を今度は赤穂浪士が太鼓を叩きながら（脚本では「飛脚」だったが、この変更にはある意図があった）駆け抜けていく。辺りには、鹿鳴館風の男女、兵隊、笛を持った虚無僧、戦時中を思わせる服装や防空頭巾の男女等々がウロウロしたり、道端で会話したりしている（第1稿では烏帽子を被った平安貴族が「おじゃる」言葉を使って市子たちに語りかける描写もあった）。

こうした、本来町の各所で点描的になすべきことを、路上の一角でワンカットで済ます辺りの効率的な撮影が逆に〈色んな時代が一同に介する〉祝祭的な面白味を生んでいる。

「こ、これって……ま、まさか……」

「……町内コスプレ大会？」

「幽霊でしょうが！」

……とボケとツッコミをかます市子と律子。

▽参上「戦隊忠臣蔵」

場面が変わり、秋葉台でロケされた「あけぼの町を見下ろす丘」で手を繋いで歩く小町と剣二。その手のアップからこのシーンは始まる。彼らは魔的反応を追ってやってきたのだ。

ピラミッド型の丘を駆け上がる二人。背景の星空はイメージボードから指定されている。星が一つ流れる。息を弾ませつつもどこか楽しそうな小町。「何だよ、嬉しそうに」と言う剣二に「だって、こうやって走ったのなんて、もうどれくらいになるか……」と答えた後「それに手を繋ぐのもね」と言い添える小町。「あっ！」と慌てて振り払う剣二。脚本から「初めて気付いたように」と書かれており、その通りの演技になっている。

自分はひょっとしたら甦ったのかなと喜ぶ小町だが、丘の上にビヨンダークの姿があることに気付く。夜風にマントをはためかすビヨンダーク。

「いたな、魔獣め！」とキーを取り出しリュウケンドーとなる剣二。ここでは普段の変身シーンのバンクは省略され、ビヨンダークのリアクションの後、カットが変わるともう変身した姿だ。

ビヨンダークは半透明になり、ゲキリュウケンはその身体を突き抜けてしまう。槍で逆襲されるリュウケンドー。

ここでモードチェンジしようとするリュウケンドーが、ビヨンダークの念力に操られるように宙に舞い、激しく地面に叩きつけられるくだりが脚本にはあったが、カットされている。

優勢なビヨンダークだが、夜が明け、光が射すと消えていく。この時、ビヨンダーク視点での、あの四角い枠のオブジェ越しの朝日がイメージボードから描かれていた。リュウケンドーが起き上がると、もうビヨンダークの姿はない。綺麗な朝日が大きく映し出される。

この後、第1稿ではあけぼの署サロンに住民からの通報の電話が次々と寄せられ、慌てふためく月岡交通課長と花田刑事課長……という描写もあったが、カットされている。

画面は再び幽霊の出没する路上に戻る。お手玉で一人遊んでる子ども、風車を持った子どもを遊ばせている大人、歓談している鹿鳴館風の人々、刺さった矢を自分で抜いている落武者、尺八を吹く虚無僧、まだ人力車を捜している車夫、ノボリの「千隊」（「戦隊」のもじり）を掲げ、太鼓を叩く赤穂浪士（つまりは「戦隊忠臣蔵」。企画段階の『リュウケンドー』仮タイトルをネタにした、完全に身内しかわからないギャグだ）……尋常ならざる人々の様子を愕然と見ているしかない市子と律子。

ここは脚本では、「亡き家族と会って抱き合っている者、腰を抜かしている者。驚いたように町をキョロキョロ見ている忍者。ひたすら駆け抜けていく飛脚。尺八を吹いている虚無僧。モンペ姿の婦人達……などなど」と書かれていた。

――『戦隊忠臣蔵』というのは、『リュウケンドー』が企画段階の時の仮タイトルでしたね。

原田　誰もそれが本当のタイトルになるとは思っていない。社外秘みたいに、わざとそういう、「戦隊モノでしょ」みたいな通称付けといたんだと思うんです。でも「なんとかレンジャー」とか言うと色々と問題あるから『戦隊忠臣蔵』という仮ネームで呼ばれてたんですよ。うちら現場のスタッフは『松竹ライダー』とか呼んでましたけどね。とりあえずウルトラマンではないなと。どちらかというと仮面ライダー系かなと思ってましたから。
撮影している時は放映もそうだし、企画発表もまだだったんで、ロケ先で一般の人が「何を撮ってるんですか」と聞いてきた時は「仮面ライダーの新しいやつですよ」なんて言ってごまかしてました(笑)。

SHOT基地では「死んだ者を甦らせる魔法」について鈴が瀬戸山に訊いている。「かなり高度な魔法で、その魔法を使う魔獣を創る必要があるんだ」。朝日と共に消えたのはその魔獣が「霊に近い存在」になっているからだと説明する瀬戸山。「霊魂が実体化する時のエネルギーがヤツのエネルギーなんだ。それを使って自分が霊化する」

難しい説明に「とにかく、どうすりゃ倒せるか考えてくれよ」とはやる剣二。

だがその手筈はもう整っていた。瀬戸山は書物に挟んだレシピのような紙を剣二と鈴に渡し「これ、手分けして手に入れてきて欲しいんだ」と頼む。

ここでこのシーンは切れているが、脚本では魔物を封じ込める魔法薬のレシピとして「トリカブト、ユリの根……」等だと説明があった。原田監督はこれにアレンジを加え「水神の森の霊水、あけぼの山の霊石、世界樹の根……」と書かれた紙を所持台本に貼りつけていた。しかし、いずれのレシピも視聴者に明示されることはなかった。

▼その手と手

ここは白波が野営する森。いつも通り妙法寺でロケされている。デッキチェアに座り、焚き火を前に目を瞑る白波。演出メモには「紅茶を飲む」とある。映像では飲んだ後が写っている。

白波が何かに気付いて目を開けると、森の奥から、スモークの中、二人の男女が近づいてくるのが見える。

紅茶のカップを落とし、思わず口に出して「まさか」と言う白波。

その頃、例の魔法薬のレシピを見ながら町を歩いてくる剣二に、「土蔵のある旧家」の入り口に立っていた小町が声をかける。

「ここ、私の家だったの。今も親戚とか残ってる筈」。このセリフは、第1稿では「ここ、私の家だったの。今も孫かひ孫がいる筈」であり、それを聞いた剣二が「まじかよ。チョーばあさんじゃねぇか」と突っ込んでいた。

旧家の看板には「翠館」とある。ロケ地は、8話で鈴の家として使われた「伊勢屋」である。

剣二が中に入らないのかと問うと「やめとくわ。もう知ってる人だっていないし」と答える小町……というくだりが脚本にあったが、カットされた。

「行こ」と手を繋いでくる小町。そのまま裏手へ誘われる。慌てて抵抗する剣二に「照れちゃって」と小町が言うと「九州男児はそげなこつ……」と方言むき出しになる(第1稿のみ「九州男児」は「薩摩隼人」だった)。「減るもんじゃないでしょ」とむくれてみせる小町は戻された手を見つめ、少し歩きだして真面目に言う。

「私の思い残しなの」

ここで小町が生きていた明治時代の回想となる。セピアトーンの画面で、矢絣に袴姿の当時の小町が、一冊の本を受け取っている。脚本では「例えば『たけくらべ』等」と提案されており、そのまま『たけくらべ』の本が使用されている。

だが場所は大きく台本とは異なっている。台本では暫定的に「カフェ」と記され「カフェの大衆化は実際は大正以降らしいので、NGなら河原とかに変更します」と注記があった。

映像では、竹で組んだ柵に朝顔が巻きついた場所(演出メモには「あさがおのタケ」とある)で、その竹越しに本が手渡されている。本を差し出したのは彼女の恋人である若者。背景は古建築を展示する「江戸東京たてもの園」で撮影されている。

「読み古しで悪いんだけど。読みたいって言ったろ」と言うこの青年。台本でこの青年は「剣二の二役も面白いかと思いますが意味を持ちすぎてしまうでしょうか?」と脚本の大西信介によって提案されている。これはその通り実現している。また、青年が小町に渡していたのは、第1稿では本ではなく人形で「お江戸の頃のからくり人形だよ。なかなか面白い代物だと思ってね」というセリフがあった。

手元がアップになり、本を受け取ろうとして思わず接触した手を引いてしまう小町。「どうぞ」と恋人に言われ、受け取り直す。「ありがとう。大事にします」。そう言って去っていく学生服姿の恋人。

そこに現在の小町の声が被さる。「その頃、つき合ってた人、いい人だった……。でも、ちょっとカタブツでね。剣二くんみたいに……」

人々が行き交う町の通りに、恋人の後ろをちょっと離れてついて歩く小町。ふと立ち止まり、後ろの小町に向けて、手をぎごちなく差し出す恋人。

「時代も時代だったけど、手をつないで歩くなんてとんでもないって感じで……だから……」

以上の回想場面、セリフはほぼ脚本のままだが、二人の手元の芝居、そして街を歩く二人の描写は原田監督が膨らませたものだ。

回想が明けて、丘の上の公園に戻る。ベンチに並んで腰を降ろしている小町と剣二。

「一度でいいから、手をつないで、歩いてみたかった」と言う小町に、剣二は「一ぺんもないの?」と訊く。

そこで憂いを帯びた表情になる彼女にオーバーラップして、先ほどのセピア回想画面の続きで、恋人から差し出された手を繋いで歩きだすカットが挿入され、ホワイトアウトとなる。ここも脚本になく、演出で膨らまされた部分だ。

「その後すぐ、私事件にまき込まれちゃって……名誉の殉職ってやつ……。だから夕べ剣二くんに手引っ張られたのが、本当に最初ってことかな」

こう説明があるが、先ほどの、恋人と手を繋いで歩きだすカットは現実に起きたことなのか、彼女の願望なのか、それ自体が蜃気楼の見せた夢なのか、大西信介のリリカルな脚本を得た原田演出が跳躍した瞬間である。

小町の話を聞いた剣二はベンチから立ち上がり、手を差し出して「ほら」と小さく言う。驚く小町に、照れくさそうに「減るもんじゃなか」と言う剣二。ぎごちなく剣二の手を握り、立ち上がる小町だったが、その時、携帯電話が鳴ってしまう。脚本にも「無粋に鳴る携帯」とある。携帯電話に答えるために、申し訳なさそうに手を外す剣二。外された手を出したまま、切ない顔の小町であった。

連絡はSHOT基地からで、「アケボノギク」という花が魔法薬のレシピに不可欠なのだと言う瀬戸山。脚本では「アケボノギク」の名称に「※架空の植物です」と注記がしてある。戦前くらいまではあけぼの町で普通に咲いていたが、環境の変化で絶滅状態にあるという設定だ。

　再びビヨンダークが現れる日没までに、アケボノギクを手に入れねばならない――という基地からの連絡を受けている剣二を見守る小町には、何がしか心当たりがあるようだ。

「もしかしたら……」

　この「アケボノギク」は第1稿では「クジラのヒゲ」であった。「アケボノギク」になったのは、小町のキャラクターの可憐さと儚さに合わせたものだろう。

――小町さんはヒーロー物に出てくるキャラじゃないですね。

原田　じゃないですね。小町さんの昔のシーンを撮るので、カツラから全部作ったんですけど、あれをやってから、細川ふみえさんもすごくやりやすくなった感じでした。本人もあれで、こちらのやりたいことを色々わかってくれた。本当に短い回想シーンだけど、手を握るくだりとかも、いい感じで撮れた。

　とにかく何を言ってもやってくれるからね。「たけくらべ」の本をやり取りするところも、昔の彼氏を翔悟にやらせたから、あれで映像的に、小町がずっと傍から剣二を見守るのにも説得力あるなあと思って。

――あの回があるとないとでは、後の方の小町さんの話も説得力が違ってきますね。

原田　昔の彼氏役は予定では、別のキャスティングで行こうという話もあったんだけれど、「翔悟にやらせたい」と言ってやったんです。そうして良かったなと思って。大正時代の再現も美術陣がだいぶ頑張ってたから、やっていても楽しかったですね。

▼時空を超えた邂逅

　中CMが終わった後、「アケボノギク」を知っている風な小町に剣二は問いかけるが、小町は「ごめんなさい……勘違い」とごまかすシーンが脚本にあった。これはカットされ、森で両親と再会する白波の姿から始まる。

「どうして……」。ピアノ曲が流れる中、黙って近づき、白波の手を取ってもう片方の手を添える母親。見守る父。

「母さん……」。この後、ピアノ曲が続く中、夕焼け空の鰯雲の情景カットが入るが、これは原田監督が膨らませたものだ。

　日暮れに復活した落武者が日本刀を構え、小町と一緒にアケボノギクを探しに林に来た剣二を襲う。ゲキリュウケンを巨大化して構え、小町をかばいながら素顔で剣を交える剣二。脚本ではすぐに変身して戦闘に入っていたが、原田監督は今回、小町との交流の場面は極力剣二に素面のまま相対させている。

　また、脚本では落武者達に人々が襲われている描写もあったが、映像作品では、最初に過去の時代の人々が一同に介した路地の一角の描写以外、一般民衆の姿は描かれない。

　思わせぶりに立ち去る落武者を追って巨大トンネルの中にやってきた剣二と、後を追う小町。襲われる小町を助け、三対一の格闘になる。人間相手なので峰打ちと当て身で倒すが、シナリオでは斬り捨てて消滅させていた。その際「今宵の虎徹は良く斬れる」とカッコつける剣二（脚本では既にリュウケンドーの姿）にゲキリュウケンがツッコミを入れるというギャグもあった。

　このギャグは撮影直前に原田監督が書き替えた脚本にも残っていたが、映像作品にはない。いくら相手が幽霊とはいえ、一瞬でもヒーローが生身の人間を斬っているように視聴者が感じるのを最終的には避けたのだろう。

　そこへ、ノッシノッシと歩いて来る魔獣ビヨンダーク。「逃げろ！　小町さん」と言われるが躊躇する小町。もう一回「逃げろ！」と言われやむなく駆け去る。脚本ではすぐに頷き逃げていたが、小町をただの「助けられるポジション」にしたくない脚本の意をむしろ汲み取ったアクセントだろう。小町と別れ、ここで初めて剣二は変身する。

　そうこうしている間にも、夜の森では白波と両親の再会劇が続けられていた。月明かりに照らされたかの如く、着ている白衣が光る両親。

「真実だったというんだね。あの時、パワースポットで見たことが」と言う白波に、父は頷き「誰の責任でもない。不可抗力の事故だった」と答える。

　前回、リュウケンドーとの空中決戦の果てに、ブラックホールへと吸い込まれた白波が一時的に過去にさかのぼり、そこで見た両親との死別の真相は本当だったのだ。

　母は優しく白波の肩に手を置き、言う。

「もう過去に囚われる必要はないのよ、鋼一。自分の為に、生きて」

　過去との決別、その了解を、時空を超えた邂逅という、SF的設定が許されるドラマだからこその道具立てで、回想シーンではなく「現実」のものとして描く脚本は秀逸で、それに応えた監督も芝居場をじっくりと見せている。

――19話では敵の計画ではなく、魔法の副次的な効果で白波の両親が実体化したり、小町が実体化したり……とドラマの道具立てとして機能していますね。

原田　そうですね。基本的には小町さん話なんです、これは。小町話をやりたいっていうのがあったんです。小町でちょっとしっとりした話を、入れてあげようと。それでうまく白波の両親話に絡めれられれば。人間目線のファンタジーとして、脚本の大西がまた得意な傾向の話だから、「こういう風にして」と言って書いてもらったところもある。

▼最初で最後のプレゼント

　リュウケンドーの攻撃はビヨンダークをすり抜け、効果がない。その頃、自らの家だった翠館に駆けつけている小町。門の前で一瞬立ち止まるが、すぐ入る。蔵にしまってあった木箱を開ける小町。「お願い。残ってて」

　木箱の中にはかつて小町が着ていた白い警官用制服が畳んである。その下にあった『たけくらべ』の本。

　ここで回想の明治時代が蘇る。朝顔越しの陽射しを逆光にした小町と、剣二にそっくりな二人が相対している。もらった本の上に差し出された押し花のしおり。ちょっと驚く小町に、「贈り物が古本だけというのも芸がないからね」と照れくさそうに言う恋人、それがアケボノギクの花だった。

　回想が明けて、しばらくしおりを見つめる小町。「最初で最後のプレゼントだけど、許してね。生きてる人たちのために使わせてもらうわ」

このセリフ、脚本ではモノローグだが、言葉にして言わせている。発語することによって、その言葉はその人の現実になる。現場の感情を大切にする原田監督ならではのやり方だ。涙ぐむ細川ふみえの感情がグッと迫ってくる。

さてこの押し花、第1稿では「桐箱に入ったからくり人形」で、それが「クジラのヒゲ」をゼンマイのバネとして動いていたのだ。

場面変わって、SHOT基地に突然駆け込んでくる小町。魔法陣にうつ伏して居眠りをしていた瀬戸山が「あ……あの時の」と驚く。魔法陣の上には色んな紙や石ころなどが置いてある。瀬戸山がアケボノギクなしで魔法薬を作ろうとしてさんざん努力した痕跡が伺える。

実はその前に、脚本には「アケボノギクがなければ」と焦る瀬戸山の芝居があった。短い放映時間の中で、そこをカットする代わりに、名残りとして画面に残してあるのだ。

駆け入ってきた小町はしおりを「瀬戸山くん、これ」と差し出す。「ど、どうして僕の名前……?」と怪訝な顔をする瀬戸山を「いいから！早く作りなさい」と圧倒。

「鈴ちゃん、もうちょっとこれ借りるわね」と着ているコートを示し、壁に向かって駆け出すが、幽霊の時のようにすり抜けずに激突してしまう。「あ痛た……つい、クセで……」と、今度は入り口の方に駆けていく小町に「何なのよ、あの人」と唖然とするしかない鈴。

魔法陣のある赤い部屋では、小瓶にしおりの紙から外したアケボノギクを入れる瀬戸山が小爆発を発生させる。

その頃、対決場所のトンネルでは、敵に圧倒され気味だがそれでも立ち上がるリュウケンドーの目の前で突然宙空に光の渦が出来て、中から光の球が現れる。「その光の球とマダンダガーを使え！」と瀬戸山の通信が入る。ついに魔法薬の調合が完成したのだ。この光の球、脚本ではリュウケンドーが敵にやられた瞬間に現れているが、映像では、自ら立ち上がった時に変更されている。こんな細かいところにも、主人公のヒーロー性を高める演出が伺える。

キーホルダーを廻し、ダガーキーを手に取るケンドー。「出でよ！　マダンダガー！」。宙空の魔法陣から飛んでくるマダンダガーをキャッチ、同時に先刻の光の球を掌の上に浮揚させる。「行けー！　ダガースパイラルキー！」

マダンダガーから飛び出した光の文字列が、光の球を通過し、そのままビヨンダークめがけ飛んでいく。文字が縄のように変化し、ビヨンダークに絡みつく。合成する前の現場での撮影ではピアノ線でビヨンダークを縛ることがコンテで記されている。

脚本では文字の縄が一度はすり抜けてしまい「駄目か!?」とリュウケンドーが呟くが、一旦はすり抜けた「縄」が急に金色の光を発し、またビヨンダークに絡みついていくという描写があった。だが映像ではそのままビヨンダークを拘束せしめている。

「成功だ！　実体に封じ込めた！」と歓喜する瀬戸山。

リュウケンドーはゲキリュウケンとダガーを合体させ「ツインエッジゲキリュウケン」にすると、双刃を回転させるように上段そして下段へと切り裂く。

必殺技もパワーアップしたのだ。「超魔弾斬り！」

苦悶の声とともに前のめりに倒れ、光となって砕け散るビヨンダーク。原田監督はここに「闇に抱かれて眠れ……」という1話以来の、リュウケンドーの決めセリフを付加している。

こうして小町の尽力で、リュウケンドーは強敵を撃破した。

▼魂を「送る」ヒーロー

丘の上のマリア像の前に立つ、変身解除した剣二。そこへ小町が駆けてくる。小町は剣二に謝る。本当はアケボノギクをすぐに手に入れることが出来たのに、黙っていたと。驚き、なぜと問う剣二に小町は言う。

「このままでいられるものならいたかった」

ここまで、マリア像を中央にした両者を引いたキャメラワークで捉えていたのが、剣二の肩越しにアップになる小町。このカット割りは演出メモに書かれている。土の上を走って、野原に腰を降ろして、まだまだ色んなものに触れていたかった……そう言う時の小町役細川ふみえは、目に涙をためて迫真の演技である。「だから……ごめんね」

「ば、馬鹿野郎、小町さんが謝る話じゃないよ。そう思って当り前だろう。俺、そんなこと考えてもみないで……」

でも、そもそも死んだ者が甦る方がおかしいのだからと、泣きじゃくりながらも自分で言ってみる切ない小町。

ここで剣二は彼女の手をギュッと握るという描写が脚本にあったが、後述するくだりに移動となっている。また脚本でこのシーンは高台ではなく、戦いの場所であったトンネルで、剣二もリュウケンドーの姿に変身したままであった。

同じ頃、テントの前では、白波が差し出した金のロケットを、受け取る母。「ずっと持っていてくれたのね」と微笑む。掌の上のロケットが発光し、片方の手を添える。一種恍惚とした表情で見つめる白波。母の手が開くと溶けていたロケットが元に戻っている。この場面はコンテにも記されているが、映像では修復があまり明確でない。受け取って、驚き母を見る白波。

脚本でここには、ロケットを開き家族写真を見る白波が泣いていることが「写真の上に、ポッンと落ちる一粒のしずく」で表現されるくだりがあった。

場面変わり、剣二と小町の上空に昇っていくいくつもの小さな光の球体。「みんなの魂よ」

脚本ではこの後「空の上まで送ってあげて」と小町が剣二に頼むセリフがあるが、映像ではそれがなくても、剣二は自分のなすべきことに気付く。

フッと見て「小町さんはどうなるんだよ、まさかこのまま消えちゃうんじゃないよな」とうろたえる剣二。それには答えず、楽しかったと告げる小町は、鈴から借りたままの上着を脱ぐ。

先ほど脚本からカットされた「剣二から小町の手を握る」くだりは、ここに移動になっている。剣二は小町に手を差し伸べる。だが握った途端に手元が消える。虚空を掴む剣二。しばらくそのままの自分の手元を見てから引き寄せ、空を見上げる剣二。そうしている間にも、広場から見降ろせるあけぼの町からはいくつもの光の球が浮上している。

脚本ではここまで剣二の変身姿として描かれていた、同じ頃、白波は手に持っていたヒースの花を母に渡す。母は花を受け取り、片手を白波の下に添え、ぬくもりを伝えながら手に取り、言う。「ありがとう、鋼一……、いつまでもあなたのこと、見守っているわ……」

父は無言で笑っている。感無量の白波。そのまま花と共に二人の姿は消え、光の粒子になって一旦散った後、球体となって舞い上がっていく。

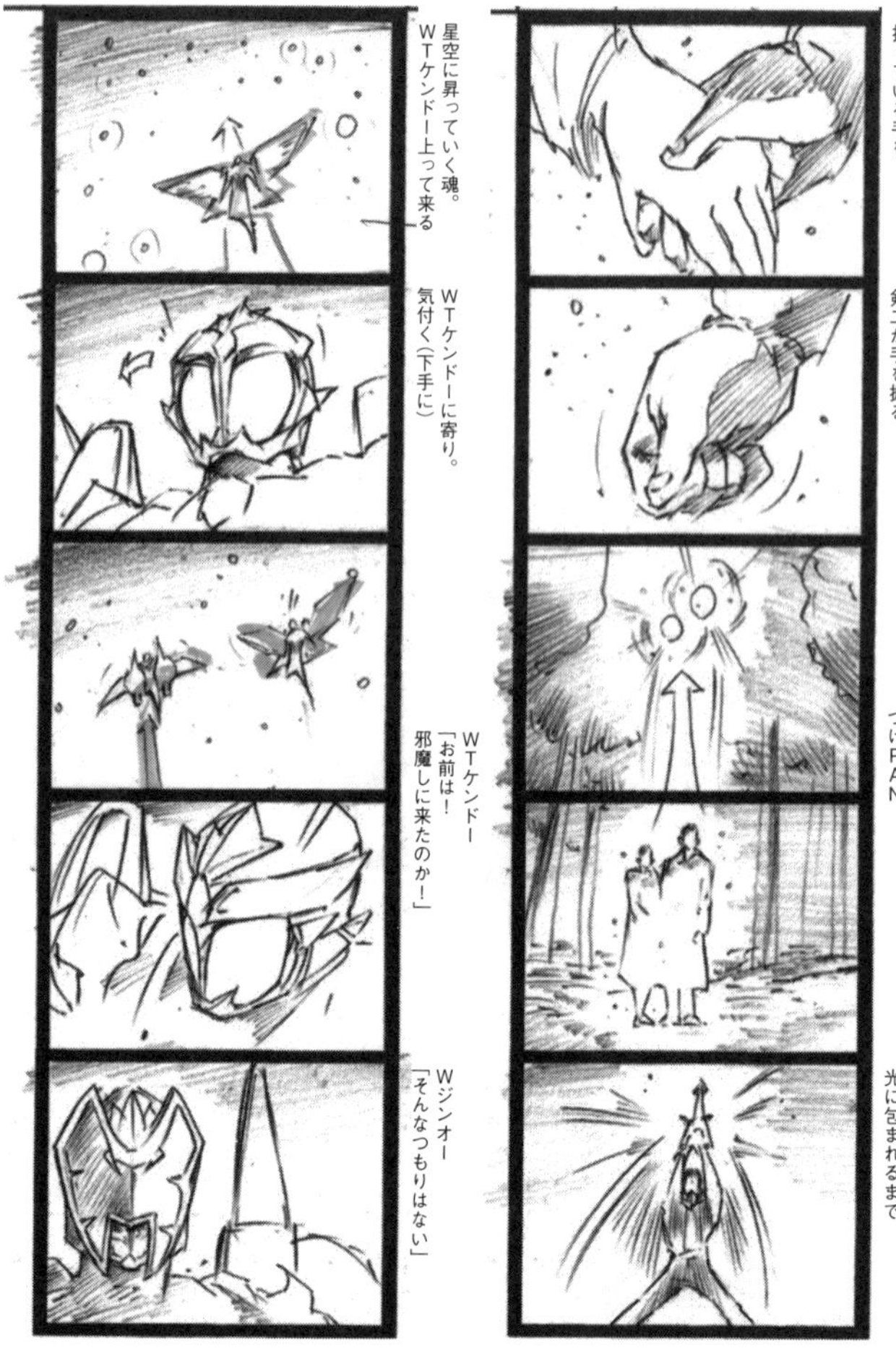
小町と剣二。
握っている手を
小町の手が消えて、
剣二が手を握る
夜の森。白波両親、光に
つけPAN
あけぼの町（夜）。
剣二から変身。

魂を送る場面のイメージボード(奥山潔)

白波の見上げる顔が、上からのキャメラで捉えられる。モノローグが入る、「……父さん、母さん、これからも俺は戦う。復讐の為じゃない」

そして少し嬉しそうな顔になる白波。「自分の為に……」

この17・18・19話の三部作では、白波を彼たらしめた過去がなんだったのかを描き、そして、白波に過去そのものを再体験させ、そして最後は父母と実際に再会させることで、レディ・ゴールドの云う「トラウマ」を克服させるに至る。

そして、最後にもう一度変身し、サンダーモードになったリュウケンドー。イーグルキーを召喚し、ウィングモードサンダーリュウケンドーになるまでが、光に包まれた一瞬で表現され、星の海に向かって舞い上がっていく。小町の、そして人々の魂を送りに出たのだ（脚本では小町の「魂」の球体を抱いて舞い上がっていた）。

リュウケンドーは、飛んでくるもう一つの影に気付く。それはウイングモードになったリュウジンオーだった。「邪魔しに来たのか！」と言うケンドーに、ジンオーは静かに「そんなつもりはない」と答える。

「俺にも送りたい者たちがいる……」。掌の上に二つの光の「魂」を乗せているジンオー。「……それだけのことだ……」

ケンドーのマスクに光る魂が写り込み、上空を見上げる。天の川に向かって飛んでいく二人の姿がロングになり、ラストシーンの静かな音楽がフェイド・アウトする中、エンディング主題歌が流れはじめる。

リュウケンドーの黄色と、リュウジンオーの赤の二つの航跡が光り夜空に優しく尾を引いていく。「つけPAN」（移動するキャラクターを追いかけるようなキャメラワーク）とイメージボードに指定がある。光る星の海に出る二人。

脚本では、戦いを終えたリュウケンドーがずっとそのままで小町さんとの別れも演じ、そして星空で「魂」を送る役まで引き続き担っていた。

だが原田監督は戦いの後に変身を一旦解除させ、剣二の姿で小町さんとの別れを描いた。そのことで、小町役細川ふみえと、剣二役山口翔悟の生身同士の人間の芝居を視聴者に見せられる。お互いの顔が見えた方が、演技も迫真力を帯びたものになるだろう。

そしてもう一つ、戦いのためでなく、「魂」を送るために変身するということの、サプライズな儀式性の演出にも一役買った。脚本大西信介の意を汲み、よりくっきりさせたのである。

「黙って星空を飛んでいく二人の『ヒーロー』」とト書きに書いたエンディング画面は、星空の二人を映し出した後、森で一人、ロケットを開き家族写真を見る白波が笑顔になる様も挿入される。これもまた、脚本では両親の前でしていた行為をここに移動させている。ちょっとしたシーンの移動で味わいが深まる好例だ。

――この回が印象的だったのは、空に飛んでいく最後です。

原田　ああいうシーンがやりたくてね。ただ尺をどうバランス取るかだけでした。あれ最後全部CGになっちゃうから、難しいんですよ、その頃。どこまでやれるかなという思いがあった。でもとても綺麗なシーンになった。本編の方にもちゃんと別れの芝居が出てきたから「うまくいったなあ」と思いましたね。

そういう意味でこの19話は、『リュウケンドー』で「やっと一

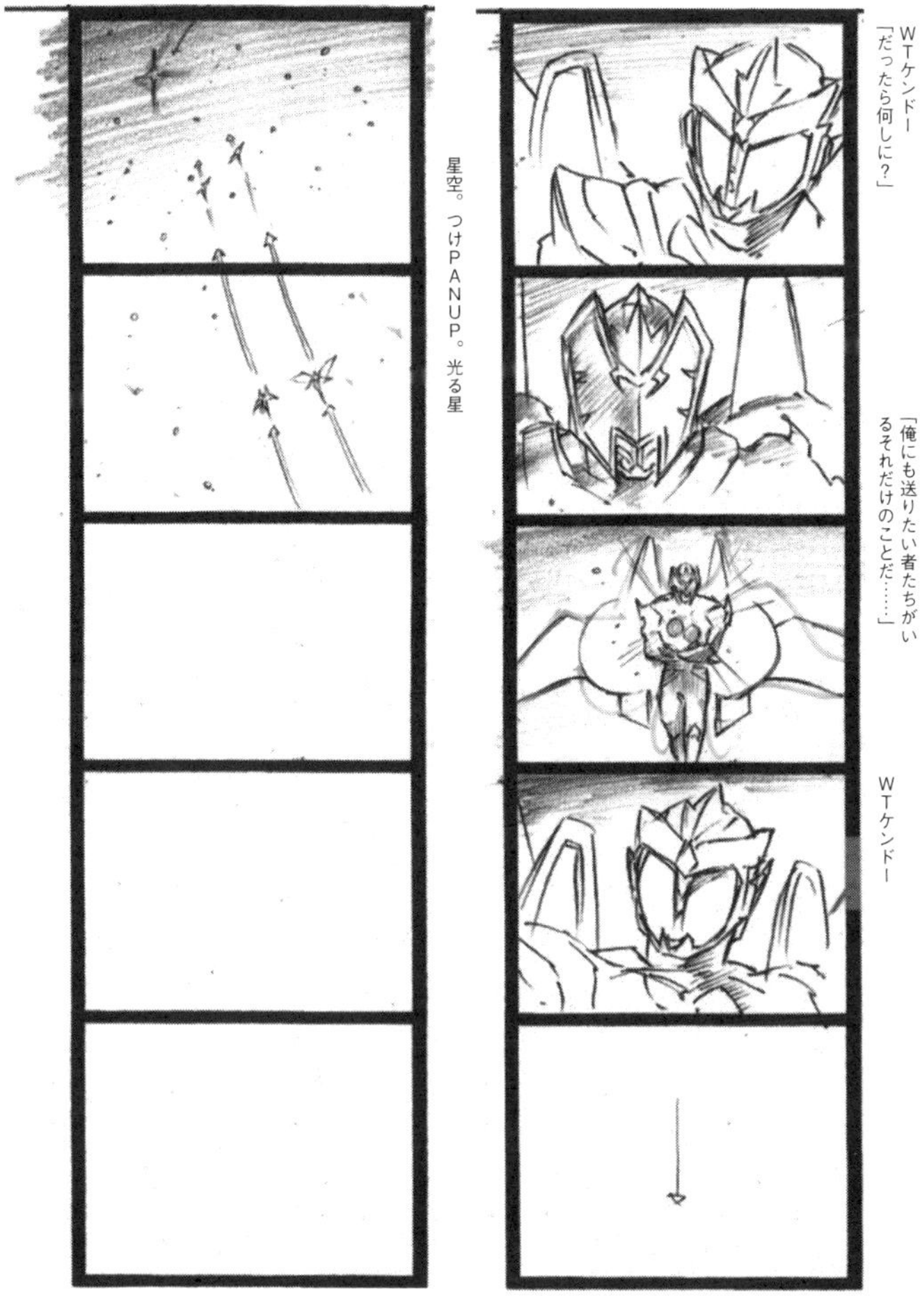
WTケンドー
「だったら何しに？」
Wジンオー
「俺にも送りたい者たちがいるそれだけのことだ……」
WTケンドー
星空。つけPANUP。光る星

本撮れたな」という感じでした。ようやく、自分でまあまあ『リュウケンドー』やって良かったと思えるものが撮れたなぁ、と。

——パワーアップして飛べるようになったのを前回見せておいて、今回は戦闘シーンではなく、ああいう抒情的なシーンで二人が飛んでいる。

原田　戦い以外で道具を使って、見せてあげたいというのがあった。どうしても、タカラさんはかっこいいのばっかりだったから、そうじゃなくて情緒あるシーンで使いたいというのがあったんです。なかなかその辺は、打ち合わせが難しかったんです。でも作って見せちゃえば納得はしてくれるから。

　そしてエンディングのオチとして、小町の復活が描かれる（脚本では数日後の設定）。

　SHOT基地で一人ラーメンを食べている剣二。そこに「剣二くん」と光に包まれ現れる小町。二人の掛け合いが始まる。

「あ、あいかわらずノコノコと現れて。あのまま消えてりゃ、ちょっといい話ってヤツで終わったのに」

「しょうがないでしょ。またフツーの幽霊になっちゃったんだから」

　豚々亭のラーメンを一度食べたかったと言う小町に、「また思い残したことが増えちまったってわけか」と、いかにもうまいという顔でこれ見よがしにラーメンを食べる剣二。「うらめしやぁ……」と言う小町のストップモーションで、今回のドラマは一巻の終わり。

——番組が始まる前に用意されていたプロット集だと、小町さんは自分が幽霊だけれども気付いていなくて、気付いたことによって成仏して、以後、もう出てこないみたいな感じだったんですよね。

原田　そんな設定あったか。全然そんなの気にしてなかったです。

——19話も、エンディング前までだと、小町さんはもういなくなってしまうのではないかと。2クール途中で降板かと。でもそうじゃなかった。

原田　最後はラーメンの話で落としているでしょ。あれが『リュウケンドー』らしいだろうと思って。全部ベタッといかないで、ちゃんと笑いはあるよ、という。

inter-view

大西信介

『ブースカ！ブースカ!!』『魔弾戦記リュウケンドー』脚本

悔いなく生きたいと思った過去がある。そんな話が好きです。

大西　原田さんが特番の『ウルトラマンティガ大百科』を撮っておられる頃と、私が「蜃気楼の怪獣」(38話、川崎郷太監督)で脚本家デビューする頃と被っているんです。その時、川崎監督に撮影所の東宝ビルトへ連れて行かれて、撮影中の原田監督にご挨拶させて頂いたのが最初だと思います。ただその時の私は初めてビルトに行って、役者さんを生で見られて、舞い上がっていた記憶しかないんです(笑)。

後は打ち上げでお会いして、お見かけしたらご挨拶する程度でした。ちゃんとお話ししたのは、『ブースカ！　ブースカ!!』の「思い出よびだすレトロノーム」(19話)が最初です。

あの頃、私は、脚本家専業ではなかったのですが、「とにかく何か出してよ」と笈田雅人プロデューサーから言われて、レギュラーだった渡辺典子さんのママ役の話がなかったので、ママが主人公の「レトロノーム」が採用されたんです。

▽「思い出よびだすレトロノーム」

大西　「レトロノーム」はもともと怪獣の名前で、『ウルトラマンティガ』の時に「思い出怪獣」というプロットを書いて、やはり過去をめぐる話だったんですが、たぶん予算的にも無理な話で没でした。

――『ティガ』で考えていた話は、過去に移動するんですか？　過去の何かがやってくるのですか？

大西　過去の街が現出する、結構スケールの大きい話でした。その頃の私は経験が少なかったので、平気でそういう内容のものを書いていたんです。

そこから「レトロノーム」という語感だけを持ってきて、何か作りたい、書いてみたいなと思った。

――『ブースカ！』では、渡辺典子のママの昔が出てくるという形になっていますね。

大西　予算がない中、「過去の何かを出せないか」ということで、「過去の本人が出てくる話が面白いのでは」という考えから始めたんです。

――桜井浩子さん演じる老婆が意味深でしたね。

大西　あの老婆は脚本にもありますが、老婆がママの未来と思えなくもないオチは監督のアイデアです。

――このお話は、ママが過去に持っていた後悔を、昔の自分が出てくることで思い出すという内容です。

大西　悔いとしてあったんだけど、抑え込んでいたってことなんでしょうね。それがレトロノームという小道具がきっかけで、出てきちゃった。

――ママはピアノのコンクールに出るはずだったという話は、『リュウケンドー』の「黒い月夜のクリスマス」(51話)で、剣二が昔、剣道の大会に怪我して出られなかった話に通じているような気もします。

大西　そういう話がわりと好きなんです。『リュウケンドー』の「水にひそむ魔」(8話)で、鈴のお兄ちゃんがホタルを守ろうとしていた話もそうですね。悔いを残したくないと思うようになった過去がある。

――あの時は鈴が兄の行為を思い出して「何もしなければ失うだけ」と言うのが印象的でした。

大西　普段から「失う」ということを意識しているわけでないんですが、書いているとそういう発想になってしまう。話として作りやすいというのはありますね。お兄ちゃんが川を守ろうとする運動をしていたという話を書いてるからといって、私が真剣に環境問題を考えているわけじゃないし(笑)。

――環境問題云々より、成長期の女の子の揺れる気持ちに焦点が当たっているのが、原田監督の演出もあるんでしょうけど、印象に残りました。

「レトロノーム」では、ママの少女時代である女の子が、私だったら、怪我してピアノが弾けなくなるぐらいなら犬なんか助けない、と言うところにちょっとドキッとさせられました。

大西　プロットの段階では、犬じゃなくて赤ちゃんだったんです。結局は助けるんだからいいだろうと思ってそう書いたけど、それにしても「助けない方が良かった」みたいなことを言うのは子ども番組として強烈だし、今から思えば無茶な発想だったと思います(笑)。そこは監督にサジェスチョンして頂いて、変わった部分なんです。

――その交通事故そのものが、彼女がこの現代に来ている、今まさにそこで起こるというのは、三〇分のドラマの中での見事な構成でしたね。

大西　いいでしょ？(笑)　私は風呂の中で、よくアイデアを考えるんですが、いつもは難航するんです。でも、この話は珍しくすすっと出てきました。

――命も危険だったかもしれない交通事故を、ブースカが怪力で助ける。ブースカにも華を持たせます。

大西　あれはテレ東のプロデューサーのアイデアなんです。最初、ブースカはあんなヒーローっぽく止める感じじゃなかった。わりと僕は平凡なシーンとして考えていたんです。あの辺を考えている時は、ブースカのことはどうでもよかったから(笑)、

――少女時代のママが消えちゃう時に「私の記憶忘れちゃうの?」というセリフが付け足されてますね。

大西　あれ原田監督ですよね。未来を知りつつ、自分の人生にちゃんと立ち向かうという話なのに、なぜ過去の自分と出会ったことを憶えていて欲しいと願うのか。正直、私は見た時に引っかかったセリフではあったんです。監督に訊けばよかったです。

――過去から見た未来と、実際の現在は違うというところも面白かったですね。万能ロボットはいなくても携帯電話はある……とか。

大西　ああいう、かつて思い描いていた事とのズレが、日常的な事の中にあるのは面白いですよね。

携帯電話は、たぶんアイデア自体は原田監督から出ていると思います。私はそこまでは書いてなかったと思う。あの少女が、未来なのにロボットはいないの?　と言うところまでしか。

プロットの時、わりとギャグが少なかったんですよ。その辺を原田監督やプロデューサーから言われた記憶がありますが、話自体は、プロットから気に入って頂いて、大きな変更は言われませんでした。

――ママの少女時代を演じるのは、『ダイナ』46話「君を想う力」の、リョウの少女時代の女の子(岡村英梨)と同じでした。あの子も良かったですね。

大西　監督はああいう感じの子が好きなんでしょうね。映画の『旅の贈りもの』の娘さんとか。

――ああ、多岐川裕美の娘さん(多岐川華子)。

大西　一重のやや細い感じの目の。なんとなくそういう感じがタイプなのかなと。

――『ブースカ!』では、他に7話「怪奇!　銭玉大パニック」(監督・北浦嗣巳)を書かれていました。

大西　『ブースカ!』は、わりとギャグ路線に走りたかったプロデューサーの意向があったんです。私はもうちょっとウェットな方向を出したプロットが多かったんです。笈田プロデューサーはわりと気に入ってくれて、本当はやりたいプロットがあと二本ぐらいあったんですが、ちょっと悔しかったです。

私も諦めきれず「脚本にして出していいですか」と言って、出したところで打ち切りになってしまった。すごくショックで、もう一本くらいやりたかったです。

『ティガ』や『ダイナ』よりも、『ブースカ!』の方がいっぱいプロットを送りました。今でもやりたいと思うものがあるんです。すごく楽しかったな。

『ウルトラマンコスモス』での葛藤

――『コスモス』で大西さんはメインライターで、原田さんはレギュラー監督でしたが、お二人は組まれていませんね。

大西　『コスモス』初期の「森の友だち」の辺りで原田さんと一本やることになっていて、この頃、私も「森もの」の話を書いてたんです。それで「重なるから止めよう」という事で、やれなかったんです。

実を言うと、私は『コスモス』の時、原田さんのやった「ワロガの逆襲」とかに抵抗があったんです。

――渋谷浩康プロデューサーにお話を伺ったら、太田愛さんや原田さんは「怪獣保護」という番組の姿勢に抵抗を示されたので、意外だったと……。

大西　結局コロナ・モードがなけりゃいいんですよ。コロナ・モードがあるお陰で(笑)。

――結局、戦闘モードで戦わせないといけない。

大西　ねえ(笑)。そこをご都合で決めるという部分は、ずっと解決できないままだったので、余計に原田さんに「ワロガの逆襲」みたいにイケイケドンドンで戦えばいい、という話をぶつけられると、穏やかじゃない気持ちがありました。

こちらの立場で言うと、『ティガ』『ダイナ』『ガイア』で一本ずつ書かせて頂いた後に『コスモス』で自分がメインライターをやるということはまたとない話なわけだし、これは絶対足跡として残さなきゃいかんというのがあったので「なんでもやります」という気持ちがこの時期にありました。その中で、一応筋は通して、私も書いていたつもりです。

けれども、原田さん達はこちらに対して、明らかにレジスタンスしていると見えたわけです。気に食わないのはわかりますが、もう少しファンタジーに流してくれればいいのでは、と私は思ったんです。

――原田さんは、怪獣保護はまだしも、保護した怪獣を鏑矢諸島に入れるのが嫌だと言ってました。

大西　出て来た怪獣は基本的にまず出て来た場所に返したい。宇宙に返すというのはあまりやりたくない。それが基本的にあったんですが、現場としては、まず難しかった。もちろん「怪獣島」というのは、ゴジラ映画の『怪獣総進撃』(六八年)とかで、自分達も「えーっ」となった世代なので、やりたくはなかったんですが、じゃあ他にどの手があるんだと。

1・2話は、最初のプロットでは「巣立ちの日」というタイトルで、怪鳥リドリアスの子ども達を主人公のムサシが守るという話になっていて、そこか

ら飛び立つのを、ムサシの旅立ちにかけて書いたんです。でも飛び立ったリドリアスはどうなっちゃうの？　という話になって、「それなら島を作ればいいんでしょ」となっちゃったところはありました。
　ただ、怪獣保護に自分も囚われすぎた部分がありました。過去のウルトラマンでも助ける回と助けない回があったので、その延長線上で考えて、なし崩しにやる方法もあったと、今思えば気付くのですが。「保護」という形でやるならば、それはそれで新しい形を見つけなければならない。その中の方便として、倒してもいい「カオスヘッダー」という敵を作ってしまった。たとえば心霊的なものにするとか、怪獣ではないものを倒すパターンは、いくつかありますが、そういう方向で逃げるしかないのかなと。
　突っ込んで突っ込んで、答えの出ない質問に毎週毎週悩みながらやっていくという話ならば、まだそれはあるかもしれない。でも「結論は出ない」話のままやることがいいのかという思いもあるんです。
　それは古怒田健志さんの書かれた『ガイア』38話「大地裂く牙」の方向ですよね。あの中で何も出来なくなってしまうウルトラマンを、毎週見たいのかというのはあるんです。それはやっぱりウルトラマンという番組の中で違うだろうと。そうなった場合の方向性は「じゃあ何があったんだろう」と、いまだに思うところがあるんです。

——「大地裂く牙」は原田さんが監督です。あそこまで『ガイア』でやっちゃっているからというのが、原田さんとしてはあったのかもしれません。

大西　怪獣保護を、真剣に突き詰めて考えてみたら、何もしないウルトラマンしかないと思うんです。

——『ガイア』の場合は最終回で、地球怪獣が総決起して人類と共に外敵に立ち向かうところに落としどころがあった。そこで矛盾をとりあえずは解消していこうと。

大西　ただ私は、地球怪獣を存在として分けて考えるという描き方はあまり好きじゃなかったんです。それは「『コスモス』をああいう形にしてしまった人間が何を言うんだ」と言われても仕方ないのですが。
『コスモス』で今、原田さんと組めば、もうちょっと違う方向が見えてきたように思います。
　私は『コスモス』で、「なんで掛け違いしちゃったんだろう？」と一番思うのは、宇宙人の扱いなんです。宇宙人に関しては、コミュニケーションを取って、和解する話が出来るんじゃないかと思ったんです。逆にそこは他のライターさんにとっても書きどころだろうと思って、自分では書かなかった。
　ところが宇宙人の回はおおむねストレートに〈宇宙人＝敵〉という図式になった。自分でもビックリというか、予想外ではあったんです。

——宇宙人ではないですが、原田さんが「ぬくもりの記憶」の時、怪獣をやっつける前に、一旦許そうとして攻撃される……というところがありましたが、僕はかえって、コスモスがキレた人みたいに見えて、あれはない方がいいんじゃないのかと思ったんです。

大西　毎回ルナモードで許そうとしてコロナモードになってやっつける形だと、キレてるとしか見えない。そういうのが『コスモス』の一番叩かれた部分だろうと思うんです。

——原田さんもあえてそういう風に見えるようにやっちゃったのかなと。

大西　それはあるかもしれないですね。2話でも、怪獣ゴルメデにカオスヘッダーが憑依して、ゴルメデが死んだ後にカオスヘッダーがゴルメデの姿で実体化するんですが、やはりわかりにくかった。もともとは倒れたゴルメデを見て憤るコスモス……というカットがあったんですけど、なぜかカットになって。その辺の経緯はわからないですが、その後カオスゴルメデを倒した時、元のゴルメデ自身をモロにやっつけたように見えてしまった。憑依した側を、別な形に変えて、それは生命体ではないから、という強引な位置付けをして、やっつけちゃうということならありかということで作ったんですが、やっぱり見ている方にとっては混乱してしまった。

——本体もダミーも見た感じ同じでしたもんね。

大西　結局、ゴルメデの時と、何が違うんだってことになってしまう。私は素人考えで、ちょっとした改造なら出来るんじゃないかとか思っていたんですけど、やっぱりそれは大変なことみたいで。そういう意味では、本当にこちら側の設定の掛け違いがあったシリーズです。すごく悔いは残っている。

——でも『コスモス』は、あの時期にあのテーマは良かったんじゃないかと思います。見る側も、昔以上に作品の暴力シーンに敏感になっているところもあるし。一つの試みとしては意味があったんじゃないかと。しかもカオスヘッダーも、最終的に単なる悪ではなかったし、そこら辺はシリーズとしての、渋谷さん大西さん達の落とし前というか……。

大西　最後にはカオスヘッダーも許すというのは渋谷さんがこだわっていた部分でした。そこに持っていくためには、カオスヘッダーは怪獣に対しては悪いことをやるんだけれど、人間に対して直接的被害は出したくないというのがあったりしたんです。

結局は怪獣を通して街を壊すから害はなすんですが。

1話でカオスヘッダーが破壊をもたらすシーンも、最初の段階で私は鏑矢諸島に小さな被害を出すくらいに書いていたんです。結局1話なので派手な爆発シーンを作らなくちゃならない事情があって、ああいう形に落ち着いた。そんなところも、初期からつまずいてるという思いはあります。

『コスモス』の1・2話は、十稿まで行ったんです。自分で最初書いていたものとは、全然違う方向に行っちゃって、だんだん自分でもちょっと嫌気がさしてきた。だから1・2話の後は、10話まで書いてない。すごく辛かったです(笑)。

ただ、ああいう形で決着を付けたことに関しては、『コスモス』というシリーズについて、今になってみると、すごく愛着はあります。そこだけは、ちょっと言わせてください(笑)。

『コスモス』で原田さんとは派閥が違う感じになっちゃったんですが、その後『リュウケンドー』で、ああいう形で組めて、すごく良かった。

『リュウケンドー』は原田さんは満足したシリーズだったことは間違いないと思います。現場は間違いなく一丸となって、原田さんの色にどんどん染まっていったような気がします。たぶん私自身も『ブースカ!』とか『リュウケンドー』とか、ほのぼのとした、ややコメディっぽい話の特撮ものが、一番向いているのかなという気はします。それを原田さんとやれたってのは、ラッキーでした。

「召喚! ゴリラ獣王」「水にひそむ魔」

大西 『リュウケンドー』は川崎郷太監督から呼んで頂いたんです。僕は日大で川崎さんの三年先輩なんですが、常に不肖の先輩を鍛えていただいて、足を向けて寝られない。

——その時には武上純希さんによる1・2話の脚本は出来ていたんでしょうか。

大西 1話だけかな。全体の設定は固まっていた。『リュウケンドー』は出来あがったものはギャグ路線ですが、最初はそういう雰囲気じゃなくて、結構オーソドックスなヒーローものという話で聞いていたと思うんです。設定は「下町もの」であるということと、松竹だということでほのぼのとした話になるんじゃないかと、おそらくみんな考えていたんじゃないかなと思うんです。

——7話「ゴリラ獣王」と8話「水にひそむ魔」は最初から考えていた話なのですか?

大西 「ゴリラ獣王」をまず考えた。力押しの敵と戦わせようというオーダーだったんです。まず、おもちゃとして商品化になる獣王を紹介する回であると。それを活躍させるために、シリーズ構成の武上さんと猪爪さんの方から「こういう敵の怪物を出して欲しい」と。8話もやはり、商品化されるサメ獣王と戦うのは水を利用した怪獣で……といった形で、オーダーがあったと思うんです。

——魚をコマセで集めるのを喩えに、バナナでゴリラ獣王を釣るというのは?

大西 あれもたしか監督の方から、何かで釣るってことで、「具体例を出してくれよ」と。

——その後、剣二がゴリラ獣王を手なずけたのではなく、信頼されたんだと、不動に言わせてますね。

大西 あそこは武上さんなんです。うまくまとまりましたね。自分でも書いている時には気が付かないことが結構あるんです。

——ゲストとしては、漆喰塗りの親父さんの息子がヘヴィメタをやっているという取り合わせでした。

大西 所謂「松竹っぽい話」ということが、頭の中にあったと思います。息子が、その恰好から最初は魔物と間違えられるというのは、たぶん私のアイディアではないと思う。監督でもないかもしれない。プロデューサーとのホン読みの中で出た話だったのかな。ホンには、後から付け加えて書いてあります。

下町っぽいベタな親子ものをやってみたいというのがあって、そこからの発想です。ただ漆喰の話は、現場は嫌がっていたそうです。小物が大変なので。でも原田監督が「何とかするから」と言ってくれた。

——続く8話での鈴と死んだお兄ちゃんの関係も、うんと小さい時は通じ合っていたけれど、だんだん通じ合わなくなっていく話ですよね。

大西 長じるにつれて心変わりしていくというのは、わりと好きな話ではあるんです。時間とともに変わっていって、和解するというのは、よくあるパターンかもしれないけれど、好きな流れではあります。

——あのお兄さんがなんで死んだのかが、いまひとつよくわからないんです。

大西 僕の中では交通事故で死んでいるというつもりなんですが、直接は書いてないですよね。たしかプロットの段階では開発推進派の人間がやったんじゃないかと思わせる感じに書いていた。それはちょっと生臭すぎるので、暗くなりすぎるのは、原田さんはNGでした。その分あっさりしすぎてわかりづらい感じになっちゃったのかもしれないです。

でも「水にひそむ魔」は原田監督がいなければ出来なかった。ホンとしては、シリアスというか、暗いということで、ダメになりそうだったんですが、最終的には監督の方から「こういう話をやれなきゃダメだよ、このシリーズは」と言ってくれた。

――冒頭での鈴の回想で、兄と一緒にいてホタルが舞うシーン、始まりからして普段の『リュウケンドー』のノリとは違いますよね。静かな出だしで。

大西　私としては、『リュウケンドー』でどの程度までそういったものが出来るのかを、ちょっと書きたかった。ウェットな、太田愛さんが書くような話をやりたかったんだけど、僕の力が足りなくて垢抜けないテイストになってるとは思うんです。

――この話が、鈴ちゃんの思いが剣二に向いている事を視聴者に気付かせるきっかけになっている気がします。

大西　その辺は武上さんから、むしろ「強めてくれ」と言われてました。

――剣二を一瞬兄に重ね合わせて、だけど違った時に、鈴が「がっかりよ」ってわざと口に出して言いますよね。あの辺り、すごくいいなと思います。

大西　ありがとうございます。自分でもわりと好きなところです。鈴がちょっと怒ったように「何よ」とか言うんだけど、でも「ありがとう」っていう。あの辺はこちらで書いたシーンですね。

――あそこで二人のモードにシリーズが入っていく。

大西　この頃には、10話で田舎の許嫁が出てくる話も、武上さんがプロットは上げていた時期だと思うんですが、鈴と剣二の関係に関しては、武上さんの方で構想がきちっとあって、それでこの辺で強くしてくれという意向はありました。

　初期の2話で、かおりと剣二が手を繋いで夕焼けか何かで終わるような画とか、原田さんがすごくこだわったりしていたみたいです。それで「どっちがヒロインなんだ」と。でもその後にだんだん鈴ちゃんで固まっていくんです。

――あと8話で久野真紀子さんが演じた繁くんのお母さんも印象的でした。

大西　実は監督が一番力を入れていたのは、あそこだったかも知れない(笑)。これを書いている時に、打ち入りのパーティがありまして、その時「大西さん」と呼ばれて、「久野さんのシーン、もうちょっと増えない?」って言われた。久野さんは完全に、原田さんが出したかった役者さんだったと思います。

▼「復活の魔」

大西　19話の「復活の魔」の頃、まずライター陣で一回集まって、これ以降、どんな話をやりたいですか、ということを話したんです。シリーズ構成の武上さんと猪爪慎一さんが、私と川崎ヒロユキさんを呼んで「今やりたいものがあったら、言ってください」と訊いたんです。

　ちょうど映画の『黄泉がえり』が公開された時期でもあったんですが、ああいう「死者が蘇る話」をやりたいというのがあって、「じゃあ、それで何か考えて来てくれれば」と言われて始めた話です。

　だから完全に、発想は私からです。お題としては、飛行形態のサンダーウィングリュウケンドーが出てくるというのがあって、だけど予算がかけられない、CGの量が少ない回という制約があった。つまりアクションも多くなくていい。だからこれは結構、自由に書かせて頂きました。

――色んな人が蘇えって、『火垂るの墓』の兄妹もいる……みたいな、あの辺の小ネタは監督ですか?

大西　そうです。でも決定稿には書いてましたっけ?　たぶん監督から書いてと言われたんでしょう。

――監督が関わるのは、準備稿が出来た後ですか?

大西　プロット段階で一度話して、そこからまた委員会マターになって、初稿が上がった段階で監督が入る。後半になってからは、3稿・4稿ぐらいで監督が関わることもあったと思います。

――この話では小町さんが実体化しましたが、その辺は大西さんの発想ですか?

大西　僕の方からも「蘇らせるなら小町さんだろう」というのがあったけれど、ちょうど「小町さんの回が欲しい」という話もあったのかもしれないです。

――押し花がキーワードでしたね。

大西　実は最初は「クジラのひげ」でした(笑)。明治時代にはあったけど、環境の変化などで今ではなくなってしまったものが何かないかということで。

　明治時代の小町さんの彼氏がプレゼントとして渡すものはからくり人形で、クジラのひげのゼンマイが魔法のキーになるということを、プロットでは書いたんです。でも、物語としてわかりづらいし、子ども向けだからシンプルで簡単に「アケボノ何とか花」でいいんだよと監督に言われて「アケボノギク」にした記憶がありますね。押し花にしたのは私です。花そのものは残せないから、栞にしました。

――あれもちょっと小町さんの少女趣味みたいな感じに合っていていいですね。

大西　そうですね。結果的にはそっちの方が良かった。からくり人形じゃムードがないから。

――小町さんの話と並行して、白波の両親も還ってくる。

大西　あれは猪爪さんのアイデアです。「白波の方とも被らせられるね」と言われて、「たしかに」と思って、書き加えた記憶があります。

——自分の両親を殺したのは天地司令じゃないんだという真相も、あそこまで強く思い込んでいると、簡単に拭い去れること自体がご都合主義的になりかねない。この話はそういった点をクリア出来たという意味でも、うまいなと思いました。

大西　死者が本当に出て来て言うんだもん(笑)。間違いない。シリーズとして、天地への弾劾的な展開にあれ以上行かないで済んで、そこも良かったです。でも、これは自分一人では出て来なかった話です。あと「復活の魔」の放送日が、ちょうど母の日だったんです。まったく計算してなかったんですが、そこに当たったのは運に恵まれていた気がしました。

——「復活の魔」はウィングモードで最後星空を飛ぶシーンがしんみりします。新キャラクターの飛行シーンを、ああいうファンタジックなところで使うというのもいいですね。

大西　いいですね。自分で言っちゃいけないけど(笑)。最後に飛んで行くというのが、やりたかった。監督にも気に入って頂いたところです。この回はそこですね。その画から発想していった話です。

——「レトロノーム」みたいな、過去のものが蘇えってくるみたいな事は、大西さんの中でやりたいテーマなんですか?

大西　やっぱり、藤子・F・不二雄世代というか、そういうのがすごく大きいです。

——ドラえもんのタイムマシンで、のび太がおばあちゃんに会ったり。

大西　こういうドラマだからこそ出来る感じがして、いいですね。じゃなきゃ普通のドラマをやればいい。

「誕生!ゴッドリュウケンドー」「迷いのトンネル」

——次に原田さんと組まれた29話で、ゲキリュウケンが魔物に取り込まれちゃう。

大西　この話、原田さんでしたっけ? 辻野(正人)監督とやったような気がしていました。この「パワーアップもの」というのが、自分の一番苦手なところなんです。というか何やっていいか、わからなくて(笑)。「熱くイケイケ」が、僕は出来ないんです。

——でもマモスケの面を被って剣二が出て来るところで、脱力するような展開に一回落として、また盛り上げるという緩急が見事でした。

大西　つい照れてギャグを入れたり。でも原田さんは何も文句がなかった(笑)。武上さんとしてはダメだったと思うんです(笑)、そこを押し切って頂いた。

——剣二の相棒のゲキリュウケンが魔物に取り込まれて、魔的な力を取り込んでゴッドリュウケンドーになる。でも、すごくほのぼのと普通にオチてる。

大西　これ伏線というか、ネタが噛み合わなくて困った記憶がありますね。

——オチがわりと軽いんですよね。いつものゲキリュウケンとの掛け合いで終わる、みたいな(笑)。

大西　私の中の剣二とゲキリュウケンは、常にああいう温度なんです。

——セリフとしては強化した後の「神ともならん」と極端に出てきます(笑)。

大西　あれもふざけたセリフで、たぶんダメだろうと思って書いたんですけど、それを後の回でも使ってくれる人がいて「え? いいの? このセリフ」みたいな感じだったんですけど。

——原田さん自身が言っていたんですけど、パワーアップ話が後半連打されてくるので、極力そこから逃げてヒロインの話をやっていたと。

大西　そうかもしれない。その辺は、原田監督と共通するところがあるのかもしれないですね。私は、べつに好き嫌いじゃなくて、出来ない(笑)。

——30話の「迷いのトンネル」は、迷いがなければ魔物と戦えないという逆転の発想が面白いですね。

大西　これはプロットで書いた段階では、たしか「迷いのマンション」か何かだったと思う。でもテイストが、その前に武上さんが書かれた、蜃気楼の中に子ども達が迷い込む話と似ていたので、少し変えていった話なんです。「迷わないとそこに入れない」という面白さにシフトしていった。自分としては『リュウケンドー』のギャグっぽい話はこれだけだった。

　市ちゃん律ちゃんの話だというのは、実は原田監督だと聞いた時に、あの二人の方がやりやすいかな、そういう話の方が好きかなと思って書きました。『リュウケンドー』をやっていて楽しかったのは、本当は主役を書かなきゃいけないんですが、わりとスタッフに「そちらに行かなくても大丈夫」という空気があった。私は主役をバリバリ立てるというのが、苦手なんです。むしろ、脇とかでやっていく方が好きなので。そういう意味ではすごく書きやすかったですね。

——剣二のキャラはどう認識されていましたか。

大西　案外、大人で、酸いも甘いも見極めながらやっているところもあるなと。武上さんと広井さんの間で作られてきたキャラクターが、こちらも書きやすかったというか、ある種バカなんだけど、あまりにも無茶やるとか、そういうのではなくて、一応「わかっているバカ」みたいな。そういう感じ。

▽「閉ざされたあけぼの町」

——44話の「閉ざされたあけぼの町」。この話も原田さんお好きだと言ってました。

大西　正直言って、自分ではいまひとつうまく書けなかった話なんです。まず、発想としてこの話がOKになるかわからなかった。この頃になると、ネタが浮かばなくなっちゃって。それで署長話でやってみたんです。そしたら「意外といい」ということになっちゃって。それでこちらはビックリみたいな。

——あけぼの署の署長のキャラをある意味救えたというか、ただの事なかれ主義じゃないという。

大西　ネタがなかったので、脇の方でまだ描かれてなかったキャラを書けば、まだ書きようがあるだろうという発想でした。あと小町さんがその頃出てなかったので、というのもあったかもしれないです。小町さんは19話で書いて「もう一回やりたいな」というのがあったんです。あと、とにかくこの回は、CGをゼロにしてと言われていました。逆にそういう回はすごくありがたいんです。

——これも「忘れたものを思い出す」という感じの話ですね。署長にも小町さんが昔は見えていた……。

大西　やはり自分はそういう話が好きなんですね。ただ、小町さんとの話の中で、署長が昔の写真を見ながら心変わりするというのは、あまりにも安直なので、もうちょっと何か仕掛けてやりたかったというのがあるんです。

——町の人達が自ら「リュウケンドー」を名乗るところは楽しかったですね。

大西　署長とDr．ウォームのやり取りは、プロットでも書いていたと思うんです。そこに町民達が絡んで、ああいう形になるのは、原田さん達からサジエスチョンがあったと思うんですよね。

——ギャグ押しというか、どんどんDr．ウォームのはてなマークが増えていく感じになってました。

大西　実は私も、あそこまではどうかなという気があります（笑）。でも「面白かった」と言って頂ける意見も多かったので、あれで良かったんだなと。

▽「黒い月夜のクリスマス」

——そして最後に原田さんと組んだ作品ですが……。

大西　最終回は、普通は、もっと派手に終わりそうなものだけれど、意外と原田さんテイストという形でやれるのが得難いと思いました。

——エピローグで一話、丸々というのも、なかなかないのに、二本エピローグはすごい。大西さんは最終回の一話前「黒い月夜のクリスマス」の担当です。

大西　実はこれは、ドッグシュガーの江良さんのアイデアなんです。51話をやる時に、最初もう江良さんからラフなプロットを見せて頂いて「こんなアイデアがあるんですけど、どうですか」と。

　江良さんとしては鈴の話じゃなくて、鈴の話はむしろ原田監督とのやり取りの中で出て来たんです。剣二と鈴の話をもう一回やっておこうと。

　江良さんは、最後に一対一の対決に敗れたジャークムーンが、クリスマスにひっかけて「これが俺へのプレゼントだ」と剣二に言う、あの辺をやりたかった。あれは江良さんの書かれたプロットにもともとありました。それだけでなく、委員会や武上さん、猪爪さんの方で、ジャークムーンを最後にこういう感じで出そうというのが、あったと思うんです。

　川崎ヒロユキさんがジャークムーン担当でずっとやられてまして、川崎さんに最後の落としどころがあったんだと思うんです。なんで川崎さんがやらなかったんだろう（笑）。川崎さんは「ジャークムーンは飽きた」と言っていて、それが本心だったかどうかわからない。話数のローテーションの流れから、たまたまこうなったんだと思うんです。

——最後にクリスマスの音が聞こえてくるのは？

大西　たぶんあれも江良さんのアイデアのはずです。そこだけだと三〇分にならなかったので、鈴の話を足そうということになった。まず私の方から「もう一回、鈴の兄貴との話をやっていいですか？」と武上さんに聞いたんです。「8話なんて、もう忘れちゃってるから、ダメですかね」と訊いたら、「鈴ちゃんが、ずっとそのことを考えてたって言い切ればいいんだよ」と武上さんが言ってくれて。それなら、やっちゃっていいかなということで入れた話です。もちろんそこに、原田さんも乗ってくれた。

——原田さんから聞いたんですが、あのお兄さんの役者さんが、まさかまた呼ばれると思わなかったと。

大西　ちょうど撮影の時に、海外に行ってらっしゃったらしくて、ギリギリに帰って来たみたいです。

——この回は剣二に対する鈴の方の心の揺れというか、口実のためのデートなんだけど、でも本当のデートだったらいいな……みたいな。

大西　武上さんが乗ってくれたのがそこだったんです。口実のデートだけど実質、本当のデートで、そこで二人を仲良くさせる。武上さんにはそこをもっと力を入れて書いてくれよ、と言われました。

——でもこれ、鈴の方の出だしの8話が大西さんだから、ある意味、大西さんがまたこの話を担当されたというのは、必然とも言えますね。

大西　結果的に、良かったと思うんです。ここは原田監督のこだわりがありまして、鈴で終わらせるラストに、他の方から反対があったんです。ジャークムーンのシーンで終わらせるべきだと。でも原田監督は、絶対にラストは鈴でと言ってました。あそこは原田監督に言われて書き足している部分だと思います。原田さんとしては、剣二がやって来る直前の、「鈴が一人待ってる」という雰囲気でやりたかったんだと思うんです。私もそれは「すごくいいな」と思ったし、ある意味、殺し合いをやった後に、女の子に会うというのは、当然そういう風になるんだろうけど、そういう風に見えるのは厳しい。

――剣二が負けて死ぬこともあり得る。でもやっぱり生きていると思って待っているのは救いですよね。

大西　この終わり方は、やっぱり良かったんだと思いますよ。

▼もう一回やりたかった

大西　『リュウケンドー』ではわりと満足のいく仕事が出来たという思いはしているんです。まさか原田さんのテレビの特撮作品としては最後になるとは。「戦う幽霊」も亡くなった人が出てくる話ですが、その時点でご自分の病気の状態を知っておられたんだったら、どういう気持ちで演出されていたんだろうかと、ちょっと後になって思いました。

「復活の魔」も、書いている時には、僕にそういう死生観みたいなものは全然なかったんですが、五〇歳を過ぎるとなんとなく死が近づいてくるので、ちょっと考える時もあるんです。あの時はSF的な材料としてしか考えてなかった。原田監督とこんなに早く別れることなんて当然考えていないわけだし。

――原田さんは、ドラマ不在でアクションだけという方向も苦手ですが、とはいえ暗く深刻なドラマも好きじゃない。大西さんの脚本みたいに繊細さがあって、しかもネガティブな方向に突っ込んでいかないタッチは、ヒーローものの中で普通なかなか出せないと思うんです。その間の微妙なところで書いてくれる人は、原田さんにとって貴重だったのかなと。

大西　私の発想がわりと綺麗なものとか「ビジュアルまずありき」で作っていくことが多い。そうするとなんとなく抒情的な話に、つい行ってしまう。でもあの時期、ああいう風に『リュウケンドー』でぶつかっていった事は、一種、運命的なものがあるんだと思うんです。それで原田さんと会って、原田さんだからこういう方向に行ったというのがある。

『リュウケンドー』の場合、監督のローテーションは決まっているんです。黒板に貼ってあって「ここは原田・大西」ということだけは決まっている。「ここで原田さんと組むんならこういう話かな」と必ずあるわけです。その中で出てきたものなんです。だからお互いの組み合わせというものがなければ、絶対出てこない話というのはあると思いますね。

――抒情的にはなるんだけど、あんまり心理的にはならないですよね、大西さんの脚本は。

大西　僕は頭が心理的なところに行けないんだと思う。やる前はもうちょっと自分で書けるもんだと思っていたんですが。

『リュウケンドー』の51話のクリスマス話は、自分ではいまいちのホンだと思っていたんです。二人のデートのところとか、子どもが怪我して云々のところとか「もうちょっと何かないのかな」なんて思いながら書いていて、なんとなくスッキリしないまま書き終えちゃったんです。そういう意味では、また原田さんと組んで、いいもの作れるんだろうな、と思ってたので、ちょっと悔いが残ってます。「まあまあいい仕事が出来た」と多少自負もあるのですが、「もう一回まだやれることがあったな」と思ってます。そういう意味じゃ『レスキューフォース』を一緒にやれなかったのは残念です。

――『レスキューフォース』では、中盤で原田さんと大西さんのコンビでという話があったそうですね。

大西　プロデューサーが片嶋（一貴）さんから江良（圭）さんに替わったこともあって、最初は外れていたんです。私も、原田監督のお通夜で片嶋さんに会って「江良は世代交代で外されたんですか」と聞いて「私も世代交代させたいみたいだよ」と言った憶えがあります。まあ冗談かもしれませんが、半分は本音だと思います。

ただ途中からは、原田さんが監督の時に私も一緒に参加ということを考えておられたらしく、それは私も江良さんから聞いていました。でも原田さんが亡くなって、私は原田さんのお通夜で松竹の中嶋（等）さんとお会いして、『レスキューフォース』で書くことになりました。逆に原田さんが次の仕事として、導いてくれた形になってしまったんです。

『レスキューフォース』では、『ウルトラマンコスモス』のフブキ隊員だった市瀬秀和さんがゲストで出る回（48話「どうする響助もうひとりのR2」）を、原田さんの助監督だった岡秀樹さんの監督でやって、出てくる少年の名前を「昌樹」にして、ちょっと追悼が出来ました。

物語展開

20~22話までの流れ
ジャークムーンと剣二の決着 そしてあけぼの町・初代自警団長は誰に!?

両親の死に関して天地司令及びSHOTを憎悪していた白波も、過去と向き合うことで誤解が解けていた。だが一方、リュウケンドー達に対しては「仲間? 冗談じゃないぜ」という態度を変えない。

そしてジャマンガ城では、魔法陣の炉の縁に腰かけるレディ・ゴールドに「ここへ座るな!」と注意するDr.ウォームだが「おだまり!」と高慢に返される、というやり取りが定番化していた。

【20話】「不動サン受難の日」（脚本・大西信介、監督・辻野正人）は、あけぼの町長の娘で、親が自分に構ってくれない孤独な小学生・サリナを警護する不動を主役とした回。リュウガンオー初の三位一体攻撃が見られる。

【21話】「さらば月光の剣士」（脚本・川崎ヒロユキ、監督・辻野正人）は、ジャマンガ初期幹部であるジャークムーンとの決着が描かれる。

反逆罪で処刑されそうになったジャークムーンの脱走に手を貸す者がいた。あと三日の命と悟ったジャークムーンは月蝕の晩に力を得て「私は魔物である前に、まことの剣士だ!」「正々堂々とリュウケンドーと戦いたい」と対決を挑む。魔物としての卑怯な本性よりも剣士としての心に生き、それをまっとうしようというのだ。

そんなジャークムーンに剣二の心も呼応するが「お前まさかまだ魔物をライバルとか思っているのか」とけん制する不動だった。結局、剣二は「俺もあいつも、剣を持つ者どうしだから」と戦いの場に臨み、リュウケンドーとなってツインエッジゲキリュウケン超雷鳴斬りで勝利する。ジャークムーンはいまわのきわに、変身を解いた剣二の素顔を知る。「まことの剣士よ、安らかに眠れ」という言葉をたむける剣二だった。

脱走による単独行動によってリュウケンドーと対決し、散ったジャークムーンだが、その脱走をそそのかしたのは誰なのか?

【22話】「ご町内武道大会」（脚本・川崎ヒロユキ、監督・辻野正人）は、幹部魔物であり、一度は倒されたロッククリムゾンが復活する。バラバラになっても何度も再生するというのだ。

そして、剣二の兄弟子・海さんも再登場。「あけぼの武道大会」の審査委員長を務める。この大会はあけぼの町の自警団を結成するための催しだ。

剣二、不動、白波の三人もこれに出場して、生身では誰が一番強いか決着をつけようとするも、途中で抜けて変身しロッククリムゾンと戦っている間に、大会で優勝したのはなんと、かおりさんだった。

作品解説

「宇宙からの訪問者」23話
▼二〇〇六年六月十一日放映

脚本：武上純希　**撮影：**富田伸二
ゲスト：奥村夏未（エンジェラ）

今回の脚本は、23~25話までの三本が合本になっているが、原田監督所蔵のものには緑のマーカーで「テーマは愛」と書かれてある。同じ原田監督の17~19話に次ぐ空中戦モノで、今回はUFOや宇宙人が登場。美術デザインの奥山潔によって「UFOのコクピットデザイン画」「エンジェライメージ」「アストロイド確定デザイン」「メカ遣い魔」の絵が起こされることがメモされている。「エンジェラ」とは宇宙人少女の名で、ジュニアアイドルの奥村夏未(なつみ)が演じている。

原田　エンジェラの回、これも「絶対美少女を捜せ!」と言って見つけた。この子、後から仮面ライダー(『カブト』)で有名になったんだけど、全然先ですからね。一年前に見つけているから。

▼謎の円盤ユーホー襲来!?

夜、銭湯「松の湯」で女湯の暖簾をくぐって出て来る鈴と海、そしてかおり。三人とも浴衣姿である。黄色に赤帯の鈴、薄い紺に青の帯のかおり、青にピンクの帯の海。川の土手を一緒に降りて来るスリーショットは華やかで壮観だ。

原田　風呂あがりの浴衣姿、完全にそれを撮りたかっただけです。

この頃になると、衣装合わせに行く前に、大道寺(俊典)さんもそういうのが好きだったので、「あれは浴衣ですよね」と言ってきて「そう? じゃ、そうするか」と。

この頃は、レギュラーの女の子達には〈制服以外に何か着せる〉のがパターン化して、衣装部はどんどん用意してました。「なんでこんな衣装があるんだ?」というのがたくさん出てきた。

あけぼの町自警団の団長になったばかりのかおりに、海は言う。「かおりさんは守ってくださる殿方を見つけたら? いや、もういるのかな……」

照れながら「ええ」と頷くかおり。「それって……まさか」と鈴は心配になる。「たとえば、鳴神剣二とか?」と単刀直入に言う海の問いに、あっさり「違います」と答えるかおり。この時の鈴の表情は脚本には「なぜか、ホッとなる」とあるが、映像では少し沈んだような鈴のバストショットになる。

かおりは自分の花屋に通う白波に心を寄せており、既に剣二の相手役ではなくなっている。むしろ今回はそんなかおりを通して、鈴の心情を描こうとしているのだ。

「もし鳴神剣二が守ってあげたい……なんて告白したら?」と海の重ねた問いに「ビミョウ～……、いい人ぽいっけど、なんとなく頼りなさそうだし……」と言うかおりであった。そう言われると「複雑な表情」になる鈴の描写は今度は脚本通りである。愛する人を意気地なし扱いされて悔しいのだ。

　ここでは、剣二がSHOTでリュウケンドーとして戦っていることを知っている鈴と、知らないかおりの間の距離も伺える。では海は、どの程度までそれを知っているのだろうか。原田監督は所蔵台本に「海はリュウケンドーをどこまで知っている?」という疑問を書いている。海は10話で初めてあけぼの町にやってきた時には、剣二がリュウケンドーであることを察知してはいたようであるが、この時点ではそれがより自覚化されているのではないかと思われる演出がなされている。

――わりと海さんは、出し入れ自由なキャラみたいな感じでしたよね。毎回出てこなくてもいいし、なにげなく出てくる感じで。

原田　九州から来てるという設定だったから「なんでここにいるの?」という疑問が出たら、鈴ちゃんのところに居候していることにしちゃえと。それで鈴ちゃんと衣装が共有できるじゃないですか。だから鈴ちゃんの衣装を着て出てくる時もある。

　その時、夜の闇にジャンプして現れる遣い魔達に囲まれる二人。

イメージボード表紙（奥山潔）

　SHOT司令室でもそれをキャッチ。ブザー音が鳴り、「魔的波動レベル2」を告げる瀬戸山に原田監督は「残業中」と演出メモに記している。歯ブラシをくわえてメガネをかける瀬戸山にそれが表れている。

　美女達は遣い魔に立ち向かっていくが、脚本では「ここは、わたしが!」とかおりが出した木刀をサッと奪い取った海が背後に庇うと、襲いかかって来る遣い魔を一人、二人と倒すという描写であった。

　それが映像ではまったく並列に美女が三人三様に戦う様として描かれる。短剣の海に生身の技斗で立ち向かう鈴、シャンプーを水鉄砲代わりに攻撃するかおり。この変更は演出メモにもなく、撮影現場で発想されたものなのかもしれない。

「かおりさん!　いまいくぞ!!」と、先ほどかおり当人から侮られていたとも知らず、リュウガンオーと共に駆けつけたリュウケンドー＝剣二は拳を握る。だがその時、ケンドーとガンオーは奇妙な音にハッとなる（脚本には「サーチライトのようなまぶしい光にハッとなる」とあった）。

　土手にいる美女三人と遣い魔達の上空に巨大なUFOが飛来したのだ（設定では全長二三メートル）。原田監督は「橋の上」に合成することを指示し、橋越しにUFOがゆっくり先端から威容を現すシーンを作っている。

「まさか、ユーホー!?」と素っ頓狂な声を出すリュウケンドー。このUFOはハートマークの形をしていて、地上の人々に見せている腹部にも大きくピンクのマークが描かれていた。

原田　現場には早いうちからUFOのデザインと造形の発注をかけていました。なるたけへんてこりんなUFOで、とにかく大きいのにしてくれと頼んで、このピンクの模様はハートマークにしたんです。

　UFOは遣い魔達に緑色の光線を撃ち放つと一瞬にして蒸発させた。そして飛び去るUFOは「反転して去る」と演出メモにあり、コンテには「腹見せのまま」で奥に去るとある。この意図は後にわかる。ここで脚本では「我々ト同ジ種類ノ力ヲ感ジタ」と、ガンオーの相棒であるゴウリュウガンが不動に指摘するくだりがあった。ゴウリュウガン自身よりもはるかに強い、魔弾龍のコアの力を感じるというのだ。脚本がなぜ主人公の相棒ゲキリュウケンではなく不動の相棒ゴウリュウガンにそれを指摘させたのかについては、後述する。

　映像でそこはカットされ、鈴とかおりのそれぞれの反応に原田監督は焦点を絞る。剣二が頼りない存在と言われた憂さを晴らすように「遅い!」とケンドーをなじる、むくれ顔の鈴。一方、彼らには目もくれず、手を組んで上空を見上げ「わたしたち、宇宙では孤独じゃなかったのね」とうっとりするかおり。

▼かおりさんは俺が守る

　翌日あけぼの署のサロンには、ジャマンガに襲われそうになった時にUFOが飛来し、助けられたという市民が多数詰め掛けている。そこに少し様子のおかしいかおりが入って来て、人々に向かって言う。

「あのユーホーに乗っているお方は、宇宙人のエンジェラ様です」

　かおりは首にリングをつけており、演出メモに「チョーカー」と指定されている。決定稿までは宇宙人との「通訳帽」とされていたこの小道具を、映像ではおしゃれなチョーカーにしている。

　また脚本段階では「エンジェラ」は「ベンチェラ」だった。

　脚本第3稿では、「どうしたんだ、かおりさん?　まさかそのベントウさんとかって人に会ったのか?」と剣二が問うと「いえ、お会いしたのは、ベントウじゃなくてベンチェラ様です」と答える場面があった。

　映像では「どうしたんだ、かおりさん?　まさかそのエンドウさんとかって人に会ったのか?」「いえ、お会いしたのは、エンドウじゃなくてエンジェラ様です」というやり取りだ。

　ここでオーヴァーラップして昨晩の回想シーンとなり、かおりのベッドルームが映る。

　第3稿のト書きでは「ベッドのまわりに児童画的に、典型的なUFOや、金髪の金星人風の絵がいっぱい貼ってあり――」という記述があったが、実際には白と赤を基調に花が飾られ、間接照明に照らされた女の子らしく可愛い内装になっている（演出メモには「ヒースの花」とある）。また同じく脚本第3稿には「頭にアルミ箔のアンテナ帽を被り、ベッドの上で手を合わせている」

と、ちょっとカルトがかっているかおりが描かれているが、もっと、彼女の自然な姿を視聴者にかいま見せる場面となっている。

「わたし、昔から宇宙人とかユーホーを見てみたいって思ってたんです」という語りに合わせて、日記を書いていたかおりが、嬉しそうに日記帳を閉じて祈るシーンが映る。ユーホーに乗っている宇宙人にお礼がしたいとお祈りしていたのだ。

すると、カタカタカタと部屋中のものが揺れはじめる。そして、カーテン越しに窓外から黄色い光が差し込む（脚本には「神々しい光」と書かれてある）。入り込んできた黄色い光の粒子が美少女の姿になる。髪の毛サラサラの女の子だ。

脚本でこの美少女は「護衛宇宙人をつけた金髪のキリスト的風貌の男」になっており、それが美少女に変更されている。美少女の首にも、後のかおりと同じくチョーカーが嵌められていた。

「あなたが、さきほど、助けてくださった……？」と問いかけるかおりに、微笑む美少女には後光が差している。脚本には「慈愛に満ちた顔」とある。少女はかおりにチョーカーを差し出した。

「その方は、エンジェラ様と名乗られました」という報告とともに回想が明ける。チョーカーを付けたかおりはうっとりした表情で、エンジェラが言語を超えた思念をテレパシーで語りかけてきたのだと語る。

原田　この頃から佐藤寛子が結構吹っ切れてました。ぼけキャラをバンバンやるようになってきて。面白くなってきた。

――今回のかおりはUFOにちょっと陶酔し過ぎていますよね。

原田　ええ。結構ヤバキャラだったと思う。あれも、なんの臆面もなくやるから楽です。普通は「これ私は……」と言ってくるもんなんですが、寛子って全然関係なくやる。だからやりやすかったですよ。撮影の時、こっち側にエンジェラがいて、こっち側に三人娘がいて、こっち側に市子・律子がいて、カットバックを撮っていたキャメラマンが「監督、すごいね、この作品ってどこ撮っても可愛い子がいる」と。スタッフも女の子が多かったんです。応援に来たスチールマンにも羨ましがられた。キャストも可愛ければ、スタッフも可愛い。個人的にこの頃はガンで本当に辛かったんですが、俺の体調が不調だっただけで、現場はすごく楽しかった。みんな生き生きやっていた。

この頃になるとキャラクターが出来あがっているから、役者もバンバン芝居をやりだす。「良くなってきているな」と思ったよ。


エンジェラ様は自分達を守ってくれる存在だと教えるかおりに「かおりさんなら、俺が守るぜ！」と呼びかける剣二。

「結構です。エンジェラ様に守っていただきますから……」

剣二は虚を突かれ、鈴と海は顔を見合わせる。町の人達はかおりに群がり、セルフストップモーションのように答えを待ち望む。

「今日、午後三時、あけぼの公民館の上にユーホーは現れます」

そんな予言に、町内会で歓迎をしようと盛り上がるのだった。

SHOT司令室の青い部屋ではUFOのもたらす事態について話し合っている。だが「なんでかなぁ〜かおりさん、俺が守ってやるのによぉ」とボヤく剣二に「話の趣旨、変わってません？」と突っ込む鈴。町内会がかおりをUFOへの親善大使として送り込むと聞いた剣二は、自分も同行を志願する。

ここで、UFOをみんなが大歓迎するのは「俺たちが頼りないってことだ」と不動が言う場面はカットされている。原田監督はUFOよりも、剣二の恋の行方を追いかけようとしているのだ。

▼♪エンジェラ、エンジェラ、スペース・ピーポー♪

場面は変わり、あけぼの町のラーメン屋「豚々亭」。陽光降り注ぐ店内で、鈴はラーメンをたいらげ「おかわり」と不貞腐れている。隣の席の海は、「ちょっと食べすぎですよ」と言う。脚本ではラーメンドンブリの山があったが、そこまでは描かれていない。ラーメンを出す、いつもの青年・蝶野。

「鈴さん、剣二のこと好きですよね」。そう単刀直入に言う海。頼りないところのある剣二の力になってくれと頼む。

一瞬嬉しそうな顔になるが「じゃない！」と顔を振り、「あんなやつ、持参金つけられてもゴメンです！」と、カウンターにコップをどんっと置く鈴だった。

海はなんと、剣二がリュウケンドーであることはおろか、剣二と鈴の仲まで察し、より踏みこんで事情を知ろうというのだ。

やがて午前三時が近づいてきた。あけぼの町の公民館前広場では「歓迎　スペース・ピープル　エンジェラ様」等いくつものノボリが立てられている。提灯や各国旗も並び、歌が聞こえる。

脚本ではミニパトの市子と律子、駒走巡査がそこを警戒していると書かれてあるが、映像では市子と律子も音楽に合わせて「イエイイエイ」と踊り、駒走巡査は日の丸を持っている。

ガジロー、蝶野、熊蔵夫婦を交えた人々は御神輿を囲んで手に手に旗を持って輪を作り、「エンジェラ、エンジェラ、スペース・ピープル♪」と、UFOを呼ぶ。まるで盆踊りだ。熊蔵は大漁旗を振っている。

この場面の脱力ぶりは他にたとえようがない。この独特のゆるさは『リュウケンドー』の真骨頂と言える。

どこか超然とした表情で旗を持ってくるくる回る、チョーカーを付けたかおり（脚本第3稿ではアルミのアンテナ帽を被っていた）。横でぎこちなく踊りに合わせる剣二。

赤い旗越し、遠目にその騒ぎを見やる白波は呟く。「季節はずれの盆踊りか」

かおりと腕を組んで踊る剣二を見つめる鈴は不機嫌そう。

そこへ笑い声が響く。宙に浮かぶDr．ウォームが現れたのだ。遣い魔達も出現し、キャーッと逃げまどう町の人達。

「宇宙に助けを呼ぼうとも無駄なことを、教えるためにやって来たのだ！」

剣二は「かおりさん、俺が守ってやるぜ」と言うが、かおりは目線も動かさず「エンジェラ様が来てくださいます」と答える。

ウォームの真上に現れるUFO。UFOから発する光線で遣い魔達が一瞬の内に蒸発した。

脚本ではその前、素面で遣い魔と格闘になる剣二にグラサンの不動も参戦し、背中合わせになるヒロイックなシーンがあったが、カットされている。

怒るDr．ウォームだが、迫ってくるUFOに圧倒されてしまう。UFOの「テカリ」が演出メモで指定。「こらっ来るな！」とちょこまか逃げるDr．ウォームに悠然と迫りくるUFO。

UFOに向かってふらふらと歩きだすかおり。上空にとどまったUFOから光のチューブが伸びる。その光のチューブの中から浮かび上がる少女エンジェラ。

ガジロー、蝶野ほか町民は大喜びだ。走り出す不動と見下ろす白波。

光の中の宇宙人と対峙して、かおりはそのメッセンジャーとなった。

「エンジェラ様が言っています。共にユーホーに乗り、平和について語り合おうと」

チョーカーの通訳機を通して宇宙人の意志がわかるのだと剣二に説明するかおり。

この様子を少し離れて見ている海は、鈴の背中を押して「頼みましたよ、鈴さん」と促す。鈴、「よし」と決意して、剣二とかおりの傍にツカツカと歩んでいく。

「剣二、わたしが行く」

戸惑う剣二。かおりもあくまで自分が親善大使なのだと主張するが「一般人のかおりちゃんに危険な役割をまかせる訳にはいかないでしょ。大人しくおうちに帰っててくれる？」と圧倒する鈴だった。かおりはタジタジとなり、剣二も思わず息を呑む。

それを見やり、やったという顔で頷く海がズームで捉えられる。

「さっ行くわよ」。鈴の勢いに剣二は「は、はい」と情けない声で従うのだった。

機を見た白波が、きゅうりを持つカッパ地蔵横で変身ポーズを取り、Aパート終了。

▼心あるものなら

基地では鈴のSHOT携帯を通してモニタで宇宙人をサーチしていた。その結果、宇宙人からの魔的波動はゼロで、どうやら魔物ではないらしい。

UFOの真下で手招きする宇宙人美少女。

「行きましょ。それともわたしと一緒じゃイヤ!?」

そう言う鈴に「今日のおまえ、こわいぞ」とビビる剣二。

笑ってみせた後、急に無表情になって怒ったようになり「そうかしら。こんなに優しいのに」と返す鈴役井村空美の感情表現が弾んでいる。

恋する乙女が怒ったように見えるのは、『ティガ』の「もっと高く！」でのレナ隊員にも通じる原田流のヒロイン演出といえる。

すると、人々の叫びが聞こえ、見守っていたかおりも振り返る。ザンリュウジンを手にしたリュウジンオーがイキナリ乱入してきたのだ。Aパートのラストで変身ポーズを取る白波を見せた後、ここでは既に変身した姿で登場させている。

「あいつ！　邪魔するつもりかよ！」。思わず腰のミニ剣に手を伸ばす剣二だが、「ダメダ！　ミンナガ見テイルゾ！」とミニ剣にたしなめられる。

その様子を察した鈴は、市子と律子と駒走巡査の方に走りながら、「町のみんなを避難させて！」と大声で指示し、かおりに避難を促す。

UFOがまだ敵か味方かわからないじゃないかと止める剣二に「俺は自分以外、誰も信じん！」とザンリュジンを振り下ろすリュウジンオー。

飛び込んで来るリュウガンオーがゴウリュウガンでザンリュウジンを受け止めた。

「いけ！　こいつは俺が引き止める！」

魔弾戦士同士のこの対決シーン、第3稿では一手、二手とあってから「おまえも感じているのか、リュウジンオー!?」「なにを、だ!?」「あいつは、我々と同じ、魔弾龍のコアを使う。しかも邪悪な……」という会話のやり取りがあった。

だが決定稿以降では、「お前のやり方は乱暴すぎるぜ」と立ち向かうガンオーに「ザンリュウジンが、やつの危険性を感じた！　わかっているのなら、そこをどけ！」と譲らないジンオー……という、よりお互いのキャラクターを織り込んだ描写となっている。

近くの鳥居の前では剣二がベルトからミニ剣を抜きリュウケンドーにライジンする。脚本の段階から神社であることは明示されている。

ここにはバンクの変身シーンは挿入されず、ワンカットの光処理と巻きつく龍の描写のみで変身が描かれている。

そうこうしている間にも、砂埃にまみれて転がるガンオー。ヒーローの「痛み」を表現する大道寺アクション監督のこだわりがここでも短いショットに表れる。

そこに駆け付けるケンドー。「リュウガンオー、あとはまかせろ！」。ここは脚本では「おっさん、あとはまかせろ！」になっていた。

少女に歩み寄るジンオーを制止し剣を交えるケンドー。

ジンオーはここで「リュウケンドー、おまえにはわからんのか」と問いかける。黒田耕平の声はここでは感情を乗せてアクセントをつけている。脚本でこのセリフは「おまえの目は節穴か！」であった。

「心ある者なら、命がけで自分を守ろうとする者を前にして、あんな穏やかな顔をしていられるか」

リュウケンドー目線で、玉を掌に乗せて微笑む美少女が捉えられる。玉は青く発光。

白波の言う「命がけで自分を守ろうとする者」の前で「穏やかな顔をしていられる」心なき者。それは直接には宇宙から来た美少女のことを指すが、ここまで見てきた視聴者にとっては、まるでかおりの剣二に対する態度を示しているかに聞こえる。

それは後述する、鈴がかおりを思わず叱りつける場面の伏線的描写とも言える。

▼剛龍銃、破壊される

「リュウケンドー、アレヲ壊セ」というゲキリュウケンの指示に、ケンドーはダッと横転して美少女の掌から玉を空中にはじき飛ばすと、剣で木っ端みじんにした。実に見ていて気持ちいい、ドラマと連動したアクションだ。

すると少女の身体が発光し、ロボット・アストロイドの姿になる。宇宙人の正体は機械だった（脚本では「宇宙人ロボ」とも呼称されている）。

つまり機械ゆえに魔的波動が感じられなかったのだ。アストロイドはホログラムで少女の姿を投影し人々を欺いていた……という設定で、脚本では少女の姿に走査線が走り、アストロイドの姿

ブラッディ伯爵デザイン案（雨宮慶太）

が現れる……というより明確な描写があった。

第3稿では、二人いた宇宙人の護衛役の方がアストロイドだという展開だったが、決定稿以降は少女自身がアストロイドになっている。

アステロイドの背後にゆっくりとUFOがやってくる。

キャメラがUFOに寄り、コックピットにオーバーラップすると、そこに立つのは、ジャマンガ第四の幹部・血煙伯爵ブラッディであった。

ブラッディは「魔物より強い魔的メカ」という設定で、幹部の彼自身が機械なのだ。21話でジャークムーンの脱走をそそのかしたのも彼だった。

UFOのコクピットに座るブラッディの手前に映るオブジェは「黒いチューリップ」とコンテに書かれ、球根部が黄色く光る。UFOの操作盤の役割を果たしているのだろうか。

宇宙人ロボ・アストロイドを平和の使者として町に送り込み、SHOTの秘密を暴こうというのが今回の計略だったのだ。

「どうせ破壊すべき三つの魔弾龍のコアは集まっている」と卑怯な性格を示すように言って、アストロイドに破壊活動を命じるブラッディ。黒いチューリップの球根が光ると地上のアストロイドは光弾を発射し始める。足元に着弾し身を躱す魔弾戦士達。

「他人を信用し、味方を欲する弱い心が、おまえたちの甘さだ!」

リュウジンオーの指摘に、敵への怒りを駆り立てられるリュウケンドー。

リュウガンオーは地上をケンドーに任せ、自らはアストロイドに立ち向かう。ザンリュウジンとゲキリュウケンをはじき返し、ビームで対抗するアストロイド。

ピンクのハート模様だったUFOが反転し、赤く凶悪なもう片方の面を見せる。脚本には「邪悪なデザインに変わる」とある。このUFOの、平和の使者と破壊者の二面性を表裏で表わすわかりやすさは原田監督の提案だ。

UFOの攻撃を避けながらドラゴンキャノンを撃つガンオー。瞬間移動のような素早い動きで避けるUFO。ガンオーは一瞬、UFOの姿を見失ってしまう。

と思いきや、ケンドーとジンオーがアストロイドと戦っている真上に今度はゆっくりとやってくるUFO。空中移動におけるスピードの緩急は見事だ。

「リュウケンドー、真上だ!」

驚くケンドー。ガンオー、真上に向け引き金を引く。この直前、ケンドーに当て身をくらわせ、どかすと身代わりになって同じ場所に立つ、という描写は第3稿までではなく、決定稿以降に挿入されている。

UFOも同時にズバーッと光線をガンオーに発射する。ぶつかり合うゴウリュウガンのビームとUFOの光線だが、ガンオー側が少しずつ押されていく。

「リュウガンオー、危ない」とゴウリュウガンが警鐘を鳴らす。次の瞬間、パッ!と砕けるゴウリュウガン。コンテには「CGコワレ ヒビ+光出し」と指示されている。ショックで、空中回転しながら画面奥の空へ跳ね飛ばされるガンオー。クレーンを使った撮影だ。コンテには「2点回転」とある。

第3稿ではスーツが消え素面になり白煙を上げて倒れる不動の描写があった。

アストロイドはリュウジンオーをも圧倒する。足を撃ち抜かれ、苦戦するジンオーを見て飛び出そうとするリュウケンドーだが「ウカツニ動クナ! 近ヅケバ、標的ニナルダケダゾ」と注意を受ける。「じゃあ、どうすりゃいいんだよ!」

とその時、遠くの木の下で、よろめきながら傷ついた右手を左手で捧げ持つ不動が呼び掛けてくる。

「よかった。無事だったのか」というケンドーのセリフは脚本では「よかった。生きてたのか、おっさん……」だった。原田監督は、戦いの最中で剣二が不動を「おっさん」と呼ぶくだりが脚本にあると、必ずそこを直している。

この時点での不動は、もう剣二にとって職場の頼れる先輩であり、また剣二も任務を通しての成長が見られておかしくないということなのだろうか。「おっさん」というのはあくまでくだけた時間の愛称になっている。

身を呈して不動を守ったゴウリュウガンは破壊されてしまった。

「俺はもう、おまえのコンビにはなれない……だが、おまえだけの三位一体があるはずだ」。そう剣二に呼びかける不動。

この「もう、おまえのコンビにはなれない」というセリフは脚本では「もう、おまえの相棒にはなれない」だった。「相棒」という呼称は、この番組世界の中では魔弾戦士同士の関係というよりは、魔弾戦士とそれぞれの武器との間柄に使われることが多いため、混乱を避けたのだろう。

剣二にとって不動はミッションでコンビを組む事はあっても「先輩」であり、同格の「相棒」はゲキリュウケンなのだ。この辺りは本書の武上純希インタビューに詳しい。

ケンドーは「不動さん! わかったぜ!!」と頷いてみせる。ここもちろん、脚本では「おっさん」だったのが、「不動さん」に変わっている。

「撃龍剣!」

主題歌が流れ、ケンドーは腰のマダンキーホルダーから鍵を取り出してレオンキーを召還、空中の魔法陣から獣王ブレイブレオンが飛び出す。ブレイブレオンは獣王形態からバイク形態のレオンバイクに変形する。

一歩一歩迫るアストロイドに足をやられたままのジンオーが立ち上がれないでいると、「どけーっ、リュウジンオー!」とレオンバイクのケンドーが走ってくる。

「魔弾龍! 獣王! 剣士! 三つの力が今、ひとつになる。三位一体!」

標的のアストロイドにズームバックする。

「撃龍剣・魔弾斬り!」。バイクの上に立ち上がるケンドーが、走り抜け様、アストロイドに撃龍剣で斬りつけた。

コンテには「走り抜け止まる」とあり、キキキと急停車するレオンの上のケンドー。コンクリに走り抜けた轍が残るのがカッコイイ。停止したレオンバイクの上でケンドーが剣を下に降ろすと、その合図に応えたかのように、バチバチッ! と後ろ向きに倒れ爆発する、UFOの下のアストロイド。カタルシス満点の決着だ。

▼スリー・ヒロインの交錯

原田監督は脚本に、町民が集められた公民館から遠く離れた闘いを見やる不動が「やったな……剣二」と言う姿を付加している。

公民館の窓越しに去ってくUFOが見える。「ああよかった、エンジェラ様はご無事だったのね」と、町民と共にまだ目の覚めていないかおり。そこへ「あの宇宙人はニセモノよ」と割って入る鈴。かおりは「どうしてそんなこと言えるんです? 私は信じます」と冷たく反論するが、鈴は思い切ってかおりのチョーカーをパッともぎ取る。

驚く町の人達や市子・律子。かおりも我に返ったように「え……」となる。チョーカーを地面に叩きつけ、ハッキリ言う鈴。

「目を覚ましなさい！　あなたを守ってくれてるのは、得体のしれない宇宙人なんかじゃない！　命がけであなたを守ってる……」

鈴は剣二のことを思うように目を伏せる。

「……もっとあなたの事を大事に思っている人が、近くにいるでしょ！」

と、踵を返し、去っていく。

ビックリして呆然と見送るしかないかおりと町の人々。

その中の一人である海が振り返り、困ったような顔になる。

「あんなこと言って、かおりさんが剣二の気持ちに気づいたら……ったく不器用なんだから……」

脚本には、この後「クスッと笑う海」というト書きがあったが、表情が変わる直前でカットが切り替わっている。小オチが来る直前にカットを切り替え、全体を動的な印象にするのは原田監督の得意とするところだ。

海がいることによって、鈴の剣二に対する思いや不器用さが視聴者にわかりやすく解説される。むろんただの説明役ではない。海は〈乙女〉の部分と〈戦う剣士〉の部分をあわせ持っているからこそ、鈴の気持ちがわかるのだ。

——海とかおりと鈴の関係が見えてくる回でしたね。

原田　あれでもうキャラクターがハッキリと出てきた。逆にかおりの方はもう剣二じゃないというのもハッキリした回だった。
——それをわりと鈴が不器用に怒る。さらに海が見守るみたいな。
原田　そうそう。三人のキャラがもうあれで確定しましたね。

▼男は背中で描け

丘の上で、変身を解いた剣二と白波が町を見下ろしているロングショット。「ゼアスの丘」と呼ばれるいつものロケ場所である。

自分の怪我した足を気遣う剣二に白波は「お前が心配しなければならないコンビがあそこにいるだろう」と指摘する。すると坂の下に立つ、壊れたゴウリュウガンを持つ不動が見える。

「おまえはすごいやつだった……、ほんとにすごいコンビだったぜ」

その背中をジッと見つめて声をかけられない剣二。そして白波。

ここで暗転し、エンディングになるのだが、原田組としては、1話以来久しぶりに、リュウケンドー達がジャマンガとサッカー対決をするレギュラーエンディングが使用されている。原田監督はウルトラシリーズの時同様、この時間もドラマ本編やその余韻に使っていたが、今回はエンディングの前でスパンと本編を終わらせている。ゴウリュウガンのピンチという緊迫感で、次回に続きたかったのだろう。

今回は、ヒーローメカ的に言うと、リュウガンオーの相棒であるゴウリュウガンが壊れるところにポイントがある。だがドラマ的にリュウガンオー＝不動は中心に来ておらず、原田監督が得意とするヒロインのヒーローへのほのかな恋の物語になっている。

また原田監督はUFOのデザイン自体をファンシーなものにして、美少女が乗っているという設定にし、ドラマ部分との釣り合いを取っている。

脚本では要所要所で、UFOの存在に危機を察知するゴウリュウガンと不動の会話を入れている。それは自らが破壊されてしまうほどの力を予感していたのだ。だが、完成作品ではそのほとんどがカットされている。

その代わり、ゴウリュウガンが破壊されるシーンの前に、不動＝リュウガンオーが身を呈してリュウケンドーを助ける描写が決定稿以降に生まれた。

また「もっとあなたの事を大事に思っている人が、近くにいるでしょ！」という鈴のかおりへのセリフは、バトルの後、白波を気遣う不動が返される「お前が心配しなければならないコンビがあそこにいるだろう」というセリフにも象徴的にリンクしている。

最後まで見れば、敗北にすら耐え剣二を応援する不動の健気な姿が印象づけられるようになっているのだ。

脚本ではひざまづいてゴウリュウガンの破片を集めている不動も、映像ではゴウリュウガンの破片を持ち、立ち姿の背中を剣二たちに見せている。

原田監督は戦いが終わった後に丘の上で剣二と白波が立つシーンでも、脚本では対峙させていたのを、視聴者に背中を向けさせた姿にした。

「女は笑顔で、男は背中で語るもの」

原田監督のモットーが、ここにも貫かれている。

作品解説

「空中大決戦！」24話　▼二〇〇六年六月一八日放映

脚本：武上純希　**撮影**：富田伸二
ゲスト：奥村夏未（エンジェラ）

前回で描かれた、ジャマンガの新幹部・ブラッディによるハートスキー型UFO及びアンドロイド美少女を用いた計略は今回も続く。

脚本には前回のハイライトシーンが紹介されると書かれてあったが、完成作品ではなくなっている。冒頭はSHOT司令室・赤い部屋。白衣の御厨博士と瀬戸山が、薄暗い中、黄色く光る魔法陣に置かれた小型容器を前にしている。この中には、破壊されたゴウリュウガンの魔弾龍のコアが入っているのだ。

隣の青い部屋では天地、剣二、鈴が注視している。

「俺ノ中ニモアレガアル。チュウカ、アレガオレ達ノ本体」と剣二の手の中にあるミニ剣が呟く。

遠くを見る目になった天地。オーヴァーラップして、十年前のヨーロッパ研究所が回想される。

蒸気立ち込める空間で再生ポット（今回も演出メモでミニチュ

アの使用が指定されている）の前に天地と、白波博士そして妻・千鳥がいる。並べて置かれた二つの小型容器。

「この中に、魔弾龍のコアが……」

天地の声に満足そうな顔で頷き、「あらゆる魔法の源といっていいだろう」と応える白波博士。

再生ポットを使い、更に魔法を強化すれば、ＳＨＯＴが計画する魔弾戦士の、いわば頭脳と心臓を兼ねる重要な部分となる。

正しく再生させれば人類を救う素晴しい力になるが、再生方法を間違えれば、人類を滅ぼす恐ろしい力ともなり得る。ＳＨＯＴはだからこそ、魔法科学の第一人者である白波夫婦に処理を依頼したのだ。その意志を夫婦に伝える十年前の天地であった。

青い部屋でふと回想から現実に戻る天地。

と、赤い部屋から御厨と小型容器を持った瀬戸山がやってくる。天地は御厨博士にゴウリュウガンの再生を依頼し、その施設として、あけぼの町の外れにある、いまは使われていない工場に再生用ポットをセットさせた。魔法爆発が起こっても、あけぼの町に被害を及ぼさないように。

場面は変わり、あけぼの川の土手では、頭に包帯をしている不動と、剣二が並んで草むらに座っている。

このカット、最初は二人の後ろ姿から入る。手前にカッパ地蔵が立っている。演出メモでは「花もしくは桜」とあるが、枯れ草に緑の草が生え始めている他は、奥の川面のきらめきが諸行無常を表しているかのようだ。

「ゴウリュウガンの再生の可能性は五分五分というわけか」

遠くをジッと見つめていた不動がポツリと言う。

きっと成功するさと励ます剣二だが不動は「今の俺は、おまえのコンビとしてふさわしくない」と言い、白波と組むべきだと提案する。

「説得してもだめだったら、土下座してでもいいから頼め」

「ふざけんなよ！　俺のコンビは不動さんしかいないだろう！」

俯瞰ショットになり松葉杖をついて立ち上がる不動。脚本ではシーン頭から松葉杖が示されていたが、演出ではここで初めて、不動が歩くには松葉杖が必要なのだとわかる。

「ゴウリュウガンを持たない刑事はただのデカだ」と、トボトボと行く。剣二から「不動の背中」が見えるという記述は脚本にもはっきりと示されている。

豚々亭では鈴と海がテーブル席でラーメンを食べている。カウンター席には剣二。「ごちそうさん……」とまだ残っている丼を返す。

「ごめん、湯切りが悪かったかなぁ」と店の蝶野が気を遣うが、このセリフ、脚本では「ごめん、ヤバいもんでも入ってた？」であり、原田監督は演出メモで「湯切り」と修正を加えている。食通の監督らしいこだわりだ。

「いや、今日はなんだか食欲がないんだ」

テーブルで食べていた鈴と海、エッ!?と箸を止める。

この時、「どういうこと、いつもなら駆け付け三杯なのに」と鈴が古めかしいツッコミを入れるのが楽しい。

失恋でもしたのかと言う二人だが、その声が聞こえていた剣二は「不動さんに捨てられたんだ」と後ろに響くように答える。

「言うにことかいて、あの白波と組めってさ……、いまさら、あんなやつとコンビを組めるかっつうんだよ」

鍋と丼から立ち上る湯気を前に、ため息をつく剣二の芝居がじっくり捉えられる。三〇分のアクションドラマの中で、こうした時間を作り出すのは原田監督独特のセンスと言っていい。

海は鈴に耳打ちする。「こういう時は、いいわね、教えた通りに……」

ウムと頷く鈴、スックと立ち上がり、右手の拳を上げて叫ぶ。

「こん、ぼっけもん！　きばいやんせーっ！」

言った瞬間、海の方を「これでいいの？」という顔で一瞬見る鈴。この仕草は脚本にない。

効果はてきめんで、剣二もまた突然スックと立ち上がる。

「そうだよな！　不動さん見つけ出して、考え直すように言ってみるよ！」

鞄を持って「不動さん！」と叫んで店を飛び出していく。

ニコッと「ねっ」という顔になる海に、鈴は「単純なやつ……」と呟くのだった。二人の笑顔のツーショットが眩しい。

▼剣二、負傷――その選択

駆けて来たガジローとぶつかる剣二。この場所は脚本では「あけぼの町商店街」となっているが、映像では川沿いの木道になっている。原田監督は、ごく初期の話数を除き、脚本では商店街となっている場所を、広場や公園に置き換えて撮影している。きちんと商店街でロケするというこだわりは、むしろ清水厚監督や、3クールより参加する新人監督の方に見られる。

「た、大変だぁっ！」

ガジローが指差した先は「桜越し」とコンテから指定され、綺麗な桜の木の向こうに前回から登場しているＵＦＯが見える。桜の花がいくつか散っているのが細かい演出だ。今回は初めから赤いマークの凶悪な面を見せている。

「あいつう！　またのこのこ出てきやがって」

剣二が駆け出すと場面が変わり、あけぼの湯の煙突の上に立つリュウケンドーがいきなり超ロングのアオリで提示される。

「桜の木の中に煙突　その上にケンドー　奥からＵＦＯ迫る」と演出メモにあり、その通りにコンテ化、映像化されている。

ゴウリュウガンの仇を取りたいリュウケンドーは「無茶スルナ！」という撃龍剣の忠告も聞かずダッ！とジャンプして飛びかかるが、ＵＦＯから発せられた光線にあっさりやられてしまう。脚本には「地上に向かって、真っ逆様に落ちるケンドー」とあるが、演出メモには「桜の木の中に落ちて行くケンドー」とあり、やはりコンテにも同様に描かれ映像化されている。桜の花びらが舞い、ケンドーの落下する音が響くのだった。

この桜の素材を撮る日と美術の打ち合わせは同日で、花見も行われることがスケジュール表に書かれてあった。さすが段取り上手の原田組である。

原田　桜の開花が遅れていて、桜の情景がうまく撮れなくて、結局、桜を全部合成したんです。剣二が高いところから落っこちるというのはしょっちゅうあった話だったから、桜の木に落ちてみるのはどうかと思って。まだこの頃、オンエアが決まってなかった頃だと思うんで、どの時期になるかわからないけど、せっかく春だったから桜を撮っちゃえと言って、撮ろうとしたんだけどね。

市街の上空に飛来するＵＦＯ。「あけぼの町民に告げる……」とメッセージが響く。

画面はＵＦＯ内のブラッディに切り替わる。黒いチューリップを前に手をめらめらと動かすブラッディ。

「諸君に危害をくわえるつもりはない。ちょっと探しものをするだけだ。イイ子たちだから、無駄な抵抗はやめておけ」

と、UFOから光と共に転送されてくる、幾人もの同じ顔をしたエンジェラ達。その目的は、魔弾龍のコアを探し出すことだ。無表情に歩き出す美少女の群れ。

ここから後は、町の混乱の点描となる。

豚々亭内に乱入しているエンジェラは、「それは父ちゃんから受け継いだ秘伝のタレだ」という蝶野の制止もものかわ大きな壺の中を改め、首をかしげる。

別のエンジェラは、かおりさんの部屋に侵入し、机の上の彼女の日記を開いて「ス・テ・キ・ナ・ヒ・ト、ア・ノ・カ・タ・ノ・ナ・ハ・シ・ラ・ナ・ミ…コウイチ。ムクチデナゾノオオイシラナミサンヲミルト……」と読み上げる。かおりさんは部屋の奥で頭を抱えて「やめて」と叫ぶのであった。この日記の文面は脚本からさらに膨らまされている。

猪俣夫婦の家では、エンジェラが、パネル化された韓流スターのポスターを抱えて出てくる。慌てて追いすがる邦子。その後ろにはへそくりが隠されているのを能蔵が発見。この韓流ポスターのパネル、脚本では「タンス」で、邦子はへそくりをそこに貯めていた。原田監督は「何か別の物を」と演出メモに書き、結果ポスターとなった。小道具一つでも、少しでも面白いものを……という姿勢が伺える。

町工場の外観が見える。近くに廃材が置かれ、いかにもな雰囲気を醸し出している。工場全景はロケ場所となった自動車会社の文字を後処理で消すことが演出メモで指示されている。

蒸気立ち込める中で機動している再生ポット。エンジェラが魔弾キーのコアを探しまわっている報告を受けた天地が御厨博士に、再生作業をいったん中止した上で避難することを促すが、御厨は「それは、できない」と撥ねつける。御厨役白井良明の棒読み演技は現場で働くSHOTメンバーとの空気感の違いを自然に醸し出す。

一度再生作業を始めた以上、途中ではやめられないのだ。

あけぼの署サロンでは避難して来た人達でごった返している。先ほどのヘソクリの件で取っ組み合いする能蔵と邦子を、背後からはがい締めし「夫婦ゲンカは豚も喰わないっていいますから！」と仲裁する市子と律子。

「それ熊でしょ」「犬だ！」とさらに収拾がつかなくなる。

肩を抱き合って泣く蝶野とガジロー。脚本では「あいつら、父ちゃん秘伝のタレまで飲んじゃってよぉ」「うちなんか御本尊までひっくり返されたんだなぁ」と泣く理由が語られていた。

騒ぎの中、かおりはその場で日記をつけながら独り言。「どうして今日は誰も助けに来てくれないの？　リュウケンドーもリュウガンオーもどうしたんでしょ、まる」

これらの町の人達の描写は映像だと一瞬だが、きちんと脚本から描かれているのだ。

その頃、刑事部屋では並べた椅子に寝かされている、頭に包帯を巻いた剣二がいた。顔からなにから桜の花びらが付着している。心配そうに覗きこんでいた海と鈴。

「お、俺は……」

自分があけぼの湯の駐車場に倒れていたと教えられるや、剣二は立ち上がる。

「こんなことしてる場合じゃないんだよ」

この次に、警察署の表に飛び出してくる剣二の描写が脚本にあったが、これはカットされている。腰のミニゲキリュウケンが「一人ジャ無理ダゾ、剣二！」とたしなめるが、「るせぇっ！」と聞かない剣二が停めてあった自転車に飛び乗るという描写だった。

映像では、既に自転車に乗った剣二が神社、公園、川の土手――と「白波のいそうなところ」を探し廻っている。

「どこ行きやがった、あいつ……」

そんな彼の焦りをよそに、土手の下ではきゅうりを持ったかっぱ地蔵が平和に立っているという描写が原田監督らしい。

「いた」。川面を歩く白波の背後から自転車で駆けつける剣二。自転車を乗り捨て、息をきらしてその前に立ちふさがる。

「俺といっしょに戦ってくれ！」

「なにを寝ぼけたことを……」

やはりにべもない白波であった。

「俺一人じゃ、あのUFOは倒せねえんだよ」と言う剣二に「甘えるな」とフッと口端を歪める白波。

思わず「なんだとうっ！」と激昂する剣二（脚本では拳を握りしめ、殴りかかろうとしていた）だが、不動の「おまえは白波と組め」という言葉を思い出すのだった。

「説得してもだめだったら、土下座してでもいいから頼め」

ジッと考えていたが、「頼む」と頭を下げる剣二。

と、その頭上を飛んでいく例のUFO。奥から手前まで、彼らに陰を落としながら移動する。

場面が変わり、白衣のエンジェラの頭上にUFOが飛来。何かを待望するようにそれを見上げるエンジェラであった。

そうした逼迫した状況の中でも作業を続けることを選択する御厨。再生ポッドを装置にセットした。

これらが畳みかけられた後、右手にメカ遣い魔、左手にエンジェラを引き連れて歩みを進めるブラッディが映し出される。彼らの行き先は御厨たちの工場だ。

と、その時、遠くから爆音とともに走ってくるバイクがある。

「やつは？」

止まるバイクから降り、ヘルメットを取って後ろに放る全身黒ずくめの不動。頭には包帯がまだ巻かれてある。羽織っていた黒いコートの下から二丁拳銃（「ニュー南部」と演出メモにある）を繰り出した！

司令室の天地は思わず言う。「変身もできないあの身体でどうするつもりだ」

ここでAパートが終了するのは、まさに不動を「立たせる」期待の持たせ方だ。

▼ただの人間の分際で

「ここから先は通さない！」と二丁拳銃を構える不動の姿からCM明け。

「ただの人間の分際で、この私に抵抗しようというのか？」と言うブラッディに「ああ！　命を賭けても守らなきゃならないやつがいる！」と応える。

自分の身代りに破壊されてしまった相棒ゴウリュウガン。その再生作業を、今度は命賭けで守ろうとする不動。ゴウリュウガンがないため魔法力を帯びず生身の人間のままであっても……いや、そうであるからこそ、相棒への思いを継続するのは人間・不動のありようを浮かび上がらせている。

ブラッディは退却し、エンジェラが黄色い光に包まれアストロイドに変身。

近くの石段の上には白波と剣二が駆け付けてきたところだ。リュウガンオーにもなれないのに立ち向かう不動の姿はクールな白波の心にも少なからず動揺を与えたようだ。

むろん剣二は一も二もなく駆け出していこうとする。

ミニ剣が「行クノカ!?」と声を出す（脚本では「マタ、ヤラレニ行クノカ!?」だった）。

だが「変身できねえ不動さんががんばってんのに……指くわえて見てられっかよ?」と駆け出す剣二に、ミニ剣も「見テラレナイナ」と同意、変身シーンとなる。

「リュウケンドー、ライジン！」

不動は撃ち尽くした銃を両方捨て、また二丁拳銃を出す。

「ゴウリュウガン！　おまえのことは、俺が守る！」

その姿がアオリで逆光となり、両手をクロスして撃つ不動。

まったく効果なく、弾をはじきながら進んでくる敵。

「俺のかけがえのない、友達だからな」

到達した敵を避け、横っ飛びしながら撃つ不動。

弾を装填し「ゴウリュウガン！　おまえが好きだぜ」とまた撃つ不動だが、敵に捕まり、あっけなく打ちのめされる。

アクションと決めセリフが交互に繰り出されるのは脚本も同様だが、原田監督はそれをあえて律儀に演出している。不動という男の不器用な実直さを表しているようだ。

ロボがウィーンと両手を挙げたその時、ジャンプして来るリュウケンドー。脚本ではゲキリュウケンを振りおろしていたが、いきなりアストロイドに飛び蹴りを食らわす形に変更され、より勢いを増している。

町工場近くの土手では、不動とケンドーとアストロイドの戦いを見物している白波。

「バカばっかりだな」

斬龍刃のミニ斧が相棒の白波に語りかける。

「モシ、オレガゴウリュウガンミタクナッチマッタラ、オマエ、不動ノヨウニ、バカニナッテ戦ッテクレルカ」

「なにを言いだすんだ」

そうしている間にも、遠くに見える戦いざま。リュウケンドーをよそに素手で立ち向かっている不動がいる。

ここに続いて、「死んじまうぜ！　おっさんはひっこんでろー！」「うるせえーっ、これは俺の戦いなんだ！」という声が響いて白波に届く——と脚本には書かれていた。

負けるとわかっていても、共に戦ってきたゴウリュウガンとの友情のために戦う不動を見て、「剣二ニ頼マレタカラジャナク、不動ッテ男ノ男気ニコタエテヤッテモイインジャネエカ?」と白波に語りかけるミニ斧。

白波はその場を立ち去るのだった。

▼俺もバカになってみるわっ

戦いに合流するのかと思いきや、直接工場に向かう白波に訝るミニ斧。

「戦うが協力するつもりはない。俺は、一人で魔弾龍のコアを守る」

「ヘッ、マ、ソレモ不動ノ男気ニコタエルコトニナルカ」

ふと白波が歩を止めると、少し離れた場所にブラッディとメカ遣い魔がいて、なにやら話しているのが聞こえる。

「メカ遣い魔よ……、魔弾龍のコアを粉々に吹き飛ばしてしまえ！　十年前のヨーロッパの時のようにな」

それを見ていた白波の表情が変わる。

「いま、何と言った」

ブラッディの前にやってきた白波。荒ぶる彼の心情を表すように、砂塵が画面を横切っていく演出が施されている。

脚本には「怒りの形相」とあるが、白波役黒田耕平はこういう時、少し笑ったような顔から演技を始めるあたりにリアリティがあり、凄味を増している。

「俺の両親の命を奪ったあの魔法爆発は、ただの事故じゃなかったのか!?」

白波のその問いかけに、平然と答えるブラッディ。

「あぁ、あれはこのブラッディ様が仕掛けたのさ。いまいましい、魔弾龍のコアを消し去るためにな」

ここで画面はオーヴァーラップし、十年前のヨーロッパ研究所の回想となる。

蒸気立ち込める中、メカ遣い魔と共に、再生ポットに何かをセットしたブラッディは、駆けつけた白波の両親に振り返り「もう遅い、魔法爆発が起こり、ヨーロッパ全土が吹っ飛ぶぞ」と笑うと、光とともに消えるブラッディ。

「させるか！」と飛び掛かる父。叩かれ攻撃されながら「少しでも爆発の規模を小さくするんだ！」と言う父に、母は「わかりました！」と必死にノブを廻し出力を落とそうとする。

そして再生ポッドが内側から爆発し、その炎で画面全体が白くなる。

回想明け——

「バカな夫婦のせいで、ヨーロッパを全滅させるほどの爆発にならず、二個の魔弾龍のコアも破壊できなかったのは、残念だったがな」と言い放つブラッディ。その発言の後半は、睨みつけながら目線を上げていく白波とシンクロして描かれる。

こぶしを握り天を仰ぐ白波。上を向いたまま笑い、ミニ斧に語りかける。

「俺もバカになってみるわっ」

それは正面に向かっての叫びとなり、ミニ斧も「アア、ソレデコソ、俺ガコンビヲ組ンダ男ダ」と応えた。

相棒のザンリュウジンが受け止めることで、白波の心情がより視聴者に伝わりやすくなっている。そしてこの相棒との交流という側面が、『リュウケンドー』の終盤に向けて、とりわけ原田監督の作品において大きな要素となってくるのである。

白波はリュウジンオーへと変身する。そのプロセスは、脚本ではいつも通りの段取りだが、演出では〈大爆発〉が起こり、爆煙晴れると、ザンリュウジンの姿になっているという、感情をアクションとしても表現したものになっている、

「リュウジンオー、ライジン！」

すっくと立つジンオー。

「お前だけは絶対に、地獄へ送り込む」

だがブラッディは「私は面白い趣向を思いついた」とメカ遣い魔と遣い魔達を戦わせ、後陣に退く構えだ。

場面変わると、突き飛ばされたリュウケンドーが地面に転がっている。そこへ迫りくるアステロイドに、倒れていた不動が立ち上がり、背後からはがいじめにする。

生身で力を限界まで出し切る不動に呼応したケンドー、ホルダ

空中戦のイメージボードより(奥山潔)

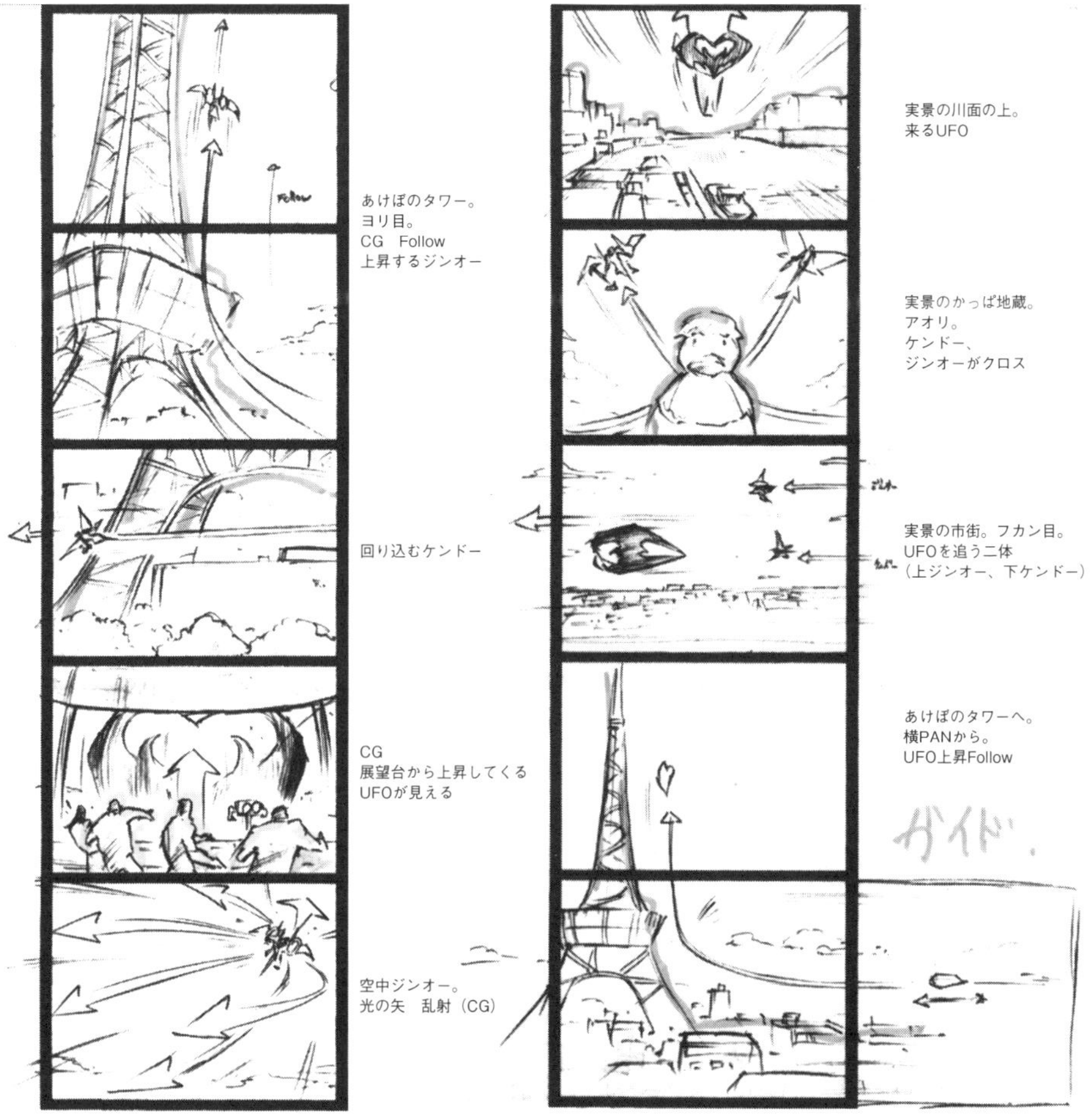

ーからキーを取り、ファイナルキーを発動させ、魔弾斬りでアストロイドを斬る。はじめに切れ目が写り、そして上下真っ二つになって光と散る。コンテでは銅まで斬り抜くのを見せることが指定されていた。

▼大空中戦は「いっとき、手をにぎっただけ」

倒れている不動に駆け寄るケンドー。

「俺はいい……、それより、新しいコンビのところへ……」

町工場の裏では、メカ遣い魔によって次々と新しい遣い魔が繰り出され「キリがない！」とジンオーが叫ぶ。

その時、助太刀に駆けつけるケンドー。

ジンオーは「余計なことを！」と言うが、共闘せざるを得ない。

町工場の中、作業中の御厨と瀬戸山のもとへ現われるブラッディ。

「再生ポットには手は出させない！」と瀬戸山が振り上げた魔法杖から呪文とともにチョロリと魔法が発するが、花火の先のように消えてしまう。

「どけ！　人間などに用事はない！」

ブラッディの一撃で、杖が吹き飛ぶ。博士は腹に打撃を受け、瀬戸山は吹っ飛ばされた。

魔弾龍のコアを掴むブラッディ。

「魔弾龍のコアを、あけぼの町の上空で魔法爆発させたら、どうなるか……」

そう笑いながら外に出て、頭上に来たＵＦＯから伸びた光に照らされるブラッディ。

町工場の表では、ケンドーとジンオーの攻撃が同時に決まり、倒れるメカ遣い魔。

「どうだ、いまの俺たちの目的は一致しているようだな」と言うケンドーに「いまいましいがな……」と応えるジンオー。

彼らの目に、ＵＦＯへと吸い込まれて行くブラッディが見える。その手にある魔弾龍のコアの小容器が見える。見上げる不動。

「逃がさん！」とジンオーはホルダーを廻して、獣王キーを抜き、シャドウキーを召喚。「いでよ！　デルタシャドウ！」

魔法陣からクロウ獣王が登場、ジンオーの口笛に呼ばれ、翼となってジンオーと合体、シャドーウイングリュウジンオー（以下

SWジンオー)となる。

リュウケンドーもまた雷電武装。龍の輝きを受けたケンドーはサンダーリュウケンドーとなった。そして獣王サンダーイーグルを召喚、ウィングモードで合体して飛び上がり、サンダーウィングリュウケンドー(以下TWケンドー)になる。

「頼むぞ」と不動は願いを込める。

上空に飛び去るUFOを追うTWケンドーとSWジンオーのロングショット。青と赤の航跡を引く二者。

「UFOの動きは俺が押さえる。おまえは魔弾龍のコアを」

そう告げるSWジンオー。

川面の水を立ててUFOが飛ぶ。その手前にはかっぱ地蔵がのんびりと立っている。後を追って飛ぶ二人の魔弾戦士。

今度は川面を正面から捉えたカットとなり、水を立ててUFOがやって来るのを、TWケンドーとSWジンオーはクロスして追撃。そのクロスする様がかっぱ地蔵からのアオリショットで映し出される。地蔵の上に、クロスした航跡が残る。

次に三者横移動の追っかけになり、あけぼのタワー(東京タワー)を垂直に上がっていくUFO。タワーの展望台内部にいた人々の、うわっと驚くリアクションが入る。

TWケンドーとSWジンオーはタワーの両側から挟みうち。空中の一角で体勢を立て直し「くらえ!」とアローモードを構えて光の矢を乱射するSWジンオー。

素早く避けて別の方向へ逃げるUFO。

「いまだ! リュウケンドー!」

主題歌のメロディーがかかり、「おう!」と頷いたTWケンドーが空中を上がってくる正面カットになる。ゲキリュウケンを構えると、剣から迸るプラズマが全身に広がる。

「魔弾龍! 獣王! 剣士! 三つの力が、いま一つになる!」と、剣を構えてポーズを決めるTWケンドー。SWジンオーもザンリュウジンを斧モードに変える。

タワーを垂直に降りて来るUFO。下でひねりを加えて一回転。追うTWケンドーとSWジンオー。

TWケンドーの「魔弾龍・雷鳴斬り」とSWジンオーの「斬龍刃・乱撃」が放たれた。

雷の矢と化したTWケンドーと斧を振りかぶったWジンオーが交錯する。空中クロス軌道はコンテ以前の演出メモから描かれていた、

そしてUFOに突っ込む両者。

と、UFOからドッカーンと飛び出すSWジンオー、

その手には容器がない。

「魔弾龍のコアが……!!」

と、続いて飛び出すTWケンドー。その手に握られる、魔弾龍のコアの小型容器。

「熱い心が一つになれば、不可能って文字は燃えつきる! 不動さん、取り戻したぜーっ!」

ウムと無言で頷くSWジンオー。

ハートスキー型UFOは、TWケンドーとSWジンオーによるダブル三位一体攻撃により、カッパ地蔵のはるか頭上で大爆発して果てた。

その爆発寸前にUFOから飛び出すブラッディの光だが、注意して見ていないと視聴者にはわからない一瞬の描写だ。

ジャマンガ城ではDr．ウォームがイライラと歩き回り、「いったい、あのUFOは何者が操っておったのだ」と呟いていると、光から実体化するブラッディ。

「おまえだったのか!?」と驚くウォームに「伯爵と呼びたまえ、ブラッディ伯爵とな」と鋭く言い放つブラッディであった。

第四の幹部・血煙伯爵ブラッディもようやくジャマンガ城に姿を見せ、合流したのだ。

原田 空中戦「やだなあ」と思って。たしかに水しぶきとの絡みとか、あそこら辺は白組のうまいところです。『ティガ』の「もっと高く!」の時は特撮が北浦嗣巳さんだったから、北浦さんは、亀の上を飛行機が飛んでいく絵とかを合成しているんです。下に何か物を置いておかないと、空を飛んでいるものの高さが出せないから。それで「あれがあったか」と思って、カッパ地蔵を撮っておいて、その上で戦わせると言ったんです。だから僕は現場ではカッパ地蔵と空の実景ばっかり撮ってました(笑)。

——あけぼのタワーもうまく使っていました。でもカッパ地蔵はコンテでも真ん中に来てましたね。

原田 そういうことにしなきゃいかんなと思って。それくらい空中戦は難しい。だから最低限の短い描写で、「一応見せますよー」という感じにしておいた方がいい。

場面変わり、港に立つ剣二と白波。超ロングで夕景のビル街が彼方に見える。エンディング主題歌が始まっている。

「勘違いするな。ただ、新たな仇が見つかったから、いっとき、手をにぎっただけだ」

そう言って去る白波を見送りながら文句を言いたげな剣二。そんな様子を少し離れて見やっている、不動。

サングラスを外しながら少し寂しげな表情の不動であった。このセリフは、脚本第3稿の時点では「美しい友情の始まりってわけか」だった。

そしてエンディングは名場面集に切り替わり、空中戦を交えて、宇宙人少女エンジェラの表情がいくつか重ねられるのだった。

——エンディングで、宇宙人少女の場面をつないでいました。

原田 可愛いコだったからね。撮っている時に、あの子は伸びると思いました。だからエンジェラは現場でみんなが撮った写真が多いんです。彼女のは特注衣装ですから。

「大魔王の卵」25話 ▼二〇〇六年六月二五日

脚本：猪爪慎一　**撮影**：富田伸二
ゲスト：加藤仁志（勅使河原浩）

敵の総大将であり、いまだ卵の姿で眠っている「大魔王グレンゴースト」を冠したサブタイトルはストーリーの縦糸がメインとなる話を想起させるが、今回印象的なのは〈鈴の見合い話〉である。

お見合いの相手である勅使河原浩を演じるのはモデルとしても活躍のイケメン加藤仁志。特撮では『仮面ライダー555』の7・8話に出演歴があった。

——たとえばウルトラマンなどでは、台本が準備稿くらいまではあって、そこから監督さんが入って膨らませていく形だったと思うんですが、『リュウケンドー』の場合は、監督さんの方から「こういう話を入れて欲しい」ということも出来たんですか？

原田　アイデアとしては出せたんだけど、監督を入れないで制作委員会で脚本を先に進行してたんです。基本的にそれをベースにやっていたんです。

玩具の登場の問題があったり、わりと決まりごとが多かったので、「どの話数で何をやる」ってのはもう決められてた。間に一本くらいポンと「新製品が登場しない回」があって、そういうのは「何かアイデアがありますか？」というやり取りはありました。

——たとえば今回の25話の成立の仕方というのは？

原田　この回は、大魔王の卵を出して、それだけやればいいってことになってたんです。二クールの終わりなんで、そろそろ大魔王が実体化するんじゃないかということで引っぱって欲しいと。

——卵の中がもうちょっとはっきり見えるようになるという。

原田　そうそう。第二形態だったのかな？　ただまあその時にはどんな形になるのか現場でまだ全然わかってなくて「なんだろね」っていう状態でやってた。

次の第26話ってのはもうスペシャルバージョンになるって決まってたんで、そこはもう後で撮影するということで。26話はクイズ番組。

——スタジオ収録の『SHOTスペシャル講習』。

原田　あれは全部終わってから撮ったんじゃないかな。たしか。

——最終回まで撮っちゃってからですね。

原田　それからやったと思う。26話の前に二クールの終わりの盛り上がりとして、基本的には大魔王が出てきて宣戦布告をするっていう形に持っていけというのがテーマだった。

それはそれでこっちは鈴ちゃんと剣二の話をやる。もうその頃には、俺が撮る時は〈鈴ちゃん話〉が主体ということになっていて、女の子話をわりと多くやる感じだったんで。

「お見合いの話をしたい」っていうのは、なんかの拍子にしていたんだとは思うんですけどね。

円谷と違って、『リュウケンドー』は、1・2話以外では白本（準備稿）は作らなかったんですよ。その前のホン打ち合わせの時に「次どうしましょうか」って話で、アイデアを出しておいて、その後すぐに生原稿になってて、もう決定稿しか刷らないんです。

作品解説

▼乙女の心がわかっていない

ジャマンガ城の広間ではDr.ウォームの頭上で大魔王の卵が蠢いている。

「不死身の勇者、ロッククリムゾンよ。お主秘蔵の宝、いまこそありがたく使わせてもらうぞ」

この前に、脚本では「おお！　大魔王様の卵が孵ろうとしておる」というセリフがあった。「ロッククリムゾン」とは、第22話で再度倒された幹部魔物である。

キーを取り出し、炉で儀式を始めるDr.ウォーム。これは〈再生のキー〉であり、一度敗れた魔物達を復活させることが出来るのだ。噴水のように緑の光が迸り、その先から、三体の再生魔物が形造られる。第7話に登場したメガノーマ、8話のエドノイド、19話のビヨンダーク。いずれも原田回に登場した魔物が一体ずつ唸りを上げ、一旦、人形のように静止する。

既に一度滅ぼされた身である彼らは限られた間しか人間界では活動出来ない。

「じゃがいま一度、使命を与える。大魔王様の復活のため、マイナスエネルギーを集めてくるのだ……！」

一斉に咆哮し、応える再生魔物達が運動会の宣誓のようでコミカルだ。

場面変わり、あけぼの署の刑事部屋（脚本ではサロンだった）には、外から柔らかい光が差している。

剣二は鈴に見張られ、始末書を作成していた。「おそろしく下手な字、しかも崩れる」と脚本に書かれてあるが、映像ではそれ以上である。

「私、鳴神剣二……めんどくせえ！　こういうの苦手なんだよ、……チャッチャとやっといてくんない、俺の始末書」

そう鈴に頼む剣二だが、鈴は笑ったかと思ったら無表情になって「甘えるんじゃないの」と、持ってた書類ではたく。この、〈表情を一転して変える〉というのは井村空美の演技のアクセントとして、原田作品ではすっかり定着している。

刑事部屋では「広い視野」「節約」といった貼り紙があり、ロッカーの上にはマモスケのぬいぐるみが置かれている。「警察官募集」のポスターには市子・律子が写っている。相変わらず美術スタッフは凝っている。

鈴宛ての荷物を持ってきた宅配業者。背中に「ラクダ便」のロゴとイラストを貼ってある。「ラクダ便」は『ガイア』の「ウクバール」以来ウルトラでは定番の宅急便業者となったが、円谷の枠を越えて、『リュウケンドー』にも登場したことになる。ただし、ウルトラの場合は「らくだ便」とひらがな表記だった。

「お届け物です」と薔薇の花束や大きな赤いリボンの白い箱を手渡すラクダ便の配達員。

「あたしに？」

剣二は花束に付いていたカードを読み上げる。

「左京鈴さま、君はバラより美しい。By勅使河原浩」

「……って、ダレ？」と突っ込む鈴だが、そこへ突然花田刑事課長が現れた。

「左京巡査！　署長がお呼びだ」

鈴は口を一瞬歪め、首をかしげる。

あけぼの署の会議室では鈴が雪村署長、月岡交通課長、花田刑事課長の三羽ガラスの前に立っていた。

　思わせぶりに咳き込み、口を開く雪村。

「キミ、しばらく前、引ったくり捕まえたでしょ？」

　ここで鈴の脳裏に回想が浮かぶ。鈴が路面に引ったくり犯を投げ飛ばす様がイキナリ映し出される。マスクにサングラス、黒いジャンパーの〈わかりやすい犯人〉の首筋にチョップをくらわし、

「……ったく」と散らかった荷物を拾う鈴。

　後を追ってやってきた青年が勅使河原浩（二四歳）だったが、まだ顔は視聴者に見せない。石段を上がってきた彼に、どうぞと鞄を差し出し笑顔になる鈴。その奥に池の水が映る。恋する瞬間の演出だ。鈴の回想なのに、浩の主観になっているのが面白い。

　回想が明けて、再び署の会議室。

　彼、勅使河原浩はあけぼの町長の一人息子だという。

「浩さんはたいそう、キミを気に入られてね。ぜひお食事にご招待したいと、こうおっしゃっておられる」

　つまりお見合いの申し出だ。

「えーッ!?」と、露骨に嘆いた顔になる鈴。このはっきりとしたリアクションがドラマ全体をポップにしている。

「欠席は許さないよ！　業務命令だからね」と指を立てる月岡のアップ。

　仏頂面で「……はァ……」と頷く鈴に、三羽ガラスが揃って「ふふふ」と笑うシーンが脚本に付加され、さらに弾けさせている。

　場面はSHOT基地に戻り、剣二や天地が椅子に座ったままの鈴を見守っている。そして小町も、いつものファンタジックなキラキラの光とともに現れる。

「……ったく、署長達ったら、点数稼ぎたいばっかりに。あたしゃイケニエかっつーの」

　と、鈴が椅子で不貞腐れふんぞりかえっている様は、ヒロインにあるまじき伝法ぶりだ。

　そんな鈴に「まー、玉の輿にゃ違いないからなぁ。どう付き合っちゃえば？」と軽く言う天地。

　だが杖を持ちながら慌てて「だ、ダメですよ！」と叫ぶ瀬戸山に、みんな「ドキ」となり、一瞬空気が変わる様が演出されている。落ち着いた風を装い「だいたいいま、人手不足なんですし」と言う瀬戸山。

　そこで剣二は、思い出したように不動の話題を出す。今日の剣二は珍しく制服姿である。

「あ、不動さん、どうだって？」

「さっき連絡がありました。無事、御厨博士と一緒に、都市安全保安局に着いたそうです」

　前回からの流れを説明するやり取りの間にも、画面手前には見合い話に悩んでいる顔の鈴。奥には小町が変わらず写り込んでいる。

　鈴、むくれて考え込んでいたが、「ねえ、剣二はどう思う？」と、やはりお行儀悪く頬づえをついたまま訊く。

「え？」

「これ、どう思うの？」と浩からのカードを突きつける鈴は「目でプレッシャーを送っている」と脚本に書かれている。

　剣二たはじろぎ、思いつくままに「どうって……会ってみて、いいやつだったら、付き合やァいいじゃん。案ずるより産むが易しって、じっちゃんも云ってたよ」と応える。

　画面には一回も登場したことのない「剣二のじっちゃん」が、こんなところでセリフに出てくるのも面白い。

「……あっそ」

　鈴、エレベーターに乗り込み、「そーね。新しい出会いに、ときめくのもいいかもね」と投げやりに言う。「ひょっとしたら結婚して、ショット辞めちゃうかもよ？」

ベーだ！　とやって、地上に去った。

「……なんだアイツ。ぷりぷりしちゃって」とつぶやく剣二に「わかってないなァ、乙女心」と心配になる小町。

　この後、脚本では剣二がプッと吹き出して「乙女？　あれがァ？　かおりさんなら、ともかく」と言って小町がやれやれとなる場面があったが、カットされている。

▼ハイカラに決めなさい

　下宿先（例によって本郷の伊勢屋スタジオで撮影）に帰った鈴はベッドの上に横向きで腰かけ、マモスケのヌイグルミを弄んでいた。剣二の口真似で「いいやつだったら、付き合やァいいじゃん」と言った後「……なによアイツ、何様？」と怒りだす。

「なんでアタシが、剣二の事なんて、考えなきゃなんないのよ。ねー？」

　そう言いながらベッドからテーブルへ移動した鈴はパンをやけ喰い。丸いライトが間接照明になっている。キャメラが移動すると小町が立っていた。

「素直になんなさいよ、もっと」

　脚本ではこの後、小町が鈴の頭をはたき、驚いた鈴は周囲を見渡し、キョトンとなるくだりがあった。そして小町は「あー、もー、どうなっちゃうのかしら！……あたしも生まれ変わって、もう一度、恋がしたいわァ」と身悶えするのだった。

　翌日、あけぼの署のサロンには八百屋など町の人々が集まっていた。制服の剣二が表から戻ってきて敬礼する。

「町内パトロール、異常なしです！……って、アレ？」

　いつもは鈴がいる受付カウンターに、交番勤務のはずの駒走巡査が座っている。手にはマモスケのぬいぐるみを抱え、「了解！であります」と敬礼する駒走。

「さては」と気付く剣二。

　その頃、とあるブティックでは、鈴が試着室から出て来るところだった。

　最初は黒の上下だったが、同ポジでピンクの衣装になり、さながら着せ替え人形のようだ。

「もういい加減に勘弁してくださいよー」

　雪村らが、各々ハンガーの服を示しながら「ダメ！」と言う。

「もっとこう」

「女性らしい、しとやかーに」

　服の袖を動かしながらそう言うおじさん達がいかにも気持ち悪い。

　小町がここにもまた、ファンタジックな光とともに現れる。その目の前で、おそろしくダサい黄色の花柄を押しつけられて、恐怖している鈴。

「……ダサッ。やっぱ、女と生まれたからには、ハイカラに決めなきゃ」

　雪村がモノを落として拾う隙に、小町は薄茶色の可憐なスーツを試着室へと送る。空中移動する服。

　鈴は「コレ、かわいい」と、あてがってみる。

SHOT基地では瀬戸山が気が気でない様子で、うろうろしながらこう呟いている。

「新しい出会い……ときめき……結婚！……SHOTやめちゃうかも！」

この独り言は脚本にもなく、付加されたものだ。

天地は「そんなに左京隊員が心配？」と突っ込む。一瞬うなずいた後、「な、何を云ってるんですか」と慌てる瀬戸山。いたずらっぽく笑う天地であった。

と、ふいに警報が鳴る。モニターの町マップ上に三つの輝点。

その頃、公園緑地の丘（脚本では住宅街。原田監督の住まいの近くである稲城中央公園でロケされている）で逃げまどう数名の町民からマイナスエネルギーが立ち上る。三匹の再生魔物達が丘の上に現れ、ポーズを決めた。

司令官のレディ・ゴールドがその背後に立っている。

「Dr．ウォーム、こんなモンでいかが？」

ジャマンガ城にはマイナスエネルギーが続々と卵へ飛来している。

その下で喜ぶDr．ウォーム。「うむ！　その調子で、卵が満ちるまで、マイナスエネルギーを集めてくれ……さすれば、大魔王様は甦る！」

――町民が逃げる時に、脚本には書いてない時も、マイナスエネルギーが出てる描写は、原田監督はわりとちゃんと入れてますね。

原田　最初はそれが大事な要素だっていうことで、マイナスエネルギーを集める描写が強調されてたんですけどね。でもなんか、どんどんそこは意味が薄らいできちゃった。だけど、僕はそういうことは設定上あるから、よく入れてはいましたけどね。その頃はまだ大魔王もどうなるか、全然見当もつかなかったんで。

その頃、警官服で自転車に乗り、鳥のさえずる平和な公園通りをパトロール中の剣二であった。ここも脚本では「町中」と書かれていたのを、のどかな場所に置き換えている。

自転車が通る道の脇にある芝生に小町がピクニックのように座っている。

「ちょっと！　鈴ちゃん、すっごくキレーよ」

「あー、はいはい」と本気にしないで通り過ぎる自転車の剣二。

「相手の人も男前らしいし、こりゃあ、ひょっとして、ひょっとしちゃうかもね」と追い打ちをかける言葉に、剣二はさすがに自転車を急停止させ、なんとなく面白くない顔で「……ふーん。ま、俺には関係ないけどね」と言う。

ここは脚本では対面の会話だったが、自転車に乗りながらの剣二と座ったまま独り言のように言う小町のカットの組み合わせとして演出されている。この、どこかのどかなムードは『リュウケンドー』独特のものだが、原田監督が意識的に作っていることがわかる。

――剣二がお見合いの話を知る時にそれを告げる小町さんが芝生に坐ってて、剣二が自転車に乗っている……という位置関係が面白いですね。

原田　まあ、ラブコメの一種ですからね。ラブコメのまあ王道パターンみたいなものですよね。

――ああ！　ちょっと動揺して自転車が止まっちゃうみたいな。

原田　そうそうそう。基本的にラブコメの要素は入れておきたかったから。

その時、剣二のSHOT携帯が鳴りはじめた。ジャマンガ出現の報だ。

小町が「あら大変」と言い、キャメラが引くと、剣二は携帯を切り「了解。スカッと一暴れしてやっか！」と倒れたままの自転車にも構わず剣を抜き、走りながらリュウケンドーへと撃龍変身するのだった。

▼勅使河原浩・参上

緑の多い町外れにある、一軒の瀟洒なレストラン。演出メモには「何か情景」と書かれ、実際の映像では、建物に羽ばたく鳥がかかるカットを重ねている。

レストラン「カーサ　マルガリータ」の中では、窓の外を見ていたがやがてテーブル席につき、時計を確かめ、黄色いネクタイ締め直す男のアップ。

「あどーも！　あはははは、遅れまして、申し訳ありません」

雪村以下の三羽ガラスが、ブラウンのスーツを着た鈴を伴って現れる。

「い、いえ、こちらこそ！　僕が父に、つい軽はずみなことを言ったばっかりに、おおごとになってしまって」と正面切って挨拶し、初めて顔がわかる勅使河原浩。

そこでちょうど鈴のSHOT携帯も振動するのだった。「ちょっと失礼します」。魔的状況レベル3発動に、その場を退席しようとするが、スクラムを組んでブロックする三羽ガラス。

だが「警察官は、皆の幸せを守る、大事なお仕事でしょう？　僕一人のわがままで、お時間を取って頂くわけにも」と立ちあって鈴を尊重する浩。ここは脚本では「浩、無理して微笑むが、悲しそう」とあるが、映像での浩はきちんとそれを言っている。

鈴、そんな浩を見て、「あれ？　わがままな金持ちのボンボンかと思ってたけど……けっこう、ちゃんとした人じゃん」とモノローグするのだった。笑顔で浩に応える鈴。このモノローグは脚本にはない。

ちなみに決定稿の二段階前である第6稿で、浩は父・大蔵（五四歳）と同席していた。中座しようとする鈴を父が睨みつけ、浩も「仕事熱心なのは、大変けっこうです。でも、今日一日ぐらいは、ゆっくりと羽を休めて欲しいな……」と鈴に言っていた。むろん鈴による好印象のモノローグもない。

決定稿直前の第七稿では、浩は父とではなく一人で出席することになるが開口一番「いやァ、お美しい……しかも、僕の好きな色のスーツだ。なんだか鈴さんとは、気が合いそうだな」と、一方的な印象を述べる独善的な男性像であった。稿を重ねるごとに浩が、精神的にも二枚目へなってきていることが伺える。

場面変わって、石段を降りていく三匹の再生魔物達を見下ろすリュウケンドー。

「あの魔物達、前に倒したはずじゃ？」

しばし格闘するが、リュウケンドーは圧倒される。メガノーマは、空中から飛来する「重し」を自在に操る得意技を今回も使う。重しをかわすケンドー。背後の鉄柵の一部が破れる。

エドノイドもまた、以前と同様口から酸の礫をペッペッと放つ。

剣で振り払うケンドー。

さらにビヨンダークが襲いかかる。一撃を受け、ケンドーはぐっとひざまずく。

魔物達、一斉に迫るが、そこへリュウジンオーが現れ、割って入った。魔物達は横薙ぎされて火花を出す。「ライジン」と動きを止めてポーズを取るジンオー。

「怖じ気づくな！　さっさと作戦を遂行なさい！」というレディ・ゴールドの指令で、魔物達が再度襲いかかる。

ジンオー、ビヨンダークを足止めしつつ「早く追え！」と促す。

「お、おう！」と他の魔物達を追うケンドー。

SHOT基地では小町がモニターを見つめている。

「魔物が、三匹も……大変だわ」

そうはらはらして言うと、その場を去る小町。

脚本では電子端末だったが、映像では魔法書の類を開いている。

奥では天地と瀬戸山が大わらわでマニュアルと格闘している。

「鈴ちゃんの有難みが、身にしみるなァ」

瀬戸山が空を仰ぎ子どものように叫ぶ。「左京さーん！」

ここでAパート終了。

▼率直に言います

CM明けて、レストラン内では浩と鈴が向き合っているのが横から捉えられている。決定稿以前までの鈴は「事件が気にかかり、うわの空」(第7稿)だと書かれており、また瀬戸山から何度もSHOT携帯に連絡が入るが署長達がいるため出られない(第6稿)といった展開が挿入されていたが、それらの要素は払しょくされ、二人は話が弾んでいる様子。鈴は剣二のことが気になってはいるが、お見合いの時間はお見合いの時間として成立しているのだ。

窓の外の光が明るい。

リラックスして上着を脱ぐ鈴。「失礼します」とボーイ……ならぬ花田が取りに来る。

「そうなんですよォ。ほら、あけぼの町ってちょっと特殊でしょ？日頃から住民の皆さんと一致団結しないと」

会話が弾む二人を伺う仕草の花田、「ごゆっくり」と去る。

鈴から交通安全教室の話を聞き、「よし！　今度、僕がその魔物の役、お手伝いしますよ」と腕まくりした拍子に、飲み物をこぼしてしまう。ここで演出メモに「何か他にアイデアないのか」と記した原田監督。定番のドジ描写にもアレンジを加えようとしていたようだが、奇を衒わない方が良いという判断に至ったのか、結局そのまま映像化している。

ウェイターに詫びつつ、自分でテーブルを拭きだす浩。

鈴、それを好ましく見つめつつ、心の中でこう語る。「この人、けっこういいよなァ……ルックスも、よく見るとタイプだし」

鈴の笑顔がOLすると回想になり、鈴は自室のベッドで、マモスケのヌイグルミに話しかけている。同じ部屋にはテディベアや赤毛の女の子の人形(8話「水にひそむ魔」で少女時代から鈴が持っていた人形と同じ)もいる。

「私のタイプはね、優しくて、話をちゃんと聞いてくれて、でも偉そうにしないで……とにかく！　剣二なんかとは正反対なの」

そうマモスケ相手に語りかけている鈴。


――あけぼの町のシンボルとなっているぬいぐるみの「マモスケ」ですが、これまでもいろんなシーンでみんなが抱っこしてたり、どっか置いてあったり。小道具の遊びかと思ったら、今回、脚本のト書きにもはっきり「マモスケ」と書いてありました。

原田　マモスケ自体は最初からあったんですよ。最初は一個か二個で、置いてあるだけだったんで。

――「マモスケ」っていう名前は？


原田　もうありました。最初から。

あれ美術部の方が先に作って置いてあったんで、ライター達が撮影が始まってからセットを見学しに来て、あけぼの署の中の飾りとかを見て「これなんですか？」って。「マモスケだ」と言って他のいろんなグッズ系も見せて、それがホンに取り入れられるようになったからだと思いますよ。

べつにホンにあって作ったキャラじゃなくて。ぬいぐるみ系はよく使ってたから、わりと違和感はなくやってました。

まあ本当はね、オンエアが製作と同時だったら、あれはもうちょい人気キャラにしたかったですよ
子ども達に可愛がられるキャラにしたいなーと思ってはいたんですけどね。美術部もそういうつもりで作ったんだけど、残念ながらそこまでの盛り上がりはなかった。


――商品化にはならなかった？

原田　ならなかったですね。『リュウケンドー』の世界の中だけのものになってしまいましたね。そういうところは、やっぱりバンダイと違って、タカラさんはあんまり興味ないんですよ。だから僕らスタッフが勝手にやっていただけなんですね。

自室で一人マモスケに語りかけていた回想が明けると、浩は咳払いし、改まって鈴を見つめ、「僕のこと、軽い男だとお思いでしょうね？」と語りかける。

ここで鈴は「はッと我に返る」と脚本にあるが、動じず見つめ返す演出になっている。

「この前、贈ったカードの気持ちは本当です……鈴さん、あなたはお美しい。今日のお召し物も、お似合いだ」

この称賛は第6稿までの段階では、もっとぶしつけになっていた。第7稿では、プロポーズとともに、浩は婚約指輪を取り出し、勝手にはめ「運命なんです、これは」と勝手に盛り上がり、笑顔になるという描写があったぐらいだ。

しかし映像での浩の態度は誠意を感じさせるものになっている。自ら会食の場を設定し、相手に足を運ばせた以上、自分の意志をハッキリさせるのは必要だ。原田監督は元のシナリオにあった浩に対するややマイナスな印象をプラスなものに読み替えている
「率直にお願いします。結婚を前提として、僕とお付き合い頂けないでしょうか？」

鈴は「え!?」と当惑するが、遠くで様子を伺っていた三羽ガラスはどよめいた。

店内の一角に小町も現れ「盛り上がってきたじゃない！」と、うっとりする。


原田　浩役の加藤くんがいい男だったんで、あんまりヤキモチ焼くようなキャラにしたくなかったんです。「普通に見たら浩の方がいい奴じゃないの」というぐらいにしたかった。

この種のお見合い話だとよくあるじゃない？　二枚目だけどセコい、性格の悪いやつとかよく出てくる。そういう、わりとパターン化しているようなのがヤだった。

二枚目で性格も良くて、たまたまちょっと、めぐり合わせが悪かったぐらいの奴にしておこうかなと。

初めに鈴ちゃんが剣二じゃなくて浩くんと出会ってたら、やっ

ぱり浩くんを好きになるだろうと思うしね。

▼戦いより「恋の一大事」

その頃、リュウケンドーはメガノーマを階段下まで追い詰めていた。

「確カコイツハ、ふぁいやーもーどデ倒シタハズダ」とゲキリュウケンが教える。

「コングのキャノンで、また吹っ飛ばしてやるぜ」。ケンドーはガキッとキーを剣に装填、「火炎武装！」と叫び、モードチェンジする。

「ファイヤーリュウケンドー、ライジン！」

メガノーマは「重し」の雨を降らせ、逃走を図る。それをかわし、駆け寄ろうとするFケンドーだが、小町が高台から現れて叫ぶ。

「剣二く〜ん、大変！」

Fケンドー、ハッと気を取られた隙に、「重し」の下敷きになってしまう。

もがきつつ「な、なんだ、新手か!?」と言うFケンドーに小町は「鈴ちゃん、プロポーズされてるわァー！」と告げるのだった。

絶句するFケンドーに「若いっていいわよねー！　ねー、どーする？　どーする!?　ホッントに結婚しちゃうかもよー！」

「……あのね、こっちは、町の一大事なの！」

「なによ、こっちだって恋の一大事なのに」

戦いよりも、お見合いの方が大事……その小町の意見に演出が呼応するかのように、「重し」をはねのけ、メガノーマを追って去るFケンドーの動きは画面外の音のみで表現される。

レストランの出口では野外へとお見合いの場所が移されようとしていた。脚本第7稿では、浩が、なおもくっついてこようとする三羽ガラスに「ねえ、あの人達、まいちゃいません?」と誘うくだりもあったが、決定稿以降は「さ、そろそろ、若い者同士で！」との雪村の促しで（脚本では花田が手帳をめくり「えー、あけぼの気象台によると、本日の夕焼けは、とっても素晴らしいとのこと」と報告するくだりもあった）、浩は「じゃ、参りましょうか?」と鈴の手を取っている。追従笑いをする雪村署長。

その頃、路上ではFケンドーが、メガノーマを追っている。剣の先で怯えて後ずさりするメガノーマ。

「あの鈴が結婚？　んな、バカな」

ゲキリュウケンが指摘する。「オ前、ヒョットシテ左京ニ気ガアルノカ？　動揺ガ伝ワッテクルゾ」

「は？　バカ云うな、おいが惚れちょるのは、かおりさんに決まっとるバイ」

Fケンドーは「あー、もう……なんか、ムシャクシャすんなあ！」と魔物へと迫る。怯えて咆吼するメガノーマの声が「メガ、メガ、助けてー！」と空に響く。脚本では「咆哮」と書かれていたが、原田監督は「助けて」と言葉で言わせている。

——変身してからは普通は戦い一辺倒になるところを、敵に剣を突きつけておきながら、ゲキリュウケンと会話して、見合いの話で動揺しているっていうのも『リュウケンドー』ならではですね。

原田　ああいうのは、『リュウケンドー』でないと出来ないんです。あの辺はいいところですよね。主人公のキャラクターが、ヒーローになっても剣二とゲキリュウケンの二つあるわけです。それ同士で会話出来るのは、リュウケンドーの持ち味なんです。

——コメディ要素が入ってもヒーローものとしてはうるさくは言われなかったのですか？

原田　なかったですね。もともと若干コメディっぽくやってましたからね。シリアス路線にするつもりは全然なかったんです。『リュウケンドー』に関しては。どこかほっこり出来る温かみのある作品っていうのを考えてたんで。

——ヒーローが多少ずっこけたりしても、そこら辺はいい。

原田　まあ、もう先に一年分作っちゃってましたからね、そういうキャラクター作りしちゃってたんで。あんまりそんな四角四面というか、カッコイイばっかりでもしょうがないだろうし。

でも、その辺ちょっとタカラさんの考えとはズレたかもしんないですけどね。タカラさんはそういうイメージではなくて、もうちょっと仮面ライダー的なものを狙ってましたからね。そういう風にして欲しいっていう要望は多かったですね。

まあ難しいところですよ。松竹さんは松竹さんらしくやる、「松竹らしい独特のカラー」って言ってたから。それとスポンサーの意向とでね、うまく間を取りたいなと思ったんですね。松竹はすごく牧歌的なところがあるから、そういうトーンにして、何も東映カラーにすることはねえやと思ったんですね。

もちろん松竹さんの中でも、ヒーローものだからもっとかっこよく、と思った人もいるだろうと思いますけどね。

どっちにしろ東映系の辻野さんがね、メインのような形でやってるから、僕はもうちょっと牧歌的にしていこうかなと思ってましたね。

広場ではビョンダークがジンオーと戦っていたが、メガノーマの叫びを聞きつけ、その場から去る。

別の場所ではエドノイドが町民を脅かしていたが、同じく悲鳴を耳にし、反応する。

そこへレディ・ゴールドが立ちふさがり「ちょっ、ちょっと、戻りなさい！　マイナスエネルギー集めの使命を忘れたの?」

だがエドノイドはレディを突き飛ばし、走り去るのだった。

「ぶ、無礼者！」。脚本には「もう、なんなのよッ」というセリフが続いていた。

ジャマンガ城の広間では、ウォームが怪訝な顔をしている。

「ちょっと、どうなってんの!?」といきまくレディに「す、すまん。我の計算ミスじゃ」と謝るウォーム。再生魔物同士の仲間意識が強すぎたのだ。「なにせあいつらは、同じ一つのキーの命を分け合った、三兄弟じゃからのう」

SHOT基地では天地と瀬戸山がモニタの町マップを見ている。町外れに、三つの輝点が集まっていく。

瀬戸山が指摘する。「あれって……左京さんのいる辺りじゃないですか!?」

ドラマは、ここで二点が合流するのであった。

▼フラれても男の美学

場面が変わり、平和なピアノ音楽とともに公園の石段を降りて来る鈴と浩が望遠で捉えられる。揺れる木々が画面に写り込む。浩、鈴の手を取っている。鈴、迷うが、そっと手を振りほどく。

「あの、やっぱりさっきの話……困ります。私……」

〈さっきの話〉とは、「結婚を前提としたお付き合い」のことである。石段の上に立ち、長身の浩と目線が同じになる鈴。この演出は、断るにしてもまっすぐに向き合おうとする鈴の性格を表している。

「え？　どうして」とさすがに動揺する浩。

鈴が返答に困り、うつむくバストショット。「もしかして……他に、好きな人が？」という浩の声にも、返答の機会を見つけられない。

そんな彼らにメガノーマの声が聞こえ、ハッと見ると、石段の下に、Ｆケンドーがメガノーマを追って現れた。

「リュウケンドー!?」

Ｆケンドーの方も驚く。「鈴!?　お前」

その隙に、追ってくる魔物達からやられるＦケンドー。手を添え団結を確認する三魔物は凱歌をあげる。膝をつき、それでも立ち向かうが劣勢のＦケンドーに深刻な音楽が流れる。鈴は思わず、石段を駆け降りた。

「三対一？　アイツ、何、無茶してんのよ」

それを見る浩。脚本には「その様子に何事かを察した」とある。

エドノイド、鈴達に気付き、猛然と迫る。

「危ない！」

浩、とっさに鈴をかばって立ちふさがり、エドノイドに殴り飛ばされる。殴り飛ばされる瞬間はＯＦＦで音のみの表現だ。

「浩さん!?」と、駆け寄る鈴。

Ｆケンドー、ハッとし「お前、許さねえ！」と三匹と剣戟を繰り広げつつ、その場を去る。鈴、腹を抱えている浩を抱き起こす。だが「行ってください」と鈴に言う浩。「でも……」と躊躇する鈴に「ピンチなんでしょう？　大事な人が」と自分の痛みをこらえつつ、懸命に微笑む浩。

「……ありがとう」

鈴、立ち上がり、浩に素早く一礼すると、その場から駆け去った。走り去る鈴を見送り、深刻な顔になる浩。その目は切ない。

フラレ男なりに男らしさを見せる切ない浩。この要素は決定稿に至るまではない。決定稿直前の第7稿では浩が鈴に行くよう促すくだりはなく、その後に続く鈴がリュウケンドーを助けるくだりを遠くから呆然と見ていた浩が。「鈴さんの、好きなヤツって……まさか……」と独り言を言った後、悔しさがこみ上げ、肩をすくめて、「ヒーローマニアじゃ、僕の妻にはふさわしくないな」と、負け惜しみを吐き、そそくさと立ち去るという描写だった。

浩の存在を単なる当て馬に終わらせない、原田監督の失恋男への思いが伺える。彼にも華を持たせ、一抹の切なさとともに後味を清涼感のあるものにしているのだ。それは原田監督の美学でもあるのかもしれない。

▼あくまで対等に

公園の滑り台軌道で迫るキャメラ。その下ではＦケンドーが三対一で苦戦している。

「くっそー、調子に乗りやがって！」

「凍ラセデモシテ、動キヲ止メタイ所ダガ」と言うゲキリュウケンだが、モードチェンジする暇もない。

そこへ疾風のようにリュウジンオーが現れた。斧で、魔物達を圧倒する。

第6稿ではその後すぐに、

「サンキュー！　けど、お前……いい役回りだなァ」

「別に、好きでやってるわけじゃない」

「ああ、そうかよ…！」

と背中合わせで戦う両ヒーローの描写があった。

「さっさと、手を打ったらどうだ」と言うジンオーに「ヘッ。言われなくても、わかってら…！」とＦケンドーはアクアキーを繰り出すが、メガノーマの「重し」に弾き落とされてしまう。

「鍵が……」

Ｆケンドー、「重し」に乗っけられ、キーに近付けない。エドノイドがここぞとばかりに迫る……がその時、鈴が現れ、走り寄ると「させないわよ、おりゃー！」と、勇敢にも、エドノイドを投げ飛ばした！　石段を転げ落ちるエドノイド。

鈴が現場で直接リュウケンドーのサポートをする姿が描かれるのは今回初めてだ。ハンドバッグを投げてエドノイドの気を逸らし、背負い投げするという脚本にないアクションが加えられている。

——今回、鈴のアクションは脚本よりもさらに「手」が加わっていて、イキの良いものになっていますね。

原田　おてんば娘にしてたんで、それならはっきりした強いキャラクターにしとこうと。

強い性格で、それでいて可愛いところもある……っていうのが鈴ちゃんのキャラクター。（井村）空美ちゃんもそれをちゃんとわかってやってくれてたみたいで。キャラクター作りとしてはすごくうまくいってたと思うんです。まあ、空美ちゃんもだいぶ近い性格だったような気もするんですけどね（笑）、鈴ちゃんに。

「剣二、受け取って…！」

と、アクアキーを拾って、投げる鈴。颯爽と主題歌がかかり、受け取ったＦケンドーはキーを剣に装填し、モードチェンジした。

「氷結武装。アクアリュウケンドー、ライジン！」

劇中では特に説明はないが、モードからモードにチェンジすることを「多段変身」と言うことが、放映回の「今日のＳＨＯＴ情報」で説明されている。

今にも鈴に襲いかからんとするエドノイドをアクアリュウケンドー（以下Ａケンドー）が飛び蹴りする。この際、「悲鳴をあげる鈴」というト書きが脚本にあったが、完成作品ではなく、鈴はリュウケンドーと対等な存在として扱われている。それはこの後「……心配かけやがって」と言うＡケンドーに、鈴が「そりゃこっちのセリフよ」とツーンと返す部分にも表れている。この部分は第6稿までになく、7稿以降に書き加えられたものだ。

▼ヒロインのハニカミ

ジャマンガ城ではDr．ウォームが再生魔物に戦いを急がせる。そろそろ彼らの寿命が来てしまうのだ。

公園の砂場で「エイエイオー」とポーズを取り咆吼する再生魔物達。

「いくぜ、リュウジンオー！」

「おう！」

素早くホルダーを回し、二人一斉にファイナルキーを発動「ファイナルブレイク」「ファイナルクラッシュ」をかます構えだ。

「撃龍剣、氷結斬り！」

「斬龍刃、乱撃！」

氷が迸り、凍る三匹の魔獣。

魔物達、ダブル必殺技をくらい、氷とともに四散消滅。

リュウジンオーが「闇に抱かれて……」と言い、ケンドーが「ねむれ」と引き取って言う戦いの締めくくりの言葉が台本に付加されている。

両手の汚れをパンパン払うと、上着を脱いでワンピース姿になり「やっぱ、似合わない格好はするもんじゃないわね」と言う鈴（脚本には「おニューの服がどろどろ」というセリフもあった）。

石段を降りてきた剣二はポツリと言う。「ンな事、ねえよ」

ここはビヨンダークが初めて出てきた回でも使用された、原田組おなじみの場所である、秋葉台のオブジェのある公園である。

剣の言葉に「え!?」と見返す鈴。

剣二、歩み寄って、手を差し伸べ、

「んー、まあでも、お前は、そうやって魔物でも投げ飛ばしてる方が、似合ってるけどな」と照れ隠しのように言う。

このセリフは、第7稿までは「まあ、でもお前には、SHOT服の方が百倍、似合ってるけどな」であった。

「あんた、褒めてんの？　バカにしてんの？」と鈴が言うのは決定稿以降も同じである。

脚本ではここで「ふん！　と見つめ合う二人」といつものツンツンした関係に戻していたが、完成作品では、剣二が一瞬、あさっての方向を見て視線を戻し「褒めてる」と言う。

ピアノ曲が流れ、鈴は嬉しそうにはにかむ。風が鈴の髪を揺らす。原田監督による、剣二と鈴の仲を一歩進める演出だ。

そして、それを遠くから見ている浩……。小町も付近に現れ、去っていく浩に複雑な表情を見せる。この浩のくだりも原田監督が付け加えたものだ。

この後、小町が苦笑いして「やれやれ、せっかくの玉の輿だったのに……もうちょっと、お互い、素直になれば？」と言うくだりが脚本にあるが、これは後回しにされている。

共に歩いていく剣二と鈴だった。

――鈴と剣二が、仲良くなりかけて「プン！」という感じになるとシナリオには書いてあるんですが、剣二にちゃんとお前のこと褒めてるんだぞと言わせて、鈴がはにかむ表情を撮っていますね。

原田　そうですね。あれはああいう鈴ちゃんを撮りたくて撮りましたね。褒められて、ちょっと困るというかね。照れるところまでいかないけど、鈴ちゃんの優しさを出したいなと思って。

――やっぱり、女優さんのちょっとキュートさを出したいと。

原田　そうですね。この頃はもうそういう思いが強かったですね。

▼いいものを見せてやる

剣二と鈴は、やがて白波と合流する。和んだ一件落着の雰囲気が辺りを包んでいるが、そこへレディ・ゴールドの声が響く。

「人間ども」

ここは脚本では「魔弾戦士ども」だったが、ジャマンガ側が魔弾戦士の正体を知っているということになってしまうため、変更になったと思われる。

「今日はひとまず、退いてやるわ」

原田監督は声のみだったこの場面を、空中に顔が浮かぶことにして、実像化させている。空に煙たゆたう丸いフレームの魔法スクリーンが写り、そこにレディの顔が現れたのだ。

そしてDr．ウォームも姿を見せる。

「お前達に、いいものを見せてやろう！」

ハッと見上げる一同。

二幹部の背後に、大魔王の卵の映像が投影される。

「こちらにおわすが、我らジャマンガの主、大魔王グレンゴーストさまじゃ！」

大魔王の卵は、強い光を放ち、どくろのような顔が正面に来て、まだバラバラな手足が見える、驚く地上の三人。大魔王は卵の中で第二形態に進化した。再生魔物達の活動は無駄ではなかった。

エンディング主題歌が開始される。

剣二達一同は魔法スクリーンを呆然と見上げる。

ウォームとレディの高笑いとともに、魔法スクリーンが消え、空はもとに戻った。

「……大魔王、グレンゴースト……」

「あいつが、敵の親玉か」

真剣な顔の三人の姿がフェイド・アウトして――。

この後に描かれるのは、脚本では一個前のシーンであった、お見合い会場のレストラン内で三羽ガラスが「遅いねえ」と気を揉みながらも自分達だけで食事している場面である。

このシーンの移動は、すべてが終わっているのにまだ会場で待っている三羽ガラスの間抜けさをより強調していて、アフター・エピソードにふさわしく感じられる。

そこへ浩がやってくる。「鈴さんは、素晴らしい女性です。あけぼの署の宝だと思って、ぜひ、大切にしてあげてください」

三羽ガラス、訳がわからないまま頷く。浩は「満足げに笑う」と脚本に書かれているが、自分の中の何かの決着がついたようである。

そして次に、小町が苦笑いして言う、「やれやれ、せっかくの玉の輿だったのに……もうちょっと、お互い、素直になれば？」というセリフとなり、それがこの25話自体のラスト・カットとなったのであった。

――浩はこの後、第35話「狙われたあけぼのステージ」と二度出てきますね。

原田　そうですね。一回だけではもったいないかなと。あれね、スタッフの評判も良かったんですよ。

リュウケンドーってわりと女性スタッフが多かったんですよね、他のこういう作品に比べると。

ゲストはわりと女の子が多かったんです。あんまり男性ゲストがいなくて、勅使河原の役で加藤仁志くんが出た回は、非常にスタッフの女性から評判が良くて、「もう一回出して」って随分リクエストがあった。そんなことで決めてるわけじゃないけど(笑)。

それで、中途半端じゃなんだからってことで、もう一回出すチャンスがあればと思って、やってたんですけど。ま、そういう自由がわりときいたんでね、リュウケンドーって。

●リュウケンドー助監督

岡秀樹（チーフ・セカンド助監督／監督）**塩川純平**（セカンド助監督）・**小南敏也**（制作進行／フォース助監督）

座談会

チームの輪をつなげてくれる原田監督

小南敏也　僕は『リュウケンドー』にフォース助監督で一年ぐらいついていましたが、それまでそんなに長く現場に居たことがなく、だいたい三ヶ月ぐらい、長くて五ヶ月ぐらいだったんです。『リュウケンドー』は特別で、つらい記憶がほとんどなくて、笑いしか起こらない。

最初に製作部で入ったんですが、監督に「これ積んでおいて」と言われたのが、ディレクターチェアだったんです。ディレクターチェアを見たの初めてだったので、「所謂これか」と。

塩川純平　町場（註）はディレクターチェアってないからねぇ。

小南　ええ。だからすごく印象に残ってます。監督、自分で持ち込んでましたから。

塩川　最初、野間詳令さんがチーフでチームを組んでいきましたが、『リュウケンドー』の撮影期間の一年を通してついた助監督はいないんです。

撮影前の「安全祈願」に行ってみんなで記念撮影したら、野間さんがスーツの上に公務員みたいなジャケットを着ていたんです。よく首相がヘルメットを被って視察に回る時に着ているようなジャケットで写っていたので、誰ともなく「野間工務店」というあだ名をみんなが言い出して（笑）。

――なんだか映画の現場っぽいですね（笑）。

塩川　で、それ以来、原田さんが演出部の何枚かある集合写真を時系列で［第一次・野間公務員メンバー］とか［第二期・野間工務店メンバー］とか呼んでいました。シリーズの撮影の終盤まで、入れ替わる現場スタッフの記念撮影しているんですよ。「助監督にも歴史あり」ですよ。

岡秀樹　すぐいなくなる助監督もいたよね。

塩川　一日だけ、オープニングとエンディングの撮影の時だけいて、いなくなった助監督もいたなぁ。「よろしくな」と挨拶して、エンディングに使う紙吹雪を切っていたのが次の日にいなかった（笑）。

――『リュウケンドー』にみなさんが関わった時期を教えてください。

岡　野間さんが二〇〇五年五月からいて、その後、九月に俺も合流した。でも野間さんと原田さんに「来い」って言われた時、気乗りしなかったんです。

小南　それはなんでなんですか？

岡　いや「もう特撮は飽きたなぁ」と思って（苦笑）。円谷プロでウルトラマンをいっぱいやりましたから。もともと好きだから、やり始めたら絶対思い入れたっぷりになるのがわかっていたので、一年それでまた特撮シリーズに捧げ尽くすのもしんどいなぁと思って、1クール出来たら順調に走り出すと思うから、それで抜けさせてくださいと言ったんです。

野間さんが言うには、立ち上がりがとにかく大変だから、「3・4話の川崎（郷太）組のチーフ助監督を正直、俺は出来ないと思うから、それをやってくれ」と言われました。そこで初めてチーフ助監督になってスケジュールを書く羽目になるんです。

5・6話を辻野（正人）監督が撮るんですが、そこから俺は純粋なセカンドで、その後はずっとチーフ（助監督は）野間さんなんです。それで予定通り10話でその年が終わっちゃった。

小南　僕は1話から6話まで製作部だったんです。この頃は人が多くて、僕は応援で来ました。

岡　当時の助監督チームは、野間さんが連れて来たセカンドの中久保（修）さん、サードの白石（真弓）が初期メンバー。浜ちゃん（浜松洋一）はたしか、3・4話を撮影している時に、フッといなくなった。5・6話の辻野監督の撮影が落ち着いた時には中久保さんがいなかった。これは当初の予定通り。

天気が悪かったりして、全体的に作業の進み具合が遅かった。それで年末までに撮り終えることが出来たのが、10話までだったんです。

僕は約束していた他の作品もあったので、年末には抜けることにしていたんです。それで代わりになる人間を捜さなきゃいけないことになって、そういう時期に塩ちゃん（塩川氏）が現れた。

塩川　ちょうど年末、僕はそれまでやっていた『仮面ライダー』シリーズを外れて、行き場がなくなっちゃったんです。ずっと東映でしかやったことないので、困ったと思っていた。人に相談したところ、辻野監督が今、『リュウケンドー』をやっているから連絡してみたら？　と言われて、電話をかけたら、「わかった。話してみるから」と言って頂いたんです。辻野監督とは東映の『電磁戦隊メガレンジャー』や『星獣戦隊ギンガマン』でご一緒していました。

　その時の『リュウケンドー』は、清水厚監督の9・10話を撮っていて、「現場に一回来てください」と、ラインプロデューサーの江良圭さんに言われて、年明けにオープニング・エンディングのタイトルバックを撮るので、その準備の仕事から始めたんです。

――『リュウケンドー』は放映が後だからオープニングとエンディングも十話分撮った後なんですね。

塩川　その時点では、岡さんの代わりにセカンドに入るという話はまだ決まってなかった。というのも、野間さんと僕が東映で一度やり合ったことがあって、あまり良く思われてなかったんじゃないかと。

　僕はラインプロデューサーの江良さんと話をすれば決まるものだと思っていたんですが、演出部の人事は全面的に野間さんに任せているということで、「野間さんの許可が下りません。とりあえずはオープニング・エンディングをやりつつ保留ということにさせてください」と言われたんです。

――過去なぜ野間さんとやり合ったんですか？

塩川　チーフの野間さんとセカンドの僕の立場で、つまんないことで横浜でとっ組み合いの喧嘩になりまして（一同笑）。それ以来「もうこの人とは仕事しないな」と思っていたんです。結局、年明けギリギリまで保留で、オープニング・エンディングの撮影が終わって、9・10話も終わりに差しかかる頃、正式に参加が決まって、それからずっと下手に出てやっていたんです（笑）。それで岡さんと入れ代わりでセカンドに入りました。白石という女の子がサード助監督で、小南がフォースでした。

小南　フォースはカチンコを打つんですが、それは11話の川崎組からでした。クランクインの前日に呼ばれたんです。それまでの助監督は、一番下の子がすぐいなくなる。それでとうとう僕が呼ばれました。

塩川　ここから第二期・野間工務店メンバーに。

　チーフの野間さんがスケジュールを組んで、現場は僕と白石と小南で回す。その下にもう一人、畑井（雄介）というのがいるんです。

小南　畑井は原田さんの17話からですね。

塩川　僕が原田さんの組で初めてついたのは17話（「悪夢はいかが？」）・18（「封印されし翼！　サンダーイーグル！」）・19話「復活の魔」）です。

（註）町場　旧五社（東宝、東映、松竹、大映、日活）が映画界の中心だった時代に、映画会社の撮影スタジオを持たず、都内の任意の場所で集合してロケバスに乗り撮影に出かける在野のスタッフのことを指していた。それが転じて、大手から見たそれ以外、本社から見た下請けといった意味一般で使われることもある。

▽記念写真を撮る良さを教わった

小南　辻野監督の「ご町内武道大会」（22話）で町のレギュラーが一堂に会しましたね。

――あの辺りであけぼの町のセミレギュラーが増えたんじゃないかと原田さんも言ってました。

塩川　増えたというより、名もなき人が名を与えられた感じでした。姫野美咲役のしのへけい子さんとか、主婦に名前ついていた。

小南　辻野監督から「名前考えてくれ」と言われたんです。それでその場で色々と考えました。選手表というか、トーナメント表もあったんです。

塩川　駒走巡査役の武田（滋裕）さんとか、アクションが出来る人も多かったので、「身体が動くのならこういう話を持ってこよう」というのもありました。花田課長役の西村陽一さんも実はＪＡＥ（ジャパン・アクション・エンタープライズ）ですからね。

　22話を機に町の人達が主人公達とセリフで渡り合うようになった。あんなにキャラクターがいっぱい出てくる番組には、本来はならないはずが（笑）。

塩川　子ども番組の宿命上、変身もしないし、リュウケンドーのことを何も知らない人達が主役になる話ってそうそうないと思うんです。たとえば市律（市子と律子の婦警コンビ）が主役で成立しちゃうというのが、すごいなと思いますよね。

塩川　このご町内武道大会をやった後に、原田組が入るんです（23〜25話）。

小南　♪エンジェラ、エンジェラ、スペースピープル。

岡　その直後に俺、戻るんです。野間さんが監督になるのでチーフやるやつがいないからと言われて。それで、ちょうど原田さんが監督をやった回に戻ってきた（29・30話「誕生！　ゴッドリュウケンドー!!」「迷いのトンネル」）。そしたら現場のノリがすごく変わっているんです。スタッフルームが女の子の写真だらけになっていて、

塩川　『リュウケンドー』はほぼ毎話、記念撮影写真がある。現場の写真はやっぱり、グッと来るんですよね。他の人が撮っていた当時の自分の写真も結構「ああ」と思う。人のつながりとか現場の楽しさ

とかが残る。記念写真の良さを原田さんから教わった。原田さんが亡くなってからも、他の作品に行っても、記念写真を撮る事を大切にしています。

東映を出て、初めての現場がこんなに楽しくて、俺はなんて幸せなんだろうと思ってました。

後半のオープニングは、須永(秀明)さんがヒーローのイメージショットを撮って、人物紹介のカットは原田さんと辻野さんが分担して撮ったんです。

メインのSHOTメンバーは原田さんが撮って、フーミン(細川ふみえ)だけ辻野さんが撮ったんですが、その時に、(井村)空美ちゃんを撮った時もすごく長かった(笑)。「小悪魔バージョンでもう一回」とか、「あけぼのステージ」でやった指差すやつをもう一回とか、そういう撮り方をされてましたね。

塩川 17話で市律の二人が劇中で映画を見に行くんですが、あのポスターを市律で撮っている。

岡 『女はつらいよ・クンフーハッスル』。

小南 遊んだタイトルにしようという話でした。監督がピンとひらめいて「じゃあ『女はつらいよ』でいこう」と。それで原稿を作った記憶があります。

塩川 肉屋のいのまたの奥さんが好きな韓流スター、アン・ドンゴンも原田さん？　劇中に登場する創作の「謎の映画シリーズ」が結構あった。

小南 その映画のポスターの原稿がなかなか原田さんからOKが出ない。

一同 (笑)

岡 要するに原田さんは「まず俺を笑わせろよ」ってことですよね。

▼ドラマ的なこだわり

岡 楽しいノリになっているのは、結構なんだけれど、俺、妙に刹那的な感じがするなと思って、原田さんにちょっと突っ込んだんです。そしたら、本来はやりたい方向があるんだけれど、そう出来ない事が多々あると。それは主に、お話の作り方に関してと言ってました。どうしてもウルトラマン以上に、コマーシャルとしての側面を強く要求される。ドラマをやりたいのに、やらせてもらえない……ということを、この時期に言っておりました。

――署長が昔、小町さんが見えたという話(44話「閉ざされたあけぼの町」)は原田さん、ドラマとして好きだとおっしゃってました。

塩川 署長は鷲巣吾朗さんという松竹芸能の役者さんです。小町さんにつなげることで、あんないい話が出来るとは、やっぱり原田さんならではだなぁと。鷲巣さんの演技も非常に良かった。僕、あの小町さんとのシーンは現場で泣いちゃいました。

――署長が若い時の写真を、助監督の畑井さんが頑張って撮ってきたという話を聞いてます。

塩川 素晴らしい写真だったよな、あれ本当に。ちゃんとエキストラを十人ぐらい連れて行って、昔の格好をさせて、回想シーンにも出て来る鷲巣さんの青年時代役の男の子(演・岡野幸裕)が町の人と絡むいう、あんなにいい劇用写真はないよね。

小南 スチール担当の本多晃子さんが撮ったんです。

▼印象に残っている回

岡 終盤戦の原田さんは、女性を綺麗に撮るためにどうすればいいかを、見せてくれてたなぁと。

――どういうことが必要だったんですか？

塩川 たとえば、ビニールを張って、下に白幕を敷いて、間接照明の照り返しを狙う。それは細川ふみえさんだけのセッティングで、終始そのソフトライティングで撮るんです。本来は時間がかかるし、手間なので、現場では嫌われることなんですが、そういう努力は惜しまなかった。原田さんはバッチリ撮り切ります。天候不順でも、撮り切る人なので。

ちょうど「狙われたあけぼのステージ」と「戦う幽霊」の現場は、梅雨にさしかかった時期でした。原田さんは身体の事と、夏にクランクインする『旅の贈りもの』があったので、決められた日数で撮らなきゃいけない気持ちがすごくあったんです。

だから雨が降ってもスケジュールに収まるような台本作りをし、そういう方針でロケハンをし、「戦う幽霊」では小町さんを綺麗に撮らなければならない。

そこで、雨の影響のないトンネルの中のような場所で、一度セッティングしたライティングの状態を保って、どこからどう撮っても小町さんを綺麗に撮れるようなコンディションを作って、一日中そこでじっくりと集中して頑張るのが一番いいと、チーフ助監督と製作部にまず言うわけです。

それに従って場所を決めていくんですが、確実に勝利に持っていくための最短コースの線の引き方がなかなか鮮やかで、その采配たるや非常にためになる。「もっと見たかったなあ」って感じです。

岡 原田さんは三十分間のドラマで「全編ばっちり決める」という話、実はあんまりないと思うんです。ポイントポイントですごく印象に残る合成の使い方や画作りをされていて、それを基準にして、基準点と基準点の間を非常に見やすい画でつないでいくようなスタイルなんだなと、改めて51話「黒い月夜のクリスマス」なんかも見ていて思いました。迂闊にやると「あれもこれも」となってすべてが埋没しそうなものなんですが、抑制されて効果的なところだけビシッと決まっていて逆に印象に残るなぁと。

——それが北浦嗣巳監督の言っていた「オーソドックス」ってことなんでしょうか。北浦さんは、自分には型がない、まったく自由にやっているとおっしゃっていました。

岡　そうですね、はからずも、今、僕が言ったのと逆のことをやっていた人が平成ウルトラマンの頃の北浦さん。全部「決め」「決め」というぐらいの熱量がある。本人はそれを意識してないんです。この間、話していて改めて思ったけれど。

▽他監督との「違い」とは

岡　監督によって全然やり方が違います。原田監督はCGや特撮絡みのところを除いては、コンテを割らない。現場を見て決めていくタイプ。

塩川　川崎さんは絵コンテで一冊マンガ本が出来る。

岡　辻野(正人)さんは割ってあるんだけれど、見せたがらないよね。

塩川　そういう監督はだいたい撮るのが早いですね。割っている人でもすごく早い人はいますが、割りに捉われない人の方が臨機応変だと思う。

清水厚さんは割っていて、狙いとして、一つの画なんです。フレームの中で出来上がっている画、アングル。「僕はカッコいいヒーローなんか撮りたくない。イメージした面白い画が撮れていればそれでいい」と公言している。そのわりには、芝居の演出に粘ることもある。特に女優には厳しくて、何度もリテイクして泣かせたり、頑固なところがある。

性格も大きいですよね。原田さんもやっぱり頑固です。基本的に乱れない。迷いはないわけではないと思うんですけれども。でも全体を考えて、自分だけの狭い目線には絶対にならないで、常に一八〇度以上の視界、馬の視界以上に視界があるって感じで現場を見ている。

監督としてスマートなスタイルを持っているという意味では辻野さんと原田さんは似ていると思うんです。撮るのが早いし、自分の考えが確固としてあるから、指示も的確というのはあります。

僕の印象だと、辻野さんはコメディタッチも得意とされている。その笑いの準備の段階から「こんなに面白いことするよ」という意識をみんなが共有している。

原田さんは、「これ用意しておいてよ」って感じの指示だけなので、僕らにしてみれば、「これでどうするんだろ」と思わせられて、いざ現場に入ると答えがわかる。そういう意外性を企んでいたんだろうなというのは後になってわかるんです。『リュウケンドー』の時に原田さんに初めて接したというのがあるからかもしれないけれど、やっぱり「サプライズが多い人だったな」っていう気がしますね。

岡　スタッフすらハメるのが好きな人だからね。

塩川　辻野さんの笑いは、来るか来るか……キター、という笑い。原田さんは「えっ？　ここだったんだ」。

▽現場とCGをつなぐ情熱

塩川　助監督としては現場を回さないといけないし、時間や予算も考えないといけない。そうすると、ドライなところや嫌な部分も出てくる。それが現場を仕切るってことなんですが、その中で、プロの息の抜き方、ビジネスライクなこと以外で楽しむ事が大切なんだよという、余裕みたいなものを原田さんに教わった気がするんです。

僕は、『リュウケンドー』に入っている時に結構キレキャラでした。

一同　(笑)

塩川　原田さんがいなかったらキレキャラのままだったかも。自分で言うのもなんですけれど丸くなったと思います。他の人達との調和という点は、当り前のことなのかもしれないですけど影響を受けました。

全パートに対して、声がかかった現場でした。ロケとセット中心の現場の人と、仕上げのデスクワークの人とは、常に物理的に分かれていますよね。同

リュウケンドー44話集合写真。

時作業でもまったく別行動だから。それをつなげていくのが監督だと思うんです。

岡　円谷プロで、ウルトラマンの仕事をしている時に感じられたことだと思うんですが、原田さんがよく言ってたのが、「CG班の仕事が楽になるように計らってやれよ」ということなんです。たとえばキャメラの前で合成の下絵の風景を撮る時に、人形とか玩具を使って、後からCGで作る画像の動きの参考の画を別に撮ったりするわけですが、そういうのを丁寧に撮る人だった。一番思い出深いのはゴリラ獣王の話で、あれは現場で、僕が「ゴリラの動きをしろ」と言われてやったんです。それをすごく楽しそうに見てましたね。

——言ってました。本当に岡さんの動き通りにCGで映像化されていたようですね。

岡　俺が出来上がったCGを見た時にびっくりしたのは、自分の身体の動きの特徴ってやっぱり自分でも自覚しているので、その通りに体重が移動したり、肩は動かないで首から上が前に突き出したり、そのままトレースしていて、自分が現場でゴリラの動きを撮影してる時は「こんなこと何の役に立つのか」と思いながらも「監督が喜んでいるからまぁいいや」って感じで一生懸命やってたんです。それが完成したCGを見た時に、白組にとってはガイドラインとしてすごく役に立った事がわかった。

塩川　CG斑のような撮影後の作業を受け持つポストプロダクションは、基本、撮影現場から切り離された場所で働いている人達がほとんどだと思うんですが『リュウケンドー』は常に、田口健太郎さんというスーパーバイザーの方が現場についていてくれていたんです。

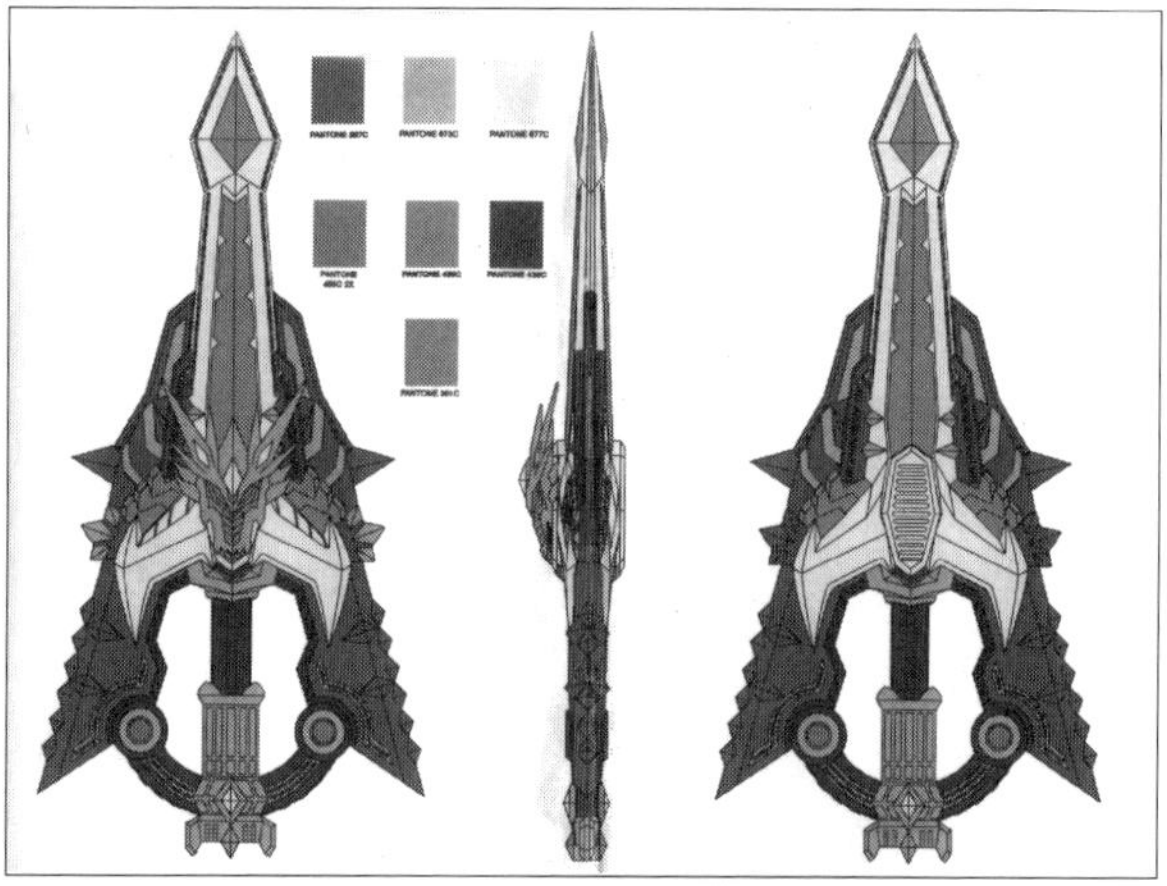
ゲキリュウケン（ソード変型前）デザイン

さらに、ファイナルの技のパターンを撮る時も、アイテムの玩具を使ったりして、ガイドになる映像を別に撮るんですが、どうしても子どもが玩具で遊ぶ時のように「ぷしゅゅゅー」とか「じゃばあぁぁぁぁぁぁーっ」とか言いながら、こう人形を動かしてやるわけです(笑)。自分で調子に乗ってやっているだけですが、それを健太郎さんに「塩ちゃんの効果音は、作業のモチベーションを上げてくれるよ」と言われたことがあります。それからまた力を入れて擬音を発しながらガイドを撮りました(笑)。

ハートスキー型UFOのデザイン（奥山潔）

原田組のエンジェラのハート型のUFO（23・24話）も東急ハンズで売っていたハートのカポック（＝発砲スチロール）で模型を作って。正義と悪の面があるんですが、ちゃんと描いて、現場でガイドを撮りました。意外とやらないんです。そういうこと。他のところでは。

▼「怪獣」の扱い方の違い

塩川　僕、それまで何年も東映の戦隊ものをやっていたんですが、『リュウケンドー』で初めて経験したのは、怪獣のフィッティングです。敵の魔獣は着ぐるみなんですが、あれのフィッティングを事前にやるのは、すごくショッキングでした。

一同　へぇー！

——「フィッティング」ってなんですか？

塩川　所謂「着つけ」です。造形が七〇～八〇パーセント出来た段階で、一回スーツアクターの人に着せて、不都合はないか、デザイン上の問題はないか、監督や助監督がチェックして「じゃあここ直しますね」と最終的に取り継ぐんです。
　東映ではまずないです(註)。番組が始まる最初の段階の、スポンサーのバンダイさんや監督のフィッティングはあるんですが、毎週毎週出てくる怪人は、着ぐるみ自体を特大のビニール袋に包んだものがセットにボーンと放り込んであって、朝ガラガラと開けて「あったあった、撮影に行きます」という……。
岡　へぇー！　そうなんや！
塩川　だから等身大のヒーローで、毎週毎週新たに登場するゲストの悪役キャラクターをフィッティングする事にびっくりしたんです。後に僕は円谷プロの『ウルトラマンマックス』や『メビウス』をやらせて頂いたんですが、この時に怪獣のフィッティングが当然あるんです。これが『リュウケンドー』を通り越して丁寧で、たぶん、そちらが元祖なんですよね。円谷プロでは当り前のことなんです。全パートの怖いおじさん達が集まってああだこうだ言って、すごいですよね。だから原田さんが『リュウケンドー』のシステムを作ってくれた、その元は、円谷プロの伝統だったと思います。
岡　着ぐるみと言えばあと、川崎組でメットオフがNGになったよね。
塩川　剣二と不動がリュウケンドーとリュウジンオーのスーツで顔だけ出して会話しているシーンを撮影したんですが、あれ結局放送したんでしたっけ？
岡　してないです。4話で、町じゅうを燃やしちゃって、一件落着して、「随分燃えちゃったなぁ」と、高台から見て二人が喋っているんです。完成バージョンでは、その燃えたあけぼの町の画に、オフで二人の会話が部分的に被る処理になったんだけど、もともとは全部長い芝居を撮っていたんです。その時に、ヒーローのスーツを俳優さんに着せて、首から上だけ顔を出してもらうスタイルを撮ったんです。
塩川　東映ではよくあるスタイルですね。
岡　ところが、後になって、これは、肉体的に何かをまとっているヒーローではなくて、魔法の力で肉体が変質したヒーローなんだから、と。
――被っているんじゃないんですね。
岡　変身で魔弾龍がまとわりついている時に被っているっぽく見えないこともないんだけどね(笑)
塩川　だってゴッドリュウケンドーの時は完全にアンダーウェアで変身しますもんね。
岡　(笑)。あそこに至ったらそうだったよなぁ。
小南　変身過程のスーツ作りましたね。

(註)塩川さんの補足によると「近年は東映でもゲスト怪人のフィッティングは時間がある限りはちゃんと行っています。僕の話は二〇年くらい前の助監督デビュー当時の体験談です」とのこと。

▼撮影中にはなかった主題歌

――途中で大槻ケンジさんに主題歌が変わりましたね。あれは全部撮影が終わった後なんですか？
岡　そうです。終わった後ですね。
――主題歌がシリーズの中盤で変わるというのはいつの頃から？
塩川　たぶん、だいぶ前からわかっていた。どっちにしろゴッドリュウケンドーに変わっているので、画を差し替える事にはなってたんです。
　その前のオープニングも音がない時点での「こういうイメージを撮ろう」というコンテで、だから歌詞を気にしたコンテニングにはなっていない。
岡　リュウケンドーだけで四つのバージョンがありますよね。サンダーとかファイヤーとかそういうのを紹介していくカットや、色んな乗り物や獣王を紹介していくカットとか、所謂コマーシャルに直結した要素をオープニングにどんどん入れていくわけです。どう考えても結局こうなっちゃうんなら、一緒と言えば一緒なんだな……と思いましたね。
――最終回で、歌に合わせて踊る。あれは最初の方の主題歌ですね。でも、べつに最初の方の主題歌にこだわったとかじゃなくて、あの時点でまだなかったのかなと思いました。
塩川　製作発表が撮影中にあって、サンプルのCDを配っていたんです。やっとみんなで「主題歌が出来た」と現場で喜びながら聴いていました。最終回は踊りたいということで、これが放映される頃にはオープニング曲は変わっているかもしれないねという話もしていたんですが、あの時点ではこれしかないし、これでいいんじゃないかと。

▼奇跡的なチームの輪

岡　最終回のあの踊りは、だいたい半月ぐらい前から仕込んでくれていたよね。
塩川　踊りは、当時、東映の戦隊シリーズのエンディング映像で踊りの振り付けをしていたノンちゃん先生(豊田典子)と、僕、仲良かったので、「じゃあ頼みましょうか」と言って、大泉のカラオケ屋で曲に合わせて振りをつけてもらって、それをVTRで撮って、原田さんに見せました。撮影と平行して、メインキャストには覚えてもらったんです。セットで撮影する時に、レギュラーセットと別セットを練習場にして、他のエキストラやスタッフにも覚えてもらいました。でもあそこまで大規模になるとは思わなかった（笑）。百人ぐらいいました。

――これは、一回合わせて撮影するだけじゃなくて、何回かやっているんですか？

岡 撮影も何回もやりました。

塩川 そうですね、バージョンも変えて。真ん中を男の子達が取って何回か撮って、後は女の子を前に飾って何回か。その後、涙の花束贈呈が。

一同 （笑）

――原田さんが生まれてはじめて胴上げされたと。

岡 えー、生まれて初めてだったんだ。

岡 打ち上げもすごかったねぇ、終わらなかったもんね。えんえん胴上げ大会。みんな酔っ払って。この日の後でしょ、セットで飲み会やったのは。

塩川 最終回のダンスの練習をした場所でした。

小南 『リュウケンドー』って〈癒し〉ヒーローなんじゃないですか？

塩川 力入れて「見て」って感じじゃない。もちろん、押さえるところは押さえていますが。

岡 そのままでいいと思っていたんじゃないですか。

――そうそう。そういうことおっしゃってました。

塩川 登場人物が多かったし、ドラマがいっぱい中にあったから、想いを色んな人が色んな人に合わせられるんじゃないかと思います。剣二寄りの人もいれば、鈴ちゃん寄りの人もいれば……みたいな。

岡 今、話しているような事柄が、原田さん一人の発想とか功績によるものかどうかというのはわからないんですが、一つ思うのは、『ウルトラQ ～dark fantasy～』をやっていた頃に原田さんと「なんで『ウルトラマンガイア』はあれだけ受けたのに、『コスモス』は反響がイマイチだったんだろうな」という話になったんです。その頃には仮面ライダーが始まってすごい勢いで、『アギト』が終わって『龍騎』をやっている最中でした。七～八年前は、ヒーロー番組が東映しかなかった時に円谷プロの作品が新作として復活して新鮮だったけど、今は東映と置かれている状況がひっくり返っちゃったよねという話になって「なんでこんなになっちゃったのかな」と。

その時に、原田さんが、「少なくとも『ガイア』は受けていた。そのやり方をそのまま東映に持って行かれたような気がしている」と言ってたんです。なんで『ガイア』が受けたのかというと、学園ドラマ、トレンディードラマをウルトラマンで意図的にやろうとして、「それが昔トレンディドラマを見ていたバブル期のお姉さん達が母親になった時代とシンクロしたから受け入れられたんだ」と言ってました。

――それは原田さん、『リュウケンドー』のプロデューサーの人達に言ったと言ってました。

岡 その視点が、『リュウケンドー』にもあったんじゃないかなと。これだけ多彩な人物が、色んな視聴者の色んな好みにフィットするようにという作りは。

「お前は同門だ」と言ってくれた

塩川 僕は初めての東映以外の現場で、慣れていなかったんですが、原田さんと初めて接した時、「俺も助監督の頃、東映で『Gメン'75』とか、長石（多可男）さんの下でやっていたんだよ」と言ってくれました。長石さんは仮面ライダーの監督で僕もついていましたから、「お前は同門だ」という言い方をしてくれた。

――原田さんの助監督デビューが『宇宙鉄人キョーダイン』（七六）です。それまでは生田スタジオで作られていた『仮面ライダー』以降、東映ヒーローが続いていたのが、『キョーダイン』は初めて大泉で作ったヒーロー番組で、やっぱり手探りでやっていて、一年終わると結束が強まったらしく、『リュウケンドー』をやっていて、その時のことを思い出したと言ってました。

塩川 装飾の大晃商会さんが、原田さんのお葬式の時に、『キョーダイン』の頃の写真を持って来ていました。あの時に来た人が持って来た写真の中で一番古かったね。そういうのを見ると、『キョーダイン』の結束も強かったというのを感じるよね。

『リュウケンドー』の後に僕は再び東映で仕事が出来るようになって、ある時、原田さんが東映に来られていたことがあったんです。ちょうど長石さんが衣装合わせをしていたので、「今、長石さんいます」と言って、原田さんを連れて行ったら、長石さんが衣装合わせの途中で出てきてくれました。そこで、三人で顔合わすのは初めてでしたが、師弟関係の人間がまったく違う現場で働いていて、一堂に会して「久しぶり」と……。それが結局、長石さんと原田さんとの別れになっちゃったんです。

告別式の時、長石さんも来られて、あの時のことを「あれが最後なんだよ」とすごく残念そうに語ってらした。本当に長石さんと原田さんはなかなか会うタイミングがなかったと思うんですけど、あれは本当に運命的なものだったんじゃなかったかなと。この三人が会うということ自体、僕にとっては一大イベントなんです。ついていた恩師それぞれを引き合わせることが出来たのが……。

物語展開

26〜28話までの流れ

不動が「マグナリュウガンオー」になって帰ってきた！

【26話】「SHOTスペシャル講習！ 優勝者は誰だ」（脚本・猪爪慎一、監督・岡秀樹）は剣二、不動、白波が回答者となって『リュウケンドー』世界の様々な秘密がクイズとなって出題される。

【27話】「パワーアップ！ マグナリュウガンオー!!」（脚本武上純希、監督清水厚）。

この回から冒頭に前回のリプレイでアクションの名場面が出るようになった。

謎の異空間に閉じ込められ、苦戦する剣二達の元に、マグナリュウガンキーでマグナリュウガンオー（身長一八五センチ、体重七八キロ、ジャンプ力三〇メートル）に強化した不動が再臨する。

一度破壊されたゴウリュウガンが、都市安全保安局の修理と改造でパワーアップしたのだ。マグナリュウガンオーに装備されたマダンマグナムは新しいもう一つの銃。強力なサブマシンガンとして十秒間に百発の弾丸を発射できる。マグナゴウリュウガンとともに二丁拳銃で敵を撃破。

【28話】「機械じかけの心」（脚本・川崎ヒロユキ、監督・清水厚）は悲劇的なアンドロイド少女との交流を描いた不動編。超ウルフ獣王マグナウルフ（最高速度二三〇〇キロ）が登場、変形するとマグナバイクになり、キャノン砲も二つから四つに増えた。三位一体マグナドラゴンキャノンが必殺技だ。

作品解説

「誕生！ ゴッドリュウケンドー」29話 ▼二〇〇六年七月二三日放映

脚本：大西信介　撮影：富田伸二

——3クール目からは、また二本持ちに戻りますね。

原田　三本持ちシリーズが終わったんですね。2クールまでで一応『リュウケンドー』としてのシリーズはある程度固まったということで、27話目以降3クール目は、少しバラエティに富んだものにしようということにはなってました。その次の4クールはもう最終クールで、大魔王をやっつける話でいっぱいいっぱいになるから。

——『ガイア』もそういう感じありましたよね。

原田　そうですね。最初の1クールはやっぱり色々キャラクター紹介を撮っていって、2クール目に面白いのが来るんです。勘どころを掴んでくるから。でも3クール目はやっぱり、緊張しても中だるみになるので、ちょっとシリーズの流れとは関係ない話を入れたりするのが、一年間のスタンスでした。ある意味、3クール目は楽しめる作品が多いことは多いんです。

だから、新人監督をたくさんデビューさせるのも3クール目のはずです。2クール目を僕と辻野さんでやりきって、それ以降はもうちょっと新しい監督を入れたいという。

——26話がスペシャルの総集編で、27、28話が1クール以来の清水厚監督という流れで、この29話で再び原田監督の登板となります。

原田　そうですね。29話は大変だった。ゴッドリュウケンドー登場の話というので、タカラさんとしてはゴッドゲキリュウケンとゴッドリュウケンドーが出てくればいいと。ストーリー的な提案というのはほとんどないんです。

今回はこれまでで最強の魔獣を向こうに回し、リュウケンドーの「第二形態」たるゴッドリュウケンドーの誕生が描かれる。

その前段として、鳴神剣二にとって最大のピンチが到来。ここをどう乗り越えていくのかという部分で試行錯誤が見られる。今回はその形跡を含めて辿ってみたい。

▼奪われたゲキリュウケン

角の生えた今回の魔物が太陽の下アオリで捉えられる。遣い魔も引き連れず、あけぼの町の一角に現れたこの魔物は、人間的なフォルム持った悪鬼といった雰囲気のグレムゴブリンだ。大魔王の卵から落ちてきた滴によって力を分けられた特別な存在。

咆哮すると涎が垂れる顔面。目がいくつもあり、赤い体毛がプロテクターに覆われ、腰には褌のようなものを巻きつけている。

その前にジャンプして現れるリュウケンドーとマグナリュウガンオー（以下Mガンオー）。強化してSHOT基地に戻ってきた不動と、すっかりコンビの空気を取り戻している剣二だった。

「遣い魔抜きかよ。えらい自信じゃねぇか」

剣を構える二人を素手で圧倒したグレムゴブリンが片手を上げると、サイキック・パワーのごとくその手の動きとシンクロし、光の輪のようなものが連続して放たれた。Mガンオーの身体がフワリと浮き上がる。演出メモには〈重機クレーン〉と書かれてあり、撮影現場で実際に吊ることが指示されている。

グレムゴブリン、今度は腕を前に押し出すと、宙に浮いていたMガンオーは公園のオブジェに叩きつけられる。

自分もゴブリンに向かっていくリュウケンドーだが、腕の動きに操られてやはり宙に浮くと、見上げているMガンオーより遠くへ飛ばされ、石段から転げ落ちる。転げ落ちるシーンは撮影現場で実際に撮られており、見ていて「痛い！」と思ってしまう。

凱歌のごとく天に向かって咆哮するグレムゴブリンの俯瞰。

Mガンオーは二丁拳銃を構えダブルショット攻撃を開始する。だが、当たっているのに動揺せず、Mガンオーを一撃で振り払うグレムゴブリン。

リュウケンドーはゲキリュウケンを振り上げ突っ込んでいく。

グレムゴブリンが火球を飛ばす。その際、両手を合わせて「気を込める」とコンテにある。そして片手を突き出すと、そこから合成で火球が飛び、リュウケンドーに炸裂！

ここで脚本ではケンドーが倒れる……とあったが、思い切って遠方へ弾き飛ばされ、地面に転がってゲキリュウケンを落とす……というダイナミックな描写になっている。

剣を奪い取るように腕を引く魔物。落ちていたゲキリュウケンがグレムゴブリンの手元の方へ飛んでいく。

一瞬光を放ったそれを、がしっと掴み取るグレムゴブリン。

「放セ！　魔物ノ手ニ落チテタマルカ！」。ゲキリュウケンが、その柄から電撃を放ち、グレムゴブリンを攻撃する。

立ち上がり「いいぞ、ゲキリュウケン！」と声援を送るリュウケンドーだが、グレムゴブリンがぐわっと牙を剥きだして力を込めると、ゲキリュウケン方が苦悶の声を上げはじめる。火花を散らすゲキリュウケンの目の明滅。

そのまま、手に持ったゲキリュウケンをゆっくりと下に降ろすグレムゴブリン。制覇してやったぜという気分が伝わってくる。

「ふざけるな！　ゲキリュウケンを使いこなせるのは俺だけだ！」

何も持たず突っ込んでいくリュウケンドーを「無茶ダ！」とたしなめようとするMガンオー。走りざま横からゴブリンの剣をまともに喰らったケンドーはその場に倒れる。ケンドーの魔弾スーツから青白い光が立ち上る。コンテには「スーツから気が抜けていく」とある。

「……力が……」と愕然となるケンドーの姿が光って、変身が解かれ、スカジャン姿の剣二に戻る。

「ゲキリュウケンノコントロール機能、ロスト」とゴウリュウガンが知らせる。脚本では「魔弾スーツ、プロテクト不能！」というセリフもあった。

ジャマンガ城内ではDr．ウォームが驚いていた。「凄い……ゲキリュウケンを奪うとは」。これはウォームさえ計画外の出来事だったのだ。

「下がれ、俺が取り返す！」。Mガンオーはゴウリュウガンとマダンマグナムを合体させマグナゴウリュウガンにし、マグナファイナルキーを発動させる。

同時にグレムゴブリンもゲキリュウケンをゆっくりと振り上げる。

と、グレムゴブリンの全身から赤い光が立ち上り(脚本には「暗い炎のような魔的エネルギー」とある)、ゲキリュウケンに集まっていく。

邪悪な光を帯びたゲキリュウケンを構え直すグレムゴブリン。

「マグナドラゴンキャノン発射！」

マグナゴウリュウガンから放たれる龍のエネルギーだが、一方グレムゴブリンも、ガンオーめがけ猛然とゲキリュウケンを振り降ろし、そこから魔弾斬りのように黒い色の龍のエネルギーが飛び出す。

宙空で龍のエネルギーがぶつかり合い、激しい爆発が起き、Mガンオーもゴブリンもその爆圧で激しく吹き飛ばされるのだった。それを呆然と見ているしかない剣二。

ジャマンガ城内の広間では、Dr．ウォームがグレムゴブリンを呼び戻す。「ゲキリュウケンを奪っただけで充分だ！」

Mガンオーとともに、剣二は汗と焦燥感で消えていく敵を見つめている。

リュウケンドーの変身が解けるのは、決定稿以前の稿では、シーン尻であるここの部分であった。消えるグレムゴブリンを見送って、リュウケンドーの魔弾スーツが消えていき「愕然と膝を落としたままの剣二の姿が現れる」という描写になっていた。

それをアクションの途中に移動させることで、視聴者をハッとさせる効果を生んでいる。

――前半でゲキリュウケンを奪われるという状況になりますね。

原田　奪われて、どうするか。これ、登場人物がすごく少ないんです。ホンの段階で「これ大丈夫か」と思うくらいストーリーがなくて「これで盛り上がるかなあ」と。ほとんど剣二の一人芝居みたいになる可能性がある……という心配あったです。

――考えてみたら、こういうパワーアップ回は、原田監督の話としては珍しいですよね。

原田　そうですね。僕はあまりこういう回を実はやりたくなかったんです。でも、ゴッドゲキリュウケン登場編だから、メイン監督としては当然やってくださいね、という話で来るから「困ったなあ」と思っていたんですけどね。アクションを主体にして、ストーリーとしては一人芝居で。でも、あんまりそれでやると深刻な話になって、シリアスになるので……。

▼白波が不動とコンビに!?

SHOT基地では魔物が魔弾斬りを使ったことに「まさか」と驚く天地。

「少なくとも威力は魔弾斬り並みでしょう。もし、俺が昔のままのリュウガンオーだったら、今こうして無事ではいられなかった」

黒ずくめは従来通りだが、ピンクのネクタイの不動。パワーアップに言及したセリフには、以前よりも強気な態度が見られる。

手前にズームバックしてテーブルに向かう剣二が映るが、頬づえをついて歯噛みしている。

その背後で瀬戸山が言う。SHOTもジャマンガもベースとなる魔法に違いはない。使い方や引出し方が違うだけで……。

「ゲキリュウケンがジャマンガに心を奪われたっていうの？」

制服の上着を背もたれに掛けた鈴が驚く。

ここでドン！　とテーブルを叩く剣二の手のアップになった。

「そんなことあるわきゃねぇだろ！」と突然立ち上がる。

驚いて剣二を見る天地達。剣二は自分に言い聞かせるように「そんなこと……」と呟くのだった。

ここで場面が変わるが、ジャマンガ城内の広間における、グレムゴブリンが奪ったゲキリュウケンの剣先からインする。

「よくぞやった。よもや、ヤツらの武器が手に入ろうとは……」

Dr．ウォームがそう言って剣に触れようと手を伸ばすと、サッと撃龍剣を引くグレムゴブリン。電飾で赤いいくつもの目が光り、暗い室内に映える。

ウォームは弾みで前のめりになりうろたえる。

「その剣でもう一度戦いたいのでしょ」

魔法陣の奥にレディ・ゴールドが来る。以後、手前のゴブリンが持つゲキリュウケン越しに奥のゴールドが捉えられる。だんだんゴールドのピンがボケていく。

「任せてみてはどう？　グレムゴブリンに。大魔王様が理由もなしにこの者に力を分ける筈もない」

次に、剣二を除く一同が居るSHOT基地シーンが脚本には書かれていたがCUTされている。変身も出来ずにジャマンガへの殴り込みも辞さない構えの剣二を心配する一同に、「(白波)鋼一くんに協力を頼んだ」と天地が言うくだりだ。

あけぼの神社では、吊り下がっている木刀を打つのを懸命に繰り返している剣道着の剣二(脚本では素振りだった)。

そこへ、白波が石段を降りてくる。剣二の奥に斜めにかかる石段から見下ろしている格好の白波。背後に竹林。

「ずいぶんと必死だな」

ハッと振り返り、気付く剣二に「特訓ってヤツか? ヒーローっぽいぜ」と少し笑う白波は「自信がないのか?」と問う。

キャメラが引くと手前にカッパ地蔵が映り込む。藁ぶき屋根の祠の入り口に緑の布が垂れている。カッパ地蔵は演出メモに「カッパⅢ」と書かれてある。撮影用に作った三番目の地蔵なのだろう。

「何があってもゲキリュウケンを信じていれば……」と見透かしたように言う白波。

このセリフは脚本では「何があってもゲキリュウケンが自分を見捨てないという自信があれば…」だった。シンプルに変えており、それはこのセリフが後半の重要なところで繰り返される時により活きることになる。

まだ揺れている吊り下がった木刀を背景に剣二は「……うるせえよ!」と反発する。

「お前、どうして知ってんだよ? ゲキリュウケンのこと」

白波はあっさり「天地が教えてくれた」と教える。

「俺にリュウガンオーと組めと頼みに来た。なんだったら俺が取り返してやってもいいぞ、ゲキリュウケンは」

頭に来た剣二は駆け出していく。

それを目で追う白波。ザンリュウジンのアップ越しに白波がアオリとなって「案外、人ガ悪イナ、鋼一モ。ワザワザ、言イニ来ナクテモ、イイコトヲ……」という声が響く。

無言の白波。

天地が「鋼一くんに協力を頼んだ」と言う基地の場面をCUTすることで、視聴者は、白波の口から出る言葉によって剣二が天地に不信感を持つのと、同じ状況になる。

かつて相棒ゴウリュウガンが破壊された途端、「お前は白波と組め」と、剣二とコンビであることから身を引こうとした不動の〈大人〉ぶりに比べると、この剣二のストレートさは、まさに好対照であり、より人間的とも言える。

▼幻のシーン

剣二がゲキリュウケンを奪われるというピンチを、どう乗り越えるのか。今回、脚本段階から試行錯誤が重ねられている。

まず第1稿の展開を見てみよう。

第1稿ではまず、あけぼの警察署の屋上で、「俺のゲキリュウケンを返しやがれ!」と一人夜空に向かって叫んでいる剣二に掃除夫姿の天地が助言する。

ゴミ挟みでゴミを拾いながら「一人で苛立ってたってどうしようもないでしょ」と言う天地。

「君とゲキリュウケンを繋いでいたものが何なのか分かればいいんだろうね、それが分かれば…」

天地からヒントをもらい、SHOT基地でぼうっと考え事をしている剣二の様子を見て、おもむろに大きく息を吸って「こん、ぼっけもん! きばいやんせー!!」と叫ぶ鈴。

だが「ン?」と顔を上げ「なんか言ったか?」としか反応しない剣二に「…こりゃあ相当、重傷だわ」と一人ごちる。

これは24話「空中大決戦!」で海が剣二を励ましたのと同じやり方であり、その時に立ち合っていた鈴による反復だが、今度は効き目がなかった……という脚本の展開だった。

第1稿では、その後も剣二は考え続ける。

「俺とゲキリュウケンを繋いでいたもの…俺とゲキリュウケンを…」

すぐ目の前に人が立っているのにようやく気付き、慌てて立ち止まる剣二。

「昼間っから夢でも見てるのですか? 剣二さん」と問いかけたのは、海であった。

海はあけぼの署の道場に剣二を誘い、持参した竹刀を二本出し、その一本をおもむろに差し出す。

「待てよ、防具も何も……」

「私に打たれるつもりですか?」

剣二が「待て」と言う間もなく、素早く一本を取られる。

「本当の戦いならばそんなことは言ってられない筈」と言う海。

「抜かせ! くそ、もう本気でいくぜ!」

表の窓から、その戦いを見つめている誰かの後ろ姿。キャメラが近づくと、それは一寸心配げな表情の鈴……とト書きに記されていた。

しばし、動きを読みながら仕掛けぬ双方。おもむろに剣二が突っかけ、力押しで攻めていく。海も交わすが、剣二の馬力にやや押され気味である。

「剣二さん、強くなった…」と海の心の声が聞こえる。

一太刀、二太刀と竹刀を交わす双方。強く打ち込んできた海の竹刀を受けようとする剣二だが、受けた竹刀がピシッと折れ曲がる。

「何!?」

気合いとともに振りかぶってくる海。

「く!」

迷わず竹刀を捨て、海の内懐に飛び込む剣二。

そのまま拳で海の手を突き上げる。弾き飛ばされた海の剣を宙で掴み取り、海から一本取る剣二。

剣二を見て「お見事!」と言う海。

「何がお見事だ。わざと折れた竹刀を渡したな」と剣二は怒る。

だが悪びれずに「完璧な無刀取りでした。素手にても勝機を見い出す…我らが流派の奥義の一つ」

「ふざけんなって! 何でこんな真似を!?」

悪びれずに「竹刀を失っても、剣二さんは勝てたじゃありませんか」と言う海。

そこで初めて「え?…」と気付く剣二。

海は「ようやく分かったようですね」と道場を出て行く。

剣二は折れた竹刀を拾い上げて言う。「刀がなくてもあきらめるな、か。馬鹿にすんな。俺だってその位…」

表に出てくる剣二に、建物の陰から鈴と海の話している声が聞こえ、足を止める。

「…有難う。こういうの私じゃ、どうしようもなくて」

「世話がやけますね」

「ホントに。あいつ、ゲキリュウケンのことになると…」

「違います。世話がやけるのは剣二さんだけじゃない」

「え？」

「自分の力で剣二さんを励ますことだって、できた筈です」

竹刀を振る海。

「この手を使おうって言い出したのは鈴さんですもの。これだけ剣二さんのことを理解しているあなたなら…」

この会話を立ち聞きしていた剣二はモノローグで言う。

「鈴が…？」

二人の会話は続いている。

「剣二さんと似てますね」

「え？」

「追いつめられなければ駄目な所。剣二さんも昔から追いつめられなきゃ剣の極意を思い出さなかった。…鈴さんも、いい加減きばいやんせ」

とポンと肩を叩いて去る海。

その様子を見ていた剣二は何かに気付く。

「剣の極意？　待てよ…」

ここで2話の回想シーンとなる。

ミニ剣が語った「君ガオジイサント極メタ剣ノ極意…ソレハ魔法ノ秘伝ニモ通ジテイルノダ」という言葉を思い出すのだった。

回想が明けて——

「剣の極意…そうか…あの時、あいつが言おうとしたことも！」と思い当たる剣二。

——と、ここまでが第1稿にあったが、その後の稿では削られている。

海を通して剣二が、鈴の自分への思いを知る……という、〈恋バナ〉としての進展も押さえてあったことがわかる。

だがそれ以上に、剣二が何故リュウケンドーに選ばれたのかを、職場の上司の天地と、武道の姉弟子である海と接することによって、教え諭されるのではなく、自ら発見してゆくというプロセスが描かれているという点で重要だ。もし映像化されていたら、『リュウケンドー』全体において、剣士としての剣二と戦士としてのリュウケンドーの間を埋めるピースとなっていたはずである。しかしその分、内省的な要素が多くなり、『リュウケンドー』のおおらかなトーンにはやや馴染まなくなる可能性もある。

映像化作品では、友としてのゲキリュウケンを取り戻そうとはやる剣二の気持ちは描かれても、武器としてのゲキリュウケンを失ってしまったという剣二の不安には焦点は当たっていない。

▼剣二の焦り

さて完成作品では、特訓中にやってきた白波から挑発を受けた剣二が、そのままSHOT基地に駆け込んできている。

天地に掴みかからんばかりの勢いの、剣道着のままの剣二。

「使いものにならねえって、どういう意味だよ!?」

とぼけた顔で「言葉通りだ」と言う天地。脚本では関西訛りで「言葉通りや」だった。

剣二は「ふざけんなよ！」と怒鳴るが、警報が鳴り渡り、二人ともそちらの方を見る。画面に映るのは例の魔物・グレムゴブリンの咆哮する姿。ロケ地は原田監督がよく使う秋葉台公園である。

飛び出そうとする剣二の前を遮る不動はボディに一発入れる。

脚本ではこの前に天地の「止めろ、不動！」という命令があった。天地の声をCUTすることで、不動の行動が命令ゆえなのか独自の判断なのかに膨らみを持たせている。

倒れる剣二を見て「すまない……」と言う不動。どこまでも〈大人〉の態度だ。

不動はMガンオーとなりグレムゴブリンのもとへ向かう。秋葉台公園で、ピラミッド型オブジェの頂点に立つグレムゴブリン。

「剣二、ゲキリュウケンは必ず取り返す！」とファイナル・クラッシュをかますMガンオーだが、グレムゴブリンの持つゲキリュウケンに龍のエネルギーが吸い込まれてしまう。

「馬鹿な」とうろたえるMガンオー。

ジャマンガ城の広間ではDr．ウォームが「見事！　いいぞ、グレムゴブリン、あやつのエネルギーを、根こそぎ奪い取れ！」と勢いづいている。奥でレディ・ゴールドが見守っている。

ゲキリュウケンを思い切り振りかぶるグレムゴブリン。黒い龍の形のエネルギーがぶつかってきて、弾き飛ばされ倒れるMガンオー。

この時、石段を転げ落ちるシーンは壮絶である。下の芝生まで落ちるのを横からワンカットで捉えられている。痛がるMガンオーの動きにも迫真力がある。CGの表現を用いられる番組だからこそそれに負けまいとする現場での剣武会の心意気が伺える。位値関係のイラストが演出メモにも描かれている。

とどめをさそうと悠然と石段を降りてくるグレムゴブリンが剣を振り上げる。

その時、飛んでくる光の矢が肩先をかすめ、ハッと振り仰ぐグレムゴブリン。

上空をクルクルジャンプして降り立つ、アーチェリーモードのザンリュウジンを手にしたリュウジンオーだ。

SHOT基地では気絶から目覚めた剣二が天地と瀬戸山によって椅子に縛られている。「白いナワ」と演出メモにある。近くで腕を組みながら見ている鈴。

ジタバタしながら「放せ！　放しやがれ！」と叫ぶ剣二。

天地は縛りながら「我慢するんや、剣二。勝ち目のない戦いにお前を出すワケにはいかん」とモニタの方を見つめる。

公園ではリュウジンオーのアーチェリーから、矢のようなエネルギー光が連射されるが、やはりゲキリュウケンに吸い取られる。

それをモニタで見つめているしかない剣二は「く、くそぉ！」と歯を食いしばる。この時の剣二の目つきは激情のあまり不穏ささえ漂っている。

と、不意にグレムゴブリンの動きが止まり、電撃を受けたように激しく痙攣する。ゲキリュウケンが過飽和状態になっていると告げる瀬戸山。これ以上ゲキリュウケンがエネルギーを吸い込んでしまうと、魔法爆発が起こるのだ。

ここまででAパート終了。

▼ひょっとこの「お面」

ジャマンガ側も魔法爆発の危険に気付いていた。あけぼの町が吹き飛んだら、マイナスエネルギーを奪う場所がなくなるため、やむを得ずグレムゴブリンを呼び戻すDr．ウォーム。

だが言う事を聞かず、それまでの悠然とした戦いぶりとは大きく異なる攻撃的な動きでなおもガンオー達に向かっていくグレムゴブリン。ゲキリュウケンが暴走しているのだ。

猛然と向かってくるグレムゴブリンの攻撃を懸命にかわし続けているMガンオーとジンオー。SHOT基地から瀬戸山が現地の彼らに「ゴウリュウガンやザンリュウジンでの攻撃はエネルギーを与えてしまう」と伝える。

もはや残されているのは肉体的な攻撃しかない。「俺に行かせろぉ！」と、縛られたまま叫ぶ剣二。そう自分で叫んでハッとした顔になる山口翔悟の演技には、見ているこちらもハッとさせられる。そんな剣二を思わず見る天地達。

「自信はあるのか剣二、変身できない今のお前に」。カッコ良くポッケに両手を突っ込んだまま訊く天地。

「自信？ そんなの分かんねえよ。けど……リュウケンドーだろうと、鳴神剣二だろうと、あいつの親友は俺しかいねえんだよ！ 何があっても……」

フラッシュバックで白波の言葉が蘇る。「何があってもゲキリュウケンを信じていれば……」。

このリプレイされたセリフは、先述のように、脚本の「何があってもゲキリュウケンが自分を見捨てないという自信があれば……」のニュアンスを少しいじっている。

当然、このリプレイ後に我に返った剣二のセリフも脚本から変更になっている。脚本では「そうよ、自信ならある！ 何があってもあいつは…ゲキリュウケンは俺を見捨てねぇ！ それだけは…それだけは自信がある！」だったのが、「そうよ、自信ならある！ 何があってもあいつを……ゲキリュウケンを俺は信じている！ それだけは……それだけは自信がある！」に変えているのだ。

〈相棒は俺を見捨てない〉という受動的な表現から〈俺は相棒を信じている〉というより能動的なニュアンスに変わっているのだが、結局は同じ意味ともいえる。原田監督は大意は同じでも、剣二というキャラクターの「熱さ、まっすぐさ」を表す形により近づけるよう、決定稿が上がった後も、最後の最後まで意を配っている。

剣二のその言葉を聞いた天地は、苦み走った顔で言う。「よし分かった！」

天地の命令で剣二の拘束を解く瀬戸山と鈴。「剣二、私もお前を信じよう。必ず勝て！」

天地は背中を見せながら語る。

「必ずゲキリュウケンを取り戻してこい！」

このセリフは決定稿で初めて出てきたものだ。

ここまで、いつになく緊張感のみなぎるシリアス演技の天地役・清水圭であった。

「その代わり、剣二、正体がばれないように、これを」と、近くのデスクから何かを出す。

それはひょっとこの「お面」である。

演出メモに、手ぬぐいを巻いてあることが指示されている。

その途端、脱力音のブリッジが鳴る。

「毎年、あけぼの祭でそれを被って踊るんだ。昔からひょっとこの天地と呼ばれてな。貴重品だぞ」

瀬戸山と鈴、ヘナヘナ〜となり、脱力音が更に高まる。

だが画面中央の剣二のみ表情を崩さず、真剣なままだ。

「司令……」

「礼には及ばん。司令として当り前のことをしただけだ」と、頼りがいのある慈愛に満ちた表情になる天地。

次の瞬間、張りつめたような顔のまま「……もちっと、カッコいいお面ないスか？」とかます剣二。

しかしここでは脱力音をあえて入れておらず、少しの沈黙の後場面を切り替える。この辺りの呼吸は絶妙だ。

原田　なんとかこういう話に笑いを入れたいな、と。それでマモスケのお面が出てくるんです。（清水）圭さんがやったようなお面のオチ、ああいうところが入れられるのは『リュウケンドー』らしいところなので。あれを全部シリアスで切っちゃったら、仮面ライダーになっちゃう。それは違うかなと。

これが出来あがって見終わったプロデューサーの片嶋さんからは、逆に「よくまとめてくれました」と言われました。やっぱり、キャラクター紹介話になっているので、ストーリー的な不安はあったみたいなんですね。

さて、このひょっとこを出す前後、第1稿ではこうなっている。

天地「…（暫し考え）よっしゃ！ …だが待てよ…そのままで行けば、ジャマンガに正体バレかねないし…」

瀬戸山「だったら、これを使えば（おもむろに近くの机の中から何か出し、剣二に渡す）」

剣二「（受け取り）これって…？」

瀬戸山「僕の大事なコレクションの一つ！」

渡されたのはマモスケのお面である。

この段階では、天地のシリアスな演技の溜めもなく、また「ブツ」を取り出すのは瀬戸山になっている。決定稿そして放映作品に至るまでにおいて、天地のキャラが活きるようにアレンジが加えられていったことがわかる。

そして剣二に渡される、正体を隠すための「ブツ」は、ひょっとこではなく、「マモスケのお面」になっている。このことの意味は、また後述する。

▼〈同じことの別表現〉の模索

Mガンオーとジンオーの二人同時飛び蹴りすら、その足元から剣で跳ね返すグレムゴブリン。ゴブリンの振るうゲキリュウケンをかわそうとしながら戦う二人だが、ヒットするのはゴブリンの方だけである。

そこへ剣二の、ゲキリュウケンを呼ぶ大きな声が響く！

リュウジンオーは「来たか」と言う。脚本では「あれは!?」とただ驚いていたジンオーだが、先に助言を与えた者としてのリアクションになっているのだろう。

完成作品ではその代わり、ザンリュウジンが「ナンダアリャ？」と呆れた声を出す。

「剣二？ 剣二なのか!?」と言うMガンオー。

グリムゴブリンも気づいて振り返る。ジャマンガ城ではDr.ウォームも「何だ、ヤツは!?」と驚いている。

あけぼの町の海の見える場所を、ロングショットで走ってきたのは、顔まですっぽりとマモスケのぬいぐるみを着た剣二だった。

演出メモには「まっすぐ走ってくる」とある。

脚本決定稿では、「ひょっとこのお面を被った剣二が駆けてくる」とあった。前のシーンで剣二は「ひょっとこのお面」を渡されており、これは映像化もされている。なぜそれがここで急に「マモスケのスーツ」になるのか。ひょっとこはどこに行ってしまったのか？

しかも、先述のように第1稿では渡される時から「マモスケのお面」だった。

原田監督は、天地が基地で、剣二の正体を隠すなにかの「ブツ」

を渡すというシチュエーションで、ではその「ブツ」がなんなのか、周囲のスタッフに聞きながら何度も考えていたという。

「ひょっとこのお面」というのは、その過程で出てきたアイデアなのだ。第1稿が作られた時にはそれを「マモスケのお面」にするアイデアが出されていた。それが決定稿の段階で「ひょっとこのお面」に戻った。

しかし映像化作品では、さらにそのプロセス自体が劇に組み込まれ「ひょっとこのお面」を渡されたが「マモスケを被って走ってくる」形になったのである。

考えてみれば「マモスケのお面」を渡されて「マモスケのお面」を被って走ってくるのでは、意外性が持続しない。最後の最後まで、まさに「ああでもないこうでもない」と面白いものにしようと葛藤する様が作品自体に焼きつけられているのだ。

「俺が……俺がゲキリュウケンを取り返す」

グレムゴブリンに向かってまっすぐ駆けていくマモスケ姿の剣二。

「無茶だ、剣二！」と駆け出そうとするMガンオーを手で制すジンオー。

「なぜ止める！」

ここで第3稿では、ジンオーに「愛する者を奪われた時の気持ちは分かりすぎるんでな……」と言わせている。

放映作品では「あいにく分かりすぎるんだ。愛する者を奪われた時の気持ちはな……」となっている。意味は同じでも、後者の方がニヒルなジンオーの言い回しとしてカッコ良く思える。ちょっとした言い回しにもキャラクターを出そうとしているのだ。

走ってくるマモスケ面の剣二のカットが挿入された後「決着をつけるのはあいつだ」とジンオーが言い、Mガンオーは無言だが肩で息をつく。

「ゲキリュウケン！　俺が、俺が来たぞ！」とマモスケ顔で走ってくる剣二に、片手から火球を放つグレムゴブリン。

剣二の顔面を直撃する火球。

面を押さえ、グワッ！　と苦悶。

お面は部分的に焦げて、ちょうど剣二の顔のあたりが溶けていた。その剣二の顔も黒く汚れている。

そこにはもはやコミカルさはなく悲愴にさえ見える。コミカルからシリアスへの転換だ。

必死にゲキリュウケンに叫ぶ剣二。

「やられやしねえよ。行くぜゲキリュウケン！」

モニタを通してSHOT基地の面々が、現地では二人の魔弾戦士が見守っている。

掴みかかっては弾き飛ばされ、打ちのめされる剣二。倒れた剣二に振り下ろされそうになるゲキリュウケン。剣二の視点で、太陽の光を背にそそり立つのだった。

第1稿では、剣二がゲキリュウケンに俺と勝負しろと呼びかけ挑発。それを見た天地が「あいつなりに必死に、無い頭を使ってる。魔物とゲキリュウケンをあおることで剣の勝負に持ち込めれば、まだ勝機もあると……」と鈴達に解説していた。

だが完成作品の剣二はひたすらストレートだ。

剣二、スローモーションで振り下ろされたゲキリュウケンを反射的に白羽取りのようにハッシと両掌で挟みこむ。

第1稿では海も「きばいやんせ!!」と剣二への応援に加わっており、白羽取りが決まった時には「あの技！　我が流派にはない…」と驚くセリフもあった。だが海の出番は今回すべてなくなっている。

グレムゴブリンが咆哮し、ゲキリュウケンから電撃が走る。

その途端、苦悶し、叫ぶが「離さねぇ！　離さねぇぞゲキリュウケン！」と、流れ続ける電撃に、死にもの狂いで耐える剣二。

「そうだ、ゲキリュウケン……エネルギー、くらいこみすぎて……おかしくなってんだったら……俺に……俺にそのエネルギーを吐き出しちまえ！」

次の瞬間、画面は暗転し、剣二は異空間でゲキリュウケンと対峙する。それは二人の心象風景のようだ。

「信じてる。信じてるぞゲキリュウケン。お前は絶対魔物なんかに負けねえ！　必ず、必ず俺の元に帰ってくる！」

場面は、雷鳴の中、元の白羽取りしている剣二に戻る。「帰ってこい！　帰ってこい！」

すると、ゲキリュウケンから波紋が周囲に広がった。

「ソンナ『オ面』ヲ被ッテ、必死ニナッテモ、決マッテナイゼ、剣二」

その声にハッとなる剣二。「ゲキリュウケン！　お前、元に!?」

ゲキリュウケンは言う。「君ガ解キ放ッテクレタノダ、剣二……君ガ私ヲ信ジテクレタカラ」

ここは、第2・3稿では「ソンナ『オ面』ヲ被ッテルカラッテ、泣クナヨ、剣二」「バ、バッカ野郎、泣いてなんか…（ハッと）ゲキリュウケン！　お、お前、元に!?」というやり取りだった。

さかのぼって第1稿では、我に返った瞬間のセリフも「私ニハ見エタ。私ヲ助ケヨウトスル、皆ノ思イガ。ソシテ、剣二ヲ助ケヨウトスル、剣二ノ思イガ……」とシリアスな調子で、極限状況でもジョークを飛ばすような「相棒」感はまだない。

ここにも、大意は同じながら、剣二とゲキリュウケンの交流を少しでも生き生きとさせようとするプロセスが伺える。

ゲキリュウケンを手放し、大きく弾かれて倒れるグレムゴブリン。

▼神ともならん！

そして自ら宙に浮び上がっていくゲキリュウケンの放つ光に包まれ、まだ顔の部分がくりぬかれたように溶けたまま剣二にこびりついていたマモスケの面が飛ばされる。これはワンカットで表現され、コンテに「操演」を用いると書かれている。

剣二の目前に舞い上がっていくゲキリュウケン。その形が光に包まれ変形し、やがて盾と一対になった。

剣の他に盾が新しく増えた、新たなるゲキリュウケンが現れたのだ。この盾はダイヤモンドの百倍硬い——という設定がある。

剣二の髪が風に揺れ、「ゲキリュウケン……お前」と、少し畏れるように呟く。

「ワガ名ハ、ごっどげきりゅうけん」

剣二は促されてマダンキーを手に取る。発光するキーを持った剣二が〈ゴッドゲキリュウケン〉を見上げる様がアオリで捉えられる。

「君ノ思イガまだんきーニモ伝ワッタ。マタ、共ニ戦オウ、剣二！」

手を差し伸べると宙空から降りてきたゴッドゲキリュウケンが装着される。撃龍変身すると、剣二は身体にぴったり装着したアンダーウェア姿となり、光の粒子を身にまとう。このイメージは以後の回でもバンクで使用される。

「敵が悪魔の申し子ならば、リュウケンドーは神ともならん！

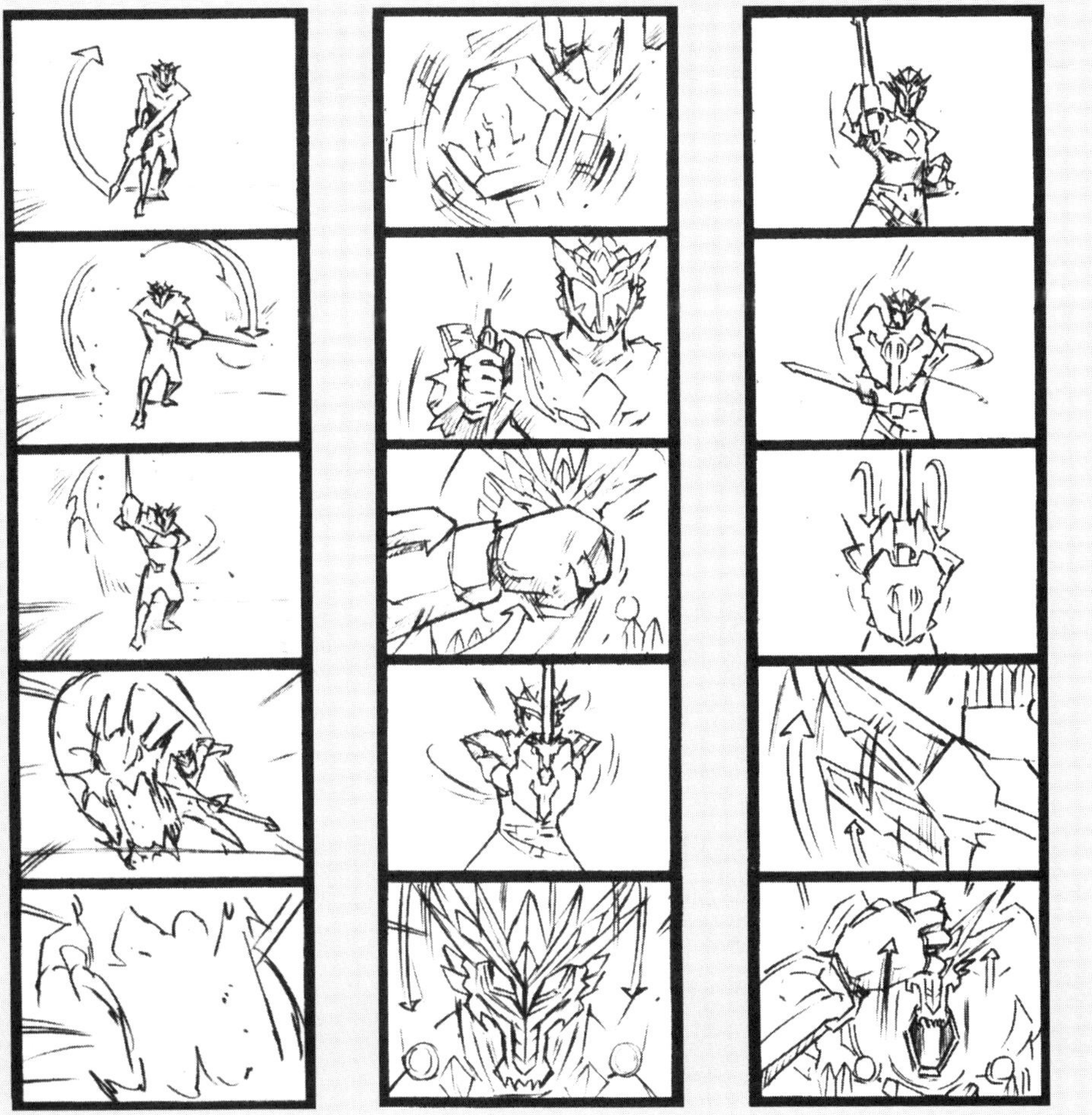

Gケンドーが初めてゴッドゲキリュウケンを作動させ、龍王魔弾斬りを放つまでのイメージボード(奥山潔)

ゴッドリュウケンドー・ライジン！」

新たな姿を得たリュウケンドーであるゴッドリュウケンドー（以下Gケンドー）がスックと立つ！ 水辺がキラリと光り、夕日の光を背に新たなヒーローが誕生した。このカットは原田監督のこだわりで撮られたという。

第1稿のみ、ゴッドリュウケンドーの口上は以下だった。

「苦しい時の神頼み。邪悪の使者が敵ならば、リュウケンドーは神ともならん！ ゴッドリュウケンドー・ライジン！」

Gケンドーの出現には、Dr.ウォームすらただ感嘆するばかり。

「リュウガンオーやリュウジンオー……そして、ジャマンガのエネルギーまでも我が物として……リュウケンドーが変わった！」

SHOT基地の瀬戸山の言葉を、鈴や天地も受けとめた。

グレムゴブリンは手から火球を放つが、それもGケンドーがゴッドゲキリュウケンを振ると、風にあおられたように消える。

この場面の前に、サイキックパワーでGケンドーを壁に向かって投げ飛ばすグレムゴブリンだがぶつかる直前、素早く反転して壁を蹴り、逆に舞うようにゴブリンを襲って肩口を斬るGケンドー……という描写が脚本にあった。

だが映像ではGケンドーの圧倒的な強さに描写を集約させる。

「いくぜ、ゴッドゲキリュウケン！」

ここで繰り出される「龍王魔弾斬り」は以前の魔弾斬りの百倍の威力を持つ新必殺技だ。一段と激しい輝きに包まれた龍のエネルギーが飛び出し、炸裂！

「闇に抱かれて眠れ」

大爆発とともに砕け散るグレムゴブリン。

ここは脚本では「光に抱かれ、天へと昇れ」だった。Gケンドーになって、トドメの一言も変えた方がいいとの判断が、決定稿段階ではあったのかもしれない。

見守るリュウガンオーとリュウジンオー。ジンオーは拳を握り、ガンオーは「よし！」とガッツポーズを取る。SHOT基地では鈴と瀬戸山が親指を立て「やったぁ！」と喜んでいる。

ジャマンガ城のウォームとゴールドは逆に頭を抱えてしまう。二人揃ってのその仕草がどことなく可愛く感じられもする。

夕焼け空の下で高台に立ち、剣を振り降ろすGケンドーのロングショット。

海辺の橋で、腕を組んで立っている不動の元へ来る剣二。ブレスレットのミニ剣を示す剣二の肩を「やったな」と小突く不動。

原田監督ならではの、夕日に輝く英雄達の雄姿だ。

▼幸せなカーテンコール

「あいつは?」と問う剣二に、不動が顎で促すと、海沿いの木道を立ち去って行く白波の背中が見える。

「あいつにちいとばかり助けられたような」と言った後、親指と人差し指を近づけ「ちいとばかりだよ」と付け加える剣二。脚本には白波を認めるような剣二の言葉に不動が少し驚くという描写があった。映像では、黙って笑い頷く不動のグラサン姿が示されている。

リュウケンドーの現場の原田監督とアクション監督の大道寺俊典

ミニ剣までもが「私モ剣二ニ助ケラレタヨウナ……チイットバカリ」と言うので「ちいっとじゃねえだろおめえ。しっかり俺助けたろ!」と怒る剣二。

「アマリ覚エテナイ……」「都合良く、忘れんなよおい!」

いつも通りの喧嘩が続きそれがロングにショットになると、手前を横切り、歩いていく白波……。ここでフェイド・アウトして、本編が終了。

このやり取りは第1稿では「アンマリ剣二ガ寂シソウダッタカラ、仕方無ク、マタ戻ッテキタノダ」とうそぶくミニ剣に「こいつ!」と怒る剣二……という展開であり、決定稿及び完成作品に至る段階で、より軽妙なものになっている。

また、第1稿ではこの後、あけぼの町の街角での剣二と海とのやり取りがあった。

「……あの時の白羽取りはいつ覚えたのですか?」との海の問いに、剣二は答える。

「咄嗟に出たから分からないけどよ。強いて言やあ、あけぼの町へ来てからの経験が培った技ってとこか。俺一人だけでつくりあげたんじゃない、きっと…」

その言葉に頷き、剣二が自分のことを思って助けてくれる仲間達と一緒にいることに「幸せですね。剣二さんは」と言う海。

第1稿のこのしめくくりは、SHOTのみならず街の人々も含む思いの総体が剣二に力を与えたことを強調するものだったが、込めている意味合いの大きさに反してそれを描写している時間が本編になかったため、削られたのかもしれない。しかしそのニュアンスは、エンディングにおいて別の形で生かされることになる。

本編が終わった後、エンディングでは、いつもの主題歌ではなく、きただにひろしの歌唱によるオープニング主題歌の2コーラス目が流れる。ヒーローとともに戦う仲間との絆を謳った二番歌詞をバックに、剣二からの変身に始まり、今までのリュウケンドーの戦いが映し出され、それが新モード・ゴッドリュウケンドーにつながるのであった。

そのオープニング主題歌も次週からは変わり、今回が最後のお勤め。旧リュウケンドーの名場面とともに、カーテンコールがなされた。

原田　エンディングはそれまでの『リュウケンドー』への手向けにしました。
ノーマルゲキリュウケンがちょうど終わりなんです。冒頭でゲキリュウケンがやられちゃった段階で、ノーマルバージョンはもう登場しないと決まってましたから。そうすると、撮影開始して半年くらいだから、ゴッドゲキリュウケンの形態になる前の形に、それなりに思い入れがあるんです。僕らがゼロから作ったキャラクターだから。クランクインの初日が、ノーマルゲキリュウケンの最後の場面でした。その時、スタッフとノーマルゲキリュウケンで記念写真を撮ったんです。これを最後にもう見ることはないからと。あれはスタッフの総意で撮りましたね。「初日に記念写真ですか」って話になった(笑)。

▼「お面」の理由

『リュウケンドー』も中盤以降になってくると、ほとんど脚本は、監督が「同じことの別の表現」を模索するための叩き台の様相を呈してくる。細かいところでもキャラクターにより添った表現になるように、完成作品に辿りつくまで細かなアレンジが加えられ続けているのだ。

今回はヒロイン編ではなくヒーローの強化が直接中心となっているため、ある程度力押しにならざるを得ず、展開が単調にならないよう、原田監督は余計に細かい部分に気を配ったと思われる。そんな中でこだわったところといえば、今回はなんといっても「マモスケのお面をかぶった剣二」だろう。

そもそも、お面を被って戦いに赴かなければならない理由が、今回だけあるのも考えてみれば妙な話だ。正体を知られないようにする……というのが理由だが、これまで何度も敵を前にして変身して来ているのだから。

つまり原田監督にとって、正体を隠すための「お面」というより、正体を隠すためということを言い訳にした「お面」の使用であることが伺える。

緊迫感のあるシーンの後に入るオトボケ、それが再びシリアスな見せ場につながっていく。これが活きるようにするため、前後の描写を含め何度も試行錯誤を重ねてきた結果、効果的なクライマックスを演出せしめている。

interview

大道寺俊典

『リュウケンドー』アクション監督

一緒に悪さしてくれる兄貴

オブザーバー・**岡秀樹**(助監督/監督)
内城千栄子(ヘアメイク助手)

大道寺俊典　一緒に色々思い出そうと思って、メイクの内城千栄子さんを連れてきました。

内城千栄子　この番組のメイクチーフの下に、私はサードで入っていました。

大道寺　『リュウケンドー』は何万枚も写真を撮った。最終回だけでも一四二九枚撮った(笑)。

岡　原田さんは、19話の「復活の魔」が好きだと言ってたらしいです。

大道寺　あの魔獣、ビヨンダークの声は、俺なんだ。「おわあ」って言ってる(笑)。ちょうどアフレコに行った時、やってよって原田監督に言われて。

岡　小町さんが赤いコートを着ていた回です。

大道寺　原田さんは赤にこだわっていたね。

岡　幽霊だった小町さんが命を伴って蘇る時に、「赤は生きるものの象徴の血の色だから」と。

その後の「戦う幽霊」(36話)でも小町さんは巫女さんみたいな格好している。あれも袴は赤でした。

大道寺　小町さんは走っている場面が必ずあったね。原田さん、走り方が「スポーツマンっぽい」と言っていて何回もリテイクしてた。俺も「走り方がカッコいい方がいいのかな、それとももうちょっと女らしい方がいいのかな?」とずっと思ってた。

内城　すごく脚上げて走りますもんね。小町さん役の細川ふみえさんが、中に着ているものが見えちゃうって、走る時にいつも気にしてました。

岡　小町さん主演の回は必ず原田さんが監督だった。原田さんは「復活の魔」で細川さんに手応えを感じたんでしょうね。

大道寺　「復活の魔」と言えば、俺、あの回の小町さんの回想で「明治時代の通行人」をやらされた。アクションが何もない日に呼ばれて行ったんだ。

岡　江戸東京たてもの園(東京都立川市)でロケした日ですね。

▼「あとはよろしく」と明るく

——原田監督が最初に病気になった時は、大道寺さんはご存じだったんでしょうか……。

大道寺　僕は聞いていませんでした。その時、現場で「実は手術に行かなきゃならないから、代わりに現場を頼む」と。ちょうどアクションシーンだったんですが、全部やれということで渡されました。

岡　それが「狙われたあけぼのステージ」(35話)。本来はそんな日に撮影なんかしないわけですが、原田さんは誰にも何も言わなかったから、こちらはそんな事情があるなんて知らないで予定を組んだ。

大道寺　「実はね」と言われたのは当日です。本当に少ない言葉で、ケロッとした言い方なんだよね。

岡　ガンではなくポリープと言ってたんですかね。

大道寺　そうかもしれない。

——そして入院されたんですね。

岡　慈恵医大に入院されたことは人伝手に聞いていたんですが、一回も見舞いに行かなかったんです。

大道寺　俺も行ってないね。

岡　バタバタしている間に一ヶ月経って、原田さん帰ってきちゃった(笑)。

大道寺　俺の(監督の)回(40話「史上最悪の作戦!?」)が真夏だったからね。でも帰ってきた頃には、元の原田さんに戻ってた。痩せたは痩せたけど。

内城　私、病気だと知らなかったんです。私には「ダイエットしたんだよ」って。

▼最初はもう大喧嘩

——原田さんは、昔『宇宙鉄人キョーダイン』を剣友会の人達と一緒にやったと言ってました。

大道寺　僕の先輩達が一緒にやっていたわけです。

——「そういう意味では親しみやすかった」と原田さんは言ってました。

大道寺　でも最初は大喧嘩でした(笑)。僕は東映の第二制作のヒロイン番組『美少女仮面ポワトリン』『スケバン刑事』と、剣友会の先輩の新堀和夫さん率いるレッドアクションクラブの戦隊モノやヒーローものと、行ったり来たりしていたんです。

——喧嘩というのは、何か違いがあったんですか?

大道寺　東映ではアクション監督が全部カットを割って進めるんですが、原田さんは円谷プロでやってたから、「動きだけをつけてくれればいい」という形でした。それで、カットを割らずに長回しをずっとしていたんです。

——1話で、橋の向こうから大量に遣い魔がやってきてあけぼの町の商店街を襲うところですね。

大道寺　暴れたり飛んだりを、カットを割らずにやっていて、「これじゃ等身大ヒーローはダメなんです！」と俺はずっと言ってた。原田さんは大丈夫と言うんだけど、俺は「絶対に後で困ります」と言い合いをしていたんです。スーツが一体十四キロもあって重くて、東映とは比べ物にならないので動きが遅い。だからスピード感が出ない。でも、監督の言うことを優先して、動きだけ決めてやりました。それで、編集が終わってすぐ、原田さんから「大ちゃんゴメン」と電話があったんです。それで次から俺がカットを割るようになったんです。

岡　それは次の原田組の7・8話ですか？

大道寺　そうそう。3・4話の川崎（郷太）監督も、割らせてくれなかった。

内城　フラストレーション溜めてましたよね（笑）。

大道寺　5・6話の辻野監督とは、東映で一緒にやっていたので、「ここから大ちゃん頼むね」と渡されてドバッと割ってたんです。だから見てもらえばわかると思うんですが、5・6話の辻野組からカット割りがどんどん変わるようになっているはずです。

――メガノーマはスーツの魔獣ですね。

大道寺　そうです。だから等身大ヒーローと巨大化ヒーローの違いだったのかなと僕は思ってました。

でも、7話のゴリラの回くらいからは、二人でアクションの打ち合わせの時、「これを入れるなら、このカット割りにここをカットインしましょう」という話が進むようになってきた。

▼出自の違い

岡　『リュウケンドー』の依頼はいつでしたか？

大道寺　正式には、始まる一年前です。スタッフというよりも、助言をする人という形でした。二〇〇〇年ぐらいから、広井王子さんのレッド・エンタテインメントがタカラと何かやろうと言っていて、それが一回なくなったんです。それが「もう一回やろう」となって、作り出した。でも、そこに等身大ヒーローのことを知っている人が誰もいなかった。製作会社のドッグシュガーも本格的なものをやった人がいなかった。僕はもともとドッグシュガーと仲良かったので呼ばれたんです。

――企画の段階から相談を受けたということは、監督に原田さんの名前が挙がるずっと前ですね。

大道寺　俺、監督候補リストを見てるんです。「東映の人を入れなきゃダメだよ！」と言いました。

岡　辻野正人さんは入ってなかったんですか？

大道寺　俺から辻野さんに電話でオファーしたんです。辻野さんは「行く行く」と。辻野さんはその時は京都で『科捜研の女』をやってた。

――等身大アクションをやる時に東映の監督がいないのはまずかろうという感じだったんですか。

大道寺　ウルトラマンみたいに撮られたらかなわないなと最初思ったんです。

――巨大ヒーローみたいにということですね。案の定、始まったらそういう違いが……。

大道寺　原田さんとは言い合いましたが、謝ってくれるのはすごいと思いました。本当に仲良くなったのは7・8話からです。最初、自分はこの作品でどこまでやればいいんだろうと、不安でしたよ。

岡　「アクション監督」「殺陣師」と言っても、会社によって微妙に守備範囲が異なる。『リュウケンドー』は後発のヒーロー番組で、必然色んな人が来ているから、最初は探り合いなんですね。

大道寺　1話でリュウガンオーが飛んで遣い魔を撃つところでクレーンを使ったんですが、一日かかった。なんでこんなに時間かかるんだと思いました。

岡　あのアクションは原田さんの提案ですか？

大道寺　あれは、俺の提案。原田さんが最初から「飛ばしたい」と言ったの。それで、「これは飛ぶヒーローなんですか」と、揉めたんです（笑）。

原田さんはとにかく派手な出かた、アクションをさせたくて、それが〈飛び〉だった。俺は「飛ばないはずなんだけどな」と思いながら（笑）。

――最初はバイクに乗ってきて……。

大道寺　兵隊を跳ね飛ばした後に銃のアクションがあって、飛んで、上にいる兵隊をバババと撃つ。

岡　身体をひねりながら撃って、吊っているからクルリンとなってスーッと降りる。カット数にしたら四つか五つしかやってなかったと思うんですね。

――飛ぶなら単なるジャンプじゃなく降り方も……。

大道寺　そこもまた揉めたところです。原田さんとしてはたぶんリュウガンオーはロボットで……。

――最初だけ、ロボコップ的にキビキビとシューティングするという動かし方をしてますよね。

大道寺　だから歩く音もカシャンカシャン。その前に付いていた音は、ガキョーンガキョーンだった。それを変えたんです。その時は、装着なのか魔法なのかが、さっぱりわからなかった（笑）。

――1話は警官が川に落ちたりします。

岡　1話だからスペシャルサービスだと監督はおっしゃってました。落とされる役で「（山口）照雄行け！」と。「主役が行くのか」と思いながら見てました（山口照雄さんはリュウケンドーのスーツアクター）。結構な高さで、しかも川は浅い。

大道寺　あれでカットを割ったら、相当時間がかかると思ったのかもしれないね。
岡　1・2話は、雨が影響して一ヶ月かかってます。当初の予定通りなら二～三週間で収めたはずです。最初から足を出すわけにはいかないから、全体をコントロールしていたのかもしれないですね。
――2話は植物が大きくなって……。
大道寺　これは合成が絡むから、カット割りのカット数が全然少ないんです。
――炎がバッと行って植物が燃えちゃう。
岡　正直「あれっ？」と俺も現場では思いました。そこは、CGだからカット数の制約があった。

▼水にひそむ根性

岡　7話（「召還！　ゴリラ獣王」）はたしか源ちゃんと翔悟が、二人で一緒に変身した最初。
大道寺　初めてのダブル変身をさせたいという事で、やったんです。その次に17話でダブル変身した時は、原田さんから「バリエーションを変えてくれ」と言われた。ポーズは同じで、対比をかっこよくしてくれと。それで、リュウケンドーが後ろ、リュウガンオーが座って「ライジン」とやるポーズにしました。
8話（「水にひそむ魔」）の思い出では、多摩川で、魔獣エドノイドに入っていた（伊藤）仁（剣武会メンバー）が死にそうになってた（笑）。川の中から、水面が波打っていない状態でドバーッと出て来たいという話をされて……。
――エドノイドが人を襲うところですね。
岡　どうやって潜ったんですか？
大道寺　いやもう、根性。
内城　静まるまで中で待ってたんですよね（笑）。
大道寺　とりあえず我慢できるところまで我慢しようって（笑）。あの時も、原田さんは結構サラッと残酷なことを言うなと思った（笑）。「出来ないの？」と言われると「いや出来ますよ」と言いたくなる（笑）。つい乗せられてしまうところは多かったね。

▼痛みがわかるヒーロー

岡　2クール目からのリュウジンオーは、登場してしばらくは大道寺さんが入っているんですか？
大道寺　そうだね、俺が入ってたね。
岡　大道寺さんが入ると、ちょっと違うんですよ。
大道寺　「エロい」とよく言われるね（笑）。
内城　パッと見てもすぐわかる。滑らかですよね。
岡　下川（真矢／リュウジンオーのスーツアクター）さんの方が細いのか。
大道寺　背が高い。脚が長いし。だからあいつは、ビシッビシッという立ち回りをする。俺は、流す立ち回りをする。
岡　だから色気があるんだ。
大道寺　「悪夢はいかが？」（17話）も合成カットのジンオーは下川だったり、矢擬（清春／剣武会メンバー）が入ってることもある。俺が疲れてダメだったから、もうやらないと言ってた。
内城　いつもそう言ってました（笑）。
大道寺　ちょうど誰にやらせるかを試していた頃だよね。同じシーンでも、歩いてくるところは俺だったりする。しかし、『リュウケンドー』は今見ると「痛い」ね。痛いことをよくやっていた。
内城　それが狙いなんですよね。
大道寺　痛みがわかるヒーロー、みんなが見て「これ本当に痛いんだ」とわかるヒーローにしたかった。「誕生！　ゴッドリュウケンドー!!」（29話）の時、俺、足首を骨折してるの。椅子にずっと座った状態だった（笑）。「狙われたあけぼのステージ」（35話）では、立ち回りで俺が失明しかけた。兵隊役の（伊藤）仁（剣武会メンバー）に動きを付けていて、フッと振り向いた時に、バーンと殴られて「見えねえ」（苦笑）というのを憶えている。
7話はボルトを投げられて突き指した（笑）
岡　重いのを助監督が二人がかりで投げて、下で受け止めてくれたんだけど、投げ方が良くなくて、カシラ（大道寺さんのこと）が指を負傷した。

▼二人の策略が始まった（笑）

岡　「悪夢はいかが？」は、婦警の市子と律子がカンフーのポーズを……。
大道寺　とりあえず、まずあの二人にコスプレをさせようと。いかにして女の子の出番を多くするかという悪巧みを俺と原田さんでずっとしてた（笑）。
内城　市律（市子と律子のこと）はコスプレ班でしたよね。
大道寺　あの時も、二人で話し合った結果、「チャイナドレスをまずは着せようか」という話になった。それで「夢で、カンフーのチャンピオンになったような感じにすればいいんじゃない？」と付け足した。二人で同じ動きを、取らせるためにね。
岡　この話は、アクション場面が前半ほとんどないんです。カンフー以外。
大道寺　チャイナ服のカンフーが終わったらもう終わったようなもので（笑）。この辺から原田さんにホン打ち（脚本打ち合わせ）にも連れていかれるようになった。辻野さんの時はだいたい一緒に行ってたんです。原田監督は「大道寺さんが一緒に行ってくれれば、納得させられる材料が増える」と。
大道寺　原田さんが機嫌が悪い時ってあったっけ？
やっぱり、女の子がいない時だよね。

また女の子が呼べる

内城　大道寺さんと一緒(笑)。
大道寺　原田さんとはナイナイの奪い合いだった。
内城　原田さんの娘なんだか孫なんだか、ずっと肩揉みしたり(笑)。横に座って喋ったりしてました。
大道寺　ナイナイと俺が喋っていると、原田さんに写真を撮られる。
内城　そう。「証拠を撮った」みたいな(笑)。
大道寺　原田さんとナイナイが喋っている時は俺が写真を撮った。誰か女の子と喋っていると必ず写真を撮る。そういうくだらない遊び。
岡　俺はね、そういうのはネタだとしか思えなかったんですよね(笑)。四〇も終わりにさしかかって、現場に女の子がいるとかいないとか、何言ってんだよ監督。十五年もやっている人間が。
でもある時、本当にそうなんだなと(笑)。
大道寺　やっぱり現場を楽しんでたんだよね。
もしかしたら、俺がいなかったらそうやって「女の子女の子」って言わなかったかもしれないね。逆に。
岡　大道寺さんもいるし、平金(聡一郎/VE)さんもそうだったし、そういう話題で盛り上がる人がいたからやり続けてたところはあると思う。
――「宇宙からの訪問者」(23話)では最初から、銭湯から出てきた鈴、かおり、海の浴衣の美女三ショットから始まるわけですよね。
大道寺　銭湯から出てくるのは、着物で立ち回りさせようって作戦だったんだよ。
岡・内城　(笑)。
大道寺　でもかおりが立ち回り出来ないからどうしようかと監督と話していて「シャンプーでやればいいじゃん」という風になったのよ。
内城　ピューピューって、水鉄砲代わりに。
大道寺　海役の綾乃は俺が連れてきたんだよ。
剣二の兄弟子役だから、アクションが出来る女の子を大道寺さん決めてくれと。(手をぱちんと叩くジェスチャー)「いい子がいます！」って綾乃を推薦して、「綾乃、稽古しろ」ってやらせたの(笑)。
綾乃は小学校時代の子役の頃から一緒に仕事をしていて、古武道の達人で、そっちは得意なんだ。「それなら剣も出来るだろ」と推薦した。
――海さんも「宇宙からの訪問者」でいつもの羽織袴ではない、洋装の姿を見せますね。
大道寺　原田さんから相談されたのよ。どんな服が着たいか綾乃に聞いといてと。今まで通りの羽織袴がいいか、私服を着たいか。それで電話して聞いて「監督、普通の服も着てみたいそうです」と。
岡　設定では鈴ちゃんの服を借りているんですよね。それを考えたのは原田さん？
大道寺　そうそう。だからジャケットとかは鈴の服。「宇宙からの訪問者」で海が着ていたジャケットは、エドノイド(8話「水にひそむ魔」)の時の……。
岡　あれを着て剣二と本栖湖の林を歩いていた。
大道寺　原田さんの回から、海ちゃんが積極的に剣二と鈴をくっつけようとするんだよね。それも、海ちゃんをどうしたら呼べるかというので、二人で話し合った(笑)。
内城　恋のキューピッドになればいいと……。
――23話も「海さんがしばらくいることになった」説明もない。最初からみんなで銭湯に行った。
大道寺　今考えるとそんな打ち合わせしかしていないように感じる。アクションは「ここからよろしくね」と言われるだけだったし。
内城　原田さん、意外とお見合い相手の浩が好きでした(25話「大魔王の卵」35話「狙われたあけぼのステージ」)。珍しく男の人で二回出しましたね。
――女性スタッフが大喜びだったと原田さんが言ってました。
内城　それはあります。

あくまで人間らしく

――「迷いのトンネル」(30話)はメイズロームの殺陣が面白かったです。踊るような感じで斬りつけてくる。ぐるぐるぐるぐる。
大道寺　こいつはとにかく静かに、原田さんは「ふわふわ歩いているような感じ」と言っていた。男性の福知が中に入っていたので、「女らしくやってくれ」と。でも、この回はなんと言っても、「市子の太ももをチラ見させようぜ」ということでした(笑)。
この時も、まずは市律に何が着たいか訊いてみようという話から始まった(笑)。
内城　二人もノリ良かったですもんね。
大道寺　最初はくノ一にしようと言って、結局は西部劇と探偵物語。律子は短パンだから、綺麗な脚が見えてるけど、市子はズボンになっちゃうから、脚が見えない。「じゃあメイズロームに切られたことにすればいいじゃん」ってことになった。
内城　衣装は二枚用意出来ないから、順に撮らないと、という事で、切るんです。

▼あけぼの町のアルバムから①

〈一同、大道寺氏の撮った撮影現場写真を見ながらアトランダムに追想〉

大道寺　原田さん、Dr．ウォームとレディ・ゴールドのコンビ好きだったね。孫とおじいちゃんみたいな感じがするからいいと……。

――Dr．ウォームもどんどんおじいちゃんっぽくなってきますね(笑)。

岡　二〇週間くらい間を空けて帰ってきたら、Dr．ウォームのメイクが全然変わってるし(笑)。

大道寺　(内城さんに)ほら、言われてるよ(笑)。

内城　それは…それは……。

大道寺　それは原田さんのせいにしておけばいいんじゃないの？　(笑)

岡　監督が「もっと派手にしてくれ」と言ってたからね(笑)。

大道寺　18話「封印されし翼」は、リュウケンドーの広がる羽をどうしようか、ずっと悩んだよね。本当に作るか作らないか。甲冑だけでさえ重いのに、あの羽根をつけたらどうなるんだよと。

岡　結局、全部は作らなかったんです。半分くらい作って、その先が見えるロングショットになる場合は、CG班にやってもらいましょうと。

大道寺　「誕生！　ゴッドリュウケンドー!!」(29話)は「面割れをやりたい」という話だったんです。

岡　面割れってなんですか？

大道寺　面が割れて中が見える。それを何でやるか。ひょっとこのお面にしようか、それとも何にしようかと迷ったんだよね。結局マモスケになった。

岡　「面割れ」は原田さんからの提案ですか？

大道寺　そう。

――だから劇中でも天地司令は最初にひょっとこを出すんですね。

大道寺　ひょっとこは滑稽になりすぎるからやめようとなったような記憶があります。

内城　あんなマモスケの格好をしてすごく真面目にヒーローをやっているところがいいですよね。

大道寺　初めてゴッドリュウケンドーになって、川をバックにポーズを取った。せせらぎがあるのは、原田さんが「これ狙おうよ」と言って撮ったんです。

岡　あの画は新オープニングでも使われていました。

――30話からオープニングが変わるんですね。ゴッドリュウケンドーになったから。

大道寺　あの空撮どうしてもやりたいと言ってやらしてもらったんです。

岡　これも、演出は前期と同じ方ですか？

大道寺　でも、ほとんど俺なんだよね(笑)、カット割りは。新規で撮るのはアクション部分だけだから。

▼あけぼの町のアルバムから②

岡　「狙われたあけぼのステージ」(44話)では何故か剣二が警察官の制服を着ていますね。

大道寺　ここでも揉めたんだ。警官の服でやったらバンクが使えないでしょと。そのまま走りながら光って変身しているはずです。1話で、刑事なのか警官なのかというのも揉めた。

――「あけぼのステージ」の不動さんの、カットを割らない立ち回りは華麗でした。

大道寺　原田さんから「ここはあんまりカットを割らなくていい」と言われたんです。「ショーみたいに見せたい」と。だからほとんど割ってないんです。集まった町の人達がみんなショーだと勘違いして拍手して、途中で気が付いて逃げ出す話なので。

――この回は鈴ちゃんもアクションをして、けっこう強いです。遣い魔をやっつけたり。

大道寺　「怒っている時の鈴ちゃんは強い！」と。原田さんも「強くしてくれ」と言ってました。

岡　「閉ざされたあけぼの町」は44話ですが、実際に撮ったのはアルティメットリュウケンドーの前ぐらいです。十月頃で、天気が悪かったですね。

大道寺　この回は、ほとんどアクションがない。だから俺は役で出演してる。

岡　あけぼのサーカス団の団長。

内城　ドームの中では変身が出来なくて、小町さんがドームの外にすり抜けて剣二に伝えに行く。

――剣二はその間、何も知らずにラーメンを……。

大道寺　たまにはアクションがない回もいいだろうと言ってました。最後の一撃だけ、真上からバーンとやって終わりにしようという風にしたんだ。

町のみんなが「俺がリュウケンドーだ」と立ちはだかる。あの、一人ひとりのポーズをどうやって撮ろうかと原田さんとだいぶ相談した。だから、この時は珍しく女の子の話をしてないんだよ(笑)。

署長が拳銃を持ってポーズするところ、刀を持ってなくて拳銃だからリュウケンドーじゃなくて「リュウガンオー」って名乗らせようとなって、ガンオーのポーズにしたり。

最後の方の「黒い月夜のクリスマス」(51話)は、原田さんに頼んで、生身の時に演っている翔悟達を、スーツの中に入れて戦わせたいと頼んだ回です。うちのアクターはスーツを着て待機しているからと言ったら、原田さんは「いいよ、やってみようよ」と。

――本人を入れるというのは、原田さんは「東映の伝統なんだ」と言ってました。そうなんですか?

大道寺　そうです。東映の伝統だから、ここでも同じようにやりたいと言ったら、承認してくれた。

内城　クリスマスの回は、映画館のシーンに出たんです。剣二と鈴の間にいるのは私(笑)。原田さんが、「最後だからみんなで出よう」って。私の隣が衣装部の子です。私、この時、初めて作品に出ました。

岡　あけぼの町民でよくカッパの着ぐるみを着ている人がいたけど……(大道寺さんのこと)。

内城　大道寺さん途中で飽きちゃって(笑)。

大道寺　(笑)。

岡　助監督が同じ格好をしてつなげた(笑)。最終回と言えば、みんなで踊るダンスに尽きるわけです。

内城　この日はみんなこのためだけに集まった。

岡　ダンスと言えば、突如消える大道寺。

大道寺　(笑)。

岡　あれは何がきっかけで(涙を)こらえられなくなったんでしたっけ?

内城　警察署のセットで色んなアングルからダンスを撮っていて、壁が邪魔だったんです。「もう使わないからいいよ」って、美術さんが壊しだしたら、大道寺さんがそこでヤバい(涙が)……。

大道寺　ボロボロボロって来てしまったんです。それで「もう出られない」と。

――最終二話はジャマンガが滅んだ後の話ですが、あけぼの町を見下ろす夕日の丘にある、平和を取り戻してからのプレートが、僕としては、原田監督の墓標に刻み込まれた「人々に愛と夢を」という言葉に重なってしまうんです。「人々に愛と夢を」は、もともと、円谷プロの「子ども達に愛と夢を」という言葉を原田監督が大好きだったところから来ていて、原田さんの監督としての姿勢を表している……。

岡　あの看板の原稿は、俺が書いたんです。でも原田さんが納得してくれなくて「どういうのがいいですか?」と聞いて、言われた文章があれだった。「愛と平和　そして勇気にあふれた町　あけぼの町」。

ゆとりがあった原田組

大道寺　なんで原田組は余裕があったんだろうね。

岡　まずカット数が少ないことは少ないですね。

大道寺　誰かは忘れたけど、プロデューサーに「原田さんの回は、静と動が混じってて、すごく見やすい」と言われた。芝居のところは「静」で、アクションになると「動」になっている。じゃあ辻野さんは「動と動」なのかなと思ったことがあったね。

岡　辻野さんと原田さんの持ち味は明らかに違っていて、『リュウケンドー』がカオスっぽいのは、原田さんのせいというのは多分にあると思うんです。

内城　「戦う幽霊」でもラストシーンで鈴が、寝ている剣二に上着をかけてあげるところで、ちょっと剣二の寝癖を直してあげるという鈴ちゃんの優しさが良かった。あの時は、鈴ちゃんが白いワンピースを着ていることに原田監督はこだわっていた。

岡　白い服の鈴の背後に白いドレスの小町さんが現れる。白つながりで何かを見せたかったのかな。

内城　あー、そうかもしれないですね。

岡　ラストカットの、小町さんが窺い見る、鈴の笑顔の後の神妙な表情とか、視聴者が「今の顔をどう捉えていいの?」ってところを狙うよね。

大道寺　いやぁ、考えさせられるね。「雑な撮り方をしているな、俺達は」と。反省だね。

岡　しかも無理して撮ってなかったですよね。

大道寺　俺が撮るとセカセカしちゃって。なんであんなに落ち着いていられたんだろう。

「仕事」と「楽しみ」の共存

大道寺　「どうやったら面白い番組が撮れるか」より、どうやったらこの「現場」が楽しくなるか、を先に考えてくれた人なんじゃないかなと思います。そこが他の監督と違うところだったんじゃないかな。「現場が面白ければ作品が面白くなる」ということを、俺は原田さんから教えられたと思う。

内城　私、『リュウケンドー』が初めて入った映像のドラマの現場だったんですけど、「こんなに楽しいんだ」と思って、これをきっかけに続けることになったんです。だから原田さんのお陰かなと思います。

「仕事している」感じと「楽しい」感じがこんなに同じものなのか、楽しく仕事をするってこういうことなんだ、というのが『リュウケンドー』の現場でした。辛いことがあんまりなかったです。

大道寺　原田さんの方から「来いよ」って開いてくれた。監督は、こうする人(視野を狭めるジェスチャー)が多いんです。俺も喧嘩した時、原田さんとずっとこのまま戦い続けていかなきゃなんないんだろうなと思っていたんです。そしたらバアアアッとでっかい扉を開いてくれた。それなら正面からドーンと飛び込んでみようじゃないかって感じだった。「このスペースを使っていっぱいやりな」って感じだった。素晴らしい監督でした。年は離れていたけど、俺からしてみれば、悪さを一緒にしてくれる「いい兄貴」って感じだった。

「迷いのトンネル」30話 ▼二〇〇六年七月三〇日放映

脚本：大西信介　**撮影：**富田伸二
ゲスト：佐藤ゆりな（トンネル内の女性）

主題歌も新しく大槻ケンヂの『GO！　リュウケンドー』となり、ゴッドリュウケンドーという新たな姿になったリュウケンドーの活躍が描かれる、とはいっても、原田回のヒロイン道は止まらない。今回はあけぼの署交通課婦警の市子・律子に焦点を当て、カウガール姿や『探偵物語』風のコスプレも堪能できる。

原田　29話は真面目にやらなきゃいけなかったから、30話は完全にお遊び回です。この頃から「市ちゃん律ちゃんを主人公に一本やろうよ」という話になっていました。市子律子は、「この二人はいじりやすいから」と、スタッフにもライター達にも評判が良かった。だから、この回を市ちゃん律ちゃん話でやるというのは決まってたんです。

▼入ったり出たり

冒頭は薄暗いトンネル内から始まる。特撮番組でよくロケに使われる吉見百穴（埼玉県比企郡吉見町にある古墳時代後期の横穴墓群の遺跡）で撮影されている。

悲鳴をあげてトンネルの中を逃げる女性（演：佐藤ゆりな）がソフトフォーカスで捉えられ、スモッグが焚かれている。女性の足から場面が始まることが、演出メモで指示されていたが、完成作品では全身のシルエットから入る。彼女は何故こんな洞窟に居るのだろう？　――それは、まだ語られない。

追いかけてくる魔物・メイズローム。最初はシルエットのみで表現され、悠然と歩いてくる。光の当たったスモークを背景にすると影が歩いてくるように見える「フォッグシャドウ」の効果が使われることが演出メモから書かれている。このイメージは『ウルトラQ ～dark fantasy～』における原田作品「影の侵略者」に登場する鏡の番人ヴァーノの登場の仕方に通じる。

振り返る女性の恐怖の表情。メイズロームが発する女の笑い声のような声が響き、モニュメントの建つ洞窟の一角に追いつめられる女性。メイズロームの身体の各部分がアップになる。光る眼。演出メモには「迫るメイズ　UPUPUP」とある。

脚本では「その周囲には朦朧とした表情で彷徨っている人々が数名いる」とあるが、完成作品にその描写はない。一人の女性の主観に絞って恐怖を演出しているのだ。

女性はマイナスエネルギーを出して失神する。その上には人の顔のモニュメントがあり、Dr．ウォームに似ていなくもない。同時に、Dr．ウォームの声がOFFで聞こえる。

「いいぞ、メイズローム！　閉じ込めた人間どもから、もっと、もっとマイナスエネルギーを奪い取れ！」

その頃、剣二はコンビニにいた。「うーん、迷っちゃうなぁ」と弁当コーナーに立つ剣二。演出メモには「幕の内かトンカツか」で悩むとある。剣二の服装はいつも通りの「スカジャン」と指定されている。並べて手に取り、決めかねる剣二。

シーンが変わり、コンビニの表では、出てくる剣二がまだ迷っている。と、どこかから不気味な女の笑い声が聞こえる。

頭上を見渡し、なんだという顔になる剣二の姿がアオリで捉えられたかと思いきや。やがて消えていくその身体！

場面が変わると、そこは冒頭で女性が襲われていたあの洞窟である。「何でトンネル？」。背後からメイズロームがやってくるのにも気付かず「トンネル？……」と考えだす剣二。

「トンネル……トン……トンカツ！　……よっしゃ、トンカツ弁当に決めた！」と、左手のひらに右手でポンと手を打つ剣二。「ポン」と擬音が入る。次の瞬間、フッと消える剣二の姿。

いつの間にか、元の場所であるコンビニの表に戻っている。

「あれ…？」。両目をこすってもう一度周囲を見る。

「まずいなぁ、俺、働きすぎだ……トンカツ……トンカツだよ」

そうブツブツ言いながら、またコンビニ店内に向かう剣二。

剣二の姿は何故トンネルに転送され、そしてまた元に戻ったのか。それが今回の物語のキーとなる。

▼あけぼの町民の迷い

あけぼの町の道路ではパトロールしているミニパトがやって来る。交通標識の鏡に映るミニパト。「魔物出現警戒中」の立て看板も一緒に映り込んでいる。

車内には市子と律子。先ほどからOFFで律子のセリフが聞こえている。

「……でさぁ、ずっと駐禁だって言ってんのにしらんぷりだからさ、それで、あったま来ちゃって私、どうしたと思う？」と運転しながら喋っていた律子は、チラっと隣りの市子を見る。ぼんやりと窓外を見ている市子。

「市子？　ね市子、聞いてる？」

ハッとなり「何？　ごめん」と応える市子。

「何ぼうっとしてんのよ。もう最近変だよ」

そこで急にブレーキを踏む律子。「人が！」

降り立つ二人。ミニパトの各所には何故か若葉マークが貼ってある。「大丈夫ですか」と走りだす律子の美脚がややアオリ目で捉えられる。「お色気」と演出メモで指定されている。

路上に停められたミニパト。近くに山が見える。山道を前に、そこまで舗装が終わっている。『ウルトラマンコスモス』の「森の友だち」に出てきたヤマワラワと遭遇する場所を思わせる境界線を示す場所だ。

倒れているのは、冒頭、洞窟で襲われていた女性。

「大丈夫ですか!?　もしもし!?」という二人の声に、目を開ける女性。思い出したように「トンネル！」と叫ぶ。

「トンネル？」

場面が変わり、あけぼの署で、手帳を取り出して市民の聞き取りをしている不動。壁に〈あけぼの警察　応接室〉と丸いロゴの字が貼ってある。

相手は「小学校高学年くらいの少年」と脚本にあるが、原田監督は、2話から出ているメガネ少年・繁（演：佐藤和也）にしている。繁の母はかつて不動とロマンス沙汰になりかかった佳子だ。

原田　繁役の子役があの頃そろそろ忙しくなってきて、スケジュールを調べていたんですが、「今回は出られる」ということだったので、使いたいということになったんです。

ボールをいじりながら「うん、塾の帰り道だったんだけど、気が付いたらどこか、出口がないトンネルみたいな所にいて……」と証言を続ける繁。卓上にはランドセルと、ストローを刺したジュースが置いてある。

「出口がない?」

繁、頷く。「前の方に見えるんだけど、どこまで歩いても辿り着けなくて……すっごい怖くて……」

言い終わると持っていたボールを転がす繁。テーブルの奥でなにげにそれを受け止める剣二。剣二も聞き取りをしている最中だ。相手は寺男のガジロー。卓上にはお茶がある。

「……いや、いろいろ迷ってる内にいつの間にかトンネルみたいなとこに迷い込んじゃって」

「何そんな迷ってたの?」

「仕事が溜まっちゃって」

脚本ではここに続いてガジローと剣二の「何から手をつけるか迷っちゃってさ。迷っている内は仕事が手につかないから、ますます溜まっちゃって……」「さっさとやりゃあいいだろうが!」というやり取りになるが、カットされている。

街の人々個々のキャラクターは原田監督達、現場の発想で育っていったものだというが、脚本でそれがフィードバックされ、更にそこからまた現場でチョイスしている……という往環が興味深い。

第1稿ではその横で、市子と律子がサラリーマンの男から話を聞いていた。

「…そうです、社員旅行の隠し芸で何やろうかって迷ってたんです。歌も下手だし、手品も知らない。いっそ腹踊りはどうかって練習したんですが…」と顔を描いた腹を見せるサラリーマンに「見せんでいい!」とツッコむ律子。サラリーマンの「痩せてるもんで面白くなくて」というセリフまであるところを見ると、誰かスタッフのカメオ出演が想定、あるいはそういったお遊びの余地まで脚本段階で用意されていたのかもしれない。

このサラリーマンと市子・律子のやり取りは、第2稿では剣二とのやり取りになっているが、それ以降の稿では消えている。

画面変わって、SHOT基地で話し合っている天地を除く四人。手前に剣二と不動がいる。謎のトンネルに入っていたと証言する人々の「被害」が今日だけで十件。

「それにトンネルに入って戻ってきた人ばかりじゃないわ。ずっと行方不明になってる人も結構いるのよ」と制服の上着を取った姿の鈴は言う。

ジャマンガの仕業なのだろうか?

腕を組んでいる剣二が口を開く。「実はさ、俺も見たような気がすんだよね、そのトンネル」

なんで言わなかったんだと問う不動に「いや、夢か何かと思って……晩飯迷ってたんだよ……トンカツと幕ノ内と、あとねチキン南蛮……」

呆れる鈴。だが不動は「迷って?」とポイントを見つける。

「被害者もそんなこと言ってた……」

以下、不動の声がOFFになり、次のシーンに被さっていく。

「繁君も……」

夕方、錆びた滑り台の上にいる繁。遠くにはマンション街が見える。脚本では道をトボトボ歩いているシーンだったが、より象徴的なカットに変わっている。

ここで繁の声が被さる。「塾のテスト、点数ひどくて、お母ちゃんに見せようかどうか迷ってたんだ」。〈28点〉の答案を左手に持ち、警察の応接室で持っていたのと同じボールを右手で弄ぶ繁。

「そしたら……」

そこに女の不気味な笑い声が聞こえる。振り返ると、トンネルの中にいる繁に正面から迫るメイズローム。

「わあ……お母ちゃんゴメン……テスト見せるから」。繁が恐怖のあまりそう呟いたら、彼の姿はトンネルから消えた……。

場面はSHOT基地の不動に戻る。「迷いのある者がトンネルに引き込まれる……ってわけか」

鈴が疑問を呈す。「でも、すぐ出てきた人もいれば、未だに戻ってこない人もいるっていうのは?」

▽市律コス参上!

黒ずくめでネクタイも黒の不動と、剣二は坂道を降りてくる。「とにかく、ガイシャが被害にあった場所をしらみつぶしに探ってみるしかない」

するとクラクションが鳴り、市子、律子の乗った黒い車がやって来る(覆面パトカーという設定。脚本では普段のミニパトだった)。以下のシーンは、コスプレが登場するので原田監督が決定稿に丸ごと差し替えた原稿を貼り付けている。

車から降りた二人を見て驚く剣二。「何だよ、その格好?」

律子は赤いハットに白いシャツ、ジーンズの短パン、ビーズを垂らした赤ベスト、チェックのスカーフ……というカウガール姿。市子は帽子、赤ワイシャツ、白ネクタイ、黒背広、胸ポケからグラサンとまるで『探偵物語』の松田優作ばりの男装の麗人。

このカットは降り立った律子の美脚から入る。

囮捜査を志願したという二人。「交通課の管轄じゃないだろ」と呆れる不動に「悪いけど、私達、ただのミニパトの美人警官で終わるつもりないから」と威勢のいい律子。「美人警官」の部分にアクセントを付けて喋るのが愉快だ。

「ここで手柄をあげて、いずれはSWATのスナイパーに……ね、市子」

だが市子は「え?」とちょっと困ったように「う、うん……」と胸ポケットのグラサンをかける。

当惑する剣二と不動をよそに、走り去っていく覆面パトカー。

車内では運転している市子が助手席の律子に何か言いかけようとする市子。奥の車窓の外は合成処理されている。

市子、迷うような表情になる。

「何さ。やっぱり変だよ、最近」

突然、そこで遠くから女の笑い声が響く。

市子は不意にブレーキを踏む。

「今、変な笑い声、聞こえなかった?」

脚本では、次に「え? となる律子」というリアクションがあったがカットされ、次のシーンに移っている。原田作品では、シーン尻のリアクションを切って次につなげる例がまま見られる。

▽剣二には戦えない相手!?

次のシーンは、脚本では「街角B」と書いてあったが、神社の石段下で撮影されている。カッパ地蔵がおり、祠は緑の垂れ幕で飾られ、花や飲み物がお供えしてある。

剣二とSHOT携帯で連絡しているグラサンの不動。

「やっぱ、見当つかないぜ、不動さん」という剣二の声がOFFで入る。携帯を切って内ポケットに入れる不動が呟く。「しかし、やっぱり分からん……」

ゴウリュウガンが問いかける。「何ガ？」

「戻ってきた者とそうでない者の違いは何かってことだ。ったく、迷っちゃうぜ……」

ジャケットをはだけさせながらそう言うと、不意に女の笑い声が聞こえ、アオリになった不動の姿がすっと消える。

トンネル内に、姿が浮かびあがる不動。ハッと我に返って立ち止まり、周囲を見廻す。

「そうか、ここが例の……」。すぐ後方に出口があり、歩きはじめる不動だが、近づくとスッと出口が伸びる。コンテにおいて「逆ズーム」で作画をスチル加工することが指定されている。

駆け出してみる（「試すように」と脚本にある）不動だが、その先でどんどん遠ざかっていく出口。「確かに、簡単に出られそうもないな」と冷静に足を止める。

不意に足音がし、背後から聞こえる笑い声に振り返ると、薄暗がりの中からメイズロームが現れた。「出たな魔物め！」。マグナリュウガンキーを発動させる不動。

魔物に向かって二丁拳銃を放つマグナリュウガンオー。跳躍して交わし、そのままMガンオーに飛びかかってくるメイズローム。よりはっきり見えるその姿は、民族衣装のような出で立ちだ。くるくる回転し、手は天狗のヤツデの団扇のような形をしている。人形のような顔で、眼球がない。

原田　女の子話だから魔獣もちょっとオリエンタルな女性っぽいやつにしてやれと、メイズロームをあの形にしたんです。くるくる回転して、残像が残るような感じにして。

後退したMガンオーがハッと気付くと、メイズロームの姿は消えて、モニュメントの中の幾人かの人々に気付く。座り込んで頭を押さえうなされている。「帰ってこない人達か」

近くの男に「おい、しっかりしろ！」と呼びかけるMガンオー。男が何やら呟いているのに気付く。「……迷うよ……。どうしたらいいのか……やっぱり、迷っちゃうよぉ……」

それを聞いて納得するMガンオー。「迷いが在る限り、ここに閉じこめられ続けるんだ。迷いが消えれば……」

すると、突然、フッと消失するMガンオー。

ちょうどその頃、不動が元いた神社に駆けてくる剣二。「不動さん、どこ行ったんだよ？」

突然、目前の宙空から現れ、周囲を見回すMガンオー。鳥のさえずりが聞こえてくる。

「マグナリュウガンオー……」と駆け寄る剣二。

不動は事の真相に気付く。「迷いが消えれば、弾き出されてしまうってわけか……」

SHOT基地で不動からの連絡を受けている瀬戸山と鈴。瀬戸山は着席し、鈴は立ったまま耳に通信機を当てている。やはり上着は着ておらずチャーミングだ。

「……ってことは、逆に言えば、迷いがなければ魔物に遭遇できないってことになりますよね」。瀬戸山の言葉に鈴はハッとした顔になる。「だったら剣二は今回はお役ごめんってことじゃない」

首斬りのジェスチャーをする鈴と瀬戸山。「迷うとかって繊細な感情ないだろうし」

だがその声は通信機を通して、神社下の石段を降りている剣二にも聞こえていた。

「勝手なこと言いやがって、俺だって……」

「あんのか？」

「そりゃあ……」

「晩飯何にするかってことぐらいだろ」

不動の指摘に下を向いてしまう剣二。

そこへクラクションが鳴り、石段の下に覆面パトが止まり、慌てたように駆けてくるのはウェスタンスタイルの律子。「大変なの、市子が……！　消えた！　消えちゃった！」

ここで中CMとなる。

前述のように、芝居場が「街角」と脚本で書かれていたのは、トンネルの中の静かで不気味な空間とのコントラストゆえだろう。そこを鳥のさえずるのどかな神社に変えてしまい、石段の高低をも利用した空間構成で、牧歌的なムードを醸し出しているのは、原田監督独特の〈リュウケンドー文法〉と言える。もっとも石段が登場するのは、別の意図もあるようだが……読者諸兄は後の記述から読み取ってくだされば幸いである。

▼迷いの真相は？

トンネルの中でグラサンを外して周囲を見廻し、愕然としている市子。

「ど……どうなってんの？」。出口が遠ざかっていくのが見える。「うっそ！　勘弁してよ、もう」。そこに不気味な笑い声が聞こえ、振り向く市子は悲鳴を上げた。

その頃、神社の石段では、不動達が律子に頼み事をしている。

「急に迷えって言われても、どういうことよそれ……」

「だまされたと思って。それ以外、市ちゃんを探し出す手だてがないんだ」

剣二も言う。「よし！　とにかく、みんなで迷ってみようぜ！」

「お前はいい」

「え？」

不動は剣二に顔を寄せ、小声で「お前が迷うのは期待してない。基地に戻って後方支援を頼む」と言うのだった。

「不動さんに迷いあんのかよ？」と言い返す剣二。

「心配するな。俺は能天気なお前と違う」

この後、剣二が憮然とする場面があったが、カットされ、すぐ次の場面に移っている。

トンネル内で市子を追いかけているメイズローム。

転んで後ずさりするがすぐに立ち上がり、必死で駆ける市子。脚本ではジャマンガ城でDr．ウォームがメイズロームを焚きつける場面があったが、カットされている。

神社近くの通りでは、剣二が基地に向かって駆けながら文句を言う。「不動さんも鈴も人のこと迷いがないとかかんとか、好き勝手言いやがってよぉ……」

ミニ剣は「デモ、本当ノコトダロウ」と突っ込む。

「うるせんだ！　迷いかぁ……う～ん、迷いねぇ……」。その姿が「ポン！」という擬音とともに消える。この消えるシーンは脚本にはなく、付加されたものだ。

神社の石段では、いまだ懸命に律子の迷いのタネを探している不動。その背中越しで聞いている律子。石段に腰かけていて、手前に美脚が映り込んでいる。

「……じゃあ、月岡課長と花田課長から同時に急な用事を頼まれたら？」

「月と花？　どっちも断るわよ。迷うわけないでしょ！」

「これも駄目かぁ……」

「う〜ん、やっぱ無理よ、いきなり迷えったって……。あ、でも、これがホントなら、市子も何か迷ってたってこと？」

律子は、市子が何を迷っていたのか、思いを馳せるのだった。

トンネル内では、市子に襲いかかろうとするメイズロームの一閃が！

「ズボン切れ」と演出メモにあり、市子が気が付くとスーツのズボンがカッターで切ったようになる。両足の膝が見える市子。恐怖のあまり大きく叫ぶ。

その時、メイズロームに体当たりして突き飛ばしたのは剣二である。「市子先輩大丈夫か!?」

脚本では「市っちゃん」と呼んでいたが、さすが先輩後輩をわきまえる硬派な剣二だ。

「どうしてここに？」

「いや、それが……そういや何で俺、ここに来れたんだ？　ここってトンネルってヤツだよな？」

「見りゃわかるでしょ」

笑い声が再び聞こえてくる。市子と出口へ向かうが、いつまでも出口は近づかない。

「俺がアイツを引きつける！　離れてて！」と言う剣二だが「私も闘う。みくびんないでよ。SWATから声がかかるくらいなんだから、私」と退かない市子。

「SWAT？」とキョトンとなる剣二。

ちょうどその頃、石段ではそのことを不動から聞いている律子。

「市子があけぼの署を離れて、SWATに配属されるっていうの？」

「射撃の腕が見込まれたらしい。まだ確定とは聞いていないが、彼女が望めば……」

無言でショックを受けている律子。

そこに「律子先輩には言ってないの？」という剣二の声がOFFで響く。トンネル内でもその話題が続けられており、場面はそこに切り替わる。

「だから迷ってんのよ。言い出せなくて……」。親友だからこそ、市子は律子に言えなかったのだ。そこへ、ゆっくりと迫ってくるメイズローム。「また来やがった！」

警棒を取り出す市子は掲げて立ち向かおうとする。「市子先輩頼むから、離れててくれる？」。剣二は市子がいては変身出来ないのだ。

だが「駄目駄目！」と退かない市子。

剣二はおもむろに駆け出した。「あ、じゃもう俺が逃げる！」。愕然とする市子。「うそ！　もう剣二、サイテー！」

出来るだけ市子から離れた場所に駆けてくる剣二。オブジェのあるところに来て、辺りを見廻し「見えねぇだろうな」と小声で「ゴッドゲキリュウケン……」と囁く剣二。

ゲキリュウケンから「声ガ小サイ！」と指摘される。「たく……わかりましたよ！」。ままよと大声で「ゴッドゲキリュウケン！」と叫んで鍵を出し撃龍変身する剣二。

市子に迫るメイズロームを蹴り倒し、その前に降り立つ。

「リュウケンドー！」

そう叫ぶ市子を見て指でチッチとして「ゴ・ッ・ド・リュウケンドーだよ」と言ってから魔物に向き直る。「迷える子豚を救うため、リュウケンドーは神ともならん！　ゴッドリュウケンドー、ライジン！」

「誰が子豚よ!?」と不満顔の市子であった。

初めから強化型になって戦う初めての回にして、このどこか脱力する登場の仕方は、さすが『リュウケンドー』といえる。

▼市律コンビ、魔物を倒す

ゴッドリュウケンドーの戦いが始まる。市子も魔物に警棒で挑んでいく。

「あ、そっか！　そうだよ！」。突然気付くGケンドー。

ゲキリュウケンは「ド、ドウシタ!?」と問う。「わかった、俺がここに来れたワケ。俺、どうすれば迷えるかわからなくて迷ってたんだ。あ、だから！」

だがゲキリュウケンは慌てる。「バ、バカ、今ソンナコト気ヅクナ！」

突然、Gケンドーの身体がフッと消えて……。

広場に、飛ばされたように虚空から現れるGケンドー。再び平和な鳥のさえずり。

「わ痛てっ！」。ここでもスーツアクターの身体が地面に本当にぶつかって、痛そうに立ち上がり、見廻す演技に迫真力がある。「やべ、弾き出された！」

「迷イガ消エタカラダ」

早く戻らなきゃ市子先輩が危ない。「急ゲ、剣二！」

「おう！……ってどこ行きゃいいんだよ！」と苦悩するジェスチャー。

トンネルでは警棒でメイズロームを殴りつける市子だが、警棒の先が割れてしまう。パニックになり、折れた警棒を投げつけて必死に逃げる市子。

逃げる市子の前方から駆けてくる律子の声が聞こえる。二人は再び合流した。

「どうして、ここに？」。律子は、市子がSWAT行きの打診という大事なことを何故自分に言ってくれなかったのかわからず、迷っている内に、ここへ来てしまったのだという。

「聞いちゃったんだ……」と市子は深刻な顔になる。「もう、水くさいじゃない」と市子の胸を叩く律子。

「律子、そうじゃなくて……」

その時、気配を感じて一緒に振り返ると、ゆっくりと迫ってくるメイズロームのフォッグシャドウ。

「とにかく倒そう！　私たちが二人揃えば無敵でしょ！」と警棒を構える律子を見て市子は頷く。

メイズロームに向かって警棒を突きつけ「チョーク棒！」と叫ぶ律子。このくだりは脚本にはない。

外の世界では、Gケンドーがゲキリュウケンから、獣王を呼びだしてトンネルを捜せとアドバイスを受けていた。「ライオン獣王だな、よし！」と鍵を回すGケンドー。

「イヤ、待テ、『じぇっとぼーど』ノ方ガすぴーどガ出ル」

「サメ獣王か、なるほど！」

「待テ待テ、魔物ガ出タラ、飛バサレル前ニスグ決メタ方ガイイ。ココハごりら獣王ノキャノン砲デ……」

鍵を回すたびに迷うゴッドゲキリュウケンに、「どれがいいんだよ！　迷うじゃねぇか！」と叫ぶGケンドー、そこですっと消える。

　気が付いたらトンネルの中に立っている。「迷っちゃったよ。そうか、わざと俺を迷わせて」

「駄目ダ、気ヅクナ、マダ迷ッテロ！……エート……海サントリン、ドッチガ怖イ？」

「海さんと鈴か！　すんげえ迷っちゃうじゃねぇか」

「究極ノ選択ダ！　行クゾ！」

「おう！」

　魔物に向かって「ゴッドリュウケンドー、またまたライジン！」と名乗りを上げるが、そこに掛け声が聞こえ「え？」と思わず足を止めるGケンドー。市子と律子がメイズロームを攻撃しているのだ。しかもどうやら彼女達の方が優勢だ。

「ノコノコ来たって遅いわよ、ゴッドリュウケンドー！」と言う律子。

「行くわよ！」と市子がかけ声を出す。

「友情、キック！」。声を合わせて、ダブルキックをくらわす二人。

　ここは脚本では、「メイズロームにパンチをくらわす市子」という描写だったが、二人同時の攻撃に描き換えている。悲鳴をあげ、倒れてそのまま消えてしまうメイズローム。

「すげえ、勝っちまった……」と呆然とするGケンドー。

　市子と律子は「イェーイ！」とハイタッチするのだった。

原田　メイズロームって、たぶん『リュウケンドー』に出てきた魔物で一番弱いんですよ。最弱。だって市ちゃん律ちゃんにやっつけられてますからね。ゴッドリュウケンドーが登場した時には既にやられていましたから。

――婦警コンビは大活躍ですね。

原田　この二人はの大道寺(俊典)さんのところに殺陣の勉強に行っていて、結構動けるようになっていたんです。だから二人にアクションをちゃんとやらせようという話になって、かつ、完全にコスプレ大会でしたね。

――『探偵物語』風だったり。

原田　この衣装合わせは楽しくてしょうがなかった。二人もノリノリだったし、衣装部もどんどん色んな衣装を持ってくるし、

――コスプレ的な場面は、撮っていても楽しいものなんですか？

原田　楽しいですね。女優さん自身が楽しくてしょうがなかったみたいです。「『リュウケンドー』で何が一番楽しかった？」と訊いたら、「色んな衣装を着せてもらたこと」と言ってたからね。本当は、婦人警官だから制服一個で終わるはずだったのに、関係なしに好きな格好をしてもらった。こっちで選ぶっていうより、彼女達に選んでもらったんです。使った衣装よりたくさん選んでましたから。この頃は現場が楽しくてしょうがない状態になってました。キャメラマンもノリノリで、勝手にどんどん撮ってましたから。「そんな危ないアングルで入るの？」というくらい。

「流石やるじゃん、市子。SWATから誘いが来るワケだよ」。律子は素直にそう言う。

「律子……」。市子もその気持ちを受け取った。感動的な音楽が流れはじめる。

　笑顔で「私のこと気にしてんなら勘弁だよ。絶対行った方がいいって。二人の……」と言いかけて「市子の夢だったじゃない」と言い直す律子。

「律子どうしてそういうこと言うのよ。だから私、律子に言えなかったんじゃない」

「え？」

「律子ならきっとそう言うと思った。私のこと思って、きっとそう言うって……」

　その会話の途中で、メイズロームがまた迫ってくる。だがそれに気付かない市子は、話を続ける。「でも、本当に聞きたいのそんな言葉じゃない」

　黙って聞く律子。

「さっき言ってくれたでしょ。二人揃えば無敵だって。だったら、どうしてずっとコンビでいようって言ってくんないのよ！」

「市子……」

　そんな会話の途中で、Gケンドーはハッと気付いて、二人に襲いかかろうとしていたメイズロームを叩っ斬る。そうこうしている間にも、感極まって抱き合う市子と律子。

　その向こう側から、別のメイズロームがやってくる。

　友情ドラマのクライマックスとアクションが同時進行というのは、原田監督が脚本をいじってそのようにシンクロさせたものだ。これはそのまま新モード・ゴッドリュウケンドーの戦いと、市子・律子の友情ドラマとの、少ない時間の中での織り合わせも意味するのだろう。

▼魔物の正体

　Gケンドーが思い切り剣を振り降ろすが、姿を消すメイズローム。空振りした剣が勢いでトンネルの壁を斬り、火花を散らすと、突然、激しい悲鳴が頭上から聞こえ、トンネル全体が震動。ゲキリュウケンが言う。「コレハ……!?　ソウカ！　ワカッタゾ！」

　これまで戦ってきたメイズロームは分身に過ぎない。トンネルが魔物の本体だったのだ。

　巨大なメイズロームのイメージがよぎる。

「ごっどれおんヲ召喚スルンダ！」。そうアドバイスするゲキリュウケン。

「我々ガ強化サレタヨウニ、ぶれいぶれおんモ生マレ変ワッタ！　新タナ、れおんとらいくデ走リ抜ケナガラ、一気ニ叩ッ斬ルル！」

　ここまでのくだり、第1稿では、何度斬っても現れるメイズロームに「こいつ、不死身なのか？　それとも何匹もいるってことか!?」とGケンドーが驚くのに対し、ゲキリュウケンが「オソラク、ソノ、ドチラデモ無イ」と言い、「とんねるノ壁ヲ斬ルンダ！」と指示をするという流れだった。

　ゴッドレオンキーを召喚するGケンドー。駆けてくる超獅子獣王ゴッドレオン。ゴッドレオンはGケンドーの前に来るまでの間に、ゴッドトライクモードに変形。三輪バイク・ゴッドトライクは最高速度二二〇〇キロを誇る。

「よし、行くぜ！」とレオントライクを駆るGケンドー。「三位一体！　龍王魔弾斬り！」

　レオンバイクを走らせながら、ゲキリュウケンを高々と掲げ、頭上の壁を斬りつけていくGケンドー。

　ここに原田監督は苦しむイメージのメイズロームの腹部が光るさまを挿入している。

　地震のような震動が再び起こる。同時に、捕われていた人々もハッと我に返る。そこへ駆けてくるGケンドー。市子、律子達に「今だ！　みんな逃げろ！」と促す。

　トンネルの外に駆け出てくる市子と律子は、捕われていた人々

を必死に誘導して逃がす。

「出られた！」と喜ぶ律子。そこへ剣二が追って駆け出てきて「止まるな！　もっと逃げろ！」と叫ぶ。駆けながら「剣二くん！どこ行ってたのよ！」と責める市子。

律子はハッと後方を指差し「見て！」と言う。

一同、苦しげにもがいている巨大なメイズロームの姿に気付く。

「あれが本体だ！」。メイズロームの本体は身長二〇五メートル、体重四二四トンなのだ。

「うそ！　私たち、あの身体の中に……!?」と驚く市子と律子。

「爆発するぞ！」と二人の背中を押す剣二。直後、爆発四散する巨大メイズローム。そこで画面はフェイド・アウトとなる。

なんと史上最弱ではないかと一瞬思わせる、市子律子にすら倒される魔物メイズローム。これではゴッドリュウンドーの必殺技も、また新獣王ゴッドレオンも出番はない？……と思わせて、魔物の本体が別にあるという設定でラストバトルの盛り上がりと両立させる辺りの、硬軟が重層的な構成が見事だ。

▼オチのバージョン違い

山道で市子と律子に挟まれる形で歩いてくる剣二。市子は太もものところのズボンが切れたまま、律子もジーンズのショートパンツで美脚が眩しい。

市子は「ったく頼りにならないんだから、自分だけ逃げ出して」と剣二を責めている。

「いや、あれは……その……」

「何なの？　はっきり言いなさいよ！」

そこへクラクションが鳴る。不動が市子と律子の車を移動させてくれたのだ。

場面変わり、のどかな山村地帯を覆面パトが行く。だが乗っているのは市子と律子の二人だけである。

「……やっぱ、気が変わったよ市子」そう言う律子に「え？」となる市子。

「SWATに行くなら二人一緒。抜け駆けは禁止！」

市子はそれを聞いて、嬉しく頷く。

「でも、また迷ったって知らないからね」と念を押す律子。

市子は「もう迷わないよ、絶対に」と言って、二人笑い合う。

このやり取りは第3稿以降のものであり、第1稿では次の内容になっている。

走る覆面パトの中で会話する二人。

「……ごめんね、律子」。そう言う市子に「え？」となる律子。

「私、また迷っちゃって、道を見失うとこだった。やっぱ駄目だわ、律子がいないと」

律子は答える。「何だか分かんないけどさ、市子、とにかく二人揃えば何とかなるって」

「うん、二人揃えば」と市子は微笑む。

以上が第1稿の該当部分だが、続く第2稿では、二人のこのやり取り自体が一旦丸ごとカットされている。

その後、第3稿、決定稿、放映作品では、前述のように、律子の方から「SWATに行くなら二人一緒」とあえて市子の気持ちを代弁しつつ、受けとめるという形になっている。親しい仲の二人の間だからこその難しいコミュニケーションが、作品作りの過程でもだんだんと積み上がってきたことが伺える。

今回のオチは、覆面パトカーに乗せてもらえず、山道をぜいぜい言いながら歩く不動と剣二だ。不動は剣二に文句を言う。「大体、なんの罰で俺たち歩きなんだよ？　お前、何かやっただろ？」

だが「何でもないって。それよりなんだよ、今度の事件は任せとけとかいって、結局、全然、絡んでこなかったじゃん。悩みなんかないんでしょ？　能天気なんでしょ！」と不動の肩をぺしぺしやる剣二。

喧嘩しながら、山道を歩き続ける剣二と不動。手前には綺麗な花が咲いている。そこでフェイド・アウトし、本編終了となるのだが、第2・3稿では、この後、更に以下のエピローグがあった。

迷えない事で戦いに参加できなかった不動は、事件が終わっても、なおも必死で迷おうとしていた。

「『まぐながんおー』ト『ごっどりゅうけんどー』ハ、ドチラガ強イカ？」

ゴウリュウガンの「究極の問い」に「そんなもん、『マグナガンオー』に決まってるだろ！　くー、迷えん！」

「少シハ、迷エ！」と呆れ「脳天気率百パーセント」と結論づけるゴウリュウガン。

以上のエピローグは第1稿には存在せず、放映作品と同じ終わりになっていた。稿が変わる度にシーンを付け加えたり外したりと、試行錯誤を続けていたことがわかる。

▼トボけたおおらかな世界

今回からエンディング主題歌も新しく「Prism of Eyes」（作詞上田起士、作曲島崎貴光、歌MAX）になり、エンディング用のレギュラー映像も、これまでのサッカーごっこから、魔弾戦士とジャマンガが「だるまさんが転んだ」をする新しいバージョンになった。オープニング・エンディングともにこれまでと同じ須永秀明の演出によるものである。

「Prism of Eyes」は39話までの使用だが、「だるまさんが転んだ」は以後ずっと使用される。ただし、その回の監督によって独自のエンディング映像が用意されることもあり、原田監督の回にその頻度が高いことは後半も変わらない。そして今回も、実は独自のエンディング映像案として「律子・市子コスプレ集」が考えられていたことが、演出メモに残されている。だがエンディング用新レギュラー映像が開始される回になったため、さすがに断念したものと思われる。

原田　この回は能天気もいいところですね。「迷いのトンネル」と言っても、何を迷ってんだかよくわからない。そういう突っ込みどころがたくさんあるんだけど、どうでもいいか、という。

――主人公の剣二が迷おうにも迷えないという感じでしたね。

原田　そんなに迷うほど頭が……（笑）。

ちなみに脚本では、迷いのトンネルに入る時、剣二も不動も含め、皆一度ふらふらと虚脱状態になるという描写があった。逆にトンネルから出る時は、突然トンネルの壁が怪しい光を放つ……という符丁があった。だが完成作品ではフッと消えるという描写だけで出入りしており、そのあっけなさが、また全体のとぼけた空気を作るのに一役買っている。

●イメージボード・デザイナー

奥山潔（『ウルトラマンコスモス』『魔弾戦記リュウケンドー』『旅の贈りもの　0：00発』『五龍奇剣士』イメージボード、デザイナー／『ウルトラマンダイナ』『ウルトラマンガイア』『ブースカ！ブースカ!!』制作進行）

橋爪謙始（『ウルトラマンティガ』『ウルトラマンダイナ』『ウルトラマンガイア』『ウルトラマンコスモス』イメージボード）

オブザーバー・**岡秀樹**（『ダイナ』『ガイア』『コスモス』『リュウケンドー』助監督／当時）

座談会

綺麗な空と、尻尾の短い怪獣が好きでした

――橋爪さんは今こちらのインタビュー会場に向かわれているということなので、奥山さんからまずお話を伺えればと思います。

奥山潔　僕は、原田監督に随分ご贔屓にして頂きました。作品をまたいで色々とやらせて頂いた監督は、原田さんだけだったんです。気軽に声をかけやすい人間だったのかもしれないですが、そう思って頂けたなら、良かったなと思います。

――最初に原田さんとお仕事をされたのは？

奥山　絵コンテでは、『コスモス』です。それ以前、自分が最初に業界に入ったのは、『ダイナ』の制作部で、制作進行だったんです。九七年の暮れに初めて撮影所だった東宝ビルトに行って、年が明けてから原田組の「死闘！　ダイナVSダイナ」（31話）と「歌う探査ロボット」（32話）の撮影があったと思います。そこから『ダイナ』『ガイア』『ブースカ』まで自分は特撮班の制作部でした。

特撮の制作進行は基本的にセット番で、ずっと5スタ（東宝ビルト第5スタジオ）に居て、ロケ先には行かないんです。セットの掃除と特撮スタッフの食事の用意ぐらいで、そこで勉強させてもらいました。『ブースカ』は本編特撮に分かれていなかったので、そこで初めて進行の仕事をやったんです。

進行は、現場の段取りの手伝いのような仕事です。ロケ場所等に関しては主任と担当者が決めて、僕は新人でしたから、ロケバスと食事の手配、あと現場の「あれがない」というのに対応するぐらいです。

だから、デザインやコンテで監督と関わったのは『コスモス』に入ってからです。自分の絵コンテデビューは、その前の『ティガ』の外伝でした。

――『ティガ』『ダイナ』『ガイア』がそれぞれ「外伝」としてビデオオリジナルで発売されました。

奥山　橋爪さんは『ダイナ』の外伝を担当されてました。それ以後『コスモス』『リュウケンドー』と、絵コンテでは基本的に原田組担当のような形になって、全部やらせて頂きました。

――『ガイア』でも原田作品のミズノエノリュウを。

奥山　ミズノエノリュウとブリッツブロッツは自分のデザインです。特撮監督の満留浩昌さんにご贔屓にして頂いて「お前、やれよ」と。そういう意味では、原田作品初の怪獣デザインですね。原田さんとはその時は直接やり取りしませんでしたが。

――『コスモス』の時は怪獣の方のデザインの比重も多くなりますね。

奥山　途中からです。原田組でもロボットのイゴマスは平成ウルトラマンをずっと担当されてきた丸山浩さんでした。丸山さんが抜けておられた時に、橋爪さんと、キャラクターメンテナンスをされてきた宮川（秀男）さんとで進めることになって、そこに私が居たという形になります。いつものコンテの進め方と同じように監督が言ったイメージをその場で絵にしました。最初は村石（宏實）組で、怪獣を描きました。初めて描いた原田さんの回の怪獣は、ヤマワラワが二回目に登場した時（36話「妖怪の山」）の敵役マハゲノムです。改造怪獣が多かったですね。

――獅子舞みたいなデザインに見えました。

奥山　原田監督のイメージでは「鬼」で、僕の好きな「民族風なもの」を入れていったんです。色もパターンを出して、選んで頂きました。ダースモール（『スター・ウォーズ　エピソード1　ファントム・メナス』に登場したシスの暗黒卿）みたいなという方向で黒と赤になったんです。あれも前に出たグラガス（24話「ぬくもりの記憶」）の改造です。

――原田回の怪獣同士の改造ですね。

奥山　新規で怪獣を作る時は、丸山さんやバンダイ系列のプレックスのデザインでしたが、私らは、「そろそろ予算を気をつけて」という話が現場に降りて来て、「じゃあ、この改造を使って出来ないか」というのを考えながらやっていたんです。

マハゲノムは、最初は目が真ん丸でしたが、原田さんは「黒目のない怪獣が怖い」とおっしゃって、

あとは胸に角をつける事を話し合いながら詰めていきました。それを受けて宮川さんが「それなら改造が出来る」ということで、メンテ班の部屋が（スタジオの）坂の上だったこともあって、ちょこちょことやり取りをしたんです。でも、改造のベースになったグラガスは、芯ぐらいしか残っていないんじゃないかな。獅子舞っぽく見えるのは、当時僕のデザイナーネームだった「祖蔵宝太郎」のテーマが、あまり上品じゃない方向で（笑）、昔の『スペクトルマン』のピープロみたいな怪獣にならないかな、という事もあったりしたんです。

　マハゲノム以降の原田怪獣は、ギリバネス（47話「空の魔女」）、グラルファン（57話「雪の扉」）。ギラッガス（58話「復讐の空」）も祖蔵宝太郎名義でデザインしました。

　ギリバネスの時は、改造怪獣ではなく新規造形で、宮川さんのところでという話になりました。その時の監督のイメージは、「空の魔女」という名前の通り、松本零士の戦記ものみたいな感じなのかなと。ギリバネスの同種のギラッガスも、その改造でやろうという話になったんです。

――ギリバネスは少しウルトラマンっぽい顔です。

奥山　ウルトラマンの面はどうしても大きいですよね。どこまで小さく出来るかなというのを宮川さんなりにやってみたいところもあったんです。私達としても、〈私達のウルトラマン〉と……。勝手に自分が思っていただけかもしれませんが。

　中に入られるのが三宅敏夫さんだったんです。三宅さんは顔がすごく小さい。「三宅さん専用だ」と言いながらポリで抜いてもらって、極限まで小さくしてもらった。

――羽根のデザインは硬質な感じでした。

奥山　羽根も監督からのオーダーです。台本にはあれも生物だとあったので、生物感をどこで出すかと言えば「目玉をつける」ぐらいだと思ったんです。

　グラルファンの時は、監督に「このイメージで」と、競馬の馬の写真を見せられました。額に星（白い斑）がある、青系の黒い馬だった。その白いところを、もう少し綺麗なイメージでということで、羽根にしたと記憶しています。シナリオが良くて、現場がみんながノッていました。

「雪の扉」では、私もロケハンによくくっついていったんです。『コスモス』は時間もあって、コンテも二人体制でした。それまでは橋爪さんが一人でやられていたので、かなり忙しかったと思います。『コスモス』は最初、私と橋爪さんとで二人体制で、途中で、私となかの☆陽さんの二人になったんです。私はどちらかというと佐川（和夫）さんと村石さんと原田さんを担当していました。途中までは橋爪さんが佐川さんをずっと担当されていて、なかのさんは、市野龍一さんや鈴木健二さんの特技監督の回、八木（毅）組が多かったです。二人体制だと、本編がロケハンに行く時や、特撮班も見ておいた方がいい時に、一緒に行って確認が出来たので、事前に色々決め込むということで言えば、コンテのスタイルとしてはかなり理想的な形で出来ました。

▼原田作品の怪獣

岡　原田さんは尻尾が嫌いだなと、俺ずっと思っていたんです。

奥山　東映怪人がベースにあるなという気はしていました。黒目がないところも。そういう意味で言ったら、ウルトラの本流ではないんだろうなと思いながらも私達はやっていました。

岡　単純に作業効率の問題で、尻尾はやめているのかと思っていたんです。尻尾がないとアクションも自由度が高い。特に『コスモス』の時代は尻尾のない怪獣が多いですよね。

――『五龍奇剣士』の1話に出てくる龍の怪獣は尻尾も長くて「怪獣」らしい感じですね。杉本末男さん（開米プロ）に聞いたら、原田さんは「俺、こういう正統派な怪獣を演出するのは初めてだよな」と言っていたそうです。

奥山　『ガイア』のミズノエノリュウがあるけれど、あれの特技監督は満留さんですもんね。

『五龍奇剣士』は1話が赤い龍で、2話が牛魔王、3話が宇宙人。それも監督の意向です。たぶん、怪獣らしい怪獣が1話で、2話は中国らしいもの。最初、顔を骸骨にしたら、骸骨は怖すぎると中国側から意見がありました。3話はライバル宇宙人だから、バルタン星人みたいな感じで。カエラのデザインは、おこがましいのですが、私は初期ウルトラのデザイナーだった成田亨さんが好きなので、ああいう形になりました。バルタン星人も成田さんでしたし。

――『五龍奇剣士』のヒーローや怪物のデザインは奥山さんですか？

奥山　ヒーローは違いますが、怪獣デザインはすべて私です。1～3話の怪獣は別として、それ以降の、一年間の1クール目の怪獣は、上海に行ってまとめて打ち合わせをする時間が一日あったんです。原田監督が寝泊りされている監督部屋にスタッフ全員が集まって、シリーズ構成も考えながら、その場で怪獣も決めた憶えがあります。もちろん持って帰って

『リュウケンドー』メガノーマ・デザイン（奥山潔）。
「第2稿　ハンマー有案」と書かれ、この時点の名称は「グラビノーマ」

ブラッシュアップはしています。

▼コンテの中からキャラクターが生まれる

――話が前後しますが、『リュウケンドー』2話(「燃えろ！　炎になれ！」)のギガブラワーは奥山さんのデザインですか？

奥山　『リュウケンドー』は、敵側のデザインは、雨宮慶太さんの描かれた幹部や大魔王以外はなかったんです。毎回出てくる魔獣に関しては、何も手をつけられていなかった状態でした。1話は白組が作ったものがあったんですが、それ以降は、たとえば合成打ち合わせをして、「じゃあギガフラワーってどんなの？」と言った時に何もない状態なんです。それで「ちょっと描いてみて」と言われて、イメージボードのノリで描いて、それがそのままデザインになったという形でした。

メガノーマ(7話「召喚！　ゴリラ獣王」の魔獣)の時は、初めて着ぐるみで怪人を出すということで、デザインをして欲しいという話がありました。

あれは「東映のカブタックに出てくるロボットみたいだね」と周りから言われたんですが、その時、自分は知りませんでした。顔の位置が同じで、両足がタイヤというデザインがあったらしいんです。

そもそも『リュウケンドー』に関わったきっかけは、原田さんからの電話でした。ドッグシュガーとやるので、プロデューサーの門馬(直人)さんにちょっと会ってもらえるか、という話で。その次に呼ばれたのが衣装合わせで、そこで原田さんから写真を頂いて、ロケハンに行くとことになって、そこからだんだん動きはじめた憶えがあります。

台本をもらったのがロケハンの朝でした。行ったら、美術の寺井(雄二)さんもそこで読んでいた(笑)。「魔物」と書いてあるから、どうも「ゆるいのかな」と(笑)。ハードな話なのかなと思ったら、原田さんは「まずこの群衆をいっぱいやりたい」と言ってました。

――橋の向こうからジャマンガの遣い魔(戦闘員)がやってくるところですね。

岡　台本に書いてはあったんです。「たくさんの魔物がやってきた」と。

奥山　ただ、その「たくさん」のレベルが、CGが使えるからという話で、「すごい数にする」というのは、そのロケハンで聞いた憶えがあります。それで、ロケハンに行くところが、メインの舞台の商店街になるから、という話も伺いました。

後はたぶんロケハンの時に、アクション監督の大道寺(俊典)さんや白組の田口(健太郎)さんと話し合って、割り振りを決めたと思います。ただ、原田さんの中では、「これは出来る」というのを踏んでからカットの画を相談していたと思います。

▼絵コンテ導入のはじまり

――ここで、橋爪謙始さんに来て頂きました。橋爪さんは奥山さんより前、平成ウルトラマンでコンテを導入した時から参加していらっしゃいます。

岡　スタッフルームにコンテの方が毎日ずっと詰めて描いていた光景が記憶に残っています。

橋爪謙始　家でもやっていて、時間がめちゃくちゃな感じでした。朝方に完成して、寝て起きて……。

当時、私自身、画コンテでやっていけるのかどうかということが、まだ手探りでした。『ティガ』の頃は、画コンテ自体が、独立した部署としては目新しい状況で。「コンテ？」という空気もあったような気がします。それが『ティガ』『ダイナ』『ガイア』と続くに従って定着していった。

ウルトラ(のテレビ)シリーズでCGが出てきたのは『ティガ』からなのでコンテの必要性が増したのかなと思います。

岡　昭和最後の『ウルトラマン80』の時代ですら、絵コンテはなかったのかな。

橋爪　どなたかがその都度描かれていたにせよ、独立したポジションとしてということではなかったと思います。

――平成ウルトラマンでコンテを導入しようというのはどなたが……。

橋爪　たぶん満留(浩昌)さんではないかと思います。助監督の立場から、満留さんが高野宏一さんに、画コンテがパートとして必要だと進言されたのではないかと……。

コンテにあるのは、特撮と、特撮がらみの本編という感じです。ですので監督が特撮と本編と違う場合は、その両方を最終的に一つにしていく。

――「青い夜の記憶」(29話)ですと、ヒロイン(来栖マヤ・演　田中規子)のアオリで天の川が流れて行くカットも原田さんはちゃんと指定していたんですね。

橋爪　そうですね。

奥山　話の流れの中で、「ここは状況を見せる」とか、コンテで決めているんです。

橋爪　原田監督、合成の指定では、ガラスの映り込みもすごくお好きですよね。そういう細かい、すごく微妙な合成カットをコンテに盛り込まれます。

奥山　原田さんの回は綺麗な空の合成が多いです。

――この話は空へのこだわりの最初ですね。

橋爪　『コスモス』は少し参加させて頂きましたが、その時もやはり空にこだわっていらっしゃいました。「時の娘」(13・14話)の時も。

――「時の娘」に出てくる、オブジェがあるロケ場所は「青い夜の記憶」にも出てきてましたね。

奥山　『リュウケンドー』でもいっぱい行ったところです。八王子にある秋葉台公園です。

――『リュウケンドー』ではコンテからあの建物が描かれてました。あのオブジェは建物の枠だけだから空が見えて、それがフレームで縁取られているようで、幻想的なイメージにひと役買っていました。

奥山　原田さんの場合、空のシーンは「綺麗に」という注文が必ずありました。映画の『旅の贈りもの　0:00発』でも、「綺麗な空」を入れたがった。監督は「星空」にこだわって、入れられる場所を探していました。海ホタルのシーンもそうですが、あちこちに星空を入れてくれと言ってました。

――『リュウケンドー』の8話(「水にひそむ魔」)の冒頭に、回想シーンのコンテがありますね。綺麗な星空の下でお兄ちゃんと螢を見ている、ここのタッチがちょっとウルトラマンっぽいと思ったら、ウルトラの星空を持って行ってCGスタッフに見せていたらしいですね。

奥山　あの星空の綺麗なイメージは、常に持っていたと思います。原田さんのカラーだと思います。

岡　なにせ、ロケ場所も同じですからね。「ウルトラの星」(『ティガ』49話)の場所で撮っている。

あそこに行った時に「ここがあの『ウルトラの星』で円谷英二が初代ウルトラマンを見つけた岩だ」と監督に言われるわけです(笑)。

――「青い夜の記憶」は星空とヒロインがメインの話で、後の『リュウケンドー』ではだんだん女優を綺麗に撮ることに力を入れるようになる。

奥山　ウルトラマンの時は男の悲哀を撮るのがうまい監督だと売り出したら、あまり仕事がないので、途中から「女性を綺麗に撮る監督だ」と言いはじめた。そしたら仕事が増えたとおっしゃってました。

『旅の贈りもの　0:00発』でも、女性を綺麗に撮ることはこだわっていましたね。

『五龍奇剣士』で上海に行った時、私もオーディションに行ったんです。主人公にヒーローの力を与える精霊のような女の子のオーディションがちょうどあって、衣装をしっかり作らないといけない役でした。そのデザインを前日にホテルで描いて持っていったところ、オーディションに来ている子は優しい顔だから描き直してくれと、オーディションをやっている脇で描き直した思い出もありますね。

▼大事なポイントは外さない

――コンテの注文はどのようにされるんですか?
橋爪　ラフな下画きや、割本、字コンテなど、打ち合わせは監督によって様々です。
奥山　北浦監督は、私の時は字コンテでした。佐川和夫監督は粗描きがだぁーっと来る。
橋爪　原田監督の場合、打ち合わせの時は(割りに関しては)マッサラな状態、という感じでした。私も原田監督も二人ともマッサラなところから、会話しながら始める感じで……。
『ダイナ』の「怪盗ヒマラ」(12話)でも「セロファン、ぴーっ」という感じ……。
――ああ、セロファンを空に投げるんだと。
橋爪　会話の、その場で「こういうのが欲しい」とおっしゃって。色んなアイデアを採用してくださいました。
岡　原田さん自身は、絵が描けない人だったんじゃないかと思いました。見た事ないです。
――台本に簡単な絵は描いてありましたね。
奥山　私は監督が描いた『ブースカ』のオープニングの画コンテを見たことがあります。「自分が描きましょうか?」と言ったら「二つ以上の仕事はやらない方がいいよ」と言われて……。
橋爪　原田監督は台本の字の上で直接割っていらしたような記憶があります。
奥山　そうでしたね。『リュウケンドー』では、基本的には「こういう画を描いて」という言い方しかされませんでした。だからシーンナンバーもない、シーンナンバーはあってもカットナンバーもないと

『少年宇宙人』イメージボード(橋爪謙始)より。
探査船テトのアングル対案について、美術寺井氏の発言をイラスト付きで。人物右が橋爪氏自画像

いう形で、監督がそれをタイミングのいいところに挿入するというやり方です。
　設定も、「あっち町、こっち町でいいんだ」とおっしゃっていた。『ブースカ』は「夢町」、『リュウケンドー』は「あけぼの町」、看板等で隣の駅や町の名前を書かなきゃならない時に、原田監督は「〈あっち町〉と〈こっち町〉でいいんだ」と(笑)。

岡　興味がないことにはとことん興味がない

橋爪　その言い方は当たっているかもしれませんね。

奥山　難しい話も嫌いで、『リュウケンドー』の2クール目は「トラウマ禁止!」と言ってました。

岡　格闘のシーンはコンテを描いたり描かなかったり、監督によって違うのかな。

橋爪　原田監督の場合、基本的に格闘シーンはあまり描かないんです。

奥山　原田さんの回は格闘シーンは「お任せ」だったと思います。北浦さんは結構描いていました。

橋爪　描いてた描いてた。

奥山　格闘も結構カット数が多かったから。

橋爪　ガンQ戦(『ガイア』6話「あざ笑う眼」)は随分描いた。今コンテを見てもガンQがいっぱい(笑)。原田監督の回はスケジュールがだいぶ楽なので、正直息をつける感じでもありました。

奥山　原田さんの場合はCGとミニチュア撮影と現場処理の割り振り等の方法が決まらない内にコンテをやることは、あまりなかったと思います。ある程度目処がついてから「これならいける」と。

橋爪　段取りが計算しつくされている。

奥山　それ以前の、内容を作っている中では苦しんでいたこともあったでしょう。

岡　『リュウケンドー』の時代は、CG合成の打ち合わせはきちんとやっていた?

奥山　「合成打ち」と言ってやってました。自分も一応毎回行ってました。

岡　コンテを作ってもらった後の合成打ち合わせでも来てもらって……。

奥山　そこで修正して、表紙をつけて、コンテの撮影稿を作るという形でした。

岡　僕が他の監督で立ち合った時は、熾烈な綱引きが印象に残っているんです。

奥山　原田組ではなかったと思います。たとえば「復活の魔」(19話)のラストでリュウケンドーとリュウガンオーが星空を飛ぶところで、背中のバイクが変形して羽根になるので、どこまで実際に作るかという問題があったり、「寄りは、このサイズならOK」という話はした憶えはあります。実際のスケールだと、作り物はちょっと大きすぎて、背負えないんじゃないかとか。
　喧喧諤諤していたとしたら、ロケハンの時だったりすると思うんです。後は私の知らないところで……。原田さんの根回しもあったでしょうし。

岡　白組の田口健太郎さんがCGのスーパーバイザーなんですが、「このカットは出来ない」「オミットでいいんじゃないですか」と言ったかと思ったら、「これはフルで白組で引き取ります」と(笑)、「読めないな」というのがあったんです。僕は助監督として監督の方に寄っているから、VFXスーパーバイザーの立場がどうであれ、監督がやりたいというものを、一存でやるやらないというのは違うんじゃないのか、という思いがすごくありました。その光景が印象の中に強烈に残っているんです。

奥山　原田さんの場合、田口さんと喧嘩していた記憶はあまりないですけどね。

岡　ということは、原田さん一流の根回しがそこにはあったということでしょうか。

奥山　あったと思いますよ。
　原田監督の場合、ロケ場所で自分がデジカメで撮ってきたものをプリントアウトして、そこに赤いペンで動きを描き込んで見せてくれたんです。こっちはそれを元にラフを描いて、コンテに起こしていました。『リュウケンドー』ではそれが多かった。

岡　『コスモス』の「時の娘」のイメージボードを今、奥山さんに見せてもらいましたが、あれもすべてロケ場所とアングルが定まってましたね。自分で写真を撮って、見せるというスタイルが結構早い時期から出来上がってました。

奥山　デジカメもパソコンも早くから使ってた。

橋爪　デジカメ以前は、現場の写真を持って来て、

打ち合わせは必ず具体的にというのがありました。

▼最初に形にする人のセンス

岡　「ダイナ対ダイナ」の時は、珍しく格闘でかなりのカット数を描いてますね。

——それが中心の回ですからね。コンテの絵の上ではダイナとダイナは同じ形です。

橋爪　偽者は色が塗ってなくて、本物は色が塗ってあるのかもしれない（笑）。

——本編と特撮で監督が二人いる時は、三人でのコンテの打ち合わせをするんですか？

橋爪　監督同士で擦り合わせをされる時、同席したりしてました。ちなみに、原田監督と北浦監督は仲がよろしかったですから、本編と特撮の分業で、同一作品を担当される回でもスムーズでした。

奥山　『ガイア』5話のガンQの回で原田さんと北浦さんが組んだ時、北浦さんが冒頭のシーンのイメージを具体化するために、自衛隊の演習とかありものの映像を駆使して独自にサンプル映像を編集していたんです。その時、原田さんも「こんな風になるのか」と言ってすごく感心されていました。

『リュウケンドー』で空中戦をやった時は、それの影響もあると思います。ご自身の口からあまり伺わなかったですが、原田さん、乗り物お好きですよね。『コスモス』でも戦車隊のチャージャーズを出したり。『リュウケンドー』のUFOとの空中戦の回（24話「空中大決戦」）も、「これはやってみたかった」と言ってました。この辺は監督もこだわりがあったと思います。打ち合わせでは、監督のカット割りに添ってコンテを描いた憶えがあります。

——空中戦になる前に、UFOとの対決でリュウケンドーが煙突の上から落ちて、桜の樹の中をドバーっと落ちるシーンも印象的でした。

奥山　桜の季節だったので、UFOのデザインを頼まれた時、イメージボードを一緒に起こして、桜の情景を描いたら気に入って頂けたようでした。

UFOのハートマークは私が考えたんですが、ひっくり返ると悪いやつになるアイデアは原田さん。最初はいいやつで来て、ひっくり返ると悪いやつになる。「いいやつ」のイメージで、ハートマークのデザインにしたと記憶しています。

▼もっと遊んでいたかった

奥山　原田さんは美術の寺井雄二さんとよくつるんで遊びを入れてましたよね。

橋爪　「遊び」だと認識すると凝りだす（笑）。

奥山　『リュウケンドー』の時におっしゃっていたのは「基本的にはやりたいことはホンの段階で決めてある」と。後の現場は楽しくという感じはありました。自分としては、緊張感がなかったわけではないんですが、楽しめました。ロケハンに行っても、原田監督と一緒にいて楽しかったです。

橋爪　遊びと言えば、ダイナ外伝の『帰ってきたハネジロー』で印象に残っているのは、これ、オリジナルビデオだけど、テレビシリーズに組み込んでもおかしくない。それがすごく面白いなと。

——途中の話ですからね。たしかにあの感覚自体が遊びかもしれない。

岡　基地のセットが残ってなかったけど（笑）。

——隊長の顔の後ろにGUTSマークがあって。

奥山　原田さん、細かいマークとかにこだわっていました。『コスモス』でメディカルセンターが出る時に「マークを描いて」と言われたんです。その時、スタッフルームに小さい昔のマックを持ち込んでいたので、クラリスでその場で作りました。後は仕上げ班に貼りつけてもらって。

あと、岡さんが顔に迷彩塗装のメイクをしてカメオ出演した戦車部隊に貼り付けてあった「撃墜マーク」。侵略者のワロガ（『コスモス』13・14話「時の娘」前後編）を一回撃退しているから、星一個みたいな（笑）。誰もわかんないと思いますが。

——コンテの表紙は毎回絵が違いますが、原田さんは凝ったんですか？

奥山　必ず「描いてくれ」と言われました。

岡　そういえば奥山さんが描いた似顔絵が、原田さんのお墓に刻まれていることは知ってます？

奥山　全然伺ってなかったです。

岡　原田さんが亡くなって半年以上経ってから、やっとお墓が出来て行ってきたら、「人々に愛と夢を」というメッセージと一緒に、あの顔が彫られていました。お母さんが「とてもいい」と思われたそうで。

——キャップのイラストが馬になってました。

奥山　えぇーっ。描いたかなぁ。（註）

——『リュウケンドー』の監督所蔵の脚本にも貼ってありました。

奥山　『リュウケンドー』の後の、『レスキューフォース』をやっていて、監督が一回遊びに来られた時にも、病気だという素振りは見せなくて、また原田さん監督に来るのかなあと思っていたんですよ。

（註）後に奥山さんが確認されたところ、『コスモス』原田組全話クランクアップ記念に奥山さんが描かれた絵とのこと。

物語展開

31～34話までの流れ
ザンリュウジンとかおりの絆……そしてバーニングリュウケンドー登場!

【31話】「あけぼの町最大の事件!」（脚本・武上純希、監督・野間詳令）は、普段は基地にいる瀬戸山が外に出る話。今までのキーの中で戦いに使われなかったものを都市安全保安局へ移送する瀬戸山。そこをレディ・ゴールドが狙うが、瀬戸山はなんと銀行強盗とのダブル襲撃を受ける結果となり、キーの入ったカバンの取り違え事件が起こる。

レディ・ゴールドと三従者が新コスチュームで登場。ゴールドは『バットマン』のキャット・ウーマンを思わせる身軽な出で立ち。戦闘モードと呼ばれ、以後たびたび着用する。

【32話】「白波おおいに笑う」（脚本・猪爪慎一、監督・野間詳令）は人間の喜怒哀楽を過敏にさせる魔物ジャマインドが登場、あのニヒルな白波が笑顔を見せ、子ども達のために戦う。ジャマインドはインドのガネーシャ象のようなスタイルで、どこか可愛らしい。原田監督の演出する最終回でも、復活する魔物の一体として再登場することになる。

【33話】「三位一体! リュウジンオーの新たな力」（脚本・猪爪慎一、監督・清水厚）では、かおりさんがジャマンガによって鉄仮面を付けられ、視界も奪われる。白波の相棒であるザンリュウジンはかおりさんと声と声で会話し、力づける。かおりさんにとってザンリュウジンは人間で、世界中を旅している男だった。いつか白波も一緒に、三人で世界旅行をしようとかおりを励ますザンリュウジン。だがかおりが元に戻った時、自分はいずこへともなく姿を消したことにしてくれと、ザンリュウジンは白波に頼むのだった。今回、ザンリュウジンが初めてバイクに変形し、シャドウバイクとなってマグナリュウガンオーをサポートする。

【34話】「世界最大のアンブレラ」（脚本・武上純希、監督・清水厚）では巡査の駒走が鈴のことを好きだと勘違いした剣二が、それを意気に感じて情熱的になり、パワーアップする。ファイナルキーがファイヤーキーに変化。バーニングリュウケンドーが登場。これはゴッドリュウケンドーの炎モードである。獣王ファイヤーコングもバーニングコングとなって「三位一体・爆炎斬り」をかます。

作品解説

「狙われたあけぼのステージ」35話
▼二〇〇六年九月三日放映

脚本：猪爪慎一　**撮影**：鍋島淳裕
ゲスト：加藤仁志（勅使河原浩）

サンダーリュウケンドーとの戦いであえなく散ったジャークムーンが血煙伯爵ブラッディの手によって心を持たぬメカ戦士として蘇える回。しかし例によって、今回も原田監督お得意の「恋のさやあて」話となっており、鈴のお見合い相手だった勅使河原浩が再登場する。

原田　3クール目は助監督の野間（詳令）にデビューさせて、最初の1クールで監督の一人だった清水（厚）さんがまた二本入って、「狙われたあけぼのステージ」はその次です。

野間くんや他の連中の回は、わりとCG班が大変だったはずなんです。だから、「合成は少なめでやって欲しい」「スケジュールもコンパクトに」と言われてやったので、「狙われたあけぼのステージ」はコンパクトバージョンなんです。

――だから一か所に町のみんなが集まっていたんですね。

原田　そうです。撮影が六月の梅雨時で、雨が降るのがわかってたから、スケジュールに影響が出ないように、「インドアでやっちゃえ」という事もあって話を作りました。

――ジャークムーンの復活も少し暗示された回でもあります。

原田　そうですね。でも、この頃は自分がジャークムーンの話をやることはないと思ったので、「雰囲気だけ出しておけばいいや」という感じでした。

▼あけぼの脱力ステージ

Dr.ウォームが魔法陣を前に一枚の紙を手にしている。「ええい人間どもめ、ふ届きな!」

あけぼの町で開かれるイベント[あけぼの署ふれあいフェスティバル～魔物安全教室]の告知ビラだ。マモスケのイラストが、「よい子のみんな、よろしくネ!」と、ぺろっと舌を出している。

「この、おどけたポーズ!」とウォームが怒ると、カーンとコミカルな音が流れる。

「ペロリと出した舌!」。又カーンとコミカルな音が流れる。

「我々魔物をバカにしおって……目にモノ見せてくれるわ!」

いきまいて広間から出ていくDr.ウォーム。すると、ブラッディがノシノシ歩いてくる。「……愚かな奴……だが、お前の試運転には好都合か……出でよ、新たなる我がしもべ!」

ブラッディが機械の指を鳴らすと、ジャークムーンのフォルムを持った者が少し動く。脚本では「怪しげな何者かのシルエット」とあり、この時点で姿は見せていない。

不気味に笑うブラッディだった。

「えー、本日は皆様! 我があけぼの署の一大イベント、魔物安全教室に、ようこそおいでくださいましたハハハハハ!」

あけぼの町ホールでは舞台上の雪村署長が得意満面で話を続けている。傍らの机にはマモスケが載っている。

廊下から会場の入り口に入ってくる人々や席に着く親子連れが映し出される。ステージにはチアガールが待機し、左右には制服警官が並ぶ。もちろん署長の左には、いつもの花田交通課長と月岡刑事課長が立っている。

「不肖わたくし雪村、我が町の、魔物防災意識を今一度見直すべく、この催しを企画させて頂いた所存です！」

　チアガールが立ちあがり、それを合図に拍手する観客達。熊蔵と邦子の夫妻もいる。夫婦に挟まれてなぜか繁が座っている。

　熊蔵はだらっとしている。脚本では熊蔵の「よッ、このお祭り男！　スットコドッコイ！」というかけ声や、夫婦の「雪村署長ったら、燃えてるねェ」「ま、ＳＨＯＴばっかり目立ってるからな。あけぼの署もいるぞ！って、ここらでアピールしときてェんだろ」という会話もあった。

　熊蔵の隣には豚々亭の蝶野が座っている。

　雪村、得意げに語り続けているが、次第にゲンナリしてくる観客達。画面はくるりと円を描いたワイプになって、時間経過が示されるが、雪村はまだ喋っている。既に後ろの席まで寝ている。起きているのは繁だけ。それまで流れていた音楽が失調し始める。

　原田監督は演出メモに、

　しゃべる「まず第一」→げんなり
　しゃべる「次に肝心なのは」→あきれる
　しゃべる「そしてその時」→眠る

とプロセスを書いている。「」内は雪村の発言のタイミングで、矢印の先は町民の反応。

　そんな眠気を誘う演説の最中も、バックステージではスタッフの署員達がわいわいと作業中。剣二の胴体はマモスケの着ぐるみ姿だ。「誰か手伝ってよ」と、背中のファスナーが上げられず四苦八苦。テーブルの上にマモスケの頭部が置かれてある。

　そこへ紙コップを持ったサングラス姿の不動がやって来て、「どれどれ」と、ファスナーを上げてやる。ヘンな音がするが「これでよし」とごまかす。

「なんで俺が魔物の役なわけ？　これさあ暑いしクサいし、やってらんねーんだ」と剣二は着ぐるみの臭いを自分で嗅いでイヤな顔。不動にまで嗅がせている。

　すると、出番を終えた雪村が月岡と花田を伴って現れた。腕時計を見ながら「いやいやね、つい調子に乗って、あ～三十分も話しちゃった！」と笑う雪村。

「もう皆、ぐったり……」とうっかり言ってしまう花田。雪村は一瞬真顔になる。

「いえ、うっとり聴きほれておりました」と取り繕う花田に雪村、満足して頷き大笑い。

　ここで原田監督は、先ほどの会場で街の人々が「ぐったり」寝ている場面を脱力音とともに数秒挿入。熊蔵は繁の膝枕で寝ており、さすがの繁ももうダウンしている。いくつかのパターンで撮った住民の反応を編集していることを伺わせる。

　脚本での花田は「もう皆、うっとり聞き惚れておりました！」とよどみなく言って敬礼。「ぐったり」の失言はない。撮影現場でもうひとつヒネリを加えたのだ。

原田　雪村キャラももう確立されていたので、あのスリー・アミーゴスも、自分達でどんどん芝居作っていくような状態だったんす。この頃はやりやすかったですよ。みんなキャラクターをはっきり自分で掴んでいたから。
――それで、鈴が聴衆に「起きろ！」と。
原田　そうそうそう。鈴ちゃんの気の強いキャラを出して。

▼悪いのは浩じゃない

　楽屋には、どこか危なっかしい手元で金槌を使い、大道具のセッティングに励んでいる青年がいる。あけぼの町長の息子・勅使河原浩だ。25話で登場した鈴のお見合い相手の再登場である。模様の入ったＹシャツにブルーの柄ネクタイをしている。原田監督は演出メモに「何を作っている？」と記しているが、結局、完成作品でもそれは特に言及されていない。本筋に絡まないからだろうが、一度はそうしたことも考えてみているのだ。

「お止めください、浩さん！」と雪村がたしなめる。

「でも大工仕事なんて、なんだか新鮮で」。浩はこんなことを言っても嫌味にならない。

だが「お怪我でもなされたら、町長に申し訳が立ちません！」と説得する月岡。

　それを着ぐるみの剣二が不動と鼻白んで見つめる。「なんだか、ノホホンとした坊ちゃんだなァ。世間知らずっつーかさ、頼りなさげっつーかさ」

　そこへ婦警姿の鈴が現れ、パンフレットで剣二の頭をはたく。

「失礼な事、言わないでよ。浩さんはね、アンタと違って、育ちのいい立派なヒトなの」

　鈴は剣二に「段取り、ちゃんと覚えた？」と確認する。「ヘマしたら承知しないから」とクールに言い放ち、ニヤリとしながら浩に歩み寄る。パッ！と笑顔を輝かす浩に「すいません。ホントに、手伝いに来て頂いちゃって」と一転、しおらしく可愛い鈴。

「いえ！　約束ですから……」。この約束は、実際に25話の劇中、お見合いの中でなされている。この回も原田監督の担当だった。

「あッそうだ、最近、柔道始めたんですよ。ボクも少しは、鈴さんを見習おうと思って」。そんな二人の様子を遠くから応援している風な雪村・花田・月岡の三羽ガラス。

「じゃあ今度、稽古つけちゃおうかしらァ」。楽しげに話す二人を遠目に「けっこう、いいムードじゃないか」と不動は言う。

「け、物好きな野郎もいたもんだい」。剣二は面白くなさそうに見つめ、ふいにもじもじしだす。「やっべ、だんだん緊張してきた」。尿意を覚えてきたのだ。

　画面はくるりと円を描いたワイプになって時間経過が示され、ホール内ではいよいよイベント本体が開始。司会進行役の鈴には、舞台上で丸くスポットが当たっている。

「それじゃみなさん、用意はいいですかー？」。だが人々は先ほどの署長の長話でぐったりと寝たまま。チアガールや制服警官まで眠っている。そこで鈴が「起きろ！」と一喝。みんな一斉に起き、そのまま拍手。カッパの着ぐるみ姿の男や、チアガールも動き出す。このくだりは脚本にはなく、鈴の存在感をいや増す。

「私たちが暮らす、あけぼの町は、他の町とはちょっと違う、不思議な町です。どんな所が違うか、わかるかなー？」

　繁が「はい」とまっすぐ手を挙げる。「魔物が、ギジャーッて出て来ます」。

　ピンポーンと手で頭上に正解の〇を作る鈴。「そーです、あけぼの町には、他の町と違って、魔物が出るんです……こんな風に！」

　鈴がバッと右手を上手に突き出す。キャメラが振られて、舞台袖に焦点が当たる。あけぼのタワーの絵の下から舞台に出入りするようになっているのだ。しかし、そこから出てくるはずの魔物役の剣二が現れない。脚本では「えー、ちょっとお待ちくださいね……ハイ、魔物が！」と再度やるが、やはり誰も出てこず、客席もざわつきはじめ、鈴がうろたえるという描写があった。

完成作品では誰も出てこない舞台袖を数秒映すのみで、次の場面に切り替えている。

ここで、脚本ではもう少し後になる、剣二が舞台に出る前、トイレに入ろうとして「これ脱がねえと」と背中のファスナーを下ろそうとして七転八倒するシーンを原田監督は前倒しして挿入している。そこへ用を済ませた浩が現れた。「ちょうどよかった、これ脱ぐの、手伝ってくれない？　早くしないと、鈴のヤツに殺されちまうんだよ」

その頃、舞台袖の裏側では、三羽ガラスが心配そうに様子をうかがっている。そこへやってきたグラサンの不動。

月岡が、のんびり団扇を仰ぐ不動に小声で、居なくなった剣二を探して連行してくれと頼む。不動は「了解！」と行こうとしてふと見ると、廊下にぎっしり遣い魔達がいる。

雪村も気付き「ま、ま、ま、魔物ーッ！」と悲鳴を上げる。その悲鳴を聞き、舞台上の鈴はようやく剣二が戻ったと誤解した。

「お待たせいたしました！　いよいよ魔物の登場です」

そして、本物の遣い魔達が不動と立ち回りしつつ、ステージになだれ込んできた。ショーと誤解し、拍手で迎える町の人びと。

そうこうしている間にも、剣二は浩にファスナーを下ろしてもらっている。

「まだ？　まだ？」

「待ってくださいよ、今……あッ！」

浩は取れたファスナーのつまみを、気まずげに見せる。「マジかよ！」と嘆き顔の剣二。しかし、これは浩のせいではない。先の楽屋のシーンで、不動が原因を作っているのだ。これはよく見ていないとわからない。脚本にもなく、原田監督一流のくすぐりだ。また、剣二と浩のこのファスナーをめぐるやり取りは、脚本に書かれたその前半が、先述した通り、前のシーンに移動している。原田監督は脚本のシーンナンバーを前後させたり、同じシーンの前半と後半を別のところに入れるなど「脚本のサンプリング」とも言うべき融通無碍な編集を行っている。

——シナリオの順番を少しずらしたりしてる時がありますね。

原田　この時は、編集でだいぶずらしました。タイミングが合わなかったので。

——編集上なんですね。

原田　そうです。撮る時はそのまま撮ったんだけど、どうもなんかタイミング合わないなというので。そんなに、タイムサスペンスがかかっているわけではないから、いいと言えばいいんですけどね。剣二がトイレに行きたいんだけど、チャックが壊れて……。

——それとステージの戦いのシーンを交互に出していく形になってますね。

原田　そうそう。基本的にほとんどワンセットものみたいな話で、ステージとその前だけなんです。だからメリハリをつけたいというのもありました。

▼「アクション」と「オトボケ」の並列

ステージ上で格闘を続ける不動。手に持っていた団扇を投げつけると、遣い魔の一人が繁達の目の前で倒れる。ここでいち早く「魔物だ！」と叫ぶ繁（脚本では鈴の「えッ、本物？」という確認のセリフもあった）。事態に気付いて、逃げ出す邦子や能蔵たち町の人々。戦いつつ「みんな、逃げるんだ！」と指示する不動。

——不動が町のみんなの前で戦うアクションは、キザでカッコ良かったですね。

原田　不動役の源さんが、身体が動く人だったからね。

——ワンカットで手に持った団扇を投げつけて、決まりました。

原田　そうそう、それが出来るので。あの番組の役者さん達はみんな動きが出来ましたから、見せてあげたかった。そういう気持ちはありました。

不動の指示で慌てて立ちあがり、逃げようとした人々だが、そこへ笑い声が上から響く。

降りてくるDr．ウォーム。浮遊台の上に立ち、紫の炎に包まれている。「この会場はすでに、我々が占拠した。そこの男、抵抗はやめよ！　さもないと」

遣い魔達が逃げようとした能蔵達に刃を突きつける。怯える人々。不動は戦うのをやめ、遣い魔に攻撃される。

ここでDr．ウォームが不動のことを「そこの男」と呼んでいるのは注目ポイントだ。ジャマンガは魔弾戦士の正体を知らないのである。これは29話で、変身できない剣二がマモスケのお面を被らなければならなかった理由とも通じる。これまで幾度となく遣い魔や魔物達の前で変身したはずだが、幹部格はその正体を知らないことになっている。このゆるい一線の引き方が、『リュウケンドー』の世界のおおらかさにつながっている。

「魔物安全教室だと？　調子に乗りおって」。ここで署長達三羽ガラスが一斉に「すみません」と頭を下げるのが可笑しい。脚本ではただ「三羽ガラスも捕まり、連行されてくる」とある。

今回はステージというライブ感覚のある場所での事件なので、至るところにくすぐりを入れ、バラエティ・ショー的な要素が採り入れられている。

脚本ではここで不動と鈴は抵抗をやめ、羽交い締めにされる……とある。だが完成作品の鈴はただの被害者ではない。

——鈴が降伏するシーンも、被害者的ではなく、しょうがなく自分から降伏したみたいな、強い感じになってますね。

原田　そうですね。魔物より強いです、鈴ちゃん。リュウケンドーの女の子達はみんな強いんです。市ちゃん律ちゃんも。

——鈴が自分の肩に手をやる遣い魔をパンチしたり、かっこいいです。

原田　鈴ちゃんも勘のいい子だったから、ああいうキレのアクションを、その場で言われてもちゃんと対応出来てました。

捕虜になった人々と共に槍を突きつけられながら「ったく、剣二の奴、いったい何やってんのよ」と不機嫌な顔の鈴は、町民を脅すDr．ウォームの話も、まともに聞いてはいない。

さて次のシーンだが、前述した、トイレ前で剣二が浩に着ぐるみの背中のファスナーを下ろしてもらおうとする場面は、実は脚本ではここに位置していた。映像作品ではそのシーン尻に近い、以下の部分がここで使用されている。

トイレ前で浩がファスナーを開けようと四苦八苦しているが

「すいません。やっぱり無理です」と謝る。「あー！　勘弁してよお」と背中に手を回す剣二。つまり原田監督は、一つのシーンを三分割して違う場所に置いているのである。そのことで、魔物安全教室のステージがジャマンガに占拠される緊迫感と、剣二が着ているマモスケの着ぐるみのファスナーが開かないという間抜けな焦りを交互に見せている。

『リュウケンドー』独特のアクションとオトボケの並列が、脚本をそのまま使いながら順序を変えることで意志的になされている。『リュウケンドー』「いつのまにか原田監督の色が出た作品になってしまう。『リュウケンドー』のおおらかさは原田監督のテイストです」とプロデューサー陣が語った秘訣は、こんなところにも見ることが出来る。

▽デカイ顔をするDr．ウォーム

ホールでは、Dr．ウォームがステージ上を浮遊台で飛び回っているのがロングで捉えられている。「大魔王グレンゴースト様の復活！　それこそが、我らジャマンガの悲願であり、究極の目的であ～る！」と大魔王の偉大さを知らしめようとするウォームの演説。無理やり客席に戻らされた町の人々はそれを聞いているしかない。

繁少年がハイ！　と手を挙げる。「大魔王って、やっぱり強いんですか？」

大胆な小学生の態度にあんぐりした顔の邦子。

Dr．ウォームの浮遊台が止まり、振り返る。演出メモでは合成前のターンテーブルの向きが図示されている。

「もちろん！　こんなちっぽけな町など、アッという間にペシャンよ！　この地上は、間もなく、大魔王様が支配する、恐怖の魔界と化すのじゃ！」

ここで脚本では「Dr．ウォーム、興奮しすぎて、ぜえぜえと息切れ」するとある。

Dr．ウォーム越しに繁少年達、客席を合成することがコンテに描かれているが、合成後に遠近感を出すためウォームにボカシを入れることまで指示されている。

首をかしげ、しらーッとしている観客達。熊蔵などはよそを向いている。原田作品でお馴染みの脱力音ブリッジがかかる。

「どうした？　怖くないのか？」と不安になるDr．ウォーム。

繁少年は立ちあがったまま言う。「いや正直、リアリティが感じられなくって」

ラーメン屋の蝶野が勢いづいて言う。「お前らなんか怖かねえや！　だっていっつもSHOTにやっつけられてるじゃねーか」

そうだそうだと騒ぎだす観客達。

「えぇーい、黙れ黙れ黙れ！　ふとどきな奴らめ！」

だが客席はいっこうに静まらない。

脚本では「大魔王がなんでェ！　俺らあけぼの自警団がケチョンケチョンにしてやらァ」という熊蔵のセリフも書かれていた。「あけぼの署もいるぞ！」「そうだ！」と花田と月岡も立ち上がるが「き、キミたち、事を荒立てないで」と二人を座らせる雪村。

脚本ではここで一旦Dr．ウォームはジャマンガ城に帰還し、そこから中継で大魔王の卵を見せるという展開になっていた。ホールの天井いっぱいに魔法スクリーンが広がり、大魔王の卵の映像が、ドン！　と映し出される。

だが映像作品ではDr．ウォームが突然パッと煙のように消え、次の瞬間、うなり声とともに天井いっぱいがウォームの顔になる……という描写になっている。その、真っ赤な照明が当たった巨大な顔。うわッ！　と驚く観客達。繁のメガネの左右のレンズにも映り込む。

ウォームの巨大な顔は立体のまま風船のように収縮する。コンテには「広がって出る感じ」と書かれている。

「驚いたか！　これぞ我が偉大なる主、大魔王グレンゴースト様のお姿よ！」。ぶわっと膨らんだDr．ウォームの顔が、大魔王の卵に変わる。蠢動する卵！

「た、確かに、スゴい迫力です」。繁も人々も退けぞらざるを得ない。

Dr．ウォームは怯える観客達を、得意げに見下ろす。「よい事を思いついたぞ。お前らを特別に、魔界へ招待してやろう！　その目でじかに、大魔王様のお姿を、拝むがよいッ」

観客達は恐怖でマイナスエネルギーを放出し、パニック状態となって逃げまどう。

原田　ジャマンガの、他の幹部は大道寺さんのところの剣武会のメンバーが入ってるんですが、Dr．ウォームの飯田(孝男)さんは普通にキャストで決まったんですよ。キャスティング担当とも話した時に「小劇団系の人を使おう」ということになったんです。テレビの俳優さんを使っても、顔が半分被り物だから、難しいところがあったんです。

小劇団系の人達は、映像系に出るとすごく頑張るんです。当然、小劇団というのは、なかなかお金にならないのに、お芝居が好きでやってきた人達ですよね。でも、どうしても見てくれる人が少ない。たまに映像の仕事をやると、不特定多数が自分の芝居を見てくれる。もともと僕は知っている小劇団がいくつかあったから、そういうところの新人を使ったんです。そうすると非常によくやってくれたんです。

Dr．ウォーム役も「小劇団に誰かいない？　クセのある人」と訊いてたんです。そしたら飯田さんの名前が出てきて、お会いして、話をしたら「やります」と言ってくれました。会った時は、普通のおじいちゃんですからね(笑)。ただ芝居をやったらエキセントリックで、面白かったです。

――あまり強そうじゃない……。

原田　そうです。飯田さんだからあのキャラが出来上がってきたんです。そういうことがあるから、「シリーズ構成であまり決めなくていいよ」と言ってたんです。

――一年分のプロットでのDr．ウォームは、後半、部下をリストラして殺したり怖い感じですね。

原田　そこは変わりました。だってどう見たって怖くないんだもん(笑)。人のいいおじいちゃんに見える。「なかなかけなげな人だよね」と思いながらやってました。舞台の人だから、テストから一生懸命演りすぎて、暑くて汗だくで失神しそうになってました。たぶん彼は、ああいうの一度もやったことがないですから。

――わりと空中に浮いているシーンが多かったですね。

原田　ほとんど合成なんです。いつもグリーンバックの一人芝居で、相手がいなくてやっているわけです。今、自分はどんな状態なのかわからない。でも言った通りやってもらえたし、本当、飯田さんには感謝してます。

――この回では、町の人々とDr．ウォームの交流(笑)が描かれていました。

原田　繁が質問したりね。繁からあんまり恐くないみたいなことを言われて、顔が大きくなるのは、そろそろDr.ウォームに僕らも愛着が湧いていたし、どちらかと言えば愛すべきおじいちゃんだったから、どうやって恐くしようかなあと思ってたんです。まあ、もう恐くはならない感じでしたが。

——顔を大きくするぐらいで(笑)

原田　それくらいです。ああいうビックリさせる合成もそれまでやってなかったから、やってみようかという感覚。

剣二と浩はまだ廊下に一緒にいた。浩は迷いながら、思い切って切り出す。「あ、あの！　鳴神さんは、鈴さんとは、どういったご関係なんですか？」

脚本では、ここで、浩の脳裏によぎる回想シーンが挿入されていた。それは25話のラスト近くの、一件落着し、笑顔で語り合う剣二と鈴を浩が一人見ていた場面である。

剣二はそんな浩の質問にも落ち着かなくうわの空で「ん？　ただの同僚だけど、それがどうかした？」と答える。「……いえ、別に……」と微妙な顔の浩に、「はっきりしねえ坊ちゃんだなァ」と面倒くさそうな顔をする剣二。

ホールでは不動が遣い魔を素早く倒して「署長たちを頼む！」と鈴に言う。そしてホールを出て、廊下を駆けるとマグナリュウガンオーに変身。ゴウリュウガンが「気合充分、120パーセント」と応ずる。

そこへすぐ脇のエレベータが止まり、何も知らずに降りてくる遣い魔達。気付いて驚く遣い魔に、銃を構えたままMガンオーは「いらっしゃーい！」とわざと軽く語りかける。その短いカットですぐアイキャッチになり、CMとなるのであった。

Dr.ウォーム・初期デザイン（雨宮慶太）。
最初は怖いイメージだった

▼ヒーローはつらいよ

剣二と浩がいる廊下へ、ホール内から町の人びとが逃げ出してきた。猪俣夫妻や繁、蝶野もいる。追って現れる数名の遣い魔達。

剣二、浩を物影に隠すととっさに一角に移動し、変身しようとするが、着ぐるみを脱がないと、腕に装着したゲキリュウケンと連動しないため、変身出来ない。仕方なく剣二は着ぐるみの頭を被り、遣い魔達に混じろうとするものの発見され「ギジャー」と鳴いてみるが、仲間でないとわかってしまう。脱力音のブリッジが鳴る。すかさずアクションとなり、剣二は遣い魔達を次々と叩きのめす。

人々は、戦い終えて近づいてくるマモスケ姿の剣二に怯えるが「オッチャンたち、大丈夫か！」という声に、「その声はなに剣ちゃんかい。はー、やるもんだねェ」と感心するいのまたのおばちゃん。

鈴が署長達と一緒に、中で捕まってると繁から聞いた剣二は「後は引き受けた」と答えるが、その背中に「おい無理すんなよッ」と声をかける能蔵。そして浩がお供を願い出る。「鈴さんの危機とあっちゃ、僕も黙っちゃいられません！」

そんな浩に「付いて来たけりゃ、付いてきな。けど、アンタをかばってるほど余裕はねえぞ！」と肩を叩いて言うと、駆け出すマモスケ姿の剣二。慌てて追う浩だった。

——魔物安全教室が開かれるホールと同じ建物の廊下やエレベータ前の狭い空間に、人や魔物やヒーローが移動しては鉢合わせる……限られた場所を面白く使っていますね。

原田　ちょっと長い廊下があったりしてね。あれは日野自動車の、よく『ウルトラマンガイア』や『コスモス』の頃から使っていた場所なので、勝手知ったるところでやろうということになった。向こうはもともとウルトラマンが好きで貸してくれてたんですが、憶えててくれたので、「作品が違うんだけどいいですか？」と言ったら「いいですよ」と言ってくれて。一箇所でずっと撮影できるようにしたかったんです。舞台、廊下、屋上も含めて、ほとんどあそこでやりました。

別の廊下では、逃げた鈴と三羽ガラスを捜し、うろついている遣い魔の一人。そこへ花田が物陰から現れ、遣い魔に突きをくらわすと、投げ飛ばす。拍手する雪村達。鈴もなぜかマモスケの人形を抱いて現れる。また一人現れる遣い魔だが「ほうれ」とマモスケ人形を投げ、思わずキャッチしてしまう遣い魔の顔面にパンチをヒットさせる鈴。再拍手する雪村達。

脚本では、鈴と花田が目配せし、物陰から躍り出て、「おりゃー！」と、それぞれ遣い魔を投げ飛ばすというアクションだったが、より工夫が凝らされている。

「署長たち、早く！」と手招きする鈴に「な、なにか、水を得た魚みたい！」とコーフンして駆け出す雪村。脚本では月岡の「わたしら頭脳派の、出番じゃありませんわな」というセリフもあった。

すると、廊下で雪村と頭がゴッツンコしてしまうのは、マモスケ姿の剣二だった。ユーモラスなブリッジ音が付けられている。ここは脚本では、はじめ異形のシルエットが見え、扉を開けて飛び出して来たのがマモスケ姿の剣二だった……という形だったが、いきなりゴッツンコした方が面白いという判断になったのだろう。

すかさず花田が前に出て剣二に何発も正拳突きをくらわす。さらに投げ飛ばし、倒れたところを足で踏みガッツポーズを取る花田。脚本では「花田、つい反射的に、投げ飛ばしてしまう」とシンプルだったが、いささか悪ノリ気味の描写にしている。

だが花田がふと見ると、マモスケの頭が取れ、剣二の顔が見えていた。「いってぇ」と恨めしそうに見る剣二。

そこへ浩がようやく追いついて現れた。「鈴さん、ご無事でしたか！」

「浩さんこそ、お怪我は？」とまたもや急に上品になる鈴。

だがすぐ踵を返し、着ぐるみから顔を出した剣二に「さっさと変身しなさいよッ」と雪村達に聞こえないよう小声で、しかしキツく言う。

「俺だって、そうしたいよ。でもダメなの！」

そんなやり取りをする暇もなく、遣い魔の新手が一同を見つけ、駆け寄ってくる。

「ここは任せて、早く逃げて！」とヒーローっぽくふるまう剣二に「アンタひとりだけ、置いてけるわけないでしょ」と鈴は退かない。だが「坊ちゃん！　こいつを連れて早く、行って」と鈴を浩に押しつける剣二。

「わかりました！」と嫌がる鈴を引っ張っていく浩。ここで原田監督の演出メモには浩が鈴と「手をつなぐ」と記してあったが、これはなしになっている。

一人だけ残り、首から下は着ぐるみのまま遣い魔と戦いはじめる剣二。脚本ではここに、剣二の「やれやれ、ヒーローはつらいな」というセリフがあった。

▼助太刀いたす

廊下では浩と鈴と三羽ガラスが早足で歩いてくる。

「剣二のバカ、カッコつけちゃって……」と言う鈴を浩はたしなめる。「バカなんて、言っちゃダメです。あんな勇敢な真似、僕に出来るかどうか」

目をそらす鈴だが「さすが、鈴さんのハートを射止めただけの事はあります、鳴神さんは」と、屈託のある笑顔で言う浩。

「あ、あたしとアイツが？　やめてくださいって」

後ろからついてきていた三羽ガラス達も追従して笑い飛ばす。

雪村が「そうですよォ。左京くんはこの通り、魔物も投げ飛ばす超オテンバですし」と言えば、花田が「鳴神刑事は、色気より食い気でありますし」と言い、月岡が「ロマンスのロの字もありませんわな、ガハハ！」と三羽ガラスらしく息の合った連携を見せる。三人の笑い声をよそに「さすがにヒドくない？」と独り言をつぶやく鈴。と、近くのエレベータ前にまたも遣い魔がキョロキョロしている。発見されてしまい、「早く、こっちへ！」と鈴の引率で逃げる一同。

その頃、Mガンオーはコンクリートの非常階段で遣い魔達を倒していた。階段の段差を利用したアクションが繰り広げられる。

やがて、地下の駐車場のような一角（この部分は日野自動車ではなく、味の素スタジアムの地下でロケされている）に敵を追ってやってきたMガンオー。メカ遣い魔が現れ、誘うように逃げ出す。一方、1Fロビーでは着ぐるみから顔を出した剣二が遣い魔と戦っている最中だ。

「倒しても倒してもキリがねえ」

背後から斬りつける遣い魔。

「うわーッ！　いってぇ、てー」

剣二、斬られたと早トチリし、思わず身悶えするが、

「アレ？　痛くねェ」

壊れた着ぐるみのファスナーが開いている。遣い魔の刃の一撃が、切り裂いたのだ。

「おお！　やったラッキー！」。着ぐるみをはだけ、腕のミニ剣に語りかける剣二。

――剣二が変身不能な状態から偶然解放され、ゲキリュウケンに挨拶するところのノリの良さが、何度見ても心地いいですね。

原田　「ハイ、久しぶり」みたいな(笑)。それくらいの軽いノリでいいかなという感じでした。話としてはベタですからね。ヒーローで、着ぐるみが脱げないから変身できないというのも、「ベタだな」と(笑)。

着ぐるみの上半身を脱ぎ、アンダーシャツだけになった剣二は暑苦しさからも逃れ、解放的な表情で撃龍変身する。変身ライブラリーが挿入された後、ゴッドゲキリュウケンからインし、それに触れた遣い魔が倒れる。「ゴッドリュウケンドー、ライジン！」

その頃屋上では、鈴達が遣い魔に囲まれていた。「アンタたち、いい加減しつこいわよ！」

一人応戦する花田がやられて倒れる。倒れた花田を自分達の側にひっぱる浩と月岡。鈴は拡声器を持って「剣二ィ！」と叫ぶ。遣い魔達も思わずその声に身を退いてしまう。この叫ぶシーンは脚本にはない。

「鈴……？」

Gケンドー、その声にはッと屋上を見上げる。

屋上では浩が鈴をかばって立ちふさがるが、ガニ股で頼りない。「浩さん！　無茶はやめてください」と自分は身を伏せながら言う雪村。それを遮って「お坊ちゃん扱いはやめてください！　僕だって」と踏ん張る浩であった。

そこへGケンドーが現れ「逃げろ！」と叫ぶ。遣い魔の一匹が飛びかかってくる。

「ボクだって、男だ！」。浩、勇気を振り絞り、遣い魔を迎え撃ち、投げ飛ばした。「鈴さんは、僕が守ってみせる！」

「浩さん……」と鈴はハッとさせられた顔。

その光景を見たGケンドー、剣を肩に載せて言う。「へー！結構やるじゃんか、坊ちゃん」

第3稿には、ここでゴッドゲキリュウケンが「イイノカ。お前モ、左京ヲ」と突っ込むが、Gケンドーは「は？」と指摘の意味に気付かないというくだりがあった。

「盛り上がってきたぜ！」

Gケンドーは敵と対峙する浩の前へ降り立つ。「男は度胸、女は愛嬌。見せてもらったぜ心意気！　ゴッドリュウケンドー、助太刀いたす」

原田監督は鈴がそれを見て頷き微笑むショットを入れている。浩の視線の先に……どうやら、浩はリュウケンドーが剣二だと悟ったようである。

浩に好意を持った鈴だが、仲間意識そして恋心は本能的なまでに剣二に向けられている。それを今回も浩は悟るのだった。

前回登場の25話での浩は、最初の脚本でやや「嫌な男」に描かれていた。それを原田監督はナイスガイに変えた。浩のこの性格は、今回に関してはそれが前提の脚本になっている。現場の演出を脚本がフィードバックしている好例がここにある。

お見合い編で一度は縁談を諦めたのにも関わらず、鈴の役に立ちたいと魔物安全教室の手伝いを買って出て、また自らも強くなりたいと柔道を習っていた……そんな健気な浩が、やはり今回もフラれたことを認識させられる。しかも鈴と剣二は無意識に行動しているだけで、今回内心の葛藤のドラマがあるのは浩の方なのである。そしてあくまで明るくさわやかにふるまう浩。原田監督の込めた思いが伝わってくるようだ。

今まで変身できなかったもどかしさを晴らすように、次々と遣い魔達を斬り捨てていくGケンドー。「これにて、ステージ閉幕だ！」と最後の一匹までやっつける。Gケンドーは、浩と向き合い、「生兵法は怪我のもとだぜ」と、カッコつけて背を向け、その場を去る。「カッコつけちゃって」と小声で呟く鈴。

「生兵法は怪我のもとだぜ」というセリフは、脚本では「なかなか見事な一本背負いだったぜ。けど、まだまだ初心者だな。左京婦警にでも、稽古つけてもらうといい」だった。

原田　「生兵法はケガのもとだぜ」は、1話でリュウガンオーが剣二に言っていたセリフで、剣二の成長を表しているところでもあります。浩くんも頑張ってたしね。僕は浩に頑張らせてあげたかった。浩はあともう一回くらい出したかったんだけど、最終の1クールではそこまで余裕がありませんでしたね。

「ありがとう、ゴッドリュウケンドー！」。

ヒーローの背中に声をかける浩。だが、鈴はGケンドー＝剣二に「バーカ」と呟き、少し笑うのだった（脚本には「やれやれといった表情」と書いてある）。

▼生きていたジャークムーン!?

地下駐車場ではメカ遣い魔を追ってきたMガンオーの戦いが描かれる。この地下駐車場の場面、撮影現場では大道寺俊典アクション監督が一人で演出している。その事情については大道寺氏のインタビューを参照されたい。

メカ遣い魔を倒したMガンオーだが、ブラッディーの不遜な笑い声が響く。

「ワーニング！　謎ノ気配ガ接近！」とゴウリュウガンが警告。柱の向こうにスモークが立ち込める。それとともにまず足元が映り、姿を現したのは、メカニムーンであった。

「貴様、確か死んだはずじゃ……！」

そこへブラッディの声が響く。「こやつはジャークムーンであって、ジャークムーンではない」

やがてブラッディ本人が背後から現れた。ブラッディは死んだジャークムーンの身体を魔的メカで改造し、しもべとして甦らせたというのだ。

ロング画面で対峙する両者。

「ジャークムーンは生まれ変わったのだ。己の意志を持たぬ戦闘マシーン、メカニムーンとしてな！」。ブラッディが指を鳴らすとメカニムーンが作動を始める。

ゴウリュウガンが警告する。「危険！敵ノパワー、未知数」

「……だが、やるしかない！」

銃を手で回し、戦いを挑むMガンオーだが、格闘で圧倒的な強さを見せた後、メカニムーンはMガンオーを駐車場の端まで殴り飛ばした。長距離を飛ばされ、柱にぶつかり一角が崩れるのが合成で表現される。こういう部分はもちろん、原田監督立ち会いのコンテ段階から、横位置に下絵として駐車場の映像を何回か繰り返したものを合成し、吊りで飛ばされることが指示されている。

「強いな……だが、これならどうだ！」。立ちあがったMガンオーはマグナウルフキーを召喚、マグナバイクに飛び移った。「魔弾龍！　獣王！　銃士！　三つの力が今一つになる！　行くぞ、三位一体……マグナドラゴンキャノン！　発射！」

三位一体攻撃が放たれ、五つのキャノン砲から放たれた龍が、一つの巨大な龍になって襲いかかり、真っ向からメカニムーンに向かう。手元でバリヤを作り、それを受けとめようとするメカニムーン。やがて起こる大爆発。

しかし、メカニムーンは霧の中から歩いて来る。

「三位一体をくらって、吹き飛ばないとは」。

それでもダメージは与えたようだ。メカニムーンの身体に、ショートの放電が走る。ガックリと肩を降ろすメカニムーン。本調子には至らないその姿に「データは集まった。ひとまず撤退するとしよう」と指を鳴らそうとするブラッディ。

「待て、ブラッディー！」。Mガンオーがバイクから飛び降りるが、ブラッディとメカニムーンは光に包まれ消える。脚本ではMガンオーは銃弾を発射するが、ブラッディとメカニムーンの姿は、命中寸前にその場からかき消えるという描写になっていた。

「厄介な敵が、現れたな」と言うMガンオーに、手前のウルフバイクの顔が、同意するように一声吼える。これはCGで表現されている。脚本では、Mガンオーの独り言で終わっており、シーン尻でも、獣王との仲間感を少しでも出そうとしている事が伺える。

▼どっちにするの？

数日後、あけぼの署のサロンに集まった町民達の笑い声。ここでエンディング主題歌が流れはじめる。マモスケの着ぐるみと鈴が、会場をここに移して、改めて魔物安全教室を行っているのだ。

「みなさん！　魔物を見かけたら、あわてず署にご一報を！」と明るく呼び掛ける鈴。傍らのマモスケが「ギジャー！」と客席に躍り出て、先頭に座る繋くんを怯えさせる。

「鳴神！　調子に乗るんじゃない」。月岡がマモスケの頭をはたく。外れて下に落ちる着ぐるみの頭。

そこへ「呼びました？」と警官制服姿の剣二が顔を出す（脚本によると、パトロールから帰って来たところ）。そう。マモスケを着ていたのは、剣二ではなく――。

「えッ！　ひ、浩さん？」とうろたえる月岡。

「代わってもらったんです。鳴神刑事に頼み込んで」

月岡は「大変失礼いたしました」と頭を下げる。

「よっ！　やってんね、坊ちゃん」と笑顔の剣二はマモスケの頭を拾い、浩に手渡した。

「その呼び方はやめてください。嫌いなんです」。脚本には「浩、屈託し、表情を曇らす」とある。

剣二、笑ってあっさり「おう、悪かったな」と言う。「今度こそ、イベント、うまくやろうや」。剣二の方から手を差し出し、笑顔で握手する二人。

「どんな魔物が来ようが、このあけぼの町は、俺達の手で守ってみせますから」。つないだ手を掲げながら町の人々にそう宣言し、拍手を受ける剣二達。

そんな二人を嬉しい気持ちで見つめて、微笑む鈴。ここで脚本は終わっていた。その後、近づいて来る小さな後ろ姿に、身をかがめる鈴。それは繁少年だった。

「ねえ、どっちにするの？」と耳打ちする繁。

立ちあがった鈴は「うーん」と言ってからキャメラ目線で「こっち」と指差す。

指の先には剣と浩のつながれた手。

指差したままの鈴の笑みがフェイド・アウトになって――。

原田　この時の鈴ちゃんの顔は良かったですね。現場でも、かなり評判で、キャメラマンが「惚れそうだ」と言って撮ってましたからね。「こっち」ってやる顔が。撮っている時に、ベースの方のモニタで、剣二と源さんが二人で見ていて、「わーっ」と騒いでいるんです。鈴が可愛いなあって。

――どっちを選んでいるのかというのは……

原田　それはわからないようにしちゃえと。鈴にも言わなかった。あれは台本にはなくて、現場のアドリブでやったんです。アドリブで繁に「どっちにするの」と言わせて、鈴ちゃんにすぐに「とりあえず撮る」ということで、「レンズに向かってやってくれ」と言って、指を差してもらった。

――アドリブで入れたのは、その表情を撮りたかったから？

原田　撮りたかったからです。そのまま普通に剣二と浩が仲良くなってハイ終わりとなるのは、「それではなあ」と思ったので。やっぱり、鈴も撮っておこうと。浩も、前に出た時よりもいいキャラになっていると実際思うんです。それならば「どっちに惚れるのかな？」と思いながら撮ってました。たぶんこの頃は、鈴ちゃんにたくさん説明しなくても、彼女はよくわかってました。それでパッとあの顔が出来たので、キャメラマンも「撮っててドキッとした」とわざわざ言いにきましたから。

――ある意味、監督よりもキャメラマンさんの方が、「目線が自分に来た」みたいな感じなんでしょうね。

原田　そうそう。僕も「ああ、若い女の子の悪魔的な目を見たな」と思いました(笑)。「これがやっぱり出来るんだな、この子達は」と。指示しなくて出来る。でもあれは、もし正確に切り返しをしたら、指を差している先のセンターはマモスケがいたはずなんです(笑)。

『リュウケンドー』では基本的に女の子に力を入れて撮っていました。市ちゃん律ちゃん達もそういう面はあるんだけど、鈴ちゃんの方がちょっと小悪魔でした。このシーンで、そういう面を引き出せたなと。鈴ちゃんは意外と、気が強くて悪魔。本当はあのヒロインの設定通りじゃないんです。

――たしかに翻弄する役は当初、かおりに振られていた印象があります。

原田　佐藤寛子ちゃんは、やっていく内にどんどんボケキャラになっていったから、女の子の描き分けとしては、うまくいったかなと思いました。

――この頃は、ある意味、原田監督がストーリーに沿いながらも「ここではこういう表情をさせたい」というのを、どんどん入れていってるような感じですね。

原田　そうですね。この子達のいい面を出そうと思ってた。たぶんみんなイキイキしてると思います。特にこの時期は一番。

スタッフもちょうど半年経って、作品にも慣れてきていたし、だんだん撮り方も「リュウケンドーはどこを遊べばいいか」とみんなわかってきていたんです。

ウルトラマンは歴史があるので、出来ないことがたくさんあるんです。あまり遊べないところもあったりするんですが、『リュウケンドー』は歴史が何もない作品だったし、次もどうなるかわからない作品だから、何をやってもいいと言えば何をやっても良かったんです。もちろん子ども番組の域は外せないのですが、ある程度、キャラクターをみんなで作りあげちゃえというのがありました。シナリオで作っているキャラよりも、現場の彼らの方がイキイキしていましたね。

作品解説

「戦う幽霊」36話　▼二〇〇六年九月三日放映

脚本：川崎ヒロユキ　撮影：鍋島淳裕

新しい獣王ブリザードシャークと新しいモード・ブリザードリュウケンドーの登場回であるが、やはりメインストーリーとしてはヒロイン編であり、今回の主人公は細川ふみえ演じる小町さん。第1稿時の仮タイトルは「ゴーストヒロイン登場！」であった。

原田監督にとっても、シリーズにとっても、19話「復活の魔」以来の小町編である。

▼「ありのまま」ではダメ

ジャマンガ城の広間では魔法陣を前に立ったままのメカニムーンを前に、Dr.ウォームは神妙な顔だ（脚本では「腰が引けている」とある）。

「安心しろ。ジャークムーンの頃の記憶も感情も完全に消去してある。貴様のことも当然覚えていない」。第1稿ではこれに加えて「メカニムーンは戦闘マシーンだ。ゆえに戦いの邪魔になる『感情』や『記憶』はすべて消してある」というセリフもあった。

　するとDr.ウォーム、たちまちタカビーになり「フン、お前みたいなポンコツに、果たして魔弾戦士を倒せるかな？」とメカニムーンに杖を突きつける。

　ブラッディが指パッチンをする（脚本には「司令電波を送る」とある）と、メカニムーンがDr.ウォームの首を絞めにかかり、「すまん、ワシが言い過ぎた！」と慌てるDr.ウォーム。

　再びの指パッチンでメカニムーンがDr.ウォームの首にかけていた腕を離すと、ハアハアと息をつくウォーム。

　SHOT基地では剣二達が画像でメカニムーンの身体各部位の解説を見ている。ジャークムーンのサイボーグなら、これまでの戦闘データが生かせるかもしれない。天地は「ジャークムーンに関するレポートを早急にまとめてくれたまえ」と剣二の肩に手を置いた。

「ライバルだったんだろ？　適任じゃないか」と黒装束黒ネクタイの不動が言う。

　ここで不動が「ライバル」という言葉を皮肉っぽく使うのは、騎士道精神を持っていたジャークムーンを剣の道のライバル視していた剣二に、かつて不動は「あいつはただの魔物だ。思い入れるな」とたしなめていたからだ。

「俺、文章書くの苦手なんだよなァ……」。脚本ではここで鈴が「ボヤいてないで、さっさと始める！」とハッパをかけていたが、完成作品ではまだ鈴の出番はない。

　その頃ジャマンガ城の広間では、Dr.ウォームが炉に向かって呪文を唱えていた（脚本では炉にマダンキーを入れる描写があった）。「ベレケベレケ……見ておれブラッディ、メカニムーンよりも先に魔弾戦士どもを倒し、貴様のハナをあかしてやる！」

　SHOT基地では天地の机で執筆作業中の剣二が悩んでいるかのようにペンを回す。

「アリノママヲ書ケバイインダ」と目を点滅させながら言うミニ剣。

　剣二は下地にうっすらと〈SHOT〉という字が浮かび上がっている専用原稿用紙を使っている。こんなところにも美術スタッフのこだわりが感じられる。

「そう言うけどさ、ジャークムーンと最初に戦った時って、小町さんといろいろあったろ？」

「ソレガドウシタ？」と訊き返すミニ剣。

「小町さんが見えんのは、俺とお前だけなんだぞ」

　ミニ剣も気付く。「ソウカ……ソレジャア、アリノママハダメダナ」

　剣二が「小町さんといろいろあった」と言うのは、5話「あいつがライバルだ」で、リュウケンドーとしてパワーアップしたばかりの剣二が調子に乗って敗れ、立ち直った時のことだ。その時、自分一人でも戦えるといい気になっていた剣二を諌めたのが小町さんだった。小町さんの言うことも聞かず、飛び出した剣二の前に、初めてジャークムーンが現れる。ジャークムーンに圧倒され、ピンチのところを剣二は小町さんに救われたのだ。

　第1稿では、ミニ剣の「デモ、アノ敗北ガアレバコソ今ノオ前ガイル。アノトキ仲間ト力ヲ合ワセルコトヲ学ンダカラコソ、三位一体攻撃ノ基礎ガ生マレタンダカラナ」とジャークムーンに敗北した時のことを思い出すミニ剣の言葉があった。

　だが、話数が離れているため、あまり詳しく振り返るとかえってわかりにくくなるという判断なのだろう。「小町さんといろいろあった」と触れるに留める結果になっている。

「そういえば小町さん、このところずーっと出てこないけどさ、どうしちゃったんだろう」と、ハタと思い出したように呟く剣二。

　すると、以前と同じようなキラキラした光に包まれ、基地の一角に小町が現れた。

「いるわよ、ここに」

　剣二が傍らを見ると、小町がニッコリ微笑んでいる。

「おおぉ、小町さん久しぶり！　会いたかったよ！」。その時、たまさか鈴が自分のお茶を手に階段から降りて来ていて、剣二の言葉に「は？」とリアクションする。

「で、最近どうしてたの？」と鈴からは見えない相手に語りかける剣二は、一人芝居をしているかのように見える。

　剣二には見えている小町は「ふふふふ、ちょっとね」と答える。

　鈴は小町のいる場所を見て「ねえ剣二、そこに誰かいる？」と訊く。

　剣二は小声で小町さんに言う。あいつ、小町さんのことを気付いているのか？

「……見えてはいないけど、気配は感じるみたいね」と答える小町さん。

　ここまで、カットによって小町さんが見えたり見えなかったりと、それぞれの主観を交叉させて画面を作っている。

　第3稿では小町さんが「もしかすると、アレのせいで、前よりも強く私のことを感じるのかもしれないわね」と言っていた。「アレ」とは何のことなのか、まだ語られない。

　光に包まれて一旦消える小町。「ちょっと……小町さんって誰のことよ？」

　鈴が問いかけたその時、魔的警報が鳴り響く。

▼硬いものは柔らかく、柔らかいものは硬く

「魔的状況、レベル4。魔物出現です！」と机に居眠りしていた瀬戸山が立ち、そう言う。だがもう既に誰もいないらしく「あれ」と左右を見る。このギャグは脚本にはなく、普通の通信場面だった。少しでも役者の芝居場を持たせようという監督の工夫が伺える。

　この後、魔獣マコードが暴れるシーンが描かれるのだが、第1稿では、戦いの場面に入る前に、マコード（脚本の第1稿では「ジャコード」だった）が町の人々に被害を与える場面があった。

　まずは無人の公園に現れる魔獣マコード。ベンチに怪光線を浴びせると、その場より消える。ややあって、おやつを手にした市子と律子が来る。

「やっぱりおやつは『あけぼの焼き』でキマリよね！」と二人、ベンチに腰を下ろすが、ベンチが異様に柔らかくなっていて、座った途端にグニャリと潰れ、二人はひっくり返ってしまう。「なんなのよ、これ！」「まさか、私たちの体重のせいで？」と嘆く二人。

　次に猪俣総菜店の店先では、縁台にビールとつまみの冷奴が置いてあったが、そこへ現れたマコードが冷奴に怪光線を浴びせて消す。

　すると、店の奥から猪俣夫婦が出てきて、昼間っから酒を飲む

熊蔵に「ったくもう。アンタみたいな人は、豆腐の角に頭ぶつけてあの世に行っちまいな」と妻の邦子が言う。相手にせず冷奴に箸をつける熊蔵だが、箸が刺さらない。豆腐が異常に固くなっているのだ。叩くとカキンコキンと金属的な音がするほどだ。「コイツの角に頭ぶつけたら、ホントにお陀仏だぜ」

　魔獣はあらゆる物体の硬さを自在に変える魔力を持っている。脚本第1稿では、市子・律子の座るベンチを柔らかくし、猪股夫婦の豆腐を固くさせる例でそれを示しているのだ。

　しかしそのやり方では市民の恐怖を煽るまではいかず、ジャマンガの目的であるマイナスエネルギーの収集には役立たない。ゆえに第1稿のみの描写となったと思われる。

　完成作品では、現れたマコードと警察が既に戦っているところから描写を始めている。

　また、今回婦警の市子・律子コンビの内、律子は登場せず市子のみになっている。次の37話で「海外にバカンスに行った」と説明がある。

　町中某所でミニパトが停車し、警邏中の市子と小太りの巡査・牛山が遣い魔軍団に応戦。脚本では「襲われている」とあるが映像ではいきなり彼らがもう発砲している。

　警棒を振り上げ、ひるむことなく魔物に向かっていき、立ち回りを繰り広げる。

　パトカーの携帯無線に「現在魔物の襲撃を受けて苦戦中！」と報告する牛山。市子はその無線を奪い「ただちに救援願います！」と叫ぶ。

　すると、ドン！　とパトカーの上に立つ魔獣マコード。アオリ画面で、お日さまの光を背にマコードの見下ろす顔がアップになる。全身ブラックな魔獣マコード。両手の下はマントのようになっており、その外側の硬さはカチカチ素材でダイヤモンドの百倍。マントの内側は赤く、一転してやわらか素材となっている。

　脚本には「左腕が鞭になった魔物だ」とあるが、実際の造形はそれとは異なっている。赤い目が妙に冷静そうで、それがまた不気味である。

　マコードをパトカーの上に乗せるというのは、原田監督が大道寺アクション監督との相談で出てきたものだという。見下ろされ、悲鳴をあげる二人。うずくまる牛山を警棒で叩いたりしている市子。

「そこまでだ！」。ゴッドリュウケンドーの声がして、颯爽と音楽がかかる。

　Gケンドーとマグナリュウガンオーが名乗りを上げジャンプ。Gケンドーは魔物を車上から追い払い、遣い魔を斬り捨てて市子達をかばう。

　ここで市子の「遅いわよもう！」というセリフが脚本に付加されている。前話の鈴にせよ、今回の市子にせよ、『リュウケンドー』のヒロインは守られているだけでなく、場つなぎ的なアクションぐらいは出来て、ヒーローと対等な口を利く存在になっている。

▼小町さんがヒーローに変身!?

　Gケンドーが戦うその向こうに白波がフラリとやって来て「やってるな」と呟く。「俺たちも行こうぜ」と言うミニ斧に応えて変身ポーズを取る白波。

　マコードに向かうリュウジンオーだが、ザンリュウジンは、マコードのマントの内側である超軟質ボディにグニュッとめり込んでしまった。「柔ラカスギテ刃ガ立タネエノカ！」とザンリュウジンが気付く。

　第1稿ではこの後、魔物の持っていた棒状武器が軟質化し、ムチのような攻撃を仕掛けてくる。武器の硬さを自在に変えられる魔物の特性として描かれていた。

　ジンオーに代わってMガンオーがダブルショットをかます。その弾丸はマコードに命中するが、超軟質ボディによって弾き返され、Mガンオーに着弾……と脚本にあったが、映像では、内側の柔らかボディの方に一旦吸収された弾が投げつけられるように弾き返されるという描写に変わっている。弾が吸収される際、へこんだ分マントの裏側が出っ張るディテールはコンテ段階から描かれた。撃った分だけ逆襲され、苦しむMガンオー。

　Gケンドーの剣(脚本とコンテの段階では拳だった)が炸裂するが、マコード、両手で頭をガードする。カーン！　と打撃音が響いてゲキリュウケンも赤く発光し「イッテ～～ッ！」とダメージを受ける。

　やがてマコードの一撃がGケンドーに炸裂し、Gケンドーはぐわァッ！　とフッ飛ぶ(脚本のマコードは鞭状左腕を、超硬質化に伴い棒状武器に変化させて攻撃する……と書かれてあった)。

　ジャマンガ城でブラッディに自慢するDr.ウォーム。「魔獣マコードは超やわらかボディでいかなる攻撃も防ぎ、ダイヤモンドよりも硬い超カチカチボディで反撃するんだ！」

　第1稿ではこの後に、ブラッディの「だが、相手の攻撃を封じても勝利は得られぬぞ」というツッコミがあった。ウォームは「そんなことは百も承知だ」と言い返す。これに続く魔獣の攻撃も、地面を超軟質化させ、三魔弾戦士をズボッと腰まで沈めてしまうというものであった。

　マコードに圧倒され、高架下の資材置き場で横転、起き上がって向き合う三大ヒーローと敵のロングショット。

　その時、一同の前で閃光が瞬き、巫女装束に薙刀を手にした凛々しい小町さんが出現。

　Gケンドーはギョッとして「小町さん!?」と叫ぶ。小町の姿が見えないMガンオーとジンオーは「おい、何か見えるか？」「いや……」と言い合うのだった。

　薙刀で遣い魔を倒す小町。その目から光が出て、薙刀の先端に霊の光が宿る。

「えい！」。薙刀攻撃が炸裂。霊光が激しくスパークして、倒れるマコードがジタバタともがき苦しむ。

　ここは第2稿では、閃光とともに、天女の衣のように白いベールをたなびかせた小町(通常とは異なるヒラヒラしたドレス的衣装)が、ふわふわと浮かんでいる――という描写になっている。そして小町はマコードに向かって霊波ビームを放っていた。

　更に遡ると、第1稿で小町は「心霊変身！」と叫んで全身から閃光がほとばしり、純白のボディが美しいゴーストヒロイン・コマチ(通称『GHコチ』)となる――という描写があった。

「小町さんが……変身した……」とGケンドーは驚き、「ゴーストヒロイン・コマチ！」とポーズを決めて「ここから先は私がお相手よ！」と肉弾攻撃を開始――という展開だった。

　だが稿を追うごとに、変身ヒロイン的な展開からは遠ざかっていることがわかる。あくまで小町の素顔を生かした形で、しかも強くなるという線に落ち着いたのだろう。

　さて、ジャマンガ城の幹部達にも小町の姿は見えていなかった。勝手に倒れたように見えるマコードを案ずるウォーム。「フッ、最強の魔物が聞いてあきれる」とブラッディ。ウォームはわけがわからないながらもひとまず退却させる。

「空間に消えるマコード」と脚本にあるが、映像ではその姿が上から徐々に消えていくという、CGの出番となっている。

「いきなりどうしたんだ。おかしなヤツめ」と言うMガンオーだが、ジンオーは「おかしな奴なら、もう一人いるぜ」と視線を促す。その先には、一人で会話しているGケンドー。

むろん彼の目の前には小町がいる。「小町さん、その姿は一体……?」

「やっぱり驚いた?」とニッコリVサインをする小町。

原田　小町さんが巫女さんの格好をしたのは、この回ですよね。小町さんは「幽霊だ」という設定しか最初はなかったので、元警官だったのに、ヒラヒラのネグリジェにしちゃってた。キャラクターが掴めなくて、「なんとなく違うな。本当はもっとキリッとした感じじゃないかな」と思っていたので、コスプレを巫女にしたんです。そしたらやっぱりちょっとキリッとして、細川さんも気に入って、以後巫女の格好が多くなったんです。

▽つい、くせで

ちょっとしたところにエロスがある『リュウケンドー』。ヒロイン鈴が署の資料室で調べものをする、というシーンも書棚と本の間越しに彼女の足が見えるところから始まる。

やがて全身ショットとなり、顔は画面を向いている。鈴の服装は「警官制服」と演出メモにある。上着は脱いでいる姿だ。

ファイルを調べている鈴。「コマチコマチ……あった!」。開いたページには小町の名前と写真がある。警帽を被り、制服を着て、敬礼をしているモノクロ写真。

鈴、ハッとする。「この人ってあの時の……!」

イメージで鈴の回想が入る。19話のシーンが銀残しのモノトーンで処理されている。この時、小町の姿は一時的に実体化していたのだ。

「鈴ちゃん。もうちょっとこれ、借りるわね」。鈴から借りた赤いコートを着た小町が走りだして壁に激突する。いつもは幽霊なのですり抜けられる壁にぶつかってしまった小町。脚本では小町が「つい、くせで」と洩らすくだりまで回想されていたが、映像ではカットされている。

回想から戻って――

「間違いないわ。この人が『小町さん』だったのね。でも……」

書類に記載された「明治四一年殉職」の文字(小町さんの姓は「栗原」とある)に、一人呟く鈴。「ということは……オバケ!?」

SHOT基地では、剣二と小町が話している。小町は脚本では通常のネグリジェのような衣装に戻っているが、完成作品では、薙刀を持った白装束のままだ。

「私たち幽霊は、修行によって、霊的ステージを高めることが出来るの」

脚本には「剣二君たちって、ちょっと目を離すとすぐパワー・アップするじゃない? だから私も、修行でパワー・アップしてみたの」というセリフがあった。「ちょっと目を離すとすぐパワー・アップする」というのは、モードチェンジの多いこの番組を脚本家自身がからかっているとも取れるが、削られている。

小町も元はあけぼの署の警官。町を守りたいという気持ちは誰にも負けない。「それに、剣二君やSHOTのみんなを見てたら、私も何かしなくちゃって思うようになったの」

剣二はそんな小町の真摯な答えに感動する。

しかし小町は「それにしても……楽しかったわァ!」と薙刀を持ったまま踊るようにはしゃぐ。

「だってだって、一発で魔物を撃退できるなんて思ってなかったから、自分でもビックリしちゃった! 私、この次もがんばっちゃうから、期待してね!」

剣二は気圧されて「う、うん……」と頷く。

「私、もっともっと修行してパワー・アップしてくる!」と小町は壁を素通りして消える。「ちょっと待って!」と追いかける剣二は思わず壁に激突する。「つい、くせで」という、かつて小町がそこにぶつかった時と同じ言葉を発して倒れてしまう剣二。

しかし前述のように、回想シーンでは小町自身の「つい、くせで」と言う部分をカットしてしまっているので、このセリフのつながりがわかるのは、19話を記憶している視聴者に限られてしまった。原田監督は世界観をマニアックに出すのは嫌うが、最初から遊びで「わかる人にはわかる」事をするのは好きだった。これも許される範疇だったのだろう。

▽好きよ

ちょうど入り口の階段の上に来ていた不動と瀬戸山、そして天地が、壁にぶつかって倒れていた剣二を見つけて口々に言う。

「だいぶ煮詰まってるようだな、アイツ」「頭脳労働は二ガ手なんですね」

痛みに顔を押さえる剣二に、ミニ剣が「大丈夫カ」と言葉を発した。

「大丈夫じゃねえよ、イタァア」。ミニ剣は「オ前ジャナクテ、彼女ノコトダ」とクールだ。だが「彼女ノヤル気ガ、裏目ニ出ナケレバ良イノダガ……」と小町の事を心配するミニ剣の気持ちが、やがて剣二にも伝わる。

画面が丸く回転してワイプになり、時間経過が告げられる。

ここはあけぼの署の刑事部屋。夜の暗い室内に居るのは剣二のみ。机の上にはマモスケの人形がある。明かりはスタンドの光のみだ。

脚本では、剣二とミニ剣との、まず、以下のようなやり取りがあった――。

剣二、途中まで書いたレポートを音読する。「俺はいっぱいパワー・アップしたので、ついつい調子に乗って、ジャークムーンと一人で戦うと言って、みんなが困りました」

「ウーム、れぽーとトイウヨリ、小学生ノ作文ダナ」とミニ剣がツッコむ。

無言になる剣二。「怒ッタカ?」と言うミニ剣に「いや、小町さんのことを思い出してさ……」。

ミニ剣も言う。「タシカニ、今ノ彼女ハ、アノ時ノ相棒ニヨク似テイル」

――以上の会話は、完成作品ではカットされている。

レポートを書く剣二の元へ私服(勤務外時間のため)の鈴が来る。茶色のジャケットとジーンズスカートが演出メモから指示。鈴は剣二の手からレポートを取り上げた。

原稿に目を通して「やっぱり……誤字脱字ばっか」と突きつける鈴。彼女は剣二の様子を見に来たようだ。

画面はオーヴァーラップして、同じ場所での更なる時間経過が示される——。

並んで座っている剣二と鈴。

剣二は音読しつつ原稿を書き、鈴はチェック作業だ。「そのとき俺は絶好……絶好のチャンスを……あれ？　ゼッコウのコウの字って、どう書くんだっけ？」

そう問う剣二に、鈴は言う。「好きよ」

剣二、「えっ？」と訊く。

「好き」

思わず目線が合ってしまい、目をパチパチさせる剣二。それにいちいち擬音がつくのが可笑しい。鈴ははっと気付き、気まずくなる。

ミニ剣が「その時、二人の距離は五〇センチ」と実況のように言うのが可笑しい。

原田　絶好の「好」と聞いて「好き」と、そこまでは台本にもあったんです。「その時二人の距離は五〇センチ」というのはアドリブで入れました。あの鈴と剣二のやり取りは楽しかったです。

また、鈴が「好き」と言うのも、脚本では一回だけである。

鈴は照れ隠しに怒り出す。「だ、だから、好き嫌いの好きでしょ！それぐらい辞書で調べなさいよ、バカ！」

剣二も応酬する。「わかんない字があったら聞けって言ったのお前だろ！」

その時、二人の間にあったマモスケ人形（脚本ではマモスケ人形ではなく「ゴミ箱」であった）がフワリと浮かび上がった。ギョッとなる剣二と鈴。

マモスケ人形はすぐに元の位置に戻る。いつの間にか部屋に来ていた小町のしわざである。剣二が振り向くと小町が現れる。またもや白装束姿だ。

「すごいでしょ？　またまたパワー・アップしたの。ポルターガイストっていうのよ」

「ダメだよ、鈴がいるんだから」と小声でたしなめる剣二。

「だって……二人とも相変わらず素直じゃないから、ちょっとイタズラしたくなっちゃったんだもん」

「ここはヤバイから下に行こう」と小声で小町に告げる剣二だった。そのやり取りを背中で意識している鈴の表情で——CMとなる。

第2稿の時点では、レポートを書くくだりに鈴は登場せず、剣二と小町だけのやり取りになっていた。

「学ぶの『マナ』って、どんな字だっけ？」と訊く剣二に「学校の学でしょ。こういう字よ」と、空中に指を走らせてエクトプラズム（心霊物質）で文字を書く小町。

昔の人なので『学』ではなく旧仮名遣いの『學』。「うわーっ、俺もっと簡単な字かと思ってた」と書き写す剣二だが、剣二側から見ると左右が反転しているので、何とも奇妙な字になってしまう。

懸命に書く剣二を見て「頼もしくなってきた」と小町は思う——というのが第1稿でのレポート執筆のやり取りであった。この展開を剣二と鈴のやり取りに変え、「好き」という言葉を投入することで、胸キュン度が増しているのは言うまでもない。

▼小町さんは浮っついている!?

無人のSHOT基地司令室に小町を連れてきた剣二は、意を決して「あのさ、怒らないで聞いてほしいんだけど」と言う。「こんど魔物が出てきても、戦わないで欲しいんだ」

大きな目で「どうして？」と小町が言うとともに、悲しげな音楽がかかる。

「うまく言えないんだけどさ……今の小町さんって、ジャークムーンと初めて戦った時の……俺に、似てるような気がして……」

ここで第2稿では、5話の回想が入っていた。

——「そりゃそうだけど、こっちは体が鈍っちまうよ。いっそのこと、すンげえ強い敵でも出てこないかなァ」

——「ここんところヒマをモテあましてたんだ。そんな強い敵とバリバリ戦ってみたいぜ！」

——「んなことないよ。こう見えても俺、強いんだぜ！」

といった剣二の増長発言のあれこれがピックアップされていたのだ。

剣二が小町を傷つけまいと、気遣いながら言う以後の部分は映像化されている。

「あ……あいや……あのときの俺ほどバカじゃないけどさ、今の小町さんもお調子者……」と言って慌てて訂正する。うるうるとしだす小町の目。

「……あ、そうじゃなくって、そのぅ、なんていうか……だから、浮っついてるっていうか……」

この〈浮っついてる〉は脚本では〈マトモじゃない〉だった。無表情になる小町。

「あ、これも違うね。えーっと、ああそうだ、オッチョコチョイ！」

小町はすっかり悲しそうな顔になっている。

「どうせ……どうせ私は……オッチョコチョイで浮っついたお調子者よッ！」

小町は泣きながらその場から走り去る。画面OFFで光となり消える音がして、残された剣二は「まずったなあ」という顔になる。

第1稿では、この説得シーンは署内の屋上であり、剣二は、もっときっぱりとしたもの言いをしている。

「小町さん……やっぱりジャマンガとの戦いは、俺たちに任せてほしいんだ」

そう言う剣二に「どうして私は戦っちゃいけないの？　私が女だから？　それとも幽霊だから？」と反論する小町。

だが剣二は語気強く「ジャマンガとの戦いは真剣勝負なんだ」と言う。

それでも小町は「私だって真剣だよ」と主張するが、「気持ちがどうこう言ってるんじゃない。ジャマンガと戦うには、特別な訓練を積んだ魔弾戦士でなければ務まらないって言ってるんだ」

そう語る剣二は「凛々しくも頼もしい顔だ」とト書きには書かれている。そしてそのやり取りを、隠れて見ている鈴。もちろん剣二しか見えていない。

「なんでだろう、もうひとり居るような気がする……」

基地指令室に戻った鈴は、その事で独り物思いに耽っている。その目の前には——実は小町がいる。

「剣二も、ああいう顔する時があるんだ……」と独り言を言う鈴。

「そうよね、驚いちゃった」と呼応する小町。

鈴は「ちょっと男らしかった、かな……」と言う。小町はクスリと微笑む。

「ついこの間まで、ヤンチャだけが取り柄の新人だと思ってたのに……」と呟く鈴に、「いつの間にか追い越されちゃったのかもね」と小町が続け、しみじみと微笑む二人。

――以上が第1稿の展開である。

こちらでの剣二は、職務としてジャマンガと命のやり取りをしている魔弾戦士としての認識に立っており、それを正論として小町に言い切っている。だが『リュウケンドー』の求めるテイストに添って考える時、あくまで女性の前ではソフトな物言いをしようとして、かえって口下手になってしまう……という三枚目ぶりの方が、〈剣二らしさ〉により近いと言えるだろう。

だが、そこを変えたことで、鈴が、小町の姿は見えないながも、同時に剣二への一つの思いを口にするくだりまでカットせざるを得なくなってしまったのは惜しいともいえる。鈴が資料室で小町のことを調べている……というCM明けのシーンも、二人の思いがシンクロするこのくだりがあることで、一つのドラマ的なクライマックスになり得たろうからだ。

そこで、第3稿以降では、鈴と小町の気持ちがシンクロする場面を作り、後述するラストシーンに置くことになる。

▼私の身体が……消える!?

ジャマンガ城の広間で、マコードと共に先の魔弾戦士達との戦闘を振り返っているDr．ウォーム。中空に緑のフチが出て、映像が投影されている。杖をふるうと、画像がサーモグラフィのような心霊解析モードとなる。

「あれか……!!」。空中に人型のモヤのような塊＝小町が確認できる。

ニヤリと悪魔顔で微笑むDr．ウォーム。

翌朝、SHOT基地司令室では、天地の机で突っ伏して寝ている剣二。間食のソーセージを手に持ったままだ。

そこへ魔的警報が鳴り響く。飛び起きる剣二。そのすぐ手前に箒を持った掃除婦姿の天地が立ち、「この間の奴だ」と言う。モニタの前には既に不動達がいる。

イメージボード（奥山繁）より

小町にマコードの光線が当たる

小町「キャア！」

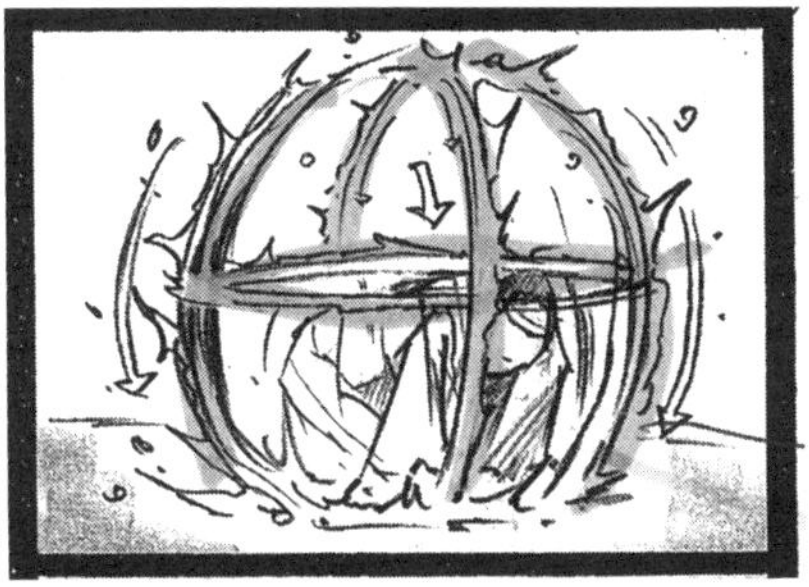

（間にGケンドーのリアクション「小町さん！」挟まる）小町の周りにエフェクトバリア発生。閉じ込められる

中継映像に映る魔獣マコード。瀬戸山もハタキを持って見ている。

不動は「行くぞ！」とジャケットの上着を羽織り、剣二は「おう」と言いながらも、起き抜けのせいか少しキョトンとした顔をしている。

場面が変わり、芝生のような広場に出てきて走りながら変身する不動と剣二。

二人が立ち止まると、変身シーンが二分割画面で描かれる。両者の相棒の声がユニゾンする。「剛龍変身！」「撃龍変身！」。二匹の龍が咆吼、マコードと遣い魔達の前に颯爽と登場する二人。声を併せて「ライジン！」

マグナリュウガンオー、遣い魔達をゴッドリュウケンドーに任せてマコードの前にジャンプし、着地。「敵ノ魔物ニ通常攻撃ハ無効」とマグナゴウリュウガンが指摘する。

剛龍銃とマダンマグナムを合体させて、マグナドラゴンキャノンを発射するMガンオー。

龍の形をしたそのエネルギーが跳ね返される。はじけ飛びながらすれすれで回避するMガンオー。だが足元が一部焦げ、倒れた体勢から起き上がろうとするもうまくいかない。

駆け付けたケンドーがマコードに「野郎！」と斬りかかるが両手を組んでガードされているため、硬くて刃が立たず、逆襲されてしまう。

このくだりは、第1稿では、以下のような展開だった。

魔獣が怪光線を発射すると、Gケンドーは「同じ手を食うか！」と、足下に炸裂する怪光線を回避する。しかし超軟質化は橋の路面全域に拡大する。魔獣が棒状武器で路面を殴りつけると、衝撃を受けた橋の路面が、津波のように隆起しながら高速でGケンドーに迫り来る。路面の津波と接触し、空高く飛ばされ、落下するGケンドーを棒状武器で殴る魔獣。ぐわァッ！　と吹っ飛ばされるGケンドー。

――以上が第1稿での展開であったが、完成作品ではマコードの能力としての「柔らかさ」攻撃を「硬さ」攻撃に反転して描いている。トンネルに追いつめられるGケンドー。

原田　これも35話と一緒で、梅雨どきの撮影だったので、雨が降ってでもなんとかなるということで後半はトンネルで撮っているんです。一年のシリーズだと、そういうことを考えないといけない。

マコードがジリジリとGケンドーに迫る。

「必殺技が使えない……どうすりゃいいんだ！」

その時、両者の間に閃光が瞬き、薙刀を携えた巫女装束の小町が現れる。彼女はGケンドーにプイッとソッポを向くと、薙刀をシャンとやり、マコードと対峙。「今日の私はご機嫌ナナメなの！　ギッタギッタにやっつけてあげるから、覚悟なさい！」

その頃ジャマンガ城では、Dr．ウォームがここぞとばかり「ベレケ」と呪文を唱えると、小町の身体が光り、捕捉される。「やれ、マコード！」

小町に向けて目から赤い光線（脚本では「白いガス」だった）を出すマコード。

金縛りにあったように動けない小町は、地下から浮かび上がった、緑色の半透明の球体の檻の中に捕らわれてしまう。

「謎の霊よ！　ワシの作戦を邪魔した報いだ。魔法で消し去ってやる。ベレケ！」

檻に閃光が走る。ショックを受ける小町だが、そればかりではなく、手元から身体が部分的に消えていく。「私の身体が……消える」

▼クライマックスでは男らしく

「待ってろ小町さん！　今助ける！」と球体の檻にゴッドゲキリュウケンを突き刺し、そのまま剣を横に動かそうとするGケンドーだが、亀裂が生じるのみで効果がない（脚本では、透明球が斬った側からすぐに再生し、切断箇所が塞がってしまうという描写）。

Gケンドーは諦めず作業を継続するが、そこへマコードがゆっくりと迫り来て、深刻な音楽がかかり始める。「逃げて！」と言う小町。

背後から迫ってきたマコードの攻撃がGケンドーの背中に炸裂。ヒットと同時に小爆発が起きる。ぐわァ！　と苦しむGケンドー。

「剣二君！」

再びマコードの攻撃！　しかしGケンドーは逃げようとしない。

そこへ銃撃があり、魔物がのけぞりながらその方向を見ると、トンネルの向こうの陽の光をバックに立っているリュウジンオー。今度はそちらに向かって走っていく魔物だった。

「ま……負けるもんか……ッ！」とGケンドーは檻に両手をかけ力を込める。剣二の必死な思いを受け止めるように、頷く小町。

「ぐわわわ～～ッ！！」。渾身の力で光の檻をひきちぎる……とコンテにあり、その通りに演出されている。脚本では魔力の発現としての光がGケンドーを包み、爆発が起こる……という描写になっていたが、映像では、変身した姿ではあるものの己の力だけで引きちぎっている。

透明球が割れて消失すると、小町は自由の身になっていた。

その場に倒れたGケンドーが強制変身解除される音がし、小町が見ると生身の剣二が傷だらけになって横たわっている。

「剣二君！」

脚本ではリュウジンオーがこの時に初登場し、窮地を救っていたが、前述の通り、それは前倒しされている。より効果的な登場を模索したのだろう。

小町、倒れた剣二を前にして言う。「ごめんね剣二君……私のせいで……」

そして彼女は深く祈ってから剣二に手をかざす。すると、その両手からほの白い光が放出され、剣二に放射されていく。目を閉じる小町。

ダメージが回復した剣二は目を開ける。

「俺は……」。前を見てハッとなる。

だんだんハッキリとしてくる視界。小町の衣装がノーマル状態のドレスになっている。

「高めた霊力、ぜんぶ使っちゃった。もう、魔物と戦うことは……出来なくなっちゃった」

「小町さん……」

「ホントはあの時、剣二君の言うとおりだって思ったの。でも、素直になれなくて……ホントにごめんなさい」

剣二の目を見て言う小町。真顔でそれを受け止めた剣二はやがて笑顔になるのだった。この辺りの山口翔悟の自然な演技は見ているこちらまで嬉しくなる。

「相棒、まだんきーガ！」。注意を促すミニ剣。剣二がマダンホルダーを取り出すと、それは美しい光を放っていた。

「互イヲ助ケタイト願ウ心ガヒトツニナッテ、新タナキーヲ呼ビ覚マシタンダ！」

脚本のト書きでは「Gケンドーが放出した光と、小町の放出した霊力が混ざり合って」そのような状態になったと説明があるが、先ほどGケンドーが魔力の光に包まれるという描写を、Gケンドー自身の腕力に置き換えたため、ここでは純粋に二人の〈思い〉が一つになったと解釈できる。

そうしている間にも、ジンオーとマコードが戦いながらトンネルの出口に向かって走っていくのが見える。

剣二は小町に「行くぜ」と言う。この表情は実に男らしく見える。脚本にはこの部分はない。原田監督は、それまで三枚目半に描いてきた剣二を、ここぞとばかりにカッコよく演出する。

頷く小町。猛ダッシュする剣二と共に、主題歌イントロが流れ出す。トンネルを出ると剣二はGケンドーに瞬間変身する。

Gケンドーはマダンホルダーを廻して、ブリザードキーを発動。Gゲキリュウケンが呼応する。Gケンドーは超氷結武装。氷の龍に包まれて一旦、全身が凍り、それがはじけてブリザードモードに変身したのだ。氷の剣を振るうと、触れたマコードの左腕から翼が瞬時に凍結し、そのまま動かなくなる。

「そうだ！　冷凍攻撃だ！　凍らせれば、グニャグニャした体をカチカチに出来るぞ！」

そう言うブリザードリュウケンドー（以下BRケンドー）。「ダガモットぱわート勢イガ必要ダ」。Gゲキリュウケンの指示に、BRケンドーは超サメ獣王・ブリザードシャーク（以下BRシャーク）を召喚する。BRシャークは全長二・三メートル、体重二・一五トン。氷と水の力を司る獣王だ。空間に魔法陣が生じて出現するBRシャーク。飛び乗るBRケンドー。

マコードはマントをいっぱいに広げ、攻撃に備える。BRケンドー、剣を合体させると、ファイナルキーを発動。「ファイナル・クラッシュ！」。一気に加速して高速で敵に迫る。

マコードの全身が瞬時に完全凍結。「魔弾龍！　獣王！　剣士！　三つの力が今ひとつになる！　三位一体！　爆氷斬り！」。ブリザードボードに乗ったまま必殺技が炸裂！　冷気を吐き出すノズルが二つも付き、敵を凍らせるスピードもアクアモードの時に比べてケタ違いに早い。

　何条も斬りつけられ、やがて内部から亀裂が走るマコード。ここは立体が作られ、コンテでも「爆破人形」と指示されている。操演の岸浦秀一らによって四塩化爆弾とドライアイス爆弾が仕込まれている。

「闇に抱かれて眠れ」。キン、カキンと亀裂音がして、直後に大破四散するマコード。実際に破片が飛ぶ爆破シーンはやはり迫力がある。

　――以上の、小町の改心そしてBRケンドーの能力を得るまでのプロセスは、第1稿では違う形だった。

　小町が強化した姿の最後の攻撃として、巨大な光の塊をマコードにお見舞いしようとするが、誤ってGケンドーに命中してしまう。だがその光でアクアキーが進化し、BRケンドーとなる能力を得る。小町は「剣二君の言うとおり、ジャマンガとの戦いはお任せするわ。私が高めた霊力は剣二君にあげる」と元の姿に戻る――という展開だった。

　小町は改心するというより、最後まで己を貫くことで結果的にリュウケンドーに力を与える……という展開だが、これでは剣二が受け身になってしまう印象がある。

　剣二がギリギリまで頑張って小町を助けることで、その結果新しい力を得るという形に変わっている完成作品では、自分の過ちを認めるところで、小町の素直な人柄もまた視聴者に伝えることが出来ている。ヒロインの気持ちを汲み取りながらも、最後には男を立てる、原田昌樹監督の美学に沿っている。

　シリーズ後半はヒロイン話に集中し、またそれを公言していた原田監督だが、男っぽさの芯はちゃんと通しているのだ。

　ジャマンガ城では地団駄を踏んで悔しがるDr.ウォームの横で、ブラッディが静かに呟く。「死してなお、生き長らえる魂か……」。その視線の先には動かないメカニムーン。

「まさかな……」と呟くブラッディ。

　これは、後に原田監督が手掛けることになる、最終回の一話前の作品「黒い月夜のクリスマス」でのジャークムーンの復活の伏線ともなる描写といえる。

▼見えないものとの対話

　エンディング主題歌が始まっている。あけぼの署の刑事部屋でレポートを書いていた剣二を隣でサポートしていた鈴。白いワンピース姿で「ジャケット有」と演出メモに記されている。

「やっと終わった」とレポートに目を通した鈴が言うと、隣では力尽きた剣二が机に突っ伏して眠っている。空の牛乳瓶。丸めた紙。「んもう……」

　呆れた鈴、ふと振り返って、誰もいない暗がりに呼びかける。

「そこにいるのは、小町さん、ですよね……？」

　鈴は見えない小町に語りかける。「これからも、剣二のことを守ってやってください……」

　光とともに小町が現れる。小町も届かぬと知りながら、鈴に答える。

「守られたのは私のほうなの。剣二君って、本当に強くなったんだから……」

――小町さんが生きていた頃の彼氏も剣二に似た人だったわけだから、鈴とは恋の先輩後輩みたいな感じになっていますね。婦警としても同じあけぼの署の先輩後輩だし。

原田　この頃から、元小町さんの家に鈴ちゃんが下宿してるという設定がはっきり出ているはずなんです。小町に問いかける形で鈴ちゃんが自分の気持ちを知って、小町さんは恋する気持ちを思い出すような感じで指導していく……ということになったと思います。

　鈴は寝ている剣二に自分のジャケットをかけてやる。ここで原田監督は、鈴に剣二の頬を突つかせ、髪を撫でさせ笑みを浮かべさせる……という脚本にないスキンシップを加えている。

　小町はそんな二人を眺めながら、しみじみと言う。「素直になるのってホントに難しいけど、頑張ってね。応援してるからね、あなた達のこと」

　鈴と小町に見守られ、眠る剣二で脚本は終わっていたが、完成作品では、覗き込んだ小町の目線で、鈴の顔が斜めから捉えられる。神妙な鈴の顔で全体を締めくくっているのだ。

　まだ、ヒロインのヒーローへの思いは途中……。

　この締めくくりのシークエンスは、第1稿では剣二と小町の対話であった。

「小町さんの分まで俺、頑張るから」と言う「決意の顔の剣二」は「男前である」とト書きに記されている。

　小町は鈴には自分が見えないのをいいことに、イタズラ心で「ねえ剣二君、前途を祝して、ほっぺにチューしてあげようか？」とからかう。

「ええええぇッ！」と動揺する剣二に、ギョッとなる鈴。

「いや、ちょ、ちょっと待って！　俺、そういうのすっごくダメだから！　許して！　勘弁して！　平にご容赦！」

　その一人芝居に呆然となった鈴が、ガックリと肩を落として、

「やっぱりバカだわ、アイツ……」

――これが第一稿での締めくくりだったのである。

　この第1稿から、寝ている剣二の前で、鈴が見えない小町さんに話しかける……という半ばモノローグ的な展開を経て、ラストカットで鈴の神妙な顔に恋の予感が伝わってくる締めくくりに変わっていく。

　その〈予感〉は、実はこの時点での『リュウケンドー』におけるギリギリの線だった。

原田　これ、36話でしょ。そろそろ鈴ちゃん話はもう出来ないという事になっていたんです。この辺ぐらいまでにしとこうねというのが委員会で出ていたと思います。要するに、残りの1クールはそんな恋愛沙汰はやってられない。大魔王との戦いがあるからというので。じゃ、それなりの雰囲気を決めて、二人はここら辺までにしておこうかな、と思ってやってたんです。

inter-view

武上純希

異色なライターと異色な監督が集まったシリーズです

『魔弾戦記リュウケンドー』『ウルトラマンダイナ』脚本

武上　『リュウケンドー』に原田さんが私を推薦してくださっていたというのは、原田さんのお葬式の時に切通さんから教えてもらって……。実際は松竹の方でも考えてていたらしいんですが、原田さんも言ってくださっていたということを初めて知りました。

　原田さんとウルトラマンシリーズを随分やった記憶があったんですが、実際は二本しかやっていなかったんですね。監督にとって、自分の何がそんなに印象に残っていたのかわかりませんでした。たとえばウルトラの監督でも、村石宏實監督とは、『電脳警察サイバーコップ』（八八〜八九年）もご一緒しているので、立ち上げの大変な時の色んなことを憶えていて、裏のエピソードも語れるんですが、原田監督の場合はそういうお付き合いはなかったので……。

　たとえば好きな映画の話をして、意気投合して同じ方向を向いていたと思ったとか、そういうこともなくて、特に二人で飲みに行ったりもないんです。

　もっとお話ししていれば良かったなと、悔やまれます。監督の本当にやりたい『リュウケンドー』が一緒にやれたのかもしれないなあと。『リュウケンドー』の時、私はメインライターだったので、原田監督がこだわった、あけぼの町の町民達が中心になる話とか、そういう各話的なものはスケジュール的にもあまりやれなかったんです。でも監督がそこに思い入れがあるんだったら、もっと話をして、そういう要素を盛り込んだ話をやれていたなあとは思いましたね。

――「武上さんは理屈で話を作らない。でも出来あがったものは気持ちが伝わる」と原田さんはおっしゃっていました。

武上　ありがたいですね。ＳＦとかは理屈で話を作っていく場合があるんですが、脚本は基本的に、登場人物と見ている人の気持ちがシンクロしていって、クライマックスを迎えるという、目で見えないところの感情の流れみたいなことが大事なんです。ドラマの進行とともに主人公のボルテージが上がっていって、頂点に達するという組み方をしてあるんですが、そこを読み取ってもらえなくて、「ただオモシロエピソードを詰め込んであるんじゃないの」という捉え方をされることもあるので。

▼ウルトラでは怪獣から発想しました

――『ウルトラマンダイナ』で原田監督が最初に監督したのは、武上さんと初めて組んだ6話「地上最大の怪獣」です。キノコの怪獣フォーガスがインターネットを利用して増殖していくのに対抗するため、スーパーGUTSはコンピュータ制御の回路を切断して、リョウ隊員がアナログ操作をする。自分の行動一つにすべてがのしかかってくる重圧にリョウ隊員が挫けそうになった時、アスカの声に勇気づけられる……というくだりが武上さんの脚本にありましたが、全面カットになっていました。

武上　それに関しては憶えてないんです。通常、脚本家と監督の話し合いは決定稿まではします。けれど決定稿以降に現場の都合でなくなる場合には「あら」と思うだけです（笑）。

　初号試写の段階で上がりを見て「あるものを削る」ことはある程度は出来るんです。でも「ないものを足す」ことは出来ない。それは上がりを見て「そこ切っちゃったんだ」と思うしかないんです。

――人間側のお話としてはそこがキモだったと思うのですが。

武上　よくあることです。放映してからネットで「ドラマが描かれてない」と書かれると、「脚本にはあったんだけど」というのもよくある話で（笑）。

――その後、長谷川圭一さんの26話「移動要塞《クラーコフ》浮上せず！」（後編）のリョウ隊員がマイ隊員を励ますところで、シチュエーション的に復活している気がしました。

武上　その経緯は知らないです。円谷プロさんの場合、プロットを出して、プロットが通ると呼び出されて、ホンにするという作業だったので、当時の私はシリーズ全体にはまったく関わっていませんし、シリーズ会議にも出席していません。推測だと後ろに同じように設定的な話があるから、そっちは切って……という話があったのかもしれません。

――笈田雅人プロデューサーは、アスカ隊員の恋の相手をマイにするかリョウにするか決めてなかったから、リョウとの結びつきをあの時点で決定づけたくなかったのかも……とおっしゃっていました。

武上　そういうことが脚本の段階で出てきていれば、

脚本自体が変わっていると思うんです。そうなってないということは、撮影の段階でプロデューサーの話があったんじゃないですか。推測ですけれど。

さっき言ったように、こちらとしては毎回、脚本は感情の流れの足し算掛け算の公式を作った上で、書いているつもりなんだけど、フォーガスの時にそのクライマックスがなかったとしたら、それは何かがあったんです。現象としてはなくてもつながるんだけど、ここがなくなると主人公が最後にどうしてそこに行こうという気になるのかわからなくなるということが、ありますね。

ただそのことを私が今憶えていないというのは、あの回が私にとっても怪獣中心の発想だったからかもしれません。フォーガスに関しては、全長一〇キロの史上最大の怪獣が出てくるというのが最初の発想でした。キノコって、ギネスに登録されているものは一〇キロぐらいあって、世界最大の生き物なんです。それとインターネットの菌糸のつながりみたいなものを重ね合わせて作った話です。

平成のウルトラマンシリーズは当時人間ドラマをメインに考えられているところがありましたが、僕は昭和世代なので、「ウルトラマンというのは怪獣の話だろ」という思いが結構ありました。怪獣の方の発想から来ているんです。あの時は特撮の監督が北浦嗣巳さんで、合成が多かったので、「よくこんな話を考えるな」と怒られました。

シリーズは違いますが『ウルトラマンガイア』の反物質の話（14話「反宇宙からの挑戦」）でも、「反物質と言ったってどうやるんだよ」と言われたり（笑）。

ウルトラではゲスト的な立場だったので、プロット段階で、並の怪獣だともう誰かがやっているから通らない。よほどトンがったアイデアがないと。

円谷プロの場合、原案があってそれを脚本にするのではなく、プロットを出して、プロットが面白かったら通るというのが当時のやり方だったので。

大本が変わってしまう

――武上さんが初めに『リュウケンドー』に関わられたきっかけを教えてください。

武上　『リュウケンドー』の一年ぐらい前に、まったく別の企画で広井王子さんから、「今度実写をやるから一緒にやろう」と言われていて、僕『リュウケンドー』の話が来た時に、その話だと思っていたんです。そういうつもりで聞いていたら、企画内容がまったく違っていた（笑）。

特撮ものとしては僕は、東宝の『電脳警察サイバーコップ』をやって、円谷プロのウルトラ、東映の戦隊とやってきて、今度は松竹もやれると思って、お受けしたんです。五二話分のストーリーは、実際放映された五二話とは違うアイデアメモのようなものがありました。

広井さんのレッドエンタテインメントが作った原案というか企画書を、テレビシリーズに落とし込むことが最初の作業だった。登場人物が非常に多くて、それはそれで面白いのですが、テレビの一話完結の三十分シリーズにすると入り切らないというのがあったので、整理したんです。

もともと企画そのものは下町コメディみたいなニュアンスが非常に強いものだったので、最初から所謂ハードSF的な内容ではなかったんです。あけぼの町という設定とか、そこの警察署を中心に地下に基地があるとか、ヒーロー三人のキャラクターの色分けも、企画書の段階で決まってました。

――敵を倒したらキーが出て来る……というのは？

武上　あれはおもちゃ用の企画でしょう。もともと僕、広井さんと昔、一緒の企画で、ネジ回しのネジを入れると音が変わるというギミックの漫画の原作に関わったことがあって「それがキーになったんだな」と勝手に思ったんです。だから剣に鍵を挿して色んな音が変わるというのが、この企画の大本なのかと思ってました。

――広井さんとの出会いはいつ頃ですか？

武上　東映アニメーションの『空想科学世界ガリバーボーイ』（九五年・原作広井王子、芦田豊雄）というアニメ番組があったんです。日曜九時から放映していていたのですが、阪神大震災、オウムのサリン事件が起きて、大騒ぎしていた年です。ちょうど『ガリバーボーイ』でベネチアが沈む話をやる前の週に阪神大震災があったんです。それで放映をどうするかが問題になったり、サリン事件の直前に毒ガスをばらまくエピソードがあったり、そういうことがいっぱいあったので憶えているんです。

その『ガリバーボーイ』の企画会議に原作者として広井王子さんがいらっしゃって、その時にお会いしたのが初めてです。その後は広井さんのゲームの企画に参加したりしました。

『リュウケンドー』ではもちろん企画会議でお会いしています。ちゃんとした正義のヒーローものをやりたかったんじゃないですかね。当時はかなりひねった、善悪が複雑に入れ替わるような、どっちかというと年齢の高いターゲットに合わせた作品が多かったので、もっとベーシックに昭和のヒーローをちゃんとやりたかった。それをやるための下町だったんだと思います。守るべき対象がちゃんとある正義のヒーローをやるために、下町を舞台に守るべき人の顔をはっきり認識させるということだったんじゃないかと思うんです。町の人々がレギュラー化していったのはそういうことじゃないのかな。

　初回はだいたい、設定というよりは、作品のカラーがどんなものかを見せる回なので、設定は2話以降に……となることが多い。『リュウケンドー』も1話は敵側がどれだけ強力なのかを強調する話でした。そして2話でＳＨＯＴを描いています。

――原田監督とはいつ頃お会いしたのでしょうか。

武上　1・2話の構想段階の途中から参加なさってたんじゃないかと思うんです。どこかの段階の脚本打ち合わせでお会いしたのが最初じゃないかな。

　むしろこのシリーズで原田さんと一番長くいた時間は、他の人の打ち合わせを寿司屋で待っている時だったと思うんです(笑)。原田さんとの打ち合わせには特にトラブルがなかったので。

　他の監督とプロデューサー陣が揉めている時に、原田さんがおっしゃっていたのは、自分はウルトラマンシリーズでは、全体の流れを作るメインの話というより、毛色の違う話をやる立ち位置だったのに、こうやって全体を押さえて、「まあまあ」と目を配る立場になったんだなあということです。

　原田さんとしては、ちょこちょこ遊びを入れることをやりたいんだけど、あんまり羽目を外しては出来なかった。だからきっと市ちゃん律ちゃんのコスプレとか、カッパの設定とか、警察の中でみんなコスプレしたりとか、ああいう細かい遊びは、おそらく監督の「なんかやりたいな」という気持ちの表れだなとは思いますね。

　具体的な作品の中味の話で言うと、カッパ地蔵は企画書の設定じゃなくて、原田さんの設定なんです。その時にたしか「あけぼの町はこういう町にしたい」というような話をした記憶があります。

――カッパ地蔵をかおりが撫でて、「ベレケ、ベレケ」と呪文を唱えますね。敵のＤｒ．ウォームも同じ呪文を唱えています。

武上　あれも設定にはない。つまり「ベレケ」というのは魔法の言葉で、リュウケンドー側は魔法を科学的に再現する技術があるという設定だと思うんです。『ハリー・ポッター』等の魔法ものがヒットした状況が影響しているとは思います。

　あけぼの町をジャマンガが襲う場所として選んだのは現時点なのですが、あけぼの町に「ベレケ」という言葉があるということは、もっと因縁の深い話ですよね。ずっと昔ジャマンガがそこにいたということになって、設定としては矛盾しているのですが、でも、あえて突っ込まなかった。

　それが描かれているという事実を知ったのはアフレコが終わった段階でした。なんで町の人が「ベレケ」って言うの？　と。昔から町にそれが伝わってるの？　そこは原田さんとも話はしてないです。

　昔からジャマンガはあけぼの町に因縁があったという設定になると、「カッパ」と言われてるものは実は何かという話も含め、メインストーリーを全部取り替えないと設定を作れない。こちらは一ライターで、原案とかシリーズ構成で参加しているわけじゃないので、そこは踏み込まなかったんです。

――市子・律子は最初、事なかれ主義の警察署長側として登場しますが、進んで戦うように変貌します。

武上　原田さん達がどんどん膨らましていったし、僕らも脚本に書いていきましたが、当初はまったく予想してなかった。きっかけは3話の猪爪(慎一)さんの回で、監督は川崎郷太さんです。

　僕らは「あちゃー」という感じだったんです。あの話そのものは面白いと思うんですが、当初の、下町の警察で……という枠組からは、3話にして既に逸脱してしまったという感じはあります。だから僕としては「ズルイ」と思いました。

　要するにそっち側の面白さを狙っていいんだったらやるけど、やっちゃいけないと思ってやってない部分だった。結果として面白かったからＯＫになったけれど、我々から言うと、「このラインは、なしじゃなかったっけ？」という話です。

――所謂「松竹カラー」というのは意識しましたか。

武上　基本的にはそんなに気にしてなかった。

　でも大仏殿での戦いは1話で私が出したアイデアです。下町で、お寺が色々あったりする場所で、他のヒーロー番組と差別化する意味でも純日本的な背景がいいんじゃないのと。当時「ＣＧで色々出来る」というのが企画の一つの売りになってました。

　普通の作品の場合、お寺や大仏殿の中でアクションをやるとなると、ミニチュア組んだり大変なんです。場所のアイデアを出しても、ストーリーとよほどリンクしてない限り却下されますが、ＣＧで必然的に出てくる面白い背景があれば……と考えると、大仏の前で戦うのはカッコイイかなと思ったんです。

――魔獣は、1話は虫で2話は植物でした。

武上　それはホンを作る上で出て来た。こちらから出したプロットに書いてあったと思います。敵側が使う魔法として、あり物を魔法で変える、という設定があったんじゃないかな。

コンテとしてではない、一枚絵のイメージボード（奥山潔）。1話においてお寺の本堂で対峙する剣二とレプトトリックス。剣二はマダンキーホルダー、ゲキリュウケン装着済とある

過去は情報に過ぎない

――原田監督の17〜19話は白波の過去が出て来て、18話を武上さんが書いています。白波以外の二人の過去はほとんど出てきませんでしたね。

武上　「白波がクローン人間だった」という初期プロットは、僕は読んでません。放映作品のような形には、シリーズの打ち合せの段階で、だんだんなっていきました。剣二と不動については、出自はわかっているけど、過去の話は入れてないです。それはあえて描いても描かなくてもそんなに関係ないなというのはあったかもしれない。

リュウガンオーに関しては、話は出来ていました。大金持ちの家で、そこの束縛が嫌で抜け出して……という。たしか川崎（ヒロユキ）さんが書いて、プロットまで通ったはずです。それは回として振ってあったけれど、ペンディングになりました。

おそらく、メインストーリーと関わる過去ではなかったので、子ども達は興味を持たないんじゃないかという理由だったと思います。

不動の先祖が代々要人警護をしていて、伊藤博文を暗殺させてしまったことを無念に思っている……というのは、広井さんの案です。

剣二の過去としては、鳴神流剣法を伝授したおじいさんを亡くしている。ただ鳴神流剣法も、魔物と戦うような剣ではおそらくなかったと思います。魔物はあけぼの町しか出て来ないので、あの町だけを狙っている敵に、色んな設定を付けると矛盾が起きますよね。ここにしか現れてないはずのものなのに、色んな因縁があるっていうのは変だろうと。

一話完結の番組というところを犠牲にして、裏設定を作れば出来るんでしょうが、基本的にそれとは企画意図が違う番組なんです。でもリュウジンオーに関しては、過去の話が過去のドラマにつながっているので、描いたんです。

――ゲキリュウケンが剣二を選んで初めてリュウケンドーになる直前、天地が剣二を知ってるのか？と思わせるような描写がありました。しかし最終回では、ゲキリュウケンと剣二の出会いには「理由はない」とあります。剣二がリュウケンドーの力を得たのは、結局理由がなかったのでしょうか？

武上　神話的な設定だと必ず、流れ者というのが王の子どもだったり、誰かの血筋だったりします。

でも、そういうのがあまり好きじゃないんです。見ている子ども達には「誰でも勇気を持てばヒーローになり得る」と言っておきながら、主人公は二世とか特別な人だからヒーローになれるんだという設定は、明らかに矛盾している。実際、どんな歴史的なヒーローでも、一番偉大なヒーローは、みんな二世三世ではなく「初代」なんです。

「何故彼がそうなったか」は彼自身の意識の問題で、彼が誰かに運命づけられたからじゃない。彼自身がどこかで「そうなる」と決めたからです。

人間の心理としてスペシャルな誰かを求めたい、神話を必要とする気持ちは否定できないと思うのですが、僕自身はそういう事をヒーロー番組に入れるのは、ヒーローにこれからなろうとしている子ども達に対して失礼だと思うところがあります。

だから、設定にあまり触れなかったのかも。あと、もう一つは三十分各話の中で、結局、過去の話というのは情報だけれど、ドラマにはならないので。

――剣二役の候補にはもっと野性児っぽい人もいたと聞きました。

武上　もう少しトンがった、あの時代っぽい人はいました。所謂、陰性の役者さんで、最初はおそらくそっちをみんなが推していた。あの人が主役になっていたら、内容がまったく変わっていました。

　その俳優さんを選ぶのであれば、逆に主人公の過去を描く必要があったかもしれない。彼の陰の部分は何かを描かなければならなかったかもしれない。

　山口翔悟さんを推薦したのは原田さんだと思います。

　大本の企画書は広井さんで、最初は毎回広井さんが打ち合わせに参加してくださって、その頃はきちんとしたヒーロー、正統派の正義のヒーローを描きたいとおっしゃっていた。それなら原田さんが推してらっしゃる陽性の、陰のない主人公がふさわしいんじゃないかと僕も思うようになっていきました。

▼『リュウケンドー』と戦隊の違い

――プロデューサーの中嶋さんから聞いたのですが、18話辺りで、CGのバンクが増え、アクション重視になってドラマが軽視されるんじゃないかと、原田さんから心配のメールが来たと。そのメールを出した時、武上さんと話をした直後だったそうです。

武上　初期はこの番組は、各話のストーリーに合わせて、毎回毎回見せ場を、新たにCGを作っていたんです。制作期間的にも予算的にも、テレビの枠を超えていた。でも2クールの中盤になると、そういうやり方でCGを増やしていったら、とてもじゃないけどスケジュールが間に合わない。ではどうするかというのでバンクシーンを作って、活かしていくという要請があったんじゃないかと思うんです。

　昔は必殺技を使う場合、黒バックにして、パターン的にそれを繰り返し使うことが多かったんですが、今はデジタル合成なので、データさえあればそれを実写の中に入れ込むことがさほど難しいことじゃなくなってきています。

――そのメールでは、18話のシリアスな内容で今後に危惧を持ったということも書かれてありました。

武上　あの辺の話は白波の過去に焦点が当たるので、シリアスにならざるを得ない。でも『リュウケンドー』全体を深刻なものにしようという意図は、僕らにもありませんでした。

――2話の繋の母・佳子が18話で不動を助けて、エンディングではなかなかいいムードになっていますが、以後の回では発展しませんでしたね。

武上　たしかにあの時は、私から見ても原田さんと内容について明確な意見の違いがありました。あれは監督要請なんです。第1稿ではリュウガンオーと奥さんの関係をもっと書いているんです。でも監督以外みんなから「子ども番組でこういうことやる必要あるのか」と不評で、カットしたんです。でも監督はやりたくて、その折衷案としてエンディングでの使用になったと思います。先ほど「目立った事件はなかった」と言いましたが、思い出してみるとそういうことはあったな。

　たしかに原田監督は、コスプレもそうだし、ちょっと暴走って感じもありました。果たしてコスプレが効果的なのかというと……むしろ全体を壊している感じがしたんです。

――8話は大西信介さんの脚本ですが、剣二が鈴の兄に見えるというくだりは、武上さんからその要素を強めて欲しいと話があったと聞きました。大西さんは、武上さんがおそらく全体のことを考えてそう言われたのではないかと。

武上　僕がそう言ったというのは憶えてませんが、あの回はほのかな恋がベースだとは思います。これ兄妹話でしたよね。お兄さんとの話の中に、別の剣二との恋愛要素があって、二本立てになると話が割れるから、それを一つに、気持ちを恋の話に寄せられないかと言ったんじゃないかと思うんです。

　ただ、恋愛が主軸になるシリーズではないので、そこに対して特に主人公がお兄さんの代わりだということは、当初の企画書の段階でもないんです。

――剣二との関係は最初から縦糸にあったわけではないんですね。中盤の23・24話も武上さんと原田さんのコンビですが、宇宙人とのコンタクトもののようなところから始まります。ヒロイン的な部分が膨らんでいるように見えます。

武上　あのハートスキー型のUFOのデザインは原田さんの提案です。最初は「どうなの？」と思ったんです。『リュウケンドー』が終わった後、『地球の静止する日』というアメリカのSF映画(五一年)がハリウッドでリメイクされましたが、24・25話の元ネタは『地球の静止する日』なんです。書き始めの頃は、もっとハードな感じのものを想定していました。「イメージが違うなあ」と思いつつ、「友好関係で来るという形の宇宙人だから、いいと言えばいいけど……」(笑)と思ったのを憶えています。

――あけぼの町民達がUFOを出迎えて盆踊りのように踊るところも印象的です。

武上　シリーズとしてはメインのキャラクター達を立たせて、ストーリーの面白さを狙うんですが、原田さんはシリーズが進むと、町民達にかなり感情移入していた。三〇分番組で実質は二一分間ぐらいです。その中でサブキャラが立つということは、メインのストーリーを削るということです。どんどん役者さんと付き合っていったり、色々エピソードを作っていくと、もっとこういうエピソードがあってもいいという思いが膨らむ一方、扱う時間は短くなる。監督にしてみればサブキャラを使って一本出来ないかぐらいの勢いだと思うんです。だから原田さんとそういう話はしたような気がしますね。

――7話の下町の父子の話のようなものがもっとあっても良かったと原田さんは言ってました。

武上　これは委員会では評判悪かった(笑)。面白いとか面白くないじゃなくて、「子ども番組としてどうなのよ」という。ヒーローの話じゃなくて、周りの町民の話じゃないですか。ヒーローの番組なんだから、ヒーローを支えてくれないと、ということは絶えずあった。頭の頃はまだそういう話も出来てたんですが、2クールのリュウジンオーのシリアスな設定とか、後半でアクションの話が多くなってくると原田さんとしては「どうなのよ」という思いはあったのかもしれないですね。

原田さんに大西さんと組んでもらったのも、大西さんの話は物語的な部分が多い内容が振られていたので、その辺が原田さんのやりたい部分とリンクするんじゃないかなという理由だと思います。戦いがメインの話とかサスペンスより、むしろキャラが出てきてほのぼのするような話が大西・原田コンビは多いんじゃないかな。

1話とか、新しいギミックが出て来る話は、前提としてそれ用の話なんですが、それ以外のメインストーリーに関係ない各話に関しては、最初から監督と「どういう話にするか」「どういうのをやりたいのか」を含めて、話し合われていたと思います。監督の都合で最初の打ち合わせに参加できない場合も、初期段階のプロットは監督に送られていたので「あそこの部分をこうしたい」という監督の意見はこちらに届いていました。

――最後、大魔王との決着を辻野監督がつけた後、原田さんがシリーズを締めくくりました。

武上　ああすることが決まったのは、そんなに早い段階からじゃないと思うんです。最終回は、それぞれの相棒との別れでしたが、その後の東映の『炎神戦隊ゴーオンジャー』（〇八～〇九年、武上氏がメインライター）でも、主人公五人の関係以外にそれぞれ持っているガジェットとの相棒感を強調しています。『リュウケンドー』の、剣との間の相棒感というのは、そういう発想の最初じゃなかったかなと思うんです。『リュウケンドー』はよく「松竹戦隊」と言われるんですが、〈戦隊〉じゃないと僕は思っているんです。『リュウケンドー』は、戦士と武器の間の相棒感が核にあって、あの三人は相棒じゃないし、グループじゃないんですよね。

東映の戦隊は五人のチームワークがメインですが、むしろ松竹のこれは、一人ひとりの戦士がそれぞれ立っている話で、彼らの本当の相棒は剣であり銃であり斧です。だから、そうした物語の決着としては、本来、剣と戦士の別れがクライマックスに来るべきなんだけど、普通のテレビシリーズの場合は敵を倒した途端に話が終わっちゃう。『リュウケンドー』の場合はそういうものに一話をまるまる割けた、珍しい例ですね。

話としては、剣二は、与えられた力によってヒーローになっている。『ドラえもん』ののび太がそうであるように。だから彼らはシリーズを通して、そこで与えられた力じゃなくて、自分の力で今後は生きていく形の成長を見せなくちゃいけない。それはこれが戦士の話だからです。

ある日突然、なんの資質も因縁も運命も持っていない主人公――敵の蛮行に「そんなこと許さねえ」と関わった偶然から、ある種の力を与えられてしまった青年――が、その力と別れた時、出発点と同じだったら何の成長もしてないことになるわけです。

一年間色んな出来事を通して、彼なりに成長して、最後は相棒がいなくても一人で立って歩ける、彼ら自身がきちんと相棒を送り出してやる。「お前に頼らなくても俺は一人でやっていける」という心の成長を見せないと、物語としては終われない。この作品はその最終回が許されたということだと思います。

▽立ち位置は似ていたかもしれない

――最終回のダンスシーンには、スタッフ・キャストで集まれる人は集まったそうですが、武上さんもいらっしゃったと聞きました。

武上　おそらく原田監督の町民達への思いが、最後のあの全員でのダンスシーンになったと思うんです。私も映ってます。黒猫が二匹いるんですが、その一匹が私です。二～三時間で終わるという話だったんですが、昼入って夜の八時過ぎぐらいまでかかりました。実は夜、別件で打ち合わせが入ってたんですが、衣装を着てステージに入るともう抜けられないんです。いつ本番になるかもわからない。連絡したいんだけど出来なくて、もう一つの打ち合わせは、私が行方不明のまま解散です(笑)。

中にいるとわからなかったんですが、出て来たらもう夜の八時を過ぎてたんです。最初の一時間ぐらいは表で踊りの振りつけの練習をして、その後、衣装を着てステージに入って、そこからえんえん待ったり踊ったり待ったり踊ったり……。「随分時間が過ぎてるんだろうな」とは思ってたんですけどね。

　私は出演者ではないので、いつもにはない状況にいる興奮はありました。出演している人達は「これで最後だ」という感極まった気持ちがあるのでしょうが、自分としては「最後まで行ってよかったな」という感じでした。放映局がなかなか決まらなかったり、枠が色々大変だったシリーズなので。

――『リュウケンドー』の中での原田さんの役割を振り返ると、どんな印象でしょうか。

武上　原田さんの回はヒューマンなほのぼのした話が多かったですが、シリーズのバックの色は原田さんのニュアンスが強かったという気がします。

　サスペンスとかアクションとか色々なニュアンスを思い出しても、『リュウケンドー』はほのぼのした感じがあって、それは誰のカラーなのかというと、やっぱり原田さんのカラーなんだろうなと思います。

　時間待ちで寿司屋で話した時に、原田監督が自分は本来はシリーズの異色作を撮っていた監督だとおっしゃった時、「僕もむしろ異色な話を書くライターなんですよ」と言った記憶があります。「異色なライターと異色な監督を集めて、メインに据えた段階で間違ってるね」と二人で話しました(笑)。

　私も東映ではたしかにメインライターをやったりしましたが、円谷プロでは〈変わった話担当〉みたいな感じだったんです。

　12話「禁断の発動！　サンダーリュウケンドー！」で川崎郷太監督が、敵の基地が一旦、町を滅ぼす話にしたい、お寺のお坊さんが第二次世界大戦の英雄でゼロ戦に乗り込んで……とやりたいと言った時、僕はアニメでそういう話はよくやっているので個人的には「あり」だと思うんです。でも、このシリーズでは「1クール目にそれはないだろう」と押さえる側でした。

　かといって自分が大本を作っていたわけでもない。『リュウケンドー』は、私が参加した時には企画がもう決め込まれていたので、そういった中での立ち位置は原田さんと似ていたかもしれない。

　逆に東映の場合には東映独特のベテランのスタッフの中で、私はむしろ遊ばせてもらうというか、私がやんちゃをやって周りが「まあまあ」と抑えてくれるという感じで。それは円谷プロ作品の時の原田さんの立ち位置に近い部分もあったかもしれない。『リュウケンドー』の場合、テレビの子ども向け連続シリーズは初めてというスタッフの方が多かったんです。

　つまり「子ども番組でこういうことをやっちゃいけない」と、既にやって来た人は知っているけど、経験のない人達が集まっていたので、原田さんがおっしゃっていたように、自分が全体に目を配らせる側にならざるを得なかった。どちらかというと今までは自分がそのシリーズをトンがらせようとする方をやれたんだけど、『リュウケンドー』ではむしろベーシックなところを押さえなくちゃという意識はあったかもしれない。

　たとえばテレビで車を運転する場面がある場合、「シートベルトをしなくちゃいけない」「ハコ乗りが出来ない」は常識です。映画ならば別ですが、公共の電波に乗せるものであれば、今はどんなシチュエーションでもシートベルトをする。それに関しても、原田監督は今までだったら噛みつく側の人間に味方したかもしれない。「いいじゃないの」と。でも『リュウケンドー』では「まあまあ」と、噛みつく側を押える役に回らなくちゃいけない。そういう意味でいうと、『リュウケンドー』はオーソドックスな話が多くて、とんでもない「こんな話が！」というのはなかったと思います。どんなシリーズでも一本か二本、そういうのを私はやるんです。立場的にいうと原田さんもそれは同じだった。

『リュウケンドー』はだからどちらかというと「悔しい」という気持ちも多かった。自分がシリーズ構成、メインライターじゃなければもっとスゴイことやれるのにと。

　町民話も、他のシリーズで原田さんがそういう話をやりたいんだとおっしゃったので、私も「アクションがなくてもいいから全編それで行きましょう」と乗っかれたと思うんです。でも、この場合は「子ども番組だし、アクションを見たがっている子ども達に最低限ここは押さえないと」という側に回ったので、原田さんが望んでいた、トンがった部分の仕事はちょっと出来なかったかもしれない。

物語展開

37～43話までの流れ
ライトニングウィングリュウケンドー、宇宙でライジン!

【37話】「幸福の黄色いリング」（脚本・武上純希、監督・宮坂武志）で婦警コンビの内、律子は南の島でバカンス中。残った市子が主役になり、ぎっくり腰になって身をかがめた時、落ちていた石を拾い、魅入られて指輪にする。それは制御を失ったジャマンガの幹部魔物ロック・クリムゾンの変化した姿だった。魔法のランプの従者のごとく自分を慕う指輪と交流を持ち、ほのかな恋にすら落ちてしまう市子。クリムゾンが倒れた後も、破片を拾い、指輪にするのだった。

【38話】「SHOT基地を救え!」（脚本・猪爪慎一、監督・宮坂武志）ではジャマンガの罠でニセの魔弾キーを魔法発動機に入れたため暴走し、撃龍・剛龍変身も不能となり、SHOT基地がピンチに陥る。対処のため基地へと向かう御厨博士も狙われるが、生身の剣二では守りきれない。そこへ魔法発動機の制限を受けないでリュウジンオーに変身できる白波が現れ、窮地を救った。

【39話】「光の翼が星に舞う」（脚本・川崎ヒロユキ、監督・野間詳令）ではジャマンガの魔法衛星グレンスターが登場。宇宙から攻撃を仕掛けてくる。白波は「黙って町の様子を見ていられない」と宇宙での戦いを志願するが怪我をしてしまい、剣二が向かうことになる。すっかりあけぼのの町の一員となった白波と剣二がより打ち解けた回だ。

ライトニングキーでサンダーモードの強化版ライトニングリュ ーケンドーになる剣二。雷の力を司る超ワシ獣王ライトニングイーグルが翼（全幅二一・九メートル）となり、ライトニングウィングリューケンドーとして宇宙へ決死の戦いに赴く。以前のサンダーイーグル形態の時のマッハ十五より早いマッハ二〇の最高速度を誇る。ごく短時間であれば宇宙空間での活動も可能。

【40話】「史上最悪の作戦!?」（脚本・深月琴ノ介、監督・大道寺俊典）からエンディング主題歌がしばのまり子の「ずっとずっとずっと」になる。

見た相手をコピーする魔獣ネマノンの罠にかかり、あけぼの町は仲の良い者同士のケンカだらけの町になる。剣二と不動もケンカ状態。久しぶりに登場した海さんにすら偽物が現れ、二人の決闘を促す始末。やがて海さんVS海さん、ゴッドリュウケンドーVSゴッドリュウケンドー、マグナリュウガンオーVSマグナリュウガンオーと、次々に本物と偽物の対決が繰り広げられていく。

【41話】「人形になったリュウジンオー」（脚本・大西信介、監督・岩本晶）で、リュウジンオーに憧れるいじめられっ子の少年トシキを気にかける白波。少年時代の白波もいじめられていたが、あえてトシキを突き放す。ジャマンガとの戦いに敗れた白波はトシキ自作のリュウジンオー人形に憑依する。勇気を振り絞った少年の祈りでリュウジンオーは復活。自らの両親の仇でもあるブラッディに猛攻をかけ、遂に撃破するリュウジンオー。だがきわきわのところでバリアを張って逃げるブラッディであった。

【42話】「魔法のレシピ」（脚本・猪爪慎一、監督・辻野正人）では、大魔王グレンゴーストの、卵の中での形態が変わる。これが二度目の進化である。

天ぷら「黄金虫」に立ち寄った不動は店の色っぽい女将に翻弄される。不動はその店がジャマンガ絡みと気付く。不動と女将の大人同士の駆け引き。女将の正体はレディ・ゴールドだった。

【43話】「わたしのヒーロー」（脚本・川崎ヒロユキ、監督・辻野正人）ではブラッディがあけぼのタワーを巨大要塞マジューキに改造。閉じこめられた鈴は「私に構わず攻撃してください。私もSHOTの一員です。覚悟は出来てます」と本部に通信する。

剣二は「ヒーローってのはな、誰かを犠牲にして戦ったりしねぇんだよ!」と単身あけぼのタワーに突入して鈴と再会する。だが、魔弾戦士になった途端マジューキのトライポッドに攻撃されるシステムになっていたため、このままでは変身出来ない。鈴と一緒に飛び降りて、落下するまでの間に変身する賭けに出ようとする剣二。鈴はこれに「信じてるわ」と頷く。

作品解説

「閉ざされたあけぼの町」44話 ▼二〇〇六年一一月五日

脚本：大西信介　**撮影**：森下彰三
ゲスト：岡野幸裕（青年時代の雪村）

――37・38話は初参加の宮坂武志監督作品。39話は助監督だった野間詳令さんが監督を務めます。40話はアクション監督の大道寺俊典さんが監督もやってます。

原田　この頃は監督が足りなくなっていたんです。この辺で新しい監督を入れるという話でした。

――41話がこれもまた初めての岩本晶さんで、42、43話で辻野正人さん、そして44話が原田監督の「閉ざされたあけぼの町」。

原田　これ一本だけでした。

――普段は二話持ちが多いですが、何故一本だけに?

原田　僕はその時期に『旅の贈りもの　0：00発』という映画の撮影に行って居なかったんです。だから44話だけ後で、単独で一本だけ撮った。僕はその後は、51話と52話だけ。『旅の贈りもの』をやっている時に、プロデューサーの片嶋さんから相談があって、44話は、細川ふみえさんが主役の話だったんです。それで「一本だけ、映画の撮影が終わった後にやりませんか?」という話になって、「いいよ」というので受けたんです。『旅の贈りもの』が終わって帰ってきて、すぐその一本やりました。撮影順は、44本目よりもっと後でやってるんです。最終回のちょっと前くらいに。単独でこれ一本やってすぐに、ちょっと空いて最終回の撮影でした。俺はたしか、九月いっぱいまで『旅の贈りもの』をやっていたから、十月に、その編集の合間で撮ったんです。

冒頭、あけぼの署サロンが映るが、同時にテロップが「30年前」と出る。

カサのある電球のナメから入る構図。薄暗い室内を懐中電灯をつけた若い警官が入ってくる。この警官は、後に明かされるが、現あけぼの署々長・雪村のかつての姿(演：岡野幸裕)である。

室内は「ポツン」としていると演出メモにある。若き日の雪村は蛍光灯をつけ、各所を点検するように指を差し「サロン、異常なーし」と蛍光灯を消す。

部屋を出ようとした時、音がして画面手前にヒラヒラした白衣の人影がホラーっぽく現れる。その気配に振り返る雪村。「ま、ま、ま……まさか……ゆ……幽霊……」

部屋の奥にぼんやり立っている女性は、小町である。気付かれたことに驚き「あら、見えてるの？」と言う。ひいいと腰を抜かし、角に勝手に追い詰められ懐中電灯を首の下から照らす雪村。場面変わり、現在のあけぼの署サロン。日中の場面である。

肉屋「いのまた」の熊蔵が木刀をフリ降ろすところから場面が始まる。「おっちゃん、落ち着けって！」と熊蔵を抑える剣二。熊蔵の後ろには、鉢巻きやヘルメットを被ったあけぼの自警団の人々がいる。

現在の雪村署長が三十年前と同じ場所に同じポーズでひえぇえ！と腰を抜かし、後ずさっている。

「手は出してねぇよ。勝手に俺の剣幕に怯えてるだけだよ」と剣二に言う熊蔵は、「よお、なんで自警団が無駄だって言うんだよ」と雪村に改まって問う。

駆けてきた月岡と花田に抱き起こされる雪村。「わ、我々が魔物相手に頑張ったって意味ないでしょ」

町の人々、抗議のムードでどよめくが、なお「人間、出来ることなんかたかがしれてるんですよ！」と言って憚らない雪村。第1稿ではこれに「意味の無いことなら、むやみに頑張らないってのが大人の対応ってモンでしょ」と続いていた。

さすがに剣二もムッとし「その言い方はあんまりじゃ……」と言いかけると、鈴のいる受付の電話が鳴った――。

44話のイメージボードの表紙(奥山潔)

第2稿でこのシーンはサロンではなく署長室で、町の人々VS雪村ではなく剣二VS雪村になっていた。

「ぶあっかもん！」。署長室で、雪村とその両脇の月岡、花田に怒られている剣二。

「どうして、いつもいつも余計なことするの！」

「コソ泥捕まえたって、管轄外じゃまずいんだから」と言う月岡に、剣二は「俺の心に管轄なんてないッす」とブスッと応える。

「君の心にはなくても、現実にはあるの！」

立ち上がり壁の地図を指差して管轄を説明する雪村だが、花田から「あのぉ、この地区は○年前の区画整理で隣町に編入されてます……」と指摘される。

――以上が第2稿でのサロンの場面だった。

第3稿でも、この第2稿とほぼ同じ展開だが、署長に怒られるシーンの言い回しが違っている。3稿では、自分の行動は無意味というのはあんまりだと言う剣二に対して「盗まれた自転車を子供と一緒に探し廻るのは結構。けど、何も一日それにつきっきりで、管轄まで越えて隣の署に迷惑までかけて。挙げ句の果ては盗難じゃなくて、ただの置き忘れだった…。無意味以外のなにものなの？」と雪村は言っていた。

「ただ頑張ればいいってもんじゃないの。意味のない頑張りはハタ迷惑なだけ。もう少し君も大人になりなさい」

第3稿では、三十年前のあけぼの署サロンで若い警官時代の雪村が小町と遭遇するということ自体は変わらないが、その直前、雪村は当時の署長に怒られたグチを一人で言っていたのだ。

「コン畜生！」と帽子を机に投げ捨て「頑張って何で駄目なんだよ。無意味ってことないじゃないか」と嘆く若き雪村。

小町はそれを見つめながら「あーあ、また署長に突っかかっちゃったんだ」と独白する。

「突っかかったんじゃないよ。僕は正論を…」と言ってからハッとなり、周りを見回し「い…いまの声、誰？」と小町に気付く雪村。以上の展開は、後の、署長になった雪村が剣二と対立する場面とイメージ的にダブるように意図されている。

だが4稿以降で雪村と対立するのは町の人達で、剣二はむしろその仲裁側に立っている。もちろん雪村の町の人々への物言いに、剣二もつられて怒ってはいるが……。

▽その時、剣二は……？

署の受付で町民から魔物出現の報を電話で受けている「表の顔」の鈴は、「あけぼの警察署では管轄外ということで」と言わざるを得ない。「そういうことじゃ困るんだよ！」と電話口の向こうから怒られても「そう上司が申しておりまして」と困り顔の鈴。

その頃、あけぼの町の一角では、資材置き場のような場所(北多摩の水再生センターで撮影)で遣い魔達と戦っているゴッドリュウケンドーとマグナリュウガンオー。すると、物陰から出てきた遣い魔達が煙幕弾のようなもの(マモスケ顔に皺文様)をケンドーたちに投げつけ、煙が上がる。ポワワワンと効果音。

Gゲキリュウケンによれば、今のは我々にだけ効く魔法催眠ガスだったのだという。あのガスを長い時間吸い込むと、眠ってしまう。

ジャマンガ城内の広間では煙幕弾を見ながら満足げなDr．ウォーム。だがそこでバカにしたような笑い声が響く。上から降りてきて炉の台の上に着地するのはブラッディだ。ここでDr．ウォームが「お、お前までこの上に……」と怒るが、ウォームにとって魔法陣の炉は魔物を生み出す大切な場所であり、その上にレディ・ゴールドが平気で腰をかけたり、乗ったりすることに前から敏感だったのである。「降りろというのに！」と言うウォームを気にせず「魔法催眠というアイデアは悪くない。ならば、いっそ、あけぼの町そのものを密閉してしまえばよいではないか」と高見に立って言い放つ。

場面変わって、ここはあけぼの大橋の向こうに町が映るメルヘンチックな光景。夜のネオンに、あけぼのタワーも建っている。OFFで剣二の声が聞こえる。それはSHOT基地での小町と剣二の会話だ。基地には他に誰もいない。演出メモには「いつも話してた風」とある、ざっくばらんな雰囲気である。

「署長のやる気のなさにも参っちゃうよな」と、腕を組んで歩き回りながら言う剣二。だが小町はちょっと気持ちがわかる。どうしても魔物退治のカッコいいところはSHOTにさらわれてしまうのだから。「あの人も若い頃は、それなりに頑張ってたのよ」

脚本では続いて、雪村署長が新人時代に最初に配属されたのもあけぼの署だったことを小町が語っている。「ああ見えて、若い頃は霊感も強くてね。時々、私のこと気づいてた」

思わず「マジかよ」と言う剣二。

「私も、自分のこと気づいてくれる人珍しいから、時々、話もしたりして……」

原田　署長話をやりたいなということは言っていたんです。スリー・アミーゴスの連中の話は、もうちょっとやってあげたい。あけぼの町民の話はやりたいと思ってたので。

――町民がシリーズの途中で自警団とか作ったりするところで、わりとお遊び的になってたところがあったと思うんですが、この回は初期のように、警察は事なかれ主義という感じです。

原田　ベースに戻して、あけぼの町の話をやりたかった。

――プロット集（『ストーリー構成案　第1クール』）を見たら、もっと初期の予定（10話）に似た話（「止まった時計！　三羽ガラスのいちばん長い日」）がありました。あけぼの署の時間が止まって、三羽ガラス以外は動けなくなるんですが。署長が若き日に出会っていた小町さんに叱咤激励されて頑張る、という。

原田　あったかもしれない。たぶん、なかなか実現しないでここまで流れてきたんだと思うんです。

翌日の昼、あけぼの町の外れでは、半透明の壁（6×8のアクリル板を用意するように演出メモに書かれてある）越しに町の人が集まっている。その中にはガジローの姿も。

「出られない？　そんな筈ないだろ?」。町の外の方に向かって歩いていくガジローだが、見えない壁にぶちあたり、倒れる。「どうなってんの？」

ここであけぼの大橋を前にした町の全景が映る。陽光に反射し、透明な巨大ドームがあけぼの町を覆っていた。あけぼのタワーももちろん中に収められている。上からキラリと陽光が半球に添って光る。ライブ映像にドームを被せ、合成することが、コンテで指示されている。

SHOT基地では通信設備のチェックを懸命に行っている鈴と瀬戸山。無線も有線も使用不能。あけぼの町と外部との通信が完全に遮断されているのだ。

こんな緊迫した事態だが、天地の席にはカッパのぬいぐるみが置いてあり「出帳中」との札がかけられている。札に関しては演出メモに指定があり、更に完成作品でカッパのぬいぐるみが登場している。しかも、そちらにはキャメラが寄らないので、半ばお遊びのディテールとわかる。薄茶ネクタイの不動は二人の報告を聞いているが、「そういえば、剣二は？」とふと気付いたように言う。

「それが、警察の用事で今朝早く町を出てて……」と鈴は腕時計を見て首を傾げる。

「もう帰ってきてもいい頃なんだけど……」

その次の場面は「しょうゆラーメン」のアップから入ることが演出メモに記してある。ここは隣町のラーメン屋（調布市にある「あんどれかんどれ」でロケ）。

剣二はカウンター席でのんびりとラーメンを啜りながら、「うん。うまい」と満足そうだ。脚本ではこれに続いて「豚々亭も悪かないけど、隣町は有名店目白押しだかんな…いや、こりゃハシゴしなきゃ」というセリフがあった。

剣二が閉ざされたあけぼの町の外に出ているというシチュエーションを作っているが、第1稿では、天地の使いで書類を都市安全保安局に持っていく用を言いつけられていた。また第2、3稿では、前述の管轄破りの罰として、隣の署に詫びに行くという署長命令で外に出ていた。

だが第4稿以降、剣二があけぼの町の外にいるのは、単にサボッてラーメン屋めぐりをしているということになっている。確信犯的に物語の中心の外に置かれているのだ。

▼変身不能！

次のシーンは脚本では「あけぼの町・商店街」とあるが、公園の広場に屋台が出ているという描写に転換。大道芸もやっており、マモスケやカッパの着ぐるみを被った人もいる。その光景が、遣い魔の手に持った煙幕弾越しに見える。

気付いた人々に向かって煙幕弾を投げつけ始める遣い魔。だが破壊行為ではないようだ。「肉のいのまた」の屋台の前からその様子を怪訝に見る熊蔵と邦子。「何やってんのよ、あいつら？」。

次の場面では、人気のない路地が煙幕弾越しに捉えられる。足元に煙幕弾をぶつける遣い魔。ポワワワンと音がして、画面は煙に包まれる。

煙が晴れると、走ってきた別の遣い魔達とそれを追ってくる不動が見える。道の真ん中で「ゴウリュウガン！」と変身しようとするが、ミニ銃は沈黙したままだ。

「どうした、ゴウリュウガン!?」。ミニ銃からはかすかにイビキが聞こえる。ハッとして「まさか……！」とジャマンガの意図を感じる不動。

ジャマンガ城内ではDr．ウォームがニヤリとしている。「催眠ガスが見事効いたと見える」

路地の岐れ道では、商店街に向かって駆けていく不動と、別の道から駆けてきた白波がワンカットで鉢合わせとなる。お互いの「相棒」が眠らされた事を確認し合う二人。突然、頭上から笑い声が響き、空には巨大なDr．ウォームの虚像が映る。

「聞こえるか!?　人間どもよ。我々はあけぼの町を魔法ドームの中に閉じこめた」

Dr．ウォームをはじめジャマンガ側は魔弾戦士の正体を把握していない。だが人間が変身した者であることは知っているようだ。あけぼの町自体を密封し、変身不能のガスを充満させるという大掛かりな作戦に打って出たのもそうした理由がある。だからDr．ウォームの空中からの宣言もまた、あけぼの町全体に聞こえるようになされている。そしてその事は、後に大きな意味を持ってくるのである。先の広場では、空中に投影されたDr．ウォームを不安げに見上げている熊蔵ら町の人々。

「我がしもべたちが魔法ドームより空気を抜いておる」。ここで、城の中の遣い魔が両側から井戸のように梃子を動かし、せっせと空気を抜いている様が示される。手前にポンプがつながっている。

「このまま放っておけば、中の酸素は消失し、皆、窒息してしまうであろう」

ドーム全体が空気を抜かれていくのを図示するシーンもコンテに描かれていたが、映像化はされていない。

ざわめく町の人々。「だ、大丈夫だよ、リュウケンドーたちが必ず……」と邦子が言えば、人々も「そうだよ」と頷く。だがDr.ウォームは言う。「リュウケンドーたちに期待しても無駄だ。ヤツラが変身できぬよう、既に手は打ってある」

上空に写るDr.ウォームを見上げている不動と白波。

「聞こえているか、魔弾戦士どもよ。あけぼの町を救いたければ、人間の姿のまま、現れるが良い」

そのウォームの姿は署内の窓の外にも映っている。窓枠越しのその構図はコンテから描かれている。不安げに見上げる雪村署長、月岡交通課長、花田刑事課長のトリオの後ろ姿。

「そうすれば、あけぼの町を開放しよう!」と、笑い声と共に消えていくDr.ウォームの虚像。

トリオの後ろ奥には小町が立っているが、むろん誰もそれに気付いてはいない。

「署長?どうしましょう」と怯える月岡。「どどどど、どうもこうも、魔物はウチの管轄じゃないんだから…」と雪村は答える。後ろで見ていた小町は「そんなこと言ってる場合じゃないでしょ!」と、ちょっと怒ったような顔になる。

不動、何か決意したように駆け出そうとする白波を追って止める。「どこへ行く気だ」

「決まってるだろう。俺たちが行かなければ……」と町の行く末を心配する白波に、不動は「行ってどうする？ 変身できない俺達に勝ち目があると思うか!? ヤツラの狙いはそこなんだ」とたしなめる。

SHOT基地指令室の青い部屋では、隣の赤い部屋からメモを手にした瀬戸山が駆け出してくる。「わかったぞ!」とプリントアウトしたドームの絵を見せ、この中の一点にある魔法陣を起点にドームが形成されていることを鈴に説明する。ディスプレイで映像が図示される。熱を当てれば魔法陣が視覚化され、そこに強力な力をぶつければ、ドームを破壊することが出来る。そんな力は魔弾戦士しか持ち得ないが、ドーム内にいる限り変身出来ない。

鈴のハッと気付いた顔がアップになる。「いるじゃない、外に!」

その頃、あけぼの町の一角では、不動が瀬戸山から携帯に連絡を受けている。「剣二を捜す?」。ドームの外とは通信できないから、直接剣二を見つけて連絡を取るしかないのだ。思わず白波と顔を見合わす不動。

▼小町さん、戦い再び

広場では、遣い魔達に追われ、恐怖におののく町の人々。ガジロー(脚本では「町民A」となっていた)も「助けてリュウケンドー!」と叫び、マイナスエネルギーを放出。

SHOT基地では鈴が酸素の残量について瀬戸山に尋ねている。「まだ、大丈夫。ただ、不安感が必要以上に恐怖をあおってる。酸素がなくなる不安とリュウケンドー達がいないという不安が……」

このやり取り、脚本では瀬戸山の問いかけに、鈴が答えるという形だった。

小町もその場にいて心配げに見守っている。「何とかしなきゃ」。緑を背景にした木道(八王子の「夕日の丘」にあるウッドテラスで撮影。脚本では「あけぼの町・某所」と書かれている)では、誰に攻撃されているようにも見えないのに、身体から火花を散らして倒れる遣い魔達。「いや!」「はッ」と女性の凛々しい掛け声がし、やがて光とともに巫女装束の小町が実体化、構えた薙刀をシャンと振り下ろす。

ジャマンガ城・広間ではDr.ウォームが「まさか」と過去を思い出す。36話「戦う幽霊」の一場面が銀残しの画面でフラッシュバックされる。魔獣マコードの攻撃で透明球に閉じこめられた小町……。Dr.ウォーム、我に返り「ベレケ」と杖を振ると中継映像が心霊解析モードになり、遣い魔を倒していた小町の姿が人型のモヤとなって確認できる。「あの時の霊魂!」

ウォームが再びベレケ、と魔法棒をヒュっと振ると、小町の姿がその場でモヤの姿から実体化してしまう。振り返り、その姿に気付く遣い魔達。ウォームがさらにベレケ! と叫ぶと、突然、天空から稲妻のような光が走り、小町のそばで爆発が起こる。遣い魔の前にも落雷、そして手前に一発ドン! と大きな爆煙に包まれ、小町、危機一髪!――のところで、CMとなる。

▼署長と「美人の幽霊さん」

CMが明けて、あけぼの署サロンでは「魔物にご用心」というDr.ウォーム等身大パネルの手前で、光とともにボロボロになって咳き込む小町が実体化する。

「このままじゃ、みんな魔物にやられちまうよ」という「肉のいのまた」のおばさん邦子の声が聞こえてくる。受付近くでは、ガジローや、背中に「あけぼの」という字が印刷されたハッピを着た熊蔵や邦子を含む町の人々が押し寄せ、雪村、月岡、花田に詰め寄っていたのだ。

鼻に汚れがついている小町がその様子を見る。第1稿～3稿までは、小町がハラハラしながら「ここで頑張るのよ。頑張るって言わなきゃ」と雪村に向かって言っていた。

「魔物が要求してるのは魔弾戦士たちでしょ。彼らが出てくれれば解決するって言うんなら、捜し出した方が一番いい」と、町の人々を前にやっぱり不甲斐ない雪村。

「バカ言え! 俺たちはリュウケンドーたちに頼ってるんじゃないかよお。こういう時だからこそ、お前らが頑張らなきゃいけないんだよお!……ったくもう」と怒る熊蔵。

熊蔵のセリフの中の「お前らが」という部分は脚本に付け足されている。普段は魔弾戦士に助けられている町中のみんなが頑張る……というのはこの回のクライマックスにつながるのだが、一足飛びにそこに行くのではなく、まずは警察そして今回の主役と言っていい雪村に焦点が当たっているのだ。

――町の人達は事なかれ主義の署長には食ってかかっても、リュウケンドーがいるから迷惑だという話にはならないのがおおらかですね。

原田 そういう風には、ならなかったね。身内でギスギスする話はあんまりやりたくはなかった。

——署長達が情けない部分を全部引き受けてくれる。

原田　ああいうキャラクターだから許されるところが結構あるじゃないですか。でも情けないだけじゃなくて、かつてはちゃんとしてたんだよ……というのを出してあげたかったし、僕はわりとこの話、好きですよ。

「ったくもう……魔物相手に、何が出来るっていうんだよ！」と眼鏡を取ってブツブツ言う署長室の雪村（第3稿では「意味ないよ。そう、意味ないんだよ。無意味に頑張ってみたところで…魔物相手に何ができるっていうんだよ」と、自分に言い聞かせるようなセリフになっていた）。

そこへ薙刀を持った小町が光とともに現れる。「だからって何もしなくていいの？　みんなから信頼を取り戻すチャンスじゃない」

だが今の雪村にその声が聞こえている様子はない。

小町が「えい！」っと薙刀の先から光を出すと、本棚に光の渦がはじけ、ガラス戸が開き、中のアルバムの背が光り、落ちる。

雪村がはっと気付き、近寄ってアルバムを拾い上げようとすると開いたページが目に留まる。いかにも昭和的なモノクロ写真の中で、町の皆に囲まれた若い頃の雪村（当然、冒頭の若い警官と同じ顔）の写真が数葉。

［あけぼの菓子屋にて］と題された写真は子ども達と写っている。［あけぼの警察署前にて］という写真では敬礼している雪村。他にも［仕事場での一枚］［商店街にて］といった写真がある。ページをめくると［憧れの先輩と一緒に］［自宅前にて］［悪ガキ三人と私］［あけぼの商店街にて］と更に写真が貼ってある。［初めて事件解決　自宅前にて］という写真では表彰状を広げている雪村。

脚本第2～3稿ではアルバムをめくるとともに回想シーンが始まり「道を尋ねる老婆の荷物を背負い、一緒に目的地を捜して歩いている若き日の雪村」や「頬被りをして、大きな風呂敷を背負った分かりやすい格好の泥棒を押さえこんでいる雪村」といった場面が描かれていた。だが完成作品に至る段階で〈町の人々との交流〉に視点が絞られていったようだ。

原田　署長の若い頃のスチール写真は、助監督達が「任せてください」と、自分達で衣装合わせをやって、池袋のどこかの町で一日ロケして撮ってきたらしい。全部。ちょうどその頃、上の助監督の野間や岡が（監督として）撮ったりしてたから、助監督のサードだった畑井（雄介）が「やらせて欲しい」と言ってきたので、「いいよ」と言って、スチル写真だから、「俺はじゃあいい写真だけ選ぶわ」と。そういう自主性がだいぶ生まれてきた頃です。『リュウケンドー』は、新人を育てるというのが大きかった。1・2話の頃のどうにもならなかった新人メンバーが、えらい成長したと思いました。

「思い出してよ、あの頃を」。写真一枚一枚のUPに小町の声がOFFで響く。

雪村、ハッとする。「まさか……いるのかい？　美人の幽霊さん」

小町は答える。「聞こえた!?　いるわよ、ここに。私の声、聞こえる？」

大きく頷く雪村。「聞こえる！」

その頃、ジャマンガ城では遣い魔が井戸でポンプを両側からせっせと動かしている。この場面は脚本に付加されたものだ。疲れて額を拭く仕草をする遣い魔。

商店街から出店している広場では、息が苦しくなったように倒れていくカッパ、マモスケ、サンドイッチマン。

その近くのあけぼの大橋のところに姿を現すDr．ウォーム。ターンテーブルの上に乗っている。青白い炎に包まれ、下に遣い魔達を従えている。手前にカッパ地蔵の祠がある。

「現れよ、魔弾戦士どもよ。残る酸素はあと僅かだ。あけぼの町の人間どもを見捨てるつもりか!?」

署長室では、小町と雪村の会話が続いている。〈雪村、やはり小町の姿は見えていない〉と脚本にあるが、原田監督はこれを〈小町を背中に感じながら振り返らない〉という演出で表現している。

「最初は怖かったけど、あんた、随分私を励ましてくれた」と言う雪村に、小町は一言一言噛みしめるように応える。「それは、あの頃のあなたが、一生懸命頑張ってたから」

画面はオーヴァーラップして回想になり、セピア画面で三十年前のあけぼの署サロンが描かれる。かっぽう着のおばさんがリンゴを切ったものを皿に乗せて運んでくる。サロンで和装の紳士など町の人々に囲まれ、楽しげに談笑している若き雪村。

あけぼの署
けんか
ぼうりょく
のがしません

そう書かれた貼り紙がある。背後に光とともに現れる小町、若き雪村に微笑む。雪村も小町に振り返って、微笑むのだった。

「楽しかったよ、あの頃は。町の人たちが皆、私のことを信用してくれて、私も町の為に一生懸命頑張った」

と、今の雪村の声が回想に被る。

「今は？　今は違うの？」

回想から戻った雪村が「今は……」と口ごもる。

「みんなが信用してくれないから、頑張らなくなったの？　頑張らないから、信用してくれないんじゃないの？」

途中から語気が強くなる小町。「周りが変わったんじゃないわ、あなたが！……だから私のことも見えなくなっちゃったのよ」

雪村は言い返せない。

「自分に出来ること、必ずある。みんなを励ますことだって出来るじゃない」。小町は「私行くわ、みんなを放っておけない」と光とともに消える。

ここのシーン、原田監督は次の場面に行く前に、しばしの〈間〉を視聴者に見せている。画面はロングになり、雪村は背後の小町が消えたのを感じ、アルバムを閉じたのだった。

▼ラーメンは隣町に限る

ここで土手とラーメン屋のシーンが、監督によって脚本に追加されている。川沿いの土手にカッパ地蔵がいる。サクマドロップスがお供えしてあり、標識がある。左方向の矢印は［ラーメンの町　となり町］、右方向は［魔物の町　あけぼの町］。

OFFで「やっぱラーメンはトンコツだあ」という剣二の声が聞こえる。ラーメン屋のカウンターでラーメンをすすっている剣二。演出メモには「まくり」と書いてある。「まくり」とは、原田監督のVシネマ『喧嘩ラーメン』に出てくる、美味いラーメンを猛スピードで食う「まくり喰い」のことだろう。

　その頃、あけぼの町を包んだドームの周縁に駆けてくる白波と不動。手前に半透明な壁があり、遮断されている。白波は前方にハッと気付き「いた、あそこだ！」と言う。

　アクリル板を用いた半透明の壁越しに、ちょうどラーメン屋から出てくる剣二が見えたのだ。ロングショットで、［麺屋　大国］とのれんが映る。府中にある同名のラーメン店でロケすることが演出メモにも書かれてあった。

　のれんをくぐり「いや、豚々亭より全然ウマイ」という剣二の独り言が遠くに聞こえる。

　半透明の壁の前の不動、足を止め「剣二！」と前に進もうとするが気付いて手探りする。壁を叩き、叫ぶ不動。「剣二！　聞こえるか剣二！　こっちだ！」との声にも気付かず、またのんびりと歩き出す剣二であった。


――剣二がラーメン屋にいて、いつもの豚々亭かと思ったら、違いました。

原田　違う町なんです(笑)。能天気なヒーローの典型バージョンです。

　SHOT基地では、剣二がラーメン屋のハシゴ中と聞いた鈴が「何やってんのよ剣二の奴！　私行ってあいつの首根っこひっ掴まえてくる！」と飛び出そうとするが、瀬戸山は追いすがり「壁でもすり抜けられないと無理だってば！」と止める。それを、薙刀を持った白装束の小町が見ていた。もうすっかり服の汚れも取れている。

「壁でもすり抜ける？　そのくらいなら霊力がなくても。ジャマンガに見つかりさえしなければ……」

　あけぼの町入り口のあけぼの大橋では、遣い魔を引き連れ、カッパ地蔵の祠越しに辺りを睥睨するDr．ウォーム。脚本では「歩く」とあり、他の監督の回ではDr．ウォームが外を出歩くシーンも作られているが、原田作品において、Dr．ウォームが外に現れる時には必ず浮遊台に乗せている。パイロット監督ならではのこだわりだろう。

「まだ、現れぬか魔弾戦士どもよ！」と、見回すDr．ウォーム。ここで、ジャマンガ城にて遣い魔がせっせとポンプにガスを送り込む場面をまた挿入することを原田監督は演出メモに想定しているが、実際にはない。

　あけぼの町を覆うドームの周縁の土手では、剣二が満足げに歩いてくる。「いやぁ、ラーメンはとなり町に限るなあ。もう全然違うもん味が」

　すると、合成で表現された半透明の壁にガーンとぶつかり「イテ！」となる。

　その頃、土手の上（「あけぼの町の一角」と脚本にある）に、薙刀を構えて走ってくる小町の姿があった（脚本では「宙を駆けるようにドームの外へ向かっている」と書いてある）。

　浮遊中のDr．ウォームが小町に気付く。「またあの霊魂が動き出したというのか？」

　そのDr．ウォームの言葉が広場に来ていた雪村にも聞こえて「霊魂!?　美人の幽霊さんのことかい？　何をやろうっていうんだい、幽霊さん……」と落ち着かない態度になる。

　脚本では、この前に、広場へ息を切らしながら駆けてきた雪村が、人々の惨状を見るという描写があった。その際、近くにいた子どもが「く、苦しいよ。空気…空気が」と喘いでいる。雪村は子どもに駆け寄って抱き上げ「が、頑張れ、頑張って…」と声をかけるが、「おじさん…な、何とかして…」という子どもの言葉に、雪村は辛くなる。「…お、おじさんにはもうこれ以上…」

　雪村が後に出る行動の後押しをするくだりだが、尺の問題のせいかカットになっている。

▼私がリュウケンドーだ！

　高台の下に町が見える丘はちょうどそこもドームの周縁部になっていた（八王子の「夕日の丘」でロケされているが時間は日中である）。駆けてくる剣二。立ち止まってドームの壁を叩き、「ここも壁かよ！」と確認する。

　あけぼの町入口の橋ではDr．ウォームが「もはや、あの霊魂は霊力を使えぬ。お前たちでも倒せるぞ」と遣い魔を行かせる。「ギジャー」と叫ぶ遣い魔達。

　それを聞いていた広場の雪村、「ゆ……幽霊さんが危ない！」と身体を震わせる。

　先刻の小町の言ったことが一瞬甦る。「自分にできること、必ずある」。

　脚本では声が蘇えってくる……という記述だったが、原田監督はシーンそのものを雪村の顔にオーヴァーラップし実像化させている。雪村は下を向いていたが、決意の顔を上げ、歩き出す。橋のところにやってきて、突然奇声を発し、駆け出そうとした遣い魔達の前に立ちはだかる雪村。

「ま、ま、ま……待てええええ！」。雪村は後ろ手に銃を持っている。思わず、足を止める遣い魔達。

　震えながらも拳銃をふりかぶる雪村、不器用に見得を切り「リ、リ、リュウケンドー…ラーイジーン！　わはははははは、私がリュウケンドーの正体だ！」と叫ぶ。

　身を潜めていた熊蔵が驚く。「なに……あの署長がリュウケンドー!?」

　邦子も「ほんとかい!?」と驚き、町の人々の注目を集める中、ポーズを取っている雪村。OFFで「でもあれ、銃だろ」という声が聞こえるや、気付いてポーズを変える。

「リュ、リュ、リュウガンオー、ライジーン」

　リュウガンオーに名乗り直すくだりは脚本にはなく、付加されたものだ。脚本第1稿で雪村は最初からガンオーを名乗っており、そして第2稿ではケンドーのみ名乗る。ここでも試行錯誤の過程が描写に最終的に繰り込まれているのだ。

　駆けてきた不動と白波もビックリして足を止める。月岡達もビックリしている。

　Dr．ウォームは思わず問う。「ほんとうに、お前みたいなシミったれた中年が、魔弾戦士だというのか!?」

　突然ここだけ恐怖を忘れて怒る雪村。「お、お前なんかに言われたくないよ！　さ、さあ、私が出てきたからには、こ、このあけぼの町を開放してもらおう！」

　その頃、小町は薙刀を持ち、半透明の壁の前で一回立ち止まり、思い切って突き抜けるようにドームを走り抜けるのだった。このアクションの溜めは演出で付加されたものである。

　別の場所のドームの周縁に走ってきた剣二、ハッと足を止める。

そこから町が望め、青白い光とともに浮かんでいるDr．ウォームが遠方に見える。

驚く剣二。「Dr．ウォーム？　署長も何で!?」

そこで「剣二くん！」という声に振り返る剣二。

「こ、小町さん、なんでここにいんの!?」

「なんでじゃないわよ！　あけぼの町が大変なの！」

あけぼの町の広場では雪村がへっぴり腰でカッコ悪く立ちはだかる雪村にDr．ウォームが言う。「お前が魔弾戦士ならば、マダンキーを出せ！」

「キー？ああ、カギならね、ありますよ、ここに。ハイ」

ポケットをまさぐり、次々と鍵を出す雪村。

「これが家のキーでしょ、これが車庫のキーでしょ……」

取り出して説明を始める雪村に口をあんぐりさせるDr．ウォーム。

「それからこれが車のキーに自転車のキー……」

高台からそんな署長の行動を見ながら「ジャマンガの注意をひく為に……」と感動する小町。隣の剣二もそれを見つめる様が脚本に付加されている。

広場では町の人々がそんな雪村の行動を目の当たりにしている。おもむろに立ち上がる熊蔵、邦子、ガジロー……。


イメージボードより（奥山潔）。ドームをすり抜ける小町さん

雪村は「……で、これが三階非常口で……」と内心の焦りが丸見えながらも必死に色々な鍵を出して説明を続け、最終的には釣掘りのキーまで出す始末。これらのキーの説明は脚本をベースにしながらも、アドリブを交えハジけさせている。

「もういい！　お前は違う！」と遮り杖を振り上げて言うDr．ウォーム。張りつめていたものが切れるように、思わずへたりこむ雪村。不動、思わず駆け出そうとするが——。

そこへ「待て待て待てぃ！　俺がリュウケンドーだ！」と派手な水色の布のマントを被った姿で見得を切ったのは、なんと熊蔵だった。旧主題歌のメロディがBGMにかかる。

見下ろすDr．ウォームの顔に「?」マークが実際に字として浮かぶ。この演出はもちろん脚本には書かれていない。続いて「私はマダム・リュウケンドー！」と大根とはたきを手に、赤い布マントの邦子が見得を切る。

Dr．ウォームの顔に浮かぶ「?」マークが二つになる。

そして、「ゴッドリュウガジロー」と箒を手に紫のマスクでガジローが、「ムーン・リュウケンドー！」と月岡交通課長が月をかたどったお面を被って見得を切る。月岡はお面の上から眼鏡をかけているのが可笑しい。

戦隊ヒーローのように横に並ぶ四人の姿。

Dr．ウォームの顔に浮かぶ「?」マークが四つになる。

とどめは「フラワー・リュウケンドー！」と眼鏡に花輪の花田刑事課長。

Dr．ウォームの顔に浮かぶ「?」マークが五つになった。

「五人そろって」とガジローがかけ声をかければ、「あけぼのリュウケンドー」と邦子が応え、五人全部で「ライジーン！」と叫ぶのだった。改めて額に？マークが浮かぶDr．ウォーム。

花田は手に持った花を差し出し、月岡は星マークが先端についたステッキを持っている。彼らの勇気に囲まれ、その手前にへたり込み法悦の態の雪村。

後ろにいた町の人々一同も立ち上がり「ようし、おれたちも、あけぼののリュウケンドー、ライジーン！」とポーズを取り叫ぶ。その中に白波もいるのが可笑しい。

思わずたじろいでしまうDr．ウォーム。「?」と、首ならぬ身体ごと傾げる遣い魔含め敵一同。演出が悪ノリしている、今回のドラマ的クライマックスだ。

原田　みんなで「ライジン！」と言うのは、町の人みんなが頑張るのをやりたいなあと思った。現場で少しアドリブっぽく撮ったと思います。

——ゴレンジャーみたいな風に。

原田　あの頃は美術部もみんなノッていたから、あの格好もみんな勝手に作られていました。衣装合わせしないで、あの色んな格好が出てきたと思います。お互いによくそこら辺がわかってたので。役者さんも勝手に衣装合わせして決めたりしていたみたい。本当、こういうところは、シリーズもののいいところでした。

——監督も「なんか面白いことやってくるだろ」みたいな感じで待ち構えて（笑）。

原田　そうそうそう。

▽風が……変わった

そして間髪入れず変身シーンが描かれる。まるで人々の思いを受けるように、新主題歌のビートの効いたイントロが始まり、ゴッドリュウケンドーがライジンする。

小町が「ここよ！」とドームの光る一点を指差し、「分かった！」と応えたGケンドーは、邪魔する遣い魔達を「野郎っ！」と斬り倒し、バーニングキーを発動させる。

第2稿のみ、剣二がドームからもはみ出している旧あけぼの町内の一角（先述の第2稿冒頭で、雪村が剣二を叱責する際に話題に上った旧管轄内の場所）に立ち寄り、「ぱわーヲ感ジル。イケルゾ、剣二、ココナラ……」とのミニ剣の言葉に促され変身するという展開だった。だが決定稿では、小町にポイントを教えられる展開に戻っている。

「超火炎武装！」と炎の龍に包まれてバーニングモードに変身。バーニングモードはファイヤーモードの強化版で、身体のあちこちに炎のようなプロテクターが付いている。放つ炎の温度も五千度から七千度にアップしている。「爆煙斬り！」と思い切り剣を振り下ろすと、ゲキリュウケンから放たれた炎が見えないドームにぶつかったように拡がり、そこから浮き上がる大きな魔法陣。

「あれか！」。バーニングリュウケンドー（以下Bケンドー）はバーニングコングを召喚。超ゴリラ獣王バーニングコングはバーニングキャノンモードに変形するとBケンドーと合体。三位一体でバーニングキャノンの一撃が放たれ、同時に合体を解いたBケンドーが炎の龍を追うように高速で走る。

魔法陣に向かって飛んでいくBケンドーは人形を飛ばし、ドームはサラダボウルを合成することがコンテに書かれている。

「爆炎斬り！」

発射した弾と、Bケンドー、一体になり斬りつける。ドームにヒビが入り、魔法陣が吹き飛び、ジャマンガ城でポンプを動かしていた遣い魔達もはじき飛ばされるのだった。見上げる不動の上で空が割れ、光の粒子となり散っていくのがアオリの構図で捉えられる。

「風が……変わった！」。青空の下で、思わず呟く不動。ゴウリュウガンが寝ぼけたような声で「ナ……ナニガドウシタ……？」と言う。ホッとする不動。「やっとお目ざめか、ゴウリュウガン」元の丘の上に着地、小町に振り返り「やったぜ」と指を立てるBケンドー。頷く小町の切り返しショットがコンテには描かれていたが、映像にはない。

SHOT基地では瀬戸山が計器を見て「酸素量、完全回復。催眠ガスも消えた！」と快哉を叫ぶ。なぜか肩にカッパのぬいぐるみを載せた鈴も、指を立てて喜ぶのであった。

「覚えておれよ、魔弾戦士ども！」。Dr．ウォームは振り返って橋の奥に飛び去り、慌てて追って走る遣い魔がコマ落としで、カッパ地蔵越しにコミカルに描かれる。

喜び、湧き上がるあけぼのリュウケンドー並びに町の人々。熊蔵達は、まだ腰を抜かしたままの雪村のところに行き「頑張ったじゃねぇか」と手を貸す。立ち上がろうとするが、またへたりこむ忘我の極みの雪村の姿がフェイド・アウトして——。

今回も大活躍の「肉のいのまた」猪俣熊蔵役・飯島大介（左頁よりインタビュー）

▼心のヒーロー

エンディング主題歌が始まり、あけぼの署・サロンに夜、薄暗く誰もいない中、一人とぼとぼやってくる雪村が苦笑し、呟く。「あいかわらず何の役にも立たないね、私は」

そこに小町の声が聞こえる。「そんなことないわ」

ハッと顔をあげ見廻すが、やはり小町の姿は見えない。「あなたが頑張ってくれたから、私も頑張ってリュウケンドーを呼んでくることが出来たの」

雪村は驚く。「知ってるのかい、リュウケンドーの正体を？」

「誰かは秘密。でも、あなたに感謝してる」

「感謝……」と口をあんぐりさせる雪村。

「あなたの頑張りが町を救ったのよ、立派に」

不意に「！」と一点を見る雪村。小町の姿が光とともに実体化する。

「幽霊さん、あんたの姿が……見える」

小町、微笑む。

「これからも、町の為に頑張りましょうね」。シュッと敬礼する小町。

「幽霊さん……」。脚本では「それ以上は言葉にならない」とある。敬礼を返す雪村。

受付カウンターの手前にしゃがんで隠れていた剣二も、その様子に微笑んで、一人指を立てているところで物語は終わる。

脚本では、剣二は物影（たとえばロッカーの影など）に隠れ、小町に小さくVサインを出す……という風になっていた。

また、第1稿では、「…まだいるかい。美人の幽霊さん？　ちょっとだけ頑張ってみたよ」と苦笑し「結局、あまり役に立たなかったようだけどね」と雪村が自ら小町に話しかける形になっていた。それに対する小町の励ましも「町の人たちもあなたが頑張っている姿を見たから、一緒に立ち上がってくれたのよ」とより具体的だった。

だが、この段階ではまだ、「リュウケンドーの正体」に注意を促す視点は出てきておらず、小町が雪村を励ますところでドラマは終わっている。

その視点が出てくるのは5稿以降である。片嶋一貴プロデューサーが原田監督に電話し、ヒントを得たのはこの部分だったのかもしれない（プロデューサー座談会参照）。

ここで、本編中、閉ざされたあけぼの町の外部に存在していたリュウケンドーこと剣二が、ごく身近にいるということが、雪村にとっての「幽霊さん」こと小町の存在と重なり、いつでもどこでも心の中に灯をともす「ヒーロー」となり得ているのである。


——8話の水の話もそうだし、その一個前の漆喰を塗っている父子の話もそうですけど、思い出としてはあるんだけど、忘れていて、何かをきっかけに思い出すという話がわりとありますね。

原田　たしかにそうですね。こういうのは、ある意味『リュウケンドー』らしい話だと思うんです。

——そういうわりとしんみりした話もありますよね。

原田　そういうことは許されたんです。ちょうど合間合間だからなんですけどね。

——小町さんがいる意味も、この回でちょっと腑に落ちました。

原田　そうですね（笑）。最初の1・2話の頃は、よくわからなかったですね。

——小町さんはあけぼの町の縦の時間軸を知っていて、署長さんのことも知っている。漫画の『こち亀』みたいに、一つの場所に昔の時間があって、子ども時代や新人警官時代、そういうのが見える時に、小町さんという歴史を知っている人がいる。

原田　そうですね。細川ふみえさんもこの頃はノリが良かったですね。自分の主役話だし。

——剣二だけに小町さんが見えるというのは、結局、理由があまりよくわからない。

原田　ほとんど意味なかったですね（笑）。単純に、「復活の魔」（19話）でわかったように、かつての恋人の生まれ代わりみたいなものだからじゃないですか？……という話をしていました。屁理屈ですが。小町さんの恋人を剣二が演っているから。それだけで、なぜ見えているかは、議論はなかったです。
でも、署長にもかつては見えてたんだからね。心が純粋な人には見えるという理屈なのかもしれないですね。その辺がわりとゆるい設定であるところがリュウケンドーのいいところということで（笑）。

inter-view

飯島大介

メガネの中から、色んなところに目配りしてたんだろうな。

『リュウケンドー』猪俣熊造役

――『リュウケンドー』の主人公・鳴神剣二があけぼの町に来て最初に出会う、肉屋「いのまた」のおやじ役で、飯島さんは1話から出られています。

飯島　原田監督とは彼が助監督の時代からの付き合いなので、僕でと言ってくれたんだと思います。でも最初は1話だけだと思った。原田もそう思ってたの。

同時期、僕は中国の映画に出ることになっていて、制作に言ったら「とりあえず『リュウケンドー』7話まで、もう準備稿できてるんです」と。だから僕は中国の仕事は断りました。

――『リュウケンドー』で町の人達はずっと出てますね。ロケ地が毎回一緒じゃないし、人間で「あけぼの町」を表そうとしていたのかなと。

飯島　あけぼの町は毎回変わる。川口でも三箇所ぐらいロケ地があったし、浦安の鄙びたところとか、文京区の本郷辺りとか、ムードが合うところがあればそこで撮ってた。ちょっといい路地があるんだよと教えてあげれば、見に行く。

原田組だけじゃなくて、清水厚さんも何本かご一緒した監督だったけど、『リュウケンドー』では引き画の長回しで、レトロな景色を捉えた良いシーンがあります（27話「パワーアップ！マグナリュウガンオー!!」等）。

僕が出たのは五十何本中、二五～二六本かな。でも原田組はほぼ毎回出てた。

――飯島さんは、ヒーロー番組では庶民的な役が多いですね。「いのまた」の親父もそうですし。

飯島　ウルトラマンで駐在の役もやったよね。妖怪が出てくるあれはね（『ウルトラマンコスモス』36話「妖怪の山」）、鑓水という、八王子にある緑の多いところで撮った。原田氏はそこが好きで、『リュウケンドー』でも行きました。やっぱり山間だったら、それっぽいところに行かないと撮れないよね。

あの時は、出番が結構あった。駐在だから自転車に乗りながら、子ども達や町の人を守ろうと、ガンガン怒鳴って。物語の中でインパクトがある役だった。役者もね、腹で芝居をすると、リアリティが出てくるわけです。

いつも「庶民のキャラクターには大介がいいんじゃないか」と原田氏が選んでくれたんだと思います。

――庶民と言っても、ただ素朴なだけでなく、べらんめえの中にしたたかさがほの見えるといったような、なんとなくいわくありげな雰囲気が出ますね。

飯島　あいつだったら、これをやれば、雰囲気が出るんじゃないの？　みたいな感じ。

ただ『リュウケンドー』は、結局、俺達が演じている町の人間からマイナスエネルギーを出させて吸い取るというので、悪いやつが俺達をいじめるわけでしょ？　それを守ってヒーローが戦うわけでしょ？　それって、面白いのかねえ。俺には、よくわかんない。

▼目と目が合って「行くよね？」

飯島　『リュウケンドー』は現場が面白かった。あけぼの署の署長に向かって、ちょっと過激な感じで、つっかかったことがあったんです。台本にはなかったんだけど、監督がテストで「大ちゃん、それちょっとやめとくか」と言った。でも俺、本番でやっちゃったんだ。そしたら「いいや」と監督がオッケー出した。

原田監督の「オッケー」は、もちろん場合によって違うんですが、見ていて聞いていて、意味が通じてれば、オッケー。だからと言って適当には出来ない。

原田監督とはだいたいいつも、そんなに話すわけじゃない。目と目が合って「行くよね？」という感じでした。「出来る？」「はい大丈夫ですよ」と、それくらい。「セリフ大丈夫？」とか（笑）。俺は憶えがいい方じゃないから、それを心配してくれるわけです。

あんまり同じことを言われたら「出来ねえ」となっちゃうけど、逆に、ふっと言われたことは常に気になるでしょ？

役者が演っている時も、「そうじゃないと思います」という時は、原田監督は自分で芝居してみせてた。ああだこうだ言ってても、役者に芝居をつけられない監督もいるけど、彼はちゃんと、やってみせるんです。言葉だけで「なんで出来ないの？」と言われても、出来ないこともある。僕は今でもそうですが、「よーい、スタート」の「よーい」辺りでもう、胸の辺りがキュンとなって心臓が止まりそうになりますよ。「やんなきゃ」って感じになるわけじゃない？（笑）。だから、いくらテストといえども、大俳優でも逃げ出したくなったりするもんなんです。慣れは怖い。どんどん「はい次、本番！」なんて言って、焦らせる監督がいるでしょ？　原田監督はそういうことをやらないからさ。

　僕が最初に出た原田監督作品は、Vシネマの『最後の馬券師』（九四年）だったけど、あの時は、僕は大阪弁がなかなか上手に話せなかった。チーフ助監督だった佐々部清氏の下で、毛利（安孝）くんという助監督がいて……今は監督になってるけど……生粋の大阪の人なの。「違う違う」と何度もやらせる。そんなに長いシーンじゃないんだけど「もういいじゃん、やだなー」とか思いながらやってたら、その時、原田氏はキャメラの脇で笑っていたな。

　きつい人じゃないんですよ。なだらかというか、優しいというか。本当は怖いんだよね、こういう人は。

　度量があったね、原田さんは。『リュウケンドー』でも、みんなに慕われていることがわかりました。『リュウケンドー』を背負って立つ、期待される雰囲気を持っていた。

『最後の馬券師』の頃に比べりゃ、『リュウケンドー』の時はもう大ベテランです。うろたえないでしょ？何か言われてもすぐ返事をくれるし。

　僕の知っている限りでは、『リュウケンドー』では原田組があって、助監督の野間（詳令）がいて、岡チャン（秀樹）がいる。それで、みんな監督になっている。

▽「こいつは」という阿吽の呼吸

飯島　原田氏との出会いはいつだったのか。沖縄でロケした『海燕ジョーの奇跡』（八四年／藤田敏八監督）の時かもしれない。脚本は内田栄一さん。藤谷美和子と時任（三郎）くんの役が、柄沢次郎が演じる友達役と三人で、海に石を投げて、戯れているというシーン。僕はそのシーンは出てなかったんですけど、沖縄まで来て、部屋にいてもしょうがないから、見に行ったんです。キャメラにマイクをつけて、自然音と一緒に、ナチュラルなイメージで撮ってた。それが当時新鮮でした。その時に、うまく音が録れるように、原田氏が助監督で頑張ってた印象があります。まだサード助監督だった。

　よく喋ったのは、和泉（聖治）さんの『恋子の毎日』（八八年）でチーフ助監督だった時だと思います。

――和泉聖治さんの監督作品で、原田さんが助監督の映画でも、飯島さんはよく出られてましたよね。

飯島　僕もその頃は、おおかたVシネと、東映の本編（劇場用映画）をやってた。『さらば愛しのやくざ』（九〇年）とかね。『さらば〜』は内藤剛志を相手に中国語を喋る1シーン。

――中盤の見せ場のところですよね。飯島さんが中国人のマフィア役。

飯島　たしか、そこに陣内（孝則）くんとか、ギバチャン（柳葉敏郎）が来て、蛍光灯をばーんっと蹴って、殺し合いになる。ちょこちょこっと出させてもらった。『修羅の伝説』（九二年）では結構いい役をもらったり。両方とも原田がチーフです。

『修羅がゆく』（九五年）はシリーズで二十何本くらいあるけど、最初の一つ目だけ、1シーン出させてもらいました。

　和泉さんは、原田氏とは全然違うタイプ。昔の監督の無頼をちょっと引きずっている部分がありました。

　杉並の寿司屋に和泉さんや原田氏、常連で出てた俳優の片桐竜次氏等がいつも居たりして、原田氏のところで脚本書くようになる井上誠吾氏もいたり。原田氏は頼られていたというか、ツーカーでした。ただ、本編のチーフ助監督って、あんまり現場にいない。スケジュールを組んでたり、忙しい役者さんの出入りを、頭から考えてるから、人のいるところに出て来ない。そうすると僕なんかからすれば、「今日はいないな」「次のロケハンに行っちゃったんだ……」とか。余計な心配かな。

　だからチーフになる前の方が現場で一緒にいました。セカンドの頃は衣装も段取りしなきゃいけない。そこから役者と付き合うからね。ホンを読んで、どういうコスチュームを選ぶかというのがあるから、衣装合わせの時、ホンを読んでなきゃ、監督から「なんだよ、これ」と突っつかれることもある。監督によっては、助監督が出す衣装が全部NGで「もっと出せ！」と言う人もいる。腕のいい助監督は監督に絶対文句言わせないように、ワンシーンでも三〜四盤は用意するわけです。原田氏もそういうところは全部ちゃんとしてました。

▽「やってみせる」順応性

飯島　原田氏がVシネマの『最後の馬券師』（九四年）で監督する前「今度、俺も監督デビューする」という話をちらっとしてたことがあった。僕がその時、「なんかあったら使ってね」と。そうしたら話が来た。

　Vシネは、『喧嘩ラーメン』（九六年）と『極道拳』

(九四年)、『喧嘩組』(九七年)に出させてもらった。この辺がVシネのちょうどピーク。

当時のVシネは、お金をかけてた。もっと初期の、長谷部安春監督で哀川翔ちゃんが主役で、東映のセントラルアーツでやっていたのに出た時は、おおよそ九千万とか一億円くらいかけてた。原田がケイエスエスでやっていた頃も、四～五千万円はかけていると思いますよ。僕、当時はだいたい悪役だけどね。

でも僕は完成作品を見ていないのが多いんです。試写があっても、見たり見なかったり。

『リュウケンドー』も、そりゃ見てないという時間帯でした。日曜朝の七時からだし。Vシネマも市販されていても、ほとんど見てないんですよ。『喧嘩組』はワンシーンちょこっとだけ。『喧嘩ラーメン』はたしか、ナベテツ(渡辺哲)が出てたかな。ラーメン屋の親父役で。

――萩原流行さんがラーメン評論家で、店に食べに来て、それに気付くのが飯島さんでした。

最初の方に、本当にちょこっと出てた。『九州マフィア外伝』(〇一年)っていうのは、福岡に行って、ウィークリーマンションに寝泊まりしながらやりました。これも結構バイオレンスで、最後はバットで殴られて一発でやられちゃう役。血糊好きだったよね、原田監督は。ま、好きだというよりは、血で売るのか、話で売るのか、芯になる主役で売るのか、「この作品はこうだよね」とやってみせる順応性がある。すごく頭のいい人だからさ。『リュウケンドー』だったら、子どものことを考えてね。

▼脚本を読めるマネージャーはいない

飯島　俺をよく使ってくれたのは、ギャラのこともあると思う。安くても出てくれる(笑)。俺は、ギャラなんかいくらでもいいよという感じで受けてた。

マネージャーが「これじゃ安いんじゃない?」と断る時も、そういう風には言わない。スケジュール表を見て「ここは決まっているからダメ」と言うんです。助監督のチーフが「ちょっと動かせないですか?　監督がお願いしたいと言ってんです」と押してきても「聞いてみるけど」と言う断り方。その方が、トゲがない。本人は出たいよ。でも事務所に入ってる人達は、ダイレクトには行かないわけだから。後になって、「原田、俺を名指ししてきたの?　なんだ出たのに」みたいな(笑)。

俺は今、事務所には入ってない。事務所に入ったら手数料を取られる(笑)。それなら自分で話した方がいいね。

Vシネやヤクザ映画をよくやってた頃は、僕と、亡くなった室田日出男さんと、二人で事務所をやってた。オフィス・ダイニチっていう、大介の「大」と日出男の「日」を組み合わせた名前の事務所で室田さんが命名して、八年やりました。その後「映画屋クラブ」というのを仲間と一緒に七～八年やって。でもその頃からフリー同然ですから。俺がホンを読んで、「この役だったら俺出来そうだ」と。

でもまったく出来ない人というか、顔だけで選ばれる人っていっぱいいる。そういう人は、二回目からないでしょ?　いくら事務所の力があるといえども。僕はそう思っているわけです。

だから、生きていれば色んな仕事が来るよね、と。俺いつも人に「もう死ぬから。冥途の土産にするから。演らせてください」と。ものも言いようで、そうやって、仕事をもらったりすることも、ありました。

「お前みたいなやつ、何十年経っても、くたばるわけないじゃねえか」と言いながら、仕事を回してくれる。そうやって、理解してくれる人もいれば、そうじゃない人も多いんだけど……。

▼役者は実存で演じる

飯島　原田監督もデビューしてから、しばらくは和泉さんの映画を手伝ったりしてたけど、やっぱり監督になってから助監督に戻る人もいっぱいいますよ。生活のために。でもそれは生活のことだから。本人だって、一度監督になったら、それをずっと、目指していきたいでしょ?

それは俺ら役者も同じだよ。僕は映画人をずっとやりたくて、今でもやっているんですけどね。

僕は、最初に、(映像作品に)出たのが東陽一監督の『サード』(七八年)です。僕は少年院に入っているエキストラ役。運動場のシーンとかに出ています。

その最初のギャラが「参加費三千円」だった。手弁当で行ってるわけだから、交通費なんか出ない。もちろん了解済。それから東さんがやる作品には、演らせてもらってます。

『サード』の後、東さんの『四季・奈津子』(八〇年)とか『ザ・レイプ』(八二年)とか。ちゃんとした役がついたのは、『土佐の一本釣り』(八〇年)の漁師の役。これは前田陽一監督の松竹作品です。

その前は劇団養成所に入って、それで二年間やって、劇団員として東京演劇アンサンブルに入ったんです。

芝居や映画に出る中で、「世の中は演劇によって変革できないか」と生意気に思っていた。それで人の芝居を観たり、映像を観るようになりました。

僕は生活的には、そんな楽ではもちろんなかったし、今でもそうだけど、やはり、人間を演じたいという気持ちで演ってきました。

築地の魚河岸で十年バイトした後に辞めて、大島渚プロで面接して『戦場のメリークリスマス』（八三年）でラロトンガ島のロケに行った。それで室田日出男さんと出会ったんです。僕はヨノイ大尉の従卒のウエキという伍長役。トム・コンティの後ろにいたのが、僕です。三一歳の時、参加させて頂いた。

あの映画は、何年か前に見返したけど名作。戦争の極限でね、最後の瞬間に、人間ってどうなるんだろうっていう。たけしさんの演技は良かった。

▼いくつも同時に見えてた男

飯島 原田氏は、大学はどこだか知らないけど、理数系でしょ？

——いや、法学部で、一回入ったけど、ほとんど行かなかったとおっしゃってました。

飯島 そうなの？ 僕からしたら、すごくシャープで頭がいい印象だね。制作的なことも含め、色んなところに目が行くというのかな。

監督でそういう人は、あんまり会ったことがない。きっと、三つか四つくらいに頭の中が分裂してるというの？（笑） わからないけどさ。俺は一個しか見られないから、それはそれで面白いと思うけどね。

逆に、違う事をしていても、こちらに用があると、雰囲気で気が付いてくれて「うん、何？」という感じで、こっちを向いたりするんだよな。察知するがごとく。そういうのは結構ありました。

『喧嘩ラーメン』も、ラーメンを茹でながら撮影をしていて、撮影している時間とラーメンが茹で上がる時間、全部を計算して目配り気配りしてた。

弾着もすべてわかってるんだよね。どこで勉強したのかな？ コンピュータに入力するみたいに、競馬だけじゃなくて（笑）、色んな資料とか見ながら、勉強してたんじゃないですかね。それがまた、ねちっこいものじゃなくて、さらっとやり抜ける。そういうところはありましたね。

助監督の時からそうだった。助監督としては、佐々部清氏の方が人間臭かった。あいつは山口県の長州。

原田氏はたぶん学校でも優等生だったでしょ。話しっぷりから、そういう風に僕は解釈してました。僕なんか水飲み百姓の子せがれで、落ちこぼれに近いから、インテリには弱いし（笑）。貧乏人し、どうしてもコンプレックスを持っているし。

黙っていればどこにいるかわからないような人じゃない？ そういう人いますよね。おとなしいというか。でもやっぱり、メガネの奥から、同時に色んなところに目配りしてたんだろうなって。

海燕を操演中の原田昌樹

▼映画が好きだったんだなあ

『リュウケンドー』の現場で、「俺、ガンなんだよ」と言ったことがあったよ。大きい多摩の方の工場の会社を借り切って撮影中の八月頃。出入りチェック厳しいとこだったけど、そこで、昼飯が入る前の時に、そう言ってました（35話「狙われたあけぼのステージ」）。「手術したんだよ」って。「ええ、知らなかったよ」なんて言いながら。

原田監督は冷静なタイプだからね。我々みたいにパーンと真正面から入っていくんじゃなくて、「それ違うよ」って指摘できる人だから。だから死ぬ時も「俺死ぬのかな」と思ってたと思うよ。もっと一緒に時間を持ちたかったです。

残念でしょうがないよ。僕も職場、失っちゃった（笑）。それはもう、仕事くれる監督というのは、役者にとって、職場じゃないですか。言ってみれば。

——現場で撮った原田さんのスナップ写真を今日は持ってきました。助監督時代の写真もあります。

原田監督の写真は、みんなサングラスかけてる。もちろん度が入っているけど。シャイなんだよな。色んな方向を見てるから、サングラスをかけてると都合がいい。あれ？ この竿を持ってる写真、『海燕ジョーの奇跡』（八四年）じゃない？ 崖っぷちで、燕を飛ばす練習しているところ。東シナ海だな。沖縄の現場ですよ。間違いない。原田の野球帽が印象的で憶えてる。貴重な写真ですね。燕は本人が作ったもの。

この時の原田の印象、すごく強いんです。一生懸命、竿で吊った燕を現場で飛ばしてた。やっぱりあいつも、映画が好きだったんだなあって、今でも思いますよ。

物語展開

45〜49話までの流れ

ついに最終決戦！九位一体攻撃で大魔王を粉砕せよ

【45話】「ジャマンガ幹部総登場！　頂上作戦」（脚本・武上純希、監督・辻野正人）から白波鋼一もSHOT基地に出入りし、協力体制を取るようになる。白波曰く「腐れ縁だ」。

SHOT基地の場所が暴かれそうになり、ジャマンガの幹部が三方向から攻めてくる。ゴッドリュウケンドー、マグナリュウガンオー、リュウジンオーがこれをくい止めるが、別方向から来たロッククリムゾンがあけぼの署へ到達してしまう。

瀬戸山ら内勤メンバーの頑張りによって持ちこたえ、駆けつけたGケンドーはこれまでバラバラになっても幾度となく再生してきた幹部魔物ロック・クリムゾンを倒す手段として、再生途中のボディ内に飛び込む。ロッククリムゾンの体内にて、そのコアとなっていた黄金のキーをGET。すると黄金の龍が現れ、黄金に輝く究極体アルティメットリュウケンドーに変身した。一刀両断後、再生しようとした破片を振り向き様に一閃、ロッククリムゾンは完全打倒される。

だがアルティメットへの変身は一時的なものですぐ元に戻ってしまう。アルティメットキーは未調整でまだ正体不明であるため、使用しないよう天地司令は命令。瀬戸山によれば、ひょっとしたらこのキーはまだ他に何本かあるのかも知れないと……？

【46話】「四人目の標的」（脚本・川崎ヒロユキ、監督・岩本晶）では三位一体・斬龍刃乱舞でリュウジンオーがメカニムーンを倒す。前回倒されたロッククリムゾンの体内からリュウケンドーが入手した黄金のキーが、ブラッディとレディ・ゴールドの体内にもあったことがわかる。だがDr．ウォームの中にはない。ウォームはそれに引け目を感じ、自分の立場を守るため黄金のキーの存在を知りつつ秘密にしていたが、二人にバレて面目を失う。

そもそも黄金のキーとは、太古の魔弾戦士達が使っていた究極のキーである。大魔王グレンゴーストは太古の魔弾戦士達と戦い、卵の形態に戻された。だがその戦いで魔弾戦士側にあった究極のキーを手に入れたのだ。

のけ者にされるウォームは夢の中に現れるロッククリムゾンから、弔いの宴を催して欲しいと頼まれる。魔弾戦士達はDr．ウォームから葬儀への招待状を受け取る。罠なのか本気なのか、危険をかえりみず参列する魔弾戦士達を待ち受けていたのは!?

【47話】「謎の龍戦士」（脚本・猪爪慎一、監督・岩本晶）では、光のカノンの書の最後のページが開き、ゲキリュウケンが実体化、マスターリュウケンドー（演：布川敏和）となる。

マスターリュウケンドーとその仲間の魔弾戦士はかつて大魔王と相討ちになった。大魔王は卵の姿に戻り、魔弾戦士はその力を失った。太古の魔弾戦士達は光の龍と合体し、それぞれリュウケンドー、リュウガンオー、リュウジンオーの魔弾龍のコアへと生まれ変わったのだ。

ジャマンガ側では大魔王の復活が近付いていた。最終決戦も真近だ。マスターリュウケンドーはそのことを警告するために一時的に実体化したのである。

大魔王を倒す術は、三本の黄金のキーを取り返すこと。その三本のキーが一つになればアルティメットキーとなる。

剣二を励まし、マスターリュウケンドーは再びゲキリュウケンの形に戻った。すると、実体化した時の記憶も失っていた。

そして光のカノンの書は予言した。「次なる落日、大魔王グレンゴーストは蘇る」

【48話】「究極武装！　アルティメットリュウケンドー！」（脚本・武上純希、監督・辻野正人）は卵の形態で蠢いているのみだった大魔王が番組中で初めて言葉を発し、復活が近いことを示す。

そしてリュウジンオーは遂に、両親の仇でもあるブラッディを打倒する。復讐のために戦うという呪縛から逃れられなかった白波だが、「しかし明日からは友とみんなのために生きられる」と実感するのであった。

リュウガンオーはレディ・ゴールドと一騎打ち。ゴールドの弱点は右のイヤリングだ。不動はかつて42話にて、美女に化けたゴールドから誘惑の罠にかけられそうになったことがあった。「さらばだ、レディゴールド」とガンオーはその最後を見届けるのであった。

ブラッディとゴールドの体内にあったキー、そして既にロック・クリムゾンの体内からGETしていたキーの三つが一つになり、リュウケンドーは究極武装のアルティメットリュウケンドーとなり、ジャマンガ城を崩壊せしめるのであった。

そして四体の獣王が合体した究極獣王ライジンリュウとの三位一体・究極魔弾斬りで、卵状態のままのグレンゴーストを倒す。

【49話】「大魔王復活！　終りなき戦い」（脚本・川崎ヒロユキ、監督・辻野正人）で大魔王は復活する。巨大な虫のようなその姿は、まだ幼虫体。Dr．ウォームはその姿と合体する。もともと大魔王の予備のボディとして幼虫体の細胞を元にして生み出されたのがDr．ウォームであり、この日のために存在していたのだ。崇めていた大魔王と一つになれる喜びに打ち震えるウォームであった。

【50話】「未来をひらく鍵」（脚本・猪爪慎一、監督・辻野正人）では、最終回より三話前の時点で最終決戦が行われる。

パワースポットでアルティメットキーを使い、変身すれば最大限パワーアップすることが出来ることを知るリュウケンドー。だがそうすれば大魔王の力もまた最大限になってしまう。それを覚悟で臨む魔弾戦士達。するとリュウケンドーばかりでなく、リュウガンオーとリュウジンオーもアルティメット形態になった。

一方、最終形態となった大魔王は無限に成長し続ける。地球を魔物の世界と化すため、地球人全部を遣い魔にするまでものの一時間もかからない。

太古の戦いでマスターリュウケンドーは、敵の最大限のパワーアップを恐れて一人だけアルティメットになった。

だが、今は三人の魔弾戦士そして獣王がアルティメット形態となり「九位一体究極魔弾斬り」を放つ。大魔王グレンゴーストに龍が巻きつき、ついに打ち破ることが出来た。

そして九位一体攻撃は一生に一回しか使えない究極の奥義。アルティメット形態はこの戦いで全エネルギーを使い果たした。

世界に平和が戻り、あけぼの町も元の平和な下町に戻った。

「黒い月夜のクリスマス」51話 ▼二〇〇六年十二月二十四日放映

脚本：大西信介　撮影：Ｔｅａｍライジン(木所寛、富田伸二、鍋島淳裕、森下彰三)
ゲスト：小堀陽貴(男の子)、猪狩賢二(左京鐘一)

——この前の48話で究極体のアルティメットリュウケンドーになって、49、50話で大魔王グレンゴーストをやっつける。

原田　そうですね。そこは最終バトルだから「辻野さん頑張ってね」と。

——本来はラスボスを倒す50話が最終回みたいな内容です。

原田　基本的にはそれが最終回ですね。

——それで51話の「黒い月夜のクリスマス」からまた原田監督がシリーズを締めくくる。

原田　「最終二本はやって欲しい」という話が最初からあったので。ただ、その時にはもう、グレンゴーストはやっつけられて終わった後の話という事なんです。僕としては願ったり叶ったり(笑)。辻野さんをはじめ、アクションが得意な人はいるから。残った二本で僕は、ドンパチじゃなくて、一対一の戦いプラス、剣二と鈴の話とクリスマスを、うまい具合に絡めた気がします。

——そのタイミングは、別に原田監督がそうしたいと言ったわけではなくて？

原田　そうじゃなくて、最初からそういう構成でした。だから「敵をやっつけてハイ終わり」ではなく、その後のエピローグを二本ちゃんとやるというのが、シリーズ構成の中に入っていました。珍しいなと思いましたね。

クリスマス商戦におもちゃを売りたいのに、クリスマスに最終回はダメだろうという話もあったと思います。「(最終決戦は)もっと前にやっておいて欲しい」というのはあった。

だから十二月頭の三週を最終三部作にしてて、おもちゃ……アルティメットリュウケンドーとかになると思うんだけど、そこで放送して、クリスマス用に売りたい。

——最終決戦はバーンと豪華に、クリスマス前にやって。

原田　そういうのもあったと思います。それはオンエアが決まってからの話ですけどね。どちらにしろ、とにかく最後は敵の話じゃないものをやりたいというのは、かなり前からあった。

——この回でクリスマス。最終回で除夜の鐘が出てきます。この回が十二月二四日放映で、最終回が三一日の大晦日放映だというのは、一年前からわかっていたんですか？

原田　そうです。二〇〇五年十一月に撮って、オンエアが二〇〇六年の十二月二五日。オンエアが決まった段階で調べたら、そうなるとわかったから、それならクリスマス話にしちゃえと。

——じゃあ一年前のクリスマスに撮ったわけですね。

原田　十一月三〇日にクランク・アップしたから、クリスマスの飾りを探すのが大変でした。美術にも、「とてもじゃないけど、クリスマスだけは飾れません」と言われたから悩みました。そしたら小田急の多摩センター駅が一ヶ月前から飾ってあるというので見に行ったら、綺麗な飾りがあった。それで「ギリギリ間に合うぞ」と撮ったの。「今こんなところを撮って一年以上後にオンエアとは誰も思わないだろうなあ」と思ったの(笑)。普通テレビはそんなことないからね。撮っていても「来月放送ですか」と言われるんですが、「一年一ヶ月後ですよ」と。

作品解説

▼地球が何回回ったとき？

夜、ネオンで作られたトナカイのオブジェから今回は始まる。それがクリスマスケーキのアップとオーヴァーラップして、サンタ服を着ている若い女性の奥には、ケーキを売る寅さんのようなテキ屋がいる(「トラさんがケーキを売る」と演出メモにある)。さらにその奥にはクリスマスのイルミネーションが輝く。子ども達もサンタ帽で楽しそうだ。脚本には「クリスマスの音楽が流れ、商店街を歩く人々の顔も明るい」とある。単に聖夜というだけでなく、ジャマンガが滅んだ後の人々の笑顔を示してもいるのだ。

平和なクリスマスの町を行く剣二の耳に、いつもの〈町民レギュラー〉であるしのへけい子らが演じる主婦達の会話が聞こえてくる。「これもリュウケンドーたちのお陰だよねぇ」「そうそう、なんか最初、怪しげじゃかなかった—？」

剣二は「怪しいは余計だっつうの」と自分だけに聞こえるように言いながらも笑顔が浮かぶ。サンタの格好でクリスマスセールのチラシを配っている女の子が「はい、お兄さんにもプレゼント」と差し出てくる。「おお、あんがとね」とニッコリ受け取る剣二。

チラシにはこうある。「魔物に勝った町　あけぼの商店街　全店半額!!　クリスマス大感謝セール　期間限定12月24日～25日」。大きな満月をあしらったデザインに、三角巾を付けた亡霊姿の遣い魔のイラストや、トナカイで飛ぶサンタの絵が描かれている。「満月か……あいつも死んじまったのかなぁ……」。かつて好敵手だった月蝕仮面ジャークムーンのことを思い出す剣二の表情がフェイド・アウトして——。

翌朝の山中。脚本には「あけぼの町・山道」と書かれた場所(白波がキャンプしていた場所と同じ世田谷区の妙法寺でロケ)に男が二人いる。彼らは脚本では「ハイカー」とあるが、演出メモには「キノコ狩り」と書かれており、「あけぼのダケ、みーっけ！」と我先に地面に屈んでいる。と、不意に手前の木立が、ガサガサと音をさせて揺れる。

脚本では「ハイカーA」と書かれた男は、映像では「ガジロー」になっていた。「熊かな？」と不安そうに言うガジローは背中に籠を背負っている。

「ハイカーB」は牛山であり、わかりやすくも「牛山巡査」と名前の書いた布を胸につけている。制服姿でなくても一瞬で識別できるからだろう。

手前に音の主の足が立ちはだかる。腰を抜かす二人。色とりどりのカラフルなキノコが生えた足元から全身が映ると、それはジャークムーンであった。脚本には「メカニムーンの姿から元に戻っている」と注記がある。

「教えろ。ジャマンガは、どうなった？」

ガジローは身を引きながら言う、「ジャ……ジャマンガ？　ま、魔物ならリュウケンドーたちが……」。右に同意して頷く牛山。「リュウケンドー？　奴らがどうしたと言うんだ!?」。ジャークムーンの額の黄色いランプが息も絶え絶えのように点滅している。「ぜ、全部倒したって……！も、もう……魔物はいないって……聞いたけど……い、いるじゃないかよお！」。そう叫び、奥の道へ逃げ出す二人。

ここでシーンが変わるが、脚本には「…全部倒した…？　まさか…ジャマンガが…ジャマンガが壊滅したというのか!?」というジャームムーンの受けのセリフがあった。

あけぼの署のサロンでは、クリスマスツリーからPANして、受付の前で市子、律子が雑談している。鈴は受付カウンターの内側にいて、背中越しで二人の会話を聞いている。

「ケチよね。こういう日くらい勤務時間半分にしてくれればいいのに。イブだよ。折角のクリスマス・イブ」とクリスマスグッズを手にため息をつく市子に「でも、犯罪はこういう時期の方が多いから」と書類に目を通しながら答える鈴。

サンタ帽の律子は手に星形のスティックを持って言う。「こういう日にね犯罪犯したヤツはもう極刑よ、極刑えーッ！」。このセリフは脚本からあるが、完成作品では「極刑」という部分を律子は「ごっけい」と言って、市子から「きょっけいじゃない？」とダメ出しを受けている。

「でも、デートの相手は？」。そう指摘する鈴に、二人は一斉に後ろを振り返る。そこでシュッと効果音が入るのが可笑しい。背後にはクリスマスのサロンに集う楽しげな人々。

「ど、どうしてそこで突っ込むのかなぁ。そういう相手を捜すのが必要だから、早く上がりたいつってんの」と律子は頬を膨らます。そして市子がツッコむ。「で鈴ちゃんはどうなのよ？　いないの、相手」

鈴は「え？　私の？」とうつむく。脚本には「一瞬、鈴の頭上に浮かぶ剣二のイメージ」とあるが、原田監督は漫画のように、頭上にフキダシを合成し、きらめく星とともに剣二の顔を映し出している。桃色をバックに映っていた剣二の顔が「鈴」と優しく呼びかけるが、「な、なんで、あいつの顔が」とあわててそのフレームを手でゴシゴシ消す鈴。ピンクの背景が黒くなり、やがて剣二の顔ごと消されてしまう。慌てる剣二の顔。ここは「消しゴムで消すように」と演出メモに処理が書かれている。

律子は鈴に言う。「男の人からクリスマスプレゼントとか貰ったことないでしょ」とスティックを突きだしハハハハと笑う。ちょっとムッとして律子のスティックを掴み「あります！」と反発する鈴。この後は、脚本ではこう書かれている。

市子・律子「うそ、誰、誰？」
鈴「…内緒」
「やっぱりないんだ」などと茶化す市子達の声がフェイド・アウトし…。

そして映像ではこうなっている。

律子「うそ、誰から？」
市子「いつ？」
律子「どこで？」
市子「なにを？」
二人、はしゃいで「何時？何分？何秒？地球が何回回ったとき～？」と興奮して周り出す。
それを背後に、
鈴（明るく）「……内緒」

現場で原田監督が役者と楽しくハジけさせた瞬間が捉えられている。

市子・律子と鈴が同世代の女性として、プライベートな会話をするということ自体、今までほとんど描かれてこなかった。

今回原田監督は、この一つ前のシーンであるジャークムーンとハイカーとの邂逅でも、ハイカー二人組を「ガジローと牛山巡査」にしている。寺男と警察官の二人がきのこ狩りに行く仲だったということも、今回初めて触れられた。今まで出てこなかったカードの組み合わせで、あけぼの町の日常感を出す工夫が凝らされているのだ。

原田　「ごっけい」と「きょっけい」の言い間違えは俺が作ったかな？　市子と律子の「地球が何回回ったとき～」っていうのは、あれアドリブですよ。あの二人がもう勝手にそのセリフやってました。

――それはもう「アドリブにして」って感じではなくて？

原田　なくて、もう「よーい、スタート」って言ったら、あれ二人やってましたね。それにあのシーンだけ二人で異様にメイク変えたんですよ。「なんだそのメイクは？」ってくらい。デートメイクというんですよね。本当に、自分達のキャラを全部掴んでいる時だから、勝手にあの格好をして来ましたからね。あんなもの衣装室で決めてなくて「その格好で来るか」と。

――監督の方もこれはアリだろうと。

原田　そうですね。だから、あの子達も、衣装部も含めて「こういう格好をしていけば俺がOK」と読んでました。朝に行くと「ねえねえ、これでいいでしょ？」とやってくるから「ああ、いいよ」と。それで「よーい、スタート」。二人で芝居を作っちゃってやるから、ただ笑って見てりゃいい。

――そういう領域まで達していらしてた（笑）。

原田　完全にそうなってた。『リュウケンドー』の最後というのは、本当にそういう意味では楽しかった。みんな本当によくわかっていて、こっちがどこまでやったら許してくれるかを掴んでたので、ポイントは外してなかった。誰かがそういうのをやり出すと、周りもみんなどんどんやり出すので、それぞれのキャラがグッとホンよりも深くなっていくんです。

▼兄の想い出

はしゃぐ市子・律子をよそに、鈴の脳裏には過去の想い出が蘇えった。彼女の顔がゆっくりとフェイド・アウトして、実家にいる時の鈴の部屋が映し出される。

クリスマスの飾りからインし、それがソフトフォーカスになると、赤い包みにリボンをつけたプレゼントが差し出される。制服姿の鈴（高校生の頃と思しき）と脚本に書かれている）にそれを渡すのは兄・鐘一だ。包みに入っているのは「例えば万年筆」と脚本にある。「クリスマスだろ。ちょうどバイトの金も入ってさ」。

格子窓越しに陽光が眩しい中、兄は満面の笑顔だ。

「誰か渡す相手でも作りなさいよ」。そう言いながらも受け取っている鈴。

「そんな暇ないんだ。忙しくて」

鈴は「また、下手な言い訳しちゃって」と笑う。嬉しそうに包みに目を落とす。

鐘一は目線を合わせず「ホントさ。ちょっとやりたいことがあっていま、動き始めてるんだ」

場面変わり、兄が「水神の森の水を守ろう」という運動をしている8話の場面がリプレイされる。数名の仲間達と一緒に署名を呼びかけている鐘一を遠くから見ている鈴。

OFFで鐘一の声が入る。「河が汚れてしまってから、後悔したって遅いんだ」

脚本では、ここで鈴が友人から「ねぇ、鈴のお兄さんだよね？」と言われ、ちょっと足を止めるが、無視するように「行こ」と歩き出す姿まで振り返られていた。

また、脚本決定稿では同じ8話から、「水神の森の水を守ろう」運動についての「何も変わらないよ」と言う鈴と兄の「何もしないで、失うのを待ってるよりはずっといい」というやり取りも回想されていた。

第3稿では、一人、兄のことを思い出していた鈴が一粒、涙をこぼす……という描写もあった。第4稿でも同様のくだりがあり、鈴が一粒涙をこぼした後のセリフは「兄さんの思い、分かってあげられなかった」であった。だが放映作品では鈴の後悔の念というより、兄のことを思い出してしんみりする……という程度になっている。

原田　この時、お兄ちゃんが一年ぶりに登場するんです。お兄ちゃんって、8話に出てた以来で。それで呼ばれたので、本人（猪狩賢二）も、「一年ぶりです」と言って来たんですが、「まさかまた出るとは思いませんでした」と。俺達も思わないよ(笑)。

▼月蝕の剣士、復活！

その頃、山中を一人彷徨しているジャークムーン。「なぜジャマンガが…？　思い出せん」

ここで脚本では21話より、リュウケンドーと戦うジャークムーンがインサートされ「あの戦いの後、俺はブラッディに捕らえられ…そこから先の記憶がない」というモノローグがあった。

「私は…私は何をすればいい…」と戸惑うジャークムーンが木立ち越しに見上げられる。このセリフは、第1稿では「ジャマンガが壊滅したというのが本当なら、俺一人、何のために戦えばいいというのだ？」になっており、敵側で一人残されたジャークムーンのアイデンティティにより焦点が当たっていたことがわかる。

出現情報を得てやってきた不動から「メカニムーン」と呼ばれ、「？」となり「誰だお前は？」と問い返すジャークムーン。「ジャマンガは全て倒した。残るはお前一人だ」と鍵を取り、ゴウリュウガンを発動させ、マグナリュウガンオーに変身する不動。

剣を持たぬジャークムーン。脚本では、それゆえ「マグナガンオーに圧され気味で、銃弾をくらい、苦悶する」とある。「どうしたメカニムーン、力が衰えたか？」

倒れるが、その手元に折れた枝が落ちているの見て拾いあげるジャークムーン。立ち上がり、枝を剣のように構える。そのまま発光し、持っていた枝先が剣に変化した。

その剣先をMガンオーの喉元に突きつけるジャークムーン。

「私はメカニムーンなどではない！　黒き月の剣士！」

カットが変わると、その剣は木の枝に戻っている。だが暗示にかかっているのか、喉元に突きつけられたまま動けないままのMガンオー。

第1・3稿でこのセリフは「俺はもうメカニムーンでは無い！俺は…俺は月食仮面ジャークムーン！」であった。つまり1・3稿の解釈では、ジャークムーンにはメカニムーンだった時の記憶が残っていたことになる。第4稿以降では混乱をきたすためか「もう」の部分はない。

剣のつもりで木の枝を振るい、また突きつけるジャークムーン。

「見えてきた。今、私が成すべきことが」

脚本では「俺」と書かれたジャークムーンの一人称はすべて「私」に直されている。

ジャークムーンはリュウケンドーへの伝言を告げる。「最後に戦った場所で待つ。剣士の誇りを賭け、一対一で私と戦えと」

踵を返し、歩き出すジャークムーン。追おうとするMガンオーの前に、切れた木の幹や枝が落ちてくる。

脚本ではMガンオーの足が動かず「ガクリと片膝をつく」とあった。切れた木の幹や枝は、ジャークムーンが剣のつもりで振るった木の枝によってなされたものだろう。現実とも幻想ともつかぬ幕切れを彩る演出となっている。

場面変わり、夜の林を歩いてくるジャークムーン。ここは以前（21話）、リュウケンドーと戦った場所である。

欠けた刃の一片が突き刺さったままになっている。それを見つめるジャークムーン。21話がフラッシュで蘇る。ツインエッジゲキリュウケンの超雷鳴切りを受け、折れて地面に刺さるジャークムーンの刀。

かつての戦いの場所には、先端の欠けた剣も落ちていた。それを手に取り、自らに宣言するジャークムーン。「剣あってこそのおのれ。ジャマンガが滅びようと、強きものがこの世に残るのが定め。私は戦う！」。脚本ではこれに「……剣士としての道を全うするため」という言葉が続いていた。

同じ夜、SHOT基地の青い部屋では不動が天地と鈴に報告している。「間違いありません。あいつは元のジャークムーンに戻ったんです。自分の意志を失った、メカニムーンではない」。脚本ではこれに続き、不動は鈴にこう語っていた。「あいつは剣二と一対一の勝負を望んでいる。知っているだろう、剣二とジャークムーンとの間には奇妙なライバル意識のようなものがあった…」

そして5話から、リュウガンオーに対して不敵に笑い「奴に伝えておけ。また会おう、と」と踵を返すジャークムーンや、21話から、「俺もアイツも……剣を持つ者同士だから」とジャークムーンを語る剣二、そして5話または21話より、リュウケンドーとジャークムーンの互いの刃が激しくぶつかり合う場面……のリプレイが想定されていた。

場面変わって、あけぼの町の小高い丘（つぶしで夜にしている）で、巨大な満月の下に立つジャークムーン。「デカイ月」を背景にすることが演出メモに書かれている。

彼もまた、剣二との戦いを思い出しているようだ……と脚本にある。

そこに次シーンの不動の声がOFFで入る。「さっきのジャークムーンの気迫は尋常じゃなかった。これまで押さえつけられてきた剣士としての誇りと情熱が一気に噴きだしたような……」

司令室では鈴が「でも、剣二なら勝てるわよね。前だって……」と笑顔を作る。

だが不動は「一対一なら今度は分からん。それに、剣二はあいつに思い入れがありすぎる」と答える。それは不動が前から心配してきたことだ。

鈴は思わず「剣二が負けると…?」と口に出す。「その可能性もある」

天地はしばし考え、この事は剣二には報せるなと命令。「知ればあいつは何としても一人で行こうとする」

明日になれば剣二の非番は解けるが「年末大掃除で基地は休みだって言うんだ」と言い訳を考え、鈴には「映画館でも美術館でもどこでもいい。明日、剣二を下手な情報が入らない場所に連れていくんだ」と命令した。「え？　でも、そんなトコ行かないですよ、アイツ」と目を泳がす鈴に「クリスマスのデートだとか何とか理由をつけて！」と畳みかける。

「わ、私が誘えっていうんですか!?」。鈴の顔がアップになる。「当然」というように頷く天地と不動に「プイ」「プイ」と効果音が付けられているのがコミカルだ（脚本では「命令だ！」と天地が言っていた）。

夜の深くなった小高い丘には、先端が欠けた刃を手に握り、月に向かって差し上げるジャークムーンが居た。「月よ！　我とこの剣に最後の力を与えよ。我が宿敵との決着をつける為に！」。満月の中央から黒い陰が渦を巻いて現れ、月蝕のような様相となる。

その周縁に残った（脚本には「日蝕でいえばプロミネンスのような」とある）光芒から降り注ぐ金色の光が、ジャークムーンの全身と差し上げた刃を包む。

光が消えるとジャークムーンの手には元の姿に甦った剣が握られている。身体が月の淡い光に照らされ、その部分だけが薄闇に光るのはカッコイイ。

剣を高々と夜空に掲げ「月蝕の剣、我が手に戻れり！　待っているぞ、リュウケンドー！　ジャマンガと剣士のプライドにかけ……」。剣を振り回して構え直すと、ピカッと発光する。「……必ずや私はお前を倒す！」。マントが風に揺らめいている。演出メモに〈ジェットファン〉で揺らすことが指示されている。

ここで中CMとなるが、アイキャッチはいつもの音楽ではなく、前シーンのサスペンス音楽が継続したままで、戦いの予感を盛り上げる。

原田　この回は基本的にジャークムーン話は僕には来ないと思ってたんです。僕はジャークムーンはほとんど撮ってなかったので。ジャークムーンの脚本は川崎ヒロユキさんがほとんど書いてたのかな？　それで、この回だけ、大西信介さんがジャークムーンを書いた。川崎さんはその前の最終決戦に取り組んでいて、たぶん出来なかったんですね。「ジャークムーンの始末を俺と大西さんでやるのか」と思ったんです。

大西さんには正直に「ジャークムーンってよくわかんないんだけど」と言ったら、大西さんが川崎さんといろいろ相談して、話を作ったんです。

▼デートは私らしくない?

翌日の昼、クリスマスで賑わうあけぼの町商店街（冒頭の夜のシーンと同じ場所）が映し出される。手前から奥に三つ並ぶ、サンタ帽を被ったカッパ地蔵からイン。

鈴と剣二が歩いてくるのが、しばしロングで捉えられる。鈴は白系統のスーツをメインにコーディネイトしたデート衣装に赤い帽子。剣二はいつも通りのスカジャン。二人並んで歩いているが、何となくよそよそしい。

「どういう風の吹き回しだよ。急に外へ出ようって。大体、大掃除なら手伝わなくっていいのか？」と剣二は言う。

「あ、そ、それは大丈夫。ほら、天地司令、本職だから」とごまかす鈴。

「そっちが本職かよ？」

天地司令は普段あけぼの署の掃除夫という仮の姿を持っているのだが、その姿が劇中で描かれたことは、設定説明に比重のある2話以外ほとんどないため、多くの視聴者の意識からは外れてしまっていただろう。故に、この二人の対話もまた「わかる人にはわかる」くすぐりの如きものとして機能したのではないかと思われる。

ここで脚本決定稿には、たまには映画とか見たくない？と問う鈴に「苦手なんだ。どうせ惚れたはれたとかって話だろ」と答える剣二……のやり取りがある。

「別にそういう映画じゃなくたって。剣二の見たいのでいいわよ。ヒーローものは？」

「ヒーローものは間に合ってるぜ」

第1・2稿では「別にそういう映画じゃなくたって。剣二の見たいのでいいわよ。ヒーローものは？『戦隊忠臣蔵』とか」という楽屋オチ的なセリフがあった。

しかし完成作品では、映画の内容についての話題は丸ごとカットになっている。

「なぁ、ちょっと変だぜ、ホントはなんかたくらんでるんじゃないのか？」

ここで二人のサイズが変わりミディアムショットになる。少しうろたえ、笑ってごまかそうとする鈴。「やっぱ、そうなんだ。鈴らしくないと思ったぜ」

クリスマスツリーの下で「私がアンタを誘ったら、私らしくないって言うの!?」とムキになる鈴。剣二はちょっと驚き「え？　あ、いやぁ……」とうろたえるのだった。

「だったら、黙って付き合いなさい！」と強引に手を取ってリードする鈴。

その頃、あけぼの町の郊外広場では、逃げるジャークムーンを追って駆けているリュウガンオー。ガンオーの短剣とジャークムーンの剣の格闘がしばし描かれるが、その前にリュウジンオーが降り立ち、後方から来たマグナガンオーと挟まれる形となる。

ここは〈源、黒田〉の本人が演じることが演出メモに書かれている。

「逃げるな、ジャークムーン！」と言うジンオーに「逃げているのはどっちだ!?　何故現れぬリュウケンドー！　私と戦えリュウケンドー!!」と空に叫ぶジャークムーン。

その頃、映画館内では、鈴と剣二の二人が映画を見ている。上映されているのは「ベタベタの恋愛映画」と脚本にある。ピアノの音楽が冬ソナ風にも聞こえる。

うたた寝をしていた剣二、不意に目を覚まし、ポップコーンを少しこぼしてしまう。

「ジャークムーン！」。そう起き抜けに叫ぶ剣二に、周囲の客は「しー」とやる。ここには松竹のプロデューサー・中嶋等や衣装助手の中村みのり、メイク助手の内城千栄子など、スタッフが内トラで出演している。

剣二の叫びに「え？」と驚く鈴。「ジャークムーンが俺を呼んだ……」。

周囲の客はまた「しー」。思わず立ち上がり、駆け出す剣二。

上映されている映画は、繁少年の母・佳子にそっくりな女優が恋人の肩に顔を載せている映像（2話で佳子が茶の間で見ていた映像のライブ）。シネスコにトリミングされ、フィルムのちらつきを思わせる効果も足されている。

そうこうしている内にも、あけぼの町・郊外の広場では、ジャークムーンがガンオーとジンオー両方と剣を交えている。「どうあっても、私とリュウケンドーの対決を邪魔しようというのか!?ならば！」。剣を構えて突っ込んでいくジャークムーン。

▼剣二と剣道少年

映画館の外ではポスター『続・君のそ名た』が貼られ、佳子がヒロインとなって写っている。「そ名た」の「名」が微妙にハングルっぽい書体になっているのがニセ韓流めいていて可笑しい。上映館の名前は「シネマあけぼの」。この『続・君のそ名た』は、2話の劇中でテレビで放送されているメロドラマの続編映画として公開されているという裏設定だ。

映画館から出てきた剣二と、それを追って駆けてくる鈴。手には赤い帽子を持っている。

「確かに聞こえたんだ、ジャークムーンの声が」と動揺しながら辺りを見回す剣二に、「それは映画の声よ。あー、いたでしょ、登場人物にジャークムーンみたいな人が」とごまかそうとする鈴であった。納得がいかず、角を曲がろうとして、駆けてきた男の子にぶつかってしまう剣二。

鈴の前に竹刀が転がってくる。ひっくり返った小学校低学年くらいの男の子は、裸足で剣道の道着を着けている。

「大丈夫か？」と訊く剣二。脚本決定稿では「男の子の手を引き」とあるが完成作品の男の子は自分の力で立っている。「ご、ごめんなさい」と言う男の子。

剣二、履いていた草履（演出メモでは「サンダル」とある。脚本では裸足のまま走っていた）を拾ってやる。それを履かせようとすると、男の子の足指に包帯が巻かれているのに気付く。脚本でこの男の子は「軽く足を引きずっている」とのみ書かれており、その事に剣二がどうやって気付くのかは書かれていない。また足指の包帯のことも脚本には書かれておらず、一目でわかるようにしたものと思われる。

この後、脚本ではこう書かれている。すぐ駆け出していく男の子に「おい、待てよ」と声をかけて前に廻り「怪我したんじゃないのか？」と訊く剣二。「な、なんでもない…」と思わず言う男の子。剣二は「だいたい裸足でこんなトコ走ったら…」と心配顔。

このくだりはカットされ、以下に続いている。男の子の足を見た剣二は「あ、爪か」と屈んでよく見る。「いつ割ったんだ」と訊くと「前に……稽古で」と答える男の子。

鈴は「爪？ 大変じゃない」と竹刀を少年に渡し様子を見る。

だが剣二は「大丈夫。ほとんど治ってる」と男の子を見て、屈んだまま笑い「ウチの人に黙って出てきたんだろ？」と言う。

男の子は「図星をさされた顔になる」と脚本にあるが、原田監督はこの子に表情を作らせていない。「大事な試合か？」との問いに、コクンと頷く男の子。急に背を向け「よし、乗れ！」と言う剣二。「え？」と驚く男の子だが「俺の背中に乗れって。それ以上走って怪我したらどうすんだよ！」

男の子は黙って剣二の背におぶさる。「んで、どこ行くんだっけ」男の子は指差して「あけぼの体育館」とだけ言う。

「よし、行くぞ」と駆け出す剣二。「ちょっと!?」と慌てて追う鈴。

第2稿では、剣二がぶつかるのは剣道少年ではなく、転校していくクラスの女の子に渡すはずのプレゼントをなくしてしまった男の子だった。剣二は鈴を促し、一緒に捜してやることにする。だが、その女の子がもう町を出てしまう時間が迫っていることを知り、「あきらめんなよ」と自分の背中に男の子を背負って走る——という展開だった。

剣道少年になるのは3稿からであり、より剣二のキャラクターに合わせた硬派な方向に変わっていったことがわかる。

その頃、あけぼの町郊外の広場では、リュウジンオー、マグナリュウガンオー、ジャークムーンの激しい戦いがなおも続いている。ここでもアップは黒田耕平と源本人が演じると演出メモある。

ジャークムーンは「三日月の太刀」をかます。エネルギーをまともにくらってふっ飛び、木にぶつかって倒れるジンオー。「誰にも倒されん。リュウケンドーを倒すまでは」と踵を返し歩き去るジャークムーン。

脚本ではジンオーの「斬龍刃・乱撃」とガンオーの「マグナドラゴンキャノン」を跳ね返すくだりもあったが、完成作品でのアクションはごく簡略化されている。

男の子を背負った剣二が駆けてきたのは体育館前。「第二十四回　あけぼの町　少年剣道大会」と看板がある。入り口の前で男の子を降ろし「よし！　急げ！」と促す剣二。

「うん！ありがとう！」と駆けていく男の子を、「暫し目で見送っている剣二」と脚本にあるが、原田監督は男の子の背中に「がんばれよ！」と声をかけるくだりと、男の子が振り向いて頷き、また走りだすシーンを追加している。

鈴も後から駆けてくる。「出たい試合を親に反対されたんだろ。ケガが心配で」と少年の立場を察していたことを明かす剣二。

普通親だったら心配するでしょうと鈴は言うが、剣二は「俺も前に同じようなことあってさ。大会の前」と小指を立ててみせる。「骨折しちゃって……。絶対出るって頑張ったんだけど、結局周りに止められちゃってさ」

それを聞きながら目を泳がせ、迷う鈴。

「逆らってでもあの時、戦わなかった悔いはずっと残ってんだ」

立ち止まった鈴の脳裏に蘇ったのは——

夕焼けの中、署名活動を行っている兄・鐘一の姿を見ている鈴。そして「絶対に悔いを残したくないから」という兄の言葉……。

回想明けで鈴がポツリ「兄さん」と呟き、剣二が「え？」となるくだりが脚本にあった。

オーヴァーラップで回想が明け「剣二」と背中に声をかける鈴のシリアスな顔のアップ。

「……もし……もしもよ、ジャークムーンが現れたとしたらどうするの？」

剣二は即座に言う。「戦うに決まってるだろ」

「どっちかが倒れるかもしれないのよ」と言う鈴だが、剣二は「あたりまえだろ」と揺るがない。「互いに剣で生きてんだ。どっちがやられようが、正々堂々戦って倒れるんなら、後悔することなんかない。そういうもんだ」

息を呑んだような顔になる鈴。「どうしたんだよ鈴？」

脚本ではここで鈴が「…ごめん！」と言い、「何だよ？　ごめんって何が…」と剣二に問われるというやり取りがあった。

剣二から見た鈴のショットになり、怒ったように「隠してたの……ジャークムーンが剣二と戦いたいって現れたことを」と言う鈴。

怒りが湧きあがり「どうしてだよ……どうして黙ってたんよ！」と剣二は鈴の肩を掴む。

「だって……」と震えた声で言う相手に「鈴！」と怒鳴る剣二。鈴は「涙目」と脚本にあるが、あえて切り返しはしていない。

「どこに!? あいつはどこにいるんだ!?」

そこで初めて鈴の方のアップになり「……最後に戦った場所で……」と答える。

脚本にはそこで「涙が落ちる」とあるが、涙は流していない。おもむろに駆け出す剣二。「剣二！」と思わず追って駆ける鈴。もう一度「剣二！」と叫んだ後、立ち止まって見つめる。この時の鈴の表情には、以下の思いが込められていたことが、脚本に書かれたセリフからわかる。

「必ず、必ず帰ってきて！ 剣二！…剣二…！…兄さん、これでいいんだよね。私だって…私だってもう悔いを残したくないから…」

そう言って涙が溢れてくる鈴が脚本には描かれていたのである。

――鈴が戦わせたくないから剣二に嘘をついて……でも……というところで二人の話も盛り込めてますね。

原田 そうですね。鈴と剣二との関係の最終的な決着としてもよかったと思うんですよね、それは。剣道の少年は、『リュウケンドー』の途中で抜けて撮っていた映画『旅の贈りもの 0：00発』で使った子どもなんです。映画が終わった後に呼んで、ちょっとだけ出てもらったんです。

▼戦いこそプレゼント

月に再び黒い渦が覆い、周縁の光だけが金に輝く。林の中、約束の場所（やはり夜を「つぶし」で表現している）に駆けてくる剣二。歩を緩める。「強烈ナ……強烈ナ波動ヲ感ジルゾ、剣二。魔的反応トハ違ウ。モット強イ……」とミニ剣が言う。

頷き「気迫だ……」と剣二は白い息を吐く。「あいつの……ジャークムーンの。俺にもビンビン響いてくるぜ」。再び駆け出す剣二。

それを迎えたジャークムーン、ゆっくりと立ち上がる。（それまで切り株に腰を下ろしていた、と脚本にある）。

「来たか。待っていた。待っていたぞリュウケンドー！」

剣二は見つめて言う。「ジャークムーン、おまえ、本当に元に……」

それに応える代わりに「まだジャマンガは滅びていない」とジャークムーン。これに続いて「最後の一人が……この私が倒れるまでは」というセリフが脚本にあった。

「決着をつけようリュウケンドー。私が勝つか、お前が勝つか。剣にさだめを聞いてみたい」。剣を構え、ひねると「カキン」と音がし、遠くに風の音がする静かな林の中に響く。

「望むところだ……ゴッド撃龍剣！」。剣を頭上に掲げ「撃龍変身！」と叫ぶ剣二。

ジャークムーンの前で剣を構えるGケンドー。この時の姿は、アップを山口翔悟本人が演じることが演出メモに書かれてある。

ここでジャークムーンの「どうやら強くなったようだな。面白い」というセリフが脚本に付加されている。前回のラストバトルである21話から今回までの間に、リュウケンドーはゴッドリュウケンドーに強化されている。それを初めて目の当たりにする形だ。

対峙する両者、剣を構え直す。「行くぞ、ジャークムーン！」。ここでジャークムーンが「喜んで！」と応えるのが脚本に付加されている。

少し走ってから斬り合う二人。激しくぶつかり合う互いの刃。火花が散って両方ともダメージを受ける。ジャークムーンは「三日月の太刀！」と叫び光とともに剣からエネルギーを放出。Gケンドーは「なんの！」と弾き返し、「くらえ！」と反撃する。龍が奔り、ジャークムーンに迫っていく。

ジャークムーンは「半月の太刀」でこれを反射、かろうじて弾き返すGケンドー。

間髪入れず、上から斬りかかってくるジャークムーン。

お互いの肩口が斬られ、そこから火花が散り、煙が出て両者は倒れる。

ジャークムーンの息が荒い。「やるな、リュウケンドー。こうでなければお前を待った甲斐がない」。Gケンドーも息荒く「お前もな、ジャークムーン。だが……この一撃で最後だ！ ゴッドゲキリュウケン！」

鍵を取り、ファイナルキーを差込んで捻り、発動させるGケンドー。「龍王魔弾斬り！」。ジャークムーンは間髪置かず「暗黒月光剣！ 新月の太刀！」で迎え撃つ。

両者から放たれるエネルギーがぶつかり合い、押し引きになるが、やがて猛烈な爆発が起こり、双方ともに遠くに弾かれ、倒れる。

木にぶつかり、転がるGケンドーを捉えてすぐ、手前に木の枝とともに落ちてくるジャームーンが画面に入ってくる……というワンカットにはシビれるものがある。

かろうじて立ち上がり、必死に剣をそれぞれの得手の形に構える二人。

「嬉しいぞ。リュウ……ケンドー」。Gケンドーも「ジャークムーン……」と名を呼ぶが、脚本には「俺も…だ」と書かれていた。

「最早、魔力は尽きた……ここまで……鍛え上げた剣の腕のみで勝負！」と剣先で地面に円を描くジャークムーン。Gケンドーも「望む……ところだ！」と応じ、構える。

対峙したままの長い〈間〉……ロング画面で奥の二人が横から捉えられる。

双方、ほぼ同時に駆け出したかと思うと、スローモーションで剣を上に構えるGケンドーと、下から受けるジャークムーンが捉えられ、すれ違いざま剣が閃き、ぶつかり合う音が強調で二回響き、音の余韻が響く。

そのまま、暫し動かぬ二人だが、やがて煙を発し始めたジャークムーンの身体がグラリと崩れ、ドウと倒れる。その息遣いを感じ、静かに剣を構え直すリュウケンドー。

月の黒い渦が消え、元の輝きを取り戻す。

林の中、剣二の姿に戻っていたリュウケンドー、もはや起きあがることの出来ぬジャークムーンに駆け寄る。風のごうごうという音が聞こえる。

顔だけを剣二に向けるジャークムーン。「これが……私のさだめだったのかもしれん」

ふと上を見るように「力の限り……剣が振るえた。悔いはない」と語る顔の上に冷気が流れる。

すると、遠くから聞こえてくるクリスマスの音楽。原田監督はここで『きよしこの夜』が流れる町のイルミネーションの映像を挿入する。

「あれは……?」

「クリスマスの音楽だ。今日は、人間の世界では、プレゼントを贈り合う日なんだ」

「そうか、じゃあ……」。胸に手をやり「……これは私へのプレゼントだな」と言うジャークムーン。

「プレゼント?」。優しく見下ろし、そう言いながら悲しみをこらえられない表情になる剣二のバストショットにスタッフ・クレジットがせり上がり、エンディング主題歌が始まる。

ラストカットで剣二を待つ鈴(井村空美)

「解放されたのかも……しれん。全ての宿命から。今度会う時は、鳴神、お前と……」。右手を差し出し、そこでこときれるジャークムーン。

　この「鳴神」という呼びかけは、脚本では「剣二」だった。ここで〈月が見ている〉と原田監督は演出メモに記している。映像としては挿入されていない。

　見下ろす剣二とジャークムーンがワンショットに収められる。

「ジャークムーン?」

　そのまま動かないジャークムーン。剣二は呟くように「ジャークムーン……」と、息を呑むように再び口に出す。

原田　剣二とジャークムーンの戦いは、基本的は男と男の戦いにしたかった。それには完全になりました。男と男の戦いは、僕、得意です。本当はそういうのが好きなんです。それに少しロマンチシズムを入れたかったので、そういう意味では、バランスはいいと思います。ジャークムーン話は、評判良かったですね。委員会でも「これはいいですね」という話になった。

　第4稿までの脚本では、剣二がジャークムーンを見取るところでドラマは終わっていた。

　第5稿そして決定稿では、鈴が一人待っている姿がラストカットになるが、そのつなぎとして完成作品ではジャークムーンを見下ろす剣二の顔からキャメラが上がっていくと、星空になり、上にPANしていってそこに流れ星が走る。そのキャメラが降りると、人々が行き交うイルミネーションの俯瞰となり、やがてクリスマスツリーをかたどった明かりの下で待つ鈴を捉える。

　赤い帽子を被った鈴は、持っている小箱に目を落とす。脚本の最後の一行は「剣二の帰りを信じて…」とある。

　映像では、イルミネーションの輝きをバックに、見上げた鈴の目線の先を意識させる表情のアップで締めくくる。希望に向かって、ほんの微かに、顔の表情が変わるか変わらないかのところで切っているのが、ドラマの終わりを甘いものにせず、しかも優しい締めくくりになっている。


原田　終わってから、山口翔悟に言われたんです。これを見て「良かった」と言ってきて、なんでかと言ったら、鈴ちゃんが待っててくれたのがすごく良かったって。

　鈴とある意味、途中で別れて戦いに行くんだけど、あれで鈴が待ってなかったら悲しかったんだけど、ラストカットで鈴が待っている画だったので「僕はすごく救われました」と言われました。

　そういう意味では、当然、長く鈴ちゃんを撮っていたから、鈴ちゃんもそこら辺はよくわかっていて、あの待っている顔はとっても好きでしたね、僕は。

――いいカットでしたね。

原田　本当に可愛かったですよ。

――原田監督所蔵の写真がありましたね。

原田　もう現場、みんなでバシャバシャ写真を撮ってました。

――(笑)

原田　そういう時あるんですよ。女優さんで「ほっといても可愛いいぜ」という時。

――『ウルトラマンティガ』のレナ隊員の吉本多香美さんの時もおっしゃってましたね
原田　それと同じ状態でしたね。夜のああいう、イルミネーションの中で撮ったのも、それだけで反則だよと思いました。「あんな顔、撮れるんだぁ」と思ってね。

――そういう意味ではある種、女の子編の最終回でもある。

原田　そうですね。あの話が別に女の子の話になるとは思ってないんだけど、撮ったら、なりました。この時の鈴ちゃんは異様に可愛かったです。映画館のシーンも可愛かったし。

――そういうのは女優さんの年齢的なものもあるのでしょうか。

原田　いろんな積み重ねがあるとは思うんです。もちろん、一年やって、もう最後だという思いも。

　あの頃、たしか鈴ちゃんはジャックスのCMとかをやってたんだけど「そのCMより俺達の方が絶対に可愛く撮ってる、この子の良さを俺達は撮れる」と思ってました。本人にもそんな話をしてましたもん。「今、君を一番綺麗に撮れるのは俺達だぞ」と(笑)。

　あの信頼関係が出来あがっている感じ。向こうも、絶対的に綺麗に撮ってくれるとわかって演っているし、こちらも「撮ってやろう」と思っているから、垣根がない感じですよね。

「さらば魔弾戦士!」52話 ▼二〇〇六年十二月三一日放映

脚本：武上純希　撮影：Ｔｅａｍライジン（木所寛、富田伸二、鍋島淳裕、森下彰三）

──最終回は魔弾龍との別れを描いています。

原田　三人のヒーローがそれぞれ別れるという、出会いと別れの話の集大成です。別れざるを得ないんでしょうねという感じで。

脚本には「あけぼの商店街」と書かれているが44話同様、公園の広場に屋台が出ている場所からドラマは始まる。正月飾りがなされたカッパ地蔵が鎮座していることは演出メモから書かれている。買い出しの人達が行き交う、正月に向けてのムード漂うこの界隈。

肉屋「いのまた」の熊蔵と邦子も屋台に正月飾りをほどこしていると、自転車に松飾りや食材を乗せて通りかかるガジローが「おっ、立派な松飾りだね」と言う。

「あたぼうよ。これがねえとよ正月迎えられねえだろうがよお、なあ」と応える熊蔵。

脚本ではこれに続いて邦子とガジローの「来年こそ、魔物じゃなくって、福の神に来てもらわなくっちゃね」「ちがいねぇ」というやり取りがある。

「フローリスト野瀬」ではウィンドウに「謹賀新年」と貼ってある。店内には正月用の門松の準備をしているかおりがいる。遠くから、かおりの働く姿を見ている白波。

かおり、気付いて表に出るが、白波はもう歩き去っている。

ここで脚本ではミニ斧が「カオリチャン、一度、人間トシテ会イタカッタゼ」と相棒の白波に言っていた。33話でジャマンガによって鉄仮面を付けられたかおりは視界を奪われた状態でザンリュウジンと声と声の対話をし、励まされたことがあった。かおりにとってザンリュウジンは人間だった。かおりが元に戻ってからは、ザンリュウジンはかおりの前で声を発することはなくなっていた。白波に対しては、自分はあけぼの町を去ったことにしてくれと頼んでいたのだった。

ミニ斧は「オマエ、挨拶シテカナクテイイノカ？」と問うが「いいんだ……」と、黙って去る事を選ぶ白波。

──だが完成作品で白波とザンリュウジンの会話はカットされ、去っていく白波の後ろ姿をかおりが見送る……というところのみ残っている。

のれんがかかる豚々亭の古ぼけた店先に、「これから、どうするの!?」という鈴の声がＯＦＦで入る。店内のカウンターでは剣二を挟み、座っている鈴と海。湯気が立っている中、調理場には蝶野の姿が見える。「もう一杯、喰うかな。今度はチャーシューメンで」。蝶野は「あいよ、チャーシュー一杯！」と応える。

「違うよ。今後の身の振り方！」と怒り「刑事を続けるの？」と真面目に訊き直す鈴。

海も横から「それとも師範の遺言通り、鳴神龍神流を継ぐのですか？」と問う。

剣二は口をもぐもぐさせながら答える。「あ……なんも考えてなかった」

しばしの間──。

この豚々亭のシーン、脚本第1稿では、鈴はおらず、小町が様子を覗いていた。

海が今後の身の振り方を問い質すのは変わりがないが、「おじい様同士は、私達を結婚させて『鳴神龍神流』の後を継がせるつもりだったらしいけど……」とより具体的に話を振っている。「けど」の後の「……」は、しかし剣二は本当は鈴のことが好きなのではないかいうことを含んでいる。

ごまかす剣二に、小町さんは「わかってるわよ。鈴ちゃんと、結婚して、この町に残りたいんでしょ！」といきなり背後から声をかける。煮え切らない剣二は海と小町の両方から「ハッキリしなさいっ！」と怒られる──

つまり最初の段階の脚本では、シリーズを通して匂わされた剣二の恋愛に、ある程度の決着が迫られる場面だったのである。しかし、そこに突っ込んでいく展開は避けられ、単に針路の選択という問題にシフトしたのであった。

場面変わり、これまでたびたび登場した、町全体を見下ろす「夕日の丘」が映る。ジャマンガ壊滅を記念して、建てられている記念碑。そこには「あけぼの町全景」という大きな文字の前後に、以下の文言が記されている。

愛と平和
そして勇気にあふれた町
人々の勇気ある行動によって魔物は倒され
この景色は保たれている。

・そこからパンすると、剣二がベンチの上に座って町を見ながらミニ剣に話しかけている。「そーいや、そうだよなー、ジャマンガはもういないんだもんな……どーすればいいのかなゲキリュウケン」

「ソレハオマエノ決メルコトダ」とミニ剣は言う。

「だけど、オレとオマエはもう一心同体だろ」

ミニ剣のアップになる。「剣二……ドンナニスバラシイ仲間デモ、他人デアル以上、イツカ別レノ日ハクルモノダ」

「なんだよ、なんでそんな水臭い言い方すんだよ」と反発する剣二の横顔から、空に無数の鳥が飛ぶロングショットに切り替わり、それはなにかの予兆のようにも見える──。

──場面場面でわりとアクセントみたいに、鳥が合成で飛んでいたりというのは結構ありますね。

原田　あれはＣＧ班が勝手にどんどんやったんです。どんどん鳥が入っていて「あれ？　こんな指示出しだっけ？」と、思わぬところでも入っていた。そういうことも含めて、最後の方ではお互い何をやったらいいか完全に掴んでました。

夕日の丘でのやり取り、第２・３稿では「イツカ別レノ日ハクルモノダ」と言うミニ剣に「やだ！　別れない！　俺とお前の関係は永遠に不滅だ！」と反論し、「ヤレヤレ……ガキジャアルマイシ」と言われるという、剣二の思いをより強調したやり取りになっていた。

▼婦警コンビ最後の活躍

地下のパワースポットのある洞窟では、発光する霧のような、不気味な妖気が溢れ出している……と脚本にある。それにモヤがクリスタル状に結晶していく描写が付加され、コンテから描かれている。回転するクリスタルからは教会の鐘のような荘厳な音が響く。そしてパワースポットが地下にあるビルの表では、建物の後ろからモヤが浮上する。

原田　パワースポットのビルのある画とかは、撮影には行ってないんです。昔撮った素材をベースに、合成だけかけてくれと渡しました。

その黒い靄が魔物の形になり、路上に着地。かつて現れたジャマインド、グッケス、マコード、ネマノンの四体だが、全身が真っ黒で、まるで彼らの影の姿であるかのようだ。

魔物コロッケのケースをひっくり返すなど、黒い魔物達の乱暴狼藉に屋台村の人々は悲鳴を上げる。脚本には「魔物Aは食べ物にくらいつく。魔物Bは正月飾りを壊す。魔物Cは本を立ち読みする。魔物Dは屋根の上を徘徊する」と書かれていた。

駆けつけた剣二は魔物の一体にコノーッと飛びかかるが、黒い煙になって消えてしまう。「あれ、手応えがねえ……」

あけぼの警察のサロンにも三体の黒い魔物が現れ、人々は大混乱。ここで雪村、月岡、花田の三羽ガラスの慌てふためきようと、いつも通りのふがいない姿が脚本には書かれていたが、完成作品では、SWATの制服姿の市子と迷彩タンクトップの律子がいきなり重機とバズーカを抱えて飛び込んでくる。

「このーっ、魔物どもーっ」「いま、ぶっとばしてやるからね！」三魔物も怯えるポーズになり、三羽ガラス(雪村のみ写真パネル)も「ななな、なんですかこれは」と慌てる。「ファイヤー！」とバズーカを打ち放つ市律コンビ。

バズーカの発砲はさして本筋とは関係がない。最終回における市子・律子の見せ場として用意されたこのシーンに、原田監督の彼女達に対する愛が見て取れるのだった。

▼これまでの戦いは無駄だった!?

SHOT司令室の青い部屋では、モニタに白衣の瀬戸山と御厨博士が映っている。「都市安全保安局　外部秘密倉庫」という立て札のある場所にいる二人。魔弾スーツの開発に使った『スチームボーイ』風の蒸気を噴き出すレトロな球体(スーツ製造用の金属チューブ。コンテで「ミニチュア再撮」と記述あり)を背景にしている。青い部屋の方でその報告を受けているのは天地、不動、剣二と鈴だ(脚本では部屋の隅に小町がいた)。

モニタの瀬戸山が言う。「あいつらはジャマンガではありません。魔的波動の周波数がまったく違うんです」。第2・3稿ではこれに加え「うむ、いわば、パワースポットから溢れ出した魔法力の塊みたいなものだ。だから、意志もなく、大した悪さをするわけじゃない」という天地のセリフがあった。

黒い魔物達は魔法力が作り上げたジャマンガの記憶のようなものだと御厨が説明する。だが、パワースポットを早く封印しないと、魔法爆発が起きる。封印の方法は、ヨーロッパの魔法爆発に関わっていた白波が知っているかも……と言う御厨博士。

脚本第4稿では、白波がヨーロッパの爆発前に現地の住民を避難させていたと説明がある。登場時のテロリスト的な側面から、人々に受け入れられるキャラクターとなった白波だが、もともとヒューマンな面は持っていたというフォローだろう。

当然次のシーンは、不動と剣二が白波に問い質すという事になるのだが、原田監督は基地から場面をワイプさせ、町の一角の階段を降りてきながら三人が既に話しているくだりにつないでいる。脚本では白波と二人が「対峙」していると書かれているが、より動的にしているのだ。御厨博士から聞いたことを伝え「教えてくれ、白波！」とグラサン姿の不動が問う。

だが「何かの間違いだろ」と言った後、「町民を避難させ魔法爆発を待つしか方法はない」と付け加える白波。やはり白波はヨーロッパの際、魔法爆発の前に町民を避難させていた。そのことが自らの口で語られたのだ。

「ほんとに知らねーのか」とすぐさま襟首を掴む熱血な剣二。しかし「残念だが、いまの俺にできることはない」。そう言って歩み去る白波を、呆然と見やるしかないのだった。

風に吹かれ、緑の丘の上(脚本では野営地で焚き火をしていた)を歩く白波に、語りかける相棒のミニ斧。「何故、教エテヤラナカッタ？」

ここで脚本では、白波がヨーロッパの魔法爆発の時もそれを止める方法を試そうとしなかったことにミニ剣が触れていた。

「俺は……たった一人の親友を失いたくないだけだ」と、立ち止まって言う白波。自分のことを気遣ってるのかと問うミニ斧。

「俺にはお前が必要だ。これからもな」

気持ちは嬉しいと言いながらも「でもよ、おめえにはいま、他にも失っちゃならねえもんが、出来たんじゃねえのか」とミニ剣は言う。それには黙ってしまう白波。

第4稿では、こう続いていた。背後に人の気配した白波が振り向くと、ヒースの花を持って、かおりが立っている。

「白波さん……やっぱり、行くんですか……」

かおりは別れを察知していたのだ。「ああ、この町での仕事も終ったからな……」

「あの……」と、ヒースの鉢植えを渡す、かおり。

白波は「ありがとう」と礼を言う。

「さようなら」と踵を返して駆け去るかおり。

「ソレハ思イ出ノ花……、オマエト別レタクナインダ」。ミニ剣の声に、沈黙する白波。

「無理スンナヨ。アンナイイ女、置イテイクノカ」

だが白波は「俺には、おまえがいる……、いままでも、これからも、な……」と答える。

「イイノカ、ソレデ……」

――以上のくだりは、決定稿以降では後述するもっと後のシーン(S23)へ移動となっている。

SHOT基地司令室の青い部屋では、再びモニタに映る瀬戸山と御厨。魔法爆発の被害想定範囲は直径三六〇〇キロに及ぶ。二日後、日本列島全体が吹き飛ぶのだ。

不安げに見やる天地、鈴、不動、剣二。「なんてこった……」と剣二は呆然とする。一隅には、同じく困った顔をしている白装束の小町。

脚本ではここに「今までの俺達の戦いは、すべてムダだったってのか……」という剣二のセリフが続いていた。最終決戦を乗り越えた後にもたらされた更なる危機を、剣二の言葉に象徴させている脚本だが、原田監督はごく簡略的な説明に留めている。

君は友を犠牲に出来るか

パワースポット傍の広場では、光る霧が立ちのぼるビルを見つめ、佇む白波。剣二と不動も駆けつける。

「白波、気もたせやがって」と剣二が言うところからして、白波自身が二人を呼び出したようだ。

白波、ビルを包む光る霧を見つめたままイキナリ「方法がないわけではない」と切り出す。「ザンリュウジン、ゴウリュウガン、そしてゲキリュウケン。三つの魔弾龍のコアのエネルギーを使えば、パワースポットを封印できるかもしれない」

そう、いつものように低いトーンで言う白波。

剣二は「なんだよ、それならそうと早く言ってくれよ！」とホッとした顔になる（この時、脚本では剣二が白波の沈痛な表情に気づくという描写があった）が、ミニ剣が問う。「白波、ヨーロッパノ魔法暴走ノトキ、何故、ソノ方法ヲ使ワナカッタンダ」

三人の手元の魔弾龍が同一フレームに収まると、不動のミニ銃の目が光って言う。「ソレモ、ソウダナ」。

そこでミニ斧が「俺カラ言オウ」と声を発する。「魔弾龍ノコアデ封印スルトイウコトハ、ツマリ、我々モ異次元へ飛バサレルトイウコトダ」

剣二は「え!?」と驚く。剣二のミニ剣が「永遠ノ、オ別レトイウワケカ」と確認する。

ミニ斧は答える。「ダカラ、鋼一ハ俺ヲ封印ニ使ワナカッタンダ」

ここで白波が「剣二、おまえは親友を犠牲にすることが出来るか……」と問い、剣二がガン！とショックを受けるくだりが脚本にあった。

SHOT基地司令室の青い部屋では天地、不動、鈴、剣二、そして小町が、モニターの瀬戸山と御厨を見やる。「作戦は早いほうがいい。すぐにでも、決行してくれたまえ」と言う御厨。

剣二は「待ってくれよ！ いきなり、そんなことを言われても！」とモニタに向って叫ぶ。お前の気持ちはわかるが、今はそれしか方法がないんだと言う天地。

「でも、俺はゲキリュウケンにやってくれとは言えない！ おっさんは平気なのかよ！」

不動は下を向くが、サングラスで表情はわからない。「相棒を犠牲にして、平気なやつはいるか……」

「――俺、これからもずっとゲキリュウケンと一緒にやってけると思ってた……、いままでみたいに、ずっと……」と、ダッと踵を返してとび出す剣二。

鈴は「剣二！」と叫ぶが、その声は届かない。

全景が見える夕日の丘（昼）にダーッと駆けて来る剣二。荒い息であけぼの町の全景を見る。脚本では、ここで「やらなきゃ……、このあけぼの町が……いや……この国が消えちまう……」というセリフがあった。

白装束の小町が現れる。幽霊として、これまで色々な人と別れなければならなかった小町には別れの辛さはよくわかる。けれど「別れがあるから、また出会いがあり、新しい未来が始まるのよ……」と励ますのだった。

「でもさ、もう、やっぱ、俺には出来ない……」

その時、剣二がつけているミニ剣が「アーア、ガッカリシタゼ！」と喋り出す。

「オマエヲ男ト見込ンデコンビヲ組ンデ一年……、剣二、オマエハズイブン成長シタ。ヤット一人前ニナッタト思ッテタノニ」

剣二は思わず反論する。「一人前になるってことは、相棒を見捨てても平気にいられるようになるってことなのかよ！」

それを背後で見守る小町。

ミニ剣は「違ウ！ 友ガ安心シテ旅立テルヨウナ、大人ニナルッテコトダ」と答えるのだった。

ここで原田監督は、小町の視点で、町を見つめる剣二の背中を捉える。

剣二は背中のまま、言う。「ゲキリュウケン、もう少し、子ども俺とつきあってくれ……」

「ああ」と応えるミニ剣がアップになる。

ずっと流れていた静かな音楽のままアイキャッチとなって、CMへ――。

脚本決定稿にはこの後、SHOT基地に戻った剣二が、天地に「司令、気持ちの整理をする時間をもらえませんか」と申し出るシーンがあった。

「パワースポットを封印しちまったら、ゲキリュウとは二度と会えなくなってしまう。その前に、俺、コイツと一緒にやっておきたいことがあるんです」

鈴も天地に頼む。「お願いします。剣二や不動さんにとって、魔弾龍のコアは相棒です。いや、私たちにとっても、かけがえのない仲間だったはずです」

天地は「よし……、作戦決行を明朝7時まで延長する」と許可を出すのだった。

脚本第1稿では、状況はもっと深刻だった。なんと鈴がパワースポットのビルに閉じ込められてしまい、ビルごと破壊するミサイルを発射することを、都市安全保安局が、防衛隊に依頼していたことがわかる。ミサイルはあと五分で発射される。それを防ぐには魔弾龍のコアを使って、パワースポットを封印するしかない。しかしそうすれば、魔弾龍とは永遠の別れとなる……という展開だった。

鈴のピンチという、より直接的に迫られる状況は、スリルとサスペンスという点では申し分ない設定だが、これでは剣二達と魔弾龍との別れが相対化されてしまうし、またそれをじっくり描けない。文字通りの時間的「猶予」が、完成稿になるに従って求められるようになっていった。そしてそのドラマこそが、原田監督の描きたいものだったはずだ。

出会いに理由はない

翌日の早朝、あけぼの神社の麓に海が駆けてくる（脚本では石段を上がってくることになっていた）。駆けてくる時、一瞬通りすぎる場所に「あけぼの山公園案内図」が作られている細かさには驚かされる。『リュウケンドー』美術部スタッフは最後まで手を抜かないのだ。

「師範から頂いた、鳴神竜神流の魂、持ってきたわ」と、紫色の風呂敷に包んだ長細いものを剣二に手渡す海。剣二は一人境内を登りはじめる。海、ジッとその姿を見送る。少し上から捉えたその表情が非常に美しく、彼女のアップとしてのラストカットを飾っている。

落ち葉を踏みしめ、境内を登っていく剣二とミニ剣。これを捉えるのに、原田監督は「人間ステディカム」と演出メモに記している。キャメラマンもまた、歩く剣二と横から判歩して撮影し、間に木が生えていれば一瞬視界が遮られても構わない。剣二の心情により添った撮影技法である。

「この一年間、いろいろあったよな」

「剣二……今度ノ人生ハ楽シカッタ……」

「俺も、だ」

「オマエヲ相棒ニ選ンダ、俺ノ目ハ正シカッタ……」

「でも、どうして、俺だったんだ……」

「人生ハ一期一会……、別レニ理由ガアッタトシテモ、出会イニハ、理由ナンカナイ……」

「そうだな」

以上のやり取りにキャメラがだんだん寄ってきたところで、剣二がフレームから外れて、落ち葉に敷き詰められた石段の景色だけが残る。

場面は鎮守の森となり、そこには海から渡された包みが開かれていて、鞘に収められた鳴神流の短刀が置かれてある。朝の鳥の声が先ほどから続いて聞こえている。

短刀の鞘には、龍面をあしらった模様が付けられている。

脚本では「この森に立つと、修行した故郷の山を思い出すんだ」という剣二のセリフがあった。

鳴神流の魂の前で「ゴッドゲキリュウケン！」と叫ぶ剣二。脚本ではいつものように鍵を取り出し、「リュウケンキー」と差し込み、ひねる一連の動きが書かれていたが、ここでは静かに光に包まれたミニ剣がゴッド撃龍剣に変化している。

剣二、捧げ持つと、こう言う。「じいちゃん、俺の相棒のゴッドゲキリュウケンだ」。

「初ノ御目文字デゴザル」とゴッドゲキリュウケンも挨拶。

「俺とゲキリュウケン、二人で作り上げた、一心同体の剣を見てくれ」

初代主題歌のピアノアレンジが悲しく流れ、キッと剣を構える剣二。「たぁっ！」

剣二、G撃龍剣を構え、次々と型を決める。変身後ではなく、生身の剣二が撃龍剣を使う場面は、剣二が2話で初めてそれを自分の意志で持った時や、19話で小町を守って落武者達と戦った時など数少ない例しかなく、これを最終回に持ってくることでセレモニー色を強めている。

脚本では「型を決めていく真剣な剣二の目から、知らず涙があふれ出して来る」とあるが、原田監督の演出ではその時、剣二の顔はゲキリュウケンで遮られており、あえて見せていない。

剣二の顔の手前にあるゲキリュウケンが言う。「泣クナ……一人前ニナッタオマエヲ見テモラウンダロ」。この見せ方には、視聴者のこちらが思わずジーンとさせられてしまう。

「バカヤロ、泣いてなんかねぇよ」というところで剣が顔から外れる。

キッ！と表情を引き締めると、再び剣を構える剣二。「とぁぁーっ」

剣二がフレームアウトすると、鳴神流短剣がもの言わずに鎮座している様が映り、場面が変わる。

脚本ではまだ夜明けの直前であり、ここで朝日が昇ってくることになっていた。「いつまでもいつまでも型を決めるG撃龍剣を手にした、剣二。その声が森の中に響く」とト書きにはあった。

第2稿では神社の頂きには鳴神家の墓があるという設定になっていた。苔むした石碑には「鳴神家代々の墓」の文字が読み取れる。剣二はその前に立つと、G撃龍剣を取り出し、放映作品同様次々と型を決めていく……という流れだった。

また第3稿では神社の頂きで、剣二は祖父・鳴神龍三郎（祖父）の写真の額を岩の上に置くと、G撃龍剣を取り出す。

——いずれも、シリーズでほとんど語られてこなかった、剣二が使う剣法の背景にあった「鳴神流」との関係に触れるものだったが、第4稿以降では、剣二の祖父の存在よりも、直接セミレギュラーとして剣二を支えてきた海を媒介にし、剣二のよりどころを鳴神流の「短剣」に象徴させている。

また剣二がなぜゲキリュウケンに選ばれたのかという第1話での謎も、鳴神流との接点に焦点が当てられるのではなく、「別レニ理由ガアッタトシテモ、出会イニハ、理由ナンカナイ……」というセリフでドラマ的に消化してしまっている。

『リュウケンドー』があくまでも設定を描くシリーズではなく、主人公とそれをめぐるキャラクター達の「関係」を描くドラマであることが、この最終回で再確認されたのだ。

原田　出会いの意味を今さら、やってもしょうがないだろうからね。元はなんだったんだとかそういうことではなくて、二人には友情があって……ということでいいだろうと。

▼「大人になる」って!?

早朝のSHOT基地司令室の青い部屋では、剣二を慮って時計を見やる鈴（脚本ではうたた寝をしている天地と瀬戸山も描かれていた）。あと一時間で作戦決行の時間なのだ。

前シーンの神社からのピアノ音楽がまだ続いている。「みんな、揃ってくれるでしょうか」と腕を組む瀬戸山に、天地は「帰って来るさ」と笑顔で答える。

「きっと……、みんなが愛しているものは、すべて、この町にあるから……」と優しく微笑む鈴の顔がアップになる。原田監督は頷く天地と瀬戸山のカットを入れている。

早朝の、ひなびた豚々亭の店先が映る。店内では奥に突っ伏して鼾をかいている蝶野。

「カウンターにコーラを置き、酒の様に呑んでいる不動」と脚本にある。このコーラは、演出メモに「あけぼのコーラ」「ビン」とあり、あけぼの町の御当地コーラなのであった。しかしアップの映像ではラベルの「コーラ」の部分がはじめ明確には映っていない。実際の演出では、注意して見る視聴者にはコップの中身がコーラであると気付く仕掛けにしたかったのかもしれない（第2稿では「コップ酒」になっていた）。

不動の自分用のコップと、ミニ銃用の小さな杯がカウンター上にある。「ゴウリュウガン、おまえも一杯いけ……」と言う不動に「無理ヲ言ウナ」と返すミニ銃。

「おまえのような相棒には、もう、会えないだろうな」

「テレルヨ」

「これから何人の女に惚れるかは知らないが……、おまえ以上に愛することはない……」

「私モダ」

不動は「やっぱ呑め」と促す。ここで初めて「あけぼのコーラ」のラベルがそれとハッキリわかる。杯（透明）の前の、無言のミニ銃がアップとなり、しばし間——。

オーヴァーラップして、川に向かって腰を降ろしている白波。手前には正月飾りのカッパ地蔵がいる。

脚本でこの場所は「堤防」であり、「川のむこうから朝日がぼってくる」とト書きにあった。また脚本では、まずミニ斧が「イヨイヨ別レノ朝ダ……、長イ、長イ旅ダッタナ……」と口火を切っていた。映像では「すまない、ザンリュウ……」と言う白波からシーンが始まる。以降のセリフを言う時はすべて白波は背中から写っている。

「俺にとって、おまえが一番の存在だったはずなのに。この町に来て、何かが変わってしまった」

この「おまえが一番の存在だった」は、脚本では「おまえ以上の存在はいなかった」だった。

「俺ハ嬉シイゼ、鋼一ボッチャンガ、ヤットコ、大人ニナッタッテコトダロ……」

ここで初めて白波の手元のアップになり、ミニ斧が映る。キャメラは白波の横顔に寄り、その淋しそうな表情をしばらく捉える。白波、はっと見ると、ヒースの花を持って、かおりが坂の階段を降りてくる。立ち上がる白波。以降が先述の、移動となったS23である。

向き合う二人にキャメラが回り込む。芝生の緑が優しい。「よかった……もう、町を離れてしまったのかと……」

ヒースの鉢植えを渡し、「え」となる白波にこう言う。「いままでいろいろありがとうございました。この花を見て、あけぼの町のこと思い出してください」

かおりは笑顔で（脚本には「上ってくる感情を押さえながら」とある）「さようなら……」と踵を返し、階段を駆け上る。

「ソレハ思イ出ノ花……、オマエト別レタクナインダ」

黙るしかない白波。

「イツカネエチャンニ、オマエト三人デ世界ヲ旅シヨウッテ約束シタコトガアッタナア。俺ハ一緒ニ行ケナイガ、オマエ、ソノ約束ヲ守ッテヤレ」

この時、視聴者には丘の上を歩いて行くかおりの後ろ姿が見えている。かおりはとぼとぼと歩く背中で気持ちを示しているようにも見える。

「……いつまでも、おまえと世界中を放浪していたかったな……」と言う白波。

「ソウモイカナイサ。イツカ旅ハ終ルモンダ……」

「つまらないな、大人になるってのは……」

ヒースの花束がアップになる。「鋼一……アケボノ町ニ残ッテ、ネエチャンノコトヲ、守ッテクレ。頼ンダゾ」。遠くに行くかおりの方を見て「ああ」と言う白波。

脚本にはここで「朝日が眩しく二人を照らし出す」とある。

魔弾龍達との永遠の別れ

パワースポットが地下にあるビル前の広場（若葉台）では、うなる音とともに黒いもやが引き続き発生中だ。全国に無数の黒い魔物が登場していることが伺える。そこに現れる白波と不動が広場の中央で出会う。白波はかおりに渡された花束を持っている。

「鳴神は？」と問う白波に不動は「まだだ」と答える。「まさか、あいつ……」と白波は言うが不動は「いや」と一方を促す。脚本には「太陽を背景に歩いて来る剣二」とあり、演出メモにも「朝日」と記され、コンテでも大きな朝日をバックに来る剣二が合成シーンとして想定されていたが、これはなくなっている。

だが実際の映像ではもっと自然に剣二は現れる。西日が横から射す中、さりげなく階段を降りてくる剣二。「よおっ、集まってるな」

ここで階段の上の剣二と下の二人が見合う〈間〉を演出で作っている。

「行くぜ、みんな！」

三人がそれぞれ変身ポーズを取る。

「ゴウリュウガン！」

「ゴッドゲキリュウケン！」

「ザンリュウジン！」

変身シーンが、画面三分割で描かれる。不動と剣二と白波、キーを差し込み、ひねる。30話からの新主題歌がかかる。三匹の龍が咆吼し、変身する三人。

マグナリュウガンオー、ゴッドリュウケンドー、リュウジンオーがそれぞれ名乗ってから、みんなで「ライジン！」と叫ぶ。

パワースポット上の地下室（春日部・昭和調圧水でロケ）では、静かに歩いて来るGケンドー、Mガンオー、ジンオー。

妖気に包まれた室内に、立ちはだかるように現れる魔物達。「このーっ！ジャマすんな!! 最後のひと暴れだ!!」「ヨオシッ、イクゼ、剣二！」と相棒同士声を掛け合う。

黒い魔物達に向かって行く三人の魔弾戦士。格闘の末、魔弾斬りを決めるGケンドー。斧を振り回すジンオー。飛び蹴りをくらわすガンオー。屍を乗り越え「行くぞ！」「おおッ」と呼応し、パワースポットの前に駆け寄る。

クリスタルは回転し、大聖堂の鐘のような音を発している。その前に立つ三人のロングショット。これはコンテから描かれている。

「我々ヲ光ノパワーノ中ニ……」といざなう斬龍刃。

それぞれ自分の相棒を見つめる三人。脚本ではここで「もう会えないんだな、おまえ達とは……」というGケンドーのセリフがあった。映像では、黙って頷き、だが少し決意の溜息を洩らす剣二。そしてゲキリュウケンを見つめる。感動的な音楽がかかる。

「剣二、我々ハ使命ヲ果タスタメニ、蘇ッタノダ」

Mガンオーの手の中のマグナゴウリュウガンも言う。

「我々ハモウ十分、使命ヲハタシタハズダ」

ザンリュウジンも言う。「楽シイ旅ダッタゼ鋼一、コレカラハアノ娘ト二人デ、旅ノ続キヲ楽シミナ」

そんなザンリュウジンを見て、微動だにしないジンオー。「さよなら、ザンリュウ……」

ジンオー、ザンリュウジンをパワースポットに差し出すと、光の中に消えていく。ザンリュウジンが宙を浮いて移動するシーンは「吊り」で表現することが演出メモに記されている。実際は、ジンオーと同一ショットの部分のみが吊りであるようだ。

「俺が墓場に行くまで、愛し続けるのは、おまえだけだ、ゴウリュウガン」。Mガンオー、ゴウリュウガンを手放すと光の中に飛んでいく。クリスタルの中で光がはじける。

Gゲキリュウケン、Gケンドーに「サア、ハヤク、我々ノ力ヲ、一ツニ……」と言う。

「オマエハ、一人デモ、モウ立派ナ戦士ダ。今日ハ、オマエ自身ガ発動スル、記念日ダ」

Gケンドー「わかった！」と言い、撃龍剣を手放す。

三つの魔弾龍を収めた結晶体の光に包まれ、ジンオーは白波に戻る。Mガンオー、不動に戻る。そしてGケンドーが剣二の姿に戻る。

光の中から声が響く。「大人ニナッタナ、剣二！」

剣二、それを受けて金色の光の中で「鳴神剣二、ライジン！」と名乗ることが脚本に書かれていたが、演出では、「鳴神剣二！」「不動銃四郎！」「白波鋼一！」と三人ともそれぞれ名乗り、そして皆で「ライジン！」と叫ぶ。

魔弾龍達が声を合わせて「トワニ、サラバダ！」と別れを告げると、パワースポットがカァァーッと凄まじい光の輝きを発する。三色の龍が巻きつき、天井を突き抜け、ビルの上に昇り、粒子になって散っていく。

優しい音楽が流れ始め、見上げていた三人は、一人ずつ踵を返していく。

傍らの植え込みに置いてあった花束を拾う白波。

剣二、闘いの前に降りてきた階段を上がっていく。それに続く不動と白波。その足取りはどこかトボトボしている。彼らの姿がフェイド・アウトして――。


原田　三人それぞれの魔弾戦士との別れを、それなりにちゃんと描きたいなぁというところです。この時は三人は、平等です。均等というか。剣二が突出するわけではなく、不動も白波も、全部それぞれの別れをちゃんと出してやりたいと思いました。

――こういう番組を一年間ずっとやってきて、見ている子ども達も、ゲキリュウケン等をおもちゃとして持っていたりしてたわけじゃないですか。けれども、これで終わりだよ……みたいなことを番組から伝えている部分もあるのかなと思ったんです。

原田　それはありますね。「これで最後ですよ」ということを伝えてやらなきゃいけないなという。

――それで、最後は素顔でライジンする。

原田　脚本は剣二しか書いてなかったんだけど、三人それぞれの、素の状態での変身ポーズを撮りたいというのがあった。

あと、これ東映の伝統なんですが、変身後を、本人達が演じているんです。東映の戦隊ものやライダーの着ぐるみの最終回は、本人を入れるんです。それを、うちらでもやるということにしてあった。だから、何カットかは変身後も、山口なり、源さんなり、黒田が入ってます。

だからちょっとよく見ると、細いリュウケンドーとかいる。それは翔悟が入っているんです。

やっぱり自分の役、リュウケンドーとか、リュウガンオーとか、それぞれに、思い入れがあったので、本人達が喜んでました。

別れのシーンは本当に気持ちが入ってくる。それを撮って、別れた後にそれぞれの素の本人達の状態で、変身ポーズを取らせたかった。それはたぶん現場で考えたと思います。結構、感極まったりしましたね。本当に「これで終わりだ」と。

――こういう丁寧なドラマの最終回は珍しいですよね。

原田　そうです。ないです。

――普通は敵の組織を滅ぼして……。

原田　終わりにするから、そこまでやれないじゃないですか。

――ヒーローがこれから人間としてヒーローになるのであって、変身能力はさようならと。

原田　1話を丸々使ってその話をやったのは、珍しいと思います。

――わりと卒業式みたいな感じの回ですよね。

原田　そうですね。『リュウケンドー』の終わり方としては、俺は良かったなと。魔弾龍との別れも、あんまりメソメソさせたくなかった。爽やかに終わりたいなと思ったので。クリスタルの光の中に入っていって……輝いてね。


いよいよ本当にすべての任務を終えて、脚本ではこの後、SHOT基地に一人ポツンと居る天地が本部を見回し「二度とこの扉が開かれる日が来ないように……さっ、本来の仕事に戻るとするか……」と、エレベーターに乗り込むシーンが書かれていた。「本来の仕事」とは掃除夫のことだ。

「さらばだ、ショット！」

そして、誰もいなくなったはずの室内で小町が寂しげに微笑み「また、寂しくなるね……」と、スッと壁に消えるという展開だった。

▼歌と踊りでカーテンコール

本編が終わって暗転した後、御厨博士が上着を脱いで振り返り「じゃあ行ってみようぜ」と、なんとギターを抱えている。

「♪ギター演奏・白井良明」とテロップが出る。

ギターソロが初代主題歌のイントロと絡み、これまでのヒーローアクションが場面として振り返られるとともにスタッフクレジットがローリングしはじめる。

本業はムーンライダーズのギタリストである白井良明の、ミュージシャンとしての側面が最後になって突如前面に出たわけだが、実は第1・2稿においては、冒頭に近いシーンから既に、御厨が「あけぼの町年越しコンサートの練習」と称して不動とセッションするくだりがあった。またその他にもシリアスな芝居の合間にギターをかき鳴らすなど、普段の御厨博士の冷静なキャラからの逸脱を見せていた。さすがにこれは「やりすぎ」ということになったのか。放映作品では最後のみになった。

ギターイントロで歌が始まり、あけぼの署サロンでレギュラー出演者、スタッフ一同が踊る様がフレーミングされ、下で演奏する白井良明とセッションする。かおりと鈴は和服姿で、市子・律子は色違いのチャイナドレス。ヒーロー達が前に出て踊るバージョンと、ヒロインが前に来るものが編集して使われている。

コンテでは組で踊る案もあった。「剣二、鈴、海」「不動、市律」「白波、かおり」「雪月花　牛山　駒走」といった組み合わせ案も書かれてあった。「市律」とは市子と律子の婦警コンビ、「雪月花」とは雪村、月岡、花田の署長以下三羽ガラスのこと。

そして最後は全員揃って「ライジン！」と叫ぶ案もあったことがコンテから伺える。

また脚本では、歌って踊る前に、あけぼの商店街で年越しパーティーが行われ、そこにレギュラー出演者が一同に介し、ガジローの叩く除夜の鐘を聞きながら年越しそばを食べる……という締めくくりになっていた。

原田監督の演出メモには、この「年越しそばバージョン」への覚書も複数残されているので、最後の最後までこの案は残っていたのだろう。第3稿では、年越しそばを食べながら御厨と不動のセッションを聴くという展開もあった。

また第1・2稿段階で、この「年越しそば」は「お雑煮」だった。レギュラーみんなで囲んで食べるというのは同じだが、以下の気になる展開が見られる。

ドンと置かれた鍋を覗き見る、剣二。

剣二「おっ、うまそうなお雑煮！」

と、コン!とオタマで剣二の頭を叩く、鈴。

剣二「いてっ！　ひでぇなーっ」

鈴「かってに食べない！」

不動「ま、いまから尻にしかれてちゃ、先が思いやられるな」

剣二「なんか、いったか、おっさん！」

ここでは剣二と鈴が半ば「公認の仲」で、二人の将来を予感させる。しかしこの要素は第2稿以降なくなり、剣二と鈴の行く末は、結局シリーズとしての結論を出していない。そしてその方が、いかにもファジーな『リュウケンドー』らしいといえる。

――最後はいくつかの案があったようですが、歌と踊りではじけて終わるという。

原田　そうそう。その前のシーンだと、階段に上がっていく三人の後ろ姿でドラマ部分が終わるんだけど、それだけではつまらないから「いきなりここからボンとはじけちゃえ」という感じで、ギターソロから始まって、あとはみんなで、踊って歌って終わり！　それは撮影前から決めていたし、全員揃ってとにかく踊りまくる。総勢百名くらいで踊ったからね。スタッフも入っているし、スポンサーの人、めったに姿を出せないCG系の連中も呼んでおいて、二〇〇五年十一月三十日のその日に全員集めるということで、最初からその日にクランクアップと決めていました。

一週間くらい前に、踊りのビデオを作らせて、みんなに回して「練習するように」と言って。

▼最後のあいさつ

主題歌のボーカル部分が終わった後は一度暗転し、剣二、不動、白波が三人で「せーの」と除夜の鐘を打つ。そして付き添っていたガジローと共に両手を合わせる様がロングショットとなり、曲そのものが終わる。そして今度は主題歌のメロディがピアノで静かに流れる中、掃除夫姿の天地が一礼。［魔弾戦記リュウケンドーを］とスーパーが出る中、続いてクリスマスデートの時の服装の鈴、そして瀬戸山と海が一礼する。瀬戸山は魔法マント姿。婦警コンビは制服姿でミニパトの前で一礼。［一年間　応援してくれて］とスーパーが出て、和服のかおりさんが一礼、そして四分割でパジャマ姿のDr．ウォームがあけぼの署内にあった自分の看板を抱きしめる姿と豚々亭の蝶野、三羽ガラス、肉の「いのまた」夫婦他、マモスケとアクションチーム一同が一礼する。そして小町さんが一礼。［ありがとうございました］とスーパーが出る。最後に、剣二、不動、白波が除夜の鐘の前で、「礼！」と、ガジローと共に一礼。そして提供スポンサー表示の下絵では、三人の魔弾戦士が、それぞれの魔弾龍を手放すまでの各場面のリプレイが流れるのであった――。

原田　「よくぞここまで来たな」ってのが、僕の中では終わった時の最初の思いです。一年間の成長度合いというのは『リュウケンドー』が一番すごかった。1話をやった時のスタッフ、キャストから比べたら、レベルはすごく上がった。

キャストも勝手に自分達でどんどんキャラクターを作れるようになっていたし、スタッフもどんどん動けるようになったし、全体に若いスタッフでやったせいもあるんです。正直、松竹からこの話を頂いた時にね、賭けになる仕事だなあと思ったんです。

ウルトラマンは基本があるじゃないですか。困ったら元に戻せばいい。過去の作品を見て、どこか探れば「こうすればいい」という答えが出てるわけです。でも、何もないところでものを作らなきゃいけなかったので、どうなるかわからないから、大失敗もあり得るなと思ったんです。

しかも、集まった現場のスタッフがあまり経験のない人が多かったので、本当に「どうなるかなあ」と思っていたんです。でも、意識的にプロデューサーサイドも若いスタッフを集めたんです。こういう作品で育てたいという思いがあったんでしょう。

それが本当にものの見事に一年一ヶ月くらいの撮影で、みんなが成長したなあと思って。最後は阿吽の呼吸で撮影が出来ました。最初の頃は「えーそれってなんですか？」という話ばっかりだったのに、説明をしなくてもどんどん出来るようになった。若い人の成長力はいいなあと思ったし、終わった時は本当に感慨深かったです。「この作品をやって良かったなあ」と思いました。なかなかこういう楽しい作品には、そうは巡り合えない。僕、正直言って『ティガ』以来でした。こういう感想を持ったのは。

――『ティガ』の場合も、十六年ぶりのウルトラで……。

原田　そうですね。『ティガ』の時は新しいものを作ろうという意欲がすごく強かったんです。僕は後半の四本しかやってないけど、そういう意欲が強いのと、GUTSのメンバーが非常にバランスが良く、まとまりが良かった。あれと同じものを感じました。特に『リュウケンドー』に関しては、レギュラーメンバーの結束もすごく良かったです。

だいたい中にはわがままな人がいるんですが、全然いなかったです。本当にいいキャストだなあと思いました。あの男の子三人も、今でも仲良いし、女の子も、本当にそれぞれ光ってたし、こんなにうまくいくとは思わなかった。

作品的に、成功してもらえればもっと良かったんだけど、あの段階では、クランクアップの時は放送まだしてませんからね。だから、惜しむらくは、これを放送中に撮影したかったとは思いました。視聴者のみんなが励みになるんです。ウルトラマンでもそうなんだけど、一度やって結構苦労するのは、自分達がどう映っているか理解できないんです。「そこに怪獣がいます」と言われても、みんなわからないじゃないですか。あれ、ウルトラマンでも、撮影した後に放送されると、一挙に変わるんですよ。

役者がみんなオンエアで見て、周りの反応を見て「えっ？」と変わるわけです。役に対する意識も、普通のただの役じゃなくて、ちゃんとヒーローを演じなきゃいけないという意識にパッと変わるんです。そういう風になるまで、だいたい三ヶ月間くらいかかるんですね。撮ってオンエアするまでということも含めて。

変化した後、そこから先は、説明も指示もしなくてもわかるようになるんです。「自分はこういう風にしなければいけない」という責任感が生じるわけなんです。『リュウケンドー』はオンエアがなかったから、それがみんなわからない。「変わるよ」「変わるよ」と俺達が言っても、実際は体験してないからね。しかもモデルさんが多くて、あまりテレビに出てない子達が多かったので、その辺はピンと来なかったはずです。その割にはすごいまとまりだったんです。編集したものは随時見せてたんですけどね。それにしても、異様な仲の良さでしたね。本当に。

inter-view

野間詳令

流れるように演出する、あの境地

『ウルトラマンコスモス』『魔弾戦記リュウケンドー』助監督

——野間さんは『リュウケンドー』の途中から監督になられましたが、『コスモス』以前は、助監督としてどんな作品に関わられていたんでしょうか。

野間　ウルトラで言うと『ガイア』の映画（『ティガ・ダイナ&ガイア』）が特撮に関わった最初。その時、円谷プロ周辺で原田さんと会ってるかもしれないけど、憶えていません。ウルトラ以外では、『コスモス』の前だと、佐伯日菜子主演の『エコエコアザラクⅢ』（九七年）。後はTBSの『略奪愛・アブない女』（九八年）です。

——この世界に入られたのは。

野間　平成元年（一九八九年）からです。

——長い経歴をお持ちなんですね。原田さんと出会った時の辺りから、お話を伺えれば。

野間　原田さんを知ったのは、円谷映像の『男組』（九八年）です。あの頃、円谷映像に出入りしていて、ちょうど『男組』の衣装合わせかオーディションがあって、監督の名前を見たら「原田昌樹」とありました。最初に助監督としてついたのは『コスモス』「時の娘」（13・14話の前後編）です。

　最初の印象は怖かったです。たぶん俺のことを東映系列の人間だと思っていたみたいでした。俺は違うんです。思惑が違ったようで、最初は合わなくて、「こんな人と二度と付き合えない」と思ったんだ。

　仕事とまったく関係ないんですが、日本ダービーの日に、仕事をさせたの。原田さんは競馬好きなので、その日に仕事をやらせちゃいけないんです。でも「仕事を入れてもいい」と言うから入れたら、すごく機嫌が悪い（笑）。普通は仕事の時は割り切りますよね。でも割り切らなかった（笑）。

　その日はどうしようもなくて撮影はしました。指令室の撮影をやっている時、原田さん、途中からいなくなってテレビで競馬を見てました（笑）。

　だから出会いはあんまりいい記憶がない。合わないなあと思って。「晴れないと撮影しない」と言うし（笑）。特撮のホリゾントが青空だから、本編の方もつながり上、晴れの日に撮影したいと。そりゃわかるけど、そうは言われても、スケジュール上わからないですよね。結局撮影はスケジュール通りしてくれましたが。「時の娘」はそんな感じで散々だった。「ぬくもりの記憶」（24話）とベッキーがゲストの「異星の少女《ひと》」（25話）は、真夏に撮影したんだけど、ずっと曇ってたんです。ベッキーも上着を羽織っていたくらい寒い。ロケハンの時は暑くて「大丈夫」と思ってたのに。最初の日だけ昼間ちょこっと晴れて、それ以外はえんえん晴れ間を待っていた。「監督、どうしましょう」と言った時、「どうにもなんないね」と言って（笑）。その頃からなんとなく、苦手な監督ではあったけど、まあまあ大丈夫だと思うようになりました。

——一緒にいてちょっと打ち解けていったと……。

野間　「そんなに悪い人じゃないな」と。

▼「中間の芝居」をすくい取る

野間　原田さんの物作りは、素材を活かして料理する。いい意味で演出を作り込まない。脚本が出来た時点で、直すことをわざわざしない。特に太田（愛）さんとやる時は、セリフを付け足すとか、そういうことはほとんどないんです。だからその時点で、ある程度は撮影プランが立っていると思うんです。

　そして基本的には稲城でしか撮らない（笑）。原田さんが当時住んでいたのが稲城界隈なので。自分のテリトリー内。

『コスモス』はどの回も印象に残っているけど、一番印象に残っているのはヤマワラワの9話かな。着合わせの時にヤマワラワに抱きついている原田さんが印象に残っているんです。

——あのスーツの出来に満足していたと聞きました。

野間　自分の作ったキャラクターを活かしていく。ヤマワラワもワロガも二回使っている。「異星の少女《ひと》」はロボットが出て来たんだけど、「ロボットものはやりたくない。円谷プロでロボットはダメだ」と原田さんがえんえんと言ってた。基本的に円谷プロは怪獣モノの会社で、ロボットのリアリティは追求していなかったから。でも昔は、『ウルトラセブン』のキングジョーとかの名作はあるんですよ。

『コスモス』で言うと「落ちてきたロボット」（4話）や「森の友だち」（9話）、ああいう子ども中心の話が得意なのが典型的な原田ワールドですね。

　子どもの演出は、監督が「お前、なんかやってみろ」とやらせてみて、「それでいいんだよ。はい、じゃ本番！」という、子どもの持って行き方はすごくうまいです。大人の場合でも、だいたい役者に一回動きをやらせてみる。現場でカット割りをするんですが、思い通りに持って行っちゃう演出方法。

　たとえば人を止める時、「待って！」と言うとしますよね。間が空いて「そこでもう一回言え」と。そういう持って行き方がすごくうまい。だから力づくで持っていくより、流れるように芝居を付ける、そういう演出でした。


――ご自分で監督されてみて、そういう原田さんの、ベテランならではのものは感じましたか？


野間　感じる感じる。僕ではなかなか、それに辿り着けない。まず原田さんは台本を見ない。横についているスクリプターが台本を見て、作り上げていく。それで段取りを付けて、カットを割っていく。

　それをメモして、助監督はカット割りをするわけです。合成カットをやる場合は、ちょっと先に割るけど、そうじゃない場合、原田さんは事前には割ってない。現場をやりながら、割りを調整する。そういうのを知らない演出部がつくと大変だよね（笑）。

　その辺の芝居の引き出し方はうまいです。それで思い通りの画に持って行くのはすごい。テンション上げさせてというのもあまりなくて。本当、自然体のまま、芝居をやらせていた。


――『コスモス』の時、主演の杉浦太陽さんに対して結構厳しかったと聞きますが。


野間　原田さんは、あいつは主役だからちゃんとさせなきゃいけないというのがある。それがわからないで、変なことをやらせる人じゃない。

　太陽の芝居は自然体な芝居じゃないんです。若干作為的なものが入っている。本当に若干なんですが。自然体な芝居をしてくれる分には、原田さんはだいたいオッケーなんだけど、太陽の場合は、若干そこが気になったんじゃないかな。

　変に鼻にかかるような芝居に落ちかかった時に、それを取ってあげたかったんだと思う。

▼ウルトラ作品で女性を綺麗に

野間　原田さんは、女の子に対しては細かく「ここここはこうする」と（笑）。そういうタイプです。たとえば「ぬくもりの記憶」（24話）は女の子メインの話ですよね。そっちが原田さんとしては得意なんだよ。「女を撮らせりゃ日本一」と自分で言ってました。まずアングル、「こっちから撮った方がいい」ということに凝る。フィルタをかけるとか、前後の演出で綺麗に持っていくようにする。だから原田さんの撮っている女性は艶がある気がしますね。

　キャメラマンでもないのに、女性の美しさ……どっちかというと色気とか艶に、普通はそこまでこだわらないよね。基本的にウルトラマンを撮っている監督で、そういう人はいません。

　あと原田さんが自負していたのは「日本一のスケジューラーだ」と。撮影中は毎朝、監督は「昨日はこのくらいです」と、スクリプターから分量を聞くわけです。それで、どう撮っていくかを、自分で調整するんです。ところが『コスモス』「復讐の空」（58話）の最終日の朝、記録の田口良子から「二分ショートします」（＝二分足りない）と言われた。

　八王子中央病院という心霊スポットで有名な廃墟の撮影場所があるんですが、そこでそう言われた。本当は問題なく撮影が終わるはずだったんだけど、そこからが大変。尺を延ばすということで、ありとあらゆる手段を使った。だから本来は、発砲シーンとかなかったはずなんだけど、急遽入れたり、格闘シーンも増やしたり。恐ろしくクリエイトな一日でした。

▼APとしてウルトラ映画を支える

野間　『コスモス』が終わって、『リュウケンドー』の前に、映画の『コスジャス』（『ウルトラマンコスモスVSウルトラマンジャスティス THE FINAL BATTLE』〇三年）をやって、その時から、原田さんと仲良くなったんです。この時、監督は北浦嗣巳さんだった。その流れで併映の短編で、プロデューサーの鈴木清さんが監督した『伝説』（『新世紀2003ウルトラマン伝説 THE KING'S JUBILEE』〇三年）も一緒にやったんです。原田さんはCGコーディネイト。アシスタント・プロデューサー（以下AP）に近い立場でした。

――「VFXコーディネーター」というクレジットでした。

野間　なんでも屋ですね。後処理もやりましたが、現場ではAPでした。同時に併映の『伝説』をやることは決まってたんだけど、どういう内容でやるのかは知らなくて、『コスジャス』の特撮を日活でやっている時に、原田さんから「円谷プロに来てくれないか」と言われて、連れて行かれたんです。そしたら、紙で作ったひな壇に、写真を切り貼りした怪獣百体の人形があって、「これをやるんだよ」と。とにかく百体出したいという話なんです。
　次に原田さんと表参道のデザイナーのアトリエに行ったら、ウルトラマンと怪獣のマスクのひな形があって、鈴木さんが既に発注していた。「これをどうすればいい？　原田さん」と言ったのを憶えています。

『コスジャス』の現場は進んでいるし、そっちの特撮もやり続けているので、二人で「どうしよう？」と。そしたら、今度はサンリオピューロランドに連れて行かれて、そこに中国の歌劇団がいたんです。アクロバットもやって、火を噴いたりする。彼らがマスクを被って、ブレイクダンスをやるという話が水面下で進んでいて、僕も原田さんも頭を抱えた。他のスタッフが『コスジャス』にかかりきりだったので、『ウルトラマン伝説』の準備を僕と原田さんでやったんです。

マスクから目が見えないからちょっとトンボを切ったり、踊っていたらマスクが脱げて飛んで来たり(笑)。大爆笑するしかないみたいな感じで。次は浜松町でブレイクダンスの練習です。何回か原田さんと二人でマスクを抱えて持って行った。マスクや衣装を被ってもらったりしてたんですが、一向にダンサーの人達が全員集まることがなく、部分練習ばかりやって、たしか前日にやっと全員集まった。

一番すごかったのは、衣装に発光ダイオードを付けていて、その配線が、折り曲げてあるだけで、裏を見たらハンダ付けがしてあった。まったくローテクな配線で、それをダンサーに着せながら「これはどうなっていくんだろう？」と話をしていました。

最初怪獣が百体と言われていたのが無理で、M78だから七八でいいじゃないかと言って、それで七八体になった。チャイルドバルタンがいるので、その分で七九になるんですけどね。ひな壇に載っているのは七八なんです。「それでいいですよ」ってことになった。

七八体の着ぐるみを着せるのはすごかったです。原田さんと一緒に倉庫行って、怪獣チェックしたりもしました。もう呆然としてたけど、やらないと終わらない。

『コスジャス』の特撮が終わって、そこからやっと表でも『伝説』のプロジェクトが動き始めたんです。当日は七八人が着て壮観でした。ウルトラマンもいて、すごかったです。撮影後に、ひな壇に乗ったら、上から二段目か三段目ぐらいから、もう空気が違う。着ぐるみの匂いで臭いんだよね(笑)。

原田さんは『ウルトラマン伝説』では監督補だったから、僕と二人で「あっち向いて」という割り振りをして。たしか二日間で撮るという話だったんだけど、どう考えても二日では撮れない。計四日かかりました。とにかくいろんな目論見を全部、俺と原田さんで聞いて作って、なんとか撮影に間に合わせました。コンテらしいコンテはなくて、イメージボードぐらいでした。あとは「舞台中継っぽくやろう」と。その後、原田さんに『デビルマン(DEVILMAN)』(〇四年)の話が来て、そっちに行ったんです。

▼『デビルマン(DEVILMAN)』の降板

野間　原田さんは『デビルマン』で、僕は『CASSHERN』(〇四年)をやった。その時に東宝では『鉄人28号』(〇四年)をやってた。特撮絡みの夏のプロジェクトが三つ動いてた。

――『デビルマン』を原田さんは途中降板されたと。

野間　東映に行く用があった時に、原田さんに電話したんです。「今、向かってます」と。原田さんがいるもんだと思っているから。そしたら「俺、辞めたんだよ」と。東映に行ったら、ウルトラの美術の寺井(雄二)さんもスタッフにいたんだけど、寺井さんも辞めるので、荷物をまとめていた(笑)。造型の若狭新一さんも「辞める」と。

その前の時点で、撮影の阪本善尚さんと原田さんが、やるかやらないか選択の時期に来ていた。「これじゃもうダメ」と、原田さんが判断して、降りちゃったので、みんな結局辞めていった。

一時期、僕が助監督を引き継ぐ話もあったんだけれど、引き継がないで、キャメラマンが変わったんです。キャメラマンが変わったということは、結局、体制が変わる話になった。内情は色々あるとは思うんですが、システムがうまく流れていかなくて。しかも原田さんは、合成も仕上げもよく知りすぎてるんでね。それが合理的に流れてなければ「危ない」ということはわかるわけです。

▼『リュウケンドー』の立ち上げ

野間　それで、その年の五月ぐらいに電話がかかってきて、「九月ぐらい空いてる？」と訊かれたんです。「空いてます」と答えたら「やってくれないか」と言われて、いつまでとか言わないんです(笑)。テレビ番組だとかも何にも言わない。「その辺は詳しく言えないんだけど」と。その頃、僕はゴジラの『FINALWARS』(〇四年)をやっていて、特撮スタッフから「松竹戦隊のこと知ってますか？」と聞かれてたんです。でも自分がやると思ってないし、原田さんがそれをやっているとも知らなかった。その内に、また原田さんから電話があって、プロデューサーに会ってもらいたいと。その時も具体的な話はなかったんです。でも「長いよ」とだけ言われました。それで、ドッグシュガーの江良(圭)さんに会って、具体的な話を聞いたんです。それでスタッフ集めなきゃならないってことで、岡(秀樹)とかを集めはじめた。それが四～五月頃。スタッフ集めは七月八月に終わって九月から撮影でした。

――助監督さんも何度か変わられたとか。

野間　もともと僕は、一年拘束するというのは、すごく大変な話だと考えているんです。それだけの間、演出部を拘束するということが、やっぱり難しい。一年間やってもらって、ステップアップがあるわけじゃないし。『コスモス』は六五本でしたが、最後に1クール延びた時に、僕自身モチベーションが落ちたんです。だから、人の入れ替えがあってもいいんじゃないかという気持ちがあったんです。

基本的には「やってくれる」と言ってくれた人間に対しても、最低一クールやって、それで次続けるかどうかは「その時また考えて」と。

――野間さんが「野間工務店」と言われてたのは？

野間　(笑)。あれは、松竹の裏の波除神社でお祓いをやったんですが、その時のことだったかな。「ネクタイ着用」と言われて。工務店っぽいジャケットを着ていたので、そう言われました(笑)。

――『リュウケンドー』は、原田さんの話では、最初は特撮経験のない人が多かったと。どんな感じだったんでしょうか。

野間　経験ない人間が多かったね。ただ演出部は動ける人間が基本なので、俺の知っている連中に全部声かけた。美術の寺井(雄二)さんも問題ないので。

それ以外の、ポストプロダクション関係とかは、未経験者が多かった。白組はもちろん、こっち畑なので問題はない。製作会社が合成のことをわからないので、立ち上げ期間中、原田さんが大変だったと思う。たとえば、バズーカだとかキャノン砲を、どこまで作って、どこからCGにするか。たぶん白組と、美術部の話し合いの持って行き方は、全部原田さんがやっているから。

――それは原田さんが円谷プロでCGとD-1の振り分けをしていたから出来たということですか？

野間　そうだと思うよ。円谷プロの中でも、原田さんは新しい、カット数を割らない演出にチャレンジしてた。そういうのが原田さんのバックにあるから。

――あけぼの町の町民は、辻野さんが監督した武道大会の回(22話「ご町内武道大会」)で増えたと原田さんが言ってました。

野間　すごかったんだよね。あけぼの武道大会とか、かんべんしてと(笑)。原田さんから「野間、どうなってるんだ現場は」と言われて、「全員出場ですよ」と言ったんです。「じゃ、おれもやるか」と原田さんが言って、エンジェラ音頭をやったんです(23話「宇宙からの訪問者」)。エンジェラ音頭も大変でした。ドックシュガーの方の知り合いの人に頼んで、江良さんが「いいヤツいるんですよ」と言って、作曲したのがエンジェラ音頭。助監督の小南(敏也)くんに「じゃ、お前は踊りを考えろ」と。次に、どこでやろうと言ったら、多摩センターで山車を出してやろうと。二日ぐらいかけたのかな。ご町内武道大会の後だから、全員総出演のシーンばかりなんです。キャストが二〇人ぐら居ました。

――後半はどうでしたか。本人は女の子を撮ることに一生懸命だったと、言ってましたけど。

野間　そうですよ。原田さんはメイン路線の男の子の話だと、がっかりするんだよね。ゴッドリュウケンドーに強化する話とかさ(笑)。

あと原田さん、お笑い系にはあんまり行かない。「ご町内武道大会」とかには行かない。

――「悪夢はいかが？」(17話)はそういう……。

野間　多少ね。あれもやる前に「たぶん尺足らないと思うんだよね」と言われて、「何かない？」と。この時も「俺に言われても」と思ったけど。たしか、佐藤寛子さんが繭に襲われるシーンを考えたのは俺です。「原田さん、僕だったら、こういうことが出来ますけど、それやる？」と。

市子律子の崖の上の夢も嬉しそうに撮ってた。ああいうのも、ここまではCGで、ここからは作るというのは、わりと原田さんだと早い。「これでやっちゃおう」と決めて来るので。

――原田さんはCGだけで作るより、実写との融合を目指していたと言ってました。

野間　出来る範囲と出来ない範囲がわかっているから。現場では原田さんの方がわかっているってのがあった。魔弾龍のコア……あれもミニチュアで撮ったんだけど、そういうのがわかっていたのが、原田さん。全部の監督がわかっているわけじゃない。原田さんは、『リュウケンドー』の一番の代表作はどれって言ってました？

――「復活の魔」(19話)がご自分では好きだと。

野間　やっぱり、そういう風に来るか。わかりますね。あの時すごかったよ、面白かったよ。

――小町さんが実体化しちゃって。

野間　あのラストシーンなんかは、原田ワールドだよね。星空に飛んで行って、上がって来て静かに終わるという。あれって、『コスモス』だと「雪の扉」とかさ、あの辺と匹敵するよね。「大西さんが俺のために書いてくれたよ」って、喜んで撮ってた。原田さんが大西さんに対して「書いてくれ」って言った。こういうしっとりめの話もわりと得意でしたね。

▽脚本が出来る前から準備

——「封印されし翼！　サンダーイーグル」(18話)は憶えていますか？

野間　あの時は「のぼりだよ、のぼり」と言われた。赤いのぼり。あとたしか、自転車が倒れる……。

——あれは「ここでもやるのか」という感じでした。

野間　「やるんですね」って、俺は言ってたんです。

——「宇宙からの訪問者」「空中大決戦！」(23・24話)はいかがでしたか。

野間　タカラから「大空中戦をやって欲しい」とお願いがあって。本編を撮影する前に実景を撮ってたんです。空中戦の下絵関係を撮ってから入りました。

——それはヘリかなんかですか。

野間　聖路加タワーの上のレストランからです。円谷プロだとライブラリーがあるんだけど、「ないや、どうしようか」と言って。

2話に出てくるレトロ風な家は、原田さんが『デビルマン』のロケハンで行った場所です。いい場所だったよね。昔っぽくしようと言ったのは原田さん。だいたいそういうのが多い。ちょっと離れた場所や、ちょっと変わったものがある時は必ず、前もってチェックしてある。プロです。

「水にひそむ魔」(8話)も、「本栖湖行くか」という話になって、ホンより先に原田さんが行ってる。「ゴリラ獣王」の回(7話)も、お茶の水の近くに、ボルトが飛んで来ますよね。あれも原田さんが、昔使ったことがあるのかな。

——湯島天神ですね。

野間　シナリオの段階で、ある程度のやりたいことを盛り込んでいくようなことをしていました。ただそれも、必ずやれることを言ってくる。

▽あくまで楽しい世界

野間　メガノーマの時も寅さんを出してる。2話の頭かな、1話の終わりかな、実景の時も出してた。

あの頃は、松竹も寅さんの衣装を出してくれたんだよね。でも『レスキューフォース』(〇八〜〇九年)の時はダメで。その頃はうるさくなっていた。

——「大魔王の卵」(25話)も、大魔王の卵と言いながら、お見合いの方が印象的でしたよね。

野間　原田さんらしい、鈴ちゃんを美しく撮る。

その前の二本(「宇宙からの訪問者」「空中大作戦！」)は、佐藤寛子演じるかおりちゃんを綺麗に撮りたいと。サトヒロのチョーカーも早めに発注がありました。エンジェラの(奥村)夏未ちゃんの衣装も。夏未ちゃんもその後『カブト』で売れましたね。だいたいそういうのは先見の明がある。

最終回辺りは監督になったので、原田作品には携わってないんです。監督になった時は、原田さん、差し入れに来てくれました。もちろん、原田組も上がったのは見てます。

「黒い月夜のクリスマス」(51話)のクリスマスシーン。あれは完全に原田さんの世界。「鈴ちゃんを撮るために」と。女の子の「らしさ」が溢れてる、あれなんか原田さんらしいなと見てました。

——原田さんはあんまりシリアスな……暗いというか、そういうのはやりたくないと言ってましたね。

野間　ダークなヒーロー番組、トラウマものがダメだった。だから「うちは明るくやるんだ」と。

▽『リュウケンドー』チーム結束の理由

——『リュウケンドー』はスタッフの結束が強くて、異様な盛り上がりだったと原田さんは言ってました。

野間　6話が終わった時、助監督の中久保(修)が辞めるので、飲み会をやろうと思ったんです。アクション監督の大道寺(俊典)さんにも声かけたら話が広がって、「中打ち」(中打ち上げ)になっちゃったんです。ほとんど全員集まって。「スゲーッ」と思った。それからわりとみんな結束したんです。

それで、10話(「西から来た怪物」)が終わった辺りで台本が出来てなくて、現場が二十日間くらい止まったんです。それで一回飲み会を開いたんだ。その後から、毎回飲むようになって、それで結束がさらに増した。原田さんが「いい現場」と言ってたのは、その頃から脱却していく人がいなくなったんですよ。スタッフだけの結束力もたしかに高かったけど、役者とスタッフの結束も良くなった。

「今よりいいものを作って行こう」っていう。にわか作りのスタッフではあったけど、でもあれぐらいうまくいったのもないですよね。あれでオンエアが出来て、全体像が見られていれば、もっと固まっていくんだけど。

▽「空気」を作っていく

野間　原田さんの誕生日も、いかに楽しくするかとか、そんなことばっかり考えてるわけ。ピリピリすることがあると、原田さんは現場で口をきかないから。それを爆発させないようにフォローしてた。

『旅の贈りもの0：00発』(〇六年)を見てても思ったんだけど、自分がついてない原田さんの作品を見ると、「いい作品だなぁ」と思いながらも「俺が原田さんと一緒にやると、たぶんもうちょっと違ったものが出来た」という気がするんだよね、いつも。

――やっぱり野間さん流の持って行き方というのがあるんですね？

野間　あると思うよ。乗せ方もあるし。やる前に色んな相談もされるし、台本があったら「どう思う？」と聞かれるし。「そこら辺わかってんのは野間だ」と言われたこともある。「監督に付いてあげないと」と思う時には必ずいたから。原田さんを野放しにしていいのは、合成カットの打ち合わせしてる時だけでした。コンテの奥ちゃん（奥山潔）と、合成カットの打ち合わせしている時はだいたいまとまるから。

撮影の朝、原田さんマイカーで来ちゃうから、開始三〇分ぐらい前にいるんです。その時に、俺がいないと、後で言われるんです。だから僕も車で行くと、「次、これやるから」と教えてくれる。ちょっと早く行って、自分で考えてというのが、だいたい鉄則です。だから、途中から僕は監督になったので、原田さん、愚痴を言ってました（笑）。

『コスモス』の時に、武居（正能）という助監督を付けたんです。実は僕、知らなかったんですが、『九州マフィア外伝』（〇一年）の時、武居がサードでついて、原田さんにコテンパテンにやられたらしいんですよ。『コスモス』の時に、原田さんが俺のところにやって来て、「何であいつを付けたんだ」と怒られた（笑）。でも、基本的には武居を育てるように僕もしたし、原田監督もそうおっしゃってた。最後は原田さんもちゃんと認めていました。

白石（真弓）も『リュウケンドー』に助監督でつけたら、最初はコテンコテンにやられたんです。でも後には「白石、白石」と気に入られてました。僕としては最初、両方ダメ出しされましたが、最後は原田さんに認めさせたので「どうだ」と（笑）。白石は中国の『五龍奇剣士』の方にも行きましたからね。

原田さんが作ってくれたチーム

野間　『旅の贈りもの』も『五龍奇剣士』も、俺にやって欲しかったと言ってた。でもちょうどその頃、『リュウケンドー』の続編が出来るかもしれないという話だった。それがあると、僕は抜けるわけにはいかなかった。

――『レスキューフォース』の時に、野間さんが原田さんを呼んで、現場を原田さんが見に行ったことがあったと、原田さんのお母さんから伺いました。その日、原田さんがすごく嬉しそうにしてたと。

野間　僕も原田一派で……いや一派じゃないけど（笑）、『リュウケンドー』は原田さんが作ったわけだし、『レスキューフォース』も、『リュウケンドー』があったから出来た番組じゃないですか。だから僕としては原田さんを呼びたいというのはあったんだよね。どうしても、それは。心情としてね。でも自分は監督として撮ってるけど、原田さんが撮ってるわけじゃないから、声をかけづらかったんです。

たまたま原田さんとｓｋｙｐｅでつながって、「あ～原田さんだ」と久しぶりに話して「現場に来てくださいよ」という話になった。話が出来て、嬉しかったですね。来てくれるっていう話にもなって。『レスキューフォース』の話をして、「俺が来るまでなんとかしとけよ」と言われて、よし、と思ってた矢先に亡くなっちゃったんです。約束を果たせなかったのがショックですね。原田さんを迎えて撮らせてあげたかったんだけど、そこまで行けなかった。

結局、『レスキューフォース』は、基本的には丸々『リュウケンドー』のスタッフを引き継いでいた。原田さんが育ててくれた組だから、原田さんの精神が、『レスキューフォース』にはあったと思うんですよ。

原田さんのことをよく思い出すんだ、何かわかんないけど。

この前、たまたま夢で原田さんを見て……。

監督をやっている時も、「こんな時、原田さんこういうことしてたな」とかよく思うんです。自分でちょっと行き詰まった時、「原田さんはどうだったっけ」とか、思い出してた。僕の中ではお手本だしね。

助監督生活の最後の方での、僕の師匠ではあるわけだから、やっぱり色んなことを勉強させてもらった。お世話もしたけど（笑）。

一番勉強になったのは、物作りの姿勢かな。監督としてわがままも言ってるんだけど、他の監督とは比較にならないくらい全体を見て、うまく持って行ってたのが原田さん。あと役者を演出する時、特に子どもを演出する時に、「原田さんはどうやってたっけな」って思うね。女の子を撮る時も、原田さんみたいにうまく撮るにはどうしたらいいかとか。

特に監督になってからの、ノウハウは原田さんがお手本になってる。作品性は全然違うけどね。まだまだ、原田ワールドの映像を見たいなと思ってましたね。

俺が撮ったやつを見てもらいながら、「どうですか」って話を聞きたかったなというのも思うよね。たぶん「ダメ」って言われると思うんだけど（笑）。

ダメ出しされると思います。それがまたいい。正しい。

第5部
テレビ映画の青春
『宇宙鉄人キョーダイン』『Gメン'75』

ライジング・ヒストリー▼生い立ちから助監督になるまで

当時サード助監督から見たら、監督なんて神様みたいなもんですからね。

原田昌樹語る

▼幼少期

原田　生まれたのは一九五五年三月九日です。出身は長野県。軽井沢の追分で生まれて、後は各地を転々としてました。

実際に生まれたのは佐久の岩村というところなんですが、所謂出生は軽井沢の追分町です。堀辰雄さんの家の隣です。今、堀辰雄記念館が出来て、堀辰雄さんが最後に亡くなった家をそのまま保存してあるんです。その裏側の小さな家です。「美しき村」の舞台になったと言われていますね。

父は長野で営林署に勤めていた国家公務員です。追分の担当でした。営林署の計画課という部署で、植樹の計画をしていて、上高地によく行ってました。木曾のヒノキの研究をしっかりやっていたようです。

赤ちゃん時代

転勤が多くて、ほぼ二年ごとぐらいには動いてました。

――各場所に植樹する計画をして次の場所に移って……。

原田　けっこう木が多かったので。長野県内だけをウロウロしてました。父は信州の大町出身。母が信州の佐久の岩村です。父は大正十三年で、母は昭和六年に生まれたんです。

僕は長男です。妹が一人。三つ違いですね。

追分は三歳まで住んでて、その後は伊那に行って、その後、長野→松本→長野という風に転々とするんですね。

幼稚園の時はテレビのナショナルキッドの物真似が流行ってました。あと、小学校の頃、『鉄腕アトム』の実写版（五九～六〇年）を見て、白いマフラー巻きたいと騒いでました。『快傑ハリマオ』（六〇～六一年）もあったし。バイクに乗りたかったです（笑）、月光仮面とかヒーローの。

▼小学生時代

原田　クラスの中では全然目立たない子でした。転校が多かったから、転校生としておとなしくしてました。目立たないようにしてたし。得意だったのは美術系ですね。勉強はごく普通しか出来なかったです。僕は粘土細工が好きだったんです。人も作ったし、車みたいなものも作ってたし。たいして高度なものは作ってなかったんですが。親父が風景画を描くんです。だから僕もそういうことはわりと好きでした。

松本は文化人がなぜか多いんです。でも僕はそんな絵の才能はなかったです。ある程度「自分の才能はこんなもんだなぁ」と見切りをつけてました（笑）。コンクールに入賞した作品を見て「そこまでは行かないなぁ」と思ってて（註1）。

だから何に秀でてるとかもなく「親の跡を継ぐのかなぁ」と漠然と思っていたのがたぶん小学生の頃。両親ともに堅い家庭だったから、子どもも堅いのに就いて欲しいという雰囲気があった。あの頃の田舎はそうですから（註2）。

映画は好きで見ていたけれども、遠い世界ですよ。東京へ出て行くこともないと思ってましたから。

小学校は長野の芹田小学校に入学したんです。そこに二年生まで居て、また引越しになって松本へ行ったんです。松本で田町小学校というところに転入して、その一年ちょっと後に田町小学校が開智小学校と合併になったんです。

僕は開智小学校がとても気に入っていて、そこで卒業したかったんですが、小学校六年の一月に父が長野にまた転勤したので、そこを卒業できなくて、長野の三輪小学校を卒業してるんです。そこが心残りです。

開智は当時まだ斬新な鉄筋コンクリートの三階建ての校舎でした。全国のモデル校になって、学校見学がよく来てました。新品の校舎に入って、通うのも誇らしくてね。

松本という場所は教育熱心で、意外と進んでいるところなんです（笑）。子ども心にも、「自分達は新しいことやってるんだ」と思ってました。

自分の人格形成でいうと、小学校を四回変わったというのが大きかったです。僕は子どもはいませんが、もし子どもがいたら「小学校の時に四回も転校させちゃいけない」と思いましたもん。小学校の時はあんまり動かさないで欲しかった。

――よくないですか。

原田　何が酷いかというと「人とどんなに仲良くなっても、必ず別れは来る」ということなんです。六年間で四回ということは、一年半しか居ないんです。仲良くなっても必ず別れは来る。別れたら忘れられる。それが子ども心にはありました。

転校した直後の一ヶ月や二ヶ月は手紙が来るんですが、三ヶ月たったら来なくなるんです。

新しいところに行くと、当然一人で入っていかなきゃいけない。そうすると、やっぱり田舎なので、転校生は珍しいですよね。一クラスに一人しかいないわけだから。ちょっと好奇な目で見られるというか。

なかなか友だちが出来ないですし。好奇心で近づいてくる子はいるけど、だいたい最初に近づいてくる子じゃない子と仲良くなります。好奇心で来ている子は好奇心が終わったら居なくなる（笑）。それは子ども心にわかっていました。

でも「こんなに仲良くなって、親友だと思っても、その内、忘れられちゃうんだよね」と思ってました。

——僕の小学校の時の先生が、途中から来て途中で居なくなった子のことはあまり憶えてないと言ってました。

原田　たぶんそうですね。僕は経歴では三輪小学校卒になるんだけど、十ヶ月ぐらいしか居ないですから全然愛着がない(笑)。たぶんその頃の同級生に会っても、憶えてないと思う。だから小学校六年の時の転校だけはイヤでしたねえ。僕は松本が気に入っていたんです。四年間あそこに居たので。

景色もいいし。子どもの頃の印象と言えば松本になりますね(註3)。その頃『愛と死を見つめて』(六四年)のロケを見たのも縁になった。(主演の)吉永小百合はロケ地に居なかったと思うけど。とにかくその時、映画撮影を初めて見た。

それから子ども時代に思い出に残っているのは、東京オリンピックです。松本も聖火が通ったんです。旗を振りに行った思い出もある。オリンピックもすごく楽しみだったんですが、一週間、学校が休みになった。

——松本の子はみんなテレビでオリンピックを?

原田　ええ。あそこらへんの田舎は、中間休みというのがあるんです。農作業の関係で夏休みが短くなっていて、その分をオリンピックに当てた。(競技の)採点でA、B、C、ウルトラCというので「ウルトラ」って言葉がその時知られるようになったんですよね。ウルトラとは「すごい」って意味なんだというのを知った。その後テレビで『ウルトラQ』(六六年)が放映された時に「あ、ウルトラっていうのはあれだな」と思ったんですね。

テレビ番組で言えば、NHKの『ひょっこりひょうたん島』(六四～六九年)がオリンピック中に休むのがショックでした(笑)。『ひょうたん島』は僕らにとってルーツみたいなものです。家にテレビが来たのは小学校の一～二年ぐらいですね。白黒でした。

印象的だったのはアメリカからの最初の同時生中継で、向こうのアナウンサーが「悲しいお知らせです」と始まって「ケネディ大統領が死にました」と告げた時はショックだった。それが第一声でした。「テレビはそんなことも出来るんだ」と。それまでケネディはヒーローでしたから。なんで初めて同時生中継がつながった時にそんなことが起きるんだと。歴史的な瞬間です(註4)。

ただ、やっぱりテレビより映画館で見る映画の方が印象に残っています。当時オヤジは映画が好きで、よく連れてってくれてたんです。たぶん松本はあの頃小学生はタダだったと思うんです。公務員だから五時に仕事が終わって、六時からの回に行く。あの頃一番好きだった映画は、大映の『忍びの者』(六二年)です。なかなか残酷な映画でした。子ども心にショックでした。小学校の一～三年生ぐらいかな。

——それはかなり早熟ですね。

原田　子どもに見せる映画じゃなかったと思う(笑)。でもその前、長野に居た時に、一～二年生で見たのが黒澤明の『椿三十郎』(六二年)です。すごくショックを受けました。最後の血を吹いて死ぬところ。本当にビックリしました。モノクロでしたがイメージの中ではカラーなんです。小学校低学年だったし、この時期に見た他の映画のことは題も憶えてないけど、『椿三十郎』はそれだけ強烈だったんです。しかもタイトルが人の名前だから(笑)。

同じ頃の東映の『新吾十番勝負』(五九～六〇年)も全部見てるんですが、東映のは嘘っぽいと思ったんです。そういうのをずっと見ていて、『椿三十郎』で血がドバッと出るのを見たら「スゲー」と。その時の撮影のセカンドが木村大作さんで、まさかその人と仕事するとは思わなかった(笑)。

あの二本はどっちもリアルでした。『忍びの者』はしかも歴史をちょっとひっくり返すでしょ? 織田信長を石川五右衛門が殺す話になりますから。結構ダークな感じがしたし。絵空事よりは、そういう映画の方がいいなと。

逆に能天気で楽しかったのは、洋画で『素晴らしきヒコーキ野郎』(六五年)。絵が綺麗で「いいなあ」と思った。

あとは『グラン・プリ』(六六年)。ジョン・フランケンハイマーの傑作。小学五年になった時に長野で見たかな。何十年も経ってからやっとLDが出た時に、また見ました。

これ、技術的に今でも出来ないことをやっているんです。フォーミュラーというF1レースの話なんですが、イブ・モンタンやジェームズ・ガーナー、本人が運転してるんです。当時のフォーミュラーカーで、イブ・モンタンの顔からずっとパンしていくんです。最初見た時は気付かなかったけど、よく考えたら「どこにキャメラあるんだ?」と。走っているF1の横にキャメラを付けて、リモートで回していたんです。動いたら三〇度パンして、画が水平で車が傾いている。ウーッて。ジャイロが入って傾くようなことをやっているんですが、今のF1の中継もCCDキャメラなんかはフォーミュラーで撮ってるけど、パンが出来ない。ジャイロも入らない。あれを当時の七〇ミリでやっているんです。

写真だけ見ても、とんでもないことやってるんです。当時のフォードGP40というすごいスポーツカーの後側にキャメラを付けて、その後側にF1を半分にぶった斬ってつないで走らせている。

三船敏郎さんが出ているんだけど、三船さんが「あの頃の映画はすごかった」と言うぐらい、世界中を転戦して撮影しているし、金のかけ方がとんでもない。モナコグランプリの再現をやったらしいです。モナコを閉鎖して(笑)。そんなことはさすがに今でも出来ないんです。

もちろん当時は技術的なことはわからなかったけど、最初に十何分割のマルチ画面が出てきて、テンポも驚いたし、「映画ってすごいこと出来るんだな」と思いました。

——映画が今より実物主義だったんでしょうか。

原田　そうですね。ごまかしじゃなくて本当にやらなきゃいけないというか(笑)。『史上最大の作戦』(六二年)も今考えたら「どうやって撮るの?」というところがある。画面の向こうまで戦ってますから。今ならばあれ全部CGです。

——『グラン・プリ』に興奮されたというのは、やはり車は早くからお好きだったんですか?

原田　基本的に動くものが好きなので。車とかオートバイとか。

——初恋とかはありましたか?

原田　なかったな。転校生はやっぱりダメなんです、昔からの幼馴染が強いから。オクテでしたし。今の子からしたら。

——ご兄妹は仲が良かったんですか?

原田　三つ違いの妹ですから普通に仲が良かったです。今でも仲いいです。普通の兄妹喧嘩ぐらいはしてたけど、基本的には、転校生だから、妹は大事なわけです(笑)。身内は身内で大事にしておかないと。うちの妹もあまり人なつっこくなかったから。その代わりちゃんと自分は自分で持っている方だったから、放っておいても何とかしている。僕も、一人で遊ぶことは平気でした。友達は、今は仲良くても、すぐいなくなると思っていたから。仲のいい子はもちろんいたんですが、「いつか、この子もいなくなるな」と思ってました。
今、話してると淋しい子どもですね(笑)。

（註1）中学では美術部に入っていました。高校の時、学校で描いた絵を家に持ってきて「僕はこんな絵しか描けないから、もう絵は一切、描かない」と言ったことがあります。（原田仁／母）

（註2）堅気の職業に就いて欲しいとは一度も言ったことないですよ、父親も私も。映画の仕事に行き出した時に「お母さん、白いシャツはもう絶対に僕着ないと思うけど、いいかな」と言ってきたことがありました。「男は好きなことやればいいんじゃないの」と言った記憶がありますよ。（母）

（註3）小さい時には夕焼けが好きだった。大人になってから、息子の作品によく夕焼けが出てますよね。（母）

「ニュートンは夕焼けの色が赤くなったり、水底の石が黄色に見えたり、空の星が落ちてこないということは当たり前なのに、そういうことに興味を持つなんて、よほど研究熱心なんだと思う。それに月を見ていたら林檎の木から林檎が落ちたぐらいなら他の人なら気になんかしないのに、そんなことを大発見するなんてよほど頭のいい人だと思う」（原田昌樹・小学生の時の作文より）

（註4）息子は大人になってから夫婦でアメリカに行った時ダラスまで行ったんです。ケネディが本当に殺されたところを見てきたと詳しく話してました（母）

▼中学校時代

原田　（人間関係は）自分からは行かなかったです。積極的に中に入っていこうとはしなかった。それは今でもそうです。
最近、二十年ぶりにいとこに会って、いとこが俺の高校の同級生と友達で「原田が映画を撮ったんだ」って話になったんだよと言ってたんです。「高校の時はとてもそんなことが想像できるタイプじゃなかったと言ってた」と。たぶんそうだったと思う。目立たない存在でした（註1）。

――学級委員とかは……。

原田　やらされましたけどね。高校では「組長」というのを。
成績は中学校までは、真ん中の上ぐらい。長野の柳町中学校に行ったんです。中学の三年間は転校がなかった。親父が長野の営林署の本局勤めになって、もう転勤がないということで、家も買った。これがとても嬉しかった。ただクラスが多かったです。学年が十二組までありました。
全校で三五組のマンモス校の中学校です。始業式も学年ごとに分けてやってました。体育館に入りきらないから。
もともと僕は三月生まれで、小さかったんです。小学校では前からいつも二番目で、体育はやっぱり苦手でした。
中学校でようやく人並みになったんじゃないかな。中学生活は楽しかったです。転校しないでいい安心感があったし。
中学になったら、安定した友達も出来ました。
この頃は自転車に乗ってあちこちに行ってましたね。夏休みも友達とテントを持って色々行ったんです。
休みになると家族で短い旅行をするんです。親父が東京に仕事に行くこともあって、僕達も行ってました。転勤が多かったせいもあって、家に対するこだわりはないんです。旅行に対する抵抗も全然ない。旅行することの方が好きです。
やがて高校受験の時期になるんですが、当時の長野は、一校しか受験できないんです。落ちた場合は、浪人するか東京の高校に行くしかない。僕の場合、長野市だから長野高校がNO．1なんですが、僕の成績だとギリギリだと言われたんです。僕は受けたかったけど「落ちるかもしれないからダメだ」と担任の先生に言われて、その下のレベルの高校を受けさせられた。僕の人生はあれで間違えたなと思うんです。二番目の高校に入ったんですが、入試の成績で言ったら楽勝だった。だから受けさせてくれたら入ったんですよ。

（註1）息子の葬式の時、中学時代に仲良かった人から弔辞がありました。その人も転校が多くて、ちょっと浮いた者同士、気が合ったかもしれないと言ってました。息子については「クラスの中でもちょっと雰囲気の違う人でした」と言ってました。（母）

▼高校時代

原田　結局、長野県立屋代高校に入ったんです。長野高校は歩いて行けたのに、屋代高校は長野から電車で通わなきゃいけない。目の前にある高校を横目で見て電車で通わなきゃいけないことに、ちょっとコンプレックスを感じてました。
たしか入学した時、二百七十人中二十何位だったんです。ところが、入学してすぐに気管支炎になって、学校を十日ぐらい休んだ。それでいきなり二百七十人中二百六十位ぐらいに成績が落ちたんです。そしたらすぐ学校から呼び出しをくらって「君は学校に不満があるのかね」と言われた。
それでやる気を失ったんです(笑)。高校生活はあまり真面目に勉強しないで三年過ごしました。それと同時に、すぐ映画を見に行ったんです。
最初に見た映画はセルジオ・レオーネ監督の『ウエスタン』(六八年)です。『ウエスタン』は後に原題の『Once Upon a Time in West』でソフト化されました。チャールズ・ブロンソンとヘンリー・フォンダとクラウディア・カルディナーレの、二時間何分の大作です。これがまずまず面白かった。
それがたぶん受験の翌日の金曜日でした。土曜日に『明日に向かって撃て!』(六九年)を見て、日曜日に『イージー・ライダー』(六九年)を見た。

――ニューシネマの傑作が立て続けに……。

原田　やってたんです。新作で。『イージー・ライダー』は、日本に来るという情報を知った時から見たかった。五月に『小さな恋のメロディ』(七一年)を見て、次にリバイバルで『卒業』(六七年)を見てるんです。あと『M★A★S★H』(七〇年)! それで「映画の世界に行きたいな」と思った。

――この一連の映画体験で……。

原田　一番は『明日に向かって撃て!』。一五歳で感受性の強い時だったから。『イージー・ライダー』も、非常に悲しいラストじゃないですか。今まで見てたハリウッド映画と全然違う。「映画ってこんなに人をちゃんと描くんだなあ」と思った記憶があります。『小さな恋のメロディ』はすごくリリシズムがあって、『M★A★S★H』のブラック・ユーモアとか、『卒業』もすごいと思ったし。そういう意味ではアメリカのニューシネマの影響をまともに受けました。

――映画を解禁したらいきなりなだれ込んできた(笑)。

原田　『明日に向かって撃て!』の影響は大きかった。あんなに

中学時代の修学旅行にて

リリシズムがあって、友情があって、切なくて……絵が本当に綺麗でした。

——音楽に合わせて展開するところも鮮烈でしたね。

原田　音楽がみんな良かったです。映画と音楽がマッチしていた。今でも「一番好きな映画は？」と聞かれたらこれを挙げます。「新しい映画を見たなあ」と思った。作っている人もプロフェッショナルで、役者がみんな魅力的だった。映像も、光と影とか、本当にうまいなあと。僕は『明日に向かって撃て！』は当時のガールフレンドと見に行ったんです。

——ぜひその辺のお話を。

原田　ただのお友達だったんです（註1）。入試が終わったら映画を見に行こうと。それで『明日に向かって撃て！』を見に行ったんです。中学校の時の塾の友達でした（註2）。

その頃の僕は、恋というより「仲のいい女友達」というのがあると信じてた。だから僕は最初から男女間の友情を信じてたんです。友情から愛情になるという人もいるけど、そんなことはない。

映画を見て帰ってきて、そのコのお母さんに帰りが遅いと怒られた時は、ショックでした。べつに映画を見ただけだからいいじゃんと思ったんだけど。遅いと言っても、八時ぐらいだったんだけどな（註3）。あっ、黙って行ったからだ。そのコと行くと言わないで行ったから（笑）。

（しばし沈黙あって）そういう意味ではオクテでした。あえて恋愛をしなかったわけじゃなくて、単純にオクテだったんです。そこまで成熟してなかったんだと思います。

田舎ですからね。話したり出来る女の子がいればいいやという感じですから。それ以上はべつに求めてなかった。

高校に行って離れると、会わなくなっちゃった。手紙のやり取りはやってました。あの頃はそれしかなかったですから。電話も自由にかけられないし（註4）。

——高校時代はどんな日々を……。

原田　バイクですね。一六歳で免許をすぐ取って、友達で一人メカニックなやつがいたので、そいつと仲良くなって、安くバイクを買って、それをバラしたりして、乗り歩いてました。その頃、バイクとかそういうモータースポーツが好きで、そっち系に行きたいなと思ったこともあります。

——開発したりとか。

原田　そうですね。早く走ることは出来なかったから。友達にめちゃくちゃ早いやつがいて、同じ物に乗せても早いやつは早いとわかった。友達とバイクを改造してモトクロスをやろうとしたこともありましたし、バイクバイクでした。

たまにテレビ中継でやるレースの日は楽しみでした。当時のF1はNHKの海外ニュースぐらいでしかやってなかったんですが、それを一生懸命、探して見てました。録画も出来ない時代です。車雑誌はいっぱい買ってました。

あとは、映画を見まくってました。高校時代は年間百二十〜三十本見てました。勉強なんて全然してないです。二本立てだから週一どこかで見てる。長野だと全部の映画館を見切っちゃうんですよ。しょうがないから、上田市とかまで見に行っていました。

全然学校行かなかった。朝お弁当を作ってもらって家を出て、そのまま長野から電車に乗って学校を通り過ぎて上田まで行って映画を見ていました。

——今でも印象的な映画はありますか？

原田　のめり込んだアメリカンニューシネマは七十年代になるとすぐ廃れちゃったので、洋画を見てても意外と面白くないなと思って、逆に邦画を見出しました。

アメリカンニューシネマの影響を受けて邦画も変わりつつあった。日活の映画とか見てました。『野良猫ロック』（七〇年）とか。あれはアメリカンニューシネマのパクリかと思いましたよ（笑）。

結局、反骨精神でしょ？　みんなサングラスかけてバイクを飛ばしてるから（笑）。藤竜也も良かった。後に一緒に仕事するとは夢にも思わなかったけれど。

——役者さんで高校生当時好きだった人は？

原田　『明日に向かって撃て！』のキャサリン・ロスは好きでした。『卒業』も面白かったし。あと『夕陽に向かって走れ』（七〇年）という映画も僕は評価してて「この女優は生涯三本の代表作があるからいいなあ」と。それ以後サッパリですからね、この人（笑）。

男では原田芳雄です（註5）。原田さんとも『海燕ジョーの奇跡』（八四年）で付き合ってます。パクさん（藤田敏八）自体が憧れの監督でした。『非行少年　陽の出の叫び』（六七年）というのがデビュー作で、他の監督とはちょっと撮っているものが違ってたんです。『野良猫ロック』シリーズも、秋吉久美子主演の三部作も好きだった（註6）。

あと『ロマン・ポランスキーの吸血鬼』（六七年）も一六歳くらいの時に見た。『ローズマリーの赤ちゃん』（六八年）よりこっちの方がすごいと思った。当時の吸血鬼映画のパロディをやってますから。人を喰った作品だけど「ものすごくレベルの高い人を喰った作品」だと。最初からして、MGMの有名なライオンの遠吠えが、吸血鬼のアニメーションに変わって、血がしたたるところから始まりますからね。

——じゃあ映画の中での遊びにも注目し出すように……。

原田　年間百本とか見出すと、普通にやってくれるより、ちょっとひねった方が気になってくるじゃないですか。『バニシング・ポイント』（七一年）とかもそうでしたけど。

でも逆に『小さな恋のメロディ』みたいなシンプルでリリシズムのある映画もすごく好きでした。自分の好みではありましたね。

俺、『卒業』はたぶん十何回見てるんです。あれ、ダスティン・ホフマンが主役をやる時に周りが反対したんです。小男だから。奨学金をもらってる、アメフトのスター選手が帰ってくる話なんだよ。それをダスティン・ホフマンでやったのがすごいし、あの頃の……ちょうどベトナム戦争の終わりの頃の、目的がなくなっちゃってる人間の浮遊感みたいな感じが出ていて、しかも結構エグイじゃないですか。(好きな女の子の)お母さんとヤッてみたり。だけど、娘の方には思いっきり「純愛」だし。今ならばストーカーなんだけど。後にバークレーを旅した時はロケ地を見に行きました。

やっぱりラストシーンは秀逸だなあと思ったのは、普通の映画の作り方だと、教会から花嫁を略奪して、十字架をドアに挟んで人々を足止めして、バスに乗ったら終わりなんです。その後から一分半ぐらいあるんですよね。それがあの映画のいいところだと思うんです。バスの一番後ろに二人が乗って、後ろを見て、追っかけてこないとホッとする。そこまではハッピー・エンドなんです。そこから、ずっと、えんえんとあの二人を映している。周りの人が見ていたりして、ダスティン・ホフマンとキャサリン・ロスが二人で顔を見合わせて喜んでいるんだけど、キャサリン・ロスの方が、だんだん真顔に戻ってくるんです。「私は本当にこれで良かったんだろうか?」という顔をしてるんです。それをえんえん撮っている。やっぱり映画全体を通して、ちょっと空しさがあるんです。

ハッピー・エンドで気持ちよく終わらせるんだったら、バスに乗ったところでパンと終わった方がカッコイイんです。そういう風にしてないんですよ。それはなんだろうと考えるようになりました。

そうすると、最初の方からずっと不安感があって、たまたま恋愛して、たまたまそういう目的があって動いているけど、基本的にこの人は人生の脱落者なんです(笑)。表の世界に戻れっこないんですから。ちゃんとそれを一貫して描いてるんだなあと。意外といい映画なんだなあ。

後に、『卒業』の続編みたいな映画があったんです。実際の続編じゃないんだろうけど、キャサリン・ロスが出た『愛のさざなみ』(七〇年)という映画が三年後ぐらいにあった。それは勢いで結婚してダメだったという話なんです。

——ニューシネマがちょうど思春期と重なって、すごくいい時期に映画と出会われたんですね。日活アクション末期の、ニューシネマの影響を受けた映画群にしても、もうちょっと時代が後にズレてたら、もうロマンポルノ路線になっていた。

原田　そうですね。ロマンポルノも後にはたくさん見ることになりますが、まだその時には見られないですからね。

当時、学生運動があったでしょう?　東大の安田砦の攻防戦が六八年ぐらいだから僕は中学二年ぐらいで、テレビの生中継で見てるんです。僕が生中継で見て印象的だったのは、その安田砦の攻防戦と、アポロの着陸なんです。

中学の修学旅行が東京で、御茶ノ水に泊まったんです。あそこに修学旅行会館というのがあって、そこにバスが行った時、機動隊と学生がやり合ってたんです。そこに入っちゃった。石と催涙ガスの洗礼を僕ら受けたんです(笑)。一台のバスは石が当たってフロントガラスが割れました。催涙ガスの中をバスが走ったんです。会館の部屋から見ると向こうに明治大学があって、そこにヘルメットとタオルの人達がウロウロして、「怖いなー」と思った印象があるんです(笑)。

——まさに同時代的遭遇ですね。

原田　新聞記事にもなったんですよ。「修学旅行の生徒が巻き込まれる」と。怪我人はなかったんですが。

同じ中学の仲間でも、浪人が嫌で東京へ行って、東京の高校に入ったやつらが、石を投げてるんです。高校一年ぐらいで。だけど僕らは田舎だから当然そんなことはない(笑)。僕なんかは「間に合わなかった」感が強いんですよ。一番その時の最盛期にいつも間に合わない。学生運動の全盛期を中学校の時に見てるけど、自分達が学生運動をやる年齢になった時には終わってたんです。僕らはビートルズも間に合わなかった。高校生になってすぐビートルズも解散しちゃった。

アメリカンニューシネマも、すごいと思ったら終わっちゃった。自分がいつも間に合わない……転校生の感覚と一緒ですよ。いつもその当事者になれないという。

——かなり間近にまでは来ていて、見ているんですよね。

原田　見ているんです。そこにあって、掴みに行ったらなくなった。全部終わってた。そこら辺の空しさはずっと付いて回ってる。バリバリの当事者になれないという。

その頃、映画は『フレンチ・コネクション』(七一年)や『ダーティハリー』(七一年)を見てるんだけど、なんか違うなと。面白いけど「僕の見たいものはこれじゃない」と。

音楽は、サイモンとガーファンクルと、日本のフォークの世代です。よしだたくろうが売れ出した頃でした。高校二年生の頃、長野のＳＢＣ(静岡放送)のラジオ局に週に一回ＤＪに来てたんです。『マークII』『イメージの詩』を出したぐらいの時だから、まだ最初の頃です。なぜか長野でローカル放送のＤＪをやっていて、これを見に行ってたんです。

公開収録じゃなかったんですが、勝手に押しかけて見てた。週一でいつもゲストを誰か連れて来るんです。加藤和彦も来てました。当時、たくろうより加藤和彦が神様のような存在でしたから。一言二言ぐらい話しましたが、ガッチガチになってましたから。加藤和彦がトイレの横に立っただけでドキドキしてました。「カッコイイなあ」と。

それで、ちょっとラジオ局の人と仲良くなったりしてたんです。あの頃のラジオ放送はリクエスト番組ですから、リクエストを出したりしてた。深夜放送全盛期の頃です。

それで初めて「意外と身近なんだ」と思ったんです。今まで映画や音楽の世界は遠いところだったんだけど、「近くにないことないんだな」という思いにはなったんだ。

昼間はバイクに乗ってて、モータースポーツが好きで、夜は深夜ラジオを聴いていて、映画を見ている。学校なんか行ってないから、大学受験しても受かんないと思ってたけど「東京には出よう」と思ったんです。東京に行けばそういう人達と接触出来るかもしれない。長野で人生何とかしようじゃなくて、東京行って何とかしようという気になりました。

その時には「映画界」は接点はなかった。高校三年くらいの時から「キネマ旬報」の投稿は始めてたんです。「読者の映画評」という、今でもあるコーナー。東京に行ってから、一回だけ『赤ちょうちん』か『妹』の評が載った。

映画評論家にはなりたいなと思ってたんです。映画を見てるから、何か出来たらいいなとは夢物語で思ってたんです。

あと、東京に行って、浪人しないで東京の高校に行ったやつで、仲のいいやつがいて、「東京に出てこいよ」と誘われていたので、これはとにかく、高校を卒業したら、大学に受からなくても東京へ出ようとは思ってました。

(註1) 原田くんとは小学校の頃、クラスで一緒だったんです。中学も同じ学校に進みました。私は長野市で、原田くんは松本から越してきて、通学路が同じで、私の家の先に原田くんの家があったのでよく学校から一緒に帰ってました。そのことで近所の子にからかわれたりもしたけれど、気にしてませんでした。映画の話をよくしましたね。あの当時、転校してくる子は珍しかったんです。田舎でしたから。原田くんは最初は慣れない感じでしたが、途中からみんなの中に入っていきました。洞察力、観察力のある人でした。特にやんちゃでもなく、気が強いこともなく、俺が俺がと前に出るタイプでもなく、人が良い感じです。(友人・丸山裕子さん)

(註2) 中学ではクラスは違ったんですが、お互いの母が仲が良かったし、四人しかいない塾に一緒に通ってたんです。その四人の中に、原田くんが上京してから一時期同居していた山岸くんもいました。原田くんは先生に「ハラちん」と呼ばれてました。背も高くなく、早生まれだから、人に可愛がられるタイプだった。(友人・丸山裕子さん)

(註3)『明日に向かって撃て!』は、私にとって初めての「映画館で見る映画」だったんです。その日遅くなったのは、行きはバスに乗ったんですが、帰りは歩いたからでした。映画館から家の近所まで歩いて三十分ぐらいなんですが、映画が楽しかったのでゆっくり話しながら歩いてたんです。それで途中の交差点の角にある小さな公園で喋ってたんだと思うんです。あのシーンが印象的だったとか、一生懸命喋ってた。歩きはじめた頃はまだ明るかったんです。でも帰る頃には夜になってしまった。(友人・丸山裕子さん)

(註4) 誘ってくれるのも不自然に感じませんでした。私もオンナオンナしてないから仲良かったのかな。でも彼氏彼女というのではなかったんです。不思議な感じで仲良かった。原田くんのお陰で映画が好きになりました。『エルビス・オン・ステージ』も一緒に見に行きました。私はプレスリーを初めて知っただけで幸福でしたが、原田くんは映画として見てました。高校時代は私は女子高で、あまり会わなくなって、でも女の子の友達ばかりだったので、当時唯一仲の良かった男の子が原田くんでした。高校卒業後は原田くんも東京に行ったし、一回ぐらいしか会ってません。私が結婚した時、焼き物の傘立てを贈ってくれて、それは、一回壊れたけど修繕して今でも使っています。(友人・丸山裕子さん)

(註5) 兄の格好は、原田芳雄が桃井かおりと出た『赤い鳥逃げた?』(七三年)という映画のイメージなのかなと思った時期もありました。あえて半纏を着て外を歩くような。ベルボトムのジーンズに下駄。「これで街を歩いちゃおう」と言ってました。原田芳雄を真似てパーマをかけて。(妹)

(註6) 秋吉久美子は兄と同い年なのかな? 東京に行った頃に、秋吉久美子の家を捜して行ったりしてた日記をちらっと見ちゃって、行っちゃうぐらい好きなんだなと。「秋吉久美子さんはすごく頭がいい人だ」と言って、それを喜んでました。仕事したことがあったのかなあ。(妹)

▼東京での青春

原田 当然(笑)、浪人して、そのまま東京へ出ました。山岸という友達が葛飾区の柴又で下宿していて、「お前うちに来いよ」と言うので、三畳間に男二人で暮らしてました。

――まさに青春時代ですね。

原田 そうですね。高校の時に、長野のスナックに入り浸ってたんです。そこで酒も覚えて、東京へ出る時に、親に「見送りに来なくていい」と言って、電車に乗ったんですが、スナックの女の子が見送りに来てくれた(笑)。「それなりにいいなあ」と思いましたね。五つぐらい年上の女の子です。

――いいですねえ。

原田 恋愛とかではなかったですけどね。でも夏に海水浴とか一緒に行きました。その時に、結構年上の連中と遊んでたんです。スナックに入り浸った頃は「一人ヤクザ」でした(笑)。田舎のヤクザだからたいしたことないんですけど。

考えてみたら、俺だいぶ高校生活はねじれてたんです(笑)。それまでわりと真面目な中学生だったのが。

柴又で一年間暮らしてたんですが、山岸が小金井の学校に通ってたんです。それでそいつが遊んでる場所が吉祥寺のブルーゾーンっていう店で、俺を連れてってくれたんです。今はもうないです。当時、画廊喫茶ということになってました。当時は「三寺ブーム」の頃です。高円寺、国分寺、吉祥寺という。まだフォークの全盛期ですね。

高田渡とか、なぎらけんいちとか。吉祥寺でも、フォークではぐわらん堂が一番有名だったけれど、他にもいくつか小さな店があったんです。駅の南側にあったのがブルーゾーンで、美大系のコが多かった。それと、フォーク系のやつらと、ヒッピーみたいな人達が、うろうろしてました。そこで勉強なんかせず、お金があれば酒を呑んで、麻雀を打って、恋愛ごっこは山ほどあってみたいな(註1)。

擬似恋愛は若干ありました。ブルーゾーンに行けば、男と女半々ぐらいでしたし、だいたい同じ世代がいましたから。なんとなく、特定のどうこうじゃなく。

「一番かわいいコはダメだな」という感じはありました(笑)。二番目か、三番目か四番目か五番目ぐらいか?という。そんなに色んな人と付き合うタイプじゃなかったから、付き合ったのは二人ぐらいかな。一人モテるコがいて、みんなが取り合いしているのを横目で見たりしてましたね。

この時はちょっと年上の友達がたくさん出来たので、その連中とは今でも付き合いがあります。金がなくても「いかに遊ぶか」ということをみんなに教えてもらった。それこそ、テレビを質に入れて呑みに行く方法とか。

青春時代は高円寺と吉祥寺です。本当にカウンターに百円玉を並べて呑んでました。「あともう一杯呑めるか」と。 番楽しかった時期です。その後、法政大学の経済学部に受かったんですが、中退以前に「学費未納につき除籍処分」。記録上は残ってない。僕は学歴的には「屋代高校卒」。大学に行ったのは一週間だけです。僕の頃は学生運動の後だったから、大学が崩壊していて、あまり学校を卒業したからどうこうと思われてない時代だった。

(註1) いかにもアングラな、薄暗い穴ぐらの中のような店でした。カウンター以外の椅子はビールケースで、テーブルはドラム缶。当時高校生の僕は最初ママのりっちゃんという人が目当てで入り浸ってました。麻雀がコミュニケーションのツールになっている時代です。毎晩やっていて、僕は高二の二学期なんて二日しか学校行ってない(笑)。「親分」と呼んでいたマスターの細野さんは

麻雀がプロ並で、他の店にも遠征してた。恋愛沙汰もありましたね。DVを受けている家出娘を男達みんなでかくまったり。りっちゃんはイラスレーターで、マスターの弟はインテリアデザイナー。特に壁に絵が飾ってあったりはなかったけど、現展に出すような常連も多かった。(「ブルーゾーン」で原田さんと出会った久里耕介さん)

▼教育映画のスタッフに

原田　僕は二浪したんです。麻雀やっている仲間に久里耕介(註1)というやつがいて、久里と麻雀をやってたら、実家が教育映画をやっていると。お父さんは栗山富郎(註2)という人で、年に三本か四本撮るので、「そんなに映画が好きならバイトしないか」という話になったんです(註3)。

映画の撮影がどんなものか見てみたいなと思って、名前だけ〈助監督〉だったけど、荷物運びをやってたんです。

ギャラ一万円の約束で、一週間ぐらいの撮影で、その家に泊まり込みで行ってたんです。ドラマ仕立てで、埼玉辺りの小学校で撮影してました。有名な役者とかは全然出てなくて、スタッフは十人ぐらいしかいなかった。

「キャメラってこんなに役者さんの近くで撮るもんなんだ」「周りにこんなに人がいるんだ」と。たった十人でも多く見えました。「そんなにいちいちモノを片付けたり全部しなきゃいけないんだ」とかね。これを元に戻さなきゃいけないとか。「毎日引越ししてるみたいだな」と思いました。

撮影が終わって帰ってきたら、泊り込みだったので、そこの家でご飯を食べさせてもらうわけです。たとえばお昼ご飯はロケ現場でソバ屋とかに行ってカツ丼を食わせてくれて、夜はすき焼きを食わせてくれるわけだから、欠食児童の浪人生としてはすごく嬉しいわけです。しかも酒を呑ましてくれる。「こりゃいいなあ」と思った。楽しいなあと思って。

ラッシュもその家で見てたんです。一六ミリの映写機があって、その家を会社にしてたので。普通の一軒家だったんですが、撮影のイロハをそこで覚えました。そこでは本当にお世話になりましたね。

「君はよく働くね」とギャラを二万円くれたんです。一万円の約束だったのに、嬉しいじゃないですか。

そしたら、四〜五日して、電話が来て、その時に一緒にやったキャメラマンの人から「ちょっと手伝いに来ないか」という話をもらったんです。その人が、横浜でバレエの公演のドキュメンタリーを撮るので、荷物運びで呼ばれたんですが、「これなら仕事が続く」と思いました。この時もギャラ二万円ぐらいもらえたんです。

結局その後、もう二本ぐらい教育映画を、そこの関連でお手伝いしてやったんです。東映教育映画部でも一本やった。

普段は酒を呑んで遊んでて、たまにそうやって声かかってやるようになったんですね。そしたら久里のお父さんから「免許を取りなさい」と言われて、免許の資金を貸してくれたんです。その時に四輪の免許取りました。

それで一年やった時、神野智さん(註4)というプロの助監督が来たんです。ある作品で……タイトルはもう憶えてないんだけど、(註5)仕事をして、終わってからしばらくして、神野さんが「東映でシリーズが入るから、サードでお前を連れて行きたいと思う」と言ってきたんです。「行ったら、一年間ぐらいその仕事になるぞ」と言われて、その時だけは悩みました。ちょうど大学に受かってたんです。

当時の法政大学の経済学部は誰でも受かるんです(笑)。法政大学の中で一番レベルの低い学部で、なんで経済学部を選んだかと言ったら、ブルーゾーンに法政のやつがたくさんいたからです。法政に行ったらレポート提出で進級出来ると言われて。あそこだけまだ学園紛争をやっていたので、試験をやってなかったんです。試験がないから「入りさえすれば進級出来るぞ」「学校行かなくていい」と。「そりゃラッキーだ」と言って入りました。

——学校に籍を置きつつ映画の仕事やろうとは？

原田　最初は、これならば映画やテレビの仕事をやって、たまに学校に顔を出せばいいやと思ったけど、行ってみたらそんなこと全然ムリでした(笑)。その頃の東映はすごく厳しかった。寝る時間もない。結局(大学の方は)「もういいや」と諦めちゃったんです。それで東映の『宇宙鉄人キョーダイン』に入るんです。大学を辞めたのを親に言えたのは二年後ぐらいでした(笑)。そのまま助監督稼業に入っちゃったから。

『キョーダイン』撮影現場にて

(註1) その後、久里耕介、大森一樹、今関あきよし、石井聰互、長崎俊一など、八〇年代の自主映画系の作家達の劇場用映画進出作品に参加。また大手企業の映画進出に携わりプロデュース業へ。

(註2) 栗山富郎　一三年生。五一年に東映入社。教育映画部、東京撮影所企画部でプロデューサーを務める。六九年退社、ビデオアート設立。チッソを組合活動のためレッドパージされた後、映画の代表作は『白鳥物語』(五七年)『非行少女ヨーコ』(六〇年)『組織暴力』(六七年)『これがベトナム戦争だ!』(六八年)『超高層のあけぼの』(六九年)等。二〇一〇年逝去。

(註3) 「当時、うちの教育映画は自主制作に学研の下請けも加えると一年に二十本ぐらい作っていた。僕の友達も何人もバイトやってたし、原田と同居してた山岸も高校時代から何回かバイトに来ていた。原田は映画の現場に毎回のように呼ばれるようになって、僕達は兄弟みたいに一緒に居たし、親父も自分の子供のように接していたね」(久里耕介さん)

（註4）神野智（かんのさとし）現在は映画プロデューサー。ツインズジャパン代表。『永遠の1／2』（八七年）、『回路』（〇一年）、『黄泉がえり』（〇三年）、『禅 Zen』（〇九年）等多数の作品がある。

（註5）神野智氏によれば、氏が教育映画の現場に入ったのは『親の知らない世界』（関功脚本監督、新藤兼人監修）だった。同作は久里耕介氏によれば、東映を独立した栗山冨郎氏がビデオアートで自主制作した三～四作目。十分×三本の短編オムニバスで、シンナーなど非行少年の問題を取り上げた。

▽『宇宙鉄人キョーダイン』

原田　それまでは教育映画だったから、ヒーロー番組なんて、何をどうすりゃいいんだと、台本を読んでもチンプンカンプンでした。『キョーダイン』（註1）は東映の大泉で初めてやる子ども番組だったんです。『ゴレンジャー』『仮面ライダー』は生田というところで作ってたんですが、そういう子ども番組が人気になってきて、大泉でも作りたいということになって、大泉で新たにスタッフを集めたんです。母体は東映の子会社系で『プレイガール』をやっていたメンバーで、正直、東映の中で落ちこぼれ軍団なんです。

東映撮影所が一番強くて、その次に東映制作所というテレビを作るところがあって、その更に下なんです。あそこは労働争議がキツかったから、争議をやって外された人達が撮影所から外されて、東映の制作所に来て、さらにそこでも外されてということで、みんな結構やさぐれてました。

スタッフ同士は寄せ集めで、監督だけは、『ゴレンジャー』を撮っていた竹本（弘一）さん。その人以外はなんにも知らなかった。だからお勉強会です。みんなで苦労しながらやったんです。今でもお付き合いがあるのが、撮影チーフの松村（文雄）さん。今はベテランです。

この一年間は大変は大変だったけど、楽しかったです。最初の三ヶ月は毎日「バカ」「お前は何だ」と怒鳴られながらやっていた。当時二十歳ぐらいで最年少ですから。

三ヶ月過ぎてみると、少しずつ仕事がわかってきて、夏場ぐらいになった時には普通に仕事が出来るようになった。

その頃よく言われたんです。「技術があれば技術パートをやる。何もないなら演出部」と。演出部の仕事は「とにかく言われたことで走れ」。だから本当に色んなことやりました（註2）。この頃、助監督だったんですが、撮影部の車に後半はずっと乗せてもらっていて、そこでキャメラのことを教えてもらいました。松村さん達には今でも感謝してます。昼休みにキャメラを組んでくれて、レンズを覗かせてくれたりしました。その頃は普段レンズなんて絶対に覗けなかったですから。「撮影中はダメだけど休み時間ならいいから」と、何ミリだったらこうだとか、フォーカスは何フィートだとか。だから僕、撮影のイロハは身体で覚えさせられました（笑）。フィルムはどうなってるか、ネガはどうなってるか、全部わからなかったですから。

――『キョーダイン』のオープンフェイスがあるでしょう？　主人公のロボット兄弟の頭がパカッと開いて、開発者の顔がモニタに映るところですね。

原田　それを撮るために、事前に顔を撮影しとかなきゃいけなくて。後ろからプロジェクターで当ててるんですけど、そのために、裏焼きして反転したんです。後ろから当ててるから。「裏焼きってこうやるんだ」と。だから基本的には『キョーダイン』が僕の全部のベースです。

終わる頃には結構可愛がられて「お前、終わったらどうすんだ」と声もかけられるようになったので、「これでプロでやっていけるかな」という気にはなりました。一年やれば相当勉強しますから。

『キョーダイン』をやっていた一年間がやっぱり一番密度が濃かったです。あそこは僕にとっては学校と同じでした。よく笑い話で出てたんです。「横浜の方に映画のことを教えて金を取る学校が出来たらしいぜ。ここに居りゃ金を払って教えてやるのに」と。「お前は得だねえ」と言われたことあります。この時の付き合いで、今でも続いてる人は結構多いです。やっぱ一年同じ番組をやれば成長しますよ。一年のスパンというのはいいなと思いました。

でも結構厳しかったから、ブルーゾーンで知り合った女の子とその頃別れました。約束が出来なかったので、「今度いつ会えるの？」と言われても「わからない」。そうするとやっぱりこの仕事はキツいなあと思いました。「私生活はないんだなあ」と。キャメラの松村さんから「原田、この業界に入ったら、女ってのは記録かメイクか呑み屋の女しかいねえんだ」と言われてました。

最近はもう少しプライベートを重要視するんですが、その頃は、プライベートなんて一番下の者には「ない！」（苦笑）。たしか一回「この日だったら夕方に終わるから」と彼女が部屋に来て待ってる日があって、うちのアパートの部屋の電気が点いてるのを見ながら、送ってくれた先輩が「原田、これから呑みに行くぞ」と。「僕は降りたい」と思ったんだけど、その晩帰ったら置き手紙があって、それが最後でした（笑）。

ギャラは本数契約だった。一本二万五千円だったのかな。月に四本ぐらい上がったので。週に一本上げなきゃいけないというペースでした。だから手取りで九万ぐらいかな。それが途中で三万円になったのかもしれない。でもべつにお金を使うことなかったですからね。プライベートがなかったから。

一年間東映に居るから、東映の状況がよく見えるじゃないですか。でやっぱり、当時の全盛期は『Gメン'75』ですよ。スタジオの横が『Gメン』でしたから、丹波（哲郎）さんとか、知られた顔が闊歩しているわけです。視聴率三〇％ぐらいの大人気番組で、監督に深作欣二さんがいたり。

憧れていました。ただ『Gメン』にはプロの腕がないと行けないという感じでしたから。すごく、やっているスタッフが胸を張って歩いてるように見えました。

『キョーダイン』で印象的なのはやっぱりレギュラーの天本（英世）さんと出会ったことかな。偏屈な人だったんだけど、意外と可愛がってくれました。蔵王にロケに行った時、宴会になって、あの人が僕らの前で初めてロルカの詩を歌ったんです。天本さんに「スペインはいいところだよ」と言われた記憶があるんです。「いつかスペインに行きたいな」と。

後に『コスモス』で「雪と扉」で出てくれた時、その話をしたら、天本さんもその、蔵王のロケで踊ったことは憶えてました。「あの時、君は一緒にいたんだねえ」と言われて。

俳優さんでいえば大野剣友会との付き合いが多かったです。岡田（勝）さんとか。怖かったし、最初ボロクソに言われたけど、でもだんだん認めてもらいました。「一生懸命やってると認めてくれるんだなあ」と思って。だいたい東映系の人ってみんな口が悪いから、それには慣れました（笑）。

　そして一二月の終わりに最終日を迎えた時はやっぱり悲しかったです。「これで終わっちゃうのか」と思って。それで打ち上げをやった時に「来年からはどうなるのかなあ」と。


（註1）『宇宙鉄人キョーダイン』は七六年四月二日から七七年三月十一日まで毎週金曜日夜七時～七時半にTBS系列で放映。製作は毎日放送と東映。全四八話。石ノ森章太郎原作。


（註2）当時僕は二三～二四歳で、原田くんは三つぐらい下。照明も撮影も演出部も、そのぐらいの年代が集まってたんです。スタントの大野剣友会と同じところに行くわけですからね。山、海、崖と、危険なアクションシーンのサポートで。原田の上に居たチーフ助監督の神野智さんが親分肌なので、いい意味で、監督は違っても僕らは（神野組スタッフ）という感じでした。神野さんの号令一下で、朝来るとラジオ体操（笑）。でも正しいと思います。危険な撮影の前に身体がほぐれるし、気合いも入る。一年間無事故で撮影出来ました。軍隊じゃないけれど、しょっちゅう火薬を使うし、バイクで転倒したり、ザイルで人を吊ったり……お互い命がかかってるという緊張感を持って集中していかないとね。

　神野さんは原田君に、各パートの仕事を知るため、出来る手伝いは全部やれと言っていました。戦闘員の服は毎日泥んこになるけど、帰ってそれを洗って靴にワックスを塗ったりするのも手伝ってました。現場の仕掛けや作りものも一緒に作ったり、スーツも着たり。今は細分化して他の仕事に手を出さない方がいいという感じもあるのかもしれないけど、その頃は線引きも何もない。それぞれが半人前、自分の守備範囲が自分でわかってない。常に誰かが誰かの手を借りないとやっていけない」（装飾・高桑道明さん）

▼『小さなスーパーマン　ガンバロン』（註1）

原田　僕は当時神野智さんの下という形だったから「次のやつをやるから着いて来い」と言われて、それが『ガンバロン』。

　鈴木清さんはキャメラマンから特撮監督になって、創英舎という会社を作って、その一本目だったんです。鈴木さんは後に円谷プロには戻りますが。神野さんの義理のお兄さんが鈴木清さんなんです。義理の兄がプロデューサーでやるから、自分は演出部じゃなくて製作部でやると。「えッ？」って話です（笑）。

　僕は助監督という意識があったけど、上下関係があるから断れなくて、最初は製作部で入ったんですよ。当時狛江にあった日本現代企画へ連れていかれて、東映と全然違って小さな撮影所だからビックリしました。そこで鈴木さん、撮影の大岡新一、照明の高野和男に会うわけです。ガンバロンの中身に入っていたのは、後に殺陣師になる車邦秀さん。平成ウルトラマンの劇場版をやる布陣です。僕にとっても『ガンバロン』があって、ウルトラマンの仕事につながっている部分もあるから、ある意味自分の原点です。

　僕はもともと助監督をやりたくて入ったわけだから、見様見真似で、製作部の仕事をほっぽりだして色々やりだしたんです。それで途中で体制を変える時に、頼んで助監督に戻してもらったんです。だから後半は助監督をやっている。

　画期的だったのは、グアム島ロケです。当時子ども番組としては初でした。最初に入った時から「海外に行くかもしれない」と言われていて、それはドキドキするわけです、当時だから。結局、七七年六月に行きました。自分みたいな下っ端なんて行く時にカットされると思ったら、「スタッフ全員連れてく」と言うから、PANAMで生まれて初めての海外をその時に経験しました。当時、二二歳になった頃かな。「業界に入って良かった」と思いましたよ。

　行ったのは三本持ちで十日間。でも2クール撮ったところで、現代企画の狛江のスタジオがなくなっちゃったんです。そこで残り1クールをロケで撮りに御宿へ行くんです。

　悲惨な感じでした。狛江の現代企画から出発するんですが、帰ってくる時はもうなくなってるんです。帰るところのないロケでした。御宿ロケの最終クールは、映像で見てもそれまでの回と全然違います。特撮も全部ライブで前のものを使う。スタッフも半分ぐらいに減らされて。レギュラーも子どもしか出てない。村人はスタッフが演じていたりする。というかゲストで出る大人は全部スタッフ。最初に出番があったのは監督の東條昭平さんだったかな。東條さんは東北弁で「いい味出してますね」なんてみんなで言ってた記憶がある（笑）。

　ホテルに泊まらせてくれなくて、裏に海の家があって、その大広間に全スタッフ全キャストがザコ寝です。グアム島ロケに行って三ヶ月経ったら海の家でしたから（笑）。


（註1）七七年（昭和五二年）四月三日から十二月二四日まで全三二話が日本テレビ系で毎週日曜日午後六時半～七時（～25話）、毎週土曜日七時～七時半（26話～）に放送された、創英舎製作の特撮テレビ番組。

▼監督への意志

原田　その後に教育映画を一本やったのかな。僕は神野さんと、『戦え！　レッドタイガー』という子ども番組（註1）をやった後、そこで別れるんです。神野さんはあくまでも製作部で行く。僕は助監督だということで。（註2）

　結局、前にお世話になった東映に「なんかないですか」と言って戻っていったんです。それで細かい作品を何本かやりました。『スパイダーマン』を二本とか。

　神野さんは未だに「お前は俺を裏切った」と言うんです（笑）。でも僕からすると、自分は製作部にはなれない。

　僕、結構助監督の時から、製作系をやれと言われてたんです。「そっちの方が向いてる」と、随分色んな人に言われました。モノを作り出すよりも、色んな状況をまとめていく力の方があるというのは、一貫して言われてました。僕もだから「そうなのかなあ、演出部としてはムリなのかなあ」と思ったこともあります。でも僕は監督がやりたかったですから。

　ただ、具体的に思い出すと、「監督になりたい」というのはもう少し後なんです。当時サード助監督から見たら、監督なんて神様みたいなもんですから。なかなかそこまでは行けないだろうと思ってました。

　教育映画の時は、物運びが中心でも、人数が少ないから、嫌でもモノ作りに関わるんです。でもテレビの現場に行くとスタッフも三十～四十人居て、制作の一番下って本当モノ作りに関われなくて、交通整理とお茶淹れなんです。全然面白くもなんともないわけ。

（註1）教育映画では撮影部が二〜三人、照明部が一〜二人、助監督は神野さんで制作進行が俺一人。録音はアフレコで後でやる。後は学生バイトを融通無碍に使う。この少人数の作り方を神野さんが知っちゃったが故に、『レッド・タイガー』ではそのノウハウが十二分に生かされた（笑）。やろうと思えばスタッフは何役か兼任出来るんだという。僕は記録をやっていた当時の妻と二人で雇われたんだけど、今持ってる車を売って一・五トンのトラックを購入することが条件だった（笑）。要は夫婦で記録、制作進行、車両代と車両の運転（笑）込みのギャラ。「うまいこと考えるな」と。ただ原田は、そうやって雇われたみんなの鬱憤のハケ口になってましたね。現場が暑いとか、水が出ないとか。（久里耕介さん）

（註2）原田さんとは『レッドタイガー』の現場で会いました。『刑事犬カール』の見習いを経て、初めてのスクリプター経験だったんですが、みんな可愛がってくれました。私が原田さんの二つ上で、以後三十年来、同級生感覚で付き合ってます。気に入られてよくご飯食べてました。うちに食べに来たり、いつも迎えに来てくれたり、送ったり。仲が良いからずっと「いつ結婚するの?」と言われていました。その後東映の『野性の証明』に私を呼んでくれたんです。（スクリプター・山内薫さん）

▼『野性の証明』

原田　東映でウロウロしている内に、かつて『キョーダイン』をやった時に東映企画に居たメンバーから、新しいドラマをやるからその助監督をやるかと声をかけてもらえたんです。それが、テレビ版の『野性の証明』（註1）です。そこにサードで入るんです。主演が林隆三さんでした。井上昭さんや村山新治さんといったベテランの監督、あと永野靖忠さんがやっていて、1クール、一三本やりました。

　これはバリバリの大人のドラマで、僕はサード助監督に戻って一からやり直したんです。『野性の証明』は音声も同録のドラマで、サード助監督はシンクロのカチンコを入れなきゃいけない。それまで教育映画や子ども番組はオールアフレコだったから、シンクロのカチンコを打てるようになって「ああ、やっと俺、プロの助監督になったな」と思えた。この時、業界に入って三年目です。これでやっていく気になったんです。「これをやれれば、俺は全部行けるわ」と。『野性の証明』は僕にとっては大事な作品でした。

　この時、制作担当が生田篤さんという方なんです。後の東映東京撮影所所長です（註2）。その前の『キョーダイン』の時からお世話になっていた方なんですが……岡田裕介さんと当時コンビを組んでたんです。東映の社員の方なのに、裕介さんがプロデューサーをやって、松竹で『この子の七つのお祝いに』（八二年）とかやった時、松竹作品に参加していたり、当時は東映の本流からは外れてたんです。『野性の証明』は森村誠一シリーズだったんですが、岡田裕介さんの初プロデュース作品がその枠の『人間の証明』でした。

『人間の証明』が大変だった話は聞いてたんです。脚本の早坂暁さんの伝説がたくさんあったんです。早坂さんはものすごく遅いんです。来週の予告を見て、来週のホンを書いていたという人なんです。当時FAXがなくて、裕介さんが早坂暁の横に居て、電話で今こう書いていると伝えて、それを撮影所で聞きながら書いて、刷って撮影してた。クランクアップした時に台本が刷り上ってきたというぐらい。

『野性の証明』は早坂暁さんじゃないので、そういうことはないんですが、それでも、ものすごく忙しかった。一時間番組を四日間ぐらいで作ってました。だから早い撮り方も覚えました。やっぱり監督の割り切り方なんです。撮影所からあんまり出ないでどうやって撮るかとか。「ちょっと看板変えるだけでいいから」と、アングルで違って見せたり。「色んなやり方があるんだなあ」と。

　小川真由美さんとか林隆三さんとか、気を遣わなきゃいけない役者さんばかりでしたが、今までやってきたヒーロー物と比べて「仕掛け」がないんです。ドラマ主体で撮ってくから、役者さんさえ芝居が出来ればバンバン撮れる。ベテランの俳優さんばかりだったから、芝居が出来ないってことはないわけで、見てても「なるほど」と。初めて役者さんの芝居をじっくり見ましたね（笑）。

　子ども番組の時はやっぱり芝居を見るってことはなく「動き」を見てましたから。子ども番組は最初に動きがあってモノを作ってくんだけど、ドラマの場合は役者さんの芝居を作って、そこから引き出していくやり方だから、接し方が違うんです。最初のものの持って行き方が。

　そんな意味で色々発想も変わったし、長回しもやりました。十二分ワンカットとか（笑）。当時の一六ミリのフィルムで四〇〇巻入れると十二分あるんですが、それギリギリいっぱい使う。役者の芝居が長くなるとフィルムがアウトでNG。十二分の芝居をつけるのは結構大変で、午前中ずっとリハーサルをやってた（笑）。セットで2キャメで回して、両方とも十二分で四〇〇フィート丸々回さなきゃいけなかった。Bキャメ使わないところでも、当時のシンクロのやり方だと、そこは切れないんです。回しておかないと。それで、頭でカチンコを打っておいて、Bキャメではシーンでカチンコを打つというやり方で、両方で、役者も動くしキャメラも動くしバレないようにやらなきゃいけないから、リハーサルが大変だったんです。

　でも準備が大変な分、本番は一発で終わる。ワンシーン終わっちゃうわけですから。時間はむしろ稼げるわけです。

　子ども番組はやっぱカット数でしたから。竹本弘一さんの時は一日一六〇何カット撮ったことがある。『野性の証明』はカット数の問題じゃなくて、四五分ぐらいの作品を四〜五日で撮るのは、一日十何分回せばいい。

　三ヶ月間、『野性の証明』をやって、次に『腐食の構造』をやるつもりでいたんですが、その時にちょうど『Gメン'75』のレギュラーを入れ替えるタイミングで、スタッフも入れ替えたいという話になって、欠員が出来たから来いと言われたんです。それでトレードになったんです。

（註1）『野性の証明』は「森村誠一シリーズ」の第二弾として、七九年一月から三月にかけて角川春樹事務所の企画で毎日放送制作、TBS系列にて放映。

（註2）生田篤　四四年新潟県生まれ。六二年東映に入社、東京撮影所製作部に配属。六五年以降関係会社数社に出向し、八五年同社東京撮影所に復帰。〇三年東京撮影所長、〇四年取締役に就任。あわせて〇三年関係会社の東映テレビ・プロダクション社長に就任。〇九年、肺癌のため東京都板橋区の病院で死去。享年六五。原田さんが助監督として関わった作品では他にテレビシリーズ『リトル・ロマンス　花よめは16歳』（七九〜八〇年）がある。

原田昌樹語る

原田昌樹・助監督時代①　『Gメン'75』と過ごした青春

チーフ助監督への道

亡くなる半年前からこれまでの仕事についての聞き取り作業を行った時、原田さんは『Gメン'75』に関しては監督になる以前にも関わらず、とりわけ熱心に語っていた。この時期は原田さんが助監督として最も多くのことを吸収していった時期でもあった。

▼『Gメン'75』伝説

『Gメン'75』は七五年五月二四日から八二年四月三日まで放映された。丹波哲郎演じる黒木警視正をリーダーに、若林豪の立花警部、夏木陽介の小田切警視、伊吹剛の中屋刑事ら基本七人の刑事が主人公のドラマ。Gメンは組織犯罪を秘密裏に捜査、警察組織自身の腐敗も暴く、公安警察的な要素を持つ存在。メインライターであった高久進は社会派的作風のエンタテイメント作家として知られるが〈警察の中の警察〉として発想したと語る。

原田さんが助監督として入ったのは、七九年五月放映の206話「催眠術殺人事件」から。その一話前の205話「新Gメン対ニセ白バイ警官」はレギュラーである津川警部補(夏木マリ)、田口刑事(千葉裕)、村井刑事(有希俊彦)の初登場回であった。第1話からレギュラーだった倉田保昭、藤木悠と、105話からレギュラー入りした二代目女Gメン・森マリアが立て続けに降板した後を受けた新シリーズの幕開け期。原田さんは以後、八二年四月放映の最終回スペシャルまで参加している。

「倉田保昭さん達がいる時に『装飾を手伝え』と言われて、ちょっとだけ参加したことはあったんです。二本ぐらい」(註1)

原田さんら新しいスタッフ達にまず見せられたのが、『Gメン'75』の名作選、「バスストップ」(13話)、「終バスの女子高校生殺人事件」(47話)、「背番号3長島対Gメン」(20話)である。

「試写室でフィルムを上映したんです。どれもすごいと思いました。『バスストップ』はたしか、藤田美保子の女Gメン(註2)が毎日通勤で使うバスで出会うテロリストの話ですね。好きになった人がテロリストだったという。ひまわりの花が印象的な」

彼は実は潜入捜査官だったが、警察上層部の判断でテロ組織のメンバーと共に射殺。灼熱の中、陽炎のように滲むひまわりの花の映像に象徴される、ひと夏の幻影のような回だった。

「川崎球場で撮影した深作欣二監督の『長島対Gメン』もすごい。お金が映画並にかかって。もう二度と出来ない」

「終バスの女子高校生殺人事件」(脚本・西島大、監督・鷹森立一)にも感銘を受けた。

「あれはショックでした。見た時に『こんなにレベルの高い話を一時間ドラマでやってるんだ』と思いました。僕、未だにテレビドラマであれより密度の濃いやつ見たことないですから」

女子高校生が、バスの中で煙草を吸っていたヤクザ者に注意したことをきっかけに終バス内で殺される。女子高生の友人だったGメン藤田美保子の正義感から、個人が力の後ろ盾なく暴力に刃向かえるのかという問題意識にドラマは集約される。被害者の祖父は、敗戦直後、妻が米兵から集団暴行を受けた時、警察に見て見ぬふりをされた過去があったため、藤田に反発。警察の正義など、力にすがる正義であり、そんなものに影響を受けた煽りで孫娘が殺されたのだとしたら、アンタも共犯じゃないかと。

そして保身第一で傍観者的な大人の中で、一人の女子学生だけが本当の勇気を持っていたという方向に持って行きながら……。

「そのはずが、最後のワンカットで全部ひっくり返す。あれは現場のスタッフの間でも『Gメンのすごい傑作』として話は聞いていました。撮影部のセカンドだったダイゴロウ(原田清一さんのこと)が地方ロケで酒を呑んでGメンの思い出話をすると、あの時のラストカットの話をするんです。最後に事件の真相を知った藤田美保子のアップを撮っている時に、キャメラマンの下村和夫さんが『おい、ボケてる』と言った。でもダイゴロウは優秀なフォーカスマンだったから『合ってます』と下村さんを見たら涙ボロボロ。それで画がボケて見えなかった」

女Gメンが〈勇気ある女子高生〉と偶像化していた少女もまた、力あるものに寄りかかる弱さゆえに犯罪の引き金を引いていた——悲しい現実を受けとめるカットにキャメラマン自らの涙が。

「『そんな撮影があるんだ』と。あれを見て『これからトップランクのテレビドラマをやるんだ』と気合いを入れました。当時まだセカンドかサードかぐらいの時期だったので」

(註1)「当時は大泉撮影所の中では何かというと宴会で、作品を越えて集まっていた。特に僕ら装飾は敷地内に大晃商会という小さなまとまりがあったので、宴会の小道具をすぐ揃えられたんです。たとえば『キョーダインをやっていた原田を呼べ』と先輩が呼ぶと、行かざるを得ない(笑)。そういう中から、原田が『Gメン'75』を手伝う流れになったのかもしれないです。よくあったんです、装飾のバイトから現場に入るというのは。大晃商会は、初代の社長が元東映で装飾をやっていた人で、昭和四三年、近藤照男プロデューサーの『キイハンター』が始まった頃に作られた会社です。それ以来、東映社内にずっとあります。『キイハンター』をうちでやっていたから、同じ近藤さんの手がけた『Gメン'75』も当然やることになったんです」(装飾・高桑道明さん)

(註2)NHK朝のテレビ小説『鳩子の海』(七四〜七五年)主演直後の藤田美保子が響圭子刑事役で1話〜103話までレギュラー出演。初代女Gメンとなった。

▼生涯忘れられない出来事

「『野性の証明』をやっている時は、一時間もの四五分を四日間で撮影していたんです。長くて五日ぐらい。『Gメン'75』に行って、僕が最初についた山口和彦監督の回が十四日間ぐらいだったんです。その次の小松範任さんの『婦人警官連続射殺事件』は十六日間でした。三倍ですよ。ヘトヘトになって『これ、十六ミリで撮っている映画だ』と思いました」

だが、ギャラまでも二倍、三倍とは行かなかった。

「当時僕は一時間ドラマ一本につきいくらのギャラだった。今まで『野性の証明』は月に四本撮れる。ところが『Gメン』はいきなり月に二本です(苦笑)。楽しいけどギャラ半分はキツイなあと。ただその頃は若かったし、一番体力があった頃だから」

原田さんは当初B班スタッフに参加した。

「A班がレギュラー・スタッフで、B班は外部の寄せ集めです。一本やったらみんな辞めちゃった。半端じゃなくキツい。一週間に十日徹夜してたとか、そのくらいは当たり前でしたし」

撮影の都合がすべてに優先される、強行スケジュールの毎日。

「スカイラインという撮影があるんです。夜に明かりがギリギリ残っている状態で撮影をして、ライトが少なくても撮れる。あれは、一晩に二回撮れるって知ってます？　陽が沈んだ直後と、夜が明ける直前が撮れるんです。普通の現場では陽が沈む方しかやらないんだけど、Gメンだと『朝まで行きゃ、もう一回スカイラインが撮れる』という。それぐらい当たり前だった」

それでも原田さんが『Gメン』の助監督を続けていこうと思った、あるきっかけがあった。それは実際についた最初の現場である206話「催眠術殺人事件」での出来事。

「回想シーンで、ゲストの谷村昌彦と結城しのぶが列車に乗っていて、そこにライフル魔が入ってくるというワンシーンがあったんです。そのワンシーンのために撮影を一日やったんですね。『そんなのテレビでもあり得んのか』と思って」

その撮影で、原田氏は生涯忘れられない体験をすることになる。

「京王線の稲城駅で、列車の中にライフル魔が入ったので、機動隊が控えているシーンを列車の中から撮ったんです。もちろん列車の中にキャメラを入れて。僕とチーフ助監督の長石多可男さんは機動隊の格好をしてホームにいる。山口監督と下村キャメラマンが違う駅から急行に乗り込んで、通過中に狙って撮影する。僕らは列車の時間に合わせて機動隊員になって走る。ダーッて」

予定では、それで撮影が終わりのはずだった。

「ところが長石さんが『次に逆向きで急行が通過する時も、俺達走ろう』と言い出した。僕は『そんなの打ち合わせにもないし、意味がない』と言ったら『いや、山口さんと下村さんはこういう時もきっとキャメラを回してるから』と言われたんです。その時は半信半疑だった。しかもどの電車に乗るのかもわかってない。でも列車が来た時とりあえず走った。走りながらパッと見たら、中にキャメラがいてこっち向いてたのが見えた」

自分はすごいスタッフの中にいると実感した瞬間だった。

「打ち合わせもないのに、大変な呼吸で撮影出来るスタッフだなと。携帯はもちろんないし、トランシーバも届かない。本当に信頼関係があるんだなあと。感動した憶えがあるんです」

それは原田さんにとって、更に気を引き締める出来事だった。

「撮影というのは、ちょっとしたことでも無駄にしちゃいけないし『打ち合わせにないからやらない』じゃなくて『やっぱり気持ちだよね』と思いました。しかも回想のワンシーンですからね。それをこんなに丁寧に撮影しているチーム。『これは楽しいぞ。どんどんやりたい』とGメンに対して思いましたね」

▼撮り直しでスタッフもクビ

「近藤照男という当時東映で〈天皇〉と言われたプロデューサーがいて、この人のオールラッシュが一番怖かった」

近藤照男。生年月日不詳。香川県出身。東映のプロデューサーとして一九六〇年代中盤から主にテレビ映画に関与。美術スタッフ出身で、プロデュース作品は『スパイキャッチャーJ3』（六五〜六六年）『キイハンター』（六八〜七三年）『アイフル大作戦』（七三〜七四年）『バーディ大作戦』（七四〜七五年）等がある。（註1）

「普通一回四五分というと四、五分オーバーして五〇分ぐらい撮って、そっから詰めてくんですが、Gメンの場合は十五分から二〇分ぐらいオーバーしてなきゃダメなんです。それを見て、近藤さんが切っていく。だから密度が濃い」（註2）

撮り直しの指示も日常茶飯事だった。

「後に監督としてテレビドラマを撮ってて楽だなあと思ったのは、オールラッシュをみんな気楽に見ているんです。寝てる人もいる。でもこの頃、Gメンの助監督の僕らはピリピリしてました。オンエアに間に合わないかもしれない。近藤さんからリテイク出たら、すぐ役者さんに電話かけました。ゲストの役者さんにもあらかじめ『撮影が終わっても、まだオールラッシュが終わるまで安心しないで』と言ってたんです」（註3）

追撮をスタッフ入れ替えで指示したこともあった。

「『撮り方が気に入らない。わかってない』と、ラストシーンを撮った監督とキャメラマンとチーフ助監督……要するにメインスタッフを入れ替えたんです。当惑している役者に、僕も『何も言わずにやってくれ、芝居』と言うしかありませんでした」

（註1）『Gメン'75』末期の八二年に東映から独立し、近藤照男プロダクションを旗揚げ、石ノ森章太郎原作の『HOTEL』をテレビドラマ化。二〇〇六年、脳内出血により死去。享年七七。

（註2）「『Gメン'75』に刑事の独白ナレーションが時々入るのは何故かというと、編集で短くする時に、ナレーションで補うとわかりにくくならないからなんです」（キャメラマン・林淳一郎さん）

（註3）「後年近藤さんがやった『HOTEL』（全五シリーズ、九〇〜九八年）の頃になると、フィルムからビデオ収録になったことでかえって妥協がなくなって、放映の日まで出来てないなんてことが何度もありました。リテイク、リテイクでその日の昼まで撮影してるんですよ」（高桑道明さん）

▼編集で出るソリッドな魅力

編集に目を光らせる近藤氏が特に気にしたポイントとは？

「あの人は、ある意味犯人の世界観を大事にする人でした。刑事側を描かないですから。そこに、やるせなさ、切なさがなきゃダメだと。『Gメン』はほとんどの話が、犯人側に同情がいく話です。だからGメンが最後逮捕に来るのが悪く見える」

当時人気の『太陽にほえろ！』と違うのはそこだと感じていた。

「『太陽にほえろ！』では〈犯人は犯人だ〉という扱いになる時もあるんです。それがGメンはあまりなくて〈何故そいつがその犯罪に手を染めたんだ？〉というところをちゃんと描く。だからGメンは必ず社会正義的な話になる。要するに貧困とか、差別とか、そういうところに犯罪の素があるというところに行き着く。で、人と人との信頼関係も『終バス』の話みたいに一瞬にして崩れる。要するに現実をキッチリ見せる姿勢がある」

『太陽にほえろ！』では最後ボス（石原裕次郎）の笑顔で終わりという回が多いが、『Gメン'75』はその意味でも対照的だ。

「そういう温かみはないんです。バンッといきなり話を断ち切って、（エンディングの）滑走路を歩いていく画にして、ボンと曲をかける……そのエンディングが本当に無表情なエンディングであって、哀愁はあるけど、あまりGメン達が犯人に同情を寄せるような話じゃない。いきなり人を見捨てるような……それがかえって、当時の世の中の流れとかを感じさせるような、ソリッドな感じがしたんですね、やってて。近藤さんはエンディングに入るタイミングが悪いとリテイクを出してました」

それは原田さんが対象を捉えるまなざしの原点となった。

「僕が後にウルトラマンをやった時に、高野宏一さんから『ウルトラマンは怪獣を描け』と言われたのと同じだと思います」

後に原田さんが「編集の監督」と呼ばれたことにも、『Gメン'75』での経験が寄与していることは間違いないだろう。平成ウルトラなどで見せた、エンディング主題歌を効果的に生かして情動を刺激する作風は、原田監督の長年の経験で培われ、開花したものなのだ。

他にもタイトルバックの文字をアニメーションにする手法を後の監督作品『旅の贈りもの　0：00発』で採り入れるなど、『Gメン'75』からの影響は多大だった(註1)。

(註1)「Gメン'75」という文字が躍るように出るタイトル案は装飾の高桑道明さんによる。

「東映アニメーションがタイトル文字を作ることになって『何かいいアイデアないか』と言われたから、『G』の字をアニメーションで歪ませておいて、止まったらヒュッと飛び出させて、最後アポストロフィーの『★』をピョンと飛ばすというアイデアを口述しながらザッと描いて見せました。それを近藤さんが採用したんです」(高桑道明さん)

▼『Gメン』テイストの秘訣

「僕の演出的なベースというのは、ここにあります。人物像の捉え方と、人の動かし方、それからキャメラワークを教わりましたね。Gメンの『人の撮り方』というのがあるんです。ズーム主体でフォーカス移動をしていく」

カットを割らないで、人物への焦点が移動していく。

「たとえば刑事と犯人が対峙して、奥で刑事が喋って犯人が聞く。普通のドラマだと、キャメラの位置を変えてカットを割るんです。ところがGメンの場合、一回置いてあったキャメラのポジションから全部撮れる。奥の片方が喋った時の手前の片方のリアクションを、望遠レンズを使って、片方のアップから、フォーカスを動かすことでいっぺんに撮れちゃう。だからリアクションがわかる引きの入れ込みカットとかは撮らなくてもいいんです」

カット割りではなくフォーカス移動で芝居のタイミングと連動する。脚本を読み込んでいないと出来ない技だ。

「台本を読まない撮影部はいくらでもいる。キャメラが向いた方にフォーカスを合わせればいいのだから。でもGメンの助手は一生懸命台本を読んでいた。キャメラのアングルは変えずにフォーカスを移動させるというのは芝居のタイミングなんです。だから、この撮影部から優秀なキャメラマンが出るんです」(註1)

徹頭徹尾ドラマのわかるスタッフが作っていたのだ。

「話の展開によってはスッとフォーカスを移動するだけじゃなく、柔らかくスーッと持ってくるとか、そういうことに長けていた。たとえば情緒のある悲しいシーンだったら、ボケを効果的に使ってだんだん鮮明にしていく……とか。そういうテクニックが必要で、しかもそれを年間に何十本と撮ってるわけです」

もちろん画面に映る要素は人物だけではない。

「車か電車が走っていたら、最初そこにフォーカスを合わせる。その後に刑事のセリフが入って来たらそこにフォーカスを送って、刑事が犯人を見たら今度はそこにフォーカスを送る。しかも、それだけじゃなくて『Gメン』では、そこからまた芝居のタイミングでフォーカスを戻すというのがあったんです。」

画をモニタで同時に見ることも出来ない時代。キャメラが動かないと、助監督はいつカチンコを打ったらいいかわからない。

「当時はキャメラマンのちょっとした動きで読み取るしかないんです。出来上がった画は、撮影終了の二〜三日後にラッシュが上がってきて、現像を見るまでわからないですから」(註2)

芝居とともに全スタッフが同時に、一つになって動いている。

「他の番組が『Gメン』を真似できなかったのはそこなんです。それは後の自分の演出にも影響を与えてますね。画がつながってるから感覚がつながってくるんです。そこで情感も出てくる。単純にカット、カットで行くと、アクションなんかはそれでいいんですけど、感情をつなげる時は別の方法があるということ。そういうベーシックな面を覚えておいて良かったと思います」

ロケ地探しも並大抵ではなかった。犯人や事件に関わる市井の人間の住む家やアパートには生活感があった。

「『Gメン用のロケハン』という言葉があって、たとえば犯人の貧しいアパートの下には川が流れていて、上に電車が通ってないといけないとか、それを全部現実にある場所から見つけるわけです。僕が入った頃は古いアパートとか、リストアップされている場所があった。どんなにいい場所でも、電車とか車、川とか、必ず傍に動いているものがないとダメなんです」(註3)

スタッフがとことんまで場所を捜していないと怒られた。

「朝からロケハンに行って、全部場所が見つかったからと三時ぐらいにスタッフルームに帰ってくると近藤さんは『お前ら何やってんだ』と。『いやあ全部場所が決まりました』と答えると『一回見ただけで決めてくるんじゃない、もう一回捜して来い！』と行かされました。結局同じ場所になるんですけど、朝から晩まで働いてなきゃダメという」

(註1)　撮影部チーフの林淳一郎氏は、『Gメン』を抜けた後『戦国自衛隊』(七九年)を担当。『嵐が丘』(八七年)『リング』(九七年)『カリスマ』(九八年)『ドラゴンヘッド』(〇二年)『重力ピエロ』(〇八年)『あなたへ』(一二年)等、日本映画を代表するキャメラマンとなる。その林さんはチーフとしてついた下村和夫キャメラマンについてこう語る。

「『Gメン』のスタイルを作ったのは下村さんです。ズームを動かしながらパンするというのは、他のキャメラマンはビビってやりたがらないけど、下村さんがやるとそれがすごくいい感じになる。画がグチャグチャになってない。普通にパンしているように見える。あれ、なかなか出来ない。キャメラマンとして芝居を見る目がすごかったので、原田も、監督と同じぐらいキャメラマンの良し悪しが重要なんだと『Gメン』で感じたと思うけどね」

(山口和彦さん)

(註2)「『Gメン』は望遠が多いので、ロングで撮っているように見えても、実際は寄ってるわけだから、役者の芝居も手を抜けない。フォーカス送りのテクニックは、下村さんにしても、うまいというより、そういう風に出来るように意識的に勉強していた」

(山口和彦さん)

(註3)「場面の構成の妙だよね。朝もやからパンすると刑事がどぶ川をさらっていて、その上を電車が通る……とか。一連の動きに、緊張感が持続しないといけない。『これから何か起こるよ』何かが起きちゃった後なんだろうな』という心情を作る。そういう動きが画面にある」(高桑道明さん)

▼真夏のバスジャックで開眼

「監督で好きだったのは山口和彦さんです。山口さんは、志穂美悦子さんの空手ものを撮ったりしているので有名だったんです。背が高くて細くて、顔は郷鍈治みたい。サングラスをかけて車を乗りつけてくる監督なので『カッコイイ映画監督やなぁーっ』と見てました。ノーコンテで、説明だけでパッパッと撮る。思い切りがいいところもカッコ良く思えました」（註1）

原田さんが、自分の参加した中で一番好きなのも山口監督回だ。

「なんといっても『大暴走！　バスジャック』です。前後編（222、223話）。実質九十分だからほぼ一本の映画です。ジョニー大倉演じるチンピラが弟と北品川の安っぽいドブ川沿いのアパートに住んでいて、暑くて暑くてしょうがない（註2）。単細胞な連中で、銀行強盗に失敗して、逃げる時たまたま通りかかったバスに飛び乗ってジャックする。それで逃げて逃げて、海岸沿いの空き地にバスが止まって包囲される。後はGメンがどう犯人を取り押さえるかというだけの話で、前編はまだ銀行のシーンがあるんだけど、後編はバスの中と外だけなんです」

一箇所に集約したギリギリの撮影が勝負だった。

「八月の一番暑い時期に、バスの中の犯人と外のGメンだけを、一週間は撮った。毎朝七時から夕方六時半ぐらいまで。異様な緊張感でした。もともと病院に向かうバスで、中にいるのは病人とその家族という設定です。だんだん暑さとかで乗客が苦しむんだけど、撮影していてもクラクラする暑さだった」（註3）

そんな中での山口監督の姿勢に惚れ込んだ。

「山口さんは力強かったです。たまたま犯罪に巻き込まれたバスの中の人達というテーマだったのが、撮っていく内に、この兄弟にどんどん思い入れが行く。なんでこいつらがこんな無謀な、しかもバカな犯罪に手を染めてしまったのかという方へ、話が変わっていくんです。もちろんストーリーとしては、やっつけられて終わりなんだけど、撮っていてむしろ『逃がしてやりてえよ』と思うぐらい。切ない切ない（笑）」

同じ話でも、監督によってまったく変わるという発見。

「セリフのやり取りは脚本を全然直さないんですが、監督の視点がどんどん変わってくんです。『あ、ホンはホンだけど現場というのはまた違うんだな』と」

〈監督はどうあるべきか〉を知っていく体験でもあったのだ。

（註1）「原田は俺が『原田がいるとなんでだかしんどい現場になるな。雪降るし、雨降るし』なんてからかうと『そんなこと言わないでくださいよ』ってね。優しい男だったから、スタッフも原田にそういうことを言えたりしてた。ムードメーカーで、明るいし、スタッフとコミュニケーションを取ってた。それと、俳優さんに優しかったね」（山口和彦さん）

（註2）「この頃、僕はいいと思う歌を『Gメン』の中で流していたんです。バスジャックの回は当時、長渕剛が売り出し中で、今ほどメジャーじゃなくて、その『祈り』という歌を犯人が好きということにして、イメージに合う場所にした。品川にある、開発途上国の工業地帯の水が流れているような真っ黒な河に、真っ白なクラゲがプカプカ浮いている。ボコボコとメタンガスが出ている。そのきわにあるアパートから始まるんだ。そのアパートの住人が銀行ギャングを決行しようとする」（山口和彦さん）

（註3）「これはもったいないから二話分にしたんだ。最初は一話だった。撮影用のヘリコプターは当時一時間三〇万円ぐらいで飛ぶんだけど、三〇分しか使わないから一〇万円ぐらいにしてくれと制作がかけ合った。東京へリポートのすぐ近くで撮影したのは、そこで朝と夕方に警察のヘリが発着するから。いかにも事件の合間に飛んでいるように見えるわけ（笑）」（山口和彦さん）

▼奇妙な男と女のギャング

山口和彦監督の回では、243話「奇妙な男と女のギャング」も好きな一本だという。後期の『男はつらいよ』シリーズで寅さんのテキヤ仲間を演じる谷村昌彦がゲストでいい味を出す。

「七九年の年末に撮影した。谷村昌彦さんは後にGメン役でレギュラーになりますが、僕はこの時にゲストで出た谷村さんが一番良かったなと今でも思っているんです」

谷村演じる男が自分の働いていた銀行に押し入ってしまう話だ。竹井みどり演じる横浜の不良娘がヤクザの情婦で、しかも胃ガンで余命が短い。これに同情した谷村がことに及ぶ。

「港の倉庫に逃げ込むんです。憶えているのが、横浜の倉庫で、夕方、手前に焚き火を焚いて、谷村さんが強奪したお札を数えてるんです。その数え方がすごくあの人ならではのわびしい生活感があって。内田安夫さんというキャメラマンがこの時、いい画を撮っているんです。谷村さんが『これって俺がもらえるはずの退職金より少ねえんだよね』と言うんですね。『自分もあともう何ヶ月かいれば、もっと金もらえたんだよね』と」

完全に谷村昌彦の方の、切ない思いが中心の回だった。

「この時の谷村さんの情けない哀愁が心に残りましたね。『監督になったらああいう画を撮りたいな』と思いましたもん。情けないけど、すごく切々とわかる気がしましたね」

彼らの行為はあくまで犯罪。ハッピー・エンドにはなり得ない。

「ここでもGメンの方が悪役です。最後も、Gメンに追い駆けられて、港の船づたいに走りながら逃げようとするんだけど逃げ切れなくて、谷村さんが改造拳銃を頭に向けて死んで終わる。すごく悲しいんです。竹井みどりがGメンに囲まれながらも谷村さんの傍に行って『おじさーん！』と泣く」

原田氏は、この回の撮影で一九七九年を締めくくった。

「十二月三一日に撮影しました。朝四時に出かけて、最後が夜明けのシーン。これが山口さんのすごいところで、台本では海で撃たれるだけのシーンだったのが、カットがどんどん増える」

ラストカットは夕日になっていた。

「『おじさーん！』というカットを朝陽で撮り出したのに最後は夕陽なんです。それがまたいい画だった。キャメラの内田さんが『今日が十二月三一日で良かったな』と言うんです。『港の船が一艘も動いてない』と（笑）。ずっと朝の雰囲気で撮れた。それでクランクアップして、家に帰ってテレビをつけたら紅白歌合戦でした。『今年は中身の濃い一年だったなあ』と」

一九七九年。原田さんにとって特別な一年であった。

「この年、最後に山口組をやれて良かったと思いました。夏にその山口さんと『バスジャック』をやってたし、Gメンの後期に自分が入って、一緒にいいものを作れた気がしたんです」

▼ずっとカー・アクションを撮っていたい

「その頃、バイクアクションが大好きでした（註1）。『Gメン』には暴走族の話が多くて、この頃は僕、助監督セカンドとして一番乗っていた頃です。『アクションお任せください』状態」

『西部警察』の影響か、人間ドラマ主体だった『Gメン』でもカー・アクションを前面に押し出した回が目立つようになる。

「当時はそこら辺の道路でやっていた。一作品に一回ドカーンと。達成感がありました。『朝から晩までカー・アクションを撮っていてもいいや』と思ってました（笑）」

それを助監督二人だけで仕切っていた。

「カー・アクションは、実はそんなにパターンはない。追いつ追われつになって、だいたい片足からひっくり返るとか、ピー・ボン・クラッシュといってボンとぶつけるとか、飛び越えるとか。ああいうのは決まったローテーション……スタントマンの手順がある。たいして難しくないし、難しいことは出来ないんです」

原田さんは「慣れたらどうってことない」と思っていたという。

「僕ら『Gメン』でそれをやっていたから、その後、他のドラマに行って、ちょっとしたカー・アクションシーンでスタッフが右往左往するのを見て不思議でした」

カー・アクションの現場をうまく持っていくコツはなんだろう。

「一番ヤバイのは、スタッフも役者も含めてですが、興奮させちゃダメなんです。カー・アクションは、スピードじゃなくてタイミングでしかないんです。アクションはタイミングを合わせることですから。実際には時速三〇キロぐらいでやっているのを、スピード調節して見せているだけ」

現在でもその方法は変わらないという。

「コントロール出来るスピードより下でやらせておけば、絶対に事故は起きないんです」

それを知らない人が段取りをつけると、スピードが上がる。

「そうすると事故が起きる。スタントマンは、言われたらやりますから。カー・アクションはある種の割り切りなんです。『これはここまでしか出来ない』と思って撮っちゃうしかない。それ以上求める時はちょっと違う方法を考えなきゃならない」

他の撮影現場で事故が起きたと聞くと、原因の察しがついた。

「直線で、ただまっすぐ車とバイクが走ってくるというやつを、正面から撮っていて、キャメラマンが『迫力がないからスピードを上げろ』と言って、バイクが一〇〇キロぐらい出した……とかね。『そりゃ事故るな』と。結局そのバイクがバランスを崩してスタントマンが亡くなった事故があったんです。正面から撮ったら、二〇〇キロ出しても迫力がない。そこに迫力を求めてもダメなんです。迫力を出すなら横に入る。バックとかから。通過させるなら四〇キロでもすごく速く見えますから」

しかしそんな原田さんにも危ない撮影はあった。

「当時撮影部のチーフの助手が林淳一郎だったんです。僕らは〈淳平ちゃん〉と呼んでたんですが、フォーカスマンはメインキャメラがやっていたんです。Bキャメの淳平ちゃんの方はフォーカスを送れる人間がいないので、僕が送ったりしていたんです」

その時、事故寸前の出来事は起きた。

「白バイが倒れて転がってくるシーンで、高橋レーシングチームの高橋（勝大）さんが『この辺で止まるからよろしく』とキャメラを構えた淳平ちゃんと、見ていたんです。こういう時は第六感が大事なんです。淳平ちゃんは勘が働くんです。本番に行く直前に『ちょっと待って』と言って、キャメラをガードレールの後ろに下げたんです。『望遠レンズだからここからでも一緒だよ』と。そしたら、すごい勢いで七五〇CCのバイクが突っ込んできて、ガードレールに激突した。『カットOK』と言った後『淳平さん、さっき移動しなかったら……』『俺達ダメだったね』と」

本番では予期せぬ事態が起こるのだ。

「テストで『このぐらい』と言ってても、本番はその二割り増し。みんなアドレナリンが出て力が入るから。そこまで計算しなきゃいけないんです。よく事故になるのは、キャメラマンもそうですが、被写体を見てるだけだから、逃げられないんです。自分で『ハイOK』と思った瞬間に目の前に……となる」

（註1）「最初、原田くんは現場にバイクで通ってた。初めて買った車は中古の赤いフォルクスワーゲン。昔のだから電気系統が変で、何か動かすとワイパーが動いていた。彼は走るのが好きで、前へ前へ行く性格が出てます。演出も山口監督のような、テンポのいい監督が合うんでしょう」（スクリプター・山内薫さん）

▼スイカを持った殺人鬼

思わず犯人側に感情移入してしまう回が多かった『Gメン』。だが時折、一切の同情を寄せ付けない犯罪者が出る回があった。

「サブタイトルは現場の台本とは変わるのが大半でしたが、『梟の森みな殺しの夜』（218話）は『カッコイイな』と思ったらそのままでした。なんといっても蟹江敬三がスゴかった」

蟹江敬三は『Gメン』の殺人鬼役の定番役者だった。

「『梟の森みな殺しの夜』は悪役が蟹江敬三と、市川好朗という役者（註1）です。ロケは山梨で、夏の暑い頃、犯人が斧で山の中の農家一家を惨殺する。トップシーンで、いきなり押し入って惨殺して出てくる。市川好朗が家の前の小川で、たしか吐くんです。すると後ろから蟹江さんが西瓜を持って出てくる。『暑いなあ。喉渇いたなあ』と西瓜を割って、真っ赤なやつをムシャムシャ食う。『この犯人だけは同情できない』と思いましたもん（笑）。このタイトルと蟹江さんのあの時の西瓜を食う姿は忘れられないです。『この人は、悪役やらせたら本当にスゴイな』と思いました（笑）。後の黒谷町シリーズの望月源治の原点です」

この蟹江敬三のイメージは、『Gメン』で話数を飛んで連作される「黒谷町シリーズ」に引き継がれる。殺人に対して人間的な感情を持たず、かつ精神にも異常が見られない、純粋な〈魔物〉としか言いようのない男が、蟹江演じる「望月源治」。彼が閉鎖された山村を舞台に手斧で殺人を繰り返す。何度殺されても、同じように残忍なその兄弟が次々と現れ、何度でも蟹江敬三が演じた。

「黒谷町は何本もやりました。望月源治が圧倒的に悪いという、似たような話だから、違いが思い出せないんです」

世界観的には、旧家のおどろおどろしいムードと猟奇的なタッチが当時リバイバル・ブームの渦中だった横溝正史を思わせる。

「残酷描写がスゴかったのと、今までのGメンのやり方と違うな、一方的に悪いやつを出していいのかなと思った記憶はあります。僕は犯人側に気持ちが行く話の方が好きだったから」

（註1）子役時代に『キューポラのある街』（六二年）で吉永小百合の弟役を演じて注目され、TBSの芸術祭参加ドラマ『煙の王様』（六二年）及び同作の映画版にも主演。下町でたくましく生きる雑草のような少年を体現していた彼も『Gメン』の時はもう青年で、犯罪者役も演じるようになっていた。後の『Gメン』黒谷町シリーズの殺人鬼望月源治（蟹江敬三）初登場編である276話「夜囁く女の骸骨」でも、その相棒を演じている。

▼一つの時代の終わり

「僕の上のチーフ助監督は堀長文さんと長石多可男さんと蓑輪雅夫さん。長石さんがチーフの時、山口監督が一番可愛がってた。『泣きの長石』と言われて(笑)。山口さんが『俺が、そんなのは撮れねえぞと言うと、長石が悲しそうな顔で見るんだ。あの顔を見ると撮らなきゃいけない気になる』と言ってました」

長石さんは後に戦隊シリーズや平成仮面ライダーシリーズの監督として知られる。二〇一三年逝去。原田さんとは十歳違いだ。

「その頃、僕らの夢は当然Gメンの監督になることでした。長石さんには成功して欲しいなと思っていたし、途中監督になったから、そういう意味で成功はしたんです。ただ、レギュラーまでは、近藤さんがなかなかしてくれなかった。そりゃ、上は深作欣二、佐藤純弥がいますからねえ(笑)」

原田さんと長石さん、そして小野多美雄さんは演出部の〈Gメン三兄弟〉と言われていたという

「僕も当時は痩せていて背が低いからよく『似てる』と言われてました。小野さんは五歳違いで、その上に長石さんがいて、僕まだ二十代だったから『自分の五年後は小野さんを見てればいい、十年後は長石さんを見てればいい』と思っていた。その頃は東映でずっと仕事をしていて、今みたいにフリーであちこち行くという時代じゃなかったから」

『Gメン』の仕事にのめり込んだ原田さんだが、途中何回か抜けている。その都度「もう戻れない」という覚悟が要った。

「とにかく当時、近藤さんに逆らったら東映で仕事は出来ないと言われてました。僕は『野性の証明』が終わって、『Gメン』には最初三ヶ月の予定で入ったんです。『白昼の死角』をまた森村誠一シリーズと同じ枠の高木彬光シリーズでやることになって、同じ生田篤さんが製作担当だった。ところが生田さんから『お前を戻すわけにいかん』と。『Gメン』のレギュラーメンバーに組み込まれてる人間を、引っ張り出せないと。僕は『白昼の死角』をすごくやりたかった。だけど、その時には戻れなかった」

それだけに『Gメン』を降りる時は相当の決意が要ったはずだ。

「たしかなんかあったんです。同じ東映の中でも、製作会社が変わったんです。その関係でグダグダ言われたんです。憶えてないけど。『それだったら僕やりません』と言って『Gメン』を降りたんです。東映にもう居られなくても構いませんと」

280話の辺りで原田さんは一回抜けている。

「黒谷町シリーズがあまり好きじゃなかったし、もう一年ちょっとぐらいやったし、山口監督とも色々やれた後だったから『そろそろ離れてもいいかな』とは思ったんです」

キャメラマンの下村和夫氏が離れたのも大きかった。

「下村さんはこの時、国際放映で『猿飛佐助』(八〇年)を撮っているんです。長石さんも監督になっちゃったし」

かつての、走る列車の中とホームという離れた場所での以心伝心の撮影があって以来、原田さんはその時のチームである、監督が山口さんでキャメラは下村さん、チーフ助監督が長石さん……というのが一番やりたい組み合わせだと思っていたのだ。

「そんな機会ももうないと思っていた時、僕にも国際放映から話が来て、『猿飛佐助』の後番組の『黄土の嵐』(八〇～八一年)という中国の時代劇に参加しました。ところが低視聴率で打ち切りになった瞬間に近藤さんから『終わったなら帰ってこい!』と電話が(笑)。その時は『Gメン』に戻るしかなかった」

離れたスタッフの動静を見ていたとしか思えないタイミング。

「この頃ね、下村さんも戻ってるんですよ」

結局皮肉にも、やや苦手だった黒谷町シリーズの一篇「雪の夜悪魔が生んだ赤ん坊」(296話)で原田さんは『Gメン』に戻る。その後、もう一度『Gメン』を離れ、その時は二時間ドラマをやっていた。後期はメインスタッフの編成も変わってくる。

「1話からやっていた鷹森(立一)監督がやらなくなって、レギュラーの小松(範任)監督が偉くなる。ちょっとガッカリしてた頃です。鷹森さんも、たぶん近藤さんとなんかあったんだと思うんです。最後の一～二年はたしか撮ってなかった」

「悪魔を呼ぶ子供」(333話)ではキャメラマンの下村和夫さんが監督になる。

「下村さんが監督ってことは、チーフ助監督は長石さんなんです。長石さんが『ヨーイ、スタート』をかける。下村さんはキャメラを覗いていて、はたから見たらこれは長石組なんです。下村さんはそんなに『ああしろ、こうしろ』と言う人じゃない。監督タイプじゃなかったんですが、近藤さんの英断でそうなった。コンテも下村さんの時は長石さんが事実上割るんです。コンテの説明は長石さんが現場でしてました。やっぱキャメラマンが監督なのは、ちょっと変だなと思ってやってましたね」

内容的には、だんだん繰り返しが多くなっていった。

「放映七年目ぐらいになって、僕自身二年半ぐらいやると、最初の頃ほど面白い作品がなくなってたんです。視聴率も、さすがの『Gメン』でも二〇%を切っていたと思うんです」

初期話数のリメイクも多くなる。

「同じ内容の台本を二～三回もらいました。ちょっとがっかりしました。前を見て新しいものを作らないと、面白くないです」

役者まで同じ時もあった。

「ゲストの役者さんから『俺、この役何回もやったぜ』と言われたこともあります。レギュラーが変わると同じ話をまたやるんです。〈婦人警官連続殺人事件〉なんて三回ぐらいやってます。あれ全部、松橋登が犯人です。たしか同じ目のアップを昔のから使ったこともある。『同じだから大丈夫だ』と言って」

最後の方はストーリーの記憶もないという。

「近藤さんも意欲が落ちてきたのかな。もう定年で、クレジットも東映から『近藤プロダクション』に最終回から変えている。一つの時代の終わりだと思いました」

▼チーフ助監督・原田昌樹の誕生

「女刑事に恐怖が這いよる時」(335話)で、原田さんはチーフ助監督になる。

「長石さんが監督に上がっちゃったから。それで他にいなくて、僕が上がったんです。その時、二七歳で。レギュラー出演者の江波杏子さんから『あんた早いわねえ』と言われたんです。『いや僕もうキャリア七年ありますよ』と言った記憶あります」

セカンドとチーフの仕事の違いはどこにあるのだろうか。

「セカンドは現場を仕切るだけなんです。気は楽です。簡単に言えば雨や雪が降ったら『今日やめましょう』と平気で言える。でもチーフはスケジュール管理だから、中止することはすごく大変なんです。全体のスケジュールを構成していかなきゃいけないし、特に『Gメン』の場合は中止は、近藤さんにまで話を通さなきゃいけないんで。『なんでやらないんだ』と言われたり」

後半では全部原田さんがチーフになる。

「台本が上がってきますよね。その一時間後にスケジュールを出せました。それは長石さんから教わったスケジュールの作り方があって、コツがあったんです。逆に言えば『Gメン』の仕事は、それぐらい速さを求められたわけです」

夕方に脚本が上がってきたら夜にスケジュールを作り、次の日にロケハンしてその次の日に撮影をする。

「香盤表をバーッと書くのですが、欠班表というのが出てくる。A・B班あるからレギュラー出演者を取り合うわけです。当然どちらも主役は違う刑事になっている。全員揃うのは基本的にはレギュラーセットのGメンルーム。刑事部屋です。それと最後の場面。そこのスケジュールを決めちゃう。『B班がGメンルームをやっているから、その次の日にうちがGメンルーム入ってそのまま使っちゃえ』と。そうやってスケジュールを決めないと、ゲストが呼べない。オンエアに追われているので『そのスケジュールに合う人を呼んでね』とキャスティングする」

スタッフはA・B班とあっても、毎回出ているレギュラーは同時に二本出ていることになる。

「『そっちは二時までやって、俺らは三時から撮る』とか」

『Gメン』にはレギュラーが全員揃わない回も多い。

「どうしてもスケジュールが合わない場合は、ホンで削ってもらうんです。だから台本が上がってきたらその日中に答を出す。それも、近藤さんに話を通さなきゃいけない。近藤さんはずっと撮影所にいましたから、話に行くわけ。『これがどうしても組めないので、中屋刑事（伊吹吾郎）をなんとかしないと』『じゃあ削りゃいいか』と言って片方の中屋刑事の出番を削ったり。そういうところはすごく話のわかる人でしたよ」

近藤プロデューサーから信頼されていた時期だった。

「後半はたぶん『お気に入り』の方に入ったと思うんです」

近藤さんほど仕事熱心な人は見たことがないという。

「酒も呑みに行かない人で、職場にずっといます。結婚もされてないから家に帰らない。ギャンブルも全然しません」

その分、仕事の相談事は聞いてくれた。

「でもちゃんと理屈を持っていかなきゃならない。『こういうスケジュールだからこうなるでしょう』という。僕はそれをやったので、後に自称〈日本一スケジュールのうまい助監督〉と言っていたのは、そういうところの調整能力が理由です（笑）」

ゲストのキャスティング

「初めてチーフをやった『女刑事に恐怖が這いよる時』は、ゲストの本間優二が生意気で遅刻が多くて（笑）」

本間優二は当時中上健次原作、柳町光男監督の映画『十九歳の地図』（七九年）で注目を集めていた。テレビの枠を超えて当時の青春スターが次々とゲスト出演したのも『Gメン』の特徴だ。

「246話の『女子大学入試殺人事件』のキャスティングでね、志方亜紀子を僕はすごく推薦した記憶があるんです」

志方亜紀子は東陽一監督のATG映画『サード』（七八年）で、森下愛子と共に売春する十代の少女役を鮮烈に演じた。他に『人妻集団暴行致死事件』（七八年）『さらば愛しき大地』（八二年）『Wの悲劇』（八四年）等、俊英監督の映画に次々と出演する。

「最初はもっと小さい役だったのに、途中でどんどん上がっていったんです。僕らの推薦で」

キャスティングにはかなり発言権があったという。

「この頃、新しい役者を捜しに、日活ロマンポルノを見に行ってました。無名な俳優でいい人がたくさん出ていたんです。風間杜夫とか。彼らもこちらが誘えばどんどん出てくれた」

古尾谷雅人もその一人である。『ヒポクラテスたち』（八〇年）『スローなブギにしてくれ』（八一年）『丑三つの村』（八三年）と日本映画の新しい顔となっていった古尾谷だが、当時は『女教師』（七七年）『人妻集団暴行致死事件』（七八年）等、まずロマンポルノで印象を残す演技をしていた。後に原田監督は監督デビュー第二作のドラマを古尾谷主演で撮っている。

「257話『大暴走！ 囚人護送車』は志方亜紀子と古尾谷雅人が出た。もうセミ・レギュラー化していたメンバーです」

俺、殉職してませんか

「大映テレビのプロデューサー野添和子さんと近藤照男プロデューサーは結構仲が良くて、野添さんもわりとスタッフにものを言うタイプだったんですよ」

近藤照男さんの作品と野添和子さん（註1）の作品の現場は一年中フル稼働し〈東の近藤、西の野添〉と言われていた。

「『奇妙な男と女のギャング』を撮っている時、十二月三〇日に横浜で午前中ロケをして、お昼ご飯を食べながら長石さんと、『大晦日までロケしているなんて、俺達か大映テレビぐらいなもんだね』という話をしていたんです。午後、横須賀に行って、ある外国人向けのバーで撮影していたら、隣りもドラマの撮影をしていた。それが大映テレビだった。大映テレビの僕の知り合いの小林要が助監督でいて、『俺達はこれで終わりだよ』と。僕らはその日は横須賀で夕方まで撮影して、大泉に帰ってセットでひと晩徹夜で撮影して、その後また横浜ロケでした」

ハードな現場で働ける助監督として貴重な人材だった。

「僕もさんざん怒鳴られました。仕事だけじゃなく『髪が長い』とかね。近藤さんは髪の長い人間は大嫌いでした。最終回のヨーロッパロケの時も『髪が長いからお前は日本に帰れ』と言われた（笑）。もちろん、帰るわけにはいかないですから、そのままやりましたけどね。そんなことしょっちゅうありました」

近藤さんのひと声で降ろされた人はたくさんいたという。

「『銭湯帰りのOL殺人事件』（259話）で当時撮影チーフだった林淳一郎をキャメラマンデビューさせたんです。でも撮影して三日目ぐらいに、その日のラッシュを見た近藤さんが『ダメだ』と言って淳平ちゃんを降ろした。（註2）淳平ちゃんは助手仲間で、デビューするから一生懸命やってやろうとしていたんですが、それでうまくいかなくて淳平ちゃんは『Gメン』を離れた」

役者でも、突然降ろされることはあった。

「川津（祐介）さんの最終回は、川津さん自身、メイク室で台本を読んで知ったんです。『次のホンです』と渡されて、川津さんが読んで、『えッ！ 俺辞めるの』と。事務所にも何も話を通してない。もっと若い、新人の藤川清彦（331話～）なんか、いつもドキドキしてた。台本渡す度に一番先に見ていました。『俺、殉職してませんか』『大丈夫、生きてる生きてる』」

（註1）大映の女優・野添ひとみの双子の妹であり、その付き人や大映の広報を務めた後、大映テレビでプロデューサーとなる。『赤い疑惑』（七五～七六年）『赤い衝撃』（七六～七七年）等、『赤い』シリーズで知られる。他に『少女に何が起ったか』（八五年）『スチュワーデス物語』（八三～八四年）等多数。六〇年代の代表

作『ザ・ガードマン』（六五～七一年）は当時人気だったアメリカのテレビドラマ『スパイ大作戦』（六六～七三年）の日本版を目指してスタートしたが、それは近藤プロデューサーによる『キイハンター』の設定に影響を与えた。

「野添さんが大映でいつもリテイクさせてたらしいと聞いた時、近藤さんは野添さんを尊敬していたから、やり方を真似したんじゃないかなと思ったことがあったね」（山口和彦さん）

（註2）「フィックスで撮ったら怒られたんです。『お前Gメンわかってない』と」（林淳一郎さん）

▼地獄の香港ロケ

香港を舞台にした「Gメン対香港カラテ」シリーズは人気があった。あくまでドラマが中心で、刑事のアクションに爽快感を持たせることのない作風の『Gメン』だったが、香港では各刑事もキャラクターが変ったかのごとく肉弾戦を演じる。

「僕の初の香港ロケは八一年の山口組『香港カラテ対北京原人』（319・320話の前後編）。帰ってきてすぐ、伊豆のロケ（323話『骸骨たちの海水浴』）に飛ばされて、更に帰ってきてすぐ、小西通雄さんで香港に行った（328、329話『香港カラテVS赤い手裏剣の女』）。ずっと家にいなかった記憶がある」

〈地獄の香港ロケ〉と言われていた。

「海外ロケは連れて行けるスタッフが少ない。プロデューサー達と、後は監督一人、助監督が一人もしくは二人。後は制作部一人で、撮影部がキャメラマン一人、助手二人、照明部一人、録音部一人。全部で九人しかいない。衣装、メイク、小道具は一切行かない。もちろん近藤さんと、TBSのお偉いさんは行くんですが、その人達は現場で動かない人達なので」

十人前後のスタッフで行って、なおかつアクションもやる。

「ヌンチャクを振り回したり、小道具を作ったりというのは、結局制作部と助監督しかいない（笑）。三人ぐらいで頑張るんです。夜中まで撮影して、帰って準備をしてまた次の日は撮影。香港で十日ぐらい、『寝る時間なんかないと思え』と言われて」

海外ロケに連れて行かれるA班に入ることは名誉だった。

「名誉だけど、行きたくないわけです。近藤さんから行けと言われて、行ってみたら本当に大変だった。山口監督とだったから、楽しかったですけどね。山口さんは香港でアクションを撮らせたらやっぱりうまい。向こうの役者が『山口組は大変だからギャラを上乗せしろ』と言ってました（笑）（註1）。カットも多いし、けっこう過酷なことを要求するし」

香港では何役もやった。

「その頃のGメンの助監督達は、衣装やメイクのスタッフが行かなくても、発砲弾着全部出来た。撃った弾着で血糊を飛ばすぐらいは今でも僕も出来る。僕は助監督に厳しいのは『僕はGメン、一人でやってた』というのがあるんですよ」

カチンコを打って、もう片方の手で、スクリプター代わりにストップ・ウォッチを持ち、同時に血糊用の道具と拳銃を持っていたこともある。現地では食事だけが密かな楽しみだった。

「代々の助監督の人達の名刺があったんです。名刺にメニューが書いてあって、その店に行って、言葉は通じなくてもそれを出すと、美味しいものを食える。それを食べてまた撮影するんです」

だが表向きの食事の時間は気を遣うことが多かった。

「近藤さんは香港に行くと夜はみんなで会食なんです。スタッフ、キャストが総勢二十何名ズラッと揃う。どうやって近藤さんの近くに座らないようにするかが、みんなのテーマ（笑）」

特にキツかったのがお酒の問題だ。

「ものすごく暑い香港で、ビールぐらい飲みたいんだけど、近藤さんはお酒禁止の人だから、飲みたくても飲めないんです。僕らスタッフは食事が出ても『すみません、明日の準備がありますから』と一時間ぐらいで引き上げて、他の店行きました」

近藤さんは普段からスタッフ同士の飲み会は禁止していた。

「近藤さんは役者がスタッフと仲良くすることも大嫌いでした。そもそも、僕らがなんで『Gメン』に入れたかといったら、初期のレギュラー・メンバーの倉田保昭さんが辞めた時に、スタッフが自主的にお別れ会をやってあげたんです。近藤さんはそれが気に食わない。『参加したスタッフ全員降ろせ』。それで僕らが入ったんです。『お別れ会をやっただけでクビになるの？』と（註2）。お酒を呑む人を大嫌いと言ってました（註3）」

（註1）「敵に香港で名の通った空手使いの俳優を出して、日本のアクション俳優にはない型の、彼らの器用な動きを撮れたらいいなと。でも向こうは一本いくらじゃなくて、一日いくら。だからなるべく短期間で消化しなきゃならない。連中はブーブー言いながらもやってくれた。三本持ちを二週間ぐらいで撮る。東京で三本制作するにはスタッフをいちいち変えて、その度に毎日集まらないといけないけど、香港だとみんな宿が同じ。三本で一本分ぐらいで安上がりだけど、現場は大変」（山口和彦さん）

（註2）「何人も宴会をやってクビになってます。近藤さんはヒッコミがつかないから、〈同罪〉のスタッフを何人も切っちゃう。すると番組の質感がすっかり変わる。ライティングのシャープなところが出なくなったり。三～四ヶ月経つと、いっぺんにだとカッコがつかないから、一人ずつ『最近何やってんだ？』と近藤さんが声をかけて戻していくんです（笑）」（高桑道明さん）

（註3）近藤さんは『HOTEL』の頃になるとスタッフとビールを飲むようになりました。それを原田とか『Gメン』のスタッフが知ったら驚くと思うな。あの頃は、呑めなかったんじゃなくて、律してたんだと思います」（高桑道明さん）

▼ヨーロッパで最終回

最終回の前に放映された354話「吾輩は人食い猫である」で初めて深作欣二監督の現場に触れた（共同監督・山口和彦）。

「Gメン部屋だけの担当だったんですが、猫が迷い込む話で、メンバーの普段見せない表情を細かく拾って……他の回と全然違いました。『えらいパワフルなおっさんだなあ』と。あまり台本と関係ない撮影をしてました。『いいんや、いいんや』と役者をガンガン動かしていく。この人と丸々一本映画やったらすごく疲れるだろうなと思いましたよ（笑）」

二時間枠で放映された『Gメン'75 スペシャル サヨナラGメン'75 また逢う日まで』（八二年）は下村和夫、深作欣二、佐藤純弥、小松範任、山内柏の五人が共同監督としてクレジット。

「深作さんと純弥さんはヨーロッパに行ってない。下村さんと小松（範任）さんと山内柏さんは行った。長石さんがチーフ助監督で、長石さんが事実上監督でしたから四人です」

スカジナビア航空で日本を旅立ち、最初にコペンハーゲンで降りて、パリに行って撮影。次にノルマンディーに行き、最後はもう一回コペンハーゲンに行った。この時ヨーロッパに行ったスタ

『Gメン'75』最終回ヨーロッパ・ロケにて。丹波哲郎のすぐ横が原田昌樹

ッフで二〇代は原田さんだけ。現地への移動はパックツアー。「全員エコノミーで一列に並んで、一番端の窓際が丹波哲郎でした。僕はその頃まだそれほど海外に行ってなかったので『丹波さんさすがスターだから窓際なんだ』としか思わなかった。今ならば『ビジネスかファーストクラスじゃないのか』と思うけど」

だが、香港ロケの過酷さに比べればなんということもなかった。

「はるかに楽でした。香港ロケは基本的にアクションをするけど、これはほとんどドラマしかなかった。発砲だけだから」

最終回のヨーロッパロケから帰ってきて、原田さんはすぐ近藤プロダクションの二時間ドラマの作業に入っている(註1)。

「近藤さんの旅立ちに向けて、僕もそこまではやって、さようならしました。新シリーズの『Gメン'82』はやってないです」

それで国際放映のドラマにまた呼ばれて入っていった。

「『もうGメンはいいや』と思って。その頃よく言ってたのは『僕は近藤さんには恩義はある。どうしようもない助監督だったのをGメンでスタッフに呼んでもらった上にチーフにまでしてもらい、香港にもヨーロッパにも連れてってもらった。でも借りは全部返した』と。勉強になって今でも感謝はしています」

(註1) TBS『ザ・サスペンス』枠で放映された近藤照男プロダクションの『Gメン'75』に続く新シリーズ『Gメン'82』のデモンストレーションとして作られた、『柿ノ木坂の首吊り殺人事件』(八二年七月十日放映)『殺意の肖像』(八二年九月一八日放映)『女囚第3監房の脱走』(八二年十一月二七日放映)の三本。『Gメン'75』から『Gメン'82』に引き続いて出演となるレギュラーから主役が投入され、また両作と重なるスタッフが多い。原田さんは長石多可男氏らと共に助監督を務めている。

▼Gメンをやっていれば怖いものはない

役者との私的な交流は極力自粛していた原田さんだが、Gメンレギュラーの気さくな性格には心温まるものを感じた。

「若林豪さんはとてもいい人で、僕もとても可愛がってもらった。当時、僕の妹が若林さんのファンだと言ったら、『おう』と、家の近くまで寄って会ってくれるんです。本当に気さくな人だった。『Gメン'75』は丹波哲郎と若林豪の人徳でまとまっていたところがあったという(註1)。

「やっぱり上に立つ人がいい人だといいチームになります。丹波さんが来ると現場が明るくなるんです。お馴染みのタイトルバックの歩きの時も丹波さんがいつもセンター。滑走路の下に書いてある『75』の字はベニヤ板二百枚です。ちゃんと番号が振ってあって、その通り貼る。滑走路だからちゃんと両面テープを貼らなきゃいけない。真ん中が丹波さん。新人は必ず両サイド。もちろん音楽もかけながら歩いてました。三五ミリで撮っているんですが、丹波さんがかけ声を出す。一、二、一、二と。みんなそれに合わせる。近くの人は楽なんです。端っこの新人は一番遠くて、丹波さんの声も聞こえなくて、合わせなきゃいけない(笑)」

丹波さんは独特のムードメーカーだった。

「『あ? 今日はどこやるんだ?』と言って、現場に来て台本を初めて見るんです。でも、セリフを言うと味がある。本当にスターだなと思いました。『どいつが悪いやつだ?』『こっちが犯人か。わかってるわかってる。うん』と。僕にも『おはようおはよう。元気か?』と、口から出まかせみたいなこと言って、冗談ばかり言ってました。本当に親分肌だった」

『Gメン』終了後、近藤プロデューサーの元で助監督を務めた二本の二時間ドラマの内、『ザ・サスペンス/柿ノ木坂の首吊り殺人事件』(八二年)は丹波哲郎主演だった。

「『Gメン』後半の丹波さんはほとんどレギュラーセットのGメンルームしか出ないから、丹波さんは朝十時開始なんです。セットは通常九時開始なんですが、丹波さんが来ないので十時開始でした。でも十時半から十一時ぐらいにならないと来ない。だから、二時間ドラマをやった時、アシスタントプロデューサーと丹波さんの家まで頼みに行った記憶があります。セットは九時開始、ロケーションは八時開始なので来てくださいと言ったら、『来ない』と言うかと思ったら『ああ、わかった』とだけ言って、ちゃんと来てくれてビックリしたけど嬉しかったです。『Gメン』の時じゃ絶対考えられなかった。丹波さんも近藤さんが独立して初の二時間ということで、ちゃんとしたんだと思うんです。そういうところはやっぱりわかってる人なんだなあと思いました」

原田さんが助監督として参加した当初、丹波哲郎がスタッフの中から新顔の氏を見つけ、声をかけてくれたことがあった。

「丹波さんは大スターだけど、わりと気楽にスタッフに話をする人なんです。撮影していて、新人がいると『お前は誰だ』とすぐ声をかけてくれる。ある時『おい、お前。Gメンの現場ってのは日本で一番大変なんだ。これをやれたら、他どこの作品に行ってももう怖いものはねえぞ』と言われたんです」

丹波哲郎の言葉の意味を原田氏はその後の映画人生で知ることになる。

「丹波さんの言葉は、その後、他の会社に行ってよくわかりました。どこに行ってもGメンより楽でした。Gメンで通用したら、どこも怖くねえなと思いました。『大変だ大変だ』と言われてる現場でも『意外とたいしたことないな』と思いましたもん」

一六ミリで撮影された、ブラウン管で見るテレビ映画。そこに映画監督・原田昌樹の青春があった。

(註1)「丹波哲郎さんが当時息子が住んでいたところの近くにお住まいだったんです。息子が虫歯になって、でも撮影が忙しくて治療に行けない時、丹波さんがいい歯医者さんを紹介してくださったこともありました」(母)

history

原田昌樹・助監督時代②
オール・ロケ時代の助監督とは?

証言:原田昌樹、山口和彦(監督)、林みのる(制作担当/当時)、山内薫(スクリプター)、山下千鶴(スクリプター)、張元香織(助監督)

「『Gメン’75』の最終回までの二年間に助監督をやって、テレビの二時間ドラマを随分やって、やがて三船プロに行って、二年間主に現代劇の方をやってから『海燕ジョーの奇跡』(八四年)にセカンドでついたのが映画の初めですね」(原田昌樹)

『Gメン’75』が八二年に終了した後、原田さんは三船プロ、大映テレビ、テレパック、国際放映等で映画やテレビドラマの仕事をするようになる。テレビシリーズでは、『リトル・ロマンス　花よめは16歳』(七九〜八〇年)『新・女捜査官』(八三年)『ポニーテールはふり向かない』(八五〜八六年)『おんな風林火山』(八六〜八七年)『胸キュン刑事』(八七年)等に参加している。『花よめは16歳』は『野性の証明』の時の生田篤さんがプロデューサーで、原田さんは最初『Gメン’75』で助監督の先輩だった小野多美雄氏の下でセカンドとして入り、やがてチーフになっている(このメンバーは後述する『火曜サスペンス劇場』『金曜女のドラマスペシャル』で作られたドラマとも共通する)。『ポニーテール〜』は『Gメン’75』の山口和彦氏がメイン監督だった。

二時間ドラマやスペシャルドラマも多い。テレビ朝日『月曜ワイド劇場』では「暴力少年—愛する息子よ、死んでくれ—」(八三年・三船プロ・ABC、演出・大熊邦也、主演・田村高廣)、『火曜サスペンス劇場』では「闇を裂く一発」(八二年・C.A.L.、監督・山口和彦、主演・中村雅俊)「白い影の女」(大映映像、演出・伊藤祥二、主演・三田佳子)『金曜女のドラマスペシャル』では「北陸路誘拐殺人行」(大映映像、監督・山口和彦、主演・江波杏子)、TBS『ザ・サスペンス』では「誘拐山荘・3億円要求、社長令嬢の身代金」(八二年・テレパック、古尾谷雅人主演、山田和也演出)「あなたの声が見えない」(八四年・三船プロ、大槻義一監督、烏丸せつこ主演)、よみうりテレビ開局25年・日本テレビ開局30年特別企画『女たちの大坂城』(八三年・三船プロ、演出・荻野慶人、天野恒幸、主演・岩下志麻)等々……。

『Gメン’75』終盤でチーフ助監督となった原田さんは、その後の作品では、先輩がいる場合はセカンド助監督になり、立場は固定していなかった。スクリプターの山内薫さんはこう言う。

「フィルムフェイスという制作会社を、『Gメン’75』に関係のあった人達が作ったんです。プロデューサーの高須(準之助)さんや撮影チーフの林淳一郎さん。原田さんはそこが制作ドラマをよくやっていました」(山内薫さん)

そのきっかけは『Gメン’75』で出会い、師と仰いでいた山口和彦監督だった。

「『ポニーテールはふりむかない』は俺が頼んだ制作部でやった。そしたら制作の林みのるが『原田が空いてるから』と」(山口和彦さん)

林みのるさんはそれ以前に原田さんが関わった『キョーダイン』『Gメン’75』でも制作主任を担当していたが、原田さんと一緒だったのはたまたまだったという。

「『キョーダイン』『Gメン’75』は東映の中で言われた仕事をやっているという状況だった。その頃、俺もまだ制作進行で、上の人間が居て、自分の事で精一杯な時代。休みなしだったけれど、いつも仕事があった。でも『Gメン’75』の後、自分で切り開いていくしかないという時代に、お互いなっていったんです。仕事をするのに組織がない。フリー同士で『最近どうしてるんだよ』と酒を呑んで『次何やる?』とお互い紹介するという風になっちゃった。みんなが助け合って生き継いでいかないと。原田もその辺で苦労したんじゃないかな。『ポニーテール』だけじゃなくて、僕は三船プロをしばらくやってたから、原田に声かけられる時は『どうしてる?』と声をかけてたんです」(林みのるさん)

長寿番組『Gメン’75』の終了で、東映撮影所というベースを離れた契約スタッフの一人が原田さんであり、林さんだった。

「『Gメン』直後は、俺よりあいつの方が、つまり制作より助監督の方が仕事が多かった。フィルムリンクや松竹芸能の仕事を、俺が原田に紹介してもらった。あいつも若い時からこの世界に居て一人で頑張って、可愛いやつだとみんな思ってた。吉祥寺でよく一緒に呑んだよ。僕も郷里が松本なので、原田の実家が長野にある時、毎年お母さんが野沢菜を送ってくれました。『Gメン』で香港に行った時、兄弟の役で出たり(笑)」(林みのるさん)

林さんは原田さんとは約十歳違い。十五歳から「この業界一筋。他に何も知らない」と笑う。四人兄弟の末っ子で、すぐ上の兄は歌手・俳優の林ゆたか氏、長兄はアニメ監督のりんたろう氏、その間の兄もアニメ関係の仕事をしていたが亡くなった。

「実家は床屋で『四男坊だから継げ』と言われたんだけど『やだ』と言って、兄貴のりんたろうが東映動画にいたので東映を見学したら、キャメラマンがカッコよく見えたんです」(林みのるさん)

それで撮影助手として東映入りする。

「映画が下火になって、組合がうるさい時代になった。会社が分裂して『制作所』というのが作られて、組合関係のうるさいスタッフは全部そっちに入った時代です」(林みのるさん)

撮影所の外で下請けをする時代への移行期だったが、林さん自身も制作に移る。

「当時、東映でキャメラマンの下に六人助手がいるんだよ。今は三人ぐらいが普通だけど『これじゃ上にいけない。自分の夢を捨てなきゃいけないんだな』と思った。社員じゃなく契約だったから、東映の場合、現場の制作をやらないとプロデューサーになれない。そうでないとお金の計算が出来ないから。『じゃ進行から』と、ヤカン持ちからやった。それから制作所に行って、『キイハンター』『柔道一直線』『刑事くん』をやりました。ヒマなし休みなしで、テレビをやっていると本当に休みがないんです。ヤカン持ちから制作主任に上がるまで五年くらいかかりました。今なんかすぐ上がっちゃうんだけど」(林みのるさん)

『越後つついし親不知』(六四年)、『飢餓海峡』(六五年)や『網走番外地』(六五年)等、本社制作の劇場用映画も経験していた林さんだが、制作所のテレビドラマはハードだったという。

「撮影所、スタジオじゃないところでやるのは倍増する苦労です。雨が降ったらどうするか。撮影所があればセットで出来るけれど、かといって今日やめたらいつ入れる?　と。(日程が)延びても困

ると会社に言われるし」(林みのるさん)

▼なんでお前は助監督やってんだ?

原田さんは、ロケ主体の時代に助監督になった。だが『Gメン’75』の時間枠も、初めからそういう作られ方をしていたわけではないという。装飾の大晃商会のメンバーとして、シリーズ立ち上げから関わっていた高桑道明さんはこう証言する。

「『Gメン’75』と同じ近藤照男さん制作の、土曜夜九時の路線の最初である『キイハンター』の途中、東映でロックアウトがあったんです。その前までは、撮影所が基本の場所で、何を撮るにもまず大泉で集まっていたんです」(高桑道明さん)

それ以前から、所謂〈町場〉と言われた中小のプロダクションでは、撮影所ではなく「新宿駅西口のスバルビル前」等、都内の車が停めやすい場所で集合するというスタイルがよく見られた。

「そのスタイルを採り入れざるを得なくなった。非組合員の我々は、中小のプロダクションがやっている形に準じざるを得なくなったんです。『キイハンター』の最後の方は、撮影所内にある大晃商会の事務所にすら立ち入れない。丹波哲郎さん演じる黒木ボスのマンションも、撮影所に入れないから撮れないわけです。そういう時期は、ひたすら地方ロケに行きました。僕らはスト破りですから、組合が形式的に妨害して来るわけです。そんなに険悪なわけではないですが、うるさいことには変わりないですから、プロデューサーもそれを逆手に取ったのかもしれない。地方ロケは、あの当時は各地で歓迎されました。お陰で半年近く家に帰れない人間もいましたよ」(高桑道明さん)

本社の社員として入ったのではないスタッフは、非正規の労働を担って、作品供給が途切れないようにしなければならなかったのである。林みのるさんもこう証言する。

「『キイハンター』でも一本で一ヶ月かかったこともあったけど、それは社員監督の時なんです。組合があるから『日曜はダメ』『何時までに帰らないといけない』というのがあって、その分、日数がかかる。そうすると一時間番組を一週間で撮れない。だから契約者だけ地方に行かせて本数を稼いでいた」(林みのるさん)

ロケ主体になると、都内が舞台の場合も様相が変わる。しかしそれは、山口和彦氏のような当時新世代の監督にとっては逆に〈武器〉でもあったようだ。

「昔は撮影所にオープンセットがあって、新宿だろうと渋谷だろうと銀座だろうと、そこで撮影した。『実際に街に出るのは金がかかる』というのが制作の言い分だった。いつもホントじゃない街で撮影していた。『Gメン’75』が始まって、全部オールロケで、現実の景色の中で生きている人間を撮るのが面白くなった。俺なんか楽しくて、一生懸命やり過ぎて、スタッフが『しんどい』という話になるわけだな(笑)」(山口和彦さん)

セットでは物足りないと思っていた監督達にとっては、ロケ主体の撮影は魅力的だったのだ。

「だけど考えてみりゃ、僕が助監督の時はロケなんかほとんどなかったわけだから、『Gメン’75』の助監督の方が肉体的・精神的に大変だったと思うね。俺なんか何もしない助監督で有名だった。でも原田の時代のテレビの助監督は、そういうわけにはいかない。助監督に助けてもらわないと動かない。しかも少ないスタッフでやるわけだから。テレビの助監督は僕なんかでは務まらない。原田達はようやってくれた」(山口和彦さん)

撮影所中心ではない撮影スタイルは、助監督の仕事も変えた。

「僕はあまり助監督時代、現場にいなかったからね。カチンコは下手だし、動かないし、走らないし、ものぐさだし、どうしようもなかった。『若いから走れ』と言われても走らないと制作に呼びだされて。助監督になって一年後、査定で呼ばれたんだけど、俺は最低のCにまでも行かない。『Dだ』って言われました。だから給料は千円少なくされた。当時の千円は大きいですから。でも『仕方ねえ』と。サードじゃ使えないからと、二年目からセカンドになって、スケジュールを立てなきゃならん。監督の意向を聞いて撮影条件を作っていくんだけど、俺はそれも出来ない。いつもクレーンが必要なのを見落としたり、『役者が何時に入る』ってのを書かなかったり。『しょうがねえな』ということでチーフになった。チーフになりゃ、なんにもしなくていい。監督の側にいたり、大まかなスケジュール組むだけ。それで三~四年目に監督になった。助監督としては何やらせてもダメだから監督になったようなもんだね(笑)」(山口和彦さん)

師と仰いだ山口監督が早々に助監督時代と別れを告げたのとは対照的に、原田さんはむしろ助監督として成長していった。

「『Gメン’75』の後、『ポニーテール』や二時間ドラマをやってた頃の原田は『成長した』というより、頼りになってた。彼と色々相談しながら撮影した。スケジュール管理から、俳優さんのお守りまでね。二時間ドラマの『北陸路誘拐殺人行』はシナリオの時の題が『赤いポルシェの女』で、あの頃裁判中の、本当にあった事件を題材にしている」(山口和彦さん)

富山で女子高生とOLが殺されて、現場で赤いフェアレディに乗ったサングラスの女が目撃された。その女を『Gメン』のレギュラーだった江波杏子が演じた。その女は成績優秀だが貧しい境遇で育ち、借金を重ねた上に〈女を騙す女〉という道を選んでしまったという視点で捉えたドラマだった。「フェアレディ」を「ポルシェ」に、事件の舞台を富山から福井に換えて作られている。

「大映だったんだけど、プロデューサーは高須準之助、撮影が淳平(林淳一郎)、助監督が原田で、これも『Gメン』と一緒。しんどい撮影で、移動とか撮影機材を運んだり、原田はマメに現場でやってたのを憶えてる。雪掻きもやったりね」(山口和彦さん)

野外の撮影に対応できるスキルを原田さんは体得していた。

レール移動などは二時間ドラマのようなテレビの場合は助監督がやってくれたという。

「金沢ロケの時、雪が降っている中で列車の移動に合わせて長い移動撮影をやるわけ。列車を画面から外さないように動いて、雪の中、人物を撮るわけだ。そういうのをズブ濡れになりながらやっていた原田を憶えている。移動用に一〇〇メートルぐらいのレールを敷くわけだ。大変ですよ、これは」(山口和彦さん)

『Gメン’75』に入った時、丹波哲郎に言われた「この現場に耐えられればどこでも通用する」という言葉通り、原田さんは助監督としてしっかり現場を支えていた。

「ロケが多いと、雨や雪になった時にストーリーがうまくつながらない。そんな時の切り替えというのはスケジューリングの問題でもあるし、編集が頭の中に入っているということでもある。つまり応用がきく。ああいう事に耐えてやってきたスタッフは、どの現場でも欲しいということになります。『Gメン’75』をやっていた連中はみんな引く手あまたになる」(高桑道明さん)

一方で〈いつか監督になる〉目的の助監督の世界では、助監督として優秀であることが必ずしも〈いいこと〉とは限らないという。
「俺たち装飾みたいな技術スタッフは職人というか立場がわかりやすい。だけど演出部は技術のことから、世間一般の常識的なことまで咀嚼して、自分のために使えるようにならないと何の意味もない。だから助監督って訓練ですよね」（高桑道明さん）
　映画学校を出たわけでもなく、映画会社の社員でもない原田さんは、身一つで入った映画の製作現場の経験それ自体を自分の血肉にしていった。原田さんは助監督時代を振り返る時、自分のことよりも自分が見聞した現場の話題が多かった。
「人が好きだったんだろうな。俺は原田と違って、助監督時代は何もしなかった。だから、その時代を自分の作品にどう活かしたかもわからない。逆に原田は、そういう現場がいっぱいあって幸せだよ。原田は助監督時代を自分の作風に咀嚼して活かそうとしていったんだろうな。頑張ったんだな。本当によく動いてくれたよ。ニコニコしてた。ある時『なんでお前は助監督やってんだ』と訊いたら、『なんでって言ってもしょうがないですよ。好きだから』と答えてましたよ」（山口和彦さん）

ポカリスエット・ムービー・キャラバン車両の前で

旅するように映画を撮る

　当時原田さんが関わった作品はフィルムが多い。「テレビ映画」としてのテレビドラマだ。テレビ局や映画会社のスタジオという固定した場を持たず、流動的で天候に左右されやすい「ロケ撮影」に対応できる演出部の、信頼できる人材が原田さんだった。
　かつて原田さんを教育映画から東映作品に引き入れた恩師である神野智さんは、助監督として成長した原田さんを山本又一朗氏に紹介。同氏の会社フィルムリンクがプロデュースした『あいつに恋して』（八七年）という映画では、「ポカリスエット・ムービーキャラバン」と呼ばれる色分けされた巨大なコンテナ十台で、日本中を旅しながら映画を撮影するという試みに携わった。フィルムを編集するコンテナも用意された「移動撮影所」だった。
　原田さんの誘いで同作に参加した、制作主任の林みのる氏はこう振り返る。
「九州でロケが終わって、俺と原田は各地の温泉に寄って遊びながら東京に帰った。兄貴に言って、全国のケントスでタダで呑んだり。あれはあいつとの思い出でも一番楽しかった。『こんな映画やりたいんだ』と夢を語り合ったりもしてね」（林みのるさん）
　ケントスとは、林みのるさんの実兄であり、歌手や俳優の経験もある林ゆたかさんが経営し、各地にフランチャイズを持つロックンロール・バーである。原田さんの映画人生にとって重要な場所となっていくが、それについてはまた後述する。
『あいつに恋して』の仕事自体は「大変なんてもんじゃなかった」と林さんは言う。
「ゲストが武田鉄矢とか大物ばかりで、その都市その都市で撮影に入るから、扱いをちゃんとしなきゃならなかった。フィルムリンクもそんなに経験があるわけじゃないから、原田が頼りになった。監督になるには、『この監督ならギャラじゃなくてワンシーンでも出たい』という存在になっていかないといけないんだけど、原田はそういうことも体得してたんじゃないかな。『あいつに恋して』であいつと三ヶ月一緒にやって、俳優さんとちゃんとコミュニケーションが取れてると思いました」（林みのるさん）
　ロケ主体の撮影条件に合わせてか、原田さんは関わる作品自体も旅を主題にしたものが多い。
『フィレンツェの風に抱かれて』でのイタリア、『霧の子午線』での函館からノルウエーと、その範囲は海外へも広がる。もともと『Gメン'75』の香港やパリ、『ガンバロン』のハワイなど、テレビシリーズとしても破格の海外ロケの経験が下地にあった。
「仕事で航空券を買って貯まったマイルを使って、個人でも海外に行くようになったと言ってました」（張元香織さん）
　スクリプターの山下千鶴さんもこう言う。
「ロケ車、移動車を使って撮影の帰りに海や温泉に行くのも、原田さんはよく企画してましたね」（山下千鶴さん）
　映画の副産物としての〈旅〉の楽しみを、原田さんは必ず滑り込ませておくのも忘れない。それはスタッフとのコミュニケーションをはかる下地にもなっていたのである。
　三船プロ制作の映画『海燕ジョーの奇跡』（八四年）は、沖縄で殺人を犯した主人公が、元過激派の闘士や元日本軍の上等兵の力を借りながら飛行機を使わず、ボートからカヌーに乗り継ぐ密航でフィリピンに渡るという内容だった。この作品では、十代の時から憧れていた藤田敏八監督の現場で働くことが出来た。
「パキさん（藤田敏八監督）の組につけたのは嬉しかったですね。ファンとしては好きだったんだけど、現場では大変な監督でした。ハッキリしない人なんです。コンテもほとんど割らない。何をやってるのかサッパリわからない。ところが、映画が出来上がって見てみたら、まぎれもなくそれは藤田敏八の世界になってる。『映画監督はこういうものなんだなあ』としみじみ思ったんです。それまできっちりコンテを割る監督とばかりつき合っていたんだけど、そうじゃなくて監督のキャラクターを映像に写し出していくというのも、映画監督として大事なことなんだなあと。その影響は非常に受けました」（原田昌樹）
　藤田監督は後年、監督よりも役者業が中心になった。
「パーティで会った時、パキさんに『お前もそろそろ監督だろ。俺を使え』と言われた時は寂しかったです。『僕は監督としてのあなたを尊敬してるんです』と思いました。亡くなってしまいましたけどね」（原田昌樹）

●ベテランスクリプターを囲んで

堀北昌子・阿南玲那（現姓・新城）・広瀬順子

最後に呼び出したのもスクリプターでした

阿南玲那　原田さん、スクリプターを探す時、最初にお伺いを立てるのが堀北さんなんですよ。堀北さんに聞けばなんとかしてくれる。

――堀北さんは一九五〇年に大映京都撮影所に入社、川島雄三監督、山本薩夫監督らの作品も手掛け、日本映画・テレビスクリプター協会会長もされてます。

堀北昌子　『ウルトラマンダイナ』の終わりの頃、後輩から「どうしても人が足りないので、もし空いてれば来てください」と言われて。

で、「特撮ってどういう風にするの?」と。

仕事として違いはないんですが、普通は最初からずっと撮って、それをつなげばいいところを、たとえば山の裾野をみんなが「ワー!」と走って逃げていって、次にそれが特撮になる場合は〈マル特〉と、ノートに記号を書く。それで次は監督と一緒に特撮班へ行くんです。山の上に怪獣の着ぐるみが出てきたのを特撮で撮って、次はそれをダブらす（合成する）ために、本編集をする会社に監督と一緒に行く。

阿南　堀北さんが来た時、私、三本見習いでつかせてもらいました。見習いはビジコンを回さなくちゃならない。ビジコンとは要するに録画のことで、円谷プロではスクリプターがやるんです。VHSで録画して現場で「今のカットどうだった?」と確認する。普通一秒二四コマなのを六〇コマのハイスピードにして撮ったり。早送りで一コマずつ見ていったり。

▼円谷プロで新人スクリプターを輩出

阿南　私は一回『ダイナ』で一本立ちしたんですが、堀北さんという巨匠が来たので助手になったんです。

堀北　広瀬さんは、私が講師をしている映画学校の教え子で、見習いでやってもらったけど、阿南さんは若い時からこの世界にイキナリ入ったから。

阿南　私は監督からいつも「バカー!」って。

広瀬順子　私が原田さんにガッツリついたのは『ダイナ』のオリジナルビデオだと思う。現場は和気あいあいと、監督も楽しそうにしてらっしゃいました。

阿南　堀北さんの時は原田さんの方が緊張してます（笑）。

堀北　最初に付き合ったのがスクリプターと助監督のセカンドという関係でしたから。『海燕ジョーの奇跡』（八四年）で原田さんが助監督をやっていた時は、仕事以外は、監督や私は麻雀ばっかりやっていたんです。準備が出来ると呼びに来る係が原田さん。監督になってからの原田さんとも麻雀やりましたよ。

阿南　堀北さんは自分よりも若い監督でも、監督として扱う。原田さん、堀北さんと昔の映画監督の話をしながら、はしゃいでましたよね。

堀北　『海燕ジョー〜』の原田さんは、よく働いていて、すごく印象が良かったんです。あの作品は、海外に一ヶ月半くらい行きました。マニラから北上して、どんどんロケ地が変わる。ベニグノ・アキノが射殺された直後で、マルコス政権終焉の時だった。

――原田さん所蔵の『海燕〜』の台本には役者さんの衣装の書き込みがありました。

堀北　原田さんは当時セカンド助監督で衣装担当でした。衣装合わせにはスクリプターも立ち会って、持ち道具、衣装全部を書いた帳面を作ります。

阿南　海外ロケに連れて行かれること自体、選ばれたスタッフです。私一回も呼ばれたことない（笑）。

▼フィルムを知れば映画をやりたくなる

堀北　私が若い頃はまだ映画学校なんてないから、何もわからないで入ったのが大映京都の現場で、その後、昭和二八年から日活、昭和四六年から三船プロと、ずっと専属契約ばかりしていたものですから、『海燕』の後、フリーにならなきゃいけないのが不安でした。そしたら元日活の照明マンで、伊丹プロのプロデューサーになっていた方から、伊丹十三さんが初めて撮る『お葬式』（八四年）についてくれないかと電話があったんです。その時に原田さんも誘ったんです。「一緒に行かない?」と。

そしたら原田さんが「しまった!」。自分はテレビの助監督をやることになっていると。私も後輩達に言ってるんです。自分が一日でも一時間でも先にやると言った仕事は、次もっといい仕事が来ても断ってやってはいけない。この社会はすぐわかるから。

その後、私は、伊丹さんにずっとつくようになったんです。たまに原田さんと行き会うと「あの時『お葬式』をやらせてもらってたら映画の方に行けたのに」と残念そうに言ってたのを、今でも憶えてます。

原田さんは決してテレビを軽く見てたわけじゃない。でも、フィルムで助監督をやったことのある人はみんな「映画を撮りたい」というのがあるんです。

広瀬 堀北先生に声をかけてもらった事も、嬉しかったのかな？

阿南 スクリプターが助監督を引っ張るなんて、よっぽど優秀じゃないとしませんからね。

▼全体を見てくれる監督

阿南 『コスモス』の「落ちてきたロボット」（4話）で、女の子がお花を持っていて、ロボットを見て「あっ」と言って手を降ろすシーンがあるんです。テストで、彼女がお花を降ろさなかった。「あっ」と言って、特撮のカットにつながる。そこでお花を降ろさないと、花が特撮で表現できない。でも私は特撮で小さい花を作って、なめてピンボケでやるのかと思ったと言ったら「いいアイデアだ。でもそんな打ち合わせはしてないから手は降ろそう」と原田さんが言ったんです。その頃、私はぺーぺーだったのに、意見を聞いてくれる、いい監督さんなんだなと。

基本、原田さんは、演出部に厳しくて、ものすごく言うんですけど、スクリプターには弱いんです。あと〈撮・照・録〉（撮影・照明・録音）にはちゃんとお伺いを立てている。

堀北 撮影・照明・録音部は自分が出来ないことをやってくれるから。助監督に対しては自分がちゃんとやってたから、それが出来てないと厳しい。

▼指を見ればスクリプターとわかる

堀北 スクリプターの仕事は、テレビの場合は衣装合わせから関わる場合が多いのですが、映画の場合、印刷される前の台本を渡されて「これは一時間四五分から五〇分かかる」と時間を確認します。

阿南 編集スタッフは、その上で、ワンカットで何を撮ったか何のセリフを言ったかスクリプターが書いた紙を見てつなぎます。

シートはワンカット一枚なんです。円谷の特撮番組は三〇分なので四〇〇カット四〇〇枚。

堀北 細かい監督は、アップの切り返しとかいっぱいありますが、三秒の「あっ」という表情のシーンでも、格闘シーンでバンとやる一秒くらいのカットでも一枚なんです。つまり「用意スタート」でカッチンと鳴ってから、監督が「カット」と言うまで。

阿南 一作品で五〇カットくらいは前後します。

堀北 私はそこまでやったことないけど、テレビで、一日一〇〇カット撮った監督についたスクリプターがいるんです。スクリプト用紙は百枚綴りで綴じてあるんですけど、重くてその人は腱鞘炎になった。

阿南 だいたいのスクリプターは、指にタコがボコって出来る。見ればすぐわかる。

▼カットつなぎ

――原田さんは、フィルムで撮ったテレビ映画育ちの監督だと言われてます。

堀北 そうです。ビデオの経験だけで、スタジオでワンシーンを「このキャメラはアップ」「このキャメラはロング」と四～五台も使って撮る監督は、それがわからない。カット割りが出来ないんです。

早撮りの監督は、同じ向きはパパッとまとめて撮って、その一個前のカットを撮る、なんてことは当たり前。現場でどんどん撮る時に、テストを一回しか見ない人もいる。本番も一回しかやらない。それで「よーいスタート」と言った後、芝居を見てない。次に撮るものに目が行っている。

――つながりは一番気にされることですか？

堀北 たとえば二人が話しているのをカットバックする時、一人が下手を見るなら、もう一人は上手を見る。同じ方を見てるとそっぽを向いてる事になる。

撮影現場ではセリフの間違いを聞かなきゃいけないし、時間を置いて同じカットを撮る時は、衣装や髪の毛の形が違ってないか確認する。ジュースを飲んだところでカットになって、それをまた違う角度から撮る時も、ちゃんと見ないとつながらない。バックのカーテンがどこまで開いていたか、時計が何時何分だったか、見ることはいっぱいよね。それをまた全部、何秒のカットだったとか、座っている位置とか、アップだったとかフルだったとかも書いて、セリフをどう言ったかも書くんです。

――みなさんがいて監督も集中できるんですね。

堀北 演出のことにね。

▼ドンブリで行けるのが一番いい

堀北 現場で突然変更すると、ライティングもやり直さなきゃいけない。でも原田監督は割り切りと決断力があって、あまり迷わない人だったね。

阿南 たとえば一日の二〇時間くらい働いている監督もいるんです。でも原田さんは八時間。

頑張る時は「頑張るよ」と気合いを入れて、みんなに前振りしておく。ウルトラの他の監督はカット割りがすごく細かいんですよ。でも、原田さんは最初からは割らないで、現場を見てパパッとやる。

堀北 「これならば俳優さんの動きに合わせてワンカットで行けるのにな」と私達が思う時にも、監督によっては最初のカット割りを変えない人がいる。でも私は、映画でも、ワンシーンを全部、俳優さんに芝居をやってもらって、「じゃあここから移動で行きましょう」「次これ寄って」という方が好き。

阿南 〈ドンブリ〉と言うんです。ワンシーンワンカットのことを。原田さんはいつも「ドンブリで行けるのが一番いい」と言ってた。

堀北 ワンカットで行くためには、監督の演出力が必要なんです。俳優さんをどう動かして、キャメラをどうするか。原田さんは現場型の人よね。

阿南 だから映画の世界では水を得た魚だった。インテリじゃないですよ。土方タイプです(笑)

堀北 自分で脚本を書くタイプではない感じね。でも監督にとっては人が書いたシナリオの方がいいんです。客観的に見られるから。

▼男子便所と刑務所以外は付いて行く!

阿南 仕事の後の食事も相手が堀北さんだと、原田さんは京女を招待する感覚で大変(笑)。赤ワインしか飲まないし、美味しいものしか食べてもらえない。

堀北 原田さんは先輩として、年上の女として、丁寧に扱ってくれましたね。

阿南 今の若いスクリプターは、監督に誘われても飲みに行かなかったりするんですって。でも堀北さんの世代は「男子便所と刑務所以外はついていけ」と言われているんです。無茶苦茶ですね(笑)。

堀北 私ね、大映の時に初めて一本立ちした、森一生監督の『銭形平次』(五一年)で「とにかく監督の傍にいなさい」と言われて、ロケーションでも監督が一人ですーっと歩いていくから、後ろからついてったら「どうしたの? 俺トイレ行くんだよ」って。

一同 (笑)。

堀北 今でも憶えてるわ。恥ずかしかった。

——「スクリプターは監督の女房役」ですか。

堀北 女房役であり、秘書であり……。

阿南 監督のやることで、スクリプターがやらないことってロケハンぐらいかも。

▼別れの前の晩

阿南 亡くなられた前日、私に電話してきたんです。「今日の飲み会、お前来るのか?」って。呂律回ってないの。狛江にあるヴィーノという店の株主会で仮退院したと。私、入院してたのも知らなかった。

——伏せてましたからね。

阿南 私、タクシーに飛び乗って、泣きながらお店に入ったら、円谷時代の編集とスクリプター、仕上げのメンバーがきょとんとして座ってるんです。原田さんから「お前に会える最後の日かもしれない」と連絡があったと言ったら「飲めるような元気な人は死なないわよ」とみんな言うんです。

でも、「だいたい三十分後にヴィーノに着く」と原田さん言ってたんだけど、一時間経っても来ない。

電話したら、歩けなくて狛江駅の噴水で座っていると言うの。走って行ったら、すごく痩せた原田さんが、顔を肘につけて座ってた。私が思わず「よく来られましたね」と言ったら、「もう帰れないだろうな」と。「ここで死んじゃう」と思ったから、「とにかくお店に行こう」と言ったんだけど、呼吸が整わない。その後、二十分間くらい、その場で監督の身体をこすりながらいたんです。すごく寒い日で、肩をおぶって、五メートル歩いたら何分か休憩して。

堀北 携帯電話で誰か呼べば良かったのに。

阿南 気が動転しちゃって。

堀北 お店でみんなびっくりしたでしょ?

阿南 「緊急事態だ」と。知っている限りの原田さんと親しい人に電話して約二十人集まったんです。原田さん何も食べられないし、「呼吸が整うまで、僕が言いだすまでちょっと待って」と言うんです。それから病気のこと、余命のことを話し始めました。

脳まで転移して憶えられないから、ノートを出してみんなの名前を書いているんです。あとカメラを出して「撮ってくれ、俺、動けないから」と。

ヴィーノから夜十一時くらいに原田さんを家に送ったんですが、横浜に住んでいるキャメラマンの倉持(武弘)さんに電話をして、車で来てもらって、メイクの今井志保と私が付いて行ったんです。

帰る車の中、原田さん最初はぜいぜい言ってたのに「楽になってきた」と色んなことを喋りだすんです。自分がこれから三ヶ月間で死にいくプランを。「ハワイで死にたい」「女房のそばで死にたい」って。

堀北 だって奥さんは再婚してるんでしょ。

阿南 でもすごく仲が良かった。「女房のところで死ぬと、向こうは旦那がいるので迷惑がかかるから、死ぬ前日に日本に戻って病院で死ぬ」と言うんです。

あと、『五龍奇剣士』が中断していたから、入院費のことを心配してました。「死ぬしかなくなっちゃう。病院を出されても薬も飲めなくなるから」と。

こっちも「そんな弱気じゃ駄目よ」と言いながら。
原田さんのマンションに着いたら、一階にお母さんが杖をついて待ってた。監督は歩けないんです。ボンベのガスもなくなって、目の焦点も合わない。私と倉持さんとでおぶって部屋まで連れていって。
玄関で靴の紐を外してあげようとしたら、「阿南、触んなくていい！」と言って、自分で靴を脱いで走って消えていった。最後の後ろ姿、首が下がってるのよ。首が見えないの。私、あの背中が忘れられなくて……。
私、翌朝、原田さんの入院費を少し包んでくれませんかと、知っている限りの人に電話したんです。
原田監督に「みんなに言うよ、報らせていいね？」と訊いたら、「うん」と言ったから。
そしたら、成プロという、斎藤麻衣ちゃんの芸能事務所のマネージャーが「原田さんが死んだって聞いたけど本当？」と言うんです。私、そういう連絡が回ってたの知らなかったんです。原田さんは朝方に亡くなってたんです。まさか昨日別れたまま亡くなるとは思わなくて。「今日お見舞い行くね」なんてメール打っても返ってこないし、どうしたんだろうなとは思ってた。あっと言う間の出来事。
安藤（実）さんというキャスティングプロデューサーが原田さんの携帯に電話をしたら、妹さんが出て「兄は亡くなりました」と言われて、みんなに連絡が回ったそうです。

▼再発して変わった原田さん

堀北　自分が一年も持たないことをわかって生活するのはどういう気持ちなんでしょうね。

阿南　原田さんが再発してからの一年間って、後から思うとすごく変わったところがあって、一つは羽振りが良くなった。もう一つは、ちょっと憎まれ口を言うようになった。

堀北　後がないから、リミットがあるから。

広瀬　年賀状はずっと頂いてました。亡くなる前の年、奥さんのいるハワイに行った写真もありました。『審理』の仕事の依頼を頂いたんですが、ちょうど私、違う仕事が重なって出来なかったんです。『リュウケンドー』もやる予定だったんですけれど、その時に私の方も病気が見つかってしまって。悪性リンパ腫というガンで。

堀北　広瀬さんはその後はもう、大丈夫？

広瀬　はい。病院は定期的に行ってはいます。

阿南　広瀬さんが治ったのが支えになったみたいよ。そう言ってたもん。

▼最後まで段取りを

阿南　原田さんはかっこつけ屋さん。キャップ被る人はそうですよ。カッコよく見せたい。

堀北　奥さんとも、別れてもそういう関係を持てるなんて、ちょっと考えられないね。

——原田さんは漫画家の西原理恵子のファンで、西原さんの別れた旦那もガンで、旦那に対する「好きな人を嫌いになるのってむずかしい」という漫画の中の言葉が印象的だと言ってました。原田さんは西原さんの旦那が行った病院を調べて入院したんです。

阿南　自分と似たものを感じてたのかな。

——阿南さんは原田さんが亡くなった後、別れた奥様ともやり取りされたんですよね。

阿南　別れた奥さんも「私が最後を看取ることになるんじゃないかと思ってた。心の準備は出来てた」と言ってました。「死ぬ一日前のことまで考えるのは彼らしいですね」って。

▼最後まで「スクリプターと監督」だった

阿南　原田さんと昔から仲のいいスクリプターの山内薫さんが言ってたんですが、普通、男の人は好きな女の人に「好きです、付き合ってください」と言うけど、原田さんは「俺はこの子には付き合ってもらえないな」と思うと友達になるタイプですって。

——原田監督は、映画の『明日に向かって撃て！』が好きでした。あれは女の人と二人の男がいて、友達以上なんだけど、恋人じゃない。

堀北　最初の奥さんもたしかスクリプターだったよね。スクリプターが好きなんだね。

阿南　でもスクリプターは、自分の奥さんが欲しいんですよ。現場では自分が女房役だから。

堀北　私もついに結婚しないでこの歳になりました。昔は男子厨房に立たずでしたでしょ。結婚して、二人分やってられないと思ってね。今の時代は違うでしょうけれど。

——原田さんはあまりベタベタしない、サバサバした女性が好きだったんでしょうか？

堀北　私もベタベタしてないし（笑）。

阿南　最後の仮退院の日、私に電話した時、お母さんが隣にいたんですって。原田さんが電話口に「お前に会える最後かもしれない」と言ってたから、お母さんが「恋人がいるんだ」と思ったんだって。「昌樹は、そんなにしてまで会いたい人がいるんだ」と。でも最後まで監督だったんだな。スクリプターを最後に呼び出すなんて。

第6部

映画というファミリー

スーパー助監督時代

H

history

原田昌樹・助監督時代③
和泉聖治監督との出会い

証言：原田昌樹、瀧本智行・根本和政（助監督／当時）、林淳一郎（撮影）、林みのる（制作担当／当時）、山内薫（スクリプター）、山下千鶴（スクリプター）、原田仁（母）

原田さんのチーフ助監督としての活動で大きな位置を占めるのが、和泉聖治監督についたことだろう。

「僕は和泉聖治監督と十年間一緒にやっていたんです。八〇年代から九〇年代にかけて年間に何本も映画をやっていた時代があって、その時、僕はずっとチーフ助監督。年に一本か二本ある和泉さんの映画で助監督をやりながら二時間ドラマをやるという生活だった」（原田昌樹）

和泉聖治氏は四六年生まれ。実父であるピンク映画監督・木俣尭喬氏について演出修業し（義母は元ピンク女優で後にピンク映画監督になった珠瑠美氏）、『赤い空洞』（七二年）で監督デビュー以来、ピンク映画を約八〇本手がける。白バイ警官が職務を逸脱して、西へ向かったヒロインを追跡し続けるみずみずしい作品『オン・ザ・ロード』（八二年）が一般映画進出第一作で、国際的な評価を得る。以後『魔女卵』（八四年）『沙耶のいる透視図』（八六年）『南へ走れ、海の道を！』（八六年）『パッセンジャー・過ぎ去りし日々』（八七年）などを発表。

現在は水谷豊の『相棒』シリーズで知られる和泉監督が、ピンク映画から一般映画に進出し、東映で次々と撮るようになった時期、現場の片腕となって支えたのが原田さんだったのだ。

「和泉さんって一家を構えていたから、仲間も大事にされていたし、原田さんは若頭か舎弟頭じゃなけれど、そんな位置関係でやってました」。そうスクリプターの山内薫さんは語る。チーフ助監督はスタッフの構成から担当し、現場で起きるアクシデントにも対応する。

「京都に一ヶ月近く滞在して撮影した時、新京極でいきなり、組（ヤクザ）の車が来て『どこに断ってやってんだ？』と言われたんです。プロダクションが組に話を通すと、組の人達が付いていてくれて逆に撮影はやりやすい。けれど、その組じゃない他の組がそうやって来る時もある。そんな時は、一回撮影を中断して、散るんです」（山内薫さん）

原田さんは随所で〈頼りになる存在〉だったという。

「和泉組の原田さんは本編チーフでバリバリやっている感じでした。助監督として確立していた。束ねる力を持っていて、監督が信頼していました。和泉さんは『原田はとても頭いいから』と言ってました。組み立てる能力があって頭の回転が早いし、全部段取ってくれる。和泉監督には助監督経験豊富な原田さんの現場を仕切る力が大きかった。時間との兼ね合いの中でそれをやるのが助監督だし、助監督から上がってきた監督はそれを経験しながら撮ることを覚えていくんです」（山内薫さん）

▼自分にない不良性

ポカリスエット・ムービーキャラバンの『あいつに恋して』（八七年）の時の山本又一朗さんが、原田さんと和泉監督との間をつないだ。

「『オン・ザ・ロード』を撮ってから、和泉さんがシブがき隊で一本撮った『バローギャングBC』（八五年）の後、山本又一朗さんという、当時ハリウッドから帰ってきた有名なプロデューサーがいて、青山にすごく大きい事務所を持っていた時代があったんです。その山本又一朗さんが『これから新しい映像作りをやる』と言い出した。当時まだ店が少なかったんだけど『レンタルでビデオ屋専門の作品を作る』と。今で言うVシネマなんだけど、当時はすごく新鮮な考えで『映画でもテレビでもなく、ビデオでしか出来ないものを作るんだ』とブチ上げたんです。『そんなジャンルがあるんですか』と聞いたら、『これからそれを作るんだよ。それには今までと違う監督を呼ぶんだ』と」（原田昌樹）

監督としては、ピンク映画から一般映画に進出してきた和泉聖治が面白そうだから……と山本さんは話していたという。

「その時初めて和泉監督に会ったわけ。和泉さんはその時赤いフォードに乗って皮ジャンでサングラス……不良少年がそのまま大人になったような出で立ち……で現れたから、『何やこいつ？』という感じで（笑）」（原田昌樹）

原田さんは和泉監督と過ごした時代を、後年よく思い出話として楽しそうに語っていた。

「息子は和泉さんのことを『昔の不良だよ』と言ってました。役者さんにすごく人気があって」（母）。

原田さんは和泉監督に、自分にはない不良性を感じていたのではないかと和泉組の撮影も多く担当したキャメラマンの佐々木原保志さんも語っていた。『キョーダイン』の頃からの付き合いであるキャメラマンの林淳一郎さんにも和泉監督のことを話していたという。

「和泉さんのことは絶賛していた。呑んでる時だから具体的なことは憶えてないけど、『いい監督だ』と言ってたね。だからあんなにたくさん助監督をやったんだよな」（林淳一郎さん）

山本又一朗氏の指揮の下、和泉監督と『青春ぽるのぐらふぃてぃ』（八五年）に原田さんは携わる。この作品のプロデューサーは鈴木清さんで、キャメラマンを担当しているのは大岡新一さん。助監督の原田さんを入れた三人は、『ガンバロン』、そして平成になってからのウルトラマン映画『ゼアス2』と同じ顔合わせでもある。『青春ぽるのぐらふぃてぃ』ではドラマ本編が終わった後、エンドロールの背景としてメイキングの模様がスチール構成され、大岡さんやスクリプターの山内薫さんらと共に、若き日の原田さんの姿も見ることが出来る。

「『青春ぽるのぐらふぃてぃ』はレンタルビデオ用の作品だったから、特に話題にもならなかったんだけれど、僕にはすごく面白かったんです」（原田昌樹）

AV監督の娘である女子高生が性に対して興味津々で、クラスメイトまで巻き込んで奔放な行動を取り……というお話だったが、そんな破天荒な内容に見合うかのように、原田さんにとって和泉さんは〈今までに見たことのない監督〉だった。それでついていくことにしたのであった。

原田さんの下で助監督となった瀧本智行さんは、後に監督となり『犯人に告ぐ』（〇七年）『イキガミ』（〇八年）『はやぶさ 遥かなる帰還』（一二年）などで活躍するが、当時のことをこう語る。

「僕なんか和泉さんからはさんざんサンドバッグ状態でしごかれて『もう二度とやらない』と思ってたのに、打ち上げの時マイクで『今回瀧本が頑張ってくれたから』って言われると、それでコロッと『またやろう』と思っちゃう。和泉さんの無邪気さは、そのいいかげんなところすら『自分が行ってあげないと、この人どうしようもない』と思わせる。人たらしですね。原田さんはそういうところが好きだったのではないでしょうか、和泉さんは男っぽい人ですからね」(瀧本智行さん)

▼助監督と監督の相性

スクリプターの山内薫さんは、助監督としての原田さんと、和泉監督の相性について、エピソードを交えながらこう語る。

「『この胸のときめきを』という映画の時に、三条大橋の河原で立ち回りがあったんです。『ナイターでやる』ということで、川の側溝を昼の内に原田さん達助監督や制作がブラシで洗って、役者達が汚れないようにしていました。それでライトを吊り下げて時間をかけて準備していたら、『原田、薫、ちょっと』と和泉監督が声かけてきて『このシーン、べつにナイターじゃなくていいよな』と。それでナイターは中止。もう目が点になりました(笑)。その日の昼にそんなことを言うなんて、チーフとしてはえらいことです。和泉さんは自由人で、発想も自由。原田さんが出会って来なかったタイプだったんじゃないかな。原田さんはわがままな人の方が合うんです。そういうのに『えーッ』と思いながら楽しむ。大変な状況に追いやられて解決するのが楽しいんです」(山内薫さん)

『Gメン』時代の山口和彦監督にせよ、学生時代から好きで見ていた藤田敏八監督にせよ、原田さんはコンテに縛られない監督に惹かれる傾向があるようだ。

「和泉さんもNOコンテの人なんです。『机の上で考えるものは、所詮机の上のものだ』って考えの人なんです。どんなに考えていっても、その場の雰囲気に役者を置いてみないとわからないものがある。僕もその影響があって、ウルトラマンみたいな作り込みが多いものであっても、特撮がらみでコンテを割らなきゃいけないところだけは割るんですが、基本的には出たとこ勝負でやってるんです。ある程度、頭の中で作ってはいくんですが、ファジーにやってる。『このコいい』と思ったら、アップを撮る。『このコ駄目だ』と思ったらアップを撮らないで引く。自分でキャメラの近くにいて『こいつの表情を撮りたいな』と思ったらキャメラを回す。基本はそうなんです」(原田昌樹)

和泉監督との出会いはタイミングとしてもドンピシャだった。

「出会って一年後ぐらいかな、和泉さんがそれまで組んでいた山田大樹という助監督と俺が入れ替わるように和泉組に入っていった」(原田昌樹)

映画ではジョージ秋山原作で松村雄基主演の『恋子の毎日』(八八年)、ミュージシャンから役者に転向し、当時やくざ映画のニュースターという側面もあった陣内孝則主演『極道渡世の素敵な面々』(八八年)『さらば愛しのやくざ』(九〇年)、全編オールディーズが流れる高校生の群像劇『この胸のときめきを』(八八年)、レジャーを題材にした青春映画で後藤久美子主演の『キャンプで逢いましょう』(九五年)、若村麻由美の映画初主演でジュリアーノ・ジェンマが客演する『フィレンツェの風に抱かれて』(九一年)、小林旭主演の任侠もの『修羅の伝説』(九二年)、トレンディ俳優として注目を集めていた加勢大周がやくざ組織に戦いを挑む『シャイなあんちくしょう』(九一年)、七〇年代の原宿を舞台に北海道から上京してきた一人の青年のサクセスストーリーを描く大友康平主演『ゴールドラッシュ』(九〇年)、アメリカ映画のお色気青春もののリメイクを稲垣吾郎主演で撮った『プライベート・レッスン Private Lessons』(九三年)、〈モロッコの辰〉と呼ばれた敗戦直後の伝説の男を柳葉敏郎が演じる『Ｍｏｒｏｃｃｏ 横浜愚連隊物語』(九六年)、また『追いつめられて』『ウイスラーの果てに』といった映像化には至らなかった作品にも立ち上げから参加している。

『乱歩賞作家サスペンス 遮断機の下りる時』(八九年・水谷豊主演)、『火曜スーパーワイド 親分の後妻は聖女(マドンナ)』(八九年・田中邦衛主演)、『男と女のミステリー 花と小父さん』(九〇年・田中邦衛主演)、『火曜サスペンス劇場 六月の花嫁 結婚の行方』(九一年・若村麻由美主演)、『火曜ミステリー劇場 温泉劇場殺人事件』(九一年・田中邦衛主演)『土曜ワイド劇場 下町いろは湯 サブちゃんの純情裏稼業』(九五年・柳葉敏郎主演)、そして篠ヒロコ、田中健、長塚京三のトリオでシリーズ化した『金曜エンタテイメント 女優・夏木みどりシリーズ』や撮影はしたもののオクラ入りとなった『男と女のミステリー オバタリアン騒動記』など、同監督の二時間ドラマにも多く関わっている。

和泉監督の作品は多岐に渡っているが、当時若くてフレッシュな監督なだけに、映画として任されるのは新人俳優の主演作が多い。陣内孝則、柳葉敏郎が銀幕でイキのいい暴れっぷりを見せた時期に、和泉監督は立ち会った。彼らが演じる、不良少年やごく普通の若者の面影を残したやくざ役は、激しいアクション描写の中でも清新に感じられるものだった。哀川翔もまた和泉組で映画デビューし、Vシネマの帝王となる礎を築くことになる。

『恋子の毎日』はジョージ秋山の原作では、主人公のヤクザがヒロイン・恋子に翻弄される話だが、映画版では、これが映画初主演である松村英基のヒーローぶりのかっこよさが際立つ。恋愛より「男が惚れた男の背中」という部分が強調され、企画者であり、元暴力団組長であり俳優でもある安藤昇の期待にも応えるものであったのは想像に難くない。

こうした和泉組での経験は、後年原田さんが監督となってから口にする「男は男らしく、男の背中を描く」という姿勢につながっている。

「和泉さんはわがままで(笑)、俳優も色々言われる。その後のフォローみたいなことも原田さんがやっていました」(山内薫さん)

和泉さんと原田さんの性格の違いも、相性の良さとなって表れたようだ。原田さんの下につき、現在では演出家として『アンフェア』(〇六年)『同窓生〜人は・三度・恋をする〜』(一四年)『新・ミナミの帝王』(一〇年〜)等のテレビドラマを手掛ける根本和政さんはこう語る。

「和泉さんと原田さんは一八〇度違う。ロケ地探しでも原田さんは、たとえ徒労になっても、二つ以上のパターンを考えてくる。和泉さんは計算じゃない。簡単に言えばアーティスティック。助監督を長くやっている人間は、どんな状況でも八割のクオリティを確保することに意識が行くけど、和泉さんはそうじゃない。和泉さんは『この人のためなら』と思わせるカリスマ性があるんです。原田さんの方が職業監督的で、セオリー通りのことを抑えた勉強熱心な人。『この人に任せといたら間違いがない』という安定感がある。だからまさに女房役でした」(根本和政さん)

▼『この人についていこう』

「和泉さんは京都出身なので、イントネーションにうるさいんです。『この胸のときめきを』でデビューした哀川翔さんは『ええんとちゃうか』という一言でテイク二〇ぐらい行きました。それもカットを割らないでやるんです」(山内薫さん)

原田さんは〈長回し〉へのこだわりを、和泉監督の現場で目の当たりにする。

「『この胸のときめきを』で、今でも憶えているけど、四条河原での芝居の撮影があった。日曜日の午前中に、二人の主演俳優が河原のところで会話しているシーン。それが移動でクレーンなんです。三分ぐらいの長回し。それが、役者の芝居とクレーンの移動が、なかなか合わない。それでNGが何回も出た。朝からやっていて夕方になっちゃった。太陽が移動して移動車の影がシーンに出る。それを見ているうちに『監督、ここはもうカットを割って撮っちゃおうよ』と言ったわけです。四条河原にはいっぱい人が来ていて、それをさばくだけでも大変なんだから。制作部も『もう出来ねえよ』と言ってるし。そしたら和泉監督は、『お前な、今この若い子達が芝居できなくてカットを割ったら、映画なめるから、絶対割らない!』って言ったんだ。こっちも『わかりました。そこまで言うならやりましょう!』って、結局やったんです。俺はあれで和泉さんに惚れてしばらく一緒にやったんです」(原田昌樹)

▼『この胸のときめきを』は自分の原点

原田さんが和泉監督に惚れ直した映画『この胸のときめきを』(劇中のクレジットは『この胸のときめきを—卒業エキスプレス』—oldies but goodies—)は表題曲『この胸のときめきを』や『ダイアナ』『スタンド・バイ・ミー』『ジョニー・エンジェル』『シェリー』など六〇年代ヒット・ナンバーの数々が全編に流れる中で、現代(八八年公開)の高校生の修学旅行の一日を追った群像ドラマ。仙台北高校と博多南高校からそれぞれ新幹線とバスでやって来た修学旅行の学生達と地元京都の女子高生が偶然知り合い、甘酸っぱい思いを交錯させる。当時ほとんど無名の若手俳優を京都に集団合宿させて作られた。

「大人は有名な俳優さんを使うけれど、主役の高校生達に関しては全員オーディションでやろうと。『この中から十年して誰かが出てくればいいな』って。保坂尚輝も出てたし、渡辺篤郎もチョイ役で出てた。たくさんの子ども達を均等に描こうとしたんです。ピックアップしない。考えてみれば、後の教育映画やウルトラマンを監督した時の、子役の扱いをここで学びました。子役ではなかったけど、子役に近いような若い子達の群像を動かすことはここで経験してたんだよね」(原田昌樹)

和泉監督以下の主要スタッフにとって、派手な流血騒ぎも赤裸々なセックスも描かれない、こうした等身大の青春ものはやってみたい題材だったという。

「あの映画には僕ら特別な思い入れがたくさんあって、映画を作るのがとても楽しかった。和泉聖治と、脚本家の中岡京平と、それと製作の元ヴィレッジ・シンガーズの林ゆたかと、僕を入れて四人で、六本木のオールディーズ・ライヴハウスのケントスで酒を呑みながら『一本、心に残る青春映画を作りたいね』と話してたんです。みんなで意見を色々出して、一から作った話です。メジャーラインじゃ作れないので、独立プロでお金を集めて、自分達の好きな映画をやろうというスタイルでした」(原田昌樹)

林ゆたかはグループサウンズ、ヴィレッジ・シンガーズのメンバーだった。ヴィレッジ・シンガーズのヒット曲を映画化した同名作品『思い出の指輪』『虹の中のレモン』『落ち葉のくちづけ』を監督した斉藤耕一から勧められ俳優に転身。映画『怪談旅行』『新幹線大爆破』『天使を誘惑』、テレビ『大都会』『西部警察』のゲスト出演など多数。初めての主演映画である『暴行切り裂きジャック』(七六年、長谷部安春監督)はシリアル・キラーものの走りだったが、ここでの殺人者役が映画ファンに印象を留める。

八三年に俳優を引退、ケントス(KENTO'S)を全国展開する。ケントスはプレスリー、コニー・フランシスなど、五〇~八〇年代のロック、ポップスをハウスバンドが演奏するお店。銀座・神戸・梅田・心斎橋等に店舗がある。

『キョーダイン』からのつき合いの林みのるさんが間をつないだ。

「和泉さんにはブレーンがいて、制作は、後に原田と組んで『旅の贈りもの　0:00発』をやった竹山(昌利)がずっとやってたんです。俺も和泉さんとやりたかったんだけど、なかなか入れないで、それでしばらく原田とは間が空いたんです。でも『この胸のときめきを』は、うちの兄貴がケントスをやっている関係で、原田が『和泉監督がロックンロールをやりたいと言ってる』と来て、兄に言ってケントスでお金を出すことになりました。兄貴も和泉聖治は知ってたし、和泉さんはロックンロールが好きで、もともとケントスにもよく来てた。その頃、ケントスは全国にフランチャイズをやりはじめて、そういう話を作ろうということで修学旅行の話をやったの」(林みのるさん)

当時はティーンエイジものの群像劇として『パンツの穴』や『童貞物語』のシリーズが人気を博していた。それらも実際の作品の中では思春期の少年少女の純情が片方の中心だったが、パッケージとしては性愛ものであることが押し出されていた。だが『この胸のときめきを』は真正面から青春の甘酸っぱさを描き、時代の中の清涼剤のような映画として評価された。

「僕ら四人で話していて、当然、青春の思い出の中にはあるんですよ、それこそ『パンツの穴』じゃないけど性的な要素もね。でもみんなで思い出を大事にしようってことになって『今回の話はキスもさせない』と決めたんです(笑)。本当は第1稿で、哀川翔と女の子のラブシーンがあったんだけど、和泉さんと話した時に『こんな可愛い子をこいつに抱かせるわけにはいかない』とカットした。『この子は誰にも触らせない』と(笑)。だから誰もキスしないし手も握らないラブロマンスになった」(原田昌樹)

『この胸のときめきを』は歴史に残る名作ではないかもしれないが、この時代の日本映画にとってたしかに必要な作品だった。

「東映で公開した時に言われたのが、『売り方が非常に難しい映画だ』と。見ればわかる映画だけど、どんなキャッチコピーで引っ張るか。誰が主役かわからないと。作品的にはあまり大きな館数で公開しなかったので、数字は出せなかったんですが、一部ではかなり受け入れられた。キネ旬の読者投票ではベストテンに入ったんですよ」(原田昌樹)

映画評論家の寺脇研は、この年の日本映画をすべて評した『映画を見つめて』(弘文出版)の中で、「観終えた後も、いま観た映画から得た『この胸のときめきを』反芻したくなる。それは、男の子と女の子の淡い恋や濃い友情にかぶさって、オトナたちをも含め、親子の、男女の、さらには映画への愛が、作中のそここにあふれ返っているからだ。文句なしの快作である」と書いている。

憧れていた哀川翔に「まだハイヒールは早いんとちゃうか」と言われて処女を捧げられなかった地元の少女が、雨に打たれながら裸足で線路を歩いていると、文通相手に名乗れずトボトボ歩いて来た見知らぬ修学旅行の少年が踏切で彼女を見かけ、傘を差し出す。少女が「おおきに」と微笑むシーンはメロウだ。実はこのシーンは原田監督が演出したという。

「誰一人標準語は喋らない青春映画でもあったんです。全員方言。『この胸のときめきを』は自分の原点です。作っている当時は、こういう映画を一年に一本ぐらいはすぐ作れると思ってたんだけど、あれから十何年経ってみると、なかなか出来ないですね。コマーシャリズムを入れないものの作り方をしようとしてたんですが、かといって自主映画の変なこだわりともちょっと違う、誰が見てもわかって面白い映画。ああいう映画はまた作りたいです。ちょっと甘酸っぱい思い出はそれなりにきっちり撮ろうと思っている。そこはずっと変わらない」(原田昌樹)

原田さんは「監督としてやりたい企画は?」と問われた時、いつも「青春映画」と答えていた。

▽オールディーズと「いつかどこかで見た話」

雨に濡れた線路の場面でかかる曲は、アレンジは変えてあるものの、後の『ウルトラマンダイナ』での原田作品「君を想う力」のモチーフ曲と同じだ。これもレギュラーの女隊員リョウが幼馴染みと再会する〈友情以上恋愛未満〉の甘酸っぱい話だった。

「『好きにならずにいられない』をベースにしているんです。自分の好きな世界ですね。ケントスが出資会社だったんで、そこでオールディーズを何十曲も聴かされて、最初のホンの時点から『このシーンはこの曲を掛ける』と決めたんです。音楽は林さんと、ビーイング(Music Fantasy)の長戸大幸さんだったんですね。まだその頃は長戸さんは偉くなかったから、当人が選曲したりして」(原田昌樹)

『好きにならずにいられない』はエルビス・プレスリーの最も知られた六〇年代ヒット曲。ベスト版には必ずと言っていいほど収録されている。

『この胸のときめきを』が原田さんにとって〈原点〉だった理由の一つとして、ふんだんに使われたオールディーズの有名楽曲との「出会い直し」があった。原田さんは後の監督作品での一つの武器ともなった〈オールディーズの音楽で世界観を演出する〉ことにここで目覚める。抒情的なシーンが、はっきりと見るものに伝わる方法論として。

「あの手が原田の売りなんだよね。オールディーズがかかると、結構スーッと入り込めるじゃないですか。俺も好きだし。今でもケントスに聞きに行っているぐらいだから。仕事してイヤなことがあったら、一人でポツンと行ってもそこへ飛び込んじゃいますからね。そしたら忘れられるし、ぽーっと出来る。原田もそういうの好きだった」(林みのるさん)

他ならぬ自分自身の没入感ゆえに、自然に共有され、確立した方法論だったのかもしれない。

「あの時、オールディーズの曲の話をさんざんしていたんですが、『なんで、この曲は何十年経って聴いてもいい曲なんだろう?』という疑問があった時に、実は年月の中でふるいにかけられているんだよと。中途半端にその時代に合った曲は、何年か経つと消えていくんだけど、残ってる曲は人の心に訴えるから残ってるんだと。たまたまその時代にそういう曲が集中してるというだけの話で、当時はもっとたくさん曲があった」(原田昌樹)

オールディーズとの出会い直しは、原田さんが映画作りで大切にしていこうとするものへの自己発見につながった。

「ケントスのキャッチ・フレーズが〈オールディーズ・バット・グッディーズ〉という。『古いけどいいんだこれは』という精神のあり方。古いから駄目なんじゃなくて『古くてもいいものはいい』というモットーはありますね。僕は『今の時代はこうだからそれに合わせた』というものはあんまり好きじゃないんです。そうじゃなくて、ちゃんと自分達がいいと思うものを大事にして撮ってれば、それは残ると思うんです。だから新しさに振る気はないんです。時代に合う合わないということはあんまり考えたくないなあと。人の気持ちがわかるものを撮れば、それは人に伝わると思ってるんです」(原田昌樹)

〈オールディーズ　バッド　グッディーズ〉の文字は撮影用のジャンパーにも刷り込まれた。

「僕は大人になってから見た外国映画ではウォルター・ヒル監督が好きなんですが、『ストリート・オブ・ファイヤー』(八四年)が特に好きなんです。最初にスーパーで出るんですが、〈いつかどこかで見た話〉なんですよ、あれは。ウォルター・ヒルはいつもそのスタンスで撮っているんです。俺は真新しいものは作らない。『いつかどこかで見たもの』を作るんだという」(原田昌樹)

和泉聖治監督作品につきながら原田監督にとって「自分の作品の方向はこれだ!」という方向が見えてきた時期と言えるだろう。

その反映として、劇場用映画として企画され、山崎淳也の主演が想定されていた『ある晴れた夏の終わりに』は青春映画で、原田さんは「忘れかけてた初恋のにおい」と企画書にメモしている。

同じく劇場映画企画の『テキサスヒット』(企画・片桐竜次、脚本・井上誠吾)は原田さんが監督に想定されていたが、かつて野球に挫折した中年男達が騙されてアメリカで野球をさせられる内に本気になり、青春を再燃焼させていくというドラマだった。

ウルトラマンを撮っている時も脚本の太田愛さんと、思春期の甘酸っぱい出会いを、地方都市を舞台にした夏の怪談噺を挿入しながら描く企画を立てていた。

ケーブルテレビ用に、七〇年代という近過去を舞台にし、当時の楽曲や流行した事物を採り入れたドラマのメイン監督として企画を検討していた時期もあった。

これらは、原田さん自身「ああいう企画は、なかなか出来ない」と語っていたように、実現することはなかったが、むしろ原田監督の没後、日本映画で所謂青春部活モノが次々と作られるようになったことを考える時、その先見の明が伺える。まさに原田さんがこだわる〈オールディーズ・バット・グッディーズ〉の正しさを歴史が証明したのだ。原田さんがもうしばらく健在でいてくれたら、主力選手としてその波に乗っていただろうと考えると、非常に惜しい。

「以前に比べればそういう題材はやりやすくなったと思いますね。原田監督は爽やかなのが好きでしたが、同時に機械の作り方や原理にものすごく興味を示す人だから、『ウォーターボーイズ』『がんばっていきまっしょい』みたいに、スポーツの魅力を伝えつつの青春ドラマは絶対に向いていたと思います」(瀧本智行さん)

デビュー二作目であるテレビドラマ「ひと夏の誘拐」、そして『ブースカ!ブースカ!!』での「行け!　少年探偵隊」では、『スタンド・バイ・ミー」が印象的に使われている。『スタンド・バイ・ミー』は和泉監督の『さらば愛しのやくざ』でも冒頭とエンディングに使用されている。

〈オールディーズ好き〉は和泉監督、原田さんに共通していたのだ。二時間ドラマ『女優・夏木みどりシリーズ』でもケントスでロケしたことがある。

「原田と和泉さんは音楽の趣味も合って、愛着を持ってやったんじゃないかな。『この胸』はそんなにヒットしなかったので、兄貴も『また金は出せないよ』となったけど、和泉さんと今でも東映で会うと『またやりたいね』と言うしね。和泉さんは六〇歳を越えても皮ジャンで、愛車がカマロで、やんちゃな人ですよ。『ルイジアナ・ママ』が好きでよく歌ってた」(林みのるさん)

『修羅がゆく』でバイオレンスVシネを確立

和泉組で原田さんと共に助監督をやっていたのが、今は監督として有名な佐々部清さんと瀧本智行さんだ。

「和泉組は佐々部さんと交互に助監督をしてました。佐々部さんは文芸路線、『Morocco』とかやくざアクション路線は原田さんが多かった」(山下千鶴さん)

『この胸のときめきを』。京都の撮影現場にて

役者の芝居にこだわる佐々部さんと、役者の芝居もまた映画を成立させる道具だと捉える原田さんとは違いがあったという。瀧本智行さんが助監督としてついた頃は、もう原田さんはあまりキャメラの前で役者の近くにいたりすることはなかった。

「佐々部さんはわりと役者さんが好きで、チーフ助監督になっても、役者にへばりついていたんだけど、原田さんはそういうことはなくて、ロケバスの中にいて、ものすごく頼もしい感じでした」(瀧本智行さん)

佐々部さんは、後に監督になった原田さんの『旅の贈りもの』を見た時、乗っている電車のディテールが細かく描かれていることに気付き「俺だったら人間にしか興味がない。あんなに電車を撮らない」と思ったという。

「『Gメン』で画面の中に、常に動くものが映り込むように撮っていたから、そういう育ちはあるんじゃないかな。自分の中に、常にこだわりがあったんじゃないか」(林みのるさん)

原田さん本人にとって、和泉組でやっていて一番面白かったのは『修羅がゆく』(九五年・東映ビデオ・ナック映画)だという。

「和泉さんは映画をずっと撮っていたのに、ガタッと仕事がなくなった時期があった。一年間ぐらい。その時に和泉さんが『こういう漫画がある』と言って、自分でホンを書いた」(原田昌樹)

主役の哀川翔も、和泉監督の希望だった。

「哀川翔といったら、当時チンピラの役という印象が強くて、『この話、主役が組長じゃないですか。彼には無理なんじゃないですか』と意見したら、『いや、これで俺は頑張るんだ』と答えて、カッコよかった。すぐに哀川翔を呼んで『これをVシネでやるからな』と始めたのが『修羅がゆく』だった」(原田昌樹)

今でもレンタル店のVシネコーナーに置いてある率の高い『修羅がゆく』は、このジャンルの代表的なシリーズと言っていい。

「和泉さんはパート2『戦争勃発』(九六年)、パート3『九州ヤクザ大戦争』(九六年)までだったけど、その後シリーズは十何本作られて大ヒットしました」(原田昌樹)

この『修羅がゆく』の持つテイストが、後に原田さんも監督として参入していくことになる〈血まみれバイオレンスVシネ〉を趨勢として形作っていく。

「あれは本当にバイオレンス、ハードボイルドだったな。『仁義なき戦い』をいま映像化する。それも容赦のないバイオレンスで(笑)。指ズタズタ、血ダラダラ、女ボロボロ裸……。『ええ? こんなのやるの?』みたいなね」(原田昌樹)

この頃、原田さんのクレジットは「演出補」になっている。

「『修羅がゆく 九州ヤクザ大戦争』のナイトロケは全部俺の演出ですよ。和泉さんは酒を飲んでていないんだもん(笑)」(原田昌樹)

原田さんはテレビにせよ映画にせよ、ずっと一つ一つの企画ごとの契約で、どこかに継続して所属したことは一度もない。だが自らを「東映育ち」と語ることが多い。初めて関わった教育映画の会社・ビデオアートの社長はもともと東映の社員として教育映画を手掛けていた栗山富郎氏だし、初めてテレビの子ども番組に関わったのも東映制作の『宇宙鉄人キョーダイン』、現場から大きな影響を受けた『Gメン'75』も東映作品。そして原田さんがついていた頃の和泉聖治監督による作品は東映の配給だった。あるいはVシネマの世界ももともとは東映が始めたものだし、多くの作品で見られる実録風ヤクザ路線は東映の『仁義なき戦い』シリーズに起源がある。

原田監督が、テイスト的には東映風の映像作品で育ってきたことは、こうしてみるとたしかに言える。

「俺はヤクザ映画の助監督をやって、その流れで監督になったから、もともと『ヤクザ物とアクション物』に強い、ということでデビューしているし、自分の行く道はそれしかなかった。まさか子ども番組を撮るようになるとは思わなかった」(原田昌樹)

『恋子の毎日』に、当時はまだ子分A的な役で出演していた寺島進は、原田さんが持っていた同作のパンフレットに、他の出演者とともに寄せ書きをしているが、そこには「忍苦精進」とあった。

寺島進さんは『この胸のときめきを』にも出ているが、まだ日本映画の演技派として注目されるようになる前の話である。役者としてこれから這い上がっていく自分と、助監督として頑張っている原田さんを重ね合わせ、エールを送ったのだろう。

同じく俳優の長倉大介は現在でも活躍しているが、『極道渡世の素敵な面々』でデビュー、『この胸のときめきを』『恋子の毎日』と和泉組に連続出演。後に原田さんが参加する『ウルトラマンティガ』の「ウルトラの星」にゲスト出演している。

history

原田昌樹・助監督時代④
スーパー助監督誕生

証言：瀧本智行（助監督）、根本和政（助監督）、杉山順（助監督）、野間詳令（助監督）、山下千鶴（スクリプター）、山内薫（スクリプター）、佐藤元（光学合成）、臼井正明（プロデューサー）

▼スーパー助監督

原田さんは監督になった後で和泉監督についた現場では「監督補」とクレジットされることが多くなる。監督補だった『Morocco横浜愚連隊物語』（九六年）の時、瀧本智行さんは初めて出会い、その采配ぶりにシビれた。

「原田さんの下にいるチーフが梅原（紀旦）さんという人で、セカンドが僕でした。原田さんはいつもは車の中にいて、ゆったりとしたスタイルで、モブシーンとか修羅場だけ出て行く。自分は和泉さんから怒鳴られまくってサンドバッグ状態だったけど、原田さんは『まあまあ』という態度でしたね。『ガンバレ』と。優しくて、みんな原田さんのことを信頼してました。かっこいいチーフ助監督だと思っていた。エキストラが十人とか二〇人の時、自分は和泉監督から『動きが違う！』と怒られたんですが、原田さんは通しで任してくれたんです。でも百人から二百人の時はキャメラの横に立って助監督チームに『お前はこうしろ』『そっちはこうやれ』とパパッと指示を出して……昔のチーフのカッコ良さというか……ものすごく憧れました。自分はそれまで助監督を二〜三年やってたんですが、セカンドを何本か経験して『結構イケるかな』『だいたい回せるかな』と思っていた。けれど原田さんを見て『まだまだだ』と思いましたね」（瀧本智行さん）

佐々部清監督の作品を製作する株式会社シネムーブの臼井正明さんは、プロデューサーとして原田さんと佐々部清さんの両方を知る立場から、次のように語る。

「原田さんと佐々部清さんは〈スーパー助監督〉。助監督としてお仕事したことはありませんが、監督ぶりを見るとよくわかります。段取りがうまく、トラブル時も解決の選択肢をいくつも持っている。監督でありつつ、助監督の段取りの次の次を先回りして考えていたりする」（臼井正明）

原田さんは「自分が監督になった時、自分みたいな助監督を欲しいと思う」と言っていたという。

「『俺が監督の時は俺を助監督にしたい』と。それを佐々部さんの前で言ってたら、佐々部さん激怒してました。『どういう意味？』って。佐々部さんに言わせれば『スケジュールをやらせれば俺の方がうまい』と。そしたら原田さんも負けずに『何を言ってんだ』と二人で言い合いになってましたね。佐々部さんが原田さんにチーフでついた『最後の馬券師』の時です」（杉山順さん）

助監督として二人はスゴすぎて越えられない。そう根本和政さんも言う。

「一つの言葉で言えないけれど。原田さんは僕が一番世話になった人です。後輩にも言うんだけど、演出でイロハを教わったのは原田さんと佐々部清さんです。この仕事を、監督を続けられているのは二人のお陰です。実務的なこと、持ち道具、飾り、考え方……それ以外もほぼすべて吸収しました。一番可愛がられて、長かった。原田さんは同じ厳しさでもあったかい。感情的というよりポーズで怒っている。任せてくれる」（根本和政さん）

失敗した姿はほとんど見たことがないという。

「『裏刑事』の初回、長谷部安春監督の時ですけど、警察と内通しているヤクザの組長を射殺しに行くくだりで、監視カメラの映像が出るシーンがあるんです。モニタの映像を原田さんが別個に撮って、監視カメラっぽくパンしてたんですが、ちょっと微妙に動いてた。俺が見ても『手持ちじゃねーか』と思ってたんですが、長谷部監督は見逃さないで『原田、なんで手持ちなんだ』と怒った。そこで、原田さんが怒られているのを初めて見たんです。正直『ザマミロ』と思いました（笑）。すごく完璧な人なんだけど『この人も人間だな』と」（根本和政さん）

ＷＯＷＯＷ等で放映された和泉監督の『修羅の伝説』メイキング映像では、小林旭演じる主人公の属する暴力団の本部が敵のマシンガンで襲撃されるシーンで、壁に穴が開き、酒瓶やガラスやランプ等が砕け散る室内の弾着のタイミングを手際よく指示する原田さんの姿が写っている。

「弾着は前の日に入って、アクションの段取りをしていて、ソツがなかったですね」（山下千鶴さん）

合図があるとスタッフ総出で狙いをつけた対象物にパチンコ玉を打ち、銃撃で壊れたかのように見せる。アクションを自らつけていたことも珍しくない。

「殺陣の二家本（辰己）さんがいる時は任せるけど、いない時は自分でパンパンって。大好きですから、みんな（笑）。他のチームにはない『うちらのファミリーだから』という結束がありました」（杉山順さん）

段取りの打ち合わせ前に原田さんが考えておいて、二家本さんと組み合わせていた。

瀧本智行さんは、原田監督が亡くなった時、日本映画監督協会のHPで、こう天国に呼びかけている。

〈いつもニコニコと笑い飄々としてるくせに、現場が修羅場になるや、鬼のような顔で俺らに指示を出して完璧に仕切ってたじゃないですか。格好良かったですよ。俺、憧れてたんですから。スケジュールの組み方も上手かったですよね。和泉聖治監督の面倒臭い性格とか、扱いづらい役者のことまで全部考慮に入れた見事なスケジュールでした。演出されたスケジュールでした。随分と勉強させてもらいました〉

▼助監督の成長を見守る

和泉組でも年数が経つと、原田さんは演出部の中でも、下から入ってきた助監督に〈映画とは何たるか〉を教える立場になった。

根本さんは原田さんの下についたのが劇場用映画二作目だった。

助監督にはチーフ、セカンド、サード、フォースとあるが、原田さんは演出部の中での人事も担っていた。

「原田さんの中でも『こいつを育てていくことでいいスタッフにする』というのがあったんだと思います。チャンスを与えてくれるのも、『ケツ持つから貢献しろ』と。その後の原田さんは『ダメだなこいつ』と思うとすぐ『いらない』となってたから、俺は少しは見込みがあったのかな。伸びていくのに時間がかかったと自分で思っていたので、いくら怒られても『どうせ俺はわかんないんだから、一つ一つ出来るようになればいいや』と、開き直って一つ一つ教わったのが良かったのか、二年半で原田さんにセカンド抜擢、その後、三年でチーフです」(根本和政さん)

原田さんに言われたことを、根本さんは、今でも自分についた助監督に言うことがある。

「助監督になって三年目で考えて『向いてない』と思ったら次の仕事に行け。真摯に自分を客観的に考えなさい。三年目の次は五年目に考えなさい。その時、うまく行ったらセカンドになっている。『まだやれるな』と思ったらもう二年頑張る。三〇歳で向いてないと気付いても、まだ取り返しはつく」(根本和政さん)

根本さんの成長を、原田さんは見ていた。

「和泉組に入って二年半くらいサードをやっていて、原田さんが監督した『裏刑事』の時に、チーフの鈴木(幹)さんの下で『お前セカンド』と原田さんに言われたけど、まだなる気はなかったんです。サードが楽しい時代で」(根本和政さん)

原田さんは段階を踏んで色んな事を経験させていく。

「移動車はテレビの場合、セカンドが押すんですが、原田さんに『やってみるか』と言われて、和泉組の火曜サスペンス劇場『六月の花嫁』で初めて担当しました。移動車を押したり、目線を出したり、セカンドの基礎からやらせてくれて……これは普通あり得ない事です。なので僕も同じことを後輩にしています。仕事に対するモチベーションが全然違いますから」(根本和政さん)

根本さんはエキストラ出演もさせられた。

「映画の『さらば愛しのやくざ』で出たのが最初です。『修羅の伝説』では僕が小林旭さんを撃ち殺す役をやったんです。岡田裕介さん(当時は東映東京撮影所長、後に東映社長)が『東映始まって以来だ、助監督が主役を殺すのは』と。その時原田さんは『現場を抜けていいから、役に専念しろ』と言ってくれました」(根本和政さん)

大スター演じるそれまで無敵だった男が、匿名の人間に殺されるというギャップが効いているクライマックスだった。

「『修羅の伝説』は俺が本編についた三本目なんですけど、新宿の反町荘という、撮影でよく使用する、当時のロケでよく貸してもらえたアパートがあって、『現場の仕切りをやれ、一人で回せ』と言われました。サードとして、やっと少し仕事がやれてきた頃だったんですが、屁のつっぱりで『やります』と応えました」(根本和政さん)

そういう事の積み重ねで経験値が跳ね上がる。

「陣内孝則のやくざが小林旭の応援に来て殺されるんですが、その奥さん役の鶴田さやかが足を引きずって歩いている。小林旭が二人の部屋に行くシーンがあって、その中の飾りだったんです。美術部さんから『演出部どう考えてんの?』と言われたんです。『どういう出会いで、どういう事情でアパート暮らしになったか、そういうことを話し合っているのか?』と。実は話し合いをしていなかった。でも『話しました』と、口から出まかせ言ったんです。『たぶん繕いもので、針仕事を生業にしてるような……そんな感じ』と。そしたら『そんな感じってなんだ!』と怒られたんです。『チーフに聞くからな』と言われましたけど、口裏合わせればいいかと(笑)」(根本和政さん)

ちょうどその時、原田さんがその場を通った。

「運良くというか運悪くというか(笑)。『原田ちゃんわりーんだけど、彼女の役どういう設定?』って美術部さんが呼び止めたから、こっちはドキドキですよ。『神様、いるよ』と思って。ところがその時の原田さんの説明が、俺とまったく同じこと言ったんです。しかも語尾が『……って感じ?』で(笑)。原田さんは俺の意見を聞いてたわけじゃ全然ない。たまたま発想、考え方が同じだった。それは俺が原田さんに教わって来たからだと思うんです。その時、美術部が『話してるんならいいや』と引き下がったので、俺は『勝った!』と思いましたね(笑)」(根本和政さん)

普段から、その映画に必要なものには、すべて目を光らせることが要求されていた。

「映画に登場する看板の文字とかは『準備稿の段階で作っとけ。ムダになってもいいから』と。年代を遡る話だったら、その当時流行ってた風俗、服装を調べろと。新聞雑誌とかで。それを家に帰って寝る時間にやる」(根本和政さん)

小道具のことで、一回激しく怒られたことがある。

「映画のラスト日の撮影というのは、メイン出演者にとっても『そのシーンで終わりです』というものを残しておくのが理想のスケジューリングだという風に原田さんは思っていました。『さらば愛しのやくざ』はジョン・レノンの死と陣内孝則演じるヤクザの死を重ね合わせた映画なんですが、ビートルズの写真の版権がなかなか降りなくて、最終日がその死亡報道の新聞紙のアップの方がわかりやすいかと寄りの小物撮りで終わりになっちゃったんです。原田さんは『小物で終わるのが一番ダメ』と烈火のごとく怒った。美術さんが言ってくれて、これこれこういう事情で徹夜で新聞記事をコピー機を使って必死に作って頑張ったと。でも『それは関係ない。現場にモノがあるのは当り前。そこまでで出来なかったお前が悪い』と原田さんは言うんですよ。クランクアップはスタッフ、キャストみんなで『おつかれさま』と言い合うものなんだ、と」(根本和政さん)

後にメイン監督となったテレビシリーズ『魔弾戦記リュウケン

ドー』において、最終回の最後に来る、出演者スタッフ入り混じって関係者が一同に介して踊るシーンを、撮影自体の最終スケジュールにすることにこだわった姿勢に通じるものが、チーフ助監督時代からあったのだ。

▼作品に対するプロの意識

「神経質、わりとイライラするところもあるんです。助監督として自分の段取り意識が強いから、違った時は結構ガーッと言ってくる。ストレス溜まってるんじゃないですか。ただ、助監督をやっている時に神経質じゃない人はいませんよ。スイッチ入った時に何か話し出すと機関銃のように出てくる。『だから違うんだ！』と」（スクリプター・山内薫さん）

杉山順さんは、自分の上の助監督として和泉聖治監督についた原田さんのことを「魅力？　自然体かな。いばったところがない。穏やかに接する人でした」と語る一方、「基本、気短い人です。本当に」と言う。

『恋子の毎日』撮影現場にて。左が原田昌樹。横に出演者の永山洋子、倉崎青児

「監督としては優しかったです。チーフとしては厳しかったです。監督としての原田さんからは怒られたことないな。チーフの原田さんにはよく叱られてました」（杉山順さん）

テレビで監督デビューしても、和泉作品をはじめとして、チーフ助監督の仕事も続けていた原田さん。杉山さん達、その下についた助監督は、その両方の顔を同じ時期に見ていた。

「監督の時は穏やか。自分の撮りたいものを説得して撮っている感じでした。監督として感情をセーブして役者に接していました。仕事以外は優しく、フォローしてくれたり。なんだかんだ言っても思いやりのある人です」（杉山順さん）

作品に対する考え方が原田さんにはしっかりあったという。

「僕は、かなり早い段階で大阪ロケに連れてってもらって、でもチャラチャラしてたら怒られたんです。『俺の仕事はロケハンで六割だ。そんな態度だったら明日から来なくていい』と。その理由は自分がチーフになってわかりました。別々の場所で撮っても、あたかもつながっているように見せるのが撮影ですが、限られたスケジュールだと場所が遠すぎると成立しない。それをいかにキレイにまとめていくか、計算するのがチーフ助監督の役割。原田さんは、監督にとって一〇〇%じゃないかもしれなくても、ギリギリの妥協点がどこなのか、提示が出来た。そうじゃないと監督が『ここで』と言った時にNGや対案が出せない。俺が最初にスケジュールを切った時、ドギマギしなかったのは、そういう記憶があったから。過去にやったロケ場所を憶えていたりするのも、引き出しになる。『あの時あそこでロケした場所が使えるかも。設定に合うかも』と。自分にとって、そういうことが活きているんです」（根本和政さん）

自分だったらどう演出するかを常に考える、作品に対するプロの意識を教えられた。そして、何があっても作品を完成させるという意識がなければならない。

「〈演出部と言いながらチーフは会社寄り〉そこを死守しなきゃいけない、とも言われました。監督と一緒に行っちゃったらビジネスとして、プロとして崩壊する場合もある」（根本和政さん）

〈演出部〉ならではの役割がある。

「チーフ助監督、キャメラマン、照明技師、録音技師、製作担当……メインスタッフで関わる人間は、他の助手とは違うんだと原田さんは僕に言いました。ポスターに名前が出るのは、この人達でその作品を担っているという意識がある。台本に載るページも違うし、ギャラも違う。その辺の上下関係はキチッとしてました。演出部のギャラも、チーフがいくらで、いくら他に分けるというのも、原田さんが決めてくれました」（根本和政さん）

出演者との慣れ合いも制された。

「自分の立場を利用するな。エキストラをナンパしちゃダメ。役者とあんまり近くなるな。仲良くなりすぎると、スケジュールや個人的なNGを聞かなきゃならなくなる……そう教えられました。ただ、今のご時世だと役者とは仲良くなった方が得なんです。今は制作会社では役者のスケジュールを押さえられなくなってきている。事務所の主導に方針転換している時代ですから。でもそれ以外は言われた通りに今でもやってます」（根本和政さん）

助監督仲間が監督になった時は、人一倍喜んでくれた。

「僕がVシネで初監督した時には、原田さんと記録の山下さん、『裏刑事』に出た西村和彦が差し入れに来てくれた。原田監督はケーキを持って来てくれました。それも小さいケーキじゃなかった。ホールでデカいのを五つくらい（笑）」（根本和政さん）

どの会社の仕事をやっているかは関係なく、助監督としての絆を大切にしていた。

「だんだん経験を積んできた頃に『最近怒られなくなったのは、成長したからですかね？』と聞いたら『言ってもしょうがないから、言わなくなっただけだよ』と原田さんに言われました。でもVシネで初監督した時は、ボソッと『俺はお前が監督のセンスあると思ってた』と初めて言ってくれたんです。それが一番嬉しかった」（根本和政さん）

作り手同士の批評は時に一般的な批評以上に辛辣になる場合もあるが、原田さんは逆だった。

「原田さんは後輩が撮ったら、批評よりも嬉しい方で言ってくれる。『こいつが撮れて良かった』という思いが強い。人間味がある人ですね」（根本和政さん）

映画監督にとって、上下関係がいつまでも残るのは、心地良いことでもあるようだ。杉山順さんもこう言う。

「行儀作法を教わった。原田さんは特にそういうとこが厳しい。監督の『足崩していい』という許しが出るまで、正座を崩しちゃ

いけない。食事の時とか、大広間で正座してました。位置も決まっている。なんとなく各自の持ち分、立場がある。先輩より先にお茶を飲んでもいけない。誰かが口をつけるまで飲めない。地方に行く時、監督の荷物は助監督が部屋まで持って行く。今も同じように継承してやってますけど、最近ナアナアで、崩れちゃったところもある」（杉山順さん）

　そのつながりは金銭関係すらも越えていた。

「原田さんに呼ばれて、名前がテロップに出なくても手伝うことがよくありました。僕とか根本は、原田さんとそういう関係でした。『メシ食わせてやるから』と言われて。無茶なこともよくやってました。同門、同系列の関係でね。原田さんは基本的に体育会系の人です。僕らギャング映画……ヤクザVシネや映画を若い頃からやってた連中は、原田さんをみんな好きだった」（杉山順さん）

　助監督時代のたしかなつながりの中に〈原田昌樹〉という人物は存在している。今でも彼らの胸の中に。

「厳しい中にも和気あいあいがモットーでした。チームは『ファミリー』という意識で、しばらく会わなくてもファミリーはファミリー。すぐ昔に戻る」（杉山順さん）

▼ヒエラルキーと作る喜び

「昔からテレビの監督はやっているけれども、映画では助監督として手伝いに行くという人はいました。それだけ〈ランクが違う〉という意識があるんです。大きな距離がある。原田さんの中では、テレビの監督をする意味、映画の監督をする意味はそれぞれあるんです」（山内薫さん）

　原田さんが助監督であった時代の映画界は、現場育ちの助監督が監督になるのは、今以上に難しかったと瀧本さんは言う。

「九〇年代の、フジテレビ映画部の頃は外部から監督を雇っていて『金は出すけど口は出さない』という感じでした。ゼロ年代に入ってから、映画界はまたプロデューサー主導になってきました。助監督として優秀な人がデビューする環境が出てきた。ただ、プロデューサーも代変わりしますから、一時は一人の監督に企画が集中するけど、長続きするかはわからない」（瀧本智行さん）

　佐々部清さんの監督二作目になる『チルソクの夏』（〇四年）は、実はデビュー作より十年も早い段階から構想されていた。あるシナリオ賞で一次審査を担当していた、後にシネムーブを興す臼井正明さんが「応募作の中でダントツ」と目を留めるが、最終選考で落選。

　そこで臼井さんは事務局に了解を取り、個人的に『チルソクの夏』の映画化に向けて尽力を始めるが、助監督の企画に出資を募るのは容易ではなかった。折しも、東映の『陽はまた昇る』（〇二年）という作品の共同脚本の仕事に就いていた佐々部さんは、諸般の事情と木村大作カメラマンの推薦もあり、何と東映メジャー作品で監督デビューを果たす。幸いこの映画はヒットを記録し作品的にも評価されたため、その実績で資金が集まり始めた『チルソクの夏』の映画化も実現。その後、臼井さんは映画製作会社シネムーブを立ち上げ、東映の菊池淳夫プロデューサー共々、佐々部作品を次々と世に送り出している。

　原田さんと同じく〈スーパー助監督〉と言われた佐々部清さんにしても、途方もない努力と、運と、様々の奇蹟的な出会いが相まって監督の席についたのだ。

「助監督として力量を発揮しても、それが本来的にはいいのか？というのがありますよね。チーフ助監督として信頼されると、『彼がチーフなら大丈夫』ということになってしまって、そうなるとなかなか監督としては撮らせてくれない。原田がチーフ助監督として長かったというのは、離れた場所にいてもなんとなく理解できます」（高桑道明さん）

　だが、その状況すら、まだ〈よい時代〉だったのかもしれない。瀧本智行さんはこう語る。

「僕は九二〜九三年に現場に入ったので、原田さんとは二周遅れな気分なんです。『監督には未来永劫なれない』と思ってました。原田さんですら、やっとこテレビドラマの一本でデビュー、その後Vシネマだったわけですからね。もちろん原田さんはウルトラマンも好きだし、Vシネも好きだった。だけどやっぱり劇場用映画がやりたい。だからこの世界に入ってきた。プロの世界ではなんだかんだ言って、『映画が一番』というヒエラルキーがある。『次なにやんの』『テレビなんだよー』という会話は僕らには付き物なんです」（瀧本智行さん）

　映画の現場を知っていればなおのこと、〈いつか劇場用映画の監督に〉という思いはある。

「〈坂下育ち〉って言葉があるんです。東映の大泉撮影所の正門入ると、制作棟と映画のスタッフルームがあるんですけど、そのまま坂を下るとテレビプロがある。それが〈坂下〉。坂上は坂下をどこかバカにしてる。坂下は坂下で『坂上のやつらは、ムダに時間かけやがって』と言う。でも坂上に対する憧れはある。だから僕も『鉄道員（ぽっぽや）』（九九年）で映画の現場に入った時は、一流クラブに入ったように感じました」（瀧本智行さん）

　ウルトラマンシリーズで常連監督になった時も、原田さんは昔ながらの映画の仲間には〈映画の世界に帰りたい〉という話をしていたという。

「ずっと『人間のドラマを撮りたい』と言ってました。ウルトラマンの方に行って、なかなかそっちに戻って来られないと。だからといって人をうらやむことなく、佐々部さんや瀧本さんの成功を喜んでいましたね」（スクリプター・山下千鶴さん）

　どこへ行っても映像作りの現場に流れる精神は変わらない。それもまた事実だった。

「仕事って不思議で、今やっていることが一番楽しい。〈ものを創る〉それに勝る快感はない。その瞬間、先のことまで考えてないですよ」（瀧本智行さん）

▼スクリプター

「原田さんは撮影現場でもカメラを持ち歩いて写真をよく撮ってくれるんです。『シャイなあんちくしょう』の時、私は当時、主演の加勢大周さんのファンで、原田さんは加勢さんの隣の席を空けておいてくれたり……。甘えられるんです。いつもかまってくれました」（山下千鶴さん）

　原田さんと長年に渡って、男女を超えた友情を築くスクリプター・山下千鶴さんとは『さらば愛しのやくざ』で初めて一緒に仕事をしている。山下さんにとって初めての和泉組がこの作品で、スクリプター八年目の仕事だった。

「原田さんはリハしないんです。全部現場に行ってからです。カット割りはしてあるんです。スクリプターは『このアップどうですか』という意見は言います」（山下千鶴さん）

　やはり原田さんと付き合いの長いスクリプター・山内薫さんは

こう語る。

「スクリプターは演出部のチーフと意識が近いんです。下の助監督からすると、私はなんでも知っているし、『そうじゃないでしょ』と真っ先にチェックされる。ちゃんとしてないと見抜かれちゃう。『ここに入ってないけど、どこ入れるの』とか。監督が何を考えているか相談する時に話しやすい立場だし、また話さなきゃいけない。信頼性、その人の持っている引き出し、経験が大事だし、自分にない部分のアドバイスが欲しい時に対応できるのがスクリプター」（山内薫さん）

原田さんは〈スクリプター好き〉だと山内さんは語る。

「好きになるタイプはスクリプターが多い。男の人としての趣味じゃないですかね。映画の現場で女性はメイク、衣装のような感覚的な仕事と、理屈っぽいスクリプターの真っ二つに分かれるんです。スクリプターは突き詰めて考えるタイプが多い。原田さんは自分が接して、手応えがあるタイプが好きなんじゃないですか。ポンポン言われる方が好きなんだと思う。その中で自分は『ウーン』と言ってるのが心地良いんだと思います」（山内薫さん）

原田さんの奥さんもスクリプターだった。

「別れた時『もうスクリプターはやめなさいよ』と言ったんです。別れる率が高いんです。スクリプターと撮影部が一緒になることはよくあるんですが、別れる率も高い。うまくいっているタイプは、女性が家庭に入って子育てしている場合ですね」（山内薫さん）

仕事場と家庭では勝手が違うのだろうか。

「撮影部、演出部に現場で、あのカットがどうこうと言っている時は『一緒にいたら頼もしい』と思うかもしれないけど、結婚すると違う。知らなくていいことでも全部わかってしまう。良い時は良いけど、良くないと真っ二つ。ダメになった時の亀裂が大きいんです」（山内薫さん）

▼トラブルバスター

「原田さんは『REX』で角川春樹さんに初めてつくので『どういう人なんだ』という情報を集めたらしいんだよね。それで撮影当日に角川さんから『これはいったいどうやって撮ればいいんだ』と言われて『えっ！　カット割りが出来ない？』。それで原田さんとキャメラマンの木村大作さんでカット割りをしたって原田さんから聞きました」（助監督・野間詳令さん）

原田さんは現場の〈トラブルバスター〉として色んな現場に対処していた。

「『REX』をやったって聞けば『あれだけのものを仕切ったんだ。それはよほどの助監督だ』ってことになるし、実際そうだと思いますよ」（山内薫さん）

原田さん自身も、こう語っている。

「とにかく当時は、自分はチーフ助監督としての方が評価が高いんです。トラブルの多い作品をまとめる役だったんです。もめている作品のまとめね。そういうトラブルバスターと呼ばれているので、大変な映画によく呼ばれていたんです。『キャンプで逢いましょう』でもそうだったけど、映画がトラブって潰れるんじゃないかという時に『なんとかしてくれ』と呼ばれるタイプの人間だったんですよ。お助け人だったわけ。それで食ってましたから。どんな状況の映画でもなんとかする……というのでね」（原田昌樹）

和泉聖治監督

八〇年代の映画界では、自主映画出身だったり、異業種から監督になることが流行った。また現場経験がある監督でも、学生時代には八ミリや十六ミリで習作を作っていた経験がある場合も、この時代以降は珍しくなくなる。だが原田さんからは、そのような経験は聞かれない。
「逆に、嫌いでしたよそういう風な人達。こんなこと言っちゃ、あれですけど、悪口でもなんでもなくて、原田さんの見解ははっきり言って『やっぱり自分は現場だ』と。現場が長い人だったので、一本ですぐ監督になるような自主映画出身の人って、好きじゃなかった」（光学合成・佐藤元さん）

だが、実際についた監督達に対しては、異業種であれ、自主映画出身であれ、サポート役に徹し、悪い印象を与えたという話は聞かない。それこそが〈プロの現場人〉としての心意気だったのかもしれない。

「たぶん、原田さんには『映画というものは、人と人とが集まって作るもんだ』というのがあるんじゃないですか。スポーツも好きな人だから。一人だけで、自分で撮って、自分で編集して……とやるよりは『みんなでやった方が面白いんじゃないか』と。たとえばみんなを呑み会で楽しくさせるということを、映画でも一貫してやっていた気がします」（佐藤元さん）

また、原田さんは自分で脚本を書くこともほとんどなかった。

「『脚本は脚本家が書くもの』というのが身に着いてる。たとえば根岸吉太郎監督は意図してシナリオを遠ざけるんです。ドキドキしたい、発見したいから。原田さんはそれとは違う。書けないんじゃないですか、『書かない』んじゃなくて。企画を売り込む時も脚本家にプロットを頼んでいるでしょ？　それは東映の育ち方。ただ、その下の世代である今の僕達は、脚本書いて売り込まないとデビュー出来ない」（瀧本智行さん）

原田さんの発想は机の上ではなく、あくまで現場から始まるのかもしれない。

「書ける人は空想力が強くないと……。その中での遊びというか、ウソでも小さいことを面白おかしく膨らませる能力が要りますからね。原田さんは助監督を長くやってきているから現実的なんだと思います。反面、少年っぽいところはかいま見えるんですけど」（山内薫さん）

inter-view

和泉聖治 監督

いつも笑顔。僕を見つめる目に〈信頼〉があった

和泉　お聞きになったと思うんですが、原田くんは助監督をけっこう長い間やってくれたんです。助監督としてすごく優秀でね。僕は随分助けられました。

最初に会った時から、ちゃんとホンを読んで、組み立ててから全体まで把握してる。「相当できる助監督だな」と思いました。

人当たりがまたいいじゃないですか。温厚な性格で。笑顔が多いし。

『さらば愛しのやくざ』（九〇年）や『この胸のときめきを』（八八年）、『キャンプで逢いましょう』（九五年）、『修羅がゆく』（九五年）も原田が助監督だった。彼がウルトラマンをやるようになるまで、僕と長い間やってたんです。

原田の下についてた助監督に、佐々部清くんがいた。だから原田がチーフで、佐々部がセコンドという作品が随分あります。

今、僕は『相棒』（〇二年〜）をやっているから、一年の内の半年は、映画の監督は一切出来ないんです。原田や佐々部とやっていた頃は、一番仕事が多かった時期で、二班ないと出来ないような状態だったので、二人が交互にチーフをやってました。

助監督としては、ダントツに原田の方がプロでした。凄みがあります。責任感があったので、僕も安心できた。やっぱり人を動かす、人を使うのはすごく上手でした。

佐々部くんは今すごく活躍してますが、助監督の頃は、原田昌樹の下にずっといたので、佐々部は原田くんのこと尊敬してるんじゃないですか。きっと。

僕は原田くんと海外ロケもけっこう行ってるんです。イタリアのフィレンツェにも行ってます（『フィレンツェの風に抱かれて』九一年）。あの時は時間も予算もないのですが、僕らはある程度、制作部に託してたんです。

それが、現地に行ってみたら約束が違って、俺らが言ったことが出来てない。制作部は二人いたんですが、日本語、英語、イタリア語が飛び交う現場で交渉事が多いのに、言葉の壁もあって、疲れで精神的にもナーバスになってた。

それで準備不足のまま突入したんです。結局、制作部は日本に帰りました。いてもいなくても同じなので。

そしたら原田が、助監督でありながら制作部の代わりを一人でやってました。その姿が、ものすごく印象に残ってるんです。「本当にパワーがあるな、彼は」と思ってね。しんどかったと思います。それでも、イタリアの事で思い出すのは彼の笑顔です。

時々スタッフを怒っている時の原田くんの顔は、全然見たことのない厳しいものなので、「ああいう顔を持ってるんだな」と思うこともありましたが、いつもは本当に明るくて笑顔でね。

▼彼とずっとやっていきたい

――原田さんと初めて会われたのはオリジナルビデオの『青春ぽるのぐらふぃてぃ』（八五年）ですか？

和泉　その頃、既に原田は、僕にとってすごく大事な信頼できる助監督だったので、その前にテレビで何かをやってると思うんですが、憶えてないですね。

――和泉監督はいっぱい撮ってらっしゃいますから。

和泉　映画とテレビを合わせたら二〇〇本は撮ってると思います。最近、テレビがものすごく多いんでね。『相棒』も三分の一は僕が回してますから。

実は僕は助監督の経験がないんです。

そういう意味で、原田くんが色々知ってるので、僕は非常に助かってました。

映画はまだいいのですが、テレビはシステムがあるんです。テレビマンの中で撮るので、システムをある程度知っている方が、現場が動きやすい。原田はそこら辺に精通していた。僕も彼と出会った当時、テレビの仕事が増えていたので、まさに僕にとって大事な存在になっていったんです。

――ちょうどチーフ助監督の山田大樹さんが監督になられて、徐々に原田さんと交代するような時期だったのでしょうか。

和泉　原田の前が、山田くんだったんです。『湘南爆走族』（八七年）を僕が降りて、チーフ助監督だった山田が監督になった。その辺りかな、原田くんとよくやるようになったのは。

――原田さんの、和泉監督に対する最初の印象が、赤いフォードの車に乗ってきて、革ジャンにサングラスでカッコ良かったと言ってました。

和泉　そうですか（笑）。

原田は仕事が出来るのに、性格は温厚で、どんな

人と接しても態度が変わらない。そういう彼を見て「彼とずっと仕事をやっていきたいな」と思ってました。一本やって感じたことがそれですね。『恋子の毎日』(八八年)の頃は、僕が一番荒れてたんです。だから原田は相当しんどかったんじゃないかな。

――荒れてると言いますと……。

和泉　喧嘩したり。すぐぶつかっちゃうというか。その頃、原田くんがいたから助かったと思います。『さらば愛しのやくざ』も、その時期です。

▼監督の側についてくれた

和泉　原田はどっちかというと、プロデューサーにつく助監督というより、監督につく助監督という感じなんです。昔は、監督の下で頑張って監督になっていく人が多かったんですが、最近はプロデューサーに気に入られる方が早道で、原田が助監督だった頃は既にそういう傾向があった時代なんです。

いつか監督になるためには、プロデューサーに温度が近い方がいいのかなと思ったり、色々あるわけです。しかも年もそれほど変わらないとなると、監督と助監督の関係は、本当はすんなりといかない。でも原田とは信頼関係がすぐ出来て「優秀だな」と思わされた。本当に彼は珍しい助監督だったなあ。

――原田さんが助監督になった時は所謂、六〇年代までの、撮影所に社員として入って助監督をやって、何年かやって監督になるという時代はやや終わっていて、フリーで育っていく時代ですよね。

和泉　そういう時代にもう、なっていました。助監督を見てると、監督側か制作側かどっちにブレるかわかります。それでスケジュールの作り方も変わってきますから。そういう時代に、原田くんと出会って、彼はすぐ僕の方に来てくれた。それまで僕は一匹オオカミみたいなところがあって、いつも現場では、スタッフとの間でトラブルを起こしてたんです。

原田くんが初めてだと思います。信頼関係が生まれたというか、懐に入ってきてくれたのは。

――原田さんは、和泉さんを「今まで見たことない監督だ」と思ってついていこうと思ったと。

和泉　とにかく一緒にやっていこうという姿勢、気持ちが伝わってきた。彼はいずれ監督にも当然なると思ってました。それまではずっと手伝って欲しいなと思ってました。彼の目に信頼関係があるんですよ。だから、すごく安心できるんです。これだけ仕事をやっていると、色んなことがありますが、信頼関係が大前提になっている。だから仕事がうまくいったのかな、という感じがしますね。

▼原田は男らしい男です

――オールディーズが全編に流れる『この胸のときめきを』(八八年)は企画段階から和泉監督と一緒に考えて楽しかったと原田さんが発言されていました。

和泉　そうじゃないかな。オールディーズのライブバーのケントスの、今の社長がお金を出してるんです。よくケントスでライブをやってた元クールスの岩城滉一さんは僕は昔から知ってるし、原田もケントスのプロデューサーだった林ゆたかさんと仲良かったので、よく飲みに行ってました。ああいう映画を作ろうこういう映画を作ろうと言って出来上がったのが『この胸のときめきを』だった。原田くんとほとんど最初から一緒にやってると思うんです。

――あまりお色気とかが出てこない青春ものが原田さんわりと好きだったみたいです。どぎつくない青春ものをやろうという話があったんでしょうか?

和泉　それは僕も原田と同じでした。そういう描写は、あまり僕は好きじゃないんです。原田も見て知ってると思います。この頃、そういう映画がすごく多かったんです。男女が愛し合うことを映像で描写する映画が。それを嫌っていたところがありました。

――『さらば愛しのやくざ』でも、陣内孝則さんと相楽晴子さんの関係で、男女の部分はちょっとボカしてありますね。

和泉　柳葉敏郎さんとどっちつかずの三角関係で。友情もあり、家族的なつながりもある。

和泉　あの時も、プロデューサーと色々やりあって撮ってると思います。ホンにはあっても、いつの間にか僕は原田くんと一緒に修正しちゃうんです。

――原田さんも友情よりは濃いんだけど、恋愛にはいかない関係性の方が、お好きだったみたいです。

和泉　この頃の原田くんは、奥さんがいたんです。スクリプターをやってた人でした。

それで原田くんから、彼女がアメリカで映画の仕事の勉強をしたいという話があったんです。それで文科省からアメリカに派遣する制度に「推薦してくれないか」ということで、僕が推薦したんです。そしたら彼女がその審査に通って、アメリカに行っちゃった。その内、向こうに彼女が住み着いて、しばらくして原田に訊いたら、向こうの男性と結婚しちゃったという話を聞いたんです。「あの時、審査が通らなければ、きっとまだ一緒にいたのかな」という思いがありました。原田が笑顔で答えるから余計そう思っちゃう時があったんです。奥さんと友達のような関係で「素敵だなあ」と思ったんだよ。北海道や信州に……信州って彼の故郷ですよね、ドライブしていた話もしてたし。

奥さんが日本にいない時も、僕は原田とほぼ毎日一緒だったけど、他の女性との話は聞いたことも見たこともない。他の人に聞いてもそうだと思う。

――原田さんは、どちらかというと女性的な人だという風に、キャメラマンの佐々木原保志さんはおっしゃってたんですが、そんな風に思いますか？

和泉　いや、全然思わない。

きめ細やかさや繊細さはあると思うんです。すごく物を考えるし、気を遣うし。

でもスタッフを怒る姿は、とても厳しいです。やっぱり男の顔をしている。ただ余計なことは全然言わない。怒る理由があることをきちっと怒る。

僕は逆に彼は男らしいと思うんです。義理や人情を大事にしていた。今、そういう気持ちを持ってる人が少ない中で、男っぽいタイプだなと思います。

彼が奥さんと別れて僕も辛いので、彼に話を聞いたりしたんです。そしたら向こうの人と、恋人みたいになってたと答えるんです。その話をする時も笑顔だった。そうやって激しいところを見せないから、バラちゃん（佐々木原保志氏のこと）は女性っぽいと思ったんじゃないですか。原田は男気ありますよ。

――佐々木原さんがおっしゃったのは、和泉さんと性格が全然違うので、自分にないものを求めてるところがあったのかなと。

和泉　それはそうかもしれないです。監督とキャメラマンもそうですが、スタッフは、そういう関係になってくるんです。夫婦関係に近いような。

僕も当時、イケイケというか（笑）、ガンガン梯子を上がる感じだったので、そこについてくる原田が、そばにいるスタッフからすると、そういう風に見えたのかもしれない。「よくついて行っとるなぁ」と。

監督になっていく道

――原田さんは自分では「和泉組では若頭か舎弟頭みたいな感じだったと言ってました。

和泉　そんなことを言ってたこともありますね。

映画監督は一家を作っちゃうんです。現場で僕の話すことをすぐ理解してくれるとか、彼のこの才能が欲しいとか、そういう人間を集めて、長く一緒に仕事をやっていく形になっていきますから。

原田も「代貸し」みたいなことを言ってましたね。『この胸のときめきを』もそうでしたが、当時、仕事が一つずつ決まる過程からずっと彼も参加して、一緒にやっている感じだったので、僕は本当に演出のことだけ考えていれば良かった。

原田くんは一番長くやってくれた助監督でした。助監督はだいたい一～二年で落ち着いてくるんです。まず一本やってダメだったらその一本でもう終わりですし。「こういう才能を持ってるんだ」「こういう力があるんだ」と思うと、だいたい続くんです。だから演出部は随分長く一緒にやる人も多いんですが、普通に今、みんな監督デビューしています。

『相棒』でも歴代の助監督を監督にしているんです。

――『修羅がゆく』では原田さんは監督補というクレジットでした。助監督と監督補の違いとは？

和泉　『修羅がゆく』は、順番だと、原田とやった中では後の方でしょ？　信頼関係があったから、彼に（監督として現場を）回させたようなことがあると思うんです。僕も「そろそろ監督をやってもらおう」という気持ちがあった。

――『修羅がゆく3　九州やくざ戦争』（九六年）のナイトシーンも、かなり任せてもらって、頑張ったということを原田さんが言っていました。

和泉　助監督にちょっと回させるんです。その間はひと言も言わないで、ラッシュを見て、それでわかるんです。監督の力があるかどうか。テストじゃないですが、そうやって見ていかないと「仲間としては優秀だけど、監督としてはどうだろう」と色々あるんです。ダメだなと思ったら、一切そういう話もしない。撮らせるのが一番早いんです。だから『相棒』でも、差し触りのないシーン等は、そうしてるところもあります。

『相棒』はシリーズで同じ世界観が必要ですが、チーフ助監督ならば『相棒』に対する思いをわかっている。そういう助監督に撮らせて、僕が見て「力があるな」とわかると、もうちょっとやってもらうんです。それはプロデューサーもぜひというところなので。それで、いいところで監督にしてやる。色んな助監督が監督になってくれました。

僕が現場でものを作る時のスタイルは、原田とやってきて出来上がってきたのかなという気がします。すなわち、本当に〈監督補〉でしたね。彼が監督を半分やってもほぼ遜色なかったと思います。

後は、自分で世界観を持ってないといけない。

監督デビューするには、こちらで後押しをしてプロデューサーと話をつけるか、主役と話をつけてというのが多い。僕は、原田くんを、早く監督にしたかったんです。でも、映画でというのは、なかなか難しい。テレビだと出来ますよ。『相棒』みたいなシリーズを持ってると。あの頃は僕は、テレビより映画の仕事が多かったんです。ただ、彼は自分でデビューしたので「良かったな」と思ってたんです。

原田くんが僕と仕事をしなくなったきっかけは憶えてないんです。彼も監督になって、都合が合わなくなって、徐々にということだったのかな。

俺には何もしてあげられなかったなという思いはありますね。彼は自分で、頑張って自分の方向を作っていったんです。

▽旅をしながら書いていく

——和泉監督の場合、一般映画デビュー作『オン・ザ・ロード』(八二年)の脚本がアメリカでリメイクを検討されて話題になったり、脚本を書かれたことが監督としても起爆剤になっている気がします。

和泉　脚本は、教わる学校も、学校に行くお金もなかった。書くことは好きで、映像の仕事をしながら、アサヒ芸能とかでルポルタージュを書いてた時期もあるんです。それも相当な分量をやってました。

成人映画をやってた時、脚本を人に頼みたいんだけど金がなくて、自分で書かざるを得なかった。

映画の脚本の載った本を買って、新聞紙に模写するんです。すると展開がだんだんわかってくる。それで長いものが書けるようになっていきました。

子どもの頃に好きで映画を見てたんですが、二〇〇枚とか三〇〇枚は、普通の人は書けないです。それが苦じゃなくなって一本とにかく書き上げると、他の脚本家が、「こういう思いで脚本を書いたんだな」とわかるんです。読むだけじゃダメなんです。

後は自分で書きはじめました。書いている内にだんだん思いついたのが白バイ警官が職務を離脱して走って行く『オン・ザ・ロード』の話なんです。「形にならなくていいから、最後までちゃんと書いてみよう」と思って、予算も何も考えないで書いていったら、どうしてもやりたくなって、車を買って、自分で鹿児島まで、ずっと走りながらホンを書いたんです。ロードムービーです。

——逃走した白バイ警官の旅を、実際に旅しながら書かれたんですね。

和泉　「関門海峡に行く」と書いても、行かないとわからないですから。それを映画化するのは、やっぱり大変でした。成人映画を作った監督じゃ無理だろうと、信用されないし。あの時代、中村幻児や高橋伴明、滝田洋二郎もそうだし、ピンクにいたのがみんな一般映画の監督になっていくんです。残された業界が閉塞状態になってしまって。

それ以来僕は、『南へ走れ、海の道を』(八六年)をはじめ、脚本・演出というのが多いんです。原案も多い。それを見た人達が、脚本家としてテレビの仕事を依頼して来た。

『オン・ザ・ロード』の後、全然仕事がなくて、一番お金のない頃で、電気・水道・ガス全部を断たれてました。だから脚本の話が来た瞬間、とにかく書きまくったんです。一、二本そんな状態で仕事をやると、きちんと見合うギャラを払ってくれるようになったんです。それでいっきに貯金が溜まる。二~三年、ずっと脚本を書いてた時代もあるんです。

昔、絵を描いていたので、模写は本当に必要だと思うんです。それをやると人のタッチが、自分のものになる。それは原田にも佐々部にも、くどいほど言いました。「監督になるなら絶対にホン書けよ」って。佐々部は自分の脚本でデビューしたでしょう?

——原田さんは自分で脚本を書くことはなかったみたいですね。

和泉　あの頃ね、お酒を飲むと、そんな話しかしなかったんです。必ず言ってるはずなんです。「ホン書けよ」というのは。

▽撮りながらのライブ感覚

——和泉監督は、撮影の段取りみたいなものを、全部、決めるのがあまりお好きじゃないと聞きました。

和泉　たとえば今、僕が持っている、次にやる仕事の台本も、ほとんど何にもコンテがないんです。(台本を開いて)真っ白でしょ?

——原田さんが、和泉監督だったらAに行くのか、Bに行くのか、Cに行くのかということを、あらかじめ何パターンか考えておいて、追いつこうとしたということも聞きました。和泉監督が、現場の段取りが行き過ぎないように感性を大事にされていた部分と、そこを原田さんがサポートしている部分があいまっているところがあったのでしょうか?

和泉　ありましたね。そういう計算が出来る、すごく優秀な助監督なんです。

まずスケジュール表を見れば、「研究されてるな」というのは、だいたいわかる。原田はもちろん、長くやって監督になる助監督はみんな計算が出来る。和泉聖治がどういう撮り方をするのかも計算しながら作る。スケジュールを上げておくというのは、もはやほとんど監督ですよね。全部計算が出来るんですから。

よくコンテ割りをきっちり描く人いますよね?夜、部屋で、現場でもないところで一生懸命。その通りやってたら、漫画のコマ割りと同じですよね。

俳優さんもそれぞれ思いがあって、色々考えているわけで、雰囲気も順番もロケハンの時と全部変わるわけです。現場はいつも生きてるんでね。

だから現場で、とりあえず一回やってみるんです。すると見えてくるんですよ、自然と。ここでカットを割るとか。あそこまで行っちゃおうよとか。それが出来るようになるのはなかなか難しいんです。

そういうのが新鮮だったり、ライブ感覚で一緒に何か作っていこうと思えたり、それがハマった人はけっこう面白がって僕についてきてくれる。

そして、その計算を今度は自分でやり出すんです。「きっと監督はこうするだろう」と。その読みが、ほとんどピタッと当たると、「読まれてるな」と(笑)。そういう助監督は何人かいます。原田くんもそうだし、最近だと『相棒』の東伸児くん。彼も監督になったけど、本当に見事に読んできます。


――原田さんの助監督時代はモニタで見たり出来ないから、どう映るのか、仕上がりの想像が出来るというのもスタッフとして大事だったんでしょうか。

和泉　テレビの場合はモニタがあるので、その場で画面の中の芝居を見られますからね。最近は映画でもみんなモニタをつけますが、それは伊丹(十三)さんから始まったと思います。それまでは全部、現場で俳優さんのそばでやってましたから。
最初にテレビで撮った時は、不思議な感じでした。離れたところに突っ立ってモニタに映っている画面を見て「よーいスタート」と言うのは。ちょうど同じ頃、原田くんと一緒に仕事をしてるので、彼も同じような気持ちはずっと持ってたんじゃないですか。

▼「この監督についていく」達成感

――原田さんは監督になってからも、手前で殴り合っていて逆向きになったり、アクションも和泉監督の画作りに近い形です。そういう撮り方も含めて、タッチが似ているという指摘もありますね。


和泉　自然と影響を受けるんじゃないですか。僕についていた助監督は、今、十人くらい監督になってますが、彼らの、特にデビュー作は影響が残ってるみたいで「タッチが似てますね」と言われることは多いんです。僕も気になるのでラッシュを見に行くんですが、たしかに似てるところありますね。原田くんにも、染み付いてたんじゃないですか(笑)。

今度はそれを拭い去るのが大変なんだよね。

もちろん『相棒』のプロデューサーは、世界観がブレないようにする意味で助監督を監督にしてるというのもある。他から監督さんに来てもらってもいいんですが、あれだけ長くやっている番組で、色んなキャラの人がいるので、それがわかってないとやっぱり無理なのかなと思います。それで、力のある助監督は、監督が認めるのなら監督にしましょうというスタイルが出来たんです。助監督が監督になる登竜門みたいな感じですね。『相棒』は。


――『相棒』の劇場版でも、ワンカットで、どんどん行けるところまで撮っていく。『この胸のときめきを』で哀川翔さん達を長回しで撮っていた際に、陽がどんどん落ちてきて、カットを割ろうかという話になった時、和泉監督が「ここで割ったらこいつら芝居をなめるから絶対に割らない!」とおっしゃって、それを聞いて「この監督について行こう」と思ったと、原田さんが言ってました。


和泉　その時のことは憶えてないですね(笑)、
ワンカットではやっぱり緊張感が生まれますよ。それは俳優さんもそうだし、脚本家さんも書くセリフを吟味する。僕は十分くらいのワンカットも行っちゃいますからね。でも今の時代はビジュアル的に、引いた画でそれじゃ持たないですよね。

だからこっちも、色々と動くことにして、キャメラも動く、俳優さんも動く、フォーメーションを組み替えて立体的にしたり平面的にしたり、ワンカットの中で、色々な動きをやるわけです。だからワンカットにはちょっと見えないと思うんです。

なおかつインサートがいっぱい入るので、普通なら「カット割っちゃえば」となるんです。でも割らないでやっていくと、俳優さん達が、ものすごく緊張しているわけです。『相棒』でも水谷豊さんが五分以上芝居を続けて、その後、まだセリフが残っている俳優はもうすごいんです。ドキドキして。

その張り詰めたような空気は、スタッフも無視できないですよ。俳優さんがそこまでしてやっているから、全スタッフが緊張するんです。それがちゃんと、映像の中に出ていると思う。

その臨場感みたいなものが僕は好きで(笑)。「なるほど、俳優さんはこういう風にこのホンを読んで、感じてるんだ」というのがわかるんです。

でも「カット! ハイ次繰り返して行きますよ、じゃ、よーい!」と役者に対してやると、感情をズタズタにしてくわけですよね。そういう風にはしたくない。それは僕のスタイルなんです。

原田くんは、その辺をわかってるんだと思います。彼がいた頃から長回しが増えてきたので。

▼ヤクザ映画のリアリティ

――原田さんは監督デビューしてからのVシネマで、原田さん自身が「『組』っていうタイトルが付く作品が僕は、すごく多いんだ」と言ってました。和泉さんのところで、ヤクザものの作り方とか、男を男らしく撮ることを学んだ部分はあったと思われますでしょうか？

和泉　一時期、僕と原田くんはほとんどいつも一緒だったので、実際にあっちの稼業の人のことを、見ていると思うんです。そういう人達から、知らないことを僕も聞いたりして、お付き合いもあったから。

それに彼もついてくるので、付き合い方も見ているし、その人達はどういう人達かというのも、だんだんわかってくるんじゃないですか。何もわからないとそれは無理でしょ、ヤクザ映画は。恐いでしょ。一歩間違うと非常に危ない世界なので。

――やはり本物らしさというか。

和泉　うん。リアリズムというか、恐さや本当の傷みが伝わることで映像になるからね。よく何も知らない人がヤクザ映画やVシネマを撮ってますよね。ハナから嘘の世界で。それもいいんですが、「ちょっとひどいな」というのが随分多い気がするんです。

僕は友達にそういう世界の人が昔からいたので、原田も、だんだんその内わかってきたんですよ。

ヤクザもんになるというのは、そもそも、差別でしょ。あと貧困。あと愛情の過疎、そういうのを幼少期に味わった人達です。八〇～九〇パーセントはそういう人達がヤクザになる。すると、親分になる時も清濁併せ呑んだ気量がないといけない。僕は本当、普通の社長や政治家より、親分になるのは難しいということを、ひしひしと感じてる。腹を括らないといけない。じゃ腹を括るってどういうことか。そういうのもいずれわかってくるんです。本当にそういう人達と付き合ってると。表面だけ見たらたぶんわからない。その分、恐い思いをしてますから、そういうのをちょこちょこと映画の中に出せると、なんか凄みが出てくる。

――『修羅がゆく3』でも、「腹括ります」と九州の小さい組の親分が言って、萩原流行さん演じる大きな組の幹部が「腹を括るってどういうことかわかってんのか？」と問い返すところがありました。

和泉　僕も昔は、そういう人と付き合いが多くて「和泉聖治はヤクザか」と言われたことあるんです。うちの親父にそういう人との付き合いが多かった。親分ばっかりなんですけどね。

やっぱり腹を括るというのは、覚悟しなきゃダメなんです。普通そんな覚悟しないじゃないですか。でも、あの世界の人達は、覚悟せざるを得ない場面が多い。だから、なかなか組長にはなれないと思います。チンピラで終っちゃう。ある程度、あの世界でやってる人は、それを繰り返しているから、それが顔に出ちゃう。人相を見ればそういうのが出てる。

原田くんは全然そういう世界を知らないで育って、本来はたぶんわからないと思うんです。でも僕と一緒にいたもんだから、そういう場面にいることが多くなった。彼は頭がいいから、そういうのがわかったと思う。原田くんはそういう育ちじゃないし、彼がヤクザ映画撮るのは、僕にはちょっとピンと来ないけど、でも仕事でやれたんだと思う。

僕は東京に住んでたんだけど、うちの娘が喘息で、海のそばがいいというので、それから近郊に移ったんです。

彼が亡くなった時も、仕事で、家に月に一回帰れるか帰れないかだった。都内にも寝泊まりできる部屋を借りてるんですが、家の方には全然帰れないんです。休みなくずっと仕事してたもので。それでお葬式にも行けなかった。

原田くんと仕事しなくなってからも、酒に酔ってたまに電話がきたり、撮影所でばったり会ったり、そのような感じでした。

スクリプターの（山下）千鶴ちゃんとか、共通のスタッフがお互いのことをよく知ってるので、たまに「原田くんが、こうしてるんです」という話を聞いて、「頑張ってるんだなぁ」と思ってたんです。

彼が亡くなった前の年の終わりに、東映の撮影所で、『相棒』のお正月スペシャルの撮影をやってたんです。そこに突然原田くんが入って来てね、「おお懐かしいな」と、しばらく話してたんです。十二月の十日前後だったと思うんですけどね。びっくりしました。本当に久しぶりだったんでね。

体調悪くしてるという話は、ちょっと聞いてたんです。でも全然、そういう風にも見えなかった。僕も現場だったので、あんまり長い話は出来なかったんだけど「具合は大丈夫なの？」と聞いたら「ええ」と言って、元気そうな顔をして、顔色もそんな悪いようには見えないし、笑顔があった。裁判員制度の映画を撮ったという話を聞いて、その時のスクリプターさんと二人で訪ねて来たんです。

それから程なくして亡くなったという連絡が入って、びっくりしました。元気で、笑顔もいっぱいだったのに。

残念だったね。もっと活躍できるはずだけれど。僕はね、ほとんど笑顔しか見えて来ないんだよ。笑顔しか印象にない。原田くんを思い浮かべると。もう全部……。

第7部

Vシネマの時代

『喧嘩組』『喧嘩ラーメン』

history

原田昌樹・監督デビュー

『裏刑事-URADEKA-』『ひと夏の誘拐』

証言：原田昌樹、根本和政（助監督／当時）、保科仁志・木村正人（松竹芸能プロデューサー）、林淳一郎（撮影）、林みのる（制作担当／当時）、山内薫・山下千鶴（スクリプター）

▼フィルムへのこだわり

「原田さんには、現場でカチンコがどうやって入るかのイロハを教えてもらいました。望遠の時、フィルムのレンズは、何フィートくらい出したら見えるのか。撮影部のセカンドとは目配せでコミュニケーションを取らなければならない。画のサイズは、今でこそモニタで見られるけど、下手《しもて》や上手《かみて》は、スタッフが出来あがった画面を現場で想像することが必要で、それはサードがカチンコを入れることによってわかる」（根本和政さん）

助監督はカチンコを入れる時、芝居をする役者を一番近くで見られるという〈特権〉があるのだと原田さんに言われた根本さん。

「フィルターや望遠レンズ、照明の少ないナイターロケではカメラの露出が開いて、ピントが合っている範囲が狭くなる。たとえばそんな時、ワンカットでフォーカスを送る（焦点を合わせる）のは、すごく難しいことなんです。当時はラッシュを見ないとフォーカスが来ているかわからない。だからリテイクした場合にどのぐらいスケジュールに余裕があるのかも考えてやらないといけない。でも一枚の画を撮るためには撮影助手に頑張らせないとならない。難しい事をさせなければならない。難しいことだとわかってやっているのと、そうでないのとは違う。こんなことも教えてもらいました。技術に関しても原田さんは詳しかった」（根本和政さん）

原田さんが『Gメン'75』で学んだワンカットのフォーカス移動が、下の世代にも継承された。

「和泉監督の『修羅の伝説』で小林旭が車を降りて、敵を倒すために歩いていくシーンに、雪が降っている。そこの場面を全部任せてくれたんです。それまでサードで現場一年半のキャリアしかなかったんですが『お前がやれ』と」（根本和政さん）

今、撮影している場面を、自分の中でどうイメージするか常に考えておけ……と言っていた原田さんから課題が出されたのだ。

「一つのシーンに見合う画を想定する。シチュエーションを考えて、どう配置して、どう動かすのがいいのか。『修羅の伝説』のそのシーンは、周りの情景と主人公の気持ちがあいまった、ものすごく大事なシーンで、それを僕に『やってみろ』と言ってくれた。リテイク二回したんですけど、原田さんは嫌な顔一つせずにやらせてくれました」（根本和政さん）

その原田さん自身、和泉監督からシーン自体を任された。

「『さらば愛しのやくざ』で和泉監督が『原田、お前の割りで撮らせるから』と言ったのが、学生の柳葉敏郎が、友人になったやくざの陣内孝則に連れてってもらったバーで、隣に座った片桐竜次の刑事を紹介されるシーン。新宿のバー『どん底』の二階でロケして、狭いカウンターの店でしたが、原田さんは言われてすぐ割っていたのがさすがでしたね。表のシーンは和泉さんが自分でやってました」（根本和政さん）

自らを〈新宿最大の組〉の者だと名乗る片桐竜次と、本職やくざ陣内孝則との掛け合いが面白い。さりげないが弾むシーンだ。

根本さんによれば、原田さんは〈こだわりの人〉というよりは〈セオリーの持ち主〉。「セオリー通りの発想しか出来ない」と、否定的に使われることの多い〈セオリー〉という言葉だが……。

「関わる作品に対し『自分の中のヴィジョンを持て』ということなんです。原田さんがよく言ってたのは『シナリオ通りに撮るんじゃなくてシナリオから旅立つんだ』と」（根本和政さん）

シーンの組み立てをどうするかということは、シナリオに書いてある文字からむしろ〈始まる〉のだ。豊富な経験のストックがなければ、実験精神だけでは対応できない。

「『日本映画と外国映画では質感が違う』と僕がフィルタや色の話をしたら、原田さんは『全然わかってない』って言うんです。『向こうの光量とこっちの光量は違う。だからフィルムの種類が違うんだ』って、自分の経験から話してくれました」（根本和政さん）

肌色の出し方一つでも、普段から感じていることを話してくれたという。

「ところが和泉組の『プライベート・レッスン』の時は、日本に来たアメリカ人女性との共演だったから、一緒の画面の時に『どっちの肌に合わせるんだ』という話になって、その時は捕捉するためのフィルターを使おうということになりました。技術に関しても頭が柔軟な人でしたね。すごく詳しかった。こちらはすべて指示通りやりました。でも妥協点も必要だから『そろそろこの辺でやめとけ』と言うのも原田さん」（根本和政さん）

長い助監督生活でフィルムというものの性質を知り抜いていた原田さんが、助監督生活一六年目にして遂に監督デビューを果たしたのはテレビドラマの一本だったが、その『裏刑事』は、制作会社の松竹芸能にとって、フィルム制作のドラマの最後だった。当時既に時代はVTRドラマ主体で、フィルムによるアクション刑事ドラマの最後のヒット作といえる『あぶない刑事』のテレビ放映終了からも三年経過していた。

原田監督はデビュー作にして、フィルムドラマの末期にようやく間に合ったのだ。この時、サード助監督の根本さんの上でセカンド助監督を務めていた杉山順さんは、こう語る。

「『裏刑事』の原田さんは、現場では喜びや意気込みを周囲に見せる感じじゃなくて、ひょうひょうと演出してましたが、フィルムでデビュー出来るということはすごく喜んでました。ずっとフィルムにこだわってきて、その中でやって来てたから。『フィルムで撮れて良かったね』と、長石（多可男）さんとか昔からの仲間がみんな『おめでとう』を言いに来てました」（杉山順さん）

▼監督デビュー～鮮烈な導入部

原田昌樹監督のデビュー作である、『裏刑事-URADEKA-』（九二年）の4話「操られた少年殺人チーム」（制作6話）。

その冒頭は、高架の上を走る夜の電車から始まる。キャメラが下に向くと、駅から夫婦が出てくるのが見える。彼らがタクシー乗り場に立ち止まって並ぶと、すぐ前の客がタクシーに乗り込んだところで、背景に「無邪気にじゃれ合う少年たち」がたまたま映り込んだかのように、同時に映っている。さりげなく彼らから少し距離を置いて立つ夫婦。すると突き飛ばされた格好の一人の若者が突然妻の身体にぶつかってくる。そして、庇おうとした夫の方に集団で襲いかかりボコボコにし始める若者達！　冒頭の電車から、若者がぶつかってくるまでは、ワンカットで示される。

電車から始まるのは、『Gメン'75』の現場で培われたスキルが活かされている。

「シーンに入る時には〈動くもの〉を同じカットに入れるというのが『Gメン』の世界だったから、原田も自分の中に、常にそのこだわりがあった」(林みのるさん)

日常風景が殺人現場に変貌するまでの〈ひととき〉を、地続きのものとして描き出す。『Gメン'75』で顕著だった「ワンカットのピン送り」を用いた撮影の応用編だ。撮影は『Gメン'75』からの付き合いである林淳一郎さんが、原田さんの希望で担当した。

「すべて原田が指示してやっていました。監督一本目は、顔馴染みのスタッフがつくと『好きにやらせてやりたい』と思うものだし、俺もそういう気持ちがすごくあった。もともと『原田が監督をやる時はキャメラは俺だ』と言っていたんです。僕は監督では成田祐介とも仲が良かったから、『裏刑事』では原田の回と、成田の担当した最後の二本をやりました」(林淳一郎さん)

八九年の女子高生コンクリ詰め殺人事件と、その数年前から頻出していた少年によるホームレス襲撃事件の報道は、人々の間に〈凶悪化する少年犯罪〉というフレーズを刷り込んだ。もはや社会や大人への反抗者としての不良像は〈懐かしい存在〉となり、歯止めのない暴力を冷血に行使し、その一方無邪気であるがゆえに手に負えない存在として、少年達は認識されはじめていた。

当時の視聴者にとって、日常の見慣れた光景の中で、特に警戒を持つ必要もないと思っていた者達が突然、それも無邪気に暴力を振るう……という同時代化しはじめた不安や恐怖を見事に凝縮したのがこのファースト・シーンであり、またそれが、これから始まるお話の起動部分となっている。

暴力団新法のお陰で、集まって行動することすらも出来なくなったヤクザ達が、表向きは会社組織にして活動をしはじめた。

ヤクザ達は自ら手を汚さず、少年法を隠れ蓑に、未成年の若者達を操って犯罪行為をさせるのだった。操られているのは渋谷にたむろする「チーム族」で、揃いのジャンパーに各自違う古着のジーンズを履き、思い思いの場所にスカーフを巻いている。それほど落ちこぼれているわけでもなく、暴走族等に比べ経済的にも貧しいと言えず、表立っては喧嘩の一つもしない若者達。

そんな彼らを利用したヤクザのカラクリに「裏刑事」が迫っていくのが、この回の主筋である。

▼『裏刑事-URADEKA-』成立の事情

原田さんは藤竜也主演のこのドラマ『裏刑事-URADEKA-』に1話からチーフ助監督としてついていたが、同シリーズで監督デビューするという話は最初からあったという。

警視庁捜査一課の刑事・佐々木武夫はコカイン密売の捜査中、ヤクザと内通している警察署長の罠にはまり、重傷を負い、殉職扱いとなる。彼は警視庁及び検察庁のOBで構成する超法規委員会の指示で手術され、損傷した骨はセラミックで補われ、全身整形を受けて戸籍のない別人・岩城丈二(藤竜也)となり、表の警察では扱えない領域を捜査する〈裏刑事〉として蘇える。フリーピストル部門でオリンピック候補選手に選ばれたこともある彼は、

『裏刑事』クランクアップ記念撮影

法では裁けない悪人を、毎回使用銃を替えて抹殺する。

他に元刑事として、八八年に『超獣戦隊ライブマン』で本格デビュー後、若手俳優として活躍していた西村和彦、松竹芸能の売れっ子お笑い芸人・山田雅人、そしてお色気担当の小林紗世子が「くの一」的な役割を演じている。彼らは岩城をサポートするが、犯人を直接「処刑」出来るのは身元を抹消済みの岩城だけだ。

警視総監のエージェントとして戸川京子が各回の指令を伝え、近藤正臣が元弁護士のスナックマスター役で外部協力者となる。

岩城の整形を担当した美人主治医を財前直見が演じ、二人の間には恋に似た感情がある。「私は今のあなたの顔、好きよ」「作品としてか？」「さあ？」といったハードボイルドタッチのやり取りが毎回のドラマに挿入されるのだ。

テレビドラマというよりVシネマ向きの内容という気もするが、「必殺シリーズ」を送り出した朝日放送の山内久司プロデューサーによる作品で、その現代版であると聞けば「さもありなん」だろう。同時間帯の前番組は必殺シリーズの第三〇作目『必殺仕事人・激突！』(九一～九二年)であった。現代版必殺として既に『ザ・ハングマン』(八〇～八七年)のシリーズがあったが、こちらの制作会社だった松竹芸能が『裏刑事』も担当している。松竹芸能のプロデューサーも『ザ・ハングマン』と同じ佐久間博。

「必殺は時代劇やからええけど、ハングマンは大衆の前で恥を晒す。『いかに殺さないで悪を制裁するか』という工夫があった。でもしまいにはハングする手がなくなってきた。それで『裏刑事』では違うパターンで『殺す』ことにしたんやけど、視聴者からは評判も悪くて、正直、『殺してみたらおもろないなぁ』というのがあった」(松竹芸能プロデューサー・保科仁志さん)

かつてのハングマンのメンバーも、一回戸籍上死んだという設定になっていたが、『裏刑事』の藤竜也を人造人間のような設定にしたのは、もう一歩虚構性を強くする必要があったからだ。

「現代は生身の人間が人を殺せない。殺すと犯罪者になる。映画ならいいけど、テレビシリーズでは主役を犯罪者に出来ないんです」(松竹芸能プロデューサー・木村正人さん)

出だしの1・2話を監督したのは、日活出身で、アクションに定評のあるベテラン・長谷部安春。『あぶない刑事』のメイン監督でもあった。『裏刑事』初回放映日の四月十四日は、同じ長谷

部監督が演出した『俺たちルーキーコップ』(主演・仲村トオル、『あぶない刑事』と同じ制作会社で一部世界観がリンクする)の初回放映日でもあったことから、このジャンルの担い手として絶大な信頼を得ていたことがわかる。

メイン脚本家と言えるのは、『ハングマン』シリーズも担当していた田上雄で、全十二本中、1話と最終回を含む三本を書いている。4話は原田監督の希望で、後に『ちゅらさん』等でヒット作家となる岡田惠和が書いた。『裏刑事』シリーズではこれ一本のみの担当。和泉監督の『シャイなあんちくしょう』の脚本に参加していたことからのつながりだという。

「岡田惠和は、僕はこの時初めて知ったんです。原田は早くから彼を評価して信頼していました。岡田惠和はアクションドラマの作家ではないですが、原田が興味あるのもアクションじゃなかった。違うところに持って行って演出していました」(林淳一郎さん)

原田さんはそれ以前、松竹芸能での和泉聖治監督の作品に助監督としてついていた関係で、松竹芸能にはよく出入りしていたという。和泉監督作品を担当した松竹芸能のプロデューサー・木村正人さんはこう語る。

「原田と知り合ったのが、和泉監督のやった『火曜スーパーワイド』の『親分の後妻は聖女(マドンナ)』(主演・田中邦衛)。あれ制作は昭和六三年で、昭和最後の年やった。あの当時の和泉さんは今ほど紳士的じゃなくて、やんちゃでした。原田は常識人だから、そういう意味でこっちからはすごく頼りになった。『親分の後妻~』は教会で働く美女と再婚したヤクザの組長の話やから、安岡力也とか片桐竜次とか、ヤクザっぽい、いかつい出演者ばっかり。後に北野組でブレイクした寺島進もチンピラ役で出ていた。和泉監督から『今晩呑みに行こうか』と言われたことがあるんやけど、メンバーがそのメンバー(笑)。原田に訊いたら『やめた方がいい。途中では帰れませんよ』と言われて『急用が出来ました』と(笑)」(木村正人さん)

木村さん自身は直接原田さんの監督作品は担当していない。原田さんの監督デビューを決めた佐久間博氏は「この業界を辞めている」ということで本書ではお話を伺うことが叶わなかったが、同じ社内で状況を把握していた木村さんに証言頂いた。

「京テレ(KBS京都)みたいに何十人もいりゃ別ですけど、うちは小さい会社なので、誰がどう動いてどう作品が決まったという情報はわかるんです。上司の佐久間が、原田は助監督として仕事をキチッとやって真面目やし、本人の向上心もあるし『いいやつや』ということで抜擢しようと」(木村正人さん)

『親分の後妻~』の後『火曜ミステリー劇場　温泉劇場殺人事件』(九一年/主演・田中邦衛)でも和泉監督の下で原田さんは働いている。この時は関西だけで撮影。原田さんは京都のスタッフの信頼も得ていたのでやりやすかったという。

「関西でドラマを作る時、松竹芸能は外部スタッフがいないから、京都のスタッフか、東京から呼ぶことになるんです。当時僕達、制作会社とスタッフの関係は、監督がスタッフを連れてきたり、こっちから捜したりでした。その中で『こいつなら出来る』と思ったら(監督として)引っ張る。原田はそういう風にして、何年か付き合いが出来た内の一人です」(木村正人さん)

松竹芸能はそれまでテレビシリーズの大きなものは『ハングマン』ぐらいで、ドラマ作りの長い伝統を持っていなかったため、外注スタッフの出入りをしやすくしたのかもしれない。

「今は完全に松竹の子会社やけど、当時はちょっと資本は入っているけど別会社やった。もともと大阪でお笑いをやっていた会社なので、ドラマはずっと朝日放送の仕事ばっかりです。当時は土曜ワイドと火曜スーパーワイド、二時間枠が二つあった。その頃は景気がよくて、常に現場が回っていた」(保科仁志さん)

助監督から監督になるには、継続的に作品を作る場が必要だが、逆に社内でメンバーが固定していると、席が空かない限り難しい。

「監督デビューするのは大変やと思うんです。制作会社に所属してなければ、よほど主役の役者さんに推薦されるということでもないと。制作会社も抜擢して失敗するかもしれないわけですから。失敗というのは要するに数字です」(木村正人さん)

制作会社が毎回違う二時間ドラマ枠では、失敗は許されない。

「二時間ものを、初めて監督する人に任すのは怖い」と、同じく松竹芸能のプロデューサーであった保科仁志さんも言う。

「『土曜ワイド劇場』はなかなか新人は入れなかった。監督デビュー出来るのは連続ドラマだからという場合が多い。全部で十三~二六本ある内で『こいつ一生懸命だから撮らせてあげよう』というのはあるんです。でもそういう機会が与えられない助監督もいっぱいいるんです。他にも古い付き合いで助監督から監督になったやつで、未だに一緒に番組をやれたことないのがいます。だから原田が松竹芸能でデビュー出来たというのは、タイミングというのがあるんです」(木村正人さん)

『裏刑事』が半年続くシリーズならば、原田さんにもさらに続投の機会が与えられたかもしれないが、1クール限りとなった。

「新番組を立ち上げる時に『最初から半年以上』ということは当時既になくなっていました。様子を見て良ければ継続ということはあっても。今『相棒』や刑事ものが復活してるけど、あの頃は見向きもされなかった。トレンディドラマの時代にゴールデンタイムでやったわけです。続くか続かないかは局と制作プロのお互いの一存だけではなく、世間の流れもある」(木村正人さん)

▼いつでも変わらない青春のドラマ

単なる衝動的な少年犯罪に見せかけて、彼らを操り、都合の悪い人間を殺させていた暴力組織。その実態に近づくために、裏刑事チームの若手である直情型の刑事・南(西村和彦)は不良グループの溜り場となっている酒場に潜入する。

中間照明のみの空間に煙草と思しき硝煙が立ち込めるこの酒場は、アメリカン・ダイナー風のバーで、壁にはダーツがかけられ、オールディーズの『Hey Diana』が流れる。テーブルでは若者達がボードゲームやカードゲームに興じる。奥の壁には、マンハッタン島を背景にしたジェームス・ディーンの大きな絵。

「撮影したお店は、渋谷にあるという設定でしたが、内側は制作担当の林みのるさんのお兄さんの、林ゆたかさんの持ち物でした。ケントスの六本木の地下です。奥の壁にあったジェームス・ディーンの絵は、和泉組の『ゴールドラッシュ』の時にも使用したもので、和泉さんのところにまだあったので、壁につけたんです」(根本和政さん)

『ゴールドラッシュ』は七〇年代前半を舞台に、プレスリーを愛し、若者の街としての原宿を作った男と言われる実在の人物をモデルにした映画だ。その時代にリバイバルした50's スタイルが再び九〇年代初頭に移植されたかのような、チーマー達の集う場所。冒頭に見られる現代的な少年犯罪のリアルな感触から一八〇度転換したかのような異空間だ。衣装も『ゴールドラッシュ』と同じショップ「ピンクドラゴン」のものを使用している。

南がチームに入れてもらうために女の子の案内でピンクドラゴンに行って服を買うシーンでは『BE MY BABY』が流れている。首に緑のスカーフを巻いてもらう南。少女の顔が近づき、ふと目が合うが、次の瞬間、少女が踵を返し南はドキッとする。

二人がベイエリアでデートの約束をする時も同じ曲が流れる。

デートの場所が「ディズニーランド」だと告げられると、キャメラが回り込んで二人の表情を捉え、まるで青春映画のようだ。

「キャメラワークはズームイン、ズームアウトを移動車を使ってやってました。そうするとバック(背景)が近づいてくるみたいになる。重要なシーンでは一回はそれをやってました。丸テーブルを真ん中からグルグル回して三六〇度撮ったり、意欲的でした。晴海埠頭のロケ地も、原田さんにとって思い入れのある場所を使っていました」(根本和政さん)

冷血と言われる若者達にも青春がある。居場所がある。その行き場のないエネルギーが、暴力団に利用されていたとしても……。潜入捜査で彼らと接していた南刑事も、やがて彼らの仲間であることに居心地の良さを感じはじめる。そんな南について、大津刑事(山田雅人)はこう言う。「あいつ、硬派でっしゃろ。ああいう連中みたいに楽しく青春送ったことないんですわ」。

もう殺人は嫌だという少年達を、口封じのために殺すヤクザ。南と仲良くなった少女・瞳も犠牲になる。右腕の肘に赤いスカーフを巻き、可憐な中に孤独の影を滲ませる十九歳の少女。彼女は車の中で腹を刺され、無残にも路上放置される。「遅れて、ごめんね」と、南とディズニーランドに行く約束をしていた瞳は、待ち合わせ場所へ、血まみれの腹を押さえながら現れる。

「やっぱり私、ディズニーのお城には、行けないみたい……」と言って一筋の涙を流し、事切れる瞳。このセリフはシナリオでは「行きたかったな、南君と」と書かれており、原田監督はより乙女チックな切なさをセリフに加味している。

海の向こうにはビル街の明かりが輝き、船が行き交う晴海埠頭を効果的な舞台装置として使い、二人がデートの約束をするシーンと、一転していまわの際の瞳と再会する場面等で数度登場させることで、〈二人の青春〉をクッキリ際立たせるところに原田監督のこだわりが感じられる。ベイエリアはシナリオでは単に「丘の上」となっており、具体的な場所は特定されていなかった。

南の腕の中で瞳が絶命すると、そのまま頭上にキャメラがパンして、無数の海鳥が舞うのが映る。まだ海鳥を後処理で合成することが気楽に出来なかった時代、ロケーション撮影でこのワンカットを狙うのも原田監督のこだわりであったことが伺える。

その海鳥のカットをきっかけに、ドラマが裏刑事による「お仕置きタイム」へと切り替わる緩急も見事。

誰もいなくなったあの酒場で、かつて瞳から首にかけてもらった緑色のスカーフを握りしめる南……というシーンでは、カウンターの奥にいる南に移動車に載ったキャメラが近づいていく動きに、別の場所でマガジンに弾を込め、それを今回の使用銃S&WM59に装填する岩城刑事の手元のみのショットが数回に渡って挿入されるという凝ったものになっている。

奥の南でキャメラの移動が止まっても、あえてスカーフをアップにしないのが抑制された演出だ。シナリオには、南の回想シーンも描かれていたが、そこはあえてカットし、彼が復讐を決意するこのシーンに込めている。感傷と、復讐への起動を的確に伝えながら、間延びするシーンは切り詰め、シャープに展開する。

中里刑事(小林紗世子)が変装した「ケバい女」から路上でイキナリ誘惑され、ベッドタイムになだれ込もうとしたところを、待ち構えていた南に襲撃される悪玉ボス・小沢仁志。スカーフで首を絞め、キリキリと巻き上げる南の手には〈本気〉がみなぎっている。「お前は、殺ったらあかんねん」と必死にそれを制止する大津刑事の胸に思わず顔をうずめる南。そこで血染めのスカーフが初めてアップになる演出が心憎い。

私死刑が許されているのは岩城刑事だけなのだ。駐車場に逃げて来た小沢に歩み寄ると一気に懐に入って胸に銃を突きつけ、一発で射殺する岩城。そして、表向きは企業の経営者で、今回の事件の背景にいる片桐竜次演じるボスの元にも赴くのであった。

「原田さんの回は、『裏刑事』全体では異質で、出色の出来だった。演出があったかくて、感情が撮れてるなと。うまいなと思いました。スタッフもみんな、原田さんがやるというのでノッて作ったんです。西村和彦もすごくいい芝居でした。小沢仁志の首を絞めて殺そうとする芝居が、気合いが入りすぎて『本当に殺しちゃうんじゃないか』と思ったぐらい」(根本和政さん)

初監督には見えない堂々たる演出だったという。今作と、後述する二作目にも関わった制作担当の林みのるさんはこう語る。

「原田が当時、デビューの感慨みたいなことを表立って言ったことはないね。それよりも監督を任されるということは、自分の中に入ってすごく勉強しなきゃいけない。やりたいことをやった方がいいし、妥協しちゃだめだから、そのためにはお金のことは、こっちで計算するからと言わなきゃいけない立場だと思ってました。そうじゃないと、いいものは出来ない」(林みのるさん)

ワル役小沢仁志は、和泉聖治監督の仲立ちで出演。若者達を強引に仕切るコワモテぶりを発揮し、いたいけな少女の腹を表情も変えず刃物で一刺ししたかと思えば、色仕掛けで来る女裏刑事に簡単に籠絡されるが、シャワールームに消える彼女におあずけを食ってベッドの上で緊張を緩めたところを「仕置き」される……など、〈ザ・小沢仁志〉な演技でテレビ画面を席巻する。

後に原田監督のVシネマでも思いっきりの暴れ者ぶりを見せるスター・小沢仁志の、いわば原田組における前哨戦ともいえる。

▼サスペンス枠で「ロードムービー」を

そしてデビュー第二作は九二年九月七日放映、テレビ東京の一時間枠『月曜・女のサスペンス』の中での単発VTRドラマ「ひと夏の誘拐」だった(「日本列島　旅情シリーズ」の一環として制作され、放映の際には「新宿—八ヶ岳湯けむり逃避行」とサブタイトルが付されている)。

古尾谷雅人と熊谷真美主演で、原作はなくオリジナル。若夫婦が友人から子どもを預かったことで〈誘拐犯〉にされてしまうというアイデアや、キャンピングカーで移動するロードムービー的展開にするなどの要素を、松竹芸能のプロデューサーである保科仁志氏がまとめた原案がテレビ東京で採用され、それを元に脚本(宇山圭子筆)が作られた(松竹芸能は「制作協力」名義。制作はテレビ東京と、同局系の番組制作会社ＰｒｏＴＸ)。

「俺は『裏刑事』担当ではなかったんだけど、原田さんの回と黒沢直輔監督の回が俺の中ではベスト2だった。ちょっと切なくて、青春ドラマになってて、新しさを感じた。『ええ仕上がりだな』と思った。だから原田さんに頼もうと」(保科仁志さん)

保科さんから電話を受けた原田さんはすぐに「やりたい」と意

向を見せる。保科さんは、原田さんがついた和泉組の松竹芸能作品『親分の後妻は聖女（マドンナ）』等の脚本も書いた鴨居達比古氏が講師をしていたシナリオ講座の弟子で、その紹介で八九年に同社に入社。当時は入社三年目。アシスタント・プロデューサーを経て、同じ『月曜女のサスペンス』の枠でプロデューサーになって二本目がこの作品だった。

「原田くんの他にも、長く助監督をやってくれた人に監督デビューしてもらった枠なんです。当時助監督の新人の登竜門だった。この枠は2クールぐらいでテーマを変えて、旅情ものや作家・夏樹静子シリーズ、変わり種では文豪サスペンスとか、バラエティに富んでいました。けっこう自由に、やりたい話をやれたので、楽しかったです。松竹芸能は何社かでやっている内の一制作会社なので、テーマが変わる毎に企画を持っていって、2クールに一本ぐらい、年間平均二本やっていました」（保科仁志さん）

その後この枠で保科さん自身も脚本家・土屋保文としてデビュー。入社十年で退社し、現在はフリー脚本家として活躍している。

「原田さんとは新人監督と新人プロデューサーとの組み合わせでした。こっちもまだなりたてで、言いやすい人の方が良かった。予算はないし、わがままを言われると困る（笑）から新人さんで行こうというのがあったんです」（保科仁志さん）

最初の脚本作りまではプロデューサーサイドで作った。佐伯里美（熊谷真美）と夫の孝一（古尾谷雅人）はともに三〇代前半だが子どもがいない。ある日、里美の高校時代の友人・恵子が九歳の男の子・悟を連れてきて「三日間だけ預かって欲しい」と言う。翌日、悟に案内されて行った新宿駅のコインロッカーから五千万円の現金が出てきて、二人は肝を潰す。そして、山梨県で起きた誘拐事件のニュースを知る二人。悟は、恵子に誘拐されている子どもだったのだ。事件に巻き込まれるのを恐れた二人は、山梨県へ向かう。しかし山梨で二人を迎えたのは、里美の死。そして、ヤクザ風の男達が彼らの回りに出没するようになる。悟を一度は家の門の前まで送り、一息つく二人だったが――。

「準備稿から監督の意見をもらって作りました。殺伐としたサスペンスが多い中で、ほんわかしたホームドラマ的な話をやりたいなという意図を話し合いました。古尾谷さんがのんびりしたお父さん役というのも当時まだ珍しかったし」（保科仁志さん）

『ひと夏の誘拐』熊谷真美、山崎裕太と。169ページでは十二年後の山崎氏の姿が見られる

誘拐されているのに逃げようともしない少年・悟の、不思議に落ち着いた風情。実は彼には家に帰りたくない事情があった。昔は不良で、自分も家に帰りたくなかった孝一は、そんな少年の気持ちを察する。大柄な古尾谷雅人と小学生の対比が画的にユーモラスだ。人の好いパン職人である彼は、細かいことには頓着しない性格のようで、不意に預かった男の子と一緒にゲームをやったり、キャッチボールに誘ったりして、自分から積極的に交流する。ヤクルトが好きな悟と、巨人ファンの孝一はお互いを「ダサい」と言い合いながら、次第に親しみの感情が生まれてくる。

まだ大人に慣れない段階での少年の言葉遣いを原田監督は敬語に直し、こまっしゃくれた感じを出している。次第にタメ口をききだすという形で、親しくなる段階を踏んでいる。

殺人シーン等には演出メモに「サスペンス」と書き込み、主人公夫婦と少年とのほんわかしたムードの場面とは、明確に分けている。恵子が何者かに轢き殺される場面では、シナリオでは彼女の驚愕の表情で場面が切り替わっていたが、完成作品では死体もが描かれ、瞳孔を開いたまま静止画のように動きを止めたその姿は、『Gメン'75』での殺人シーンを思わせるものがある。怖いところは思いっきり怖くしてメリハリをつけているのだ。

「途中ヤクザの事務所が出てくるんだけど、山梨にある、制作主任の林みのるさんの知り合いの、自動車のディーラーの事務所を借りてロケしたんです。原田さんが『ヤクザの事務所は神棚があったらそれらしくなる』と言うから向こうの大工さんに頼んだ。その事務所の社長も『神棚はもともと欲しかったから』と言って許してくれたから、本物の神棚を作った。だから今でもあるんちゃう？　その会社があったらやけど（笑）」（保科仁志さん）

予算は少なく、オールロケだった。旅の途中で追手に間違われる車に乗った二人組の女性を、スクリプターの山下千鶴さんらスタッフが演じるのも原田監督のアイデアだ。

「古尾谷雅人と熊谷真美の経営するパン屋は、監督の家の近所。矢野口のパン屋。偶然僕の上司の井上宏も矢野口だったんです。監督と二人で『あそこいいね』となって」（保科仁志さん）

▼別れのキャッチボール

「大変だったのは、古尾谷雅人と熊谷真美のスケジュールが五日間しかなかった。一日でも雨が降ったらヤバかった。でも現場は緊張しているとかもなく、明るかったです」（保科仁志さん）

撮影当日、原田監督は過密スケジュールを感じさせなかった。

「原田さんはノリノリでした。早い監督だなと思いました。先読み先読みで」（根本和政さん）

演出部は〈原田さんがいれば大丈夫〉という空気を感じていた。

「大筋さえ作ってあれば、トラブルもなく淡々と。監督二作目にしてベテランの域に達している人でした（笑）」（杉山順さん）

現場もプロデューサーも、安心出来る監督だったのだ。

「ピリピリしたところは全然なかった。どちらかというと、俺がピリピリしてた（笑）。原田さんは子役の子とよく遊んで、彼にバクチを教えてた。コインの裏表の単純な遊びだけど。『子どもにそんなこと教えたらあかん』と言って（笑）」（保科仁志さん）

子役の山崎祐太は当時売れっ子。この翌年原田さんが助監督としてついた『REX 恐竜物語』（九三年）で安達祐美の相手役の少年を演じ、長じてからは『ウルトラQ ～dark fantasy～』の原田作品「光る舟」で寺島進の相手役の青年を演じる。

「ひと夏の誘拐」のロケは都内一日、地方が四日間だった。

最後の日は八ヶ岳で、晴れて撮れて、嬉しかった。それは監督もヒヤヒヤしてたんです。『アップだけは晴れて欲しい』と言ってて。最後の方、キャッチボールをするシーン、あれだけはどうしてもやらせてあげたかった」（保科仁志さん）

こだわりのシーンも無事撮ることが出来た。

「なにもかも早く撮ればいいわけじゃない。『ここはこだわるけど、ここは泣いてくれる』というバランスが商業的にとても良かった。大作ではないから。一か所だけこだわって、それ以外はスッと行って、メリハリつけてくれた」(保科仁志さん)

草を食む馬の向こうに白い山脈が広がる青空の下、キャッチボールをしながら、少年の本音を知る孝一。悟は毎晩八時まで塾で勉強させられていた。塾ではAクラスにならないと有名中学には行けないと言われるが、悟はCクラス。ある日トイレで、塾の先生がCクラスの生徒のことを「一匹」と呼ぶのを聞いてしまう。

「僕は虫じゃない、虫は好きだけど、僕は虫じゃない」

この牧場は、少年の父親が、一回だけ塾をサボった彼を母親に秘密で連れて来てくれた場所だという。「花がいっぱい咲いててきれいだった」と少年は振り返る。そんな少年の言葉を黙って聞き、ボールを投げ返す孝一。彼はいつしか少年にとって、アニキ分にもなり得るもう一人の父親像に見えていたのかもしれない。

「最初あの場面は台本にはなかったと思うんです。あれは原田さんが、疑似父子でも通じるような気持ちで象徴的なシーンにしたいからと言って、あそこ一番こだわっていた」(保科仁志さん)

また、二人に子どもを預けた里美の友人・恵子は、誘拐犯・飯島の愛人で、自分も妊娠したことから、悟への情が生まれ、飯島の手から悟を逃がしたために殺されたのだ。それを知った里美は、「親になる」ことの大変さを知る。飯島は暴力団員でもあり、組の金を持ち逃げしていたことから追われ、その飯島に彼ら夫婦がつけ狙われていた、という〈追う者―追われる者〉の関係だった。

飯島も逮捕され、途中からは自ら姿をくらました悟が無事、実の両親と再会し、夫婦がそれを見守るのは、キャッチボールをした場所と同じ八ヶ岳の滝沢牧場。短期間であるが〈父子〉のように過ごした子どもを、本当の親のところに戻さなくてはならない。その時が来た孝一は、悟と再びキャッチボールをする。

そのシーンは決定稿にあるが、やり取りは変わっている。最後にもう一回ボールを投げてくれないかと悟少年が孝一に頼んでいたのを、原田監督はこう変えている。

孝一からもらった巨人軍のキャップを被ったまま帰ろうとする悟は、実の父から「巨人、嫌いなんじゃなかったか」と言われ、「そんなことないよ、僕けっこう好きなんだよ巨人」と答えて、見送る孝一にニヤッと笑い、ボールを投げる。受け取り、投げ返す孝一。親指を立ててみせる悟に、孝一はサインを返してみせる。孝一と悟の間に流れる感情を、セリフ抜きで、合図だけのやり取りにしているのだ。

トップシーンもまた、脚本が出来た後で付け加えられた。

「そうそう。誘拐のシーンが付け加わった」(保科仁志さん)

誘拐シーンは脚本では回想だったが、原田監督は冒頭に配置している。冒頭まず高台から見た地方都市の街並が映り、「山梨県・甲府市」とスーパーが出て、そこに『スタンド・バイ・ミー』が前奏から流れ、山と市街の中間にあるような舗装道路を行くゲームボーイに夢中の少年・悟。彼が通りかかった車に無理やり押し込められる様がロングで捉えられる。その際に落ちたゲームボーイが路上に残され、アップになると、道の傍らにある草むらから飛んで来たコガネムシがゲーム機の上に止まり、少し歩くと羽ばたく。このゲームボーイのくだりは原田監督が付加したものだ。演出メモではコガネムシの羽音まで指定している。

むろんこれは、後に少年の口から語られる「虫は好きだけど、僕は虫じゃない」というセリフと照応している。この誘拐が少年の新たなる門出のきっかけになることを、飛び立つ虫と重ね合わせて潜在的に表現しているのだ。

硬派な若手刑事が不良グループの若者達とつかのま〈友達〉になる『裏刑事』第4話。子どものいない夫婦が少年とつかのまの〈親子〉になる『ひと夏の誘拐』。

しかし『裏刑事』では実質的な主人公・南刑事の他にシリーズ全体の主人公・藤竜也の出番とのバランスも取らなければならないし、事件を描く時間も必要なため、青春ドラマの要素はエッセンス的に留まっていた。

それが『ひと夏の誘拐』では少年との出会いと別れ、自立の予感までがキッチリと描かれ、原田監督が最終日の撮影当日まで気がかりだったという「青空の下でのキャッチボール」のシーンも無事収めることが出来ている。

今回もオールディーズは冒頭の『スタンド・バイ・ミー』だけでなく、『オンリーザロンリー』『プリーズミスターポストマン』の使用が演出メモで検討されている。主人公夫婦と少年が森の中で夜営をするシーンでは『好きにならずにいられない』が流された。この曲は『ゴールドラッシュ』でも、主人公の恋人同士が逃避行をするペナン島ロケのシーンで流されている。

「あれはもちろん原田さんの選曲。原田さんがオールディーズが好きなのは知っていた。僕は原田さんより六〜七歳若いから、オールディーズド真ん中より少し若い。でも僕も好きだから。『この胸のときめきを』も見てました」(保科仁志さん)

毎回最後には五木ひろしの歌(『愛別』)がかかる枠なのに、劇中にはオールディーズの歌が流れる。本編はプレスリーの歌で、その後、急に演歌のエンディングになる唐突さは、〈ここまでは自分の世界〉と原田監督が明確なラインを引いたのかもしれない。

「局の受けはイマイチだった。オールディーズとか入れちゃうから『おばちゃん層にはわからない』と。残念ながら、あまり数字は良くなかった」(保科仁志さん)

この枠自体平均視聴率がそれほど高いわけではなかったという。

「視聴率はシングルあったらいい方だった」(保科仁志さん)

このドラマは、保科さんがプロデューサー時代に手がけた作品の中で、今でも時折思い返すほど、好きな作品だった。

「『裏刑事』と『ひと夏の誘拐』は両方すごくよく出来ていた。あったかくて人を撮っている感じがしました」(根本和政さん)

監督として順風万帆のスタートに見えたのだが……。

「この後うちの松竹芸能は本数が少なくなって、年に一、二本しかなくなった。今は年に一本ぐらいになっているけど、あの当時に社内にいた人間はほとんどいなくなった。俺も辞めたし」(保科仁志さん)

原田さんは松竹芸能によって作品がコンスタントに作られている時期にギリギリ間に合ったことで監督になった。しかしわずか二本で終焉の時がやって来てしまった。

「彼とは離れていても『やらせて欲しい』と言ってきていて、ちょこちょこ連絡取り合ってはいたんです。『なんとかちゃんと監督にしてやろう』というのはこちらもあって『監督をやるんだったら、とりあえず企画を作らないとしょうがない』と、そういう話をしていたんです。原田の方からも(企画の提出は)ありました」(木村正人さん)

この厳しい現実を前にして、和泉組を中心とした助監督の仕事を続けながら、監督としての原田さんは一旦テレビの世界から離れていくことになる。

作品解説

『最後の馬券師』

▼発売：一九九四年三月　製作：ケイエスエス

脚本：大川俊道　原作：清水一行　撮影：下元哲

出演：金山一彦(矢口哲也)、藤井かほり(宮原秀子)、清水紘治(伊達治雄)、睦五朗(吉川久岳)

監督としての原田さんは、テレビドラマを二本撮った後、Vシネマの世界に行くことになる。『最後の馬券師』(九三年)を皮切りに七本の作品を生み出していく。

この頃Vシネマの販売価格は一本一万円台で、五千本売れればペイ出来た。『ミナミの帝王』などのヒットシリーズは一本で数万本売り上げており「作れば儲かる」と言われていた。現在のVシネマは五〇〇万円以下の低予算で、三~四日あるいは極端なものでは一日で撮る場合もあるが、当時はまだ余裕があった。フィルム撮影で「部屋で見られる映画」という感覚が強かった。

「当時撮影期間は二週間ぐらいで、予算は三千万ぐらいあった。それでもいっぱいいっぱいで、楽ではありませんでした。画面作りにしても、あまり小さなフレームで見られるということは意識しないで、映画だと思って撮っていましたね」(瀧本智行さん)

『最後の馬券師』は準備日、予備日を除くと、九三年の十一月十九日(金)から十二月一日(水)までの十二日間で撮影されている。

黒一面の画面が中央から丸く割れて映像が映ると、そこは中年男性が若い女性をかき抱く浮気現場。シャッター音が断続的に響き、何者かの目が彼ら「ターゲット」を確実に捉える。

このリズミカルな出だしから、原田監督の演出プランによるものだ。台本では、ただ浮気現場だけが書かれていたが、レンズが開き、やがてシャッターの押される効果音が間歇的に示されることで、冒頭から視聴者の関心を一気に引きつける。

「婿養子のくせに、愛人なんか囲って」と、浮気現場の写真を元に宝石店経営者からお金を巻き上げるのは、探偵の矢口哲也(金山一彦)。地下駐車場で車に乗ったままの宝石店経営者相手に行われる、探偵としては掟破りのゆすり行為を、遠くに停まった赤いセリカに寄りかかったサングラスの女(藤井かおり)が見つめていた——。

『最後の馬券師』の原作は徳間文庫で刊行されていた清水一行の小説『匿名商社』だが、脚本の大川俊道によって書かれたストーリーはプロットの段階で三訂以上あり、練りに練られた上で撮影に臨んでいる。記録は山下千鶴、チーフ助監督は佐々部清、アクションは二家本辰己という和泉組以来の布陣だ。

主演は金山一彦と藤井かおり。原田監督の前作であるテレビドラマ「ひと夏の誘拐」にも出演した浜田光夫が「友情出演」として、冒頭の宝石店経営者役で出演している。他にも片桐竜次、町田政則、六平直政、飯島大介と、役者陣も和泉組でお馴染みだ。

だが本作で最も印象に残るのは、タイトルロールである「最後の馬券師」の異名をとり、主人公の哲也に馬券師の道を教え、後半では宿敵として立ちはだかる伊達治雄を演じる清水紘治だ。元株屋だが、挫折して馬券師になったというこの男は「この世界には仲間なんかいない。あるのは、カモと手下だけだ」と言い放ち、中年の渋みを如何なく発揮する。

「当時清水さんはバーをやってて、そのこだわりをキャラクター付けとして採り入れたのかもしれないですね」(スクリプター・山下千鶴さん)

清水紘治はちょっとしたセリフの時にもライターを点け、止める動きをしたり、酒はタンカレー一本やりで、バーではグラスに入っていたレモンを「いらない」とはじく。敵を威嚇する時は、相手に煙草を咥えさせ、火をつけてやってからそれを手ではたき飛ばす……など、キレのある動きを演技に採り入れてみせる。むろんこれらはすべて台本には書かれていない。

世代の違う二人の男。ターゲットを尾行する哲也の前にいきなり現われ、腹にパンチを食らわせて去るというインパクトのある伊達の初登場シーンだったが、原田監督はこの時、哲也がすかさず伊達のポケットに盗聴器を忍ばせるという、彼の動物的な機転を示す描写を入れている。このことで、お互いどこまで相手の行動を読めているのか、探り合いのワクワク感が視聴者にもたらされ、それは最後まで持続される。

「競馬は三兆円産業と言われている。表だけでな。裏ではどれくらいの金が動いているか」

これは原田監督がシナリオに付加した伊達のセリフである。自らも競馬好きで、競馬を知り尽くした原田監督ならではの含蓄が伺える。本作では競馬場の、人であふれ返った客席、廊下、馬券売り場などで実際にロケされており、臨場感を出している。「ノミ行為は処罰を受けます」という実際の看板まで撮っているのは、競馬ファンである原田監督の良心かもしれない。

商社が極秘で特殊営業部門を設ける。哲也をにわか若社長に仕立てて、競馬のノミ屋で裏資金を稼ぐのだ。「捕まりゃブタ箱行き」のこの仕事で手を組めるのは、哲也のような動物的な勘と機転を持った男しかいない。

伊達は自分の現在の「本業」が「ノミ屋つぶし」だと言う。「ノミ屋つぶし」とは外れ馬券を掴ませて他のノミ屋を潰す仕事だ。馬券の世界は情報戦争。馬の血統から、馬主からもたらされる健康状態から、その馬にとっていつが勝負時なのかということまで、総合的に判断して予想をする。

だが「ノミ屋つぶし」の仕事は予想に留まらない。むしろここからだ。作中で描かれるのは、商社側の人間と結託し、予想とは別の馬に振り込ませて情報をかく乱する戦術。その結果相乗りで大金を投じて大損をし、金策に苦しむノミ屋の前に、何食わぬ顔をして現れた伊達は、若社長に化けた哲也を紹介する。哲也は融資をもちかけ、交換条件として大口の客の名簿を譲り受ける。

彼らが儲っていく過程を、原田監督は競馬新聞のアップや走る

製作協力：バズ・カンパニー　販売：Softgarage

馬、データが入力されたパソコン画面などを駆使しながら、細かくカットを重ねて描いていく。

「撮影中、原田監督はパソコンで競馬ゲームばかりやっていて、『血統とかも知らなきゃいけない』と金山一彦くんにずっと教えたり。金山くんもパソコン好きになって『買うならWindows、Macどっちがいいですか?』と原田さんに相談したりしてました」(助監督・杉山順さん)

哲也と伊達、二人の男の間には美女が一人いる。藤井かおり演じる宮原秀子はかつて伊達の女だった。だが馬券師としての全盛期を過ぎたことを自覚し、一歩引く態度の伊達に、スリルを求める彼女は、悪徳探偵と評判だが腕のいい哲也に目を付けたのだ。

伊達は「哲也、秀子と寝てみるか」と、余裕を見せながらも試すように言う。

競馬の裏稼業で儲けようとする哲也と秀子の若い男女コンビを、この作品では対等に描いている。ヒロイン秀子は凛々しく、囚われ縛られ吊るされた時、ナイフを首につきつけられても泣き叫ばない。駆けつけた哲也がボコられても無表情。脚本にある、必死に「やめて!」と叫ぶくだりを原田監督はカットしている。ナイフでロープを切られ、倒れ込むが動じない。

また勝負に勝って、大はしゃぎする哲也が抱きついてくる時も、拒否もしなければ背中に手を回しもしない。原田監督は「勝ったわ!」というシナリオのセリフもカットしている。哲也に抱きつかれながら、伊達の方をクールな目で見る。

しかし秀子が自分の部屋に誘った哲也といよいよ結ばれるシーンになると一転し、原田監督は哲也の方が強引に挑みかかる台本を変えて、秀子から積極的に誘わせる。それも、風呂から出てくるとバスタオルを床にハラリと落とすという、潔い場面として。

ここには原田監督の、男と対等に渡り合える強い女性像を求めながらも、コトに及ぶに至っては「男たるもの、自分からは行かない」という美学があるのかもしれない。

金も女もと勢いづく哲也だが、暴力団と手を組んだ〈逆ノミ屋つぶし〉に逆襲され、伊達はノミ屋潰しからあっさり撤退し、寝返ってしまう。商社も裏資金稼ぎから手を引く。若くて血の気の多い哲也は「俺は負け犬になりたくねえ」と伊達に挑戦状を突きつける。それは、自分こそが「最後の馬券師」になりかわってやる……という気概だった。

カモメが空に舞う湾岸に立つ伊達は、秀子に「哲也と組むのか」と改めて問う。「ええ」と頷く秀子に、ただ「そうか」とだけ言って立ち尽くす伊達。ここは台本では、今度の中央レースで秀子が哲也と、伊達が寝返った先の暴力団に勝負をかけることや、「スリルがなくなったら、男も女もおしまいよ」という秀子の伊達への最後通告のセリフが書かれていたが、原田監督はそれらのセリフをすべてカットし、二人の無言のカットバックと立ち姿のシルエットのみで、ハードボイルドに処理している。

やがて哲也と秀子は情報戦術でオッズを変え、見事伊達の裏をかいて勝利を収める。それは「競馬は馬が走る。人気は人が作る」という伊達の教えを自分達のものにした上での、意趣返しだった。

「俺は馬券師として生きていくことに決めました」と伊達に言い放つ哲也。「これからもよろしく」。

この言葉は、上の世代である伊達への勝利宣言であるとともに、その伊達に馬券師としていつまでも現役でいて欲しいというエールでもあり、爽やかだ。

シナリオには、伊達はすべてを読んでいたにも関わらず、あえて負けたという推理を秀子が哲也に語るくだりがあるが、原田監督はそれをカットし、その替わりに、「勝負はまだ始まったばかりなんだぞ哲也」と、伊達が去っていく二人に向けて呟きながら煙草を咥えるシーンを付加している。

勝負事の世界で、友情や恋愛といった甘い言葉を拒絶しながら、美女一人を挟んだ、男と男の世代を越えた交感を描く。原田監督はこの初Vシネ作品をスキッと成立させた。

▽負けたら、肉になるしかない

「『最後の馬券師』は原田さんと馬券を買いながら撮影していました。最後は山のように外れています(笑)」(山下千鶴さん)
競馬仲間でもあったスクリプターの山下千鶴さんは、原田さんに知り合ってすぐ教えてもらって、競馬好きになったという。原田さんは競馬ものの劇場用映画企画を考え、実現を模索していた時期もあった。
「『最後の馬券師』はノッてました。スタッフはほぼ競馬やる連中で固まってましたから。撮影中でも競馬のある時は途中でやめて、テレビの実況見てました。あの時は佐々部清さんが勝利馬券取ったのかな。佐々部さん、原田さん、山下さん三人共好きでした。この三人は仲良くて、一緒に一口馬主してました」(杉山順さん)
実際、原田さんと佐々部さんと、映画監督の当摩寿史さんと山下さんの四人一口で、馬を持った。やがて原田さんと山下さんのみが残って、最後は原田さんも抜けて山下さんだけ馬主を続けている。原田さんはその馬に出来た子どもの代までよく応援しに行っていた。
「原田さんは競馬場という空間がとても好きでしたね。当たるかじゃなくて味わいたい。決まって何人か、知り合いに会えるというのもありますし」(山下千鶴さん)
『最後の馬券師』は、競馬を題材にしてはいるが、直接は馬のことを扱った内容ではない。しかし当たり馬券を予想するためには馬の血統について知らなければならないなど、ディテールに目を光らせねばならなかった。
「『最後の馬券師』の時、馬の血統については原田さんと二人で調べました。競馬は〈ブラッドスポーツ〉。一つの馬で終わりではなくて、子どもがまた出てくる。そこまで読み込むことが必要とされるんです」(山下千鶴さん)
原田監督は「負けたら、肉になるしかない馬もいるんだ」という、生々しいセリフを台本に付加している。
「ある時期まで結果を残せず、血統も良くなければそうなるんです。生き残るのは大変。限りも終わりも早くて、ダメでも置いといてもらえる場所はない。人間は意外とそこまでハッキリしていないけど、馬はキチッと結果が出る。原田さんはだから好きだったのかも」(山下千鶴さん)
良血でも、四歳までの未勝利馬は繁殖用になる。シナリオでは間接的に書かれているその事実を原田監督が「負けたら肉になるしかない」というセリフにして提示したのは、情報戦主体のこの映画に、文字通り「血」を滲ませたものだろう。
劇中に登場するスナックの名前が「優駿」なのは、助監督の佐々部清さんが『優駿 ORACION』(八八年)という映画の助監督もしており、当時原田さんが羨ましがっていたということとも無縁ではないと思われる。

作品解説

『極道拳』▼発売：一九九四年八月二〇日　製作：シネマパラダイス

脚本：石倉保志　**原作**：松岡弘一　**撮影**：井上明夫
出演：山下真司（成瀬紀二）、松下一矢（真田誠）、片桐竜次（川島健作）、石野陽子（あずさ）

『極道拳』のプロデューサー・小高勲さんは、これ以後『凶獣の牙』『男組』『九州マフィア外伝』でも原田監督と組むことになる。

小高さんはもともと映画の録音スタッフだった。

「和泉聖治監督の『修羅の伝説』の時、お互い助手同士で知り合いました」（小高勲さん）

その後、小高さんはシネマパラダイスの立ち上げに参加。

「当時Vシネマの企画が上がっていました。原田さんの助監督時代のスキルと仕切り方を見て『安心して任せられる』と。スクリプターの山下（千鶴）さんの推薦もありました」（小高勲さん）

監督としてはまだ新人なので、会社からは危惧の声も上がった。

「『僕の力不足でダメになるかもしれない』と言ったら、原田さんは『頼むからやらせてくれ』と。僕も『どうせ自分も新人だし怖いものなしで行こう』と戦った。当時は作品を産めよ増やせよの時代でしたから、こっちも強引に言いました」（小高勲さん）

『極道拳』はスーパー一六のビスタサイズで撮影され、九四年の八月から新宿ジョイシネマで劇場公開もされた。

「僕達スタッフは映画を『本編』と言いますが、V編、半編という言い方があった。ビデオセールスのために一週間レイトショーするという、『極道拳』はそのスタイルです」（助監督・瀧本智行さん）

映画雑誌で〈バブル映画〉と揶揄された方式だが、作り手側としては「ビデオだけじゃもったいない」という意識も当然あった。

「予算内に収めるやりくりの苦労はありましたが、監督としては劇場でかけられるものを意識して、かつテレビの画面サイズでも見られるものを撮るという意識があったんです」（小高勲さん）

スタッフも、原田監督の実質的な劇場デビュー作を祝福した。

「私も初日の舞台挨拶を見に行きました。大きなスクリーンの前で『本当に完成したんだな』と思いました」（スクリプター・山下千鶴さん）

演出部は完成後も協力体制だった。

「『極道拳』は満員にしたかったから、新宿歌舞伎町でチケットを配って、客をいっぱいにしました」（助監督・根本和政さん）

小高さんも感慨を覚えたという。

「原田監督が舞台挨拶した時は、僕自身も、客席の隅で勝手にウルッとしてましたね（笑）。監督は僕より二、三歳上でしたが、この時代の助監督は狭き門でしたから、仮に単館でも上映出来て、すごく喜んでました」（小高勲さん）

原田さんは、この作品が小さく紹介された「キネマ旬報」を後々まで保存している。

▼闘う青春映画

「脚本とキャメラマンの人選は、監督のリクエストを聞いたと思います。極力応えるようにしました。結局僕が原田監督とやった四本は井上明夫さんが全部撮影しています」（小高勲さん）

原田さんは『キョーダイン』『Gメン'75』以来の仲で、デビュー作でも組んだ林淳一郎さんを撮影に考えていたが他の仕事で出来ず、林さんの助手をしていた井上明夫さんを紹介される。

「僕がキャメラマンとして一本立ちしたのが三七～三八歳の頃で、当時は四〇歳近くです。原田さんの第一印象は『紳士的』。誠実そうな人。勉強家で熱心で、役者さんの面倒見もいい。慕っている役者さんもいました」（撮影・井上明夫さん）

主演は『スクール・ウォーズ』の記憶が新しかった山下真司。

「Vシネというと哀川翔、清水宏次朗のイメージがある中、違う方向のキャスティングをしたかったんですが苦労しました。監督のイメージも聞いた上で候補を探しました。少年役の松下一矢は〈見た目はひ弱な感じの子だけど、ボクシングをやっていく内に変わっていく〉というのにピッタリな子がいなかったので、相当捜しました。最終的に山下さんの事務所に相談して、松下一矢さんを見て決めました」（小高勲さん）

言葉少なだが闘志が底から湧き上がる十代をまっすぐ演じた。

販売：バンダイビジュアル

撮影は九四年三月二二日から三一日まで。途中一日撮休が入り、計八日間。パッケージには〈極道×ボクシング〉とある。

「二つの話を関わらせるのはやめて、山下真司と、彼が気持ちを託す少年の〈二人主役〉にしました」（小高勲さん）

いじめられっ子で家庭にも居場所がない高校生・誠（松下一矢）と河原で偶然出会ったヤクザの成瀬（山下真司）は、彼にボクシングを伝授。原田監督は、成瀬に「負け犬」という言葉を幾度か使わせている。「逃げまわるだけの人生を送りたいのか」「男の仕事ってのは、人の餌をぶんどることなんだ」と、決定稿以降に足されたセリフからは、ボクシングをただの技術ではなく、生き方の姿勢と捉えていたことが伝わってくる。

「山下真司が自分の夢を少年に託すシーンは、夕景でやろうという監督の意向がありました」（井上明夫さん）

誠の「なぜ色々してくれるんです」という問いへの成瀬の答えは、脚本にある「チャンプになれなかったオレのために、お前を世界のチャンプにしたいんだ」というセリフから、こう変えた。

「リングに上り戦い、そして勝つ。その勝利の味をお前に知ってもらいたい。二度と忘れることの出来ない勝利の味わいを」

原田監督は準備稿段階で、加えたい要素を次のようにメモした。

「成瀬と誠。古い生き方しか出来ない自分と誠への夢を独白する。ヤクザへの道へ行ってボクシングをあきらめた」

少年にとっては見上げる存在である成瀬が、その少年自身に見出した〈夢〉。

「特訓シーンでは現場で『ロッキー』のテーマをかけて撮ったり。『でも使えないんだよな』と監督は笑ってました。みんなで楽しみながら作っていましたね」（山下千鶴さん）

ロングに引いた画面で拳を突き出すシーンは、役者が吹き替えなしでそのスピード、シャープさを出さなければならない。ボクシング指導には元日本チャンピオンが付いた。

松下一矢は三週間ぐらいジムで特訓して、毎日撮影が終わった夜も通っていた。原田さんもボクシングを勉強してました。殺陣師にも、どこに当てると効くのか聞いたり」（井上明夫さん）

成瀬の紹介でジムに入ってからの特訓場面も丁寧に点描が入る。

「本当によくあんなに撮ったよな。その大変さは今の比じゃない。今だったらモニタ見て『もうちょい寄ってくれ』『引いてくれ』と監督から指示が来ますが、監督はファインダーも覗かないで、カット割りだけ言って芝居をつけてました。サイズは僕が決めています。映画っぽい作りですよ」（井上明夫さん）

少年が成瀬と出会った場所であり、特訓場面やお互いの思いを確かめる場所として繰り返し登場する河原は、多摩川河川敷にある「五本松」。後の特撮シリーズでもよく使用された場所だ。

五本松に呼び出した屈強ないじめっ子をボクシングで鍛えた腕で初めて負かした時、キャメラは誠をあおって回り込む。風で前髪が揺れる。見上げると、丘の上で成瀬がニコッと笑っている。

「劇場公開も意識して『広い画でもいいじゃないか』という感覚で撮りましたね」（井上明夫さん）

▼後楽園ホールで「燃える」撮影

「後楽園でやると聞いてびっくりしました。『Vシネでやらしてくれるの？』と」（井上明夫さん）

後半はボクサーとして初めての試合に臨む誠少年と、ヤクザ組織の内部抗争で瀕死の重傷を負う成瀬の姿が並行して描かれる。

「最後に少年の試合を、傷を負った山下が見に行く。その試合をどこでやるか。体育館にリングを仮設するか、と考えたんだけど、最終的に正々堂々と後楽園ホールの門を叩くことになったんです。一日で撮ることを条件に借りました」（小高勲さん）

夜の九時までに終わらなければならない。

「原田監督は縛りがあると燃えるんです」（山下千鶴さん）

ロケ育ちの監督としての面目躍如をここでもみせている。

「リハーサルなしで、僕とも相談した上で監督が全部カットを割ってきて、一六〇カットを朝から撮りました。まず広い画を撮らせてもらってから、同じ方向の画だけ抜いて撮るという方法で、役者達に説明しながら。足りないところや、殴ったポイントが外れていた時だけ、寄りで撮り直しました」（井上明夫さん）

台本では後楽園ホールのシーンになるといきなりゴングが鳴って闘いに入っていたが、場内アナウンスや両選手の紹介、戦う前にお互いのグローブを合わせる等、段取りもきちんと入れた。試合中の描写では、脚本にない相手方の選手とそのコーチとの対話や残り時間の表示を挿入。後楽園ホールという〈本物〉の場所に見合ったドキュメントタッチの演出だ。

「普通は初の劇場作品だと力が入りすぎるものだけど、原田さんは制作側のこともわかりつつ、最大限のことをやれる。監督のお通夜の時、『極道拳』の、後楽園のリング上でのみんなの集合写真が飾ってあって、胸が熱くなりましたね」（小高勲さん）

▼すべての戦う男のために

片桐竜次、長倉大介、山本昌平、飯島大介、町田政則と和泉組からの常連役者が『極道拳』でも脇を固める。『この胸のときめきを』では高校生役だった長倉演じる殺し屋・白井は、刃物で人を刺し、切り裂くことに悦楽を感じている、原田監督はそれを物言わぬ動作で浮き彫りにするため、前半物陰から成瀬を伺う時から片手にリンゴを持たせ、刃物を突き刺して喜ぶくだりを見せた。

成瀬の恋人・あずさ役は石野陽子。成瀬の舎弟・タカシの恋人ルミ役に片岡礼子。

「片岡礼子さんは原田さんの好みでした。監督は女の子女の子した人はキライでしたね」（山下千鶴さん）

この作品はボクシングの試合に向かう少年と、最後の討ち入りに赴く山下真司の姿が最初に提示され、そこから過去に遡る。

石野がベッドの上で眠るように死んでいる顔を看取る山下。視聴者にはまだ何故そうなったのかはわからない。おもむろに長ドスを取り出し、鏡の前で出し入れすると、シャドウボクシングをしてみせる山下の姿が静止画になり、『極道拳』と題名が出る。

「始まり方のカット割りは編集で何バージョンか作って、その中で一番カッコイイやつを監督が決めたんです」（井上明夫さん）

タクシーに乗って試合会場に向かう少年の目に、街を行き交う制服の高校生達が写り、回想場面に入っていく――。

「ボクシングジムには車のないところが多いから、試合の日は特別にタクシーを呼んで連れてってやるというのは、実際にもそうらしいですね」（井上明夫さん）

ラスト近く、抗争で瀕死の重傷を負いながらも、誠の試合に駆けつける成瀬。「打て！」と絶妙のタイミングで成瀬が叫ぶ。

敵をノックアウトした誠のグローブと、血染めの包帯を巻いた成瀬の拳が、パンッとスローモーションで合わさる。ガッツポーズを取る誠に笑みを返す成瀬。人生における、ひょっとしたらただ一回かもしれない勝利の瞬間を祝福する。

やがてホールの廊下を去っていく成瀬の後ろ姿が暗転――。

準備稿では成瀬の死が明確にされていた。

「会社の希望で〈捕らぬ狸の皮算用〉じゃないけど、うまく行けばパート2をやれたらと、シリーズ化を意識してました。だからラストは三パターン撮ったのかな。死なないで、少年が勝った時に『やったな』ぐらいで終わるのと、勝ったか負けたかわからない状況の中で意識が消えてくというのと……」（小高勲さん）

原田監督はエンディングでのスタッフ、キャストのローリングタイトルの下絵として、「後楽園ホール実景。四回戦の戦いが続く。モンタージュ」を使用することを演出メモに書いている。

「私は暗転してそのまま終わるのを提案したんですが、原田さんは誠の試合が終わった後も続く、四回戦ボーイの若者達の戦いをえんえんと出すことにこだわったんです」（山下千鶴さん）

実際の新人ボクサー達の試合をキャメラに収めた。

「新人戦にはすごくドラマがある。まさに映画そのままのような、いかつくて勢いのある奴が線の細い奴に簡単にノックアウトされたり。もともと好きでしたが改めて『ボクシングってすごいなあ。面白いな』と思いました。何度も試合を見に行く内に、監督の中でそういう新人戦の試合へのこだわりが出来てきたんでしょうね」（小高勲さん）

実際に完成した作品では、台本に書かれたドラマが始まる前、原田さんは冒頭、黒バックに以下のテロップを掲げている。

4回戦のリングを闘い
そして頂点を目指す
ボクサーの皆さんの
素晴らしいファイトの為に

『凶獣の牙』▼発売：一九九五年　製作：シネマパラダイス

脚本：井上誠吾　**原作**：鍋島雅春、根本哲也　**撮影**：井上明夫
出演：田中健（牙丈太郎）、伊藤美紀（朝原愛）、本田博太郎（高橋）、清水紘治（絵師）

作品解説

「『極道拳』が終わって四ヶ月後ぐらいにはもうロケハンしてたんじゃないかな」（撮影・井上明夫さん）

前作のクオリティが評価され、すぐに取りかかった本作は九四年七月八日にロケハン開始、十八日にクランクイン。内一日の撮休を挟み、八月一日にクランクアップした。

「これは、たまたま漫画ゴラクで『新連載が始まります』となった時に、映像化の企画を同時スタートするという試みだったんです」（プロデューサー・小高勲さん）

東南アジアから入国した女性を売春させたのち病院に監禁して解剖し、臓器を政財界の大物に提供するという、非道極まりない所業。元刑事で、殺し屋だが弱い者を見捨てておけない主人公牙丈太郎は、被害女性を助けようとして巨大病院に忍び込む。〈白い巨塔に壮絶な戦いが始まる〉とビデオパッケージにある。

牙丈太郎役は田中健。原田さんとは、和泉聖治監督の二時間ドラマ『女優夏木みどりシリーズ』に出演していた時からの縁。

「やはりテレビでは知られていてもまだVシネでは珍しい方がいいということで。殺し屋とマスターという二面性がある役だったので、普段はおとなしめでおっとりしているというのが、田中健さんの持っている柔らかさとピッタリでした」（小高勲さん）

脚本の井上誠吾は原田さんが助監督だった和泉監督の『恋子の毎日』や『極道渡世の素敵な面々』の頃には役者として出ていた。

「その頃から僕はホンも書いていました。和泉さんが気に入ってくれて、和泉さんの映画のホン直しも手伝ったりして、その作業を原田と一緒にやっていた仲でした」（撮影・井上誠吾さん）

井上誠吾氏は十九歳の時、志穂美悦子と同期でJAC（ジャパン・アクション・クラブ）に入る。東映ヒーロー番組『正義のシンボル　コンドールマン』（七五年）で原作者の川内康範作詞のエンディング主題歌にも歌われた悪役・ゼニクレージーを演じた。

JAC独立後、自分でも脚本を書きはじめ、当時は既に、飯島愛主演の『冒険してもいい頃』（九二年）や、『湾岸ミッドナイト』シリーズなど、Vシネマや映画の脚本家として実績があった。

「書く前から原田とやれるのが嬉しかった」（井上誠吾さん）

冒頭、街夜灯のアップから始まり、キャメラが引くとビルのネオンが見える。ビルの谷間に雨上がりの水たまりを跳ね上げながら逃げる男。追う二人の刑事に向かって撃つその男は薬物中毒者。霧の中、主人公の刑事・牙の脳裏に、この男に彼の妻が犯され、首筋に刃物が突き立てられる瞬間を目撃した過去が蘇える。

「回想はモノクロでしたが血だけ赤い。あれはカラーの映像を一度白黒画面に脱色して、首筋のところだけ赤く塗ってもらった。まだCGがなかったから現像場で細工しました」（井上明夫さん）

追いつめた男に銃を向けるが「撃つな」という仲間の声を合図にしたかのごとくネオンの光が消え、画面全体がブルー基調の冷えたモノトーンになる。それまでネオンの光を印象付けていたのは、この一瞬のためだったかのようにも感じられる。

「色をすごく工夫しました。衣装も監督と田中健さんが話し合ってブルー系にして、ライティングもブルー」（井上明夫さん）

思い留まった牙だが、目の前で手錠をかけられた男が、自ら犯した罪を反省するどころか、「奥さんの身体、良かったぜ」と自慢げに語った時、牙は衝動的に銃をぶっ放していた。構えたままの牙の顔の横に出る題名『凶獣の牙』。実にシリアスな導入だ。

数年後、牙はバー「DOG IN THE BOTTLE」のマスターをしていた。ピアノも弾く従業員の愛（伊藤美紀）の前では酒浸りで昼行燈的な牙だが、殺し屋というもう一つの顔を持っていた。

その仕事が入った時は、コンクリート打ちっぱなしの誰もいない部屋で銃の手入れをする。煙草の硝煙が立ち込める中、SW・M39のパーツを組み立てる手順を丁寧に見せる。作業が終わると、煙草の火で、灰皿に置いたターゲットの写真を燃やす牙。

「銃を組み立てるシーンは、弾を超接写にしました。『ちょっと驚きから入りたいよね』と原田監督と話をして。牙の経営するバーも、監督がなかなか粘って、ハードボイルドな雰囲気にぴったり来る場所を探したんです。制作部が見つけてきたのは最初全然違う場所だったんだけど『イメージと違う』と言って、最終的には六本木に近い場所になりました」（井上明夫さん）

販売：ジェイ・ブイ・ディー

一発で標的をし止め、霧むせぶ中、煙草をふかして去る。

「派手なドンパチより、秘密裏に動く〈殺し屋〉テイストをいかにうまく見せてもらえるかというのが原田さんへの期待でした。常に用意周到さがある感じ。それを目つきだったり所作だったりで出す。それでいて普段の表の顔はボーッとして女の子に怒られたり……そういう落差が出れば」（小高勲さん）

牙に裏稼業をもちかける依頼人「絵師」を演じるのは清水紘治。普段は靴磨きをやっており、牙とはそこで接触し仕事を依頼。二人のやり取りは望遠で捉えられ、街の人々が行き交う中、短い会話が交わされるのが実際の街中で撮影された。

いくつものビルを持ち、牙の経営するバーのビルも絵師がオーナー。高いビルから人々を見降ろすことに飽き足らず、地べたから世の中の姿を見るのを〈道楽〉としているような不思議な男だ。安いギャラの仕事でも、弱い立場の女性がなけなしの金を工面してきた……と絵師から聞けば、つい応じてしまう牙。

「絵師」は稀に牙のバーで飲むこともあるが、タンカレーのみ注文し、入っていたレモンをはじくディテールは『最後の馬券師』と共通するもので、もちろん台本の段階ではなかった。原田監督からすれば「ひょっとしたら『馬券師』で清水紘治が演じた伊達治雄と同一人物かも」という含みを持たせているのかもしれない。こうした遊びは、後のウルトラマンでもよく見られたものだ。

▼悪の美脚ヒロイン登場

牙のバーで働き、彼を慕う愛は、牙が捜している東南アジアか

らの密入国者の女性カレンの弟・ジェイ(佐藤広純)の面倒を見て、姉を捜すのを手伝う。肉体労働で生計を立てるジェイだが、昼休みになるまで働く彼を丘の上で待つ愛、というくだりでは美術スタッフが丘にひまわりの花を植え、夜のトーンが主体のこの作品で唯一季節感を表現した明るいシーンになっている。

だが、彼らが探している女性カレン(桐生さつき)は、病院内の独房に裸のまま閉じ込められているという地獄絵図。薄暗いその空間で、彼女にホースの冷たい水をかけて身体を洗おうとする監禁者……というくだりは原田監督が決定稿後に付け加えたもの。

悪徳病院を探る牙の協力者となるのは、同じ病院で働く女医の亜希子(星遥子)。行動を共にする内に親しみが生まれ、亜希子の方から牙にキスをする。シナリオでは受動的だった牙がそれに応え、自ら彼女の唇を求めるところを原田監督は挿入している。

キスまで行ってから、作品は一転して亜希子の本性を視聴者に見せる。彼女は実は悪徳医師の一味だった。白衣の彼女が臓器を手にしニヤリとするシーンを原田監督は台本に追加した。

やがて亜希子の正体を知った牙が、それに既に勘付いていたことを示す「やっぱりな」というセリフを原田監督はカット。そして絵師から渡された、殺しのターゲットとなった彼女の写真を指で弾くシーンを、怒りで握りつぶす演出に変えている。

原田監督は、台本では決して亜希子に心を揺らしていない牙を、ある程度生身の人間の側に引き寄せる。その上で、怒りとともに彼女への思いを断ち切らせてみせた。

病院に侵入した牙に一度は捕われながら、スプレーで反撃し、メスを手の甲に刺す亜希子。続けてその美脚で蹴りをお見舞いする。彼女の首筋に汗をにじませるエロスも忘れない。

味方と思えば敵、しかも格闘まで出来ることが突如わかる描写の飛躍。囚われの身になった牙に「私と、やりたかった、でしょ」と不敵な態度の亜希子はいかにもVシネらしくゾクゾクする。

だが再び形勢は逆転、地下室に逃げ、硫酸(四塩を使用)を床に落として姿を隠したつもりになったところに銃を突きつけられるという失態をみせる亜希子。「アンタと、やりたい……残念だが、そう思ったことは一度もない」と発砲する牙。

このセリフは台本からあるが、牙の気持ちの揺れ動きが描かれているため、思いを最終的に断ち切る通告のごとく発せられる。

さらに、撃たれる瞬間彼女がメスを振り上げるくだりを原田演出は付加し、そのままの姿勢でバタッと倒れる亜希子……というキレのいい幕切れで、悪のヒロインとの対決を締めくくる。

病院内は八王子中央病院で撮影。後に『ウルトラマンコスモス』の「復讐の空」にて、廃墟でのアクションに使われた場所だ。

「病院の撮影は、八月の真夏で、辛かったですよ。五〇度近くで、湿度も高くて、朝から夜まで撮ってました」(小高勲さん)

死にたがっている男

多くのヤクザ映画と同じく、本作でも究極の悪は主人公のいた組織の内部に存在する。悪徳医師と裏で結託していたエリート刑事・高橋を演じる本田博太郎との対決シーンは凝りに凝っている。

まだ彼が黒幕とわかる前、牙のかつての相棒・仲沢刑事と共にバーに会いに来る場面が前半にある。高橋は、かつて妻殺しの犯人を射殺してしまった牙を庇ってくれた人物だ。

「君は庇うべき人間だった。ずっと、そういう人間であり続けて欲しい」。このセリフに込められた微妙なニュアンスに牙は勘付くが、好人物の仲沢(河原さぶ)は気付かない辺りも絶妙だ。

この仲沢は、やがて高橋の行動に疑問を持ったところで口封じのために殺される。川の側溝に、彼の死体がモノトーンで示され、水たまりの緑色だけが浮き上がるシーンはやはり怜悧だ。

クライマックス、病院が牙に襲撃されたことに勘付いた高橋は、ネクタイを外しワイシャツをだらしなくはだけ、焦燥し切った表情でマンションの自室に居た。普段は落ち着き払った態度の高橋が見せるこの風情も、原田監督がシナリオに加えたものだ。

追い詰められ観念した高橋は自ら拳銃をくわえ「早く、撃て」と促す。撃たれた途端ゴン！とガラスに後頭部がぶつかる音がして一瞬ストップ・モーションになり、それが解除され画面が動きはじめると高橋の身体がずり落ち、もたれたガラス窓の重い擦り音のキリキリした音が響く。そしてまた一瞬ストップ・モーションになって、最後に床までへたり込みこと切れる高橋。

「本当はハイスピード撮影でスローモーションにしたかった。でもダレるんです。とはいえ簡単に倒れるのも面白くないし、『ガタ、ガタガタッて倒れる感じを出そう』と監督は編集の人に注文していた。最終的にはそれで良かったと思う」(井上明夫さん)

そんな画面処理を交えて描かれる高橋の最後には、彼が本来的には死にたがっている男であるというニュアンスも加味される。

「あそこは二人芝居の緊張感がありました。本田さんは〈入っていく〉タイプの俳優で、田中さんの内に秘めた部分との対照を、原田さんは良いさじ加減で描いている」(小高勲さん)

前作『極道拳』では敵役を演じた片桐竜次が、路地の奥に追い詰められ、自分から駆け出して山下真司の長ドスに突き刺さるというシーンを原田さんは台本に付加していた。それと同様、今回も、最後には前のめりで死んでいくワル役の本田博太郎。彼が自分から拳銃を咥えるシーンも脚本にはない。

「和泉監督の『修羅の伝説』で、本田さんのヤクザがいくら拷問されても口を割らない凄みのある演技を見せたんです。助監督だった原田さんは、それ以来、いつかはということで『凶獣の牙』に出てもらったんです」(山下千鶴さん)

だが脚本の井上誠吾さんは完成映像を見てこう思った。

「アクションはただの型じゃなくて、感情の爆発の過程を見せるものだから、僕は当時『もっとなんかないかな』と思った。ジャック・ニコルソンや松田優作の演技でドキッとすることあるじゃない？ そういうのが欲しかった。具体的にどうするかは監督じゃないからわからないけど、狂気をもっと別の形で表せるんじゃないか。『惜しかった』と思いました」(井上誠吾さん)

現在全国に支部を持つ空手道場「誠道会館」の館長であり、俳優部も設けて後進を指導している井上さんならではの目線かもしれない。

「原田さんは撮った映像をいじくるのが大好きですね。CGのなかった時代から、合成の好きな人でした」(井上明夫さん)

他にも男女関係における嫉妬の感情の生起を、ピアノの音の途切れで表現するなど、スタイリッシュな演出が光る。

ドラマが終わり、エンディングクレジットも終わった後、一旦画面は暗転し、再び牙が銃を構えるアップとなり、発砲音とともに画面に亀裂が走る。そこに「監督　原田昌樹」と出て、消える。

「リリースは、悪くはないけど、ズバ抜けて良いというほどではなかったです。でもまだVシネは隆盛でした。後の『男組』(九八年)ぐらいからやや斜陽になってきましたが」(小高勲さん)

inter-view

佐々部清 監督

毒がなくて結構。でも撮り方は原田さんと違った

――原田さんと最初に出会ったのは、和泉聖治監督の現場でしょうか?

佐々部　そうです。和泉監督のテレビの二時間ドラマを一緒にやって、その後しばらく原田さんについてました。

山田邦子さん主演の『ザ・ブス　人呼んで幻の背中美人 今夜はワタシが主役』(八七年　TBS「水曜ドラマスペシャル」)だったと思います。

その後は和泉監督が篠ひろ子さん主演でやった『女優・夏木みどりシリーズ』(CX「金曜エンタテイメント」)を二本くらい一緒にやりました。

和泉さんの映画、テレビを中心に、僕達が二人でずっと回している時期があったんです。その当時は原田さんがチーフで、僕がセカンドでした。

ひょっとすると、原田さんの元奥さんが「佐々部という助監督がいるよ」と言ってくれたのかもしれない。元奥さんが原田さんと結婚する前、スクリプターをやっていた作品に、僕が助監督の一番下の見習いで一本仕事をしたことがあったんです。

原田さんと出会ったのは、助監督三年目くらいでした。僕は二八歳くらいだったと思います。

一番下の助監督が現場でカチンコを打つんですが、僕は一年半だけやってセカンドになるのが早かった。

色んな監督についていたんですが、セカンドにしてもらえたのは、渡邊祐介監督の遺作になった『刑事物語4　くろしおの詩』(八五年)。その翌年くらいに、原田さんと知り合った。

原田さんがチーフで僕がセカンドという関係です。原田さんが監督になってからは、僕がチーフ助監督をやりました。チーフ助監督のノウハウは、原田さんからほとんど教わりました。台本をバラして、ロケハンして、総合スケジュールを作るというのがチーフ助監督の大きな仕事です。

セカンドをやった五年くらい、チーフになるまで、ずっと僕は原田さんと一緒でした。『優駿 ORACIÓN』(八八年　杉田成道監督)の頃かな、一時期、原田さんと別れたのは。

ちょうど原田さんが和泉さんの『この胸のときめきを』(八八年)をやる頃で、僕も誘われたんですが、『優駿』の仕事を請けちゃったんで、一緒にやれなかったんです。

『優駿』が終わって、『さらば愛しのやくざ』(九〇年)『ゴールドラッシュ』(九〇年)『フィレンツェの風に抱かれて』(九一年)は原田さんと一緒にやっています。フィレンツェのロケも行きました。

イタリアでは原田さんとはずっと一緒の部屋でした。九〇年前後はバブルだったから、わりと海外ロケがあったんです。『ゴールドラッシュ』もペナンロケに、ちょっとでしたが、原田さんと一緒に行きました。

▼スーパー助監督

佐々部　原田さんは、僕がついたチーフの中でも段取りごとが、飛び抜けてうまい。逆に「ホンを直そうよ」ということはあまりしなかった。与えられたホンをスケジュールに乗せて、予算にはめて、到達させる。僕は逆にセカンドをやりながら、「このホンはつまらないから直して、こんな風にやりましょう」と、勝手に監督とやったりしていました。

和泉聖治監督は当時、結婚する前で、大酒飲みで(笑)、こっちが組み立てておかないと、撮影に穴が開いちゃうから、それを全部、原田さんが緻密にやってました。

原田さんは、忙しさにスタッフみんなが忘れていても「このワンカットを撮り残してるぞ」と台本に記録している。もちろん遅刻なんてしない。監督になってからも、現場には僕達より早く来ていました。

和泉監督は、ジャイアンみたいな人なんです(笑)。失礼な意味じゃなくて、子どもみたいな人。僕より一回り上ですが、面倒みないと、どうなっちゃうんだろうと思わせる。そんなところが和泉監督は役者さんにもすごく人気があるんです。結婚してからは、僕もあまり付き合いがなくなりましたが。

――原田さんの第一印象では、和泉さんがすごくかっこいい車に乗って颯爽と現れたと。

佐々部　僕が初めてついた時も、黒のタンクトップを着て、アルファロメオだったかすごい車に乗って、サングラスかけて、ジーンズはいて、メタボじゃないし、カッコ良かった。だから女優にもモテますし。

――監督補とチーフ助監督は違うんですか?

佐々部　たいして変わらないです。おそらく助監督として最後の頃、和泉さんの『Morocco　横浜愚連

隊物語』(九六年)の頃も、原田さんは監督デビューしたあとでしたから、チーフ助監督というよりは「監督補」にしたんじゃないかなと。たぶん原田さんもたいして気にはしてなかったと思います。

　本当に監督の演出の補佐だけするという監督補がつく場合もあるんですが、僕や原田さんの場合は、スケジュールも全部自分で作ってやります。

▼「何で世に出るか」が重要

佐々部　『さらば愛しのやくざ』『ゴールドラッシュ』『フィレンツェに抱かれて』は原田さんがロケハンしてスケジュールを作って、仕上げは僕がやりました。和泉監督が年に三〜四本撮っていた時代なので、クロスして準備しないと追いつかない。当時、原田さんの手帳には和泉監督のスケジュールがびっしり書かれていました。
　その頃、僕はそろそろチーフになって、新しい仕事をやりたくなったんです。『フィレンツェ』のイタリアロケの後、「僕は、セカンドを卒業します」と、チーフ助監督宣言をしました。だから『シャイなあんちくしょう』(九一年)では、それまでのサード助監督にセカンドになってもらった。以後は原田さんと助監督同士で一緒にやったことはないです。
――それ以降は、作品として交互というか。
佐々部　はい。原田さんが『修羅の伝説』(九二年)『Morocco 横浜愚連隊物語』をやっている頃、僕は和泉監督作品では『イルカに逢える日』(九四年)『お日柄もよくご愁傷さま』(九六年)『大安に仏滅!?』(九八年)。原田さんが和泉組の武闘派映画をやっている時、僕は和泉さんの文芸路線のチーフをやりますと(笑)。

モブシーンが多くて、ヤクザ映画の方が大変なんです。でも僕はそっちに気持ちが全然いかない。

　だから原田さんはデビューが、『極道拳』とかになったんじゃないかと思うんです。

　僕、スタートがすごく大事だと思ったんです。だからVシネマやテレビの監督の仕事が来ても断ってたんです。どうしても劇場用映画の監督になりたかったので、四四歳でデビューするまで時間がかかった。でも『陽はまた昇る』(〇二年)でデビューして、賞をもらったりして、映画で食べていけました。

　原田さんとか先輩達を見ても、Vシネマが多かったし、僕がついたある監督もテレビでデビューして、今、二時間ドラマの監督になってます。だから、どう世に出るのかを研究していたんです(笑)。とにかく商業映画にこだわっていました。六〇歳がデビューでもいいと思ってましたし。Vシネマでデビューして劇場用映画を撮っている人は、三池崇史さんや望月六郎さんぐらいです。あれだけ世の中にVシネマが出ていた頃があったのに。原田さんも『旅の贈りもの　0:00発』まで十年以上かかりました。

▼馬が好きなのか、それとも……

――競馬に興味を持ったのは佐々部さんが先だったんでしょうか?

佐々部　原田さんも行ってたのかもしれないです。ギャンブル好きでしたから。原田さんが住んでいた場所は魔のトライアングル(笑)。府中競馬場に、京王閣競輪場、さらに多摩川競艇場も近い。僕も時々誘われて一緒に行きました。

　競馬は、僕は十八からやってました。『優駿』の時も、演出部で競馬を知っているのは僕しかいなかった。

　原田さんはずっと土日、府中競馬場に行ってましたよね。僕は電話で投票できるようになってからは、面倒臭くて競馬場には行かなくなった。

――佐々部監督の『三本木農業高校、馬術部』(〇八年)で、乗馬をやるヒロインのライバル的な男の子が落馬してしまって、それを馬の方が気遣ってくれるというエピソードがありました。スクリプターの山下さんは、佐々部さんの競馬の知識に、そういうエピソードがあったんじゃないかなとおっしゃってましたが。

佐々部　キーストンという名馬が、足の骨折をしながら騎手を庇ったのをヒントにして作りました。

――原田さんは山下さんと一緒に、騎手になろうとする若者達のドラマを映画化したいと考えてたようですね。佐々部監督の『三本木農業高校』も馬をめ

原田昌樹と佐々部清。『フィレンツェの風に吹かれて』にて

ぐる人間の話でした。劇中で自分は馬を好きなのか、人間を好きなのかという葛藤も描かれましたね。

佐々部　僕は動物よりは人間なんです。『三本木農業高校』も「馬を主役に」と最初言われて、「それなら違う監督にして欲しい」と言ったんです。「高校生達が主役の話だったら、僕は撮れます」と。

　でも『優駿』のリベンジをやりたかったというのはあった。『優駿』で馬担当の助監督をやって、もう動物はこりごりだという思いがあったんですが、なんとなく馬が描ききれなかったなという消化不良みたいなものもあって、やりたいと思ったんです。

▽現場でのあり方の違い

――佐々部監督は撮影現場に入る前にホン読み（脚本の読み合わせ）をするけれど、原田さんはしないと聞きました。その辺の違いはあったんでしょうか。

佐々部　僕は『北の国から』の特番の二本（『北の国から'95秘密』『北の国から'98時代』）で助監督として、杉田成道監督につきました。杉田監督が僕の中ではお師匠さんで、いつも「杉田さんならどうやって撮るかな」と考えるんです。杉田組はいつもホン読みをやって、そこで全体のバランスや、役者さんの生の声を聞いて初めて、脚本のダメなところとか、いいところも見えてくるという考えでした。

――チーフ助監督になってから、原田さんは車の中にいることが多くなったけど、佐々部さんはチーフの時も役者さんの近くにいたそうですね。

佐々部　きちんと段取ることが大事で、役者をキャメラの前に立たすまでが助監督の仕事だと、僕は原田さんから教わりました。役者を見るのはセカンド助監督の仕事。だから原田さんは全体を俯瞰で見て、どれだけうまく運んでいるかを、スタッフルームや車の中で把握する。現場の状況は時々来て僕に訊く。僕は「原田さんのスケジュール通りですよ。邪魔だから、スタッフルームに戻ってください」と言ってました（笑）。「なんだ、生意気だな」と言われながら。

　僕はチーフになっても、スケジュールは夜中に作って、朝に渡したら、現場ではずっとキャメラの横にいました。役者やスタッフの息づかいを直に見たり感じられるところが好きなので。

　だから和泉監督が「カット。ＯＫ」と言っても、「待った！　アップを撮らないでどうするんですか」なんてやっていた（笑）。

――原田さんは役者さんとは一線を引いていたという話も聞きました。

佐々部　それは僕も同じです。役者さんとメシを食ったり呑んだりするのはあまり好きじゃないです。仲良くなりすぎて、狙いとは違う風に運び出すのがイヤなので。作品が全部終わって「呑みましょう」はいいんです。そういうやり方が、緊張感があっていい。原田さんもそうだったんじゃないかな。役者さんとベタベタしている監督や助監督が近くにいると、とても居心地が悪い。僕はスタッフと毎晩飲みに行く方が好きです。

――原田さんはスタッフと、ロケ地から戻ってくる途中の温泉を見つけて、そこでみんなで飲むとか、そういうことは結構されていたそうですね。

佐々部　食通っていうかグルメでしたから。『ゴールドラッシュ』の時も、北海道滝川の炭鉱町でロケしていたんですが、最後に札幌から帰る時に、あるジンギスカンの店に絶対行くと言って、僕も連れてってもらった。

　僕は逆で食に関しての欲がないんです。だから原田さんが青森に陣中見舞いに来てくれた時、申し訳なかったなあと思って。いつも行く安い居酒屋にしか連れていかなかったから。

　原田さんは和泉さんについて呑んでいる時も、十二時くらいになると消えている。夜中の三時とかに、和泉さんをマンションに届けるのは僕の役目でした。原田さんの泥酔状態は見たことないです。一回だけ、カラオケ嫌いの原田さんを歌わせたことがあります。『喧嘩ラーメン』打ち上げで「シャ乱Ｑを歌え」と（笑）。後にも先にも原田さんが歌ったのはそれしか聴いたことがない。僕はカラオケ大好きなので、なんでも歌うんですけど。

　二〇〇二年に僕が監督になってからは、一緒に呑んだりはあまりしなかったです。原田さんの元奥さんがアメリカに行く前はよく呑んでました。僕がチーフで、彼女がスクリプターの和泉組もありましたから。彼女がアメリカに行って日本に帰ってくる時、「二人っきりになると離婚話が出そうだから、佐々部一緒に飲もうよ」と呼び出されたりしてたんです。

▽助監督いらずの監督

――原田さんは監督としては、厳しい方ですか？

佐々部　穏やかです。声を荒げて怒鳴ったりすることも、チーフ助監督の時代からあまりなかった。

　僕が下についている時は、僕が優秀なので（笑）。チーフとしてついた原田さんの作品は、『最後の馬券師』と『喧嘩ラーメン』です。いつも声をかけてもらっていました。

『最後の馬券師』の競馬シーン（実景）は、名古屋の地方競馬まで撮りに行きました。川崎や大井で許可が出なくて。その時の名古屋までの新幹線、自由席でしたが、キャメラマンと僕と原田さんと千鶴ちゃんとプロデューサーで、ホームで待ち合わせしたんです。そしたら原田さんが一番先に来ていて、みんなの席を取っていた(笑)。プロデューサーが、原田と佐々部に任せておけば、俺達現場に行く必要ないねと。

『喧嘩ラーメン』は、僕はチーフだから現場に早く行ってたし、千鶴ちゃんもいつも早いんです。でもそれより原田さんは先に来ていて、「はい、佐々部、コーヒー沸いてるよ」と(笑)。性格なんじゃないかな。早く来てないと落ち着かないとか。

『喧嘩ラーメン』では、サード助監督が小道具の準備とかが全然出来なかった。ラストシーンで夕焼けに旅立つところで、主人公がバックを背負って行くんですが、当日バックをそのサード助監督が用意してないだろうなという話になった。案の定その子が忘れて「あっ!」という顔になった瞬間「……と思ったよ」と、原田さんが自分の車のトランクを開けたら、バックをちゃんと用意している(笑)。

原田さんの「職人技」との違い

——『最後の馬券師』と『喧嘩ラーメン』はアクションVシネの範疇だと思うんですが、ヤクザが抗争したりというのとは違います。

佐々部　ほとんど原田さんの趣味の世界みたいな(笑)。楽しそうでした。『馬券師』では馬券の操作の仕方をすごく細かく撮るし、『喧嘩ラーメン』もラーメンの麺打ちから何から細かくやる。タイトルに「馬券師」「ラーメン」と付くから、それも見せなきゃというのは「職人だなぁ」と思う。自分だったらそこはさらっとやって、親子や友情の話をやりたいなと思いながら二つの現場を見ていました。それが原田さんのバランス感覚なのかもしれない。

『馬券師』の競馬場は名古屋で撮って、ガラス張りの観覧席は平塚競輪場で撮って、さらに、ヤクザ同士の駆け引きをやる観覧席内はセットを組んでやったんです。そういうのも、原田さんは切り返しでうまくつなぐことが全部できちゃうんです。

『喧嘩ラーメン』の最後のラーメン対決も、一五〇〜一六〇カットあるのに、一日で撮らなきゃいけない。セカンドの瀧本も優秀だったし、原田さんが撮りたいことを僕と瀧本が把握して、スクリプターの千鶴ちゃんがカット割りを把握していれば、全部抜いていってもやれる(「抜く」とは同じキャメラの向きのカットをまとめて撮って時間を節約すること)。監督が率先して抜いて撮れるから、ちゃんと時間内で上がる。役者さん達は何を撮っているのかわからなくても、とりあえず、このチームが全部を把握出来ているから、撮っていける。そういう意味で本当に職人なんです。

でも僕の演出の仕方は違います。原田さんはキャメラ一台でワンカットずつ撮るやり方でしょ。僕はキャメラ二台使って引きと寄りとワンシーンを全部撮って、もう一回同じことを、俳優さんにやってもらって、キャメラをぶん回しして撮ります。

——それは現場における役者さんの感情の持続を大事にしてということなのでしょうか?

佐々部　僕はそれが一番、途切れず撮れると思っている。ちょっとしたことですが、ワンカット撮った後に、髪の毛の形も微妙に変わって、それがつながってないと気持ち悪いんです。ぶん回しして撮ると、そういう事はないし、感情もつながる。俳優さんもその方が演じやすいと思うんです。特に今はHDで撮っているから、昔みたいにフィルムをケチる必要もありません。

ただ、フィルムで撮る時も僕はそうやって撮っていたんです。二台ぶん回しするというのは、半分は捨てるということです。引きと寄りと一緒に撮るから、テイク1がOKでも半分は捨てる。それは無駄と言えば無駄なんです。ただその代わり、テイクは多くて2。テイク3に行くことはまずない。その方が僕は短い時間で撮れると思うんです。その分、スタッフも俳優もワンシーンに集中する。

——原田さんのアクションの撮り方には和泉監督の影響があったと、瀧本さんがおっしゃってました。

佐々部　原田さんは和泉さんのパターンをよく使ってました。わーっと格闘させて、キャメラ前でぐるぐる回させる。あれも早く撮れちゃう方法。

僕がアクションで基本的に、殺陣師を使わないのは、その逆です。原田さんの組は、和泉組と同じ二家本(辰己)さんが殺陣師として参加してるけど、殺陣独特のパターン化された、キメのアクションが僕は苦手なんです。僕の映画は立ち回りはあまりないですが、リアルな方がいい。不恰好なのがリアルだと思っているんです。

『三本木農業高校、馬術部』から『審理』まで

——原田さんが亡くなる前の年の夏、佐々部監督の『三本木農業高校、馬術部』の撮影に陣中見舞いで来た時のことを教えて頂ければと……。

佐々部　本当に突然でした。千鶴ちゃんにだけ連絡していたみたいで、本当に来たからびっくりした。

自分で車を運転して来たのにも驚きましたし。

その頃は体調が悪い事も知らなかった。前にガンで手術した事は知っていたけど、その後は順調だと聞いていたから。「青森まで申し訳ないな」と思いながら、『チルソクの夏』の時も原田さんは下関までプラッと来てくれたので。「今ちょうど仕事がなくて暇で、奥入瀬の方に行って温泉つかる」と言ってたので「そうなのか」としか、その時は思ってなかった。こっちも「じゃ夜、飯でも食いましょう」と。

原田さんが僕の現場の知っているスタッフを見つけては、楽しそうに話して、写真を撮っていた。原田さんはもともと写真好きだけど、こんなに撮る人だったかなとちょっと不思議でした。後になってみると「ああ、そういうことだったんだ」って思いましたけど。

「差し入れ何が欲しい?」と言うから、「カルピスを飲みたい」と言ったら、翌日、山ほどカルピスの素を、グレープからオレンジから色んな種類のを、「もう瓶のカルピスがなくて、今はパックなんだよ」と持って来てくれたのは、とても印象深いなあ。

東京に戻って、九月の半ば過ぎくらいから、調子が悪くなったらしいですね。でもその時に、うちのシネムーブの臼井(正明)を紹介して『審理』をやることになったから、良かったなと思いました。

臼井ちゃんが「十月頃に『審理』というのをシネムーブでやるけど、原田さんに頼んだら失礼ですか」と言うから「原田さん、そういうの得意だと思うから、時間があるなら頼んでみたら?」と。

——原田さんは上海の特撮の話が頓挫して、かつテレビの松竹のヒーローものも、自分がすぐに入ることはなさそうだということで、空いた時期に『審理』をやれる。また撮る機会になったわけですよね。

佐々部 青森に来てなければ、臼井ちゃんに紹介することもなかったと思うし、『審理』の監督候補に原田さんの名前は出なかったと思う。

『審理』は僕も一日だけ陣中見舞い行きました。最高裁判所の法廷で撮影していて、楽しそうにやっていました。ニコニコして。ちょうど井坂聡監督も来ていて、三人で撮った写真があるんですが、すごく、いい笑顔をしてた。原田さん「疲れちゃったから、夜の部はお前撮ってくれよ」と、冗談っぽく言ってたんです。その頃も体調のことは知らないので「何言ってんですか」なんて言いながら。

後で仕上げの頃に、スタッフから「原田さん、風邪がこじらせて酷いみたい」と聞かされたくらいで。その後は亡くなられるまで僕は会ってないです。亡くなったと聞いた時は驚いて、すぐ千鶴ちゃんに電話したら、千鶴ちゃんから去年の夏以降の事情を聞かされて「夏に青森に来たのはそういうことだったのか」と全部、符号が合った。「『審理』に早くインしたいと言ったのもそういうことだったのか」と。

その後、原田さんのお母さんからお手紙を頂いたんです。『審理』の時に、ホテルから現場に通う状況も書かれてあって、かなり壮絶だったようです。それも初めて知りました。

——その時は、どんな風に思われましたか。

佐々部 まだ若いので、こんなこと言うとあれなんですが、それも人の運命だとすれば、最後に「よーい、スタート」をかけて、一本作品を完成させて、初号まで上げて、人生を終えられたという、現役感があるまま終われたのは、すごく良かったかなと。逆にちょっとうらやましかったりもします。

お母様から頂いた手紙にも、僕のシネムーブというところで、最後にご縁があって感謝いたしますと書いて頂いて……それは原田さんに対して、恩返しといってはなんですが、色んなことを教わった恩返しがちょっと出来たかなと、思ったりしましたね。それだけに主演女優の起こしたことで『審理』がオクラ入りしてしまったことは本当に残念ですし、悔しいです。

▼「毒」がなくったっていい

佐々部 原田さんの映画は『旅の贈りもの 0:00発』も、僕はすごく好きで、なんでこういう映画をもっと宣伝して、ちゃんと公開されないのかなと思ったりしました。よくあるテレビ資本のメジャー映画の十分の一でも宣伝してよと(笑)。

僕は劇場では観られなかったんです。DVDで観たんですが「劇場で観れば良かった」と思いました。冒頭、列車から始まりますよね。大阪駅から列車がスタートして、列車をずっと撮って「原田さんらしいな」と。僕だったら、列車はあんなに丁寧に撮らないで、早くドラマを撮りたくてしょうがないんだけど、「JR西日本という大きな母体もある作品では、こうやってちゃんと丁寧に撮るんだ」ということも、また教えてもらった気がしました。

このまま列車の中の話かな、これで二時間撮ったらえらいこっちゃと思ったら、架空の町に行ってからは、原田さんらしい優しい、人と人の絡み合いというか……。『審理』にもつながってますよね。人の醜さや酷さより、温かさをしっかりと伝えるべく、撮ろうとしている。僕はそういうのが好きなんです。

映画評論家の人達は、そういうのを「毒がない」

なんてすぐ言うけど、「毒がなくて結構」と僕はいつも思っている。だから原田さんらしくていいなと、『旅の贈りもの』を見た時は感じました。

——撮影のアプローチの仕方は違っても、そういうところは佐々部作品とも一種通じている気がするんです。

佐々部　そうですね。僕の場合も、基本的にはあまり、極悪人は出ないですから。

——特別派手な事件も起こらないというか。

佐々部　でもそういう映画はやっぱりお客さんが入らない。僕の『結婚しようよ』や『三本木農業高校』もそうですが、今は刺激の強いものじゃないと、お客さんが来てくれないのかなと。

　僕が原田さんから聞いていたのは、野球の話をずっとやりたいと言ってましたね。

　ロートルの日本人選手が、中南米のメキシカンリーグとかに行って活躍するのをやりたいという話は、昔飲んでる時に聞いたような気がします。

　原田さんはずっと和泉さんの『この胸のときめきを』がすごく好きだと言ってました。だから本当は『旅の贈りもの』みたいなものをやりたいんじゃないのかなと。一時期、会うと特撮の話ばっかりしてたので、「人の話よりも、そういうのが好きなのかな」と僕は勘違いしていたこともあったんです。

　でも原田さんのウルトラマンは、他の人が撮る作品よりも、人の方の視点を大事にしていたという事を聞いたりすると「ああそうなのか」と思ったりします。僕はこの歳になっているから、ウルトラマンはほとんど観たことがないのでわからないのですが。

——佐々部監督の作品を見ていると、原田さんがやりたかった世界に近いところもあるのかなとちょっと思ったんです。

佐々部　僕は自分がやりたいことしかやってないし、やりたいものはだいたいやれている。僕が『チルソクの夏』をやった時、原田さんがロケ地の下関に差し入れを持って来てくれ、「ああ、こういうの俺やりたいなあ」と言われたこともありました。

——そういう風に、ロケ現場に差し入れに行く事は、わりと映画界ではお互いにあるんですか？

佐々部　そうですね。自分のチーフ助監督もやっていた瀧本が監督になってからは、デビュー作の『樹の海』（〇五年）の時も『犯人に告ぐ』（〇七年）の時も差し入れやお祝いを持って、現場に一回は行くようにしていました。忙しくて行けない時もありましたけど。瀧本もわりと僕の作品に差し入れ持ってきてくれて……。

　でも、原田さんみたいに下関までぶらっと現れたり、『三本木』の時みたいに青森にぶらっと現れたりはあまりないです。青森に来たのは亡くなる前で色んな思いがあって来られたと思うんですが。

——原田さんが亡くなってから、地元町起こしというか、青春部活ものみたいな映画がわりと作られるようになって、原田さんが元気だったら撮りたいんじゃないかなと思いました。あまりセックスとか暴力とか、そういう要素が出てこないような。

佐々部　ただ、やっぱり人気俳優を引っ張り出さないといけないところがある。『この胸のときめきを』の畠田理恵ちゃんも無名の頃だから、あれだけ生き生きしていたというのがあると思うんです。

　なかなか、僕がやりたいような作品は企画が通らなくて（笑）。『三本木農業高校、馬術部』のような作品もよくやらせてくれたなと思いますね。

——ヒロインの長渕文音さんは、最初はちょっと硬い感じがしましたが、映画の進行につれて、見ているこっちもだんだん気持ちに入っていけました。

佐々部　主人公のあの子が二年間成長する話と、演じる長渕文音が女優として一年をかけて成長するのとリンクして撮りたかったんです。ラストカットの顔を最後に撮ったんだけど、それが撮れた時に「こいつ女優になったな」と思いました。馬よりもそっちがやりたかった映画なんです。それこそ一ヶ月くらいでズルして撮ったら、ああいう顔は撮れない。

　そう言えば『チルソクの夏』に陣中見舞いに来てくれた時「お前が大林（宣彦）さんのファンだったとは知らなかったよ」と言われました（笑）。

　べつに僕は大林さんのファンでもないんだけど、大林さんの映画を、原田さんはすごく感じたみたいでした。「下関でお前、尾道三部作みたいなのをやるのか」と言われましたから。「映画監督は、自分のふるさとを一回は舞台にしたいのかもしれないな」と。原田さん、長野でしたっけ？　ひょっとしたら自分の故郷を舞台にした作品をやりたかったのかな、なんて、その時思ったりしました。

　おそらく、映画監督の十人のうち八人くらいは、自分のふるさとを舞台に、自分史をやりたいと思うんじゃないかなと僕も思います。まあ、「絶対故郷でロケしたくない」という人もいますけどね。

『旅の贈りもの』で架空の町に着いたばかりの時の、みんな笑顔の、お葬式のシーンが最高でした。僕は原田さんが亡くなってもう一回見直したんです。その時、お葬式に来た人達が、みんな笑顔で歩いているのを見て、原田さんは自分のことを意識してたんだなということも感じたんです。

作品解説

『メン道一代　喧嘩ラーメン』

▼発売：一九九六年　製作：ケイエスエス
脚本：橋本以蔵　**原作**：土山しげる　**撮影**：井上明夫
出演：野村祐人（源田義経）、小西博之（牛嶋剛造）、沢木麻美（レミ）、萩原流行（円城寺）

別冊漫画ゴラクの人気漫画を映像化。九六年六月十五日から、諸準備・ラッシュ日を一日挟んで同月二六日まで撮影。

前年に監督補を務めた和泉聖治組『キャンプで逢いましょう』で後藤久美子の相手役だった野村祐人が主人公源田義経役。野村は後にアメリカ映画のプロデューサーも務める。漫画ではいかにも日本的な顔立ちの義経をバタ臭い風貌の国際人・野村が演じることで、型にこだわらない伸びやかさが加味された。

義経の父でラーメン屋「がんてつ」の「愛想は言わず、気に入らない客はすぐ返す」主人鉄五郎はイメージがぴったりの渡辺哲。ライバルとなるラーメン職人は小西博之で、ラーメン対決の〈裁定者〉たるラーメン評論家を萩原流行が演じている。

失踪した父親の代わりとなって義経にラーメン道を教える「鳥金」役として、ウルトラマンシリーズでも印象的なゲストを演じることになる実力派の不破万作も出演している。

他に敵役として片桐竜次。その手下に長倉大介、町田剛（町田政則の当時の芸名）、そしてアクション監督も兼任の二家本辰己……といったお馴染みのメンバーが脇を固める。

また「がんてつ」の客の役で哀川翔、木村一八、竹内力とVシネ・スターが多数カメオ出演し、初主演の野村祐人を応援。

男まさりのヒロイン・レミは当時Vシネヒロインだった沢木麻美。元暴走族総長の義経が抗争中、冷やかしに来たレディースのレミにドサクサに紛れてキス、強引に襲いかかって以来の仲だ。

後半のラーメン対決では、敵に気押される義経に気合いのビンタをかます。そんなレミにキスをする義経にギャラリーが湧く。

ヘソ出しルックで、お色気というより健康的な魅力を発揮するレミ。原田監督はシナリオにない、二人が草原を駆けたり、お風呂に飛び込んだりするシーンを挿入している。

「監督はああいう青春っぽいのは好きなんです。でもカラむとかそういうのはダメですね」（撮影・井上明夫さん）

麺打ちのイメージとレミの乳房を揉むシーンが交互に描かれ、イク時にはゴ～ンと鐘の音。果てた後の二回戦は二人を直接写さず、スタンドの電灯が揺れる……。

「そういう演出は照れですね。ベッドシーンの撮影は早かったです。役者さんにも節度を持って接して」（スクリプター・山下千鶴さん）。

暴走族の抗争場面は、本作では数少ない本格的な立ち回り。

「望遠で、主人公が居て、奥と手前にも人が居るカットを撮る。その後、手持ちで主人公を中心に追いかける。それは和泉聖治さんの動かし方と同じです。キャメラの手前で胸倉をつかみ合って、あるタイミングで二人が動いてグルグルワイプする。キャメラが動くとライティングがえらいことになるので、効率よく動かす。大勢の乱闘でも、いきなりパンチがフレームを横切るとか、いいタイミングで見せるんです」（助監督・瀧本智行さん）

▼編集の監督・原田昌樹

舞台となるラーメン屋を原田さんはその後何度も撮影で使用。助監督の佐々部清さんが四日通って頼み込んで借りた。

道の角にあるそのラーメン屋のくすんだ色合いの建物が、それだけで雰囲気を醸し出している。本作ではラーメン屋の前に犬が通るシーンや、車が通りすぎるライトの効果を意識的に挿入。夜、電灯がぱっと消えるところも風情がある。

「ロケハン中に、狛江で『こんなところにラーメン屋がある』と入ったお店なんです。昼の十二時から六時まで客が二人しか来ない。全然営業する気のない店だった」（井上明夫さん）

煮えた湯の中から素手で麺を掴んで堅さを見、湯切りをする鉄五郎の描写で、アップになるのは佐々部清さんの手だ。

「ラーメンを作るシーンもカット順に作ると時間がかかる。芝居を演出しながら『茹でといて』と。原田さんが制作に向いていると言われる理由はそこ。全体が見える」（瀧本智行さん）

制作協力：フィルムシティ　販売：JKDSS

丼にタレを入れ、麺をお湯に漬ける。スープが丼に注がれ、麺が入り、ナルトやチャーシューが載せられる……と冒頭からカットを割って細かく描写され、出来あがったラーメンに『喧嘩ラーメン』とタイトルが出るヨダレが出そうな導入だ。

「色んなお店に行って、作るところをアップで撮る。それを編集して一つにしています。よく見ると手がみんな違う（笑）」（井上明夫さん）

麺をひたすら掴み、撫でて次第に粘りを帯びた固まりにする動作や、灰汁取りを丹念に繰り返す過程が描かれる。

「こっちは『もういいんじゃない』と思っても『こういうのは、色々細かく撮らなきゃ』と。芝居は長回しでも、そっちは細かかった」（瀧本智行さん）

小西博之演じるライバルのラーメン職人が麺を打つ時に、空中で曲芸のように五本を十本、十本を二〇本とバラすシーンがある。これも本職の中華街のラーメン屋を呼んで実演してもらった。

「撮るということは、その世界の中の現実感を作ること。そういうのを楽しむ心は誰でも持っていると思う。それを監督の特権でやれる。どんなものでもこなす。原田さんはテクニック的な職業監督。芸術作品を作る監督とは違います」（山内薫さん）

ラーメン対決の場面は、レミのヤンキー時代の後輩も応援に駆け付け、観衆役も含め大人数が一同に介するクライマックスだ。「一二〇カットを一日で、まとめて抜きで撮った。役者達は原田さんの言う通り右を向いたり左を向いたりしているだけ。ライトの方向も全部原田さんが指示。役者の背後にお客さんを入れるカットはサインを出して目線を指示してどんどん抜いていく。『そこから逆』と言われると、そこから目線がひっくり返る。パズルです。終わったら嬉しそうに腕時計を見て『優秀だろ』とニコッと笑っていた」（瀧本智行さん）

まさにプロフェッショナルな笑みだ。

「いざとなれば役者の感情なんか関係なく、編集だけで芝居が表現できると、あの時初めて教わりました」（瀧本智行さん）

スクリプターの山内薫さんはこう言う。「それは育ちだと思うんです。原田さんはアクションものの現場が多かったから、短いカットの中でどう見えるかの勝負。一方、佐々部清さんはドラマから入っている。お芝居が成立するかどうかで育っている人」

同じ和泉組の助監督出身でも、違って見えたという。

「たとえば役者が吹き替えなしでアクションをやったとしても、大変なことなのかどうかが実感として伝わらないかもしれない。その一瞬を切り取って、編集で別のところにつける方が効果が出る場合もある。原田さんはそういうことを知り尽くしている。佐々部清さんは逆に、編集でニュアンスが変わるのを嫌がる。違うシーンを入れて意味が出るとしたら『不誠実だ』『役者に対して申し訳ない』と言う人なんです」（瀧本智行さん）

すべてのものを要素化して見られるのだろうか。そして意識はスタッフ側……より正確に言えば観客側にあった。

「役者の感情より何がどう映っているか、つないだ時の観客の側の感情。編集で叙情性を出す」（瀧本智行さん）

それこそが大衆姓だと瀧本さんは言う。

「映画の世界では、助監督は隔世遺伝みたいなところがあるんです。直に上についた人に対しては逆のことをやりたがるけど、もう一つ上の人のやり方を受け継ぐことが多い。僕の直の上は佐々部さんなので、もう一つ上にいた原田監督のやり方を取り入れているところがあります」（瀧本智行さん）

▼遊びとメリハリのある展開

ラーメン作りの行程で時間経過を示すワイプの際、つなぎ目を「ラーメン模様」（ラーメン丼によく使われる模様）にしている。

「出来た映像を見てビックリしちゃった（笑）。現場でそんな話は一切してなかったから。多少わざとらしくてもいいよというのが、あの時はあったと思います」（井上明夫さん）

ラーメン大会の最中に流れている盛り上げ用の音楽が、劇中BGMかと思ったら、会場の音楽としてずっと流れ続けているのにもクスリとさせられるし、一般審査員の中にセーラー服を着た女子高生が紛れ込んでいるのも可笑しい。この女子高生、原田監督のメモでは「妹」と呼ばれていた。

「スタッフを乗せていこうというのがあると思うんです。現場はいつも文化祭のように楽しかったです」（山下千鶴さん）

ラーメン評論家円城寺の描写もメリハリがある。まずいラーメンだと一口食べただけで、付き人に用意させた懐紙にプッと吐き出す。だが美味いラーメンには一転して態度が変わり、バンッと上着を脱ぎ、腕をまくって一気に食す。

「出た！　円城寺のまくり喰い！」とギャラリーがどよめく。

なりふり構わず熱い内にすすり込む。食す時間は十分以内。ラーメンを冷ますレンゲは入れない。〈まくり喰い〉の直前、円城寺が箸を開いて、間から見える目をギョロッと下に向け、おもむろに丼に箸を突っ込むという、変身モノのような決めポーズ。

「原田さんはこれまでシリアスな作品だったのが、ここでガラッと変わった。でも原田さんはコメディそんなに得意じゃなかったと思う。シリアスの方が得意。『極道拳』のように、見た後にしんみりする方が、監督らしいんじゃないかな」（井上明夫さん）

▼〈対決〉の意味～職人とは何か

本作のストーリーは、ラーメン作りに衰えを感じた親父が失踪した後の義経にとっての、〈ラーメン探し〉の旅の様相を呈する。

「幻の醤油を求めて浮浪者を訪ねる港は、和泉組『Morocco 横浜愚連隊物語』でロケした場所。今は埋め立てられました。原田さんはいつもそういうストックがあった」（瀧本智行さん）

「がんてつ」とそれを買収しようとする「太番チェーン」は、市の作るラーメンマップの一番争いでしのぎを削る。

〈伝説の流れ職人〉と呼ばれた牛島剛造（小西博之）は、太番チェーンに取り込まれて以来、自らラーメンを作ることはなくなっていたが、義経が彼の職人としての闘争心に火を付ける。

原田監督はシナリオのシーンナンバーを前後させ、義経と牛島双方の気持ちが相乗効果になるよう織り合わせている。

ラーメン対決の前夜、親父がやっていた、熱湯の中のラーメンを素手で掴み、湯切りをする特訓を義経が一晩で何度も試みて片手が火傷で使えなくなるという脚本の描写は、作品に存在しない。

山下さんによれば、原田監督が「リアルじゃない」とカットしたという。撮影稿以降、この熱湯特訓は、タレの分量の調節を何度も何度も繰り返す地道な努力に置き換わっている。

『極道拳』のボクシング同様、原田監督自身、対象に取り組んでいる内にその職人の世界にのめり込み、茶化すような描写を避けたのかもしれない。牛島が身内からワイロを受け取る場面もカットし、あくまでも厳格な職人としてブレなく描き通している。

▼ウルトラファンにもオススメの一本

ラーメン対決の日、円城寺は伝統の味を守る義経より、新奇な味を試みる牛島に軍配を上げた。審査員の多数決では義経が勝ったが、義経はラーメン作りを極めるため、修行の旅に出る。

父が店に戻ってきた日、義経はレミ達に見守られながら、夕焼けに向かってバイクで旅立つ。別れをデイシーンではなく夕焼けにするというのも原田さんの意向だったという。

五百円玉一個で食べられるラーメンに命を賭ける主人公には、小さなものが大きなものと戦えるVシネ精神がある。

またこの頃のVシネにしては酸鼻を極める猟奇シーンもない。暴走族の抗争や主人公がヤクザに脅されたりボコられたりという描写はあるが、登場人物の死は描かれない。脚本にあった、義経の父の「不治の病」という設定すら原田監督はカットした。

ウルトラマンで原田作品を知り、Vシネ時代にも興味を持ったが「激しい残虐描写はちょっと」という人にはおすすめの一本だ。『最後の馬券師』『喧嘩組』とともにDVD化もされている。

エンディングクレジットは、劇中ではラーメンを作り、ふるまう側だった野村祐人と沢木麻美が、カウンターに向かって並んで座り、ラーメンを思いっきりすするバックステージ的な描写だ。「まくり喰い」を実際に試み噴き出しそうになっている野村祐人に最後「カット」と声をかけ「もう一回ラーメン食べる？」とからかう声は、原田監督のものである。

『血染めの大紋　喧嘩組』『香港黒社会　喧嘩組』

作品解説

▼発売：一九九八年　製作：ケイエスエス
脚本：藤本洋二・島田元（『血染めの大紋』）、井上誠吾（『香港黒社会』）　原作：木村直巳・生田正　撮影：井上明夫
出演：小沢仁志（室町一毅）、山口祥行（醍醐アキオ）、高山善廣（サンダー岩城）、かとうあつき（沢田広美）

原田監督は、Ｖシネマの中で本作が一番好きだという。
「今では絶対出来ない。自分で見ても驚くんだけど、すごい長回しをやって。喧嘩シーンで建物の通路でキャメラが行って、戻ってくる間、ずっと立ち回りをやってる。殺陣の二家本（辰已）ちゃんも頑張って殺陣つけてやり切ったね」（原田昌樹）
それは、映像表現の現状に対する鬱憤晴らしでもあったという。
「今のテレビはカットが短いんです。ワンカット何秒ぐらいしかやらないでしょ。それを、ワンカット三分なんて長い撮影じゃ絶対編集で切ってごまかせない。アクションがちょっとでも壊れたら終わり。あれは小沢仁志達だからいいけど、あのキャストでないと出来ない。やっぱり緊張感がいいんだよ」（原田昌樹）
敵と一緒に階段を転がって落ちる小沢仁志。次から次へと敵をちぎっては投げ、ゴロゴロと落ちていくのを階段の下から狙うロングショット。ワンシーンワンカットの見せ場が目白押しだ。
「パート1と2を直結で撮って、二本で二五日ぐらいはかかった。この作品が初めてのビデオ撮りでした」（撮影・井上明夫さん）
これまで新人俳優やＶシネでは目新しい主演俳優で、競馬やボクシング、ラーメン等、変即的な企画を演出してきた原田監督だったが、本作はまさにＶシネの王道における勝負作となった。
「アクションものを作りたかった。Ｖシネマの売り上げがだんだん下がっていた時期で、でも三池（崇史）さんが撮ったり、色々助監督を監督にしている時期で、作る方の勢いはあったんです」（プロデューサー・八木欣也さん）
制作協力でクレジットされるシネマハウトの八木欣也プロデューサーは、和泉聖治監督からの紹介で原田監督を抜擢した。
「原田さんは『最後の馬券師』『喧嘩ラーメン』で実績があったのでケイエスエスからはすぐＯＫもらえました」（八木欣也さん）
第二部の脚本は『凶獣の牙』でもコンビを組んだ井上誠吾だが、井上氏は第一部のホン直しにも関わっている。
「原田さんが勢いに乗っているのが画に出てる。低予算でよく撮ったなと。制約はあっても、垣根を突破できる勢いが監督にも役者にもあって、書いていても嬉しかった」（脚本・井上誠吾さん）
現場のノリもとにかく熱かった。
「原田さんはメチャクチャ乗ってました。みんなをノセるのがうまい人です。変に気遣いしてる感じじゃなく、殺気立ってもない。先頭を切って引っ張ってく」（八木欣也さん）
キャメラマンの井上明夫さんもこう語る。
「僕も一番思い入れがある。ナイフとか銃じゃなくて、腕一本で加勢しに行くという……あれがすごく好きなんですよ。裸一貫でやる楽しさがある」（井上明夫さん）
拳打を連続で叩き込み、飛び蹴りも繰り出す小沢仁志の無手勝流な戦い。役者も体当たりだった。
「平気で深い川に飛び込んだり、朝から明け方まで撮影していた。火を焚いて外で決闘シーンを撮って。室内は室内で、トイレで決闘した時、豪快に便器を割ったり」（八木欣也さん）
屋台村で大暴れする長回しのシーンも爽快だ。
「門前仲町の居酒屋で撮ったんです。ああいうところで喧嘩をどういう風にやるかというね」（井上明夫さん）
調理場の熱湯を敵にかけて形勢を逆転する……等、死闘の中にも人間の必死さが生むおかしみが垣間見える。
クライマックスの戦いの場所である廃墟は築地の水産試験場跡で撮影され、荒涼としたモノトーンの風景に、小沢仁志を仇と狙う、緑のスーツに日本刀を持った〈まるでマンガ〉な加納竜がすっくと立つと実に映える。一つの虚構美が成立している。

▼小沢仁志は〈伝説の男〉

町でその男の出所は既に噂になっていた。彼の名は室町一毅（小沢仁志）。「ステゴロで戦ったら、誰も叶う者のいない喧嘩屋」と異名を取る室町が今、古巣の暴力団・三愛連合に戻ってきた。

「暴れてえからヤクザになった」のに運転手にさせられてクサッている三愛連合の下っ端・醍醐アキオ（山口祥行）は、会長の家の門をものも言わずにくぐろうとした室町が、立ちはだかった巨漢の用心棒・サンダー岩城（高山善廣）の金的にイキナリ一発かましてぶっ倒す姿に「スッゲー」と快哉を叫ぶ。

アキオと岩城の二人はやがて室町の下で働くことになるが、まずはアキオが「俺に男の道を、教えて下さい！」と、会長の前で室町に土下座する。脚本の「喧嘩を教えて下さい」というセリフを原田監督は「男の道を教えて下さい！」に変えた。

アキオを演じたのは今や渋みのあるベテラン俳優になっているが、当時は若くてイキのいいチンピラ役が似合っていた山口祥行。

《武闘派ヤクザ》の系譜を打ち破る、
本格ハード・バイオレンス・ムービー！
喧嘩組

日本の裏社会に巣喰う香港マフィアを鋭く暴いた衝撃作!!
これはもうひとつの「不夜城」だ!!
喧嘩組

制作協力：シネマハウト　販売：ケイエスエス販売

サンダー岩城役は現役プロレスラーの高山善廣。

「『原作漫画に沿った大男が欲しい』ということになって、僕は旧UWFにつながりがあったから、PRIDE旗揚げ前の高山さんに出てもらったんです」（八木欣也さん）

　会長のはからいで、出所した室町には事務所が持たされる。この事務所は、脚本では「ドブ川沿いのビルのコンクリートの部屋」だったが、撮影稿以降では「水上の掘立小屋」になっている。

「あそこは晴海で、原田監督がチーフ助監督時代に一回借りたところらしいんです。浮島みたいになっていて『自分が監督になったら、いつかあそこでやりたい』と思っていたそうで、ロケハンでも迷わず連れていかれました。あまり波も立たなくて、撮影にも良かった」（井上明夫さん）

　小沢仁志を中心に、やせっぽちで粋がる山口祥行と、巨漢の高山善廣のトリオが、海風吹くアジトにたむろする自由な空気が、普通のヤクザものとはまた違うこの作品のテイストを決めた。時には波の音とともにキャメラも揺れ、彼らの気ままな姿を映し出す。小屋の窓の外からは波が見え、水の照り返しが揺らめく。

　毎日喧嘩がしたくてたまらないアキオをよそに「俺は花を買いに行く」と、弟分だった沢田（古河聡）に会いに行く室町。

　沢田は六年前、関西から来た笹鎌一家に属する日本刀の使い手浅野鉄幹に片足を切断された。怒った室町は会長の命に背いて浅野と対決。日本刀に素手で立ち向かい、返し技で鉄幹の身体を刺し貫く。返り血を浴びて「地獄で待ってろ」と言い放つ室町。

　以後室町は刑務所に入っていた。この回想シーンはモノトーンに脱色された中で、血の色を強調する原田監督の得意技だ。

　アキオは沢田の妹・広美（かとうあつき）に一目惚れ。沢田は今や足を洗い、妹と平和に花屋をやっていた。広美は、かつて室町が兄の仇を討ってくれたことに複雑な思いを持っている。早く室町が出所できるよう、毎日神社に願掛けしていたが、暴力に暴力で復讐しても、悲しいことが増えるだけだ。

　以後広美とアキオは神社で会う度に言葉を交わし、青春映画の要素がここに入ってくる。いつも「大丈夫、俺達絶対喧嘩に勝つから」と言うアキオに、「わかってないなあ」と諦めて笑う広美。「あ！　広美さん、笑った！」と喜ぶ無心なアキオ。

　喧嘩は男の世界。女性には理解されないという明快な世界観だ。

▼作品自体が喧嘩組だ！

　この作品のストーリーは、特に第一部の喧嘩組誕生の経緯については典型的なヤクザ映画のものだ。抗争の現場で先兵として闘わされている主人公だが、TOPのリーダーが新しい世代のエリート幹部と結託して自分達を見捨てる。そのあおりで兄弟分が無残に殺される。主人公はついに怒りの刃を身内に向ける……この構図は『極道拳』の山下真司パートのものでもあるし、また原田さんが助監督を務めた和泉聖治監督の『さらば愛しのやくざ』で主人公・陣内孝則が置かれた立場とも重なる。

　この構図の中で、主人公達の「喧嘩屋」としての側面をどう際立たせていくか。第一部では最初の脚本に複数の手が入り、決定稿の後撮影稿が出来た後も直前まで書き直され、挿し込みが加えられたのも、そこがポイントだったと思われる。

「ガチガチのヤクザもの、型にハマッたものは原田さんは撮れないというのがありました」（八木欣也さん）

　たとえばアキオが、酒場でのイザコザを元に三愛連合と敵対する浦辺組の人間と悶着を起こした後、室町がアキオを怒って鉄拳制裁するというくだりが脚本にあった。これは撮影稿の後に全面改稿され、室町はアキオに「いまは、手を出すな」と言うだけに留めている。アキオから「戦わずの室町」と悪態をつかれても、水上の掘立小屋の窓際でタバコをふかして多くを語らない。

　室町はやくざの「親」として会長への仁義は持っている。だがそれは個人的なもので、組の戒律として下に徹底させようとまで思わない。ひたすら喧嘩がしたいというアキオの方に共感がある。

　室町自身、もともと町の暴れ者だったのが三愛連合に拾われた。

「やられたら、やり返す。それが室町だ」。伝説の男・室町一毅の語り部である浮浪者・黒崎（町田政則）はそう言う。あくまで自分の筋を通すことが行動原理なのだ。

　彼らが三愛連合の外人部隊として浦辺組のシマを襲撃する際も、脚本では〈イカサマ麻雀の牌をひっくり返す〉というきっかけが描かれていたが、実際の作品では入ってくるやイキナリ暴れている。やくざ特有の因縁をつける描写などはすっ飛ばしている。

　喧嘩場面も、岩城がアキオの両脚を抱えて身体をブンブン振り回して敵を攻撃したり、またアキオが岩城におんぶして突撃したりと、シリアス一辺倒ではない。追いつめられた敵の一人が、自分のこめかみに銃を当てて死のうとした時、岩城が「ちょっと待てお前、命を粗末にしやがってばかやろー、テメーは俺がぶっ殺してやる！」と猛烈にパンチを浴びせまくるところなどは痛快だ。

「ああいうところは、和泉さんより茶目っ気がありましたね」（八木欣也さん）

　第一部のラスト、掘立小屋の前でアキオが「喧嘩組」の看板を書いて掲げようとするのだが、室町も岩城もその漢字が読めない……というのも脚本にはない楽しいオチだ。

　中学中退の室町と岩城が、「中学出たってことは、泳げんのか？」と、字の読めない自分らを嘲笑するアキオを海に放り込む。

「海に落っこったり、汚い水の中から顔出したり、みんなやりたがってやってくれた。小沢さんも面白がっていた。あの三人は、本当にノッてやってくれましたね」（八木欣也さん）

　第二部では、ヤクザのようなみかじめ料やダフ屋、賭博等では稼がず、用心棒と喧嘩代行のみを商売とする「喧嘩組」の方針も出来た。「身の程知らずのザコどもを蹴散らしてくれ」とワルから大金を積まれても「悪いが、俺は、身の程知らずのザコどもが大好きでね」と断ってしまう室町。それでは食えないため、普段は掘立小屋から釣り糸を垂らす三人の姿がユーモラスだ。

「喧嘩組は本当のヤクザじゃない。『やってやるぜ』という思いの集団。徒手空拳でやるぜ、売られたケンカは買うぜ。『世の中面白くねえふざけんな』と義理も筋も通ってないことに怒る。怒ったらとことんまで潰しちゃえ！と」（井上誠吾さん）

　〈濃いんだよ、キャラクターがな〉と室町が自分達を語るシーンを、原田監督はエンドクレジット後にもリフレインさせている。何もかも洗練されていく時代の中で切り捨てられる側にこそ立つという気概を、サラッと口にするのがカッコイイ。

　八木欣也プロデューサーもこの「喧嘩組」トリオの主演でずっと作り続けたいと夢見たという。

　本作には未完の印象がある。ラスト近く、沖田浩之演じる謎の男が橋の上に立ち「室町、キサマは必ず、この俺が殺してやる」と呟くと、室町達喧嘩組のアジトがある晴海の湾岸風景に暗雲が立ち込めるショットに監督名〈原田昌樹〉と出て第一部が終わる。ところが、続けて撮影された第二部に沖田浩之は登場せず、この男が結局誰だったのかは謎のままになった。

「沖田浩之は最初は出る予定はなかった。だからあそこにしか出せなかった。本人がプロデューサーと原田さんに『出たい』と言っていて、でももう撮影してる最中だったから」（井上明夫さん）

八木プロデューサーはこう言う。

「結局実現しなかったけど、僕と監督の間では『パート3やりたいね』というのがあったんです」（八木欣也さん）

▼子どもには見せられない

「『喧嘩組』『喧嘩ラーメン』『男組』……喧嘩とか組とかタイトルに付く作品ばっかりだったから。そっちが自分にはハマっているというか、得意な方向だと思っていました。ウルトラマンで〈ファンタジー好きの監督〉と言われてるの、Vシネのスタッフに言ったら『何を冗談言っているの』って感じだよ。『人を殺す方がうまいでしょ？』と言われる。でも頭を切り替えるのは簡単です。全然世界が違うから」（原田昌樹）

『狂獣の牙』では豚の皮を使って臓器を取り出す場面を撮った。また悪の支配下にある病院で、ヒロインの愛が手術台に拘束され、電気ショックで身体が跳ねる描写は息を呑むものがある。

また主人公の目の前で悪に殺された妻や恋人が、実は妊娠していた（『極道拳』『狂獣の牙』）等、主人公の守るものとしての〈女性〉が致命的に破壊されるという展開が多く見られる。

Vシネマという当時新しい映像ジャンルは、劇場映画と違い広報用試写の行われないことが多いため、多くのビデオ店はパッケージのインパクトのみで購入を決める。

『極道拳』『凶獣の牙』他の小高勲プロデューサーはこう語る。

「どうしてもこの時代のVシネには、エロとバイオレンスを入れなければいけない。正直僕は、必要な描写ならいいけど、とってつけたものには抵抗があった。監督もそれはありました。でもうまく対応してくれて、そこら辺いつも助けてもらいました。悩んでいるとアイデアをくれたり」（小高勲さん）

お母さんや妹さんには「本当はあまり人が死ぬのはやりたくない」と漏らしていたこともあるという。

「兄には子どもはいないんですが、ウルトラマンを最初にやる時『やっと子どもが見られるもので監督になったぞ』と言ってきたのは今でも憶えてます」（妹さんの証言）

身内には見せられないと思いながらも、原田さんは必ずしもVシネのそうした要素を否定していたわけではない。

「原田さんはVシネの過激さを嫌う反面、自信を持っていましたね」（山下千鶴さん）

たとえば『最後の馬券師』での、敵に囚われたヒロイン藤井かほりの拷問シーンも、台本ではシートの上で傷つき寝かされているというあっさりした流れだったが、映像作品では、主人公の金山一彦が救出にやって来ると、部屋の奥に灯りが点いて、そこに縛られ吊るされている彼女がいるという場面になっている。

「暴力的なシーンは結構、長めに撮る人でした。原田監督は好きでした。やりたかったんでしょう」（井上明夫さん）

『喧嘩組』になるとそこはさらに押し出されることになる。

「〈気は優しくて力持ち〉という『喧嘩組』の要素に、もう一つ何かの味を加えられないかと思ったんですが、ちょっと残酷すぎたかなとも思います（笑）。ただすごくやりたかったのは事実。この作品はそういう描写が許されるから」（八木欣也さん）

第一部『血染めの大紋　喧嘩組』では、室町にとって、かつて子分だったが片足になり引退した沢田という男が出てくる。

沢田は室町が浦辺組を襲撃すると聞いて、自ら協力を買って出る。心配する妹・広美に「ただの電話番だよ。大丈夫！　すぐに戻ってくるさ」と安心させる。

だがその協力が敵にバレ、広美は拉致される。脚本では脅されすぐにおとなしくなっていた妹だが、原田監督は徹底的に抵抗させてみせる。手近な石油缶を振り回し、下着姿のまま逃げる。廊下に出て大きな棒を拾って振り回し、障害物を落として足止めさせ、懸命に走る。だが手前にもう一人組員が待っていた。

「お嬢さん、どちらへ？」。思わず立ち止まる広美の後ろから追手の組員達が追いつき、彼女の表情が絶望に染まる。

逃げられると思わせて、また捕まり抑えつけられ、下着姿のいたいけな少女が屈強の男達に顔を殴られ腹を殴られる描写を入れる。台本より描写が執拗になっている。

しかも描写はそこに留まらない。足の悪い沢田はダイナマイトを身体に巻き付け、ライターを片手に妹を助けに駆けつけた。だが全裸に剥かれて放心状態になっている広美に衝撃を受けている内に取り押さえられてしまい、広美の目の前で何度も刺される。

裸に返り血を浴びた広美は絶叫する。

「血がかかるところ、今あれやったらビデ倫引っかかりますよ」（八木欣也さん）

この返り血を浴びるシーンも原田監督が付け加えたものだ。

やがて、救出に駆けつけて来た室町達三人の前に、惨殺された沢田の死体を放り投げてみせる浦辺組の組員達。

「遺品もあるで」と死体の上に義足を放り投げて笑う悪党達は、続いて全裸で首に麻縄を巻いた広美を引き立ててくる。「見ないで」と彼女がうつむくと縄で引っぱって顔を上げさせる。

「かがむと身体が真っ二つになっちまうぜ」。脚の間に長ドスを入れ、失禁した彼女の小便が刀をつたうのを見て嘲笑する。この一連は決定稿では「ボロボロの広美が引き立てられてくる」とあるのみだったが、撮影稿に向けて描写がどんどん過激になった。

敵は徹底的に悪辣で、主人公の身内を捕えて拷問にかけ、殺害する。後に描かれる主人公の報復に正当性を与えるかのごとく。

かつて室町に殺された日本刀の使い手・浅野鉄幹の弟分・白鳥零士（加納竜）は浦辺組の客分となって室町の命をつけ狙っていたが、浦辺組のあまりの非道ぶりに、いきなり広美のロープを持っていた組員の手首をバサッと長ドスで切断。それをきっかけに室町達の反撃が始まる……というメリハリは心地よい。

「あそこは殺陣師の二家ちゃん（二家本辰己）が『こうしたい』と言ったんです。ああいう、決まった手がない喧嘩が二家ちゃんは得意。原田さんもそういうのが好き」（井上明夫さん）

原田さんが助監督としてついていた時から、和泉聖治監督作品の擬闘は二家本辰己氏だった。

「二家本さんのは〈アクション〉じゃなく喧嘩流の〈擬闘〉。殺陣に留まらない世界観が出せる。和泉さんとも、原田さんとも合っていました。お互いの考えていることをわかってアイデアを出して、それ以上に膨らませてくれる。『喧嘩組』でも木村栄（悪人鬼頭邦男役）とか、二家本一派でアクションの出来る人間がいっぱいいたのも頼もしかった」（八木欣也さん）

悪人が撃たれた途端、後ろの壁が血に染まる描写は、原田・二家本コンビの作品に好んで描かれる。思い切りよく見せ切り、しかも後味をひきずらない。

「同じVシネやる監督でも三池崇史さんや細野辰興さんの残酷さ

に比べて、原田さんは人間が優しいから暗さがない。残酷さがあったとしても、もっと爽やか。作品のテイストも、ある部分は青春ドラマだったり、その中の色んな持ち味がある。『喧嘩組』でも、かなり極端なことをやっても汚くならない」（八木欣也さん）

やがて形勢逆転を果たした小沢仁志はリーダー格の鬼頭の頭をコンクリのブロックで何度も潰す。シナリオでは足で踏みつけることになっていたが、原田監督はそれでは足りないと思ったのだろう。また映像処理も演出メモには「シルエット」と書いていたが、実際には殴られている方を影にして、ひたすらブロックを打ちおろす小沢の鬼気迫る顔を写している。

「あそこでは『変わったことをしたい』と原田さんは言ってました。ニヤニヤと『こうやろう』と」（八木欣也さん）

浦辺組との抗争は三愛連合の若頭・矢吹が会長と仕組んだものであった。室町達を犠牲に、有利な手打ちを結ぶハラだったのだ。そのお陰で沢田は惨殺され、広美は辱められた。

室町は三愛連合会長の前に現れる。会長の目を見たまま一礼し、片手で盃を割る。親子の縁の訣別を無言で告げて去っていく。風が吹き込み、会長がそちらの方向を見ると、キャメラが引いて、その目線の先……つまり手前に何者かの生首が置かれている。撮影稿では「血のにおいで気付く」と書かれたシーンだ。

カットが切り返すと、会長宅の庭の桜の花の前に台が置かれ、そこに矢吹の首が載せられているのが、矢吹役の俳優・高杉俊价の首から上を合成した映像で表現される。

そこにししおどしの音が「カン」と鳴る。生々しいはずなのに、画面はあくまで静謐で美しいのが、また怖い。

このシーン自体、原田監督が脚本に付け加えたものだが、ここを際立たせるために、会長宅の桜の花を前半からさりげなく見る者の意識に刷り込んでおくという凝りようだ。

「原田さんは優しい人であるがゆえに、普段の自分の出来ないことが思う存分できた作品。思いっきり発散したかった時期だと思います。原田さんがあの時期撮りたいものと、僕がやりたいものがうまくぶつかった」（八木欣也さん）

原田監督はR指定になるぐらいやってしまえと言っていたというが、なぜか審査では大丈夫だったという。

「今考えれば、そこまで行けば良かった。怒ったらとことんまでやる。仲間同士は優しくて、弱者への優しさはあるけど、悪いやつにはとことんまで、非情なまでに叩き潰す。そういうギャップがもっと出ていたらもっと面白かった」（井上誠吾さん）

▼新しいヒーローの誕生

第二部『香港黒社会　喧嘩組』では、黒服黒覆面でカンフーを駆使するプロ集団と戦う喧嘩組が描かれる。たまたま室町達が港で襲われる中国人を助けるところから物語が始まる。そこで遭遇した闇の組織は、中国から来た不法滞在者の臓器を売買していた。

海の向こうにネオンビルが見える港湾風景でのアクションの最中に俳優名のクレジットが出る。黒覆面の一人が、物陰でマスクを取ると、現れたのは美しい女性の顔――この出だしは快調だ。

「香港は出て来ないのに題が『香港黒社会　喧嘩組』なのは、横浜ってだけじゃ弱いなと(笑)」（八木欣也さん）

悪側ボス・椿銃吾は、JAC出身で東映特撮でも有名な春田純一が演じているが、今回は変質的なキャラクターだ。中国人の臓器を売っていたかと思えば、一方で同じ中国人であるヒロイン洪陶麗を三歳から自分好みに育ててきた。

彼はまた、前作から引き続き登場する広美の花屋に立ち寄っては、バラを買っていた。

「ワルだけど花を買う。殺伐とした中のバランス、そういうのは監督も好きなんです」（井上誠吾さん）

ヒロイン洪陶麗は室町への好意に揺れるが、椿は嫉妬に狂う。陶麗は中国から彼女に会いに来た妹が椿の命によって臓器を取り出され死体となっていたことを知り、怒って暴れるが取り押さえられ、拷問を受ける。ここでもまたヒロインとなる女性は目の前で身内の惨殺を知り、さらに拷問されるという過酷な運命だ。

天井から裸で吊るして、肌をナイフで傷つける。そこに塩をすり込むのだが、その塩がかき氷のように大量なのがすごい。

「僕は『これSM映画？』なんて原田さんにギャグで言ってました。僕の方で『もっとこうしてくれ』と言ったわけでなく、原田さんは本当に楽しんでやっていた」（八木欣也さん）

その後、脚本では水をぶっかけられているのだが、映像では逆さにして何度も水に漬けられる。また脚本では起きた陶麗を革のベルトでぶっ叩いていたが、原田監督は責め役の春田純一に、『凶獣の牙』でも用いた電気ショック棒を両手に持たせ、両乳首に当てて感電させる。果ては口にロープの先を咥えさせ、滑車で通したもう片方の先に青竜刀をブラ下げる。その切っ先が向けられているのは彼女の腹だ。

「女のアクションをしっかり撮りたいというのが『喧嘩組』二作目のテーマだった。ヒロインには〈脱いでも大丈夫でアクションもばっちりな女優〉が欲しかった。水島あかりに会って、本人がどっちもOKと言うので決めましたが、擬闘の二家本さんが『あれではアクションの内に入らん』と。一週間特訓したんだけど付け焼刃にしか見えなくて、アクション以外の部分に期待ってことで、残酷描写が増えていった」（八木欣也さん）

前作は警察などいないかのような世界だったが、今回は常連俳優・片桐竜次演じる刑事が印象的だ。室町達喧嘩組を、中国人を襲う武装集団と勘違いして追っている内に椿達の犯行に気付く……という『ルパン三世』の銭形警部的な位置付けで脚本に書かれていたこの人物だが、原田監督は、この男が西荻のピンサロ嬢をやり逃げしたネタを室町に掴まれていたため、実際には室町とはツーカーで、怒ったり諍いをしている演技をしているだけ……という二重性を付加して面白みを増している。小沢仁志からボディブローを受けたフリをする片桐竜次は見ていて楽しい。

クライマックスは悪のアジトに爆竹がバンバン鳴り、煙が晴れるとお馴染みの三人が現れ「喧嘩組だ！」と殴り込み、青竜刀を持った敵との闘いが始まる。

陶麗を救出し、その復讐を見届け、警察に椿を引き渡す室町。残されたのは、怪我を負って松葉杖をついた自分達の姿だけ。金にもならないことを引き受けたことをボヤくアキオをどつく室町だが、またもや喧嘩の助っ人を頼む電話を受けると目が輝く。相手が九人と聞くや「楽勝だ楽勝！」と叫んで、三人一緒に再び駆け出して行くのだった――。

この二作目において喧嘩組は、一作目ではまだ引きずっていたヤクザ映画の地平から離陸して、「弱きを助け強きを挫く」純粋なヒーローとでもいうべき存在となっている。映画化の話もあったというが、残念ながらこの線はこれで途絶え、原田監督自身、円谷作品に比重を移すこととなる。

『男組』

▼**発売**：一九九八年　**製作**：ギャガ・プロダクションズ　**制作**：円谷映像

脚本：橋場千晶　**原作**：雁屋哲・池上遼一　**撮影**：井上明夫

出演：川本淳一（流全次郎）、金井茂（神竜剛次）、山際涼子（柳明日香）、松田優（大田原滅蔵）

「いつかの時代、どこかの町。これは、ある若者達の凄絶な戦いの伝説である」（『男組』冒頭ナレーション）

『男組』はギャガ・コミュニケーションズと円谷映像で「群衆劇をやろう」という企画の中で、円谷映像の長澤克明プロデューサーから提案がなされたという。原作は「少年サンデー」で七四年から七九年まで五年間連載され、東映で二度映画化されている。

プロデューサーはシネマパラダイス『狂獣の牙』以来の小高勲。

「シネマパラダイスを辞めて二年ぐらい違う制作会社にいたけど、そこは制作メインの会社じゃなかった。円谷映像に行ってから、またVシネの通常のバジェットぐらいでやれるようになって、一年目には原田さんにお願いしていました」（小高勲さん）

私立の名門高校・青雲学園は数ヶ月前から転校してきた生徒・神竜剛次によって制圧されていた。神竜は常に日本刀を手に携え、傘下の生徒達は「神竜組」と名乗っており、まるで暴力団だ。

神竜は相撲部、ボクシング部、柔道部、空手部の主将を〈神竜四天王〉とし、部員を神竜組の軍団として従えている。

政財界の闇の実力者である神竜壮一郎をバックにしているため、神竜の暴力は一切表沙汰にはならず、既に三校を手中に納めていた。いずれは全国を制圧するという野望を持っている。

手錠をかけられた手にアメフトのボールを持って青雲学園に現れるや、その神竜達に「この学園から叩き出す為に来た」と宣言するのはこの物語の主人公・流全次郎だ。流は少年刑務所にいたが、神竜と戦うために仮釈放が許されていた。

だが流は仮釈放を拒否し、少年刑務所から青雲高校に「通う」ことを選んだ。手錠も、神竜を倒すまでは外さない、と。

以後、流によって時に勇気づけながらも、結局は他力本願で、自分からは闘おうとしない一般生徒や、そもそも最初から裏に回って流に頼ろうとする事なかれ主義な教師達の姿と対応するように、「いまの世の中が混乱しているのは、ブタのような若い連中が甘やかされ好き放題ふるまっているからだ！」と神竜が自ら秩序となって君臨する思想が語られる。この辺り、単なる勧善懲悪にしない原作漫画の精神を損なわない作劇だ。

「原作は完璧に出来あがっているので原作に忠実にやることで面白いものにしようと」（プロデューサー・小高勲さん）

長髪でちぢれ毛の流全次郎役・川本淳一（後に川本淳市と改名）、短髪で日本刀が似合う神竜剛次役の金井茂（後に金井シゲルと改名。現民主党議員）はともに原作劇画のイメージに近い。

「川本はこの時スーパー・エキセントリック・シアターという劇団にいて、新人として映像に売り出すということで、『哭きの竜』（九五年）でデビューしていました。川本の出た『報復攻撃　美しき殺人者』（九五年）の監督の小林要が原田さんと親しかったので、その辺も後推しになった。川本はすごく運動神経が良くて、バク宙もバンバン出来る」（小高勲さん）

対する金井茂は九五年には『重甲ビーファイター』で片霧大作／ジースタッグ役、九七年には『電磁戦隊メガレンジャー』の早川裕作／メガシルバー役でヒーローものの経験もある。

二人とも主役経験があり、目的は違いながらも自分の信じるものは戦い取るべきとする若者のぶつかり合いを誠実に演じた。

また両者の間でキラリと光る個性を出した役者もいる。

神竜四天王の一人・大田原源蔵は流との対決に負けたことで神竜から制裁され、額に日本刀で「犬」と描かれる。この大田原の苦しみ、煩悶、そして最後には「オレは、犬じゃねえ！」と神竜に反旗を翻す姿は、原作でも特に記憶に残るエピソードだ。

今回の映像化作品でも「和製シュワルツェネッガー」と異名を取る体格の松田勝（後に松田優）がこの役を演じることで「デカくていかつい男がいためつけられる」効果を最大限に発揮。

「松田勝は『春来る鬼』の主演でデビューしたけど、その後は脇役で、あまり表に出る役はなかった。『大田原の役、誰にやらせるか』といった時、体格が良くて顔もコワモテの松田勝にしようかと監督が抜擢したんです」（撮影・井上明夫さん）

販売：タキコーポレーション

松田勝はこの直後『ウルトラマンガイア』でチーム・ハーキュリーズの吉田悟役としてセミレギュラーとなり、「遠い町・ウクバール」では原田監督の希望でエピソード主役となっている。

一方、本作はヒロイン山際涼子役の柳明日香の演技が固く、神竜の許嫁でありながら一般生徒の側に立って神竜を諌めようとする力強いキャラクターをイマイチ体現出来ていない。

唯一焦点の当たる女性キャラがやや弱かったこともあって、題名通り〈男〉を張った者同士の存在感がより前面に出た。

▼学校を制圧するために

青雲学園は東京郊外の高台に位置する設定。大学のキャンパスで撮影されたが、外階段の高低差をうまく取り入れた。

「でも撮影に使った学校は広すぎるんだ。『もっとこじんまりとしたところはないの』と言ったんだけど」（井上明夫さん）

学校探しは難航を極めた。

「男の子を集めて大喧嘩。しかも学校で日本刀を持っているという設定でしょ。許可の出る学校が本当になくて、世田谷の武蔵工業大学（後に合併し東京都市大学）の立派なキャンパスを使わせてもらって、そこだけで撮りきれなくて、学校は三箇所使ってます。相撲部の土俵の撮影や教室の一部は足立区の小学校の廃校でやったんですが、以前テレビドラマに貸し出したのを最後に『もう撮影させない』と。なんとか人を介して『今回が最初で最後ですから』と言われながら撮影しました」（小高勲さん）

学校が支配される設定上、生徒も数人というわけにはいかない。

「百何十人エキストラを用意したんですが、一日半で終わる予定がゴールデンウィークにまさかの雨で約四日間かかった。でも原田監督は人が多ければ多いほどさばきが上手でした。全撮影は十四日間ぐらいで、場所を転々として強行軍でしたけど、ロケハン時から全部考えている。それが実に助かりました。屋上で撮影していても、校門には神竜組の悪いやつらがいるとか、下に助監督がいて動きを理解している。複数のロケ地にまたがった切り返しもありました。高田馬場の富士短期大学の校長室から見ている校庭は横浜(笑)。原田さんはスタッフが追いつかないほどのスピードで進めていました。でもキャメラの(井上)明夫さんとは長いから、原田さんの呼吸を理解してました」(小高勲さん)

▼太極拳と、CGの活用

散打(中國武術の自由組手)の師範である廣瀬義龍氏が監修・中国武術指導となり、自ら流の吹き替えを演じて、太極拳を実演した。作品後半では神竜が香港から呼び寄せた太極拳使いチョウ(茂木弘二)との対決が描かれる。舞うような滑らかな動きを見せたかと思えば瞬く間に連続動作で技が繰り出される。そして倒した相手に両指を刺し血を舐めるヒールぶり。

また流全次郎が披露するもう一つの特技は、アメフトのボールを自在に操り、神竜配下を翻弄すること。原田監督はCGを用いて、空中の一点で止まったかと思えば、斜めに落ちるさまを表現した。『男組』はフィルムで撮影されたが、合成シーンが多い。

足元に命綱を付けて一般生徒を屋上から突き落とし、地面の僅か数センチ上で止める〈つるし柿〉、神竜の恐怖政治を象徴する見せしめの刑だが、落下する一般生徒を正面から捉えたショットも合成を用いて表現。このショットは「三秒」使用することが原田監督の演出メモに指定されている。

また屋上から多数の生徒達を見降ろすシーンではマット画で増殖合成をしている。合成カットは全部自らコンテを描いた。

「円谷映像がCGを社でやりはじめていた頃です。正直力不足で、今見るとんでもない映像ですが、なんとか形にした。アメフトのボールの合成も時間かかりました」(小高勲さん)

ウルトラマンに参加する際、まず合成を勉強しようと思った原田さんが、古巣のVシネの世界で早速それを活かそうとした。

▼少年刑務所のおかしな面々

流全次郎を助ける同じ少年院の「五家宝連」を個性豊かに描くことにも成功している。

武術家、超秀才、盗みの名人、怪力、動物と会話できる……彼らは生真面目な流全次郎とは違って一時的な脱獄も自由自在。マンホールの下を潜って学校近くのゴミ箱から出てくるあたり、思わず「ファンタスティック!」と叫びたくなる。

「川越の少年刑務所を背景に、手前のゴミ箱から五家宝連が出てきたり。脇を車が通るところを撮ったり。少年刑務所の中は撮らせてもらえないから、せめてそのくらい頑張ろうと」(小高勲さん)

神竜四天王の向こうを張るこの五家宝連の面々もまた、流が入所する前はそれぞれ一舎から五舎を統率していた強者達。

学ランを着て青雲学園に紛れ込み、流全次郎を人知れずサポート。その学ランも実は袖口に武器が仕込まれていて、小さな矢を連続発射できる……といった辺りもワクワクさせられる。

「五家宝連は、それぞれのキャラに合った役者を選ばないといけないから、オーディションをしました」(小高勲さん)

格闘技の名人・高柳秀次郎を演じるのは高良隆志。JAC出身で後に『ラスト・サムライ』に出演。『電脳警察サイバーコップ』でライバルヒーローのルシファーを演じ、『ウルトラマンティガ』でもイーヴィルティガに変身するマサキ・ケイゴを演じた。

怪力でストリートファイトが得意な岩瀬大介は後に『ウルトラマンガイア』でチーム・マーリンの隊員を演じる横山尚之。

「横山からは『ガイア』の打ち上げで『なんで原田さんの回に呼んでくれなかったんですか』と言われました。チーム・マーリンは全部で一回しか出なかったからね」(原田昌樹)

また流に特命を下す少年刑務所の所長役で哀川翔が特別出演。

「あれは売るためにどうしてもゲストが必要ということになって、所長は原作でもサングラスをかけて印象的だったので『もう翔ちゃんしかいない』と」(小高勲さん)

▼予感で終わったシリーズ化

「あれは途中で話が終わっているんです。いよいよ対決ってところで。パート2は対決から始めるはずでした」(原田昌樹)

ついに直接対決の火蓋が切られ、神竜の日本刀を流の手錠がガシッと受け止める。雷鳴一下、校庭で組み合う二人の姿が光る。

「あそこは現場にピンスポ用のライトを持っていって、日中だけどそこだけより強い光を当てている。でも全部はできないので、後処理もかなりしてコントラストを強くした」(井上明夫さん)

やがて両者のアップの切り返しがフラッシュに照らされ、雷鳴とともに流が正拳を突き出すさまがモノクロで制止。暗転となる。

「僕は編集でちょっと驚いた。もちろん脚本は一緒に作っていますが、暗雲立ち込めて……と書いてあったけど、僕はもうちょっと違うことを予想してたんです。まるで『つづく』って出そうじゃないですか(笑)。当然その意図は理解していますが」(小高勲さん)

流全次郎が少年院に居る真相、そして神竜勢VS五家宝連の本格的なバトルにも踏み込まないまま、未完となる。

準備稿では、流側の新キャラとして、関東で三万人の番長組織を束ねる、薩摩弁の語り口が特徴的な堀田英森が登場し、また神竜側としては、セーラー服の謎の美少女・桜魔子が登場。いずれも原作からあるキャラで、二作目以降の本格的な活躍がほのめかされていたが、決定稿では削除され、その代わりに哀川翔演じる宮城所長の登場部分の挿し込み原稿を、原田監督が自ら書いている。撮影前の段階で続編の前提が覆ったことを示している。

「雁屋さんは原作権をある人に全権委任したんです。その人が色々言ってきて、ギャガのプロデューサーが嫌になって、クランクイン前に『これヒットしてもパート2は出ません』と宣言して、『ええ?』という感じで撮りはじめました」(原田昌樹)

原田さんはVシネマの監督として快打を放ってきたが、和泉聖治監督の『修羅がゆく』のような所謂ヒットシリーズを生み出すことはなかった。『男組』はその可能性を持っていたのだが……。

「ガッカリしました。あれ、撮ればすごく長いシリーズになったはずなんだけど。当初は五千本以上ビデオが出れば、パート2にいくというい話で、六千本以上出たんだから」(原田昌樹)

原田さんがあえて「つづく」という形でスパッと物語を切ったのには、その断念が表れていたのかもしれない。

『九州マフィア外伝』

▼発売：二〇〇〇年　製作：アーバン・アクターズ・プロ

脚本：久保田圭司　**原案**：加島慶造　**撮影**：井上明夫

出演：小沢仁志（菊池直人／クロウ）、石橋奈美（ミン）、哀川翔（チャン）、加島慶造（ロン）

ウルトラとブースカの後、二年ぶりに手がけたVシネマ。

「そうは言っても、俺は東映のヤクザ映画なんかのアクション系の方が、自分の助監督生活も含めて全体の八割方だから。そういう意味では居やすい。こっちの方がいい」

原田監督は公開当時に九州で放映された特番で、そう語った。

九州の製作会社によるこの作品は〇〇年の十二月二日から十六日まで福岡で撮影。九州や各地では劇場公開もされたが、東京都内では未上映。『九州マフィア外伝～血の雨が降る』との題で一〇年の五月二日に公開。同二五日にレンタル開始となった。

日本の元防衛大臣（宍戸錠）が、何故か国をまたいで、東西統一を果たそうとするアジアの某国における、西側のチャン（哀川翔）という男に依頼し、東側の独裁的な指導者の暗殺をはかる。

南北統一ではなく「東西統一」だが、分断されたアジアの国といえば朝鮮を思わせる。北九州は戦前から下関市に在日コリアンが多い。港に面した多国籍性を反映したのか。

チャンの指示でテロ組織のメンバーは日本人に化けて香港に集まり、東側に潜入するが、彼らの中には何故か本物の日本人のクロウ（小沢仁志）がいた。独裁者を銃で狙い、今まさに撃たんとした時、上層部の方針が変わり、クロウはホロスコープの向こうの標的を見逃す。最後まで撃つことを主張していた西側出身者のメンバー・ロン（加島慶造）はクロウをなじった。

やがてクロウは何故か組織を抜け、アジトは東側の治安部隊に急襲される。生き残ったメンバーの内、同じ西側出身者のロンとミン（石橋奈美）は逃亡生活の中で男女の仲になっていた。

彼ら残党部隊はその後なぜか日本に渡り、九州に根付く暴力団・滝川会に雇われる。まったくの偶然だが、滝川会の会長（飯島大介）は、かつてクロウの両親を殺した人物だった。

かくして相対し銃を向け合うことになるかつての仲間達。

某国の工作員同士の内紛と、日本で親を殺された男の復讐譚という二つのストーリーが語られる台本だが、何故そうなるのかわからない展開がところどころ見られる。

「台本読んだだけではどういう話だかわからない。全然面白くなかった。セリフも説明的なものが多くて、頭に入らない。アーバン・アクターズの社長が書いたんだけど」（撮影・井上明夫さん）

原田監督が所持していた台本には全編に渡ってセリフやト書きの書き換え、シーンやシチュエーションの削除と追加があった。最も大きい変更は主人公・クロウのセリフを全部削ったことだ。

「小沢も『この台本だったらやらない』と言い出して、でもどうしてもと言われて『だったら俺は話が出来ないことにしてくれ』と。だから喋れない男、口のきけない男にしちゃったんです。他のセリフも削って削って……」（井上明夫さん）

目の表情もサングラスをかけているため伺うことが出来ない。

クレジットでは脚本が久保田圭司となっているが、久保田氏は東京側の制作会社から修正役として呼ばれたという。実際には無記名の撮影稿に原田監督が直に修正を入れて撮影されている。

▼〈トラブルバスター〉限界マックス

宍戸錠、山城新伍、梅宮辰夫、萩原流行、そして哀川翔とスターの名前がパッケージでも押し出されているが、出番は短い。

「有名役者を全員同じギャラで交渉したんです。みなさん一日の撮影で、（哀川）翔ちゃんだけは二泊ぐらい」（プロデューサー・小高勲さん）

『極道拳』『凶獣の牙』『男組』の小高勲氏が東京側のプロデューサーとなり、監督として原田さんに依頼した。

「この制作会社は、その前『狂弾』という作品の1と2を作っていて、第三弾で私どものところに話がきて、でもあまりよろしくない会社で、後に社長兼役者が逮捕された。お金の集め方もよくなくて」（小高勲さん）

二〇〇四年の西日本新聞の報道によると、社長は芸能界を目指す少女を「デビューさせてやる」と誘ってわいせつな行為をした容疑で逮捕されている。入学金名目で五十万円前後を受け取ると「オーディションをする」と言って、ホテルの一室に集めて面接。気に入った少女に、わいせつな行為を繰り返していた容疑だ。

販売：エー・ビー・プロ

入学金の返還トラブルも相次ぎ、閉鎖すると沖縄、広島、北海道と別の場所でスクールを設立。

原田監督と古いつき合いの林淳一郎キャメラマンもこう語る。

「アーバン・アクターズは俺も一本やったことある。映画を作って生徒が出演するんだけど、お金を積んだやつはセリフ付きで、少ないやつはエキストラ。社長は自分が主役をやりたいんだけど、商品として無理だから、東京から主役を呼んで自分が準主役。どうしようもない現場でしたね」（林淳一郎さん）

撮影中にも言うことが途中で変わる社長に対応しつつ作品のクオリティを守らなければならなかった原田さんだが、果てはスタッフへのギャラ未払いに現場責任者として戦う事になる。

「監督から『困った時にしか俺に頼まないのか』と言われました。『困ってるから頼むんです』と言ったんですが（笑）」（小高勲さん）

トラブルバスター・原田監督といえども今回は限界に近かったが、そんな中でも作品を完成させようと努力した。

「監督は何回か技術部に怒った。打ち合わせしたものがなかったり。プロなので、やれてないことに関してはすごく怒鳴ります。予算日数ない中でいいもの作ろうという時に、そこでミスされると全体に影響が出ますから。でも終始怒っているわけじゃない。うまく全体を持っていってくれました」（小高勲さん）

小高さんと一緒に飛行機に乗ろうした時、フィルムの缶を開けさせられそうになって、原田さんは激怒した。

「感光しちゃいますから、監督キレちゃって、目を剥いて怒ってましたね。『これなんだかわかってるのか。これ開けたら五千万円の損害だぞ。お前素人か』と。後で機内で監督が『ああすっとした』と（笑）」（小高勲さん）

▼映像だけで見せ切る

「生活感を出さないで、男としての面だけで、切れ味を主にやろうと思ってた。今回は感情はあまり出す必要はないので、タッチも画もわりとスパッとしたものに作っていくようにしました。小沢は立ち姿が良いと僕は思っているので、コートも長いすっきりしたものにして立たせる形にしてます」（原田昌樹）

出来あがった作品は、人物の動きだけで見せ切っている。

「字で読むとイメージの整合性が出てこないけれど、映像では良かった。ちゃんと確立された世界観。シャープで、アクションもキレが良かった。僕は意外と好きです」（小高勲さん）

映画が始まるとすぐ「The Another Time, Another Place」と字幕が出る。この作品は、全編夜のトーンを基調とする。

「香港という設定でのクラブの回想シーンで、小沢仁志がスローモーションで入って来るところはキマってる」（小高勲さん）

麻薬を密輸する漁船を襲撃するシーンで小沢仁志は撃ちながら跳躍し、撃たれた組員達は血を噴き出しながら海に落ちる。

「極力博多の風景の中でドンパチやりたかったんです。あまりインドアばかりだとつまらないので。漁船にしても博多だからやっぱり水ものを入れたいなと」（原田昌樹）

街中の狙撃シーンでは一転して〈日常の中の非日常〉を演出。

建物から出てくる標的。望遠で視聴者とスナイパーの目線を同調させる。ビルの上から構える銃のアップ。銃身を伝っていくと構えているのが小沢仁志とわかる。眼のドアップに続いて引き金が写り、遠方の標的が突然倒れる。倒れる姿は最初スコープ内のフレーミングで表現され、やがて直に見たものに切り替わる。

「撃つ方と撃たれる方は全然違うところで切り返しで撮ったりするんです。短いスケジュールで場所が飛べば飛ぶほど大変になってくるんですが、原田さんは頭がシャープだから『ここはあとワンカットあればいい』とか効率よくやる」（小高勲さん）

標的が撃たれた後は、中洲の川に赤いネオンの光が落ちるカットを入れ、血の色を象徴的に見せる。『ウルトラマンガイア』でも使った見せ方だ。演出メモから「赤いネオン」とある。

脚本でクロウは首を絞めたり、後ろからナイフで首筋を刺すといった、狙撃以外の手段でも暗殺を行っているが、演出ではそれらすべてにサイレンサーでとどめをさす描写を入れた。その鋭く鈍い銃声が描写の間歇点となり、リズミカルに場面が進行する。

後半、ミンの目の前で恋人ロンが追手に撃たれる。静かな森の空気を破る銃声とともに、まずミンの美しい顔に〈返り血〉がパシャッとかかり、少し遅れてロンの脳天から血が流れ落ちる。

「効果的でした。撃たれる人間じゃなくて、そばにいた人間に先に血がかかる。その辺、原田さんはアイデアの引き出しがたくさんありました。本当に助かるって感じ」（小高勲さん）

クロウが滝川会の集まるディスコを襲撃する場面は、一人倒れる向こうにスローモーションで歩いて来るクロウから始まる。そして一人を盾に撃ちながら、その銃を奪って二丁拳銃にし、アクロバットのように撃ちまくるさまを畳みかける。

「一番大変だったのはディスコの立ち回りかな。血糊を飛ばさなきゃいけないのと、スケジュールも厳しかった」（原田昌樹）

ラスト、殺し屋同士の対決で、追いつ追われつの後、森に入ったところでアクション俳優・清水一彦との戦いを入れている。

平成ウルトラのスーツアクターでもある清水と小沢仁志の一騎打ちは、狙撃や撃ち合いメインのこの映画の中で、一つの見せ場となる肉弾戦であった。ナイフを出して迫る清水に、口から血を噴いて目くらましをし、首の骨を折って殺すクロウ。

「絡む本人も動けるとアクションは面白い。清水さんは倉田アクションの人で、小沢ちゃん自体も動けるし、小沢さんと清水さんとのあの対決はものすごかったですね」（小高勲さん）

▼少年時代の恐怖感

どのシーンも、次の瞬間何が起こるかわからない不穏な予感を孕んでいる。夜中に襖を開けると、寝ていた両親が、鉢巻きをして風邪用のマスクを被った侵入者に撲殺されている……という十五年前のクロウに起きた出来事もしかりだ。

「犯人見たとね？」。そう刑事に問いかけられても、血まみれのバットを手に握りしめたまま無言の少年。

平和な一家が眠っている住宅に、マスクを被った男達が車で乗りつけるシーンからして、既に不穏なムードが漂っている。

脚本では、犯人である暴力団の滝川と通じた刑事が事件の真相を揉み消し、少年が訴えても聞く耳を持たないという展開だったが、映像では、この事件によって口がきけなくなったことにした。

壁に燭台がかけられ、聖マリアの絵がある部屋で血まみれになった小沢仁志が磔のようなポーズを取るカットや、聖堂のような場所でシーツにくるまってしゃがんでいる自閉的な少年の姿、そして、少年がシーツにくるまりながらも半分目を開けるシーンで、彼が孤独なりに強くなろうとしてきた経緯を象徴的に見せる。

これらは一秒以内のサブリミナル的なカット。こうした表現は原田作品には珍しいが、主人公が喋らないがゆえの工夫だろう。

「インパクトで印象付けていましたね。あの辺も監督がアイデアを出してました。恐怖感の加減もうまかった」（小高勲さん）

▼最後のVシネマ

追手の清水一彦を倒したクロウが去った夜の森。ロンの肩にミンは顔をうずめ「国へ帰ろう」と言う。ミンは妊娠していた。ロンは静かに頷くが次の瞬間撃たれ、先述の頬に血がかかるショットになる。倒れて事切れたロンが持っていた銃を拾って、撃ちまくるミン。凪ぎ払われるように倒れていく追手の滝川一味。

倒れたままのロンが手にしたロケットを、ミンは見降ろす。そこには「我が子へ」と書かれてある。某国西側の人間同士なのに日本語なのがご愛敬だが、ミンは初めて一筋の涙を流す。

脚本ではミンの孕んだ子は実はクロウの子だったと書かれていたが、原田監督はあまりにご都合主義と感じたのかこれをカット。だがその要素はなくても、通常の発想なら、一人になったミンを助けるためにもう一度主人公のクロウが登場し、かつての仲間・ロンの弔い合戦をするところだ。

脚本では、その場面はちゃんとあった。それが何故撮影されなかったのかは、小沢仁志氏のインタビューを参照されたい。

「見終わったらカッコイイ男達がいた。男の生きざまと、その狭間に一人の女が居た……『カッコよかった』って印象が残ればいい。全編つながってのテンポの良さで、ストーリー追いをしなくても楽しめるような作品にしたいなと思う」（原田昌樹）

この作品が、原田監督最後のVシネマとなった。

inter-view

小沢仁志

原田さんのタイプが俺達にとって〈監督〉のイメージだね

『喧嘩組』（第1部『血染めの大紋　喧嘩組』、第2部『香港黒社会　喧嘩組』）室町一毅役、『九州マフィア外伝』菊池直人（クロウ）役

小沢　原田さんとは付き合いが長いからね。

　デビュー作、『裏刑事』（九二年）だったよね？　最初俺に話が来たのは和泉（聖治）さんからの電話で「原田知ってるだろ？　あいつ監督やるからお前出ろよ。ガチャン」みたいな感じで（笑）。それで出たのは憶えている。なんで俺に和泉さんが振ったのかはわからない。原田さんが言ったのかもしれないし。

　和泉さんの助監督をずっとやってたもんね。俺はただ、原田さんは助監督よりも監督としてやっていたイメージの方が強い。

　（助監督時代からの作品リストを見て）あれ、大映テレビの『ポニーテールはふり向かない』（八五〜八六年）って、原田さんが助監督でついてたんだ？　当時俺『スクール☆ウォーズ』（八四〜八五年）、『乳姉妹』（八五年）をやって（註1）、その後『ポニーテール〜』に一日だけ行ったな。

――和泉聖治監督と小沢さんは、映画で言うと……。

小沢　『ゴールドラッシュ』（九〇年）。その前に舞台で知り合ったんだ。昔「大阪バトルロワイヤル」って劇団があって、我王銀次さんが座長で、殺陣剛太がいて、この二人が大阪から出てきて、『魔女卵』（八四年）で和泉さんが使ったんだ。それで二人を東京に連れてきて、東京の人間と劇団を作った。でも東京と関西がうまくいかなくて、関西の二人が独立して「大阪バトルロワイヤル」になった。その後見人みたいな感じで和泉さんがいたの。

――『裏刑事』のことは憶えてらっしゃいますか。

小沢　俺はどういう役をやったのか憶えてない。

――渋谷の不良少年達に殺人をさせるヤクザ役でした。

小沢　俺、この頃、だいたい刑事もののゲストといったら犯人だもんね。多いよね。

――少年達をしばき倒したかと思えば、少女の腹を冷徹に刃物で刺し、女裏刑事から誘惑されると隙を見せてしまう……。一回のゲストでも小沢さんの役の色んな顔が見られました。

小沢　こういう刑事もののゲストは、レギュラーの中に、自分がどうやってキャラを作って、勝負するかが大事だから、自分の事しか考えてないんだよ。原田さんは初めてだったし、主演の藤竜也さん相手に大変だったんだろうなというのはうっすらとあるけれど。昔の刑事ドラマはレギュラーと異質なものが入ってくるから良かったけど、今は、作品全体にそぐわないものは入れないというか、トーンを合わせてるから、可もなく不可もなくで面白くないの。

　原田さんで印象が強いのは『喧嘩組』（第1部『血染めの大紋　喧嘩組』、第2部『香港黒社会　喧嘩組』）と『九州マフィア外伝』かな。本数で言うと三本だけど、タイトル的には二タイトル。『喧嘩組』の台本は一冊で、二本連続して撮った。

（註1）デビュー作『スクール☆ウォーズ』では少年院を出た不良・水原亮役。山下真司演じる主演教師に逆らい、暴力団の力まで借りて攻撃するも、やがて主人公が自分を必死に更生させようとする姿に心を動かされる。続く大映ドラマ『乳姉妹』でも不良グループのリーダー・長田猛を演じた。

▼原田さんは撮り方が〈映画〉

――『喧嘩組』はオファーが来た時から原田さんが監督だというのは……。

小沢　それは知ってた。俺も年間四十何本もやっていると細かい経緯は憶えてないけど、ケイエスエスの林（由恵）というプロデューサーや、八木（欣也）さんとはよく会ってた。

　これをよく憶えているのは脚本の打ち合わせとか、そういう事から監督とやっていったからだね。

――原田監督は『喧嘩組』を自作のVシネマの中でも一番好きだとおっしゃっていました。

小沢　俺も好きな作品だよ。あの頃、まだVシネマに、俺自身あまり出てなかったんじゃないかな。映画ばっかりやってたから。俺、当時髪の毛を伸ばしてたんだ。ヤクザの役がなかなかやりにくいように。

――『喧嘩組』の主人公・室町はヤクザではありますが、男としての生きざまが描かれていました。

小沢　これは実録ものじゃないし、俺、どっちかというとその方が好きだった。実録ものでも歴史を追っているだけの作品だと「俺じゃなくてもいいじゃん」と思うけど、人物を掘り下げているものは好き。

　ヤクザの抗争に詳しいわけじゃないしね。いっぱいやっているから、みんな俺が詳しいと勘違いして

るけど、まったくわからないし、知ろうとも思ってない。演じている時に「こういうことがあったんだ」と思うだけで、べつに芝居には影響ない。人物を掘り下げることとは話は別だから。

『喧嘩組』はアドリブやギャグが結構多くて、好きだね。山口祥行と高山（善廣）と俺のトリオで、よく飲んでた。高山もあの頃まだキングダム（プロレス団体）に行く前だった。

——山口さんが中学を出ていて、小沢さんと高山さんが「中卒だからって威張んな」みたいな三人の掛け合いが面白かったですね。

小沢　あの辺がアドリブだよ。

——浮島のようなところに建っている掘立小屋のアジトでたむろしている三人が楽しい感じでした。

小沢　あの場所は監督がこだわっていた。俺、船が嫌いで、あの浮島は揺れるし（笑）。でもああいうところがアジトだってのは面白いよね。『喧嘩組』の2だっけ？　俺と高山の二人で山口を海に落としちゃう。あれ本番でいきなりやったんだ。

監督に言うと「濡れたら次出来ない」と言われるから、監督にも言わなかった。本番でしかやらない。なんとなく途中で山口は勘付いていたらしい。「落とされる雰囲気がした」と（笑）。

監督も柔軟で「ここでやっている限り、誰か落ちるだろうな」という話はしてたんだ。

原田さんは全然そういうところクレバー。

監督が「こういう風にしたい」と言えば、それ嫌だなというのはないし、「そのココロは？」と訊いて、ディスカッションしながらやっていた。

1は比較的ハードなんだよね。物語の設定にキャラクターを落とさなきゃいけないから。2が結構くだけてるんだよ。ギャグも2の方が満載だった。高山が暴れた後に、やっつけた奴が木の枝に引っかかっていたりする。シリアスな中にギャグを入れようという雰囲気があった。

原田さんは、現場であまりピリピリしていることはないね。どうしようもないのがいる時は、役者に向かってピリピリしていることはあるけど。

原田さんは撮り方が映画。和泉さん含め色んな監督の助監督をやっているから、気質というか、血の流れがやっぱり映画だよね。〈映画監督〉って感覚。

——小沢さんと高山さんが初めて出会うシーンでは小沢さんが高山さんの腹を殴りますが、真下にガラスを敷いて、高山さんが吐くところまでワンカットで見せてましたね。

小沢　今、俺らが撮っていてもビデオと思ってないけど、この頃のVシネマも基本的に、原田監督もそうだったけど、あくまでも本編、映画のようにやっている。この頃はもうフィルムじゃなかったけど、（レンズの）深度が深い。今の小さいレンズだと、あそこまで奥深く長玉（望遠）にならない。

寄りもいちいち望遠を使って撮るところが映画っぽい。アクションシーンも「喧嘩組」だから多いけど、比較的長回しが多かったね。大変だった。

——屋台村で小沢さん達三人組が大勢相手に破壊しながら暴れるシーンがありました。

小沢　憶えてる。あれも（ワンシーンが）長いから現場の流れは大変だった。長回しでやると、流れの中で全部が決まったタイミングで人が出たり入ったりしないとダメ。ズレたら微妙なアドリブの動きでつないだりして。一から十まであったとしたら、九まで持っていったとしても、最後の十でNG出したらもう一回、一からやらなくちゃならない。時間がない時は、九までOKで、十だけ寄ろう、となるけど。

達成感はあるね。やっぱり緊張感もあるし。長回しは俺、比較的イヤじゃない。

キャメラワークのチェックを一回やって、手をチラッと合わせたらもう「本番行くぞ」と。何回も何回もやらないとダメな役者だったらダメだけど、俺はだいたい一回か二回見てれば覚えちゃうから。

当時はやたら当てたり、色んなことしてた。今だったら右を見たらヘソで投げるとか、そういう風にしてるけどね。俺が殴る時、何発も連打するのは、あの時に考えついてやったんだと思う。高山はパワーで暴れ回って、山口は切れ味でという風に、アクションもキャラクターで分けていた。

——小沢さんが「俺達は濃ゆいんだよ、キャラクターがな」というシーンは二回使われてますね。

小沢　監督が最後にもう一回言わせたかったんじゃない？（笑）

原作の漫画にはないからね。漫画はまたテイストが違う。あまり、アドリブ的なギャグはない。

——映像版もギャグはありながら、基本ハードアクションでしたね。

小沢　原田さんは本物っぽくしたかったんじゃないかな。屋台村でも、加納（竜）さんが振り向いて、パタッと日本刀を振ると前の看板が折れる。

——ワンカットですね。

小沢　ああいうのが映画っぽい。『座頭市』みたい。

監督はそういうことにこだわってたね。実際に加納さんみたいな、グリーンのスーツを着てドスを持っているやつはいないと思うけど（笑）。

——日本刀を持った加納さんと素手で一騎打ちする

シーンもありましたね。

小沢　あの真剣白刃取りも、ワンカットで出来るまでやったんだよ。監督も、カットを割ってそれらしく撮るより、引きのワンカットでやるからいいんだと言っていた。練習させられたもん。取るだけじゃなくて、取ってひねって、相手に向ける。

――実際に出来るまでやってたんですね。

小沢　でも、一瞬だとなんだかわかんないから、監督が画面にスローをかけた。スローだとまるで（刀を）止めやすくして撮ったみたいに見えちゃう。実際は本気で……加納さんもある程度は手加減したとしても、俺が取れるまでやってた。あれは、取れなきゃ意味がない。見せ場だし。もちろん刀は真剣じゃない。真剣だと振る方が嫌なんじゃない？（笑）

▼『喧嘩組』の未来

小沢　『喧嘩組』は「1、2で終わらすのは残念だね」という話はしてた。劇場でやる話もあったな。

やっぱり思い入れがあるから、続いたら面白いなというのはあったね。Vシネマは回転率が勝負。ケイエスエスは『ミナミの帝王』（のヒット）が大きいけど、他の作品はなかなか売れない。そこを打破して何本か作っていきたいと言ってたわけ。でもやっぱり思うように売れなくて「じゃタイトル変えよう」と、『香港黒社会』になった。

ビデオショップは、パート1は十本入っても、パート2は七本でいいとなる。その対策として、タイトルを変えたりする。後の強敵で沖田浩之さんを出したけど、その後すぐ亡くなったんだよね。

――1作目の最初と最後に沖田さんが出ましたが、視聴者には何者かわからず終いになりました。

小沢　（佐々木）健介さんもそうだし、もし続いた時に、加わってレギュラーになりそうな人を散りばめてはいたんだ。加納さんの役も、漫画だとたしか、その後に助っ人みたいに加わってくるんじゃなかったっけ？　根っからの悪者じゃなくて。

時代劇でも、向こうの用心棒だけど、気質はこっちと一緒みたいな設定ってあるじゃない？　ヤクザ達が女を奪い合って股間にドスを入れている時に、加納さんが遠くで、腑に落ちない顔をしている。

――その直後、味方だったはずのヤクザの手を日本刀で切っちゃいますよね。

小沢　俺も見てて、女の股間に挿した日本刀に小便這わさなくていいんじゃんと思ったけどさ（笑）。

――小沢さんが、高杉俊价（現・俊介）さん演じる悪役の生首を最後に晒して、組長の前で片手で盃を割るシーンもインパクトがありました。

小沢　あの生首を置いた後、たしか夜桜を合成してるんだよね。やっぱり監督はウルトラマンをやってるから、そこのチームに頼んで作ってたよ。

桜は本物で、下にブルーバックを敷いて役者本人を入れて、身体を隠して。それで上に月を合成してたな。

――小沢さんが敵のリーダーの顔をレンガで潰すシーンもありました。原田さんはR指定ぐらいにしちゃえという勢いだったと。

小沢　ああいうのなくてもいいんだけど、エロもちょっと入れなきゃとか、注文も結構あったらしい。どうせ入れるなら「勢いでやろう」と思ったんじゃないの。血とか裸とか結構徹底的にやってた。

でも顔を叩き潰すのをシルエットにしているのはいいんじゃないかな。見せる必要はあえてない。結局見せ場は加納さんとの対決だからさ。

加納さんはこの当時はまだあまりやってなかったけど、その後よくVシネマに出るようになった。

――原田さんはヒットシリーズは手掛けてませんね。

小沢　Vシネマで言うとそうだろうね。

――『喧嘩組』は原田さんが九〇年代に入ってVシネマを継続的に作ってきた流れでは最後の作品なんですが、もしヒットしてたら……。

小沢　変わってたと思うよ。シリーズになったかもしれない。原田さんの場合、メーカーが、シネマパラダイス、ケイエスエスが多いんじゃないかな。もうちょっと撮っていたらミュージアムでも撮っただろうね。この当時は、東映とミュージアムが争って、ケイエスエスは『ミナミの帝王』一本で稼いでた。『喧嘩組』もタイトルをちょっと変えて、ミュージアムに売っていたら、シリーズになってたかもしれないね。販売本数が違うから。

▼映画という祭り

小沢　『喧嘩組』が終わった後、そんな頻繁ではないけど飲みに行ったりしたね。山口、高山と一緒に呑んだり。現場の話をしたり、「こういうのやりたい」という話をしたり。

監督がもし生きていてここで対談しても、苦労話なんて「何かあったっけ？」となると思うよ。

普通祭りは一年に一回だから、みんな楽しく思い出を語れるでしょ？　俺らは祭りが終わったら次の祭りで、祭りを何本も何本も繰り返すわけじゃない？　麻痺している。そんなに記憶には残らない。

監督も「これを撮ったら次にもっといいもの撮ろう」と、次に向かっているわけだから。いつまでも

『九州マフィア外伝』撮影風景

「あの時良かったねえ」なんて思い出を語っているのはもう引退した選手。現役クリエイターの場合は、会って酒を呑んだら、その話題で盛り上がるけれど、辛かった思い出とかそんなことよりもバカらしい思い出とか、そういったものが、会うと出てくる。

でも今こうやって久しぶりに作品を見ると、懐かしくて「今度見てみようかな」と思うよ。

撮影で地方のホテルに行くと、部屋のテレビでVシネマが見られるじゃない？　自分のじゃなくても、昔のを見てると「ちゃんと作ってる」と思うよ。時間も予算もあったから。懐かしかったりするね。

今は予算がどんどん落ちてきてる。もともとVシネマは東映の名称だった。製作費は一本一億五千万円ぐらい。あの頃はバブルは過ぎてたけど、一本八千万円ぐらいはあった。今は時間もない。一本五日間ぐらい。当時は二本撮りで一ヶ月はかけた。

原田さんは、和泉さんにしてもついていた人がアクションものの監督が多いじゃない？　だからアクションは嫌いじゃないし、やれと言われれば出来るという自負はあるんだろうけど、本当にやりたいものは別にあったのかもしれない。具体的には言わないけど。だけどなかなか、やりたいことと売れるものは違う。特にVシネマはハッキリしてる。作りたいものだけじゃ食えないし。

集まった時は、「またやろう」と言ってたと思う。俺も「やろう」と言うし、その場で企画の話は聞くけど、頭には残さないようにしてる。実現できて俺にやって欲しいと言われたら、その時考える。

俺が企画を考えたりしている時に他人の企画書を読んだりして、頭の隅に残っていたら似ちゃう。それが嫌だから、忘れるようにしてる。

俺自身監督もやってるけど、自分の演出を誰かと比べたことはない。失礼じゃない？　原田組の場合も相手は職業監督。俺は職業監督じゃない。「俺ならどうするか」と思ったことはない。

悩んだりしている時があったら、「こう思うんだけどどう思う？」と言うことはある。『九州マフィア外伝』の時みたいにホンを変えると、色々弊害が出てくるじゃない？　そういう時は「こういう風にしたら？」と言うんです。

▼監督が「俺を殺してくれ」と

小沢　『九州マフィア外伝』は制作会社から俺にオファーが入ってきた。あの作品は本当に原田監督は頑張ったと思う。その制作会社は社長がどうしようもないやつで、自分で金を出して、自分でホンを書いて、自分が出演した。養成所をやっていて、自分の生徒から金を取って出演させたりもしていた。

——原田さんも大変だったのでは。

小沢　監督は自分で請けちゃって、自分の組として構えてるから、間に入るけど、正面からぶつかり合うと、いつすべてひっくり返されるかわからないから、とりあえず撮っていた。そういうやつの言うことを聞きながらやっているのがうんざりで、毎日ロケ地の福岡のホテルのラウンジで、監督は一人で呑んでた。ストレスが溜まるから。

俺が「一人で呑んでばっかりいたらダメだよ。俺が付き合ってやるよ」と言って、二人で飲んでいる時に、監督は女のバーテンダーに「頼むから俺を一発で殺すような酒を作ってくれ」と言った。「いいんですか」とそのバーテンダーが作ったら、本当にブッ倒れた（笑）。

一杯呑んで「ちょっとトイレ行ってくる」と。三十分ぐらい帰って来ないのよ。「どんな酒を作ったんだ？」と訊いたら「強いのばっかり入れました」と。ダメじゃん（笑）。

便所に行ったらトイレの鍵を閉めちゃって中で便器抱えて寝てる（笑）。「頼むからこのまま俺を寝かしてくれ」と言って起きないやと思って。まあ男だから大丈夫だろうと、バーテンダーに「本当に一発で死んじゃったじゃないかよ。頼むぞ監督のこと。じゃ俺一杯呑んで帰るから」と。結局、スタッフが扉を乗り越えてトイレに入って、鍵を開けた（笑）

——だいぶストレスが……。

小沢　そりゃ溜まるよ。俺も面白くなかった。早く終わって博多で呑むことだけを楽しみにしてた。博多の屋台で呑んだりしたね。他のキャストも一緒に。でも監督はいつも呑んでるわけにはいかない。次の日、出演者の誰が現場に入るとか、カット割りを考えなきゃいけないとか、問題は毎日出てくる。キャストを変えたいとか、そういう調整もある。

だから呑んでいても「俺もう今日ちょっと戻るわ」ということも多かった。

▽現場の途中で帰った日

小沢　俺も最後ブチ切れて。ラスタチ（最後の殺陣）を本当は俺がやるはずだったけど、その社長が遅刻して二時間待たせた。それで「ふざけんなこの野郎。俺はもう出ねえ」と。デイシーンで一〇〇カット以上あるからバンバン撮らないとダメで、監督が打ち合わせから巻いて、一生懸命やってるのに、二時間連絡が取れない。これはもうナイターになっちゃう。

そしたらそいつから現場に電話がかかってきた。全然、事の重大さがわかってない感じだから、「ふざけるな、てめえ勝手にやっとけ！」と携帯電話を叩きつけて俺は帰っちゃった。

もう一日延ばして明日撮ろうというので、ふざけるなと。なんであんなバカのために俺のスケジュールが延びなきゃいけないんだ。やつが俺の前に来て土下座して謝るなら考えると言ったんだ。

——その時、原田監督は……。

小沢　ずっと我慢してたんだから止めようがない。

——その社長の役を射殺したヤクザ達を、台本では小沢さんが撃つと書かれていますが、映像では社長の恋人役の石橋奈美さんが一人で撃っています。

小沢　本当は俺が殺すはずだった。他のスタッフやキャストには不満はなかったし、せっかくみんな、あいつ以外は頑張ってやってたから、代わりに撃つことになった彼女にはちゃんと銃の構え方から撃ち方から俺が伝授した。「残っているのはお前だけだから、あいつが死んだ後の演技はお前が全部やれ」と。

俺が帰った後、その社長は夜に来た。だから、結局全部のデイシーンをナイターに変えた。

——石橋奈美さんの撃つポーズは決まってました。

小沢　自分の出番よりも早く来て現場を見て、アクションの勉強もしていたからね。石橋奈美は。

——ちょっと奇妙だなと思ってたんです。小沢さんが主演なのに何故、彼女の活躍になるのかと。

小沢　正直、俺があそこで後から出て来ても、俺が殺す必要性はもうない。俺をおっかけている男の後に、俺がのこのこ出てくるのは、おかしいじゃん。

——石橋さんが一人で男どもを撃退してしまう。

小沢　彼女は設定では殺し屋だし。彼女が、殺された男の復讐として殺すというストーリーもある。

——結局、その前の、倉田プロの清水一彦さんとの対決が小沢さんのラスタチになりました。銃を叩き落とされて肉弾戦に持ち込まれる。

小沢　あれも殺陣師は関係ない。清水さんは監督が信用して呼んだんだ。

——格闘の中盤で小沢さんが一方的にやられる体勢になり、そこで溜めた血ヘドを吐いて目くらましして逆転するところにはドギモを抜かれました。

小沢　清水さんはあれだけ動けて強いから、それを相手に俺が簡単に勝つよりも生っぽくしたかった。スポーツじゃないからさ。「勝ちゃいいんだ」という。そうじゃないと、リアリティが逆に欠如しちゃう。

スティーブン・セガールだってザコと戦ってると強いけど、役者と戦うと強く見えないよ。ザコはみんな自分のところの弟子だから。遠慮なくひねってぶん投げるからさ。よく弟子の腕を折ったりしてるらしいよ。だけど役者にはそんなこと出来ない。すると技の切れ味が落ちる。だから弟子を使うんだよ。

——小沢さん演じる殺し屋のクロウは、長いコートがカッコ良かったですね。

小沢　ロングコートは俺のこだわりなの。ロングコートはアクション映画の基本でしょう。銃を抜く時にバサーッとやった時のスローモーション。あの気分。黒のロングコートは俺の自前だったと思うよ。

▽台本のセリフをすべて削った

——この作品のシナリオを読んだんですけど……。

小沢　全然面白くないだろ？　頭かかえちゃう。

——原田さんは話を追っていかなくても見られるように撮ったと言ってました。

小沢　本当に監督と二人で変えてやったからね。俺、最初は降りようと思ったの。ギャラも今まで仕事した人間に振り込まれてない話も聞いてたし。だから、俺に九州に来て欲しいと言うなら、その前日にギャラを振り込まないと行かねえ！　と言った。

でも怪しいからどうしようかと思ったら、原田監督に決まって、じゃあ監督を信じてやろうと。台本が良くないと思ったら直してやればいいんだよと。だから本当に直して直してストーリーを変えた。

——完成作品の小沢さんはひと言もセリフがありませんが、シナリオではたくさん喋ってますね。

小沢　あんなセリフを喋りたくもないし、スナイパーは喋らなくてもいいんだよ。

——喋らないことでむしろ全体を救っている。話にわかりにくいところがあっても、主人公の沈黙で感情自体が空気として伝わって持って行けてしまう。

小沢　物語の流れがあれば、主人公はそれにふさわしいものであればいいわけ。必ずしも喋る必要はない。原田監督が言ってたイメージは『ゴルゴ13』みたいなものだと思うよ。演る以上は俺も手は抜きたくない。喋らないことに関しては、役者みんなに文句を言われたけどね。周りが俺の代わりに喋らなきゃいけないから。

――たしかに台本の小沢さんのセリフを周りに振る形になっていますね。梅宮辰夫さんや周りの人が小沢さんの境遇を語ってくれてます。

小沢　ゲストの役者さんは、待遇の悪さへの怒りも重なってたね。梅宮さんは大丈夫だったけど。大物ゲストが一日来て、撮って、次の日また誰かが来てという形だった。最初のゲストは宍戸（錠）さん。宍戸さんはいい人だから揉めなかった。次の日に山城（新伍）さんが来たら、山城さんが宿の文句から何から激怒で始まって大騒ぎになった。その後の（哀川）翔さんは大丈夫だけど、次は萩原流行さんが大変だという話になって……。もうグチャグチャ言われる前に、監督がとにかく型押し型押しで一人二時間ぐらいで撮った。「うるさい人は早く帰そう」と。

フィルムが完成した時、社長がスタッフにギャラを入金しないから、監督が戦って、「それならこのフィルムを納品しない！」という話になった。

それでやつが折れて金を振り込んできた。原田さんが自分で声をかけて集めたスタッフだから責任がある。原田さん、あの作品で病気になったんじゃないか？というぐらい。俺は発散するからいいけど。監督は出来ないでしょ。ストレスが内に溜まると病気になる。こういう話をしないと、原田監督がどれだけ現場で苦労したかがわからない。映画を見て脚本通りに撮ったと思われること自体がシャクなんだ。

▼破滅の美学を貫いた

小沢　『九州マフィア』の後は原田さんとは何回か飲み会で会ったぐらいじゃないかな。俺もVシネが主戦場になっちゃって、年間三十何本、最高四十何本出てたから。本当に時間なかったんだな。

葬式の時は、テラ（寺島進）も言ってたけど何年も会ってなかった。病気にかかっていることも知らなかった。そりゃ言いにくいだろうね。現場の途中で何かあったら、と思うから。使う方も使いにくい。

最後にお別れした時、すごく老けたなあと思った。顔を見て「そんなに会ってなかったっけ」と思った。どこかで俺も「もう一回仕事したいな」と思ってたからさ。原田さんいくつだっけ？　五二歳か。まだ若いじゃない。

まあ素敵な人だった。どんな監督だったかと言うと、独裁者的じゃないし、とてもクレバーで、こっちの意見も聞いてくれてやっていく人だよね。

こっちが何を言おうが、監督の俺が決めたことは動かさない人もいるけれど、柔軟だった。

他の何よりも現場が大事という、破滅の美学を貫いた、今じゃ数少なくなった監督の一人だね。最近、〈ディレクター〉というか〈クリエイター〉という横文字のイメージが強い感じになってるけど、原田さんのタイプが俺達にとって〈監督〉のイメージだね。

そういう人が今いると落ち着く。俺と同じ感じだから。どんどん世代が変わってそういう監督が消えていって、そういう監督達がなかなか撮れなかったり、病気で死んじゃったりというのは辛いよね。

いい画を撮れる撮れないでいいとか悪いとかじゃなくて、監督は、「その人」が大事なんじゃないかなと思ったりする。

やっぱりトップに立つ人間というのは、人に魅力がないと。性格が最悪でコンプックスの塊みたいなやつでも、くだらない人間でも、画はいいのを撮るじゃない。でもそんなくだらない人間の傍にいるのは、俺の人生の無駄だ。

いい画は、監督はそういう土壌や才能ある人間がやるわけだから、そりゃ撮れるよ。だけど自分が大事なのはやっぱ「人が集まってくるな」という監督。やっぱり人が大事だな。

そういう意味では原田さんは、何かやると言ったらみんなが集まって来る人だったと思う。

――「監督は船頭だからブレていたら誰もついてこない」と原田監督は言っていました。

小沢　そういうところしっかりしてるから。なんの問題が起こっても、「大丈夫、大丈夫」。『九州マフィア』の時みたく「絶対そりゃ大丈夫じゃねえよな」と思う時もあるんだけど、大変で本人が実はパニクってても、あまり見せない人だった。

でもわかるから「大丈夫？」って雑談を交えて……現場でやっぱり一緒に一生懸命作ってきた。『喧嘩組』もそうだし。パートナーとして俺も信用しているし、原田監督も絶対信用してくれていたと思う。

今回せっかく本が出るんだから、一人でも多くの人に原田さんを知って欲しい。まだ色んな作品があるから、陽の目を見たらいいよね。

また本が完成しかけたら情報を教えてよ。情報でいいよ。送らなくていいよ。買うからさ。

history

何かあったら競馬場に来い、いつでも俺がいる

証言：青木貴広・上田建一（操演）、山下千鶴・黒河内美佳・河島順子（スクリプター）、髙橋創（撮影）、太田愛（脚本）、鈴木清（プロデューサー）、原田仁（母）、杉山順（助監督／当時）

原田監督というと「競馬」を思い浮かべる人が多い。

スタッフに競馬用語を使って、キョトンとされたというエピソードもある。

「方向の話をする時、原田さんの場合『時計回り』じゃなくて『府中回り』。『そこ、怪獣もっと府中回りね』とか言って。そう言われても、俺達は競馬でどっち回るかって知らないから」（青木貴広さん）

スケジュールを組む段階から競馬中心だった。

「競馬のある日に現場が入っていたら怒る、みたいな」（河島順子さん）

それで土日のどちらかは休みになることが多かった。

「どうしても撮影しなきゃいけない時は、三時くらいに一回休憩（笑）。その時間はテレビの競馬中継を、あーだこーだ言いながら見て、また撮影するという。調布にある日活の撮影所で撮影していた時は、府中が近いから、すぐに競馬場に買いに行ける。助監督か誰かが馬券を買いに行って。日活のスタジオの外まで、ビジコンのモニタを出して、無理矢理アンテナをつけて中継を観ていた（笑）」（髙橋創さん）

そこまでのこだわりでスケジュールを切る人は他にいなかったと、キャメラマンの倉持武弘さんも言う。

「許されていたという部分では、撮影がきっちり予定通り消化されているということもあるんでしょうし、まあ、競馬をやりたいがために予定を組んでいると言うか（笑）」

記録の河島順子さんは「便乗して馬券を買ってもらっていた」と言う。「適当に『何番と何番を買って』と」

当たると撮影現場にケーキを差し入れてくれた。

「一度私が居た時に来たケーキには、何かの馬のお祝いだという事で、馬の名前の札がついていた。たぶんプレートを書いてもらって、自分で買って持ってきたんだと思うんだけど。『わざわざつけてきたんだ』って（笑）」（黒河内美佳さん）

『コスモス』の「ワロガ逆襲」の時には、こんなエピソードがある。

「原田さんの友達が共同馬主をしている馬が出走する日曜日に撮影があって、原田さん、気が気じゃないから、あの時はチーフ助監督の日暮大幹くんと相談して、『もういいよ。すみません、休ませてくださいとこっちから言え』と。つまり準備があるので、申し訳ないけど、スチル撮りか何かにさせてくれと、こっちから逆にお願いしろと。日暮くんがその通り言ったら、原田さん、『じゃあ、しょうがねぇな』と（笑）」（髙橋創さん）

その時、鼻血が出たというのが伝説的なエピソードになっている。

「そのやり取りの後に原田さん、机に座ったらダラ～っと鼻血が出た。それで『嬉しくて鼻血出した』と笑い話になっている（笑）。『そんなに行きたかったのか』という話」（髙橋創さん）

やがて、円谷プロがJRAの依頼で作った競馬場の映像を原田監督が任される。競馬場の中で流すインフォメーションドラマで、ゴミを散らかしてはいけないとか、場内で煙草を吸ってはいけないといった事を、怪獣の悪さをウルトラマンがたしなめるという形でユーモラスに描く。この時期に原田さんが撮った、バンダイのウルトラ関係のDVDの冒頭に付いていた「DVDは正しく扱い、楽しく見よう」に通じる世界観だ。

「原田さんが『怪獣が出て競馬だったら俺だろ』と（笑）。それでロケで東京競馬場に行くと、『俺のヤサだ』みたいな顔をしていた。怪獣が場内でタバコを吸って怒られるミニドラマみたいなのがあって、つまり喫煙場が設けてあるから、競馬場では絶対ここで吸いましょうってPRで、自分は仕事としてそれに紫煙をつけに行っただけなんだけど（笑）」（上田健一さん）

この仕事がきっかけで、原田監督は場内の指定席エリアへ自由に入れる無期限パスをJRAからもらえたようで、嬉しそうにそのパスを見せられた競馬場仲間もいたそうだ。

ウルトラマンが馬に乗るというレアな場面もあった。疾走しても視界が得られるように、目のパーツを従来の物とは替えて撮った。

「消火器を背負って、ウルトラマンが馬に乗ってくるんだけど、俺、途中で帰ったもん。馬のくだりが始まる前に。『俺、いいですよね、もう』と（笑）」（上田健一さん）

脚本の太田愛さんも、打ち合わせ以外では、競馬の話をよくされたという。

「不思議な事をお訊きになるんですね、G1の前になると。『太田さん、好きな数字は何?』。私が『3?』とか言うと、それで『3かーっ』とか言われても、その……返答に困ります（笑）。競馬で

JRA、CM撮影風景。ギャンゴとザラブ星人に演出をつける

迷った時に、訊いてみたいです」

原田監督の住所や電話番号を知らなくても、日曜日の居場所を見つけるのは簡単だった。

「もし万が一何かあって、連絡を取りたかったら、俺、府中のここにいるからと。特別席じゃないけど、『そこに来ると、僕に会えますから』と」(太田愛さん)。

かつて、改装前の東京競馬場にあった「梅八」というお店の中の一角に原田さんは居た。その時、よく一緒だった鈴木清プロデューサーはこう語る。

「競馬をやる日は、必ず高野宏一さんとか俺とか原田、それから私の担当映画で宣伝周りをやっていた太田小由美って女の子と、島倉二千六さんっていう美術の背景画の先生とか、あと現代企画の頃の社長の上田利夫さんとかね、十人くらいいるわけだよ。競馬が終わったら必ず飲みに行ったんだ。みんなで出し合ってさ。飲み代は少し取ってあるんだよ。ぺんぺんにならないくらい」

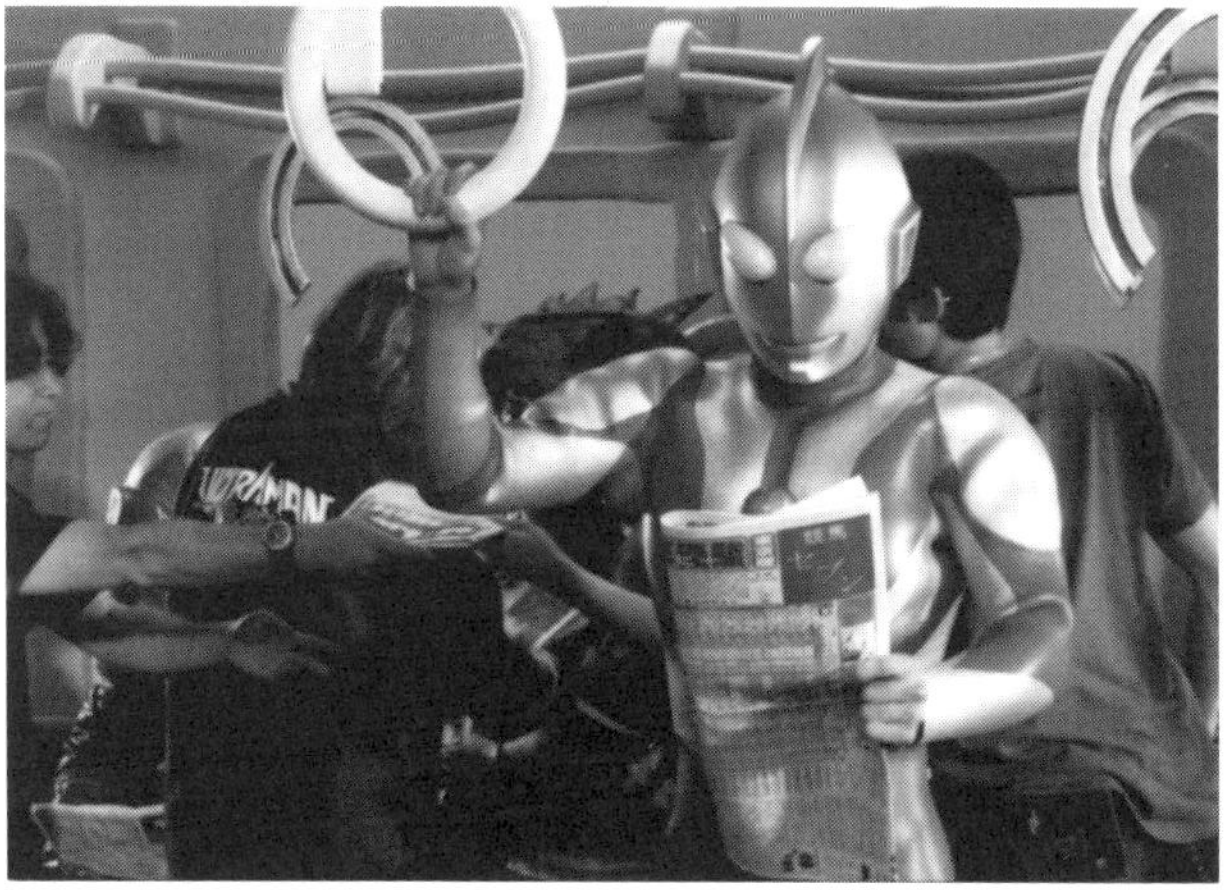
初代ウルトラマンが読む競馬新聞は「セブン」

鈴木プロデューサーとは、制作時代の『ガンバロン』からの付き合いだが、円谷プロの専務であった高野宏一さんとは、仕事より競馬場で先に会ったのではないかと、鈴木さんは言う。そして、先述したJRAと円谷プロとのコラボは、このつながりから生まれたという。
「僕らが競馬場に行っていたのは、一つは仕事のこともあった。それがやっと花が咲いたのが、競馬場でウルトラマンを使ったぁの啓蒙ビデオ。それで『そんなに好きなんだったら、仕事と競馬の両方を出来る仕事をやらせてあげる』と原田に一本渡したんだよ」
原田さんからはその時、喜びが伝わってきたという。
「だってあれが映し出されるモニタの数は、膨大だからね。全国の競馬場から場外馬券売り場まで、モニタ一個一個に流れていくわけだから大変な数ですよ。それが朝、昼、夕方とか流れるわけじゃない? 競馬をやりに朝に行ったら、『あー、やってるやってる』と見られるわけだから、結構楽しいもんですよ。自分達がやったものがあんなところに流れていくわけですから」(鈴木清さん)
原田さんの競馬好きは、円谷プロで仕事をする前からだった。
「競馬場で一番前の席に立っていたら、みんなが興奮してダーッと前に押し寄せて、すごく人から押されて死にそうになったことがあって、それから指定席を買うことにしたと言っていたことがありましたね」(原田仁さん)
ドバイのワールドカップに出る日本馬を、自らは賭ける資格がなくても、追いかけて見に行ったこともある。
「監督は常々私に、『競馬はレジャーだから』とおっしゃっていました。もちろん何十万もつぎこむ人というのもいる。『あれはね、一年かそこいらでその人の顔は見なくなるんだ。いなくなるから、絶対。これ、間違いない』って」(太田愛さん)
イチかバチかの人間は、やがていなくなる。競馬は長期的に楽しむ大人のレジャーなのだ。
「競馬レジャー論というのは、監督の定番でしたから(笑)。監督の馬の話が面白くてね、すごく。情熱的に語ってくださって。私も影響されて、児童文学の阿部夏丸さんの『オグリの子』とか読んだりしちゃいましたもん。何回か泣かされましたよ、監督には。馬の話が感動的すぎて。もう本当に劇的に運命的なことが起こるんですね。足を折っちゃった馬の話とか」(太田愛さん)
『最後の馬券師』は、競馬を題材にしてはいるが、直接は馬の事を扱った内容ではない。しかし当たり馬券を予想するためには馬の血統について知らなければならないなど、ディテールに目を光らせる必要があった。

JRA、CM撮影風景。馬に乗るウルトラマン。背景のパネル文字もスタッフ、キャスト、キャラ名のお遊び満載だった

history

そしてウルトラマンへ
『霧の子午線』『ウルトラマンゼアス2』

証言：原田昌樹、八木欣也（プロデューサー）、井上明夫（撮影）、町田政則（俳優）、野間詳令（助監督）、山内薫（スクリプター）

▼役者のチャレンジに応える

「原田さんは自分がいいと思った無名の人間を起用してました。一生懸命やっているやつを盛り立ててやろうというのがあった。よく『××を使ってやってくれないか』と言われましたよ。僕も原田さんがそこまで言うのなら……って」（八木欣也さん）

時には反対があっても説得してキャスティングしたこともあるという。

「他の組ではトラブルメーカーで、スタッフを殴ったりしてみんなが嫌がっていた役者を、監督が抜擢したことがありました。その役者も原田さんの組ではトラブルは一切なかった。ちゃんと先に言っておいたんじゃないですか」（井上明夫さん）

石井浩、飯島大介、アクション監督でもある二家本辰己の各氏、そして町田政則さんは原田組の常連である。

『喧嘩組』には、第一部の導入部から登場している、何やら過去にいわくありげな浮浪者の「黒崎」が町田さんの役だ。第二部では前回のあらすじがスチル写真とともに振り返られるが、その際の語りも担当している。いわば町田さんが物語全体の説明役。

黒崎が「伝説の男・室町一毅」の過去について三〜四分間、語る場面を原田監督はワンカットの長回しで撮っている。

『喧嘩組』シナリオ決定稿で黒崎は元暴走族であり、彼のグループ「ブラックドッグス」のメンバー十数人は黒崎を含め、ある日一人で街にやって来た室町に全員ブチのめされ一掃されたという逸話が、室町が暴力団・三愛連合に入る前のエピソードとして語られていた。

この説明は撮影稿以降ではカットされ、黒崎は自らの素性を「オレもやつに潰された一人だよ」と言うに留めていたが、「暴走族」という過去は、黒崎を演じる町田さんが若い頃からバイクが好きで、岩城滉一などの暴走族映画によく出演していたことからイメージされたものだろう。

「僕が『宇宙鉄人キョーダイン』をやっている時に、同じ撮影所で『爆発！　暴走族』という、暴走族ブームで作られた岩城滉一主演の映画をやっていて、町田さんはそっちに出ていたわけです。俺もバイクに乗っている助監督だったので、そういう話で盛り上がったりしました」（原田昌樹）

町田氏は『Gメン'75』にも出演しているし、原田さんがついた和泉作品も多くの作品に出演。

原田さんがテレビドラマ『裏刑事』で監督デビューした時も町田さんは出ている。その撮影の最中、町田さんのお父さんが亡くなり、原田監督が葬式を出した。

「原田さんは主役に構うより、町田さん達と親しくしていた印象がありますね。主役だけじゃなくて、原田さんはみんなに優しかった。仲間意識が強い人だった」（瀧本智行さん）

『喧嘩組』は原田さんが『ウルトラマンティガ』で撮った計四本の内、最初の二本一組と次の二本の間に撮影された。『喧嘩組』で町田さんを語り部としてフィーチャーし、ワンシーンワンカットの芝居へのチャレンジを促した原田さんは、続く『ウルトラマンティガ』の49話「ウルトラの星」（九七年）で初代ウルトラマンを宿命のライバルと見なす怪獣バイヤー・チャリジャの役に抜擢し、敵側の主役を任せることになる。時代を越えてウルトラマンを探し回るチャプリンのような出で立ちの紳士。滑稽でありながらどこか淋しげな風情で、町田さんはウルトラファンの心に残るキャラクターにもなったのである。

▼三つの選択肢

原田さんは助監督として東映の大作にも関わっている。ウルトラシリーズに入る直前には、函館からノルウェーへとロケをし、岩下志麻と吉永小百合の二大女優の共演が話題になった『霧の子午線』（九六年／東映東京撮影所、出目昌伸監督作品）についている。

こうした作品の大変さは推して知るべし……と、後に原田作品に助監督としてつくことになる野間詳令さんは言う。

「『霧の子午線』を昔たまたま見て『助監督としてはこういう映画はやりたくないよね』と思ったことがあるんだけど、後から原田さんが助監督だったと知った（笑）。大物二人が出てるということは、気を遣うじゃないですか。二人の待遇にちょっとでも差がついたりしたら、もう大変。そういうところを常に考えていかなきゃならない仕事だから」（野間詳令さん）

実際、送り迎えも完全に同じ車種にしたというぐらい、気を遣った。

だがこの仕事は、原田さんが考えた上での〈選択〉だった。

「和泉監督の下で仕事を続けていた九五年頃かな、三つの〈究極の選択〉があったんです。プロデューサーの田中壽一さんが三本映画を作るといった時に、その内の一本に、呼ばれてたんです。山口和彦さんと長谷部安春さんと俺の三人に一本ずつ撮らせるという企画に」（原田昌樹）

田中壽一プロデューサーとの出会いは、和泉監督の『キャンプで逢いましょう』（九五年）だった。

「急遽『助けてくれ』と呼ばれて、和泉監督がドラマ部分、俺がアクション部分を担当して、撮って現場を救ったというのがあった」（原田昌樹）

既に監督デビューもしていた原田さんだが、恩人の和泉監督の現場を監督補という立場で支えたのだ。

「田中壽一さんから、『工藤静香主演でトラック野郎ものの三五ミリの映画を撮れ』と、監督の依頼が来たんです、たまたま」（原田昌樹）

そして原田さんの言う三つの〈究極の選択〉の二つ目は当時円谷プロで仕事をしていた鈴木清さんから『ウルトラマンゼアス』を撮るからチーフ助監督で来いという依頼だった。

「それから更にもう一つ、東映の横山和幸さんから連絡があって新作映画のチーフ助監督をやってくれという依頼があった」（原田昌樹）

三つの選択肢が出来た原田さんは「どれに行こうか」と悩んだ。「『これで俺の人生が決まるな』と思って、結局、最初に円谷プ

『ウルトラマンゼアス2』正道会館の撮影にて。
ゼアス（右）と影のウルトラマン、シャドーに挟まれる角田信朗師範代、石井和義館長、アンディ・フグ

ロの鈴木さんに電話を入れて『すいません、僕出来ません』と断った。すごく怒ったよ、鈴木さん。『なんだお前！』という権幕で。でも断った。次に田中壽一に連絡入れて、『東映の横山作品のチーフをやります』と言ったら、『お前、どこの世界に監督させる話を断ってチーフ助監督をやろうってやつがいるんだ！』と、彼にも怒られた」（原田昌樹）

　原田さんは結局、横山和幸さんから依頼が来た『霧の子午線』を選ぶ。

「それには理由があるのよ。助監督業を長いことやったけど、日本のトップと仕事をしたかったってこと。主演が吉永小百合と岩下志麻、キャメラマンが木村大作というね」（原田昌樹）

　だが、原田監督の元に話が来た時には、そこまでしか決まっていなかったという。

「あとは横山＝プロデューサー、原田＝助監督で行くというだけでした。その次に言われたのは『このメンバーで出来る監督を捜せ』と（笑）。監督が決まってないんだよ。結局、監督は出目昌伸さんになるんだけれど、『不思議な映画作りだなあ』と思いながらやっていました。秋から撮影に入って、それを次の年までやっていたんです」（原田昌樹）

▼そしてウルトラマンへ

『霧の子午線』が終わって、原田さんは一度見送ったウルトラマンの現場に、ついに入ることになる。

「僕は、鈴木さんと大岡さんとは『ガンバロン』が終わってからも、五年に1回くらいはあっちこっちで一緒に仕事してました。国際放映で『黄土の嵐』（八〇年）という、中国が舞台の時代劇に1クールついた時の特撮監督も鈴木清さんだった。僕は本編班だったけど、特撮というと円谷プロ系の人達とよく顔を合わせてた。フィルムリンクという会社で森高千里主演の『あいつに恋して』（八七年）に演技事務として呼ばれた時も、鈴木清さんがプロデューサーでいたんです。撮影は大岡（新一）さんで。大岡さんとは角川（映画）の『REX　恐竜物語』（九三年）もやりました。その五年後に『ゼアス2』そして『ウルトラマンティガ』になるんです。『ティガ』は高野宏一さんが監修でついていて、『なんだ、お前か』と言われました」（原田昌樹）

　原田さんがウルトラマンをやるようになったきっかけがまた面白い。

「春に東京競馬場に行ってたら、そこでバッタリ、円谷プロの鈴木清さんと出会っちゃった。会った瞬間、彼に『おいお前、去年断ったな。今年の秋は身体空いてるか』と言われたんです。春の段階で。俺は『空いてますよ』と言いました。『今度「ウルトラマンゼアス2」をやるから、お前今度こそ助監督やれ』と言われて、もう断れないわけです。去年一回断ってるから。鈴木さん怒ってるから『わかりました、やりますよ』と。その時点では、監督は決まってなかったんです」（原田昌樹）

　それが『ウルトラマンゼアス2　超人大戦　光と影』（九七年）である。

「『ゼアス2』は小中和哉さんが監督でしたが、僕が助監督として呼ばれた段階では、まだ監督は未定でした。その前の『ゼアス1』の中島信也さんがやるかもしれないという状態だったので、とにかく古いメンバーを鈴木さんが集めていた」（原田昌樹）

　同作の劇場用パンフレットで原田さんはチーフ助監督としての「制作日誌」を執筆している。

「原田さんとはずっと付き合いがありましたが、『ゼアス2』で久々一緒にやった時はもう『余裕』。『後はもう円谷で監督だな』って感じ。楽しんでやっていた。『ゼアス2』の打ち上げは伊豆に一泊宿を取って、小中和哉さん、鈴木清さん、大岡新一さんを中心にリゾートマンションタイプに全部お肉を持ち込んで鍋をやって、次の朝ゴルフ行く人は行く。原田さんはそういうことを段取るのが好きなんです。ステーキを焼く肉係もやっていました。食べることも好きだし」（山内薫さん）

　そしていよいよ、原田さんにウルトラマンのテレビシリーズの監督の話が来る。

「鈴木さんは俺が外で監督やっているのは知っていて、向こうもこっちを無理やり引きずり入れてるから『その代わり、テレビの方を紹介するよ』という話になった。たまたま『ティガ』のテレビシリーズが始まって、ちょうど2クール終わって『そろそろ新しい血を入れようか』なんて話も出ていた頃なんです。その時、鈴木さんが『テレビに行けよ』と紹介してくれた。ただ、その時はあくまでテストケースで二本だけ撮らせるということだった。

『ティガ』「ウルトラの星」にキャメラマンとして出演の鈴木清とレナ隊員

だから『ゼアス』メンバーから監督で俺が行って、特撮をキャメラをやっていた大岡新一がやる、シナリオは『ゼアス2』を書いた斉藤和典がやる。つまり『ゼアス2』のトリオがそのまま行ったという形です。映画も終わったし、一本そのメンバーでやるかということで」(原田昌樹)

原田さんがテレビのウルトラマンの監督になるには、逡巡もあったようだ。

「『ジャリ番で監督になりたくない』という思いがどこかにあったんだと思います。『普通のお芝居撮りたい』と。でも私は『円谷プロでやるなら助監督だけじゃなく、チャンスがあるんなら撮ってみたら』と言ったんです。『後々のロイヤリティの問題もあるし、そういう意味での年金だと思ってやれば?』と。最初はそれも一つの後押しになって、やることになったんですが、あそこまでウルトラマンや円谷プロ作品にハマッちゃうとは思いませんでしたね」(山内薫さん)

▼Vシネマとウルトラマン

『ゼアス2』のトリオが移行した30話「怪獣動物園」と、脚本の長谷川圭一が装飾スタッフの時から温めていたストーリーを映像化した29話「青い夜の記憶」との二本持ちが、原田監督最初のウルトラマン演出話であった。

「ただ当時は『これだけ撮って終わりだろう』と思ってた。撮って、はい、終わりましたよ、どうもありがとうございましたと。その時ちょうどVシネマの『喧嘩組』の話が来ていて、そっちへ行ったんです」(原田昌樹)

『喧嘩組』でも擬闘を担当していた二家本辰己さんが、既に『ティガ』の特技アクション監督として3話から参加していた。

「俺も二家本さんもまさか、円谷プロで仕事をするとは思っていなかった。その後二家本さんと円谷プロの現場でバッタリ会って『なんでここにいるんだ?』とお互い言い合ったんだよ。そうしたら二家本さんが『俺は昔ウルトラマンだったんだ』という話になったんだよね」(原田昌樹)

二家本さんはもともとスタントマン志望で、特撮モノのスーツアクターでは『サンダーマスク』(七二〜七三年)のトランポリンアクションをはじめとし、『流星人間ゾーン』(七三年)の悪役ガロガ、そして『ウルトラマンレオ』(七四〜七五年)では主役レオを演じていた。

また二家本さんのところにいた大滝明利さんは『ティガ』ではムナカタ副隊長役でレギュラー出演していた。

「『修羅がゆく』の頃、大滝は殺され役で、木場で撃たれて落っこちる役とか、同じ作品で車に跳ね飛ばされるシーンも大滝なんだ。俺、その時よく憶えてなかったんだけど、『ティガ』に行った時、大滝に『俺、原田さんに二回ぐらい殺されました』と(笑)。今はそうでもないんだけど、その時すごく怖いイメージが俺にあったらしい。『ティガ』のメンバーに『今度来る監督怖いよ』って触れ回っていたらしいんだ(笑)」(原田昌樹)

『ティガ』の二本を終えて『喧嘩組』を撮っていた時、原田さんはウルトラマンをまた撮れるとは思っていなかったという。

「『喧嘩組』にも大滝明利を殺され役で呼んだんだよね。そしたら大滝さんが『原田さん「ティガ」が待ってますよ』と。全然知らなくて、円谷プロに連絡したら『最終回の前のエピソードが一本あってそれに入ってください』と言われた。『あ、そうなの?』と」(原田昌樹)

こうして、原田さんは『ティガ』終盤から『ダイナ』にかけて、平成ウルトラマンのローテーション監督になっていくのである。

「助監督時代の初期、特撮的なものに関わったことはあったんですが、本編部分のスタッフだったし、特撮ものの監督をやりたいという気持ちは全然なかった。人がちゃんと人として生きている世界を撮りたいという気持の方が強かったね。ただ『これからSFXは避けて通れない』とは思っていた。普通の映画をやるためにも知っておいた方がいいと。ウルトラマンに取り組むに当たっては、まず合成を勉強し直そうと思ったんです」(原田昌樹)

『ダイナ』と同時期に撮ったVシネマ『男組』(原田監督所持の台本決定稿には『ダイナ』のハネジローのシールが貼ってあった)のラストは、主人公と宿敵が向かい合って構えると雷鳴が轟く。ウルトラマンで経験した合成技術を戦いの前の心象表現としてVシネで取り入れており、この手のアクションものとしては早い試みだった。

Vシネマとウルトラマンでは、作品ジャンルが違うだけでなく、スタッフごと別の世界。だが先述した二家本辰己さんやその人脈など一部重なることもある。寺島進さんや長倉大介さん、不破万作さん、沖田浩之さん、松田優さん、沢木麻美さん、川本淳市さん、石橋奈美さんなど、原田監督が映画やVシネマで出会った人達をウルトラシリーズに呼ぶこともあった。

「寺島進から聞いたんだけど、Vシネによく出ている女優さんと話した時に、原田組をやってますと言ったら『ああ、「男組」撮った人ね』と言われたんだって。寺島はそれを知らなかったらしくて『本当に撮ったんですか』と訊いてきた(笑)。円谷プロ関係でも知らない人が多い」(原田昌樹)

inter-view

鈴木清

あいつは俺に嘘をついたんです。

『ウルトラマンゼアス2 超人大戦・光と影』プロデューサー／『新世紀2003ウルトラマン伝説 THE KING'S JUBILEE』監督

——鈴木さんは円谷プロ育ちで、キャメラマンとして第一期ウルトラシリーズから活躍され、その後日本現代企画を興し、特撮監督となられました。そして平成のウルトラマンの劇場版ではプロデューサーをされてきました。原田さんとのお付き合いとしては、プロデューサーとして山本又一朗さんのところに、鈴木さんが「修行」で行かれて、その流れで原田さんも一緒に現場につかれたと聞きました。

鈴木 そうですね。当時僕がいた、日本現代企画の解散後に設立した創映舎から出向で又一朗さんのフィルムリンクに行って、親戚でもある神野（智）を呼んで、神野が原田くんを呼んだという形だと思います。あの頃、又一朗さんは『ベルサイユのばら』（七九年）で名を馳せていたプロデューサーで、オーラがあったし、若手の監督も出入りしていました。

僕は『ウルトラセブン』（六七〜六八年）までのウルトラマンシリーズで特撮の方のキャメラマンをやって、円谷一さん監督の『孤独のメス』（六九年）で本編のキャメラマンを初めてやって、『帰ってきたウルトラマン』（七一〜七二年）も本編を撮った。その後、『孤独のメス』の監督の渡邊祐介さんに声をかけられて、初めての時代劇、萬屋錦之介さんの『子連れ狼』（七三年）を頭の二本だけ撮ったんです。そのプロデューサーが又一朗さんだった。でも、それがあったからフィルムリンクに行ったわけではない。

その後、僕はプロデューサーを志向して、映画の勉強をしたいという思いがあって、又一朗さんのところへ出向という名の弟子入りをしたんです。

原田くんが助監督だった『GAME KING 高橋名人VS毛利名人』（八六年）もプロデューサーは又一朗さんです。あの頃はシューティングゲームが流行っていたからね。ああいうゲームの映像を取り込んで映画にしたのはあれが最初で最後じゃない？

言ってみればキワ物ですよ。夏休みの午前の一発目だけ上映するような小屋取りをしてやったんだけど、もろにコケたんじゃない？

又一朗さんは、こういう企画が好きだから。『あいつに恋して』は、ポカリスエット・ムービーキャラバンという企画。主演の森高千里は、全国から募集して何百人の中から選ばれた女の子だった。これがうまく行けば、本当にこの業界も少しは色んな意味で刺激になったんだろうけど、関係者しか初日に来てないような寂しい結果だった。

山本さんのアイデアで、年に四本のロードムービーを制作することで、ポカリスエットの大塚製薬とタイアップを取って、全機材・資材含めてすべてをバックアップしてくれる話で進んでいた。

アメリカの広大なロードムービーが当時流行っていたんです。つまり、セットを使わないでロケーションをしながらずっと撮っていくスタイル。それを又一朗さんが日本でやろうとした。

車両はとバスみたいにスタッフを運ぶものと、ウイングの開くトラックに照明とかあらゆる機材が全部入っていた。その頃はまだビデオが本格的ではないけど、ビデオの編集室があった。

後に主流になる、編集をビデオでやるというのは、ここからの影響だね。まだアナログの時代だったけど、山本さんは映画も全部ビデオで編集して、それがやりたくてしょうがなかった。

それは本末転倒の部分もあるんです。キャメラの本質を逸脱してまで、映像をビデオにして、当然、相当クオリティが落ちる。それでも歪めてでもやれと。キャメラを改造するわけです。

『あいつに恋して』の時は録音部や照明部の若い者を育てていかなきゃいけないと特訓して、講義をして演出コースや技術コースと分けてやって、何人かは育ちました。

たしか一九八〇年代に、フィルムリンクと当時の東洋現像所（今のイマジカ）で一緒に、東洋リンクスというCGの会社を作った。将来を見越して。

この頃、一年でチップの容量が一〇倍になり、大きさが一〇分の一になり、価格が一〇分の一になっていった時代です。部屋いっぱいに組み立てたコンピュータがあるというところでやっていた。阪大の先生がCGの指導者でね。

だから僕はCGの生い立ちに立ち会った。その時に初めて作ったのが、ドクロの画です。「そんなのを作るのにこれだけの機械とこれだけの金をかけてやる必要ない。そんなものドクロそのままを撮った方が早いじゃないか」と僕は言ったことがあるの。

たとえばドクロの目の中にガーッと入って行くな

らやっぱりCGはすごいねとなるけど、単に絵筆を使わないでデータだけで描くのがCGだと言うんだったら、しょうがないじゃないかと。

　でもそれがつまり、足がかりというか、そこから始まって、いまやもうCGだらけ。気持ち悪いね。アメリカ映画もそうだけど、日本もやっぱりアメリカの真似をして、なんでもかんでもCGでやればいいという。

　僕はアナログの良さとデジタルの良さを融合させて作っていくのが大事だと思うけど、なんか勘違いしてきだしているね。

　つまり、さっき言った「ガイコツを撮るなら実写で撮ればいいじゃないの？」という。撮れない画を描く時はCGっていう使い分けをすればいいのに。

　だって、そうやると楽だから。そうやってやると。もちろんデータで画を作るための苦労があるんだけど、現場の材料撮りがどんどん減っていってるんだよね。そういったことが手抜きにつながっていかなければいいけどね。ややもするとそうなるからね。

──鈴木さんがプロデュースされたウルトラマンの映画では、実景に怪獣やウルトラマンを合成する場面が結構多かったですよね。

鈴木　実景が使えるものは使いたいよ。でも実景に合成するよりも、作った画に合成する方がやりやすいとか、色んなことがあるんだよね。これは一概には言えない。

　たとえば単なる雲があって空バックでそこに合成するより、空バックと雲はデジタルで作った方が合成しやすい。ビル街にしてもそうだよね。

　フィックス（固定）の場合は違うけど、動かしていこうとすると、自由にいじれるからデータの方が便利なんです。だからビル街をスーパーマンがバーッと飛び回っていくとすれば、実景に入れて、実景を一緒になって動かしていくより、データで出来たビル街を一緒に動かす方が一体感が出て来る。

　だから全部CGでやるなんてのは、ふざけた話。CGで作った画は所詮CGだしね。やっぱり大スクリーンの中で、密度の濃い、グレードの高いものを見せようとしたらかなり大変です。そこまでの、お金と時間がどこまでかけられるかという話になる。

　ハリウッドの映画は違うよ。お金と時間はたっぷりかけるからね。それでもトーンやナイトシーンでごまかしたり、嵐やスモークでごまかしたり色んなことをやってグレードを保っているところは多々あるわけで、それはもう大変なデータ量です。

▼監督・原田昌樹との距離感

──原田さんが『ウルトラマンゼアス』の一作目の時に一回鈴木さんに助監督をどうかと言われて、ちょうどその時に『霧の子午線』（九六年）という吉永小百合と岩下志麻の映画をやるのでお断りしたら、鈴木さんからすごく怒られた。けれどまた競馬場で再会して改めて頼まれたので『2』をやったとおっしゃっていたのですが、憶えてますか？

鈴木　憶えてないよ。『ゼアス』の時の脚本は長坂秀佳さんだったんだけど、『ゼアス2』は電通の社員の斎藤和典さんがどうしても脚本を書きたいと言って来て、その時に原田くんが色々サジェスチョンしてくれていたのは憶えてる。シナリオの形態、映画のホンとはこうあるべきだとか非常に基本的なことをね。監督の小中（和哉）さんが最終的にそれをまたリライトした。原田くんは助監督だったけど、脚本の前の段階の打ち合わせからずっとついていた。

──その時はチーフ助監督として相当キャリアがあったし、もう監督もされていた頃ですよね。

鈴木　彼は監督をしているのに、「鈴木さんはなんで僕を監督として認めてくれないのか」という不満があったのかもしれない。でもこっちも「まだまだ一〇年早い」と、そういうやり取りを僕達は普通にしていた。『ゼアス2』の後にテレビ（『ティガ』）をやるでしょ？

──それは鈴木さんに紹介して頂いたと、原田さんは言っていました。

鈴木　本当に？　でも僕はテレビは関わってないからさ。高野宏一さんは原田くんをよく知っていたから、競馬を一緒にやっていたし、だから高野さんがテレビに呼んだんじゃないかな？　『ティガ』で鮮明に憶えているのは「ウルトラの星」だね。

──初代ウルトラマン当時も現場におられた鈴木さんがその再現場面で出演されていましたね。

鈴木　モブシーンで、何人かスタッフ役がいる中で撮られているわけじゃない？　僕はキャメラマンだったから、キャメラワークはわかるわけ。人で被ってたら被ってないところにスーッと自然に身体を持っていくことは出来た。そんな思い出があります。

　あれは光ってたよ、原田くんの作品にしては。ストーリーも面白かった。

　他は、あんまり原田くんのだからといって見てなかったから。シリーズとして見なきゃいけないものは見ていたけど。気にはしてたけどね。

──原田さんは松竹で『リュウケンドー』をやることになりましたが、松竹の吉田剛プロデューサーは、ウルトラマンの劇場版の方では鈴木さんとお仕事をされてますね。

鈴木　吉田剛に頼まれたんだよ。『リュウケンドー』のプロデューサーを俺にやってくれと。

――そうだったんですか。

鈴木　でも、お断りしたんだよ。テレビはやりたくないから。僕はテレビが嫌いになったんじゃなくて、『ガンバロン』『レッドタイガー』と自分も以前やって、テレビの消耗度はすごいから「これ以上限界だ」と、映画に移ったわけ。「今さらテレビに戻る気はないよ」と。「それは若い人にやらせた方がいい」と言ったの。

それで原田くんを推薦したのかもしれない。

あの時ね、何人か行っているはずなんだよ、『リュウケンドー』にね。川崎郷太くんもそうだし。俺は「『リュウケンドー』は今どう?」と吉田剛に裏でよく聞いていたから。「原田さん、良いですよ」とかね。こっちも「頼むね」と言っていた。俺は原田がそっちでちゃんと仕事をやっていると聞いていた。

ただその後、上海の仕事に行っちゃうでしょ?「上海はやばいよ」という話をしていたんです。

僕もプロデューサーとして、何度か上海でという話はあったんです。でもその都度やめていました。日本でならば色々な流れもわかるんだけど、お金がどう流れていくかが不安なわけです。表の取引と裏の取引があるから、どこにどういう風にお金を使っていいかが読めないんだよね。

そんなところで限られた中でやるのに、一発でもミスしたらえらいことになるじゃない？　それは怖いと思ってね。

窓口でうまくいっても、現場とうまくいくかは、わからないわけです。だからみんな袖の下を出さないと動かないという話になる。そんなことは話してないから知らないと言ったら意地悪されるし、撮影は止まっちゃうし。そんなことがしょっちゅうあるという情報を聞いているから、どんどん不安になっていく。そんな簡単にテレビシリーズを持って行って安く出来るなんて思わない。結局、原田くんがやっていた『五龍奇剣士』も資金繰りが出来なくて、未だに手付かずでしょ。

あとは原田くんはＪＲと組んでやった映画があるでしょう?

――『旅の贈りもの　０：００発』ですね。

鈴木　あれは松竹の試写室に行った時にたまたまやっていたのを見て、原田くんに「良かったよ」と言ったんです。非常に原田くんらしいというか、テレビでよく見る原田くんのテイストがあそこにはあったし、「お前、ちょっとやり過ぎなんじゃないの?」というところもあったし。「ウルトラマンをやってるんじゃないんだから」と。あれの第二弾をやるとかやらないとか言ってたんだよね。それで、そのあと裁判員制度の映画もやったんでしょ。

▽いつでも会っている仲だった

――監督以前の原田さんとは、鈴木さんがプロデューサーだった『小さなスーパーマン　ガンバロン』(七七年)が最初ですか?

鈴木　そうだね。原田くんは色々やっていた。

――『ガンバロン』は回によって、クレジットに出る原田さんの役割が違います。制作だったり装飾だったり。

鈴木　それは『ガンバロン』に限らず、僕との関わりでずっとそうだった。『あいつに恋して』でも演技事務をやらせてみたり。あの映画は北海道の片田舎から九州までの縦断ロケで、ローカル線を乗り継いで俳優さんを連れて来たりしていた。事故があって現場に入れなかった時、ちゃんとフォローをしてくれる人が当然必要だからね。北海道と言ってもマイナス二五℃だったかな、車のキーが入らないんだよね。お湯をかけてまず車のキーが入るようにしてドア開けた。そんなところから始まって九州まで行った、本当に大変苦労したね。

そんなこんなで、結構、原田くんが食うためにそれなりの面倒を見た。僕はべつに義理堅いわけではないけど、昔馴染みのスタッフは大事にしている。

彼は器用にそれをこなしたということだろうね。助監督専業だと思ってもいないし。僕もキャメラマンから始めて、監督やら製作やらなんでもやってるけど、お前だってなんだって出来るだろうって。

『コスモス』の映画(『ウルトラマンコスモス2 THE BLUE PLANET』)ではサイパンロケをしたでしょ。その時のシナリオハンティングの時にも、彼がブラブラしていたから、作品をやるとかやらないじゃなくて連れていったことあるよ。海に泳ぎに行ったり、競馬に行ったり、呑みに行ったりそんなことばっかりでした。

だいたい遊びが中心だったから。飲む、打つ……打つのは博打。買うのは馬券(笑)。府中競馬場が近いから、それこそ毎週土日に行っていた。中山競馬も行ったし、新潟、福島まで泊まりがけでも行った。

あいつは僕よりももっと競馬好きでね。一時期競馬で食ってたって、あいつよく言ってた。僕達は信じてなかったけどね(笑)。

だからとにかく空いていれば使ったたって感じだよね。だってしょっちゅう会っているわけだから。本当、酒を飲むと言ったら必ずあいついたよ。いなかったら呼ぶんだもん。「空いてるか」と言ったら「空いてます」と言うから「いついつからこれをやるから来いよ」という話になるじゃない。毎週土日は会っているわけだから。だからそういった意味では、競馬がなかったら、彼とのつながりはなかったかもしれないね。

車も、BMWを薦めたのは僕なの。僕も乗っていたけど、原田くんもぽつぽつね、監督なんだから、ちゃんとした車に乗って、国産と比べたら長持ちするんだから一〇年なんて軽く乗れるし、国産で三年に一回取り替えるんだったら安いよと言ったの。それで、僕が紹介したんだよ。

だから車屋に修理に行くと、「原田来た?」とか聞いて、そこでも原田くんの話題が出た。「今こんな作品やってるみたいですよ」とか聞いていました。

あいつが女房と別れた時、住んでいたところに駐車場が二つあったんです。たぶん女房と彼のと二台分だったんだと思うんだ。彼女は外国に行っちゃったわけじゃない? だから一台契約解除すればいいわけでしょ。時々その駐車場を使わせてもらったんだけど、「なんでそんなもったいないことするんだ」と僕は突っつくわけ。「いやいや」とごまかすんだけど、原田くんにはきっと彼女が帰って来るというシナリオがあって、取ってあったんだと思うんだ。

——それは帰ってきて欲しいんじゃなくて、来るんだと?

鈴木 きっと帰ってくると思っていたと思う。駐車場を解約するということは、彼女を捨てるということに等しいから出来なかったんだよ。「無駄なことはやめろ」と僕は言ったんだけど。彼の美学だよね。そこが原田くんのいいところかもしれないね。女性に対しては不器用。一回誰かとくっつけようとして僕達動いたことがあるけど、うまくいかなかった。

——それは奥さんのことがあるから?

鈴木 そうだろうね。僕達はお互いなんでも言えたし、何も隠しごとをしなかった。

最後の仕事を一緒にやりたかった

鈴木 それにしては最後、病気の時、僕に本当のことを打ち明けなかった。ちょっと寂しいし、余計にショックなの。

そのことでは、僕は裏切られたと思っているくらいだから。僕は隠さずにものを言っているけど、お前はなんで嘘をついて……。一つ嘘をついたら、百嘘つかなきゃいけないわけじゃない? 全部。

彼が監督になっても、なかなか僕が映画で監督として起用はしなかった。「もうちょっと」と、成長を待っていたことは事実だし、どこかで起用しなきゃいけないとは思っていたんだ。

だから病気になった時に「僕はガンなんです」と言ってくれれば、最後の僕の仕事できっと彼をつけていた。それがちょっと寂しいね。途中で倒れたっていいんだから。それぐらい冥土の土産は持たせてあげたかったなという想いはあるわけだよ。

だけど彼はきっと、一つのドラマを作って、その中の美学を貫いたんだね。僕には言わなかったからね。あんなにしょっちゅう、何かと言ったら呼び出して呑んでたのに。

——それだけ鈴木さんから見て、原田さんは付き合いやすい人だったんでしょうか。

鈴木 そうだね、付き合いやすいんじゃなくて、空気みたいなもんだよな(笑)。夫婦みたいな意味じゃなくて。

——親分と子分みたいな関係だったのでしょうか?

鈴木 でもない。弟だな。どっちかというと。

——原田さんは気配りがある方でしたか?

鈴木 逆に気配りがあり過ぎるんじゃないのかな。もうちょっと「監督」でなきゃいけないのが「助監督」が出て来るのかもしれないね。要はかっこつけすぎるのかもしれないね。

——だから鈴木さんからしたら「一〇年早い」と?

鈴木 うん。「まだまだダメだ」と言ってね。もうちょっとという気があったね。

——それはどうしてだったのでしょうか?

鈴木 お互いに恥かきたくないじゃない。やった以上はちゃんと評価されるものを作っていかなきゃいけないわけです。

きめ細かさがないんだよ。それが僕はずっと引っかかっている。もちろんテレビなりの製作形態の中では、やむを得ないかもしれない。テレビは一過性だから。少々雑っぽくても、むしろ荒っぽい方がいいなんてこともあるじゃない。

でも、映画の場合はスクリーンに釘付けになって、観客が真っ暗な中でスクリーンと対峙しているわけだから。そこには雑音も何もないし、一瞬目を逸らしたりもない。茶の間と劇場との大きな違いがあるから、お話の展開、演出の仕方も当然違う。

これは、飯島敏宏さんの時(『ウルトラマンコスモス THE FIRST CONTACT』〇一年)も、脚本作りの時に大喧嘩しているんです。

テレビは、二回も三回も同じ事を描いて観客に知らしめるというテクニックを使うんです。でも映画はそんなもの必要ないんです。一つのキーワードであっても、一回言って浸透するように演出しなくちゃいけないと僕は思うんだ。

『ゼアス』によってテレビシリーズが生まれて、『ティガ』が始まっていくわけでしょ。映画とテレビが全然違うローテーションで行ってるから、なかなか噛み合わないというのも一つあったんだよね。

でも監督も脚本家も、映画が頂点だという思いがあるから、一生懸命テレビで頑張ってやっていれば、映画で起用してもらえると当然思うだろう。

でも原田くんには俺が「まだまだ」と言ってた。映画の助監督もやっているから映画の世界観も十分知っていると思うけど、自分が監督になった時にそれが生かされるかと言ったらそれはまた違う。

限られた条件の中で、うまく最大限に表現して、観客を巻き込んでいくことが必要なんだと思うんだよ。それを「この条件だったからこれしか出来ませんでした」というエクスキューズは絶対に言っちゃいけない。「あの枠で、よくあんなものを撮ったね」と言われるものを作っていかなきゃいけない。僕はそれが使命だと思っている。

やっぱり映画なりの密度のコンテの切り方がある。今日びシナリオに一行ずつ線を入れていたんじゃ映画は成り立たない。あるところは流してあげなきゃいけないし、あるところはそれこそ行じゃなくて一文字ずつ切っていかなきゃいけない時もある。全部同じリズムで切っていたんじゃダメなんだよね。

でも原田くんは状況に流されちゃうんじゃないかと。彼は「いい子」でありたいんだ。観客に対しての気配りじゃなくて、制作スタッフや周囲の方に気配りが行ってたのかもしれない。

若干困らせても……もちろん、ちゃんと製作の中でのプラスマイナスはゼロにしなくちゃいけない気配りは必要なんだけど、それ以上に客に対する気配りをするのが大事な気がする。そこが一つ、もしかしたら彼は甘かったのかもしれない。

彼は、そういった意味ではスタッフの力量を目いっぱい引き出させてはいないよね。きっと。

人付き合いはいいんだよ。それが悪かったら俺らは遊びの中であいつを引き込まないよ。彼がいることできっと何らかの潤滑油になっていたんだね。

助監督はピカイチだったのかもしれない。でも優秀な助監督が優秀な監督になるとは限らないから。むしろ雑な助監督ほど優秀な監督になるね。

ただ、いずれウルトラの映画の監督はやってもらわなきゃいけないという思いはずっとあった。だから悔しいんだ。病気のことを言えば、俺だって踏ん切りがついて、「もうやるか」となるからさ。

——それは情ということではないですよね。

鈴木　情じゃないよ。「いつかはやらなきゃいけないと思っていたのが最後になったね。じゃあギリギリでもいいからやるか」という話になっていく。

余命いくばくもないから完投出来ないかもしれないと言えば、やれるところまでやれよという話になるよ。そのぐらいの覚悟というか、それくらいのバックアップは俺だって出来るわけだから。

そんなの気力でカバー出来るんだよ。飯島敏宏さんがそうだった。飯島さんも『コスモス』を一緒にやった時、途中で胃ガンだと告白するんだけど、あの時も、一つ何かお返ししなきゃいけないような気持ちになったんだ。お世話になったしね。初代からウルトラを作った一人だという思いもあるから。

一回おかしいなと思ったのは、いつもは呼んだらすぐ来るんだけどなかなか来ない時があったの。しかも呑み食いもしない。その時に「競馬で儲かったから、おふくろがどこかの温泉に行きたいと言うし、連れていってやるんだ」とか「別れた女房がハワイにいるので会いに行った」とか写真を見せてくれた。

でも、実は彼は、別れた奥さんには、お別れに行ったんだよね。おふくろと温泉旅行というのも、最後の親孝行みたいなつもりで行ったんだろうしさ。

上海に撮影で行ってたでしょ。あの前から痩せてたんだよ。「お前ガンだろ」と言ったら、そうじゃないと言って、そこからずっと嘘が始まって、それで上海から帰って来たら、ちょっと太った。だから「あー良かったね」と思ってたんだけど……。

原田と最後に会ったのは、砧の円谷プロの社屋が移るというので、みんな集まってパーティーした時。きっとその頃は体がきつかったんだろうと思う。

砧の時も亡霊みたいな顔して、目が点になってるから、みんなで「おかしい」と言ってたの。

俺は原田がいたら必ず二次会も誘うから、その時も誘ったら「風邪で一週間寝込んでいて、ほとんど何も食ってなかったので、ダメです帰ります」と言った。嘘だよね。身体が最悪な時だったんじゃない？「原田おかしいよ。あれは絶対薬を打っているよ」と言ってたんだよ。薬ってモルヒネだよ。そしたら案の定だったね。

だから、原田のことは心に引っ掛かるよね、最後に何もしてあげられなくてね。

作品解説

『ウルトラヒロイン伝説　アンヌからセブンへ』

▼発売：二〇〇四年　製作：ジェネオン エンタテインメント・円谷プロダクション
脚本・構成：秋廣泰生　**撮影**：秋本タケシ、川口良介
出演：菱見百合子／ひし美ゆり子、森次晃嗣、毒蝮三太夫、阿知波信介、実相寺昭雄、満田穧

『ウルトラヒロイン伝説　アンヌからセブンへ』は、『ウルトラセブン』でアンヌ隊員を演じたひし美ゆり子を、放映から三六年後にフィーチャーしたオリジナルDVD。『セブン』を見て育ったファンに「アンヌ隊員＝ひし美さんに対する、初恋の想いを追体験していただけたら」（秋廣泰生筆の構成台本より）というのが企画意図。

新規の撮影部分はあれど、旧作からの素材を使用する事が一方の中心となる企画だが、原田さんはバンダイビジュアルから出ている「ぱっちしＶ」という、特撮シーンを中心に再構成した一回三〇分のビデオシリーズでも、『ティガ』と『ダイナ』の映像を再使用する仕事を手掛けたことがある。

その時からの付き合いである秋廣泰生さんはこう語る。

「僕が構成を作りネタ出しをして、原田さんが演出するという流れでした。原田さんは自分が監督した回であっても、〝煮るなり焼くなり好きにして構わない〟と、話してくれました。そんな原田さんとの対話もあり、作業はとてもスムーズに運びました」

原田さんのそうした姿勢の原点となる話を、秋廣さんは聞いたことがあるという。

「『ＲＥＸ　恐竜物語』の時、学んだこととして、角川春樹氏の映画に対する思いを知ったとおっしゃっていました。角川氏曰く、〝映画は、撮っている間は監督のものだが、完成してからは皆のものである〟と。それは観客に対するメッセージでもあると思いますが、その真意は、映画は完成したら……例えば宣伝セクションに渡して自由に使ってもらい、ダイジェスト版を作るなりなんなり……要は、商売につなげる改変なら、どんどんやってくれて構わないし、また、積極的にそうあるべきだという姿勢なのだそうです。そのスタンスに原田さんは、なるほどと感じられたようです」

『アンヌからセブンへ』はひし美ゆり子本人が出演。名場面を振り返るとともに、セブンに変身するモロボシ・ダン役森次晃嗣をはじめ共演者、監督、脚本、音楽、助監督、記録といったスタッフのインタビューを交え、実相寺昭雄監督とのスペシャル対談、上原正三執筆による未映像化エピソード「３００年間の復讐」を再現した六分のミニドラマ、ロケ地（最終回のダンとの別離シーンや８話「狙われた街」、42話「ノンマルトの使者」）再訪など、様々な企画が盛り込まれている。

好評により続編『ウルトラヒロイン伝説　女神たちの競演』も同じ原田昌樹演出で作られ、こちらは昭和から平成まで、その時点の歴代ヒロインを総まくりしている。原田昌樹自身が演出した『ウルトラマンティガ』レナ隊員役吉本多香美のクライマックス回におけるメイキング映像の蔵出しが見られる他、昭和からは『ウルトラマンＡ』で主人公の北斗星司と合体変身した南夕子役星光子のその後の姿を収録。後に星は『ウルトラマンメビウス』や劇場版『大決戦！　超ウルトラ８兄弟』にも出演することになるが、この時のインタビューが、『Ａ』放映以来初めて公でウルトラ時代を振り返るものとなった。

原田監督は平成ウルトラマンの作り手側ではあっても、昭和のマニアではないため、『セブン』に精通した担当プロデューサーからの、購買層であるマニアの納得するものを作ろうとする細かな注文には難儀したという。

「第二弾も布陣はほとんど変わっていません。全体のガイド役に石橋けいさんが登場し、それも原田さんが撮ったのですが、ジェネオンのプロデューサーは、石橋さんのシーンがあまりお気に召さなかったらしくて……。それに対して、僕も反論したのですが、原田さんの結論は早かったです。ならば切りますと。最小限必要なところだけ残しました」（秋廣泰生さん）

温度差はあっても、ヒロインに焦点を当てるということは、普段ウルトラシリーズにおいては特撮部分を盛りたてるために作られているとだけ思われがちな本編ドラマの魅力を、改めて見つめ直すことにもつながる。「女性を綺麗に撮る」ことが身上だった原田監督にとって、ウルトラシリーズから「自然体の女優の魅力」をチョイスするこの企画が、題材として自らの軸に沿うものであったのもまた事実だろう。

▼ひし美ゆり子さんの証言

円谷プロで仕事した人達とは、『ウルトラセブン』の放映が終わって何十年経っても「アンヌ」って呼ばれています。キャメラマンだった鈴木清さんがプロデューサーになってからも、時々電話があって、私も呑む誘いを断らないから、原田さんとは、そういうお付き合いの中で、亡くなる五年くらい前に初めてお会いしました。

競馬場に行く時、原田さんとはよく一緒になりました。ネットでは同じブログで競馬予想をしたこともありました。ですから遊び仲間という感じです。食べたり呑んだり競馬したり。

円谷作品についていた若いスクリプターの阿南（玲那）さんが、人を集めるのが上手と言うか（笑）、金子修介監督や、俳優の堀内正美さんを交えて焼き鳥屋で呑んだこともありましたね。

原田さんが亡くなって、一緒に競馬が出来なくなってつまらないという思いもあります。亡くなった後も時々、原田さんがネットに上げた予想を見ていました。「更新されないなあ」って。そりゃそうよね（苦笑）。

といっても、私は原田さんが亡くなった頃に競馬歴が十年ぐらいでしたし、全然素人です。勝ったこともありましたけど、パチンコ屋に行くのと同じ感覚で、馬の名前で選んだり、ネットとか電話で買うタイプ。でもあの人は本当に競馬好きで、競馬場に行って、馬を見て……過去の馬のエピソードもすごく真剣に話してくれました。

大きいレースをやる度に「原ちゃんだったら何買うかな」って、思ったりします。

私の還暦の誕生日の時も来てくれました。その時、原田さんがサプライズで本多隆司さんを呼んでくれたんです。隆司さんは映画監督の本多猪四郎さんの息子さんで、『ウルトラセブン』の助監督でした。当時は「本多の隆坊」と呼ばれていましたが、実は

『アンヌからセブンへ』撮影風景。「ノンマルトの使者」ロケ地を再訪。
サングラスのひし美氏の隣が当時の監督・満田稭氏

私にとって〈憧れの君〉だったんです。

原田さんは隆司さんと仕事(『五龍奇剣士』)で一緒だったので、お互いを知ってたんですね。

原田さんとは二人きりでゆっくり話すとか、直接彼から電話がかかってきて「来て」と言われることはなかったんですが、麻雀とか誰かの誕生会とか、いつも大勢いるところに原田さんがいる印象でした。

寂しがり屋だったのかな。でも明るい感じの人でした。私はわりと緊張症なんですけど、そういう人間をリラックスさせるのもお上手だったと思います。誰にもつかず離れず、さらっとした付き合いで「ハードボイルドかな」と思ってました。

私がやっているタイ料理のお店(アジアン・タイペイ)を、私がいない時も利用してくれた事もありましたよ。

実相寺(昭雄)さんのお葬式には、私は一人で行ったんですが、帰りに原田さんの車に乗せてもらって、円谷プロ関係の人を交えて府中の蕎麦屋で何人かで飲んで、同じ階のイタリア料理屋にハシゴしました。

原田さんのお誕生会にも出たことあります。その時、原田さんは中国からお土産をトランクに入れて、自分のお誕生日なのに、プレゼントを配ってました。

最後、亡くなる半日前に阿南さんから電話があって「今来ないと会えなくなるよ」と言われて、狛江まで飛んでいきました。太田愛さんもいらっしゃって、その時集まっていた仲間の方が、私より長くて深い関係だと思います。

その時の原田さんは、もう全然、いつもと違いますよ。蚊の鳴くような声で、いつもの軽快さがなく、お話するのが辛そうで、鼻にボンベみたいなものを付けてました。歩いて三十秒ぐらいのところも、途中で止まり止まり、行くのに六十秒ぐらいかかっていました。

私も「もうすぐ三月九日のお誕生日よね。ハッピーバースデーやろうね」って言うのが精一杯で。原田さんは「三ヶ月と言われたけど、頑張るよ」って応えてくれました。

人伝ての縁みたいなものでしたけど、最後まで縁がありました。

覚悟があったんでしょう。亡くなる前の日、私達と会う前、無理矢理一時退院して、朝、床屋さんに行ってから、BMWのディーラーと話して車を処分して、それでみんなに会いに来たと後から聞いて、「すごいな」と思いました。

『アンヌからセブンへ』というDVDのお話があった時は、「監督が原ちゃん(原田監督のこと)なら」とお受けしたんです。あの撮影は十月からから十一月にかけて、一週間から十日ほどでした。

ダン(森次晃嗣氏)との対談は、ダンが京都の舞台に出ていた時だったので、こっちから撮りに行ったんですけど、その時も原田さんは「京都はこの店とこの店」と、すごく詳しくて、何軒かハシゴしました。

原田さんって結構お喋りで、その時も東映時代の話をしてくれたり、「こういう監督がいて、女が出来ちゃって……」とか、人の話はするけれど、自分のことはほとんど言ってなかった気がしますね。

お仕事については、早く撮る事を自負しているイメージがありました。あまりしつこい撮り方じゃない。頭の中で練ってあるから、現場ではサラッとうまく撮る人。

『ウルトラセブン』のロケ地を再び訪ねるという撮影で私がサングラスをかけているのは、私、本当は顔を写されるのが嫌だと言ったんです。あれはたぶん初日だったのかな。十月でしたけど、すごく暑い日で。そんなことを言う私を、丁寧に扱ってくれました。

実相寺さんとの対談もありましたけど、私と実相寺さんはもともとあまり個人的に親しいとかじゃなかったし、当時は少し近寄りがたく思っていたので、二人一緒にいる気まずさを、秒針の「コチコチ」という音を被せてみせたり……そういう遊びの演出はありましたよ。

中に挿入されるミニドラマのナレーションを録った時も、原田さんは車で迎えに来てくれました。私、ナレーションはあまりうまくないんですが(笑)、その収録の日も、終わった後に、原田さん阿南さんとお寿司屋さんに行ったの憶えています。

食い道楽の人でしたね。うちの店では、焼きバナナのココナッツアイスクリームが好きでした(笑)。「女の子を口説く時は、『これおいしいから食べに行こう』って誘うんだ」と言ってました。

一時期すごくお痩せになって「あれ、原ちゃんどうしたの?」って訊いたら、ニターッと笑って「恋わずらい」って言ったの憶えています。後から思えば、あの時に一回目の手術があったんでしょう。でも何も知らないから、また太ってきた時に「この方がらしくていいよ」なんて私も言ってました。

どんどん映画作りもデジタルになってきて、人との関係も昔より希薄になっているのかもしれませんけど、『ウルトラセブン』で音楽を担当された冬木透先生の演奏会があった時に、私は「人間の頭脳が人間を不要にしていく。そういう時代への警告のメッセージが『ウルトラセブン』にはあったけれど、それをもう一回思い出したい」ってコメントを出したんです。生演奏で音楽を聴くことだって、もう「アナログ」って言われてしまう時代になりましたよね。

でもみんなが一生懸命、手作りでものを作っていた時代のことを、忘れてはいけない気がします。

第8部

中国に特撮の種を蒔く

『五龍奇剣士』

●『五龍奇剣士』スタッフ

本多隆司（プロデューサー）・**谷垣健治**（アクション監督）・**宝性良成**（カメラマン）
水谷しゅん（CG監督／編集）・**塩川純平**（チーフ助監督）

座談会

「砂漠にレールを敷く」と言っていました。

――『五龍奇剣士　メタルカイザー』は残念ながら中断していますが、最初にみなさんの『五龍』でのお仕事と、関わったきっかけから話して頂ければ。

本多隆司　最初、僕に『五龍奇剣士』の話を持って来たのは、円谷粲さん。中国で巨大ヒーローが活躍する、一回三十分（本編二十五分十八秒）のSFものを作るんだけど、中国に行ける、英語が出来るプロデューサーを探しているという話でした。

新しい円谷ドリームファクトリー（TDF）という会社が、社運を賭けている企画であると。

それで円谷粲さんが総合プロデューサーで、僕がプロデューサーをやることになったんです。TDFと上海のテレビ局SMGとの共同制作です。

塩川純平　日本側が監督・脚本・アクション監督・主要現場スタッフ、中国側が企画・スポンサー・役者陣・撮影所スタッフという構成です。

本多　ウルトラマンは中国でも人気があったんだけど、日本の文化が輸入禁止になった。そこで中国国産で作ろうと。僕や円谷粲も含めた初期円谷プロのスタッフが『ウルトラマン』『ウルトラセブン』でやったようなことを中国でやろうと。

宝性良成　僕は撮影担当です。原田さんとは和泉聖治さんの組でかすりましたが、本格的に一緒にやるのは初めてでした。『五龍』は高橋巖監督とパイロット版を撮って、本編が始まる時に原田さんが来た。

本多　原田くんは当時、撮っている作品から抜けられない状態だったんだ。僕は円谷粲さんと一緒に準備に入って、予算がいっぱいあるわけじゃないから、特撮番組をやってきた、テレビに長けて慣れている人間の方が演出布陣にはいいという話になった。

それで二〇〇五年の秋に円谷粲さんと原田氏にコンタクトして、彼は「やりたい」と言ってくれた。

ただしストーリーをもう少しひねりたいということで、もう一人、候補に挙がったのが高橋巖くん。彼は本編重視派だし、実相寺昭雄についていたから、面白い画が出来るんじゃないか。その上で原田にメイン監督を頼もうということになった。

それは前作の『リュウケンドー』が大きかった。あれを見て、切り口もストーリーの運び方も、現代風だなと。CGもこなせるし、実写の持っていき方も理解しているから彼に頼みたいと思いました。

谷垣健治　1話から出てくる巨大ヒーロー（身長六十メートル、体重二万トン）は剣を持っていて「青龍剣士」というんですが、あと四人いるんです。その次が「白虎剣士」で、三節棍を持っている。

塩川　白虎剣士は着ぐるみも作りました。

本多　中国の戦う神、守護神で、東の青龍、西の白虎、南の朱雀、北の玄武が合わさった架空のスーパーヒーローが、1クールごとに交代していく。

塩川　四つの水晶が埋め込まれた腕輪に対応して、五龍奇剣士が存在する。選ばれた人間が変身します。

▼過去と現在が同居する街

宝性　『五龍奇剣士』は、今までの特撮とは違う、ミニチュアに頼らない作品をやるというところから出発しました。僕は特撮の経験はあまりなかったんですが「それならば」と思って参加したんです。

でも結局、日本の特撮のやり方をそのままやるようになって、そうなると原田さんは経験豊富だったので、ものすごく助けてもらった印象が強いです。

――従来の特撮的なものじゃないとは？

塩川　ロケーションで撮影した背景に、グリーンバックで撮影した怪獣とヒーローを合成して一本の作品にする予定だったんです。

宝性　でも、全部それではポスプロ段階の調整が難しい。やはり日本でやり慣れた作り方がいいと。

本多　上海に実在するビルを破壊しちゃいけないというのもあった。それをやるとそのビルのオーナーが文句を言ってくる。上海の人や町が被害を被ることは一切ダメ。上海の空で飛行機が空中戦をするのもいけない。そこでドンパチしてくれるなと。

塩川　「西暦二〇五六年」が舞台で、未来都市と遺跡が同居している架空の「新海市（しんはいし）」という設定にしたんです。中国的なセットや建物は、僕らが宿泊していたイメージメーカースタジオで撮りました。上海中心街から車で一時間ほどの松江にある時代劇専門の撮影所。オープンセットと箱スタジオが五つほどありました。

谷垣　「NEO上海」でしたっけ？

塩川　その呼び名は最初はなかった。新海市は、SMGに提示されて名前を変えたんです。

谷垣　僕はアクション監督をやりました。中野稔さんという光学撮影のデンフィルムエフェクトという会社にいた方から、二〇〇五年十二月に声をかけて頂いて、上海に行って三～四日でパイロット版を撮りました。高橋巖監督で、全部グリーンバックです。

塩川　僕はチーフ助監督として番組の立ち上がりからすべてを仕切るのは初めてでした。原田さんの指導を受けつつスケジュールを組んだり準備をしました。原田さんに呼ばれて、僕達が先発で中国に入ったのが二〇〇六年二月の半ば。その時点で役者はまだ全部決まってなかったし、ゼロ発進の状態だった。

▼谷垣アクション監督との出会い

本多　どうしてもウルトラマンになる、ゴジラになるというのが、それまでの日本の特撮。では、中国的なものをどう表すかということで、殺陣師を頼むことにして、谷垣くんの名前が挙がった。谷垣くんは香港でスタントマンとしてやっているということもあって。

――1～3話を見ると、怪獣に覆い被されたヒーローが足を後ろに上げて頭を蹴って形勢を逆転したり、頭突きしたり、「手」を見せたアクションが印象的でした。転げる時も、回転してショックを軽減したり、従来の巨大戦の殺陣と違うと思ったんです。

本多　カンフー的というか、剣の振り方も中国っぽい。だからリズム感がある。決まりポーズや蹴ったり投げたりだけじゃなくて、ワイヤーアクションを使った新しい形の動きが随分出来ていた。

――ヒーローが怪獣の顎に捕まって振り回されるなどのワイヤーワークもありましたね。

谷垣　いつも僕が、僕の現場でやっていることを、特撮のステージのルールでやったということなんです。僕は小さい頃は仮面ライダーよりウルトラマン派でしたが、アクションシーンは、今ならばもう少しやりようがあるんじゃないかと思っていました。

巨大感とか、そういうものの撮り方を、僕も色々と提案するわけです。わからないなりに。そうすると、原田さんは否定しないんです。やっていく中で、いいものは採用してくれる。

あと最初に僕に編集させてくれた。そうなると、こっちもやる気が出る。僕の編集を生かしつつ、原田監督のテイストにうまく持っていってくれるとわかっているから、こちらも自由に出来る。

伝統的な日本の特撮をやっているんだけど、中国の役者にそういう衣装を着せて中国語を喋らせるのを、日本人が見た時のちょっと不思議な感じ。でも中国人にとっては新しい感じがありますよね。

何もかも新しいことをやろうというんじゃなくて、いつもやっていることに、違う化学反応をプラスすることで、新しいものに出来る。排他的にならずに、臨機応変に、自分がその時、面白いと思うものを貪欲に取り入れていったんじゃないですかね。

塩川　谷垣さんも『幻星神ジャスティライザー』（〇四～〇五年）はやっていたけど、ああいう巨大ヒーローって初めてでしたもんね。

谷垣　『ジャスティライザー』は、いつものアクションと変わらないというか、撮影場所にあるものを利用して等身大でやるから、先行きは見えるんです。

ロケ地に壁があったら壁を利用してやるというように周りの環境を利用するのが、僕のアクションの一つの特徴です。グリーンバックになった時点で、それがなくなる。脳内で背景を想像しながら作るアクションだと、現場の美術セットを見て浮かぶ閃きというものがすべてなくなる。まぁ、なくなることで、面白い映画を撮れる可能性もあるんだけど、僕は正直、ピンと来ないところがあったんです。それがパイロット版を撮った頃。

二月くらいに、スタッフルームで『五龍』のポーズを決める時に、僕は初めて原田さんに会った。

その時、僕は自分のところのスタントマンを連れて行きたかったんだけど、条件的にムリ。TDFが用意していた人達は、自分のアクションチームとしてではなく、やっぱり役者さんとして扱うしね。その中で、原田さんが「アクションのチームは連れていかなくて大丈夫ですか？」と言ってくれたんです。

――原田さんはそういうことに気付くんですね。

谷垣　それが原田さんという監督の、最初の手応えでした。それはあの人の、政治力でもあるんだけど、大きな感じで迎えてくれることで、「この監督とだったら、やっていけそうだな」と思わせる。アクションで時間が押しても、こっちにプレッシャーを与えることはなかったし、「今日はこれくらいにしときましょう」ってね。まぁ、うまく手の平で回されてたとも言える（笑）。

それぞれのスタッフに……これ結構大事だと思うんだけど、自覚であれ錯覚であれ「自分がいないといけない」という気持ちにさせてくれる人。「俺の言うことを聞いてりゃいい」という人ではなかった。だけど出来上がったら、あの人のものになっている。「ああ、いいな。ある意味幸せだな」と思ったのは、一緒にモニタを見ていて、僕はアクション的な芝居のタイミングでNGにすることが多いんだけど、こっちが「ああ、ダメだな」と思った時に監督も同じようなリアクションをしていてね。「谷垣さん、今のもう一回やった方がいいよね？」っていう感じでね。監督とちゃんと「いいもの、ダメなもの」を共有出来ている感覚と言うか。「今、監督と同じ方向を見られている」と思いながら現場を進められた。

▽これが日本の特撮だ

本多 僕が最初に原田くんに「グリーンバックは全部やめて、現場撮りで行く」と言った時の、彼の「何？」という顔は憶えている。でも次の日には切り替えて、撮りはじめられた。

塩川 セットにミニチュアを建てて、実際の人物がステージ上で戦う、伝統のスタイルを、1～3話を具体的に動かす時にやりだした。

本多 原田自身も、このまま合成だけでは難しいのではというのがあった。

塩川 1話の時は僕が現地のトイザらスや日本から重機クレーンやショベルカーのおもちゃを持ち込んだりして飾ったのですが、そのわりにうまくいった。

本多 美術は、佐々木修くんの後に僕とは古い付き合いの井口(昭彦)が入った。彼はベテランなのに、指示を出すだけじゃなくて自分から動いて、昔のウルトラマンの時に戻って、楽しんで作っていた。

谷垣 原田さんはいつも「俺達は砂漠にレールを敷きに来たんだ」と言ってました。ちょっと興奮すると「これが日本の特撮だ！」と。パイオニアになろうとしたと思うし、意地もあったと思う。自分達でなきゃ出来ないものを目指したような気がします。

塩川 無事クランクインしたのが三月十五日です。浙江省にある「横店影視城」という、数々のハリウッド大作やチャン・イーモウ作品などが撮影されたところで、まず合成用実景(背景)を撮ったんです。エキストラを使って逃げる人々とか、オーロラを見て驚いてる芝居なんかも撮影しました。それが終わって上海に行って、ロケーションから始めたと思います。クランクインは上海の公園で、主人公の袁東が群衆をさばいて「逃げろ」とやっているシーンでした。

▽頑固さと臨機応変

塩川 六月に「上海アニメフェスティバル」があって、『ウルトラマンティガ』のショーと、『五龍』のショーを一緒にやった。この時が初お披露目です。

水谷しゅん パイロット版の映像を流してね。

私は二〇〇六年の正月明けに、TDFから呼び出されて、突然「上海へ行ってくれ」と。「君しかいないんだ」と説得された。私は普段は小さな作品の監督をやっているんです。他の人よりはちょっとCGのこと詳しかったという程度なんです。

監督と、上海のCGプロダクションの間に立ってCGのコーディネートをするという話だったのですが、中国のCGプロダクションのゴタゴタが続いて、私はしばらく何をしていたのか思い出せないくらい。動き出したのが、二〇〇六年二月です。

向こうでは、原田さんとは、プライベートな付き合いの方が深かったです。最初、私の住んでいたところがあまりにも撮影所から遠いので、原田さんと同じマンションに住むことになったんです。私は撮影所にはたまに行くぐらいで、ほとんどCGプロに詰めていて、原田さん、夕方になるとよく電話がかかって来て、毎日のように晩飯を食いに行ってた。

塩川 基本スタッフはみんな撮影所に住み込みだったんですが、水谷さんと(高橋)巌さんと、原田さんが同じ上海市内のアパートに住んでいた。

水谷 原田さんは上海のCGスタッフをまだ信用してないところがあったので、CGも日本でやりたいと。それで日本のCGプロも使うことになって原田さんが1～3話を撮った二〇〇七年の一～二月は、私は上海と日本を行ったり来たりしていました。

でも次の高橋巌監督の辺りからCGのスタッフが固まりだして、ちゃんと動くようになってきた。集めてもらったスタッフは、優秀なメンバーが揃っていて「もしかしたら、日本のCGを使わなくてもやれるかも」という感じになりつつあった頃に、中断になったんです。

――原田さんはもともと、世界中を旅行されたりしていますが、中国も馴染めたのでしょうか。

谷垣 好奇心が旺盛で。あそこに行くには電車の1号線を使ってとか、よくそんなこと知ってるなと。

水谷 店では言葉がわからないのに、コミュニケーションが取れるんです(笑)。あれはびっくりします。

塩川 原田さん、ほとんど中国語覚えなかったです。たぶんね、「シャオジェ(小姐)」(「若いお姉さん」の意)ぐらいしか覚えてないんじゃないかな(笑)。

谷垣 中途半端な中国語で起こり得るトラブルを考えて、頑固に「俺は日本語で行くんだ」と決めたところもあるんだと思うんです。矛盾しているんだけど、そういうところに、頑固さと臨機応変さをあわせ持った感じがあるんだと思います。

▼軍人テイストの中国俳優

――キャスティングについては？

本多　向こうの役者事務所から、僕、原田、高橋巖、の意見で選びました。大半は原田と高橋巖の判断。

――キャラとしては三枚目の、エンジニアの沈成までもがイケメンというのが、原田さんらしいです。

塩川　主役の袁東以外は全員学生でした。

本多　彼らは「僕は役者です、なんでも出来ます」と言う。ところが後で僕に学校の先生から電話がかかってきて「彼らは今、単位が半分足りないからそんなことやってられない」と。演出学部の子ども達なんですが、下手な日本の役者より全然上手。

――みんな美男美女だけど逞しい感じありますね。

本多　ピッとした時に全然違う。僕が思うには、子どもの時から「まっすぐ立つ」というのはどういうことなのか教わっている。昔の日本でも僕達の頃は指先をまっすぐにしないとダメだとか、ケツの穴に力を入れろとか言われたけど、彼らはそういうことが知らない間に出来ているんだと思う。

塩川　女の子はメインが二人、ちょっと勇ましい感じのパイロット・米蘭と、優しい感じのオペレーターの尤琪。中国スタッフからは、圧倒的に米蘭が人気あったんです。でも日本サイドでは尤琪が好きって人が多かった。

▼ヒーローに選ばれし者

――1話で、原田さんらしい描写であるキラキラ輝く星空の下、光に包まれて白い雲の上に立つ仙人は、太古から地球を見守ってきた存在です。

塩川　地球に不気味なオーロラと怪獣が現れようとしているけど、この仙人は人類に失望している。だけど弟子の女神である美美が「地球人を助けてあげてください」と言うんです。仙翁は美美に四つの腕輪を授けて「これで地球人を助けてみろ」と。

――四つの光が散って美美の周りを浮遊する。

塩川　主人公の袁東が夜寝ていると、夢の中に、光の球に乗った美美が出て来る。このシーンの背景は四川の始皇帝陵に行って素材を撮りました。人物は、グリーンバックで合成しています。美美が袁東を青龍剣士に変身する者として選ぶわけです。袁東はこの夢が気になったので、四川の始皇帝稜に行く。

――かつて仙翁が始皇帝にパワーを与えて、国を統一したけれど、再び世が混乱している。1・2話ではまだ自分の意志で変身できないんですね。変身シーンでは、水晶の中で龍がうねるカットの後、飛び出した龍が袁東にまとわりつくCGがありました。

水谷　あれは日本で作ったんです。

――原田さんの、その前の『リュウケンドー』の変身シーンにちょっとイメージが似ていますね。

水谷　「なるべく同じにならないように」とは言われました（笑）。

――その後、巨大化が俯瞰で描かれ、ワンカットで下から見たアオリになる。

塩川　変身ポーズは4話の高橋巖さんの組で初めて出て来ます。谷垣さんの補佐で来ていた岩本淳也さんに、太極拳を参考に振り付けてもらいました。

谷垣　1～3話では吹き替えを中国の人がやったんだけど、普段はすごく動けるのに、面をつけるとエネルギーが吸収されてしまう（笑）。

宝性　すぐ「出来ねえよ（笑）」とギブアップする。

谷垣　「もうちょっと穴を開けてくれ」とかね。

岩本は上海の世界武術大会でチャンピオンになった男です。4話から、やっぱりいつもやっている人間が一人は欲しいということで、連れて行きました。

塩川　特殊な芝居、気合いの声の出し方とかも監督が「向こうの役者に教えてやってくれ」と。コクピットのボタンを押すだけでも、わかりやすいように肩を使って、「クッ！」とか「ハーッ」とか、そういう芝居も身振り手振りで教えました。

非常にみんな優秀でした。芝居は主役の袁東が一番へたくそだったんじゃないかな（笑）。

――原田さんの演出も通訳してもらうんですか？

塩川　役者に通訳つく以外は、日本とほとんど変わらない。自分の意見を言う役者もいましたが、その辺で揉めることはなかった。基本的には通訳がチェックしているんですが、僕らは、役者がセリフを間違えてもわからない。「さっきの仙翁のセリフは広東語なまりだ」と言われても、わからない（笑）。

本多　一作一作出来上がったら委員会がチェックする。台本も照らし合わせて一字一句チェックが入る。

――じゃ、基本的にシナリオは変えられない。

本多　変えるためには、もういっぺん戻してOKをもらって、理由を言ってからでないとダメ。

――現場で変えることは出来ないんですね。

塩川　度合いによるんです。だから僕らは、基本的には「台本通り言って」ということで。

▼メカニックのドラマ

――1話で主人公の袁東は、このドラマのレギュラー部隊であるSAMの入隊試験を受けますね。

塩川　ＳＡＭは中国の上空一二〇〇メートルの宇宙ステーションに基地があるんです。ステーションはセットデザインも含めて佐々木さんが担当しました。地球から運行シャトル便が行き来するのですが、これがネックで。宇宙にいることがどれだけ辛いか(笑)。

――地上の活動では画像データをステーション基地に送れるスキャニング・マシンが登場します。

塩川　あと、地球上では自在に移動できる「ＳＰＥＥＤＥＲ　ＦＯＸ」という主役が乗るメカがある。

――メインメカが、バイクのように搭乗主がむき出しで見える「ＦＯＸ」だというのは、キャラが立っていいなと思いました。

塩川　ＦＯＸが宇宙から直に来ることはないだろうと、シャトルがサンダーバード2号みたいなコンテナを落とすというのを高橋監督が4話でやったのに、それを無視して、原田監督が1話でシャトルから直接ガシャッと出て来るように変えちゃった。

水谷　その辺のすり合わせが完全に出来てなかったので、監督それぞれ違う設定を考えていた。

塩川　このＦＯＸが重い。メカデザインは、最初の美術デザイナーの佐々木修さんです。『ウルトラマン80』の美術を担当した山口修さんの下で働いていた人ですが、佐々木さんは、ヒーローものをメインでやるのは初めてだったと思います。

――ＳＡＭの基地はレギュラーセットですか？

塩川　撮影所内にあるプレハブ倉庫のようなところをセットにして、パーマネントにしました。ウルトラマンとかは机と椅子があってブリーフィング出来る態勢があるんですが、このステーションは操縦室のようで、固まって芝居をするのがやりづらい。

宝性　ウルトラマンのような作品が伝統的にそうなるポジションがあるようで、宇宙ステーションの中の人物が上手で、左側を見ると下手にスクリーンがあって、そっちを見ているという画がどうしてもメインになる。原田さんは、それをわかっているんだけど「こっちの角度から撮るんですよ」と言わない。後から自然にそういう話になって、形が決まっていった。後で現場の撮り方でどうにでもなる時には、流れに任せて、うまくコントロールする。そういう印象がすごくあるんです。特撮系はあまり僕は明るくなかったので、自然に教えてもらったなと。今から思うと、すごく感謝の気持ちがあります。

だから、原田さんのことを思い出す時があります。現場の事とか、食事中の感じとか、和泉組をいっぱいやっていた頃の話をしている時とか、時々思い出して、「原田さん、もういなくなったんだな」と。

「This is 怪獣」

――1話には電気を吸う怪獣が登場します。

塩川　電力会社の場面は実際に上海の撮影所の電気室を飾り込んで事務所っぽくしたんです。

――少年が怪獣の目撃者になるんですね。

塩川　電力会社の社員の息子が「怪獣を見た」と言うんですが、上司が信用しない。それで少年は会社の守衛室の電話を借りてＳＡＭに連絡する。

――ＳＡＭは強化隊員服を着て、レーザーガンを持っています。どんな事件を扱っているのですか？

塩川　1話で初めて怪獣が出たので、怪事件や異常災害に対処する組織ということで存在しています。

――そして、ＳＡＭが付近の湖を調査していたら怪獣がイキナリ市街に現れるんですね。

塩川　「電吸怪獣エネスタン」。湖に違法廃棄されているマンガンとか鉛銀とかの影響で生まれた。もともとは人間と共存して「湖の主」と呼ばれた精です。根本はゴジラと一緒です。その辺、中国サイドが結構こだわっていました。怪獣がどういう理由で出てくるのか、科学的な根拠がないと、おかしいと。「生物学上、この尻尾の長さは、おかしい」とか(笑)。

塩川　ご自分がやっていた怪獣は本当に、全部気に入ってたと思います。怪獣のデザインはデザイナーの佐々木さんと、あとは画コンテをやってくれて、『リュウケンドー』でも一緒だった奥山潔さん。ＳＡＭのレギュラー衣装も奥山さんのデザインです。

――2話は「怨念」という名の封印されていた魔獣。

本多　中国の獅子舞みたいな。

――3話の宇宙人・カエラは身軽に動きますね。

谷垣　そう見えるようにしたんですが、本当はむちゃくちゃ動きにくい。カエラはバルタン星人と一緒で、のちのちシリーズ中最大の敵となっていく。

「バルタン星人はシルヴィ・バルタンから取ったように、カエラは木村カエラから取ったんだ」と原田さん言ってました。

塩川　二月の頭、メインスタッフが上海に行ってテレビ局と打ち合わせするために、1シーズン分のプロットと、怪獣のデザインを全部上げたんです。

そこでプレゼンして、ＯＫをもらおうと。その際に、向こうが色んなことを言ってくるので、ミーティングの現場で奥山さんがパソコンですぐ描き直して出力して「じゃこう直します」「ＯＫ」と。

その辺は原田さんの戦略ですよね。「言葉が通じないから、絵で見せるほうが早い」。

谷垣　奥山さんを連れて行くというね。

塩川　あれが向こうとの最初のバトルのような感じ。「これでやるぞ」と、納得させるための。
本多　1クール分の怪獣に、数十分で名前を付けたもんね。みんなでテーブルに寄ってたかって。
――中国ではゴジラ以降の怪獣文化がないので、〈怪獣〉という概念がないんだよと聞きました。
本多　子どもの意識にそういうものがない。でも妖怪は、中国では昔から悪者だというのがある。「妖怪を敵にして、怪獣はあまり入れない方がいい」と。
　一番根底にあるものが、「中国国産第一号のSF作品」という〝売り〟なんです。だから我々は黒子なんです。ただ僕は、日本にそれが来た時には自分達の作品として残したい。中国では名前はなくていいから。それは一つの条件として納得してもらった。

第一のヒーロー・青龍剣士。独自の工夫が凝らされたビルを背景に、侵略宇宙人カエラとの対決。カエラはシリーズを通した敵となるはずだった

▼特撮は爆発だ

――青龍剣士の初登場シーンで、複数の角度からのカットが畳み込まれますが、天井のステンドグラス越しに立つ姿が見えるカットにはシビれました。

　ミニチュア特撮だけでなく、操演と合成を使って市街のビル群を縦横に飛ぶし、袁東の乗るFOXが橋に乗り付けてホバリングしながら少年を乗せて飛び上がる時、川の水にも機影が写り込んでいるのが細かいです。

　宇宙人カエラと戦闘機の空中戦を地上から袁東が見上げるアオリは、パースペクティブもうまくいっている。コクピットや格納庫のミニチュアに人物を合成するのもほとんど違和感がありません。

　怪獣に踏みつぶされた車のボディが四散したり、宇宙ステーションの窓から引いてみたらミニチュアの全景になったり、原田さんは『ウルトラマンガイア』でも同様のシーンをやってますね。

塩川　その辺はやっぱり愛国心じゃないけど(笑)。上海市内は、晴れてもすごいスモッグで、抜けが全然見えないんです。怪獣を実景に合成するような画が非常に撮りづらいんです。

――火花は実際に出しているんですか?

塩川　合成と両方ですね。

水谷　原田監督は爆発具合にすごくこだわっていた。日本ではなかなか出来ない大きな爆発素材を撮影したんです。

塩川　セットだと、黒幕を張っても、撮れる画角が限られちゃう。そこで撮影所の野外に特撮用のアオリ台を作ったんですけど、そこに鉄板を敷いて、夜になったらボンッ!　と大きい爆発をやる。

▼斬らずに剣さばきを見せる

谷垣　『五龍』の格闘を見直したら、フレームイン、フレームアウトがとても多い。それは演者が、いつも僕がやっている人達じゃなかったから、タイミングに問題があっても編集でなんとかなるようにということもあったと思います。
塩川　怪獣のやられ方は、僕らは大爆発させたいのですが、中国サイドに「消えた風にしてくれ」と。
本多　死んだという情報を明確に出してはいけなかった。宇宙へ戻すというのもあったね。
――剣で斬りつけるシーンはありましたが、トドメを刺せない事を切り抜けるのは大変でしたか?
谷垣　もうエフェクトに頼るしかない(笑)。
本多　剣は、水晶腕輪の力をビームや衝撃波に変換させるための、触媒のような役割ということにした。
――2話では魔獣も剣を持っていてお互い火花を散らしたり、1話では怪獣の長い尻尾に剣が巻きつかれてしまうけれど、逆にそれを利用して横転させる。至るところに工夫が見られます。
谷垣　普通の剣の使い方は出来ても、米の字しかなくなる。だから、出来るだけ色んな使い方をするようにはしました。わざと一回まわして背中で受けたり。斬る以外の使い方ですよね。

▼NOと言わないプロフェッショナリズム

塩川　中国の人は、「出来ない」と言わないんです。やってみたら「出来ないじゃねーかよ」と(笑)。
谷垣　NOと言わないプロフェッショナリズムというものもあるんだよね。でも、それが安全に関わると、危ないです。僕ら2点吊りのワイヤーなんかは現場でハンガー(アルミで出来たワイヤーを吊る機材)を使ってやってるんですが、向こうのスタントチームに「ハンガーを明日使うけどあるか」と聞い

たら「ある」と言うから、当日行ったらない。「今、北京で使っているから」と言って、真木に針金をグルグル巻いて、そこに釘を打ち込んでやろうとしていました。止めましたけど。

宝性　日本だとライトを吊ったりキャメラを乗せたり、色々使う板があるんですが、それも中国にはない。そういうのも特注で作ってもらった。

塩川　各パートがコミュニケーションを頑張って、自分達のスタイルを作っていったのはすごいと思う。撮影部は中国人サイドのスタッフが一番途中で入れ替わって、大変だったんじゃないですか？

宝性　はい。やっていることは基本的には同じなんですが、機材の扱いも全体的に雑な感じで。レンズが入っているのに、そこら辺に放っていたり。

塩川　基本的に、日本人スタッフがいて、助手がつく。助手は、撮影所内の人を集めてくるわけです。そのレベルが、やったことあるぐらいの人と、何年もやっている人と、アバウトなんです。

宝性　中国でもレベルの高い映画のスタッフはレベルが高いけど、テレビの人達は技術的レベルが低い。

塩川　9話までの流れは、奇跡だったんじゃないかなと、今となっては思います。1～3話を撮っている時と、二回目の原田組の7～9話の時じゃ、スタッフの動きや流れが全然違った。その頃になると、誰が何をすべきか、みんなわかって動いていた。

塩川　だから現場の雰囲気としては良かった。何ヶ月も中断して空いても、同じ人が戻って来てくれるのが、僕らはすごく嬉しかったんです。

谷垣　つながらないのは、袁東の髪型だけです(笑)。

塩川　組をまたいで撮影するのですが、役者が髪切っていた(笑)。そういうつながりに対する責任も全部説明しないとわからない。

▼『五龍奇剣士』の明日

――二回目に原田さんが監督した7～9話の編集はまだされてないんですか。

塩川　素材としては全部、撮り終えているんです。合成作業も終わっています。

本多　7～9話は中国のスタッフが、シーン別に分けるぐらいまでしかやってない。それも途中まで。

水谷　9～11話が神澤(信一)組の予定でした。

塩川　神澤組は実景を一日撮っていたんです。その後に、原田さんからメールが来て「中断と聞いたけど本当か？」と。

水谷　映像ファイルは向こうにあるんですね。

塩川　とにかく世に出して欲しいですね。原田さんはメイン監督というより、全体の軍師でした。自分の野心として、「中国のパイオニア」ということがあったと思うし、スタッフもそう思ってやっていたんです。その原動力は原田さんだったんじゃないかな。

▼監督として生きていた

本多　原田くんは、「そこまで考えなくてもいいよ」というところまで、トータル的に考える。一ヶ月三本、約束通りの時間で撮った。いつも自分が先頭で元気だった。彼は、愚痴を言わない人なんです。

塩ちゃんもよく怒られていた(笑)。塩ちゃんはみんなのことを思って、スタッフの言葉を僕に伝える役目もある。でもそこにあるものだけで、どう作るかを考えなきゃいけないんだと原田に言われていた。

中国に行って色々出来ると思っていたのが、出来ない事も多くて、不満が爆発しそうになる時に原田がそう言ってくれて、随分変わりました。

だから『五龍奇剣士』というのは、スタッフに助けられて、ここまで出来たものです。いいものをいっぱいみんなにもらったよね。それは異国であるってことも、色々、プラスになったと思うね。

でも原田には監督業だけをやらせてあげたかった。そうすれば、自分の籠の中に入っていたものが、違った形で出て来るんじゃないかと思っていた。それを出す前にスタッフのことをいつも考えていた。

亡くなる五日前に、突然彼から電話がかかってきて、「実は、がん研にいるんですよ」と。声もすごいし「かなり進んじゃってるの？」と言うと「あと三ヶ月は頑張れると思う」と。苦しそうだから「わかった、そこへ行くから」と行ったんだ。

行ったら、かわいそうにやせ細って、力がないのにベッドから起き上がって座ろうとするんだよ。「寝たまま楽に話しろよ」と言って、色んな話をした。別れる時、「(7～)9話までは編集させてくれ」というのが彼の最後の希望だった。彼は死期より、自分の未完成の作品に対して、すごく思い入れがあったね。

原田とは短いつきあいだったけど、色んなことを話した。彼はテレビシリーズを随分やっているけど、やっぱり考え方が映画だよ。ちょっとしたものにまですごく興味を持つしね。テレビは一度映るとそれで終わりじゃない？　再放送は別として、後は自分がどうしようとどうにもならないものであるわけ。

映画は違う。ずっと残るでしょ。思い入れやなんかが色んなところでつながって、復活して息づいたりするわけじゃない？　そういう意味では僕は彼と話していてすんなり入っていけましたね。

inter-view

高橋健太郎

最初は「本当にこの監督で大丈夫なの？」と思ったんです（笑）

『五龍奇剣士』脚本（シナリオライター名：岡野勇気）

高橋　僕は監督と脚本として原田さんと会うのは『五龍奇剣士』が初めてです。顔は知ってたんですが、自分とは縁のない監督だと思っていました。

『男組』の時、僕は円谷映像のプロデューサーで、「キャスティングだけ手伝ってくれないか」と言われて、柳明日香というヒロインのキャスティングは僕がしたんです。あんなに芝居のある役だと知らなくて、完成映像を見て度肝を抜かれました（笑）。

そういう自分の責任もありつつ、『男組』を見て、自分とはセンスが違うと思っていたんです。

――違うところというのはどこですか？

高橋　原田さんは、とにかくまとめる方向で動く人だと思うんです。後々、それがいいところだということもわかるんですが、当時は僕も若かったし、「もっと才気走る監督とやりたい」というのがあった。

僕は円谷映像という会社が出来た時に父の縁故で入って、その頃、前後して川崎郷太さんがそれまでいた木下プロを辞めてコダイに行くんです。

コダイでは、特撮監督で、実相寺さんの片腕だった大木淳吉さん（故人）が、僕や川崎さんを可愛がってくれたんです。コダイの中でも実相寺組バリバリというよりも、外れの大木組みたいな感じで、だんだん固まったグループでした。

僕の父親（高橋正樹氏）はテレビ朝日にいて、円谷プロの『恐竜探険隊ボーンフリー』（七六〜七七年）とかを、局プロデューサーとしてやっていたんです。それで円谷英二さんの息子さんの円谷粲さんと昔から仲が良くて、粲さんが円谷プロから独立して円谷映像を作った時に、僕はプータローだったもんですから「遊んでないで来い」という話になった（笑）。二三〜二四の時です。『ウルトラQ ザ・ムービー 星の伝説』（九〇年）という実相寺さんの映画が初めての現場で、制作みたいなことをやってました。

――最初から実相寺さんの現場で「コダイ育ち」のような。

高橋　そうですね。ずっと近いところで。現場で仕切ったり怒鳴ったりというのが、東映の演出部の人達の美学なんじゃないかと思うんですが、コダイの現場を見て来た人間からすると、最も遠いんです。

――コダイの人達はそういう風にしないんですか。

高橋　しないです。実相寺さんもしません。助監督を怒鳴ったりとかは。頭を使ったイタズラはするんです。助監督に嘘のカット割りを渡したり（笑）。

それは、どっちがいいとか悪いとかじゃなくて、会社の気質が違うということだと思うんです。なんとなく原田さんからは東映風なものを感じていたんです。『五龍』では、チーフ助監督の塩川（純平）さんもともと東映でしたし。

よい部分で言えば、まとめる力、政治力、役者を転がす力……そういうのも含めて演出力だと思うんですが、それは非常に長けていたと思うんです。

でも一方で、一緒に台本を作ってくと、SF設定の細かいところや辻褄合わせはライターにお任せで、自分で口出したり考えたりはしないタイプでした。

▼衝撃だったこと

高橋　二〇〇五年の春頃、円谷英二さんの孫の円谷英明さんが当時円谷プロダクションの社長で、その下の制作部長が、今の円谷プロの社長である大岡新一さんという体制で、「中国で子ども番組をやりたい」という話があったんです。

僕や円谷プロで監督をしている佐野（智樹）さんが参加して、何本も企画を作っていたんです。

それが、英明さんが社長を退任して、企画ごと潰れたというのが前段であるんです。

それで二〇〇六年の一月頃に、僕のところに高橋巌から連絡があって、実は『五龍奇剣士』という形で、英明さんが中国とまた企画を進めている。ライターで参加してくれないかという話がありました。

その時点で、原田さんがメインの監督ということは既に決まっていて、ベテランの田口成光さんが脚本を書いて、シリーズ構成もやるという話でした。

高橋巌は、二人でトリッキーなSFを作ろうよ、というつもりで僕に声をかけたらしいんです。

〇六年の一月半ばから打ち合わせに参加して、原田さんとも顔を合わせたんですが、僕は、進んでないことを片付ける手伝いをするという感じで、メカ設定とかを細々と作っていました。

二〇〇五年に一回潰れた間も田口さんはずっと準備をしていたらしいんです。企画書を作ったり、1・2話ぐらいのプロットやシナリオを作ったり。

でも中国を相手に全然進まない。今後も中国に行って、打ち合わせもやらなきゃいけないから、大ベテランの田口さんにそれを全部やって頂くわけにもいかないので、折衝窓口という意味でシリーズ構成は僕がやることにしたんです。

最初の中国行きは原田さんも一緒でした。ゆっくり話したのはその時が初めてです。僕も一話だけ参加した『リュウケンドー』の話とか、共通の知人、（リュウケンドーの監督だった）清水厚や川崎郷太さんの近況を話しながら、上海空港から市街までのタクシーの中を一時間ぐらい話したんです。僕はその時は台本をどう作るかで頭がいっぱいでしたが（笑）。

その時に憶えているのは、『リュウケンドー』は脚本家とシリーズ構成と監督と、製作委員会がホテルの会議室に一堂に会して、駄目出しをやり合うシナリオ会議をやっていたと。そんなやり方じゃ大変だと思ったんだけど、原田さんは平気なんです。「出来あがったホンで撮ればいいじゃない」と。

このことは、両方の意味で僕は衝撃だったんです。「本当にこの監督で大丈夫なの？」というのと、「預けておけばなんとかしてくれる」。その両方ですね。

それがやっぱり東映流というか、原田流というか、ちょっと引いて大きいところから見ようとしてるんだなあということは感じました。

▼熱い時間を共有できた

高橋　中国に着いて三日後にＳＭＧ（上海メディアグループの略称）という『五龍』を司っている会社で打ち合せをしなきゃならないのに材料が何もない。そこで監督が宿にしていたマンションに籠って、みんなで「カンヅメ」です。

その時に美術の佐々木修さん、怪獣デザイン・画コンテの奥山潔くん、演出物の塩川純平さん、高橋巖と原田監督と僕とみんなで出来てないものを作り始めたんです。13話までのストーリーとシリーズ構成、画コンテ、デザイン……。１・２話のシナリオを直したり。それが僕にとってはすごく充実した時間で、非常に熱い時間を共有できました。原田さんはリーダーの役割でした。

――１、２話のシナリオは出来ていたんですね。

高橋　田口さんが書いたものがあったんですが、原田さんが一から直した。原稿がギリギリで、中国でメールで受け取ったので、内容について、田口さんとやり取りする時間がなかった。あと、メインスタッフ全員で話していると、アイデアが膨らむんです。

――その二日間、原田さんからの現場的な要請はあったんですか？

高橋　準備が出来てないのにクランクインが近いので「作りものを出すのを遅らせてくれ」と言われました。「でも隊員やステーションが出たら何も飛ばないわけにいかない」とやり合ったんです。

ＢＩＧ　ＢＩＲＤっていう、全体の指令基地かつ移動空母があって、４話か５話で僕は出してくれって言ってたんですよ。でもムリだと。

じゃせめて「部分だけ表に出てることにさしてくれませんか」って。それまで地上基地扱いで、14話辺りで全貌を現して浮上する。それには原田さんもけっこう乗って「どうせ引っ張るんだったら、そこまでコケ脅しでやろうか」と言ってくれました。

▼ウルトラマンの監督として

高橋　原田さんは打ち合わせで何かというと「ウルトラマンの時はこうだった」という話になる。僕は「これから新しいものをやるんだから、そういうことを中国の人に言わないで欲しい」と話しました。

原田さんも、モノサシになるものがないし、初めてのシリーズだし、中国が何を考えているかわからないし、自分でも葛藤があったんだと思うんです。

ウルトラマンの時は、操演は亀甲船がいてくれたとか、ＣＧはあのチームで何日で出来た、そういうことを一個一個測っていたんだと思うんです。

原田さんは「円谷プロは最近撮らせてくれないから、中国で新しいことをやる」と言っていました。僕もどっちかというと「外れ組」なので、そういうシンパシーは僕らの間にはあったんです。

『ティガ』の人気は上海でものすごくて、やっぱりＳＭＧの人もすごく意識してるんです。「ああいうところは、採り入れて欲しい」とか、そういう話も出ましたから。

ウルトラマンが怪獣と戦っている時に、隊員の顔が抜きで入って「頑張れ」とか励ます。中国の人にとっては、そういう連帯感がいい。子ども達の心に響くと。『五龍奇』でも３話目でそれっぽいのをやりました。「五龍奇剣士頑張れ！」みたいな。

▼アーティスト系の監督にない力

高橋　一本でもやらないと、中国の反応が全然わからない。セリフ一つ、ト書き一つ、いつダメ出しして来るかわからない。気に入ってるのかもわからない。

とにかく最初にやる人が「これで！」と目をつぶってやるしかない。そういう意味では原田さんじゃなければちょっと出来なかったと思うんです。

これは後の話ですが、十何話まで話を作って「この方向でOK」と進めたのに、急に担当者が変わって、「1話からもう一回説明し直してくれ」とか。平気でそういうことが起こるんです。

その後もほとんど原田さんと僕でSMGと折衝することになるんですが、プレゼンがうまいんです。「ヤバイな」と思うことはうまく伏せて、確認事項は優先的にジャッジを取る。

「五龍」は中国の子どもが見るわけですから、原田さんはSMGから出た要望は積極的に作品に取り入れようとしてました。例えば中国側の意見であったのが……「宗教色排除」と「見てためになる知育番組」の要素。怪獣が出てくるにしても、科学としてためになることが盛り込めないかと言ってました。あと、中国では謝罪の時に頭を下げる習慣がないので握手にして欲しいと。

それから、日本で言うところの「鬼」は、中国ではすごく縁起が悪いらしいんです。「死んだものが蘇えるみたいな。そういうものはやめてくれ」と。

龍みたいな怪獣も出そうとしていたんですが、逆に龍は中国ではめでたいので「弱い龍はやめてくれ」と。一から十まで違うものだなと思いました。

▼美人がいっぱい

――1話では美女に選ばれた青年がヒーローになるという始まりでした。


高橋　そうです。原田さん、その女の子のキャラに実はこだわっていたんです。最近のウルトラもそういう傾向があると思うんですが、女性キャストが昔より多いですよね。戦隊でも女の子が二人になったり。単純に「もっと女の子を増やしたい」というのは、企画書の段階から言ってましたね。

「なんで？」と聞いたら「その方が現場が楽しいから」(笑)。ライターは現場に行けないのでやっかみつつ、気に入っているのなら好きなものを撮った方がいいと思っていました。

だから二人の女性隊員の他に、アドバイザーの王教授のサポート役で女性科学者の白俐を出したり、メディカル要員の女性キャラも準レギュラーです。

原田さんはとにかく中国の女の子がすごく好きで、俺が「スタイルはいいけど胸がない」と言ったら、「脚さえ見てればオッケーなんだよ、ここは天国だね」と言ってました(笑)。それは冗談でしょうが、登場人物はオーディションの時もこだわって選んで、ものすごく大事にしていました。

あとロケーションも、日本だと狭苦しい画しか撮れませんが、向こうだと全然違う画が撮れるというのも良い点として何度も言ってました。

▼大河ドラマ的展開

――主人公の袁東は剣士の血筋なんですか。

高橋　一応そういうことにしたんです。実は映画版があって、シナリオ初稿まで行って企画ごと潰れました。中世の中国の話にして、その時の主人公が、テレビ版の主人公の祖先ということにした。眠っていた腕環の力がめぐりめぐって……今テレビでオンエアしているのはこの番組だよという風につなげたかったんですが、これは実現しなかった。

――劇場版も原田さんが監督の予定だったんですか。

高橋　そういう話もあったんですが、スケジュール的に、テレビをやりながらは無理だろうというのと、映画とテレビで出資が違ったらしいんです。映画では韓国の資本も入れようとしていたらしい。韓国人の監督でという話も出て来ました。だから原田さんは映画版のことはあまりご存じないと思います。
でもせっかくやるなら、テレビで使った素材をライブで使わないとハマらないと思うので、1、2話で使った設定を時代劇に合わせて持って来たりして、なんとか原田さんや高橋巌の名前をクレジットして、ちょっとでもギャラが発生するようにしようとか、そういうことは考えてました。

――円谷プロ作品に昭和からゆかりの深い中野稔さんも関わられてたんですね。


高橋　関わられていました。中国に来たし、映画化の打ち合わせにもいらっしゃいました。合成カットをいくつかと、メインタイトルは中野さんが作っています。プレートっぽい、隷書体のような文字が出るのは中野さんです。

仕上げがどんどん具体的になってきたら、色々お願いすることがあったんでしょうが、結果的に潰れたので、出番がないままということだと思います。

二度目に中国に行った時、原田さんに「どうすか監督」と言ったら、五キロのライトがステージの傍に一発だけあったのを指さして、「あれを朝用意してもらうのにもう大騒動でさ」と言うわけです。グリーン・バックもただ布の前で撮ればいいわけじゃなく、影が出ないようにライトを作らなきゃいけない。それが中国のスタッフにわからなかったんだと思う。最初の内は一から十までそんな調子で、それはなかなか進まないわな、と思いました。カメラ一台、テープ一本でも最初の約束には来ない。だからチーフの塩川さんもすごく大変だったと思うんです。

台本は日本で僕の方でチームを作って、1クール目はどんどん進んでいました。だから台本が遅れる感じではなかったはずなんですが、中国のＳＭＧの了解を取ったりということが遅々として進まないので、そのやり取りに時間がかかってた印象です。

本多プロデューサーも、資金の流れや制作の重要なところの流れを決めるための作業にべったりで、ＳＭＧとの台本打ち合わせにはまったく出てこない。

だから五月の半ばに僕は三度目の中国に行くんですが、ＳＭＧとのシナリオ会議で確認を取る作業は、その辺りから、日本側はほとんど原田さんと僕の二人なんです。そういう状態の中で、原田さんと連帯感が生まれました。少しずつ僕の中で変わってきた。

▼ヒーローが次々と交代して……

高橋　中国側で、１クールごとにヒーローを変えたいという話が必須としてあったんです。最後にはそれぞれの「心」「技」「知」「体」「勇」が融合して完璧な超人になる。僕も最初に参加した時はフンフンと聞いていたんですけど、よく考えてみたら青竜、白虎、玄武、朱雀で四人しかいない(笑)。それで女神の美美を合わせて最後の剣士の「旋風戦士」を作ると、苦し紛れなアイデアを出したんです。

――だから１話で美美も片手に剣を持っているんですね。３話でも雷雲を呼んで戦いに加勢します。

高橋　１話から女神の話は振っておいた。二〇〇七年一月に２クール目まではシリーズ構成が出来ていたんです。その後は、ヒーロー達と女神が全員合体して最後の剣士になることだけは決めていました。

腕輪が四つぐらいあって、青龍タイプには青龍の人しか反応しないことになっているから、持ち主を探さなきゃいけないということにはしていたんです。

ヒーローが交代したら、前のヒーローは力を使い果たして極東方面の基地に行ってもらう予定でした。

全部それがＳＡＭという組織に「今日から来ました」と入って来るのはおかしいから、たまには隊に入らないやつもいて、「自分で戦う」と言ってみるとか。逆に前からいたやつが実はヒーローだったりとか……そういうパターンはいくつか作ろうと。

▼シナリオの体制

――３話はチームの中での対立が描かれます。

高橋　直情径行で戦う主人公を先輩の董山が止めるんです。それでチーム内でも対立があるけれど、後々その二人が本当の友情を結ぶことにしようと。それは原田さん、好みだったみたい。チーム間のキャラクターが良く書けていると誉めてもらいました。

僕は全部で四話分書いています。ただ、今、僕の元にあるデータは、後で我々が書いた日本語のシナリオ→翻訳→中国側でセリフなどを更に修正、という流れでした。インする前に。だから微妙なニュアンスはどう変わっているか僕にもちょっとわからないんです。

１・２話は、田口成光さんと僕の共作みたいな形になっていますが、最初に書いたのは田口さんです。

電気の怪獣というのは田口さんのアイデアですから。２話の怪獣「怨念」は、申し訳ないんですが僕の方で中国のアイデアに合わせて変えさせてもらいました。

田口さんは１クール目は書いていて、僕が連れて来た藤本信行さん、早瀬円さんと、四人で書いてました。３・４話は僕の単独。４話は高橋巌組の初回だったので、ＳＦチックな難しい話にしようと思ったんですが、中国には受けが悪くて(笑)。

原田さんは、太田愛さんを呼びたいという話もしていました。もう少し体制が整って、どこにはめてもゲストの変化球で一本通じるような枠を作って、そこでやってもらいたいとは言ってました。

▼一度目の中断以降

高橋　僕が書いたシナリオの中に、袁東が従兄弟の幼い娘・丹丹を相手に、ディスプレイで「未来の絵本」を読んであげるシーンがあったんです。ＳＦだし未来の話だしということで入れたんですが、それをオミットしましたと塩川さんから聞いて、俺、原田さんにつっかかったんです。

僕も撮れないものを書いてもしょうがないから、切るなら切るでいいんですが、ＳＭＧは「未来の話だ」「ＳＦだ」としきりに言うわけですから、代わりに何をやるとか世界観をどうするとかの連絡を密にしてもらわなきゃ困るという話をしたら、原田さんも「悪かった」と。八月の半ばに全体会議があるから、そこでその辺の話もすると言ってくれました。

それで会議に出かけて行ったら、原田さんが口を開く間もなく、本多さんから「実は今日で中断になります」と。えーっ、ガクガクガクっとなって、その日は二人で愕然とした記憶があります。

その最初の中断は八月にあって、その時は十一月末まで中断していたと僕の日記には書かれてます。

一二月に高橋組がインした。４～６話です。その時は高橋巌と入れ替わりで原田さんは日本にいたので、先の予定の脚本を一緒に作りました。

基本的に監督が二人だけじゃ回るわけがない。いくら三本持ちと言っても。原田、高橋の次がいない。石井てるよしさんを連れて来ようという話もあっ原田監督自らミニチュアセットの配置を指揮。
後ろのスタッフが持つ戦闘機は科学調査隊SAMのEarth Dragon

たんです。僕も原田さんも仲が良いから。でも原田さんが太田さんの時と同じで、あまりにも先に進まないで、苦しいので普通の人を呼べないよと。

結局7～9話を原田さんが撮って、次の回は高橋巖が撮って、最後また原田さんが撮って終わるローテーションにしたんです。その後、高橋巖が降板したので、ベテランの神澤信一さんが一日だけ撮影した時点で中断になって、それから本当の中止になってしまった。

神澤さんには特撮監督と、ラインプロデューサー的に、原田組のフォロー含めて回転が良くなるように入ってもらおうとしてたんです。

――高橋巖さんは降板されたんですね。

高橋　「衝撃を受けた」とその時の僕の日記に書いてあります。二〇〇七年の二月十九日です。4～6話を撮って、仕上げをやっている最中だと思います。

現場で塩川チーフも含めて、原田さんの集めたスタッフとそりが合わなかった。それはコダイ流と東映流が違うんだからしょうがないことなんです。

それが一個と、もう一つ高橋巖は理想の高い人で、「中国で新しいもの、日本でやれないことをやるというので自分が呼ばれたのに、結局日本の特撮テレビ番組を縮小再生産しているような事にしかならないのではやれない」という理想論を申されて、結局辞めるということになりました。

僕は自分を呼んでくれたのは高橋巖なので、「一緒に降りる」と言いましたが、許されませんでした。その時は既に中止が見えていたということもある。

今はとりあえず編集が終わって音楽も入っている3話までの映像がある(二〇〇七年四月二四日完成)。それはいつまで経っても仕上がらないから、原田さんが業を煮やして仕上げた。一応「フォーマットはこれで」と、ガイドでいいから完成させようと。そうしないとパイロット版にもならない。

――エンディングはその回の名場面集ですね。

高橋　主題歌は中国の方で作ってあって、BGMは日本でスワラプロの方が付けたんです。

▼原田さんとの別れ

――原田さんと最後にお会いしたのはいつですか。

高橋　二〇〇七年の六月です。僕が遅い結婚をして、嫁をみんなに見せる会をやったんです。その時に、原田さんをお誘いしたら、快くお越し頂いて。嫁におしゃれな銀の歯ブラシ立てをくださった。そういう事がいい思い出として残ってます。

『五龍』はあまりにも動かないので、怪獣カードだけ作って、ハウス食品中国から出すレトルトカレーにオマケで付けることになったんです。それで八月に原田さんにメールを出しました。僕も設定は作っているけど、現場で怪獣の能力などが実際どうなったかがわからないから、原田さんに確認したんです。

それをやり取りした時、『五龍奇剣士』には愛着があるんですよねとメールに書いてあって、僕の結婚生活も気遣ってくれて、それが最後のメールで。

『五龍』は残念でした。完全に潰れたとわかるまでに時間がかかるんですが、その前までは「来月こそやる」と、連絡だけ来ていたんです。いつか再開できると思いながら原田さんが亡くなってしまうわけです。なにしろ若かったんで、ショックでした。

僕のところには石井てるよしさんからメールが来て、思ったよりも良くないらしいと。じゃお見舞いに行こうかと高橋巖と話していたんです。僕らも別の仕事で撮影をしている真っ最中だったものですから。二人で「明日にでも行こう」と帰ったら、亡くなったという連絡が来て「ウソだろ」と。

曲がりなりにも原田さんだから、あの体制の中で三本まで完成したんだと思います。高橋巖が途中で降りた例もあるように、普通の監督だったら無理だったと思うんですよ。それでもやってしまうから、なんとかなるような気がしちゃうのが良くなかったのかもしれない。

だからもっとちゃんとした体制でやらせてあげたかったという思いもあるし、そこまで頑張らないで、ダメならダメと一回言えば良かったのにというところと、両方ありますね。後悔がね。

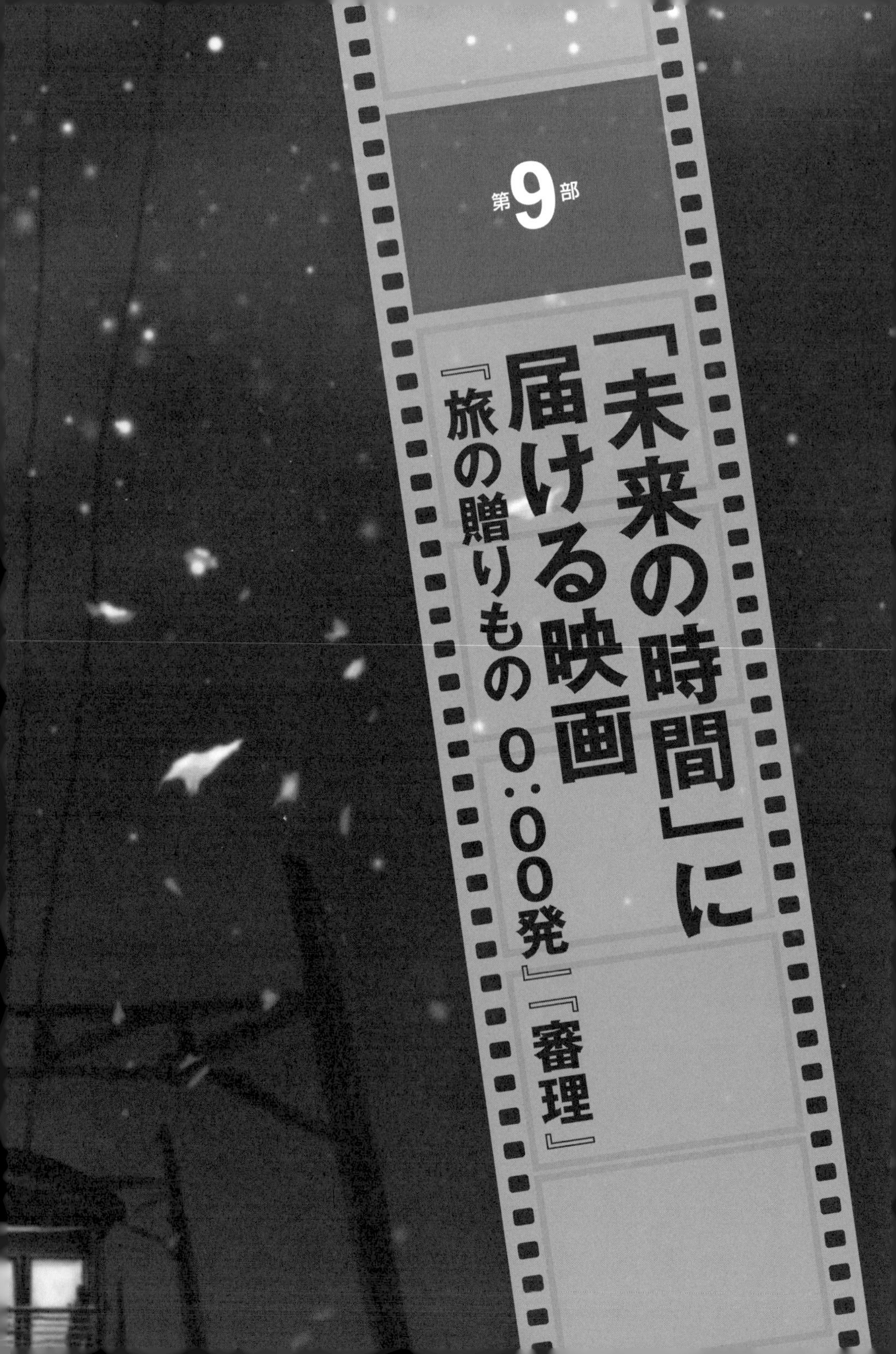

第9部

「未来の時間」に届ける映画

『旅の贈りもの 0:00発』『審理』

作品解説

『旅の贈りもの 0:00発』

▼公開：二〇〇六年十月七日　制作：アクロスザユニバース

脚本：篠原高志　**企画・原案**：竹山昌利　**撮影**：佐々木原保志

出演：櫻井淳子（沢渡由香）、多岐川華子（桐ヶ谷華子）、徳永英明（越智太一）、大平シロー（若林陽一）

原田昌樹第一回監督の劇場用作品『旅の贈りもの0：00発』。企画・原案・プロデューサーの竹山昌利氏は、原田監督とは旧知の仲だ。美術スタッフとして入った三船プロが時代劇専門から現代劇を作ることになって制作畑に移り、その後、退社して『太陽にほえろ！』や山口百恵の『赤い』シリーズ、石原プロの『大都会』『西部警察』などテレビ映画を経た後、東映初の外部の制作担当として映画に携わって、和泉聖治監督作品『恋子の毎日』で原田さんと出会った。『Gメン'75』にも関わっていたが、原田さんとは班が違ったという。

和泉監督作品以外では『REX　恐竜物語』でも原田さんと一緒になった。

「原田くんは予算のことをわかっているフィルム育ちの助監督。だから『旅の贈りもの』で彼を起用したんです」（竹山昌利さん）

竹山さんは、原田さんと古い付き合いのスタッフを招いた。

「原田監督に相談したら『撮影はバラ（佐々木原保志）さんがいい』と。助監督初期に一緒にやっていたようだ。照明にはバラちゃんが決めた安河内央之。美術は黒田（亨大）。みんな原田を知っている仲間で固めた。ロケ地では毎晩呑んでました」（竹山昌利さん）

原田監督のところに話が行った時には、竹山さんによる原案は出来ていた。本作はJR西日本が制作協力している。

「私はテレビ東京開局四〇周年の記念特番『新幹線を作った男たち』（〇四年）に関わっていました。それを作った後にJR西日本から、鉄道を題材に映画を制作できないかと言われたんです」（竹山昌利さん）

そこから、〈スローライフ〉〈スロースピード〉をコンセプトにする方向性が浮かび上がった。

「特別な車両はないんですかと聞いたら、マイテ492とEF58という名車があると。じゃあそれを列車の旅につなげて原案を僕が考えますと」（竹山昌利さん）

竹山氏は映画の制作部の経験に加え、各地の施設を積極的にロケに活用するフィルムコミッション連絡協議会にて地域活性に携わっており、この種の企画は得意だったという。

「大阪を深夜〇時に出発した列車に乗った五人の乗客の、過去や負っているものを描きながら、着いた町は何もないところ。そこで乗客が何を見るか？　という話にしました」（竹山昌利さん）

脚本は、『新幹線を作った男たち』のシナリオを手伝った篠原高志。

「旅ものなので篠原くんに決めて、次に原田監督でやるけどいいですね？　と言ったら、篠原くんが以前に『ウルトラQ　～dark fantasy～』を原田監督とやっていて、好きな監督だと答えたから『じゃあコミュニケーション取れるな』と、原田監督で決めました」（竹山昌利さん）

決定稿の一ページ目には、本作のスローガンが二種掲げられている。その一つの文は映画自体のキャッチコピー的なものだ。

旅に出よう、真実（ほんと）の旅に……!!
スロースピードで、スローライフな旅に……!!
消えゆく郷愁あふれる町並みを歩き……、
失われゆく真の日本人の心を求めて……!!

そしてこの言葉の下にある二つ目の文章は、映画に登場する列車の紹介と言ってもいい。

『大阪発、深夜0：00』……。
偶数月の第三金曜日。列車名が表示されていないレトロな列車が、大阪駅を出発します。しかも、行き先不明……。
列車は多くの乗客を乗せ、スロースピードで走行します。
途中、一か所だけ停車します。そこで下車されても結構です。
しかし、私達は終着駅まで乗って頂くことを希望します。
昔ながらの列車の旅……。
みなさんもこのレトロな列車に乗って、真実（ほんと）の旅を満喫してください。

このスローガンに見られるように、本作は観客にとっては居ながらにして旅に連れてってくれる列車そのものでもある。

映画の冒頭、イラストのカチンコに「ATU」という文字が表記され、「ACROSS　THE　UNIVERSE」と制作会社の名前を手で描いていくアニメとなる。砂絵という手法で、この部分はハンガリーで撮影されたという。活字で「『大阪発0：00』製作委員会」と出て、その下の「presents」がやはりアニメの手描き文字で提示される。それが拭われ、アナログ感覚の素朴な列車の絵になる。この列車の形はマイテ492だ。

この始まりは、人の手で作られたぬくもり感と、本作の登場人物と並ぶ主人公である〈列車〉を印象づけるものになっている。

そして「月日は百代の過客にして／行きかふ年も又旅人也…」と、松尾芭蕉『おくのほそ道』の引用がスーパーとして出る。背景には月や星がイラストで描かれてある。それも手で拭われ、「Departing Osaka Station at 0:00」と出て、映画が始まる。

▼いざ出発進行！

「画の作り方として、都会は冷たい感じで、田舎は落ち着いたどっしりした感じで……としました」（原田昌樹）

本作は台本の決定稿まで『大阪発0：00』と題されていた通り、映画の冒頭は〇時に大阪から列車が発進するまでの大阪駅構内で、その列車に乗り込むことになる登場人物の行動が描写される。準備稿では時刻の字幕表示がされていた。実際は、駅の時計を写すなど、カットとして組み込んでいる。

「大阪駅のカットが細かいのは、都会から列車に乗って、地方に残っている日本的な風土に入っていくとテンポがゆるくなる。そのギャップを出すための必然です」（撮影・佐々木原保志さん）

時計塔が写るカットに「徳永英明」とクレジットが出て、本作の主要出演者の名前が表示される。

キャリーバックを引きずる主演・桜井淳子演じる沢渡由香（三二歳）は足からフレームイン。その段階ではまだ顔を見せない。背後に電車が行き交う陸橋で佇んでいた十七歳の少女・桐ヶ谷華子（多岐川華子）は、見知らぬ中年男から声をかけられて三万円を握らされるが拒絶し、大阪駅の方に走り出す。その後ろ姿に監督名「原田昌樹」がクレジットされる。

構内をトボトボ歩く四四歳の若林陽一（大平シロー）を突き飛ばして駆けていくのは金髪で二三歳のミチル（黒坂真美）。ゆっくりと階段を上がってくるのは六七歳の網干（細川俊之）。

華子の周囲は、構内の喧騒から離れ、人気が少ない。華子が目を向けた先には階段があり、上がると閑散としたホームにはレトロな列車が見える。光を鈍く照り返す古ぼけたその列車を、鉄道マニアらしき青年が写真に撮っている。この青年も後に旅に合流する岡部茂（澤田俊輔）だ。列車に人々を迎え入れている車掌（石丸謙二郎）が華子に話しかける。「お乗りになられますか」。

昭和二一年から昭和三二年にかけて量産された旅客用電気機関車EF58 150が、客車のスハフ12 702とマイテ49 2を牽引。決定稿のト書きではこう記されてある。「茶色い電気機関車を先頭に、茶色い客車が二両、後尾の一両は戦前からの一等展望車――。まるで銀河鉄道のような列車である」。

マイテは昭和十三年に特急富士の一等展望車として作られ、戦前は皇族や華族、軍人、政治家や一部の人間しか乗れなかった。そんな名車が深夜の大阪駅に停まっている。決定稿一ページ目にあったような、運行のあらましが車掌から説明される。「お帰りは、1ヶ月以内に、お好きな列車をお選びになって構いません」

上映館「テアトル銀座」にて。この映画館も今はない

石丸謙二郎の本作のセリフ回しは石丸がナレーションを務める長寿番組『世界の車窓から』に近い。セリフを言い切るまでには表情の変化がなく、この列車が日常ならざる存在であることを象徴しているかのようだ。後の『仮面ライダー電王』での「時の列車・デンライナー」オーナー役でさらに印象として定着することになる、石丸の異世界への呼び水としての役割だ。

値段は九千八百円だと車掌が告げると、華子の周囲が突然無音になる。先ほどの陸橋での事がフラッシュバックされ、ズボンのポケットに、中年男がねじこんだ一万円札が入っていたことに気付く華子。乗車を決意した華子が車掌にお金を渡す間にも、若林や由香が列車に乗り込むが、由香の顔はまだ観客に見せていない。

やがて時計の針が0時を指すカットが挿入され、車内の華子と由香の「いまの私に合ってる気がした」というモノローグがハモって聞こえる……という描写が準備稿にはあった。決定稿以降では「行き先不明の夜汽車……」と華子のモノローグがあり、由香の「いまの私に合ってる気がした」というモノローグが観客にとってリレーして聞こえるようになっている。そしてこのシーンで、初めて観客は、桜井淳子演じる由香の横顔をまじまじと見る。

出発進行の笛が鳴ると、汽笛とともにライトが灯り、動き出す車輪がアップになって、列車がホームを滑り出していく。竹内まりや「駅」のインストゥルメンタルが流れはじめる。

線路を行く列車のカットの次には、冒頭と同じく、大阪駅周辺の俯瞰。そこに『旅の贈りもの　0:00発』とタイトルが出る。

「私が昔『Gメン'75』をやっていた時に、番組のタイトルバックがユニークだった。今度もあれをイメージして、ラインを線路の形にして、『旅の贈りもの』という字の下に伸びる。その上を三両編成の電車のアニメが走って来る。それを合成担当の日本エフェクトセンターに頼んでやってもらったんです」（竹山昌利さん）

▼列車がもう一つの主人公

「列車の撮影は、大阪駅の発車シーンで一日。山口まで乗って、車内と外観を一日。呉線で外観撮影に一日。客室との合成用に、小郡（新山口）の操車場でグリーンバックで一日」（原田昌樹）

原田監督が公開前のインタビューで「この映画の売り方が列車に寄り過ぎていると思います。もっと日本の優しさだとか、そういうことを伝えたい」と言っていたぐらい、本作では列車が単に移動手段であるということを超えた扱いをされている。

竹山昌利さんは列車を、ヒーロー番組におけるタイアップキャラクターのように捉えていたという。

「バンダイでBトレインショーティーや模型、ストラップ、舞台になる風町のジオラマでNゲージのモデルを作ったりしました。映画館でも販売したんです」（竹山昌利さん）

映画では列車が走る様を複数のキャメラで丁寧に描写する。

「撮影用に特別編成を組んでもらったんです。一回しか走れないから、空撮も含めて、キャメラは五～六台ぐらい使った。外からと、通過駅や要所要所に置いたり。並走で狙ったり、空撮もやった。それ以外、芝居場は1キャメです」（佐々木原保志さん）

ダイヤを縫って映画用の電車を走らせるワンチャンスの撮影にも果敢に挑んだ。原田監督はアクロス・ザ・ユニバースが制作した公式メイキング映像で以下のように語っている。

「列車の撮影は大変でした（笑）。ダイヤは一ヶ月前からJR西日本さんに組んで頂いて、かつ、実景の撮影隊が先回り出来るように、ある程度列車が走ったら、駅で停まって頂いて、その間に車のスタッフがキャメラを構えられるようスケジュールを組んでもらった。JRさんからはあまり（列車を）一般の人に見られないようにしてくださいという制約もありました」（原田昌樹）

普段走らない列車なので、どうしても目立つ。

「鉄道ファンには垂涎の列車らしく、情報が流出していて、客観を撮りにくいというのはありました。居ては困る場所に、鉄道ファンが信じられないくらい来てました」（佐々木原保志さん）

途中駅を通過する際は車窓のカーテンを閉め、キャメラの待機場所に来るとカーテンを開ける。その作業を役者が自ら行った。

「一回走ったら戻って来られないんです。山陰本線は松江までしか行けない。別の時に山陽本線に行ってもらって、またそれを撮るというので、二回チャンスがあった」（佐々木原保志さん）

幻の列車が幻の駅に着く。撮影自体が虚構と現実の狭間だった。

『風町駅』には架線がないから、わかる人は、この列車が風町に来るわけがないと気付きます。ディーゼルで代用しているんだ

な、というのも鉄道マニアには音でわかる」(原田昌樹)

撮影では、実際に深夜一時五一分に列車が大阪を出発した。

「五時ぐらいで夜が明けるので、走っている夜列車は、三〜四時間しか撮影できない。交通博物館の列車に俳優とスタッフを入れて、一回リハーサルしたんです。キャメラの置き方も全部決めて、俳優さんにカットの説明をして撮影に臨んだ」(原田昌樹)

▼歌で世界観を作る

本作は、観客の心に根付いた歌のカバーが印象的に使われる。

「コンセプトは『いい日旅立ち』。今は、僕らオヤジ世代にとっては、何を歌っているのかわからない歌が多い。だからこの映画では、歌詞のわかる歌を歌ってくれる俳優を使いたい。それで、徳永英明さんが手を挙げてくれた」(竹山昌利さん)

かつて『いい日旅立ち』を歌っていた山口百恵のマネージャーだったことがあり、後にソニー・ミュージックに所属した内藤光広氏と『赤い』シリーズから付き合いがあった竹山氏は、同曲の原盤権の処理と音楽プロデューサーを内藤氏に依頼。徳永氏も内藤氏が挙げてきた候補だった。音楽監督は浅倉大介氏が担当。

この年がデビュー二〇周年だった徳永英明はオリジナル曲『happiness』と、中島みゆきのカバー『時代』を歌っている。インストで使われた竹内まりやの『駅』や、中森明菜がカバーした『いい日旅立ち』も徳永英明のカバーが存在している。

「私達が、映画のイメージに合う曲を出した中で、徳永さんのカバーアルバム『VOCALIST』の曲が三曲も被っていたんです。徳永さんにお願いしようという強い動機になりました。二〇曲くらい出して、竹山さんとかなり話し合いました。『いい日旅立ち』は中森さんの新録です。竹内まりやさんの『駅』はちょっと生々しいと思ったんですが、徳永さんのを聞いて、これならいけると。徳永さんの歌入りでという意見も出ましたが、後半の海ホタルのシーンで『時代』をかけたかったので、後半は歌、序盤はインストということで決まりました」(原田昌樹)

▼旅立つ者の心

列車の中で、昔ながらの硬券切符に鋏を入れる石丸謙二郎の車掌。切符には到着駅名の代わりに「行き先不明」と記載があった。

列車の旅に追想はつきものだ。まずは桜井淳子演じる主人公・由香がこの列車に乗る前の光景が回想として観客に告げられる。

彼女が引きずっていたキャリーバックは年下の恋人とハワイ旅行に行くためのものだった。だが空港でその男性が、別の女性とキスしているのを見てしまった由香。荒々しく画面がワイプになり、空港内を歩く由香が写るが、動揺して足早になっている彼女はカートにぶつかる。そこでポロッと落ちた切符を拾う由香。この切符こそが行き先不明の列車に乗る切符だった。

その頃、多岐川華子演じる華子は家にいる母宛てに友達の家に泊まると嘘のメールを送る。その時の「私に友達いると思ってんの」という言葉は、原田監督によって決定稿以降に付け足された。

さえない中年男・若林(大平シロー)。華子は若林に自分と同じ孤独の匂いを感じ取る、と決定稿のト書きにはあった。準備稿では、こんなオッサンとは関わりたくないという感じで描かれ、映像ではその中間の、微妙によそよそしい描写になっている。

「石井隆監督だったら、シーンによっては目配り一つで三〇カットぐらい割る。でも、原田監督はそこにあまり興味がない。心と心のすれ違う寸前に布石を打つようなことはしない。だからあそこは野放しです」(佐々木原保志さん)

その後、若林から「お嬢ちゃんも一人旅かいな」と話しかけられ、華子が無視するシーンがあるが、そこでは「私は、いつでも一人よ」とモノローグが原田監督によってシナリオに付加されている。方向性はズラさないが、その場で起きることは役者にある程度委ねるのが原田監督のやり方なのだろう。

桜井淳子と多岐川華子は当初からキャスティングが決まっていた。

「この作品が決まる前に流れた企画で、櫻井淳子さんと多岐川華子さんが主演の作品があったんです。それとJR西日本との企画をつなげて本作にしたんです」(竹山昌利さん)

細川俊之演じる網干は、車掌に「嬉しいですよ。こんな夜汽車に乗れるなんて」と喜びの態度を見せる。「お一人、ですか」と問われ「一人と言えば、まあ一人です」と答える網干。これに続き、決定稿では「昔の列車の旅っていうのは、ゆったりとした時間をそれぞれの人が、楽しんでいましたよね」とセリフがあったが、完成作品ではなくなり、淋しげだが悠然とした旅の佇まいが細川俊之の持ち味だけで表現されている。それぞれの思いを、原田監督は台本段階から試行錯誤しながら緩急つけて描いている。

▼合成のこだわり

「合成シーンはちらほらあります。携帯電話の中の文字、由香が展望車で航空券をちぎって飛ばす後ろに星空が広がるところ。崖のシーン。シローさんが崖から落ちるところ。玉造温泉の辺りと、夕陽が沈んで二人が佇むシーンと紅葉です」(原田昌樹)

華子は若者グループの誘いを断り、一人展望部分に来る。そこに居た由香は、航空券を破き、紙片が夜空に飛んで行く。

奥に去る列車を捉えるカットに切り替わると、紙吹雪のように舞う破片を手前に列車は小さくなり、背景の夜空に星が瞬く。

「実際の電車でやると一瞬でしょ。風が吹いたらワァーッとなるし。あれはこだわって列車を停めてCGで作った。あのために新山口駅で停め撮りをしました。原田監督がウルトラマンで付き合いのある日本エフェクトセンターでやりたいと」(竹山昌利さん)

本作の合成については日本エフェクトセンターの座談会も参照されたい。原田監督がキャメラマンに提案する事項は、はじめから技術的なことが多かったという。

前述のシーンではデジタルとアナログが併用された。

「停め置きの列車の周りにグリーンバックを張って、撮っているだけで、アナログです」(佐々木原保志さん)

原田監督はこの映画で〈合成〉にこだわっていた。

「しきりに『合成の事はきっちりやりたい』と。あの紙吹雪の合成も原田監督が絶対やりたいと最初から言って、画コンテも用意していた。他の場面でも、やりたいことが見えている時は画コンテがあった。かなり忠実にやったつもり」(佐々木原保志さん)

佐々木原さんとしては、意見もあったという。

「紙吹雪のシーンは、俺は本物でやればいいじゃないと言ったんです。俺、合成自体あまり好きじゃないから、『なんでライブじゃダメなの?』と何回も言った」(佐々木原保志さん)

それでも原田さんはこだわったのだ。

「原田監督が言ったのは、紙吹雪がレンズの前に飛んで、ハリウッド映画のデフォルメした画の合成に近いことをやりたい。その段取りから全部細かく言っていました」(佐々木原保志さん)

由香が男を忘れられるのかという内面的な部分の表現である。

「彼女の揺れる内面があって、旅の中で日本の原風景に近いところを訪ねて気持ちを再生するというのを、説教がましくなく見せるのがこの映画の、スローライフ旅の映像化としての狙いだと思う。原田監督はそう言っていたけど、でも熱っぽく言っていたのは合成シーンだった。彼は、人間が何かする動機を心理で探るとか、目線の投げ方で何かを表現するとか、そういうタイプではない。技術的な視点に意外とこだわっていた」（佐々木原保志さん）

映画で助監督をしていた時代と、監督としてウルトラマンを経た後では、原田さんのアプローチに変化があったのかもしれない。

「円谷プロで培われたものが大きいんじゃないかな。俺とは違う趣向だった。ただ、それを具象化する能力をブレずに持っていた」（佐々木原保志さん）

そういう具体的な映像をはっきりと持っている監督は日本映画の中では意外と少ないという。

「優れていると言われる監督でも、意外と実は映像が浮かばない人は多いんです」（佐々木原保志さん）

映像を観客の目でイメージすることは、原田監督の資質であり、技術へのこだわりだったのではないかと佐々木原さんは言う。

「技術に関しては深く知らなくてもいいという人と、専門的なこだわりまで掘り下げないと知っていることにならないという人がいる。原田監督は『餅は餅屋』とわかっているんだけど、それ相応に知識を深めていないと駄目なタイプ」（佐々木原保志さん）

【日本の田舎】縦断計画

翌朝、列車は島根県の玉造温泉に停まる。駅弁売りから、かにめしとお茶を買う金髪のミチル。演じる黒坂真美は、映画やドラマに出演してきた実力派で、ネイティブな関西弁を喋る。

「玉造温泉に寄ったのは、旅と言えば温泉だから、楽しみが目的の人達はここで降りるわけです」（原田昌樹）

再び列車は走り出し、トンネルを潜る時の音を大きくすることで、最後の関門を通ったことが表されたのか、終着駅の「風町（かざまち）駅」に辿り着く。この駅舎は山陰本線の飯浦駅で撮影。

駅前広場もない無人駅が旅の気分を盛り上げる。

駅に「ひまわり三〇本」を用意することが演出メモにある。青空の下の明るさの表現として、旅を祝福するかのようだ。

駅前の道も舗装されていない田舎駅だ。キャリーバックを手放してしまい、坂を転がっていくのに「あちゃー」となる由香。

「なんでよりによって、自分の田舎みたいなとこに来なあかんねん」とミチルもブツクサ言う。草に囲まれた石の道の真ん中で、喪服を着たまま手紙を届ける郵便配達夫のおじいさん・真鍋善作（大滝秀治）と出会うミチル。彼は郵便局を定年になっているはずだが「みんな、ワシを待ってるからね」とニッコリ。

「この町を案内して差し上げる」と言うが早いか、ミチルの荷物を持って歩き出す真鍋老人に「元気なじいさんやな」と呆れながらも屈託なくついていくミチル。都会から来た金髪の女性と、郵便配達の老人がいとも簡単に行動を共にする旅の面白さ。

「脚本の篠原さんと『旅ってなんだろうね』という話をしていたんです。旅をすると、その場所で異邦人になるでしょう。周りの人からの先入観がない。フィルターがなく見てくれる」（原田昌樹）

この映画は準備段階から、ある種〈旅〉だったという。

「〇五年の三月から話が始まり、シナリオハンティングが六月。八月の終わりから撮影に入った。五日間で八県回った。竹山さんから『とにかく場所を見てよ！』と言われて」（原田昌樹）

ロケ地は、竹山昌利氏がかつて仕事で訪れた場所がイメージされ、実際そこでもロケされている。

「昔ロケでお世話になった方がいっぱいいます。岡山県の真鍋島の、本山の真鍋さんという郵便局長もその一人です。それが大滝秀治さん演じる役そのまま。瀬戸大橋を作っている頃『四国が島でなくなる日　男ありてこそ』（八六年）というスペシャルドラマで真鍋島ロケをやった時、お世話してくれました。そのおじさんのことを僕は書いたんです。当時地元の人に癒された経験があって、それを一つの軸に原案が出来ました」（竹山昌利さん）

ロケ地は複数の場所が使われている。

「今消えつつある路地、街並みを撮りたい。大崎下島というところも、私が『きけ、わだつみの声 Last Friends』（九五年）でロケハンして、いい場所だという印象と記憶があった」（竹山昌利さん）

西日本のロケハンは精微を極めた。

「JR西日本の、新潟の直江津から山口の端まで日本海側の駅を全部回りました。脚本の篠原くんと原田監督を車に乗せて。四泊五日かな。過酷なロケハンでした（笑）」（竹山昌利さん）

一つの場所を複数のロケで表現する方法は原田監督も得意だ。

「効率は良くないけど、野崎、上島、下島とか小さい島までロケ場所を転々として、原田監督は非常に楽しんでいました。俺も町場でロケ主体の育ち方をしているし、原田監督も大撮影所で大監督の大きな作品でという育ち方じゃないから違和感はなかった。俺以上に器用ですよ」（佐々木原保志さん）

イメージ通り完璧でなくても臨機応変に対応できるのが強み。

「ロケハンをやっても、撮影現場に行くと変えざるを得ないことが色々ある。そういう時も原田監督は動じない。変更があっても、それをどう変えて具体化するか、グレードを逆に上げられないかと発想するタイプ。そういう経験は助監督の時に充分すぎるくらいやっているから、悲観しないんでしょうね」（佐々木原保志さん）

「夏の葬列」とガンの宣告

この町には到るところに老人がいる。

「地元の人達には、特別な演出はしていない。僕らが彼らとロケで日常を過ごす中で、見せてくれた顔。だから、芝居をしているわけではなく、彼らの『そのままの顔』です」（原田昌樹）

老人達を風町の導入としたのは、演出家としての成算があった。

「あの街の特徴を表現する時に、大きな木や花が見えるところで、ボワーンとした老人のグループとか単体を挟み込むのは原田監督のアイデア。彼の考えている人生の映像表現じゃないかな。スローライフを普遍化して、実際そこに生きている人達を出して、この町はその積み重ねであるということを言おうとしていたのかなと。猫とか古びた昔からある映画館も、そういう意味で撮ったんじゃないですかね」（佐々木原保志さん）

ロケーションは時間に追われていた。

「都会にない何気ない風景を、スローライフを標榜する人達は、探したりする訳だから、その中にドラマがうまく入ればいいと思ったんじゃないかな。猫もロケハンの時にいっぱいいて、『撮影の時も出て来ればいいね』と言っていたら本当に出て来たのでうまく撮れた。偶然ですよ」（佐々木原保志さん）

タイミングに恵まれ、スタッフも一つになった。佐々木原さんも「いい作品をやっている」という実感の中で撮影をしていた。

「原田監督のやりたかったことはブレていないと思います。いい雰囲気のいい映画体験だった。総じて同じ方向を向いていた。彼は仕上げまで楽しんでいたと思います」(佐々木原保志さん)

風町駅を降りて町へ出た乗客がまず遭遇したのは、幾人もの喪服の人々が談笑しながら歩いてくる姿だった。

「よりによって……葬式……」と言う由香。

「お葬式のシーンは実体験です。ロケハンの五日間でお葬式に三回遭ったから、入れようと。お葬式といっても暗くないんです。思い出すのは、このお葬式のシーンに出ていた人達です。お葬式と猫にはよく出会いました」(原田昌樹)

だが、葬式で旅人を迎えるというこのシーンは意表を突かれる。

晴天の下、明るい葬送に囲まれるこの光景は、台本には「死の匂い」と書かれてあった。

「シナハンに行った時、いたるところで葬式を見かけたんです。過疎化になって高齢化になっている町がほとんどだから。泣いている人なんか誰もいない。『次は私か』と思っている。みんな笑顔でいるんです。それは原田監督が頑なに『何かの縁だから入れたい』と言うから、『いいよ』と」(竹山昌利さん)

原田さんは大林宣彦監督の映画をある時期まで好きだったが、だんだん死の匂いがして距離を持つようになったと語っていた。その当の原田監督の映画で明確に「死の匂い」が出て来たことに公開当時、筆者は驚いた。

「自分のこともあったんじゃないですか。病気に罹っている時に、自分が死ぬかもしれないと笑っている人達に興味を持つのは当然ですよね。下手すれば映画公開後すぐに亡くなるかもと言われていました。そう私は聞いていました」(竹山昌利さん)

竹山さんはクランクイン前に原田さんからガンだと言われた。

「原田監督は『あと何年持つかわかりません』と。『お前本当にやるのか』と言ったら『やらせてくれ』と。『じゃあ病気のことは伏せるから、お前も伏せ通してくれ』と言って撮影に入りました。スタッフは知らない。知っているのは私と篠原くん、記録の湯澤(ゆき)くんだけです。あとアクロス・ザ・ユニバースの小久保(利巳)には教えた。小久保は松竹芸能の作品でデビューした監督出身で、原田監督とも付き合いが長かった」(竹山昌利さん)

九月だが、連日三〇度以上の中での撮影。原田監督は、苦労した点は？　という公開時のインタビューにこう答えている。

「とにかく移動です。二十何日間で十二ヶ所廻りました。大事なのはタフであることです。宿泊環境も整ってなく、列車の中の撮影も大変でした」(原田昌樹)

このコメントの中の「大事なのはタフであること」というくだりは、実際の原田監督の体調を考えると、壮絶なものがある。

「原田監督はそういう素振りを見せない。見せないけども苦しそうだった。当然、自分の作品だから、楽しそうにはやってました。でもクランクアップした時は、本当に辛そうでした。『疲れました』と。作品がアップして『いい作品じゃない？』とみんなから言われた時、彼はホッとしたんじゃないですか」(竹山昌利さん)

▼逆上がりの世界

喪服の群れの中に、白いシャツを着た、徳永英明演じる人物が混じっているが、あえてアップにせず、顔もアウトフォーカスだ。彼はその後、靴ズレが痛くて階段に腰掛けた由香の元に現れ、「ねえ、この靴合わないんじゃないの」と接触してくる。頭にバンダナを巻いているこの男の名は越智太一(三八歳)。

由香は太一を余計なおせっかいとばかり振り切り、旅館を探して歩き出す。道の脇にはドブ板もなく川の水が町中に流れている。路地から路地へと曲がっている内に、さっき会った同じ老人とまた出食わした由香は「こんにちは」という彼らの挨拶に気まずい思いをする。やはり再び出食わした太一から道に迷ったのかと指摘され「散歩してるんです！」と突っ張る由香。

その頃、華子は喪服と喪服の間を逃げるように駆けていた。橋を駆け渡り、海の見える石段に座る。近くで釣りをしているおじいさん(後に彼女が泊ることになる家の主人・喜助)が聞いているラジオのニュースが耳に入る。それは心中事件のニュースだった。神戸市の六甲山にネットの呼びかけで集まった男女四人が車の中で練炭を焚いた。華子の脳裏に、現場検証のリアルな映像がフラッシュバックし、残された薬、車から出る手や足、ノートパソコン等が銀残しの半モノクロ画面で刻印される。

このニュース音声は小倉智昭が「声の出演」をしている。

華子は海の方角を見ていたが、脳裏にあるのは集団自殺のことだ。そのニュースにいたたまれなくなり、また走り出す華子。遠い埠頭では大平シローの若林が素振りの真似をしている。ラジオは高校野球の中継に切り替っていた。華子は、いつの間にか学校の校庭に来ていて、鉄棒を握っていた。蝉の声が響く。

「小学校も十校くらい探し廻ったんです」(原田昌樹)

校庭に一人いる彼女に再びオブセッションが忍び寄る。見知らぬ中年男からの援助交際の誘い、心中のニュース音声、ワゴンの中から垂れる手、喪服の集団……。これらはすべて映像として挿入されることが演出メモに記されている。フラッシュバックに「バッ」「シュッ」と効果音を付けているのも、彼女にとってショッキングであることを強調しており、わかりやすい。

これらの映像イメージの中に「六甲山のイベント」と記されたインターネットでの集団自殺の呼びかけ画面が出てくる。このイメージが華子の中にあることを示すことで、彼女がこの集団自殺に参加するはずだったことが観客にほのめかされる。

「この話は、原田曰く、事件らしい事件は何も起こらない。ただ『死』は意識しているという話なんです」(竹山昌利さん)

華子は押し寄せる死のイメージを振り切るように鉄棒で何度も逆上がりをする。それを校庭に来ていた一人の少年が見つめていた。手にグローブを持っている彼は十歳の翔太(小堀陽貴)だ。

華子の視点で、三六〇度画面が回転し、写り込んだ空の下、逆さに翔太が見える。逆様になった華子と目が合う翔太。

「多岐川華子は、鉄棒の逆上がりが出来るということで撮影に入った。そしたら、逆上がりが出来なかったんです。完成映像はごまかして撮ったんです。さすがに原田監督もめげてたけどね。彼女は『子どもの頃に出来たから出来ると思った』と、現場でも泣いていたから、嘘言ってるんじゃないと思う。そういう時に原田監督は、おだてもせず怒りもせず、ジョークを混ぜて緊張をほぐすようなことをしていました」(佐々木原保志さん)

それもまた予期せぬ事態の対処法なのだろう。

「俺も、過剰な緊張状態でやる現場は大嫌いで、むしろ冗談言いながらの、ウォーミングアップが絶対要ると思う。スタッフ同士でも馬鹿言っているやつがいた方が好きなんです。緊張させて演技の真髄みたいなのを絞り出すという監督もいますが、そういうのは馴染まない。原田監督はリラックスさせる演出方法。温和で、真剣にやる時ほど緊張させない」(佐々木原保志さん)

少年・翔太は華子の前で、自分も逆上がりをやってみせるが出来ない。無視して行く華子を、追っていく少年。

▽構えないで胸襟を開く

大滝秀治演じる真鍋局長の留守中にその家の縁側に入り、由香の痛んだ足をタライに漬けてあげる太一。ここの人達は不謹慎だ、葬式なのに楽しそうにしているし……と由香が疑問を呈すると、太一は「楽しそうだといけないの？」と聞き返す。

「笑顔で見送る方が、亡くなった人も嬉しいんじゃないかな」

由香はここで初めて、太一が医師であることを知る。風町ただ一人の町医者だが、病院や診療所で患者を待つよりも往診が好きで、いつも自転車で町中の人々を回っているのだ。

他人の家なのに「みかんでも食べて」と言って、自転車で次の往診に去って行く太一。由香は「ここの人が帰ってきたらどうするの？」と慌てる。個人と個人が隔離されている都会とは正反対の環境に、由香のみならず外からやって来た者達は初め戸惑う。

宿は相部屋が当たり前。気弱で謝りグセのある若林は、相部屋の鉄道オタク・岡部からも少し舐められている有り様。

旅に出る前の若林は、昼間から付近をブラブラしているところを娘(石坂みき)に見られてしまい、下校途中の娘から【知らんおっちゃん】扱いされ、傷ついていた。リストラされた自分に気付かれ、家族にも見捨てられたような気がしたのだろう。

「若林役はコテコテの関西人にしたかった。それで大平シローさんになった。彼も漫才コンビを解消して、不安定な状態の実感もあっただろうし、結果的に良かったと思います」(竹山昌利さん)

華子は岬に立つ若林が〈自殺するのかも〉と思い、近付いて行く。だが違うことに気付き、立ち去ろうとするがふと戻って、彼に「リストラ？」と見透かしたように言い、「生きてて、面白い？」と訊いた後「私と一緒に死なない？」と呼びかける。絶句する若林。それは華子の〈残酷な悪戯心〉だとト書きには書かれてある。

この「私と一緒に死なない？」というセリフ、準備稿では「私と死なない？」だったのを、原田監督が「一緒に」を書き加えており、より誘いをかけるような妖しいニュアンスが高まっている。

以後、少女と若林はメールを交換する不思議な仲となる。

夕陽が見える崖の上でのこの描写は空舞台にマット画で、切り立っているように補正した崖を、夕陽の素材と重ねた合成シーン。マット画は平成ウルトラマンも担当した有働武史氏が担当した。

華子も由香も、その晩は宿にあぶれ、地元の民家に泊めてもらう。同じ家に、真鍋局長に連れられて来た金髪のミチルもいた。ここで映画のヒロイン三人が一つ屋根の下に合流する。

この家は実際にある築二〇〇年以上の古民家で、当時は古民家宿泊の体験場所として使用されていたが、現在は空き家だ。家の気さくなおばさん・本城多恵(六五歳)は樫山文枝が演じた。

晩御飯には地のものから豪勢な食事が出る。「エビ、タコ、まなかつお刺身」と原田監督の演出メモにある。魚の眼を「キモイ」と言う華子に、多恵は皿で蓋をしてあげる。タコが生きているのが気になる華子。このタコの動きに擬音を入れているのが面白い。

「都会じゃなかなか食べられへんで。ったく」と神経質な華子に呆れるミチル。

多恵の夫である喜助(六八年)役は梅津栄。息子達がみんな都会に行ってしまったこの夫婦は三人を歓迎する。

風町の人々が集い、旅人を迎える宴会で喜助は、〈あの頃町〉になった風町について語る。「あの頃」は町も賑やか、映画館は満員、祭りも盛大だった。しかし若者達は都会に出て、ここは老人が「あの頃は良かった」と振り返るだけの町になってしまった。〈あの頃町〉の話題は、決定稿後に台本に貼り付けられている。

喜助は客人に踊りを披露する。船大工として木造船を作っていた喜助は、旅人達のために小さな北前舟の模型を作り出す。これに回り灯篭を乗せて願い事を書いて海に流すのだ……と。

「大滝さんとか梅津さんといった俳優達の扱いは、原田監督はうまい。大ベテランだけど、演出する主導権を取られることもなかった」(佐々木原保志さん)

監督として緊張感を以て接するのだろうか。

「緊張感を逸らすのがうまいんじゃないかな。自分が開くからか、胸襟を開かせる。その気にさせるのがうまいんです。相手も構えないで済むのが匂いでわかる」(佐々木原保志さん)

▽「ただ癒すしかない」という境地

「世知辛い事件が多い世の中なので、心に安らぎを与えられるような作品を作りたかったんです」(原田昌樹)

本作の主題歌『いい日旅立ち』の歌詞のように、旅に出た時こそ、どこかで誰かが自分を待っていてくれるかもしれないというのは、誰でもふと持つ思いなのか。旅は人をセンシティブにする。

本城家に泊った最初の晩、本人いわく「ガサツな性格」のミチルが由香に「失恋旅？」と核心をつく。だが由香はそのことよりも、鏡の前でいきなり金髪のカツラを取るミチルにより驚く……。

旅先で偶然出会った女二人が同じ蚊帳の中で話をする。都会のキャリアウーマンである由香は蚊帳の中で寝るのは初めてだ。

翌朝、畑でその日必要なだけの作物を摘むのを手伝うミチル。「アホみたいに広い空やなあ」と、田舎育ちなミチルはこの環境にすっかり馴染んでいる。由香もミチルと共に、風呂焚きの手伝いをしたり、鯛飯の作り方を多恵から習うのだった。

由香の足の診察に来た太一は「当分ハイヒールは禁止」と言ってウォーキングシューズを用意する。ハイヒールを由香の都会での日常の象徴に用いていることを、「ここではね、無理してあんなもの履かなくていいんだよ」と言う太一のセリフで示している。

「由香は年下の男性に惚れられて失恋しますが、男は由香のキャリアに惚れていたわけです。そんな由香が旅を通して、先入観なく自分を受け止めてくれる人々に出会う。そして、身構えている彼女のハイヒールを太一が脱がせてくれる。旅とは『自分を、人の目を通してもう一回発見できる』んです」(原田昌樹)

太一から「ひたすらに前向いて早足でカツカツと歩いてるって感じ」と指摘された由香は「私のこと、何も知らないくせに」とカッとなる。老人ばかりの静かな町に住む太一と、前ばかり見てきた由香は、どっちが「大切なものから逃げている」のだろうか。そんなことが、二人の言い合いの中から浮かび上がる。

町の人々と自然体で打ち解けているように見える太一も、実はまだ方言を喋れず、自分を「旅人」だと思っていることを由香に語る。役としての太一の何物にもなっていない感じが、歌手・徳永英明の役者慣れしていないムードとうまく溶け合っている。

「太一も旅の途中なんです。徳永さんは演技は初めてでしたが問題ありませんでした。基本的に、歌手の人は大丈夫なんです。演技は『カメラの前に立つこと』だから、歌手の人は慣れている。発声も出来るし。私が櫻井さんと話すと、櫻井さんが『じゃ、宿に戻って徳永さんと練習してみますね』と言って、翌日にはぱっ

ちり息が合っていました」（原田昌樹）

　登場人物同士の会話も、屋根瓦越しに見た縁側だったり、石積みの防波堤を歩いたり、海に向かって立つ鳥居の前でスイカを齧ったり……興趣溢れる風情の中で描かれていく。また至るところで海を見せて、「風の通る町」を表現していて映画的だ。

「風町は架空の町だけど、人と人が触れ合って、海や土がふんだんにある〈やさしさを感じる場所〉です。海はやすらぎの象徴なので絶対欲しかった。シーンに合わせて、やさしい海は瀬戸内で、荒々しいシーンは日本海で撮りました」（原田昌樹）

　大滝秀治演じる郵便配達の真鍋は、北前舟の風待ち潮待ち港として栄えていた「風町」の由来を語る。昔から、他所から来る人をもてなしてきた町なのだと。そんな町の空気の中で由香はミチルと次第に打ち解け合い、お互いの身の上話をするようになる。

　ミチルもまた、シンデレラのように選ばれた存在＝タレントになることを夢見て都会に出たが空回りし、ジタバタした挙句イメクラ嬢となった自分を語る。

「ミチルは唯一、列車に乗った経緯が描かれない。これは詳細をカットしたんです。彼女はシンデレラを夢みて大阪に来たけど、傷を負っている。それで『〇時発の列車』に乗ることで、シンデレラのようにもう一度夢を見たいと思っている」（原田昌樹）

　色々わけありの二人だが、二人のキャラクターがそれぞれカラッとしているので、湿っぽくはならない。

　由香は関西空港で男に裏切られた時、その場で猛烈なビンタをかましていた。殴られる男の顔がストップモーションとなって回想が明けると、「バッキャローッ」と海辺で叫ぶ彼女の姿を四回も重ねる。いささかマンガチックな描写だが、彼女にとっての傷心は、今となってはただ「癒す」しかないものだということを示す、爽やかさがある。また失恋は一つのきっかけで、癒されるべきなのは都会生活に疲れた心そのものだということも提示される。

「櫻井淳子さんはプロです。目配り一つとっても、外さない。要するにうまいんです。勘のいい人で、ブレがない。原田監督は絶賛で、『充分応えてくれた』という意識を持ってる。俺はそこをもう一つ崩せないのかなと思っていた。冒険がなかったような気がしてね。だから、あのゆるい感じの村の人と混ざると、作り物みたいに見えちゃって、もっと崩してもいいのかなと。逆にミチルの黒坂さんは良かった。顔が売れてない良さというか、本来の日常でポッと入れた感じがするんです」（佐々木原保志さん）

▼〈死〉こそスローライフの正体

『旅の贈りもの』公開当時、原田さんの発言の中で「ゆるい映画にしたい」という言葉があった。

「たゆたうような……海ならば瀬戸内海ですよね。原田監督は日本海の厳しさや、太平洋の激しさみたいなのは合わない。内海のスローな『ひねもす』って感じじゃないのかな。それが合っている。争うのは本当は好きじゃない。ああいう企画には自分の感性がぴったり合ったんじゃない？　だからあの作品は典型的に原田監督のものじゃないかな」（佐々木原保志さん）

　劇中、由香は潰れた映画館の前で「時間が止まっているみたい」と呟く。映画中盤の、停滞した時に佇んでいるような感じは、この映画の大きな魅力になっている。

　丘の上にある「風町の丘記念碑」の前では、網干が妻の話を、たまたま出会った由香に話す。演じる往年の二枚目俳優・細川俊之は、セリフ回し一つにもさすがにかなり年齢を重ねた印象がある。網干は、定年後には妻と旅でもしようと言っていたのだけれど、今は妻の写真と旅をしながら、自分の人生もこうしてのんびりしていれば良かったと思う……と語る。

「スローライフ」とは当時流行った言葉で、スローフード等という言葉もあり、自然と共生してゆっくり生きる……という耳当たりのいいスローガンだった。しかし「スローライフ」とは、畢竟、死に近付くことではないのか。網干が死んだ妻と旅をするというのは、彼もまたやがて人生を旅立つ前の準備ともとれる。

　医師の太一は風町では「ちょんちょ先生」と呼ばれていた。「あっちにひらひら、こっちにひらひら」と飛ぶ蝶々が由来だ。ちょんちょ先生がこの町に旅してきた時、たまたま真鍋局長の妻が胸を押さえて苦しみ出した。隣町の病院に運ぼうにも、救急車を呼んで一時間はかかる環境で、手遅れになってしまった。その時、ひとかたならず落ち込む太一に、真鍋はこう言ったという。

「医者は生死のことにあずからず」。医者は生き死までには関われない。これは映画『赤ひげ』のセリフの引用だ。シナリオではセリフとして溶け込ませていたが、原田監督は引用であることがわかるようにしている。映画館が潰れてしまったこの町にも、映画の記憶が残っていることが示されているのかもしれない。

　太一は人の死に寄り添った存在だ。辺境の地の医師という立場でも誰もを救えるとは考えず、むしろ人の生死に関われないことを教えてくれたこの地に今は留まっている。

　そして〈ネット自殺の生き残り〉である華子もまた、死に近い存在だ。映画は彼女が旅に出る前をホラータッチで描写する。

「誰も私を知らない」。街の中をさ迷う華子。歩く人々の進んだ足が戻るように見える。モノトーンの画面。華子が家に帰ると家族は無関心。テーブルの上の猫が不気味に鳴くのを合図とするかのように、部屋に入ると勝手に点いたかのごとくパソコンが起動。ホラー映画のような音楽とともにあるサイトが開く。「デスキャット」というイラストのキャラクターが「さあ！　悩むより前に飛ぼうよ！」と残酷な笑みを浮かべて呼びかける。

　華子の目元を中心にした顔のアップ。彼女は集団自殺の呼びかけに「アイスピッグ」と名乗って書き込みをする。画面はスクロールし、瞬く間に返事が帰って来る。「歓迎します！」。

　見知らぬ人間同士が、部屋にいながらにしてつながった世界に「受け入れられる」という感覚。だがその先にあるのは死だ。

▼コミュニケーションのドラマ

　その夜、本城家に泊っている華子の元に、ある老婆（正司歌江）が訪ねてくる。老婆は翔太の祖母であった。借金を抱えた翔太の父親は、新盆の頃に翔太を置いたまま帰って来ないのだという。そして翔太には、逆上がりが出来るようになったら戻るという約束をしていた。孫が世話になったお礼を言われ、当惑する華子。

　準備稿では、風町には他に一人も子どもがいないので、遊び相手がいないのだという老婆の説明もあった。決定稿以降、そこはボカされている。

　その場では老婆に迷惑顔をしてみせる華子だが、入浴の時間に「あんたは、本当に優しい子じゃね」と外から薪をくべる多恵に言われ、湯舟に浸かりながら思うところがあったのか、翌日には翔太の父親の代わりとなって鉄棒を教えることになる。二人の懸命な練習風景は校庭のロングショットで収められている。

　その時、翔太のグローブとともに置いてあった華子の携帯に、若林からのメールが届いていた。今、自殺を決意した――と。路地で網干と将棋を指していた真鍋局長が、若林の挙動不審の行動を見ていた。といっても、若林はためらいながらポスト（昔ながらの丸ポストである）に手紙を投函して足早に去っただけである。しかしそれだけでも、彼には、それが家族への遺書ではないかとピンと来たのだ。ちょうどその頃、若林が泊っていた旅館の娘（七咲友梨）は、「お世話になりました」とだけ書いた紙とともに宿代がちゃぶ台の上に置いてあるのを発見していた。

太一もまた、真鍋が駆けつけてきたことにより心配になって、自転車を走らせるのだった。「何もなかったら、それでよしだし」と言う太一の後ろに二人乗りする由香。若林が待つ心中の約束の場所、岬の岩場に来た華子。だが彼女の気は変わっていた。準備稿の「私は、もう、死にたくないの」というセリフを、原田監督は「私は、もう、死なない」に変えて、より意思的にしている。

しかし若林は華子の手を握って離さない。たとえ自殺のパートナーとしてでも、自分を必要だと意思表示してくれたのは、若林にとって彼女だけだったのだ。

『旅の贈りもの 0：00発』撮影現場

「この映画は〈コミュニケーションのドラマ〉なんです。それが一番出ているのは華子です。社会に置いてきぼりをくらって、ネットの中で生きている。でも田舎で、初めて求められる。翔太からも、若林からも必要とされる。携帯電話のメールがよく出てきますが、これはセリフにもあったように、『メールでしか本音を言えない』という部分も考えて意識しました」（原田昌樹）

そこへ太一が由香と共に駆けつけ、若林を必死に説得する。また翔太も華子のことを心配して、駆け付けて来ていた。

「あんたらに何がわかる！　必要とされてない人間の気持ちが」と叫び、華子が翔太に必要とされているのを知ると、彼女の手を離し、自分だけ飛び降りようとする。そんな若林に、自分もおじさんが死んだら嫌だと思って駆け付けたのだと華子は言う。

「私が言ったことを信じて待ってくれたのって、おじさんだけだもん」

華子の涙にようやく自殺を思い留まった途端、足を滑らせて下に落ちてしまう若林。ここでもまたCG合成が用いられている。準備稿の末尾の余白には、合成カットのイメージが監督によって既にラフに描かれている。

結局命が助かった若林に、華子は心から良かったという表情をする。決定稿では「照れ隠しの仏頂面」という案も考えられていたが、原田監督は「ここは素直に」と所持台本に書き込んでいる。

原田監督は多岐川華子に対しても「役柄のキャラクターをつかんでもらえればいい」という姿勢で演出した。セリフを覚えなければという緊張感を持たずに現場に臨めたと、多岐川華子も公開時の取材で語っていた。原田監督は珍しく本作では撮影前に〈ホン読み〉を多岐川華子との間で行っている。

「東京でホン読みをやって、実際に『旅に出る』形でロケ現場に放り込む。すると自然に感じるものがあるんです」（原田昌樹）

病室の華子と若林を、窓から心配そうに覗いているのは町の人々。その後若林は病室から家族に思い切って電話をかける。

「隣の家に空き巣入ったの。物騒やねん。だから早く帰ってきや」

娘の声に、必要とされていることを実感する若林。映画は娘のしっかりした受け応えと、初めて顔を見せる若林の妻が後ろから様子を窺う表情を観客に示す。若林の家族は彼を見離してはいなかったのだと安心させる。この時点では、若林が出した遺書を家族が受け取ったのかをあえて描かず、抑制が効いている。

▼奇跡が起きた夜

事件が無事収まり、地元の人も旅人も「千客万来」「家族円満」といった願いごとを北前舟の模型の回り灯篭に書いていく。舟の行く先には紫色の光が広がっていく。目を輝かす面々。喜助はそれを「海ホタル」だという。神様に願いが届いた証しだと。この辺りは『ブースカ！　ブースカ!!』（九九～〇〇年）で原田監督が撮った「行け！　少年探険隊」のラストでの願い事を書く場面に通じる展開とも言えるが、今回は誰の願い事も、自分だけの夢ではなく、誰かとの関わりに関する事であるのが特徴的だ。

たとえばミチルは「じっちゃんやばっちゃんが長生きしますように」と、世話になった本城家の夫婦に当てて願いを書いている。また翔太はシナリオでは、父親の帰還への願いとともに、華子お姉ちゃんがまた来てくれますようにと書いていたが、そこは前者のみとなった。翔太にとって華子がそれほど大きな存在になったことを盛り込もうとした事が伺える。

実は準備稿では、海ホタルは翔太が華子だけに見せてやり、その光に、今まで出会った町の人々の顔が浮かぶという展開が映画の一つのクライマックスになっていた。それを、町民達と旅人達が一緒に海を見つめる、祭りの復活のような描写に転換した。

過疎の村が舞台になっているからこそ、それぞれの世代が一堂に会するこの晩の描写は、やはり必要だったと思える。

「少年がいて、十代の華子がいて、二十代のミチルがいて、三十代の由香がいて、四十代後半の若林がいて、五十代はいないんだけど、六十代の網干がいて、七十代の真鍋がいる。全年代のそれぞれが感じられる映画を作りたかったんです」（竹山昌利さん）

舟そして浮かび上がって来る海ホタルの光を見つめる人々。その向こうには綺麗な星空が見え、一筋の流れ星が走った。

「海ホタルの合成は『弱ったな』と思った。見たことないし、映るわけないし。そこは割り切って出そうという原田監督の決断ですね。ファンタジーでいい。合成としてはそんな難しいものじゃない。『嘘っぽくならないようにしよう』ということで、仕上げはちょっと手がかかったけど、キャメラもフィックスしかやれませんよと。画を動かしたらデジタルでやらないと無理だから。それはお金かかる」（佐々木原保志さん）

光ごと波で揺れているさまが見事な画になっている。このシーンの前に来るのが、夜の海沿いを歩く由香と太一のキスシーンだ。「なんであの列車に乗ったの?」と太一に聞かれた由香は、年下の恋人と水着を買った時の抽選で切符が当たったと答える。

「私にとっては一等賞だったわ」

そして二人が見つめ合い、やがてキスをするこのくだりは脚本では先の会話だけだったところを、原田監督が挿入したものだ。キスシーンは直接描写ではなく足元を写し、由香のスニーカーが少し背伸びするシーンで表している。

「原田監督からの提案でした。それならと、由香の踵がちょっと上がるというあの撮り方を提案したんです。観客には伝わっているから、画でも直接見せることはないだろうと。彼はすぐ乗りました。ビリー・ワイルダーもやっているけど、洒落た昔のラブコメディ映画みたいな感じで」(佐々木原保志さん)

▼旅人の帰る日

由香たち旅人の帰る日、町の人々がホームに見送りに来る場面は、演出メモに「松葉散らし」と書かれており、落葉が季節を告げている。真鍋局長は、実は若林がポストに投函した遺書の手紙をまだ持っていた。帰り際の若林にそれとなく渡す真鍋に、若林は感極まる。別れを告げる際、翔太に華子が「親友」と呼ぶシナリオのセリフは、原田監督によって「友達」に直されている。

手を振る翔太少年。黄色い車体のディーゼル列車が出発して走り出すと、中森明菜バージョンの『いい日旅立ち』が流れ、エンドクレジットのローリングとなる。

太一は診察があるため、見送りには来なかった。だが汽笛の音に、ふと宙を見上げる。同じ頃、流れる車窓を前に、由香も少し顔を上げて、明るい表情になっている。別の席にいる華子の顔も生気が溢れている。そしてミチルは、列車が出る直前で帰るのをやめ、しばらく風町に留まることになった。

風町では、鉄棒の逆上がりが出来るようになった翔太の元に、父親らしき男性の背中が迫ってくる。

「原田監督は『やりたくない』と言ったんだけど、私が『後ろ姿だけでいいから』と。フッと見た時に、少年がニコッとするカットで終わりたい。親の存在がわかればいい。呉のフィルムコミッションの、市の職員が父親役をやっているんです。当然キャスティングはされてないんだけれど『ちょっとやってよ』と。父親の影がないと、少年の気持ちがわからないじゃない?」(竹山昌利さん)

少年が淋しい気持ちのままでは終わらせたくなかった。

「この映画は、みんながハッピーにならないと。みんなそれぞれ、影があったり悩みがあったり行き場を失ったりしている人間なんだけれど、それぞれが行き場を見つけないとダメなんだという風に私は思っていた。乗客みんながこれから希望を持って生きられるというところを描きたかった」(竹山昌利さん)

歌とエンドクレジットが終わり、再びやって来る列車。背景は紅葉だ。風町に秋が到来したのだ。

「バックを合成しました。撮っている時は真夏ですから、デジタルも使って全部紅葉にしました」(佐々木原保志さん)

列車から降り立った人物のウォーキングシューズが最初に写る。それは由香だ。辺りを窺う彼女に「チリンチリン」と太一のものと思われる自転車のベルの音がし、彼女の顔がパッと輝く。

このベルの音はシナリオになく、監督が付加したものだ。

由香が戻って来るシーンは、靴だけで観客には彼女とわかる。そこで終わるのかと思いきや、ちゃんと顔まで写している。

「由香が帰って来るというシチュエーションは、パート2につなげるためにも私が『やろうよ』と言ったけど、あれは、わかりやすくしようという演出家としてのこだわりだと思います。あのウォーキングシューズは、メーカーのSSKの協力があったから出て来たんだけど、靴だけで良かったと思うんだ。それをあえて見せるのは原田監督の真面目な性格です」(竹山昌利さん)

○時発の列車で行き先が不明という出だしはファンタジックだが、着く場所は、登場人物にとって現実に存在する場所。だからまた同じ場所に行こうと思えば、行けるのだ。

「もともと『メランコリー・トレイン』という題名だった。ファンタジーではなくメランコリー。その後は『大阪発0:00 行き先不明の旅』になった。ただJR西日本としては『行き先不明』というより、もう少し夢のある、優しい表現にしたいというのでパッと考えたのが『旅の贈りもの』でした」(竹山昌利さん)

製作委員会の名前として「大阪発0:00」は残っている。

▼作品の成功、そして……

原田監督は、仕上げも楽しんでいた。

「台湾に行ってフィルムレコーディングしたんです。予算の関係で最初からはフィルムで撮らず、日本で編集して仕上げたHDテープを台湾に持っていった。台湾の現像所に三回行きました。原田監督はその後の上映に関しても、最後まで関わっていた」(佐々木原保志さん)

二〇〇六年の十月七日から、東京の銀座テアトルシネマ、大阪のテアトル梅田、名古屋のシネマスコーレでロードショーされた。

「ヒットしましたよ。銀座テアトルで公開一ヶ月で終わる予定が二ヶ月上映しましたし、前売り券も新記録で、毎日連日連夜満席でした。銀座テアトルの後も新宿テアトルでやって、さらに東京で何館かやって、全国八〇何館以上やった。原田も喜んでました。その後、台湾でも公開して反響良かったです」(竹山昌利さん)

原田監督にとってその規模で公開される映画は初めてだった。

『嬉しい』と言ってました。自分の作品になったから。各地の舞台挨拶に行って、テレビやラジオに出て」(竹山昌利さん)

パート2を作ろうという話もしていた。

「亡くなる前の年の十二月の終わりに、JR西日本の関係者が東京に来たので、原田監督は体調悪そうだったけど呼んだの。パート2の話をして、別れたんだよね」(竹山昌利さん)

原田監督にとって、老若男女全世代に向けた、一般の劇場用映画として放たれたこの作品が成功を収めたことは、次への大いなる足掛かりになるはずだった。『旅の贈りもの』を監督したことは、お母さんを通して、かつて長野の中学時代、一緒に映画を見に行った旧友の丸山裕子さんにも伝わった。

「DVDを送ってくれて、二六年ぶりに話しました。最後に子どものお父さんが戻ってくるところが印象的で、そう言ったら『あの場面はスタッフから付け加えようと声が出たんだ』と教えてくれました。『いい仕事したんだなあ』と思いました。『自分が映画監督になったのは、あの時「明日に向かって撃て!」を見に行ったから。聞かれると必ずそう言っている』と。DVDを送ってくれた時、手紙に『映画を撮る前に大腸ガンになったけど、まだまだ死にたくない、映画撮りたい。頑張って生きるよ』と書いてあったんです」(友人・丸山裕子さん)

inter-view

篠原高志

明日にでも旅に出られるような映画を

『旅の贈りもの　0：00発』『ウルトラQ　～dark fantasy～』脚本

――映画『旅の贈りもの　0：00発』で、篠原さんは原田監督より先に企画に入っていたそうですね。

篠原　はい。僕が声をかけられた時に、プロデューサーの竹山昌利さんの中で案があった。大阪を深夜0時に出る列車に乗って見知らぬ街に行って、心の傷ついた人が癒えて帰ってくる話がやりたいと。

最初は制作会社やスポンサー含めた船頭が多くて、まとまらなかったところに原田監督が入ってくれました。原田さんはちょうど、日曜朝の『リュウケンドー』をやっている時でした。

僕は原田さんと『ウルトラQ　～dark fantasy～』(以下『df』)(九六年)をやっていましたし、平成ウルトラマンの原田監督の作品が好きでした。

「午前2時の誘惑」

篠原　僕はサラリーマンをしながらシナリオセンターに通って、会社辞めてすぐデビュー出来たんですが、その後もシナリオセンターに籍を置いてたんです。センターに色んな制作会社から「こういう企画があるから新しい人を紹介してくれ」とたまに来るんです。『仮面ライダークウガ』(〇〇～〇一年)も、そういう案内が来て、プロットを出したりしました。

僕は昔から市川森一先生の子ども番組時代の作品に憧れて「いつか特撮書きたい」と思っていたので、『df』はやりたいと。それでプロットを書いて、僕を含めた三人がとりあえず採用されたという感じです。

僕は十何本出してました。もともと僕は大学の時に落語研究会にいたこともあり、お笑い好きなので、コメディータッチのが多かったです。

「午前2時の誘惑」というタイトルは原田さんがつけました。「時間が入る題が欲しい」と。そういう映画のタイトルが好きだから、そこはこだわりたいということでした。

原田さんは妙なこだわりがあって、さとう珠緒さんのヒロインの部屋に前の男が置いていった野球のグローブがあることにしようと。

「僕は若い女優さんと仕事することが多いから、心理がよくわかる」とおっしゃってました。

僕は珠緒さんの設定は、自分の会社員時代の上司をイメージして書いたんです。グローブ以外は元の案の通りだと思います。ヒロインの好きな男性をヨン様みたいにしたのは監督のこだわりです。

脚本の段階では、さとう珠緒さんのイメージで僕は書きましたし、最初の顔合わせの後、原田さんと打ち合わせをした時も、役の名前じゃなくて「珠緒」と呼んでいて、そのぐらい珠緒さんありきでした。

――打ち合わせの時のことは憶えていますか?

篠原　顔合わせがあって、プロットの直しが一回あって、初稿を書いて、あと決定稿に入る前に一、二回。円谷さんは制作が二本で一作品なんです。最初の打ち合わせは僕と太田愛さんと監督の三人だったんです。あとプロデューサーがいて。それでいきなり太田さんの書いて来た話がヘビーな内容で、こっちは明るいのだったんで驚きました。

――太田さんの作品は「送り火」でしたか。

篠原　そうですね。太田さんと原田さんコンビの作品が非常に好きだったので、ご両人がいらしてとても緊張した憶えがあります。

主題歌が出来た時で、表有希子プロデューサーが「聴く?」とおっしゃって、原田さんと太田さんは聴くだけではなくて録音して持って帰られました。音楽へのこだわりがあるなと思いました。

打ち合わせでは、太田さんのはわりと重くて真面目な話なので、原田さんは「篠原さんの方では明るくバカバカしいのをやりたい」と最初から宣言されました。僕が最初に書いた案は、もうちょっと理屈っぽかったんですが、「理屈っぽいのはやめましょう」ということだった。

Vシネマやヤクザ映画をやると誤解されるけど、僕は本当は、子どもを笑わせる温かい笑いが好きなんですよとおっしゃってました。

打ち合わせの時も、会うといつも雑談になって、こっちも原田さんに会えると嬉しいから、色々過去の作品について訊いたりしていましたね。

これはファンタジーではない

篠原　僕は日本旅行という会社に十一年勤めていて、国内旅行の企画をずっとやっていたので、竹山さんが「あいつだったら出来るんじゃないか」と思われたのではないかと。それと、僕は地方が舞台の二時間ドラマをよくやっていたんです。

　学生時代から日本中を回るのが好きで、特に瀬戸内海の真鍋島というところが好きだったんです。終点は真鍋島のイメージでどうかと提案すると、竹山さんが「自分もそんな感じだ」とおっしゃられて、二人で話している内に盛り上がって、あの企画が出来たんです。これは、プロデューサーの想いの作品なので、そこに原田さんと僕という、旅好きの人間が加わっているという感じです。

　でも僕はミステリー列車みたいにするのに、大阪から出発するというのが、どうもイメージがなかったんです。最初の案だと『銀河鉄道９９９』のリアリティ版というイメージだとおっしゃっていたので、僕としては、京都を午前〇時に出発して、お盆の大文字の送り火みたいなのをやっているところに着いて、いつの間にか本当にあの世に行って戻ってくる……死んだ人に会ってくるとか、昭和三〇年代に行ってくるのはどうですかと言ったんです。

　でも竹山さんは「リアリティがなければダメ。現代の話にして、嘘があっちゃいけない」「タイムスリップとか、ギミックは使っちゃダメ」「映画を見終わった人が明日にでも、この列車に乗りたいと思わせるような映画を作りたい」とおっしゃった。

――それこそ篠原さんもお好きな市川森一さんの書かれる幻想譚じゃないですけど、あの風町というのは、もう行けない町かと思っていたんです。

篠原　そうなんです。市川森一さんのドラマの『もどり橋』みたいな感じのイメージでした。

――実際の映画は幻想譚よりも旅情ですね。大滝秀治さん演じる郵便局長は八〇歳なのに郵便配達をしているというのは、ややファンタジーに感じました。

篠原　これは真鍋島に実際にあった話です。昔は、田舎に行くと名士の人が特定郵便局をやっていた。真鍋島もすごい名家の真鍋さんという方が特定郵便局をやってらした。その方が歳を取ってからも健康のために自分で配達をやっていたのがモデルです。

――「風町」という場所の名前は？

篠原　僕は、『駅（ステーション）』（八一年）という映画が好きで、その映画で烏丸せつ子が勤めている増毛の駅前の食堂の名前が「風待食堂」で、そこからつけたんです。どうも不評でした（笑）。原田さんがどう思っていたかはわからないですけど。

いま旅に出ています

篠原　竹山さんとのやり取りでだいたい話を作って、主人公のＯＬや女の子の人物設定は僕にだいたい任せて頂きました。そこに原田さんが入って更に膨らませていきました。「彼女はこういう人生を送ってきた人なんだよね」とか。

　あとは携帯電話で、僕は知らなかったんですが、メールをやり取りする時に、赤外線で飛ばすとか。あれは原田さんが若い女の子の知り合いが多いからというこだわりで、携帯やメールの文章はこんな感じというのはだいたい原田さんがやられてました。

――女子高生役の多岐川華子さんは、なんかあの年代の空気感がそのまま出てるような感じがして良かったですね。女子高生のちょっとピリピリした寄るな触るな感がストレートに感じられるような（笑）。

篠原　多岐川華子ちゃんはデビュー作で、しかも重要な役。つまりヒロインの一人なんですが、原田さんは「円谷とかやっていると新人で演技に慣れてない役者が多いんだけど、僕はそういうのを鍛えるのがわりと好きなんで」とおっしゃってました。

　僕は「多岐川由美さんの娘さん」と写真だけ見せてもらうところから始まって、まだ演技はそんなに出来ないというから、苦肉の策で「白けている役にしちゃえ」という発想でした。

　そうすればわりと演技がしやすいのかなと。感情の起伏がないような、一人だけ体温が低いような感じの役に最初からしてしまおうと。

――最後に少年の前で無心に笑うシーンは、一つのクライマックスになりましたね。

篠原　企画当初から桜井淳子さんと華子ちゃんは決まっていたので、脚本を書く段階から、当て込みで書けてたんです。それから大滝秀治さんも「だいたいそうなるから」ということで書いていたんですが、肝心の医者の太一役だけなかなか決まらなくて、つかみかねているところが途中でありました。インのわりと直前に徳永英明さんに決まったと思います。

――原田さん、もともと徳永英明さんは歌手として好きだったみたいですね。

篠原　そうなんです。当時徳永さんは『VOCALIST』（カバーアルバム）を出す前でした。だから僕は徳永さんでカバーというのがあまりピンと来なくて。

　でも原田さんは、やっぱり音楽が好きだなと思ったのは、徳永さんが決まった頃に『VOCALIST』のテープが出来ていたようなんです。それを聴いてすごく素敵だと言って、「こんな曲だよ」と、僕の耳にもイヤホンを当てて「いいでしょう？」と次々と聴かせてくれました。結果的に徳永さんの曲がマッチして、徳永さんの演技もちょっとうまくないところが良かったんじゃないかなと思います。

　僕はあの後、佐々部清監督とお仕事をして、初対面の時、佐々部監督から「脚本を担当する篠原さんは、『旅の贈りもの』の人なんだ」と言われた。佐々部監督もこの映画が大好きだとおっしゃってたんです。佐々部監督は原田さんと友達ということもあるんですけど、「僕はあの映画の徳永さんが大好きだ」と。佐々部さんもああいうのをやりたいとおっしゃっていて、自分のブログでその年の好きな映画一位にされたということで、僕は恐縮していました。

——徳永さん演じる太一は、老人達から慕われても、旅人である自分はいつかそれを終えるのか、旅人であり続けるのか、という意識の間で揺れていると言っています。その辺りは、旅人の立場である自分達作り手と一致するところでもあったんですか？

『旅の贈りもの』お座敷での旅人歓迎会、演山風景。手前に櫻井淳子、細川俊之、大滝秀治。奥に樫山文枝、多岐川華子

篠原　それは一致するところがあったと思います。太一は一番僕らと立場が近い人です。島の人じゃないんだけど、太一は手に職を持っているために居続けることが出来るわけだから、理想でもある。

原田さんも時間があるといつも旅してました。

あの映画が終わった後、中国で特撮番組のお仕事をされていて、日本にお帰りになった時にすぐご連絡を頂いて「食事しませんか」というので僕と女房と三人で、調布のひし美ゆり子さんのお店に連れて頂いた。その時も旅の話をいっぱい聞きました。

いつも軽いパソコンを持ち歩いてました。最初にガンで入院された時も病室でパソコンで作業されて。「僕はこれだけは手放せないんだ。だからホン直しも打ち合わせもメールをくれればいいから」と。

——原田さんは生けるアウトドアという感じがするんです。映画の撮影現場自体が毎日引っ越ししているようなもんだと言ってました。

篠原　この映画は、原田さんも竹山さんも僕も本当に旅好きで、どこが好きだったという話だけでも、ロケハンの最中かなり三人でしていました。

原田さんが波照間島が好きだと話していて、そこでずっとのんびりしたいと言っていた。たぶんあの後石垣島に行った時に行ってるかなと思います。僕も石垣島が好きでよく行ったんです。第二弾はどこにしようという話もして、僕と原田さんで勝手に「沖縄にしよう」と。電車が走ってないのに（笑）。

僕、大崎・下島にロケを見に行ったんです。そしたら完全にロケ隊が地元に溶け込んじゃっていた。梅津（栄）さんもその辺を歩いていて町の人と区別がつかない（笑）。ロケ弁当から何から全部手作りで、宿泊施設がないから廃校になった小学校に合宿してる。本当に修学旅行みたいな撮影で、ほのぼのしていて、その辺の家で誰か下着で寝てた人がいて、誰かと思ったら大滝秀治さんだったり（笑）。

——映画の中の世界観そのままですね。

篠原　そうなんです。

▼メモ代わりに写真を撮る

篠原　竹山さんのシナハンはすごくて、あの人も本当に旅好き映画好きなので、終着駅の風町駅の候補だけで、四～五〇箇所も自分の車で回って、その内の二〇いくつの写真を僕と原田さんに全部見せる。

大阪に夜着いて、JRと打ち合わせして、翌朝早く起きてマイテという客車を見に行って、高速を飛ばして、岡山県から鳥取、島根、山口に行って、山口から島に渡って泊まり、また戻って広島から岡山へ行って、新幹線とレンタカーと列車を乗り継ぐ。

毎朝六～七時ぐらいに起きて、夜はホテルに入るのが十時ぐらいで、そこからまた飲みに行く（笑）。

——大崎下島はシナハンの後で決まったんですか。

篠原　そうです。僕、大崎下島は行ってないんです。真鍋島のイメージで書いたら、原田さんとかキャメラの佐々木原さん達が「大崎下島といういい島があるから、そこにしたから」と。東京に帰って来た原田さんに会ったら、デジカメでぶぁ～っと撮って来たやつをCDに焼いて僕にくれた。「僕はメモ代わりに撮りまくるんだ」と言って「これを見てイメージしてくれないか」と。乙女座という古い映画館があって、雰囲気がいいから入れようと。

——クライマックスの海ホタルが決まったのは？

篠原　シナハンで真鍋島に泊った時、「夏になると海ホタルがいっぱい出る」と、島宿三虎という古い学校を利用した旅館のご主人が教えてくれたんです。

映画はCGでしたが、海ホタルは実際は見てないからわからないんです。

——エフェクトセンターの人に聞いたら、原田さん

からもらった海ホタルの資料の通りにやったらわかりにくいと言われて、ファンタジーっぽくしたと。

篠原　今初めて疑問が氷解しました。僕あそこの旅館にあれ以来毎年のように泊って、夜光虫は見たんですが、かなり光って本当にすごい。あれ、魚の屑を入れとくとまとわりついてすごく光る。そしたらそこの旅館の奥さんに「海ホタルは海じゅうがボーッと光ります」と言われて。それなら原田さんのラストシーンはああいう感じなのかなと。最初あの映画で見た時は「光りすぎるな」と思ったんです。

▼旅の映画は何が好き?

篠原　『旅の贈りもの』のシナハンの時も、僕はずっと原田さんが助監督をやっていた『Gメン'75』の話をしていたんです。『Gメン』好きだったので。

それと原田さんが助監督についた『この胸のときめきを』も僕はたまたま見ていたんです。何かの拍子でそのタイトルが出て、「僕はああいう映画が好きなんだ」と原田さんがおっしゃった。

――『この胸のときめきを』も旅の映画ですね。

篠原　「旅の映画と言ったら何が思い浮かぶ?」と言われたから「『旅の重さ』が好きです」と言ったら原田さんも「あれ、良かったね」と。『旅の贈りもの』の多岐川華子の役に、あの映画に出て来る秋吉久美子さんの若い時の、ちょっと危うい感じのイメージがすごく重なるんだとおっしゃってました。

原田さんは、大平シローさんが演じた役を最初は寺島進さんでイメージされていたらしく「寺島さんを念頭に置いて書いてくれ」と言ってたんです。「寺島さんは好きな俳優だし、彼なら色々やってくれる。自分の計算以上のことをやってくれる」と。

だから準備稿の段階では寺島さんのイメージで書いてます。シローさんはかなり最後の方、徳永さんと同じぐらいの時に決まったと思います。プロデューサー達の中に、あの役はコメディアンっぽい人にした方がいいという意見があったのかもしれない。

――竹山さんは関西の人にしたかったと……。

篠原　ミチル役の黒坂真美さん以外は、大阪発の列車のわりには関東の人ばかりだったから。

――準備稿までに世界観や人物像を固める時、色んな方向性を考えられたのですね。

篠原　映画が公開された後、調布で食事をした時、原田さんが太田愛さんに映画の感想を聞いたら、かなり厳しい批評をされたと聞きました。中でも「シローさんの役は寺島進じゃないか」と言われたと。

――太田さんは、あの役は寺島さんだと思ったんですね。寺島さんはエネルギーがあるから、リストラされた設定でもどこか惨めさがない。それで見たかった気もするし、『旅の贈りもの』のような群像劇の中でのバランスを考えられたのかもしれませんね。

篠原　そうですね。寺島さんだったらもしかしたら存在感が他の人を食っちゃっていたかもしれない。

――若林が、かつて甲子園に行ったことと早稲田卒と一流企業の三つが自慢というのがあって、華子が「それしかないの?」とツッコミを入れる。この辺りは決定稿でなくなっています。

篠原　竹山さんが高校球児だったんです。竹山さんの場合「それしかないの?」というのが嫌だったみたいです。「そんな女々しくないよ、野球人は」と。僕としては好きなんです。自分が甲子園に出たことにこだわって、それをつい自慢気に言っちゃうというのは。僕は甲子園には行ってないし、野球もやってないので、実際やられた方の感覚は違うんですね。

――準備稿の段階では、実際の作品よりも随分一人一人描き込んであります。準備稿で一旦そこまでやってからもう一回切ったのですか?

篠原　切っていった感じです、準備稿はかなり長い。

――完成作品よりも準備稿の方が気持ちの流れがあって、読む分には感情移入できたなと思いました。

篠原　一個に集中して直していくんじゃなくて、走りながらコンセンサスを取った感じの映画です。

それから、竹山さんも原田さんも高橋(匠/エクゼクティブプロデューサー)さんも、映画に対する思い入れだけじゃなく、旅に対する思い入れもあるので、そこを合わせるのが、難しかったかな。

▼切符の値段

篠原　準備稿が出来るまでの期間もけっこう長かった。この企画は、プロットから準備稿までかなり意見のやり合いがありました。竹山さんと原田さんはわりと近い感覚。たとえば列車が毎週第何曜日に来ているとか説明が多いのは、お二人がリアリティにすごくこだわっていたから。

今までの僕の仕事だと、逆にそういうところを切れと言われるところを、逆に入れてきましたね。

――行き先不明の切符の値段が九千八百円でした。

篠原　僕もそれは「ええっ!」と。

――ラストシーンでウォーキングシューズが映るじゃないですか、あれは由香の足だとわかるのに、その後、顔まで映すのに僕はちょっと驚いたんです。

篠原　もっとさらっとやっていいかなというのはありましたね。ハイヒールから運動靴に履き替えるというのは、僕が書いたんです。女房との最初のデートで、彼女はお洒落してハイヒールで来たのに、北鎌倉駅から天園という山を越えるコースに連れていって、その時に初めて「そういう事に気を遣わなきゃいけないんだ」と後で気付いたんです。

――過去の反省から(笑)。

篠原　はい。靴を履き替えることに意味を持たせるという風にしたんです。原田さんも竹山さんもそれは非常に乗ってくれて、書きました。

映画への格別な思い

――映画をご覧になった時の印象は？

篠原　僕自身、一視聴者として「原田さんの劇場用映画を見たいな」というのがあったので非常に嬉しかったです。出来上がったものを見ると原田さんがウルトラマンでも描いてきたような温かさが出ていた。かといって、ウルトラマンで使った俳優を引っ張ってくるとか、そういうことは一切されてない。

　僕としては原田さんが最初に映画の監督をやるなら、原田昌樹ファンがくすぐられるようなものを入れるのかと思ったら、そういうことはなかった。

　僕自身は脚本の中で、華子が路地から出て来ると高校野球の中継がワーッと流れるというのを、『ウルトラセブン』の中で他所の家の野球中継の音が流れて来る描写があったのをイメージして書きましたが、見事にスルーされた(笑)。そうじゃなくて、全体として原田ワールドになっていると思います。

――ウルトラマンをやっていく中で見出した原田さんの本質的なものが、表れているのかもしれません。『旅の贈りもの』のインタビューを読んだら、ウルトラマンを撮っていたことは、あまり話題にしないでもらいたくない感じがあったみたいです、原田さんは。

篠原　ああ、そういうのはあったかもしれない。

　自分の話から入りますけど、僕は日本旅行にいた時に国内旅行の企画をやっていて、ゴジラが東京中の色々な場所を壊すシーンを見ながら実際の東京タワーに行くというツアーを発案したんです。

――バスの中で映像を流すんですね。なるほど。

篠原　こんな馬鹿な企画どうだろうと東宝と交渉したら、『ゴジラVSメカゴジラ』（九三年）のタイアップでうまくいくというのでやらせてもらって、その後そういうのが得意になっちゃったんです。

――面白いことをされていたんですね。

篠原　ゴジラのエキストラを全国から幕張に集めるツアーもやった。定員七〇〇名なのに倍ぐらい集まっちゃって、逆に大河原邦男監督が困っちゃった。

　そういうことをやっている内に、映画会社の広告のコツを掴んで、撮影所とか東映、松竹、東宝と出入りするようになって、僕もテレビや雑誌で取り上げて頂いたので有名になっちゃって、映画の台本をいっぱい頂くようになって、だんだん自分も書きたくなったんです。最初はゴジラの脚本が書きたくて、幸運に脚本家としてはデビュー出来たんですが、「特撮をやりたい」というのは頭にずっとあったんです。

　それで原田さんと『df』をやらせて頂いた時にその話をしたんです。そしたら原田さんが、「気持ちはわかるけど、一回特撮をやると特撮の人と見られて、普通のドラマをやりたい時に戻れないよ」と。

　だから、竹山さんのご判断で原田さんが最後に本編が出来たのは非常に良かったなと思います。

　この世界ですごく感じるのが人の縁というか、見えないもので引っ張られたりするのかなという事がある。佐々部さんとの仕事もそうです。原田さんから、シナハンの時に、ずっと佐々部監督に対する強い思いを聞かされていたんです。

――佐々部さんの監督になってからの作品を原田さんは好きでしたね。『チルソクの夏』は原田さんが好きな世界なんじゃないかなと。

篠原　僕も原田さんが好きそうな感じだと思います。お二方、純というか、そういうところが似ている。

　やっぱり太田さんのホンで原田さん監督で映画を実現してもらいたかったですね。

　同じライターとして太田さんと原田さんの関係はすごくうらやましいなと思ってました。近所に住んでらして、よく呑みに行ったり、太田さんのご主人とも一緒に食事したり。

　僕らは一人で閉じこもって書いてることが多いんです。でもそうやってたとえば監督と話をしているとイマジーネーションが沸いてくる。

――太田さんとのコンビ作も含めて見てきた、自分の作品の価値を知っている篠原さんと組まれることで、原田さんも嬉しかったのではないかと思います。

篠原　原田さんがすごく喜んでいた話があって、僕が『旅の贈りもの』の後に『逃亡者おりん』（〇六〜〇七年）というテレビ東京の時代劇を書いて、京都太秦に行ったんです。その時スクリプターの女性が「篠原さんってもしかして『旅の贈りもの』の脚本家の方ですか？」と。その人は「私大好きで三回見た」と言うんです。原田さんにメールをしたら喜んでくれて、「そういう知らないスタッフの人に褒められるのはすごく嬉しい」と返事をくれました。

　その人は友達を誘ってまで行ったと言っていて「私、ああいう映画をやるのが夢なんですよね」と。

作品解説

『審理』 ▼発売：二〇〇八年

脚本：加藤竜士　**企画・製作**：最高裁判所　**撮影**：坂江正明
出演：酒井法子（木村奈緒子）、星野真里（上原今日子）、田中圭（五十嵐義男）、乙黒えり（五十嵐綾）

▼原田さんは映画監督として亡くなりました

二〇〇六年の暮れ、友人であるスクリプターの山下千鶴さんに、原田さんから「転移した」とメールがあった。

「大腸から肺と肝臓に転移……多臓器転移です。『どうしようもないね』というメールが、電車に乗っている時に来ました」（山下千鶴さん）

山下さんはショックで立っていられない気持ちになった。

「『あと一年』と宣告された時、『何をしたいですか』と言ったら、『色んな人に会いたい』と。『私はどうしたらいいんでしょうか』と言ったら『普通に接してくれればいい。病気の事は外には言わないで』と言われました。仕事に影響が出る、元の奥さんと私と身内の方以外には言っていないと」（山下千鶴さん）

山下さんは、原田さんゆかりの映画人の情報を伝えた。

「二〇〇七年の七月、滝本智行監督の『犯人に告ぐ』の撮影があったので『行きますか？』と言ったんです」（山下千鶴さん）

この時、原田さんはエキストラ出演を買って出ている。

「場面は使わなかったんです。その後、逆に原田さんの撮っている『審理』の撮影現場に行ったら『写真撮ろう』と言われて、そんなこと言われたことがないので、照れました。でもその頃、色々な人と写真を撮っていたらしいですね」（助監督・瀧本智行さん）

山下さんは瀧本監督の次に佐々部清監督の現場にもついた。

「夏には『三本木農業高校、馬術部』の撮影をしていた青森の十和田に原田さんは来てくれました」（山下千鶴さん）

秋田には自ら七～八時間車を走らせて行った原田さん。この時は現地に三日間滞在している。

「玉川温泉に行く途中に寄ってくれて、『三本木』のプロデューサーの青島（武）さんと佐々部さん、原田さんで飲みました」（山下千鶴さん）

原田監督は死を宣告されてから、今までの人生で関わりのあった人のところへ訪ねていった。

「原田はスタッフも愛していたんじゃないかな。映画の世界で、すべてを吸収してやってきたんだと思う。だからみんなに会いに行ったんじゃないかな」（撮影・林淳一郎さん）

東映撮影所に『相棒』撮影中の和泉聖治監督を訪ねた時、助監督の杉山順さんも最後に会ったという。またこの時、原田さんは『野性の証明』のプロデューサーで、当時撮影所長になっていた生田篤さんも訪ねた。ハワイに住む元奥さんにも会いに行った。

「秋口には肩が痛いと言っていて、腫れているんです。骨に転移して。あと頬杖をついていることが多くなって、最初は歯が痛いのかと思っていたんです。『痛みで眠れない』とポツンと言っていました。緩和療法で有明の病院に行って、一日七回痛み止めを打ってやっと眠れるようになったんです」（山下千鶴さん）

有明の病院からも大井競馬場に車で行っていた。

「車の中ではユーミンと徳永英明さんが流れてました。徳永さんの歌は本当に素敵だと繰り返し聴いてました。『旅の贈りもの』の時、挿入歌はセリフと被るんだけど、徳永さんの声はキーが高いから芝居を邪魔しないと言ってました」（山下千鶴さん）

映画界で最初に出会った〈プロのチーフ助監督〉であり、現在はプロデューサーである神野智さんとは交流が続いていた。実は原田さんは神野さんには余命宣告を受けたことを言っていた。上京してすぐの頃、たむろしていた吉祥寺のお店「ブルーゾーン」の経営者だった細野兄弟とも再会し、神野さんのところに泊まりがけで、昔と変わらず麻雀に打ち興じたという。

原田さんは、自分の仕事の証言集を作る際のインタビュアーになって欲しいと筆者に連絡を取った。それが〇七年の夏で、この時、原田さんは中断中の『五龍奇剣士』と、『リュウケンドー』の続編（『レスキューフォース』）への参加の可能性を考えていた。

▼『審理』

原田監督は〇七年の年末から〇八年の初頭にかけて、広報用映画『審理』（〇八年）に取り組んだ。

制作：ジェイアール東海エージェンシー、コード
制作協力：シネムーブ

『審理』はある殺人事件の公判を描きながら、裁判員制度をわかりやすく紹介していくというものである。

この作品は、中断を余儀なくされた『五龍奇剣士』を括弧に括れば、原田監督の遺作となった。

「『企画・制作　最高裁判所』なので（笑）。資料をいっぱい渡されました。読まなきゃいけないものがたくさんあって、『見てください』と渡されたのが『それでもボクはやってない』（〇七年）のDVD（笑）。専門用語オンパレードの世界に来ちゃった。普段使わない脳みそです。久々に火を噴いてます」（原田昌樹）

〇七年十月、原田監督は決まったばかりの『審理』をそう語った。

「中国の仕事はアクションで、戦ってりゃ良かったから、その意味では楽でした。この仕事で『久々に日本語で撮れる』と思ったら、まあえらい堅い仕事だなあと（笑）」（原田昌樹）

この時点で、撮影から完成までのスケジュールから、三月の最高裁判所による公開試写まで、すべての日程が決められていた。

「セリフにも全部裁判所のチェックが入る」（原田昌樹）

裁判員制度で最初の公判が行われたのは〇九年八月。制作当時からすればまだ一年以上後のことだった。その説明が各メディアや電車の車内吊り広告など、様々なところで行われていた。

「僕のは最高裁判所で作る映画形式の三本目。一本目は知らない監督で、二本目は東映東京撮影所が作って、監督は梶間俊一さん。現場はほとんど『映画』だったという話です。そっちは村上弘明、菊池麻衣子、真田広之、小林綾子、前田愛が出ている。前田愛ちゃんは最初見ていてわからなくて『えッ！』と」（原田昌樹）

原田監督に依頼が来た時点で、多くのことが決まっていた。

「六〇分で、作り方は完全に映画。企画書からカラーでキャストの写真も役名も入っていて、承諾を取ってある。宮川一朗太も出る。何をどこで入れるかも全部指定してある」（原田昌樹）

この時点で決められていたキャスト以外では、『リュウケンドー』では婦警の市子役でレギュラーだった乙黒えりが被告の妻役で出演。また主演の酒井法子の息子には、『リュウケンドー』で繁少年役だった佐藤和也。この二人が原田監督のキャスティングで入ることになる。検察官役の宮川一朗太など、決められていたキャストの中には、たまたま過去、原田組に出ていた俳優もいた。

▼現実の最高裁判所で撮影

「裁判員制度の映画は、前作は東映で作って、巨匠の監督で大幅な予算オーバー。今度はそうならないように、手堅く撮れる監督でというのがありました」（プロデューサー・臼井正明さん）

佐々部清監督作品『三本木農業高校、馬術部』の陣中見舞いに行った原田さんは、佐々部監督から紹介された株式会社シネムーブの臼井正明プロデューサーから『審理』の仕事を依頼された。シネムーブは本作では「制作協力」とクレジットされ、直接的な制作を請け負っている。

「原田さんは十二月二〇日からの撮影を希望しましたが、年明けに一気にやるしかなかった。十二月二六日の僕らの忘年会に原田さんも来て、一緒に楽しく酒を呑みました」（臼井正明さん）

撮影は二〇〇八年一月六日から十四日まで行われた。

年老いて身体が自由に動かなくなった巨匠や、病を押して映画を撮る監督の前例はある。しかし原田監督の場合は、段取りを含めてすべての神経を行き届かせる形で最後の作品に臨んだ。

「『審理』を撮っている時、どんな気持ちだったかと思います。映画一本撮るのは、普通でも疲れますから」（スクリプター・山内薫さん）

これまで現実の競馬場や後楽園スタジアム、ダイヤを縫って運行される列車での撮影をこなしてきた原田監督は、ここでもまた「現実の最高裁判所で裁判を撮る」という、通常は許されない条件で撮影している。その分、スケジュールはタイトだった。法廷シーンは「徹夜はないですが、深夜十二時までやっていた。三日間の予定でしたが、ロケに出たりしているから、実質一日半ぐらいしか撮ってない」（撮影・坂江正明さん）

その時間で全部撮り切るのは、職人技でしか出来ないという。

「原田さんは脚本が変更されても、翌日に全カットが割れているので、演出部の段取りも、撮影・照明といった技術パートのセッティングもスムーズ。引きから寄り、同方向からのカットを抜きで撮るので、照明待ちを最小限に抑えられ、撮影時間が短縮できる。衣装変えの時間も考慮して撮り順を変えたり、効率が抜群でした。法廷シーンは約四〇ページ、カットにすると二〇〇数カットです。〈スーパー助監督〉と異名を取った原田さんしか出来ない芸当です」（臼井正明さん）

『審理』はキャメラマンの坂江正明さんや編集の川瀬功さんなど、佐々部組常連のスタッフが参加している。

坂江さんは『三本木農業高校、馬術部』の撮影も担当していた。

「和泉（聖治）監督で柳葉敏郎主演の二時間ドラマ（『風呂屋のサブちゃん』）の時にチーフ助監督が原田さんで、撮影チーフが自分でした。だから、なんとなくは知っていました。監督は自分の世界に入り込むタイプもいるけど、原田さんは俯瞰で見ているタイプ。だからやりやすい。スタッフに何を伝達しておけば現場が動くのかをちゃんとわかっている人だった」（坂江正明さん）

その見立ては本作でもフルに発揮された。

「通しで芝居をして、それを見てカットを割る方法でした。だから監督の視点がわかる。それでリハーサルをやって、こっちも〈こう動いて目線はこうなる〉と芝居を覚える」（坂江正明さん）

監督の視点がはっきりしているのでやりやすかった。

「時々監督に『喋っている間オフでいいなら、こっちの方が効果的です』とか、アングルについて意見を聞いてもらったりする。でも主要な、〈このセリフの時はこの人のアップじゃないじゃないといけない〉とか、それは監督の中で明確に割れていたので、自分が意見を出すのは余白の部分だけです」（坂江正明さん）

季節感は、ヒロイン酒井法子の家のリビングにクリスマスツリーが置かれている……など最小限に留められている。

「裁判員広報映画の前作とか前々作は、大がかりな特機も使ってるんですが、今作はかなり汲々でした」（坂江正明さん）

しかし本当に大変だったのは撮影前だったという。

「原田さんが一番大変だったのは、シナリオ作成。一言一句最高裁とやり取りして、十二月まで脚本が二転三転した。原田さんも『わけがわからなくなった』と言ってました」（坂江正明さん）

脚本が出来た後も細かいところまで意見が出された。

「裁判所に行くと、その都度五〜六時間ホン直しです。普通だったら『やってらんない』となります」（臼井正明さん）

結局、脚本の完成前に実景撮影を始めなければならなかった。

「撮影は一月から始めましたが、実景は十二月に撮っている。ちょっと違う小さなキャメラで。自分と監督、それから助監督の山本亮くんが付き合ってくれた」（坂江正明さん）

撮影が始まってからも現場に最高裁の人間が付き、セリフ一行の変更も許されなかった。しかし原田さんは、そんな現場を「大変」と言いながらも、ｍｉｘｉの日記で仲間内に報告していた。

「俺は病気のことは知っていたから、『審理』の撮影は『大丈夫かな？』と思っていたけど、ｍｉｘｉを見ていると、最後の映画という以前に、現場での熱意や思いが伝わってきました。広報映画であっても、そういう気持ちでやる男なんだなあと。もちろん、そうする覚悟はあったでしょうけど」（林淳一郎さん）

出番待ちが長い役者には自ら声をかけていたという。

「撮影の時は喋り方も軽快でした。ただよく頬杖ついていたんです。今になって考えると、甲状腺にもガンが来て痛かったのかも。撮影中、頻繁にスタッフや出演者と記念写真を撮っていたのも、『あれ？』とは思いました」（臼井正明さん）

現場では後進の指導も忘れていなかった。

「チーフ助監督の山本はベテランでしたが、セカンドにはシネムーブの普段は制作の古森（正泰）がついた。その下のサードの池野由香子は佐々部さんの後輩に当たる日本映画学校の生徒でした。この二人に関して原田さんは〈先生〉でしたね。後で考えると、病気だったのにすごいです。役者がいっぱい出ていましたから、山本には指導する暇はない。だから監督自身がやったんだと思うんです」（坂江正明さん）

▼映画としての〈戦い〉

この映画は、ドラマ仕立てながらも〈どういう手順で裁判員裁判が行われるのか〉を学習することが目的で作られている。裁判員が選ばれるのはくじ引きであること、事件の内容は当日知らされること、難しい書類など読まなくても論点は整理されていること等、当時まだ多くの人が知らなかった事項が盛り込まれている。

　また裁判の始まる前に「公判前整理手続き」において検察官、弁護人が争点を出しておくということや、殺人事件で使用された凶器の扱いがどうなるのかということ、同席した被害者遺族の意志を検察官が反映させて発言することなど、通常のサスペンスドラマでは省略されがちなディテールも押さえられている。

　だがたとえば「公判前整理手続き」を押さえるということは、実際の公判の前に内容を説明することになり、ドラマ展開としてはくどくなる。その辺りは脚本通りのやり取りの上にナレーションを被せて時間経過を示し、審議が三日で終わることだけを聞き取らせるなど、見る者を飽きさせない工夫が凝らされている。

　法廷場面では背後のディスプレイに、検察官と弁護人の言い分をまとめた文章を映し出し、論点が常に整理して提示される。目撃者が証言する時は、タッチペンで書き込むと位置関係が各々の机の上のモニタと連動して同時に見ることが出来る。

　そして「審理一日目」「二日目」とスーパーを出すことで、三日間の審理で今どの辺を見ているのかを、わかりやすくする。

　キャメラマンの坂江正明さんはこう語る。

「裁判シーンは、登場人物がみんな同じ表情なんです。みんな聞いている芝居ばっかりじゃないですか」（坂江正明さん）

　その上、滑らかにゆっくりと喋ることが必要とされる教育映画的配慮や、場面転換や時間経過が自由に出来ない制約が加わった。

「『裁判所ではこういうことはしない』『オーヴァーラップは要らない』とか、退屈させないためにこちらはワイプを使ったりするわけですが、チェックする裁判官はドラマ的な目で見てくれない。でも観客が、興味を持って見てくれて初めて成立するわけだから、楽しませる要素がないといけない。その辺で監督は苦労されていたと思う」（川瀬功さん）

　証人尋問は審理一日目の十四時から、被告人質問は二日目の十三時から、判決は三日目の十六時から、三日間の詳細なタイムスケジュールが作成され、矛盾が出ないよう作劇に反映された。

　編集の川瀬功さんはこう語る。

「僕は昔、テレビの二時間ドラマをやっていて、裁判ものも多かったから、どう省略すればいいかというパターンはすべて知っていた。でも『審理』は勝手が違った。たとえば裁判官が裁判員達を連れて、法廷に入るのを廊下から撮ったカットがあって裁判員達が一列になって歩いてくるのを回り込んでワンショットで撮っていたのですが、裁判所側が『廊下部分は編集でカットしてください』と」（川瀬功さん）

　出入りする場所を公開しないという保安上の理由だった。

「間取りがわかっちゃいけない。被告が逃走する時に役立つ情報はたとえ中抜きになろうと削らざるを得なかった。でも裁判員制度が始まったら、『ドアの位置とかバレるんじゃないの？』と（笑）」（川瀬功さん）

　撮影後の編集段階でも裁判所がすべてをチェックした。

「この場面は要らない、このセリフ要らないと、違う視点で言われる。でも原田感得は『しょうがないね』と」（川瀬功さん）

　条件の中で変化をつけたいというせめぎ合いがあった。

「法廷は裁判長、弁護人、検察官がいて、構図が決まっている。僕はそれなら判事室等、違う場所では構図を変えたかった。でも原田さんが『こっちから撮りたい』と言うのを聞くと、『法廷と同じようなアングルで撮りたいのか』とわかる。それは打ち合わせでは出てこなかったんですが」（坂江正明さん）

　原田監督は構図上の変化をつけることよりも、一時間弱の上映時間の中で登場人物の多いこの映画に、配置的な〈わかりやすさ〉を求めたのかもしれない。その上で、裁判員の酒井法子達を写してから検察官にパンしたり、妊娠している加害者の妻のお腹のアップから入ったり、傍聴人の反応をそれとなく背景に入れたり、また評議室に場面が変わる時はプリントアウトした量刑分布グラフのアップから入ったり、状況によって変化を付けている。

「傍聴席に監督もいます。気付きました？（笑）」（川瀬功さん）

　ナレーションは試行錯誤が見られる。法廷シーンに音楽は流さず、観客の注意を促す時だけピアノの旋律を流した。判決時は心臓の鼓動のような音を付け、被告とその妻、被害者の母親のアップがカウントダウンのように積み重ねられる等の工夫もあった。

▼女子会流れて裁判員

過去二作の裁判員制度広報用映画は男性が主役だったが、この三作目は普通の主婦が裁判員になることがメインになっている。それは原田監督のソフトなタッチにも合っている。

　裁判員候補者名簿に自分が載ったという通知を、浮かない顔で見つめる彼女から物語は始まる。夫（山口馬木也）との会話で、名簿記載の通知以降一年以内に呼び出されなければ、「セーフ」だという情報が観客には告げられる。「セーフ」という劇中の表現は、もちろん彼女がこれをやりたくないことを意味している。

　シナリオ準備稿では夫婦だけの会話だったのを、決定稿では息子（十三歳）との会話も交え、酒井法子演じるこの主婦・木村奈緒子（三六歳）の明るく可愛いキャラクターを押し出している。ママは優柔不断だから裁判員なんて無理無理と言われると、「私だって決める時は決めるのよ」と突っ張ってみせる奈緒子。

　息子のキャラクターは初期稿から比べると、実際の作品では軽妙になり、「高校時代の四大美女、久々の勢揃いだよ」と友人との食事会の約束にウキウキする母親に「四大美女じゃなくて四大おしゃべりおばさんだろ」とツッコミを入れるような役廻りになっている。『リュウケンドー』でこましゃくれたメガネ少年役だった佐藤和也が、成長した姿を見せている。原田監督のキャスティングであるこの息子がいることで、ふくれたり、泣き真似したりする酒井法子のチャーミングさがより出ることになった。

　公判が始まっても合間に挿入される家庭描写がいいアクセントになっている。初日の感想を夫に訊かれて「スーツのウエストが苦しくって」とソファにぐったりしながら身体をよじってみせたりするのも、のりピーがやると楽しさが出る。奈緒子の表情や態度で、弾みを持たせることに成功しているのだ。

「原田監督は明るく、登場人物の日常部分を大事に、裁判映画とはいえ空気が沈まないよう撮っていました。編集では尺長で切られがちな日常部分を粘って残していました」（臼井正明さん）

　それは監督として、〈見る側の敷居を低くする〉というこの映画に求められているものに対する答え方でもあった。裁判員に選ばれる事を「重い」「イヤだ」と思わせない。殺人事件を裁く以上深刻にはなるが、極力重すぎないように作られているのだ。

　日常的な描写から始まるこの映画は、やがてヒロインが立つことになる法廷にタイトル『審理』と出ることで本格的に始まる。友人と予約の取れないレストランに行く、何ヶ月も先の約束を楽しみにする奈緒子だが、その日が裁判員としての出廷日になる。

裁判員としての初日、家に帰って来た奈緒子の夫は、彼女が裁判員になったことも、その日が当日だったことも知らない。一ヶ月以上前に通知を一緒に見ていた間柄にしては矛盾ともとれる。「夫は普通に働いている。家族中で裁判のことで深刻になると、なり手が悩むからですかね」(坂江正明さん)

▽人ではなく事件を裁く

本作で、法曹関係者が初めて画面に登場するのは最高裁判事室だ。裁判長と判事補(左陪席)、判事(右倍席)がこれから裁判員を迎える心得について雑談している。不安がる判事補の上原今日子(二七歳/星野真理)に、判事の神崎冴子(三八歳/英由佳)は「リラックスリラックス」と言う。準備稿ではここで裁判長(御友公善)から、一般社会人の視点による判断を導入するという裁判員制度の意義が語られるが、決定稿以降は「充実した意見交換が出来るような審理・評議にする」ことが大切だという抽象的な言い方に改められている。

この場面に続く「公判前整理手続き」においても顕著だが、どこまで具体的に問題を提示するのかは、本作の法廷で扱われる殺人事件にも関わってくる。本作で審理の対象となるのは、地下鉄駅構内コンコースで起きたナイフによる死傷事件だ。

内装業店勤務の二七歳男性・五十嵐義男(田中圭)が、電車内で偶然会った二七歳の無職男性・山川尚忠(達淳一)を刺した。

本裁判は「殺意は争わない」という方針であった。被告の「殺すつもりがあったのではないかと言われれば、そうかもしれない」というセリフがある。本来は、ここは争点になるポイントだ。

罪状認否を問わないという前提で、被告の罪を軽くしようと考えるならば、弁護人としては殺意の有無を争点とするのが自然な流れのように思える。だが殺意の有無を裁判員に認定させるに至るプロセスをドラマとしてわかりやすく組み込むのは、本作の上映時間では無理だという整理の仕方があったのかもしれない

「内心どう思って被告人質問に答えているのか、それを表現するセリフも何もない。表情もない。たぶん被告役の田中圭さんは難しかったと思う。それぞれの心理的なことを描こうとしたら、複雑になってしまって」(坂江正明さん)

物的証拠ではなく心の問題である「殺意」を自ら認める。自らの心情を素直に述べる被告の佇まいが、踏み込まれて描かれてないがゆえに視聴者からすれば好感となり〈たまたまナイフを持っていて、衝動的に相手を刺したら殺してしまった青年〉という印象をもたらすこととなった。加害者であるはずの被告がピュアに感じられ、彼が裁かれることが哀れに見えてくる。

準備稿では公判前の場面で、裁判長が奈緒子に「人ではなく事件を裁く」のだと諭す。この言葉を、原田さんは所持台本に鉛筆で大きく書いている。本作の根本精神と受け止めたのだろう。

▽殺人現場の再現

大勢の視線に囲まれながら、ナイフを持って佇む五十嵐義男。口の端からは血が出ている。その傍らには、呆然とする妻の綾(乙黒えり)。準備稿では検事と弁護人のやり取りで触れられるのみだった、事件のきっかけも、原田監督は実像化している。

電車のドアの前で携帯メールを打っていた山川尚忠が邪魔だったため、無言でその身体を押す義男。それがきっかけでガンを飛ばし合い、やがて電車を降りた義男達夫婦を追いかけてくる山川。「逃げんなよコラ」と、かけていたサングラスを『リュウケンドー』の不動のようにその場に放り捨てる。電車内の場面から後の殺人シーンにまで、実際の地下鉄で撮影されている。ホームでは電車の表と内から二回撮影することが演出メモにある。

「電車のシーンも、三分で撮り切らないといけない。駅のホームに上がる前にエキストラ含めて配置を決めた」(坂江正明さん)

『旅の贈りもの』の経験もある原田監督にはお手のものだろう。

山川の暴力は、階段から義男を蹴って突き落とし、下に落ちて転げ回って苦しむところを足で蹴りまくり、止めに入った妊娠中の妻を突き飛ばすなど、かなり執拗なものに描かれる。義男が突き落とされた箇所から階段の下までは七~八メートルあり、もし頭を打っていれば、彼こそが加害者になっていたかもしれない。

これは義男に対し見る側が同情しやすい回路になっている。階段を落ちるシーンは技斗の二家本辰己氏のチーム、アーバンアクターズの役者が吹き替えで演じ、迫真性を持った事件の再現になっている。

原田監督は、山川が綾を平手打ちする台本に「顔を乱暴に押しのけるでいいのでは? 芝居くさくなる」と書き入れている。

犯行現場のシーンは、感覚的にリアルな描写とはまた別のものも求められていた。殺人前後の場面は、通常のカット割りと違って、劇中の裁判の内容とも関わってくる。それによって被告の殺意の判断材料にそのままなるのだ。あるシーンでは証人目線、あるシーンでは被告目線と、受け止め方も違わなければならない。

「殺人シーンが初日だった。ロケ地の駅で早朝から撮影の段取りを確認。擬斗の二家本さんを交え動きを付けて、裁判所の人に見せたんです。被害者が加害者に暴行した後、去るまでがどのくらいか。加害者の妻はどこにいたのか。撮り方によって印象が変わる。それが難しかった」(坂江正明さん)

撮影当日の早朝リハーサルも原田さんの決断だった。

「そういう場を設定するのもさすが原田さん。自分でも迷っているところは、そういう状況をちゃんと組んで、お役人に対しての主張の仕方をかなり心得てるなあと。あのシーンを撮らないと裁判シーンは撮れないですから」(坂江正明さん)

正当防衛が認められるのは、命の危険が差し迫った状況で、身を守るために反撃した場合のみに限られる。義男が立ち上がり、ナイフを持って突っかかっていった時、山川は既に立ち去ろうとしていたのか、そうではなかったのかにその成否の分岐があった。

もし立ち去ろうとした後に刺したのなら、山川の暴力がいかに激しいものであったとしても、正当防衛にはならない。

事件当時たまたま駅構内にいた証人が一名、本件では出廷している。だが肝心の、ナイフが刺さった瞬間の動きは

殺人現場のロケハン写真

見ていない。裁判員側は証人のまだらな記憶を頼りに判断しなければならないことになる。それはそのまま、視聴者に「果たしてこの件で正確な判断は出来るのか」という逡巡をもたらす。

「推理ドラマじゃないから、刺した瞬間の情報は与えられてない中で判断しなきゃならない。その辺は脚本を何稿も試行錯誤していく中で、簡単に簡潔に正当防衛が成立するかしないかを争う方向に持っていかないといけない」（坂江正明さん）

証人の曖昧な記憶を衝いて正当防衛を成り立たせようとする弁護人だが、証人は、山川が立ち去ろうとした動きは、ハッキリ見ていると断言した。しかし証人と被告達の間は十メートル離れていた。通行人によって視界もさえぎられただろう。

「被告と目撃者との間を実際測って撮ったんです。十メートルを十メートルとして画に表すのは大変なんです。予備日に裁判官を呼んで打ち合わせした日に、それを監督に言ったら『今はそれ関係ないんだよ』と言われたんです。『距離を測ってやってます』というのは裁判官に対する説明で、ミリ数どうのと言っても伝わらない。望遠にしたら距離感がわからないわけですから。原田さんは最高裁とのやり取りを文字上だけじゃなく『前リハーサル』という形で、『脚本に起こしてるのはこういうこと』と示していった。そうやってまとめるのが精いっぱいでした」（坂江正明さん）

▼正当防衛か殺人罪か

義男の妻・綾の法廷での証言は、準備稿では夫の正当防衛を訴える色合いが強かったが、完成作品で彼女の声のトーンは低く、淡々と述べる事で心情が伝わる形になっている。

「基本的にシーンを飛ばして撮ることはやらなかったんですが、監督は乙黒えりを撮る時には集中して、彼女のところだけをまとめて撮っていた。俺は『間を埋めましょうよ。芝居の流れを忘れちゃうから』と言ったのに『最後でいい』と。他の役者が全部上がった後にやりました。それだけはちょっと不思議でしたが、乙黒さんを落ち着いて撮りたかったんでしょう。時間をかけてちゃんと芝居を作っていった方がいいと思ったのかもしれない。時間がない撮影の中でも、そういうところは時計を見ながら自分で計算していたんじゃないですか」（坂江正明さん）

その綾の姿を見て、奈緒子は胸を痛めるのであった。

だが裁判員達は、被害者・山川の母親（久保田民絵）による「息子を返してください」という悲痛な訴えにも、深刻な面持ちになる。外ではキレやすい山川も親孝行な息子だった。電車の出入り口の近くでメールをしていた相手は母親であり、母の誕生日に「美味しい店を予約しておくから」と打っていたのだ。

裁判員の中でも、息子を後継者に育て上げてきた農園経営者のカツ代（五二歳／岡本麗）は、後に量刑を考える際、かけがえのない息子を失った被害者の母親の気持ちを察した発言をする。

評議室における裁判員と裁判官の話し合いにおいても、〈殺人は殺人〉という態度を崩さず、公正さに基準を持つ翻訳家の島田康弘（五四歳／伊丹幸雄）と、大岡裁き的なものに傾斜する「社員四人しかいない運送会社のオヤジ」である広瀬智則（四一歳／相島一之）という、二人の裁判員の反応が対比的に描かれている。見ていると、クールな前者よりもやはり後者の方に親しみが持てる演出になっている。演じる相島の仕草もやや大ぶりで人間的だ。

とりわけ両者の違いが現れるのは、被告が元不良であることをもって「再犯の可能性があるのは間違いない」と断じる島田に対し、広瀬が「俺だって昔はヤンチャしてたけど、真面目に働くようになった」と真っ当な道に戻れることを主張するくだりだろう。このくだりは、準備稿ではもっと長く、激しい言い合いになっていたが、お互いの意見を述べる形に落ち着いている。

法廷においても、メガネをかけ理知的な空気を醸し出す宮川一朗太の検察官と、人の好いムードの斉木しげる演じる弁護人との対比もまた、後者に感情移入しやすいものになっている。

「検事と弁護士の丁々発止とかは描いてない。テーマが違う。弁護士も検事も淡々とやっていればいい。『システムがこうなっている』という説明のための要員だから」（坂江正明さん）

正当防衛が成立すれば無罪となる。ならなかった場合、殺人は死刑または無期、もしくは五年以上の懲役が刑法で定められている。特に同情すべき点が多い場合は、二年六ヶ月まで短くすることが出来る。また執行猶予は懲役三年以下の刑でなければならないことが、裁判官から裁判員へ説明される。

「執行猶予になったら、その場で縄を外されてそのまま帰れる。原田さんが法廷に取材行ったら、そういうことが起きて『執行猶予と実刑じゃえらい違いだ』と言ってました」（坂江正明さん）

被告が所持していたナイフは、釣り用に魚をさばく時に使うもので、弁護人によって、彼がそれを所持していたことは「たまたま」であったことが強調される。しかし検察官によって、ナイフを買ったのは前日で、高価なナイフを買ったのが嬉しくて、翌日も持っていたことが告げられる。これが明らかにされた瞬間、不審をかきたてるようなピアノ音楽が鳴るのもわかりやすい。

加えて、暴走族だった被告には逮捕歴があり、傷害事件を起こし保護観察処分を受けていたことが明かされる。そんな前歴がありながら、ナイフを持っていた安易さを検察官から指摘される被告。正当防衛は成立しないと主張する検察官の求刑は、準備稿では十年で、決定稿では八年となっている。

判決前の最終評議における事実認定で裁判員と裁判官が話し合った結果、正当防衛は成立しないと判断された。判決として被告の五十嵐義男は五年の刑を宣告される（準備稿では六年）。

「裁判員役の役者さんも、特に年配の人は被告に対して同情していました。原田さんも『実刑はちょっと重い』と言っていた。『裁判員になったら死刑を宣告できるかな』とも」（坂江正明さん）

原田さん自身、劇中の被告には同情的だったのだ。

「偶然が重なって起きた事件だから、『執行猶予が付いてもいいよね』という話も監督はしてました。刑期を終えたら被告の子どもは小学生ですよね」（川瀬功さん）

この映画には本当の悪人が出てこない。

「裁判で、被告が完全極悪非道だったら誰も悩まない。加害者も被害者も表裏一体、微妙なところで『裁判員の人達、考えてくださいよ』という映画なんです」（川瀬功さん）

懲役五年という判決については、被告人にも同情すべき点はあるけれど、命を奪った事実から、目を背けられなかったという奈緒子のナレーションが入る。本作で奈緒子は主人公だが、審理のイニシアティヴを取るわけではない。むしろ一番ニュートラルな存在と言っていい。裁判員という体験を、彼女がどう受け止めたのかということが主眼なのだ。本作の副題が考えられていくプロセスでは『裁判員の思い』というものもあった。

▼家族が待つ幸福

主演が酒井法子であることに始まり、星野真理演じる若い女性の判事補、被告の妻役の乙黒えりと、本作は女優陣のキャラクターが印象に残る。また看護師として、子どもを授かった人々の笑顔を何度も見て来た二一歳の絵里花（森田涼子）は、家族がいる被告はきっと立ち直れると述べる。その発言で最終評議が締めくくられることからわかるように、女性の視点が重要視されている。

「原田さんのポリシーは〈女優を綺麗に撮る〉。しつこいぐらい綺麗に撮る方でした。短い期間で実際の法廷を使う撮影でしたが、制約された現場で、可能な限り照明部にその意向を伝えた。周りから見ると異様だったと思います（笑）。女優のバストサイズ以上になると、白で囲むんです。『そこまでしていいのかな』と思いつつ、僕も嫌いではないのでやってたんですが。やっている照明部が一番不安がってました（笑）」（坂江正明さん）

それは出演者の全女優に及んだ。

「酒井法子さんや星野真理さんだけじゃなく、被害者のお母さん役のアップを撮る時まで監督は同じようにやろうとするんです。でもあの条件の中ではそこまではやりきれない。あれぐらいの年齢の人の照明だとワンカット二時間ぐらいしないとダメ。監督も『これぐらいでいい』と言ってました」（坂江正明さん）

裁判の合間に評議室で論点を整理したり、昼食を取る場面もある。運送会社社長である裁判員の広瀬が「女房に持たされましてね」と言って包みを開けると、黄色いそぼろごはんにハートマーク型のピンクのでんぷが視界に飛び込んでくる場面がある。

ここは本作が最高裁にて、公募した一般観客を集めた完成披露で上映された時に、客席をドッと沸かせた描写だった。

「でもあれはカット的に短かった気がします。『あと1秒半ぐらい見せてやればいいのに』と思った」（坂江正明さん）

原田監督らしいファンタジックな要素は入れようがない今回のような作品で、一瞬花が咲いたような場面だった。

「あそこは最初、監督はいらないと。実はもっと長いシーンでした。最後に僕が『半分だけ復活しておきましたよ』と言ったら、『そうすると思ってました』とひと言（笑）」（川瀬功さん）

意外にも原田監督は一度このシーンを完全オミットした。

「あの前後は裁判シーンの連続で、見る人も飽きてくる頃なので一息つけるシーンが必要だと思い、僕が勝手にオールラッシュの直前に復活したんです（笑）。緊迫した場面が続いても、それはそれで退屈。どこかで緩急つけないとドラマとして成立しない。あいうシーンがちょっとでもあると、次の展開にも行きやすいかなと思った」（川瀬功さん）

編集マンとの阿吽の呼吸があったのだ。

「原田監督は口数多く注文したりしないけど、その上で良い意味で踊らされている我々がいる。原田監督は時々笑っているような目をする時がある。『全部わかっているよ』と」（川瀬功さん）

準備稿では、裁判二日目が終わって帰宅した時、奈緒子がピザを取る描写があったが、決定稿以降では豚のしょうが焼き、芋の煮ころがし、漬け物といった、彼女自ら作る料理にしている。

主人公の帰る場所としての家庭が、より鮮明になっているのだ。裁判員裁判のため高級レストランへ行けなかったことを悔しがる奈緒子に、芋の煮ころがしをつまみながら「俺、こういう方が好きだよ」と言う夫。

また本作では、裁判官と裁判員の女性同士が励まし合うという構図が押し出されている。裁判員になることを不安がる奈緒子や絵里花を励ます判事補の今日子もまた、初めての裁判員裁判に当初は戸惑っていたことが観客に示される。

「どうして裁判員になろうと思ったの?」という奈緒子の問いに今日子は、準備稿では、小学生の頃にクラスの子の給食費がなくなった時、疑われた男の子の言うことに耳を貸さなかった自分を反省したことがきっかけだと語っていた。だが決定稿では、ある裁判官に憧れてなろうと思ったという風に変わっている。

奈緒子は憧れの裁判官とどうなったのかミーハーな関心を持ち、裁判員としてのすべての役目が終わった後、最高裁の階段下で今日子を呼び止め「その後どうなった? 今はラブラブ?」と訊くが、今日子は「その人、女性ですよ」とオチを付ける。

裁判後の会話には優しい音楽が流れ、絵里花が裁判員になって良かったと言った時、かつて彼女を励ました今日子の表情が輝く。

そして家に帰った奈緒子を、エプロン姿の男二人が出迎える。息子はピンクの格子柄、夫は黄色のエプロンが微笑ましい。ピアノ曲のBGMに乗り、ウルッとくる奈緒子の表情でスタッフ・キャストのローリングが始まる。だが生焼けのハンバーグに、奈緒子は「判決」を言い渡す。「外に食べに行くのが相当と考えます」。居ずまいを正して「はい!」と従う夫と息子に、思わずプッと吹き出す奈緒子のストップ・モーションで、映画は終わる。

「感動できる作品かどうかはわからない。でも趣旨としては完成出来たんじゃないか」（坂江正明さん）

裁判もので、ここまで口当たりが重くないものは珍しい。

「最後には裁判所の人も、お話としても優れていて面白いし、裁判員制度に興味のない人も素直に見られて、興味を持ってくれるような作品に仕上がったので『嬉しいです』と言ってくれた。それは原田監督の力、功績ですね」（川瀬功さん）

「決してお世辞じゃなく、裁判所の人は『これまでの三作の中では一番良かった』と言ってました」（臼井正明さん）

この映画の冒頭では、ヒロインが住んでいる町の俯瞰シーンが入る。そこは原田さんが実際に住んでいた府中の町だった。演出メモには「ゆうひの丘」とあった。撮入前の実景撮り日である十二月十四日にこのシーンは撮られた。使われているのは夜景のみだが、実際には昼から夕方、夜にかけてキャメラが向けられ、電車の向きや、空の高さなどのサイズ、夕焼け雲を生かすか外夜灯を狙うかなど、何度も回している。

「あのシーン、脚本と何も関係ないですが、撮りたかったんですよ、原田監督が。それを編集の時にどうしても入れたいと。『そう言えばあの時、感慨深げに見てたなあ』と、亡くなった後に改めて気付いたんです。自分がずっと生活していた町を入れたかったのかなと、後で思いました」（坂江正明さん）

▽泊り込みで編集作業

「スピーディな裁判にしたいがためというのが裁判員制度を作った一つの理由。そういう意味で、この映画も五〇数分で最初から最後まで描こうというのがあった」（編集・川瀬功さん）

最初につないだら一時間十五分ぐらいあった。

「二〇～二五分切りました。殺人シーンは丁寧にカット数を多く撮っていたのですが、回想場面が長くても話が止まってしまうということで切りました」（川瀬功さん）

最終的には一時間弱に落ち着いた。

「地上波でやる場合は一時間枠がいいので、『四五分ぐらい』と言われたんです。でも脚本が長かった。結局、前作をWOWOWで放送した時に五七～五八分までOKだったと言われたので、そ

れを越えないようにしました」（川瀬功さん）
　編集の川瀬功さんは、『三本木農業高校、馬術部』『出口のない海』『結婚しようよ』等、佐々部組常連の編集マンだ。
「僕は『審理』の時は五〇歳で、佐々部清監督と同い年です。『審理』の撮影は〇八年一月でしたが、前年一二月の準備期間に、原田監督に初めて会いました。昔を知る人は『痩せた』と言ってましたが、僕は病弱という印象はない。編集は四日間くらいで、風邪気味だからと言いながらポカリスエットをしょっちゅう飲んで、おでこに熱さまシートを貼ってました。今思うと、相当辛かったのかな」（川瀬功さん）
　編集作業中、原田監督はスタジオ近辺のホテルに泊まっていた。
「府中の自宅から銀座の編集室へは電車で通えないほどじゃない。でもホテルに泊まると聞いて『そんなに編集を一生懸命やる人なの？』と驚いたのですが、体調が悪かったからなんだと」（川瀬功さん）
　原田さんのお母さんによれば、『審理』の作業中は、毎日終わって家に帰ってドッと倒れ込んでいたという。だがスタッフに訊くと、まったくそういうそぶりを見せなかった。
「編集作業の最終日、『矢場とん』という近くの味噌トンカツの店に行ったんです。プロデューサーと監督と何人かで。監督はお酒は呑まなかったけどお茶で乾杯。でもとんかつをペロリと食べてましたよ。結構ボリュームがあったのに」（川瀬功さん）
　家では食事ももう喉を通らなかった時期だった。
『審理』の編集作業の後、一月二七日に編集の川瀬さんのお母さんが亡くなり、原田さんは花輪を送っている。自分もギリギリのところでやっている時に、スタッフの身内にお花を送るよう手配していたのは「原田監督らしい」と監督を知る人は言う。
「葬式に出たら、花輪が監督からも届いていた。花輪をくださった方全員に御礼を言うために写真を撮ったんです。監督が亡くなった後、その写真をプリントアウトしたら、原田監督からの花輪だけがハレーションで白くなり、名前が消えかかっていました。偶然だろうけど『暗示していたのかもしれない』と思った」（川瀬功さん）
　編集後の音声作業であるMAに立ち合った川瀬さんは、まだ写真をプリントアウトする前だったので気が付いていなかった。
「監督に『ありがとうございました』とお礼を言って、数日したら本人が亡くなってしまいました」（川瀬功さん）

▼こんなことで悩む人じゃない

「撮影が終わって、『熱が下がらないんだよ』と。一月一九日からのオフライン編集時には、近くにホテルを取っていました。一月三一〜二月三日の本編集時は、歩くのも朦朧としていたこともあり、翌日の開始を午後にしたこともありました。風邪を完璧にこじらせたと思っていました。二月八日に最終作業のMAを終え、作品は完成しました。その間、移動は行きも帰りもタクシーでした」（臼井正明さん）
　MAの時には、佐々部清監督『三本木農業高校、馬術部』の冬期ロケーションに青森に行っていた坂江正明さんも立ち合った。
「三週間くらい空いてたな。仕上げの時の原田監督は相当具合悪そうだった。『これは……』と思いました」（坂江正明さん）
　撮影中も体調が少し悪いのでは？とは思っていたという。
「どこか座るところを探してました。でも『きわどくやばい』という空気は出してなかった」（坂江正明さん）
　MAで会った時には〈あのまま病院行かないで風邪がこじれちゃったよ〉というニュアンスで説明していたという。
　病院に行っていたことも、末期がんだということも、坂江さんは知らなかったが、体調が悪そうだったので配慮した。
「回想シーンなんかチェック用にわかりやすいように、ちょっと色調を変えたり画調を変えたり、パターンを短く、たとえば二〇秒とか三〇秒ずつ同じ画を作って、監督とクライアントの裁判官に『これでどうですか』と見せたんです」（坂江正明さん）
　一回気になることがあった。
「こっちが見せた映像に、クライアントが『監督にお任せしますよ』と言った後、監督がOK出す前に、すごく間が出来た時があったんです。結局『これでいいよ』と。あの時は『なんであんなに間があったんだろう』と思いました」（坂江正明さん）
　もちろん、その時はあまり深く考えなかった。
「そんなことで悩む人じゃないので、身体が苦しかったんじゃないかな。クライアントを交えて進める時、原田さんは理由をはっきり言うタイプでした。俺に向かって言うんだけど、実はクライアントにも伝わるように言う。でもあの時はそれがなくて、間だけがあって『いいよ』のひと言で終わった」（坂江正明さん）
　周囲には「風邪」で押し通した原田さんだったが、この時期風邪をひいたのも事実であり、ガンで抵抗力が弱まっていた。
『審理』は原田監督にとって、これが最後という意識で取り組んだ作品ではなかった。だが現場に立ち合って、それで旅立ったということにおいて「最後の作品」であることに間違いはない。

▼未来の時間

「二月八日にすべての仕上げ作業を終え、『審理』は完成しました。その三週間後に亡くなられました」（臼井正明さん）
　亡くなったのは二九日。四年に一回巡ってくる二月の最終日だ。
「誰にも迷惑をかけずに作品を仕上げた。試写は見られなかったけど、きっちりやり終えて」（川瀬功さん）
　三月は一・二日が土日で『審理』の制作を担ったシネムーブが葬儀の連絡先になった。
　三月二五日に最高裁で行われた完成披露試写には間に合わなかったが、原田監督は出来上がった作品を見ている。
「二月三日、スタジオでのタイトル入れ作業で会ったのが最後でした」（坂江正明さん）
　事実上の仕事として最後となった。
「原田さんは映画監督として亡くなりました。『審理』は作り方が映画でした。音楽もオリジナルで、ちゃんと監督を立てて作られたものです。原田さんを映画監督として逝かせてくれたのは『審理』のプロデューサーの臼井さんです。原田さんの戒名にも『審』の字がありましたからね」（山下千鶴さん）
　この映画は全国の公民館などで上映され、ネットでも配信され、誰にでも見られる状態だった。図書館でも貸し出しがされていた。
　本作では冒頭「平成二〇年十二月」とスーパーが出る。原田監督が亡くなる十ヶ月後を舞台にしている（準備稿では「平成二一年一月」）。
　制作当時まだ始まっていなかった裁判員裁判を題材にしたこの作品は〈今よりちょっと未来の時間〉を描く。「事件を裁いても、人を裁かない」未来に向けて、温かな目線を送っていたのだ。

座談会

●若い頃からの仲間

二家本辰己（アクション監督・俳優）・**町田政則**（俳優）

心が痛いことも伝わってくる仲間でした

二家本辰己　平成に始まったウルトラン『ティガ』の殺陣師をやらせていただきました。ただ、たしか3話から殺陣師として入っていたと思います。当初、殺陣師は入らず進んでいたのですが、撮影に時間がかかったようです。自分は、ウルトラマンレオに入ったりしていたので、その辺りの勝手を知っていました。

　ウルトラマンというのは視覚が大変なんです。自分達は正面を見ているつもりでも、目線が下なんですよ。

　それで、『ティガ』では、たとえばテープを引いて、スーツアクターにそこで目線をターンするとか、怪獣との絡みのきっかけも全部教えていきました。

　そうして、戦いのシーンも一週間かかっていたのが四日になり、最後は一日で全部終わるようになりました。

——ウルトラマンの殺陣を、ご自分でちょっと変えてみようというお考えもあったのでしょうか。

二家本　ありましたね。本当は初代ウルトラマンをやりたかった。あのすごく腰の引けた構え。それ以後のウルトラマンは、みんな形になっているんです。

　あの感じを出すためにはどうしたらいいかと考え、出た答えというのは、「目をつぶって、このまま怪獣と戦え」でした。そうすれば、怖くておのずと腰の引けた構えになるだろうと。

　それをティガでもやっているんです。でもすごく疲れるんです。普通に構えている方が楽。あれでいくつか手をやるとすごくキツい。あれで受けて、形のないアクションを見せるのがやりたかったんです。

　仮面ライダーも、平成になってからの変身は、形じゃないものもありますよね。普通の人間の動きとして違和感がないのも出てきている。ウルトラマンもそれをやりたかったんですが、それをやるには、『ティガ』の頃にはまだ早かった。

　あと、ウルトラマンのカラータイマーを、怪獣にぶつけようと言いました。怪獣に当たって返ってきて、身体にポンと戻る。白砲をポーンとやって怪獣の目が眩んだことにしようと言ったら、猛反対をくらった。「ウルトラマンの命は投げない」と。

　怪獣がウルトラマンにヨダレを落として、爆発させるというのもやろうとしたんですが、それもウルトラマンに対してのイメージを壊しちゃいけないから、その直前までしか使ってもらえなかったですね。

　セットの広さも限界があるから、ウルトラマンを二体使って立ち回りをやったこともあります。一回一回、フレームワークごと移動して、たとえばウルトラマンがトランポリンで飛んだ芝居をしたら、もう一体が別の方から飛び出すんです。

　これは時間がかかりましたね。三、四時間ぐらいかけてワンカット撮りました。

　いつも、もうちょっと発想がやわらかくなると面白いのにと思っていましたね。新しいことをどこかに入れないとダメだと思っていましたね。

　たとえば初代ウルトラマンの面は手作りだからボコボコしている。それを今やればどうなるんだろうとか。そんな話を原田さんにもした憶えがあります。

▼仲間としてウルトラマンを作っていた

二家本　一回、ある監督の時に「ウルトラマンが怪獣を持ち上げるところを見せて欲しい」と言われて、ワンカットで持ち上げてボーンと投げた。

　スーツアクターの中村浩二の力だけでドンと落としたんです。普通の人の力では、絶対無理。それを、怪獣役はじめ仲間みんな、とにかく頑張って、ワンカットでやったんですよ。

　でも部分的にしか使われてなくて「最初からそこだけ操演でやればいいんじゃないの」と言われてしまった。そういうことがあると僕、結構傷つくんです。

　でも原田さんとは、お互い頑張ろうって気持ちになる。「こういうことやってみたいな」って思える。監督の言葉ですごく変わりますから。一生懸命やったことに対しての言葉がある人は現場もノリがいい。

　一緒に仕事をする人間は仲間だという意識を原田さんは持っていた。たとえば合成のスタッフになる人には、もともとウルトラマンを好きな人が多いんです。だからミニチュアの画に合成する時に、原田監督は、合成用の見本でも、普通は助監督がそのまま写っているんですが、一応撮影用ウルトラマンのスーツをわざわざ着させる。「私達のためにウルトラマンが手を振ってくれる」と、それだけで彼らが仕事を頑張ってやってくれるんです。

原田さんはそういう人だから、ちょっと会ってなくても、すぐ(関係が)元に戻りますからね。何を言いたいのかもわかるし。仕事としてやりやすい。

僕が、あまり知らない顔と仕事をする時は、原田監督がスタッフと一緒の飲みに連れていってくれる。そうすると現場に行った時、すごく楽になる。

『ダイナ』では、原田さんは特撮もやるようになりました。「怪盗ヒマラ」は格闘が少なかったし、「少年宇宙人」では、ウルトラマンが戦わなかった。「初めてだろ? 俺がウルトラマンで、三分全然戦わなかったのをやったんだ」って、生き生きしていた。

昭和では実相寺(昭雄)さんの回であまり戦わないのがあったけど、平成では原田さんですね。

立ち回りで俺が憶えているのは、夕日の中で殴り合う「ダイナVSダイナ」。偽物と本物のダイナ同士でクロスカウンターして、戦いはあんまりないままバーンと殴って終わった。

僕は「もっと格闘やりましょうよ」と言ったんだけど、「いいんだよ。それは他の監督の時で」って。

あれが怪獣だったらもっと戦ったんだろうけど、どこかで原田さんが、反抗していたんでしょうね。これまでのアクション(動き)の形を壊したいとか、予想を裏切るものにしたいとか。夕日を背に立っているだけとか。

画のつながりのところは、本編はこう来るから次こうしようとか、怪獣をもっと強く見せようとか、そういうところでは自分も監督と一緒に、楽しんで工夫しました。

▼ウルトラの中の原田人脈

町田政則　僕はウルトラでは『ティガ』の「ウルトラの星」のチャリジャが最初。(メイクで)真っ白にしちゃって。チャップリンに似ている感じで。変身後のスーツの中身も俺がやっていた。

満田穧さんと原田さん、二人が監督だったので、原田さんと現場をやっている時に、今度は満田さんが変身後の声を録る。楽しかったけれど忙しかった。

二家本　その時は俺は一緒じゃなかった。チャリジャはウルトラマンと戦わないから。

町田　僕が怪獣の肩に乗ったりするのは合成です。

テラ(寺島進)が出ている時のウルトラマン(『ガイア』29話「遠い町・ウクバール」)も俺、出てます。らくだ便の主任なんだけどイヤリングしてたでしょ? 監督がチャリジャに引っかけてそうしたんです。わかる人にはわかりゃいいしと。

――寺島さんは、二家本さんのところにおられたと。

二家本　テラは、出ていく時は真剣な態度だった。俺も「絶対に斬られ役に戻るなよ。戻ったら、俺にはそんな力ないけど……お前をつぶすぞ」って。

テラとはそれからもずっと付き合いが続いていますよ。ある日「二家本さん、実は、辞めた以降に、来るんですよ。(他の)剣友会から。でもそれは、二家本さんが(戻るなよ)と言ってくれたから」って。

こういう世界、辞めるにしても後ろ足で土をかけていくのはダメですよ。だから俺も、原田さんに役者として呼ばれた時には、ウルトラマンに出たりしている。殺陣師としては入ってなくてもね。

あと原田さんはすごく遊ぶのが好きなんです。ウルトラマンで俺も、原田組でサラリーマン役をやってます。最初はキノコの話で警備員の役で出て、何度も怪獣に出会う(笑)。松本へ行った時も、俺の役は東京が怖くて地方でサラリーマンをやっているという前提にすれば大丈夫と原田さんと二人で話をして(笑)、酔っ払って強気になっていたら、また怪獣

『ティガ』「ウルトラの星」チャリジャ役の町田政則

に会う（笑）。北浦（嗣巳）さんの時もそういう話に出演させて頂いて、「じゃ、その時と同じサラリーマンだ」という事にしようって。

町田　俺『ブースカ』に出ていた時に、チャリジャを出そうかという話もあった。チャリジャは時空を超えるので、出てもおかしくないだろうと。『ダイナ』にも「どこかで出す出す」と言ってたんですよ。

――それまでお付き合いのある俳優さんをウルトラに呼んでますね。長倉大介さん、沖田浩之さん……。

二家本　それでいえば俺の先輩で野口さんも出演させて頂いています。

町田　『ブースカ』の二話目ですね。ピラニア軍団の野口貴史を京都から呼んでます。

原田さんの『喧嘩ラーメン』にも出ている。浮浪者役でラーメンの秘伝のタレを持っていた。

――『ブースカ』2話は『喧嘩ラーメン』と筋が同じですから、ゆかりのある役者さんというか……。

町田　野口さんも和泉組によく出ていたんです。京都に行くと、野口さんがいろいろやってくれた。『この胸のときめきを』も先生役で野口さん出てます。

――ブースカの1話で町田さんは泥棒の役でした。

町田　原田さん、随分楽しんでやっていましたよ。

あの時は呑みに行きました。野口さんも一緒に。新しいシリーズをやるというので、仲間達を呼んで撮ったわけじゃないですか。楽しかったですね。

▼監督として育ててくれた

二家本　原田さんとは若い頃からなんとなく顔見知りでしたが、印象が強いのは、やっぱり彼がチーフになってからなんです。

和泉組の番頭でしたからね。原田さんが仕切っていましたから。だからたぶん、だいぶ和泉監督は、自由に出来たんじゃないですか。原田さんも、その頃は酸いも甘いも色んなことを体験している。

あの頃はほとんど毎日が宴会。役者同士もみんな酒を飲んで喧嘩してたり。

町田　大ゲンカがあったり。『恋子の毎日』の時も。

二家本　ロケ先の清水港でね。あの時、原田さんが「それが東映なんだ」と言っていたのを憶えている。

でも、原田さんが一番大変だったと思います。そういう時も。

町田　原田さんを監督にするために、和泉監督が現場に行かないで、原田さんに撮らせたりしていたんです。俺達は出番がない時、飲んでいるじゃないですか。和泉さんが心配してるんです。「大丈夫かな」って。だったら横にいればいいじゃんと思うんだけど。でも、そうやって、和泉さんは原田さんを育てたんじゃないですかね。

和泉聖治監督はそういう男気のある人で、その中で原田監督と俺達、一緒にやらせてもらった。

俺、初めて、原田さんが監督やった『裏刑事』の時に出て、完成映像を見たら、アングルや撮り方は和泉さんっぽかった。テレビドラマなのに映画的。

▼暴走族俳優とバイク助監督

町田　僕は東映の教育映画で出会っているんです。何本かやりました。お互い二十歳くらい。同じ歳で。

僕はその前、子役もやっていたんです。

――『大巨獣ガッパ』や、『ウルトラセブン』にも。

町田　そうそう。でも中学後半から高校にかけて、休んでいた時期に、『愛のきずな』（六九年、監督坪島孝）という映画で、『てなもんや三度笠』などで三名目をやっていた藤田まことさんが二枚目の役をやっているのを見て「いいなあ。やっぱり俺、役者やりたいんだな」と思いまして、この世界に戻って東映に入ったんです。

それですぐですよ。原田さんと会ったのが。

原田さんは当時から「監督になりたい」と。若い時だからお互い夢を語り合ったんですね。

あと原田さんはバイクが好きだった。僕もバイクに乗っていました。教育映画の中でも。

――教育映画では不良少年の役だったとか。

町田　いや（実際にも）不良だったんですよ。その後、映画で、東映の岩城滉一さん主演の暴走族ものにも出ていました。ジャンプ台を作ってもらって。（吹き替えなしで）飛んでますよ。

でも原田さんの方が大型のバイクに乗っていました。その頃からモトクロスタイプのバイクだったのかな。撮影所にも乗ってきた。「なんだ乗り換えたの？」とか、そんな感じで。

『キョーダイン』の後『Gメン'75』の助監督を彼がやるようになって、僕も何本か暴走族役で出た。Gメンの前に『野性の証明』も彼はやっていたでしょう？　あれは俺レギュラーですよ。暴走族役。

――本当に暴走族の役が多かったんですね。

町田　はい。最初に暴走族をやった『狂走セックス族』って映画の時は十八で、まだ高校に行ってました。二家本さんと僕は、JAC（ジャパン・アクション・クラブ）に一緒に通っていたんです。僕は東映から行かされていたんです。「立ち回りを覚えろ」と。その時に二家本さんが所属していて、一緒にスポーツ会館でトレーニングをした仲でした。

▼ワンカット大立ち回り

二家本　僕は岩城滉一さん主演の『南へ走れ、海の道を』（八六年）に出たのが和泉監督との最初です。「本当は殺陣師になりたい」と和泉監督に話したら、その次の作品から「お前に三回チャンスをやる。その三回でダメだったら、それっきりだ」と。

和泉さんからはいまだに同じようなことを言われている（笑）。こっちも「いつ三回目が来るんですか？」なんて冗談言いながら。

その後、原田さんとも一緒になって、ずっと付き合ってきました。

和泉さんは現場で考える人なんです。逆に、原田さんはしっかりカット割りを作るんです。でも原田さんもパッと見て、面白くないとダメなんです。頭がいい人だから、一回で覚えちゃうんですよ。

『喧嘩組』の二本も、小沢のお兄ちゃん（小沢仁志）とも相談して、手の方向はこうで、ここは下げてとか、激しい立ち回りにしようって。原田さんもそこで出来上がったものを基本にして使ってくれた。

やっぱり「和泉さんの血を引いてるから」と。「これワンカットで出来る」という時にはやる。そうなると大変なのは間違いない。みんなで動かさなきゃならないし。

町田　最後の方で失敗しちゃうと、また最初から。

――一発殴って腹に決めると相手が吐くカットも。

二家本　アングルは原田さんのアイデアです。こっちが「じゃあ腹を殴って、パーッて口から胃液を出しましょうか」と言いました。透明な風呂敷を敷いて、その下から狙って、コーラを口に含んだのを吐かせた。

普通だったら、やめようって言うんですけどね。やっぱり「あ」と言えば「うん」っていう関係で、すぐわかる。「これを言ったら怒られるかな」って気遣わなくてすむ。

「ただポンと殴っているだけじゃ面白くない」と、アイデアが出て来る。

『喧嘩組』の、ライバル役の加納竜の殺し屋が刀を口にくわえて二刀流というのは僕のアイデア。『ワンピース』のゾロの先を行っていたでしょ？

小沢のお兄ちゃんが刀を素手で返すのをワンカットでやるのも「これ、話題になるな」と思った。

『ダイナ』「君を想う力」に特別出演した二家本辰己と原田監督。長野県松本市にて

リアルなアクションならば、ヤクザは自分の手を絶対に傷つけない。でも『喧嘩組』の小沢仁志はそんなこと考えないで、ただひたすら喧嘩する（笑）。

原田さんは「二家本、また痛いのやるんだろ」と。こっちも「はい」と。

拷問シーンも「嫌いだ」と言いながら喜んでいた。女の人を逆さ吊りで水の中に漬けたりね。

でも今は規制がすごく大変ですけどね。銃の乱射はダメだとか、人を殴れないとか……。

――最後に小沢さんが悪役の顔を煉瓦で潰します。

二家本　あれも原田さんのアイデアだけど、さすがにあの頃でもヤバいということで、シルエットになった。

――二家本さんは北野武監督の作品や、様々な映画で日々新しいアクションにチャレンジされています。

二家本　僕は映画として嘘をつきつつ、どこで本物志向を求めていけるかということはいつも考えます。

▼原田さんが役者としての壁を越えさせてくれた

町田　『喧嘩組』で俺、乞食の役をやっているけど、監督に「俺にナレーションやらせてよ」って言ったら「えー？」って言われたけど、「（他に）誰もやるやついねえしな」とやらせてくれた。

最初、原稿用紙で三ページくらいあったのかな。「あと何行で終わりだな」と思うと、俺、噛んじゃうんです。「あー」って。

「監督、途中から録ってください」って言ったら、「ダメだよ。リズムが変わるから」と言われて。二時間かかって、めちゃくちゃ怒られた。

でもいま俺、ナレーションの仕事を随分やっているんです。声の事務所に入っているんです。だから声の仕事のきっかけをくれたのは、原田さんです。

──乞食の役でも、ワンカットで長い語りが。

町田　そうです。海辺でやったので雷がすごかった。「ＯＫ」となった瞬間、ざーっと降ってきました。

──出来あがった画面には、雷が合成されています。

町田　急に暗くなって。焦りましたもんね。（もし撮れなかったら）また来なきゃいけない。

　でも、それで自信になったということはありました。僕ちょっと……まあ、役者はそういう病気みたいなものになることがあると思うんですが……セリフを言うのが怖くなった時代があったんですよ。芝居というものの深さに気付いてしまって。

　だから役者としては、あの時ＯＫになったことで、精神的にちょっと強くなったかなと。

　そこからまた、たくさん壁がありますけど（笑）。でも監督は俺の状態を見ていてくれたのかなと。

▼原田さんに車で轢かれた

町田　原田さんとの仕事はいっぱいあって、役とか憶えてないのも多い。でも組員の役が多かったかな。
　組員は敵の方が面白いです。敵の方になれば下品に出来ます。やる側としては、その方が面白い。
──和泉監督で小林旭さん主演の『修羅の伝説』では町田さんがリンチを受けて穴に埋められたり。
町田　俺がヒットマンで、捕まって、最後に殺されて、捨てられるまで撮影が三日くらいかかっている。
　原田さんに俺、車に轢かれました。最後、俺が死体で車から捨てられるじゃないですか。落ちると足が、車の下に入っちゃうから、テストではスタートしないでよと言っていたんです。でも原田さんが燃えてきちゃって、思わずやっちゃったんです。
二家本　役者が走り出すきっかけを出しちゃったんだよね。
町田　きっかけのサインを出せば走り出しますから。
──ケガは大丈夫だったんですか。
町田　いや、大丈夫じゃないよ、すごく腫れました。
──病院は行かれたんですか。
町田　その日は行かなかったですね。
　和泉監督が原田さんに「お前が（きっかけ）出すからだ」と。それで、監督達と飲みに行って、その後に見たら足がすごく腫れていたんです。
二家本　俺達は「痛い」って言っちゃいけなかったんです。それを、原田さんもわかっているから。
町田　見て腫れていたらわかりますからね。
二家本　心は痛かったと思います。原田さんは。
町田　（笑）。でも口に出しては何も言わない。そんなの言ってもしょうがないですから。
　こっちも病院に行って、撮影がもしストップになっちゃったら、迷惑かけたことになる。
　本当に倒れて、動けなくなっちゃえばわかりませんが、ある程度のものであれば、気持ちよくやりたいと思うし、それが仲間だと思う。
　だから俺、本当に、若い頃一緒に飲んだ時のことをすごく思い出すんです。「俺は監督になりたい」「俺も役者でこうやっていきたい」って話したことを。
　それがずっと続いているから「ああ、いい仲間だな」と思っていたんです。だから、その仲間が亡くなったっていうのはすごくショックだったですね。
二家本　基本的にアクションがあれば俺が原田監督作品のほとんどをやっています。最後の『審理』まで。やっていないのは『九州マフィア外伝』ぐらい。あれは九州の学校で作ったから。
　俺にとっては、本当に、殺陣師としての腕を磨かせてくれた人。
二家本　気を遣う。
町田　優しい人だったですね。電話しても、「連絡しないで悪かったな」と言うんです。
二家本　「今度またあるから」と。役者としては全部が全部は出られませんから。そんなこと全然思ってないんだけど、気にしてくれていた。
二家本　『審理』の時はきっと、最後まで現場をやって、燃え尽きたんだろうね。
町田　原田さん、（病気を）知ってからどういう気持ちで生きてたんですかね。
二家本　ふっきれていたと思いますね。ふっきれてないとそういう状況は……俺らの仕事は、朝から次の日の朝まで二四時間働いたり、わけのわからない夢を追って、やっている時は集中できる。それが、終わって、ちょっとした時に力が抜けるんです。
　俺も心臓に持病があるんです。でもそういうことを考えたら何も出来ない。
　何のために人間は生まれてきたんだろうって考えたら、基本的に何かをやるために……ヤクザをやる、警官やる、役者やる……そして、やり終えた人間が新しく変われる。それが「死」じゃないかな、ということを自分で考えているんです。
　本当に自分が病気持ちになってからです。だから、原田さんもそういうこと、ずっと辛抱強く、考えたりしていたんじゃないかな。

inter-view

原田仁（母）・弘中いづみ（妹）

「忘れないでね」～家族と過ごした日々

▼兄は男らしくて優しかった

母　小学校の時に大きかったのは、給食が食べられないことだね。父親も偏食家だし、息子も嫌いなものだらけ。

妹　全部食べないと、学校から帰してくれない。豚の肉の脂身が付いたようなまずい給食時代だから(笑)。脱脂粉乳だし。「どうしても家に返してくれないから、靴下に入れてきた」と言ってた時もありましたね。

――ご家族みんな、旅行がお好きだったって伺いました。

妹　旅行はしょっちゅう行ってました。

母　長野県はね、中間休みというのがあるんですよ。

妹　昔で言う田植えとか、稲刈りの時期に。

母　ちょうど旅行にいいシーズンなんですよね。必ず行ってたね、どこかに。それから土日も必ず外へ出かける。休みといえば東京へ出たりしてたね。

妹　そんな日本全国じゃなくて、長野の高原とか、新潟の海とか。

長野県は山に囲まれているから、逆に本人は海の方が好きかも知れない。

母　中学の時、直江津の海に一人でカニを食べに行くと言って、信越線に乗って行きましたよ。

妹　海が好きだから「船乗りになるのかな」と思ったことがあるんです。

母　「船が好きだ」と、学校の文集に書いてありましたね。

運動で唯一泳ぎは得意だったですよ。ずっと長く潜れて。

松本は息子が小学校四年間を過ごした地でしたが、記憶に深いものがあるようでした。毎週日曜ともなれば宿題など数分で済ませて外出ばかりしている家でしたので、片端の川沿いの道を下り、または日銀横を通り松本城見学。食事は井上デパートのハンバーグ。縄手の開運水のナポリタン、四柱神社境内を通り抜けてこばやしのそば。お城横の松本神社で吉永小百合さんのロケを見に行ったこともありました。自分が通った開智小学校では、後に『ウルトラマンダイナ』の「君を想う力」(46話)のロケをしたとか思い出深いものがあったと思います。

だから息子が切通さんのインタビューで「松本城付近は目をつぶってても歩ける」と言ってたというのはきっと、好きだったんだね。印象に残ってたんじゃないですか。

数年前にも松本に自分一人で行って撮ってきた写真が残ってるんです。子ども会でどんど焼きをやった、松本城の反対側の片端ってところや、女鳥羽川、千歳橋、四柱神社、城下町のナワテ通り、碌山館……あとは安曇野で撮った穂高の方の写真。

妹　『ダイナ』の「君を想う力」を見たら、同じところというか、好きなところだらけだった。

母　桜鍋という馬肉の鍋屋があってね。

妹　自分で何回か松本に行って見つけて来たみたい。いつも松本行くとそこに行くという。

母　でも途中から「馬肉はもうやめた」と言っていた。

妹　それは競馬を始めたからかしら。そうかもしれない(笑)。

――ただの競馬好きなだけじゃなくて、動物思いだったようですね。

妹　兄が何年生の時かな。もらって来た柴犬の子犬が死んじゃったんですよ。

母　犬に予防注射をやらないでいたんです。そしたら伝染病になって死んだ。「僕が悪いんだ」と自分を責めて。

妹　ロックって名前でした。兄が付けたんです

母　「ロックが死んじゃった」と、庭でウワーッと大騒ぎして。松本にいる時でしたけど、官舎の他の奥さん達がもらい泣きして。

学校で息子の様子がなんかおかしいから先生が「どうした?」と訊いたら「犬が死んだ、ロックが死んだ」と言って、じゃ「それを作文に書いてこい」と、家に帰されたんです。その頃息子は作文をわりと先生から誉められていた。でも結局書いていかなかったんだって(笑)。その気分にならないと書けない子なんだなぁって思いましたね。

妹　それ以来もう「生き物は絶対飼わない。死ぬからな」とずっと言ってます。優しい人でした。私に対しても優しかった。

母　上京してからも「東京にいる妹を頼むね」と言いましたが、男らしく「妹を守ってあげなくちゃいけない」というのは、自然とあったんじゃないですか。男らしい人が好きでしたよね。「男っぽくていい」という言い方をよくしてました。

――「男は男らしく」がモットーだと監督自身、おっしゃっていましたね。

▼原田家が東京に移住

妹　『Gメン'75』の頃、私が大学四年卒業して就職する時には兄と暮らしてたんです。西荻窪で、部屋は兄が見つけてきたんですが、家賃が大変だから二人で住んでました。

西荻窪の街が好きでしたね、兄は。その後引っ越してからも「あそこの酒屋に行って一升瓶のワインを買った」とか「ソーセージ屋さんに行ってきた」とか、一年に一、二回は西荻窪に行ってました。私も好きですね。もう一回住めるなら住みたいなあと。

西荻で一緒にいた頃は毎日「助監督は大変だわ」と言ってたけど、その後は離れたし、あまり長野にも帰らないから、東映のVシネマ時代のことは私も母もよくわからないんです。

でも「サスペンスで助監督でやるよ」という連絡は必ず電話で来てました。和泉監督のドラマとかも。

ウルトラマンを監督した時も「今月の何日と何日は俺だよ」というのだけは、必ず連絡が来てた。

母　『極道拳』、山下真司さんの映画を監督した時は、「親はなんか協力しなくていいの?」と言ったのね。もうその時は東京に私は引っ越していたから。でも「そんなのいい。チケットももうない」と言って、「見たいな」と言っても全然見させなかった。

『旅の贈りもの』の時も、いとこ達がみんな「まあちゃん(原田さんのこと)の初日の挨拶の写真を撮りたい」と言ってわざわざ行ったんだけど「チケットがない」と言われて、入れなくて。

▼結婚を「発展解消」

——「女房とは発展的解消。お互いに何の恨みもなければわだかまりもない。日本を離れてアメリカで生きていきたいと言うから、応援することにした。日本の中だけで収まる人間じゃないと思ったから」と原田さんは言ってました。

母 元のお嫁さんは旅行したら、アメリカを好きになって、そのままいようということになったらしい。先に彼女がアメリカに行って、息子に「来ない？」と言ったんです。それで離婚する前に一ヶ月ぐらい行ってました。後から聞いたら「アメリカに一緒に住まない？」と言われたらしいです。アメリカでは映画の仕事を続けられないから、別れる結果になったけれど、一ヶ月アメリカで一緒に過ごしたことは、本当に楽しかったと言ってました。

——奥さんと大陸横断したということは、僕も原田さんから聞いたことがあります。車で移動し、キャンプしながら一ヶ月過ごしたと。途中食事の美味しくない現地で、食べ物に工夫した話とか……本当に楽しそうに語っている原田さんを目の当たりにしたので、まさかそれが離婚直前の旅だったとは、当時の自分はまったく知らないで聞いていたんです。

▼最初の手術から再発まで

——最初に病気になられた時、ご家族はご存知だったのですか？

妹 兄はまず最初に母に言いました。初めは病院の帰りでした。

母 「相談がある」と電話があって。初めの手術の時は、家族みんなが説明を受けに行ったんです。娘と孫、主人と私の四人で行きました。大腸ガンでした。

妹 最初の手術の時「三人に一人は再発する」と言われました。二人の方になればいいんだからと、一年間みんな少し気楽に思ってたのが……一人の方に選ばれちゃった。

でも兄は、そのことで一人の時に泣いたりするのかしら？……と。そういう姿は想像もつかなかったです。実際、泣いていたかどうかはわからないけれど。

母 ガンのステージは1、2、3、4まであって、医者が言うには、1、2は絶対大丈夫なんだそうです。「原田さんは3のAです。4はもうほとんどダメだ」と言われたんです。でも転移、再発の心配があります。リンパに行っている可能性がありますと。

手術は成功したんです。手術後もとても調子が良くて。半月ぐらいで瀬戸内へロケに行って、一ヶ月も『旅の贈りもの　0：00発』の撮影をやっていたくらいだから、良かったんですが、一年後に再発したんです。

あの時は本当に「あー」と思いましたねえ。

▼ハワイへの渡航

——原田さんは僕には、お母さんに病気のことを知られるのが、非常にお母さんに対して申し訳ないとおっしゃっていたんです。

母 息子の優しい心がそう言わせたんじゃないですかね。子どもが先に死んで、親がその始末をするような事態になるということに、人一倍申し訳ないと思ったのかもね。

妹 うん。

母 私もなるべく、暗い話はするつもりはなくて、明るい話っきりにして、まあ「あと一年」と言われた時は「やりたいことを全部やれば」と言ったんです。まず家族だった、別れた奥さんと「会いたければ会いにロサンゼルス行ってくれば」と言ったんです。そしたら黙ってました。それからちょっと経って、「アメリカ人と結婚していたから、相手が幸せだったらいいか」と言いました。

それから前後して、別れた奥さんの方からメールが来たんだね。

妹 そうなの？

母 そういう風に私に言いましたよ、息子は。『旅の贈りもの』についての記事をインターネットで読んで、「映画がやれて良かったね」とメールが来たと。それでメールのやり取りをして、アメリカに行く話になったんじゃないですかね。

妹 ハワイにいてコーヒー農園をやっているというのは行く時に知ったみたいです。アメリカに居ると思っていたから。

母 嘘かと思ってたね。そんな映画のような話。

——僕が「あと半年」と言われたんだとお話を伺ったのが、たぶん四月なんです。その時に既に元奥さんがコーヒー農園をやってらっしゃる話は聞いていたんです。その後わりとすぐハワイに行かれて「楽しかった」とおっしゃってました。

妹 「新しいご主人がいるけれど、今まで通りに会えた」と兄が言ってたし、元奥さんも全然こだわらない感じだったらしいです。

——最後の半年には色んな人に会いに行かれたみたいですね。

母 ハワイから帰ってから、映画の撮影中の、スクリプターの山内薫さんのところにハワイの写真を持っていったそうです。置いたっきりで話もしないで帰ったって。「何か話したかったんじゃないかなあと思った」と山内さん言ってました。後で思えば、ご飯でも食べて話せば良かったと。

妹 ちょうど兄が逝った年の夏に別れた奥さんとハワイで会ったんです。兄があんなに最後に行きたがっていたので、兄の骨をちょっと持って、ハワイの海に流さなくちゃと思って。

——原田さんがハワイに行って奥さんと会ったのが亡くなる前年の七月で、その後「死ぬ前にもう一度行きたい」とおっしゃっていたけれど果たせなかったんですね。

妹 兄が昨年行ったのと同じ七月に遺骨の一部を持ってハワイに行ったんです。

母 息子の代わりに行かせてやったんです。

妹 娘と二人で。元奥さんに「行くけど」と連絡したら「オアフ島なら行けるから」と返事があって、ハワイ島から来てもらって、兄の骨を渡したんです。しみじみとしてましたね。

▼「今の気持ちは」

——僕を話相手としてお言葉を残されたいというのも、何かきっかけがあったのかと思ったんですけれども。

母 医師から余命があと数日と告げられた時、「この子がこの世から消える」という空恐ろしい現実に、私は咄嗟に息子に「お前、何か書き残せば」と口をついて出たんです。

息子はしばらく黙っていました。

数日後、切通さんのことが頭に巡ったのか、書き残すことにしたと息子は私に告げました。

——僕が説明を受けた時は上海で撮っていた『五龍奇剣士』のこともあったんです。日本公開が後になるから、その頃には自分はもういないかもしれないと。

母 その頃、ルポライターの方が有明に入院してるということを私に言ったんです。毎日新聞に連載してる漫画家の女の人の……。

——西原理恵子ですね。『毎日かあさん』の。

妹 兄は西原理恵子が好きでね。

母 その人の別れた旦那さんがガンで、有明に入院して、入院の模様が書いてあったんです。入院中も海に出たり、船に乗ったりして……というのを息子は読んでいて、それが緩和ケア科というところだと私に言ったんです。

「お兄ちゃん、行きたいのならそこに行けばいいんじゃない？」と私は言ったの。それまでかかっていた病院も「緩和ケアはうちにもありますよ」と言っていたらしいんですが、寿命が決められたなら、好きな海を見ながら、気を紛らせながら日々を送った方がいいんじゃないかなと思ったので、私が勧めたんです。

母　有明の薬を飲んだら、ずっと調子がいいって。「やる気が出て来たよ」と。それで一月七日からまた仕事するようになった。その前は、家で身体を大事にしようと思っていたらしいですが。後で円谷時代のスクリプターの阿南玲那さん達に聞くと、みんなと過ごすのはもう最後だと思っていたんですかね。忘年会を一生懸命やっていたらしいです。浅草の方に行って飲んだり。ああいう病気でも、そういう時は力が出るんですかね。

――有明の病院で「今の気持ちは」と質問されたそうですね。

母　有明に入ったらすぐにね、部屋係のちょっと偉い看護師さんが質問したんです。

「ちょっと今日はお話をお聞かせください」と来て、「この病気になった時のお気持ちをお聞かせください」と言うんです。

息子は自分で「絶望です。絶望だけです」と言ってました。

「何か、やりたいことはありますか」と言われた時は「別れた女房に会いたい」「ハワイに行きたい」と。

「結婚していたんですか」と訊かれて「してたよ」と。ハワイには「一度行って来てるんだ」と。「もうお会いになっていて、奥さんご承知なんですね」と看護師さんが言うと、息子は「うん」と言って。

それから映画の話になったんです。「ウルトラマンだけでも五十本ぐらい撮ってんだから」と息子が言ったら「えー、ウルトラマンを撮っていたんですか。私も好きだったんですよ」なんて看護師さんが言って、その時に息子が「でも友達はいっぱいいます」「友達と話している時が一番楽しい」と。

それで緩和ケア科だから私のことまで訊いたんですよ。「お母さんは心のよりどころはどこにお持ちですか」。そしたら私が答える前に息子の方が「妹がいます」と。

私が「心のよりどころは息子」と言おうとしたら、息子がサッと「妹がいます」と。お兄さん、お母さんの心のよりどころはお前なのに。この言葉が何故その時、出なかったのか。

その時に「絶望です」と言ったのがね。ああ私には言わなかったけど、本当に一人で辛い思いをしてたんだなあ……と。

後で、息子と親友だったスクリプターの山下千鶴さんにそのことを話したら「原田さんとは長い付き合いだけど、『絶望です』って言葉は初めて聞いたわ」と。

▼病を押しての『審理』

――『審理』を撮られていた時はお身体もかなり大変な時期だったと伺いましたが……。

母　何かに撮り憑かれるように現場に行ってたんだと思います。その頃は、つきっきりでマンションに泊まったりもしていました。

家にいる時は動けないんです。熱もあると言って、インフルエンザにもなったというから「仕事に行かなくていいんじゃない？」と私が言っても、「そういうわけにはいかないんだ」と。解熱剤を飲んだら、三九度ある熱が三七度ぐらいになる。そうするといくらか動けると言って、行って帰ってきてまた寝て。家にいると全然動けない。外でどうやって撮影してきたのかしらないけどと思いましたね。

ほとんど食べられなくて、私が何を作っても、飾ってあるだけで手をつけない。でも『審理』の仕事に行くと外食する日もあって、みんなにつられて食事を摂れればいいなと思っていました。

後で助監督さんから「そういうところでは食べてましたよ」と聞きました。気力で食べていたんじゃないですかね。

二月八日で『審理』の仕事が「終了」と言って、それから風邪で咳が止まらなくてね。「風邪を治してもらうつもりで病院に入院したら」と言ったんです。先生も診察日に行った時「一段落したら入院しませんか」と言った。それで入院したんです。息子は十日間ぐらいのつもりで。「十日も入院してれば風邪が治るんじゃない？」と私も言ってたんです。他の人には「桜の花の咲く頃までは入院らしい」と言ってたらしいです。三月の終わり頃まではと思ってたんじゃないですか。

▼舞台挨拶を目標に……そして

――『審理』のプロデューサーの臼井さんのところに、原田さんから、十九日に姪っ子の合格祝いで近場の海へ小さな旅に行ったというメールがあったと。でも後から考えてみると、体調からしてそれは事実と違うのかな、なんて臼井さんが言ってました。

妹　そうです。同じ内容がｍｉｘｉにも書いてあって、それは入院した時なんです。それは「少し早目に入院したら」と言われて、単に検査入院みたいなつもりで行ったんですが、みんなには入院と言えない。ちょうど私の子どもが受験で、一つ私立も受かっていたので、その時に「家族旅行に行きました」と兄が書いているんです。

その時に「今ここにいまーす」という写真が載っていたんですが、それは病院から見た風景だったのか、前の写真を引っ張り出してきたのか、ちょっとわからないんです。

――原田さんにはやっぱり「心配させたくなかった」というのがあったんでしょうか。

妹　そうですね。入院して一週間ぐらいした時に。「あと三ヶ月ずつと考えましょう」とお医者さんは言ったみたいで。

「とりあえず『審理』の舞台挨拶まで頑張りましょうね」と言われてから覚悟したようです。「あ、俺はもうすぐか」と。

外泊もさせてくれない。三ヶ月持てばいいけど、もしかして一ヶ月なのかも……と思ったみたい。それでも、みなさんにも「舞台挨拶は行きたいから」と言ってました。

母　十四日に入院して色々検査して、一週間経った二二日に、先生から急に「お母さん来られる？」と言われて、有明に行ったんです。そしたら検査の結果「退院が出来ない」とわかったと。

その時も息子は「ハワイは？」と先生に言ってるんです。

先生はそれには答えなかったですね。「先生いつまで？」と息子が聞いてましたけど、とりあえず当面は三月二五日の『審理』の試写会の日まで考えましょうと先生は言ったんです。

「じゃあとひと月ですね」と。だから自分はそのひと月頑張れば……寿命は、あと三ヶ月後まではいいんじゃないかと思ってたみたいです。そしたら今度はその土日に、退院も出来ない、ハワイも駄目になって、落ち込んだんですかね。

私は有明には泊まらないで一旦帰って、月曜日にまた行ったら、息子はロビーにいて「お母さんお母さん」と呼ぶんです。「何？

どうしてそんなところにいるの」と言ったら、「もう気が滅入ってしょうがない。病室にいられないからここに昨日からいる」と。

一人で、ロビーで海を見ながらパソコンで色んなところに連絡をしていた。私が新宿で買ったカツ丼と、カツのサンドイッチを持っていったら「病院の食事はマズくてだめだ」と。それを二つとも食べると言って、食べていた。

母　先生から強引に外泊許可を取ったと息子から連絡がありました。上海の仕事についてドリームファクトリーに「僕はもう仕事は出来ません」と告げて、プロデューサーが即飛んできて話をしたと。それから明日家に帰ると。自分の頭の中ですべての最後の予定を立ててたようです。

監督協会にも連絡して「僕は死ぬんです」と伝えました。

翌日帰ってきて連絡してあった車のディーラーと話をして、壊れたメガネを直しに府中駅前に行くのにいつもなら十分余りで行けるのに一時間もかかっていました。床屋にも行ってました。

夕方誰かと連絡している声が聞こえてきて「もう会えないぞ」と言ってるんです。後で思えば阿南さんだったのですね。

そして夕方出かけていったんです。ヴィーノに。

夜十時半頃ですかね、(キャメラマンの)倉持(武弘)さんが車で送ってくださって、息子は阿南さんとメイクの今井志保さんに肩を貸してもらって、マンションに帰ってきた。電話があったから私がマンションの下まで行ったら、建物に入った途端に苦しくて動けなくなったんです。「ちょっと休む」と言って。

病院からは門を開けて待っているから今すぐ戻ってくださいと何回目かの電話で言われましたが、息子は大きな声で「行かない行かない」と言い続けましたね。そして「お母さん僕の身体にはもう病院に行ったってやることがないんだよ」と言いましたね。

だけど息子には病院に行かないでやることがまだあったんですよ。たとえば後で思えば、切通さんに最後の言葉を託すのと、母の住所を教えるのと。教えてなかったんですよね、私の住所を。それで切通さんは告別式の日に、どこへ連絡していいかわからなくて、ハワイの彼女に連絡したんですよね。

朝やっと空が白んで来た時、私、今なら救急車を呼んでも息子も気遣わないかなと思って、それから娘にも電話したんです。

救急車が来てもまだ「行かない」と言ってました。「お兄さん行こう」と私言ったら「じゃパソコンとグレーのノート」と言ってね。自分で遺書みたいにノートに書こうと思ったんじゃないですか。切通さんに連絡しようと思ったんじゃないですかね。メモに、切通さんへの最後の言葉と書いてあって……。

妹　そこには外泊した時のスケジュールが書いてあって。病院でずっと持ってた手帳で、字も読みづらくなっちゃってるんですけれども、「切通さんにメール」そのちょっと下に「笑顔で」ってあって「忘れないでね」という言葉があったんですよ。

その下に「mixiをどこで終わらせるか」というメモもあったんです。

――いよいよとなったらmixiで病気のことも告白するし、最後の挨拶もするつもりだと前からおっしゃっていました。

妹　あ、言ってましたか。私にも「mixiに入っておいてくれ」と。病気のことは伏せて、みんなとやり取りはしているので、お前は参加しなくていいから、見るだけにしろと。うっかり私が身体のこととか書き込んじゃうかもしれないからでしょうか。だから私はいつもなんにもコメントを書かないで、兄が登録だけしておいてくれたんです。山下(千鶴)さんもそう言われてmixiに入れられたと聞いてました。

だから、思っていたことがすべて出来なくなっちゃって、あと一週間せめて、神様が生かしてくれなかったのかしらと思って。もっとみんなに伝えたかったことが……。

病院に着いても本当に何の手当てもなかったですね。携帯電話が鳴って息子が出ようとしたら、看護師さんが喋っちゃダメ、苦しくなるから」と言われ、忠実に守って何も言わず静かに息が止まりましたね。

「水」「水」とだけ言ってましたよね。そして、いくら言っても口ではなんにも言わなかったけど、いくら言っても、両方の目に涙が溜まってるんですよ。

妹　一説には最後まで奥さんに会いたがっていたという人もいたみたいですが、そこまでの思いはあったかな。ただハワイという身近な目標を持って長く生きようと思っていたんじゃないかなと。最初は『審理』を撮り終えるまで』、次に『ハワイに行くまでは』とか、そういう風に……その次はきっと『ダービーが』と、思ってたんじゃないかなあと思うんですよ。

▼人々に愛と夢を

――お墓に「人々に愛と夢を」という言葉が彫られていましたね。原田さんは生前、僕のインタビューに「子どもたちに愛と夢を」という円谷プロの標語が好きだとおっしゃっていました。

母　そうですね。太田愛さんに何か言葉を考えてもらおうとも思ったんですが、息子のインタビューに「愛と夢を」とあったから。

私は母親の気持ちで、子どもに死なれて、息子の名前をみんなに憶えていてもらいたいというのがある。息子はそれほどの偉い人物でもないし、お金もないし、石に普通の文字を刻むよりは、息子の名前が残るものを刻みたいと思っていたものですから。石の大きさは小さくてもいいから、言葉を彫りたいなと。

それで「映画監督・原田昌樹」は入れたいという思いがあったんです。そうしたら山下千鶴さんも「原田さんのお墓には映画監督という言葉が合うんじゃないかしら」と言ってたんで、私の考えていたことにピッタリだと思って。それからあのマークは『ウルトラマンコスモス』の台本に貼ってあったシールなんです。

妹　スタッフの人が作ってくれたみたいです。美術の人。

母　台本にみんなそれが貼ってあったんです。『審理』のホンにも。「家紋よりこちらだ」と(笑)。私の考えで「息子のシールがあるから家紋はいらない」と。

妹　そのマークには馬も入っている。母が「競馬好きなのも入れようか」と言ってたけど「それはやめた方がいい」と(笑)。

兄が亡くなって少し経って『ダイナ』の「少年宇宙人」を見ていたら、宇宙人になっちゃう男の子がお友達と別れて行っちゃう時に「忘れないでね」と言ったんですよ。

――あのセリフは太田愛さんの脚本にはなくて、原田さんが付け加えたものだそうです。

妹　そうだったんですね。亡くなる日の前に母に残した最後のメモに「忘れないでね」と書いてあったけど、「言ってるじゃんここで」と思って。「忘れないでね」というのは、切通さんにインタビューをまとめてもらう時の、自分が思っていた本の題名なのかなあと考えてたんですけど、セリフだったんですね。

inter-view

石井てるよし

大人になって出会った〈親友〉でした

『ウルトラマンティガ』『ウルトラマンダイナ』『ウルトラマンコスモス』監督

――初めは原田作品がお嫌いだったと聞きました。

石井　僕は『ティガ』以前に『電光超人グリットマン』（九三〜九四年）もやっていてスタッフやシナリオライターは知り合いばかりだったので、最初あまりよろしくないような原田くんの話を聞いてました。「怪獣動物園」（29話）で、スタッフとの間に少しトラブルがあった話を聞いて（17ページ参照）。それで「青い夜の記憶」（30話）を見たらプロコル・ハルムの『青い影』を使っていて、それが劇中の歌手の役の子が自分で作ったことになっている。あんな大ヒット曲を使って「自分で作った」と言われてもねと思って、それもあまり良い印象じゃなかった。しかも「俺はウルトラマン史上ウルトラマンを最短の時間しか出さなかった監督なんだ」と言っていたそうなんでね。

――「瞬殺」と言われてましたね。

石井　これを撮った方はきっと、特撮ものとかウルトラマンとかヒーローものとか、嫌いなんじゃないかと。

――「嫌ならやるな」みたいな。

石井　そうそう。その後いろいろあって親しくなってわかったんですが、原田くんは大人なんです。所謂苦労人なんですね。職人監督としてやるんだと。

　それに映画からテレビシリーズに乗り込んだ時、それなりに構えていたところもあるだろうし。そこで反発をくらったら、表面には出さないものの応えたと思うんです。それで、どこかで落とし前をつけてやろうと思ったんじゃないかと。

――『ダイナ』の「少年宇宙人」（20話）には格闘シーンがほとんどありません。あれは石井さんから原田さんが引き取った脚本だったと聞きました。

石井　脚本自体はいいんですが、僕は太田さんの書かれるウルトラマンが全然ダメだったんですね。僕はメルヘンやファンタジーをウルトラマンに持ち込んでもらいたくない。出来上がったものを見るといいんですけどね。「少年宇宙人」も好きですし。

　その代わり太田さんの才能を特撮ヒーローものじゃないところで生かしたいと思って、自分がプロデューサーをやったフジテレビの『美少女H』（九八〜九九年）というシリーズに呼んだんですよ。

▼好ましい距離の取り方

石井　『ティガ』で僕の撮った「闇にさようなら」（47話）のホンにホリイ隊員の結婚式があったんです。エキストラを集められないけれど、派手にやりたいということで、監督仲間に声をかけたんです。

　その時、それまでは個人的に話したことのない原田くんが現場に来てくれたんです。一応ネクタイ締めてブレザー着てちゃんとした格好で。そしたら「悪い人じゃないんじゃないかな」と思えてきて（笑）仲良くなったのは、それからです。飲んだら、アメリカンフットボールが好きだという話になった。僕もアメリカンフットボールをやっていたことがあるし、好きなんですよ。フットボールファンは少ないので、彼も普段フットボールの話が出来る相手がいない。それで話が弾んで一気に仲良くなりました。

　人に愛されるタイプだったので、本人と会って話すと「いいやつじゃん」と思っちゃう。原田くんが助監督さんに、ウルトラで出来た唯一の親友だと僕のことを言ってくれていたみたいなんですが、僕にとっても心の友みたいなところがありましたね。

――原田さんは「特撮のスタッフは特撮が趣味だから」と不満そうに話していたそうですね。

石井　ウルトラマンが好きでウルトラマンを撮っている人達って、趣味がウルトラマンじゃないですか（笑）。原田くんにはそういうところがなかった。「これは仕事として好き。こっちはただの趣味として好き」というのがあったと思うんですよね。それは僕には好ましかったです。話してみると、すごくいい距離を置いて、ウルトラマンをやっていた。どっぷり浸るわけでもなく、お仕事ノリでやるわけでもない。僕のスタンスに近いものがあった。

　原田くんは悪く粘らない。粘りゃいいって風潮があるんですが、それは決していいことではない。力を入れるところは押し込んでいって、あとは軽くやる。強弱がすごくうまかった。

　原田くんはそれを後輩達によく教えた方だと思うんですよね。僕はそんなこと助監督に言わないから。そういう意味でも優しいんだと思う。

　ウルトラマンと東映の戦隊ものと仮面ライダーとNHKの大河ドラマの他に、一年間同じものをやることはないですよね。そこで本当は若い人が育っていくはずなんです。

▼ヒーロー番組のあるべき姿

石井　僕は初代ウルトラマンの頃は中学生だったので、幼少時に見ていた方達とまったく違うんです。ただ、その前からＳＦや特撮ものが好きでした。円谷英二さんの『ウルトラＱ』の頃は小学生くらい。

　平成ウルトラマンの前に『グリッドマン』に呼ばれた時は「やっと特撮ものが撮れる」と思ったし、『ティガ』に呼ばれた時も嬉しかったです。俺の名がウルトラの歴史に刻まれるんだと思いました。

　ただ、ウルトラマンに仮託して自分の心情を吐露しているように見えるのが僕は嫌なんです。見る対象はあくまでも子ども達で、子ども達が見て気持ちのいいもの、面白いもの、子ども達の心に残るものを作りたいと思っていた。

　『ティガ』は幾分そうじゃないところに流れたので、『ダイナ』の監督のお話を頂いた時に、これは元気なお兄ちゃんが、お姉ちゃんと協力して悪い怪獣をやっつける、それだけのストレートな話でいいじゃないかと思ったんです。

――原田さんは『リュウケンドー』でも、わりと確信的に細かい設定はいらないと思っていたようです。

石井　設定が前に出るのはダメだろうと思うんですよ。芝居をつけていて、「ここで僕はどういう心情でしょうか」と役者に訊かれますが、そういう時は一応状況を説明した上で「君という人間の中でやればいい」と言うんです。作り手は設定がなければ話を構築できないけど、それは監督の中にあればいいことで、設定で物語を作ってはいけないと思います。

――原田さんは、設定を必ずしも全部見せたいと思っていたわけではないみたいですが、たとえば宅急便の「らくだ便」が回をまたいで出るとか、そういう遊びのところはわりとこだわってましたよね。

石井　わかる人にわかってもらえればいいや、スタッフだけに受ければいいやみたいなところがあった。シャレが多い方が、作っている時に楽しいし。

『コスモス』のチャージャーズというチームは、僕に向けて作っているんですね。僕が好きなフットボールのチームがサンディエゴ・チャーチャーズといって、ヘルメットもブルーなんです。そうやってちょっとずつ色んな人に向けて作っている。それが過ぎると「なんだ」となるんですが、程よく取り込んで、楽しみつつやっていたんじゃないですかね。

　ストーリー自体は四歳児が全面的に受け入れられるようなヒーローものがいい、というのは僕と原田くんの共通の思いとしてあった。

　僕がメイン監督をやった『幻星神ジャスティライザー』（〇四～〇五年）もそのつもりで作ったんです。『ジャスティライザー』をやっている時に僕以外にはヒーローものを好きな監督は誰もいなかったんじゃないかなぁ。でも、それはわかるんです。ウルトラマンを撮っていたというと「ああ、ジャリ番かぁ」と言われて、経歴にプラスにならないのです。たとえば、テレビ朝日で土曜ワイド劇場を撮ったことがあると言った方がプラスになるんですね。それが僕ら共通の悩みでしたね。

　助監督さんでも「ウルトラマンが撮れたら僕はもう満足です」と言う人もいたりしますが、いくらなんでも志が低すぎる。いや「低い」とは思わないですよ。僕だってウルトラマンを撮ってくれと言われた時は一日興奮状態でした。だけど、それだけで終わりたくない。原田くんもそうだったと思う。ただ、ヒーローものをやりながら、そうじゃないものを作りたがるのは嫌なんです。偉そうな物言いですが。

　よく「大人の鑑賞に堪える」と言いますが、大人の鑑賞に堪えるものを作ってはいけないんじゃないかと。絶対に子どもの感性にしか訴えないものがあると思うんです。

▼特撮ものの「演出」の難しさ

石井　原田くんのことを悪く言う人はいないと思うけど、作品の出来不出来が激しかった気がするんです。「長いウルトラのシリーズの中でも一、二を争う傑作じゃないかな」と思う回もあれば、手を抜いてるなという回や、「ウルトラマンでこんなことしなくてもいい」と思うものもあった。

　一、二を争う傑作は「ウルトラの星」（『ティガ』48話）ですね。あれ、平成ウルトラシリーズの中で僕は一番いいんじゃないかと思っています。ウルトラの歴史の中でも五本の指に入ると思う。ウルトラマンの長い歴史の上に乗った作品だったので、余計そう思うのかもしれませんが。

「ウルトラの星」のホンは最初は私が頂いて、その時点で、満田穧さんが本編を、高野宏一さんが特撮をそれぞれ共同監督することになっていました。ところがホン作りに時間がかかるだろうから他のをやることになって、そちらをやっている内に、そもそも共同で偉い方と監督をやらせて頂くのは気が重いと思っていたので、なんとなく逃げてしまった形になったんです。それを原田くんがやることになったので「どうよ？」と訊いたら「自分のペースでやるだけ」と言っていた。それで出来上がったのを見たら「こういう作り方があるのか」と。

ノスタルジックなんだけど、感情に流されてない感じがしたんです。原田くんの中にはウルトラから一歩引いた気持ちがあるけど、ウルトラマンが好きで撮っているという愛情も感じられました。きっと今ウルトラマンをやっている監督で、こういう風に作るのは彼だけだなと思いました。

逆にいまひとつ印象がハッキリしないものもある。脚本の読み違いなのか気に入らないから自分の思うウルトラにしたのかわかりませんが、不出来に感じる回がある。脚本との相性もあったでしょうけど。

▽他者を思いやる作品世界

石井　原田くんは『ブースカ！　ブースカ!!』はすごく好きだったと思うんです。僕はブースカに彼の作家としてのいいところが一番出ていたと思う。子ども達との絡みは毎回うまかったですね。〈子ども騙し〉になっていない。いかにも子役芝居というんじゃない感じがしました。

子ども達が宝探しに行って、ブースカが時々見守るという話がありましたよね。

――10話の「行け！少年探検隊」ですね。

石井　本当にブースカと子ども達の関係というか、表現がすごく好ましかったです。

原田くんは子どもがいなかったけど、子ども達を見守る目は、ブースカに自分を投影してたのかな。

――ファンタジーを好む原田さんでしたが、『コスモス』の「怪獣保護」には反発して、とりわけ鏑矢諸島に保護した怪獣を入れるというのが気に入らなかったということでした。

石井　僕は怪獣保護については、最初「なんだ？」と思ったんです。ただ、ちょうど九・一一が起きた後で、テロやテロに対する報復が身に染みて嫌だなあと思ったので、「怪獣保護ってありかな」と思ったんです。

ただ僕は、あの中で怪獣はダメだけど宇宙人なら殺してもいいというのはおかしいと思いました。怪獣は地球の生き物だからと言うのだけど、そんなのどこで線引きするんだというのがあって。原田くんはそこら辺の曖昧さが嫌だったのもあると思う。

――どこかで線引きしないとウルトラマンの型が出来ないですよね。誰も倒さないことになっちゃう。

石井　だから怪獣保護という視点は新しかったと思うし、いいと思うんだけど、難しいところですね。時代に則したものをウルトラマンも取り入れていかざるを得ない。かと言って怪獣を殺さないことがいいことなのか。

原田くんはストレートなヒーローもので行きたいというのがあったと思う。でも僕はね、彼の資質からしたら怪獣保護も合っていた気がするんです。なぜそれに反発を感じたのか。

▽人が再生する映画

石井　亡くなってからわかったのですが、僕は彼とけっこう経歴が似てるんです。彼は東映教育映画の出身で、僕も少しそこにいたことがあるんです。

年齢は僕がちょっと上なので、ちょうど僕が抜けた頃に彼が入ったんだと思うんです。その後、僕も東映のテレビの方の応援に行ったりしたんで、僕が行く後に彼が来るみたいなところがちょっとあった。

スタートとしては映画が好きで映画を撮りたいと思ってこの世界に入っても、たまたまその時に仕事を得た場所によって随分その先の方向が違う。僕ももともと助監督をずっとやっていて、岩波映画製作所に紹介をしてくださる方がいて、ドキュメンタリーやPR映画をやっていたら、十年間そこで仕事をすることになってしまったんです。

だから原田くんも実はメルヘンだとかファンタジーが好きなんだけど、たまたま東映でアクションものが中心になっていったんだろうと思います。Vシネマで監督として仕事が来ればやりますよね。その中に自分らしさを出していったのだと思います。

本人は、やるからには楽しむ。決まったからには楽しむという職人的なところがあったと思うんです。

『旅の贈りもの』を本人はとても好きだったみたい。ああいう方向に志があったんだと思うんです。だからウルトラマンでも「怪盗ヒマラ」（『ダイナ』12話）みたいな話が好きで、さらにウルトラよりブースカの方が良かったんだろうなあと思うんですよ。

――『旅の贈りもの』を見た時に、ウルトラマンをくぐり抜けた原田監督の作品だなという感じがしたんです。CGの使い方も含めて。ウルトラマンを通してファンタジー色のあるドラマに開花したような。

石井　そうですよね。そこで得たノウハウを自分がやりたい方向にうまく使ったんだろうなと。

『旅の贈りもの』に関しては「とにかくこれに入れ込んでいるのよ。これで俺は映画監督になんとかなりたいんだ」と彼は言ってました。

漫才師の方が演じる、リストラされたサラリーマンがいたでしょ。ああいう弱い人間のありようを描きたいと言ってました。具体的にはどういうことなのか、彼の中のどんなものとつながるのかはわからないですが、弱い人間が再生するとか、そういうのを描きたいんだろうと。あの映画が成功しているかどうかわからないけど、やっぱり大人のメルヘンをやりたいと。「大人のメルヘンなんかテリー（石井監督のこと）はわからないだろう」と言われて（笑）。

ただ僕は『旅の贈りもの』は評価しないんです。本人にも言ったんですが、面白くなかった。メルヘンなのか現実に近いものなのかが明確じゃない。

古びた駅だとか懐かしげな街とか出てくるけど、あれがかなり生な形の現実に近いじゃないですか。もうちょっと、僕らの現実と地続きではあるけれど、もしかしたらそうじゃないんじゃないかというぐらいな匙加減が良かったと思うんです。

キャスティングも的確とは思えない。感心したのは最初と最後に出てくる石丸謙二郎の車掌だけです。

本人も忸怩たる思いがあったと思うんです。撮影の合間に会った時は意気揚々で「いい作品で女の子を綺麗に撮った」と言っていたんです。ところが初号を見た後、パタっと言わなくなったんですよ。見どころを聞いても「景色が綺麗」としか言わない。

だからきっと『旅の贈りもの2』を撮りたかったんだと思うんです。続編はやれると言っていたので。あれを撮った反省を次につなげたかったんだろうな。僕もそっちを期待していたんですよ。

とは言うものの観客がかなり動員されて興行も拡大されたので、その時点で本人はとりあえず「当たったからいいや」と自らを慰めていた気もします。

亡くなる前の夏に、ハワイにいる別れた奥さんのところに行って、『旅の贈りもの』がヒットして、これから監督として好きなものが撮れるのに、こういう身体になってしまってとても悔しいと言って泣いたという話を聞いたんです。ウルトラマンだけをやっている時は、そこまでの思いはなかったと思うんです。ただ、奥さんがまだアメリカにいらして、原田くんが訪ねて行った時に「ウルトラマンをやっているんだよ」と言ったら、アメリカでもウルトラマンは通用するわけです。初めて外国人にわかるいい仕事してるねと言われたと嬉しそうにしてました。

原田のやりたかったもの

――未映像化作品として『白日夢』の企画書を原田さんが持っていました。


石井　ひょんなことから話をもらって、撮らないかと言われたんです。僕は『白日夢』のようなものを撮れるタイプではないので、誰がいいかなと思って、私の師匠の小田切正明さんにお願いすることにして動いていたんですが、それも諸事情で実現に至らなかった。プロット作りもやってたので、他人の手に渡るのは嫌だと思っていた時に「原田くんなら撮れるんじゃないか」と思ってホンを読んでもらった。

彼も「これなら撮りたい」と言ってくれて、監督が原田、プロデューサーが石井で動いたんですが、最後の詰めのところで不運が重なった。でも必ず実現させようと思っていたら原田も亡くなり、それを追いかけるように谷崎家が原作を他へ売ってしまい、円谷エンタテイメントが作っちゃったんです。

原田が「女性を美しく撮りたい」と言っていて、武智鉄二さんのハードコアポルノとは違うものを撮ってくれると思っていたので、やりたかったですね。

――原田さんはVシネマでも、セックスシーンには照れがあると聞きました。それで『白日夢』というのはあえてというところがあったんですか？

石井　実は原作もハードなもんじゃないんです。ちょっとエロチックなファンタジーで、そういう女の側面を原田なら描けるだろうと。しかも僕が持っていった第1稿は合成が多い。夢なので障子を開けたら全部向こうが海になっていたり。それなら特撮や合成にも長けていて、話の中でうまく生かせる監督がいい。そんな人はそういないし、それでいて私の意図もわかってくれて、ある程度仲が良くないとやりにくい。それは原田が一番適任だろうなあと。

熱い師弟関係

石井　先ほど原田のことを「ウルトラマンが本意でなかった」と言いましたが、それは一〇〇%ウルトラマンの人ではなかったくらいの意味で、ウルトラマンで知り合った人々とか、そこで彼が得たものや培ったものを彼はすごく愛していたし、一番仲良かったのは東映時代の人達よりも円谷プロの人達だったんじゃないかと思うし。

やっぱりウルトラマンは超特殊なものだと思います。あんな巨大なヒーロー、世界中にいないし。あり得べからぬものを人々に見せるというのに、特撮ものって最適だと思うんです。僕は自分が撮ったものを見て子どもがビックリして喜んでくれればいいと思っているので、その喜びは普通のドラマに代えられないものがある。そういうものを作っている円谷プロは、円谷英二さんからの伝統でやっぱり世界に類を見ないクリエイティブな場所だと思うんです。

ウルトラで培ったものを色んなところで出していますよね。『五龍奇剣士』のヒーローもスチールを見る限りカッコいい。ウルトラマンをやってなかったら、後のあいつはなかったと思うし。

スタッフにも本当慕われてました。葬儀から偲ぶ会に至るまで、助監督の岡（秀樹）と日暮（大幹）の献身的な活躍ぶりには本当に頭が下がりました。

原田の葬儀で棺が祭壇から焼き場の方に行った時、岡が追いかけていって泣いていたんです。手放しで。ばあっと走っていって。それがすごく印象的で。「こいつ本当に慕ってたんだ」と思って。そこまで岡に思われる、ある種の師弟関係は今はもう、私達の現場ではそんなにあるものではないので「原田は岡を育てたんだ」と思いましたね。

僕、自分の中にそういう資質がないからすごくうらやましいんです。僕は師匠と言える人に育ててもらったのに、自分が人を育てられない。そういう意味では岡とか日暮とかが原田の意思を継ぐ形で立派な監督になってもらえればいいなと思います。原田の中に和泉聖治さんとの師弟関係みたいなのがあって、和泉さんに育ててもらったという思いはあると思うんだよね。強固な師弟関係の中で生きてきたから、それが反映されてるのかなとも思います。そういうところはすごく感銘受けました。

若いもんにくどくど説教してる場面があったんです。言われた側は、その時はわからなくても、後になってこういう説教は効いてくるんだろうなと思う。岡も随分言われてましたから。もう辞めろお前はカスだのなんだのと言ってるんですが、それでもみんな離れていかないのは愛情があったんでしょうね。

▼いつでも会えるように

石井　円谷プロの旧社屋の最後の日、関係者でイベントがあって、でも僕一人で行くの嫌だったので、原田はどうすんのかなと思ってメールしたら、行くつもりだと。門前仲町の越中島のスタジオで『審理』を仕上げている最中で、「おたく近いじゃん、迎えに来てよ。だったら一緒に行ってもいいよ」とか言って。「上から口きいてのんかよお前」って（笑）。

暇だったんで迎えに行ったんです。そしたら風邪をひいていると言って、ボーっとした感じで出て来て、呂律もおかしかった。熱が三八度くらいあると言ってました。祖師谷に行って、怪獣倉庫の写真を撮ったり旧知の方と話をしたりしていたんですが、その日は本当に変だった。僕らは身体の状態を知らなかったので。それで成城の駅まで車に乗っけてって、じゃあ『審理』の仕上げが終わったらまた飲もうと言ったんです。それで僕が車を出そうと思ったら、数歩戻ってきて、何かなあと思って窓を下げて「どうしたの？」と訊いたら、「身体に気をつけろよな」って言われたんです。それで、後ろを向いて手を振りながら行って、その時は僕、心臓の手術を二回しているので、ああ心配してくれてるんだなと思ってなにげなく帰ったんだけど、後で余命一ヶ月、二ヶ月と言われていたと聞いて堪えましたね。

石井てるよし、原田昌樹の両監督

どういう気持ちで、そんなセリフが言えたのかと思って。自分はもっと大変なわけじゃないですか。本当に優しいやつなんだと。その後ろ姿が僕にとって最後でした。

亡くなる前日、ヴィーノという狛江のレストランでみんなが集まっていて、僕はたまたま仕事をしていて、スクリプターの阿南から電話が何回か入ったんですが気付かなくて。後で阿南からメールがきて、原田さんが実は余命三ヶ月と言われていると。お見舞いに行って欲しいと。

それを夜中に読んで、「明日見舞いに行くから」とすぐメールを出した。翌日、お見舞い行こうと思って、午前中に仕事を済ませて昼過ぎに出て来たら、大滝明利という『ティガ』の俳優さんから、「原田さん亡くなったんですよね」と電話があった。

だから、あまり急で、まだ会う機会があると思っていたので、今でも、メールを送ったり、電話しちゃいそうになるんです。

たとえば企画書を局に出す時、テレビの場合はディレクター二人とか三人でやるので、一人適当なやついないか、じゃあ原田の名前でも入れとけばいいやと思って、原田が死んだ後も、監督石井てるよし、原田昌樹と書いて出したんですよ。出してから「あっ、いねえんだ」と思って。

僕は納骨に行かなきゃいけないと思いましたもんね。納骨に立ち会ったら亡くなったってことは実感できるかと思ったら全然ダメだったですね。

でもこの本が出たら、僕は世界で一つだけの特製ボックスを作って、本を入れてお墓のところに置いて、来た人が誰でも読めるようにしたいんです。

君を想う力

おかひでき

「助監督？　誰でもいいよ。そこに立っててくれればＯＫ。必要な時は指示を出すから立ってれば？」

　こんな言葉を言われたわけではないのだが、平成ウルトラマンに参加していた駆け出し助監督の俺にとって原田組はそんな調子だった。相棒どころか助手ですらない。

　この人の役に立っているぜ！　という実感まるでなし。

　実際、原田昌樹という人は頭の良い監督だった。現場がスタートする前に、あらゆることを演出し終えていたような節がある。

　台本作り、キャスティング、ロケハン、美術打ち合わせ、衣装合わせ……撮影前に行われる事前準備の場で、原田監督は自分のやりたいことと見せ方のあらましをいつも決めていた。あとは自分の中で確定済みの方針に沿って、粛々と無理なく予定を消化していくだけ。

　そう、原田昌樹は無理をしない。そして原田演出は常に純粋に原田流。俺たち助監督の狙いを介入させる余地はほとんどなかった。

　当時の俺はサード助監督。キャストが扱う持ち道具や小道具の準備、新聞・雑誌の原稿作りを通して演出に参加していく。そういう立場だった。チームの末端ではあるが、末端なりに燃えていた。自分がこだわることで、作品の厚みがどれだけ増えるか？そればかりを考えていた。

「なにしろ相手はウルトラシリーズなんだ。半端な仕事は許されない。スタッフ全員が知恵を絞って全力でことに当たらなければ、金ぴかの歴史に傷がつく！」

……と、一方的に思い込んで好き勝手にやっていた。

　だが、その俺の想いを常にクールに「あ、それいらない」と切って捨てるのが原田監督という人だった。どう頑張ってプレゼンしてもまったく採用されない。

　出会ってから一年。ここまで全敗。俺のプランはことごとく否決。

　おのれ！　原田昌樹！

　そんなこんなの積み重ねで、原田監督への呪詛と苦手意識がピークに達していたある夜のこと、俺は一冊の台本を読んでいた。

　もうすぐ撮影することになる原田組作品「遠い町・ウクバール」

　太田愛らしいデリケートなセリフとト書き。

「この人の台本は、いつもテーマがハッキリしていて読んでいて引き込まれるよな」などと思いながら読み進めるうち、とあるページで俺は固まってしまった。

　以下、その場面の再録。

シーン20　永田の部屋

　じっと座って考え込んでいる永田。

永田のモノローグ「……ウクバールの町が、見つからないのは…………あの町が、おれの頭の中にしかない町だからじゃないのか……」

　と、その時、黒電話のベルが鳴る。

　永田、ふと我に返って受話器を取る。

永田「はい、もしもし…」

　と言った途端、永田、はっと息を飲む。

　受話器の向こうから、遠く、風の音が聞こえる。

　そこには、幾つもの風車（ふうしゃ）の音が鳴っている。カタカタと小刻みにまわる風車の音。また、ゆっくりと回る風車の音。

それらが様々に重なり合っている。

永田「……ウクバール……！ウクバールの風の音だ……！」


俺の頭の中にもイメージがムクムク湧いてくる。ボロアパートの片隅で黒電話の受話器を握りしめている永田、その横顔にはきっと脂汗が浮かんでるだろう。そしてその横顔の奥には、

「かざぐるま！　かざぐるまがそこにあるんだよ！　モルタルの汚い壁に飾られた古びたかざぐるまが、受話器から聞こえてくる風の音に呼応してゆっくりと回り始める。そして永田の意識がウクバール世界とつながるに連れ、かざぐるまは激しく回っていく。これだよ！」

俺は興奮して立ち上がっていたと思う。このイメージをどうにかして画にしたい。

永田は、ウクバールという異世界の街がどこかにあると信じている。二五年間も配送業者をやりながら、ウクバールにつながる道を探し続けている子どものような男だ。そんな孤独で純粋な中年男には、かざぐるまがよく似合う。そしてそのかざぐるまこそ、ウクバールと現実世界の接近を示す羅針盤のようなものなんだ。おお！　カッコイイ！

……と、ここまで考えてハタと気がつく。

監督は俺じゃねーよバカ。

どーやって原田監督を説得するんだ？

……無理だ。新聞原稿一つ、俺のプランは通らない。演出にモロに踏み込んだこんな提案をしたところで、結果は日をみるより明らかだ。そもそも理路整然と説明できる自信がない。原田監督への苦手意識はいまやピークじゃないか。

あきらめるか？

いや……捨てがたい。

じゃあどうする？

美術打ち合わせ当日、永田が乗る宅配便の車のデザイン確認の際、俺は恐る恐る原田監督に提案した。

「この配送車のフロント部分にかざぐるまを飾りたいんですが……」

「なんで？」

「えー……永田は子どものような面を持った男ですから、かざぐるまが似合うと思われ……ウクバール世界に存在する風車との共通点でもあり……」

原田監督はサングラス越しに黙って睨んでいる。もう俺はしどろもどろだ。

「永田が運転を誤って事故を起こす場面でも、かざぐるまが意味深に回ってると効果的なんじゃないかなと…とにかくかざぐるまは永田のキイワードで、アパートの中にもあったりするんじゃないかなーと……ははは」

「……いらねえ」

あー！　どうして俺は説明が下手なんだ！

他の監督にならプレゼンできるのに、原田監督の前に出ると固まっちまう。また玉砕だ。ちくしょー！

自分の不出来を呪いながら、それでもどうにかして例の場面でかざぐるまを回すことができないものか？　俺は必死で考えた。そして辿り着いた結論は……。

「……そうか……原田監督に、『思いついて』もらえば良いんだ。ニヤリ」

実際に小道具を準備するのは装飾部の役割。俺はまずここの親方である鈴木さんを口説いた。監督が必要だと言っていないものをわざわざ準備してもらう。けっこう無茶な話だ。たかがかざぐるまと言うなかれ。大事な予算を使うのだ。

どういう風に説明したのか今となっては思い出せないが、ともかく鈴木さんは五種類ほどの

形が異なるかざくるまを用意してくれた。ありがとう！　鈴木さん！

さあ、ブツは揃った。もう後には引けないのだ。


永田のアパートは東宝ビルトのスタジオ内にセットが作られた。撮影前日、いつものように室内の飾りこみを手伝いながらキャメラポジションをイメージする。

「……永田はちゃぶ台の前に座ってるんだろうな。そうするとキャメラはロウアングルで……たぶんここかなあ。問題は黒電話の乗った小さな台をどこに置くか？　だな。永田の正面……いや、それじゃカットを割ることになる。原田監督はむやみにカットを割らないから……黒電話は永田の背後にあったほうが都合が良い。そうするとかざぐるまの置き場所は……」

ああでもないこうでもないと考えているとキャメラマンの倉持さんがセットの下見に現れた。

「倉持さん！　明日のこの場面、キャメラどこに置きますか⁉」

「え？　そりゃお前、このセットのつくりだったら……ここだろう。」

「ですよねー！　じゃ、黒電話の置き場所は」

「え？　そりゃお前、永田のヌケにある方が都合がいいんじゃないか？」

「ですよねー。じゃあじゃあ、かざぐるまはここで決まりっすね！」

「は？　かざぐるま？」

「いや、なんでもないっす。ははは」


撮影当日。

永田役の不破万作さんがセットに入る。シーンを通して軽くお芝居の段取り。

原田監督は事前にカット割りを発表しない。黒電話が鳴る瞬間を原田監督がどう撮ろうとするか？　それは、この段取りの後で発表されるのだ。

「ここ、移動しましょう。永田のセリフに合わせて、いーい感じでじんわり動いて最後に電話が見えてくる……」

監督と倉持さんのそんな話が聞こえてきた。

「じーんわりですね。了解です。おい！　移動車」

倉持さんの号令一下、みんなで移動撮影用のレールを設置する。いよいよこの瞬間が来た。レールを敷き、移動車をその上に乗せながらかざぐるまの位置を確認する。キャメラが回り込んできた時に、ちょうど風を受けて回りやすい形になっている。セットの裏には密かに扇風機も準備してある。あとは、テストの最中に原田監督が「思いついて」くれるかどうかだ。


一回目のテスト。

原田監督のやや後ろに立って、チェック用のモニターと監督の顔をそーっと覗く。サングラス越しの監督の眼を見るのが怖い。緊張で俺の口の中はカラカラだった。

「よーい……はいっ！」

移動車が動いてゆっくりと永田の背景が流れて行き、やがて黒電話が見えてきた。

――やべえ！

かざぐるまは、あまりにもわかりやすく画面の中に存在している。黒電話より目立ってるんじゃないか？　やり過ぎた！　もう少し控えめに置いときゃよかった。

俺は、原田監督がカットをかける声を聞きながら、ほとんど真っ白に飛んだ頭で、そんなことを考えていた。

「なんか邪魔だな。眼を食いすぎるからあれ外せ」

これまで何度も聞いてきた監督のダメ出しのセリフが蘇る。

あかん！　終わった……

ハッと我に返ると、原田監督と倉持さんが小声で何かを話している。

「……はい。……はい。要するに予兆ってことですよね。アリじゃないですか。やってみましょう。おーい！　扇風機！」

倉持さんの甲高い声を聞いて、俺は心臓が口から飛び出しそうなくらい驚いた。

「は、はいーっ！　ただいまっ！」


こうして俺がやりたかったことは形になった。

後日、完成した作品を見た時、かざぐるまは実に自然に物語の中に絡んでいた。俺の思惑を飛び越えて、ラストシーンにまでかざぐるまは活用されたのだが、最初からそうなる予定だったとしか思えないくらいその存在は自然だった。

そうか……原田監督がよく言ってる「毒くわば皿まで」ってこういうことか……映画って現場で変わって行っていいんだ。どんな要素が加わっても監督自身が納得していたら結果は美しいものになるんだ。

助監督になって、初めてそんなまともなことを思った。仕事の段取りを覚えてそつなくこなす……という部分とはまったく次元が違う収穫だった。


この阿呆な出来事から、十五年もの月日が過ぎた。

原田昌樹監督はもう「この世」にはいない。いないのだ。

いないからこそ、考える。想い出を、記憶を、作品そのものを、繰り返し繰り返し噛みしめて問いかける。

「原田さん、あなたならどう撮りますか？」と。

助監督の仕事の根っこは、その時についている監督の心に寄り添い少しでも理解しようとすることだ。でも原田監督は照れ屋だったからいちいち真顔で言葉にしない。だから監督の心について考えるしかなかった。それは、亡くなった今でも変わらない。俺にとって「考えた時間が一番長い監督」が原田昌樹だ。

何人もいる師匠の中で、最も大きな存在の人になってしまった。


不思議に感じることがある。

なぜ俺は「監督」になれたのだろう。

なぜ俺はウルトラマンの「映画」を撮ることになったのだろう。

なぜ俺はインドネシアという「異国」で特撮ヒーロー番組を作っているのだろう。

インドネシアで『ガルーダの戦士ビマ』を一緒に作っている石井てるよし監督は、原田監督の親友だ。俺と石井監督は時折、その不思議について語り合う。

この本は、原田昌樹という監督とゆかりのあった多くの方の証言で作られている。取材と執筆には七年もの時間がかけられた。死後、七年。残された者が、慌ただしい生活の中で去って行った人のことを忘れるには充分すぎる時間だ。

——遅くなりすぎたかな……

そんなことを思いながら、先日、切通理作さんから原稿を受け取り拝見した。

そして驚いた。

たくさんの人が語る「原田監督の記憶のかけら」が、膨大に重なり合い、つながり、今は去ったはずの人の実像をハッキリ形あるものにしている。

昔話の羅列などではない。

眼には映らないが、瑞々しいとさえ感じさせる不思議なものがたしかに息づいている。後輩達が学ぶべき「監督、いかにあるべきか」という疑問に対する答えもそこかしこに溢れかえっている。これでは、これではまるで——

生きている。原田監督は、この本の中に間違いなく生きている。


これからも、この本と遺された作品を通じて誰かが原田監督のことを考えるだろう。その誰かの想いがある限り、原田昌樹という人の命は、時間を超えて存在し続けるんだろう。

原田昌樹
「これからウルトラマンと関わるにあたって」

（一九九七年五月五日、円谷プロファンクラブ会報用取材テープより）

当時編集に携わっていた方に提供して頂きました。まだ『ティガ』を二本撮ったばかりの、これからウルトラマンに関わっていく原田さんの若々しい息吹を、本書の最後に掲げて締めくくりにしたいと思います。

原田　『ティガ』は特番の大百科を入れて三本撮りました。29話「青い夜の記憶」と30話「怪獣動物園」です。

――大百科の監督をやられたんですね。

原田　関西だけでの放映でした。

――『ティガ』はもう一回入られると聞いています。

原田　49話、50話。最終話の前をやると聞きました。

――監督自身は特撮ものは結構やってこられたのですか？

原田　昔は、鈴木（清）さんと『小さなスーパーマン・ガンバロン』を、その前に東映の『宇宙鉄人キョーダイン』『ガンバロン』『レッドタイガー』をやっていたんです。あと二本くらい『スパイダーマン』を助監督としてやった。それ以降はずっとどちらかというと大人系の話をやっていたから。

　Vシネマ、ヤクザ映画でずっと助監督をやっていた。それから『REX　恐竜物語』もやっていたんです。角川春樹組の安達祐実の。

――土壇場で大騒ぎになったという。

原田　そうそう。大騒ぎになっていた。あれは角川さんのA班と、長谷川（計二）さんという東映の方のアクション用のB班と、それから大岡（新一）さんが来てくれて三班をやっていたんだけど、俺は角川班の方のチーフ助監督だった。

――苦労して作りながら土壇場でわぁ～となりましたね。

原田　まぁね。色々と（笑）。その時に『ガンバロン』以来大岡さんと久々にやって、『ゼアス』はそれ以来でした。

――『ティガ』では、綺麗な画を撮っていますね。音楽の使い方も綺麗で。同じメロディをずっと使い続けるという。

原田　まあ、そういうのをやりたいなと思っていまして。中々、僕がやってる普通のVシネマとかでは出来ないからね。

――ファンタジー系。子どもの頃に見ていた少年ドラマシリーズとか思い出しました。

原田　う～ん、（プロデューサーの）笈田（雅人）くんからも（ウルトラ）セブン的と言われたんだけど、全然その影響はないんです。ただ自分の志向性として、綺麗な画とかロマンチックな話は好きだから。せっかくこういうウルトラマンの話やれるから、そういうのをやれたらいいなとは思っていました。

――ヤクザものをやっていた反動もあるんですか？

原田　それははっきりあります。毎日人殺しの話をやっていると、人を殺さないロマンチックな話をやりたくなるから（笑）。

――宇宙人を一人殺しましたよね。

原田　ナターン星人は殺しました。あれは基本的にはロマンチックな話だから。そして「怪獣動物園」はファンタジーだったから、僕としては楽しかったですけどね。

――綺麗でしたね、二本とも。

原田　自分はそういうのが好きだから。『ティガ』は何本かしか見てなくて、あまり知らなかった。あの二本を撮った後に、大百科の話があったから1話から28話まで全部見た。そしたら案外ああいう話はやっていなかった（苦笑）。

――『ティガ』の中では特殊な二本ですよね。

原田　その時は全然そういう意識がなくて撮っていたけど、後で見ると、異質といえば異質なんだなぁと思いました。

――『ティガ』の中でわざとこういう球を放ってやろうという感じじゃなくて。

原田　全然そういう気はなかった。「怪獣動物園」の脚本を書いた電通の斎藤（和典）さんは、『ゼアス2』の脚本も書いていたんです。『ゼアス』が終わった後、高野（宏一）さんと話して斎藤さんが脚本を一本書くことになり、それを撮らないかというのが最初でした。斎藤さんのホンは昨年の十一月くらいに出来あがって、牛の話で、それはそれで斎藤さんらしいなぁと思いました。二本持ちだからもう一本をどれにしますかと言うので、笈田くんからプロットを五つくらい見せられた。「みんな難しい話をやってるんだなぁ」と思って（笑）、最後に二～三本に絞られた一本が北浦さんがやったビザーモの、グジュグジュの怪獣が出る話だったの（31話「襲われたGUTS基地」）。それはちょっと気持ち悪いから、やりたくないなと。そしたら「これは大人向けの話なんです」と「青い夜の記憶」の長谷川さんのホンがあった。

読んでみたら、たしかに子どもにはわからないなと思ったんだけど、ロマンチックな話だったから、「青い夜の記憶」を選んだんです。ウルトラマンはあまり活躍しないけどね。

ただ、その段階では曲が決まっていなかった。それで一日家で昔の曲を聞いて、プロコル・ハルムの「青い影」と「Be My Baby」だったら、アレンジして須藤（ひとみ）さんが歌ってくれるという事だったんです。

オールディーズの、みんながなんとなく聞いた事がある曲を使おうかなと思って、どうせならロマンチックにしちゃえっ！　と。

――新しい曲を作るのは大変ですからね。

原田　そうそう、お金もかかるし、新しい曲はいいかどうかもわからないでしょう。でも残ってきた曲は間違いなくいい曲だから。長谷川さんの脚本の「青い夜」と「青い影」というのは、イメージ的にも近いし、いい雰囲気が出るかなと思ったんです。古い曲を使うというのはずるいんですけどね。だけどみんな知っているし、曲名は知らなくても絶対にどこかで聞いた事がある。

――そっちの方が安全ですものね。

原田　安全というか確実にいい。ウルトラマンが活躍するという事をあまり考えないで、あの曲をマヤというゲストの女の子が最後に歌って、じーんと来ればいいなと思って作りました。

――あれは脚本でも歌の後が回想でしたか？

原田　脚本は回想が入って歌なんです。あれは逆にしたの。たしかに回想が入ってから歌の方がわかりやすいんだけど、その後にレギュラーのエンディング曲が来るから、音がぶつかっちゃうわけです。それで、わざと逆にしたのね。

本当は歌バージョンで歌っておいて、それから回想シーンが入って、そこにインストをかけたかったんだけど、色んな意味でそこまで出来なくて、最後の最後にマヤが歩いてくるところにイントロだけかけて、それで終わりにした。音としては一瞬物足りなく感じると思うんですよ、ああいうのは。

それで「あの曲はなんだったんだろう。もう一回聞きたいなぁ」と思ってくれればいいかなと思ってやったんだけどね（笑）。

ああいう曲を決めてしまえば、いつも星を見ていたらいいんじゃないかなとか、イメージが出て来る。シンジョウの部屋にも、マヤの部屋にも星を合成したし、二人の心のつなぎも星にしたし、最後もやっぱり星にしたいし、昼間でもシンジョウが星を見ている時に星があるんです（笑）。

――本当にロマンチックで綺麗で。

原田　そう思ってもらえると嬉しいんですね。ストーリーはちょっとわかりにくかったと思う。長谷川さんの脚本はとても良かったと思うんだけど、すごく長かった。最終的に縮めていくと、ストーリーがわかるかわからないかギリギリだったし、子どもにはもうわからなかったと思う。

ただ、やっていて「それでもいいかな」と。細かいところがわからなくても、女の子が、宇宙から来て地球に取り残されて、もう一度帰りたいと思ったけど帰れなかった事くらいはわかるだろうと。ちょっと懐かしい曲がかかって寂しい話だったねと終わればいいんじゃないかなと思ってやった（笑）。

――アダルトな話でしたね。

原田　本当に子ども向きじゃないなと思いました。何せティガ四五秒しかいないから（笑）。

ただ敵のナターン星人が出てきたら、一撃の元にやっつけたいなと思ってたんです。特撮の大岡（新一）さんに「あっという間にやっつけてください」と頼んで、殺陣の二家本さんにもいつものくんずほぐれずのものすごい戦いをしないでくれと。怒りに任せて一撃で倒すくらいの立ち回りにしてくれと頼んだ。そしたら大岡さんが「じゃあCGで体をぶち抜いちゃおう」と。たまには強いウルトラマンもいいだろうと言って、それでやってもらったんです。

――宇宙人が極悪非道なので、そのくらいやっつけてやろうと。

原田　本当に一瞬でした（笑）。だから子どもにはどうかなあと思ったんです。一撃必殺の話はまたやりたいです。アクションものは随分やっているから、色んな手を使って殺すという話はヤクザも含めて色々やっているから、飽きちゃうんだよね。

どっちかというとウルトラマンは強くていいと思ってるんです。それなら敵は敵でそれなりにあるけど、あまりドタバタやらないで、スパッとスピード感がある方法でやっちゃいたいなと思ったんです。

――西部劇みたいなウルトラマンを見たいという声も聞いた事があります。

原田　先日、向ヶ丘遊園のショーに大滝（明利）さんが出演するからということで行ったんです。その時に(吉本)多香美ちゃんとも、痛快にみんなで頑張って敵をやっつけてすっきりという話をやりたいと話したんです。なかなかないんだよね、『ティガ』は。

――『ゼアス2』はそういう世界でしたね。

原田　そうだね。去年の八月くらいに毎日のように赤坂プリンスで、鈴木さん含めて話をしていて、監督の小中(和哉)さんも、そんな難しい話をやろうとはしていなかった。『ゼアス2』は「ウルトラマンで『ベストキッド』をやろうよ」という話でやっていたから。そういう意味ではあれはわかりやすいと思うんです。

　俺、世代的には昔のウルトラマンは見ていたんだけど、『セブン』はそんなに見ていなくて、あまり記憶もない。傍から見ているとウルトラマンはカッコいいヒーローだから、そういうのがいいなと思っていたわけです。でも、『ティガ』はみんなこんな難しい話をやっているのかと知らなかったから驚いちゃいました。

――みんなが応援する事の美しさを『ゼアス2』を見て再認識しました。

原田　ゼアスは王道でしょう。歌も「ゼアスゼアスゼアス」と連呼するけど、ティガは連呼しない(笑)。

――鈴木さんは「ゼアスは変化球なのになんでこれが王道と呼ばれるんだ」と言ってましたね。

原田　キャラクター的にはゼアスは変化球ですが、『ゼアス2』は王道ですよ。王道があって変化球の話があるのが良いバランスだと思うんだけど、『ティガ』を見ているとみんなで変化球投げてるなと思う。

――そうですかぁ。

原田　『ティガ』も二六本見て好きな話もあるんですよ。あまりひねってない話が好きでした。

――そういう中では、今回、実相寺さんの回は異色でいてストレートな感じもして良かったですね。

原田　実相寺さんはキャラクターがはっきりしている方だから、いかにも実相寺さんという感じでやられればいいと思うんです。それと対抗して、王道は王道でちゃんとやってなきゃまずいと思う。

――「怪獣動物園」の話をもう少し聞きましょうか。

原田　脚本の斉藤さんに「どんな話?」と聞いたら、「とにかくレナ隊員で書きたい」と(笑)。怪獣を小さくする話はたしか昔もあったはずなので、それはそれでいいんじゃないのと話していたんです。

　「まさか、丑年で牛にしたんじゃないでしょうね」とだけは言ったの。牛の表現は難しいんだから。斉藤さんは動物園だからと言っていたけど、どうも丑年で牛にしたみたいなんだよね。でも牛になるなら、ちょうどミルクが出て来るから、ムナカタにミルクを飲ましちゃえと。その辺は遊んでました。

　ただ、レナ隊員のキャラクターが、その頃は、可愛い女の子的なものになると思っていたんです。レナの心情で「怪獣を殺さなくてもいいんじゃない」という話で持っていって、それでいいやと。

　でもやってみると説得力に欠けたなとは思いました。その前の「うたかたの…」(28話)なんてとんでもなく難しい話をやっていたわけです。それは後で見たので「この前にこんな話やってたの!?」と。

　あと、キリエロイドの話(25話)で、レナとダイゴがデートをしようと約束していた話も知らなかったんです。なんか打ち合わせをしていて、ダイゴとレナのデートがどうのこうのってみんなが言っているから、なんでそれが問題なんだろうなぁと思っていたんです。そういう事があったと後で聞いたんだけどね。俺はあまり知らなくてやってたんだね(笑)。

――ホリイの「あんた達、早く着替えてきなさい」とか、アドリブ面白かったです。

原田　斎藤さんもあまり『ティガ』を知らなかったから、そういうのは盛り込んでないわけです。だから現場で作ったシーンが多いんです。ホリイに言われて「君ら何しとったの」という話とか、ムナカタのミルクを呑む話とか、最後のシンジョウの「何機落とした」という話は全部ホンにない。最後にムナカタに「ガッツウィング直して帰ってこい」とか。遊んじゃったと言えば、遊んじゃいました。

――ムナカタは5話でミルク飲んでましたね。

原田　俺はその時はあまり見てなかったんだけど、1話は見たんです。その次にたまたま見たのが5話で、ムナカタがバーでミルクを飲んでいるのは記憶にあった。その次に見たのが10話(「閉ざされた遊園地」)で、あの頃は影丸くんが主役だと思ってた(笑)。その次に見たのが、宿那鬼(16話「よみがえる鬼神」)かな。それぐらいの知識でやっていた。ただ、ガッツウィングはやたら落っこちるな、というのは印象にあったの。聞いてみたらその前後も全部落っこっていると言うから、じゃあそういうセリフを作っちゃえと。あと、ムナカタの大滝くんは昔から知っていたんです。

――大滝さんはヤクザ映画で。

原田　よくヤクザ映画の現場に来てた(笑)。今度のヤクザ映画(『喧嘩組』)でも人殺しで使っています。この前は人殺しの役で『宇宙鉄人キョーダイン』に出ていた古川聡君の足を切っていたけどね。GUTSの副隊長がキョーダインの子どもの足を切ったと思いながら見ていたんだけどね(笑)。

——監督はドスとか仁義をきったりとか、血しぶきを結構やっていたんですね。

原田　よくやっていますけどね。そっちの世界でやっていると、ウルトラマンでファンタジックでメルヘンチックな話をやっているよと言っても誰も信じないんでけどね。「嘘でしょう」と言われる。

——今後とも参加してください。現場での評判もいいと聞いております。

原田　他の監督の時はどうなのかは知らないからね。

——「怪獣動物園」は本当は監督としては馬でやりたかった?

原田　(笑)。馬は好きだけど馬は難しい。後で見たら、大岡さんがモーラットを小さくするところ、とても綺麗にやってくれてたので、作品のトーンとしてはよく合っていていいなと思いました。ただあの話は、理屈で撮ってないので「絶対マニア受けしないだろう」と思っていたんだけど、案の定受けなかったらしい(笑)。基本的にかなり脳天気な話だから。怪獣も別にたいして壊さないし、牛小屋を壊すくらいだから。

——『ティガ』は深刻に見るファンもいますからね(笑)」

原田　「そんな深刻に見なくてもいいだろうと思って撮っていたからね。あの話もなんとなく好きだなという人もいたけどね。

——ええ、「好き」っていう人いますよ。

原田　理屈がないからじゃないの。理屈っぽいのはたくさんあるから。それはそれでいいんだけど。

　斎藤さんはだいたい脳天気なホンを書くんだよね。『ゼアス2』もそうだし。問題提起はしているけど、なんとかなるさみたいなところがあって、それが「怪獣動物園」も全体のトーンに出ている。基本的には明るいんだよね、あの話。みんな悩んでないしね。

　牛のおかげというか、ロケが牧場だから、どうやったってあそこで緊迫した画は出来ないなと思って、じゃあなんとなくのんびりした話でいいやと。仕上げの時もなんとなく間が抜けるような感じで、音もあまり緊迫させないようにやって、ふわぁ〜んと見れたらいいなと思って作ったんです。最後にあいつが小さくなっても、理屈で言うとあの怪獣はあの後どうするんだと言われたらしょうがないんだけど、「まぁいいじゃん」って事で。「一晩の事でした」というファンタジーで終わらせてやろうと思ったんです。後で見ると、イルカの話(12話「深海からのSOS」)とよく似てるよね。

——ああ、そうかもしれないですね。

原田　後で見て、あの話も結構好きだった。誰も死んでないから、後味が悪くないでしょう。あいつ(12話の怪獣レイロンス)も水の中に戻ってる。ああいうのが一種王道なんじゃないのと思ったけどね。ウルトラマンも活躍していたし。大百科をやった時にあの話が一番、不運な話だと思ったの。特撮も色々な事をやっているし、後味もとてもいい話なんだけど、あの話の話題になると、最後の最後に、レナが水着になった事にすべて話題を取られる(笑)。

　あれと「怪獣を待つ少女」(9話)のマキーナが好きです。こっちも後味が悪くない。両方とも帰っていって、被害者がない話でホッとする。他は結構、誰か死んだりして、みんな暗いから。

——「怪獣動物園」は牧歌的でしたね。

原田　牧歌的なのは、中身はないけど後味だけはいいから。あれは中身とか理屈とか言われると全然ダメな作品なので、そう思わないで見て、なんとなくほわんほわんして良かったなと言ってくれりゃいいなと思っていたの。

——これからあと二本撮られるわけですね。

原田　50話が三部作の頭で、その後が村石(宏實)さんです。トーンが合わないんじゃないかと思っているけどね(笑)。脚本を見てから考えますが。

　本当はラストの三部作とかじゃなく、もっとどうでもいいような話をやりたかったんだけどね(笑)。そういう、シリーズの決着をつける話は、ずっとシリーズをやっている監督がやった方がいいんじゃないかと思うんです。

——そういったところはあるかもしれませんね。

原田　そういう意味では俺は代打だから、シリーズの流れに関わるような回よりも、もっと気楽なところでやりたいなと思っていたわけです。

——そういう中でも印象的な作品を撮ってきたわけですから。

原田　結果的にそうみたいね。「怪獣動物園」はともかく、「青い夜」はだいぶ変わった作品になってしまったようです(笑)。その時は、またやると思ってなくて「自分の好きなやつをやっちゃえ」と思っていたから、わりと気楽にやりました。レギュラーもほとんど大滝くんと高樹澪さん以外は知らなかった。

——シュシュトリアンのメンバーが二人出てますね。

原田　石橋けいちゃんはとても良かったから、もう一回撮るんだったら石橋けいちゃんの話をやりたいと思っていたんだけどね。もう『ティガ』ではそういうチャンスはないみたいです。

――まだわからないですよ。

原田　大百科をやった後、最後に総集編で呼ばれると思っていた。大百科26話までで作ったから、残りの26本を見れば総集編が作れると思ってました。でも総集編をやる時間はないみたいですね。

――総集編を作りたいという気持ちもありますか？

原田　あるある。ここでやっている監督さんの中では、実相寺さんを別にすれば、俺が一番距離感があるから。そういう意味では冷静に見られる。俺がやった二本は異色だから、それは頭から外しておけば、シリーズの流れが見られる。大百科も作ってみたら楽しかったんですよ。

――では残る二話と新シリーズも期待しています。

原田　町場で人殺しの映画を作っているよりも、たまには子ども達に愛と夢をやりたいなと思っているので(笑)。

――監督としてはファンタジー的なもの、ロマンティックなものを、これからもウルトラマンでは撮っていきたいですか？

原田　絶対とはもちろん言いませんけどね。勧善懲悪的なものもやりたいと思うし。

ただ、勧善懲悪的なものはよくやってるから(笑)。俺はいつも円谷プロに来ると、ウルトラマンが〝子どもたちに愛と夢を〟と旗を振っている。実はあれが好きなんです。それってものすごく大事な事だなと思って。どうせ円谷プロに来てやるからには、子ども達に愛と夢を、を忘れずにいきたいなと。

東映に行ってやる時はヤクザものだし「てめぇら許しちゃおけねぇ」の世界を今のVシネなんかでやっているから、そういうのはそっちで頑張るんだけど。円谷プロに来て「てめぇら許しちゃおけねぇ」の世界はあまりやりたくない。

――大人達に血と怒りをみたいな(笑)。

原田　そういうのはウルトラマンではいいよね(笑)。僕は太田愛さんの書いたデバンの話（21話「出番だデバン！」)とかいいなと思うんです。見ている人をホッとさせたい。そういうのをやりたいなと思う。

――これからも頑張ってください。

原田　よろしくお願いします。

ダイナと原田監督。
画・橋爪賢二

あとがき

本書の成立に寄与してくださった方々に、心よりお礼申し上げます。取材に応えてくださった方々、そして、百名を越える方々の取材のテープの文字起こしを分担くださったり、人を紹介くださった方々のお名前を左のページに挙げさせて頂きました。

おかひできさん、日暮大幹さん、阿南（現姓新城）玲那さん、塩川純平さんは、スタッフ座談会のコーディネイトや、オブザーバーとしての同席もしてくださいました。この方たちがいらっしゃったおかげで、スタッフ内部の目からの的確な人選が出来ました。

もちろん、「なんでこの人の話がないんだ」という方はまだまだいらっしゃると思います。それは編者の私の力不足によるものです。どうかご寛恕願えれば幸いです。

これだけ多くの方にご協力、ご尽力頂いたのは、ひとえに原田昌樹監督の……私などがおこがましく申せば……「人徳」であり、原田組での経験を大切にしたいというみなさんの気持ちゆえであることは、本書をお読み頂いた方には、おわかりかと思います。

編集担当者の千田麻利子さんは、途中出版社を変わっても、この企画を手放さないでくださいました。千田さんの励ましと編集者としての底力によって、本書は出来ました。

夕焼けにシルエットになると似合う、少し小高い丘。遠く浅間山を望む場所に原田監督のお墓はあります。ススキが揺らめき、バッタが飛ぶ、まるで原田作品に出てくるような場所。「人々に愛と夢を」という言葉が刻まれたその場所に、報告に行ってきます。

二〇一五年二月六日　切通理作

協力者のみなさま（五十音順）

青木和子
青木順子
青木貴広
秋廣泰生
足立壽一
雨宮慶太
飯島大介
生田篤
池田久昇
井草浩子
和泉聖治
市瀬秀和
飯塚美穂
石井てるよし
伊藤良一
井上明夫
井上誠吾
石井浩
今井元
今井志保
井村空美
上田健一
臼井正明
内田哲也

榎本建志
江良圭
遠藤みか子
及川幸恵
笈田雅人
大岡新一
大西信介
大久保健
太田愛
奥山潔
乙黒えり
鬼沢淳子
大橋富代
大庭なお
大庭勇人
岡秀樹
小沢仁志
表有希子
片嶋一貴
加藤峰雄
唐川聖美
河田周平
川上英幸
川口謙司

川瀬功
神野智
菊地雄一
北浦嗣巳
木村正人
倉持武弘
久里耕介
黒田耕平
黒田徹
源
甲木美和
小高勲
小中千昭
小林地香子
小南敏也
小宮みどり
小山信行
近藤浩美
近藤孔明
坂江正明
佐々木原保志
佐々部清
佐藤元
佐藤才輔

佐藤三枝
塩川純平
志田英士
篠原高志
柴崎律子
渋谷浩康
島崎淳
庄司和宏
新城玲那
杉浦太陽
杉本末男
杉山順
鈴木清
鈴木繭菓
大道寺俊典
高桑道明
高戸靖広
高橋健太郎
髙橋創
瀧本智行
田口良子
武上純希
竹下心也
竹山昌利

田嶋秀樹
田代定三
伊達弘
田中祐樹
谷垣健治
千葉安代
土屋貴洋
つるの剛士
寺井雄二
寺島進
富久清孝
内城千栄子
長岡友吾
中沢健
中嶋等
中島美佳
仲程仁美
中野陽子
鍋島淳裕
生田目奈々子
二家本辰己
西田薫
根本和政
のざわよしのり

登坂美穂子
野間詳令
橋爪謙始
長谷川圭一
畑山敦紀
原彰孝
原田克彦
原田仁
原田洋子
林淳一郎
林みのる
張元香織
日暮大幹
ひし美ゆり子
広瀬順子
弘中いづみ
藤下忠男
船川まり
宝性良成
保科仁志
堀北昌子
本多隆司
増田貴彦
増田英和

町田政則
松村文雄
松木朗
松本能紀
丸谷嘉彦
丸山裕子
右田昌万
水谷しゅん
満留浩昌
宮外憲生
宮腰信
村石義徳
森津永
八木欣也
八木毅
柳生俊一
八代昌子
山口翔悟
山内薫
山口和彦
山下千鶴
横尾和則
吉澤一久
吉本多香美

切通理作

1964年東京都生まれ。文化批評。1993年『怪獣使いと少年　ウルトラマンの作家たち』(宝島社／のち洋泉社)を著わす。『本多猪四郎 無冠の巨匠』(洋泉社)、『失恋論』(角川書店)、『山田洋次の〈世界〉』(ちくま新書)、『地球はウルトラマンの星』(ソニー・マガジンズ) など著書多数。『宮崎駿の〈世界〉』(ちくま新書／のちに文庫化) でサントリー学芸賞受賞。映画批評メルマガ「映画の友よ」(夜間飛行) 配信中。

原田昌樹

1955年長野県生まれ。2008年死去。映画監督。1992年『裏刑事』で監督デビュー。1999年『万引きはダメッ！』にて教育映像祭·文部大臣賞受賞。テレビシリーズ『ウルトラマンティガ』『ダイナ』『ガイア』『コスモス』『ウルトラQ ～dark fantasy～』を監督。『ブースカ！ブースカ!!』『魔弾戦記リュウケンドー』ではメイン監督。『喧嘩組』などVシネマ、劇場用映画『旅の贈りもの 0:00発』、中国産特撮ドラマ『五龍奇剣士』などを手がける。

デザイン　ヤマザキミヨコ（ソルト）
DTP　伊草亜希子（ソルト）
タイトルロゴ　津久井直美

JASRAC許諾番号1501731-501

少年宇宙人《しょうねんうちゅうじん》
平成《へいせい》ウルトラマン監督《かんとく》・
原田昌樹《はらだまさき》と映像《えいぞう》の職人《しょくにん》たち

著者　切通理作《きりどおしりさく》・原田昌樹《はらだまさき》

発行所　株式会社 二見書房
東京都千代田区三崎町2-18-11
電話　03(3515)2311［営業］
03(3515)2313［編集］
振替　00170-4-2639

印刷　株式会社堀内印刷所
製本　ナショナル製本協同組合

Printed in Japan 2015
ISBN978-4-576-14117-6
http://www.futami.co.jp/